中国低碳年鉴

（2010）

《中国低碳年鉴》编委会　编

中国财政经济出版社
北京

图书在版编目（CIP）数据

中国循环经济年鉴．2010 /《中国低碳年鉴》编委会编．
–北京：中国财政经济出版社，2010. 12.
ISBN 978-7-5095-2759-7

I. ①中…II. ①中…Ⅲ. . ①自然资源–影响–经济发展
–中国– 2010–年鉴 Ⅳ. ①F124–54
中国版本图书馆CIP数据核字（2011）第 025014 号

中国财政经济出版社出版
URL: http://www.cfeph.cn
E-mail: cfeph@cfeph.cn

社址：北京市海淀区阜成路甲28号邮政编码：100142
编辑部电话：84119310　财经书店电话：64033436
廊房市安次区码头镇长岭印刷厂印刷　各地新华书店经销
787×1092毫米16开　印张：82.5　字数2358千字
2010年12月北京第1版　2010年12月北京第1次印刷
定价：450 元
ISBN 978-7-5095-2759-7
（图书出现印装问题，本社负责调换）

《中国低碳年鉴》顾问委员会

名誉顾问

陈至立　全国人大常委会副委员长
陈昌智　全国人大常委会副委员长
徐匡迪　第十届全国政协副主席，中国工程院原院长，中国工程院主席团名誉主席

顾　问

解振华　国家发展和改革委员会副主任
李毅中　工业和信息化部部长
周生贤　环境保护部部长
李盛霖　交通运输部部长
贾治邦　国家林业局局长
汪　洪　水利部总工程师
林左鸣　中国航空工业集团公司总经理
徐锭明　国家能源专家咨询委员会主任，国务院参事
秦大河　全国政协人口环资委副主任，中国科学院院士
金　涌　中国工程院院士

《中国低碳年鉴》编辑委员会

编委会主任：

冯之浚　国务院参事，十届全国人大环资委副主任

编委会副主任：

苏　伟　国家发展和改革委员会应对气候变化司司长
周长益　工业和信息化部节能与资源综合利用司司长

特约编审/撰稿

（以姓氏笔画为序）

《中国低碳年鉴》编辑部

编辑说明

气候变化事关中华民族和全人类的长远利益，走低碳发展之路是积极应对气候变化的迫切要求，也是体现以人为本、全面协调可持续的发展导向、建设创新型国家的内在客观要求。树立绿色低碳发展理念，大力发展以低碳排放、循环利用为内涵的绿色经济，逐步建立以低碳排放为特征的工业、建筑、交通体系和低碳社会生活，积极探索具有中国特色的低碳发展道路，有效控制温室气体排放，为推进中国和世界可持续发展作出积极贡献，已成为中国的一项基本国策。

为全面记载我国低碳发展的历程和实际状况，加快走低碳发展之路的步伐，特编辑出版《中国低碳年鉴》。这个构想一经提出，立即得到从中央到地方、国家各重点行业及其协会、低碳试点与实践单位的各方面的高度关注和坚决支持，全国人大、国务院各有关部委和部门、省市发改委、专家学者应邀担当顾问、编委，积极为之撰写和提供文稿、资料、图片，并提出了许多指导意见，给了我们努力做好《中国低碳年鉴》的编辑出版工作以巨大的鼓舞和鞭策。

一、《中国低碳年鉴 2010》是首部大型低碳典籍，基本内容以2009年中国低碳发展状况为重点，同时延伸到2005年以来的相关情况、内容，还编写和收入了国外低碳发展概况和特点、经验，选编了低碳基本知识，以资借鉴和宣传、普及。

二、《中国低碳年鉴 2010》在编辑出版全过程中，坚持以邓小平理论和“三个代表”重要思想为指导，贯彻落实科学发展观。在体例上，采用文章、条目、报表和图片相结合。

三、《中国低碳年鉴 2010》具有一些明显的特点，如国务院各有关部委（局）、省市专门撰写、特别提供文稿，约60篇，实属难得；载入的事件、信息、数据、资料、图片等都来自官方和公开出版物，具有权威性、真实性，历史价值和保存、使用、查考价值都较高；涵盖内容比较全面、广泛、系统，从中央到地方、企业、园区、行业、领域，涉及言论、重大活动和事件、法规、政策、科技、典型案例以及国外概况，多层次、全方位，涉及低碳发展的各个方面，全书达200多万字，规模之大、内容丰富、翔实、完备，为前所少见；图文并茂，具有较强的可视性、生动性和可读性。

四、诚挚感谢全国人大、全国政协、国务院各有关部委（局）、各省市发改委、国家各重点行业及其协会、低碳试点与实践单位、专家学者等在《中国低碳年鉴 2010》的编辑出版中给予的支持！

五、由于我们缺乏经验，水平有限，对于书中存在的疏漏乃至错误，敬请读者不吝指正。

Editing Instructions

1. Climate change relates to the long-term interests of Chinese nation and all mankind, so taking the low-carbon development way is an urgent demand to actively respond to climate change, an embodying in the direction of People First, Overall Coordination and Sustainable Development, and also the inherent and objective requirement of building an innovative country as well. It has already became a China's basic state policy to establish green low-carbon development concept, to strongly develop green economy with the connotation of low-carbon emissions and recycling usage, and to gradually set up the industry, construction, and transportation systems with low-carbon emission and low-carbon social life, and to actively explore the low-carbon development road with Chinese characteristics, and to effectively control greenhouse gas emissions, as well as to positively contribute to promoting sustainable development of both China and the world.

For the purpose of comprehensively recording the course and actual situation of Chinese low-carbon development, and speeding up the low-carbon development, China Low -carbon Yearbook 2010 especially was published. Great attention and firm support were given from all involved parties such as from the central to locals, national each key industry and its association, and the low-carbon pilot and practice units. The consultants and editors were invited from the relevant ministries and commissions (bureaus) of National People's Congress and the State Council, and the provincial and municipal National Development and Reform Commission, and relevant experts and scholars. All of them positively wrote and provided manuscripts, the information and pictures, and gave many guidance suggestions. All mentioned above encouraged and spur us to make great efforts to edit China Low-carbon Yearbook 2010 well.

2. China Low -carbon Yearbook 2010 is the first large-scale low-carbon classics whose basic content focuses on Chinese low-carbon development status in 2009 and extends to the relevant situations and contents since 2005. The overview, characteristics and experience of foreign low-carbon economy development, and some basic low-carbon knowledge are also adopted and included in order for reference, publicity and popularity.

3. The Deng Xiaoping Theory and Three Representative Important Thought were adhered to and followed, and Scientific Development Outlook was applied and implemented during editing of China Low -carbon Yearbook 2010, which combined articles, items, statements and pictures in style.

4. China Low-Carbon Yearbook 2010 has some obvious features, such as manuscripts, articles are really rare specially written and supplied by relevant ministries and commissions (bureaus) of the State Council, provinces and cities; the incidents, information, data, materials, pictures and etc recorded are all from the official and open publications with authority and authenticity, which have high historical value and high storage, usage and reference values; contents covered are more comprehensive, broad and systematic, from the central to locals, so as enterprises, parks, each industry and field, speech and views, major activities and events, regulations, policies, science and technology, and typical cases and foreign profiles, involving each aspect of low-carbon development at multi-level and all-dimension. The book with more than 2 million characters is rear before owing to its large scale and rich, accurate and complete content; excellent pictures and texts, with strong visibility, vitality and readability.

5. Sincerely thanks to the related ministries and commissions (bureaus) of National People's Congress and the State Council, every provinces and cities, the national key industries and their associations, low-carbon pilot and practice units, experts and scholars, and etc for their supports in the editing and publishing of China Low-carbon Yearbook 2010!

6. Because we are of inexperience and of limited level, for the omissions and errors existing in the book, please point out without stint.

序

坚持从国情出发　走低碳发展之路

气候变化是全球关注的热点问题，事关人类生存与发展和地球未来，是全世界面临的重大挑战。积极应对气候变化、减少温室气体排放已成为国际潮流。我国作为负责任的发展中大国，必须顺应国际潮流，统筹国际国内两个大局，积极应对气候变化，加快转变经济发展方式，走出一条生产发展、生活富裕、生态良好的低碳发展道路。

走低碳发展之路是树立负责任大国形象的现实需要。根据《联合国气候变化框架公约》和《京都议定书》确立的“共同但有区别的责任”原则，我国作为发展中国家不承担强制减排的国际义务，但随着气候变化国际谈判进入关键阶段，各国围绕排放空间的争夺日益激烈，我国温室气体排放总量大、增速快，在国际谈判中越来越受到各方关注，已不可能像发达国家工业化时期那样无限制排放温室气体。为此，我们必须积极探索在工业化和城镇化快速发展的时期，既发展经济、改善民生又减缓温室气体排放、降低碳排放强度的发展方式，走低碳发展之路。这既是积极应对气候变化的需要，也是在国际谈判中获得主动权、维护我核心利益、彰显我负责任大国形象的需要。

走低碳发展之路是我国可持续发展的内在要求。近年来，我国经济虽然实现了快速发展，但粗放型的发展方式并没有根本性转变，单位GDP能耗仍远高于发达国家，造成能源资源供求相当紧张。我国作为人均资源占有量低的国家，如果依靠粗放型发展方式来推进现代化，不仅我国内资源环境难以支撑，全球资源环境也将面临压力，转变经济发展方式势在必行。同时，当今世界，低碳技术和低碳产业已成为国际科技经济竞争的新领域，各国都在加大对相关产业、技术发展的投入和政策支持力度，如果我们不能顺势而为，乘势而上，就可能被占有先机的国家锁定在落后水平，失去一次重要的转型机遇。走低碳发展之路，是解决我国资源环境瓶颈制约的必然选择，也是我国产业结构优化升级、抢占未来国际竞争制高点的必由之路。

党中央、国务院历来高度重视气候变化问题，明确提出要把积极应对气候变化作为我国经济社会发展的一项重大战略，作为加快转变发展方式和结构调整的重大机遇。党的十七届五中全会通过的《中共中央关于制定国民经济和社会发展第十二个五年规划的建议》明确提出“坚持把建设资源节约型、环境友好型社会作为加快转变经济发展方式的重要着力点。深入贯彻节约资源和保护环境基本国策，节约能源，降低温室气体排放强度，发展循环经济，推广低碳技术，积极应对气候变化，促进经济社会发展与人口资源环境相协调，走可持续发展之路。”当前，我国正在制定《国民经济和社会发展第十二个五年规划纲要》，合理控制能源消费总量，并将降低单位国内生产总值能耗和二氧化碳排放目标作为约束性指标纳入规划。“十二五”期间，绿色低碳发展将成为我国促进科学发展、转变经济发展方式的重要政策导向。

在这种形势下，编辑出版《中国低碳年鉴》，定期汇总有关推动低碳发展的法律法规、政策文件和领导讲话，载述低碳发展历程，对于广大干部群众及时了解国家政策动向，对于全社会增强低碳意识、推广和使用低碳产品，具有积极的作用。

低碳发展，人人有责。希望社会各界都行动起来，以每个人的一小步促成我国低碳发展的大步跨越。

解振华

二〇一〇年十二月十二日

（作者为国家发展和改革委员会副主任）

序

低碳发展关键在于技术进步和创新

进入新世纪以来，在欧美低碳经济兴起。随着哥本哈根会议召开，低碳经济已日趋风靡世界和中国。

应对气候变化。全球变暖是一个不争的事实，最近100年，全球地表平均温度上升了0.74摄氏度。中国因处于工业化中期及城镇化高速发展期，气温上升的幅度更加显著。诚然，全球气候变化的因素既有自然原因，也有人类活动的原因。火山活动、太阳活动以及人类温室气体排放、化石燃料的大规模运用，以及土地利用变化，都可能成为引发气候变化的条件。从而对全球自然生态系统产生明显影响，并对人类社会的生存和可持续发展带来严重挑战。为了应对全球变暖，发展低碳经济已成为各国共同的选择并付诸行动。但对于发达国家和发展中国家来说，低碳经济应有不同的内涵。发达国家理应承担温室气体减排的国际义务。中国和各个发展中国家则应承担共同而有区别的责任，即在实现发展目标、消除贫困的同时，逐步减少单位GDP增长时的温室气体排放，实现减排与发展的双赢。

保证能源安全。根据IPCC第四次报告，现在世界各国的能源消费，如果达到美国的能源消费水平，需要9个地球的能源储备。按照生态足迹和美国生活水平则需要5个地球，如果按照美国的方式发展，仅中国就需要2个地球。

矿产资源是社会经济发展的重要物质基础，我国一次能源的95%、工业原材料的80%、农业生产资料的70%来自地球矿产资源。然而，矿产资源人均拥有量低是我国的基本国情之一，资源短缺已经成为制约我国经济发展的瓶颈之一。随着现代经济社会的发展，资源的消耗量越来越大。国家统计局2010年2月份发布的统计数字显示，2009年中国能源消费总量31.0亿吨标准煤，比上年增长6.3%。原油消费量3.8亿吨，增长7.1%；天然气消费量887亿立方米，增长9.1%；电力消费量36973亿千瓦小时，增长6.2%。

同时，中国汽车业产销两旺，如果按照发达国家平均四人一辆车的话，中国的汽车保有量将达到3亿辆以上。但日益严峻的能源环境问题也随之日趋突出。中国在1993

年前还是石油净出口国，10年后的2002年，石油对外依存度就上升到25%，2003年中国成为世界第二大石油消费国、第三大石油进口国，2008年石油对外依存度已骤升至51．4%。因此,中国和世界上所有的国家都不得不减少对石油和其他化石能源的依赖,加快发展以低碳经济为特征的清洁能源、新能源和新能源汽车。

推进社会经济转型。全球金融危机为向低碳经济转型提供了契机。讨论的焦点已不再是是否向低碳经济转型，而是如何加速向低碳经济的转型。世界各国，尤其是欧盟、英国、德国、美国、日本、巴西都争相发展低碳城市，经济社会向低碳转型。中国正处于工业化及城市化快速发展阶段，而且我国的资源禀赋，形成了以煤为主的能源消费结构，2000年到2007年，我国能源消费量年均增加1.8亿吨标准煤，2007年达到26.56亿吨标准煤，所占比重高达69.5%。据相关预测，能源消费在短期内将延续加速增长的趋势，到2020年我国能源需求量将达到50亿吨标准煤以上。2007年在全球一次性能源消费构成中煤炭仅占27.8%，发达国家煤炭消费比例大多不到20%。据计算，每燃烧1吨煤炭会产生4.12吨的二氧化碳气体，比石油和天然气每吨多30%和70%。虽然中国人均二氧化碳排放仍大大低于发达国家，但以煤为主的能源结构已经使中国的二氧化碳排放处于世界前列。中国政府已经宣布，到2020年将单位GDP的二氧化碳排放量在2005年的基础上减少40%～45%,也就是说在保持经济增长8%的情况下，2030年,中国排放量约为140亿～150亿吨。

还应该看到，我国的工业化、城镇化还需要钢铁、煤炭、电力、陶瓷、水泥等产业，这些高碳特征的重化工业还将在国民经济中占相当的比重。而发达国家的服务业在GDP所占比重已高达60%～70%。

因此，大力推进低碳发展，优化能源结构和产业结构，从高碳到低碳，从低效到高效转型，是中国实现现代化的必由之路。

低碳发展的关键在于技术进步和创新。在目前，技术进步和创新不只是低碳经济的基础和支撑，甚至起着决定和制约作用。无论是提高能效，还是作为低碳经济的重要组成部分的清洁能源、新能源和新能源汽车，都毫无例外地必须突破若干核心技术，才能突飞猛进。

现代的经济技术竞争的明显特点是“快者得先机”、“掌握技术者获效益”。风能、太阳能、海洋能，谁能控制？谁也控制不了，控制的是技术，谁有风能技术就控制风能，谁有太阳能技术就控制太阳能，谁有海洋技术就控制了海洋能，未来的能源取决于技术，有技术就有新能源。也就是说，谁跑在前面，谁就占领了制高点，不只依靠技术和产业优势谋求利益，还可通过先行一步制定标准和规范谋求利益。落后国家只能任其“称王称霸”。回顾20世纪50年代的半导体、60年代的激光，在研发阶段，我国与发达国家的差距相对较小，进入产业化阶段，差距就拉大了。一步跟不上，就步步跟不上，最终导致引进、引进、再引进，主要技术受制于人的状况。现在我国国家整体实力和产业实力已今非昔比。从目前状况来看，在低碳发展这个领域，中国虽然与先进国家还存在差距，但在总体上和世界各国大体在同一个起跑线上。说得上是百年机遇，然而，机遇稍纵即逝。我们绝不能再重复过去的教训。低碳技术进步与创新，突破低碳核心技术，是一个关系全局的大战略，切不可稍有懈怠。因此，要瞄准国际科技前沿，制定低碳技术发展战略规划，并纳入到国家社会经济发展的总体规划之中，使其与国家整体战略、科学技术发展战略、产业战略以至产业布局相协调，发挥协同效应，从而推动低碳领域的技术进步和创新。

一是要加大低碳技术的研发投入，大力开发新技术、新产品，如太阳能、风能、核能、生物质能、海洋能、地热能等新能源和新能源汽车的核心技术以及二氧化碳收集储存技术、超低二氧化碳炼钢技术。

二是要创新管理机制，加强宏观指导和政策扶持，尽快制定和完善相关配套政策措施，营造良性的“生态环境”。

三是以现有的技术创新与产学研战略联盟为平台，大力展开合作攻关，力争尽快突破关键技术和核心技术。

四是整合现有的低碳技术，加快现有低碳技术尤其是优势技术的推广和应用和技术产业化。

五是要重视人才的培养和使用。要大力培养和造就一大批创新型人才，特别要为青年人才脱颖而出创造良好环境。

六是加强国际交流与合作。中国经济已经融入世界，不仅要强调自主创新，也要积极参与全球建立低碳技术创新项目，共同研发，合理转让，引进消化吸收发达国家先进技术等多途径，达到共享成果，为我国低碳技术创新发展创造条件。

编辑出版《中国低碳年鉴》，可以普及相关知识，提供信息、数据，载述历史，及时总结和传播经验，推动低碳发展理论研究和实践，是一件很有意义的事，必将得到各方面的关注和支持。我欣然命笔斯文。是为序。

徐匡迪

二〇一〇年五月十一日

（作者时任中国工程院院长）

Contents

目录

党和国家领导人重要论述

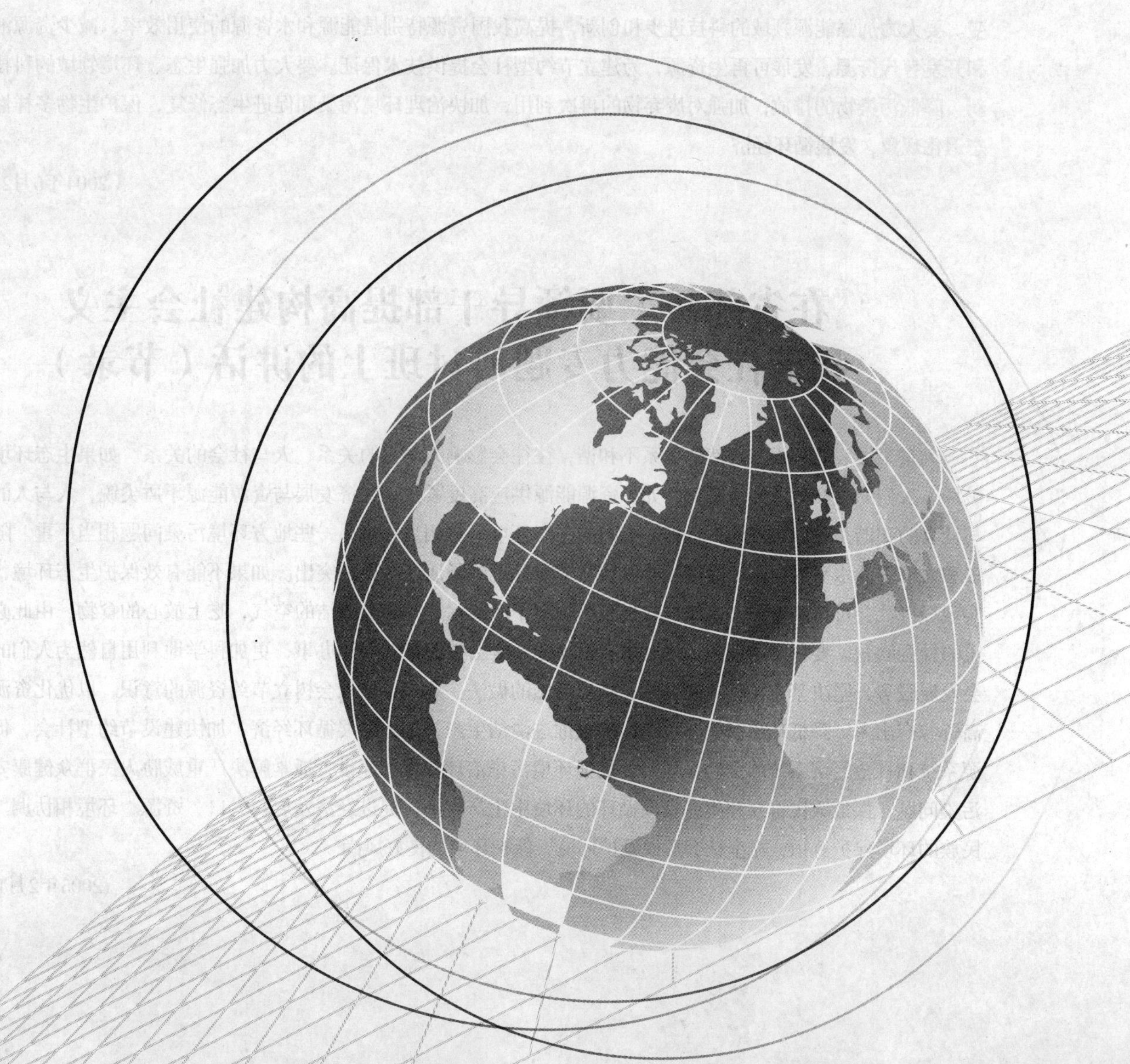

中共中央总书记、国家主席
胡锦涛重要论述

在中国科学院、中国工程院院士大会上的讲话（节录）

要大力发展高新技术和先进适用技术，促进经济结构的调整，推动高新技术产业发展和传统产业改造，促进产业结构优化升级，增强企业的开发创新能力、核心竞争力和国际竞争力，加快经济增长方式由粗放型向集约型转变。要大力加强能源领域的科技进步和创新，提高我国资源特别是能源和水资源的使用效率，减少资源浪费，寻找和开发替代资源，发展可再生资源，为建立节约型社会提供技术保证。要大力加强生态、环境领域的科技进步和创新，降低污染物的排放，加强对废弃物的再次利用，加快治理环境污染和促进生态修复，保护生物多样性，遏制生态退化现象，发展循环经济。

（2004年6月2日）

在省部级主要领导干部提高构建社会主义和谐社会能力专题研讨班上的讲话（节录）

大量事实表明，人与自然的关系不和谐，往往会影响人与人的关系、人与社会的关系。如果生态环境受到严重破坏、人们的生产生活环境恶化，如果资源能源供应高度紧张、经济发展与资源能源矛盾尖锐，人与人的和谐、人与社会的和谐是难以实现的。目前，我国的生态环境形势相当严峻，一些地方环境污染问题相当严重。随着人口增多和人们生活水平的提高，经济社会发展与资源环境的矛盾还会更加突出。如果不能有效保护生态环境，不仅无法实现经济社会可持续发展，人民群众也无法喝上干净的水，呼吸上清洁的空气，吃上放心的食物，由此必然引发严重的社会问题。要科学认识和正确运用自然规律，学会按照自然规律办事，更加科学地利用自然为人们的生活和社会发展服务，坚决禁止各种掠夺自然、破坏自然的做法。要引导全社会树立节约资源的意识，以优化资源利用、提高资源产出率、降低环境污染为重点，加快推进清洁生产，大力发展循环经济，加快建设节约型社会，促进自然资源系统和社会经济系统的良性循环。要加强环境污染治理和生态建设，抓紧解决严重威胁人民群众健康安全的环境污染问题，保证人民群众在生态良性循环的环境中生产生活，促进经济发展与人口、资源、环境相协调。要增强全民族的环境保护意识，在全社会形成爱护环境、保护环境的良好风尚。

(2005年2月19日)

在中央人口资源环境工作座谈会上的讲话（节录）

环境保护工作要大力推进循环经济，加快推行清洁生产，加大治理污染的力度，加强生态保护和建设工作。水利工作要把切实保护好饮用水源、让群众喝上放心水作为首要任务；要完善水资源管理体制，积极推广先进实用的节水技术，加强防汛抗旱和水利建设。

（2005年3月12日）

在亚非商业峰会晚宴上的演讲（节录）

我们将坚持走新型工业化道路，依靠科技进步和创新，着力调整经济结构和加快转变经济增长方式，提高经济增长的质量和效益，坚持资源开发和节约并举，推进环境保护和建设，大力发展循环经济，建设资源节约型、环境友好型社会，走生产发展、生活富裕、生态良好的文明发展道路。

（2005年4月21日）

在青海省考察时的讲话（节录）

加快转变经济增长方式。经济增长方式粗放，已经成为制约我国经济社会发展的一个突出问题。粗放型经济增长方式不转变，能源资源的瓶颈制约就难以打破，经济运行就不可能进入良性循环，经济社会发展的良好势头也难以长期保持。必须把转变经济增长方式作为经济工作的一项重点任务来抓，真正使经济增长建立在提高人口素质、高效利用资源、减少环境污染、注重质量效益的基础之上。欠发达地区要实现经济社会的跨越式发展，更要切实做好转变经济增长方式这项工作。一是要把调整经济结构作为转变经济增长方式的重要途径。二是要把增强自主创新能力作为转变经济增长方式的中心环节。三是要把节约能源资源作为转变经济增长方式的有效办法。要坚持开发节约并重、节约优先的原则，在生产、建设、流通、消费各个环节厉行节约，逐步形成节约型的生产方式和消费方式，加快建设资源节约型、环境友好型社会。要积极开发和推广新技术、新工艺、新设备，加快高耗能行业和企业的技术改造，依法强制淘汰消耗高、污染重、水平低的落后生产能力，促进能源资源的合理开发、节约使用。要按照减量化、再利用、资源化的原则，加快发展循环经济，提高能源资源利用效率。要建立健全法律法规体系，加强规划和政策引导，综合运用法律手段和财税、价格等经济杠杆，形成全社会自觉节约能源资源的体制机制。

（2005年12月13～15日）

在中共中央政治局第二十九次集体学习时的讲话（节录）

加快转变经济增长方式，是坚持以科学发展观统领经济社会发展全局、实现经济社会又快又好发展的重要着力点。要坚持节约资源和保护环境的基本国策，大力发展循环经济，加强资源综合利用，全面推进清洁生产，加大环境保护和生态建设的力度，促进建设资源节约型、环境友好型社会。要进一步推进改革，努力形成有利于转变经济增长方式、促进全面协调可持续发展的体制机制，充分发挥市场机制对转变经济增长方式的引导作用。

（2006年2月22日）

在中央人口资源环境工作座谈会上的讲话（节录）

全面落实科学发展观，进一步调整经济结构和转变经济增长方式，是缓解人口资源环境压力、实现经济社会全面协调可持续发展的根本途径。要加快调整不合理的经济结构，彻底转变粗放型的经济增长方式，使经济增长建立在提高人口素质、高效利用资源、减少环境污染、注重质量效益的基础上，努力建设资源节约型、环境友好型社会。

（2006年3月12日）

在八国集团同发展中国家领导人对话会议上的书面讲话（节录）

国际社会应该加强节能技术研发和推广，支持和促进各国提高能效，节约能源，减少单位国内生产总值的能耗。我们应该积极倡导在清洁煤技术等高效利用化石燃料方面开展合作，推动国际社会加强可再生能源和氢能、核能等重大能源技术研发等方面的合作，探讨建立清洁、安全、经济、可靠的世界未来能源供应体系。

中国高度重视能源问题。中国能源战略的基本内容是：坚持节约优先、立足国内、多元发展、保护环境，加强国际互利合作，努力构筑稳定、经济、清洁的能源供应体系。中国是能源消费大国，更是能源生产大国。上个世纪90年代以来，中国能源总自给率始终保持在90％以上。中国煤炭资源丰富，三分之二的水电资源尚未开发，核电、风力发电、生物质发电刚刚起步，国内能源供应有巨大潜力。我们提出了中国2006年至2010年经济社会发展的目标，既要实现到2010年人均国内生产总值比2000年翻一番，又要实现单位国内生产总值能源消耗比2005年末降低20％左右。

（2006年7月17日）

在中共中央政治局第三十七次集体学习时的讲话（节录）

全党全社会都必须按照科学发展观的要求，充分认识建设资源节约型、环境友好型社会的重要性和紧迫性，下最大决心、花最大气力抓好节约能源资源工作。

能源资源是人类社会生存和发展的重要物质基础，也是我们全面建设小康社会、加快推进社会主义现代化的重要物质基础。坚持节约资源的基本国策，加快建设资源节约型、环境友好型社会，促进经济发展与人口、资源、环境相协调，是贯彻落实科学发展观、走新型工业化道路的必然要求，是实现可持续发展、保障经济安全和国家安全的必然要求。我们必须以对国家和人民高度负责、对子孙后代高度负责的精神，把节约能源资源工作放在更加突出的战略位置，切实做到节约发展、清洁发展、安全发展、可持续发展，坚定不移地走生产发展、生活富裕、生态良好的文明发展道路。

要把节约能源资源作为转变经济增长方式的主攻方向，大力推进产业结构优化升级，大力发展集约化农业和生态农业，大力发展服务业，积极发展高技术产业，加快用高新技术和先进适用技术改造传统产业，坚决淘汰严重耗费能源资源和污染环境的落后生产能力，加大循环经济试点力度，努力提高生产活动的循环化、生态化水平。要提高全民族的节约意识，在全社会倡导节俭、文明、适度、合理的消费理念，倡导绿色消费等现代消费方式，提高消费质量和效益。要加快构建节约能源资源的技术支撑体系，加强能源资源节约和循环利用技术的攻关和产业化，培育节能服务体系。要抓紧制定和修订与社会主义市场经济体制相适应的促进能源资源节约和有效利用的法律法规，注重运用价格、财税、金融等手段促进能源资源节约和有效利用，加快建立科学的节能减排指标体系、考核体系、监测体系，依法加大执法和监督检查力度，堵塞能源资源浪费漏洞。

（2006年12月25日）

在八国集团同中国、印度、巴西、南非和墨西哥五个发展中国家领导人对话会议上的讲话（节录）

我们要坚持《联合国气候变化框架公约》所确立的共同但有区别的责任原则。这一原则既反映了不同国家经济发展水平、历史责任、当前人均排放水平上的差异，又是未来国际合作得以维系并取得进展的基础。

根据这一原则，发达国家应该完成《京都议定书》确定的减排目标，向发展中国家提供帮助，并在2012年后继续率先承担减排义务。不久前，欧盟决定到2020年将温室气体排放减少20%。我们对此表示欢迎，同时希望其他发达国家也能作出类似承诺。

发展中国家工业化、城市化、现代化进程远未完成，发展经济、改善民生的任务艰巨。为了实现发展目标，发展中国家的能源需求将有所增长，这是发展中国家发展的基本条件。因此，在现阶段对发展中国家提出强制性减排要求是不合适的。同时，发展中国家也应该在力所能及的范围内，根据自身情况采取措施，为促进全球可持续发展作出积极贡献。国际社会要加强合作，帮助更多国家走上既能保护生态环境、又能实现发展目标的清洁发展之路。要实现这一目标，国际社会应该本着尊重历史、立足现在、着眼未来的精神，树立新的利益观和合作模式，积极开展务实合作。要加强研发和推广高效利用化石燃料技术、节能技术、环保技术、可再生能源技术等，并使广大发展中国家买得起、用得上这些技术。要超越短视、狭隘的商业利益，提供必要的资金支持，完善知识产权保护制度，充分发挥政府和企业的积极性。《京都议定书》确定的清洁发展机制可以帮助发达国家以较低成本完成减排义务，也有助于促进发展中国家可持续发展，是双赢的选择，应该在未来应对气候变化的国际合作中发挥更大作用。建议请我们的有关官员就这些问题进行深入研究并提出对策建议。

中国坚持贯彻以人为本、全面协调可持续发展的科学发展观，积极推动经济社会又好又快发展，走生产发展、生活富裕、生态良好的文明发展道路。尽管目前中国的人均二氧化碳排放不到发达国家平均水平的三分之一，但中国政府高度重视气候变化，采取了一系列减缓温室气体排放的政策措施。主要包括：

（一）推进技术进步，提高能源利用效率。通过实施一系列产业政策，中国产业结构发生了明显变化，产生了较大节能效益。1991年至2005年，中国以年均5.6%的能源消费增长速度支持了年均10.2%的经济增长速度。同期，中国累计节约能源约8亿吨标准煤，相当于减排二氧化碳18亿吨。

（二）发展低碳能源和可再生能源，改善能源结构。中国是世界上少数几个以煤为主要能源的国家。经过多年努力，中国一次能源消费构成中煤炭的比重从1990年的76.2%降至2005年的69.1%。2005年，中国可再生能源利用量占能源消费总量的7.5%，相当于减排二氧化碳3.8亿吨。

（三）开展植树造林，加强生态保护。初步估算，1980年至2005年，中国植树造林活动累计净吸收二氧化碳约30.6亿吨，森林管理累计净吸收二氧化碳16.2亿吨，减少毁林排放二氧化碳4.3亿吨。

（四）实行计划生育，减缓人口增长。从上个世纪70年代以来，中国累计少生3亿多人，按世界人均排放水平计算，每年少排二氧化碳12亿吨。

（五）加强法制建设，开展全民教育。中国加强应对气候变化相关法律法规和政策措施的制定和实施，完善相关体制和机构建设，重视气候变化研究和能力建设，加大气候变化教育和宣传力度。

中国走可持续发展道路的决心是坚定不移的。为了更好地应对气候变化，中国政府制定和公布了《中国应对气候变化国家方案》，并将认真贯彻落实。中国政府已经明确提出到2010年实现单位国内生产总值能源消耗比2005年末降低20%左右、森林覆盖率由18.2%提高到20%等目标要求。我们正在采取各种有效措施确保实现这些目标。不久前，中国成立了国家应对气候变化领导小组。中国将继续积极参与气候变化领域的国际合作，致力于在南南合作框架下加强同发展中国家的合作，特别是将继续向非洲和小岛屿发展中国家提供力所能及的帮助，提高其应对气候变化的能力。

（2007年6月8日）

在亚太经合组织商业峰会上的演讲（节录）

保持良好的自然环境，是共创可持续未来的重要条件。近来，气候变化引起全球关注。这是发展和环境密切关联的深刻反映。气候变化是环境问题，但归根结底是发展问题。应该在可持续发展的前提下，坚持《联合国气候变化框架公约》及其《京都议定书》的核心机制和主渠道地位，遵循共同但有区别的责任的原则，通过广泛开展国际合作，积极加以应对。应该不断提高技术水平，努力建立适应可持续发展要求的生产方式和消费方式，推动绿色增长，发展循环经济，保护我们的家园，保护全球环境。

我们也清醒地认识到，中国仍然是世界上最大的发展中国家，人口多，底子薄，发展很不平衡，人民生活水平还不高，中国经济运行中还存在一些亟待解决的体制性、结构性矛盾，特别是国际收支不平衡、资源环境压力加大、节能减排问题突出。要确保中国经济平稳较快发展，还需要继续进行艰苦努力。

中国政府高度重视可持续发展，强调要深入贯彻落实以人为本、全面协调可持续发展的科学发展观，努力实现经济社会又好又快发展。中国将坚持走科技含量高、经济效益好、资源消耗低、环境污染少、人力资源优势得到充分发挥的新型工业化道路，加快调整经济结构、转变经济发展方式，加快发展循环经济，加快建设资源节约型、环境友好型社会，建立适应可持续发展要求的生产方式和消费方式，努力促进社会经济系统和自然生态系统良性循环，促进经济社会全面进步和人的全面发展。

在气候变化上，中国一直采取负责任的态度。中国政府制定和公布了应对气候变化国家方案，采取了提高能源效率、改善能源结构、加强生态保护、减缓人口增长、推进法制建设等一系列措施，并确立了单位国内生产总值能耗到2010年比2005年末降低20%左右、主要污染物排放总量减少10%、森林覆盖率由18.2%提高到20%等目标。中国愿同各国加强交流合作，为共同应对全球气候变化继续作出积极贡献。

(2007年9月6日)

在中国共产党第十七次代表大会上的报告（节录）

加强能源资源节约和生态环境保护，增强可持续发展能力。坚持节约资源和保护环境的基本国策，关系人民群众切身利益和中华民族生存发展。必须把建设资源节约型、环境友好型社会放在工业化、现代化发展战略的突出位置，落实到每个单位、每个家庭。要完善有利于节约能源资源和保护生态环境的法律和政策，加快形成可持续发展体制机制。落实节能减排工作责任制。开发和推广节约、替代、循环利用和治理污染的先进适用技术，发展清洁能源和可再生能源，保护土地和水资源，建设科学合理的能源资源利用体系，提高能源资源利用效率。发展环保产业。加大节能环保投入，重点加强水、大气、土壤等污染防治，改善城乡人居环境。加强水利、林业、草原建设，加强荒漠化石漠化治理，促进生态修复。加强应对气候变化能力建设，为保护全球气候作出新贡献。

（2007年10月15日）

在中共中央政治局第六次集体学习的讲话（节录）

必须以对中华民族和全人类长远发展高度负责的精神，充分认识应对气候变化的重要性和紧迫性，坚定不移地走可持续发展道路，采取更加有力的政策措施，全面加强应对气候变化能力建设，为我国和全球可持续发展事业进行不懈努力。

中共中央政治局这次集体学习安排的内容是全球气候变化和我国加强应对气候变化能力建设。中国气象局国家气候中心罗勇研究员、清华大学低碳能源实验室何建坤教授进行了讲解，并谈了对我国加强应对气候变化能力建设

的意见和建议。

我国正处于全面建设小康社会的关键时期，同时也处于工业化、城镇化加快发展的重要阶段，发展经济和改善民生的任务十分繁重，应对气候变化的任务也十分艰巨。妥善应对气候变化，事关我国经济社会发展全局和人民群众切身利益，事关国家根本利益。

我国是发展中国家，在应对气候变化问题上，我们坚持《联合国气候变化框架公约》及其《京都议定书》确定的共同但有区别的责任原则，主张发达国家应该率先承担减排义务，并向发展中国家提供资金援助和技术转让。同时也主张发展中国家通过促进可持续发展为应对气候变化作出努力。为了更好地应对气候变化，我国政府制定了应对气候变化国家方案，采取了一系列政策措施，相关工作取得了明显成效。党的十七大明确提出了建设生态文明的重大任务，我们必须把建设资源节约型、环境友好型社会放在工业化、现代化发展战略的突出位置，落实到每个单位、每个家庭。

应对气候变化，要深入贯彻落实科学发展观，统筹考虑经济发展和生态建设、国内和国际、当前和长远，全面实施应对气候变化国家方案，把应对气候变化与实施可持续发展战略，加快建设资源节约型、环境友好型社会，建设创新型国家结合起来，以保障经济发展为核心，以节约能源、优化能源结构、加强生态保护和建设为重点，以科技进步为支撑，努力控制和减缓温室气体排放，不断提高适应气候变化能力，不断增强可持续发展能力，促进经济发展与人口资源环境相协调，为改善全球气候作出新贡献。

要重点抓好以下几方面的工作。一是要大力落实控制温室气体排放的措施，坚持实施节约资源和保护环境的基本国策，坚持走中国特色新型工业化道路，加快转变经济发展方式，强化能源节约和高效利用，积极发展循环经济、低碳经济，不断扩大森林覆盖率。二是要大力增强适应气候变化能力，加强农田基本建设，合理开发和优化配置水资源，继续开展生态保护重点工程建设，加强气候变化综合影响评估。三是要大力发挥科技进步和创新的作用，加快减缓和适应气候变化领域重大技术的研发和示范，加强应对气候变化基础研究，加强气候变化领域国际科技合作。四是要大力健全应对气候变化的体制机制，完善应对气候变化的法律法规，推进能源管理体制和价格改革，完善多灾种的监测预警应急机制、多部门参与的决策协调机制、全社会广泛参与应对气候变化的行动机制，特别是要提高应对极端气象灾害的综合监测预警能力、抵御能力、减灾能力。五是要大力提高全社会参与的意识和能力，营造全民应对气候变化的良好环境。

各级党委和政府要把应对气候变化作为贯彻落实科学发展观、实现可持续发展的重要内容，纳入经济社会发展规划，制定符合本地区本部门实际的措施，增强应对气候变化工作的组织和实施能力。实现“十一五”规划确定的节能减排约束性目标，任务繁重，时间紧迫，各级党委和政府务必加大力度、迎难而上、加快推进，把节能减排放在更加突出的位置来抓，认真实施节能减排统计体系、监测体系、考核体系，突出抓好重点行业和重点领域，深入开展节能减排全民行动，坚决打好节能减排攻坚战。

（2008年6月27日）

在经济大国能源安全和气候变化领导人会议上的讲话(节录)

气候变化问题，从根本上说是发展问题，应该在可持续发展框架内综合解决。气候变化国际合作，应该以处理好经济增长、社会发展、保护环境三者关系为出发点，以保障经济发展为核心，以增强可持续发展能力为目标，以节约能源、优化能源结构、加强生态保护为重点，以科技进步为支撑，不断提高国际社会减缓和适应气候变化的能力。

参加今天会议的各国发展阶段不同、科技水平不同、所处环境不同，应该本着共同但有区别的责任原则，为应对气候变化积极作出自己的努力，并力求有所作为。我们认为，要做好以下几点。

第一，要在履行《联合国气候变化框架公约》及其《京都议定书》方面发挥示范作用。《联合国气候变化框架公约》及其《京都议定书》确定了气候变化国际合作的框架、原则、目标，反映了各国经济发展水平、历史责任、人均排放的差异，规定了发达国家和发展中国家应该作出的努力。发达国家应该严格履行《京都议定书》确定的减排目标，并切实兑现向发展中国家提供资金和技术转让的承诺。发展中国家要在可持续发展框架内，积极采取减缓和适应气候变化的政策措施，为应对气候变化作出力所能及的贡献。

第二，要在推动国际谈判方面发挥积极作用。今明两年是落实"巴厘路线图"的关键年份。"巴厘路线图"为国际社会探讨2012年后气候变化国际制度安排指明了方向，确定了时间表。国际社会应该共同努力，推动气候变化国际谈判取得积极进展。在这一过程中，要坚持共同但有区别的责任原则，发达国家要明确作出继续率先减排的承诺；要平衡推进、按时完成双轨谈判，切实体现对减缓、适应、技术、资金四方面的同等重视；要坚持把《联合国气候变化框架公约》及其《京都议定书》作为气候变化国际谈判和合作主渠道、其他倡议和机制作为有益补充的安排。我们应该表现政治意愿，显示灵活，为谈判成功作出积极贡献。

第三，要在开展务实合作方面发挥带头作用。资金和技术是应对气候变化合作的关键环节，也是现实薄弱环节。目前，气候变化国际合作资金缺口巨大。我们应该推动完善全球环境基金等现有资金机制，尽快落实适应基金下的活动，为发展中国家适应气候变化提供新的额外的资金支持。科技进步和创新是减缓温室气体排放、提高适应能力的有效途径，在应对气候变化的努力中发挥着先导性、基础性作用。国际社会应该积极探讨建立有效的技术转让和推广机制，实现技术共享，确保广大发展中国家买得起、用得上气候和环境友好型技术。我们各国相互有很强的互补性，完全可以在开展技术合作方面走在前列。

中国是遭受气候变化不利影响较为严重的国家之一。观察中国的排放问题，要注意以下3个因素：一是中国属于发展中国家，正处于工业化、现代化的过程中，城乡、区域、经济社会发展仍不平衡，人民生活水平还不高，中国目前的中心任务是发展经济、改善民生；二是中国人均排放较低，人均累积排放更低，而且排放总量里很大一部分是保证人民基本生活的生存排放；三是由于国际分工变化和制造业转移，中国承受着越来越大的国际转移排放压力。

中国政府一向本着对中国人民和各国人民负责的态度，高度重视气候变化问题。我们已经把建设生态文明确定为一项战略任务，强调要坚持节约资源和保护环境的基本国策，努力形成节约能源资源和保护生态环境的产业结构、增长方式、消费模式。我们结合经济社会发展规划和可持续发展战略，制定了《中国应对气候变化国家方案》，成立了国家应对气候变化领导小组，颁布了一系列法律法规，并采取一系列措施应对气候变化。

我们把积极开展节能减排作为应对气候变化的切入点，采取了节约能源、优化能源结构、提高能源效率、开展植树造林等一系列措施，取得了显著成效。我们明确要求，到2010年单位国内生产总值能源消耗比2005年降低20%左右，主要污染物排放总量减少10%，森林覆盖率由2005年的18.2%提高到20%。我们实现这些目标的决心是坚定不移的。

为适应气候变化，中国不断增强在农业、自然生态系统、水资源等领域的适应气候变化能力，高度重视防灾减灾，努力减少灾害性天气和极端气候事件造成的损失。

中国将根据《联合国气候变化框架公约》及其《京都议定书》的要求，坚持共同但有区别的责任原则，积极推动落实"巴厘路线图"谈判，为气候变化国际合作作出更大贡献。中国愿同国际社会一道，为推动世界实现和谐发展、清洁发展、可持续发展而不懈努力。

(2008年7月9日)

在亚太经合组织第十五次
领导人非正式会议上的讲话（节录）

近来，气候变化引起亚太地区各国普遍关注。气候变化事关亚太地区的发展，事关亚太地区全体人民的福祉。亚太经合组织各成员为应对气候变化提出一些有益倡议，采取不少积极举措，取得了一定成效。我们应该在此基础上进一步凝聚共识、开展合作。这不仅有助于推进本地区可持续发展，而且将对应对全球气候变化的努力产生重要影响。

我们应该本着对人类、对未来高度负责的态度，尊重历史，立足当前，着眼长远，务实合作，统筹经济发展和环境保护。

第一，坚持合作应对。气候变化是全球性问题，需要各国联手应对。在气候变化上，帮助别人就是帮助自己，开展合作才能互利共赢。发达国家应该正视自己的历史责任和当前人均排放高的现实，严格履行《京都议定书》确定的减排目标，并在2012年后继续率先减排。发展中国家应该根据自身情况采取相应措施，特别是要注重引进、消化、吸收先进清洁技术，为应对气候变化作出力所能及的贡献。国际社会应该加大对发展中国家的支持，发达国家应该履行对发展中国家的技术转让和资金支持承诺，切实帮助发展中国家提高减缓和适应气候变化能力。

第二，坚持可持续发展。气候变化从根本上说是发展问题，只有在可持续发展的前提下才能妥善解决。应该建立适应可持续发展要求的生产方式和消费方式，优化能源结构，推进产业升级，发展低碳经济，努力建设资源节约型、环境友好型社会，从根本上应对气候变化的挑战。

第三，坚持公约主导地位。《联合国气候变化框架公约》及其《京都议定书》奠定了应对气候变化国际合作的法律基础，是最具权威性、普遍性、全面性的国际框架。应该维护公约及其议定书作为应对气候变化的核心机制和主渠道地位，将公约确定的原则作为应对气候变化的指导原则。

第四，坚持科技创新。科技是应对气候变化的重要手段。应该加强研发和推广节能技术、环保技术、低碳能源技术，加强人员培训，充分发挥各方积极性，提高共同应对气候变化能力。

建立“亚太森林恢复与可持续管理网络”，共同促进亚太地区森林恢复和增长，增加碳汇，减缓气候变化。

中国一贯高度重视气候变化，为减缓全球温室气体排放作出了积极贡献。中国将全力落实应对气候变化国家方案，在发展经济的同时努力减缓温室气体排放，不断增强适应气候变化能力。为了有效应对气候变化，中国将坚持科学发展观，贯彻节约资源和保护环境的基本国策，把人与自然和谐发展作为重要理念，促进经济发展与人口资源环境相协调，走生产发展、生活富裕、生态良好的文明发展道路。中国将把可持续发展作为经济社会发展的重要目标，充分发挥科技创新在减缓和适应气候变化中的先导性、基础性作用，开展全民气候变化宣传教育，继续推动并参与国际合作。中国将继续为推动建设一个清洁、和谐、充满活力、可持续发展的亚太地区作出努力。

(2008年9月8日)

在亚太经合组织第十六次
领导人非正式会议上的讲话（节录）

承担责任，共同应对气候变化。各方应该根据《联合国气候变化框架公约》及其《京都议定书》的要求，遵循共同但有区别的责任原则，积极落实“巴厘路线图”谈判，并结合自身情况采取有效的政策措施减缓气候变化。森林保护是应对气候变化合作的重要内容。去年，我提出了建立亚太森林恢复与可持续管理网络的倡议。在各方共同努力下，这一网络已在北京正式启动。中国政府将在未来几年内为该网络运行提供一定的专项资金，希望各方积极支持和参与。

（2008年11月22日）

携手应对气候变化挑战
——在联合国气候变化峰会开幕式上的讲话

今天，各国领导人汇聚联合国，共商应对气候变化大计，这对推动国际社会有力应对气候变化这一全球性挑战具有十分重要的意义。

全球气候变化深刻影响着人类生存和发展，是各国共同面临的重大挑战。37年来，从斯德哥尔摩到里约热内卢，从京都到巴厘岛，我们为保护全球环境、应对气候变化共同努力，取得显著成就。这是世界各国不断加深认知、不断凝聚共识、不断应对挑战的历史进程。《联合国气候变化框架公约》及其《京都议定书》已成为各方公认的应对气候变化主渠道，共同但有区别的责任原则已成为各方加强合作的基础，走可持续发展道路、实现人与自然相和谐已成为各方共同追求的目标。

气候变化是人类发展进程中出现的问题，既受自然因素影响，也受人类活动影响，既是环境问题，更是发展问题，同各国发展阶段、生活方式、人口规模、资源禀赋以及国际产业分工等因素密切相关。归根到底，应对气候变化问题应该也只能在发展过程中推进，应该也只能靠共同发展来解决。

应对气候变化，涉及全球共同利益，更关乎广大发展中国家发展利益和人民福祉。在应对气候变化过程中，必须充分考虑发展中国家的发展阶段和基本需求。发展中国家历史排放少、人均排放低，目前受发展水平所限，缺少资金和技术，缺乏应对气候变化能力和手段，在经济全球化进程中处于国际产业链低端，承担着大量转移排放。当前，发展中国家的首要任务仍是发展经济、消除贫困、改善民生。国际社会应该重视发展中国家特别是小岛屿国家、最不发达国家、内陆国家、非洲国家的困难处境，倾听发展中国家声音，尊重发展中国家诉求，把应对气候变化和促进发展中国家发展、提高发展中国家发展内在动力和可持续发展能力紧密结合起来。

应对气候变化，实现可持续发展，是摆在我们面前一项紧迫而又长期的任务，事关人类生存环境和各国发展前途，需要各国进行不懈努力。当前，我们在共同应对气候变化方面应该坚持以下几点。

第一，履行各自责任是核心。共同但有区别的责任原则凝聚了国际社会共识。坚持这一原则，对确保国际社会应对气候变化努力在正确轨道上前行至关重要。发达国家和发展中国家都应该积极采取行动应对气候变化。根据《联合国气候变化框架公约》及其《京都议定书》的要求，积极落实"巴厘路线图"谈判。发达国家应该完成《京都议定书》确定的减排任务，继续承担中期大幅量化减排指标，并为发展中国家应对气候变化提供支持。发展中国家应该根据本国国情，在发达国家资金和技术转让支持下，努力适应气候变化，尽可能减缓温室气体排放。

第二，实现互利共赢是目标。气候变化没有国界。任何国家都不可能独善其身。应对这一挑战，需要国际社会同舟共济、齐心协力。支持发展中国家应对气候变化，既是发达国家应尽的责任，也符合发达国家长远利益。我们应该树立帮助别人就是帮助自己的观念，努力实现发达国家和发展中国家双赢，实现各国利益和全人类利益共赢。

第三，促进共同发展是基础。发展中国家应该统筹协调经济增长、社会发展、环境保护，增强可持续发展能力，摆脱先污染、后治理的老路。同时，不能要求发展中国家承担超越发展阶段、应负责任、实际能力的义务。从长期看，没有各国共同发展，特别是没有发展中国家发展，应对气候变化就没有广泛而坚实的基础。

第四，确保资金技术是关键。发达国家应该担起责任，向发展中国家提供新的额外的充足的可预期的资金支持。这是对人类未来的共同投资。气候友好技术应该更好服务于全人类共同利益。应该建立政府主导、企业参与、市场运作的良性互动机制，让发展中国家用得上气候友好技术。

中国取得了巨大发展成就，人民生活和社会面貌发生了深刻变化。中国经济总量虽然已处于世界前列，但人均国内生产总值仍排在全球100位之后。中国仍是世界上最大发展中国家，人口占世界五分之一，城乡、区域、经济社会发展不平衡，面临的困难还很多，实现现代化还有很长的路要走。中国从对本国人民和世界人民负责任的高度，充分认识到应对气候变化的重要性和紧迫性，已经并将继续坚定不移为应对气候变化作出切实努力，并向其他发展中国家提供力所能及的帮助，继续支持小岛屿国家、最不发达国家、内陆国家、非洲国家提高适应气候变化能力。

中国高度重视和积极推动以人为本、全面协调可持续的科学发展，明确提出了建设生态文明的重大战略任务，强调要坚持节约资源和保护环境的基本国策，坚持走可持续发展道路，在加快建设资源节约型、环境友好型社会和建设创新型国家的进程中不断为应对气候变化作出贡献。

中国已经制定和实施了《应对气候变化国家方案》，明确提出2005年到2010年降低单位国内生产总值能耗和主要污染物排放、提高森林覆盖率和可再生能源比重等有约束力的国家指标。仅通过降低能耗一项，中国5年内可以节省能源6.2亿吨标准煤，相当于少排放15亿吨二氧化碳。

今后，中国将进一步把应对气候变化纳入经济社会发展规划，并继续采取强有力的措施。一是加强节能、提高能效工作，争取到2020年单位国内生产总值二氧化碳排放比2005年有显著下降。二是大力发展可再生能源和核能，争取到2020年非化石能源占一次能源消费比重达到15%左右。三是大力增加森林碳汇，争取到2020年森林面积比2005年增加4000万公顷，森林蓄积量比2005年增加13亿立方米。四是大力发展绿色经济，积极发展低碳经济和循环经济，研发和推广气候友好技术。

世界期待着我们就事关人类生存和发展的气候变化问题作出抉择。我相信，只要我们本着对各自国家和人类社会负责任的态度，立足现实，着眼未来，坚持《联合国气候变化框架公约》及其《京都议定书》主渠道地位，坚持共同但有区别的责任原则，坚持“巴厘路线图”的授权，哥本哈根大会就会成为国际社会合作应对气候变化新的里程碑。中国愿同各国携手努力，共同为子孙后代创造更加美好的未来！

（2009年9月22日）

在亚太经合组织工商领导人峰会上的演讲（节录）

创新思路，积极推动经济发展方式转变。应该加快实施科技创新和产业改造，大力发展绿色经济、循环经济，充分依靠科技进步增强世界经济增长内在动力。我们应该加强经济技术合作，降低人为技术转让壁垒，缩小发展中成员同发达成员的技术差距特别是绿色技术差距，避免形成新的“绿色鸿沟”。发达成员应该帮助发展中成员获得有助于转变经济发展方式的资金和技术，推动世界经济平衡有序发展。

（2009年11月13日）

中共中央政治局常委、全国人大常委会委员长
吴邦国重要论述

在安徽考察时的谈话（节录）

要坚持以科学发展观为指导，认真贯彻落实中央的方针政策和战略部署，在努力保持经济平稳较快发展的同时，把应对国际金融危机冲击、克服当前困难与实现可持续发展有机结合起来，加快结构调整、促进产业升级，发展低碳经济、促进节能减排，振兴皖北经济、促进区域协调发展。

发展低碳经济，促进节能减排，是落实科学发展观、实现可持续发展的内在要求，是应对气候变化、参与国际竞争的客观需要，也是结构调整、产业升级的主攻方向。我们一定要抓住当今世界开始重视低碳经济发展的机遇，加快发展太阳能、风能等可再生能源，加快开发洁净煤、智能电网、新能源汽车、碳捕捉等技术，加快建筑节能步伐，为实现经济社会可持续发展提供新的不竭动力。

（2009年7月2～7日）

出席在亚利桑那州菲尼克斯市举行的中美经贸合作论坛开幕式并致辞（节录）

中美两国经济结构调整战略将拓展新的合作领域，低碳经济、可再生能源和清洁能源、洁净煤和碳捕捉及封存、智能电网、建筑能效、新能源汽车等方面的合作，将成为中美经贸合作尤其是经济技术合作与企业合作新的增长点。

（2009年9月8日）

在甘肃调研时的谈话(节录)

要瞄准世界同行业先进水平，主动开展以节能降耗为核心的新一轮技术改造，大力发展循环经济，加强资源综合利用，既减少环境污染，又增加经济效益。要发挥国有企业人才、技术和管理等优势，加强技术创新，加快高端产品研发，实现产品升级换代，更好满足市场需求。

发展风能、太阳能、核电等清洁能源和新能源，将成为经济发展新的增长点，是能源结构调整的主攻方向，也是应对气候变化、确保能源安全的重大举措。甘肃要充分利用得天独厚的条件，毫不动摇地发展风能、太阳能等清洁能源，全力搞好示范项目。他强调，要加大科技投入，加强自主创新，攻克技术难题，掌握关键技术，提高装备质量，努力降低成本，为可再生能源发展提供坚实的技术支撑和保障。

(2009年11月9～14日)

中共中央政治局常委、国务院总理
温家宝重要论述

全国人大十届二次会议《政府工作报告》（节录）

积极实施可持续发展战略，按照统筹人与自然和谐发展的要求，做好人口、资源、环境工作。大力发展循环经济，推行清洁生产。依法保护与合理利用国土资源。重视海洋资源开发与保护。加强水资源保护和节约利用。

（2004年3月5日）

全国人大十届三次会议《政府工作报告》（节录）

注重能源资源节约和合理利用。缓解我国能源资源与经济社会发展的矛盾，必须立足国内，显著提高能源资源利用效率。一要坚决实行开发和节约并举、把节约放在首位的方针。鼓励开发和应用节能降耗的新技术，对高能耗、高物耗设备和产品实行强制淘汰制度。二要抓紧制定专项规划，明确各行业节能降耗的标准、目标和政策措施。抓好重点行业的节能节水节材工作。鼓励发展节能环保型汽车、节能省地型住宅和公共建筑。三要大力发展循环经济。从资源开采、生产消耗、废弃物利用和社会消费等环节，加快推进资源综合利用和循环利用。积极开发新能源和可再生能源。四要加强矿产资源开发管理。整顿和规范矿产资源开发秩序。完善资源开发利用补偿机制和生态环境恢复补偿机制。五要大力倡导节约能源资源的生产方式和消费方式，在全社会形成节约意识和风气，加快建设节约型社会。

加强环境保护和生态建设。要抓紧解决严重影响人民群众健康安全的环境污染问题。以水污染防治为重点，加强工业和城市污染治理，加强农村面源污染治理，加强饮用水源地保护。实行严格的排污总量控制制度，加大环保监督和执法力度。大力推行清洁生产，发展环保产业。继续搞好天然林保护和草原建设，加强风沙源和水土流失治理。我们的奋斗目标是，让人民群众喝上干净的水、呼吸清新的空气，有更好的工作和生活环境。

(2005年3月5日)

在国家能源领导小组第一次会议上的讲话（节录）

发展新能源和可再生能源。积极推进核电建设，加快风电规模化发展，推进农村户用沼气建设，积极开发利用太阳能。全面推进节约能源工作。综合运用经济、法律、技术和必要的行政手段，切实加强高耗能行业和企业节能工作，加快高耗能设备技术改造，抓好重点节能工程。加强能源资源综合利用和有效利用，大力发展循环经济。深入开展全民节能活动，建设节能型经济和节能型社会。

(2005年6月3日)

在全国建设节约型社会电视电话会议上的讲话（节录）

能源、矿产、水、土地等自然资源，是经济社会可持续发展的物质基础和保障。新中国成立后特别是改革开放以来，我国经济社会发展取得了举世瞩目的巨大成就，但是，我们在资源和环境方面也付出了巨大代价。经济增长方式粗放，资源消耗高，浪费大，污染重。党中央、国务院提出转变经济增长方式以来，各地方、各部门做出了很大努力，也取得了一定成效，但由于种种原因，问题并没有从根本上得到解决。目前，我国单位国内生产总值能源、原材料和水资源消耗大大高于世界平均水平。生产、建设、流通、消费领域浪费资源的现象相当严重。一些城市建设贪大求洋，汽车消费追求豪华型、大排量，住房消费追求大面积、高标准，有的产品过分包装，一些活动讲究排场、大吃大喝。这样，不仅造成资源供求矛盾日趋尖锐，煤电油运紧张，环境污染加重，导致一些重要矿产资源对外依存度不断上升，而且助长了不良的社会风气。我国资源支撑这种粗放的经济增长已经难以承受。在我国经济社会发展进入新的历史阶段，中央明确提出建设节约型社会，就是要在社会生产、建设、流通、消费的各个领域，在经济和社会发展的各个方面，切实保护和合理利用各种资源，提高资源利用效率，以尽可能少的资源消耗获得最大的经济效益和社会效益。这是关系到我国经济社会发展和中华民族兴衰，具有全局性和战略性的重大决策。

大力节约能源。认真实施《节能中长期专项规划》中提出的十大重点节能工程，抓紧启动节约和替代石油、热电联产、余热利用、建筑节能、绿色照明等重点节能工程。突出抓好钢铁、有色、电力、建材等重点耗能行业和企业的节能。大力发展节能型交通运输工具和农业机械，优先发展城市公共交通系统，控制高耗油汽车的发展。推动新建住宅、公共建筑节能和现有建筑节能改造。推广节能环保型空调、冰箱等家电产品，在公用设施、宾馆商厦、居民住宅和全社会推广采用节能照明产品。严格执行公共建筑夏季空调室内温度最低标准。在农村大力发展户用沼气工程。积极开发利用水能、风能、太阳能、生物质能等可再生能源。

（2005年6月30日）

全国人大十届四次会议《政府工作报告》（节录）

大力推动以节能降耗为重点的设备更新和技术改造，加快淘汰高耗能、高耗水、高耗材的工艺、设备和产品。

（2006年3月5日）

在中央人口资源环境工作座谈会上的讲话（节录）

开展能源资源节约，加快建设节约型社会。要切实抓好水污染防治，加快城市大气污染治理，严把建设项目环境准入关，严格环境执法。加强重点生态工程建设。继续实施好天然林保护工程，推进以“三北”防护林为重点的防护林体系建设，提高森林覆盖率。

（2006年3月12日）

在第二届东亚峰会上的讲话（节录）

提高能效和节约能源，加强对清洁能源、替代能源和新能源技术的研发和推广，构建清洁、安全、经济、可靠的地区未来能源供应体系。

中国的能源需求主要是靠自已来解决，特别要靠大力节能。到2010年我们要实现单位GDP能耗降低20%左右的目标。我们愿意积极开展国际合作，共同维护能源市场的稳定。

(2007年1月16日)

全国人大十届五次会议《政府工作报告》（节录）

一是完善并严格执行能耗和环保标准。新上项目必须进行能源消耗审核和环境影响评价，不符合节能环保标准的不准开工建设，现有企业经整改仍达不到标准的必须依法停产关闭。二是坚决淘汰落后生产能力。“十一五”期间，关停5000万千瓦小火电机组，今年要关停1000万千瓦；五年淘汰落后炼铁产能1亿吨、落后炼钢产能5500万吨，今年力争分别淘汰3000万吨和3500万吨。加大淘汰水泥、电解铝、铁合金、焦炭、电石等行业落后产能的力度。三是突出抓好重点行业和企业。加强钢铁、有色金属、煤炭、化工、建材、建筑等重点行业，以及年耗能万吨标准煤以上重点企业的节能减排工作。全面实施低效燃煤工业锅炉（窑炉）改造、区域热电联产等重点节能工程。坚持优先发展城市公共交通。四是健全节能环保政策体系。注重发挥市场机制作用，综合运用价格、财税、信贷等经济手段，促进节能环保工作。深化重要资源性产品价格和排污收费改革，完善资源税制度，健全矿产资源有偿使用制度，加快建立生态环境补偿机制。保护和合理开发利用海洋资源。五是加快节能环保技术进步。积极推进以节能减排为主要目标的设备更新和技术改造，引导企业采用有利于节能环保的新设备、新工艺、新技术。加强资源综合利用和清洁生产，大力发展循环经济和节能环保产业。

（2007年3月5日）

主持国务院常务会并审议《可再生能源中长期发展规划》（节录）

开发利用可再生能源，对于保障能源安全、保护生态环境、实现可持续发展具有重要意义。要把发展可再生能源作为一项重大战略举措，切实抓紧抓好。当前和今后一个时期，要加快水电、太阳能、风能、生物质发电、沼气的开发利用。总的目标是：提高可再生能源在能源结构中的比重，解决偏远地区无电人口供电问题，改善农村生产、生活条件，推行有机废弃物的能源化利用，推进可再生能源技术的产业化发展。

开发利用可再生能源，要与推进节能降耗、应对全球气候变化相结合，坚持以下原则：一要根据可再生能源发展的目标要求，抓紧制定和完善相关配套政策；二要采取有效措施，培育持续稳定的可再生能源市场；三要加大财政投入，实施税收优惠政策，重点支持可再生能源科学技术研究、应用示范和产业化发展；四要科学规划，因地制宜，合理布局，有序开发，不得占用耕地，不得大量消耗粮食，不得破坏生态环境。

（2007年6月7日）

与德国总理默克尔访华会谈时讲话（节录）

目前气候变化已成为全人类关注的重要议题，中国坚持“共同但有区别的责任”原则，同时将担负起自己的责任。

中国成立了国家应对气候变化和节能减排工作领导小组。此外，中国还出台了《中国应对气候变化国家方案》，近期目标是：到2010年，单位国内生产总值能耗比2005年降低20%，也就是每年降低4%；污染物排放量降低10%，即每年降低2%。

实现这个目标是非常艰巨的，但我们已经下定决心，已关闭了上万座小煤窑、550万千瓦的小电厂。

中国面临的任务比德国要艰巨。现在空气中二氧化碳总量不是发展中国家（特别是中国）造成的。中国的发展只有30年时间，而发达国家经历了100年到200年的发展历程。

中国还面临人口众多的现实，但中国人民同世界各国人民一样期待蓝天、青山、绿水，我们将为此做出不懈努力。

(2007年8月27日)

在新加坡第三届东亚峰会上的讲话（节录）

随着工业化的快速发展，人类使用化石能源，创造了巨大的物质财富，但同时也产生了大量污染物和温室气体，全球能源、气候变化和环境问题越来越突出，成为我们面临的共同挑战。东亚峰会就这个重大战略性问题交换看法，反映出本地区国家加强合作，应对挑战的愿望和决心。

在此，我愿就应对气候变化阐述中方的看法和主张：

第一，气候变化是全球性问题，需要各国携手合作，共同保护我们的家园。发达国家应该正视自己的历史责任和当前人均排放水平仍然居高的现实，严格履行《京都议定书》确定的减排目标，在2012年后继续率先减排。发展中国家应该根据自身能力积极采取有效措施，为应对气候变化做出力所能及的贡献。国际社会应该加大对发展中国家的支持，发达国家应该履行对发展中国家的技术转让和资金支持承诺，切实帮助发展中国家提高减缓和适应气候变化能力。

第二，气候变化从根本上说是发展问题。应该把经济增长、社会发展、环境保护统筹协调起来，建立适应可持续发展要求的生产方式和消费方式。为应对气候变化而停滞发展，或者无视气候变化片面追求经济增长都是不可取、不可行的。据估计，今天全球约有24亿人仍以煤炭、木炭、薪柴、农作物秸秆作为主要燃料，有16亿人没有用上电。让贫困人口得到现代能源的服务，进而享受发展的机会，是一种道义责任和社会责任。因此必须强调，应对气候变化的努力应该促进而不是阻碍各国尤其是发展中国家发展经济、消除贫困。

第三，《联合国气候变化框架公约》及其《京都议定书》奠定了应对气候变化国际合作的法律基础，最具权威性、普遍性、全面性。公约确立的“共同但有区别的责任”和公平原则，凝聚了国际社会共识，反映了各国经济发展水平、历史责任、当前人均排放上的差异。我们应该以公约和议定书作为国际合作的基本框架，也欢迎将其他开展务实合作的倡议和机制作为公约框架的有益补充。

第四，技术进步对减缓和适应气候变化具有决定性作用。国际社会要增加资金投入，扩大信息交流，加强节能、环保、低碳能源等技术的研发和创新合作，特别是加强技术推广和利用，使广大发展中国家买得起、用得上。在这方面，不能只强调市场机制的作用，把应对气候变化的任务全部推向市场。发达国家应减少贸易和技术壁垒，支持尽早落实公约关于技术转让的规定，建立切实有效的技术转让和技术合作机制，提高共同应对气候变化的能力。

第五，适应气候变化是发展中国家最为关心的问题，是应对气候变化挑战的重要组成部分。发达国家应本着共同发展的伙伴精神，积极帮助发展中国家提高适应能力，增强应对气候灾害的能力;尽快启动《京都议定书》的适应基金，并对所有发展中国家开放;完善全球环境基金和清洁发展机制的运作，使发展中国家更加受益；扩大适应资金来源，为发展中国家适应气候变化提供新的和额外的资金支持。中国将于明年举办“东亚峰会气候变化适应能力建设研讨会”，就本地区国家如何提高对气候变化的适应能力进行探讨。

中国是世界上人口最多的国家，是一个中低收入的发展中国家，是遭受气候变化不利影响较为严重的国家。中国政府充分认识到应对气候变化的重要性、紧迫性，本着对本国人民负责、对全人类负责、对子孙后代负责的精神，主动采取了一系列减缓温室气体排放的政策措施，取得了重要进展。

国际舆论比较关注中国二氧化碳排放总量，但不要忽视这样一些基本事实：中国人口占世界总人口21%；中国人均二氧化碳排放还比较低，不到发达国家平均水平的三分之一；中国仍有2000多万农村贫困人口和2200多万城市最低生活保障线以下人口，城乡和区域经济社会发展还不平衡。为了改善和提高13亿中国人民的生活水平和生活质量，中国的“发展排放”在一定时期难免会有所增加。作为一个制造业大国，中国生产的商品为世界各国享用，但却承受着“转移排放”带来的越来越大的压力。我们希望，各方在关注中国的排放时要充分注意到这两个因素。

中国政府将环境保护作为一项基本国策，将科学发展观作为执政理念，根据《联合国气候变化框架公约》的规定，结合中国经济社会发展规划和可持续发展战略，制定并公布了《中国应对气候变化国家方案》，成立了国家应

对气候变化领导小组，颁布了一系列法律法规。我们明确提出了控制温室气体排放的具体任务，包括到2010年实现单位国内生产总值能源消耗比2005年降低20%左右、可再生能源在一次能源供应结构中的比重提高到10%、将工业氧化亚氮排放稳定在2005年水平，同时努力实现森林覆盖率达到20%、新增改良草地2400万公顷、治理退化和沙化及碱化草地5200万公顷、自然保护区面积占国土总面积比例达到16%左右、治理荒漠化土地面积2200万公顷等。我们知道，这些任务非常艰巨，但我们有决心和信心，经过艰苦努力，一定能够实现。

中国坚持走低消耗、低排放、高效益、高产出的新型工业化道路，是国际社会加强环境保护、应对气候变化、实现可持续发展努力的重要组成部分。我们期待得到包括东亚国家在内的国际社会的大力支持。中国将根据公约和议定书，本着“共同但有区别的责任”原则，承担应有的国际责任和义务。中方赞同本次会议发表的《气候变化、能源和环境新加坡宣言》，愿与各方一道，将宣言的精神和倡议落到实处，共同促进东亚地区应对气候变化的努力，推动建设一个和谐发展、清洁发展、可持续发展的东亚。

（2007年11月21日）

就气候变化等问题与联合国秘书长潘基文通电话（节录）

气候变化问题是全人类面临的共同挑战，需要国际社会通力合作，在《联合国气候变化框架公约》及其《京都议定书》框架下，按照“共同但有区别的责任”原则，各尽所能，积极应对。发达国家应在率先大幅减排的同时，帮助发展中国家增强应对气候变化的能力。发展中国家应根据自身能力积极采取有效措施，为应对气候变化作出力所能及的贡献。

中国政府高度重视气候变化问题，已根据自己的可持续发展战略主动采取了一系列节能减排措施，取得了显著成效。中方将以积极、负责任和建设性态度参加巴厘岛公约缔约方会议，为会议取得预期成功作出贡献。

（2007年12月2日）

十一届全国人大一次会议《政府工作报告》（节录）

今年是完成“十一五”节能减排约束性目标的关键一年，务必增强紧迫感，加大攻坚力度，力求取得更大成效。一是落实电力、钢铁、水泥、煤炭、造纸等行业淘汰落后生产能力计划。建立淘汰落后产能退出机制，完善和落实关闭企业的配套政策措施。同时，按照规划加强这些行业先进生产能力的建设。二是抓好重点企业节能和重点工程建设。加快十大重点节能工程实施进度。提高城镇污水处理能力，力争用两年时间在36个大城市率先实现污水的全部收集和处理。适当提高排污费、污水处理费和垃圾处理费标准。完善和严格执行建筑标准，大力推进墙体材料革新和建筑节能。稳步推进城镇供热体制和市政公用事业改革。三是开发和推广节约、替代、循环利用资源和治理污染的先进适用技术，实施节能减排重大技术和示范工程。大力发展节能服务产业和环保产业。开发风能、太阳能等清洁、可再生能源。四是做好“三河三湖”、南水北调水源及沿线、三峡库区和松花江等重点流域污染防治工作，实施渤海环境保护总体规划。提高重点流域水污染物的国家排放标准。五是加强农村饮用水水源地保护，推进农村生活污染治理，严格控制农村地区工业污染，加强畜禽、水产养殖污染治理，控制农业面源污染。六是鼓励和支持发展循环经济，促进再生资源回收利用。全面推行清洁生产。七是加强土地、水、草原、森林、矿产等资源的保护和节约集约利用，严厉查处乱采滥挖矿产资源等违法违规行为。搞好海洋资源保护和合理利用，发展海洋经济。加强气象、地震、测绘基础研究和能力建设。八是实施应对气候变化国家方案，加强应对气候变化能力建设。九是完善能源资源节约和环境保护奖惩机制。执行节能减排统计监测制度，健全审计、监察体系，加大执法力度，强化节能减排工作责任制。十是增强全社会生态文明观念，动员全体人民更加积极投身于资源节约型、环境友好型社会建设。节约资源和保护环境要一代一代人持之以恒地进行下去，让我们的祖国山更绿，水更清，天更蓝。

（2008年3月5日）

与新西兰总理克拉克会谈（节录）

发挥双方在应对气候变化、节能环保、低碳经济等可持续发展领域的互补优势，培育经贸合作新的增长点。

（2008年4月7日）

主持召开国家应对气候变化及节能减排工作领导小组第一次会议（节录）

一定要从全局和战略的高度，充分认识加强节能减排和应对气候变化工作的极端重要性和紧迫性，增强历史责任感和使命感，下更大的决心、用更大的气力、采取更有力的措施，切实把这方面工作抓紧做好。

当前，中国能源消耗高、环境污染重问题突出，实现“十一五”规划提出的节能降耗和污染减排目标困难很多，面临的形势十分严峻，特别是最近一些地方接连出现严重污染事件给我们敲响了警钟。对此，要有强烈的危机感和紧迫感。要充分认识做好节能减排和应对气候变化工作，是贯彻落实科学发展观的要求，是建设资源节约型和环境友好型社会的任务，是关系经济社会可持续发展全局的课题，是对政府执行力和公信力的考验，也是中国对国际社会应该承担的责任。从中央到地方各级政府都必须把节能减排和应对气候变化工作摆在更加突出、更加重要的位置，组织和协调各方面力量，努力实现各项目标任务。

领导小组各成员单位一定要切实负起责任，严格执行《中国应对气候变化国家方案》和《节能减排综合性工作方案》，建立责任制和问责制，加强协调配合，相互支持，形成合力，共同做好节能减排和应对气候变化工作。

（2008年5月1日）

主持会议研究部署加强节油节电工作（节录）

随着工业化、城镇化加速发展，能源供应紧张已成为制约经济社会发展的重要因素。与此同时，我国能源消费不合理、利用效率低的状况仍然比较严重，国家机关、企事业单位、大型公共建筑、城市景观以及家庭用电等方面还存在许多浪费现象，节约潜力很大。解决我国能源问题，必须坚持节约与开发并举、节约优先的方针，把节油节电工作摆在更加突出的位置。

要突出重点，抓住汽车、锅炉、电机系统、空调、照明等应用面广、潜力大、见效快的关键领域，采取综合配套措施，形成有效的激励机制，大幅度提高能源利用效率。一要抓好汽车节油。严格执行车辆淘汰制度，对节能环保型汽车实行消费税优惠政策，提高大排量汽车消费税率，大力发展公共交通。二要抓好锅炉节油。把关停燃油发电机组作为关停小火电的重点，加大对节约和替代石油项目的支持力度。三要抓好电机系统节电。制定低效落后电机及拖动设备淘汰目录和淘汰计划，加快淘汰进度。鼓励使用节能专用设备，实施节能改造。四要抓好空调节电。实行鼓励消费者购买高效节能空调的财税政策。五要抓好照明节电。加大高效照明产品推广力度，今明两年大中城市政府机关、城市道路照明、宾馆饭店、公共场所等全部淘汰低效照明产品。六要抓好办公节能。会议要求，要突出抓好重点用电用油单位的节能工作，加强电力需求侧管理，落实节油节电的价格政策，依法查处各种浪费石油和电力的行为，保证各项节能措施的落实。

节约能源是全体人民的共同责任。会议决定在全国开展全民节能行动，主要包括开展能源紧缺体验活动、每周少开一天车、严格控制室内空调温度、减少电梯使用、控制路灯和景观照明、普及使用节能产品、使用节能环保购物袋、减少使用一次性用品、夏季公务活动着便装、培养良好节约习惯等十项举措。要通过深入开展全民节能行动，进一步增强能源忧患意识和节能意识，在全社会大力倡导节约型生产方式、消费模式和生活方式，促进经济社会可持续发展。

国家机关、事业单位和团体组织等公共机构带头节能，对增进全社会节能意识具有重要的引导和示范意义。为推动公共机构节约能源，提高公共机构能源利用效率，有必要制定《公共机构节能条例》。条例草案明确了公共机构及其负责人在节能工作中的责任，规定公共机构应建立健全节能管理规章制度，提高节能管理水平，及时发现和纠正能源浪费现象，并接受社会监督。

（2008年7月23日）

在应对气候变化技术开发与转让高级别研讨会上的讲话（节录）

气候变化是国际社会普遍关心的重大全球性问题，事关人类的生存环境和各国的繁荣发展。中国政府始终以负责任的态度高度重视气候变化问题，坚持把资源节约和环境保护作为基本国策，把实现可持续发展作为国家战略，为应对全球气候变化作出了积极努力。一是制定了《中国应对气候变化国家方案》，明确了到2010 年应对气候变化的具体目标、基本原则、重点领域及政策措施。二是在国民经济和社会发展“十一五”规划中把单位GDP 能耗作为约束性指标，并建立地方、企业节能减排责任制，逐级进行考核。三是更加注重推进经济发展方式转变和经济结构调整，鼓励采用节约能源资源的生产方式和消费模式。四是通过加大政策引导和资金投入，大力发展水能、核能、风能及农村沼气等清洁能源和可再生能源。2000 年到2008 年，中国风电装机容量由34 万千瓦提高到1000 万千瓦，水电装机容量由7935万千瓦提高到16300 万千瓦，核电装机容量由210 万千瓦提高到885万千瓦。五是深化能源资源领域的价格、财税体制改革，既注重发挥政府的引导作用，又充分运用市场调节机制，促进全社会节约能源资源。六是积极实施天然林保护、退耕还林还草等生态建设，森林覆盖率由上世纪90 年代初期的13.92%增加到2005 年的18.21%，进一步增强了森林作为温室气体吸收汇的能力。七是制定了一系列应对气候变化的法律法规，广泛开展节约资源、保护环境教育，加快建设资源节约型、环境友好型社会。八是成立了国家应对气候变化工作领导小组，指导各部门和地方政府开展这项工作。这些措施正在收到明显成效，仅去年一年内就关停小火电机组1438 万千瓦，关闭小煤矿1 万多处，淘汰落后炼铁产能4659 万吨、炼钢产能3747 万吨、水泥产能5200 万吨。单位国内生产总值能耗连年下降，降幅逐年提高。我们有信心经过不懈努力实现“十一五”规划确定的节能减排各项指标。

中国是一个人均GDP 只有2000 多美元的发展中国家，仍有1500万农村人口处在绝对贫困状态，2200 多万城市人口维持最低生活保障。中国目前正处在工业化快速发展阶段，人均温室气体排放不到发达国家的三分之一，历史累积的人均排放更低，而且在排放总量中相当部分是保障民众的生存排放和国家制造业的转移排放。我们面临着发展经济、消除贫困和减缓温室气体排放的多重压力。纵观世界发展史，发达国家200 多年工业化过程中分阶段出现的资源环境问题，我国现阶段集中显现出来；发达国家在经济高度发展后花几十年解决的节能减排问题，我们要在短得多的时间内得以解决，难度之大前所未有。中国政府将坚定不移地推行有利于节约能源资源、保护环境的生产方式、生活方式和消费模式，建设低投入、高产出，低能耗、少排放，能循环、可持续的国民经济体系，推动整个社会走上生产发展、生活富裕、生态良好的可持续发展道路。

当前，全球金融危机加剧蔓延，世界经济增长明显放缓，对全国经济发展和人民生活带来严重挑战。在这样的形势下，我们应对气候变化的决心绝不能动摇，行动绝不能松懈。在此，我愿提出以下几点看法和主张：

第一，必须坚持国际社会携手合作应对气候变化。气候变化对人类的影响是全方位的，没有哪一个国家能够在这巨大挑战面前独善其身，也没有哪一个国家能够单独承担起应对气候变化的重任。必须采取务实合作的行动，才能实现人类的和谐发展、各国的互利共赢。《联合国气候变化框架公约》及《京都议定书》奠定了应对气候变化国际合作的法律基础，多年来国际社会为履约付出了努力并取得一定成，但实际进展离我们期待的目标尚有较大差距。实践证明，全球合作是应对气候变化的关键，需要充分考虑各国的具体国情、发展阶段、历史责任、人均排放等因素，正视历史，立足当前，着眼长远，开展长期、广泛的对话和务实合作。国际社会应当依据《公约》和《议定书》的原则与规定，牢固树立帮助别人就是帮助自己、损害别人就是损害自己的理念，积极应对气候变化，共同建设美好家园。

第二，必须坚持在可持续发展的框架下应对气候变化。气候变化是重大环境问题，但归根结底是发展问题。为应对气候变化而影响发展目标的实现，或者无视气候变化威胁而片面追求经济增长，都不符合国际社会的共同利益。当前气候变化主要是由于发达国家长期累积排放造成的，广大发展中国家特别是最不发达国家和小岛屿国家适应气候变化能力弱，由他们承担气候变化的严重后果是有失公允的。发达国家应当改变不可持续的消费模式，大幅度降低温室气体排放，并帮助发展中国家走适合国情的可持续发展道路，努力实现经济发展和应对气候变化的有机统一。

第三，必须坚持“共同但有区别责任”的原则。这反映了发达国家和发展中国家在应对气候变化问题上应尽的不同义务，是指导国际社会应对气候变化具有主导和核心地位的基本准则。发达国家应当正视自己长期累积排放的历史责任和高人均排放的现实，严格履行《议定书》所确定的第一承诺期减排目标，并在2012 年后继续大幅度减排。同时，要切实按照“巴厘路线图”兑现承诺，为发展中国家应对气候变化提供资金、技术和能力建设的支持。国际社会应当充分考虑发展中国家适应气候变化的特殊关切，改变重减缓、轻适应的倾向。

发展中国家也要尽最大努力减少排放，为减缓和适应气候变化作出应有贡献。

第四，必须坚持联合国千年发展目标。我们不能忘记，目前世界上仍有约十亿人口生活在贫困线以下，距离实现联合国提出的千年发展目标还有很大的差距。让全球广大贫困人口享受人类发展和现代文明的成果，是各国政府的应尽责任。国际社会必须认识到，如果没有发展中国家的经济社会进步，不仅无法实现应对气候变化的目标，也无法确保世界的繁荣与稳定。全球应对气候变化的行动，应当促进而不是阻碍各国尤其是发展中国家发展经济和消除贫困，应当有助于缩小而不是扩大各国之间的贫富差距和技术鸿沟，应当维护而不是损害国际社会的公平正义和社会和谐。

第五，必须坚持依靠技术进步应对气候变化。科学技术在认识气候变化规律、有效应对气候变化中具有举足轻重的作用。当今世界，新能源、可再生能源技术取得重大进展，应对气候变化的关键技术孕育着新的突破。这些技术的推广使用，必将为减缓和适应气候变化奠定坚实基础，为发展低碳经济和建设低碳社会提供有力支撑。遗憾的是，在全球共享应对气候变化技术方面，迄今为止没有取得实质性进展。国际社会应当在应对气候变化技术开发与转让方面加强合作，加快机构设置、资金安排和制度保障等核心问题的磋商，建立起政府引导、企业参与、市场运作的运行机制，使广大发展中国家及时用上减少温室气体排放的先进技术，从而提高全球应对气候变化的能力。

(2008年11月7日)

与欧盟委员会主席巴罗佐会谈（节录）

积极应对气候变化。加强在新能源、新节能环保技术、低碳经济等方面的合作，将环保产业作为拉动经济的新增长点。

（2009年1月30日）

接受英国《金融时报》主编巴伯的专访（节录）

第一，中国支持哥本哈根会议，支持应对气候变化所采取的各项积极措施，支持发展绿色经济，而且认为发展绿色经济很可能是应对金融危机的一个新的经济增长点。

第二，在应对气候变化上，中国是高度重视的，成立了国家领导小组，并且制定了第一份应对气候变化的国家方案，这也是发展中国家的第一份国家方案。我们在“十一五规划”中已经制定节能减排的约束性目标，也就是每年单位GDP的能耗要降低４％，５年降低20％。前两年我们没有完成任务，2008年我们完成了。我们还将继续把这种做法长期坚持下去。这也可以看作是中国自我限制的一种办法。

第三，中国难以在哥本哈根会议上承诺量化目标，因为中国还处在发展中。欧洲已经有几百年工业化的历史，我们才有几十年。我们有13亿人口，但人均温室气体排放量比发达国家低得多，累计排放更低。但是我们仍然抱着积极的态度加强同欧盟的合作，特别是在节能减排、低碳经济、环保技术上。

(2009年2月2日)

十一届全国人大二次会议《政府工作报告》（节录）

要毫不松懈地加强节能减排和生态环保工作。一是突出抓好工业、交通、建筑三大领域节能，继续推进十大重点节能工程建设，落实电机、锅炉、汽车、空调、照明等方面的节能措施。二是大力发展循环经济和清洁能源。积极发展核电、风电、太阳能发电等清洁能源。推进洁净煤技术产业化。严格执行能耗和环保国家标准，加大节能技术和产品推广应用力度，加强资源综合利用。三是健全节能环保各项政策，按照节能减排指标体系、考核体系、监测体系，狠抓落实。四是开展全民节能减排行动，国家机关、公共企事业单位要发挥表率作用。五是继续强化重点流域、区域污染防治，加强石漠化、荒漠化治理，实施重点防护林、天然林保护和京津风沙源治理等生态建设工程。推进农村环境综合整治。整顿规范矿产资源开发秩序。合理开发利用海洋资源。六是实施应对气候变化国家方案，提高应对气候变化能力。加强气象、地震、防灾减灾、测绘基础研究和能力建设。

(2009年3月5日)

在博鳌亚洲论坛2009年年会上的主旨演讲（节录）

推动“绿色”合作，促进亚洲经济可持续发展。积极有效地协调政策和行动，加强亚洲国家在节能环保、开发利用新能源和可再生能源等领域的合作，培育亚洲经济新的增长点。坚持“共同但有区别的责任”和公平原则，在《联合国气候变化框架公约》下，深化对话与交流，积极开展务实合作，为全球应对气候变化做出力所能及的贡献。

(2009年4月18日)

出席第十一次中欧领导人会晤时讲话（节录）

尽管受国际金融危机影响，国际社会应对气候变化的决心不能动摇，行动不能松懈。中方愿与欧方一道，坚持“共同但有区别的责任”原则，推动年底哥本哈根会议取得积极成果。中国希望对发达国家承担更多责任，并且在新的绿色技术方面对发展中国家进行援助。

（2009年5月20日）

主持召开国家应对气候变化领导小组暨国务院节能减排工作领导小组会议（节录）

“十一五”前三年，经过全国各地各部门的共同努力，节能减排取得重要进展。全国单位GDP能耗累计下降10.1%，二氧化硫、化学需氧量(COD)排放总量累计分别下降8.95%和6.61%。今年一季度，全国单位GDP能耗同比下降2.89%，降幅提高0.27个百分点。

虽然节能减排取得重要进展，但面临的形势依然严峻，任务相当艰巨。要坚持以科学发展观为指导，进一步增强做好节能减排工作的紧迫感和责任感，把节能减排作为调整经济结构、转变发展方式的重要抓手，作为应对国际金融危机、促进经济发展的新的增长点，全面深化改革，完善体制机制，加大工作力度，打好节能减排攻坚战。一是严控“两高”行业盲目扩张。严格执行国家产业政策和项目管理规定，强化用地审查、节能评估、环境影响评价，从严控制“两高”行业低水平重复建设，继续控制“两高一资”产品出口。2009年，“上大压小”关停小火电机组1500万千瓦，淘汰落后炼铁产能1000万吨、炼钢产能600万吨、水泥产能5000万吨。完善淘汰落后产能退出机制。二是突出抓好重点工程和重点领域。加大中央和地方财政对节能减排重点工程投入力度，引导社会投资。2009年，形成工程节能能力7500万吨标准煤，新增城市污水日处理能力1000万立方米，新增燃煤电厂烟气脱硫设施5000万千瓦以上。继续推进千家企业节能行动，形成2000万吨标准煤的节能能力。完善北方采暖地区既有居住建筑节能改造6000万平方米。鼓励汽车、家电“以旧换新”。三是大力发展循环经济。建立循环经济发展专项资金，支持循环经济技术开发、示范推广、能力建设。加快再生资源回收体系建设。继续推动“限塑”、秸秆综合利用，治理商品过度包装。四是加快高效节能产品推广。实施“节能产品惠民工程”，通过财政补贴方式推广高效节能空调、冰箱等10大类产品；支持在北京、上海、重庆等13个城市开展节能与新能源汽车示范试点，推广节能灯1.2亿只。五是深化改革，完善政策。落实成品油价格和税费改革方案。完善天然气价格形成机制。修订高污染、高环境风险产品名录。进一步扩大用于节能减排的企业债券发行规模。推进有条件的地区开展排污权有偿使用和交易试点。制定发布固定资产投资项目节能评估和审查办法、城镇排水及污水处理条例。修订重点用能单位节能管理办法、能效标识管理办法，继续组织制订、修订高耗能产品能耗限额强制性国家标准和产品强制性能效标准。六是加强节能减排监管，强化目标责任制。将省级政府2008年节能减排目标责任评价考核结果向社会公告，落实奖惩措施，加强督促检查，进一步强化政府的主导责任。七是加强能力建设。加快完善节能减排统计、监测和考核体系。加强人才培养，强化科技支撑。八是积极参与国际合作。切实加强双边、区域和多边在节能、新能源和低碳技术研发等方面的合作。

今年年底在哥本哈根举行的联合国气候变化会议将就事关人类生存和发展的气候变化问题做出抉择，是国际社会携手合作应对挑战的重要机遇。中国将积极参与谈判，发挥建设性作用，全力推动哥本哈根会议取得积极成果。我们赞同会议把落实“巴厘路线图”作为核心任务，进一步推动和加强联合国气候变化框架公约及其京都议定书的全面、有效和持续实施；紧扣“巴厘路线图”授权，遵循公约和议定书基本框架，体现“共同但有区别的责任”原则和公平原则，坚持可持续发展原则，平衡处理减缓和适应气候变化问题；重点解决减缓、适应、技术转让、资金支持问题。中国政府高度重视气候变化问题，多年来一直采取积极应对行动，认真实施《应对气候变化国家方案》。在当前面临金融危机的形势下，我们积极应对气候变化的决心不动摇，行动不松懈。我们要把应对气候变化、降低二氧化碳排放强度纳入国民经济和社会发展规划，采取法律、经济、科技的综合措施，全面推进应对气候变化的各项工作，为国际社会合作解决气候变化问题做出积极贡献。

（2009年6月5日）

主持国务院常务会议决定
把应对气候变化纳入国民经济和社会发展规划（节录）

会议强调，妥善应对气候变化，事关我国经济社会发展全局和人民群众切身利益，事关人类社会生存和各国发展。气候变化既是环境问题，又是发展问题，归根到底是发展问题。中国作为一个负责任的发展中大国，充分认识到应对气候变化的重要性和紧迫性，主张通过切实有效的国际合作，携手努力，共同应对。我国将继续坚持《联合国气候变化框架公约》和《京都议定书》基本框架，坚持“共同但有区别的责任”原则，坚持可持续发展；主张哥本哈根会议应严格遵循巴厘路线图授权，进一步加强《公约》及《议定书》的全面、有效和持续实施，统筹考虑减缓、适应、技术转让和资金支持。我们从国情和实际出发，承担与我国发展阶段、应负责任和实际能力相称的国际义务，为应对气候变化做出应有的贡献。

应对气候变化工作要立足于推动生态文明建设和科学发展，统筹考虑经济发展和生态建设，统筹考虑国内和国际两个大局，统筹考虑当前利益和长远战略，全面实施应对气候变化国家方案，开展广泛有效的国际合作，推动哥本哈根会议取得积极成果。下一阶段，重点做好以下几方面工作。

第一，把应对气候变化纳入国民经济和社会发展规划。把控制温室气体排放和适应气候变化目标作为各级政府制定中长期发展战略和规划的重要依据。

第二，抓好国家方案的落实。努力实现“十一五”单位国内生产总值能耗降低２０％左右、可再生能源比重提高到１０％左右、森林覆盖率达到20%等目标。在“十二五”期间继续完善和实施应对气候变化国家方案。

第三，大力发展绿色经济。紧密结合扩大内需促进经济增长的决策部署，培育以低碳排放为特征的新的经济增长点，加快建设以低碳排放为特征的工业、建筑、交通体系。

第四，强化应对气候变化综合能力建设。制定应对气候变化的科技发展战略与规划，开展低碳经济试点示范，推动形成资源节约、环境友好的生产方式、生活方式和消费模式。加大资金投入力度，提高应对气候变化政策措施的实施保障能力。

第五，健全应对气候变化的法律体系。加快建立相配套的法规和政策体系，制订相应的标准、监测和考核规范，健全必要的管理体系和监督实施机制。

第六，积极开展国际交流与合作。继续对外开展应对气候变化政策对话与交流，拓展应对气候变化国际合作渠道，加快资金、技术和人才引进，有效消化、吸收国外先进的低碳技术和应对气候变化技术。深化与发展中国家的合作，支持不发达国家和小岛屿发展中国家提高适应气候变化的能力。

（2009年8月12日）

在《求是》杂志发表的《高度重视林业的改革和发展》(节录)

刚刚进入新世纪的时候，提出了《中国可持续发展林业战略研究报告》，这份报告把林业发展提到战略高度。2003年，党中央、国务院作出了《关于加快林业发展的决定》，明确了林业发展的指导思想、基本方针、主要任务和政策措施，指出了林业发展要坚持以生态建设为主的可持续发展道路。在这个文件中，中央明确了林业的定位，即在贯彻可持续发展战略中林业具有重要地位，在生态建设中林业具有首要地位，在西部大开发中林业具有基础地位。还想加一句，就是在应对气候变化中林业具有特殊地位。中央把林业的地位提到这样的高度，是前所未有的。那么林业发展应实行什么样的方针呢？第一，要全国动员，全民动手，全社会办林业，使林业更好地为国民经济和社会发展服务。要长期坚持植树造林、绿化祖国。第二，要大力推进林业重点工程建设。新中国成立60年来，我国林业取得了巨大发展，森林覆盖率大幅度提高，许多重大林业工程建设的成就是举世瞩目的，比如三北防护林建设、长江中上游防护林建设、防沙治沙、荒漠化治理、石漠化治理等。这些大的生态工程、林业工程要坚定不移地实施。我们还要继续搞好天然林保护，巩固退耕还林成果，加强重点地区、重点流域生态治理。第三，要全面加强林业基础设施建设，改善林区生产生活条件。第四，要大力发展林业产业，把兴林和富民紧密结合起来。不仅要发展林木产业，还要发展林下产业，推进林业的多种经营，正确处理好保护、利用和发展的关系。

（2009年8月）

在第三届夏季达沃斯论坛开幕式上的演讲（节录）

要共同应对全球气候变化。气候变化是人类面临的共同挑战，需要每个国家、企业和个人承担起相应的责任。中国高度重视气候变化问题，制定了应对气候变化国家方案，不断增加科研投入，大力调整产业结构，推动节能减排。经过3年努力，单位GDP能耗累计下降10%，二氧化硫和化学需氧量排放累计下降9%和 6.6%。我们还在进一步采取措施，努力减缓温室气体排放。应对气候变化必须加强国际合作。要依据《联合国气候变化框架公约》和《京都议定书》的原则与规定，开展广泛对话和务实合作。充分考虑各国基本国情、发展阶段、历史责任、人均排放等多种因素，坚持可持续发展的框架，坚持共同但有区别责任的原则。发达国家应正视自己的历史责任和高人均排放现实，大幅度降低温室气体排放，并为发展中国家应对气候变化提供资金、技术和能力建设支持。发展中国家也应尽最大努力，为应对气候变化做出积极贡献。

（2009年9月10日）

向北京科技界发表的题为《让科技引领中国可持续发展》的讲话（节录）

世界正在经历一场百年罕见的金融危机。在应对这场国际金融危机中，各国正在进行抢占经济科技制高点的竞赛，全球将进入空前的创新密集和产业振兴时代。我们必须在这场竞争中努力实现跨越式发展。

要推动中国经济在更长时期内全面协调可持续发展，走上创新驱动、内生增长的轨道，就必须把建设创新型国家作为战略目标，把可持续发展作为战略方向，把争夺经济科技制高点作为战略重点，逐步使新兴战略性产业成为经济社会发展的主导力量。

科学选择新兴战略性产业非常重要，选对了就能跨越发展，选错了将会贻误时机。中国发展新兴战略性产业，具备一定的比较优势和广阔的发展空间，完全可以有所作为。

要高度重视新能源产业发展，创新发展可再生能源技术、节能减排技术、清洁煤技术及核能技术，大力推进节能环保和资源循环利用，加快构建以低碳排放为特征的工业、建筑、交通体系。要努力走在全球新能源汽车发展的前列，尽快确定新能源汽车的技术路线和市场推进措施，推动中国汽车工业跨越发展。

(2009年11月3日)

主持召开国务院常务会议研究决定我国控制温室气体排放行动目标（节录）

我国始终高度重视气候变化问题，坚定不移地走可持续发展道路，从国情和实际出发，制定应对气候变化国家方案，积极推进经济和产业结构调整、优化能源结构、实施鼓励节能、提高能效等政策措施，不断增加应对气候变化科技研发投入，努力减缓温室气体排放，增加森林碳汇，提高适应能力，取得了积极成效。

面对气候变化的严峻挑战，我们必须深入贯彻落实科学发展观，采取更加强有力的政策措施与行动，加快转变发展方式，努力控制温室气体排放，建设资源节约型和环境友好型社会。到2020年我国单位国内生产总值二氧化碳排放比2005年下降40％~45％，作为约束性指标纳入国民经济和社会发展中长期规划，并制定相应的国内统计、监测、考核办法。通过大力发展可再生能源、积极推进核电建设等行动，到2020年我国非化石能源占一次能源消费的比重达到15％左右；通过植树造林和加强森林管理，森林面积比2005年增加4000万公顷，森林蓄积量比2005年增加13亿立方米。这是我国根据国情采取的自主行动，是我国为全球应对气候变化做出的巨大努力。

我国正处在全面建设小康社会的关键时期，处于工业化、城镇化加快发展的重要阶段，发展经济、改善民生的任务十分繁重。我国人口众多，经济发展水平还比较低，经济结构性矛盾仍然突出，能源结构以煤为主，能源需求还将继续增长，控制温室气体排放面临巨大压力和特殊困难，实现上述行动目标需要付出艰苦卓绝的努力。

应对气候变化工作要立足于推动科学发展，立足于加强生态文明建设，统筹经济发展和保护环境，统筹国内和国际两个大局，统筹现实需要和长远利益。要把应对气候变化作为国家经济社会发展的重大战略。加强对节能、提高能效、洁净煤、可再生能源、先进核能、碳捕集利用与封存等低碳和零碳技术的研发和产业化投入，加快建设以低碳为特征的工业、建筑和交通体系。制定配套的法律法规和标准，完善财政、税收、价格、金融等政策措施，健全管理体系和监督实施机制。加强国际合作，有效引进、消化、吸收国外先进的低碳和气候友好技术，提高我国应对气候变化的能力。增强全社会应对气候变化的意识，加快形成低碳绿色的生活方式和消费模式。

（2009年11月25日）

在丹麦哥本哈根气候变化会议领导人会议上的讲话（节录）

此时此刻，全世界几十亿人都在注视着哥本哈根。我们在此表达的意愿和做出的承诺，应当有利于推动人类应对气候变化的历史进程。站在这个讲坛上，我深感责任重大。

气候变化是当今全球面临的重大挑战。遏制气候变暖，拯救地球家园，是全人类共同的使命，每个国家和民族，每个企业和个人，都应当责无旁贷地行动起来。

近三十年来，中国现代化建设取得的成就已为世人瞩目。在这里我还要告诉各位，中国在发展的进程中高度重视气候变化问题，从中国人民和人类长远发展的根本利益出发，为应对气候变化做出了不懈努力和积极贡献。

——中国是最早制定实施《应对气候变化国家方案》的发展中国家。先后制定和修订了节约能源法、可再生能源法、循环经济促进法、清洁生产促进法、森林法、草原法和民用建筑节能条例等一系列法律法规，把法律法规作为应对气候变化的重要手段。

——中国是近年来节能减排力度最大的国家。我们不断完善税收制度，积极推进资源性产品价格改革，加快建立能够充分反映市场供求关系、资源稀缺程度、环境损害成本的价格形成机制。全面实施十大重点节能工程和千家企业节能计划，在工业、交通、建筑等重点领域开展节能行动。深入推进循环经济试点，大力推广节能环保汽车，实施节能产品惠民工程。推动淘汰高耗能、高污染的落后产能，2006至2008年共淘汰低能效的炼铁产能6059万吨、炼钢产能4347万吨、水泥产能1.4亿吨、焦炭产能6445万吨。截至今年上半年，中国单位国内生产总值能耗比2005年降低13%，相当于少排放8亿吨二氧化碳。

——中国是新能源和可再生能源增长速度最快的国家。我们在保护生态基础上，有序发展水电，积极发展核电，鼓励支持农村、边远地区和条件适宜地区大力发展生物质能、太阳能、地热、风能等新型可再生能源。2005年至2008年，可再生能源增长51%，年均增长14.7%。2008年可再生能源利用量达到2.5亿吨标准煤。农村有3050万户用上沼气，相当于少排放二氧化碳4900多万吨。水电装机容量、核电在建规模、太阳能热水器集热面积和光伏发电容量均居世界第一位。

——中国是世界人工造林面积最大的国家。我们持续大规模开展退耕还林和植树造林，大力增加森林碳汇。2003至2008年，森林面积净增2054万公顷，森林蓄积量净增11.23亿立方米。目前人工造林面积达5400万公顷，居世界第一。

中国有13亿人口，人均国内生产总值刚刚超过3000美元，按照联合国标准，还有1.5亿人生活在贫困线以下，发展经济、改善民生的任务十分艰巨。我国正处于工业化、城镇化快速发展的关键阶段，能源结构以煤为主，降低排放存在特殊困难。但是，我们始终把应对气候变化作为重要战略任务。1990至2005年，单位国内生产总值二氧化碳排放强度下降46%。在此基础上，我们又提出，到2020年单位国内生产总值二氧化碳排放比2005年下降40%~45%，在如此长时间内这样大规模降低二氧化碳排放，需要付出艰苦卓绝的努力。我们的减排目标将作为约束性指标纳入国民经济和社会发展的中长期规划，保证承诺的执行受到法律和舆论的监督。我们将进一步完善国内统计、监测、考核办法，改进减排信息的披露方式，增加透明度，积极开展国际交流、对话与合作。

应对气候变化需要国际社会坚定信心，凝聚共识，积极努力，加强合作。必须始终牢牢把握以下几点:

第一，保持成果的一致性。应对气候变化不是从零开始的，国际社会已经为之奋斗了几十年。《联合国气候变化框架公约》及其《京都议定书》是各国经过长期艰苦努力取得的成果，凝聚了各方的广泛共识，是国际合作应对气候变化的法律基础和行动指南，必须倍加珍惜、巩固发展。本次会议的成果必须坚持而不能模糊公约及其议定书的基本原则，必须遵循而不能偏离“巴厘路线图”的授权，必须锁定而不的基的基的基的基的基的基的基进展。

第二，坚持规则的公平性。“共同但有区别的责任”原则是国际合作应对气候变化的核心和基石，应当始终坚持。近代工业革命200年来，发达国家排放的二氧化碳占全球排放总量的80%。如果说二氧化碳排放是气候变化的直接原因，谁该承担主要责任就不言自明。无视历史责任，无视人均排放和各国的发展水平，要求近几十年才开始工业化、还有大量人口处于绝对贫困状态的发展中国家承担超出其应尽义务和能力范围的减排目标，是毫无道理的。发达国家如今已经过上富裕生活，但仍维持着远高于发展中国家的人均排放，且大多属于消费型排放;相比之下，发展中国家的排放主要是生存排放和国际转移排放。今天全球仍有24亿人以煤炭、木炭、秸秆为主要燃料，有16亿人没有用上电。应对气候变化必须在可持续发展的框架下统筹安排，决不能以延续发展中国家的贫穷和落后为代价。发达国家必须率先大幅量化减排并向发展中国家提供资金和技术支持，这是不可推卸的道义责任，也是必须履行的法律义务。发展中国家应根据本国国情，在发达国家资金和技术转让支持下，尽可能减缓温室气体排放，适应气候变化。

第三，注重目标的合理性。中国有句成语:千里之行，始于足下。西方也有句谚语:罗马不是一天建成的。应对气候变化既要着眼长远，更要立足当前。《京都议定书》明确规定了发达国家至2012年第一承诺期的减排指标。但从实际执行情况看，不少发达国家的排放不减反增。目前发达国家已经公布的中期减排目标与协议的要求和国际社会的期望仍有相当距离。确定一个长远的努力方向是必要的，更重要的是把重点放在完成近期和中期减排目标上，放在兑现业已做出的承诺上，放在行动上。一打纲领不如一个行动，我们应该通过切实的行动，让人们看到希望。

第四，确保机制的有效性。应对气候变化，贵在落实行动，重在机制保障。国际社会要在公约框架下做出切实有效的制度安排，促使发达国家兑现承诺，向发展中国家持续提供充足的资金支持，加快转让气候友好技术，有效帮助发展中国家、特别是小岛屿国家、最不发达国家、内陆国家、非洲国家加强应对气候变化的能力建设。

最后，我要强调的是，中国政府确定减缓温室气体排放的目标是中国根据国情采取的自主行动，是对中国人民和全人类负责的，不附加任何条件，不与任何国家的减排目标挂钩。我们言必信、行必果，无论本次会议达成什么成果，都将坚定不移地为实现、甚至超过这个目标而努力。

（2009年12月18日）

中共中央政治局常委、全国政协主席
贾庆林重要论述

在中国绿化基金会中国绿色碳基金成立仪式上的讲话（节录）

要深入贯彻落实科学发展观，认真学习中央关于环境保护和应对气候变化的方针政策，

积极植树造林，大力发展林业生物质能源，努力缓解气候变化带来的影响，为我国的林业和生态建设作出贡献。

全球气候变化已经引起了国际社会的极大关注。我国政府高度重视气候变化和生态环境问题，于今年6月4日正式公布了《中国应对气候变化国家方案》，明确了到2010年的目标。这是中国第一部应对气候变化的政策性文件，也是发展中国家颁布的第一部应对气候变化的国家方案。当前，我国政府认真履行国际公约，采取了一系列政策措施，为更好地应对全球气候变化、促进生态建设作出了积极努力。

成立中国绿色碳基金，积极实施以增加森林储能为目的的植树造林、保护森林等林业碳汇项目，是在中国碳汇事业和生物质能源发展进程中迈出的重要一步，是具有前瞻性和深远意义的一件大事。要广泛宣传成立绿色碳基金的重要意义和作用，提高公众对碳汇事业的认识。要切实加强基金的管理和使用，把项目实施同“十一五”规划和国家有关重大战略部署结合起来，认真组织，精心策划，规范管理，努力把基金的效益最大限度地发挥出来。要积极动员全社会的力量、特别是大中型企业积极参与到这一利国利民的事业中来，为我国的林业和生态建设做出贡献。

（2007年7月20日）

在政协十一届全国委员会常务会第四次学习讲座时讲话（节录）

做好应对气候变化工作，事关经济社会发展和人民群众切身利益，事关国家根本利益。党中央、国务院坚持把资源节约和环境保护作为基本国策，坚持把可持续发展作为国家战略，坚持共同但有区别的责任原则本国本国本国本国本国本国本国本国变化问题，制定并实施了应对气候变化国家方案，采取了一系列政策和措施，为应对全球气候变化作出了积极努力。

要深入贯彻落实科学发展观，把应对气候变化与实施可持续发展战略、加快建设资源节约型和环境友好型社会、建设创新型国家结合起来，以保障经济发展为核心，以节约能源、优化能源结构、加强生态环境保护和建设为重点，以科技进步为支撑，大力发展低碳经济、循环经济，不断提高应对气候变化能力，促进经济发展与人口资源环境相协调，坚定不移地走生产发展、生活富裕、生态良好的文明发展道路。

要充分发挥人民政协人才荟萃、智力密集、联系广泛的优势，广泛学习宣传党和国家关于应对气候变化的一系列决策部署，围绕我国加强应对气候变化能力建设中的重要问题，深入开展调查研究，积极建言献策，为建设生态文明，实现经济社会可持续发展作出新的贡献。

（2009年6月19日）

中共中央政治局常委、国家副主席
习近平重要论述

出席沙特阿拉伯吉达国际能源会议时讲话(节录)

能源问题是全球性问题。促进世界能源供求平衡、维护世界能源安全，是世界各国共同面临的紧迫任务。为保障全球能源安全，国际社会应该树立和落实互利合作、多元发展、协同保障的新能源安全观。

——深入开展能源开发领域的协商和合作，加强能源出口国和消费国的对话和沟通，强化能源政策磋商和协调，促进石油天然气资源开发，维护合理的国际能源价格，满足各国发展对能源的正常需求。

——全面加强先进能源技术的研发推广，促进各国提高能源节约能力、利用水平、使用效率，推动洁净能源、新能源、可再生能源等领域技术合作，建立清洁、经济、安全可靠的世界能源供应体系。

——共同营造能源发展的良好国际环境，携手维护能源生产国的局势稳定，保持国际能源市场正常秩序，抑制市场过度投机，确保国际能源通道安全和畅通，推动形成长期稳定的能源生产、运输、消费格局。

中国是世界上最大的发展中国家，既是能源消费大国，也是能源生产大国。中国的能源主要靠国内供应，多年来能源自给率一直保持在90%左右。近年来，随着中国经济社会快速发展，中国能源消费增长较快，但总体水平依然较低，人均能源消费水平只相当于世界平均水平的84%，人均石油消费只相当于世界平均水平的二分之一，石油人均进口量只相当于世界平均水平的37%。

中国是国际能源合作负责任的积极参与者，在国际能源合作中发挥着建设性作用。中国将坚持走科学发展道路，坚持节约发展、清洁发展、安全发展，实行可持续的能源战略，努力为促进世界能源可持续发展、维护世界能源安全作出积极贡献。我们在能源发展中将始终遵循以下原则。

第一，坚持节约优先。中国将坚持实行能源开发和节约并举、节约优先的方针，积极转变经济发展方式，加快调整经济和产业结构，大力开展节能技术和节能产品研发推广，大力发展循环经济，不断提高能源使用效率，加快形成节约能源资源和保护生态环境的产业结构、增长方式、消费模式。中国已明确提出到2010年单位国内生产总值能源消耗比2005年降低20%左右的目标，我们将采取一切措施实现这一目标。

第二，坚持立足国内。中国将坚持依靠国内增加能源供给，稳步提高供给能力，满足经济社会发展和人民生活改善对能源的需求。中国作为能源需求结构以煤炭为主的国家，国内能源供应仍有巨大潜力。中国煤炭资源丰富，大量水电资源尚未开发，核电、风力发电、生物质发电刚刚起步，还有很大发展余地。燃料乙醇、甲醇、二甲醚以及煤炭液化等替代能源发展前景广阔。

第三，坚持多元发展。中国将有序发展煤炭，积极发展电力，加快发展石油天然气，鼓励开发煤层气，大力发展水电、风电、太阳能等可再生能源，积极推进核电建设，合理发展替代能源，优化能源结构，实现多种能源互补，保证能源稳定供应。

第四，坚持依靠科技。中国将大力推进能源领域的科技进步和创新，增强自主创新能力，突破能源发展技术瓶颈，开创能源开发利用新途径，增强发展后劲。

第五，坚持保护环境。中国将着力建设生态文明，以建设资源节约型、环境友好型社会为目标，兼顾经济性和清洁性的双重要求，积极促进能源与环境协调发展，在发展中实现保护、在保护中促进发展。

第六，坚持互利合作。中国将本着对人类、对未来高度负责的态度，在平等互惠、互利共赢的原则下加强同各能源生产国和消费国的合作，同世界各国一道，为促进世界能源供求平衡、维护世界能源安全而共同努力。

(2008年6月22日)

中共中央政治局常委、国务院副总理
李克强重要论述

参加2008年节能宣传周活动时讲话（节录）

缓解能源资源对经济发展的严重制约，不仅要努力提高供给能力，而且要进一步加强需求侧管理，大力推进节约能源资源，减少能源资源消耗，这也是从源头上减少环境污染的重大措施。我们必须充分认识新形势下开展节能减排工作的极端重要性和紧迫性，以高度的历史责任感和使命感，全面贯彻《节约能源法》，全民行动，依法节能，逐步完善促进节能经济政策，把节能减排各项措施落到实处。

电机是工农业生产和人民生活不可或缺的用电设备，其耗电量占全国用电量近一半。要把电机节能放在重要位置，加快研制并推广应用节能电机新产品，促进电机系统节能。当前夏季用电高峰已经到来，必须确保迎峰度夏安全供电，把节电工作抓紧抓实。要搞好电力需求侧管理，积极引导电力消费，鼓励采用节电技术和节电设备。

必须大力推动节油工作，尤其是加强机动车节油。要采取措施鼓励节油环保型汽车、经济型汽车和新能源汽车的研制、生产和使用，及时淘汰高油耗高污染车辆，完善车辆燃油经济性标准体系。鼓励开展“节约一滴油”、“每月少开一天车”等活动，提倡居民乘公交车出行。

（2008年6月16日）

在中国环境与发展国际合作委员会2008年年会上的讲话（节录）

中国把保护环境确立为一项基本国策，把实施可持续发展作为一项国家战略，环境保护从认识到实践都发生了重要转变。在经济快速增长的同时，环境污染和生态破坏加重的趋势有所减缓，部分地区和城市环境质量有所改善。去年以来，全国化学需氧量和二氧化硫排放量开始实现双下降，污染减排实现历史性突破。中国为加强环境保护作出了巨大努力。

面向未来，我们将坚持走科学发展道路，在发展中保护，在保护中发展，促进经济社会与资源环境协调发展；坚持建设生态文明，加快形成有利于节能环保的产业结构、生产方式和消费模式，实现人与自然和谐相处；坚持以人为本、环保为民，着力解决影响群众健康的突出环境问题，使人民在良好的环境中生产生活。

当前和今后一个时期，中国将进一步加大投入力度，加快城镇治污设施、重点流域水污染防治工程、国家十大重点节能工程、重点防护林和天然林保护工程建设。鼓励技术创新和推广，支持发展节能环保产业和循环经济，深入开展全民节能环保行动，使环境保护不断取得新成效。特别是推进相关改革，抓紧理顺重要能源资源产品的价格关系，建立健全能够反映市场供求关系、资源稀缺程度、有利于环境保护的体制机制，促进清洁发展和可持续发展。

解决好我国的环境发展问题，不仅是13亿人民的福祉所在，也是对全球可持续发展的重要贡献。中国将积极参与国际环保多边双边合作，特别是加强环保技术、管理、人才等方面的合作，丰富合作内容，提升合作水平，实现共同发展。在世界经济增长明显放缓的情况下，国际社会应对气候变化的决心不能动摇，行动不能松懈。我们将坚持“共同但有区别责任”的原则，同世界各国一道，为应对气候变化、保护全球环境作出不懈努力。

（2008年11月12日）

在中国－印尼第三次能源论坛上的致辞（节录）

我们立足当前、着眼长远，把促进经济增长与调整经济结构、转变发展方式结合起来，把扩大内需与保护生态环境、推动能源产业更好发展结合起来，努力构筑稳定、经济、清洁、安全的能源供应体系，以能源的可持续发展支持经济社会的可持续发展。

我们高度重视推动节能减排、提高能源效率。中国节能环保产业刚刚起步，发展潜力很大。增加这方面的投入，对于改善环境质量、培育新的经济增长点都具有重要作用。我们将继续加强节能减排和生态环境建设，推进重点节能工程，实施循环经济重大示范项目，并将其作为下一步政府投资的重点。深入开展全民节能行动，进一步强化水和大气污染治理，积极防治能源生产和消费中产生的环境污染和生态破坏，控制温室气体排放，推进资源节约型、环境友好型社会建设。

能源问题是全球性问题，离开了国际合作，一个国家很难获得有效的能源安全保障。在当前形势下，国际社会应当加强协调合作，继续采取有效措施，稳定金融市场，维护经济增长，促进能源市场健康发展。深入开展能源对话与合作，兼顾能源生产国和消费国利益，实现能源供应全球化和多元化，维护合理的能源价格，确保国际能源通道的安全和畅通，共同营造能源发展的良好国际环境。加强能源科技、人才、管理等方面的交流与合作，共同提高能源开发与节约的能力和水平。发达国家有义务也有能力在能源领域加大对发展中国家的技术支持和资金援助，并切实按照“巴厘路线图”兑现温室气体减排承诺，促进全球经济社会可持续发展。中国作为一个负责任的发展中大国，愿进一步加强国际能源合作，维护国际能源安全稳定和应对气候变化。

（2008年12月22日）

在全国能源工作座谈会上的讲话（节录）

要认真贯彻党中央、国务院关于保增长、扩内需、调结构的决策部署，按照科学发展观的要求，切实保障能源有效供给，不断提高能源效率，加快发展现代能源产业，推进能源结构调整升级，促进经济社会又好又快发展。

能源关系国计民生，是经济社会发展的重要基础，是我国现代化建设的基本保障。进入新世纪以来，我国能源发展取得显著成绩。当前世界金融危机仍在蔓延，对我国经济造成较大冲击。能源发展中既存在结构不合理、环境压力大等老问题，也出现了需求减缓、效益下降等新情况。要立足当前、着眼长远，化挑战为机遇，积极应对金融危机带来的影响，在保持能源生产稳定增长的同时，大力推进能源结构调整，构筑稳定经济清洁安全的能源供应体系，以能源的健康发展支持经济增长，以能源的稳定发展支持经济社会可持续发展，以能源的安全供应支持国家现代化建设。

加强能源基础设施建设，有利于扩内需保增长，也有利于增强发展后劲。要针对当前能源领域存在的突出矛盾和问题，加大投入力度，重点推进农村和城镇电网改造、节能减排改造、西电东送、西气东输、大型煤炭基地、石油化工基地、大型核电等工程建设，更好地保障人民生活和经济社会发展。

国内国际能源供需矛盾的缓解，为解决能源领域深层次矛盾提供了有利时机。必须把促进增长与调整结构有机结合起来，大力推进能源结构战略性调整，加快转变能源发展方式。要着力推动科技创新，积极开发水电、风电、太阳能等清洁能源、可再生能源，加快发展循环经济和节能环保产业，培育现代能源产业，形成新的经济增长点。

改革是发展的动力。加快能源结构调整步伐，促进能源产业可持续发展，必须深化能源领域各项改革。要积极稳妥地推进能源产品价格改革，理顺能源资源价格关系，加快能源市场体系建设进程，不断探索和改进新形势下政府能源管理体制，促进能源产业转入科学发展的轨道。加强战略规划，完善政策法规，创新工作方式，充分利用国际国内两个市场两种资源，提高能源领域对外开放水平，实现互利共赢。

（2009年2月5日）

出席三门核电站开工仪式时的讲话（节录）

新能源产业正孕育着新的经济增长点，也是新一轮国际竞争的战略制高点，当前国际金融危机为新能源产业发展带来了机遇，要把发展新能源作为应对危机的重要举措。

要以企业为主体，以市场为导向，加强政策引导扶持，促进风能、太阳能、生物质能发展，推动新能源汽车、节能建筑和产品的广泛应用，加快用新能源和节能环保技术改造传统产业，推进能源乃至整个产业结构的调整。

推进核电建设，确保安全是前提，技术创新是关键。要坚持核电自主化发展方向，瞄准新一代先进核电技术，依托重大项目，增强体制机制活力，推动引进消化吸收再创新，不断提高我国核电自主化建设能力。

（2009年4月19日）

考察循环经济试点示范企业并出席院士专家座谈会时的讲话（节录）

要深入贯彻落实科学发展观，不失时机地培育和壮大循环经济，推动发展方式转变和创新，实现资源的高效利用、循环利用、无害利用，促进经济又好又快发展。

当前，国际金融危机仍在蔓延，对实体经济的影响还在加深。但历史经验表明，危机往往孕育着技术革新的机遇，应对得好，可以催生新的产业，形成新的增长点，进而实现新一轮发展。在全社会推广应用循环经济，能够明显减少资源消耗，从源头上减少污染排放，这不仅可以改善资源利用效率和生态环境效益，而且有助于提高企业经济效益。做大做强循环经济，在近期内能够为扩内需、保增长、调结构提供重要支撑，从长远看有利于增强发展后劲。壮大循环经济产业，还有利于提高对外开放水平，更好地参与国际竞争。要把发展循环经济放到重要位置，寻求新的增长路径，赢得未来发展先机。

发展循环经济，要按照减量化、再利用、资源化的原则，推动企业集中布局、产业集聚发展、废弃物集中处理和循环利用，加快构建高效、节约、环保的现代产业体系。通过产业链的衔接，把上游废物变成下游原料，做到物尽其用。要全面推行清洁生产，采用先进的工艺和设备，加强和改善企业管理，尽可能把投入的资源“吃干榨尽”，最大限度地减少对原生资源的消耗，最大限度地降低污染和废弃物最终排放量，直至实现“零排放”。还要有序推进废旧物资和机电产品的再利用、再制造，努力变废为宝、化害为利，提高资源综合利用效率。

发展循环经济是对传统发展方式从理念到实践、从规划到政策的重大创新，是一项开创性、挑战性很强的事业，需要积极探索新思路、新举措、新办法。要推动技术进步和创新，选择关系循环经济发展的关键技术和共性技术组织开展研发攻关，实施重点行业、重点企业的重大技术推广工程，广泛推广成熟适用技术。要推动体制机制创新，健全政策法规，加大投入力度，形成激励与约束机制，发展技术、咨询、管理等服务，为循环经济发展提供保障。

（2009年4月23日）

在财政支持新能源与节能环保等新兴产业发展工作座谈会上的讲话（节录）

要按照中央的要求，深入贯彻落实科学发展观，把保增长、扩内需与调结构、上水平有机结合起来，把握世界产业技术革命的新趋势，针对我国经济运行中遇到的新问题，推动战略性新兴产业加快发展，培育新的经济增长点，促进经济长期平稳较快发展。

历史经验表明，每一次危机都孕育着新的技术突破，催生新的产业变革。综合考虑国内外情况，新能源和节能环保产业是促进消费、增加投资、稳定出口一个重要的结合点，也是调整结构、提高国际竞争力一个现实的切入点。这方面发展的潜力很大，应当重点给予扶持，力求取得突破，努力实现产业化、规模化。

在新的形势下，要立足当前，着眼长远，用世界眼光观察问题，从国情出发统筹谋划，加大经济结构调整力度，推动经济发展方式转变。要把政府引导与发挥市场机制作用结合起来，把科技创新与体制创新结合起来，健全和完善财税政策，推进新能源和节能环保技术产业化，加快用新能源和节能环保技术改造传统产业，大力发展循环经济和清洁生产，扩大终端消费，培育新的市场，促进新兴产业发展壮大。

(2009年5月21日)

在河北省考察调研时的讲话（节录）

发展新兴产业关系经济可持续发展，是一篇大文章。要加快发展新能源、节能环保、高新技术等新兴产业，培育和壮大新的经济增长点。抓住国家调整振兴钢铁工业的机遇，控制总量，淘汰落后，优化结构，推动钢铁产业由大变强。

（2009年6月1日）

会见美国气候变化特使托德·斯特恩一行时的谈话（节录）

中国政府始终坚持实施可持续发展战略，坚持节约资源、保护环境的基本国策，在当前应对国际金融危机的过程中，高度重视保增长与调结构的有机结合，立足当前，着眼长远，坚定不移地推进经济结构的战略性调整，毫不松懈地开展节能减排，大力发展循环经济、新能源和节能环保等新兴产业，培育新的经济增长点，促进发展方式转变。这些都是中国政府应对气候变化的积极行动。

中国赞同哥本哈根会议把落实“巴厘行动计划”作为核心任务，进一步推动和加强《联合国气候变化框架公约》及其《京都议定书》的全面、有效和持续实施。中方愿意按照“共同但有区别的责任”原则，积极参与谈判，发挥建设性作用，推动哥本哈根会议取得积极成果。

中方注意到美国政府在应对气候变化问题上的转变及开始采取的一系列积极措施。中美双方就气候变化问题加强对话与务实合作，有利于两国关系发展，也有利于国际社会应对气候变化的合作与行动。

特恩对中国近年来在应对气候变化方面取得的成就表示赞赏，希望美中加强在能源、环境、气候变化领域的对话与合作，共同努力推动今年年底哥本哈根会议取得成功。

（2009年6月 8 日）

在中欧战略伙伴关系研讨会开幕式上的讲话(节录)

应对气候变化、保护生态环境是国际社会的共同愿望，也是中国可持续发展的内在要求。加大节能增效力度，发展绿色经济、循环经济、低碳经济，有利于促进资源节约型、环境友好型社会建设，有利于推进产业结构优化升级、培育新的经济增长点，可以也应当作为中国经济结构战略性调整的重要抓手和现实突破口。

(2009年11月19日)

领导讲话文章

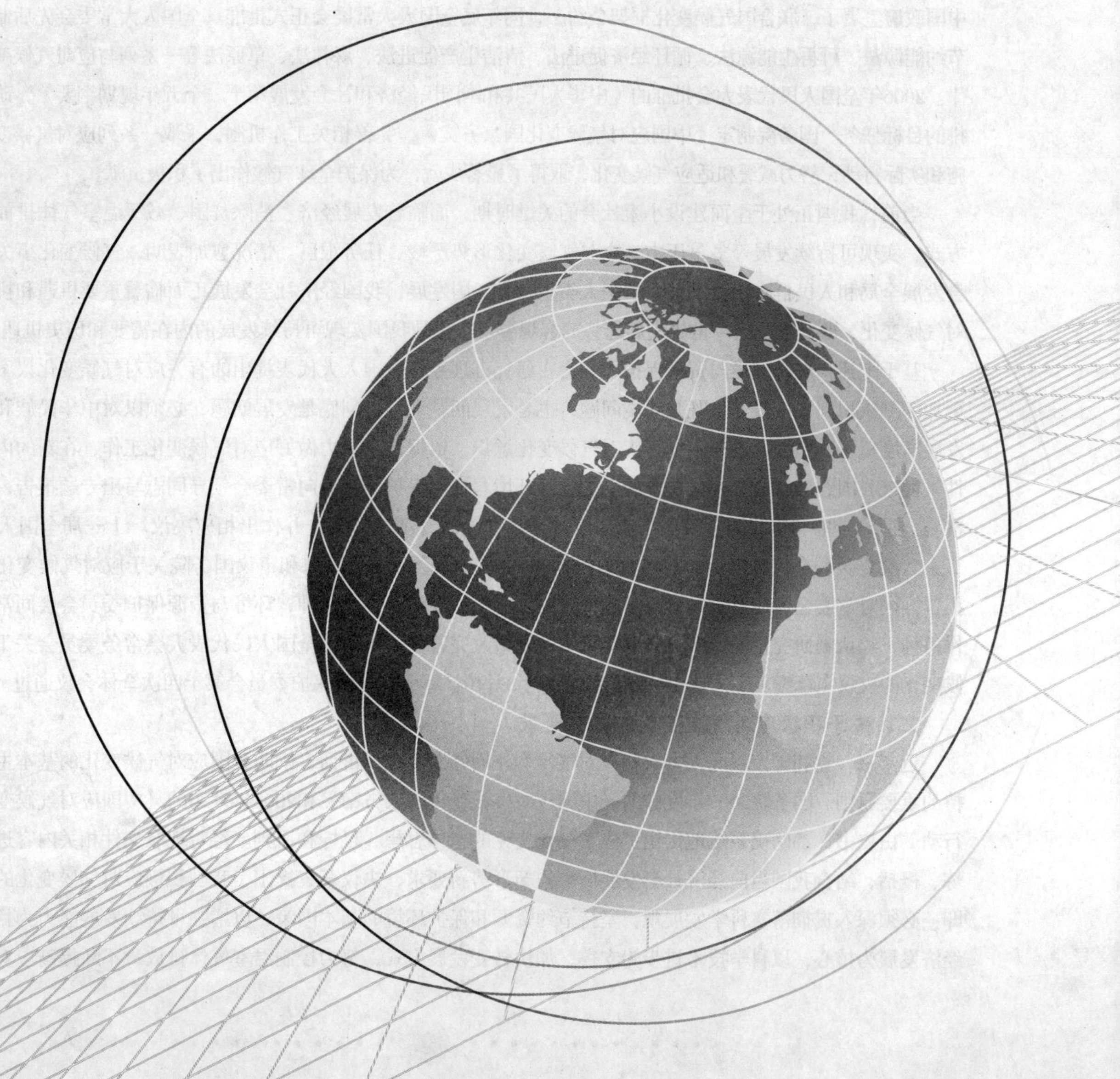

关于《全国人民代表大会常务委员会关于积极应对气候变化的决议（草案）》的说明

——2009年8月25日第十一届全国人民代表大会常务委员会第十次会议

全国人大环境与资源保护委员会主任委员　汪光焘

我受环境与资源保护委员会的委托，现对《全国人民代表大会常务委员会关于积极应对气候变化的决议（草案）》作如下说明。

一、关于积极应对气候变化的重要意义和作出相关决议的必要性

全球气候变化及其不利影响是当今国际社会普遍关心的重大问题。工业革命以来的人类活动，尤其是发达国家在工业化过程中大量消耗资源，排放温室气体，引起近50年来以全球气候变暖为主要特征的气候变化，对全球自然生态系统产生明显影响，对人类社会的生存和发展带来严重挑战。我国人口众多，经济发展水平低，气候条件复杂，生态环境脆弱，易受气候变化的不利影响。我国作为负责任的发展中大国，一直对气候变化问题高度重视。1992年6月中国政府签署了《联合国气候变化框架公约》，同年底全国人大常委会正式批准。全国人大常委会先后制定和修订了节约能源法、可再生能源法、循环经济促进法、清洁生产促进法、森林法、草原法等一系列与应对气候变化有关的法律。2006年全国人民代表大会批准的《中华人民共和国国民经济和社会发展第十一个五年规划纲要》，确定了节能减排的目标任务。国务院制定《中国应对气候变化国家方案》，完善相关工作机制，采取一系列应对气候变化的政策措施和实际行动，努力减缓和适应气候变化，取得了显著成就，为保护全球气候作出了积极贡献。

当前，我国正处于全面建设小康社会的关键时期，面临着发展经济、消除贫困、减缓温室气体排放、转变发展方式、实现可持续发展等多重压力，应对气候变化形势严峻、任务艰巨。情况愈加表明，气候变化事关我国经济社会发展全局和人民群众切身利益，事关人类生存和各国发展，我国经济社会发展正面临着重要机遇和挑战。积极应对气候变化，既是顺应当今世界发展趋势的客观要求，也是我国实现可持续发展的内在需要和历史机遇。

基于上述情况，环境与资源保护委员会在研究办理今年全国人大代表提出的有关应对气候变化议案的过程中，更加深刻认识到，气候变化既是环境问题，也是发展问题，归根到底是发展问题，必须以对中华民族和全人类长远发展高度负责的精神，进一步增强应对气候变化意识，根据自身能力做好应对气候变化工作，在新的内外环境和条件下促进我国经济社会又好又快发展。为此，环境与资源保护委员会向常委会领导同志写出专题报告，提出建议：常委会适时听取和审议国务院关于应对气候变化情况的专项工作报告并作出相应决议。十一届全国人大常委会第二十六次委员长会议决定，8月下旬召开的常委会第十次会议安排听取和审议国务院关于应对气候变化工作情况的报告，同时常委会就应对气候变化问题作出决议。根据委员长会议精神，环境与资源保护委员会会同常委会有关工作机构，经认真研究论证、多方听取意见、反复修改完善，提出了《全国人民代表大会常务委员会关于积极应对气候变化的决议（草案）》。这个草案已经2009年8月10日环境与资源保护委员会第十四次全体会议通过。

二、关于积极应对气候变化的基本要求

近年来，党和国家领导人多次就应对气候变化问题发表重要讲话，阐明我国应对气候变化的基本主张和必须坚持的重要原则。国务院2007年发布的《中国应对气候变化国家方案》和2008年发布的《中国应对气候变化的政策与行动》白皮书，都明确系统地提出了应对气候变化的指导思想、目标和原则。经对现有文件相关内容进行归纳、提炼、概括，结合我国当前经济社会发展面临的新形势新要求，决议草案提出了我国积极应对气候变化的指导思想，即：必须深入贯彻落实科学发展观，坚持节约资源和保护环境的基本国策，以增强可持续发展能力为目标，以保障经济发展为核心，以科学技术进步为支撑，加快转变发展方式，努力控制温室气体排放，不断提高应对气候变化的

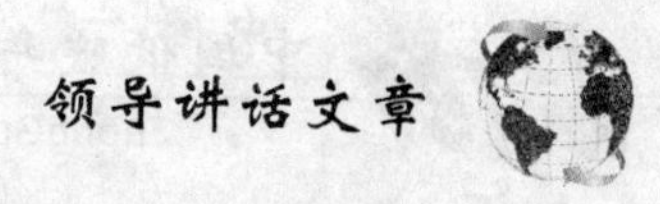

能力，在新的更高起点上全面建设小康社会。

按照这一指导思想，决议草案还进一步提出了积极应对气候变化的原则，即：坚持从我国基本国情和发展的阶段性特征出发，在可持续发展框架下，统筹国内与国际、当前与长远、经济社会发展与生态文明建设；坚持应对气候变化政策与其他相关政策相结合，协调推进各项建设；坚持减缓与适应并重，强化节能、提高能效和优化能源结构；坚持依靠科技进步和技术创新，增强控制温室气体排放和适应气候变化能力；坚持通过结构调整和产业升级促进节能减排，通过转变发展方式实现可持续发展。

三、关于决议草案的结构和主要内容

决议草案由导语和六条组成。

导语部分，充分肯定了国务院在应对气候变化方面作出的不懈努力和取得的显著成就，明确提出必须按照党的十七大提出的"把建设资源节约型、环境友好型社会放在工业化、现代化发展战略的突出位置"和"加强应对气候变化能力建设，为保护全球气候作出新贡献"的要求，坚定不移地走可持续发展道路，采取更加有力的政策措施，积极应对气候变化。

第一条，应对气候变化是我国经济社会发展面临的重要机遇和挑战。着重阐述我国是一个发展中国家，既要通过发展满足人民群众的需要，维护其生存权、发展权，又要切实解决长期存在的经济结构不合理、发展方式粗放、资源利用率低等问题。积极应对气候变化，既是顺应当今世界发展趋势的客观要求，也是我国实现可持续发展的内在需要和历史机遇。

第二条，应对气候变化必须深入贯彻落实科学发展观。着重阐述我国积极应对气候变化的指导思想，即：必须深入贯彻落实科学发展观，坚持节约资源和保护环境的基本国策，以增强可持续发展能力为目标，以保障经济发展为核心，以科学技术进步为支撑，加快转变发展方式，努力控制温室气体排放，不断提高应对气候变化的能力，在新的更高起点上全面建设小康社会。按照这一指导思想，还进一步提出了积极应对气候变化的若干原则。

第三条，采取切实措施积极应对气候变化。着重阐述了五个方面：一是强化节能减排，努力控制温室气体排放；二是增强适应气候变化能力；三是充分发挥科学技术的支撑和引领作用；四是立足国情发展绿色经济、低碳经济；五是把积极应对气候变化作为实现可持续发展战略的重要内容纳入国民经济和社会发展规划，明确目标、任务和要求。

第四条，加强应对气候变化的法治建设。着重阐述要把加强应对气候变化的相关立法作为形成和完善中国特色社会主义法律体系的一项重要任务纳入立法工作议程，严格执行现行有关法律，加强对有关法律实施情况的监督检查。

第五条，努力提高全社会应对气候变化的参与意识和能力。着重阐述要加强对全社会尤其是青少年应对气候变化的教育，动员全社会广泛参与到应对气候变化的行动中，营造积极应对气候变化的良好社会氛围。

第六条，积极参与应对气候变化领域的国际合作。强调坚持公约及其议定书确定的应对气候变化基本框架，坚持"共同但有区别的责任"原则，坚持可持续发展原则，坚决维护我国作为发展中国家的发展权益，反对借气候变化实施任何形式的贸易保护，促进公约及其议定书的全面、有效和持续实施。

环境与资源保护委员会建议，本次常委会会议在听取和审议国务院《关于应对气候变化工作情况的报告》后，就积极应对气候变化作出决议。

《全国人民代表大会常务委员会关于积极应对气候变化的决议（草案）》和以上说明是否妥当，请审议。

（2009年8月25日）

在应对气候变化技术开发与转让高级别研讨会上的讲话

国家发展和改革委员会主任　张　平

面对气候变化这一空前挑战，我们清醒地认识到，应对气候变化必须要靠共同努力、全球合作。

当前，广大发展中国家正处在工业化、城市化快速发展的阶段和大规模基础设施建设时期，将不可避免地呈现高排放特征，也不利于国际社会减缓气候变化的努力。对此，大家有着充分的认识和加以改进的强烈意愿，也采取了一系列积极的措施。但由于技术手段及相应资金的限制，实际效果受到较大的影响。这是应对气候变化面临的一个突出问题。我们也高兴地看到，发达国家经过多年研究探索，掌握了大量先进的气候友好技术，如果能够向发展中国家转让气候友好技术，并提供相应的资金支持，扩大技术应用范围，一定能够大大减少发展中国家在发展过程中所付出的环境代价，使人类的文明成果更好地服务于全球的共同利益。

值得注意的是，以优惠条件向发展中国家转让技术是发达国家在公约和议定书下的义务。但在具体落实上，至今没有取得实质性进展。

“巴厘路线图”启动了一个加强公约和议定书全面实施的谈判进程，致力于在2009年底前取得成果，并把技术转让作为其中的一个关键性问题，能否在这一问题上取得突破，是衡量“巴厘路线图”谈判成效的重要标准。

为加强技术合作、推进技术转让，增强全球共同应对气候变化的能力，我提出如下倡议：

第一，设立专门的组织机构，为技术开发与转让提供制度保证。在缔约方会议下设立相应的机构，专门负责技术开发与转让的规划、协调、组织、审查和评估工作。各国政府也应指定负责技术开发与转让的主管机构和联系部门，以配合国际层面的相关工作。

第二，建立专门的资金机制，为技术开发和转让提供资金保障。为进一步推动发展中国家在可持续发展框架下应对气候变化，发达国家应进一步提供充足的、可预测的和稳定的资金支持，设立“技术开发与转让基金”，用于激励技术开发与转让，并为发展中国家应用相关技术提供能力建设支持。

第三，建立审查和评估机制，确保技术开发和转让工作的长期有效实施。为使各缔约方切实有效地落实公约下有关技术开发与转让的承诺，公约缔约方会议应定期审查和评估技术开发与转让工作的进展情况，总结成功经验，找出存在问题，改进工作方式，以确保相关活动取得切实有效进展。与此同时，在技术开发与转让的国际合作中，应当充分发挥政府的主导作用，加强沟通，创新思路，有效克服阻碍气候友好技术转让的各种障碍；同时，通过政策的引导、激励和杠杆作用，进一步发挥市场和私人部门的作用，调动和吸引更多的资源投入气候友好技术的开发和转让，使发展中国家用得上、用得起，而且能够用得好。

中国政府历来高度重视应对气候变化工作。去年成立了以温家宝总理为组长的国家应对气候变化工作领导小组，由国家发展和改革委承担具体工作，归口管理应对气候变化工作。中国政府于2007 年发布实施了《中国应对气候变化国家方案》（以下简称《国家方案》），提出了到2010 年单位GDP能耗比2005 年降低20%左右的目标。

围绕《国家方案》的实施，结合节能减排等工作，我们采取了一系列行之有效的政策措施，加大了投入力度，开展了积极而有成效的工作。2007 年中央财政在节能、可再生能源、植树造林等领域投入资金约480 亿元人民币；通过积极的节能政策的实施，2006 和2007年累计节能1.47 亿吨标准煤，相当于少排放3.35 亿吨二氧化碳。我们还开展了省级应对气候变化方案的编制工作，着力推进《国家方案》的实施，加强地方应对气候变化的能力建设。今年10 月29 日，中国政府正式发布了《中国应对气候变化的政策与行动》白皮书，系统介绍了中国在《中国应对气候变化国家方案》发布以来采取的政策、措施和成就。

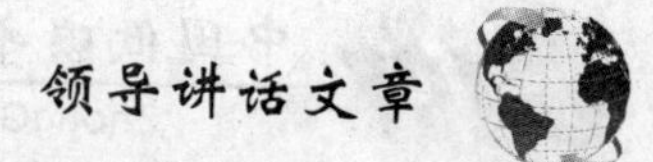

作为一个发展中的大国，中国面临着巨大的发展压力，但我们将一如既往地坚持走可持续发展道路，一如既往地加强与国际社会的合作，共同应对气候变化。中国将结合自己的国情，采取更加有力的政策措施，进一步调整和优化经济结构，加快转变经济发展方式，推进技术创新，大力发展低碳经济，积极努力建立与应对气候变化相适应的国民经济体系和社会组织体系，尽最大可能控制和减缓温室气体排放的增长，为稳定大气中温室气体浓度作出不懈努力，为保护全球气候作出更大的贡献。

积极妥善地应对气候变化，事关人类生存、各国发展和世界的繁荣稳定。当前，全球正经历一场严重的金融危机。一方面，我们要加强合作，共同应对金融危机对全球经济的影响;另一方面，我们应继续坚持在应对气候变化领域的合作磋商机制，加强沟通交流，化挑战为机遇，通过加大投入，加强技术合作，大力发展环保节能产业，拉动经济增长，改善全球环境。

中国政府希望各方在技术开发与转让这一关键问题上加强沟通，密切合作。中方愿意继续与各方开展深入探讨，增进理解，扩大共识，以强有力的政治意愿，积极有效的措施，推动技术开发与转让问题在哥本哈根会议上取得新的成果。

（2008 年11 月7 日）

在全国能源工作会议上的讲话（节录）

国家发展和改革委员会副主任、国家能源局局长　张国宝

三、2009年的能源工作

2009年我国能源发展的目标是：一次能源消费总量预期目标为28.5亿吨标准煤左右，主要考虑两个因素，一是中央确定的经济增长8%的预期目标，二是我国能源消费需求增长处于下行的趋势，2008年一次能源消费比上年增长约为3.5%，2009年按一次能源消费预期比上年增长3%~4%计算。原煤产量预期目标为28.0亿吨左右，比上年增长5000万吨。原油产量预期目标为1.93亿吨，比上年增长2.1%；石油进口量预期目标为2.07亿吨，比上年增长2.1%，对外依存度将超过50%。天然气预期产量860亿立方米，比上年增长6.4%。电力总装机预期目标为8.5亿千瓦，比上年增加5800万千瓦。这些目标是预期性和导向性的，可以根据形势的发展变化进行调整。

贯彻落实2009年能源工作的总体要求，要重点抓好以下八项工作：

（一）加快电力工业结构调整

这几年电力工业发展很快，发电装机几乎每年以增加1亿千瓦的速度增长，2008年底电力总装机达到7.92亿千瓦，仅次于美国，稳居世界第二。在电力高速发展的同时，也带来了不少问题，突出的是由于火电发展太快，火电在电力结构中的比重不仅没有下降，反而上升，环境、运输等问题严重。实际上，2008年火电发电小时已有大幅下降，在一些省份供大于求已十分明显，但各地争上电力项目的劲头不减，一批不在规划内的违规项目将投产，会加剧发电企业的疲软。水电、风电、电网，也都面临着很多新问题、新矛盾、新困难。受国际金融危机影响，我国外需减少，经济下行，导致电力需求下降，电力企业经营更加困难，持续大面积亏损。但同时，我们应充分认识到，当前也是我国电力工业进一步贯彻落实科学发展观，实现优化发展的良好机遇。从中长期看，我国正处在全面建设小康社会的历史阶段，随着工业化和城镇化的不断发展，电力需求增长的空间还较大，当前的困难是暂时的。我们应抓住电力需求放缓的机遇，大力调整电力结构、加强企业管理和积极推进改革。电力工业应把前十年以扩张为主的发展模式，转变到更加注重内部管理、节能降耗、提高经营效益上来。

一是建设大型煤电基地。这是实现资源优势互补，提高能源安全保障水平，增强能源供应能力的重要手段。在大型煤炭基地、整装煤田、低热值煤集中产区，要大力推进大型煤电基地建设。要从规划源头抓起，统筹考虑煤炭资源、水资源、环境容量、电站布局、市场空间、输电通道等一揽子问题，利用煤炭资源优势，大力发展坑口电站。对这样的煤电一体化项目，要优先予以核准。2009年，要推进呼伦贝尔和宁东煤电一体化项目建设，逐步形成向辽宁300万千瓦、山东400万千瓦的送电能力；启动锡林郭勒盟煤电一体化项目和山西煤电基地项目建设，向华北、华东等负荷中心送电；继续推进陕北、蒙西、两淮、贵州等煤电基地建设。

二是继续推进电力工业“上大压小”。这两年电力工业“上大压小”取得积极成效，调动了各方积极性，受到了各方欢迎，对提升电力工业结构，促进节能减排，起到了重要作用。实践证明，“上大压小”的路子是对的，要坚定不移地继续加以推进。要完善政策，特别是要解决好关停电厂的职工安置问题。要充分利用当前电力需求下降的有利时机，加快“上大压小”的步伐，扩大小火电机组淘汰的范围，对在役时间长、煤耗比较高的小火电机组，关停容量可考虑放宽到12.5万千瓦、20万千瓦。今后三年，分别计划关停1300万千瓦、1000万千瓦和800万千瓦，相应建设大型、高效、清洁燃煤机组5000万千瓦。

三是发展热电联产。这是提高能源转化效率，减少污染排放，改善城市环境的重要途径。我国现在约有50多万台工业锅炉，建设热电厂取代工业锅炉，全国每年可节约2亿吨标煤。发展热电联产，要以集中供热为原则。在大中城市，鼓励建设30万千瓦等级的热电机组；在工业园区，鼓励建设背压供热机组。同时，要加强热电联产项目的

监督检查和在线监测，防止借热电联产之名新上小火电机组。2009年，要优先支持北方大中城市解决集中供热。

四是大力发展核电。核电是一种清洁、高效能源，不产生二氧化碳、二氧化硫和烟尘等污染物，也不存在大运量、大距离的燃料运输问题。目前我国核电装机仅占电力总装机的1.1%，同世界一些发达国家相比差距很大，也远远低于世界平均水平。2007年世界核电消费2.73万亿千瓦时，占全球一次能源消费总量的5.61%；而我国大陆核电消费626亿千瓦时，占一次能源消费总量仅为0.77%。我国发展核电潜力很大。当前，无论是人才队伍，还是技术水平和装备制造能力，都具备了加快发展核电的条件。我们要加快研究调整核电中长期发展规划，争取将规划调整方案尽快上报国务院决策。加强核电装备制造能力建设，重点支持核电装备国产化，按照计划分阶段、分步骤制定并出台核电标准。积极有序开展海外天然铀资源合作，建立天然铀储备制度。制定核电管理的法规，为依法有序加快发展核电提供制度保障。2009年，将要开工建设浙江三门、山东海阳和广东台山等核电站，新核准开工规模840万千瓦，可能规模还要更大。

五是加强电网建设。

(二)大力推进煤炭发展方式转变（略）

(三)扩大利用海外油气资源（略）

(四)积极发展可再生能源和新能源

从长期看，改善我国能源结构，必须积极发展可再生能源和新能源，不断提高清洁能源在我国一次能源消费中的比重。

一是积极推进水电开发利用。水电是清洁、可再生能源。我国水能资源丰富，经济可开采容量4亿千瓦。目前水电装机1.7亿千瓦，还有三分之二的水电资源尚未开发，待开发资源主要集中在西部地区。目前，水电开发认识不统一，移民和生态问题没有很好的解决。特别是这次四川汶川大地震后，西南水电开发基本处于停滞状态。因此，加快水电开发，必须要有新思路。要转变水电移民观念，由“重工程、轻移民”转为“先移民、后工程”，把水电开发与帮助移民脱贫致富、促进地方经济发展很好地结合起来。要加大水电建设环保工作力度，规划时给河流保留足够的生态空间，在建设中将促进生态建设作为水电开发的重要目标。要完成水电开发区划工作，抓紧研究制定水电开发管理条例，规范水电开发市场，做到有序开发。要继续抓好在建水电站的建设工作，争取早日投产。积极推进区划内水皂项目前期工作，妥善解决移民和环保问题。

二是促进风电规模化发展。我国风能资源丰富，具有良好的开发利用前景。近年来风电发展形势喜人，但在开发规划、项目建设、技术水平、电网接入等方面还存在很多问题。为了促进我国风电健康发展，必须认真总结近几年来风电发展的经验。加强风电建设管理，不断完善政策，坚持以风电特许权方式建设大型风电场，推动风电设备国产化，逐步建立我国风电产业体系。研究调整风电发展目标和建设规划，2010年风电总装机规划目标拟调整为2000万千瓦，2020年调整为1亿千瓦左右。制订千万千瓦风电基地规划，按照“融入大电网，建设大基地”的要求，力争用10多年时间在甘肃、内蒙古、河北、江苏等地形成几个上千万千瓦级的风电基地。完成风电资源详查工作，抓紧建设风电设备检测中心，完善风电技术服务体系，提高风电机组设备质量保障能力。

三是加快推进太阳能开发利用。太阳能是世界上资源最丰富的能源。我国陆地每年接收的太阳能理论值为1.7万亿吨标准煤，只要利用千分之三就可以在今后几十年满足全部能源需求。我国应把太阳能利用技术作为战略能源技术，稳步发展，积极推进。当前发展重点主要有两项：一是太阳能热利用。目前我国太阳能热水器已成为较大规模的新兴产业，年产量和累计安装量均居世界首位，在城市和农村都有广阔的市场需求。对热能消耗大、占地面积大的政府建筑、商业建筑要逐步推广安装太阳能热水器。二是太阳能发电。启动太阳能发电示范项目建设，开展城市屋顶太阳能光伏发电应用示范项目建设，促进太阳能硅材料技术研发和产业化。推进无电地区分散光伏发电应用，制定太阳能热利用技术推广计划。

四是推进生物质能开发利用。生物质能的开发利用，可以提高农民生活质量，改善农村生产生活环境，加快农村实现城镇化的进程。要开展生物能资源评价，组织制定生物质能开发利用规划。支持生物质综合利用示范项目建设。

我国七亿人口在农村，当前农村用能条件还比较差。全面建设小康社会、建设社会主义新农村都需要重视和加强农村能源建设，逐步改善农民生产生活”用能条件三要继续实：施中西部农网完善工程，进一步提高农村电网改造的覆盖面。加快无电地区电力建设，重点支持西藏、新疆、青海、云南、四川等无电人口集中的省区，因地制宜采用小型光伏电站、户用光伏系统，解决无电人口用电问题。开展农村清洁生活用能建设，支持建设生物质气化工程、生物质成型燃料项目，支持农村安装太阳能热水器，开展绿色能源县综合服务体系建设。

（五）推进节能和科技装备进步

增强能源供应保障能力：调整优化能源结构，都离不开能源科技与装备进步。

加强能源领域节能。能源行业自身生产能源，同时又是能源消费大户。煤、电、油等行业都存在很大的节能空间。我们要重视能源领域自身节能。研究制定《能源领域固定资产投资节能评估和审查管理办法》，开展能源节约和资源综合利用项目试点示范工作。鼓励在役中型燃煤火电机组节能改造，提高机组运行效率，减少污染物排放。配合国家认证主管部门开展节能产品的认证工作，研究制定相关优惠政策，鼓励和支持节能技术、节能产品的推广应用。

推进关键技术创新。逐步建立企业为主一体、市场为导向、产学研相结合的技术创新体系。继续抓好“大型先进压水堆及高温气冷堆核电站”和“大型油气田及煤层气开发”两个国家重大科技专项。鼓励发展洁净煤技术，提高煤炭资源勘探与开采的技术水平。积极发展油气资源勘探开发的关键技术和重大装备。加强电力输配及电网运行安全技术的研究。优先发展可再生能源技术。

提升装备制造水平。落实国务院《关于加快振兴装备制造业的若干意见》。依托骨干企业，建设能源技术装备研发平台，增加研发投入和软硬件设施建设，稳步提高装备制造企业的技术水平、生产能力及自主创新能力，进一步在LNG、长输管线、大型燃机等重大能源设备上有所突破。对核电、风电等装备尚不能实现国产化的关键工艺、关键零部件研发，集中力量组织攻关，并给予资金支持。确立示范工程，鼓励购买和使用首台首套重大技术装备。

（2009年2月3日）

科学发展是电力工业赢得挑战的根本路径（节录）

国家发展和改革委员会副主任、国家能源局局长　张国宝

改革开放30年，特别是2002年新一轮电力体制改革以来，我国电力工业进入了发展最快的历史时期。近年，电力工业以科学发展观为指导，在电力建设、结构调整、技术进步、装备能力提升、整体效率提高和节能减排等方面取得了世人瞩目的成就，步入了安全、清洁、节约发展的轨道，保障了经济社会发展和人民生活水平提高对电力增长的需求，实现了历史性的跨越。到2008年，全国水电装机容量达1.7亿千瓦，已居世界第一位；核电装机达910万千瓦，在建规模2290万千瓦，规划容量超过4000万千瓦；风电装机总规模超过1200万千瓦，在建装机规模1000万千瓦；太阳能和生物质能等可再生能源发电得到快速发展。电力工业已成为我国经济社会又好又快发展的强有力支撑。

加快结构调整，提升整体效率。实践表明，在国家宏观调控政策的引导下，不断加大结构调整力度，是转变电力发展方式，提高发展质量，提升整体效益的有效途径。我国电力工业在发展过程中，仍存在着一些结构性矛盾，如能源资源的地区分布不均衡、电源结构和电网结构不尽合理。对于这些问题，近年来加快了调整步伐，取得了显著成果：一是积极推进电力工业的上大压小，加速淘汰落后产能；二是大力发展核电；三是积极推进水电开发；四是加快风电、太阳能发电和热电联产等清洁高效能源的建设。

贯彻安全节约清洁方针，促进电力工业可持续发展。电力工业是关系千家万户、国计民生的重要支柱产业。电力系统一旦发生事故，有所闪失，将会给国民经济和人民生活带来巨大损失。近年来，北美、西欧、俄罗斯等国家和地区先后发生的大面积停电事故，给当地经济和社会发展造成了严重的负面影响。我国电力工业积极贯彻安全发展、清洁发展和节约发展的方针，建立健全应急机制，提高电力设施抗灾能力建设，确保了电力工业的安全稳定发展。电力工业始终认真贯彻“安全第一、预防为主、综合治理”的方针，是这几年电力安全稳定生产运行的重要原因。

当前，受国际金融危机的影响，我国经济下滑明显，导致用电需求不足，电力企业经营出现困难。但这是暂时的，只要措施得力，是可以转危为机的。因为，从中长期看，我国正处在全面建设小康社会的历史阶段，工业化、城镇化还有很大的发展空间，整个社会对电力的需求将保持稳定增长的态势。我们要抓住当前电力需求放缓的机遇，进一步深化体制改革，加强市场建设，理顺能源价格机制，促进电力与经济、社会、环境的协调发展，确保电力的安全稳定供应，努力走出一条科技含量高、经济效益好、资源消耗低、环境污染少的又好又快发展之路，实现电力工业的持续健康发展。

加快发展核电。核电是清洁高效能源，污染少、温室气体接近零排放，是优化能源结构的优先选择。目前，我国核电装机只占电力总装机的1.3%，比例很低。为此，要努力提高核电的装机比例，国家现正在调整核电中长期发展规划，加强沿海核电发展，科学规划内陆地区核电建设，力争2020年核电占电力总装机的比例达到5%以上。我国多年来已培养锻炼了一大批业务素质强、管理水平高、能够适应核电建设和运营的人才队伍，核电技术水平和装备制造能力也有了较大的提高和突破，具备了良好的发展条件和环境。我们要逐步建立和完善现代核工业体系、核燃料循环体系和安全体系，通过引进吸收和自主创新相结合，形成具有自主知识产权的新型核电技术体系，为核电大发展打下坚实基础。同时，要积极参与国际联合研发的第四代核电技术和热核技术，为未来发展做好准备，进一步推动核电发展。

大力发展风电和可再生能源。我国已出台了可再生能源法，颁布了可再生能源发展规划，为可再生能源的发展营造了良好的政策环境。近年来，通过开展大型风电项目特许权招标，出台风电优惠价格政策等措施，我国风电产业得到了快速发展，目前的风电规模已居世界前列。今后，我们要继续加快百万千瓦规模风电场的建设，带动风电设备研发制造产业的发展，尽快形成每年1000万千瓦以上的自主装备能力。当前要科学规划，精心组织，重点建设甘肃河西走廊、苏北沿海和内蒙古三个千万千瓦级的大风场，打造“风电三峡工程”，力争使我国在2010年前后的风电装机突破2000万千瓦，建设成世界最大的风力发电国家。同时，要积极推进生物质能、太阳能等其他可再生能源产业化发展，争取到2020年使我国除水电以外的可再生能源所占比重，从目前的1.5%左右提高到6%以上，促进可再生能源的发展。

积极开发水电。我国是世界上水电资源蕴藏最为丰富的国家，可开发的资源量约为5.4亿千瓦。到2008年，我国水电装机容量只有1.7亿千瓦，开发利用程度仍然较低，远低于美国、日本等发达国家，发展潜力巨大。今后，在科学论证、系统规划、有序开发、妥善处理好生态环境保护和移民安置的前提下，仍然要坚持水电开发的方针，力争到2020年水电装机规模达到3亿千瓦左右；并进一步实施西电东输等重点工程，在更大范围内实现电力资源的优化配置，促进水电的科学经济利用。

优化发展煤电。我国煤炭资源丰富，资源禀赋决定了我国电力装机在较长时间内仍将以火电为主，电力发展在短期内难以改变主要依赖煤炭的格局。在电力建设发展过程中，要优化发展火电，综合平衡煤炭与水资源、电力市场、电力系统、交通运输、环境保护等因素，优化煤电布局，进一步调整发电装机的结构，提高机组技术水平和经济性。要认真贯彻上大压小方针，加速关停小火电机组，淘汰落后产能；鼓励建设能耗低、大容量的高效环保发电机组，提高电力工业整体效率，推进节能减排；积极发展热电联产，努力提高热电联产比重，改善北方大中型城市供热状况和冬季环境质量，以利民生；以建设大型煤电基地为重点，积极推动煤电一体化进程。

加强电网建设。电网的发展和布局要立足于节约发电资源，以确保安全为基础，实现更大范围的资源优化配置。要加快区域和省级输电网架建设，提高电力资源综合利用效率和区域电网间与省电网间电力电量的交换和相互支持能力，发挥大电网在市场备用、电力电量互补、水火互济等方面的效益，提高电网整体运行效率。重点总结验收特高压交流试验示范工程，加快直流特高压试验示范工程建设，尽早发挥特高压输电技术的效益。同时，加强城市电网和农村电网建设，实现电源与电网、输电与配电的协调同步发展。

不断促进装备工业技术进步。进一步推动电力装备制造业的自主设计、自主创新和国产化工作。对于先进的电力技术和设备，要通过技贸结合的方式，以市场换技术，以示范项目为依托，力争实现引进技术、消化吸收、为我所用，促进我国电力工业技术水平的不断升级，使装备工业不仅为电力行业的发展提供强有力的技术支撑，而且能够带动和促进相关产业的同步发展。

（2009年4月2日）

在国家低碳省区和低碳城市试点启动会议上的讲话

国家发展改革委副主任　解振华

我们召开这次国家低碳省区和低碳城市试点启动会，主要目的是进一步统一思想，提高认识，研究部署试点工作中的重大问题，确保试点工作扎实、有序开展。

经报国务院领导同意，国家发改委研究决定在全国开展低碳省区和低碳城市试点工作，并选择广东、湖北、辽宁、陕西、云南5个省和天津、重庆、杭州、厦门、深圳、贵阳、南昌、保定8个城市进行首批试点。应该说，这次选择的试点地区，是经过慎重研究、在众多积极申请的地区中选出的，工作基础和工作条件都是比较好的。前不久我委发布的关于开展低碳试点工作的《通知》中，又明确了这项工作的具体任务，就是要编制低碳发展规划，制定支持低碳绿色发展的配套政策，加快建立以低碳排放为特征的产业体系，建立温室气体排放数据统计和管理体系，积极倡导低碳绿色生活方式和消费模式。低碳试点是一项综合性强的工作，也是一项受到各方面关注的全新工作，我们有责任按照党中央、国务院领导同志的要求把这项工作抓紧抓好，务求实效。今天5个试点省和8个试点城市的主要领导都亲自到会，这充分说明各位领导同志对这项工作高度重视和大力支持。下面我就做好低碳试点工作先谈三点意见。

一、进一步提高对试点工作的认识

当前我国经济已进入了新的发展阶段，从国际国内两个大局来看，开展低碳试点都具有重要意义。

首先，开展低碳试点是促进可持续发展的现实需要。近年来，我国经济实现了快速发展，但粗放型的发展方式并没有根本性转变。目前，我国一次能源、淡水、钢材、水泥等主要资源的平均消耗强度高出世界平均水平约90%，单位国内生产总值能耗大致是日本的8倍、欧盟的4.5倍，2009年我国GDP只相当于美国的1/3，但能源消费量却已和美国差不多。我国人均能源资源蕴藏本来就不足，石油、天然气的人均剩余探明可采储量只有世界平均水平的7.7%和7.1%,即使储量相对丰富的煤炭，也只有世界平均水平的63%，高消耗导致我国能源供应十分紧张，相当一部分能源需要靠进口解决，其中石油的对外依存度已超过了50%。如果我们延续粗放型发展方式和传统的工业化道路来推进现代化，不但我国能源资源环境支撑不住，经济发展也将难以持续，全面建设小康社会的目标也会落空。开展低碳试点，就是要探索通过控制温室气体排放促进发展方式转变、促进经济结构调整、促进能源资源节约和能效提高、促进清洁能源发展的有效途径，切实增强我国可持续发展能力。

其次，开展低碳试点是积极应对气候变化的迫切要求。气候变化问题关系人类的生存和发展，是当今世界面临的重大挑战，也是各国抢占国际道义制高点、增强自身经济科技竞争优势的重要领域。在全球温室气体排放总体受限的情况下，我们已不可能像发达国家工业化时期那样通过长期不受约束的排放来实现经济发展。从对中华民族和全人类长远利益高度负责出发，中央明确提出要把积极应对气候变化作为经济社会发展的一项重大战略，确定了我国到2020年控制温室气体排放的行动目标，并作为重要内容纳入国民经济和社会发展中长期规划。为此，我们必须积极探索我国工业化城镇化快速发展阶段，既发展经济、改善民生又积极应对气候变化、降低碳强度的成功做法和经验。开展低碳试点，就是我们为落实中央决策部署而进行的一项有益探索，是新形势下我国积极应对气候变化而采取的一项重大举措，对促进实现中央确立的控制温室气体排放行动目标、树立积极负责任大国形象都具有十分重要的意义。

第三，开展低碳试点是探索中国特色低碳绿色发展经验的有效途径。目前，发展绿色经济，降低碳排放已成为重要的国际潮流，低碳技术和低碳产业已成为国际科技经济竞争的新领域，各国都在加大对相关产业、技术发展的投入和政策支持力度，积极探索符合本国国情的低碳绿色发展；发达国家还借保护气候之名，提出对国际贸易产品征收碳关税，企图设置新的贸易壁垒。这些趋势对未来我国发展具有重要的影响，我们必须积极应对、趋利避害，加快推动我国低碳技术和低碳产业发展，积极探索具有中国特色的低碳绿色发展经验。应该看到，发达国家是在完成工业化、城镇化之后才开始控制温室气体排放的，而我们要在人均国内生产总值只有3700多美元的阶段就要面对控制碳排放的挑战。这就要求我们根据自己的国情、发展阶段和实际情况，充分调动和发挥各方面的积极性、主动性、创造性，探索和积累在不同地区推动低碳绿色发展的有益经验，发挥示范和引领作用，从而为全国的低碳绿色发展奠定基础。

二、进一步明确工作目标定位

明确目标，准确定位，是做好下一步工作的基础。试点地区要集中力量，认真研究本地区试点工作目标定位问题，按照统一要求，结合本地实际，确定本地区试点工作的目标任务。具体来讲，要体现以下三点要求：

一要科学发展。低碳省和低碳城市试点，是贯彻落实科学发展观的重要举措，低碳试点工作目标的确定，要坚持以科学发展观为指导，体现以人为本、全面协调可持续的发展导向，体现建设创新型国家、走新型工业化道路的内在要求。低碳试点的目标任务要紧紧围绕降低碳排放强度、调整产业结构、优化能源结构、推进科技创新、发展绿色建筑和绿色交通来设置，加快形成以低碳排放为特征的产业体系和消费模式。试点省和试点城市要建成我国低碳发展的先行区、绿色发展的示范区和科学发展的试验区，努力实现生产发展、生活富裕、生态良好的内在统一。

二要先进先行。作为试点省和试点城市，就是要做低碳绿色发展的先行者和探索者，就是要在控制温室气体排放、应对气候变化方面发挥先锋模范作用。在本地区碳排放强度下降等指标设定上，要符合中央确定的总体要求，同时还要体现出试点地区的先进性，发挥典型示范作用。各试点地区要加快建立温室气体排放统计、核算体系，尽快完成温室气体排放清单编制工作，摸清底数，认真搞好控排指标核算，确定一个和同等发展水平地区相比，力争上游、科学合理的控排指标。同时，也要科学设定其他方面的工作目标，最终形成一个既积极向上、又有的放矢的工作目标体系。在工作手段上，也要找准定位，大胆探索，试点地区要围绕试点工作五大任务，进一步做好细化、落实工作。既要探索通过政府引导、政策支持、资金投入降低碳排放强度的有效方式，也要探索通过经济手段和市场机制推动低碳绿色发展的创新办法。（同时也要讲求实效，比如在发展碳金融方面，不能不顾条件，每一个试点地区都建碳交易所）

三要体现特色。这次我们选择试点省和试点城市，既考虑了已有的工作基础，也充分考虑了地域代表性和不同的城市类型。五个试点省中，东部、东北、中部、西北、西南五个区域各有一个，8个试点城市中，既有直辖市、也有计划单列市、副省级城市、省会城市和地级市，可以说除县级市外包含了所有的城市类型。试点省和试点市既具有明显的地域特色，又处在不同的发展阶段，产业结构、资源禀赋等差异也很大。这既有利于我们积累指导不同地区低碳绿色发展的经验，也为大家各显神通、发挥主动性创造性提供了巨大空间。各试点省和试点城市要找准自身定位和比较优势，围绕若干重点问题，大胆探索，寻求突破，增强工作的针对性、有效性，防止脱离实际。各地在研究设立试点工作目标任务的过程中，一定要突出本地特色，紧密结合本地区发展阶段和资源环境的实际，只有这样，才能把试点工作做好、做实，才能真正取得实效。

三、进一步抓好工作落实

做好低碳试点工作的关键是抓好落实。抓落实，关键要靠在座的各位领导同志。

一要加强领导、完善机制。低碳试点是一项综合性强的全新工作，具有挑战性。试点地区要把这项工作作为贯彻落实科学发展观的重要抓手，摆在重要议事日程上，要成立主要领导负责抓总的工作机制，明确责任，分解落实重点工作任务，加大资金投入。试点地区的发展改革部门要继续发挥好组织协调作用，加强本地区有关部门间的协作，互相支持，相互配合，形成工作合力，扎实有序地推进本地区低碳试点工作的开展。

二要抓好工作实施方案和低碳发展规划编制。《通知》明确提出试点地区要制定工作实施方案，编制低碳发展规划。这两项工作属于顶层设计，对于保障试点工作的扎实、有序、有效开展具有十分重要的作用，各试点地区一定要高度重视。建设低碳省和低碳城市是一项长期的任务，需要长期的摸索和实践。因此，我们对试点方案的具体内容安排、工作阶段的划分不做统一要求，大家可以充分发挥主动性、创造性，探索符合本地区实际的工作机制和工作方式，但重点要突出今后几年的工作安排和目标任务，确保试点工作有一个良好的开端。同时，还要抓紧启动规划编制工作，深入调研，理清思路，借助专家学者力量，尽快编制出一个重点突出、特色鲜明，具有很强指导性和针对性的低碳发展规划。

三要做好对试点工作的考核评估。试点地区要研究建立低碳发展评价考核体系，对试点工作目标完成情况、重点任务完成情况特别是与碳强度、能源强度有关的反映低碳发展水平的指标定期开展跟踪分析和评估，研究采取相应的政策措施，完善奖惩机制，形成各级干部自觉推动低碳绿色发展的良好氛围。我委将密切跟踪各地试点工作进展情况，加强对试点工作的指导，加大政策支持力度，帮助协调解决试点工作中的突出问题，组织开展交流研讨合作，推进试点地区的信息和经验交流，并及时总结试点工作中的先进经验和成功做法，在全国加以示范推广。

同志们，千里之行，始于足下。低碳省和低碳城市试点工作，是我们在推动落实科学发展观、实现可持续发展方面迈出的重要一步。相信通过积极的探索和实践一定可以取得丰硕成果，为加快我国经济发展方式转变、实现2020年控制温室气体排放行动目标发挥重要作用，为全球应对气候变化作出积极贡献。

（2010年8月18日）

中国是全球应对气候变化的积极建设性力量

国家发展改革委副主任　解振华

气候变化问题事关各国人民的福祉和全人类的长远发展，是21世纪人类面临的严峻挑战，近年来，全球酷暑、干旱、洪涝等极端气候事件明显增多，气候变化已成为各国需要认真面对的现实威胁。中国是最易受到气候变化不利影响的国家之一。据观测，近百年来中国平均气温升高了1.1℃，气候变化造成灾害性气候事件频发，冰川和积雪融化加速，水资源分布失衡等，直接影响许多地区的生存环境和发展条件。近两年，中国先后遭受了夏季高温和冬季多年不遇低温侵袭，部分地区发生有气象记录以来最为严重的持续特大干旱，多地发生严重洪涝灾害。面对全球气候变化的挑战，国际社会必须高度重视、加强合作，携手应对，共同促进人类的可持续发展。

本着对中华民族和全人类高度负责的精神，党和政府始终高度重视应对气候变化问题，把积极应对气候变化作为经济社会发展的重大战略，成立了国家应对气候变化领导小组，建立了应对气候变化工作体系，颁布并实施了应对气候变化国家方案，在“十一五”规划中确定了到2010年单位GDP能耗比2005年下降20%左右、可再生能源占一次能源比重达到10%、森林覆盖率达到20%的目标，并采取了一系列积极有效的政策和行动，取得了显著成效。

一是优化产业结构。坚持走新型工业化道路，注重通过调整产业结构降低能源消耗强度，采取综合措施加快能耗低的服务业和高技术产业发展，遏制高耗能、高排放行业过快增长，大力淘汰落后产能。2006—2009年，关停小火电机组6006万千瓦，淘汰落后炼铁产能8172万吨、炼钢产能6038万吨、水泥产能2.1亿吨，形成节能能力约1.1亿吨标准煤，今年还将再关停小火电1000万千瓦，淘汰炼铁产能3000万吨、炼钢825万吨、水泥9155万吨、电解铝33.9万吨、玻璃648万重量箱、造纸432万吨。这些落后企业的关停，对提高重点行业能源利用效率具有重要作用。

二是加强能源节约。实施了十大重点节能工程，推动节能技术改造，形成节能能力约2.6亿吨标准煤，实施“节能产品惠民工程”，推广高效节能空调近2000万台，节能灯3.6亿只，在13个城市开展节能与新能源汽车示范试点；实施有利于节能减排的经济政策，发布27个高耗能产品能耗限额标准、28个终端用能产品能效标准；对年耗能18万吨标准煤以上的企业开展千家企业节能行动，节能约1.3亿吨标准煤；大力推进建筑和交通等重点领域节能，全国城镇新建建筑设计阶段执行节能强制性标准的比例达99%，累计建成节能建筑40.8亿平方米，完成既有建筑节能改造1.09亿立方米；通过大力发展循环经济、动员全社会开展节能减排活动，推动能源节约和高效利用。在全国共同努力下，2006—2009年，中国单位GDP能耗在2005年基础上累计下降了15.61%，今年底有望实现降低20%左右的目标，相当于少排放二氧化碳15亿吨以上。这是中国对全球应对气候变化做出的重大贡献。

三是加快发展清洁能源。积极优化能源结构，有序发展水电，积极发展核电，大力发展沼气、地热、太阳能、风能等新型可再生能源，截至2009年底，太阳能热水器集热面积1.45亿平方米，农村沼气用户达到3650万户。目

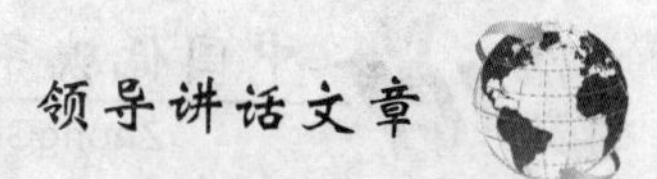

前，中国水电装机容量突破2亿千瓦，核电在建规模2665万千瓦，居世界第一位，风电装机容量超过3000万千瓦，居世界第二。中国在可再生能源和清洁能源发展领域付出的巨大努力和取得的成效，举世瞩目，对全球应对气候变化具有重要意义。

四是努力增加森林碳汇。实施了天然林保护、退耕还林、京津风沙源治理等一系列重大生态建设工程，人工造林面积达到6200万公顷，居世界第一，森林覆盖率由2005年的18.2%提高到20.36%，这也是中国为全球应对气候变化做出的积极努力。

需要指出的是，中国是一个有着13亿人口的发展中国家，2009年人均国内生产总值刚刚超过3700美元，按照联合国每人每天1美元的收入标准，中国还有1.5亿贫困人口，又处在工业化、城镇化加快发展的历史阶段，面临着发展经济、消除贫困、改善民生、保护环境的繁重任务和多重压力，未来相当长一段时间，中国的能源需求还会合理增长，控制温室气体排放面临着巨大压力和特殊困难。但我们绝不重复发达国家传统的发展道路，也不会无约束地排放温室气体实现经济发展。哥本哈根会议前，中国宣布了2020年利用本国资源自主控制温室气体排放行动目标，到2020年单位国内生产总值二氧化碳排放将比2005年下降40%~45%，非化石能源占一次能源消费总量的比重达到15%左右，森林面积比2005年增加4000万公顷，森林蓄积量比2005年增加13亿立方米。实现上述目标需要付出艰苦卓绝的努力，中国将继续坚持节约资源、保护环境的基本国策，树立绿色、低碳发展理念，加快转变经济发展方式，通过调整经济结构、节能和提高能效、大力发展可再生能源、增加森林碳汇等措施，逐步建立绿色低碳的产业体系和消费模式。当前，中国正在制定国民经济和社会发展第十二个五年规划，降低单位国内生产总值能耗和二氧化碳排放将作为约束性指标纳入规划，并将采取一系列措施确保实现上述行动目标。

近20年来，为应对气候变化挑战，世界各国在联合国框架下就气候变化问题开展对话、谈判、磋商，不断加深认识、凝聚共识，先后达成了公约、议定书和巴厘路线图等成果，形成了国际社会应对气候变化的基本法律框架，为推动全球合作应对气候变化奠定了坚实基础，指明了共同努力的方向。哥本哈根会议，为全球共同应对气候变化做了一次空前的政治动员，形成了哥本哈根协议，取得了重要政治共识和阶段性成果。这些成果来之不易，我们必须备加珍惜。即将召开的坎昆会议在落实巴厘路线图的谈判进程中具有重要意义，我们应当继续沿着正确的方向携手前行。一要坚持以公约、议定书基础，按照巴厘路线图的授权，以哥本哈根协议政治共识为指导，巩固业已取得的谈判成果，推动坎昆会议取得平衡、积极的成果。二要坚持以共同发展为目标，气候变化问题是在发展过程中产生的，也只有通过可持续发展才能妥善解决，帮助发展中国家在发展的过程中应对气候变化，既是发达国家的责任，符合发达国家的长远利益，也是全人类共同发展的要求。三要坚持以加强合作为途径，充分考虑各国的具体国情、发展阶段、历史责任、人均排放等因素，立足当前，着眼长远，同舟共济、各尽所能，开展长期、广泛的务实合作行动。四要坚持以切实行动为保障，按照“共同但有区别的责任”原则，发达国家应当正视其累积排放的历史和高人均排放的现实，完成京都议定书第一承诺期确定的减排任务，并进一步承担为确保发展中国家基本生存和公平发展所必需的大幅度量化减排指标，认真履行向发展中国家提供资金和技术转让支持的义务。发展中国家应当统筹协调经济增长、社会发展和环境保护，努力避免重复发达国家高污染、高排放的传统发展道路，在发达国家的资金和技术支持下，努力控制温室气体排放。各国都应当增加应对气候变化行动的透明度，增强互信，建立团结合作应对气候变化的管理体系。中国在谈判中将一如既往地发挥积极建设性作用，为坎昆会议的成功做出新的贡献。

（2010年11月）

在全国政协常委会上发言（节录）

科学技术部部长　万　钢

应对全球气候变化，要采用新技术实施节能减排，发展“低碳经济”和“吸碳经济”。

当前，全球气候变化受到国际社会的普遍关注。万钢介绍，政府间气候变化专门委员会今年发布的第四次气候变化评估报告用90％的可信度认为，近50年来的气候变化主要是人为活动排放的温室气体造成的。气候变化已经并将继续对自然生态系统和人类社会经济系统产生重大影响，成为人类可持续发展最严峻的挑战之一。

气候变化已经由科学问题演变为经济和政治问题。在参与应对气候变化的过程中，中国要担负起相应的责任，要使中国承担的国际义务与中国的经济和社会发展水平相适应。

在现阶段，转变经济增长方式，推进经济结构调整，节约资源和能源，这既是中国自身科学发展和可持续发展的需要，也是为全球应对气候变化做出中国贡献的需要。为此，科技部联合１４个部门共同制定了《中国应对气候变化科技专项行动》，为《中国应对气候变化国家方案》的实施提供科技支撑。

（2007年7月7日）

发展低碳经济是21世纪人类面临的最大挑战（节录）

科学技术部部长　万　钢

全球气候变化、能源资源紧缺、生态环境恶化是当今人类发展面临的新的挑战。提高能源利用效率、实施控污减排，有效地利用新能源和可再生能源，是世界各国面向未来的共同的战略选择。国际金融危机的蔓延，它不但使各国面临着前所未有的挑战，同时也要看到，世界科学技术和经济发展也正孕育着新的重大创新机遇。

历史发展的经验表明，每一次重大的经济危机，常常伴随着一场新的科技革命。而每一次科技革命，又成为新一轮经济增长和繁荣的重要引擎。重振全球经济，除了修复遭受重创的国际金融体系之外，它的根本解决之道还在于技术创新的重大突破，催生一系列新兴产业，创造新的市场需求，培养新的经济增长点，引领社会、经济向新的方向发展。

我们必须清醒地认识到，伴随着由次贷危机所引发的世界金融危机的日益蔓延，我们人类同时还面临着来自于自然界的全球气候变化的严峻挑战。虽然目前由于世界范围内的货币流动性严重紧缩，能源价格大幅度下滑，但我们绝不能由此而认为节能减排的压力减轻了。如果我们轻视全球范围内的日益频繁的干旱、洪水、雨雪冰冻、森林山火等极端气候的现象，而继续延续高耗能、高污染的生产方式和生活模式，将更加加剧世界经济下行的压力。

我们要抓住当前世界范围内产业结构调整的机遇，结合各国拉动国内需求、刺激经济增长的措施，用节能减排和新能源的技术来改造传统产业，用清洁环保的创新产品来拉动内需，用循环经济的思维去构筑经济结构，用低耗环保的行为来构建新的生活模式。这将是我们应对危机、转危为机的最佳作为。

因此，研究推广节能减排的新技术，开发清洁环保的新能源，是引领新方向、催生新的增长点的重大举措。在新一轮的科技革命中，能源技术领域的突破，很可能会扮演主要的角色。近年来，世界各主要国家都加强了对新能源和可再生能源研究开发的支持力度，无论是已经产业化了的混合动力汽车，太阳能光伏电池，还是刚刚启动的国际热核聚变计划，在未来的若干年当中，能源技术的重大技术突破和产业化将接踵而至。

随着气候变化问题的日益凸显，以低耗能、低污染为基础的低碳经济开始风行。低碳经济时代的目标，就是在经济发展的全过程当中消耗最少的能源、排放最少的温室气体，同时又使整个社会取得最大的产出。如何发展低碳经济，将是21世纪人类面临的最大挑战。继工业革命、信息革命之后，世界经济又面临着新的一轮的转型，循环经济、绿色经济和低碳经济，将重塑全球经济的面貌。

作为一个发展中的大国，中国正处于加速推进工业化的发展阶段。面临着促进经济发展和节约资源、保护环境的双重压力。中国政府已经把节能减排、开发利用新能源和可再生能源，作为实现可持续发展的一项重要战略任务。即使在当前经济运行压力加大的环境下，中国政府仍然高度重视节能减排和发展新能源，将其作为转变发展方式、推进经济结构调整的重要任务。对于中国来讲，应对国际金融危机不仅要保持经济的持续快速发展，更重要的是调整经济结构、提高产业技术创新能力，为中国的未来经济发展提供新的增长的引擎。

中国政府明确提出了应对国际金融危机，要发挥科技的支撑作用，出台了一系列重大措施。而开展节能减排、大力发展新能源，它不仅是中国当前应对国际金融危机、促进经济平稳较快发展的迫切需求，也是中国经济社会可持续发展的必然选择。作为一个负责任的大国，我们在解决气候变化等全球性的问题上，一直做着坚实的努力。

中国政府高度重视节能减排和新能源领域的科技创新，在《国家中长期科学和技术发展规划纲要》中进行了重点的部署，而这次博览会充分展示了中国政府在节能减排和新能源科技的最新科技成果。今后一个时期，中国政府将继续加大对节能减排和新能源领域科技创新的支持，为中国经济社会全面协调可持续的发展，提供有力的科技支撑。

主要有以下五项措旋：

一、加大研究开发力度，提升节能减排和新能源技术领域的科技创新能力

我们将在能源高效化、建筑节能与节能新材料、工业流程节能、清洁高效利用、废弃物资源循环利用、节能与新能源交通、环境污染与治理等领域的关键技术的研发方面进行重点部署。在风能、太阳能、生物质能等可再生能源以及先进核能、氢能和燃料电池等非化石能源领域要加大研发投入，重点解决钢铁、汽车、石化等支柱产业领域的共性关键技术和重大技术装备问题，为国家的产业结构调整和振兴的规划提供科技的支撑。

二、加快推广先进适用技术，推进资源节约型和环境友好社会的建设

我们将结合国家战略部署，加快推广应用一批能有效促进节能减排，先进技术改造和产业升级的适用技术。在农村地区重点推广沼气的技术，在农田污染综合治理技术和减少农业污染排放。在城镇地区推广城市建筑与建材、垃圾发电等先进适用技术。推进资源节约与环境友好型的城市的建设。组织实施一批高新技术产业化的规模化的应用工程。到2012年，在全国的公共交通领域推广6万辆节能与新能源汽车。在几十个大城市里，大规模推广半导体照明灯具，加快太阳能光伏、风能等领域的技术应用，培养一批新能源产业。

三、加强政策引导、为节能减排和新能源科技提供保障

促进科技与金融结合，运用多种金融工具，加强对从事节能环保技术研发的科技型中小企业的支持力度，促进科技政策与经济政策的协调。在政府采购政策中综合考虑能耗、环境和资源利用的成本，对清洁能源、节能汽车、绿色家电的生产、销售和应用予以税收优惠、直接补贴和差别定价政策，加快节能减排和新能源适用技术成果和绿色产品的普及应用。

四、积极应对全球气候变化，推进气候变化领域的科技创新与技术转让

中国政府高度重视依靠科学创新应对气候变化，2007年制订发布了《中国应对气候变化科技专项行动》。在气候变化的科学问题、控制温室气体排放和减缓气候变化的技术开发、人类适应气候变化的技术和措施、应对气候变化的重大战略与政策、以及全民动员节能降耗等多个方面，进行了大规模的部署。我们将积极地组织开展气候变化领域的基础研究，加强气候变化与其他全球环境问题交互作用的影响机制研究，加强二氧化碳捕集与封存技术、生物固碳技术等控制温室气体排放的关键技术的研发，推动发达国家和发展中国家之间，在全球气候变化领域的技术开放和转让。

五、加强国际科技合作，共同构筑全球能源资源生态环境的技术合作平台

作为一个对全球负责任的大国，我们将以更加开放的态度积极地参与资源节约、污染排放等国际技术标准的制订工作，积极推进实施国际热核聚变计划、国际氢能伙伴计划、第四代核能系统国际论坛和综合大洋钻探计划等国际大科学工程，形成互利共赢、技术共享、资源集成的良好局面，共同构筑可持续发展领域的技术合作平台。

此次论坛是2009中国国际节能减排和新能源科技博览会的重要活动之一，举办此次论坛的目的，就是为了加强节能减排和新能源领域的战略对策研究，分享科技和机制创新的成果，深化合作与交流。在博览会期间，还将同期举办技术成果展览，交易洽谈、专利法律咨询活动等一系列的专题论坛。

在"危机与创新——驱动中国低碳经济变革圆桌论坛"上的演讲（节录）

科学技术部副部长　刘燕华

去年下半年以来，金融危机不断深化，并向实体经济蔓延，国际市场需求继续萎缩，世界经济增速继续下滑，给包括中国内的世界各国经济的发展和人民生活都带来了影响，全球正面临着严重的经济困境。为了刺激经济增长，各国纷纷出台了一系列的政策和措施，使之付诸于行动，这些政策的显著特点，就是把发展清洁能源和环境保护作为新的增长点来考虑的，通过向绿色能源产业的大量投资，促进像低碳经济转型，要逐步建立低碳的能源系统、技术体系和产业结构。我们应该说目前正面临着一种绿色的变革，这种绿色变革不仅是带着世界经济走出困境的良方，也将是人类社会对日益严峻的气候变化问题的解决必由之路。

中国政府也高度重视依靠科技进步来解决气候变化的问题，不断加强这方面的科技工作。这个工作主要有三个方面。

第一，加强规划布局设计和引导。在应对气候变化的问题上，一些规划已经开始制定而且实施，这也推动了政府层面、企业层面和全社会层面的节能减排行动，特别是许多企业家看到了这个先机，在推动节能减排过程中企业发挥的重大的作用，目前新一轮的规划正在制定。

第二，加强对节能减排和低碳技术的投入，我们进行了统计，从科技部一个渠道，在"十一五"的头三年就投入的科技经费超过了70亿元人民币，主要解决节能减排新技术，重点是要解决风能、水能、氢能、生物能技术的开发，也包括节能建筑的开发，下一步还有新的任务要做，比如说燃料电池，新一代的核能等等。我觉得所有这些新能源的开发工作都是与低碳经济紧密联系的，也是要针对下一步解决经济危机的一个重要的措施和手段。

第三，我们既然发展科技，这个科技工作就要让它尽快的实现产业化，向产业化和示范推进。今年一月份开始科技部推出了10城千辆的工程，意思是指在超过10个城市，每个城市进行公共交通超过一千辆清洁能源汽车的示范工程。国家政府要投入数百亿元人民币，给以税收和财政补贴，以引导我国汽车消费的理念，消费结构，以调整汽车产业的产业结构。我们提出一个基本方向，到2012年的时候，国内生产的新能源汽车能够在公路上运行达到10%。目前的生产产量，中国一年是一千万辆汽车，到了2012年的时候，中国能够生产1000万辆新能源汽车，也就是相当于一年可以节约7.8亿升的油，减少230万吨的二氧化碳的排放。

除此之外，还有一些推动，比如说半导体照明的规模化应用的工程，假如说中国把三分之一的照明使用半导体照明，节约的电就相当于两个三峡的发电量，也是规模巨大的。另外也推出了新能源产业发展的示范工程，总而言之，就是要推动低碳经济全面发展。

第一，发展低碳经济低碳能源是核心，就是新的能源，科技应该在新的能源上下工夫。这次全球的金融危机也是机遇，机遇就是让我们尽快地抓住时机，转变生产方式、转变消费方式、转变我们的结构，这是我们的机会。因此加大节能减排和新能源领域的技术开发是我们必须要做的事，这些技术的开发有利于我们解决过去曾经想解决而解决不了的一些技术瓶颈，使我们找到了新的希望，从而铺设出一条通向科技含量高、经济效益好、资源消耗低、温室气体排放少的低碳发展之路。

第二，发展低碳经济必须眼光放远一点，眼光放的宽一点，加强国际科技合作，寻找共同的出路。全球的问题是难以独立应对的，因此解决气候变化问题，解决低碳经济的共同发展问题是全球共同的责任。我们要共同推进世界经济的复苏，推动人类社会走向经济繁荣、环境友好、可持续发展的道路，其中开展低碳经济的科技合作是重要的切入点和落脚点。我们相信人类的共同智慧能够我们共同面临的问题，找到共同的出路。

第三，发展低碳经济要加强政府引导和企业的责任感，共同推进经济发展。作为企业是生产活动的经营主体，创造社会物质财富的同时也是气候变化问题的主要制造者，企业应积极履行自身社会责任，努力减少碳的排放，我们也欣喜地看到，有不少世界知名企业开始关注，并采取积极措施，也有中国企业的身影，他们积极采取行动，要加强节能减排的行动，加强节能减排的创新，我们做了很好的工作。

（2009年3月25日，北京）

加快电动汽车产业化进程
推动汽车工业节能减排迈上新台阶
——在电动汽车产业发展论坛上的演讲

工业和信息化部副部长　苗　圩

中国汽车工业经过建国以来50多年的发展，特别是改革开放30年来，通过坚持自主发展与合资合作相结合，已经形成较为完整的汽车制造业体系。进入新世纪，中国汽车产业发展令人鼓舞，经历了连续多年高速增长，成为全球主要的汽车生产和消费大国。尽管受到金融危机的影响。2008年中国汽车生产和销售仍然达到了930万辆，保持了5%以上的增长。

汽车工业产业链长、关联度大、消费拉动作用明显，尤其是对钢铁、化工、石化、机械、电子等相关行业带动作用突出。为应对金融危机的冲击，中国政府及时颁布了《汽车产业调整和振兴规划》，明确提出5个方面的政策措施。一是进一步培育汽车消费市场。对1.6升及以下低排量轿车，从2009年1月20日起减半征收车辆购置税；对农民购买1.3升以下排量的微型客车以及报废三轮汽车或低速货车换购轻型货车，给予一次性财政补贴；二是加快推进汽车产业重组，努力改变产业集中度低的状况；三是大力支持企业自主创新，今后3年中央财政将累计安排约100亿元专项资金，重点支持企业技术改造和新能源汽车及零部件发展；四是加快实施新能源汽车战略，推动电动车等新能源汽车及其关键零部件产业化，并在大中城市补贴推广使用；五是支持企业发展自主品牌，发展现代汽车服务业，完善汽车消费信贷。

在中央扩内需、调结构、保增长一系列政策措施的积极作用下，工业经济呈现低位趋缓的运行态势。从今年头两个月来看，汽车行业产销形势好转，生产有所回升，销售同比增长。2009年2月份，汽车产销双双超过80万辆，结束了去年7月份以来月度产销量连续低于80万辆的徘徊局面。

近年来中国汽车产业的高速发展以及汽车时代的提前到来，给我们的生活带来极大变化，但与此同时交通堵塞、空气污染、能源危机等一系列问题也随之出现。在北京、上海、广州等大城市，由于交通拥堵，原本便于出行的代步工具却成了制造交通堵塞的“移动路障”，过去几十分钟的路程要走上几个小时。燃油汽车大量排放碳氧、碳氢、氮氧化合物等废气，给城市空气造成了严重污染。燃油汽车的大量增加，使得我国能源供需矛盾更加突出，我国汽车汽油、柴油消费量占石油制品总消费量的一半以上，按照目前的增长速度和油耗水平，2020年我国汽车保有量将突破1.5亿辆，年耗油超过2.5亿吨。不解决上述“三大瓶颈”，我国汽车工业就无法实现可持续发展；从长远来看，也是我国经济社会持续发展面临的重大挑战。为此，必须按照科学发展观要求，用发展的办法解决汽车工业高速增长和汽车社会带来的相关问题。

对于空气污染和能源消耗问题，国家已经采取了推广无铅汽油、电喷发动机、三元催化剂闭环系统，提升排放标准，实施燃料消耗量限值标准，加强汽车报废回收和汽车零部件再制造，发展混合动力汽车等措施。毫无疑问，包括电动车在内的新能源清洁汽车的发展是解决污染和能源问题带有根本性的措施。

大力发展电动汽车等新能源汽车，不仅符合我们的国情，而且也代表了世界汽车产业发展的方向。加速推进电动汽车产业化进程，不仅能够促进交通领域节能减排和汽车工业可持续发展，而且能够提升汽车企业的创新能力，促进汽车行业的技术进步；是推动汽车产业结构调整、优化升级的重要途径，也是应对国际金融危机挑战、培育新的经济增长点、振兴我国汽车工业的重大战略举措。

电动汽车发展经历了多次的起伏。近年来随着高性能锂离子电池、一体化电力驱动系统等各种高新技术的发展应用，电动汽车被赋予了新的生命力，再次受到各国政府和各大汽车公司的重视。中国的汽车工业近年来在汽车产业规划和国家科技计划支持和引导下，通过产学研通力合作，节能与新能源汽车研发和产业化取得了较大进展，汽车产业自主创新能力大幅提高，但汽车工业总体上仍存在国际竞争力不强、自主开发能力弱、企业研发投入不足等问题，制约着我国汽车工业由大到强的转变。必须清醒地看到，电动汽车商业化推广在全球都是一项复杂的系统工程，也是一项艰巨的战略任务。虽然电动汽车在能源转换效率和运行成本上有一定优势，但当前电池工艺技术仍不完全成熟、成品率低、成本昂贵，高性能电机、控制器成本也远远高于内燃机，制动、转向、空调等电动汽车主要零部件缺乏成熟的专用技术产品，这些都是阻碍电动汽车商业化的因素，都需要在电动汽车产业化进程中尽快加以解决。只有加快研发先进成熟技术、大幅度降低生产成本、营造安全便捷的使用环境，电动汽车才有光明的产业前景。必须抓住国际汽车产业分工重组的战略性机遇，认真贯彻实施汽车行业调整和振兴规划，加速推进电动汽车商业化进程，大力推动汽车产业的持续、快速、健康发展。

为实现这一目标，我们将进一步加强与财政部、科技部、国家发改委等有关部门的合作和配合，以节能与新能源汽车示范应用为契机，加速电动汽车产业化进程。

一是尽快启动电动汽车产业发展战略研究。通过开展战略研究，系统分析产业现状与趋势，紧密结合国情，逐步统一思想，凝聚共识，明确技术路线、勾画发展蓝图、形成统一的国家战略，提出战略目标，制定发展规划，完善政策措施。修订产业结构调整指导目录，进一步落实和完善《汽车产业发展政策》，充分发挥战略、规划、产业政策对汽车产业发展的引导作用。

二是稳步推进电动汽车示范推广。前不久，财政部、科技部、国家发改委、工业和信息化部联合启动了节能与新能源汽车示范推广试点工作，明确了第一批13个示范推广城市。为促进试点工作的顺利开展，达到预期目标，要尽快组织制定第一批节能与新能源汽车示范推广工程推荐车型目录，本着简化工作程序、减轻企业负担、科学严谨高效的原则，按照《新能源汽车生产准入管理规则》要求，制定推荐车型测试方法，完善组织申报和管理程序，结合《车辆生产企业及新产品公告》对社会公布。

三是加快推进电动汽车和关键零部件产业化示范技术改造。积极支持电动汽车相关企业加强技术研发，组织实施关键技术产业化示范工程。按照“改造一批、投产一批、储备一批”的思路，建立完善重点技术改造项目库。以电动汽车及电机、电池、新型动力系统等关键零部件为重点，加强统筹规划，组织实施一批重点技改项目，为电动汽车大规模示范和商业化推广奠定产业基础。

四是加快区域布局调整，推进产业集聚。要鼓励各地发挥比较优势，发展电动汽车相关优势产业，形成具有竞争力的产业集群。重点建设一批具有核心技术优势的研发基地，规划布局和扶持一批电动汽车产业园区。

五是强化标准管理，建立电动汽车公告管理体系。电动汽车的大规模推广应用，离不开标准体系的支撑。要结合电动汽车产业发展需求，加快制定电动汽车制造、安全检验、充电设施等一系列技术标准。进一步严格标准管理，做好标准与规划、产业政策的协同，促进国家标准与国际标准的衔接。要加快建立电动汽车公告管理体系，把公告管理作为规范行业发展，促进产业进步的有效手段。

六是完善电动汽车推广的扶持政策。电动汽车要真正上市销售，创建安全、方便、快捷、可靠的使用环境，还必须依赖国家相关政策的扶持。电动汽车的初期导入政策、初期用户与市场定位是电动汽车走向产业化的关键，必须充分发挥政府部门的引导和示范作用。目前，中央财政已经明确了节能与新能源汽车示范推广的补贴政策。从长期来看，充电基础设施建设、购置差价、公务用车、道路优先通行、停车场优惠、宣传推广等方面都还存在较大的鼓励扶持政策空间。

七是推动广泛合作与交流。电动汽车的电池技术与成本控制问题仍然是商业化推广的最大障碍。电动汽车大规模商业化推广需要电池工业和电网、市政基础设施等方面的支持。必须突破各行各业之间的门槛，打破封闭式的运行状态，高度重视跨行业联盟和合作工作，引导汽车行业不断汲取各领域的高新技术，加强与信息产业的融合，大幅度提升汽车产业的创新能力。同时，要积极推动国际、国内多样化的广泛合作，吸收国际汽车产业的先进科技成果，力争走出一条开放式的自主创新之路。

100年来，持续的技术革新让汽车产品日新月异，汽车工业成就巨大。科技的飞速发展、潜在的巨大市场需求、庞大的产业资本投入，使得新兴的电池技术和电动汽车技术呈现出美好前景。让我们共同努力，携手推进电动汽车产业化，推动汽车工业节能减排迈上新台阶！

（2009年4月10日）

在环境与发展国际合作委员会2008年年会上的讲话（节录）

环境保护部部长　周生贤

据初步测算，今年前三季度，中国化学需氧量和二氧化硫排放量与去年同期相比分别下降2.7%和4.2%，继续保持了双下降的良好态势。这是污染减排在去年首次出现“拐点”的基础上，今年努力克服接连发生的南方低温雨雪冰冻灾害和汶川特大地震灾害造成的困难，以及当前国际金融和经济形势更加复杂多变的情况下取得的，充分表明我国保护环境的力度不断加大，环境与经济的协调性有所增强。

发展的协调性是科学发展观的基本要求之一，包括发展质量(速度、结构、效益)的协调性、发展要素(人口、资源、环境)的协调性、发展动力(投资、消费、出口)的协调性和发展格局(城市、农村、区域)的协调性，其中发展要素的协调性，就是要努力实现人口、资源、环境相协调。从对环境问题的认识到解决环境问题的方法，人类社会经历了一个实践深化、认识提高的历史过程。我们逐步认识到，环境污染追本溯源，是由于人口、资源、环境三大发展要素不协调造成的，一部环境保护的历史就是一部正确处理环境与经济的关系史。

空气是重要的环境要素之一，人的生存离不开空气，人的健康离不开洁净的空气。大气污染对人类社会的伤害，早已成为现代文明进程中挥之不去的梦魇。1948年美国宾州的多诺拉小镇，数日中烟尘笼罩，导致5000多人病魔缠身；1952年的英国伦敦，严冬里浓雾深锁，4000多人在污浊的大气中溘然长逝。震惊世界的八大环境公害事件中，有5件源于大气污染。反思过去，把握当前，是为了创造更加美好的未来。环境是人类生存和发展的基本条件，环境改善是关系民生的重大问题。去年11月，温家宝总理在接见国合会外方委员时说，要做环境的总理，内阁要成为环境的内阁，不仅要努力使国家经济保持发展，还要让祖国拥有蓝天白云。

北京奥运会的环境质量保障工作，为发展中国家的大气污染防治，提供了一个值得研究和借鉴的案例。举办奥运会是中华民族的百年梦想，办一届高水平、有特色的奥运会是中国人民对国际社会的庄严承诺。从自然条件来看，北京群山环绕，西望太行，北顾燕山，大气流动受阻，与曾经发生公害事件的城市有着惊人的相似。北京能否全面兑现申奥环保承诺，面临着前所未有的巨大挑战。正因为如此，随着奥运会的临近，国际社会一些不和谐的声音曾利用环境问题对北京奥运会进行无端的指责，甚至是诋毁。我们也清醒地认识到，奥运会环境质量保障工作是一项庞杂的系统工程，中国环境与发展的突出矛盾都集中折射在这一史无前例的工程之中。

为解决北京环境空气污染，在党中央、国务院的正确领导下，北京市从1998年开始，连续实施了十四个阶段、200多项大气污染控制措施，投入1000多亿元资金打造绿色奥运。北京市能源结构从严重依赖煤炭逐步转向更清洁的能源，天然气使用量7年内增长了3.5倍；首钢等经济支柱企业被搬迁，一大批污染严重的企业或关闭、或转型；机动车第四阶段排放标准开始实施，6万多辆老旧出租车和公交车被淘汰；400多块裸露地面进行了扬尘治理，披上了青翠的绿装；六环以内的所有河道得到治理，一湾湾清水像玉带一样在城中蜿蜒流淌。与此同时，绿色奥运的理念也逐渐走进了千家万户。越来越多的居民自觉将垃圾分类投放；节能灯、节水龙头越来越多进入普通家庭；建设绿色社区、绿色校园、绿色企业等倡议得到社会各界热烈响应。

为实现“绿色奥运”的庄严承诺，国务院于2006年批准成立了由北京市政府和国家环境保护主管部门牵头，天津、河北、山西、内蒙古和山东5省(区、市)参加的奥运会空气质量保障工作协调小组。协调小组经过专题调研奥运空气质量保障形势和任务，汇总6省(区、市)提出的保障措施，组织专家、院士开展研究，多次召开会议分析论证，编制了《第29届奥运会北京空气质量保障措施》。环保部门与6省(区、市)抓紧落实《保障措施》，开展联防联控，扎实推进奥运会环境质量保障工作。6省(区、市)在奥运会前建成并投运燃煤机组重点脱硫项目装机达2600多万千瓦，完成了一大批工业重点治污项目，淘汰或搬迁了一批落后产能及工艺。

经过不懈努力，北京市环境空气质量连年得到改善，2007年北京全年收获246个蓝天，比1998年仅有100个蓝天整整多出了146个。奥运会和残奥会期间，北京市空气质量达标率为100%，其中分别有10天和两天达到一级标准，二氧化硫、一氧化碳、二氧化氮和可吸入颗粒物等各项污染物浓度日平均值比去年同期下降50%左右，达到世界发达城市水平，为近10年来最好状况。北京市民反映，晴天时，天空变大了；雨天时，雨水变干净了。同时，各协办城市空气质量也基本达标，全面兑现了绿色奥运环境质量承诺。

（2008年11月14日）

关于中国发展低碳经济的若干建议（节录）

环境保护部副部长　吴晓青

低碳经济的核心内容包括低碳产品、低碳技术、低碳能源的开发利用。低碳技术涉及电力、交通、建筑、冶金、化工、石化等部门以及在可再生能源及新能源、煤的清洁高效利用、油气资源和煤层气的勘探开发、二氧化碳捕集与封存等领域开发的有效控制温室气体排放的新技术。

目前，欧美一些国家正掀起一场以高能效、低排放为核心的“新工业革命”，意在占领新时期产业制高点，为自身经济寻找新的增长动力。德国称，环保技术产业有望在2020年赶超传统的汽车及机械制造业，成为德国的主导产业。日本在《新阳光计划》中提出，1993-2020年用于能源和环境技术研发的财政预算支出达110亿美元。而美国也在投入巨资研发低碳技术，从生物燃料、太阳能设备到二氧化碳零排放的发电厂，都制定了雄心勃勃的开发计划。激烈的低碳经济市场争夺战已悄然打响。2006年，全球碳交易和清洁生产机制(CDM)碳交易市场达到300亿美元。目前，已有全球50多家金融机构加入全球气候变化投资网络，投资额达到了13万亿美元。截止2008年2月，中国CDM项口获得联合国CDM项目执行理事会签发的核证减排信用(CERs）达到了3 637万t，占联合国目前核定CERs总量的31.33%，首次超过印度成为最大的CDM碳交易量国家。如果按照每吨10美元交易，交易额将达到3.6亿美元。

推动低碳经济发展的另一重要驱动因素是政策制度的创新和制定。在英国，先后引入了气候变化税、气候变化协议、排放贸易机制、碳信托基金等多项经济政策。在丹麦、芬兰、荷兰、挪威、意大利和瑞典等国，对燃烧产生二氧化碳的化石燃料已开征国家碳税，德国、日本和奥地利等国也相应引入了能源税和碳税制度。美国虽然没有签署《京都议定书》，但发展低碳经济、研究低碳产品从没放弃过。以加州为首的西部地区自发建立了碳排放贸易制度，并实施企业自愿减排计划等系列政策。尤其是美国最近发布实施的《能源政策法》，为发展低碳经济提供了法律的保障。

最近，根据耶鲁大学在世界经济论坛上发布的《2008年世界环境绩效指数报告》，中国的环境绩效指数从2006年的94名下降到105名，与上一次相比靠后10名。由于在气候变化方面表现欠佳，美国环境绩效从2006年的28名下降到39名，澳大利亚从2006年的39名下降到46名。中国能否在未来几十年里走到世界发展的前列，在很大程度上或许取决于中国应对低碳发展挑战的能力。国际发展的新动向要求中国必须尽快采取行动，在发展的主题下积极应对低能耗低污染为基础的低碳经济全球挑战。这将是我国一项伟大的实践和尝试。

我国社会经济正处于资源、环境约束最为严重的时期，工业化、城市化、现代化进程远未完成，发展经济、改善民生任务艰巨。如何化解经济快速发展对资源、能源消耗的高度依赖，如何跨越资源、能源的瓶颈约束成为这一时期我国面临的主要难题。低碳之路无疑为中国的可持续发展提供了一条新的途径。发展低碳经济有可能演变为中国未来社会经济发展的主流模式，成为促进国内节能减排和应对合球气候变化的重要战略选择。10多年前，当全国人大环资委联合国家保总局根据中国的发展形势引入循环经济理念时，相信没有多少人会预测到循环经济今天在中国地位和作用。经历10多年的发展历程，循环经济以其先进的理念已成为全社会普遍认可的发展模式，即将出台的循环经济法就是一个很好的说明。在当前气候变化成为全人类共同面临的严峻挑战和重大的环境问题之时，及时把握国际经济发展动向至关重要。为避免我国经济建设和能源基础设施建设等在其生命周期内的资金和技术锁定效应，低碳经济发展必须尽快被提到重要议事日程，并着手开展技术攻关和试点的研究工作。

（2008年3月）

强化节能减排工作　构建低碳交通运输体系

交通运输部部长　李盛霖

全球性能源资源、生态环境问题，特别是气候变化问题，广泛受到世界各国的高度关注，已经跃升到世界政治经济博弈的前台。应对气候变化工作正处在关键时期，中国以负责任大国的态度，努力推进节能减排工作，积极探索低碳经济发展，向全世界郑重承诺到2020年单位GDP二氧化碳排放比2005年下降40%～45%，充分展现了一个发展中国家难能可贵的决心和勇气。作为国务院确定的节能减排的重点行业之一，交通运输节能减排责无旁贷。同时，国务院还明确要求加快建设以低碳排放为特征的交通运输体系，交通运输行业责任重大，任务艰巨，交通运输部对此高度重视，将建设低碳交通运输体系作为加快交通运输发展方式转变的重点工作常抓不懈。

一、交通运输应对低碳经济的形势与挑战

低碳经济是以低能耗、低污染、低排放为特征的经济发展模式，其核心在于提高能源效率、改善能源结构、优化经济模式、推动社会转型，目的在于使人类社会发展逐步摆脱以传统化石能源为代表的高碳、高耗模式，减缓温室气体排放，促进可持续发展。交通运输是国民经济的基础性产业和服务性行业，胡锦涛同志2009年国庆期间考察北京交通工作时指出，交通问题是关系群众切身利益的重大民生问题。但同时，交通运输也是用能大户，与工业、建筑并称为三大“碳源”。交通运输业的发展，既要考虑“保增长、保民生、保稳定”的客观需要，又要适应低碳经济发展的迫切要求。

我国交通运输业经过改革开放以来的快速发展，过去的“瓶颈制约”状况已经实现“总体缓解”，并正向“基本适应”过渡。这一发展阶段特征决定了我国交通运输未来一段时期仍然处于大建设、大发展时期，对资源和能源的需求仍将保持稳定的增长趋势。但越是如此，交通运输业加快低碳化发展的形势就越紧迫，要求就越高，任务也越重。

近些年来，交通运输行业在推进节能减排、加快结构调整、着力转变发展方式、加强生态环境保护和建设、发展现代交通运输业等多方面，推出了一系列重大举措，取得了明显成效。但与“两型”社会发展的要求相比，与低碳经济发展的更高标准相比，仍然有不小的差距。如何以全新的视角审视交通运输低碳化的形势和要求，积极探索更高效、更节能、更低碳、更清洁的可持续发展模式，是交通运输行业今后一段时期所必须直面的挑战。

二、交通运输推进节能减排的措施与成绩

节能减排是走向低碳经济的第一步。近年来，按照党中央、国务院的统一部署，结合交通运输行业实际情况和特点，各级交通运输主管部门采取有效措施，对节能减排工作层层布置、狠抓落实，开展了大量卓有成效的工作，取得了一些重要的成果。

一是认识不断提高，全行业节能减排意识进一步增强。通过多种多样的宣传教育形式，使各级交通运输主管部门和行业从业主体充分认识到交通运输在节能减排全局中的重要地位，增进了各方面的责任感、使命感和紧迫感。交通运输部还召开了全国交通运输行业节能减排工作视频会议，进一步统一全行业的思想和认识。

二是加快制度建设，不断完善节能减排工作管理体系。交通运输部认真贯彻落实《节约能源法》，出台了一系列与节能减排密切相关的部门规章和技术标准规范，颁布了《公路水路交通实施<节约能源法>办法》、《道路运输车辆燃料消耗量检测和监督管理办法》，制定修订了15件公路、水路节能技术标准。交通运输部成立了以我为组长的节能减排工作领导小组，强化了部节能减排办公室的职责，各级交通运输主管部门基本都成立了节能减排工作机构，绝大部分大型交通运输企业还设立了能源管理岗位，初步建立了交通运输节能减排工作体系。

三是加强行业政策引导，明确节能减排的目标和任务。近年来，交通运输部相继发布了《公路水路交通节能中长期规划纲要》、《关于交通运输行业深入开展节能减排工作的意见》、《公路水路交通结构调整指导意见》、《关于加快发展现代交通业的若干意见》、《资源节约型、环境友好型公路水路交通发展政策》等，从政策上引

领，制度上规范，对引导交通运输行业积极开展节能减排工作发挥了重要作用。

四是大力推进科技创新，强化节能减排的科技支撑。科技创新是开展节能减排工作的关键环节。交通运输部组织开展了一系列节能减排、结构调整、行业转型、可持续发展等方面的战略和政策研究，各级交通运输部门组织开展了一系列交通节能减排的技术研发工作。同时，为引导和鼓励企业的管理创新和技术创新，还采取与企业联合攻关的方式，支持企业研发节能减排新技术、新材料和新工艺。

五是广泛开展推优活动，激发各方面节能减排积极性。交通运输部先后公布了三批共60个交通运输节能减排示范项目；组织开展了“车、船、路、港”千家企业低碳交通运输专项行动，有1126家企业参与；组织开展了营运车船节能产品（技术）推优工作，“十一五”期先后公布了两批全国重点推广在用车船节能产品（技术）目录。此外，还多次组织开展机动车驾驶员、港口机械和筑路机械操作员的节能技能培训和竞赛活动。各级交通运输主管部门抓住这些典型和推优示范项目，进行全方位的引导和宣传，营造了良好的氛围，达到“以点带面”的作用。

六是发挥市场主体作用，不断取得节能减排新成效。近年来，交通企业对节能减排工作的重视程度日益提高，全国大型道路运输企业、水运企业、港口企业普遍建立了包含节能减排内容的责任制，加强了全员节能培训。运输企业不断优化运力结构，工程企业积极运用施工新技术、新工艺，在节能降耗、提高能效方面不断取得新的进步。

我们深切感受到，只有走好节能减排这第一步，才能为加快构建低碳交通运输体系奠定良好的基础。

三、构建低碳交通运输体系的思路与设想

根据国务院关于加快建设低碳交通运输体系的工作要求，交通运输行业下一步要切实把深化节能减排和促进低碳发展有机结合起来，为低碳经济提供坚实的基础保障。

一是进一步转变观念，增进低碳发展的责任感和紧迫感。国际低碳经济发展形势，尤其是后京都议定书时代全球应对气候变化的公约趋势，以及发达国家碳关税、碳交易市场的发展走向，都将对交通运输产生深刻的影响。国际运输领域应对气候变化的新动向，尤其是发达国家港口、机场限排的规定，将对我国远洋运输、民航运输乃至参与国际运输合作形成巨大的压力。国内低碳经济发展的走势，更是迫切要求交通运输业加快低碳化发展的步伐。无论是交通运输系统的规划、建设、维护、运营、运输，还是交通工具的生产、使用、维护，乃至相关制度和技术保障措施、人们的出行方式或运输消费模式等，都需要用“低碳化”的理念予以改造和优化。

二是积极贯彻落实国家有关应对气候变化的工作部署。按照国务院常务会议应对气候变化的六项工作部署，结合交通运输行业特点，切实把应对气候变化纳入“十二五”交通运输各项发展规划之中；依据《中国应对气候变化国家方案》制定并组织落实交通运输行业专项行动计划；大力培育绿色交通运输相关技术与产业；建立健全行业相关法律法规和标准规范制度体系；积极开展相关国际交流与合作，做好涉及交通运输的有关国际谈判以创造有利的国际运输环境。

三是全面加强交通运输行业应对气候变化综合能力建设。党中央、国务院反复强调要“全面加强应对气候变化能力建设”，低碳交通运输体系建设不仅要着眼于节能减排，更需要从能源结构、发展模式上走清洁化、绿色化的道路，更需要系统提升交通运输行业应对气候变化的综合能力。除了整合行业节能减排的各项技术、政策、制度外，要加快开展交通运输行业温室气体排放研究，积极参与国家应对气候变化的各项工作。

四是研究探索低碳交通运输体系的合理模式和有效路径。低碳交通运输体系建设是一个系统工程，需要从战略上着眼，全局上统筹。交通运输部正组织开展低碳交通运输体系研究，旨在全面把握交通运输低碳化所面临的形势和要求，摸清交通运输行业碳排放的基本现状，合理借鉴发达国家低碳交通运输发展的经验，探索构建我国低碳交通运输体系的总体框架、基本模式，提出我国交通运输行业科学合理的“减碳路径”。

五是积极开展城市低碳交通运输体系建设试点工作。为深入贯彻落实我国应对气候变化的总体战略和行动目标，加快建设以低碳排放为特征的交通运输体系，配合国家开展的低碳省区和低碳城市试点工作，交通运输部确定了10个城市开展建设低碳交通运输体系试点工作，以期形成低碳型交通基础设施建设理念和方法、提高替代燃料在营运车船中的应用程度、探索建立低碳运输组织及操作模式、推进交通运输智能化进程、提倡公众低碳出行的理念、提升节能减排管理能力，以最小的资源环境代价实现交通运输又好又快发展。

在全国小水电代燃料工程建设现场会上的讲话（节录）

水利部副部长　胡四一

在党中央国务院高度重视、国家发展改革委等有关部门大力支持、地方党委政府直接领导和广大水利干部职工共同努力下，小水电代燃料工程建设取得了明显成效，由试点阶段进入全面实施阶段。

一、小水电代燃料扩大试点成效明显

为解决农民生活燃料，改善农民生活条件，巩固退耕还林、天然林保护等生态建设成果，根据党中央国务院的决策部署，2003年在5个省开展了小水电代燃料试点建设，取得了显著成效，受到了广大农民群众的积极拥护和大力支持，得到了温家宝总理、回良玉副总理的赞扬和肯定。在试点基础上，2006年在全国开展了更大规模的扩大试点建设，涉及21个省（区、市）和新疆生产建设兵团的81个项目。目前工程进展顺利，有43个项目的代燃料电站已投产运行，年底前将有76个项目实施代燃料供电，基本完成了扩大试点建设任务。

（一）小水电代燃料从根本上解决了农民的燃料问题，有效保护了生态环境。小水电代燃料项目区家家户户用上了电饭锅、电炒锅、电水壶，项目区农民不再上山砍树烧柴，森林植被和生态环境得到了有效保护。据统计，小水电代燃料扩大试点建设保护森林200多万亩，每年减少薪柴消耗75万吨，项目区走上了以林蓄水、以水发电、以电护林的良性发展道路。

（二）小水电代燃料解除了农民砍树烧柴的艰辛，提高了生活质量。过去农民为了砍柴翻山越岭，斧砍肩扛，受苦受累。农村妇女烧柴做饭，三餐围着灶台转，要四、五个小时，烟熏火燎，负担沉重，有的还得了红眼病和肺气肿病等。现在用电做饭，方便、快捷、省时、省力，减轻了农民负担。

（三）小水电代燃料显著改善了农民生活条件，美化了人居环境。小水电代燃料建设带动项目区改厨、改厕、改圈，通电、通水、通路，项目区人居环境发生了显著变化，缩小了城乡差距，农民过上了现代文明的新生活。我们下午将要考察的长白县马鹿沟代燃料项目是扩大试点项目的典型代表，项目区建设与民族村建设相结合，农民生活条件和生活环境得到了极大的改善。

（四）小水电代燃料解放了受砍树烧柴束缚的农村劳动力，增加了农民收入。项目区所在的县、乡（镇）政府积极引导从砍树烧柴中解放出来的劳动力，从事农副产品加工，发展特色农业和畜牧业，搞手工编织和特色旅游或外出打工，千方百计增加农民收入。据初步统计，实施小水电代燃料后，项目区群众平均每户每年增加收入上千元。

（五）小水电代燃料增加了可再生能源比重，促进了节能减排。砍树烧柴不但破坏植被，削弱生态建设成果，还会增加大量温室气体。小水电是国际公认的可再生能源，小水电代燃料工程建设增加了小水电装机，改善了农村能源结构，减少了温室气体排放。

各地在小水电代燃料扩大试点建设中进行了大量的实践探索，积累了许多好的经验和做法：一是领导高度重视。一些省成立了省级小水电代燃料建设领导小组，试点县均成立了县级小水电代燃料建设领导小组。各级发展改革部门和水行政主管部门各司其职，密切配合。各级水行政主管部门把小水电代燃料作为水利工作的重点，主要领导亲自过问，分管领导直接抓，保证了项目的顺利实施。二是群众积极拥护。小水电代燃料最大限度的降低了代燃料电价，让农民用得起、长受益，显著改善了生活条件，真正得到了实惠。三是建立体制机制。各地在扩大试点实践中探索建立了"国家所有、企业经营、农民使用"的管理体制和"国家补助、企业运作、农民受益、协会监督"的运行机制，保证了代燃料工程长期发挥效益。四是出台扶持政策。河北省政府出台了允许小水电代燃料就近直接供电的政策，湖北省政府出台了小水电代燃料电价的一系列优惠政策等。

当前，小水电代燃料试点工作虽然取得了显著成效，但也还存在前期工作不扎实、代燃料电站余电上网电价低、代燃料供电过网费偏高等问题，在一定程度上影响了工程建设进度和代燃料的效果。

二、着力抓好小水电代燃料工程建设

小水电代燃料是民生水利的重要内容，利在当代、功在千秋。今年中央1号文件明确要求“扩大小水电代燃料建设规模”，陈雷部长在全国农村水电工作会上进一步提出，高标准、高质量搞好项目建设，把小水电代燃料项目建成农村水能资源开发利用的示范工程，到2015年基本解决200万户农民的生活燃料问题，到2020年基本解决1000万户农民的生活燃料问题。为落实党中央、国务院关于实施小水电代燃料工程的战略决策，按照陈雷部长的讲话精神，当前和今后一段时期，小水电代燃料建设要着力抓好以下四个方面的重点工作：

（一）做好项目前期工作，夯实代燃料工程建设基础。小水电代燃料工程是中央补助投资的地方项目，前期工作是基础，其程序要严格按照《中央预算内投资补助和贴息项目管理暂行办法》（国家发展改革委第31号令）、《国家发展改革委关于改进和完善中央补助地方投资项目管理的通知》（发改投资[2009]1242号）有关规定执行。各地要依据《2009~2015年全国小水电代燃料工程规划》选择建设项目。小水电代燃料电站可行性研究和初步设计报告必须由具备相应资质的设计单位编制，可行性研究报告由地方水行政主管部门提出审查意见，由地方发展改革部门审批，初步设计报告由地方水行政主管部门审批，同时要履行取水许可、水保、环评等审批手续。要按照水利部《关于做好小水电代燃料项目实施方案编制工作的通知》要求，由县级水行政主管部门负责组织编制项目实施方案并会同发展改革部门上报，省级水行政主管部门会同发展改革部门组织对实施方案进行审查和批复，报水利部备案，批复后的实施方案作为项目建设和验收的依据。

（二）强化工程建设管理，打造农村水电示范工程。一是严格按公司法组建代燃料项目法人。负责电站、项目区的建设和管理。从试点情况看，国有独资、国有控股和集体企业作为项目法人，有利于项目的顺利实施和效益的发挥。二是高质量搞好代燃料电站建设。要严格实行项目法人责任制、招标投标制、建设监理制和合同管理制。要建立健全工程质量管理和监督机制，严格执行各项制度，确保工程质量和安全。采取有效措施，防止水土流失，保护生态环境。按照《小水电代燃料项目技术进步和标准化管理指导意见》的要求，大力推进技术进步。三是高标准搞好项目区建设。要结合新农村建设、国土整治和村镇建设规划，以行政村为单元，按照就近供电的原则，科学合理选择项目区。项目区建设的主要内容包括配电网完善、进户线和厨房改造等，要充分利用现有供电网络，满足代燃料供电的要求。要统一标识，统一管理制度，把小水电代燃料工程建设成环境友好、社会和谐的农村水能资源开发利用典范。

（三）加强供用电管理，切实降低代燃料电价。一是保障长期稳定供电。代燃料电站由代燃料项目法人自主经营、自负盈亏，接受政府及有关部门的监管，必须建立权责统一、奖惩分明的管理制度，加强运行和安全管理。项目法人要与供电公司签订并网和供电协议，明确上网电量和电价，确保代燃料供电长期稳定。二是加强用电管理。代燃料用电要按照"核定基数、定额限量、分类计费、按月结算"的办法管理。农户代燃料用电量要根据项目区群众生活习惯、经济条件和气候情况等合理确定。供电公司要与代燃料用户签订用电协议，明确代燃料电量、电价和安全用电等。代燃料电量和电价要公开，保障农民的知情权、参与权、监督权，切实将农民的利益保护好、维护好、发展好。三是努力降低代燃料电价。国家投入大量资金用于小水电代燃料建设，项目法人要千方百计降低建设费用和运行成本。要落实就近直接供电或借网供电，按成本价收取过网费，降低供电加价，最大限度地降低代燃料到户电价，使农民得到实惠，生态得到保护。

（四）建立管理体制机制，确保工程长期发挥效益。要按照"国家所有、企业经营、农民使用"和"国家补助、企业运作、农民受益、协会监督"的要求，进一步完善管理体制和运行机制，保证代燃料工程长期稳定运行。建立健全国家投资出资人制度，明确代燃料电站的所有权、经营权和使用权，实现所有者、经营者和使用者权利和义务的统一。所有权属于国家，水行政主管部门要承担出资人代表职责，承担小水电代燃料项目国有资产监督管理和保值增值的职责。使用权属于代燃料农户，拥有使用代燃料电量、享受代燃料电价的权利，承担不砍树烧柴、保护森林植被的义务。经营权属于代燃料电站项目法人，负责电站的经营管理，获取管理收入。小水电代燃料项目是社会公益类项目，任何单位和个人不得从中谋取私利。小水电代燃料涉及广大山区农民的根本利益，需要农民的参与、支持和配合，要成立以代燃料户为主体的小水电代燃料用户协会，对小水电代燃料工程进行民主管理和监督。

（2009年8月27日）

在联合国气候变化峰会
关于减少毁林和森林退化碳排放会议上的讲话

国家林业局局长　贾治邦

气候变化是全人类面临的严峻挑战。森林在应对气候变化中具有独特地位和双重作用，既是吸收汇，也是排放源。增加森林资源，可增加碳吸收；减少森林资源，将增加碳排放。联合国《2000年生态环境展望》指出，全球森林比人类文明初期减少了50%。这无疑对全球气候变暖造成了重要影响。政府间气候变化专门委员会第四次评估报告指出，因毁林等活动造成的温室气体排放约占全球总排放的17%～24%，为第二大排放源。植树造林，减少毁林，防止森林退化，推动森林可持续经营，已成为应对气候变化的必然选择。中国国家主席胡锦涛在联合国气候变化峰会上提出了增加森林资源，增加森林碳汇的建议，这对发挥林业在应对气候变化中的特殊功能具有十分重大意义。

中国政府一贯高度重视发挥森林在应对气候变化中的重要作用。近10年来，中国政府投资700多亿美元，采取五大措施防止毁林和森林退化，增加森林资源。一是开展植树造林和退耕还林，二是严格保护天然林，三是加强森林防火，四是加强森林经营，五是坚持合理采伐利用。目前，中国人工林面积已达到5300多万公顷,占世界人工林总面积的三分之一，居世界首位,为推进森林可持续经营提供重要经验，为应对全球气候变化作出了重大贡献。

为充分发挥森林在减缓气候变化中的不可替代的特殊作用，中国政府制定了《应对气候变化林业行动计划》，同时中国政府也积极推动区域和全球林业合作。2007年，中国国家主席胡锦涛在APEC第15次领导人非正式会议上，提出了建立亚太森林恢复与可持续发展网络的倡议，得到APEC成员的积极响应。该网络已于2008年正式启动运行。中国还积极参与联合国环境规划署发起的“全球十亿株树运动”。在过去的一年里，中国人均植树2株以上，共植树26亿株，为实现这项活动的目标作出了重要贡献。

今后，中国政府将按照胡锦涛主席作出的承诺，继续加强植树造林，严格保护森林，减少毁林，防止森林退化，不断增加森林资源，确保到2020年森林面积比2005年增加4000万公顷，森林蓄积比2005年增加13亿立方米。

考虑到各国导致毁林和森林退化的原因比较复杂，根据中国长期以来致力于制止毁林和减少森林退化的实践，我就减少毁林和森林退化碳排放问题提出如下主张：

第一、坚持《联合国气候变化框架公约》和《京都议定书》的基本原则，严格遵守“巴厘路线图”的授权，兼顾减少毁林与森林退化碳排放和森林保护与森林可持续经营的碳吸收。

第二、坚持“共同但有区别责任”和可持续发展的原则。发达国家应承诺帮助发展中国家减少毁林和森林退化，推进森林可持续经营。同时，国际社会必须考虑经济、社会与环境的协调发展，严格区分毁林和合理利用森林，尊重发展中国家利用森林资源的权利，保障发展中国家的发展权利。

第三、坚持适应、减缓、技术转让和资金支持并重。在推动发展中国家减少毁林和森林退化减排的同时，发达国家应尊重发展中国家经济、社会、文化等的方面的现实，首先承诺为发展中国家提供技术转让和资金支持，并采取实际行动，帮助发展中国家减少毁林和森林退化，促进森林管理，推动森林可持续经营。

第四、积极合作，共同努力，促进林业发展，应对气候变化。各国应切实尊重全球森林资源减少和退化的现实，充分认识森林资源减少和森林退化的严重后果，以及推进森林可持续经营在减缓气候变化中的积极作用。充分发挥森林资源的再生性、木材产品的环境友好性，以及木材产品替代其他能源和建筑材料的巨大潜力。

中国政府真诚地希望，世界各国加强合作，共同努力，推动哥本哈根林业议题谈判取得积极成果，推动林业发展，为减缓气候变化作出积极贡献。

（2009年9月23日）

把人口资源环境与社会经济发展进行统筹考虑

国家人口和计划生育委员会副主任　赵白鸽

不仅是二氧化碳排放问题，而且是涉及政治、经济、社会和文化等诸多领域的发展问题，所以必须采取统筹和综合的方法来控制和解决这一事关人类未来的大问题。

这是中国在本次气候变化大会上的一个重要立场，也是中国首次在这样的世界性大会上明确提出要统筹综合解决气候变化问题的重要主张。

如果我们仅仅盯住二氧化碳排放来谈气候变化，这注定不能在战略上取得成功。各国必须意识到，只有通过综合发展的手段，通过因地制宜的方式，才能根本解决气候变化问题。发达国家必须减少排放，发展中国家主要是加强适应和应对气候变化的能力。

中国减缓和适应气候变化的工作早在３0年前就开始了。自改革开放以来，中国政府确定了三项重大国策，即计划生育、性别平等和环境保护，这实际上“就开始把人口资源环境与社会经济发展进行统筹考虑”。在过去30年里，中国为世界应对气候变化作出了重大贡献。

人口的增长与气候变化有着密切的关系。中国政府一直采取各种方法加强人口管理，降低生育率。中国总和生育率已从30年前的5.8下降为目前的1.8，这就意味着，中国在过去30年里少出生了４亿人口，按照目前人均二氧化碳排放量４.57吨计算，中国如今每年减少18.３亿吨二氧化碳排放。按人均计算，中国目前的二氧化碳排放量仅为美国的五分之一和英国的二分之一。

中国目前的排放是生存排放，我们不可能再回到原来的低发展水平。中国在解决气候变化问题上，既考虑了个人权益，也考虑了群体权益，在保障和发展个人权益和群体权益两个方面做到了很好的结合。

目前，中国在人类发展指数方面，包括人均寿命、教育水平、妇女解放程度、健康水平等，均为世界发展最迅速的国家之一。她说：“中国在计划生育、人口管理方面形成的‘以人为本，以家庭为中心’的模式，不仅为全球二氧化碳减排作出了贡献，而且为世界其他国家尤其是发展中国家的可持续发展提供了有益的经验。”

我们将继续为减少碳排放而努力，进一步采取政策措施，稳定低生育水平，促进家庭发展，建立正确消费观，协调发展人口、资源和环境。同时，我们也要向其他发展中国家和发达国家学习，推动南北之间和南南之间在气候变化问题上的战略和政策对话以及技术合作。

将人口发展问题写进哥本哈根气候变化会议的成果文件，内容主要包括：进一步充分认识人口、资源、环境、发展之间的密切关联，从社会发展和可持续发展的角度考虑和应对气候变化问题；坚持人口、经济、环境、资源、生态的全面、协调和可持续发展，采取综合方式应对气候变化问题，关注气候变化和人口发展的相互作用；坚持国际共识、履行国际责任，承担共同但有区别的责任；优先开展对相关数据的研究和收集，以提高对于气候变化过程中的人口动态的全面系统理解；关注气候变化对健康特别是生殖健康、对人口特别是处于弱势状态的如贫困、妇女、移徙等群体所造成的后果；开展综合应对气候变化的国际合作。

（2009年12月９日在哥本哈根接受新华社记者专访）

凝聚共识　构筑新的起点

中国气象局局长　郑国光

中国作为负责任的发展中大国，将坚定不移地走可持续发展道路。正如温家宝总理在这次大会上所作的庄严承诺，中国政府确定减缓温室气体排放的目标是中国根据国情采取的自主行动，是对中国人民和全人类负责的，不附加任何条件，不与任何国家的减排目标挂钩。无论哥本哈根大会结果如何，中国政府都将坚定不移地为实现、甚至超过这个目标而努力。

妥善应对气候变化，事关中国经济社会发展全局和人民群众根本利益。面对气候变化的严峻挑战，我们必须深入贯彻落实科学发展观，加强生态文明建设，采取更加强有力的政策措施与行动，加快转变发展方式，努力控制温室气体排放，建设资源节约型和环境友好型社会。要把应对气候变化作为国家经济社会发展的重大战略。中国的减排目标将作为约束性指标纳入国民经济和社会发展的中长期规划，保证承诺的执行受到法律和舆论的监督。加强对节能、提高能效、洁净煤、可再生能源、先进核能、碳捕集利用与封存等低碳和零碳技术的研发和产业化投入，加快建设以低碳为特征的工业、建筑和交通体系。制定配套的法律法规和标准，完善财政、税收、价格、金融等政策措施，健全管理体系和监督实施机制。中国将进一步完善国内统计、监测、考核办法，改进减排信息的披露方式，增加透明度。积极开展国际交流、对话与合作，有效引进、消化、吸收国外先进的低碳和气候友好技术，提高中国应对气候变化的能力。

要增强全社会应对气候变化的意识，加快形成低碳绿色的生活方式和消费模式。当前要结合国际社会合作应对气候变化的良好机遇，让社会公众了解并认识应对气候变化的重要性和紧迫性，认清应对气候变化对国家、地区和企业自身发展和竞争力有重要影响。要倡导全民自觉参与，鼓励企业自愿采取行动。倡导健康、文明的消费观念，抑制奢侈消费。增强企业的社会责任感，自觉制定并实施减缓碳排放的目标和措施。引导企业生产方式的转变和社会民众消费方式的转变，逐渐形成全民应对气候变化的体制和机制。

妥善应对气候变化，科技是基础。联合国政府间气候变化专门委员会（IPCC）评估结论是国际社会共同采取应对气候变化行动的主要科学依据，对促进气候变化和国际合作具有举足轻重的地位。中国在制定国家应对气候变化的总体战略及宏观决策过程中，要把参与IPCC相关活动的能力作为国家应对气候变化能力建设的重要方面。要加强对IPCC国内工作的组织和协调，统筹兼顾，全力做好IPCC第五次评估相关工作。要大力推进气候变化科技专项行动的实施，加大科技投入，建设一支高素质的气候变化事务专家队伍，形成一大批具有自主知识产权并能够为国际科技界所认可的研究成果，夯实中国参与IPCC评估工作的科学技术基础，并为中国采取应对气候变化工作的决策提供科学而有力的支持。同时，要充分利用IPCC这一平台，进一步宣传中国在气候变化科学研究、技术开发、减缓和适应政策措施等方面所付出的各种努力以及取得的重大成效，促进中国在应对气候变化领域的全方位国际合作。

（2009年12月22日接受新华社记者专访）

打造绿色航空 推动低碳发展

中国航空工业集团公司总经理 林左鸣

进入21世纪以来，全球性资源、环境和气候等问题日益突出，环境危机、资源危机、能源危机对人类文明持续发展形成了严峻挑战，环境友好、资源节约、低碳环保、绿色发展成为了全世界的必然选择，我国也把低碳产业、绿色经济作为转变经济发展方式的重要途径。作为中央直属的特大型航空企业集团，中国航空工业集团公司（简称“中航工业”）将肩负使命、奋发作为，发展低碳经济，打造绿色航空，把企业发展带入新境界，为人类的可持续发展和我国经济发展方式的转变作出应有贡献。

一、人类文明迈入了低碳经济时代

（一）全球金融危机使低碳经济快速走上世界舞台

2008年以来，全球金融危机已经席卷了整个世界，两年之后，世界经济复苏仍不明朗，甚至存在“二次探底”的风险。深刻剖析这次金融危机的成因，固有金融行业道德失范加之政府监管不力的因素，但更深层的原因在于，20世纪90年代互联网泡沫破灭之后，没有再出现重大科技创新形成宏大的实体经济带动世界经济持续增长。因此，在应对金融危机过程中，许多国家都将加强科技创新、发展实体经济作为应对金融危机的重要举措，纷纷制定国家规划、投入巨资发展新能源技术、空天技术、生命科学、低碳技术等前沿技术，以此实现技术领先与产业升级。其中，在资源危机、能源危机、环境危机的重压之下，低碳和绿色发展理念脱颖而出，一场以新能源革命和低碳经济为主题的绿色浪潮席卷全球，许多发达国家正加紧实施“绿色新政”，把绿色、低碳技术及其产业化作为突破口，以便在未来的产业竞争和新技术革命方面抢占制高点。

美国政府把开发绿色能源列入经济刺激计划的重要内容，提出十年内投资1500亿美元，创造500万个新能源、节能和清洁生产就业岗位，并在2015年前将新能源汽车的使用量提高到100万辆。欧盟宣布在2013年以前投入1050亿欧元用于绿色经济。法国公布可再生能源发展计划，到2020年将能源消费总量中的可再生能源比重提高到23%，相当于每年省下2000万吨石油。英国把绿色经济确定为国家发展战略，提出着重加强高科技产业竞争优势。日本宣布要重点发展能源和环境技术，到2015年将环境产业市场规模扩大到100万亿日元。韩国将在2012年前向“绿色经济”投入350亿美元。十分明显的是，发达国家正在加紧排兵布阵，一场围绕“绿色”空间的国家竞争正在世界范围内展开。目前，尽管绿色发展还处于萌芽阶段，但它已经展现出无穷的魅力，绿色环保、低碳排放的产品已经加速走进人们的生活，混合动力车、燃料电池汽车、电动汽车已经成为各大世界车展的明星，人类已经跨入了低碳时代的门槛。

（二）发展低碳经济是转变经济发展方式的重要内容

低碳经济是以经济社会可持续发展为目标，以低能耗、低污染、低排放为基础的发展模式。多年来，我国经济增长主要依靠增加要素投入、消耗自然资源、追求数量扩张来实现，在经济发展的同时生态环境、资源消耗和国民健康的代价很大。从总体上看，我国人均资源紧缺，环境承载能力较弱，只拥有世界6%的水资源、1.8%的石油、0.7%的天然气、不足9%的铁矿石、不足5%的铜矿和不足2%的铝土矿，却要养活世界22%的人口。随着经济社会发展和人口不断增加，能源、资源不足的矛盾越来越尖锐。

特别是伴随着我国“世界工厂”的发展，全球高经济投入、高资源消耗、高环境污染、高劳动强度的产业向我国集结，在促进我国经济快速发展的同时，也使自然环境快速恶化，有限的资源被快速消耗，不得不付出很大的外交努力和经济成本万里迢迢进口石油、铁矿石等资源和能源用以支撑这种发展，而发展的成果却大量被国外公司拿走，成为他国的国民福利，而污染却留在国内。显然，这种发展模式无力支撑大国崛起、民族复兴。2009年，我国52%的石油从国外进口，铁矿石对外依存度高达69%，并且这些比例还在逐年大幅攀升。世界三大铁矿石巨头每年大幅上调铁矿石价格，我国损失惨重却又无可奈何。金融危机以来，世界范围内的贸易保护主义再次抬头，我国这种总体上低端的产品出口面临国外的围追堵截，一些国家甚至酝酿把碳排放与贸易挂钩，征收所谓的“碳关税”，我国保持乃至拓展外需面临着巨大压力。种种迹象表明，长期以来所依赖的高投入、高消耗、高污染、低产出、低效益的粗放型发展模式已经难以为继。

党中央、国务院高瞻远瞩、审时度势，着力于推进经济社会科学发展，明确提出了加快转变经济发展方式的战略任务和建设资源节约型、环境友好型社会的目标，并在哥本哈根会议上郑重承诺：到2020年，全国单位国内生产总值二氧化碳排放比2005年下降40%~45%。调整经济结构，转变经济发展方式，这是我国当前和今后很长一个时期重要的战略抉择，是破解资源、能源“瓶颈”和环境困局的必由之路。2009年8月，温家宝总理在国务院常务会议上明确提出，要紧密结合扩大内需促进经济增长的决策部署，培育以低碳排放为特征的新的经济增长点。2010年的政府工作报告，强调打好节能减排的攻坚战和持久战，努力建设以低碳排放为特征的产业体系和消费模式。在国家政策的引导下，低碳经济、绿色经济、绿色GDP、绿色发展等理念正在深入人心，低碳技术和低碳产业发展正快速推进，为我国经济社会发展注入了新的生机与活力。

（三）低碳经济时代呼唤“绿色航空”

航空工业是各种高新技术集大成的产业，被誉为是“现代工业之花”，航空发动机更被誉为现代工业“皇冠上的明珠”，航空工业必须发挥高科技优势，积极推动低碳经济发展，促进我国经济发展方式的转变。事实上，航空工业整体上属于装备制造业，本身也是资源、能源消耗大户。有数据显示，我国每年因环境污染造成的损失约占GDP的10%左右，而我国所有造成环境污染的排放物中，70%来源于制造业。尽管目前全球航空业释放的二氧化碳只占全球总排放量的2%左右，而且随着飞机和发动机技术不断提高，发动机的燃烧效率在过去40年已经提高了70%，但是航空业仍被视为主要污染源之一，一些国家和地区已经着手在产业政策上采取措施。2006年12月，欧盟委员会提议将航空业纳入碳排放体系（ETS）；2008年7月，有关草案高票通过，并于当年底正式生效。虽然ETS具体实施细则还未确定，但无论欧盟或是其他组织制定碳排放交易系统，航空公司为排放温室气体付费只是一个时间问题，据测算，如果ETS得以执行，仅第一年就会让全球航空业增加35亿欧元成本，并且逐年递增。同时，世界石油价格总体上呈现出震荡上升的趋势，节能减排成为了航空产品市场竞争力重要因素。可以预见的是，在低碳、环保等理念指导和产业政策引导下，“绿色航空”是世界航空业的必由之路，航空工业必须在低碳发展上奋发作为，才能赢得未来。

从世界范围内看，当前从航空制造业到航空运输企业，整个航空业正在通过各种途径和方法，为减少碳排放、打造绿色航空做着不懈的努力。2005年3月，巴西航空工业公司向客户交付了第一架100%以乙醇为燃料的“伊帕内玛”通用飞机。2007年7月，英国航空公司与罗罗公司联合启动了一个科学实验项目，研究将替代燃料用于波音747飞机RB211发动机的可行性。目前，新西兰航空、大陆航空、日本航空等航空公司，都已进行了混合燃料的试飞并取得了成功。一些航空公司预计，到2025年总燃料的25%将采用生物燃料，2030年将增至30%。与此同时，世界主要航空发动机制造商都在积极探索如何提升发动机的性能与减少排放（包括噪声和尾气），欧美国家实施了一系列研究验证计划，取得了显著成效，齿轮传动、变循环等一些创新理念的发动机技术不断成熟。当前CFM国际公司正在研发LEAP-X发动机，目标是使燃油消耗率比目前的CFM56发动机降低16%，二氧化碳排放比国际民航组织（ICAO）的CAEP规定的极限还值低50%~60%，噪声降低10~15分贝，我国大型客机C919也将使用这种发动机。2007年，普惠公司的齿轮传动涡扇（GTF）发动机被选为三菱公司支线喷气机（MRJ）的动力装置，预计较现有的大涵道比发动机至少减少12%的耗油率。GE公司将应对气候变化视为增长机遇，大力实施绿色创想战略，取得了丰厚的收益，航空发动机技术也引领潮流。

二、中航工业低碳产业发展取得一定成效

多年来，中航工业作为航空高科技制造企业，十分重视节能和环保工作，努力减少制造环节的能耗和污染，积极利用航空高技术发展节能环保的新兴产业，取得了初步成效。

（一）发展了MA系列涡桨支线飞机

涡桨飞机使用涡轮螺旋桨发动机，与涡扇、涡喷航空发动机相比耗油率更低，飞行中所产生的二氧化碳、一氧化碳及二氧化硫等排放物比同样座级的涡扇飞机更少，有着非常明显的节能减排优势和经济优势：在500至600公里

航线上，涡桨飞机每座运营成本较涡喷飞机低35%；而在500公里以内的航线上，涡桨飞机每座运营成本较涡喷飞机低40%以上。因此，涡桨飞机是更适合绿色航空理念的机种。

20世纪90年代，中航工业在国产支线客机运七飞机的基础上，发展了MA60涡桨支线飞机，具有很好的经济性、安全性和舒适性，得到了市场的认可，目前已有20架飞机在海外七国运营，确认订单和意向订单超过180架，初步形成了我国具有完全自主知识产权的MA系列涡桨支线飞机品牌。近年来，中航工业成立了幸福航空有限责任公司，使用MA60飞机开展支线航空运营，开创了国内航空公司批量使用国产民机开展航空运营的先河。2009年，幸福航空共投入3架MA60飞机，执飞4条航线，安全运送旅客41588名，各项运营指标均达到支线航班要求，张德江副总理以普通乘客身份乘坐幸福航班，给了我们巨大的鼓舞与鞭策。

与此同时，我们在MA60飞机的基础上，照国际先进标准进行深度改进，发展了MA600飞机，已经取得中国民航局颁发的适航证，即将交付用户。我们致力于参与国际市场竞争，启动了全新MA700飞机的研制工作。在不久的将来，我国将形成由MA60、MA600、MA700构成的涡桨支线飞机系列化发展格局，跻身于世界涡桨飞机优秀制造商的行列。

（二）风电产业已经形成规模

风能蕴量巨大，清洁可再生，是重要的新能源。风力发电技术特别是风机叶片制造，与航空技术有着很大的关联性。经过多年的努力，我们形成了惠腾风机叶片品牌和惠德风能发电机整机品牌。惠腾公司先后完成了11个系列32种型号的叶片研发及产业化，满足了国内大型风力发电机组国产化发展的需求，其中成功研制出“国家高技术研究发展计划”中应用环氧树脂材料的1.2兆瓦风力发电机组风轮叶片，填补了国内空白，批量出口国外。目前，惠腾公司已经成为我国目前唯一拥有自主知识产权，叶片设计技术、制造工艺、试验检测手段达到国际先进水平的风机叶片专业化制造企业。2008年，其国内的市场份额达到38%，特别是600kW和750kW叶片的国内市场占有率达到90%以上。惠德公司1兆瓦的风电整机已在营口、烟台和美国德克萨斯州并网发电，正在开发2兆瓦级、3兆瓦级的风电整机。中航工业西航与德国公司合作研制了10台大型风力发电设备，结束了我国不能生产大型风力发电设备的历史。除此之外，中航重机于2009年收购了内蒙古包头百灵庙风电场，投资建设5万千瓦风电项目。中航国际积极拓展国外风电产业市场，将与美国公司合作在美国开发多个风电场。

（三）锂电池产业化发展势头良好

锂电池是动力电池技术发展的重要领域。近年来，集团公司瞄准新能源汽车的巨大市场潜力，大力开发锂离子动力电池、动力总成等相关配套部件，取得了可喜的成效。中航锂电（洛阳）有限公司建设年产3000万安时锂离子动力电池生产线，2008年4月投产，当年实现销售收入8023万元。其自主研发的锂电池具有电压高、能量密度大、充放电迅速、长寿命、无污染等优势，处于国际领先水平，填补了我国大功率、大容量、高可靠性锂离子动力电池的空白。在此基础上，计划在河南建设电动汽车基地，共同推进锂电池项目建设，开展纯电动汽车的研发、生产和示范运营，推动电动汽车全价值链竞争。基地建成后，将具备年产48亿安时的锂离子动力电池、年产万辆电动汽车等能力，成为具有国际竞争力的锂离子动力电池产业化基地和全国绿色环保电动汽车的引擎地区。

（四）燃气轮机产业发展成绩显著

与传统燃煤发电机组相比，燃气轮机发电机组具有供电效率高、投资低、建设周期短、占地面积小、用水节约、调峰性能和环保性能好等诸多优点，成为洁净燃煤发电的关键装置。多年来，中航工业发挥航空发动机技术优势，积极推动燃气轮机产业发展，取得了显著成绩。我国首台拥有完全自主知识产权的新型中等功率燃气轮机QD128研制成功，填补了我国在12MW轻型燃气轮机研制生产空白。R0110重型燃机研制获里程碑式重大突破，将对我国煤电减排事业产生重大影响，有望打破我国重型燃机等重大装备领域长期以来被国外公司垄断的被动局面。采用国际通用规范标准的QD100A中低热值燃料燃气轮机发电机组研制成功，在我国钢铁企业有很大的需求潜力。我们投资建设的我国首个微型小型燃机产业化基地奠基，研发生产能力达到国内领先水平。已为国内外50余家钢铁厂提供了120余套大型高炉煤气余压透平发电装置（TRT），总装机容量60万千瓦，每年可节约标煤159万吨，减排二氧化碳417万吨，节约能源成本24亿元。

（五）节能减排工作富有成效

航空工业是制造业，节能减排是促进绿色发展的重要途径。多年来，中航工业贯彻落实国家的部署，积极推进节能减排。通过加快对高耗能、高排放设备设施进行改造和提升，淘汰落后产能；认真执行固定资产投资项目环境影响评价制度，积极推进节能评估及审查制度，保证建设项目中节能减排的项目与主体工程同时设计、同时施工、同时投产；加强对重点企业的管理，防止重大环境污染事件。通过坚持不懈的努力，提前两年完成了国资委下达的"十一五"节能减排考核指标。2009年，中航工业全年节能量为153.64万吨标准煤，同比增长46%，折合碳减排量为104.5万吨，与2005年相比，万元增加值综合能耗下降21.12%。

三、中航工业低碳发展的初步设想

发展低碳经济、服务于国家级经济发展方式转变大局，是中航工业科学发展的内在要求，也是必须承担的社会责任。我们将树立绿色理念，积极实施"两融、三新、五化、万亿"发展战略，发展低碳经济，转变发展方式，为建设资源节约型、环境友好型社会做出应有贡献。

（一）树立"绿色航空"理念，加快发展方式转变

我们将把"绿色航空"作为企业发展的重要理念，上升到发展战略的层面，融入航空人的血液，渗透到产品设计、生产制造、营销管理等企业经营的各个环节，做好产业发展规划，推进产业结构优化升级。一是加快融入世界航空产业链，加快技术进步，创新商业模式，在产业链中力争上游，减少加工制造业务的比重。二是积极培育品牌价值、商业模式、集成网络的新型核心竞争力，大力提升用非物质竞争力创造价值的能力，减少资源消耗、环境污染。三是调整优化产业结构，针对经济结构中制造业比重很大的情况，把现代服务业作为战略性产业来发展，着力发展支撑航空主业发展的非银行金融业务、信托投资、现代物流和航空运输服务业，积极发展有利于形成品牌效应和主业拓展商业价值的地产服务、零售连锁、文化传媒等现代服务业，努力形成全产业链、全价值链的发展格局。四是推进EVA管理，引导所属企业追求有效增长，减少资源（资金）占用和物质消耗，节约资源，保护环境。

（二）加大科技创新力度，夯实绿色发展基础

技术是引导产业升级的关键，是实现绿色发展的基础。发展绿色航空，重在坚持自主创新，重在掌握和开发核心技术，重在拥有自主知识产权。中航工业将准确把握新技术和新产业的发展方向，明确主攻重点，增强创新能力，大力开发节能减排、新型能源和资源回收再利用等技术，为低碳经济发展奠定坚实的基础。在飞行器方面，重点关注减低飞行器阻力、降低飞行噪音（安静飞机）、减轻结构重量、减少发动机油耗以及绿色材料使用等方面的技术发展，特别在飞机的研发阶段，就要考虑低碳因素，使飞机能够实现低碳运营。发动机作为飞机动力和电源供给的主要部件，是实现飞机低碳飞行的关键所在。我们将把发动机作为重点突破的关键领域、技术创新的一个重要战场，紧密跟踪国际技术前沿，加强基础研究，突破核心技术，特别是加强国际合作，为C-919国产大型客机装上强劲的"中国心"，跻身航空发动机先进行列。在民机产业上，大力发展涡桨支线飞机技术，把涡桨支线飞机作为支柱民机产业，加快把MA600飞机推向市场，积极推进MA700飞机研发进程,实现MA系列飞机的产业化发展。

（三）延伸航空产业链，发展新能源产业

以市场为导向，以航空高技术为依托，努力打造绿色产品生产链，积极发展具有广阔市场前景、资源消耗低、带动系数大、综合效益好的战略性新兴产业，努力形成军民融合、航空与非航空相结合的产业格局。对于市场成长性好、科技含量高但尚未形成规模的产品项目，将给与政策、资金上的支持，重点孵化。继续大力发展风电产业，以现有风电叶片和风电整机产品为平台，加大研发力度，掌握核心技术，积极开发适销对路的产品；积极开拓国内外市场，探索向上游拓展新产品、向下游结成战略同盟的发展模式；积极进入风电场建设、发电运营等产业领域，推动全产业链、全价值链发展。大力发展锂电池和动力总成技术，以锂离子动力电池为核心，以动力总成、电源管理系统和原材料为支撑，做大锂电池及动力总成产业，塑造锂离子动力电池品牌；以此为依托，积极发展电动汽车产业，实现价值最大化。大力发展燃气轮机产业，进一步实施专业化整合，突出航空技术优势，瞄准高端产品，实现军、民燃机良性互动、协调发展。

（四）抓好节能减排工作，推进绿色制造发展

我们将按照国家的要求，坚持实现节能减排约束性目标不动摇，继续抓好节能减排工作，建设资源节约型和环境友好型企业。一是加快建立节能减排体制机制，推进节能减排统计指标体系、检测体系和考核体系建设，加强统计数据上报监督管理，建设监测网络，严格施行目标考核，并将指标列入经营业绩考核内容。同时，根据国家有关规定，逐步开展行业重点用能单位能效对标工作。二是加强节能减排设施改造。用好国家政策，加大投入力度，加快对高耗能、高排放设备设施进行改造和提升，淘汰落后产能。三是认真抓好重点技术改造项目，执行固定资产投资项目环境影响评价制度，积极推进节能评估及审查制度，保证建设项目中节能减排的项目与主体工程同时设计、同时施工、同时投产。四是加强对重点企业的管理，坚决防止和杜绝重大环境污染事件，到2010年基本解决高能耗和高排污问题突出企业的历史遗留难题。

在低碳经济时代，中航工业既面临挑战，更面临新的发展机遇。我们认真贯彻落实国家的产业政策，秉承“航空报国，强军富民”的集团宗旨，坚持“绿色航空”的发展理念，积极发展低碳经济，为建设航空工业强国，加快转变经济我国发展方式做出更大贡献。

特 稿

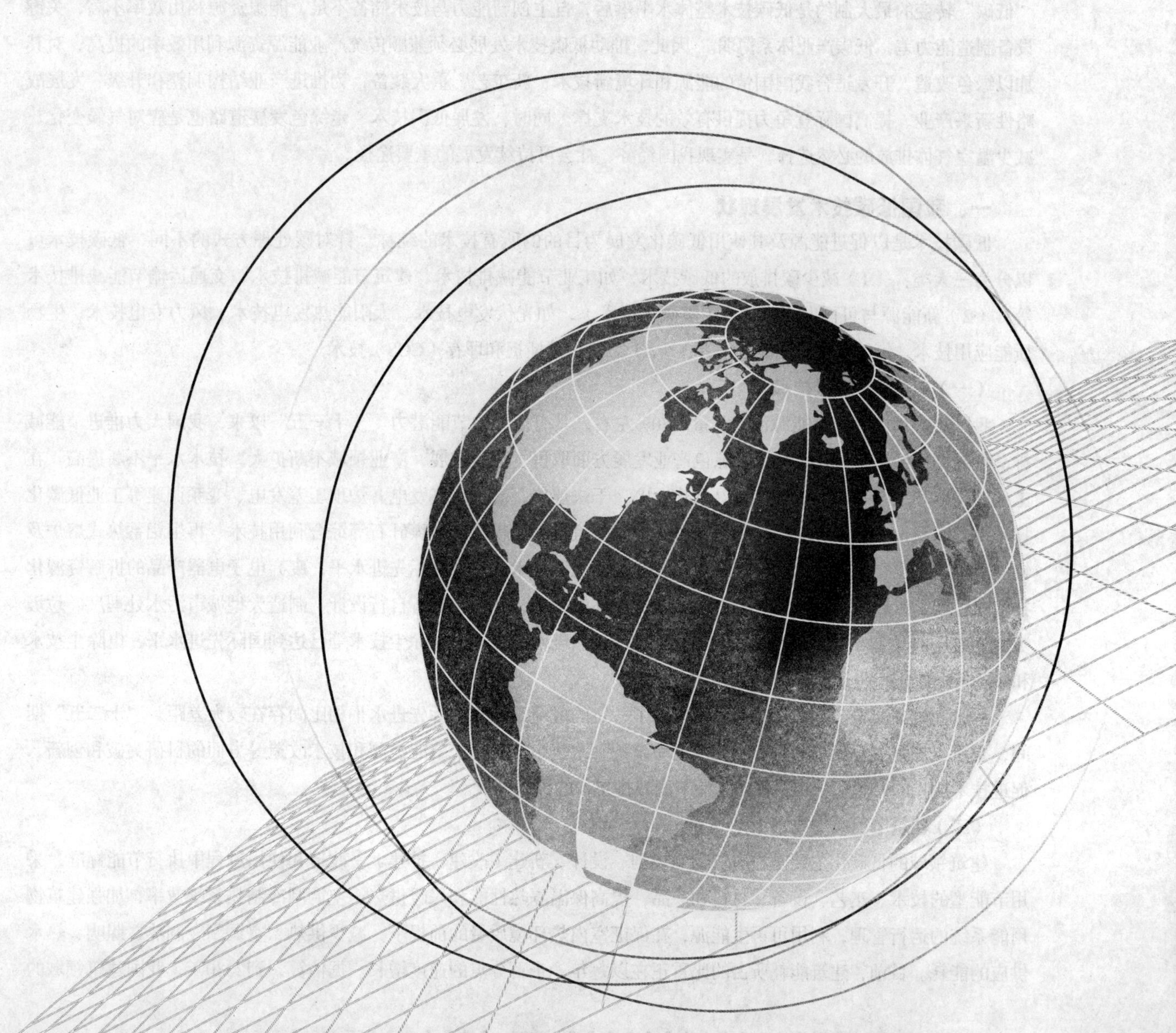

低碳技术与绿色发展

科技部社会发展与科技司司长　马燕合

低碳技术是涉及工业、建筑、交通运输、煤炭、石化等部门以及在新能源与可再生能源、煤的清洁高效利用、二氧化碳捕获与埋存等领域开发的有效控制温室气体排放的新技术。开发低碳技术、促进绿色发展是调整经济结构、转变发展方式的内在要求，是发展循环经济、建设两型社会、抢占未来竞争制高点的战略选择。发展绿色经济和低碳技术不应以单纯的碳减排为核心，而应以节能减排为核心，重点解决提高能源资源利用效率，发展新能源与可再生能源，提高环境质量。发展低碳技术要充分体现我国的国情、发展阶段和利益，当前我国经济由“高碳”向“低碳”转变的最大制约是低碳技术整体水平落后，自主创新能力与技术储备不足，能源资源利用效率不高，关键设备制造能力差，低碳产业体系薄弱。因此，推动低碳技术发展必须兼顾传统产业能源资源利用效率的提高，对其加以绿色改造，开发适合我国国情的能源和环境新技术、新工艺、重大装备，为推进产业结构调整和升级、发展战略性新兴产业、提高国际竞争力提供有效的技术支撑。同时，发展低碳技术、走绿色发展道路也是应对气候变化、减少温室气体排放的必然选择，是实现我国经济、社会可持续发展的重要途径。

一、我国低碳技术发展现状

低碳技术是以促进能源及其使用低碳化发展为目的的所有技术的统称。针对碳处理方式的不同，低碳技术可以分为三大类：（1）减少碳排放的低碳技术，如工业节能减排技术、建筑节能减排技术、交通运输节能减排技术等；（2）新能源与可再生能源技术（零碳化技术），如光伏发电技术、太阳能热发电技术、风力发电技术、生物质能应用技术、氢能技术、核能技术等；（3）二氧化碳捕捉和埋存（CCS）技术。

（一）工业节能减排技术

我国工业用能占全国能源消费总量的70%左右，具有巨大的节能潜力。“十一五”以来，我国大力推进节能减排，发展循环经济，在低碳技术和绿色产业发展方面取得了显著进展，产业领域不断扩大，技术水平不断提高。在工业低碳化和节能领域，水泥窑低温余热发电、干法熄焦、高炉煤气发电、炉顶压差发电、变频调速等工业低碳化技术得到普及推广；在资源循环利用领域，工业废渣特别是粉煤灰、煤矸石等综合利用技术、再生铝蓄热式熔炉及铝液直供技术已得到普及推广，再制造领域的表面工程技术已达到国际先进水平，废弃电子电器产品的拆解资源化技术、包装物纸塑分离技术均取得一定突破；在环保领域，我国已具备自行设计、制造大型城市污水处理厂、垃圾焚烧发电厂及大型火电厂烟气脱硫设施的能力，工业废水治理和消烟除尘技术等已达到国际先进水平，电除尘技术和装备等已经出口发达国家。

尽管我国在工业节能减排技术方面取得了一定的成绩，但与国际先进水平相比尚存在较大差距，“十二五”期间，要重点加强工业锅炉窑炉、电机及拖动设备、余热余压利用、节能检测和技术改造等方面的科研突破和创新，促进技术成果的转化和应用，推动工业节能减排工作的深入开展。

（二）建筑节能减排技术

建筑领域的低碳化主要是在建筑物的规划、设计、新建（改建、扩建）、改造和使用过程中执行节能标准，采用节能型的技术、工艺、设备、材料和产品，提高保温隔热性能和采暖供热、空调制冷制热系统效率，加强建筑物用能系统的运行管理，利用可再生能源，在保证室内热环境质量的前提下，减少供热、空调制冷制热、照明、热水供应的能耗。目前，建筑能耗所占的比重正在以每年一个百分点的速度增长。据估算，到2030年，我国建筑领域的能耗比重将达到50%，土地覆盖率达48%，温室气体排放比例达50%，占总污染排放的48%以上，占整个水资源消耗的42%。目前我国既有建筑中95%属不节能建筑，研究并推广建筑节能减排技术具有重要的经济社会意义和环保价值。

随着我国节能减排工作的不断深入，建筑节能减排技术水平得到显著提升，新型低能耗的围护结构及材料等成套建筑保温技术快速发展，秸秆、木塑、利废节能建材等一批资源循环利用产品在北京奥运会、上海世博会上得到应用；地源热泵、水源热泵等热泵技术发展趋于成熟，不仅达到节能减排的目的，运行成本也大副减低，与传统空调设备相比，运行费用减少20%~30%；此外，采暖末端装置可调技术、新风处理及空调系统余热回收技术以及太阳能集中供暖技术得到了应用。“十二五”期间，要进一步加强建筑保温材料、建筑热电联产技术、太阳能建筑一体化技术、建筑废热（冷）综合利用技术、相变储热材料应用技术等方面的研究工作，为促进我国绿色建筑产业的发展提供有效的技术支撑。

（三）交通运输节能减排技术

交通运输是石油消费的重点行业，是温室气体和大气污染排放的重要来源之一，机动车尾气排放已成为城市大气的主要污染源，目前在我国一些大城市中机动车污染物排放占大气污染物的比重在60%左右。因此，加强交通节能减排将成为缓解我国能源环境压力的必然选择之一。“十一五”期间，通过切实加强交通节能科技进步与创新，积极推进应用现代化运输装备，节能技术基础有所增强，运输生产效率和行业节能水平持续提高。2009年，财政部、科技部在北京等13个城市启动了节能与新能源汽车示范推广试点工作，鼓励试点城市率先在公交、出租、公务、环卫和邮政等公共服务领域推广使用节能与新能源汽车。通过示范推动了节能与新能源汽车规模化和产业化进程，加快了我国汽车产业的结构调整。在交通照明低碳技术开发与应用方面，科技部于2009年启动“十城万盏”LED城市照明计划，在北京等21个城市推广应用LED功能照明，目标是在2011年底前替换21个城市的600万盏路灯，到2015年实现30%的国内通用照明采用LED灯。该项目的实施引导我国半导体照明应用的快速发展，扩大半导体照明市场规模，迅速提升了我国半导体照明产业的整体竞争力。

“十二五”期间，我国需要进一步加强交通运输的信息化和智能化技术；汽油发动机直接喷射、多气阀电喷、稀薄燃烧、提高压缩比、发动机增压等先进节油技术；混合动力汽车、替代燃料车等新能源汽车的开发与应用技术；节能型新型船舶关键技术；港口低碳化应用与管理技术；航空交通运输节能关键技术等方面的研发和创新工作。

（四）新能源与可再生能源技术

近年来，我国在新能源与可再生能源领域的技术开发取得实质性进展，具体技术发展状况为：（1）小水电、太阳能热水器，光伏发电、地热采暖、传统生物质利用技术等已步入商业化阶段。2009年我国光伏产品产量占到全球的40%，当年光伏产业的产能、产量以及成本之低都占到了全球第一。到2008年底，我国太阳能热水器总集热面积运行保有量约1.35亿平方米，年生产能力超过2500万平方米，目前太阳能热水器使用量和年产量均占到了世界总量的一半以上；（2）大型并网风电机组、潮汐发电、生物质气化与供气、生物质发电、生物质(甜高粱)液体燃料和地源热泵等技术已基本成熟，但需政府扶持才能进一步实现商业化；（3）太阳能空调、太阳能干燥、生物质IGCC、波力发电技术、潮流发电和高温气冷堆等技术处于试点示范阶段；（4）太阳热发电技术、以纤维素、木质素为原料制取生物液体燃料技术(如生物柴油技术)、海洋温差发电技术、制氢新技术、氢能储存和运载及应用技术等尚处在实验室到工程化验证或小型规模化生产阶段，这也是“十二五”期间需要重点发展的研究方向。但是从整体上看，我国目前新能源与可再生能源在能源结构中所占的比重仍然较低，增长速度也比较慢。2009年前约占6%，2009年约为8%左右，2010年的目标是增长到10%，2020年达到15%。

（五）二氧化碳捕捉和埋存技术

二氧化碳捕捉和埋存（Carbon Capture and Storage，简称CCS）技术是指通过碳捕捉技术，将工业和有关能源产业所生产的二氧化碳分离出来，再通过碳储存手段，将其输送并封存到海底或地下等与大气隔绝的地方。二氧化碳封存的方法可分为海洋封存（Ocean Storage）和地质封存（Geological Storage）两类。从行业的角度看，电力行业将成为碳捕集与封存在中国的主要应用领域。如果技术发展成熟，CCS将成为一个可以是燃煤发电接近“零碳”排放的技术产业链。目前实验中的CCS技术可消除85%~95%的二氧化碳。另外一些处于研发阶段的技术已证明可以消除99.5%的二氧化碳。

我国对CCS技术高度重视，CCS技术作为前沿技术已被列入《国家中长期科技发展规划》。在科技部2007年《中国应对气候变化科技专项行动》中，CCS技术作为控制温室气体排放和减缓气候变化的技术重点被列入专项行动的四个主要活动领域之一。"十一五"期间，国家"863"计划也对发展CCS技术给与了大力支持。目前我国在CCS技术研发和项目示范上，均已有一定成果。在华能集团北京热电厂建设的我国第一个燃煤电厂二氧化碳捕集试验示范项目自2008年北京奥运会前投运以来，高效捕集二氧化碳气体进行循环利用，成效显著，获得良好的社会效益。神华集团二氧化碳捕获与封存全流程项目（CCS）已在内蒙古自治区鄂尔多斯市伊金霍洛旗开工建设。这是我国首个CCS项目，也是此类项目在发展中国家第一次得到开发，投入使用后将是亚洲规模最大的同类工程。该项目建成后，将从神华集团煤制油生产线中捕集二氧化碳，经过提纯、液化等环节，运送到距捕集地约17公里、地下约3000米的区域封存起来，从而减少二氧化碳的大气排放。一期工程投入运行后，预计每年可减少10万吨的二氧化碳，相当于276.67公顷森林吸收的二氧化碳量。

二、对推动低碳技术发展的思考

经过多年的发展，我国在低碳技术方面已经取得了较大成绩，为支撑我国节能减排工作、推动绿色发展做出了重要贡献。然而，我国在低碳技术科技创新能力等方面与发达国家仍存在较大差距，同时技术发展也不能满足我国产业结构调整和转变经济发展模式的现实需求，具体表现在：低碳技术发展缺乏整体规划，保障机制不健全；技术研发目标不明确，与节能减排发展需求脱节；科技创新投入不足，能力建设严重滞后；推动低碳技术发展的标准体系建设滞后。为提高科学技术对我国低碳技术研发与低碳经济发展的支撑作用，促进经济又好又快发展，提出如下建议：

（一）加强低碳经济发展顶层设计，健全协调推进机制

产业发展壮大需要科学的部署与完善的机制。一是要加强适合国情的低碳技术发展统筹协调，有序推进低碳经济健康有序发展；二是健全协调推进机制，规范产业市场准入与监管，建立政府投入引导、企业投入为主、风险投资为辅的资金投入机制，优化产业结构，提高产业整体竞争力；三是突出科技创新在低碳技术与产业发展过程中的基础地位，建立鼓励科技创新和技术研发的激励政策和措施，提高企业开展具有自主知识产权产品研制的积极性。

（二）制定低碳技术与产业发展路线图，建立持续增长科技支持渠道

为加快低碳技术研发及其产业化进程，一是要加快研究编制国家低碳技术发展路线图，突出低碳技术与产业发展在国家科技发展规划的重要地位，以产业发展统领低碳技术创新，建立技术创新-示范应用-产业发展-商业运营的科技创新链条；二是随着低碳技术与产业在国民经济中主体地位的提升，应持续加大国家财政对低碳科技创新的引导与投入，推进低碳技术及产业发展。

（三）建立完善低碳技术创新体系

由于低碳技术发展起步较晚，基础薄弱，强化低碳技术创新体系建设尤为重要。一是瞄准市场需求强和产业导向明确的低碳技术领域，引导组建若干产业技术创新联盟，加强重大低碳技术联合攻关与产业化推广，如太阳能、氢能、生物质等；二是瞄准低碳科技资源共享与成果转化服务，建加快建立技术创新服务平台，支撑低碳技术服务业快速发展，如工业节能、建筑节能、CCS等；三是实施骨干企业和企业集团发展战略，重点培育和壮大创新能力强的专业化低碳龙头企业，使其逐步成为国内乃至世界的行业骨干高科技企业。通过以上三位一体的方式，将加快我国以企业为主体、市场为导向、产学研用相结合低碳技术创新体系建设。

（四）全面实施低碳技术与产业发展标准化战略

实施标准战略是实现低碳技术与产业持续健康发展、提高我国低碳产业国际市场竞争力的基本前提，必须切实提高标准体系研究与建设在国家科技项目中的重要地位。要建立健全我国低碳技术标准体系，提出当前我国急需制定的低碳技术标准目录，尽快研究相关技术标准，逐步完善低碳产业的标准化工作，以引导与推进低碳产业的标准化、系列化、通用化、成套化及质量水平的提高。

大力推进节能减排　促进工业低碳绿色发展

工业和信息化部节能与综合利用司

工业是我国国民经济的主体，也是耗费能源资源的主要行业。抓好工业节能减排，促进工业低碳发展，是我国节能减排、应对气候变化工作的重点，是转变发展方式、调整产业结构、实现可持续发展的战略举措。

一、充分认识我国工业绿色低碳发展的重要性、紧迫性和艰巨性

能源资源紧张、生态环境恶化，特别是温室气体带来的全球变暖等气候变化问题，已成为全人类生存和发展面临的重大挑战。走绿色和低碳发展之路，加强资源节约和生态环境保护，日益成为世界上绝大多数国家的共识，推动绿色低碳发展已成为世界经济的重要趋势。许多国家加快产业结构调整，加快发展新能源、新材料、节能环保等绿色低碳产业，培育新的经济增长点，谋划后危机时代的发展。绿色经济、低碳技术与产业发展正成为引领世界经济复苏与应对环境问题的重要引擎。

新中国成立60年来，特别是改革开放30多年来，我国工业发展取得举世瞩目的辉煌成就，实现了由工业化初期向工业化中期的历史性跨越，形成了独立完整的现代工业体系，技术水平持续提升，生产规模跃居世界前列，综合实力显著增强。特别是“十一五”以来，我国工业发展取得了显著成效，工业增加值保持了年均13.5%以上的增长速度。全世界约500种工业产品中，我国有210种产量居世界第一，已经成为具有全球影响力的制造业大国。

我国工业化发展极大地促进了经济增长、生产力提高和文明进步，也带来了日趋严峻的资源环境问题。特别是，工业增长主要依靠投资和资源消耗拉动的粗放型发展方式没有实质性转变，资源消耗高，产出效率低，污染排放重，自主创新能力仍然较弱，部分行业产能过剩等矛盾和问题突出。随着我国工业化的不断推进，资源环境的瓶颈制约日益加剧。

我国政府高度重视节能减排和应对气候变化工作。党的十六届五中全会把节约资源作为基本国策，党的十七大明确提出要加强能源资源节约，坚持走中国特色新型工业化道路，到2020年基本形成节约能源资源和保护生态环境的产业结构、增长方式和消费模式。“十一五”规划纲要明确要求加快建设资源节约型、环境友好型社会，并将单位GDP能耗降低20%和主要污染物排放总量减少10%作为“十一五”期间经济社会发展的约束性指标。2009年中国政府向国际社会做出了庄严承诺，到2020年，单位国内生产总值二氧化碳排放比2005年下降40%~45%。据国内专家测算，为实现我国二氧化碳减排目标，要力争2020年能源消费总量控制在40亿吨标准煤左右。2001年到2009年，我国能源消费总量增加16.11亿吨标准煤，平均每年增加1.79亿吨标准煤。按此测算，2010年到2020年，能源消费总量平均每年只能增加8500万吨标准煤，这无疑是极为重要又十分艰巨的任务。如何突破能源环境的瓶颈制约，实现我国工业绿色、低碳和可持续发展，是当前以及今后一段时间面临的紧迫任务和战略课题。

十七届五中全会明确提出，树立绿色、低碳发展理念，以节能减排为重点，加快建设资源节约型、环境友好型社会，推动经济发展方式转变。“十二五”时期乃至更长时期，是推进我国工业转型升级、由工业大国向工业强国转变的关键时期。目前，工业能耗占全社会能耗总量比重超过70%，二氧化硫排放量和化学需氧量分别占到全社会的84%和34%；单位工业产品能耗与国际先进水平相比，还存在较大差距，吨钢综合能耗高出15%，水泥综合能耗高20%~25%。单位能源资源消耗产出水平远低于世界平均水平，只有美国、日本、德国等发达国家的1/10~1/6。节能减排，绿色低碳发展，重点在工业，难点也在工业。必须坚持走中国特色新型工业化道路，把节能减排作为应对气候变化、破解能源环境制约的突破口，把节能减排作为“转方式、调机构”的重要举措，加快构建资源节约型、

环境友好型工业体系。

二、工业节能减排主要进展

为加快推进节能减排，近年来从中央到地方的工作力度不断加大，国务院成立了以温家宝总理为组长的应对气候变化和节能减排工作领导小组，发布了《加强节能工作的决定》、《落实科学发展观加强环境保护的决定》、《节能减排综合性工作方案》等一系列政策文件，多次召开常务会议研究部署节能减排工作。许多省、市、自治区也都成立了相关领导小组。在各部门、各地区、各行业、各单位的共同努力下，节能减排工作取得积极进展。

全国工业和信息化系统以高度的历史使命感和责任感，始终坚持把节能降耗和减排治污作为调整产业结构和转变发展方式的重要举措，不断加大节能减排工作力度，狠抓各项措施落实，工业节能减排取得明显成效，"十一五"前四年规模以上企业单位工业增加值能耗累计下降超过20%，为遏制能源消费过快增长和减缓温室气体排放发挥了重要作用。

（一）加快淘汰落后产能、抑制"两高"行业过快增长

建立并实施工业固定资产投资项目节能环保评估和审查制度，对新上工业项目进行能耗审核，严格把住入口关，提高准入条件，从源头抑制高耗能、高污染行业盲目发展。充分利用法律、经济、技术和行政手段，建立完善淘汰落后产能的退出机制和配套政策，加大工作力度，禁止落后生产能力异地转移，坚决将落后产能淘汰出局。"十一五"前四年，累计淘汰落后炼铁产能8172万吨、炼钢产能6038万吨、水泥产能21416万吨、焦炭产能8254、铁合金产能409万吨、电石产能231万吨、电解铝产能47万吨、造纸产能598万吨、玻璃产能2450万重量箱。

（二）狠抓重点行业节能降耗和减排治污

通过规划引导、技术标准、产业政策，促进节能降耗、减排治污工作向纵深发展。发布钢铁、水泥、电子信息、军工等行业及中小企业节能减排指导意见，强化对行业工作的具体指导；组织编制环保装备示范工程规划、再生金属利用、工业尾矿综合利用等专项规划；制（修）订重点行业能耗、物耗和环保技术标准规范，组织开展钢铁、有色、化工、建材等重点用能行业、企业能效水平对标活动，培育一批行业先进典型。制定工业企业节能目标责任评价指标体系，逐步加强对年综合能源消费量在5000吨标煤以上的重点用能企业节能目标考核，建立年度能源利用状况报告制度。推广节能减排新机制，积极推进通信业节能自愿协议示范试点工作。加快制定发布新能源汽车相关国家标准和行业标准，实施轻型汽车燃料消耗量通告制度。充分依靠行业协会，组织落实重点行业工业产品能耗限额标准，开展标准宣贯。

（三）强化技术改造和技术创新，大力提升节能减排技术水平

用好国家技术改造资金，加强企业技术改造，重点支持一批节能减排重点工程和项目，提高企业节能减排技术水平。加快研发和推广节能新技术、新工艺、新设备和新材料。组织编制《钢铁企业烧结余热发电》、《水泥窑纯低温余热发电》等7项重点节能技术专项推广规划和实施方案，发布《节能机电设备（产品）推荐目录（第一批）》、《节能节电设备（产品）推荐目录（第二批）》，组织编制《国家鼓励发展的工业领域节能电子信息应用技术导向目录（第二批）》。会同科技部实施国家科技支撑计划项目《重点行业节能减排技术评估与应用研究》，围绕钢铁、有色金属、化工、建材等11个行业，开展节能减排技术评估，提出节能减排最佳技术指导。注重推进"两化"融合，用信息化技术手段改造提升节能减排。会同财政部发布《工业企业能源管理中心建设示范项目财政补助资金管理办法》，利用中央财政资金重点支持钢铁、有色化工、建材等重点用能行业企业能源管理中心建设。

（四）全面推行清洁生产，实现工业清洁发展

组织召开全国工业清洁生产工作会议，总结交流经验，部署推行清洁生产工作的重点任务。开展清洁生产技术示范，印发聚氯乙烯等17个重点行业清洁生产技术推行方案，利用中央财政资金支持25项关键共性技术示范。完成国家标准《工业企业清洁生产审核技术导则》编制，制订钢铁、热处理等9项清洁生产水平评价行业标准。组织编制《工业重金属污染防治专项规划》和《电池行业重金属污染综合防治方案》，印发电石法聚氯乙烯行业汞污染综合防治方案，加强涉汞、铅等重金属污染防治。印发《关于开展钢铁行业烧结烟气脱硫工艺技术后评估工作的通知》，推进烧结脱硫工作。推进电子信息产品污染控制，开展《电子信息产品污染控制管理办法》修订工作，制定和发布电子信息产品污染控制重点管理目录，推进国推自愿性认证。

（五）推进资源综合利用，发展循环经济

切实加强工业“三废”综合利用，发布《金属尾矿综合利用专项规划》和《赤泥综合利用指导意见》，编制《金属尾矿综合利用先进适用技术目录》，制订《尾矿综合利用管理办法》。部署推进12个城市开展工业固体废物综合利用试点工作。促进资源再生产业发展，编制《再生有色金属产业发展推进计划》，研究制定再生有色金属行业准入条件，组织制定《废旧橡胶综合利用指导意见》、《旧轮胎翻新行业准入条件》、《废轮胎综合利用行业准入条件》等，推进废旧铅酸电池、废旧轮胎等综合利用。积极推进再制造产业发展，组织开展再制造试点方案评审和批复，发布《再制造产品认定管理暂行办法》及《再制造产品认定实施指南》，启动机电产品再制造认定，加强相关财税政策研究。发布组织推荐工业循环经济重大示范技术工程的通知，启动循环经济技术示范工程建设工作。

（六）推进资源节约型、环境友好型工业发展

加强“两型”工业发展思路研究，提出“两型”企业、园区、产业发展思路。联合财政部、科技部组织开展资源节约型、环境友好型企业启动“两型”企业创建试点工作。印发《关于组织开展资源节约型和环境友好型企业创建工作的通知》，启动“两型”企业创建试点工作。选择确定第一批试点企业名单，发布试点工作要求。

三、加快推进工业绿色低碳发展

中共中央关于制定国民经济和社会发展第十二个五年规划的建议，提出坚持把建设资源节约型、环境友好型社会作为加快经济发展方式的重要着力点，要求树立绿色、低碳发展理念，以节能减排为重点，加快构建资源节约、环境友好的生产方式和消费模式，增强可持续发展能力。五中全会精神为新时期工业绿色低碳发展指明了方向。

工业领域将坚持以科学发展观为指导，深入贯彻落实十七届五中全会、中央经济工作会议精神，以绿色低碳发展为主题，以加快建设资源节约型、环境友好型工业为主线，以节能减排为重点，积极发展低碳技术和低碳产业，健全激励和约束机制，推进工业结构转型和优化升级，推进设计开发生态化、生产过程清洁化、资源利用高效化、环境影响最小化，促进工业绿色低碳发展、实现由大变强。

第一，着力构建资源节约型、环境友好型工业体系。这是推进工业绿色低碳发展的主攻方向。要在现有工业体系基础上，构建产业结构优化、产业链完备、科技含量高、资源消耗低、污染排放少、可持续发展的工业体系，从主要依靠规模扩张、过度消耗能源资源的粗放发展向注重效率、注重发展质量和效益的可持续发展转变。一是进一步加大企业技术改造力度，针对品种质量、节能降耗、环境保护、改善装备、安全生产以及两化融合等工业发展的薄弱环节，运用信息技术等高新技术和先进适用技术改造提升传统产业，提升工业整体素质。二是综合运用法律、经济、技术、标准以及必要的行政手段，严格市场准入，坚决淘汰落后产能，坚决抑制部分行业盲目扩能和个别新兴产业无序发展。三是大力培育发展新一代信息技术、节能环保、新能源、生物、高端装备制造新材料、新能源汽车等战略性新兴产业，大力发展生产性服务业，推动我国产业跨越式发展。四是按照国家主体功能区规划的要求，根据各地资源禀赋及环境容量，调整优化工业空间布局，促进产业集聚和协调发展。

第二，着力建立资源节约、环境友好的生产方式。这是推进低碳工业绿色发展的根本途径。要注重从资源投入和使用、产品设计开发、生产制造、后端治理等环节，全过程、全方位建立节约、清洁、循环、低碳的新型生产方式。一是抓好工业节能、节水、节材及电力需求侧管理，建立“产品资源消耗标识”制度，建立健全企业能源管理制度，实施终端耗能产品最高定额管理和主要工业产业单位能耗对标管理，推进工业节约生产。二是推进生态设计开发，开展重大清洁生产技术示范和重点企业清洁生产审核，实行生产全过程控制，减少乃至消除污染物的产生，推动环境保护从被动的末端治理向污染预防转变，实现工业清洁生产。三是加快发展循环经济，推动资源再生产业发展和废旧产品回收利用，引导和规范汽车、装备、家电等再制造产业发展，加强工业废物综合利用，促进工业循环生产。四是积极发展低碳技术和低碳产业，加快低碳技术的研究开发和技术储备，积极开展低碳技术对传统产业改造，突出抓好钢铁、水泥、有色、石化、化工、汽车等行业低碳技术示范推广；开展低碳工业园区试点示范，建立企业、园区、行业等不同层次低碳评价指标体系，探索低碳产业发展模式；推动碳标识、低碳认证、碳排放标准等研究，积极推动低碳产品生产，逐步探索碳排放交易等经济市场手段，促进工业低碳生产。

第三，着力发挥科技创新的强大支撑作用。这是推进工业绿色低碳发展的根本支撑。要依靠科技促进产业结构升级和战略调整，加快和提升我国工业绿色发展进程和水平。一是在生态环保、能源资源、信息网络、装备制造、新型材料等领域，加强关键和前沿技术研发，增强共性、核心技术突破能力，加速制造技术绿色化，提升产业核心竞争力。二是找准制约产业发展的关键技术瓶颈，筛选出一批能有效促进节能减排和减少碳排放的重大技术和产品，加大推广交流；加快研发和推广节能新技术、新工艺、新设备和新材料。三是强化企业技术创新主体作用，以市场为导向、产学研用相结合，引导创新要素和资源向企业聚集，加快成熟先进的资源节约、环境友好技术的转移转化和规模产业化。三是推进信息化与工业化深度融合，以信息化改造提升传统能源资源消耗工艺和设备，促进能源资源消耗过程控制的数字化、自动化、智能化，大幅提高能源资源利用率。四是推进管理信息化，建立政府、行业协会、企业分工协作的节能减排信息化管理体系和统计信息体系，在若干有条件的大中型企业建设不同类型的能源（资源）管理中心，提高管理水平和基础能力。

第四，着力营造良好的政策法制环境。这是推进工业绿色低碳发展的重要保障。要按照以人为本、全面协调可持续发展的要求，健全和完善有利于工业绿色发展的体制机制和政策措施。一是加强规划指导，把资源节约和环境友好作为编制工业行业发展规划、专项规划、区域规划的重要指导原则，组织研究制定绿色工业发展计划，加快编制和实施工业节能、节水、资源综合利用、污染防治、清洁生产、循环经济发展等专项规划。二是加快完善产业政策，推动建立扶持工业绿色发展的财政金融政策体系，深化资源性产品价格改革，推动制定工业节能管理条例、工业资源综合利用条例等法律法规。三是加快标准制定，对高消耗、高污染行业制定更为严格的节能环保准入标准，制订高能耗工业产品能耗限额强制性、超前性国家标准，修订主要耗能行业节能设计规范，完善和提高重点用水行业取水定额标准。此外，企业是工业绿色发展的主体，要加强对行业、企业的指导，创新工作机制，强化监管和服务体系建设，深入开展资源节约型、环境友好型企业创建活动，形成一批标杆示范企业，引导行业健康持续发展。

加强环境保护　促进低碳发展

环境保护部科技标准司司长　赵英民

众所周知，工业革命以来，全球气候正经历一次以变暖为主要特征的显著变化。气候变化问题已经成为21世纪我们所面临的最严峻的环境挑战之一，事关人类生存和发展，深刻影响着各国的能源安全、生态安全、水资源安全和粮食安全。研究表明，近50年来全球的气候变暖很可能是人类活动排放的温室气体造成的，而化石燃料燃烧是导致大气中温室气体浓度增加的主要原因，进而对人类社会的发展方式提出了严峻挑战。因此，改变传统的高碳发展模式，促进低碳环保发展，在环境与经济方面寻求更好的协同解决方案成为当前国际社会应对气候变化与金融危机的主流观点。

一、低碳发展是加强环境保护的必然要求

能源是经济社会发展的命脉。在目前的技术条件下，化石能源仍然是世界各国经济发展的主要依托，也是导致大气中二氧化碳和大气污染物浓度不断增加的重要原因。因此，加快低碳发展就成为加强环境保护，协同解决气候变化和大气污染问题的必然要求。

从世界范围来看，自英国提出发展低碳经济以来，美国提出要加速研发低碳技术，日本提出建设低碳社会，世界各地争相建设低碳城市。国内外学者对低碳经济的概念、实现的可能性、市场价值等方面进行了大量研究。尽管他们研究的角度不同，所提出的概念也有所差异，但都是为了表达大致同样的内涵：通过技术创新和制度创新，最大限度地减少温室气体排放，从而减缓全球气候变化，实现经济和社会的清洁发展与可持续发展。

从国际谈判进程看，虽然去年备受瞩目的哥本哈根气候变化大会最终达成的协议不具法律约束力，但各国均表达了积极采取行动减排温室气体的共同意愿，根据《联合国气候变化框架公约》秘书处截止2010年3月31日的统计，哥本哈根联合国气候变化大会结束以来，共有112个缔约方表态支持《哥本哈根协议》，其中41个发达国家提出了到2020年的温室气体减排目标，35个发展中国家做出了自愿控制规划，这76个国家的温室气体排放量占目前全球总排放量的80％以上，其中我国政府也郑重宣布到2020年，单位GDP二氧化碳排放强度较2005年降低40%–45%，这些承诺为未来世界经济向低碳化方向转型奠定了坚实基础。

从我国当前国情看，中国作为发展中国家易受气候变化的不利影响，工业化加速过程依赖以煤为主的化石能源高投入，生态破坏严重，资源环境瓶颈制约越来越突出，环境污染呈现出“结构型”、“压缩型”、“复合型”的特征，经济增长的能源和环境代价非常高昂，同时自身的温室气体排放量也已超过美国，居世界第一位，面临严峻的气候变化威胁和巨大的国际减排压力；另一方面，我国在实现低碳发展的过程中，也面临着能源结构以煤为主、经济发展方式粗放、技术水平整体比较落后、自身发展能源刚性需求急剧攀升等严峻挑战。在面对如何统筹解决国内环境污染问题与保护全球气候的大形势下，走有中国特色的低碳环保发展道路十分必要也尤为紧迫。

从环境保护的角度看，污染物和温室气体主要源于化石燃料的燃烧，其来源具有一定的同步性，从政策应用看，有利于污染物减排的相关环保措施与应对气候变化和低碳发展的相关要求在本质上是一致的，同时，从控制手段看，提高能效和结构调整是实现两者协同控制的主要举措。因此，低碳环保发展不仅有利于解决常规环境污染和气候变化等问题，同时有助于缓解我国能源资源瓶颈、提升国家综合竞争力、促进资源节约型和环境友好型社会的建设。

二、环保部门推动低碳发展的主要做法

环保部门作为国内最早倡导大力发展低碳经济的部门，高度重视低碳环保发展，并开展了大量的有益尝试。

一是以污染物减排促进污染物与二氧化碳的协同控制。近年来，各级环保部门切实加强环境监管，实施了管理减排、结构减排和工程减排等三大措施，我国的主要污染物减排工作取得了突破性进展。截止到2009年底，二氧化硫排放总量下降13.14%，提前完成了“十一五”减排目标，化学需氧量的排放总量下降了9.66%，通过努力减排目标有望如期实现。这些实实在在的减排成效，不仅减少了大量常规污染物的排放总量，同时对减少社会经济活动中温室气体排放总量也具有显著的协同效应。

二是以国家生态工业园区创建推动低碳发展。早在2001年，原国家环保总局就组织开展了国家生态工业示范园区的创建和循环经济试点工作，2009年又专门发布通知，要求在国家生态工业示范园区中加强发展低碳经济，并将其作为重点内容纳入园区建设和考核体系。同时，通过行业类和综合类的生态工业园区标准，提出“单位工业增加值综合能耗”和“综合能耗弹性系数”的约束指标体系，间接控制工业园区的碳排放水平。截至目前，已批准建设国家生态工业示范园区33个，其中有3个国家生态工业示范园区通过验收并正式命名。

三是以强化环评为抓手推动清洁生产和循环经济发展。近年来，各级环保部门不断强化环境影响评价工作，通过“区域限批”、“行业限批”、“企业限批”等手段，严格落实清洁生产和循环经济的相关要求、标准及配套措施，鼓励企业进行废物交换利用、能量梯级利用、土地集约利用、水的分类利用和循环使用，努力从源头防范环境污染和生态破坏，促进产业结构和布局的低碳化转型，提升可持续发展质量。2009年，环境保护部共对简单低水平重复建设、“高耗能、高污染和资源性”行业和产能过剩行业的1904.8亿元投资项目，作出退回环评报告书、不予批复或暂缓审批的决定。

四是以清洁发展机制（CDM）为契机，切实践行低碳发展。在发展改革委的支持下，环境保护部积极开发CDM项目，截至2010年6月30日，通过实施CDM项目的咨询服务，共产生经联合国CDM执行理事会签发的减排量8000多万吨二氧化碳当量，约占中国同期签发二氧化碳总减排量的40%，占世界的20%，为保护全球气候做出了实质性贡献，也为国家和企业争取了客观的经济利益，有效促进了区域经济的可持续发展。

五是以环境产品认证引领社会可持续消费。环境保护部先后颁布了71项环境标志标准，形成了1000多亿元产值的环境标志产品群体，为引导可持续消费、建设环境友好型社会发挥重要作用。目前，环保部正在以中国环境标志为基础，积极探索开展低碳产品认证相关工作，已分别与德国技术合作公司（GTZ）和英国标准协会签署了合作备忘录，希望通过向产品授予低碳标志，探索低碳产品的采购和消费模式，以公众的消费选择来引导和鼓励企业开发低碳产品和低碳技术，吸引全社会参与到低碳发展中来，促进形成低碳的生产模式和消费模式。

六是以科学研究和制度建设为重点加强低碳发展的能力建设。环保部门将低碳环保发展作为协调经济可持续发展和保护气候的重要途径，与国外合作开展了低碳技术、低碳发展模式和消费模式的研究课题。结合我国环境经济政策的制定，开展了有关环境税的研究，以及配合有关金融、科技部门积极开展绿色信贷和绿色投入，支持了一批与低碳发展相关的环保产业和科研项目。同时，环境保护部以省部级“两型社会”建设合作为契机，与广东、湖北、湖南、深圳等地方政府签署协议，推动区域经济的低碳化和可持续发展。

三、环保部门未来促进低碳发展的工作设想

中国的低碳发展之路才刚刚起步，未来仍面临着许多问题与挑战。环保部门将继续以科学发展观为指导，大力发展绿色经济，积极探索有中国特色的低碳发展道路，未来将重点从以下几个方面开展工作：

一是继续大力推进污染减排工作。配合有关部门，严格执行产业政策和国家下达的落后产能关停计划。加快实施环保重点工程，继续抓好城市污水处理厂、燃煤电厂脱硫等减排项目建设。强化减排目标责任制，加强对减排工作的监督检查。以火电行业为重点，大力削减钢铁、有色、水泥行业大气污染物排放量；以造纸行业为主攻方向，重点削减化工、酿造、印染行业废水污染物排放量。

二是积极开展低碳试点工作。首先在国家生态工业园区大力推进低碳技术和标准的推广应用，其次开展重点行业、重点地区和城市的温室气体控制试点工作，努力减缓温室气体排放；积极推进低碳城市试点、低碳技术创新和低碳社区建设。

三是大力开展低碳产品认证工作。将现行环境标志标准进行分类，从中识别出适合开展低碳产品认证的产品种类，并通过先期制修订和转换10个产品种类的中国环境标志，带动形成相应的低碳认证标准和可以市场化的低碳产

品认证种类，发布并引导企业使用基于中国环境标志的低碳产品标示，逐步扩大低碳产品认证范围和影响力，推动将其纳入政府绿色采购范畴，引导经济发展方式的低碳化转变，促进经济的可持续发展。

四是积极探索温室气体相关标准的制修订工作。目前，部分国家污染物排放标准已在煤层气、机动车等领域设置了专门控制温室气体排放的指标，部分清洁生产标准中也包含了能耗控制的要求，通过能耗指标从生产源头间接控制温室气体排放。今后，在大气污染排放标准制修订过程中，将针对在排放污染物的同时间接排放温室气体的行业，增设相应控制指标，协同控制温室气体排放。

五是建立健全有利于低碳发展的政策措施。对发展低碳经济实行税收、信贷等方面的优惠政策，鼓励企业增强自主创新能力，不断加大对低碳技术与产品开发的支持力度。

六是加强国际交流与合作。积极学习借鉴国际先进经验、理念和技术，促进有助于节能减排、减缓温室气体排放的环保技术转让，共同研发新的低碳技术。

对于中国来说，当前既面临着金融危机的不利影响，也面临着污染物减排、降低温室气体排放强度、改善环境质量等严峻挑战。面对这些挑战，加强环境保护、促进低碳环保发展成为重要的战略选择，让我们携手努力，汇集各方面的思想和智慧，凝聚共识，为建设生态文明、积极探索中国环境保护新道路贡献力量。

建设以低碳为特征的交通运输体系

交通运输部

交通运输部部长李盛霖（中）、湖北省委书记罗清泉（右）、湖北省省长李鸿忠（左）共同启动全国"车、船、路、港"千家企业低碳交通运输专项行动

交通运输业是国民经济和社会发展的基础性、先导性产业和服务性行业，同时也是能源消耗和温室气体排放的重要部门，是三大主要"碳源"之一。在我国，交通运输业是仅次于制造业的石油消费第二大行业，全行业的能耗占全国总能耗的8%左右，但是石油制品消耗占全国的34%左右。据测算，2009年我国源于石油消费的二氧化碳排放量中，交通运输、仓储和邮政业占18.9%，并且这一比例仍在逐年不断上升。同时，我国交通运输行业的能源利用效率与世界先进水平相比明显偏低，其中载货汽车、内河船舶每百吨公里油耗分别比发达国家高出30%、20%以上。这表明，我国交通运输行业能耗和碳排放的形势不容乐观，已经成为我国应对气候变化、实现碳减排承诺的关键部门。

国家在应对气候变化的工作部署中，明确提出要加快建设以低碳排放为特征的工业、建筑和交通体系；交通运输行业也已经确定了建立低碳交通运输体系的战略目标，在全国交通运输工作会议等重要会议上，李盛霖部长反复强调，要切实把低碳发展的理念落实到交通运输生产、生活、出行方式的各个环节中。

一、高度重视，强化组织领导

交通运输部高度重视节能减排工作，2006年成立了以李盛霖部长为组长、相关司局领导组成的交通部节能工作协调小组。根据节能减排工作面临的新形势、新要求，2008年成立了交通运输部节能减排工作领导小组。

为积极应对气候变化、切实转变交通运输发展方式、建设以低碳为特征的交通运输体系，2009年交通运输部进一步调整、充实了领导小组成员，明确了交通运输部节能减排工作领导小组负责领导交通运输行业节能减排和应对气候变化工作，贯彻落实国务院有关节能减排和应对气候变化工作的方针政策，组织研究制定相关规划、政策、措施和标准，协调解决行业节能减排和应对气候变化工作中的重大问题。设立了交通运输部节能减排与应对气候变化工作办公室，具体负责交通运输部节能减排和应对气候变化工作的牵头、汇总和协调工作，统一对口国务院节能减排工作领导小组和国家应对气候变化领导小组办公室，承担交通运输部节能减排工作领导小组交办的工作。

通过强化组织领导，进一步提高了全行业对节能减排工作的认识和重视程度，各级交通运输主管部门根据节能减排工作的需要，成立了以主要领导为负责人的领导机构，部分交通运输企业也设立了专兼职的能源管理岗位，为进一步加强交通运输节能减排和建设低碳交通运输体系提供了组织保障。

二、战略规划，绘制发展蓝图

2008年7月，交通运输部颁布了《公路、水路交通实施<中华人民共和国节约能源法>办法》，进一步明确了各

级交通运输主管部门节能管理的职责；将公路、水路节能纳入交通发展规划，并根据交通发展规划组织编制和实施公路、水路交通节能规划；鼓励、支持开发先进节能技术，建立和完善交通节能技术服务体系；加强能源计量，建立交通运输行业能源利用监测和考核体系；严格执行交通运输营运车船燃料消耗量限值国家标准，确保交通运输营运车船符合燃料消耗量限值国家标准；建立节能激励机制，逐步形成以国家和地方资金为引导、企业资金为主体的交通节能投入机制，设立各个层次的节能专项资金，用于鼓励、支持节能产品和技术的开发、推广和应用。

交通运输部召开全国交通运输行业节能减排工作视频会议

2008年9月，交通运输部印发了《公路水路交通节能中长期规划纲要》，针对营业性公路、水路运输以及港口生产三大重点领域制定了节能降耗中长期目标，提出：到2015年，与2005年相比，营运货车单位运输周转量能耗下降12%左右，营运客车单位运输周转量能耗下降3%左右；营运船舶单位运输周转量能耗下降15%左右，其中海运船舶和内河船舶分别下降16%和14%左右；港口生产单位吞吐量综合能耗下降8%左右。确定了包括重点企业节能示范工程、营运车船燃料消耗准入与退出试点工程、节能驾驶工程、甩挂运输节能试点工程、内河船型标准化工程、高速公路不停车收费工程、交通公众出行信息服务系统建设工程、节能型港口建设工程等重点工程。

2009年2月，交通运输部印发了《资源节约型环境友好型公路水路交通发展政策》（交科教发〔2009〕80号），为行业资源节约和环境友好发展提供了政策支持。

三、源头管理，调整运力结构

（一）组织实施营运车辆燃料消耗量准入工作

交通运输部发布了《营运货车燃料消耗量限值及测量方法》（JT719–2008）和《营运客车燃料消耗量限值及测量方法》（JT711–2008），颁布了《道路运输车辆燃料消耗量检测和监督管理办法》（部令2009年第11号），研究制订了《道路运输车辆燃料消耗量参数及配置核查规范》、《道路运输车辆燃料消耗量达标车型申请及技术审查实施细则》、《道路运输车辆燃料消耗量检测机构管理细则》以及《道路运输车辆燃料消耗量检测实施细则》等配套文件，进一步明确了部11号令实施过程中各环节的工作程序和具体要求，为加强道路运输车辆燃料消耗量检测和监督管理提供了制度保障。

（二）优化道路运输组织，提高运输效率

1. 优化运输组织，提高实载率

货运方面：加强对现代物流发展的指导，初步建立了较为完善的物流体系；大力建设货运枢纽及以主枢纽为货运节点的公路货运信息服务网络平台，提高货运车辆的里程利用率和吨位利用率。与国家发展改革委、公安部、海关总署、保监会联合印发了《关于促进甩挂运输发展的通知》（交运发〔2009〕808号），做好在部分省市开展甩挂运输试点准备工作。

客运方面：道路运输管理机构规定省际客运线路实载率达到70%以上、省内客运线路实载率达到75%以上时才允许增加新的运力。通过严格控制运力的投放及引导企业集约化经营，有效提高了客运车辆的实载率和运输效率，减少了能耗与排放。

2. 引导运力结构调整，鼓励淘汰高耗能、高排放车辆

积极鼓励运输业户加快老旧车辆的淘汰，引导运输业户更新技术性能较好、燃油消耗相对较低的车辆，使道路运输车辆逐步向柴油化、大型化、多轴化、厢式化发展，运力结构调整工作卓有成效。目前中型以上的运输车辆基

本上是柴油汽车，小型汽车也在逐步柴油化，大型车辆的比重逐年增加。

（三）大力发展城市公共交通

研究部署落实城市公交优先发展战略，提高公众乘公共交通工具出行比例；配合有关部门做好“十城千辆”新能源汽车推广应用工作；完成了《城市公共交通条例》的起草工作并已上报国务院，将优化公共交通站点布局、加快发展与建设公共交通和鼓励乘用的基础条件纳入调整范围。

（四）加快发展水路运输，促进船舶运力结构调整

根据国务院领导批示，配合国家发展改革委完成了《加快长江水运发展研究》报告。加大了内河水运建设力度，促进水路运输发展，推进综合运输体系建设。2009年6月交通运输部与沿江七省二市人民政府签署了《关于合力推进长江黄金水道建设的若干意见》。

2009年7月交通运输部、财政部与长江沿线的有关七省二市人民政府联合制定并颁布了《推进长江干线船型标准化实施方案》，明确了从2009年起用5年左右的时间，加快推进长江干线船型标准化的具体目标、任务和配套措施。

2009年12月，交通运输部印发《关于发布提前淘汰国内航行单壳油轮实施方案的公告》（2009年第52号），在实施老旧运输船舶强制淘汰的基础上，进一步缩短单壳油船的使用年限，鼓励船东建造使用符合国际公约标准和国内船舶检验规范的油船。出台了农村老旧渡船拆解改造补偿制度，联合财政部报经国务院批准，在车购税资金中列支农村老旧渡船改造中央补助资金，并联合财政部制订印发了《农村老旧渡船更新专项奖励资金管理办法》（财建〔2009〕837号）。

四、注重创新，加大科研力度

第一，为使交通运输规范化、标准化开展，交通运输部高度重视节能减排相关标准的研究、制定工作，相继出台了《沿海港口企业能量平衡导则》、《港口基本建设（技术改造）工程项目设计能源综合单耗评价》、《水运工程节能设计规范》等一系列标准规范。

第二，开展了“交通行业能源管理长效机制研究”、“公路水路行业节能减排监测与考核体系研究”、“营运船舶燃料消耗量限制与二氧化碳排放指数研究”、“船舶温室气体减排研究”、“公路运输温室气体排放影响评价及应对技术研究”等一批科技项目，为交通运输节能减排提供技术支持。在开展研究工作的同时，组织完成了营业性车辆燃料消耗量准入与退出、内河船型标准化、限制船舶污染物排放等六个专项行动，对于行业节能减排和应对气候变化工作起到了极大地促进作用。

第三，组织开展港口节能减排联合技术攻关。组织港口企业和科研单位围绕集装箱、散货码头的装卸工艺、设备等方面开展了港口节能减排联合技术攻关项目。

第四，积极参与联合国气候变化框架公约和国际海事组织（IMO）框架下关于国际航运船舶温室气体减排的多边谈判，并组织开展了专项课题研究，为谈判做好技术支持工作。与欧盟、日本和美国等国广泛交流节能减排方面的最佳做法和经验，促进交通运输行业节能减排和应对气候变化工作水平的提高。

中远集团1万标箱集装箱船

第五，启动了“建设低碳交通运输体系研究”重大课题，组织部属科研机构联合攻关，重点研究制定行业低碳发展的总体战略、目标

和政策，形成交通运输行业应对气候变化的专项行动方案和建设低碳交通运输体系的指导意见，并完成低碳交通运输体系的理论构建到研究成果示范以及推广应用等一系列目标任务。

五、完善制度，加强能力建设

第一，强化交通固定资产投资项目节能评估审查。根据《节能法》要求，将节能评估和审查要作为固定资产投资项目审批、核准和开工建设强制性的前置条件，严格执行交通固定资产投资项目节能评估审查制度，要求年能耗量在2000吨（含2000吨）标准煤以上的港口新（改、扩）建工程项目，在工程可行性研究报告中单列“节能评估篇（章）”，并进行节能评估审查，使交通固定资产投资项目在工程可行性研究阶段就把住节能关，做到合理用能，提高企业能源利用效率和经济效益。

第二，研究建立交通运输行业节能减排监测考核体系。结合交通运输行业实际，在前期进行交通运输行业节能减排统计指标体系研究的基础上，开展了交通运输行业节能减排监测考核体系研究及试点工作，制定了交通运输行业节能减排监测考核的试点方案，已在山东省交通运输行业开展试点工作，取得了初步的成效和经验。

第三，开展节能减排示范活动。自2007年以来，在交通运输行业推出了三批共计60个节能减排示范项目，涵盖了公路运输、水路运输、港口装卸、城市公交、现代物流、交通基础设施建设等方面，通过示范活动的深入开展，充分发挥了各级交通运输主管部门的引导作用，调动了交通运输企业作为节能减排主体的积极性，取得了良好的示范效应和积极影响。

第四，研究开展交通节能产品认证工作。在企业申请、节能监测机构检测、专家评审的基础上，交通运输部定期公布《全国重点推广营运车船节能产品（技术）目录》，引导交通运输行业用户使用先进的节能产品、技术，促进节能技术创新与成果转化；与交通认证机构共同研究探索开展交通节能产品认证工作，发布了交通节能产品认证标识和相关产品的认证实施规则，以营运车船节能添加剂产品认证为试点推进交通节能产品认证工作。

第五，加强节能宣传，组织开展节能宣传周。建立了交通节能网，开设了工作动态、法规公告、示范典型、节能评估等栏目，扩大交通运输节能减排宣传力度和广度。在行业媒体《中国交通报》、《中国水运报》开设节能减排专栏，深度报道交通运输节能减排重大活动、示范典型、新技术等。自1991年起，联合国家发展改革委等14部门每年举办一届“全国节能宣传周”，各级交通运输主管部门和大型交通运输企业高度重视全国节能宣传周活动，活动期间均开展了多种形式的活动，营造了良好的节能减排工作氛围，提高了节能减排的成效和广大公众的参与。通过形式多样的宣传，提高了认识，推广了先进技术、提升了企业践行节能减排的积极性，促进了行业节能减排水平的提高。

六、积极推广应用节能减排技术

（一）公路交通

推广节能驾驶技术。总结和推广汽车节能驾驶操作与管理经验、技术，组织编写了《节能驾驶手册》，开展了机动车驾驶员绿色节能驾驶技能培训与竞赛，推广机动车驾驶培训采用模拟装置和技术，强化运输企业加大绿色节能驾驶教育培训力度。

推进电子不停车收费系统（ETC）的建设。ETC系统的实施，提高了收费站的通行效率，减少了收费系统建设和运营维护成本，节约了道路使用者的油耗和时间、以及二氧化碳的排放，节省了土地资源，提高了道路资源的利用率。截至2009年底，全国共有13个省市建设了1100多条ETC车道，用户超过68万个。

推广温拌沥青铺路技术。与热拌沥青混合料相比，温拌混合料的拌和温度一般可降低30~40℃，节省加热燃料油20%~30%、减排温室气体50%以上、减少沥青烟等有毒气体排放80%以上，截至2009年10月，温拌沥青混合料技术已经在北京、上海、河北、江苏、青海、辽宁、四川等十多个省市成功应用于高速公路、城市快速路、隧道道面和低温季节路面的施工等，路用性能良好，节能减排效果显著。

推广路面材料循环利用技术。交通运输部通过组织开展示范工程，组织有关科研单位加大路面循环利用材料及装备研究，制定再生技术核心材料及装备产品标准。积极向国家有关部门争取优惠政策，争取国家有关部门对路面循环利用给予税收优惠。

公路隧道节能减排技术改造与应用。交通运输部制定了公路隧道节能减排技术改造与应用试点方案，选取部分普通公路隧道开展试点工作，为广泛推广积累成熟经验。组织有关科研单位结合试点工作，完善公路隧道照明等相关技术规范。在对重点公路建设项目进行设计审查时，注意推广应用成熟的节能减排新产品、新技术。

（二）水路交通

加快发展内河航运，实施船型标准化。内河航运具有“占地少、成本低、能耗小、污染轻、运能大、效益高”的优势，加快发展水路运输，提高水路运输在综合运输中的比重，是促进交通运输结构调整、转变交通运输发展方式的必然选择。交通运输部高度重视内河航运的发展，已经启动了长江、西江、京杭运河、赣江等多条内河高等级航道建设规划。内河船型标准化对船舶技术进步和航运结构调整、保护水资源环境，提高船闸利用率和通过能力，促进节能减排具有重要作用。

打造“绿色航标”。在航标产品中不断推广新光源、新能源、新材料等节能新技术。目前，我国沿海直属海事系统管理维护的航标共有8815座。其中，灯塔、灯桩、灯船、灯浮标4738座，使用太阳能能源系统的航标共有4147座，普及率达87.53%；灯塔、灯桩/导标、灯船、灯浮共5041座，应用航标遥测遥控终端共2337座，占46.36%；灯浮标使用LED灯器率达100%，灯桩使用LED灯器达81.69%，灯浮标使用免维护环保电池率达94.91%，每年直接减少的二氧化碳排放量可达万吨。

轮胎式集装箱门式起重机（RTG）“油改电”。传统RTG靠柴油机燃烧轻柴油发电驱动工作，是集装箱码头的主要用油设备，其能耗占集装箱码头柴油能耗的70%以上。通过“油改电”工程，将RTG由柴油机驱动改为市电驱动，可以显著节约能源、减少污染排放、改善工作环境、提高劳动效率、降低运营成本。2005年以来，青岛港、上海港、天津港、宁波港、大连港等先后进行了RTG“油改电”改造，技术已基本成熟，并逐步在全行业推广。

推广船舶靠港使用岸电。通过向靠港船舶提供岸电，可以达到降低船舶靠港期间燃油消耗、减少废气排放及噪声污染，交通运输部已将船舶靠港使用岸电列为了交通节能减排重点内容之一。上海港、连云港港、广州港、青岛港、大连港等已经对集装箱船、散货船连接岸电技术进行了研发和试用。中远集团、中海集团等大型航运企业的新造集装箱船中，一部分也已经安装了连接岸电的设备。目前交通运输部正研究制订船舶靠港使用岸电标准和规范，分阶段、分步骤、分层次地推进此项工作。

（三）城市客运

国内部分城市已开始探索进行低碳型城市交通的建设，主要以推进公交优先战略为核心。城市公共交通作为现代道路运输的一个重要组成部分，被称为交通“低碳经济”发展最有效的助推器。一些地区的城市交通主管部门通过实施优先发展城市公交、不断优化调整公交线路布局、推广应用天然气公交车、全面实施公共自行车系统、深化城乡公交一体、积极推进新能源汽车应用等举措，全力推进低碳交通建设，取得了明显成效。

七、典型项目

在全行业大力推进低碳建设步伐的形势下，各地区一些交通运输行业也已经开始进行低碳交通的相关研究和建设实践，取得了显著的成效。

（一）王静工作法

“王静工作法”是湖北省交通运输厅道路运输管理局在总结提炼普通公交驾驶员王静20年工作经验基础上形成的“节能、安全、服务、创新”四位一体工作方法。其主要内容是：“十九字”节油操作法——“一查、二看、三配合、慢起步、柔进档、中速行、缓进站”；“三好三不”安全驾驶法——“不违规操作、不疲劳驾驶、不开带病车；好习惯、好心情、好性格”；“六个一点”优质服务法——“微笑多一点、嘴巴甜一点、语气柔一点、度量大一点、仪表美一点、服务好一点”及“三边三勤”工作创新法——“边工作、边学习、边实践；勤动手、勤总结、勤钻研”。

在推广“王静工作法”的过程中，湖北运管局采取了全员培训、现场观摩、巡回演讲、媒体联动、搭建载体、培树典型等一系列生动有效的宣传手段，在湖北省出租、客运、货运三类驾驶员、教练员、维修工等岗位涌现出了一批王静式标兵。自2008年到2009年底两年间，湖北省30万辆营运辆共节约燃油55440万升，减少碳排放约合150万吨，安全事故率下降33%。

（二）苏州汽车客运集团“燃油消耗统计考核”

苏州汽车客运集团长期以来高度重视节能减排工作，始终坚持“以节能为己任、以节能增效益、以节能促发展”的管理理念，把节能减排作为提高核心竞争力、创建节约型企业的战略任务，形成了“燃油定额、燃油统计、考核奖励”的节能管理方法，在完善企业管理基础数据、规范企业管理制度、提高企业管理水平等方面发挥了重要的作用，提高了职工节能的积极性和主动性，增强了责任感，取得了良好效果。

苏州汽车客运集团从制定科学合理的燃油消耗定额入手，采取行车路单制、满油箱制及IC卡加油制、统计月报制等统计制度，获取燃油消耗基础数据，运用“FCMS03车用燃油管理系统”等先进的技术手段，确保统计数据的及时性、客观性和准确性，在此基础上实施有效的考核和奖惩方法，激发了职工节能减排工作的主动性和积极性，并采取了系统的后续保障措施，提高了企业节能减排管理工作水平，很好的控制了能耗成本，经营效益有了明显增长。2004年到2006年，苏州汽车客运集团公司化经营车辆累计节约油料689.51万升，单车油耗年均节约2051.2升/车。

（三）内河船舶免停靠报港信息服务系统

船舶报港是港航部门传统而有效的管理手段，具有海事安全管理、规费稽征、船舶指泊调度等各项职能。传统的报港方式存在船舶停靠频繁、能源浪费严重、管理效率低下、易引起船舶碰撞等问题，不能充分满足发展现代航运的需要。

杭州市港航管理局通过多年科技攻关，在现有信息化基础环境下，利用船舶GPS终端和港航船舶综合数据平台，解决了船舶免停靠报港中船舶实时识别、航迹跟踪、免停靠稽查、规费自动稽征及指泊调度等一系列关键技术，成功开发了“内河船舶免停靠报港信息服务系统”，实现了船舶免停靠报港业务，降低了运输成本，提高了管理效率，提升了管理部门服务水平，方便了船户，推进了内河船舶运输节能减排工作。该系统在杭州市港航管理局下属的海月桥所、北星桥所试行期间，免停靠报港船舶近2.7万余艘次，折算年节约柴油约460吨，节省经营时间1.5万多小时，减少二氧化碳排放约1426吨。

（四）温拌沥青混合料技术在道路建设中的应用

目前广泛应用于道路建设和养护的热拌沥青混合料其拌和温度一般为160~180℃，需要耗费大量的加热燃油（每吨沥青混合料需消耗7~8千克燃油），而且会产生大量的温室气体（每生产1吨沥青混合料将产生约18千克二氧化碳）和沥青烟等有害、有毒气体。

北京科路泰技术有限公司、北京市政路桥建材集团有限公司、交通运输部公路科学研究院等单位研究开发了拌和温度为110~140℃、性能达到热拌沥青混合料要求的温拌沥青混合料技术，该技术通过在沥青或沥青混合料中添加表面活性剂、有机添加剂等技术手段来降低混合料粘度，从而实现沥青混合料在较低的温度下拌和并压实成型。与热拌沥青混合料相比，温拌混合料的拌和温度一般可降低30~40℃，是一种高节能、低排放的低碳铺路技术，可用于沥青路面的各个结构层，因其还具有有害气体排放少、在较低温度下仍有良好压实性能等特点，尤其适用于隧道和地下结构工程道面、城市道路路面、沥青路面薄层铺装以及低温季节沥青面层的施工。

（五）青岛港轮胎式集装箱门式起重机（RTG）“油改电”技术

青岛港（集团）有限公司针对传统柴油驱动的RTG存在的能耗高、污染重、噪声大等问题，于2004年成立了RTG“油改电”项目攻关组，提出将RTG由柴油机驱动改为电驱动。经过工程规模化应用验证，改造后可实现能耗下降30%以上，基本无废气排放，运行成本下降65%，噪声下降50%以上。

截至2009年底，青岛港已完成对93个箱区，96台RTG的“油改电”技术改造，操作一个TEU的平均能源消耗由改造前的柴油消耗1.2升转变为耗电2.5kWh，节能约50%左右，综合能源单耗由过去的4.3吨标煤/万吨吞吐量，降低至3.2吨标煤/万吨吞吐量，降幅达20%以上，大大降低了排放，节约了成本，为青岛港节约资金累计7700多万元，节约标煤19530余吨，减少二氧化碳排放4万吨以上，节能减排与经济效益显著。

（六）连云港港船舶靠港使用岸电技术

船舶接用岸电是指船舶靠港期间，停止使用船舶上的发电机，而改用陆地电源供电。连云港港船舶靠港使用岸电技术主要特点是“高压上船、一个接口、不间断供电”，在码头变电所将50赫兹变频为60赫兹，送至码头前沿的高压接线箱内，船舶靠岸后，将船上一根专用高压电缆投放至码头，由操作人员接入高压接线箱即可完成对靠港船舶供电。该技术具有以下优势：一是设备体积小，操作简便，不影响码头现场正常作业，适用于各类船舶；二是岸电设备设置在码头变电所，船舶受电设备进船舱，不额外占用码头和船舶空间；三是高压上船，仅需一根高压电缆连接；四是不间断供电，连接过程中无需关闭船上辅机，在岸电与船电不间断情况下实现并网供电。通过实施船舶靠港使用岸电，能够较大幅度降低船舶靠港燃料消耗，减少污染物和温室气体排放，提高港口城市环境质量。

（七）土壤源和海水源热泵空调技术在港口建筑中的应用

地源热泵空调技术是一种利用地下浅层地热资源的高效、节能、冷暖两用、运行灵活且无污染的新型中央空调系统，土壤源热泵是地源热泵中的一种，通过循环液在封闭地下埋管中的流动，实现系统与大地之间的传热。海水源热泵系统是地表水地源热泵系统的一种，它把海水作为环境冷热源，利用其中的低品位热能，同样具有节能减排的特点。土壤源和海水源热泵空调系统提供的热量中，70%来源于土壤或海水，30%来自电力，比电锅炉加热节省三分之二以上的电能，比燃料锅炉节省二分之一以上的能量。

天津港（集团）有限公司根据港口的特点，结合当地的气候和地理条件，对于分散的、难以实现集中供热的建筑，合理利用土壤源、海水源热泵技术，分散就地解决这些建筑的空调需求。目前，天津港已有三万多平方米的建筑使用了土壤源和海水源热泵空调系统，年均节能量达4500吨标准煤，同燃煤锅炉相比，年均减少排放粉尘约60吨，二氧化硫约80吨，氮氧化物约33吨，二氧化碳约1.3万吨。

为应对气候变化 建设生态文明 促进农村经济社会发展做出新贡献

水利部

随着能源消费需求的持续增长和全球气候变化影响的日益加剧，在地球化石高碳能源日益紧张的情况下，水电作为技术成熟、供应稳定的低碳可再生能源，世界各国普遍优先开发水电，应对气候变化，实现可持续发展。目前水力发电满足了全世界约20%的电力需求，发达国家水电平均开发程度在60%以上，挪威、美国、日本、瑞士均在80%以上，有55个国家以水电供电为主，其中24个国家超过90%的电力来自水电。

水利部部长陈雷在云南调研云南水利电力工作

我国水能资源蕴藏量居世界第一位，全国技术可开发装机容量5.42亿千瓦，经济可开发装机4.02亿kW。截至2009年底，全国水电装机容量达到1.96亿kW，居世界第一，年发电量达到5716亿kW·h，占全国电力装机容量和年发电量的22.5%和15.5%。据最近完成的全国农村水能资源调查评价显示，我国单站装机在5万kW及以下的农村水能资源技术可开发量为1.28亿kW，居世界首位。截至2009年底，已建成小水电站4.5万座，装机容量5500多万kW，年发电量近1600亿kW·h，装机容量和发电量约占全国水电的30%。当今世界，全球气候变化受到高度关注，小水电作为清洁可再生能源，在应对气候变化及生态文明建设中将肩负起新的使命。

一、小水电资源分布及特点

（一）资源分布

我国大陆地区小水电资源点多面广，星罗棋布，遍及30个省（自治区、直辖市）的1715个县（市）。西部地区（包括西南部和西北部）小水电可开发量为7952.9万kW，占全国的62.1%。西南部的四川、贵州、云南、西藏、广西、重庆等6省（自治区、直辖市）是我国小水电资源最丰富的地区，拥有6193.4万kW，占全国的48.4%；西北部的内蒙古、陕西、甘肃、宁夏、青海、新疆等6省（自治区）小水电资源相对集中，拥有1759.5万kW，占全国的13.7%。东北地区小水电资源主要集中在吉林、黑龙江两省山区，拥有550万kW，占全国的4.3%。中部地区小水电资源主要集中在湖南、湖北、江西等省，拥有2078.4万kW，占全国的16.3%。东部地区小水电资源主要集中在浙江、福建、广东等省，拥有2216.9万kW，占全国的17.3%。

（二）小水电资源特点及优势

1. 小水电是国际公认的清洁可再生能源。小水电站一般都建在中小河流，流域范围小，没有大量水体集中，不改变河流水质和水量，基本不影响河流生物物种的生存繁衍。开发利用小水电，不产生温室气体和其它有毒有害气体，不会对环境造成污染，符合国家生态安全和经济社会可持续发展要求,是国际上大力提倡、积极扶持发展的清洁可再生能源，是联合国扶贫开发千年计划最重要的组成部分。

2. 小水电适合分散开发分布式供电。小水电站规模小，结构相对简单，建设周期短，没有大量土地淹没和移民，工程造价低，大多数不需要远距离高电压输电，发、供电成本较低，群众办得起、管得了、用得好，可以分

2009年8月27日，全国小水电代燃料工程建设现场会在长白县召开。水利部副部长胡四一在会上对我国小水电代燃工程工作进行了部署

散布点、就地开发、就近成网、成片供电，适合地域辽阔，人口密度低，负荷分散的地区，恰好可以弥补大电网远距离供电成本过高的缺陷，小水电电源点分布面广，开发便利，适宜大规模开发和分布式供电。

3. 小水电与生态治理区分布基本一致。我国小水电资源总量十分丰富，主要分布在长江上中游、黄河上中游和珠江上游,与我国退耕还林区、自然保护区、天然林保护区和水土流失重点治理区的分布基本一致。目前我国靠烧柴做饭、取暖的农村居民，主要分布在中西部地区，特别是长江上游、黄河中上游的退耕还林区、自然保护区、天然林保护区和水土流失重点治理区，与小水电资源的分布基本一致。

4. 小水电技术成熟。小水电已有100多年历史，是大规模开发利用最早、技术最成熟的可再生能源。我国在小水电规划、设计、施工、设备制造、运行管理等方面都已处于世界领先行列，向50多个国家的数百个项目提供了技术咨询、对外劳务和工程承包，为60多个国家培训了数千名工程技术人员。

5. 小水电调度灵活。有调节能力的小水电站，能满足电力系统调度要求，一般都承当着调峰、调频的任务。同时，小水电站能够“黑启动”，可随时作为启动电源，是点亮区域电网的最后一根火柴。小水电灵活启动的特点，可避免火力发电机组并网前需要预热或处于热备用状态的能源浪费，也不像其它可再生能源发电那样需要配套建设常规能源来保证电网稳定。

二、国家的政策支持

党的十一届三中全会以来，小水电在党中央、国务院高度关注下迅猛发展。党和国家领导人从农村实际出发，从农民群众最关心、最迫切、最现实的问题着手，就小水电建设问题先后发表多次重要讲话。1982年邓小平同志亲自倡导建设中国特色农村电气化；20世纪八、九十年代，李鹏同志多次强调小水电“必须有自己的电网、供电区”；要坚持“自建、自管、自用”。进入新世纪，江泽民、朱镕基、胡锦涛、温家宝同志分别作出一系列重要指示，要求促进人与自然的协调与和谐，发展小水电，加快农村电气化建设，实施小水电代燃料工程，保护生态，改善环境，坚持为农业、农村、农民服务的方向，为促进农村社会经济发展作出更大的贡献。

1995年颁布施行的《中华人民共和国电力法》，确立了开发农村水能资源、建设中小型水电站、促进农村电气化的法律地位，要求对少数民族地区、边远山区和贫困地区的农村电力建设给予重点扶持，保障小水电投资者、经营者、使用者的合法权益。1988年发布、2002年修订的《中华人民共和国水法》，明确规定“国家鼓励开发、利用水能资源”。“建设水力发电站应当保护生态环境，兼顾防洪、供水、灌溉、航运、竹木流放和渔业等方面的需要”。1983、1991、1996年国务院先后下发3个文件，部署在全国开展三批农村水电初级电气化县建设，明确提出“农村电气化是八亿农民的大事，应当在那些水力资源较好的地方，提倡以地方和群众自力更生为主，积极发展小水电，实现农村电气化”。这三个文件系统地总结和完善了促进农村水电和电气化发展的一系列方针、政策。2003年国务院又部署启动了全国小水电代燃料试点工程。财政部、国家税务总局、水利部先后就小水电企业执行6%的增值税率、加强农村水电和电气化建设与管理等问题，下发了一系列文件、规定。2005年2月国家颁布了《中华人民共和国可再生能源法》。2006年2月，国家发改委发布《可再生能源发电有关管理规定》。所有这些，都为小水电的发展提供了重要保障。

当前和今后一个时期，我国正处在全面建设小康社会、加快推进现代化的历史阶段，对电力的需求将保持稳定

增长的态势。国家正在加快转变经济发展方式，大力推进节能减排，积极发展核电、水电、风电、太阳能发电等清洁能源。新的历史时期，小水电面临新的发展机遇，主要体现在：一是党中央、国务院高度重视。连续几年的中央1号文件都把农村水电作为农村中小型基础设施和生态建设的重要内容，要求加强农村水能资源规划和管理，加大农村水电建设投入，推进水电农村电气化建设，扩大小水电代燃料规模。二是农村水电发展的政策环境更加有利。《水法》规定鼓励开发利用水能资源。《可再生能源法》将水能列为可再生能源，要求优先发展。《国务院办公厅关于转发发展改革委等部门节能发电调度办法（试行）的通知》要求，优先调度可再生发电资源。国家发展改革委等八部委《关于加快电力工业结构调整促进健康有序发展有关工作的通知》要求，加大对可再生能源的扶持力度，实现水电全额上网，同网同价。国家电监会第25号令《电网企业全额收购可再生能源电量监管办法》规定，电网企业必须全额收购其电网覆盖范围内可再生能源并网发电项目上网电量。国家开发银行、中国农业发展银行对农村水电特别是水电农村电气化和小水电代燃料建设项目优先给予信贷支持。

三、主要做法和经验

小水电的发展道路是山区群众通过开发当地水能资源，治水办电相结合，自力更生改变落后面貌探索出来的，具有鲜明的中国特色。

（一）坚持服务民生，促进农村经济社会发展

小水电资源广泛分布在全国1700多个山区县，与退耕还林区、自然保护区、天然林保护区、水土流失重点治理区以及国家扶贫重点县的分布基本一致。小水电发展于农村，服务于农业、农村和农民，是农村经济社会发展的重要支柱。党中央、国务院始终把农业、农村、农民问题放在各项工作的重中之重，把发展小水电作为改善农民生产生活条件、促进农村经济社会发展的重要举措。小水电就地开发，就近供电，并可通过提供劳务、入股等方式增加山区农民收入，使贫困地区的资源优势变成经济优势，不仅有效解决了农村通电问题，还带动了农村通水、通路等基础设施建设；不仅减少了山区林木砍伐，还促进了中小河流治理和水土流失防治；不仅增加了农民收入，还推动了贫困地区就业增长和产业发展。

（二）坚持统筹规划，实现科学、有序、可持续开发

小水电大多具有发电、防洪、灌溉、供水等综合效益。小水电开发必须与河流综合规划、区域电源电网发展规划、农村经济社会发展规划相协调。长期以来，各地在开发过程中，都坚持以河流综合规划为基础，因地制宜选择开发方式，国家组织开展了小水电资源专项复查，先后编制完成了全国农村水电中长期发展规划、全国小水电代燃料生态保护工程规划、“七五”至“十一五”的全国水电农村电气化规划等一批重要规划。加强对规划实施的监督，落实各项管理措施，出台了加强农村水电建设管理的意见和农村水电项目环境保护管理办法，使小水电开发既满足农村经济社会发展的合理需求，又符合维护河流健康的基本需要，保证了科学有序开发利用小水电资源。

（三）坚持科技进步，加强行业技术指导服务

逐步制定和完善了全国统一、完备的技术标准体系，实现了小水电规划、设计、施工、设备制造、安装试验、运行管理全过程的标准化管理，为小水电科学发展提供了完善的技术支撑与服务。通过对老化、低效的水电站进行更新改造，广泛应用新材料、新技术、新设备和现代化管理手段，开发运用管理信息系统，提高了无人值班、少人值守水电站的比重。积极建设国际小水电示范基地，加强国内外技术合作和人才培训，推动了小水电行业技术进步。目前，有100多家科研院所、1000多家设计和施工单位、500多家小水电设备企业为小水电的发展提供产品和服务。

（四）坚持依法行政，促进行业可持续发展

《水法》、《电力法》、《可再生能源法》等法律都有专门条目，为发展小水电提供法律保障。各地紧密结合实际，出台了一系列有关保护扶持、提倡鼓励、优惠让利、监督制衡、指导服务的政策措施，极大地推动了小水电事业的发展。截至2009年底，全国有湖南、贵州、吉林、广东、浙江等10多个省（自治区、直辖市）结合当地实际，制定了水能资源管理和促进小水电发展的地方法规、规章和规范性文件，保障和促进了小水电行业可持续发展。

（五）坚持对外开放，全面推进国际交流与合作

自20世纪50年代末以来，中国开始向第三世界国家提供小水电援助。改革开放后，中国开发小水电、建设农村电气化的经验，得到了国际社会的普遍赞誉。先后在中国杭州建立了亚太地区小水电研究培训中心和国际小水电中心，为100多个发展中国家培训了大批小水电技术骨干，带动了国内小水电设备出口和劳务输出。组织召开了全球小水电会议、国际小水电高级进程会议和国际三方合作会议等，特别是“今日水电论坛”等一系列国际会议，成为世界各国同行加深相互了解、分享成功经验、促进交流合作的重要平台。建成了郴州、张掖等国际小水电示范基地和浙江金华小水电设备制造基地，为加强国内外技术合作，加快小水电发展提供了示范。

四、取得的成效

依靠开发小水电，全国1/2的地域、1/3的县市、3亿多农村人口用上了电，在提高农村电气化水平、带动农村经济社会发展、改善农民生产生活条件、保障应急供电等多方面作出了重要贡献，在减少温室气体排放、保护生态环境、促进生态文明建设等方面发挥了重要作用。

（一）减少了温室气体排放

小水电替代化石能源，减少温室气体和污染物排放效果明显。采用小水电代柴，平均每千瓦装机发出的电能相当于每年可节约4吨木材。通过鼓励农民使用当地小水电做饭、取暖，对减少森林砍伐、改善生态环境有着显著的效果。2009年小水电发电量相当于2个三峡水电站，替代燃煤发电，相当于节约了5500万吨标准煤，减少二氧化碳排放1.4亿吨，二氧化硫排放70多万吨。

（二）保护了森林植被

水电农村电气化建设对保护森林植被发挥了很大作用。特别是2003年启动的小水电代燃料工程，通过开发山区丰富的小水电资源，为农民提供廉价的电力，在已完成的试点和扩大试点工作中有100多万山区农民实现了小水电代燃料，改变了他们依靠砍伐树木作为生活用能的传统生活方式，保护森林面积400多万亩，巩固了退耕还林，避免了水土流失，恢复了青山绿水。

（三）实现了农村电气化

积极开发小水电，建设中国特色农村电气化，是邓小平同志亲自倡导的一条解困富民道路。从1983年起，国家启动农村水电初级电气化试点建设，依靠开发小水电，建设配套电网，“七五”至“九五”期间建成了653个农村水电初级电气化县。“十五”期间建成的409个水电农村电气化县，增加农村水电装机1060万kW；人均年用电量644kW·h，比2000年增长76.6%，比全国平均增长率高10个百分点。目前1600多个县（市）建有小水电，近600个县以小水电供电为主，200多个县拥有完整的小水电供电网，3000多个乡村有小水电自供区。农村水电地区户通电率从1980年的不足40%提高到2008年的99.6%，供电质量和可靠性大大提高，基本解决了山区农村的用电问题。

（四）改善了生产生活条件

通过发展小水电，不少地方改善了基础设施，壮大了集体经济，提高了农民的生活水平，促进了公益事业的发展，使封闭的山村有了电、供了水、通了路、改了厨，昔日的穷乡僻壤旧貌换新颜，农村科学技术不断普及，农民的收入有很大提高，山区农民的精神面貌发生了很大的变化。“九五”期间建成的335个电气化县，GDP由2345亿

2003年，全国小水电代燃料工程正式启动

位于滦河中流的潘家口水电站

元增加到4778亿元，年均增长15.3%,是全国的2倍；农民年人均纯收入由1082元增加到1914元，年均增长8.1%，是全国农民收入年均增速5.4%的1.5倍。这些县电视覆盖率超过90%，学龄儿童入学率普遍在95%以上。文化、教育、卫生、体育事业全面发展，广大群众的科学文化素质和身体素质明显提高。许多办电的乡村，办电收入还为全村文化、教育、通讯、医疗、社会保障和其他公益事业提供了资金渠道，老人还能领到一份“养老补助”。

山西实施小水电代燃料工程

（五）美化了生态环境

小水电开发形成的人工湿地，改善了小气候，使许多过去荒芜的土地披上了绿装。许多地方结合小水电开发，营造城市人工湿地和亲水走廊，成为城市景观。如安徽省黄山市徽州区宝塔水电站与城市规划完美结合，形成了长1500米，面积22万平方米的城区新“水街”，为市民和游客提供了“白墙灰瓦马头墙，绿水青山映蓝天”的独特城市景观，河北省承德县滦河干流二级水电站的建设，形成了100万平方米的水上公园和15万平方米的沿河公园，成为良好的旅游、休闲活动场所，为城市平添了一抹亮色，改善了城市生态，美化了城市环境，提升了城市品味。

（六）推动了世界小水电的发展

中国小水电资源和装机容量都占到世界一半以上。中国开发小水电，在消除贫困、改善民生、保护生态等方面的成效，得到了国际社会特别是发展中国家的高度评价。20多个省（区、市）开展了小水电对外合作与交流，向50多个国家的数百个项目提供了技术咨询、对外劳务和工程承包。由联合国工发组织和国际小水电中心共同倡导的“点亮非洲”项目，得到了联合国有关组织和非洲国家的充分肯定和热烈欢迎。

五、发展目标

目前，我国水能资源开发率为36.2%，还有较大的发展潜力。在中国数以万计的水电站中，有相当部分是单站装机5万kW及以下的小水电站。因地制宜地开发小水电资源，已成为当前和今后一个时期我国水电事业发展的重要任务。

2007年国务院通过的《可再生能源中长期发展规划》提出，在水能资源丰富地区，结合水电农村电气化县建设和实施小水电代燃料工程需要，加快开发小水电资源，到2020年全国小水电装机容量达到7500万kW，主要目标是保护森林植被，改善生态环境，解决有水无电地区用电问题，提高农村用电水平，促进农民增收。具体措施：一是全面实施2009~2015年全国小水电代燃料工程规划，解决170万户、677万农村居民生活燃料问题，新增代燃料电站装机170万千瓦。二是推进水电新农村电气化县建设，“十二五”新农村电气化规划新增水电装机容量700万千瓦。三是积极推动农村水电增效扩容改造工程，对2万座、1500万千瓦的老旧电站进行增效扩容改造，使其焕发生机和活力。

六、小水电代燃料工程

长期以来，我国大部分山区农民主要靠烧柴做饭、取暖，砍掉了大量林木，这是造成生态环境恶化的一个重要原因。党中央、国务院从保护生态环境、解决农民燃料和长远致富的高度，作出了实施小水电代燃料工程的英明决策。2002年，水利部根据党中央、国务院的指示精神，在25个省（区、市）和新疆生产建设兵团的886个县（市）小水电代燃料规划的基础上，组织编制了《全国小水电代燃料生态保护工程规划》。2003年，《中共中央、国务院关于做好农业和农村工作的意见》（中发[2003]3号），要求“启动小水电代燃料试点，巩固退耕还林成果”，同年底全国小水电代燃料试点正式启动，涉及四川、云南、贵州、广西、山西5个省（区）的26个县（市）的26个

到2020年，在全国25个省（区、市）和新疆生产建设兵团的886个县（市），在退耕还林区、自然保护区、天然林保护区和水土流失重点治理区内小水电资源丰富的地区，解决2830万户、1.04亿农村居民的生活燃料和农村能源，保护森林面积3.4亿亩

项目。为进一步积累大规模实施代燃料工程的经验，2006年又在21个省（区、市）和新疆生产建设兵团的81个县（市、区、旗、团场）组织开展了小水电代燃料扩大试点建设。

小水电代燃料试点探索了“所有权、经营权、使用权”三权分设的管理体制，有效保证了代燃料电站的性质不被改变，确保了代燃料项目长期发挥效益；实行了“国家补助、企业运作、农民参与、协会监督”的运行机制，兼顾了国家、企业、农民的利益，调动了企业和农民的积极性，有利于项目的顺利实施和长期有效运行。小水电代燃料试点和扩大试点建设，得到了项目区群众、当地政府和社会各界的高度赞扬和一致欢迎，被誉为“点燃大山希望”的德政工程。党中央、国务院高度关心和重视小水电代燃料工作，2005年温家宝总理批示小水电代燃料试点“经验宝贵，印发各地参考”，回良玉副总理批示，小水电代燃料工程是一件一举多得的事，能够实现经济、社会、生态效益三赢，是山区解决“三农”问题的一个有效途径。

（一）建设思路

坚持一个中心。就是巩固退耕还林、天然林保护、自然保护区保护和水土流失治理等生态工程建设成果，保护和改善生态环境。

达到两个目标。一是通过开发小水电资源，长期有效地向项目区农户提供代燃料电力和电量，替代农民生活燃料，使山区农民不再砍树烧柴。二是通过实施小水电代燃料工程，改善山区人民生活质量，提高生产生活条件。

实施三个调整。一是农村能源消费结构合理调整；二是农村产业结构得到调整；三是由注重经济效益向服务“三农”和保证农民受益调整。

实现四个转变。一是山区农村人居环境向人与自然和谐转变；二是山区人民生活向城镇化转变；三是农民思想观念向现代文明转变；四是小水电资源开发向开发与保护并重转变。

建立五个体系。一是建立小水电代燃料工程健康发展的管理体制和长效良性运行机制的体系；二是建立国家补助、省级配套、企业自筹的投资体系；三是建立与代燃料用户和代燃料项目法人承受能力相适应的电价体系；四是建立完善的代燃料电站建设、运行和保障供电的完善的管理体系；五是建立责任明确、职责分明的小水电代燃料监督和服务体系。

（二）试点效果

1. 农民放下了砍柴的斧头，山更青水更绿了。项目区的农民放下了砍柴的斧头，过去农民院子里堆放的柴禾不见了，厨房里的老式烧柴灶拆除了，家家户户用上了电饭锅、电炒锅，从根本上解决了农民的生活燃料问题，农民自觉自愿的不再上山砍柴和烧柴了，森林植被和生态环境得到了有效保护，山更青了，水更绿了。小水电代燃料从源头上、根本上控制了砍树烧柴这一消耗森林资源、破坏生态的行为，项目区走上了“以林蓄水，以水发电，以电护林”的良性发展道路。

2. 显著改善了农民生活条件，山区农民精神面貌焕然一新。小水电代燃料解除了农民翻山越岭砍柴之苦和农民做饭的烟熏火燎之苦，小水电代燃料农户家家厨房里电饭锅、电炒锅、电水壶等一应俱全，干干净净，农民下地干活前电饭锅插上电，回来电磁炉炒几个菜，不到半小时就能吃上香喷喷的饭，方便、快捷、省时、省力，农村常见的因为烧柴引起的火眼、肺气肿等病慢慢消失了，健康水平得到了很大提高。

小水电代燃料使农民从项目区综合治理中得到更多实惠。项目区以代燃料建设为切入点，统筹规划，整合资源，带动改造厨房、厕所、猪圈，修路、改水等，农村人居环境和农村面貌发生了显著变化，真正缩小了城乡差距，让农民过上了现代文明的新生活，有力推动了新农村建设和全面小康社会建设。

3. 解放了受砍柴束缚的农村劳动力，增加了农民收入。小水电代燃料试点和扩大试点使几万农村居民摆脱了砍柴烧柴的束缚，解放了被砍柴束缚的劳动力。带动了农副产业发展，发展特色农业和畜牧业，促进了农民增收。四川天全试点项目区紫石乡紫石关村211户农户实施小水电代燃料后，农村人居条件大大改善，被解放的妇女找到了自己的出路，有近百户农户开展了以农家乐为主的生态旅游。去年旅游旺季接待游客600多人次，户均纯收入1000多元。据初步统计，实施小水电代燃料后，项目区群众平均每户每年增加收入上千元。

（三）发展前景

从2005年开始，每年的中央1号文件都明确要求扩大小水电代燃料建设规模和范围，2010年的中央一号文件再次强调要继续实施小水电代燃料工程。广大农民群众发自内心地拥护小水电代燃料，热切期盼尽快实施小水电代燃料工程，早日过上现代、文明、健康的新生活。

2009年起，小水电代燃料工程进入全面实施阶段，根据《2009–2015年全国小水电代燃料工程规划》，涉及全国24个省(区、市)和新疆生产建设兵团的543个县（市），主要在退耕还林区和天然林保护区内，小水电资源丰富、生态环境脆弱、农民代燃料需求迫切的地区，从2009年开始到2015年，用7年时间建设小水电代燃料项目，新增代燃料装机容量170.56万千瓦，解决170.78万户、577.71万农村居民的生活燃料和农村能源，保护森林面积2390万亩。

根据《全国小水电代燃料生态保护工程规划》，到2020年，在全国25个省（区、市）和新疆生产建设兵团的886个县（市），在退耕还林区、自然保护区、天然林保护区和水土流失重点治理区内小水电资源丰富的地区，解决2830万户、1.04亿农村居民的生活燃料和农村能源，保护森林面积3.4亿亩。

在党中央、国务院的关心和重视下，在新的历史时期，小水电将为减排温室气体、建设生态文明、促进农村经济社会发展做出新的贡献。

大力发展现代林业 积极应对气候变化

国家林业局

林业是生态建设的主体，在应对气候变化中具有特殊地位。大力发展现代林业，充分发挥林业减缓和适应气候变化的独特功能和重要作用，积极应对气候变化，既是建设资源节约型、环境友好型社会的内在要求，也是赢取国家发展空间、抢占低碳经济竞争优势的潜力所在。

一、森林与气候变化的关系十分密切

（一）森林是陆地生态系统最大的储碳库和最经济的吸碳器

作为陆地生态系统的主体，森林通过光合作用吸收二氧化碳，放出氧气，并把大气中的二氧化碳固定在植被和土壤中，即森林的碳汇功能。森林以其巨大的生物量储存了大量的碳。据联合国政府间气候变化专门委员会（以下简称IPCC）估算：全球陆地生态系统中贮存了约2.48万亿吨碳，其中约1.15万亿吨碳贮存在森林生态系统中，占总量的46.37%。森林被公认为最有效的生物固碳方式和陆地生态系统中最大的碳库。同时，森林又是最经济的吸碳器。据国家发改委能源所专家测算，如果将煤的使用比重降低1个百分点，二氧化碳排放量可减少0.74%，而GDP会下降0.64%，居民福利降低0.60%，同时减少470万个就业岗位。可见，工业直接减排需要付出较高的代价。麦肯锡有关研究显示，2030年，电力等工业部门减排成本约20欧元/吨二氧化碳当量，而林业减排成本约8欧元/吨二氧化碳当量，且能创造保持水土、防风固沙、保护生物多样性等多重效益。因此相比而言，森林固碳投资少、代价低、综合效益大、更具经济可行性和现实操作性。森林的碳汇功能和森林其他许多重要的生态功能一样，对维护全球生态安全和气候安全一直起着重要的作用。

（二）森林锐减是导致气候变化的重要因素

气候变暖主要是大气中二氧化碳等温室气体浓度升高导致温室效应的结果。对大气中二氧化碳浓度升高的原因，目前比较一致的认识有两个主要原因：一是大规模燃烧化石能源，排放二氧化碳；二是全球森林锐减，释放二氧化碳。毁林和森林退化以及灾害导致森林遭受破坏后，储存在森林生态系统中的碳将被重新释放到大气中，成为温室气体的排放源。联合国《2000年全球生态展望》指出，全球森林已从人类文明初期的约76亿公顷减少到38亿公顷，减少了50%，难以支撑人类文明的大厦。联合国粮食与农业组织（以下简称FAO）相关研究表明，2000-2005年，全球年均毁林面积为730万公顷。IPCC第四次评估报告指出，2004年，源自森林排放的温室气体约占全球温室气体排放总量的17.4%，仅次于能源和工业部门，位列第三。

（三）恢复和保护森林是减缓气候变化的重要措施之一

恢复和保护森林作为低成本减排的重要措施写入了《京都议定书》。IPCC第四次评估报告中指出：与林业相关的措施，可在很大程度上以较低成本减少温室气体排放并增加碳汇，从而减缓气候变化。目前，实行森林间接减排已是发达国家和经济转轨国家的通行做法。例如，在《京都议定书》的第一承诺期内，奥地利承诺减排8%，其中4%由森林固碳间接减排，4%由工业直接减排。罗马尼亚承诺减排8%，其中2.5%由森林固碳间接减排，5.5%由工业直接减排。据专家初步测算：1驾波音777飞机往返于北京到上海约需4小时，1天1个往返，1年约排放二氧化碳2.8万吨，可被1.5万亩人工林在1年中吸收的二氧化碳抵消。围绕《京都议定书》后续承诺期谈判，许多国家和国际组织都在积极倡导通过恢复和建设森林生态系统，以推动森林间接减排政策的制定来减缓气候变化。

（四）森林是适应气候变化的重要措施

所谓适应，是指针对气候变化引起的不良后果采取相应措施，趋利避害，旨在减轻气候变化的不利影响和损害。适应和减缓都是应对气候变化的措施。相对减缓，适应措施见效快，所需基本技术成熟，对经济增长的负面影

响小甚至在某些情况下还可以拉动经济增长。森林是适应气候变化的重要措施，如加固海岸堤防、建设防护林体系、保护沿海生态系统、采用抗旱抗涝作物品种、加快优良林木品种选育、减少森林火灾和病虫灾害、加大湿地保护和荒漠化治理力度等，都有助于提高森林本身适应气候变化的能力，同时还能促进相关领域（如沙化地区、海岸带等）提高适应气候变化的能力。森林适应气候变化能力的增强，反过来又会提高森林减缓气候变化的能力。

（五）木制林产品与林业生物质能源在减缓气候变化中具有重要作用

木材在生产和加工过程中所耗能源，大大低于铁、铝等材料生产和加工导致的温室气体排放。用木材部分替代能源密集型材料，不但可以增加碳储存，还可减少因使用化石能源生产原材料所产生的碳排放。中国林科院张久荣研究员在《木材利用与气候变化》研究中指出，用1立方米木材替代等量的水泥、砖材料，约可减排0.8吨二氧化碳。木材做成木制品后只要不腐烂不燃烧，就能长期固定所吸收的二氧化碳，很多木制品固碳时间甚至可达数十上百年。同时发展林业生物质能源，增加林业生物质能源替代化石能源的比例，可为减缓气候变化做出积极贡献。FAO相关研究显示，到本世纪中叶，生物质能源将占全球总能耗的50%以上。据统计，我国每年可以能源化利用的森林采伐和木材加工剩余物约3亿多吨，如果全部利用，约可替代2亿吨标准煤；利用现有宜林荒山荒地培育能源林，每年可提供林业生物能源折合标准煤可达2.7亿吨。按照有关专家研究结果，燃烧1吨标准煤约释放2.28吨二氧化碳。以上两项合计，如果将这些林业生物质能源开发出来，约可实现减排二氧化碳10.72亿吨，将大大有助于减少我国温室气体排放总量。

（六）森林固碳是低成本减排并增加社会就业的有效途径

我国的温室气体排放总量大，正面临着来自国际社会要求减排的巨大压力。由中国社科院王伟光教授主编的应对气候变化报告（2009）显示，我国1990年温室气体排放总量约为23亿吨，占全球总量的10.7%，但到2005年排放总量已达约56亿吨，占全球总量19.7%。我国正处在工业化、城镇化、现代化加速发展的中期，总体发展水平仍然较低，未来20~30年是重要的发展战略机遇期。在当前及今后较长时期内，经济社会还将持续快速增长，但我国能源结构以煤为主的局面难以从根本上得到改变。因此，在现有资源禀赋条件、工业技术体系,以及传统能源消费模式下，我国工业、能源领域温室气体排放仍将持续增长。对于减少工业排放需要付出较高成本，难度较大。然而森林恰恰具有成本较低、可持续、可循环、可再生，以及综合效益高并创造就业等特点，能够为经济发展、生态保护和社会进步带来多种效益，短期和长期都不会对经济社会发展带来负面影响。中国社科院潘家华研究员2009年在“林业部门应对气候变化的就业效应”研究中表明，到2020年，我国通过推进植树造林可将新增短期就业岗位4762万人。又如，2009年上半年，受国际金融危机影响，湖南、江西两省分别有120.5万、113万农民工返乡务林，呈现了“城里下岗，山上创业”的可喜局面。

二、我国林业建设的伟大成就及其应对气候变化的重要贡献

我国政府历来高度重视发展和保护森林。自1978年以来，先后在三北（东北、西北、华北）、沿海、平原、长江中上游、太行山、京津周围、淮河和太湖流域、珠江流域、辽河流域等地区实施了一系列区域性防护林体系建设工程。1998年调整林业发展布局后，启动试点并相继实施了天然林保护、退耕还林、京津风沙源治理、三北和长江等地区防护林建设、速生丰产林基地建设，以及野生动植物保护六大工程。截至2008年，林业六大重点工程完成造林面积5153.74万公顷（含封山育林1475.38万公顷）。总投资2781.26亿元，其中，国家投资2416.36亿元。1981年以来，我国持续开展了全民义务植树运动。截至2009年底，全国共有121.1亿人次义务植树563.5亿株，城市绿化覆盖率由1981年的10.1%提高到35.29%，人均公共绿地面积由3.45平方米提高到8.98平方米，促进了城乡绿化，改善了人居环境。

为了保护森林，我国先后出台了9部林业法律、15部林业行政法规、43部林业部门规章、300余件地方性法规规章，形成了以《森林法》、《野生动物保护法》、《防沙治沙法》为核心的森林资源保护法律体系和以林政管理为主体，资源监测、监督为两翼的森林资源管理体系。多次实施了打击乱砍滥伐、乱征乱占林地、湿地等违法犯罪行为的专项行动。2001–2008年，全国共查处各种破坏森林资源案件331.7万起。同时，还加大了对森林火灾和病虫害的防控和自然保护区建设力度。

通过采取一系列发展和保护森林资源的措施，我国森林面积和蓄积量实现了持续增长。第七次全国森林资源清查（2004–2008年）显示，目前全国森林面积1.95亿公顷，森林覆盖率20.36%，提前两年实现2010年森林覆盖率20%

的目标。活立木总蓄积149.13亿立方米，森林蓄积137.21亿立方米。人工林保存面积0.62亿公顷，蓄积19.61亿立方米，人工林面积继续位居世界首位。我国林业建设成就得到了国际社会的高度评价。FAO发布的全球森林评估报告指出，在全球森林资源继续呈减少趋势的情况下，亚太地区森林面积出现了净增长，其中中国森林资源增长在很大程度上抵消了其它地区的森林高采伐率。

在党中央、国务院的正确领导下，经过全国人民长期不懈地共同努力，我国林业建设取得了举世瞩目的伟大成就。林业不仅为国民经济恢复和发展提供了大量的建设用材，也为人民生产和生活提供了大量的能源，而且吸收固定了大量二氧化碳，在应对气候变化、建设“两型”社会、发展低碳经济、拓展发展空间、构建人与自然和谐相处的生存环境方面发挥了十分重要的作用。据专家估算：1980–2005年，我国通过持续不断地开展植树造林和森林管理活动，累计净吸收二氧化碳46.8亿吨，通过控制毁林，减少二氧化碳排放4.3亿吨，两项合计51.1亿吨，对减缓全球气候变暖做出了重要贡献。2007国务院公布的《中国应对气候变化国家方案》（以下简称《国家方案》）表明，2004年中国森林植被净吸收了约5亿吨二氧化碳当量，约占当年全国温室气体排放总量的8%。据北京大学方精云院士研究的结果，我国单位面积森林吸收固定二氧化碳的能力显著增加，已由20世纪80年代初的每公顷吸收固定136.42吨二氧化碳增加到21世纪初的每公顷150.47吨；1981~2000年的20年间，以森林为主体的我国陆地植被碳汇大约抵消了我国同期温室气体排放总量的14.6%~16.1%，其中森林植被净吸收了约58亿吨二氧化碳当量，相当于同期我国温室气体排放总量的11.9%。根据第七次全国森林资源清查，我国森林植被总碳储量达到了78.11亿吨。

三、中国林业应对气化变化政策措施

中国政府历来高度重视林业应对气候变化工作。2007年国务院成立了国家应对气候变化及节能减排工作领导小组，温家宝总理担任领导小组组长。国家林业局是领导小组成员单位。2007年6月，国务院发布了《国家方案》，明确把林业纳入我国减缓气候变化的6个重点领域和适应气候变化的4个重点领域当中。9月，胡锦涛主席在APEC会上倡议建立“亚太森林恢复与可持续管理网络”，被国际社会誉为应对气候变化的森林方案。2008年7月，国办印发《国家林业局主要职责内设机构和人员编制规定的通知》明确我局新增“承担林业应对气候变化的相关工作”职责，内设造林绿化管理司，具体承担“拟定林业应对气候变化的政策、措施并组织实施”职能。10月，国务院发布《中国应对气候变化的政策与行动》，明确把推动植树造林、增强森林碳汇作为减缓气候变化的主要行动。

进入2009年以来，林业在国家应对气候变化全局中的作用进一步提升。2009年中央1号文件明确要求“建设现代林业，发展碳汇林业”。6月召开的新中国成立以来的首次中央林业工作会议明确提出：“在应对气候变化中林业具有特殊地位”，并强调“应对气候变化，必须把发展林业作为战略选择”。8月，全国人大常委会做出《关于积极应对气候变化的决议》，将实施重点生态建设工程，继续推进植树造林，积极发展碳汇林业，增强森林碳汇功能纳入其中。9月，胡锦涛主席在联合国气候变化峰会上向国际社会宣布中国“要大力增加森林碳汇，到2020年森林面积比2005年增加4000万公顷，森林蓄积量比2005年增加13亿立方米”（以下简称林业“双增”目标）。11月25日，温家宝总理主持召开国务院常务会议，研究确定到2020年我国控制温室气体排放行动目标，林业“双增”目标纳入其中，成为我国政府承诺的到2020年我国自主控制温室气体排放行动目标的重要组成部分。12月，温家宝总理在哥本哈根会议上指出：“中国是人工造林面积最大的国家，为应对气候变化做出了积极贡献，我国还将持续大规模开展植树造林，大力增加森林碳汇。”

为落实党中央、国务院关于应对气候变化的一系列决策部署，大力推进植树造林，着力加强森林管理，增加森林面积和森林蓄积，积极应对气候变化，国家林业局组织制定了《应对气候变化林业行动计划》，确立了当前及今后一个时期我国林业应对气候变化工作的指导思想、基本原则、阶段目标，以及重点领域和主要行动。

指导思想：以科学发展观为指导，按照《国家方案》提出的林业应对气候变化的政策措施，结合林业中长期发展规划，依托林业重点工程，扩大森林面积，提高森林质量，强化森林生态系统、湿地生态系统、荒漠生态系统保护力度。依靠科技进步，转变增长方式，统筹推进林业生态体系、产业体系和生态文化体系建设，不断增强林业碳汇功能，增强我国林业减缓和适应气候变化的能力，为发展现代林业、建设生态文明、推动科学发展作出新贡献。

基本原则：坚持林业发展目标和国家应对气候变化战略相结合，坚持扩大森林面积和提高森林质量相结合，坚持增加碳汇和控制排放相结合，坚持政府主导和社会参与相结合，坚持减缓与适应相结合。

阶段目标：到2010年，年均造林育林面积400万公顷以上，全国森林覆盖率达到20%，森林蓄积量达到132亿立方米，全国森林碳汇能力得到较大增长。到2020年，年均造林育林面积500万公顷以上，全国森林覆盖率增加到23%，森林蓄积量达到140亿立方米，森林碳汇能力得到进一步提高。到2050年，比2020年净增森林面积4700万公顷，森林覆盖率达到并稳定在26%以上，森林碳汇能力保持相对稳定。

主要行动：其中林业减缓气候变化的15项行动，包括大力推进全民义务植树，实施重点工程造林，加快珍贵树种用材林培育，实施能源林培育和加工利用一体化项目，实施全国森林可持续经营，扩大封山育林面积，加强森林资源采伐管理，加强林地征占用管理，提高林业执法能力，提高森林火灾防控能力，提高森林病虫鼠兔危害的防控能力，合理开发和利用生物质材料，加强木材高效循环利用，开展重要湿地的抢救性保护与恢复，开展农牧渔业可持续利用示范。林业适应气候变化的7项行动，包括提高人工林生态系统的适应性，建立典型森林物种自然保护区，加大重点物种保护力度，提高野生动物疫源疫病监测预警能力，加强荒漠化地区的植被保护，加强湿地保护的基础工作，建立和完善湿地自然保护区网络。

四、中国林业应对气候变化工作取得积极成效

国家林业局在2003年就成立了国家林业局碳汇管理工作领导小组及其办公室（碳汇办），2007年调整为国家林业局应对气候变化和节能减排工作领导小组及其办公室（气候办）。自碳汇办成立以来，我国林业应对气候变化工作积极稳步有序推进，并取得了积极成效。

（一）积极实施清洁发展机制林业碳汇项目

按照2005年颁布的《清洁发展机制项目运行管理办法》（国家发改委、科技部、外交部、财政部第37号令）要求，国家林业局积极组织推进在广西等地实施清洁发展机制造林再造林碳汇项目。为加强对碳汇造林相关项目的规范管理，国家林业主管部门印发了《国家林业局碳汇管理办公室关于开展清洁发展机制下造林再造林碳汇项目的指导意见》的通知（造碳函[2006]97号）、《国家林业局植树造林司关于加强林业应对气候变化及碳汇管理工作的通知》（造碳函[2008]72号）、《国家林业局办公室关于加强碳汇造林管理工作的通知》（办造字[2009]121号），进一步加强对碳汇造林相关活动的管理。其中，广西珠江流域退化土地再造林碳汇项目是由国家林业局和世界银行合作，在我国广西成功实施了全球首个清洁发展机制碳汇造林项目。该项目方法学也是全球首个清洁发展机制退化土地再造林方法学。项目的实施体现了中国实施林业碳汇项目的技术水平，开创了发展中国家实施此类项目的先河，在国际上产生了积极影响。

（二）率先完成清洁发展机制造林再造林碳汇项目优先发展区域选择与评价专项研究

2006年，国家林业局碳汇办与国家林业局调查规划设计院合作，在全球范围内率先完成了我国清洁发展机制造林再造林碳汇项目优先发展区域选择与评价专项研究，并通过专家验收。该研究旨在根据《京都议定书》第一承诺期（2008–2012）对清洁发展机制下造林再造林碳汇项目的要求，通过分析1990年土地利用资料和森林资源调查资料，同时考虑保护生物多样性、促进当地社区发展、造林成本、经济发展水平、林木生长速率等方面的因素，建立综合评价指标与方法，提出在2008–2012年间我国适合开展清洁发展机制下造林再造林碳汇项目的优先发展区域。通过这项工作，大致摸清了我国适合开展清洁发展机制造林再造林碳汇项目的优先区域分布情况和发展潜力，为科学指导各地实施碳汇项目，制定相关管理办法奠定了基础。

（三）制定《应对气候变化林业行动计划》

根据《国家方案》指导意见和总体要求，国家林业局精心组织力量，历时近2年，研究制定了《应对气候变化林业行动计划》，并于2009年11月6日正式对外发布，成为中国林业应对气化变化工作的指导性文件。该行动计划明确提出了林业应对气候变化的指导思想，以及5项基本原则、3个阶段性目标和22项主要行动，确立了当前及今后一个时期我国林业应对气候变化的重点领域和主要行动。

（四）建立中国绿色碳汇基金

2007年7月，国家林业局和中国石油天然气集团公司等联合建立了中国绿色碳基金。2010年5月，国务院批准设立中国绿色碳汇基金会。截至2009年年底，中国绿色碳基金已获社会各界捐资近3亿元，其中,有7000多人次捐资“参与碳补偿,消除碳足迹”累计近300万元，并相继成立了大连、北京、温州、山西专项。企业捐资在全国十多个

省区市完成了造林100多万亩，个人捐资实施了2个项目："北京八达岭碳汇造林示范项目"和"北京常营公园–北京建院附中碳汇科普林"。

（五）积极探索碳汇计量与监测方法

加快推进全国林业碳汇计量监测体系建设。编制完成《全国林业碳汇计量监测体系技术指南》，推进建立碳汇计量监测的模型体系和数据体系，开展样点省份试点。稳步开展碳汇项目计量监测工作。国家林业局气候办组织编制并出版了《中国绿色碳基金造林项目碳汇计量与监测指南》，组建了专门从事碳汇项目计量监测的专家队伍。举办了多期全国碳汇计量监测培训班，并委托有关高校和科研院所开展森林生态系统碳汇计量研究。

（六）认真落实建立亚太森林恢复与可持续管理网络倡议

国家林业局认真落实胡锦涛主席在2007年第15次APEC领导人会议上提出的"建立亚太森林恢复与可持续管理网络"倡议。经国务院批准，成立了由国家林业局和外交部、国家发改委、财政部、科技部、中编办、中国气象局等组成的"亚太森林恢复与可持续管理网络"部际协调小组。召开了由24个国家、地区和16个国际组织出席的网络启动会，发布了网络框架文件，落实了网络运行和发展专项经费等。2008年9月，经中编办批准，国家林业局成立了亚太森林网络管理中心，落实了编制和人员，承担网络中心秘书处工作。在2008年第16次APEC会议上，胡锦涛主席宣布网络正式运行，并写入了会议宣言。目前，网络秘书处正在同美国和澳大利亚就网络未来发展进行磋商，积极推进落实网络成员发展、网络同APEC的关系、秘书处职能，以及成立网络指导委员会。同时，积极开展试点示范项目。网络的国际认知度和影响力逐渐显现。

（七）积极做好履约工作

在国家气候变化主管部门指导下，国家林业局积极参加《联合国气候变化框架公约》（以下简称《公约》）和《京都议定书》谈判，全面阐述我国林业应对气候变化的立场和主张，对推进气候变化林业议题谈判发挥了积极、建设性作用。积极推进《公约》下REDD+谈判，联合发展中国家，促进该议题讨论范围由减少毁林和森林退化引起的碳排放，扩展到包括森林保护、森林可持续经营、森林面积变化增加的碳汇，充分体现我国林业建设成效与优势。积极参与《京都议定书》下LULUCF谈判，从严把握林业活动碳源、碳汇核算规则，要求发达国家更多进行工业领域实质减排。积极维护发展中国家团结，加强"基础四国"协调沟通，坚决捍卫国家利益。

（八）积极开展林业应对气候变化相关宣传

为提高公众通过参与植树造林保护气候意识，国家林业局气候办采取了一系列丰富多彩的宣传活动。一是联合北京市人民政府共同组织召开林业碳汇和生物能源发展国际研讨会。结合绿色奥运，和北京市园林绿化局共同举办了以"植树造林、消除碳足迹"主题的八达岭碳汇造林项目宣传活动。和中国林学会等共同在地坛公园举行了森林碳汇公交宣传活动。围绕"小手拉大手、一起向前走"，与北京四中初中部全体师生共同开展了一次自愿捐资造林绿化活动。二是组织开展国家林业局机关大院温室气体排放计算，推进"零排放"机关建设。和北京大学、上海交通大学开展低碳校园行动。三是建立中国碳汇网，与美国环保协会在人民网合作制作了"网上'碳'路行动计算器"，实现了交通排放、捐资造林、减排增汇的有机结合。四是在中央电视台新闻会客室、北京电视台、中国环境报、中国绿色时报，以及绿色时空栏目等电视、报纸媒体进行访谈。在《林业经济》、《世界林业研究》、《林业科学》等核心期刊发表有关文章，编辑出版了《造林绿化和气候变化》、《中国林业碳汇》、《林业碳汇计量》等书籍。

推进中国气候观测系统建设　积极应对气候变化

中国气象局科技与气候变化司司长　罗云峰

中国气象局一贯高度重视气候变化工作，在气候系统观测、气候变化监测分析和预测、气候变化影响评估、清洁能源开发评估、气候变化决策服务以及公众宣传等方面具有较好的基础，开展了大量工作，取得了一定成绩。2007年《中国应对气候变化国家方案》（以下简称《国家方案》）发布以后，中国气象局成立了以郑国光局长为组长的中国气象局气候变化工作领导小组，统一领导、协调气象部门的气候变化工作，讨论、决定气候变化工作的重大问题。中国气象局根据《国家方案》中所确定的任务和各部门分工安排，发挥气象部门气候变化业务和科技优势，有所为，有所不为，优先安排国家可持续发展和参与气候变化领域国际活动急需的研究、业务和服务工作；逐步确立对国家相关政策制定至关重要的重点发展方向；充分利用气候变化研究中已获取的对气候系统的认识，建立和完善相应的业务系统；加强与各部门的协调合作，形成应对气候变化的合力。

一、中国气象局气候变化体系概况

（一）中国气象局是我国率先开展气候变化工作的部门之一

中国气象局前局长邹竞蒙于1987年担任世界气象组织（WMO）主席，是在联合国高级机构中担任负责人职务的第一个中国人。任内，他致力于推动各国重视气候变化的不利影响，采取国际共同行动来应对气候变化，特别是推动世界气象组织与联合国环境署于1988年成立了政府间气候变化专门委员会（IPCC），为国际社会应对气候变化做出了重要贡献。IPCC成立以后，中国气象局一直是IPCC在中国的牵头单位，为维护国家利益做了大量工作。

中国气象局在推动国家成立“国家气候变化协调小组”工作中发挥了重要作用。为协调我国气候变化政策活动，组织对外谈判，1990年“国家气候变化协调小组”经当时国务院总理李鹏同志批准成立，国务委员宋健任第一届协调小组组长，办公室挂靠中国气象局。为协调国内工作，参加在应对气候变化国际进程中具有重要意义的第二次世界气候大会（1990年），为《联合国气候变化框架公约》、《京都议定书》谈判及其他国际活动做出重要贡献。1998年，在中央国家机关机构改革过程中，“国家气候变化协调小组”由气象局调整到国家发展计划委员会，更名为“国家气候变化对策协调小组”，由当时国家发展计划委员会主任曾培炎同志任组长。

（二）中国气象局气候变化科研与业务布局

中国气象局气候变化业务体系主要包括国家级、区域级和省级三个层次。国家级气候变化业务由国家气候中心牵头，在气候变化事实、特征、规律、检测、预估、影响和对策等方面全面开展工作，并提供相应的业务产品和服务。中国气象局大气探测技术中心根据气候变化科研业务需求，建设、完善中国气候观测系统，特别是国家气候观象台，负责综合观测的运行、维护和保障。国家气象信息中心提供气候变化及相关资料数据，进行数据资料的收集、整理和质量控制，研制气候变化研究和业务所需的数据产品，负责监测信息的分发、存储和归档，提供计算资源。国家卫星气象中心负责提供覆盖全国的定量化标准数据集及其所必需的卫星遥感资料，并进行针对卫星资料的气候变化事实分析和气候系统模式的模拟验证工作，同时研发卫星遥感资料的同化技术。中国气象科学研究院开展气候变化检测新方法的研究，分析气候变化的事实、特征、变化规律及其成因，研发气候系统模式中的物理化学过程模块及其评估方法；其下属的大气成分监测与服务中心提供有关温室气体监测和分析研究成果。国家气象中心为气候系统模式的应用、气候影响评估业务工具的开发、校准和检验等气候变化科研业务工作提供农业与生态方面的监测信息。中国气象局培训中心承担气候变化研究和业务人员的专业培训。中国气象局公共气象服务中心承担风能、太阳能资源及其他可再生能源开发利用的决策服务、研究试验以及技术开发与推广。中国气象局影视宣传中心承担气候变化信息广播电视公众服务，决策服务视频产品的制作，开展气候变化知识的影视科普宣传工作等。中国气象报社、气象出版社、中国气象学会秘书处开展气候变化知识平面、网络媒体和出版物、展览等科普宣传工作。

中国气象局分布在全国8个区域气象中心的专业气象研究所分别在干旱、沙漠、环境、城市环境、极端气候事件等方面开展了各具特色的气候变化研究和业务服务工作。8个区域气象中心和相关机构联合开展区域级的气候变化研究和业务，分析中国区域的气候变化规律，开展气候变化的影响评估和适应措施研究工作。省内相关业务机构和省气象科学研究所联合开展省级气候变化业务，为地方经济社会提供服务。

二、中国气象局气候变化工作进展

中国气象局努力加强对气候变化工作的组织领导，积极发展气候变化和大气成分等相关业务，推进中国气候观测系统建设，气候变化监测研究和预测预估能力稳步提高，为更好地承担应对气候变化的职责和任务奠定了很好的基础。中国气象局在应对气候变化工作方面取得的进展主要有以下8个方面：

（一）气候变化观测系统逐步完善

气候变化观测系统是气候与气候变化业务的基础。目前气象部门已初步形成天基、空基和地基相结合、门类比较齐全、布局基本合理的现代化大气综合观测系统。到2008年底，中国气象局共有国家级地面气象观测站2456个（其中自动气象站2134个），在极地建立了长城站、中山站、黄河站3个气象观测站点，以及南极冰穹A和飞鹰2个自动观测站。常规高空探测站120个，站距约200~300千米，其中7个站为全球气候观测系统探空站（GCOS站）。地面与高空组成的基本气象观测为我国提供并积累了几十年甚至上百年的地面及高空的温、湿、压、风观测数据，为气候变化评价和预估提供了长期、稳定、连续的基础数据。新一代多普勒雷达网已在各大中城市和重点气象灾害区重点铺设，目前已建成146部多普勒雷达，并将在近期基本完成158部规划任务。截至2009年底，我国已成功发射5颗静止气象卫星和5颗极轨气象卫星，目前仍有5颗在轨稳定运行，成为全球对地观测系统的重要成员。

大气成分的变化是造成气候变化的主要原因之一。中国气象局已建成由大气本底站、大气成分站、沙尘暴站和酸雨观测站等组成的我国大气成分观测网，具备网络化大气成分观测能力。由1个全球大气本底站（全球共24个），6个区域大气本底站构成大气本底观测骨干网，大气本底站已具备多种大气成分的监测分析能力，如对温室气体采样分析、NOx等反应性气体在线分析等，还对辐射、气溶胶、干湿沉降、臭氧总量等进行观测，是我国大气成分观测网的核心组成部分。青海瓦里关本底站是世界气象组织全球大气观测系统中我国唯一的全球大气本底站，也是欧亚大陆腹地唯一的全球大气本底站，自1994年成立以来一直持续稳定运行，其大气本底站观测数据已进入全球数据库，并已应用到世界气象组织发布的全球温室气体公报和IPCC报告。瓦里关、上甸子、临安和龙凤山等4个本底站进入国家级野外站系列。目前已在全国范围内建成28个大气成分站，对气溶胶等进行观测。在沙尘路径上重点布设了29个沙尘暴观测站，开展大气浊度、器测能见度、光学厚度等观测项目。334个酸雨站投入业务运行，对降水的pH值与电导率进行测定。

（二）气候变化和极端气候事件的检测归因能力显著提高

建立了近500年我国东部历史气候旱涝等级变化数据集，由此具备了对强降水和特大干旱等极端天气气候事件发生等级（几十到几百年一遇）的监测能力；建立了权威的近50年中国区域月平均气温和月降水量格点数据集，给出了我国近50年平均气温以 0.022 ℃/年速率上升的趋势，并且明确这种变暖的趋势主要是由于人类活动排放过量温室气体引起的。

研究发现，近50年中国大部分地区呈增温趋势，以北方增温最为明显。1986~2008年，我国连续出现23个暖冬。1957~2008年，我国西部、华南降水呈增加趋势，华北、东北大部降水呈减少趋势。华北大部分地区每10年减少20～40毫米，华南与西南地区每10年增加20～60毫米。1990年以来，多数年份全国年降水量高于常年，降水型呈南涝北旱分布，干旱和洪水灾害频繁发生。

（三）气候变化预估方法更加客观

中国气象局综合国内外气候模式的结果，分析了全球和中国未来30年气候要素的变化趋势和变率，初步生成了未来气候变化趋势数据集；根据区域气候模式的高分辨率中国区域模拟结果，分析了中国区域气候变化。

研究发现，未来中国的气候变暖趋势将进一步加剧。与1980~1999年平均值相比，2020年中国年平均气温将升高0.5~0.7 ℃，2050年将升高1.2~2.0 ℃，2100年将升高2.2~4.2 ℃。降水量也呈增加趋势，预计到2020年，

与1980~1999年平均值相比，全国平均年降水量略有增加，到2050年可能增加2%～5%，21世纪末全国降水增加6%～14%。降水日数在北方显著增加，南方变化大。降水变化时空变率较大。未来100年中国区域的极端天气气候事件的发生频率可能增大，将对经济社会发展和人民生活产生很大影响。这些研究成果已列入《中国气候变化国家评估报告》和《中国应对气候变化国家方案》。

（四）气候变化影响与评估更加紧扣国家需求

中国气象局非常重视气候变化对国家重大工程项目的影响评价工作。开展了"三峡工程"建设气候可行性论证、水库周边气候立体监测以及气候变化对我国大中型水库水资源的影响和水库对局地气候的反馈评价工作；评估了气候变暖背景下"青藏铁路建设工程"铁路沿线冻土带的变化趋势，为工程建设（主要是路基建设标准）提供科学依据；完成了气候变化影响下我国"南水北调工程"建设的可行性影响评价报告。中国气象局还与其他部门合作，进行了气候变化对我国冬小麦影响模拟；开展了气候变化对区域尺度水资源的影响模拟，初步建立了气候变化对水资源影响评估业务规范；开展了气候变化对我国陆地生态系统碳储存影响的模拟，分析了气候变化对中国陆地生态系统碳循环的影响。已初步生成中国区域气候变化影响数据集。与科技部、中科院联合编写和发布第一次《气候变化国家评估报告》，完成《中国气候与环境演变》、《中国西部环境演变评估》等科学评估报告，为国家可持续发展提供了有力的科技支撑。

为落实国家节能减排政策，中国气象局重点加强了风能、太阳能的调查、评估和监测，建立我国风能、太阳能资源专业观测网，引进、开发、建立适合中国气候和地形特点的高分辨率风能、资源数值模式系统，开展了我国风能、太阳能资源的详查和精细化评估工作。从2004年开始，用两年半的时间，组织全国气象部门完成全国和省（自治区、直辖市）两个层次上的风能资源普查工作。风电场发电量短期预报技术研究工作进展顺利。利用最新资料，采用半经验半理论方法，初步计算分析了全国太阳总辐射分布，并改进了我国太阳能资源区划。

此外，中国气象局还积极开展气候可行性论证工作，加强全球变暖背景下的农业和生态气候区划工作，研究适应气候变化的农业气候资源利用途径及农业生产力布局，为充分利用好风、光、热、水等气候资源提供气象服务。开展了气候变化（如高温等）对能源需求影响的研究，为电力部门及时调度电力供应提供有力支撑。

（五）为政府和公众提供有针对性的服务

中国气象局围绕气候变化的热点问题、党中央国务院和各级党委政府关注的重点问题，科学分析，及时提出高质量的决策建议，为党中央和国务院制定我国应对气候变化内政外交政策提供决策依据，得到了胡锦涛等国家领导人的肯定。2007年8月10日温家宝总理在中国气象局应对全球变化防御极端气候灾害科学分析报告《全球气候持续变暖背景下台风（飓风）形势变化及我国应对策略的调整》上批示："中国气象局这份报告提出的问题值得重视。随着世界气候的变化，台风也出现了许多新情况，防御台风的工作更为复杂。建议就此问题继续进行专题研究，并在科学分析的基础上提出更有超前性、针对性的应对方针和措施。"同时，气象局领导和专家多次为党和国家领导以及省（部委）领导人集体学习做气候变化问题科技知识报告，有效地加强了党中央和国务院对气候变化问题的关注。

此外，中国气象局还通过各种途径加强气候变化科普宣传工作，提高公众的意识。组织编写一系列气候变化及气象灾害防御的科普宣传画册，如《气候变化——人类面临的挑战》、《应对气候变化——中国在行动》（中、英、法三种版本）、《气候变化40问》、《气候变化高端访谈》、灾害性天气气候图集等，制作了影视系列片，如《气候变化释疑》、《气候变化——中国在行动》（中、英、法、西四种语言版本）等。利用影视媒体，组织播放气候变化专题科普片；在中央级平面和网络媒体上开设气候变化科普专栏，发表系列科普文章。努力在教育、培训工作中纳入气候变化科普教育内容，连续几年举办气候变化专题国际国内培训班或报告会，提高决策者和公众认识水平。

（六）充分发挥跨部门委员会协调咨询作用

落实胡锦涛总书记等党中央和国务院领导批示精神，积极推进气候变化专家委员会工作，为我国政府制定应对气候变化相关战略方针、政策法规和措施提供咨询建议。2006年8月经国家气候变化对策协调小组全会审议正式成立了国家气候变化专家委员会，挂靠中国气象局。专家委员会自成立以来受到了国内外广泛关注，英、德等国驻华使馆及重要科研团体主动提出与专家委员会进行交流；与美国亚洲协会联合召开了“中美能源与气候变化合作研讨会”、赴印度与IPCC主席帕丘瑞博士领导的印度能源与资源研究所召开中印气候变化应对与合作研究研讨会。同时，专家委员会还就IPCC第四次评估报告对未来气候变化走向、国际气候变化谈判及中国应对气候变化的可能影响等气候变化热点问题，为国家应对气候变化建言献策。2010年，中国气象局与国家发改委联合组建了第二届气候变化专家委员会。新一届专家委员共31人，其中院士15位，由大气、海洋、水文、地质、地理、生态、林业、能源、交通、建筑、经济、法律以及国际关系等诸多领域的院士和高级专家组成。

积极发挥国家气候变化专家委员会的作用，协调、指导、促进我国气候工作持续健康发展。根据国家需求并瞄准国际气候领域科技和业务发展趋势，编制了《中国国家气候计划纲要》以及气候资料与监测、气候影响评价和响应对策、气候研究和气候应用与服务等专项规划（与国际相应的四大科学计划紧密接轨），在防灾减灾、经济建设、社会发展和国防建设中发挥重要作用。

积极发挥全球气候观测系统计划中国委员会的作用，着眼于气候和气候变化工作需求，与六部委联合制定和下发了《中国气候观测系统计划及其实施方案》，本着统一标准、分步推进、分部门实施的原则，指导各部门加强集约化建设，促进资料共享，为我国气候观测系统建设提供了支撑。

（七）积极推进国内IPCC工作并取得可喜进展

自1988年政府间气候变化专门委员会（IPCC）成立以来，中国气象局作为IPCC的国内牵头单位，充分发挥了总体协调作用。密切跟踪IPCC工作的国际动向，制定我国参与IPCC活动的工作方针，并向党中央和国务院及时报告有关动态和对策建议；组团参加了IPCC历次全会和主席团会议，阐述我国关于气候变化科学评估的基本立场，在重大问题上反映我国政府的意见和建议；积极推荐和支持我国优秀科学家作为主要作者和撰稿人参加所有报告的编写，在IPCC第四、五次评估报告的编写工作中，分别有28位和44位中国科学家担任主要作者，在IPCC评估报告中充分地反映了我国科学家的科研成果；成功推荐秦大河院士担任IPCC第四、第五次评估报告第一工作组的联合主席，确保我国在IPCC工作中的发言权；认真组织对IPCC历次报告进行专家和政府评审，向IPCC秘书处反馈我国专家和政府的评审意见。通过上述活动，维护了我国和广大发展中国家的利益。

（八）气候变化科学研究工作取得重要进展

中国气象局近年来承担了“全球环境变化对策与支撑技术研究”、“全球与中国气候变化的检测和预测”、“气候变化国家评估报告编制的关键科学问题”、“中国大气气溶胶及其气候效应的研究”等国家重大科技计划项目。在中国古气候研究的一些领域，特别是千年到万年时间尺度上古气候研究和世界保持同步发展；自主研发的短期气候预测系统获得了国家科技进步一等奖，且目前已用于气候预测业务；开发的全球海气耦合模式首次进入IPCC第四次评估报告，是全球23个模式之一；在IPCC第四次评估报告科学引文中，中国气象局专家的论文引用次数位居中国作者引文数首位。目前，气象部门的区域气候模式空间分辨率已从60千米提高到了30千米，可做更精细的模拟和研究气候系统各圈层之间的反馈。

国际宣言和公约

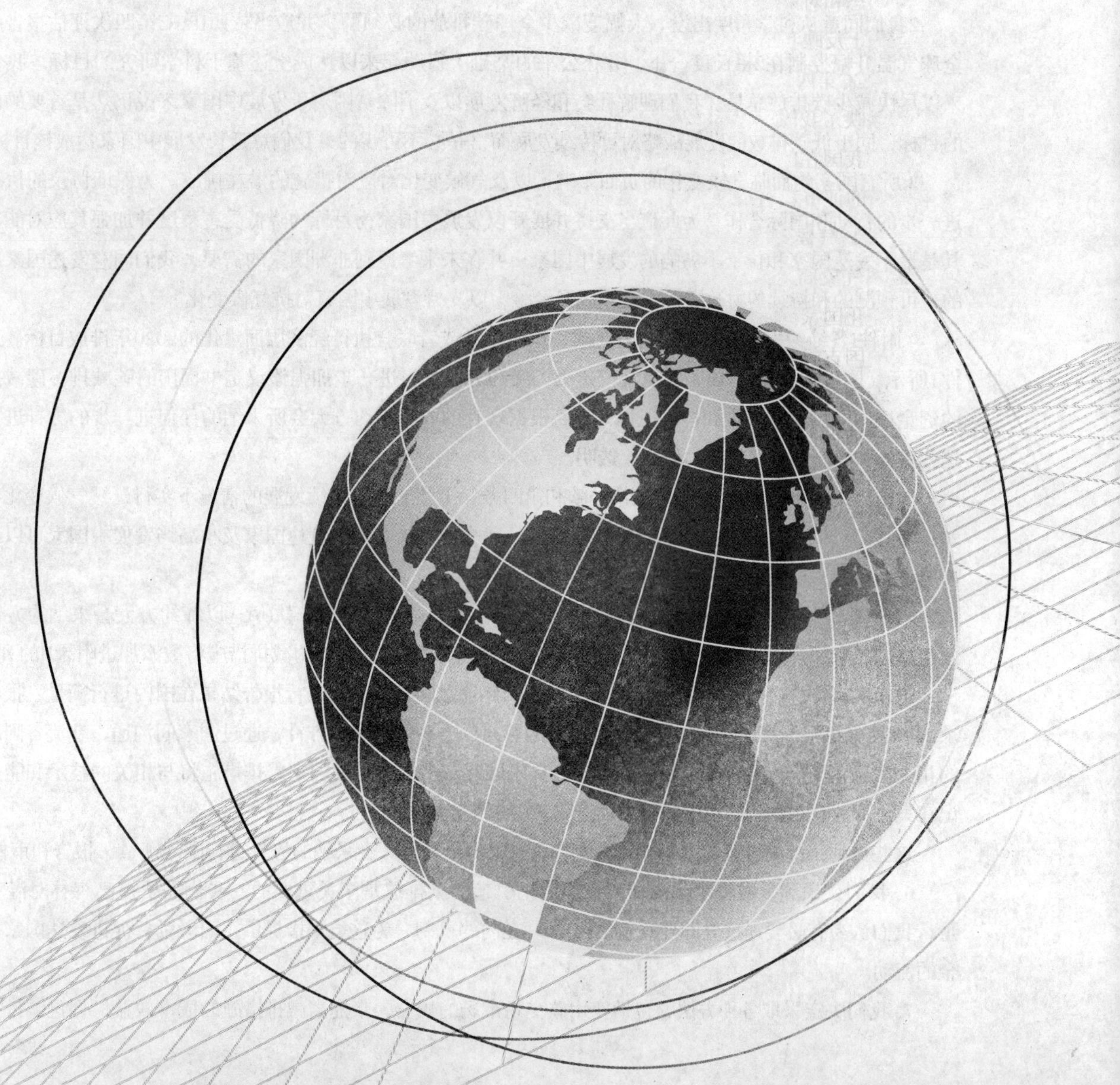

哥本哈根协议

发表于2009年12月19日哥本哈根

各国领导人、政府首脑、官员，以及其他在哥本哈根出席联合国2009年气候变化会议的代表：

为最终达成如本协议第二款所述的会议目标，在会议原则和愿景的指引下，考虑到两个特别工作组的工作成果，我们同意特别工作组关于长期合作行动的x/CP.15号决议，以及继续按照特别工作组x/CMP.5号决议要求，履行附录一根据京都议定书列出的各方义务。

我们同意此哥本哈根协议，并立即开始执行。

1.我们强调，气候变化是我们当今面临的最重大挑战之一。我们重申对抗气候变化的强烈政治意愿，以及“共同但区别”的原则。为最终达成稳定温室气体在大气中的浓度以及防止全球气候继续恶化的会议目标，我们在认识到全球气候升高不应超过2摄氏度的科学观点后，在公正和可持续发展的基础上，必须加强长期合作以对抗气候变化。我们认识到气候变化的重大影响，以及对一些受害尤其严重的国家的应对措施的潜在影响，并强调建立一个全面的应对计划并争取国际支持的重要性。

2我们同意从科学角度出发，大幅度减少全球碳排放的必须的，并应当依照IPCC第四次评估报告所述愿景，将全球气温升幅控制在2摄氏度一下，并在公平的基础上行动起来以达成上述基于科学研究的目标。我们应对合作起来以尽快减少碳排放总量。我们理解社会和经济发展以及消除贫困对于发展中国家来说仍然是首要的以及更为重要的目标，同事低碳排放的发展战略对可持续发展而言是必不可少的，我们意延长发展中国家达成该目标的时间。

3.所有国家均面临气候变化的负面影响，以及气候变化对应对措施的潜在挑战。为保证协议的执行，我们亟需进一步的行动和国际合作，为此应当支持并展开以发展中国家为目标的降低受害程度并加强其应对能力的行动，尤其是最不发达国家和位于小岛屿的发展中国家，并在未来考虑到非洲国家的需要，我们同意发达国家应当提供充足的、可预测的和持续的财政资源。技术以及经验，以支持发展中国家对抗气候变化。

4.附件I各缔约方在2010年2月1日之前，承诺单独或者联合执行经济层面量化的2020年排放目标。这些目标如附件1所示。附件I国家中，属于《京都议定书》缔约方的都将进一步加强该议定书提出的碳减排。碳减排和发达国家的资金援助的测量。报告和核实工作，都将根据现存的或者缔约方大会所采纳的任何进一步的方针进行，并将确保这些目标和融资的计算精确、健全、透明。

5. 附录I非缔约方将根据第四条第一款和第四条第七款、在可持续发展的情况下实行延缓气候变化举措，包括在2010年1月31日之前按照附录II所列格式向秘书处递交的举措。最不发达国家及小岛屿发展中国家可以在得到扶持的情况下，自愿采取行动。

附录I非缔约方采取的和计划采取的减排措施应根据第十二条第一款(b)，以缔约方大会采纳的方针为前提，每两年通过国家间沟通来交流。这些通过国家间沟通或者向秘书处报告的减排措施将被添加进附录II的列表中。

附录I非缔约方采取的减排措施将需要对每两年通过国家间沟通进行报告结果在国内进行衡量、报告和审核。附录I非缔约方将根据那些将确保国家主权得到的尊重的、明确界定的方针，通过国家间沟通，交流各国减排措施实施的相关信息，为国际会议和分析做好准备。寻求国际支持的合适的国家减排措施将与相关的技术和能力扶持一起登记在案。那些获得扶持的措施将被添加进附录II的列表中。

这些得到扶持的合适的国家减排措施将有待根据缔约方大会采纳的方针进行国际衡量、报告和审核。

6. 我们认识到，减少滥伐森林和森林退化引起的碳排放是至关重要的，我们需要提高森林对温室气体的清除量，我们认为有必要通过立即建立包括REDD+在内的机制，为这类举措提供正面激励，促进发达国家提供的援助资金的流动。

7. 我们决定采取各种方法，包括使用碳交易市场的机会，来提高减排措施的成本效益，促进减排措施的实行；

应该给发展中国家提供激励，以促使发展中国家实行低排放发展战略。

8. 在符合大会相关规定的前提下，应向发展中国家提供更多的、新的、额外的以及可预测的和充足的资金，并且令发展中国家更容易获取资金，以支持发展中国家采取延缓气候变化的举措，包括提供大量资金以减少滥砍滥伐和森林退化产生的碳排放(REDD+)、支持技术开发和转让、提高减排能力等，从而提高该协定的执行力。

发达国家所作出的广泛承诺将向发展中国家提供新的额外资金，包括通过国际机构进行的林业保护和投资、在2010年至2012年期间提供300亿美元。对于那些最容易受到冲击的发展中国家如最不发达国家、小岛屿发展中国家以及非洲国家而言，为该协定的采用提供融资支持将是最优先的任务。

在实际延缓气候变化举措和实行减排措施透明的背景下，发达国家承诺在2020年以前每年筹集1000亿美元资金用于解决发展中国家的减排需求。这些资金将有多种来源，包括政府资金和私人资金、双边和多边筹资，以及另类资金来源。多边资金的发放将通过实际和高效的资金安排，以及为发达国家和发展中国家提供平等代表权的治理架构来实现。此类资金中的很大一部分将通过哥本哈根绿色气候基金(Copenhagen Green Climate Fund)来发放。

9. 最后，为达成这一目标，一个高水准的工作小组将在缔约方会议的指导下建立并对会议负责，以研究潜在资金资源的贡献度，包括另类资金来源。

10. 我们决定，应该建立哥本哈根气候基金，并将该基金作为缔约方协议的金融机制的运作实体，以支持发展中国家包括REDD+、适应性行动、产能建设以及技术研发和转让等用于延缓气候变化的方案、项目、政策及其他活动。

11. 为了促进技术开发与转让，我们决定建立技术机制(Technology Mechanism)，以加快技术研发和转让，支持适应和延缓气候变化的行动。这些行动将由各国主动实行，并基于各国国情确定优先顺序。

12. 我们呼吁，在2015年结束以前完成对该协议及其执行情况的评估，包括该协议的最终目标。这一评估还应包括加强长期目标，比如将全球平均气温升幅控制在1.5摄氏度以内等。

草案决议–/CP.15

按照公约特设工作组长期合作行动的努力成果。

主席提议

缔约国大会。

回顾大会决议1/CP.13。

1.决定扩大长期合作行动特设工作组的工作范围，以确保其能够继续以具有法律效力文件的形式尽快向缔约国大会第16次会议提交工作成果。

2. 要求长期合作行动特设工作组继续吸收缔约国大会第16次会议上提交的AWG–LCA的成果，以及缔约国在此基础上从事的工作。

3.要求下一届缔约国大会主办国进行全面、透明的磋商，以便找出让缔约国大会第16次会议取得成功的最有效谈判过程。

草案决议–/CMP.5

为京都议定书附件I缔约方进一步承诺减排努力的特别工作小组（以下称特别工作小组）的工作成果。

主席提议

缔约方大会替代京都议定书缔约方会议。

回顾决议1/CMP.1。

决定确保京都议定书第一和第二承诺期可以衔接。

承认附件I缔约方将要继续在对抗气候变化方面起领头作用。

1.欢迎特别工作小组依照京都议定书努力达到1/CMP.1.所取得的进展。

2.要求特别工作小组递送会议所采用的结果，要起到京都议定书第六次会议的同样作用。

3.要求特别工作小组引导其第十次会议的草案，使其起到京都议定书第五次会议的同样作用。

4.命令下一次替代京都议定书缔约方会议的缔约方大会的主办国，为确保CMP6的成功，要承办大量的、透明的会议，使得谈判过程的效率达到最高。

附表1　与会方承诺减排信息

与会方	承诺细节		承诺状态	是否包括土地利用、土地利用变化和林业（LULUCF）	机制引入
	2020年减排范围	参照年			
澳大利亚	5%-15%或25%	2000	官方宣布	是	是
白俄罗斯	5%-10%	1990	考虑中	是	量化限制和减排目标（QELROs）依据具体条件而定
加拿大	20%	2006	官方宣布	初步定为2006年总排放量的2%到-2%	无重要使用
克罗地亚[a]	5%	1990	考虑在	是	待定
欧盟[b]	20%-30%	1990	立法通过	若减排为20%则不包括；若减排为30%则在-3%到3%之间	初步估计：若减排20%则为4%若减排30%则为9%
冰岛	15%	1990	官方宣布	可观贡献	限制机制使用
日本	25%	1990	官方宣布	初步定为1990年排放量的1.5%至-2.9%	待定
哈萨克斯坦	15%	1992	官方宣布	待定	待定
列支敦士登	20%-30%	1990	官方宣布	否	10%-40%
摩纳哥	20%	1990	官方宣布	否	是
新西兰	10%-20%	1990	官方宣布	是	是
挪威	30%-40%	1990	官方宣布	约6%	是
俄罗斯	15%-25%	1990	官方宣布	待定	待定
瑞士	20%-30%	1990	官方宣布	是（根据现有计算规）	初步估计，若减排20%则为36%，若减排30%则为42%
乌克兰	20%	1990	考虑中	待定	是
美国	14%-17%	2005	考虑中	是	是

a根据决议7/CP.12的计算，相对基准减排5%等同于2020年相对1990年减排6%。

b欧共体总排放量包括：受京都议定书第四条款约束的15个成员国，以及其余协定附件一包括的成员国。

发展中国家自愿减排承诺

序号	国　家	目　标
1	巴西	到2020年按BAU消减排放36.1%-38.9%
2	中国	到2020年在2005年水平上消减碳密度40%-45%
3	哥斯达黎加	到2021年实现碳中立
4	印度	到2020年在2005年水平上消减碳密度20%-25%
5	印度尼西亚	到2020年单方按BAU消减排放26%，在国际支援下消减41%
6	马尔代夫	到2019年实现碳中立
7	墨西哥	到2050年在2000水平上消减排放50%
8	菲律宾	在1990年水平上消减排放50%（未透露实现该目标的具体时间）
9	朝鲜	至2020年消减排放低于2005年水平4%或按BAU水平消减30%（单方）
10	新加坡	到2020年按BAU水平消减排放16% 到2020年按BAU水平消减排放34%
11	南非	到2025年消减42%（都将在得到支援的情况下实现）

注：1.除了印度尼西亚、朝鲜和南非以外，尚未知其他国家是在国际支援的情况下还是利用国内资源兑现承诺。
2.该信息来自媒体渠道，尚未得到上述国家政府的确认。

《联合国气候变化框架公约》之《京都议定书》

发布日期：1998年5月29日
执行日期：1998年5月29日
中国于1998年5月29日签署

本议定书各缔约方，作为《联合国气候变化纲要公约》(以下简称《公约》)缔约方，为实现《公约》第二条所述的最终目标，回顾《公约》的各项规定，在《公约》第三条的指导下，按照《公约》缔约方会议第一届会议在第I/CP.1号决定中通过的"柏林授权"，兹协议如下：

第一条　定义

为本议定书的目的，《公约》第一条所载定义应予适用，此外：

1. “缔约方会议”指《公约》缔约方会议。

2. “公约”指1992年5月9日在纽约通过的《联合国气候变化纲要公约》。

3. “政府间气候变化专门委员会”指世界气象组织和联合国环境规划署1988年联合设立的政府间气候变化专门委员会。

4. “蒙特利尔议定书”指1987年9月16日在蒙特利尔通过、后经调整和修正的《关于消耗臭氧层物质的蒙特利尔议定书》。

5. “出席并参加表决的缔约方”指出席会议并投赞成票或反对票的缔约方。

6. “缔约方”指本议定书缔约方，除非文中另有说明。

7. “附件一所列缔约方”指《公约》附件一所列缔约方，包括可能作出的修正，或指根据《公约》第四条第2款(g)项作出通知的缔约方。

第二条　政策与措施

附件一所列每一缔约方，在实现第三条所述关于其量化的限制和减少排放的承诺时，为促进可持续发展，应：

a. 根据本国情况执行和／或进一步制订政策和措施，诸如：

（一）增强本国经济有关部门的能源效率；

（二）保护和增强《蒙特利尔议定书》未予管制的温室气体的汇和库，同时考虑到其依有关的国际环境协议作出的承议；促进可持续森林管理的做法、造林和再造林；

（三）在考虑到气候变化的情况下促进可持续农业方式；

（四）研究、促进、开发和增加使用新能源和可再生的能源、二氧化碳固定技术和有益于环境的先进的创新技术；

（五）逐渐减少或逐步消除所有造成温室气体排放部门违背《公约》目标的市场缺陷、财政激励、税收和关税免除及补贴，并采用市场手段；

（六）鼓励有关部门的适当改革，旨在促进用以限制或减少《蒙特利尔议定书》未予管制的温室气体的排放政策和措施；

（七）在运输部门采取措施以限制和／或减少《蒙特利尔议定书》未予管制的温室气体排放；

（八）透过废弃物管理以及能源生产、运输和分配中的回收和使用以限制和/或减少甲烷的排放；

b. 根据《公约》第四条第2款(e)项第(i)目，同其它此类缔约方合作，以增强它们依本条通过的政策和措施的个别和合作的有效性。为此目的，这些缔约方应采取步骤分享它们关于这些政策和措施的经验并交流信息，包括设法改进这些政策和措施的可比性、透明度和有效性，作为本议定书缔约方会议的《公约》缔约方会议，应在第一届会议上或在此后一旦实际可行时，审议便利这种合作的方法，同时考虑到所有相关信息。

2. 附件一所列缔约方应分别透过国际民用航空组织和国际海事组织作出努力，谋求限制或减少航空和航海舱载燃料产生的《蒙特利尔议定书》未予管制的温室气体的排放。

3. 附件一所列缔约方应以下述方式努力履行本条中所指政策和措施，即最大限制地减少各种不利影响，包括对气候变化的不利影响、对国际贸易的影响、以及对其它缔约方－尤其是开发中国家缔约方和《公约》第四条第8款和第9款中所特别指明的那些缔约方的社会、环境和经济影响，同时考虑到《公约》第三条。作为本议书定缔约方会议的《公约》缔约方会议可以酌情采取进一步行动促进本款规定的实施。

4. 作为本议定书缔约方会议的《公约》缔约方会议如断定就上述第1款(a)中所指任何政策和措施进行协调是有益的，同时考虑到不同的国情和潜在影响，应就阐明协调这些政策和措施的方式和方法进行审议。

第三条　量化的限制和减少排放的承诺

1. 附件一所列缔约方应个别地或共同地确保其在附件A中所列温室气体的人为二氧化碳当量排放总量不超过按照附件B中量化的限制和减少排放的承诺以及根据本条规定所计算的分配数量，以使其在2008年至2012年承诺期内这些气体的全部排放量从1990年水平至少减少5%。

2. 附件一所列每一缔约方到2005年时，应在履行其依本议定书规定的承诺方面作出可予证实的进展。

3. 自1990年以来直接由人引起的土地利用变化和林业活动－限于造林、重新造林和砍伐森林－产生的温室气体源的排放和汇的清除方面的净变化，作为每个承诺期碳贮存方面可查核的变化来衡量，应用以实现附件一所列每一缔约方依本条规定的承诺。与这些活动相关的温室气体源的排放和汇的清除，应以透明且可查核的方式作出报告，并依第七条和第八条予以审评。

4. 在作为本议定书缔约方会议的《公约》缔约方会议第一届会议之前，附件一所列每缔约方应提供数据供附属科技咨询机构审议，以便确定其1990年的碳贮存并能对其以后各年的碳贮存方面的变化作出估计。作为本议定书缔约会议的《公约》缔约方会议，应在第一届会议或在其后一旦实际可行时，就涉及与农业土壤和土地利用变化和林业类各种温室气体源的排放和各种汇的清除方面变化有关的哪些因人引起的其它活动，应如何加到附件一所列缔约方的分配数量中或从中减去的方式、规则和指南作出决定，同时考虑到各种不确定性、报告的透明度、可查核性、政府间气候变化专门委员会方法学方面的工作、附属科技咨询机构根据第五条提供的咨询意见以及《公约》缔约方会议的决定。此项决定应适用于第二个和以后的承诺期。一缔约方可为其第一个承诺期这些额外的因人引起的活动选择适用此项决定，但这些活动须自1990年以来已经进行。

5. 其基准年或基准期系根据《公约》缔约方会议第二届会议第9/CP.2号决定确定的，附件一所列的正在向市场经济过渡缔约方，为履行其依本条规定的承诺，应使用该基准年或基准期，正在向市场经济过渡但尚未依《公约》第十诺，应使用该基准年或基准期，正在向市场经济过渡但尚未依《公约》第十二条提交其第一次国家通讯的附件一所列任何其它缔约方，也可通知作为本议定书缔约方会议的《公约》缔约方会议，它有意为履行其依本条规定的承诺使用除1990年以外的某一历史基准年或基准期。作为本议定书缔约方会议的《公约》缔约方会议应就此种通知的接受与否作出决定。

6. 考虑到《公约》第四条第6款，作为本议定书缔约方会议的《公约》缔约方会议，应允许附件一所列的正在向市场经济过渡的缔约方在履行其除本条规定的那些承诺以外的承诺方面有一定程度的灵活性。

7. 在从2008年至2012年第一个量化的限制和减少排放的承诺期内，附件一所列每个一缔约方的分配数量应等于在附件B中对附件A所列温室气体在1990年或按照上述第5款确定的基准年或基准期内其人为二氧化碳当量的排放总量所载的其百分比乘以5。土地利用变化和林业对其构成1990年温室气体排放净源的附件一所列那些缔约方，为计算其分配数量的目的，应在它们1990年排放基准年或基准期计入各种源的人为二氧化碳当量排放总量减去1990年土地利用变化产生的各种汇的清除。

8. 附件一所列任一缔约方，为上述第7款所指计算的目的，可使用1995年作为其氢氟碳化物、全氟化碳和六氟化硫的基准年。

9. 附件一所列缔约方对以后期间的承诺应在本议定书附件B的修正中加以确定，此类修正应根据第二十一条第7款的规定予以通过。作为本议定书缔约方会议的《公约》缔约方会议应至少在上述第1款中所指第一个承诺期结束之前七年开始审议此类承诺。

10. 一缔约方根据第六条或第十七条的规定从另一缔约方获得的任何减少排放单位或一个分配数量的任何部分，应计入获得缔约方的分配数量。

11. 一缔约方根据第六条和第十七条的规定转让给另一缔约方的任何减少排放单位或一缔约方根据第六条和第十七条的规定转让给另一缔约方的任何减少排放单位或一个分配数量的任何部分，应从转让缔约方的分配数中减去。

12. 一缔约方根据第十二条的规定从另一缔约方获得任何经证明的减少排放，应记入获得缔约方的分配数量。

13. 如附件一所列一缔约方在一承诺期内的排放少于其依本条确定的分配数量，此种差额，应该缔约方要求，应记入该缔约方以后的承诺期的分配数量。

14. 附件一所列每一缔约方应以下述方式努力履行上述第一款的承诺，即最大限度地减少对开发中国家缔约方，尤其是《公约》第四条第8款和第9款所特别指明的那些缔约方不利的社会、环境和经济影响。依照《公约》缔约方会议关于履行这些条款的相关决定，作为本议定书缔约方会议的《公约》缔约方会议，应在第一届会议上审议可采取何种必要行动以尽量减少气候变化的不利后果和／或对应措施对上述条款中所指缔约方的影响，须予审议的问题应包括资金筹措、保险和技术转让。

第四条　共同履行承诺

1. 凡订立协议共同履行其依第三条规定的承诺的附件一所列任何缔约方，只要其依附件A中所列温室气体的合并的人为二氧化碳当量排放总量不超过附件B中所载根据其量化的限制和减少排放的承诺和根据第三条规定所计算的分配数量，就应被视为履行了这些承诺，分配给该协议每一缔约方的各自排放水平应载明于该协议。

2. 任何此类协议的各缔约方应在它们交存批准、接受或核准本议定书或加入本议定书之日将该协议内容通知秘书处。其后秘书处应将该协议内容通知《公约》缔约方和签署方。

3. 任何此类协议应在第三款第7款所指承诺期的持续期间内继续实施。

4. 如缔约方在某区域经济一体化组织的框架内并与该组织一起共同行事，该组织的组成在本议定书通过后的任何变动不应影响依本议定书规定的现有承诺。该组织在组成上的任何变动只应适用于那些继该变动后通过的依第三款规定的承诺。

5. 一旦该协议的各缔约方未能达到它们的整体合并减少排放水平，此类协议的每一缔约方应对该协议中载明的其自身的排放水平负责。

6. 如缔约方在一个本身为议定书缔约方的区域经济一体化组织的框架内并与该组织一起共同行事，该区域经济一体化组织的每一成员国单独地并与按照第二十四条行事的区域经济一体化组织一起，如未能达到总体合并减少排放水平，则应对依本条所通知的其排放水平负责。

第五条　方法问题

1. 附件一所列每一缔约方，应在不晚于第一个承诺期开始前一年，确立一个国家层级系统来估算《蒙特利尔议定书》未予管制的所有温室气体的各种源的人为排放和各种汇的清除。下述第2款所指方法学的此类国家系统的指南，应由作为本议定书缔约方会议的《公约》缔约方会议第一届会议予以决定。

2. 估算《蒙特利尔议定书公约》未予管制的所有温室气体的各种源的人为排放和各种汇的清除的方法学，应是由政府间气候变化专门委员会所接受并经《公约》缔约方会议的《公约》缔约方会议第一届会议所议定的方法学作出适当调整。作为本议定书缔约方会议的《公约》缔约方会议，除其它外，应基于政府气候变化专门委员会的工作和附属科技咨询机构提供的咨询意见，定期审评和酌情修订这些方法学的任何修订或调整，应只用于为了在继该修订后通过的任何承诺期内确定依第三条规定的承诺的遵守情况。

3. 用以计算附件A所列温室气体的各种源的人为排放和各种汇的清除的全球升温潜能值，应是由政府间气候变化专门委员会所接受并经《公约》缔约方会议第三届会议所议定者。作为本议定书缔约方会议的《公约》缔约方会议，除其它外，应基于政府间气候变化专门委员会的工作和附属科技咨询机构提供的咨询意见，定期审议和酌情修订每种此类温室气体的全球升温潜能值，同时充分考虑到《公约》缔约方会议作出的任何有关决定。对全球升温潜能值的任何修订，应只适用于继该修订后所通过的任何承诺期依第三条规定的承诺。

第六条　减少排放单位的转移和获得（联合履约）

1. 为履行第三条的承诺的目的，附件一所列任一缔约方可以向任何其它此类缔约方转让或从它们获得由任何经济部门旨在减少温室气体的各种源的人为排放或增强各种汇的人为清除项目所产生的减少排放单位，但：

a. 任何此类项目须经有关缔约方批准；

b. 任何此类项目须能减少源的排放，或增强汇的清除，这一减少或增强对任何以其它方式发生的减少或增强是额外的；

c. 缔约方如果不遵守其依第五条和第七条规定的义务，则不可以获得任何减少排放单位；

d. 减少排放单位的获得应是对为履行依第三条规定的承诺而采取的本国行动的补充。

2. 作为本议定书缔约方会议的《公约》缔约方会议，可在第一届会议或在其后一旦实际可行时，为履行本条，包括为核查和报告进一步制订指南。

3. 附件一所列一缔约方可授权法律实体在该缔约方的负责下参加可导致依本条产生、转让或获得减少排放单位的行动。

4. 如依第八款的有关规定查明附件一所列一缔约方履行本条所指的要求有问题，减少排放单位的转让和获得可在查明问题后继续进行，但在任何遵守问题获得解决之前，一缔约方不可使用任何减少排放单位来履行其依第三条的承诺。

第七条　信息通报

1. 附件一所列每一缔约方应在其根据《公约》缔约方会议的相关决定提交的《蒙特利尔议定书》未予管制的温室气体的各种源的人为排放和各种汇的清除的年度清单内，载列将根据下述第4款确定的为确保遵守第三条的目的而必要的补充信息。

2. 附件一所列每一缔约方应在其依《公约》第十二条提交的国家通讯中载列根据下述第4款确定的必要补充信息，以示其遵守本议定书所规定承诺的情况。

3. 附件一所列每一缔约方应自本议定书对其生效后的承诺期第一年根据《公约》提交第一次清单始，每年提交上述第1款所要求的信息。每一此类缔约方应提交上述第2款所要求的信息，作为在本议定书对其生效后和在依下述第4款规定通过指南后应提交的第一次国家通讯的一部分。其后提交本条所要求的信息的频过指南后应提交的第一次国家通讯的一部分。其后提交本条所要求的信息的频率，应由作为本议定书缔约方会议的《公约》缔约方会议予以确定，同时考虑到《公约》缔约方会议就提交国家通讯所决定的任何时间表。

4. 作为本议定书缔约方会议的《公约》缔约方会议，应在第一届会议上通过并在其后定期审评编制本条所要求信息的指南，同时考虑到《公约》缔约方会议通过的附件一所列缔约方编制国家通讯的指南。作为本议定书缔约方会议的《公约》缔约方会议，还应在第一个承诺期之前就计算分配数量的方式作出决定。

第八条　信息的审查

1. 附件一所列每一缔约方依第七条提交的国家通讯，应由专家审评组根据《公约》缔约方会议相关决定并依照作为本议定书缔约方会议的《公约》缔约方会议依下列第4款为此目的所通过的指南予以审评。附件一所列每一缔约方依第七条第1款提交的信息，应作为排放清单和分配数量的年度汇编和计算的一部分予以审评。此外，附件一所列每一缔约方依第七条第2款提交的信息，应作为信息通报审评的一部分予以审评。

2. 专家审评组应根据《公约》缔约方会议为此目的提供的指导，由秘书处进行协调，并由从《公约》缔约方和在适当情况下政府间组织提名的专家中遴选出的成员组成。

3. 审评过程应对一缔约方履行本议定书的所有方面作出彻底和全面的技术评估。专家审评组应编写一份报告提交作为本议定书缔约方会议的《公约》缔约方会议，在报告中评估该缔约方履行承诺的情况并指明在实现承诺方面任何潜在问题以及影响实现承诺的各种因素。此类报告应由秘书处分送《公约》的所有缔约方，秘书处应列明此类报告中指明的任何履行问题，以供作为本议定书缔约方会议的《公约》缔约方会议予以进一步审议。

4. 作为本议定书缔约方会议的《公约》缔约方会议，应在第一届上通过并在其后定期审评关于由专家审评组审评本议定书履行情况的指南，同时考虑到《公约》缔约方会议的相关决定。

5. 作为本议定书缔约方会议的《公约》缔约方会议，应在附属履行机构并酌情在附属科技咨询机构的协助下审议：

a. 缔约方按照第七条提交的信息和按照本条进行的专家审评的报告；

b. 秘书处根据上述第3款列明的那些履行问题，以及缔约方提出的任何问题。

6. 根据对上述第5款所指信息的审议情况，作为本议定书缔约方会议的《公约》缔约方会议，应就任何事项作出为履行本议定书所要求的决定。

第九条　本议定书的审评

1. 作为本议定书缔约方会议的《公约》缔约方会议，应参照可以得到的关于气候变化及其影响的最佳科学信息和评估，以及相关的技术，社会和经济信息，定期审评本议定书。这些审评应同依《公约》、特别是《公约》第四条第2款(d)和第七条第2款(a)项所要求的那些相关审评进行协调。在这些审评的基础上，作为本议定书缔约方会的《公约》缔约方会议应采取适当行动。

2. 第一次审评应在作为本议定书缔约方会议的《公约》缔约方会议第二届会议上进行，进一步的审评应定期适时进行。

第十条　继续维持现有承诺的履行

所有缔约方，考虑到它们的共同但有区别的责任以及它们特殊的国家和区域发展优先级、目标和情况，在不对未列入附件一的缔约方引入任何新的承诺、但重申依《公约》第四条第1款规定的现有承诺并继续促进履行这些承诺以实现可持续发展的情况下，考虑到《公约》第四条第3款、第5款和第7款，应：

1. 在相关时并在可能范围内，制订符合成本效益的国家的方案以及在适当情况下区域的方案，以改进可反映每一缔约方社会经济状况的地方排放因素、活动数据和／或模式的质量，用以编制和定期更新《蒙特利尔议定书》未予管制的温室气体的各种源的人为排放和各种汇的清除的国家清单，同时采用将由《公约》缔约方会议议定的可比方法，并与《公约》缔约方会议通过的国家通讯编制指南相一致；

2. 制订、执行、公布和定期更新载有减缓气候变化措施和有利于充分适应气候变化措施的国家方案以及在适当情况下的区域方案：

a. 此类方案，除其它外，将涉及能源、运输和工业部门以及农业、林业和废弃物管理。此外，旨在改进地区规划的适应技术和方法也可改善对气候变化的适应；

b. 附件一所列缔约方应根据第七条提交依本议定书采取的行动，包括国家方案的信息；其它缔约方应努力酌情在它们的国家通讯中列入载有缔约方认为有助于对付气候变化及其不利影响的措施，包括减缓温室气体排放的增加以及增强汇和汇的清除、能力建设和适应措施的方案的信息；

3. 合作促进有效方式用以开发、应用和传播与气候变化有关的有益于环境的技术、专有技术、做法和过程，并采取一切实际步骤促进、便利和酌情资助将此类技术、专有技术、做法和过程特别转让给开发中国家或使它们有机会获得，包括制订政策和方案，以便利有效转让公有或公共支配的有益于环境的技术，并为私有部门创造有利环境以促进和增进转让以及获得有益于环境的技术；

4. 在科学技术研究方面进行合作，促进维持和发展有系统的观测系统并发展数据库，以减少与气候系统相关的不确定性、气候变化的不利影响各种应对策略的经济和社会后果，并促进发展和加强本国能力以参与国际及政府间关于研究和系统观测方面的努力、方案和网络、同时考虑到《公约》第五条；

5. 在国际层级合作并酌情利用现有机构，促进拟订和实施教育及培训方案，包括加强本国能力建设，特别是加强人才和机构能力、交流或调派人员培训这一领域的专家，尤其是培训发展中国家的专家，并在国家层级促进公众意识和促进公众获得有关气候变化的信息，应发展适当方式通过《公约》的相关机构实施这些活动，同时考虑到《公约》第六条；

6. 根据《公约》缔约方会议的相关决定，在国家通讯中列入按照本条进行的方案和活动；

7. 在履行依本条规定的承诺方面，充分考虑到《公约》第四条第8款。

第十一条　资金机制

1. 在履行第十条方面，缔约方应考虑到《公约》第四条第4款、第5款、第7款、第8款和第9款的规定。

2. 在履行《公约》第四条第1款的范围内，根据《公约》第四条第3款和第十一条的规定，并通过受托经营《公约》资金机制的实体，《公约》附件二所列已开发国家缔约方和其它已开发缔约方应：

a. 提供新的和额外的资金，以支付经议定的开发中国家为促进履行第十条(a)项所述《公约》第四条第1款(a)项规定的现有承诺而招致的全部费用；

b. 并提供开发中国家缔约方所需要的资金，包括技术转让的资金，以支付经议定的为促进履行第十条所述依《公约》第四条第1款规定的现有承诺并经一开发中国家缔约方与《公约》第十一条所指那个或那些国际实体根据该条议定的全部增加费用。

这些现有承诺的履行应考虑到资金流量应充足和可以预测的必要性，以及已开发国家缔约方间适当分摊负担的重要性。《公约》缔约方会议相关决定中对受托经营《公约》资金机制的实体所作的指导，包括本议定书通过之前议定的那些指导，应比照适用于本款的规定。

3. 《公约》附件二所列已开发国家缔约方和其它已开发缔约方也可以通过双边、区域和其它多边管道提供并由开发中国家缔约方获取履行第十条的资金。

第十二条　清洁发展机制

1. 兹此确定一种清洁发展机构。

2. 清洁发展机制的目的是协助未列入附件一的缔约方实现可持续发展和有益于《公约》的最终目标，并协助附件一所列缔约方实现遵守第三条规定的其量化的限制和减少排放的承诺。

3. 依清洁发展机制：

a. 未列入附件一的缔约方将获益于产生经证明减少排放项目活动；

b. 附件一所列缔约方可以利用通过此种项目活动获得的经证明的减少排放，促进遵守由作为本议定书缔约方会议的《公约》缔约方会议确定的依第三条规定的其量化的限制和减少排放的承诺之一部分。

4. 清洁发展机制应置于由作为本议定书缔约方会议的《公约》缔约方会议的权力和指导之下，并由清洁发展机制的执行理事会监督。

5. 每一项目活动所产生的减少排放，须经作为本议定书缔约方会议的《公约》缔约方会议指定的经营实体根据以下各项作出证明：

a. 经每一有关缔约方批准的自愿参加；

b. 与减缓气候变化相关的实际的、可测量和长期的效益；

c. 减少排放对于在没有进行经证明的项目活动的情况下产生的任何减少排放而言是额外的。

6. 如有必要，清洁发展机制应协助安排经证明的项目活动的筹资。

7. 作为本议定书缔约方会议的《公约》缔约方会议，应在第一届会议上拟订方式和程序，以期通过对项目活动的独立审计和核查，确保透明度、效率和可靠性。

8. 作为本议定书缔约方会议的《公约》缔约方会议，应确保经证明的项目活动所产生的部分收益用于支付行政开支和协助特别易受气候变化不利影响的开发中国家缔约方支付适应费用。

9. 对于清洁发展机制的参与，包括对上述第3款(a)项所指的活动及获得经证明的减少排放的参与，可包括私有和／或公有实体，并须遵守清洁发展机制执行理事会可能提出的任何指导。

10. 在自2000年起至第一个承诺期开始这段时期内所获得的经证明的减少排放，可用以协助在第一个承诺期内的遵约。

第十三条　作为本议定书缔约方的《公约》缔约方会议

1. 《公约》缔约方会议——《公约》的最高机构，应作为本议定书缔约方会议。

2. 非为本议定书缔约方的《公约》缔约方，可作为观察员参加作为本议定书缔约方会议的《公约》缔约方会议任何届会的议事工作。在《公约》缔约方会议作为本议定书缔约方会议行使职能时，在本议定书之下的决定只应由为本议定书缔约方者作出。

3. 在《公约》缔约方会议作为本议定书缔约方会议行使职能时，《公约》缔约方会议主席中代表《公约》缔约方但在当时非为本议定书缔约方的任何成员，应由本议定书缔约方从本议定书缔约方中选出的另一成员替换。

4. 作为本议定书缔约方会议的《公约》缔约方会议，应定期审评本议定书的履行情况，并应在其权限内作出为促进本议定书有效履行所必要的决定。缔约方会议应履行本议定书赋予它的职能，并应：

a. 基于依本议定书的规定向它提供的所有信息，评估缔约方履行本议定书的情况及根据本议定书采取的措施的总体影响，尤其是环境、经济、社会影响及其累积的影响，以及在实现《公约》目标方面取得进展的程度；

b. 根据《公约》的目标，在履行中获得的经验及科学技术知识的发展，定期审查本议定书规定的缔约义务，同时适当顾及《公约》第四条第2款(d)项和第七条第2款所要求的任何审评、并在此方面审议和通过关于本议定书履行情况的定期报告；

c. 促进和便利就各缔约方为对付气候变化及其影响而采取的措施进行信息交流，同时考虑到缔约方的有差别的情况、责任和能力，以及它们各自依本议定书的承议；

d. 应两个或更多缔约方的要求，便利将这些缔约方为对付气候变化及其影响而采取的措施加以协调，同时考虑到缔约方的差别的情况、责任和能力，以及它们各自依本议定书规定的承诺；

e. 依照《公约》的目标和本议定书的规定，并充分考虑到《公约》缔约方会议的相关决定，促进和指导发展和定期改进由作为本议定书缔约方会议的《公约》缔约方会议定的，旨在有有效履行本议定书的可比较的方法学；

f. 就任何事项作出为履行本议定书所必需的建议；

g. 根据第十一条第2款，设法动员额外的资金；

h. 设立为履行本议定书而被认为必要的附属机构；

i. 酌情寻求和利用各主管国际组织和政府间及非政府机构提供的服务、合作和信息。

j. 行使为履行本议定书所需的其它职能，并审议《公约》缔约方会议的决定所导致的任何任务。

5. 《公约》缔约方会议的议事规则和依《公约》规定采用的财务规则，应在本议定书下比照适用，除非作为本议定书缔约方会议的《公约》缔约方会议以协商一致方式可能另外作出决定。

6. 作为本议定书缔约方会议的《公约》缔约方会议第一届会议，应由秘书处结合本议定书生效后预定举行的《公约》缔约方会议第一届会议召开。其后作为本议定书缔约方会议的《公约》缔约方会议常会，应每年并且与《公约》缔约方决定。

7. 作为本议定书缔约方会议的《公约》缔约方会议的特别会议，应在作本议定书缔约方会议的《公约》缔约方会议认为必要的其它时间举行，或应任何缔约方的书面要求而举行，但须在秘书处将该要求转达给各缔约方后六个月内得到至少三分之一缔约方的支持。

8. 联合国及其专门机构和国际原子能机构，以及它们的非为《公约》缔约方的成员国或观察员，均可派代表作为观察员出席作为本议定书缔约方会议的《公约》缔约方会议的各届会议。任何在本议定书所涉事项上具备资格的团体或机构，无论是国家或国际的、政府或非政府的，经通知秘书处其愿意派代表作为观察员出席作为本议定书缔约方会议的《公约》缔约方会议的某届会议，均可予以接纳，除非出席的缔约方至少三分之一反对，观察员的接纳和参加遵循上述第5款所指的议事规则。

第十四条　秘书处

1. 依《公约》第八条设立的秘书处，应作为本议定书的秘书处。

2. 关于秘书处职能的《公约》第八条第2款和关于就秘书处行使职能作出的安排的《公约》第八条第3款，应比照适用于本议定书。秘书处还应行使本议定书所赋予它的职能。

第十五条　附属机构

1. 《公约》第九条和第十条设立的附属科技咨询机构和附属履行机构，应作为本议定书的附属科技咨询机构和附属履行机构。《公约》关于该两个机构行使职能的规定应比照适用于本议定书。本议定书的附属科技咨询机构和附属履行机构的届会，应分别与《公约》的附属科技咨询机构和附属履行机构的会议结合举行。

2. 非为本议定书缔约方的《公约》缔约方可作为观察员参加附属机构任何届会的议事工作。在附属机构作为本议定书附属机构时，在本议定书之下的决定只应由本议定书缔约方作出。

3. 《公约》第九条和第十条设立的附属机构行使它们的职能处理涉及本议定书的事项时，附属机构主席团中代表《公约》缔约方但在当时非为本议定书缔约方的任何成员，应由本议定书缔约方从本议定书缔约方中选出的另一成员替换。

第十六条　多边协商程序

作为本议定书缔约方会议的《公约》缔约方会议，应参照《公约》缔约方会议可能作出的任何有关决定，在一旦实际可行时审议对本议定书适用并酌情修改《公约》第十三条所指的多边协商程序。适用于本议定书的任何多边协商程序的运作不应损害依第十八条所设立的程序和机制。

第十七条　排放贸易

《公约》缔约方会议应就排放贸易，特别是其核查、报告和责任确定相关的原则、方式、规则和指南，为履行其依第三条规定的承诺的目的，附件B所列缔约方可以参与排放贸易，任何此种贸易应是对为实现该条规定的量化的限制和减少排放的承诺之目的而采取的本国行动的补充。

第十八条　不遵守情势

作为本议定书缔约方会议的《公约》缔约方会议，应在第一届会议上通过适当且有效的程序和机制，用以断定和处理不遵守本议定书规定的情势，包括就后果列出一个示意性清单，同时考虑到不遵守的原因，类别、程度和频度。依本条可引起具拘束性后果的任何程序和机制应以本议定书修正案的方式予以通过。

第十九条　争端的解决

《公约》第十四条的规定应比照适用于本议书。

第二十条　修正

1. 任何缔约方均可对本议定书提出修正。

2. 对本议定书的修正应在作为本议定书缔约方会议的《公约》缔约方会议常会上通过。对本议定书提出的任何修正案文，应由秘书处在拟议通过该修正的会议之前至少六个月送交各缔约方。秘书处还应将提出的修正送交《公约》的缔约方和签署方，并送交保存人以供参考。

3. 各缔约方应尽一切努力以协商一致方式就本议定书提出的任何修正达成协议。如为谋求协商一致已尽一切努力但仍未达成协议，作为最后的方式，该项修正应以出席会议并参加表决的缔约方四分之三多数票通过。通过的修正应由秘书处送交保存人，再由保存人转送所有缔约方供其接受。

4. 对修正的接受文书应交存于保存人，按照上述第3款通过的修正，应于保存人收到本议定书至少四分之三缔约方的接受文书之日后第九十天起对接受该项修正的缔约方生效。

5. 对于任何其它缔约方，修正应在该缔约方向保存人交存其接受该项修正的文书之日后第九十天起对其生效。

第二十一条　附件的通过和修正

1. 本议定书的附件应构成本议定书的组成部分，除非另有明文规定，凡提及本议定书时即同提及其任何附件。本议定书生效后通过的任何附件，应限于清单、定书时即同提及其任何附件。本议定书生效后通过的任何附件，应限于清单、表格和属于科学、技术、程序或行政性质的任何其它说明性材料。

2. 任何缔方可对本议定书提出附件提案并可对本议定书的附件提出修正。

3. 本议定书的附件和对本议定书附件的修正应在作为本议定书缔约方会议的《公约》缔约方会议的常会上通过。提出的任何附件或对附件的修正的案文应由秘书处在拟议通过该项附件或对该附件的修正会议之前至少六个月送交各缔约方。秘书处还应将提出的任何附件或对附件的任何修正的案文送交《公约》缔约方和签署方，并送交保存人以供参考。

4. 各缔约方应尽一切努力以协商一致方式就提出的任何附件的修正达成协议。如为谋求协商一致已尽一切努力但仍未达成协议，作为最后的方式，该项附件或对附件的修正应以出席会议参加表决的缔约方四分之三多数票通过。通过的附件或对附件的修正应由秘书处送交保存人，再由保存人送交所有缔约方供其接受。

5. 除附件A和附件B之外，根据上述第3款和第4款通过的附件或对附件的修正，应于保存人向本议定书的所有缔约方发出关于通过该附件或通过对该附件的修正的通知之日起六个月后对所有缔约方生效，但在此期间书面通知保存人不接受该项附件或对该附件的修正的缔约方除外，对于撤回其不接受通知的缔约方，该项附件或对该附件的修正应自保存人收到撤回通知之日后第九十天起对其生效。

6. 如附件或对附件的修正的通过涉及对本议定书的修正，则该附件或对附件的修正应待对本议定书的修正生效之后方可生效。

7. 对本议定书附件A和附件B的修正应根据第二十条中规定的程序予以通过并生效，但对附件B的任何修正只应以有关缔约方书面同意的方式通过。

第二十二条　表决权

1. 除下述第2款所规定外，每一缔约方应有一票表决权。

2. 区域经济一体化组织在其权限内的事项上应行使票数与其作为本议定书缔约方的成员国数目相同的表决权，如果一个此类组织的任何一成员国行使自已的表决权，则该组织不得行使表决权，反之亦然。

第二十三条　保存人

联合国秘书处长应为本议定书的保存人。

第二十四条　签署和批准、接受、核准或加入

1. 本议定书应开放供属于《公约》缔约方的各国和区域经济一体化组织签署并须经其批准，接受或核准。本议定书应自1998年3月16日至1999年3月15日在纽约联合国总部开放供签署，本议定书应自其签署截止日之次日起开放供加入。批准、接受、核准或加入的文书应交存于保存人。

2. 任何成为本议定书缔约方而其成员国均非缔约方的区域经济一体化组织应受本议定书各项义务的约束。如果此类组织的一个或多个成员国为本议定书的缔约方，该组织及其成员国应决定各自在履行本议定书义务方面的责任。在此种情况下，该组织及其成员国无权同时行使本议定书规定的权利。

3. 区域经济一体化组织应在其批准、接受、核准或加入的文书中声明其在本议定书所规定事项上的权限。这些组织还应将其权限范围的任何重大变更通知保存人，再由保存人通知各缔约方。

第二十五条　生效

1. 本议定书应在不少于55个《公约》缔约方，包括其合计的二氧化碳排放量至少占附件一所列缔约方1990年二氧化碳排放总量的55%的附件一所列缔约方已经交付其批准、接受、核准或加入的文书之日后第九十天起生效。

2. 为本条的目的，"附件一所列缔约方1990年二氧化碳排放总量"指在通过本议定书之日或之前附件一所列缔约方在其按照《公约》第十二条提交的第一次国家通讯中通报的数量。

3. 对于在上述第1款中规定的生效条件达到之后批准、接受、核准或加入本议定书的每一国家或区域经济一体化组织，本议定书应自其批准、接受、核准或加入的文书交存之日后第九十天起生效。

4. 为本条的目的，区域经济一体化组织交存的任何文书，不应被视为该组织成员国所交存文书之外的额外文书。

第二十六条　保留

对本议定书不得作任何保留。

第二十七条　退约

1. 自本议定书对一缔约方生效之日起三年后，该缔约方可随时向保存人发出书面通知退出本议定书。

2. 任何此种退出应自保存人收到退出通知之日起一年期满时生效，或在退出通知中所述明的更后日期生效。

3. 退出《公约》的任何缔约方，应被视为亦退出本议定书。

第二十八条　作准文本

本议定书正本应交存于联合国秘书长，其阿拉伯文、中文、英文、法文、俄文和西班牙文文本同等作准。

一九九七年十二月十一日订于京都

下列签署人，经正式授权，于规定的日期在本议定书上签字，以昭信守。

附件A

温室气体
二氧化碳(CO_2)
甲烷(CH_4)
氧化亚氮(N_2O)
氢氟碳化物(HFC_s)
全氟化碳(PFC_s)
六氟化硫 (SF_6)

部门/源类别

能源
燃料燃烧
能源工业
制造业和建筑
运输
其它部门
其它

燃料的飞逸性排放
固体燃料
石油和天然气
其它

工业
矿产品
化工业
金属生产
其它生产
碳卤化合物和六氟化硫的生产
其它

溶剂和其它产品的使用

农业
肠道发酵
粪肥管理
水稻种植
农业土壤
热带草原划定的烧荒
农作物残留物的田间燃烧
其它

废弃物
陆地固体废物处置
废水处理
废弃物焚化
其它

附件B

缔约方	排放量限制或削减承诺（1990 年起的百分比变化 ）
澳大利亚	108
奥地利	92
比利时	92
保加利亚 *	92
加拿大 *	94
克罗地亚 *	95
捷克共和国 *	92
丹麦	92
爱沙尼亚 *	92
欧洲经济共同体①	92
芬兰	92
法国	92
德国	92
希腊	92
匈牙利 *	94
冰岛	110
爱尔兰	92
意大利	92
日本	94
列支敦士登	92
立陶宛 *	92
卢森堡	92
摩纳哥	92
荷兰	92
新西兰	100
挪威	101
波兰 *	94
葡萄牙	92
罗马尼亚 *	92
俄罗斯联邦 *	100
斯洛伐克 *	92
斯洛文尼亚 *	92
西班牙	92
瑞典	92
瑞士	92
乌克兰 *	100
大不列颠及北爱尔兰联合王国	92
美利坚合众国	93

*经济转型国

联合国气候变化框架公约

本公约各缔约方，承认地球气候的变化及其不利影响是人类共同关心的问题，感到忧虑的是，人类活动已大幅增加大气中温室气体的浓度，这种增加增强了自然温室效应，平均而言将引起地球表面和大气进一步增温，并可能对自然生态系统和人类产生不利影响，注意到历史上和目前全球温室气体排放的最大部分源自发达国家；发展中国家的人均排放仍相对较低；发展中国家在全球排放中所占的份额将会增加，以满足其社会和发展需要，意识到陆地和海洋生态系统中温室气体汇和库的作用和重要性，注意到在气候变化的预测中，特别是在其时间、幅度和区域格局方面，有许多不确定性，承认气候变化的全球性要求所有国家根据其共同但有区别的责任和各自的能力及其社会和经济条件，尽可能开展最广泛的合作，并参与有效和适当的国际应对行动，回顾1972年 6 月16日于斯德哥尔摩通过的《联合国人类环境会议宣言》的有关规定，又回顾各国根据《联合国宪章》和国际法原则，拥有主权权利按自己的环境和发展政策开发自己的资源，也有责任确保在其管辖或控制范围内的活动不对其他国家的环境或国家管辖范围以外地区的环境造成损害，重申在应付气候变化的国际合作中的国家主权原则，认识到各国应当制定有效的立法；各种环境方面的标准、管理目标和优先顺序应当反映其所适用的环境和发展方面情况；并且有些国家所实行的标准对其他国家特别是发展中国家可能是不恰当的，并可能会使之承担不应有的经济和社会代价，回顾联合国大会关于联合国环境与发展会议的1989年12月22日第44／228号决议的规定，以及关于为人类当代和后代保护全球气候的1988年12月6日第43／53号、1989年12月22日第44／207号、1990年12月21日第45／212号和1991年12月19日第46／169号决议，又回顾联合国大会关于海平面上升对岛屿和沿海地区特别是低洼沿海地区可能产生的不利影响的1989年12月22日第44／206号决议各项规定，以及联合国大会关于防治沙漠化行动计划实施情况的1989年12月19日第44／172号决议的有关规定，并回顾1985年《保护臭氧层维也纳公约》和于1990年 6 月29日调整和修正的1987年《关于消耗臭氧层物质的蒙特利尔议定书》，注意到1990年11月 7 日通过的第二次世界气候大会部长宣言，意识到许多国家就气候变化所进行的有价值的分析工作，以及世界气象组织、联合国环境规划署和联合国系统的其他机关、组织和机构及其他国际和政府间机构对交换科学研究成果和协调研究工作所作的重要贡献，认识到了解和应付气候变化所需的步骤只有基于有关的科学、技术和经济方面的考虑，并根据这些领域的新发现不断加以重新评价，才能在环境、社会和经济方面最为有效，认识到应付气候变化的各种行动本身在经济上就能够是合理的，而且还能有助于解决其他环境问题，又认识到发达国家有必要根据明确的优先顺序，立即灵活地采取行动，以作为形成考虑到所有温室气体并适当考虑它们对增强温室效应的相对作用的全球、国家和可能议定的区域性综合应对战略的第一步，并认识到地势低洼国家和其他小岛屿国家、拥有低洼沿海地区、干旱和半干旱地区或易受水灾、旱灾和沙漠化影响地区的国家以及具有脆弱的山区生态系统的发展中国家特别容易受到气候变化的不利影响，认识到其经济特别依赖于矿物燃料的生产、使用和出口的国家特别是发展中国家由于为了限制温室气候排放而采取的行动所面临的特殊困难，申明应当以统筹兼顾的方式把应付气候变化的行动与社会和经济发展协调起来，以免后者受到不利影响，同时充分考虑到发展中国家实现持续经济增长和消除贫困的正当的优先需要，认识到所有国家特别是发展中国家需要得到实现可持续的社会和经济发展所需的资源；发展中国家为了迈向这一目标，其能源消耗将需要增加，虽然考虑到有可能包括排过在具有经济和社会效益的条件下应用新技术来提高能源效率和一般地控制温室气候通放，决心为当代和后代保护气候系统，兹协议如下：

第一条　定义

为本公约的目的：

1．“气候变化的不利影响”指气候变化所造成的自然环境或生物区系的变化，这些变化对自然的和管理下的生态系统的组成、复原力或生产力、或对社会经济系统的运作、或对人类的健康和福利产生重大的有害影响。

2．“气候变化”指除在类似时期内所观测的气候的自然变异之外，由于直接或间接的人类活动改变了地球大气的组成而造成的气候变化。

3．“气候系统”指大气圈、水圈、生物圈和地圈的整体及其相互作用。

4．“排放”指温室气体和／或其前体在一个特定地区和时期内向大气的释放。

5．“温室气体”指大气中那些吸收和重新放出红外辐射的自然和人为的气态成分。

6．“区域经济一体化组织”指一个特定区域的主权国家组成的组织，有权处理本公约或其议定书所规定的事项，并经按其内部程序获得正式授权签署、批准、接受、核准或加入有关文书。

7．“库”指气候系统内存储温室气体或其前体的一个或多个组成部分。

8．“汇”指从大气中清除温室气体、气溶胶或温室气体前体的任何过程、活动或机制。

9．“源”指向大气排放温室气体、气溶胶或温室气体前体的任何过程或活动。

第二条　目标

本公约以及缔约方会议可能通过的任何相关法律文书的最终目标是：根据本公约的各项有关规定，将大气中温室气体的浓度稳定在防止气候系统受到危险的人为干扰的水平上。这一水平应当在足以使生态系统能够自然地适应气候变化、确保粮食生产免受威胁并使经济发展能够可持续地进行的时间范围内实现。

第三条　原则

各缔约方在为实现本公约的目标和履行其各项规定而采取行动时，除其他外，应以下列作为指导：

1．各缔约方应当在公平的基础上，并根据它们共同但有区别的责任和各自的能力，为人类当代和后代的利益保护气候系统。因此，发达国家缔约方应当率先对付气候变化及其不利影响。

2．应当充分考虑到发展中国家缔约方尤其是特别易受气候变化不利影响的那些发展中国家缔约方的具体需要和特殊情况，也应当充分考虑到那些按本公约必须承担不成比例或不正常负担的缔约方特别是发展中国家缔约方的具体需要和特殊情况。

3．各缔约方应当采取预防措施，预测、防止或尽量减少引起气候变化的原因，并缓解其不利影响。当存在造成严重或不可逆转的损害的威胁时，不应当以科学上没有完全的确定性为理由推迟采取这类措施，同时考虑到应付气候变化的政策和措施应当讲求成本效益，确保以尽可能最低的费用获得全球效益。为此，这种政策和措施应当考虑到不同的社会经济情况，并且应当具有全面性，包括所有有关的温室气体源、汇和库及适应措施，并涵盖所有经济部门。应付气候变化的努力可由有关的缔约方合作进行。

4．各缔约方有权并且应当促进可持续的发展。保护气候系统免遭人为变化的政策和措施应当适合当促当促当促当促当促当促当促到国家的发展计划中去，同时考虑到经济发展对于采取措施应付气候变化是至关重要的。

5．各缔约方应当合作促进有利的和开放的国际经济体系，这种体系将促成所有缔约方特别是发展中国家缔约方的可持续经济增长和发展，从而使它们有能力更好地应付气候变化的问题。为对付气候变化而采取的措施，包括单方面措施，不应当成为国际贸易上的任意或无理的歧视手段或者隐蔽的限制。

第四条　承诺

1．所有缔约方，考虑到它们共同但有区别的责任，以及各自具体的国家和区域发展优先顺序、目标和情况，应：

（a）用待由缔约方会议议定的可比方法编制、定期更新、公布并按照第十二条向缔约方会议提供关于《蒙特利尔议定书》未予管制的所有温室气体的各种源的人为排放和各种汇的清除的国家清单；

（b）制订、执行、公布和经常地更新国家的以及在适当情况下区域的计划，其中包含从《蒙特利尔议定书》未予管制的所有温室气体的源的人为排放和汇的清除来着手减缓气候变化的措施，以及便利充分地适应气候变化的措施；

（c）在所有有关部门，包括能源、运输、工业、农业、林业和废物管理部门，促进和合作发展、应用和传播（包括转让）各种用来控制、减少或防止《蒙特利尔议定书》未予管制的温室气体的人为排放的技术、做法和过程；

（d）促进可持续地管理，并促进和合作酌情维护和加强《蒙特利尔议定书》未予管制的所有温室气体的汇和库，包括生物质、森林和海洋以及其它陆地、沿海和海洋生态系统；

（e）合作为适应气候变化的影响做好准备；拟订和详细制定关于沿海地区的管理、水资源和农业以及关于受到旱灾和沙漠化及洪水影响的地区特别是非洲的这种地区的保护和恢复的适当的综合性计划；

（f）在它们有关的社会、经济和环境政策及行动中，在可行的范围内将气候变化考虑进去，并采用由本国拟订和确定的适当办法，例如进行影响评估，以期尽量减少它们为了减缓或适应气候变化而进行的项目或采取的措施对经济、公共健康和环境质量产生的不利影响；

（g）促进和合作进行关于气候系统的科学、技术、工艺、社会经济和其他研究、系统观测及开发数据档案，目的是增进对气候变化的起因、影响、规模和发生时间以及各种应对战略所带来的经济和社会后果的认识，和减少或消除在这些方面尚存的不确定性；

（h）促进和合作进行关于气候系统和气候变化以及关于各种应对战略所带来的经济和社会后果的科学、技术、工艺、社会经济和法律方面的有关信息的充分、公开和迅速的交流；

（i）促进和合作进行与气候变化有关的教育、培训和提高公众意识的工作，并鼓励人们对这个过程最广泛参与，包括鼓励各种非政府组织的参与；

（j）依照第十二条向缔约方会议提供有关履行的信息。

2．附件一所列的发达国家缔约方和其他缔约方具体承诺如下所规定：

（a）每一个此类缔约方应制定国家政策和采取相应的措施。通过限制其人为的温室气体排放以及保护和增强其温室气体库和汇，减缓气候变化。这些政策和措施将表明，发达国家是在带头依循本公约的目标，改变人为排放的长期趋势，同时认识到至本十年末使二氧化碳和《蒙特利尔议定书》未予管制的其他温室气体的人为排放回复到较早的水平，将会有助于这种改变，并考虑到这些缔约方的起点和做法、经济结构和资源基础方面的差别、维持强有力和可持续经济增长的需要、可以采用的技术以及其他个别情况，又考虑到每一个此类缔约方都有必要对为了实现该目标而作的全球努力作出公平和适当的贡献。这些缔约方可以同其他缔约方共同执行这些政策和措施，也可以协助其他缔约方为实现本公约的目标特别是本项的目标作出贡献；

①其中包括区域经济一体化组织制定的政策和采取的措施。

（b）为了推动朝这一目标取得进展，每一个此类缔约方应依照第十二条，在本公约对其生效后六个月内，并在其后定期地就其上述（a）项所述的政策和措施，以及就其由此预测在（a）项所述期间内《蒙特利尔议定书》未予管制的温室气体的源的人为排放和汇的清除，提供详细信息，目的在个别地或共同地使二氧化碳和《蒙特利尔议定书》未予管制的其他温室气体的人为排放回复到1990年的水平。按照第七条，这些信息将由缔约方会议在其第一届会议上以及在其后定期地加以审评；

（c）为了上述（b）项的目的而计算各种温室气体源的排放和汇的清除时，应该参考可以得到的最佳科学知识，包括关于各种汇的有效容量和每一种温室气体在引起气候变化方面的作用的知识。缔约方会议应在其第一届会议上考虑和议定进行这些计算的方法，并在其后经常地加以审评；

（d）缔约方会议应在其第一届会议上审评上述（a）项和（b）项是否充足。进行审评时应参照可以得到的关于气候变化及其影响的最佳科学信息和评估，以及有关的工艺、社会和经济信息。在审评的基础上，缔约方会议应采取适当的行动，其中可以包括通过对上述（a）项和（b）项承诺的修正。缔约方会议第一届会议还应就上述（a）项所述共同执行的标准作出决定。对（a）项和（b）项的第二次审评应不迟于1998年12月31日进行，其后按由缔约方会议确定的定期间隔进行，直至本公约的目标达到为止；

（e）第一个此类缔约方应：

（一）酌情同其他此类缔约方协调为了实现本公约的目标而开发的有关经济和行政手段；

（二）确定并定期审评其本身有哪些政策和做法鼓励了导致《蒙特利尔议定书》未予管制的温室气体的人为排放水平因而更高的活动。

（f）缔约方会议应至迟在1998年12月31日之前审评可以得到的信息，以便经有关缔约方同意，作出适当修正附件一和二内名单的决定；

（g）不在附件一之列的任何缔约方，可以在其批准、接受、核准或加入的文书中，或在其后任何时间，通知保存人其有意接受上述（a）项和（b）项的约束。保存人应将任何此类通知通报其他签署方和缔约方。

3．附件二所列的发达国家缔约方和其他发达缔约方应提供新的和额外的资金，以支付经议定的发展中国家缔约方为履行第十二条第1款规定的义务而招致的全部费用。它们还应提供发展中国家缔约方所需要的资金，包括用于技术转让的资金，以支付经议定的为执行本条第1款所述并经发展中国家缔约方同第十一条所述那个或那些国际实体依该条议定的措施的全部增加费用。这些承诺的履行应考虑到资金流量应充足和可以预测的必要性，以及发达国家缔约方间适当分摊负担的重要性。

4．附件二所列的发达国家缔约方和其他发达缔约方还应帮助特别易受气候变化不利影响的发展中国家缔约方支付适应这些不利影响的费用。

5．附件二所列的发达国家缔约方和其他发达缔约方应采取一切实际可行的步骤，酌情促进、便利和资助向其他缔约方特别是发展中国家缔约方转让或使它们有机会得到无害环境的技术和专有技术，以使它们能够履行本公约的各项规定。在此过程中，发达国家缔约方应支持开发和增强发展中国家缔约方的自生能力和技术。有能力这样做的其他缔约方和组织也可协助便利这类技术的转让。

6．对于附件一所列正在朝市场经济过渡的缔约方，在履行其在上述第2款下的承诺时，包括在《蒙特利尔议定书》未予管制的温室气体人为排放的可资参照的历史水平方面，应由缔约方会议允许它们有一定程度的灵活性，以增强这些缔约方应付气候变化的能力。

7．发展中国家缔约方能在多大程度上有效履行其在本公约下的承诺，将取决于发达国家缔约方对其在本公约下所承担的有关资金和技术转让的承诺的有效履行，并将充分考虑到经济和社会发展及消除贫困是发展中国家缔约方的首要和压倒一切的优先事项。

8．在履行本条各项承诺时，各缔约方应充分考虑按照本公约需要采取哪些行动，包括与提供资金、保险和技术转让有关的行动，以满足发展中国家缔约方由于气候变化的不利影响和／或执行应对措施所造成的影响，特别是对下列各类国家的影响，而产生的具体需要和关注：

（a）小岛屿国家；

（b）有低洼沿海地区的国家；

（c）有干旱和半干旱地区、森林地区和容易发生森林退化的地区的国家；

（d）有易遭自然灾害地区的国家；

（e）有容易发生旱灾和沙漠化的地区的国家；

（f）有城市大气严重污染的地区的国家；

（g）有脆弱生态系统包括山区生态系统的国家；

（h）其经济高度依赖于矿物燃料和相关的能源密集产品的生产、加工和出口所带来的收入，和／或高度依赖于这种燃料和产品的消费的国家；

（i）内陆国和过境国。

此外，缔约方会议可酌情就本款采取行动。

9．各缔约方在采取有关提供资金和技术转让的行动时，应充分考虑到最不发达国家的具体需要和特殊情况。

10．各缔约方应按照第十条，在履行本公约各项承诺时，考虑到其经济容易受到执行应付气候变化的措施所造成的不利影响之害的缔约方、特别是发展中国家缔约方的情况。这尤其适用于其经济高度依赖于矿物燃料和相关的能源密集产品的生产、加工和出口所带来的收入，和／或高度依赖于这种燃料和产品的消费，和／或高度依赖于矿物燃料的使用，而改用其他燃料又非常困难的那些缔约方。

第五条　研究和系统观测

在履行第四条第1款（g）项下的承诺时，各缔约方应：

（a）支持并酌情进一步制订旨在确定、进行、评估和资助研究、数据收集和系统观测的国际和政府间计划和站网或组织，同时考虑到有必要尽量减少工作重复；

（b）支持旨在加强尤其是发展中国家的系统观测及国家科学和技术研究能力的国际和政府间努力，并促进获取和交换从国家管辖范围以外地区取得的数据及其分析；

（c）考虑发展中国家的特殊关注和需要，并开展合作提高它们参与上述（a）项和（b）项中所述努力的自生能力。

第六条　教育、培训和公众意识

在履行第四条第1款（i）项下的承诺时，各缔约方应：

（a）在国家一级并酌情在次区域和区域一级，根据国家法律和规定，并在各自的能力范围内，促进和便利：

（一）拟订和实施有关气候变化及其影响的教育及提高公众意识的计划；

（二）公众获取有关气候变化及其影响的信息；

（三）公众参与应付气候变化及其影响和拟订适当的对策；

（四）培训科学、技术和管理人员。

（b）在国际一级，酌情利用现有的机构，在下列领域进行合作并促进：

（一）编写和交换有关气候变化及其影响的教育及提高公众意识的材料；

（二）拟订和实施教育和培训计划，包括加强国内机构和交流或借调人员来特别是为发展中国家培训这方面的专家。

第七条　缔约方会议

1．兹设立缔约方会议。

2．缔约方会议作为本公约的最高机构，应定期审评本公约和缔约方会议可能通过的任何相关法律文书的履行情况，并应在其职权范围内作出为促进本公约的有效履行所必要的决定。为此目的，缔约方会议应：

（a）根据本公约的目标、在履行本公约过程中取得的经验和科学与技术知识的发展，定期审评本公约规定的缔约方义务和机构安排；

（b）促进和便利就各缔约方为应付气候变化及其影响而采取的措施进行信息交流，同时考虑到各缔约方不同的情况、责任和能力以及各自在本公约下的承诺；

（c）应两个或更多的缔约方的要求，便利将这些缔约方为应付气候变化及其影响而采取的措施加以协调，同时考虑到各缔约方不同的情况、责任和能力以及各自在本公约下的承诺；

（d）依照本公约的目标和规定，促进和指导发展和定期改进由缔约方会议议定的，除其他外，用来编制各种温室气体源的排放和各种汇的清除的清单，和评估为限制这些气体的排放及增进其清除而采取的各种措施的有效性的可比方法；

（e）根据依本公约规定获得的所有信息，评估各缔约方履行公约的情况和依照公约所采取措施的总体影响，特别是环境、经济和社会影响及其累计影响，以及当前在实现本公约的目标方面取得的进展；

（f）审议并通过关于本公约履行情况的定期报告，并确保予以发表；

（g）就任何事项作出为履行本公约所必需的建议；

（h）按照第四条第3、第4和第5款及第十一条，设法动员资金；

（i）设立其认为履行公约所必需的附属机构；

（j）审评其附属机构提出的报告，并向它们提供指导；

（k）以协商一致方式议定并通过缔约方会议和任何附属机构的议事规则和财务规则；

（l）酌情寻求和利用各主管国际组织和政府间非政府机构提供的服务、合作和信息；

（m）行使实现本公约目标所需的其他职能以及依本公约所赋与的所有其他职能。

3．缔约方会议应在其第一届会议上通过其本身的议事规则以及本公约所设立的附属机构的议事规则，其中应包括关于本公约所述各种决策程序未予规定的事项的决策程序。这类程序可包括通过具体决定所需的特定多数。

4．缔约方会议第一届会议应由第二十一条所述的临时秘书处召集，并应不迟于本公约生效日期后一年举行。其后，除缔约方会议另有决定外，缔约方会议的常会应年年举行。

5．缔约方会议特别会议应在缔约方会议认为必要的其他时间举行，或应任何缔约方的书面要求而举行，但须在秘书处将该要求转达给各缔约方后六个月内得到至少 1/3 缔约方的支持。

6．联合国及其专门机构和国际原子能机构，以及它们的非为本公约缔约方的会员国或观察员，均可作为观察员出席缔约方会议的各届会议。任何在本公约所涉事项上具备资格的团体或机构，不管其为国家或国际的、政府或非政府的，经通知秘书处其愿意作为观察员出席缔约方会议的某届会议，均可予以接纳，除非出席的缔约方至少 1/3 反对。观察员的接纳和参加应遵循缔约方会议通过的议事规则。

第八条　秘书处

1．兹设立秘书处。

2．秘书处的职能应为：

（a）安排缔约方会议及依本公约设立的附属机构的各届会议，并向它们提供所需的服务；

（b）汇编和转递向其提交的报告；

（c）便利应要求时协助各缔约方特别是发展中国家缔约方汇编和转递依本公约规定所需的信息；

（d）编制关于其活动的报告，并提交给缔约方会议；

（e）确保与其他有关国际机构的秘书处的必要协调；

（f）在缔约方会议的全面指导下订立为有效履行其职能而可能需要的行政和合同安排；

（g）行使本公约及其任何议定书所规定的其他秘书处职能和缔约方会议可能决定的其他职能。

3．缔约方会议应在其第一届会议上指定一个常设秘书处，并为其行使职能作出安排。

第九条　附属科技咨询机构

1．兹设立附属科学和技术咨询机构，就与公约有关的科学和技术事项，向缔约方会议并酌情向缔约方会议的其他附属机构及时提供信息和咨询。该机构应开放供所有缔约方参加，并应具有多学科性。该机构应由在有关专门领域胜任的政府代表组成。该机构应定期就其工作的一切方面向缔约方会议报告。

2．在缔约方会议指导下和依靠现有主管国际机构，该机构应：

（a）就有关气候变化及其影响的最新科学知识提出评估；

（b）就履行公约所采取措施的影响进行科学评估；

（c）确定创新的、有效率的和最新的技术与专有技术，并就促进这类技术的发展和/或转让的途径与方法提供咨询；

（d）就有关气候变化的科学计划和研究与发展的国际合作，以及就支持发展中国家建立自生能力的途径与方法提供咨询；

（e）答复缔约方会议及其附属机构可能向其提出的科学、技术和方法问题。

3．该机构的职能和职权范围可由缔约方会议进一步制定。

第十条　附属履行机构

1．兹设立附属履行机构，以协助缔约方会议评估和审评本公约的有效履行。该机构应开放供所有缔约方参加，并由为气候变化问题专家的政府代表组成。该机构应定期就其工作的一切方面向缔约方会议报告。

2．在缔约方会议的指导下，该机构应：

（a）考虑依第十二条第 1 款提供的信息，参照有关气候变化的最新科学评估，对各缔约方所采取步骤的总体合计影响作出评估；

（b）考虑依第十二条第 2 款提供的信息，以协助缔约方会议进行第四条第 2 款（d）项所要求的审评；

（c）酌情协助缔约方会议拟订和执行其决定。

第十一条　资金机制

1．兹确定一个在赠予或转让基础上提供资金、包括用于技术转让的资金的机制。该机制应在缔约方会议的指导下行使职能并向其负责，并应由缔约方会议决定该机制与本公约有关的政策、计划优先顺序和资格标准。该机制的经营应委托一个或多个现有的国际实体负责。

2．该资金机制应在一个透明的管理制度下公平和均衡地代表所有缔约方。

3．缔约方会议和受托管资金机制的那个或那些实体应议定实施上述各款的安排，其中应包括：

（a）确保所资助的应付气候变化的项目符合缔约方会议所制定的政策、计划优先顺序和资格标准的办法；

（b）根据这些政策、计划优先顺序和资格标准重新考虑某项供资决定的办法；

（c）依循上述第1款所述的负责要求，由那个或那些实体定期向缔约方会议提供关于其供资业务的报告；

（d）以可预测和可认定的方式确定履行本公约所必需的和可以得到的资金数额，以及定期审评此一数额所应依据的条件。

4．缔约方会议应在其第一届会议上作出履行上述规定的安排，同时审评并考虑到第二十一条第3款所述的临时安排，并应决定这些临时安排是否应予维持。在其后四年内，缔约方会议应对资金机制进行审评，并采取适当的措施。

5．发达国家缔约方还可通过双边、区域性和其他多边渠道提供并由发展中国家缔约方获取与履行本公约有关的资金。

第十二条　提供有关履行的信息

1．按照第四条第1款，第一缔约方应通过秘书处向缔约方会议提供含有下列内容的信息：

（a）在其能力允许的范围内，用缔约方会议所将推行和议定的可比方法编成的关于《特利尔议定书》未予管制的所有温室气体的各种源的人为排放和各种汇的清除的国家清单；

（b）关于该缔约方为履行公约而采取或设想的步骤的一般性描述；

（c）该缔约方认为与实现本公约的目标有关并且适合列入其所提供信息的任何其他信息，在可行情况下，包括与计算全球排放趋势有关的资料。

2．附件一所列每一发达国家缔约方和每一其他缔约方应在其所提供的信息中列入下列各类信息：

（a）关于该缔约方为履行其第四第第2款（a）项和（b）项下承诺所采取政策和措施的详细描述；

（b）关于本款（a）项所述政策和措施在第四条第2款（a）项所述期间对温室气体各种源的排放和各种汇的清除所产生影响的具体估计。

3．此外，附件二所列每一发达国家缔约方和第一其他发达缔约方应列入按照第四条第3、第4和第5款所采取措施的详情。

4．发展中国家缔约方可在自愿基础上提出需要资助的项目，包括为执行这些项目所需要的具体技术、材料、设备、工艺或做法，在可能情况下并附上对所有增加的费用、温室气体排放的减少量及其清除的增加量的估计，以及对其所带来效益的估计。

5．附件一所列每一发达国家缔约方和每一其他缔约方应在公约对该缔约方生效后六个月内第一次提供信息。未列入该附件的每一缔约方应在公约对该缔约方生效后或按照第四条第3款获得资金后三年内第一次提供信息。最不发达国家缔约方可自行决定何时第一次提供信息。其后所有缔约方提供信息的频度应由缔约方会议考虑到本款所规定的差别时间表予以确定。

6．各缔约方按照本条提供的信息应由秘书处尽速转交给缔约方会议和任何有关的附属机构。如有必要，提供信息的程序可由缔约方会议进一步考虑。

7．缔约方会议从第一届会议起，应安排向有此要求的发展中国家缔约方提供技术和资金支持，以汇编和提供本条所规定的信息，和确定与第四第规定的所拟议的项目和应对措施相联系的技术和资金需要。这些支持可酌情由其他缔约方、主管国际组织和秘书处提供。

8．任何一组缔约方遵照缔约方会议制定的指导方针并经事先通知缔约方会议，可以联合提供信息来履行其在本条下的义务，但这样提供的信息须包括关于其中每一缔约方履行其在本公约下的各自义务的信息。

9．秘书处收到的经缔约方按照缔约方会议制订的标准指明为机密的信息，在提供给任何参与信息的提供和审评的机构之前，应由秘书处加以汇总，以保护其机密性。

10．在不违反上述第9款，并且不妨碍任何缔约方在任何时候公开其所提供信息的能力的情况下，秘书处应将缔约方按照本条提供的信息在其提交给缔约方会议的同时予以公开。

第十三条　解决与履行有关的问题

缔约方会议应在其第一届会议上考虑设立一个解决与公约履行有关的问题的多边协商程序，供缔约方有此要求时予以利用。

第十四条　争端的解决

1．任何两个或两个以上缔约方之间就本公约的解释或适用发生争端时，有关的缔约方应寻求通过谈判或它们自己选择的任何其他和平方式解决该争端。

2．非为区域经济一体化组织的缔约方在批准、接受、核准或加入本公约时，或在其后任何时候，可在交给保存人的一份文书中声明，关于本公约的解释或适用方面的任何争端，承认对于接受同样义务的任何缔约方，下列义务为当然而具有强制性的，无须另订特别协议：

（a）将争端提交国际法院，

（b）按照将由缔约方会议尽早通过的、载于仲裁附件中的程序进行仲裁。作为区域经济一体化组织的缔约方可就依上述（b）项中所述程序进行仲裁发表类似声明。

3．根据上述第2款所作的声明，在其所载有效期期满前，或在书面撤回通知交存于保存人后的三个月内，应一直有效。

4．除非争端各当事方另有协议，新作声明、作出撤回通知或声明有效期满丝毫不得影响国际法院或仲裁庭正在进行的审理。

5．在不影响上述第2款运作的情况下，如果一缔约方通知另一缔约方它们之间存在争端，过了12个月后，有关的缔约方尚未能通过上述第1款所述方法解决争端，经争端的任何当事方要求，应将争端提交调解。

6．经争端一当事方要求，应设立调解委员会。调解委员会应由每一当事方委派的数目相同的成员组成，主席由每一当事方委派的成员共同推选。调解委员会应作出建议性裁决。各当事方应善意考虑之。

7．有关调解的补充程序应由缔约方会议尽早以调解附件的形式予以通过。

8．本条各项规定应适用于缔约方会议可能通过的任何相关法律文书，除非该文书另有规定。

第十五条　公约的修正

1．任何缔约方均可对本公约提出修正。

2．对本公约的修正应在缔约方会议的一届常会上通过。对本公约提出的任何修正案文应由秘书处在拟议通过该修正的会议之前至少六个月送交各缔约方。秘书处还应将提出的修正送交本公约各签署方，并送交保存人以供参考。

3．各缔约方应尽一切努力以协商一致方式就对本公约提出的任何修正达成协议。如为谋求协商一致已尽了一切努力，仍未达成协议，作为最后的方式，该修正应以出席会议并参加表决的缔约方3/4多数票通过。通过的修正应由秘书处送交保存人，再由保存人转送所有缔约方供其接受。

4．对修正的接受文书应交存于保存人。按照上述第3款通过的修正，应于保存人收到本公约至少3/4缔约方的接受文书之日后第90天起对接受该修正的缔约方生效。

5．对于任何其他缔约方，修正应在该缔约方向保存人交存接受该修正的文书之日后第90天起对其生效。

6．为本条的目的，"出席并参加表决的缔约方"是指出席并投赞成票或反对票的缔约方。

第十六条　公约附件的通过和修正

1．本公约的附件应构成本公约的组成部分，除另有明文规定外，凡提到本公约时即同时提到其任何附件。在不妨害第十四条第2款（b）项和第7款规定的情况下，这些附件应限于清单、表格和任何其他属于科学、技术、程序或行政性质的说明性资料。

2．本公约的附件应按照第十五条第2、第3和第4款中规定的程序提出和通过。

3．按照上述第2款通过的附件，应于保存人向公约的所有缔约方发出关于通过该附件的通知之日起六个月后对所有缔约方生效，但在此期间以书面形式通知保存人不接受该附件的缔约方除外。对于撤回其不接受的通知的缔约方，该附件应自保存人收到撤回通知之日后第90天起对其生效。

4．对公约附件的修正的提出、通过和生效，应依照上述第2和第3款对公约附件的提出、通过和生效规定的同一程序进行。

5．如果附件或对附件的修正的通过涉及对本公约的修正，则该附件或对附件的修正应待对公约的修正生效之后方可生效。

第十七条　议定书

1．缔约方会议可在任何一届常会上通过本公约的议定书。

2．任何拟议的议定书案文应由秘书处在举行该届会议至少六个月之前送交各缔约方。

3．任何议定书的生效条件应由该文书加以规定。

4．只有本公约的缔约方才可成为议定书的缔约方。

5．任何议定书下的决定只应由该议定书的缔约方作出。

第十八条　表决权

1．除下述第2款所规定外，本公约第一缔约方应有一票表决权。

2．区域经济一体化组织在其权限内的事项上应行使票数与其作为本公约缔约方的成员国数目相同的表决权。如果一个此类组织的任一成员国行使自己的表决权，则该组织不得行使表决权，反之亦然。

第十九条　保存人

联合国秘书长应为本公约及按照第十七条通过的议定书的保存人。

第二十条　签署

本公约应于联合国环境与发展会议期间在里约热内卢，其后自1992年6月20日至1993年6月19日在纽约联合国总部，开放供联合国会员国或任何联合国专门机构的成员国或《国际法院规约》的当事国和各区域经济一体化组织签署。

第二十一条　临时安排

1．在缔约方会议第一届会议结束前，第八条所述的秘书处职能将在临时基础上由联合国大会1990年12月21日第45／212号决议所设立的秘书处行使。

2．上述第1款所述的临时秘书处首长将与政府间气候变化专门委员会密切合作，以确保该委员会能够对提供客观科学和技术咨询的要求作出反应。也可以咨询其他有关的科学机构。

3．在临时基础上，联合国开发计划署、联合国环境规划署和国际复兴开发银行的"全球环境融资"应为受托经营第十一条所述资金机制的国际实体。在这方面，"全球环境融资"应予适当改革，并使其成员具有普遍性，以使其能满足第十一条的要求。

第二十二条　批准、接受、核准或加入

1．本公约须经各国和各区域经济一体化组织批准、接受、核准或加入。公约应自签署截止日之次日起开放供加入。批准、接受、核准或加入的文书应交存于保存人。

2．任何成为本公约缔约方而其成员国均非缔约方的区域经济一体化组织应受本公约一切义务的约束。如果此类组织的一个或多个成员国为本公约的缔约方，该组织及其成员国应决定各自在履行公约义务方面的责任。在此种情况下，该组织及其成员国无权同时行使本公约规定的权利。

3．区域经济一体化组织应在其批准、接受、核准或加入的文书中声明其在本公约所规定事项上的权限。此类组织还应将其权限范围的任何重大变更通知保存人，再由保存人通知各缔约方。

第二十三条　生效

1．本公约应自第五十份批准、接受、核准或加入的文书交存之日后第90天起生效。

2．对于在第50份批准、接受、核准或加入的文书交存之后批准、接受、核准或加入本公约的每一国家或区域经济一体化组织，本公约应自该国或该区域经济一体化组织交存其批准、接受、核准或加入的文书之日后第90天起生效。

3．为上述第1和第2款的目的，区域经济一体化组织所交存的任何文书不应被视为该组织成员国所交存文书之外的额外文书。

第二十四　条 保 留

对本公约不得作任何保留。

第二十五　条 退 约

1．自本公约对一缔约方生效之日起三年后，该缔约方可随时向保存人发出书面通知退出本公约。

2．任何退出应自保存人收到退出通知之日起一年期满时生效，或在退出通知中所述明的更后日期生效。

3．退出本公约的任何缔约方，应被视为亦退出其作为缔约方的任何议定书。

第二十六条　作准文本

本公约正本应交存于联合国秘书长，其阿拉伯文、中文、英文、法文、俄文和西班牙文本同为作准。

下列签署人，经正式授权，在本公约上签字，以昭信守。

1992年5月9日订于纽约。

附件（略）

联合国千年宣言（节录）

一、价值和原则

……

——尊重大自然。必须根据可持续发展的规律，在对所有生物和自然资源进行管理时谨慎行事。只有这样，才能保护大自然给我们的无穷财富并把它们交给我们的子孙。为了我们今后的利益和我们后代的福祉，必须改变目前不可持续的生产和消费方式。

——共同承担责任。世界各国必须共同承担责任来管理全球经济和社会发展以及国际和平与安全面临的威胁，并应以多边方式履行这一职责。联合国作为世界上最具普遍性和代表性的组织，必须发挥核心作用。

7. 为了把这些共同价值变为行动，兹将我们特别重视的一些关键目标列举于后。

……

四、保护我们的共同环境

21.我们必须不遗余力，使全人类、尤其是我们的子孙后代不致生活在一个被人类活动造成不可挽回的破坏、资源已不足以满足他们的需要的地球。

22.我们重申支持联合国环境与发展会议商定的可持续发展原则，包括列于《21世纪议程》的各项原则。

23.因此，我们决心在我们一切有关环境的行动中，采取新的养护与管理的道德标准，作为第一步，我们决心：

——竭尽全力确保《京都议定书》生效，最好在2002年联合国环境与发展会议十周年之前生效，并开始按规定减少温室气体的排放。

——加紧进行集体努力，以管理、保护和可持续地开发所有各类森林。

——推动全面执行《生物多样性公约》和《在发生严重干旱和/或荒漠化的国家特别是在非洲防治荒漠化公约》。

——通过在区域、国家和地方各级拟订促进公平获取用水和充分供水的水管理战略，制止不可持续地滥用水资源。

——紧合作以减少自然灾害和人为灾害的次数及其影响。

—— 确保自由获取有关人类基因组序列的资料。

……

第55届联合国大会第8次全体会议通过

2000年9月8日，纽约

中国在哥本哈根大会

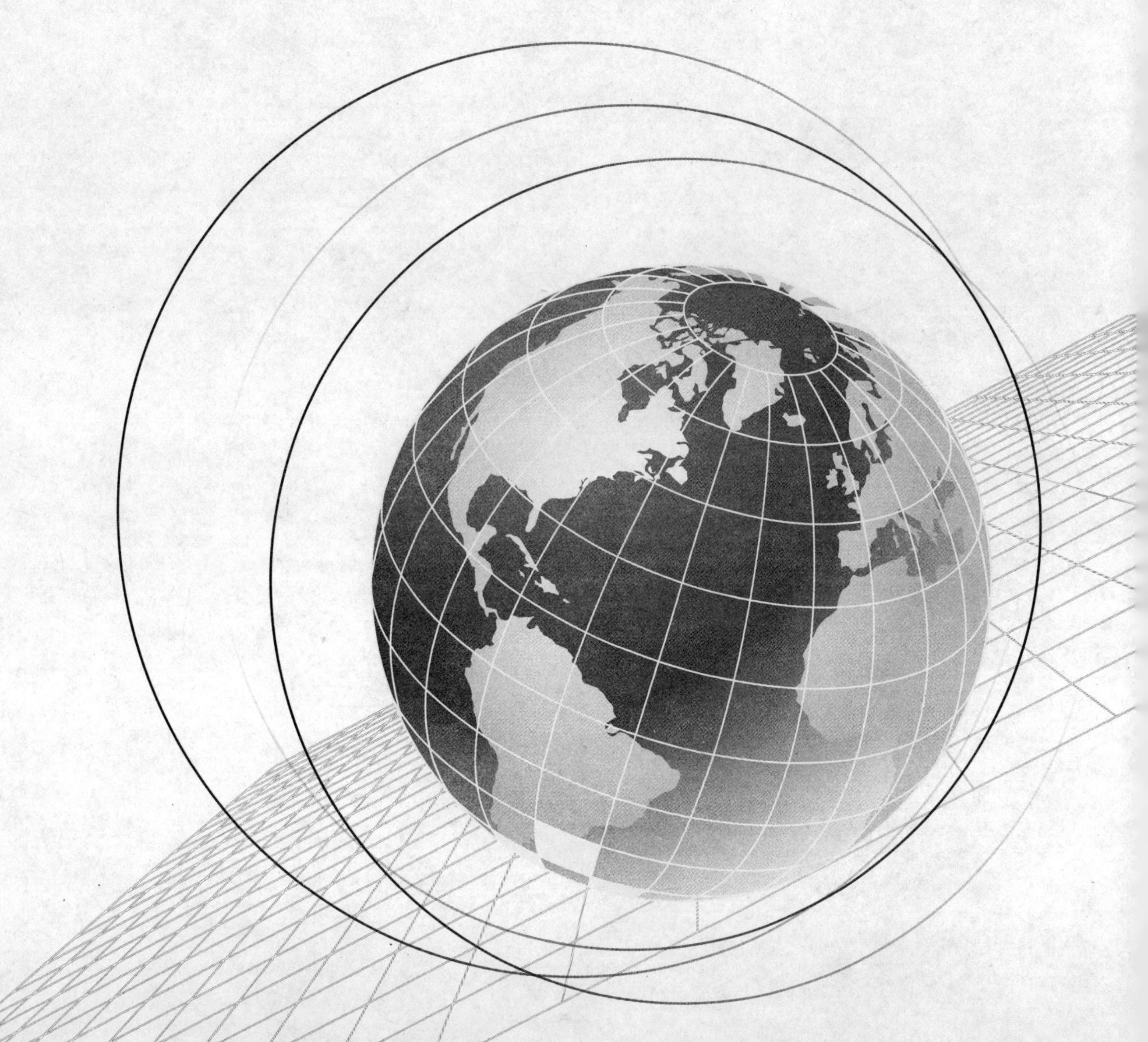

青山遮不住　毕竟东流去

——温家宝总理出席哥本哈根气候变化会议纪实

新华社记者　赵承　田帆　人民日报记者　韦冬

2009年12月18日，中国国务院总理温家宝在哥本哈根联合国气候变化大会上发表题为《凝聚共识 加强合作 推进应对气候变化历史进程》的演讲

2009年12月19日，经历了复杂曲折的协商后，哥本哈根气候变化会议取得了重大积极成果，发表了《哥本哈根协议》，坚定维护了《联合国气候变化框架公约》及其《京都议定书》所确立的基本框架和一系列原则，进一步明确了发达国家和发展中国家根据"共同但有区别的责任"原则及分别应当承担的义务和采取的行动，表达了国际社会在应对气候变化长期目标、资金、技术和行动透明度等问题上的共识。

从12月16日至12月18日，国务院总理温家宝在出席哥本哈根气候变化会议的近60个小时内，与有关国家领导人展开了密集的会谈和协商，力推谈判进程不断向前。温家宝总理以诚意、信心、决心和卓有成效的努力，充分展示中国谋发展、促合作、负责任的大国形象。

在哥本哈根气候变化会议领导人会议上，温家宝总理发表了重要演讲，宣示了中国政府的一贯主张，呼吁各方凝聚共识、加强合作，共同推进应对气候变化的历史进程；在会场内外错综复杂的形势下，温家宝总理迎难而上，积极行动，以最大的政治意愿和耐心，在与会各方中穿梭斡旋，沟通协调，尤其在会议面临可能无果而终的关键时刻，亲自出面与有关方面做了大量艰苦细致的工作，最终推动了《哥本哈根协议》的达成。

历史将铭记，中国政府为哥本哈根气候变化会议成功作出了重要贡献。

“慎重者，始若怯，终必勇”
——参加会议前，温家宝总理进行了周密的思考，为推动会议取得成果做了大量准备工作

近年来，围绕全球气候变暖问题，发展中国家同发达国家的交锋愈演愈烈。中国作为最大的发展中国家，在节能减排方面作出了巨大的努力，取得了显著成效。

11月26日，中国政府宣布控制温室气体排放的行动目标，到2020年单位国内生产总值二氧化碳排放比2005年下降40%至45%，受到国际舆论的广泛好评。同时宣布，温家宝总理出席哥本哈根气候变化会议。

12月16日下午3时，温家宝总理乘专机从北京飞往哥本哈根。

“这是一项艰巨的任务，我代表中国政府出席会议深感责任重大。”在飞机飞行途中，温总理对随行的记者说：“在来机场的路上，我想起了两句古话，一是‘慎重者，始若怯，终必勇’；二是‘思其始而图其终’。这就是说，开始时周密思考，行事时必然英勇果敢。”

事实上，温总理的哥本哈根之行早已“启程”——

11月27日至28日，中国、印度、巴西和南非“基础四国”与77国集团主席国苏丹代表在北京举行磋商。温总理会见了与会的各国环境部长或代表。

在各政府气候变化代表团在一线艰苦谈判的同时，从12月8日起，温总理分别与联合国秘书长和英国、德国、印度、巴西、南非、丹麦、埃塞俄比亚等国领导人通电话，就会议涉及的一些重大问题坦诚、深入地交换意见。

12月11日，温家宝总理考察了中国气象局，并就应对气候变化召开了专家座谈会。他指出，要采取坚决有力措施，实现我国政府提出的减缓温室气体排放的行动目标。

哥本哈根联合国气候变化大会会场

哥本哈根气候变化会议开幕后，温总理一直密切关注会议的进展："我坚信，这么多领导人齐聚哥本哈根，应该会取得成果的。但无论会议结局怎样，中国确立的行动方案不会改变，自主减排的目标不容谈判，实现这一目标的决心不会动摇。"

当地时间16日17时45分，专机降落在哥本哈根机场。

此时已接近北京时间凌晨近1时。经过7000多公里、10个小时的飞行，大家已十分疲惫。温总理不顾旅途劳顿，决定从机场直接赶往中国驻丹麦大使馆，听取关于大会的最新情况汇报，研究下一步工作。

2009年12月17日，中国国务院总理温家宝在丹麦首都哥本哈根会见马尔代夫、孟加拉国、埃塞俄比亚、格林纳达、苏丹等最不发达国家领导人

"最重要的是迅速凝聚共识"
——面对错综复杂的形势，温家宝总理以诚意、决心和信心穿梭斡旋，沟通协调，弥合分歧，扩大共识

17日早晨6时，温总理来到餐厅，他一边吃饭，一边听取有关情况汇报。

8时30分，温总理开始投入当日紧张而密集的会晤中。第一位客人是东道国丹麦首相拉斯穆森。温总理首先肯定了丹麦为筹办会议作出的巨大努力，表示中国将全力支持东道主工作，推动哥本哈根会议取得成果。温总理的话令拉斯穆森感到些许宽慰。他提到，各方分歧巨大，至今还没有一个可供各方磋商的基础草案。

温总理十分理解东道主的压力，他把各方分歧归结为四个焦点问题，即基础案文、资金、长期目标和"三可"问题，并诚恳地建议采取务实态度，在两个工作组主席已经提出的案文基础上，按照"共同但有区别的责任"原则，把共识部分锁定下来，分歧部分留作以后讨论，这也许是唯一可行的办法。如果能形成这样的决议，也是会议的一个成果。

拉斯穆森非常感谢温总理的建设性意见，他说，如果其他领导人都能像中国总理这样积极努力，会议就会取得成果。

送走拉斯穆森，迎来了联合国秘书长潘基文。潘基文对会议进程停滞不前也很担忧，认为会议无果而终的结局是不能接受的。温总理说，要让近200个国家在剩下不到两天的时间里，弥合巨大分歧是不现实的。中国和世界人民都期待会议成功，目前最重要的是迅速凝聚共识。可以考虑搞一个反映各方共识的政治性文件，重在明确政治意愿，肯定会议成果，向世界传递信心和希望。

温总理特别强调，决议起草和磋商必须公开透明，听取各方意见，尤其要重视发展中国家的关切，希望联合国发挥重要作用。潘基文若有所思地点着头。

至此，温总理向东道主和联合国阐明了中国政府对这次会议成果的总体考虑和操作建议。后来发生的事情证明，温总理的意见是富有远见、切实可行的。

11时，温家宝总理前往巴西总统卢拉下榻的饭店。此前，卢拉曾提议"基础四国"领导人举行早餐会，但因印度和南非领导人方面存在技术困难而取消。温总理得知这一消息后，主动提出与卢拉总统举行双边会晤。两位老朋友一致认为中巴两国在应对气候变化问题上存在广泛共识，要坚定地同其他发展中国家站在一起，维护共同利益，同时与有关各方加强沟通协调，发挥应有的积极作用。

时至中午，温总理匆匆返回雷迪森饭店，他要集体会见小岛国代表马尔代夫总统纳希德和格林纳达总理托马斯、非洲国家代表埃塞俄比亚总理梅莱斯、欠发达国家代表孟加拉国总理哈西娜和77国集团代表苏丹总统助理纳菲阿。

资金问题是这些国家最关心的问题。某大国代表曾说不会把钱给中国。针对这种说法，温总理表示，中国一直呼吁发达国家切实履行资金承诺，但绝不同其他发展中国家争一分钱的资金，而且将一如既往地在南南合作和双边框架内向欠发达国家提供援助，包括应对气候变化的物质和能力支持。

温总理对一些小岛国脆弱的生存环境深表同情，理解他们在全球温控方面的特殊诉求，详细介绍了中国的减排努力和对哥本哈根谈判的考虑。温总理表示，为体现诚意，中国愿意在2050年全球升温不超过2摄氏度问题上照顾小岛国的关切。中国在会议进程中将切实维护所有发展中国家的权益。

客人们认为，温总理的讲话入情入理，中国为应对气候变化作出了巨大努力，发达国家的指责是不公平的。中国同其他发展中国家一样，应对气候变化不能以牺牲发展为代价。发展中国家应该加强沟通和团结。

17日下午，温总理先后会见了英国首相布朗、德国总理默克尔和日本首相鸠山由纪夫，就有关问题做了耐心细致的工作。

温总理说，哥本哈根会议已到关键时刻，各方不能再继续相互指责，更不能讨价还价，这只会浪费宝贵的时间。要坚持“共同但有区别的责任”原则，从大局出发，迅速凝聚共识，搁置争议，共同为会议取得成果作出努力。

温总理强调，中国自主宣布的减缓行动目标不附加任何条件，也不同任何国家的减排目标挂钩，也不容谈判。我们言必信，行必果，一定要实现目标，甚至会做得更好，这符合中国人民和世界人民的利益。中国愿意就增加自主减缓行动的透明度开展磋商与合作，也愿意将全球升温不超过2摄氏度作为努力的方向，这一切体现了中国极大的诚意。

温总理强调，发展中国家的主要任务是消除贫困和发展经济，但也不能重走发达国家工业化的老路，不能以牺牲资源和环境为代价；发达国家应给予理解和支持，并在资金和技术问题上履行承诺。发展中国家与发达国家要密切沟通协作，争取会议取得最好结果。

虽然在一些问题上双方意见有分歧，但始终进行着坦诚、深入的对话，因为这是增进了解、扩大共识的唯一正确方法。

结束了一系列会晤后，温总理立即指示外交部副部长何亚非举行记者会，讲明在哪些问题上中国是必须坚持的，哪些是愿意灵活处理的。200多名中外记者与会，迅速将中方最新立场和与各方接触情况向世界作了充分报道。中国以实际行动做到了公开和透明。

17日晚8时，温家宝总理出席了丹麦女王玛格丽特举行的晚宴，这标志着领导人集体活动日程拉开帷幕。

但是，在这个宴会上，一位外国领导人无意中向温总理提起，某国将在宴会后召开小范围领导人会议，商议新的案文。这位领导人手中的与会国家名单上，赫然写着中国。这引起了温总理的警觉，既然中国也在其列，为何没有接到通知，十分蹊跷。温总理立即离席赶回饭店，召开会议研究对策。

奉温总理指示，何亚非副部长立即赶到“会场”，对召集方这种别有用心的做法提出强烈不满，表示一定要公开透明，不能搞小圈子，不能强加于人，否则很有可能导致会议无果而终。

与此同时，各种传闻和谣言纷至沓来：一些发达国家暗中串通，准备加大力度向中国施压；新兴发展中大国竭力阻挠，很可能导致哥本哈根会议失败；发达国家因不满中国不接受“三可”，拒绝向小岛国提供更多资金；发展中国家阵营正在分裂；某某大国打算独自提出案文等等。种种迹象表明，情况越来越不容乐观。

“向世界传递信心和希望”
——全世界都在注视着哥本哈根，中国坚定地发出推动人类应对气候变化历史进程的声音和承诺

18日8时30分，温总理与刚刚抵达的印度总理辛格举行会晤。两国总理都深刻认识到，只有团结合作，才会有真正和谐、发展、繁荣的亚洲世纪。

温总理主动介绍了一天来会议进展的情况，并谈了对会议形势的看法，征求辛格的意见。辛格被温总理的诚挚言行所感动，他表示完全赞同温总理所谈。两国总理确定，无论出现什么情况，中印都要密切保持沟通和协作，坚定地维护广大发展中国家的利益。

2009年12月18日，国务院总理温家宝在哥本哈根与巴西总统卢拉、南非总统祖马、印度总理辛格"基础四国"领导人一起与美国总统奥巴马就联合国气候变化大会达成最后协议进行磋商

位于哥本哈根市南部的贝拉中心，是哥本哈根气候大会的主会场。

上午9时45分，温总理提前抵达会场，举世瞩目的领导人会议定于10时开幕。然而，时辰已到，东道主和联合国秘书长却踪影全无，主席台上空空如也。

见此情形，温总理当机立断，提议"基础四国"领导人再次碰头。四国领导人就在会场外的大厅里，围坐在一张茶几旁交换看法，决心在最后一刻努力争取会议有个成果。

时针指向11时30分，会议主席拉斯穆森终于宣布会议开始。拉斯穆森请温总理第一个发言。在掌声中，温总理发表了题为《凝聚共识 加强合作 推进应对气候变化历史进程》的演讲，通篇只有2000多字，但是内容丰富、立意高远、充满感情。

"此时此刻，全世界几十亿人都在注视着哥本哈根。我们在此表达的意愿和做出的承诺，应当有利于推动人类应对气候变化的历史进程。站在这个讲坛上，我深感责任重大。"温总理的开场白道出了世界人民的心声，表达了中国政府高度负责的态度。温总理接着介绍了中国应对气候变化作出的贡献，提出了推进气候谈判的"四项主张"。最后，温总理向世界承诺："中国政府确定减缓温室气体排放的目标是中国根据国情采取的自主行动，是对中国人民和全人类负责的，不附加任何条件，不与任何国家的减排目标挂钩。我们言必信、行必果，无论本次会议达成什么成果，都将坚定不移地为实现、甚至超过这个目标而努力。"

温总理提出的上述主张反映了广大发展中国家的共同诉求，合情合理，既立足当前，又面向未来，同时兼顾各方，在会议面临何去何从的关键时刻，指明了方向，有力地维护和推进了谈判进程，赢得广泛赞同。

温总理的演讲赢得了会场内长时间的掌声。一些国家领导人主动起身，与温总理握手表示祝贺。

"有1%的希望就要尽100%的努力"
——在会议面临可能无果而终的关键时刻，中国政府以卓有成效的努力推动了《哥本哈根协议》的达成

中国是最大的发展中国家，美国是最大的发达国家。两国领导人的会晤自然成为各界关注的焦点。

温总理与奥巴马的会晤安排在奥巴马的发言结束后。两国领导人就应对气候变化会议成果、长期目标、"三可"等焦点问题坦诚、深入、务实地交换意见，双方都表达了各自的观点，但同时表现出一定的灵活性。双方赞同大会要尽快达成一项政治协议，并保持合作。随后，两国领导人指示各自谈判代表进一步进行磋商，并约定当天晚些时候再次见面。

在与奥巴马会晤后，温总理立即指示中方谈判代表将中美会晤情况向"基础四国"和77国集团通报，推动发展

中国家同发达国家一道，加快谈判进程。

此后，发达国家和发展中国家就会议最后文件进行磋商，但由于各方意见分歧，谈判难以取得进展。此时，已经大大超过了会议原定的闭幕时间。

这时，有的国家甚至准备了会议一旦失败的声明。少数国家领导人甚至发表了不负责任的言论，指责中国。

在最后关头，温家宝总理再次发挥了关键作用。他召开中国代表团会议，冷静地分析形势，认为此时已不可能达成一份具有法律约束力的文件，但各方都清楚大会无果而终意味着什么，谁都不愿承担导致失败的责任。温总理说，只要有1%的希望，就要尽100%的努力，不能轻言放弃。他立即决定，约卢拉、辛格、祖马再次会晤，作最后的努力。此时，奥巴马也提出约温总理进行第二次会晤。温总理答应，在"基础四国"领异人会晤后，即同奥巴马会晤。

四国领导人一致认为，现在会议有失败的危险。四国可先就关键问题形成共识，在坚持原则、维护发展中国家利益基础上，以最大的灵活性，再同美欧去谈，要尽一切努力争取会议有所成果。温家宝总理特别强调，要与非洲国家、77国集团、小岛国保持沟通，加强合作。

18时50分，"基础四国"领导人正在最后梳理共同立场，美国总统奥巴马推开大门走了进来。虽然中美双方约定会晤的时间已过，但奥巴马此时出现，还是让大家感到意外。

奥巴马也感到有些唐突，笑着问：温总理，我是不是来得早了一点，我是先到外面等着，还是进来加入你们一起讨论？温总理站起身来，礼貌地表示欢迎他"加入"。奥巴马颇为感动，他先绕会场一周，与所有的人一一握手。然后在温总理的对面坐下。

温总理首先表示要努力争取会议通过一个决议，以肯定成果，凝聚共识。然后，就几个关键问题向奥巴马阐述了四国的立场。奥巴马也向四国介绍了美国的最新立场。奥巴马表示，双方在这几个问题上的措辞已经很接近了。接着，五国领导人继续进行严肃认真的磋商。

经过磋商，"基础四国"就协议表述的几个重要问题同美国达成一致。美方表示愿意出面征求欧盟方面的意见。

随后，美国和欧盟国家进行了磋商，"基础四国"也跟有关国家进行了磋商。然后，这个草案又在部分国家中进行了小范围磋商。

一个小时后传来消息，有关各方已经就一份决议案文达成一致，将马上提交大会表决。这时，离原定大会闭幕时间过去了9个小时。

哥本哈根气候大会最后的结果，决不是由一个国家或两个国家说了算的，这是与会各国共同努力的结果。但是，从这些曲折而艰难的会议进程中，可以看出中国发挥了关键性作用。

近几天来，虽然一些国际媒体对哥本哈根会议的成果存在不同的解读，但有一点是肯定的，那就是：在国际社会的共同努力下，应对气候变化国际合作朝着正确的方向又前进了一步，向世界传递了信心和希望。中国为此表现出了最大的诚意，尽了最大的努力，发挥了重要的建设性作用。

近日，温总理在接受新华社记者采访时说，中国愿意同各方一道，以哥本哈根会议为新的起点，加强履行承诺，加强合作，尽早完成"巴厘路线图"谈判，推动气候变化国际合作不断取得新进展，为人类应对气候变化作出应有贡献。

历史又一次证明，人类最大的挑战是人类自己。团结才有力量，合作才有前途。哥本哈根会议使中国登上了更高、更广阔的世界舞台，中国有理由骄傲，中国一定会更加努力！

青山遮不住，毕竟东流去。哥本哈根会议是一个新的起点，从这里出发，国际社会应对气候变化的进程将不断向前。

（新华社北京2009年12月24日电）

法 律 法 规

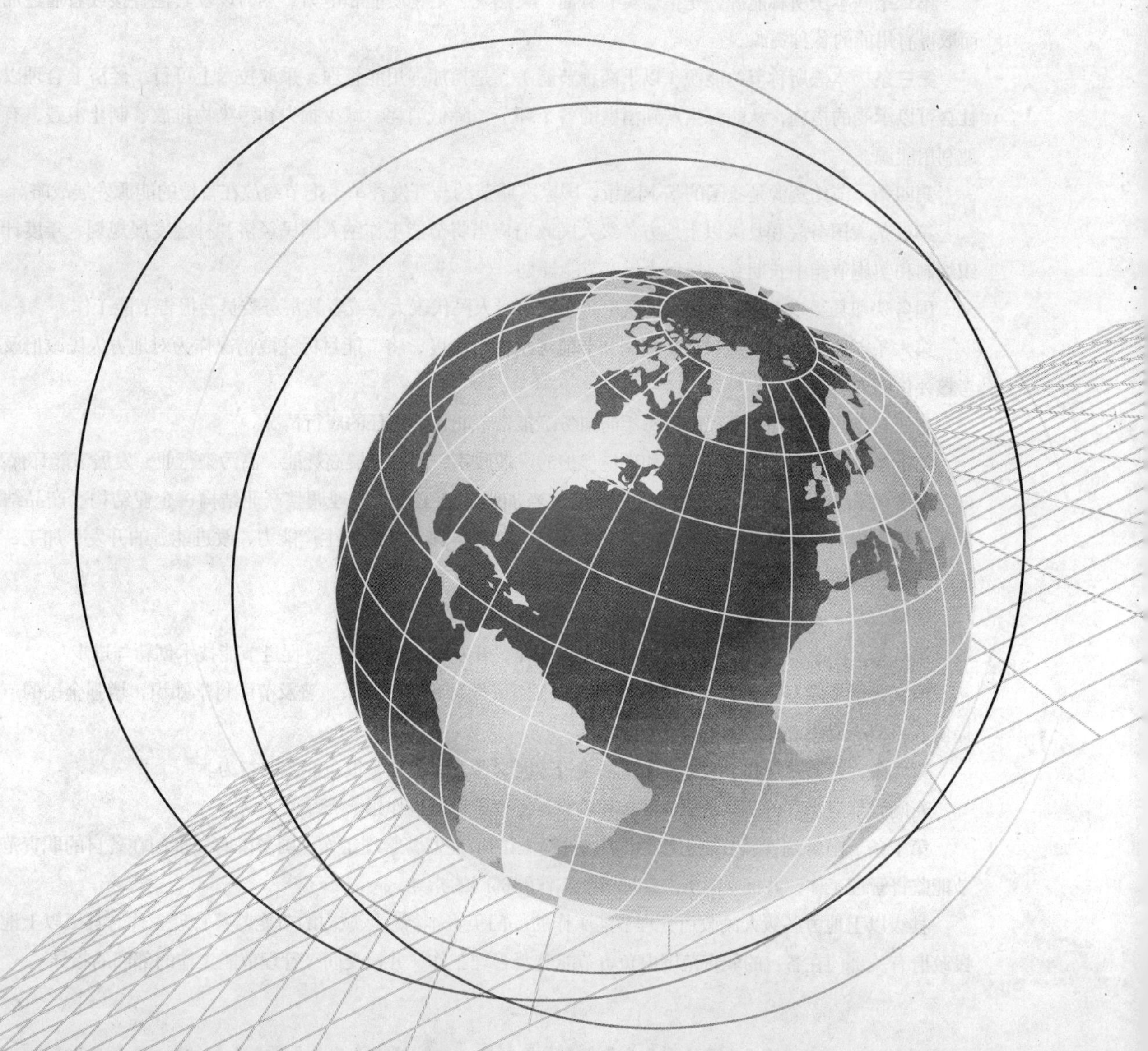

全国人大法律

中华人民共和国节约能源法

（1997年11月1日第八届全国人民代表大会常务委员会第二十八次会议通过，2007年10月28日第十届全国人民代表大会常务委员会第三十次会议修订）

第一章　总则

第一条　为了推动全社会节约能源，提高能源利用效率，保护和改善环境，促进经济社会全面协调可持续发展，制定本法。

第二条　本法所称能源，是指煤炭、石油、天然气、生物质能和电力、热力以及其他直接或者通过加工、转换而取得有用能的各种资源。

第三条　本法所称节约能源（以下简称节能），是指加强用能管理，采取技术上可行、经济上合理以及环境和社会可以承受的措施，从能源生产到消费的各个环节，降低消耗、减少损失和污染物排放、制止浪费，有效、合理地利用能源。

第四条　节约资源是我国的基本国策。国家实施节约与开发并举、把节约放在首位的能源发展战略。

第五条　国务院和县级以上地方各级人民政府应当将节能工作纳入国民经济和社会发展规划、年度计划，并组织编制和实施节能中长期专项规划、年度节能计划。

国务院和县级以上地方各级人民政府每年向本级人民代表大会或者其常务委员会报告节能工作。

第六条　国家实行节能目标责任制和节能考核评价制度，将节能目标完成情况作为对地方人民政府及其负责人考核评价的内容。

省、自治区、直辖市人民政府每年向国务院报告节能目标责任的履行情况。

第七条　国家实行有利于节能和环境保护的产业政策，限制发展高耗能、高污染行业，发展节能环保型产业。

国务院和省、自治区、直辖市人民政府应当加强节能工作，合理调整产业结构、企业结构、产品结构和能源消费结构，推动企业降低单位产值能耗和单位产品能耗，淘汰落后的生产能力，改进能源的开发、加工、转换、输送、储存和供应，提高能源利用效率。

国家鼓励、支持开发和利用新能源、可再生能源。

第八条　国家鼓励、支持节能科学技术的研究、开发、示范和推广，促进节能技术创新与进步。

国家开展节能宣传和教育，将节能知识纳入国民教育和培训体系，普及节能科学知识，增强全民的节能意识，提倡节约型的消费方式。

第九条　任何单位和个人都应当依法履行节能义务，有权检举浪费能源的行为。

新闻媒体应当宣传节能法律、法规和政策，发挥舆论监督作用。

第十条　国务院管理节能工作的部门主管全国的节能监督管理工作。国务院有关部门在各自的职责范围内负责节能监督管理工作，并接受国务院管理节能工作的部门的指导。

县级以上地方各级人民政府管理节能工作的部门负责本行政区域内的节能监督管理工作。县级以上地方各级人民政府有关部门在各自的职责范围内负责节能监督管理工作，并接受同级管理节能工作的部门的指导。

第二章　节能管理

第十一条　国务院和县级以上地方各级人民政府应当加强对节能工作的领导，部署、协调、监督、检查、推动节能工作。

第十二条　县级以上人民政府管理节能工作的部门和有关部门应当在各自的职责范围内，加强对节能法律、法规和节能标准执行情况的监督检查，依法查处违法用能行为。

履行节能监督管理职责不得向监督管理对象收取费用。

第十三条　国务院标准化主管部门和国务院有关部门依法组织制定并适时修订有关节能的国家标准、行业标准，建立健全节能标准体系。

国务院标准化主管部门会同国务院管理节能工作的部门和国务院有关部门制定强制性的用能产品、设备能源效率标准和生产过程中耗能高的产品的单位产品能耗限额标准。

国家鼓励企业制定严于国家标准、行业标准的企业节能标准。

省、自治区、直辖市制定严于强制性国家标准、行业标准的地方节能标准，由省、自治区、直辖市人民政府报经国务院批准；本法另有规定的除外。

第十四条　建筑节能的国家标准、行业标准由国务院建设主管部门组织制定，并依照法定程序发布。

省、自治区、直辖市人民政府建设主管部门可以根据本地实际情况，制定严于国家标准或者行业标准的地方建筑节能标准，并报国务院标准化主管部门和国务院建设主管部门备案。

第十五条　国家实行固定资产投资项目节能评估和审查制度。不符合强制性节能标准的项目，依法负责项目审批或者核准的机关不得批准或者核准建设；建设单位不得开工建设；已经建成的，不得投入生产、使用。具体办法由国务院管理节能工作的部门会同国务院有关部门制定。

第十六条　国家对落后的耗能过高的用能产品、设备和生产工艺实行淘汰制度。淘汰的用能产品、设备、生产工艺的目录和实施办法，由国务院管理节能工作的部门会同国务院有关部门制定并公布。

生产过程中耗能高的产品的生产单位，应当执行单位产品能耗限额标准。对超过单位产品能耗限额标准用能的生产单位，由管理节能工作的部门按照国务院规定的权限责令限期治理。

对高耗能的特种设备，按照国务院的规定实行节能审查和监管。

第十七条　禁止生产、进口、销售国家明令淘汰或者不符合强制性能源效率标准的用能产品、设备；禁止使用国家明令淘汰的用能设备、生产工艺。

第十八条　国家对家用电器等使用面广、耗能量大的用能产品，实行能源效率标识管理。实行能源效率标识管理的产品目录和实施办法，由国务院管理节能工作的部门会同国务院产品质量监督部门制定并公布。

第十九条　生产者和进口商应当对列入国家能源效率标识管理产品目录的用能产品标注能源效率标识，在产品包装物上或者说明书中予以说明，并按照规定报国务院产品质量监督部门和国务院管理节能工作的部门共同授权的机构备案。

生产者和进口商应当对其标注的能源效率标识及相关信息的准确性负责。禁止销售应当标注而未标注能源效率标识的产品。

禁止伪造、冒用能源效率标识或者利用能源效率标识进行虚假宣传。

第二十条　用能产品的生产者、销售者，可以根据自愿原则，按照国家有关节能产品认证的规定，向经国务院认证认可监督管理部门认可的从事节能产品认证的机构提出节能产品认证申请；经认证合格后，取得节能产品认证证书，可以在用能产品或者其包装物上使用节能产品认证标志。

禁止使用伪造的节能产品认证标志或者冒用节能产品认证标志。

第二十一条　县级以上各级人民政府统计部门应当会同同级有关部门，建立健全能源统计制度，完善能源统计指标体系，改进和规范能源统计方法，确保能源统计数据真实、完整。

国务院统计部门会同国务院管理节能工作的部门，定期向社会公布各省、自治区、直辖市以及主要耗能行业的能源消费和节能情况等信息。

第二十二条　国家鼓励节能服务机构的发展，支持节能服务机构开展节能咨询、设计、评估、检测、审计、认证等服务。

国家支持节能服务机构开展节能知识宣传和节能技术培训，提供节能信息、节能示范和其他公益性节能服务。

第二十三条　国家鼓励行业协会在行业节能规划、节能标准的制定和实施、节能技术推广、能源消费统计、节能宣传培训和信息咨询等方面发挥作用。

第三章　合理使用与节约能源

第一节　一般规定

第二十四条　用能单位应当按照合理用能的原则，加强节能管理，制定并实施节能计划和节能技术措施，降低能源消耗。

第二十五条　用能单位应当建立节能目标责任制，对节能工作取得成绩的集体、个人给予奖励。

第二十六条　用能单位应当定期开展节能教育和岗位节能培训。

第二十七条　用能单位应当加强能源计量管理，按照规定配备和使用经依法检定合格的能源计量器具。

用能单位应当建立能源消费统计和能源利用状况分析制度，对各类能源的消费实行分类计量和统计，并确保能源消费统计数据真实、完整。

第二十八条　能源生产经营单位不得向本单位职工无偿提供能源。任何单位不得对能源消费实行包费制。

第二节　工业节能

第二十九条　国务院和省、自治区、直辖市人民政府推进能源资源优化开发利用和合理配置，推进有利于节能的行业结构调整，优化用能结构和企业布局。

第三十条　国务院管理节能工作的部门会同国务院有关部门制定电力、钢铁、有色金属、建材、石油加工、化工、煤炭等主要耗能行业的节能技术政策，推动企业节能技术改造。

第三十一条　国家鼓励工业企业采用高效、节能的电动机、锅炉、窑炉、风机、泵类等设备，采用热电联产、余热余压利用、洁净煤以及先进的用能监测和控制等技术。

第三十二条　电网企业应当按照国务院有关部门制定的节能发电调度管理的规定，安排清洁、高效和符合规定的热电联产、利用余热余压发电的机组以及其他符合资源综合利用规定的发电机组与电网并网运行，上网电价执行国家有关规定。

第三十三条　禁止新建不符合国家规定的燃煤发电机组、燃油发电机组和燃煤热电机组。

第三节　建筑节能

第三十四条　国务院建设主管部门负责全国建筑节能的监督管理工作。

县级以上地方各级人民政府建设主管部门负责本行政区域内建筑节能的监督管理工作。

县级以上地方各级人民政府建设主管部门会同同级管理节能工作的部门编制本行政区域内的建筑节能规划。建筑节能规划应当包括既有建筑节能改造计划。

第三十五条　建筑工程的建设、设计、施工和监理单位应当遵守建筑节能标准。

不符合建筑节能标准的建筑工程，建设主管部门不得批准开工建设；已经开工建设的，应当责令停止施工、限期改正；已经建成的，不得销售或者使用。

建设主管部门应当加强对在建建筑工程执行建筑节能标准情况的监督检查。

第三十六条　房地产开发企业在销售房屋时，应当向购买人明示所售房屋的节能措施、保温工程保修期等信息，在房屋买卖合同、质量保证书和使用说明书中载明，并对其真实性、准确性负责。

第三十七条　使用空调采暖、制冷的公共建筑应当实行室内温度控制制度。具体办法由国务院建设主管部门制定。

第三十八条　国家采取措施，对实行集中供热的建筑分步骤实行供热分户计量、按照用热量收费的制度。新建建筑或者对既有建筑进行节能改造，应当按照规定安装用热计量装置、室内温度调控装置和供热系统调控装置。具体办法由国务院建设主管部门会同国务院有关部门制定。

第三十九条　县级以上地方各级人民政府有关部门应当加强城市节约用电管理，严格控制公用设施和大型建筑

物装饰性景观照明的能耗。

第四十条　国家鼓励在新建建筑和既有建筑节能改造中使用新型墙体材料等节能建筑材料和节能设备，安装和使用太阳能等可再生能源利用系统。

第四节　交通运输节能

第四十一条　国务院有关交通运输主管部门按照各自的职责负责全国交通运输相关领域的节能监督管理工作。

国务院有关交通运输主管部门会同国务院管理节能工作的部门分别制定相关领域的节能规划。

第四十二条　国务院及其有关部门指导、促进各种交通运输方式协调发展和有效衔接，优化交通运输结构，建设节能型综合交通运输体系。

第四十三条　县级以上地方各级人民政府应当优先发展公共交通，加大对公共交通的投入，完善公共交通服务体系，鼓励利用公共交通工具出行；鼓励使用非机动交通工具出行。

第四十四条　国务院有关交通运输主管部门应当加强交通运输组织管理，引导道路、水路、航空运输企业提高运输组织化程度和集约化水平，提高能源利用效率。

第四十五条　国家鼓励开发、生产、使用节能环保型汽车、摩托车、铁路机车车辆、船舶和其他交通运输工具，实行老旧交通运输工具的报废、更新制度。

国家鼓励开发和推广应用交通运输工具使用的清洁燃料、石油替代燃料。

第四十六条　国务院有关部门制定交通运输营运车船的燃料消耗量限值标准；不符合标准的，不得用于营运。

国务院有关交通运输主管部门应当加强对交通运输营运车船燃料消耗检测的监督管理。

第五节　公共机构节能

第四十七条　公共机构应当厉行节约，杜绝浪费，带头使用节能产品、设备，提高能源利用效率。

本法所称公共机构，是指全部或者部分使用财政性资金的国家机关、事业单位和团体组织。

第四十八条　国务院和县级以上地方各级人民政府管理机关事务工作的机构会同同级有关部门制定和组织实施本级公共机构节能规划。公共机构节能规划应当包括公共机构既有建筑节能改造计划。

第四十九条　公共机构应当制定年度节能目标和实施方案，加强能源消费计量和监测管理，向本级人民政府管理机关事务工作的机构报送上年度的能源消费状况报告。

国务院和县级以上地方各级人民政府管理机关事务工作的机构会同同级有关部门按照管理权限，制定本级公共机构的能源消耗定额，财政部门根据该定额制定能源消耗支出标准。

第五十条　公共机构应当加强本单位用能系统管理，保证用能系统的运行符合国家相关标准。

公共机构应当按照规定进行能源审计，并根据能源审计结果采取提高能源利用效率的措施。

第五十一条　公共机构采购用能产品、设备，应当优先采购列入节能产品、设备政府采购名录中的产品、设备。禁止采购国家明令淘汰的用能产品、设备。

节能产品、设备政府采购名录由省级以上人民政府的政府采购监督管理部门会同同级有关部门制定并公布。

第六节　重点用能单位节能

第五十二条　国家加强对重点用能单位的节能管理。

下列用能单位为重点用能单位：

（一）年综合能源消费总量一万吨标准煤以上的用能单位；

（二）国务院有关部门或者省、自治区、直辖市人民政府管理节能工作的部门指定的年综合能源消费总量五千吨以上不满一万吨标准煤的用能单位。

重点用能单位节能管理办法，由国务院管理节能工作的部门会同国务院有关部门制定。

第五十三条　重点用能单位应当每年向管理节能工作的部门报送上年度的能源利用状况报告。能源利用状况包括能源消费情况、能源利用效率、节能目标完成情况和节能效益分析、节能措施等内容。

第五十四条　管理节能工作的部门应当对重点用能单位报送的能源利用状况报告进行审查。对节能管理制度不健全、节能措施不落实、能源利用效率低的重点用能单位，管理节能工作的部门应当开展现场调查，组织实施用能设备能源效率检测，责令实施能源审计，并提出书面整改要求，限期整改。

第五十五条　重点用能单位应当设立能源管理岗位，在具有节能专业知识、实际经验以及中级以上技术职称的人员中聘任能源管理负责人，并报管理节能工作的部门和有关部门备案。

能源管理负责人负责组织对本单位用能状况进行分析、评价，组织编写本单位能源利用状况报告，提出本单位节能工作的改进措施并组织实施。

能源管理负责人应当接受节能培训。

第四章　节能技术进步

第五十六条　国务院管理节能工作的部门会同国务院科技主管部门发布节能技术政策大纲，指导节能技术研究、开发和推广应用。

第五十七条　县级以上各级人民政府应当把节能技术研究开发作为政府科技投入的重点领域，支持科研单位和企业开展节能技术应用研究，制定节能标准，开发节能共性和关键技术，促进节能技术创新与成果转化。

第五十八条　国务院管理节能工作的部门会同国务院有关部门制定并公布节能技术、节能产品的推广目录，引导用能单位和个人使用先进的节能技术、节能产品。

国务院管理节能工作的部门会同国务院有关部门组织实施重大节能科研项目、节能示范项目、重点节能工程。

第五十九条　县级以上各级人民政府应当按照因地制宜、多能互补、综合利用、讲求效益的原则，加强农业和农村节能工作，增加对农业和农村节能技术、节能产品推广应用的资金投入。

农业、科技等有关主管部门应当支持、推广在农业生产、农产品加工储运等方面应用节能技术和节能产品，鼓励更新和淘汰高耗能的农业机械和渔业船舶。

国家鼓励、支持在农村大力发展沼气，推广生物质能、太阳能和风能等可再生能源利用技术，按照科学规划、有序开发的原则发展小型水力发电，推广节能型的农村住宅和炉灶等，鼓励利用非耕地种植能源植物，大力发展薪炭林等能源林。

第五章　激励措施

第六十条　中央财政和省级地方财政安排节能专项资金，支持节能技术研究开发、节能技术和产品的示范与推广、重点节能工程的实施、节能宣传培训、信息服务和表彰奖励等。

第六十一条　国家对生产、使用列入本法第五十八条规定的推广目录的需要支持的节能技术、节能产品，实行税收优惠等扶持政策。

国家通过财政补贴支持节能照明器具等节能产品的推广和使用。

第六十二条　国家实行有利于节约能源资源的税收政策，健全能源矿产资源有偿使用制度，促进能源资源的节约及其开采利用水平的提高。

第六十三条　国家运用税收等政策，鼓励先进节能技术、设备的进口，控制在生产过程中耗能高、污染重的产品的出口。

第六十四条　政府采购监督管理部门会同有关部门制定节能产品、设备政府采购名录，应当优先列入取得节能产品认证证书的产品、设备。

第六十五条　国家引导金融机构增加对节能项目的信贷支持，为符合条件的节能技术研究开发、节能产品生产以及节能技术改造等项目提供优惠贷款。

国家推动和引导社会有关方面加大对节能的资金投入，加快节能技术改造。

第六十六条　国家实行有利于节能的价格政策，引导用能单位和个人节能。

国家运用财税、价格等政策，支持推广电力需求侧管理、合同能源管理、节能自愿协议等节能办法。

国家实行峰谷分时电价、季节性电价、可中断负荷电价制度，鼓励电力用户合理调整用电负荷；对钢铁、有色金属、建材、化工和其他主要耗能行业的企业，分淘汰、限制、允许和鼓励类实行差别电价政策。

第六十七条　各级人民政府对在节能管理、节能科学技术研究和推广应用中有显著成绩以及检举严重浪费能源行为的单位和个人，给予表彰和奖励。

第六章　法律责任

第六十八条　负责审批或者核准固定资产投资项目的机关违反本法规定，对不符合强制性节能标准的项目予以批准或者核准建设的，对直接负责的主管人员和其他直接责任人员依法给予处分。

固定资产投资项目建设单位开工建设不符合强制性节能标准的项目或者将该项目投入生产、使用的，由管理节能工作的部门责令停止建设或者停止生产、使用，限期改造；不能改造或者逾期不改造的生产性项目，由管理节能工作的部门报请本级人民政府按照国务院规定的权限责令关闭。

第六十九条　生产、进口、销售国家明令淘汰的用能产品、设备的，使用伪造的节能产品认证标志或者冒用节能产品认证标志的，依照《中华人民共和国产品质量法》的规定处罚。

第七十条　生产、进口、销售不符合强制性能源效率标准的用能产品、设备的，由产品质量监督部门责令停止生产、进口、销售，没收违法生产、进口、销售的用能产品、设备和违法所得，并处违法所得一倍以上五倍以下罚款；情节严重的，由工商行政管理部门吊销营业执照。

第七十一条　使用国家明令淘汰的用能设备或者生产工艺的，由管理节能工作的部门责令停止使用，没收国家明令淘汰的用能设备；情节严重的，可以由管理节能工作的部门提出意见，报请本级人民政府按照国务院规定的权限责令停业整顿或者关闭。

第七十二条　生产单位超过单位产品能耗限额标准用能，情节严重，经限期治理逾期不治理或者没有达到治理要求的，可以由管理节能工作的部门提出意见，报请本级人民政府按照国务院规定的权限责令停业整顿或者关闭。

第七十三条　违反本法规定，应当标注能源效率标识而未标注的，由产品质量监督部门责令改正，处三万元以上五万元以下罚款。

违反本法规定，未办理能源效率标识备案，或者使用的能源效率标识不符合规定的，由产品质量监督部门责令限期改正；逾期不改正的，处一万元以上三万元以下罚款。

伪造、冒用能源效率标识或者利用能源效率标识进行虚假宣传的，由产品质量监督部门责令改正，处五万元以上十万元以下罚款；情节严重的，由工商行政管理部门吊销营业执照。

第七十四条　用能单位未按照规定配备、使用能源计量器具的，由产品质量监督部门责令限期改正；逾期不改正的，处一万元以上五万元以下罚款。

第七十五条　瞒报、伪造、篡改能源统计资料或者编造虚假能源统计数据的，依照《中华人民共和国统计法》的规定处罚。

第七十六条　从事节能咨询、设计、评估、检测、审计、认证等服务的机构提供虚假信息的，由管理节能工作的部门责令改正，没收违法所得，并处五万元以上十万元以下罚款。

第七十七条　违反本法规定，无偿向本单位职工提供能源或者对能源消费实行包费制的，由管理节能工作的部门责令限期改正；逾期不改正的，处五万元以上二十万元以下罚款。

第七十八条　电网企业未按照本法规定安排符合规定的热电联产和利用余热余压发电的机组与电网并网运行，或者未执行国家有关上网电价规定的，由国家电力监管机构责令改正；造成发电企业经济损失的，依法承担赔偿责任。

第七十九条　建设单位违反建筑节能标准的，由建设主管部门责令改正，处二十万元以上五十万元以下罚款。

设计单位、施工单位、监理单位违反建筑节能标准的，由建设主管部门责令改正，处十万元以上五十万元以下罚款；情节严重的，由颁发资质证书的部门降低资质等级或者吊销资质证书；造成损失的，依法承担赔偿责任。

第八十条　房地产开发企业违反本法规定，在销售房屋时未向购买人明示所售房屋的节能措施、保温工程保修期等信息的，由建设主管部门责令限期改正，逾期不改正的，处三万元以上五万元以下罚款；对以上信息作虚假宣传的，由建设主管部门责令改正，处五万元以上二十万元以下罚款。

第八十一条　公共机构采购用能产品、设备，未优先采购列入节能产品、设备政府采购名录中的产品、设备，或者采购国家明令淘汰的用能产品、设备的，由政府采购监督管理部门给予警告，可以并处罚款；对直接负责的主管人员和其他直接责任人员依法给予处分，并予通报。

第八十二条 重点用能单位未按照本法规定报送能源利用状况报告或者报告内容不实的，由管理节能工作的部门责令限期改正；逾期不改正的，处一万元以上五万元以下罚款。

第八十三条 重点用能单位无正当理由拒不落实本法第五十四条规定的整改要求或者整改没有达到要求的，由管理节能工作的部门处十万元以上三十万元以下罚款。

第八十四条 重点用能单位未按照本法规定设立能源管理岗位，聘任能源管理负责人，并报管理节能工作的部门和有关部门备案的，由管理节能工作的部门责令改正；拒不改正的，处一万元以上三万元以下罚款。

第八十五条 违反本法规定，构成犯罪的，依法追究刑事责任。

第八十六条 国家工作人员在节能管理工作中滥用职权、玩忽职守、徇私舞弊，构成犯罪的，依法追究刑事责任；尚不构成犯罪的，依法给予处分。

第七章 附则

第八十七条 本法自2008年4月1日起施行。

中华人民共和国可再生能源法（修正案）

（2005年2月28日第十届全国人民代表大会常务委员会第十四次会议通过，根据2009年12月26日第十一届全国人民代表大会常务委员第十二次会议《关于修改〈中华人民共和国可再生能源法〉的决定》修正）

第一章 总则

第一条 为了促进可再生能源的开发利用，增加能源供应，改善能源结构，保障能源安全，保护环境，实现经济社会的可持续发展，制定本法。

第二条 本法所称可再生能源，是指风能、太阳能、水能、生物质能、地热能、海洋能等非化石能源。

水力发电对本法的适用，由国务院能源主管部门规定，报国务院批准。

通过低效率炉灶直接燃烧方式利用秸秆、薪柴、粪便等，不适用本法。

第三条 本法适用于中华人民共和国领域和管辖的其他海域。

第四条 国家将可再生能源的开发利用列为能源发展的优先领域，通过制定可再生能源开发利用总量目标和采取相应措施，推动可再生能源市场的建立和发展。

国家鼓励各种所有制经济主体参与可再生能源的开发利用，依法保护可再生能源开发利用者的合法权益。

第五条 国务院能源主管部门对全国可再生能源的开发利用实施统一管理。国务院有关部门在各自的职责范围内负责有关的可再生能源开发利用管理工作。

县级以上地方人民政府管理能源工作的部门负责本行政区域内可再生能源开发利用的管理工作。县级以上地方人民政府有关部门在各自的职责范围内负责有关的可再生能源开发利用管理工作。

第二章 资源调查与发展规划

第六条 国务院能源主管部门负责组织和协调全国可再生能源资源的调查，并会同国务院有关部门组织制定资源调查的技术规范。

国务院有关部门在各自的职责范围内负责相关可再生能源资源的调查，调查结果报国务院能源主管部门汇总。

可再生能源资源的调查结果应当公布；但是，国家规定需要保密的内容除外。

第七条 国务院能源主管部门根据全国能源需求与可再生能源资源实际状况，制定全国可再生能源开发利用中长期总量目标，报国务院批准后执行，并予公布。

国务院能源主管部门根据前款规定的总量目标和省、自治区、直辖市经济发展与可再生能源资源实际状况，会同省、自治区、直辖市人民政府确定各行政区域可再生能源开发利用中长期目标，并予公布。

第八条　国务院能源主管部门会同国务院有关部门，根据全国可再生能源开发利用中长期总量目标和可再生能源技术发展状况，编制全国可再生能源开发利用规划，报国务院批准后实施。

国务院有关部门应当制定有利于促进全国可再生能源开发利用中长期总量目标实现的相关规划。

省、自治区、直辖市人民政府管理能源工作的部门会同本级人民政府有关部门，依据全国可再生能源开发利用规划和本行政区域可再生能源开发利用中长期目标，编制本行政区域可再生能源开发利用规划，经本级人民政府批准后，报国务院能源主管部门和国家电力监管机构备案，并组织实施。

经批准的规划应当公布；但是，国家规定需要保密的内容除外。

经批准的规划需要修改的，须经原批准机关批准。

第九条　编制可再生能源开发利用规划，应当遵循因地制宜、统筹兼顾、合理布局、有序发展的原则，对风能、太阳能、水能、生物质能、地热能、海洋能等可再生能源的开发利用作出统筹安排。规划内容应当包括发展目标、主要任务、区域布局、重点项目、实施进度、配套电网建设、服务体系和保障措施等。

组织编制机关应当征求有关单位、专家和公众的意见，进行科学论证。

第三章　产业指导与技术支持

第十条　国务院能源主管部门根据全国可再生能源开发利用规划，制定、公布可再生能源产业发展指导目录。

第十一条　国务院标准化行政主管部门应当制定、公布国家可再生能源电力的并网技术标准和其他需要在全国范围内统一技术要求的有关可再生能源技术和产品的国家标准。

对前款规定的国家标准中未作规定的技术要求，国务院有关部门可以制定相关的行业标准，并报国务院标准化行政主管部门备案。

第十二条　国家将可再生能源开发利用的科学技术研究和产业化发展列为科技发展与高技术产业发展的优先领域，纳入国家科技发展规划和高技术产业发展规划，并安排资金支持可再生能源开发利用的科学技术研究、应用示范和产业化发展，促进可再生能源开发利用的技术进步，降低可再生能源产品的生产成本，提高产品质量。

国务院教育行政部门应当将可再生能源知识和技术纳入普通教育、职业教育课程。

第四章　推广与应用

第十三条　国家鼓励和支持可再生能源并网发电。

建设可再生能源并网发电项目，应当依照法律和国务院的规定取得行政许可或者报送备案。

建设应当取得行政许可的可再生能源并网发电项目，有多人申请同一项目许可的，应当依法通过招标确定被许可人。

第十四条　国家实行可再生能源发电全额保障性收购制度。

国务院能源主管部门会同国家电力监管机构和国务院财政部门，按照全国可再生能源开发利用规划，确定在规划期内应当达到的可再生能源发电量占全部发电量的比重，制定电网企业优先调度和全额收购可再生能源发电的具体办法，并由国务院能源主管部门会同国家电力监管机构在年度中督促落实。

电网企业应当与按照可再生能源开发利用规划建设，依法取得行政许可或者报送备案的可再生能源发电企业签订并网协议，全额收购其电网覆盖范围内符合并网技术标准的可再生能源并网发电项目的上网电量。发电企业有义务配合电网企业保障电网安全。

电网企业应当加强电网建设，扩大可再生能源电力配置范围，发展和应用智能电网、储能等技术，完善电网运行管理，提高吸纳可再生能源电力的能力，为可再生能源发电提供上网服务。

第十五条　国家扶持在电网未覆盖的地区建设可再生能源独立电力系统，为当地生产和生活提供电力服务。

第十六条　国家鼓励清洁、高效地开发利用生物质燃料，鼓励发展能源作物。

利用生物质资源生产的燃气和热力，符合城市燃气管网、热力管网的入网技术标准的，经营燃气管网、热力管网的企业应当接收其入网。

国家鼓励生产和利用生物液体燃料。石油销售企业应当按照国务院能源主管部门或者省级人民政府的规定，将符合国家标准的生物液体燃料纳入其燃料销售体系。

第十七条　国家鼓励单位和个人安装和使用太阳能热水系统、太阳能供热采暖和制冷系统、太阳能光伏发电系统等太阳能利用系统。

国务院建设行政主管部门会同国务院有关部门制定太阳能利用系统与建筑结合的技术经济政策和技术规范。

房地产开发企业应当根据前款规定的技术规范，在建筑物的设计和施工中，为太阳能利用提供必备条件。

对已建成的建筑物，住户可以在不影响其质量与安全的前提下安装符合技术规范和产品标准的太阳能利用系统；但是，当事人另有约定的除外。

第十八条　国家鼓励和支持农村地区的可再生能源开发利用。

县级以上地方人民政府管理能源工作的部门会同有关部门，根据当地经济社会发展、生态保护和卫生综合治理需要等实际情况，制定农村地区可再生能源发展规划，因地制宜地推广应用沼气等生物质资源转化、户用太阳能、小型风能、小型水能等技术。

县级以上人民政府应当对农村地区的可再生能源利用项目提供财政支持。

第五章　价格管理与费用补偿

第十九条　可再生能源发电项目的上网电价，由国务院价格主管部门根据不同类型可再生能源发电的特点和不同地区的情况，按照有利于促进可再生能源开发利用和经济合理的原则确定，并根据可再生能源开发利用技术的发展适时调整。上网电价应当公布。

依照本法第十三条第三款规定实行招标的可再生能源发电项目的上网电价，按照中标确定的价格执行；但是，不得高于依照前款规定确定的同类可再生能源发电项目的上网电价水平。

第二十条　电网企业依照本法第十九条规定确定的上网电价收购可再生能源电量所发生的费用，高于按照常规能源发电平均上网电价计算所发生费用之间的差额，由在全国范围对销售电量征收可再生能源电价附加补偿。

第二十一条　电网企业为收购可再生能源电量而支付的合理的接网费用以及其他合理的相关费用，可以计入电网企业输电成本，并从销售电价中回收。

第二十二条　国家投资或者补贴建设的公共可再生能源独立电力系统的销售电价，执行同一地区分类销售电价，其合理的运行和管理费用超出销售电价的部分，依照本法第二十条的规定补偿。

第二十三条　进入城市管网的可再生能源热力和燃气的价格，按照有利于促进可再生能源开发利用和经济合理的原则，根据价格管理权限确定。

第六章　经济激励与监督措施

第二十四条　国家财政设立可再生能源发展基金，资金来源包括国家财政年度安排的专项资金和依法征收的可再生能源电价附加收入等。

可再生能源发展基金用于补偿本法第二十条、第二十二条规定的差额费用，并用于支持以下事项：

（一）可再生能源开发利用的科学技术研究、标准制定和示范工程；

（二）农村、牧区的可再生能源利用项目；

（三）偏远地区和海岛可再生能源独立电力系统建设；

（四）可再生能源的资源勘查、评价和相关信息系统建设；

（五）促进可再生能源开发利用设备的本地化生产。

本法第二十一条规定的接网费用以及其他相关费用，电网企业不能通过销售电价回收的，可以申请可再生能源发展基金补助。

可再生能源发展基金征收使用管理的具体办法，由国务院财政部门会同国务院能源、价格主管部门制定。

第二十五条　对列入国家可再生能源产业发展指导目录、符合信贷条件的可再生能源开发利用项目，金融机构可以提供有财政贴息的优惠贷款。

第二十六条　国家对列入可再生能源产业发展指导目录的项目给予税收优惠。具体办法由国务院规定。

第二十七条　电力企业应当真实、完整地记载和保存可再生能源发电的有关资料，并接受电力监管机构的检查和监督。

电力监管机构进行检查时，应当依照规定的程序进行，并为被检查单位保守商业秘密和其他秘密。

第七章　法律责任

第二十八条　国务院能源主管部门和县级以上地方人民政府管理能源工作的部门和其他有关部门在可再生能源开发利用监督管理工作中，违反本法规定，有下列行为之一的，由本级人民政府或者上级人民政府有关部门责令改正，对负有责，任的主管人员和其他直接责任人员依法给予行政处分；构成犯罪的，依法追究刑事责任：

（一）不依法作出行政许可决定的；

（二）发现违法行为不予查处的；

（三）有不依法，履行监督管理职责的其他行为的。

第二十九条　违反本法第十四条规定，电网企业未按照规定完成收购可再生能源电量，造成可再生能源发电企业经济损失的，应当承担赔偿责任，并由国家电力监管机构责令限期改正；拒不改正的，处以可再生能源发电企业经济损失额一倍以下的罚款。

第三十条　违反本法第十六条第二款规定，经营燃气管网、热力管网的企业不准许符合入网技术标准的燃气、热力入网，造成燃气、热力生产企业经济损失的，应当承担赔偿责任，并由省级人民政府管理能源工作的部门责令限期改正；拒不改正的，处以燃气、热力生产企业经济损失额一倍以下的罚款。

第三十一条　违反本法第十六条第三款规定，石油销售企业未按照规定将符合国家标准的生物液体燃料纳入其燃料销售体系，造成生物液体燃料生产企业经济损失的，应当承担赔偿责任，并由国务院能源主管部门或者省级人民政府管理能源工作的部门责令限期改正；拒不改正的，处以生物液体燃料生产企业经济损失额一倍以下的罚款。

第八章　附则

第三十二条　本法中下列用语的含义：

（一）生物质能，是指利用自然界的植物、粪便以及城乡有机废物转化成的能源。

（二）可再生能源独立电力系统，是指不与电网连接的单独运行的可再生能源电力系统。

（三）能源作物，是指经专门种植，用以提供能源原料的草本和木本植物。

（四）生物液体燃料，是指利用生物质资源生产的甲醇、乙醇和生物柴油等液体燃料。

第三十三条　本法自2006年1月1日起施行。

国务院条例法规

公共机构节能条例

第一章 总则

第一条 为了推动公共机构节能，提高公共机构能源利用效率，发挥公共机构在全社会节能中的表率作用，根据《中华人民共和国节约能源法》，制定本条例。

第二条 本条例所称公共机构，是指全部或者部分使用财政性资金的国家机关、事业单位和团体组织。

第三条 公共机构应当加强用能管理，采取技术上可行、经济上合理的措施，降低能源消耗，减少、制止能源浪费，有效、合理地利用能源。

第四条 国务院管理节能工作的部门主管全国的公共机构节能监督管理工作。国务院管理机关事务工作的机构在国务院管理节能工作的部门指导下，负责推进、指导、协调、监督全国的公共机构节能工作。

国务院和县级以上地方各级人民政府管理机关事务工作的机构在同级管理节能工作的部门指导下，负责本级公共机构节能监督管理工作。

教育、科技、文化、卫生、体育等系统各级主管部门在同级管理机关事务工作的机构指导下，开展本级系统内公共机构节能工作。

第五条 国务院和县级以上地方各级人民政府管理机关事务工作的机构应当会同同级有关部门开展公共机构节能宣传、教育和培训，普及节能科学知识。

第六条 公共机构负责人对本单位节能工作全面负责。

公共机构的节能工作实行目标责任制和考核评价制度，节能目标完成情况应当作为对公共机构负责人考核评价的内容。

第七条 公共机构应当建立、健全本单位节能管理的规章制度，开展节能宣传教育和岗位培训，增强工作人员的节能意识，培养节能习惯，提高节能管理水平。

第八条 公共机构的节能工作应当接受社会监督。任何单位和个人都有权举报公共机构浪费能源的行为，有关部门对举报应当及时调查处理。

第九条 对在公共机构节能工作中做出显著成绩的单位和个人，按照国家规定予以表彰和奖励。

第二章 节能规划

第十条 国务院和县级以上地方各级人民政府管理机关事务工作的机构应当会同同级有关部门，根据本级人民政府节能中长期专项规划，制定本级公共机构节能规划。

县级公共机构节能规划应当包括所辖乡（镇）公共机构节能的内容。

第十一条 公共机构节能规划应当包括指导思想和原则、用能现状和问题、节能目标和指标、节能重点环节、实施主体、保障措施等方面的内容。

第十二条 国务院和县级以上地方各级人民政府管理机关事务工作的机构应当将公共机构节能规划确定的节能目标和指标，按年度分解落实到本级公共机构。

第十三条 公共机构应当结合本单位用能特点和上一年度用能状况，制定年度节能目标和实施方案，有针对性地采取节能管理或者节能改造措施，保证节能目标的完成。

公共机构应当将年度节能目标和实施方案报本级人民政府管理机关事务工作的机构备案。

第三章 节能管理

第十四条 公共机构应当实行能源消费计量制度，区分用能种类、用能系统实行能源消费分户、分类、分项计量，并对能源消耗状况进行实时监测，及时发现、纠正用能浪费现象。

第十五条 公共机构应当指定专人负责能源消费统计，如实记录能源消费计量原始数据，建立统计台账。

公共机构应当于每年3月31日前，向本级人民政府管理机关事务工作的机构报送上一年度能源消费状况报告。

第十六条 国务院和县级以上地方各级人民政府管理机关事务工作的机构应当会同同级有关部门按照管理权限，根据不同行业、不同系统公共机构能源消耗综合水平和特点，制定能源消耗定额，财政部门根据能源消耗定额制定能源消耗支出标准。

第十七条 公共机构应当在能源消耗定额范围内使用能源，加强能源消耗支出管理；超过能源消耗定额使用能源的，应当向本级人民政府管理机关事务工作的机构作出说明。

第十八条 公共机构应当按照国家有关强制采购或者优先采购的规定，采购列入节能产品、设备政府采购名录和环境标志产品政府采购名录中的产品、设备，不得采购国家明令淘汰的用能产品、设备。

第十九条 国务院和省级人民政府的政府采购监督管理部门应当会同同级有关部门完善节能产品、设备政府采购名录，优先将取得节能产品认证证书的产品、设备列入政府采购名录。

国务院和省级人民政府应当将节能产品、设备政府采购名录中的产品、设备纳入政府集中采购目录。

第二十条 公共机构新建建筑和既有建筑维修改造应当严格执行国家有关建筑节能设计、施工、调试、竣工验收等方面的规定和标准，国务院和县级以上地方人民政府建设主管部门对执行国家有关规定和标准的情况应当加强监督检查。

国务院和县级以上地方各级人民政府负责审批或者核准固定资产投资项目的部门，应当严格控制公共机构建设项目的建设规模和标准，统筹兼顾节能投资和效益，对建设项目进行节能评估和审查；未通过节能评估和审查的项目，不得批准或者核准建设。

第二十一条 国务院和县级以上地方各级人民政府管理机关事务工作的机构会同有关部门制定本级公共机构既有建筑节能改造计划，并组织实施。

第二十二条 公共机构应当按照规定进行能源审计，对本单位用能系统、设备的运行及使用能源情况进行技术和经济性评价，根据审计结果采取提高能源利用效率的措施。具体办法由国务院管理节能工作的部门会同国务院有关部门制定。

第二十三条 能源审计的内容包括：

（一）查阅建筑物竣工验收资料和用能系统、设备台账资料，检查节能设计标准的执行情况；

（二）核对电、气、煤、油、市政热力等能源消耗计量记录和财务账单，评估分类与分项的总能耗、人均能耗和单位建筑面积能耗；

（三）检查用能系统、设备的运行状况，审查节能管理制度执行情况；

（四）检查前一次能源审计合理使用能源建议的落实情况；

（五）查找存在节能潜力的用能环节或者部位，提出合理使用能源的建议；

（六）审查年度节能计划、能源消耗定额执行情况，核实公共机构超过能源消耗定额使用能源的说明；

（七）审查能源计量器具的运行情况，检查能耗统计数据的真实性、准确性。

第四章 节能措施

第二十四条 公共机构应当建立、健全本单位节能运行管理制度和用能系统操作规程，加强用能系统和设备运行调节、维护保养、巡视检查，推行低成本、无成本节能措施。

第二十五条 公共机构应当设置能源管理岗位，实行能源管理岗位责任制。重点用能系统、设备的操作岗位应当配备专业技术人员。

第二十六条 公共机构可以采用合同能源管理方式，委托节能服务机构进行节能诊断、设计、融资、改造和运行管理。

第二十七条　公共机构选择物业服务企业，应当考虑其节能管理能力。公共机构与物业服务企业订立物业服务合同，应当载明节能管理的目标和要求。

第二十八条　公共机构实施节能改造，应当进行能源审计和投资收益分析，明确节能指标，并在节能改造后采用计量方式对节能指标进行考核和综合评价。

第二十九条　公共机构应当减少空调、计算机、复印机等用电设备的待机能耗，及时关闭用电设备。

第三十条　公共机构应当严格执行国家有关空调室内温度控制的规定，充分利用自然通风，改进空调运行管理。

第三十一条　公共机构电梯系统应当实行智能化控制，合理设置电梯开启数量和时间，加强运行调节和维护保养。

第三十二条　公共机构办公建筑应当充分利用自然采光，使用高效节能照明灯具，优化照明系统设计，改进电路控制方式，推广应用智能调控装置，严格控制建筑物外部泛光照明以及外部装饰用照明。

第三十三条　公共机构应当对网络机房、食堂、开水间、锅炉房等部位的用能情况实行重点监测，采取有效措施降低能耗。

第三十四条　公共机构的公务用车应当按照标准配备，优先选用低能耗、低污染、使用清洁能源的车辆，并严格执行车辆报废制度。

公共机构应当按照规定用途使用公务用车，制定节能驾驶规范，推行单车能耗核算制度。

公共机构应当积极推进公务用车服务社会化，鼓励工作人员利用公共交通工具、非机动交通工具出行。

第五章　监督和保障

第三十五条　国务院和县级以上地方各级人民政府管理机关事务工作的机构应当会同有关部门加强对本级公共机构节能的监督检查。监督检查的内容包括：

（一）年度节能目标和实施方案的制定、落实情况；

（二）能源消费计量、监测和统计情况；

（三）能源消耗定额执行情况；

（四）节能管理规章制度建立情况；

（五）能源管理岗位设置以及能源管理岗位责任制落实情况；

（六）用能系统、设备节能运行情况；

（七）开展能源审计情况；

（八）公务用车配备、使用情况。

对于节能规章制度不健全、超过能源消耗定额使用能源情况严重的公共机构，应当进行重点监督检查。

第三十六条　公共机构应当配合节能监督检查，如实说明有关情况，提供相关资料和数据，不得拒绝、阻碍。

第三十七条　公共机构有下列行为之一的，由本级人民政府管理机关事务工作的机构会同有关部门责令限期改正；逾期不改正的，予以通报，并由有关机关对公共机构负责人依法给予处分：

（一）未制定年度节能目标和实施方案，或者未按照规定将年度节能目标和实施方案备案的；

（二）未实行能源消费计量制度，或者未区分用能种类、用能系统实行能源消费分户、分类、分项计量，并对能源消耗状况进行实时监测的；

（三）未指定专人负责能源消费统计，或者未如实记录能源消费计量原始数据，建立统计台账的；

（四）未按照要求报送上一年度能源消费状况报告的；

（五）超过能源消耗定额使用能源，未向本级人民政府管理机关事务工作的机构作出说明的；

（六）未设立能源管理岗位，或者未在重点用能系统、设备操作岗位配备专业技术人员的；

（七）未按照规定进行能源审计，或者未根据审计结果采取提高能源利用效率的措施的；

（八）拒绝、阻碍节能监督检查的。

第三十八条　公共机构不执行节能产品、设备政府采购名录，未按照国家有关强制采购或者优先采购的规定采购列入节能产品、设备政府采购名录中的产品、设备，或者采购国家明令淘汰的用能产品、设备的，由政府采购监督管理部门给予警告，可以并处罚款；对直接负责的主管人员和其他直接责任人员依法给予处分，并予通报。

第三十九条　负责审批或者核准固定资产投资项目的部门对未通过节能评估和审查的公共机构建设项目予以批准或者核准的，对直接负责的主管人员和其他直接责任人员依法给予处分。

公共机构开工建设未通过节能评估和审查的建设项目的，由有关机关依法责令限期整改；对直接负责的主管人员和其他直接责任人员依法给予处分。

第四十条　公共机构违反规定超标准、超编制购置公务用车或者拒不报废高耗能、高污染车辆的，对直接负责的主管人员和其他直接责任人员依法给予处分，并由本级人民政府管理机关事务工作的机构依照有关规定，对车辆采取收回、拍卖、责令退还等方式处理。

第四十一条　公共机构违反规定用能造成能源浪费的，由本级人民政府管理机关事务工作的机构会同有关部门下达节能整改意见书，公共机构应当及时予以落实。

第四十二条　管理机关事务工作的机构的工作人员在公共机构节能监督管理中滥用职权、玩忽职守、徇私舞弊，构成犯罪的，依法追究刑事责任；尚不构成犯罪的，依法给予处分。

第六章　附则

第四十三条　本条例自2008年10月1日起施行。

国务院

2008年8月1日

民用建筑节能条例

第一章　总则

第一条　为了加强民用建筑节能管理，降低民用建筑使用过程中的能源消耗，提高能源利用效率，制定本条例。

第二条　本条例所称民用建筑节能，是指在保证民用建筑使用功能和室内热环境质量的前提下，降低其使用过程中能源消耗的活动。

本条例所称民用建筑，是指居住建筑、国家机关办公建筑和商业、服务业、教育、卫生等其他公共建筑。

第三条　各级人民政府应当加强对民用建筑节能工作的领导，积极培育民用建筑节能服务市场，健全民用建筑节能服务体系，推动民用建筑节能技术的开发应用，做好民用建筑节能知识的宣传教育工作。

第四条　国家鼓励和扶持在新建建筑和既有建筑节能改造中采用太阳能、地热能等可再生能源。

在具备太阳能利用条件的地区，有关地方人民政府及其部门应当采取有效措施，鼓励和扶持单位、个人安装使用太阳能热水系统、照明系统、供热系统、采暖制冷系统等太阳能利用系统。

第五条　国务院建设主管部门负责全国民用建筑节能的监督管理工作。县级以上地方人民政府建设主管部门负责本行政区域民用建筑节能的监督管理工作。

县级以上人民政府有关部门应当依照本条例的规定以及本级人民政府规定的职责分工，负责民用建筑节能的有关工作。

第六条　国务院建设主管部门应当在国家节能中长期专项规划指导下，编制全国民用建筑节能规划，并与相关规划相衔接。

县级以上地方人民政府建设主管部门应当组织编制本行政区域的民用建筑节能规划，报本级人民政府批准后实施。

第七条　国家建立健全民用建筑节能标准体系。国家民用建筑节能标准由国务院建设主管部门负责组织制定，并依照法定程序发布。

国家鼓励制定、采用优于国家民用建筑节能标准的地方民用建筑节能标准。

第八条　县级以上人民政府应当安排民用建筑节能资金，用于支持民用建筑节能的科学技术研究和标准制定、既有建筑围护结构和供热系统的节能改造、可再生能源的应用，以及民用建筑节能示范工程、节能项目的推广。

政府引导金融机构对既有建筑节能改造、可再生能源的应用，以及民用建筑节能示范工程等项目提供支持。

民用建筑节能项目依法享受税收优惠。

第九条 国家积极推进供热体制改革，完善供热价格形成机制，鼓励发展集中供热，逐步实行按照用热量收费制度。

第十条 对在民用建筑节能工作中做出显著成绩的单位和个人，按照国家有关规定给予表彰和奖励。

第二章 新建建筑节能

第十一条 国家推广使用民用建筑节能的新技术、新工艺、新材料和新设备，限制使用或者禁止使用能源消耗高的技术、工艺、材料和设备。国务院节能工作主管部门、建设主管部门应当制定、公布并及时更新推广使用、限制使用、禁止使用目录。

国家限制进口或者禁止进口能源消耗高的技术、材料和设备。

建设单位、设计单位、施工单位不得在建筑活动中使用列入禁止使用目录的技术、工艺、材料和设备。

第十二条 编制城市详细规划、镇详细规划，应当按照民用建筑节能的要求，确定建筑的布局、形状和朝向。

城乡规划主管部门依法对民用建筑进行规划审查，应当就设计方案是否符合民用建筑节能强制性标准征求同级建设主管部门的意见；建设主管部门应当自收到征求意见材料之日起10日内提出意见。征求意见时间不计算在规划许可的期限内。

对不符合民用建筑节能强制性标准的，不得颁发建设工程规划许可证。

第十三条 施工图设计文件审查机构应当按照民用建筑节能强制性标准对施工图设计文件进行审查；经审查不符合民用建筑节能强制性标准的，县级以上地方人民政府建设主管部门不得颁发施工许可证。

第十四条 建设单位不得明示或者暗示设计单位、施工单位违反民用建筑节能强制性标准进行设计、施工，不得明示或者暗示施工单位使用不符合施工图设计文件要求的墙体材料、保温材料、门窗、采暖制冷系统和照明设备。

按照合同约定由建设单位采购墙体材料、保温材料、门窗、采暖制冷系统和照明设备的，建设单位应当保证其符合施工图设计文件要求。

第十五条 设计单位、施工单位、工程监理单位及其注册执业人员，应当按照民用建筑节能强制性标准进行设计、施工、监理。

第十六条 施工单位应当对进入施工现场的墙体材料、保温材料、门窗、采暖制冷系统和照明设备进行查验；不符合施工图设计文件要求的，不得使用。

工程监理单位发现施工单位不按照民用建筑节能强制性标准施工的，应当要求施工单位改正；施工单位拒不改正的，工程监理单位应当及时报告建设单位，并向有关主管部门报告。

墙体、屋面的保温工程施工时，监理工程师应当按照工程监理规范的要求，采取旁站、巡视和平行检验等形式实施监理。

未经监理工程师签字，墙体材料、保温材料、门窗、采暖制冷系统和照明设备不得在建筑上使用或者安装，施工单位不得进行下一道工序的施工。

第十七条 建设单位组织竣工验收，应当对民用建筑是否符合民用建筑节能强制性标准进行查验；对不符合民用建筑节能强制性标准的，不得出具竣工验收合格报告。

第十八条 实行集中供热的建筑应当安装供热系统调控装置、用热计量装置和室内温度调控装置；公共建筑还应当安装用电分项计量装置。居住建筑安装的用热计量装置应当满足分户计量的要求。

计量装置应当依法检定合格。

第十九条 建筑的公共走廊、楼梯等部位，应当安装、使用节能灯具和电气控制装置。

第二十条 对具备可再生能源利用条件的建筑，建设单位应当选择合适的可再生能源，用于采暖、制冷、照明和热水供应等；设计单位应当按照有关可再生能源利用的标准进行设计。

建设可再生能源利用设施，应当与建筑主体工程同步设计、同步施工、同步验收。

第二十一条 国家机关办公建筑和大型公共建筑的所有权人应当对建筑的能源利用效率进行测评和标识，并按照国家有关规定将测评结果予以公示，接受社会监督。

国家机关办公建筑应当安装、使用节能设备。

本条例所称大型公共建筑，是指单体建筑面积2万平方米以上的公共建筑。

第二十二条 房地产开发企业销售商品房，应当向购买人明示所售商品房的能源消耗指标、节能措施和保护要求、保温工程保修期等信息，并在商品房买卖合同和住宅质量保证书、住宅使用说明书中载明。

第二十三条 在正常使用条件下，保温工程的最低保修期限为5年。保温工程的保修期，自竣工验收合格之日起计算。

保温工程在保修范围和保修期内发生质量问题的，施工单位应当履行保修义务，并对造成的损失依法承担赔偿责任。

第三章 既有建筑节能

第二十四条 既有建筑节能改造应当根据当地经济、社会发展水平和地理气候条件等实际情况，有计划、分步骤地实施分类改造。

本条例所称既有建筑节能改造，是指对不符合民用建筑节能强制性标准的既有建筑的围护结构、供热系统、采暖制冷系统、照明设备和热水供应设施等实施节能改造的活动。

第二十五条 县级以上地方人民政府建设主管部门应当对本行政区域内既有建筑的建设年代、结构形式、用能系统、能源消耗指标、寿命周期等组织调查统计和分析，制定既有建筑节能改造计划，明确节能改造的目标、范围和要求，报本级人民政府批准后组织实施。

中央国家机关既有建筑的节能改造，由有关管理机关事务工作的机构制定节能改造计划，并组织实施。

第二十六条 国家机关办公建筑、政府投资和以政府投资为主的公共建筑的节能改造，应当制定节能改造方案，经充分论证，并按照国家有关规定办理相关审批手续方可进行。

各级人民政府及其有关部门、单位不得违反国家有关规定和标准，以节能改造的名义对前款规定的既有建筑进行扩建、改建。

第二十七条 居住建筑和本条例第二十六条规定以外的其他公共建筑不符合民用建筑节能强制性标准的，在尊重建筑所有权人意愿的基础上，可以结合扩建、改建，逐步实施节能改造。

第二十八条 实施既有建筑节能改造，应当符合民用建筑节能强制性标准，优先采用遮阳、改善通风等低成本改造措施。

既有建筑围护结构的改造和供热系统的改造，应当同步进行。

第二十九条 对实行集中供热的建筑进行节能改造，应当安装供热系统调控装置和用热计量装置；对公共建筑进行节能改造，还应当安装室内温度调控装置和用电分项计量装置。

第三十条 国家机关办公建筑的节能改造费用，由县级以上人民政府纳入本级财政预算。

居住建筑和教育、科学、文化、卫生、体育等公益事业使用的公共建筑节能改造费用，由政府、建筑所有权人共同负担。

国家鼓励社会资金投资既有建筑节能改造。

第四章 建筑用能系统运行节能

第三十一条 建筑所有权人或者使用权人应当保证建筑用能系统的正常运行，不得人为损坏建筑围护结构和用能系统。

国家机关办公建筑和大型公共建筑的所有权人或者使用权人应当建立健全民用建筑节能管理制度和操作规程，对建筑用能系统进行监测、维护，并定期将分项用电量报县级以上地方人民政府建设主管部门。

第三十二条 县级以上地方人民政府节能工作主管部门应当会同同级建设主管部门确定本行政区域内公共建筑重点用电单位及其年度用电限额。

县级以上地方人民政府建设主管部门应当对本行政区域内国家机关办公建筑和公共建筑用电情况进行调查统计和评价分析。国家机关办公建筑和大型公共建筑采暖、制冷、照明的能源消耗情况应当依照法律、行政法规和国家其他有关规定向社会公布。

国家机关办公建筑和公共建筑的所有权人或者使用权人应当对县级以上地方人民政府建设主管部门的调查统计工作予以配合。

第三十三条 供热单位应当建立健全相关制度，加强对专业技术人员的教育和培训。

供热单位应当改进技术装备，实施计量管理，并对供热系统进行监测、维护，提高供热系统的效率，保证供热系统的运行符合民用建筑节能强制性标准。

第三十四条 县级以上地方人民政府建设主管部门应当对本行政区域内供热单位的能源消耗情况进行调查统计和分析，并制定供热单位能源消耗指标；对超过能源消耗指标的，应当要求供热单位制定相应的改进措施，并监督实施。

第五章 法律责任

第三十五条 违反本条例规定，县级以上人民政府有关部门有下列行为之一的，对负有责任的主管人员和其他直接责任人员依法给予处分；构成犯罪的，依法追究刑事责任：

（一）对设计方案不符合民用建筑节能强制性标准的民用建筑项目颁发建设工程规划许可证的；

（二）对不符合民用建筑节能强制性标准的设计方案出具合格意见的；

（三）对施工图设计文件不符合民用建筑节能强制性标准的民用建筑项目颁发施工许可证的；

（四）不依法履行监督管理职责的其他行为。

第三十六条 违反本条例规定，各级人民政府及其有关部门、单位违反国家有关规定和标准，以节能改造的名义对既有建筑进行扩建、改建的，对负有责任的主管人员和其他直接责任人员，依法给予处分。

第三十七条 违反本条例规定，建设单位有下列行为之一的，由县级以上地方人民政府建设主管部门责令改正，处20万元以上50万元以下的罚款：

（一）明示或者暗示设计单位、施工单位违反民用建筑节能强制性标准进行设计、施工的；

（二）明示或者暗示施工单位使用不符合施工图设计文件要求的墙体材料、保温材料、门窗、采暖制冷系统和照明设备的；

（三）采购不符合施工图设计文件要求的墙体材料、保温材料、门窗、采暖制冷系统和照明设备的；

（四）使用列入禁止使用目录的技术、工艺、材料和设备的。

第三十八条 违反本条例规定，建设单位对不符合民用建筑节能强制性标准的民用建筑项目出具竣工验收合格报告的，由县级以上地方人民政府建设主管部门责令改正，处民用建筑项目合同价款2%以上4%以下的罚款；造成损失的，依法承担赔偿责任。

第三十九条 违反本条例规定，设计单位未按照民用建筑节能强制性标准进行设计，或者使用列入禁止使用目录的技术、工艺、材料和设备的，由县级以上地方人民政府建设主管部门责令改正，处10万元以上30万元以下的罚款；情节严重的，由颁发资质证书的部门责令停业整顿，降低资质等级或者吊销资质证书；造成损失的，依法承担赔偿责任。

第四十条 违反本条例规定，施工单位未按照民用建筑节能强制性标准进行施工的，由县级以上地方人民政府建设主管部门责令改正，处民用建筑项目合同价款2%以上4%以下的罚款；情节严重的，由颁发资质证书的部门责令停业整顿，降低资质等级或者吊销资质证书；造成损失的，依法承担赔偿责任。

第四十一条 违反本条例规定，施工单位有下列行为之一的，由县级以上地方人民政府建设主管部门责令改正，处10万元以上20万元以下的罚款；情节严重的，由颁发资质证书的部门责令停业整顿，降低资质等级或者吊销资质证书；造成损失的，依法承担赔偿责任：

（一）未对进入施工现场的墙体材料、保温材料、门窗、采暖制冷系统和照明设备进行查验的；

（二）使用不符合施工图设计文件要求的墙体材料、保温材料、门窗、采暖制冷系统和照明设备的；

（三）使用列入禁止使用目录的技术、工艺、材料和设备的。

第四十二条 违反本条例规定，工程监理单位有下列行为之一的，由县级以上地方人民政府建设主管部门责令限期改正；逾期未改正的，处10万元以上30万元以下的罚款；情节严重的，由颁发资质证书的部门责令停业整顿，降低资质等级或者吊销资质证书；造成损失的，依法承担赔偿责任：

（一）未按照民用建筑节能强制性标准实施监理的；

（二）墙体、屋面的保温工程施工时，未采取旁站、巡视和平行检验等形式实施监理的。

对不符合施工图设计文件要求的墙体材料、保温材料、门窗、采暖制冷系统和照明设备，按照符合施工图设计文件要求签字的，依照《建设工程质量管理条例》第六十七条的规定处罚。

第四十三条　违反本条例规定，房地产开发企业销售商品房，未向购买人明示所售商品房的能源消耗指标、节能措施和保护要求、保温工程保修期等信息，或者向购买人明示的所售商品房能源消耗指标与实际能源消耗不符的，依法承担民事责任；由县级以上地方人民政府建设主管部门责令限期改正；逾期未改正的，处交付使用的房屋销售总额2%以下的罚款；情节严重的，由颁发资质证书的部门降低资质等级或者吊销资质证书。

第四十四条　违反本条例规定，注册执业人员未执行民用建筑节能强制性标准的，由县级以上人民政府建设主管部门责令停止执业3个月以上1年以下；情节严重的，由颁发资格证书的部门吊销执业资格证书，5年内不予注册。

第六章　附则

第四十五条　本条例自2008年10月1日起施行。

国务院

2008年8月1日

废弃电器电子产品回收处理管理条例

第一章　总则

第一条　为了规范废弃电器电子产品的回收处理活动，促进资源综合利用和循环经济发展，保护环境，保障人体健康，根据《中华人民共和国清洁生产促进法》和《中华人民共和国固体废物污染环境防治法》的有关规定，制定本条例。

第二条　本条例所称废弃电器电子产品的处理活动，是指将废弃电器电子产品进行拆解，从中提取物质作为原材料或者燃料，用改变废弃电器电子产品物理、化学特性的方法减少已产生的废弃电器电子产品数量，减少或者消除其危害成分，以及将其最终置于符合环境保护要求的填埋场的活动，不包括产品维修、翻新以及经维修、翻新后作为旧货再使用的活动。

第三条　列入《废弃电器电子产品处理目录》（以下简称《目录》）的废弃电器电子产品的回收处理及相关活动，适用本条例。

国务院资源综合利用主管部门会同国务院环境保护、工业信息产业等主管部门制订和调整《目录》，报国务院批准后实施。

第四条　国务院环境保护主管部门会同国务院资源综合利用、工业信息产业主管部门负责组织拟订废弃电器电子产品回收处理的政策措施并协调实施，负责废弃电器电子产品处理的监督管理工作。国务院商务主管部门负责废弃电器电子产品回收的管理工作。国务院财政、工商、质量监督、税务、海关等主管部门在各自职责范围内负责相关管理工作。

第五条　国家对废弃电器电子产品实行多渠道回收和集中处理制度。

第六条　国家对废弃电器电子产品处理实行资格许可制度。设区的市级人民政府环境保护主管部门审批废弃电器电子产品处理企业（以下简称处理企业）资格。

第七条　国家建立废弃电器电子产品处理基金，用于废弃电器电子产品回收处理费用的补贴。电器电子产品生产者、进口电器电子产品的收货人或者其代理人应当按照规定履行废弃电器电子产品处理基金的缴纳义务。

废弃电器电子产品处理基金应当纳入预算管理，其征收、使用、管理的具体办法由国务院财政部门会同国务院环境保护、资源综合利用、工业信息产业主管部门制订，报国务院批准后施行。

制订废弃电器电子产品处理基金的征收标准和补贴标准，应当充分听取电器电子产品生产企业、处理企业、有关行业协会及专家的意见。

第八条 国家鼓励和支持废弃电器电子产品处理的科学研究、技术开发、相关技术标准的研究以及新技术、新工艺、新设备的示范、推广和应用。

第九条 属于国家禁止进口的废弃电器电子产品，不得进口。

第二章 相关方责任

第十条 电器电子产品生产者、进口电器电子产品的收货人或者其代理人生产、进口的电器电子产品应当符合国家有关电器电子产品污染控制的规定，采用有利于资源综合利用和无害化处理的设计方案，使用无毒无害或者低毒低害以及便于回收利用的材料。

电器电子产品上或者产品说明书中应当按照规定提供有关有毒有害物质含量、回收处理提示性说明等信息。

第十一条 国家鼓励电器电子产品生产者自行或者委托销售者、维修机构、售后服务机构、废弃电器电子产品回收经营者回收废弃电器电子产品。电器电子产品销售者、维修机构、售后服务机构应当在其营业场所显著位置标注废弃电器电子产品回收处理提示性信息。

回收的废弃电器电子产品应当由有废弃电器电子产品处理资格的处理企业处理。

第十二条 废弃电器电子产品回收经营者应当采取多种方式为电器电子产品使用者提供方便、快捷的回收服务。

废弃电器电子产品回收经营者对回收的废弃电器电子产品进行处理，应当依照本条例规定取得废弃电器电子产品处理资格；未取得处理资格的，应当将回收的废弃电器电子产品交有废弃电器电子产品处理资格的处理企业处理。

回收的电器电子产品经过修复后销售的，必须符合保障人体健康和人身、财产安全等国家技术规范的强制性要求，并在显著位置标识为旧货。具体管理办法由国务院商务主管部门制定。

第十三条 机关、团体、企事业单位将废弃电器电子产品交有废弃电器电子产品处理资格的处理企业处理的，依照国家有关规定办理资产核销手续。

处理涉及国家秘密的废弃电器电子产品，依照国家保密规定办理。

第十四条 国家鼓励处理企业与相关电器电子产品生产者、销售者以及废弃电器电子产品回收经营者等建立长期合作关系，回收处理废弃电器电子产品。

第十五条 处理废弃电器电子产品，应当符合国家有关资源综合利用、环境保护、劳动安全和保障人体健康的要求。

禁止采用国家明令淘汰的技术和工艺处理废弃电器电子产品。

第十六条 处理企业应当建立废弃电器电子产品处理的日常环境监测制度。

第十七条 处理企业应当建立废弃电器电子产品的数据信息管理系统，向所在地的设区的市级人民政府环境保护主管部门报送废弃电器电子产品处理的基本数据和有关情况。废弃电器电子产品处理的基本数据的保存期限不得少于3年。

第十八条 处理企业处理废弃电器电子产品，依照国家有关规定享受税收优惠。

第十九条 回收、储存、运输、处理废弃电器电子产品的单位和个人，应当遵守国家有关环境保护和环境卫生管理的规定。

第三章 监督管理

第二十条 国务院资源综合利用、质量监督、环境保护、工业信息产业等主管部门，依照规定的职责制定废弃电器电子产品处理的相关政策和技术规范。

第二十一条 省级人民政府环境保护主管部门会同同级资源综合利用、商务、工业信息产业主管部门编制本地区废弃电器电子产品处理发展规划，报国务院环境保护主管部门备案。

地方人民政府应当将废弃电器电子产品回收处理基础设施建设纳入城乡规划。

第二十二条 取得废弃电器电子产品处理资格，依照《中华人民共和国公司登记管理条例》等规定办理登记并在其经营范围中注明废弃电器电子产品处理的企业，方可从事废弃电器电子产品处理活动。

除本条例第三十四条规定外，禁止未取得废弃电器电子产品处理资格的单位和个人处理废弃电器电子产品。

第二十三条　申请废弃电器电子产品处理资格，应当具备下列条件：

（一）具备完善的废弃电器电子产品处理设施；

（二）具有对不能完全处理的废弃电器电子产品的妥善利用或者处置方案；

（三）具有与所处理的废弃电器电子产品相适应的分拣、包装以及其他设备；

（四）具有相关安全、质量和环境保护的专业技术人员。

第二十四条　申请废弃电器电子产品处理资格，应当向所在地的设区的市级人民政府环境保护主管部门提交书面申请，并提供相关证明材料。受理申请的环境保护主管部门应当自收到完整的申请材料之日起60日内完成审查，作出准予许可或者不予许可的决定。

第二十五条　县级以上地方人民政府环境保护主管部门应当通过书面核查和实地检查等方式，加强对废弃电器电子产品处理活动的监督检查。

第二十六条　任何单位和个人都有权对违反本条例规定的行为向有关部门检举。有关部门应当为检举人保密，并依法及时处理。

第四章　法律责任

第二十七条　违反本条例规定，电器电子产品生产者、进口电器电子产品的收货人或者其代理人生产、进口的电器电子产品上或者产品说明书中未按照规定提供有关有毒有害物质含量、回收处理提示性说明等信息的，由县级以上地方人民政府产品质量监督部门责令限期改正，处5万元以下的罚款。

第二十八条　违反本条例规定，未取得废弃电器电子产品处理资格擅自从事废弃电器电子产品处理活动的，由工商行政管理机关依照《无照经营查处取缔办法》的规定予以处罚。

环境保护主管部门查出的，由县级以上人民政府环境保护主管部门责令停业、关闭，没收违法所得，并处5万元以上50万元以下的罚款。

第二十九条　违反本条例规定，采用国家明令淘汰的技术和工艺处理废弃电器电子产品的，由县级以上人民政府环境保护主管部门责令限期改正；情节严重的，由设区的市级人民政府环境保护主管部门依法暂停直至撤销其废弃电器电子产品处理资格。

第三十条　处理废弃电器电子产品造成环境污染的，由县级以上人民政府环境保护主管部门按照固体废物污染环境防治的有关规定予以处罚。

第三十一条　违反本条例规定，处理企业未建立废弃电器电子产品的数据信息管理系统，未按规定报送基本数据和有关情况或者报送基本数据、有关情况不真实，或者未按规定期限保存基本数据的，由所在地的设区的市级人民政府环境保护主管部门责令限期改正，可以处5万元以下的罚款。

第三十二条　违反本条例规定，处理企业未建立日常环境监测制度或者未开展日常环境监测的，由县级以上人民政府环境保护主管部门责令限期改正，可以处5万元以下的罚款。

第三十三条　违反本条例规定，有关行政主管部门的工作人员滥用职权、玩忽职守、徇私舞弊，构成犯罪的，依法追究刑事责任；尚不构成犯罪的，依法给予处分。

第五章　附则

第三十四条　经省级人民政府批准，可以设立废弃电器电子产品集中处理场。废弃电器电子产品集中处理场应当具有完善的污染物集中处理设施，确保符合国家或者地方制定的污染物排放标准和固体废物污染环境防治技术标准，并应当遵守本条例的有关规定。

废弃电器电子产品集中处理场应当符合国家和当地工业区设置规划，与当地土地利用规划和城乡规划相协调，并应当加快实现产业升级。

第三十五条　本条例自2011年1月1日起施行。

国务院

2009年2月25日

国务院部委规章

可再生能源发电有关管理规定

总则

第一条　为了促进可再生能源发电产业的发展，依据《中华人民共和国可再生能源法》和《中华人民共和国电力法》，特制定本规定。

第二条　本规定所称的可再生能源发电包括：水力发电、风力发电、生物质发电（包括农林废弃物直接燃烧和气化发电、垃圾焚烧和垃圾填埋气发电、沼气发电）、太阳能发电、地热能发电以及海洋能发电等。

第三条　依照法律和国务院规定取得行政许可的可再生能源并网发电项目和电网尚未覆盖地区的可再生能源独立发电项目适用本规定。

第四条　可再生能源发电项目实行中央和地方分级管理。

国家发展和改革委员会负责全国可再生能源发电项目的规划、政策制定和需国家核准或审批项目的管理。省级人民政府能源主管部门负责本辖区内属地方权限范围内的可再生能源发电项目的管理工作。

可再生能源发电规划应纳入同级电力规划。

第一章　项目管理

第五条　可再生能源开发利用要坚持按规划建设的原则。可再生能源发电规划的制定要充分考虑资源特点、市场需求和生态环境保护等因素，要注重发挥资源优势和规模效益。项目建设要符合省级以上发展规划和建设布局的总体要求，做到合理有序开发。

第六条　主要河流上建设的水电项目和25万千瓦及以上水电项目，5万千瓦及以上风力发电项目，由国家发展和改革委员会核准或审批。其他项目由省级人民政府投资主管部门核准或审批，并报国家发展和改革委员会备案。需要国家政策和资金支持的生物质发电、地热能发电、海洋能发电和太阳能发电项目向国家发展和改革委员会申报。

第七条　可再生能源发电项目的上网电价，由国务院价格主管部门根据不同类型可再生能源发电的特点和不同地区的情况，按照有利于促进可再生能源开发利用和经济合理的原则确定，并根据可再生能源开发利用技术的发展适时调整和公布。

实行招标的可再生能源发电项目的上网电价，按照中标确定的价格执行；电网企业收购和销售非水电可再生能源电量增加的费用在全国范围内由电力用户分摊，具体办法另行制定。

第八条　国家发展和改革委员会负责制定可再生能源发电统计管理办法。省级人民政府能源主管部门负责可再生能源发电的统计管理和汇总，并于每年2月10日前上报国家发展和改革委员会。

第九条　国家电力监管委员会负责可再生能源发电企业的运营监管工作，协调发电企业和电网企业的关系，对可再生能源发电、上网和结算进行监管。

第二章　电网企业责任

第十条　省级（含）以上电网企业应根据省级（含）以上人民政府制定的可再生能源发电中长期规划，制定可再生能源发电配套电网设施建设规划，并纳入国家和省级电网发展规划，报省级人民政府与国家发展和改革委员会批准后实施。

第十一条　电网企业应当根据规划要求，积极开展电网设计和研究论证工作，根据可再生能源发电项目建设进度和需要，进行电网建设与改造，确保可再生能源发电全额上网。

第十二条　可再生能源并网发电项目的接入系统，由电网企业建设和管理。

对直接接入输电网的水力发电、风力发电、生物质发电等大中型可再生能源发电项目，其接入系统由电网企业投资，产权分界点为电站（场）升压站外第一杆（架）。

对直接接入配电网的太阳能发电、沼气发电等小型可再生能源发电项目，其接入系统原则上由电网企业投资建设。发电企业（个人）经与电网企业协商，也可以投资建设。

第十三条　电网企业负责对其所收购的可再生能源电量进行计量、统计，省级电网企业应于每年1月20日前汇总报送省级人民政府能源主管部门，并抄报国家发展和改革委员会。

第三章　发电企业责任

第十四条　发电企业应当积极投资建设可再生能源发电项目，并承担国家规定的可再生能源发电配额义务。发电配额指标及管理办法另行规定。

大型发电企业应当优先投资可再生能源发电项目。

第十五条　可再生能源发电项目建设、运行和管理应符合国家和电力行业的有关法律法规、技术标准和规程规范，注重节约用地，满足环保、安全等要求。

第十六条　发电企业应按国家可再生能源发电项目管理的有关规定，认真做好设计、用地、水资源、环保等有关前期准备工作，依法取得行政许可，未经许可不得擅自开工建设。

获得行政许可的项目，应在规定的期限内开工和建成发电。未经原项目许可部门同意，不得对项目进行转让、拍卖或变更投资方。

第十七条　可再生能源发电项目建设，应当严格执行国家基本建设项目管理的有关规定，落实环境保护、生态建设、水土保持等措施，加强施工管理，确保工程质量。

第十八条　发电企业应该安装合格的发电计量系统，并在每年的1月15日前将上年度的装机容量、发电量及上网电量上报省级人民政府能源主管部门。

第四章　附则

第十九条　电网企业和发电企业发生争议，可以根据事由向国家发展和改革委员会或国家电力监管委员会申请调解，不接受调解的，可以通过民事诉讼裁处。

第二十条　不执行本规定造成企业和国家损失的，由国家发展和改革委员会或省级人民政府委托的审计事务所进行审查核定损失，按照核定的损失额赔偿损失。有关罚款办法另行制定。

第二十一条　本规定自发布之日起执行。

第二十二条　本规定由国家发展和改革委员会负责解释。

国家发展和改革委员会

2006年1月5日

可再生能源发展专项资金管理暂行办法

第一章　总则

第一条　为了加强对可再生能源发展专项资金的管理，提高资金使用效益，根据《中华人民共和国可再生能源法》、《中华人民共和国预算法》等相关法律、法规，制定本办法。

第二条　本办法所称“可再生能源”是指《中华人民共和国可再生能源法》规定的风能、太阳能、水能、生物质能、地热能、海洋能等非化石能源。

本办法所称“可再生能源发展专项资金”（以下简称发展专项资金）是指由国务院财政部门依法设立的，用于支持可再生能源开发利用的专项资金。

发展专项资金通过中央财政预算安排。

第三条 发展专项资金用于资助以下活动：

（一）可再生能源开发利用的科学技术研究、标准制定和示范工程；

（二）农村、牧区生活用能的可再生能源利用项目；

（三）偏远地区和海岛可再生能源独立电力系统建设；

（四）可再生能源的资源勘查、评价和相关信息系统建设；

（五）促进可再生能源开发利用设备的本地化生产。

第四条 发展专项资金安排应遵循的原则：

（一）突出重点、兼顾一般；

（二）鼓励竞争、择优扶持；

（三）公开、公平、公正。

第二章 扶持重点

第五条 发展专项资金重点扶持潜力大、前景好的石油替代，建筑物供热、采暖和制冷，以及发电等可再生能源的开发利用。

第六条 石油替代可再生能源开发利用，重点是扶持发展生物乙醇燃料、生物柴油等。

生物乙醇燃料是指用甘蔗、木薯、甜高粱等制取的燃料乙醇。

生物柴油是指用油料作物、油料林木果实、油料水生植物等为原料制取的液体燃料。

第七条 建筑物供热、采暖和制冷可再生能源开发利用，重点扶持太阳能、地热能等在建筑物中的推广应用。

第八条 可再生能源发电重点扶持风能、太阳能、海洋能等发电的推广应用。

第九条 国务院财政部门根据全国可再生能源开发利用规划确定的其他扶持重点。

第三章 申报及审批

第十条 根据国民经济和社会发展需要以及全国可再生能源开发利用规划，国务院可再生能源归口管理部门（以下简称国务院归口管理部门）负责会同国务院财政部门组织专家编制、发布年度专项资金申报指南。

第十一条 申请使用发展专项资金的单位或者个人，根据国家年度专项资金申报指南，向所在地可再生能源归口管理部门（以下简称地方归口管理部门）和地方财政部门分别进行申报。

可再生能源开发利用的科学技术研究项目，需要申请国家资金扶持的，通过“863”、“973”等国家科技计划（基金）渠道申请；农村沼气等农业领域的可再生能源开发利用项目，现已有资金渠道的，通过现行渠道申请支持。上述两类项目，不得在发展专项资金中重复申请。

第十二条 地方归口管理部门负责会同同级地方财政部门逐级向国务院归口管理部门和国务院财政部门进行申报。

第十三条 国务院归口管理部门会同国务院财政部门，根据申报情况，委托相关机构对申报材料进行评估或者组织专家进行评审。

对使用发展专项资金进行重点支持的项目，凡符合招标条件的，须实行公开招标。招标工作由国务院归口管理部门会同国务院财政部门参照国家招投标管理的有关规定组织实施。

第十四条 根据专家评审意见、招标结果，国务院归口管理部门负责提出资金安排建议，报送国务院财政部门审批。

国务院财政部门根据可再生能源发展规划和发展专项资金年度预算安排额度审核、批复资金预算。

第十五条 各级财政部门按照规定程序办理发展专项资金划拨手续，及时、足额将专项资金拨付给项目承担单位或者个人。

第十六条 在执行过程中因特殊原因需要变更或者撤销的，项目承担单位或者个人按照申报程序报批。

第四章 财务管理

第十七条　发展专项资金的使用方式包括：无偿资助和贷款贴息。

（一）无偿资助方式。

无偿资助方式主要用于盈利性弱、公益性强的项目。除标准制订等需由国家全额资助外，项目承担单位或者个人须提供与无偿资助资金等额以上的自有配套资金。

（二）贷款贴息方式。

贷款贴息方式主要用于列入国家可再生能源产业发展指导目录、符合信贷条件的可再生能源开发利用项目。在银行贷款到位、项目承担单位或者个人已支付利息的前提下，才可以安排贴息资金。

贴息资金根据实际到位银行贷款、合同约定利息率以及实际支付利息数额确定，贴息年限为1-3年，年贴息率最高不超过3%.

第十八条　项目承担单位或者个人获得国家拨付的发展专项资金后，应当按国家有关规定进行财务处理。

第十九条　获得无偿资助的单位和个人，在以下范围内开支发展专项资金：

（一）人工费。

人工费是指直接从事项目工作人员的工资性费用。

项目工作人员所在单位有财政事业费拨款的，人工费由所在单位按照国家有关规定从事业费中足额支付给项目工作人员，并不得在项目经费中重复列支。

（二）设备费。

设备费是指购置项目实施所必需的专用设备、仪器等的费用。

设备费已由其他资金安排购置或者现有设备仪器能够满足项目工作需要的，不得在项目经费中重复列支。

（三）能源材料费。

能源材料费是指项目实施过程中直接耗用的原材料、燃料及动力、低值易耗品等支出。

（四）租赁费。

租赁费是指租赁项目实施所必需的场地、设备、仪器等的费用。

（五）鉴定验收费。

鉴定验收费是指项目实施过程中所必需的试验、鉴定、验收费用。

（六）项目实施过程中其他必要的费用支出。

以上各项费用，国家有开支标准的，按照国家有关规定执行。

第五章　考核与监督

第二十条　国务院财政部门和国务院归口管理部门对发展专项资金的使用情况进行不定期检查。

第二十一条　项目承担单位或者个人按照国家有关规定将发展专项资金具体执行情况逐级上报国务院归口管理部门。

国务院归口管理部门对发展专项资金使用情况进行审核，编报年度发展专项资金决算，并在每年3月底前将上年度决算报国务院财政部门审批。

第二十二条　发展专项资金专款专用，任何单位或者个人不得截留、挪用。

对以虚报、冒领等手段骗取、截留、挪用发展专项资金的，除按国家有关规定给予行政处罚外，必须将已经拨付的发展专项资金全额收回上缴中央财政。

第六章　附则

第二十三条　国务院归口管理部门依据本办法会同国务院财政部门制定有关具体管理办法。

第二十四条　本办法由国务院财政部门负责解释。

第二十五条　本办法自2006年5月30日起施行。

财政部

2006年5月30日

农村沼气项目建设资金管理办法

第一章　总则

第一条　为加强农村沼气项目建设资金管理，提高财政资金使用效益，根据《中华人民共和国预算法》、《中华人民共和国政府采购法》、《基本建设财务管理规定》等有关法律、法规和规章制度，结合农村沼气项目特点，制定本办法。

第二条　本办法适用于使用中央预算内固定资产投资(含国债项目资金，下同)的农村沼气项目，包括农村户用沼气项目、大中型沼气工程建设项目和其他类型的沼气工程建设项目等。

第三条　本办法所称建设单位是指具体组织和实施农村沼气项目建设的机构，不包括项目主管部门。

第二章　预算管理和政府采购

第四条　财政部负责中央预算内固定资产投资项目预算管理，依据有关规定审核、下达农村沼气项目预算。其中：中央本级项目预算，下达中央单位;补助地方项目预算，下达省级财政部门，同时抄送农业部。省级财政部门在收到中央财政预算文件后，应商同级项目主管部门及时审核和下达预算。

实行政府采购的项目按相关规定执行。

第五条　农村沼气项目实行“先审核，后下达预算”的办法，

有下列情形之一的?财政部门可以暂缓或停止下达预算：

(一) 没有落实到具体项目或项目实施方案未批复的；

(二) 需要地方财政部门财力配套，地方财政部门未出具意见的；

(三) 需要地方财政部门承诺有关事项，地方财政部门没有承诺的；

(四) 未按有关规定进行政府采购和招投标的；

(五) 其他违反国家法律法规和本办法规定的行为。

第六条　预算下达后，必须严格执行。未经批准，任何单位和个人不得擅自调整。对确需调整的?应严格按照预算调整的相关规定执行。

第七条　补助地方农村沼气项目的中央预算内固定资产投资要纳入地方同级财政预算管理。

第八条　沼气灶具及配件、检测设备、进出料设备、主要建材的采购由项目主管部门商有关部门研究确定，并按有关规定严格执行。其中，沼气灶具及配件由国家统一组织招标的，省级项目主管部门可根据招标结果实施集中采购；主要建材需实施集中采购的，由项目县根据农户意愿，按政府采购有关规定执行。

第九条　沼气灶具及配件、主要建材的品名、数量、采购价格、技术规格、质量及售后服务等有关合同内容应以简便透明的方式向农户(含农场职工，下同)公示?接受农户监督，保障农户权益。

第三章　资金管理

第十条　有关部门应按照预算管理、国库集中支付、政府采购、基本建设项目管理等相关规定管理和使用资金。

第十一条　项目主管部门在申报项目时，应主动与同级财政部门就项目申报规模、配套资金规模以及资金使用和管理等进行沟通和衔接，确保农村沼气项目地方财政配套资金能按规定及时足额到位。

第十二条　农村户用沼气项目中，凡农户自筹资金均由农户自主安排用于项目建设，严禁强迫农户上缴自筹资金或将自筹资金纳入集中采购。

第十三条　农村户用沼气项目补助资金的使用范围包括：沼气灶具及配件、主要建材的购置、技术工人的工资、对农户的直接补贴以及按国家规定开支的其他费用等。

第十四条　农村沼气项目建设资金必须严格按照批复的实施方案和可行性研究报告确定的建设内容和标准安排

使用，专款专用，各地区、各单位不得以任何方式挤占、截留、滞留、挪用。

严禁各地区、各单位虚报或重复申报项目户数、未按国家规定标准补助农户等。

第四章　财务管理

第十五条　财政部门、项目主管部门应指导和督促建设单位做好基本建设财务管理的基础工作。

建设单位要做好基本建设财务管理的基础工作，严格按照批准的概预算建设内容，做好账务设置和账务管理工作，对农村沼气项目建设资金单独核算。

第十六条　建设单位应加强现金支出管理，除支付技术工人的工资、差旅费等费用和对农户的直接补贴可以现金结算外，沼气灶具及配件、检测设备、进出料设备、主要建材采购等其他支出都应按相关规定通过银行转账结算。

第十七条　建设单位管理费要从严控制，使用范围和标准必须符合相关规定。

严禁从农民自筹资金中列支建设单位管理费。

第十八条　农村沼气项目如有单项工程报废，必须经有关部门鉴定，分清责任。因项目施工单位原因造成的单项工程报废损失，由施工单位承担责任。因不可抗力或建设单位、农户等其他原因造成的单项工程报废损失，按项目财务隶属关系由同级财政部门批准后，作增加建设成本处理。

第十九条　按照项目建成后的产权归属，农村沼气项目建设资金按以下情况进行财务处理：

户用沼气池和需要农户使用的沼气灶具及配件等，产权归属农户，建设单位作待核销处理，待核销包括“沼气灶具及配件购置费”、“进出料设备购置费”、“建材购置费”、“建设单位管理费”、“报废工程损失”、“技术工人工资”、“对农户的直接补贴”等，在竣工财务决算按规定批复后，冲销相应的资金。

大中型沼气工程等建设，产权归属本单位法人或农村集体组织的，计入交付使用资产价值；产权归属其他单位法人或农村集体组织的，作转出投资处理，在竣工财务决算按规定批复后，冲销相应的资金。

第二十条　有关单位应按照供货进度、采购合同、建设单位的验收清单以及相关原始凭证，据实结算沼气灶具及配件、检测设备、进出料设备、主要建材等采购合同款。由项目主管部门商同级财政部门实施集中采购所需支付的货款，由同级财政部门审核后按照《政府采购资金财政直接拨付管理暂行办法》(财库〔2001〕21号)的规定和合同约定，将资金直接支付给供应商。

第二十一条　有关单位在支付工程款时，应先查验项目农户的建成资产签收清单，并按结算金额的5%预留工程质量保证金，待工程竣工验收完成且交付使用一年后再结清。

第二十二条　项目竣工后，建设单位应按照有关规定及时编制竣工财务决算。集中采购的沼气灶具及配件、主要建材、检测设备、进出料设备等，应附有建设单位的验收清单以及项目农户的建成资产签收清单。

第二十三条　已具备竣工验收条件的项目，3个月内不办理竣工验收和固定资产移交手续的，视同项目已完工，其费用不得从农村沼气项目建设资金中支付。

第五章　监督检查

第二十四条　各级项目主管部门、财政部门要加强对农村沼气项目建设资金的监督和检查，确保资金按规定安排使用。对发现的问题，要按照有关规定做出检查结论，对不属于本部门职权范围的事项依法移送，并将相关情况上报财政部和农业部。

第二十五条　各有关部门要加大监督检查力度，重点审核以下内容：

（一）项目户数；

（二）补助农户标准；

（三）沼气灶具及配件、检测设备、进出料设备、主要建材等的采购合同价、款；

（四）建设单位管理费；

（五）待核销基建支出；

（六）地方财政配套资金到位情况；

（七）财务处理事项；

（八）政府采购和招投标情况等。

第二十六条　各有关部门及项目建设单位要严格按照国家规定管理和使用资金，并自觉接受财政、审计部门的监督检查。

第二十七条　凡违反规定，弄虚作假，骗取、挤占、滞留、挪用资金或项目未按规定实施的，除将已拨付资金全额收缴国库外，各级财政部门要立即停止对项目单位所在地区的资金拨付，并进行全面核查，直至纠正。对有关人员要根据《财政违法行为处罚处分条例》(国务院令第427号)等有关规定进行处理并依法追究行政责任。

第六章　附则

第二十八条　本办法自公布之日起30日后执行。

第二十九条　本办法由财政部会同农业部解释。

财政部　农业部

2007年9月8日

新能源汽车生产准入管理规则

第一章　总则

第一条　为促进汽车产品技术进步，保护环境，推进节约能源和可持续发展，鼓励企业研究开发和生产新能源汽车，贯彻《汽车产业发展政策》，制定本规则。

第二条　国家发展和改革委员会（以下简称国家发展改革委）负责新能源汽车生产准入管理工作。

第三条　本规则所称生产准入管理是指企业法人申请，经国家发展改革委审核，准予生产新能源汽车产品的行为。

第四条　在中华人民共和国境内从事制造新能源汽车的企业应当遵守本规则。

第五条　本规则适用于新能源汽车企业及产品的生产准入管理。

第六条　本规则所称新能源汽车系指采用非常规的车用燃料作为动力来源（或使用常规的车用燃料、采用新型车载动力装置），综合车辆的动力控制和驱动方面的先进技术，形成的技术原理先进、具有新技术、新结构的汽车。

新能源汽车包括混合动力汽车、纯电动汽车（BEV，包括太阳能汽车）、燃料电池电动汽车（FCEV）、氢发动机汽车、其他新能源（如高效储能器、二甲醚）汽车等。

第二章　新能源汽车分类及管理方式

第七条　根据新能源汽车整车、系统及关键总成技术成熟程度、国家和行业标准完善程度以及产业化程度的不同，将其分为起步期、发展期、成熟期三个不同的技术阶段。

起步期产品是指技术原理的实现路径尚处于前期研究阶段，缺乏国家和行业有关标准，尚未具备产业化条件的产品。

发展期产品是指技术原理的实现路径基本明确，国家和行业标准尚未完善，初步具备产业化条件的产品。

成熟期产品是指技术原理的实现路径清晰，产品技术和生产技术成熟，国家和行业标准基本完备，可以进入产业化阶段的产品。

第八条　国家发展改革委商国家科技行政管理部门，聘任有关专家，组成新能源汽车专家委员会,负责确定和调整新能源汽车产品类别的技术阶段，提出适用于新能源汽车的专项技术条件和检验规范建议。

第九条　对处于不同技术阶段的产品采取不同的管理方式。

起步期产品只能进行小批量生产，在批准的区域、范围和条件下进行示范运行，并以适当的方式对全部车辆的运行状态进行实时监控。

发展期产品允许进行批量生产，只能在批准的区域、期限、条件下销售、使用，并以适当的方式对销售车辆以不低于20%的比例进行运行状态实时监控。

成熟期产品与常规汽车产品的公告管理方式相同，在销售、使用上与常规道路机动车辆相同。

第三章　新能源汽车生产资格

第十条　从事新能源汽车生产的企业，应当获得国家发展改革委的许可方能取得生产资格。新能源汽车生产企业及产品纳入国家发展改革委《车辆生产企业及产品公告》（以下简称《公告》）管理。

第十一条　新能源汽车生产准入条件：

（一）遵守国家法律、法规及有关规章和国家产业政策及宏观调控政策的规定；

（二）应当为《公告》内汽车整车生产企业或改装类商用车生产企业；新建汽车企业或现有汽车生产企业跨产品类别生产其他类别新能源汽车整车产品应按《汽车产业发展政策》的规定完成项目的核准或备案工作；

（三）具有与所生产车辆产品相适应的生产能力；

（四）具备产品的设计开发能力；

（五）具备产品销售和售后服务能力；

（六）所生产的车辆产品符合有关国家标准、规定、车辆产品定型试验规程、适用于新能源汽车的专项技术条件和检验规范的要求；

（七）具备产品生产一致性保证能力。

《新能源汽车生产准入条件及考核要求》（以下简称《生产准入条件》）见附件一。

第十二条　生产准入考核的结论分为通过和不通过两种。经考核，符合生产准入条件规定的企业或产品为通过；反之，为不通过。

企业通过新能源汽车生产准入考核，获得生产资格后，汽车整车生产企业可生产同类新能源汽车产品（指与《公告》中已有的常规车辆相同类别的产品，下同）；改装类商用车企业可自制底盘生产同类新能源汽车产品，但自制底盘仅限于本企业自用。

第十三条　国家发展改革委委托中介机构进行新能源汽车生产准入的现场技术审查工作和产品技术审查工作。

第十四条　新能源汽车的产品检测工作，由经过国家试验室认可的、国家发展改革委指定的检测机构承担。

第四章　生产企业及产品管理

第十五条　企业在申报新能源汽车产品时，应当向国家发展改革委提供如下资料：

（一）主要技术参数和主要配置备案表、试验方案；

（二）新能源汽车相关的新技术、新结构原理说明；

（三）产品（包括整车及动力、驱动、控制系统）企业标准或技术规范；

（四）产品（包括整车及动力、驱动、控制系统）检验规范（至少包括试验方法、判定准则、检验项目与样车对应表、路况及里程分配等）；

（五）其他需要说明的情况。

第十六条　企业申报的新能源汽车产品属于起步期或发展期产品的，申请资料还应当包括：

（一）售后服务承诺（内容至少包括产品质量保证承诺、销售和售后服务区域范围、售后服务网络建设、对售后服务人员和产品使用人员的培训、售后服务项目及内容、备件的提供、质量保证期限、整车和零部件（如电池）回收、索赔处理、售后服务过程中发现问题的反馈、产品质量、安全、环保等方面出现严重问题时的召回措施等）；

（二）拟销售区域的说明、产品使用地省级政府主管部门有关示范运行区域的批准文件；

（三）与拟使用单位签订的协议、使用单位车辆运行管理规定、使用数量说明（仅适用于起步期产品）。

第十七条　企业在首次申报新能源汽车新产品时，还应当提交下列有关资料：

（一）《新能源汽车生产准入申请书》（见附件二）；

（二）企业按照《生产准入条件》要求进行自我评估的报告。

第十八条　对于首次申报新能源汽车产品的企业，国家发展改革委委托中介机构对企业提交的资料进行审查，必要时由中介机构组织专家对企业进行现场技术审查，并将审查结果上报国家发展改革委。

现场技术审查内容和判定原则按照《生产准入条件》进行。

第十九条　国家发展改革委对中介机构提交的生产准入审查报告进行审核，符合要求的在国家发展改革委网站上对其进行公示。

第二十条　国家发展改革委根据中介机构上报的生产准入审查报告及公示结果，及时完成新能源汽车企业的审核工作，对符合生产准入条件的企业以《公告》形式公布；不符合生产准入条件的企业，原则上在6 个月后方可重新提出生产准入申请。

第二十一条　企业上报的新能源汽车产品的技术资料，由中介机构进行审查，并确认试验方案。检测机构根据企业的委托，按照中介机构确认的试验方案对新能源汽车产品进行检验，并将检验报告提交中介机构。

中介机构组织产品的技术审查，出具审查意见，对符合要求的产品，上报国家发展改革委。

第二十二条　国家发展改革委对中介机构上报的产品审查意见进行审核，对符合要求的产品以《公告》的形式公布。

第二十三条　生产起步期和发展期产品的企业应当按照售后服务承诺的内容，向使用者提供售后服务。企业应当为每一辆车建立相应的档案，并跟踪车辆运行情况，直至车辆停止使用或报废。

起步期产品的生产企业应当与使用者共同向国家发展改革委提交年度示范运行报告。

第二十四条　生产企业如发现产品存在影响安全、环保、节能等严重问题，应当立即停止生产和销售相关车辆产品，对已销售车辆进行召回，并及时向国家发展改革委、产品使用地省级政府主管部门报告。

第五章　附则

第二十五条　对新能源汽车生产企业及产品的监督管理按照《公告》管理的有关规定执行。

第二十六条　本规则由国家发展改革委负责解释。

第二十七条　本规则自2007 年11 月1 日起施行。

附件：一、新能源汽车生产准入条件及考核要求（略）

二、新能源汽车生产准入申请书（略）

国家发展和改革委员会

2007年10月17日

公路、水路交通实施《中华人民共和国节约能源法》办法

第一章　总则

第一条　为促进公路、水路交通节约能源，提高能源利用效率，根据《中华人民共和国节约能源法》，结合交通运输行业发展实际，制定本办法。

第二条　本办法适用于中华人民共和国境内公路、水路交通能源利用及节约能源监督管理活动。

第三条　本办法所称节约能源（以下简称节能），是指加强公路、水路交通用能管理，采取技术上可行、经济上合理以及环境和社会可以承受的措施，在公路、水路交通使用能源的各个环节，有效、合理地利用能源。

第四条　交通运输部负责全国公路、水路交通节能监督管理工作，并接受国务院管理节能工作的部门的指导。

县级以上地方人民政府交通运输主管部门负责本行政区域内交通运输行业的节能监督管理工作，并接受上级交通运输主管部门和同级管理节能工作的部门的指导。

第二章　加强节能管理

第五条　各级人民政府交通运输主管部门应当加强对节能工作的领导，建立健全公路、水路交通节能管理体制，实行节能目标责任制和节能考核评价制度，部署、协调、监督、检查、推动节能工作。

第六条　各级人民政府交通运输主管部门应当实施公共交通优先发展战略，指导、促进各种交通运输方式协调发展和有效衔接，引导优化交通运输结构，建设节能型综合交通运输体系。

第七条　各级人民政府交通运输主管部门应当组织开展交通运输行业节能的宣传教育，增强交通运输行业节能意识。

第八条　交通运输部将公路、水路节能纳入交通发展规划，并根据交通发展规划组织编制和实施公路、水路交通节能规划。

县级以上地方人民政府交通运输主管部门可以根据本行政区域实际情况，在前款规定的公路、水路交通节能规划的范围内，制定本行政区域交通运输行业节能规划。

第九条　交通运输部建立公路、水路交通能源消耗报告、统计、分析制度，配合国务院统计部门加强对统计指标体系的科学研究，改进和规范能源消耗统计方法，做好公路、水路交通能源利用状况的统计和发布工作。

县级以上地方人民政府交通运输主管部门应当建立本行政区域公路、水路交通能源消耗报告、统计、分析制度。

第十条　各级人民政府交通运输主管部门应当严格执行交通运输营运车船燃料消耗量限值国家标准，组织建立交通运输营运车船燃料消耗检测体系并加强对检测的监督管理，确保交通运输营运车船符合燃料消耗量限值国家标准。

前款规定的交通运输营运车船燃料消耗量限值国家标准，由交通运输部会同国务院有关部门制定。在该标准出台前，交通运输部先行制定并实施交通运输营运车船燃料消耗量限值的行业标准。

第十一条　交通运输部制定、修订装机功率超过300千瓦的港口机械等交通用能设备的单位产品能耗限值标准，并由各级交通运输主管部门组织推广。

第十二条　交通固定资产投资项目严格执行投资项目节能评估和审查制度，确保项目符合强制性节能标准。具体评估办法按照国务院管理节能工作的部门会同国务院有关部门制定的有关规定执行。

第十三条　各级人民政府交通运输主管部门应当鼓励、支持开发先进节能技术，会同有关部门确定公路、水路交通开发先进节能技术的重点和方向，建立和完善交通节能技术服务体系。

交通运输部适时公布“营运车船节能产品（技术）目录”，引导使用先进的节能产品、技术，促进节能技术创新与成果转化。

交通运输部和省级人民政府交通运输主管部门负责组织实施交通运输行业重大节能科研项目、节能示范项目、重点节能工程。

第十四条　各级人民政府交通运输主管部门应当组织公路、水路交通节能检测机构建立节能监测体系，通过节能检测机构提供的节能检测结果，获取节能监测数据。

节能检测机构应当及时提供公路、水路交通节能检测结果，并对所提供的数据负责。

第十五条　各级人民政府交通运输主管部门应当向本级人民政府财政部门申请将节能工作经费列入财政预算，用于支持节能监督管理体系建设、节能技术研究开发、节能技术和产品的示范与推广、重点节能工程的实施、节能宣传培训、信息服务和表彰奖励等工作。

交通运输行业建立节能激励机制，逐步形成以国家和地方资金为引导、企业资金为主体的交通节能投入机制，设立各个层次的节能专项资金，用于鼓励、支持节能产品和技术的开发、推广和应用。

第十六条　节能技术服务机构、行业学会、协会等中介组织可以在交通运输主管部门的指导下，开展节能知识宣传和节能技术培训，提供节能信息、节能示范和其他节能服务。

第三章　交通用能单位合理使用与节约能源

第十七条　交通用能单位应当加强节能管理，制定并实施节能计划和节能技术措施，建立和完善节能管理制度，根据生产过程中运量、运力、施工作业等多种因素变化情况及时调整生产计划，提高交通用能设备的使用效率。

第十八条　交通用能单位应当加强对本单位职工的节能教育，促进本单位职工树立节能意识，并建立节能目标责任制，将节能目标完成情况作为绩效考核的内容之一。

交通用能单位可以根据本单位实际情况建立专项节能奖励机制，对节能工作取得成绩的集体、个人给予奖励。

第十九条　交通用能单位应当按照国家有关计量管理的法律、法规和有关规定，加强能源计量管理，配备和使用经依法检定合格和校准的能源计量器具，对各类能源的消耗实行分类计量。

第二十条　交通用能单位应当建立能源消耗统计制度，建立健全能源计量原始记录和统计台帐，确保能源消耗统计数据真实、完整，并按照规定向有关部门报送有关统计数据和资料。

第二十一条　交通用能单位应当制定并执行本单位产品能耗定额标准，并定期对用能设备进行技术评定，对技术落后的老旧及高耗能设备，提出报废、更新、改造计划。

第二十二条　交通用能单位应当编制有利于节能的生产操作规程，并开展节能教育和节能培训；经培训考核合格的人员优先在能源管理岗位或者有关高耗能设备操作岗位上工作。

第二十三条　禁止购置、使用国家公布淘汰的用能产品和设备，不得将淘汰的用能产品、设备转让或者租借给他人使用。

第二十四条　交通用能单位不得对能源消费实行包费制。

第二十五条　交通重点用能单位应当定期向交通运输部、省级交通运输主管部门报送上一年度的能源利用状况报告。

交通能源利用状况报告应当包括以下内容：

（一）能源购入和消耗量；

（二）节能量；

（三）单位产品能耗或者产值能耗；

（四）用能效率和节能效益分析；

（五）节能措施；

（六）其他需要报告的情况。

本条第一款所称交通重点用能单位是指公路、水路交通年能耗超过5000吨标准煤的用能单位。

第二十六条　交通重点用能单位应当设立能源管理岗位，在具有节能专业知识、实际经验以及中级以上技术职称的人员中聘任能源管理负责人。

能源管理负责人负责组织对本单位用能状况进行分析、评价，提出并组织实施本单位节能工作的改进措施等。

鼓励交通重点用能单位以外的其他交通用能单位设立能源管理岗位，加强本单位能源管理。

第四章　法律责任

第二十七条　交通用能单位违反本办法有关规定，在科研、设计、生产中违反有关强制性节能标准规定的，由交通运输主管部门在职权范围内责令限期改正，并可以通报批评或者给予责任者行政处分。

第二十八条　交通用能单位有漏报、迟报、虚报、拒报或者其他不按照规定报送能源统计数据的行为的，按照《中华人民共和国统计法》的有关规定处理。

第二十九条　使用国家明令淘汰的用能设备的，将淘汰的用能设备转让他人使用的，或者有其他节能违法行为的，按照《中华人民共和国节约能源法》、《中华人民共和国标准化法》的有关规定处理。

第三十条　交通运输主管部门工作人员在节能管理工作中存在滥用职权、玩忽职守、徇私舞弊等情况的，依法给予行政处分；构成犯罪的，依法移交司法机关处理。

第五章　附则

第三十一条　本办法自2008年9月1日起施行。2000年6月16日原交通部发布的《交通行业实施节约能源法细则》同时废止。

交通运输部

2008年7月16日

风力发电设备产业化专项资金管理暂行办法

第一章 总则

第一条 根据《中华人民共和国可再生能源法》、《国务院关于加快振兴装备制造业的若干意见》（国发[2006]8号）和《可再生能源发展专项资金管理办法》（财建2006[237]号），中央财政安排专项资金支持风力发电设备产业化（以下简称产业化资金）。为加强财政资金管理，提高资金使用效益，特制定本办法。

第二条 为引导企业研究和开发适应市场需求的产品，产业化资金采取“以奖代补”办法，主要对产业化研发成果得到市场认可的企业进行补助。

第三条 产业化资金补助实行公开、透明原则，接受社会各方面监督。

第二章 支持对象和方式

第四条 产业化资金支持对象为中国境内从事风力发电设备（包括整机和叶片、齿轮箱、发电机、变流器及轴承等零部件）生产制造的中资及中资控股企业。

第五条 产业化资金主要是对企业新开发并实现产业化的首50台兆瓦级风电机组整机及配套零部件给予补助，补助金额按装机容量和规定的标准确定。

第三章 支持条件

第六条 申请产业化资金的风力发电设备制造企业必须符合下述条件：

（一）设备具有自主知识产权和品牌，包括自主研发、联合开发或引进技术再创新，必须拥有完全的技术文件：包括全套设计计算文件、设计图纸、主要零部件的技术要求、工艺文件、质量控制文件等；拥有核心技术或关键技术；拥有中国商标行政管理机构核准注册的商标注册证书。

（二）风电机组的单机容量在1500千瓦（含）以上。

（三）风电机组通过北京鉴衡认证中心的产品认证。

（四）风电机组配套的叶片、齿轮箱、发电机由中资或中资控股企业制造，鼓励采用中资或中资控股企业制造的变流器和轴承。

（五）同一企业申请支持采用相同技术的不同型号产品，产品功率差在500千瓦（含）以上。

（六）风电机组在国内完成生产、安装、调试，无故障运行240小时以上，并通过业主验收。

第四章 补助标准和资金使用范围

第七条 对满足支持条件企业的首50台风电机组，按600元/千瓦的标准予以补助,其中整机制造企业和关键零部件制造企业各占50%，各关键零部件制造企业补助金额原则上按照成本比例确定，重点向变流器和轴承企业倾斜。

第八条 产业化资金必须专项用于风电设备新产品研发的相关支出。

第五章 资金的申报和下达

第九条 产业化资金由风电机组整机制造企业负责申请。整机制造企业应按要求填报风力发电设备产业化资金申请报告（格式见附1），并提供下述材料：

（一）风电机组整机和零部件具有自主知识产权和品牌的证明文件（见附2）；

（二）北京鉴衡认证中心颁发的风电机组整机认证证书；

（三）风电机组的购销合同、销售发票及业主出具的验收合格证明；

（四）与叶片、齿轮箱、发电机、变流器及轴承等零部件制造企业签订的用于首50台风电机组制造的购销合同和销售发票；

（五）其他需提供的材料。

第十条 风电机组整机制造企业按属地原则，将资金申请报告及相关材料报所属省、自治区、直辖市财政厅

（局），经初审后于每年9月30日前报财政部。中央直属企业于每年9月30日前直接报财政部。

第十一条　财政部组织相关技术、市场等方面的专家，按照本办法规定的条件，对各地报送的资金申请报告进行审查。

第十二条　财政部对经审查符合支持条件的企业，核定风电机组整机和关键零部件制造企业具体补助金额，并按规定下达预算。

第十三条　财政部门按照财政国库管理制度有关规定将产业化资金拨付到风电机组整机和关键零部件制造企业。

第六章　资金监督管理

第十四条　企业要严格按照要求填报产业化资金申请报告及相关材料，对弄虚作假的企业，财政部将扣回补助资金，并追究相关单位和人员的责任。

第十五条 产业化资金必须专款专用，任何单位不得以任何理由、任何形式截留、挪用。对违反规定的，按照《财政违法行为处分条例》（国务院令第427号）等有关规定处理。

第七章　附则

第十六条　本办法由财政部负责解释。

第十七条　本办法自印发之日起实施。

财政部

2008年8月11日

秸秆能源化利用补助资金管理暂行办法

第一章　总则

第一条　根据《中华人民共和国可再生能源法》、《国务院办公厅关于加快推进农作物秸秆综合利用的意见》（国办发[2008]105号）、《可再生能源发展专项资金管理暂行办法》(财建[2006]237号)，中央财政安排补助资金支持秸秆能源化利用。为规范资金管理，提高使用效益，特制定本办法。

第二条　本办法所指秸秆包括水稻、小麦、玉米、豆类、油料、棉花、薯类等农作物秸秆以及农产品初加工过程中产生的剩余物。

第三条　补助资金实行公开、透明原则，接受社会各方面监督。

第二章　支持对象和方式

第四条　支持对象为从事秸秆成型燃料、秸秆气化、秸秆干馏等秸秆能源化生产的企业。

对企业秸秆能源化利用项目中属于并网发电的部分，按国家发展改革委《可再生能源发电价格和费用分摊管理试行办法》（发改价格[2006]7号）规定享受扶持政策，不再给予专项补助。

第五条　补助资金主要采取综合性补助方式，支持企业收集秸秆、生产秸秆能源产品并向市场推广。

第三章　支持条件

第六条　申请补助资金的企业应满足以下条件：

（一）企业注册资本金在1000万元以上。

（二）企业秸秆能源化利用符合本地区秸秆综合利用规划。

（三）企业年消耗秸秆量在1万吨以上（含1万吨）。

（四）企业秸秆能源产品已实现销售并拥有稳定的用户。

第四章　补助标准

第七条　对符合支持条件的企业，根据企业每年实际销售秸秆能源产品的种类、数量折算消耗的秸秆种类和数量，中央财政按一定标准给予综合性补助。

第五章　资金申报和下达

第八条　企业在申报时，应按要求填报秸秆能源化利用财政补助资金申请报告及申请表（格式见附件），并提供以下材料：

（一）秸秆收购情况，包括：收购秸秆的品种、数量、价格及水分含量等有关凭证；（二）秸秆能源产品产销情况，包括：各类产品产量、销量及销售价格等，并提供销售发票等凭证；（三）秸秆能源产品质量及检测报告；（四）与用户签订的秸秆能源产品长期供应协议；（五）单位产品能耗、环保、安全等有关材料。

第九条　申报企业按属地原则将资金申请报告及相关材料报所在地财政部门，省级财政部门组织检查、核实并汇总后，于每年3月31日前报财政部。

第十条　财政部组织相关专家对申报材料进行审查，核定补助金额，并按规定下达预算、拨付补助资金。

财政部

2008年10月30日

道路运输车辆燃料消耗量检测和监督管理办法

第一章　总则

第一条　为加强道路运输车辆节能降耗管理，根据《中华人民共和国节约能源法》和《中华人民共和国道路运输条例》，制定本办法。

第二条　道路运输车辆燃料消耗量检测和监督管理适用本办法。

本办法所称道路运输车辆，是指拟进入道路运输市场从事道路旅客运输、货物运输经营活动，以汽油或者柴油为单一燃料的国产和进口车辆。

第三条　总质量超过3500千克的道路旅客运输车辆和货物运输车辆的燃料消耗量应当分别满足交通行业标准《营运客车燃料消耗量限值及测量方法》（JT711，以下简称JT711）和《营运货车燃料消耗量限值及测量方法》（JT719，以下简称JT719）的要求。

不符合道路运输车辆燃料消耗量限值标准的车辆，不得用于营运。

第四条　交通运输部主管全国道路运输车辆燃料消耗量检测和监督管理工作。交通运输部汽车运输节能技术服务中心（以下简称节能中心）作为交通运输部开展道路运输车辆燃料消耗量检测和监督管理工作的技术支持单位。

县级以上地方人民政府交通运输主管部门负责组织领导本行政区域内道路运输车辆燃料消耗量达标车型的监督管理工作。

县级以上道路运输管理机构按照本办法规定的职责负责具体实施本行政区域内道路运输车辆燃料消耗量达标车型的监督管理工作。

第五条　道路运输车辆燃料消耗量检测和监督管理工作应当遵循公平、公正、公开和便民的原则。

第二章　检测管理

第六条　交通运输部组织专家评审，选择符合下列条件的检测机构从事道路运输车辆燃料消耗量检测业务，并且向社会公布检测机构名单：

（一）取得相应的实验室资质认定（计量认证）和实验室认可证书，并且认可的技术能力范围涵盖本办法规定的相关技术标准；

（二）具有实施道路运输车辆燃料消耗量检测工作的检验员、试验车辆驾驶员和技术负责人等专业人员，以及仪器设备管理员、质量负责人等管理人员；

（三）具有符合道路运输车辆燃料消耗量检测规范要求的燃油流量计、速度分析仪、车辆称重设备。相关设备应当通过计量检定或者校准；

（四）具有符合道路运输车辆燃料消耗量检测规范要求的试验道路。试验道路应当为平直路，用沥青或者混凝土铺装，长度不小于2公里，宽度不小于8米，纵向坡度在0.1%以内，且路面应当清洁、平坦。租用试验道路的，还应当持有书面租赁合同和出租方使用证明，租赁期限不得少于3年；

（五）具有健全的道路运输车辆燃料消耗量检测工作管理制度，包括检测质量控制制度、文件资料管理制度、检测人员管理制度、仪器设备管理制度等。

道路运输车辆燃料消耗量检测机构专家评审组由节能中心的专家、汽车产业主管部门委派的专家、有关科研单位和高等院校的专家以及检测机构所在地省级交通运输部门的专家组成，专家评审组不得少于5人。

第七条　车辆生产企业可以自愿选择经交通运输部公布的检测机构进行车辆燃料消耗量检测。

第八条　检测机构应当严格按照规定程序和相关技术标准的要求开展车辆燃料消耗量检测工作，提供科学、公正、及时、有效的检测服务。

第九条　检测机构不得将道路运输车辆燃料消耗量检测业务委托至第三方。

第十条　检测机构应当如实记录检测结果和车辆核查结果，据实出具统一要求的道路运输车辆燃料消耗量检测报告。

第十一条　检测机构应当将道路运输车辆燃料消耗量检测过程的原始记录和检测报告存档，档案保存期不少于4年。

第十二条　检测机构应当对所出具的道路运输车辆燃料消耗量检测报告的真实性和准确性负责，并承担相应的法律责任。

第三章　车型管理

第十三条　燃料消耗量检测合格并且符合本办法第十五条规定条件的车型，方可进入道路运输市场。

第十四条　对道路运输车辆实行燃料消耗量达标车型管理制度。交通运输部对经车辆生产企业自愿申请，并且经节能中心技术审查通过的车型以《道路运输车辆燃料消耗量达标车型表》（以下简称《燃料消耗量达标车型表》）的形式向社会公布。

《燃料消耗量达标车型表》车型可与《车辆生产企业及产品公告》（以下简称《公告》）车型同时申请。

第十五条　《燃料消耗量达标车型表》所列车型应当符合下列条件：

（一）已经列入《公告》的国产车辆或者已经获得国家强制性产品认证的进口车辆；

（二）各项技术参数和主要配置与《公告》或者国家强制性产品认证的车辆一致性证书保持一致；

（三）经交通运输部公布的检测机构检测，符合道路运输车辆燃料消耗量限值标准的要求。

第十六条　拟列入《燃料消耗量达标车型表》的车型，由车辆生产企业向节能中心提交下列材料：

（一）道路运输车辆燃料消耗量达标车型申请表一式两份（式样见附件1）；

（二）《公告》技术参数表或者国家强制性产品认证的车辆一致性证书复印件一份；

（三）检测机构出具的道路运输车辆燃料消耗量检测报告原件一份。

第十七条　节能中心应当依据第十五条的规定，自收到车辆生产企业的材料之日起20个工作日内完成对相关车型的技术审查。经技术审查，不符合条件的，节能中心应当书面告知车辆生产企业，并说明理由；符合条件的，应当将车型及相关信息汇总整理后报交通运输部。

第十八条　未通过技术审查的车辆生产企业对技术审查结果有异议的，可以在收到书面告知材料的5个工作日内向交通运输部要求复核。交通运输部应当组织专家对技术审查结果进行复核。

第十九条　交通运输部应当及时对通过技术审查的车型在互联网上予以公示，公示期为5个工作日。

第二十条　对经公示后无异议的车型，交通运输部应当及时向社会公布。对公示后有异议且经查实不符合条件的车型，不予发布，并且告知车辆生产企业。

《燃料消耗量达标车型表》至少每季度发布一次。

第二十一条　已经列入《燃料消耗量达标车型表》的车型发生产品扩展、变更后，存在下列情况之一的，车辆生产企业应当按规定程序重新申请：

（一）车长、车宽或者车高超过原参数值1%的；

（二）整车整备质量超过原参数值3%的；

（三）换装发动机的；

（四）变速器最高挡或者次高挡速比，主减速器速比发生变化的；

（五）子午线轮胎变为斜交轮胎、轮胎横断面增加或者轮胎尺寸变小的。

已经列入《燃料消耗量达标车型表》的车型发生其他扩展、变更的，车辆生产企业应当将相关信息及时告知节能中心，并提交发生扩展、变更后的车辆仍能满足道路运输车辆燃料消耗量限值要求的承诺书。节能中心应当将相关车型的扩展、变更信息及时报交通运输部。

第二十二条　对于同一车辆生产企业生产的不同型号的车型，同时满足下列条件的，在申报《燃料消耗量达标车型表》时，可以只提交其中一个车型的燃料消耗量检测报告，相关车型一并审查发布：

（一）底盘相同；

（二）整车整备质量相差不超过3%；

（三）车身外形无明显差异；

（四）车长、车宽、车高相差不超过1%。

第二十三条　车辆生产企业对已经列入《燃料消耗量达标车型表》的车辆，应当在随车文件中明示其车辆燃料消耗量参数（式样见附件2）。

第二十四条　县级以上道路运输管理机构在配发《道路运输证》时，应当按照《燃料消耗量达标车型表》对车辆配置及参数进行核查。相关核查工作可委托汽车综合性能检测机构实施。

经核查，未列入《燃料消耗量达标车型表》或者与《燃料消耗量达标车型表》所列装备和指标要求不一致的，不得配发《道路运输证》。

第二十五条　交通运输部建立道路运输车辆燃料消耗量达标车型查询网络及数据库。省级道路运输管理机构应当将相关数据库纳入本行政区域道路运输信息系统。

第四章　监督管理

第二十六条　交通运输部应当加强对公布的道路运输车辆燃料消耗量检测机构从事相应检测业务的监督管理工作，建立、完善监督检查制度，不定期派员现场监督检测机构燃料消耗量的检测工作，根据技术审查需要组织专家对车辆燃料消耗量检测结果进行抽查。

第二十七条　检测机构有下列情形之一的，交通运输部应当责令其限期整改。经整改仍达不到要求的，交通运输部应当将其从公布的检测机构名单中撤除：

（一）未按照规定程序、技术标准开展检测工作；

（二）伪造检测结论或者出具虚假检测报告；

（三）未经检测就出具检测报告；

（四）违反法律、行政法规的其他行为。

第二十八条　交通运输部对列入《燃料消耗量达标车型表》的车型实施动态管理。车辆生产企业弄虚作假，骗取列入《燃料消耗量达标车型表》资格的，交通运输部应当将其从《燃料消耗量达标车型表》中删除，并向社会公布。

节能中心在交通运输部公布违规车型之日起3个月内不得受理该企业车辆列入《燃料消耗量达标车型表》的申请。

第二十九条　省级道路运输管理机构应当加强对本行政区域内道路运输车辆燃料消耗量达标车型的监督管理，督促各地道路运输管理机构严格执行道路运输车辆燃料消耗量达标车型管理的相关制度。

第三十条　已进入道路运输市场车辆的燃料消耗量指标应当符合《营运车辆综合性能要求和检验方法》（GB18565）的有关要求。

道路运输管理机构应当加强对已进入道路运输市场车辆的燃料消耗量指标的监督管理。对于达到国家规定的报废标准或者经检测不符合标准要求的车辆，不得允许其继续从事道路运输经营活动。

第三十一条　从事道路运输车辆燃料消耗量检测和监督管理工作的人员在检测和监督管理工作中有滥用职权、玩忽职守、徇私舞弊等情形的，依法给予行政处分；构成犯罪的，依法移交司法机关处理。

第五章　附则

第三十二条　城市公共汽车、出租车及总质量不超过3500千克的客运、货运车辆的燃料消耗量限值标准和监督管理的实施步骤另行规定。

第三十三条　本办法自2009年11月1日起施行。道路运输管理机构自2010年3月1日起，在配发《道路运输证》时，应当将燃料消耗量作为必要指标，对照《燃料消耗量达标车型表》进行核查。

交通运输部

2009年6月26日

地方规章

河北省保定市人民政府关于鼓励投资“中国电谷”建设的若干规定

为加快“中国电谷”发展，建设国家新能源与能源设备产业基地、打造我市以太阳能光伏制造设备、风力发电设备、生物质能、新型储能材料、输变电及电力自动化和高效节能设备产业为主要内容的新能源及能源设备格局，根据有关法律、法规，结合我市实际，特制定本规定。

一、本规定适应范围指“中国电谷”规划内企业及保定市范围内的太阳能光伏制造设备、风力发电设备、生物质能、新型储能材料、输变电及电力自动化、高效节能电力制造企业。以下统称“中国电谷”企业。

二、“中国电谷”规划范围内企业在保定国家高新区注册登记纳税，首先享受保定高新区各项优惠政策，由高新区管委会组织实施，同时享受本规定所定政策。

三、“中国电谷”企业，经认定为高新技术企业的，自认定之日起，五年内上缴的企业所得税、营业税、增值税的地方留成部分，由县（含）以上人民政府安排专项资金对该项目单位给予扶持；拥有自主知识产权的项目，除享受上述优惠外，第六年至第八年上缴的企业所得税、营业税、增值税地方留成部分的50%，由县（含）以上人民政府安排专项资金对该项目单位给予扶持。上述两项专项资金80%用于该项目单位的技术创新，20%纳入产业技术研究与开发资金集中使用。

我市符合国家确定的“老、少、边、穷”地区新上的“中国电谷”企业，可在三年内减征或免征企业所得税。

四、凡“中国电谷”项目，优先保证项目用地。以出让方式取得土地使用权的，除上缴国家、省的有关费用和支付农民土地补偿费外，对市及市以下征收的地方规费（土地出让金），最大限度的用于“中国电谷”项目建设。

五、新投资5000万元人民币及其以上的“中国电谷”项目，其应缴纳的地方性再就业资金、旧城改造费、建设项目设计卫生评价费、劳动防护设备效果鉴定费、新工艺的劳动卫生评价费、建设项目卫生评价费、城市绿化用地补偿费、土地征用管理费、土地登记发证费等费用予以免收。减半征收城市基础设施配套费、土地评估费、土地勘测费。地形图收费收取成本费。凡属政府投资的基础设施，优先保证“六通一平”（供水、供气、供电、通信、排水、天然气和道路）。

六、“中国电谷”企业技术改造项目，其项目所需国产设备投资的40%可从企业技术改造项目设备购置当年比前一年新增的企业所得税中抵免。企业每一年度投资抵免的企业所得税税额，不得超过该企业当年比设备购置前一年新增的企业所得税税额。如果当年新增的企业所得税税额不足抵免时，未予抵免的投资额，可用以后年度企业比设备购置前一年新增的企业所得税税额延续抵免，但低免的期限最长不得超过五年。

七、“中国电谷”企业从事技术转让、技术开发业务及与之相关的技术咨询、技术服务所得的收入，经批准后可免征营业税。其技术转让以及在技术转让过程中发生的与技术转让有关的技术咨询、技术服务、技术培训的所得，年净收入30万以下的，免征个人所得税，超过30万元的部分，采用先依率计征，再通过创新基金补贴的办法对企业给予支持。

八、大力推进太阳能光伏制造设备产业的发展，在扩大多晶硅电池生产的基础上，进一步整合延伸光伏发电的上、下游产业，建立完整光伏发电产业链。用专项资金支持太阳能光伏制造设备产业发展，申请国债和财政贴息支持太阳能光伏制造设备的项目建设。对我市范围内的城市基础设施改造及节能产品应用，优先推广采用太阳能光伏制造设备产业的产品。

九、鼓励“中国电谷”企业扩大出口创汇。有关部门优先办理“中国电谷”企业年度出口免、抵退税手续，金融部门优先办理企业的出口退税额度质押银行贷款。

十、“十一五”期间，在每年财政预算中安排部分专项资金，用于“中国电谷”项目的配套资金，重大、关键技术研发基金，吸引高级人才创业基金，基础平台及环境建设基金以及对有突出贡献的单位和个人奖励。

十一、“中国电谷”企业实际缴纳的税金同比增幅达到50％以上的，对企业管理团队给予实现地方财力留成部分的5—10％奖励，其中40％用于奖励企业法人代表。

“中国电谷”企业承担的国家级技术创新项目，或引进高新技术进行消化、吸收、开发的新产品，形成产业化并按规定验收合格后，给予定额补助，补助资金以项目经费形式从市科技三项经费列支。

鼓励“中国电谷”企业建立技术中心、工程研究中心、工程技术研究中心。新认定为国家级企业技术中心、工程研究中心、工程技术研究中心的企业，给予50万元的一次性奖励；新认定为省级企业技术中心、工程研究中心、工程技术研究中心的企业，给予20万元的一次性奖励，奖励资金专项用于企业技术研发。

奖励政策涉及地方税收留成部分，市与区、县按现行财政体制承担。

十二、对市外投资我市“中国电谷”项目的，视同外资、引资者享受我市《关于招商引资项目建设实行鼓励和保护的若干规定》（保办发〈2002〉6号）。对外来投资者的子女入托、入学、户口迁移、农转非等事宜，由有关部门负责优先办理。

十三、对“中国电谷”项目实行绿色通道，简化程序，加快办理项目前期手续。对“中国电谷”企业实施封闭运行、挂牌保护政策。由市纪检委、检查和发改部门负责，确定全市的“中国电谷”重点项目和重点企业，对确定的项目和企业，未经市政府批准，任何单位和个人不得以任何理由进入企业乱收费、乱罚款、乱检查。所有“中国电谷”企业新上项目未竣工达产前，不参与社会上组织的评比、赞助、捐献等活动。对“中国电谷”重点企业各项地方规费的征收，实行“一张纸，一遍清，一个漏斗往下征”的办法，由市收费局牵头，统一征收，分户记账。

十四、本规定未尽事宜，采取一事一议、特事特办的方法处理。

十五、本规定自发布之日起执行。

2006年11月21日

政 策 文 件

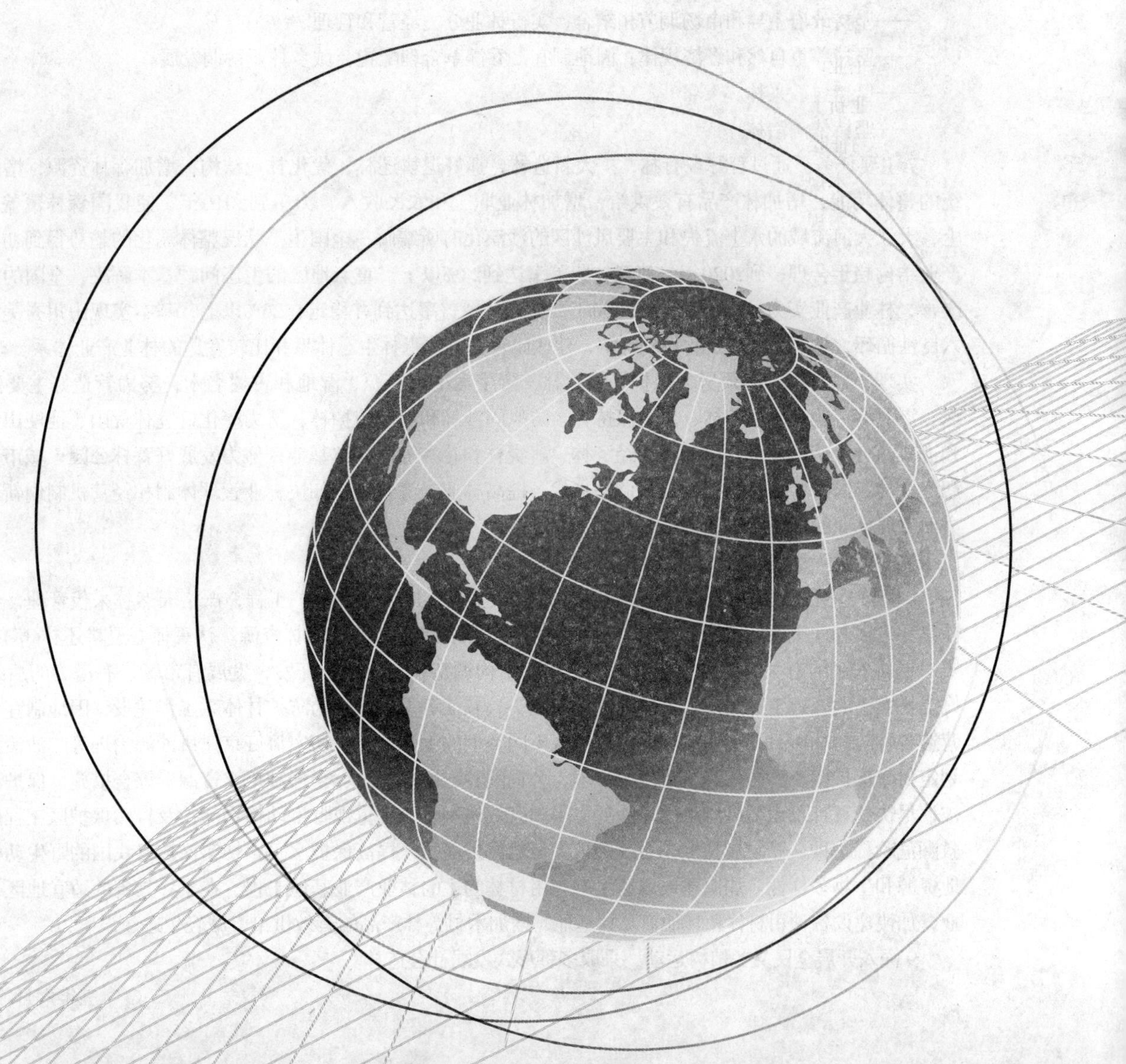

中共中央政策文件

中共中央、国务院关于加快林业发展的决定（节录）

二、加快林业发展的指导思想、基本方针和主要任务

5.指导思想。以邓小平理论和“三个代表”重要思想为指导，深入贯彻十六大精神，确立以生态建设为主的林业可持续发展道路，建立以森林植被为主体、林草结合的国土生态安全体系，建设山川秀美的生态文明社会，大力保护、培育和合理利用森林资源，实现林业跨越式发展，使林业更好地为国民经济和社会发展服务。

6.基本方针。

——坚持全国动员，全民动手，全社会办林业。

——坚持生态效益、经济效益和社会效益相统一，生态效益优先。

——坚持严格保护、积极发展、科学经营、持续利用森林资源。

——坚持政府主导和市场调节相结合，实行林业分类经营和管理。

——坚持尊重自然和经济规律，因地制宜，乔灌草合理配置，城乡林业协调发展。

——坚持科教兴林。

——坚持依法治林。

7.主要任务。通过管好现有林，扩大新造林，抓好退耕还林，优化林业结构，增加森林资源，增强森林生态系统的整体功能，增加林产品有效供给，增加林业职工和农民收入。力争到2010年，使我国森林覆盖率达到19%以上，大江大河流域的水土流失和主要风沙区的沙漠化有所缓解，全国生态状况整体恶化的趋势得到初步遏制，林业产业结构趋于合理；到2020年，使森林覆盖率达到23%以上，重点地区的生态问题基本解决，全国的生态状况明显改善，林业产业实力显著增强；到2050年，使森林覆盖率达到并稳定在26%以上，基本实现山川秀美，生态状况步入良性循环，林产品供需矛盾得到缓解，建成比较完备的森林生态体系和比较发达的林业产业体系。

实现上述目标，必须努力保护好天然林、野生动植物资源、湿地和古树名木；努力营造好主要流域、沙地边缘、沿海地带的水源涵养林、水土保持林、防风固沙林和堤岸防护林；努力绿化好宜林荒山、地埂田头、城乡周围和道渠两旁；努力建设好用材林、经济林、薪炭林和花卉等商品林基地；努力发展好森林公园、城市森林和其他游憩性森林。同时，要加快林业结构调整步伐，提高林业经济效益；加快林业管理体制和经营机制创新，调动社会各方面发展林业的积极性。

三、抓好重点工程，推动生态建设

8.坚持不懈地搞好林业重点工程建设。要加大力度实施天然林保护工程，严格天然林采伐管理，进一步保护、恢复和发展长江上游、黄河上中游地区和东北、内蒙古等地区的天然林资源。认真抓好退耕还林(草)工程，切实落实对退耕农民的有关补偿政策，鼓励结合农业结构调整和特色产业开发，发展有市场、有潜力的后续产业，解决好退耕农民的长远生计问题。继续推进“三北”、长江等重点地区的防护林体系工程建设，因地制宜、因害设防，营造各种防护林体系，集中治理好这些地区不同类型的生态灾害。切实搞好京津风沙源治理等防沙治沙工程，通过划定封禁保护区、种树种草、小流域治理、舍饲圈养、生态移民、合理利用水资源等综合措施，保护和增加林草植被，尽快使首都及主要风沙区的风沙危害得到有效遏制。高度重视野生动植物保护及自然保护区工程建设，抓紧抢救濒危珍稀物种，修复典型生态系统，扩大自然保护面积，提高保护水平，切实保护好我国的野生动植物资源、湿地资源和生物多样性。加快建设以速生丰产用材林为主的林业产业基地工程，在条件具备的适宜地区，发展集约林业，加快建设各种用材林和其他商品林基地，增加木材等林产品的有效供给，减轻生态建设压力。

9.深入开展全民义务植树运动，采取多种形式发展社会造林。

二〇〇三年六月二十五日

全国人大政策文件

关于大气污染防治工作进展情况的调研报告

根据全国人大常委会2009年监督工作计划，4月份召开的十一届全国人大常委会第八次会议将听取和审议国务院关于大气污染防治工作情况的报告。为配合此项工作，全国人大环资委成立了由蒲海清副主任委员为组长，汪纪戎、倪岳峰副主任委员为副组长，汪光焘主任委员、包瑞玲、许健民、张兴凯、张洪飚、孟伟、顾逸东、蒋庄德等委员参加的调研组。全国人大常委会对调研工作非常重视，陈至立副委员长亲自参加了广东调研，实地考察了广州、佛山和珠海的有关工业企业大气污染防治、机动车污染防治和环境监测站建设等情况，并对加强大气污染防治工作提出了重要意见。为做好议案办理工作，我委还邀请提出有关议案的全国人大代表参加了调研。今年2月至3月，调研组分4个小组，先后赴上海、福建、贵州、重庆、广东、山西和陕西7省（市）进行了深入调研，并对北京市有关情况进行了解。赴地方调研前，调研组听取了国务院有关部门的汇报，并请各省（区、市）人大环资委协助提供了相关材料。调研结束后，全国人大环资委召开了全委会，听取了环境保护部代国务院拟的报告稿，并提出了相关意见。现将调研情况报告如下。

一、大气污染防治工作取得积极进展

国务院对大气污染防治工作高度重视，将“十一五”期间实现全国二氧化硫排放总量削减10%列为国民经济和社会发展“十一五”规划纲要的约束性指标。近年来，围绕落实污染减排目标，国务院有关部门和地方认真贯彻落实《大气污染防治法》、《环境影响评价法》等大气污染防治相关法律，从经济结构、产业结构调整入手，采取了一系列政策措施，加大治理力度，在应对国际金融危机同时注意到大气污染防治，取得了积极进展，主要表现在以下方面。

（一）全国大气环境质量状况基本稳定并部分好转

大气主要污染物浓度逐年下降。2008年全国二氧化硫排放总量比2005年减少8.95%，污染减排取得重要进展。2008年全国城市空气中二氧化硫、可吸入颗粒物和二氧化氮年均浓度较2005年分别下降了16.7%、14.9%和3.7%。酸雨发生面积和影响范围没有明显变化。

多数城市空气质量有所好转。2008年，全国监测的519个城市中，城市空气质量达到二级标准的城市从2005年的60.3%增加到76.8%，劣于三级的比例从10.6%下降到1.4%。全国113个环保重点城市空气优良天数比例持续增加，平均达到90.5%，较2005年增加5.8个百分点，提前完成了环保重点城市“十一五”规划目标。

重点地区大气污染治理成效显著。近年来，北京、山西等大气污染治理的重点地区空气质量明显改善。北京市为确保奥运空气质量，共实施了14个阶段200多项大气污染防治措施。奥运期间，北京市和周边地区共同实施区域联防机制，确保了奥运期间空气质量全面达标。山西省2005年大气环境质量在全国倒数第一，大气污染问题受到广泛关注。近几年，山西省采取一系列有力措施，大气环境质量明显改善。全省二氧化硫排放量从2006年起连续三年持续下降，到2008年已完成“十一五”二氧化硫减排任务的97.8%，减排进度和减排量均在全国名列前茅。

（二）工业大气污染防治取得积极进展

重点行业减排效果明显。通过实施脱硫电价政策，火电厂脱硫工程取得积极效果。2008年底，全国投运的火电脱硫设施已达3.63亿千瓦，占全部火电机组的60.4%，形成脱硫能力约1000万吨/年。各地严把环境准入关，加快淘汰落后产能。近三年来，全国累计关停小火电3420万千瓦，占“十一五”关停目标的68.4%，每年节约燃煤4300万吨，减少二氧化硫排放73万吨，减少二氧化碳排放6900万吨。

清洁生产稳步推进。上海市把清洁生产作为促进产业发展方式转变的重要措施。通过三轮“环保三年行动计划”的实施，清洁生产已从工业系统扩大到所有产业领域。广东、福建等地都对污染严重企业开展了清洁生产强制审核。全国近9000家企业实施了清洁生产方案，削减污染物10%以上。

能源利用效率进一步提高。近三年来，单位国内生产总值能耗共下降10.08%，相当于累计节约和少用能源约2.9亿吨标准煤，减少二氧化硫排放329万吨。钢铁企业焦炉、高炉和转炉煤气的回收利用率提高到97.8%、93.5%和90.98%。

（三）城市大气环境综合整治成效明显

城市集中供热基础设施建设加快。近年来，各地加大取缔和改造燃煤锅炉力度，实施热电联产、集中供热等措施，污染排放得到大幅削减。陕西省拆除燃煤锅炉3000多台，实施“气化陕西”工程，2008年10个设市城市空气优良天数平均达到321天，比2005年提高60天。2008年，全国集中供热面积达到30亿平方米，为改善城市大气质量发挥积极作用。

清洁能源使用量逐步提高。2008年全国水电、核电和风电等清洁能源使用量较2005年增长37.2%，天然气用量增长61.4%，相当于减排二氧化硫240万吨。大中城市普遍推行清洁燃料代替燃煤。北京市从1998年到2008年的10年间，对9.4万住户实施“煤改电”，较好地解决了低空污染问题。重庆市投资40亿元对燃煤锅炉、工业炉窑等用天然气代替燃煤，年减少燃煤200万吨，削减二氧化硫排放量11万吨、可吸入颗粒物5.7万吨、氮氧化物1万吨。通过推广清洁燃料，优化了居民用能结构，减少了对大气的污染。

建筑扬尘污染有效抑制。建筑工地扬尘是城市颗粒物污染的来源之一。西安等地通过绿化覆盖、地面硬化、加强管理等措施，有效控制了城市扬尘的产生和排放。上海市建立了扬尘污染监测网络和信息系统，划定了728平方公里的扬尘控制创建区，全市区域降尘量平均下降了20%。2008年，城市绿化覆盖率达到36%，有效抑制了城市扬尘污染。

（四）机动车污染控制得到加强

环保标准不断完善。国务院有关部门颁布和修订了20多项机动车排放标准，形成了较为完备的排放标准体系，有效遏制了新生产机动车污染排放。完善汽柴油车技术标准，制定乘用车燃料消耗标准，鼓励环保节能汽车发展，促进了汽车产业的技术升级。我国用3年时间实现了从国0向国1标准的过渡，现已开始实施国Ⅲ标准，北京等城市率先实施国Ⅳ标准。

机动车污染控制制度有效实施。全面实施新生产环保达标车型核准制度，加大对新车检测力度。部分城市实施了环保标志管理，加大淘汰高排放老旧车辆的力度。近三年来，上海市共报废更新公交车8000多辆。提高车用燃油品质，淘汰含铅汽油，部分城市全面供应使用国Ⅳ标准车用燃油。广州、贵阳、西安、重庆等城市对公交车进行了“燃油改气”工作。深圳市率先在国内建成使用机动车排气检测监控管理信息系统，对26家机动车安全性能检测站进行联网监控。

公共交通建设不断加快。全国大中城市普遍设立公交专用线，公共交通体系不断完善。北京、上海、重庆、广州等城市将发展地铁和轻轨建设作为“十一五”城市交通发展的重点，有效缓解了交通拥堵，减少了机动车污染排放。2008年，上海市轨道交通运营线路长度达264.3公里，日均客运量达308万人次，比上年增长38.2%，公交专用道达86.2公里。

（五）大气污染防治相关法律法规逐步健全

大气污染相关法律逐步健全。近年来，全国人大常委会根据经济社会发展情况，加快制定或修订了《大气污染防治法》、《清洁生产促进法》、《环境影响评价法》、《可再生能源法》、《节约能源法》、《循环经济促进法》等与大气污染防治相关的各项法律，为减少和控制产生污染物提供了有力的支持。不少地方完善了配套法规建设，浙江、天津、深圳等省市都出台了大气污染防治条例，增强了法律针对性和可操作性。

配套法规、规章和标准不断完善。国务院颁布了《排污费征收使用管理条例》等法规。国务院有关部门制定了《燃煤二氧化硫排放污染防治技术政策》、《汽车排气污染监督管理办法》等规章，出台了《环境空气质量标准》、《大气污染物综合排放标准》、《车用汽油有害物质控制标准》，制定了《火电厂大气污染物排放标准》等重点行业大气污染排放标准，污染物排放标准体系逐步建立。广东、上海、山东等地还制定并实施了严于国家标准的地方污染排放标准，加大了大气污染治理力度。

二、存在的主要问题

我国长期以煤为主的能源结构造成了大气污染防治工作的难度加大，历史欠账增多，加之长期形成的粗放式增长方式没有得到根本转变，随着经济快速发展，一次能源消费量增长迅速，产生大量新增污染物排放，同时，产业结构调整缓慢进一步加大了大气主要污染物削减难度，致使二氧化硫、氮氧化物、烟尘和粉尘等煤烟型污染物排放量居高不下，成为产生大气污染问题的主要因素。近年来，随着城市化和工业化的加速发展，细颗粒物、臭氧、挥发性有机物等新污染物危害日益凸现，可吸入颗粒物已经成为城市空气最主要的污染物。当前，新老污染交错，大气污染防治工作面临的情况极为复杂，任务极其艰巨。

（一）大气主要污染物治理仍然任重道远

以煤为主的能源结构对大气环境质量改善造成巨大压力。燃煤是我国大气环境中二氧化硫、氮氧化物、烟尘和粉尘等污染物的主要来源。“十五”以来，我国煤炭消费量从15.2亿吨增加到27.4亿吨，增长80.3%，平均每年增长2.1亿吨。偏重的工业结构加大了大气污染物削减难度。2008年我国重工业增长13.2%，6大高耗能行业增加值同比增长10.0%。虽然全国前三年已经完成“十一五”二氧化硫减排任务的89.5%，但各地任务的完成情况进度不一，有些地方任务完成尚未过半。目前，在全国现役燃煤机组脱硫设施投运比例已经过半的情况下，“十二五”期间进一步减排二氧化硫的难度增大。氮氧化物对大气环境质量的影响逐渐增加，控制氮氧化物的要求日益迫切。

（二）大气污染的区域型、复合型特征加重

区域大气污染出现恶化趋势。城市能源大量消费造成多种污染物高强度集中排放。城市集群现象加剧了污染物在不同城市间扩散，导致污染区域逐步扩大。据环保部门分析，通过气流输送进北京市的污染负荷占总负荷的30%。当前，酸雨、臭氧污染和细颗粒污染突出表现为区域性大气污染。据气象观测显示，近年来我国长三角和京津冀地区的区域性光化学污染严重，珠三角地区灰霾天气日趋严重。2008年，珠三角地区平均灰霾天气在100天以上。在这种情况下，仅从行政区划的角度考虑单个城市大气污染的防控措施，不仅治理成本高，而且难以有效地降低污染程度，区域联防联控的管理机制亟待建立。

空气质量评价体系已不适应发展需要。我国采用空气污染指数表征城市空气污染程度和空气质量状况，现行对城市空气质量评价仅用二氧化硫、二氧化氮和可吸入颗粒物三项指标。在《环境空气质量标准》确定的衡量空气质量标准的9种污染物中，只有少数城市开展了一氧化碳、臭氧等污染物监测，其他污染物仅进行选择性监测。目前，我国大气污染已经从煤烟型污染演变为煤烟型和氧化型复合污染。PM2.5、臭氧、挥发性有机物等污染物相互耦合，经过二次反应后形成高浓度细粒子污染，造成空气能见度降低、地面臭氧浓度升高、大气氧化性增强，已成为产生灰霾、光化学烟雾的主要原因。由于对大气环境质量影响较大的PM2.5等部分污染物未纳入评价体系，造成环境部门公布的空气质量数据不能客观反映大气环境质量状况，所公布的空气质量等级往往又与公众的感受有较大差距。

（三）机动车污染对城市大气环境质量影响日益突出

机动车尾气排放量增长迅速。从2003年到2008年，我国汽车保有量从2421万辆增加到6467万辆，增长了1.6倍。据统计，2008年，机动车尾气排放成为大城市空气污染的重要来源，氮氧化物排放量占总量的50%，一氧化碳占85%。近年来，机动车销量增长迅速，2008年汽车产量达到934万辆，但1.3升以下排量汽车份额仅占25%左右。机动车尾气排放的氮氧化物和挥发性有机气体形成的光化学烟雾日益严重。在煤烟型污染得到初步控制的情况下，机动车污染对城市大气环境的影响更加突出。

机动车污染防治缺乏统筹协调。机动车污染防治包括在用车检测、车用燃油及添加剂管理、车辆报废与回收等多个环节。由于缺乏有效地协调机制，管理部门间职责交叉、权责脱节，尚未形成综合管理的合力，影响了机动车污染控制的效果。由于检测技术落后、成本高等原因，法律关于环保部门对在机动车停放地进行环保检查的规定、超标车辆不得上路行驶的制度、年检制度等在实施中未能达到预期效果。

（四）农村地区大气污染问题显现

乡镇工业污染问题尚未得到有效控制。长期以来，我国农村空气质量总体好于城市地区，但乡镇企业点多面广，企业集约化程度低，污染治理水平相对落后，污染排放量较大。随着城市区域环境综合整治工作的推进，一些

焦化、冶金、建材等污染企业不断向农村和经济落后地区迁移，造成污染也随之转移。由于基层环保部门监测能力严重不足，对污染源的监督不够，一些乡镇工业排放有味、有害气体，严重影响周围农民生产生活，由此引起的投诉明显增多。

夏秋两季大量农作物秸秆焚烧对周边大气环境也造成严重影响，不少地方为禁止秸秆焚烧采取严防死守措施，消耗大量的人力、物力和财力。

三、 加强大气污染防治工作的建议

大气污染防治工作党中央重视、群众关心、国际关注。大气污染不仅影响广大人民群众的身体健康，也制约经济和社会的可持续发展。解决大气污染问题，必须努力实践科学发展观，坚持政府负责、政策引导，突出重点、防治并重，依法推动大气环境质量全面改善。

（一）进一步提高对大气污染防治工作重要性的认识

大气环境状况是影响环境质量、关系国计民生的重要问题。随着工业化、城镇化的快速推进，能源资源和环境状况对经济社会发展愈益构成严重制约。近年来，环境问题已经成为社会各方面关注和群众反映强烈的问题。大气污染产生的酸雨、粉尘、光化学烟雾等直接影响了人民群众的正常生产生活，一些地方发生的污染事件严重损害群众利益，酸雨污染水体影响了生态环境改善。同时，大气流动性强的特性使大气污染问题成为重要的区域性环境问题，也引起国际社会的关注。可以说，大气污染问题直接关系到人民群众身体健康和生活改善，关系到经济社会可持续发展，也关系到我国的国际影响和对外交往。因此，必须充分认识大气污染防治工作的重要性，深入贯彻落实科学发展观，坚持以人为本、维护群众利益，把解决大气污染问题作为检验政府执政能力的重要内容，切实抓紧抓好。

（二）切实加强宏观调控改善大气环境质量

严格环境准入制度。加大产业结构调整力度，把环境影响评价制度作为从源头防治大气污染的根本措施，大力推进规划环评工作。严格项目审批，严防落后产能转移，严禁高耗能、高排放和产能过剩行业盲目投资和重复建设。加强国土规划，按照形成主体功能区的要求，确定发展方向。新建项目必须符合国家规定的准入条件和排放标准，对已无环境容量的区域禁止新建增加污染排放量的项目。

加强产业政策引导。建议国家通过产业政策，引导地方政府和企业从重视经济增长速度转变为重视经济发展质量，在重视GDP增长的同时更加重视环境保护。建议国家从长远战略考虑，出台支持小排量、低污染汽车生产和销售的导向性政策，提高小排量汽车市场份额。解决燃油清净剂强制添加政策与自愿选择政策不一致的问题。大力推进洁净煤技术的运用，提高原煤洗选比例。

重视经济政策支持。建议国务院有关部门加快完善落后产能退出的补偿政策，引导加快淘汰落后产能。尽快落实国家2007年提出的关于提高二氧化硫排污费征收标准的政策。研究制定氮氧化物污染防治经济政策。

注重调整农村能源结构。近年来国务院有关部门对农村能源结构调整取得积极进展，但距离满足需要还有差距。建议国家在总结经验的基础上，进一步加强指导，加大对农村沼气建设的投入力度，解决农村能源紧缺的问题，减少农村生产和生活用煤带来的污染排放。

强化企业和公众环保责任。做好大气污染防治工作不仅要落实地方政府的减排责任，也要强化企业和公众的环保责任，明确企业减排的主体地位。既要鼓励企业依法治污，又要加大对违法行为的惩罚力度。要加强宣传教育，提高公众环保意识，倡导公众选择简约的生活方式，引导绿色生产和消费。

（三）采取综合措施推进大气污染防治工作

全面落实与大气污染防治相关的各项法律。近年来，涉及大气污染防治的法律陆续出台或修改，为大气污染防治工作提供了重要的法律依据。当前，要把《大气污染防治法》的各项措施落实到位。同时，要进一步落实《环境影响评价法》、《节约能源法》、《可再生能源法》和《循环经济促进法》等相关法律，从源头控制污染，促进能源的节约使用和新能源的开发利用。进一步加大执法力度，加强对法律实施情况的监督检查。

积极发展清洁能源。加快对太阳能、风能、水能、生物质能、煤层气等能源的开发利用，并要与群众生活紧密结合。要重视核电的开发利用，建议国务院有关部门加大资金投入力度，加快建设进度，加强对核心技术的科研工作和安全监管，确保核电科学、健康、安全发展。推动研究建立低碳经济试点。

加快推进循环经济。加快建立健全有利于循环经济发展的经济政策体系、技术创新支撑体系、循环经济评价指标体系等，推动循环经济发展。推动关键技术创新，提高能源利用效率。组织实施清洁生产重点工艺技术示范工程，对重点行业和企业推行强制性清洁生产审核。

（四）加强大气污染防治的基础建设

研究建立科学合理的大气环境指标体系。现在大气环境质量评价体系是1982年针对煤烟型污染建立的，虽然1996年进行了调整，但已不适应当前发展阶段，不能客观反映污染特征与群众感受。建议国务院有关部门尽快修改完善环境空气质量标准评价体系。研究建立适应区域污染特征的区域大气环境质量评价体系，增加臭氧、一氧化碳、PM2.5、能见度等监测指标。进一步完善大气污染物排放标准，并随着污染治理技术进步提高排放标准。鼓励地方根据实际制定严于国家排放标准的地方标准。健全有毒有害污染物的排放标准体系，有效控制有毒有害污染物排放。尽快启动氮氧化物污染防治工作，修订火电厂大气污染排放标准，严格氮氧化物控制要求，加快推动氮氧化物控制技术设备的国产化。

切实加强大气环境监测能力建设。建议进一步加大对大气环境监测技术装备的投入力度，建立污染源监督性监测运行费用保障制度。统筹城乡环境监测工作，加快基层环境监测体系建设，重视对农村环境监测能力建设。建议国务院有关部门加强环境监测质量管理，确保监测数据的科学性、规范性和公信力。增加市、县大气环境质量自动监测站点数量，科学合理布局大气环境质量监测站点，确保监测数据真实、准确反映城市环境质量现状。加强对排放有毒有害气体污染源的监督性监测，完善重点污染源在线监测制度，尽快形成大气环境监测网络，确保监测数据全面反映污染排放情况和变化趋势。

（五）进一步完善大气污染防治法律法规

要及早落实大气污染防治法的修订计划。进一步完善总量控制制度，明确各级政府在大气污染物排放总量控制工作中的职责和分工。建立健全排污许可证制度，明确将排污许可证作为企业准入的重要条件，禁止无证排污或不按规定排污。进一步理顺环保与公安、交通管理和质检等机动车管理相关部门的关系，在法律中明确各部门职责分工，形成合力。加快出台高排放车辆污染治理的法律措施。建立区域污染联防联控机制，构建区域空气污染综合防治体系，预防和控制区域性大气环境污染。加强气象部门与环保部门的监测网络的数据共享和会商。进一步细化对重大环境污染事故刑事犯罪构成特征和认定的方式方法。增强处罚力度，提高处罚额度，对造成严重污染的直接责任人追究法律责任，增强法律威慑力。

全国人民代表大会环境与资源保护委员会

二〇〇九年四月二十二日

全国人大常委会关于积极应对气候变化的决议草案的议案

全国人民代表大会常务委员会：

气候变化事关我国可持续发展，事关我国广大人民群众切身利益，事关我国发展的国际环境。积极应对气候变化，既是顺应当今世界发展趋势的客观要求，也是我国实现可持续发展的内在需要和历史机遇。按照第二十六次委员长会议决定精神，全国人民代表大会环境与资源保护委员会在办理全国人大代表有关议案的基础上，经进一步研究论证，认真听取和吸收有关方面意见，提出了《全国人民代表大会常务委员会关于积极应对气候变化的决议（草案）》。

草案已经十一届全国人民代表大会环境与资源保护委员会第十四次全体会议通过，现提请全国人民代表大会常务委员会审议。

全国人民代表大会环境与资源保护委员会

二〇〇九年八月十日

附件：

全国人民代表大会常务委员会关于积极应对气候变化的决议

（2009年8月27日第十一届全国人民代表大会常务委员会第十次会议通过）

第十一届全国人民代表大会常务委员会第十次会议听取和审议了国务院《关于应对气候变化工作情况的报告》。会议充分肯定国务院在应对气候变化方面作出的不懈努力和取得的显著成效，同意报告提出的今后工作安排。

会议认为，工业革命以来，人类活动特别是发达国家工业化过程中的经济活动是造成气候变化的主要人为因素。气候变化是环境问题，但归根到底是发展问题。我国正处于工业化的中期阶段、全面建设小康社会的关键时期，必须按照党的十七大提出的“把建设资源节约型、环境友好型社会放在工业化、现代化发展战略的突出位置”和“加强应对气候变化能力建设，为保护全球气候作出新贡献”的要求，坚定不移地走可持续发展道路，从我国基本国情和发展的阶段性特征出发，采取有力的政策措施，积极应对气候变化。为此，特作决议如下。

一、应对气候变化是我国经济社会发展面临的重要机遇和挑战

积极应对气候变化，事关我国经济社会发展全局和人民群众切身利益，事关人类生存和各国发展。长期以来，我国十分重视应对气候变化工作。1992年6月我国政府签署了《联合国气候变化框架公约》，同年底全国人大常委会正式批准。全国人大常委会先后制定和修订了节约能源法、可再生能源法、循环经济促进法、清洁生产促进法、森林法、草原法等一系列与应对气候变化相关的法律。2006年全国人民代表大会批准的《中华人民共和国国民经济和社会发展第十一个五年规划纲要》，确定了节能减排的目标任务。我国政府制定了应对气候变化国家方案，明确了应对气候变化基本原则、具体目标、重点领域、政策措施和步骤，完善了应对气候变化工作机制，实施了一系列应对气候变化的行动，为保护全球气候作出了积极贡献。我国是一个发展中国家，人口众多、资源相对不足、生态环境脆弱，正处于工业化、现代化的过程中，既要通过发展满足人民群众的需要，维护其生存权、发展权，又要切实解决长期存在的经济结构不合理、发展方式粗放、资源利用率低等问题。积极应对气候变化，既是顺应当今世界发展趋势的客观要求，也是我国实现可持续发展的内在需要和历史机遇。必须以对中华民族和全人类长远发展高度负责的精神，进一步增强应对气候变化意识，根据自身能力做好应对气候变化工作，在新的内外环境和条件下促进我国经济社会又好又快发展。

二、应对气候变化必须深入贯彻落实科学发展观

应对气候变化涉及许多领域，是复杂的系统工程。必须深入贯彻落实科学发展观，坚持节约资源和保护环境的基本国策，以增强可持续发展能力为目标，以保障经济发展为核心，以科学技术进步为支撑，加快转变发展方式，努力控制温室气体排放，不断提高应对气候变化的能力，在新的更高起点上全面建设小康社会。坚持在可持续发展框架下，统筹国内与国际、当前与长远、经济社会发展与生态文明建设；坚持应对气候变化政策与其他相关政策相结合，协调推进各项建设；坚持减缓与适应并重，强化节能、提高能效和优化能源结构；坚持依靠科技进步和技术创新，增强控制温室气体排放和适应气候变化能力；坚持通过结构调整和产业升级促进节能减排，通过转变发展方式实现可持续发展。

三、采取切实措施积极应对气候变化

要强化节能减排，努力控制温室气体排放。大力推广节能技术和节能产品，改善能源生产和消费结构，鼓励和支持使用洁净煤技术，积极科学地发展水电、风电、太阳能、生物质能等可再生能源，推进核电建设。大力发展循环经济，淘汰落后产能和产品，不断提高资源综合利用效率。实施重点生态建设工程，增强碳汇能力。继续推进植树造林，积极发展碳汇林业，增强森林碳汇功能。采取保护性耕作、草原生态建设等措施，增加农田和草地碳汇。

要增强适应气候变化能力。加强对各类极端天气与气候事件的监测、预警、预报，科学防范和应对极端天气与气候灾害及其衍生灾害。加强农田基础设施建设，推进农业结构调整，提高农业综合生产能力。强化水资源管理，加大综合节水等技术的研发和推广力度。加强海洋和海岸带生态系统监测和保护，提高沿海地区抵御海洋灾害的能力。

要充分发挥科学技术的支撑和引领作用。加大宏观管理、政策引导、组织协调和投入力度，加强应对气候变化基础研究，增强科学判断能力。加快应对气候变化领域重大技术特别是节能和提高能效、洁净煤、可再生能源、核能及相关低碳等技术的研发和推广，探索发展碳捕获及其封存、利用技术，注重相关领域先进技术的引进、消化、吸收和再创新。

要立足国情发展绿色经济、低碳经济。这是促进节能减排、解决我国资源能源环境问题的内在要求，也是积极应对气候变化、创造我国未来发展新优势的重要举措。研究制定发展绿色经济、低碳经济的政策措施，加大绿色投资，倡导绿色消费，促进绿色增长。要紧紧抓住当今世界开始重视发展低碳经济的机遇，加快发展高碳能源低碳化利用和低碳产业，建设低碳型工业、建筑和交通体系，大力发展清洁能源汽车、轨道交通，创造以低碳排放为特征的新的经济增长点，促进经济发展模式向高能效、低能耗、低排放模式转型，为实现我国经济社会可持续发展提供新的不竭动力。

要把积极应对气候变化作为实现可持续发展战略的长期任务纳入国民经济和社会发展规划，明确目标、任务和要求。综合运用经济、科技、法律、行政等手段，全面加强应对气候变化能力建设。各级政府预算要做出相应安排，加大支持力度。不断完善产业政策、财税政策、信贷政策、投资政策，建立健全生态补偿机制，形成有利于积极应对气候变化的政策导向和体制机制。

四、加强应对气候变化的法治建设

要把加强应对气候变化的相关立法作为形成和完善中国特色社会主义法律体系的一项重要任务，纳入立法工作议程。适时修改完善与应对气候变化、环境保护相关的法律，及时出台配套法规，并根据实际情况制定新的法律法规，为应对气候变化提供更加有力的法制保障。按照积极应对气候变化的总体要求，严格执行节约能源法、可再生能源法、循环经济促进法、清洁生产促进法、森林法、草原法等相关法律法规，依法推进我国应对气候变化工作。要把应对气候变化方面的工作作为人大监督工作的重点之一，加强对有关法律实施情况的监督检查，保证法律法规的有效实施。

五、努力提高全社会应对气候变化的参与意识和能力

要进一步宣传普及保护资源环境、应对气候变化的科学知识和法律法规，充分介绍和展示我国在应对气候变化方面的措施和成效。加强对全社会尤其是青少年应对气候变化的教育，提高全民对气候变化问题的科学认识，增强企业、公众节约利用资源的自觉意识。坚持勤俭节约，倡导绿色低碳、健康文明的生活方式和消费方式，动员全社会广泛参与到应对气候变化的行动中，营造积极应对气候变化的良好社会氛围，推动整个社会走上生产发展、生活富裕、生态良好的文明发展道路。

六、积极参与应对气候变化领域的国际合作

气候变化问题是二十一世纪人类社会面临的严峻挑战之一，需要国际社会携手合作，共同应对。要坚持《联合国气候变化框架公约》以及《京都议定书》确定的应对气候变化基本框架，坚持“共同但有区别的责任”原则，坚持可持续发展原则。发达国家应当正视其历史累积排放的责任和当前高人均排放的现实，率先大幅度减少温室气体排放，切实兑现向发展中国家提供资金和技术转让的承诺。发展是第一要务，发展中国家在可持续发展框架下积极采取行动应对气候变化。积极开展政府、议会等多个层面和多种形式的国际合作，加强多边交流与协商，增进互信，扩大共识。坚决维护我国作为发展中国家的发展权益，坚决反对借气候变化实施任何形式的贸易保护。我国将继续建设性地参加气候变化国际会议和国际谈判，促进公约及其议定书的全面、有效和持续实施，为保护全球气候作出新贡献。

国务院政策文件

国务院关于加快发展循环经济的若干意见

国发[2005]22号

各省、自治区、直辖市人民政府，国务院各部委、各直属机构：

改革开放以来，我国在推动资源节约和综合利用，推行清洁生产方面，取得了积极成效。但是，传统的高消耗、高排放、低效率的粗放型增长方式仍未根本转变，资源利用率低，环境污染严重。同时，存在法规、政策不完善，体制、机制不健全，相关技术开发滞后等问题。本世纪头20年，我国将处于工业化和城镇化加速发展阶段，面临的资源和环境形势十分严峻。为抓住重要战略机遇期，实现全面建设小康社会的战略目标，必须大力发展循环经济，按照“减量化、再利用、资源化”原则，采取各种有效措施，以尽可能少的资源消耗和尽可能小的环境代价，取得最大的经济产出和最少的废物排放，实现经济、环境和社会效益相统一，建设资源节约型和环境友好型社会。为此，提出如下意见。

一、发展循环经济的指导思想、基本原则和主要目标

（一）指导思想。以邓小平理论和“三个代表”重要思想为指导，树立和落实科学发展观，以提高资源生产率和减少废物排放为目标，以技术创新和制度创新为动力，强化节约资源和保护环境意识，加强法制建设，完善政策措施，发挥市场机制作用，促进循环经济发展。

（二）基本原则。坚持走新型工业化道路，形成有利于节约资源、保护环境的生产方式和消费方式；坚持推进经济结构调整，加快技术进步，加强监督管理，提高资源利用效率，减少废物的产生和排放；坚持以企业为主体，政府调控、市场引导、公众参与相结合，形成有利于促进循环经济发展的政策体系和社会氛围。

（三）发展目标。力争到2010年建立比较完善的发展循环经济法律法规体系、政策支持体系、体制与技术创新体系和激励约束机制。资源利用效率大幅度提高，废物最终处置量明显减少，建成大批符合循环经济发展要求的典型企业。推进绿色消费，完善再生资源回收利用体系。建设一批符合循环经济发展要求的工业（农业）园区和资源节约型、环境友好型城市。

（四）主要指标。力争到2010年，我国消耗每吨能源、铁矿石、有色金属、非金属矿等十五种重要资源产出的GDP比2003年提高25%左右；每万元GDP能耗下降18%以上。农业灌溉水平均有效利用系数提高到0.5，每万元工业增加值取水量下降到120立方米。矿产资源总回收率和共伴生矿综合利用率分别提高5个百分点。工业固体废物综合利用率提高到60%以上；再生铜、铝、铅占产量的比重分别达到35%、25%、30%，主要再生资源回收利用量提高65%以上。工业固体废物堆存和处置量控制在4.5亿吨左右；城市生活垃圾增长率控制在5%左右。（注：上述有关指标将根据“十一五”规划作相应调整）

二、发展循环经济的重点工作和重点环节

（五）重点工作。一是大力推进节约降耗，在生产、建设、流通和消费各领域节约资源，减少自然资源的消耗。二是全面推行清洁生产，从源头减少废物的产生，实现由末端治理向污染预防和生产全过程控制转变。三是大力开展资源综合利用，最大程度实现废物资源化和再生资源回收利用。四是大力发展环保产业，注重开发减量化、再利用和资源化技术与装备，为资源高效利用、循环利用和减少废物排放提供技术保障。

（六）重点环节。一是资源开采环节要统筹规划矿产资源开发，推广先进适用的开采技术、工艺和设备，提

高采矿回采率、选矿和冶炼回收率，大力推进尾矿、废石综合利用，大力提高资源综合回收利用率。二是资源消耗环节要加强对冶金、有色、电力、煤炭、石化、化工、建材（筑）、轻工、纺织、农业等重点行业能源、原材料、水等资源消耗管理，努力降低消耗，提高资源利用率。三是废物产生环节要强化污染预防和全过程控制，推动不同行业合理延长产业链，加强对各类废物的循环利用，推进企业废物“零排放”；加快再生水利用设施建设以及城市垃圾、污泥减量化和资源化利用，降低废物最终处置量。四是再生资源产生环节要大力回收和循环利用各种废旧资源，支持废旧机电产品再制造；建立垃圾分类收集和分选系统，不断完善再生资源回收利用体系。五是消费环节要大力倡导有利于节约资源和保护环境的消费方式，鼓励使用能效标识产品、节能节水认证产品和环境标志产品、绿色标志食品和有机标志食品，减少过度包装和一次性用品的使用。政府机构要实行绿色采购。

三、加强对循环经济发展的宏观指导

（七）把发展循环经济作为编制有关规划的重要指导原则。各级政府及有关部门要用循环经济理念指导编制“十一五”规划和各类区域规划、城市总体规划，以及矿产资源可持续利用、节能、节水、资源综合利用等专项规划，对资源消耗、节约、循环利用、废物排放和环境状况作出分析，明确目标、重点和政策措施。

（八）建立循环经济评价指标体系和统计核算制度。发展改革委要会同统计局、环保总局等有关部门加快研究建立循环经济评价指标体系，逐步纳入国民经济和社会发展计划，并建立循环经济的统计核算制度。地方各级人民政府有关部门要积极开展循环经济的统计核算，加强对循环经济主要指标的分析。

（九）制定和实施循环经济推进计划。地方各级人民政府要组织发展改革（经贸）、环境保护等有关部门，根据本地区实际，制定和实施循环经济发展的推进计划。国务院有关部门要研究制定矿产资源集约利用、能源和水资源节约利用、清洁生产，以及重点行业、重点领域发展循环经济的推进计划。

（十）加快经济结构调整和优化区域布局。加强宏观调控，遏制盲目投资、低水平重复建设，限制高耗能、高耗水、高污染产业的发展。大力发展高技术产业，加快用高新技术和先进适用技术改造传统产业，淘汰落后工艺、技术和设备，实现传统产业升级；推进企业重组，提高产业集中度和规模效益；大力发展集约化农业。发展改革委要抓紧制定《产业结构调整暂行规定》、《产业结构调整指导目录》以及加快服务业发展的指导意见，推进产业结构优化升级。同时，要根据资源环境条件和区域特点，用循环经济的发展理念指导区域发展、产业转型和老工业基地改造。开发区和重化工业集中地区，要按照循环经济要求进行规划、建设和改造，对进入的企业要提出土地、能源、水资源利用及废物排放综合控制要求，围绕核心资源发展相关产业，发挥产业集聚和工业生态效应，形成资源高效循环利用的产业链，提高资源产出效率。

四、加快循环经济技术开发和标准体系建设

（十一）加快循环经济技术开发。国务院有关部门和地方各级人民政府有关部门要加大科技投入，支持循环经济共性和关键技术的研究开发。积极引进和消化、吸收国外先进的循环经济技术，组织开发共伴生矿产资源和尾矿综合利用技术、能源节约和替代技术、能量梯级利用技术、废物综合利用技术、循环经济发展中延长产业链和相关产业链接技术、“零排放”技术、有毒有害原材料替代技术、可回收利用材料和回收处理技术、绿色再制造技术以及新能源和可再生能源开发利用技术等，提高循环经济技术支撑能力和创新能力。

（十二）抓紧制定循环经济技术政策。发展改革委要会同科技、环保等有关部门研究制定发展循环经济的技术政策、技术导向目录，以及国家鼓励发展的节能、节水、环保装备目录。支持引进国外发展循环经济的核心技术，加快新技术、新工艺、新设备的推广应用。

（十三）建立循环经济技术咨询服务体系。各地区、各部门要积极支持建立循环经济信息系统和技术咨询服务体系，及时向社会发布有关循环经济技术、管理和政策等方面的信息，开展信息咨询、技术推广、宣传培训等。充分发挥行业协会、节能技术服务中心、清洁生产中心等中介机构和科研单位、大专院校的作用。

（十四）制定和完善促进循环经济的标准体系。要加快制定高耗能、高耗水及高污染行业市场准入标准和合格评定制度，制定重点行业清洁生产评价指标体系和涉及循环经济的有关污染控制标准。加强节能、节水等资源节约标准化工作，完善主要用能设备及建筑能效标准、重点用水行业取水定额标准和主要耗能（水）行业节能（水）设计规范。建立和完善强制性产品能效标识、再利用品标识、节能建筑标识和环境标志制度，开展节能、节水、环保

产品认证以及环境管理体系认证。

五、建立和完善促进循环经济发展的政策机制

（十五）加大对循环经济投资的支持力度。各级投资主管部门在制定和实施投资计划时，要加大对发展循环经济的支持。对发展循环经济的重大项目和技术开发、产业化示范项目，政府要给予直接投资或资金补助、贷款贴息等支持，并发挥政府投资对社会投资的引导作用。各类金融机构应对促进循环经济发展的重点项目给予金融支持。

（十六）利用价格杠杆促进循环经济发展。调整资源性产品与最终产品的比价关系，理顺自然资源价格，逐步建立能够反映资源性产品供求关系的价格机制。发展改革委要积极调整水、热、电、天然气等价格政策，促进资源的合理开发、节约使用、高效利用和有效保护。逐步提高水利工程供水价格；完善农业水费计收办法；调整城市供水价格，合理确定再生水价格，大力推进阶梯式水价、超计划、超定额用水加价制度。扩大峰谷电价和丰枯电价执行范围，拉大差价，在有条件的地区加快实行尖峰电价和季节电价；对高耗能行业中淘汰类、限制类项目，严格执行按国家产业政策制定的差别电价政策。加大供热体制和供热价格改革力度，逐步建立基本热价和计量热价共同构成的热价形成机制，实行差别热价和煤热联动政策。逐步理顺天然气与其他产品的比价关系，建立天然气价格与可替代能源价格挂钩的机制。地方各级人民政府价格主管部门要研究制定并落实各项促进循环经济发展的价格政策。

（十七）制定支持循环经济发展的财税和收费政策。财政部门要积极安排资金，支持发展循环经济的政策研究、技术推广、示范试点、宣传培训等，并会同有关部门积极落实清洁生产专项资金。各级财政和环保部门要安排排污资金，加大对企业符合循环经济要求的污染防治项目的投入力度。有关部门要加快研究建立促进节能、节水产品和节能环保型汽车、节能省地型建筑推广的鼓励政策。继续完善资源综合利用的税收优惠政策，调整和完善有利于促进再生资源回收利用的税收政策，加快建立大宗废旧资源回收处理收费制度。适时出台燃油税，完善消费税制。积极研究以资源量为基础的矿产资源补偿费征收办法，进一步扩大水资源费征收范围并适当提高征收标准，优先提高城市污水处理费征收标准，全面开征城市生活垃圾处理费。研究完善限制国内紧缺资源及高耗能产品出口的政策。在理顺现有收费和资金来源渠道的基础上，积极探索建立和完善企业生态环境恢复补偿机制。政府采购目录要优先考虑节能、节水和环保认证产品。

六、坚持依法推进循环经济发展

（十八）加强法规体系建设。要结合我国国情，加快研究建立和健全循环经济的法律法规体系。当前要抓紧制定节能、节水、资源综合利用等促进资源有效利用以及废旧家电、电子产品、废旧轮胎、建筑废物、包装废物、农业废物等资源化利用的法规和规章。研究建立生产者责任延伸制度，明确生产商、销售商、回收和使用单位以及消费者对废物回收、处理和再利用的法律义务。

（十九）加大依法监督管理的力度。各地区、各部门要认真贯彻落实《中华人民共和国节约能源法》、《中华人民共和国可再生能源法》、《中华人民共和国清洁生产促进法》、《中华人民共和国固体废物污染环境防治法》和《中华人民共和国环境影响评价法》等有关法律法规。依法加强对矿产资源集约利用、节能、节水、资源综合利用、再生资源回收利用的监督管理工作，引导企业树立经济与资源、环境协调发展的意识，建立健全资源节约管理制度。各级环境保护部门要将发展循环经济与环境保护工作紧密结合，严格执行环境影响评价和"三同时"制度，逐步实行排污许可证制度；严格控制污染物排放总量，加强对企业废物排放和处置的监督管理，降低排放强度；鼓励有条件的企业在自愿的基础上，开展环境管理体系认证。

（二十）依法推行清洁生产。认真实施《中华人民共和国清洁生产促进法》，加快企业清洁生产审核，积极实施清洁生产审核方案。对污染物排放超过国家和地方规定的标准或者总量控制指标的企业，以及使用有毒、有害原料进行生产或者在生产中排放有毒、有害物质的企业，要依法强制实施清洁生产审核，监督实施清洁生产方案。发展改革委、环保总局要在全国范围内组织开展创建清洁生产先进企业、环境友好企业活动，引导企业加快实施清洁生产。

七、加强对发展循环经济工作的组织和领导

（二十一）加强组织领导。各地区、各部门要从战略和全局的高度，充分认识发展循环经济的重大意义，增强紧迫性和责任感，结合本地区、本部门实际，抓紧制定具体的实施方案，采取切实有效措施，加快推进循环经济

发展。发展改革委牵头，会同环保总局等有关部门建立健全推进循环经济发展的协调工作机制，做好组织协调和指导推动工作，及时解决推进循环经济发展中遇到的重大问题。有关部门要在各自的职责范围内积极落实各项政策措施，加快推动循环经济发展。地方各级人民政府要确定一位领导同志负责循环经济发展工作，明确有关部门的职责分工，做到层层有责任、逐级抓落实。

（二十二）开展循环经济示范试点。发展改革委要会同环保总局等有关部门和省级人民政府，在重点行业、重点领域、产业园区和城市组织开展循环经济试点工作，探索发展循环经济的有效模式。通过试点，提出发展循环经济的重大技术和项目领域，进一步完善促进再生资源循环利用、降低污染排放强度的政策措施，提出按循环经济模式规划、建设、改造工业园区以及建设资源节约型、环境友好型城市的思路，树立一批先进典型，为加快发展循环经济提供示范。

（二十三）加强宣传教育和培训。各地区、各部门要动员社会各方面力量，大力开展形式多样的节约资源和保护环境的宣传活动，提高全社会对发展循环经济重大意义的认识，把节约资源、保护环境变成全体公民的自觉行为。要将树立资源节约和环境保护意识的相关内容编入教材，在中小学中开展国情教育、节约资源和保护环境的教育。要组织开展相关管理和技术人员的知识培训，增强意识，掌握相关知识和技能。编写消费行为导则和资源节约公约，引导合理消费，规范消费行为，开展多种形式的实践活动，逐步形成节约资源、保护环境的消费方式。

发展改革委要会同环保总局等有关部门，对各地推进循环经济发展的情况进行监督检查，重要情况要及时向国务院报告。

国务院

二○○五年七月二日

国务院办公厅转发发展改革委等部门关于鼓励发展节能环保型小排量汽车意见的通知

国办发〔2005〕61号

各省、自治区、直辖市人民政府，国务院各部委、各直属机构：

发展改革委、建设部、公安部、财政部、监察部、环保总局《关于鼓励发展节能环保型小排量汽车的意见》已经国务院同意，现转发给你们，请认真贯彻执行。

国务院办公厅

二○○五年十二月二十五日

附：

关于鼓励发展节能环保型小排量汽车的意见

发展改革委　建设部　公安部

财政部　监察部　环保总局

近年来，随着汽车工业科技水平的不断提高，节能环保型小排量汽车在安全性、动力性和外观等方面都有了很大改善，同时其燃油消耗少、尾气排放低、外形尺寸小、道路和车位占用面积少等优点也日益突出。但在发展节能环保型小排量汽车方面，我国目前缺乏应有的鼓励支持政策，一部分地区还制定出台了一些限制性规定。为贯彻落实《国务院关于做好建设节约型社会近期重点工作的通知》（国发〔2005〕21号）精神，现就鼓励发展节能环保型小排量汽车提出以下意见：

一、充分认识发展节能环保型小排量汽车的重要性

目前，节能环保型小排量汽车已成为汽车发展的主流和消费者关注的热点。美国、日本、欧洲等发达国家和地区节能环保型小排量汽车比例已占70%以上。我国节能环保型小排量汽车正日益受到消费者的喜爱，增长迅速，但比例仍然偏低。积极发展节能环保型小排量汽车，符合我国能源供给实际和大众消费水平，是建设节约型社会的重要措施，不仅有利于缓解能源紧张状况，保护环境，而且有利于培育我国汽车工业自主品牌，提高国际竞争力，对于促进汽车产业可持续发展，落实国家能源发展战略，加快建设资源节约型、环境友好型社会，具有重要意义。各地区、各部门要把鼓励节能环保型小排量汽车发展作为一项重要工作，积极采取有效措施，切实抓紧抓好。

二、制定鼓励节能环保型小排量汽车发展的产业政策

要按照国家《产业结构调整指导目录》，积极鼓励低油耗、低排放、小排量、小型化、高动力性汽车的生产和投资。加大节能环保型小排量汽车及其先进发动机（汽油机升功率大于50KW，柴油机升功率大于40KW）技术研究开发和产业化的支持力度。鼓励开发、生产柴油轿车和微型车，以及使用醇醚燃料、天然气、混合燃料、氢燃料等新型燃料的汽车。积极推动《乘用车燃料消耗量限值》国家标准的实施，从源头上控制高耗油汽车的发展。进一步完善节能环保型小排量汽车的技术标准，不断提高其安全、节能、环保等性能。严格执行《中华人民共和国道路交通安全法》等有关法律法规，加强汽车的定期检验，确保节能环保型小排量汽车的安全使用。

三、制定鼓励节能环保型小排量汽车消费的政策措施

有关部门要加快制定有关政策措施，引导、鼓励消费者购买和使用低能耗、低污染、小排量、新能源、新动力汽车。制定和完善鼓励节能环保型小排量汽车消费的税费政策。加快石油产品价格市场化改革进程，逐步建立能够体现市场供求关系和资源稀缺程度的价格形成机制，引导消费者节约用油。研究制定汽车燃油经济性标准，建立汽车能效标识制度。对节能环保型小排量汽车停车收费给予适当优惠。各地区要结合实际，积极制定具体措施，为节能环保型小排量汽车的消费和使用创造良好的环境。

四、取消针对节能环保型小排量汽车的各种限制

前些年，一些地方针对小排量经济型汽车、柴油汽车等废气和噪声污染大、安全性不高、外形不够美观等问题，在道路交通管理以及出租汽车车辆更新中，制定出台了一些限制性规定。目前这些规定已不适应我国国情和建设节约型社会的要求。各地区、各有关部门要按照《中华人民共和国节约能源法》、《汽车产业发展政策》和《节能中长期专项规划》等有关法规和政策的要求，对现有规定进行一次全面清理，取消一切针对节能环保型小排量汽车在行驶线路和出租汽车运营等方面的限制。不得以缓解交通拥堵等为由，专门对节能环保型小排量汽车采取交通管理限制措施；更新出租汽车车辆时，要在满足乘用功能的基础上，积极鼓励选用节能环保型小排量汽车，不得出台专门限制小排量汽车的规定，不得采取任何形式的地方保护措施。清理有关限制性规定的工作必须在2006年3月底前完成。

五、引导公众树立节约型汽车消费理念

鼓励节能环保型小排量汽车发展，取消对小排量汽车的各种限制，需要全社会广泛支持。要教育公众正确认识我国基本国情，树立节约型的消费理念，努力营造建设节约型社会的良好氛围。各级政府和部门要从自身做起，带头使用节能环保型小排量汽车，充分发挥表率作用。新闻媒体要坚持正确的舆论导向，大力宣传节能环保型小排量汽车在能耗、性能、安全、操作、停车、价格等方面的优点，树立节能环保型小排量汽车的良好信誉，鼓励消费者优先购买节能环保型小排量汽车。

六、加强领导和督促检查

有关部门要按照职责分工，明确责任和任务，尽快出台有关政策措施，各省、自治区、直辖市人民政府要结合本地区实际抓好落实。当前，各地要明确牵头部门，严明纪律，加强监督检查，突出抓好取消针对节能环保型小排量汽车的各种限制等工作并确保按期完成。有关进展情况要及时报国务院，同时抄送发展改革委。发展改革委要会同有关部门组织一次专项督查，加强督促和指导。

国务院办公厅
关于加快煤层气（煤矿瓦斯）抽采利用的若干意见

国办发〔2006〕47号

各省、自治区、直辖市人民政府，国务院各部委、各直属机构：

煤层气俗称煤矿瓦斯，是宝贵的能源资源。我国高瓦斯、煤与瓦斯突出矿井多，煤矿瓦斯一直是煤矿安全生产的重大隐患。近年来，煤矿重特大瓦斯爆炸事故时有发生，给人民群众生命财产造成了重大损失；同时，未经处理或回收的煤层气直接排放到大气中，也造成了严重的环境污染和资源浪费。为进一步加大煤层气抽采利用力度，强化煤矿瓦斯治理，减轻煤矿瓦斯灾害，经国务院同意，现就加快煤层气抽采利用提出以下意见：

一、加快煤层气抽采利用是贯彻以人为本，落实科学发展观，建设节约型社会的重要体现。必须坚持先抽后采、治理与利用并举的方针，采取各种鼓励和扶持措施，防范煤矿瓦斯事故，充分利用能源资源，有效保护生态环境。

二、煤层气抽采利用项目经各省（区、市）煤炭行业管理部门会同同级人民政府资源综合利用主管部门认定后，可享受有关鼓励和扶持政策。主要包括：井下抽采系统项目，地面钻探、泵站项目，输配气管网项目，煤层气压缩、提纯、储存和销售站点项目，利用煤层气发电、供民用燃烧及生产化工产品项目等。

三、煤层气年输气能力5亿立方米及以上的输气管网项目或跨省（区、市）输气管网项目，由国务院投资主管部门核准；年输气能力5亿立方米以下的输气管网项目，由省级人民政府投资主管部门核准。煤层气发电并网项目，由省级人民政府投资主管部门核准。煤矿企业自采自用煤层气项目，由煤矿企业自主决策，报地方人民政府投资主管部门备案。

四、国土资源管理部门要依法加强对煤层气勘查开采活动的监督管理，严格执行国家关于最低勘探投入量和施工期的基本要求，对达不到要求的，按照《矿产资源勘查区块登记管理办法》的有关规定予以处理。

五、煤层中吨煤瓦斯含量必须降低到规定标准以下，方可实施煤炭开采。煤矿安监局要会同有关部门组织制订具体标准，并加强监督检查。

六、坚持采气采煤一体化，依法清理并妥善解决煤层气和煤炭资源的矿业权交叉问题。凡新设探矿权，必须对煤层气、煤炭资源进行综合勘查、评价和储量认定。煤层中吨煤瓦斯含量高于规定标准且具备地面开发条件的，必须统一编制煤层气和煤炭开发利用方案，并优先选择地面煤层气抽采。煤层气和煤炭资源实施综合勘查、评价和储量认定的具体办法由国土资源部研究制订。

七、限制企业直接向大气中排放煤层气，环保总局要研究制订煤层气大气污染物排放的具体标准，并对超标准排放煤层气的企业依法实施处罚。

八、煤层气抽采利用项目建设用地，按国家有关规定予以优先安排。

九、煤矿企业提取的生产安全费用可用于煤层气井上井下抽采系统建设。

十、统筹规划煤层气和天然气输送管网建设。煤层气经处理后，质量达到规定标准的，可优先并入天然气管网及城市公共供气管网。煤层气售价由供需双方协商确定，各级人民政府价格主管部门要加强监管，防止无序竞争。

十一、煤矿企业利用煤层气发电，可自发自用；多余电量需要上网的，由电网企业优先安排上网销售，不参与市场竞争，发电机组并网前要符合并网的技术要求和电网安全运行的有关标准。利用煤层气发电，其上网电价执行国家价格主管部门批准的上网电价或执行当地火电脱硫机组标杆电价。

十二、进一步加大煤层气抽采利用的科技攻关力度，加大科技投入，有关部门要积极研究制定相关政策措施。

十三、对煤层气抽采利用实行税收优惠政策，具体办法由财政部会同税务总局、发展改革委等有关部门制订。

十四、煤层气抽采利用设备在基准年限基础上实行加速折旧，折旧资金在企业成本中列支。加速折旧的具体比例由税务总局商有关部门研究确定。

十五、对地面直接从事煤层气勘查开采的企业，2020年前可按国家有关规定申请减免探矿权使用费和采矿权使用费。

十六、各级人民政府要积极筹措资金，为煤层气抽采利用项目提供资金补助或贷款贴息。

国务院办公厅

二〇〇六年六月十五日

国务院关于加强节能工作的决定

国发〔2006〕28号

各省、自治区、直辖市人民政府，国务院各部委、各直属机构：

为深入贯彻科学发展观，落实节约资源基本国策，调动社会各方面力量进一步加强节能工作，加快建设节约型社会，实现“十一五”规划纲要提出的节能目标，促进经济社会发展切实转入全面协调可持续发展的轨道，特作如下决定：

一、充分认识加强节能工作的重要性和紧迫性

（一）必须把节能摆在更加突出的战略位置。我国人口众多，能源资源相对不足，人均拥有量远低于世界平均水平。由于我国正处在工业化和城镇化加快发展阶段，能源消耗强度较高，消费规模不断扩大，特别是高投入、高消耗、高污染的粗放型经济增长方式，加剧了能源供求矛盾和环境污染状况。能源问题已经成为制约经济和社会发展的重要因素，要从战略和全局的高度，充分认识做好能源工作的重要性，高度重视能源安全，实现能源的可持续发展。解决我国能源问题，根本出路是坚持开发与节约并举、节约优先的方针，大力推进节能降耗，提高能源利用效率。节能是缓解能源约束，减轻环境压力，保障经济安全，实现全面建设小康社会目标和可持续发展的必然选择，体现了科学发展观的本质要求，是一项长期的战略任务，必须摆在更加突出的战略位置。

（二）必须把节能工作作为当前的紧迫任务。近几年，由于经济增长方式转变滞后、高耗能行业增长过快，单位国内生产总值能耗上升，特别是今年上半年，能源消耗增长仍然快于经济增长，节能工作面临更大压力，形势十分严峻。各地区、各部门要充分认识加强节能工作的紧迫性，增强忧患意识和危机意识，增强历史责任感和使命感。要把节能工作作为当前的一项紧迫任务，列入各级政府重要议事日程，切实下大力气，采取强有力措施，确保实现“十一五”能源节约的目标，促进国民经济又快又好地发展。

二、用科学发展观统领节能工作

（三）指导思想。以邓小平理论和“三个代表”重要思想为指导，全面贯彻科学发展观，落实节约资源基本国策，以提高能源利用效率为核心，以转变经济增长方式、调整经济结构、加快技术进步为根本，强化全社会的节能意识，建立严格的管理制度，实行有效的激励政策，充分发挥市场配置资源的基础性作用，调动市场主体节能的自觉性，加快构建节约型的生产方式和消费模式，以能源的高效利用促进经济社会可持续发展。

（四）基本原则。坚持节能与发展相互促进，节能是为了更好地发展，实现科学发展必须节能；坚持开发与节约并举，节能优先，效率为本；坚持把节能作为转变经济增长方式的主攻方向，从根本上改变高耗能、高污染的粗放型经济增长方式；坚持发挥市场机制作用与实施政府宏观调控相结合，努力营造有利于节能的体制环境、政策环境和市场环境；坚持源头控制与存量挖潜、依法管理与政策激励、突出重点与全面推进相结合。

（五）主要目标。到“十一五”期末，万元国内生产总值（按2005年价格计算）能耗下降到0.98吨标准煤，比“十五”期末降低20%左右，平均年节能率为4.4%。重点行业主要产品单位能耗总体达到或接近本世纪初国际先进水平。初步建立起与社会主义市场经济体制相适应的比较完善的节能法规和标准体系、政策保障体系、技术支撑体系、监督管理体系，形成市场主体自觉节能的机制。

三、加快构建节能型产业体系

（六）大力调整产业结构。各地区和有关部门要认真落实《国务院关于发布实施〈促进产业结构调整暂行规定〉的决定》（国发〔2005〕40号）要求，推动产业结构优化升级，促进经济增长由主要依靠工业带动和数量扩张带动，向三次产业协同带动和优化升级带动转变，立足节约能源推动发展。合理规划产业和地区布局，避免由于决策失误造成能源浪费。

（七）推动服务业加快发展。充分发挥服务业能耗低、污染少的优势，努力提高服务业在国民经济中的比重。要以专业化分工和提高社会效率为重点，积极发展生产服务业；以满足人们需求和方便群众生活为中心，提升生活服务业。大中城市要优先发展服务业，有条件的大中城市要逐步形成以服务经济为主的产业结构。

（八）积极调整工业结构。严格控制新开工高耗能项目，把能耗标准作为项目核准和备案的强制性门槛，遏制高耗能行业过快增长。对企业搬迁改造严格能耗准入管理。加快淘汰落后生产能力、工艺、技术和设备，不按期淘汰的企业，地方各级人民政府及有关部门要依法责令其停产或予以关闭，依法吊销排污许可证和停止供电，属实行生产许可证管理的，依法吊销生产许可证。积极推进企业联合重组，提高产业集中度和规模效益。

（九）优化用能结构。大力发展高效清洁能源。逐步减少原煤直接使用，提高煤炭用于发电的比重，发展煤炭气化和液化，提高转换效率。引导企业和居民合理用电。大力发展风能、太阳能、生物质能、地热能、水能等可再生能源和替代能源。

四、着力抓好重点领域节能

（十）强化工业节能。突出抓好钢铁、有色金属、煤炭、电力、石油石化、化工、建材等重点耗能行业和年耗能1万吨标准煤以上企业的节能工作，组织实施千家企业节能行动，推动企业积极调整产品结构，加快节能技术改造，降低能源消耗。

（十一）推进建筑节能。大力发展节能省地型建筑，推动新建住宅和公共建筑严格实施节能50%的设计标准，直辖市及有条件的地区要率先实施节能65%的标准。推动既有建筑的节能改造。大力发展新型墙体材料。

（十二）加强交通运输节能。积极推进节能型综合交通运输体系建设，加快发展铁路和内河运输，优先发展公共交通和轨道交通，加快淘汰老旧铁路机车、汽车、船舶，鼓励发展节能环保型交通工具，开发和推广车用代用燃料和清洁燃料汽车。

（十三）引导商业和民用节能。在公用设施、宾馆商厦、写字楼、居民住宅中推广采用高效节能办公设备、家用电器、照明产品等。

（十四）抓好农村节能。加快淘汰和更新高耗能落后农业机械和渔船装备，加快农业提水排灌机电设施更新改造，大力发展农村户用沼气和大中型畜禽养殖场沼气工程，推广省柴节煤灶，因地制宜发展小水电、风能、太阳能以及农作物秸秆气化集中供气系统。

（十五）推动政府机构节能。各级政府部门和领导干部要从自身做起、厉行节约，在节能工作中发挥表率作用。重点抓好政府机构建筑物和采暖、空调、照明系统节能改造以及办公设备节能，采取措施大力推动政府节能采购，稳步推进公务车改革。

五、大力推进节能技术进步

（十六）加快先进节能技术、产品研发和推广应用。各级人民政府要把节能作为政府科技投入、推进高技术产业化的重点领域，支持科研单位和企业开发高效节能工艺、技术和产品，优先支持拥有自主知识产权的节能共性和关键技术示范，增强自主创新能力，解决技术瓶颈。采取多种方式加快高效节能产品的推广应用。有条件的地方可对达到超前性国家能效标准、经过认证的节能产品给予适当的财政支持，引导消费者使用。落实产品质量国家免检制度，鼓励高效节能产品生产企业做大做强。有关部门要制定和发布节能技术政策，组织行业共性技术的推广。

（十七）全面实施重点节能工程。有关部门和地方人民政府及有关单位要认真组织落实"十一五"规划纲要提出的燃煤工业锅炉（窑炉）改造、区域热电联产、余热余压利用、节约和替代石油、电机系统节能、能量系统优化、建筑节能、绿色照明、政府机构节能以及节能监测和技术服务体系建设等十大重点节能工程。发展改革委要督促各地区、各有关部门和有关单位抓紧落实相关政策措施，确保工程配套资金到位，同时要会同有关部门切实做好重点工程、重大项目实施情况的监督检查。

（十八）培育节能服务体系。有关部门要抓紧研究制定加快节能服务体系建设的指导意见，促进各级各类节能技术服务机构转换机制、创新模式、拓宽领域，增强服务能力，提高服务水平。加快推行合同能源管理，推进企业节能技术改造。

（十九）加强国际交流与合作。积极引进国外先进节能技术和管理经验，广泛开展与国际组织、金融机构及有关国家和地区在节能领域的合作。

六、加大节能监督管理力度

（二十）健全节能法律法规和标准体系。抓紧做好修订《中华人民共和国节约能源法》的有关工作，进一步严格节能管理制度，明确节能执法主体，强化政策激励，加大惩戒力度。研究制订有关节能的配套法规。加快组织制定和完善主要耗能行业能耗准入标准、节能设计规范，制定和完善主要工业耗能设备、机动车、建筑、家用电器、照明产品等能效标准以及公共建筑用能设备运行标准。各地区要研究制定本地区主要耗能产品和大型公共建筑单位能耗限额。

（二十一）加强规划指导。各地区、各有关部门要根据“十一五”规划纲要，把实现能耗降低的约束性目标作为本地区、本部门“十一五”规划和有关专项规划的重要内容，明确目标、任务和政策措施，认真制定和实施本地区和行业的节能规划。

（二十二）建立节能目标责任制和评价考核体系。发展改革委要将“十一五”规划纲要确定的单位国内生产总值能耗降低目标分解落实到各省、自治区、直辖市，省级人民政府要将目标逐级分解落实到各市、县以及重点耗能企业，实行严格的目标责任制。统计局、发展改革委等部门每年要定期公布各地区能源消耗情况；省级人民政府要建立本地区能耗公报制度。要将能耗指标纳入各地经济社会发展综合评价和年度考核体系，作为地方各级人民政府领导班子和领导干部任期内贯彻落实科学发展观的重要考核内容，作为国有大中型企业负责人经营业绩的重要考核内容，实行节能工作问责制。发展改革委要会同有关部门抓紧制定实施办法。

（二十三）建立固定资产投资项目节能评估和审查制度。有关部门和地方人民政府要对固定资产投资项目（含新建、改建、扩建项目）进行节能评估和审查。对未进行节能审查或未能通过节能审查的项目一律不得审批、核准，从源头杜绝能源的浪费。对擅自批准项目建设的，要依法依规追究直接责任人的责任。发展改革委要会同有关部门制定固定资产投资项目节能评估和审查的具体办法。

（二十四）强化重点耗能企业节能管理。重点耗能企业要建立严格的节能管理制度和有效的激励机制，进一步调动广大职工节能降耗的积极性。要强化基础工作，配备专职人员，将节能降耗的目标和责任落实到车间、班组和个人，并加强监督检查。有关部门和地方各级人民政府要加强对重点耗能企业节能情况的跟踪、指导和监督，定期公布重点企业能源利用状况。其中，对实施千家企业节能行动的高耗能企业，发展改革委要与各相关省级人民政府和有关中央企业签订节能目标责任书，强化节能目标责任和考核。

（二十五）完善能效标识和节能产品认证制度。加快实施强制性能效标识制度，扩大能效标识在家用电器、电动机、汽车和建筑上的应用，不断提高能效标识的社会认知度，引导社会消费行为，促进企业加快高效节能产品的研发。推动自愿性节能产品认证，规范认证行为，扩展认证范围，推动建立国际协调互认。

（二十六）加强电力需求侧和电力调度管理。充分发挥电力需求侧管理的综合优势，优化城市、企业用电方案，推广应用高效节能技术，推进能效电厂建设，提高电能使用效率。改进发电调度规则，优先安排清洁能源发电，对燃煤火电机组进行优化调度，限制能耗高、污染重的低效机组发电，实现电力节能、环保和经济调度。

（二十七）控制室内空调温度。所有公共建筑内的单位，包括国家机关、社会团体、企事业组织和个体工商户，除特定用途外，夏季室内空调温度设置不低于26摄氏度，冬季室内空调温度设置不高于20摄氏度。有关部门要据此修订完善公共建筑室内温度有关标准，并加强监督检查。

（二十八）加大节能监督检查力度。有关部门和地方各级人民政府要加大节能工作的监督检查力度，重点检查高耗能企业及公共设施的用能情况、固定资产投资项目节能评估和审查情况、禁止淘汰设备异地再用情况，以及产品能效标准和标识、建筑节能设计标准、行业设计规范执行等情况。达不到建筑节能标准的建筑物不准开工建设和销售。严禁生产、销售和使用国家明令淘汰的高耗能产品。要严厉打击报废机动车和船舶等违法交易活动。节能主管部门和质量技术监督部门要加大监督检查和处罚力度，对违法行为要公开曝光。

七、建立健全节能保障机制

（二十九）深化能源价格改革。加强和改进电价管理，建立成本约束机制；完善电力分时电价办法，引导用户合理用电、节约用电；扩大差别电价实施范围，抑制高耗能产业盲目扩张，促进结构调整。落实石油综合配套调价方案，理顺国内成品油价格。继续推进天然气价格改革，建立天然气与可替代能源的价格挂钩和动态调整机制。全面推进煤炭价格市场化改革。研究制定能耗超限额加价的政策。

（三十）加大政府对节能的支持力度。各级人民政府要对节能技术与产品推广、示范试点、宣传培训、信息服务和表彰奖励等工作给予支持，所需节能经费纳入各级人民政府财政预算。"十一五"期间，国家每年安排一定的资金，用于支持节能重大项目、示范项目及高效节能产品的推广。

（三十一）实行节能税收优惠政策。发展改革委要会同有关部门抓紧制定《节能产品目录》，对生产和使用列入《节能产品目录》的产品，财政部、税务总局要会同有关部门抓紧研究提出具体的税收优惠政策，报国务院审批。严格实施控制高耗能、高污染、资源性产品出口的政策措施。研究建立促进能源节约的燃油税收制度，以及控制高耗能加工贸易和抑制不合理能源消费的有关税收政策。抓紧研究并适时实施不同种类能源矿产资源计税方法改革方案。根据资源条件和市场变化情况，适当提高有关资源税征收标准。

（三十二）拓宽节能融资渠道。各类金融机构要切实加大对节能项目的信贷支持力度，推动和引导社会各方面加强对节能的资金投入。要鼓励企业通过市场直接融资，加快进行节能降耗技术改造。

（三十三）推进城镇供热体制改革。加快城镇供热商品化、货币化，将采暖补贴由"暗补"变"明补"，加强供热计量，推进按用热量计量收费制度。完善供热价格形成机制，有关部门要抓紧研究制定建筑供热采暖按热量收费的政策，培育有利于节能的供热市场。

（三十四）实行节能奖励制度。各地区、各部门对在节能管理、节能科学技术研究和推广工作中做出显著成绩的单位及个人要给予表彰和奖励。能源生产经营单位和用能单位要制定科学合理的节能奖励办法，结合本单位的实际情况，对节能工作中作出贡献的集体、个人给予表彰和奖励，节能奖励计入工资总额。

八、加强节能管理队伍建设和基础工作

（三十五）加强节能管理队伍建设。各级人民政府要加强节能管理队伍建设，充实节能管理力量，完善节能监督体系，强化对本行政区域内节能工作的监督管理和日常监察（监测）工作，依法开展节能执法和监察（监测）。在整合现有相关机构的基础上，组建国家节能中心，开展政策研究、固定资产投资项目节能评估、技术推广、宣传培训、信息咨询、国际交流与合作等工作。

（三十六）加强能源统计和计量管理。各级人民政府要为统计部门依法行使节能统计调查、统计执法和数据发布等提供必要的工作保障。各级统计部门要切实加强能源统计，充实必要的人员，完善统计制度，改进统计方法，建立能够反映各地区能耗水平、节能目标责任和评价考核制度的节能统计体系。要强化对单位国内（地区）生产总值能耗指标的审核，确保统计数据准确、及时。各级质量技术监督部门要督促企业合理配备能源计量器具，加强能源计量管理。

（三十七）加大节能宣传、教育和培训力度。新闻出版、广播影视、文化等部门和有关社会团体要组织开展形式多样的节能宣传活动，广泛宣传我国的能源形势和节能的重要意义，弘扬节能先进典型，曝光浪费行为，引导合理消费。教育部门要将节能知识纳入基础教育、高等教育、职业教育培训体系。各级工会、共青团组织要重视和加强对广大职工特别是青年职工的节能教育，广泛开展节能合理化建议活动。有关行业协会要协助政府做好行业节能管理、技术推广、宣传培训、信息咨询和行业统计等工作。各级科协组织要围绕节能开展系列科普活动。要认真组织开展一年一度的全国节能宣传周活动，加强经常性的节能宣传和培训。要动员全社会节能，在全社会倡导健康、文明、节俭、适度的消费理念，用节约型的消费理念引导消费方式的变革。要大力倡导节约风尚，使节能成为每个公民的良好习惯和自觉行动。

九、加强组织领导

（三十八）切实加强节能工作的组织领导。各省、自治区、直辖市人民政府和各有关部门要按照本决定的精神，努力抓好落实。省级人民政府要对本地区节能工作负总责，把节能工作纳入政府重要议事日程，主要领导要亲自抓，并建立相应的协调机制，明确相关部门的责任和分工，确保责任到位、措施到位、投入到位。省级人民政府、国务院有关部门要在本决定下发后2个月内提出本地区、本行业节能工作实施方案报国务院；中央企业要在本

决定下发后2个月内提出本企业节能工作实施方案，由国资委汇总报国务院。发展改革委要会同有关部门，加强指导和协调，认真监督检查本决定的贯彻执行情况，并向国务院报告。

国务院

二〇〇六年八月六日

中国应对气候变化国家方案

前言

气候变化是国际社会普遍关心的重大全球性问题。气候变化既是环境问题，也是发展问题，但归根到底是发展问题。《联合国气候变化框架公约》（以下简称《气候公约》）指出，历史上和目前全球温室气体排放的最大部分源自发达国家，发展中国家的人均排放仍相对较低，发展中国家在全球排放中所占的份额将会增加，以满足其经济和社会发展需要。《气候公约》明确提出，各缔约方应在公平的基础上，根据他们共同但有区别的责任和各自的能力，为人类当代和后代的利益保护气候系统，发达国家缔约方应率先采取行动应对气候变化及其不利影响。《气候公约》同时也要求所有缔约方制定、执行、公布并经常更新应对气候变化的国家方案。

中国作为一个负责任的发展中国家，对气候变化问题给予了高度重视，成立了国家气候变化对策协调机构，并根据国家可持续发展战略的要求，采取了一系列与应对气候变化相关的政策和措施，为减缓和适应气候变化做出了积极的贡献。作为履行《气候公约》的一项重要义务，中国政府特制定《中国应对气候变化国家方案》，本方案明确了到2010年中国应对气候变化的具体目标、基本原则、重点领域及其政策措施。中国将按照科学发展观的要求，认真落实《国家方案》中提出的各项任务，努力建设资源节约型、环境友好型社会，提高减缓与适应气候变化的能力，为保护全球气候继续做出贡献。

《气候公约》第四条第7款规定："发展中国家缔约方能在多大程度上有效履行其在本公约下的承诺，将取决于发达国家缔约方对其在本公约下所承担的有关资金和技术转让承诺的有效履行，并将充分考虑到经济和社会发展及消除贫困是发展中国家缔约方的首要和压倒一切的优先事项"。中国愿在发展经济的同时，与国际社会和有关国家积极开展有效务实的合作，努力实施本方案。

第一部分　中国气候变化的现状和应对气候变化的努力

近百年来，许多观测资料表明，地球气候正经历一次以全球变暖为主要特征的显著变化，中国的气候变化趋势与全球的总趋势基本一致。为应对气候变化，促进可持续发展，中国政府通过实施调整经济结构、提高能源效率、开发利用水电和其他可再生能源、加强生态建设以及实行计划生育等方面的政策和措施，为减缓气候变化做出了显著的贡献。

一、中国气候变化的观测事实与趋势

政府间气候变化专门委员会（IPCC）第三次评估报告指出，近50年的全球气候变暖主要是由人类活动大量排放的二氧化碳、甲烷、氧化亚氮等温室气体的增温效应造成的。在全球变暖的大背景下，中国近百年的气候也发生了明显变化。有关中国气候变化的主要观测事实包括：一是近百年来，中国年平均气温升高了0.5～0.8℃，略高于同期全球增温平均值，近50年变暖尤其明显。从地域分布看，西北、华北和东北地区气候变暖明显，长江以南地区变暖趋势不显著；从季节分布看，冬季增温最明显。从1986年到2005年，中国连续出现了20个全国性暖冬。二是近百年来，中国年均降水量变化趋势不显著，但区域降水变化波动较大。中国年平均降水量在20世纪50年代以后开始逐渐减少，平均每10年减少2.9毫米，但1991年到2000年略有增加。从地域分布看，华北大部分地区、西北东部和东北地区降水量明显减少，平均每10年减少20～40毫米，其中华北地区最为明显；华南与西南地区降水明显增加，平均每10年增加20～60毫米。三是近50年来，中国主要极端天气与气候事件的频率和强度出现了明显变化。华北和东北

地区干旱趋重，长江中下游地区和东南地区洪涝加重。1990年以来，多数年份全国年降水量高于常年，出现南涝北旱的雨型，干旱和洪水灾害频繁发生。四是近50年来，中国沿海海平面年平均上升速率为2.5毫米，略高于全球平均水平。五是中国山地冰川快速退缩，并有加速趋势。

中国未来的气候变暖趋势将进一步加剧。中国科学家的预测结果表明：一是与2000年相比，2020年中国年平均气温将升高1.3～2.1℃，2050年将升高2.3～3.3℃。全国温度升高的幅度由南向北递增，西北和东北地区温度上升明显。预测到2030年，西北地区气温可能上升1.9～2.3℃，西南可能上升1.6～2.0℃，青藏高原可能上升2.2～2.6℃。二是未来50年中国年平均降水量将呈增加趋势，预计到2020年，全国年平均降水量将增加2%～3%，到2050年可能增加5%～7%。其中东南沿海增幅最大。三是未来100年中国境内的极端天气与气候事件发生的频率可能性增大，将对经济社会发展和人们的生活产生很大影响。四是中国干旱区范围可能扩大、荒漠化可能性加重。五是中国沿海海平面仍将继续上升。六是青藏高原和天山冰川将加速退缩，一些小型冰川将消失。

二、中国温室气体排放现状

根据《中华人民共和国气候变化初始国家信息通报》，1994年中国温室气体排放总量为40.6亿吨二氧化碳当量(扣除碳汇后的净排放量为36.5亿吨二氧化碳当量)，其中二氧化碳排放量为30.7亿吨，甲烷为7.3亿吨二氧化碳当量，氧化亚氮为2.6亿吨二氧化碳当量。据中国有关专家初步估算，2004年中国温室气体排放总量约为61亿吨二氧化碳当量(扣除碳汇后的净排放量约为56亿吨二氧化碳当量)，其中二氧化碳排放量约为50.7亿吨，甲烷约为7.2亿吨二氧化碳当量，氧化亚氮约为3.3亿吨二氧化碳当量。从1994年到2004年，中国温室气体排放总量的年均增长率约为4%，二氧化碳排放量在温室气体排放总量中所占的比重由1994年的76%上升到2004年的83%。

中国温室气体历史排放量很低，且人均排放一直低于世界平均水平。根据世界资源研究所的研究结果，1950年中国化石燃料燃烧二氧化碳排放量为7900万吨，仅占当时世界总排放量的1.31%；1950～2002年间中国化石燃料燃烧二氧化碳累计排放量占世界同期的9.33%，人均累计二氧化碳排放量61.7吨，居世界第92位。根据国际能源机构的统计，2004年中国化石燃料燃烧人均二氧化碳排放量为3.65吨，相当于世界平均水平的87%、经济合作与发展组织国家的33%。

在经济社会稳步发展的同时，中国单位国内生产总值（GDP）的二氧化碳排放强度总体呈下降趋势。根据国际能源机构的统计数据，1990年中国单位GDP化石燃料燃烧二氧化碳排放强度为5.47kgCO_2/美元(2000年价)，2004年下降为2.76kgCO_2/美元，下降了49.5%，而同期世界平均水平只下降了12.6%，经济合作与发展组织国家下降了16.1%。

三、中国减缓气候变化的努力与成就

作为一个负责任的发展中国家，自1992年联合国环境与发展大会以后，中国政府率先组织制定了《中国21世纪议程－中国21世纪人口、环境与发展白皮书》，并从国情出发采取了一系列政策措施，为减缓全球气候变化做出了积极的贡献。

第一，调整经济结构，推进技术进步，提高能源利用效率。从20世纪80年代后期开始，中国政府更加注重经济增长方式的转变和经济结构的调整，将降低资源和能源消耗、推进清洁生产、防治工业污染作为中国产业政策的重要组成部分。通过实施一系列产业政策，加快第三产业发展，调整第二产业内部结构，使产业结构发生了显著变化。1990年中国三次产业的产值构成为26.9:41.3:31.8，2005年为12.6:47.5:39.9，第一产业的比重持续下降，第三产业有了很大发展，尤其是电信、旅游、金融等行业，尽管第二产业的比重有所上升，但产业内部结构发生了明显变化，机械、信息、电子等行业的迅速发展提高了高附加值产品的比重，这种产业结构的变化带来了较大的节能效益。1991－2005年中国以年均5.6%的能源消费增长速度支持了国民经济年均10.2%的增长速度，能源消费弹性系数约为0.55。

20世纪80年代以来，中国政府制定了“开发与节约并重、近期把节约放在优先地位”的方针，确立了节能在能源发展中的战略地位。通过实施《中华人民共和国节约能源法》及相关法规，制定节能专项规划，制定和实施鼓励节能的技术、经济、财税和管理政策，制定和实施能源效率标准与标识，鼓励节能技术的研究、开发、示范与推广，引进和吸收先进节能技术，建立和推行节能新机制，加强节能重点工程建设等政策和措施，有效地促进了节能工作的开展。中国万元GDP能耗由1990年的2.68吨标准煤下降到2005年的1.43吨标准煤(以2000年可比价计算)，年均降低4.1%；工业部门中高耗能产品的单位能耗也有了明显的下降：2004年与1990年相比，6000千瓦及以上火电机组供电煤耗由每千瓦时427克标准煤下降到376克标准煤，重点企业吨钢可比能耗由997千克标准煤下降到702千克标准煤，大中型企业的水泥综合能耗由每吨201千克标准煤下降到157千克标准煤。按环比法计算，1991～2005年的15年间，通过经济结构调整和提高能源利用效率，中国累计节约和少用能源约8亿吨标准煤。如按照中国1994年每吨标准煤排放二氧化碳2.277吨计算，相当于减少约18亿吨的二氧化碳排放。

第二，发展低碳能源和可再生能源，改善能源结构。通过国家政策引导和资金投入，加强了水能、核能、石油、天然气和煤层气的开发和利用，支持在农村、边远地区和条件适宜地区开发利用生物质能、太阳能、地热、风能等新型可再生能源，使优质清洁能源比重有所提高。在中国一次能源消费构成中，煤炭所占的比重由1990年的76.2%下降到2005年的68.9%，而石油、天然气、水电所占的比重分别由1990年的16.6%、2.1%和5.1%，上升到2005年的21.0%、2.9%和7.2%。

到2005年底，中国的水电装机容量已经达到1.17亿千瓦，占全国发电装机容量的23%，年发电量为4010亿千瓦时，占总发电量的16.2%；户用沼气池已达到1700多万口，年产沼气约65亿立方米，建成大中型沼气工程1500多处，年产沼气约15亿立方米；生物质发电装机容量约为200万千瓦，其中蔗渣发电约170万千瓦、垃圾发电约20万千瓦；以粮食为原料的生物燃料乙醇年生产能力约102万吨；已建成并网风电场60多个，总装机容量为126万千瓦，在偏远地区还有约20万台、总容量约4万千瓦的小型独立运行风力发电机；光伏发电的总容量约为7万千瓦，主要为偏远地区居民供电；在用太阳能热水器的总集热面积达8500万平方米。2005年中国可再生能源利用量已经达到1.66亿吨标准煤(包括大水电)，占能源消费总量的7.5%左右，相当于减排3.8亿吨二氧化碳。

第三，大力开展植树造林，加强生态建设和保护。改革开放以来，随着中国重点林业生态工程的实施，植树造林取得了巨大成绩，据第六次全国森林资源清查，中国人工造林保存面积达到0.54亿公顷，蓄积量15.05亿立方米，人工林面积居世界第一。全国森林面积达到17491万公顷，森林覆盖率从20世纪90年代初期的13.92%增加到2005年的18.21%。除植树造林以外，中国还积极实施天然林保护、退耕还林还草、草原建设和管理、自然保护区建设等生态建设与保护政策，进一步增强了林业作为温室气体吸收汇的能力。与此同时，中国城市绿化工作也得到了较快发展，2005年中国城市建成区绿化覆盖面积达到106万公顷，绿化覆盖率为33%，城市人均公共绿地7.9平方米，这部分绿地对吸收大气二氧化碳也起到了一定的作用。据专家估算，1980～2005年中国造林活动累计净吸收约30.6亿吨二氧化碳，森林管理累计净吸收16.2亿吨二氧化碳，减少毁林排放4.3亿吨二氧化碳。

第四，实施计划生育，有效控制人口增长。自20世纪70年代以来，中国政府一直把实行计划生育作为基本国策，使人口增长过快的势头得到有效控制。根据联合国的资料，中国的生育率不仅明显低于其他发展中国家，也低于世界平均水平。2005年中国人口出生率为12.40‰，自然增长率为5.89‰，分别比1990年低了8.66和8.50个千分点，进入世界低生育水平国家行列。中国在经济不发达的情况下，用较短的时间实现了人口再生产类型从高出生、低死亡、高增长到低出生、低死亡、低增长的历史性转变，走完了一些发达国家数十年乃至上百年才走完的路。通过计划生育，到2005年中国累计少出生3亿多人口，按照国际能源机构统计的全球人均排放水平估算，仅2005年一年就相当于减少二氧化碳排放约13亿吨，这是中国对缓解世界人口增长和控制温室气体排放做出的重大贡献。

第五，加强了应对气候变化相关法律、法规和政策措施的制定。针对近几年出现的新问题，中国政府提出了树立科学发展观和构建和谐社会的重大战略思想，加快建设资源节约型、环境友好型社会，进一步强化了一系列与应对气候变化相关的政策措施。2004年国务院通过了《能源中长期发展规划纲要(2004-2020)》(草案)。2004年国家发展和改革委员会发布了中国第一个《节能中长期专项规划》。2005年2月，全国人大审议通过了《中华人民共和国可再生能源法》，明确了政府、企业和用户在可再生能源开发利用中的责任和义务，提出了包括总量目标制度、发电并网制度、价格管理制度、费用分摊制度、专项资金制度、税收优惠制度等一系列政策和措施。2005年8月，国务院下发了《关于做好建设节约型社会近期重点工作的通知》和《关于加快发展循环经济的若干意见》。2005年12月，国务院发布了《关于发布实施〈促进产业结构调整暂行规定〉的决定》和《关于落实科学发展观加强环境保护的决定》。2006年8月，国务院发布了《关于加强节能工作的决定》。这些政策性文件为进一步增强中国应对气候

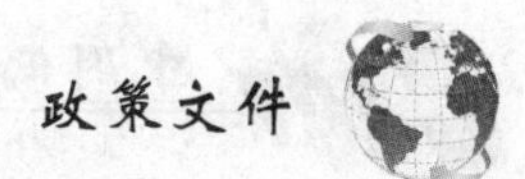

变化的能力提供了政策和法律保障。

第六，进一步完善了相关体制和机构建设。中国政府成立了共有17个部门组成的国家气候变化对策协调机构，在研究、制定和协调有关气候变化的政策等领域开展了多方面的工作，为中央政府各部门和地方政府应对气候变化问题提供了指导。为切实履行中国政府对《气候公约》的承诺，从2001年开始，国家气候变化对策协调机构组织了《中华人民共和国气候变化初始国家信息通报》的编写工作，并于2004年底向《气候公约》第十次缔约方大会正式提交了该报告。近年来中国政府还不断加强了与应对气候变化紧密相关的能源综合管理，成立了国家能源领导小组及其办公室，进一步强化了对能源工作的领导。为规范和推动清洁发展机制项目在中国的有序开展，2005年10月中国政府有关部门颁布了经修订后的《清洁发展机制项目运行管理办法》。

第七，高度重视气候变化研究及能力建设。中国政府重视并不断提高气候变化相关科研支撑能力，组织实施了国家重大科技项目“全球气候变化预测、影响和对策研究”、“全球气候变化与环境政策研究”等，开展了国家攀登计划和国家重点基础研究发展计划项目“中国重大气候和天气灾害形成机理与预测理论研究”、“中国陆地生态系统碳循环及其驱动机制研究”等研究工作，完成了“中国陆地和近海生态系统碳收支研究”等知识创新工程重大项目，开展了“中国气候与海平面变化及其趋势和影响的研究”等重大项目研究，并组织编写了《气候变化国家评估报告》，为国家制定应对全球气候变化政策和参加《气候公约》谈判提供了科学依据。中国政府有关部门还开展了一些有关清洁发展机制能力建设的国际合作项目。

第八，加大气候变化教育与宣传力度。中国政府一直重视环境与气候变化领域的教育、宣传与公众意识的提高。在《中国21世纪初可持续发展行动纲要》中明确提出：积极发展各级各类教育，提高全民可持续发展意识；强化人力资源开发，提高公众参与可持续发展的科学文化素质。近年来，中国加大了气候变化问题的宣传和教育力度，开展了多种形式的有关气候变化的知识讲座和报告会，举办了多期中央及省级决策者气候变化培训班，召开了“气候变化与生态环境”等大型研讨会，开通了全方位提供气候变化信息的中英文双语政府网站《中国气候变化信息网》等，并取得了较好的效果。

第二部分 气候变化对中国的影响与挑战

受认识水平和分析工具的限制，目前世界各国对气候变化影响的评价尚存在较大的不确定性。现有研究表明，气候变化已经对中国产生了一定的影响，造成了沿海海平面上升、西北冰川面积减少、春季物候期提前等，而且未来将继续对中国自然生态系统和经济社会系统产生重要影响。与此同时，中国还是一个人口众多、经济发展水平较低、能源结构以煤为主、应对气候变化能力相对较弱的发展中国家，随着城镇化、工业化进程的不断加快以及居民用能水平的不断提高，中国在应对气候变化方面面临严峻的挑战。

一、中国与气候变化相关的基本国情

（一）气候条件差，自然灾害较重

中国气候条件相对较差。中国主要属于大陆型季风气候，与北美和西欧相比，中国大部分地区的气温季节变化幅度要比同纬度地区相对剧烈，很多地方冬冷夏热，夏季全国普遍高温，为了维持比较适宜的室内温度，需要消耗更多的能源。中国降水时空分布不均，多分布在夏季，且地区分布不均衡，年降水量从东南沿海向西北内陆递减。中国气象灾害频发，其灾域之广、灾种之多、灾情之重、受灾人口之众，在世界上都是少见的。

（二）生态环境脆弱

中国是一个生态环境比较脆弱的国家。2005年全国森林面积1.75亿公顷，森林覆盖率仅为18.21%。2005年中国草地面积4.0亿公顷，其中大多是高寒草原和荒漠草原，北方温带草地受干旱、生态环境恶化等影响，正面临退化和沙化的危机。2005年中国土地荒漠化面积约为263万平方公里，已经占到整个国土面积的27.4%。中国大陆海岸线长达1.8万多公里，濒邻的自然海域面积约473万平方公里，面积在500平方米以上的海岛有6500多个，易受海平面上升带来的不利影响。

（三）能源结构以煤为主

中国的一次能源结构以煤为主。2005年中国的一次能源生产量为20.61亿吨标准煤，其中原煤所占的比重高达

76.4%；2005年中国一次能源消费量为22.33亿吨标准煤，其中煤炭所占的比重为68.9%，石油为21.0%，天然气、水电、核电、风能、太阳能等所占比重为10.1%，而在同年全球一次能源消费构成中，煤炭只占27.8%，石油36.4%，天然气、水电、核电等占35.8%。由于煤炭消费比重较大，造成中国能源消费的二氧化碳排放强度也相对较高。

（四）人口众多

中国是世界上人口最多的国家。2005年底中国大陆人口(不包括香港、澳门、台湾)达到13.1亿，约占世界人口总数的20.4%；中国城镇化水平比较低，约有7.5亿的庞大人口生活在农村，2005年城镇人口占全国总人口的比例只有43.0%，低于世界平均水平；庞大的人口基数，也使中国面临巨大的劳动力就业压力，每年有1000万以上新增城镇劳动力需要就业，同时随着城镇化进程的推进，目前每年约有上千万的农村劳动力向城镇转移。由于人口数量巨大，中国的人均能源消费水平仍处于比较低的水平，2005年中国人均商品能源消费量约1.7吨标准煤，只有世界平均水平的2/3，远低于发达国家的平均水平。

（五）经济发展水平较低

中国目前的经济发展水平仍较低。2005年中国人均GDP约为1714美元(按当年汇率计算，下同)，仅为世界人均水平的1/4左右；中国地区之间的经济发展水平差距较大，2005年东部地区的人均GDP约为2877美元，而西部地区只有1136美元左右，仅为东部地区人均GDP的39.5%；中国城乡居民之间的收入差距也比较大，2005年城镇居民人均可支配收入为1281美元，而农村居民人均纯收入只有397美元，仅为城镇居民收入水平的31.0%；中国的脱贫问题还未解决，截至2005年底，中国农村尚有2365万人均年纯收入低于683元人民币的贫困人口。

二、气候变化对中国的影响

（一）对农牧业的影响

气候变化已经对中国的农牧业产生了一定的影响，主要表现为自20世纪80年代以来，中国的春季物候期提前了2～4天。未来气候变化对中国农牧业的影响主要表现在：一是农业生产的不稳定性增加，如果不采取适应性措施，小麦、水稻和玉米三大作物均以减产为主。二是农业生产布局和结构将出现变动，种植制度和作物品种将发生改变。三是农业生产条件发生变化，农业成本和投资需求将大幅度增加。四是潜在荒漠化趋势增大，草原面积减少。气候变暖后，草原区干旱出现的几率增大，持续时间加长，土壤肥力进一步降低，初级生产力下降。五是气候变暖对畜牧业也将产生一定的影响,某些家畜疾病的发病率可能提高。

（二）对森林和其他生态系统的影响

气候变化已经对中国的森林和其他生态系统产生了一定的影响，主要表现为近50年中国西北冰川面积减少了21%，西藏冻土最大减薄了4～5米。未来气候变化将对中国森林和其他生态系统产生不同程度的影响：一是森林类型的分布北移。从南向北分布的各种类型森林向北推进，山地森林垂直带谱向上移动，主要造林树种将北移和上移，主要造林树种和一些珍稀树种分布区可能缩小。二是森林生产力和产量呈现不同程度的增加。森林生产力在热带、亚热带地区将增加1%～2%，暖温带增加2%左右，温带增加5%～6%，寒温带增加10%左右。三是森林火灾及病虫害发生的频率和强度可能增高。四是内陆湖泊和湿地加速萎缩。少数依赖冰川融水补给的高山、高原湖泊最终将缩小。五是冰川与冻土面积将加速减少。到2050年，预计西部冰川面积将减少27%左右，青藏高原多年冻土空间分布格局将发生较大变化。六是积雪量可能出现较大幅度减少，且年际变率显著增大。七是将对物种多样性造成威胁，可能对大熊猫、滇金丝猴、藏羚羊和秃杉等产生较大影响。

（三）对水资源的影响

气候变化已经引起了中国水资源分布的变化，主要表现为近40年来中国海河、淮河、黄河、松花江、长江、珠江等六大江河的实测径流量多呈下降趋势，北方干旱、南方洪涝等极端水文事件频繁发生。中国水资源对气候变化最脆弱的地区为海河、滦河流域，其次为淮河、黄河流域，而整个内陆河地区由于干旱少雨非常脆弱。未来气候变化将对中国水资源产生较大的影响：一是未来50～100年，全国多年平均径流量在北方的宁夏、甘肃等部分省(区)可能明显减少，在南方的湖北、湖南等部分省份可能显著增加，这表明气候变化将可能增加中国洪涝和干旱灾害发生的几率。二是未来50～100年，中国北方地区水资源短缺形势不容乐观，特别是宁夏、甘肃等省(区)的人均水资源短缺矛盾可能加剧。三是在水资源可持续开发利用的情况下，未来50～100年，全国大部分省份水资源供需基本平衡，但内蒙古、新疆、甘肃、宁夏等省(区)水资源供需矛盾可能进一步加大。

（四）对海岸带的影响

气候变化已经对中国海岸带环境和生态系统产生了一定的影响，主要表现为近50年来中国沿海海平面上升有加速趋势，并造成海岸侵蚀和海水入侵，使珊瑚礁生态系统发生退化。未来气候变化将对中国的海平面及海岸带生态系统产生较大的影响：一是中国沿岸海平面仍将继续上升。二是发生台风和风暴潮等自然灾害的几率增大，造成海岸侵蚀及致灾程度加重。三是滨海湿地、红树林和珊瑚礁等典型生态系统损害程度也将加大。

（五）对其他领域的影响

气候变化可能引起热浪频率和强度的增加，由极端高温事件引起的死亡人数和严重疾病将增加。气候变化可能增加疾病的发生和传播机会，增加心血管病、疟疾、登革热和中暑等疾病发生的程度和范围，危害人类健康。同时，气候变化伴随的极端天气气候事件及其引发的气象灾害的增多，对大中型工程项目建设的影响加大，气候变化也可能对自然和人文旅游资源、对某些区域的旅游安全等产生重大影响。另外由于全球变暖，也将加剧空调制冷电力消费的增长趋势，对保障电力供应带来更大的压力。

三、中国应对气候变化面临的挑战

（一）对中国现有发展模式提出了重大的挑战

自然资源是国民经济发展的基础，资源的丰度和组合状况，在很大程度上决定着一个国家的产业结构和经济优势。中国人口基数大，发展水平低，人均资源短缺是制约中国经济发展的长期因素。世界各国的发展历史和趋势表明，人均二氧化碳排放量、商品能源消费量和经济发达水平有明显相关关系。在目前的技术水平下，达到工业化国家的发展水平意味着人均能源消费和二氧化碳排放必然达到较高的水平，世界上目前尚没有既有较高的人均GDP水平又能保持很低人均能源消费量的先例。未来随着中国经济的发展，能源消费和二氧化碳排放量必然还要持续增长，减缓温室气体排放将使中国面临开创新型的、可持续发展模式的挑战。

（二）对中国以煤为主的能源结构提出了巨大的挑战

中国是世界上少数几个以煤为主的国家，在2005年全球一次能源消费构成中，煤炭仅占27.8%，而中国高达68.9%。与石油、天然气等燃料相比，单位热量燃煤引起的二氧化碳排放比使用石油、天然气分别高出约36%和61%。由于调整能源结构在一定程度上受到资源结构的制约，提高能源利用效率又面临着技术和资金上的障碍，以煤为主的能源资源和消费结构在未来相当长的一段时间将不会发生根本性的改变，使得中国在降低单位能源的二氧化碳排放强度方面比其他国家面临更大的困难。

（三）对中国能源技术自主创新提出了严峻的挑战

中国能源生产和利用技术落后是造成能源效率较低和温室气体排放强度较高的一个主要原因。一方面，中国目前的能源开采、供应与转换、输配技术、工业生产技术和其他能源终端使用技术与发达国家相比均有较大差距；另一方面，中国重点行业落后工艺所占比重仍然较高，如大型钢铁联合企业吨钢综合能耗与小型企业相差200千克标准煤左右，大中型合成氨吨产品综合能耗与小型企业相差300千克标准煤左右。先进技术的严重缺乏与落后工艺技术的大量并存，使中国的能源效率比国际先进水平约低10个百分点，高耗能产品单位能耗比国际先进水平高出40%左右。应对气候变化的挑战，最终要依靠科技。中国目前正在进行的大规模能源、交通、建筑等基础设施建设，如果不能及时获得先进的、有益于减缓温室气体排放的技术，则这些设施的高排放特征就会在未来几十年内存在，这对中国应对气候变化，减少温室气体排放提出了严峻挑战。

（四）对中国森林资源保护和发展提出了诸多挑战

中国应对气候变化，一方面需要强化对森林和湿地的保护工作，提高森林适应气候变化的能力，另一方面也需要进一步加强植树造林和湿地恢复工作，提高森林碳吸收汇的能力。中国森林资源总量不足，远远不能满足国民经济和社会发展的需求，随着工业化、城镇化进程的加快，保护林地、湿地的任务加重，压力加大。中国生态环境脆弱，干旱、荒漠化、水土流失、湿地退化等仍相当严重，现有可供植树造林的土地多集中在荒漠化、石漠化以及自然条件较差的地区，给植树造林和生态恢复带来巨大的挑战。

（五）对中国农业领域适应气候变化提出了长期的挑战

中国不仅是世界上农业气象灾害多发地区，各类自然灾害连年不断，农业生产始终处于不稳定状态，而且也是一个人均耕地资源占有少、农业经济不发达、适应能力非常有限的国家。如何在气候变化的情况下，合理调整农业生产布局和结构，改善农业生产条件，有效减少病虫害的流行和杂草蔓延，降低生产成本，防止潜在荒漠化增大趋势，确保中国农业生产持续稳定发展，对中国农业领域提高气候变化适应能力和抵御气候灾害能力提出了长期的挑战。

（六）对中国水资源开发和保护领域适应气候变化提出了新的挑战

中国水资源开发和保护领域适应气候变化的目标：一是促进中国水资源持续开发与利用，二是增强适应能力以减少水资源系统对气候变化的脆弱性。如何在气候变化的情况下，加强水资源管理，优化水资源配置；加强水利基础设施建设，确保大江大河、重要城市和重点地区的防洪安全；全面推进节水型社会建设，保障人民群众的生活用水，确保经济社会的正常运行；发挥好河流功能的同时，切实保护好河流生态系统，对中国水资源开发和保护领域提高气候变化适应能力提出了长期的挑战。

（七）对中国沿海地区应对气候变化的能力提出了现实的挑战

沿海是中国人口稠密、经济活动最为活跃的地区，中国沿海地区大多地势低平，极易遭受因海平面上升带来的各种海洋灾害威胁。目前中国海洋环境监视监测能力明显不足，应对海洋灾害的预警能力和应急响应能力已不能满足应对气候变化的需求，沿岸防潮工程建设标准较低，抵抗海洋灾害的能力较弱。未来中国沿海由于海平面上升引起的海岸侵蚀、海水入侵、土壤盐渍化、河口海水倒灌等问题，对中国沿海地区应对气候变化提出了现实的挑战。

第三部分　中国应对气候变化的指导思想、原则与目标

中国经济社会发展正处在重要战略机遇期。中国将落实节约资源和保护环境的基本国策，发展循环经济，保护生态环境，加快建设资源节约型、环境友好型社会，积极履行《气候公约》相应的国际义务，努力控制温室气体排放，增强适应气候变化的能力，促进经济发展与人口、资源、环境相协调。

一、指导思想

中国应对气候变化的指导思想是：全面贯彻落实科学发展观，推动构建社会主义和谐社会，坚持节约资源和保护环境的基本国策，以控制温室气体排放、增强可持续发展能力为目标，以保障经济发展为核心，以节约能源、优化能源结构、加强生态保护和建设为重点，以科学技术进步为支撑，不断提高应对气候变化的能力，为保护全球气候做出新的贡献。

二、原则

中国应对气候变化要坚持以下原则：

——**在可持续发展框架下应对气候变化的原则**。这既是国际社会达成的重要共识，也是各缔约方应对气候变化的基本选择。中国政府早在1994年就制定和发布了可持续发展战略——《中国21世纪议程—中国21世纪人口、环境与发展白皮书》，并于1996年首次将可持续发展作为经济社会发展的重要指导方针和战略目标，2003年中国政府又制定了《中国21世纪初可持续发展行动纲要》。中国将继续根据国家可持续发展战略，积极应对气候变化问题。

——**遵循《气候公约》规定的“共同但有区别的责任”原则**。根据这一原则，发达国家应带头减少温室气体排放，并向发展中国家提供资金和技术支持；发展经济、消除贫困是发展中国家压倒一切的首要任务，发展中国家履行公约义务的程度取决于发达国家在这些基本的承诺方面能否得到切实有效的执行。

——**减缓与适应并重的原则**。减缓和适应气候变化是应对气候变化挑战的两个有机组成部分。对于广大发展中国家来说，减缓全球气候变化是一项长期、艰巨的挑战，而适应气候变化则是一项现实、紧迫的任务。中国将继续强化能源节约和结构优化的政策导向，努力控制温室气体排放，并结合生态保护重点工程以及防灾、减灾等重大基础工程建设，切实提高适应气候变化的能力。

——**将应对气候变化的政策与其他相关政策有机结合的原则**。积极适应气候变化、努力减缓温室气体排放涉及到经济社会的许多领域，只有将应对气候变化的政策与其他相关政策有机结合起来，才能使这些政策更加有效。中国将继续把节约能源、优化能源结构、加强生态保护和建设、促进农业综合生产能力的提高等政策措施作为应对气

候变化政策的重要组成部分，并将减缓和适应气候变化的政策措施纳入到国民经济和社会发展规划中统筹考虑、协调推进。

——**依靠科技进步和科技创新的原则**。科技进步和科技创新是减缓温室气体排放，提高气候变化适应能力的有效途径。中国将充分发挥科技进步在减缓和适应气候变化中的先导性和基础性作用，大力发展新能源、可再生能源技术和节能新技术，促进碳吸收技术和各种适应性技术的发展，加快科技创新和技术引进步伐，为应对气候变化、增强可持续发展能力提供强有力的科技支撑。

——**积极参与、广泛合作的原则**。全球气候变化是国际社会共同面临的重大挑战，尽管各国对气候变化的认识和应对手段尚有不同看法，但通过合作和对话、共同应对气候变化带来的挑战是基本共识。中国将积极参与《气候公约》谈判和政府间气候变化专门委员会的相关活动，进一步加强气候变化领域的国际合作，积极推进在清洁发展机制、技术转让等方面的合作，与国际社会一道共同应对气候变化带来的挑战。

三、目标

中国应对气候变化的总体目标是：控制温室气体排放取得明显成效，适应气候变化的能力不断增强，气候变化相关的科技与研究水平取得新的进展，公众的气候变化意识得到较大提高，气候变化领域的机构和体制建设得到进一步加强。根据上述总体目标，到2010年，中国将努力实现以下主要目标：

（一）控制温室气体排放

——通过加快转变经济增长方式，强化能源节约和高效利用的政策导向，加大依法实施节能管理的力度，加快节能技术开发、示范和推广，充分发挥以市场为基础的节能新机制，提高全社会的节能意识，加快建设资源节约型社会，努力减缓温室气体排放。到2010年，实现单位国内生产总值能源消耗比2005年降低20%左右，相应减缓二氧化碳排放。

——通过大力发展可再生能源,积极推进核电建设，加快煤层气开发利用等措施,优化能源消费结构。到2010年，力争使可再生能源开发利用总量（包括大水电）在一次能源供应结构中的比重提高到10%左右。煤层气抽采量达到100亿立方米。

——通过强化冶金、建材、化工等产业政策，发展循环经济，提高资源利用率，加强氧化亚氮排放治理等措施，控制工业生产过程的温室气体排放。到2010年，力争使工业生产过程的氧化亚氮排放稳定在2005年的水平上。

——通过继续推广低排放的高产水稻品种和半旱式栽培技术，采用科学灌溉技术，研究开发优良反刍动物品种技术和规模化饲养管理技术，加强对动物粪便、废水和固体废弃物的管理，加大沼气利用力度等措施，努力控制甲烷排放增长速度。

——通过继续实施植树造林、退耕还林还草、天然林资源保护、农田基本建设等政策措施和重点工程建设，到2010年，努力实现森林覆盖率达到20%，力争实现碳汇数量比2005年增加约0.5亿吨二氧化碳。

（二）增强适应气候变化能力

——通过加强农田基本建设、调整种植制度、选育抗逆品种、开发生物技术等适应性措施，到2010年，力争新增改良草地2400万公顷，治理退化、沙化和碱化草地5200万公顷，力争将农业灌溉用水有效利用系数提高到0.5。

——通过加强天然林资源保护和自然保护区的监管，继续开展生态保护重点工程建设，建立重要生态功能区，促进自然生态恢复等措施，到2010年，力争实现90%左右的典型森林生态系统和国家重点野生动植物得到有效保护，自然保护区面积占国土总面积的比重达到16%左右，治理荒漠化土地面积2200万公顷。

——通过合理开发和优化配置水资源、完善农田水利基本建设新机制和推行节水等措施，到2010年，力争减少水资源系统对气候变化的脆弱性，基本建成大江大河防洪工程体系，提高农田抗旱标准。

——通过加强对海平面变化趋势的科学监测以及对海洋和海岸带生态系统的监管，合理利用海岸线，保护滨海湿地，建设沿海防护林体系，不断加强红树林的保护、恢复、营造和管理能力的建设等措施，到2010年左右，力争实现全面恢复和营造红树林区，沿海地区抵御海洋灾害的能力得到明显提高，最大限度地减少海平面上升造成的社会影响和经济损失。

（三）加强科学研究与技术开发

——通过加强气候变化领域的基础研究，进一步开发和完善研究分析方法，加大对相关专业与管理人才的培养等措施，到2010年，力争使气候变化研究部分领域达到国际先进水平，为有效制定应对气候变化战略和政策，积极参与应对气候变化国际合作提供科学依据。

——通过加强自主创新能力，积极推进国际合作与技术转让等措施，到2010年，力争在能源开发、节能和清洁能源技术等方面取得进展，农业、林业等适应技术水平得到提高，为有效应对气候变化提供有力的科技支撑。

（四）提高公众意识与管理水平

—— 通过利用现代信息传播技术，加强气候变化方面的宣传、教育和培训，鼓励公众参与等措施，到2010年，力争基本普及气候变化方面的相关知识，提高全社会的意识，为有效应对气候变化创造良好的社会氛围。

—— 通过进一步完善多部门参与的决策协调机制，建立企业、公众广泛参与应对气候变化的行动机制等措施，到2010年，建立并形成与未来应对气候变化工作相适应的、高效的组织机构和管理体系。

第四部分　中国应对气候变化的相关政策和措施

按照全面贯彻落实科学发展观的要求，把应对气候变化与实施可持续发展战略、加快建设资源节约型、环境友好型社会和创新型国家结合起来，纳入国民经济和社会发展总体规划和地区规划；一方面抓减缓温室气体排放，一方面抓提高适应气候变化的能力。中国将采取一系列法律、经济、行政及技术等手段，大力节约能源，优化能源结构，改善生态环境，提高适应能力，加强科技开发和研究能力，提高公众的气候变化意识，完善气候变化管理机制，努力实现本方案提出的目标与任务。

一、减缓温室气体排放的重点领域

（一）能源生产和转换

1. 制定和实施相关法律法规

大力加强能源立法工作，建立健全能源法律体系，促进中国能源发展战略的实施，确立能源中长期规划的法律地位，促进能源结构的优化，减缓由能源生产和转换过程产生的温室气体排放。采取的主要措施包括：

——加快制定和修改有利于减缓温室气体排放的相关法规。根据中国今后经济社会可持续发展对构筑稳定、经济、清洁、安全能源供应与服务体系的要求，尽快制定和颁布实施《中华人民共和国能源法》，并根据该法的原则和精神，对《中华人民共和国煤炭法》、《中华人民共和国电力法》等法律法规进行相应修订，进一步强化清洁、低碳能源开发和利用的鼓励政策。

——加强能源战略规划研究与制定。研究提出国家中长期能源战略，并尽快制定和完善中国能源的总体规划以及煤炭、电力、油气、核电、可再生能源、石油储备等专项规划，提高中国能源的可持续供应能力。

——全面落实《中华人民共和国可再生能源法》。制定相关配套法规和政策，制定国家和地方可再生能源发展专项规划，明确发展目标，将可再生能源发展作为建设资源节约型和环境友好型社会的考核指标，并通过法律等途径引导和激励国内外各类经济主体参与开发利用可再生能源，促进能源的清洁发展。

2. 加强制度创新和机制建设

——加快推进中国能源体制改革。着力推进能源管理体制改革，依靠市场机制和政府推动，进一步优化能源结构；积极稳妥地推进能源价格改革，逐步形成能够反映资源稀缺程度、市场供求关系和污染治理成本的价格形成机制，建立有助于实现能源结构调整和可持续发展的价格体系；深化对外贸易体制改革，控制高耗能、高污染和资源性产品出口，形成有利于促进能源结构优质化和清洁化的进出口结构。

——进一步推动中国可再生能源发展的机制建设。按照政府引导、政策支持和市场推动相结合的原则，建立稳定的财政资金投入机制，通过政府投资、政府特许等措施，培育持续稳定增长的可再生能源市场；改善可再生能源发展的市场环境，国家电网和石油销售企业将按照《中华人民共和国可再生能源法》的要求收购可再生能源产品。

3. 强化能源供应行业的相关政策措施

——在保护生态基础上有序开发水电。把发展水电作为促进中国能源结构向清洁低碳化方向发展的重要措施。在做好环境保护和移民安置工作的前提下，合理开发和利用丰富的水力资源，加快水电开发步伐，重点加快西部水电建设，因地制宜开发小水电资源。通过上述措施，预计2010年可减少二氧化碳排放约5亿吨。

——积极推进核电建设。把核能作为国家能源战略的重要组成部分，逐步提高核电在中国一次能源供应总量中的比重，加快经济发达、电力负荷集中的沿海地区的核电建设；坚持以我为主、中外合作、引进技术、推进自主化的核电建设方针，统一技术路线，采用先进技术，实现大型核电机组建设的自主化和本地化，提高核电产业的整体能力。通过上述措施，预计2010年可减少二氧化碳排放约0.5亿吨。

——加快火力发电的技术进步。优化火电结构，加快淘汰落后的小火电机组，适当发展以天然气、煤层气为燃料的小型分散电源；大力发展单机60万千瓦及以上超（超）临界机组、大型联合循环机组等高效、洁净发电技术；发展热电联产、热电冷联产和热电煤气多联供技术；加强电网建设，采用先进的输、变、配电技术和设备，降低输、变、配电损耗。通过上述措施，预计2010年可减少二氧化碳排放约1.1亿吨。

——大力发展煤层气产业。将煤层气勘探、开发和矿井瓦斯利用作为加快煤炭工业调整结构、减少安全生产事故、提高资源利用率、防止环境污染的重要手段，最大限度地减少煤炭生产过程中的能源浪费和甲烷排放。主要鼓励政策包括：对地面抽采项目实行探矿权、采矿权使用费减免政策，对煤矿瓦斯抽采利用及其他综合利用项目实行税收优惠政策，煤矿瓦斯发电项目享受《中华人民共和国可再生能源法》规定的鼓励政策，工业、民用瓦斯销售价格不低于等热值天然气价格，鼓励在煤矿瓦斯利用领域开展清洁发展机制项目合作等。通过上述措施，预计2010年可减少温室气体排放约2亿吨二氧化碳当量。

——推进生物质能源的发展。以生物质发电、沼气、生物质固体成型燃料和液体燃料为重点，大力推进生物质能源的开发和利用。在粮食主产区等生物质能源资源较丰富地区，建设和改造以秸秆为燃料的发电厂和中小型锅炉。在经济发达、土地资源稀缺地区建设垃圾焚烧发电厂。在规模化畜禽养殖场、城市生活垃圾处理场等建设沼气工程，合理配套安装沼气发电设施。大力推广沼气和农林废弃物气化技术，提高农村地区生活用能的燃气比例，把生物质气化技术作为解决农村和工业生产废弃物环境问题的重要措施。努力发展生物质固体成型燃料和液体燃料，制定有利于以生物燃料乙醇为代表的生物质能源开发利用的经济政策和激励措施，促进生物质能源的规模化生产和使用。通过上述措施，预计2010年可减少温室气体排放约0.3亿吨二氧化碳当量。

——积极扶持风能、太阳能、地热能、海洋能等的开发和利用。通过大规模的风电开发和建设，促进风电技术进步和产业发展，实现风电设备国产化，大幅降低成本，尽快使风电具有市场竞争能力；积极发展太阳能发电和太阳能热利用，在偏远地区推广户用光伏发电系统或建设小型光伏电站，在城市推广普及太阳能一体化建筑、太阳能集中供热水工程，建设太阳能采暖和制冷示范工程，在农村和小城镇推广户用太阳能热水器、太阳房和太阳灶；积极推进地热能和海洋能的开发利用，推广满足环境和水资源保护要求的地热供暖、供热水和地源热泵技术，研究开发深层地热发电技术；在浙江、福建和广东等地发展潮汐发电，研究利用波浪能等其他海洋能发电技术。通过上述措施，预计2010年可减少二氧化碳排放约0.6亿吨。

4. 加大先进适用技术开发和推广力度

大力提高常规能源、新能源和可再生能源开发和利用技术的自主创新能力，促进能源工业可持续发展，增强应对气候变化的能力。

——煤的清洁高效开发和利用技术。重点研究开发煤炭高效开采技术及配套装备、重型燃气轮机、整体煤气化联合循环（IGCC）、高参数超（超）临界机组、超临界大型循环流化床等高效发电技术与装备，开发和应用液化及多联产技术，大力开发煤液化以及煤气化、煤化工等转化技术、以煤气化为基础的多联产系统技术、二氧化碳捕获及利用、封存技术等。

——油气资源勘探开发利用技术。重点开发复杂断块与岩性地层油气藏勘探技术，低品位油气资源高效开发技术，提高采收率技术，深层油气资源勘探开发技术，重点研究开发深海油气藏勘探技术和稠油油藏提高采收率综合技术。

—— 核电技术。研究并掌握快堆设计及核心技术，相关核燃料和结构材料技术，突破钠循环等关键技术，积极参与国际热核聚变实验反应堆的建设和研究。

——可再生能源技术。重点研究低成本规模化开发利用技术，开发大型风力发电设备，高性价比太阳光伏电池及利用技术，太阳能热发电技术，太阳能建筑一体化技术，生物质能和地热能等开发利用技术。

——输配电和电网安全技术。重点研究开发大容量远距离直流输电技术和特高压交流输电技术与装备，间歇式电源并网及输配技术，电能质量监测与控制技术，大规模互联电网的安全保障技术，西电东送工程中的重大关键技术，电网调度自动化技术，高效配电和供电管理信息技术和系统。

（二）提高能源效率与节约能源

1.加快相关法律法规的制定和实施

——健全节能法规和标准。修订完善《中华人民共和国节约能源法》，建立严格的节能管理制度，完善各行为主体责任，强化政策激励，明确执法主体，加大惩戒力度；抓紧制定和修订《节约用电管理办法》、《节约石油管理办法》、《建筑节能管理条例》等配套法规；制定和完善主要工业耗能设备、家用电器、照明器具、机动车等能效标准，修订和完善主要耗能行业节能设计规范、建筑节能标准，加快制定建筑物制冷、采暖温度控制标准等。

——加强节能监督检查。健全强制淘汰高耗能、落后工艺、技术和设备的制度，依法淘汰落后的耗能过高的用能产品、设备；完善重点耗能产品和新建建筑的市场准入制度，对达不到最低能效标准的产品，禁止生产、进口和销售，对不符合建筑节能设计标准的建筑，不准销售和使用；依法加强对重点用能单位能源利用状况的监督检查，加强对高耗能行业及政府办公建筑和大型公共建筑等公共设施用能情况的监督；加强对产品能效标准、建筑节能设计标准和行业设计规范执行情况的检查。

2.加强制度创新和机制建设

——建立节能目标责任和评价考核制度。实施GDP能耗公报制度，完善节能信息发布制度，利用现代信息传播技术，及时发布各类能耗信息，引导地方和企业加强节能工作。

——推行综合资源规划和电力需求侧管理，将节约量作为资源纳入总体规划，引导资源合理配置，采取有效措施，提高终端用电效率、优化用电方式，节约电力。

—— 大力推动节能产品认证和能效标识管理制度的实施，运用市场机制，鼓励和引导用户和消费者购买节能型产品。

—— 推行合同能源管理，克服节能新技术推广的市场障碍，促进节能产业化，为企业实施节能改造提供诊断、设计、融资、改造、运行、管理一条龙服务。

—— 建立节能投资担保机制，促进节能技术服务体系的发展。

—— 推行节能自愿协议，最大限度地调动企业和行业协会的节能积极性。

3.强化相关政策措施

——大力调整产业结构和区域合理布局。推动服务业加快发展，提高服务业在国民经济中的比重。把区域经济发展与能源节约、环境保护、控制温室气体排放有机结合起来，根据资源环境承载能力和发展潜力，按照主体功能区划要求，确定不同区域的功能定位，促进形成各具特色的区域发展格局。

——严格执行《产业结构调整指导目录》。控制高耗能、高污染产业规模，降低高耗能、高污染产业比重，鼓励发展高新技术产业，优先发展对经济增长有重大带动作用的低能耗的信息产业，制定并实施钢铁、有色、水泥等高耗能行业发展规划和产业政策，提高行业准入标准，制定并完善国内紧缺资源及高耗能产品出口的政策。

——制定节能产品优惠政策。重点是终端用能设备，包括高效电动机、风机、水泵、变压器、家用电器、照明产品及建筑节能产品等，对生产或使用目录所列节能产品实行鼓励政策，并将节能产品纳入政府采购目录，对一些重大节能工程项目和重大节能技术开发、示范项目给予投资和资金补助或贷款贴息支持，研究制定发展节能省地型建筑和绿色建筑的经济激励政策。

——研究鼓励发展节能环保型小排量汽车和加快淘汰高油耗车辆的财政税收政策。择机实施燃油税改革方案，制定鼓励节能环保型小排量汽车发展的产业政策，制定鼓励节能环保型小排量汽车消费的政策措施，取消针对节能环保型小排量汽车的各种限制，引导公众树立节约型汽车消费理念，大力发展公共交通，提高轨道交通在城市交通中的比例，研究鼓励混合动力汽车、纯电动汽车的生产和消费政策。

4.强化重点行业的节能技术开发和推广

——钢铁工业。焦炉同步配套干熄焦装置，新建高炉同步配套余压发电装置，积极采用精料入炉、富氧喷煤、铁水预处理、大型高炉、转炉和超高功率电炉、炉外精炼、连铸、连轧、控轧、控冷等先进工艺技术和装备。

——有色金属工业。矿山重点采用大型、高效节能设备，铜熔炼采用先进的富氧闪速及富氧熔池熔炼工艺，电解铝采用大型预焙电解槽，铅熔炼采用氧气底吹炼铅新工艺及其他氧气直接炼铅技术，锌冶炼发展新型湿法工艺。

——石油化工工业。油气开采应用采油系统优化配置、稠油热采配套节能、注水系统优化运行、二氧化碳回注、油气密闭集输综合节能和放空天然气回收利用等技术，优化乙烯生产原料结构，采用先进技术改造乙烯裂解炉，大型合成氨装置采用先进节能工艺、新型催化剂和高效节能设备，以天然气为原料的合成氨推广一段炉烟气余热回收技术，以石油为原料的合成氨加快以天然气替代原料油的改造，中小型合成氨采用节能设备和变压吸附回收技术，采用水煤浆或先进粉煤气化技术替代传统的固定床造气技术，逐步淘汰烧碱生产石墨阳极隔膜法烧碱，提高离子膜法烧碱比重等措施。

——建材工业。水泥行业发展新型干法窑外分解技术，积极推广节能粉磨设备和水泥窑余热发电技术，对现有大中型回转窑、磨机、烘干机进行节能改造，逐步淘汰机立窑、湿法窑、干法中空窑及其他落后的水泥生产工艺。利用可燃废弃物替代矿物燃料，综合利用工业废渣和尾矿。玻璃行业发展先进的浮法工艺，淘汰落后的垂直引上和平拉工艺，推广炉窑全保温技术、富氧和全氧燃烧技术等。建筑陶瓷行业淘汰倒焰窑、推板窑、多孔窑等落后窑型，推广辊道窑技术。卫生陶瓷生产改变燃料结构，采用洁净气体燃料无匣钵烧成工艺。积极推广应用新型墙体材料以及优质环保节能的绝热隔音材料、防水材料和密封材料，提高高性能混凝土的应用比重，延长建筑物的寿命。

——交通运输。加速淘汰高耗能的老旧汽车，加快发展柴油车、大吨位车和专业车，推广厢式货车，发展集装箱等专业运输车辆；推动《乘用车燃料消耗量限值》国家标准的实施，从源头控制高耗油汽车的发展；加快发展电气化铁路，开发交—直—交高效电力机车，推广电气化铁路牵引功率因数补偿技术和其他节电措施，发展机车向客车供电技术，推广使用客车电源，逐步减少和取消柴油发电车；采用节油机型，提高载运率、客座率和运输周转能力，提高燃油效率，降低油耗；通过制定船舶技术标准，加速淘汰老旧船舶；采用新船型和先进动力系统。

——农业机械。淘汰落后农业机械；采用先进柴油机节油技术，降低柴油机燃油消耗；推广少耕免耕法、联合作业等先进的机械化农艺技术；在固定作业场地更多的使用电动机；开发水能、风能、太阳能等可再生能源在农业机械上的应用。通过淘汰落后渔船，提高利用效率，降低渔业油耗。

——建筑节能。重点研究开发绿色建筑设计技术，建筑节能技术与设备，供热系统和空调系统节能技术和设备，可再生能源装置与建筑一体化应用技术，精致建造和绿色建筑施工技术与装备，节能建材与绿色建材，建筑节能技术标准，既有建筑节能改造技术和标准。

——商业和民用节能。推广高效节能电冰箱、空调器、电视机、洗衣机、电脑等家用及办公电器，降低待机能耗，实施能效标准和标识，规范节能产品市场。推广稀土节能灯等高效荧光灯类产品、高强度气体放电灯及电子镇流器，减少普通白炽灯使用比例，逐步淘汰高压汞灯，实施照明产品能效标准，提高高效节能荧光灯使用比例。

5. 进一步落实《节能中长期专项规划》提出的十大重点节能工程

积极推进燃煤工业锅炉（窑炉）改造、区域热电联产、余热余压利用、节约和替代石油、电机系统节能、能量系统优化、建筑节能、绿色照明、政府机构节能、节能监测和技术服务体系建设等十大重点节能工程的实施，确保工程实施的进度和效果，尽快形成稳定的节能能力。通过实施上述十大重点节能工程，预计"十一五"期间可实现节能2.4亿吨标准煤，相当于减排二氧化碳约5.5亿吨。

（三）工业生产过程

——大力发展循环经济，走新型工业化道路。按照"减量化、再利用、资源化"原则和走新型工业化道路的要求，采取各种有效措施，进一步促进工业领域的清洁生产和循环经济的发展，加快建设资源节约型、环境友好型社会，在满足未来经济社会发展对工业产品基本需求的同时，尽可能减少水泥、石灰、钢铁、电石等产品的使用量，最大限度地减少这些产品在生产和使用过程中产生的二氧化碳等温室气体排放。

——强化钢材节约，限制钢铁产品出口。进一步贯彻落实《钢铁产业发展政策》，鼓励用可再生材料替代钢材和废钢材回收，减少钢材使用数量；鼓励采用以废钢为原料的短流程工艺；组织修订和完善建筑钢材使用设计规范和标准，在确保安全的情况下，降低钢材使用系数；鼓励研究、开发和使用高性能、低成本、低消耗的新型材料，以替代钢材；鼓励钢铁企业生产高强度钢材和耐腐蚀钢材，提高钢材强度和使用寿命；取消或降低铁合金、生铁、废钢、钢坯（锭）、钢材等钢铁产品的出口退税，限制这些产品的出口。

——进一步推广散装水泥、鼓励水泥掺废渣。继续执行“限制袋装、鼓励和发展散装”的方针，完善对生产企业销售袋装水泥和使用袋装水泥的单位征收散装水泥专项资金的政策，继续执行对掺废渣水泥产品实行减免税优惠待遇等政策，进一步推广预拌混凝土、预拌砂浆等措施，保持中国散装水泥高速发展的势头。

——大力开展建筑材料节约。进一步推广包括节约建筑材料的“四节”（节能、节水、节材、节地）建筑，积极推进新型建筑体系，推广应用高性能、低材耗、可再生循环利用的建筑材料；大力推广应用高强钢和高性能混凝土；积极开展建筑垃圾与废品的回收和利用；充分利用秸秆等产品制作植物纤维板；落实严格设计、施工等材料消耗核算制度的要求，修订相关工程消耗量标准，引导企业推进节材技术进步。

—— 进一步推动己二酸等生产企业开展清洁发展机制项目等国际合作，积极寻求控制氧化亚氮及氢氟碳化物(HFCs)、全氟化碳(PFCs)和六氟化硫(SF_6)等温室气体排放所需的资金和技术援助，提高排放控制水平，以减少各种温室气体的排放。

（四）农业

——加强法律法规的制定和实施。逐步建立健全以《中华人民共和国农业法》、《中华人民共和国草原法》、《中华人民共和国土地管理法》等若干法律为基础的、各种行政法规相配合的、能够改善农业生产力和增加农业生态系统碳储量的法律法规体系，加快制定农田、草原保护建设规划，严格控制在生态环境脆弱的地区开垦土地，不允许以任何借口毁坏草地和浪费土地。

——强化高集约化程度地区的生态农业建设。通过实施农业面源污染防治工程，推广化肥、农药合理使用技术，大力加强耕地质量建设，实施新一轮沃土工程，科学施用化肥，引导增施有机肥，全面提升地力，减少农田氧化亚氮排放。

——进一步加大技术开发和推广利用力度。选育低排放的高产水稻品种，推广水稻半旱式栽培技术，采用科学灌溉技术，研究和发展微生物技术等，有效降低稻田甲烷排放强度；研究开发优良反刍动物品种技术，规模化饲养管理技术，降低畜产品的甲烷排放强度；进一步推广秸秆处理技术，促进户用沼气技术的发展；开发推广环保型肥料关键技术，减少农田氧化亚氮排放；大力推广秸秆还田和少（免）耕技术，增加农田土壤碳贮存。

（五）林业

——加强法律法规的制定和实施。加快林业法律法规的制定、修订和清理工作。制定天然林保护条例、林木和林地使用权流转条例等专项法规；加大执法力度，完善执法体制，加强执法检查，扩大社会监督，建立执法动态监督机制。

——改革和完善现有产业政策。继续完善各级政府造林绿化目标管理责任制和部门绿化责任制，进一步探索市场经济条件下全民义务植树的多种形式，制定相关政策推动义务植树和部门绿化工作的深入发展。通过相关产业政策的调整，推动植树造林工作的进一步发展，增加森林资源和林业碳汇。

——抓好林业重点生态建设工程。继续推进天然林资源保护、退耕还林还草、京津风沙源治理、防护林体系、野生动植物保护及自然保护区建设等林业重点生态建设工程，抓好生物质能源林基地建设，通过有效实施上述重点工程，进一步保护现有森林碳贮存，增加陆地碳贮存和吸收汇。

（六）城市废弃物

——强化相关法律法规的实施。切实贯彻落实《中华人民共和国固体废物污染环境防治法》和《城市市容和环境卫生管理条例》、《城市生活垃圾管理办法》等法律法规，使管理的重点由目前的末端管理过渡到全过程管理，即垃圾的源头削减、回收利用和最终的无害化处理，最大限度地规范垃圾产生者和处理者的行为，并把城市生活垃圾处理工作纳入城市总体规划。

——进一步完善行业标准。根据新形势要求，制定强制性垃圾分类和回收标准，提高垃圾的资源综合利用率，从源头上减少垃圾产生量。严格执行并进一步修订现行的《城市生活垃圾分类及其评价标准》、《生活垃圾卫生填埋技术规范》、《生活垃圾填埋无害化评价标准》等行业标准，提高对填埋场产生的可燃气体的收集利用水平，减少垃圾填埋场的甲烷排放量。

——加大技术开发和利用的力度。大力研究开发和推广利用先进的垃圾焚烧技术，提高国产化水平，有效降低成本，促进垃圾焚烧技术产业化发展。研究开发适合中国国情、规模适宜的垃圾填埋气回收利用技术和堆肥技术，为中小城市和农村提供亟需的垃圾处理技术。加大对技术研发、示范和推广利用的支持力度，加快垃圾处理和综合利用技术的发展步伐。

——发挥产业政策的导向作用。以国家产业政策为导向，通过实施生活垃圾处理收费制度，推行环卫行业服务性收费、经济承包责任制和生产事业单位实行企业化管理等措施，促进垃圾处理体制改革，改善目前分散式的垃圾收集利用方式，推动垃圾处理的产业化发展。

——制定促进填埋气体回收利用的激励政策。制定激励政策，鼓励企业建设和使用填埋气体收集利用系统。提高征收垃圾处置费的标准，对垃圾填埋气体发电和垃圾焚烧发电的上网电价给予优惠，对填埋气体收集利用项目实行优惠的增值税税率，并在一定时间内减免所得税。

二、适应气候变化的重点领域

（一）农业

——继续加强农业基础设施建设。加快实施以节水改造为中心的大型灌区续建配套，着力搞好田间工程建设，更新改造老化机电设备，完善灌排体系。继续推进节水灌溉示范，在粮食主产区进行规模化建设试点，干旱缺水地区积极发展节水旱作农业，继续建设旱作农业示范区。狠抓小型农田水利建设，重点建设田间灌排工程、小型灌区、非灌区抗旱水源工程。加大粮食主产区中低产田盐碱和渍害治理力度，加快丘陵山区和其他干旱缺水地区雨水集蓄利用工程建设。

——推进农业结构和种植制度调整。优化农业区域布局，促进优势农产品向优势产区集中，形成优势农产品产业带，提高农业生产能力。扩大经济作物和饲料作物的种植，促进种植业结构向粮食作物、饲料作物和经济作物三元结构的转变。调整种植制度，发展多熟制，提高复种指数。

——选育抗逆品种。培育产量潜力高、品质优良、综合抗性突出和适应性广的优良动植物新品种。改进作物和品种布局，有计划地培育和选用抗旱、抗涝、抗高温、抗病虫害等抗逆品种。

——遏制草地荒漠化加重趋势。建设人工草场，控制草原的载畜量，恢复草原植被，增加草原覆盖度，防止荒漠化进一步蔓延。加强农区畜牧业发展，增强畜牧业生产能力。

——加强新技术的研究和开发。发展包括生物技术在内的新技术，力争在光合作用、生物固氮、生物技术、病虫害防治、抗御逆境、设施农业和精准农业等方面取得重大进展。继续实施“种子工程”、“畜禽水产良种工程”，搞好大宗农作物、畜禽良种繁育基地建设和扩繁推广。加强农业技术推广，提高农业应用新技术的能力。

(二)森林和其他自然生态系统

——制定和实施与适应气候变化相关的法律法规。加快《中华人民共和国森林法》、《中华人民共和国野生动物保护法》的修订，起草《中华人民共和国自然保护区法》，制定湿地保护条例等，并在有关法津法规中增加和强化与适应气候变化相关的条款，为提高森林和其他自然生态系统适应气候变化能力提供法制化保障。

——强化对现有森林资源和其他自然生态系统的有效保护。对天然林禁伐区实施严格保护，使天然林生态系统由逆向退化向顺向演替转变。实施湿地保护工程，有效减少人为干扰和破坏，遏制湿地面积下滑趋势。扩大自然保护区面积，提高自然保护区质量，建立保护区走廊。加强森林防火，建立完善的森林火灾预测预报、监测、扑救助、林火阻隔及火灾评估体系。积极整合现有林业监测资源，建立健全国家森林资源与生态状况综合监测体系。加强森林病虫害控制，进一步建立健全森林病虫害监测预警、检疫御灾及防灾减灾体系，加强综合防治，扩大生物防治。

——加大技术开发和推广应用力度。研究与开发森林病虫害防治和森林防火技术，研究选育耐寒、耐旱、抗病虫害能力强的树种，提高森林植物在气候适应和迁移过程中的竞争和适应能力。开发和利用生物多样性保护和恢复技术，特别是森林和野生动物类型自然保护区、湿地保护与修复、濒危野生动植物物种保护等相关技术，降低气候变化对生物多样性的影响。加强森林资源和森林生态系统定位观测与生态环境监测技术，包括森林环境、荒漠化、野生动植物、湿地、林火和森林病虫害等监测技术，完善生态环境监测网络和体系，提高预警和应急能力。

（三）水资源

——强化水资源管理。坚持人与自然和谐共处的治水思路，在加强堤防和控制性工程建设的同时，积极退田还湖（河）、平垸行洪、疏浚河湖，对于生态严重恶化的河流，采取积极措施予以修复和保护。加强水资源统一管理，以流域为单元实行水资源统一管理，统一规划，统一调度。注重水资源的节约、保护和优化配置，改变水资源“取之不尽、用之不竭”的错误观念，从传统的“以需定供”转为“以供定需”。建立国家初始水权分配制度和水权转让制度。建立与市场经济体制相适应的水利工程投融资体制和水利工程管理体制。

——加强水利基础设施的规划和建设。加快建设南水北调工程，通过三条调水线路与长江、黄河、淮河和海河四大江河联通，逐步形成“四横三纵、南北调配、东西互济”的水资源优化配置格局。加强水资源控制工程（水库等）建设、灌区建设与改造，继续实施并开工建设一些区域性调水和蓄水工程。

——加大水资源配置、综合节水和海水利用技术的研发与推广力度。重点研究开发大气水、地表水、土壤水和地下水的转化机制和优化配置技术，污水、雨洪资源化利用技术，人工增雨技术等。研究开发工业用水循环利用技术，开发灌溉节水、旱作节水与生物节水综合配套技术，重点突破精量灌溉技术、智能化农业用水管理技术及设备，加强生活节水技术及器具开发。加强海水淡化技术的研究、开发与推广。

（四）海岸带及沿海地区

——建立健全相关法律法规。根据《中华人民共和国海洋环境保护法》和《中华人民共和国海域使用管理法》，结合沿海各地区的特点，制定区域管理条例或实施细则。建立合理的海岸带综合管理制度、综合决策机制以及行之有效的协调机制，及时处理海岸带开发和保护行动中出现的各种问题。建立综合管理示范区。

——加大技术开发和推广应用力度。加强海洋生态系统的保护和恢复技术研发，主要包括沿海红树林的栽培、移种和恢复技术，近海珊瑚礁生态系统以及沿海湿地的保护和恢复技术，降低海岸带生态系统的脆弱性。加快建设已经选划的珊瑚礁、红树林等海洋自然保护区，提高对海洋生物多样性的保护能力。

——加强海洋环境的监测和预警能力。增设沿海和岛屿的观测网点，建设现代化观测系统，提高对海洋环境的航空遥感、遥测能力，提高应对海平面变化的监视监测能力。建立沿海潮灾预警和应急系统，加强预警基础保障能力，加强业务化预警系统能力和加强预警产品的制作与分发能力，提高海洋灾害预警能力。

——强化应对海平面升高的适应性对策。采取护坡与护滩相结合、工程措施与生物措施相结合，提高设计坡高标准，加高加固海堤工程，强化沿海地区应对海平面上升的防护对策。控制沿海地区地下水超采和地面沉降，对已出现地下水漏斗和地面沉降区进行人工回灌。采取陆地河流与水库调水、以淡压咸等措施，应对河口海水倒灌和咸潮上溯。提高沿海城市和重大工程设施的防护标准，提高港口码头设计标高，调整排水口的底高。大力营造沿海防护林，建立一个多林种、多层次、多功能的防护林工程体系。

三、气候变化相关科技工作

——加强气候变化相关科技工作的宏观管理与协调。深化对气候变化相关科技工作重要意义的认识，努力贯彻落实“自主创新、重点跨越、支撑发展、引领未来”的科技指导方针和《国家中长期科学和技术发展规划纲要》对气候变化相关科技工作提出的要求，加强气候变化领域科技工作的宏观管理和政策引导，健全气候变化相关科技工作的领导和协调机制，完善气候变化相关科技工作在各地区和各部门的整体布局，进一步强化对气候变化相关科技工作的支持力度，加强气候变化科技资源的整合，鼓励和支持气候变化科技领域的创新，充分发挥科学技术在应对和解决气候变化方面的基础和支撑作用。

——推进中国气候变化重点领域的科学研究与技术开发工作。加强气候变化的科学事实与不确定性、气候变化对经济社会的影响、应对气候变化的经济社会成本效益分析和应对气候变化的技术选择与效果评价等重大问题的研究。加强中国气候观测系统建设，开发全球气候变化监测技术、温室气体减排技术和气候变化适应技术等，提高中国应对气候变化和履行国际公约的能力。重点研究开发大尺度气候变化准确监测技术、提高能效和清洁能源技术、主要行业二氧化碳、甲烷等温室气体的排放控制与处置利用技术、生物固碳技术及固碳工程技术等。

——加强气候变化科技领域的人才队伍建设。加强气候变化科技领域的人才培养，建立人才激励与竞争的有效机制，创造有利于人才脱颖而出的学术环境和氛围，特别重视培养具有国际视野和能够引领学科发展的学术带头人和尖子人才，鼓励青年人才脱颖而出。加强气候变化的学科建设，加大人才队伍的建设和整合力度，在气候变化领域科研机构建立“开放、流动、竞争、协作”的运行机制，充分利用多种渠道和方式提高中国科学家的研究水平和中国主要研究机构的自主创新能力，形成具有中国特色的气候变化科技管理队伍和研发队伍，并鼓励和推荐中国科学家参与气候变化领域国际科研计划和在相关国际研究机构中担任职务。

——加大对气候变化相关科技工作的资金投入。加大政府对气候变化相关科技工作的资金支持力度，建立相对稳定的政府资金渠道，确保资金落实到位、使用高效，发挥政府作为投入主渠道的作用。多渠道筹措资金，吸引社会各界资金投入气候变化的科技研发工作，将科技风险投资引入气候变化领域。充分发挥企业作为技术创新主体的作用，引导中国企业加大对气候变化领域技术研发的投入。积极利用外国政府、国际组织等双边和多边基金，支持中国开展气候变化领域的科学研究与技术开发。

四、气候变化公众意识

——发挥政府的推动作用。各级政府要把提高公众意识作为应对气候变化的一项重要工作抓紧抓好。要进一步提高各级政府领导干部、企事业单位决策者的气候变化意识，逐步建立一支具有较高全球气候变化意识的干部队伍；利用社会各界力量，宣传我国应对气候变化的各项方针政策，提高公众应对气候变化的意识。

——加强宣传、教育和培训工作。利用图书、报刊、音像等大众传播媒介，对社会各阶层公众进行气候变化方面的宣传活动，鼓励和倡导可持续的生活方式，倡导节约用电、用水，增长垃圾循环利用和垃圾分类的自觉意识等；在基础教育、成人教育、高等教育中纳入气候变化普及与教育的内容，使气候变化教育成为素质教育的一部分；举办各种专题培训班，就有关气候变化的各种问题，针对不同的培训对象开展专题培训活动，组织有关气候变化的科普学术研讨会；充分利用信息技术，进一步充实现有气候变化信息网站的内容及功能，使其真正成为获取信息、交流沟通的一个快速而有效的平台。

——鼓励公众参与。建立公众和企业界参与的激励机制，发挥企业参与和公众监督的作用。完善气候变化信息发布的渠道和制度，拓宽公众参与和监督渠道，充分发挥新闻媒介的舆论监督和导向作用。增加有关气候变化决策的透明度，促进气候变化领域管理的科学化和民主化。积极发挥民间社会团体和非政府组织的作用，促进广大公众和社会各界参与减缓全球气候变化的行动。

——加强国际合作与交流。加强国际合作，促进气候变化公众意识方面的合作与交流，积极借鉴国际上好的做法，完善国内相关工作。积极开展与世界各国关于全球气候变化的出版物、影视和音像作品的交流和交换，建立资料信息库，为国内有关单位、研究机构、高等学校等查询、了解气候变化相关信息提供服务。

五、机构和体制建设

——加强应对全球气候变化工作的领导。应对气候变化涉及经济社会、内政外交，国务院决定成立国家应对气候变化领导小组，温家宝总理担任组长，曾培炎副总理、唐家璇国务委员担任副组长。领导小组将研究确定国家应对气候变化的重大战略、方针和对策，协调解决应对气候变化工作中的重大问题。应对气候变化工作的办事机构设在发展改革委。国务院有关部门要认真履行职责，加强协调配合，形成应对气候变化的合力。地方各级人民政府要加强对本地区应对气候变化工作的组织领导，抓紧制定本地区应对气候变化的方案，并认真组织实施。

——建立地方应对气候变化的管理体系。建立地方应对气候变化管理机构，贯彻落实《国家方案》的相关内容，组织协调本地区应对气候变化的工作，协调本地区各方面的行动。建立地方气候变化专家队伍，根据各地区在地理环境、气候条件、经济发展水平等方面的具体情况，因地制宜地制定应对气候变化的相关政策措施。同时加强中央政府与地方政府的协调，促进相关政策措施的顺利实施。

——有效利用中国清洁发展机制基金。根据《清洁发展机制项目运行管理办法》中的有关规定，中国政府对清洁发展机制项目收取一定比例的“温室气体减排量转让额”，用于建立中国清洁发展机制基金，并通过基金管理中心支持气候变化领域的相关活动。中国清洁发展机制基金的建立，对于加强气候变化基础研究工作，提高适应与减缓气候变化的能力，保障《国家方案》的有效实施，缓解气候变化领域的资金需求压力，都将起到积极的作用。

第五部分 中国对若干问题的基本立场及国际合作需求

气候变化主要是发达国家自工业革命以来大量排放二氧化碳等温室气体造成的，其影响已波及全球。应对气候变化，需要国际社会广泛合作。为有效应对气候变化，并落实本方案，中国愿与各国加强合作，并呼吁发达国家按《气候公约》规定，切实履行向发展中国家提供资金和技术的承诺，提高发展中国家应对气候变化的能力。

一、中国对气候变化若干问题的基本立场

（一）减缓温室气体排放

减缓温室气体排放是应对气候变化的重要方面。《气候公约》附件一缔约方国家应按“共同但有区别的责任”原则率先采取减排措施。发展中国家由于其历史排放少，当前人均温室气体排放水平比较低，其主要任务是实现可持续发展。中国作为发展中国家，将根据其可持续发展战略，通过提高能源效率、节约能源、发展可再生能源、加强生态保护和建设、大力开展植树造林等措施，努力控制温室气体排放，为减缓全球气候变化做出贡献。

（二）适应气候变化

适应气候变化是应对气候变化措施不可分割的组成部分。过去，适应方面没有引起足够的重视，这种状况必须得到根本改变。国际社会今后在制定进一步应对气候变化法律文书时，应充分考虑如何适应已经发生的气候变化问题，尤其是提高发展中国家抵御灾害性气候事件的能力。中国愿与国际社会合作，积极参与适应领域的国际活动和法律文书的制定。

（三）技术合作与技术转让

技术在应对气候变化中发挥着核心作用，应加强国际技术合作与转让，使全球共享技术发展所产生的惠益。应建立有效的技术合作机制，促进应对气候变化技术的研发、应用与转让；应消除技术合作中存在的政策、体制、程序、资金以及知识产权保护方面的障碍，为技术合作和技术转让提供激励措施，使技术合作和技术转让在实践中得以顺利进行；应建立国际技术合作基金，确保广大发展中国家买得起、用得上先进的环境友好型技术。

（四）切实履行《气候公约》和《京都议定书》的义务

《气候公约》规定了应对气候变化的目标、原则和承诺，《京都议定书》在此基础上进一步规定了发达国家2008–2012年的温室气体减排目标，各缔约方均应切实履行其在《气候公约》和《京都议定书》下的各项承诺，发达国家应切实履行其率先采取减排温室气体行动，并向发展中国家提供资金和转让技术的承诺。中国作为负责任的国家，将认真履行其在《气候公约》和《京都议定书》下的义务。

（五）气候变化区域合作

《气候公约》和《京都议定书》设立了国际社会应对气候变化的主体法律框架，但这绝不意味着排斥区域气候变化合作。任何区域性合作都应是对《气候公约》和《京都议定书》的有益补充，而不是替代或削弱，目的是为了充分调动各方面应对气候变化的积极性，推动务实的国际合作。中国将本着这种精神参与气候变化领域的区域合作。

二、气候变化国际合作需求

（一）技术转让和合作需求

——气候变化观测、监测技术。主要技术需求包括：大气、海洋和陆地生态系统观测技术，气象、海洋和资源卫星技术，气候变化监测与检测技术，以及气候系统的模拟和计算技术等方面，其中各种先进的观测设备制造技术、高分辨率和高精度卫星技术、卫星和遥感信息的提取和反演技术、高性能的气候变化模拟技术等都是中国在气候系统观测体系建设方面所急需的，是该领域技术合作需求的重点。

——减缓温室气体排放技术。中国正在进行大规模的基础设施建设，对减缓温室气体排放重大技术的需求十分强烈。主要技术需求包括：先进的能源技术和制造技术，环保与资源综合利用技术，高效交通运输技术，新材料技术，新型建筑材料技术等方面，其中高效低污染燃煤发电技术，大型水力发电机组技术，新型核能技术，可再生能源技术，建筑节能技术，洁净燃气汽车、混合动力汽车技术，城市轨道交通技术，燃料电池和氢能技术，高炉富氧喷煤炼铁及长寿命技术，中小型氮肥生产装置的改扩建综合技术，路用新材料技术，新型墙体材料技术等在中国的

应用与推广，将对减缓温室气体排放产生重大影响。

——适应气候变化技术。主要技术需求包括：喷灌、滴灌等高效节水农业技术，工业水资源节约与循环利用技术，工业与生活废水处理技术，居民生活节水技术，高效防洪技术，农业生物技术，农业育种技术，新型肥料与农作物病虫害防治技术，林业与草原病虫害防治技术，速生丰产林与高效薪炭林技术，湿地、红树林、珊瑚礁等生态系统恢复和重建技术，洪水、干旱、海平面上升、农业灾害等观测与预警技术等。如果中国能及时获得上述技术，将有助于增强中国适应气候变化的能力。

（二）能力建设需求

——人力资源开发方面。主要需求包括：气候变化基础研究、减缓和适应的政策分析、信息化建设、清洁发展机制项目管理等方面的人员培训、国际交流、学科建设和专业技能培养等能力建设。

——适应气候变化方面。主要需求包括：开发气候变化适应性项目，开展极端气候事件案例研究，完善气候观测系统，提高沿海地区及水资源和农业等部门适应气候变化等能力建设。

——技术转让与合作方面。主要需求包括：及时跟踪国际技术发展动态，有效识别与评价气候变化领域中的先进适用技术，促进技术转让与合作的对策分析，提高对转让技术的消化和吸收等能力建设。

——提高公众意识方面。主要需求包括：制定提高公众气候变化意识的中长期规划及相关政策，建立与国际接轨的专业宣传教育网络和机构，培养宣传教育人才，面向不同区域、不同层次利益相关者的宣传教育活动，宣传普及气候变化知识，引导公众选择有利于保护气候的消费模式等能力建设。

——信息化建设方面。主要需求包括：分布式的气候变化信息数据库群，基于网络的气候变化信息共享平台，以应用为导向的气候变化信息体系和信息服务体系，公益性信息服务体系和发展产业化信息服务体系，国际信息交流与合作等能力建设。

——国家信息通报编制方面。主要需求包括：满足清单编制需求的统计体系，确定主要排放因子所需的测试数据，清单质量控制、气候变化影响和适应性评价、未来温室气体排放预测等方法，以及国家温室气体数据库等能力建设。

二〇〇七年四月

国务院关于印发节能减排综合性工作方案的通知

国发〔2007〕15号

各省、自治区、直辖市人民政府，国务院各部委、各直属机构：

国务院同意发展改革委会同有关部门制定的《节能减排综合性工作方案》（以下简称《方案》），现印发给你们，请结合本地区、本部门实际，认真贯彻执行。

一、充分认识节能减排工作的重要性和紧迫性

《中华人民共和国国民经济和社会发展第十一个五年规划纲要》提出了“十一五”期间单位国内生产总值能耗降低20%左右，主要污染物排放总量减少10%的约束性指标。这是贯彻落实科学发展观，构建社会主义和谐社会的重大举措；是建设资源节约型、环境友好型社会的必然选择；是推进经济结构调整，转变增长方式的必由之路；是提高人民生活质量，维护中华民族长远利益的必然要求。

当前，实现节能减排目标面临的形势十分严峻。去年以来，全国上下加强了节能减排工作，国务院发布了加强节能工作的决定，制定了促进节能减排的一系列政策措施，各地区、各部门相继做出了工作部署，节能减排工作取得了积极进展。但是，去年全国没有实现年初确定的节能降耗和污染减排的目标，加大了“十一五”后四年节能减排工作的难度。更为严峻的是，今年一季度，工业特别是高耗能、高污染行业增长过快，占全国工业能耗和二氧化硫排放近70%的电力、钢铁、有色、建材、石油加工、化工等六大行业增长20.6%，同比加快6.6个百分点。与此同时，各方面工作仍存在认识不到位、责任不明确、措施不配套、政策不完善、投入不落实、协调不得力等问题。这

种状况如不及时扭转，不仅今年节能减排工作难以取得明显进展，“十一五”节能减排的总体目标也将难以实现。

我国经济快速增长，各项建设取得巨大成就，但也付出了巨大的资源和环境代价，经济发展与资源环境的矛盾日趋尖锐，群众对环境污染问题反应强烈。这种状况与经济结构不合理、增长方式粗放直接相关。不加快调整经济结构、转变增长方式，资源支撑不住，环境容纳不下，社会承受不起，经济发展难以为继。只有坚持节约发展、清洁发展、安全发展，才能实现经济又好又快发展。同时，温室气体排放引起全球气候变暖，备受国际社会广泛关注。进一步加强节能减排工作，也是应对全球气候变化的迫切需要，是我们应该承担的责任。

各地区、各部门要充分认识节能减排的重要性和紧迫性，真正把思想和行动统一到中央关于节能减排的决策和部署上来。要把节能减排任务完成情况作为检验科学发展观是否落实的重要标准，作为检验经济发展是否“好”的重要标准，正确处理经济增长速度与节能减排的关系，真正把节能减排作为硬任务，使经济增长建立在节约能源资源和保护环境的基础上。要采取果断措施，集中力量，迎难而上，扎扎实实地开展工作，力争通过今明两年的努力，实现节能减排任务完成进度与“十一五”规划实施进度保持同步，为实现“十一五”节能减排目标打下坚实基础。

二、狠抓节能减排责任落实和执法监管

发挥政府主导作用。各级人民政府要充分认识到节能减排约束性指标是强化政府责任的指标，实现这个目标是政府对人民的庄严承诺，必须通过合理配置公共资源，有效运用经济、法律和行政手段，确保实现。当务之急，是要建立健全节能减排工作责任制和问责制，一级抓一级，层层抓落实，形成强有力的工作格局。地方各级人民政府对本行政区域节能减排负总责，政府主要领导是第一责任人。要在科学测算的基础上，把节能减排各项工作目标和任务逐级分解到各市（地）、县和重点企业。要强化政策措施的执行力，加强对节能减排工作进展情况的考核和监督，国务院有关部门定期公布各地节能减排指标完成情况，进行统一考核。要把节能减排作为当前宏观调控重点，作为调整经济结构，转变增长方式的突破口和重要抓手，坚决遏制高耗能、高污染产业过快增长，坚决压缩城市形象工程和党政机关办公楼等楼堂馆所建设规模，切实保证节能减排、保障民生等工作所需资金投入。要把节能减排指标完成情况纳入各地经济社会发展综合评价体系，作为政府领导干部综合考核评价和企业负责人业绩考核的重要内容，实行“一票否决”制。要加大执法和处罚力度，公开严肃查处一批严重违反国家节能管理和环境保护法律法规的典型案件，依法追究有关人员和领导者的责任，起到警醒教育作用，形成强大声势。省级人民政府每年要向国务院报告节能减排目标责任的履行情况。国务院每年向全国人民代表大会报告节能减排的进展情况，在“十一五”期末报告五年两个指标的总体完成情况。地方各级人民政府每年也要向同级人民代表大会报告节能减排工作，自觉接受监督。

强化企业主体责任。企业必须严格遵守节能和环保法律法规及标准，落实目标责任，强化管理措施，自觉节能减排。对重点用能单位加强经常监督，凡与政府有关部门签订节能减排目标责任书的企业，必须确保完成目标；对没有完成节能减排任务的企业，强制实行能源审计和清洁生产审核。坚持“谁污染、谁治理”，对未按规定建设和运行污染减排设施的企业和单位，公开通报，限期整改，对恶意排污的行为实行重罚，追究领导和直接责任人员的责任，构成犯罪的依法移送司法机关。同时，要加强机关单位、公民等各类社会主体的责任，促使公民自觉履行节能和环保义务，形成以政府为主导、企业为主体、全社会共同推进的节能减排工作格局。

三、建立强有力的节能减排领导协调机制

为加强对节能减排工作的组织领导，国务院成立节能减排工作领导小组。领导小组的主要任务是，部署节能减排工作，协调解决工作中的重大问题。领导小组办公室设在发展改革委，负责承担领导小组的日常工作，其中有关污染减排方面的工作由环保总局负责。地方各级人民政府也要切实加强对本地区节能减排工作的组织领导。

国务院有关部门要切实履行职责，密切协调配合，尽快制定相关配套政策措施和落实意见。各省级人民政府要立即部署本地区推进节能减排的工作，明确相关部门的责任、分工和进度要求。各地区、各部门和中央企业要在2007年6月30日前，提出本地区、本部门和本企业贯彻落实的具体方案报领导小组办公室汇总后报国务院。领导小组办公室要会同有关部门加强对节能减排工作的指导协调和监督检查，重大情况及时向国务院报告。

国务院

二〇〇七年五月二十三日

附：

节能减排综合性工作方案

一、进一步明确实现节能减排的目标任务和总体要求

（一）主要目标。到2010年，万元国内生产总值能耗由2005年的1.22吨标准煤下降到1吨标准煤以下，降低20%左右；单位工业增加值用水量降低30%。“十一五”期间，主要污染物排放总量减少10%，到2010年，二氧化硫排放量由2005年的2549万吨减少到2295万吨，化学需氧量（COD）由1414万吨减少到1273万吨；全国设市城市污水处理率不低于70%，工业固体废物综合利用率达到60%以上。

（二）总体要求。以邓小平理论和“三个代表”重要思想为指导，全面贯彻落实科学发展观，加快建设资源节约型、环境友好型社会，把节能减排作为调整经济结构、转变增长方式的突破口和重要抓手，作为宏观调控的重要目标，综合运用经济、法律和必要的行政手段，控制增量、调整存量，依靠科技、加大投入，健全法制、完善政策，落实责任、强化监管，加强宣传、提高意识，突出重点、强力推进，动员全社会力量，扎实做好节能降耗和污染减排工作，确保实现节能减排约束性指标，推动经济社会又好又快发展。

二、控制增量，调整和优化结构

（三）控制高耗能、高污染行业过快增长。严格控制新建高耗能、高污染项目。严把土地、信贷两个闸门，提高节能环保市场准入门槛。抓紧建立新开工项目管理的部门联动机制和项目审批问责制，严格执行项目开工建设“六项必要条件”（必须符合产业政策和市场准入标准、项目审批核准或备案程序、用地预审、环境影响评价审批、节能评估审查以及信贷、安全和城市规划等规定和要求）。实行新开工项目报告和公开制度。建立高耗能、高污染行业新上项目与地方节能减排指标完成进度挂钩、与淘汰落后产能相结合的机制。落实限制高耗能、高污染产品出口的各项政策。继续运用调整出口退税、加征出口关税、削减出口配额、将部分产品列入加工贸易禁止类目录等措施，控制高耗能、高污染产品出口。加大差别电价实施力度，提高高耗能、高污染产品差别电价标准。组织对高耗能、高污染行业节能减排工作专项检查，清理和纠正各地在电价、地价、税费等方面对高耗能、高污染行业的优惠政策。

（四）加快淘汰落后生产能力。加大淘汰电力、钢铁、建材、电解铝、铁合金、电石、焦炭、煤炭、平板玻璃等行业落后产能的力度。“十一五”期间实现节能1.18亿吨标准煤，减排二氧化硫240万吨；今年实现节能3150万吨标准煤，减排二氧化硫40万吨。加大造纸、酒精、味精、柠檬酸等行业落后生产能力淘汰力度，“十一五”期间实现减排化学需氧量（COD）138万吨，今年实现减排COD62万吨（详见附表）。制订淘汰落后产能分地区、分年度的具体工作方案，并认真组织实施。对不按期淘汰的企业，地方各级人民政府要依法予以关停，有关部门依法吊销生产许可证和排污许可证并予以公布，电力供应企业依法停止供电。对没有完成淘汰落后产能任务的地区，严格控制国家安排投资的项目，实行项目“区域限批”。国务院有关部门每年向社会公告淘汰落后产能的企业名单和各地执行情况。建立落后产能退出机制，有条件的地方要安排资金支持淘汰落后产能，中央财政通过增加转移支付，对经济欠发达地区给予适当补助和奖励。

（五）完善促进产业结构调整的政策措施。进一步落实促进产业结构调整暂行规定。修订《产业结构调整指导目录》，鼓励发展低能耗、低污染的先进生产能力。根据不同行业情况，适当提高建设项目在土地、环保、节能、技术、安全等方面的准入标准。尽快修订颁布《外商投资产业指导目录》，鼓励外商投资节能环保领域，严格限制高耗能、高污染外资项目，促进外商投资产业结构升级。调整《加工贸易禁止类商品目录》，提高加工贸易准入门槛，促进加工贸易转型升级。

（六）积极推进能源结构调整。大力发展可再生能源，抓紧制订出台可再生能源中长期规划，推进风能、太阳能、地热能、水电、沼气、生物质能利用以及可再生能源与建筑一体化的科研、开发和建设，加强资源调查评价。稳步发展替代能源，制订发展替代能源中长期规划，组织实施生物燃料乙醇及车用乙醇汽油发展专项规划，启动非

粮生物燃料乙醇试点项目。实施生物化工、生物质能固体成型燃料等一批具有突破性带动作用的示范项目。抓紧开展生物柴油基础性研究和前期准备工作。推进煤炭直接和间接液化、煤基醇醚和烯烃代油大型台套示范工程和技术储备。大力推进煤炭洗选加工等清洁高效利用。

（七）促进服务业和高技术产业加快发展。落实《国务院关于加快发展服务业的若干意见》，抓紧制定实施配套政策措施，分解落实任务，完善组织协调机制。着力做强高技术产业，落实高技术产业发展“十一五”规划，完善促进高技术产业发展的政策措施。提高服务业和高技术产业在国民经济中的比重和水平。

三、加大投入，全面实施重点工程

（八）加快实施十大重点节能工程。着力抓好十大重点节能工程，“十一五”期间形成2.4亿吨标准煤的节能能力。今年形成5000万吨标准煤节能能力，重点是：实施钢铁、有色、石油石化、化工、建材等重点耗能行业余热余压利用、节约和替代石油、电机系统节能、能量系统优化，以及工业锅炉（窑炉）改造项目共745个；加快核准建设和改造采暖供热为主的热电联产和工业热电联产机组1630万千瓦；组织实施低能耗、绿色建筑示范项目30个，推动北方采暖区既有居住建筑供热计量及节能改造1.5亿平方米，开展大型公共建筑节能运行管理与改造示范，启动200个可再生能源在建筑中规模化应用示范推广项目；推广高效照明产品5000万支，中央国家机关率先更换节能灯。

（九）加快水污染治理工程建设。“十一五”期间新增城市污水日处理能力4500万吨、再生水日利用能力680万吨，形成COD削减能力300万吨；今年设市城市新增污水日处理能力1200万吨，再生水日利用能力100万吨，形成COD削减能力60万吨。加大工业废水治理力度，“十一五”形成COD削减能力140万吨。加快城市污水处理配套管网建设和改造。严格饮用水水源保护，加大污染防治力度。

（十）推动燃煤电厂二氧化硫治理。“十一五”期间投运脱硫机组3.55亿千瓦。其中，新建燃煤电厂同步投运脱硫机组1.88亿千瓦；现有燃煤电厂投运脱硫机组1.67亿千瓦，形成削减二氧化硫能力590万吨。今年现有燃煤电厂投运脱硫设施3500万千瓦，形成削减二氧化硫能力123万吨。

（十一）多渠道筹措节能减排资金。十大重点节能工程所需资金主要靠企业自筹、金融机构贷款和社会资金投入，各级人民政府安排必要的引导资金予以支持。城市污水处理设施和配套管网建设的责任主体是地方政府，在实行城市污水处理费最低收费标准的前提下，国家对重点建设项目给予必要的支持。按照“谁污染、谁治理，谁投资、谁受益”的原则，促使企业承担污染治理责任，各级人民政府对重点流域内的工业废水治理项目给予必要的支持。

四、创新模式，加快发展循环经济

（十二）深化循环经济试点。认真总结循环经济第一批试点经验，启动第二批试点，支持一批重点项目建设。深入推进浙江、青岛等地废旧家电回收处理试点。继续推进汽车零部件和机械设备再制造试点。推动重点矿山和矿业城市资源节约和循环利用。组织编制钢铁、有色、煤炭、电力、化工、建材、制糖等重点行业循环经济推进计划。加快制订循环经济评价指标体系。

（十三）实施水资源节约利用。加快实施重点行业节水改造及矿井水利用重点项目。“十一五”期间实现重点行业节水31亿立方米，新增海水淡化能力90万立方米／日，新增矿井水利用量26亿立方米；今年实现重点行业节水10亿立方米，新增海水淡化能力7万立方米/日，新增矿井水利用量 5 亿立方米。在城市强制推广使用节水器具。

（十四）推进资源综合利用。落实《“十一五”资源综合利用指导意见》，推进共伴生矿产资源综合开发利用和煤层气、煤矸石、大宗工业废弃物、秸秆等农业废弃物综合利用。“十一五”期间建设煤矸石综合利用电厂2000万千瓦，今年开工建设500万千瓦。推进再生资源回收体系建设试点。加强资源综合利用认定。推动新型墙体材料和利废建材产业化示范。修订发布新型墙体材料目录和专项基金管理办法。推进第二批城市禁止使用实心粘土砖，确保2008年底前256个城市完成“禁实”目标。

（十五）促进垃圾资源化利用。县级以上城市（含县城）要建立健全垃圾收集系统，全面推进城市生活垃圾分类体系建设，充分回收垃圾中的废旧资源，鼓励垃圾焚烧发电和供热、填埋气体发电，积极推进城乡垃圾无害化处理，实现垃圾减量化、资源化和无害化。

（十六）全面推进清洁生产。组织编制《工业清洁生产审核指南编制通则》，制订和发布重点行业清洁生产标准和评价指标体系。加大实施清洁生产审核力度。合理使用农药、肥料，减少农村面源污染。

五、依靠科技，加快技术开发和推广

（十七）加快节能减排技术研发。在国家重点基础研究发展计划、国家科技支撑计划和国家高技术发展计划等科技专项计划中，安排一批节能减排重大技术项目，攻克一批节能减排关键和共性技术。加快节能减排技术支撑平台建设，组建一批国家工程实验室和国家重点实验室。优化节能减排技术创新与转化的政策环境，加强资源环境高技术领域创新团队和研发基地建设，推动建立以企业为主体、产学研相结合的节能减排技术创新与成果转化体系。

（十八）加快节能减排技术产业化示范和推广。实施一批节能减排重点行业共性、关键技术及重大技术装备产业化示范项目和循环经济高技术产业化重大专项。落实节能、节水技术政策大纲，在钢铁、有色、煤炭、电力、石油石化、化工、建材、纺织、造纸、建筑等重点行业，推广一批潜力大、应用面广的重大节能减排技术。加强节电、节油农业机械和农产品加工设备及农业节水、节肥、节药技术推广。鼓励企业加大节能减排技术改造和技术创新投入，增强自主创新能力。

（十九）加快建立节能技术服务体系。制订出台《关于加快发展节能服务产业的指导意见》，促进节能服务产业发展。培育节能服务市场，加快推行合同能源管理，重点支持专业化节能服务公司为企业以及党政机关办公楼、公共设施和学校实施节能改造提供诊断、设计、融资、改造、运行管理一条龙服务。

（二十）推进环保产业健康发展。制订出台《加快环保产业发展的意见》，积极推进环境服务产业发展，研究提出推进污染治理市场化的政策措施，鼓励排污单位委托专业化公司承担污染治理或设施运营。

（二十一）加强国际交流合作。广泛开展节能减排国际科技合作，与有关国际组织和国家建立节能环保合作机制，积极引进国外先进节能环保技术和管理经验，不断拓宽节能环保国际合作的领域和范围。

六、强化责任，加强节能减排管理

（二十二）建立政府节能减排工作问责制。将节能减排指标完成情况纳入各地经济社会发展综合评价体系，作为政府领导干部综合考核评价和企业负责人业绩考核的重要内容，实行问责制和“一票否决”制。有关部门要抓紧制订具体的评价考核实施办法。

（二十三）建立和完善节能减排指标体系、监测体系和考核体系。对全部耗能单位和污染源进行调查摸底。建立健全涵盖全社会的能源生产、流通、消费、区域间流入流出及利用效率的统计指标体系和调查体系，实施全国和地区单位GDP能耗指标季度核算制度。建立并完善年耗能万吨标准煤以上企业能耗统计数据网上直报系统。加强能源统计巡查，对能源统计数据进行监测。制订并实施主要污染物排放统计和监测办法，改进统计方法，完善统计和监测制度。建立并完善污染物排放数据网上直报系统和减排措施调度制度，对国家监控重点污染源实施联网在线自动监控，构建污染物排放三级立体监测体系，向社会公告重点监控企业年度污染物排放数据。继续做好单位GDP能耗、主要污染物排放量和工业增加值用水量指标公报工作。

（二十四）建立健全项目节能评估审查和环境影响评价制度。加快建立项目节能评估和审查制度，组织编制《固定资产投资项目节能评估和审查指南》，加强对地方开展“能评”，工作的指导和监督。把总量指标作为环评审批的前置性条件。上收部分高耗能、高污染行业环评审批权限。对超过总量指标、重点项目未达到目标责任要求的地区，暂停环评审批新增污染物排放的建设项目。强化环评审批向上级备案制度和向社会公布制度。加强“三同时”管理，严把项目验收关。对建设项目未经验收擅自投运、久拖不验、超期试生产等违法行为，严格依法进行处罚。

（二十五）强化重点企业节能减排管理。“十一五”期间全国千家重点耗能企业实现节能1亿吨标准煤，今年实现节能2000万吨标准煤。加强对重点企业节能减排工作的检查和指导，进一步落实目标责任，完善节能减排计量和统计，组织开展节能减排设备检测，编制节能减排规划。重点耗能企业建立能源管理师制度。实行重点耗能企业能源审计和能源利用状况报告及公告制度，对未完成节能目标责任任务的企业，强制实行能源审计。今年要启动重点企业与国际国内同行业能耗先进水平对标活动，推动企业加大结构调整和技术改造力度，提高节能管理水平。中央企业全面推进创建资源节约型企业活动，推广典型经验和做法。

（二十六）加强节能环保发电调度和电力需求侧管理。制定并尽快实施有利于节能减排的发电调度办法，优先安排清洁、高效机组和资源综合利用发电，限制能耗高、污染重的低效机组发电。今年上半年启动试点，取得成效后向全国推广，力争节能2000万吨标准煤，“十一五”期间形成6000万吨标准煤的节能能力。研究推行发电权交易，逐年削减小火电机组发电上网小时数，实行按边际成本上网竞价。抓紧制定电力需求侧管理办法，规范有序用电，开展能效电厂试点，研究制定配套政策，建立长效机制。

（二十七）严格建筑节能管理。大力推广节能省地环保型建筑。强化新建建筑执行能耗限额标准全过程监督管理，实施建筑能效专项测评，对达不到标准的建筑，不得办理开工和竣工验收备案手续，不准销售使用；从2008年起，所有新建商品房销售时在买卖合同等文件中要载明耗能量、节能措施等信息。建立并完善大型公共建筑节能运行监管体系。深化供热体制改革，实行供热计量收费。今年着力抓好新建建筑施工阶段执行能耗限额标准的监管工作，北方地区地级以上城市完成采暖费补贴"暗补"变"明补"改革，在25个示范省市建立大型公共建筑能耗统计、能源审计、能效公示、能耗定额制度，实现节能1250万吨标准煤。

（二十八）强化交通运输节能减排管理。优先发展城市公共交通，加快城市快速公交和轨道交通建设。控制高耗油、高污染机动车发展，严格执行乘用车、轻型商用车燃料消耗量限值标准，建立汽车产品燃料消耗量申报和公示制度；严格实施国家第三阶段机动车污染物排放标准和船舶污染物排放标准，有条件的地方要适当提高排放标准，继续实行财政补贴政策，加快老旧汽车报废更新。公布实施新能源汽车生产准入管理规则，推进替代能源汽车产业化。运用先进科技手段提高运输组织管理水平，促进各种运输方式的协调和有效衔接。

（二十九）加大实施能效标识和节能节水产品认证管理力度。加快实施强制性能效标识制度，扩大能效标识应用范围，今年发布《实行能效标识产品目录（第三批）》。加强对能效标识的监督管理，强化社会监督、举报和投诉处理机制，开展专项市场监督检查和抽查，严厉查处违法违规行为。推动节能、节水和环境标志产品认证，规范认证行为，扩展认证范围，在家用电器、照明等产品领域建立有效的国际协调互认制度。

（三十）加强节能环保管理能力建设。建立健全节能监管监察体制，整合现有资源，加快建立地方各级节能监察中心，抓紧组建国家节能中心。建立健全国家监察、地方监管、单位负责的污染减排监管体制。积极研究完善环保管理体制机制问题。加快各级环境监测和监察机构标准化、信息化体系建设。扩大国家重点监控污染企业实行环境监督员制度试点。加强节能监察、节能技术服务中心及环境监测站、环保监察机构、城市排水监测站的条件建设，适时更新监测设备和仪器，开展人员培训。加强节能减排统计能力建设，充实统计力量，适当加大投入。充分发挥行业协会、学会在节能减排工作中的作用。

七、健全法制，加大监督检查执法力度

（三十一）健全法律法规。加快完善节能减排法律法规体系，提高处罚标准，切实解决"违法成本低、守法成本高"的问题。积极推动节约能源法、循环经济法、水污染防治法、大气污染防治法等法律的制定及修订工作。加快民用建筑节能、废旧家用电器回收处理管理、固定资产投资项目节能评估和审查管理、环保设施运营监督管理、排污许可、畜禽养殖污染防治、城市排水和污水管理、电网调度管理等方面行政法规的制定及修订工作。抓紧完成节能监察管理、重点用能单位节能管理、节约用电管理、二氧化硫排污交易管理等方面行政规章的制定及修订工作。积极开展节约用水、废旧轮胎回收利用、包装物回收利用和汽车零部件再制造等方面立法准备工作。

（三十二）完善节能和环保标准。研究制订高耗能产品能耗限额强制性国家标准，各地区抓紧研究制订本地区主要耗能产品和大型公共建筑能耗限额标准。今年要组织制订粗钢、水泥、烧碱、火电、铝等22项高耗能产品能耗限额强制性国家标准（包括高耗电产品电耗限额标准）以及轻型商用车等5项交通工具燃料消耗量限值标准，制（修）订36项节水、节材、废弃产品回收与再利用等标准。组织制（修）订电力变压器、静电复印机、变频空调、商用冰柜、家用电冰箱等终端用能产品（设备）能效标准。制订重点耗能企业节能标准体系编制通则，指导和规范企业节能工作。

（三十三）加强烟气脱硫设施运行监管。燃煤电厂必须安装在线自动监控装置，建立脱硫设施运行台帐，加强设施日常运行监管。2007年底前，所有燃煤脱硫机组要与省级电网公司完成在线自动监控系统联网。对未按规定和要求运行脱硫设施的电厂要扣减脱硫电价，加大执法监管和处罚力度，并向社会公布。完善烟气脱硫技术规范，开展烟气脱硫工程后评估。组织开展烟气脱硫特许经营试点。

（三十四）强化城市污水处理厂和垃圾处理设施运行管理和监督。实行城市污水处理厂运行评估制度，将评估结果作为核拨污水处理费的重要依据。对列入国家重点环境监控的城市污水处理厂的运行情况及污染物排放信息实行向环保、建设和水行政主管部门季报制度，限期安装在线自动监控系统，并与环保和建设部门联网。对未按规定和要求运行污水处理厂和垃圾处理设施的城市公开通报，限期整改。对城市污水处理设施建设严重滞后、不落实收费政策、污水处理厂建成后一年内实际处理水量达不到设计能力60％的，以及已建成污水处理设施但无故不运行的地区，暂缓审批该地区项目环评，暂缓下达有关项目的国家建设资金。

（三十五）严格节能减排执法监督检查。国务院有关部门和地方人民政府每年都要组织开展节能减排专项检查和监察行动，严肃查处各类违法违规行为。加强对重点耗能企业和污染源的日常监督检查，对违反节能环保法律法规的单位公开曝光，依法查处，对重点案件挂牌督办。强化上市公司节能环保核查工作。开设节能环保违法行为和事件举报电话和网站，充分发挥社会公众监督作用。建立节能环保执法责任追究制度，对行政不作为、执法不力、徇私枉法、权钱交易等行为，依法追究有关主管部门和执法机构负责人的责任。

八、完善政策，形成激励和约束机制

（三十六）积极稳妥推进资源性产品价格改革。理顺煤炭价格成本构成机制。推进成品油、天然气价格改革。完善电力峰谷分时电价办法，降低小火电价格，实施有利于烟气脱硫的电价政策。鼓励可再生能源发电以及利用余热余压、煤矸石和城市垃圾发电，实行相应的电价政策。合理调整各类用水价格，加快推行阶梯式水价、超计划超定额用水加价制度，对国家产业政策明确的限制类、淘汰类高耗水企业实施惩罚性水价，制定支持再生水、海水淡化水、微咸水、矿井水、雨水开发利用的价格政策，加大水资源费征收力度。按照补偿治理成本原则，提高排污单位排污费征收标准，将二氧化硫排污费由目前的每公斤0.63元分三年提高到每公斤1.26元；各地根据实际情况提高COD排污费标准，国务院有关部门批准后实施。加强排污费征收管理，杜绝“协议收费”和“定额收费”。全面开征城市污水处理费并提高收费标准，吨水平均收费标准原则上不低于0.8元。提高垃圾处理收费标准，改进征收方式。

（三十七）完善促进节能减排的财政政策。各级人民政府在财政预算中安排一定资金，采用补助、奖励等方式，支持节能减排重点工程、高效节能产品和节能新机制推广、节能管理能力建设及污染减排监管体系建设等。进一步加大财政基本建设投资向节能环保项目的倾斜力度。健全矿产资源有偿使用制度，改进和完善资源开发生态补偿机制。开展跨流域生态补偿试点工作。继续加强和改进新型墙体材料专项基金和散装水泥专项资金征收管理。研究建立高能耗农业机械和渔船更新报废经济补偿制度。

（三十八）制定和完善鼓励节能减排的税收政策。抓紧制定节能、节水、资源综合利用和环保产品（设备、技术）目录及相应税收优惠政策。实行节能环保项目减免企业所得税及节能环保专用设备投资抵免企业所得税政策。对节能减排设备投资给予增值税进项税抵扣。完善对废旧物资、资源综合利用产品增值税优惠政策；对企业综合利用资源，生产符合国家产业政策规定的产品取得的收入，在计征企业所得税时实行减计收入的政策。实施鼓励节能环保型车船、节能省地环保型建筑和既有建筑节能改造的税收优惠政策。抓紧出台资源税改革方案，改进计征方式，提高税负水平。适时出台燃油税。研究开征环境税。研究促进新能源发展的税收政策。实行鼓励先进节能环保技术设备进口的税收优惠政策。

（三十九）加强节能环保领域金融服务。鼓励和引导金融机构加大对循环经济、环境保护及节能减排技术改造项目的信贷支持，优先为符合条件的节能减排项目、循环经济项目提供直接融资服务。研究建立环境污染责任保险制度。在国际金融组织和外国政府优惠贷款安排中进一步突出对节能减排项目的支持。环保部门与金融部门建立环境信息通报制度，将企业环境违法信息纳入人民银行企业征信系统。

九、加强宣传，提高全民节约意识

（四十）将节能减排宣传纳入重大主题宣传活动。每年制订节能减排宣传方案，主要新闻媒体在重要版面、重要时段进行系列报道，刊播节能减排公益性广告，广泛宣传节能减排的重要性、紧迫性以及国家采取的政策措施，宣传节能减排取得的阶段性成效，大力弘扬“节约光荣，浪费可耻”的社会风尚，提高全社会的节约环保意识。加强对外宣传，让国际社会了解中国在节能降耗、污染减排和应对全球气候变化等方面采取的重大举措及取得的成效，营造良好的国际舆论氛围。

（四十一）广泛深入持久开展节能减排宣传。组织好每年一度的全国节能宣传周、全国城市节水宣传周及世界环境日、地球日、水日宣传活动。组织企事业单位、机关、学校、社区等开展经常性的节能环保宣传，广泛开展节能环保科普宣传活动，把节约资源和保护环境观念渗透在各级各类学校的教育教学中，从小培养儿童的节约和环保意识。选择若干节能先进企业、机关、商厦、社区等，作为节能宣传教育基地，面向全社会开放。

（四十二）表彰奖励一批节能减排先进单位和个人。各级人民政府对在节能降耗和污染减排工作中做出突出贡献的单位和个人予以表彰和奖励。组织媒体宣传节能先进典型，揭露和曝光浪费能源资源、严重污染环境的反面典型。

十、政府带头，发挥节能表率作用

（四十三）政府机构率先垂范。建设崇尚节约、厉行节约、合理消费的机关文化。建立科学的政府机构节能目标责任和评价考核制度，制订并实施政府机构能耗定额标准，积极推进能源计量和监测，实施能耗公布制度，实行节奖超罚。教育、科学、文化、卫生、体育等系统，制订和实施适应本系统特点的节约能源资源工作方案。

（四十四）抓好政府机构办公设施和设备节能。各级政府机构分期分批完成政府办公楼空调系统低成本改造；开展办公区和住宅区供热节能技术改造和供热计量改造；全面开展食堂燃气灶具改造，“十一五”时期实现食堂节气20%；凡新建或改造的办公建筑必须采用节能材料及围护结构；及时淘汰高耗能设备，合理配置并高效利用办公设施、设备。在中央国家机关开展政府机构办公区和住宅区节能改造示范项目。推动公务车节油，推广实行一车一卡定点加油制度。

（四十五）加强政府机构节能和绿色采购。认真落实《节能产品政府采购实施意见》和《环境标志产品政府采购实施意见》，进一步完善政府采购节能和环境标志产品清单制度，不断扩大节能和环境标志产品政府采购范围。对空调机、计算机、打印机、显示器、复印机等办公设备和照明产品、用水器具，由同等优先采购改为强制采购高效节能、节水、环境标志产品。建立节能和环境标志产品政府采购评审体系和监督制度，保证节能和绿色采购工作落到实处。

附：“十一五”时期淘汰落后生产能力一览表（略）

国务院办公厅
关于严格执行公共建筑空调温度控制标准的通知

国办发[2007]42号

各省、自治区、直辖市人民政府，国务院各部委、各直属机构：

随着我国经济社会的快速发展，空调已比较普遍地应用于公共建筑和居民住宅，在改善人们生产生活条件的同时，也消耗了大量电能。为深入贯彻科学发展观，进一步落实《国务院关于加强节能工作的决定》（国发〔2006〕28号）精神，促进科学使用空调，节约能源资源，减少温室气体排放，有效保护环境，经国务院同意，现就严格执行公共建筑空调温度控制标准有关问题通知如下：

一、充分认识合理控制空调温度的重要意义

多年以来，我国公共建筑的空调管理比较粗放，空调温度设置不尽合理，导致能效不高，造成能源资源浪费，增加了环境压力，与建设资源节约型、环境友好型社会的目标不相适应。实践表明，合理设置空调温度，科学管理空调的运行，既能提供比较健康、舒适的室内环境，满足正常的工作、生活和学习需要，又能节约能源，保护生态环境，是一件利国利民的好事。加强空调使用环节的节能环保工作，已日渐成为世界各国的普遍共识和通行做法。我国人口多、底子薄，节约能源资源、保护生态环境的任务十分艰巨，目前节能减排的形势十分严峻。今年夏季用电高峰即将来临，各地区、各有关部门一定要提高认识，提前谋划，加强组织领导，采取有效措施，切实做好空调节能工作。

二、严格执行空调温度控制标准

所有公共建筑内的单位，包括国家机关、社会团体、企事业组织和个体工商户，除医院等特殊单位以及在生产工艺上对温度有特定要求并经批准的用户之外，夏季室内空调温度设置不得低于26摄氏度，冬季室内空调温度设置不得高于20摄氏度。一般情况下，空调运行期间禁止开窗。各地可在确保符合上述要求的前提下，根据当地气候条件等实际情况，进一步制订具体的控制标准。各级国家机关要带头厉行节约，严格执行空调温度控制标准，发挥表率作用。

三、切实落实空调节能管理措施

严格执行空调能效标识制度，严禁不合格的高耗能空调进入市场。加强对空调的节能诊断，实施合同能源管理，及时分析能耗状况，根据节能需要和用户承受能力，采取加装变频器等方式，积极实施空调节能改造。要改进空调的运行管理，加强保养维护，定期清洗，充分利用室外新风，提高空调能效水平。要进一步完善并严格执行政府采购节能环保产品制度，对空调等高耗能产品，实行政府强制采购节能环保产品制度。有关部门要抓紧出台具体办法。

四、加强督促检查

严格实施公共建筑空调温度控制标准是完成节能减排任务的一项重要措施，要纳入节能减排工作目标责任体系，建立和完善工作机制，加强督促检查，确保相关规定和措施不折不扣地得到贯彻落实。各级节能主管部门要会同有关部门加强协调指导，合理调配人力物力，把机关办公楼、宾馆、写字楼、商场、超市等空调使用大户作为重点，做好温度控制的监督检查工作，公开处理违反国家节能管理和环保法律法规的典型案件。要注意依法行政、文明执法，依法纠正和查处违反空调温度控制标准的行为。要充分发挥社会监督特别是舆论监督的作用，充分调动广大人民群众的积极性，形成全社会齐抓共管的氛围。

五、大力倡导家庭合理控制空调温度

节约能源、保护环境是每个公民的义务。要采取多种形式，深入宣传合理控制空调温度的科学道理，增强全社会的资源忧患意识、节约意识和责任意识，培育科学使用空调、节约用电的良好风尚，倡导广大家庭合理控制空调温度，使之成为每一位公民的自觉行动。

国务院办公厅

二〇〇七年六月一日

国务院关于成立国家应对气候变化及节能减排工作领导小组的通知

国发〔2007〕18号

各省、自治区、直辖市人民政府，国务院各部委、各直属机构：

为切实加强对应对气候变化和节能减排工作的领导，决定成立国家应对气候变化及节能减排工作领导小组（以下简称领导小组），对外视工作需要可称国家应对气候变化领导小组或国务院节能减排工作领导小组（一个机构、两块牌子），作为国家应对气候变化和节能减排工作的议事协调机构。

领导小组的主要任务是：研究制订国家应对气候变化的重大战略、方针和对策，统一部署应对气候变化工作，研究审议国际合作和谈判对案，协调解决应对气候变化工作中的重大问题；组织贯彻落实国务院有关节能减排工作的方针政策，统一部署节能减排工作，研究审议重大政策建议，协调解决工作中的重大问题。

领导小组组成人员如下：

组　长：温家宝　国务院总理

副组长：（略）

成　员：（略）

领导小组会议视议题确定参会成员。领导小组下设国家应对气候变化领导小组办公室、国务院节能减排工作领导小组办公室，均设在发展改革委，具体承担领导小组的日常工作，相应充实力量。国家应对气候变化领导小组办公室在现有国家气候变化对策协调小组办公室的基础上完善和加强。国务院节能减排工作领导小组办公室，有关综合协调和节能方面的工作由发展改革委为主承担，有关污染减排方面的工作由环保总局为主承担。

马凯兼任国家应对气候变化领导小组办公室主任和国务院节能减排工作领导小组办公室主任，解振华、武大伟、刘燕华、周建、郑国光兼任国家应对气候变化领导小组办公室副主任，解振华、张力军兼任国务院节能减排工作领导小组办公室副主任。

国务院

二〇〇七年六月十二日

国务院办公厅关于建立政府强制采购节能产品制度的通知

国办发〔2007〕51号

各省、自治区、直辖市人民政府，国务院各部委、各直属机构：

《国务院关于加强节能工作的决定》(国发〔2006〕28号)和《国务院关于印发节能减排综合性工作方案的通知》(国发〔2007〕15号)提出，为切实加强政府机构节能工作，发挥政府采购的政策导向作用，建立政府强制采购节能产品制度，在积极推进政府机构优先采购节能（包括节水）产品的基础上，选择部分节能效果显著、性能比较成熟的产品，予以强制采购。经国务院同意，现就有关问题通知如下：

一、充分认识建立政府强制采购节能产品制度的重要意义

近年来，各级国家机关、事业单位和团体组织（以下统称政府机构）在政府采购活动中，积极采购、使用节能产品，大大降低了能耗水平，对在全社会形成节能风尚起到了良好的引导作用。同时也要看到，由于认识不够到位，措施不够配套，工作力度不够等原因，在一些地区和部门，政府机构采购节能产品的比例还比较低。目前，政府机构人均能耗、单位建筑能耗均高于社会平均水平，节能潜力较大，有责任、有义务严格按照规定采购节能产品，模范地做好节能工作。建立健全和严格执行政府强制采购节能产品制度，是贯彻落实《中华人民共和国政府采购法》以及国务院加强节能减排工作要求的有力措施，不仅有利于降低政府机构能耗水平，节约财政资金，而且有利于促进全社会做好节能减排工作。从短期看，使用节能产品可能会增加一次性投入，但从长远的节能效果看，经济效益是明显的。各地区、各部门和有关单位要充分认识政府强制采购节能产品的重要意义，增强执行制度的自觉性，采取措施大力推动政府采购节能产品工作。

二、明确政府强制采购节能产品的总体要求

各级政府机构使用财政性资金进行政府采购活动时，在技术、服务等指标满足采购需求的前提下，要优先采购节能产品，对部分节能效果、性能等达到要求的产品，实行强制采购，以促进节约能源，保护环境，降低政府机构能源费用开支。建立节能产品政府采购清单管理制度，明确政府优先采购的节能产品和政府强制采购的节能产品类别，指导政府机构采购节能产品。

采购单位应在政府采购招标文件(含谈判文件、询价文件)中载明对产品的节能要求、对节能产品的优惠幅度，以及评审标准和方法等，以体现优先采购的导向。拟采购产品属于节能产品政府采购清单规定必须强制采购的，应当在招标文件中明确载明，并在评审标准中予以充分体现。同时，采购招标文件不得指定特定的节能产品或供应商，不得含有倾向性或者排斥潜在供应商的内容，以达到充分竞争、择优采购的目的。

三、科学制定节能产品政府采购清单

节能产品政府采购清单由财政部、发展改革委负责制订。列入节能产品政府采购清单中的产品由财政部、发展改革委从国家采信的节能产品认证机构认证的节能产品中，根据节能性能、技术水平和市场成熟程度等因素择优确定，并在中国政府采购网、发展改革委门户网、中国节能节水认证网等媒体上定期向社会公布。

优先采购的节能产品应该符合下列条件：一是产品属于国家采信的节能产品认证机构认证的节能产品，节能效果明显；二是产品生产批量较大，技术成熟，质量可靠；三是产品具有比较健全的供应体系和良好的售后服务能力；四是产品供应商符合政府采购法对政府采购供应商的条件要求。

在优先采购的节能产品中，实行强制采购的按照以下原则确定：一是产品具有通用性，适合集中采购，有较好的规模效益；二是产品节能效果突出，效益比较显著；三是产品供应商数量充足，一般不少于5家，确保产品具有充分的竞争性，采购人具有较大的选择空间。

财政部、发展改革委要根据上述要求，在近几年开展的优先采购节能产品工作的基础上，抓紧修订、公布新的节能产品政府采购清单，并组织好节能产品采购工作。

四、规范节能产品政府采购清单管理

节能产品政府采购清单是实施政府优先采购和强制采购的重要依据，财政部、发展改革委要建立健全制定、公布和调整机制，做到制度完备、范围明确、操作规范、方法科学，确保政府采购节能产品公开、公正、公平进行。要对节能产品政府采购清单实行动态管理，定期调整。建立健全专家咨询论证、社会公示制度。采购清单和调整方案正式公布前，要在中国政府采购网等指定的媒体上对社会公示，公示时间不少于15个工作日。对经公示确实不具备条件的产品，不列入采购清单。建立举报制度、奖惩制度，明确举报方式、受理机构和奖惩办法，接受社会监督。

五、加强组织领导和督促检查

各有关部门要按照职责分工，明确责任和任务，确保政府强制采购节能产品制度的贯彻落实。财政部、发展改革委要加强与有关部门的沟通协商，共同研究解决政策实施中的问题。要完善节能产品政府采购信息发布和数据统计工作，及时掌握采购工作进展情况。要加强对节能产品政府采购工作的指导，积极开展调查研究，多方听取意见，及时发现问题，研究提出对策。要督促进入优先采购和强制采购产品范围的生产企业建立健全质量保证体系，认真落实国家有关产品质量、标准、检验等要求，确保节能等性能和质量持续稳定。质检总局要加强对节能产品认证机构的监管，督促其认真履行职责，提高认证质量和水平。国家采信的节能产品认证机构和相关检测机构应当严格按照国家有关规定，客观公正地开展认证和检测工作，并对纳入政府优先采购和强制采购清单的节能产品实施有效的跟踪调查。对于不能持续符合认证要求的，认证机构应当暂停生产企业使用直至撤销认证证书，并及时报告财政部和发展改革委。

各级财政部门要切实加强对政府采购节能产品的监督检查，加大对违规采购行为的处罚力度。对未按强制采购规定采购节能产品的单位，财政部门要及时采取有效措施责令其改正。拒不改正的，属于采购单位责任的，财政部门要给予通报批评，并不得拨付采购资金；属于政府采购代理机构责任的，财政部门要依法追究相关单位和责任人员的责任。

国务院办公厅

二〇〇七年七月三十日

中国的能源状况与政策

前言

能源是人类社会赖以生存和发展的重要物质基础。纵观人类社会发展的历史，人类文明的每一次重大进步都伴随着能源的改进和更替。能源的开发利用极大地推进了世界经济和人类社会的发展。

过去100多年里，发达国家先后完成了工业化，消耗了地球上大量的自然资源，特别是能源资源。当前，一些发展中国家正在步入工业化阶段，能源消费增加是经济社会发展的客观必然。

中国是当今世界上最大的发展中国家，发展经济，摆脱贫困，是中国政府和中国人民在相当长一段时期内的主要任务。20世纪70年代末以来，中国作为世界上发展最快的发展中国家，经济社会发展取得了举世瞩目的辉煌成就，成功地开辟了中国特色社会主义道路，为世界的发展和繁荣作出了重大贡献。

中国是目前世界上第二位能源生产国和消费国。能源供应持续增长，为经济社会发展提供了重要的支撑。能源消费的快速增长，为世界能源市场创造了广阔的发展空间。中国已经成为世界能源市场不可或缺的重要组成部分，对维护全球能源安全，正在发挥着越来越重要的积极作用。

中国政府正在以科学发展观为指导，加快发展现代能源产业，坚持节约资源和保护环境的基本国策，把建设资源节约型、环境友好型社会放在工业化、现代化发展战略的突出位置，努力增强可持续发展能力，建设创新型国家，继续为世界经济发展和繁荣作出更大贡献。

一、能源发展现状

能源资源是能源发展的基础。新中国成立以来，不断加大能源资源勘查力度，组织开展了多次资源评价。中国能源资源有以下特点：

能源资源总量比较丰富。中国拥有较为丰富的化石能源资源。其中，煤炭占主导地位。2006年，煤炭保有资源量10345亿吨，剩余探明可采储量约占世界的13%，列世界第三位。已探明的石油、天然气资源储量相对不足，油页岩、煤层气等非常规化石能源储量潜力较大。中国拥有较为丰富的可再生能源资源。水力资源理论蕴藏量折合年发电量为6.19万亿千瓦时，经济可开发年发电量约1.76万亿千瓦时，相当于世界水力资源量的12%，列世界首位。

人均能源资源拥有量较低。中国人口众多，人均能源资源拥有量在世界上处于较低水平。煤炭和水力资源人均拥有量相当于世界平均水平的50%，石油、天然气人均资源量仅为世界平均水平的1/15左右。耕地资源不足世界人均水平的30%，制约了生物质能源的开发。

能源资源赋存分布不均衡。中国能源资源分布广泛但不均衡。煤炭资源主要赋存在华北、西北地区，水力资源主要分布在西南地区，石油、天然气资源主要赋存在东、中、西部地区和海域。中国主要的能源消费地区集中在东南沿海经济发达地区，资源赋存与能源消费地域存在明显差别。大规模、长距离的北煤南运、北油南运、西气东输、西电东送，是中国能源流向的显著特征和能源运输的基本格局。

能源资源开发难度较大。与世界相比，中国煤炭资源地质开采条件较差，大部分储量需要井工开采，极少量可供露天开采。石油天然气资源地质条件复杂，埋藏深，勘探开发技术要求较高。未开发的水力资源多集中在西南部的高山深谷，远离负荷中心，开发难度和成本较大。非常规能源资源勘探程度低，经济性较差，缺乏竞争力。

改革开放以来，中国能源工业迅速发展，为保障国民经济持续快速发展作出了重要贡献，主要表现在：

供给能力明显提高。经过几十年的努力，中国已经初步形成了煤炭为主体、电力为中心、石油天然气和可再生能源全面发展的能源供应格局，基本建立了较为完善的能源供应体系。建成了一批千万吨级的特大型煤矿。2006年一次能源生产总量22.1亿吨标准煤，列世界第二位。其中，原煤产量23.7亿吨，列世界第一位。先后建成了大庆、胜利、辽河、塔里木等若干个大型石油生产基地，2006年原油产量1.85亿吨，实现稳步增长，列世界第五位。天然气产量迅速提高，从1980年的143亿立方米提高到2006年的586亿立方米。商品化可再生能源量在一次能源结构中的比例逐步提高。电力发展迅速，装机容量和发电量分别达到6.22亿千瓦和2.87万亿千瓦时，均列世界第二位。能源综合运输体系发展较快，运输能力显著增强，建设了西煤东运铁路专线及港口码头，形成了北油南运管网，建成了西气东输大干线，实现了西电东送和区域电网互联。

能源节约效果显著。1980~2006年，中国能源消费以年均5.6%的增长支撑了国民经济年均9.8%的增长。按2005年不变价格，万元国内生产总值能源消耗由1980年的3.39吨标准煤下降到2006年的1.21吨标准煤，年均节能率3.9%，扭转了近年来单位国内生产总值能源消耗上升的势头。能源加工、转换、贮运和终端利用综合效率为33%，比1980年提高了8个百分点。单位产品能耗明显下降，其中钢、水泥、大型合成氨等产品的综合能耗及供电煤耗与国际先进水平的差距不断缩小。

消费结构有所优化。中国能源消费已经位居世界第二。2006年，一次能源消费总量为24.6亿吨标准煤。中国高度重视优化能源消费结构，煤炭在一次能源消费中的比重由1980年的72.2%下降到2006年的69.4%，其他能源比重由27.8%上升到30.6%。其中可再生能源和核电比重由4.0%提高到7.2%，石油和天然气有所增长。终端能源消费结构优化趋势明显，煤炭能源转化为电能的比重由20.7%提高到49.6%，商品能源和清洁能源在居民生活用能中的比重明显提高。

科技水平迅速提高。中国能源科技取得显著成就，以“陆相成油理论与应用”为标志的基础研究成果，极大地促进了石油地质科技理论的发展。石油天然气工业已经形成了比较完整的勘探开发技术体系，特别是复杂区块勘探开发、提高油田采收率等技术在国际上处于领先地位。煤炭工业建成一批具有国际先进水平的大型矿井，重点煤矿采煤综合机械化程度显著提高。在电力工业方面，先进发电技术和大容量高参数机组得到普遍应用，水电站设计、工程技术和设备制造等技术达到世界先进水平，核电初步具备百万千瓦级压水堆自主设计和工程建设能力，高温气冷堆、快中子增殖堆技术研发取得重大突破。烟气脱硫等污染治理、可再生能源开发利用技术迅速提高。正负500千伏直流和750千伏交流输电示范工程相继建成投运，正负800千伏直流、1000千伏交流特高压输电试验示范工程开始启动。

环境保护取得进展。中国政府高度重视环境保护，加强环境保护已经成为基本国策，社会各界的环保意识普遍提高。1992年联合国环境与发展大会后，中国组织制定了《中国21世纪议程》，并综合运用法律、经济等手段全面加强环境保护，取得了积极进展。中国的能源政策也把减少和有效治理能源开发利用过程中引起的环境破坏、环境污染作为其主要内容。2006年，燃煤机组除尘设施安装率和废水排放达标率达到近100%，烟尘排放总量与1980年基本相当，单位电量烟尘排放减少了90%。2006年，全国建成并投入运行的脱硫火电机组装机容量达1.04亿千瓦，超过前10年的总和，装备脱硫设施的火电机组占火电总装机的比例由2000年的2%提高到30%。

市场环境逐步完善。中国能源市场环境逐步完善，能源工业改革稳步推进。能源企业重组取得突破，现代企业制度基本建立。投资主体实现多元化，能源投资快速增长，市场规模不断扩大。煤炭工业生产和流通基本实现了市场化。电力工业实现了政企分开、厂网分开，建立了监管机构。石油天然气工业基本实现了上下游、内外贸一体化。能源价格改革不断深化，价格机制不断完善。

随着中国经济的较快发展和工业化、城镇化进程的加快，能源需求不断增长，构建稳定、经济、清洁、安全的能源供应体系面临着重大挑战，突出表现在以下几方面：

资源约束突出，能源效率偏低。中国优质能源资源相对不足，制约了供应能力的提高；能源资源分布不均，也增加了持续稳定供应的难度；经济增长方式粗放、能源结构不合理、能源技术装备水平低和管理水平相对落后，导致单位国内生产总值能耗和主要耗能产品能耗高于主要能源消费国家平均水平，进一步加剧了能源供需矛盾。单纯依靠增加能源供应，难以满足持续增长的消费需求。

能源消费以煤为主，环境压力加大。煤炭是中国的主要能源，以煤为主的能源结构在未来相当长时期内难以改变。相对落后的煤炭生产方式和消费方式，加大了环境保护的压力。煤炭消费是造成煤烟型大气污染的主要原因，也是温室气体排放的主要来源。随着中国机动车保有量的迅速增加，部分城市大气污染已经变成煤烟与机动车尾气混合型。这种状况持续下去，将给生态环境带来更大的压力。

市场体系不完善，应急能力有待加强。中国能源市场体系有待完善，能源价格机制未能完全反映资源稀缺程度、供求关系和环境成本。能源资源勘探开发秩序有待进一步规范，能源监管体制尚待健全。煤矿生产安全欠账比较多，电网结构不够合理，石油储备能力不足，有效应对能源供应中断和重大突发事件的预警应急体系有待进一步完善和加强。

二、能源发展战略和目标

中国能源发展坚持节约发展、清洁发展和安全发展。坚持发展是硬道理，用发展和改革的办法解决前进中的问题。落实科学发展观，坚持以人为本，转变发展观念，创新发展模式，提高发展质量。坚持走科技含量高、资源消耗低、环境污染少、经济效益好、安全有保障的能源发展道路，最大程度地实现能源的全面、协调和可持续发展。

中国能源发展坚持立足国内的基本方针和对外开放的基本国策，以国内能源的稳定增长，保证能源的稳定供应，促进世界能源的共同发展。中国能源的发展将给世界各国带来更多的发展机遇，将给国际市场带来广阔的发展空间，将为世界能源安全与稳定作出积极的贡献。

中国能源战略的基本内容是：坚持节约优先、立足国内、多元发展、依靠科技、保护环境、加强国际互利合作，努力构筑稳定、经济、清洁、安全的能源供应体系，以能源的可持续发展支持经济社会的可持续发展。

节约优先。中国把资源节约作为基本国策，坚持能源开发与节约并举、节约优先，积极转变经济发展方式，调整产业结构，鼓励节能技术研发，普及节能产品，提高能源管理水平，完善节能法规和标准，不断提高能源效率。

立足国内。中国主要依靠国内增加能源供给，通过稳步提高国内安全供给能力，不断满足能源市场日益增长的需求。

多元发展。中国将通过有序发展煤炭，积极发展电力，加快发展石油天然气，鼓励开发煤层气，大力发展水电等可再生能源，积极推进核电建设，科学发展替代能源，优化能源结构，实现多能互补，保证能源的稳定供应。

依靠科技。中国充分依靠能源科技进步，增强自主创新能力，提升引进技术消化吸收和再创新能力，突破能源发展的技术瓶颈，提高关键技术和重大装备制造水平，开创能源开发利用新途径，增强发展后劲。

保护环境。中国以建设资源节约型和环境友好型社会为目标，积极促进能源与环境的协调发展。坚持在发展中实现保护、在保护中促进发展，实现可持续发展。

互利合作。中国能源发展在立足国内的基础上，坚持以平等互惠和互利双赢的原则，以坦诚务实的态度，与国际能源组织和世界各国加强能源合作，积极完善合作机制，深化合作领域，维护国际能源安全与稳定。

中国共产党第十七次全国代表大会提出，要加快转变发展方式，在优化结构、提高效益、降低消耗、保护环境的基础上，实现人均国内生产总值到2020年比2000年翻两番。《中华人民共和国国民经济和社会发展第十一个五年规划纲要》明确提出，到2010年，单位国内生产总值能源消耗比2005年降低20%左右，主要污染物排放总量减少10%。

为实现经济社会发展目标，中国能源发展“十一五”（2006—2010年）目标是：到“十一五”末期，能源供应基本满足国民经济和社会发展需求，能源节约取得明显成效，能源效率得到明显提高，结构进一步优化，技术取得实质进步，经济效益和市场竞争力显著提高，与社会主义市场经济体制相适应的能源宏观调控、市场监管、法律法规、预警应急体系和机制得到逐步完善，能源与经济、社会、环境协调发展。

三、全面推进能源节约

中国是人口众多、资源相对不足的发展中国家。要实现经济社会的可持续发展，必须走节约资源的道路。中国有计划、有组织地开展节能工作始于上世纪80年代初，通过贯彻“开发与节约并举，把节约放在首位”的方针，到上世纪末实现了经济增长翻两番、能源消费增长翻一番的目标。为继续深入推进能源节约，中国政府进一步提出把节约资源作为基本国策，发布了《国务院关于加强节能工作的决定》。中国政府始终将节约能源作为宏观调控的主要内容，作为转变发展方式、优化结构的突破口和抓手。在推进节能减排工作中，做到“六个依靠”：依靠结构调整，这是节能减排的根本途径；依靠科技进步，这是节能减排的关键所在；依靠加强管理，这是节能减排的重要措施；依靠强化法制，这是节能减排的重要保障；依靠深化改革，这是节能减排的内在动力；依靠全民参与，这是节能减排的社会基础。制定并实施了《节能中长期专项规划》，确定了“十一五”期间能耗降低目标，并将节能任务具体落实到各省、自治区和直辖市以及重点企业。中国正在完善国内生产总值和能源消耗指标体系，将能源消耗纳入各地经济社会发展综合评价和年度考核，实行单位国内生产总值能耗指标公报制度，实施节能目标责任制和问责制，构建节能型产业体系，促进经济发展方式的根本转变。

节约能源，是中国缓解资源约束的现实选择。推进能源节约，是中国经济社会发展长期而艰巨的战略任务。中国坚持政府为主导、市场为基础、企业为主体，在全社会共同参与下，全面推进能源节约。中国坚持以提高能源效率为核心，以转变经济发展方式、调整经济结构、加快技术进步为根本，构建能源资源节约型的产业结构、发展方式和消费模式。建立节能型的产业体系，落实节能目标责任制和评价考核体系。完善节能技术推广机制，鼓励节能技术和产品的研发。深化能源体制改革，完善能源价格形成机制，充分发挥财政税收等经济政策对节能的推动作用。

中国全面落实能源节约的措施是：

推进结构调整。长期以来，中国能源效率偏低的主要原因是经济增长方式粗放、高耗能产业比重过高。中国坚持把转变发展方式、调整产业结构和工业内部结构作为能源节约的战略重点，努力形成“低投入、低消耗、低排放、高效率”的经济发展方式。中国加快产业结构优化升级，大力发展高新技术产业和服务业，严格限制高耗能、高耗材、高耗水产业发展，淘汰落后产能，促进经济发展方式的根本转变，加快构建节能型产业体系。

加强工业节能。工业是中国能源消费的重点领域。中国坚持走科技含量高、经济效益好、资源消耗低、环境污染少、人力资源得到充分发挥的新型工业化道路，加快发展高技术产业，运用高新技术和先进适用技术改造传统产业，提升工业整体水平。重点加强钢铁、有色金属、煤炭、电力、石油石化、化工、建材等高耗能行业节能降耗。中国实施千家企业节能行动，重点加强年耗能万吨标准煤以上的工业企业节能管理。调整产品结构，加快技术改造，提高管理水平，降低能源消耗。支持一批节能降耗的重大及示范项目，带动工业提高能效水平。进一步完善工业行业能效标准和规范，强制淘汰落后的高耗能产品，完善能效市场准入制度。

实施节能工程。中国正在实施节约替代石油、热电联产、余热利用、建筑节能等十大重点节能工程，支持节能重点及示范项目建设，鼓励高效节能产品的推广应用。中国大力发展节能省地型建筑，积极推进既有建筑节能改造，广泛使用新型墙体材料。实施节约和替代石油工程，科学发展替代燃料。加快淘汰老旧汽车、船舶，积极发展公共交通，限制高油耗汽车，发展节能环保型汽车。加快燃煤工业锅（窑）炉改造、区域热电联产和余热余压利用，提高能源利用效率。促进电机节能和能源系统优化，提高电机运行和能源系统效率。实施绿色照明工程，加快推广高效电器应用。加快推广农村省柴节煤炉灶、节能房屋技术，淘汰高耗能老旧农机、渔船，推进农业和农村节能。加强政府机构节能，发挥政府对社会节能的带动作用。加快节能监测和技术服务体系建设，强化节能监测，创新服务平台。

加强管理节能。中国政府建立了政府强制采购节能产品制度，积极推进优先采购节能（包括节水）产品，选择部分节能效果显著、性能比较成熟的产品予以强制采购。积极发挥政府采购的政策导向作用，带动社会生产和使用节能产品。研究制定鼓励节能的财税政策，实施资源综合利用税收优惠政策，建立多渠道的节能融资机制。深化能源价格改革，形成有利于节能的价格形成机制。实施固定资产投资项目节能评估和审核制度，严把能耗增长的源头。建立企业节能新机制，实施能效标识管理，推进合同能源管理和节能自愿协议。建立健全节能法律法规，依法强化节能管理。加强节能管理队伍建设，加大执法监督检查力度。

倡导社会节能。中国采取多种形式大力宣传节约能源的重要意义，不断增强全民资源忧患意识和节约意识。倡导能源节约文化，努力形成健康、文明、节约的消费模式。把节约能源纳入基础教育、职业教育、高等教育和技术培训体系，利用新闻出版、广播影视等媒体，大力宣传和普及节能知识。继续深入开展节能宣传周活动，动员社会各界广泛参与，努力建立全社会节能的长效机制。

四、提高能源供给能力

长期以来，中国主要依靠本国能源资源发展经济，能源自给率一直保持在90%以上，远远高于多数发达国家。目前，中国已经成为世界第二大能源生产国，具备了较强的能源生产供应基础。在全面建设小康社会的过程中，中国将首先立足于国内能源资源，着重优化能源结构，努力提高供应能力。

中国能源资源的开发潜力较大。煤炭已发现的资源量仅占资源蕴藏量的13%，可采储量占已发现资源量的40%。水力资源开发利用程度仅为20%。石油资源探明程度为33%，开始进入勘探中期，仍有较大潜力。天然气资源探明程度为14%，处于勘探早期，资源前景广阔。非常规能源资源尚处于开发利用初期，开发潜力较大。可再生能源开发利用刚刚起步，发展空间很大。资源节约、综合利用和循环利用等方面，也存在着很好的前景。

中国提高能源供应能力的措施是：

有序发展煤炭。煤炭是中国的基础能源，增加供给能力、优化能源结构、保障煤矿安全、减少环境污染、提高资源利用效率、构建新型煤炭工业体系，是保障国民经济发展的迫切需要。中国加大煤炭资源勘查力度，支持大型煤炭基地的资源普查和地质详查，规范商业性勘探，提高资源保障程度，稳步推进大型煤炭基地建设。通过企业兼并和重组，形成若干产能亿吨级的大型企业集团。继续推进煤炭资源开发整合，调整改造中小煤矿，依法关闭淘汰不符合产业政策、不具备安全生产条件、浪费资源和破坏环境的小煤矿，进一步优化煤炭产业结构。促进与相关产业协调发展，鼓励实行煤电联营或煤电运一体化经营，延伸煤炭产业链。提高煤矿机械化水平和采煤综合机械化程度，推进煤炭的清洁生产和利用，鼓励洁净煤技术的研发和推广，加快替代液体燃料研究和示范。积极发展循环经济，加强环境保护，促进资源综合利用，加快煤层气产业化发展。加强煤炭运输体系建设，稳步提高运输能力。建立安全生产责任制，加大煤矿安全改造和瓦斯防治投入力度，不断提高安全生产水平。

积极发展电力。电力是高效清洁的能源，建立经济、高效、稳定的电力供应体系，是保证国民经济和社会稳定发展的基本要求。中国坚持以结构调整为主线，优化电源结构。在综合考虑资源、技术、环保和市场等因素的基础上，优化发展煤电，建设大型煤电基地，鼓励发展坑口电站，重点发展大型高效环保机组。积极发展热电联产，加快淘汰落后的小火电机组。在保护生态、妥善解决移民问题的条件下，大力发展水电。积极推进核电建设。适度发展天然气发电。鼓励可再生能源和新能源发电。加强区域和输配电网络建设，扩大西电东送规模。实行电力统一规划和调度，建立健全电力安全应急体系，提高电力系统的安全可靠性。继续加强电力需求侧管理，实行节能调度，努力提高能源利用效率。

加快发展油气。中国继续实行油气并举的方针，稳定增加原油产量，努力提高天然气产量。加大石油天然气资源的勘探开发力度，重点加强渤海湾、松辽、塔里木、鄂尔多斯等主要含油气盆地勘探开发，积极探索陆地新区、新领域、新层系和重点海域勘查，切实增加可采储量。深入挖掘主要产油区的发展潜力，加强稳产改造，提高采收率，延缓老油田产量递减。在经济合理的条件下，积极开发煤层气、油页岩、油砂等非常规能源。继续加快石油和天然气管网及配套设施建设，逐步完善全国油气管网。

大力发展可再生能源。可再生能源是中国能源优先发展的领域。可再生能源的开发利用，对增加能源供应、改善能源结构、促进环境保护具有重要作用，是解决能源供需矛盾和实现可持续发展的战略选择。中国已经颁布《可再生能源法》，制定了可再生能源发电优先上网、全额收购、价格优惠及社会公摊的政策。建立了可再生能源发展专项资金，支持资源调查、技术研发、试点示范工程建设和农村可再生能源开发利用。发布了《可再生能源中长期发展规划》，提出到2010年使可再生能源消费量达到能源消费总量的10%，到2020年达到15%的发展目标。中国将推进水电流域梯级综合开发，加快大型水电建设，因地制宜开发中小型水电，适当建设抽水蓄能电站。推广太阳能热利用、沼气等成熟技术，提高市场占有率。积极推进风力发电、生物质能和太阳能发电等利用技术，将建设若干个百万千瓦级风电基地，以规模化带动产业化。积极落实可再生能源发展的扶持和配套政策，培育持续稳定增长的可再生能源市场，逐步建立和完善可再生能源产业体系和市场及服务体系，促进可再生能源技术进步和产业发展。

加强农村能源建设。中国有7.5亿人口生活在农村，受经济和技术水平的限制，仍有多数农村地区依靠传统方式利用生物质能源。解决农村能源问题是全面建设社会主义新农村的必然要求，也是中国的一个特殊问题。中国政府坚持“因地制宜，多能互补，综合利用，注重实效”的原则，加强农村能源建设。中国通过实施“光明工程”、“农网改造”、“水电农村电气化”和“送电到乡”，同时充分利用小水电、风力和太阳能发电，改善了农村生产生活用能条件，解决了3000多万农村无电人口及偏远无电地区的用电问题，基本实现了城乡同网同价。中国将继续积极发展农村户用沼气、生物质能利用、太阳能热利用等，为农村地区提供清洁的生活能源。继续推广应用省柴节能灶炕、小风电、微水电等农村小型能源设施。继续增加农村优质化石能源的供应，提高农村商品能源的消费比重。继续加强农村电网建设，积极扩大电网覆盖范围。积极开展绿色能源示范县建设，加快推进农村可再生能源开发利用。

五、加快推进能源技术进步

科学技术是第一生产力，是能源发展的动力源泉。中国高度重视能源科技的发展，能源工业的技术水平与发达国家的差距进一步缩小，有效地促进了能源工业的全面发展。2005年，中国政府制定了《国家中长期科学和技术发展规划纲要》，把能源技术放在优先发展位置，按照自主创新、重点跨越、支撑发展、引领未来的方针，加快推进能源技术进步，努力为能源的可持续发展提供技术支撑。

中国遵循科技发展规律和特点，积极开发和推广节约、替代、循环利用和治理污染的先进适用技术，为能源技术进步创造良好的政策环境。逐步建立企业为主体、市场为导向、产学研相结合的技术创新体系。大力组织先进能源技术的研发和推广应用，通过市场机制，引导企业加快技术进步，提高能源利用效率。大力加强能源科技人才培养，注重完善政策法规和技术标准，为能源技术发展创造良好条件。

大力推广节能技术。中国把节能技术作为能源技术发展的优先主题，重点攻克高耗能领域的节能关键技术，大力提高一次能源和终端能源利用效率。实施节能技术政策大纲，引导社会投资节能技术应用。重点研究开发工业、交通运输、建筑等领域的节能技术与设备，以及可再生能源与建筑一体化、节能建材等应用技术。加强能源计量、控制、监督与管理，积极培育节能技术服务体系。

推进关键技术创新。中国鼓励发展洁净煤技术，推进煤炭气化及加工转化等先进技术的研究开发，推广整体煤气化联合循环、超（超）临界、大型循环流化床等先进发电技术，发展以煤气化为基础的多联产技术。重点掌握第三代大型压水堆核电技术，攻克高温气冷堆工业实验技术。积极发展复杂地质油气资源勘探开发和低品位油气资源高效开发技术。鼓励发展替代能源技术，优先发展可再生能源规模化利用技术。稳步推进正负800千伏直流输电和1000千伏交流特高压输电技术，以及增强电网安全技术。

提升装备制造水平。装备制造业是能源技术发展的基础。中国依托国家能源重点工程，带动装备制造业的技术进步。鼓励发展煤矿综合采掘设备，研制大型煤炭井下综合采掘、提升、运输和洗选设备，以及大型露天矿设备。鼓励发展大型煤化工成套设备，研制煤炭液化和气化、煤制烯烃等成套设备。鼓励发展大型高效清洁发电装备，发展煤电高效发电机组、大型水电及抽水蓄能机组、重型燃气轮机、先进百万千瓦级压水堆核电机组、大功率风力发电机组等，以及特高压输变电设备。鼓励发展石油天然气勘探、钻采装备，支持大型海洋石油工程设备、30万吨原油运输船、液化天然气运输船及大功率柴油机等配套设备。

加强前沿技术研究。前沿技术是能源发展的潜力，能够引领能源产业和能源技术实现跨越式发展。中国重点研究化石能源、生物质能源和可再生能源制氢、经济高效储氢及输配技术，研究燃料电池基础关键部件制备及电堆集成、燃料电池发电及车用动力系统集成技术等。研究突破化石能源微小型燃气轮机等终端能源转换、储能及热电冷三联产技术。加快研发气冷快堆设计及核心技术。积极研究磁约束核聚变和天然气水合物开发技术。

开展基础科学研究。基础研究是自主创新的源头，决定能源发展的实力和后劲。中国重点研究化石能源高效洁净利用与转化的基础理论，高性能热功转换、高效节能储能的关键原理，规模化利用可再生能源的基础技术，规模利用核能、氢能技术等基础理论。

六、促进能源与环境协调发展

气候变化是国际社会普遍关心的重大全球性问题。气候变化既是环境问题，也是发展问题，归根到底是发展问题。能源的大量开发和利用，是造成环境污染和气候变化的主要原因之一。正确处理好能源开发利用与环境保护和气候变化的关系，是世界各国迫切需要解决的问题。中国是处于工业化初期的发展中国家，历史累计排放少，从1950年到2002年，中国化石燃料二氧化碳排放只占同期世界排放量的9.3%，人均二氧化碳排放量居世界第92位，单位GDP二氧化碳排放弹性系数也很小。

中国作为负责任的发展中国家，高度重视环境保护和全球气候变化。中国政府将保护环境作为一项基本国策，签署了《联合国气候变化框架公约》，成立了国家气候变化对策协调机构，提交了《气候变化初始国家信息通报》，建立了《清洁发展机制项目管理办法》，制订了《中国应对气候变化国家方案》，并采取了一系列与保护环境和应对气候变化相关的政策和措施。中国提出“十一五”时期要实现生态环境恶化趋势基本遏制，主要污染物排放总量减少10%，温室气体排放控制取得成效的目标。中国正在积极调整经济结构和能源结构，全面推进能源节约，重点预防和治理环境污染的突出问题，有效控制污染物排放，促进能源与环境协调发展。

全面控制温室气体排放。中国加快转变经济发展方式，积极发挥能源节约和优化能源结构在减缓气候变化中的作用，努力降低化石能源消耗。大力发展循环经济，促进资源的综合利用，提高能源利用效率，减少温室气体排放。依靠科学技术进步，不断提高应对气候变化的能力，为保护地球环境作出积极贡献。

大力防治生态破坏和环境污染。中国将更加重视能源特别是煤炭的清洁利用，并作为环境保护的重点，积极防治生态破坏和环境污染。加快采煤沉陷区的治理和煤层气的开发利用，建立并完善煤炭资源开发和生态环境恢复补偿机制。推进煤炭的有序开采，限制开采高硫高灰分煤炭、禁止开采含放射性和砷等有毒有害物质超过规定标准的煤炭。积极发展洁净煤技术，鼓励实施煤炭洗选、加工转化、洁净燃烧、烟气净化等技术。加快燃煤电厂脱硫设施建设，新建燃煤电厂必须根据排放标准安装并使用脱硫装置，现有燃煤电厂加快脱硫改造。在大中城市及近郊，严禁新建纯发电的燃煤电厂。

积极防治机动车尾气污染。随着汽车工业的发展和人民生活水平的提高，中国机动车保有量迅速增加，防治机动车尾气污染成为环境保护的重要内容。中国正在积极采取有效措施，严格实施机动车排放标准，加强环保一致性检查，确保新生产机动车稳定达标；严格实施在用机动车环保年检制度；严格禁止制造、销售和进口超过排放标准的机动车；鼓励生产和使用低污染的清洁燃料机动车，鼓励生产混合动力汽车，支持发展轨道交通和电动公交车。

严格能源项目的环境管理。加强对能源项目的环境管理，是实现能源建设与环境保护协调发展的有效措施。中国严格执行环境影响评价制度，通过严格环境准入制度抑制粗放型经济增长。新建、扩建和改建能源工程项目建设与环境保护设施同时设计、同时施工、同时投入使用。加强核电项目的安全管理，强化对已运行核电站、研究堆、核燃料循环设施的安全与辐射环境的监督管理，积极做好在建核电设施安全评审和监督工作。进一步加强水电建设中的生态环境保护，在满足江河流域综合开发利用的要求下，在保护中开发，在开发中保护，注重提高水资源的综合利用和生态环境效益。

七、深化能源体制改革

改善发展环境是中国能源发展的内在要求。中国按照完善社会主义市场经济体制的要求，稳步推进能源体制改革，促进能源事业发展。1998年实现了石油企业的战略性重组，建立了上下游一体化的新型石油工业管理体制。2002年按照电力体制改革方案，电力工业实现了政企分开、厂网分开。煤炭工业市场化改革后，2005年又按照国务院《关于促进煤炭工业健康发展的若干意见》深化改革和发展。中国正在按照观念创新、管理创新、体制创新和机制创新的要求，进一步深化能源体制改革，提高能源市场化程度，完善能源宏观调控体系，不断改善能源发展环境。

加强能源立法。完善能源法律制度，为增加能源供应、规范能源市场、优化能源结构、维护能源安全提供法律保障，是中国能源发展的必然要求。中国高度重视并积极推进能源法律制度建设，《清洁生产促进法》、《可再生能源法》已经颁布实施，配套政策措施陆续出台；修订后的《节约能源法》已经公布；《能源法》、《循环经济法》、《石油天然气管道保护法》及《建筑节能条例》正在抓紧制订；《矿产资源法》、《煤炭法》和《电力法》正在抓紧修订。同时，也正在积极着手研究石油天然气、原油市场和原子能等能源领域的立法。

强化安全生产。中国在能源发展过程中，高度重视维护人民的生命安全，继续采取切实有效措施，坚决遏制重特大安全事故频发势头。中国坚持预防为主、安全第一、综合治理的原则，进一步加大煤矿瓦斯治理和综合利用力度，依法整顿关闭不具备安全生产条件的小煤矿。继续加大煤矿安全监管力度，引导地方和企业加强煤矿安全技术改造和安全基础设施建设。全面加强安全生产教育，增强安全责任意识。继续加强电力安全、油气生产安全，强化监督管理，实行国家监察、地方监管、企业负责的安全生产工作体系。进一步落实安全生产责任制，严格安全生产执法，严肃责任追究制度。

完善应急体系。能源安全是经济安全的重要方面，直接影响国家安全和社会稳定。中国实行电力统一调度、分级管理、分区运行，统筹安排电网运行。建立了政府部门、监管机构和电力企业分工负责的安全责任体系，电网和发电企业建立应对大规模突发事故的应急预案。按照统一规划、分步实施的原则，建设国家石油储备基地，扩大石油储备能力。逐步建立石油和天然气供应应急保障体系，确保供应安全。

加快市场体系建设。中国继续坚持改革开放，充分发挥市场配置资源的基础性作用，鼓励多种经济成分进入能源领域，积极推动能源市场化改革。全面完善煤炭市场体系，构建政企分开、公平竞争、开放有序、健康有序的电力市场体系，加快石油天然气流通体制改革，促进能源市场健康有序发展。

深化管理体制改革。中国加强能源管理体制改革，完善国家能源管理体制和决策机制，加强部门、地方及相互间的统筹协调，强化国家能源发展的总体规划和宏观调控，着力转变职能、理顺关系、优化结构、提高效能，形成适当集中、分工合理、决策科学、执行顺畅、监管有力的管理体制。进一步转变政府职能，注重政策引导，重视信息服务。深化能源投资体制改革，建立和完善投资调控体系。进一步强化能源资源的规范管理，完善矿产资源开发管理体制，建立健全矿产资源有偿使用和矿业权交易制度，整顿和规范矿产资源开发市场秩序。

推进价格机制改革。价格机制是市场机制的核心。中国政府在妥善处理不同利益群体关系、充分考虑社会各方面承受能力的情况下，积极稳妥地推进能源价格改革，逐步建立能够反映资源稀缺程度、市场供求关系和环境成本的价格形成机制。深化煤炭价格改革，全面实现市场化。推进电价改革，逐步做到发电和售电价格由市场竞争形成、输电和配电价格由政府监管。逐步完善石油、天然气定价机制，及时反映国际市场价格变化和国内市场供求关系。

八、加强能源领域的国际合作

中国的发展离不开世界，世界的繁荣需要中国。随着经济全球化的深入发展，中国在能源发展方面与世界联系日益紧密。中国的能源发展不仅满足了本国经济社会发展的需求，也给世界各国带来了发展机遇和广阔的发展空间。

中国是国际能源合作的积极参与者。在多边合作方面，中国是亚太经济合作组织能源工作组、东盟与中日韩（10+3）能源合作、国际能源论坛、世界能源大会及亚太清洁发展和气候新伙伴计划的正式成员，是能源宪章的观察员，与国际能源机构、石油输出国组织等国际组织保持着密切联系。在双边合作方面，中国与美国、日本、欧盟、俄罗斯等许多能源消费国和生产国都建立了能源对话与合作机制，在能源开发、利用、技术、环保、可再生能源和新能源等领域加强对话与合作，在能源政策、信息数据等方面开展广泛的沟通与交流。在国际能源合作中，中国既承担着广泛的国际义务，也发挥着积极的建设性作用。

中国积极完善对外开放的法律政策，先后颁布了《中外合资经营企业法》、《中外合作经营企业法》和《外资企业法》，努力营造公平、开放的外商投资环境。2002年制定了《指导外商投资方向规定》，2004年修订了《外商投资产业指导目录》和《中西部地区外商投资优势产业目录》，鼓励外商投资能源及相关的采掘、生产、供应及运输领域，鼓励投资设备制造产业，鼓励外商投资中西部地区能源产业。

完善油气资源勘探开发的对外合作。中国在石油天然气资源领域，实行以产品分成合同为基础的对外合作模式。2001年，中国公布了修订后的《对外合作开采海洋石油资源条例》和《对外合作开采陆上石油资源条例》，依法保护参与合作开采的外商合法权益。鼓励外商参与石油和天然气的风险勘探、低渗透油气藏（田）、提高老油田采收率等石油勘探开发领域的合作。鼓励外商投资输油（气）管道、油（气）库及专用码头的建设与经营。

鼓励外商投资勘探开发非常规能源资源。2000年，中国发布了《关于进一步鼓励外商投资勘查开采非油气矿产资源的若干意见》，进一步开放非油气资源的探矿权、采矿权市场。允许外商在中国境内以独资或与中方合作的方式进行风险勘探。外商投资开采回收共、伴生矿、利用尾矿以及西部地区开采矿产资源的，可以享受减免矿产资源补偿费的优惠政策。进一步改善对外商投资勘查开采非油气资源的管理和服务。

鼓励外商投资和经营电站等能源设施。中国鼓励外商投资电力、煤气的生产和供应。鼓励投资单机容量60万千瓦及以上火电、煤炭洁净燃烧发电、热电联产、发电为主的水电、中方控股的核电，以及可再生能源和新能源发电等电站的建设与经营。鼓励外商投资规模容量以上的火电、水电、核电及火电脱硫技术与设备制造。鼓励投资煤炭管道运输设施的建设与经营。

进一步优化外商投资环境。中国政府信守加入世界贸易组织的有关承诺，在能源管理方面，清理了与世界贸易组织规则不一致的行政法规和部门规章。按照世界贸易组织的透明度要求，放宽了公益性地质资料的范围，并将进一步加强能源政策的对外发布，完善能源数据统计系统，及时公布能源统计数据，确保能源政策、统计数据以及资料信息的公开与透明。

进一步拓宽利用外资领域。中国吸引外商投资开发利用能源资源，注重引进国外先进技术、管理经验和高素质人才，进一步实现从投资化石能源资源向可再生能源的转变，从注重勘查开发领域向更多地发展服务贸易转变，从主要依靠对外借贷和外国直接投资向直接利用国际资本市场方式转变。

在今后相当长一段时间内，国际能源贸易仍将是中国利用国外能源的主要方式。中国将积极扩大国际能源贸易，促进国际能源市场的优势互补，维护国际能源市场的稳定。按照世界贸易组织规则和加入世界贸易组织的承诺，开展能源进出口贸易，完善公平贸易政策。逐步改变目前原油现货贸易比重过大的状况，鼓励与国外公司签订长期供货合同，促进贸易渠道多元化。支持有条件的企业对外直接投资和跨国经营，鼓励企业按照国际惯例和市场经济原则，参与国际能源合作，参与境外能源基础设施建设，稳步发展能源工程技术服务合作。

能源安全是全球性问题，每个国家都有合理利用能源资源促进自身发展的权利，绝大多数国家都不可能离开国际合作而获得能源安全保障。要实现世界经济平稳有序发展，需要国际社会推进经济全球化向着均衡、普惠、共赢的方向发展，需要国际社会树立互利合作、多元发展、协同保障的新能源安全观。近年来，国际市场石油价格大幅波动，影响了全球经济发展，其原因是多重的、复杂的，需要国际社会通过加强对话和合作，从多方面共同加以解决。为维护世界能源安全，中国主张国际社会应着重在以下三个方面进行努力：

加强开发利用的互利合作。实现世界能源安全，必须加强能源出口国与消费国、能源消费国之间的对话与合作。国际社会应该加强能源政策磋商和协调，完善国际能源市场监测和应急机制，促进石油天然气资源开发以增加供应，实现能源供应全球化和多元化，保证稳定和可持续的国际能源供应，维护合理的国际能源价格，确保各国的能源需求得到满足。

形成先进技术的研发推广体系。节约能源，促进能源多元发展，是实现全球能源安全的长远大计。国际社会应大力加强节能技术研发和推广，推动能源综合利用，支持和促进各国提高能效。积极倡导在洁净煤技术等高效利用化石燃料方面的合作，推动国际社会加强可再生能源和氢能、核能等重大能源技术方面的合作，探讨建立清洁、经济、安全和可靠的世界未来能源供应体系。国际社会要从人类社会可持续发展的高度，处理好资金投入、知识产权保护、先进技术推广等问题，使世界各国都从中受益，共同分享人类进步成果。

维护安全稳定的良好政治环境。维护世界和平和地区稳定，是实现全球能源安全的前提条件。国际社会应携手努力，共同维护能源生产国和输送国，特别是中东等产油国地区的局势稳定，确保国际能源通道安全和畅通，避免地缘政治纷争干扰全球能源供应。各国应通过对话与协商解决分歧、化解矛盾，不应把能源问题政治化，避免动辄诉诸武力，甚至引发对抗。

结束语

在全面建设惠及13亿人口的小康社会进程中，能源是事关中国经济社会发展的一个重要问题。以能源的可持续发展支持经济社会的可持续发展，是长期而艰巨的任务。中国政府将努力解决好能源问题，实现能源的可持续发展。

尽管中国能源消费增长较快，但人均能源消费水平还很低，仅相当于世界平均水平的四分之三，人均石油消费只相当于世界平均水平的二分之一，石油人均进口量也只相当于世界平均水平的四分之一，远低于世界发达国家水平。中国过去不曾、现在没有、将来也不会对世界能源安全构成威胁。中国将继续以本国能源的可持续发展促进世界能源的可持续发展，为维护世界能源安全作出积极贡献。

和平与发展仍然是时代主题，求和平、谋发展、促合作已成为不可阻挡的时代潮流。随着经济全球化深入发展，科技进步日新月异，生产要素流动和产业转移速度加快，世界各国各地区间的互联互动日益加深。国际社会需要加强合作，共同维护世界能源安全。中国政府将与世界各国一道，为维护世界能源的稳定和安全，为实现互利共赢和共同发展，为保护人类共有的家园而不懈努力！

国务院新闻办公室

二〇〇七年十二月

国务院办公厅关于印发
2008年节能减排工作安排的通知

各省、自治区、直辖市人民政府，国务院各部委、各直属机构：

《2008年节能减排工作安排》已经国务院同意，现印发给你们，请认真贯彻执行。

二〇〇八年七月十五日

附件：

2008年节能减排工作安排

今年是实现“十一五”节能减排约束性目标的关键一年，必须下更大决心，花更大力气，打好节能减排攻坚战，务求使节能减排工作取得突破性进展。

指导思想：认真贯彻党的十七大、中央经济工作会议和十一届全国人大一次会议精神，以科学发展观为指导，把节能减排作为促进科学发展的重要抓手，强化责任考核，加快结构调整，完善政策机制，突出重点领域，加大资金投入，推进法制建设，搞好宣传教育，加强综合协调，使节能减排综合性工作方案的各项措施落到实处，尽快形成以政府为主导、企业为主体、全社会共同推进的节能减排工作格局，充分发挥市场机制作用，加快建设资源节约型、环境友好型社会，促进经济社会又好又快发展。

工作重点及保障措施：

一、强化目标责任评价考核。落实《节能减排统计、监测及考核实施方案和办法》，实行严格的问责制和“一票否决制”。6月底前完成对各省级人民政府2007年节能减排目标完成情况和措施落实情况的综合评价考核工作，把节能减排目标完成情况作为检验经济发展成效的重要标准。督促各地区节能主管部门完成对千家企业的综合评价报告。将评价考核结果分别交干部工作主管部门和国有资产监督管理部门，作为对省级人民政府领导班子和领导干部综合考核评价和中央企业负责人第二任期经营业绩考核的重要依据，并向社会公布，发挥社会和舆论的监督作用。对没有完成节能减排目标的政府和企业，督促其按要求做出说明，提出整改措施；暂停核准和审批该地区和企业新建高耗能项目。发布2007年全国和各地区单位GDP能耗、主要污染物排放量、工业增加值用水量指标公报、以及 2008年上半年全国单位GDP能耗和主要污染物排放量指标公报。逐步将节能减排工作纳入国家经济技术开发区、高新技术开发区和循环经济试点园区的考核。研究建立完善建筑、交通、中央国家机关节能减排统计、监测和考核体系。结合第二次经济普查，搞好用能单位的调查摸底工作。

二、坚决遏制高耗能、高排放行业过快增长。严格执行新开工项目管理规定，强化用地审查、节能评估审查、环境影响评价，加强项目统计和信息管理，实行项目公告制度。修订企业投资项目核准目录，将焦炭、电石、铁合金等高耗能、高排放行业项目由备案改为核准。修订《产业结构调整指导目录》。制(修)订黄磷、铁合金、焦化、水泥等行业准入标准，及时审核并公告符合条件的企业名单。依法对实施生产许可管理、生产过程中高耗能和易造成环境污染的产品，严格生产条件审查，对不符合条件的，不予发放生产许可证。修订建设项目环境影响评价分级审批规定，完善高耗能、高排放行业建设项目环评审批权限。对违法违规建设项目要坚决停缓建，加大环评“区域限批”力度。继续清理和纠正一些地方在电价、地价和税费方面对高耗能、高排放行业的优惠政策。实施新的《外商投资产业指导目录》，严格限制外商投资高能耗、高排放项目。继续严格控制“两高一资”产品出口。大力促进服务业和高技术产业加快发展，提高其在国民经济中的比重和水平。

三、加快淘汰落后生产能力。分批下达关停水泥、焦炭、电石、铁合金、平板玻璃、钢铁、电解铝等行业淘汰落后产能计划，关停小火电1300万千瓦，分别淘汰水泥、钢、铁、电解铝、铁合金、小机焦、电石、平板玻璃、造纸等落后产能5000万吨、600万吨、1400万吨、15万吨、80万吨、 1500万吨、50万吨、600万重箱、106万吨。继续加大小煤矿关闭力度。实行淘汰落后产能工作进展情况定期报告和检查制度。落实节能发电调度办法，发布试点工作方案和实施细则，抓紧出台配套政策，争取年内全面推广实施。继续贯彻落实限制类和淘汰类企业实施差别电价的政策。中央财政继续安排资金，支持中西部地区加快淘汰落后产能，建立落后产能退出机制。

四、加大节能减排重点工程实施力度。多渠道筹集资金，加快重点工程建设。今年国家安排国债和中央预算内投资148亿元、中央财政资金270亿元 (含淘汰落后产能奖励资金)用于支持十大重点节能工程、城市污水处理设施及配套管网建设、重点流域水污染治理，以及节能环保能力建设。中央预算内投资和中央财政资金支持十大重点节能工程可形成3500万吨标准煤的节能能力，推广使用节能灯5000万只。实施100项绿色建筑示范工程和100项低能耗示范工程。新增城市污水处理能力1200万吨／日，力争用两年时间在36个大中城市率先实现污水的全部收集和处理。现有燃煤电厂新增烟气脱硫能力3000万千瓦以上。组织实施10台总规模1000平方米钢铁烧结机烟气脱硫工程建设。

五、抓好重点领域节能。继续推动钢铁、有色、化工、建材等重点耗能行业节能，提高能源利用效率。深入开展千家企业节能行动，力争全年实现节能 2000万吨标准煤。引导和推动千家企业带头开展能效水平对标活动，培育一批对标先进典型，加大推广力度。发布《千家企业能源利用状况公报 (2008)》。推进建立节能减排义务监督员制度。推动中央企业落实节能减排工作意见和管理目标，全面提升中央企业节能减排管理水平。继续向社会发布电力企业节能减排监管报告。扩大强制性能效标识实施范围，在实施9种产品能效标识的基础上，制定发布多联式机组、变频空调、电热水器、电磁炉、计算机显示器等产品能效标识实施规则。研究建立水效标识制度，大力推动节能产品认证。积极推广节能省地环保型建筑和绿色建筑，强化新建建筑执行节能标准的监管，实行建筑能效测评标识制度和建筑节能信息公示制度，力争2008年底全国新建建筑施工阶段执行节能强制性标准的比例达到80%以上。抓好可再生能源建筑应用示范项目的组织实施，加大示范推动力度。督促24个示范省市完成国家机关办公建筑和大型公共建筑能耗统计、能源审计、能效公示任务并启动节能改造示范，制订本地区主要耗能产品和大型公共建筑能耗限额标准。制定《关于推进北方采暖地区既有居住建筑供热计量及节能改造工作的实施意见》，督促各地将改造任务进一步落实到具体项目并组织实施。制定《高耗能特种设备节能审查与监督管理办法》，建立高耗能特种设备准入与退出制度，指导企业开展万台锅炉改造和10万台锅炉水处理达标活动，组织实施20万名司炉工节能知识培训，推进锅炉等高耗能特种设备节能降耗。发布铁路、公路、水路和民用航空行业节能规划，研究制订交通运输营运车船燃料消耗量限值标准，开展节能示范活动，推进电气化铁路建设。推动墙体材料革新，公布第二批“禁实”(禁止实心粘土砖)城市完成情况，发布第三批“禁实”城市名单。继续开展“零售业节能行动”，加强流通领域现代物流节能降耗、餐厨垃圾资源化和散装水泥推广工作。大力推进农业生产和农村生活节能。有关部门和地方各级政府要支持军队重点用能设施设备节能改造项目。

六、加快节能减排技术开发和推广。落实《节能减排科技专项行动方》，继续支持节能减排新技术、新产品及新装备的研究开发和推广应用，积极开展企业、社区和村镇节能减排科技示范。全面启动水体污染治理与控制重大科技专项，组织实施有关重大攻关项目。在节能减排领域组建和完善一批国家重点实验室与国家工程技术研究中心。建立面向社会和市场需求的节能减排适用技术成果数据库与科技资源共享平台。加快高耗能、高污染重点行业信息化改造，以信息化手段减少生产、流通等环节的能耗和排污。在重点行业和领域，推广一批潜力大、应用面广的重大节能减排技术。发展先进清洁能源技术。加快建立节能减排技术创新体系与服务体系建设。研究提出《关于加快发展节能服务业的指导意见》，培育节能服务市场，鼓励专业化节能服务公司，采用合同能源管理方式，为中小企业、公共机构实施节能改造。推进免耕、少耕、保护性耕作等栽培技术2亿亩以上，测土配方施肥技术面积9亿亩以上。广泛开展节能减排国际合作，引进国外节能减排先进技术和管理经验。

七、加快推进循环经济发展。组织编制钢铁、有色、煤炭、电力、化工、建材、制糖等重点行业和再生资源回收体系建设、再生金属利用等重点行业和重点领域循环经济发展规划。系统总结第一批国家循环经济试点取得的经验，树立一批先进典型。抓好第二批96个循环经济示范试点和14家汽车零部件再制造试点，指导试点单位编制试点工作实施方案，支持一批重点项目建设。组织实施循环经济高技术产业化重大专项。研究制定利用电石渣生产水泥、烟气脱硫制酸、脱硫石膏综合利用、尾矿综合利用以及利用煤矸石、余热余压和低热值燃料发电产业的鼓励政策，推动再制造产业发展的鼓励政策。建立健全循环经济统计制度。推动国家各类工业园区和工业集中区生态工业示范园区建设。组织编制《工业清洁生产审核指南编制通则》，发布甲醛、乙烯、聚氨酯、玻璃、洗涤用品、肉类加工业等行业的清洁生产评价指标体系。推进节水型社会和节水型城市创建工作。抓好10个循环农业示范市建设，新增500个乡村清洁工程示范村。大力推进土地节约集约利用工作，建设节约集约用地示范试点省。大力开展环境标志认证。

八、强化重点污染源监管。搞好第一次全国污染源普查。完善区域联防机制，做好北京奥运会空气质量保障工作。公布今年需开工建设的烟气脱硫电厂名单，年终公布建设情况。加快脱硫机组与环保部门在线自动监控系统联网。对脱硫设施运行情况进行实时监控，公告燃煤机组脱硫设施投运率、脱硫效率及排污费征收情况。对未按要求运行的脱硫机组扣减脱硫电价。抓好烟气脱硫特许经营试点。开展烟气脱硫工程后评估。完成重点流域内重点排污单位排污许可证核发工作。建立并完善城镇污水处理信息报告、核查督察和评估通报制度。对未按规定运行的城镇污水处理厂所在地区，暂缓审批该地区新建涉水项目的环评，暂缓下达有关项目的国家投资。尽快建立全国城镇污水处理信息管理系统和城镇排水和污水处理厂在线监测系统，强化城市排水许可制度和污水处理特许经营制度，保证城市排水与污水处理设施安全正常运行，切实提高污水处理效率。加强入河排污口管理，实行严格的污染物入河总量控制。加大主要河流重要河段水体水质状况的监测，实时公布水质状况，强化社会和舆论监督。实施城乡饮用水安全保障规划，依法取缔饮用水水源保护区内的排污口，全面完成饮用水源保护区划定和调整工作，113个环保重点城市地表水集中式饮用水源地主要指标达标率达到100%(城市自来水厂现有工艺可以去除的指标除外)，确保群众饮用水安全。研究制订《关于加强农村节能减排的意见》。引导农民科学施用化肥、农药，敏感水域、重点流域禁止使用含磷洗衣粉，加强畜禽养殖场管理、污染治理和粪便综合利用，适时开展氮、磷污染物总量控制试点工作。提出《加快推进秸秆综合利用的意见》，逐步减少和禁止农作物秸秆焚烧。

九、实施有利于节能减排的经济政策。适时理顺资源性产品价格，完善生物质能发电价格管理办法。推进环保收费改革，2010年前将排污费调整到位，并逐步提高污水、垃圾处理费等环保收费标准，继续改革环保收费征收种类和方式，切实提高征收率。推进排污权有偿取得和交易试点。配合《企业所得税法》实施，落实好符合条件的与节能节水、资源综合利用、环保有关的企业所得税优惠政策。调整、完善再生资源回收企业增值税优惠政策。推进资源税和矿产资源补偿费制度改革，改进计征方式，提高税费标准，完善矿山环境治理与生态恢复保证金制度。实行鼓励先进节能环保技术设备及其关键零部件进口的税收优惠政策。制定鼓励发展节能省地环保型建筑和绿色建筑以及促进太阳能与建筑一体化应用的经济政策。研究企业新购入的节能和环保设备所含增值税进项税金在其销项税金中抵扣的政策。适时全面推进矿产资源有偿使用制度改革，研究建立实施矿业权设置方案审查制度。继续发布能产品政府采购清单，扩大政府强制采购节能产品范围。推行政府绿色采购。金融机构在防范风险的前提下，继续加大对节能减排技术改造项目的信贷支持，积极为符合条件的项目提供融资服务。支持符合条件的企业发行节能减排方面的企业债券，积极开展污水处理项目收益债券试点、环境责任保险试点。制定并实施鼓励支持节能服务产业发展的财政、税收和金融政策。研究促进脱硝的政策。尽快研究提出鼓励合理施肥、合理用药，加快农业废弃物资源化利用的经济政策。

十、完善节能减排法规和标准。宣传贯彻新修订的节约能源法、水污染防治法，配合全国人大加快制定循环经济法、修订大气污染防治法等相关法律，尽早出台民用建筑节能条例、公共机构节能条例、废弃电子电器回收处理管理条例、规划环境影响评价条例、排污许可证管理条例、防治船舶污染海洋环境管理条例（修订)、城镇排水与污水处理条例、节约用水条例等行政法规。抓紧研究起草固定资产投资项目节能评估和审查条例和重点用能单位节能管理办法(修订)、节能监察管理办法、国家机关办公建筑和大型公共建筑室内温度控制办法、民用建筑能效测评标识管理办法、建筑节能信息公示办法、节能表彰奖励办法、取水权转让管理暂行办法、农业废弃物资源化利用管理办法等办法。启动制(修)订12个用能产品能效标准、8个高耗能产品能耗限额标准、4个重点耗能行业能源计量器具配备和管理标准、2个用水器具水效标准。制订节能建筑评价标准，修订夏热冬暖地区建筑节能设计标准、既有居住建筑节能改造技术规范。推动重点耗能行业落实能源计量器具配备标准，提高能源计量器具配备率。提高重点流域污水处理国家标准，完善环境标准体系。

十一、加强对节能减排工作的监督检查和行政执法。下半年组织开展节能减排专项督察行动，督促检查各地区、各部门落实国务院节能减排综合性工作方案的情况，及时向国务院报告。加大对重点区域和行业节能减排经常性监督检查力度，严肃查处违反国家法律法规的案件，充分发挥行政执法在促进节能减排工作中的监督作用。加大对高耗能、高排放企业执法监督的工作力度，对违反国家节能减排规定和产业政策的，依法吊销其生产许可证。推动地方加快组建节能监察机构，为开展节能监督检查奠定坚实基础。健全环保执法监察体制，强化执法责任追究。加大环保执法监管力度，对于重大环境和水土保持违法案件，公开曝光，分批挂牌督办，严肃追究责任。开展环保专项行动，重点监管城市污水处理厂以及化工、造纸、电力、钢铁等重点行业污染减排，组织开展环保执法后监督工作。继续实施环评“区域限批”，对环境违法严重、超过总量控制指标、重点治污项目建设滞后等问题突出，以及没有完成淘汰落后产能任务的地区或企业，按照有关规定，暂停该地区或企业新增排污总量的建设项目环评审批。继续监督抽查重点终端节能节水产品质量，开展能效标识抽查和监督检查活动。组织开展资源和环境价格检查。

十二、组织开展“节能减排全民行动”。继续广泛深入开展“节能减排全民行动”。大力推进家庭社区行动、青少年行动、企业行动、农村行动、学校行动、军营行动、政府机构行动、科技行动、科普行动、媒体行动等专项行动，以节油节电为重点，积极倡导节约型的生产方式、消费模式和生活习惯，组织开展系列宣传活动，力求范围更广、影响更大、效果更好，营造更加浓厚的节能减排社会氛围。组织2008年全国节能宣传周、城市公共交通周及无车日、世界水日、中国水周、全国城市节水宣传周、“六·五”环境日、节能减排进“奥运”等宣传活动。制定政府机构节能减排公约。建立节能减排科学技术普及宣传网络，在部分省级科普展馆设置“建设节约型社会常设展区”，组织知名专家学者赴各地进行节能减排宣讲。建立各地新闻线索收集及宣传报道机制，及时向媒体提供报道线索，重点报道各地区、各部门落实节能减排综合性工作方案的新思路、新举措、新进展、新成效；宣传高效照明产品推广、秸杆综合利用、禁止生产销售使用超薄塑料购物袋等重点工作。开展舆论监督，对查处的典型案例进行曝光。组织全国性的节能减排先进单位和个人表彰活动。发展改革委要加强综合协调，指导、督促、检查各地区、各部门落实国务院节能减排综合性工作方案和2008年节能减排工作安排的各项工作。做好节能减排季度形势分析，及时向国务院报告节能减排进展情况，提出意见和建议。加快筹建国家节能中心，为国家实施节能管理和落实节能法规政策提供强有力支持。

中国应对气候变化的政策与行动

——2008年度报告

前言

全球气候变化及其不利影响是人类共同关心的问题。工业革命以来的人类活动，尤其是发达国家在工业化过程中大量消耗能源资源，导致大气中温室气体浓度增加，引起全球气候近50年来以变暖为主要特征的显著变化，对全球自然生态系统产生了明显影响，对人类社会的生存和发展带来严重挑战。

中国是一个发展中国家，人口众多、经济发展水平低、气候条件复杂、生态环境脆弱，易受气候变化的不利影响。气候变化对中国自然生态系统和经济社会发展带来了现实的威胁，主要体现在农牧业、林业、自然生态系统、水资源等领域以及沿海和生态脆弱地区，适应气候变化已成为中国的迫切任务。同时，中国正处于经济快速发展阶段，面临着发展经济、消除贫困和减缓温室气体排放的多重压力，应对气候变化的形势严峻，任务繁重。

作为一个负责任的发展中国家，中国高度重视应对气候变化。中国充分认识应对气候变化的重要性和紧迫性，按照科学发展观的要求，统筹考虑经济发展和生态建设、国内与国际、当前与长远，制定并实施应对气候变化国家方案，采取了一系列应对气候变化的政策和措施。中国把应对气候变化与实施可持续发展战略，加快建设资源节约型、环境友好型社会，建设创新型国家结合起来，以发展经济为核心，以节约能源、优化能源结构、加强生态保护和建设为重点，以科技进步为支撑，努力控制和减缓温室气体排放，不断提高适应气候变化能力。

中国积极参与国际社会应对气候变化进程，认真履行《联合国气候变化框架公约》（以下简称《气候公约》）和《京都议定书》（以下简称《议定书》），在国际合作中发挥着积极的建设性作用。

一、气候变化与中国国情

最新科学研究成果表明：全球地表平均温度近百年来（1906~2005年）升高了0.74℃，预计到21世纪末仍将上升1.1~6.4℃。20世纪中叶以来全球平均温度的升高，主要是由化石燃料燃烧和土地利用变化等人类活动排放的温室气体（主要包括二氧化碳、甲烷和氧化亚氮等）导致大气中温室气体浓度增加所引起的。

中国气候变暖趋势与全球的总趋势基本一致。据中国气象局发布的最新观测结果显示，中国近百年来（1908~2007年）地表平均气温升高了1.1℃，自1986年以来经历了21个暖冬，2007年是自1951年有系统气象观测以来最暖的一年。近50年来中国降水分布格局发生了明显变化，西部和华南地区降水增加，而华北和东北大部分地区降水减少。高温、干旱、强降水等极端气候事件有频率增加、强度增大的趋势。夏季高温热浪增多，局部地区特别是华北地区干旱加剧，南方地区强降水增多，西部地区雪灾发生的几率增加。近30年来，中国沿海海表温度上升了0.9℃，沿海海平面上升了90毫米。

据科学家的研究，中国未来的气候变暖趋势将进一步加剧；极端天气气候事件发生频率可能增加；降水分布不均现象更加明显，强降水事件发生频率增加；干旱区范围可能扩大；海平面上升趋势进一步加剧。

中国的基本国情决定了中国在应对气候变化领域面临巨大挑战。

——中国气候条件复杂，生态环境脆弱，适应任务艰巨。中国主要属于大陆性季风气候，大部分地区的气温季节变化幅度要比同纬度其他陆地地区相对剧烈，很多地方冬冷夏热，夏季全国普遍高温。中国降水时空分布不均，多集中在汛期，且地区分布不均衡，年降水量从东南沿海向西北内陆递减。中国生态环境比较脆弱，水土流失和荒漠化严重，森林覆盖率18.21%，仅相当于世界平均水平的62%。自然湿地面积相对较少，草地大多是高寒草原和荒漠草原，北方温带草地受干旱、生态环境恶化等影响，正面临退化和沙化的危机。中国大陆海岸线长达1.8万多公里，易受海平面上升带来的不利影响。

——中国人口众多，经济发展水平较低，发展任务艰巨。2007年底中国大陆人口（不包括香港、澳门、台湾）达到13.21亿，约占世界人口总数的20%。中国城镇化水平比较低，2007年城镇化比例只有44.9%，低于世界平均水平。庞大的人口基数，也使中国面临巨大的劳动力就业压力，每年有1000万以上新增城镇劳动力需要就业，同时随着城镇化进程的推进，目前每年有上千万的农村劳动力向城镇转移。据国际货币基金组织统计，2007年中国人均国内生产总值为2461美元，在181个国家和地区中位居第106位，仍为中下收入国家。中国区域经济发展不均衡，城乡居民之间的收入差距较大。中国仍然被贫困所困扰，目前全国农村没有解决温饱的贫困人口1479万人，刚刚越过温饱线但还不稳定的低收入人口有3000多万人。中国科技发展水平较低，自主创新能力弱。发展经济和改善人民生活水平是中国当前面临的紧迫任务。

——中国处于工业化发展阶段，能源结构以煤为主，控制温室气体排放任务艰巨。中国温室气体历史排放量很低，根据国际有关研究机构数据，1904—2004年中国化石燃料燃烧二氧化碳累计排放量约占世界同期的8%，人均累计排放量居世界第92位。2004年中国能源消费排放的二氧化碳排放量约为50.7亿吨。中国作为发展中国家，工业化、城市化、现代化进程远未实现，为进一步实现发展目标，未来能源需求将合理增长，这也是所有发展中国家实现发展的基本条件。同时中国以煤为主的能源结构在未来相当长的时期内难以根本改变，控制温室气体排放的难度很大，任务艰巨。

二、气候变化对中国的影响

中国是最易受气候变化不利影响的国家之一，其影响主要体现在农牧业、森林与自然生态系统、水资源和海岸带等。

对农牧业的影响

气候变化对中国农牧业生产的负面影响已经显现，农业生产不稳定性增加；局部干旱高温危害严重；因气候变暖引起农作物发育期提前而加大早春冻害；草原产量和质量有所下降；气象灾害造成的农牧业损失增大。

未来气候变化对农牧业的影响仍以负面影响为主。小麦、水稻和玉米三大作物均可能以减产为主。农业生产布局和结构将出现变化；土壤有机质分解加快；农作物病虫害出现的范围可能扩大；草地潜在荒漠化趋势加剧；原火灾发生频率将呈增加趋势；畜禽生产和繁殖能力可能受到影响，畜禽疫情发生风险加大。

对森林和其他自然生态系统的影响

气候变化对中国森林和其他生态系统的影响主要表现在：东部亚热带、温带北界北移，物候期提前；部分地区林带下限上升；山地冻土海拔下限升高，冻土面积减少；全国动植物病虫害发生频率上升，且分布变化显著；西北冰川面积减少，呈全面退缩的趋势，冰川和积雪的加速融化使绿洲生态系统受到威胁。

未来气候变化将使生态系统脆弱性进一步增加；主要造林树种和一些珍稀树种分布区缩小，森林病虫害的爆发范围扩大，森林火灾发生频率和受灾面积增加；内陆湖泊将进一步萎缩，湿地资源减少且功能退化；冰川和冻土面积加速缩减，青藏高原生态系统多年冻土空间分布格局将发生较大变化；生物多样性减少。

对水资源的影响

气候变化已经引起了中国水资源分布的变化。近20年来，北方黄河、淮河、海河、辽河水资源总量明显减少，南方河流水资源总量略有增加。洪涝灾害更加频繁，干旱灾害更加严重，极端气候现象明显增多。

预计未来气候变化将对中国水资源时空分布产生较大的影响，加大水资源年内和年际变化，增加洪涝和干旱等极端自然灾害发生的概率，特别是气候变暖将导致西部地区的冰川加速融化，冰川面积和冰储量将进一步减少，对以冰川融水为主要来源的河川径流将产生较大影响。气候变暖可能将增加北方地区干旱化趋势，进一步加剧水资源短缺形势和水资源供需矛盾。

对海岸带的影响

近30年来，中国海平面上升趋势加剧。海平面上升引发海水入侵、土壤盐渍化、海岸侵蚀，损害了滨海湿地、红树林和珊瑚礁等典型生态系统，降低了海岸带生态系统的服务功能和海岸带生物多样性；气候变化引起的海温升高、海水酸化使局部海域形成贫氧区，海洋渔业资源和珍稀濒危生物资源衰退。

据预测，未来中国沿海海平面将继续升高。海平面上升还将造成沿海城市市政排水工程的排水能力降低，港口功能减弱。

对社会经济等其他领域的影响

气候变化对社会经济等其他领域也将产生深远影响，给国民经济带来巨大损失，应对气候变化需要付出相应的经济和社会成本。气候变化将增加疾病发生和传播的机会，危害人类健康；增加地质灾害和气象灾害的形成概率，对重大工程的安全造成威胁；影响自然保护区和国家公园的生态环境和物种多样性，对自然和人文旅游资源产生影响；增加对公众生命财产的威胁，影响社会正常生活秩序和安定。

三、应对气候变化的战略和目标

中国应对气候变化的指导思想是：全面贯彻落实科学发展观，坚持节约资源和保护环境的基本国策，以控制温室气体排放、增强可持续发展能力为目标，以保障经济发展为核心，加快经济发展方式转变，以节约能源、优化能源结构、加强生态保护和建设为重点，以科学技术进步为支撑，增进国际合作，不断提高应对气候变化的能力，为保护全球气候作出新的贡献。

中国应对气候变化坚持如下原则：

——在可持续发展的框架下应对气候变化。气候变化是在发展中产生的，也必须在发展过程中解决。要在应对气候变化过程中促进可持续发展，努力实现发展经济和应对气候变化的双赢。

——“共同但有区别的责任”的原则。这是《气候公约》的核心原则。不论发达国家还是发展中国家都有采取减缓和适应气候变化措施的责任，但是由于各国历史责任、发展水平、发展阶段、能力大小和贡献方式不同，发达国家要对其历史累计排放和当前高人均排放承担责任，率先减少排放，同时要向发展中国家提供资金、转让技术；发展中国家要在发展经济、消除贫困的过程中，采取积极的适应和减缓措施，尽可能少排放，为共同应对气候变化作出贡献。

——减缓和适应并重。减缓和适应气候变化是应对气候变化的两个有机组成部分。减缓是一项相对长期、艰巨的任务，而适应则更为现实、紧迫，对发展中国家尤为重要。减缓与适应必须统筹兼顾、协调平衡、同举并重。

——公约和议定书是应对气候变化的主渠道。《气候公约》和《议定书》奠定了应对气候变化国际合作的法律基础，凝聚了国际社会的共识，是目前最具权威性、普遍性、全面性的应对气候变化国际框架。应当坚定不移地维护《气候公约》和《议定书》作为应对气候变化核心机制和主渠道的地位。其他多边和双边的合作，都应该是《气候公约》和《议定书》的补充和辅助。

——依靠科技创新和技术转让。应对气候变化要靠技术，技术创新和技术转让是应对气候变化的基础和支撑。发达国家有义务在推动本国开发和应用先进技术的同时，促进国际技术合作与转让，切实履行向发展中国家提供资金和转让技术的承诺，使发展中国家拿得到所需资金，用得上气候友好技术，提高减缓和适应气候变化能力。

——全民参与和广泛国际合作。应对气候变化需要转变传统生产方式和消费方式，需要全社会的广泛参与。中国努力建设资源节约型、环境友好型社会，营造政府引导、企业参加和公众自愿行动的社会氛围，增强企业的社会责任感和公众的全球环境意识。气候变化是全球共同面临的挑战，必须通过全球的广泛合作和共同努力才能解决，中国将一如既往地积极开展和参与一切有利于应对气候变化的国际合作。

2007年6月中国政府发布《应对气候变化国家方案》，提出了到2010年中国应对气候变化的总体目标，即：控制温室气体排放政策措施取得明显成效，适应气候变化的能力不断增强，气候变化相关研究水平不断提高，气候变化科学研究取得新的进展，公众的气候变化意识得到较大提高，应对气候变化领域的体制机制进一步加强。

控制温室气体排放

——通过加快转变经济发展方式，强化能源节约和高效利用的政策导向，加大依法实施节能管理的力度，加快节能技术开发、示范和推广，充分发挥以市场为基础的节能新机制，提高全社会的节能意识，加快建设资源节约型社会，努力减缓温室气体排放。到2010年，实现单位国内生产总值能源消耗比2005年降低20%左右，相应减缓二氧化碳排放。

——通过大力发展可再生能源，积极推进核电建设，加快煤层气开发利用等措施，优化能源消费结构。到2010年，力争使可再生能源开发利用总量（包括大水电）在一次能源消费结构中的比重提高到10%左右，煤层气抽采量达到100亿立方米。

——通过强化冶金、建材、化工等产业政策，发展循环经济，提高资源利用率，加强氧化亚氮排放治理等措施，控制工业生产过程的温室气体排放。到2010年，力争使工业生产过程的氧化亚氮排放稳定在2005年的水平。

——通过继续推广低排放的高产水稻品种和半旱式栽培技术，采用科学灌溉和测土配方施肥技术，研究开发优良反刍动物品种技术和规模化饲养管理技术等措施，加强对动物粪便、废水和固体废弃物的管理，加大沼气利用力度，努力控制甲烷排放。

——通过继续实施植树造林、退耕还林还草、天然林资源保护、农田基本建设等重点工程和政策措施，到2010年，力争森林覆盖率达到20%，实现年碳汇数量比2005年增加约0.5亿吨二氧化碳。

增强适应气候变化能力

——通过完善多灾种的监测预警应急机制、多部门参与的决策协调机制、全社会广泛参与的行动机制，加强极端气象灾害监测预报能力建设。到2010年，建成一批对经济社会具有基础性、全局性、关键性作用的气象灾害防御工程，提高应对极端气象灾害的综合监测预警能力、抵御能力和减灾能力。

——通过加强农田基本建设、调整种植制度、选育抗逆品种、开发生物技术等适应性措施，到2010年，力争新增改良草地2400万公顷，治理退化、沙化和碱化草地5200万公顷，农业灌溉用水有效利用系数提高到0.5。

——通过加强天然林资源保护和自然保护区的监管，继续开展生态保护重点工程建设，建立重要生态功能区，促进自然生态恢复等措施，到2010年，力争实现90%左右的典型森林生态系统和国家重点野生动植物得到有效保护，自然保护区面积占国土总面积的比重达到16%左右，综合治理水土流失面积25万平方公里，实施生态修复面积30万平方公里，治理荒漠化土地面积2200万公顷。

——通过合理开发和优化配置水资源、完善农田水利基本建设新机制、强化节水和加强水文监测等措施，到2010年，力争减少水资源系统对气候变化的脆弱性，节水型社会建设迈出实质性步伐，基本建成大江大河综合防洪除涝减灾体系，全面提高农田抗旱标准。

——通过加强对海平面变化趋势的科学监测以及对海洋和海岸带生态系统的监管，合理利用海岸线，保护滨海湿地，建设沿海防护林体系，不断加强红树林保护和恢复等措施，到2010年，力争实现全面恢复红树林区，提高沿海地区抵御海洋灾害的能力。

加强科学研究与技术开发

——通过加强气候变化领域的基础研究，进一步开发和完善研究分析方法，加强对相关专业与管理人才的培养等措施，到2010年，力争使气候变化研究部分领域达到国际先进水平，为有效制定应对气候变化战略和政策，积极参与应对气候变化国际合作提供科学依据。

——通过加强自主创新能力，积极推进国际合作与技术转让等措施，到2010年，力争在能源开发、节能和清洁能源技术等方面取得较大进展，加快先进技术产业化步伐，提高农业、水利、林业等部门适应气候变化的技术水平，为有效应对气候变化提供有力的科技支撑。

增强公众意识与管理水平

——通过利用现代信息传播技术和手段，加强气候变化方面的宣传、教育和培训，鼓励公众参与等措施，到2010年，力争在全社会基本普及气候变化方面的相关知识，提高全民保护气候意识，为有效应对气候变化创造良好的社会氛围。

——通过完善多部门参与的决策协调机制，建立企业、公众广泛参与应对气候变化的行动机制等措施，逐步形成与应对气候变化工作相适应的、高效的组织机构和管理体系。

四、减缓气候变化的政策与行动

中国积极推进减缓气候变化的政策和行动，在调整经济结构，转变发展方式，大力节约能源、提高能源利用效率、优化能源结构，植树造林等方面采取了一系列政策措施，取得了显著成效。

调整经济结构，促进产业结构优化升级

中国政府注重经济结构的调整和经济发展方式的转变，制定和实施了一系列产业政策和专项规划，将降低资源和能源消耗作为产业政策的重要组成部分，推动产业结构的优化升级，努力形成“低投入、低消耗、低排放、高效率”的经济发展方式。

——促进服务业加快发展。2007年发布《关于加快发展服务业的若干意见》，提出到2010年服务业增加值占GDP的比重比2005年提高 3 个百分点，明确了支持服务业关键领域、薄弱环节和新兴行业发展的政策。旅游、金融、物流等现代服务业蓬勃发展。

——做强做大高技术产业。2007年发布高技术产业、电子商务和信息产业等领域的“十一五”（2006—2010年）规划，提出到2010年高技术产业增加值占工业增加值的比重比2005年提高 5 个百分点。完善促进数字电视、软件和集成电路、生物产业等高技术产业发展的政策措施，加快培育符合节能减排要求的新兴产业。信息、生物、航空航天、新能源、新材料、海洋等高新技术产业加快发展，振兴装备制造业成效显著，基础设施基础产业建设取得长足进展。

——加快淘汰落后产能。2007年发布13个行业“十一五”淘汰落后产能分地区、分年度计划。2007年关停小火电机组1438万千瓦，淘汰落后炼铁产能4659万吨、落后炼钢产能3747万吨、落后水泥5200万吨，关闭了2000多家不符合产业政策、污染严重的造纸企业和一批污染严重的化工、印染企业，累计关闭各类小煤矿1.12万处。

——遏制高耗能、高排放行业过快增长。出台新开工项目管理的相关政策规定，相继制定发布了高耗能行业市场准入标准，提高节能环保准入门槛，采取调整出口退税、关税等措施，抑制“两高一资”（高耗能、高排放、资源型）产品出口。高耗能行业增速呈逐步回落趋势。

大力节约能源，提高能源利用效率

中国政府高度重视能源节约问题，把节约资源作为基本国策，长期坚持开发与节约并举，节约优先的方针。中国第十一个五年规划《纲要》（2006—2010年）把建设资源节约型、环境友好型社会作为一项重大的战略任务，提出到2010年单位GDP能耗比2005年降低20%左右，并作为重要的约束性指标。

——把节能减排放在更加突出的位置。国务院成立了节能减排工作领导小组，印发了《节能减排综合性工作方案》，全面部署节能减排工作。

——建立节能减排目标责任制。国务院印发了《节能减排统计监测及考核实施方案和办法》，明确对各省（自治区、直辖市）和重点企业能耗及主要污染物减排目标完成情况进行考核，实行严格的问责制。

——加快实施重点节能工程。2006年国家利用国债和中央预算内投资支持节能重点项目111个，形成1010万吨标准煤的节能能力。2007年国家利用国债和中央预算内投资以及中央财政资金，支持重点节能工程项目681个，形成2550万吨标准煤的节能能力；各级地方政府引导的企业节能技术改造形成6000多万吨标准煤的节能能力。2006—2010年，通过实施十大重点节能工程可形成约2.4亿吨标准煤的节能能力。采用财政补贴推广使用节能灯5000万只的任务已在各地组织实施，近三年将推广使用节能灯1.5亿只以上。

——推动重点领域节能减排。开展千家企业节能行动，推动企业开展能源审计、编制节能规划，公告企业能源利用状况，启动重点耗能企业能效水平对标活动。积极推广节能省地环保型建筑和绿色建筑，新建建筑严格执行强制性节能标准，加快既有建筑节能改造，1.5亿平方米供热计量和节能改造任务分解到了各地区，在24个省市启动国家机关办公建筑和大型公共建筑节能监管体系试点工作。继续完善和严格执行机动车燃料消耗量限值标准。中央国家机关开展了空调、照明、锅炉系统节能诊断和改造，完成了办公区所有非节能灯具的改造。

——提高能源开发转换效率。电力、煤炭领域推广使用高效节能设备，加快淘汰小火电、小煤矿。2007年，6000千瓦及以上火电机组供电煤耗由1980年的每千瓦时448克标准煤下降到370克标准煤；单位原煤产量能耗比上年下降5.9%，电耗下降了5.1%。

——实施有利于节能的经济政策。调整部分矿产品资源税，适时调整成品油、天然气价格，实行节能发电调度的政策，下调小火电上网电价，加大差别电价实施的力度，出台支持企业节能技术改造、高效照明产品推广、建筑供热计量及节能改造等资金管理办法。出台鼓励节能环保小排量汽车、限制塑料购物袋等政策。建立政府强制采购节能产品制度。

——加强法制建设。修订《节约能源法》。国务院办公厅下发《关于严格执行公共建筑空调温度控制标准的通知》。2007年来，发布火电、烧碱等22项高耗能产品能耗限额强制性国家标准。安排电动机、节能灯等16类终端用能产品的监督抽查。各地节能主管部门和节能监察机构依法开展节能行政执法。

经过全社会的共同努力，2006年和2007年全国单位ＧＤＰ能耗分别下降1.79%和3.66%。2007年电力、钢铁、建材、化工等行业年耗能１万吨标准煤以上重点企业35种主要产品单位综合能耗指标中，下降的有33项，上升的只有２项，节能3830万吨标准煤。2006年和2007年累计节能1.47亿吨标准煤。

发展可再生能源，优化能源结构

2005年颁布《可再生能源法》，制定可再生能源优先上电网、全额收购、价格优惠及社会分摊的政策，建立可再生能源发展专项资金，支持资源评价与调查、技术研发、试点示范工程建设和农村可再生能源开发利用。截至2007年底，中国水电装机容量达到1.45亿千瓦，年发电量4829亿千瓦时，电力装机和发电量均居世界第一位，其中2006年、2007年两年平均新增装机2600万千瓦，年均增长12%。风电规模成倍增长，装机容量超过600万千瓦，居世界第五位，其中2006年、2007年新增装机305万千瓦，年均增长148%。太阳能热水器集热面积达到1.1亿平方米，多年位居世界第一。生物质发电装机容量约为300万千瓦，生物燃料乙醇年生产能力超过120万吨。核电装机906万千瓦，比2006年增长30.5%。煤炭在一次能源消费中的比重由1980年的72.2%下降到2007年的69.4%，水电、风电和核电的比重由４%提高到7.2%。可再生能源总利用量约为2.2亿吨标准煤（包括大水电）。

根据国家《可再生能源中长期发展规划》和《核电中长期发展规划》，中国将继续积极推进水电流域梯级综合开发，在做好环境保护和移民安置工作的前提下，加快大型水电建设，因地制宜开发中小型水电。加快风电发展速度，以规模化带动产业化，提高风电设备研发和制造能力，努力建设若干百万千瓦级的风电场和千万千瓦级的风电基地。以生物质发电、沼气、生物质固体成型燃料和液体燃料为重点，大力推进生物质能源的开发和利用。积极发展太阳能发电和太阳能热利用，加强新能源和替代能源的研发与应用。不断加强对煤层气和矿井瓦斯的利用，发展以煤层气为燃料的小型分散电源。中国积极发展核电，推进核电体制改革和机制创新，努力建立以市场为导向的核电发展机制；加强核电设备研发和制造能力，提高引进消化吸收及再创新能力；加强核电运行与技术服务体系建设，加快人才培训；实施促进核电发展的税收优惠和投资优惠政策；完善核电安全保障体系，加快法律法规建设。中国还将进一步推进煤炭清洁利用，发展大型联合循环机组和多联产等高效、洁净发电技术，研究二氧化碳捕获与封存技术。

发展循环经济，减少温室气体排放

中国政府高度重视发展循环经济，积极推进资源利用减量化、再利用、资源化，从源头和生产过程减少温室气体排放。近年来，循环经济从理念变为行动，在全国范围内得到迅速发展。国家制定《清洁生产促进法》、《固体废物污染环境防治法》、《循环经济促进法》、《城市生活垃圾管理办法》等法律法规，发布《关于加快发展循环经济的若干意见》，提出发展循环经济的总体思路、近期目标、基本途径和政策措施，并发布循环经济评价指标体系。《废弃电子电器回收处理管理条例》即将颁布。

迄今已实施了两批国家循环经济示范试点，初步探索形成企业、企业间或园区、社会三个层面的循环经济发展模式，废旧家电回收处理和汽车零部件再制造试点取得积极进展。完善废弃物综合利用和再生资源回收利用的税收优惠政策，加大国债和中央预算内投资对发展循环经济重点项目的支持力度。通过引进、消化、吸收和自主创新，形成了一批具有自主知识产权的先进技术，特别是开发、示范和推广了一批对行业有重大带动作用的共性和关键技术。纯低温余热发电、干法熄焦、高炉炉顶压差发电、电石渣干法制水泥、高炉和回转窑消纳社会废物等一批适用技术得到广泛应用。2005年，中国钢、有色金属、纸浆等产品近三分之一左右的原料来自再生资源，水泥原料的

20%、墙体材料的40%来自于工业固体废物。半导体制造、封装过程降低温室气体排放也取得明显成效，电子信息产品制造过程温室气体排放处于较低水平。

制定促进填埋气体回收利用的激励政策，发布《城市生活垃圾处理及污染防治技术政策》以及《生活垃圾卫生填埋技术规范》等行业标准，推动垃圾填埋气体的收集利用，减少甲烷等温室气体的排放。研究推广先进的垃圾焚烧、垃圾填埋气体回收利用技术，发布相关技术规范，完善垃圾收运体系，开展生活垃圾分类收集，提高垃圾的资源综合利用率，推动垃圾处理产业化发展，加强垃圾处理企业运行监管，垃圾无害化处理率由1990年的2.3%提高到2006年的52%。

减少农业、农村温室气体排放

近年来，中国在减少农业和农村温室气体排放方面取得积极进展。迄今已在全国1200个县开展了测土配方施肥行动，引导农民科学施肥，减少农田氧化亚氮排放；推广以秸秆覆盖、免耕等为主要内容的保护性耕作，发展秸秆养畜、过腹还田，增加土壤有机碳含量；建立了草原生态补偿机制，落实草畜平衡、禁牧休牧轮牧制度，控制草原载畜量，避免草场退化。同时，大力发展农村沼气，推广太阳能、省柴节煤炉灶等农村可再生能源技术。截至2007年底，全国户用沼气达到2650多万户，每年可以替代近1600万吨标准煤，相当于减排二氧化碳4400万吨。全国已建养殖场沼气工程2.66万处，推广农村太阳能热水器4286万平方米、太阳房1468万平方米、太阳灶112万台、小型风力发电机20多万台，建成一批秸秆气化、固化示范点，累计推广省柴节煤炉灶1.51亿户、节能炉3471万户。

推动植树造林，增强碳汇能力

自上世纪80年代以来，中国政府通过持续不断地加大投资，平均每年植树造林400万公顷。同时，国家还积极动员适龄公民参加全民义务植树。截至2007年底，全国共有109.8亿人次参加义务植树，植树515.4亿株。近几年，通过集体林权制度改革等措施，调动了广大农民参与植树造林、保护森林的积极性。目前，全国人工林面积达到了0.54亿公顷，蓄积量15.05亿立方米，森林覆盖率由上世纪80年代初期的12%提高到目前的18.21%。2006年中国城市园林绿地面积达到132万公顷，绿化覆盖率为35.1%。据估算，1980—2005年中国造林活动累计净吸收约30.6亿吨二氧化碳，森林管理累计净吸收16.2亿吨二氧化碳，减少毁林排放4.3亿吨二氧化碳，有效增强了温室气体吸收汇的能力。

加大研发力度，科学应对气候变化

——将应对气候变化纳入科学发展规划之中。2006年颁布《国家中长期科学和技术发展规划纲要》，把能源和环境确定为科学技术发展的重点领域，把全球环境变化监测与对策明确列为环境领域的优先主题之一。2007年制定《中国应对气候变化科技专项行动》，提出了应对气候变化科技工作在“十一五”期间的阶段性目标和到2020年的远期目标，对气候变化的科学问题、控制温室气体排放的技术研发、适应气候变化的技术和措施、应对气候变化的重大战略与政策等方面进行了重点部署。

——加强人才与基地建设。经过近20年的努力，中国在气候变化领域初步形成了一支跨领域、跨学科的从事基础研究和应用研究的专家团队，取得一批开创性的研究成果，为中国应对气候变化提供了重要的科技支撑。建成一批国家级科研基地，基本建成国家气候监测网等大型观测网络体系。加强应对气候变化先进技术的研发和示范，产学研结合加快了先进技术产业化步伐。

——不断加大对气候变化相关科技工作的资金投入。建立了相对稳定的政府资金渠道，并多渠道筹措资金，吸引社会资金投入气候变化的科技研发领域。“十五”（2001—2005年）期间，中国通过攻关计划、863计划和973计划等国家科技计划投入应对气候变化科技经费逾25亿元。截至2007年底，“十一五”国家科技计划（2006—2010年）已安排节能减排和气候变化科技经费逾70亿元。此外，还通过其他渠道投入大量资金用于气候变化的科技研发。

——科技研发重点领域。中国已确定将重点研究的减缓温室气体排放技术包括：节能和提高能效技术，可再生能源和新能源技术，主要行业二氧化碳和甲烷等温室气体的排放控制与处置利用技术，生物与工程固碳技术，煤炭、石油和天然气清洁、高效开发和利用技术，先进煤电、核电等重大能源装备制造技术，二氧化碳捕集、利用与封存技术，农业和土地利用方式控制温室气体排放技术等。

五、适应气候变化的政策与行动

中国在农业、森林与其他自然生态系统、水资源等领域，以及海岸带及沿海地区等脆弱区，积极实施适应气候变化的政策和行动，取得了积极成效。

农业

国家制定并实施《农业法》、《草原法》、《渔业法》、《土地管理法》、《突发重大动物疫情应急条例》、《草原防火条例》等法律法规，努力建立和完善农业领域适应气候变化的政策法规体系。加强农业基础设施建设，开展了农田水利基本建设，扩大农业灌溉面积、提高灌溉效率和农田整体排灌能力，推广旱作节水技术，增强农业防灾抗灾减灾和综合生产能力。实施“种子工程”，培育产量高、品质优良的抗旱、抗涝、抗高温、抗病虫害等抗逆品种。

中国将进一步加大优良品种推广力度，提高良种覆盖度。强化重大动物疫病防控，建立和完善动物防疫体系，加强动物疫病监测预警，提高动物疫病的预防和控制能力。开展草原退牧还草，草场围栏，人工草场建设，加强草原防火基础设施建设，保护和改善草原生态环境。开展水生生物养护行动，保护水生生物资源和水生生态环境。

森林等自然生态系统

多年来，中国通过制定并实施《森林法》、《野生动物保护法》、《水土保持法》、《防沙治沙法》和《退耕还林条例》、《森林防火条例》、《森林病虫害防治条例》等相关法律法规，努力保护森林和其他自然生态系统。国家正在积极制定自然保护区、湿地、天然林保护等相关法律法规，推动全面实施全国生态环境建设和保护规划。

中国将进一步加强林地、林木、野生动植物资源保护管理，继续推进天然林保护、退耕还林还草、野生动植物自然保护区、湿地保护工程，推进森林可持续经营和管理，开展水土保持生态建设。建立健全国家森林资源与生态状况综合监测体系。完善和强化森林火灾、病虫害评估体系和应急预案以及专业队伍建设，实施全国森林防火、病虫害防治中长期规划，提高森林火灾、病虫害的预防和控制能力。改善、恢复和扩大物种种群和栖息地，加强对濒危物种及其赖以生存的生态系统保护。加强生态脆弱区域、生态系统功能的恢复与重建。

水资源

中国制定并实施《水法》、《防洪法》、《河道管理条例》等法律法规，编制完成了全国重要江河流域的防洪规划等水利规划，初步建立起适合国情的水利政策法规体系和水利规划体系，初步建成了大江大河流域防洪减灾体系、水资源合理配置体系和水资源保护体系。同时，大力推进水土流失综合治理，截至2007年底，全国累计初步治理水土面积约100万平方公里，有效保护水土资源，改善了生态环境。

中国将加快全国水资源综合规划、流域综合规划等规划的编制工作，制订主要江河流域水量分配方案，加快实施南水北调等跨流域调水工程，优化水资源配置格局，提高特殊干旱情况下应急供水保障能力。加强水资源统一管理和统一调度，建立国家初始水权分配制度、水权转让制度以及水资源节约和保护制度。加强大江大河防洪工程建设和山洪灾害防治体系建设，基本建成以水库、河道、堤防、蓄滞洪区为主的大江大河防洪减灾工程体系和以管理措施为主的山洪灾害防治体系，进一步完善国家防汛抗旱指挥系统，建立洪水风险管理制度，提高抵御洪涝灾害的能力。对于生态严重恶化的流域，实施地下水限采，努力控制地下水超采，采取积极措施予以修复和保护。进一步加强气候变化对中国水资源的影响研究，加强大气水、地表水、土壤水和地下水的转化机制和优化配置技术研究，加强污水再生利用技术、海水淡化技术的研究、开发与推广。

海岸带及沿海地区

依据《海洋环境保护法》、《海域使用管理法》，以及《海气相互作用业务体系发展规划（纲要）》等，国家确定了海洋领域应对气候变化业务体系的建设目标和内容，建立了综合管理的决策机制和协调机制，努力减缓与适应气候变化的不利影响。加强海岸带和沿海地区适应气候变化的能力建设。开展海气相互作用调查研究，深化海气相互作用的认识，初步建成海洋环境立体化观测网络，提高了海洋灾害防御能力。

中国将进一步建立健全海洋灾害应急预案体系和响应机制，全面提高沿海地区防御海洋灾害能力。建设完善海洋领域应对气候变化观测和服务网络，开展海洋领域对气候变化的分析评估和预测。建立海平面监测预测分析评估系统，进一步做好海平面变化分析评估和影响评价。提高近海和海岸带生态系统抵御和适应气候变化的能力，推进海洋生态系统的保护和恢复技术研发以及推广力度，强化海洋保护区的建设与管理，开展沿海湿地和海洋生态环境修复工作，建立典型海洋生态恢复示范区，大力营造沿海防护林等。加强海岸带管理，提高沿海城市和重大工程设施的防护标准，控制沿海地区地下水超采和地面沉降，采取陆地河流与水库调水、以淡压咸等措施，应对河口海水倒灌和咸潮上溯。

其他领域

中国加强了对极端天气气候事件的监测预警能力建设，基本建立相应的气象及其衍生和次生灾害应急处置机制。强台风和区域性暴雨洪涝等极端天气气候事件的防御取得重大进展，初步建立起气候与气候变化综合观测系统。

针对气候变化可能导致流行病疫区的扩大，国家将进一步加强监测、监控网络，建立和完善健康保障体系。编制城市防洪排涝计划，提高城市防洪工程设计规范的标准。在重大工程的设计、建设和运行中考虑气候变化的因素，相应制定新的标准，适应未来气候变化的影响。

六、提高全社会应对气候变化意识

中国一直重视环境与气候变化领域的教育、宣传和公众参与。近年来，国家通过提出贯彻落实科学发展观、建设和谐社会和坚持走可持续发展道路等先进理念，不断引导全社会提高应对气候变化意识，树立人与自然和谐发展思想。中共中央政治局专门就全球气候变化和加强应对气候变化能力建设组织集体学习，强调大力提高全社会参与应对气候变化的意识和能力，营造全民应对气候变化的良好环境。国家把建设资源节约型和环境友好型社会作为学校教育和新闻宣传的重要内容，利用各种手段普及气候变化方面的相关知识，提高全社会的全球环境意识。

中国已出版大量与气候变化相关的出版物、影视和音像作品，创办中国气象电视频道，建立了资料信息库，利用大众传媒进行气候变化方面的知识普及，举办“气候变化与科技创新国际论坛”，召开“气候变化与生态环境”、“生物多样性与气候变化”等大型国际研讨会。从1992年开始，连续举办18届全国节能宣传周活动。2007年国家发布了《节能减排全民行动实施方案》，在全国范围内组织开展“节能减排全民行动”，包括家庭社区行动、青少年行动、企业行动、学校行动、军营行动、政府机构行动、科技行动、科普行动、媒体行动等九个专项行动，形成政府推动、企业实施、全社会共同参与的节能减排的工作机制。通过创建“节约型政府机构”等行动，发挥政府机构和政府工作人员节能导向作用。实施企业节能减排宣传教育活动，发动职工参与企业节能减排管理。通过重塑家庭生活消费新模式，搭建节能减排社区平台，积极鼓励公民及社会团体自愿参与植树造林，采取全民限制和有偿使用塑料袋等活动，增强公民的节能减排意识。积极开展以节能减排为内容的学校主题教育和社会实践活动，培养学生树立节能环保意识。近年来，一些社会团体和非政府组织也以多种形式加入全民节能减排行动，发挥了积极作用。

循环经济代表着未来经济的发展方向。国家把发展循环经济作为重要选择，在全社会大力提倡。近年来，围绕大力发展循环经济主题，开展了形式多样的系列宣传教育活动，使循环经济理念逐步深入人心，社会氛围更加浓厚。

中国将进一步加强应对气候变化相关的教育和培训。在基础教育、高等教育、成人教育中纳入气候变化的内容，重点引导青少年树立应对气候变化意识，积极参与气候变化的相关活动；举办针对政府部门、企业界、咨询机构和科研人员以及社区的气候变化培训和研讨班等，提高其对应对气候变化重要性和紧迫性的认识，促使其积极承担社会责任。

七、加强气候变化领域国际合作

中国本着“互利共赢、务实有效”的原则积极参加和推动应对气候变化的国际合作，发挥了建设性作用。近年来，中国国家主席和国务院总理分别在八国集团同发展中国家领导人对话会议、亚太经合组织会议、东亚峰会、博鳌亚洲论坛等多边场合以及双边交往中，阐述了中国对于气候变化国际合作的立场，积极推动应对气候变化的全球行动。

中国长期以来积极参加和支持《气候公约》和《议定书》框架下的活动，努力促进《气候公约》和《议定书》的有效实施。中国专家积极参加政府间气候变化专门委员会的工作，为相关报告的编写作出了贡献。中国认真履行本国在《气候公约》和《议定书》下的义务，于2004年提交了《中华人民共和国气候变化初始国家信息通报》，并于2007年 6 月发布《应对气候变化国家方案》和《中国应对气候变化科技专项行动》。

在多边合作方面，中国是碳收集领导人论坛、甲烷市场化伙伴计划、亚太清洁发展和气候伙伴计划的正式成员，是八国集团和五个主要发展中国家气候变化对话以及主要经济体能源安全和气候变化会议的参与者。在亚太经合组织会议上，中国提出了“亚太森林恢复与可持续管理网络”倡议，并举办了“气候变化与科技创新国际论坛”。中国努力推动气候变化领域中国际社会的交流与互信，促进形成公平、有效的全球应对气候变化机制。

在双边方面，中国与欧盟、印度、巴西、南非、日本、美国、加拿大、英国、澳大利亚等国家和地区建立了气候变化对话与合作机制，并将气候变化作为双方合作的重要内容。中国一直在力所能及的范围内，帮助非洲和小岛屿发展中国家提高应对气候变化的能力。《中国对非洲政策文件》明确提出，积极推动中非在气候变化等领域的合作。中国政府分别举办了两期针对非洲和亚洲发展中国家政府官员的清洁发展机制项目研修班，提高了这些国家开展清洁发展机制项目的能力。

中国积极与外国政府、国际组织、国外研究机构开展应对气候变化领域的合作研究，内容涉及气候变化的科学问题、减缓和适应、应对政策与措施等方面，包括中国气候变化的趋势、气候变化对中国的影响、中国农林部门的适应措施与行动、中国水资源管理、中国海岸带和海洋生态系统综合管理、中国的温室气体减排成本和潜力、中国应对气候变化的法律法规和政策研究，以及若干低碳能源技术的研发和示范等。中国积极参与相关国际科技合作计划，如地球科学系统联盟（ESSP）框架下的世界气候研究计划（WCRP）、国际地圈—生物圈计划（IGBP）、国际全球变化人文因素计划（IHDP）、全球对地观测政府间协调组织（GEO）、全球气候系统观测计划（GCOS）、全球海洋观测系统（GOOS）、国际地转海洋学实时观测阵计划（ARGO）、国际极地年计划等，并加强与相关国际组织和机构的信息沟通和资源共享。

中国积极推动和参与《气候公约》框架下的技术转让，努力创建有利于国际技术转让的国内环境，并提交了技术需求清单。中国认为，《气候公约》框架下的技术转让不应单纯依靠市场，关键在于发达国家政府应努力减少和消除技术转让障碍，采取引导和激励政策与措施，在推动技术转让过程中发挥作用。对于尚在研发之中的应对气候变化的关键技术，应依靠国际社会广大成员国的合力，抓紧取得突破性进展，并为世界各国所共享。

中国重视清洁发展机制在促进本国可持续发展中的积极作用，愿意通过参与清洁发展机制项目合作为国际温室气体减排作出贡献。通过国际合作，中国进行了清洁发展机制方面的系统研究，为国际规则和国内政策措施的制定提供了科学基础，为各利益相关方提供了有益信息；进行了大量的能力建设活动，提高政府部门、企业界、学术机构、咨询服务机构、金融机构等推动清洁发展机制项目开发的能力。完善了相关的国内制度，制订和颁布《清洁发展机制项目运行管理办法》。到2008年 7 月20日，中国在联合国已经成功注册的清洁发展机制合作项目达到244个，这些项目预期的年减排量为1.13亿吨二氧化碳当量。清洁发展机制项目有效促进了中国可再生能源的发展，推动了能源效率的提高，极大加强了相关政府部门、企业、组织和个人的气候变化意识。中国认为，清洁发展机制作为一种比较有效和成功的合作机制，在2012年后应该继续得到实施，但应进一步促进项目实施中的公平、透明、简化、确定性和环境完整性，并促进先进技术向发展中国家转移，东道国应该在清洁发展机制项目开发中扮演更加重要的角色。

八、应对气候变化的体制机制建设

中国政府于1990年成立了应对气候变化相关机构，1998年建立了国家气候变化对策协调小组。为进一步加强对应对气候变化工作的领导，2007年成立国家应对气候变化领导小组，由国务院总理担任组长，负责制定国家应对气候变化的重大战略、方针和对策，协调解决应对气候变化工作中的重大问题。2008年在机构改革中，进一步加强了对应对气候变化工作的领导，国家应对气候变化领导小组的成员单位由原来的18个扩大到20个，具体工作由国家发展和改革委员会承担，领导小组办公室设在国家发展和改革委员会，并在国家发展和改革委员会成立专门机构，专门负责全国应对气候变化工作的组织协调。为提高应对气候变化决策的科学性，成立了气候变化专家委员会，在支持政府决策、促进国际合作和开展民间活动方面做了大量工作。

2007年国务院要求各地区、各部门结合本地区、本部门实际，认真贯彻执行《应对气候变化国家方案》。建立健全应对气候变化的管理体系、协调机制和专门机构，建立地方气候变化专家队伍，根据各地区在地理环境、气候条件、经济发展水平等方面的具体情况，因地制宜地制定应对气候变化的相关政策措施，建立与气候变化相关的统计和监测体系，组织和协调本地区应对气候变化的行动。

为推动《应对气候变化国家方案》的实施，各级政府机构进一步完善产业政策、财税政策、信贷政策和投资政策，充分发挥价格杠杆的作用，形成有利于减缓温室气体排放的体制机制，增加应对气候变化工作的财政投入。完善有利于减缓和适应气候变化的相关法规，依法推进应对气候变化工作。

结束语

中国正处在全面建设小康社会的关键时期，也处于工业化、城镇化加快发展的重要阶段，发展经济和改善民生的任务十分艰巨，在应对气候变化领域面临着比发达国家更为严峻的挑战。

中国将继续以科学发展观为指导，坚定不移地走可持续发展道路，采取更加有力的政策措施，全面加强应对气候变化能力建设。

气候变化问题是国际社会共同面临的挑战，解决气候变化问题需要世界各国和国际社会的通力合作。中国愿与世界各国一道，为实现全球可持续发展事业进行不懈努力，为保护人类共有的气候系统不断作出新贡献。

国务院新闻办公室

二〇〇八年十月

2009年节能减排工作安排

“十一五”前三年，各地区、各部门认真落实党中央、国务院的部署，把节能减排作为促进科学发展的重要抓手，作为扩内需、保增长、调结构的重要内容，工作力度不断加大，节能减排取得积极进展。全国单位GDP能耗逐年逐季降低，2006年下降1.79%，2007年下降4.04%，2008年下降4.59%，三年累计下降10.1%，节能约2.9亿吨标准煤。全国二氧化硫、化学需氧量（COD）排放总量不断降低，2007年分别下降4.66%和3.14%，2008年分别下降5.95%和4.42%，“十一五”前三年累计分别下降8.95%和6.61%。

虽然节能减排取得积极进展，特别是今年以来产业结构发生了一些积极变化，但结构不合理的问题仍然突出，第三产业比重偏低，高耗能工业增速较快。国际金融危机对我国影响加剧，给节能减排工作带来新的问题和挑战。有的地方出现盲目上高耗能、高排放项目的苗头，有的地方擅自出台高耗能行业电价优惠政策；一些企业效益回落，影响节能减排重点工程实施。工作层面也还存在着认识不到位、激励政策不完善、机制不健全、监管不到位、基础工作薄弱等问题。从目前进展情况看，“十一五”节能目标完成进度仍落后于时间进度，形势严峻，任务艰巨。

2009年是实现“十一五”节能减排目标具有决定性意义的一年，各地区、各部门要进一步统一思想，充分认识节能减排工作的重要性和艰巨性，增强紧迫感和责任感，以科学发展观为指导，在保持经济平稳较快增长中坚持节能减排不动摇，继续把节能减排作为调整经济结构、转变发展方式的重要抓手，作为应对国际金融危机，扩内需、保增长、调结构的重要内容，作为减缓和适应全球气候变化、促进人类可持续发展的重要举措，全面落实各项节能减排政策措施，进一步加大工作力度，务求取得更大成效，确保节能减排目标完成进度与“十一五”规划实施进度同步。

一、加强目标责任考核。组织相关部门和专家对省级政府2008年节能减排目标完成情况进行现场评价考核，评价考核结果向社会公告，落实奖惩措施，实行严格的问责制。组织各地节能主管部门开展千家企业节能目标责任评价考核，审核汇总考核结果，向社会公告并做好考核结果的运用。发布2008年全国和各地区单位GDP能耗、主要污染物排放及工业增加值用水量指标公报，以及2009年上半年全国单位GDP能耗和主要污染物排放量指标公报。抓好军队资源节约统计与考评工作。

二、推动重点工程实施。继续加大中央预算内投资、新增中央投资、中央财政专项资金和国外优惠贷款对节能减排的支持力度，重点支持十大重点节能工程建设、循环经济发展、淘汰落后产能、城镇污水处理设施及配套管网建设、重点流域水污染治理，以及节能环保能力建设。2009年，通过实施十大重点节能工程，形成7500万吨标准煤的节能能力；实施“节能产品惠民工程”，对能效等级1级或2级以上高效节能空调、冰箱等10大类产品，通过财政补贴方式加大推广力度；推广节能灯1.2亿只；支持在北京、上海、重庆等13个城市开展节能与新能源汽车示范试点。新增城市污水日处理能力1000万立方米，全国36个大城市基本实现污水全部收集处理；新增燃煤电厂烟气脱硫设施5000万千瓦以上，新增钢铁企业烧结机烟气脱硫设施20台（套）。

三、**严控高耗能、高排放行业盲目扩张**。组织修订《产业结构调整目录》。在抓紧组织实施钢铁、汽车、造船、石化、轻工、纺织、有色金属、装备制造、电子信息、物流等重点产业调整振兴规划过程中，严格执行国家产业政策和项目审核管理规定，强化用地审查、节能评估审查、环境影响评价，从严控制高耗能、高排放行业盲目扩张。继续推动外商投资产业结构优化升级。加大信息技术在传统产业中的应用力度，对高耗能、高排放行业进行改造和提升。加大淘汰落后产能的力度，2009年"上大压小"关停小火电机组1500万千瓦，淘汰落后炼铁产能1000万吨、炼钢600万吨、水泥5000万吨、造纸50万吨、铁合金70万吨、焦炭600万吨。完善淘汰落后产能退出机制，公告淘汰落后产能企业名单，推广大型企业兼并重组落后企业等有效做法，落实好差别电价政策和淘汰落后产能企业职工安置政策措施。发布节能设备指导目录、落后高耗能设备淘汰目录等，推动淘汰落后高耗能设备。落实节能发电调度办法，抓紧出台配套政策。大力促进服务业和高技术产业发展，提高其在国民经济中的比重。

四、加快技术开发和推广。围绕能源、资源、环境等领域，建设和完善若干国家工程中心、国家工程实验室和国家重点实验室，在高效发电、重污染行业清洁生产、建筑节能等方面组织科研攻关，攻克一批节能减排关键和共性技术。编制工业、通信业清洁生产技术指南和重点节能技术推广专项规划。支持大型先进压水堆及高温气冷堆核电站重大科技专项。加大新技术、新产品产业化的实施力度，推动电动汽车产业化，做好"金太阳"太阳能发电、大型超超临界发电、有机废水循环利用等技术的规模化推广应用。制定半导体照明（LED）产业发展意见。推进浅层地热能开发利用。加快风能资源的评估与开发。发布农业机械节能减排技术。出台关于推行合同能源管理加快节能服务产业发展的意见，鼓励专业节能公司采用合同能源管理方式，为中小企业、公共机构实施节能改造。启动污泥处理处置示范工作。积极推进环保产业发展，继续开展烟气脱硫特许经营试点，规范城镇污水和垃圾处理特许经营，鼓励排污单位委托专业化公司承担污染治理或设施运营。发布当前国家鼓励发展的环保设备（产品）目录，编制环保装备示范工程规划。广泛开展节能减排国际合作，切实加强双边、区域和多边在节能、新能源和低碳技术研发等方面的交流，积极引进国际先进技术和管理经验。

五、着力抓好重点领域节能减排。继续大力推进千家企业节能行动，发布能源利用状况公告，开展节能管理师试点，形成2000万吨标准煤的节能能力。制定发布钢铁、建材、电子信息、军工和中小企业节能减排指导意见，深入开展重点耗能行业能效水平对标活动。扩大强制性能效标识实施范围，制定发布电风扇、微波炉、通风机、工业锅炉等6种产品能效标识实施规则。组织开展5万个锅炉房节能管理达标活动。2009年底施工阶段执行节能强制性标准比例提高到90%以上；全面开展北方采暖地区既有居住建筑节能改造，2009年改造6000万平方米；继续推进供热按用热量计量收费；扩大可再生能源建筑应用示范规模，出台推动太阳能光电技术在建筑领域应用的实施意见，实施好新建经济适用房、廉租房、新农村农房可再生能源建筑规模化应用项目。大力发展公共交通，优化道路运输组织管理；严格执行汽车燃料消耗量限值标准，实施落后车辆淘汰制度，完善报废汽车回收机制；加快发展水路运输，推进船型标准化；加快电气化铁路建设；优化航线航路，启动机场节电工程，研究建立民航业节能减排激励约束机制；建立交通运输行业节能减排监测考核体系。安排财政资金70亿元，鼓励汽车、家电"以旧换新"。推进节约型机关、学校、科技场馆、文化场馆、医院、体育场馆等"六个100示范工程"建设，研究建立公共机构节能考核制度。开展大型公共建筑能耗统计、审计和公示工作。继续安排中央投资支持农村沼气建设；实施农村清洁工程，加大"以奖促治"工作力度，解决一批村镇存在的突出环境问题。推进零售业节能降耗。

六、大力发展循环经济。做好循环经济促进法贯彻实施工作。组织编制重点行业和重点领域循环经济发展规划，印发省市循环经济发展规划编制指南。建立循环经济发展专项资金，支持循环经济技术研发、示范推广、能力建设等。深化循环经济示范试点，开展"循环经济专家行"活动。加快实施汽车零部件再制造试点，出台促进汽车零部件再制造产业发展意见，建立汽车零部件再制造产品标识制度。组织编制实施再生金属利用规划、重大机电装备再制造产业发展规划。加快国家生态示范工业园区建设。研究建立循环经济评价指标体系和统计制度。发展矿产资源领域循环经济，推进矿产资源综合利用，加快脱硫石膏、磷石膏、农作物秸秆等资源化重点工程建设。启动第三批禁止使用实心粘土砖和第三批"禁止现场搅拌砂浆"工作。制定重点电子信息产品污染物管理目录，推动废弃电器电子产品回收利用。加快第二批再生资源回收体系建设试点，支持建设一批统一规范的社区回收站点、专业化分拣中心和区域集散市场。推进城镇污水处理再生利用。启动餐厨垃圾无害化处理试点。促进灾区建筑废弃物资源化利用。进一步加大“限塑”和秸秆综合利用工作力度。落实国务院办公厅关于治理商品过度包装的有关文件精神，抓紧制定治理商品过度包装的相关标准和政策。推动机电产品包装节材代木。推进循环农业促进行动，重点抓好10个循环农业地市建设，以及农垦制糖业、天然橡胶业的循环产业建设。

七、完善相关经济政策。继续推进资源性产品价格改革，落实成品油价格和税费改革方案。完善天然气价格形成机制。实行鼓励余热余压发电的上网和价格政策。继续推进电价改革，完善需求侧电价管理制度。继续实行促进节约用水的水价制度，鼓励使用再生水。完善老旧汽车报废更新补偿制度。出台农村老旧渡船拆解改造补偿制度。研究调整车辆购置税政策。推进环保收费改革，提高收缴率。研究建立污染物减排激励机制。修订高污染、高环境风险产品名录，继续控制高耗能、高排放和资源性产品出口。继续实施促进节能减排的政府采购政策，完善清单动态管理制度、公示制度和执行政策的奖惩制度。完善矿产资源有偿使用制度改革。逐步建立生态环境补偿机制。进一步扩大用于节能减排的企业债券发行规模，研究开展污水处理项目收益债券试点、环境污染责任保险试点。金融机构继续加大对节能减排重大项目的信贷支持。推进有条件的地区开展排污权有偿使用和交易试点工作。

八、加快法规和标准建设。完善节能减排法律法规体系，加快节约能源法和循环经济促进法配套法规建设。落实好民用建筑节能条例、公共机构节能条例。研究起草排污许可证条例。尽快出台固定资产投资项目节能评估和审查办法、城镇排水和污水处理条例。修订重点用能单位节能管理办法、能效标识管理办法、节能产品认证管理办法，组织制订、修订电炉钢冶炼和氧化铝、尿素等高耗能产品能耗限额强制性国家标准，以及水源热泵机组、小功率电机、容积式空气压缩机、通风机、工业锅炉等用能产品强制性能效标准。进一步完善并严格执行电石、热轧带肋钢筋等高耗能和易造成环境污染产品的市场准入条件。制订电力企业节能降耗主要指标监管评价标准。

九、强化节能减排监管。加强对各地区节能减排工作的监督检查，督促各项节能减排优惠政策的落实，坚决制止和纠正擅自出台对高耗能行业实行优惠电价、违规乱上高耗能和高排放项目等行为。加强节能减排执法检查，严肃查处严重浪费能源资源、严重破坏环境、违反能源利用状况报告制度、私自排污等问题。开展能效标识、能源计量器具配备、能源计量数据及使用、高耗能特种设备等专项检查。深入开展环保执法专项行动，重点做好电力、钢铁、建材、造纸等12个高耗能、高排放行业排放总量控制和排污许可制度执行情况的监督检查。加强职工节能减排义务监督员队伍建设，强化对义务监督员的培训。发布电力企业节能减排情况通报。

十、加强监管能力建设。加快节能减排统计、监测和考核体系建设。加强资源环境、循环经济基础研究，建立体现资源节约型、环境友好型社会建设的中国资源环境统计指标体系。抓紧组建国家节能中心，健全省级节能监察机构和节能技术服务中心。结合第二次全国经济普查，组织实施第二、三产业用能单位能耗调查和主要耗能行业重点耗能设备普查。继续推进污染源普查工作，加强环境质量监测、污染源自动监控、信息传输与统计等能力建设。进一步完善城镇污水处理管理信息系统，启动建设全国城镇生活垃圾处理管理信息系统。建设电力行业节能减排监管信息平台。

十一、开展规划编制等重大问题研究。编制节能环保产业发展规划，加快培育新的经济增长点。开展“十二五”节能专项规划前期研究，研究节能重大问题，重点做好节能目标预测。对节能中长期专项规划实施情况进行评估。开展“十二五”污染物排放总量控制计划前期研究，重点对实施总量控制的污染物及排放指标等开展专题研究。做好“十二五”城镇污水、垃圾处理设施建设规划的前期研究，重点是目标、技术路线、政策机制等，特别是对垃圾处理技术路线、污泥无害化处理做专题研究，为制订“十二五”规划纲要做好前期准备。

十二、加大宣传教育工作力度。继续广泛深入开展“节能减排全民行动”，以节油节电和全民节能为重点，深入开展节能减排宣传教育，普及节能环保知识，积极倡导节约型的生产方式、消费模式和生活习惯。做好2009年全国节能宣传周、中国城市无车日、世界水日、中国水周、全国城市节水宣传周、“六·五”环境日的宣传活动。各地区要对节能减排做出突出贡献的单位和个人予以表彰，在全社会进行广泛宣传。开展“汽车节能环保驾驶”活动，大力宣传节能环保驾驶理念。新闻媒体要加大节能减排报道力度，宣传先进经验，曝光反面典型，发挥舆论的引导和监督作用。

发展改革委要加强节能减排综合协调，环境保护部要做好减排协调工作，指导、督促、检查各地区、各部门落实国务院节能减排综合性工作方案和本工作安排的各项工作，及时向国务院报告节能减排进展情况，提出意见和建议。

国务院办公厅

二〇〇九年七月十九日

关于抑制部分行业产能过剩和重复建设引导产业健康发展若干意见的通知

国发〔2009〕38号

各省、自治区、直辖市人民政府，国务院各部委、各直属机构：

国务院同意发展改革委等部门《关于抑制部分行业产能过剩和重复建设引导产业健康发展的若干意见》，现转发给你们，请认真贯彻执行。

为应对国际金融危机的冲击和影响，党中央、国务院审时度势，及时制定和实施了扩大内需、促进经济增长的一揽子计划。按照"保增长、扩内需、调结构"的总体要求，出台了钢铁等十个重点产业调整和振兴规划，在推动结构调整方面提出了控制总量、淘汰落后、兼并重组、技术改造、自主创新等一系列对策措施，各地也相继出台了一些扶持产业发展的政策措施。目前，政策效应已初步显现，企业生产经营困难情况有所缓解，产业发展总体向好。但从当前产业发展状况看，结构调整虽取得一定进展，但总体进展不快，各地区、各行业也不平衡。不少领域产能过剩、重复建设问题仍很突出，有的甚至还在加剧。特别需要关注的是，不仅钢铁、水泥等产能过剩的传统产业仍在盲目扩张，风电设备、多晶硅等新兴产业也出现了重复建设倾向，一些地区违法、违规审批，未批先建、边批边建现象又有所抬头。

对于部分行业出现的产能过剩和重复建设，如不及时加以调控和引导，任其发展，市场恶性竞争难以避免，经济效益难以提高，并将导致企业倒闭或开工不足、人员下岗失业、银行不良资产大量增加等一系列问题，不仅严重影响国家扩大内需一揽子计划的实施效果和来之不易的企稳向好的形势，而且将错失利用国际金融危机形成的市场形势推动结构调整的历史机遇。

各地区、各部门要根据本通知精神，切实把思想和行动统一到党中央、国务院的决策部署上来，认真贯彻落实科学发展观，进一步增强大局意识、责任意识和忧患意识，在保增长中更加注重推进结构调整，坚持产业政策导向，严格执行环境监管、用地管理、金融政策和项目投资管理有关规定，将坚决抑制部分行业产能过剩和重复建设作为结构调整的重点工作抓紧抓好。要大力发展符合市场需求的高新技术产业和服务业，把握好调整的方向、力度和节奏，切实转变经济发展方式，提高经济发展的质量和效益，促进经济社会全面协调可持续发展。

国务院

二〇〇九年九月二十六日

附：

关于抑制部分行业产能过剩和重复建设引导产业健康发展的若干意见

发展改革委　工业和信息化部　监察部　财政部
国土资源部　环境保护部　人民银行
质检总局　银监会　证监会

为切实将党中央、国务院应对国际金融危机的一揽子计划落到实处，巩固和发展当前经济企稳向好的势头，加快推动结构调整，坚决抑制部分行业的产能过剩和重复建设，引导新兴产业有序发展，现提出以下意见：

一、部分行业产能过剩和重复建设问题需引起高度重视

为应对国际金融危机的冲击和影响，党中央、国务院审时度势，及时制定和实施了扩大内需、促进经济增长的一揽子计划。按照“保增长、扩内需、调结构”的总体要求，出台了钢铁等十个重点产业调整和振兴规划，在推动结构调整方面提出了控制总量、淘汰落后、兼并重组、技术改造、自主创新等一系列对策措施，各地也相继出台了一些扶持产业发展的政策措施。目前政策效应已初步显现，工业增速稳中趋升，企业生产经营困难情况有所缓解，产业发展总体向好。

但从当前产业发展状况看，结构调整虽取得一定进展，但总体进展不快，各地区、各行业也不平衡。不少领域产能过剩、重复建设问题仍很突出，有的甚至还在加剧。特别需要关注的是，不仅钢铁、水泥等产能过剩的传统产业仍在盲目扩张，风电设备、多晶硅等新兴产业也出现了重复建设倾向，一些地区违法、违规审批，未批先建、边批边建现象又有所抬头。

(一)钢铁。2008年我国粗钢产能6.6亿吨，需求仅5亿吨左右，约四分之一的钢铁及制成品依赖国际市场。2009年上半年全行业完成投资1405.5亿元，目前在建项目粗钢产能5800万吨，多数为违规建设，如不及时加以控制，粗钢产能将超过7亿吨，产能过剩矛盾将进一步加剧。

(二)水泥。2008年我国水泥产能18.7亿吨，其中新型干法水泥11亿吨，特种水泥与粉磨站产能2.7亿吨，落后产能约5亿吨，当年水泥产量14亿吨。目前在建水泥生产线418条，产能6.2亿吨，另外还有已核准尚未开工的生产线147条，产能2.1亿吨。这些产能全部建成后，水泥产能将达到27亿吨，市场需求仅为16亿吨，产能将严重过剩。

(三)平板玻璃。2008年全国平板玻璃产能6.5亿重箱，产量5.74亿重箱，约占全球产量的50%，其中浮法玻璃产量为4.79亿重箱，占平板玻璃总量的80%。2009年上半年新投产13条生产线，新增产能4848万重箱，目前各地还有30余条在建和拟建浮法玻璃生产线，平板玻璃产能将超过8亿重箱，产能明显过剩。

(四)煤化工。近年来，一些煤炭资源产地片面追求经济发展速度，不顾生态环境、水资源承载能力和现代煤化工工艺技术仍处于示范阶段的现实，不注重能源转化效率和全生命周期能效评价，盲目发展煤化工。传统煤化工重复建设严重，产能过剩30%，在进口产品的冲击下，2009年上半年甲醇装置开工率只有40%左右。目前煤制油示范工程正处于试生产阶段，煤制烯烃等示范工程尚处于建设或前期工作阶段，但一些地区盲目规划现代煤化工项目，若不及时合理引导，势必出现“逢煤必化、遍地开花”的混乱局面。

(五)多晶硅。多晶硅是信息产业和光伏产业的基础材料，属于高耗能和高污染产品。从生产工业硅到太阳能电池全过程综合电耗约220万千瓦时/兆瓦。2008年我国多晶硅产能2万吨，产量4000吨左右，在建产能约8万吨，产能已明显过剩。我国光伏发电市场发展缓慢，国内太阳能电池98%用于出口，相当于大量输出国内紧缺的能源。

(六)风电设备。风电是国家鼓励发展的新兴产业。2008年底已安装风电机组11638台，总装机容量1217万千瓦。近年来风电产业快速发展，出现了风电设备投资一哄而上、重复引进和重复建设现象。目前，我国风电机组整机制造企业超过80家，还有许多企业准备进入风电装备制造业，2010年我国风电装备产能将超过2000万千瓦，而每年风电装机规模为1000万千瓦左右，若不及时调控和引导，产能过剩将不可避免。

此外，电解铝、造船、大豆压榨等行业产能过剩矛盾也十分突出，一些地区和企业还在规划新上项目。目前，全球范围内电解铝供过于求，我国电解铝产能为1800万吨，占全球42.9%，产能利用率仅为73.2%；我国造船能力为6600万载重吨，占全球的36%，而2008年国内消费量仅为1000万载重吨左右，70%以上产量靠出口；大型锻件存在着产能过剩的隐忧；化肥行业氮肥和磷肥自给有余，钾肥严重短缺，产业结构亟待进一步优化。

必须清醒地认识到，2008年第四季度以来我国工业生产经营出现的困难，一方面是国际金融危机冲击的外因影响，另一方面也有我国经济发展方式粗放的内因，不少行业重复建设、盲目扩张，在外需严重萎缩的情况下产能过剩矛盾加剧。当前我国经济回升的基础还不够稳固，应对国际金融危机取得的成果还是初步的、阶段性的。对于部分行业出现的产能过剩和重复建设，如不及时加以调控和引导，任其发展，市场恶性竞争难以避免，经济效益难以提高，并将导致企业倒闭或开工不足、人员下岗失业、银行不良资产大量增加等一系列问题，不仅严重影响国家扩大内需一揽子计划的实施效果和来之不易的企稳向好的形势，而且将错失利用国际金融危机形成的市场形势推动结构调整的历史机遇。因此，尽快抑制产能过剩和重复建设，把有限的要素资源引导和配置到优化存量、培育新的增长点上来，大力发展符合市场需求的高新技术产业和服务业，不仅对实现产业的良性发展，而且对转变发展方式，实现经济社会可持续发展具有重要的意义。

二、正确把握抑制产能过剩和重复建设的政策导向

当前，我国经济正处于企稳回升的关键时期，必须认真贯彻落实科学发展观，进一步统一思想，增强忧患意识，在保增长中更加注重推进结构调整，将坚决抑制部分行业产能过剩和重复建设作为结构调整的重点工作抓紧、抓实，抓出成效。抑制产能过剩和重复建设所涉及的行业具有很强的市场性和全球资源配置特点，既要充分发挥市场机制的作用，又要辅之必要的调控措施，注意把握好以下原则和产业政策导向：

(一)主要原则

一是控制增量和优化存量相结合。严格控制产能过剩行业盲目扩张和重复建设，推进企业兼并重组和联合重组，加快淘汰落后产能；结合实施“走出去”战略，支持有条件的企业转移产能，形成参与国际产业竞争的新格局；依靠技术进步，优化存量，调整产品结构，谋求有效益、有质量、可持续的发展。

二是分类指导和有保有压相结合。对钢铁、水泥等高耗能、高污染产业，要坚决控制总量、抑制产能过剩；鼓励发展高技术、高附加值、低消耗、低排放的新工艺和新产品，延长产业链，形成新的增长点。对多晶硅、风电设备等新兴产业，要集中有效资源，支持企业提高关键环节和关键部件自主创新能力，积极开展产业化示范，防止投资过热和重复建设，引导有序发展。

三是培育新兴产业和提升传统产业相结合。立足于新一轮国际竞争和可持续发展的需要，尽快培育一批科技含量高、发展潜力大、带动作用强的新兴产业，及时制定出台专项产业政策和规划，明确技术装备路线，建立和完善准入标准；抓紧改造提升传统产业，及时修订产业政策，提高准入标准，对结构调整给予明确产业政策引导。

四是市场引导和宏观调控相结合。加强行业产销形势的监测、分析和国内外市场需求的信息发布，发挥市场配置资源的基础性作用；综合运用法律、经济、技术、标准以及必要的行政手段，协调产业、环保、土地和金融政策，形成抑制产能过剩、引导产业健康发展的合力；同时，坚持深化改革，标本兼治，通过体制机制创新解决重复建设的深层次矛盾。

(二)产业政策导向

钢铁：充分利用当前市场倒逼机制，在减少或不增加产能的前提下，通过淘汰落后、联合重组和城市钢厂搬迁，加快结构调整和技术进步，推动钢铁工业实现由大到强的转变。不再核准和支持单纯新建、扩建产能的钢铁项目。严禁各地借等量淘汰落后产能之名，避开国家环保、土地和投资主管部门的监管、审批，自行建设钢铁项目。重点支持有条件的大型钢铁企业发展百万千瓦火电及核电用特厚板和高压锅炉管、25万千伏安以上变压器用高磁感低铁损取向硅钢、高档工模具钢等关键品种。尽快完善建筑用钢标准及设计规范，加快淘汰强度335兆帕以下热轧带肋钢筋，推广强度400兆帕及以上钢筋，促进建筑钢材升级换代。2011年底前，坚决淘汰400立方米及以下高炉、30吨及以下转炉和电炉，碳钢企业吨钢综合能耗应低于620千克标准煤，吨钢耗用新水量低于5吨，吨钢烟粉尘排放量低于1.0千克，吨钢二氧化硫排放量低于1.8千克，二次能源基本实现100%回收利用。

水泥：严格控制新增水泥产能，执行等量淘汰落后产能的原则，对2009年9月30日前尚未开工水泥项目一律暂停建设并进行一次认真清理，对不符合上述原则的项目严禁开工建设。各省(区、市)必须尽快制定三年内彻底淘汰落后产能时间表。支持企业在现有生产线上进行余热发电、粉磨系统节能改造和处置工业废弃物、城市污泥及垃圾等。新项目水泥熟料烧成热耗要低于105公斤标煤/吨熟料，水泥综合电耗小于90千瓦时/吨水泥；石灰石储量服务年限必须满足30年以上；废气粉尘排放浓度小于50毫克/标准立方米。落后水泥产能比较多的省份，要加大对企业联合重组的支持力度，通过等量置换落后产能建设新线，推动淘汰落后工作。

平板玻璃：严格控制新增平板玻璃产能，遵循调整结构、淘汰落后、市场导向、合理布局的原则，发展高档用途及深加工玻璃。对现有在建项目和未开工项目进行认真清理，对所有拟建的玻璃项目，各地方一律不得备案。各省(区、市)要制定三年内彻底淘汰“平拉法”(含格法)落后平板玻璃产能时间表。新项目能源消耗应低于16.5公斤标煤/重箱；硅质原料的选矿回收率要达到80%以上；严格环保治理措施，二氧化硫排放低于500毫克/标准立方米、氮氧化物排放低于700毫克/标准立方米、颗粒物排放浓度低于50毫克/标准立方米。鼓励企业联合重组，在符合规划的前提下，支持大企业集团发展电子平板显示玻璃、光伏太阳能玻璃、低辐射镀膜等技术含量高的玻璃以及优质浮法玻璃项目。

煤化工：要严格执行煤化工产业政策，遏制传统煤化工盲目发展，今后三年停止审批单纯扩大产能的焦炭、电石项目。禁止建设不符合《焦化行业准入条件(2008年修订)》和《电石行业准入条件(2007年修订)》的焦化、电石项目。综合运用节能环保等标准提高准入门槛，加强清洁生产审核，实施差别电价等手段，加快淘汰落后产能。对焦炭和电石实施等量替代方式，淘汰不符合准入条件的落后产能。对合成氨和甲醇实施上大压小、产能置换等方式，降低成本、提高竞争力。稳步开展现代煤化工示范工程建设，今后三年原则上不再安排新的现代煤化工试点项目。

多晶硅：研究扩大光伏市场国内消费的政策，支持用国内多晶硅原料生产的太阳能电池以满足国内需求为主，兼顾国际市场。严格控制在能源短缺、电价较高的地区新建多晶硅项目，对缺乏配套综合利用、环保不达标的多晶硅项目不予核准或备案；鼓励多晶硅生产企业与下游太阳能电池生产企业加强联合与合作，延伸产业链。新建多晶硅项目规模必须大于3000吨/年，占地面积小于6公顷/千吨多晶硅，太阳能级多晶硅还原电耗小于60千瓦时/千克，还原尾气中四氯化硅、氯化氢、氢气回收利用率不低于98.5%、99%、99%；引导、支持多晶硅企业以多种方式实现多晶硅—电厂—化工联营，支持节能环保太阳能级多晶硅技术开发，降低生产成本。到2011年前，淘汰综合电耗大于200千瓦时/千克的多晶硅产能。

风电设备：抓住大力发展风电等可再生能源的历史机遇，把我国的风电装备制造业培育成具有自主创新能力和国际竞争力的新兴产业。严格控制风电装备产能盲目扩张，鼓励优势企业做大做强，优化产业结构，维护市场秩序。原则上不再核准或备案建设新的整机制造厂；严禁风电项目招标中设立要求投资者使用本地风电装备、在当地投资建设风电装备制造项目的条款；建立和完善风电装备标准、产品检测和认证体系，禁止落后技术产品和非准入企业产品进入市场。依托优势企业和科研院所，加强风电技术路线和海上风电技术研究，重点支持自主研发2.5兆瓦及以上风电整机和轴承、控制系统等关键零部件及产业化示范，完善质量控制体系。积极推进风电装备产业大型化、国际化，培育具有国际竞争力的风电装备制造业。

此外，严格执行国家产业政策，今后三年原则上不再核准新建、扩建电解铝项目。现有重点骨干电解铝厂吨铝直流电耗要下降到12500千瓦时以下，吨铝外排氟化物量大幅减少，到2010年底淘汰落后小预焙槽电解铝产能80万吨。要严格执行船舶工业调整和振兴规划及船舶工业中长期发展规划，今后三年各级土地、海洋、环保、金融等相关部门不再受理新建船坞、船台项目的申请，暂停审批现有造船企业船坞、船台的扩建项目，要优化存量，引导企业利用现有造船设施发展海洋工程装备。

三、坚决抑制产能过剩和重复建设的对策措施

各地区、各部门要认真贯彻落实《中共中央国务院转发〈国家发展和改革委员会关于上半年经济形势和做好下半年经济工作的建议〉的通知》(中发〔2009〕8号)以及重点产业调整和振兴规划中关于坚决抑制产能过剩行业盲目重复建设的有关要求，把思想和行动统一到党中央、国务院的决策部署上来，把握好调整的方向、力度和节奏，切实转变经济发展方式，进一步增强大局意识、责任意识，各司其职，密切配合，采取措施坚决抑制产能过剩和重复建设势头。

(一)严格市场准入。相关行业管理部门要切实履行职责，抓紧制定、完善相关产业政策，尽快修订发布《产业结构调整指导目录》，进一步提高钢铁、水泥、平板玻璃、传统煤化工等产业的能源消耗、环境保护、资源综合利用等方面的准入门槛。加快编制或修订专项规划，对多晶硅、风电设备等新兴产业要及时建立和完善准入标准，避免盲目和无序建设。质量管理部门要切实负起监管责任，按照产业政策的要求和企业的质量保证能力，严格核发螺纹钢、线材、水泥等产品生产许可证，坚决查处无证生产。依法加强产品质量监督，加大处罚力度。建设主管部门要禁止落后水泥进入重点建设工程和建筑结构工程。

(二)强化环境监管。推进开展区域产业规划的环境影响评价。区域内的钢铁、水泥、平板玻璃、传统煤化工、多晶硅等高耗能、高污染项目环境影响评价文件必须在产业规划环评通过后才能受理和审批。未通过环境评价审批的项目一律不准开工建设。环保部门要切实负起监管责任，定期发布环保不达标的生产企业名单。对使用有毒、有害原料进行生产或者在生产中排放有毒、有害物质的企业限期完成清洁生产审核，对达不到排放标准或超过排污总量指标的生产企业实行限期治理，未完成限期治理任务的，依法予以关闭。对主要污染物排放超总量控制指标的地

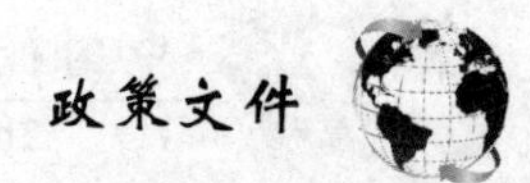

区，要暂停增加主要污染物排放项目的环评审批。

(三)依法依规供地用地。切实加强对各类建设项目用地监管。对不符合产业政策和供地政策、未达到现行《工业项目建设用地控制指标》或相关工程建设项目用地指标要求的项目，一律不批准用地；对未按规定履行审批或核准手续的项目，一律不得供应土地。国土资源部门要切实负起监管责任。对未经依法批准擅自占地开工建设的，要依法从重处理；对有关责任人要追究政纪法律责任，构成犯罪的，依法追究刑事责任。

(四)实行有保有控的金融政策。要加强宏观信贷政策指导和监管，引导和督促金融机构改进和完善信贷审核。对不符合重点产业调整和振兴规划以及相关产业政策要求，未按规定程序审批或核准的项目，金融机构一律不得发放贷款，已发放贷款的要采取适当方式予以纠正。严格发债、资本市场融资审核程序。对不符合重点产业调整和振兴规划以及相关产业政策要求，不按规定程序审批或核准的项目及项目发起人，一律不得通过企业债、项目债、短期融资券、中期票据、可转换债、首次公开发行股票、增资扩股等方式进行融资。人民银行、银监会、证监会、发展改革委要对违反规定的金融机构和有关单位予以严肃处理。

(五)严格项目审批管理。各级投资主管部门要进一步加强钢铁、水泥、平板玻璃、煤化工、多晶硅、风电设备等产能过剩行业项目审批管理，原则上不再批准扩大产能的项目，不得下放审批权限，严禁化整为零、违规审批。严格防止各级政府的财政性资金流向产能过剩行业的扩大产能项目。尽快修订完善政府投资项目核准目录，在新的核准目录出台前，上述产能过剩行业确有必要建设的项目，需报国家发展改革委组织论证和核准。

(六)做好企业兼并重组工作。产能过剩行业企业兼并和联合重组的任务十分紧迫和艰巨，结构调整、控制总量和淘汰落后产能均需要企业组织结构进行相应的调整。要抓紧建立科学规范、行之有效的工作程序，同时要扎实做好企业改组、改制中的思想政治工作，切实维护群众利益，保持社会稳定，防止国有资产流失。按照重点产业调整和振兴规划要求，尽快制定出台加快企业兼并重组的指导意见。

(七)建立信息发布制度。发展改革委会同有关部门，建立部门联合发布信息制度，加强行业产能及产能利用率的统一监测，适时向社会发布产业政策导向及产业规模、社会需求、生产销售库存、淘汰落后、企业重组、污染排放等信息。充分发挥行业协会作用，及时反映行业问题和企业诉求，为企业提供信息服务，引导企业和投资者落实国家产业政策和行业发展规划，加强行业自律，提高行业整体素质。

(八)实行问责制。地方各级人民政府不得强制企业投资低水平产能过剩行业。政府各有关部门及金融机构要认真履行职责，依法依纪把好土地关、环保关、信贷关、产业政策关和项目审批(核准)关，并加强政策研究、信息共享和工作协调，形成合力，有效抑制部分行业产能过剩和重复建设，引导产业健康发展，促进结构调整和发展方式转变。要按照《中共中央办公厅国务院办公厅印发〈关于实行党政领导干部问责的暂行规定〉的通知》(中办发〔2009〕25号)的有关要求，对违反国家土地、环保法律法规和信贷政策、产业政策规定，工作严重失职或失误造成重大损失或恶劣影响的行为要进行问责，严肃处理。

(九)深化体制改革。要着眼于推进产业结构调整以及解决长期困扰我国产业良性发展的深层次矛盾，进一步深化财税体制、投融资体制、价格体制、社会保障体制等方面的改革，完善干部考核制度，形成有力促进经济结构战略性调整，推动我国工业实现由大到强转变的体制环境。

国务院部委政策文件

关于加快火电厂烟气脱硫产业化发展的若干意见

为贯彻落实科学发展观，从根本上解决火电厂二氧化硫污染问题，促进火电厂烟气脱硫产业健康发展，现对火电厂烟气脱硫产业化发展提出以下意见：

一、充分认识加快火电厂烟气脱硫产业化发展的重要意义

二氧化硫排放是造成我国大气环境污染及酸雨不断加剧的主要原因。近年来，国家出台了一系列促进火电厂二氧化硫控制的法律、法规和政策，加快了火电厂烟气脱硫设施的建设，使我国二氧化硫污染防治取得了一定成效。到2004年底，全国约有2000万千瓦装机的烟气脱硫设施投运或建成，约3000多万千瓦装机的烟气脱硫设施正在施工建设。预计在未来10年内，约有3亿千瓦装机的烟气脱硫装置投运和建设。

火电厂烟气脱硫快速发展的同时，存在以下主要问题：国家对烟气脱硫供、需双方的市场监管还未及时有效跟进，缺乏对烟气脱硫设施进行科学评价的指标和要求；建设规模急剧增长，但产业化发展相对滞后；虽然大部分设备可以国内制造，但关键设备仍需要进口；供方市场存在着脱硫技术的重复、盲目引进，技术人员严重不足，招标中无序、低价竞争，质量管理环节薄弱等问题；需方市场存在着工艺选择的盲目性，单纯地以低价位选取中标单位，重前期招标，轻建造管理；要求与机组“三同时”的脱硫设施，在实际中却不能与新建机组同步建设、同步投运，投运后达不到设计指标、不能连续稳定运行等情况时有发生。为从根本上解决火电厂二氧化硫污染问题，必须加快推进火电厂烟气脱硫产业化发展工作，各地区及有关企业，要从战略和全局高度，充分认识推进火电厂烟气脱硫产业化工作的重要性，加快火电厂烟气脱硫产业化发展。

二、加快火电厂烟气脱硫产业化发展的指导思想和任务

加快火电厂烟气脱硫产业化发展的指导思想是：以科学发展观为指导，以环保法规和工程建设法规为准绳，以市场为导向，以企业为主体，通过创新机制、加强监管、落实和完善相关政策、建立和完善技术标准体系、加强行业自律、加强协调管理，推动我国火电厂烟气脱硫产业的健康、快速发展。

主要任务：通过三年的努力，建立健全火电厂烟气脱硫产业化市场监管体系，完善火电厂烟气脱硫技术标准体系和主流工艺设计、制造、安装、调试、运行、检修、后评估等技术标准、规范；主流烟气脱硫设备的本地化率达到95%以上，烟气脱硫设备的可用率达到95%以上；建立有效的中介服务体系和行业自律体系。

三、规范火电厂烟气脱硫供方市场

从事火电厂烟气脱硫工程的总承包公司，必须是具有法人资格的经济实体；所具有的脱硫技术应是先进的、完整的、成熟的，具有合法使用该项技术的权力和能力；具有相应的脱硫工程设计、工程承包的资格，并已取得良好业绩；具有履行该项工程承包所必须的经济实力，财务状况良好；内部组织机构完善、管理体系健全、专业技术人员和管理人员配备齐全，有组织工程建设和现场施工管理的经验，有完整的质量保证体系。对于具有自主知识产权技术但没有业绩的总承包公司，在符合上述有关条件的情况下，鼓励其承包示范工程。

国家发展改革委将会同有关部门，组织专家或委托行业协会对从事烟气脱硫工程建设和相关产业领域的企业根据上述原则进行考核，并将公布有关考核结果。

根据国家有关法规，不断完善烟气脱硫产业市场准入制度、规范脱硫工程招投标文件的编制、完善评标方法、加强对招投标全过程的监督，维护一个开放、有序、公平竞争的烟气脱硫市场环境，防止恶性竞争。

四、火电厂烟气脱硫工艺技术选择原则

火电厂烟气脱硫工艺选择应遵循经济有效，安全可靠，资源节约，综合利用的总原则，因地制宜选取最优工艺。对燃煤发电机组，在满足排放标准前提下，应按以下原则选择工艺技术：

（一）燃用含硫量大于1%煤（含1%）并且容量大于200MW（含200MW）的机组，建设烟气脱硫设施应重点考虑采用石灰石－石膏湿法脱硫工艺技术。

（二）燃用含硫量小于1%煤并且容量小于200MW的机组，或剩余寿命低于10年的老机组以及在场地条件有限的现役电厂，在吸收剂来源和副产物处置条件充分落实的情况下，建设烟气脱硫设施可考虑采用干法、半干法或其它一次性投资较低的成熟技术。

（三）在200MW及以上机组采用干法、半干法或其它一次性投资较低的成熟技术，应进行充分论证，并提供国内外已有相同或更大容量的烟气脱硫设施成功投运的实例。

（四）燃用含硫量小于1%煤的海滨电厂，在海水碱度满足工艺要求、海域环境影响评价通过国家有关部门审查，并经全面技术经济比较后，可以考虑采用海水法脱硫工艺。

（五）在吸收剂来源以及副产物销售途径充分落实的前提下，且经过国家有关部门技术鉴定并有明确适用规模的或者能证明在国内外已有相同或更大容量的脱硫设施成功投运的，可以考虑采用其它脱硫工艺技术。

五、开展火电厂烟气脱硫设施后评估

后评估是针对已建成投产的脱硫工程进行评估，通过对所采用的烟气脱硫技术的先进性（效率、能耗、资源消耗、副产品可利用情况、二次污染情况）、整套装置的可靠性、投资的经济性、本地化率等进行公正的评价，对以后建设的烟气脱硫工程起到借鉴和指导。

一般脱硫工程的后评估，应根据国家有关工程后评估的规定与主体工程后评估同时进行，主体工程不进行后评估的纳入主体工程竣工验收中。对于有下述三种情况之一的，国家发展改革委将会同有关部门或委托行业协会开展专门的火电厂烟气脱硫工程后评估工作：

（一）每个脱硫工程公司承接的不同工艺、不同等级机组的首个烟气脱硫工程，但对同类工艺技术，大机组上应用已通过评估的，小机组上的首个工程不再进行评估；

（二）每个脱硫工程公司承接的烟气中二氧化硫含量4000毫克每立方标米以上的首个烟气脱硫工程；

（三）国家重点示范工程。

后评估的内容包括烟气脱硫设施技术性能的评估、烟气脱硫设施设计参数与实际参数的比较、烟气脱硫装置运行可靠性的评估、电厂与承包商合作情况的评价、电厂运行维护经验的评估以及烟气脱硫设施经济性能的评估。后评估要对烟气脱硫设施所采用的工艺技术的先进性和脱硫工程公司对该技术的掌握程度作出评价；要对烟气脱硫设施的设备，特别是采用国产设备的运行情况作出评价；要对烟气脱硫设施投产后出现的主要问题进行分析；要对每个烟气脱硫设施的特殊事项进行说明。

电厂或脱硫工程公司应在双方合同约定的质保期满后半年内向国家发展改革委提出评估申请。国家发展改革委将委托行业协会或者与本脱硫工程没有发生过经济利益的中介机构组织专家对脱硫工程进行后评估。评估机构接到后评估委托函后，应在1个月内派出后评估专家组，后评估工作应在签定后评估工作合同后半年内完成。

后评估专家组应由国内脱硫专业资深专家组成，必要时可聘请国外专家；专家组应涵盖设计、安装、调试、运行维护等方面。专家组成员中不能有脱硫工程公司的人员。专家组成员在后评估工作中应保持公平、公正、实事求是，不得向他人泄漏后评估工作中所涉及的技术机密，且不得要求被评估方提供评估范围以外的资料或信息，否则将取消后评估专家资格。

后评估的费用列入脱硫工程概算并由申请单位承担。

后评估的结果将作为考核脱硫工程公司业绩的依据，同时也是处罚脱硫成本已进电价而脱硫设施不能在规定脱硫率下稳定、长期运行的火电厂的重要依据之一。

国家发展改革委将制定专门的后评估办法。

六、继续加大政策支持力度

继续支持一批烟气脱硫关键技术与设备本地化示范项目，尽快形成拥有自主知识产权的烟气脱硫工艺技术，提高烟气脱硫工艺技术与设备本地化率和装备水平。

继续支持发展拥有自主知识产权的脱硫技术。对拥有发展潜力、具有自主知识产权，特别是已完成50MW及以上机组试验工程的脱硫技术，国家将加以重点扶持，组织落实更大容量机组的示范工程或试验工程建设，并加大推广应用力度。

继续推进脱硫专用设备本地化。对由于技术或加工制造能力原因致使目前尚不能本地化的脱硫专用设备，应有计划、有重点地组织协调、加快技术引进，扶持科研设计单位、设备制造商或脱硫工程公司联合开发，并在资金和项目上予以支持。对于目前国内可生产的脱硫专用设备，应积极推进制定相关制造标准，加强质量监督和性能检测，确保设备的可靠性。国家发展改革委将不定期公布合格设备制造商名单。

进一步开展烟气脱硫副产品综合利用，推动循环经济发展。组织建材、农林、电力等部门、科研院所对脱硫副产物，尤其是脱硫石膏，进行深入的研究，提出各种利用途径的指导性意见，组织实施脱硫副产物综合利用示范工程，适时出台脱硫副产物综合利用强制性措施和相关的优惠政策。

研究制定安装烟气脱硫设施的机组同步安装烟气排放在线监测装置以及与政府部门联网的政策和措施，加强烟气排放在线监测的监督和管理，保证脱硫设施的正常运转。

七、建立健全火电厂烟气脱硫技术规范体系

国家发展改革委将组织或委托行业协会，研究制定火电厂烟气脱硫产业化标准体系，对于主流的烟气脱硫工艺，制订相应的设计、制造、安装、调试、性能考核、验收、运行维护、检修和后评估等标准、规范，指导科研设计单位、脱硫工程公司和用户依照标准、规范开展相应的业务，保证火电厂烟气脱硫设施安全、高效、稳定运行。

八、推动中介机构建设，加强行业自律

鼓励行业组织加强行业自律，建立和完善烟气脱硫供应方和用户侧的行业管理、协作机制及技术交流机制；通过深化改革，使烟气脱硫领域的行业自律水平得到进一步提高。

九、加强协调管理

国家发展改革委将会同有关部门加强火电厂烟气脱硫产业化管理，制定火电厂烟气脱硫产业化管理的政策、规划；组织实施示范工程；发布相关信息，定期公布鼓励发展的烟气脱硫工艺、技术和设备目录；监督、指导全国的烟气脱硫产业化工作。同时加强宣传教育，提高脱硫工程承包商、脱硫设备供应商和用户的质量意识、环保意识及责任心。各省、市、区发展改革委、经贸委（经委）及电力集团公司要加强本地区、本公司的烟气脱硫产业化领导和管理。

国家发展和改革委员会

二〇〇五年五月十九日

国家发展改革委关于印发千家企业节能行动实施方案的通知

发改环资[2006]571号

各省、自治区、直辖市、计划单列市和新疆生产建设兵团发展改革委、经贸委（经委）、统计局、质量技术监督局，有关行业协会，有关企业：

为贯彻落实党的十六届五中全会和《国务院关于做好建设节约型社会近期重点工作的通知》（国发[2005]21号）精神，加强重点耗能企业节能管理，促进合理利用能源,提高能源利用效率，根据《中华人民共和国节约能源法》、《重点用能单位节能管理办法》，国家发展改革委、国家能源办、国家统计局、国家质检总局、国务院国资委研究决定在重点耗能行业组织开展千家企业节能行动。为此,特制定《千家企业节能行动实施方案》（以下简称《方案》），现印发给你们，请认真组织实施。并将有关事项通知如下：

一、千家企业是指钢铁、有色、煤炭、电力、石油石化、化工、建材、纺织、造纸等9个重点耗能行业规模以

上独立核算企业，2004年企业综合能源消费量达到18万吨标准煤以上，共1008家。由国家发展改革委会同国家统计局提出，并经各省、自治区、直辖市发展改革委或经贸委（经委）核对后确定。

二、各地区、各部门、各单位要从全面落实科学发展观，加快经济增长方式转变，建设资源节约型、环境友好型社会，实现可持续发展的战略高度，充分认识开展千家企业节能行动的重要性和紧迫性，加强组织领导，制定切实可行的具体方案，狠抓落实，确保千家企业节能行动取得实效。

附件：

一、《千家企业节能行动实施方案》

二、千家企业名单（略）

国家发展改革委　国家能源办　国家统计局

国家质检总局　国务院国资委

二〇〇六年四月七日

附件一：

千家企业节能行动实施方案

一、充分认识开展千家企业节能行动的重要意义

《中共中央关于制定国民经济和社会发展第十一个五年规划的建议》提出："十一五"期末单位国内生产总值能源消耗比"十五"期末降低20%左右。这是针对我国资源环境约束日益突出的问题提出的，是"十一五"规划目标中最重要的约束性指标之一，充分体现了落实科学发展观，加快经济增长方式转变，建设资源节约型、环境友好型社会和实现可持续发展的要求。实现这一目标，必须动员各行各业和社会各界的力量，并做出巨大努力。

工业是我国能源消费的大户，能源消费量占全国能源消费总量的70%左右。重点耗能行业中的高能耗企业又是工业能源消费的大户。据统计，千家企业2004年综合能源消费量为6.7亿吨标准煤，占全国能源消费总量的33%，占工业能源消费量的47%。开展千家企业节能行动，突出抓好高耗能行业中高耗能企业的节能工作，强化政府对重点耗能企业节能的监督管理，促进企业加快节能技术改造，加强节能管理，提高能源利用效率，对提高企业经济效益，缓解经济社会发展面临的能源和环境约束，确保实现"十一五"规划目标和全面建设小康社会目标，具有十分重要的意义。

二、指导思想和主要目标

（一）指导思想

认真贯彻党的十六大和十六届五中全会精神，以科学发展观为指导，落实节约资源基本国策，围绕实现GDP能耗降低20%左右的目标，以企业为实施主体，以提高能源利用效率为核心，坚持节能与结构调整、技术进步和加强管理相结合，大力调整和优化结构，开发和推广应用节能技术，建立严格的管理制度、有效的激励和约束机制，接受公众监督。政府加强指导推动，依法监督管理，强化政策导向，促进千家企业在节能降耗方面取得实质进展，为实现"十一五"节能目标做出积极贡献。

（二）主要目标

千家企业能源利用效率大幅度提高，主要产品单位能耗达到国内同行业先进水平，部分企业达到国际先进水平或行业领先水平，带动行业节能水平的大幅度提高。实现节能1亿吨标准煤左右。

三、千家企业节能工作要求

（一）加强组织领导，落实节能目标责任制。各企业要成立由企业主要负责人挂帅的节能工作领导小组，建立和完善节能管理机构，设立能源管理岗位，明确节能工作岗位的任务和责任，为企业节能工作提供组织保障。各企业要将本企业节能目标，层层分解，落实到车间、班组，一级抓一级，落实责任，逐级考核，加强监督，强化节能目标管理。

（二）建立健全能源计量、统计制度，定期报送企业能源利用状况报告。千家企业要按照《加强能源计量工作的意见》和《用能单位能源计量器具配备和管理通则》的要求，配备合理的能源计量器具、仪表，加强能源计量管理。加强能源统计，建立健全原始记录和统计台帐，按要求定期报送企业能源利用状况报告。企业能源利用状况报告包括能源消耗情况、用能效率、节能效益分析、节能措施等内容。具体填报要求由国家统计局专题部署。

（三）开展能源审计，编制节能规划。各企业要按照《企业能源审计技术通则》国家标准（GB/T 17166–1997）的要求，开展能源审计，完成审计报告；通过能源审计，分析现状，查找问题，挖掘潜力，提出切实可行的节能措施。在此基础上，编制企业节能规划，并认真加以实施。企业节能规划要目标明确，重点突出，措施有力，并有年度实施计划。各企业要在本实施方案下发后的半年内，将能源审计报告和节能规划报所在地省级节能主管部门（发展改革委或经贸委、经委，下同）审核；未能通过审核的，应在3个月内进行修改或补充，并重新提交。

（四）加大投入，加快节能降耗技术改造。各企业每年都要安排一定数额资金用于节能技术改造。要加大节能新技术、新工艺、新设备和新材料的研究开发和推广应用，加快淘汰高耗能落后工艺、技术和设备，大力调整企业产品、工艺和能源消费结构，把节能降耗技术改造作为增长方式转变和结构调整的根本措施来抓，促进企业生产工艺的优化和产品结构的升级，实现技术节能和结构节能。

（五）建立节能激励机制。各企业要建立和完善节能奖惩制度，安排一定的节能奖励资金，对节能发明创造、节能挖潜革新等工作中取得成绩的集体和个人给予奖励，对浪费能源的集体和个人给予惩罚；将节能目标的完成情况纳入各级员工的业绩考核范畴，严格考核，节奖超罚。

（六）加强节能宣传与培训。各企业要组织开展经常性的节能宣传与培训，重点组织好每年一度的“全国节能宣传周”活动。定期组织能源计量、统计、管理和操作人员业务学习和培训，主要耗能设备操作人员未经培训不得上岗。加强企业节约型文化建设，提高资源忧患意识、节约意识和环境意识，增强社会责任感。

四、跟踪和考核

（一）各省（区、市）节能主管部门要会同有关单位做好千家企业节能行动的跟踪、指导和监督工作。千家企业节能行动按照属地原则管理，各省（区、市）节能主管部门负责本地区内的企业的跟踪、指导和监督工作。督促企业加强节能管理，按照工作要求提交有关信息，组织有关行业协会和专家审核相关企业的能源审计报告和节能规划，并督促实施。要强化节能监测监察，将千家企业列入本地区节能重点监测监察的范围，定期或不定期对企业能源利用情况进行监督检查和抽查。要把单位产品能耗降低目标换算成节能量，分解落实到每个企业，加强考核。要积极推行节能自愿协议等节能新机制，对提前达到节能目标和国际先进水平的企业给予鼓励。

（二）国家统计局要建立千家企业节能行动信息系统及其官方网站，并链接国家发展改革委（环资司）网页和千家企业网页，跟踪、统计、审核千家企业能源利用状况及其相关数据，并负责相关人员的培训，定期分析和汇总企业节能进展情况。国家发展改革委会同国家统计局每年4月份在指定的全国性宣传媒体上，公布上一年度千家企业能源利用状况、国内外先进水平等情况。

（三）国家质检总局要依据《关于印发〈加强能源计量工作的意见〉的通知》（国质检量联[2005]247号）精神和《用能单位能源计量器具配备和管理通则》国家标准及有关重点耗能行业的能源计量器具配备和管理要求，加强能源计量工作，对企业能源计量器具配备情况进行检查；要按照计量法律法规的要求，引导企业建立和完善测量管理体系，督促企业定期对所配备的能源计量器具进行检定、校准，指导企业加强对能源计量检测数据的应用等。

（四）国务院国资委要继续完善中央企业业绩考核办法，指导中央企业将节能目标的完成情况纳入企业业绩考核内容，强化企业节能目标管理，发挥中央企业在千家企业节能行动中的表率作用。

（五）有关行业协会要加强跟踪、评价和指导。一是协助制订行业能源利用和节能指标体系和评估体系，对企业能源利用状况进行评估和指导；二是研究各行业国际和国内能耗先进水平，建立相应数据库；三是制定行业节能技术政策，为企业节能技术开发、技术改造和管理提供咨询和培训。

（六）为保持千家企业节能行动的连续性，原则上在五年周期内不对千家企业名单作大的调整，但企业破产、兼并、改组改制以及生产规模变化和能源消耗发生较大变化，或按照产业政策需要关闭的，确需进行调整的，由各地省级节能主管部门向国家发展改革委提出调整千家企业名单的建议，经国家统计局审核后，由国家发展改革委对千家企业名单进行调整。新进入千家企业名单的企业要按照本实施方案的要求开展相关工作。

五、保障措施

（一）依法加强节能监督管理。2006年全国人大将组织开展《中华人民共和国节约能源法》执法检查，重点检查贯彻执行国家节能法律法规、政策和标准情况、节能管理情况、节能技术进步和淘汰落后情况，对违法违规行为要加大监督、整改力度，对检查中发现的各种浪费能源的做法和行为，要严肃查处。在执法检查和深入调查研究的基础上，修订《节约能源法》，通过立法建立更加严格的管理制度，强化各行为主体责任，完善激励政策，建立监管体制和机制，加大惩戒力度。

（二）实行强化节能的财政税收政策。按照《国务院关于做好建设节约型社会近期重点工作的通知》（国发[2005]21号）和《国务院关于加快发展循环经济的若干意见》（国发[2005]22号）文件精神，加快制定和实施有利于资源节约的财税政策。根据财税体制改革进程，抓紧出台对生产和使用列入《节能节水产品目录》和资源综合利用目录的产品给予企业所得税优惠政策；研究对资源节约关键技术、重大设备和产品在一定期限内实行适当的增值税优惠政策。

（三）加大节能降耗改造项目的支持力度。重点支持一批节能降耗重大项目和示范项目，优先支持提前达到节能目标的企业节能改造项目；研究建立稳定的支持企业节能改造的资金渠道，引导社会资金投向节能降耗，为增强企业节能能力提供资金支持；研究建立多渠道融资方式，协调国家政策性银行、国际金融机构低息贷款支持千家企业节能降耗技术改造。

（四）建立节能技术推广新机制。总结国外和国内一些地方的成功经验，加速淘汰落后高耗能设备，加快高效节能技术和产品的推广应用。培育专业化节能技术服务体系，重点推行合同能源管理，为千家企业节能改造提供诊断、融资、设计、改造、运行、管理“一条龙”服务。

（五）总结、表彰和奖励先进典型。根据年度评估结果和与国内外先进水平的比较，定期在千家企业中推选若干“国家节能先进企业”和“全国节能先进个人”，对节能先进企业进行表彰，对节能先进个人给予奖励。在表彰和奖励的同时，总结推广先进企业节能降耗的典型经验，在全国性媒体上进行宣传报道。

（六）加大违规处罚力度。对于弄虚作假，不按本实施方案要求如实报告或不及时报告企业能源利用状况的企业，要视情节予以批评、通报；对不按照本实施方案要求开展能源审计、编制节能规划或达不到节能目标的企业，要求限期整改；依法查处严重浪费能源，违反节能法律法规的企业。有关新闻媒体要加强舆论监督，在宣传报道节能先进典型的同时，深入实际，大胆曝光和揭露浪费能源资源的反面典型。

（七）加强综合协调。充分发挥建设节约型社会部际协调机制的作用，国家发展改革委加强综合协调，并会同有关部门将千家企业节能行动的各项工作纳入到每年建设节约型社会工作要点当中，明确各部门重点工作，加强监督、检查和指导。

关于贯彻《国务院关于加强节能工作的决定》的实施意见

建科[2006]231号

各省、自治区建设厅，直辖市建委及有关部门，计划单列市建委（建设局），新疆生产建设兵团建设局：

为贯彻落实《国务院关于加强节能工作的决定》的精神，加强建筑节能和城市公共交通节能工作，实现“十一五”期间建设领域节能目标，现提出以下实施意见：

一、提高认识，用科学发展观指导建设领域节能工作

（一）指导思想

以邓小平理论和“三个代表”重要思想为指导，全面落实科学发展观，紧紧围绕实现城乡建设方式的根本转

变，调整住房供应结构，引导住房合理消费，以提高能源利用效率为核心，以建筑节能和优先发展公共交通为重点，以技术进步为支撑，近期措施与建立长效机制相结合，加大标准的执行监管力度，建立和完善政策法规，实现“十一五”建筑节能、城市公共交通节能目标，促进建设事业走资源节约型、环境友好型的发展道路。

（二）工作目标

建筑节能：到“十一五”期末，实现节约1.1亿吨标准煤的目标。其中：通过加强监管，严格执行节能设计标准，推动直辖市及严寒寒冷地区执行更高水平的节能标准，严寒寒冷地区新建居住建筑实现节能2100万吨标准煤，夏热冬冷地区新建居住建筑实现节能2400万吨标准煤，夏热冬暖地区新建居住建筑实现节能220万吨标准煤，全国新建公共建筑实现节能2280万吨标准煤，共实现节能7000万吨标准煤；通过既有建筑节能改造，深化供热体制改革，加强政府办公建筑和大型公共建筑节能运行管理与改造，实现节能3000万吨标准煤，大城市完成既有建筑节能改造的面积要占既有建筑总面积的25%，中等城市要完成15%，小城市要完成10%；通过推广应用节能型照明器具，实现节能1040万吨标准煤；太阳能、浅层地能等可再生能源应用面积占新建建筑面积比例达25%以上。

城市公共交通节能：通过改善出行结构，加强设施建设，提高城市公共交通效率。到“十一五”期末，城市公共交通出行在城市交通总出行中的比重，特大城市达到20%以上，其他城市在现有基础上增加50%。特大城市中心区公共汽电车平均运营速度达到20公里/小时以上，其他城市达到25公里/小时以上，出租车空驶率控制在30%以下；提高节能环保型汽车的使用率；城市公共交通比“十五”期末节油15%以上。

二、提高城乡规划编制的科学性，从源头上转变城乡建设方式

（三）城乡规划编制和实施要充分体现节约资源的基本国策。制定全国城镇体系规划、省域城镇体系规划要从节约能源的角度，统筹考虑城镇空间布局和规模控制以及重大基础设施布局。制定城市总体规划，要根据本地区的环境、资源条件，科学确定发展目标、方式、功能分区、用地布局，确定交通发展战略和城市公共交通总体布局，落实公交优先政策，确定主要对外交通设施和主要道路交通设施布局，限制高能耗产业用地规模。村镇规划要符合村镇体系布局，规划建设指标必须符合国家规定。严禁高能耗、高污染企业向乡镇转移，不得为国家明确退出和限制建设的各类企业安排用地。严格规划审批管理制度，重点镇的规划要逐步实行省级备案核准制度。

（四）从规划源头控制高耗能居住建筑的建设。各地应根据当地住房的实际状况以及土地、能源、水资源和环境等综合承载能力，分析住房需求，制定住房建设规划，合理确定当地新建商品住房总面积的套型结构比例。城市规划主管部门要会同建设、房地产主管部门将住房建设规划纳入当地国民经济和社会发展中长期规划和近期建设规划，按建设资源节约型和环境友好型城镇的总体要求，合理安排套型建筑面积90平方米以下住房为主的普通商品住房和经济适用住房布局。

三、建立新建建筑市场准入门槛制度，做好新建建筑节能工作

（五）建立新建建筑市场准入门槛制度。对超过2万平方米的公共建筑和超过20万平方米的居住建筑小区，实行建筑能耗核准制。建设单位应当将建设工程项目设计方案报县级以上人民政府建设主管部门进行建筑能耗核定，满足节能标准的，由建设主管部门出具建筑能耗审核意见书。城市规划主管部门在颁发《建设工程规划许可证》时，对未取得建筑能耗审核意见书的建设工程项目，不得颁发《建设工程规划许可证》，建设主管部门不得批准开工建设。组织建筑节能专项检查，对达不到节能设计标准的项目予以查处。

（六）完善对建筑节能设计、施工、监理等市场主体的监管制度。要加强建设工程节能质量的监督管理，按照《民用建筑工程节能质量监督管理办法》，进一步强化参建各方建筑节能工作的责任和义务，加强施工图审查、施工许可、工程质量检测、工程质量监督、竣工验收备案等环节的建筑节能监管工作。达不到建筑节能设计标准的工程不准开工、验收备案、销售和使用。

加强建筑维护结构保温工程、可再生能源建筑应用的市场监管力度，严格市场准入，规范企业行为。将执行建筑节能标准纳入建筑市场主体诚信行为标准，严肃查处不按照节能标准进行设计、施工、监理的企业，并记入企业不良记录；情节严重的，依法降级或撤消其资质等级，并追究有关人员的责任。

（七）发展绿色环保的施工方式。研究制定《民用建筑工程绿色施工导则》，推广应用资源节约型和环保型的施工方式，通过资源的综合利用、短缺资源代用以及二次资源回用，降低对各类资源的消耗，减少建筑废料和污染

物的生成和排放，减少施工对环境的影响。

四、完善建筑节能标准体系，确保工程质量

（八）完善建筑节能标准体系。组织编制建筑节能设计、施工、验收、检测检验、评价和既有建筑节能改造、可再生能源建筑应用、建筑用能系统运行节能、节能管理等方面的标准规范。加强节能标准设计系列图集的编制，完善建筑节能技术措施。推动直辖市及严寒寒冷地区率先实施更高的节能标准，逐步提高国家建筑节能的标准。

（九）推动工业建设领域节能设计标准编制工作。加快工业建设领域节能设计标准的编制工作，“十一五”期间完成石油化工、橡胶、钢铁、有色金属加工、有色金属矿山、有色金属冶炼、水泥等高耗能行业的节能设计、施工、验收等标准规范，推动重点能耗行业的节能工作的开展。

（十）完善可再生能源建筑应用标准。做好《民用建筑太阳能热水系统应用技术规范》、《地源热泵供暖空调应用技术规程》等标准的贯彻实施工作，编制《太阳能供热采暖工程技术规范》。积极组织生活垃圾填埋气体利用、污泥沼气利用、焚烧发电供热技术等标准规范编制的可行性研究，并及时组织制定。

（十一）积极开展建筑节能标准实施的评价工作。研究制定建筑节能标准实施评价方法，根据建筑节能发展的实际需要，及时修订或编制建筑节能标准，不断完善建筑节能标准体系。

五、抓好建筑节能重点工作

（十二）加强大型公共建筑和政府办公建筑的节能管理工作。制定印发《关于加强大型公共建筑和政府办公建筑节能工作的通知》。各地应结合实际，建立并逐步完善既有大型公共建筑运行节能监管体系，研究制定公共建筑用能系统运行节能制度。以政府办公建筑为突破口，对既有高耗能的大型公共建筑逐步实施节能改造。

（十三）制定大型公共建筑能耗限额。会同国家发展改革委研究制定公共建筑能耗限额和超限额加价制度。各地应开展大型公共建筑能耗统计工作，结合实际研究制定大型公共建筑单位能耗限额。

（十四）组织开展高能耗公共建筑评选活动。会同国家发展改革委组织专家在北京评选十大不节能建筑，并向社会披露。其它有条件的城市应比照进行。

（十五）建立和完善建筑能效测评标识制度。制定《建筑能效标识管理办法》及《建筑能效标识技术导则》，选择若干试点城市进行示范，总结经验，逐步推广。

（十六）建立建筑能耗统计制度。制定《建筑能耗统计标准》，掌握建筑能耗水平、建筑终端商品能耗结构、用能模式，积累建筑能耗基础数据，为制定政策提供依据。各地应充分认识能耗统计工作的重要性，认真组织做好相关工作。

六、加快城镇供热体制改革

（十七）尽快实行将采暖补贴由“暗补”变“明补”，加快推进供热商品化、货币化。

（十八）新建建筑必须配套建设供热采暖分户计量系统，并安装温控装置，必须实行按热计量收费；既有建筑通过节能改造达到温度可调节、分栋或分户计量的要求。

（十九）建立城市低收入家庭冬季采暖保障制度。完善供热价格形成机制，制定建筑供热采暖按用热量收费的政策，培育有利于节能的供热市场。

（二十）整合城市供热热源，充分发挥热电联产、大型锅炉效率高的优势，提高热源生产的能源利用效率。

七、组织实施国家建筑节能重点工程、重大关键技术研究项目

（二十一）全面启动可再生能源在建筑中的推广应用。积极推进太阳能、浅层地能、生物质能等可再生能源在建筑中的应用。会同财政部研究制定《推进可再生能源在建筑中应用的实施意见》、《可再生能源建筑应用专项资金暂行管理办法》及《可再生能源建筑应用示范工程评审办法》等，选择一批条件成熟的项目和城市进行示范，开展太阳能、浅层地能等在建筑中应用关键技术研究，培育和带动相关产业的发展。各地应积极配合做好示范推广工作。

（二十二）实施国家建筑节能重点工程。组织实施建筑节能工程，以新建建筑执行节能设计标准、既有建筑节能改造、配套措施及能力建设为重点，启动更低能耗和绿色建筑示范项目及既有建筑节能改造。配合实施热电联产工程，用热电联产集中供热为主的方式替代城市燃煤供热小锅炉，扩大集中供热范围。适度超前建设城市集中供

热管网，为热电联产创造条件。各地应积极配合国家做好重点工程的管理工作，并总结经验，逐步推广。配合实施绿色照明工程，按照《“十一五”城市绿色照明工程规划纲要》的要求，组织实施城市绿色照明工程，指导各地科学、节能发展城市照明。

（二十三）组织实施国家中长期科技发展规划中确定的建筑节能与绿色建筑重大项目。加快对新型建筑节能围护结构、既有建筑节能改造、长江流域住宅室内热湿环境低能耗控制技术、大型公共建筑节能控制与能量管理系统研究、降低大型公共建筑空调系统能耗研究、建筑节能设计方法与模拟分析软件开发等建筑节能关键技术研究，不断增强自主创新能力，推动节能技术进步。组织实施百项建筑节能示范工程和百项绿色建筑示范工程的“双百工程”。发布《建设部“十一五”重点推广技术领域》、《建设部“十一五”技术公告》。

（二十四）推动可再生能源在农村地区的应用。各地应结合社会主义新农村建设，加强农村地区可再生能源利用与开发情况的调研，组织太阳能、沼气、生物质能等新能源在农村地区应用技术研发，制定技术政策，编制技术手册，开展示范推广，适应农村用能增长的需要。

八、加强政策法规建设，建立健全节能保障机制

（二十五）做好节能相关法规和政策制定工作。配合国务院法制办做好《建筑节能管理条例》、《城市公共交通条例》的制定工作。积极参与《节约能源法》的修订工作。会同财政部研究制定节能省地型建筑的经济激励政策。各地建设主管部门应积极会同有关部门，做好地方建筑节能及城市公共交通的法规研究制定工作，并结合实际，研究促进建筑节能及公共交通的激励政策。

（二十六）落实优先发展城市公共交通的政策。指导各地科学设置公交优先车道（路）和优先通行信号系统，保证公共交通车辆对优先车道的使用权和优先通行信号系统的正常运转。要因地制宜地设置自行车道、步行道。争取用2年左右时间，使多数大城市建立完善的城市公共交通优先车道（路）网络，建成一批公共交通优先通行信号系统。加强对各地轨道交通规划、建设、运营、管理工作的指导和监督，抓好城市交通节能示范工程，推进快速公共汽车系统和智能交通系统建设。

（二十七）建立完善新技术、新工艺、新设备、新材料的推广、限制、禁止制度。组织编制《建筑节能推广、限制、禁止技术、工艺、设备和材料目录》。加快淘汰落后技术、工艺、设备和材料。加大建筑节能在评优评奖指标中的权重，完善评选标准，推动建筑节能工作的开展。

（二十八）做好新型墙体材料推广应用工作。组织编制国家标准《墙体材料应用统一技术规范》。推广应用保温隔热性能好、轻质、利废、环保的新型墙体材料，做好第二批城市禁止使用实心粘土砖的工作。

（二十九）逐步建立建筑节能服务体系。制定《建筑节能合同能源管理办法》，培育和规范建筑节能服务市场，促进建筑能效的提高。充分发挥行业学（协）会的积极性，协助主管部门和地方政府做好节能管理、技术推广、宣传培训等工作，为机关和事业单位、企业及居民做好节能工作提供服务。各地应积极探索，争取优惠政策，创新机制，尽快形成规范有序的节能服务体系。

九、加强国际合作，促进建筑节能实现跨越式发展

（三十）做好联合国合作开发署中国终端能效、世行中国供热体制改革和建筑节能、中德既有建筑节能改造等合作项目。积极争取国际组织、外国政府贷款，以合作、交流、技术培训、智力引进等多种方式，引进国外先进经验、技术，不断充实和完善我国建筑节能与公共交通等领域的政策、法规、标准、技术体系。

（三十一）组织召开每年一届的国际智能、绿色建筑及建筑节能大会暨新技术与产品博览会，组织好国际绿色建材博览会，打造国际化的新技术、新产品、新材料交流平台，更好地指导和推动全国建设领域节能工作，实现建筑节能的跨越式发展。

十、加强节能工作的宣传和培训

（三十二）加强建筑节能标准和技术培训。把节能标准、技能培训与执业人员的继续教育结合起来，与施工图审查和质量检查结合起来，与劳务用工岗前培训结合起来，不断提高从业人员熟练运用节能标准、熟练应用节能技术的能力。

（三十三）加大节能工作宣传力度。各地建设主管部门要充分发挥舆论的导向与监督作用，大力宣传我国能源

资源现状及建筑节能、公共交通节能、城市照明节能的重大意义，积极宣传有关政策法规、技术标准、示范项目及典型做法和经验等，扩大影响，努力营造有利于节能的社会氛围。

（三十四）举办中国城市交通节能周活动。通过实行无公务车日等各类活动，宣传实施“公交优先”思想和战略。加强公共交通行业精神文明建设，加强对服务质量的监管，健全城市公共交通服务质量投诉和监督机制。组织开展创建“绿色交通示范城市”活动，鼓励地方政府积极实施“公交优先”战略，保证可持续交通发展战略的全面贯彻实施。召开全国优先发展城市公共交通工作会议。进一步发挥城市公共交通行业协会的作用，加强行业自律。

十一、加强组织领导，建立建筑节能目标考核评价体系

（三十五）加强组织领导。各地建设主管部门要成立建筑节能工作领导小组，形成协调配合、运行顺畅的工作机制。请各省、自治区、直辖市建设主管部门于2006年9月底前，将领导小组及办公室成员的名单报建设部科技司备案。

（三十六）建立节能目标责任制。各级建设主管部门要制定建筑节能专项规划，明确“十一五”建筑节能目标。要结合本地实际制定本意见的实施细则及任务分解书，并根据节能目标制定年度计划。各省、自治区、直辖市建设主管部门要在每年年末将目标和计划完成情况报建设部科技司备案。

（三十七）建立节能目标考核制度。各级建设主管部门要研究将建筑节能目标及任务落实情况纳入管理机构及人员的工作绩效考核内容中，并逐级落实。建设部将结合年度建筑节能专项检查，对各地的建筑节能工作完成情况进行评估，各省级建设主管部门也应对本地区市、县（区）建筑节能工作目标的完成情况进行考核。对工作成绩突出的单位和个人应予以表彰，对工作开展不力的通报批评。

建设部

二〇〇六年九月十五日

关于利用煤层气（煤矿瓦斯）发电工作的实施意见

根据《国务院办公厅关于加快煤层气（煤矿瓦斯）抽采利用的若干意见》（国办发〔2006〕47号），为做好煤层气（煤矿瓦斯）综合利用工作，变害为宝，保障煤矿安全，节约利用能源，保护生态环境，特制定本意见：

一、国家鼓励各类企业利用各种方式开发利用煤层气（煤矿瓦斯）。

二、各级政府部门应当督促煤矿企业结合本矿区实际情况制定煤层气（煤矿瓦斯）综合利用规划，并组织审查批准，引导企业合理利用能源资源。发电可以作为煤层气（煤矿瓦斯）综合利用规划的一项内容。

三、全部燃用煤层气（煤矿瓦斯）发电并网项目由省级人民政府投资主管部门核准；煤矿企业全部燃用自采煤层气（煤矿瓦斯）发电项目，报地方人民政府投资主管部门备案。省级人民政府投资主管部门要将核准和备案情况及时报送国务院投资主管部门。

四、电力产业政策鼓励煤矿坑口煤层气（煤矿瓦斯）发电项目建设。鼓励采用单机容量500千瓦及以上煤层气（煤矿瓦斯）发电机组，开发单机容量1000千瓦及以上的内燃机组，以及大功率、高参数和高效率的煤层气燃气轮机（煤矿瓦斯）发电机组。

五、鼓励煤层气（煤矿瓦斯）发电企业通过技术进步和加强与国内外瓦斯发电机组制造企业合作，提高能源利用效率和电厂的安全稳定运行水平。

六、煤层气（煤矿瓦斯）电厂应执行国家的有关法律法规、行业标准和规程，接受电网企业的专业管理和技术指导，具备并网技术条件，服从电力调度指令。

七、煤层气（煤矿瓦斯）电厂所发电量原则上应优先在本矿区内自发自用，需要上网的富裕电量，电网企业应当予以收购，并按照有关规定及时结算电费。

八、煤层气（煤矿瓦斯）电厂不参与市场竞价，不承担电网调峰任务。

九、电网企业应当为煤层气（煤矿瓦斯）电厂接入系统，提供各种便利条件。原则上，由电网企业负责投资建设电网至公共联结点的工程，由发电企业负责投资建设电厂至公共联结点的接入系统工程。

十、电网企业要按照国家标准、行业标准和规程规定验收电厂投资建设的接入系统工程，并及时签订并网调度协议，确保电网的稳定和电厂的正常运行。

十一、煤层气（煤矿瓦斯）电厂上网电价，比照国家发展改革委制定的《可再生能源发电价格和费用分摊管理试行办法》（发改价格〔2006〕7号）中生物质发电项目上网电价（执行当地2005年脱硫燃煤机组标杆上网电价加补贴电价）。高于当地脱硫燃煤机组标杆上网电价的差额部分，通过提高煤层气（煤矿瓦斯）电厂所在省级电网销售电价解决。

十二、有关政府部门应当制定鼓励煤层气（煤矿瓦斯）发电的配套政策和措施，为煤层气（煤矿瓦斯）综合利用工作创造有利条件。电力、价格等监管机构应当加强煤层气（煤矿瓦斯）发电项目上网交易电量、价格执行情况的监管和检查工作。

十三、煤层气（煤矿瓦斯）发电企业如果弄虚作假，一经查实，有关政府部门和监管机构要责令其纠正错误，电网企业可以暂停收购其上网电量，并追回价格差。

十四、本实施意见由国家发展和改革委员会负责解释。

国家发展和改革委员会

二〇〇七年四月二日

关于加强国家机关办公建筑和大型公共建筑节能管理工作的实施意见

建科〔2007〕245号

各省、自治区、直辖市、计划单列市建设、财政厅（委、局），新疆生产建设兵团建设、财务局：

随着我国经济的发展，国家机关办公建筑和大型公共建筑高耗能的问题日益突出。据统计，国家机关办公建筑和大型公共建筑年耗电量约占全国城镇总耗电量的22%，每平方米年耗电量是普通居民住宅的10～20倍，是欧洲、日本等发达国家同类建筑的1.5～2倍，做好国家机关办公建筑和大型公共建筑的节能管理工作，对实现“十一五”建筑节能规划目标具有重要意义。为贯彻落实《国务院关于印发节能减排综合性工作方案的通知》（国发〔2007〕15号）、《关于加强大型公共建筑工程建设管理的若干意见》（建质〔2007〕1号）文件精神，全面推进国家机关办公建筑和大型公共建筑节能管理工作，特提出以下意见：

一、指导思想和工作目标

（一）指导思想。以“三个代表”重要思想为指导，全面落实科学发展观，以提高国家机关办公建筑和大型公共建筑能源利用效率为目标，新建建筑要坚持遵循适用、经济，在可能条件下注意美观的原则，在建设的全过程中注重资源节约和保护环境，严格执行建筑节能强制性标准；既有建筑要加强用能管理，以制度建设为重点，运用经济、法律和行政管理手段，完善节能管理体系，培育和规范建筑节能服务体系，形成政府监管、市场引导的推进模式，建立促进节能的长效机制，稳步推进。

（二）工作目标。“十一五”期间，建立健全国家机关办公建筑和大型公共建筑节能监管体系，进一步强化监督管理，确保新建建筑全面执行建筑节能强制性标准，建立和完善能效测评、用能标准、能耗统计、能源审计、能效公示、用能定额、节能服务等各项制度，促进既有高耗能国家机关办公建筑和大型公共建筑节能运行和改造。争取“十一五”期末，国家机关办公建筑和大型公共建筑总能耗下降20%，节约1100～1500万吨标准煤。

今明两年工作重点是在国家机关办公建筑和大型公共建筑比较集中的省市，建立国家机关办公建筑和大型公共建筑节能监管体系，开展能耗统计、能源审计、能效公示等工作。在此基础上，研究制定用能标准、能耗定额和超定额加价、节能服务等制度，并逐步在全国范围内推开。

二、严格执行节能标准，抓好新建建筑节能

（三）进一步明确建筑方针。国家机关办公建筑和大型公共建筑的建设活动，要坚持科学发展观，立足国情，既要保证质量安全，又要强调使用功能与经济实用，特别是要考虑运营过程中消耗能源资源的成本，既要考虑建筑外观效果，又要强调建筑结构、设备的节能及环保要求，要考虑当地经济发展水平和实际需要，杜绝盲目攀比，浪费投资的现象。

（四）强化执行节能标准的全过程监管。在国家机关办公建筑和大型公共建筑建设的全过程严格执行建筑节能标准，在规划立项阶段，把能耗标准作为建设国家机关办公建筑和大型公共建筑项目核准和备案的强制性门槛。施工图设计文件审查不合格的不得颁发施工许可证。项目建成后，必须进行建筑能效专项测评，达不到节能强制性标准的，有关部门不得办理竣工验收备案手续。

（五）落实项目建设各方主体责任。建设单位要按照相应的建筑节能要求委托工程项目的建筑设计。竣工验收应包括查验建筑节能强制性标准执行情况。设计单位要严格按照有关节能、节地、节水、节材和环保标准进行设计。施工图设计文件审查机构要在审查报告中单列建筑节能专项审查内容，审查不合格的，不得通过施工图审查。施工、监理单位要严格落实设计文件中的各项节能措施，确保质量。

三、加强节能运行与改造，提高既有建筑能源利用效率

（六）开展建立节能监管体系相关工作。今明两年，国家支持在国家机关办公建筑和大型公共建筑比较集中的省市开展节能监管体系建设相关工作，工作内容主要包括对国家机关办公建筑和大型公共建筑的建筑面积、使用功能、结构形式、年度能耗总量等基本信息的调查统计，对重点用能单位的能源审计，对能耗统计或能源审计结果的公示，对重点城市中重点建筑进行建立能耗检测平台试点等。各地要按照《国家机关办公建筑和大型公共建筑节能监管体系建设实施方案》（附件），认真组织实施。

（七）提高运行节能管理水平。国家机关办公建筑和大型公共建筑所有权人、业主或其委托的物业管理单位要设立专门的能源管理岗位，聘任具有节能专业知识的人员，负责本单位的能源管理工作，通过规范用能行为、优化系统运行、安设调节装置、完善运行管理制度等措施，切实降低运行能耗。各地建设、财政主管部门要会同有关部门定期监督检查运行节能管理工作情况，并监测节能效果。

（八）开展节能改造。国家机关办公建筑和大型公共建筑所有权人或使用人可以委托专业的能源服务机构对节能改造的必要性、可行性以及投入收益比等进行科学论证，并采取合同能源管理等方式组织实施。在改造时应同步考虑采用可再生能源。各地建设主管部门要在其改造过程中进行监督与管理，给予必要的指导和协助。国家机关办公建筑、政府投资和以政府投资为主的大型公共建筑的节能改造，应当制定节能改造方案，经充分论证，并按照国家有关规定办理相关审批手续后，方可进行。凡违反国家有关规定和标准，以节能改造的名义对既有建筑进行扩建、改建的，当地建设部门不得办理相关审批手续。

（九）加强制度建设。国家将制定国家机关办公建筑和大型公共建筑能耗统计、能源审计、能效公示管理办法和《建筑能耗数据采集标准》、《国家机关办公建筑和大型公共建筑能源审计导则》等，各地应结合本地实际，抓紧研究制定相应实施细则，并抓好落实。在示范省市取得经验的基础上，根据国家机关办公建筑和大型公共建筑的能耗监测情况及能源审计结果，研究制定重点用能单位的用能标准与用能定额，逐步建立超定额加价制度。

（十）认真做好宣传工作。各级建设主管部门要充分发挥舆论的导向与监督作用，大力宣传开展国家机关办公建筑和大型公共建筑节能管理工作的重要意义，对示范省市的管理模式、技术应用、制度建设等成功经验要积极宣传，扩大影响，努力营造有利于促进建筑节能的社会氛围。

四、完善各项配套措施，保障节能管理工作的落实

（十一）完善经济激励政策。按照国务院《节能减排综合性工作方案》要求，各级人民政府在财政预算中安排一定资金，支持重点节能工程、节能新机制的推广、节能管理能力建设等。中央财政将设立专项资金，支持建立国家机关办公建筑和大型公共建筑节能管理节能监管体系，推进节能运行与节能改造。地方财政也应切实加强对国家机关办公建筑和大型公共建筑节能的支持。

（十二）加强技术产品保障。各级建设主管部门要积极支持国家机关办公建筑和大型公共建筑节能的新技术、新产品的开发、集成和推广应用示范，组织引进、消化、吸收国外先进技术，优先支持科技含量高、经济性好、节能效果显著、拥有自主知识产权的设备产品及技术的研究开发。加快淘汰落后的技术、产品。

（十三）健全组织领导体系。各地建设主管部门要尽快制订本辖区内的国家机关办公建筑和大型公共建筑节能管理专项规划，编制工作实施方案。要采取切实可行的措施，形成协调配合、运行顺畅的工作机制，统一部署落实相关部门和单位的责任和分工。

（十四）强化考核评价管理。各地要建立国家机关办公建筑和大型公共建筑节能的奖惩考核机制，要把节能量纳入本地单位GDP能耗降低的考核目标体系，将节能管理目标及任务分解落实到各级管理机构及人员工作的绩效考核内容。各地工作进展情况将作为全国建筑节能专项检查专项考核评价的重要内容。

附件：国家机关办公建筑和大型公共建筑节能监管体系建设实施方案（略）

中华人民共和国建设部
中华人民共和国财政部
二〇〇七年十月二十三日

国家发展改革委关于做好中小企业节能减排工作的通知

发改企业[2007]3251号

各省、自治区、直辖市及计划单列市、副省级省会城市、新疆生产建设兵团发展改革委、经贸委（经委）、中小企业局（厅、办）：

节能减排是贯彻落实科学发展观、促进经济结构调整和转变发展方式的重要举措。为贯彻国务院《节能减排综合性工作方案》，做好中小企业节能减排工作，通知如下：

一、充分认识中小企业贯彻科学发展观、推进节能减排的重要意义

近年来，我国中小企业发展迅速，已成为推动经济社会发展的重要力量。当前，中小企业发展中存在着总体素质不高、增长方式粗放、结构不合理等问题，相当一部分中小企业工艺和装备落后，资源利用率低、环境污染重。在一些规模经济要求较高的资源型产业，中小企业数量多、规模小，工艺水平落后。如，黑色冶炼及加工行业中小企业数量虽占全部企业的74%，但其总产值规模仅占全行业的20%；在安全和技术要求较高的采矿业，中小企业占采矿企业的96%；在建材行业，落后工艺80%以上集中在中小企业。服务业中小企业节能减排任务也十分艰巨。如，洗车行业用水浪费、超标排放现象较为突出。

节约资源和保护环境是我国一项基本国策，实现“十一五”《规划纲要》提出的节能减排目标，需要广大中小企业和全体职工的共同努力，也是每个中小企业和职工应承担的社会责任。贯彻落实科学发展观，建设生态文明社会，实现国民经济又好又快发展，迫切要求广大中小企业从主要依靠数量扩张转变为更加注重质量提高，从主要依靠粗放型增长转变为更加注重节约资源、保护环境，走低消耗、少排放、能循环、可持续的中国特色新型工业化道路。

当前，中小企业在节能减排中也面临一些问题，主要是：不少中小企业科学发展、节能减排意识淡薄，思想和认识还不到位；一些企业工艺装备落后，有些落后生产能力在产业转移中没有依法淘汰；节能减排投入不足，安全生产、劳动保护措施缺乏，违规排放现象时有发生；节能减排技术开发和应用不够，节能减排中介服务体系还不健全；污染治理等相关基础设施建设滞后，在产业集聚区内还难以做到统一排放、集中治理等。这些问题迫切需要研究和着力加以解决。

二、以科学发展观为指导，扎实推进中小企业节能减排

中小企业节能减排的总体要求是：深入贯彻科学发展观，以转变经济发展方式、调整经济结构、加快技术进步

为根本，全面调动中小企业和职工节能减排的积极性，坚持节约发展、清洁发展、安全发展，依法淘汰落后产能，推广先进适用节能减排技术，健全节能减排技术服务，加强企业管理，力争使中小企业单位国内生产总值能源消耗、单位工业增加值用水量、主要污染物排放指标以及安全生产指标达到全国平均水平。

（一）广泛宣传发动，提高思想认识。结合学习党的十七大精神，深刻领会科学发展观的科学内涵、精神实质和根本要求，增强广大中小企业和职工贯彻落实科学发展观的自觉性和坚定性。各级中小企业部门充分利用信息网和各种媒体，宣传节能减排的重大意义、方针政策、基本知识和先进经验，要将节能减排纳入年度培训重点，利用电视、网络以及集中面授等方式开展针对中小企业的节能减排相关培训。采取多种形式，开展资源警示教育，增强中小企业节能减排的责任感和使命感。选择确定若干节能减排示范单位，宣传推广先进经验和做法。

（二）淘汰落后产能，控制“两高”行业发展。严格按《产业结构调整指导目录》和相关法律法规严格淘汰中小企业中的落后技术、工艺和装备。对不按期淘汰的企业要依法责令其停产或予以关闭，依法吊销生产许可证和排污许可证，依法停止供电。提高节能环保市场准入门槛，严格执行项目开工建设的相关政策规定。密切关注落后产能转移趋向，坚决制止落后装备设施外流，坚决防止以招商引资、产业转移等形式新增落后生产能力。

（三）加快节能减排技术开发，大力推广共性节能减排技术。针对中小企业特点，加快开发节能减排关键和共性技术，推动建立以企业为主体、产学研相结合的节能减排技术创新与成果转化体系。在冶金、有色、石化、化工、电力、煤炭、建材、轻工等重点行业中，鼓励使用“零排放”技术、废弃物综合利用技术等循环经济的减量化技术、再利用技术和再循环技术，推动企业内循环经济发展。各类中小企业专项资金要将中小企业节能减排作为支持重点，促进中小企业节能技术改造和节能新技术、新工艺、新产品的推广使用，提升中小企业节能、节水、节地、节材水平。

（四）促进服务业和科技型中小企业发展，优化产业结构。大力鼓励在信息技术、工程及科学仪器、生物工程、新能源与节能技术、环境保护新技术等领域大力发展科技型中小企业，促进高技术产业加快发展。落实《国务院关于加快发展服务业的若干意见》，积极支持中小企业发展现代服务业，提升生产服务业的产业档次和现代化水平。引导中小企业发展特色农业、循环农业、生态农业和旅游观光农业。促进垃圾资源化利用，大力发展循环经济和环保产业。

（五）健全节能减排服务体系，探索污染集中治理模式。组织专家队伍深入开展节能减排咨询和诊断，鼓励专业化节能服务公司为中小企业开展节能减排咨询，并提供设计、培训、融资、改造、运行管理一条龙服务，选择若干地区和机构先行开展试点。完善相关政策，大力发展产业化、社会化、专业化的中小节能减排技术服务机构。对于排放集中、污染严重的产业集聚区，探索集中治理模式，促进公共环境和资源综合利用设施建设，重点支持一批产业集群环境治理建设项目。支持在产业集群内发展热处理、电镀等工艺专业化企业。鼓励发展生态型工业和生态型工业园区。

（六）引导企业加强管理，夯实节能减排基础。企业（单位）是节能减排的主体，职工是节能减排的主力军。中小企业必须严格遵守节能和环保法律法规及标准，强化管理措施。引导中小企业完善产品质量监测管理制度，加入国际质量认证体系。引导和督促企业依法获得从事生产经营活动所必须的产品质量资格和许可。加强计量管理，完善计量器具和检测手段。引导中小企业认真贯彻《清洁生产促进法》，支持中小企业开展能效水平对标活动。积极帮助职工掌握节能减排技能，不断提高职工节能减排能力。建立健全企业内部节能减排的激励机制，动员全体员工参与节能减排活动。

三、加大工作力度，切实做好节能减排工作

（一）各级中小企业部门要把节能减排作为当前一项重要工作抓紧抓好。中小企业管理部门要积极配合有关部门，认真落实国务院和各省市节能减排综合性和全民行动实施方案，结合本地区实际，抓紧制定本地区中小企业节能减排工作方案，尽快确定中小企业节能减排工作目标、重点和相关措施，加强对中小企业节能减排工作的指导协调。

（二）协助研究制定相关政策措施。按照“淘汰一批、升级一批、发展一批”的目标导向，系统研究相应的财税、价格、信贷、担保、市场准入标准等方面的配套政策措施，充分发挥经济手段在扶优限劣的作用。中小企业管理部门要主动与相关部门沟通协调配合，尽快研究探索建立落后产能退出机制，争取对中小企业节能减排工作的资金、税收等方面的支持。

（三）充分发挥各方面力量，形成工作合力。有条件的省市可设立节能义务监督员，协助对企业节能减排进行监督。充分发挥行业协会等各类中介机构的积极作用，开展调研活动，针对中小企业节能减排开展咨询诊断、人员培训等方面服务。中小企业管理部门要配合有关部门加强对企业安全生产、环保卫生、资源开采、土地使用等方面的监管。积极开展中小企业节能减排和发展循环经济的国际合作与交流。

各级中小企业管理部门要深入基层调查研究，协调解决工作中出现的新情况、新问题，及时将中小企业节能减排工作方案、进展情况及联系人上报我委（中小企业司）。

中华人民共和国国家发展和改革委员会

二○○七年十一月二十七日

关于贯彻实施《中华人民共和国节约能源法》的通知

发改环资[2008]2306号

各省、自治区、直辖市及计划单列市、副省级省会城市、新疆生产建设兵团发展改革委、经贸委（经委）、科技厅（委、局）、信息产业厅（局、办）、财政厅、建设厅、交通厅、商务主管部门、国家税务局、地方税务局、质量技术监督局、机关事务管理局、法制办、各直属出入境检验检疫局，国务院有关部门，解放军总后勤部：

新修订的《中华人民共和国节约能源法》（以下简称《节约能源法》）已于今年4月1日起正式施行。为进一步做好《节约能源法》的贯彻实施，现就有关事项通知如下：

一、充分认识贯彻实施《节约能源法》的重要性和紧迫性

“十一五”规划《纲要》提出了“十一五”单位GDP能耗降低20%左右的约束性指标，这是贯彻落实科学发展观，加快建设资源节约型、环境友好型社会的重大举措。两年来，各地区、各部门认真落实党中央、国务院的决策和部署，把节能作为调整经济结构、转变发展方式的重要抓手和突破口，放在更加突出的位置，推动力度进一步加大，从认识到实践都发生了重要转变。

“十一五”节能目标是具有法律效力的约束性指标，是政府对人民的庄严承诺，必须通过合理配置公共资源，有效运用经济、法律和行政手段，确保实现。从目前工作进展情况看，实现“十一五”节能目标任务十分艰巨。在一些地方节能工作还存在认识不到位、责任不明确、措施不配套、政策不完善、投入不落实、协调不得力等问题，有法不依、执法不严的现象较为突出。这种状况如不及时扭转，“十一五”节能目标将难以实现。在有效发挥经济和行政手段推进节能的同时，运用法律手段实现依法节能，是当前节能工作面临的重要课题。新修订的《节约能源法》进一步突出了节能在我国经济社会发展中的战略地位，扩大了法律调整范围，健全了管理制度，完善了激励机制，明确了节能管理和监督主体，强化了有关各方的法律责任，增强了法律的针对性和可操作性，为节能工作提供了法律保障。深入贯彻实施《节约能源法》，是当前节能工作一项十分重要而紧迫的任务。各级政府有关部门要充分认识贯彻实施《节约能源法》对于实现“十一五”节能目标的重大意义，充分认识贯彻实施《节约能源法》的重要性和紧迫性，采取有效措施，确保《节约能源法》顺利施行。

二、抓紧完善《节约能源法》配套法规和标准

各级政府有关部门要根据《节约能源法》的有关要求，抓紧研究制定配套法规和标准。积极做好《民用建筑节能条例》、《公共机构节能条例》的宣传贯彻工作，抓紧研究制（修）订《固定资产投资项目节能评估和审查条例》、《重点用能单位节能管理办法》（修订）、《节能监察管理办法》、《国家机关办公建筑和大型公共建筑室内温度控制办法》、《高耗能特种设备节能监督管理办法》、《节能表彰奖励办法》、《能源计量监督管理办法》、《能效标识管理办法》（修订）等配套法律规范，并加快建立和完善节能产品认证管理制度。各地区要抓紧

对原有的地方性节能法规进行修订完善，原来没有制定实施条例（办法）的地方，要根据实际需要抓紧制定地方性节能法规。进一步完善节能标准体系。制定《2008-2010年资源节约与综合利用标准发展规划》，制定煤炭、石油、有色、化工、建材等高耗能行业能耗限额标准，以及电力变压器、高效节能电机等产品能效标准。今年启动12个用能产品能效标准、8个高耗能产品能耗限额标准、4个重点耗能行业能源计量器具配备和管理标准的制（修）定工作。各省、自治区、直辖市制定严于国家标准的产品能耗限额和产品能效强制性地方标准，应按程序报经国务院批准。

三、加强重点工程、重点企业和重点领域节能管理

加大重点节能工程实施力度。各地区要按照《节约能源法》要求，设立节能专项资金，切实加大节能资金投入，引导企业开展节能技术研发与改造，形成稳定可靠的工程技术节能能力。中央财政要继续加大资金投入，支持燃煤工业锅炉（窑炉）改造、余热余压利用、电机系统改造、节约和替代石油等十大重点节能工程，今年力争形成3500万吨标准煤的节能能力。

加强重点企业节能管理。深入推进重点耗能企业对标活动，研究制定部分重点耗能行业对标指标体系和指导手册。组织开展重点用能单位节能降耗服务活动，提高用能单位计量检测能力和水平。积极推行能源管理人员职业水平评价试点。做好千家企业节能目标责任评价考核工作，对评价考核结果为超额完成和完成任务的企业，予以表扬和奖励；对未完成任务的，停止核准和审批高耗能投资项目。开展重点用能单位能源计量装置检定和能源计量数据核查。组织能源利用状况报告培训；重点用能单位要按要求定期报送能源利用状况报告；国家和地方节能主管部门要依法对报告内容进行审查，定期发布《重点用能单位能源利用状况公报》。

在工业领域，要加快推进钢铁、有色、化工、建材等重点用能行业结构调整和节能技术进步，落实淘汰落后产能计划，建立落后产能退出机制，建立和完善行业准入标准，坚决遏制“两高”行业过快增长，严格限制外商投资“两高”项目，严格控制“两高一资”产品投资、生产、消费和出口，采取进口促进措施鼓励国外先进节能技术、材料和设备进口，推动相关节能新产品、新技术、新设备、新材料的推广使用。在建筑节能方面，要编制建筑节能规划，积极推广节能省地环保型建筑和绿色建筑，强化新建建筑执行节能标准的监管，大力推进可再生能源在建筑中规模化应用，加大既有建筑节能改造力度，推进城镇供热体制改革，实行供热分户计量、按照用热量收费的制度，严格执行公共建筑室内温度控制制度，切实加强房地产开发领域节能监管，鼓励省级人民政府建设主管部门根据本地实际情况，制定严于国家标准或者行业标准的地方建筑节能标准等。在交通运输领域，要推动实施交通节能规划，建设节能型综合运输体系，引导道路、水路、航空运输企业提高运输组织化程度和集约化水平，严格执行老旧交通运输工具的报废、更新制度，积极推广清洁燃料、石油替代燃料、节能与新能源汽车，制定实施交通运输营运车船的燃料消耗量限值标准，加强对运营车船燃料消耗检测的监督管理等。在公共机构节能方面，要制订实施节能规划和能源消耗定额，加强能源消费计量和监测管理，建立能源消费统计、监测、考核体系，按规定进行能源审计，优先采购节能产品、设备等。

四、实施有利于节能的经济政策

各级发展改革、工业、财政、税务、质检等部门，要按照《节约能源法》有关要求，综合运用价格、财政、税收、市场准入、政府采购、信贷等经济政策，努力构建引导和推动节能的政策框架。要积极稳妥地推进能源价格改革，逐步理顺能源价格形成机制。认真落实差别电价政策，督促有关地方取消对高耗能企业实行电价优惠。支持推广使用节能灯、节能空调、高效电动机等节能产品。落实节能专用设备投资抵免企业所得税以及对节能减排设备给予增值税进项税抵扣的政策，完善资源税，研究开征环境税，择机出台燃油税。对工业、民用能源的大宗贸易、交接开展公证计量。继续发布节能产品政府采购清单，扩大政府强制性采购节能产品范围。继续加大对节能技术改造项目的信贷支持，支持符合条件的企业发行节能方面的企业债券。

五、切实做好《节约能源法》贯彻落实情况的监督检查

县级以上各级政府管理节能工作的部门及有关部门要切实履行监管职责，加强对《节约能源法》贯彻落实情况的监督检查，坚决查处各种违反《节约能源法》的行为，重点查处违规建设高耗能项目，违反能源统计制度，违反能效标识制度，违反重点用能单位能源利用状况报告制度，违反计量器具配备和能源计量数据使用制度，以及生产、进口、销售和使用国家明令淘汰的用能产品、设备等问题。要加大对违法违规行为处罚力度，对有关责任人进行责任追究。要发挥人民群众的监督作用，各地方节能主管部门要积极创造条件，开设节能违法行为和事件举报电话和网站，方便群众举报。加强节能监察队伍建设，切实强化依法监管。各级节能监察机构要不断加强自身队伍建设，加强教育、培训和管理，切实提高执法能力和水平。

六、进一步加大《节约能源法》宣传和培训的力度

今年节能宣传要以《节约能源法》为重点，充分利用电视、报纸、网络、杂志等媒介，采取新闻报道、专家访谈、专题报道、公益广告、知识竞赛、宣传挂图等群众喜闻乐见、易于接受的形式，加大宣传力度，促进《节约能源法》宣传进机关、进企业、进学校、进社区、进家庭，做到家喻户晓，人人皆知。各级政府有关部门要将学习宣传《节约能源法》纳入本部门普法工作计划。要组织开展《节约能源法》培训，重点加大对各级政府节能管理人员、重点用能单位负责人和能源管理负责人的培训力度。要树立先进典型，对贯彻落实《节约能源法》作出突出贡献的单位和个人，进行表彰和奖励，在全社会营造良好的舆论氛围。

七、加强组织领导

各级政府管理节能工作的部门要认真履行《节约能源法》赋予的职责，加强本行政辖区内的节能监督管理工作。要加强对贯彻实施《节约能源法》的组织指导，确定工作目标，制定工作计划，明确工作重点，积极督促各项工作落实，及时向政府报告贯彻落实情况；要充分发挥各相关部门的作用，加强沟通和协调，齐心协力做好各项工作。其他相关部门要按照《节约能源法》有关要求，在各自职责范围内依法履行与节能有关的管理职责，并接受管理节能工作的部门的指导。今年下半年，各省（区、市）管理节能工作的部门要会同有关部门对《节约能源法》贯彻实施情况进行检查，并将有关情况报国家发展改革委。国家发展改革委将会同有关部门，根据实际情况对各地贯彻实施《节约能源法》情况进行抽查，抽查结果将作为各地节能评价考核的重要内容。

国家发展改革委　科技部　工业和信息化部

财政部　住房城乡建设部　交通运输部　商务部

税务总局　质检总局　国管局　国务院法制办

二〇〇八年八月二十五日

关于开展节能与新能源汽车示范推广试点工作的通知

财建〔2009〕6号

北京市、辽宁省、吉林省、上海市、浙江省、安徽省、江西省、山东省、湖北省、湖南省、广东省、重庆市、云南省财政厅（局）、科技厅（委）：

根据国务院关于"节能减排"、"加强节油节电工作"和"着力突破制约产业转型升级的重要关键技术，精心培育一批战略性产业"战略决策精神，为扩大汽车消费，加快汽车产业结构调整，推动节能与新能源汽车产业化，财政部、科技部决定，在北京、上海、重庆、长春、大连、杭州、济南、武汉、深圳、合肥、长沙、昆明、南昌等13个城市开展节能与新能源汽车示范推广试点工作，以财政政策鼓励在公交、出租、公务、环卫和邮政等公共服务领域率先推广使用节能与新能源汽车，对推广使用单位购买节能与新能源汽车给予补助。其中，中央财政重点对购置节能与新能源汽车给予补助，地方财政重点对相关配套设施建设及维护保养给予补助。为加强财政资金管理，提高资金使用效益，我们制定了《节能与新能源汽车示范推广财政补助资金管理暂行办法》，现印发给你们，请遵照执行。

为保证试点工作的顺利进行，各试点省（市）财政部门要会同科技主管部门等切实加强组织领导，依据本通知及财政部、科技部有关文件规定，抓紧制定节能与新能源汽车示范推广实施方案报财政部、科技部。同时，试点城市要跟踪节能与新能源汽车示范运行情况，定期将实际节能效果、财政补助资金安排使用情况以及试点工作中发现

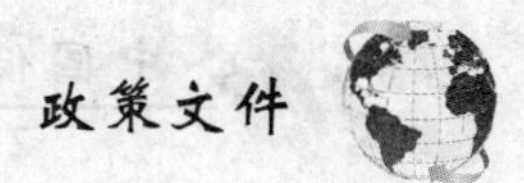

的问题函告财政部、科技部。

附件：节能与新能源汽车示范推广财政补助资金管理暂行办法

财政部　科技部

二○○九年一月二十三日

附件：

节能与新能源汽车示范推广财政补助资金管理暂行办法

第一章　总则

第一条　根据《国务院关于加强节能工作的决定》（国发〔2006〕28号）、《国务院关于印发节能减排综合性工作方案的通知》（国发〔2007〕15号）和《国务院关于进一步加强节油节电工作的通知》（国发〔2008〕23号）精神，中央财政从节能减排专项资金中安排部分资金，支持国家节能与新能源汽车示范推广。为加强节能与新能源汽车示范推广财政补助资金（以下简称示范推广补助资金）管理，提高资金使用效益，特制定本办法。

第二条　本办法所称节能与新能源汽车主要指混合动力汽车、纯电动汽车和燃料电池汽车。

第三条　示范推广补助资金按照科学合理、公正透明的原则安排使用，并接受社会各方面监督。

第二章　支持对象和方式

第四条　根据节能与新能源汽车特点以及交通状况，在示范推广初期，主要选择部分大中城市的公交、出租、公务、环卫和邮政等公共服务领域进行试点。

第五条　中央财政对试点城市相关公共服务领域示范推广单位购买和使用节能与新能源汽车给予一次性定额补助。

地方财政要安排一定资金，对节能与新能源汽车购置、配套设施建设及维护保养等相关支出给予适当补助。

第六条　示范推广补助资金专项用于购买节能与新能源汽车的相关支出。

第三章　支持条件

第七条　示范推广的节能与新能源汽车必须符合下述条件：

（一）必须纳入《节能与新能源汽车示范推广应用工程推荐车型目录》。

（二）混合动力乘用车和轻型商务车与同类传统车型相比节油率必须达到5%以上，混合动力客车节油率必须达到10%以上。

（三）混合动力汽车最大电功率比和节油率必须经具备资质的第三方检测机构依据GB/T19753-2005《轻型混合动力电动汽车能量消耗量试验方法》、GB/T19754-2005《重型混合动力电动汽车能量消耗量试验方法》等检测后确定。

（四）生产企业对动力蓄电池等关键零部件必须提供不低于3年或15万公里（以先到者为准）的质保期限。

（五）汽车生产企业和动力蓄电池等关键零部件生产企业必须具备一定的产能规模。

第八条　示范推广单位必须采取招标方式择优采购节能与新能源汽车，并确定示范推广的节能与新能源汽车车型、数量、价格以及售后服务等。

第四章　补助标准

第九条　补助标准主要依据节能与新能源汽车与同类传统汽车的基础差价，并适当考虑规模效应、技术进步等因素确定。公共服务用乘用车和轻型商用车示范推广具体补助标准见附表一，城市公交客车示范推广具体补助标准见附表二，特种车辆补助标准参照上述补助标准确定。

第五章　资金的申报和下达

第十条　示范推广单位根据购买使用的汽车车型、数量和规定的补助标准等提出资金申请报告（见附表三），并提供下述材料：

（一）与生产企业签订的中标协议、购销合同等有关凭证；

（二）车辆购进发票等有关凭证；

（三）第三方检测机构出具的检测报告；

（四）地方配套资金安排和使用情况；

（五）其他需要提供的材料。

第十一条　示范推广单位的资金申请报告按属地原则，经当地财政、科技部门审核后，报省级财政和科技部门。

第十二条　省级财政和科技部门对企业资金申请报告复核后，分别于每年3月30日、8月30日前联合上报财政部、科技部（见附表四）。

第十三条　财政部会同科技部组织对申报材料进行审查，核定具体补助金额，并按规定下达预算，拨付补助资金。

第六章　资金监督管理

第十四条　示范推广单位对申报材料的真实性负责。对弄虚作假、骗取财政补助资金的单位，将扣回补助资金，并取消示范推广单位的资格。

第十五条　示范推广补助资金必须专款专用，任何单位不得以任何理由、形式截留、挪用。对违反规定的，将依照《财政违法行为处罚处分条例》（国务院令第427号）等有关规定，依法追究有关单位和人员的责任。

第七章　附则

第十六条　本办法由财政部、科技部负责解释。

第十七条　本办法自印发之日起施行。

附表一　公共服务用乘用车和轻型商用车示范推广补助标准（略）

附表二　十米以上城市公交客车示范推广补助标准（略）

附表三　节能与新能源汽车示范推广财政补助资金申请表（略）

附表四　节能与新能源汽车示范推广财政补助资金申请汇总表（略）

交通运输部关于印发资源节约型环境友好型公路水路交通发展政策的通知

交科教发［2009］80号

各省、自治区、直辖市、新疆生产建设兵团、计划单列市交通厅（局、委），有关港口管理局、中央管理的交通企业，大型港口集团，有关科研院所、高等院校，部属各单位：

为深入贯彻落实科学发展观，指导公路水路交通行业调整产业结构、转变发展方式，走资源节约、环境友好的发展道路，不断提高“三个服务”的能力和水平，推进现代交通运输业发展，部研究制定了《资源节约型环境友好型公路水路交通发展政策》，现印发给你们，请认真学习并组织好贯彻和实施工作。

交通运输部

二〇〇九年二月二十六日

附件：

资源节约型环境友好型公路水路交通发展政策

前言

节约资源、保护环境是我国的基本国策。党的十七大明确指出：“必须把建设资源节约型、环境友好型社会放在工业化、现代化发展战略的突出位置”，对资源节约和环境保护提出了更高的要求。

交通运输是建设资源节约型、环境友好型社会的重要领域，节约资源、保护环境是发展现代交通运输业的重要内容。推进现代交通运输业的发展，关键是转变发展方式，走资源节约、环境友好的发展道路。为此，交通运输部组织制定《资源节约型、环境友好型公路水路交通发展政策》，明确到2020年资源节约型、环境友好型公路水路交通发展的指导思想、基本方针及主要政策，以指导公路水路交通转变发展方式，加快推进现代交通运输业发展，不断提高“三个服务”的能力和水平，为经济社会又好又快发展提供更加有力的交通运输保障。

一、资源节约型、环境友好型公路水路交通发展的使命

1.当前我国正处于改革发展的关键时期，工业化、信息化、城镇化、市场化、国际化深入发展，国民经济较快增长，人民生活水平逐步改善，综合国力显著增强，但资源短缺和环境恶化的压力不断加大，可持续发展面临严峻挑战，必须加快调整经济结构，转变发展方式，建设资源节约型和环境友好型社会，促进经济社会全面协调可持续发展。

2.公路水路交通是国民经济和社会发展的基础性、先导性产业和服务性行业。改革开放以来，我国公路水路交通取得了历史性巨大成就。到2008年底，全国公路总里程达368.4万公里（含村道168.9万公里），高速公路达6.03万公里；全国港口生产用码头泊位3.65万个，其中万吨级及以上泊位1480个；内河通航里程12.3万公里，其中四级及以上航道里程为1.6万公里；全社会公路水路完成旅客周转量12711亿人公里、货物周转量78217亿吨公里；沿海港口完成货物吞吐量44亿吨，完成集装箱吞吐量1.28亿标准箱。公路水路交通的快速发展，有力地支撑了我国经济社会的发展。

3.交通运输业是建设资源节约型、环境友好型社会的重要领域。公路水路交通发展过程中，在节约资源、保护环境方面取得了显著成效。“十五”以来，全国公路单位运输周转量用地面积降低了30%左右，港口单位长度生产用泊位完成的货物吞吐量提高了1倍左右，营运车船能源利用效率持续改善，船舶重大污染防控体系初步建立，节约资源、保护环境在行业战略规划、政策法规、标准规范、科技创新中得到更加充分的体现。新时期新阶段，经济社会发展对交通运输提出了新的更高要求，节约资源、保护环境是转变公路水路交通发展方式的重要内容，任务十分艰巨。

4.为满足经济社会发展需要，必须大力推进现代交通运输业的发展。到2020年，全国公路总里程将达到300万公里以上（不含村道），其中高速公路10万公里左右；沿海港口货物吞吐能力达到65亿吨以上，其中集装箱吞吐能力达到2.4亿标准箱；内河航道里程达到13万公里，其中四级及以上等级航道1.9万公里。交通建设与发展必须正确把握规模与结构、速度与质量的关系，将资源节约、环境友好作为加快发展现代交通运输业的切入点，构建一个更安全、更通畅、更便捷、更经济、更可靠、更和谐的现代交通运输系统，使经济社会运行更加高效，交通与环境更加友好，运输服务更加优质，这是交通运输行业的共同愿景，也是资源节约型、环境友好型公路水路交通发展的使命。

二、资源节约型、环境友好型公路水路交通发展方式

5.资源节约型、环境友好型公路水路交通发展方式就是按照科学发展观的要求，充分考虑资源环境承载力，优化产业结构、提高发展质量、集约节约利用资源、发展绿色交通、推动安全发展，实现交通运输与经济社会协调、与自然环境和谐发展。

6.资源节约型、环境友好型公路水路交通发展的指导思想是，以科学发展观为统领，深入贯彻落实节约资源和保护环境的基本国策，树立以人为本、好中求快、协调发展、可持续发展的理念，以转变发展方式为主题，以集约节约利用资源、保护生态环境为主线，大力发展现代交通运输业，努力做好“三个服务”〔1〕，实现交通运输科学发展。

7.资源节约型、环境友好型公路水路交通发展的基本方针是：

——坚持发展速度和结构质量效益相统一。把发展作为第一要务，在节约资源、保护环境的前提下，保持合理的发展规模和速度，优化交通运输结构，更加注重质量和效益，不断提高供给能力和服务水平。

——坚持将节约资源与保护环境贯穿于公路水路交通发展的全过程。在规划、设计、施工、运营、养护、管理和服务等各个环节，集约节约利用资源，促进资源循环利用，大力推进节能减排，有效保护和改善生态环境。

——坚持政府引导和市场调节相结合。强化政府规划、政策的指导，发挥市场机制的有效作用，综合运用经济、法律和必要的行政手段，规范和引导公路水路交通资源利用和环境保护。

——坚持发挥科技创新的引领作用。加强资源节约、环境保护技术的创新，加快科技成果的推广和转化，提高从业人员节约资源、保护环境的意识和能力，充分发挥科技和人才的支撑保障作用。

8.资源节约型、环境友好型公路水路交通发展的政策目标是，指导公路水路交通加快转变发展方式，明确优化交通运输结构和提高质量效率的方向和重点，鼓励和倡导集约发展、绿色发展和安全发展，强化科技创新，完善公共服务，规范和引导行业集约节约利用资源、保护改善生态环境，提高资源利用效率和环境保护水平。

9.按照国家建设资源节约型、环境友好型社会的总体要求，结合交通运输发展的特点，到2020年资源节约型、环境友好型公路水路交通发展的主要指标（与2005年相比）是：

——公路单位运输周转量用地面积下降25%左右，港口单位长度生产用泊位完成的货物吞吐量提高50%左右，土地和岸线资源集约利用取得显著成效。

——营运客车、营运货车单位运输周转量能耗分别下降5%和16%左右，海洋和内河营运船舶单位运输周转量能耗均下降20%左右，港口生产单位吞吐量综合能耗下降10%左右，能源利用效率显著提高。

——营运车辆主要污染物排放总量减少30%、单位运输周转量主要污染物排放量减少50%，港口粉尘综合防治率达到70%，港口污水综合处理率达到100%，内河水域、重点海域的船舶污水接收处理率和船舶垃圾接收处理率均达到100%，主要污染物排放量显著下降。

三、资源节约型、环境友好型公路水路交通发展的主要政策

（一）加快产业结构调整。

10.调整公路交通基础设施结构。加强公路网络化建设，优化网络功能结构与布局，继续推进国家高速公路网建设，加大国省干线公路升级改造和养护管理力度，加快农村公路建设，强化连接线、断头路等薄弱环节建设，充分发挥公路网络效益。优化公路运输枢纽布局，加快国家公路运输枢纽体系建设，提高枢纽站场的服务覆盖面。加快县级汽车客运站和农村客运设施建设。加快建设主要港口的疏港公路通道，完善港口特别是集装箱干线港的集疏运体系。

11.调整水路交通基础设施结构。充分发挥水路运输运能大、占地少、能耗低、污染小的比较优势，大力发展水路运输。促进沿海港口资源整合，统筹区域港口群协调发展，拓展港口服务功能，进一步完善专业化码头设施。大力发展公用码头，加强老港区功能调整和技术改造。进一步提高港口航道等级和通航能力，以适应船舶大型化趋势。大力发展内河水运，建设以高等级航道为主体的干支直达、通江达海的内河航道体系，加快发展长江黄金水道，加快航电结合、梯级开发进程，建设布局合理、功能完善的内河港口体系。

12.调整道路运输业结构。鼓励道路运输企业发挥自身优势，发展快件运输、冷藏运输等有特色、专业化的运输服务，拓展在供应链中的服务功能，积极发展第三方物流。强化快速客运，完善干线客运，加快农村客运，积极发展旅游客运、包车客运等客运服务形式，满足多层次、多样化的旅客运输需要。继续实施对客车实载率低于70%的线路不投放新运力的道路客运市场调控政策。鼓励按照市场规律整合资源，形成竞争力强、质量信誉好的道路运输骨干企业。推动营运车辆向大型化、专业化、清洁化方向发展，鼓励使用集装箱车、厢式货车、专用运输车和多轴大吨位货车、拖挂车等。继续推进营运客车等级评定制度和货运汽车推荐车型制度，推广应用先进成熟的节油型车辆，实施《道路运输车辆消耗量监测监督管理办法》，加大高耗油老旧运输车辆淘汰力度。

13.调整水路运输业结构。大力发展现代海运服务业，提高海运服务贸易能力，拓展国际物流业务，增强国际竞争力。拓展水上客运服务功能，发展水上旅游客运及相关服务业。进一步引导港航企业规模化发展、集约化经营。鼓励船舶专业化和大型化，加快干散货、原油、液化天然气、集装箱等专业化大型船队的发展，明显提高海运船队技术水平。大力推进内河船型标准化，积极发展商品汽车、散装水泥、化学品和内河集装箱支线运输等特种运输船舶。加速淘汰能耗高、防污染性能差的落后、老旧船舶。

14.促进综合运输体系建设。按照“宜水则水、宜陆则陆”的原则，优化交通运输资源配置，加强运输通道和综合交通枢纽建设，大力发展多式联运，加快形成便捷、通畅、高效、安全的综合运输体系。在规划、政策、法规和标准等方面，积极促进公路、水路、铁路、民航、邮政和城市交通等的有机衔接。加快建设中心城市综合交通枢纽以及服务于重点枢纽港口、重点物流基地（中心）、综合客运枢纽的集疏运配套设施，促进货运的无缝衔接和客运的零换乘。

（二）提高交通发展质量。

15.提升基础设施质量和效率。推行全寿命周期成本的设计理念，提高工程结构的耐久性、安全性和防灾减灾能力。建立工程质量信息统计分析制度和大型基础设施风险评估机制，加强工程建设管理，落实工程质量责任制，保证合理工期，强化质量监督。鼓励养护管理机制创新，大力推行预防性养护，加强基础设施的病害诊断与处理，保障基础设施的有效使用。加强对基础设施建设中主要产品和材料的质量监督，鼓励使用节能环保的新技术、新材料、新产品和新设备。大力推进基础设施的智能化进程，积极开展高速公路跨区域联网收费、不停车收费，加快数字航道、智能化航运建设，提高基础设施使用效率、运营效能和现代化水平。

16.提升运输服务质量和效率。建立统一开放、公平竞争、规范有序的运输市场，提高运输效率和服务水平。进一步发挥港口、站场在物流中的结点作用，强化交通运输在供应链中的服务功能。促进农村物流配送体系建设，完善物流服务网络。规范货运代理等中介服务行为，鼓励货运代理网络化发展。完善费收等政策，积极推进甩挂运输发展。大力发展公共客运服务体系，重点改善客运服务质量，以多样化、高品质的运输服务引导出行者选择使用公共交通方式。加强城市公共交通与农村公路客运的有效衔接，加快推进城乡客运交通一体化，加大对农村公路客运的政策支持，加强农村客运网络化建设。完善公路服务区维修网点布局，推进机动车维修救援网络建设，为道路运输优质服务提供保障。

（三）集约节约利用资源。

17.集约节约利用土地资源。严格落实耕地保护政策，按照统筹规划、合理布局、集约高效的要求，促进各种运输方式基础设施的衔接，统筹综合运输通道线位资源和运输枢纽资源的合理使用、综合利用，科学安排建设时序和时机，加强综合交通网络建设。加强与土地利用总体规划和年度用地计划的衔接，确保《全国土地利用总体规划》提出的2006—2020年新增公路用地145万公顷（其中农村公路用地30万公顷）、新增港口码头用地3万公顷目标的实现。严格项目用地审查，合理确定建设规模、技术标准，公路建设项目设计、施工和建设用地审批必须严格执行用地标准，把节约土地特别是耕地作为方案选择的重要指标。大力推广节地技术，优化工程建设方案，高效利用线位资源，鼓励利用旧路改扩建，因地制宜地采取降低路基高度、提高桥隧比例等措施，控制公路基础设施工程用地和取弃土用地，提高土地资源综合利用效率。尽量利用荒山、荒地、废弃地，减少占用耕地、林地和经济作物用地，重视对施工临时用地和取弃土场的恢复，鼓励工程建设中采取改地、造地、复垦等措施，节约利用土地资源。

18.节约使用集约利用港口岸线资源。坚持统筹规划、远近结合、深水深用、合理开发、有效保护，保障港口岸线资源合理、有序开放利用。完善港口岸线使用的法规制度，规范行政许可和开放利用行为。鼓励通过提高等级、改进工艺、更新设备、扩大陆域、完善配套等方式，加强老港区技术改造工作，提高老港区生产能力、技术水平，发展集约化、专业化、现代化港区，提高老港区岸线资源利用效率。

19.节约和有效利用能源。进一步完善交通运输节能法规制度，加强行业节能监督管理。完善并严格执行交通运输固定资产投资项目节能评估与审查制度，制定节能评估导则和审查指南，将节能要求作为项目立项、初步设计、施工及验收审批中的刚性指标。制定并实施营运车船的燃料消耗量限值标准，建立和完善营运车船燃料消耗准入和退出机制，限制高耗能车船进入运输市场。加强对营运车船燃料消耗的监测与管理，淘汰高耗能的设施和装备，加快高油耗营运车辆退出道路营运市场进度，力争到2013年底前使在用营运车辆全部符合营运车辆燃料消耗量限值标准。建立港口主要耗能设备的行业准入制度，对重点耗能装置建立并实施严格的监控制度。强化对交通运输重点用能单位的监督管理，做好能耗考核分析，改进用能管理和技术。健全行业能源利用监测体系，完善行业能源消耗统计报告和分析制度。

20.发展交通运输循环经济。遵循“减量化、再利用、资源化”原则，积极探索交通运输循环经济实现方式，完善标准规范，倡导标准化设计、工厂化预制，提高再利用水平。加强港口、公路服务区等生产、生活污水综合处理能力，加大中水回用力度。大力开展路面材料、废旧材料、疏浚土等资源的再生、循环和综合利用，实现对资源的少用、用好、循环用。

（四）大力发展绿色交通。

21.加强建设工程的生态环境保护。树立“最大限度地保护生态、最小程度地破坏生态、最大限度地恢复生态，不破坏是最好的保护”等理念。严格执行建设项目环境影响评价制度和“三同时”制度，公路选线、港口选址尽可能避绕环境脆弱或敏感地区，减少对自然环境的不利影响。公路建设合理掌握平纵面指标，尽量拟合原地形，合理控制边坡高度，减少深挖高填，采取有效的水土保持措施，减少取弃土场、施工营地、施工便道等对生态环境的影响。港航工程建设要避免或减少对水生动植物生存环境的改变、破坏及对海岸的非正常侵蚀，严格疏浚土的处置，加强对废弃渣土、物料等建筑垃圾的收集、运输、消纳和处理。建设项目工程费用预算中应保证生态恢复所必需的费用，并确保其有效使用。大力推进基础设施建设的生态恢复，实现工程防护、景观塑造和环境保护的统一。

22.大力减少车船污染排放。严格执行车船排放标准，控制和减少营运车辆、船舶的污染排放。强化对营运车船定期检查维修和监督检查，禁止超标排放。制定并实施船舶污染治理技术政策和治理规划，船舶强制要求安装污水处理设施和垃圾回收设施。对适用船舶的排污设备实施铅封管理，实现禁排；对非铅封船舶实行监督管理，实现限排。对船舶垃圾实施强制排岸接收处理，特别是在内河、湖泊、水库配备油污水收集船、建设垃圾回收站等配套设施，严禁船舶直接向江河湖海倾倒排放生活垃圾。

23.提高船舶溢油防控能力。严格执行油船建造检验规范，加快淘汰不符合要求的老旧油船，降低船舶溢油事故污染风险。建立跨部门的船舶与重点水域溢油监测与应急反应体系，制定和落实溢油应急计划和预案，提高溢油事故快速反应和处置能力。加快建立船舶油污损害民事责任强制保险和油污损害赔偿基金制度，为溢油污染处置提供资金保障。鼓励社会力量积极参与防范和溢油污染事故处置。

24.提高港口防污染处置能力。港口、码头所在地港口行政管理部门应按照规定配置足够的船舶废弃物接收设施，建设船舶油类、化学品、垃圾、生活污水回收、转运设施，配置船舶压舱水、洗舱水和生活污水接收处理设施，未纳入城市垃圾处理系统的港口应设置垃圾处理站。将港口和船舶污水、垃圾处理设施建设纳入城市污水、垃圾处理设施建设规划。港口要积极采用密封输送、抑尘、防尘等污染防治措施，有效降低有毒有害气体和粉尘的污染。

（五）实现交通安全发展。

25.提高水上交通安全和人命救助水平。加强海事监管、专业救助装备和队伍建设，以我国沿海和长江干线水域为重点，基本建立全方位覆盖、全天候运行、具备快速反应能力的现代化水上交通安全监管和救助体系。加大水上交通安全综合治理力度，形成权责明确、保障有力的综合监管机制。强化航运企业安全管理体系审核管理，加强船员、船舶和船公司的准入管理，严格执行船舶技术和船龄标准，继续实施船舶强制报废制度。加强以“四客一危”〔2〕、“四区一线”〔3〕及乡镇船舶和游艇等为重点的安全管理。重点加强港口滚装码头、危险品码头的安全管理，完善滚装码头载货汽车危险品等检测手段，加强港口危险货物运输企业和人员的准入和安全监督管理，鼓励港口企业建立健全安全健康环保管理体系。加强港口和船舶保安体系建设。

26.提高道路运输安全水平。认真落实好“三关一监督”〔4〕的管理职责，推动道路运输企业提高自身安全管理水平，鼓励采用现代科技手段，加强道路运输安全管理。严格危险货物运输从业人员资格管理，危险货物运输车辆应规范标志标识、安装定位装置和行驶记录仪，推行安全卡制度。严格执行《道路车辆外廓尺寸、轴荷及质量限值》和《营运车辆综合性能要求和检验方法》等强制性国家标准，加强营运车辆技术状况管理。强化车辆超限超载治理，在运输市场准入、货物装载等环节上严格把关。加强汽车客运站安全管理和农村客运安全管理。

27.提高交通运输设施安全水平。严格按照国家及行业有关法律法规和标准规范的要求，加强交通基础设施建设安全监督管理，安全设施必须与主体工程同时设计、同时施工、同时投产使用。继续推进公路安保工程建设，大力加强危桥改造，强化隧道建设与运营安全管理，特别是特大型桥隧工程的安全运营监控，加强桥梁的防撞设施建设。深入开展建设工程安全评价、通航环境安全评估等工作，将识别、查找危险源或安全隐患制度化，发现问题及时采取有效的预防、整改措施，避免、减少事故发生。

28.提高交通运输应急保障能力。完善公路水路交通突发事件应急体系，加快交通运输应急队伍和应急平台建设，提高应对突发事件的能力。港口、航运、道路运输以及施工等企业，应建立突发事件应急预案体系。在全行业形成种类齐全、覆盖全面，具有较强针对性、操作性、实用性的应急预案体系。重点加强各层面、各部门应急预案的有效衔接。有针对性地开展预案演练，促进相关单位协调配合和落实责任。

（六）强化交通科技创新。

29.加强交通科技创新能力建设。政府积极引导，推进以市场为导向、以企业为主体、产学研相结合的行业科技创新体系建设。加强重点实验室建设，鼓励大型企业建立技术研发中心，引导建立专业特色明显的行业研发中心。加强交通科技信息资源共享平台建设，促进交通科技信息资源集成共享，提供数字化、智能化交通科技信息服务。加强科技人才队伍建设，加大对高水平研发人才、高技能人才和高层次管理人才的引进和培养，培育数量充足、结构合理、素质优良、勇于创新的科技人才队伍，形成比较完整的科研梯队。提高交通从业人员素质，推进职业资格制度与从业准入制度建设。开展资源节约、环境保护等方面的科普活动。

30.大力推进行业重大关键技术研发。针对全局性、方向性、综合性的关键技术问题，大力推进交通科技自主创新，鼓励原始创新，强化集成创新和引进消化吸收再创新。在基础设施建设中实现重大工程的技术突破，在运输服务领域加大现代信息技术、管理技术等的集成应用，更加重视决策支持、智能交通、现代物流、交通安全、资源节约、环境保护、防灾减灾等方面的技术研发，强化基础性研究，攻克关键性技术，突破牵动性技术，普及应用型技术，促进高新技术在交通运输领域的应用。

31.加强先进适用技术研发应用。大力研发应用资源节约与循环利用技术，鼓励因地制宜、就地取材，选用适宜地方特点的工程材料和结构形式，加强运输车辆、船舶节能减排技术的研发和应用，鼓励使用清洁能源。大力研发应用生态环境保护技术，积极研发应用溢油监视、鉴别、处理、生态评价技术和船舶防污染技术。积极研发应用防灾减灾、风险源辨识监控预警等交通安全新技术。

32.加快现代信息技术研发应用。大力推进行业信息化建设，鼓励交通运输企业利用现代信息技术提升企业核心竞争力。综合开发利用行业信息资源，建立资源共享的政府公共信息服务平台和管理信息平台，完善公众出行信息服务系统，建立物流信息服务网络，为公众出行和货物运输提供及时、准确、高效的交通信息。推广高速公路不停车收费（ETC）系统，研发应用营运车辆的卫星监控和实时跟踪系统，建立全国道路运输车辆、营运驾驶员和经营业户数据库，加快交通电子口岸共享信息平台建设，研究推进内河航运综合信息服务建设，加强行业信用信息系统建设。

33.强化科技成果推广和转化。积极采用新技术、新材料、新工艺、新装备，鼓励使用创新成果，建立和完善科技成果推广应用的有效机制，促进科技成果的产业化发展。大力实施科技成果推广示范工程，加快资源节约、环境保护、节能减排等技术的示范和推广，通过培训使从业人员掌握节约资源、保护环境的新技术、新方法。鼓励把先进、适用的科技成果及时纳入标准规范，或通过发布技术指南的方式予以应用。政府采购应优先购买我国自主创新的产品或服务。

34.加强行业标准规范制修订。进一步完善交通技术标准规范体系，强化安全标准和运输服务标准，加强资源利用、环境保护、节能减排等标准建设。建立开放、及时的标准制修订机制，积极引进、消化和吸收国外先进标准，加快标准规范的更新。优先采用具有自主知识产权的标准，及时淘汰落后标准，支持企业、社会组织参与制订标准规范。鼓励结合地区特点制定地方标准。

（七）提升公共服务能力。

35.发挥规划和政策的指导作用。完善和健全交通运输发展战略规划政策体系，更加关注资源节约、环境保护、安全保障的要求，强化节能减排、环境保护等专项规划与相关政策，加强相关规划的衔接和协调。建立健全重大决策的专家咨询、社会公示、听证和信息公开等制度，提高决策的透明度和公众参与度，实现决策的科学化、民主化。

36.发挥政府资金的引导作用。积极调整交通运输投资结构，加大对资源节约、环境保护、安全保障、科技创新等公益性领域的资金投入，为集约节约利用资源、保护生态环境、加强节能减排、发展循环经济以及开展相关示范工程等提供资金支持。积极推进交通预算项目绩效考评工作，不断改进项目管理和预算资金管理，提升资金的使用效率和效益。

37.提高行政管理水平。加快建设和完善与资源节约、环境保护法律制度和标准体系。加强行政执法部门建设，把交通安全、节能减排和环境保护作为行业监管的重点，加大监督和综合执法力度。建立行业节能减排长效机制和产品认证制度。建立健全安全生产、节能减排、环境保护等的目标责任制，把资源节约、环境保护等要求纳入各级交通运输主管部门的绩效考核体系。推行政务公开，发展电子政务，强化公众信息服务，全面提升管理效能。

38.倡导资源节约、环境友好的交通消费方式。树立绿色交通消费理念，建立资源节约、环境保护的激励机制，开展资源节约型和环境友好型行业建设，大力推动节能减排工作。加强对社会公众的引导，提倡资源节约、环境友好的出行方式，鼓励选择公共交通出行和使用节能环保型交通运输工具，加大宣传教育力度，使资源节约、环境保护成为全行业和社会公众的自觉行动。

【术语解释】

〔1〕“三个服务”：是指交通运输发展要服务于国民经济和社会发展全局、服务于社会主义新农村建设、服务于人民群众安全便捷出行。

〔2〕“四客一危”：“四客一危”船舶是指：客船、客滚船、客渡船、高速客船和危险品船舶。

〔3〕“四区一线”：“四区一线”水域范围是指：渤海湾水域、舟山群岛海域、琼州海峡水域和西南山区的内河水域以及长江干线水域。

〔4〕“三关一监督”：是指把好运输企业市场准入关、车辆技术状况关、驾驶人员从业素质关，加强客运站场的监督。

财政部　国家税务总局关于中国清洁发展机制基金及清洁发展机制项目实施企业有关企业所得税政策问题的通知

财税〔2009〕30号

各省、自治区、直辖市、计划单列市财政厅（局）、国家税务局、地方税务局，新疆生产建设兵团财务局：

经国务院批准，现就中国清洁发展机制基金（以下简称清洁基金）和清洁发展机制项目（以下简称CDM项目）实施企业的有关企业所得税政策明确如下：

一、关于清洁基金的企业所得税政策对清洁基金取得的下列收入，免征企业所得税：

（一）CDM项目温室气体减排量转让收入上缴国家的部分；

（二）国际金融组织赠款收入；

（三）基金资金的存款利息收入、购买国债的利息收入；

（四）国内外机构、组织和个人的捐赠收入。

二、关于CDM项目实施企业的企业所得税政策

（一）CDM项目实施企业按照《清洁发展机制项目运行管理办法》（发展改革委、科技部、外交部、财政部令第37号）的规定，将温室气体减排量的转让收入，按照以下比例上缴给国家的部分，准予在计算应纳税所得额时扣除：

1.氢氟碳化物（HFC）和全氟碳化物（PFC）类项目，为温室气体减排量转让收入的65%；

2.氧化亚氮（N_2O）类项目，为温室气体减排量转让收入的30%；

3.《清洁发展机制项目运行管理办法》第四条规定的重点领域以及植树造林项目等类清洁发展机制项目，为温室气体减排量转让收入的2%。

（二）对企业实施的将温室气体减排量转让收入的65%上缴给国家的HFC和PFC类CDM项目，以及将温室气体减排量转让收入的30%上缴给国家的N_2O类CDM项目，其实施该类CDM项目的所得，自项目取得第一笔减排量转让收入所属纳税年度起，第一年至第三年免征企业所得税，第四年至第六年减半征收企业所得税。

企业实施CDM项目的所得，是指企业实施CDM项目取得的温室气体减排量转让收入扣除上缴国家的部分，再扣除企业实施CDM项目发生的相关成本、费用后的净所得。

企业应单独核算其享受优惠的CDM项目的所得，并合理分摊有关期间费用，没有单独核算的，不得享受上述企业所得税优惠政策。

三、本通知自2007年1月1日起执行

财政部　国家税务总局

二○○九年三月二十三日

关于加快推进太阳能光电建筑应用的实施意见

各省、自治区、直辖市、计划单列市财政厅（局）、建设厅（委、局），新疆生产建设兵团财务局、建设局：

为贯彻实施《可再生能源法》，落实国务院节能减排战略部署，加强政策扶持，加快推进太阳能光电技术在城乡建筑领域的应用，现提出以下实施意见：

一、充分认识太阳能光电建筑应用的重要意义

（一）推动光电建筑应用是促进建筑节能的重要内容。随着我国工业化和城镇化的加快和人民生活水平提高，建筑用能迅速增加。我国太阳能资源丰富，开发利用太阳能是提高可再生能源应用比重，调整能源结构的重要抓手。城乡建设领域是太阳能光电技术应用的主要领域，利用太阳能光电转换技术，解决建筑物、城市广场、道路及偏远地区的照明、景观等用能需求，对替代常规能源，促进建筑节能具有重要意义。

（二）推动光电建筑应用是促进我国光电产业健康发展的现实需要。近年来，我国光电产业呈现快速增长态势，目前已经成为世界第一大太阳能电池生产国，有一批具有国际竞争力和国际知名度的光电生产企业，已形成具有规模化、国际化、专业化的产业链条。但目前国内市场需求不足，过度依赖国际市场，加大了市场风险，在一定程度上影响了产业发展。推动光电建筑应用，拓展国内应用市场，将创造稳定的市场需求，促进我国光电产业健康发展。

（三）推动光电建筑应用是落实扩内需、调结构、保增长的重要着力点。推动光电在城乡建设领域的规模化、专业化应用，可以有效带动高新技术及节能环保领域的资金投入，可以促进建材、化工、冶金、装备制造、电气、建筑安装、咨询服务等多个产业实现调整升级，对于实现产业结构调整，促进经济增长方式转变，扩大就业，具有十分重要的现实意义。

二、支持开展光电建筑应用示范，实施“太阳能屋顶计划”

为有效缓解光电产品国内应用不足的问题，在发展初期采取示范工程的方式，实施我国"太阳能屋顶计划"，加快光电在城乡建设领域的推广应用。

（一）推进光电建筑应用示范，启动国内市场。现阶段，在条件适宜的地区，组织支持开展一批光电建筑应用示范工程，实施"太阳能屋顶计划"。争取在示范工程的实践中突破与解决光电建筑一体化设计能力不足、光电产品与建筑结合程度不高、光电并网困难、市场认识低等问题，从而激活市场供求，启动国内应用市场。

（二）突出重点领域，确保示范工程效果。综合考虑经济性和社会效益等因素，现阶段在经济发达、产业基础较好的大中城市积极推进太阳能屋顶、光伏幕墙等光电建筑一体化示范；积极支持在农村与偏远地区发展离网式发电，实施送电下乡，落实国家惠民政策。

（三）放大示范效应，为大规模推广创造条件。通过示范工程调动社会各方发展积极性，促进落实国家相关政策。加强示范工程宣传，扩大影响，增强市场认知度，形成发展太阳能光电产品的良好社会氛围；促进落实上网分摊电价等政策，形成政策合力，放大政策效应；将光电建筑应用作为建筑节能的重要内容，在新建建筑、既有建筑节能改造、城市照明中积极推广使用。

三、实施财政扶持政策

国家财政支持实施"太阳能屋顶计划"，注重发挥财政资金政策杠杆的引导作用，形成政府引导、市场推进的机制和模式，加快光电商业化发展。

（一）对光电建筑应用示范工程予以资金补助。中央财政安排专门资金，对符合条件的光电建筑应用示范工程予以补助，以部分弥补光电应用的初始投入。补助标准将综合考虑光电应用成本、规模效应、企业承受能力等因素确定，并将根据产业技术进步、成本降低的情况逐年调整。

（二）鼓励技术进步与科技创新。为激励先进，将严格设定光电建筑应用示范的标准与条件。财政优先支持技术先进、产品效率高、建筑一体化程度高、落实上网电价分摊政策的示范项目，从而不断促进提高光电建筑一体化应用水平，增强产业竞争力。

（三）鼓励地方政府出台相关财政扶持政策。将充分调动地方发展太阳能光电技术的积极性，出台相关财税扶持政策的地区将优先获得中央财政支持。

四、加强建设领域政策扶持

各级建设主管部门要切实履行职责，把太阳能光电建筑应用作为建筑节能工作的重要内容，完善技术标准，推进科技进步，加强能力建设，逐步提高太阳能光电建筑应用水平。

（一）完善技术标准。各级建设主管部门要大力推动建筑领域中有关太阳能光电技术应用的国家相关技术标准的贯彻和执行，并结合本地实际，积极研究制定太阳能光电技术在建筑领域应用的设计、施工、验收标准、规程及工法、图集，促进太阳能光电技术在建筑领域应用实现一体化、规范化。各光电企业也应要制定本单位产品在建筑领域应用的企业标准，提高应用水平。

（二）加强质量管理。各地建设主管部门要加强对太阳能光电技术应用项目的质量管理，在项目建设过程中，依据国家法律法规和工程强制性标准加强监督检查和指导，对不符合现行有关标准或不能实现项目预期节能目标的要责令改正。

（三）加强光电建筑一体化应用技术能力建设。各级建设主管部门要充分依托相关机构，做好光电建筑应用示范项目的技术支撑工作；要积极为光电生产企业、设计单位、施工企业提供公共服务，整合各方面力量，推动太阳能光电生产、设计、施工三者有效结合，提高光电建筑一体化应用能力。

各地应建立推进太阳能光电技术在建筑领域应用的工作协调机制，切实加强对推进光电建筑应用工作的领导。财政、建设等相关部门要加强组织领导和统筹协调，依托现有的建筑节能机构，由专门人员具体负责，抓紧制订光电建筑应用实施规划以及具体实施方案，协调项目实施工作，解决推进工作中的问题，及时总结经验进行推广。

财政部　住房和城乡建设部

二〇〇九年三月二十三日

财政部关于印发《太阳能光电建筑应用财政补助资金管理暂行办法》的通知

（财建[2009]129号）

为贯彻实施《可再生能源法》，落实国务院节能减排战略部署，加快太阳能光电技术在城乡建筑领域的应用，我们制定了《太阳能光电建筑应用财政补助资金管理暂行办法》。现予印发，请遵照执行。

财政部

二○○九年三月二十三日

附件：

太阳能光电建筑应用财政补助资金管理暂行办法

第一条　根据国务院《关于印发节能减排综合性工作方案的通知》（国发[2007]15号）及《财政部　建设部关于印发<可再生能源建筑应用专项资金管理暂行办法>的通知》（财建[2006]460号）精神，中央财政从可再生能源专项资金中安排部分资金，支持太阳能光电在城乡建筑领域应用的示范推广。为加强太阳能光电建筑应用财政补助资金（以下简称补助资金）的管理，提高资金使用效益，特制定本办法。

第二条　补助资金使用范围

（一）城市光电建筑一体化应用，农村及偏远地区建筑光电利用等给予定额补助。

（二）太阳能光电产品建筑安装技术标准规程的编制。

（三）太阳能光电建筑应用共性关键技术的集成与推广。

第三条　补助资金支持项目应满足以下条件：

（一）单项工程应用太阳能光电产品装机容量应不小于50kWp；

（二）应用的太阳能光电产品发电效率应达到先进水平，其中单晶硅光电产品效率应超过16%，多晶硅光电产品效率应超过14%，非晶硅光电产品效率应超过6%；

（三）优先支持太阳能光伏组件应与建筑物实现构件化、一体化项目；

（四）优先支持并网式太阳能光电建筑应用项目；

（五）优先支持学校、医院、政府机关等公共建筑应用光电项目。

第四条　鼓励地方出台与落实有关支持光电发展的扶持政策。满足以下条件的地区，其项目将优先获得支持。

（一）落实上网电价分摊政策；

（二）实施财政补贴等其他经济激励政策；

（三）制定出台相关技术标准、规程及工法、图集；

第五条　本通知发出之日前已完成的项目不予支持。

第六条　2009年补助标准原则上定为20元/Wp，具体标准将根据与建筑结合程度、光电产品技术先进程度等因素分类确定。以后年度补助标准将根据产业发展状况予以适当调整。

第七条　申请补助资金的单位应为太阳能光电应用项目业主单位或太阳能光电产品生产企业，申请补助资金单位应提供以下材料：

（一）项目立项审批文件（复印件）；

（二）太阳能光电建筑应用技术方案；

（三）太阳能光电产品生产企业与建筑项目等业主单位签署的中标协议；

（四）其他需要提供的材料。

第八条　申请补助资金单位的申请材料按照属地原则，经当地财政、建设部门审核后，报省级财政、建设部门。

第九条　省级财政、建设部门对申请补助资金单位的申请材料进行汇总和核查，并于每年的4月30日、8月30日前联合上报财政部、住房和城乡建设部（附表）。

第十条　财政部会同住房城乡建设部对各地上报的资金申请材料进行审查与评估，确定示范项目及补助资金的额度。

第十一条　财政部将项目补贴总额预算的70％下达到省级财政部门。省级财政部门在收到补助资金后，会同建设部门及时将资金落实到具体项目。

第十二条　示范项目完成后，财政部根据示范项目验收评估报告，达到预期效果的，通过地方财政部门将项目剩余补助资金拨付给项目承担单位。

第十三条　补助资金支付管理按照财政国库管理制度有关规定执行。

第十四条　各级财政、建设部门要切实加强补助资金的管理，确保补助资金专款专用。对弄虚作假、冒领、截留、挪用补助资金的，一经查实，按国家有关规定执行。

第十五条　本办法由财政部、住房城乡建设部负责解释。

第十六条　本办法自印发之日起执行。

附表：太阳能光电技术建筑应用财政补助资金申请汇总表（略）

科学技术部关于同意开展“十城万盏”半导体照明应用工程试点工作的复函

（国科发高[2009]189号）

天津市、河北省、辽宁省、黑龙江省、上海市、江苏省、浙江省、福建省、江西省、山东省、河南省、湖北省、广东省、四川省、重庆市、陕西省人民政府：

为发挥科技支撑作用，促进经济平稳较快发展，着力突破制约产业转型升级的重要关键技术，推动节能减排，有效引导我国半导体照明应用的健康快速发展，扩大半导体照明市场规模，拉动消费需求，促进产业核心技术研发与创新能力的提高，迅速提升我国半导体照明产业的整体竞争力，经我部研究，同意在天津市、河北省石家庄市、河北省保定市、辽宁省大连市、黑龙江省哈尔滨市、上海市、江苏省扬州市、浙江省宁波市、浙江省杭州市、福建省厦门市、福建省福州市、江西省南昌市、山东省潍坊市、河南省郑州市、湖北省武汉市、广东省深圳市、广东省东莞市、四川省成都市、四川省绵阳市、重庆市、陕西省西安市等21个城市开展半导体照明应用工程（以下简称“十城万盏”）试点工作。

“十城万盏”试点工作的实施主体和责任主体是试点城市人民政府，希望你们切实加强组织领导，着力解决运营模式和产业链建设等问题，抓紧制定试点工作方案并认真组织实施，同时将试点工作中取得的经验和遇到的问题及时告我部。

科学技术部

二○○九年四月二十八日

中华人民共和国工业和信息化部公告

工产业[2009]　第44号

根据《汽车产业发展政策》等有关规定，工业和信息化部制定了《新能源汽车生产企业及产品准入管理规则》，现予以发布，请有关单位遵照执行。

本规则自2009年7月1日起施行。本规则施行后，与本规则不一致的，以本规则为准。

附件：新能源汽车生产企业及产品准入管理规则

二〇〇九年六月十七日

附:

新能源汽车生产企业及产品准入管理规则

第一章　总则

第一条 为促进汽车产品技术进步，保护环境，节约能源,实现可持续发展，鼓励企业研究开发和生产新能源汽车，根据《汽车产业发展政策》等有关规定，制定本规则。

第二条　在中华人民共和国境内从事境内使用的新能源汽车生产的企业（以下简称新能源汽车企业）及其生产的新能源汽车产品，适用本规则。

第三条 本规则所称汽车，是指国家标准GB/T3730.1–2001《汽车和挂车类型的术语和定义》中第2.1款所定义的汽车整车（完整车辆）及底盘（非完整车辆）。

本规则所称新能源汽车，是指采用非常规的车用燃料作为动力来源（或使用常规的车用燃料、采用新型车载动力装置），综合车辆的动力控制和驱动方面的先进技术，形成的技术原理先进、具有新技术、新结构的汽车。

新能源汽车包括混合动力汽车、纯电动汽车（BEV，包括太阳能汽车）、燃料电池电动汽车（FCEV）、氢发动机汽车、其他新能源（如高效储能器、二甲醚）汽车等各类别产品。

第四条 工业和信息化部负责实施新能源汽车企业及新能源汽车产品准入管理。

第二章　新能源汽车分类及管理方式

第五条　根据新能源汽车整车、系统及关键总成技术成熟程度、国家和行业标准完善程度以及产业化程度的不同，将其分为起步期、发展期、成熟期三个不同的技术阶段。

起步期产品是指技术原理的实现路径尚处于前期研究阶段，缺乏国家和行业有关标准，尚未具备产业化条件的产品。

发展期产品是指技术原理的实现路径基本明确，国家和行业标准尚未完善，初步具备产业化条件的产品。

成熟期产品是指技术原理的实现路径清晰，产品技术和生产技术成熟，国家和行业标准基本完备，可以进入产业化阶段的产品。

第六条 工业和信息化部聘任有关专家，组成新能源汽车专家委员会,负责确定和调整新能源汽车产品类别的技术阶段，提出适用于新能源汽车的专项技术条件和检验规范建议。

第七条 对处于不同技术阶段的产品采取不同的管理方式。

起步期产品只能进行小批量生产，且只在批准的区域、范围、期限和条件下进行示范运行，并对全部产品的运行状态进行实时监控。

发展期产品允许进行批量生产，只能在批准的区域、范围、期限和条件下销售、使用，并至少对20%的销售产品的运行状态进行实时监控。

成熟期产品与常规汽车产品的《车辆生产企业及产品公告》（以下简称《公告》）管理方式相同，在销售、使用上与常规汽车产品相同。

具体技术阶段划分见《新能源汽车技术阶段划分表（2010年12月31日前适用）》（附件1）。

第三章　准入条件及管理

第八条　新能源汽车企业准入条件：

（一）符合国家有关法律、法规、规章和国家汽车产业发展政策及国家宏观调控政策的规定。

（二）应当是《公告》内汽车整车生产企业或改装类商用车生产企业；新建汽车企业或现有汽车企业跨产品类别生产其他类别新能源汽车整车产品的，应当按照国家有关投资管理规定先行办理项目的核准或备案手续。

（三）具备生产新能源汽车产品所必需的生产能力和条件。

（四）具备新能源汽车产品的设计开发能力。

（五）具备保证新能源汽车产品生产一致性的能力。

（六）具备新能源汽车产品营销和售后服务能力。

（七）建立与所生产新能源汽车产品相适应的零部件采购体系。

（八）所生产的车辆产品符合有关国家标准和行业标准、技术规范、车辆产品定型试验规程、适用于新能源汽车的专项技术条件和检验规范的要求。

《新能源汽车生产企业准入条件及审查要求》（以下简称《准入条件》）见附件2。

新能源汽车除了应当符合有关常规汽车产品的检验标准外，还应当符合新能源汽车产品的专项检验标准，具体见《新能源汽车产品专项检验标准目录(收录到2009年4月1日)》（附件3）。

第九条　符合《准入条件》、获得生产资格的汽车整车生产企业可以生产同类新能源汽车产品（指与《公告》中已有的常规汽车相同类别的产品，下同）。

符合《准入条件》、获得生产资格的改装类商用车生产企业可以改装生产同类新能源汽车产品，其中具备底盘生产条件的，可以自制底盘，但自制底盘仅限于本企业自用。

第十条　新能源汽车产品准入条件：

（一）产品符合安全、环保、节能、防盗等有关标准、规定。

（二）产品经工业和信息化部指定的检测机构（以下简称检测机构）检测合格。

（三）产品未侵犯他人知识产权。

第十一条　申请新能源汽车企业准入的，应当提交以下材料：

（一）《新能源汽车生产企业准入申请书》（见附件4）。

（二）新能源汽车产品设计、生产、营销及售后服务能力、零部件供应体系，以及生产一致性保证能力等的说明。

（三）企业按照《准入条件》要求进行自我评估的报告。

（四）新建汽车企业或现有汽车企业跨产品类别生产其他类别新能源汽车整车产品，按照国家有关投资管理规定先行办理的项目核准或备案手续。

（五）申请新能源汽车产品准入所要求的各项材料。

第十二条　申请新能源汽车产品准入的，应当提交以下材料：

（一）生产企业基本情况的说明，包括企业名称、股东、法定代表人、注册商标、注册地址和生产地址等。

（二）新能源汽车产品情况简介，包括对采用的新技术、新结构的原理的说明并附有关佐证材料。

（三）《车辆生产企业及产品公告》参数。

（四）《车辆主要技术参数及主要配置备案表》。

（五）《车辆产品强制性检测项目方案表》。

（六）检测机构出具的新能源汽车产品检测报告。

（七）新能源汽车产品（包括整车及动力、驱动、控制系统）的企业标准或技术规范，以及检验规范（至少包括试验方法、判定准则、检验项目与样车对应表、路况及里程分配等）。

（八）其他需要说明的情况。

第十三条 申请的新能源汽车产品属于起步期或发展期技术阶段的，还应当提交以下材料：

（一）售后服务承诺（至少包括产品质量保证承诺，售后服务网络建设、对售后服务人员和产品使用人员的培训、售后服务项目及内容、备件提供及质量保证期限、售后服务过程中发现问题的反馈，整车和零部件（如电池）回收，以及索赔处理、在产品质量、安全、环保等方面出现严重问题时的应对措施等内容）。

（二）对拟销售区域的说明，产品使用地省级工业和信息化主管部门关于示范运行区域、范围的批准文件。

（三）与拟使用单位签订的协议，使用单位车辆运行管理规定、使用数量说明（仅适用于起步期产品）。

第十四条 申请的新能源汽车产品是在已获得准入的新能源汽车整车或底盘基础上进行改装，但改装未影响到车载能源系统、驱动系统和控制系统的，可以只提交改装说明材料以及本规则第十三条所要求的申请材料。

第十五条 已获得新能源汽车企业准入的企业，当新申请的新能源汽车产品的产品类别与已获得准入的新能源汽车产品类别不同时，应当提交本规则第十一条要求的申请材料。

当已获得准入的新能源汽车产品的技术方案或者技术来源有变化时，企业应当重新申请产品准入，提交本规则第十二条要求的材料，并说明新申请产品与已获得准入产品的主要区别。

第十六条 生产起步期和发展期产品的新能源汽车企业应当按照售后服务承诺的内容，向使用者提供售后服务；应当为每一辆汽车建立相应的档案，并跟踪汽车运行情况，直至汽车停止使用或报废。

生产起步期产品的企业应当与使用者共同完成每年度示范运行报告，提交工业和信息化部。

第十七条 新能源汽车企业如发现产品存在影响安全、环保、节能等严重问题，应当立即停止生产和销售、限期整改，并及时向工业和信息化部、产品使用地省级工业和信息化主管部门报告。

第四章 附则

第十八条 本规则由工业和信息化部负责解释。

第十九条 本规则自2009年7月1日起施行。本规则施行后，与本规则不一致的，以本规则为准。

附件：新能源汽车技术阶段划分表（2010年12月31日前适用）、新能源汽车生产企业准入条件及审查要求、新能源汽车产品专项检验标准目录(收录到2009年4月1日)、新能源汽车生产企业准入申请书（略）

关于合力推进长江黄金水道建设的若干意见

（交水发[2009]319号）

上海、江苏、安徽、江西、湖北、湖南、重庆、四川、云南省（市）交通运输厅（委）、发展改革委、财政厅（局）、国土资源厅（局）、水利厅（局），沿江各地（市、州）人民政府，长江航务管理局、长江口航道管理局：

改革开放以来，特别是进入“十一五”后，在党中央、国务院的关心和重视下，在相关部门的大力支持下，交通运输部与沿江各省市人民政府进一步加大力度，合力加快推进长江黄金水道建设，长江水运服务沿江经济社会发展的能力有了新的提高。

当前国际国内经济环境发生重大变化，我国经济发展面临着严峻挑战。扩大内需，保持经济平稳较快发展，是当前我国经济发展的首要任务。国家加大农业、能源、交通、城镇等基础设施和民生等领域重大项目的建设，对交通运输行业提出了新的要求。长江黄金水道是流域综合运输体系的重要组成部分，是我国经济发展的重要战略资源，在流域经济社会发展中具有重要的战略地位。为深入贯彻落实科学发展观，按照建设资源节约型、环境友好型社会的总体要求，充分发挥长江黄金水道的作用，合力推进黄金水道建设，促进沿江经济社会科学发展，现提出如下意见：

一、依托长江黄金水道，完善沿江产业布局，不断提升长江黄金水道服务经济社会发展的能力和水平

（一）完善沿江产业布局。充分依托长江黄金水道，利用水运运能大、成本低、安全、环保、节能等优势，不断完善沿江产业规划。统筹考虑资源、环境与经济社会发展，积极引导冶金、电力、石化、钢铁、汽车、造船等适宜临水布点的产业向沿江合理布局、集聚发展，推动形成若干有影响力的、向周边腹地辐射能力强的产业群。注重长江水运规划和产业布局有效结合，把黄金水道发展纳入地方经济社会发展规划中，增强水运对经济发展的推动和促进作用。

（二）加快航道建设。部省市携手，加强长江干线航道建设前期研究，加快前期工作进度。结合沿江产业发展需求，合力加快推进长江口深水航道上延至南京的前期工作，条件具备时实施上延工程；提高中游航道通过能力；继续改善上游航道通航条件，加快上游1000吨级航道延伸至水富工程进度。加快支流航道重点工程建设。加强干线及重要支流的航道管理和维护，保证航道维护经费投入，保障航道畅通。充分发挥长江黄金水道在综合运输体系中的重要作用，促进水运与其他运输方式有效衔接和协调发展。

（三）加强港口建设。加快主要港口建设，特别是集装箱等专业化码头建设，完善港口集疏运网络，加强老港区技术改造，实现港口结构升级，促进港航协调发展，提升港口服务能力和水平。沿江港口发展要统筹协调，结合腹地经济产业布局特点，与沿江城市发展紧密结合，做到港城相依、港城互动。积极研究制定扶持港口物流业发展的政策措施，着力培育物流市场，加快长江物流通道建设，引导产业向港口物流园区集聚发展。加快长江物流公共信息平台建设，整合长江物流资源，提高长江物流组织化程度，降低物流成本。

（四）加强乡镇渡口安全建设。结合沿江新农村建设，大力改善乡镇渡口基础设施条件，加快有条件的渡口“渡改桥”建设，为沿岸农民安全出行提供良好服务。

（五）提高支持保障能力。加强水上安全监管能力建设，完善应急指挥系统、水上搜救组织协调指挥系统、溢油应急系统及水上治安防控体系。推进长江干线水上巡航与救助一体化建设，提高船舶防污和治安反恐预控能力。继续完善长江水运通信网络，整合长江航运信息资源，推动构建长江航运公共信息平台，加快长江航运综合信息服务系统建设。

（六）推进长江干线船型标准化。推进船型标准化有利于节能减排、提高航道特别是三峡船闸的通过能力和航运效率，应采取政府引导、企业为主的方式，通过资金补贴、技术标准等政策措施，加快现有非标准船型和老旧落后船舶的更新改造和淘汰，加快渡船标准化，促进长江干线船型标准化水平的提高。

（七）健全协调机制。各省市根据实际情况，建立和健全地方水运发展协调机制，及时解决水运发展中的突出问题，加强各地交通运输主管部门与当地发展改革、财政、国土资源、环境保护、水利、农业等有关涉水部门沟通协调。鼓励引导企业之间开展合作与交流，做好省际间航道建设的衔接，避免出现新的碍航设施，促进内河水运资源的合理开发、综合利用。

二、加强水运资源保护，加大政策支持力度，为长江黄金水道建设营造良好环境

（八）加快水运立法进程。交通运输部积极配合国务院法制工作机构，抓紧开展《水路运输管理条例》的修订工作，加快《航道法》的立法进程。沿江省市立足于本地区发展航运经济的需要，建立和完善本省市水运建设与发展的地方性法规和规章，为水运发展提供法律保障。

（九）加强水运资源保护。航道、港口岸线是不可再生的重要资源，应切实加强保护，科学合理开发利用。沿江省市根据各地经济社会和水运发展实际，探索岸线等资源的有偿使用机制，有偿使用的收益专项用于港航基础设施建设和维护。加强对影响通航和安全的采砂活动的管理，加强航道及通航设施等保护，确保航运安全。严格执行国家有关标准，切实加强跨、拦、临河建筑物的通航论证工作，实施全过程的监管，确保为航运发展留有空间。

（十）加大政策支持力度。地方各级政府应采取优惠政策，将航道、港口及港口物流园区建设用地纳入土地利用总体规划，优先保证建设用地，合理确定征地补偿标准；根据实际情况，研究出台航道、港口建设有关税费返还用于港航设施建设的优惠政策。加快土地、环保、防洪等审批，加快工程征地、拆迁进度，规范工程建设监管行为，营造良好的工程建设环境，确保水运工程建设进度和质量安全。

三、加大资金投入，拓宽融资渠道，合力推进长江黄金水道建设

（十一）加大建设资金投入。国家将继续加大对长江干线的投资力度，支持主要支流水运基础设施建设。沿江省市政府在稳定现有资金渠道和资金规模基础上，进一步加大资金筹措力度，应积极争取国债资金、安排燃油消费税返还资金等，用于水运基础设施建设、船舶运力结构调整和支持保障系统完善。

（十二）拓宽融资渠道。加强政府、企业等之间的协作，创造条件，积极吸引社会资本、境外资本等投资水运基础设施建设，积极加强与各金融机构的合作，多渠道筹集水运建设资金，搭建水运融资平台。通航河流及规划通航河流上建设枢纽时，通航设施要满足航运规划标准。交通运输部门投资航运枢纽要以航为主，政府投入所形成的资产纳入交通运输部门统一管理，枢纽收益全部用于内河航运建设，实现滚动发展。

要高度重视，加强组织协调，及时研究解决建设中的重大问题，确保《“十一五”期长江黄金水道建设总体推进方案》目标任务的完成。结合新形势，加强黄金水道建设项目的前期工作，增加项目储备，及早规划好“十二五”期黄金水道建设项目计划和任务，促进长江黄金水道的全面协调可持续发展。

中华人民共和国交通运输部

上海市人民政府　江苏省人民政府

安徽省人民政府　江西省人民政府

湖北省人民政府　湖南省人民政府

重庆市人民政府　四川省人民政府

云南省人民政府

二〇〇九年六月二十三日

关于公布2009年中国区域电网基准线排放因子的公告

为促进开发更多符合国际规则及中国重点领域的CDM项目，国家发展改革委应对气候变化司组织专家研究确定了2009年中国区域电网的基准线排放因子，并征求了部分DOE及相关部门意见，一致认为该排放因子数据真实、计算合理、结果可信。现将计算主要过程及结果公布如下，供CDM项目业主、开发商和DOE在编写和审定项目文件时参考引用。

一、 区域电网划分

为了便于中国CDM发电项目确定基准线排放因子，现将电网边界统一划分为东北、华北、华东、华中、西北和南方区域电网，不包括西藏自治区、香港特别行政区、澳门特别行政区和台湾省。由于南方电网下属的海南省为孤立岛屿电网，海南电网的排放因子单独计算。上述电网边界包括的地理范围如下表所示：

电网名称	覆盖省市
华北区域电网	北京市、天津市、河北省、山西省、山东省、内蒙古自治区
东北区域电网	辽宁省、吉林省、黑龙江省
华东区域电网	上海市、江苏省、浙江省、安徽省、福建省
华中区域电网	河南省、湖北省、湖南省、江西省、四川省、重庆市
西北区域电网	陕西省、甘肃省、青海省、宁夏自治区、新疆自治区
南方区域电网	广东省、广西自治区、云南省、贵州省
海南电网	海南省

二、排放因子计算方法

根据“电力系统排放因子计算工具”（01.1版），计算电量边际排放因子（OM）采用步骤3 (a)“简单OM”方法中选项C，即根据电力系统中所有电厂的总净上网电量、燃料类型及燃料总消耗量计算。公式如下：

$$EF_{grid,OMsimple,y} = \frac{\sum_i FC_{i,y} \times NCV_{i,y} \times EF_{CO_2\,i,y}}{EG_y} \tag{1}$$

式中：

$EF_{grid,OMsimple,y}$ 是第y年简单电量边际CO_2排放因子 (tCO_2/MWh);

$FC_{i,y}$是第y年项目所在电力系统燃料i的消耗量(质量或体积单位);

$NCV_{i,y}$ 是第y年燃料i的净热值 (能源含量，GJ/质量或体积单位);

$EFCO_{2,i,y}$ 是第y年燃料i的CO_2排放因子(tCO_2/GJ);

EG_y 是电力系统第y年向电网提供的电量(MWh)，不包括低成本/必须运行电厂/机组；

i 是第y年电力系统消耗的所有化石燃料种类；

y 是提交PDD时可获得数据的最近三年（事先计算）。

另外，在电网存在净调入的情况下，采用调出电力电网的简单电量边际排放因子。

OM计算中供电量和燃料消耗量的数据选取遵循了保守原则，计算过程详见附件1。

根据“电力系统排放因子计算工具”（01.1版），BM可按m个样本机组排放因子的发电量加权平均求得，公式如下：

$$EF_{grid,BM,y} = \frac{\sum_m EG_{m,y} \times EF_{EL,m,y}}{\sum_m EG_{m,y}} \tag{2}$$

式中：

$EF_{grid,BM,y}$是第y年的BM排放因子（tCO_2/MWh）；

$EF_{EL,m,y}$是第m个样本机组在第y年的排放因子（tCO_2/MWh）；

$EG_{m,y}$是第m个样本机组在第y年向电网提供的电量（MWh），也即上网电量；

m 是样本机组；

y 是能够获得发电历史数据的最近年份。

其中第m个机组的排放因子$EF_{EL,m,y}$根据“电力系统排放因子计算工具”（01.1版）的步骤3(a)“简单OM”中的选项B2计算。

“电力系统排放因子计算工具”（01.1版）提供了计算BM的两种选择：1）在第一个计入期，基于PDD提交时可得的最新数据事前计算；在第二个计入期，基于计入期更新时可得的最新数据更新；第三个计入期沿用第二个计入期的排放因子；2）在第一计入期内按项目活动注册年或注册年可得的最新信息逐年事后更新BM；在第二个计入期内按选择1）的方法事前计算BM，第三个计入期沿用第二个计入期的排放因子。

本次公布的排放因子BM的结果是基于选择1）的事前计算，不需要事后的监测和更新。

由于数据可得性的原因，本计算仍然沿用了CDM EB同意的变通办法，即首先计算新增装机容量及其中各种发电技术的组成，然后计算各种发电技术的新增装机权重，最后利用各种发电技术商业化的最优效率水平计算排放因子。

由于现有统计数据中无法从火电中分离出燃煤、燃油和燃气的各种发电技术的容量，本计算过程中采用如下方法：首先，利用最近一年的可得能源平衡表数据，计算出发电用固体、液体和气体燃料对应的CO_2排放量在总排放量中的比重；其次，以此比重为权重，以商业化最优效率技术水平对应的排放因子为基础，计算出各电网的火电排放因子；最后，用此火电排放因子乘以火电在该电网新增的20%容量中的比重，结果即为该电网的BM排放因子。此BM排放因子近似计算过程是遵循了保守原则。

具体步骤和公式如下：

步骤1，计算发电用固体、液体和气体燃料对应的CO_2排放量在总排放量中的比重。

$$\lambda_{Coal,y}=\frac{\sum_{i\in COAL,j}F_{i,j,y}\times NCV_{i,y}\times EF_{CO_2,i,j,y}}{\sum_{i,j}F_{i,j,y}\times NCV_{i,y}\times EF_{CO_2,i,j,y}} \tag{3}$$

$$\lambda_{Oil,y}=\frac{\sum_{i\in OIL,j}F_{i,j,y}\times NCV_{i,y}\times EF_{CO_2,i,j,y}}{\sum_{i,j}F_{i,j,y}\times NCV_{i,y}\times EF_{CO_2,i,j,y}} \tag{4}$$

$$\lambda_{Gas,y}=\frac{\sum_{i\in GAS,j}F_{i,j,y}\times NCV_{i,y}\times EF_{CO_2,i,j,y}}{\sum_{i,j}F_{i,j,y}\times NCV_{i,y}\times EF_{CO_2,i,j,y}} \tag{5}$$

其中：

$F_{i,j,y}$ 是第j个省份在第y年的燃料i消耗量（质量或体积单位，其中固体和液体燃料为吨，气体燃料为立方米）；

$NC_{Vi,y}$是燃料i在第y年的净热值（固体和液体燃料为GJ/t，气体燃料为GJ/m_3）；

$EF_{CO2,i,j,y}$ 是燃料i的排放因子（tCO_2/GJ）。

COAL，OIL和GAS分别为固体燃料、液体燃料和气体燃料的脚标集合。

步骤2：计算对应的火电排放因子。

$$EF_{Thermal,y}=\lambda_{Coal,y}\times EF_{Coal,Adv,y}+\lambda_{Oil,y}\times EF_{Oil,Adv,y}+\lambda_{Gas,y}\times EF_{Gas,Ad} \tag{6}$$

其中$EF_{Coal,Adv,,y}$，$EF_{Oil,Adv,,y}$和$EF_{Gas,Adv,,y}$分别是商业化最优效率的燃煤、燃油和燃气发电技术所对应的排放因子，具体参数及计算过程详见附件2。

步骤3：计算电网的BM

$$EF_{grid,BM,y}=\frac{CAP_{Thermal,y}}{CAP_{Total,y}}\times EF_{Thermal,y} \tag{7}$$

其中，$CAP_{Total,y}$为超过现有容量20%的新增总容量，$CAP_{Thermal,y}$为新增火电容量。

三、数据来源

计算OM和BM所需的发电量、装机容量和厂用电率等数据来源为2005-2008年《中国电力年鉴》；发电燃料消耗以及发电燃料的低位发热值等数据来源为2006-2008年《中国能源统计年鉴》；电网间电量交换的数据来源分别为《2005-2006年电力工业统计资料提要》和《2007年电力工业统计资料汇编》；分燃料品种的潜在排放因子和碳氧化率来源为"2006 IPCC Guidelines for National Greenhouse Gas Inventories" Volume 2 Energy, 第一章1.21-1.24页的表1.3和表1.4。本次分燃料品种的潜在排放因子采用了上述表1.4中的95%置信区间下限值。

四、排放因子数值

	$EF_{grid,OM,y}$ (tCO_2/MWh)	$EF_{grid,BM,y}$ (tCO_2/MWh)
华北区域电网	1.0069	0.7802
东北区域电网	1.1293	0.7242
华东区域电网	0.8825	0.6826
华中区域电网	1.1255	0.5802
西北区域电网	1.0246	0.6433
南方区域电网	0.9987	0.5772
海南省电网	0.8154	0.7297

注：表中OM为2005-2007年电量边际排放因子的加权平均值；BM为截至2007年的容量边际排放因子。

国家发展改革委应对气候变化司

二○○九年七月二日

关于印发可再生能源建筑应用城市示范实施方案的通知

财建[2009]305号

各省、自治区、直辖市、计划单列市财政厅（局）、建设厅（委、局），新疆生产建设兵团财务局、建设局：

根据《可再生能源法》，为落实国务院节能减排战略部署，加快发展新能源与节能环保新兴产业，推动可再生能源在城市建筑领域大规模应用，财政部、住房城乡建设部将组织开展可再生能源建筑应用城市示范工作。为指导开展示范工作，我们制定了《可再生能源建筑应用城市示范实施方案》。现予印发，请遵照执行。

附件：可再生能源建筑应用城市示范实施方案

财政部　住房和城乡建设部

二○○九年七月六日

附件：

可再生能源建筑应用城市示范实施方案

为贯彻国务院关于节能减排战略部署，深入做好建筑节能工作，加快可再生能源在城市建筑领域应用，将开展可再生能源建筑应用城市示范（以下简称城市示范），现提出如下实施方案。

一、充分认识开展城市示范的重要意义

近年来，财政部、住房城乡建设部组织实施的可再生能源建筑应用示范工程，取得良好的政策效果，可再生能源建筑应用技术水平不断提升，应用面积迅速增加，部分地区已呈现规模化应用势头。为进一步放大政策效应，更好地推动可再生能源在建筑领域的大规模应用，将组织开展可再生能源建筑应用城市级示范。开展城市示范，有利于发挥地方政府的积极性和主动性，加强技术标准等配套能力建设，形成推广可再生能源建筑应用的有效模式；有助于拉动可再生能源应用市场需求，促进相关产业发展；有利于促进实现“保增长、扩内需、调结构”的宏观调控目标。

二、示范城市申请条件、申请程序及审核确认

（一）申请示范城市应具备的条件。申请示范的城市是指地级市（包括区、州、盟）、副省级城市；直辖市可作为独立申报单位，也可组织本辖区地级市区申报示范城市。

1. 已对本地区太阳能、浅层地能等可再生资源进行评估，具备较好的可再生能源应用条件。

2. 已制定可再生能源建筑应用专项规划。

3. 已制定近2年的可再生能源建筑应用实施方案（编写提纲见附1），详细说明在今后2年可以实施的项目情况，做到项目落实，并说明项目基本情况，包括工程应用的技术类型、应用面积、实施期限等，并填写《可再生能源建筑应用工程项目备案表》（详见附2）。

4. 在今后2年内新增可再生能源建筑应用面积应具备一定规模，其中：地级市（包括区、州、盟）应用面积不低于200万平方米，或应用比例不低于30%；直辖市、副省级城市应用面积不低于300万平方米。

新增可再生能源建筑应用面积包括新增的新建（含改扩建）建筑应用可再生能源的面积以及既有建筑改造中应用可再生能源的面积，具体将根据不同技术类型应用面积计算确定，计算公式为：新增可再生能源建筑应用面积=太阳能热水系统建筑应用面积×0.5+地源热泵系统建筑应用面积×1+太阳能供热制冷系统建筑应用面积×1.5+太阳能与地源热泵结合系统建筑应用面积×1.5。地源热泵包括土壤源热泵、淡水源热泵、海水源热泵、污水源热泵等技术。

可再生能源建筑应用比例指2年内新增可再生能源建筑应用面积与新建（含改扩建）建筑面积之比。

5. 可再生能源建筑应用设计、施工、验收、运行管理等标准、规程或图集基本健全，具备一定的技术及产业基础。

6. 优先支持已出台促进可再生能源建筑应用政策法规的城市。

（二）示范城市申请程序。

1.申请示范的城市财政、住房和城乡建设部门编写实施方案，经同级人民政府批准后报送省级财政、住房和城乡建设部门。

2.省级财政、住房和城乡建设部门对各市申报材料进行汇总和初审后，择优选择备选城市，并于每年5月31日前联合上报财政部、住房和城乡建设部（2009年申报截止日期为8月31日）。每个省（自治区、直辖市）申请示范的地级市原则上不超过3个。

（三）示范城市审核确认。财政部、住房城乡建设部组织对各地上报的申报材料进行审查，综合考虑项目落实程度、今后2年内推广应用面积、技术先进适用性、城市能力具备条件、机制创新实现程度等因素，选择确定纳入示范的城市。对于逾期上报的城市示范申请，将不予受理。

三、中央财政支持城市示范的方式及有关要求

（一）综合考量，切块下达。对纳入示范的城市，中央财政将予以专项补助。资金补助基准为每个示范城市5000万元，具体根据2年内应用面积、推广技术类型、能源替代效果、能力建设情况等因素综合核定，切块到省。推广应用面积大，技术类型先进适用，能源替代效果好，能力建设突出，资金运用实现创新，将相应调增补助额度，每个示范城市资金补助最高不超过8000万元；相反，将相应调减补助额度。

（二）创新机制，放大效应。各地应创新补助资金使用方式，立足引导社会资金投入，充分发挥市场机制，可综合采用财政补助、贷款贴息、以奖代补、资本金注入、设立种子基金等方式，放大资金使用效益。补助资金主要用于工程项目建设及配套能力建设两个方面，其中，用于可再生能源建筑应用工程项目的资金原则上不得低于总补助的90%，用于配套能力建设的资金，主要用于标准制订、能效检测等。

（三）分批拨付，追踪问效。中央财政补助资金分三年拨付，第一年，根据城市申报应用面积等因素测算补助资金总额，按测算资金的60%拨付补助资金；后两年根据示范城市完成的工作进度拨付补助资金。

（四）加强考核，严格监管。各地财政、住房城乡建设部门要切实加强对补助资金的管理，建立考核机制，确保资金使用规范、安全、有效。财政部会同住房城乡建设部对示范城市进行检查，对没有完成申报应用面积或节能效果未达到预期目标的，将相应扣减财政补助资金，对城市示范开展较好的省市，下一年度将予优先支持。

四、城市示范技术及管理保障措施

各地要切实履行职责，把实施城市示范作为建筑节能工作的重要内容，完善技术标准，推进科技进步，加强能力建设，逐步扩大应用规模，提高应用水平。

（一）加强规划引导。各地住房城乡建设主管部门要会同有关部门，对本地区太阳能及浅层地能资源分布和可利用情况进行充分论证或评估，制定专项发展规划，指导技术应用。对浅层地能热泵技术，要切实把握不同热泵技术推广的适用性和可行性，坚持适度发展，合理布局，避免盲目性和对资源的非合理利用。各地在实施既有建筑节能改造、城中村改造、棚户区改造等工作中，应统筹考虑可再生能源应用。

（二）完善技术标准。各地住房城乡建设主管部门要大力推动有关太阳能光热技术及浅层地能热泵技术应用的国家相关技术标准的贯彻和执行。省级住房和城乡建设部门要结合本地实际，积极研究制定相关的设计、施工、验收标准、规程及工法、图集。各太阳能光热产品生产企业应积极开发标准化、通用的太阳能光热系统组件，提高建筑一体化应用水平。各浅层地能热泵设备生产企业应积极研发高效率、具有自主知识产权的热泵设备。

（三）加强产品设备质量监督。各地住房城乡建设主管部门应会同有关部门规范太阳能光热及浅层地能产品、设备建筑应用市场，强化市场准入，研究建立相关应用产品、设备的认证标识体系，加大对产品、设备性能的检测力度，确保产品质量。

（四）加强项目质量管理。各地住房城乡建设主管部门要加强对太阳能光热技术及浅层地能热泵技术应用项目的质量管理，在项目的设计、施工、监理、验收等环节，依据国家法律法规和工程强制性标准加强监督检查和指导，对不符合现行有关标准或不能实现项目预期节能目标的要责令改正。北方采暖区新建及既有建筑节能改造应用可再生能源的项目，应同步推进分户供热计量。要建立项目评估机制，省级住房城乡建设部门要负责组织对辖区示范城市可再生能源建筑应用项目进行能效检测，住房城乡建设部将委托专门的能效测评机构进行抽检。要加强对项目的跟踪，指导项目加强运行管理，提高利用效率。

（五）强化技术支撑服务。各地住房城乡建设主管部门要充分依托相关机构，做好太阳能光热技术及浅层地能热泵技术应用项目的技术支撑工作，形成可大规模推广应用的技术、标准及产品体系，整合各方面力量，推动太阳能光热技术及浅层地能热泵技术生产、设计、施工三者有效结合，提高应用水平。要积极培育能源服务市场，采取合同能源管理等方式推进太阳能及浅层地能应用技术的推广。

财政部　住房和城乡建设部关于印发加快推进农村地区可再生能源建筑应用的实施方案的通知

财建[2009]306号

各省、自治区、直辖市、计划单列市财政厅（局）、建设厅（委、局），新疆生产建设兵团财务局、建设局：

根据《可再生能源法》，为落实国务院节能减排战略部署，加快发展新能源与节能环保新兴产业，深入推进建筑节能工作，财政部、住房城乡建设部将以县为单位，实施农村地区可再生能源建筑应用的示范推广，引导农村住宅、农村中小学等公共建筑应用清洁、可再生能源。为指导开展示范推广工作，我们制定了《加快推进农村地区可再生能源建筑应用的实施方案》。现予印发，请遵照执行。

附件：加快推进农村地区可再生能源建筑应用的实施方案

中华人民共和国财政部
中华人民共和国住房和城乡建设部
二○○九年七月六日

附件：

加快推进农村地区可再生能源建筑应用的实施方案

农村地区太阳能等可再生能源资源丰富，具备良好的建筑应用条件，建筑节能潜力巨大。为加快推进农村地区可再生能源建筑应用，现提出以下实施方案：

一、充分认识加快农村地区可再生能源建筑应用的重要意义

近年来，随着我国城镇化进程不断加快和居民生活水平的提高，农村地区建筑用能迅速增加，尤其北方地区农村建筑采暖以生物质能源为主的模式，正逐渐被以煤炭等化石能源为主的模式所替代，农村建筑节能形势严峻。广大的农村地区太阳能、浅层地能等可再生能源资源丰富、应用条件优越、发展空间巨大。在农村地区加快推进可再生能源建筑应用，可节约与替代大量常规化石能源；可以加快改善农村民房、农村中小学、农村卫生院等公共建筑供暖设施，保障与改善民生；可以带动清洁能源等相关产业发展，促进扩大内需与调整结构。

二、因地制宜，确定农村地区可再生能源建筑应用的重点领域

各地要结合当地自然资源条件、客观实际需要、经济社会条件等因素，因地制宜地确定推广应用重点。近阶段国家重点扶持的应用领域是：

1. 农村中小学可再生能源建筑应用。结合全国中小学校舍安全工程，完善农村中小学生活配套设施，推进太阳能浴室建设，解决学校师生的生活热水需求；实施太阳能、浅层地能采暖工程，利用浅层地能热泵等技术解决中小学校采暖需求；建设太阳房，利用被动式太阳能采暖方式为教室等供暖。

2. 县城（镇）、农村居民住宅以及卫生院等公共建筑可再生能源建筑一体化应用。

三、以县为单位，实施农村地区可再生能源建筑应用的示范推广

为积极稳妥地推进可再生能源在农村地区的推广应用，实行以县（含县级市区，下同）为单位整体推进，并先行示范，分期启动，分批实施。示范县应满足相关条件，并按要求组织申报。

（一）示范县应具备的条件。

1. 具备较好的可再生能源应用条件，已制定本地区可再生能源建筑应用整体规划。

2. 已制定本地区可再生能源应用实施方案（编写提纲详见附1）。实施方案要详细说明今后两年内可再生能源推广应用的工作内容，要做到详实具体，项目落实，并说明建设项目的基本情况，包括可再生能源应用的技术类型、应用面积、实施期限等，填写《农村地区可再生能源建筑应用工程项目备案表》（详见附2）。

3. 今后2年内新增可再生能源建筑应用面积应具备一定规模，新增应用面积原则上不低于30万平方米。对于辖区人口较少、规模较小的县，可适当降低面积要求。

4. 以在农村中小学的推广应用为重点。推广应用可再生能源的学校应是在中小学布局结构调整中予以保留的学校，具备较完善的办学条件，校园布局规划合理，建筑保温隔热性能较好，有生活热水、采暖等需求。

5. 项目建设资金落实。详细说明项目建设资金需求、筹措渠道等情况。

6. 对可再生能源建筑应用项目的建设、运营及服务有成熟的解决方案。对在农村中小学等公共建筑推广应用可再生能源，鼓励依托技术力量较强的单位，采取建设管理运营一体化的模式，以确保工程质量和实施效果。

（二）示范县的申报。省级财政、住房和城乡建设主管部门负责本省示范县的申报组织工作。县级财政、住房和城乡建设主管部门编写本地区农村可再生能源应用申报材料，并向上级部门提出申请。省级财政、住房和城乡建设主管部门在对申报材料汇总和初审后，择优推荐示范县，并于每年5月31日前联合上报财政部、住房和城乡建设部（2009年申报截止日期为8月31日）。每年每省（自治区、直辖市）申报示范县原则上不超过4个。

（三）示范县审核确认。财政部会同住房和城乡建设部，根据前期工作开展情况、实施方案详实程度、建设资金落实情况、示范推广效应等因素选择确定示范县，将优先选择符合国家支持重点领域、项目落实情况好、推广应用面积大、推广技术类型先进适用的县。对于逾期上报的示范申请，将不予受理。

四、实施中央财政扶持政策

中央财政对农村地区可再生能源建筑应用予以适当资金支持。

（一）补助资金的核定。2009年农村可再生能源建筑应用补助标准为：地源热泵技术应用60元/平方米，一体化太阳能热利用15元/平方米，以分户为单位的太阳能浴室、太阳能房等按新增投入的60%予以补助。以后年度补助标准将根据农村可再生能源建筑应用成本等因素予以适当调整。每个示范县补助资金总额将根据上述补助标准、可再生能源推广应用面积等审核确定。每个示范县补助资金总额最高不超过1800万元。

（二）补助资金的拨付。中央财政将上述核定的补助资金一次性拨付到省，由省级财政按规定拨付到示范县，示范县负责将补助资金落实到具体项目。

（三）补助资金的监管。各地财政、住房城乡建设部门要切实加强对补助资金的管理，建立考核机制，确保资金使用规范、安全、有效。省级财政、住房城乡建设部门要督促示范县严格按照上报的实施方案执行。财政部将会同住房城乡建设部对地方工作实施情况进行检查，对没有完成上报工作任务或节能效果达不到预期目标的，将抵扣今后该省专项补助资金；对示范效果好的省份，下一年度将予优先支持。

五、切实加强对农村地区可再生能源建筑应用示范推广管理

各地要切实履行职责，财政、住房城乡建设部门必须高度重视，密切配合、统筹安排，扎扎实实地做好项目建设，确保示范工作顺利实施，达到预期效果。

（一）加强统筹协调。省级住房城乡建设、财政部门应对辖区示范县太阳能及浅层地能资源分布和可利用情况、应用可再生能源的需求情况进行充分论证，制定专项规划，指导示范工作开展。在农村中小学推广应用可再生能源要与农村中小学布局调整规划、全国中小学校舍安全工程、农村中小学危房改造工程、农村寄宿制学校建设工程、中西部农村初中校舍改造工程等相结合，其他项目也要与现有政策充分结合，避免浪费。

（二）强化建设标准控制。示范推广工作要坚持“经济、适用、安全”原则，严禁不切实际的高标准超标准建设。各省级住房城乡建设主管部门应结合本地实际，推行标准化应用模式，提出系列应用技术方案，并配套制定相关标准规范、工法、图集，指导工程建设。

（三）加强项目质量管理。各地住房城乡建设主管部门要加强对工程建设的质量管理，在项目的设计、施工、验收等环节，依据国家法律法规和工程强制性标准加强监督检查和指导。要高度重视工程质量安全，确保建设与使用安全，设计、施工、监理人员应经过培训，技术水平应满足岗位要求。要建立项目评估机制，委托专门机构对应用效果进行评估。要加强对项目的跟踪，指导项目加强运行管理。相关设施建成后要采取有效措施，确保系统安全、高效和长久的运行。

（四）加强技术指导。各地住房城乡建设主管部门要充分依托相关机构，做好示范推广技术指导工作，整合太阳能、浅层地能应用设备生产企业、科研单位、勘察设计单位、施工企业等各方面专业力量，推动与示范推广工作相关的生产、勘察、设计、施工等环节有效结合，提高应用水平。

（五）认真总结经验。各级财政、住房城乡建设部门要及时总结示范推广工作经验，妥善解决示范推广过程出现的问题，完善相关政策，为下一步全面推广奠定良好基础。要广泛宣传示范推广工作取得的成效，扩大影响，努力营造有利于推进农村地区建筑节能和可再生能源应用的社会氛围。

汽车以旧换新实施办法

各省、自治区、直辖市、计划单列市、新疆生产建设兵团财政、商务、宣传、发展改革、工业和信息化、公安、环境保护、交通运输、工商、质监主管部门：

为贯彻《国务院办公厅关于转发发展改革委等部门促进扩大内需鼓励汽车家电以旧换新实施方案的通知》(国办发〔2009〕44号)精神，更好的实施汽车以旧换新补贴政策，特制定《汽车以旧换新实施办法》。现印发给你们，请遵照执行。

财政部　商务部　中宣部　国家发展改革委
工业和信息化部　公安部　环境保护部
交通运输部　工商总局　质检总局
二〇〇九年七月十三日

附件：

汽车以旧换新实施办法

第一章　总则

第一条　为贯彻《国务院办公厅关于转发发展改革委等部门促进扩大内需鼓励汽车家电以旧换新实施方案的通知》(国办发〔2009〕44号)精神，更好的实施汽车以旧换新补贴政策，特制定本办法。

第二条 本办法所称汽车以旧换新是指按本办法要求提前报废老旧汽车、“黄标车”并换购新车。

“黄标车”是指污染物排放达不到国Ⅰ标准的汽油车和达不到国Ⅲ标准的柴油车。

老旧汽车、“黄标车”和新车均不包括三轮汽车、低速货车。

第三条　本办法所称汽车以旧换新补贴资金(以下简称补贴资金)是指中央财政从一般预算安排的，专项用于汽车以旧换新的补贴资金。

第四条　商务部会同财政部、中宣部、发展改革委、工业和信息化部、公安部、环境保护部、交通运输部、工商总局、质检总局等有关部门按照部门职责分工和本办法的规定，组织实施汽车以旧换新工作，并指导地方相关部门开展有关工作。

商务部负责会同有关部门组织实施汽车以旧换新工作，指导各地商务主管部门开展报废汽车回收、新车销售的管理工作。

财政部负责补贴资金的筹集、分配、落实和监管。

公安部负责指导、监督各地公安交通管理部门办理新车注册登记，办理报废机动车注销登记并出具《机动车注销证明》。

环境保护部负责“黄标车”的认定和查验，并对报废机动车拆解处理实施环境监管。

中宣部、发展改革委、工业和信息化部、交通运输部、工商总局、质检总局等部门在各自职责范围内加强监督管理。

第五条　各省、自治区、直辖市、计划单列市、新疆生产建设兵团商务主管部门(以下简称省级商务主管部门)会同财政、公安、环保等部门负责汽车以旧换新的具体实施工作。

第二章　补贴范围和标准

第六条 补贴范围:在2009年6月1日-2010年5月31日期间，将符合下列条件的汽车交售给依法设立的指定报废汽车回收拆解企业，并换购新车的(报废汽车的车主名称与换购新车车主名称应一致):

(一) 使用不到8年的老旧微型载货车，老旧中型出租载客车;

(二) 使用不到12年的老旧中、轻型载货车;

(三) 使用不到12年的老旧中型载客车(不含出租车);

(四) 与“汽车报废标准规定使用年限表”(详见附1)中规定的使用年限相比，提前报废的各类“黄标车”。“黄标车”可登录“机动车环保网”查询，网站地址:www.vecc-mep.org.cn。

使用年计算的起始和终止日期分别为车辆初次登记日期和注销日期。

第七条 同时符合下列条件的，车主只能选择申请一种补贴:

(一) 既符合第六条第四项、又符合第六条第一至第三项规定条件之一的;

(二) 既符合第六条第三项或第四项，又符合2009年老旧汽车报废更新补贴资金的车辆补贴范围及补贴标准公告(财政部商务部公告2009年第20号)规定条件的。

第八条 提前报废“黄标车”并换购新车，新车已享受1.6升及以下乘用车减半征收车辆购置税政策的，不再享受补贴。

第九条 符合第六条规定提前报废老旧汽车、“黄标车”并换购新车的，按以下标准给予补贴:

(一) 报废老旧汽车的补贴标准:

1.报废中型载 货车，每辆补贴人民币6000元;

2.报废轻型载货车，每辆补贴人民币5000元;

3.报废微型载货车，每辆补贴人民币4000元;

4.报废中型载客车，每辆补贴人民币5000元。

(二) 报废“黄标车”的补贴标准:

1.报废中型载货车，每辆补贴人民币6000元;

2.报废轻型载货车，每辆补贴人民币5000元;

3.报废微型载货车，每辆补贴人民币4000元;

4.报废中型载客车，每辆补贴人民币5000元;

5.报废小型载客车(不含轿车)，每辆补贴人民币4000元;

6.报废微型载客车(不含轿车)，每辆补贴人民币3000元;

7.报废轿车、重型载货车、大型载客车、专项作业车，每辆补贴人民币6000元。

省级财政部门会同商务主管部门可以根据本地区“黄标车”车型、年限、城市管理等实际情况，因地制宜，合理调整“黄标车”补贴标准，报经省级人民政府批准后，及时向社会公布，并向财政部、商务部备案。

第三章 车辆报废更新及补贴资金申请、审核和发放

第十条 承担汽车以旧换新车辆回收工作的企业应为依法设立、具备汽车以旧换新信息管理系统(以下简称信息管理系统)录入条件、能够出具由省(自治区、直辖市)商务主管部门印发的《报废汽车回收证明》的报废汽车回收拆解企业。

第十一条 拟申请汽车以旧换新补贴资金的车主应当将符合第六条规定的老旧汽车、“黄标车”交售给车籍所在地符合第十条规定的报废汽车回收拆解企业，报废汽车回收拆解企业应当在信息管理系统中录入车辆报废回收有关信息，按有关规定及时对车辆解体，向车主出具《报废汽车回收证明》，并自收到车辆之日起10个工作日内将机动车登记证书、号牌、行驶证和《报废汽车回收证明》副联等交公安机关办理注销登记，向车主交付《机动车注销证明》。

第十二条 报废汽车回收拆解企业出具的《报废汽车回收证明》应在备注栏中注明车辆初次登记日期、总质量、车长、乘坐人数等信息，并将副联报送所在地商务主管部门备案。

第十三条 车主在购买新车时，应取得新车购车发票等证明、凭据。

第十四条 各市(州)商务主管部门要会同财政、环保部门设立汽车以旧换新联合服务窗口，办理补贴资金申请。有条件的县也要设立汽车以旧换新联合服务窗口。联合服务窗口设置地点应尽量方便车主办理补贴资金申领手续。

商务主管部门是联合服务窗口的牵头单位，主要负责审核《报废汽车回收证明》的有效性，以及车主提交的《汽车以旧换新补贴资金申请表》(详见附2)等有关材料，核对信息管理系统中报废车辆回收有关信息，录入申请、补贴信息，综合协调、汇总数据等工作。

财政部门负责审核车辆是否属于申领补贴范围及补贴标准，并对符合要求车主拨付补贴资金。

环保部门负责查验报废车辆是否属于“黄标车”。

第十五条　符合本办法第六条规定的老旧汽车、“黄标车”车主应在2009年8月10日至2010年6月30日期间，到报废车辆车籍所在地市(州)、县汽车以旧换新联合服务窗口申请补贴资金，并提供以下材料：

(一)《汽车以旧换新补贴资金申请表》(可在联合服务窗口领取，也可从商务部网站下载);

(二)《报废汽车回收证明》原件;

(三)《机动车注销证明》原件及复印件;

(四) 新车购车发票原件及复印件;

(五) 机动车登记证书原件及复印件;

(六) 车辆购置税完税凭证原件及复印件;

(七) 有效身份证明原件及复印件;

(八) 与车主同名的个人银行账户存折或单位基本账户开户证复印件。

对符合条件的报废老旧汽车、“黄标车”并购买新车的，财政部门应于受理后15个工作日内将补贴资金发放给车主;对不符合条件的，商务主管部门应退回申请并说明理由。

车主逾期提出补贴资金申请的，有关部门不予受理。

第十六条 信息管理系统启用前，各地可采取纸质表格审核等形式，开展补贴资金的审核发放工作。

第四章　补贴资金管理

第十七条　中央财政按照本办法第九条确定的补贴标准，对地方实行补贴资金包干。地方调整“黄标车”补贴标准差额所需资金，由地方财政安排。

第十八条　财政部参考各地“黄标车”保有量等因素向各省级财政主管部门预拨补贴资金。

第十九条　各省级财政、商务主管部门应当于2010年7月31日前将补贴资金发放情况上报商务部、财政部。财政部根据补贴资金实际发放情况与各地进行清算。

第二十条　补贴资金结余的使用由财政部会同商务部另行规定。

第五章　保障措施

第二十一条　省级商务主管部门要统筹规划，引导企业合理布局、完善报废汽车回收网络，支持有条件的企业向县延伸回收网点，鼓励企业开展上门服务，方便车主交车和办理相关手续，并及时向社会公布行政区域内承担汽车以旧换新车辆回收工作的报废汽车回收拆解企业及其回收网点名单。

地方商务主管部门要引导报废汽车回收拆解企业加大投入，按照《报废汽车回收拆解企业技术规范》(GB22128-2008)进行标准化改造，提高拆解水平。

第二十二条　各地商务主管部门要积极与财政等部门沟通和协调。各地财政部门应当安排工作经费，用于汽车以旧换新联合服务窗口设立、政策宣传、业务培训、相关单据印制以及必要的设备购置等。

第二十三条 鼓励各地根据实际情况，制定相关配套政策和措施，引导老旧汽车、“黄标车”提前报废。各地出台的相关政策应与汽车以旧换新政策一并执行。

第六章　监督管理

第二十四条 商务部会同财政部、发展改革委、工业和信息化部、公安部、环境保护部、工商总局、质检总局等部门指导地方相关部门对汽车以旧换新实施监督管理。

第二十五条　地方各级政府相关部门应在各自职责范围内加强对汽车以旧换新政策实施、汽车报废和换购新车、资金发放、信息统计上报等情况进行跟踪检查和监督管理，确保资金安全、及时发放，用好补贴政策。

第二十六条　省级商务主管部门要负责组织做好汽车以旧换新补贴申请办理资料存档和信息统计工作，并将每月办理情况按汽车以旧换新补贴资金发放统计表(详见附4)的要求于次月3日前报送商务部并抄送财政部、环境保护部。商务部适时将有关信息在网站上公布。

第二十七条 地方各级人民政府不得对换购新车的产地、品牌、型号等加以限制。

第二十八条 对买卖、伪造、变造《报废汽车回收证明》，拼装车以及将回收的报废车辆上路行驶或流向社会的，有关部门依据《报废汽车回收管理办法》(国务院令第307号)进行处理。

第二十九条 对挪用、骗取补贴资金的单位和个人，有关部门依据《财政违法行为处罚处分条例》(国务院令第427号)及其他有关法规进行处理。

第三十条 报废汽车回收拆解企业有违反本办法规定，不履行有关义务的，商务主管部门可依据其情节轻重，采取公告违规企业行为、从承担汽车以旧换新车辆回收工作企业名单剔除，以及收回或暂停发给《报废汽车回收证明》等措施进行处理。

第七章 附 则

第三十一条 本办法自发布之日起执行。各省级财政、商务主管部门可根据本办法并结合本地区实际情况制定汽车以旧换新具体实施细则，并报财政部、商务部备案。

第三十二条 财政部商务部公告2009年第20号规定的老旧汽车报废更新补贴资金的申请和发放，按本办法有关规定执行。有关车主应按规定提交相关材料，并填写《"老旧汽车报废更新"补贴资金申请表》(详见附3)，各地应按《"老旧汽车报废更新"补贴资金发放统计表》报送信息。

第三十三条 本办法由财政部、商务部会同有关部门负责解释。

财政部、科技部、国家能源局
关于实施金太阳示范工程的通知

（财建[2009]397号）

各省、自治区、直辖市财政厅（局）、科技厅（委）、发展改革委（能源局），新疆生产建设兵团财务局、科技局、发展改革委，有关中央企业：

为促进光伏发电产业技术进步和规模化发展，培育战略性新兴产业，根据《可再生能源法》、《国家中长期科技发展规划纲要（2006-2020年）》（国发[2005]44号）、《可再生能源中长期发展规划》（发改能源[2007]2174号）和《可再生能源发展专项资金管理办法》（财建[2006]237号），中央财政从可再生能源专项资金中安排一定资金，支持光伏发电技术在各类领域的示范应用及关键技术产业化（以下简称金太阳示范工程）。为加强财政资金管理，提高资金使用效益，规范项目管理，我们制定了《金太阳示范工程财政补助资金管理暂行办法》。现印发给你们，请遵照执行。

为保证金太阳示范工程顺利实施，各省财政、科技、能源部门要加强领导，组织电网等有关单位，依据本通知及国家有关规定，抓紧制定金太阳示范工程（2009-2011年）实施方案（含按照《太阳能光电建筑应用财政补助资金管理暂行办法》（财建[2009]129号）享受财政补贴的项目），于2009年8月31日前报财政部、科技部、国家能源局，原则上每省（含计划单列市）示范工程总规模不超过20兆瓦。同时，各地区要跟踪金太阳示范工程示范项目建设和运行情况，定期将示范运行情况、财政补助资金安排使用情况以及示范推广中存在的问题报告财政部、科技部、国家能源局。

附件：金太阳示范工程财政补助资金管理暂行办法

财政部　科技部　国家能源局

二○○九年七月十六日

附：

金太阳示范工程财政补助资金管理办法

第一章 总则

第一条 根据《可再生法》、《国家中长期科技发展规划纲要》、《可再生中长期发展规划》和《可再生发展专项资金管理办法》(财建[2006]237号)，中央财政从可再生专项资金中安排部分资金支持实施金太阳示范工程。为加强财政资金管理，提高资金使用效益，规范项目管理，特制定本办法。

第二条 金太阳示范工程综合采取财政补助、科技支持和市场拉动方式，加快国内光伏发电的产业化和规模化发展，以促进光伏发电技术进步。

第三条 财政补助资金按照科学合理、公正透明的原则安排使用，接受社会各方面监督。

第二章 支持范围

第四条 财政补助资金支持范围包括：

(一) 利用大型工矿、商业企业以及公益性事业单位现有条件建设的用户侧并网光伏发电示范项目。

(二) 提高偏远地区供电能力和解决无电人口用电问题的光伏、风光互补、水光互补发电示范项目。

(三) 在太阳能资源丰富地区建设的大型并网光伏发电示范项目。

(四)光伏发电关键技术产业化示范项目，包括硅材料提纯、控制逆变器、并网运行等关键技术产业化。

(五) 光伏发电基础能力建设，包括太阳能资源评价、光伏发电产品及并网技术标准、规范制定和检测认证体系建设等。

(六) 太阳能光电建筑应用示范推广按照《太阳能光电建筑应用财政补助资金管理暂行办法》(财建[2009]129号)执行，享受该项财政补贴的项目不在本办法支持范围，但要纳入金太阳示范工程实施方案汇总上报。

(七) 已享受国家可再生电价分摊政策支持的光伏发电应用项目不纳入本办法支持范围。

第三章 支持条件

第五条 财政补助资金支持的项目必须符合以下条件：

(一) 已纳入本地区金太阳示范工程实施方案。

(二) 单个项目装机容量不低于300kWp。

(三) 建设周期原则上不超过1年，运行期不少于20年。

(四) 并网光伏发电项目的业主单位总资产不少于1亿元，项目资本金不低于总投资的30%。独立光伏发电项目的业主单位，具有保障项目长期运行的能力。

(五) 项目必须达到以下技术要求：

1.光伏发电产品及系统集成具有先进性；

2.采用的光伏组件、控制器、逆变器、蓄电池等主要设备必须通过国家批准认证机构的认证；

3.并网项目满足电网接入相关技术标准和要求；

4.配置发电数据计量设备，并正常运行。

第六条 光伏发电项目的系统集成商和关键设备应通过招标的方式择优选择。

第四章 补助标准和电网支持

第七条 由财政部、科技部、国家局根据技术先进程度、市场发展状况等确定各类示范项目的单位投资补助上限。并网光伏发电项目原则上按光伏发电系统及其配套输配电工程总投资的50%给予补助，偏远无电地区的独立光伏发电系统按总投资的70%给予补助。能源光伏发电关键技术产业化和产业基础能力建设项目，给予适当贴息或补助。

第八条 各地电网企业应积极支持并网光伏发电项目建设，提供并网条件。

用户侧并网的光伏发电项目所发电量原则上自发自用，富余电量及并入公共电网的大型光伏发电项目所发电量均按国家核定的当地脱硫燃煤机组标杆上网电价全额收购。

第九条 有条件的地方可安排一定资金给予支持。

第五章 资金的申报和下达

第十条 省级财政、科技、部门按要求编制金太阳示范工程实施方案(格式见附1)，明确示范项目建设地区、建设内容、进度安排等，联合报财政部、科技部、国家局备案。

第十一条 纳入实施方案的项目，完成立项和系统集成、关键设备招标，并由当地电网企业出具同意接入电网意见后，提出财政补助资金申请报告(格式见附2)，按属地原则，报省级财政、科技、部门。

第十二条 省级财政、科技、部门负责组织对财政补助资金申请报告进行审查汇总后，于每年2月底和8月底前联合上报财政部、科技部、国家局。

第十三条 财政部、科技部、国家局组织对各省上报项目的技术方案、建设条件、资金筹措等材料进行审核。财政部根据项目的投资额和补助标准核定补助金额，并按70%下达预算。项目完工后，项目业主单位及时向省级财政、科技、部门提出项目审核及补助资金清算申请。财政部根据项目实际投资清算剩余补助资金。

第十四条 各级财政部门按照财政国库管理制度等有关规定，拨付补助资金。

第六章 监督管理

第十五条 地方财政、科技、部门负责对示范项目实施情况进行监督检查。

第十六条 项目完工后，财政部、科技部、国家局委托有关机构对项目进行评审。

第十七条 电网企业负责按期统计示范项目发电量，并对并网光伏发电项目运行情况进行监控。

第十八条 示范项目业主单位对项目申报材料的真实性负责，对弄虚作假、骗取财政补助资金的单位，将扣回补助资金，并取消申请财政补助资金的资格。

第十九条 财政补助资金必须专款专用，任何单位不得以任何理由、任何形式截留、挪用。对违反规定的，按照《财政违法行为处罚处分条例》(国务院令第427号)等有关规定处理。

第七章 附则

第二十条 本办法由财政部会同科技部、国家局负责解释。能源

第二十一条 本办法自印发之日起施行。

关于发布推进长江干线船型标准化实施方案的公告

(2009年第24号)

为加快推进长江干线船型标准化，交通运输部、财政部和上海市、江苏省、安徽省、江西省、湖北省、湖南省、重庆市、四川省、云南省、河南省人民政府联合制定了《推进长江干线船型标准化实施方案》，现予发布，自2009年10月1日起施行。

中华人民共和国交通运输部
中华人民共和国财政部
上海市人民政府　江苏省人民政府
安徽省人民政府　江西省人民政府
湖北省人民政府　湖南省人民政府
重庆市人民政府　四川省人民政府
云南省人民政府　河南省人民政府
二〇〇九年七月二十日

附件：

推进长江干线船型标准化实施方案

长江是我国第一、世界第三大河，干流流经七省二市，是我国唯一贯穿东、中、西部的水路交通大通道，对促进地区间物资流通和流域经济发展发挥了不可替代的作用。长江航运已成为流域综合运输体系的重要组成部分，以及沿江省市外向型经济发展的重要支撑。

多年来，国家投入巨资建设长江航运基础设施，建设港口，治理航道，取得了明显成效。然而，作为内河运输系统重要组成部分的船舶，存在平均吨位小、船型杂乱、部分船舶技术落后、安全性能差等问题，影响了长江航运的竞争力。特别是三峡工程蓄水后，川江的航行条件和通航环境都发生了较大的变化。为提高三峡船闸的通过能力，保障船舶航行安全、减少船舶对库区环境造成污染，迫切要求尽快实施船型标准化。

从2003年6月三峡船闸试通航以来，交通运输部积极推动三峡库区的船型标准化工作。一方面，禁止新建非标准船进入三峡库区航运市场，并逐步禁止了200总吨以下的船舶通过三峡船闸。另一方面，组织有关科研单位陆续研究开发并公布了8个系列共42种标准船型的技术方案，公布了《川江及三峡库区运输船舶标准船型主尺度系列》。2006年，原交通部和沿江七省二市人民政府联合发布了《“十一五”期长江黄金水道建设总体推进方案》，明确提出“十一五”期间交通部和沿江有关省市将加快推进长江干线船型标准化工作。在广泛调研和征求意见的基础上，现提出推进长江干线船型标准化实施方案，具体如下：

一、指导思想

贯彻落实科学发展观，按照《全国内河船型标准化发展纲要》的总体部署和“立足现状、突出重点、政府引导、市场推动”的工作思路，以构建资源节约型、环境友好型交通为目标，以促进航运结构调整和船舶技术进步为主线，以提高三峡船闸通过能力和船舶安全、环保性能为重点，综合采取技术、经济、法律、行政等手段，稳步推进长江干线船型标准化工作，促进长江航运的可持续发展。

二、工作目标

利用五年左右时间，通过推进长江干线船型标准化，使川江及三峡库区船型标准化率达到75%以上，三峡船闸的通过能力提高10%以上，长江干线货运船舶的平均吨位达到1000载重吨以上，船舶安全技术性能明显提高。

三、实施方案

（一）实施范围和实施时间。

实施范围：长江干线运输船舶和长江主要支流干支直达运输船舶。

实施时间：2009年10月1日－2013年12月31日。

（二）针对长江不同区域的特点，采用不同的政策推进长江干线船型标准化工作。

1.对于川江及三峡库区，以提高三峡船闸的通过能力和库区船舶安全、环保性能为主要目标和切入点，严格禁止新建非标准船进入三峡库区，采用主尺度加技术方案的形式推广标准船型。对现有的非标准船，特别是安全、环保方面达不到新规范要求的船舶加快更新改造。禁止小吨位船舶通过三峡船闸，鼓励其提前退出航运市场。

（1）从2013年1月1日起，禁止600总吨以下商船通过三峡船闸。但2003年10月1日以后新建的符合《川江及三峡库区运输船舶标准船型主尺度系列》及标准船型强制性指标的船舶和重大件船、运输鲜活货的船舶除外。

（2）从2013年1月1日起，禁止生活污水排放达不到规范要求的客船（含载货汽车滚装船）以及单壳油船、单壳化学品船进入三峡库区航运市场。

2.对于长江中下游非限制航段，采用引导的方式推广标准船型，依托骨干航运企业开发主流船型的技术方案，通过示范作用，引导市场船型逐步向标准化方向发展；研究提高中下游船舶的技术要求，通过技术手段促进船舶环保、安全性能的提升。

3.在采取上述措施限制新建非标准船、推广标准船型的同时，积极采取有效措施，加快长江干线船舶运力结构调整，鼓励现有老旧船舶提前退出航运市场。

四、经济鼓励政策

为实现长江干线船型标准化的目标，财政部、交通运输部和地方人民政府筹集专项资金，制定经济鼓励政策，用于现有船舶的更新改造和淘汰。政府引导资金用于以下四个方面：

（一）鼓励过闸小吨位船舶提前退出航运市场的补贴。

为实现2013年1月1日起全面禁止600总吨以下运输船舶通过三峡船闸的目标，鼓励现有小吨位船舶提前退出航运市场，自2009年10月1日至2013年12月31日，符合下列条件的船舶，船东可申请政府补助。

1.船舶种类为运输船舶；

2.船舶总吨位在600总吨（含）以下；

3.船龄在30年（含）以下；

4.从2005年1月1日至本方案发布之日，至少有一次通过三峡船闸的过闸记录（以三峡通航管理局的数据为准）；

5.船舶相关证书（所有权证书、国籍证书、船检证书和船舶营业运输证）齐全、有效；

6.按照规定的程序，在有关省（市）交通运输主管部门认可的修造船厂将船舶拆解。

（二）鼓励长江干线老旧船舶提前退出市场的补贴。

为加快长江干线船舶运力更新，鼓励现有老旧船舶提前退出航运市场，自2009年10月1日至2013年12月31日，符合下列条件的船舶，船东可申请政府补助。

1.船舶种类为运输船舶；

2.货运船舶船龄在15年以上30年（含）以下，客运船舶船龄在10年以上25年(含)以下；

3.船舶经营范围为长江干线或长江主要支流干支直达（以船舶营业运输证核定为准）；

4.船舶相关证书（所有权证书、国籍证书、船检证书和船舶营业运输证）齐全、有效；

5.按照规定的程序，在有关省（市）交通运输主管部门认可的修造船厂将船舶拆解。

（三）三峡库区现有客船、液货危险品船改造或拆解的补贴。

为加快三峡库区生活污水排放达不到新规范要求的客船（含载货汽车滚装船）加装生活污水处理装置改造以及单壳油船、单壳化学品船的改造和拆解，自2009年10月1日至2012年12月31日期间，符合下列条件的船舶，船东可申请政府补助。

1.经营范围涵盖三峡库区（以船舶营业运输证核定为准）的客船（含载货汽车滚装船）、600总吨以上的单壳油船和单壳化学品船；

2.船舶相关证书（所有权证书、国籍证书、船检证书和船舶营业运输证）齐全、有效；

3.按照规定的程序和方式在有关省（市）交通运输主管部门认可的修造船厂将船舶改造或拆解。

（四）标准船型科研及推广经费。

继续采用政府发起和市场发起两种方式开展标准船型研发。开展长江干线船型标准化的相关政策、技术研究和国际、国内交流，并对推进船型标准化的实施效果进行跟踪。

上述政府引导资金，除标准船型科研及推广经费外，由中央和地方按照各50%的比例承担。中央补贴资金由财政部、交通运输部落实，地方承担的补贴资金由省级人民政府负责落实。申请政府补贴的具体标准、程序和资金的管理办法等由财政部会同交通运输部另行制定。

五、保障措施

（一）加强组织领导。

有关省（市）人民政府交通运输主管部门是本方案的实施主体，交通运输部及其长江航务管理局负责做好统筹协调工作。按照统一政策、全线联动的工作方针，交通运输部牵头成立领导协调机构，有关省（市）交通运输主管部门成立相应的领导机构和工作机构，负责本方案的实施，确保本方案各项措施和规定的贯彻落实。

（二）切实履行职责。

各有关航运管理、海事管理、船闸管理和船舶检验部门，要依照各自的职责，制订和完善相关规定，保证本方案的实施，对禁止通过三峡船闸或进入三峡库区的船舶，不予签证放行，不予安排通过船闸，同时为标准船型和优选船型的选用提供便利。

（三）做好宣传发动工作。

各地要结合本地实际，利用报纸、杂志、广播、电视、网络等媒体，采取座谈会、宣讲会、挂图等形式，切实做好长江干线船型标准化的宣传工作，使其得到广大船东的配合与支持。

（四）各地可根据本地区的实际情况，在本方案明确的经济鼓励政策外，制定其他的经济政策加快长江干线船型标准化工作。

工业和信息化部
关于印发钢铁行业烧结烟气脱硫实施方案的通知

（工信部节［2009］340号）

为落实《钢铁产业调整和振兴规划》（国发［2009］6号），我们组织制定了《钢铁行业烧结烟气脱硫实施方案》。现印发给你们，请遵照执行，并将有关情况及时报送我部。

二〇〇九年七月三十日

附：

钢铁行业烧结烟气脱硫实施方案

《钢铁产业调整和振兴规划》（国发［2009］6号）明确提出，未来三年内，钢铁行业要实施钢铁产业技术进步与技术改造专项，对烧结烟气脱硫等循环经济和节能减排工艺技术，给予重点支持，并对重点大中型钢铁企业节能减排提出了明确的指标要求。为落实《钢铁产业调整和振兴规划》，推动钢铁行业开展烟气脱硫，特编制本实施方案，实施期限为2009－2011年。

一、钢铁行业烧结烟气二氧化硫污染状况

目前，钢铁行业二氧化硫主要由烧结球团烟气产生，烧结球团烟气产生的二氧化硫占钢铁企业排放总量70%以上，个别企业达到90%左右（不含燃煤自备电厂产生的二氧化硫）。

据统计，2008年全国重点统计的钢铁企业二氧化硫排放量约110万吨，其中烧结二氧化硫排放量约80万吨。

（一）烧结烟气的特点

我国钢铁行业烧结烟气成分复杂，波动性较大，具有以下特点：一是烟气量大，一吨烧结矿产生烟气在4000~6000立方米；二是二氧化硫浓度变化大，范围在400~5000mg/N立方米之间；三是温度变化大，一般为80℃到180℃；四是流量变化大，变化幅度高达40%以上；五是水分含量大且不稳定，一般为10%~13%；六是含氧量高，一般为15%～18%；七是含有多种污染成份，除含有二氧化硫、粉尘外，还含有重金属、二恶英类、氮氧化物等。这些特点都在一定程度上增加了钢铁烧结烟气二氧化硫治理的难度。

（二）烧结装备及脱硫装置情况

治理烧结烟气二氧化硫污染主要通过在烧结机上安装脱硫装置来完成。据统计，我国现有烧结机500余台，烧结机总面积53820m^2，生产能力达58950万吨，平均单台烧结机面积122 m^2。

截至2009年5月底，我国已建成烧结烟气脱硫装置35套，实现脱硫的烧结机共40台，烧结机总面积6312m^2，形成烧结烟气脱硫能力8.2万吨。已投入运行的烧结烟气脱硫装置采用的工艺主要有循环流化床法、氨-硫铵法、密相干塔法、石灰石–石膏法等。

我国现有钢铁企业中，中央企业烧结机58台，烧结机总面积11792m^2。截至2008年底，中央企业已建成烧结烟气脱硫装置2套，实现脱硫的烧结机共2台，烧结机总面积675m^2，形成烧结烟气脱硫能力0.79万吨。

（三）存在的主要问题

1. 缺乏成熟的烧结脱硫技术。目前已投入运行的烧结烟气脱硫装置采用的脱硫工艺主要有循环流化床法、氨–硫铵法、密相干塔法、石灰石–石膏法等，这些工艺在我国处于研发和试用阶段，实际脱硫效果，有待进一步验证和评估。

2.副产物利用途径少。彻底解决烧结烟气污染问题，不但要实现烟气高效脱硫，还要解决副产物的有效利用问题。由于烧结烟气脱硫产生的副产物成分复杂，目前还缺乏有效的利用途径。

3.脱硫装置投资大、运行费用高。烧结脱硫装置投资约占烧结机投资的20%～50%，吨烧结矿脱硫运行成本5～14元。投资大、运行成本高是制约安装脱硫装置的重要因素。

4.有效监管不够。大多数钢铁企业没有安装烧结烟气在线监测设备，对钢铁企业烧结排放二氧化硫的监管主要采用间断的监测方式，无法对排放二氧化硫浓度及总量准确监控。

二、烧结脱硫的指导思想、主要原则和目标任务

（一）指导思想

以科学发展观为指导，按照《中华人民共和国环境保护法》、《中华人民共和国大气污染防治法》等法律法规要求，认真落实《钢铁产业调整和振兴规划》，通过安装烧结烟气脱硫装置，削减钢铁行业烧结烟气二氧化硫排放量，并通过烧结脱硫工程后评估，引导和推进钢铁行业二氧化硫减排工作。

（二）实施原则

1.科学评估，分步实施。依据相关政策、法规和标准，充分考虑企业烧结烟气的特点，对不同烧结烟气脱硫工艺技术进行评估论证，为钢铁行业推广烧结烟气脱硫技术提供参考，引导企业分步开展烧结脱硫装置能力建设。

2.突出重点，央企先行。加快实施处于两控区、环境重点区域（珠三角、长三角和京津冀）、环境保护重点城市及使用高硫原、燃料的钢铁企业烧结烟气脱硫。中央企业应起表率作用，在烧结烟气脱硫工程建设中发挥模范带头作用。

3.结合实际，选择工艺。各钢铁企业根据实际情况，遵循经济有效、安全可靠、资源节约、综合利用的原则，因地制宜选取经济适用的脱硫工艺和技术。

（三）主要目标

在2009年5月底已形成烧结烟气脱硫能力8.2万吨的基础上，2011年底前钢铁行业新增烧结烟气脱硫能力20万吨（其中中央企业10万吨）。2011年钢铁行业烧结烟气排放二氧化硫不超过64.5万吨，重点大中型企业吨钢二氧化硫排放量小于1.8kg，满足《钢铁产业调整和振兴规划》提出的指标要求，烧结烟气二氧化硫污染初步得到治理。

（四）主要任务

1.开展烧结脱硫工程后评估工作。对已建成烧结脱硫工程，组织行业专家，评价其技术先进性、装置可靠性、投资及运行经济性等指标，在此基础上，提出适合我国国情的烧结脱硫技术和工艺目录，引导促进烧结脱硫技术的规范发展。

2.分步实施，有序推进烧结脱硫工作。新建烧结机要按“三同时”原则，配套建设烧结烟气脱硫装置。现役烧结机按本实施方案要求建设烟气脱硫装置，三年内新增烧结脱硫装置能力20万吨。

3.注重脱硫副产物综合利用。将烧结脱硫副产物的利用纳入钢铁企业固体废物综合利用体系中，积极探索脱硫副产物的利用途径。

三、分步实施计划

到2011年，新增烧结机脱硫面积15800m^2，形成脱硫能力20万吨。其中中央企业新增烧结机脱硫面积7700m^2，形成脱硫能力10万吨。

——2009年实施脱硫的烧结机面积4100m^2，形成脱硫能力4万吨。其中中央企业实施脱硫的烧结机面积1900m^2，形成脱硫能力2万吨。

——2010年实施脱硫的烧结机面积7700m²，形成脱硫能力11.5万吨。其中中央企业实施脱硫的烧结机面积3300m²，形成脱硫能力4.6万吨。

——2011年实施脱硫的烧结机面积4000m²，形成脱硫能力4.5万吨。其中中央企业实施脱硫的烧结机面积2500m²，形成脱硫能力3.4万吨。

四、保障措施

（一）加强政策支持

1.按照《钢铁产业调整和振兴规划》要求，把钢铁烧结脱硫项目纳入节能减排重点工程予以支持。地方工业主管部门在安排地方财政节能减排资金时，要优先支持钢铁烧结脱硫项目。我部会同有关部门安排技术改造资金时，将优先支持烧结脱硫项目。对拥有自主知识产权，适合我国特点的烧结脱硫技术与装备项目，给予重点支持。

2.鼓励采用多种方式融资建设烧结脱硫工程。采用多种融资方式，积极利用社会投资，建设烧结脱硫工程。如采用BOO、BOT等方式建设、运行脱硫装置，积极推进污染治理市场化。

（二）加大监管力度

1.安装烧结烟气在线监控装置。钢铁企业应安装烧结烟气在线监测装置，监测设备应与当地环保部门监控系统直接联网，实时传送数据。

2.加大对烧结脱硫装置的监管力度。各级工业主管部门要加大钢铁企业脱硫装置的验收工作，积极配合环保部门定期发布当地钢铁企业环保达标公告。

3.加强环境统计制度建设。企业应建立烧结脱硫数据统计制度，建立脱硫设施运行台帐，定期向当地相关部门通报排污情况。

（三）加强组织实施

1.各级工业主管部门、中央钢铁企业要按照本《方案》的要求，制定本地、本企业烧结脱硫计划，并组织推动项目实施，于每年2月底之前将上一年度烧结脱硫进展情况上报我部。

2.各钢铁企业要高度重视烧结脱硫工作，成立专门的工作班子，明确责任和任务，按照烧结脱硫计划要求，认真实施本企业烧结脱硫项目。加强脱硫日常运行管理工作，客观、真实向有关部门上报脱硫工程实施情况。

3.各脱硫工艺设计单位、工程承包商、设备供应商和中介机构要加强行业自律，提高服务意识，共同努力，按本方案要求加快实施烧结烟气脱硫工程。

关于公布 2009 年中国低碳技术化石燃料并网发电项目区域电网基准线排放因子的公告

为了更准确、更快捷地开发符合CDM方法学ACM0013－“使用低碳技术的 新建并网化石燃料电厂的整合基准线和监测方法学”的发电项目，中国国家 发展和改革委员会应对气候变化司组织专家研究确定了针对该方法学的中国区 域电网基准线排放因子，并征询了指定经营实体（DOE）意见。DOE一致认为 该排放因子数据真实、计算合理、结果可信。现将计算主要过程及结果公布如下， 供CDM项目业主、开发商、咨询机构和DOE在编写和审定项目文件时参考引用。

一、区域电网划分

为便于中国低碳技术化石燃料并网发电 CDM 项目确定基准线排放因子，现 将区域电网统一划分为东北、华北、华东、华中、西北和南方电网，不包括西藏 自治区、香港、澳门和台湾省。由于南方电网下属的海南省为孤立岛屿电网，海 南电网单独列出。上述区域电网边界包括的地理范围如表 1 所示：

表 1 区域电网划分

电网名称	覆盖省市
华北区域电网 东北区域电网 华东区域电网 华中区域电网 西北区域电网 南方区域电网 海南电网	北京市、天津市、河北省、山西省、山东省、内蒙古自治区、辽宁省、吉林省、黑龙江省 上海市、江苏省、浙江省、安徽省、福建省 、河南省、湖北省、湖南省、江西省、四川省、重庆市、 陕西省、甘肃省、青海省、宁夏自治区、新疆自治区、广东省、广西自治区、云南省、贵州省、海南省

二、基准线排放因子计算方法

根据方法学 ACM0013(02.1 版)，基准线排放因子是最终确定的基准线的排放 因子（选项 1）、区域电网内效率排名前 15%电厂的平均排放因子(选项 2)两者 中的数值最低者。本公告是针对选项 2 计算的基准线排放因子。

对于选项 2，区域电网内效率最高的前 15%电厂j（即在同一类电厂中）平均排放因子的计算公式如下：

其中：

$$EF_{BL.CO2,y}=\frac{\sum_{j} FC_{j,X} * NCV_{j,x} * EF_{CO_2,j,x}}{\sum_{j} EG_{j,x}}$$

$EF_{BL,CO2,y}$ ——y 年的基准线排放因子 (tCO_2/MWh)；

$FC_{j,x}$——x 年电厂j 的煤炭消耗（质量单位）；

$NCV_{j,x}$——电厂j 在 x 年消耗的煤炭的净热值（GJ /质量单位）；

$EFCO_{2,j,x}$——电厂j 在 x 年消耗的煤炭的CO_2排放因子（tCO_2 /GJ）；

$EG_{j,x}$——电厂j 在 x 年净上网电量(MWh)；

x——项目开始前最近的、数据可得的年份，即 2007 年；

j——在确定的区域电网内，与拟建项目具有相似规模和负荷、并使用煤炭作 燃料的所有电厂中，效率排在前 15% 的电厂 j（不包括热电联 产，包括已注册的 CDM 项目）。

确定效率排在前 15% 的电厂 j 按照以下步骤进行：

步骤 1：确定与项目活动类似的电厂

类似电厂的样本群包括所有燃煤发电电厂（不包括热电联产）。这些电厂是：

- 过去 5 年中建设的；
- 与项目活动具有可比的装机规模，即项目装机规模的 50%–150%之间；
- 与项目活动的负荷类型一致，即基荷 3000 小时以上的电厂；
- 在项目活动开始前一年已向电网供电。

步骤 2：决定地理边界

选择电厂所连接的电网作为边界，并且在电网边界内确定的类似电厂的样本群数量 N 至少为 10 个。如果按照步骤 1 确定的类似电厂数目少于 10，地理边界 应扩大到国家。如果仍然少于 10 个电厂，边界应扩大到邻近非附件 1 国家，并 以此递推至所有非附件 1 国家、附件 1 国家或 OECD 国家。

步骤 3：确定样本群

确定样本群中所有的电厂 n，根据步骤 2 确定边界范围内样本群电厂的数量N。样本群中包括边界内所有符合步骤 1 的已注册的 CDM 项目。

步骤 4：确定机组效率

采用最近一年可获得的数据，计算步骤 3 确定的每个电厂 n 的效率。样本群 中每个电厂 n 的效率按照以下公式计算：

其中：

$$\eta_{n,x} = 3.6 * \frac{EG_{n,x}}{FC_{n,x} * NCV_{n,x}}$$

$\eta_{n,x}$——电厂 n 在 x 年的运行效率；

$EG_{n,x}$——电厂 n 在x年向电网净输送的电量(MWh)；

$FC_{n,x}$——电厂 n 在 x年发电煤炭消耗量(质量单位) NCVn,x,；

$NCV_{n,x}$——电厂 n 在 x 年煤炭的净热值 (GJ /质量单位)；

3.6——GJ 向 MWh 的转换系数；

n——在确定的地理边界中所有与拟建项目具有相似规模、负荷，发电燃料为 煤炭的电厂；

x——拟建项目开始前数据可得的最近年份，即 2007 年。

步骤 5：确定效率排前 15%的电厂 j

将样本群电厂 N 的效率从高到低排序，确定效率排序前 15%的电厂 j，电厂J（电厂 j 的总数）的数量应为 N（步骤 3 确定的样本群总量）的 15%（若为小 数，则下舍入）。如果电厂 j 的发电量小于样本群电厂 n 总发电量的 15%，应扩 大电厂 j 数量直到达到总发电量的 15%。

上述所有过程都进行了清楚透明的纪录，包括步骤 3 和步骤 5 确定的电厂及 其装机容量、发电量、厂用电量和燃料消耗等相关数据。

三、数据来源

各区域电网电厂的装机容量、发电量、厂用电量、煤耗量等数据来源为中国 电力企业联合会的统计；标煤的热值等数据来源为《2008 中国能源统计年鉴》； 煤炭的潜在排放系数和碳氧化率来源为 2006 IPCC Guidelines for National Gre enhouse Gas Inventories Volume 2 Energy，第一章 1.21–1.24 页的表 1.3 和表 1.4。

四、基准线排放因子数值

表2　适用于各类装机、并于2008年开工项目的排放因子数值

单位：（tco_2/MWh）

	60万千瓦	66万千瓦	100万千瓦
华北区域电网	0.8806	0.8732	0.8578
东北区域电网	–	0.8811	–
华东区域电网	0.8530	0.8481	0.8327
华中区域电网	0.8655	0.8598	0.8547
西北区域电网	0.9041	0.9057	–
南方区域电网	0.8798	0.8774	0.8769
全国	0.8665	0.8607	0.8494

注：1. 没有数值的电网是因为样本电厂不足10个，可采用全国数值。
2. 如需要，具体计算过程可供DOE查询。
3. 将根据数据的可获得性适时更新。

国家发展改革委应对气候变化司

二〇〇九年九月

工业和信息化部关于加强工业和通信业清洁生产促进工作的通知

工信部节［2009］461号

各省、自治区、直辖市工业和信息化主管部门，有关中央企业：

为深入贯彻落实科学发展观，全面实施《中华人民共和国清洁生产促进法》，推动工业和通信业节能、降耗、减排、增效，加快工业结构调整和工业经济发展方式转型，现就加强工业和通信业清洁生产促进工作通知如下：

一、充分认识新时期加强工业和通信业清洁生产促进工作的重要意义

党的十七大明确提出，必须把建设资源节约型、环境友好型社会放在工业化、现代化发展战略的突出位置。前进中面临的突出问题之一是经济增长的资源环境代价过大。要求建设科学合理的能源资源利用体系，提高资源利用效率。我国工业污染防治除了要注重传统的末端治理外，更要加强源头削减、全过程控制。源头预防和末端治理并举是工业污染防治的有效途径。清洁生产体现的是预防为主、全过程控制的思想，是通过加强和改进产品研发设计、原材料及能源选择使用、工艺过程、回收再利用、企业管理等环节控制，提高资源、能源使用效率，减少或者避免污染物的产生和排放，提高企业效益的措施。其本质是减少资源、能源消耗，从源头避免和削减污染物的产生，减少环境污染的重要措施。

工业是资源、能源消耗和污染物排放的重点领域，资源、能源消耗约占全国总量的70%，化学需氧量（COD）、二氧化硫（SO_2）排放量分别占35%和86%。做好工业和通信业清洁生产促进工作，降低能源资源消耗，减少污染物排放，既是节能减排工作的重要任务，也是促进产业升级、技术进步、管理创新的重要措施，是转变工业发展方式的根本途径，是我国走新型工业化道路、实现可持续发展的必然要求。

《清洁生产促进法》实施以来，国家和地方陆续出台了一系列促进清洁生产的政策措施，取得了明显成效。但是，从企业审核数量、政府引导力度、中高费方案中的项目实施情况等方面看，与《清洁生产促进法》的要求还有很大差距。2003年至2008年底，全国仅10,965家工业企业开展了清洁生产审核，占全国规模以上工业企业总量的3.25%；实施中高费方案中的项目数量只占方案提出项目的25%；地方政府累计共安排4.8亿元财政资金支持清洁生产，仅占企业清洁生产投资总额的1.8%。

为更好地实施《清洁生产促进法》，切实转变工业和通信业发展方式，必须进一步提高对工业领域推行清洁生产重大意义的认识，加大工作力度，创新工作模式，加快推进工业和通信业实施清洁生产。

二、突出重点，加大清洁生产促进工作力度

（一）制定清洁生产推行规划。地方工业和信息化主管部门（以下简称“地方主管部门”）应结合本地产业结构,重点流域、重点区域污染防治要求,资源能源消耗、污染物排放等实际情况，突出能源资源消耗高、污染排放量大的重点工业行业、工业园区需要，以加快结构调整、促进产业升级、实现节能减排为目标，制定清洁生产推行规划。加强与有关部门的沟通衔接，将清洁生产工作纳入地方经济社会发展规划。中央企业要制定符合本单位实际情况、有针对性的清洁生产推行规划，纳入企业发展规划，组织集团内企业全面实施清洁生产。各地和中央企业要在2010年底前完成规划编制工作。

（二）开展清洁生产审核工作。地方主管部门要结合节能减排任务要求、地区行业特点，按轻重缓急，制定清洁生产审核年度计划。加大对重点行业、重点企业和工业园区的宣传培训力度，鼓励企业自愿开展清洁生产审核。配合环境保护部门筛选和公布强制性清洁生产审核企业名单，加强对强制性审核企业开展清洁生产审核的指导。中央企业要在确保完成强制性清洁生产审核的同时，积极主动开展自愿性清洁生产审核。

（三）建立清洁生产审核评估制度。清洁生产审核评估是确保审核质量的重要措施。地方主管部门要建立清洁生产审核评估制度，制定清洁生产审核评估办法，组织专家或委托相关机构对审核过程、报告质量、方案实施情况进行系统评估，公布通过清洁生产审核评估的企业名单，引导和推动审核工作有针对性、高质量地开展。

（四）切实实施清洁生产中高费项目。实施中高费项目是清洁生产工作的重点，直接关系到清洁生产的效果。各地主管部门要根据审核情况，建立项目储备库，跟踪项目实施情况。对通过审核评估企业的中高费项目要优先纳入区域、重点行业治理规划，在地方技术改造和节能减排项目中予以重点支持。地方主管部门要鼓励并采取措施支持企业实施提标改造。

（五）开发推广先进清洁生产技术。依靠科技创新，提升技术水平，是清洁生产工作的关键。地方主管部门要组织提出本地区清洁生产的重大技术和关键技术需求，加强与有关部门沟通协调，将其纳入地方科技发展规划予以支持。要加强先进技术的应用示范，积极组织开展后评估，公示评估结果，引导先进技术的推广。对国家清洁生产技术导向目录或清洁生产推行方案中公布的先进适用清洁生产技术，要加大宣传推广力度，引导、支持企业在清洁生产技术改造中优先采用。

（六）加强支撑体系建设。要充分发挥已有清洁生产咨询服务机构的作用，为清洁生产审核、方案实施、后评估等提供技术支撑服务。地方主管部门要支持各类清洁生产服务机构与节能机构的联合与协作，为企业开展清洁生产提供高效、专业化的服务。建立咨询机构业绩考评机制，促进咨询服务质量的提高。要建立和完善清洁生产信息系统，向社会提供清洁生产技术和方法、可再生利用的废物供求以及清洁生产政策等方面的信息和服务。

三、采取措施，促进各项工作落实

（一）加强组织领导。地方主管部门、中央企业要依法加强对清洁生产工作的组织协调和指导，建立责任明确、分级负责、共同推进的管理体系。要加强对清洁生产审核项目实施情况等监督检查。

（二）加强政策支持和引导。地方主管部门要加强与地方有关部门的协调配合，积极落实清洁生产促进政策，建立清洁生产专项资金，加大地方财政对清洁生产的支持力度。加强与银行等金融机构的沟通和衔接，将企业清洁生产中高费项目列入绿色信贷支持计划，对通过清洁生产审核评估的企业优先发放贷款。对自愿审核、实施清洁生产方案并取得显著效果的企业，在当地主要媒体和地方主管部门网站公布名单，予以表彰。工业和信息化部在会同有关部门安排中央投资技术改造项目时，将优先支持通过审核评估的中高费清洁生产项目；对已通过省级主管部门清洁生产审核评估的中小企业节能减排项目，中小企业发展专项资金将优先支持。

（三）建立信息报送和通报制度。地方主管部门和中央企业要按照《工业和信息化部办公厅关于报送工业和通信业清洁生产工作情况的通知》（工信厅节函[2009]224号）要求，做好信息报送工作；按本通知要求编制并及时向我部报送清洁生产推行规划；每年12月底前，向我部报送当年清洁生产工作总结。工业和信息化部将定期通报地方和中央企业开展清洁生产工作的情况。

工业和信息化部

二〇〇九年九月十四日

关于印发半导体照明节能产业发展意见的通知

发改环资〔2009〕2441号

半导体照明是继白炽灯、荧光灯之后照明光源的又一次革命。半导体照明技术发展迅速、应用领域广泛、产业带动性强、节能潜力大，被各国公认为最有发展前景的高效照明产业。为推动我国半导体照明节能产业健康有序发展，培育新的经济增长点，扩大消费需求，促进节能减排，特制订本意见。

一、半导体照明节能产业发展现状与趋势

半导体照明亦称固态照明，是指用固态发光器件作为光源的照明，包括发光二极管（LED）和有机发光二极管（OLED），具有耗电量少、寿命长、色彩丰富、耐震动、可控性强等特点。上游产业外延材料与芯片制造，属于技术和资金密集行业；中游产业器件与模块封装以及下游产业显示与照明应用，属于技术和劳动密集行业。

20世纪90年代以来，半导体照明技术不断突破，应用领域日益扩展。在指示、显示领域的技术基本成熟，已得到广泛应用；在中大尺寸背光源领域的技术日趋成熟，市场占有率逐步提高；在功能性照明领域的技术刚刚起步，处于试点示范阶段。此外，医疗、农业等特殊领域的半导体照明技术方兴未艾。

近几年，半导体照明产业发展迅速，美国、日本、欧洲、韩国、我国台湾地区在不同领域具有较强优势，全球产值年增长率保持在20%以上。我国先后启动了绿色照明工程、半导体照明工程，在十大重点节能工程、高技术产业化示范工程、企业技术升级和结构调整专项、863计划新材料领域中先后支持半导体照明技术的研发和产业化项目，具备了较好的研发基础，初步形成了完整的产业链，并在下游集成应用方面具有一定优势。2008年我国半导体照明总产值近700亿元，其中芯片产值19亿元，封装产值185亿元，应用产品产值450亿元。从长远发展看，世界照明工业正在转型，许多国家提出淘汰白炽灯、推广节能灯计划，将半导体照明节能产业作为未来新的经济增长点。随着我国产业结构调整、发展方式转变进程的加快，半导体照明节能产业作为节能减排的重要措施迎来了新的发展机遇期。

二、半导体照明节能产业发展存在的主要问题

虽然我国半导体照明节能产业发展取得积极进展，但是还面临着许多急需解决的问题。

（一）专利和核心技术缺乏。目前半导体照明的主流技术专利多为发达国家所控制，企业发展面临的专利风险日益加大。核心装备MOCVD（金属有机源化学气相沉积设备）基本依赖进口。研发投入不足，缺乏支持基础理论研究的长效机制，共性技术研发平台尚不完善，关键技术研发没有形成合力。

（二）产业整体水平较低。我国半导体照明生产企业超过3000家，其中70%集中于下游产业，且技术水平和产品质量参差不齐。国产LED外延材料、芯片以中低档为主，80%以上的功率型LED芯片、器件依赖进口。企业规模小，集中度低，产品不定型，不利于形成竞争优势和知名品牌。

（三）标准和检测体系尚未建立。检测设备、检测方法研发和标准制定工作不能适应产业快速发展的要求。半导体照明产品的标准与检测体系建设亟待完善，权威检测平台尚未建立，无法对现有半导体照明产品进行质量评价或认证。

（四）低水平盲目投资现象严重。目前不少地方将半导体照明节能产业作为发展的重点产业，加大支持力度，但也同时存在盲目投资、低水平建设的现象，一些地方政府不顾经济效益对道路照明进行盲目改造，过度投入景观照明，导致产业无序竞争，产品质量良莠不齐，资源浪费严重，影响消费者信心，不利于产业健康发展。

三、半导体照明节能产业发展的指导思想、基本原则、发展目标及重点领域

（一）指导思想

全面落实科学发展观，围绕扩内需、保增长、调结构、惠民生，大力实施绿色照明工程，以增强自主创新能力和扩大绿色消费需求为主线，以抢占未来竞争制高点为目标，以市场为导向、以企业为主体、以试点示范工程为依托，以改善制约产业发展环境为手段，形成一批拥有自主知识产权、知名品牌和较强市场竞争力的骨干企业，实现技术上的重点突破和产业上的重点跨越，培育振兴我国半导体照明节能产业，推动节能减排，促进经济平稳较快发展。

（二）基本原则

坚持扩大内需与长远发展相结合。发展半导体照明节能产业代表世界照明工业的未来发展方向，不仅是应对金融危机、保持经济平稳较快发展的重要突破口，也是催生新技术革命、培育新兴产业、促进节能减排、应对全球气候变化的重要途径。

坚持产业发展与结构优化相结合。发展半导体照明节能产业，要从区域产业实际出发，注重推动传统照明行业的结构优化，提升半导体照明上下游企业的资源整合和产业集中，带动关联产业的协同发展，实现区域产业结构的优化升级。

坚持技术引领与需求带动相结合。半导体照明节能产业要以技术创新为支撑、社会需求为导向谋求发展。企业在遵循产业发展规律、增强自主创新能力的同时，要努力把握市场脉搏，积极拓展消费市场，形成以市场应用促进

科技创新、以科技创新带动市场需求的良性循环。

坚持政府引导与市场机制相结合。发展半导体照明节能产业要在政府宏观政策引导下充分发挥市场配置资源的基础性作用，创新体制机制，形成有利于产业发展的政策环境和市场环境，调动市场主体的积极性。

（三）发展目标

到2015年，半导体照明节能产业产值年均增长率在30%左右；产品市场占有率逐年提高，功能性照明达到20%左右，液晶背光源达到50%以上，景观装饰等产品市场占有率达到70%以上；企业自主创新能力明显增强，大型MOCVD装备、关键原材料以及70%以上的芯片实现国产化，上游芯片规模化生产企业3-5家；产业集中度显著提高，拥有自主品牌、较大市场影响力的骨干龙头企业10家左右；初步建立半导体照明标准体系；实现年节电400亿千瓦时，相当于年减排二氧化碳4000万吨。

（四）重点领域

技术与装备。支持MOCVD装备、新型衬底、高纯MO源（金属有机源）等关键设备与材料的研发；开展氮化镓材料、OLED材料与器件的基础性研发；支持半导体照明应用基础理论研究，包括光度学、色度学、测量学等；攻克半导体照明产业化共性关键技术，包括大功率芯片和器件、驱动电路及标准化模组、系统集成与应用等技术。

照明产品。开发和推广替代白炽灯、卤钨灯等节能效果显著、性价比高的半导体照明定型产品；开发和推广停车场、隧道、道路等性能要求高、照明时间长的功能性半导体照明定型产品；发展中大尺寸液晶显示背光源、汽车照明等增长潜力大的半导体照明产品；发展医疗、农业等特殊用途的半导体照明产品。

服务体系。完善具有国际水平的半导体照明产品检测平台；支持建立公共信息服务、跨学科设计创意以及人才培养平台；鼓励开展节能诊断、咨询评价、产品推广、宣传培训等服务；推广合同能源管理、需求侧管理等节能服务新机制。

四、半导体照明节能产业发展的政策措施

（一）统筹规划，促进产业健康有序发展

各级发展改革、经贸、科技、工业和信息化、财政、住房城乡建设、质检等主管部门要按照职责分工，各司其职，加强协调，形成合力，积极推进半导体照明节能产业健康有序发展。加强对半导体照明节能产业发展的指导，严格落实国家产业政策和项目管理规定，科学规划，合理布局，避免盲目扩张和低水平重复建设，不断提高产业集中度，推动区域产业专业化、特色化、集群化发展。加强城市道路照明、景观照明新建和改建工程的论证工作，统一规划设计，避免盲目拆换和过度亮化。

（二）继续加大半导体照明技术创新支持力度

科技部、国家发展改革委、工业和信息化部等部门要继续通过国家973计划、863计划、高技术产业化示范工程等渠道，加大对半导体照明领域的科学研究和技术应用的支持力度；有效整合和利用现有科技资源，加强国家重点实验室、国家工程实验室、国家工程中心建设，形成基础科学研究的长效机制以及成果可转移、利益可共享的合作开发机制。通过引进消化吸收再创新，联合各方集中攻克MOCVD装备等核心技术。组织实施“十城万盏”工程，结合市场需求，不断强化产品的集成创新。进一步实施专利战略，建立专利池，增强产业核心竞争力。

（三）稳步提升半导体照明产业发展水平

国家发展改革委、财政部、科技部、工业和信息化部、住房城乡建设部等部门以及地方政府要加大投入，积极引导社会投资，重点支持有一定规模和技术实力，特别是拥有自主知识产权的企业，通过技术改造扩大生产规模，提升核心竞争力和产业化水平。组织实施半导体照明试点示范工程，通过中央预算内投资支持一批示范项目，包括道路、工矿企业、商厦和家庭等功能性照明的新建和改造，并加强监督和评估。支持优势企业兼并重组，提高产业集中度和规模化水平，培育形成一批龙头企业和知名品牌。

（四）积极推动半导体照明标准制定、产品检测和节能认证工作

国家质检总局、国家发展改革委、财政部、工业和信息化部、科技部、住房城乡建设部要加强半导体照明产品相关基础标准、产品标准和测试方法标准的研究，加大检测设备投入，提高国家级检测机构对半导体照明产品的检验和测试能力。尽快制定出台重点支持和推广半导体照明产品的技术规范。研究建立半导体照明标准体系，逐步

出台产品的检测标准、安全标准、性能标准和能效标准，积极参与国际标准制定。针对不同的半导体照明产品分重点、有步骤地研究开展节能认证工作。

（五）积极实施促进半导体照明节能产业发展的鼓励政策

各级财税、发展改革、科技等部门要推动落实国家对生产新型节能照明产品的企业，从事国家鼓励发展的项目进口自用设备以及按照合同随设备进口的技术及配套件、备件，在规定范围内免征进口关税的优惠政策。鼓励采购国产MOCVD装备，建立使用国产装备的风险补偿机制，支持关键装备国产化。推动将半导体照明产品和关键装备列入节能环保产品目录，享受相应鼓励政策。推动将半导体照明产品纳入节能产品政府采购清单。在道路、工矿企业、商厦和家庭等领域选择推广相对成熟的半导体照明产品，条件成熟时纳入财政补贴政策支持范围。

（六）广泛开展半导体照明节能的宣传教育和人才培养

各地区、有关部门要积极开展科学的舆论宣传，正确认识半导体照明产品的优势和不足，科学投资，理性消费，为半导体照明节能产业发展营造良好的舆论环境。抓好人才培养，支持高等院校、职业学校、研究机构开设相关学科教育。引导人才合理流动，创造良好的人才培养、引进和流动环境。

（七）加强区域和国际间的交流与合作

有关部门要研究出台相关措施，加快海峡两岸半导体照明在标准、检测、应用等领域的交流与合作。积极推动与联合国开发计划署、全球环境基金等国际组织和有关国家政府，在逐步淘汰白炽灯、加快推广节能灯等领域的合作，提出我国逐步淘汰白炽灯、加快推广节能灯以及半导体照明产品的路线图和专项规划。开展半导体照明国际技术交流，与有关国际组织和国家建立合作机制，引进国外的先进技术和管理经验，不断拓展半导体照明国际合作的领域和范围。

国家发展改革委　科技部　工业和信息化部
财政部　住房城乡建设部　国家质检总局
二○○九年九月二十二日

中华人民共和国实行能源效率标识的产品目录(第五批)

2009年第17号公告

根据《能源效率标识管理办法》（国家发展改革委和国家质检总局第17号令）规定，国家发展改革委、国家质检总局和国家认监委组织制定了《中华人民共和国实行能源效率标识的产品目录（第五批）》、《自动电饭锅能源效率标识实施规则》、《交流电风扇能源效率标识实施规则》、《交流接触器能源效率标识实施规则》、《容积式空气压缩机能源效率标识实施规则》和修订后的《家用电冰箱能源效率标识实施规则》，现予公告，自2010年3月1日起实施。国家发展改革委、国家质检总局、国家认监委2004年71号公告中的《家用电冰箱能源效率标识实施规则》同时废止。2010年3月1日前出厂或进口的产品，可延迟至2011年3月1日前加施能效标识。

附件（略）

国家发展改革委
国家质检总局
国家认监委
二○○九年十月二十六日

应对气候变化林业行动计划（节录）

第一部分 导言（略）

第二部分 林业与气候变化

一、森林在应对全球气候变化中具有独特作用（略）

二、我国林业建设成就及对减缓全球气候变化的贡献

我国政府历来高度重视发展和保护森林。自1978年以来，先后在三北（东北、西北、华北）、沿海、平原、长江中上游、太行山、京津周围、淮河和太湖流域、珠江流域、辽河流域等地区实施了一系列区域性防护林体系建设工程。1998年调整林业发展布局后，启动试点并相继实施了天然林保护、退耕还林、京津风沙源治理、三北和长江等地区防护林建设、速生丰产林基地建设以及野生动植物保护六大工程。截至2008年，六大工程完成造林面积5153.74万公顷（含封山育林1475.38万公顷）。总投资2781.26亿元，其中，国家投资2416.36亿元。1981年以来，我国持续开展了全民义务植树运动。截至2008年底，全国共有115.2亿人次义务植树538.5亿株，城市绿化覆盖率由1981年的10.1%提高到35.29%，人均公共绿地面积由3.45平方米提高到8.98平方米，促进了城乡绿化，改善了人居环境。

为了保护森林，我国先后出台了9部林业法律、15部林业行政法规、43部林业部门规章、300余件地方性法规规章，形成了以《森林法》、《野生动物保护法》、《防沙治沙法》为核心的森林资源保护法律体系和以林政管理为主体，资源监测、监督为两翼的森林资源管理体系。多次实施了打击乱砍滥伐、乱征乱占林地、湿地等违法犯罪行为的专项行动。2001–2008年，全国共查处各种破坏森林资源案件331.7万起。同时，还加大了对森林火灾和病虫害的防控和自然保护区建设力度。目前，全国已建有各种类型自然保护区2531个，占国土面积的15.2%。

通过采取一系列发展和保护森林资源的措施，我国森林面积和蓄积量实现了持续增长。据第六次全国森林资源清查（1999–2003年）：我国森林面积已达1.75亿公顷，森林覆盖率为18.21%，占世界森林面积的4.5%，列世界第五；森林蓄积量124.56亿立方米，占世界总量的3.2%，列世界第六。人工林保存面积0.54亿公顷，约占全球人工林总面积的1/3，居世界首位。

我国林业建设成就得到了国际社会的广泛认可。据FAO《2005世界森林资源状况》评估报告：2000–2005年，在全球森林资源继续呈减少趋势的情况下，亚太地区森林面积出现了净增长。其中，中国森林资源的增长在很大程度上抵消了其他地区的高采伐率。FAO《2009世界森林资源状况》评估报告再次肯定了中国森林资源持续增长的成就。

我国森林面积和蓄积量的持续增长，在增加我国木材自给和改善我国生态环境的同时，也吸收固定了大量的二氧化碳。据专家估算：1980–2005年，我国通过持续不断地开展植树造林和森林管理活动，累计净吸收二氧化碳46.8亿吨，通过控制毁林，减少二氧化碳排放4.3亿吨，两项合计51.1亿吨，对减缓全球气候变暖作出了重要贡献。

森林碳储量反映了森林生态系统吸收固定二氧化碳的总体情况。不同估算方法会导致估算结果有较大差异。方精云院士等利用1977–2003年全国森林资源清查数据进行分析表明：自20世纪70年代末以来，我国森林植被碳库呈现显著增加趋势，单位面积的森林碳密度已由20世纪80年代初期每公顷36.9吨碳增加到2003年的41吨碳。

对我国森林碳汇未来变化趋势的研究结果虽然因研究方法不同而有差异，但总体趋势是：从1990–2050年期间，我国森林的碳储量将会逐步增加。

三、我国林业减缓气候变化途径和潜力初步分析

林业在减缓气候变化中的作用主要是通过增汇、减排、储存、替代四个途径来实现。具体措施包括通过植树造林、植被恢复、可持续经营森林措施增加森林碳吸收；通过合理控制采伐、减少毁林、防控森林火灾与病虫害，减少源自森林的碳排放；通过增加木质林产品使用，延长木材使用寿命，扩大木质林产品碳储量；利用木质林产品和林木果实，转化为能源以部分替代化石能源，如森林采伐和加工剩余物能源化利用、林木果实转化生物柴油等，将有助于减少化石能源使用量，从而减少碳排放。我国发展林业生物质能源具有较大潜力，应积极开发和利用。

（一）通过植树造林，扩大森林面积，增加碳汇。与主要发达国家和一些发展中国家相比，我国森林覆盖率较

低。我国尚有0.57亿公顷宜林荒山荒地、0.54亿公顷左右的宜林沙荒地、相当数量的25度以上的陡坡耕地和未利用地都可用于植树造林。同时，通过提高现有林地使用率，发展农田林网等途径，扩大我国森林面积尚有较大空间。根据《中共中央 国务院关于加快林业发展的决定》中所确定的林业中长期发展目标，到2050年，我国森林覆盖率将由现在的18.21%提高到26%以上。届时，森林碳储量将会得到较大提高。

（二）通过提高现有森林质量增加碳汇。我国现有森林资源平均蓄积量约为每公顷84立方米，每公顷林分年均生长量约为3.55立方米，大多数森林属于生物量密度较低的人工林和次生林。专家分析：我国现有森林植被资源的碳储量只相当于其潜在碳储量的44.3%。因此，通过合理调整林分结构，强化森林经营管理，在现有基础上，完全有可能将单位面积林分生长量提高1倍以上，从而大大增加现有森林植被的碳汇能力。

（三）通过加强森林保护，减少森林碳排放。首先，通过严格控制乱征乱占林地等毁林活动，减少源自森林的碳排放。我国历次森林资源清查结果表明：我国每年因乱征乱占林地而丧失的有林地面积约100万公顷左右。因此严格控制乱征乱占林地等毁林行为，对控制碳排放具有较大潜力。同时，在森林采伐作业过程中，通过采取科学规划、低强度的作业措施，保护林地植被和土壤，可减少因采伐对地被物和森林土壤的破坏而导致的碳排放。其次，发生森林火灾和病虫害都会导致储存在森林生态系统中的碳在短时间内释放到大气中。因此，通过强化对森林中可燃物的有效管理，建立森林火灾、病虫害预警系统等措施，有效控制森林火灾和病虫害发生频率和影响范围，减少森林碳排放。

（四）通过保护湿地和控制林地水土流失，减少温室气体排放。首先，湿地土壤中储存着大量的有机碳，若遭受破坏，其储存的有机碳就会分解，并向大气中排放二氧化碳等温室气体。我国现有100公顷以上的各类湿地总面积3848万公顷。由于经济社会发展，大量湿地退化或被占用。加大湿地保护力度，可以减少因湿地破坏而导致的温室气体排放。其次，森林土壤中也储存了大量有机碳，约占整个森林生态系统碳储量60%以上。通过加大生物措施，控制林地水土流失，有助于保护林地土壤，促进和加速森林土壤发育，促使非森林土壤转化为森林土壤，提高森林土壤固碳能力。

（五）通过发展林木生物质能源替代化石能源，减少碳排放。林木生物质原料通过直接燃烧、木纤维水解转化为乙醇、热解气化以及利用油料能源树种的果实生产生物柴油等途径，都可以部分替代化石能源，减少温室气体排放。据统计，我国每年有可以能源化利用的森林采伐和木材加工废弃物3亿多吨，如果全部利用，约可替代2亿吨标准煤。同时，利用现有宜林荒山荒地和盐碱地、矿山复垦地等难利用地，还可定向培育一部分能源林，扩大林木生物质替代化石能源的比例，有利于减少我国温室气体排放总量。

（六）通过增加木材使用、延长使用寿命，增加木质林产品碳储量。木材在生产和加工过程中所耗能源，大大低于制造铁、铝等材料导致的温室气体排放。用木材部分替代能源密集型材料，不但可以增加碳贮存，还可以减少使用化石能源生产原材料所产生的碳排放。研究表明：用1立方米木材替代等量水泥、砖等材料，约可减排0.8吨二氧化碳当量，还节约了能源，又减少污染。木制品只要不腐烂、不燃烧，都是重要碳库。专家初步测算：从1961到2004年期间，我国木制品碳储量约达12~18亿吨二氧化碳当量，这是林业对减缓气候变化的重要贡献。

四、气候变化对我国林业发展的影响

发展林业有助于减缓气候变化；而气候变化会引起温度、湿度、生长季节、降水和蒸发等气候因子的变化，特别是极端天气发生频率的增加，会对林业发展构成现实和潜在影响。根据我国《气候变化国家评估报告》，气候变化对我国森林和林业发展的主要影响是：未来气候的持续变暖，将会对我国森林生态系统稳定性、结构和功能产生不利影响。

从植被分布看，将可能导致我国东部亚热带、温带地区的植被普遍北移，物候期提前，主要造林树种北移，并对生物多样性构成威胁。从森林生产力看，气候变暖虽然可能会使我国森林生产力呈现不同程度的增加，但不会改变我国森林生产力目前的地理分布格局。热带、亚热带大部分地区的森林生产力增幅只有1%；寒温带和西南亚高山林区森林生产力增幅可达10%；而暖温带、温带森林生产力增幅可能在2%~8%之间。从动植物生境看，一些珍稀树种如秃杉、珙桐的分布区和大熊猫、滇金丝猴、藏羚羊等濒危野生动物栖息地将缩小，一些适应能力差的物种将加速灭绝。从森林灾情看，气候变化会导致我国区域气候特征和规律发生异常变化，加剧森林火灾发生频度和强度，如雷击火发生次数增加，防火期延长，极端火险条件和严重程度加剧等，将直接危害森林生长，并可能破坏森林生态系统结构和功能。同时，气候变暖还会使森林病虫害分布区向北扩大，发生期提前，世代数增加，发生周期缩短，发生范围和危害程度加大。同时，还会加重外来入侵病虫害危害程度，并通过影响病原体存活和变异以及媒介昆虫孳生分布和流行病学特征等，导致带菌者和疾病分布的纬度上移，对野生动物生存繁衍造成不利影响。从旱涝变迁看，在未来气候变暖情形下，我国西部沙漠和草原将可能会略有退缩而被草原和灌丛取代，但气候变暖将加剧冻土退化、冰川退缩和水资源短缺，进一步影响内陆河流。极端干旱和亚湿润干旱区将大幅度增加，全国荒漠化和水土流失总面积将呈扩大趋势。从湿地功能看，气候变暖将导致北方河流断流、湖泊萎缩、水库蓄水量减少、海平面上升，进一步导致湿地面积缩减，功能下降，沿海地区红树林生态系统将受到较大损害。

由于我国森林资源总量不足，随着工业化、城镇化进程加快，在气候变暖情景下，林地、湿地、沙地保护压力加大，将给植树造林和生态恢复带来严重挑战。因此，必须采取有效措施增强森林适应气候变化的能力。森林生态系统适应气候变化能力的提高，也有助于进一步增强森林减缓气候变化的能力。

第三部分　应对气候变化的国际进程与林业（略）

第四部分　林业应对气候变化的指导思想、基本原则和主要目标

一、指导思想

以科学发展观为指导，按照《国家方案》提出的林业应对气候变化的政策措施，结合林业中长期发展规划，依托林业重点工程，扩大森林面积，提高森林质量，强化森林生态系统、湿地生态系统、荒漠生态系统保护力度。依靠科技进步，转变增长方式，统筹推进林业生态体系、产业体系和生态文化体系建设，不断增强林业碳汇功能，增强我国林业减缓和适应气候变化的能力，为发展现代林业、建设生态文明、推动科学发展作出新贡献。

二、基本原则

（一）坚持林业发展目标和国家应对气候变化战略相结合。确定林业发展目标要充分考虑国家应对气候变化战略，把增强林业经济、生态和社会功能与增强森林减缓和适应气候变化的能力有机统一起来。在制定各级应对气候变化战略和政策中，将林业作为重要措施加以重视和支持。

（二）坚持扩大森林面积和提高森林质量相结合。一方面要继续通过扩大森林面积，加大退化湿地恢复和沙化土地的治理力度，增加林业碳汇；另一方面，要努力提高单位面积森林的年生长量和固碳能力，通过科学经营森林，将生物量和碳密度较低的林分，逐步转变为生物量和碳密度较高的林分，全面增强我国现有森林的固碳能力和相关的综合效益。

（三）坚持增加碳汇和控制排放相结合。既要通过扩大森林面积，加大退化湿地恢复和沙化土地的治理力度，以及提高现有森林质量，增加林业碳汇，又要积极采取措施，保护森林、湿地和荒漠生态系统的资源，防止森林、湿地和荒漠生态系统遭受破坏而导致储存在这些生态系统中的碳被重新排放到大气中。

（四）坚持政府主导和社会参与相结合。既要发挥政府在推进林业发展中的主导地位，又要继续坚持全民参与、全社会办林业的做法。通过多种形式，调动企业、团体、组织和个人积极参与植树造林和保护森林、增加碳汇等应对气候变化的行动。

（五）坚持减缓与适应相结合。既要通过增加森林碳汇、减少森林碳排放来增强林业减缓气候变化的作用，又要高度重视林业适应气候变化的能力，将适应作为增强林业减缓气候变化的基础加以重视，使林业减缓和适应气候变化之间形成协同效应。

三、主要目标

（一）总体目标。推进宜林荒山荒地造林，扩大湿地恢复和保护范围，加快沙化土地治理步伐。继续实施好天然林保护、退耕还林、京津风沙源治理、速生丰产用材林、防护林体系建设工程和生物质能源林基地建设；努力扩大森林面积，增强我国森林碳汇能力；重视和加强森林可持续经营，提高单位面积林地的生产力，增强单位面积森林的年生长量和固碳能力；采取有力措施，加大森林火灾、森林病虫害、野生动物疫源疫病防控力度，合理控制森林资源消耗，打击乱砍滥伐和非法征占用林地和湿地行为，切实保护好森林、荒漠、湿地生态系统和生物多样性，减少林业排放。积极强化林业生产中的适应性管理措施，努力提高林业适应气候变化能力，充分发挥林业在应对气

候变化国家战略中的作用。

（二）阶段目标。分三个阶段性目标：

1.从现在起到2010年，年均造林（含封山育林）面积400万公顷16以上，全国森林覆盖率达到20%，森林蓄积量达到132亿立方米。生态环境特别恶劣的黄河、长江上中游水土流失重点地区以及严重荒漠化地区的治理初见成效，国家重点公益林保护面积达到0.51亿公顷，50%的自然湿地得到有效保护，人工林良种使用率达到50%。届时，森林碳汇能力将得到较大增长。

2.2011-2020年，年均造林（含封山育林）面积500万公顷以上，全国森林覆盖率增加到23%，森林蓄积量达到140亿立方米。新增沙化土地治理面积占适宜治理面积的50%以上，约1.1亿公顷国家重点公益林得到有效保护，60%以上的自然湿地得到良好保护，人工林良种使用率达到65%。实现2020年森林面积比2005年增加4000万公顷，森林蓄积量比2005年增加13亿立方米的目标。届时，我国森林生态系统整体固碳功能将进一步增强，森林碳汇能力将得到进一步提高。

3.到2050年，比2020年净增森林面积4700万公顷，森林覆盖率达到并稳定在26%以上，典型生态系统得到良好保护，适宜治理的沙化土地基本得到治理，全国自然湿地得到有效保护、恢复和合理利用，全国人工林基本实现良种化，林业发展重点转向全面开展森林可持续经营阶段，森林碳汇能力保持相对稳定。

第五部分　林业应对气候变化的重点领域和主要行动

为了充分发挥林业在应对气候变化中的独特作用，根据我国林业可持续发展战略、林业中长期发展规划以及《国家方案》对林业发展的总体要求，从提高林业减缓和适应气候变化两个方面确定了以下重点领域和主要行动。

一、林业减缓气候变化的重点领域和主要行动

领域一：植树造林

行动1：大力推进全民义务植树。各级政府要继续按照全国人大《关于开展全民义务植树运动的决议》和国务院《关于开展全民义务植树运动的实施办法》，把开展好全民义务植树纳入重要议事日程，层层落实领导责任制。要认真落实属地管理制度，强化乡镇政府和城市街道办事处组织实施义务植树的职能，确保适龄公民履行义务。要加强对各部门、各单位履行义务情况的检查和监督，探索和丰富义务植树活动的实现形式，努力提高全民义务植树尽责率。要进一步调动各部门、各单位和社会各界参与造林绿化的积极性，重点抓好城市、绿色通道、村庄和校园绿化工作。

行动2：实施重点工程造林，不断扩大森林面积。天然林保护工程要切实巩固现有建设成果，继续限制项目区内天然林的商品性采伐，加强项目区内宜林荒山荒地造林，对现有天然林实施全面有效保护。

退耕还林工程要进一步加强检查验收、政策兑现、确权发证、效益监测和后期管护工作，落实基本农田建设和相关成果巩固配套政策，搞好工程质量评价，在巩固工程建设成果的基础上稳步有序推进。

京津风沙源治理工程要加强项目区内荒山荒地造林和沙化土地治理，大力推广先进实用技术与治理模式，认真执行禁止滥开垦、滥放牧、滥樵采制度，加强林分抚育和管护工作，切实巩固工程治理成果。

“三北”防护林工程要突出防沙治沙和水土流失治理，构建完善的“三北”地区农田防护林体系，重点抓好区域性防护林体系和示范区建设，进一步调动全社会力量，努力建设生态经济型防护林体系，构筑稳固的北方地区生态屏障。

长江、珠江、沿海防护林和太行山、平原绿化工程要根据不同区域的治理要求采取不同措施。长江防护林要加强对鄱阳湖、洞庭湖流域和三峡、丹江口库区水土流失治理，搞好低效林改造，巩固建设成果；珠江防护林要突出石漠化治理，加大封山育林力度，建设高效水源涵养林和水土保持林；沿海防护林要以现有森林资源为基础，进一步拓宽和完善沿海基干林带，重点加强红树林保护、恢复和管理力度，力争实现全面恢复和保护沿海红树林区及其湿地环境，提高沿海地区抵御海洋灾害的能力，最大限度地减少海平面上升造成的社会影响和经济损失；太行山绿化要着眼于建设华北平原的生态屏障，搞好河源区水源涵养林建设和保护；平原绿化要重点建设华北、东北等平原地区的高标准农田防护林，加快村屯绿化、四旁植树、平原农田林网更新改造步伐，抓好绿色通道工程建设。

重点地区速生丰产林基地建设工程要积极鼓励林产加工等用材企业发展原料林基地，建立大径材培育基地和竹

林培育基地，推动林纸、林板一体化建设。构建速生丰产用材林绿色产业带及国家木材储备基地。组织编制和落实省级工程建设规划，完善速丰林技术标准，提高工程建设质量。逐步增强人工用材林的碳汇能力。

行动3：加快珍贵树种用材林培育。在适宜地区，结合工业原料林基地、天然林保护和退耕还林工程，积极建立珍贵树种用材林培育基地。针对天然林中的珍贵树种资源进行高效栽培和可持续利用，有目的地培育珍贵天然用材林和其他用途的森林资源。优化珍贵树种用材林培育技术，选择优良林型，合理调控林分密度，优化林分结构，提高林分光能利用率和林分生产力。

领域二：林业生物质能源

行动4：实施能源林培育和加工利用一体化项目。尽快实施《全国能源林建设规划》。一是要充分利用山区、沙区等边际土地和宜林荒地，大力发展小桐子、黄连木、文冠果、光皮树等木本油料树种，建设一批以生产生物柴油为目的的油料能源林示范基地，重点抓好与中国石油天然气集团公司等合作的生物质能源项目。二是要充分利用退耕还林、防沙治沙工程发展起来的灌木资源，以及主伐、间伐、木材加工剩余物，加工成用于直燃发电或供热的高效固体成型燃料。三是要积极支持开发生物质能高效转化发电技术、定向热解气化技术和液化油提炼技术，逐步形成原料培育、加工生产、市场销售、科技开发的“林能一体化”格局。

领域三：森林可持续经营

行动5：实施森林经营项目。以提高现有森林年生长量为目标，制定和实施“人工商品林经营规划”。以提高森林生态功能为目标，制定和实施“全国重点公益林经营规划”。在国家和省级层面上，重点落实分区施策、分类管理，按照不同自然、地理特点和经济状况进行区划，合理划定公益林和商品林。针对不同区域、不同类型森林采取相应的管理政策。在县级层次上，重点开展森林经营规划，明确各类森林培育方向和经营模式。在经营单位层面上，重点编制和实施森林经营方案，将不同经营措施落实到山头地块，把主要经营任务落实到年度。在林分经营层面上，充分运用现代森林经营技术和手段，最大限度地提高林地生产力，使不同林分的目标效益最大化。在实施森林可持续经营项目中，要建设一批示范点，探索不同条件下的森林经营模式，积极推广森林可持续经营指南，建立符合我国林业发展特点的森林可持续经营指标体系。认真执行《森林经营方案编制与实施管理办法》和《生态公益林抚育技术规程》等技术规定，强化森林健康理念，不断提高森林生态系统的抗逆性和稳定性，充分发挥现有森林资源的碳汇潜力。

行动6：扩大封山育林面积，科学改造人工纯林。封山育林是一种成本较低、活动过程中温室气体排放较低的森林恢复方式。要尽可能地扩大封山育林面积，加快次生林恢复的进程。要加强对现有人工林的经营管理，对人工纯林进行适度的“抽针补阔”，逐步解决“过密、过疏、过纯”问题。尽可能避免长期在相同的立地上多代营造针叶纯林。要根据未来气候变化情景，尽量避免在我国气候带交错区域营造大面积人工纯林，努力增强人工纯林抗御极端和灾害性天气的能力。

领域四：森林资源保护

行动7：加强森林资源采伐管理。严格执行林木采伐限额制度，对公益林和商品林采伐实行分类管理。公益林要完善森林生态效益补偿基金制度，确保稳定高效地发挥其生态效益。商品林尤其是速生丰产用材林和工业原料林，要依法放活和优先满足其采伐指标。要修订《森林采伐更新管理办法》和相关采伐作业规程，促进森林资源利用管理的科学化和法制化。要在科学区划的基础上，针对不同区域，按照林业发展布局和森林主体功能要求，实行不同的采伐管理模式，将森林采伐管理与分区施策以及森林经营方案结合起来，做到有效保护和科学经营森林资源。

行动8：加强林地征占用管理。科学编制“林业发展区划”和“全国林地保护利用规划纲要”，明确不同区域林业发展的战略方向、主导功能和生产力布局。强化林地保护管理，把林地与耕地放在同等重要位置，采取最严格的保护措施，建立和完善林地征占用定额管理、专家评审、预审制度。实施林地保护利用规划和林地用途管制。严格执行征占用林地的植被恢复制度，做到林地占补平衡。最大限度的减少林地征占用造成的碳排放。

行动9：提高林业执法能力。逐步建立起权责明确、行为规范、监督有效、保障有力的林业行政执法体制，充分发挥各级林业主管部门及其森林公安、林政稽查队、木材检查站、林业工作站以及广大护林员队伍的作用，加强森林资源保护。要加大执法力度，依法严厉打击各类破坏森林资源的违法行为。对森林资源管理混乱、破坏严重的地区，要定期或不定期地开展专项整治行动。对一些重大、典型案件要一查到底，决不姑息。

行动10：提高森林火灾防控能力。坚持“预防为主、积极消灭”的原则，采取综合措施，全面提升森林火灾综合防控水平，最大限度地减少森林火灾发生次数，降低火灾损失。认真贯彻落实《森林防火条例》，加强以森林防火指挥为核心的应急管理组织体系建设。组织实施《全国森林防火中长期发展规划》，改善森林防火装备和基础设施建设水平，大力加强森林消防专业队伍建设，加快生物防火隔离带建设步伐，提高火灾应急处置能力。加强火险预报，建立森林火险预警体系和分级响应机制。加强防火宣传、火源管理、隐患排查等防范措施，不断提高全民防火意识，减少人为火灾的发生，推动森林防火由盲目设防、应急扑救为主向主动设防、有准备扑救的转变，实现“打早、打小、打了”。加大对森林防火新技术、新装备的研发引进力度，逐步扩大灭火飞机、全道路运兵车等大型灭火装备的应用范围，增强森林大火的扑救能力。加强与周边国家的联系与协商，建立突发自然火灾紧急互助机制。

行动11：提高森林病虫鼠兔危害的防控能力。坚持“预防为主、科学防控、依法治理、促进健康”的方针，做好森林病虫鼠兔危害的防治工作。修订《森林病虫害防治条例》。加强和完善应急管理和对松材线虫病、美国白蛾、椰心叶甲、红脂大小蠹、松突圆蚧、杨树蛀干害虫等重要外来有害生物和有重要影响的本土病虫害的除治。制定和实施全国林业有害生物防治2008-2015年建设规划。全面加强森林病虫鼠兔危害的监测预报工作以及1000个国家级中心测报点的建设和管理。加强和国家气象主管部门的合作，增强监测预报的科学性、时效性和准确性。加强森林病虫害的检疫执法，与海关部门密切合作，严防外来有害生物的入侵。

领域五：林业产业

行动12：合理开发和利用生物质材料。要抓好生物质新材料、生物制药等开发和利用工作。制订生物质材料开发利用规划。落实《林业产业政策要点》，避免低水平重复，控制高耗能高污染企业，促进林业循环经济发展。要在巩固木材传统应用领域的基础上，通过木质产品性能改良，积极扩大木材在建筑、包装、运输和能源等领域的应用，大力发展木质结构材。在乡村、城郊和风景区等土地资源相对丰富区域，积极推进木结构房屋的建设。大力发展性能优良的木质人造板，积极扩大木材特别是竹材在建筑门窗、墙体材料、建筑模板、集装箱底板等方面的应用。拓展木材产品应用范围，适度倡导以木材产品部分替代化石能源产品。

行动13：加强木材高效循环利用。积极推进木材工业“节能、降耗、减排”和木材资源高效、循环利用，大力发展木材精加工和深加工业。针对不同树种、不同树龄、不同部位的材性差异，采取不同加工利用技术，发挥木材的最大功能。要利用原木和采伐、造材、加工剩余物，采用新技术，生产木质重组材和木基复合材。积极发展木材保护业，加快推进木材防腐和人工林木材改性产业化，实现木材保护产品的标准化和系列化，逐步建立和完善木材保护产品质量检验检测体系，改善木材使用性能，延长木材产品使用寿命。要根据《林业产业政策要点》，抓紧制定木材工业实施细则。对限制发展的项目要提出行业准入的具体要求和限制条件。对淘汰的项目要采取得力措施限期淘汰。抓紧制定木材加工业资源综合利用条例、木材综合利用国家标准、木材工业节能降耗标准等一系列促进木材高效循环利用的法律法规和标准。积极推进木材工业企业清洁生产、资源循环利用。加强清洁生产、产品质量和环境认证工作，加强木材高效循环利用监督和产品标识管理，建立绿色环境标志和市场准入制度，从源头上抑制高能耗、高污染、低效益产品的生产。

领域六：湿地恢复、保护和利用

行动14：开展重要湿地的抢救性保护与恢复。重点解决重要湿地的生态补水问题，有计划地开展湿地污染物控制工作，实施湿地退耕（养）还泽（滩）项目，扩大湿地面积，提高湿地生态系统质量。根据湿地类型、退化原因和程度等情况，因地制宜地开展湿地植被恢复工作，提高湿地碳储量。

行动15：开展农牧渔业可持续利用示范。建立国家级农牧渔业综合利用示范区、农牧渔业湿地管护区、南方人工湿地高效生态农业模式示范区、红树林湿地合理利用示范基地，优化滨海湿地养殖，实施生态养殖，促进我国农牧渔业对湿地的可持续利用，减少湿地破坏导致的温室气体排放。

二、林业适应气候变化的重点领域和主要行动

领域一：森林生态系统

行动1：提高人工林生态系统的适应性。尊重自然规律和经济规律，根据未来气候变化情景，从增强人工林生态系统的适应性和稳定性角度，科学规划和确定全国造林区域，合理选择和配置造林树种和林种，注意选择优良乡土树种和耐火树种，积极营造多树种混交林和针阔混交林，构建适应性和抗逆性强的人工林生态系统。同时，在造林过程中，要把营造林技术措施和森林防火有机结合起来，减少森林火灾隐患。要充分考虑林分的长期和短期固碳效果，科学选择强阳性和耐阴性树种，尽可能形成复层异龄林。在干旱和半干旱地区，稳步推进防沙治沙工作，因地制宜地加大人工造林种草、封山育林育草措施，合理调配生态用水，建立和巩固以林草为主体的生态防护体系。加强人工林经营管理，提高人工林生态系统的整体功能，保护生物多样性。进一步扩大生物措施治理水土流失的范围，减少水蚀、风蚀导致的土壤有机碳损失。

行动2：建立典型森林物种自然保护区。要在现有自然保护区基础上，进一步针对分布在不同气候带的面积较小且分布区域狭窄的森林生态系统类型，以及没有自然保护区保护或保护比例较少的森林生态系统类型，建立典型森林物种自然保护区，尽快将极度濒危、单一种群的陆生野生物种及栖息地纳入自然保护区，优先保护种群数量相对较少、分布范围狭窄、栖息地分割严重的陆生野生动物。按照统一规划、统一管理和按行政区域分块的办法，对属于一个生物地理单元、生态系统类型相同或相近的自然保护区进行系统整合，构建完整的保护网络，保证生态系统功能的完整性，提高自然保护区的保护效率。

行动3：加大重点物种保护的力度。一是对于亟待保护的重点物种，要根据其特点和空缺程度不同，分轻重缓急，采取就地保护措施。二是对于需实行抢救性就地保护的物种，要对尚未纳入自然保护区网络的栖息地或原生地，优先划建自然保护区；没有条件建立规范性保护区的地段，划建保护小区或保护点，由相邻的国家级自然保护区管理；对大部分种群还没有纳入保护区网络的物种，要适度扩大已有自然保护区规模，使全部或大部种群及栖息地得到保护；对一些以保护重点物种为主的地方级自然保护区，在具备一定规模和条件时，可升级为国家级自然保护区。对国家级自然保护区内的栖息地较小的种群，应努力改善和扩大种群栖息地。三是对于需要重点进行就地保护的物种，针对其集中分布的物种，应选择几个国家级自然保护区作为核心保护区。在保护空缺处，根据建设条件，划建新的保护区，扩大受保护种群及栖息地的比例。对迁徙性或活动范围较大的野生动物，在主要栖息地和活动通道上建立自然保护区群，注重保护区之间的连通。四是对生境依赖性强的物种，应加大对所处生态系统的保护来保护、恢复和扩大物种种群及其栖息地。五是对广域分布的物种，有针对性地选择条件较好的自然保护区加以重点建设，提高自然保护区水平。六是对已分布在国家级自然保护区内的物种，应加大对自然保护区建设的投入力度，改善、恢复和扩大栖息地。

行动4：提高野生动物疫源疫病监测预警能力。坚持"加强领导、密切配合，依靠科学、依法防治，群防群控、果断处置"的方针，做好野生动物疫源疫病监测防控工作。进一步加强和完善监测体系建设和应急管理，做好野生动物疫病本底调查。全面加强野生动物疫源疫病监测预警工作和国家级监测站建设和管理。加强与卫生、农业等部门的合作，形成联防联动机制。加强人员培训，做好应急演练。

领域二：荒漠生态系统

行动5：加强荒漠化地区的植被保护。针对分布在大江大河源头，且遭受人为破坏严重的半乔木、灌木、半灌木和垫状小半灌木荒漠生态系统，建立一批自然保护区。在保护西部地区独特的植被资源、提高其适应气候变化的能力的同时，增强这类生态系统碳吸收功能，改善西部地区脆弱的生态环境。保护区发展重点是将还没有建立国家级自然保护区的荒漠植被类型，特别是一些面积较小、分布区域狭窄的荒漠植被类型，全部纳入自然保护区，如白杆沙拐枣荒漠等。

领域三：湿地生态系统

行动6：加强湿地保护的基础工作。开展第二次全国湿地资源调查，全面掌握我国湿地资源的生态特征、社会经济状况、面临的主要威胁和发展趋势，对湿地生态系统储碳量和固碳能力进行调查评估。尽快开展第二次全国泥炭资源调查，摸清我国泥炭资源的分布、储量、保护和开发利用现状及变化趋势等。

行动7：建立和完善湿地自然保护区网络。加强现有湿地自然保护区建设，按照《全国湿地保护工程规划》及《全国湿地保护工程实施规划（2005-2010）》的要求，完善湿地保护基础设施建设，建立健全保护区管理机构，开展社区共管。重点加强对滨海湿地、沼泽湿地、泥炭等湿地类型的保护，发展湿地公园，逐步遏制湿地面积萎缩和功能退化的趋势，形成湿地自然保护网络和较为完整的湿地保护与管理体系。

第六部分　保障措施

一、加强领导，积极开展林业应对气候变化行动

各级林业部门要提高对林业在应对气候变化中特殊地位和作用的认识，将林业工作和应对气候变化工作有机结合起来。要切实加强组织领导，认真履行职责，积极采取措施，结合本地区实际，认真贯彻落实林业应对气候变化的各项措施和目标，真正发挥林业在减缓与适应气候变化中的作用。

二、强化科技，推进林业应对气候变化科学研究

要针对国家应对气候变化战略确定的林业任务和主要行动开展相关研究。一是要紧跟国际研究前沿，深入开展森林对气候变化响应的基础研究，深入探讨气候变化情景下的森林、湿地和荒漠生态系统的碳、氮、水循环过程和耦合机制；开展人类活动对森林、湿地和荒漠等生态系统碳源/汇功能的影响机制研究。二是要结合我国森林的地理分布区域和生态环境类型特点，加强森林生态系统定位站的规划和建设，强化森林生态系统对气候变化响应的定位观测。通过开展生物多样性、森林火灾和森林病虫害等定位观测技术研究，逐步完善森林生态系统观测网络和监测体系，并在此基础上，加强森林适应气候变化的政策建议、技术选择、成本效益以及适应效果评价等研究，不断提高林业适应气候变化的能力。三是要加强林业碳汇计量和监测体系研究，尽早建立国家森林碳汇计量和监测体系，实现相关数据共享。四是要加强林业减排增汇技术研究。针对林业生物质能源林高效培育、生物柴油提取、木纤维转化乙醇、生物质发电等方面开展合作研究；继续开展重点工程和区域减排增汇潜力与成本效益分析，从碳汇能力、木材供应、水源涵养、生境保护等角度，继续研究相关林种树种搭配模式、多重效益兼顾的栽培和采伐方式、湿地与红树林等生态系统恢复和重建技术、可持续经营技术和农林复合系统的经营技术等。五是加强林业防灾体系研究。要继续研究气候变化情景下的森林火灾和森林病虫害发生机理研究，加大火灾防控新技术、新装备的研发引进力度；提出主要林业有害生物灾害影响和防控对策；加强气候变化下各类野生动物疫病，特别是人兽共患病致病机理的研究，逐步掌握野生动物疫病发病机理和快速诊断、检测关键技术。六是加强气候变化情景下森林、湿地、荒漠、城市绿地等生态系统的适应性问题，提出适应技术对策，开展相关的适应成本和效益分析与评价等。

三、注重培训，提高林业从业人员的工作能力

一是强化应对气候变化相关的专家队伍建设，通过科研立项、建立公平竞争机制等措施，积极鼓励中青年科技工作者积极从事林业应对气候变化相关领域科研，逐步培养一批政治素质高、科研能力强、工作作风实的气候变化专家。二是加强林业应对气候变化相关人员培训。此类培训要和贯彻实施《全国林业人才工作“十一五”及中长期规划》、《全国林业从业人员科学素质行动计划纲要》、“林业专业技术人才知识更新工程”等紧密结合起来。在林业从业人员中树立可持续发展、节约资源、保护生态、改善环境、合理消费、循环经济等观念。三是要积极组织编写《林业应对气候变化地方领导培训大纲》，将生态系统与气候变化关系、地方政府在加强生态建设与保护、应对气候变化过程中的责任与作用、林业应对气候变化措施等作为开展地方党政领导干部林业专题培训的重要内容，开发相关培训课程和教材。四是积极举办林业应对气候变化专题研讨班和讲座，并将相关内容纳入各类干部职工培训计划。

四、深入宣传，不断提高公众应对气候变化意识

一是广泛开展科普宣传，深化全社会对林业的功能与作用的认识。宣传普及森林培育经营管理知识、森林和湿地的吸碳、贮碳的增汇功能和作用，让公众认识到林业是经济有效的减缓气候变暖的重要措施，在应对气候变化中具有不可替代的重大作用，促进全社会重新审视林业的地位和作用，增强公众的生态意识和保护气候意识，动员更多的人参与到“造林增汇、保林固碳、改善环境、应对气候变化”的行动中。二是搞好动态宣传。积极宣传林业在应对气候变化方面的重要举措和具体行动，以及这些举措在增加森林碳汇、防止水土流失、治理荒漠化、消除贫困、保护生物多样性等方面取得的多重效益。通过多种媒体和手段，促进人们进一步“关注森林”。使林业应对气候变化宣传实现全方位和多视角。三是加强典型宣传。突出宣传各地生态建设的典型，报道重点地区在推进植树造林、改善生态状况等方面取得的变化和经验。结合已成立的中国绿色碳基金，大力宣传各级社会团体、组织和重点企业参与造林绿化、减排增汇的行动。选择并树立一批以实际行动参加林业应对气候变化行动的企业、团体、组织

和个人的典型事迹，通过典型带动全社会的行动。

五、创新机制，推进林业改革和应对气候变化工作

一是要贯彻落实《中共中央 国务院关于全面推进集体林权制度改革的意见》，明晰产权"、"完善政策"，给予农民更多的发展权利，增强农民的发展能力，保障农民的合法权益，进一步调动广大林农造林护林和经营森林的积极性。二是要大力支持各类社会主体参与林业建设，以政策为引导，以法律作保障，鼓励和扶持社团、企业、外商等开展多种形式的造林，不断扩大非公有制造林的数量和规模。三是要制（修）订林业保护法律法规，完善相关配套政策，用法律手段和政策保障促进林业发展。适时修订森林法，争取尽快出台国家湿地保护条例，加大执法力度， 扩大社会监督。四是要继续完善各级政府造林绿化目标管理责任制和部门绿化责任制，进一步探索市场经济条件下全民义务植树的多种形式，推动义务植树和部门绿化工作的深入发展。五是要充分发挥中国绿色碳基金平台作用，积极鼓励企业、组织、团体、个人以自愿方式加入中国绿色碳基金。对碳汇计量、监测、注册、登记等工作进行资质管理，逐步建立资质认证制度。

六、突出重点，增加林业建设资金

一是要在公共财政体制下，保持对林业发展和保护工作的持续资金投入。要根据林业应对气候变化的重点领域和主要行动，继续保持和加大公共财政对重点工程造林、森林可持续经营、珍贵树种营造、森林火灾和病虫害预防、野生动物疫源疫病监测防控、森林保护等方面的资金支持力度，确保林业应对气候变化的重点领域和主要行动得到有效实施。二是要多渠道筹集林业发展和保护的资金，积极组织编制林业利用外资的项目规划，引导外资流向林业重点工程，进一步完善国家林业信贷资金投入政策和管理体制。三是支持木材高效循环利用，积极争取国家扶持企业在提高木材综合利用率方面的技术改造。四是要加大对林业应对气候变化所涉及的森林碳汇计量和监测、森林恢复技术、困难立地造林技术、可持续经营综合技术、森林适应性评估等方面的专项科研以及与林业应对气候变化相关的能力建设、宣传培训、国际履约等方面的经费支持。

七、服务大局，积极开展林业国际合作

一是以"亚太森林恢复与可持续管理网络"为平台，积极推进区域性林业国际合作。二是要全面深入地参与《公约》和《京都议定书》国际进程中林业议题谈判活动，积极组织部门内外专家针对林业议题开展谈判对策研究；积极支持我国林业专家参与IPCC及相关工作。三是要积极推进开展清洁发展机制下碳汇造林活动，积累项目实施经验，探索借鉴国际机制推进国内造林工作的途径。四是要鼓励开展林业与气候变化相关的双边和多边合作以及对话机制，利用国际合作资源提高推进林业应对气候变化能力建设，积极促进发达国家先进林业经营理念和经营技术转让。积极争取在援外渠道中，增加与发展中国家在林业应对气候变化领域的合作。

国家林业局

二○○九年十一月六日

关于做好金太阳示范工程实施工作的通知

财政部、科技部、国家能源局已确定纳入金太阳示范工程的项目，计划在2–3年时间内实施完成。为加快示范工程建设，规范项目管理，提高财政资金使用效益，按照《财政部科技部国家能源局关于实施金太阳示范工程的通知》（财建〔2009〕397号）要求，现就做好项目实施工作的有关事项通知如下：

一、请督促项目业主单位抓紧做好项目立项、审批、环评等各项工作。如项目无法实施或需要调整，应及时上报财政部、科技部、国家能源局。

二、严格招标程序，做好招标工作。

（一）项目业主单位必须通过公开招标方式择优选择系统集成商和关键设备（包括光伏组件、控制器、逆变器、蓄电池等）。项目比较集中的地区，可由地方统一组织招标。

（二）招标条件必须符合《金太阳示范工程基本要求》。

（三）招标条款不得含有要求使用本地产品等地方保护内容。

（四）光伏系统集成商或关键设备生产企业作为项目业主单位的，对外采购也必须严格履行招标程序；如选用本企业或关联企业提供的集成服务或关键设备，需在符合《金太阳示范工程基本要求》基础上，按成本核算投资。财政部对其补贴标准另行核定。

三、示范项目要加快实施，建设周期原则上不超过一年。同时，要严格控制工程质量，地方财政、科技、能源部门负责对示范项目实施情况进行日常监督，尤其是对造价偏高、系统集成商或设备供应商作为业主单位的项目，要进行重点检查。对在工业区、产业园连片开发建设的项目，要集中实施，统一管理，提高综合效益。

四、并网光伏发电项目必须配置数据采集系统和远程通讯系统，实行集中、实时监控。

五、项目完工后，业主单位要抓紧进行项目竣工决算，财政部将会同科技部、国家能源局组织对项目进行评审，并据实清算补助资金。

六、申请2009年财政补助资金的项目业主单位在完成立项、用地许可、项目审批、关键设备招标、资本金筹措等前期准备工作后，及时提交财政补助资金申请报告及中标协议、购销合同、项目审批文件、关键设备检测认证报告、同意接入电网意见等相关材料。各省级财政、科技、能源部门负责汇总财政补助资金申请报告，按项目装订成册，于2009年11月30日前报财政部、科技部、国家能源局。

附件1：金太阳示范工程基本要求（略）

附件2：金太阳示范工程项目目录（略）

财政部　科技部　国家能源局

二〇〇九年十一月九日

中国应对气候变化的政策与行动
——2009 年度报告

前言

气候变化问题作为人类社会可持续发展面临的重大挑战，受到国际社会越来越强烈的关注。中国政府深刻认识到气候变化问题的复杂性及其影响的广泛性，充分意识到应对气候变化任务的艰巨性和迫切性，决心在追求可持续发展的进程中应对气候变化。

过去一百年中，中国的气候变化趋势与全球趋势基本一致，平均温度升高了1.1℃，略高于全球平均升温幅度。2008年，中国仍然是较暖的年份，全年平均气温9.6℃，较常年偏高0.7℃，为 1951年以来第 7个最暖年，也是连续第 12年偏高。全年平均年降水量为 654.8毫米，比常年偏多1.9%，为近10年来降水最多的年份。中国沿海海平面为近 10年最高，比常年高 60毫米。2008年，中国的极端气候事件频发，特别是出现了历史罕见的低温雨雪冰冻灾害，遭受了严重的损失。

2008年以来，中国克服了特大自然灾害和国际金融危机冲击的不利影响，国民经济保持较快发展。2008年国内生产总值300670亿元，比 2007年增长9.0%，三次产业增加值比重分别为11.3%、48.6%和40.1%。2009年前三季度国内生产总值同比增长 7.7%。然而，中国人口众多，经济发展水平较低，发展任务仍相当艰巨。2008年末总人口为 13.28亿人，比 2007年末增加 673万人，城镇化率 45.7%。2008年中国人均国内生产总值 3268美元(按现价及汇率折)，仍然属于中低收入国家，按当年农村贫困标准 1196元测算，年末农村贫困人口为 4007万人。据初步测算，2008年全国能源消费总量 28.5亿吨标准煤，比 2007年增长4.0%，人均能源消费量 2.15吨标准煤；煤炭在一次能源消

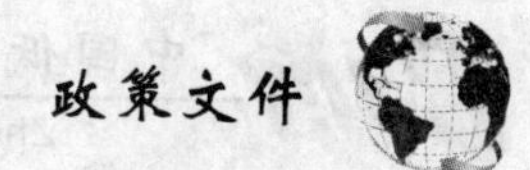

费中占到68.7%，单位能源的二氧化碳排放强度高于世界平均水平，控制二氧化碳排放面临极大困难。

表1 2008年中国的基本情况

指标	2008年
人口(万人，年末人数)	132802
城镇化率(%)	45.7
国内生产总值(亿元人民币)	300670
三次产业比重(农业：工业：服务业)	11.3 : 48.6 : 40.1
人均国内生产总值(美元，按当年价及年平均汇率计算)	3268
当年农村贫困人口(万人，按2008年农村贫困标准1196元测算)	4007
全国能源消费总量(亿吨标准煤)	28.5
人均能源消费量(吨标准煤)	2.15

在抗击自然灾害，积极应对国际金融危机冲击，保持经济增长的同时，中国政府一如既往地高度重视应对气候变化问题，采取了一系列政策和措施，积极实施应对气候变化国家方案，克服各种困难，努力减缓温室气体排放，加强应对气候变化能力建设，取得了显著成效。2006~2008年，中国单位国内生产总值能耗强度累计下降10.1%，2009年上半年又比2008年上半年下降3.35%，尽管面临诸多困难，我们尽最大努力还是有望实现国民经济和社会发展第十一个五年规划提出的单位国内生产总值能源消耗降低20%左右的约束性目标，减缓温室气体排放增长。

中国认为，应对气候变化需要国际社会携手努力、合作应对，并为此做出了积极的努力。中国参加了落实“巴厘路线图”、加强公约及其议定书全面、有效和持续实施的国际谈判，发布了关于哥本哈根气候变化会议的立场文件，并愿意以最大的诚意，尽最大的努力，推动哥本哈根会议取得成功。

2008年，中国政府发布了《中国应对气候变化的政策与行动》白皮书，宣示了在应对气候变化方面采取的政策、行动与取得的进展。作为后续，本报告概略描述了中国2008年以来应对气候变化的新进展。

一、减缓气候变化的政策与行动

中国积极推进减缓气候变化的政策和行动，在调整经济结构，转变发展方式，大力节约能源、提高能源利用效率、优化能源结构，加强林业建设等方面做出了不懈努力，取得了显著成效。

调整经济结构，促进产业结构优化升级

中国政府注重经济结构的调整和经济发展方式的转变，制定和实施了一系列产业政策和专项规划，将降低资源和能源消耗作为产业政策的重要组成部分，推动产业结构的优化升级，努力形成“低投入、低消耗、低排放、高效率”的经济发展方式。

2008年，国务院办公厅印发《关于加快发展服务业若干政策措施的实施意见》，支持服务业加快发展的政策体系不断完善，全年第三产业增加值比上年增长9.5%，2003年以来增幅首次超过第二产业。

中国政府出台十大产业调整和振兴规划，各规划都把淘汰落后产能，提高技术水平，节能减排作为重点。汽车产业调整和振兴规划强调把新能源汽车作为突破口，并注重改造、提高传统产品节能、环保和安全水平；钢铁、石化产业调整和振兴规划强调提高淘汰落后产能的标准，建设完善的落后产能退出机制，并为单位产品能耗、资源的回收率等制定了详细的标准；船舶工业调整和振兴规划把降低单位工业增加值能耗，显著提高钢材利用率，加快报废更新老旧船舶作为重点。

中国政府相继制定发布了高耗能行业市场准入标准，提高高耗能行业的节能环保准入门槛，并采取调整出口退税、关税等措施，抑制“两高一资”（高耗能、高排放、资源型）产品出口，高耗能行业增速呈逐步回落趋势。

为了应对国际金融危机对中国经济的冲击，2008年中国出台的4万亿元经济刺激计划中，有2100亿元将投资于节能、减少污染和改善生态，另有3700亿元用于技术改造和调整能源密集的工业结构。

积极发展循环经济，促进温室气体减排

中国政府高度重视发展循环经济，积极推进资源利用减量化、再利用、资源化，从源头和生产过程减少温室气体排放。自2008年8月《循环经济促进法》实施以来，中国已有26个省市开展了循环经济试点工作。钢铁、有色金属、电力等行业，以及废弃物回收、再生资源加工利用等重点领域也开展了循环经济的试点工作。2008年，中国回收利用废钢7200万吨；再生有色金属产量520万吨；回收塑料1600万多吨，居世界第一位。

组织开展循环经济试点。2005年以来，启动实施两批共178家循环经济示范试点，在重点行业、重点领域、产业园区、省市探索建立循环经济发展的有效模式。安排中央预算内投资7.6亿元，支持了一批循环经济试点项目。编制发布了重点行业循环经济支撑技术。有关政府部门总结循环经济试点经验，加强对试点工作指导。从企业内部，企业间、产业间或工业园区，以及社会层面看，循环经济模式初步形成。

实施汽车零部件再制造工作。2008年发展改革委印发《关于开展汽车零部件再制造试点工作的通知》，启动了汽车零部件再制造试点工作。选择整车生产企业和零部件再制造企业14家，安排中央预算内投资5710万元，支持汽车发动机、变速箱再制造试点项目。研究提出了三类11项汽车零部件再制造技术标准，列入“十一五”标准规划。

推进资源综合利用。国务院公布实施《废弃电器电子产品回收处理管理条例》，发展改革委确定青岛市和浙江省为国家电子废弃物回收处理试点省市，支持青岛、北京、天津和杭州建设电子废弃物回收处理示范试点项目。为推动秸秆综合利用，国务院办公厅印发了《关于加快推进农作物秸秆综合利用的意见》。支持一批综合利用重点项目，“十一五”前三年，共安排中央预算内投资13.1亿元，支持了179个资源综合利用重点项目，利用工业废渣3546万吨，回收利用废旧金属等再生资源172万吨，利用林木“三剩物”233万吨，节约木材资源373万立方米。

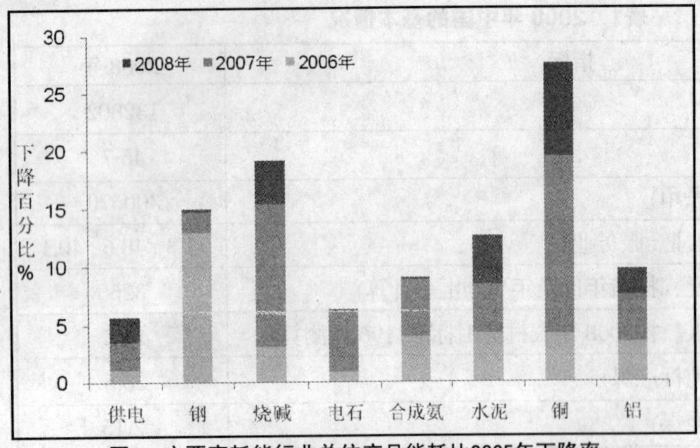

图1　主要高耗能行业单位产品能耗比2005年下降率

注：

“供电”指6MW及以上供电煤耗；“钢”指大型企业吨钢综合能耗；

“烧碱”、“电石”、“合成氨”分别指单位烧碱、电石、合成氨生产综合能耗；

“铜”指单位铜冶炼综合能耗；“铝”指单位电解铝综合能耗。

表2　中国实行能源效率标识的产品

批次	产品名称	实施时间
第一批	家用电冰箱 房间空气调节器 电动洗衣机	2005年3月1日
第二批	单元式空气调节机 自镇流荧光灯 高压钠灯 中小型三相异步电动机 冷水机组	2007年3月1日
第三批	家用燃气快速热水器和燃气采暖热水炉 转速可控型房间空气调节器 多联式空调（热泵）机组 储水式电热水器 家用电磁灶 计算机显示器	2008年6月1日
第四批	复印机	2009年3月1日

大力节约能源、提高能源利用效率

根据国务院办公厅《关于印发2008年节能减排工作安排的通知》，各部门、各地区强化了节能降耗问责制，加强了节能统计体系、监测体系、考核体系建设，在重点行业和重点领域淘汰了一批落后生产能力，有效推进了节能减排工作。

单位GDP能耗持续下降，降幅首次超过五年平均节能目标。2008年，中国主要高耗能行业单位能耗持续下降，万元国内生产总值能耗比2007年降低4.59%，2009年上半年比2008年上半年降低3.35%，降幅同比提高0.47个百分点。从2006年到2008年，中国单位GDP能耗累计下降了10.1%，节能约2.9亿吨标准煤，相当于减少二氧化碳排放6.7亿吨。

全面实施修订后的《节约能源法》，进一步完善相关法规和标准。2008年，修订后的《节约能源法》正式施行，扩大了法律调整的范围，健全了节能管理制度和标准体系，完善了促进节能的经济政策，明确了节能管理和监督主体，强化了法律责任。国务院公布了《民用建筑节能条例》、《公共机构节能条例》，国家标准化管理委员会批准了22项高耗能产品能耗限额强制性国家标准和 11种终端用能产品强制性能效标准，发布了能效标识第三批、第四批产品目录及实施规则，实施能效标识的产品增加到15种。

加强节能目标责任评价考核，进一步落实节能责任制。根据《国务院批转节能减排统计监测及考核实施方案和办法的通知》，发展改革委会同国务院有关部门对全国31个省(自治区、直辖市)2008年节能目标完成情况和节能措施落实情况进行了评价考核，向社会公告考核结果，进一步强化政府的主导责任。国家统计局、发展改革委和国家能源局联合发布了2007、2008年各省(自治区、直辖市)单位GDP能耗等指标公报。发展改革委还组织开展了千家企业 2007、2008年度节能目标责任评价考核，并公告考核结果，接受社会监督。从考核结果看，千家企业已提前两年完成了“十一五”节能任务。发展改革委还会同有关部门组织开展了节能减排专项督察行动，对未完成年度目标的地区进行督察。

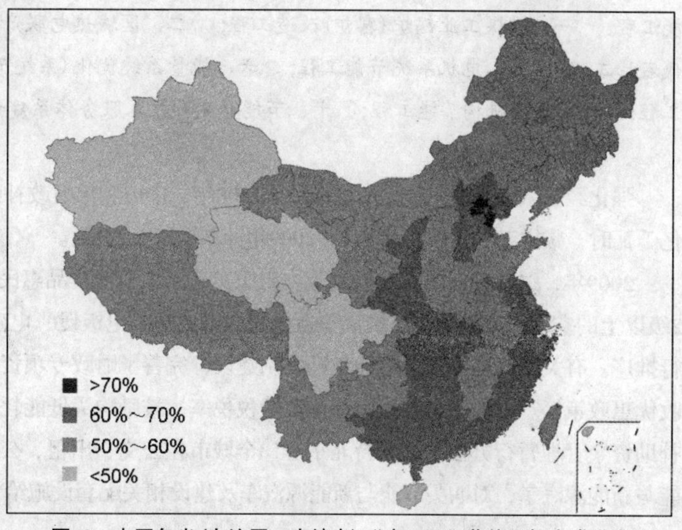

图 2 中国各省(自治区、直辖市)“十一五”节能目标完成进度

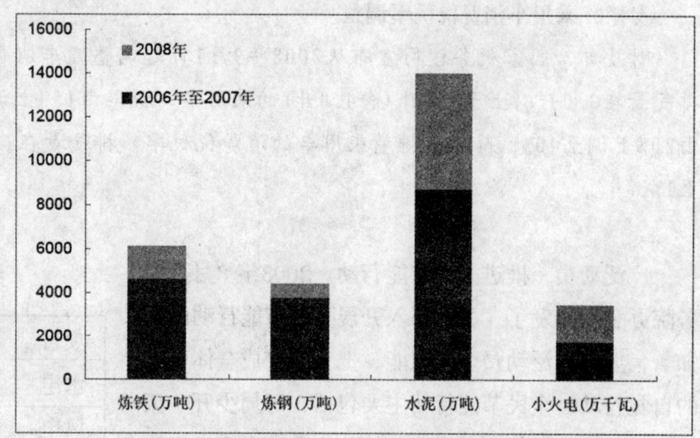

图3 2006年至2008年中国淘汰落后产能情况

继续淘汰落后产能，进一步促进能源利用效率的提高。2008年，继续加大淘汰落后产能力度，对经济欠发达地区淘汰落后产能，中央财政共安排 62亿元资金用于支持企业职工安置、转产等。全年关停325家电厂的小火电机组 1669万千瓦，淘汰落后水泥产能 5300万吨，炼钢产能 600万吨、炼铁产能 1400万吨，电石产能 104万吨，铁合金产能 117万吨，焦化产能 3054万吨。2009年上半年“上大压小”、关停小火电机组 1989万千瓦，累计已淘汰小火电 5407万千瓦，提前一年半完成“十一五”规划关停5000万千瓦的目标。2008年以来，仅火电“上大压小”就相当于减少二氧化碳排放0.5亿吨。

加大重点工程实施力度，推动重点领域节能降耗。2008年，中央财政安排节能减排专项资金270亿元，重点支持节能技术改造、淘汰落后产能、建筑节能、节能产品推广及节能能力建设等，其中安排节能技术改造项目 1200多个，项目建设后预计能形成 2500万吨标准煤的节能能力。在2008年第四季度以来安排的三批中央新增投资中，节能减排和生态环境建设方面资金达到 224亿元。2008年，中国进一步明确了对民用建筑节能的经济激励政策，明确要求中央有关部门和地方政府安排民用建筑节能资金，用于既有建筑节能改造、可再生能源建筑规模化应用、国家机关办公建筑和大型公共建筑节能监管等项目，并引导金融机构对其提供支持。

2009年，财政又加大了对工业企业能源管理中心示范项目的支持力度，引导工业企业利用信息化技术改造和提升传统能源管理模式。有关部门继续开展节能发电调度试点，推进建筑、交通领域和公共机构节能。

专栏1. “十一五”十大重点节能工程

为贯彻落实《国民经济和社会发展第十一个五年规划纲要》，实现单位 GDP能耗降低 20%左右的约束性目标，发展改革委等部门根据《节能中长期专项规划》，于 2006年 7月制定并下发了《“十一五”十大重点节能工程实施意见》，预期“十一五”期间节能 2.4亿吨标准煤，相当于减排二氧化碳约 5.5亿吨。“十一五”十大重点节能工程：一、燃煤工业锅炉（窑炉）改造工程；二、区域热电联产工程；三、余热余压利用工程；四、节约和替代石油工程；五、电机系统节能工程；六、能量系统优化（系统节能）工程；七、建筑节能工程；八、绿色照明工程；九、政府机构节能工程；十、节能监测和技术服务体系建设工程。

强化经济激励手段，推广节能产品。2008年，中国利用财政补贴资金推广节能灯6200万只，预计每年可节电32亿千瓦时，减排二氧化碳320万吨，2009年计划推广1.2亿只。

2009年，财政部与国家发展改革委组织实施了“节能产品惠民工程”，通过财政补贴方式对能效等级在1级或2级以上的空调、冰箱、洗衣机、平板电视、微波炉、电饭煲、电磁灶、热水器、电脑显示器、电机等10类产品进行推广。有关部门还加强了节能激励机制建设，完善了财政专项资金“以奖代补”新机制，完善了资源综合利用税收优惠政策等。下调了小排量乘用车消费税税率，鼓励购买低能耗汽车；出台了《节能与新能源汽车示范推广财政补助资金管理暂行办法》，支持北京等13个城市在公交、出租、公务、环卫和邮政等公共服务领域率先推广使用节能与新能源汽车，对购买节能与新能源汽车及建设相关配套设施给予补助。

专栏2. 乘用车消费税税率调整

财政部、国家税务总局宣布从2008年9月1日起调整汽车消费税政策，提高大排量乘用车的消费税税率，排气量在3.0升以上至4.0升（含4.0升）的乘用车，税率由15%上调至25%，排气量在4.0升以上的乘用车，税率由20%上调至40%；降低小排量乘用车的消费税税率，排气量在1.0升（含1.0升）以下的乘用车，税率由3%下调至1%。

广泛动员，推进全民节能行动。2008年8月，国务院办公厅印发了《关于深入开展全民节能行动的通知》，要求广泛动员全民节能，把节能变成全体公民的自觉行动。全民节能行动主要包括：每周少开一天车，提倡环保节能驾驶；公共建筑夏季室内空调温度设置不得低于26℃，冬季室内空调温度设置不得高于20℃；各级行政机关办公场所三层楼以下原则上停开电梯；鼓励和引导消费者购买使用能效标识2级以上或有节能产品认证标志的空调、冰箱等家用电器，鼓励购买节能灯、节能环保型小排量汽车；使用节能环保购物袋；减少使用一次性用品；夏季公务活动着便装等。

表3 中国可再生能源发展状况（2008年）

项目	单位	2008	2007	增长
水电	亿kW	1.72	1.45	19.6%
风电	万kW	1217	604	101.5%
太阳能光伏发电	万kW	15	10	50%
太阳能热水器	亿m^2	1.25	1.1	13.6%
生物质发电	万kW	315	300	5%
生物燃料乙醇	万吨	160	120	33.3%

发展低碳能源、优化能源结构

中国政府重视可再生能源、新能源、天然气等无碳和低碳能源的发展，积极推动能源结构优化。2008年以来，中国公布了《风力发电设备产业化专项资金管理暂行办法》、《金太阳示范工程财政补助资金管理暂行办法》、《太阳能光电建筑应用财政补助资金管理暂行办法》、《秸秆能源化利用补助资金管理办法》、《可再生能源建筑应用城市示范实施方案》、《加快推进农村地区可再生能源建筑应用的实施方案》，及《关于完善风力发电上网电价政策的通知》等财税激励政策，大大推动了我国可再生能源的迅速发展。

截至2008年年底，中国新增水电装机容量2700万千瓦，水电装机容量达到1.72亿千瓦，年发电量5633亿千瓦时，占到发电总量的16.3%，水电装机和发电量多年居世界第一位。风电规模连续三年成倍增长，仅2008年就新增装机容量614万千瓦，位列全球第二；截至2008年年底，风电装机总量达到1217万千瓦，跃居世界第四位。太阳能光伏产业快速发展，到2008年年底，我国累计光伏发电容量15万千瓦，其中55%为独立光伏发电系统；太阳能热水器集热面积累计达到1.25亿平方米，占世界太阳能热水器总使用量的60%以上，多年居世界第一位。生物质能开发也有较大的进展，户用沼气用户达到3050多万户，沼气年利用量达到120亿立方米；建成大型畜禽养殖场沼气工程和工业有机废水沼气工程2500处，年产沼气约20亿立方米。全国生物质发电装机容量约为315万千瓦；生物燃料乙醇年生产能力超过160万吨。

专栏 3. 中国风电的迅猛发展

近年来，特别是《可再生能源法》实施以来，中国的风电产业和风电市场得到迅猛发展。

在市场规模方面：中国风力发电迅速增加，到2008年年底，风电装机总量达到1217万千瓦，连续三年实现成倍增长，成为世界第四风电大国。目前，正在建设甘肃酒泉、蒙东、蒙西、河北、吉林、新疆哈密6个陆上千万千瓦级风电基地和江苏沿海千万千瓦级海上风电基地。

在风电制造业方面：近年来除金风科技、浙江运达外，上海电气、东方汽轮机、华锐科技等国内大型制造业和投资商纷纷进入此行业，风电设备制造商从2004年的6家发展到目前的约70家，已能自主设计和制造世界领先水平的3000千瓦风电机组，正在研发5000千瓦风电机组，风电技术与国外的差距不断缩小。

在风电政策方面：中国政府实施了风电项目特许权招标，公布了风电标杆上网电价，为稳定风电市场发挥了积极的作用；同时，对风电发展给予进出口关税、增值税等税收优惠和财政补贴支持。

2008年，中国核电已建成运行11个反应堆，总装机容量910万千瓦，占电力总装机的1.3%；新核准14台百万千瓦级核电机组，核准在建核电机组24台，总装机容量2540万千瓦，是目前世界上核电在建规模最大的国家。

2008年，中国实施煤矿瓦斯排放标准，要求加强对煤矿瓦斯的利用，发展以煤矿瓦斯为燃料的小型分散电源。2008年，中国井下抽采瓦斯气53亿立方米，比2005年增长130%，回收利用16亿立方米；已建成地面煤层气产能20亿立方米，产量5亿立方米，民用煤矿瓦斯和煤层气用户超过90万户，煤层气发电装机容量达到92万千瓦。2008年中国天然气(包括煤矿瓦斯和煤层气)消费量比2007年增长10.1%。

到2008年年底，中国可再生能源(包括大水电)和核电年利用量约为2.5亿吨标准煤，占一次能源消费比重8.9%。天然气消费总量达789亿立方米，折合1.1亿吨标准煤，占一次能源消费总量的3.8%。

专栏 4. 推动可再生能源发展的财税政策

2008年以来，中国政府推出了一系列的财税优惠政策以促进可再生能源发电项目的发展，其中包括：

《风力发电设备产业化专项资金管理暂行办法》（2008年）中规定对满足支持条件企业的首 50台风电机组，按 600元/千瓦的标准予以补助。

《秸秆能源化利用补助资金管理暂行办法》（2008年）中规定对符合支持条件的企业，根据企业每年实际销售秸秆能源产品的种类、数量折算消耗的秸秆种类和数量，中央财政按一定标准给予综合性补助。

《太阳能光电建筑应用财政补助资金管理暂行办法》中提出了 2009（2009年）年的补助标准原则上定为 20元/峰瓦，以后年度补助标准将根据产业发展状况予以适当调整。

《金太阳示范工程财政补助资金管理暂行办法》（2009年）中表明，对规定范围内的并网光伏发电项目原则上按光伏发电系统及其配套输配电工程总投资的50%给予补助，偏远无电地区的独立光伏发电系统按总投资的70%给予补助。

《关于完善风力发电上网电价政策的通知》（2009年）中制定了四类资源区风电标杆电价水平分别为每千瓦时 0.51元、0.54元、0.58元和 0.61元，进一步规范了风电价格管理，促进风力发电产业健康持续发展。

减少农业温室气体排放

继续推广低排放的高产水稻品种和水稻间歇灌溉技术，减少水稻田甲烷排放，推广秸秆青贮氨化技术，减少反刍动物甲烷排放。自2005年在全国范围内开展测土配方施肥行动以来，到2008年中国有9亿亩农田采用了测土配方施肥，减少氮肥用量10%以上，减少农田氧化亚氮排放2.8万吨，相当于减排890万吨二氧化碳当量。

推动植树种草，增强碳汇能力

2008年全年共计完成造林任务7157万亩，比2007年增长22.1%，完成义务植树23.1亿株。2009年全国计划造林 8220万亩，比 2008年增加近14%。截至2009年 6月底，已完成造林7639.5万亩，完成植树 30.7亿株。同时积极推进森林可持续经营，提高现有林的碳汇能力，全国启动了128个森林可持续经营示范点和中幼林抚育、珍稀树种培育、森林健康试点。加快推进禁牧休牧轮牧、基本草原保护和草畜平衡等草原保护制度建设，截至 2008年年底，全国实施休牧轮牧和划区轮牧草原面积 9877万公顷，占全国草原面积的 25.6%。2008年，全国实施保护性耕作超过4000万亩，提高土壤有机质含量 0.03%，可增加农田碳汇120万吨。

加大新技术研发推广力度，科学应对气候变化

中国不断加大对气候变化科技工作的资金投入，在各类国家科技计划中组织实施了一系列应对气候变化重点领域的科学技术研究与示范推广工作，包括推动节能与新能源汽车、煤层气开采、天然气水合物开采、大型燃煤发电机组过程节能、分布式发电功能系统、兆瓦级风力发电机组、燃料电池、核燃料循环与核安全技术、清洁炼焦工艺与装备开发、半导体照明、废旧机电产品及塑胶资源综合利用技术等。发布了《鼓励进口技术和产品目录(2009年版)》，鼓励进口新能源汽车专用关键零部件设计制造技术、核电设备设计制造技术、太阳能热发电设备的设计制造技术、可再生能源、氢能等新能源领域关键设备的设计制造技术、煤层气(瓦斯)勘探及开发利用关键设备的设计制造技术、高炉煤气和燃气联合循环发电关键设备等气候友好技术与设备。同时，多渠道推动碳捕集与封存（CCS）等应对气候变化关键技术支撑体系建设。

二、适应气候变化的政策与行动

中国积极实施适应气候变化的政策和行动，增强在农业、森林与其他自然生态系统、水资源等领域，以及海岸带及沿海等脆弱地区适应气候变化能力，取得明显成效。

农业

2008年以来，中国制定《中华人民共和国抗旱条例》和《水生生物增殖放流管理规定》、修订《草原防火条例》、实施《保护性耕作工程建设规划（2009—2015年）》，不断完善农业领域适应气候变化的政策法规体系。2008年中国保护性耕作实施面积4000万亩，节省灌溉用水 17-25亿立方米，提高了土壤肥力和抗旱节水能力。到2008年年底，中国建成 50个优势农产品的产业体系，提升了农业科技创新和适应气候变化的能力。

2008年，中国大幅度增加了农业基础设施建设的投入，安排大型灌区节水改造投资 59亿元，对 354个大型灌区实施了续建配套与节水改造，可新增粮食生产能力50亿公斤，新增年节水能力 58亿立方米。全国农业灌溉水利用系数提高到0.475。推广高效节水灌溉技术和旱作节水技术，加大节水灌溉机具设备的补贴力度，增强农业防灾抗灾减灾和综合生产能力。加大良种补贴力度，优化品种结构，实施了优势农产品区域布局规划。积极发展畜牧水产规模化标准化健康养殖，落实动物良种补贴政策，促进了动物防疫体系建设。扩大退牧还草工程实施范围，加强人工饲草地和灌溉草场建设。2008年，建设草原围栏522.8万公顷，开展石漠化治理2.7万公顷，对严重退化草原实施补播156.9万公顷，治理退化草原 23.6万公顷。

专栏5. 适应气候变化农业开发项目

为加强和提高农业适应气候变化的能力，中国利用气候变化特别基金提供的500万美元赠款，开展适应气候变化的农业开发示范和试点项目。 项目区域覆盖黄淮海流域 5 省及宁夏回族自治区，涉及到农业生产和水资源管理，相关适应措施包括： 开发替代型水源； 采取节水农业技术； 促进适应型灌溉排水的设计和管理等。 这些措施经过实践检验证明成功后，将纳入国家综合农业发展规划，在全国农业综合开发项目区予以推广。

森林等自然生态系统

2008年以来，中国修订了《森林防火条例》，编制了《应对气候变化林业行动计划》和《国家湿地公园管理办法》，使保护森林资源，维护生态安全，促进森林资源利用管理更加科学化和法制化。推进集体林权制度改革，调动林权权利人发展林业、培育森林资源的积极性，截至 2008年年底，全国已确权到户的林地面积 12.7亿亩，占集体林地的50%。

专栏 6.《应对气候变化林业行动计划》

2009年 11月，国家林业局发布《应对气候变化林业行动计划》。

《应对气候变化林业行动计划》规定的3个阶段性目标是：到2010年，年均造林育林面积400万公顷以上，全国森林覆盖率达到20%，森林蓄积量达到132亿立方米，全国森林碳汇能力得到较大增长；到2020年，年均造林育林面积500万公顷以上，全国森林覆盖率增加到23%，森林蓄积量达到140亿立方米，森林碳汇能力得到进一步提高；到2050年，比2020年净增森林面积4700万公顷，森林覆盖率达到并稳定在26%以上，森林碳汇能力保持相对稳定。

《林业行动计划》规定实施的22项主要行动，包括林业减缓气候变化的15项行动和林业适应气候变化的7项行动。

林业减缓气候变化的15项行动是：大力推进全民义务植树，实施重点工程造林，加快珍贵树种用材林培育，实施能源林培育和加工利用一体化项目，实施全国森林可持续经营，扩大封山育林面积，加强森林资源采伐管理，加强林地征占用管理，提高林业执法能力，提高森林火灾防控能力，提高森林病虫鼠兔危害的防控能力，合理开发和利用生物质材料，加强木材高效循环利用，开展重要湿地的抢救性保护与恢复，开展农牧渔业可持续利用示范。

林业适应气候变化的7项行动是：提高人工林生态系统的适应性，建立典型森林物种自然保护区，加大重点物种保护力度，提高野生动物疫源疫病监测预警能力，加强荒漠化地区的植被保护，加强湿地保护的基础工作，建立和完善湿地自然保护区网络。

继续完善天然林保护、京津风沙源治理、退耕还林、三北防护林和沿海防护林等重点工程。继续推进全民义务植树、部门绿化、城市森林、农田林网和草原防护林建设。积极实施近 100个湿地保护和恢复工程，部分重要湿地的生态状况得到明显改善。落实地方政府防沙治沙责任制，在沙区全面推进禁止滥开垦、禁止滥放牧、禁止滥樵采的“三禁”制度。继续加强生物多样性保护工作，截至 2008年年底，林业自然保护区达到 2006处，面积 18.4亿亩，占国土面积12.8%。

水资源

2008年，中国政府共安排重点水源工程投资 117亿元，南水北调东线、中线一期工程等重点水资源配置工程顺利推进。截至 2008年年底，全国水利工程年供水能力达到 7000多亿立方米，中等干旱年份可以基本保障城乡用水需求。2008年，中国政府投资 115亿元，解决了 4824万农村人口的饮水安全问题。中国实施《取水许可管理办法》等，大力加强水资源管理，推进节水型社会建设，全面促进节水减排。按2005年可比价计算，中国万元GDP用水量从2005年的304立方米降至 2008年的 225立方米，万元工业增加值用水量从 169立方米降低到127立方米。

2008年，中国政府安排防洪工程投资 262亿元，长江、黄河、淮河等大江大河治理顺利推进。截至 2008年年底，已建成各类水库 8.6万多座，总库容达 6924亿立方米；建成江河堤防 28.69万公里，海堤 13万多公里。目前，中国大江大河主要河段基本具备了防御新中国成立以来发生的最大洪水的能力，重点海堤设防标准提高到 50年一遇。

2008年，中国政府安排 21.5亿元用于水土保持生态建设，继续实施了长江和黄河上中游、珠江上游石漠化地区、东北黑土地、丹江口库区等重点区域水土流失防治。截至2008年年底，全国累计治理水土流失面积101.6万平方公里，年均减少土壤侵蚀量达 15亿吨以上，增加蓄水能力 250多亿立方米；实施封育保护面积 70万平方公里，其中39万平方公里的生态环境得到修复。

海岸带及沿海地区

2008年以来，中国建立了海洋领域应对气候变化业务工作体制，有关部门编制了《海岸保护与利用规划》、《海平面变化影响调查评估工作方案》和《海洋领域应对气候变化观测（监测）能力建设项目建议书》，正在组织编制《海洋领域应对气候变化年度报告》等，海洋领域应对气候变化规划体系得到进一步完善。

2008年，中国加强海洋保护区建设工作和监督管理力度，新建 8处国家级海洋特别保护区，设置 18处海洋生态监控区，监控区总面积达 5.2万平方公里。积极开展典型珍稀海洋生态区、外来物种入侵区、生态敏感区和特殊海岛的海洋生态修复工作，先后开展了滨海湿地生态修复工程、海洋牧场关键技术研究与示范项目，以及红树林种植、珊瑚礁保护工作，逐步提高海洋生态系统适应和减缓气候变化的能力。

2008年，中国加强海洋灾害应急管理工作，积极开展海平面上升、海岸侵蚀、海水入侵和土壤盐渍化监测、调查、评估工作，及时发布风暴潮、海浪、海水灾害预警，有效降低了各类海洋灾害所造成的人员伤亡和财产损失。

专栏 7. 中国海洋气候观测网络建设

为有效加强海洋关键气候变量（ECV）观测，中国在整合原有沿海台站、近海浮标、近海断面和志愿船观测网络的基础上，开展覆盖我国近海和邻近大洋的海洋气候观测网的建设。截至2009年10月，完成：43个验潮站GPS观测设施建设和设备安装；1个站位近海浮标维修改造、3个站位近海浮标投放以及威海地波雷达站基础设施建设和印度洋观测潜标投放工作；10余艘远洋志愿船观测系统的建设工作；14个断面5个航次的二氧化碳海-气交换通量断面调查工作。

健康领域

2008年以来，中国政府继续推进《国家环境与健康行动计划（2007 —2015年）》的实施，通过改善环境与健康管理，提高适应气候变化能力。2009年，卫生部门以适应气候变化保护公众健康为重点，推进国家级和省级环境卫生管理与应对气候变化制度建设；组建了自然灾害卫生应急工作领导小组，加强部门协作，完善自然灾害卫生应急预案体系，全面提升极端气候事件引发的公共卫生问题的应对能力。组织开展了一系列气候变化与健康影响相关研究，进一步加强了对不明原因肺炎、人感染高致病性禽流感等气候因素相关传染病的监测和防控。

其他领域

2008年以来，中国加强了对气候可行性论证的管理，规范气候可行性论证活动，以便合理开发利用气候资源，避免或者减轻规划和建设项目实施后可能受气象灾害、气候变化的影响，或者可能对局地气候产生的影响。

专栏 8.《气候可行性论证管理办法》第四条

与气候条件密切相关的下列规划和建设项目应当进行气候可行性论证：（一）城乡规划、重点领域或者区域发展建设规划；（二）重大基础设施、公共工程和大型工程建设项目；（三）重大区域性经济开发、区域农（牧）业结构调整建设项目；（四）大型太阳能、风能等气候资源开发利用建设项目；（五）其他依法应当进行气候可行性论证的规划和建设项目。

2008年，中国加快气象部门科技创新体系建设，加强气候变化研究，大力提升气象灾害风险评估和应急响应等科技支撑能力。初步建立功能完备的公共气象服务业务平台，完善气候系统观测网，提高气象预警服务信息发布时效，增强全社会应对极端天气气候灾害的预警预报能力和应急保障能力。

三、地方应对气候变化行动

为落实《中国应对气候变化国家方案》，中国各地方政府在中央政府的领导下，积极开展应对气候变化行动，使应对气候变化成为推动各地经济转型和实现可持续发展的重要动力，主要行动包括以下几个方面：

建立多部门参与的决策协调机制

为统筹协调好地方应对气候变化工作，中国地方政府陆续建立起多部门参与的应对气候变化决策协调机制，保障地方应对气候变化工作的贯彻落实。目前，全国大部分省级地方政府陆续成立了由省长(自治区主席、直辖市市长)任组长的应对气候变化领导小组，对于贯彻国家应对气候变化的重大方针、政策，研究制定地方应对气候变化的工作重点和措施，统一部署地方应对气候变化工作，协调解决工作中的重大问题起到了重要作用。

制定和颁布地方应对气候变化方案

为切实贯彻落实应对气候变化国家方案，中国省级地方政府均编制了省级应对气候变化方案，通过对现有情况的分析，提出了应对气候变化的指导思想、原则及目标，以及减缓和适应的重点领域。地方方案的制定与实施有力推动了国家气候变化减缓和适应政策的有效落实，促进了中国应对气候变化工作的全面展开。

专栏 9. 江苏省应对气候变化方案(摘要)

江苏省处于北亚热带与暖温带的过渡气候带，具有明显的季风特征。

江苏省正处于工业化转型期和城市化加速发展期，2007年全省国内生产总值25560亿元，居全国第三；人均国内生产总值33689元，居全国第五。三次产业增加值结构为6.7:55.9:37.4。江苏省能源结构以煤为主，2007年一次性能源消费量为1.76亿吨标准煤，其中煤炭所占比例为74.74%，石油为19.92%，天然气、水电、核电、风能、太阳能等为5.34%。江苏省现有一座核电站，沿海滩涂风能资源等清洁能源开发利用已经起步，但目前所占比重较小。

2007年江苏省温室气体排放总量约为82445.71万吨二氧化碳当量。其中化石燃料燃烧排放的二氧化碳是最主要来源，占温室气体排放总量的72.7%。林业碳汇约折合为 73.8万吨二氧化碳当量。

江苏省应对气候变化工作在节能降耗、优化能源结构、防灾减灾能力建设、水利管理和基础设施建设、生态省建设、政策法规制度建设等领域取得了积极进展。但气候变化对江苏省的影响也日益明显，主要表现在气候变化增加了农业生产的不稳定性，气候变化以及极端天气气候事件对生态系统、水资源区域平衡造成影响，特别是气候变化导致海平面上升影响到江苏省海岸带和海洋生态系统，并且台风等极端天气气候事件影响到交通设施安全。

应对气候变化给江苏省以煤为主的能源消费结构、重化工和新型工业化加速发展阶段的发展模式、作为全国粮食主产区的农业生产、储量丰富但时空分布不均衡的水资源以及发展迅速的海洋产业带来了严峻挑战。

江苏省将坚持以科学发展观为指导，通过推进工业结构优化升级、大力发展清洁能源和可再生能源、加强提高能源效率方面的技术创新与应用、推动重点行业节能、发展循环经济、促进城市节能、加强林业管理和城乡废弃物管理等重点领域项目和政策措施减缓温室气体排放，并重点增强农业、海岸带及海洋生态区、湿地自然生态系统、水资源保护与管理和公共卫生体系等领域适应气候变化的能力，努力实现控制温室气体排放取得明显成效，适应气候变化的能力不断增强，气候变化领域的机构和体制建设得到进一步加强，公众的气候变化意识得到较大提高的应对气候变化总体目标。

积极开展清洁发展机制项目合作

为有效促进可再生能源发展和节能降耗工作，减少温室气体排放，各地方积极开发清洁发展机制(CDM)项目。全国建立了 28个省级 CDM技术服务中心，累计培训近万人次，推动了国内 CDM活动的开发与能力建设。截至2009年6月，全国共批准项目 2174个，其中获批项目数最多的三个省份依次为水能和风能比较丰富、经济相对落后的云南、四川和内蒙古；按照项目达到的年减排量估算，最多的三个省份依次为四川、江苏和浙江。CDM项目的开发有效推动了应对气候变化的国际合作，促进了企业积极参与应对气候变化工作，激励企业发挥了其作为中国减缓温室气体排放关键力量的作用。

研究制定促进低碳经济发展的政策与措施

为促进节能减排、创造以低碳排放为特征的新的经济增长点，许多地方积极探索发展低碳经济。全国有多个城市提出了建设低碳城市的设想，广东、湖北、重庆、江西南昌、河北保定等省、市启动了低碳经济发展实施方案的工作。将应对气候变化与地方可持续发展有机结合，为促进地方经济转型提供了新的动力。地方政府还开展了针对气候变化与发展低碳经济的专业培训，着力提高政府管理人员有关气候变化和低碳经济的认识和能力。

专栏 10. 绿色奥运

2001年北京获得 2008年奥运会举办权时，向世人做出了“绿色奥运”的承诺，包括实现城市绿化覆盖率超过40%，城市林木覆盖率接近50%，山区林木覆盖率达到70%，全市形成 3道绿色屏障，市区建成 1.2万公顷的绿化隔离带，全市自然保护区面积不低于全市国土面积的8%，“五河十路”两侧形成 2.3万公顷的绿化带，在奥运会召开之际，北京实现了“绿色奥运”的承诺。

北京奥运会还在奥运场馆设计、建设、运行等方面，充分体现了保护全球气候的理念。奥运场馆新建、改建了太阳能发电并网系统、太阳能热水系统、地源热泵和水源热泵、风电等新能源系统，利用了自然通风和光导管、节能灯、太阳能路灯等绿色照明及建筑节能技术。北京采取了各种措施减少和抵消举办奥运会所产生的温室气体排放，包括提前进行了市内轨道交通建设、扩大轨道交通覆盖面积，大幅提高公共汽车和出租车使用清洁能源的比例，奥运中心区采用先进、环保的汽车技术，限制机动车行驶、鼓励市民改变出行方式等，基本上实现了碳平衡。通过北京奥运会这个载体，还提高了公众保护气候的意识。

四、气候变化领域国际合作

任何国家面对气候变化都不可能独善其身，也无法单独承担应对气候变化的重任。应对这一挑战，需要国际社会同舟共济、齐心协力。中国本着互利共赢的原则继续积极参加和推动应对气候变化的国际合作。

2008年以来，中国国家主席和国务院总理分别在联合国气候变化峰会、八国集团同发展中国家领导人对话会议、二十国集团峰会、主要经济体能源安全和气候变化论坛领导人会议、亚欧首脑会议等多边场合以及双边交往中，进一步全面阐述了中国对气候变化问题的立场和主张，并宣布了中国进一步应对气候变化的政策和措施，努力促进国际社会在应对气候变化方面达成共识。

中国努力促进《联合国气候变化框架公约》和《京都议定书》的全面、有效和持续实施，积极而建设性地参加了公约和议定书框架下的谈判。中国政府公布《落实巴厘路线图——中国政府关于哥本哈根气候变化会议的立场》，提出了中国关于哥本哈根气候变化会议的原则，目标，就进一步加强《公约》的全面、有效和持续实施，关于发达国家在《京都议定书》第二承诺期进一步量化减排指标等方面阐明了立场，努力推动哥本哈根会议取得成功。

中国积极参加国际海事组织和国际民航组织关于温室气体减排技术方面的讨论。中国专家积极参加政府间气候变化专门委员会第五次评估报告的前期准备工作。在全球环境基金（GEF）资金支持下，中国启动了《中华人民共和国气候变化第二次国家信息通报》的编制工作。

专栏 11. 中华人民共和国气候变化第二次国家信息通报

与初始国家信息通报相比，中华人民共和国气候变化第二次国家信息通报在如下方面有了新的进展。 在国家温室气体清单编制方面： 报告年份为2005年。与初始国家信息通报的报告年份 1994年相比，2005年中国的能源、工业生产、农业、林业、废弃物等活动水平都发生了较大的变化，需要重新对活动水平数据开展大量的抽样调查、统计分析等； 温室气体的报告范围从3种（CO_2、N_2O、CH_4）扩大到6种（CO_2、N_2O、CH_4、HFCs、PFCs、SF_6）； 将建立国家温室气体数据库管理系统；将加强温室气体排放预测能力。 在信息通报覆盖的地理范围方面，从中国大陆扩大到了包括香港特别行政区和澳门特别行政区。

中国积极落实胡锦涛主席在亚太经合组织会议上提出的“亚太森林恢复与可持续管理网络”倡议，承担了该网络的秘书处工作，召开了网络启动会，发布了网络框架文件，网络已经开始正式运行。

在双边方面，中国继续加强和拓展与相关国家和地区之间的气候变化对话与合作，签署或草签了《中国—澳大利亚气候变化部长级对话联合声明》、《关于促进中韩绿色经济合作的谅解备忘录》、中美《加强气候变化、能源和环境合作的谅解备忘录》、《建筑与社区节能领域谅解备忘录》等一系列相关的联合声明、谅解备忘录和合作协议等。

中国与联合国以及国际组织、国外研究机构积极开展气候变化领域合作，签署了一系列合作研究协议，实施了一批研究项目。相关研究成果为中国应对气候变化政策的制定提供了有益参考。

专栏 12. 中国积极参与碳捕集与封存技术方面的国际合作

2003年开始，中国参加了碳捕集与封存领导人论坛活动。

2005年，中国科技部同欧洲委员会签署了关于利用碳捕集与封存技术(CCS)实现煤炭利用近零排放合作(NZEC)的谅解备忘录。该合作分三个阶段开展，第一阶段开展能力建设和示范项目的预可行性研究，第二阶段将开展示范工程的可行性研究，第三阶段将在中国建设和运行 CCS示范工程。

2006年，欧盟的 12家机构和中国的 8家单位共同合作，参加欧盟第六框架计划的研究项目“中欧碳捕获与封存合作项目(Cooperation Action within CCS China-EU，COACH)”的研究。该项目主要研究内容包括：碳捕获技术在燃煤电厂中的应用、中国二氧化碳地质封存潜力、相关法律法规与融资机制等。2008年，中欧双方启动了“碳捕获和存储监管活动支持”项目($STRACO_2$项目)，为欧洲目前正在制定和实施的、用于零排放的碳捕获和存储技术的综合监管框架提供支持，同时为中欧双方在碳捕获和存储方面的合作奠定基础。

2007年，华能集团与澳大利亚联邦科学工艺研究组织达成协议，合作开展燃烧后捕集的研究，在北京高碑店热电厂建设捕集量 3000吨/年的试验示范装置。该示范装置已经成功捕集并提纯出纯度为99.99%的二氧化碳。

2008年9月，山西省科技厅与美国怀俄明州地质调查局共同签署了二氧化碳地质封存合作备忘录。

2009年，中国参加了由澳大利亚政府发起成立的全球碳捕集与封存研究院。

中国与发展中国家不断深化包括应对气候变化在内的各领域的务实合作。温家宝总理在中非合作论坛发表讲话，提出全面推进中非新型战略伙伴关系。第一，加强战略协调，维护共同利益；第二，落实千年发展目标，改善非洲民生；第三，提升经贸合作，实现互利共赢；第四，促进人文交流，巩固中非友好；第五，拓宽合作领域，加强机制建设。按照上述原则，中国为发展中国家应对气候变化提供力所能及的援助，帮助有关国家发展卫星监测，完善基础设施，开发新能源，提高农业生产，建设医疗设施，培训科技人员，增强减缓和适应气候变化的能力。在培训方面，2008年 12月，中国在吉布提举办了“清洁发展机制与可再生能源培训班”；2009年 6月，在北京举办了“发展中国家应对气候变化官员研修班”；2009年 7月，在北京为来自非洲国家的官员和学者举办了“发展中国家气候及气候变化国际高级研修班”。

专栏 13 中国积极向发展中国家提供援助

2006年以来，中国扩大了对非洲援助规模，向非洲提供优惠贷款和优惠出口卖方信贷，设立中非发展基金支持中国企业到非洲投资，免除同中国有外交关系的所有非洲重债穷国和最不发达国家截至 2005年底到期的政府无息贷款债务，把同中国有外交关系的非洲最不发达国家输华商品零关税待遇受惠商品由190个税目扩大到 440多个，在非洲国家建立经济贸易合作区，为非洲培训各类人才、派遣专家、援建医院和学校等。

2009年，中国政府再次宣布促进中非合作新举措，包括在气象卫星监测、新能源开发利用、沙漠化防治、城市环境保护等领域加强合作，为非洲援建太阳能、沼气、小水电等 100个清洁能源项目；加强科技合作，实施 100个中非联合科技研究示范项目；向非洲国家提供 100亿美元优惠性质贷款，增强非洲融资能力；对非洲与中国有邦交的重债穷国和最不发达国家免除截至 2009年底对华到期未还的政府无息贷款债务；逐步给予非洲与中国建交的最不发达国家95%的产品免关税待遇，2010年年内首先对60%的产品实施免关税；进一步加强农业合作，援建农业示范中心，派遣农业技术专家，培训农业技术人员，提高非洲实现粮食安全能力等。

中国还对南太平洋、加勒比等地区小岛屿国家提供了支持与帮助，包括进一步扩大双边贸易，对基础设施、航空运输、通信和城市改造等领域的项目提供人民币优惠贷款，对原产于萨摩亚、瓦努阿图的 278个税目商品实施零关税待遇，免除部分国家的到期债务等。

中国以多种方式积极推动公约框架下的技术转让。中国政府与联合国于 2008 年 11月在北京共同举办了“应对气候变化技术开发与转让高级别研讨会”，发表了《应对气候变化技术开发与转让北京宣言》。中国也在公约缔约方会议以及长期合作行动特设工作组下就促进技术转让提出了切实可行而有效的机制建议。

中国国家气候变化专家委员会多次与主要发达国家和发展中国家的智库机构进行科技交流和政策对话，推动了在气候变化科技研发、技术转让、公众教育和信息共享等方面的国际合作。

专栏 14. 应对气候变化技术开发与转让高级别研讨会

该研讨会由中国政府与联合国于2008年11月7-8日在北京共同举办，来自70多个国家的政府官员和相关国际组织、企业、学术团体及非政府组织的代表共700多人与会。中国国务院总理温家宝出席会议开幕式并致辞，联合国秘书长潘基文向大会发来贺词。

参加研讨会的各国部长与政府代表重申坚持《联合国气候变化框架公约》与“巴厘行动计划”，认为必须按照“共同但有区别的责任”原则和各自能力，在可持续发展的框架下和消除贫困的努力中应对气候变化。

会议通过了《应对气候变化技术开发与转让北京宣言》，强调技术在应对气候变化中的关键作用，认为需要加快相关技术的研究、开发与应用，强调技术转让的重要性，特别是对最不发达国家的相关能力建设。会议认为应致力于消除政策、知识、体制、资金和法律方面的障碍，并创设激励，以促进减缓与适应气候变化技术的有效转让与推广。同时，为应对气候变化的严峻挑战，需要更有效利用现有机制，需要有涵盖技术开发与转让各阶段的全新的、创造性的国际合作机制。

中国继续积极参与清洁发展机制的实施。截至 2009年 9月 18日，中国在联合国注册的清洁发展机制合作项目达到 632个，这些项目预期的年减排量为 1.88亿吨二氧化碳当量，中国项目已经获得签发的减排量达 1.5亿吨二氧化碳当量。

五、体制机制建设与公众意识提高

建立有效的体制机制是应对气候变化的重要保障。2008年 6月，中共中央政治局就全球气候变化和加强应对气候变化能力建设进行了集体学习，胡锦涛总书记强调各级党委和政府要高度重视，加强领导，完善规划，搞好协调，落实措施。2009年 8月，国务院总理温家宝主持召开了国务院常务会议，听取并审议了发展改革委关于应对气候变化工作情况的报告，并研究部署应对气候变化有关工作。同月，全国人民代表大会常务委员会专门听取和审议了国务院关于应对气候变化工作情况的报告，通过了《全国人民代表大会常务委员会关于积极应对气候变化的决议》。中国已经形成了由国家应对气候变化领导小组统一领导、国家发展和改革委员会归口管理、各有关部门分工负责、各地方各行业广泛参与的国家应对气候变化工作机制。

专栏 15. 全国人民代表大会积极促进应对气候变化工作

全国人民代表大会是中国最高国家权力机关，行使立法权，其常设机关是全国人民代表大会常务委员会。全国人民代表大会从自身的职能和职责出发，采取了多方面的措施促进应对气候变化的工作。这些措施主要包括批准相关的国际公约、制定相关的法律、批准国民经济和社会发展规划纲要，发布积极应对气候变化决议等。

2009年 8月，全国人民代表大会常务委员会专门听取和审议了国务院关于应对气候变化工作情况的报告，并通过了《全国人民代表大会常务委员会关于积极应对气候变化的决议》。

决议强调应对气候变化是我国经济社会发展面临的重要机遇和挑战，积极应对气候变化，事关我国经济社会发展全局和人民群众切身利益。要求应对气候变化必须深入贯彻落实科学发展观，坚持节约资源和保护环境的基本国策，以增强可持续发展能力为目标，以保障经济发展为核心，以科学技术进步为支撑，加快转变发展方式，不断提高应对气候变化的能力。要强化节能减排，努力控制温室气体排放；要增强适应气候变化能力；要充分发挥科学技术的支撑和引领作用；要立足国情发展绿色经济、低碳经济；要把积极应对气候变化作为实现可持续发展战略的长期任务纳入国民经济和社会发展规划，明确目标、任务和要求。

决议同时强调要把加强应对气候变化的相关立法纳入立法工作议程，为应对气候变化提供更加有力的法制保障，将应对气候变化的工作作为人大监督工作的重点之一，以加强对有关法律实施情况的监督检查，保证法律的有效实施。决议也提出要努力提高全社会应对气候变化的参与意识和能力，加强全社会尤其是青少年应对气候变化的教育，提高全民对气候变化问题的科学认识，增强企业、公众节约利用资源的自觉意识，倡导绿色低碳、健康文明的生活方式和消费方式。

为进一步做好应对气候变化工作，中国政府新设立了若干职能机构以加强适应和减缓气候变化的体制机制建设。国家发展和改革委员会在 2008年机构改革中设立了应对气候变化司，其主要职责是：综合分析气候变化对经济社会发展的影响，组织拟订应对气候变化重大战略、规划和重大政策；牵头承担国家履行《联合国气候变化框架公约》相关工作，会同有关方面牵头组织参加气候变化国际谈判工作；协调开展应对气候变化国际合作和能力建设；组织实施清洁发展机制工作；承担国家应对气候变化领导小组有关具体工作。

为适应加强能源统计和应对气候变化的工作需要，2008年 9月国家统计局加强了能源统计工作，新设立了能源统计司，负责组织实施能源统计调查、搜集、整理和提供有关调查数据，组织实施对全国及各地区主要耗能行业节能和重点耗能企业能源使用、节约以及资源循环利用状况的统计监测。在全国开展了能源统计指标体系、调查体系和监测体系的建设，进一步完善了单位GDP能耗核算制度，建立、健全和完善了一系列能源统计、评估和考核体系。全国各地方也完善了能源统计机构设置和人员配备，加强了能源统计工作。此外，工业和信息化部设立了节能与综合利用司，负责工业和通信领域的节能减排与应对气候变化工作。

为支持国内应对气候变化的活动，中国政府批准建立了中国清洁发展机制基金，用于促进国家应对气候变化的能力建设、提高公众意识、支持减缓和适应气候变化的具体行动。基金目前已经为国家应对气候变化的能力建设和政策研究安排了赠款支持，并开展了基金资金有偿使用的业务准备。

中国政府注重提升公众的气候变化意识，普及和传播气候变化的科学知识，培养公众减缓和适应气候变化的能力。

中国政府加强了气候变化问题的宣传教育，组织编写并出版了一系列气候变化及气象灾害防御的科普宣传画册和宣传短片，利用平面、网络和影视媒体进行气候变化科普宣传；正在进行第二次《气候变化国家评估报告》和《中国气候变化与环境演变：2012》等国家评估报告的编写工作；开通了“水利应对气候变化”等一系列宣传网站，对公众进行应对气候变化知识的宣传和教育。

中国政府通过多种途径提高公众的环境意识。组织了气候变化进社区、进公交、进学校、进农村等宣传活动，开展了“社区千家家庭碳排放调查及公众教育项目”、“植树造林、参与碳补偿、消除碳足迹”、“气候变化与健康”专项宣传、“气候变化与人类健康科普展览”等一系列大型宣传活动，引导居民应对气候变化、实践低碳生活；进行了公众气候变化意识调查。2008年5月启动的“适应气候变化农业综合开发项目”，支持了 6个省(自治区)农业部门适应气候变化能力建设，并提高了地方政府和公众对气候变化的认识；2009年 6月在全国范围内举办的“节能宣传周”活动通过各种形式的节能宣传活动，传播节能理念，普及节能知识；还通过举办“技术开发与转让高级别会议”、“2009中国国际节能减排和新能源科技博览会”、“关注气候变化：挑战、机遇与行动”论坛等一系列活动，促进了中国与国际社会在相关领域的合作，增强了公众应对气候变化和节能的意识。

结束语

中国正处于工业化中期阶段、全面建设小康社会的关键时期。积极应对气候变化，不仅事关人类生存和各国发展，而且事关中国经济社会发展全局和人民群众切身利益。中国全国人民代表大会常务委员会通过决议，把积极应对气候变化作为实施可持续发展战略的长期任务纳入国民经济和社会发展规划，这将为中国全面推进应对气候变化各项工作提供根本保障。

中国国家主席胡锦涛在联合国气候变化峰会上的讲话中，明确提出了中国今后一个时期应对气候变化的目标，即“将进一步把应对气候变化纳入经济社会发展规划，并继续采取强有力的措施。一是加强节能、提高能效工作，争取到2020年单位国内生产总值二氧化碳排放比 2005年有显著下降。二是大力发展可再生能源和核能，争取到 2020年非化石能源占一次能源消费比重达到15%左右。三是大力增加森林碳汇，争取到 2020年森林面积比 2005年增加 4000万公顷，森林蓄积量比2005年增加 13亿立方米。四是大力发展绿色经济，积极发展低碳经济和循环经济，研发和推广气候友好技术。”中国将从基本国情和发展阶段的特征出发，坚定不移地走可持续发展道路，与世界各国一起，积极应对气候变化。

国家发展和改革委员会

二〇〇九年十一月

关于抑制产能过剩和重复建设引导水泥产业健康发展的意见

为贯彻落实国务院《关于抑制部分行业产能过剩和重复建设引导产业健康发展的若干意见》（国发[2009]38号），进一步加强和改善水泥行业管理工作，现提出如下意见：

一、提高认识，统一思想

水泥是重要的建筑基础材料，我国水泥产量居世界第一，为经济社会发展做了巨大贡献。今年以来，面对国际金融危机的不利影响，在中央实施“保增长、扩内需、调结构、惠民生”一揽子计划的推动下，水泥工业形势继续向好，产量稳步增长，效益明显回升，结构调整取得新的成效。

但是，在看到保增长成绩的同时，必须清醒认识到水泥工业存在的深层次矛盾。一是重复建设出现加剧趋势。2008年全国水泥产能18.7亿吨，产量14亿吨。截止2009年9月底，全国新建成投产和在建生产线400余条，总产能约6亿吨，水泥产能严重过剩。二是落后产能数量较大。目前全国仍有5亿吨落后产能，约占现有总产能的27%。三是产业集中度低。前10位企业水泥企业产量仅占全国比重20%左右。四是资源浪费、环境污染、生产无序等状况依然比较严重。一些地方能耗和环保超限企业没有得到及时整治，部分地区仍然存在无证企业的非法生产。

当前我国水泥工业正处在发展的关键时期，必须进一步统一思想，在保增长的同时更加注重结构调整和转变发展方式，将抑制水泥产能过剩和重复建设作为结构调整的重点工作抓紧、抓实，抓出成效。

二、坚决抑制产能过剩和重复建设

一是严格市场准入，提高准入门槛。工业和信息化部将会同有关部门抓紧制定和发布《水泥行业准入条件》，进一步提高能源消耗、环境保护、资源综合利用等方面的准入门槛。二是配合有关部门做好对2009年9月30日前尚未开工的水泥项目的清理（具体要求见附件），并将清理结果和意见报送工业和信息化部。坚决停止违法违规项目建设，清理期间一律不得核准新的扩能建设项目。

三、继续加大淘汰落后工作力度

一是继续认真贯彻执行《关于印发节能减排综合性工作方案的通知》（国发［2007］15号）规定，确保完成“十一五”期间淘汰落后水泥产能2.5亿吨的工作目标。要求各地在媒体上公告应予淘汰的落后企业（生产线）名单，接受社会监督。二是按照国发［2009］38号文规定进一步加快淘汰落后产能。各地要按照《关于报送水泥和平板玻璃淘汰落后产能2009年计划及三年计划的通知》（工信厅原[2009]222号）要求抓紧制定2010-2012三年内彻底淘汰不符合产业政策和环保、能耗、质量、安全要求的落后水泥产能时间表。要将淘汰落后产能指标分解落实到各地区和具体企业，积极争取各级财政资金，加大对淘汰落后的支持力度，逐步建立落后产能退出机制。

四、以省为单位做好地区水泥产需总量平衡

鉴于水泥生产和销售区域性较强，在总量上应以省区平衡为主。各地要加强本地区水泥工业发展规划编制工作，对已经制定发布的水泥规划要认真执行，强化规划的约束性。还没有制定水泥规划的省区要抓紧制定。在此基础上，通过全国和省级水泥工业规划结合，制定若干重点经济区域水泥工业发展规划，切实搞好水泥产需总量平衡和结构调整。

五、支持企业开展技术改造

重点支持企业通过上大压小、等量或减量置换落后产能、开展综合利用、推进节约生产、清洁生产等有利于节能降耗、减排治污、提高质量为主要内容的技术改造，推动淘汰落后。主要包括水泥余热发电、粉磨系统节能改造、粉尘治理和利用工业废弃物、垃圾、城市污泥生产水泥等一批具有示范和带动作用的技术改造项目，推进水泥行业结构调整和产业升级。国家将在技术改造专项中适当安排部分资金，重点支持符合上述领域的技术改造项目。

六、推动优势企业兼并重组

按照国家发展改革委等八部门《关于水泥工业结构调整的指导意见》（发改运行[2006]609号）要求，水泥企业前10户集中度“十一五”末要达到30%，前50户集中度要超过50%。按照国家发展改革委、国土资源部、中国人民银行《关于公布国家重点支持水泥工业结构调整大型企业(集团)名单的通知》（发改运行[2006]3001号）要求，鼓励大企业并购重组落后企业，推动结构调整，提高产业集中度。积极开展调查研究，提出支持水泥兼并重组的新的优惠措施建议，完善国家对重点支持水泥企业的各项政策。

七、建立信息发布制度

各地工业主管部门要会同同级相关职能部门和行业协会建立信息发布制度，及时公布水泥产销和投资的最新情况，客观分析市场容量和产能利用率，评估已核准水泥项目产能规模与分布，引导企业冷静思考，谨慎决策，适时规避投资风险。

八、加强组织领导，切实落实问责制

各地工业主管部门要认真履行职责，切实加强组织领导，进一步改进和强化水泥行业管理。对违反国家土地、环保、生产许可等法律法规和信贷政策、产业政策规定，工作严重失误或失职造成水泥违规建设项目的，要及时向相关部门通报，切实落实问责制。要充分发挥好行业协会的参谋助手作用，通过实施有效的行业管理，引导水泥产业健康可持续发展。

附件：清理水泥建设项目表（略）

工业和信息化部

二〇〇九年十一月二十一日

《高耗能落后机电设备（产品）淘汰目录（第一批）》公告

工节［2009］第67号

为进一步推动工业领域节能减排工作，加快淘汰落后生产能力和落后高耗能设备,根据《中华人民共和国节约能源法》、国务院《关于印发节能减排综合性工作方案的通知》（国发[2007]15号）和国务院办公厅《关于印发2009年节能减排工作安排的通知》（国办发[2009]48号）要求，结合工业、通信业节能减排工作实际情况，经相关行业协会推荐、专家评审，现将《高耗能落后机电设备（产品）淘汰目录（第一批）》（以下简称《目录》），共9大类272项设备（产品），包括电动机27项，电焊机和电阻炉13项，变压器和调压器4项，锅炉50项，风机15项，泵123项，压缩机33项，柴油机5项，其他设备2项，予以公告。

各生产和使用单位应抓紧落实《目录》中所列设备（产品）的淘汰工作，生产单位应停止生产，使用单位应尽快更换高效节能设备（产品）。各级节能监察机构应加强对《目录》中所列设备（产品）停止生产和淘汰情况的监督检查工作。

附件：高耗能落后机电设备（产品）淘汰目录（第一批）（略）

工业和信息化部

二〇〇九年十二月四日

关于发布提前淘汰国内航行单壳油轮实施方案的公告

（交通运输部公告 2009年第52号）

为加强水域环境保护，降低重大油污事故风险，提高国内航行油轮的安全与防污染技术水平，促进环境友好型社会建设，根据《国务院关于印发船舶工业调整与振兴规划》（国发〔2009〕21号）要求，参照《经1978年议定书修订的1973年国际防止船舶造成污染公约》，我部决定提前淘汰国内航行单壳油轮，现将实施方案公告如下：

一、自2010年1月1日起，新造600载重吨及以上国内航行油轮应满足防污染双壳结构要求。

二、自2011年1月1日起，现有600载重吨及以上的国内航行单壳油轮，应不迟于下列日期满足防污染双壳结构要求：

(一) 5000载重吨及以上的：

1.2011年建造日期周年日；

2.如满足以下条件之一的，可以延期至2015年建造日期周年日或建造日期后的26周年，以较早者为准。

（1）仅设有不用于装油的且延伸至整个货油舱长度的双层底或双边舱；（2）仅设有专用压载舱及保护位置，并通过中国船级社参照国际海事组织颁布的《CAS规则》要求实施的法定附加检验；（3）设有不用于装油且延伸至整个货油舱长度的双壳体处所但不满足防污染双壳结构要求。

(二)600载重吨及以上但小于5000载重吨且载运重质货油的：

1.从事沿海航行的，2015年建造日期周年日或建造日期后的26周年，以较早者为准；如满足以下条件之一的，可以延期至建造日期后的26周年。

（1）仅设有不用于装油的且延伸至整个货油舱长度的双层底或双边舱；（2）设有不用于装油且延伸至整个货油舱长度的双壳体处所但不满足防污染双壳结构要求的。

2.从事内河航行的，建造日期后的26周年。

（三）如2011年1月1日起已满本条（一）、（二）规定期限的，应不迟于2011年1月1日满足防污染双壳结构要求。

（四）现有600载重吨及以上的国内航行油驳，自2012年1月1日起执行本条（一）、（二）、（三）的规定。

三、除遵守本公告第二条规定外，自2015年1月1日起，600载重吨及以上不满足防污染双壳结构要求的国内航行油轮，不得载运重质货油在渤海海域、京杭运河航行、停泊和作业；三峡库区内航行、停泊和作业的国内航行油轮、油驳，还应遵守《关于发布推进长江干线船型标准化实施方案的公告》（交通运输部公告2009年第24号）的规定。

四、自本公告发布之日起，各级交通运输主管部门及其航运管理机构、海事管理机构和船舶检验机构不得为600载重吨及以上不符合本公告要求的国内航行油轮办理船舶检验、船舶登记和营运手续。

五、各级海事管理机构应严格执行本公告要求，禁止违反本公告规定的国内航行油轮进入管辖的港口、近海装卸站和在管辖水域内进行过驳作业。

六、本公告中相关术语定义如下：

（一）“防污染双壳结构”，系指设有符合国内船舶检验规范规定的双层底舱和边舱。相关的船舶检验规范将另行制定。

（二）“新造”系指该船在2010年1月1日及以后安放龙骨或处于相应的建造阶段。“现有”系指非新造。

（三）“建造日期”系指该船安放龙骨或处于相应的建造阶段的日期。如安放龙骨或处于相应的建造阶段日期不详，则按该船建成日期前一周年的日期计”。

（四）“油轮”系指建造为或改造为主要在其装货处所装运散装油类的船舶。可用于载运散装有毒液体物质的油轮在仅载运散装有毒液体物质时不受本公告规定约束。

（五）“油驳”系指无动力推进装置的，专门用于运输散装油类货物的船舶。

（六）“重质货油”系指：

1. 在15℃时密度大于900KG/M3的原油；2. 在15℃时密度大于900KG/M3或50℃时运动粘度大于180MM2/S的原油以外的其他油类；3. 沥青、焦油和它们的乳剂。

（七）“渤海海域”系指从辽东半岛的大连、丹东两市海岸线交界处与山东半岛的烟台、威海两市海岸线交界处之间连线为界以西的海域（含整个渤海及大连市和烟台市毗邻的黄海海域）。

（八）“京杭运河”系指山东济宁至浙江杭州的京杭运河通航航段。

中华人民共和国交通运输部

二〇〇九年十二月七日

国家发展改革委、国家电监会关于2009年1-6月可再生能源电价补贴和配额交易方案的通知

发改价格[2009]3217号

各省（自治区、直辖市）发展改革委、物价局，各区域电监局、城市电监办，国家电网公司、南方电网公司：

根据《可再生能源发电价格和费用分摊管理试行办法》（发改价格[2006]7号）和《可再生能源电价附加收入调配暂行办法》（发改价格[2007]44号），现就2009年1-6月可再生能源电价附加调配、补贴等有关事项通知如下：

一、电价附加补贴的项目和金额

可再生能源电价附加资金补贴范围为2009年1-6月可再生能源发电项目上网电价高于当地脱硫燃煤机组标杆上网电价的部分、公共可再生能源独立电力系统运行维护费用、可再生能源发电项目接网费用。对纳入补贴范围内的秸秆直燃发电项目继续按上网电量给予临时电价补贴，补贴标准为每千瓦时0.1元。

具体补贴项目和金额见附件一、二、三、四。

二、电价附加配额交易

对收取的可再生能源电价附加不足以支付本省可再生能源电价补贴的省级电网企业，按照短缺资金金额颁发同等额度的可再生能源电价附加配额证，以配额交易方式实现可再生能源电价附加资金调配。2009年1-6月电价附加配额交易方案见附件五。

配额卖方向买方出售配额证，配额买方应在收到配额证后10个工作日内，按额度将款项汇入卖方账户，完成交易。

三、电费结算

（一）可再生能源发电项目上网电价在当地脱硫燃煤机组标杆上网电价以内的部分，由当地省级电网负担；高出部分，通过本次电价附加补贴解决。

（二）2009年1-6月电价附加有结余的省级电网企业，应在本通知下发之日起10个工作日内，对可再生能源发电项目结清2009年上半年电费（含接网费用补贴）。2009年1-6月电价附加存在资金缺口的山东、新疆等15个地区的电网企业，应在配额交易完成10个工作日内，对可再生能源发电项目结清2009年上半年电费（含接网费用补贴）。

（三）对2009年1-6月公共可再生能源独立电力系统的电价附加补贴，按本通知附件三所列的项目和金额，由所在省（区）的价格主管部门会同省级电网企业负责组织实施。

（四）本次配额交易完成后，电价附加有结余的省级电网企业，对已纳入补贴范围内的可再生能源发电项目按月结算电费，高于当地脱硫燃煤机组标杆上网电价的部分从电价附加中支付。

（五）各省级电网企业对可再生能源电价附加继续单独记账，余缺逐期滚存。

四、加强监管

各省（区、市）政府价格主管部门和各区域、城市电力监管机构要加强对可再生能源电价附加征收、配额交易、电费和补贴结算行为的监管，坚决纠正和查处违反本通知规定的电费结算行为，确保可再生能源电价附加补贴按时足额到位。

附件：一、2009年1-6月可再生能源发电项目补贴表（略）

二、2009年1-6月秸秆直燃项目临时电价补贴表（略）

三、2009年1-6月公共可再生能源独立电力系统补贴表（略）

四、2009年1-6月可再生能源发电接网工程补贴表（略）

五、2009年1-6月可再生能源电价附加配额交易方案（略）

国家发展改革委

国家电监会

二〇〇九年十二月十七日

环境保护部办公厅
关于在国家生态工业示范园区中加强发展低碳经济的通知

环办函[2009]1359号

各有关单位:

为全面贯彻落实科学发展观，积极应对全球气候变化，缓解我国能源资源瓶颈、提升国家综合竞争力、促进资源节约型和环境友好型社会的建设，国家生态工业示范园区领导小组办公室决定自2010年起，在国家生态工业示范园区建设和发展中，将发展低碳经济作为重点纳入园区建设内容。现将有关事项通知如下：

国家生态工业示范园区建设单位在申报、建设、验收等各阶段，应贯彻循环经济、低碳经济理念和生态工业学原理，以低能耗、低排放、低污染为基础，通过产业优化、技术创新、管理升级等措施，不断提高能源利用效率和改善能源结构；根据各园区特点从低碳产业、低碳生产、低碳产品、低碳生活等方面着手，通过国家生态工业示范园区试点工作，积极探索园区和工业集聚区减少碳排的有效途径。相关工作具体要求见附件。

请你们在生态工业园区建设中，注重低碳经济发展，注意研究出现的新情况、新问题，积极探索和总结有关经验和办法，促进经济与环境的协调发展，并将出现的重要情况及时向国家生态工业示范园区建设协调领导小组办公室报告。

附件：国家生态工业示范园区建设中加强发展低碳经济的具体要求

二〇〇九年十二月二十一日

附件：

国家生态工业示范园区建设中加强发展低碳经济的具体要求

一、工作目标

国家生态工业示范园区建设单位要以深入贯彻落实科学发展观为原则，在国家生态工业示范园区建设规划编制、年度总结、绩效评估和考核验收中纳入发展低碳经济的内容并提出具体要求。按照循环经济和低碳经济理念、工业生态学原理，以低能耗、低排放、低污染为基础，通过产业优化、技术创新、管理升级等措施，提高能源利用效率和改善能源结构；根据各园区特点从低碳产业、低碳生产、低碳产品、低碳生活等方面着手通过国家生态工业示范园区试点工作，积极探索园区和工业集聚区减少碳排放的有效途径。

二、工作重点

1.在产业结构调整升级中，积极推动园区产业结构向低碳方向发展。按照增加碳汇减少碳源的原则，限制落后的高能耗、高污染产业发展，在原有的产业中开展技术革新、管理创新，实现生产过程节能减排，促进能源结构的改善，同时积极引入低能耗、低排放的新兴产业，使区域产业结构向低能耗、低污染、低碳排放的方向发展。

2.在能源利用结构优化中，通过工艺改善和能源管理，提高能源利用效率，减少综合能耗，逐步改变能源利用模式，重点发展使用水能、风能、太阳能、生物能、地热能、潮汐能等清洁能源，改善园区能源利用结构。加强清洁能源基础设施的使用，加强对原有建筑的节能改造和新建建筑的节能设计，提高建筑节能率。

3.在低碳技术研究开发中，充分利用生态工业园区中大型企业和科研院所的技术研发能力，开展再生能源技术、节能减排技术、清洁煤利用技术、低碳管理技术等有利于促进低碳经济发展实现碳减排的关键技术的研究和开发。在园区层面建立低碳技术企业孵化器，推动低碳技术的产业化。

4.在低碳经济管理机制建立中，将低碳经济管理职能纳入园区管理组织结构中。制定经济鼓励政策推动园区企业开展产业优化升级，改变能源利用模式。制定技术政策，促进和鼓励低碳技术的研发和产业化。在园区准入政策中纳入低碳经济的要求。

5. 在低碳经济理念的宣传中，加强园区内企业员工、居民和学生低碳经济理念的教育和宣传，促使公众改变生产、生活和消费行为模式，使用低碳技术、低碳产品。

三、具体要求

1.为配合国家生态工业示范园区建设协调领导小组3年1次的建设绩效评估工作，已建成的国家生态工业示范园区应将发展低碳经济工作纳入重点评估内容。

2. 在建的国家生态工业示范园区应强化建设过程中低碳经济理念和措施的落实。根据不同类型的园区，应将相关标准中与发展低碳经济相关的指标（单位工业增加值综合能耗、综合能耗弹性系数等）作为园区建设和验收的重点内容。

3. 各国家生态工业示范园区建设单位每年度，应认真总结发展低碳经济的工作经验和取得的成效，并提出下一年度发展低碳经济的具体目标、指标和措施。

4. 拟开展国家生态工业示范园区建设工作的各类工业园区和工业集聚区应将发展低碳经济作为园区建设规划的重点内容。

规划应明确发展低碳经济、实现碳减排的具体目标，可根据所处的地理位置、产业结构、节能减排要求等，提出园区发展低碳经济建设的个性化指标。

园区在制定行业生态化发展方案、污染控制方案、基础设施建设方案和能源综合利用方案时应强调发展低碳经济，深入分析园区碳减排的潜力和主要环节，加强物质流和能量流的设计，提出具体可行的技术路线、措施和重点支撑项目，将碳减排目标落到实处。

在保障措施中，园区应在技术创新、能力建设和机制建设等方面，补充和完善发展低碳经济的政策和途径。

国家发展改革委　财政部公告

2009年第23号

根据《财政部 国家发展改革委关于开展“节能产品惠民工程”的通知》（财建[2009]213号）和《财政部国家发展改革委关于印发“节能产品惠民工程”高效节能房间空调器推广实施细则》（财建[2009]214号），国家发展改革委、财政部组织对地方上报的高效节能房间空调器推广申请报告及相关材料进行了审核。现将“节能产品惠民工程”高效节能房间空调器推广目录（第三批）和“节能产品惠民工程”高效节能房间空调器推广目录（第一、二批）部分型号的变更信息予以公告。

附表：一、“节能产品惠民工程”高效节能房间空调器推广目录（第三批）（略）

二、“节能产品惠民工程”高效节能房间空调器推广目录（第一、二批）部分型号的变更信息（略）

国家发展改革委

财政部

二〇〇九年十二月二十二日

钢铁企业烧结余热发电技术推广实施方案

前　言

钢铁工业是国民经济重要基础产业，能源消耗量约占全国工业总能耗的15%，废水和固体废弃物排放量分别占工业排放总量的14%和17%，是节能减排的重点行业。当前，钢铁行业发展面临严峻挑战和新的发展机遇，传统的粗放型发展模式已难以为继，迫切要求行业企业以节能减排为抓手，积极转变发展方式，利用高新技术改造、提升行业技术管理水平，走科技含量高、经济效益好、资源消耗低、环境污染少的新型工业化道路。

在钢铁企业中，烧结工序能耗仅次于炼铁工序，占总能耗的9%～12%，节能潜力很大。烧结余热发电是一项将烧结废气余热资源转变为电力的节能技术。该技术不产生额外的废气、废渣、粉尘和其它有害气体，能够有效提高烧结工序的能源利用效率，平均每吨烧结矿产生的烟气余热回收可发电20kWh，折合吨钢综合能耗可降低约8千克标准煤，从而促进钢铁企业实现节能降耗目标。本方案计划用3年时间（2010～2012年），在重点大中型钢铁企业中有针对性地推广烧结余热发电技术，预期在钢铁行业的推广比例达到20%，形成157.5万吨标准煤的节能能力，为钢铁企业在日益激烈的市场竞争中进一步降低生产成本、实现节能降耗发挥积极作用。

一、技术发展及应用现状

（一）烧结余热发电技术概况

钢铁企业烧结工序能耗仅次于炼铁工序，居第二位，一般为企业总能耗的9%～12%。我国烧结工序的能耗指标与先进国家相比差距较大，每吨烧结矿的平均能耗要高20千克标准煤，节能潜力很大。

烧结余热回收主要有两部分：一是烧结机尾部废气余热，二是热烧结矿在冷却机前段空冷时产生的废气余热。这两部分废气所含热量约占烧结总能耗的50%，充分利用这部分热量是提高烧结能源利用效率，显著降低烧结工序能耗的途径之一。

目前，国内烧结废气余热回收利用主要有三种方式：一是直接将废烟气经过净化后作为点火炉的助燃空气或用于预热混合料，以降低燃料消耗，这种方式较为简单，但余热利用量有限，一般不超过烟气量的10%；二是将废烟气通过热管装置或余热锅炉产生蒸汽，并入全厂蒸汽管网，替代部分燃煤锅炉；三是将余热锅炉产生蒸汽用于驱动汽轮机组发电。

从实现能源梯级利用的高效性和经济性角度分析，余热发电是最为有效的余热利用途径，平均每吨烧结矿产生的烟气余热回收可发电20kWh，折合吨钢综合能耗可降低8千克标准煤。我国烧结余热发电机组按余热锅炉形式分为四种，即：单压余热发电技术、双压余热发电技术、闪蒸余热发电技术和补燃余热发电技术。近年，低温余热发电技术已在建材等行业得到了广泛应用，特别是随着双压、闪蒸发电技术和补汽凝汽式汽轮机技术获得突破，大大提高了余热回收效率，为钢铁企业烧结余热发电技术的推广创造了条件。

（二）应用现状

2004年，马钢引进日本川崎技术在2台300m^2烧结机上建设了国内第一套余热发电系统（装机容量17.5MW），该系统于2005年9月并网发电。随后多家钢铁企业对烧结余热资源及发电技术开展了前期调研工作。

目前，我国已建成的10套烧结余热发电机组共涉及19台烧结机，烧结机面积共4849m2，发电机组总装机容量137MW。此外，安钢等一些企业正在施工建设烧结余热发电站。烧结余热发电技术推广比例不及4%。

烧结余热发电技术在国内应用已经成熟，全套设备可以国产化，已具备全面推广的条件。

（三）存在的问题

一是企业对低温余热利用观念尚未完全转变。过去，受低温余热技术发展的限制，国内企业大多将烧结余热用于助燃空气、预热混合料或利用余热回收装置产生蒸汽，余热回收利用效率不高。伴随着烧结机的大型化，传统的余热利用途径已无法充分利用余热资源，达到效益的最大化，需要企业转变观念重新认识低温余热利用。

二是烧结余热发电机组运行效率不高。烧结余热发电机组对烟气流量及温度均有一定要求，实际运行中，运行效率受烧结设备大小、生产工况等多方面影响，余热回收系统的工作参数变动，输出的压力、温度、流量随之变化，导致发电机组的运行效率不高。

三是烧结余热发电装置投资较大。烧结余热发电装置建设资金约占烧结机投资的10%～20%，资金回收期较长在一定程度上影响烧结余热发电技术的推广。

二、指导思想、原则和目标

（一）指导思想

坚持以科学发展观为指导，积极落实钢铁产业发展政策与钢铁产业调整和振兴规划，以提高能源利用效率为核心，引导企业技术改造投资方向，积极推广烧结余热发电技术，提高钢铁企业能源利用效率，为实现钢铁行业节能减排目标奠定基础。

（二）基本原则

1. 坚持企业主体原则。企业是节能降耗的责任主体、实施主体和受益主体，要通过加强政策导向和信息引导，发挥市场配置资源的基础性作用，调动企业自主实施节能技术示范和技术改造的积极性，推动烧结余热发电项目建设。

2. 坚持大中型烧结机优先原则。大中型烧结机烟气流量和烟气温度相对集中、稳定，更适合集中建设余热发电装置，能源回收和利用效率更高。

3. 坚持整体推进与分年度实施相结合。方案的实施坚持统筹安排、整体推进，并结合资金安排、市场环境及企业生产经营情况，分年度、分步骤组织实施，确保烧结余热发电项目稳妥有序推进。

4. 坚持技术推广与产业调整和振兴相结合。方案的实施将与落实钢铁产业调整和振兴规划相结合，把重点节能技术示范推广作为应对国际金融危机的重要手段，加快企业烧结余热发电项目建设并尽快形成稳定的节能能力，为促进钢铁行业调整与振兴发挥积极作用。

（三）建设目标

在具备条件的大中型烧结机中，有针对性地实施一批烧结余热发电示范项目，预期在钢铁行业推广比例达到20%，形成157.5万吨标准煤的节能能力，促进钢铁行业节能减排工作的深入开展。

三、主要内容

（一）范围和条件

钢铁企业生产的主体设备应符合国家《钢铁产业发展政策》和《产业结构调整指导目录》中鼓励类的要求，烧结机应在180m2及以上。根据国内已投产的烧结余热发电装置的运行状况，从技术可靠、经济合理的角度分析，采用余热发电技术的烧结机应符合如下条件：

冷却废气混合温度不低于300℃；单台余热发电机组装机规模不小于3000kW。

（二）建设内容

烧结余热发电项目重点推广双压、闪蒸余热发电技术，主要建设内容包括：

1. 改造原有余热回收系统。增建热风循环系统和高换热效率的余热锅炉，提高余热蒸汽回收量和蒸汽品质。

2. 增建汽轮机发电机组及其附属系统。主要包括废热锅炉、蒸汽透平机、闪蒸器、发电机组及辅助附属设备。

3. 改造或增建循环冷却水系统、电气与过程控制系统及配套外部管道等。

（三）实施进度

实施期为3年，即2010～2012年。

（四）项目投资估算

计划实施烧结余热发电技术的烧结机82台，预计总投资51.9亿元。

四、组织实施

（一）组织单位

工业和信息化部、各省、自治区、直辖市及计划单列市、新疆生产建设兵团工业和信息化主管部门。

（二）实施主体

符合条件的钢铁企业。

（三）参与单位

中国钢铁工业协会、有关设计单位及节能技术服务机构等。

五、配套措施

（一）加大对烧结余热发电项目的政策支持力度

积极落实国家已出台的促进企业节能减排的各项财政、税收优惠政策，围绕钢铁产业调整和振兴规划，发挥产业政策引导作用，加大对企业建设烧结余热发电项目的支持力度。完善利用余能发电的激励政策，协调电网管理部门，为企业烧结余热发电机组并网创造良好条件，鼓励企业使用国产化设备。

（二）完善多元化的企业节能技术改造投融资机制

发挥各级财政资金的引导和示范作用，以企业投入为主体，吸引和带动社会各方面投资，形成多元化的投融资机制，推动企业开展节能技术改造。鼓励企业开展合同能源管理项目等方式，通过市场渠道筹集节能减排资金。

（三）加强对烧结余热发电项目建设的监督管理

各地方要加强对项目建设的跟踪和管理，定期组织项目实施情况监督检查，及时组织项目竣工验收，对项目节能效果和实施水平等进行后续评估，确保项目进度、工程质量和资金使用符合国家有关要求并实现预期节能效果。

（四）完善烧结余热发电技术评价标准和应用规范

建立和完善烧结余热发电技术、经济指标体系，加快研究制订并严格执行科学的评价标准和应用规范，以指导和规范项目投资建设与稳定运行，促进烧结余热发电技术的推广实施。

附件：钢铁企业烧结余热发电技术推广实施项目表

附件：

钢铁企业烧结余热发电技术推广实施项目表

序号	企业名称	烧结机数量（台）	烧结机面积（m^2/台）	预计建成时间	预计节能量（万吨）
1	首钢总公司	1	360	2010年	2.49
2	河北钢铁集团承钢公司	3	360	2010年	7.47
3	安阳钢铁股份有限公司	1	450	2010年	3.11
4	本溪钢铁（集团）有限责任公司	2	265	2010年	6.19
		1	365		
5	鞍山钢铁集团公司	2	265	2010年	13.18
		2	328		
		2	360		
6	山东钢铁集团济钢公司	1	180	2010年	1.25
7	山东钢铁集团莱钢公司	3	265	2010年	6.74
8	太原钢铁（集团）有限公司	1	450	2011年	4.70
		1	230		
9	江苏沙钢集团有限公司	5	360	2011年	13.70
		1	180		
10	包头钢铁（集团）有限责任公司	2	180	2011年	7.99
		3	265		
		1	180		
11	马钢（集团）控股有限公司	2	360	2011年	4.98

序号	企业名称	烧结机数量（台）	烧结机面积（m^2/台）	预计建成时间	预计节能量（万吨）
12	宝钢集团有限公司	3	495	2011年	13.35
		1	180		
		1	265		
13	武汉钢铁（集团）公司	1	193	2011年	3.82
		1	360		
14	湘潭钢铁集团有限公司	1	360	2011年	2.49
15	涟源钢铁有限公司	1	185	2011年	3.29
		1	290		
16	广西柳州钢铁（集团）公司	1	265	2011年	4.32
		1	360		
17	福建省三钢（集团）有限责任公司	1	200	2011年	1.38
		1	180		1.25
18	天津天钢集团有限公司	1	360	2012年	4.32
		1	265		
19	天津荣程钢铁有限公司	1	200	2012年	1.38
20	河北钢铁集团唐钢公司	1	265	2012年	8.68
		3	210		
		1	360		
21	邢台钢铁有限责任公司	1	180	2012年	2.55
		1	189		
22	建龙钢铁控股有限公司	1	256	2012年	1.77
23	河北津西钢铁股份有限公司	1	265	2012年	3.22
		1	200		
24	唐山国丰钢铁有限公司	1	230	2012年	1.59
25	长治钢铁（集团）有限公司	1	200	2012年	1.38
26	山西海鑫钢铁集团有限公司	1	198	2012年	3.86
		1	360		
27	南京钢铁集团有限公司	1	180	2012年	3.74
		1	360		
28	新余钢铁有限责任公司	1	180	2012年	1.25
29	萍乡钢铁有限责任公司	2	180	2012年	2.49
30	山东泰山钢铁集团有限公司	1	180	2012年	1.25
31	山东日照钢铁集团有限公司	4	180	2012年	4.98
32	山东潍坊钢铁公司	1	230	2012年	1.59
33	北台钢铁（集团）有限责任公司	1	300	2012年	4.57
		1	360		
34	五矿营口中板有限责任公司	1	180	2012年	1.25
35	通化钢铁集团有限责任公司	1	260	2012年	1.80
36	广东韶山钢铁集团有限公司	1	360	2012年	2.49
37	重庆钢铁（集团）有限公司	1	240	2012年	1.66

工业和信息化部

二〇〇九年十二月二十九日

交通运输部关于促进甩挂运输发展的通知

（交运发［2009］808号）

为贯彻落实国务院《关于进一步加强节油节电工作的通知》（国发〔2008〕23号）和《物流业调整和振兴规划》（国发〔2009〕8号），促进甩挂运输发展，现就有关事项通知如下：

一、充分认识发展道路货物甩挂运输的重要意义

甩挂运输是指牵引车按照预定的运行计划，在货物装卸作业点甩下所拖的挂车，换上其他挂车继续运行的运输组织方式。牵引车与挂车的组合不受地区、企业、号牌不同的限制，但牵引车的准牵引总质量应与挂车的总质量相匹配。

与传统运输方式相比，甩挂运输具有明显优势：一是减少装卸等待时间，加速牵引车周转，提高运输效率和劳动生产率；二是减少车辆空驶和无效运输，降低能耗和废气排放；三是节省货物仓储设施，方便货主，减少物流成本；四是便于组织水路滚装运输、铁路驼背运输等多式联运，促进综合运输的发展。甩挂运输在国际上得到了广泛的推广应用，已经成为非常普遍的先进运输组织方式。目前，我国甩挂运输发展滞后，牵引车和挂车数量少，拖挂比低，道路货物运输仍然以普通单体货车为主，与节能减排和发展现代物流的要求不相适应。

发展甩挂运输，对于降低物流成本，推动现代物流和综合运输发展，促进节能减排，提升经济运行整体质量，具有重要意义。各地区、各有关部门应进一步提高认识，加强组织领导，采取切实措施，有效引导和推动甩挂运输的发展。

二、完善政策和管理制度，为甩挂运输营造良好的发展环境

1. 减少挂车检验次数。挂车应按照《道路交通安全法》及其实施条例进行定期安全技术检验，确保符合国家规定的安全运行条件及相关技术标准。道路运输管理部门不再要求对挂车进行二级维护强制保养和综合性能检测。

2. 调整挂车保险。由于挂车不具备动力，具有“可移动的集装箱”的属性，在车辆保险方面，应研究调整挂车交强险，科学设定征收对象。

3. 完善甩挂车辆海关监管制度。境内承运海关监管货物的甩挂运输车辆（集装箱拖头车）应当依照相关规定办理注册登记手续，在甩挂车辆办结海关监管手续后，经海关同意，牵引车与挂车可以分离，提高牵引车周转效率。海关依照有关规定实施监管。

4. 调整通行费征收办法。道路通行费实行“年票制”征收的地区，对道路运输经营者所拥有的汽车列车应按照一车一挂的标准征费，对超出牵引车数量的其余挂车不再征费

5. 推进甩挂运输车辆装备标准化。车辆装备技术的标准化是发展甩挂运输的必备条件，要组织制订和推广应用牵引车、挂车联接的相关技术标准，引导制造企业严格执行国家统一标准生产牵引车和挂车，为发展甩挂运输提供技术保障。

6. 完善挂车证件管理。按照既简便适用又有利于监管的原则，完善挂车证件携带、保管与交接管理。挂车道路运输证和机动车行驶证应随车流转。

7. 鼓励运输企业拓展运输网络。各地应消除地方保护和制约运输一体化发展的相关制度和政策障碍，鼓励和支持符合条件的道路运输企业异地设置经营网点（分支机构），逐步形成区域性或全国性的甩挂运输网络。

8. 鼓励企业加强协作。鼓励运输企业之间、运输企业与大型制造企业、商贸企业、专业商品市场、货运站之间，通过联营、参股、合作等方式加强协作，整合运力和货源资源，提高集约化、规模化、网络化、组织化程度，提高甩挂运输的运行质量和整体效益。

三、加大资金投入，完善枢纽站场设施

1. 改造传统货运站场，适应甩挂运输需要。站场设施（包括甩挂运输运行中心）是发展甩挂运输的重要基础条件，具有一定的公益性。应通过政策引导，进一步加大对站场建设的投资力度，按照甩挂运输作业和技术特点，

借鉴国外经验，对传统货运站场进行升级改造，逐步构建层次清晰、功能完善、衔接顺畅的站场节点体系，支撑甩挂运输的发展。

2. 加快综合交通枢纽建设，促进公铁、公水等多种运输方式间的有效衔接和一体化运输。鼓励利用公路甩挂运输发展水路滚装运输、铁路驼背运输和集装箱多式联运，实现公铁、公水间的快速中转和无缝衔接，推进综合交通运输体系建设。

四、开展试点工程，发挥示范效应

各地交通运输部门要联合当地发展改革委等有关部门根据实际情况，选择有条件的地区和企业，组织开展甩挂运输试点，探索和总结经验，发挥示范引导作用。

各有关部门要对列入甩挂运输试点的地区和企业，加强组织领导，落实配套政策，协调解决试点过程中存在的实际问题，为甩挂运输发展创造良好的外部环境。在试点的基础上，及时进行总结，制订完善相关技术标准和服务规范，促进甩挂运输的持续健康发展。

交通运输部　国家发展改革委

公安部　海关总署　保监会

二○○九年十二月三十一日

地方政策文件

湖北省人民政府关于发展低碳经济的若干意见

鄂政发[2009]51号

各市、州、县人民政府，省政府各部门:

低碳经济是以低能耗、低污染、低排放为基础的经济模式，其实质是能源高效利用、清洁能源开发和发展绿色GDP，核心是能源技术和减排技术创新、产业结构优化升级、制度创新以及人类生存发展观念的根本性转变。为推动全省低碳经济发展，根据《中国应对气候变化国家方案》、《中国应对气候变化的政策与行动》等有关规定，现结合我省实际提出如下意见。

一、充分认识发展低碳经济的重要性

(一)发展低碳经济是落实科学发展观，促进产业结构调整的重要途径。湖北能源资源十分匮乏，缺煤、少油、乏气，能源需求对外依存度较大。当前，我省正处于工业化中期，工业结构偏重，能源消耗以煤为主，能源供求矛盾日益突出，环境压力不断加大。发展低碳经济，有利于提高能源利用效率、节约能源、发展和利用可再生能源、减少煤炭的使用，促进我省产业调整和升级，同时也有利于发展新兴产业，形成新的经济增长点，对于推进武汉城市圈"两型"社会建设、落实全省节能减排目标、倡导生态文明和实现可持续发展具有重要意义。

(二)发展低碳经济是促进我省参与国际合作、树立良好形象的重要方面。利用《京都议定书》中的清洁发展机制(CDM)，积极参与CDM项目合作，有利于减少温室气体排放，促进我省在资金和先进技术引进等领域的国际合作，有利于改善我省生态环境状况，创造更加美好的人居环境，树立湖北良好的对外形象。

二、指导思想、基本原则和主要目标

(三)指导思想。以科学发展观为指导，坚持资源节约和环境保护的基本国策，抓住武汉城市圈"两型"社会综合配套改革试验重要战略机遇，紧紧围绕实现经济发展方式的根本转变，以优化能源结构、提高能源利用效率、降低单位GDP碳排放强度为核心，以减少温室气体排放、增强可持续发展能力为目标，以技术创新和制度创新为动力，大力发展低碳产业和低碳服务产业，完善管理体制、政策机制等支撑体系建设，逐步建立与全省发展相适应的低碳发展模式，促进经济社会健康快速发展。

(四)基本原则。坚持低碳发展与经济发展相互促进原则；坚持能源节约与可再生资源开发利用并举原则；坚持科技先导、自主创新，技术进步推进原则；坚持政府引导、总体谋划、突出重点，提高竞争力原则；坚持与现行节能减排、循环经济、生态经济政策相结合原则。

(五)主要目标。发展低碳经济是经济社会发展模式的新探索，是一个长期努力和实践的过程。到2020年，全省能源消费结构进一步优化，核电和可再生能源比重增加到22%左右；产业结构进一步调整，服务业与高技术产业比重逐步增加，新能源及其低碳装备制造产业居国内领先地位；单位GDP能耗降低到1吨标煤以下，碳排放强度年均降低4%以上，主要高耗能行业单位产品能耗达到国内先进水平；建立较完善的低碳发展法规保障体系、政策支撑体系、技术创新体系和激励约束机制；建成若干以低碳发展方式和低碳消费方式为特征的低碳经济示范区。

三、主要任务

(六)调整产业结构，转变经济发展方式。以提高能源效率、减少污染排放、促进"两高一资"(高耗能、高污染和资源性)行业转型升级，积极发展先进制造业、高技术产业和服务业，减少对能源的依赖。加快高新技术产业发展

和快速扩张，优先发展对经济增长有重大带动作用、低能耗的信息产业，大力调整工业部门内部的产业结构、产品结构和能源消费结构。运用高新技术和先进适用技术改造和提升传统产业，推动传统产业提高能源使用效率和污染减排，促进传统结构优化和升级。不断提升服务业在三次产业中的比重，改造和升级零售、餐饮、生活服务等传统服务业，积极发展金融保险业、文化产业、生态旅游业、软件信息产业等资源能源消耗少的现代服务业，促进低碳服务产业的发展。

(七)改善能源结构，加快发展新能源产业。积极发展核电，广泛应用世界先进的核电技术，科学选址，研究核电项目的关联效应，加快咸宁大畈核电站的建设进程，积极谋划和筹备后续核电站的建设；在保护生态环境的基础上开发水电资源，因地制宜，科学规划，合理建设水电项目；有序推进清洁能源开发，推动小汽车主要燃料向压缩天然气转化，推广汽车利用醇类燃料、合成燃料、生物柴油、替代燃料及电动汽车技术；因地制宜推进生物质能源的开发和利用，推广能源作物种植，大力推广沼气和农林废弃物气化碳化、压缩成型技术，提高清洁、可再生能源在农村地区生活用能中的比例；加快风电开发和建设，使我省在风电建设领域取得新的突破；积极推进太阳能利用，推广太阳能利用产品的应用，发展太阳能热利用产业集群，加快太阳能光伏一体化发电项目建设。

(八)推进节能降耗，提高能源使用效率。进一步完善节能减排管理机制和体系，落实《湖北省节能中长期专项规划》和《湖北省“十一五”节能行动计划》，狠抓重点行业和重点企业节能管理，强化能源节约和高效利用，继续实施十大节能工程，开展先进节能技术开发、示范和推广，推进工业、交通、建筑三大领域节能，加大依法实施节能管理力度，不断降低能源消费强度，加快淘汰电力、钢铁、建材、造纸等行业的落后生产能力，重点落实“十五小”和“新五小”专项治理工作，努力降低单位能耗。鼓励常规火电厂进行供热改造，积极推进节能的余热(气、压)发电、热电联产及热电冷联供的电站建设。

(九)发展循环经济，提高资源综合利用效率。发展低碳经济是循环经济理念的体现。贯彻落实《中华人民共和国循环经济促进法》，进一步深化循环经济示范试点和汽车零部件再制造试点，支持一批循环经济重点项目，大幅度减少资源、能源消耗。推动青山–阳逻–鄂州大循环经济示范区建设，建立和完善循环经济发展模式，推进循环经济形成较大规模。发展可再生资源产业，建立可再生资源回收网络体系，建立再生资源产业基地和产业园区。完善资源有偿取得制度，建立反映市场供求关系、资源稀缺程度、环境损害成本的资源要素价格形成机制。严格资源开采准入制度，合理利用资源、能源及废弃物，支持开发低品位矿产资源，提高废渣、废水、废气综合利用率。积极推行利用城市垃圾发电。

(十)开展低碳试点，探索低碳发展模式。在全省有条件的地区开展低碳经济试点工作，探索低碳发展模式和有效运行机制，积累经验，提升竞争力，有目的、有计划、有步骤地引导其他地区的低碳发展。在武汉城市圈着手建立低碳经济试验示范区，探索区域低碳能源、低碳交通、低碳产业发展模式，发挥示范作用，建立促进资源节约、低碳经济发展的政策体系，重点推动一批低碳经济示范工程建设。

(十一)优化消费过程，积极创建低碳型消费模式。加强政府对企业和公众的引导，在不影响人民生活质量的前提下，鼓励消费领域节能和减少CO2排放。鼓励和倡导低碳生活方式，倡导节约用电、用水，增强垃圾自觉分类和循环利用意识，鼓励节能灯、太阳能热水器等节能产品的使用，提倡低碳消费，遏制奢侈消费，引导合理消费，逐步减少一次性用品的使用，严格执行规定的家电标准，优化消费过程；引导公众树立节约型汽车消费理念，鼓励使用节能环保型小排量汽车，研究鼓励混合动力汽车、纯电动汽车的消费政策；大力发展城市公共交通，减少私家车出行，鼓励自行车出行，增加免费租用自行车网点。加快强制淘汰废旧汽车，缩短高耗能、高排放的老旧公交车型的报废期限。

四、大力发展低碳相关产业

(十二)培育壮大低碳装备制造业。依托全省现有产业基础，加大研发投入，强化企业自主创新主体地位，大力扶持风电、核电、生物质能、太阳能光伏发电设备等新能源装备制造产业发展壮大，支持风电机组、核电设备及配套材料、太阳能电池板及组件、多晶硅材料、环保机械、资源综合利用设备、节能技术改造关键设备研发和生产企业的做大做强，提升综合竞争力，力争走在全国前列，提前抢占市场份额，以适应未来大规模新能源建设的需要。依托武汉“中国光谷”，重点支持太阳能建筑一体化构件及集成系统、太阳能照明和光伏并网电站等的设计、研发、生产和安装。

(十三)推动低碳技术产品产业化发展。抓住国家大型核电站集中建设的机遇，重点发展核电生产必备的电机、压缩机、鼓风机、输变电设备、高性能仪器仪表、核电保温材料、高压泵阀、核电专用工具、电器开关等配套产品，力争形成核电配套产业群。充分利用国家产业政策导向，发挥东风公司开发电动车的技术优势，加大新能源汽车研发和产业化力度，提高电动汽车生产规模和市场份额。推动我省高效汽车蓄电池、太阳能蓄电池组、混合动力汽车发动机及高效节能电冰箱、空调器、洗衣机、太阳能热水器等家用电器的开发和生产，加快开发新型紧凑型荧光灯、直管荧光灯、金属卤化物灯、LED灯、太阳能灯及微型太阳能光伏发电机组，并实现产业化发展，形成一批具有一定规模和实力的低碳产业群。

(十四)大力发展电子信息产业。围绕国家重点发展的电子元器件、集成电路、通信设备等领域，结合我省科教优势和产业实际，大力推动光电子、通信设备等特色优势产业快速发展，形成技术领先与规模优势。加快建设消费电子、集成电路等产业集群，实现规模与结构协调发展。大力发展软件及信息服务业，加快具有自主知识产权的技术成果产业化，实现我省电子信息产业跨越式发展。

(十五)加快发展碳汇产业。重点发展高效经济林、速生丰产林、花卉苗木、中药材产业及生态旅游业。通过加快林业产业集聚，打造林业科技产业园。积极开展碳汇造林，鼓励大型企业、组织、团体出资营造碳汇林或自愿购买森林碳汇。开展林业碳汇研究，加快培育二氧化碳吸收率高的树种和品种，探索二氧化碳清除率高的营造林模式。加强碳汇林固碳能力的计量与监测，为碳汇林的营建提供科技支撑。

五、推动低碳技术的研究应用与创新

(十六)加快低碳技术的引进和研发。通过CDM项目引进发达国家先进的低碳技术，鼓励企业依靠商业渠道引进技术，鼓励企业通过CDM项目在联合国CDM执行理事会注册，以获得更多的资金及技术支持，同时加强地区间交流与合作，促进发达地区对我省的技术转让。增强自主创新能力，鼓励企业开发低碳技术和低碳产品，重点研究新一代生物燃料技术、二氧化碳捕集、运送和埋存技术、智能电力系统开发和电力储存以及提高能效的相关技术等。大力实施煤炭净化技术和加强相关基础设施的建设。

(十七)加强低碳技术及产品的推广应用。研究制定发展低碳经济的技术指导目录和技术发展指导意见，鼓励低碳服务公司或中介服务机构的发展。推广一批先进成熟适用的低碳技术及产品，加快科技成果转化；加快太阳能光电技术、新型墙体材料、可再生能源等在城乡建筑领域的应用，逐步扩大覆盖面。推广高能效空调和冰蓄冷技术，加快中央空调系统改造。积极实施“金太阳示范工程”，推进光伏发电的规模化示范应用。在城市推广普及太阳能集中供热水工程，建设太阳能采暖和制冷示范工程，在农村和城镇推广户用太阳能热水器、太阳房和太阳灶等。

(十八)建立低碳技术支撑体系。建立以政府为主导、企业为主体、产学研相结合的低碳技术创新体系，建立低碳技术网络平台。各地各有关部门要密切配合，加强合作，及时跟踪国际低碳经济及相关影响事件的最新动态，加强与相关专业机构和高校、研究院所的技术合作，提高全省低碳经济研究水平；加大低碳经济相关研究的投入，加快有关技术的研发、示范和推广，提高科技创新和推广应用水平；统筹开展可再生能源、清洁能源、节能新技术、温室气体减排技术以及促进碳吸收技术等领域的适应性技术研究。加快建立人才基地，培养一批专业化的人才队伍。

六、保障措施

(十九)加强组织协调。省应对气候变化领导小组负责制定全省低碳经济的发展战略、方针和对策，协调解决低碳经济工作中的重大问题，组织、指导和推动低碳发展工作以及低碳经济示范试点工作。要进一步完善多部门参与的决策协调机制，建立各级政府推动、企业和公众广泛参与发展低碳经济的体制和行动机制，形成与未来低碳经济工作相适应的、高效的组织机构和管理体系，在减缓和适应气候变化方面取得实际效果。

(二十)强化应对气候变化工作。制定出台《湖北省应对气候变化行动方案》，将低碳发展理念和行动纳入经济和社会发展规划以及各类相关区域发展规划、城市总体规划等专项规划，将低碳发展目标纳入“十二五”发展规划和重点产业发展规划之中，制订低碳发展实施方案。以提高能效和降低碳排放强度为核心，通过综合措施不断增强适应气候变化能力，以节约资源、优化能源结构、加强生态保护和建设为突破口，发展低碳生产、低碳运输和低碳社区，增加自然生态系统碳汇，积极开展清洁发展机制(CDM)国际互惠交易。

(二十一)建立健全相关法规制度。建立和健全与低碳发展相关的法规和制度，研究制定促进低碳发展的科技、产业、税收、金融、价格等政策和措施，建立发展低碳经济的财政转移支付制度，完善环境经济政策。抓紧制订和完善《湖北省应对气候变化行动方案》、《湖北省实施〈中华人民共和国循环经济促进法〉办法》、《湖北省气候可行性论证管理办法》、修订《湖北省实施〈中华人民共和国节约能源法〉办法》等相关法规制度。

(二十二)制定和落实支持低碳经济发展的激励约束政策机制。认真贯彻落实国家关于节能、循环经济、新能源等方面的各项优惠政策，通过政府、行业指导，制约企业行为和市场消费行为推动低碳经济发展，实施新建企业的技术水平、生产规模等准入门槛，鼓励新节约产品推广，利用税收政策，限制高能耗、高水耗、高污染和高资源消耗的低附加值产品出口。在理顺现有收费和资金来源的基础上，积极探索建立和完善碳排放交易机制和生态环境效益补偿机制。进一步深化能源价格改革，利用价格机制，调整能源产品之间的比价关系，促进能源的合理开发、高效利用和有效保护。

(二十三)加强政府引导，建立促进低碳发展的资金投入机制。建立稳定的财政资金投入机制，整合现有财政专项资金，对低碳发展的重大项目和科技、产业化示范项目采取引导、激励、奖励或贴息贷款等方式给予支持；拓展融资渠道，尝试建立碳金融公司，创新金融制度和金融工具，为低碳产业发展提供资金支持；吸引社会各界资金投入低碳经济工作，将科技风险投资引入低碳经济领域；充分发挥企业作为技术创新主体的作用，引导企业加大对低碳经济领域技术研发的投入；积极争取利用外国政府、国际组织等双边和多边基金，开展低碳经济领域的科学研究与技术开发。

(二十四)组织开展低碳经济的宣传、教育和培训。各地、各部门要动员社会各方面力量，完善信息发布的渠道和制度，充分发挥新闻媒体的舆论监督和导向作用，大力开展低碳发展与应对气候变化的宣传活动，宣传国家和省发展低碳经济的各项方针政策，提高全社会对发展低碳经济的认识，鼓励和倡导低碳消费方式。在基础教育、成人教育、高等教育中纳入低碳经济普及与教育的内容，针对不同的培训对象举办形式多样的培训和实践活动，努力把低碳消费转变成全体公民的自觉行为，形成发展低碳经济的良好社会氛围。

二〇〇九年十一月十日

北京市加快太阳能开发利用促进产业发展指导意见

京政发［2009］43号

市发展改革委　市财政局　市住房城乡建设委　市经济信息化委　市科委

为贯彻落实《中华人民共和国可再生能源法》、《可再生能源中长期发展规划》，加快发展太阳能开发利用，振兴北京新能源产业，制定本意见。

一、发展太阳能的重要意义

当前，全球化石能源资源日益短缺、气候变化等环境压力日渐增大。太阳能、风能、生物质能等新能源和可再生能源已被世界各国政府作为重要的战略替代能源。党中央、国务院高度重视太阳能、风能等新能源与可再生能源的发展，明确指出：太阳能、风能等新能源产业正孕育着新的经济增长点，也是新一轮国际竞争的战略制高点，当前国际金融危机为新能源产业发展带来了机遇，要把发展太阳能、风能等新能源作为应对危机的重要举措。

太阳能作为一种清洁、安全、可再生的绿色能源，在本市新能源利用中应用比例最高、资源潜力最大、发展前景最为广阔，技术和产业带动作用强，是实现本市新能源和可再生能源“高端研发、高端示范、高端制造”的重要抓手。充分利用首都区位及科技研发等优势，加快本市太阳能利用并促进其产业发展，有利于从战略上抢占新一轮世界范围新能源产业竞争的先机；有利于应对国际金融危机，扩大投资和消费需求；有利于优化能源结构、促进节能减排，构建低碳发展模式；对推进“人文北京、科技北京、绿色北京”建设意义重大。

各有区县、各部门、各单位要高度重视太阳能开发利用和产业发展，提高全社会对发展太阳能重要性的认识，培养绿色生活方式和消费理念。城市、新城、重点镇和新农村的建设过程中要充分利用太阳能资源，切实把开发利用太阳能作为落实国家节能减排政策、建设资源节约型社会和环境友好型城市的重要工作抓紧抓实。

二、发展思路及总体目标

（一）发展思路。

以科学发展观为指导，认真贯彻落实“人文北京、科技北京、绿色北京”建设的战略部署，以实施太阳能六大“金色阳光”工程为抓手，以太阳能高端产业基地为载体，以太阳能高端科技研发为动力，不断完善标准、政策、规划、宣传四大支撑体系，建立太阳能应用与产业发展相互促进的良性互动机制；着力解决太阳能发展中的技术、成本和经营模式等难点问题，大力推进太阳能高端示范应用，带动高端制造，哺育高端研发，把北京建设成为太阳能技术研发、高端制造和应用展示中心。

（二）主要目标。

到2012年，太阳能集热器利用面积达到700万平方米，太阳能发电系统达到70兆瓦，太阳能产业产值超过200亿元，主要产业聚集基地初具规模，建成具有国内先进水平的光伏检测中心和光热检测中心。

到2020年，太阳能集热器利用面积达到1100万平方米，太阳能发电系统达到300兆瓦，在高端生产装备制造、太阳能工程系统集成、标准创制及认证等方面形成国内领先优势，使北京成为技术研发中心、高端制造中心和应用展示中心。

三、实施“金色阳光”工程，打造一流阳光都市

（一）推行2万千瓦光伏屋顶工程。在宾馆饭店、写字楼、污水处理厂、体育场馆等公用、商业设施，以及本市开发区、工业园区的工业厂房中积极倡导推广与建筑结合的太阳能屋顶光伏发电项目。

按照“支持高端、先申先得”的原则，到2012年12月31日前，对前20MWp与建筑结合的太阳能光伏并网发电及风光互补项目，除享受国家优惠政策外，由市财政根据项目建成后的实际发电效果，按照1元/瓦?年的标准给予连续3年补助。申请补贴的项目单体规模应大于50kWp，其中单晶硅、多晶硅和薄膜电池光电产品组件转换效率应分别超过15%、14%和7%。

（二）建设5万千瓦光能示范上网电站。利用填埋场护坡、废弃矿山等难以开发的土地，以及综合利用大型农业设施用地等方式，按照特许经营等模式，建设单个项目容量不低于5MWp的大型光伏电站，到2012年，本市光伏电站总装机容量超过50MWp。

（三）加快实施阳光校园工程。在本市有条件的中小学建设太阳能热水、太阳能灯、小型并网光伏发电、太阳能科普教室等工程，在青少年中树立使用可再生能源意识。到2012年，本市50%的中小学校全部建设成为阳光校园。阳光校园工程所需资金按照现行投资体制，市属中小学由市政府固定资产投资安排解决，区属学校由区财政参照市级学校补助标准给予支持。

（四）推广光能热水工程。新建保障性住房、两限房、普通商品房、公共建筑以及文化、卫生、体育、社会福利等社会公益事业单位和政府机构等建筑，全面推广太阳能热水系统；鼓励各类工业企业在生产工艺中采用太阳能热水系统；鼓励既有建筑进行太阳能热水系统改造，其中社会公益事业单位和政府机构改造资金按照现行投资体制，由市区两级政府固定资产投资安排解决。

新建两限房、普通商品房、公共建筑及工业企业安装使用太阳能热水系统的，按照“支持高端、先申先得”的原则，到2012年12月31日前，对前100万平方米集热器面积，由市政府固定资产投资按照200元/平方米的标准给予补贴。申请补贴的单体项目规模集热器面积须超过100平方米，有效得热量超过8MJ/平方米。

（五）推进阳光惠农工程。大力推广太阳能在新农村建设中的普及与应用，支持太阳能与农业生产、农民生活相结合，转变农村传统用能方式。对于与绿色设施农业结合的太阳能杀虫灯、温室大棚中的太阳能采暖设备，由市政府固定资产投资对太阳能设备按30%给予补贴；支持农村节能住宅建设改造中采用太阳能采暖系统，由市固定资

产投资对太阳能采暖系统按30%给予补贴；重点支持在山区农村建设阳光浴室，其中生态涵养区和城市发展新区的阳光浴室项目分别按90%、70%的比例安排市政府固定资产投资。

（六）启动园林阳光夜景工程。在本市有条件的公园，安装太阳能夜间景观路灯，为市民夜间游园创造便利条件。到2012年，市属公园和30%的区属公园完成园林阳光夜景工程；所需资金按照现行投资体制，市属公园由市政府固定资产投资安排解决，区属公园由区财政负责解决。

四、加大太阳能科技创新支持力度，实施阳光科技振兴计划

（一）制定科技研发计划。制定太阳能年度科技研发计划，提出年度关键技术攻关目录，支持中央和本市科研机构，着力攻关新型高效光伏电池材料、大型并网逆变器、高效蓄能电池等国际太阳能高端技术，重点解决“金色阳光”工程实施中存在的系统优化集成、建筑一体化、智能并网等技术难点，加速提升北京市太阳能产业的核心竞争能力。

（二）建立科技试验和成果转化平台。依托本市太阳能光伏、光热两个技术创新产业联盟，整合有关科研机构和企业试验资源，建立资源共享机制，形成太阳能公共技术试验平台；经平台孵化产生的工程技术和设备，采用首购、首台（套）方式优先用于本市金色阳光工程中。

（三）全方位加强与中央单位的交流合作。建立本市与中央对口单位的定期交流制度，对接国家重大技术专项，争取国家级太阳能实验室、工程试验中心和示范项目落户北京；积极做好地方服务，协调解决太阳能发展中的相关问题。

（四）加强太阳能人才队伍建设。落实太阳能科研和产业高端人才优先享受有关人才开发政策。鼓励太阳能企业与高校、科研院所联合有针对性地培养太阳能科技人才。

五、打造高端基地，培育优势产业

抓住新一轮国际新能源产业技术变革等重大机遇，充分发挥首都科研实力雄厚、人才技术密集等综合优势，完善产业链，力争在关键工艺、重大装备、成套生产线设备上取得突破进展，增强本市新能源产业的国际竞争力。

（一）打造高端产业基地。坚持高标准规划、高起点建设、高水平配套，加大对新能源和绿色能源产业基地市政基础设施建设的支持力度，增强产业发展基础优势；建立技术信息交流、融资等企业发展服务平台，积极吸引国内外太阳能领域优势企业落户园区，引导产业链上下游配套企业入驻基地，促进产业集聚发展。

（二）培育三大优势产业。充分发挥本市在太阳能光伏和光热利用领域的产业优势，做大高端生产装备制造产业，重点发展晶体硅铸锭炉、太阳能电池组件生产线等装备制造能力，增强核心竞争力；做强太阳能工程系统集成产业，重点扶植一批拥有自主知识产权、具备建设运营管理能力的专业化技术服务公司，实现与国际先进水平同步；做实标准创制产业，加快建立完善本市太阳能标准检测体系，巩固加强本市在太阳能产业中的主导地位。

（三）优化企业发展环境。将太阳能产业列为本市工业发展资金重点支持领域，为企业发展提供助力；“金色阳光”工程优先按招投标程序采购《北京市自主创新产品目录》中的太阳能产品，市场应用带动产业发展；搭建产业联盟和行业协会等中介服务平台，创建良性市场环境。

六、构建四大支撑体系，营造良性发展机制

（一）加强政策支持体系建设。简化审批程序。积极推进项目前期工作。对于与建筑结合的太阳能利用项目,凡不涉及新增土地、不改变土地用途、不影响文物保护要求、不新增建筑面积和不改变建筑结构的项目，原则上不再办理规划、国土、环保和节能审查评估。

开辟多元融资渠道。根据本市太阳能开发利用特点，鼓励各类金融、担保机构加大对太阳能开发利用投入，鼓励风险投资公司以多种方式参与太阳能开发利用投融资，建立起多元化的投融资长效机制，推动本市太阳能健康快速发展。

建立运营管理机制。太阳能项目的业主单位负责太阳能设备的运行管护，保证项目运营稳定可靠；农村公共太阳能路灯和阳光浴室的运行维护费用，纳入区县各级财政部门预算。

（二）健全标准规范体系。抓紧编制并颁布太阳能与建筑一体化设计、施工的技术标准和相关图集，尽快形成太阳能工程标准体系，为太阳能应用工程的建设奠定基础；编制本市光伏发电并网及上网的技术标准，研究分布式能源管理办法，推进本市智能电网建设。

鼓励高端产品应用。凡进入本市市场的太阳能产品要达到国家相关产品质量标准，并通过具有资质的检测机构的检测。支持生产企业开展ISO9000、ISO14000、ISO10012标准认证，通过认证的企业产品优先列入政府采购目录。

研究建立包括太阳能在内的可再生能源统计指标体系，开展对全市可再生能源利用情况的监测评价，并将评价结果纳入节能减排相关考核。

（三）完善规划保障体系。各相关单位要根据各自职责，分别编制与建筑结合的太阳能利用实施方案、太阳能装备产业发展实施方案、农村太阳能利用实施方案等。市发展改革委作为本市能源行业主管部门，要积极做好综合协调工作，建立健全本市新能源发展部门联动工作机制，加强对区县政府和企业的指导、服务和监督，促进本市新能源和可再生能源行业健康有序发展。

（四）充实宣传培训体系。建立健全本市太阳能等新能源宣传推广的工作机制，通过举办太阳能技术论坛、开办“北京新能源网”、开展“绿色能源进社区”活动等多种方式，在全社会普及太阳能等新能源相关知识，培养绿色生活消费理念，提高绿色能源利用意识。

本意见自2010年1月1日起正式执行。执行中遇到的相关问题，由市发展改革委会同有关部门协调解决。

关于促进上海新能源汽车产业发展的若干政策规定

上海市发展和改革委员会
上海市经济和信息化委员会

第一章　总则

第一条　为贯彻落实国务院发布的《汽车产业调整和振兴规划》，市委、市政府《关于进一步推进科技创新加快高新技术产业化的若干意见》和市政府《关于加快推进上海高新技术产业化的实施意见》，加快提升上海新能源汽车产业的自主创新能力和产业竞争力，优化上海新能源汽车产业的创新发展环境，发挥新能源汽车产业对上海经济发展的重要支撑作用，制定本规定。

第二条　本规定适用于在本市进行工商注册、税务登记，并从事新能源汽车及关键零部件开发、生产、应用和服务的企业和机构（以下简称“新能源汽车企业”）及个人。

第三条　本市新能源汽车产业发展的总体目标是，以混合动力汽车、纯电动汽车为主攻方向，以“电池、电机、电控”（以下简称“三电”）关键零部件为突破口，同步支持燃料电池汽车等新能源汽车降低成本、提高性能，加快抢占技术制高点和市场增长点，形成国内领先、具有国际竞争能力的自主产业体系和产业集群。

第二章　技术研发和产业化支持

第四条　在政府科技投入中安排一定资金，支持新能源汽车企业的产学研联合攻关，加快突破“三电”领域关键技术瓶颈，包括动力电池正极和负极材料、电池隔膜、成组技术、电池管理系统等；永磁电机耐高温材料、电力电子模块、电机及其控制系统等；高可靠控制器、传感器、执行器、能量优化管理系统等。

第五条　鼓励和支持新能源汽车企业申报863计划、973计划、科技支撑计划、国家重点新产品、国家级重要科研设施和基地、国家高技术产业发展项目，以及市级重点实验室、企业技术中心、技术改造、人才计划、小巨人计划、新产品等专项支持计划，并按照国家和本市有关规定给予资金支持。

第六条　本市安排专项资金，支持新能源汽车的整车集成开发、关键零部件的技术突破和产业化。列入本市自主创新和高新技术产业发展重大项目的产业化项目，专项资金支持比例一般不超过项目新增总投资的10%；重大产业科技攻关项目，包括“三电”等关键零部件和公共平台建设等项目，专项资金支持比例一般不超过项目新增总投资的30%；具体通过资本金注入（含创业投资引导基金跟进投资）、贷款贴息、投资补助等方式给予支持。

第七条　支持新能源汽车的改扩建项目、引进技术和装备项目、企业收购兼并境外拥有核心技术的企业和研发机构且获得相对控股权的项目，按照本市有关规定给予贷款贴息或无偿资助。

第八条对新能源汽车企业经认定的拥有自主知识产权的高新技术成果转化项目，按照本市有关规定，由高新技术成果转化专项资金给予支持。

第九条　支持符合条件的新能源汽车企业申报认定国家高新技术企业、技术先进型服务企业，并按照国家规定享受有关税收优惠政策。新能源汽车企业开发新技术、新产品、新工艺发生的研究开发费用可以在计算应纳税所得额时加计扣除；对新能源汽车企业从事技术转让、技术开发业务和与之相关的技术咨询、技术服务业务取得的收入，免征营业税。

第十条　市国资管理部门对本市国资出资监管企业的新能源汽车研发投入，经审核后在出资监管企业产权代表业绩考核时视同实现利润。

第三章　应用推广支持

第十一条　加大新能源汽车的政府采购力度，对经认定纳入《上海市自主创新产品目录》的新能源汽车，同时纳入《上海市政府采购自主创新产品目录》，实施政府优先采购，并逐年扩大采购规模。

第十二条　鼓励和支持国有企业等企事业单位和个人购买和使用新能源汽车，并积极支持公交、出租、公务、环卫和邮政等公共服务领域的单位申请国家节能与新能源汽车示范推广财政补助资金。

第十三条　加强新能源汽车充电站、加氢站等配套设施的规划和建设。有关配套设施建设纳入本市相应专业系统规划。对配套设施的设备投资给予不超过20%且不超过300万元的资金支持。鼓励和支持电力公司等企业参与充电站等配套设施的建设。

第十四条　对从事新能源汽车动力电池租赁业务的企业通过融资方式购置新能源汽车动力电池所发生的贷款利息，给予贴息支持，贴息期限最高不超过3年。

第四章　产业基地和检测服务支持

第十五条　在嘉定等区县加快建设新能源汽车及关键零部件产业基地。鼓励区县政府制订扶持政策，设立区级新能源汽车产业发展专项资金，完善研发、检测、服务等公共服务平台。对符合条件的入驻企业和项目在项目审批、资金、土地、人才和产业配套等方面予以支持。规划国土资源管理部门在经“两规”认定后的产业区块内，支持新能源汽车产业重点项目优先落实用地计划指标和耕地占补平衡指标。

第十六条　加强新能源汽车检测试验、共性技术开发服务等方面的能力建设。对符合条件的检测机构用于新能源汽车检测方面的设备投资，给予不超过检测设备投资总额30%的支持。对新能源汽车企业符合条件的自主研发和创新方面的检测、认证等费用，给予不超过总费用50%的资金支持。鼓励相关区县给予配套支持。

第十七条　鼓励和支持新能源汽车企业将具有自主知识产权的技术创新成果转化为地方和国家标准。市科委、市质量技监局等部门对新能源汽车相关标准化项目优先予以立项和支持，并由市标准化推进专项资金给予资助。

第五章　金融和人才支持

第十八条　本市创业投资引导基金通过参股等方式引导和支持设立新能源汽车产业创业投资机构和创业投资基金。积极支持符合条件的新能源汽车企业在境内外上市，支持符合条件的新能源汽车企业发行企业债券、短期融资券和中期票据等。鼓励新能源汽车企业加大体制机制创新力度，通过战略收购、兼并重组等方式进一步转换经营机制，提升产业能级。

第十九条　鼓励和引导金融机构支持新能源汽车的产业发展和推广应用。金融机构要创新产品，改进服务，对符合条件的新能源汽车研发和产业化项目、产业基地基础设施和公共服务平台项目提供信贷、担保等支持。鼓励金融机构加大对新能源汽车消费信贷、保险等方面的支持力度。通过本市创业投资引导基金，积极探索为符合条件的新能源汽车项目提供融资担保。

第二十条　积极创造条件引入新能源汽车产业领域的国内外优秀领军人才和技术团队，重点实施高层次海外人才“千人计划”。对引进人才可根据相关规定优先解决本市户籍、上海市居住证。建立产学研合作机制，通过校企合作等方式，加强新能源汽车产业人才培养力度。支持高校和科研机构建设新能源汽车的研究基地和创新平台，支持有条件的高等院校设立新能源汽车相关学科和专业。第六章附则

第二十一条　本规定由市发展改革委、市经济信息化委会同有关部门解释。市有关部门可根据本规定和工作需要，制定实施细则。有关区县政府可结合实际，制定相关政策和具体工作方案并抓好落实。

二〇〇九年十一月十一日

关于促进上海新能源产业发展的若干规定

沪府办发〔2009〕54号

为贯彻落实《可再生能源法》，市委、市政府《关于进一步推进科技创新加快高新技术产业化的若干意见》和市政府《关于加快推进上海高新技术产业化的实施意见》，优化上海新能源产业的创新和发展环境，增强上海新能源产业的创新能力和产业竞争力，推动上海新能源产业成为支撑和拉动经济发展的重点领域，根据有关法律、法规及政策，特制定关于促进上海新能源产业发展的若干规定如下：

一、确定重点支持领域和对象

本规定适用于在本市进行工商注册、税务登记，并从事核电、风电、太阳能发电、整体煤气化联合循环发电（IGCC）和智能电网等领域研发、生产和应用的企业和机构。

二、明确发展和应用原则

根据上海的资源、产业、科技、成本等实际情况，上海在新能源产业发展和装备制造上，坚持“立足长远、统筹规划、高端制造、差别竞争”的原则；在新能源开发应用上，坚持“引领水平、体现示范、促进制造、逐步推广”的原则。

三、积极支持新能源装备制造业发展

（一）制订首台（套）政策。支持符合条件的中资及中资控股风机制造企业根据《风力发电设备产业化专项资金管理暂行办法》，申请国家首台（套）政策资金补助。

根据《上海市企业自主创新专项资金管理办法》，对经认定的首台（套）风力发电、核电、IGCC、薄膜太阳能电池和智能电网等关键装备，给予资金支持。对个别特重大项目，经市政府批准后，补贴标准可不受最高补贴金额的限制。

（二）设立专项资金。本市设立的自主创新和高新技术产业发展重大项目专项资金，重点支持企业实施新能源领域的高新技术产业发展重大项目、重大技术装备研制项目、重要共性关键技术研发项目和公共服务平台项目。

对高新技术产业化重大项目，专项资金的支持比例一般不超过项目新增总投资的10%；对重大技术装备研制项目、重要共性关键技术研发项目和公共服务平台项目，专项资金的支持比例一般不超过项目新增总投资的30%。以上具体通过资本金、贷款贴息、投资补助等方式给予支持。对特别重大的项目，专项资金支持比例需超过上述比例上限或采取特殊支持方式的，另行报市政府同意后确定。

（三）鼓励技术创新。新能源企业经认定的拥有自主知识产权的高新技术成果转化项目，按有关规定，由本市高新技术成果转化专项资金予以研发支持。

对新能源企业为提高核心竞争力单纯引进技术和生产母机等装备的项目，或收购兼并境外拥有核心技术的企业和研发机构且获得相对控股权的项目，按本市有关规定给予资助。

支持和鼓励新能源企业为吸收和创新的技术申请国内外专利。对获得外国发明专利权的，由本市知识产权部门给予每件一个国家最高不超过30000元的专利申请费资助（最多不超过3个国家）；对企业申请国内专利的，按专利申请费实际缴纳费用资助；获国内发明专利权的，对发明专利的实审费、授权费及授权后第二年、第三年的年费，按实际缴纳费用资助。

（四）给予税收政策支持。支持符合条件的新能源企业申报认定国家高新技术企业、技术先进型服务企业。被认定为国家高新技术企业，减按15%的税率征收企业所得税。自2009年1月1日起至2013年12月31日止，对符合条件的技术先进型服务企业，减按15%的税率征收企业所得税。技术先进型服务企业职工教育经费按不超过企业工资总额8%的比例，据实在企业所得税税前扣除；对技术先进型服务企业离岸服务外包业务收入，免征营业税。

新能源企业为开发新技术、新产品、新工艺发生的研究开发费用，未形成无形资产计入当期损益的，在按规定据实扣除的基础上，按研究开发费用的50%加计扣除；形成无形资产的，按无形资产成本的150%摊销。

对新能源企业和个人从事技术转让、技术开发业务和与之相关的技术咨询、技术服务业务所取得的收入，免征营业税。符合条件的新能源产品的技术转让，在一个纳税年度内，技术转让所得不超过500万元的部分，免征企业所得税；超过500万元的部分，减半征收企业所得税。

对新能源企业投资符合《当前国家重点鼓励发展的产业、产品和技术目录》和《外商投资产业指导目录》鼓励类的项目，在投资总额内进口的自用设备，以及按合同随设备进口的技术及配套件、备件，除列入《国内投资项目不予免税的进口商品目录》和《外商投资项目不予免税的进口商品目录》的商品外，免征关税。

（五）引进高端人才。积极创造条件，引入国内外优秀的行业领军人才和技术团队，重点实施高层次海外人才“千人计划”。引进的人员可根据相关规定优先解决上海户籍、上海市居住证。每年组织评选认定，加大对领军人才和高层次人才的资助力度。

从事新能源高新技术转化项目的海外留学生在沪取得的工薪收入，在计算个人应纳所得税时，可按规定加计扣除。新能源高新技术企业和科研院所等用人单位聘用的外籍专家，其薪金可列支成本。

建立产学研合作机制，通过“校企合作”等方式，加强新能源领域人才培养力度。支持高校和科研机构建设新能源领域的研究基地和创新平台，支持有条件的高等院校设立新能源相关学科和专业。

新能源领域的国有独资高新技术企业在实施公司制改制时，可按规定将国有净资产增值中不高于35%的部分作为股份，奖励有贡献的企业骨干人员。

（六）加大金融支持力度。根据国家有关要求，设立地方政府创业投资引导基金，借助财政资金的杠杆效应，引导社会资金增加对新能源领域创业企业的投资。探索设立专注于新能源领域的专业创业投资企业，逐步完善有利于创业投资企业投资新能源产业的配套机制。

积极支持符合条件的新能源企业通过境内外资本市场融资。鼓励新能源企业加大体制机制创新力度，充分利用现有金融资源，通过战略重组、兼并收购等多种方式，进一步转换经营机制、提升产业能级。

鼓励和引导银行业金融机构进一步加大对新能源企业的信贷支持和金融服务力度，加强新能源产业重大项目的信息沟通，有效降低新能源企业的融资成本，提高信贷审批效率，逐步建立金融支持新能源产业发展的有效管理机制。

（七）吸引设立企业总部。鼓励跨国新能源企业在上海设立地区总部，并按《上海市鼓励跨国公司设立地区总部的规定》给予资助与奖励等政策优惠。

制定吸引国内企业设立地区总部和研发中心政策，对符合条件在本市新注册及新迁入的内资新能源企业地区总部和研发中心，给予资金支持等政策优惠。

（八）建设产业基地。支持具备条件的区县建设新能源产业基地，鼓励基地完善公共基础设施，建设研发、中试、咨询等公共服务平台。市、区县政府对基地公共建设和重点项目，给予资金、土地、人才等方面的支持，区县政府可因地制宜地，制定本区鼓励新能源产业发展的具体实施意见和办法。

（九）加强国际交流与合作。加强与国际权威检测认证机构合作，建立上海国家级太阳能光伏、风机设备等检测认证中心。鼓励新能源企业开展产品的国际注册与营销，支持企业通过IEC、UL、TUV、GL等国际权威认证。

构建上海新能源技术交流合作平台、标准化平台和培训平台。发挥中介服务等机构、企事业单位的作用，支持举办新能源技术和产品展览、展示和研讨，推介新能源技术和产品，支持发展新能源产业技术咨询、工程设计、项目管理等服务。支持新能源企业制订相关标准，并根据《上海市标准化推进专项资金管理办法》的相关规定给予资助。支持新能源企业与国外机构合作，组织技术、管理、服务等多领域培训。

四、加大新能源开发应用的力度

（一）组织编制发展规划。鼓励风电、太阳能光伏发电等新能源开发利用，不断提高新能源在能源消费结构中的比重。到2012年，规划本市风力发电装机达500兆瓦，重点建设“三岛”（崇明、长兴、横沙）陆上风电基地和“两海”（临港、奉贤海域）海上风电基地，太阳能光伏发电装机达50兆瓦。

（二）支持应用项目建设。将新能源重点项目纳入“绿色通道”，在规划、土地指标、环境保护、基础设施配套等方面，优先予以支持。

在确保防汛安全等前提下，支持风力发电等新能源项目利用具备条件的近海和沿海（江）滩涂、海塘内青坎等开发建设。需要用地的风电开发利用项目，以实际占用土地面积征用土地，按规定程序办理建设用地手续。

鼓励符合安装条件的公共建筑、工业建筑等安装大型并网太阳能光伏发电系统。其中，政府投资的公共建筑，应在可行性研究报告中论证安装光伏发电系统的可行性，具备安装条件的，必须进行一体化设计；市建设交通、住宅管理部门结合建筑节能工作，每年安排一批项目。

加快配套电网建设。对经市发展改革部门核准的新能源发电项目，其配套电网项目纳入本市电网建设计划。市电网企业要结合本市智能电网示范工程，加快电网建设与改造，积极提供并网的条件，确保新能源发电全额上网。

结合太阳能与建筑一体化（BIPV）开发利用，制定相关技术标准和规程。

（三）给予电价政策支持。根据国家发展改革委制定的《可再生能源发电价格和费用分摊管理试行办法》，积极帮助企业向国家争取最优惠的核准电价。在国家核定电价前，采取临时电价等措施予以扶持。

积极向国家发展改革委争取电价附加政策设立新能源发电扶持专项资金，研究符合上海实际的新能源发电上网指导价机制。

对新能源发电项目的上网电价低于发电成本的差额，通过绿色电力资金消化，不足部分，从新能源发电扶持专项资金中支出。

进一步加强宣传，倡导重点用能单位、居民用户购买“绿色电力”，建立绿色电力资金。

（四）积极争取落实国家及本市财政资金补贴。根据《太阳能光电建筑应用财政补助资金管理暂行办法》、《关于实施金太阳示范工程的通知》以及《上海市可再生能源和新能源发展专项资金扶持办法》、《上海市建筑节能项目专项扶持管理办法》等，支持符合条件的新能源项目申请中央和本市财政专项资金补助。

（五）支持应用新技术、新产品。对在本市生产的拥有专利技术的新能源产品或经国家和上海市认定的新能源产品，凡符合相关规定的，支持列入《上海市自主创新产品目录》。对列入《上海市自主创新产品目录》的新能源产品，鼓励财政性资金优先采购；政府支持新建和改造公共建筑时，也予以优先采购。建设一批用于本地新能源产品示范的“试验风电场”、“试验光伏电站”等项目。

本规定由市发展改革委、市经济信息化委会同有关部门解释。市有关部门可根据本规定和工作需要，制定实施细则。

本规定自印发之日起执行。

上海市发展和改革委员会

上海市经济和信息化委员会

二○○九年十一月十一日

山东省关于加快新能源产业发展的指导意见(2009—2011年)

山东省经贸委　山东省节能办

（2009年5月18日）

新能源是指以新技术为基础，尚未大规模系统开发利用的能源，具有储量大、可再生性强、清洁环保等特点，新能源产业是具有良好发展潜力的新兴产业。为加快新能源产业发展，优化能源结构，推动节能减排，促进我省经济平稳较快发展，特制定本意见。

一、新能源产业现状及形势

（一）产业现状

我省开发利用新能源起步早，产业基础优势明显，经过多年发展，形成了一批骨干企业，培育了一批知名品牌，开发了一批新技术，太阳能光热产业已形成较大规模，风能、生物质能、地热能和海洋能开发利用逐步加快。2008年，全省规模以上新能源企业达到550家，实现销售收入1217亿元，同比增长15%，利税192亿元，增长10%；吸纳就业人数20余万人。新能源企业中，拥有国家级技术中心8个，省级技术中心15个，中国驰名商标6个，中国名牌产品4个，山东省著名商标12个，山东省名牌产品22个。全省太阳能热水器年产能突破1000万平方米，居全国首位，风电装机48万千瓦，年发电量5.6亿千瓦时。尽管我省新能源产业取得了长足发展，但仍存在一些突出问题，主要是自主创新能力弱、产品层次较低、标准体系不完善、市场发展不规范、产业整体水平低等，这些制约了我省新能源产业快速健康发展。

（二）面临形势

随着经济社会快速发展，技术进步日新月异，资源环境矛盾日益突出，新能源开发利用步伐不断加快，新能源产业已经从单纯开发利用，逐步向链条延伸、产业集聚、规模发展的方向迈进，成为推动经济发展、促进就业的重要力量，面临良好的发展机遇。一是新能源产业潜力巨大。我省是可再生资源大省，自然条件优越，资源禀赋优势明显。目前，城市太阳能热水器普及率仅为20%，农村还不到5%，市场发展前景广阔。二是产业基础较好。近年来，我省新能源产业发展取得明显成效，市场应用不断扩大，带动技术研发、装备制造、信息服务等领域迅速发展，产业集聚效应显现，产业配套能力增强。三是政策支持力度加大。国家颁布了《可再生能源法》，出台了《可再生能源中长期规划》，确定了新能源发展战略，出台了一系列政策，我省也制定了相关措施，支持力度不断加大，为新能源产业发展营造了良好的政策环境。

在当前复杂多变的形势下，大力发展新能源产业，是落实中央保增长、扩内需、调结构战略部署的重要措施，也是培育新的经济增长点、保持经济平稳较快发展的重要途径。各级、各部门和企业要站在战略和全局的高度充分认识加快发展新能源产业的重要性，切实增强责任感，把发展新能源产业作为落实科学发展观的重大举措，摆上突出位置，理清思路，加大措施，狠抓落实，确保实效，加快新能源产业强省建设，促进经济社会又好又快发展。

二、指导思想、原则和目标

（一）指导思想

全面贯彻落实科学发展观，深入实施《节约能源法》和《可再生能源法》，围绕建设新能源产业强省，突出太阳能、风能、生物质能、地热能和海洋能“五大领域”，注重技术创新，推进技术改造，壮大产业规模，全面提高新能源产业发展水平，形成新的经济增长点，推动节能减排，为建设经济文化强省作出积极贡献。

（二）原则

1.注重实效。发展新能源要结合实际，突出地方特色和技术特长，立足太阳能与建筑一体化、城市光伏景观照明、大中型风电场建设、农村沼气开发利用等市场需求，确保取得实效。

2.技术进步。依托我省新能源产业比较优势，加强自主技术创新，提高核心竞争力。同时，积极开展对外合作，引进先进技术、人才、资金和管理经验，促进新能源产业跨越式发展。

3.持续发展。积极应用成熟技术发展新能源，开拓市场，谋划长远发展战略，强化基础工作，重视研发具有发展前景的关键核心技术，为新能源产业持续健康发展奠定基础。

4.突出重点。发挥自然资源和技术比较优势，在重点领域、区域和企业实现突破，同时带动相关装备制造、新材料、观光旅游等产业发展，延伸产业链条，形成具有国际竞争力的产业规模优势。

5.规范发展。充分发挥市场配置资源的基础性作用，依法加强对新能源产业发展的监管和服务，营造有利于新能源产业发展的政策环境、体制环境和市场环境。

（三）发展目标

1.产业总体实力显著增强。到2011年，全省规模以上新能源企业销售收入突破2000亿元，年均增长18%;利税超过300亿元，年均增长16%;年销售收入过百亿元的新能源企业达到2户，过50亿元的5户，过30亿元的7户。

2.新能源消费占比明显提高。到2011年，通过开发利用新能源，实现替代常规能源990万吨标准煤，新能源占全社会能源消费的比重提高到3%，能源消费结构进一步优化。

3.技术创新取得突破性进展。巩固已有技术优势，加强产学研联合，掌握一批具有自主知识产权的核心技术，形成较完善的技术创新体系，成为全国重要的新能源技术研发基地。到2011年，全省新能源企业认定国家级技术中心12个、省级技术中心30个以上;新能源行业中，中国驰名商标达到10个，山东省著名商标25个，中国名牌产品15个，山东省名牌产品50个。

4.示范工程建设取得明显成效。围绕太阳能与建筑一体化、城市光伏景观照明、大中型风电场建设、农村沼气开发利用、秸秆气化、秸秆直燃发电等成熟技术，创建一批示范样板工程。到2011年，建成5–10个新能源利用量占能源消费总量10%以上的示范县。

5.重点领域取得重大突破。太阳能和地热能在建筑领域得到规模化应用，沼气在农村得到大面积推广，风能发电和生物质能发电形成一定规模，机械、电子、新材料等新能源配套产业蓬勃发展。到2011年，新能源在城市建筑普及应用率达到30%以上。

三、发展重点

围绕建设新能源产业强省，实施新能源产业“2223工程”，即重点打造两大太阳能产业基地，拉长两大太阳能产业链，建设两大风能产业带，拓展三大新能源领域，开创新能源产业新局面。

（一）打造两大太阳能产业基地

重点培植济南、德州两大太阳能产业基地，鼓励发展淄博、东营、潍坊、威海等特色太阳能产业集群，形成优势互补、产业集聚、布局合理的太阳能产业新格局。

1.以力诺集团、桑乐公司、华艺集团为龙头，打造济南太阳能产业基地。重点发展太阳能集热器、硅片、电池片、光伏发电等产品，形成以济南高新区为核心，集研发和生产两大功能的产业集聚区。研发区以力诺集团、桑乐公司技术中心以及省能源研究所和山大晶体材料国家重点实验室等为主体，跟踪国际前沿技术，重点研发太阳能产业新技术、新工艺、新产品;生产区重点发展太阳能光热利用产业、光伏发电产业和相关配套产业。

2.以皇明集团、亿家能公司为依托，打造中国太阳谷产业基地。重点发展高效太阳能真空集热管、高温集热金属管、太阳能热水器和太阳能灯具等产品，积极研发太阳能热发电关键核心技术，形成集产学研于一体的太阳能产业集群。重点建设皇明太阳能光热产品制造物流中心、太阳能研发检测中心、太阳能科普教育中心和太阳能观光旅游中心。

3.积极发展淄博、东营、潍坊、威海等特色太阳能产业集群。

（二）拉长两大太阳能产业链

围绕太阳能光热、光伏两大产业，延伸产业链，加快推广成熟适用光热产品，大力研发光伏技术产品，实现光热、光伏产业协调发展。

1.提升太阳能光热产业水平。加快太阳能光热利用与建筑一体化步伐，大力推广与建筑有机结合的太阳能供热、制冷技术，积极开发标准化、通用型太阳能热水系统组件，扩大光热应用领域。加强太阳能光热技术创新，积极研发光热发电和系统集成技术，重点发展热管型集热器、平板型集热器、内置金属流道玻璃真空集热管、真空管太阳能热水器和光热发电反射镜自动跟踪装置等产品。围绕太阳能光热利用配套，引导发展贮热水箱保温发泡原材料、密封圈、水箱内胆用不锈钢板、电气元件和法兰盘等太阳能热水器配套产品。支持力诺集团、黄金太阳公司研发推广太阳能采暖锅炉系统，桑乐公司发展双循环平板型壁挂太阳能热水器。建设一批太阳能光热利用项目，加快实施皇明集团2000万支高温集热金属管、10兆瓦高温热发电项目、力诺集团2400万支镀膜管项目、桑乐公司100万台农村适用太阳能热水器项目和东营天丰公司太阳能与地源热泵结合应用项目。到2011年，全省太阳能热利用产业销售收入达到550亿元，太阳能热水器产量达到2600万平方米，真空管产量1亿支，太阳能热发电装机20兆瓦。

2.大力发展太阳能光伏产业。鼓励在引进消化吸收基础上，自主研发高效太阳能电池制造等技术。重点发展晶硅太阳能电池片、非晶硅薄膜太阳能电池、建筑用太阳能电池组件、光伏发电控制系统、光伏海水淡化制备系统、太阳能灯具、光电玩具等产品。围绕光伏配套，引导发展太阳能光伏电池基板用超白玻璃、太阳能半导体配套元器件等产品。建设一批与城市建筑一体化的并网太阳能光伏发电站和景观照明示范工程。重点支持力诺集团300兆瓦光伏电池片项目、淄博金晶集团太阳能光伏电池导电膜玻璃项目、潍坊孚日公司240兆瓦薄膜太阳能电池项目、东营光伏太阳能公司电池组件制造项目和威海中玻公司兆瓦级薄膜光伏建筑一体化并网光伏电站项目。到2011年，全省太阳能光伏产业销售收入达到350亿元，光伏电池组件产量500兆瓦。

（三）建设两大风能产业带

依托资源禀赋优势和完善的配套体系，加快建设沿海、内陆两大风能产业带，壮大风能装备制造业，扩大风能利用规模。到2011年，全省风能产业销售收入400亿元，其中风电装备制造业销售收入突破260亿元，风电装机达到160万千瓦。

1.依托半岛海岸、海域诸岛、黄河入海口的风力资源和经济优势，建设规模化沿海风能产业带。加快建设青岛平度、烟台长岛、威海成山头和环渤海湾大规模并网风力发电场，打造具有国际领先水平的沿海风能产业带，带动风电机组关键部件和核心技术研发与产业化。

2.依托鲁中山区、鲁西南丘陵地区和鲁北平原部分地区风力资源优势，建设内陆风能产业带。以淄博、枣庄、济宁、泰安、莱芜、滨州为重点，加快建设中小型离网型风力发电场，因地制宜，推广风光互补发电系统和户用风电设备，打造内陆风能产业带，带动相关配套产业发展。

3.加快发展风电装备制造业。鼓励发展风力发电机、塔架、风叶、主轴、机械传动、运行控制、风机变频、输变电机组等产品。支持济南轨道交通公司500套风力发电机组项目，莱芜金雷公司、德州通裕集团兆瓦级风力发电机主轴产业化项目，威海华力电机公司2.1兆瓦双馈异步风力发电机研发项目，滨州长星集团500台风力发电设备项目，青岛国电蓝德、魅力欧亚和东营恩德、中凯等企业的风电装备制造项目。

（四）拓展三大新能源领域

生物质能、地热能和海洋能是尚未大规模开发的新能源，我省资源储量相对较大，具有良好的发展前景。通过科学规划，合理布局，有序开发，示范带动，促进三大新能源产业健康发展。

1.合理开发生物质能。加快建立生物质能技术研发平台，重点推进非粮生物燃料技术研发和产业化，积极发展以秸秆、植物油皂角和废弃油脂为原料的燃料乙醇、生物柴油等产品。按照科学规划、合理布局的原则，积极发展以秸秆、林业三剩物为燃料的生物质能电厂。鼓励在宜林荒山、荒地、盐碱地建设能源林基地，种植甜高粱等能源作物，为发展生物质能提供原料。建设一批农村秸秆气化、沼气综合利用示范项目，扶持一批生物质能装备制造项目。重点发展济南锅炉集团有限公司生物质能锅炉、东营胜动沼气发电机产业化项目和华骜植物油皂角转化生物柴油等项目。到2011年，全省生物质能液体燃料产量达到100万吨，建设30个秸秆综合利用示范县，新建户用沼气150万户。

2.大力发展地热能。积极研发推广地源和水源热泵技术，以济南、淄博、东营、烟台、潍坊、德州为重点，大力开发应用能满足环保和水资源保护要求的地热供暖、供热水技术和热泵技术，大力发展热泵空调、无机超导热管和地热测评软件等产品。积极发展地热温泉、洗浴、医疗保健、休闲度假等现代服务业。支持实施济南绿宝、淄博创尔沃、东营海利丰、烟台富尔达、潍坊宏力、亚特尔和德州贝莱特等企业的地源热泵产业化推广项目。

3.积极开发海洋能。以青岛、烟台、威海为重点，大力开发推广海水源热泵供暖技术，支持实施威海金源空调的海水源热泵产业化应用项目。围绕海洋能发电，以青岛、威海为重点，加快推动潮汐能发电、波浪能发电、海水温差发电和海流能发电技术研发，争取获得突破性进展。

四、保障措施

围绕实现新能源产业强省目标，确保新能源产业“2223工程”落到实处，推动新能源产业又好又快发展，着力完善“七大保障体系”。

（一）完善支持新能源产业发展的政策体系

发挥各级财政资金引导作用，加大对新能源产业支持力度。继续实施阳光学校(宾馆)工程，扩大补贴范围，支持学校和宾馆安装太阳能集热系统。对具备安装条件的公益性建筑和热水需求量较大的商业建筑，逐步实行强制安装太阳能热水器，新建多层住宅要安装太阳能热水器或预留安装位置及管线通道。鼓励开发农村适用太阳能热水器，落实家电下乡补贴政策，结合开展“百万农户建新房”工程，支持太阳能热水器下乡，改善农民生活质量。加快实施城市光伏屋顶计划，扩大光伏产品在城市景观照明等方面的应用，支持在公益性建筑安装兆瓦级并网型光伏发电系统。落实支持新能源发展的税收政策，对技术研发、设备购置和装备制造以及列入新能源产业发展指导目录的项目给予税收优惠。拓宽企业融资渠道，鼓励各类金融、担保机构和风险投资公司加大对新能源产业投入，建立多元化的投融资长效机制。鼓励实施新能源产业清洁发展机制项目。支持采用BOT(建设—经营—移交投资)融资模式建设新能源示范项目。

（二）完善推动新能源产业发展的科技支撑体系

加快新能源科技研发和产业化，推动建立以企业为主体的技术创新体系，鼓励企业与大专院校、科研单位实行产学研联合，加强新能源技术创新重点实验室建设，支持开发具有自主知识产权的技术产品，尽快掌握高纯度太阳级晶硅材料、多结非晶硅薄膜电池和多晶硅薄膜电池的生产工艺以及太阳能热发电关键技术，加速科研成果转化。围绕新能源开发利用，组织实施重大技术装备研发和产业化示范，提高技术装备的自主创新水平和制造能力，掌握一批具有自主知识产权的关键技术，打造一批具有国际核心竞争力的新能源品牌。加快推动太阳能配套零部件制造业发展，引导鼓励各类企业积极参与太阳能产业协作，大力开发新产品，增强配套能力，提高产品质量，实现标准化生产。

（三）完善规范新能源产业标准体系。

加快制定新能源产品性能、能效、试验和检测方法以及系统安装、设计等标准，逐步建立行业联盟标准体系，加强标准宣传贯彻实施，规范新能源产业发展。加快构建新能源产品质量保证体系，建立产品质量检测和控制体系。加快组建国家级新能源产品检测中心。组织开展新能源类节能产品认证。实施新能源产品政府采购制度。建立新能源产品质量监管机制，实行产品公告推荐制度，确保产品质量，促进新能源产业健康发展。

（四）完善促进新能源产业发展的中介服务体系

建立新能源中介服务平台，鼓励发展工程建设、技术咨询、信息服务、人才培训为主的中介服务。加强中介服务体系建设，强化行业指导，提高服务质量和水平，为新能源产业发展创造良好环境。加强山东省太阳能行业协会能力建设。实施新能源产业发展定期调查和统计分析制度。研究制定新能源产业评价体系，为大规模开发利用新能源提供依据。加强新能源产业知识产权管理与保护。

（五）完善促进新能源产业发展的对外合作体系

围绕提升我省新能源产业发展水平，广泛开展国际交流合作。将发展新能源产业作为招商引资的重点，采取多种途径和方式，学习借鉴国外先进经验，加快引进消化吸收再创新步伐。鼓励企业与国际知名公司合作建设技术中心。积极组织企业参加国际新能源产业博览会、项目洽谈会等活动，帮助企业开拓国际市场。落实优惠政策，支持企业扩大出口，提高创汇能力。积极加强与欧盟、澳大利亚等国家的交流合作，定期开展互访培训活动。加强与世行、亚行等国际组织的合作，引进资金、技术和管理经验，推动我省新能源产业发展。

（六）完善引导新能源产业发展的宣传教育体系

充分发挥新闻媒体作用，宣传开发利用新能源的重大意义，普及新能源知识，增强社会认同感，营造有利于新能源产业发展的舆论氛围。通过举办论坛、讲座等形式，广泛宣传新能源法律、法规和政策。举办新能源产品展示活动，推动产业招商、开拓市场。加强典型示范引导，加快建设一批新能源示范项目，开展新能源知识进课堂活动，将新能源知识纳入中小学教材内容，培养学生应用新能源的意识。加强人才队伍建设，支持有实力的高校和职业院校开设新能源专业，加快学科建设，培养造就一支高水平的人才队伍，同时积极吸引国内外知名专家投身我省新能源产业发展。

（七）完善推动新能源产业发展的组织协调体系

各级、各部门要切实加强对发展新能源产业的组织领导和协调服务。各级节能主管部门要将推动新能源产业发展作为一项重要工作，纳入调度管理范围，建立综合协调机制，优化发展环境，及时研究解决重大问题。加强监督考核，逐步将新能源产业发展情况纳入节能减排目标责任考核范围。认真落实《节约能源法》和《可再生能源法》，依法强化新能源行业监管，将新能源法律、法规、政策、标准执行情况纳入节能监察范围，加大执法力度，保障新能源产业健康快速发展。各级发改、经贸、财政、建设、科技、农业、环保、税务、工商、质监、统计、教育等部门要根据职责分工，加大措施，通力协作，密切配合，共同推动我省新能源产业又好又快发展。

山东省人民政府
关于加快我省新能源和节能环保产业发展的意见

鲁政发〔2009〕77号

各市人民政府，各县（市、区）人民政府，省政府各部门、各直属机构，各大企业，各高等院校：

为进一步优化能源结构，节约资源，保护环境，促进经济发展方式转变，建设资源节约型、环境友好型社会，现就加快新能源和节能环保产业发展提出以下意见：

一、充分认识加快新能源和节能环保产业发展的重要意义

能源、环境是人类生存和发展的重要基础，能源和环境的可持续是经济社会可持续发展的必要条件。我省是能源消费大省，也是煤炭消耗最多的省份，随着经济社会稳步快速发展，能源资源瓶颈制约日益突出，环境约束日益加剧。优化能源结构、保障能源供给、保护生态环境已成为事关全局的重大战略性任务。加快新能源和节能环保产业化进程，可以从根本上优化能源结构、减少煤炭消耗、促进节能减排、保护生态环境、缓解能源约束，保障我省能源和经济社会的可持续发展。同时，新能源和节能环保产业是战略性先导产业，发展前景广阔、潜力巨大。加快新能源和节能环保产业发展，对培育我省新的经济增长点，促进产业结构升级，转变经济发展方式，推动经济平稳较快发展有着十分重要的意义。

近年来，我省新能源和节能环保产业取得了长足进展，产业规模不断扩大，产品结构日趋合理，科技创新能力有新的提高，市场竞争能力不断增强，取得了较好的经济效益和社会效益。到目前为止，全省新能源和节能环保企业达到2000多家，实现工业增加值近1300亿元；风电、生物质发电、抽水蓄能发电和余气、余能发电装机260万千瓦；太阳能热利用面积达到1500万平方米；沼气年利用量超过12亿立方米；煤基燃料达到65万吨；乙醇汽油在七市得到推广使用，累计销售近500万吨；新能源和节能环保装备研发、制造也有了一定发展。但是，产业发展中仍然存在一些突出问题，主要是对加快新能源和节能环保产业发展的认识有待提高，科技平台与人才队伍建设薄弱，装备制造没有形成产业化，市场体系和服务体系不健全，这些都制约了我省新能源和节能环保产业的快速健康发展。

在当前应对国际金融危机的形势下，国家把加快新能源和节能环保产业发展作为保增长、扩内需、调结构的重要措施，出台了一系列配套政策，为我省加快新能源和节能环保产业发展营造了良好的政策环境和市场空间。我们要积极顺应经济发展的新趋势，切实增强责任感和紧迫感，从全局和战略高度，充分认识加快新能源和节能环保产业发展的重要意义，把它作为建设经济文化强省、打造山东半岛蓝色经济区的重要抓手，进一步理清思路，明确方

向和重点，加大支持和培育力度，努力形成新的竞争优势，为经济发展增添新的动力。

二、加快新能源和节能环保产业发展的指导思想、原则和目标

（一）指导思想。以邓小平理论和

"三个代表"重要思想为指导，深入贯彻落实科学发展观，紧紧围绕建设经济文化强省的总要求，坚持以企业为主体、以市场为导向、以科技为先导、以人才为支撑，创新发展机制，拓宽发展思路，坚持新技术推广应用与设备研发制造相结合，集中全省力量，加快新能源和节能环保产业发展步伐，不断壮大产业规模，优化产业结构，促进节能减排，保护生态环境，努力为资源节约型、环境友好型社会建设作出积极贡献。

（二）基本原则。

1．坚持解放思想、创新发展。以思想的解放促进发展观念的转变，充分认清我省作为能源消费第一大省面对的机遇与挑战，不断创新思维，拓宽发展思路，抢抓发展机遇，在充分挖掘各种潜力的基础上，调动各行各业积极性，使我省新能源和节能环保产业得到更大规模的发展。

2．坚持市场导向、政府推动。遵循市场经济规律，充分发挥市场配置资源的基础性作用，鼓励各类市场主体投资新能源和节能环保产业。加强政府的组织领导和宏观调控，制定新能源和节能环保产业发展规划，优化发展布局，发挥政府的推动和引导作用，配套完善政策体系，为新能源和节能环保产业快速健康发展创造良好政策环境。

3．坚持科技先导、人才支撑。将提高科技自主创新能力和先进装备制造能力作为加快新能源和节能环保产业发展的中心环节，加大科技投入，加强产学研结合，加快科技创新平台建设，提高前沿技术研发能力。实施人才开发与培养工程，着力培养和引进创新人才，打造创新型人才队伍，为新能源和节能环保产业发展提供强有力的保障。

4．坚持深化改革、扩大开放。通过深化改革创新发展的机制、体制，解决制约新能源和节能环保产业发展的突出矛盾和问题；通过扩大开放不断拓展融资渠道，引进先进技术，吸引优秀人才，促进产业跨跃发展。

5．坚持规模发展、产业带动。加快培育优势产品，培植骨干企业，打造产业基地，促进新能源和节能环保产业规模化发展。同时，积极延伸产业链条，带动装备制造、原材料生产、工程设计、建筑安装、中介服务等相关产业发展。

（三）任务目标。利用5年左右的时间，实现技术成熟的新能源和节能环保产业规模化发展，初步形成有利于新能源和节能环保产业发展的体制和机制，达到一定的产业规模。再经过5年的努力，实现产业跨跃发展，使新能源和节能环保产业达到相当规模，结构进一步优化，关键技术领域取得突破，装备制造处于国内领先水平，成为我省经济发展的支柱产业。

1．新能源产业。到2015年，新能源发电装机达到1000万千瓦，占电力总装机的比重达到10%；新能源实现替代常规能源2000万吨标准煤，占全省能源消费的比重提高到6%左右；新能源产业的增加值突破1000亿元，年均增长20%。到2020年，新能源发电装机达到2500万千瓦，占电力总装机的比重达到20%；新能源实现替代常规能源5000万吨标准煤，占全省能源消费的比重达到13%左右；新能源产业的增加值超过2500亿元。

2．节能环保产业。到2015年，涌现一批节能环保拳头产品，培育一批具有一定竞争力的大企业集团，其中销售收入过50亿元的30家左右；全省节能环保产业的增加值达到3000亿元，年均增长18%。到2020年，创建一批有自主知识产权的品牌产品，培育一批具有较强核心竞争力的大企业集团，建成若干节能环保产业基地，形成具有鲜明特色的产业链条，产业规模和竞争力位居全国前列。培育1到2家销售收入过百亿元的企业集团，全省节能环保产业的增加值达到6000亿元。

三、新能源和节能环保产业发展的重点领域

各级、各部门要认真分析发展趋势，充分发挥自身优势，明确发展方向，突出发展重点，着力打造独具特色的新能源和节能环保产业，并使其成为新的经济增长点。今后，我省主要从以下14个方面加快新能源和节能环保产业发展。

（一）核电领域。重点支持利用高温气冷堆、AP1000和二代加先进型压水堆核电技术，建设大型化、现代化的核电基地。围绕核岛、常规岛、辅助设备、运输设备和配套材料等，加快核电装备制造业发展，形成核电站建设

施工、装备制造、运营管理、技术服务为一体的完整核电产业体系。

（二）风电领域。全面启动近海、浅海、海上和山区风电建设，鼓励风电场规模化发展，重点建设单机规模1.5兆瓦及以上的风电场，开发3到5个百万千瓦陆地和海上风场。加快风电装备制造业发展，重点发展风力发电机、风叶、主轴、机械传动、风机变频、输变电机组等产品，尽快实现风电整机的本地化制造。

（三）太阳能领域。充分发挥产业优势，积极推进太阳能利用，做大做强太阳能产业。在太阳能热利用方面，重点发展先进高效太阳能热水器、太阳能采暖锅炉和光热发电系统及配套产品。在太阳能光伏方面，重点发展晶硅和非晶硅薄膜太阳能电池组件、光伏发电控制系统、光伏海水淡化制备系统、太阳能灯具和半导体照明等产品，积极支持太阳能光伏发电示范项目建设。

（四）生物质能领域。按照"不与民争粮、不与粮争地"的原则，充分利用荒碱地，加快培育速生、高产能源植物品种，推进规模化、基地化种植，积极开展以甜高粱、薯类等非粮作物为原料的液体燃料生产试点。积极、有序推进生物质直燃和生物质气化发电，支持发展生物质成型燃料。支持具备条件的大型畜牧养殖企业建设沼气发电装置。鼓励研发和生产生物质能开发利用技术装备，如海洋水生植物、农产品废弃物利用等。

（五）洁净煤技术应用领域。积极支持利用先进的煤气化、煤液化技术生产煤基燃料。鼓励发展高参数、高效超超临界清洁煤发电及煤矸石综合利用发电，试点建设整体煤气化联合循环发电系统。支持煤炭清洁开发利用设备的研制和生产。

（六）农村新能源领域。以改善农民生产生活条件、保护农业生态环境、提高资源利用率为目标，突出户用沼气、太阳能利用和秸秆、花生壳、稻壳等废弃生物质综合利用。重点支持农村秸秆综合利用、沼气、太阳能利用等示范项目建设，试点推广绿色能源县、乡建设，逐步实现农村用能的高效化、清洁化。

（七）地热能领域。积极研发推广地源和水源热泵技术，大力开发应用能满足环保和水资源保护要求的地热供暖、供热水技术和热泵技术，开发热泵空调、无机超导热管和地热测评等产品。积极发展地热种植、养殖，地热温泉、洗浴、医疗保健、休闲度假等现代服务业，优化地热资源的梯级利用。

（八）海洋能领域。大力开发海水热泵供暖技术，积极支持利用潮汐能、波浪能、海流能、海洋生物质能和海水温差发电。积极开发和生产利用海洋能的相关设备。鼓励和支持研发海洋微藻制生物柴油技术，积极拓展浒苔综合利用的新途径，保护海洋环境。

（九）新能源汽车领域。积极鼓励汽车生产企业研制和生产纯电动、混合动力、燃料电池等新能源汽车，鼓励和支持汽车新能源装备和配套设备的制造。

（十）智能电网领域。鼓励和支持企业研发电网智能调度、智能化变电站和智能化设备的关键技术，研制和生产电网智能化改造的配套产品，加快推进信息化、数字化、自动化、互动化电网建设。

（十一）节能环保技术和装备领域。大力发展先进节能环保技术和设备。鼓励发展富营养化污水防治、污水回收利用等技术，研发和生产污水处理成套设备；发展以二氧化硫、氮氧化物控制与治理为主的空气污染防治技术，研发和生产空气污染防治和净化设备；研发和生产核、电磁辐射安全防护技术和设备。

（十二）循环经济领域。积极发展各种工业余能回收利用技术和设备、工业废渣废液综合利用技术和设备；扩大煤矸石、粉煤灰、冶炼废渣等大宗工业废渣的综合利用；支持黄金尾矿、铁矿尾矿、氧化铝赤泥、河道淤泥等综合利用；鼓励和支持利用污泥、垃圾等固体废弃物发电；鼓励发展海水淡化技术和设备，实现海水淡化产业化。

（十三）再利用领域。加快发展报废汽车、船舶的拆解和综合利用技术；加大车用发动机及其他零部件、工程机械、机床等再制造技术的研发；研发推广废旧轮胎、农用机械、电子仪表、废旧家电的再制造技术，积极引导和鼓励企业、消费者购买使用再制造产品，扩大再制造产品利用途径。

（十四）新能源和节能环保服务领域。支持建立新能源和节能环保中介服务体系，重点发展技术咨询、工程咨询、信息服务、人才培训等中介服务。

四、加快新能源和节能环保产业发展的保障措施

（一）大力促进科技创新和技术进步。

一是切实提高科技开发水平和创新能力。加大科技开发力度，建立以市场为导向、企业为主体的新能源和节能

环保技术创新体系。支持新能源和节能环保技术研发基地、科技产业基地、国家重点实验室建设，组织实施重大技术攻关课题，力争在关键领域取得突破。加强产学研结合，鼓励有条件的高等院校、科研院所与企业联合，形成多方参与、利益共享、风险共担的产学研合作机制。加快科技成果的转化和应用，推进新能源和节能环保高新技术的产业化步伐。

二是注重引进技术消化吸收再创新。鼓励企业通过多种形式引进国外先进技术，在消化吸收基础上进行再创新，加快开发与国外先进水平差距较大或国内空白急需的技术和产品，形成具有自主知识产权的核心技术和品牌产品，提高产品的技术含量。

三是提升装备制造水平。鼓励发展技术先进、经济、高效的新能源和节能环保技术装备与产品。依托骨干企业，建设新能源和节能环保装备研发平台，增加研发投入和软硬件设施建设，稳步提高装备制造业的技术水平、生产能力及自主创新能力，尽快在重大新能源和节能环保设备研发制造上有新突破。对核电、风电、环保设备等装备尚不能实现国产化的关键零部件，集中力量抓紧攻关，组织实施重大技术创新和技术改造项目，提升产业整体水平。

（二）加强人才队伍建设。

一是实施人才开发和培养工程。加快教育结构调整，支持省内有实力的高校和职业院校加强新能源和节能环保学科专业的建设力度，注重硕士、博士等高级专门人才和各类技能型人才的培养。鼓励科研机构、企业与高校联合建立新能源和节能环保科技人才培养基地，有条件的企业可设置博士后科研工作站。完善企业员工培训制度，不断提高从业人员的管理和技术水平。

二是重视引进优秀科技人才。以更宽的眼界、思路和胸襟，组织实施高层次人才引进计划。积极吸引国内外新能源和节能环保领域的知名专家或科技领军人才，从事科研、教学或创办新能源和环保企业，为在短期内突破技术瓶颈、提高科研水平提供人才支撑。设立省科技专项资金，支持省内外优秀人才承担产业化项目，积极营造适宜人才发展和科研创新的节能环境和氛围。

（三）打造优势企业和产业园区。

一是加快建设特色产业园区。以园区建设促进产业发展，充分发挥园区聚集带动作用，推进和带动优势产业、优势企业和优势产品向园区集中。积极引导和鼓励园区围绕主导产业向集约化、规模化方向发展，尽快形成优势产业集群和优势产品集群，成为特色鲜明、具有较强竞争力的产业基地。

二是培育有竞争力的龙头企业。实施大集团带动战略，筛选一批产业特色突出、产品链条较长、规模较大、带动能力较强的企业进行重点培育，通过上市、兼并、联合、重组等形式，形成一批拥有自主知识产权、核心竞争力强的大企业和企业集团。实施品牌带动战略，制定品牌创建的激励机制，发挥龙头企业品牌辐射作用。

三是鼓励和扶持中小企业发展。加大对有发展前景的中小企业的扶持力度，积极引导中小型新能源和节能环保企业向专业化方向发展，为大企业提供专业化配套服务。逐步形成产业内适度集中，企业间充分竞争，大企业为主导、中小企业协调发展的格局。

（四）完善投资和财税优惠政策。

一是加大政府资金的投入。积极争取中央预算内投资或国债资金，优先安排新能源利用、城市环保设施建设、生态环境建设、重点流域污染治理和工业污染防治项目。发挥政府的引导扶持作用，设立省级新能源和节能环保产业发展专项资金，重点支持新能源和节能环保示范工程建设。各级政府要根据财力情况，进一步加大对新能源和节能环保产业的投入力度。

二是引导社会资金投向新能源和节能环保产业。鼓励各类投资主体进入新能源和节能环保产业，设立创业投资机构和创业投资引导基金，支持信用担保机构对新能源和节能环保企业提供贷款担保。积极探索利用贴息、小额贷款等方式，加大有效信贷投入。把新能源和节能环保产业作为各级招商引资的重点领域，积极探索和拓展利用外资的新形式，充分利用好国外优惠贷款或赠款。逐步建立起政府引导、社会参与、企业为主的新能源和节能环保产业投入机制。

三是支持企业利用资本市场融资。积极支持符合条件的中小新能源和节能环保企业在境内外上市融资，以及利用企业债券、公司债券、短期融资券和中期票据进行融资。

四是扩大财税优惠政策。认真落实国家支持新能源和节能环保产业发展的税收政策，对技术研发、设备购置和装备制造以及列入产业发展指导目录中的鼓励类项目给予税收优惠。结合我省实际，研究出台进一步支持新能源和节能环保产业发展的财税优惠政策。

五是完善价格机制。按照有利于新能源开发利用和经济合理的原则，尽快研究出台我省风电、太阳能发电、生物质发电电价管理办法。合理确定新能源上网电价，并结合技术进步等因素适时调整，以保证新能源发电企业的合理收益，通过经济手段促进新能源产业快速发展。

（五）创造良好的市场环境。

一是积极开拓新能源节能环保市场。加快推行太阳能与建筑一体化，做到太阳能利用系统与建筑工程同步设计和施工。继续支持学校和宾馆安装太阳能集热系统，对热能消耗大、占地面积大的公益建筑、大型工业厂房和商业建筑，逐步实行强制安装太阳能热水器。加快实施城市光伏屋顶计划，扩大光伏在城市景观照明等方面的应用，鼓励和支持公益性建筑安装光伏发电系统。稳步推进燃料乙醇汽油的推广试点和示范项目建设，尽快实现燃料乙醇的本地化供应。开展绿色能源示范县、乡建设，带动农村新能源发展。继续实施十大节能重点工程，加快水污染、大气污染的防治力度，大力发展循环经济。

二是加强产业标准体系建设。建立规范的新能源和节能环保产业标准体系，积极采用国际标准或国外先进标准规范产业发展，加快制订产品测试标准和评价体系。对尚没有国家或行业标准的新能源和节能环保产品，尽快研究制订企业标准。加快构建新能源和节能环保产品质量保证体系和质量监管机制，确保产品质量。

三是开展产业交流与合作。鼓励产业基地定期举办产业发展研讨会、论坛、博览会等，搭建产业交流和市场平台，扩大影响力。广泛开展国际交流与合作，积极组织企业参加国际新能源和节能环保产业博览会、项目洽谈会等活动，帮助企业开拓国际市场，扩大产品出口。加强与世行、亚行等国际组织的合作，引进资金、技术和管理经验。

四是加强市场环境监督。制订和完善新能源和节能环保产业市场监管体系、法律法规，规范市场运作规则，建立统一开放、竞争有序的产品市场。杜绝利用地方保护手段分割市场的行为，依法保护企业参与市场的公平竞争。严格环保执法，提高执法水平，促进环保产业市场的尽快形成。

五是加强新能源发电并网管理。电网企业要做好电网的规划和建设，配套完善电网接入系统，按照国家的有关规定全额收购新能源发电企业所发电量，及时结算电费，并做好相关电网接入服务工作。逐步建立绿色电力购销制度，鼓励单位或个人用户自愿购买绿色电力，形成政府、电力企业、社会共同促进新能源发展的局面。

五、加强新能源和节能环保产业发展的组织领导

一是建立联席会议制度。为加快新能源和节能环保产业发展，建立省发展改革委牵头的新能源和节能环保产业发展联席会议制度，负责新能源和节能环保产业发展战略和重大决策组织协调落实工作，协调解决全省新能源和节能环保产业发展过程中遇到的重大问题。

二是强化部门职责。各级政府和有关部门要把加快新能源和节能环保产业发展作为一项重要工作摆到议事日程，各有关部门要各司其职，协同配合，积极做好各项工作。省发展改革委负责编制规划，牵头研究相关配套政策；省经济和信息化委牵头负责新能源和节能环保装备研发、制造的组织和协调工作；省科技厅负责研究设立省科技专项资金，积极推进科技成果转化；省财政厅牵头负责研究落实扶持新能源和节能环保产业发展的资金和财税政策；省国土资源厅负责研究制定促进新能源和节能环保产业发展的土地政策；省住房城乡建设厅负责研究加快推进太阳能和地热能在建筑中开发利用的办法；省海洋与渔业厅负责完善海洋功能区和海域使用规划，研究制定促进海洋新能源发展的配套政策；省环保厅牵头负责环保相关工作，参与制定环保产业政策、规划；省质监局负责标准体系建设，研究制定相关标准，加强产品质量监管；省物价局负责研究制定促进新能源发展的价格管理办法；省电力集团公司负责落实解决新能源企业发电上网事宜。其他有关部门要从各自职能出发，抓紧制定相关的配套政策措施。

三是加大宣传力度。充分发挥新闻媒体作用，宣传新能源和节能环保产业发展的重大意义及典型事例，普及新

能源和节能环保知识，增强社会认同感，提高对新能源和节能环保产业相关法律、法规和政策的认识和理解程度，营造有利于产业发展的良好氛围。

各级政府和各有关部门要根据本意见，结合实际，抓紧制定具体的实施意见、配套政策和工作计划，精心组织，狠抓落实，加快新能源和节能环保产业发展步伐，努力把新能源和节能环保产业培育成我省新的经济增长点。

山东省人民政府关于促进新能源产业加快发展的若干政策

鲁政发〔2009〕140号

（2009年12月15日）

为贯彻落实《山东省人民政府关于加快我省新能源和节能环保产业发展的意见》(鲁政发〔2009〕77号)精神，加快把新能源产业培育成为战略新兴产业，特制定如下政策。

一、政策目标

引导技术、人才、资金等向新能源产业聚集，加速产业规模化发展，培育一批具有较强竞争力的大型新能源企业和产业基地；加大创新体系的建设力度，打造新能源自主创新平台；优化能源结构，节约资源，保护环境，推进资源节约型、环境友好型社会建设。通过3年扶持，使新能源产业规模明显扩大，产业结构明显提升，技术研发能力明显增强，新能源产品在更大范围内得到推广应用，特别是在风电、光伏、半导体照明、新能源汽车和核电设备制造等方面有大的突破，成为我省战略新兴产业。到2012年，全省新能源发电装机达到400万千瓦以上，占电力装机的比重超过5%；新能源实现替代常规能源1200万吨标准煤，占全省能源消费的比重提高到4%；新能源产业增加值突破700亿元。

二、发展重点

(一)加快发展沿海风电产业。加快沿海陆域和海域风能资源开发，重点支持10家资金实力雄厚、管理运营经验丰富的大企业集团，紧紧围绕打造烟台、威海、东营、潍坊和滨州5个百万千瓦风电基地，对风机年利用小时数2000小时以上的风资源进行集中连片开发，建设单机规模1.5兆瓦及以上、总规模不低于20万千瓦，装备技术先进的风电场。3年新增风电装机规模220万千瓦，到2012年全省风电装机达到300万千瓦以上。

(二)加快发展高端风电装备制造业。鼓励和重点支持5家企业积极引进先进的风电设备制造技术，并开展消化吸收再创新；重点发展1.5兆瓦级及以上大容量风电机组及配套风力发电机、机械传动、运行控制、变频器等高端产品，严格限制风电设备的低水平重复建设，提升风电制造业水平，实现风电装备的本地化制造。到2012年，全省1.5兆瓦级及以上风电整机配套生产能力达到3000台(套)，容量400万千瓦以上。

(三)稳步推进生物质能发电产业。按照科学规划、合理布局的原则，在秸秆等生物质资源丰富的县(市、区)规划建设20座装机规模在1.2~3.0万千瓦的生物质能电站，积极鼓励建设生物质能热电联产机组。3年新增生物质能发电装机40万千瓦，到2012年全省生物质能发电装机达到80万千瓦以上。

(四)努力提升太阳能热利用产业和利用水平。在制造方面，重点支持5家生产规模较大、经济效益好、拥有自主品牌的企业研制生产与建筑有机结合的太阳能供热、制冷新产品，提升产品档次，扩大市场占有率。到2012年，全省太阳能热水器产量达到1500万台(套)，集热面积3000万平方米。在应用方面，在全省范围内鼓励安装太阳能集热系统，对热能消耗大、占地面积大的公益建筑、工业厂房和商业建筑，逐步安装太阳能热水器；对城市规划区内新建12层以下居住建筑要做到太阳能热水系统与建筑工程同步设计和施工。3年内全省推广使用太阳能热水器600万户，新增太阳能集热面积1200万平方米，到2012年全省推广使用太阳能集热面积达到2700万平方米。

(五)积极发展太阳能光伏产业。在光伏制造方面，重点支持5家企业，积极鼓励研发薄膜太阳能电池成套关键技术和关键设备，重点发展转化率高、抗衰减、成本低的晶硅太阳能电池、非晶硅薄膜太阳能电池和配套太阳能电池组件及光伏发电控制系统，大力发展光伏产业的高端产品，严格限制高耗能晶硅材料项目建设，把我省建设成为国家重要的光伏产业基地。在半导体照明产业方面，重点突破碳化硅衬底材料、高亮度发光管外延片、大功率发光二极管管芯及大功率白光制造的产业化技术，重点发展大功率半导体发光二极管及高附加值深加工产品，形成完善的半导体照明产业链，建成全国重要的半导体照明产业基地。到2012年，全省光伏晶硅电池及非晶硅薄膜太阳能电池的产量达到500兆瓦以上，半导体照明产品的销售收入达到350亿元以上。

在应用方面，支持并网太阳能光伏电站和光伏与LED结合的公共照明示范工程建设。太阳能光伏电站重点支持装机容量300千瓦以上，在居住建筑、政府办公建筑和大型公共建筑上采用太阳能屋顶、光伏幕墙等方式，与建筑工程进行同步设计、施工的太阳能光伏建筑一体化项目。3年建成30个太阳能光伏建筑一体化项目，容量30兆瓦以上；实施地面光伏电站示范工程，建设1~2个兆瓦级地面光伏电站。在公共照明方面实施“百万盏照明”工程，重点支持和组织实施60个光伏与LED结合的照明示范项目，以此推动光伏与LED结合照明技术在城市道路、广场、城市小区和新农村社区等公共照明领域里的应用，3年全省推广LED灯100万盏，容量5万千瓦。

(六)加快实施农村新能源工程。积极普及农村户用沼气，在大型养殖场建设大中型沼气工程，实现养殖废弃物清洁化和资源化利用。力争3年全省新增户用沼气140万户，新增大中型沼气工程1200处。到2012年，全省农村沼气用户达到340万户，大中型沼气工程达到2000处，沼气生产和利用总量达到16亿立方米。支持在农村乡镇、卫生院、养老院以及人口多的村庄，建设采用太阳能热水工程的公共浴室。支持生物质成型燃料的产业化，为农村居民和城镇居民提供高效清洁燃料。到2012年，支持建设300个生物质成型燃料加工点，总生产规模150万吨/年。

(七)加快新能源汽车发展。以现有新能源汽车生产骨干企业为基础，重点支持4家企业，积极鼓励和支持有条件的企业进行新能源汽车关键技术的研发和创新，加速汽车传统技术的更新改造，加大新能源汽车的应用与示范，培育一批整车和配套产业的自主化品牌，逐步形成技术优势、品牌优势和市场优势。到2012年，全省新能源汽车生产能力达到8万辆，在当年新车中所占比重达到6%以上。

(八)积极支持地源热泵的推广应用。在全省每个设区市选择2~3处建筑面积在5万平方米以上的住宅小区或2万平方米以上的公共建筑，采用土壤源、再生水源、海水源和浅水源热泵技术，建设冷热联供的新能源示范项目。3年支持60个示范项目，建筑应用面积500万平方米以上。到2012年，全省应用地源热泵技术的建筑面积达到3000万平米以上。

(九)加强新能源创新能力建设。支持生产企业和研究机构加强创新平台建设，对省级及以上新能源领域里的创新平台建设给予资金支持，打造新能源自主创新平台，研发一批拥有自主知识产权的新技术，抢占制高点，尽快形成新的优势。今后3年省里将重点建设太阳能热利用、太阳能热水系统控制、太阳能光伏发电、风电设备、生物质能开发、半导体照明、洁净煤利用、新能源汽车等20个左右工程技术研究中心和重点实验室，建立3–5家国家级新能源企业技术中心和技术研发中心。重点支持太阳能热利用、光伏发电、风能发电、生物质能综合利用、地热利用、洁净煤利用和海洋能利用等领域的前沿技术研发。

(十)加快推进核电装备基地建设。以烟台海阳、威海荣成核电项目建设为契机，加快实施大型先进压水堆和高温气冷堆重大科技工程，加强系统设计和设备研发制造，努力培育具有自主知识产权的核电装备品牌，着力打造烟台、威海两个核电设备制造业基地，为国内三代技术核电站规模化建设提供配套装备。到2012年，全省核电装备制造业产值达到200亿元以上。

(十一)实施两大新能源创新示范工程。实施风能淡化海水创新示范工程，在沿海地区选择2处风资源丰富、淡水资源相对匮乏的地区建设风电与海水淡化一体化示范工程；实施农村生物质综合利用创新示范工程，在全省选择2处建设分散式生物质热电联供示范装置，实现农村家庭清洁取暖，解决农村居民洗浴等问题。

三、资金扶持政策

(一)设立扶持新能源发展的专项资金。在保持现有财政扶持资金渠道不变，进一步整合和提高扶持效果的基础上，从2010年到2012年，每年省级财政安排2亿元、省基建基金安排2亿元，3年共筹集12亿元设立省级新能源专项资金，集中使用，通过贷款贴息、补助和奖励等形式，加大对重点新能源生产、推广应用和技术研发等环节的资金扶持，努力促进新能源产业加快发展。省级新能源专项资金实行专户管理，专项资金使用管理办法由省有关部门另行制定。

(二)每年安排3亿元用于支持风电设备、光伏、核电设备、新能源汽车、智能电网、半导体照明等新能源产业重大建设项目的贷款贴息；每年安排5000万元用于新能源产品的推广应用；每年安排5000万元用于支持省级以上新能源技术研发中心和新能源创新示范项目建设以及新能源前沿技术研发。

其中，对列入省级新能源示范工程的项目给予资金补助标准为：太阳能光伏建筑一体化示范项目按照每瓦10元，太阳能光伏与LED结合照明示范项目按照每瓦5元，地源热泵推广应用示范项目按照每平方米20元，风电海水淡化创新示范和生物质能综合利用创新示范项目按照总投资的20%给予资金补助。对沼气等农村新能源工程给予资金扶持。

对新能源创新能力建设的资金支持实行以奖代补，对于研发能力强、成果储备多的省级以上新能源技术创新平台按照100~200万元给予奖励；对填补国内技术空白、迅速实现产业化的新能源创新技术给予100万元-200万元资金奖励；对列入国家和省级新能源产业关键技术领域的重大科技项目给予50万元-100万元的奖励；对列入国家新能源领域重大科技攻关项目给予一定资金奖励。(三)新能源专项资金的使用和安排，按照“公开、公平、公正”的原则，通过招标方式确定支持的项目和资金数额。对示范性广、带动力强、效益好的新能源项目进行择优扶持。专项资金管理和使用接受社会监督。具体的招标、投标办法由省有关部门另行制定。

四、价格扶持政策

(一)为加快风电产业发展，2010-2012年我省风电上网电价在积极落实国家补贴电价的基础上，省里适当给予补贴，原则上按照上网电价每千瓦时0.7元的标准执行。到期后根据风电发展需要及成本经营等情况，对风电电价补贴标准进行调整。

(二)对利用农林废弃物直接燃烧和气化发电的生物质能发电项目电价补贴办法参照风电价格水平。

(三)对利用垃圾(包括焚烧和填埋气)、沼气、海洋能和地热能发电项目，积极争取国家电价补贴；对未能列入国家补贴的项目，由省里按照经济合理的原则给予适当补贴。

(四)对于省里示范的1-2个兆瓦级以上地面光伏发电站示范项目，将通过招标方式确定上网电价。除争取国家补贴外，其余不足部分由省里给予补贴。

(五)对其他新能源开发利用涉及的价格，按照有利于促进新能源开发利用和经济合理的原则确定。

五、其他扶持政策

(一)加大金融信贷支持力度。提高对新能源企业授信额度，积极为符合条件的企业提供贷款支持，特别是对重大新能源示范项目要保证信贷资金支持；对新能源产业实行优惠贷款利率政策，原则上不得上浮。

(二)实行优惠的土地政策。对符合《划拨用地目录》的新能源项目，实行划拨供地；对符合《山东省优先发展产业和农、林、牧、渔业产业农产品初加工业项目目录》且用地集约的新能源工业项目，在确定土地出让底价时，可按不低于所在地土地等别相对应工业用地出让最低价标准的70%执行；对符合省级规划的新能源重点项目，保证建设用地需求并优先办理用地手续。

(三)实行税费优惠政策。对新能源企业为开发新技术、新产品、新工艺发生的研究开发费用，未形成无形资产计入当期损益的，在按照规定据实扣除的基础上，可按研究开发费用的50%加计扣除；形成无形资产的，按照无形资产的150%摊销。对相关企业从事技术开发、技术转让业务和与之相关的技术咨询、技术服务业务取得的收入，免征营业税。对相关企业行政事业性收费能免则免，不能免的按最低标准收取。

(四)积极推广应用新能源产品。完善新能源产品相关标准体系，建立产品、装备检测、检定公共平台，做好产品质量监督、节能认证等工作；逐步加大政府和事业单位对新能源产品的采购力度；积极鼓励应用省内新能源产品，在同等条件下，提倡优先选购和使用本省新能源产品。

(五)完善电网接入系统。加强电网规划和建设，支持电网企业进行智能化电网改造，提高电网吸纳新能源电力的能力；认真落实国家关于新能源发电项目接入系统建设的有关规定，确保新能源发电项目及时接入电网。

中共德州市委、德州市人民政府关于加快实施“中国太阳城”战略的意见

(2005年12月15日)

为进一步推进实施“中国太阳城”战略，加快发展“阳光经济”，促进全市经济社会科学、快速、和谐发展，根据市委第10次常委扩大会议和市政府有关会议精神，现提出以下意见。

一、充分认识实施“中国太阳城”战略的重要意义

近年来，随着世界各国对可持续发展战略的普遍重视，太阳能无疑将成为21世纪重要的替代能源。我市太阳能综合利用具有雄厚的基础和明显的优势，实施“中国太阳城”战略，不仅对塑造城市品牌、提升区域竞争力具有巨大促进作用，而且对落实科学发展观、加快建设全面小康社会意义重大。

(一)有利于提升城市形象。城市品牌是城市的名片。近年来，德州经济和各项社会事业蓬勃发展，城市面貌日新月异，整体形象不断提升。与之相适应，打造彰显个性、独具魅力的城市品牌要提上重要日程。德州是传说中“后羿射日”的故乡，又是国内外知名的太阳能产业聚集地。实施这一战略，实现历史文化与现代经济的融合、产业发展与城市扩张的互动，顺应时势，符合市情，潜力巨大，前景广阔。

(二)有利于增强城市综合竞争力。城市品牌是城市生态环境、经济实力、文化底蕴、精神品格、价值导向等因素的综合体现。塑造具有特色的城市品牌，对内可以增强凝聚力、向心力，对外可以扩大吸引力、影响力，能够更好地实现经济、社会、环境效益的协调推进。实施这一战略，不仅可以培植新的产业制高点，而且对做大城市、加快奠定鲁西北、冀东南区域性中心城市，具有重大推动作用。

(三)有利于促进城市可持续发展。太阳能取之不尽，用之不竭，清洁环保，应用广泛，是当今世界最具发展潜力的再生能源。实施这一战略，着眼建设资源节约型、环境友好型社会，符合发展潮流，体现时代特征，是促进我市可持续发展的重要举措。

二、进一步明确实施“中国太阳城”战略的指导思想、基本原则与发展目标

(一)指导思想。坚持以科学发展观为指导，以壮大太阳能产业为基础，以市场运作、科技创新、对外合作为支撑，突出可持续发展、建设节约型社会主题，挖掘历史文化，依托现代产业，立足中国，面向世界，举全市之力打造“中国太阳城"品牌，加快发展“阳光经济”，努力成为世界领先的“太阳硅谷”。

(二)基本原则。一是立足实际，彰显特色。围绕太阳能产业特色作文章，整合德州历史文化资源，形成魅力独具的城市名片。二是统筹规划，重点突破。要把实施“中国太阳城”战略作为一项系统工程，以更新的视角整体筹划，搞好规划布局，整合力量，分步实施，尽快见效。三是政府引导，市场运作。充分运用市场机制，发挥企业、社会组织和公众参与的积极性、创造性。加大对外合作交流，加快太阳能产业发展。四是效益兼顾，良性互动。兼顾经济、社会和生态效益，实现三者的协调统一和良性互动。

(三)战略目标。总体划分近、中、远三个阶段性目标：当前至2005年底，为策划启动阶段；2006年至2008年为全面推进阶段；2008年至2010年为发展提高阶段。争取用三年时间，在实施“中国太阳城”战略的策划宣传、产业推进、示范带动、城市景观等关键环节取得实质性突破，“中国太阳城”初具雏形，城市形象显著提升，城市品牌深入人心，为打造名副其实的“中国太阳城”奠定坚实基础。

三、突出工作重点

(一)制定战略发展规划。按照国家产业政策发展要求，结合编制“十一五”规划，把打造“中国太阳城”纳入国民经济总体规划。从大经济、大建设、大文化的视角编制实施“中国太阳城”战略产业推进、文化建设、城市建设发展规划。搞好太阳能产业中长期发展规划及“太阳谷”园区扩展、皇明集团对外战略合作规划。在新一轮城市规划修编中要突出“太阳城”的城市定位，编制太阳能利用“百万屋顶”计划，形成新的城市景观。

(二)膨胀太阳能产业集群。扶持皇明集团等太阳能骨干企业迅速膨胀。结合打造“中国太阳城”城市名片，搞好太阳能产业群体扩张，依托阳光经济产业优势加大太阳能产业对外招商力度，吸引国内外太阳能利用知名企业入住我市，实现与当地龙头企业的和谐竞争发展。建设各具特色的产业基地，膨胀产业规模，逐步发展成为具有强大竞争力的产业集群。加快太阳能工业园区建设进度，推进皇明集团“太阳谷”项目建设，尽快形成规模。延伸太阳能产业链条，加大太阳能热发电、风能发电等项目建设力度。

(三)尽快实施中国太阳谷项目。在太阳谷内建设光伏光热、温屏玻璃、太阳能热水器、镀膜等工业园及科技文化园。积极引进国内外著名企业入谷发展，形成太阳能热水器、电池、制冷等与太阳能利用关联度高的产业聚集区，逐步建成国内外具有影响力的太阳能产品生产、技术研发、设备制造、科普教育、文化旅游等五大中心基地，使太阳能产业成为我市新兴支柱产业之一。

(四)提高科技创新能力。积极筹建可再生能源大学，先期在德州学院设立太阳能系，培养专业技术人才。申报国家级太阳能研发中心，加大科研攻关力度。积极与国际太阳能科研组织、机构开展技术交流，围绕高端前沿技术进行系统研究开发，尽快突破核心技术，形成以自主知识产权为核心的技术标准体系，保持我市太阳能产业发展的科研技术领先地位。

(五)精心组织各种文化活动。城市文化是城市发展的灵魂。要坚持文化搭台、经济唱戏，精心组织各类文化活动。要积极申办2010年第四届世界太阳城大会、组织举办国际太阳能博览会、“太阳感恩节”、可再生能源国际论坛、太阳能旅游等活动，加强对外交流合作。将德州市经贸洽谈会主题改为“中国太阳城”文化节。文化活动要发挥市场机制，多形式调动社会参与的积极性。在城市广场、公园等开辟太阳能科普园地，提高市民的参与度和科技意识。

(六)搞好对外宣传推介。要借助开展系列活动，高水平做好对外宣传工作。继续在中央电视台、人民日报等国家新闻媒体加强宣传，确定“中国太阳城”宣传用语，提升我市对外形象。

(七)大力发展太阳能特色旅游。制定太阳能工业旅游发展规划，大力开展各具特色的太阳能旅游活动，力争太阳谷成为国家旅游局认定的国家工农业旅游示范项目，形成新的经济增长点。

(八)优化产业发展环境。各级各部门各单位要围绕实施“中国太阳城”战略，营造良好的发展环境、舆论环境，密切配合，全力推动。有关部门要尽快制定地方性太阳能利用与建筑一体化的设计技术标准图集，出台推进政策措施，从设计、施工、监理、验收等建设环节把关，加大太阳能利用推广力度。要建立政策激励机制，大力推广太阳能新技术、新材料。对太阳能产业在项目申报、税收、金融贷款等方面提供优质服务。

(九)实施示范带动工程。制定实施“百万屋顶”计划，建设太阳能利用与建筑一体化住宅小区、公共建筑示范点；选择城市道路、住宅小区、公园、政府机关、学校等示范安装太阳能路灯；积极开展太阳能利用示范村、示范小区、示范乡镇活动，以点带面，扩大应用范围；设立“中国太阳城”城市标志、雕塑，形成新的城市景观。

四、落实保障措施

(一)强化组织保障。要把加快实施这一战略摆上重要日程，市委、市政府成立由主要负责同志牵头的推进委员会，并下设办公室，负责各项工作的具体落实，协调做好发展规划、策划宣传、重点企业发展、产业扩张、品牌推进等工作。

(二)强化政策保障。加大对太阳能产业发展的政策扶持力度，优先保障项目用地，土地出让金在政策允许范围内给予一定优惠。有关部门及企业要强化重点工程意识，积极争取将太阳能建设项目及用地列入国家重点工程和用地计划。对“中国太阳谷”等项目建设，有关部门要简化审批手续，提高办事效率，提供优质服务，加快项目建设进度。结合落实《可再生能源法》，积极研究制定关于发展太阳能产业的财政补助、增加信贷、加速折旧、产品利用以及市场开拓等激励政策。积极发挥税收政策的促进作用，落实对高科技项目的税收政策，激励企业降低成本加快发展。

(三)强化人才保障。推进委员会设立人才服务组，具体负责人才规划、政策制定及人才引进、培养、激励、评价等具体措施的实施。整合人才资源，建立“中国太阳城”人才资源储备库和专家群，突出抓好人才的培养和教育、高层次人才智力的开发和引进、人才开发机制和体制的建立等方面的工作。充分发挥人才市场的作用，设立太阳能人才专场引进会，大力引进相关专业技术人才。

(四)强化舆论保障。各新闻媒体要精心策划，多形式、多渠道搞好宣传发动，营造社会关注、人人支持的良好氛围，真正打响这一城市品牌。

江苏省光伏发电推进意见

江苏省发展和改革委员会

（2009年6月）

加快推进光伏发电既是发展和利用新能源的重要抓手，也是落实扩内需、调结构、保增长的重要着力点。最近，李克强副总理主持召开新能源与节能减排工作会议，明确要求加快发展新能源产业。国家发展改革委积极制订光伏产业发展规划，开展项目推广示范；财政部、住房和城乡建设部下发了《关于加快推进太阳能光电建筑应用实施意见》和《太阳能光电建筑应用财政补助资金管理暂行办法》，明确对建筑一体化（屋顶）光伏发电项目给予投资补贴等政策措施。为进一步提升我省光伏发电企业竞争力，促进光伏产业又好又快发展，现就推进我省光伏发电提出如下意见。

一、光伏发电基本情况

（一）资源概况

我省土地资源相对紧缺，但利用城市建筑物发展光伏发电的潜力较大。一是光照资源较丰富。我省平均年日照数为1400~3000小时，太阳能资源年理论储量每平方米1130~1530千瓦时，每年每平方米地表吸收的太阳能相当于140~190公斤标准煤热量，太阳能资源比较丰富，开发利用前景较为广阔。二是有一定的土地资源。沿海及苏北地区有大面积滩涂资源和一定面积不适合农作物、树木生长的山坡荒地，适合发展地面光伏发电项目。三是屋顶及建筑物资源较大。我省城市建筑屋顶面积为2.363亿平方米，加上农村屋顶面积，按照20%的屋顶面积可用于光伏发电，2008年我省总计可用于光伏发电的屋顶面积达1.39亿平方米。此外，全省建筑物的南立面墙近6亿平方米可建光伏建筑一体化电站。

（二）发展现状

目前，我省企业已在国内建设光伏电站12个，容量2.856兆瓦；正在推进示范（试验）电站项目5个，容量4兆瓦。电站的形式有地面、屋顶、建筑一体化三种，主要有三个特点：一是起步在国内较早。常州天合先后承建了我国第一座太阳能光电样板房、西藏40座独立光伏电站和江苏第一座10千瓦光伏电站——天合太阳能屋顶电站，为我省光伏发电积累了一定的技术经验，较好发挥了带动示范效应，推动了全省光伏企业、电力设计单位、电力投资运营商加快开展规模化光伏发电。二是形成了一批实力较强的光伏电站建设企业。目前，我省已有一批在国内较有影响的光伏电站建设单位，包括无锡尚德、常州天合、江苏新能源、江苏林洋、南通强生、中环工程、江苏百世德等，这批企业参与了省内和上海、浙江、北京等地的电站工程，能够承建地面、屋顶、建筑一体化等形式的光伏电站。三是建成了一批在国内有影响的光伏发电项目。由无锡尚德研发并安装在北京奥运会主体育场鸟巢建筑上的1兆瓦光伏电站，成为奥运会工程的亮点，是世界上最大的单体建筑一体化太阳能电站。江苏新能源正在淮安建设的1.5兆瓦电站，也是国内比较大的屋顶电站工程。

（三）面临问题

当前，我省光伏产业发展还面临一些突出问题。一是发电成本较高。现阶段我省光伏发电包括光伏电池本身、系统集成和安装工程技术等诸多环节成本均偏高，导致上网电价过高。据测算，目前我省光伏发电上网成本约在每千瓦时2.15元左右，制约了光伏发电的市场需求和推广应用。二是认识有待进一步统一。我省一次能源结构以煤为主，电源结构以煤电为主，受利益因素驱动，一些地方对大规模发展光伏并网发电缺乏动力和积极性，持观望态度。三是建设和并网协调难度大。光伏发电项目建设和并网涉及诸多方面，国家至今未出台光伏发电上网电价实施细则，协调难度较大，客观上制约了项目建设和并网。

二、指导思想和主要目标

（一）指导思想

坚持以科学发展观为指导，围绕能源结构优化和产业升级，以市场为导向，以企业为主体，以技术创新和体制机制创新为支撑，整体规划，科学布局，示范先行，加快推广，积极实施光伏并网发电和屋顶计划，不断提升我省光伏发电综合竞争优势。在推进中，要坚持把握三个原则：

一是坚持政府扶持和市场调节结合。正确处理政府引导与市场调节的关系，参照国际通常做法和标准，积极扶持光伏发电项目，引导和保护企业投资光伏发电的积极性，同时遵循市场规律，建立激励和制约机制，着力培育光伏发电企业核心竞争力。

二是坚持重点突破和整体推进并重。集中力量做好示范试点，在试点成熟的基础上，大力推进规模化应用。运用现代技术，重点加强原始创新、集成创新和引进技术消化吸收再创新，高效、合理、有序地开发利用太阳能资源。

三是坚持光伏发电与整个产业发展互动。以光伏发电重大项目和重点光伏企业为依托，加快形成我省光伏产业规模优势和技术优势，不断提升光伏开发应用水平，促进光伏发电与产业发展的良性互动和快速发展。

（二）主要目标

以国家出台的《关于加快推进太阳能光电建筑应用实施意见》和《太阳能光电建筑应用财政补助资金管理暂行办法》为契机，大力发展江苏光伏发电，形成整体规模优势和企业竞争力优势。

1. 推广规模。通过3年努力，力争在全省建成光伏并网发电装机容量400兆瓦，其中，屋顶光伏电站装机容量260兆瓦，建筑一体化光伏电站装机容量10兆瓦，地面光伏电站装机容量130兆瓦。2009年，省内建成光伏并网发电装机容量80兆瓦；2010年，省内新增光伏并网发电装机容量150兆瓦，装机达到230兆瓦；2011年，省内新增光伏并网发电装机容量170兆瓦，装机达到400兆瓦。

2. 上网电价。着眼实现地面光伏并网发电上网电价1元/千瓦时（含税）的目标，不断促进企业降低成本，提高竞争力。2009－2011年分年度目标电价为：

3. 产业竞争力。形成一批具有竞争优势的光伏发电企业，巩固和提升光伏产业整体优势。到2011年，全省电

单位：元/千瓦时

年份	地面	屋顶	建筑一体化
2009年	2.15	3.7	4.3
2010年	1.7	3	3.5
2011年	1.4	2.4	2.9

池及组件生产能力达10000兆瓦左右，光伏产业总产值达3500亿元，无锡尚德等投资建设太阳能发电规模处于全国领先水平。

三、重点任务

实施“屋顶并网发电工程”、“建筑一体化并网发电工程”和“地面并网电站工程”三大工程，不断提高光伏发电应用水平，增强产业竞争力。依托我省光伏产业现有优势，选择学校、医院、政府机关等公共建筑，重点实施一批屋顶及建筑一体化项目；选择沿海滩涂资源较丰富地区，建设一些地面并网示范工程。

（一）屋顶并网发电工程

至2011年，建成屋顶并网发电工程260兆瓦。2009年建成80兆瓦；2010年建成150兆瓦；2011年建成30兆瓦。主要分布：常州（50兆瓦）、扬州（40兆瓦）、无锡（40兆瓦）、泰州（30兆瓦）等市。主要企业建设规模：尚德80兆瓦、常州天合30兆瓦、江苏林洋20兆瓦、扬州晶澳20兆瓦、中盛光电20兆瓦。

（二）建筑一体化并网发电工程

到2011年建成建筑一体化并网发电示范工程10兆瓦，其中，2010年建成5兆瓦，2011年建成5兆瓦。分布在无锡

（5兆瓦）、南通（3兆瓦）、泰州（2兆瓦）等市，主要由尚德、强生等企业投资建设。

（三）地面并网电站示范工程

优先选择沿海滩涂资源较丰富的地区建设带有跟踪系统的地面并网电站工程，支持有关企业在连云港、盐城和句容规划建设地面电站。到2011年，建成地面并网电站示范工程130兆瓦。

四、保障措施

（一）加强组织领导

成立省新能源暨光伏产业推进协调小组，建立统一协调的管理机制。协调小组由省政府分管领导担任组长，省发展改革委、经贸委、科技厅、财政厅、国土资源厅、建设厅、农林厅、环保厅、海洋渔业局、物价局和省电力公司等为成员单位，研究确定全省光伏发展重大战略问题和主要任务，办公室设在省发展改革委，具体承担协调小组的日常工作。

（二）加强政策扶持

在争取和落实国家太阳能光电建筑应用财政补助资金和可再生能源电价补贴的同时，将政府扶持和市场调节有机结合，通过向省级电网企业服务范围内除居民生活和农业生产用电以外的电力用户征收一定比例的电价附加，建立省光伏发电扶持专项资金，发挥政策激励作用。相对于国家财政补助资金主要对光电建筑一体化应用给予补贴，省专项资金主要用于光伏并网发电电价补贴，补贴光伏发电项目目标电价与脱硫燃煤机组标杆上网电价的差额。具体依据省物价局核定的光伏发电上网电价目标，确定分年度补贴额度。2009、2010和2011年地面并网电站目标电价（含税）分别为2.15元/千瓦时、1.7元/千瓦时和1.4元/千瓦时，屋顶和建筑一体化并网电站将根据与建筑结合特点、产品技术先进性等分类确定。

同时，积极争取免征增值税和出口关税退税等扶持政策，落实国家可再生能源发电价格分摊统收统支的政策。运用风险投资、金融信贷、吸引外资等多种渠道和形式，建立光伏发电产业发展投融资平台。

（三）加强竞争优势

以光伏发电项目建设带动整个光伏产业的发展，提升竞争力，促进产业可持续发展。培育壮大一批拥有自主知识产权和品牌、主业突出、竞争能力强、管理水平高的光伏发电和光伏产品制造骨干企业。经过3年努力，使无锡尚德成为年销售收入过500亿的国际化企业，江苏新能源公司等一批企业成为著名品牌、有影响力的专业设计、建设和投资运营的骨干企业，南京中电、常州天合、苏州阿特斯、南通林洋、常州亿晶等10多家企业成为年销售收入过百亿、在国内有竞争优势的骨干企业。以光伏发电项目建设为契机，促进光伏企业向产业链上下游延伸，注重发展与光伏发电产业配套的服务业和相关产业，提高产业配套能力和发展水平，拓展产业集聚空间，形成有江苏特色的光伏产业链及衍生的光伏产品生产与检测设备、原辅材料制造产业。

（四）加强创新驱动

积极鼓励骨干企业与国内外研究机构、上下游协作单位开展产学研合作，加强光伏产业基地公共基础设施和支撑服务平台建设，提升企业自主创新能力。重点建设无锡尚德“江苏省太阳光伏能源工程技术研究中心”和“产业技术研发国际转移中心”。开展“光伏并网发电一元一千瓦时工程”科技攻关及其产业化示范项目，集中力量突破产业关键技术瓶颈，建立光伏产业各链节技术创新体系，形成“降本增效”的倒逼机制，增强产业竞争力。建设装备制造和技术开发的创新发展体系，加强国际合作和交往，引进国外先进技术，加快光伏产业技术水平的提高和向商业化应用的转化，并加速国产化进程。推进品牌战略计划，鼓励企业注册自己的商标，争创国际、国家品牌，努力形成一批在国内外具有影响力的品牌产品。

（五）加强标准建设

利用企业、科研院所与政府共同投资建设的装备检测中心和试验场等产业公共平台，做好企业质量、环境等方面认证工作，规范市场秩序，提升品牌形象，并争取获得国际认证，扩大国内外影响力，增强企业的竞争优势。营造促进光伏发电推广的良好氛围，将屋顶和建筑一体化光伏电站建设作为建筑节能的重要内容，纳入城市发展规划，在城乡规划和建筑设计规范中，专门列出涉及屋顶电站和光伏建筑一体化所需的技术标准和规定。研究制订《江苏省民用建筑太阳能光伏系统应用技术规范》。在电网规划中将光伏并网发电作为重要规划内容，确立相应的技术规范和标准。光伏企业要制订具体的发展规划，确立相应的发展目标、重点和降本增效、提高竞争力的具体措施，规范各环节管理，促进上网电价逐步下降。

（六）加强人才培养

针对光伏发电综合性、多领域特点，把人才培养放在重中之重的战略地位，创造良好环境，从设计、制造、安装、调试及运营管理等方面建立人才培养体系和激励机制，在实践中建设一支高素质的专业技术队伍。要围绕产业发展设立相关专业，培养光伏发电技术研发和管理人才，特别是系统掌握太阳能开发利用理论并具备光伏发电工程设计实践经验的复合型人才。利用高等院校、职业学院、机电高等职业学校优势，确立一批培训基地。同时，要把光伏产业确定的重大工程所需高端人才引进工作列入我省引进高层次海外人才相关计划，与国内外高等院校、科研机构和科技园区订立产业人才培养协议，借助外力强化专门人才培养。

浙江省人民政府办公厅
关于加快光伏等新能源推广应用与产业发展的意见

浙政办发〔2009〕55号

为进一步优化能源结构，推动经济转型升级，增强可持续发展能力，建设资源节约型、环境友好型社会，根据《中华人民共和国可再生能源法》等法律法规和国家有关政策，经省政府同意，现就加快光伏等新能源推广应用与产业发展提出如下意见。

一、加快光伏等新能源推广应用与产业发展的重要意义

（一）加快光伏等新能源推广应用与产业发展，是应对全球能源发展新形势的必然选择。近年来，面对越来越突出的能源问题，许多国家纷纷将太阳能、风能、地热能、生物质能等的利用作为能源发展的重点，并将新能源的开发应用与产业发展作为新的经济增长点来抓，从法律、政策、机制等多层面加以推动，呈现出良好的发展态势。尤其是光伏产业发展迅速，开发利用技术不断进步，光电转换效率不断提高，生产成本持续下降，市场前景广阔。这为我省顺应国内外能源发展新趋势，加快光伏等新能源推广应用与产业发展，创造了良好的条件与机遇。

（二）加快光伏等新能源推广应用与产业发展，是优化能源结构、促进节能减排的迫切要求。我省是能源消耗大省，但全省96.7%以上的化石能源依赖省外调入，能源问题一直是制约经济社会发展的瓶颈。大力推动新能源的开发利用，提高新能源在全省能源消费总量中的比重，有利于优化能源结构，突破能源瓶颈约束，缓解传统化石能源日趋紧张的矛盾；有利于发展低碳经济，完成节能减排目标任务，改善生态环境和生活环境。

（三）加快光伏等新能源推广应用与产业发展，是培育新兴产业、调整产业结构、推动工业转型升级的客观需要。近年来，我省光伏、风电等新能源产业规模不断扩大，技术装备与生产工艺不断升级更新，形成了一定的发展基础，但也存在着产业链发展不协调、产业集聚不明显、行业管理不到位、企业创新能力不强等问题。大力推广应用光伏等新能源，形成以推广应用促产业发展的机制，加快新能源产业的发展，进一步提高技术水平，增强市场竞争力，有利于培育形成新的优势产业，推动工业转型升级；有利于培育新的投资热点和消费热点，促进经济平稳较快发展。

二、加快光伏等新能源推广应用与产业发展的指导思想、基本原则和发展目标

（一）指导思想。认真贯彻落实党的十七大精神，深入学习实践科学发展观，积极实施“创业富民、创新强省”总战略，以市场为导向，以企业为主体，以技术进步为支撑，构建以新能源推广应用促进产业发展的机制，加快光伏等新能源推广应用与产业发展，优化能源结构，推动工业转型升级，促进资源节约型、环境友好型社会建设。

（二）基本原则。坚持以推广应用促产业发展的原则，通过大力推广应用光伏等新能源，拉动相关产业发展；坚持政府引导和市场运作相结合的原则，通过政策推动、需求拉动、市场驱动，促进光伏等新能源推广应用与产业

发展；坚持自主创新与国际合作相结合的原则，通过对关键技术的消化吸收，提高光伏等新能源产业制造能力和水平；坚持立足当前与着眼长远相结合的原则，通过整合现有资源，发挥产业优势，构建长效推进机制，加快光伏等新能源推广应用与产业发展。

（三）发展目标。力争到2012年，全省新能源发电装机容量达350兆瓦，其中光伏发电50兆瓦，风力发电300兆瓦；太阳能热水器使用面积超过1000万平方米，地源（水源）热泵空调面积超过500万平方米，年产沼气1亿立方米，实现光伏等新能源消费量占全省能源消费总量的1%以上；光伏等新能源产业技术水平达到国际先进水平，培育一批具有国内外市场竞争力的龙头骨干企业，培育一批具有自主知识产权的装备制造和系统集成应用企业，成为国内重要的光伏等新能源装备研发和制造基地。

三、加快光伏等新能源推广应用与产业发展的主要任务

（一）实施“六个一百加一个基地”计划

在省光伏等新能源推广应用与产业发展协调小组的统一领导下，实行分工负责制，明确牵头单位、配合单位和实施主体，用三年左右的时间，实施“六个一百加一个基地”计划，加快光伏等新能源推广应用。

1.实施百万屋顶发电计划，应用光伏发电的公共建筑、企业厂房、住宅小区等屋顶面积达100万平方米，形成50兆瓦以上的发电能力。由省经信委牵头，省发改委、省建设厅、省电力公司等单位配合。

2.实施百兆瓦风电装机应用计划，在沿海地区新增100兆瓦以上风电装机容量。由省发改委牵头，省经信委、省科技厅、省电力公司等单位配合。

3.实施百万平方米太阳能热水器计划，新增太阳能热水器集热面积100~200万平方米。由省经信委牵头，省建设厅、省农业厅等单位配合。

4.实施百条道路太阳能照明计划，在全省范围内建设100条太阳能照明示范道路。由省建设厅牵头，省经信委、省电力公司等单位配合。

5.实施百万农户沼气（技术）利用计划，在农村形成120万立方米沼气池容，年产沼气1亿立方米，惠及农户100万户。由省农业厅牵头，相关单位配合。

6.实施百万平方米建筑地源（水源）热泵空调计划，推广地源（水源）空调面积100万平方米以上。由省建设厅牵头，省经信委等单位配合。

7.建设1至2个集太阳能、风能、潮汐能、地源（水源）能和生物质能等综合性新能源应用示范基地，使之发挥新能源示范、科研和教育作用。由省光伏等新能源推广应用与产业发展协调小组牵头，相关市、县政府实施。

（二）实施光伏等新能源产业提升战略

1.光伏产业。紧紧抓住全球光伏产业和市场快速成长的机遇，大力发展光伏终端产品、光伏产业用装备及材料、半导体照明产品（LED）、光伏发电配套设备及产品，积极支持硅材料生产新技术的研发及应用。重点发展硅晶体电池、薄膜电池，从硅晶体的下游产品以及薄膜材料到电池组件，实现专业化、规模化、集约化生产，降低生产成本，提高产品竞争力；发展光伏产业生产关键设备，通过消化吸收关键技术，提高自主设计与制造水平。

2.风电产业。重点是实现关键设备国产化，提高设备的稳定性和可靠性。

3.光热产业。重点是完善技术标准，实行产品能效分级检测和认定，大力推行太阳能应用与建筑设计一体化。

4.地源（水源）热泵产业。重点是大力发展特定用途的水源热泵机组，如海水源热泵、污水热泵等，积极拓展地源热泵应用空间。

5.大力推进企业技术创新，加强产学研联合，通过引进、消化、吸收和再创新，提升光伏等新能源产业技术水平。加大培育力度，做精做强一批行业龙头骨干企业，提高市场竞争力。以产业链为纽带，引进一批优势企业，进一步完善产业体系。

四、加快光伏等新能源推广应用与产业发展的政策措施

（一）加强组织领导。各地、各有关部门要从全局和战略的高度，充分认识加快光伏等新能源推广应用与产业发展的重要意义，把它作为深入实施“创业富民、创新强省”总战略、加快经济转型升级的重要抓手，加强领导，精心组织，积极推动，加快发展，务求实效。省光伏等新能源推广应用与产业发展协调小组由省级有关部门和单位

组成，协调小组办公室设在省经信委。同时，组织成立专家组，为光伏等新能源推广应用与产业发展提供决策咨询。

（二）加快编制发展规划。要按照国家《可再生能源中长期规划》、《可再生能源发展“十一五”规划》的精神，抓紧编制光伏推广应用与产业发展等相关专项规划，科学谋划发展空间与布局，明确近中远期发展目标与重点，分步骤、分阶段推动光伏等新能源推广应用与产业发展。

（三）落实新能源推广应用的补偿政策

1.对光伏发电上网电价，按照合理成本加合理利润的原则，由省物价局按规定积极向国家争取核准电价；在国家核准前，由省物价局采取临时电价等措施，予以扶持。

2.省建设厅、省财政厅要帮助企业积极向国家争取对太阳能光电建筑应用的补助。

3.风电项目的上网电价实行政府指导价，电价标准按招标形成的价格报国务院价格主管部门核准。

4.生物质能发电项目的上网电价，经认定后执行燃煤脱硫机组标杆电价加补贴电价执行，补贴电价标准按国家有关规定执行。

5.省电力公司要保证接纳新能源发电上网，并全额收购所发电量。

6.对列入“六个一百加一个基地”计划、具有较强示范带动作用的光伏等新能源项目，省里在技术研发、成果转化及产业化、日常运行等方面给予一定的支持。

（四）扶持新能源产业发展。大力实施已设立的可再生能源利用技术重大科技专项；在节能降耗专项资金中安排一定数额的资金，专项用于扶持光伏等新能源产业的行业龙头与优势企业项目，支持重点技术研发与产业化、公共平台建设；省财政要视财力状况和资金使用绩效，逐步加大扶持力度。土地等资源要素的配置要向光伏等新能源产业重大项目倾斜。积极落实国家有关扶持新能源开发与产业发展的税收政策。

（五）完善技术规范和标准。省电力公司要加快组织研发光伏发电并网技术，积极将研究成果转化为技术标准，为光伏发电并网提供技术保障。省建设厅要会同有关部门制订建筑领域应用太阳能的设计、施工、验收标准、规程及工法、图集；完善与实施太阳能产品建筑安装技术标准。省气象局要加强太阳能和风能资源监测网建设。省质量技监局要加强光伏等新能源及产品的检验检测能力建设规划，建设公共检验检测平台。

（六）鼓励社会投资。支持中国节能投资公司通过多元化的投融资渠道，吸收我省民营企业参与，共同设立“中国节能浙江新能源应用推广投资资金”；鼓励社会资金参与光伏等新能源项目的建设；鼓励企业法人、公民在其所属产权范围内建设新能源应用项目；鼓励中介机构参与新能源推广应用。

（七）加大金融支持力度。建立政府与金融机构的沟通协调机制，搭建银企对接合作平台，主动向金融机构推荐新能源项目，促进金融机构加大信贷支持力度；运用担保、上市融资、风险投资、合资等多种方式，支持企业投资光伏产业重点领域，特别是投资薄膜电池等新型光伏产品的研发及规模化生产的高端光伏技术领域。

（八）加强人才培养。选择一批光伏等新能源相关学科基础好、科研和教学能力强的大学，设立光伏等新能源相关专业，增加博士、硕士授予点和博士后流动站，鼓励大学与企业联合培养光伏等新能源高级人才，支持企业建立光伏等新能源教学实习基地和博士后流动站，增强光伏等新能源技术研发能力。

（九）广泛宣传新能源。组织开展光伏等新能源推广应用宣传和科普活动，建立一批科普基地，树立一批光伏等新能源应用典型，推广一批光伏等新能源技术和产品，提高全民对光伏等新能源的认识和应用的自觉性，推动资源节约型、环境友好型社会建设。

附件：省光伏等新能源推广应用与产业发展协调小组成员名单（略）

二〇〇九年五月七日

深圳新能源产业振兴发展政策

深圳市人民政府

（2009年12月30日）

第一条 为大力扶持深圳新能源产业发展，培育新的经济增长点，保持产业持续竞争力，根据国家扶持新能源产业发展的相关政策和深圳市人民政府《印发关于加强自主创新促进高新技术产业发展若干政策措施的通知》(深府〔2008〕200号)及《深圳新能源产业振兴发展规划(2009–2015年)》，制定本政策。

第二条 本政策所称新能源产业是指开发利用新的能源资源(包括可再生能源)和对传统能源进行新技术变革过程中形成的相关产业。重点包括太阳能、核能、生物质能、风能、储能电站、新能源汽车等领域的科技研发、装备制造、能源开发、推广应用以及产业服务等方面。

第三条 市政府设立深圳新兴高技术产业发展领导小组，全面统筹协调我市新能源等新兴高技术产业发展工作及重大事项的审议。领导小组由市领导任组长，成员包括市发展改革委、科工贸信委、财政委、规划国土委、人居环境委、交通运输委、卫生人口计生委、人力资源保障局、农业局、住房建设局、市场监管局、药品监管局、金融办等部门以及各区政府、市光明新区管委会、坪山新区管委会。

领导小组办公室设在市发展改革委，负责领导小组日常工作。

第四条 自2009年起，连续7年，市高新技术重大项目专项资金、科技研发资金、技术进步资金每年各安排1亿元，市财政新增2亿元，每年集中5亿元，设立新能源产业发展专项资金(以下简称专项资金)，用于支持新能源产业发展。

建立深圳新能源产业发展联席会议制度，负责我市新能源产业发展协调工作、新能源企业认定、享受优惠政策条件的审定及新能源产业发展专项资金的管理等。联席会议由市发展改革委、科工贸信委、财政委等3个部门组成，根据议题可邀请其他部门参加联席会议。联席会议的日常工作由深圳新兴高技术产业发展领导小组办公室承担。

第五条 组织实施深圳市新能源产业高技术产业化专项，专项资金对自主创新成果产业化予以支持。

鼓励我市企业、高等院校和科研机构积极承担新能源产业领域国家、省级研发及产业化项目，专项资金予以最高1500万元配套支持。

在深圳设立符合规定条件的研发中心、工程实验室、重点实验室、工程中心、公共技术服务平台，专项资金给予最高500万元资助。

企业、高等院校和科研机构承担国家工程实验室、国家重点实验室、国家工程中心建设任务，并在深圳实施的，专项资金给予最高1500万元配套支持。

鼓励开展技术创新。对本市企业自主创新新能源产品研发，专项资金给予最高800万元资助。

经认定的本市新能源企业，根据其贡献程度，给予一定的研发资助。具体资助办法另行制定。

第六条 专项资金每年安排不低于300万元，用于推动新能源企业积极参与国际国内标准化活动，建立研发与标准化同步机制，制定具有自主知识产权的技术标准。

第七条 专项资金每年安排不低于300万元，用于新能源产业专利池建设、基础性专利研究与分析、专利预警报告发布。

第八条 通过贷款贴息、项目扶持、保费补助、风险代偿等方式引导社会资金投向新能源产业。市创业投资引导基金加大对新能源产业项目的支持力度。鼓励创业投资机构和产业投资基金投资新能源项目，鼓励、引导金融机构支持新能源企业发展，支持信用担保机构对新能源企业提供贷款担保，支持知识产权质押贷款。

支持新能源企业利用资本市场融资。积极支持符合条件的新能源企业通过上市、发行企业债券、公司债券、短期融资券和中期票据等方式融资，开展新能源企业联合发行企业债券试点。

在境内上市企业向中国证监会提交首次公开发行上市申请并取得《中国证监会行政许可申请受理通知书》，在境外上市企业与券商签订有关上市协议、且其有关上市申请已被境外证券交易所受理的，市民营及中小企业专项资金优先予以资助。

非上市股份有限公司通过深圳高新区股份报价转让系统挂牌进行股份报价转让，市产业发展资金予以最高180万元资助。

第九条 经联席会议审定，投资额超过2亿元的新能源产业项目，优先列入深圳市重大建设项目，市发展改革、科工贸信、规划国土、人居环境、住房建设、市场监督管理、公安消防等部门予以项目"绿色通道"待遇;对属于产业发展重点领域且为产业链缺失环节的产业化项目，专项资金给予最高500万元资助。

第十条 符合《财政部关于印发太阳能光电建筑应用财政补助资金管理暂行办法的通知》(财建〔2009〕129号)和《财政部 科技部国家能源局关于实施金太阳示范工程的通知》(财建〔2009〕397号)等相关规定的深圳太阳能发电项目，在享受国家补助的基础上，专项资金再给予不高于项目建设成本20%的配套资助，配套金额不超过国家补助金额。

第十一条 积极落实国家可再生能源政策，确保太阳能光伏电站并网发电。2009年至2012年，在深圳新建的符合条件的太阳能光伏并网发电示范项目，专项资金给予项目建设成本最高70%且不高于20元/瓦的补助;2013年至2015年，在深圳新建的符合条件的太阳能光伏并网发电示范项目，专项资金给予项目建设成本最高50%且不高于10元/瓦的补助。国家太阳能光伏并网发电价格政策出台后，从国家政策。已获得国家补助的项目不重复享受本条措施。

鼓励我市各类电力用户积极采购太阳能等新能源电量，太阳能光伏发电项目业主单位可向用户直供电，所发电量直接与用户结算。

第十二条 创新我市垃圾焚烧发电项目现行建设、运营模式，依法建立垃圾焚烧发电项目特许经营制度。支持本市有实力、信誉好的能源企业按照规模化、高标准原则，统一建设、运营我市垃圾焚烧发电项目。加强对垃圾焚烧发电项目的行业管理，完善垃圾处理费补助机制、监督体系及技术规范。

鼓励垃圾焚烧发电特许经营企业采用拥有自主知识产权的技术和设备建设大型垃圾焚烧发电示范工程。

第十三条 加快我市新能源汽车产业化步伐，对我市新能源汽车研发、项目建设、推广应用及基础设施建设等给予补助，具体资助办法另行制定。

第十四条 鼓励用能企业采用合同能源管理(EMC)模式，提高能源利用效率，节约能源资源，促进新能源服务业发展。对经认定的合同能源管理(EMC)节能服务示范项目，给予承担该项目的本市节能服务企业不超过3年的银行贷款贴息，单个项目贴息额不超过200万元，同时承担多项示范项目的企业贴息总额不超过800万元。

第十五条 鼓励新建太阳能-储能电站、风能-储能电站等示范工程和利用大运场馆、地铁枢纽、医院等公共建筑建设储能电站示范工程。专项资金对储能电站示范工程进行补助，补助资金直接给予本市储能设备生产企业，单个项目补助金额最高不超过其储能装置、逆变器、电源管理系统等关键设备成本的50%且每瓦不超过7元。市发展改革委、科工贸信委、财政委等有关部门根据技术先进程度、市场发展状况等确定各类示范工程的总补助额和单位成本补助上限。

允许储能电站业主单位向用户直供电，所供电量直接与用户结算。

第十六条 具备条件的政府投资项目应使用太阳能等新能源产品，负责审批的部门应审查其新能源利用状况。

第十七条 鼓励新能源产业人才申报我市高层次专业人才认定，并按照有关规定享受住房、配偶就业、子女入学、学术研修津贴等优惠政策。

在本市经认定的新能源企业连续从事研发工作1年以上的创新人才，根据其贡献程度，给予一定的资助。具体资助办法另行制定。

第十八条 根据市政府办公厅《关于印发深圳市博士后管理工作规定的通知》(深府办〔2007〕180号)，支持新能源企业、科研机构设立博士后工作站、流动站或创新基地，对正常开展博士后工作的工作站或流动站予以一次性50万元资助、创新基地予以一次性20万元资助，对在站期间经考核合格的博士后人员发放每人每年5万元、总额不超过10万元的生活补助，对在本市从事科研工作，且与本市企事业单位签订3年以上工作合同的出站博士后人员，

给予10万元的科研资助。

鼓励新能源产业创新人才、创新团队来深圳创业，参加我市举办的全国性创业大赛。市科技研发资金每年安排600万元支持竞赛优胜者在深圳实施竞赛优胜新能源产业项目或者创办新能源创业企业，并可优先入驻创新型产业用房。

逐步建立新能源产业创新人才支撑体系。政府、企业、高等院校、职业技术学院、科研机构、民间培训机构和行业协会等共同努力，通过多种渠道和方式培养人才，建立新能源产业专业人才库和专家库。

第十九条 鼓励深圳大学、深圳职业技术学院、深圳信息职业技术学院以及深圳大学城等在深院校开设与新能源产业发展相关的专业。对开设新能源产业发展相关专业的院校，给予不超过1000万元的资助，专项用于新能源产业相关专业的教学设备和实训基地建设等。

第二十条 经认定的深圳新能源企业自主创新产品应当列入政府优先采购清单。政府投资项目在同等条件下应优先采购经认定的自主创新新能源产品。

第二十一条 通过政府购买服务和资助等方式，鼓励本市相关行业协会、研究机构等社会组织，建设公共服务平台，开展产业发展研究、政府决策咨询、人才培训与交流等产业服务工作。

第二十二条 统筹规划新能源产业布局，在市高新技术产业园区、光明新区、坪山新区等区域规划建设新能源产业聚集区。土地利用年度计划优先满足新能源产业项目用地需求。

第二十三条 新能源产业用房优先纳入创新型产业用房规划。经认定的本市新能源企业入驻政府投资建设的创新型产业用房，首3年予以500平方米以下部分免房租、500~1000平方米部分房租减半资助。

第二十四条 鼓励社会资本通过厂房改造、产业置换等方式，建设新能源产业孵化器。经认定的本市新能源产业孵化器，专项资金予以不高于建设成本20%的资助，单个孵化器资助金额不超过1000万元。

第二十五条 鼓励新能源企业借助"高交会"和专业展会，吸引新能源产业项目、资金、人才向深圳聚集，提升深圳新能源产业国际知名度。专项资金每年安排不低于500万元，用于举办新能源产业展会，搭建新能源产业展示平台。

第二十六条 本政策自发布之日起实施。由市发展改革委牵头会同有关部门在3个月内制定相关实施办法。

关于全面推进节能减排、建设低碳保定的工作措施（节录）

（2008年6月24日）

三、加大结构调整力度，淘汰落后产能，提高了经济增长质量。

一是紧紧围绕我市“十一五”发展战略，先后出台了《保定市产业结构调整指导目录》、《关于加快汽车工业发展的若干规定》、《关于加快纺织服装产业发展的若干规定》、《关于鼓励投资“中国电谷”建设的若干规定》。这些文件的出台，对加快“三大支撑”产业发展，加速产业结构调整起到了极大推动作用。

二是针对我市一、二产业所占比重仍然有所偏高，第三产业比重偏低的特点，在产业结构调整中，重点抓了低能耗、高附加值的高新技术产业和第三产业的发展。

三是重点从淘汰高能耗、低产出、重污染的生产设备、工艺入手，立足于产业优化升级和技术改造，不断完善企业的市场退出机制。综合运用经济、法律和必要的行政手段，通过大规模环境污染整治专项行动，关停小冶炼、小造纸、小制革等违法生产企业近千家；淘汰落后小造纸6万吨、水泥落后产能160万吨、小选矿（铁精粉）56万吨、小制革810万张，关停了保定热电厂1#、2#、3#机组和涞源新昌发电公司1#、2#机组；在造纸、冶金、化工、建材、电力等重污染行业先后启动了近30个试点企业进行清洁生产审核，取得较好成效。

2007年全市一、二、三产业占GDP比重分别为17.2：48.3：34.5，与2006年相比，第一产业下降0.1个百分点，第二产业下降0.7个百分点，第三产业上升0.8个百分点。

四、进一步加大建筑节能管理力度。严格执行新建建筑强制性标准，把好“三关”，即建筑节能设计审查关、建筑节能检查关和建筑节能验收关，“三关”合格率均达到100%。同时，组织实施了一批节能示范工程和重点节能工程，如：新一代C区应用太阳能集中热水系统和电谷大厦1.5MW太阳能发电系统等项目。

五、加快推进“保定　中国电谷”建设。按照“南车北电东纺西绿城文”的产业格局，加快产业结构调整步伐，构建经济增长的支撑平台。特别是在要素资源配置方面，向新能源产业倾斜，把“中国电谷”作为未来发展的第一支撑来发展。目前，我市已就人才、技术支撑与华北电力大学达成了战略合作协议，就资金支撑与国家开发银行达成了战略合作协议，就项目建设与中国兵装、国电集团达成了共建“中国电谷”的战略合作协议，引进了一批战略投资者，有力地拉动了全市经济增长。

六、倾力打造“太阳能之城”，大力推行新能源的广泛利用。依托“中国电谷”的产业优势，发展我市新能源及能源设备制造业，全面推进“太阳能之城”建设。力争到2010年，实现节电4.3亿度，节煤11.8万吨标煤，减排二氧化硫1.29万吨，减排二氧化碳42.8万吨。

一是统一谋划，制定方案。制定出台《关于建设保定市“太阳能之城”的实施意见》、《保定市太阳能综合应用规划》等文件，明确“太阳能之城”建设的重要意义和指导思想。

二是组织实施示范工程。按照技术领先、示范先行、节能环保、安全可靠的原则，组织实施了市主干道东风路地道桥的太阳能路灯试点示范工程，不断总结、改进技术，以点带面，在全市范围推进“太阳能之城”的建设。已建成的太阳能应用改造工程，年可节电923万度、减排二氧化硫276.9吨、减排二氧化碳9202.3吨。

七、进一步加强科技和节能服务机制建设。

把“四结合”原则贯穿于节能工作全过程。即坚持企业为主实施和政府引导推动相结合；坚持节能、技术进步与环境保护相结合；坚持突出重点、示范带动与统筹兼顾、分类指导相结合。结合“低碳保定”建设工作重点，不断建立健全服务机制。同时，加大节能科技研发投入力度，2007年节能科技研发项目10项，投入资金240万元，分别比上年增长200%和160%。2007年，全市高新技术企业增加值占全市规模以上企业增加值的22%，较上年提高4.5个百分点。

八、加强对重点高耗能、高污染企业的监管。切实加强对市级“百家”节能降耗重点企业的监管，一是加强监管，研究制定节能减排具体实施方案和节能监测计划，加大节能减排的资金投入，完善能源、污染计量和统计工作。二是下达重点耗能、污染企业“十一五”节能目标，与各县（市、区）政府和企业签订目标责任状。三是加强了高耗能、高污染企业能源、污染计量工作的检查，定期检查计量器具配备总量。四是帮助企业制订企业产品标准，加快节能产品进入市场步伐。

九、推进城镇污水处理厂建设，提高治污水平。围绕白洋淀污染综合治理，进一步加大了城镇污水处理厂的建设力度，市污水处理厂二期投入运行，城镇污水处理厂建成7个、施工3个。实施了引黄济淀工程，淀区水质明显好转。护城河引入达标中水，迈出了全面还清的重要一步。

十、建立节能减排专项资金。市级财政从2008年开始，每年在编制市财政年度预算时，安排节能减排专项资金，并逐年增加。主要用于节能减排技术改造、生产节能环保产品补助、高效节能技术和产品推广示范工程、节能减排宣传培训和表彰奖励等。

保定市政府关于建设低碳城市的意见（试行）

（2008年12月23日）

各县（市、区）人民政府，高新区、白沟·白洋淀温泉城管委会，市政府各部门：

为全面贯彻落实科学发展观，推进生态文明建设，努力形成节约资源能源和保护生态环境的产业结构、增长方式和消费模式，着力打造“低碳保定”，促进和带动全市经济又好又快发展，提出如下意见。

一、充分认识建设低碳城市的重大意义

我市人口多、资源少、生态环境脆弱，肩负着维护京津生态安全和保护白洋淀的重大责任，在加快推进工业化和城市化进程中，必须把发展和环境保护结合起来，彻底摒弃传统粗放型的生产、生活方式，着力推进以能源节约、新型能源推广应用和二氧化碳排放强度降低为主要标志的低碳发展模式，探索一条城市经济以低碳产业为主导、市民以低碳生活为理念和行为特征、政府以低碳社会为建设蓝图，符合我市发展实际、具有自身特色的新型工业化和城市化道路。

推行低碳理念，发展低碳经济，建设低碳城市，把低碳理念融入经济发展、城市建设和人民生活之中，有助于带动产业升级，强化资源利用，控制环境恶化，缓解生态压力，建设资源节约型、环境友好型社会，促进人与自然的和谐发展。这是贯彻落实党的十七大精神，顺应工业文明向生态文明转变的必然选择；是坚持以人为本、执政为民宗旨的具体体现；是提高人民群众生活质量、维护人民群众长远利益和根本利益的必然要求；是推进经济结构调整、转变发展方式的必由之路。

全市各级、各部门、各单位和广大人民群众都要从全局和战略的高度，充分认识建设低碳城市的重大意义，进一步增强资源意识、能源意识、环境意识和忧患意识，把加快建设低碳城市作为践行科学发展观，实现经济社会全面、协调、可持续发展的重要保障和战略举措，摆在突出位置，下大力气抓实抓好。

二、指导思想和主要目标

（一）指导思想

以贯彻落实科学发展观，加快建设资源节约型、环境友好型社会为指针，以我市作为全国低碳发展首批试点城市为契机，把推广应用新型能源、发展壮大能源设备制造产业和降低二氧化碳排放强度作为建设低碳城市的突破口和重要抓手，坚持政府推动、规划先行，示范带动、公众参与，重点推进、循序渐进的原则，发展低碳经济，建设低碳社会，打造低碳城市，探索一条符合保定发展实际、节能环保、绿色低碳的生态文明发展之路。

（二）主要目标

城市经济发展质量明显提高，综合经济实力显著增强，产业结构、能源结构进一步优化，低碳产业优势更加突出，低碳社会建设全面推进，健康、节约、低碳的生活方式和消费模式逐步确立，居民生活质量进一步提高，二氧化碳排放强度逐渐下降。

到2010年，万元GDP二氧化碳排放量比2005年下降25%以上；人均二氧化碳排放力争控制在3.5吨以内；新能源产业增加值占规模以上工业增加值的比重达到18%。到2020年，万元GDP二氧化碳排放量比2010年下降35%；人均二氧化碳排放力争控制在5.5吨以内；新能源产业增加值占规模以上工业增加值的比重达到25%。

1.低碳产业进一步壮大。以高新技术为依托的新能源及能源设备制造业、绿色农业、创意产业、低碳服务业、低碳旅游业等为主导的低碳产业支撑体系初步形成。以节能减排、资源综合利用为主导的循环经济框架基本建成。低碳技术和低碳产品全面推广。

2.低碳生活方式深入人心。低碳宣教全面展开，低碳理念得到确立，低碳化生产、生活方式和消费模式得到深化。以可再生能源为主导的清洁能源得到广泛应用。

3.低碳化管理逐步深入。低碳城市建设与管理模式初步形成。符合低碳理念的城市规划全面实施，城市功能分区布局合理，城市运行效率不断提高。以建筑节能、低碳化社区建设、低碳化交通出行等为重点的低碳化城市管理全面实施。

三、主要任务

（一）发展低碳经济，培育低碳产业

1.推进能源结构调整。加快电源结构调整，推动电源结构由单一煤电向煤电、气电、太阳能等可再生能源发电、垃圾和秸秆等生物质能发电并举的方向发展。优化电源配置，重点发展大容量、高参数、高效率的燃煤机组，提高电力装备水平。推进太阳能光伏并网发电与建筑一体化示范项目建设，稳步发展太阳能利用产业。加快能源消费结构调整，在生产、生活领域积极推广太阳能、沼气、天然气、地热等清洁能源的综合利用，最大限度地减少煤炭、石油等化石燃料的使用，降低二氧化碳排放。

2.构建低碳产业支撑体系。以新能源及能源设备制造产业为核心，全力打造“中国电谷”，进一步完善太阳能光伏发电、风力发电、高效节电、新型储能、输变电和电力自动化等六大产业体系，培育壮大具有一定规模的低碳产业集群。大力发展低碳高产出的电子信息（软件）产业，全力打造电力电子产业集群、高频产业集群、汽车电子产业集群。加快网络游戏、动漫等创意产业的发展，推进高新区动漫产业基地建设。发展壮大低碳科技服务业、低碳旅游业等优势服务业。规划建设低碳教育展示场所。发展绿色食品生产和加工业，提高绿色农业比重。

3.加快低碳技术开发与应用。推进煤的清洁高效利用、可再生能源及新能源、二氧化碳捕获与埋存等节能领域的技术开发与应用。加强排放监控技术和重点行业清洁生产工艺技术的开发与应用。加快发展清洁汽车技术和汽车尾气控制技术的研发与产业化。积极开发工业固体废物、农作物秸秆高效利用技术。组织实施光伏发电、风力发电、生物质能发电等重大科技专项以及与建筑一体化的光伏屋顶、光伏幕墙等重大科技示范项目。依托我市高校、科研院所建立低碳实验室，引导其面向应用、面向企业，推动建立以企业为主体、产学研相结合的低碳技术创新与成果转化体系。

4.发展静脉产业。加快建设符合国家产业政策、使用最新技术、具有一定规模的废旧汽车加工回收、废旧金属加工回收、废旧塑料加工回收等重点静脉产业园区。积极推进城乡生活垃圾集中处理和资源化利用，推行“收集–转运–集中处置–资源化”的城乡生活垃圾处理模式。

5.推行清洁生产。完善清洁生产政策法规和标准，优化清洁生产技术、工艺和设备。所有企业都要持续实施清洁生产，培育一批二氧化碳“零排放”企业。对超标排放和排放总量较大的企业，实行强制性清洁生产审核。结合农业结构调整，积极发展生态农业和有机农业。引导规模化畜禽养殖废弃物的资源化和无害化，推广生态养殖模式，开展生态农业建设。到2010年，清洁生产知识全面普及；到2020年，清洁生产先进工艺、技术在一、二、三产业中得到全面推广。

（二）树立低碳理念，建设低碳社会

1.提高低碳意识。政府机关要率先垂范，开展创建低碳型机关活动。教育部门要把节约资源和保护环境及低碳城市建设内容渗透到各级各类学校的教育教学中，从小培养儿童青少年的节约、环保和低碳意识。企事业单位、社区等要组织开展经常性的低碳宣传,广泛宣传建设低碳城市的重要性、紧迫性。开展低碳（绿色）机关、社区、学校、医院、饭店、家庭等创建活动。选择一批先进机关、企业、商厦、社区等，建设低碳宣传教育基地，面向社会开放。

2.推进生活方式低碳化。倡导人们在日常生活的衣、食、住、行、用等方面，从传统的高碳模式向低碳模式转变，尽量减少二氧化碳排放。鼓励乘坐公共交通工具出行或以步代车。倡导生活简单、简约化，尽量减少“面子消费、奢侈消费”。推进住房实施节能装修。引导采用节能的家庭照明方式和科学合理使用家用电器。倡导消费地产产品。

3.推进城市建设低碳化。坚持用低碳理念指导城市规划编制。加强土地的节约集约化利用，推行“紧凑型”城市规划和建设模式。坚持用低碳理念指导建筑设计。在城市建筑设计中推广应用绿色节能建筑技术，推进建筑设计与太阳能光电产品的结合。全面植树造林，建设园林化城市。捕捉城市建设、生活消费中的二氧化碳排放，增加城市碳汇。加快低碳化社区示范工程建设。

（三）实施低碳化管理，加强节能减排

1.抓好农村节能。做好秸秆综合利用,鼓励秸秆还田，支持开发秸秆固化、气化技术,稳步推进秸秆发电试点工作。推广省柴节煤灶，推广太阳能热水器和太阳能畜禽舍建设。大力发展农村户用沼气和大中型养殖场沼气工程，加强沼气服务体系建设。到2020年，主城区和卫星城周边农村沼气用户普及率争取达到50%以上。鼓励农村垃圾通过堆肥等方式进行资源利用，加快淘汰和更新高能耗落后生产农业机械，最大限度地减少和降低农村生产、生活过程中二氧化碳排放。

2.强化工业企业节能减排。强化对重点企业节能减排监管。推动企业加大结构调整和技术改造力度，提高节能管理水平，着力培养一批达到国际先进水平的低碳企业。对达不到排放标准的企业一律实行限期治理、整改。加快对传统产业实施低碳化改造，继续加大关停“六小企业”工作力度，逐步淘汰不符合低碳发展理念、高能耗、高污染、低效益的产业、技术和产能。加快节能减排技术支撑平台建设，推动建立以企业为主体，产学研相结合的节能减排技术创新与成果转化体系。在重点行业，推广一批潜力大、应用面广的重大节能减排技术。鼓励企业加大节能减排技术改造和技术创新投入。

3.推进建筑节能。加强节能管理。把建筑节能监管工作纳入工程基本建设管理程序，对达不到民用建筑节能设计标准的新建建筑,不得办理开工和竣工备案手续,不准销售使用。强化节能设计。鼓励新建居住建筑应用太阳能热水系统，并与建筑一体化设计、施工。组织实施低能耗、绿色建筑示范工程,扩大太阳能、地热能等可再生能源利用。加快节能改造。研究政策措施，对非节能居住建筑、大型公共建筑和党政机关办公楼，进行节能改造。组织实施一批低能耗、绿色建筑、建筑节能改造、可再生能源在建筑中规模化利用的示范工程。

4.强化城市交通运输节能减排。优先发展城市公共交通，在城市主干道开辟城市公共交通车辆专用或优先行驶通道，大力提高公交服务质量，努力使公共交通成为群众出行的主要方式。加强汽车尾气排放监督和治理。加速淘汰高耗能的老旧汽车,控制高耗油、高污染机动车发展，到2020年城市公交车尾气排放全部达到欧Ⅲ标准。鼓励使用节能环保型车辆和新能源汽车、电动汽车。积极推行公交车、出租车“油改气”工作。2012年前，在主城区和卫星城规划建设12~15个压缩天然气站，燃气公交车、出租车拥有量达到车辆总数的20%以上，最大限度降低城市交通行业的二氧化碳排放。

5.推进商贸流通业节能减排。加快物流园区建设，有效整合物流资源。在餐饮住宿行业逐步减少、最终取消使用一次性用品，积极开展争创“绿色饭店”活动。在家电销售场所推行节能标识制度。在流通领域抑制商品过度包装。在经营性服务场所广泛推广采用节能、节水、节材型产品和技术，严格执行室内空调温度设置等相关规定，最大限度地节约能源，降低排放。

四、重点工程

（一）“中国电谷”建设工程。力争经过10年左右的努力，建设太阳能光伏发电、风电、高效节电、新型储能、电力电子器件、输变电和电力自动化等产业园区，建成年销售收入1000亿元以上，具有世界影响力的国际化新能源及能源设备制造基地。

（二）“太阳能之城”建设工程。力争用3年左右的时间，在全市生产、生活等各个领域，基本实现太阳能的综合利用。到2010年，市区所有党政机关、企事业单位、公共场所和设施太阳能产品应用比例基本达到100%，市区既有公共及民用建筑基本实现太阳能建筑一体化改造，把我市建设成为“国家太阳能综合利用科技示范城市”。

（三）城市生态环境建设工程。深化“蓝天行动”。以“拔烟囱、煤改气”为重点，力争用3年时间，全面取缔市区建成区内分散的燃煤锅炉。加快热电联产和清洁能源替代项目建设，力争2015年前全面实施城市区域集中供热，全部淘汰市区直接燃煤锅炉，逐步实现向卫星城集中供热。所有县级城（区）镇及部分重点镇也要实施集中供热工程。实施“碧水计划”。到2010年，卫星城、所有县级城（区）镇及部分重点镇都要建成污水处理厂并规范运营。加快城市水系建设，对护城河和防洪堤进行开发改造。深化“绿荫行动”。加快城市绿化步伐。到2015年，人均绿地面积达到13.5平方米，绿地率达到40%，绿化覆盖率达到43%。

（四）办公大楼低碳化运行示范工程。加快对政府办公大楼低碳化运行改造，更换节能灯、安装太阳能照明系统、推广电子政务、控制夜间照明、控制空调使用，建立办公大楼能源需求与使用管理系统。2015年前，市级政府及部门全部完成办公大楼低碳化改造。2020年前，都市区县（区）级政府及部门全部完成办公大楼低碳化改造。

（五）低碳化社区示范工程。积极推广面向低碳化的社区规划手段、建筑技术和社区管理方式。2010年前，开展低碳化社区试点，进行示范方案设计。2015年前，低碳化社区建设规模力争达到现有社区的50%以上。到2020年，总结经验，制定标准，全面推广。

（六）低碳化城市交通体系整合工程。搞好主城区和卫星城内部的城市就业、居住、公共服务和商业设施的合理配置，减少不必要的交通需求。加快都市区各组团之间快捷公共交通网络建设。到2010年，完成低碳理念指导下的现有城市交通体系评估，开展低碳化交通整合方案设计。到2015年，建立快速公交系统，建成市区内部及市区与卫星城之间快捷的公共交通网络。

五、保障措施

（一）加强领导，落实责任。成立以市长为组长，发改、财政、国土、环保、规划、建设、交通、公安、农业、林业、园林、工促、科技、教育等部门为成员的低碳城市建设协调机构，成立统一的低碳城市管理部门，统筹低碳城市建设与节能减排、“太阳能之城”建设、“蓝天行动”、“碧水计划”的实施。成立保定市低碳城市研究会，推广低碳理念，开展低碳经济发展、低碳城市建设等相关领域研究。

（二）制定规划，明确任务。加快制定《保定市低碳城市发展规划》，进一步细化建设低碳城市的工作目标、任务和工作重点。各有关部门要根据规划分别制定低碳产业、低碳社会、低碳交通等相关专项发展规划。

（三）政策引导，加大扶持。加大对低碳产业的扶持力度，优先保证低碳产业项目建设用地。积极争取国家资金、金融机构和社会资金支持低碳重点工程、低碳产品和低碳新技术推广应用。在财政预算内安排低碳城市建设专项资金,用于支持低碳示范工程建设和低碳城市研究相关工作。在政府采购、城市建设等方面，优先考虑本地化的低碳产品。以我市现有高校为基础，通过与国内外低碳领域先进单位合作，吸引相关技术人才和管理人才，培养和建立一支高水平的低碳研究队伍。

（四）加强合作，建立联盟。以“保定国家高新技术产业开发区”为载体，以低碳城市建设为主要内容，以低碳城市研究会为依托，加强与国际相关组织、国内外先进地区和研究机构在资金、技术、人才等方面的合作，建立低碳城市发展合作机制和低碳城市联盟。引入“碳税”、“碳排放权交易”等环境经济手段，对区域内的碳排放水平进行经济调节。积极探索“碳税”和“碳排放权交易”实施辖域内试点或可能的跨区域试点，择机成立跨区域交易中心，争取成为全国性的交易中心。

（五）加强宣传，全员参与。借助世界自然基金会将我市列为全国首批低碳试点城市的契机，将节能减排和建设低碳城市宣传作为重大主题，制定宣传方案，开展宣传活动。通过产业发展、技术交流等途径加大对外宣传力度，在更广范围、更深层次树立“低碳保定”形象。主要新闻媒体要在重要版面、重要时段进行系列报道，刊播低碳城市建设公益性广告，形成政府引导，重点工程示范，企业与居民广泛参与的“低碳保定”建设格局。

2008年12月23日

中共广元市委 广元市人民政府关于推广清洁能源和建设循环经济产业园区实现低碳发展的意见

各县区委、县区人民政府，市级各部门，广元经济开发区、市天 然气综合利用工业园区党委、管委会：

为全面贯彻落实科学发展观，实现我市灾后低碳重建，促进我市经济、社会和环境的全面协调可持续发展，现就推广清洁能 源和建设循环经济产业园区，实现低碳发展提出如下意见。

一、充分认识推广清洁能源和建设循环经济产业园区，实现低碳发展的重大意义

当前，我市正处于工业化、城镇化和灾后重建的关键时期，随着国家拉动内需和支持灾后重建等政策的深入实施，全市经济将进入速度明显加快和总量持续扩大阶段。加之，我市经济主要依赖资源消耗的线形增长拉动，对资源的需求将进一步增加，经济发展也必将面临越来越严格的环境约束。因此，推广清洁能源和建设循环经济产业园区，实现低碳发展已成为我们走科学发展 之路的必然选择。

我市天然气等清洁能源储量可观，风能、太阳能等可再生能 源丰富，旅游和服务等低污染行业颇具发展潜力，国家《汶川地震灾后恢复重建总体规划》确定广元为循环经济产业积聚区，国 家科技部把广元确定为国家先进电子产品及配套材料产业化基地，这给我们推广清洁能源和建设循环经济产业园区，实现低碳 发展提供了良好的条件。

面对严峻的挑战和难得的机遇。我们必须站在战略和全局的高度，充分认识到推广清洁能源和建设循环经济产业园区，实现 低碳发展是深入贯彻落实科学发展观，增强可持续发展能力的具体体现；是大力实施资源转化战略，做大做强能源产业，加快经 济发展的内在要求；是建设生态广元、和谐广元的重要途径，高度重视，强势推进，促

进经济社会全面、协调、可持续发展。

二、指导思想、基本原则和发展目标

（一）指导思想。以科学发展观为指导，以建设低碳经济示范区为目标，以建设生态广元、资源高效利用和循环利用为重点，以技术创新和制度创新为动力，按照“创新模式，全面推动，集约发展，科技支撑”的思路，加快经济结构调整和产业结构升级，促进清洁能源推广和循环经济产业园区建设，努力建设资源节约型、环境友好型社会。

（二）基本原则

1.政府引导、企业主体原则。通过规划引导、政策推动、依法管理、经济激励、宣传教育等措施，充分发挥企业主体作用，大力推广清洁能源，促进循环经济产业园区建设。

2.科技创新、制度创新原则。以技术改造和技术创新为重点，加快清洁能源与循环经济产业高新技术及其产品的推广和应用，提高资源利用效率，减少污染物的产生和排放，建立有利于推广清洁能源和建设循环经济产业园区，实现低碳发展的运行机制。

3.重点示范、集约发展原则。确定一批重点行业、重点企业、重点项目，充分发挥其示范带动作用，大力推进集约发展。

4.统一规划、分步实施原则。坚持与全市经济社会中长期发展规划和生态广元建设相衔接，与区域生态环境综合整治相结合，科学制定发展规划，突出重点，分步实施。

（三）发展目标。力争到 2015 年，建立起比较完善的推广清洁能源和促进循环经济产业园区建设的政策支撑体系、技术创新 体系和激励机制；基本建成广元市天然气综合利用工业园区；建成一批功能齐全、综合配套、产业集聚的循环经济产业园区；清 洁能源和资源利用效率显著提高，能源结构进一步优化，节能降耗取得明显成效，初步将广元建设成天然气资源型城市、低碳经济发展城市和可持续发展城市。

（四）主要指标。力争到 2015 年，万元 GDP 综合能耗由 2008 年的 1.186 吨标准煤下降到0.88 吨标准煤以下；万元工业增加值用水量下降到 250 立方米以下，水资源重复利用率达到 70%；工业废弃物综合利用率达到 80%；化学需氧排放量下降到 1.66 万吨，氨氮排放量下降到 0.21万吨，二氧化硫排放量下降到3万吨；清洁生产企业比例达到 70%以上；原煤消耗占能源消耗比例由 2008 的65%左右下降到 50%以下；全市空气环境质量全面达标，空气质量Ⅱ级以上天数达到 330 天以上；建成销售收入超 200亿元的循 环经济产业园区 1 个，100 亿元至 200 亿元的循环经济产业园区 1 个，50 亿元至 100亿元的循环经济产业园区 3 个，循环经济产业 园区的总销售收入达到 550 亿元。

三、推广清洁能源和建设循环经济产业园区，实现低碳发展 的重点领域

（一）推广清洁能源的重点领域

1.优先发展天然气产业。优先发展民用燃气，加快推进网管天然气进城镇、液化天然气进农村，全力推进气化全广元进程，到 2015 年全市气化率达到 80%。加快 CNG加气站建设，大力推广 清洁汽车，到 2015 年全市使用清洁能源的汽车超过 4000 辆。积极调整工业企业燃料结构，大力推进“煤改气”工程，到 2012 年 完成全市 35家燃煤企业的“煤改气”工作。按照减量化、再利用、资源化的循环经济模式，以天然气发电，天然气制烯烃、乙炔、合成油等大型天然气化工和硫化工项目为重点，加快建设天然气综合利用工业园区。

2.继续发展农村沼气。抓好沼气服务体系建设，大力推广沼 气技术，实施好农村户用沼气和大中型养殖场沼气工程，到2015 年全市建成沼气池 40 万口，沼气用户普及率达到 60%以上，大中型养殖场固、液体废物全部实现沼气池无害化处理。积极推广太 阳能、秸秆气化和沼肥综合利用，努力构建以农村沼气为基础，以太阳能、秸秆气化等清洁能源为补充，以节能新技术和新产品 推广为引导的农村清洁能源利用体系。

3.加快发展水电产业。强力推进亭子口水利枢纽工程建设，大力发展农村小水电，加快实施“以电代燃料”工程，着力调整 农村能源消耗结构，切实保护生态环境，到 2015 年全市水电站总数达到 98 座，装机容量达到 200 万千瓦。

4.积极推动风能和太阳能建设。认真做好风能太阳能资源调查和评估工作，准确掌握全市风能和太阳能资源总储量状况和时 空分布特征，并形成区划报告。力争在 2011 年至 2015年间，完 成风能和太阳能监测站网的布点，拟

建发电场的选址、规划等工 作。条件成熟时沿嘉陵江、白龙江流域风口地带试验性地建设小型风力发电站。大力推广使用太阳能热水器和被动式太阳房，大 力发展太阳能电热综合利用技术。

5.大力探索发展生物质能。加大垃圾的综合利用，条件成熟时，在生活垃圾集中区建设垃圾焚烧发电厂，在垃圾填埋场建设沼气回收和发电装置。积极开展山桐子、葛根等生物质能源林规 模种植的可行性研究，并把以葛根、红薯、玉米等为原料生产乙醇的项目纳入研究范围，力争到 2015 年全市营造生物质能源林 5 万亩以上。

6.加速研究发展地热能和核能。认真开展地热资源的勘探勘查，及时作出符合实际的地热资源评价。大力提倡和推广地热能 的直接利用，将天然温泉和人工开采的地热水直接用于医疗保健、旅游度假、洗浴和灌溉、养殖、工业生产、农业温室种植等方面。 加大地热梯级开发利用技术和热泵技术的研发，积极发展地热供暖。紧紧抓住国家调整核电规划，加快能源多元化发展的战略机 遇，发挥 821 厂核基地生产运行的经验并抓住其改革调整的契机，抓紧进行前期论证等准备工作，在条件许可情况下力争纳入国家 “十二五” 核电建设规划。

（二）发展循环经济的重点领域

1.矿产资源开发领域。切实加强对矿产资源的依法管理、有序开发与合理利用。积极应用先进适用的采、选、冶等工艺，提 高开采回采率、选矿、冶炼回收率和综合回收率。大力推进尾矿、废石综合利用，提高产品附加值，实现矿业优化升级。

2.资源消耗领域。大力提高资源消耗领域的节材和综合利用水平，加强对有色金属、化工、建材及新材料、火力发电、煤炭等重点行业的能源、原材料、水资源等消耗的定额管理，实现能量的梯级利用、资源的高效利用和循环利用，努力提高资源的产 出效益。

3.废弃物产生与利用领域。在生产领域中实施废弃物产生和污染预防全过程控制，推动不同行业特别是有色金属、天然气、医药、煤化工、建材、农产品加工等行业产业链的延伸与耦合，实现废弃物的循环利用。

4.再生资源回收与利用领域。在生产和消费环节大力回收和循环利用各种废旧资源。建立垃圾分类收集和分选系统，不断完 善再生资源回收、加工和利用体系。

5.社会消费领域。鼓励使用绿色产品，抵制过度包装产品的 消费。

（三）节能减排的重点领域

1.强化工业企业节能减排。加快对传统产业实施低碳化改造，继续加大关停 “六小企业” 工作力度，逐步淘汰不符合低碳发展 理念的高能耗、高污染、低效益的产业、技术和产能。加快节能减排技术支撑平台建设，推动建立以企业为主体、产学研相结合 的节能减排技术创新与成果转化体系。强化对重点企业的节能减排监管，推广一批潜力大、应用面广的重大节能减排技术，引导企业加大结构调整和技术改造力度，着力培育一批达到国际先进水平的低碳企业。

2.推进建筑节能。把建筑节能监管工作纳入工程基本建设管理程序，对达不到民用建筑节能设计标准的新建建筑，一律不办 理开工和竣工备案手续，并不准销售使用。鼓励新建居住建筑应用太阳能热水系统，并与建筑一体化设计、施工。组织实施一批 低能耗、绿色建筑、建筑节能改造等示范工程，扩大太阳能、地热能等可再生能源的利用。大力推进非节能居住建筑、大型公共 建筑和党政机关办公楼的节能改造。

3.强化城市交通运输节能减排。优先发展城市公共交通，在城市主干道开辟城市公共交通车辆专用或优先行驶通道，大力提 高公交服务质量，努力使公共交通成为群众出行的主要方式。加强汽车尾气排放监督和治理。加速淘汰高耗能的老旧汽车，控制 高耗油、高污染机动车发展，严格规定私人汽车排放标准，到 2015年城市公交车尾气排放全部达到国家标准。全力推行公交车、出 租车 “油改气” 工作，最大限度降低城市交通行业的废气排放。

4.推进商贸流通业节能减排。加快广元市物流园区建设，有效整合物流资源。在餐饮住宿行业逐步减少、最终取消使用一次 性用品，积极开展争创 “绿色饭店” 等活动。在家电销售场所推行节能标识制度。在流通领域抑制商品过度包装。在经营性服务 场所广泛推广采用节能、节水、节材型产品和技术，严格执行室内空调温度设置等相关规定，最大限度地节约能源，降低排放。

（四）加强碳市场交易

引入 “碳税”、“碳排放权交易” 等环境经济手段，对区域内的碳排放水平进行经济调节。积极探索实施 “碳税”和“碳排放权交易”辖域内试点或可能的跨区域试点，择机成立跨区域交易中心，争取建成全国性的交易中心。

四、推广清洁能源和建设循环经济产业园区，实现低碳发展的主要措施

（一）建立宏观指导机制，推动经济结构调整和产业结构升级

1.制定发展规划。将推广清洁能源和建设循环经济产业园区，发展低碳经济纳入全市国民经济和社会发展总体规划和有关专项规划，加快制定节能、节水、节材、节地以及清洁能源综合利用的专项规划，研究制定好相关推进计划，并抓好组织实施。

2.加快调整产业结构。重点发展科技含量高、经济效益好、资源消耗低、环境污染少的高新技术产业和新型劳动密集型产业， 大力发展电子机械、农副产品加工、清洁能源产业、旅游文化产业和现代服务业。加快采用高新技术和先进适用技术改造传统产 业，淘汰落后工艺、技术和设备，实现传统产业升级。提高高资源消耗、高污染行业市场准入条件，关闭污染严重的企业。推进 企业重组，提高产业集中度和规模效益。大力发展集约化农业。合理调整区域产业布局，发挥产业集聚和工业生态效应，形成资源高效循环利用的产业链。

3.全面推行清洁生产。加大推进企业清洁生产的力度，促进企业能源消费、建筑垃圾、工业固体废弃物、包装废弃物的减量 化与资源化利用，控制和减少污染物排放，提高资源利用效率。

对重点耗能企业进行清洁生产审核培训，依法对污染严重的企业 强制进行清洁生产审核，重点在有色金属、建材、焦化、火电等污染密集型行业强制推行清洁生产，创建一批“三废”综合利用 先进企业，使其单位产品能耗、物耗、水耗及污染物排放达到省内同行业平均水平。

（二）建立技术创新机制，支撑清洁能源综合利用与循环经 济产业园区建设

1.加快高新技术的开发推广和应用。充分发挥科技优势，加快清洁能源和循环经济产业技术开发和产业化示范。设立重大科 技专项，加大科技投入，支持清洁能源和循环经济产业带共性的关键技术的研究开发，并将其纳入科技开发计划和产业化发展计 划。组织开发和示范有重大推广意义的资源节约和替代技术、能量梯级利用技术、“零”排放技术、有毒有害原材料替代技术、 可回收利用材料和回收处理技术等，提高清洁能源和循环经济技术支撑能力和创新能力。

2.加强产学研合作。着力推进企业与大专院校、科研机构合作，建设研发中心，组建战略联盟，积极引进资金、技术、人才，加强自主创新和集成创新，合力攻克关键共性技术，加快新技术、新工艺、新设备的研制和推广应用，提高清洁能源综合利用和循环经济产业园区的技术水平。

（三）建立项目生成机制，做大做强产业发展载体

1.围绕资源谋划项目。立足资源优势，加强与国家和省级有关部门、行业协会的沟通联系，及时了解、认真研究国家支持推 广清洁能源和建设循环经济产业园区的政策信息，聘请有资质的专业机构，设计、论证、包装一批风能、太阳能、地热能、核能 等污染少、产业关联度高、科技含量高、财政贡献率高的低碳产业项目。对项目库进行经常性的清理、筛选、更新、完善，积极 将一些好项目推荐进入“四个一批”项目库，及时把一些重大项目推荐成为全省甚至全国的重点项目，为项目的引进、开发和实 施做好充分准备。

2.千方百计招引项目。适时举办有关推广清洁能源、建设循环经济产业园区，实现低碳发展的论坛、研讨会等，积极组团参 加省内外经贸洽谈等商务活动，及时发布项目信息，搭建好项目洽谈、签约的服务平台。加大招商引资力度，积极开展团队招商、 企业招商和展会招商等活动，主动寻找和引进战略合作伙伴。借助和整合各方技术力量，主动承接国家和省科技攻关项目。紧紧 抓住灾后重建和国家扩大内需、国内外产业梯度转移等机遇，主动承接发达地区资金、技术、人才的转移，努力争取一批能促进工业经济产业升级和结构调整的大项目落户广元。

（四）建立政策激励机制，营造良好的发展环境

1.加大投入力度。把有利于清洁能源推广和循环经济产业园区建设，实现低碳发展的重大项目列入政府投资的重点领域优先 安排，给予一定的直接投资、资金补助或贷款贴息等支持，并积极支持项目单位争取中央、省的投资补助和银行贷款。进一步拓 展投资渠道，大力引导和鼓励社会资金投入清洁能源推广和循环经济产业园区建设，加快实现低碳发展。

2.用好价格杠杆。认真执行国家和省各项推广清洁能源、发展循环经济产业，实现低碳发展的价格和收费政

策。积极探索建立和完善企业生态环境恢复补偿机制。征收好城市生活垃圾处理费和污水处理费，对高耗能行业中的限制类项目，严格执行差别电价政策。依法对重点用能单位进行能源监测。对通过审核的开展清洁生产的企业，从征收的排污费中适当予以补助。通过水、电、天然气等能源价格政策的改革和调整，促进资源合理开发、节约使用、高效利用和有效保护。

3.落实各项财税优惠政策。全面落实国家和省关于支持推广清洁能源和发展循环经济产业，实现低碳发展的各项税收优惠政策，对符合条件的项目和企业，给予相关的税收优惠。积极支持推广清洁能源和发展循环经济，实现低碳发展的政策研究、技术推广、示范试点和宣传培训。

（五）建立保障协调机制，加快清洁能源推广和循环经济产业园区建设，实现低碳发展的进程

1.加强组织领导。成立推广清洁能源和建设循环经济产业园区，实现低碳发展的工作领导小组，明确领导责任和有关部门的职责分工，建立互动协调机制，及时研究解决重大问题。完善考核机制，将此项工作纳入对各县区政府和相关部门的目标管理体系和干部考核体系，落实目标责任制，强化监督检查，推动工作落实。

2.抓好试点示范。加快广元国家先进电子产品及配套材料产业化基地建设，规划和建设好中国食品产业示范园区。在重点行业、重点领域及产业集聚区域，组织开展清洁能源推广和循环经济产业链示范研究。注重发现和培育不同行业与企业、不同区域、不同层次推广清洁能源和发展循环经济实现低碳发展的典型，并从政策、技术等方面给予指导和支持，发挥其在本行业、本区域的示范带动作用，积极探索建立适合广元市情的低碳发展模式。

3.强化宣传教育。充分发挥网络、广播、电视、报刊等新闻媒体的舆论引导作用，利用“科技之春”科普活动月、科技活动周等载体，加大宣传报道力度，普及清洁能源、循环经济和低碳经济知识，提高全社会特别是各级领导干部对推广清洁能源和建设循环经济产业园区，实现低碳发展重大意义的认识。在全社会大力倡导节俭文明的生活方式，转变消费观念，规范消费行为，逐步形成节约资源、保护环境的科学消费方式。

2009年7月28日

战略规划

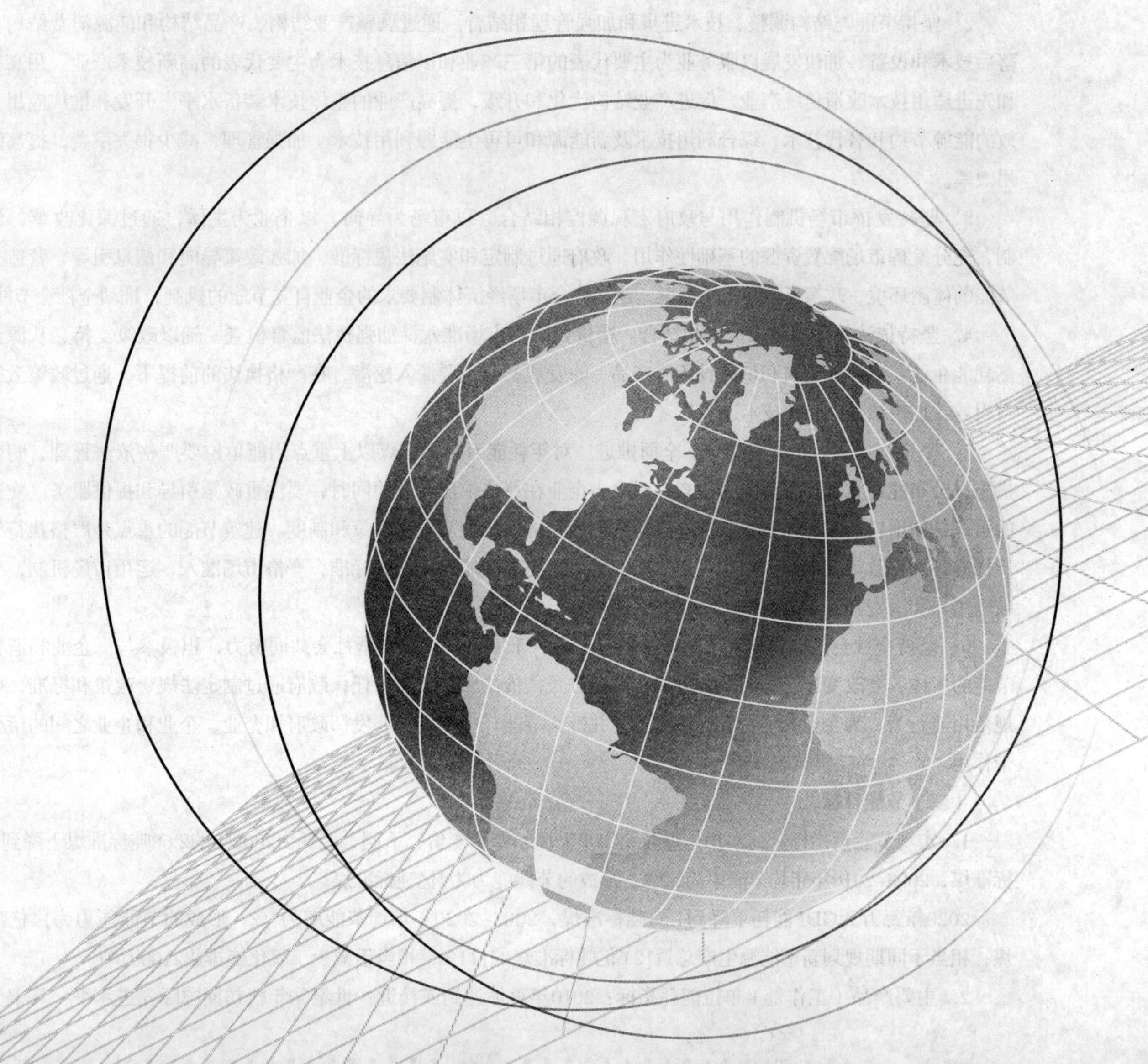

节能中长期专项规划（节录）

国家发展和改革委员会
（2004年11月25日）

三、节能的指导思想、原则和目标

（一）指导思想

认真贯彻党的十六大和十六届三中、四中全会精神，以科学发展观为指导，坚持节能优先的方针，以大幅度提高能源利用效率为核心，以转变增长方式、调整经济结构、加快技术进步为根本，以法治为保障，以提高终端用能效率为重点，健全法规，完善政策，深化改革，创新机制，强化宣传，加强管理，逐步改变生产方式和消费方式，形成企业和社会自觉节能的机制，加快建设节能型社会，以能源的有效利用促进经济社会的可持续发展。

（二）遵循原则

1. 坚持把节能作为转变经济增长方式的重要内容。我国能源消耗高、浪费大的根本原因在于粗放型的增长方式。要大幅度提高能源利用效率，必须从根本上改变单纯依靠外延发展，忽视挖潜改造的粗放型发展模式，走科技含量高、经济效益好、资源消耗低、环境污染少、人力资源优势得到充分发挥的新型工业化道路，努力实现经济持续发展、社会全面进步、资源永续利用、环境不断改善和生态良性循环的协调统一。

2. 坚持节能与结构调整、技术进步和加强管理相结合。通过调整产业结构、产品结构和能源消费结构，淘汰落后技术和设备，加快发展以服务业为主要代表的第三产业和以信息技术为主要代表的高新技术产业，用高新技术和先进适用技术改造传统产业，促进产业结构优化和升级，提高产业的整体技术装备水平。开发和推广应用先进高效的能源节约和替代技术、综合利用技术及新能源和可再生能源利用技术。加强管理，减少损失浪费，提高能源利用效率。

3. 坚持发挥市场机制作用与政府宏观调控相结合。以市场为导向，以企业为主体，通过深化改革，创新机制，充分发挥市场配置资源的基础性作用。政府通过制定和实施法规标准，加强政策导向和信息引导，营造有利于节能的体制环境、政策环境和市场环境，建立符合市场经济体制要求的企业自觉节能的机制，推动全社会节能。

4. 坚持依法管理与政策激励相结合。增量要严格市场准入，加强执法监督检查，辅以政策支持，从源头控制高耗能企业、高耗能建筑和低效设备（产品）的发展。存量要深入挖潜，在严格执法的前提下，通过政策激励和信息引导，加快结构调整和技术进步。

5. 坚持突出重点、分类指导、全面推进。对年耗能万吨标准煤以上重点用能单位要严格依法管理，明确目标措施，公布能耗状况，强化监督检查；对中小企业在严格依法管理的同时，要注重政策引导和提供服务。交通节能的重点是新增机动车，要建立和实施机动车燃油经济性标准及配套政策和制度。建筑节能的重点是严格执行节能设计标准，加强政策导向。商用和民用节能的重点是提高用能设备能效标准，严格市场准入，运用市场机制，引导和鼓励用户和消费者购买节能型产品。

6. 坚持全社会共同参与。节能涉及各行各业、千家万户，需要全社会共同努力，积极参与。企业和消费者是节能的主体，要改变不合理的生产方式和消费方式，依法履行节能责任；政府通过制定法规、政策和标准，引导、规范用能行为，为企业和消费者提供服务，并带头节能；中介机构要发挥政府和企业、企业和企业之间的桥梁和纽带作用。

（三）节能目标

1. 宏观节能量指标：到2010年每万元GDP（1990年不变价，下同）能耗由2002年的2.68吨标准煤下降到2.25吨标准煤，2003–2010年年均节能率为2.2%，形成的节能能力为4亿吨标准煤。

2020年每万元GDP能耗下降到1.54吨标准煤，2003~2020年年均节能率为3%，形成的节能能力为14亿吨标准煤，相当于同期规划新增能源生产总量12.6亿吨标准煤的111%，相当于减少二氧化硫排放2100万吨。

2. 主要产品（工作量）单位能耗指标：2010年总体达到或接近20世纪90年代初期国际先进水平，其中大中型企业达到本世纪初国际先进水平；2020年达到或接近国际先进水平（见表1）。

表1　主要产品单位能耗指标

	单　位	2000年	2005年	2010年	2020年
火电供电煤耗	克标准煤/千瓦时	392	377	360	320
吨钢综合能耗	千克标准煤/吨	906	760	730	700
吨钢可比能耗	千克标准煤/吨	784	700	685	640
10种有色金属综合能耗	吨标准煤/吨	4.809	4.665	4.595	4.45
铝综合能耗	吨标准煤/吨	9.923	9.595	9.471	9.22
铜综合能耗	吨标准煤/吨	4.707	4.388	4.256	4.000
炼油单位能量因数能耗	千克标准油/（吨·因数）	14	13	12	10
乙烯综合能耗	千克标准油/吨	848	700	650	600
大型合成氨综合能耗	千克标准煤/吨	1372	1210	1140	1000
烧碱综合能耗	千克标准煤/吨	1553	1503	1400	1300
水泥综合能耗	千克标准煤/吨	181	159	148	129
平板玻璃综合能耗	千克标准煤/重量箱	30	26	24	20
建筑陶瓷综合能耗	千克标准煤/平方米	10.04	9.9	9.2	7.2
铁路运输综合能耗	吨标准煤/百万吨换算公里	10.41	9.65	9.40	9.00

3. 主要耗能设备能效指标：2010年新增主要耗能设备能源效率达到或接近国际先进水平，部分汽车、电动机、家用电器达到国际领先水平（见表2）。

表2　主要耗能设备能效指标

	单位	2000年	2010年
燃煤工业锅炉（运行）	%	65	70～80
中小电动机（设计）	%	87	90～92
风机（设计）	%	75	80～85
泵（设计）	%	75-80	83～87
气体压缩机（设计）	%	75	80～84
汽车（乘用车）平均油耗	升/百公里	9.5	8.2～6.7
房间空调器（能效比）		2.4	3.2～4
电冰箱（能效指数）	%	80	62～50
家用燃气灶（热效率）	%	55	60～65
家用燃气热水器（热效率）	%	80	90～95

4. 宏观管理目标：2010年初步建立与社会主义市场经济体制相适应的比较完善的节能法规标准体系、政策支持体系、监督管理体系、技术服务体系。

四、节能的重点领域和重点工程

（一）重点领域

1. 重点工业。

电力工业。大力发展60万千瓦及以上超（超）临界机组、大型联合循环机组；采用高效、洁净发电技术，改造在运火电机组，提高机组发电效率；实施“以大代小”、“上大压小”和小机组淘汰退役，提高单机容量；发展热电联产、热电冷联产和热电煤气多联供；推进跨大区联网，实施电网经济运行技术；采用先进的输、变、配电技术和设备，逐步淘汰能耗高的老旧设备，降低输、变、配电损耗；采用天然气发电机组替代燃油小机组；优化电源布局，适当发展以天然气、煤层气和其他工业废气为燃料的小型分散电源，加强电力安全；减少电厂自用电。

钢铁工业。加快淘汰落后工艺和设备，提高新建、改扩建工程的能耗准入标准。实现技术装备大型化、生产流程连续化、紧凑化、高效化，最大限度综合利用各种能源和资源。大型钢铁企业焦炉要建设干熄焦装置，大型高炉配套炉顶压差发电装置（TRT）；炼钢系统采用全连铸、溅渣护炉等技术；轧钢系统进一步实现连轧化，大力推进连铸坯一火成材和热装热送工艺，采用蓄热式燃烧技术；充分利用高炉煤气、焦炉煤气和转炉煤气等可燃气体和各类蒸汽，以自备电站为主要集成手段，推动钢铁企业节能降耗。

有色金属工业。矿山重点采用大型、高效节能设备，提高采矿、选矿效率；铜熔炼采用先进的富氧闪速及富氧熔池熔炼工艺，替代反射炉、鼓风炉和电炉等传统工艺，提高熔炼强度；氧化铝发展选矿拜耳法等技术，逐步淘汰直接加热熔出技术；电解铝生产采用大型预焙电解槽，限期淘汰自焙电解槽，逐步淘汰小预焙槽；铅熔炼生产采用氧气底吹炼铅新工艺及其它氧气直接炼铅技术，改造烧结鼓风炉工艺，淘汰土法炼铅；锌冶炼生产发展新型湿法工艺，淘汰土法炼锌。

石油石化工业。油气开采应用采油系统优化配置技术，稠油热采配套节能技术，注水系统优化运行技术，油气密闭集输综合节能技术，放空天然气回收利用技术。石油炼制提高装置开工负荷和换热效率，优化操作，降低加工损失。乙烯生产优化原料结构，采用先进技术改造乙烯裂解炉，优化急冷系统操作，加强装置管理，降低非生产过程能耗。以洁净煤、天然气和高硫石油焦替代燃料油（轻油），推广应用循环流化床锅炉技术和石油焦气化燃烧技术，采用能量系统优化、重油乳化、高效燃烧器及吸收式热泵技术回收余热和地热。

化学工业。大型合成氨装置采用先进节能工艺、新型催化剂和高效节能设备，提高转化效率，加强余热回收利用；以天然气为原料的合成氨推广一段炉烟气余热回收技术，并改造蒸汽系统；以石油为原料的合成氨加快以洁净煤或天然气替代原料油改造；中小型合成氨采用节能设备和变压吸附回收技术，降低能源消耗。煤造气采用水煤浆或先进粉煤气化技术替代传统的固定床造气技术。烧碱生产逐步淘汰石墨阳极隔膜法烧碱，提高离子膜法烧碱比重。纯碱生产淘汰高耗能设备、采用设备大型化、自动化等措施。

建材工业。水泥行业发展新型干法窑外分解技术，提高新型干法水泥熟料比重，积极推广节能粉磨设备和水泥窑余热发电技术，对现有大中型回转窑、磨机、烘干机进行节能改造，逐步淘汰机立窑、湿法窑、干法中空窑及其它落后的水泥生产工艺。玻璃行业发展先进的浮法工艺，淘汰落后的垂直引上和平拉工艺，推广炉窑全保温技术、富氧和全氧燃烧技术等。建筑陶瓷行业淘汰倒焰窑、推板窑、多孔窑等落后窑型，推广辊道窑技术，改善燃烧系统；卫生陶瓷生产改变燃料结构，采用洁净气体燃料无匣钵烧成工艺。积极推广应用新型墙体材料以及优质环保节能的绝热隔音材料、防水材料和密封材料，提高高性能混凝土的应用比重。

煤炭工业。逐步淘汰技术落后、效率低、浪费资源严重和污染环境的小煤矿，建设大型现代化煤矿，实现高效高产。采用新型高效通风机、节能排水泵，对设备及系统进行节能改造，完善煤炭综合加工体系，提高煤炭利用效率。

机械工业。淘汰落后的高能耗机电产品，发展变频电机、稀土永磁电机等高效节能机电产品，促进风机、水泵等通用机电产品提高用能效率，提高节能型机电产品设计制造水平和加工能力。

2. 交通运输。

公路运输。加速淘汰高耗能的老旧汽车；加快发展柴油车、大吨位车和专业车；推广厢式货车，发展集装箱等专业运输车辆；改善道路质量；加快运输企业集约化进程，优化运输组织结构；减少单车单放空驶现象，提高运输效率等。

新增机动车。未来用油增长最快的是机动车。根据美国、日本、欧洲等国家的经验，机动车节油最经济有效的措施就是制定和实施机动车燃油经济性标准并实施车辆燃油税等相关制度，促进汽车制造企业改进技术，降低油耗，提高燃油经济性，引导消费者购买低油耗汽车。

城市交通。合理规划交通运输发展模式，加快发展轨道交通等公共交通，提高综合交通运输系统效率。在大城市建立以道路交通为主，轨道交通为辅，私人机动交通为补充，合理发展自行车交通的城市交通模式；中小城市主要以道路公共交通和私人交通为主要发展方向。

铁路运输。加快发展电气化铁路，实现铁路运输以电代油；开发交—直—交高效电力机车；推广电气化铁路牵引功率因数补偿技术和其它节电措施，提高用电效率。内燃机车采用高效柴油添加剂和各种节油技术和装置；严格机车用油收、发计算机集中管理；发展机车向客车供电技术，推广使用客车电源，逐步减少和取消柴油发电车，加强运输组织管理，优化机车操纵，降低铁路运输燃油消耗。

航空运输。采用节油机型（不同机型单耗在0.2到1.4千克/吨公里的范围）加强管理,提高载运率、客座率和运输周转能力，提高燃油效率，降低油耗。

水上运输。通过制定船舶技术标准，加速淘汰老旧船舶；采用新船型和先进动力系统；发展大宗散货专业化运输和多式联运等现代运输组织方式；优化船舶运力结构，提高船舶平均载重吨位等。

农业、渔业机械。淘汰落后农业机械；采用先进柴油机节油技术，降低柴油机燃油消耗；推广少耕免耕法、联合作业等先进的机械化农艺技术；在固定作业场地更多的使用电动机；开发水能、风能、太阳能等可再生能源在农业机械上的应用。通过淘汰落后渔船，提高利用效率，降低渔业油耗。

3. 建筑、商用和民用。

建筑物。"十一五"期间，新建建筑严格实施节能50%的设计标准，其中北京、天津等少数大城市率先实施节能65%的标准。供热体制改革全面展开，居住及公共建筑集中采暖按热表计量收费在各大中城市普遍推行，在小城市试点。结合城市改建，开展既有居住和公共建筑节能改造，大城市完成改造面积25%，中等城市达到15%，小城市达到10%。鼓励采用蓄冷、蓄热空调及冷热电联供技术，中央空调系统采用风机水泵变频调速技术，节能门窗、新型墙体材料等。加快太阳能、地热等可再生能源在建筑物的利用。

家用及办公电器。推广高效节能电冰箱、空调器、电视机、洗衣机、电脑等家用及办公电器，降低待机能耗，实施能效标准和标识，规范节能产品市场。

照明器具。推广稀土节能灯等高效荧光灯类产品、高强度气体放电灯及电子镇流器，减少普通白炽灯使用比例，逐步淘汰高压汞灯，实施照明产品能效标准，提高高效节能荧光灯使用比例。

（二）重点工程

燃煤工业锅炉（窑炉）改造工程。我国在用中小锅炉约50万台，平均单台容量只有2.5吨/时，设计效率为72%~80%，实际运行效率65%左右,其中90%为燃煤锅炉,年消耗煤炭3.5~4亿吨，节煤潜力约7000万吨。"十一五"期间通过实施以燃用洗选煤、筛选块煤、固硫型煤和采用循环流化床、粉煤燃烧等先进技术改造或替代现有中小燃煤锅炉（窑炉），建立科学的管理和运行机制，燃煤工业锅炉效率提高5个百分点，节煤2500万吨，燃煤窑炉效率提高2个百分点，节煤1000万吨。

区域热电联产工程。热电联产与热、电分产相比，热效率提高30%，集中供热比分散小锅炉供热效率高50%。"十一五"期间重点在以采暖热负荷为主，且热负荷比较集中或发展潜力较大的地区，建设30万千瓦等级高效环保热电联产机组；在工业热负荷为主的地区，因地制宜建设以热力为主的背压机组；在以采暖供热需求为主，且热负荷较小的地区，先发展集中供热，待具备条件后再发展热电联产；在中小城市建设以循环流化床为主要技术的热电煤气三联供，以洁净能源作燃料的分布式热电联产和热电冷联供，将现有分散式供热燃煤小锅炉改造为集中供热。到2010年城市集中供热普及率由2002年的27%提高到40%，新增供暖热电联产机组4000万千瓦，年节能3500万吨标准煤。

余热余压利用工程。"十一五"期间在钢铁联合企业实施干法熄焦、高炉炉顶压差发电、全高炉煤气发电改造以及转炉煤气回收利用，形成年节能266万吨标准煤；在日产2000吨以上水泥生产线建设中低温余热发电装置每年30套，形成年节能300万吨标准煤；通过地面煤层气开发及地面采空区、废弃矿井和井下瓦斯抽放，瓦斯气年利用量达到10亿立方米，相当于年节约135万吨标准煤。

节约和替代石油工程。"十一五"期间电力、石油石化、冶金、建材、化工和交通运输行业通过实施以洁净煤、石油焦、天然气替代燃料油（轻油），加快西电东送，替代燃油小机组；实施机动车燃油经济性标准及相配套政策和制度，采取各种措施节约石油；实施清洁汽车行动计划，发展混合动力汽车，在城市公交客车、出租车等推广燃气汽车，加快醇类燃料推广和煤炭液化工程实施进度，发展替代燃料，可节约和替代石油3800万吨。

电机系统节能工程。目前，我国各类电动机总容量约4.2亿千瓦，实际运行效率比国外低10~30个百分点，用电量约占全国用电量的60%。"十一五"期间重点推广高效节能电动机、稀土永磁电动机；在煤炭、电力、有色、石化等行业实施高效节能风机、水泵、压缩机系统优化改造，推广变频调速、自动化系统控制技术，使运行效率提高2个百分点，年节电200亿千瓦时。

能量系统优化工程。在重点耗能行业推行能量系统优化，即通过系统优化设计、技术改造和改善管理，实现能源系统效率达到同行业最高或接近世界先进水平。"十一五"期间重点在冶金、石化、化工等行业组织实施，降低企业综合能耗，提高市场竞争力。

建筑节能工程。"十一五"期间住宅建筑和公共建筑严格执行节能50%的标准，加快供热体制改革，加大建筑节能技术和产品的推广力度等，可分别节能5000万吨标准煤。与此同时，开展北方采暖地区既有建筑节能改造，加大既有宾馆、饭店的综合节能改造。

绿色照明工程。照明用电约占全国用电量的13%，高效节能荧光灯与普通白炽灯之比为1：2.6，用高效节能荧光灯替代白炽灯可节电70%~80%，用电子镇流器替代传统电感镇流器可节电20%~30%，交通信号灯由发光二极管（LED）替代白炽灯，可节电90%。"十一五"期间重点是在公用设施、宾馆、商厦、写字楼、体育场馆、居民中推广高效节电照明系统、稀土三基色荧光灯，对高效照明电器产品生产装配线进行自动化改造，可节电290亿千瓦时。

政府机构节能工程。政府机构（包括国防、教育、公共服务等公共财政支持的部门）能源消费增长快，能源费用开支较大。开展政府机构节能，不仅可以降低政府机构能耗，节约行政支出，而且通过政府自身带头节能，推进全社会节能工作的开展。"十一五"期间重点是政府机构建筑物及采暖、空调、照明系统节能改造，按照建筑节能标准改造的政府机构建筑面积达到政府机构建筑总面积的20%；推广使用高效节能产品，将节能产品纳入政府采购目录；实施公务车改革，带头采购低油耗汽车；中央国家机关率先试点，2010年中央国家机关单位建筑面积能耗和人均能耗在2002年基础上降低10%。

节能监测和技术服务体系建设工程。"十一五"期间通过更新监测设备、加强人员培训、推行合同能源管理等市场化服务新机制等措施，强化省级和主要耗能行业节能监测中心能力建设，依法开展节能执法和监测（监察）；省级和主要耗能行业节能技术服务中心具备为企业、机关和学校等提供节能诊断、设计、融资、改造、运行、管理"一条龙"服务的能力。

通过实施上述十项重点节能工程，"十一五"可实现节能2.4亿吨标准煤（含增量部分），经济和环境效益显著。

五、保障措施

（一）坚持和实施节能优先的方针

从国情出发，树立和落实以人为本、全面协调可持续的科学发展观，从战略和全局高度充分认识能源对经济和社会发展的支撑作用和约束作用，节能对缓解能源约束矛盾、保障国家能源安全、提高经济增长质量和效益、保护环境的重要意义，把节能作为能源发展战略和实施可持续发展战略的重要组成部分，无论生产建设还是消费领域，都要把节能放在突出位置，长期坚持和实施节能优先的方针，推动全社会节能。

节能优先要体现在制定和实施发展战略、发展规划、产业政策、投资管理以及财政、税收、金融和价格等政策中。编制专项规划要把节能作为重要内容加以体现，各地区都要结合本地区实际制定节能中长期规划；建设项目的项目建议书、可行性研究报告应强化节能篇的论证和评估；要在推进结构调整和技术进步中体现节能优先；要在国家财政、税收、金融和价格政策中支持节能。

（二）制定和实施统一协调促进节能的能源和环境政策

为确保经济增长、能源安全和可持续发展，促进能源高效利用，需要建立基于我国资源特点、统筹规划、协调一致的能源和环境政策。

1. 煤炭应主要用于发电。煤炭在大型燃煤发电机组上使用，同时配套安装烟气脱硫装置等，一方面能够大幅度提高煤炭利用效率，减少原煤消耗，另一方面集中解决二氧化硫等污染问题，做到高效、清洁利用煤炭，是最经济有效解决能源环境问题的办法。应提高我国煤炭用于发电的比重，终端用户更多地使用优质电能，鼓励企业和居民合理用电，提高电力占终端能源消费的比例。

2. 石油应主要用于交通运输、化工原料和现阶段无法替代的用油领域。对目前燃料用油领域要区别不同情况，因地制宜，鼓励用洁净煤、天然气和石油焦来替代。对烧低硫油的燃油锅炉实施洁净煤替代改造，能够实现达标排放的企业，应合理调整污染物排放总量控制指标。统一规划交通运输发展模式，制定符合我国国情的交通运输发展整体规划。特大城市要加快城市轨道交通建设，形成立体城市交通系统，大力发展城市公共交通系统，提高公共交通效率，抑制私人机动交通工具对城市交通资源的过度使用。

3. 城市大气污染治理应以改造后达标排放和污染物总量控制为原则，城市燃料构成要从实际出发，不宜硬性规定燃煤锅炉必须改燃油锅炉，以控制和减少盲目"弃煤改油"带来燃料油需求量的增加。对中小型燃煤锅炉，在有天然气资源的地区应鼓励使用天然气进行替代；在无天然气或天然气资源不足的地区，应鼓励优先使用优质洗选加工煤或其它优质能源，并采用先进的节能环保型锅炉，减少燃煤污染。

(三)制定和实施促进结构调整的产业政策

加快调整产业结构、产品结构和能源消费结构，是建立节能型工业、节能型社会的重要途径。研究制定促进服务业发展的政策措施，发挥服务业引导资金的作用，从体制、政策、机制、投入等方面采取有力措施，加快发展低能耗、高附加值的第三产业，重点发展劳动密集型服务业和现代服务业，扭转服务业发展长期滞后局面，提高第三产业在国民经济中的比重。

加快制定《产业结构调整指导目录》，鼓励发展高新技术产业，优先发展对经济增长有重大带动作用的低能耗的信息产业，不断提高高新技术产业在国民经济中的比重。鼓励运用高新技术和先进适用技术改造和提升传统产业，促进产业结构优化和升级。国家对落后的耗能过高的用能产品、设备实行淘汰制度，节能主管部门要定期公布淘汰的耗能过高的用能产品、设备的目录，并加大监督检查的力度。达不到强制性能效标准的耗能产品或建筑，不能出厂销售或不准开工建设，对生产、销售和使用国家淘汰的耗能过高的用能产品、设备的，要加大惩罚力度。制定钢铁、有色、水泥等高耗能行业发展规划、政策，提高行业准入标准。制定限制用能的领域以及国内紧缺资源及高耗能产品出口的政策。严禁新建、扩建常规燃油发电机组；在区域供电平衡、能够满足用电需求的情况下，限制柴油发电和燃油的燃气轮机的使用和建设。

（四）制定和实施强化节能的激励政策

制定《节能设备（产品）目录》，重点是终端用能设备，包括高效电动机、风机、水泵、变压器、家用电器、照明产品及建筑节能产品等，对生产或使用《目录》所列节能产品实行鼓励政策；将节能产品纳入政府采购目录。

国家对一些重大节能工程项目和重大节能技术开发、示范项目给予投资和资金补助或贷款贴息支持。政府节能管理、政府机构节能改造等所需费用，纳入同级财政预算。

深化能源价格改革，逐步理顺不同能源品种的价格，形成有利于节能、提高能效的价格激励机制。建立和完善峰谷、丰枯电价和可中断电价补偿制度，对国家淘汰和限制类项目及高耗能企业按国家产业政策实行差别电价，抑制高耗能行业盲目发展，引导用户合理用电，节约用电。

研究鼓励发展节能车型和加快淘汰高油耗车辆的财政税收政策，择机实施燃油税改革方案。取消一切不合理的限制低油耗、小排量、低排放汽车使用和运营的规定。研究鼓励混合动力汽车、纯电动汽车的生产和消费政策。

（五）加大依法实施节能管理的力度

加快建立和完善以《节约能源法》为核心，配套法规、标准相协调的节能法律法规体系，依法强化监督管理。一是研究完善节约能源的相关法律，抓紧制定《节约用电管理办法》、《节约石油管理办法》、《能源效率标识管理办法》、《建筑节能管理办法》等配套法规、规章。二是制定和实施强制性、超前性能效标准。包括主要工业耗能设备、家用电器、照明器具、机动车等能效标准。组织修订和完善主要耗能行业节能设计规范、建筑节能标准，加快制定建筑物制冷、采暖温度控制标准等。当前重点是加快制定机动车燃油经济性限值标准，从2005年7月1日起分阶段实施，同时建立和实施机动车燃油经济性申报、标识、公布三项制度。三是建立和完善节能监督机制。组织对钢铁、有色、建材、化工、石化等高耗能行业用能情况、节能管理情况的监督检查；对产品能效标准、建筑节能设计标准、行业设计规范执行情况的监督检查；对固定资产投资项目可行性研究报告增列节能篇（章）的规定进行监督检查。健全依法淘汰的制度，采取强制性措施，依法淘汰落后的耗能过高的用能产品、设备。充分发挥建设、工商、质检等部门及各地节能监测（监察）机构的作用，从各环节加大监督执法力度。

（六）加快节能技术开发、示范和推广

组织对共性、关键和前沿节能技术的科研开发，实施重大节能示范工程，促进节能技术产业化。建立以企业为主体的节能技术创新体系，加快科技成果的转化。引进国外先进的节能技术，并消化吸收。组织先进、成熟节能新技术、新工艺、新设备和新材料的推广应用，同时组织开展原材料、水等载能体的节约和替代技术的开发和推广应用。重点推广列入《节能设备（产品）目录》的终端用能设备（产品）。

国家制定节能技术开发、示范和推广计划，明确阶段目标、重点支持政策，分步组织实施。国家修订颁布《中国节能技术政策大纲》，引导企业有重点地开发和应用先进的节能技术，引导企业和金融机构投资方向。在国家中长期科学技术发展规划、国家高技术产业发展项目计划等各类国家科技计划以及地方相应的计划中，加大对重大节能技术开发和产业化的支持力度。

建立节能共性技术和通用设备科研基地（平台）。鼓励依托科研单位和企业、个人，开发先进节能技术和高效节能设备。引入竞争机制，实行市场化运作，国家对高投入、高风险的项目给予经费支持。

地方各级人民政府要采取积极措施，加大资金投入，加强节能技术开发、示范和推广应用。

（七）推行以市场机制为基础的节能新机制

一是建立节能信息发布制度，利用现代信息传播技术，及时发布国内外各类能耗信息、先进的节能新技术、新工艺、新设备及先进的管理经验，引导企业挖潜改造，提高能效。二是推行综合资源规划和电力需求侧管理，将节约量作为资源纳入总体规划，引导资源合理配置。采取有效措施，提高终端用电效率、优化用电方式，节约电力。三是大力推动节能产品认证和能效标识管理制度的实施，运用市场机制，引导用户和消费者购买节能型产品。四是推行合同能源管理，克服节能新技术推广的市场障碍，促进节能产业化，为企业实施节能改造提供诊断、设计、融资、改造、运行、管理一条龙服务。五是建立节能投资担保机制，促进节能技术服务体系的发展。六是推行节能自愿协议，即耗能用户或行业协会与政府签订节能自愿协议。

（八）加强重点用能单位节能管理

落实《重点用能单位节能管理办法》和《节约用电管理办法》，加强对年耗能一万吨标准煤以上重点用能单位的节能管理和监督。组织对重点用能单位能源利用状况的监督检查和主要耗能设备、工艺系统的检测，定期公布重点用能单位名单、重点用能单位能源利用状况及与国内外同类企业先进水平的比较情况，做好对重点用能单位节能管理人员的培训。重点用能单位应设立能源管理岗位，聘用符合条件的能源管理人员，加强对本单位能源利用状况的监督检查，建立节能工作责任制，健全能源计量管理、能源统计和能源利用状况分析制度，促进企业节能降耗上水平。

（九）强化节能宣传、教育和培训

广泛、深入、持久地开展节能宣传，不断提高全民资源忧患意识和节约意识。将节能纳入中小学教育、高等教育、职业教育和技术培训体系。新闻出版、广播影视、文化等部门和有关社会团体，要充分发挥各自优势，搞好节能宣传，形成强大的宣传声势，曝光那些严重浪费资源、污染环境的企业和现象，宣传节能的典型。节能要从小学生抓起，各级教育主管部门要组织中小学开展节能宣传和实践活动。各级政府有关部门和企业，要组织开展经常性的节能宣传、技术和典型交流，组织节能管理和技术人员的培训。在每年夏季用电高峰，组织开展全国节能宣传周活动，通过形式多样的宣传教育活动，动员社会各界广泛参与，使节能成为全体公民的自觉行动。

（十）加强组织领导，推动规划实施

节能是一项系统工程，需要有关部门的协调配合、共同推动。各地区、有关部门及企事业单位要加强对节能工作的领导，明确专门的机构、人员和经费，制定规划，组织实施。行业协会要积极发挥桥梁纽带作用，加强行业节能自律。

政府机构要带头节能，实施政府机构能耗定额和支出标准，建立和完善节能规章制度，推行政府节能采购，改革公务车制度，努力降低能源费用支出，发挥政府节能表率作用。

国家中长期科技发展规划纲要（2006-2020）（节录）

中华人民共和国国务院

2005年12月

三、重点领域及其优先主题

1. 能源

发展思路：（1）坚持节能优先，降低能耗。攻克主要耗能领域的节能关键技术，积极发展建筑节能技术，大力提高一次能源利用效率和终端用能效率。（2）推进能源结构多元化，增加能源供应。在提高油气开发利用及水电技术水平的同时，大力发展核能技术，形成核电系统技术自主开发能力。风能、太阳能、生物质能等可再生能源技术取得突破并实现规模化应用。（3）促进煤炭的清洁高效利用，降低环境污染。大力发展煤炭清洁、高效、安全开发和利用技术，并力争达到国际先进水平。（4）加强对能源装备引进技术的消化、吸收和再创新。攻克先进煤电、核电等重大装备制造核心技术。（5）提高能源区域优化配置的技术能力。重点开发安全可靠的先进电力输配技术，实现大容量、远距离、高效率的电力输配。

优先主题：

（1）工业节能

重点研究开发冶金、化工等流程工业和交通运输业等主要高耗能领域的节能技术与装备，机电产品节能技术，高效节能、长寿命的半导体照明产品，能源梯级综合利用技术。

（2）煤的清洁高效开发利用、液化及多联产

重点研究开发煤炭高效开采技术及配套装备，重型燃气轮机，整体煤气化联合循环（IGCC），高参数超超临界机组，超临界大型循环流化床等高效发电技术与装备，大力开发煤液化以及煤气化、煤化工等转化技术，以煤气化为基础的多联产系统技术，燃煤污染物综合控制和利用的技术与装备等。

（3）复杂地质油气资源勘探开发利用

重点开发复杂环境与岩性地层类油气资源勘探技术，大规模低品位油气资源高效开发技术，大幅度提高老油田采收率的技术，深层油气资源勘探开采技术。

（4）可再生能源低成本规模化开发利用

重点研究开发大型风力发电设备，沿海与陆地风电场和西部风能资源密集区建设技术与装备，高性价比太阳光伏电池及利用技术，太阳能热发电技术，太阳能建筑一体化技术，生物质能和地热能等开发利用技术。

（5）超大规模输配电和电网安全保障

重点研究开发大容量远距离直流输电技术和特高压交流输电技术与装备，间歇式电源并网及输配技术，电能质量监测与控制技术，大规模互联电网的安全保障技术，西电东输工程中的重大关键技术，电网调度自动化技术，高效配电和供电管理信息技术和系统。

3. 环境

发展思路：（1）引导和支撑循环经济发展。大力开发重污染行业清洁生产集成技术，强化废弃物减量化、资源化利用与安全处置，加强发展循环经济的共性技术研究。（2）实施区域环境综合治理。开展流域水环境和区域大气环境污染的综合治理、典型生态功能退化区综合整治的技术集成与示范，开发饮用水安全保障技术以及生态和环境监测与预警技术，大幅度提高改善环境质量的科技支撑能力。（3）促进环保产业发展。重点研究适合我国国情的重大环保装备及仪器设备，加大国产环保产品市场占有率，提高环保装备技术水平。（4）积极参与国际环境合作。加强全球环境公约履约对策与气候变化科学不确定性及其影响研究，开发全球环境变化监测和温室气体减排技术，提升应对环境变化及履约能力。

优先主题：

（13）综合治污与废弃物循环利用

重点开发区域环境质量监测预警技术，突破城市群大气污染控制等关键技术，开发非常规污染物控制技术，废弃物等资源化利用技术，重污染行业清洁生产集成技术，建立发展循环经济的技术示范模式。

（14）生态脆弱区域生态系统功能的恢复重建

重点开发岩溶地区、青藏高原、长江黄河中上游、黄土高原、荒漠及荒漠化地区、农牧交错带和矿产开采区等典型生态脆弱区生态系统的动态监测技术，草原退化与鼠害防治技术，退化生态系统恢复与重建技术，三峡工程、青藏铁路等重大工程沿线和复杂矿区生态保护及恢复技术，建立不同类型生态系统功能恢复和持续改善的技术支持模式，构建生态系统功能综合评估及技术评价体系。

（15）海洋生态与环境保护

重点开发海洋生态与环境监测技术和设备，加强海洋生态与环境保护技术研究，发展近海海域生态与环境保护、修复及海上突发事件应急处理技术，开发高精度海洋动态环境数值预报技术。

（16）全球环境变化监测与对策

重点研究开发大尺度环境变化准确监测技术，主要行业二氧化碳、甲烷等温室气体的排放控制与处置利用技术，生物固碳技术及固碳工程技术，以及开展气候变化、生物多样性保护、臭氧层保护、持久性有机污染物控制等对策研究。

4. 农业

(20)农林生物质综合开发利用

重点研究开发高效、低成本、大规模农林生物质的培育、收集与转化关键技术，沼气、固化与液化燃料等生物质能以及生物基新材料和化工产品等生产关键技术，农村垃圾和污水资源化利用技术，开发具有自主知识产权的沼气电站设备、生物基新材料装备等。

5. 制造业

(28)流程工业的绿色化、自动化及装备

重点研究开发绿色流程制造技术，高效清洁并充分利用资源的工艺、流程和设备，相应的工艺流程放大技术，基于生态工业概念的系统集成和自动化技术，流程工业需要的传感器、智能化检测控制技术、装备和调控系统。开发大型裂解炉技术、大型蒸汽裂解乙烯生产成套技术及装备，大型化肥生产节能工艺流程与装备。

(29)可循环钢铁流程工艺与装备

重点研究开发以熔融还原和资源优化利用为基础，集产品制造、能源转换和社会废弃物再资源化三大功能于一体的新一代可循环钢铁流程，作为循环经济的典型示范。开发二次资源循环利用技术，冶金过程煤气发电和低热值蒸汽梯级利用技术，高效率、低成本洁净钢生产技术，非粘连煤炼焦技术，大型板材连铸机、连轧机组的集成设计、制造和系统耦合技术等。

6. 交通运输业

发展思路：(1)提高飞机、汽车、船舶、轨道交通装备等的自主创新能力。(2)以提供顺畅、便捷的人性化交通运输服务为核心，加强统筹规划，发展交通系统信息化和智能化技术，安全高速的交通运输技术，提高运网能力和运输效率，实现交通信息共享和各种交通方式的有效衔接，提升交通运营管理的技术水平，发展综合交通运输。(3)促进交通运输向节能、环保和更加安全的方向发展，交通运输安全保障、资源节约与环境保护等方面的关键技术取得重大突破并得到广泛应用。(4)围绕国家重大交通基础设施建设，突破建设和养护关键技术，提高建设质量，降低全寿命成本。

优先主题：

（35）高速轨道交通系统

重点研究开发高速轨道交通控制和调速系统、车辆制造、线路建设和系统集成等关键技术，形成系统成套技术。开展工程化运行试验，掌握运行控制、线路建设和系统集成技术。

（36）低能耗与新能源汽车

重点研究开发混合动力汽车、替代燃料汽车和燃料电池汽车整车设计、集成和制造技术，动力系统集成与控制技术，汽车计算平台技术，高效低排放内燃机、燃料电池发动机、动力蓄电池、驱动电机等关键部件技术，新能源汽车实验测试及基础设施技术等。

（37）高效运输技术与装备

重点研究开发重载列车、大马力机车、特种重型车辆、城市轨道交通、大型高技术船舶、大型远洋渔业船舶以及海洋科考船等，低空多用途通用航空飞行器、高黏原油及多相流管道输送系统等新型运载工具。

（38）智能交通管理系统

重点开发综合交通运输信息平台和信息资源共享技术，现代物流技术，城市交通管理系统、汽车智能技术和新一代空中交通管理系统。

9. 城镇化与城市发展

（54）建筑节能与绿色建筑

重点研究开发绿色建筑设计技术，建筑节能技术与设备，可再生能源装置与建筑一体化应用技术，精致建造和绿色建筑施工技术与装备，节能建材与绿色建材，建筑节能技术标准。

四、重大专项

《规划纲要》确定了大型油气田及煤层气开发，大型先进压水堆及高温气冷堆核电站等16个重大专项。

五、前沿技术

3.新材料技术

（11）高效能源材料技术

重点研究太阳能电池相关材料及其关键技术、燃料电池关键材料技术、高容量储氢材料技术、高效二次电池材料及关键技术、超级电容器关键材料及制备技术，发展高效能量转换与储能材料体系。

5.先进能源技术

未来能源技术发展的主要方向是经济、高效、清洁利用和新型能源开发。第四代核能系统、先进核燃料循环以及聚变能等技术的开发越来越受到关注；氢作为可从多种途径获取的理想能源载体，将为能源的清洁利用带来新的变革；具有清洁、灵活特征的燃料电池动力和分布式供能系统，将为终端能源利用提供新的重要形式。重点研究规模化的氢能利用和分布式供能系统，先进核能及核燃料循环技术，开发高效、清洁和二氧化碳近零排放的化石能源开发利用技术，低成本、高效率的可再生能源新技术。

前沿技术：

（15）氢能及燃料电池技术

重点研究高效低成本的化石能源和可再生能源制氢技术，经济高效氢储存和输配技术，燃料电池基础关键部件制备和电堆集成技术，燃料电池发电及车用动力系统集成技术，形成氢能和燃料电池技术规范与标准。

（16）分布式供能技术

分布式供能系统是为终端用户提供灵活、节能型的综合能源服务的重要途径。重点突破基于化石能源的微小型燃气轮机及新型热力循环等终端的能源转换技术、储能技术、热电冷系统综合技术，形成基于可再生能源和化石能源互补、微小型燃气轮机与燃料电池混合的分布式终端能源供给系统。

（17）快中子堆技术

快中子堆是由快中子引起原子核裂变链式反应，并可实现核燃料增殖的核反应堆，能够使铀资源得到充分利用，还能处理热堆核电站生产的长寿命放射性废弃物。研究并掌握快堆设计及核心技术，相关核燃料和结构材料技术，突破钠循环等关键技术，建成65MW实验快堆，实现临界及并网发电。

（18）磁约束核聚变

以参加国际热核聚变实验反应堆的建设和研究为契机，重点研究大型超导磁体技术、微波加热和驱动技术、中性束注入加热技术、包层技术、氚的大规模实时分离提纯技术、偏滤器技术、数值模拟、等离子体控制和诊断技术、示范堆所需关键材料技术，以及深化高温等离子体物理研究和某些以能源为目标的非托克马克途径的探索研究。

六、基础研究

3. 面向国家重大战略需求的基础研究

（4）全球变化与区域响应

重点研究全球气候变化对中国的影响，大尺度水文循环对全球变化的响应以及全球变化对区域水资源的影响，人类活动与季风系统的相互作用，海－陆－气相互作用与亚洲季风系统变异及其预测，中国近海－陆地生态系统碳循环过程，青藏高原和极地对全球变化的响应及其气候和环境效应，气候系统模式的建立及其模拟和预测，温室效应的机理，气溶胶形成、演变机制及对气候变化的影响及控制等。

（6）能源可持续发展中的关键科学问题

重点研究化石能源高效洁净利用与转化的物理化学基础，高性能热功转换及高效节能储能中的关键科学问题，可再生能源规模化利用原理和新途径，电网安全稳定和经济运行理论，大规模核能基本技术和氢能技术的科学基础等。

“十一五”城市绿色照明工程规划纲要（节录）

中华人民共和国建设部

（2006年7月4日）

根据《国民经济和社会发展第十一个五年规划纲要》和建设事业“十一五”规划的要求，为贯彻落实节约资源和保护环境的要求，我部组织编制了“十一五”全国城市绿色照明工程规划纲要。本纲要主要阐明城市照明健康、高效、安全、科学发展的指导原则，提出工作目标和重点以及落实的措施。是各地实施城市绿色照明工程的依据，是推动我国城市照明行业持续发展的规划蓝图。

一、持续推进城市绿色照明工程的重要性（略）

二、指导思想、遵循原则和主要目标

（一）指导思想（略）

（二）遵循原则（略）

（三）主要目标

1.以2005年底为基数，年城市照明节电目标5%，5年（2006~2010年）累计节电25%。

2.在城市照明建设、改造工程中，全面推行专业管理机构规划、设计论证、专项验收制度。

3.2008年前，完成城市照明专项规划编制。

4.完善功能照明，基本消灭无灯区。新改扩建的城市道路装灯率达100%，公共区域装灯率达98%以上。

5.严格执行照明功率密度值标准。

6.灯具效率在80%以上的高效节能灯具应用率达85%以上。

7.高光效、长寿命光源的应用率达85%以上。

8.使用的高压钠灯能效指标达到或超过GB19573–2004标准，达到或超过节能评价值GB19573–2004标准。

9.高压钠灯镇流器能效指标能效因素（BEF）达到或超过GB19574–2004标准，倡议达到或超过节能评价值GB19574–2004标准。400w高压钠灯镇流器能效指标能效因素（BEF）不低于0.235。

10.通过气体放电灯电容补偿，功率因素不小于0.85。

11.道路照明主干道亮灯率达98%，次干道、支路亮灯率达96%。

三、工作重点

（一）加强法制建设，理顺管理体制

修订《城市照明管理规定》，完善规划、设计、施工、材料、验收、安全等方面的监管内容，配套完善实施细

则。结合城市照明社会公益性和无偿性的特点，切实加强专业管理。积极推进改革，逐步放开作业市场，严格单位资质管理与个人作业资格管理，修改出台设计施工养护资质，规范市场竞争。坚持建设改造与维护管理并重，进一步理顺完善管理体制，积极将城市照明建设、管理统一到一个部门，集中行使管理职能。专业管理机构要会同有关建设行政主管部门对城市绿色照明初步设计、施工图文件实行动态管理、协同管理，严格执行“三同时”制度，在规划立项、方案设计、建设改造、验收检测、器材选用等各环节中，建立完善联动协调的工作机制。

（二）深入推进城市绿色照明及节电改造示范工程活动

要在认真总结经验的基础上，深入广泛开展城市绿色照明示范工程活动。通过评价指标、活动原则、具体形式的不断优化，提高示范工程质量，进一步扩大示范效应。同时在一些城市开展现有路灯、景观照明的节能改造，针对城市照明中存在的单纯追求亮度、追求豪华、能耗密度超标、道路照明过多装饰、光污染严重、采用低效能照明器材等问题，积极实施节电改造示范工程，对光源灯具、整个照明供配电系统在内的道路照明和景观照明系统进行全面改造。

（三）推广采用高效照明电器产品

定期或不定期制定高效照明工艺、技术、设备及产品的推荐目录，适时公布落后工艺、技术、设备及产品的淘汰目录。认真落实国家发展改革委和财政部颁布的《节能产品政府采购实施意见》。在政府采购中，要优先采购绿色产品目录中的产品，优先采购通过绿色节能照明认证、经过专业检测审核或通过环境管理体系认证的企业的产品，通过政府的绿色采购正确引导社会消费意识和行为。努力规范市场行为，帮助扶持城市照明优质、高效电器产品生产企业提高科技水平，鼓励引导他们自主创新，注重提高产品的科技含量，增强市场竞争力。

（四）加强城市照明产品能效标准体系建设

认真总结实施“中国绿色照明促进项目”经验，建立健全制订能效标准、节能认证、能效标识的工作协调机制。跟踪照明行业新产品的研发与应用情况，加快研究、起草、制订、完善各类新光源、新灯具等照明产品的能效标准。开展照明产品关于能效标准实施与监督机制的专题研究。切实推进城市照明电器领域能效标识、节能认证的市场监督管理机制，尽快建立能效领域的市场准入制度，引导用户使用优质、高效、节能的照明产品，为城市绿色照明提供物资器材保障。

（五）抓好专项规划编制工作

要从实际出发，坚持“以人为本、突出重点、保证功能、经济实用、节约能源、保护环境”的原则，抓紧编制城市照明专项规划，2008年全面完成。做到合理布局、主次兼顾、重点突出、特色鲜明，明确节电的指标和措施。对不符合城市发展需求和节约用电、保护环境的城市照明专项规划，要抓紧修改。全面推行规划评审和规划管理，突出城市照明专项规划引导资源节约的前瞻性和权威性的作用，从源头上把好资源节约和有效利用关。从严确定规划强制性内容，并实行长效管理。

（六）提高信息网络化水平，增强科技支撑能力

建设和不断完善绿色照明信息网络平台、绿色照明管理业务应用平台和信息资源服务平台。深入开展绿色照明新型节能产品、新工艺、新技术等战略与理论研究。增强自主创新能力，加强重大关键技术的科技攻关、技术开发和应用，加快相关制造业的产业升级。积极引进、消化、吸收国际先进理念和技术。加强科技创新基地和国家重点城市照明专项实验室及检测技术中心建设，重点培养和选拔一批学术或技术带头人，充分发挥科技专家的咨询和技术支持作用，为绿色照明建设管理提供人才保障。

（七）加大宣传力度，提高全社会绿色照明意识

广泛深入持久开展绿色照明宣传，提高全民的资源忧患和节约意识，增强全社会的照明节能意识和可持续发展意识。要充分利用新闻出版、广播影视、文化教育等各种社会宣传阵地，积极开展绿色照明宣传，大力宣传“节约资源和保护环境是基本国策”，大力宣传实施城市绿色照明的意义、目标和任务，大力宣传绿色照明示范工程的成效和经验。要通过知识讲座、经验交流、举办宣传周、现场参观等各种生动活泼的宣传教育活动，吸引社会各界广泛参与，使绿色照明逐步成为全社会的共识。要建立绿色照明宣传专项资金。

四、保障措施

（一）健全法规及标准体系，完善管理机制

切实履行政府职能，强化政策导向。健全和完善法规、标准。规范作业市场管理，结合照明行业实际，统筹道路照明和景观照明，整合资源，节约资源。发挥政府资金的功效，建立统一管理体制，使城市照明规划设计更专业、建设施工更规范、运行监控更科学、产品器材选用更合理。坚持依法管理。充分运用国家现有的质检网络和机制，加强器材市场管理。使各环节科学运作，各参与主体协调配合，整个照明相关产业积极联动。

（二）建立完善节能评价体系，加强节能目标考核

各城市应根据实际建立完善适应本地实际的城市绿色照明节能评价体系，科学综合考虑评价节能效果。要尽快建立健全城市照明节能管理统计、监测制度，严格执行设计、施工、管理等专业标准和单位能耗限额指标，实行城市照明消耗成本管理。建立城市绿色照明、节能目标责任制。把绿色科学合理照明、节能考核指标、装灯普及率目标、专项经费投入使用情况纳入城市建设管理、生态园林城市等考核内容。通过普查、自查、专项查等不同形式，查找问题，制定落实整改措施，充分挖掘节能潜力，提高各地开展绿色照明的主动性和创造性。

（三）推进城市绿色照明节能产业化

以市场为导向，建立推动和实施节能措施的新机制，推动城市照明节能的产业化进程，提高能源利用效率。按照规范选择确定专业服务机构，不断提升专业服务机构的能力。通过合同能源管理等方式，聘请专业服务机构参与城市照明节能改造，提供能源效率审计、节能项目设计、采购、施工、培训、运行、维护、监测等综合性服务，并通过与客户分享节能效益赢利，实现滚动发展和双赢发展。

（四）综合运用各种手段，加强政府引导与市场调节合力

积极完善政府主导、市场推进、公众参与的城市绿色照明机制。综合运用各种手段，特别是价格、税收等经济手段，促进节约使用和合理利用资源。总结地方实践经验，加强政府引导扶持，探索建立节能奖励政策，加强政府节能采购管理，鼓励市场主体参与高效节电照明产品的研发和生产，推动节能市场化运作，形成节能项目的效益保障机制，提高效率，降低成本，促进节能产业化，保证绿色照明工程的持续推进。

（五）增加投入，保障城市绿色照明工程顺利推进

充分调动各级政府和社会的积极性，采取多渠道筹措资金的办法，积极整合多方面资源，不断加大投入力度，深入推进城市绿色照明工程。将公共公益性城市照明所需经费，纳入公共财政体系；城市照明专项经费做到足额专款专用，为推进城市绿色照明工程提供资金保障。各地要探索建立健全专项照明节能资金，在节能资金中发挥节能效应，在节能效益中扩大资金基数，形成节能的良性互动。

（六）加强组织领导，努力开创城市绿色照明工作新局面

抓好城市绿色照明工作，是市政公用事业贯彻科学发展观的必然要求，各地要切实加强对城市绿色照明工程的组织领导，把这项工作摆上重要议事日程，纳入城市建设和管理的工作部署，认真制订实施方案，明确职能部门，落实有效措施，建立目标管理责任制。要加强调查研究，加强检查督促，及时协调解决实施过程中的问题，保证城市绿色照明工作的顺利推进。

全国生态保护“十一五“规划

国家环保总局

（2006年10月13日）

一、全国生态保护形势

（一）“十五”工作回顾

党中央、国务院高度重视生态环境保护工作，“十五”期间，先后印发了《全国生态环境保护纲要》（国发［2000］38号）和《国务院关于落实科学发展观加强环境保护的决定》（国发［2005］39号），把加强生态保护和建设作为实施可持续发展战略、构建和谐社会的重要内容。各级环保部门积极参与综合决策，加强生态保护监管，创造性开展工作，部分地区生态恶化趋势得到一定程度的遏制。

自然生态恢复工作取得显著成效。“十五”期间，实施了林业六大工程，累计人工造林保存面积近8亿亩，全国森林覆盖率显著上升。“三北”和长江流域等防护林体系建设工程取得一定成效。通过封育保护、预防监督和综合治理，全国综合防治水土流失54万平方公里，其中综合治理24万多平方公里。25个省区市的950个县实施了封山禁牧，其中北京、河北、陕西、宁夏实行了封山禁牧。实施退耕还林与退牧还草工程，共完成退耕还林1.3亿亩，退牧还草1.9亿亩。

生态功能区划工作逐步推进。从2001年至2003年，先后完成西部、中东部生态环境现状调查，基本查清了全国生态环境现状。编制了《全国生态功能区划》草案和《国家重点生态功能保护区规划》。按照《全国生态环境保护纲要》的要求，抢救性地开展了18个国家级生态功能保护区建设试点，使一些对于维护国家生态安全具有重要意义的区域得到初步保护。部分地区划定了一批地方级生态功能保护区，进行保护和建设。

自然保护区建设管理取得新进展。“十五”期末，全国共建立各种类型、不同级别的自然保护区2349个，其中国家级自然保护区243个，总面积已达150万平方公里，占陆域国土面积的15%，超额完成了“十五”13%的计划目标。已建自然保护区涵盖了我国自然保护区分类系统中的全部9种类型，覆盖了我国的各个生物地理区域，初步形成了类型多样、区域分布比较合理的自然保护区网络。

生物多样性履约和管理进一步强化。国家环保总局组织编写了《中国履行〈生物多样性公约〉第三次国家报告》，完成了我国核准《生物安全议定书》的程序，并于2005年9月6日正式成为生物安全议定书的缔约方，制订了《中国国家生物安全框架》，印发了《加强外来入侵物种防治工作的通知》，联合有关部门发布了《中国第一批外来入侵物种名单》。国务院办公厅在2004年3月发布了《关于加强生物物种资源保护和管理的通知》，建立了生物物种资源保护部际联席会议制度，组织开展了多项生物多样性保护和生物安全管理的国际合作项目。

生态保护监管与执法工作得到加强。“十五”期间，国家环保总局在全国107个地区开展了生态环境监察试点工作，印发了《关于加强资源开发生态环境保护与监管工作的意见》，加大了对自然保护区、饮用水源地、农村、非污染性建设项目及淡水与海洋资源、矿产资源、林草资源、旅游资源、滩涂与湿地等重点资源开发和外来物种引进、转基因生物应用的生态监管与执法检查力度，强化对流域开发和跨区域基础设施建设的生态环境影响评价工作。2004年，在全国范围内开展了矿山生态环境保护专项执法检查与自然保护区专项执法检查行动。

农村环境污染防治得到重视。国家环保总局先后印发了《畜禽养殖业污染防治管理办法》、《畜禽养殖业污染物排放标准》和《规模化畜禽养殖业污染防治技术规范》。联合建设部颁布了《小城镇环境规划编制导则（试行）》。制定了《有机食品技术规范》和《国家有机食品生产基地考核管理规定（试行）》，会同商务部等11个部委联合印发了《关于积极推进有机食品产业发展的若干意见》，命名了一批国家有机食品生产基地。大力开展农村环境综合整治，加强农业面源污染防治工作，秸秆禁烧工作取得一定成效，正在研究制定《农村小康环保行动计划》。

生态示范创建工作得到深入开展。“十五”以来，我国逐步形成了生态省–生态市–生态县–环境优美乡镇–生态村的系列生态示范创建体系。“十五”期末，共批准528个生态示范区建设试点，其中233个被命名为“国家级生态示范区”，海南、吉林、黑龙江、福建、浙江、山东、安徽、江苏、河北等9个省开展了生态省建设，广西、四川生态省建设规划纲要已经通过专家论证，辽宁、天津等省（市）正在组织编制生态省建设规划纲要。全国有150余个市（县、区）开展了生态市（县、区）创建工作。在农村开展了创建环境优美乡镇和生态村活动，目前全国已有五批225个镇（乡）获得了“全国环境优美乡镇”称号。

生态保护法规建设得到加强。“十五”期间，制定和修订了《清洁生产促进法》、《环境影响评价法》、《防沙治沙法》、《水污染防治法》等法律。2003年9月1日，《环境影响评价法》的正式实施，标志着国家把环境保护参与综合决策以法律法规的形式规范下来。“十五”期间，一些地方实行了建设项目环保预审制、环保“一票否决”等制度，对污染产品税、生态补偿制度、排污交易制度等环境经济政策进行了积极探索。中组部、国家环保总局开展了把资源消耗和生态环境保护指标纳入到干部考核体系的相关研究和试点工作。

（二）生态环境现状

1.主要问题

生态环境恶化的趋势未得到有效遏制。大江大河源区生态环境质量日趋下降，水源涵养等生态功能严重衰退；北方重要防风固沙区植被破坏严重，沙尘暴频发；江河洪水调蓄区生态系统退化，调蓄功能下降，旱涝灾害频繁发生；湿地面积减少、功能退化；森林质量不高，生态调节功能下降；生物多样性减少，资源开发活动对生态环境破坏严重。

水生态失衡。我国人均水资源占有量仅为世界平均水平的1/4，部分河流开发利用率超过国际警戒线，黄河、淮河、辽河水资源开发利用率已超过60%，海河超过90%，生态用水被大量挤占；部分地区地下水位下降，形成了大小不同的地下水漏斗，造成地面沉降。近海海域环境质量没有明显好转，局部海域污染加重，“十五”期间，我国的四个海区中只有东海污染面积减少，其他三个海区污染面积均有不同程度增加。

土地退化严重。全国水土流失面积达356万平方公里，沙化土地174万平方公里。虽然实施了林业六大工程，土地沙漠化趋势得到减缓，但北方干旱、半干旱地区荒漠化土地分布仍很广泛，水蚀、风蚀、土壤盐渍化与土壤污染并存，土地的生态服务功能降低。

农村生态环境质量明显下降。近年来，随着农村经济的迅速发展，农村生活污水、垃圾、农业生产及畜禽养殖废弃物排放量逐年增大，农村“脏、乱、差”现象普遍，农村地区环境状况日益恶化，直接威胁着广大农民群众的生存环境与身体健康。

生物多样性锐减。我国现有自然保护区建设质量和管理水平不高，物种濒危和灭绝的速度加快，生物遗传资源流失严重，林草和生物品种单一化问题突出。目前濒危或接近濒危的高等植物已占高等植物总数的15%－20%。外来物种入侵危及生态系统安全，造成巨大经济损失。

2.成因分析

不合理的人类开发与建设活动对流域、区域生态系统破坏严重。随着我国经济社会的快速发展，对水、土地和生物资源的开发利用强度日益加大，人为开发活动已经成为生态环境不断恶化的重要因素。

粗放的经济增长方式是导致生态环境恶化的重要原因。我国人均资源占有量不到世界平均水平的一半，但单位GDP能耗、物耗，单位GDP的废水、废弃物排放量均大大高于世界平均水平。

全球经济贸易往来的加强，客观上增加了我国生态环境遭受外来因素影响的风险，增加了外来有害物种入侵风险。

生态保护工作基础薄弱。目前尚没有建立完整的全国生态环境监测网络，不能对生态环境现状做出客观、全面的评价。一些生态产业在税收、政策等方面缺乏国家的政策支持。生态保护投入严重不足，41%的自然保护区未建立管理机构，广大农村地区环境基础设施建设严重滞后。

生态保护管理与执法监督体系不健全。生态保护相关法律、法规、政策、标准不完善。生态环境管理体制不顺，环保部门难以发挥统一监管作用。生态保护能力建设落后。大部分地区尚未开展生态保护现场执法工作，各地普遍存在经费紧张、交通工具不足、装备落后等问题。

（三）机遇与挑战

近年来，生态保护工作得到了中央和地方各级政府的高度重视，得到了社会各界的广泛关注。党中央提出全面建设小康社会与构建和谐社会的目标，把“人与自然和谐相处”作为社会主义和谐社会的基本特征之一，为生态保护工作提供了有力的政治保障，为生态保护参与综合决策创造了条件。

《全国生态环境保护纲要》、《国务院关于落实科学发展观加强环境保护的决定》及《国民经济和社会发展第十一个五年规划纲要》等重要文件均确立了保护生态环境，加快建设资源节约型、环境友好型社会，促进经济发展与人口、资源、环境相协调的总体思路。2006年4月，第六次全国环境保护大会提出了历史性转变的战略构想，为生态保护工作参与综合决策，服务经济社会发展大局提供了难得的历史机遇。

同时，我国生态环境也面临着严峻挑战。围绕全面建设小康社会的总体目标，我国经济社会将进一步发展。未来5年，我国生态保护在面临经济增长、人口增加、资源需求压力加大的同时，受到传统粗放的经济增长方式难以彻底扭转，法规、政策、管理体制不完善等因素的制约，将处于一个非常关键的时期，应明确思路，统筹规划，加大投入，推动生态保护工作取得明显成效。

二、指导思想、原则与目标

（一）指导思想

以科学发展观为指导，以加快实现环境保护工作历史性转变为契机，以维系自然生态系统的完整和功能、促进人与自然和谐为目标，实施分区分类指导，重点抓好自然生态系统保护与农村生态环境保护，控制不合理的资源开发和人为破坏生态活动。加强生态环境质量评价，提高监督管理水平，为全面建设小康社会提供坚实的生态安全保障。

（二）基本原则

1.预防为主，保护优先

坚持预防为主的方针，通过经济、社会和法律手段，落实各项监管措施，规范各种经济社会活动，防止造成新的人为生态破坏，对生态环境良好或经过恢复重建之后的生态系统进行有效保护。同时，要坚持治理与保护、建设与管理并重，使各项生态环境保护措施与建设工程长期发挥作用。

2.分类指导，分区推进

我国地域差异显著，各地自然生态环境条件、社会经济发展水平和面临的生态环境问题各不相同，需要因地制宜采取相应对策和措施，分区、分阶段有序开展工作。结合国家四类主体功能区的划分，引导各省优化资源配置与生产力空间布局，按照优化开发、重点开发、限制开发和禁止开发的不同发展要求，在发展经济的同时，切实保护生态环境。

3.统筹规划，重点突破

生态环境问题成因复杂，许多历史遗留问题难以在短期内解决，必须进行近远期、部门间、城乡间的统筹考虑和规划。优先抓好对全国有广泛影响的重点区域和重点工程，力争在短时期内有所突破，取得成功的经验后，通过制定相关政策予以推广，形成规模效应。

4.政府主导，公众参与

生态保护是公益事业，政府应发挥主导作用，制定相关的法规、标准、政策和规划，在一些重要流域与区域由政府主导实施保护和建设。同时，生态环境与每个人息息相关，须建立和完善公众参与的制度和机制，鼓励公众参与生态环境保护活动。

（三）工作目标

1.总体目标

到2010年，生态环境恶化趋势得到基本遏制，部分地区生态环境质量有所改善；重点生态功能保护区的生态功能基本稳定，自然保护区、生态脆弱区的管理能力得到提高，生物多样性锐减趋势和物种遗传资源的流失得到有效遏制；基本摸清全国土壤环境污染状况，初步解决农村“脏、乱、差”问题，重点区域农村面源污染、规模化畜禽养殖污染防治措施得到有效落实；省、市、县、乡镇和村相应级别的生态示范创建活动深入开展，资源开发活动的生态保护监管能力进一步加强，公众生态保护意识得到提高，生态保护法律法规体系进一步完善，为人们在良好的环境中生产、生活提供坚实的生态安全保障。

2.具体目标

（1）区域生态保护：完善《全国生态功能区划》，建设22个国家重点生态功能保护区和一批地方生态功能保护区；建设88个规范化国家级自然保护区。全面开展区域生态环境质量评价工作，建立评价结果定期公布制度。

（2）生态保护监管：资源开发和建设项目严格执行环境影响评价和“三同时”制度，建立全过程监管体系，加大生态破坏行为的查处力度，生态破坏的恢复治理率得到提高。生物安全管理和履约能力得到强化，生态脆弱区管理得到加强。

（3）农村污染防治：实施《农村小康环保行动计划》，开展农村环境综合整治，村庄环境综合整治率大于20%。

（4）土壤污染防治：基本摸清全国土壤环境污染状况，选取典型区建设土壤污染治理示范工程。

（5）生态示范创建：全国开展生态省建设的省份达到15个左右，建成并命名15个左右生态市（县），创建400个国家级环境优美乡镇和8000个生态村。

三、重点领域及主要任务

（一）深化自然生态保护工作

1.完善全国生态功能区划

进一步完善国家及地方生态功能区划，确定不同地区的生态环境承载力和主导生态功能，作为科学划分四类主体功能区的重要依据，指导生态保护工作分区、分级、分类有序开展，科学、合理地指导自然资源开发和产业布局，推动经济社会与生态环境保护协调发展。

结合各地生态敏感性、资源环境承载力，以及经济社会发展强度和潜力等因素，明确优化开发、重点开发、限制开发和禁止开发四类主体功能区环境管理的基本要求。在环境容量有限、自然资源供给不足而经济相对发达的地区实行优化开发，坚持环境优先，大力发展高新技术，优化产业结构，加快产业和产品的升级换代，率先完成排污总量削减任务，做到增产减污。在环境仍有一定容量、资源较为丰富、发展潜力较大的地区实行重点开发，加快基础设施建设，科学合理利用环境承载能力，推进工业化和城镇化，严格控制污染物排放总量，做到增产不增污。在生态环境脆弱的地区和重要生态功能保护区实行限制开发，在坚持保护优先的前提下，合理选择发展方向，发展特色优势产业，确保生态功能的恢复与保育，逐步恢复生态平衡。在自然保护区和具有特殊保护价值的地区实行禁止开发，依法实施保护，严禁不符合规定的开发活动。在国家主体功能区划分基础上，开展省级功能区划分工作，为生态保护与监管提供依据。

2.推动重点生态功能保护区建设

实施《国家重点生态功能保护区规划》，遵循“先急后缓，由点到面”、“分类指导、分区推进”的基本原则，分期分批开展保护和建设。通过生态功能保护与恢复项目、产业引导和社区共管示范项目以及监管能力建设工程的组织实施，使这些区域主导生态功能得到保护和逐步恢复。

初步建立生态功能保护区管理体制和运行机制。建立由政府组织、相关部门分工负责的生态功能保护区建设和管理协调机制，建立和完善各级、各部门领导任期目标责任制。

在重要水源涵养区、洪水调蓄区、防风固沙区、水土保持区及重要物种资源集中分布区，优先建立22个国家重点生态功能保护区和一批地方生态功能保护区。

3.提高自然保护区建设和管理水平

实施《全国自然保护区发展规划》，提高自然保护区的管护能力与建设水平，推动自然保护区由“数量规模型”向“质量效益型”转变。

科学规划自然保护区布局，加强对新建自然保护区的指导，在尚未得到有效保护的典型生态系统、国家重点保护野生动植物集中分布区域及自然遗迹地，优先建立自然保护区，逐步形成完善的自然保护区网络体系。对现有自然保护区进行整合，对其范围和功能区划进行优化。

加强自然保护区基础设施建设，提高监测与研究水平，加强对自然保护区周边资源开发活动的监控引导，完善自然保护区建设与管理的法规体系，建立自然保护区的警告、升降级及定期考评制度，对部分保护价值明显下降和管理水平低下的保护区，应进行警告、降级乃至撤销，促进自然保护区管理水平的提高。

优先完成230个国家级自然保护区的基本建设，将其中88个自然保护区建成规范化国家级自然保护区。开展全国自然保护区调查，初步形成国家级自然保护区监测体系，重点加强自然保护区国家和省一级的管理能力，制定自然保护区资源状况的调查和信息公布相关标准和规章制度，全面提升自然保护区和各级有关主管部门的管理能力。

4.加强自然生态系统保护

以促进人与自然和谐为重点，强化自然生态保护。优先保护天然植被，坚持因地制宜，重视自然恢复。继续实施天然林保护、天然草原植被恢复、退耕还林、退牧还草、退田还湖、防沙治沙、水土保持和防治石漠化等生态治理工程。严格控制土地退化和草原沙化。经济社会发展要与水资源条件相适应，统筹生活、生产和生态用水。

加强森林生态系统保护。加大天然林和生态公益林的保护力度，推进环境友好的林业建设方式，禁止陡坡开荒，严厉打击各类盗伐、超量采伐活动。加强对单一树种人工林建设的生态监管，对大规模林纸一体化项目及其造林基地建设要进行严格的生态环境影响评价。

保护和恢复湿地生态功能。严格限制围湖、围海造地和占填河道等改变湿地生态功能的开发建设活动。开展湿地生态功能与生物多样性保护，加强湖泊湖滨带保护区、湿地自然保护区建设与管理。

促进草原生态恢复与保护。加大天然草原保护和草地资源管理力度，合理划定轮牧区和禁牧区，禁止草原开垦行为。严格控制采集草原固沙野生植物和中草药材。大力发展沼气、风能、太阳能和生物质能等新能源，避免过度樵采对草灌植被造成破坏。

保护海洋生态环境。合理开发海洋资源，实施海洋环境综合管理，促进海洋经济发展。综合治理重点海域环境，遏制渤海、长江口和珠江口等近岸海域生态恶化趋势。恢复近海海洋生态功能，保护红树林、滨海湿地和珊瑚礁等海洋、海岸带生态系统，加强海岛保护和海洋自然保护区管理。完善海洋功能区划，规范海域使用秩序，严格限制开采海砂。

（二）强化区域生态保护监督与管理

1.加强资源开发的生态环境监管

严格控制破坏地表植被的开发建设活动，防治水土流失，重点控制农牧交错区的土地退化和草原沙化，在自然环境恶劣和生态环境超载的地区，加快实施移民搬迁。对资源开发活动的生态破坏状况开展系统的调查与评估，制定全面的生态恢复规划和实施方案，针对矿山、取土采石场等资源开发区、地质灾害毁弃地和塌陷地、大型工程项目建设区的裸露工作面开展生态恢复。加强生态恢复工程实施进度和成效的检查与监督，及时公布检查评估状况。加强对尾矿、矸石、废石等矿业固体废物及其贮存设施的监督管理，防止环境事故发生。

规范水资源开发行为，协调好生活、生产、生态用水，流域水资源开发利用规划要全面评估工程项目对流域和区域生态环境的影响，引导经济社会发展与水资源条件相适应，维持健康的水生态系统。在干旱与半干旱地区建设水坝和调水工程，要充分考虑生态用水需要。严格控制地下水开采量，地下水已严重超采的地区，应严禁新建取用地下水的供水设施，并逐步减少地下水取水量。在西部和北方水资源短缺地区，要严格限制高耗水产业发展。

强化旅游开发活动的生态环境保护工作，加大旅游区环境污染和生态破坏情况的检查力度，做好旅游规划中有关环境影响评价的审查、指导和督促。重点加强对生态敏感区域旅游开发项目的环境监管，建立健全地方性的规章制度、标准和考核办法，规范旅游开发活动，开展生态旅游试点示范。广泛开展宣传、教育、培训等活动，提高公众的旅游生态环境保护意识。

2.提高生物多样性履约和管理能力

实施《全国生物物种资源保护与利用规划》，全面调查全国物种及遗传资源本底、物种及遗传资源的传统知识与适用技术，开展相关鉴别、整理和编目工作；建设物种及遗传资源数据库和信息系统，构建物种及遗传资源保护与持续利用信息共享平台；完善相关的法规政策及管理制度，加强进出境查验，控制物种及遗传资源的流失；开展生物物种资源保护和管理宣传教育；继续做好生物物种资源就地和迁地保护，加强对现有设施的管理。

建立科学有效的外来物种防治措施、协调管理和应急机制。对外来物种进行全面调查，开展外来入侵物种对生物多样性和生态环境的影响研究。加强对转基因生物体、病原微生物的监控管理，努力将转基因生物及其产品在生产、转运、销售和使用过程中，可能对生物多样性、人类健康及生态环境的影响降低到最低水平。

做好《生物多样性公约》和《生物安全议定书》履约工作，进一步完善国内履约机制，完成第四次生物多样性履约国家报告和第一次生物安全议定书履约国家报告，编写《生物多样性公约》要求的各专题报告。推动地方建立生物多样性保护协调机制，与国外相关机构密切合作，推动有关国际合作项目的顺利实施，制定和完善遗传资源保护与管理标准、规范。建立政府、科研单位和相关生物技术企业的信息交流机制，使我国生物多样性的资源优势尽快转化为经济效益。

3.重视生态敏感区和脆弱区保护

在全国生态环境现状调查工作基础上，系统调查我国典型生态敏感区和脆弱区的类型与空间分布，明确这些区域生态环境的特点和面临的主要问题，编制《生态脆弱区保护规划》，将生态脆弱区纳入国家主体生态功能区中的限制开发区，执行相应的环境经济政策和环境保护要求。

启动生态环境监测及现状评价工作，将生态监测和评价纳入日常监管工作，并明确相应的生态保护内容。各级环保部门要会同有关部门优先在生态敏感区和脆弱区分期划定一批禁采区、禁垦区、禁伐区和禁牧区。在生态敏感区和脆弱区加强环境污染控制，特别是加强危险化学品和危险废物的管理。

（三）加大农村环境污染防治力度

1.实施“农村小康环保行动计划”

按照“生产发展、生活宽裕、乡风文明、村容整洁、管理民主”的要求，推进社会主义新农村建设。开展村庄环境综合整治，以农村环境卫生整治、农村生活垃圾、生活污水处理、村容村貌建设等为重点内容，全面改善农村生产与生活环境，使“十一五“末期全国村庄环境综合整治率达到20%以上。具体任务包括：一是加强村庄生活垃圾收运－处理系统、生活污水处理设施建设；二是实施工业企业污染治理示范工程；三是在重点流域建设一批规模化畜禽养殖场废弃物处理与资源化利用设施；四是选择典型区建设土壤污染综合治理示范工程；五是加强有机食品生产基地建设；六是新建400个国家级环境优美乡镇和8000个生态村；七是加强农村环境监测、监管和宣教等环保能力建设。

2.综合防治土壤污染

开展全国土壤污染现状调查与评价，研究土壤污染治理与修复技术。严格控制在主要粮食产地、菜篮子基地进行污灌，加强对主要农产品产地土壤环境的常规监测，在重点地区建立土壤环境质量定期评价制度。污染严重且难以修复治理的耕地应在土地利用总体规划中做出调整。针对不同土壤污染类型（重金属、有机污染等），选取有代表性的典型区（污灌区、固体废物堆放区、矿山区、油田区、工业废弃地等）开展土壤污染综合治理研究与技术评估，选择若干重点区域，建设土壤污染治理示范工程。

3.加强农村面源污染控制，强化农产品产地环境监管

开展重点流域、区域农村面源污染调查，摸清农村面源污染负荷及特征，提出农村面源污染防治措施。制定相关法规，为加强农村环境保护、整体提升我国农村环境监管能力、改善农村环境质量、防治农村地区生产生活及外来污染物造成的环境问题提供法律依据。

加大环境友好型农业生产技术的研发推广力度，制定、完善并监督实施农药、化肥、农膜等农业生产资料的环境安全使用标准及生产操作技术规范，指导农民科学使用农用化学品，制定支持有机肥生产和使用的政策。禁止秸秆焚烧，推进秸秆的综合利用，大力推广秸秆还田、气化、制造轻质建材等综合利用。

加强对农产品生产基地和生产加工企业周边地区的环境监测、环境质量评价和监管工作。推动全国农业生产方式和结构的转型，扩大生态农业生产面积，特别是在条件适宜的地区，积极发展绿色和有机食品生产，完善、制定相关监测标准及技术规范。继续深入开展国家级有机食品生产基地建设工作，制定详细的环境管理计划，开展生产基地水体、土壤、大气环境质量定期监测，综合防治病虫害。“十一五”期间，优先在西部、中部地区自然条件良好的农村地区建设一批有机食品生产基地，东部地区则考虑选取有机食品发展较快、基础较好的一些地区建设示范工程。

4.防治畜禽和水产养殖污染

根据《畜禽养殖污染防治管理办法》，划定畜禽禁养区，加强畜禽养殖污染防治和环境执法。禁养区内不得新建任何畜禽养殖场，已建的畜禽养殖场要限期搬迁或关闭。制定、完善畜禽养殖环境保护相关标准和技术规范，研究并制定促进畜禽养殖废弃物综合利用及产业化的经济技术政策、发展规划。积极发展养殖小区，推广健康养殖技术，实行种养结合、雨污分流、清洁生产、干湿分离，实现畜禽粪便资源化利用，加快推进规模化畜禽养殖场的技术改进与污染治理。

优先在重点流域、区域和畜禽养殖环境问题较为严重的地区，根据当地经济发展水平、种植业和养殖业布局等具体情况，选择生产沼气、堆肥等方法建设畜禽养殖污染防治示范工程，总结推广一批经济适用的畜禽养殖污染防治和废弃物综合利用技术和模式，加大推广力度，切实推动畜禽养殖环境问题的解决。

开展水产养殖污染防治工作。对水产养殖环境问题进行调查研究，制定水产养殖环境保护法规、技术规范，推动水产养殖环境监管工作法制化、规范化。

（四）巩固推进生态示范创建工作

大力推进生态省（市、县）、环境优美乡镇和生态村的建设，进一步完善生态省（市、县）考核的有关指标体系，制定相关管理和考核验收办法。以生态示范创建为载体，推动区域经济、社会和资源、环境的协调发展，减少资源消耗和环境污染，全面提高人们的生产与生活环境质量。

1.深化生态省、生态市和生态县建设

根据各地自然条件、社会经济基础，分类指导，分区推进，因地制宜开展生态示范创建工作。在稳定东部地区创建成果的同时，鼓励经济发展条件较好并位于重要生态功能区域的市、县开展生态市、生态县的建设。加强对中西部地区的宣传和培训，加大中西部地区创建工作的推进力度，稳步扩大生态省（市、县）建设的覆盖面。

2.积极推进环境优美乡镇创建工作

进一步推动环境优美乡镇创建工作。按照自下而上的思路，根据生态创建工作“两个80%”（即生态市所辖80%的县要达到生态县的标准，生态县所辖80%的乡镇要达到环境优美乡镇的标准）的基本要求，把创建工作与生态县建设和农村经济社会发展有机结合起来，鼓励和引导具有较好社会基础、较强经济实力、较优环境条件的乡镇率先开展环境优美乡镇创建工作。

3.大力开展生态村建设

结合《农村小康环保行动计划》实施，制订“国家级生态村”考核验收标准，指导并推动各地因地制宜地开展生态村创建活动，并以此作为生态示范创建的细胞工程，开展村庄环境综合整治，发展生态经济，提高村庄生态文明水平，全面改善农村环境与整体面貌。“十一五”期间，力争创建8000个生态村，推动全国农村环境保护水平整体提升。

四、保障措施

（一）建立健全相关法律、法规和标准

加强立法工作，把生态环境保护纳入法制化轨道。尽快制定《自然保护区法》、《土壤污染防治法》、《转基因生物安全法》、《生态保护法》等法律，制定《生物遗传资源管理条例》、《物种资源保护条例》、《畜禽养殖业污染防治条例》、《农村环境保护条例》等有关法规。加快建立生态保护标准体系，包括土壤环境质量标准、城市与农村生态环境质量评价标准、生物多样性评价标准、转基因生物环境风险评估标准、外来入侵物种环境风险评估标准、生态旅游标准、矿山生态保护与恢复标准、地表水资源开发生态保护标准、自然保护区分类标准等。制定矿山、畜禽养殖、自然保护区等生态环境监察工作规范。制定相关法规，保障生态环境保护规划的权威性。

（二）完善生态环境监督管理体制

建立和完善部门协调机制，加强部门合作。针对资源开发的生态环境保护等问题，建立定期或年度的部门联合执法检查。加强对生态环境有重大影响的资源开发和项目建设的环境影响评价。建立较完善的生态保护统计体系。

建立自然保护区动态管理机制，开展定期的自然保护区的质量和管理能力评估，建立自然保护区警告、升降级制度。把各级政府对本辖区生态环境保护责任落到实处，建立生态环境保护与建设的审计制度。

（三）创新生态保护政策

研究并制定生态补偿政策。根据我国生态保护与管理的特点，针对不同领域不同层次的生态补偿需求，构建我国生态补偿政策的总体框架，确定若干优先领域，重点突破，制定生态补偿政策技术导则。选取典型区域与领域，开展生态补偿试点。

制定并完善生态保护的公共参与政策，鼓励公众参与生态环境管理、监督与建设。建立重大生态环境法规政策、规划公告制度，保障公众的知情权。针对重大环境问题，举行公众听证会，广泛听取社会各界的意见，鼓励公众参与生态环境监督。

（四）加强生态保护技术研究与推广应用

加强生态保护重点领域的基础研究和科技攻关，加强对科研院所的科研能力建设支持，优先安排重大生态环境问题与关键技术科研课题。加强对外交流与合作，共同开展生态环境保护领域重大战略与重要理论研究。“十一五”期间，重点开展城市水体生态修复技术、土壤污染防治与农村环境综合整治技术、重要生态功能区保护和建设的方法与技术模式、生物多样性与生物安全支撑技术、生态系统监测、评价等生态环境保护关键技术的研究。对经实践验证具有较好效果的成熟技术模式，进行大范围推广与应用，为全面改善生态环境质量提供技术支撑。

加强生态环境保护科普基地建设，依托自然保护区、生态工业园区、生态示范区等，建设一批国家生态环境保护科普基地；建设国家生态环境保护科技资源信息共享平台。

（五）建立多渠道的投资体系

积极争取生态保护的财政投入，建立自然保护区专项资金，按照相关责权分别用于自然保护区建设和运行管理。针对农村环保投入长期不足的问题，将农村环境保护投资纳入到国家重点流域、区域环保投资领域。

充分发挥市场机制，广泛吸纳社会资金投入生态环境保护与建设。加快生态补偿机制建立步伐，通过区域、流域间的生态补偿机制建立，解决生态保护资金投入不足问题。充分利用国际基金、非政府组织的力量开展生态保护，鼓励和吸引国内外民间资本投资生态保护。

（六）加强生态保护能力建设

加强生态保护相关领域的基础调查、监测、评价能力建设，从生态安全、生态系统健康、生态环境承载力等方面对区域、流域生态环境质量进行系统评价，为生态保护决策提供支持。整合利用各部门和相关机构的信息、研究成果。深入开展生态监测工作，建立地面观测站点，逐步完善生态监测网络，充分利用遥感、卫片等数据信息对生态环境质量进行评估，对全国和重点区域生态环境质量进行定期评价，并公布评价结果。

在系统调查、监测、评价的基础上，针对重点流域及重点生态功能保护区开展生态预警及防护体系的研究和建立工作，及时掌握这些地区的生态安全现状和变化趋势。通过建立生态预警评价指标、分级管理方案和确定警戒线等措施，对生态系统的演化趋势进行预测评价，提出相应的防范对策，为政府决策提供科学依据。

加强生态环境保护管理能力建设，在深化试点工作的基础上，继续深入开展生态环境监察试点工作，“十一五”期间新增200个试点，开展生态环境监察示范活动。建立基层生态环境监察队伍，保障资金，开展人员培训，配备必要的办公设施与执法装备，全面提高生态环境保护执法能力。

（七）促进公众参与和监督

深入开展生态环境国情、国策教育，分级、分批开展生态环境保护培训，重视生态环境保护的基础教育。开辟公众参与生态保护的有效渠道，为公众参与重大项目决策的环境监督和咨询提供必要的条件。

发挥新闻媒体的宣传和监督作用。要积极宣传国家生态环境保护相关方针政策、法律法规，公开生态环境执法典型案例，通过案例教育群众，普及生态知识，提高公众保护生态环境的自觉性。

国家“十一五”科学技术发展规划（节录）

科学技术部

2006年10月27日

三、重点任务

1. 瞄准战略目标，实施重大专项

围绕国家发展的重大战略需求，“十一五”期间重大专项重点实施的内容和目标分别是：

大型油气田及煤层气开发。重点研究西部复杂地质条件下油气、煤层气和深海油气资源的高精度地震勘探和开采技术，提高成套技术与装备的自主设计和制造能力，使石油和天然气资源探明率分别提高10%和20%，石油采收

率提高到40%～45%。

大型先进压水堆及高温气冷堆核电站。依托国家重点工程建设，加强引进技术消化吸收再创新与自主研究开发的有机结合。突破第三代先进压水堆核电关键技术，完成标准设计，并开始建造首台商用示范机组；完成高温气冷堆核电厂关键技术攻关，建设具有自主知识产权的20万千瓦级高温气冷堆核电厂示范工程。

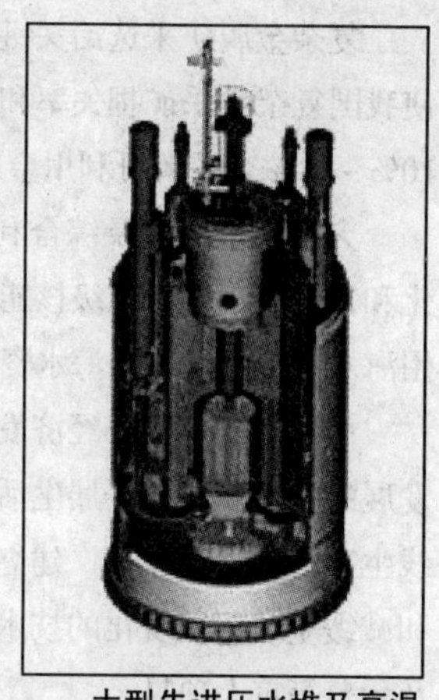
大型先进压水堆及高温气冷堆核电站

水体污染的控制与治理。选择不同类典型流域，开展流域水生态功能区划，研究流域水污染控制、湖泊富营养化防治和水环境生态修复关键技术，突破饮用水源保护和饮用水深度处理及输送技术，开发安全饮用水保障集成技术和水质水量优化调配技术，建立适合国情的水体污染监测、控制与水环境质量改善技术体系。

2. 面向紧迫需求，攻克关键技术

（1）优先发展能源、资源与环境保护技术

针对我国能源、资源的有限性，大规模环境破坏的不可逆性，以及解决这些问题的紧迫性，把能源、资源和环境保护技术放在优先位置。坚持节能优先，努力推进能源开发、利用的多元化，增加能源供应，缓解近期国家能源的供需矛盾；提高水、油气和矿产等战略性资源勘探、开发、利用的技术水平，扩大现有资源储量；进一步加强生态保护与治理的技术研发与示范，强化废弃物资源化利用，积极发展环保产业技术，促进生态环境质量的改善。

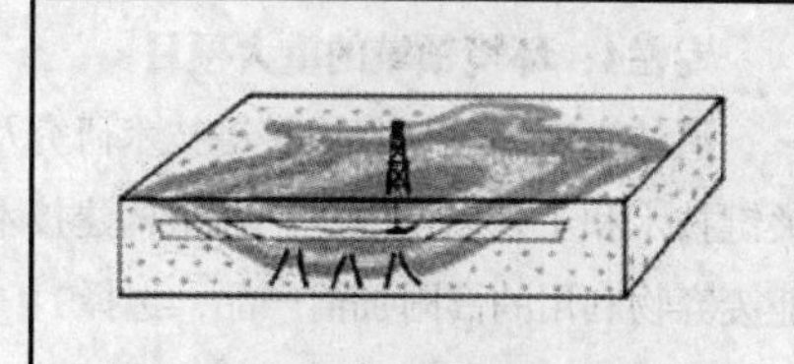
大型油气田及煤层气开发

突破清洁、可靠、经济的能源供给与使用技术，保障国家能源安全。重点攻克工业、建筑、交通领域节能关键技术；开发和利用清洁能源技术及煤的多联产技术，掌握先进的洁净煤发电技术、煤炭转化技术和污染物控制与温室气体减排技术；突破水能、风力发电、生物质液体燃料、太阳能光伏发电等可再生能源利用的关键技术，实现低成本、规模化及产业化利用；掌握特高压输电和电网安全关键技术，提高电网输电容量、效率和安全运行水平。组织实施建筑节能关键技术研究与示范、大功率风电机组研制与示范、±800千伏直流/1000千伏交流特高压输变电技术与装备等重大项目。

专栏2：能源领域的重大项目

建筑节能关键技术研究与示范。重点研究建筑节能优化设计集成技术、大型公共建筑节能技术、太阳能等可再生能源利用技术，以及开发系列化、成套化建筑节能系统设备，实现新建建筑总能耗降低50%以上，新建建筑采暖能耗降低60%～65%，住宅和中小型公共建筑用电量降低40%，大型公共建筑用电量降低60%。

大功率风电机组研制与示范。研制2～3兆瓦风电机组，建设近海试验风电场，形成海上风电技术。攻克2兆瓦以下风电机组产业化关键技术，实现产业化。形成大型风力发电机组检测认证体系。

±800千伏直流/1000千伏交流特高压输变电技术与装备。通过对特高压交直流输电理论和试验研究，掌握特高压输电的关键技术、研究试验方法，促进大电网技术和输变电设备制造技术进步。

坚持节约优先、增储增效，提高资源安全供给能力。重点开发节水技术、海水淡化技术、重大调水工程配套技术、提高油田采收率技术、大型油气田高效勘探技术以及复杂油气藏和煤层气高效开采技术；开展大型矿产资源基地勘查与评价，开发危机矿山接替资源勘查技术、复杂矿产资源高效开发利用技术及煤炭清洁安全采选技术。组织实施中西部大型矿产基地综合勘查技术与示范、复杂金属矿采选冶关键技术与装备、大型海水淡化及综合利用技术研究与示范等重大项目。

专栏3：资源领域的重大项目

中西部大型矿产基地综合勘查技术与示范。掌握三江地区等十大中西部重点成矿带的成矿规律，开发并集成适合中西部不同地形条件的地、物、化、遥综合勘查技术系列，提交大型矿床远景靶区25～30处，可供商业勘查的铜、铁、铅、锌等大型找矿基地10～15处，探明一批铜、铁、铅、锌和金等资源的储量。

复杂金属矿采选冶关键技术与装备。攻克20项复杂难处理矿采选冶关键技术，开发一批大型采选冶成套设备，使我国复杂矿采矿损失率和开采成本降低20%～30%和15%～20%，资源综合利用率提高8%～10%，生产能耗降低10%～15%，扩大可利用金属资源量15～20亿吨。

大型海水淡化及综合利用技术研究与示范。开发5万吨/日低温多效蒸馏海水淡化、单套1万吨/日反渗透海水淡化和日产淡水10万吨级核能淡化技术与装备，建立示范工程；发展10万吨/时级海水循环冷却成套技术与装备和生活用海水利用技术以及海水资源综合利用技术。

引导与支撑循环经济发展，建立环境友好型社会。重点加强循环经济技术体系的研发，建立10种促进循环经济发展的技术模式；开展生活垃圾处理与资源化及环境管理支撑技术研究；开发退化生态区生态系统以及重大工程沿线生态综合整治技术，建立15个不同类型示范工程；研究预测未来全球环境变化的发展趋势和影响，研究制定适应和减缓全球环境变化的技术对策。组织实施清洁生产与循环经济关键技术研究及示范、典型脆弱生态系统重建技术及示范等重大项目。

专栏4：环境领域的重大项目

清洁生产与循环经济关键技术研究及示范。重点突破15～20项发展循环经济的共性技术、重污染行业清洁生产关键技术和工艺以及绿色产业链构建技术，突破30项固体废弃物安全处理处置与资源化关键技术，开发50个大宗工业废弃物利用的高附加值产品，选择5～7个典型工业园区进行生态工业示范。

典型脆弱生态系统重建技术及示范。针对典型脆弱生态区存在的突出生态问题，开发15～20项脆弱生态系统综合治理技术与模式，进行脆弱生态系统重建技术集成与示范，加强技术和模式推广；建立生态环境基础数据库和信息平台，实现数据共享。

（2）加强产业关键共性技术攻关

加快农业技术全面升级，持续提高农业综合生产能力。重点发展能源作物生产与绿色燃料制备技术；研究农林生态安全保障技术以及高效发展技术，开发农业灾害预防与调控技术、农业节水技术开发与设备研制、生态农业技术与模式。组织实施农林生物质工程、林业生态建设关键技术研究与示范等重大项目。

专栏5：农业领域的重大项目

农林生物质工程。开发生物塑料、生物可降解地膜等生物质材料，以及突破农林能源植物培育技术，发展和建立10～20个适合我国农村条件的生物质能源示范基地。

以高新技术的集成创新为核心，大幅度提高我国制造业竞争能力。研究开发大型关键能源装备、重大成套高技术设备、大型海洋工程装备及航空、汽车、纺织、轻工、工程机械、农机、医疗医药等行业急需的重大成套装备；突破流程工业绿色化技术。组织实施制造业信息化工程、绿色制造关键技术与装备等重大项目。

专栏6：制造业领域的重大项目

绿色制造关键技术与装备。建立绿色制造模式库和实施方法库，研究绿色基础材料及其制备技术、清洁生产与绿色制造技术、材料的高性能化技术、再资源化技术和再制造技术，制定若干项规范和标准，形成若干高效、节能、环保和可循环的新型制造工艺。并实施一批绿色制造示范工程。

加强材料领域技术攻关，推动材料工业结构调整和产业升级。重点研究开发材料清洁生产技术、高效低耗制备技术、材料与生态环境协调技术，加强在材料设计、制备与加工、应用及回收等产品全生命周期中的技术集成与应用，形成高效、节能、环保和可循环的新型制造工艺；发展综合性能高、资源消耗少、环境负荷低的重大材料产品及相关工艺技术。组织实施可循环钢铁流程工艺与装备、全氟离子膜工程技术研究等重大项目。

专栏7：材料领域的重大项目

可循环钢铁流程工艺与装备。研究高效化生产高品质板带钢材的工艺技术与装备、钢铁企业的二次资源与能源的循环利用技术、熔融还原炼铁和过程煤气的能源转换技术，自主创新集成我国新一代可循环钢铁制造流程。

发展节约与循环技术，建设节约型社区和现代城镇。重点发展城镇区域规划和土地利用、社区与住宅建设、综合功能提升及城镇动态监测监控技术，城镇综合节水、空间开发与高效利用、基础设施建设与高效运行及信息化平台技术，节能、节材和废弃物循环利用技术，现代建筑设计与施工技术，居住区和室内环境改善技术，以及推进重大建筑工程装备的自主创新。组织实施城镇人居环境改善与保障关键技术研究、村镇空间规划和土地利用关键技术研究、村镇小康住宅关键技术研究与示范等重大项目。

3．把握未来发展，超前部署前沿技术和基础研究

先进能源技术。大力开发节能和煤炭高效利用、转化技术，积极发展新能源和可再生能源技术，掌握核能、氢能开发与利用技术。重点研究氢能与燃料电池技术、高效节能与分布式供能技术、洁净煤技术、可再生能源技术。组织实施以煤气化为基础的多联产示范工程、快中子实验堆、重型燃气轮机创新工程、生物质能源等重大项目。

资源环境技术。围绕扩大战略性矿产资源储量和提高资源利用率，按照“增加储量，高效开发，综合防治，改善环境”的原则，重点突破100项资源与环境关键技术，形成深部及复杂条件下油气和固体矿产资源高效勘探开发的技术能力，建立区域环境污染控制技术体系及综合防治模式。重点研究矿产资源高效勘查与开发技术、复杂油气资源勘探开发技术、环境污染治理新技术、环境监测及环境风险评价技术。组织实施先进钻井技术与装备、航空地球物理勘探技术系统、重点城市群大气复合污染综合防治与技术集成示范重大项目。

现代交通技术。突破交通运输节能、环保和安全关键技术，增强交通运输安全保障能力，提高运网能力和运输效率。组织实施节能与新能源汽车重大项目。

国家重大战略需求的基础研究领域。围绕农业、能源、信息、资源环境、人口与健康、材料、综合交叉和重要科学前沿等领域的战略需求，重点部署人类健康与疾病的基础研究，农业生物遗传改良和农业可持续发展中的基础科学问题，人类活动对地球系统的影响机制，全球变化及其区域响应，复杂系统、灾变形成及其预测调控，能源可持续发展中的关键科学问题。

专栏16：国家重大战略需求的基础研究领域

能源领域。重点研究化石能源高效洁净利用与转化，新能源和可再生能源大规模经济利用，大规模利用核能，提高能源利用效率，巨型互联电网安全性，氢能规模无污染制备、输运和存储等方面的关键科学问题。

资源环境领域。重点开展水循环与水资源高效利用，战略性矿产资源和化石能源成矿（藏）规律研究，以及勘探开发和集约利用的新理论与新方法，土地利用与土地覆被变化规律，大规模人类活动的生态影响和区域生态安全，环境质量演变和污染控制，全球变化及其区域响应和适应，中国近海及海洋生态环境演变和海洋安全等研究。

全国农村沼气工程建设规划（2006－2010年）

农 业 部

（2007年3月）

近年来，我国农村沼气建设力度加大，发展较快。农村沼气建设把可再生能源技术和高效生态农业技术结合起来，对解决农户炊事用能，改善农民生产生活条件，促进农业结构调整和农民增收节支，巩固生态环境建设成果具有重要意义。农村沼气项目深受广大干部群众欢迎，被誉为建设资源节约型社会的能源工程，建设环境友好型社会的生态工程，增加农民收入的富民工程，改善农村生产生活条件的清洁工程，为农民办实事办好事的民心工程。

党的十六届五中全会明确提出“大力普及农村沼气，发展适合农村特点的清洁能源”。为加快发展农村沼气，推进社会主义新农村建设，编制《全国农村沼气工程建设规划（2006－2010年）》。

一、党中央、国务院高度重视农村沼气建设

（一）中央领导始终重视发展农村沼气

1958年，毛泽东同志在武汉、安徽等地视察农村沼气时指出："沼气又能点灯，又能做饭，又能作肥料，要大力发展，要好好推广。"

1980年7月，邓小平同志在四川视察农村沼气时指出："发展沼气很好，是个方向，可以因地制宜解决农村能源问题，沼气发展要有一个规划，要有明确奋斗目标和方向。要抓科研，沼气池也要搞'三化'，即标准化、系列化、通用化，不这样不好管理，也保证不了质量"，"这是一件大好事，大家要重视一下"。1982年9月小平同志再次强调，"搞沼气还能改善环境卫生，提高肥效，可以解决农村大问题"。

1991年3月，江泽民同志在湖南考察农村沼气时指出："农村发展沼气很重要，一可以方便农民生活，二可以保护生态环境。"

新一届中央领导集体重视并多次考察农村沼气。2003年以来，胡锦涛同志在江西赣州、河南梁园区、河北张家口分别考察、了解了农村沼气建设情况，并给予充分肯定。温家宝总理2002年9月批示："发展农村沼气，既有利于解决农民生活能源，又有利于保护生态环境，确实是一项很有意义、很有希望的公益设施建设。积极稳妥地推进这项工作，必须坚持科学规划、因地制宜，必须加强领导，建立合理的投资机制，发挥国家、集体、农民的积极作用，必须把发展农村沼气同农业结构调整特别是发展养殖业结合起来，同农村改厕、改水等社会事业结合起来，同退耕还林、保护生态结合起来。开展这项工作，要通过典型示范，总结经验，逐步推广。"

（二）发展农村沼气的有关政策规定

《中共中央国务院关于做好农业和农村工作的意见》（中发［2003］3号）指出："农村中小型基础设施建设，对直接增加农民收入、改善农村生产生活条件效果显著，要加快发展"，"国家农业基本建设投资和财政支农资金，要继续围绕节水灌溉、人畜饮水、乡村道路、农村沼气、农村水电、草场围栏'六小'工程，扩大投资规模，充实建设内容。要重点支持退耕还林地区发展农村沼气。"

《中共中央国务院关于促进农民增加收入若干政策的意见》（中发［2004］1号）指出，农村沼气等"六小工程"，对改善农民生产生活条件、带动农民就业、增加农民收入发挥着积极作用，要进一步增加投资规模，充实建设内容，扩大建设范围。

《中共中央国务院关于进一步加强农村工作提高农业综合生产能力若干政策的意见》（中发［2005］1号）要求"加快农村能源建设步伐，继续推进农村沼气建设"。

《国务院关于做好建设节约型社会近期重点工作的通知》（国发［2005］21号）文件要求"在农村大力发展户用沼气池和大中型畜禽养殖场沼气工程，推广省柴节煤灶"。

十六届五中全会要求"大力普及农村沼气，积极发展适合农村特点的清洁能源"。

《中共中央国务院关于推进社会主义新农村建设的若干意见》（中发［2006］1号）指出：要加快农村能源建设步伐，在适宜地区积极推广沼气。大幅度增加农村沼气建设投资规模，有条件的地方，要加快普及户用沼气，支持养殖场建设大中型沼气。以沼气池建设带动农村改圈、改厕、改厨。

（三）发展农村沼气的相关法规

《中华人民共和国农业法》第54条规定："各级人民政府应当制定农业资源区划、农业环境保护规划和农村可再生能源发展规划。"

《中华人民共和国节约能源法》第四条规定："国家鼓励开发、利用新能源和可再生能源"；第十一条规定："国务院和省、自治区、直辖市人民政府应当在基本建设、技术改造资金中安排节能资金，用于支持能源的合理开发利用以及新能源和可再生能源的开发。"

《中华人民共和国可再生能源法》第十八条规定："国家鼓励和支持农村地区的可再生能源开发利用。县级以上地方人民政府管理能源工作的部门会同有关部门，根据当地经济社会发展、生态保护和卫生综合治理需要等实际情况，制定农村地区可再生能源发展规划，因地制宜地推广应用沼气等生物质资源转化、户用太阳能、小型风能、小型水能等技术。县级以上人民政府应当对农村地区的可再生能源利用项目提供财政支持。"

《中华人民共和国退耕还林条例》第五十二条规定："地方各级人民政府应当根据实际情况加强沼气、小水电、太阳能、风能等农村能源建设，解决退耕还林者对能源的需求。"

二、加快发展农村沼气的必要性

发展农村沼气，是贯彻落实科学发展观，建设节约型社会和环境友好型社会的重要措施，是全面建设小康社会、推进社会主义新农村建设的重要手段，是构建和谐农村的有效途径。

（一）增加优质可再生能源供应，缓解国家能源压力

我国人口众多，人均资源不足，经济快速发展，能源消费增长很快，能源短缺将是一个长期的过程，成为我国经济可持续发展的瓶颈之一。随着农村经济的发展，农村对优质商品能源的需求量还将继续增加，农村地区能源供需矛盾也将更加突出。以秸秆、薪柴等传统生物质能源为主的农村生活能源消费结构，既破坏植被，不利于环境保护，又加剧了商品能源供求紧张状况，相应增加了农民负担。

沼气是可再生的清洁能源，既可替代秸秆、薪柴等传统生物质能源，也可替代煤炭等商品能源，而且能源效率明显高于秸秆、薪柴、煤炭等。发展农村沼气，优化广大农村地区能源消费结构，是我国能源战略的重要组成部分，对增加优质能源供应、缓解国家能源压力具有重大的现实意义。建设一个8立方米的户用沼气池，年均产沼气385立方米，相当于替代605公斤标准煤，可解决3～5口之家一年80%的生活燃料。一个年存栏1万头育肥猪场大中型沼气工程，年可处理鲜粪7200吨左右，生产沼气约55万立方米，给居民供气相当于每年可替代850吨标准煤。如果按照规划到2010年建设4000万户沼气池和4700处大中型沼气工程，相当于年替代2820万吨左右标准煤。

（二）保护林草植被，巩固生态环境建设成果

农村生活能源短缺，一方面制约着农村经济发展，另一方面导致了滥砍乱伐，植被破坏，许多地区陷入“能源短缺－滥砍乱伐－生态破坏－能源短缺”的循环。国家投巨资实施退耕还林、退牧还草等生态建设工程，成效显著，但农村燃料和农民长远生计问题已成为巩固生态环境建设成果的重要制约因素，迫切需要解决农民“没有柴烧就砍树，没有钱花就放牧”的问题，为农民提供可替代的能源。

农村沼气将人畜粪便等废弃物在沼气池中变废为宝，产生的沼气成为农民照明、做饭的燃料，为农村提供生活用能，解决了“没有柴烧就砍树”的问题，也使贫困地区农民告别了上山打柴的状况，昔日烟熏火燎的老式柴灶被洁净的厨房取代。一个户用沼气池所生产的沼气，每年平均可替代薪柴和秸秆1.5吨左右，相当于3.5亩林地的年生物蓄积量，同时还可减少2吨二氧化碳的排放。2005年1800万户沼气池，约相当于保护了6300万亩林地。农村沼气建设涵养绿水青山，建设沼气的地区，山更绿，水更清，是保护生态环境的有效途径。

（三）改善农村卫生环境，提高农民生活质量

建设社会主义新农村迫切需要整治人畜粪便和秸秆、垃圾对农村环境造成的污染。“柴草乱垛、垃圾乱倒、污水乱流、粪土乱堆、畜禽乱跑、蚊蝇乱飞、烟熏火燎”是我国许多地区农村生活环境的真实写照。炊烟是危害农民健康的主要因素之一，2004年，世界卫生组织和联合国开发计划署公布的数据显示，发展中国家每年约有160万人因炊烟引发的疾病而死亡。发展农村沼气，推行“一池三改”（建沼气池带动改圈、改厕、改厨），建设生态家园，猪进圈、粪进池、沼渣沼液进地，居家环境和卫生状况大为改善，厨房无炊烟，厕所无臭气，农民生活环境明显改善。沼气的使用，解放了农村妇女，使其从繁重的烟熏火燎的劳动中解放出来，提高了身体健康水平和生活质量。目前我国农村近2亿处简陋的农家旱厕，畜禽养殖业每年产生30多亿吨粪便，因未采取有效处理措施，不仅污染了农民生活环境，而且易导致农村疫病流行，传染病多发。在长江中下游地区，人畜粪便是血吸虫病主要传播途径。发展农村沼气，对人畜粪便进行无害化、封闭处理，消灭、阻断传染源，切断疫病传播渠道，把环境卫生问题解决在家居、庭院和街区之内，对防控人、畜疾病、疫病有显著效果，已成为各地防控血吸虫病、煤烟型地氟病、猪链球菌病等疾病、疫病的重要措施。2005年四川爆发的人猪链球菌疫情，农村沼气养猪户无一感染。据三亚市典型调查，凡集中连片发展农村沼气的地方，年户均节省劳动力60个工日，蚊虫减少70%以上，农民消化系统疾病发病率减少10%以上，村容整洁，环境优美，促进了农民传统生活方式的改变，使广大农民走向清洁、卫生、健康的生活之路。

（四）改善农产品质量，促进农民增收和农业增效

发展农村沼气是建设生态农业的迫切要求，是农民的“致富池、小康池”。当前，我国化肥年施用量4000多万吨，单位面积施用量已超过世界平均水平，平均利用率不到40%，低于世界平均水平；农药施用量近130万吨，不

同程度遭受农药污染的农田面积达到1.36亿亩。2005年1季度，根据农业部对我国37城市蔬菜中农药残留的检测，蔬菜中农药残留检测合格率为94.2 %。化肥、农药的过量施用导致农产品品质下降，危害人民身体健康，严重影响我国农产品的市场竞争力。沼渣、沼液是一种优质高效的有机肥料，富含氮、磷、钾和有机质等，能改善微生态环境，促进土壤结构改良。一个8立方米的沼气池，年产沼液沼渣10～15吨，可满足2～3亩无公害瓜菜的用肥需要，可减少20%以上的农药和化肥施用量。沼液喷洒作物叶面，灭菌杀虫，秧苗肥壮，粮食增产15%～20%，蔬菜增产30%～40%。按沼气项目户年均减少燃料、电费、化肥、农药等支出500元左右，全国1800万户沼气，年为农民节支90亿元。

（五）转变农业增长方式，发展农业循环经济

我国农业资源和环境的承载力十分有限，发展农业和农村经济，不能以消耗农业资源、牺牲农业环境为代价。农村沼气将畜牧业发展与种植业发展链接起来，促进了能量高效转化和物质高效循环，形成了“种植业（饲料）－养殖业（粪便）－沼气池－种植业（优质农产品、饲料）－养殖业”循环发展的农业循环经济基本模式。

以沼气为纽带的农村循环经济的基本模式，通过利用粪便、秸秆生产沼气和有机肥，推进农业生产从主要依靠化肥向增施有机肥转变，推进农民生活用能从主要依靠秸秆、薪柴向高品位的沼气能源转变，从根本上改变了传统的粪便利用方式和过量施用农药及化肥的农业增长方式，有效地节约水、肥、药等重要农业生产资源，减少环境污染，是发展循环经济、显著节约资源的生产模式和消费模式，是建立节约型社会的有效途径。

农村沼气把能源建设、生态建设、环境建设、农民增收链接起来，促进了生产发展和生活文明。农村沼气项目进村入户，好政策真正落实到农民头上，既有经济效益，又有社会和生态效益；既体现了先进生产力，又体现了先进文化和农民群众的根本利益，是惠及广大农民的实事、好事，受到老百姓的普遍欢迎。项目区老百姓说农村沼气是干部群众的“连心池”，是党和政府为“三农”举办的民心工程、德政工程，是“三个代表”重要思想和以人为本的科学发展观在农村的具体体现。江西赣南农民用楹联称颂“干部帮扶建成幸福池，综合利用走上小康路”。湖北恩施自治州农民用标语反映他们的心情，“沼气一进户，小康就起步”。

三、加快发展农村沼气的可行性

（一）形成良好发展态势，具备了加快发展的基础

上世纪90年代以前为试验和起步阶段。90年代以前的较长时期，沼气建设起落较大，总体发展较慢。五、六十年代进行了研究和试验。70年代由于农村能源供需矛盾突出，掀起了沼气建设高潮，但由于技术不成熟，又没有专业施工队，主要靠行政命令推动，多数沼气池质量问题突出，使用寿命短。农村沼气从1970年的6000户发展到1980年的723万户，边建设边报废，到80年代中期，土法上马的沼气池基本上全部报废。1986年当年新增35万户，报废40万户，年底保有量为453万户。

上世纪90年代为技术突破和工艺完善阶段。经过多年的科研攻关和试验，我国沼气建设技术和工艺获得重大突破。研究出了适应不同气候和原料的标准化系列池型，开发出了安全、方便、实用的进出料工程结构和装置，采用了混凝土浇筑施工工艺，制定了一系列沼气池建设国家标准，解决了过去出料难、寿命短、不安全等问题。同时，将农村沼气技术与农业生产技术结合起来，形成了以南方“猪-沼-果”（养猪和沼气及种果树等相结合）和北方“四位一体”（典型模式为猪-沼-蔬菜-日光温室）为代表的农村户用沼气发展模式。“八五”期间平均每年新增36万户，“九五”期间平均每年新增75万户。到2000年底全国已有农村用沼气池980万户，其中，55%的沼气池开展了综合利用，推广北方“四位一体”能源生态模式32万户，南方“猪－沼－果”能源生态模式215万户。同时，畜禽养殖场大中型沼气工程建设开始起步，先后建设了一批示范工程。

2001年以来为快速发展阶段。自2001年起，党中央国务院加大农村沼气投入力度，加快了农村沼气建设。2001~2005年，中央累计投入35.30亿元，其中户用沼气池投资34.50亿元，建设沼气池357.60万户；养殖场沼气工程投资8115万元，建设沼气工程120处。到2005年底，全国户用沼气达到1800万户，年生产沼气约69亿立方米。同时，已建养殖场沼气工程3500处，年可处理畜禽粪便等废弃物8700万吨。

（二）综合效益显著，示范带动作用明显

农村沼气建设“多快好省”。功能多，至少有六大主要功能，直接为农户提供清洁能源，保护生态环境，改善

2001~2005年农村沼气建设中央投入情况

年份	合计：中央投资	农村户用沼气		养殖场大中型沼气工程	
	万元	户	万元	处	万元
合计	353270	3575665	345155	120	8115
2001	13050	165424	12370	17	680
2002	30990	286333	28645	49	2345
2003	103000	1033248	101640	24	1360
2004	103250	1044279	101250	20	2000
2005	102980	1046381	101250	10	1730

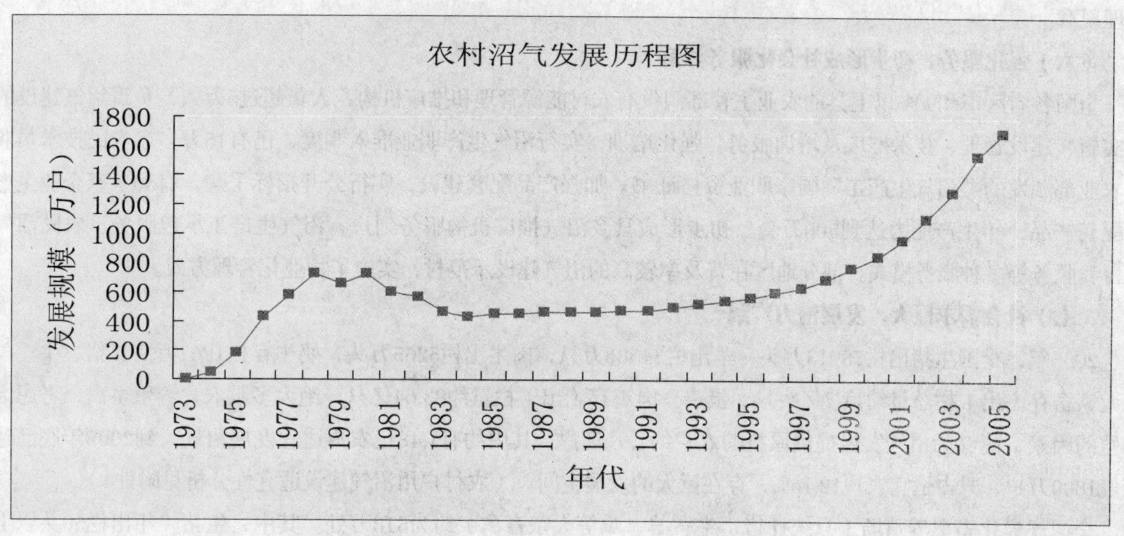

农村脏乱差的环境卫生状况和农民生活条件，并改善农产品质量，增加农民收入，一举多得。见效快，7天建成，15天就可产气，立竿见影。效益好，增肥、增产、增效，减少农作物病虫害，减少投资，以沼气为纽带的"四位一体"模式每年可增收4000元。支出省，省柴、省电、省力、省钱，每年减少直接支出500元左右。2003-2005年，中央共补助支持建设沼气310万户，带动地方支持和农户自筹建设了380多万户，形成了社会各界支持发展农村沼气的良好氛围，为加快普及农村沼气创造了良好条件。

（三）关键技术得到突破，技术支撑能力增强

在池型方面，研究出了适应不同气候、原料和使用条件的标准化系列池型。在建池方面，目前广泛采用混凝土现浇施工工艺，而且由经过培训的技术人员施工建设，确保沼气池使用寿命达到15年以上，目前正在使用的沼气池有些已经达到了20年以上。在使用管理上，开发出了各种方便实用的进出料装置和工具，解决了出料难问题，使沼气的使用管理变得简单易行。利用秸秆作原料生产沼气（生物气化）技术有了突破，目前正在全国示范试点，试验结果显示适应性良好，扩展了沼气原料来源，为非养猪农户建设沼气和养猪农户以后不养猪继续使用沼气提供了可能。在养殖场大中型工程技术方面，通过自主研发与引进结合，工程建设技术也较成熟，并在发酵工艺上达到国际先进水平。

（四）因地制宜，形成了科学的建设模式

农村户用沼气建设从单一的沼气池，发展到"一池三改"基本单元，即沼气池与改圈、改厕和改厨同步建设，有条件的地方还引导项目村开展改院、改水、改路等配套建设。根据气候条件因地制宜地推广以沼气为纽带的北方"四位一体"、南方"猪－沼－果"和西北"五配套"等能源生态模式，广泛地适应了我国复杂多样的气候条件，有利于建池农户取得综合效益。畜禽养殖场大中型沼气工程形成了“一池三建”（养殖场沼气工程沼气发酵池建设与畜禽粪便预处理、沼气利用、沼肥利用设施相结合）为基本单元，工程建设与养殖业和周边的农田、鱼塘等进行统一筹划，沼液、沼渣综合利用，以沼气工程为纽带的能源生态模式。

（五）建管并重，积累了成熟的建设管理经验

一是把生态环境建设寓于农民增收之中。将国家生态环境建设的目标与农民的切身利益紧密结合，解决生活燃料和长远生计问题，使农民获得综合效益，巩固了退耕还林还草等生态环境建设成果。二是中央资金直接补助到农户。从项目的申报、筛选、工程下达、补助资金发放到项目实施等进行全程计算机管理。通过“国家一份拨款文件，农民一份用户卡片”的方式，把国家政策落实到项目村。在项目村推行政策、工程、实施方案上墙的村务公开制度，确保中央投入直接补助到农民身上，切实发挥投资效益。三是集成配套，把适用技术打捆给农民。通过沼气池这一物化的载体，从建到用，向农民推广一整套生态种植、养殖等适用技术，形成农户基本生产和生活单元内部的良性循环，实现家居环境清洁化、庭院经济高效化和农业生产无害化。四是建章立制。农业部制定并颁发了15项沼气建设国家或行业标准（附件1，15项农村沼气国家或行业标准名称），1/3以上的省区市颁布了有关农村沼气的管理规章。

（六）强化服务，初步形成社会化服务体系

全国各省区市和90%以上县的农业主管部门设有农村能源管理和推广机构，人员超过5万人，负责沼气建设的组织实施、建设管理、技术推广及培训服务。强化培训，实行沼气生产职业准入制度，已有15万多名农民技术员获得了农业部颁发的“沼气生产工”国家职业资格证书。加强产品配套建设，实行公开招标采购，有50多家企业生产沼气配套产品，年生产能力达到500万套。初步形成县乡沼气推广机构服务到户、沼气生产工承包服务、农民沼气协会自我服务等多种服务模式。部分地区在普及率较高的沼气建设示范村，实施了物业化管理方式。

（七）社会需求巨大，发展潜力广阔

2005年，全国生猪出栏75913万头，羊出栏34586万只，肉牛出栏5265万头，奶牛存栏1267万头，猪、牛、羊等三大家畜存（出）栏总量约11.7亿头只，蛋鸡、肉鸡存（出）栏量约83.64亿只。绝大多数农户养殖畜禽，考虑混合养殖的因素，能够为沼气发展提供原料的农户约1.91亿户，其中约有1.48亿农户适宜发展沼气。到2005年底已建设沼气1800万户，只占适宜农户12.16%，存在巨大的发展空间。（农村户用沼气建设适宜性分析见附件4）

全国规模化畜禽养殖场（只统计猪、牛、羊、鸡等大宗畜禽）约为578万处。其中，生猪（年出栏50头以上）183万处，肉牛（年出栏10头以上）48万处，奶牛（年存栏5头以上）35万处，羊（年出栏30只以上）187万处，肉鸡（年出栏2000羽以上）47万处，蛋鸡（年存栏500羽以上）78万处。全国大中型畜禽养殖场11952处。其中，生猪（年出栏3000头以上）6354处，肉牛（年出栏500头以上）1273处，奶牛（年存栏200头以上）1889处，肉鸡（年出栏10万羽以上）1778处，蛋鸡（年存栏5万羽以上）658处。大中型养殖场数量约占规模化养殖场总量的2.07%，但养殖数量约占12.5%。绝大多数规模化养殖场适宜建设沼气工程，目前，已建设规模化养殖场沼气工程3500处，其中大中型沼气工程700处。

我国秸秆资源十分丰富，每年的秸秆产量6.5亿吨左右，但有50%以上被直接烧掉或废弃，总体利用效率低。目前，以秸秆作为发酵原料的沼气生产技术（秸秆生物气化技术）取得突破，通过添加生物菌剂，对秸秆进行预处理，3～7日可以进入沼气池，产气量与粪便相当。这项技术已在全国100多个村进行示范推广，对已建沼气的农户，即使不再搞养殖，也能使用；对不从事养殖的农户，也能建设沼气，从而大大拓展了农村沼气发展的空间。

当前，农村沼气建设还存在一些问题：一是适宜农户普及率较低，供求矛盾突出，普及农村沼气的任务繁重。尽管国家加大了农村沼气建设投入，但一些地区要求建沼气的适宜农户多，排队等候建设的现象还比较突出。二是经济困难农户建池相对较难。农村沼气建设采取国家补助与农户自筹相结合的建设模式，按照“一池三改”建设标准，户均投资需3000～3500元，其中国家补助800～1200元，农民需自筹2000多元，困难农户建池难。部分农户即使建好沼气池，但“三改”不到位，不能充分发挥沼气建设效益。三是建后服务滞后。沼气建设及运行需要专业技术人员的指导及服务，各地缺乏必要的服务设施和装备，沼气社会化服务体系建设亟待加强。四是农村沼气科技创新能力不够，新技术开发应用不快，如：户用秸秆沼气只搞了100多个示范村，并需要加强高效菌剂、简便进出料等配套技术的研究；玻璃钢等新型商品化沼气池建设成本还较高，推广难；采用先进适用的高效发酵工艺的养殖场沼气工程较少，资源化利用程度和综合效益不高，等等。

四、指导思想及建设原则

以邓小平理论和“三个代表”重要思想为指导，贯彻落实科学发展观，加快普及农村沼气，优化农村能源结构，保护生态环境，转变农业增长方式，发展农村循环经济，改善农民生产生活条件，增加农民收入，推进社会主义新农村建设。

根据以上指导思想，农村沼气建设遵循以下建设原则：

——统筹规划，分步实施。农村沼气建设涉及千家万户，量大面广，政策性强，必须坚持全面规划，近期与远期相结合。要在统一规划的基础上，进一步细化地区发展规划。要根据农民需求和财力可能，分步实施。

——合理布局，突出重点。户用沼气重点安排适宜发展沼气的退耕还林还草地区、粮食主产区、水库库区，同时兼顾畜牧业主产区、南水北调沿线等重点水源保护区、革命老区、少数民族地区以及血吸虫病、地氟病疫区等。在资金安排上向中西部适宜发展沼气的退耕还林地区倾斜，尤其要向西部地区倾斜。为便于建设指导和建后管护，尽可能以村为单位，集中建设，整体推进。大中型沼气工程重点安排在规模化养殖场和养殖小区。

——政府引导，农民自愿。农村沼气是一项公益性事业，既需要国家在政策、资金和服务等方面给予扶持，又要尊重农民意愿，积极引导和鼓励农民、企业及其它社会组织参与农村沼气建设。

——创新机制，建管并重。农村沼气工程技术性强，关系农民切身利益，必须以科技为支撑，坚持专业化施工，社会化管理，完善服务体系，确保安全运行。

五、建设内容及规划目标

本规划建设内容包括农村户用沼气、规模化养殖场大中型沼气工程、技术支撑及服务体系建设三个方面。

（一）农村户用沼气

农村户用沼气的基本建设单元为“一池三改”，包括户用沼气池和改厕、改厨、改圈（使用秸秆做发酵原料或购买发酵原料的农户因地制宜地选择改院、改水等）。“一池三改”同步规划、同步施工。沼气池的建设容积为8~10立方米，重点建设“常规水压”、“曲流布料”、“强回流”、“旋流布料”等国家标准规定的池型，每种池型均要实现自动进料、并应配备自动或半自动的出料装置。改造的厕所、圈舍与沼气池相连，地面硬化。北方地区建设太阳能暖圈等保温设施。改造的厨房要建灶台，地面硬化。同时，根据不同地区的自然、经济条件和农业产业结构，将农村户用沼气建设与农业生产发展有机结合，因地制宜建设“四位一体”和“猪－沼－果”等能源生态模式。

规划2006－2010年，全国新建农村户用沼气2300万户左右，其中中央补助建设1300万户左右，带动地方建设1000多万户。到2010年底，全国户用沼气总数达到4000万户左右，约占适宜农户的30%左右。

2006－2010年全国农村户用沼气规划建设目标、区域布局见附表2。

（二）规模化养殖场大中型沼气工程

重点支持建设规模化畜禽养殖场和养殖小区大中型沼气工程（年出栏量3000头猪单位以上的养殖场）。按照污染防治、能源生产、生态农业发展的功能要求，积极推广统一建池、集中供气、综合利用的建设模式，把养殖场沼气工程建成新农村建设的重要公益性项目，实现经济效益、社会效益和生态效益的统一。以发展农业循环经济为指导，将养殖业、沼气工程和周边的农田、鱼塘等进行统一筹划、系统安排，在为畜禽场或周围居民提供清洁燃料的同时，开展沼液、沼渣综合利用，发展生态农业，带动无公害农产品生产，使养殖场粪污达标排放，实现畜禽粪便的资源化利用和环境治理双重目标。对一些周边既无一定规模的农田，又无闲暇空地可供建造鱼塘和水生植物塘的畜禽养殖场，畜禽废水在经厌氧消化处理后，再经过适当的好氧处理，如曝气、生化处理等，以实现达标排放。

养殖场大中型沼气工程以“一池三建”为基本建设单元，“一池”：建设沼气发酵装置，即在厌氧条件下，利用微生物分解有机物并产生沼气的装置。“三建”：建设预处理设施，包括沉淀、调节、计量、进出料、搅拌等装置；建设沼气利用设施，包括沼气净化、储存、输配和利用装置；建设沼肥利用设施，包括沼渣、沼液综合利用和进一步处理装置。

规划2006－2010年，在现有规模化养殖场中新建大中型沼气工程4000处左右。到2010年底，全国规模化养殖场大中型沼气工程总数达到4700处左右，占现有大中型畜禽养殖场总数的39%左右。

2006－2010年养殖场大中型沼气工程规划目标、区域布局见附表3。

（三）沼气技术支撑及服务体系

按照“国家投入引导、多元参与发展、运作方式多样”和“服务专业化、管理物业化”的原则，逐步建立以省级技术实训基地为依托、县级服务站为支撑、乡村服务网点为基础、农民服务人员为骨干的沼气服务体系。每个乡村级沼气服务网点应具备为300~500个沼气农户服务的能力，原则上应具备“六个一”，即一处服务场所、一个原料发酵贮存池、一套进出料设备、一套检测设备、一套维修工具、一批沼气配件，做到服务有人员、有场所、有设备、有配件、有原料。政府投入重点支持进出料设备、检测设备、维修工具等。加强沼气质量检验监测机构、科研及培训机构的基础条件建设。

六、区域布局与建设规模

（一）农村户用沼气

按照重点安排适宜发展沼气的退耕还林还草地区、粮食主产区、水库库区，同时兼顾畜牧业主产区、南水北调沿线等重点水源保护区、革命老区、少数民族地区以及血吸虫病、地氟病疫区的原则，把全国划分为西部、中部和东北、东部三个大区，并进一步分为西北地区、西南地区、“三州八县”、东南丘陵地区、黄淮海地区、东北地区、东部欠发达地区等七个地区。统筹规划国有农垦场、国有林区、国有林场、华侨农场等国有农（林）场农村沼气建设。

1. 西部地区

包括内蒙古、广西、重庆、四川、贵州、云南、西藏、陕西、甘肃、青海、宁夏、新疆等12个省（区、市）和“三州八县”（湖北省恩施州、湖南省湘西州、吉林省延边州和原海南黎族苗族州的8个县），土地面积685.03万平方公里，占全国土地总面积的71.36%，总人口3.74亿人，占全国总人口的29.66%，总农户数7762万户，其中适宜发展沼气的农户5708万户。

本区生态环境脆弱，经济欠发达。薪柴短缺和过量樵采长期以来一直是本区生态退化和农民生活贫困的重要根源，沼气建设对巩固该地区生态环境建设成果和农村全面小康建设有着重要的现实意义。

本区是农村户用沼气国家扶持重点建设地区，规划2006－2010年全区新建农村户用沼气1132万户，其中国家补助建设640万户。到2010年底全区农村户用沼气总量达到2003万户，占总农户数的26.51%，占适宜农户的36.18%。本区细划为西南地区、西北地区和“三州八县”3个区：

（1）西南地区

该地区涉及广西、重庆、四川、贵州、云南、西藏等6个省区市，总农户5097万，适宜发展沼气农户4050万户。目前，该区的沼气建设无论是在规模上还是速度上均处于全国前列，到2005年底有户用沼气790万户，占总农户数的15.51%，占全国户用沼气总量的43.89%。本地区生态环境脆弱，农村贫困面大，过度樵采问题突出，水土流失严重。

本地区重点建设以“猪－沼－果”模式为主的生态家园示范户。规划2006－2010年建设663万户，其中国家补助建设375万户。到2010年底全区农村户用沼气总量达到1453万户，占总农户数的29.25%，占适宜农户的37.16%。

（2）西北地区

该地区涉及内蒙古、陕西、甘肃、青海、宁夏、新疆等6个省区。内蒙古农村经济条件及发展水平与陕西、甘肃等省相当，沼气发展的自然适宜性也与其基本一致，故此把内蒙古归入西部地区。该地区总农户1813万户，适宜发展沼气的农户1020万户，2005年底户用沼气60万户，占总农户数的3.31%。本地区干旱缺水，以绿洲农业和旱作农业为主；畜牧业是主导产业，沼气原料资源丰富；过樵、过垦、过牧问题突出，土地沙化和草场退化严重，是我国沙漠化土地集中分布区，其中32%的沙漠化土地由过樵引起；植被生长速度缓慢，覆盖率低，薪材资源极其短缺；冬季寒冷，且冬季较长，适宜发展大棚沼气。

本地区农村户用沼气发展与退耕还林、沙化治理、草原建设等生态环境建设工程相结合，与发展特色农业、农民治穷致富相结合，重点推广“五配套”和“四位一体”模式，在一些牧区配套发展暖圈、小草库伦等，防止草地“三化”面积进一步扩大。规划2006－2010年建设354万户，其中国家补助建设200万户。到2010年底全区农村户用沼气总量达到414万户，占总农户数的23.42%，占适宜农户的41.40%。

（3）“三州八县”

该地区包括湖北省恩施州、湖南省湘西州、吉林省延边州和海南省五指山市、东方市、昌江自治县、白沙自治县、琼中自治县、陵水自治县、保亭自治县、乐东自治县（原海南黎族苗族州的8个县），简称“三州八县”。全区总农户852万户，适宜发展沼气的农户638万户，2005年底户用沼气21万户，占总农户数的2.46%。

本地区是我国东、中部地区少数民族聚居区，执行与西部地区相同的倾斜政策。规划2006－2010年建设115万户，其中国家补助建设65万户。到2010年底全区农村户用沼气总量达到136万户，占总农户数的16.37%，占适宜农户的21.73%。

2. 中部和东北地区

包括河北、山西、辽宁、吉林、黑龙江、安徽、江西、河南、湖北、湖南、海南等11个省。考虑到河北、辽宁属于国家粮食主产区，农民收入水平、农业生产条件与中部地区各省有较强的区域一致性，故本规划中把其并入中部地区；海南省农村经济条件及发展水平与湖南、湖北等省相当，沼气发展的自然适宜性也与其基本一致，故此把海南省归入中部地区。因此，本规划所涉及的中部地区共计11个省，土地面积190.87万平方公里，占全国土地总面积的19.88%，总人口5.17亿人，占全国总人口的41.06%，总农户数10124万户，其中适宜发展沼气的农户6442万户。

到2005年底已有农村户用沼气670万户，占总农户数的6.62%,占全国户用沼气总量的37.22%。本区是我国主要的农业区和粮食主产区，沼气建设对减少化肥、农药的使用，促进循环经济的发展，改善农产品质量，增强农产品市场竞争力，提高农业效益，增加农民收入，加强农村面源污染治理，提高农民生活质量等有着重要的现实意义。

规划2006－2010年全区新建农村户用沼气956万户，其中国家补助建设540万户。到2010年底全区农村户用沼气总量达到1626万户，占总农户的17.20%，占适宜农户的27.51%。本区细划为东南丘陵区、黄淮海平原区、东北区3个区：

（1）东南丘陵区

该地区包括江西、湖北、湖南、海南等4个省，总农户2546万，适宜发展沼气的农户2092万户。该区属典型中亚热带气候，是我国沼气发展最适宜区，目前发展势头十分良好，到2005年底已有农村户用沼气372万户，占总农户数的14.61%。

该地区重点推广普及“猪－沼－果”模式，实施以沼气为纽带，与改水、改厕、改圈相配套的生态家园建设。规划2006－2010年建设310万户，其中国家补助建设175万户。到2010年底全区农村户用沼气总量达到682万户，占总农户数的28.69%，占适宜农户的36.63%。

（2）黄淮海平原区

该地区涉及河北、山西、安徽、河南等4个省，总农户6456万，适宜发展沼气的农户3760万户，到2005年底已有农村户用沼气258万户，占总农户数的4.00%。该地区是我国最重要的农产品生产基地，牲畜养殖数量大，粪水污染严重；化肥农药施用量大，农产品品质下降，近年出口农产品基地建设对有机肥料需求不断增长，沼气建设受到重视和欢迎；露地沼气冬季不能正常产气，适宜发展冬季暖圈沼气和大棚沼气。

该区以优质农产品基地为重点，推广普及“四位一体”模式。规划2006－2010年建设522万户，其中国家补助建设295万户。到2010年底全区农村户用沼气总量达到780万户，占总农户数的12.94%，占适宜农户的22.13%。

（3）东北区

该地区涉及辽宁、吉林、黑龙江3个省，总农户1122万户，适宜发展沼气农户590万户，2005年底户用沼气40万户，占总农户数的3.57%。本地区是我国重要的玉米、大豆产业带，饲料资源丰富，牲猪养殖数量大，沼气原料充足；冬季严寒，沼气建设必须配套温室大棚或暖圈。

该地区将以反季节蔬菜水果集中的设施农业发展区和牲畜养殖基地为重点，大力推广“四位一体”模式，其中辽宁重点是辽西地区。规划2006－2010年建设124万户，其中国家补助建设70万户。到2010年底全区农村户用沼气总量达到164万户，占总农户数的15.65%，占适宜农户的31.24%。

3. 东部地区

包括北京、天津、上海、江苏、浙江、福建、山东、广东等8个省（市），土地面积72.48万平方公里，占全国土地总面积的7.55%，总人口3.69亿人，占全国总人口的29.26%，总农户数7086万户，适应农户数2650万户。

到2005年底已有农村户用沼气159万户，占总农户数的2.24%。该区域的重点是鲁中、鲁西、苏北、浙西、闽西北、粤北等东部经济欠发达地区，这些地区交通相对不便，燃料较短缺，但养殖基础好，沼气发展潜力大，应结合新农村建设大力推广“猪－沼－果”模式。规划2006－2010年建设230万户，其中国家补助建设137.5万户。到2010年底全区农村户用沼气总量达到389万户，占总农户数的5.91%，占适宜农户的15.85%。

（二）规模化养殖场大中型沼气工程

规模化养殖场大中型沼气工程建设与优势农产品区域规划紧密结合，重点考虑东部沿海发达地区和内陆大中城市郊区，优先考虑“菜篮子”基地、“三湖三河一库一线（太湖、巢湖、滇池，淮河、海河、辽河，长江三峡库区，南水北调工程沿线）”等重点水域周边地区。上述地区经济条件好，集约化养殖水平高，小城镇发展迅速，规模化养殖场粪水和小城镇生活污水污染较重。

1. 东部地区

本区现有大中型畜禽养殖场4974处，占全国的41.62%。到2005年底共建有规模化养殖场大中型沼气工程343处。

规划到2006－2010年，新建规模化养殖场大中型沼气工程2050处。到2010年底全区大中型沼气工程达到2393处。

2. 中部和东北地区

本区现有大中型畜禽养殖场5437处，占全国的45.49%。到2005年底共建有规模化养殖场大中型沼气工程292处。

规划到2006－2010年，新建规模化养殖场大中型沼气工程1560处。到2010年底全区大中型沼气工程达到1852处。

本区包括东南丘陵区、黄淮海平原区和东北区三个亚区，规划2006－2010年，分别新建规模化养殖场大中型沼气工程320处、700处和540处。

3. 西部地区

本区现有大中型畜禽养殖场1541处，占全国的12.89%。到2005年底共建有规模化养殖场大中型沼气工程65处。

规划到2006－2010年，新建规模化养殖场大中型沼气工程390处。到2010年底全区大中型沼气工程达到455处。

本区包括西南区和西北区两个亚区，规划2006－2010年，分别新建规模化养殖场大中型沼气工程180处和210处。

七、投资估算

“十一五”期间国家投资重点支持农村户用沼气建设，积极支持沼气技术支撑及服务体系。

本规划仅估算中央补助建设的农村户用沼气投资。

规划2006－2010年，全国农村户用沼气建设总投资400.65亿元，其中，中央投资125亿元重点用于农村户用沼气建设。规划2006－2010年全国农村户用沼气建设规划投资结构见附表4。

农村户用沼气投资，西北和东北地区平均每户总投资3200元左右，其他地区平均每户3000元左右（见附件6：农村户用沼气建设内容与投资测算）。根据不同地区建设成本和经济条件中央采取不同的支持标准，户用沼气西北和东北地区中央支持每户1200元，西南地区每户1000元，其他地区每户800元。中部6省比照西部大开发有关政策执行的243个县按照1000元/户的标准补助。

八、建设效益分析

本规划实施后，将新增农村户用沼气2300万户、大中型沼气工程4000处，全国户用沼气总规模将达到4000万户，养殖场大中型沼气工程达到4700处，社会、生态和经济效益显著。

（一）显著减少能源消耗，明显改善农民生活条件

提供优质生活燃料。全国4000万户农村户用沼气每年为农户提供约154亿立方米的沼气，可替代相当于2420万吨标准煤的能源消耗，其中新增的2300万农村户用沼气每年可替代相当于1392万吨标准煤的能源消耗。大中型沼气工程将新增11.60亿立方米沼气的年生产能力，可以满足300万户家庭的全年生活用气，每年可替代相当于180万吨标准煤的能源消耗。

提高农民生活质量。使亿万农民受益，改善生活卫生状况，减少疾病传播，摆脱烟熏火燎，降低劳动强度。同时，通过"一池三改"并引导改水、改路、改院等以及实施大中型沼气工程建设，有效改善农民的生产和生活条件，使村容村貌得到改观，为建设社会主义新农村和实现农村小康发挥重大的作用。

（二）巩固退耕还林还草成果，保护生态环境

到2010年，4000万户农村户用沼气，相当于替代1.4亿亩林地年蓄积量，其中新增的2300万户农村户用沼气相当于替代0.805亿亩林地年蓄积量。使用沼渣、沼液替代化肥和农药，可减少20%以上的农药和化肥施用量，降低农产品农药残留1个百分点以上，改良土壤5000万亩。有效治理畜禽养殖场粪便污染，实现粪便资源化利用和废水达标排放，保护水源。

（三）推进农业结构调整，增加农民收入

节省支出费用，提高农产品质量。到2010年，4000万户农村户用沼气每年可为农户节约燃料费、电费、化肥和农药等直接支出约200亿元（按年增收节支500元计），其中新增的2300万户农村户用沼气每年可为农户节约支出115亿元；同时，农村沼气的建设还拉动了养殖业的发展，促进了种植业结构的调整，发展了无公害和绿色农业，项目农户可从提高农产品质量中获得更多收益。

吸纳农村剩余劳动力。按照技工数与建池数1：50、每个技工配备3名辅助工的要求，每万口沼气池建设与维护，可吸纳农村劳动力800人左右，全国每年可为农村劳动力提供约36.8万个就业机会。

九、工作措施与政策保障

（一）加强领导，明确责任（略）

（二）健全机制，强化管理（略）

（三）严格标准，保证质量（略）

（四）创新科技，强化支撑

加大沼气技术创新支持，依靠科技进步，鼓励技术创新，把农村沼气技术与种植、养殖等适用技术进行优化组合，与生态环境保护和社会经济建设进行紧密结合。重点研究沼气快速发酵及高效利用技术，秸秆生物气化生产沼气技术等。加快引进和消化吸收发达国家沼气发电技术，开展示范建设。各级农村能源主管部门强化农村沼气的能力建设，开展多种形式的技术培训和交流活动，进一步提高农村沼气建设队伍的人员素质和技术水平。

（五）培育市场，壮大产业

有重点地扶持农村沼气建设及其配件和设备生产的龙头企业，创立名牌产品。严格执行农村沼气技术、产品、设备和监测等相关标准，健全标准化和技术监督体系，规范市场，逐步建立起农村沼气设计、生产、施工、使用、管理和维修服务网络，实现农村沼气的产业化发展、市场化经营、物业化管理和社会化服务。加强对大中型沼气工程设计和施工单位的资质管理。对农村沼气建设的配套设备进行公开招标采购，鼓励有序竞争，积极引导农村沼气的产业化发展。

（六）加大投入，完善政策（略）

附表1　2001~2005年中央支持农村沼气建设情况表

区域布局	中央投资（万元）	户用沼气布局及规模		大中型沼气工程（处）
		县数（次、个）	户	
合 计	353270	2402	3575665	120
北京	895.00	0	0	6
天津	150.00	0	0	1
河北	20213.20	149	248137	0
山西	11169.04	80	135949	2
内蒙古	7020.93	55	56213	2
辽宁	10306.88	60	82600	2
大连	676.00	3	3800	4
吉林	8122.00	78	61980	3
黑龙江	10208.00	79	75590	2
浙江	2680.00	22	15374	28
江苏	3240.90	20	30980	10
安徽	18472.32	132	224849	4
福建	2925.00	19	31750	7
厦门	86.00	2	1200	0
江西	18303.40	155	215254	6
山东	4213.00	31	49750	10
青岛	324.41	3	647	5
河南	13294.48	116	164944	3
湖北	19709.57	134	232069	3
湖南	22020.00	148	269207	1
广东	2157.00	19	24025	7
广西	22862.05	122	233839	0
海南	11075.00	66	139440	5
重庆	15637.30	87	156283	3
四川	23043.73	150	232359	1
贵州	18127.80	137	185463	0
云南	17920.00	96	183140	0
西藏	553.45	13	919	0
陕西	18817.80	132	164675	0
甘肃	14629.25	100	120405	1
青海	7009.71	46	57797	0
宁夏	9328.89	54	74406	1
新疆	12475.92	81	95236	2
新疆兵团	1246.20	13	7385	1
其他	4356.00	0	0	0

附表2　2006~2010年全国农村户用沼气规划建设目标、区域布局

单位：万户

分区		到2005年底			2006-2010年新建		到2010年底		
		总农户数	适宜发展沼气户数	已建沼气户数	总规模	其中：中央补助建设数量	沼气总规模	农村沼气普及率(%)	适宜农户沼气普及率(%)
合计		24972	14800	1800	2318	1317.5	4118	17.45	29.63
西部地区	小计	7762	5708	871	1132	640	2003	26.51	36.18
	西南地区	5097	4050	790	663	375	1453	29.25	37.16
	西北地区	1813	1020	60	354	200	414	23.42	41.40
	"三州八县"	852	638	21	115	65	136	16.37	21.73
中部和东北地区	小计	10124	6442	670	956	540	1626	17.20	27.51
	东南丘陵区	2546	2092	372	310	175	682	28.69	36.63
	黄淮海平原区	6456	3760	258	522	295	780	12.94	22.13
	东北区	1122	590	40	124	70	164	15.65	31.24
东部地区		7086	2650	159	230	137.5	389	5.91	15.85

附表3　2006~2010年养殖场大中型沼气工程规划目标、区域布局

单位：处

分　区		到2005年底		2006-2010年新建	到2010年底	
		大中型畜禽养殖场数量	大中型沼气工程数量	新建大中型沼气工程数量	大中型沼气工程数量	占现有大中型养殖场总量的比重(%)
合　计		11952	700	4000	4700	39.32
西部地区	小　计	1541	65	390	455	29.53
	西南地区	852	56	180	236	27.70
	西北地区	689	9	210	219	31.79
中部和东北地区	小　计	5437	292	1560	1852	34.06
	东南丘陵区	1522	169	320	489	32.13
	黄淮海平原区	2313	93	700	793	34.28
	东北区	1602	30	540	570	35.58
东部地区		4974	343	2050	2393	48.11

附表4　2006~2010年全国农村户用沼气建设规划投资结构

单位：万户、亿元

分区		中央支持建设规模		户用沼气规划总投资			其中：①中央补贴投资			②其他投资		
		2006～2010年	年度建设规模	2006～2010年	占总投资(%)	年度总投资	2006～2010年	占中央补贴(%)	年度投资	2006～2010年	占其他投资(%)	年度投资
合计		1317.5	263.5	400.65	100.00	80.13	125.00	100.00	25	275.65	100.00	55.13
西部地区	小计	640	128	196.00	48.92	39.20	68.00	54.40	13.60	128.00	46.44	25.60
	西南地区	375	75	112.50	28.08	22.50	37.50	30.00	7.50	75.00	27.21	15.00
	西北地区	200	40	64.00	15.97	12.80	24.00	19.20	4.80	40.00	14.51	8.00
	“三州八县”	65	13	19.50	4.87	3.90	6.50	5.20	1.30	13.00	4.72	2.60
中部和东北地区	小计	540	108	163.40	40.78	32.68	46.00	36.80	9.20	117.40	42.59	23.48
	东南丘陵区	175	35	52.50	13.10	10.50	14.00	11.20	2.80	38.50	13.97	7.70
	黄淮海平原区	295	59	88.50	22.09	17.70	23.60	18.88	4.72	64.90	23.54	12.98
	东北区	70	14	22.40	5.59	4.48	8.40	6.72	1.68	14.00	5.08	2.80
东部地区		137.5	27.5	41.25	10.30	8.25	11.00	8.80	2.20	30.25	10.97	6.05

附件2. 2004年全国猪牛鸡规模化养殖及粪便排放情况

单位：万户、亿元

养殖类别	全社会规模化养殖			其中：大中型规模化养殖场			
	存(出)栏量(万头只)	鲜粪排泄量(万吨)	尿液排泄量(万吨)	场(户)数	存(出)栏量(万头只)	鲜粪排泄量(万吨)	尿液排泄量(万吨)
生猪	23394.09	13942.88	23005.75	5254	3967.14	2364.42	3901.29
奶牛	582.12	5736.81	2549.69	1485	85.05	838.14	372.51
肉牛	1522.73	35570.97	18341.28	1485	138.02	3224.15	1662.45
蛋鸡	141955.5	6217.65	0.00	593	4920.25	215.51	0.00
肉鸡	412273.5	6431.47	0.00	1715	60760.42	947.86	0.00
合计	579728.0	67899.78	43896.73	10532	69870.88	7590.07	5936.24

备注：大中型规模化养殖场：猪出栏3000头以上、蛋鸡存栏5万羽以上、肉鸡出栏10万羽以上、奶牛存栏200头以上、肉牛出栏500头以上。

附件3.沼气工程规模分类行业标准（NY／T667－2003）

1.范围

1.1 本标准规定了沼气工程规模分类指标和分类方法。

1.2 本标准适用于新建、扩建与改建的沼气工程。不适用于农村户用沼气池的规模分类。

2.术语

2.1 厌氧消化装置 anaerobic installation

在厌氧状态下，利用微生物分解有机物并产生沼气的装置。

2.2 沼气工程 biogas engineering

采用厌氧消化技术处理各类有机废弃物（水），并制取沼气的系统工程设施。

2.3 单体装置容积 individual installation volume

指一个厌氧消化装置的容积。

2.4 总体装置容积 total installation volume

指两个或两个以上的厌氧消化装置容积的总和。

2.5 配套系统 counter-part systems

指发酵原料的预处理（沉淀、调节、计量、进出料、搅拌等）系统；沼渣、沼液综合利用或进一步处理系统；沼气的净化、储存、输配和利用系统。

3.规模分类指标

3.1 沼气工程规模分为大型、中型和小型沼气工程。

3.2 沼气工程规模分类宜按沼气工程的厌氧消化装置容积，日产沼气量，以及配套系统的配置等综合评定。

3.3 沼气工程规模分类指标，见表1。

4.规模分类方法

4.1 表1沼气工程规模分类指标中的单体装置容积指标和配套系统的配置定为必要指标，总体装置容积指标与日产沼气量指标定为择用指标。

4.2 沼气工程规模划分时，必须同时采用二项必要指标和二项择用指标中的任意一项指标加以界定。

表1 沼气工程规模分类指标

工程规模	单体装置容积（m^3）	总体装置容积（m^3）	日产沼气量（m^3/d）	配套系统的配置
大型	≥300	≥1000	≥300	完整的发酵原料的预处理系统；沼渣、沼液综合利用或进一步处理系统；沼气净化、储存、输配和利用系统。
中型	300>V≥50	1000>V≥100	≥50	发酵原料的预处理系统；沼渣、沼液综合利用或进一步处理系统；沼气的储存、输配和利用系统。
小型	50>V≥20	100>V≥50	≥20	发酵原料的计量、进、出料系统；沼渣、沼液的综合利用系统。沼气的储存、输配和利用系统。
注：日产沼气量指标是指厌氧消化温度控制在25℃以上（含25℃），总体装置的最低日产沼气量。				

附件4. 我国农村户用沼气建设适宜性分析

一、现实适宜性分析

（一）原料适宜性分析

畜禽粪便是沼气发酵的重要物质基础。适度的分散养殖是农村户用沼气的重要条件。目前，我国生猪分散养殖户为10675万户，奶牛174万户，肉牛1592万户，蛋鸡6568万户，肉鸡5146万户，羊2843万户，役畜2195万户，合计为291931万户。详见表1。

表1　全国分散养殖农户数量（2004年）

单位：万户

养殖类型	分散养殖农户数量			备注：分散养殖分类标准	
	合计	分散型Ⅰ	分散型Ⅱ	分散型Ⅰ	分散型Ⅱ
生猪	10674.94	10193.39	481.55	出栏1-9头	出栏10-49头
奶牛	173.53	151.09	22.44	存栏1-5头	存栏6-20头
肉牛	1592.32	1553.70	38.62	出栏1-10头	出栏11-50头
蛋鸡	6568.13	6299.79	268.34	存栏1-49只	存栏50-2000只
肉鸡	5145.96	4997.16	148.80	存栏1-99只	存栏100-2000只
羊	2843.19	2680.64	162.55	出栏1-30只	出栏31-100只
役畜	2195.17	2195.17	/	存栏1-3头	/
合计	29193.24	28070.94	1122.30	/	/

混合养殖是我国传统养殖的基本特征，即在一个农民家庭内既养牛，又养猪，还养鸡鸭。改革开放以来，我国专业化养殖虽然取得长足进展，但混合养殖现象仍较为普遍。因此，在上述各养殖类型分散养殖户的合计中，存在着较大重复计算。

调查表明，在我国广大农村地区，除了以下两类农户外，几乎所有的农户都从事着或多或少的畜禽养殖活动：一类是以从事非农生产为主的农户和“人户分离”的外出打工农户；另一类是以农为主，但以渔业和园艺业为主要经营对象的专业农户。这两类农户全国总农户数的23%。因此，仅从沼气发酵原料来源的角度分析，全国适宜发展户用沼气的养殖户约为1.91亿户，占全国总农户数的77%。

（二）气候适宜性分析

沼气发酵菌种在8℃～60℃范围内都能发酵产气。作为常温发酵的农村户用沼气池，应尽量使其发酵温度保持在8℃以上。我国自然非适宜区主要是高寒地区（高纬度或高海拔）。该类地区区域范围非常大，但农村户数十分有限，仅占全国的5%。

（三）社会经济适宜性

从社会经济条件来看，沼气非适宜农户主要包括如下四大类：一是煤炭、太阳能、风能、微水电资源十分丰富的地区，应充分利用上述能源，因地制宜地发展其它新型能源；二是以放牧尤其是游牧为主的地区，沼气原料不能不间断的足量供给；三是经济发达，已经全面利用清洁商品能源的农户；四是经济贫困，目前仍不具备“一池三改”配套建设能力的农户。在我国分散养殖户中，上述四类农户约占17.5%。

（四）综合适宜性分析

从沼气发酵原料来源看，全国适宜发展户用沼气的养殖户约为1.91亿户。在这些分散养殖户中，5%分布于自然非适宜性区，17.5%属于社会经济条件的非适宜区。因此，综合适宜性分析，全国适宜发展沼气的农户约为1.48亿户，约占总农户数的59.27%。各地区沼气适宜农户数详见表2。

表2 各地区沼气适宜农户数（2004）

单位:万户

地　区	农户数	适宜农户	适宜农户比例（%）
1. 西部地区	7762	5708	73.54
(1)西南地区	5097	4050	79.46
(2)西北地区	1813	1020	56.26
(3)“三州8县”*	852	638	74.88
2. 粮食主产区	10124	6442	63.63
(1)东南丘陵山区	2546	2092	82.17
(2)黄淮海平原区	6456	3760	58.24
(3)东北地区	1122	590	52.6
3. 东部地区	7086	2650	37.40
合　计	24972	14800	59.27

注：“三州8县”是指吉林省延边朝鲜族自治州、湖北省恩施土家族苗族自治州、湖南省土家族苗族自治州和海南省五指山区8县。

二、远景适宜性分析

（一）未来15年我国农户数量变化分析

2005年1月6日是我国的13亿人口日（不包括香港、澳门特别行政区和台湾省人口。下文同）。据国家统计局测算，到2010年和2020年中国人口总量将分别达到13.6亿和14.6亿。

2004年末全国城镇人口达到54283万人，占总人口的41.76%。各种分析结果表明，中国已经进入了城市化快速发展的阶段，这一阶段还将会持续15年左右。到2010年和2020年，中国的城镇人口比重将分别达到48%和60%。

2004年末全国以农事活动为主的农户数约为24117万户，其中乡村户数为20057万户，城镇郊区农户数为4060万户。按照现实乡村户均人口规模和城镇郊区农户比重进行推算，到2010年和2020年，全国农户总量将减少到23600万户和22050万户。

（二）未来15年我国沼气适宜农户数量变化分析

预计到2020年，我国适宜发展沼气的农户将减少到12000万户左右。

首先，随着农民收入水平的提高和农村城市化的发展，我国适宜发展沼气的农户将有所减少。我国沼气建设的重点对象主要是中低收入的农户。高收入农户和基本具备城镇化条件地区的农户，商品能源消费能力强，对户用沼气缺乏依赖性，不宜作为户用沼气建设的重点对象。随着城市化的进展，到2010年和2020年我国适宜发展沼气的农户将分别减少900万户和2700万户。

其次，由分户散养向养殖小区集中养殖转移是我国农村养殖业发展的大趋势。随着农村经济的发展和城乡一体化水平的提高，我国散养农户将减少，不再从事猪、牛养殖或不再以猪、牛养殖为固定收入来源的农户将增加。由此，预计到2010年和2020年将使我国适宜发展沼气的农户分别减少1100万户和3200万户。

第三，随着全国农民收入水平的同步提高，到2010年和2020年将使我国适宜发展沼气的农户分别增加500万户和1350万户。

第四，随着人口自然增长，到2010年和2020年，我国农户数量将分别自然增长890万户和2350万户左右，其中适宜建设沼气的农户分别为600万户和1750万户。

上述四个方面增减相抵，到2010年将使我国适宜发展沼气的农户净减少900万户，适宜发展沼气的农户总规模降至1.39亿户;到2020年我国适宜发展沼气的农户将净减少2800万户，适宜发展沼气的农户总规模降至1.2亿户左右（见表3）。

表3 2010年、2020年各地区沼气适宜农户数预测

地 区	2010年			2020年适宜农户		
	农户数(万户)	其中：适宜农户	占总农户的（%）	农户数(万户)	其中：适宜农户	占总农户的（%）
合 计	23600	13900	58.90	22050	12100	54.88
1. 西部地区	7566	5536	73.17	7556	5158	68.26
(1)西南地区	4968	3910	78.70	4960	3645	73.49
(2)西北地区	1768	1000	56.55	1766	930	52.66
(3)“三州8县”	831	626	75.32	830	583	70.24
2. 中部和东北地区	9455	5911	62.52	8594	4952	57.62
(1)东南丘陵山区	2377	1862	78.33	2160	1547	71.62
(2)黄淮海平原区	6029	3524	58.45	5480	2950	53.83
(3)东北地区	1048	525	50.10	954	455	47.69
3. 东部地区	6580	2454	37.29	5900	1990	33.73

说明：本适宜性分析主要考虑了畜禽粪便为主要发酵原料，没有考虑下列因素对沼气适用领域的影响：一是因科技进步，秸秆也适宜作沼气发酵原料；二是部分农户可能通过社会化服务，购买发酵原料；三通过养殖场或养殖小区沼气工程集中供气，农户也能用上沼气等。其中，前两个因素将扩大适宜农户的数量，后一因素将减少适宜农户的数量。因这些因素不确定性较大，难以准确分析，故未列入适宜性分析因素。

附件5. 规模化畜禽养殖场的主要环境污染问题

规模化畜禽养殖场产生的污染物主要有污水、固体粪便和恶臭气体。规模化养殖场的粪尿排泄物及废水中含有大量的氮、磷、悬浮物及致病菌，污染物数量大而且集中，尤其以水质污染和恶臭对环境造成的污染最为严重。

一、水质污染

与水质污染有关的主要参数有BOD、COD、SS，以及大肠杆菌、蛔虫卵、氮和磷等的含量。畜禽养殖场的污水中含有大量的污染物质,如猪粪尿混合排出物的COD达81000mg/L，牛粪尿混合排出物的COD达36000mg/L，蛋鸡场冲洗废水的COD为43000~77000mg/L，NH_3–N浓度为2500~4000mg/L。据对部分大型养殖场排出粪水的检测结果，COD超标50～70倍，BOD超标70～80倍，SS超标12～20倍。按照目前我国规模化养殖场对环境污染的管理状况和正常水冲粪的流失率计算（见下表），高浓度畜禽有机污水排入江河湖泊中，造成水质不断恶化。

畜禽粪便污染物进入水体流失率（%）表

项目	牛粪	猪粪	羊粪	家畜粪	牛猪尿
COD	6.16	5.58	5.50	8.59	50
BOD	4.87	6.14	6.70	6.78	50
NH_3-H	2.22	3.04	4.10	4.15	50
TP	5.50	5.25	5.20	8.42	50
TN	5.68	5.34	5.30	8.47	50

畜禽粪便污染物不仅污染地表水，其有毒、有害成分还易渗入到地下水中，严重污染地下水。并难治理恢复，将造成较持久性的污染。

二、空气污染

养殖场产生含有大量的氨、硫化物、甲烷等有毒有害成分的大量恶臭气体，污染周围空气，严重影响了空气质量。国际上许多发达国家都对恶臭气体的排放有严格的规定，如日本在《恶臭法》中，确定了8种恶臭物质，其中有6种与畜牧业密切相关，它们是氨、甲基硫醇、硫化氢、二甲硫、二硫化甲基、三甲胺等。畜禽养殖场的恶臭不仅危害饲养人员及周围居民身体健康，并且也影响畜禽的正常生长。

三、农作物危害

高浓度的污水直接用于灌溉，会使作物陡长、倒伏、晚熟或不熟，造成减产，甚至毒害作物，出现大面积腐烂。近年来，规模化畜禽养殖场的“肥水”造成周围地区农作物危害，农民要求赔偿的现象经常发生。此外，高浓度污水可导致土壤孔隙堵塞，造成土壤透气、透水性下降及板结，严重影响土壤质量。

四、畜禽和人身健康危害

畜禽粪尿及废水中含有大量的病原微生物、致病菌及寄生虫卵，并孳生蚊蝇。粪便随意排放会使环境中病源种类增多、菌量增大。病原菌和寄生虫大量繁殖，造成家畜传染病的蔓延，对畜禽产生危害，导致育雏死亡率和育成死亡率升高，不仅给畜牧业造成严重损失，而且会威胁人类的健康。尤其是人畜共患病，目前，已知全世界约有“人畜共患疾病”250多种，我国有120多种。“人畜共患疾病”传染源主要是患病动物的粪尿、分泌物、污染的废水、饲料等。我国人口众多，规模化养殖场主要集中于大中城市的近郊及城乡结合部，养殖业造成的污染事故一但发生，其危害将相当严重。

附件6. 农村户用沼气内容及投资标准测算

一个户用沼气池系统包括池、灶、灯以及脱硫器、管路、开关等配件。建造一个8立方米的沼气池需要的建筑材料主要有：水泥1吨，砖600块，砂子2立方米，碎石0.6立方米，以及钢筋等。如果不用砖而使用全部混凝土结构，则需要水泥1.5吨，砂子3吨，公分石3吨，以及钢筋等。另外，建造一个沼气池需要投入技工4个工日，杂工8个工日。全部混凝土结构的沼气池还需要使用模具。不同地区“三改”建设的内容和标准有差别，建设材料和人工投入也不同。根据材料、灶具、配件以及劳动力等的价格不同，“一池三改”投资也有所不同。

能源发展“十一五”规划（节录）

国家发展改革委

2007年4月

本规划主要阐明国家能源战略，明确能源发展目标、开发布局、改革方向和节能环保重点，是未来五年我国能源发展的总体蓝图和行动纲领。有关方面要按照规划要求，结合具体实际，积极开展工作，努力完成规划确定的各项任务。

第一章　能源形势

一、能源发展的新起点

“十五”时期，我国能源发展成就显著，基本满足了国民经济和社会发展的需要，为“十一五”及更长时期的发展奠定了坚实基础。面向未来，我国能源工业站在新的历史起点上。

(一)能源生产快速增长，供需矛盾趋于缓和

2005年，我国一次能源生产总量20.6亿吨标准煤，消费总量22.5亿吨标准煤，分别占全球的13.7%和14.8%，是世界第二能源生产和消费大国。煤炭产量突破22亿吨，发挥了重要的支撑作用。石油天然气产量稳步增长，西气东输工程顺利建成，塔里木、准噶尔、鄂尔多斯等西部油气田开发取得重要进展。发电装机容量超过5亿千瓦，实现了跨越式发展，电力供应紧张状况明显缓和。

专栏1 "十五"时期能源发展主要指标

指标	单位	2000年	2005年	"十五"年均增长（%）
一次能源生产总量	亿吨标准煤	12.9	20.59	9.82
其中：原煤	亿吨	12.99	22.05	11.16
石油	亿吨	1.63	1.81	2.12
天然气	亿立方米	272	493	12.63
水电及可再生能源	亿吨标准煤	0.86	1.41	10.39
一次能源消费总量	亿吨标准煤	13.86	22.47	10.15
其中：原煤	亿吨	13.20	21.67	10.42
石油	亿吨	2.24	3.25	7.73
天然气	亿立方米	245	479	14.35
水电及可再生能源	亿吨标准煤	0.86	1.41	10.39

注：数据来源为国家统计局和行业协会统计资料；可再生能源仅包含商品化部分（下同）。

(二)结构调整力度加大，"上大压小"取得成效

大型煤炭基地建设、中小煤矿联合改造、落后小煤矿关闭淘汰稳步实施。大型电站建设步伐加快，火电"上大压小"继续推进。西电东送等重点输电工程进展顺利，农网改造基本完成，六大电网联网加强。新能源和可再生能源发展加快。风电装机容量达到126万千瓦，太阳能光伏发电装机容量约7万千瓦，太阳能热水器集热面积8000多万平方米、居世界第一位。生物质燃料乙醇年生产能力102万吨，煤炭液化和煤制醇醚、烯烃等煤基多联产示范工程稳步推进。

(三)技术创新取得进步，装备水平明显提高

煤炭工业已具备装备千万吨级露天煤矿和日产万吨矿井工作面的能力，建成了一批具有世界先进水平的大型煤矿。石油天然气复杂区块勘探开发、提高油田采收率等技术跨入国际领先行列。三峡工程顺利投产，标志着我国水电技术达到国际先进水平；一批大型火电机组投入运行；形成了比较完备的500千伏和330千伏主网架，750千伏示范工程建成投运，±800千伏直流和1000千伏交流试验示范工程开始启动。

(四)体制改革步伐加快，市场机制逐步完善

煤炭企业战略性重组步伐加快，产业集中度提高。煤炭上下游产业融合趋势明显，一批产权多元化，煤电、煤钢、煤焦化一体化的综合能源企业正在发展壮大。煤炭市场价格机制趋于完善，区域煤炭交易市场发展态势良好。石油天然气产业形成了几个上下游、内外贸一体化的大型企业集团。国家战略石油储备建设取得进展。电力体制改革稳步推进，厂网分开基本完成，电力市场建设开始起步。

(五)能源效率有所提高，环境保护得到加强

2005年，全国煤矿平均矿井回采率比2000年提高了约10个百分点。在难采储量不断增加的情况下，原油采收率仍然保持在较高水平。火电供电标准煤耗从2000年的392克/千瓦时下降到2005年的370克/千瓦时；烟尘排放总量比1980年减少32%；部分水资源缺乏地区实现了废水"零排放"；单位电量二氧化硫排放比1990年减少了40%。

二、面临的主要问题和挑战

"十一五"是全面建设小康社会的关键时期，新时期新阶段能源发展既有新的机遇，也面临更为严峻的挑战。

(一)消费需求不断增长，资源约束日益加剧

我国能源资源总量比较丰富，但人均占有量较低，特别是石油、天然气人均资源量仅为世界平均水平的7.7%和

7.1%。随着国民经济平稳较快发展，城乡居民消费结构升级，能源消费将继续保持增长趋势，资源约束矛盾更加突出。

(二)结构矛盾比较突出，可持续发展面临挑战

目前，煤炭消费占我国一次能源消费的69%，比世界平均水平高42个百分点。以煤为主的能源消费结构和比较粗放的经济增长方式，带来了许多环境和社会问题，经济社会可持续发展受到严峻挑战。

(三)国际市场剧烈波动，安全隐患不断增加

最近几年，国际石油价格大幅震荡、不断攀升，给我国经济社会发展带来多方面的影响。我国战略石油储备体系建设刚刚起步，应对供应中断能力较弱；影响天然气电力安全供应的因素趋多；煤矿安全生产形势不容乐观，维护能源安全任务艰巨。

(四)能源效率亟待提高，节能降耗任务艰巨

与国际先进水平比较，我国能源效率还有很大差距。“十一五”规划纲要提出了2010年单位GDP能耗降低20%左右的目标。一方面，从我国产业结构调整和技术管理水平提高潜力看，经过努力，实现上述目标是可能的。另一方面，我国尚处在工业化、城镇化加快发展的历史阶段，高耗能产业在经济增长中仍将占有较大比重，转变能源生产和消费模式，提高能源效率，减少能源消耗，是一项长期而艰巨的任务。

(五)科技水平相对落后，自主创新任重道远

科技发展是解决能源问题的根本途径。与世界先进国家比较，我国在能源高新技术和前沿技术领域还有相当差距，能源科技自主创新任重道远。

(六)体制约束依然严重，各项改革有待深化

煤炭企业社会负担沉重，竞争力不强。完善原油、成品油和天然气市场体系，还有大量需要解决的问题。电力体制改革方案确定的各项改革措施有待进一步落实。

(七)农村能源问题突出，滞后面貌亟待改观

农村能源存在的主要问题，一是生活用能商品化程度偏低。二是地区发展不平衡，西部农村普遍存在能源不足问题，东中部山区和贫困地区用能状况也需要进一步改善，全国尚有1000多万无电人口。加快农村能源建设，改善农村居民生产生活用能条件，是建设社会主义新农村的必然要求。

第二章　方针和目标

一、指导方针

以邓小平理论和“三个代表”重要思想为指导，用科学发展观和构建社会主义和谐社会两大战略思想统领能源工作，贯彻落实节约优先、立足国内、多元发展、保护环境，加强国际互利合作的能源战略，努力构筑稳定、经济、清洁的能源体系，以能源的可持续发展支持我国经济社会可持续发展。

二、发展目标

(一)消费总量与结构

2010 年，我国一次能源消费总量控制目标为27亿吨标准煤左右，年均增长4%。煤炭、石油、天然气、核电、水电、其他可再生能源分别占一次能源消费总量的66.1%、20.5%、5.3%、0.9%、6.8%和0.4%。与2005年相比，煤炭、石油比重分别下降3.0 和0.5 个百分点，天然气、核电、水电和其他可再生能源分别增加2.5、0.1、0.6和0.3 个百分点。

(二)生产总量与结构

2010 年，一次能源生产目标为24.46亿吨标准煤，年均增长3.5%。煤炭、石油、天然气、核电、水电、其他可再生能源分别占74.7%、11.3%、5.0%、1.0%、7.5%和0.5%。与2005年相比，煤炭、石油比重分别下降1.8 和1.3 个百分点，天然气、核电、水电和其他可再生能源分别增加1.8、0.1、0.8和0.4 个百分点。

第三章　建设重点

根据资源条件，按照“优化结构、区域协调、产销平衡、留有余地”的原则，“十一五”时期我国能源建设的总体安排是：有序发展煤炭；加快开发石油天然气；在保护环境和做好移民工作的前提下积极开发水电，优化发展火电，推进核电建设；大力发展可再生能源。适度加快"三西"煤炭、中西部和海域油气、西南水电资源的勘探开发，增加能源基地输出能力；优化开发东部煤炭和陆上油气资源，稳定生产能力，缓解能源运输压力。重点建设五大能源工程。

一、能源基地建设工程

(一)有序开发煤炭基地

加快开发神东、陕北、黄陇(含华亭)、晋北、晋东、宁东6个大型优质动力煤炭基地，以建设特大型现代化煤矿为主，扩大生产规模。实施晋中炼焦煤基地保护性开发，建设大型煤矿，整合中小型煤矿，保持合理开发强度。做好鲁西、冀中、河南3个煤炭基地老矿区生产接续，稳定生产规模。推进两淮煤炭基地建设与改造，适度提高煤炭供应能力。促进蒙东(东北)煤炭基地开发，优先建设内蒙古东部大型现代化露天煤矿。配合西电东送工程，适度加快云贵煤炭基地开发。

(二)加快建设油气基地

按照"挖潜东部、发展西部、加快海域、开拓南方"的原则，通过地质理论创新、新技术应用和加大投入力度等措施，使2010年，全国原油、天然气产量分别达到1.93亿吨和920 亿立方米。

(三)积极开发水电基地

按照流域梯级滚动开发方式，建设大型水电基地。重点开发黄河上游、长江中上游及其干支流、澜沧江、红水河和乌江等流域。在水能资源丰富但地处偏远的地区，因地制宜开发中小型水电站。

(四)优化建设煤电基地

按照"西电东送、水火调剂、强化支撑、保障安全"的原则，优化建设山西、陕西、内蒙古、贵州、云南东部等煤炭富集地区煤电基地，实施"西电东送"。合理布局河南、宁夏坑口电站，促进区域内水火调剂。加快安徽两淮坑口电站建设，实施"皖电东送"。东中部地区重点建设港口、路口、负荷中心电站以及有利于增强输电能力的电站，提高电网运行稳定性和安全性。

(五)加快建设核电基地

"十一五"期间，建成田湾一期、广东岭澳二期工程，开工浙江三门、广东阳江等核电项目，做好一批核电站前期工作。积极支持高温气冷堆核电示范工程。

二、能源储运工程

(一)煤炭运输通道和港口

"十一五"期间，随着煤炭产销量的增长，我国"北煤南运、西煤东调"格局将更加明显。要充分挖掘既有铁路和港口设施潜力，重点抓好"三西"煤炭外运通道、北方沿海煤炭装船码头扩能改造，规划建设"西煤东运"新通道。进一步强化华东、东南、华南地区煤炭接卸码头和中转基地建设，发挥长江和京杭运河作用，加强西北、西南和华中煤炭运输能力建设。

(二)油气输送管网

"十一五"期间，按照"西部油气东输、东北油气南送、海上油气登陆"的格局，加强骨干油气管线建设，增加必要的复线和重点联络线，加快中转枢纽和战略储备设施建设，逐步形成全国油气骨干管网和重点区域网络。

(三)电网设施

一是按照重点输送水电，适度输送煤电的原则，继续推进"西电东送"三大通道建设。二是加强区域电网建设，推进大区电网互联，到2010 年，除西藏、新疆、台湾等地区外，初步实现全国联网。三是推进城乡电网建设与改造，形成安全可靠的配电网络。四是促进二次系统与一次系统协调发展。

三、石油替代工程

按照"发挥资源优势、依靠科技进步、积极稳妥推进"的原则，加快发展煤基、生物质基液体燃料和煤化工技术，统筹规划，有序建设重点示范工程。为"十二五"及更长时期石油替代产业发展奠定基础。

四、可再生能源产业化工程

"十一五"期间，重点发展资源潜力大、技术基本成熟的风力发电、生物质发电、生物质成型燃料、太阳能利用等可再生能源，以规模化建设带动产业化发展。

五、新农村能源工程

按照“因地制宜，多元发展”的原则，在继续加快小型水电和农网建设的同时，大力发展适宜村镇、农户使用的风电、生物质能、太阳能等可再生能源。到2010年，村镇小型风机使用量达到30 万台，总容量7.5 万千瓦；户用沼气4000 万户，规模化养殖场沼气工程达到4700处，全国农村沼气产量达到160 亿立方米；农村太阳能热水器保有量达到5000 万平方米，太阳灶保有量达到100 万台。

第四章　节能和环保

实现能源节约和环境保护目标，必须依靠全社会的共同努力，发挥科技基础作用，走转变经济增长方式，提高经济增长质量和效益的道路。在落实直接节能与环境保护措施的同时，大力发展循环经济，加快培育高科技产业，扩大现代服务业在国民经济中的比重，通过优化经济结构，提升间接节能和环保贡献率。

一、主要目标

(一)总体指标

2010 年，万元GDP(2005 年不变价，下同)能耗由2005 年的1.22 吨标准煤下降到0.98吨标准煤左右。“十一五”期间年均节能率4.4%，相应减少排放二氧化硫840 万吨、二氧化碳(碳计)3.6亿吨。

专栏2　主要产品（工作量）单位能耗指标

	单位	2000年	2005年	“十五”年均增长（%）
火电供电煤耗	克标准煤/千瓦时	392	370	355
吨钢综合能耗	千克标准煤/吨	906	760	730
吨刚可比能耗	千克标准煤/吨	784	700	685
10种有色金属综合能耗	吨标准煤/吨	4.809	4.665	4.595
铝综合能耗	吨标准煤/吨	9.923	9.595	9.471
铜综合能耗	吨标准煤/吨	4.707	4.388	4.256
炼油单位能量因数能耗	千克标准油/吨·因数	14	13	12
乙烯综合能耗	千克标准油/吨	848	700	650
大型全盛氨综合能耗	千克标准煤/吨	1372	1210	1140
烧碱综合能耗	千克标准煤/吨	1553	1503	1400
水泥综合能耗	千克标准煤/吨	181	159	148
建筑陶瓷综合能耗	千克标准煤/平方米	10.04	9.9	9.2
铁路运输综合能耗	吨标准煤/百万吨换算公里	10.41	9.65	9.4

专栏3　主要耗能设备能效指标

	单位	2000年	2010年
燃煤工业锅炉（运行）	%	65	70～80
中小电动机（设计）	%	87	90～92
风机（设计）	%	70～80	80～85
泵（设计）	%	75～80	83～87
气体压缩机（设计）	%	75	80～84
房间空调器（能效比）		2.4	3.2～4
电冰箱（能效指数）	%	80	50～62
家用燃气灶（热效率）	%	55	60～65
家用燃气热水器（热效率）	%	80	90～95
汽车平均燃油经济性	升/百公里	9.5	8.2～6.7

(二)主要耗能产品(工作量)和耗能设备指标

2010年，重点耗能行业环保状况和主要产品(工作量)单位能耗指标总体达到或接近本世纪初国际先进水平。主要耗能设备能源效率达到20世纪90 年代中期国际先进水平，部分汽车、家用电器能源效率达到国际先进水平。

(三)能源行业指标

2010 年，全国煤矿平均矿井回采率达到50%，提高4 个百分点；煤矸石、矿井水利用率均达到70%，分别提高27和26个百分点；矿井水排放达标率100%，提高20 个百分点；洗煤废水闭路循环率提高到90%，增加5个百分点。原油采收率保持在32%左右。火电供电标准煤耗每千瓦时355 克，下降15 克；厂用电率4.5%，下降1.4个百分点；线损率7%，下降0.18 个百分点；电厂二氧化硫排放总量减少10%以上。

二、主要领域

"十一五"期间，按照"全面推进、突出重点"的原则，着力抓好重点工业、交通运输、建筑、商业和民用领域的节能环保工作。组织实施燃煤工业锅炉(窑炉)改造、区域热电联产、余热余压利用、节约和替代石油、电机系统节能、能量系统优化、建筑节能、绿色照明、政府机构节能、节能监测和技术服务体系建设等十大工程，达到节能5.6亿吨标准煤，环境和经济效益显著的目标。

三、能源行业重点

(一)煤炭工业

逐步淘汰技术落后、效率低、资源浪费和污染严重的小煤矿，采用高效、环保的新工艺、新设备和新材料改造现有煤矿和选煤厂，建设大型现代化煤矿。到2010年，使煤炭资源平均矿井回采率由2005 年的46%提高到50%；小型煤矿数量由2.2 万处降低到1万处左右，污染源点大幅度减少；地下水渗漏、地表沉陷等问题得到有效缓解。

按照循环经济发展思路，大力推进煤炭领域资源综合利用。到2010 年，使煤矸石利用量由2005 年的1.5亿吨增加到3.9 亿吨，利用率提高27 个百分点；矿井水利用量由11 亿立方米增加到36 亿立方米，利用率提高26个百分点；矿井水达标排放率由80%提高到100%；煤矿瓦斯利用量由10 亿立方米增加到87 亿立方米。

切实加强煤炭矿区生态环境保护工作。制订专项规划，研究建立矿区生态环境恢复补偿机制，加大资金投入。到2010年，使矿区土地复垦面积由0.9 万公顷增加到2.2 万公顷，水土流失治理面积由1.1 万公顷增加到2.6万公顷，生态环境恶化的趋势得到遏制。

(二)石油天然气工业

加强项目开发的节能环保评估和审查，大力推广提高采收率技术、采油系统优化配置技术、稠油热采配套节能技术、注水系统优化运行技术、油气密闭集输综合节能技术和油田伴生气回收利用技术，严禁在没有伴生气、凝析油回收配套条件下开采油气田。到2010年，使全国原油采收率保持在32%左右；油气田开发综合能耗，特别是油气自用率进一步降低；基本解决天然气放空、废水排放造成的环境污染问题。

作好石油节约和替代工作。以洁净煤、石油焦、天然气替代燃料油(轻油)；淘汰燃油小机组；实施机动车燃油经济性标准及相关配套政策；实施清洁汽车行动计划，发展混合动力汽车，在城市公交车、出租车等行业推广燃气汽车。

(三)电力工业

大力发展60万千瓦及以上超(超)临界机组、大型联合循环机组。采用高效洁净发电技术改造现役火电机组，实施"上大压小"和小机组淘汰退役。推进热电联产、热电冷联产和热电煤气多联供。在工业热负荷为主的地区，因地制宜建设以热力为主的背压机组；在采暖负荷集中或发展潜力较大的地区，建设30万千瓦等级高效环保热电联产机组；在中小城市建设以循环流化床技术为主的热电煤气三联供，以洁净能源作燃料的分布式热电联产和热电冷联供，将分散式供热燃煤小锅炉改造为集中供热。到2010年，使火电供电标准煤耗由2005年的每千瓦时370克下降到355克，厂用电率由5.9%下降到4.5%；城市集中供热普及率由30%提高到40%，新增供暖热电联产机组超过4000万千瓦，年节能3500万吨标准煤以上，为改善城市空气质量作出贡献。

水电建设要更加重视生态环境保护问题。新建火电机组必须同步安装高效除尘设施；加快现役电厂除尘器改造，提高可靠性、稳定性和除尘效率。通过使用低硫燃料、装设脱硫设备等综合措施，严格控制电厂二氧化硫排放。推广低氮燃烧技术，扩大烟气脱氮试点范围，鼓励火电厂减少氮氧化物排放。到2010年，使火电厂每千瓦时烟尘排放量控制在1.2 克、二氧化硫排放量下降到2.7克，电厂废水排放达标率实现100%。

采用先进输、变、配电技术和设备，逐步淘汰能耗高的老旧设备；加强跨区联网，推广应用电网经济运行技术；采取有效措施，减轻电磁场对环境的影响。到2010年，使电网线损率下降到7%左右。

第五章 科技进步

贯彻落实“自主创新，重点跨越，支撑发展，引领未来”的科技发展指导方针，建立和完善以企业为主体、市场为导向、产学研相结合的能源科技创新体系。优先发展先进适用技术，提升能源工业技术水平；加强前沿技术研发，为未来能源发展奠定基础。

专栏4　“十一五”重点发展的先进适用技术

	主要内容
资源勘探开发	煤炭高效开采、复杂地质条件油气资源勘探开发、海洋油气资源勘探开发和煤层气开发等技术
煤炭清洁利用	煤炭洗选、清洁高效发电、煤基液体燃料和化工等技术
核心电站	百万千瓦级大型先进压水堆核电技术
超大规模输配电和电网二次系统	柔性输电、高等级电压输电、间歇式电源并网、电能质量监测与控制、大规模互联电网安全保障和电网调度自动化技术等
可再生能源低成本规模化开发利用	大型风电机组、农林生物质发电、沼气发电、燃料乙醇、生物柴油和生物质固体成型燃料、太阳能开发利用关键技术等

一、优先发展先进适用技术

二、加强能源前沿技术研究

专栏5　“十一五”重点发展的前沿技术

	主要内容
氢能及燃料电池	高效低成本化石能源和可再生能法制氢、经济高效氢储存和输配、燃料电池关键技术等
分布式供能系统	微小型燃气轮机、新型热力循环等终端能源转换、储能、热电冷系统综合技术等
未来核电	高温气冷堆和快中子增殖反应堆、核聚变反应堆技术等
天然气水合物	天然气水合物地质理论、源勘探评评、钻井和安全开采技术等

第六章　保障措施

三、加快法规建设，改进行业管理

修订《煤炭法》、《电力法》、《节约能源法》，制定《能源法》、《石油天然气法》和《国家石油储备管理条例》等法规，尽快完善与社会主义市场经济体制相适应的能源法律法规体系。

健全煤炭行业准入制度，规范煤炭资源勘查开发和生产经营活动。实施煤炭资源整合，推进企业重组，淘汰落后小煤矿。引导企业增加投入，加快瓦斯抽采利用和安全改造，提高装备水平，改善安全生产条件。

加强石油天然气行业监管，完善市场准入制度。制定天然气利用政策，强化需求侧管理，保障供气安全。完善电力市场监管体系和运行规则，创造公平竞争的市场环境。引导电网和发电企业加强管理、节能降耗、降低成本、改进服务，为全社会提供稳定可靠、价格合理、质量优良的电力供应。

四、深化体制改革，完善价格体系

继续推动煤炭企业完善现代企业制度，减轻企业办社会负担，增强竞争力。完善流通体制，建立现代煤炭交易市场。逐步理顺成品油价格，加大天然气价格调整力度，引导油气资源合理使用，促进资源节约与开发。

按照国务院确定的电力体制改革方案，巩固厂网分开成果，加快电网企业主辅分离步伐，推进区域电力市场建设，继续开展大用户与发电企业直接交易试点，稳步实施输配分开。深化电价体制改革。完善输配电价，加快推进竞价上网，建立与用电质量要求、用电性质和发电上网电价挂钩的分类售电电价机制。制定可再生能源发电配额制度，完善可再生能源发电电价优惠政策，施行有利于生产和使用可再生能源的税收政策。

五、强化资源节约，保护生态环境

提高能源矿产资源回采率。实行与回采率挂钩的资源税费计征办法，完善监管制度，促进企业加强管理、增加投入、改进工艺装备，提高能源资源利用率。

发展循环经济。鼓励企业充分利用劣质煤、煤炭洗选加工副产品、煤矿瓦斯、矿井水等资源，因地制宜发展综合利用产业。完善热电联产产业政策，鼓励大中型城市和热负荷相对集中的工业园区，实行热电联产、集中供热，逐步淘汰分散供热锅炉，提高综合能效，保护生态环境。

建立煤炭矿区生态环境恢复补偿机制。制定煤炭清洁生产标准，明确企业和政府责任，加大生态环境保护和治理投入。改革电力调度方式。实行节能、环保、经济、公平的发电调度制度，激励企业加快发展高效清洁机组，淘汰和改造低效率、高能耗、高排放的现役机组，促进电力行业整体能效和环保水平的提高。

六、扩大对外开放，加强国际合作

以引进先进技术和管理为主要目标，适时修订《外商投资产业指导目录》，完善能源对外开放政策。按照平等互利、合作双赢的原则加强能源国际合作。

七、建立应急体系，提高安全保障

加快政府石油储备建设，适时建立企业义务储备，鼓励发展商业石油储备，逐步完善石油储备体系。以应对大规模电网事故和石油天然气供应中断为核心，建立完善能源安全预警制度和应急机制。

农业生物质能产业发展规划（2007－2015年）

农业部

(2007年5月)

前言

能源是人类赖以生存的物质基础，是国民经济的基本支撑。我国是能源消费大国，能源供应主要依靠煤炭、石油和天然气等化石能源，而化石能源资源的有限性及其开发利用过程对环境生态造成的巨大压力，严重制约着经济社会的可持续发展。在这种形势下，开发清洁的可再生能源已成为我国能源领域的一个紧迫课题。

胡锦涛总书记指出：“加强可再生能源开发利用，是应对日益严重的能源和环境问题的必由之路，也是人类社会实现可持续发展的必由之路。”《国民经济和社会发展第十一个五年规划纲要》明确提出，要“加快开发生物质能”。《中共中央国务院关于积极发展现代农业扎实推进社会主义新农村建设的若干意见》提出，“以生物能源、生物基产品和生物质原料为主要内容的生物质产业，是拓展农业功能、促进资源利用的朝阳产业”，“启动农作物秸秆固化成型燃料试点项目”，“鼓励有条件的地方利用荒山、荒地等资源，发展生物质原料作物种植”。为积极贯彻落实党中央、国务院一系列有关发展农业生物质能的指示精神，依据《可再生能源法》，制定本规划。

生物质是指通过光合作用而形成的各种有机体。生物质能是太阳能以化学能形式贮存在生物质中的能量形式，它以生物质为载体，直接或间接地来源于绿色植物的光合作用，可转化为常规的固态、液态和气态燃料，替代煤炭，石油和天然气等化石燃料，可永续利用，具有环境友好和可再生双重属性，发展潜力巨大。

一、我国发展农业生物质能产业的必要性

（一）有利于拓展农业功能，促进区域经济发展和农民增收

发展农业生物质能产业，突破传统农业的局限，利用农产品及其废弃物生产新型能源，拓展了农产品的原料用途和加工途径，为农业提供了一个产品附加值高和市场潜力无限的平台，有利于转变农业增长方式，发展循环经济，延伸农业产业链条，提高农业效益，拓展农村剩余劳动力转移空间，在促进区域经济发展、增加农民收入等方面大有可为。据专家测算，若充分利用我国现有生物质能资源，可以新增约3万亿元产值，提供约6000万个就业岗位。

（二）有利于发挥农业对能源的支持作用，缓解能源供应紧张局面

我国能源资源总量较为丰富，但人均占有量低，人均煤炭、石油和天然气储量仅为世界平均水平的56.3%、7.7%和7.1%。近年来，随着我国经济社会的快速发展，能源需求持续增长，供求矛盾日益突出，2005年一次能源生产总量为20.6亿吨标准煤，能源消费总量达到22.3亿吨标准煤；石油净进口量1.4亿吨，对外依存度超过40%。有关专家测算，如果充分利用我国目前的农业生物质能资源，可新增5亿吨左右标准煤，约占全国一次能源生产总量的24%。积极发展农业生物质能产业，对缓解化石能源供应紧张局面，优化能源结构，保障国家能源安全，建立稳定的能源供应体系具有重大意义。

（三）有利于保护和改善生态环境，促进可持续发展

我国是世界上第二大能源生产和消费国，化石能源造成的环境污染相当严重。如煤炭占能源消费总量的比例高达69%，煤烟型污染程度一直较高。同时，部分农村地区大量使用薪柴等作为生活燃料，森林植被破坏严重；大量畜禽粪便得不到及时有效处理，面源污染日益加剧。积极发展生物质能产业，可以有效替代高污染、高排放的化石能源，降低薪柴使用量，资源化利用畜禽粪便等农业废弃物，是推动节能减排的战略举措，是保护生态环境的重要途径，有利于建立资源节约型和环境友好型社会，促进人与自然和谐发展与经济社会的可持续发展。

（四）有利于改善农民生产生活条件，扎实推进社会主义新农村建设

我国农村经济社会发展水平较低，基础设施落后，环境卫生条件差，50%以上农户生活用能主要采用直接燃烧秸秆、薪柴等落后方式，同时大量人畜粪便得不到及时有效处理，导致了疾病的发生和疫病的传播，影响了广大农民群众的生活质量和身体健康。积极发展生物质能产业，增加农村清洁能源供应，可以逐步改变农村几千年来烟熏火燎的用能方式，提高农村能源利用效率，改善农村卫生状况和农民生产生活条件，是提高农民生活质量、降低生活成本、改变农村落后面貌、建设社会主义新农村的有力抓手。

二、我国农业生物质能资源潜力和发展现状

（一）资源潜力

我国农业生物质能资源主要包括农作物秸秆、畜禽粪便、农产品加工副产品和能源作物等，发展潜力巨大，空间广阔。

1. 农作物秸秆

我国的农作物秸秆主要分布在河北、内蒙古、辽宁、吉林、黑龙江、江苏、河南、山东、湖北、湖南、江西、安徽、四川、云南等粮食主产区，单位国土面积秸秆资源量高的省份依次为山东、河南、江苏、安徽、河北、上海、吉林、湖北等省（见图1）。

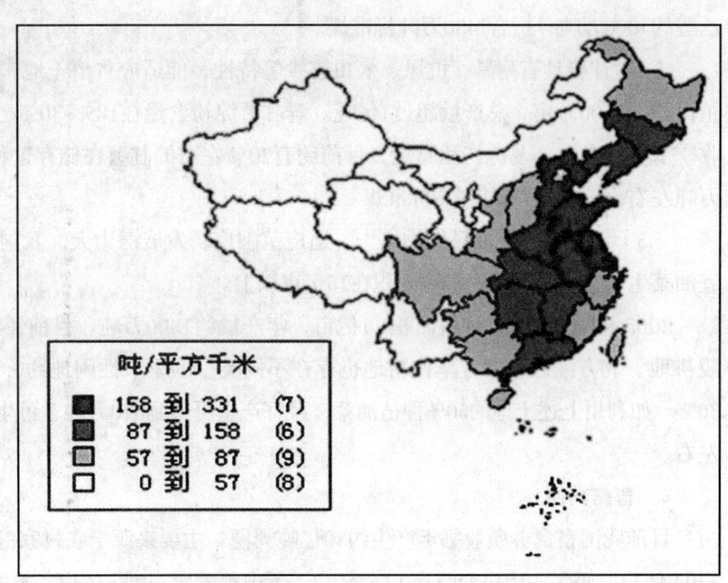

图1 2005年我国单位国土面积的秸秆资源量（资料来源：根据中国农业年鉴整理计算）

2005年，全国主要农作物产量约为5.1亿吨，按草谷比计算秸秆产量约6亿吨，除用于肥料、饲料、基料以及造纸等工业原料外，约有3亿吨农作物秸秆可作为能源使用，折合1.5亿吨标准煤。依据《全国农业和农村经济发展第十一个五年规划》提出的主要农产品发展目标测算，预计到2010年我国主要农作物秸秆产量将达到7.8亿吨，其中约4亿吨可作为农业生物质能的原料。以“十一五”期间的发展速度测算，预计到2015年我国主要农作物秸秆产量将达到9亿吨左右，其中约一半可作为农业生物质能的原料。

2. 能源作物

能源作物是指经专门种植用以提供能源原料的草本和木本植物。我国有大量不适于粮食生产但可种植高抗逆性

能源作物的荒山、荒坡和盐碱地等边际性土地，选择适合不同生长条件的品种进行培育和繁殖，可获得高产能源作物，并大规模转化为燃料乙醇和生物柴油等液体燃料。我国可转换为能源用途的作物和植物品种有200多种，目前适宜开发用于生产燃料乙醇的农作物主要有甘蔗、甜高粱、木薯、甘薯等（玉米、马铃薯可用于生产燃料乙醇，但易影响国家粮食安全，不宜作为主要品种开发），用于生产生物柴油的农作物主要有油菜等。

（1）甘蔗属于多年生热带和亚热带草本作物，以南、北回归线之间为最适宜生长区，可用于制糖和生产燃料乙醇。今后利用甘蔗发展燃料乙醇的潜力主要来自三个方面：一是甘蔗糖料生产过程中产生的副产品糖蜜。2005年至2006年度制糖期，我国甘蔗种植面积约2000万亩，产量约8600万吨，产糖1000万吨左右，副产糖蜜约340万吨，可以生产燃料乙醇80万吨左右，折合标准煤110万吨左右。二是走以糖为主、糖能互动发展之路。目前，我国甘蔗亩产仅为4.3吨左右，单产提升空间较大，有关科研单位已经选育出亩产6~7.5吨的糖能兼用品种，若大面积种植，将大幅度提高甘蔗产量，不仅可以进一步保障食糖原料供应，还为生产燃料乙醇提供更多保障条件，实现糖能互动联产。三是适当开发南方宜蔗土地新增的甘蔗。我国广西、广东、海南、云南等省区尚有0.1亿亩的宜蔗土地，若其中一半土地种植糖能兼用甘蔗，按亩产6吨计算，可生产3000万吨左右的甘蔗，可产出200万吨以上燃料乙醇，折合285万吨标准煤。

（2）甜高粱具有耐干旱、耐水涝、抗盐碱等多重抗逆性，素有“高能作物”之称，亩产300~400公斤粮食以及4吨以上茎秆，茎秆汁液含糖量16%~20%左右，每16~18吨茎秆可生产1吨燃料乙醇。目前在我国种植规模不大，且比较分散，北京、天津、河北、内蒙古、河南、山东、辽宁、吉林、黑龙江、陕西、新疆等省份都有种植。若开发我国现有1.5亿亩盐碱地的1/5用于种植甜高粱，按一般农田产量的50%计，收获甜高粱茎秆6000万吨，可生产350万吨左右燃料乙醇，折合标准煤500万吨左右。

（3）木薯具有易栽、耐旱、耐涝、高产等特点，适合在热带、亚热带地区种植，主要分布在广西、广东、海南、福建、云南、湖南、四川、贵州、江西等九省（区）。鲜木薯的淀粉含量在30%~35%左右，约7吨鲜薯可生产1吨燃料乙醇。2005年全国种植面积约650万亩，总产量约730万吨，亩产仅为1.1吨，如采用优质木薯品种，并加强田间管理和水肥到位，亩产可达3～5吨。目前，广西、广东、海南、福建、云南等省份仍有荒地、裸土地及后备宜林、宜农、宜牧荒山等未利用土地约2亿亩，若开发1/5用于种植木薯，按亩产2吨计算，可收获8000万吨，生产燃料乙醇约1000万吨，折合1430万吨标准煤。

（4）甘薯具有耐旱、抗风、病虫害少等特性，能适应贫瘠土地。我国是世界上最大的甘薯生产国，2005年种植面积约7500万亩，总产量超过1亿吨。鲜甘薯淀粉含量在18%~30%之间，约8吨甘薯可生产1吨燃料乙醇，但因回收季节在秋冬季，易冻伤和腐烂，目前约有20%左右的甘薯在储存过程中损耗，若及时加工，可生产燃料乙醇250万吨左右，折合357万吨左右标准煤。

（5）油菜是主要油料作物之一，适应范围广，发展潜力大。我国长江流域、黄淮地区、西北和东北地区都适宜油菜生长，适宜区域的耕地面积在15亿亩以上。

2005年我国油菜籽种植面积1.1亿亩，年产量约1300万吨。目前，我国南方水田区有冬闲田约0.6亿亩，南方丘陵耕地、北方灌区、北方旱作耕地也存在不同类型的季节性闲地约0.8亿亩。油菜亩产菜籽120公斤，平均产油率30%。如利用上述土地的50%种植油菜，菜籽产量可达到840万吨，可生产生物柴油约250万吨，折合标准煤350万吨左右。

3. 畜禽粪便

目前我国畜禽养殖业每年产生约30亿吨粪便，主要来源于农村家庭散养和规模化养殖。全国现有生猪分散养殖户0.9亿户，奶牛、肉牛养殖户0.157亿户，蛋肉鸡养殖户0.85亿户，羊养殖户0.26亿户。综合考虑混合养殖、气候和社会经济等因素对利用畜禽粪便生产沼气的影响，约有1.48亿农户适宜发展沼气。考虑到城镇化和养殖业变化，预计到2010年和2015年我国适宜发展沼气农户分别为1.39亿户和1.30亿户，沼气产量分别可达到539亿立方米和502亿立方米，分别相当于替代8460万吨和7880万吨标准煤。

全国现有猪、牛、鸡三大类畜禽规模化养殖场约391万处，其中，各类畜禽规模化养殖小区已达4万多个。存栏量约5.7亿头猪单位（30只蛋鸡折算成1头猪，60只肉鸡折算成1头猪，1头奶牛折算成10头猪，1头肉牛折算成5头猪），畜禽粪便资源的实物量为11.2亿吨，理论上可生产670亿立方米的沼气。其中，大中型（养殖出栏3000头猪单位以上）约11952处，养殖量约7528万头猪单位，畜禽粪便资源的实物量为1.42亿吨。根据全国畜牧业发展第十一个五年规划测算，预计到2010年和2015年，我国规模化养殖场畜禽粪便资源的实物量将分别达到25亿吨和32.5亿吨，约可产出沼气1500亿立方米和1950亿立方米，分别相当于替代标准煤2.4亿吨和3.1亿吨。

4. 农产品加工业副产品

农产品加工业副产品主要包括稻壳、玉米芯、甘蔗渣等，多来源于粮食加工厂、食品加工厂、制糖厂和酿酒厂等，数量巨大，产地相对集中，易于收集处理。其中，稻壳是稻谷加工的主要剩余物之一，占稻谷重量的20%，主要产于东北地区和湖南、四川、江苏、湖北等省；玉米芯是玉米穗脱粒后的穗轴，约占穗重的20%，主要产于东北地区和河北、河南、山东、四川等省；甘蔗渣是蔗糖加工业的主要副产品，蔗糖与蔗渣各占50%，主要产于广东、广西、福建、云南、四川等省区（见图2）。稻壳和玉米芯可通过固化成型、甘蔗渣可通过发电等方式提高利用效率。2005年上述副产品的总量超过1亿吨，经充分利用可生产0.31亿~0.67亿吨标准煤的能源。此外，我国作为世界最大的棉花生产国，每年棉籽产量1300万吨，可产棉籽油200万吨左右，由于近年来我国豆油产量迅猛增长，棉籽油消费量萎缩，大量的棉籽没有充分利用，为生物柴油提供了一条重要的原料来源。

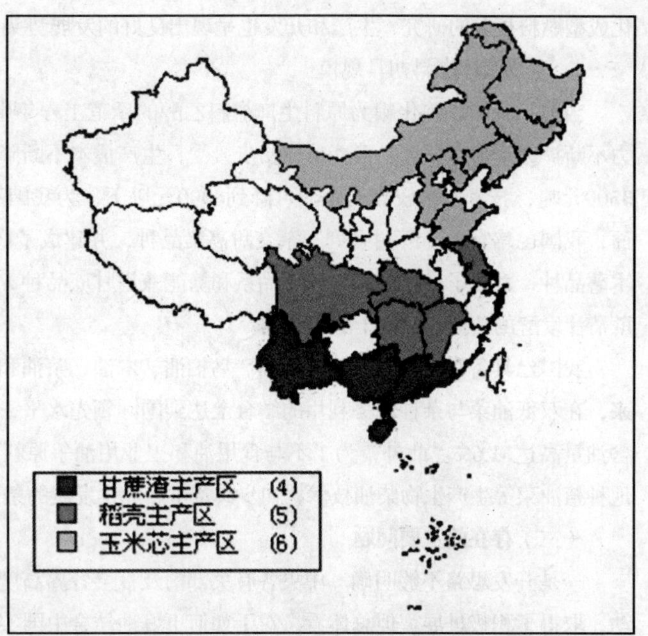

图2 我国主要农产品加工业副产品的主要产地（资料来源：根据中国农业年鉴整理计算）

（二）开发利用现状

近年来，国家高度重视生物质能的开发和利用，颁布了《可再生能源法》、《可再生能源产业发展指导目录》、《可再生能源发电有关管理规定》、《可再生能源发电价格和费用分摊管理试行办法》和《可再生能源发展专项资金管理暂行办法》、《关于发展生物能源和生物化工财税扶持政策的实施意见》等法规和配套办法和规章，制定了20多项农村沼气、秸秆综合利用、燃料乙醇等国家和行业标准。在国家的政策扶持和引导下，中央和各地不断加大资金投入力度，加强科研开发与技术攻关，开展不同形式的试点示范与建设，有力地促进了农业生物质能产业的发展。

1. 沼气产业快速发展

经过多年的研究开发，我国户用沼气技术居国际领先水平，发展规模居世界前列。沼气产业已从单纯的能源利用发展成为废弃物处理和生物质多层次综合利用，并与养殖业、种植业广泛结合，在农村生产和生活中发挥了重要作用。北方“四位一体”、南方“猪沼果”、西北“五配套”等能源生态模式逐步优化完善。大中型沼气工程技术日趋成熟，初步具备产业化条件。“十五”期间，中央投资34亿元专项支持沼气建设，直接受益农户达374万户。目前，全国农村户用沼气已累计发展到2200万户左右，年产沼气约90亿立方米；建成养殖场沼气3800处，年产沼气约2.5亿立方米。同时，通过沼气建设，初步形成了一支农业生物质能产业发展队伍。到2005年，我国农村能源的管理机构接近4000个，人员近1.5万，农业生物质能产业发展的研究、生产、营销队伍等不断扩大。

2. 农作物秸秆能源化利用初见成效

秸秆的主要能源化利用方式为直接燃烧、气化和固化成型等。截至2005年底，我国农村地区已累计推广省柴节煤炉灶1.89亿户，普及率达70%以上；全国已建设了秸秆集中供气站539处；生物质燃烧发电也具有了一定的规模，到2005年底，全国生物质发电装机容量约为200万千瓦，其中甘蔗渣发电约170万千瓦。目前，由国家核准生物质规模化发电项目近50处，总装机1500兆瓦，其中单县和宿迁两处秸秆直燃发电示范项目已经竣工投产；我国生物质固化成型燃料技术的研究、生产和开发也呈现出良好的发展势头，并已开展小规模试点。

3. 生物液体燃料初具规模

当前，我国以陈化粮为原料生产燃料乙醇的示范工程年生产能力达102万吨，利用玉米生产燃料乙醇的加工能力不断扩大。通过试点，消费群体初步接受，生产成本不断降低。据测算，我国现行的燃料乙醇生产价格成本约为3500元吨，技术水平较高的企业可降到3000元以下，为我国石油替代产业书写了良好开篇。在非粮食能源作物方面，我国已培育出“醇甜系列”杂交甜高粱品种，并建成了产业化示范基地；培育并引进多个亩产超过3吨的优良木薯品种；育成了一批能源甘蔗新品系和糖能兼用甘蔗品种，建成了高新技术产业化示范基地，而且筛选出适合甘蔗清汁发酵的菌株和活性干酵母菌株。

我国已具备利用菜籽油、棉籽油、乌桕油、木油、茶油和地沟油等原料年产10万吨生物柴油的生产能力。近年来，在双低油菜与杂种优势利用的结合上达到国际领先水平，在油菜、油葵等主要作物上已开发出高含油量种质，含油量高达51.6%。此外，为了不与食用油和工业用油争原料，还开发了麻疯树果实、黄连木籽以及利用季节性闲地种植油菜等生产生物柴油技术，初步具备了产业化发展的条件。

（三）存在的主要问题

一是开发思路不够明确。中央各有关部门及社会各界高度重视农业生物质能产业发展，采取了一系列措施和行动，取得了积极进展。但总体看，对于如何更好地结合中国实际推进生物质能产业化开发，思路还不够清晰，认识还不够成熟；对于生物质能资源的区域分布、发展潜力等基础情况，掌握得还不够清楚，分析得还不够深入。部分地区对生物质能产业发展还缺乏通盘考虑和科学谋划，特别是利用玉米生产燃料乙醇的加工企业存在盲目发展的倾向。

二是自主研发能力弱。除沼气技术较为成熟外，其余技术仍处于产业化发展初期，特别是缺乏具有自主知识产权的核心技术。例如，以甜高粱、木薯、甘蔗等原料生产燃料乙醇技术还需在优良品种选育、适应性种植、发酵菌种培育、关键工艺和配套设备优化、废渣废水回收利用等方面作进一步研究；我国秸秆固化成型燃料技术存在着成型机模具磨损严重、运行稳定性差且使用寿命较短，能耗较高，配套炉具亟待完善，秸秆的收集储运和预处理技术不完善，机械化水平低，相关标准缺乏等问题，而秸秆气化燃料也存在焦油含量高等方面的问题，而国外先进国家如瑞典、丹麦、奥地利生物质颗粒成型技术和设备已非常成熟，仅瑞典就有大型生物质颗粒加工厂10多家，单个企业的年生产能力达到20多万吨。

三是比较成本高。在不考虑化石能源对生态、环境造成的负面影响的情况下，目前大多数生物质能产品的成品仍高于化石能源产品的成本。例如，除巴西以甘蔗为原料生产的燃料乙醇成本可以与汽油相竞争外，其他国家生物燃料的成本都比较高，我国以甜高粱、木薯等为原料生产的燃料乙醇每吨成本约为4000元，而目前等效热值的汽油成本仅为3300元左右。

四是扶持政策尚不完善。国家虽已颁布了《可再生能源法》，但法律体系还不完善，在财政、金融、市场开放等方面缺乏合理有效的激励政策，例如，以非粮食作物为原料的生物液体燃料还无法进入市场和享受政府补贴，生物质能的定价机制还没有体现出环境效益的因素；相关政策之间也存在着协调性差，政策难以落实等问题，还没有形成支持农业生物质能产业持续发展的长效机制。

五是投入严重不足。生物质能属于高新技术和新兴产业，其技术研发和市场培育需要大量资金投入，但目前投融资渠道较为单一，除农村户用沼气等部分领域外，国家及地方政府财政投入严重不足，部分领域研发能力弱，技术水平较低，制约了技术创新和产业化发展。

六是生产运行机制仍需探索。农业生产的季节性和分散性与农业生物质能生产的连续性和集中性之间存在矛盾。目前，部分企业按照工业化方式考虑生产规模，而对探索原料收集形式、收集半径考虑不足，造成原料供应困难，影响了生产合理运行。

三、发展思路、基本原则和战略目标

（一）发展思路

按照积极发展现代农业、扎实推进社会主义新农村建设的总体要求，今后一个时期，农业生物质能产业发展要以邓小平理论和“三个代表”重要思想为指导，以科学发展观为统领，在保障国家粮食安全的前提下，围绕拓展农业功能、发展循环农业、促进农民增收，充分发挥资源和技术优势，以充分利用农业废弃物，大力加强沼气建设，积极推广秸秆气化和固化成型燃料为重点，适度发展能源作物，通过加强科技创新、加大政策扶持、强化体系建设，引导、整合和利用社会力量广泛参与，推进农业生物质能产业健康有序发展，提高农业资源利用效率，降低能源消耗，优化能源结构，减少污染排放，走中国特色的农业生物质能产业发展道路，为建设社会主义新农村、保障国家能源安全、保护生态环境作出积极贡献。

（二）基本原则

1. 坚持循环农业理念，推动农业废弃物能源化利用

立足我国农作物剩余秸秆、畜禽粪便和农产品加工副产品等农业废弃物量大面广、利用率不高、环境污染严重的现实，坚持以解决农村生活能源为重点，按照“资源化、减量化、再利用”的理念，把农业废弃物的能源化利用作为今后农业生物质能产业发展的主攻方向，大力发展农村沼气，加快发展农作物秸秆固化成型和气化燃料，促进农村用能结构、乡村面貌和生态环境的同步改善，推动循环农业大发展，参与国家能源大循环。

2. 坚持不与人争粮，不与粮争地

正确处理生物质能产业发展和保障国家粮食安全的关系。在适度发展玉米燃料乙醇的基础上，稳步开发以非粮作物为主的能源作物，避免出现能源生产与人争粮的情况。始终把保障国家粮食安全作为农业发展的第一任务，开发能源作物应以不占用粮食、棉花等战略物资生产用地，不开垦草原为前提，充分利用荒地、盐碱地和冬闲田等不适宜种粮或未充分利用的土地资源，避免能源作物与粮棉作物争地。

3. 坚持技术可行，强化自主创新

以技术可行为基础，始终把科研攻关、示范推广和技术服务作为主要环节，努力掌握拥有自主知识产权的核心技术和关键技术，不断突破秸秆固化、气化利用等技术瓶颈，着力提高技术转化应用能力，积极探索发展农业生物质能的多种有效途径，加快发展步伐，提升发展质量，引领我国生物质能产业的持续健康发展。

4. 坚持因地制宜和产业协调推进

以原料的可获得性为出发点，以经济合理性为前提，以产业为纽带，注重分散与集中的有机结合，合理确定生产规模和发展模式，充分发挥各参与主体的积极性，积极构建原料供应、生产加工、产品利用以及维修服务等完整的产业链条，不断扩大产业规模，提升产业层次，强化产业间的有效对接，促进农业生物质能产业和相关产业协调发展。

（三）战略目标

到2010年，建成一批农业生物质能示范基地，部分领域关键技术达到国际先进水平，产业化程度明显提升，农业废弃物利用范围和规模明显扩大，农村生活用能结构明显优化，农民从农业生物质能产业中获得的收益不断提高，农业生物质能在国家能源消费中的比例和地位不断上升。

到2015年，建成一批农业生物质能基地，技术创新和产业发展体系基本建成，开发利用成本大幅度降低，初步实现农业生物质能产业的市场化。生物质能产业成为农业发展的重要领域，对促进农民增收、改善农村生活条件，建设社会主义新农村作用日趋明显，成为保障国家能源安全、保护生态环境的重要力量。

1. 农村沼气

到2010年，全国农村户用沼气总数达到4000万户（新建1800万户），占适宜农户的30%左右，年生产沼气155亿立方米；到2015年，农村户用沼气总数达到6000万户左右，年生产沼气233亿立方米左右，并逐步推进沼气产业化发展。

到2010年，新建规模化养殖场、养殖小区沼气工程4000处，年新增沼气3.36亿立方米；到2015年，建成规模化养殖场、养殖小区沼气工程8000处，年产沼气6.7亿立方米。

2. 农作物秸秆能源化利用

到2010年，结合解决农村基本能源需要和改变农村用能方式，全国建成400个左右秸秆固化成型燃料应用示范点，秸秆固化成型燃料年利用量达到100万吨左右；建成1000处左右秸秆气化集中供气站，年产秸秆燃气3.65亿立方

米。到2015年，秸秆固化成型燃料年利用量达到2000万吨左右，建成2000处左右秸秆气化集中供气站，年产秸秆燃气7.3亿立方米。

3. 能源作物

适度发展能源作物种植，满足国家对生物液体燃料的原料需要。

四、发展重点和产业布局

根据上述发展思路和基本原则，今后一个时期，我国农业生物质能产业要按照大力发展农村沼气，积极发展农作物秸秆固化成型和气化燃料，适度发展能源作物的发展战略，因地制宜地确定发展重点和产业布局，力争走出一条中国特色的发展道路。

（一）发展重点

1. 农村沼气

——农村户用沼气的基本建设单元为“一池三改”，包括户用沼气池和改圈、改厕、改厨。“一池三改”同步规划，同步施工。沼气池的建设容积为6~10立方米，重点发展“常规水压”、“曲流布料”、“强回流”、“旋流布料”等国家标准规定的池型，每种池型均要实现自动进料，并应配备自动或半自动的出料装置。改造的厕所与圈舍一体建设，地面硬化，与沼气池相连。北方地区建设太阳能暖圈等保温设施。厨房内安装沼气灶具、沼气调控净化器、输气管道等，实现灶台和地面硬化。同时，根据不同地区的自然、经济条件和农业产业结构，将农村户用沼气建设与农业生产发展有机结合，因地制宜推广“四位一体”和“猪沼果”等能源生态模式。

——规模化养殖场、养殖小区沼气工程按照发展循环农业的理念，将养殖业、沼气工程和周边的农田、鱼塘等统一筹划，在为畜禽场或周围居民提供清洁燃料的同时，开展沼液、沼渣综合利用，发展生态农业，带动无公害农产品生产，实现畜禽粪便的资源化利用和环境治理双重目标。对一些周边既无一定规模的农田，又无闲暇空地可供建造鱼塘和水生植物塘的畜禽养殖场，畜禽废水在经厌氧消化处理后，再经过适当的好氧处理，如曝气、生化处理等，实现达标排放。

2. 农作物秸秆能源化利用

（1）秸秆固化成型燃料

秸秆固化成型燃料既可作为农村居民的炊事和取暖燃料，也可作为城市分散供热的燃料。近期重点：一是加大科研开发力度，尽快突破成型机具、炉具等方面的技术瓶颈。二是积极开展试点示范，合理确定生产半径，探索秸秆收集、储运和预处理模式，着力解决秸秆的分散性、周期性供应与生产的集中性、周年性之间的矛盾，取得经验后在全国逐步推广。

（2）秸秆气化燃料

秸秆气化集中供气站以村为单元，系统规模为数十户至数百户，设置气化站，敷设管网，通过管网输送和分配生物质燃气到农户家中。近期重点：一是继续扩大秸秆气化示范范围，完善秸秆生产沼气技术。二是加强和规范秸秆气化站的运行管理。三是解决秸秆气化燃料焦油含量高的问题，提高系统运行的稳定性。

3. 能源作物

根据国内现有土地资源和农业生产的特点，结合生态建设和农业结构调整，合理利用盐碱地、荒地和冬闲田等未利用或利用不充分的土地资源，适度种植甘蔗、甜高粱、薯类、油菜等能源作物。近期重点：一是科学制定单品种发展规划，建设能源作物专用良种的引进、选育基地，加大关键技术研发力度，加强主导品种和主推技术的集成创新。二是积极推进标准化示范基地建设，不断提高基础设施保障能力，大力发展收获机械化作业，加强病虫害防控，推进标准化生产。三是开展燃料乙醇综合产加销一体化示范，积极探索“公司＋协会”、“公司＋基地＋农户”等多种形式的产业化生产模式，延长产业链条，提高综合利用水平。

（二）产业布局

1. 农村沼气

（1）户用沼气

按照重点安排适宜发展沼气的退耕还林还草地区、粮食主产区、水库库区，同时兼顾畜牧业主产区、南水北调沿线等重点水源保护区、革命老区、少数民族地区以及血吸虫病、地氟病疫区的原则，把全国划分为东部、中部和东北、西部三个大区。到2010年，新增农村户用沼气1800万户，总量达到4000万户左右。

——东部地区包括北京、天津、上海、江苏、浙江、福建、山东、广东等8个省（市）。到2010年底该区域农村户用沼气总量达到389万户，占总农户数的5.91%，占适宜农户的15.85%。

——中部和东北地区包括河北、山西、辽宁、吉林、黑龙江、安徽、江西、河南、湖北、湖南、海南等11个省。到2010年底该区域农村户用沼气总量达到1590万户，占总农户16.82%，占适宜农户27.17%。

——西部地区包括内蒙古、广西、重庆、四川、贵州、云南、西藏、陕西、甘肃、青海、宁夏、新疆等12个省（区、市）和"三州八县"（湖北省恩施州、湖南省湘西州、吉林省延边州和原海南黎族苗族州的8个县）。到2010年底该区域农村户用沼气总量达到2021万户，占总农户数的26.71%，占适宜农户的36.12%。

（2）规模化养殖场、养殖小区沼气工程

以东部沿海发达地区和内陆大中城市郊区为发展重点，优先发展"菜篮子"基地，太湖、巢湖、滇池，淮河、海河、辽河，长江三峡库区，南水北调工程沿线

"三湖三河一库一线"等重点水域周边地区。到2010年，新建规模化养殖场、养殖小区沼气工程4000处。

——东部地区。到2010年，新建规模化养殖场、养殖小区沼气工程2050处。

——中部和东北地区。到2010年，新建规模化养殖场、养殖小区沼气工程1560处。

——西部地区。到2010年，新建规模化养殖场、养殖小区沼气工程390处。

2. 农作物秸秆能源化利用

近期重点在东北粮食主产区、黄淮海粮食主产区和长江中下游粮食主产区开展试点示范，到2010年，建立400处秸秆固化成型燃料示范点和1000处秸秆集中供气站。

（1）东北粮食主产区

主要包括黑龙江、吉林、辽宁三省和内蒙古自治区的东四盟。该区域地势平坦，土壤肥沃，雨热同季，是我国重要的粮食生产基地，主要粮食作物为玉米、水稻、豆类、高粱、谷子等，农作物秸秆产量约占全国的1/6左右。

本区域重点开展以玉米秸秆和玉米芯等农产品加工业副产品为主要原料的村镇级固化成型燃料试点示范和秸秆集中供气站，同时，积极开发炊事灶具和取暖等配套设备，到2010年建立示范点150处，年产固化成型燃料45万吨，建成秸秆集中供气站300处，年产秸秆气1.1亿立方米。

（2）黄淮海粮食主产区

主要包括河北、河南、山东三省和安徽、江苏二省的淮河流域部分。该区域地势平坦，多为平原，土层深厚、土壤肥力较高，加之光热资源充足，雨热同季，光热水土资源匹配较好，主要粮食作物为小麦，其次是玉米和稻谷，农作物秸秆产量约占全国的1/3左右。

本区域重点建设以小麦、玉米秸秆和玉米芯、稻壳等农产品加工业副产品为主要原料的村镇级固化成型燃料技术示范点和秸秆集中供气站，配套开发炊事灶具和取暖设备，到2010年建立示范点150处，年产固化成型燃料约45万吨，建成秸秆集中供气站300处，年产秸秆气1.1万立方米。

（3）长江中下游粮食主产区

主要包括湖南、湖北、江西三省和江苏、安徽两省的长江流域部分。该区域地势低平，土地肥沃，气候温暖湿润，雨量丰富，历来是我国主要的商品粮产销基地，主要粮食作物为稻谷，农作物秸秆产量约占全国的35%。

本区域重点建设以稻谷秸秆和稻壳等农产品加工业副产品为燃料的村镇级固化成型燃料示范点和秸秆集中供气站，配套开发炊事灶具，到2010年建立示范点100处，年产固化成型燃料约10万吨，建成秸秆集中供气站400处，年产秸秆气1.45万立方米。

3. 能源作物

按照各类能源作物的生物特性，结合各地发展空间，提出甘蔗、甜高粱、木薯、甘薯、油菜等能源作物的发展布局。

（1）甘蔗

“十一五”期间，重点在广西、广东、云南、海南、福建等南方5省区的宜蔗地区加大糖能兼用甘蔗良种的推广应用力度，加强产业化生产基地建设，走能糖联产的道路，在不影响糖产量的前提下为燃料乙醇提供必需的原料。

（2）甜高粱

“十一五”期间，重点在黑龙江、山东、内蒙古、新疆、河北等地利用盐碱地等边际土地，开发推广甜高粱系列品种和先进适用栽培技术。

（3）木薯

“十一五”期间，重点在广西、广东、海南、福建、云南等5省区抓紧引进培育适宜加工乙醇的优质良种，改进栽培技术，将单位亩产量由现有的1.3吨左右提高到3~4吨。

（4）甘薯

“十一五”期间，重点在广西、重庆、四川等地扩大甘薯种植面积，不断拉长企业加工转化期。

（5）油菜

“十一五”期间，重点在长江流域的四川、贵州、重庆、湖北、湖南、江西、安徽、浙江、江苏等地利用冬闲地，适当扩大油菜种植面积，同时发展高蓄能油菜品种，提高单位面积产量。

五、重大工程

围绕农业生物质能产业发展重点，认真落实公共财政覆盖农村的各项政策，强化政府对公共产品的供给与服务，组织实施好一批重大工程，建设我国农业生物质能产业发展平台。

（一）农村沼气工程

1. 农村户用沼气工程

以农户为基本单元，到2010年，全国新建农村户用沼气1800万户，户用沼气总数达到4000万户。

2. 规模化养殖场、养殖小区大中型沼气工程

以“一池三建”为基本建设单元，建设沼气发酵池、原料预处理、沼气利用和沼肥利用设施。到2010年，新建大中型沼气工程4000处，使全国规模化养殖场、养殖小区大中型沼气工程总数达到4700处。

（二）生物质能科技支撑工程

1. 农业生物质工程中心建设

依托农业部规划设计研究院，承担农业生物质工程技术研发、中试、集成等任务，重点建设功能实验室、中试转化基地等，搭建产业化促进平台，推进农业生物质能重大科技成果工程化、集成化和产业化。

2. 区域技术创新中心建设

以科研教学单位为依托，加强能源作物的品种选育，以秸秆固化成型和沼气开发利用技术为重点，建设一批生物能源区域技术创新中心，提高自主创新能力，为区域生物质能产业发展提供技术支撑。

3. 技术推广服务体系建设

以现有基层技术推广与服务体系为载体，加强服务设施与手段建设，完善服务体系，提升服务能力。

（三）农作物秸秆能源化利用示范基地建设工程

重点在东北粮食主产区、黄淮海粮食主产区和长江中下游粮食主产区建设村镇级秸秆固化成型燃料示范点400处和秸秆集中供气站1000处，加强分散的秸秆资源收集机械化和预处理工程技术、装备及机械化工艺体系的研究和开发工作，推广普及适合大田农作物秸秆收集和预处理要求的机械化工艺和设备，建立健全原料储运系统、销售与配送系统等，完善加工设备与设施，同步开发推广配套炉具，为农户提供炊事燃料及取暖用能，提高资源转换效率。

（四）能源作物品种选育和种植示范基地建设工程

1. 能源作物品种选育基地

重点在海南、广西、广东、河北和湖北等省区，依托现有科研机构，结合发展能源作物产业化，建设一批能源作物良种选育基地。根据不同区域土地资源、气候和病虫害等特点，对农作物原原种、原种进行研究开发，引进优

良品种，运用现代生物工程和基因技术，进行品种试验及良种选育，培育高产优质能源作物新品种。此外，开展新型能源作物的筛选工作。

2. 能源作物种植示范基地

在能源作物优势区域，按照不与粮争地的原则，利用盐碱地等未利用土地和冬闲田，发展机械化作业，建设一批甜高粱、薯类、甘蔗、油菜等液体燃料原料基地，主要进行土壤改良，水利、田间道路等设施建设，开展能源作物高效栽培种植示范，并通过“公司+基地”等形式促进基地的标准化、规模化生产。

3. 能源作物生产加工一体化示范项目

依托新疆、黑龙江、广东、广西和海南等垦区，利用甜高粱、木薯或甘蔗等非粮能源作物，建设能源作物生产加工一体化示范项目；在能够提供生物柴油原料的地区建设一批能源作物生产加工一体化示范项目。能源作物生产加工一体化示范项目，主要包括能源作物种植基地、原料收集和储运体系建设，生产设备和设施完善等内容。

六、保障措施

（一）加强领导，精心组织

成立由农业部领导为组长的农业部生物质能产业发展领导小组，成员由农业部内有关司局领导和专家组成，负责统筹规划，研究制定产业发展重大政策，审议重大行动方案，加强宏观指导。明确各成员单位职责，形成分工合理、密切配合、整体推进的工作格局。创新工作机制，整合现有资金、技术和人才等各种要素和资源，充分调动科研院所、地方政府、广大农民群众、社会企业等方面的积极性，共同推进生物质能产业的发展。

（二）开展调查研究，做好资源评价

摸清资源状况是发展农业生物质能产业的前提条件。尽快制定农业生物质能资源评价技术规范，提出农业生物质能资源评价方法和指标体系。深入开展能源作物普查工作，摸清主要能源作物品种的性能、适宜的边际性土地等资源数量、区域分布现状，科学制订能源作物的种植规划。在种植基础好、资源潜力大的地区，规划建设一批能源作物种植基地，为生物燃料示范建设和规模化发展提供可靠的原料供应基础。在摸清全国畜禽养殖数量、分布和发展趋势的基础上，对畜禽粪便的可获得性及未来供应潜力等进行评价。同时，指导各地编制完成农业生物质能资源评价报告，并组织完成全国农业生物质能资源评价报告。

（三）健全促进农业生物质能发展的法规政策体系

根据《可再生能源法》，研究制定支持农业生物质能发展的配套法规和政策措施，出台财政补贴、投资政策、税收优惠、用户补助等经济激励政策。加大对农业生物质能产业的补贴力度，对从事生物质能技术研发和设备制造等企业给与所得税优惠。对使用生物质固化成型燃料炉具的农户给予一次性补贴。加大对种植能源作物土地开发和整理的投入力度，对开发低质土地种植能源作物的农户给予补贴。建立健全产品收购流通体系和市场准入制度，将以甜高粱为原料的燃料乙醇纳入现有的油品销售体系。此外，尽快完善农业生物质能标准体系，并组织做好标准宣贯工作。

（四）建立稳定的投入机制，引导多种经济主体的参与

探索构建政府引导、企业带动、社会参与、多方投入的农业生物质能产业建设机制，拓宽农业生物质能开发利用的融资渠道。设立农业生物质能发展专项资金，用于支持技术进步、人才培养、产业体系建设和新技术示范项目的建设。各级地方政府要按照《可再生能源法》和有关政策的要求，结合本地区实际，安排必要的财政资金支持农业生物质能发展。充分发挥政府投资的引导作用，调动企业自筹资金投入农业生物质能建设的主动性。创造良好的投资环境，积极争取金融部门、国际组织等的资金支持，广泛吸引社会、个人和外资的投入。

（五）加速生物质能转化利用技术开发、示范和推广应用

加大对生物质能基础性研究的支持力度，加快具有自主知识产权的新能源技术开发步伐，改变部分生物质能转换技术落后的现状，力争在未来全球性生物质能多项技术竞争中占领制高点。重点是针对秸秆固化模具磨损快、气化焦油含量高，以及能源作物优良品种繁育、产品储存和运输等方面的问题，积极引进国外先进技术和经验，加强科技攻关，在农作物秸秆高能效低能耗转化、纤维素生产燃料乙醇、转基因技术提供生物质原料等方面开展研究，争取在新品种、新原料、新工艺、新设备等方面取得突破，逐步形成产学研相结合的技术研发、示范推广和产业服

务体系。同时，加快成果转化，作好试点示范工作，争取在资源优势明显、基础条件较好的地区，先期启动一批生物质固化成型和气化燃料、能源作物品种选育和栽培种植、规模化养殖场大中型沼气工程示范基地建设项目，并在此基础上，总结经验，稳步推进农业生物质能产业的健康发展。

（六）建设和完善服务保障体系

整合资源，完善技术和产业服务体系，全面提升农业生物质能技术创新能力和产业服务水平。积极探索沼气技术推广服务机制，争取国家资金倾斜，引导形成县、乡、村三级服务网络，在农户建设、管理和使用过程中提供全面的服务，确保农村沼气事业的持续健康发展。针对农作物秸秆分布广、收集运输难等问题，建立农作物秸秆收集配送等产业服务体系。积极引导农民发展能源作物种植、农作物秸秆收集与预处理等专业合作组织，建立生物质原料生产与物流体系。

（七）开展教育、宣传和培训工作

充分利用网络、电视、报纸、杂志等多种媒体，采取多种形式，广泛宣传加快农业生物质能开发利用的重要意义，宣传先进典型和成功经验，形成全社会关心、支持农业生物质能开发利用的良好氛围。重点抓好技术培训和职业技能鉴定工作，建立生物质能技术培训基地，在全国范围内组织开展不同形式、不同层次、不同内容的技术培训，对从事农业生物质能利用的技术工种实行职业准入和持证上岗制度，并引导各地全面开展农业生物质能技术培训和职业技能鉴定工作。

可再生能源中长期发展规划

国家发展和改革委员会

（2007年9月）

能源是经济和社会发展的重要物质基础。工业革命以来，世界能源消费剧增，煤炭、石油、天然气等化石能源资源消耗迅速，生态环境不断恶化，特别是温室气体排放导致日益严峻的全球气候变化，人类社会的可持续发展受到严重威胁。目前，我国已成为世界能源生产和消费大国，但人均能源消费水平还很低。随着经济和社会的不断发展，我国能源需求将持续增长。增加能源供应、保障能源安全、保护生态环境、促进经济和社会的可持续发展，是我国经济和社会发展的一项重大战略任务。

可再生能源包括水能、生物质能、风能、太阳能、地热能和海洋能等，资源潜力大，环境污染低，可永续利用，是有利于人与自然和谐发展的重要能源。上世纪70年代以来，可持续发展思想逐步成为国际社会共识，可再生能源开发利用受到世界各国高度重视，许多国家将开发利用可再生能源作为能源战略的重要组成部分，提出了明确的可再生能源发展目标，制定了鼓励可再生能源发展的法律和政策，可再生能源得到迅速发展。

可再生能源是我国重要的能源资源，在满足能源需求、改善能源结构、减少环境污染、促进经济发展等方面已发挥了重要作用。但可再生能源消费占我国能源消费总量的比重还很低，技术进步缓慢，产业基础薄弱，不能适应可持续发展的需要。我国《国民经济和社会发展第十一个五年规划纲要》明确提出："实行优惠的财税、投资政策和强制性市场份额政策，鼓励生产与消费可再生能源，提高在一次能源消费中的比重。"为了加快可再生能源发展，促进节能减排，积极应对气候变化，更好地满足经济和社会可持续发展的需要，在总结我国可再生能源资源、技术及产业发展状况，借鉴国际可再生能源发展经验基础上，研究制定了《可再生能源中长期发展规划》，提出了从现在到2020年期间我国可再生能源发展的指导思想、主要任务、发展目标、重点领域和保障措施，以指导我国可再生能源发展和项目建设。

一、国际可再生能源发展状况

（一）发展现状

近年来，受石油价格上涨和全球气候变化的影响，可再生能源开发利用日益受到国际社会的重视，许多国家提出了明确的发展目标，制定了支持可再生能源发展的法规和政策，使可再生能源技术水平不断提高，产业规模逐渐扩大，成为促进能源多样化和实现可持续发展的重要能源。

1.水电

水力发电是目前最成熟的可再生能源发电技术，在世界各地得到广泛应用。到2005年底，全世界水电总装机容量约为8.5亿千瓦。目前，经济发达国家水能资源已基本开发完毕，水电建设主要集中在发展中国家。

2.生物质能

现代生物质能的发展方向是高效清洁利用，将生物质转换为优质能源，包括电力、燃气、液体燃料和固体成型燃料等。生物质发电包括农林生物质发电、垃圾发电和沼气发电等。到2005年底，全世界生物质发电总装机容量约为5000万千瓦，主要集中在北欧和美国；生物燃料乙醇年产量约3000万吨，主要集中在巴西、美国；生物柴油年产量约200万吨，主要集中在德国。沼气已是成熟的生物质能利用技术，在欧洲、中国和印度等地已建设了大量沼气工程和分散的户用沼气池。

3.风电

风电包括离网运行的小型风力发电机组和大型并网风力发电机组，技术已基本成熟。近年来，并网风电机组的单机容量不断增大，2005年新增风电机组的平均单机容量超过1000千瓦，单机容量4000千瓦的风电机组已投入运行，风电场建设已从陆地向海上发展。到2005年底，全世界风电装机容量已达6000万千瓦，最近5年来平均年增长率达30%。随着风电的技术进步和应用规模的扩大，风电成本持续下降，经济性与常规能源已十分接近。

4.太阳能

太阳能利用包括太阳能光伏发电、太阳能热发电，以及太阳能热水器和太阳房等热利用方式。光伏发电最初作为独立的分散电源使用，近年来并网光伏发电的发展速度加快，市场容量已超过独立使用的分散光伏电源。2005年，全世界光伏电池产量为120万千瓦，累计已安装了600万千瓦。太阳能热发电已经历了较长时间的试验运行，基本上可达到商业运行要求，目前总装机容量约为40万千瓦。太阳能热利用技术成熟，经济性好，可大规模应用，2005年全世界太阳能热水器的总集热面积已达到约1.4亿平方米。

5.地热能

地热能利用包括发电和热利用两种方式，技术均比较成熟。到2005年底，全世界地热发电总装机容量约900万千瓦，主要在美国、冰岛、意大利等国家。地热能热利用包括地热水的直接利用和地源热泵供热、制冷，在发达国家已得到广泛应用，近5年来全世界地热能热利用年均增长约13%。

6.海洋能

潮汐发电、波浪发电和洋流发电等海洋能的开发利用也取得了较大进展，初步形成规模的主要是潮汐发电，全世界潮汐发电总装机容量约30万千瓦。

（二）发展趋势

随着经济的发展和社会的进步，世界各国将会更加重视环境保护和全球气候变化问题，通过制定新的能源发展战略、法规和政策，进一步加快可再生能源的发展。

从目前可再生能源的资源状况和技术发展水平看，今后发展较快的可再生能源除水能外，主要是生物质能、风能和太阳能。生物质能利用方式包括发电、制气、供热和生产液体燃料，将成为应用最广泛的可再生能源技术。风力发电技术已基本成熟，经济性已接近常规能源，在今后相当长时间内将会保持较快发展。太阳能发展的主要方向是光伏发电和热利用，近期光伏发电的主要市场是发达国家的并网发电和发展中国家偏远地区的独立供电。太阳能热利用的发展方向是太阳能一体化建筑，并以常规能源为补充手段，实现全天候供热，提高太阳能供热的可靠性，在此基础上进一步向太阳能供暖和制冷的方向发展。

总体来看，最近20多年来，大多数可再生能源技术快速发展，产业规模、经济性和市场化程度逐年提高，预计在2010－2020年间，大多数可再生能源技术可具有市场竞争力，在2020年以后将会有更快的发展，并逐步成为主导能源。

（三）发展经验

多年来，世界各国为了促进可持续发展，应对全球气候变化，积极推动可再生能源发展，已积累了丰富的经验，主要是：

1.目标引导

为了促进可再生能源发展，许多国家制定了相应的发展战略和规划，明确了可再生能源发展目标。1997年，欧盟提出可再生能源在一次能源消费中的比例将从1996年的6%提高到2010年的12%，可再生能源发电量占总发电量的比例从1997年的14%提高到2010年的22%。2007年初，欧盟又提出了新的发展目标，要求到2020年，可再生能源消费占到全部能源消费的20%，可再生能源发电量占到全部发电量的30%。美国、日本、澳大利亚、印度、巴西等国也制定了明确的可再生能源发展目标，引导可再生能源的发展。

2.政策激励

为了确保可再生能源发展目标的实现，许多国家制定了支持可再生能源发展的法规和政策。德国、丹麦、法国、西班牙等国采取优惠的固定电价收购可再生能源发电量，英国、澳大利亚、日本等国实行可再生能源强制性市场配额政策，美国、巴西、印度等国对可再生能源实行投资补贴和税收优惠等政策。

3.产业扶持

为了促进可再生能源技术进步和产业化发展，许多国家十分重视可再生能源人才培养、研究开发、产业体系建设，建立了专门的研发机构，支持开展可再生能源科学研究、技术开发和产业服务等工作。发达国家不仅支持可再生能源技术研究和开发活动，而且特别重视新技术的试验、示范和推广，经过多年的发展，产业体系已经形成，有力地支持了可再生能源的发展。

4.资金支持

为了加快可再生能源的发展，许多国家为可再生能源发展提供了强有力的资金支持，对技术研发、项目建设、产品销售和最终用户提供补贴。美国2005年的能源法令明确规定了支持可再生能源技术研发及其产业化发展的年度财政预算资金。德国对用户安装太阳能热水器提供40%的补贴。许多国家还采取了产品补贴和用户补助方式扩大可再生能源市场，引导社会资金投向可再生能源，有力地推动了可再生能源的规模化发展。

二、我国可再生能源发展现状

（一）资源潜力

根据初步资源评价，我国资源潜力大、发展前景好的可再生能源主要包括水能、生物质能、风能和太阳能。

1.水能

水能资源是我国重要的可再生能源资源。根据2003年全国水力资源复查成果，全国水能资源技术可开发装机容量为5.4亿千瓦，年发电量2.47万亿千瓦时；经济可开发装机容量为4亿千瓦，年发电量1.75万亿千瓦时。水能资源主要分布在西部地区，约70%在西南地区。长江、金沙江、雅砻江、大渡河、乌江、红水河、澜沧江、黄河和怒江等大江大河的干流水能资源丰富，总装机容量约占全国经济可开发量的60%，具有集中开发和规模外送的良好条件。

2.生物质能

我国生物质能资源主要有农作物秸秆、树木枝桠、畜禽粪便、能源作物（植物）、工业有机废水、城市生活污水和垃圾等。全国农作物秸秆年产生量约6亿吨，除部分作为造纸原料和畜牧饲料外，大约3亿吨可作为燃料使用，折合约1.5亿吨标准煤。林木枝桠和林业废弃物年可获得量约9亿吨，大约3亿吨可作为能源利用，折合约2亿吨标准煤。甜高粱、小桐子、黄连木、油桐等能源作物（植物）可种植面积达2000多万公顷，可满足年产量约5000万吨生物液体燃料的原料需求。畜禽养殖和工业有机废水理论上可年产沼气约800亿立方米，全国城市生活垃圾年产生量约1.2亿吨。目前，我国生物质资源可转换为能源的潜力约5亿吨标准煤，今后随着造林面积的扩大和经济社会的发展，生物质资源转换为能源的潜力可达10亿吨标准煤。

3.风能

根据最新风能资源评价，全国陆地可利用风能资源3亿千瓦，加上近岸海域可利用风能资源，共计约10亿千瓦。主要分布在两大风带：一是“三北地区”（东北、华北北部和西北地区）；二是东部沿海陆地、岛屿及近岸海域。另外，内陆地区还有一些局部风能资源丰富区。

4.太阳能

全国三分之二的国土面积年日照小时数在2200小时以上，年太阳辐射总量大于每平方米5000兆焦，属于太阳能利用条件较好的地区。西藏、青海、新疆、甘肃、内蒙古、山西、陕西、河北、山东、辽宁、吉林、云南、广东、福建、海南等地区的太阳辐射能量较大，尤其是青藏高原地区太阳能资源最为丰富。

5.地热能

据初步勘探，我国地热资源以中低温为主，适用于工业加热、建筑采暖、保健疗养和种植养殖等，资源遍布全国各地。适用于发电的高温地热资源较少，主要分布在藏南、川西、滇西地区，可装机潜力约为600万千瓦。初步估算，全国可采地热资源量约为33亿吨标准煤。

（二）发展现状

经过多年发展，我国可再生能源取得了很大的成绩，水电已成为电力工业的重要组成部分，结合农村能源和生态建设，户用沼气得到了大规模推广应用。近年来，风电、光伏发电、太阳能热利用和生物质能高效利用也取得了明显进展，为调整能源结构、保护环境、促进经济和社会发展做出了重大贡献。

2005年，可再生能源开发利用总量（不包括传统方式利用生物质能）约1.66亿吨标准煤，约为2005年全国一次能源消费总量的7.5%。

1.水电

到2005年底，全国水电总装机容量达1.17亿千瓦（包括约700万千瓦抽水蓄能电站），占全国总发电装机容量的23%，水电年发电量为3952亿千瓦时，占全国总发电量的16%。其中小水电为3800万千瓦，年发电量约1300亿千瓦时，担负着全国近二分之一国土面积、三分之一的县、四分之一人口的供电任务。全国已建成653个农村水电初级电气化县，并正在建设400个适应小康水平的以小水电为主的电气化县。我国水电勘测、设计、施工、安装和设备制造均达到国际水平，已形成完备的产业体系。

2.生物质能

（1）沼气。到2005年底，全国户用沼气池已达到1800万户，年产沼气约70亿立方米；建成大型畜禽养殖场沼气工程和工业有机废水沼气工程约1500处，年产沼气约10亿立方米。沼气技术已从单纯的能源利用发展成废弃物处理和生物质多层次综合利用，并广泛地同养殖业、种植业相结合，成为发展绿色生态农业和巩固生态建设成果的一个重要途径。沼气工程的零部件已实现了标准化生产，沼气技术服务体系已比较完善。

（2）生物质发电。到2005年底，全国生物质发电装机容量约为200万千瓦，其中蔗渣发电约170万千瓦、垃圾发电约20万千瓦，其余为稻壳等农林废弃物气化发电和沼气发电等。在引进国外垃圾焚烧发电技术和设备的基础上，经过消化吸收，现已基本具备制造垃圾焚烧发电设备的能力。引进国外设备和技术建设了一些垃圾填埋气发电示范项目。但总体来看，我国在生物质发电的原料收集、净化处理、燃烧设备制造等方面与国际先进水平还有一定差距。

（3）生物液体燃料。我国已开始在交通燃料中使用燃料乙醇。以粮食为原料的燃料乙醇年生产能力为102万吨；以非粮原料生产燃料乙醇的技术已初步具备商业化发展条件。以餐饮业废油、榨油厂油渣、油料作物为原料的生物柴油生产能力达到年产5万吨。

3.风电

到2005年底，全国已建成并网风电场60多个，总装机容量为126万千瓦。此外，在偏远地区还有约25万台小型独立运行的风力发电机（总容量约5万千瓦）。我国单机容量750 千瓦及以下风电设备已批量生产，正在研制兆瓦级（1000千瓦）以上风力发电设备。与国际先进水平相比，国产风电机组单机容量较小，关键技术依赖进口，零部件的质量还有待提高。

4.太阳能

（1）太阳能发电。到2005年底，全国光伏发电的总容量约为7万千瓦，主要为偏远地区居民供电。2002－2003年实施的“送电到乡”工程安装了光伏电池约1.9万千瓦，对光伏发电的应用和光伏电池制造起到了较大的推动作用。除利用光伏发电为偏远地区和特殊领域（通讯、导航和交通）供电外，已开始建设屋顶并网光伏发电示范项目。光伏电池及组装厂已有十多家，制造能力达10万千瓦以上。但总体来看，我国光伏发电产业的整体水平与发达国家尚有较大差距，特别是光伏电池生产所需的硅材料主要依靠进口，对我国光伏发电的产业发展形成重大制约。

（2）太阳能热水器。到2005年底，全国在用太阳能热水器的总集热面积达8000万平方米，年生产能力1500万平方米。全国有1000多家太阳能热水器生产企业，年总产值近120亿元，已形成较完整的产业体系，从业人数达20多万人。总体来看，我国太阳能热水器应用技术与发达国家还有差距。目前，发达国家的太阳能热水器已实现与建筑的较好结合，向太阳能建筑一体化方向发展，而我国在这方面才开始起步。

5.地热能

地热发电技术分为地热水蒸汽发电和低沸点有机工质发电。我国适合发电的地热资源集中在西藏和云南地区，由于当地水能资源丰富，地热发电竞争力不强，近期难以大规模发展。近年来，地热能的热利用发展较快，主要是热水供应及供暖、水源热泵和地源热泵供热、制冷等。随着地下水资源保护的不断加强，地热水的直接利用将受到更多的限制，地源热泵将是未来的主要发展方向。

（三）存在问题

虽然我国可再生能源开发利用取得了很大成绩，法规和政策体系不断完善，但可再生能源发展仍不能满足可持续发展的需要，存在的主要问题是：

（1）政策及激励措施力度不够。在现有技术水平和政策环境条件下，除了水电和太阳能热水器有能力参与市场竞争外，大多数可再生能源开发利用成本高，再加上资源分散、规模小、生产不连续等特点，在现行市场规则下缺乏竞争力，需要政策扶持和激励。目前，国家支持风电、生物质能、太阳能等可再生能源发展的政策体系还不够完整，经济激励力度弱，相关政策之间缺乏协调，政策的稳定性差，没有形成支持可再生能源持续发展的长效机制。

（2）市场保障机制还不够完善。长期以来，我国可再生能源发展缺乏明确的发展目标，没有形成连续稳定的市场需求。虽然国家逐步加大了对可再生能源发展的支持力度，但由于没有建立起强制性的市场保障政策，无法形成稳定的市场需求，可再生能源发展缺少持续的市场拉动，致使我国可再生能源新技术发展缓慢。

（3）技术开发能力和产业体系薄弱。除水力发电、太阳能热利用和沼气外，其它可再生能源的技术水平较低，缺乏技术研发能力，设备制造能力弱，技术和设备生产较多依靠进口，技术水平和生产能力与国外先进水平差距较大。同时，可再生能源资源评价、技术标准、产品检测和认证等体系不完善，人才培养不能满足市场快速发展的要求，没有形成支撑可再生能源产业发展的技术服务体系。

三、发展可再生能源的意义

可再生能源是重要的能源资源，开发利用可再生能源具有以下重要意义：

1.开发利用可再生能源是落实科学发展观、建设资源节约型社会、实现可持续发展的基本要求。充足、安全、清洁的能源供应是经济发展和社会进步的基本保障。我国人口众多，人均能源消费水平低，能源需求增长压力大，能源供应与经济发展的矛盾十分突出。从根本上解决我国的能源问题，不断满足经济和社会发展的需要，保护环境，实现可持续发展，除大力提高能源效率外，加快开发利用可再生能源是重要的战略选择，也是落实科学发展观、建设资源节约型社会的基本要求。

2.开发利用可再生能源是保护环境、应对气候变化的重要措施。目前，我国环境污染问题突出，生态系统脆弱，大量开采和使用化石能源对环境影响很大，特别是我国能源消费结构中煤炭比例偏高，二氧化碳排放增长较快，对气候变化影响较大。可再生能源清洁环保，开发利用过程不增加温室气体排放。开发利用可再生能源，对优化能源结构、保护环境、减排温室气体、应对气候变化具有十分重要的作用。

3.开发利用可再生能源是建设社会主义新农村的重要措施。农村是目前我国经济和社会发展最薄弱的地区，能源基础设施落后，全国还有约1150万人没有电力供应，许多农村生活能源仍主要依靠秸秆、薪柴等生物质低效直接燃烧的传统利用方式提供。农村地区可再生能源资源丰富，加快可再生能源开发利用，一方面可以利用当地资源，因地制宜解决偏远地区电力供应和农村居民生活用能问题，另一方面可以将农村地区的生物质资源转换为商品能源，使可再生能源成为农村特色产业，有效延长农业产业链，提高农业效益，增加农民收入，改善农村环境，促进农村地区经济和社会的可持续发展。

4.开发利用可再生能源是开拓新的经济增长领域、促进经济转型、扩大就业的重要选择。可再生能源资源分布广泛，各地区都具有一定的可再生能源开发利用条件。可再生能源的开发利用主要是利用当地自然资源和人力资源，对促进地区经济发展具有重要意义。同时，可再生能源也是高新技术和新兴产业，快速发展的可再生能源已成为一个新的经济增长点，可以有效拉动装备制造等相关产业的发展，对调整产业结构，促进经济增长方式转变，扩大就业，推进经济和社会的可持续发展意义重大。

四、指导思想和原则

（一）指导思想

以邓小平理论、“三个代表”重要思想为指导，全面落实科学发展观，促进资源节约型、环境友好型社会和社会主义新农村建设，认真贯彻《可再生能源法》，把发展可再生能源作为全面建设小康社会和实现可持续发展的重大战略举措，加快水能、风能、太阳能和生物质能的开发利用，促进技术进步，增强市场竞争力，不断提高可再生能源在能源消费中的比重。

（二）基本原则

1、坚持开发利用与经济、社会和环境相协调。可再生能源的发展既要重视规模化开发利用，不断提高可再生能源在能源供应中的比重，也要重视可再生能源对解决农村能源问题、发展循环经济和建设资源节约型、环境友好型社会的作用，更要重视与环境和生态保护的协调。要根据资源条件和经济社会发展需要，在保护环境和生态系统的前提下，科学规划，因地制宜，合理布局，有序开发。特别是要高度重视生物质能开发与粮食和生态环境的关系，不得违法占用耕地，不得大量消耗粮食，不得破坏生态环境。

2.坚持市场开发与产业发展互相促进。对资源潜力大、商业化发展前景好的风电和生物质发电等新兴可再生能源，在加大技术开发投入力度的同时，采取必要措施扩大市场需求，以持续稳定的市场需求为可再生能源产业的发展创造有利条件。建立以自我创新为主的可再生能源技术开发和产业发展体系，加快可再生能源技术进步，提高设备制造能力，并通过持续的规模化发展提高可再生能源的市场竞争力，为可再生能源的大规模发展奠定基础。

3.坚持近期开发利用与长期技术储备相结合。积极发展未来具有巨大潜力、近期又有一定市场需求的可再生能源技术。既要重视近期适宜应用的水电、生物质发电、沼气、生物质固体成型燃料、风电和太阳能热利用，也要重视未来发展前景良好的太阳能光伏发电、生物液体燃料等可再生能源技术。

4.坚持政策激励与市场机制相结合。国家通过经济激励政策支持采用可再生能源技术解决农村能源短缺和无电问题，发展循环经济。同时，国家建立促进可再生能源发展的市场机制，运用市场化手段调动投资者的积极性，提高可再生能源的技术水平，推进可再生能源产业化发展，不断提高可再生能源的竞争力，使可再生能源在国家政策的支持下得到更大规模的发展。

五、发展目标

（一）总体目标

今后十五年我国可再生能源发展的总目标是：提高可再生能源在能源消费中的比重，解决偏远地区无电人口用电问题和农村生活燃料短缺问题，推行有机废弃物的能源化利用，推进可再生能源技术的产业化发展。

1.提高可再生能源比重，促进能源结构调整。我国探明的石油、天然气资源贫乏，单纯依靠化石能源难以实现经济、社会和环境的协调发展。水电、生物质能、风电和太阳能资源潜力大，技术已经成熟或接近成熟，具有大规模开发利用的良好前景。加快发展水电、生物质能、风电和太阳能，大力推广太阳能和地热能在建筑中的规模化应用，降低煤炭在能源消费中的比重，是我国可再生能源发展的首要目标。

2.解决无电人口的供电问题，改善农村生产、生活用能条件。无电人口地处偏远地区，人口分散，缺乏常规能源资源，而且许多地区不适合采用常规方式建设能源基础设施，采用可再生能源技术是解决这些无电人口供电问题的有效手段。农村人口众多，生活用能方式落后，影响农村居民生活水平的提高，特别是过度利用薪柴作为生活燃料对生态破坏严重。在农村就地利用可再生能源资源，可以实现多能互补，显著改善农村居民的生产、生活条件，对农村小康社会建设将起到积极的推动作用。

3.清洁利用有机废弃物，推进循环经济发展。在农作物生产及粮食加工、林业生产和木材加工、畜禽养殖、工业生产、城市生活污水、垃圾处理等过程中，会产生大量有机废弃物。如果这些废弃物不能得到合理利用和妥善处理，将会成为环境污染源，对自然生态、大气环境和人体健康造成危害。利用可再生能源技术，将这些有机废弃物转换为电力、燃气、固体成型燃料等清洁能源，既是保护环境的重要措施，也是充分利用废弃物、变废为宝的重要手段，符合发展循环经济的要求。

4.规模化建设带动可再生能源新技术的产业化发展。目前，除了水电、太阳能热利用、沼气等少数可再生能源技术，大部分可再生能源产业基础仍很薄弱，还不具备直接参与市场竞争的能力，因此，现阶段可再生能源发展的一项重要任务是提高技术水平和建立完善的产业体系。2010年之前，在加快可再生能源技术发展，扩大可再生能源开发利用的同时，重点完善支持可再生能源发展的政策体系和机构能力建设，初步建立适应可再生能源规模化发展的产业基础。从2010年到2020年期间，要建立起完备的可再生能源产业体系，大幅降低可再生能源开发利用成本，为大规模开发利用打好基础。2020年以后，要使可再生能源技术具有明显的市场竞争力，使可再生能源成为重要能源。

（二）具体发展目标

1.充分利用水电、沼气、太阳能热利用和地热能等技术成熟、经济性好的可再生能源，加快推进风力发电、生物质发电、太阳能发电的产业化发展，逐步提高优质清洁可再生能源在能源结构中的比例，力争到2010年使可再生能源消费量达到能源消费总量的10%左右，到2020年达到15%左右。

2.因地制宜利用可再生能源解决偏远地区无电人口的供电问题和农村生活燃料短缺问题，并使生态环境得到有效保护。按循环经济模式推行有机废弃物的能源化利用，基本消除有机废弃物造成的环境污染。

3.积极推进可再生能源新技术的产业化发展，建立可再生能源技术创新体系，形成较完善的可再生能源产业体系。到2010年，基本实现以国内制造设备为主的装备能力。到2020年，形成以自有知识产权为主的国内可再生能源装备能力。

六、重点发展领域

根据各类可再生能源的资源潜力、技术状况和市场需求情况，2010年和2020年可再生能源发展重点领域如下：

（一）水电

考虑到资源分布特点、开发利用条件、经济发展水平和电力市场需求等因素，今后水电建设的重点是金沙江、雅砻江、大渡河、澜沧江、黄河上游和怒江等重点流域，同时，在水能资源丰富地区，结合农村电气化县建设和实施“小水电代燃料”工程需要，加快开发小水电资源。到2010年，全国水电装机容量达到1.9亿千瓦，其中大中型水电1.2亿千瓦，小水电5000万千瓦，抽水蓄能电站2000万千瓦；到2020年，全国水电装机容量达到3亿千瓦，其中大中型水电2.25亿千瓦，小水电7500万千瓦。

开展西藏自治区东部水电外送方案研究，以及金沙江、澜沧江、怒江“三江”上游和雅鲁藏布江水能资源的勘查和开发利用规划，做好水电开发的战略接替准备工作。

（二）生物质能

根据我国经济社会发展需要和生物质能利用技术状况，重点发展生物质发电、沼气、生物质固体成型燃料和生物液体燃料。到2010年，生物质发电总装机容量达到550万千瓦，生物质固体成型燃料年利用量达到100万吨，沼气年利用量达到190亿立方米，增加非粮原料燃料乙醇年利用量200万吨，生物柴油年利用量达到20万吨。到2020年，生物质发电总装机容量达到3000万千瓦，生物质固体成型燃料年利用量达到5000万吨，沼气年利用量达到440亿立方米，生物燃料乙醇年利用量达到1000万吨，生物柴油年利用量达到200万吨。

1.生物质发电

生物质发电包括农林生物质发电、垃圾发电和沼气发电，建设重点为：

（1）在粮食主产区建设以秸秆为燃料的生物质发电厂，或将已有燃煤小火电机组改造为燃用秸秆的生物质发电机组。在大中型农产品加工企业、部分林区和灌木集中分布区、木材加工厂，建设以稻壳、灌木林和木材加工剩余物为原料的生物质发电厂。在“十一五”前3年，建设农业生物质发电（主要以秸秆为燃料）和林业生物质发电示范项目各20万千瓦。到2010年，农林生物质发电（包括蔗渣发电）总装机容量达到400万千瓦，到2020年达到2400万千瓦。在宜林荒山、荒地、沙地开展能源林建设，为农林生物质发电提供燃料。

（2）在规模化畜禽养殖场、工业有机废水处理和城市污水处理厂建设沼气工程，合理配套安装沼气发电设施。在"十一五"前3年，建设100个沼气工程及发电示范项目，总装机容量5万千瓦。到2010年，建成规模化畜禽养殖场沼气工程4700座、工业有机废水沼气工程1600座，大中型沼气工程年产沼气约40亿立方米，沼气发电达到100万千瓦。到2020年，建成大型畜禽养殖场沼气工程10000座、工业有机废水沼气工程6000座，年产沼气约140亿立方米，沼气发电达到300万千瓦。

（3）在经济较发达、土地资源稀缺地区建设垃圾焚烧发电厂，重点地区为直辖市、省级城市、沿海城市、旅游风景名胜城市、主要江河和湖泊附近城市。积极推广垃圾卫生填埋技术，在大中型垃圾填埋场建设沼气回收和发电装置。到2010年，垃圾发电总装机容量达到50万千瓦，到2020年达到300万千瓦。

2.生物质固体成型燃料

生物质固体成型燃料是指通过专门设备将生物质压缩成型的燃料，储存、运输、使用方便，清洁环保，燃烧效率高，既可作为农村居民的炊事和取暖燃料，也可作为城市分散供热的燃料。生物质固体成型燃料的发展目标和建设重点为：

（1）2010年前，结合解决农村基本能源需要和改变农村用能方式，开展500个生物质固体成型燃料应用示范点建设。在示范点建设生物质固体成型燃料加工厂，就近为当地农村居民提供燃料，富余量出售给城镇居民和工业用户。到2010年，全国生物质固体成型燃料年利用量达到100万吨。

（2）到2020年，使生物质固体成型燃料成为普遍使用的一种优质燃料。生物质固体成型燃料的生产包括两种方式：一种是分散方式，在广大农村地区采用分散的小型化加工方式，就近利用农作物秸秆，主要用于解决农民自身用能需要，剩余量作为商品燃料出售；另一种是集中方式，在有条件的地区，建设大型生物质固体成型燃料加工厂，实行规模化生产，为大工业用户或城乡居民提供生物质商品燃料。全国生物质固体成型燃料年利用量达到5000万吨。

3.生物质燃气

充分利用沼气和农林废弃物气化技术提高农村地区生活用能的燃气比例，并把生物质气化技术作为解决农村废弃物和工业有机废弃物环境治理的重要措施。

在农村地区主要推广户用沼气、特别是与农业生产结合的沼气技术；在中小城镇发展以大型畜禽养殖场沼气工程和工业废水沼气工程为气源的集中供气。到2010年，约4000万户（约1.6亿人）农村居民生活燃料主要使用沼气，年沼气利用量约150亿立方米。到2020年，约8000万户（约3亿人）农村居民生活燃气主要使用沼气，年沼气利用量约300亿立方米。

4.生物液体燃料

生物液体燃料是重要的石油替代产品，主要包括燃料乙醇和生物柴油。根据我国土地资源和农业生产的特点，合理选育和科学种植能源植物，建设规模化原料供应基地和大型生物液体燃料加工企业。不再增加以粮食为原料的燃料乙醇生产能力，合理利用非粮生物质原料生产燃料乙醇。近期重点发展以木薯、甘薯、甜高粱等为原料的燃料乙醇技术，以及以小桐子、黄连木、油桐、棉籽等油料作物为原料的生物柴油生产技术，逐步建立餐饮等行业的废油回收体系。从长远考虑，要积极发展以纤维素生物质为原料的生物液体燃料技术。在2010年前，重点在东北、山东等地，建设若干个以甜高粱为原料的燃料乙醇试点项目，在广西、重庆、四川等地，建设若干个以薯类作物为原料的燃料乙醇试点项目，在四川、贵州、云南、河北等地建设若干个以小桐子、黄连木、油桐等油料植物为原料的生物柴油试点项目。到2010年，增加非粮原料燃料乙醇年利用量200万吨，生物柴油年利用量达到20万吨。到2020年，生物燃料乙醇年利用量达到1000万吨，生物柴油年利用量达到200万吨，总计年替代约1000万吨成品油。

（三）风电

通过大规模的风电开发和建设，促进风电技术进步和产业发展，实现风电设备制造国产化，尽快使风电具有市场竞争力。在经济发达的沿海地区，发挥其经济优势，在"三北"（西北、华北北部和东北）地区发挥其资源优势，建设大型和特大型风电场，在其他地区，因地制宜地发展中小型风电场，充分利用各地的风能资源。主要发展目标和建设重点如下：

（1）到2010年，全国风电总装机容量达到500万千瓦。重点在东部沿海和“三北”地区，建设30个左右10万千瓦等级的大型风电项目，形成江苏、河北、内蒙古3个100万千瓦级的风电基地。建成1～2个10万千瓦级海上风电试点项目。

（2）到2020年，全国风电总装机容量达到3000万千瓦。在广东、福建、江苏、山东、河北、内蒙古、辽宁和吉林等具备规模化开发条件的地区，进行集中连片开发，建成若干个总装机容量200万千瓦以上的风电大省。建成新疆达坂城、甘肃玉门、苏沪沿海、内蒙古辉腾锡勒、河北张北和吉林白城等6个百万千瓦级大型风电基地，并建成100万千瓦海上风电。

（四）太阳能

1.太阳能发电

发挥太阳能光伏发电适宜分散供电的优势，在偏远地区推广使用户用光伏发电系统或建设小型光伏电站，解决无电人口的供电问题。在城市的建筑物和公共设施配套安装太阳能光伏发电装置，扩大城市可再生能源的利用量，并为太阳能光伏发电提供必要的市场规模。为促进我国太阳能发电技术的发展，做好太阳能技术的战略储备，建设若干个太阳能光伏发电示范电站和太阳能热发电示范电站。到2010年，太阳能发电总容量达到30万千瓦，到2020年达到180万千瓦。建设重点如下：

（1）采用户用光伏发电系统或建设小型光伏电站，解决偏远地区无电村和无电户的供电问题，重点地区是西藏、青海、内蒙古、新疆、宁夏、甘肃、云南等省（区、市）。建设太阳能光伏发电约10万千瓦，解决约100万户偏远地区农牧民生活用电问题。到2010年，偏远农村地区光伏发电总容量达到15万千瓦，到2020年达到30万千瓦。

（2）在经济较发达、现代化水平较高的大中城市，建设与建筑物一体化的屋顶太阳能并网光伏发电设施，首先在公益性建筑物上应用，然后逐渐推广到其它建筑物，同时在道路、公园、车站等公共设施照明中推广使用光伏电源。“十一五”时期，重点在北京、上海、江苏、广东、山东等地区开展城市建筑屋顶光伏发电试点。到2010年，全国建成1000个屋顶光伏发电项目，总容量5万千瓦。到2020年，全国建成2万个屋顶光伏发电项目，总容量100万千瓦。

（3）建设较大规模的太阳能光伏电站和太阳能热发电电站。“十一五”时期，在甘肃敦煌和西藏拉萨（或阿里）建设大型并网型太阳能光伏电站示范项目；在内蒙古、甘肃、新疆等地选择荒漠、戈壁、荒滩等空闲土地，建设太阳能热发电示范项目。到2010年，建成大型并网光伏电站总容量2万千瓦、太阳能热发电总容量5万千瓦。到2020年，全国太阳能光伏电站总容量达到20万千瓦，太阳能热发电总容量达到20万千瓦。

另外，光伏发电在通讯、气象、长距离管线、铁路、公路等领域有良好的应用前景，预计到2010年，这些商业领域的光伏应用将累计达到3万千瓦，到2020年将达到10万千瓦。

2.太阳能热利用

在城市推广普及太阳能一体化建筑、太阳能集中供热水工程，并建设太阳能采暖和制冷示范工程。在农村和小城镇推广户用太阳能热水器、太阳房和太阳灶。到2010年，全国太阳能热水器总集热面积达到1.5亿平方米，加上其它太阳能热利用，年替代能源量达到3000万吨标准煤。到2020年，全国太阳能热水器总集热面积达到约3亿平方米，加上其它太阳能热利用，年替代能源量达到6000万吨标准煤。

（五）其他可再生能源

积极推进地热能和海洋能的开发利用。合理利用地热资源，推广满足环境保护和水资源保护要求的地热供暖、供热水和地源热泵技术，在夏热冬冷地区大力发展地源热泵，满足冬季供热需要。在具有高温地热资源的地区发展地热发电，研究开发深层地热发电技术。在长江流域和沿海地区发展地表水、地下水、土壤等浅层地热能进行建筑采暖、空调和生活热水供应。到2010年，地热能年利用量达到400万吨标准煤，到2020年，地热能年利用量达到1200万吨标准煤。到2020年，建成潮汐电站10万千瓦。

（六）农村可再生能源利用

在农村地区开发利用可再生能源，解决广大农村居民生活用能问题，改善农村生产和生活条件，保护生态环境和巩固生态建设成果，有效提高农民收入，促进农村经济和社会更快发展。发展重点是：

（1）解决农村无电地区的用电问题。在电网延伸供电不经济的地区，发挥当地资源优势，利用小水电、太阳能光伏发电和风力发电等可再生能源技术，为农村无电人口提供基本电力供应。在小水电资源丰富地区，优先开发建设小水电站（包括微水电），为约100万户居民供电。在缺乏小水电资源的地区，因地制宜建设独立的小型太阳能光伏电站、风光互补电站，推广使用小风电、户用光伏发电、风光互补发电系统，为约100万户居民供电。

（2）改善农村生活用能条件。推广“小水电代燃料”、户用沼气、生物质固体成型燃料、太阳能热水器等可再生能源技术，为农村地区提供清洁的生活能源，改善农村生活条件，提高农民生活质量。到2010年，使用清洁可再生能源的农户普及率达到30%，农村户用沼气达到4000万户，太阳能热水器使用量达到5000万平方米。到2020年，使用清洁可再生能源的农户普及率达到70%以上，农村户用沼气达到8000万户，太阳能热水器使用量达到1亿平方米。

（3）开展绿色能源示范县建设。在可再生能源资源丰富地区，坚持因地制宜，灵活多样的原则，充分利用各种可再生能源，积极推进绿色能源示范县建设。绿色能源县的可再生能源利用量在生活能源消费总量中要超过50%，各种生物质废弃物得到妥善处理和合理利用。绿色能源示范县建设要与沼气利用、生物质固体成型燃料和太阳能利用相结合。到2010年，全国建成50个绿色能源示范县；到2020年，绿色能源县普及到500个。

七、投资估算与效益分析

（一）投资估算

要实现可再生能源发展目标，建设资金是必要的保障条件。根据各种可再生能源的应用领域、建设规模、技术特点和发展状况，采取国家投资和社会多元化投资相结合的方式解决可再生能源开发利用的建设资金问题。

从2006年到2020年，新增1.9亿千瓦水电装机，按平均每千瓦7000元测算，需要总投资约1.3万亿元；新增2800万千瓦生物质发电装机，按平均每千瓦7000元测算，需要总投资约2000亿元；新增约2900万千瓦风电装机，按平均每千瓦6500元测算，需要总投资约1900亿元；新增6200万户农村户用沼气，按户均投资3000元测算，需要总投资约1900亿元；新增太阳能发电约173万千瓦，按每千瓦75000元测算，需要总投资约1300亿元。加上大中型沼气工程、太阳能热水器、地热、生物液体燃料生产和生物质固体成型燃料等，预计实现2020年规划任务将需总投资约2万亿元。

（二）环境和社会影响

水力发电、风力发电、太阳能发电、太阳能热利用不排放污染物和温室气体，而且可显著减少煤炭消耗，也相应减少煤炭开采的生态破坏和燃煤发电的水资源消耗。可再生能源开发利用中的工业废水、城市污水和畜禽养殖场沼气工程本身就是清洁生产的重要措施，有利于环境保护和可持续发展。生物质发电排放的二氧化硫、氮氧化物和烟尘等污染物远少于燃煤发电，特别是生物质从生长到燃烧总体上对环境不增加二氧化碳排放量。因此，可再生能源开发利用可减少污染物和温室气体排放，并减少水资源消耗和生态破坏。

可再生能源开发过程对生态环境也可能产生不利影响，水电开发对所在流域的生态环境有一定影响，特别是会淹没部分土地，可能改变生物生存环境，造成泥沙淤积，施工过程对地貌和植被有一定影响。目前，水电施工技术和环保技术已可将不利影响减少到最小，许多水电工程建成后可有效改善生态环境。

风电建设要占用大面积的土地，旋转的风机叶片可能影响鸟类，在靠近居民区的地方可能产生噪音污染，目前大多数风电场是一种新的旅游景点，但随着风电建设规模的扩大，可能会出现一些环境问题，如噪音和影响自然景观等。生物质发电过程如果采取环保措施不当，将会排放灰尘等污染物，也要消耗水资源，需要采取严格的环保措施。多数可再生能源技术新，应用范围广，涉及千家万户，要严格安全技术标准，普及安全常识，保障安全生产和安全使用。

可再生能源资源分布广泛，大型水电资源集中在地理位置较为偏僻的高山峡谷地区，大量的风能资源处于戈壁滩、大草原和沿海滩涂地区，太阳能资源在西部地区最为丰富，生物质能资源主要在农业大县和林区。这些地区的可再生能源开发利用可以起到促进地区经济发展、加快脱贫致富、实现均衡和谐发展的作用。可再生能源开发利用，特别是生物质能开发利用可以促进农村经济发展、增加农民收入，对解决“三农”问题十分有利。

总体来看，可再生能源开发利用对环境和社会的影响利大于弊，坚持趋利避害的开发利用方针，有利于实现可持续发展，符合建设资源节约型、环境友好型社会及构建和谐社会的要求。

（三）效益分析

1.能源效益

到2010年和2020年，全国可再生能源开发利用量分别相当于3亿吨标准煤和6亿吨标准煤，可显著减少煤炭消耗，弥补天然气和石油资源的不足。初步估算，可再生能源达到2020年的利用量时，年发电量相当于替代煤炭约6亿吨，沼气年利用量相当于240亿立方米天然气，燃料乙醇和生物柴油年用量相当于替代石油约1000万吨，太阳能和地热能的热利用相当于降低能源年需求量约7000万吨标准煤。可再生能源的开发利用对改善能源结构和节约能源资源将起到重大作用。

2.环境效益

可再生能源的开发利用将带来显著的环境效益。达到2010年发展目标时，可再生能源年利用量相当于减少二氧化硫年排放量约400万吨，减少氮氧化物年排放量约150万吨，减少烟尘年排放量约200万吨，减少二氧化碳年排放量约6亿吨，年节约用水约15亿立方米，可以使约1.5亿亩林地免遭破坏。达到2020年发展目标时，可再生能源年利用量相当于减少二氧化硫年排放量约800万吨，减少氮氧化物年排放量约300万吨，减少烟尘年排放量约400万吨，减少二氧化碳年排放量约12亿吨，年节约用水约20亿立方米，可使约3亿亩林地免遭破坏。 3、社会效益

到2020年，将利用可再生能源累计解决无电地区约1000万人口的基本用电问题，改善约1亿户农村居民的生活用能条件。农作物秸秆和农业废弃生物质的能源利用可提高农业生产效益，预计达到2020年开发利用规模时，可增加农民年收入约1000亿元。农村户用沼气池和畜禽养殖场沼气工程建设将改善农村地区环境卫生，减少畜禽粪便对河流、水源和地下水的污染。可再生能源开发利用将促进农村和县域经济发展，提高农村能源供应等公用设施的现代化水平。

能源林建设、林业生物质及木材加工废弃物的能源利用可促进植树造林和生态环境保护，预计林业领域生物质能利用达到2020年目标时，可增加林业年产值约500亿元。城市生活污水处理和工业生产废水处理沼气利用可促进循环经济发展。可再生能源开发利用、设备制造和相关配套产业可增加大量就业岗位，到2020年，预计可再生能源领域的从业人数将达到200万人。

可再生能源的开发利用将节约和替代大量化石能源，显著减少污染物和温室气体排放，促进人与自然的协调发展,对全面建设小康社会和社会主义新农村起到重要作用，有力地推进经济和社会的可持续发展。

八、规划实施保障措施

为了确保规划目标的实现，将采取下列措施支持可再生能源的发展：

1.提高全社会的认识。全社会都要从战略和全局高度认识可再生能源的重要作用，国务院各有关部门和各级政府都要认真执行《可再生能源法》，制定相关配套政策和规章，制定可再生能源发展专项规划，明确发展目标，将可再生能源开发利用作为建设资源节约型、环境友好型社会的考核指标。

2.建立持续稳定的市场需求。根据可再生能源发展目标要求，按照政府引导、政策支持和市场推动相结合的原则，通过优惠的价格政策和强制性的市场份额政策，以及政府投资、政府特许权等措施，培育持续稳定增长的可再生能源市场，促进可再生能源的开发利用、技术进步和产业发展，确保可再生能源中长期发展规划目标的实现。

对非水电可再生能源发电规定强制性市场份额目标：到2010年和2020年，大电网覆盖地区非水电可再生能源发电在电网总发电量中的比例分别达到1％和3％以上；权益发电装机总容量超过500万千瓦的投资者，所拥有的非水电可再生能源发电权益装机总容量应分别达到其权益发电装机总容量的3％和8％以上。

3.改善市场环境条件。国家电网企业和石油销售企业要按照《可再生能源法》的要求，承担收购可再生能源电力和生物液体燃料的义务。国务院能源主管部门负责组织制定各类可再生能源电力的并网运行管理规定，电网企业要负责建设配套电力送出工程。电力调度机构要根据可再生能源发电的规律，合理安排电力生产及运行调度，使可再生能源资源得到充分利用。在国家指定的生物液体燃料销售区域内，所有经营交通燃料的石油销售企业均应销售掺入规定比例生物液体燃料的汽油或柴油产品，并尽快在全国推行乙醇汽油和生物柴油。

国务院建筑行政主管部门和国家标准委组织制定建筑物太阳能利用的国家标准，修改完善相关建筑标准、工程规范和城市建设管理规定，为太阳能在建筑物上应用创造条件。在太阳能资源丰富、经济条件好的城镇，要在必要的政策条件下，强制扩大太阳能热利用技术的市场份额。

4.制定电价和费用分摊政策。国务院价格主管部门根据各类可再生能源发电的技术特点和不同地区的情况，按照有利于可再生能源发展和经济合理的原则，制定和完善可再生能源发电项目的上网电价，并根据可再生能源开发利用技术的发展适时调整；实行招标的可再生能源发电项目的上网电价，按照招标确定的价格执行，并根据市场情况进行合理调整。电网企业收购可再生能源发电量所发生的费用，高于按照常规能源发电平均上网电价计算所发生费用之间的差额，附加在销售电价中在全社会分摊。

5.加大财政投入和税收优惠力度。中央财政根据《可再生能源法》的要求，设立可再生能源发展专项资金，根据可再生能源发展需要和国家财力状况确定资金规模。各级地方财政也要按照《可再生能源法》的要求，结合本地区实际，安排必要的财政资金支持可再生能源发展。国家运用税收政策对水能、生物质能、风能、太阳能、地热能和海洋能等可再生能源的开发利用予以支持，对可再生能源技术研发、设备制造等给予适当的企业所得税优惠。

6.加快技术进步及产业发展。整合现有可再生能源技术资源，完善技术和产业服务体系，加快人才培养，全面提高可再生能源技术创新能力和服务水平，促进可再生能源技术进步和产业发展。将可再生能源的科学研究、技术开发及产业化纳入国家各类科技发展规划，在高技术产业化和重大装备扶持项目中安排可再生能源专项，支持国内研究机构和企业在可再生能源核心技术方面提高创新能力，在引进国外先进技术基础上，加强消化吸收和再创造，尽快形成自主创新能力。力争到2010年基本形成可再生能源技术和产业体系，形成以国内制造设备为主的装备能力。到2020年，建立起完善的可再生能源技术和产业体系，形成以自有知识产权为主的可再生能源装备能力，满足可再生能源大规模开发利用的需要。

可再生能源与新能源国际科技合作计划

科学技术部　国家发展和改革委员会

（2007年9月22日）

可再生能源与新能源作为清洁、可持续利用的能源，为解决人类未来能源供应问题提供了重要的途径和手段。为提升可再生能源与新能源在中国和全球的发展和应用技术水平，共同应对全球气候变化，节约能源资源，实现经济社会可持续发展，建设和谐世界，加强中国与世界各国在可再生能源与新能源方面的国际科技合作，特制定“可再生能源与新能源国际科技合作计划”（以下简称“计划”）。本计划所称可再生能源与新能源主要包括太阳能、风能、生物质能、地热能、海洋能以及氢能、天然气水合物等。

一、背景

当今社会主要依赖于传统的化石能源，全球总能耗的74%来自煤炭、石油、天然气等矿物能源。化石能源的应用推动了社会的发展，但资源却在日益耗尽。同时化石能源的无节制使用，造成了严重的环境污染和气候变化问题。世界各国纷纷把发展可再生能源与新能源作为未来能源战略的重要组成部分，截止到目前，全球有三十多个发达国家和十几个发展中国家制定了本国的可再生能源发展目标。

各国都清楚地认识到，能源问题是一个全球性问题，需要国际社会的共同努力。加强国际科技合作，大力发展可再生能源与新能源，已经成为各国增加能源供给，促进节能降耗，保障能源安全，减少温室气体排放，发展低碳经济，实现经济与社会可持续发展的共同选择。《京都议定书》的正式生效和清洁发展机制的提出，为发展可再生能源与新能源，促进这一领域的国际合作提供了强大动力。随着人们对联合国《气候变化公约》的深入理解和广泛接受，发展可再生能源与新能源将会得到更多国家和国际组织的支持与认同。中国政府为促进可再生能源与新能源的发展，出台了一系列的政策与法规，公布实施了《可再生能源法》、《国家中长期科学技术发展规划纲要(2006–2020年)》，编制完成了《可再生能源中长期发展规划》等，为中国发展可再生能源与新能源提供了良好的制度环境，也为国际科技合作创造了有利条件。

二、宗旨

通过国际科技合作向国际社会展示中国依靠科技创新，积极发展可再生能源与新能源、减少温室气体排放和建设资源节约型、环境友好型社会的决心，以及携手解决世界未来能源问题的努力；通过选择国际领先和国内急需的可再生能源与新能源科学技术开展国际科技合作，拓宽引进先进技术的渠道，促进发达国家先进技术向发展中国家转移以及发展中国家之间的技术转移，建立国际交流平台，支持我国先进、实用的能源技术走向国际市场，推动可再生能源与新能源科学技术的整体发展，促进各国先进技术的融合；通过国际科技交流合作，积极引进可再生能源与新能源的技术人才，提高中国可再生能源与新能源的基础研究水平，解决可再生能源与新能源发展中的关键科技问题；发展可再生能源与新能源产业，提高能源利用效率，推进规模化利用程度，有效降低可再生能源与新能源的使用成本；建立中国与世界各国政府、企业和科研机构之间的对话、协商和沟通机制。

三、原则

合作互利共赢。结合世界各国可再生能源与新能源的优势和特点，按照国际惯例，在科技领域广泛开展双边和多边合作，互惠互利，合作共赢。

保护知识产权。在可再生能源与新能源的国际科技合作中，要加强有利于科技进步和科技创新，有利于科技成果的转化、应用和推广的先进技术的知识产权保护。

先进技术共享。在保护各自知识产权的基础上，加强各国在可再生能源与新能源基础研究、技术研发、示范和应用方面的交流与合作，鼓励我国先进新能源技术进入国际交流平台，促进先进技术和科技资源共享。

集成优势资源。通过“引进来”、“走出去”和其他新的资源组织方式，充分利用国际、国内两种资源，提升中国可再生能源产业的技术水平和创新能力，同时为国际新能源技术推广应用作出贡献。

开展技术创新。通过国际科技合作开展技术创新，开发高效与环境友好的能源利用新技术，提高能源利用的总体水平，推动能源结构的转型与发展。

四、目标

发展新的国际交流与合作模式，促进各国技术优势互补，建立技术合作平台。在吸引国外先进技术向中国转移的同时推动中国的先进技术走出去，加强与发展中国家的科技合作；制定可再生能源与新能源国际交流与合作技术指南，参与国际可再生能源与新能源技术标准规范的制定；促进可再生能源与新能源技术的引进、消化、吸收和再创新，与国外联合建立先进技术应用示范项目；以企业为主体，强化产学研合作，加快可再生能源与新能源科研成果的转化；建立与发展一批大的示范项目，促进可再生能源与新能源技术创新；因地制宜、多元化发展，建立可再生能源与新能源国际科技合作基地，推进可再生能源与新能源规模化发展；合作培养从事可再生能源与新能源研究与开发的高层次专业人才队伍。

五、优先领域

重点支持以下领域的基础科学与应用技术研究。

(1)太阳能发电与太阳能建筑一体化

太阳能光热发电和光伏发电系统，薄膜太阳能电池和其它新型太阳能电池，太阳能综合建筑，低成本、低污染太阳能高纯硅材料生产技术，太阳能热利用技术工业应用等。

(2)生物质燃料与生物质发电

非粮能源作物、纤维素原料乙醇、能源林业植物、生物柴油、生物质成型燃料、生物质气化、沼气及发电等。

(3)风力发电

风能资源评估，大型高效风电机组，海上风电机组及风电场建设等。

(4)氢能及燃料电池

制氢(太阳能、核能等)、储氢和输氢技术，新型燃料电池与燃料电池汽车技术等。

(5)天然气水合物开发

天然气水合物勘探、开发、储运、利用技术等。

六、重点任务

(1)开展基础研究

鼓励和支持中国研发机构与大学积极参与可再生能源与新能源的国际合作研究与交流，开展新技术的基础理论研究，显著增强基础科学和前沿技术研究的综合实力，取得一批在世界上具有重大影响的科技理论成果。

(2)建立产业化示范

重点跟踪、引进和研究国际适宜低成本、规模化开发利用可再生能源与新能源的先进技术，开展可再生能源资源禀赋的系统评价及分布式可再生能源与新能源多能互补系统等研发工作。可再生能源与新能源的发展是以现代制造技术为基础的新型产业，因此要重点合作开发其装备设计与制造技术，合作建立国际化的检测中心。

(3)面向规模应用

积极参与制定可再生能源与新能源的国际化和地区性技术标准与规范，为新产品进入市场提前做好准备。交流和借鉴国外发展可再生能源与新能源的规划、政策及管理经验，建立和完善中国的法规与管理制度。

(4)实施“走出去”战略

鼓励中国企业、研发机构和大学走出去，积极参与国内外大型可再生能源与新能源合作项目，并在国内外合作建立研发中心或基地，与有关国家建立可再生能源与新能源长期合作伙伴关系，同时推动发达国家向发展中国家及发展中国家之间的技术转移。

(5)促进国际交流和对话

建立与发展可再生能源与新能源国际科技合作对话机制，交流在能源开发与利用方面的观点和经验，共同探讨解决发展瓶颈的方法与策略。以论坛、讨论会、政策对话等形式加强中国与世界各国政府、企业和科研机构之间的对话、协商和沟通。

(6)培养高层次人才

利用合作研究项目、合作研究中心和示范工程等国际科技合作交流平台，共同培养从事可再生能源与新能源研发的高层次专业人才队伍。

七、组织与管理

(1)成立计划组织机构

由国家科技部与国家发展与改革委联合协调有关政府部门、国际组织和重要科研机构，组织实施“计划”。成立“计划”国际科技合作指导委员会，启动国际合作机制。

由科技部与国家发展与改革委联合组织，在全球范围内聘请可再生能源领域的高层次专家，成立“计划”国际科技合作专家咨询委员会，对“计划”的优先领域、重点任务和合作方式提出咨询建议，供指导委员会决策。

(2)设立专项资金

将安排专项资金启动“计划”，吸引外国政府和国际组织的资金共同推动“计划”实施。同时重视吸引国际大型能源企业以及其他企业和私营资本投入可再生能源与新能源国际科技合作。

核电中长期发展规划(2005－2020年)

国家发展和改革委员会

(2007年10月)

前言

核能已成为人类使用的重要能源，核电是电力工业的重要组成部分。由于核电不造成对大气的污染排放，在人们越来越重视地球温室效应、气候变化的形势下，积极推进核电建设，是我国能源建设的一项重要政策，对于满足经济和社会发展不断增长的能源需求，保障能源供应与安全，保护环境，实现电力工业结构优化和可持续发展，提升我国综合经济实力、工业技术水平和国际地位，都具有重要的意义。

核电发展专题规划是电力发展规划的重要组成部分。本规划在总结国内核电建设和世界核电发展经验的基础上，分析研究了我国发展核电的意义和相关条件，提出了核电发展的指导思想、方法和目标。在核电自主化发展战略的实施、核电建设项目布局与进度安排、厂址资源开发与储备、核电安全运行与技术服务体系、配套核燃料循环及核能技术研发项目及落实规划所需要的保障政策与措施等方面提出了具体的实施方案。各地区各部门应按照规划合理安排核电建设，促进核电工业有序健康地发展。

一、核电发展的现状

(一)核电在世界能源结构中的地位

自20世纪50年代中期第一座商业核电站投产以来，核电发展已历经50年。根据国际原子能机构2005年10月发表的数据，全世界正在运行的核电机组共有442台，其中：压水堆占60%，沸水堆占21%，重水堆占9%，石墨堆等其它堆型占10%。这些核电机组已累计运行超过1万堆?年。全世界核电总装机容量为3.69亿千瓦，分布在31个国家和地区；核电年发电量占世界发电总量的17%。

核电发电量超过20%的国家和地区共16个，其中包括美、法、德、日等发达国家。各国核电装机容量的多少，很大程度上反映了各国经济、工业和科技的综合实力和水平。核电与水电、火电一起构成世界能源的三大支柱，在世界能源结构中有着重要的地位。

(二)我国核电发展取得的成绩

我国是世界上少数几个拥有比较完整核工业体系的国家之一。为推进核能的和平利用，上世纪七十年代国务院做出了发展核电的决定，经过三十多年的努力，我国核电从无到有，得到了很大的发展。自1983年确定压水堆核电技术路线以来，目前在压水堆核电站设计、设备制造、工程建设和运行管理等方面已经初步形成了一定的能力，为实现规模化发展奠定了基础。

1.核电建设和运营取得良好业绩。

自1991年我国第一座核电站—秦山一期并网发电以来，我国有6座核电站共11台机组906.8万千瓦先后投入商业运行，8台机组790万千瓦在建(岭澳二期、秦山二期扩建、红沿河一期。

截至目前，我国核电站的安全、运行业绩良好，运行水平不断提高，运行特征主要参数好于世界均值；核电机组放射性废物产生量逐年下降，放射性气体和液体废物排放量远低于国家标准许可限值。秦山一期核电站已安全运行14年，最近一个燃料循环周期还创造了连续安全运行400天的新记录。大亚湾核电站近年的运行水平与核能发达国家的水平相当，运行业绩进入了世界先进行列。我国投运和在建核电项目情况见表1。

表1 我国投运和在建核电机组情况

单位：万千瓦

序号	机组名称	容量	投运时间	备 注
1	泰山一期#1	30	1991.4	
2	泰山二期#1	65	2002.4	
3	泰山二期#2	65	2004.3	
4	泰山三期#1	70	2002.12	
5	泰山三期#2	70	2003.11	
6	大亚湾#1	98.4	1994.2	
7	大亚湾#2	98.4	1994.5	
8	岭澳#1	99	2002.5	
9	岭澳#2	99	2003.1	
10	田湾#1	106	2007.5	
11	田湾#2	106	2007.8	
12	岭澳二期#1	108	在建	2005年月2月开工建设，预计2010年投运
13	岭澳二期#2	108	在建	同上
14	泰山二期扩建#1	65	在建	2006年4月开工建设，预计2011年投运
15	泰山二期扩建#2	65	在建	同上
16	红沿河一期	4×111	在建	
合计		1696.8		

2.我国已具备积极推进核电建设的基础条件。

经过各有关部门的共同努力，我国已

具备了积极推进核电建设的基础条件。

在工程设计方面，我国已经具备了30、60万千瓦级压水堆核电站自主设计的能力；部分掌握了百万千瓦级压水堆核电站的设计能力。

在设备制造方面，自上世纪七十年代即具有了一定的研制能力。目前，可以生产具有自主知识产权的30万千瓦级压水堆核电机组成套设备，按价格计算国产化率超过80%；基本具备成套生产60万千瓦级压水堆核电站机组的能力，经过努力，自主化份额可超过70%；基本具备国内加工、制造百万千瓦级压水堆核电机组的大部分核岛设备和常规岛主设备的条件。

在核燃料循环方面，目前已建立了较为完整的供应保障体系，为核电站安全稳定运行提供了可靠的保障，可以满足目前已投运核电站的燃料需求。

在核能技术研发方面，实验快中子增殖堆和高温气冷实验堆等多项关键技术取得了可喜进展。

在核安全法规及核应急体系建设方面，结合国内核电的实际情况，我国目前已经初步建立了与国际接轨的核安全法规体系；制订了核设施监管和放射性物质排放等管理条例，建立了中央、地方、企业的三级核电厂内、外应急体系。

二、发展核电的重要意义

(一)有利于保障国家能源安全

一次能源的多元化，是国家能源安全战略的重要保证。实践证明，核能是一种安全、清洁、可靠的能源。我国人均能源资源占有率较低，分布也不均匀，为保证我国能源的长期稳定供应，核能将成为必不可少的替代能源。发展核电可改善我国的能源供应结构，有利于保障国家能源安全和经济安全。

(二)有利于调整能源结构，改善大气环境

我国一次能源以煤炭为主，长期以来，煤电发电量占总发电量的80%以上。大量发展燃煤电厂给煤炭生产、交通运输和环境保护带来巨大压力。随着经济发展对电力需求的不断增长，大量燃煤发电对环境的影响也越来越大，全国的大气状况不容乐观。2004年，燃煤发电厂二氧化硫排放约1200万吨，占全国排放总量的53.2%。2005年，我国发电用煤已达10.75亿吨，如果保持现在的煤电比例，2010年、2020年电煤需求将分别突破17亿吨和20亿吨。电力工业减排污染物，改善环境质量的任务十分艰巨。

核电是一种技术成熟的清洁能源。与火电相比，核电不排放二氧化硫、烟尘、氮氧化物和二氧化碳。以核电替代部分煤电，不但可以减少煤炭的开采、运输和燃烧总量，而且是电力工业减排污染物的有效途径，也是减缓地球温室效应的重要措施。

(三)有利于提高装备制造业水平，促进科技进步

核电工业属于高技术产业，其中核电设备设计与制造的技术含量高，质量要求严，产业关联度很高，涉及上下游几十个行业。加快核电自主化建设，有利于推广应用高新技术，促进技术创新，对提高我国制造业整体工艺、材料和加工水平将发挥重要作用。

三、核电发展的指导思想、方针和目标

(一)指导思想和发展方针

贯彻“积极推进核电建设”的电力发展基本方针，统一核电发展技术路线，注重核电的安全性和经济性，坚持以我为主，中外合作，以市场换技术，引进国外先进技术，国内统一组织消化吸收，并再创新，实现先进压水堆核电站工程设计、设备制造、工程建设和运营管理的自主化。形成批量化建设中国品牌先进核电站的综合能力，提高核电所占比重，实现核电技术的跨越式发展，迎头赶上世界核电先进水平。

在核电发展战略方面，坚持发展百万千瓦级先进压水堆核电技术路线，目前按照热中子反应堆—快中子反应堆—受控核聚变堆“三步走”的步骤开展工作。积极跟踪世界核电技术发展趋势，自主研究开发高温气冷堆、固有安全压水堆和快中子增殖反应堆技术，根据各项技术研发的进展情况，及时启动试验或示范工程建设。与此同时，自主开发与国际合作相结合，积极探索聚变反应堆技术。

坚持安全第一的核电发展原则，在核电建设、运营、核电设备制造准入，堆型、厂址选择，管理模式等工作

中，贯彻核安全一票否决制。

(二)发展目标

根据保障能源供应安全，优化电源结构的需要，统筹考虑我国技术力量、建设周期、设备制造与自主化、核燃料供应等条件，到2020年，核电运行装机容量争取达到4000万千瓦；核电年发电量达到2600~2800亿千瓦时。在目前在建和运行核电容量1696.8万千瓦的基础上，新投产核电装机容量约2300万千瓦。同时，考虑核电的后续发展，2020年末在建核电容量应保持1800万千瓦左右。核电建设项目进度设想见表2。

在核电自主化方面，实现先进百万千瓦级压水堆核电站的自主设计、自主制造、自主建设和自主运营，全面建立与国际先进水平接轨的建设和运营管理模式，形成比较完整的自主化核电工业体系。

在运行业绩及核安全方面，确保已投运核电站安全可靠运行，主要运行指标达到世界核电运行组织(WANO)先进水平。2020年以前新开工核电站的主要设计指标接近或达到美国核电用户要求文件(URD)或欧洲核电用户要求文件(EUR)的同等要求。

在工程建设方面，通过引入竞争机制，全面实施招投标制和合同管理制，提高项目管理水平，进一步降低工程造价。

在经济性方面，在确保安全性和可靠性的基础上，降低运行成本，实现核电上网电价与同地区的脱硫燃煤电厂相比具有竞争力。

在核电法规和技术标准方面，在核安全、核设施管理、核应急、放射性废物管理，以及工程设计、制造、建设、运营等方面，建立起完整的符合中国国情并与国际接轨的核电法规和标准体系。

四、规划的重点内容与实施

(一)核电发展技术路线

通过国际招标选择合作伙伴，引进新一代百万千瓦压水堆核电站工程的设计和设备制造技术，国内统一组织消化吸收，并再创新，实现自主化，迎头赶上世界压水堆核电站先进水平。“十一五”期间通过两个核电自主化依托工程的建设，全面掌握先进压水堆核电技术，培育国产化能力，力争尽快形成较大规模批量化建设中国品牌核电站的能力。与此同时，为使核电建设不停步，在三代核电技术完全消化吸收掌握之前，以现有二代改进型核电技术为基础，通过设计改进和研发，仍将自主建设适当规模的压水堆核电站。

(二)核电设计自主化

“十五”末及“十一五”初期，充分利用秦山二期和岭澳一期已有技术，并加以改进，建设秦山二期扩建和岭澳二期等核电工程，使国内企业具备自主设计第二代改进型60万千瓦和百万千瓦级压水堆核电站的能力。

“十一五”期间，通过对外合作，引进新一代先进核电技术，建设浙江三门一期和山东海阳一期核电工程，在消化吸收的基础上，进一步优化改进，提高核电的安全性和经济性。工程设计工作可以先从中外联合设计起步，逐步过渡到由国内企业自主完成设计，形成中国先进压水堆核电站品牌和批量化建设的设计能力。为尽快提高核电比重，广东台山采取引进国外技术设备建设三代核电机组。采用消化吸收的二代改进型技术，开工建设辽宁红沿河等核电站。

表2 核电建设项目进度设想

	五年内新开工规模	五年内投产规模	结转下个五年规模	五年末核电运行总规模
2000年前规模				226.8
“十五”期间	346	468	558	694.8
“十一五”期间	1244	558	1244	1252.8
“十二五”期间	2000	1244	2000	2496.8
“十三五”期间	1800	2000	1800	4496.8
注：因单机容量有变化，实际开工和完工核电容量数有变化。				

(三)核电设备制造自主化

核电主设备制造以国内三大设备制造厂家为骨干，同时发挥其它相关企业的专业优势，逐步实施技术改造和产业升级，共同建立起较完整的核电设备制造体系。“十一五”期间要形成不低于每年200万千瓦的核电成套设备生产能力，2010年以后形成每年400万千瓦的生产能力。

有关核电关键设备生产的技术引进工作要按照国家总体部署，结合自主化依托项目的建设，统一组织对外招标，协调好国内各方力量，采取有效措施，做好消化吸收工作。对于我国目前尚不能生产的关键设备，要按照以我为主、引进技术、实现国产化的原则开展工作。对于已引进的技术，加快消化吸收进程，尽快转化为设备制造企业的生产能力。

在设备采购方式上，对于国内已经基本掌握制造技术的设备，原则上均在国内厂家中招标采购。对于少数没有掌握制造技术，且国际市场供应充足、稳定的非关键设备，经论证确定后，可对外招标采购。对于一些关键设备，要通过“市场换技术”方式，或者对外引进技术，或者与国外制造商成立合资、合作企业提供设备。

在国家核电自主化工作领导小组的统一组织下，国内制造企业协调一致，分工合作，引入竞争，提高效率，要以秦山二期扩建和岭澳二期、辽宁红沿河、浙江三门和山东海阳等核电项目为依托，不断提高设备制造自主化的比例，最大限度地掌握制造技术，努力实现核电设备制造业的战略升级。

(四)核电厂址选择和保护

经过多年努力，我国已储备了一定规模的核电厂址资源。除已建和在建工程外，在沿海地区开展前期工作已较充分的厂址还有5000多万千瓦，具体厂址资源开发与储备情况见表3。

此外，2004年以来，在广东粤东(田尾厂址)地区，浙江浙西地区、湖北、江西、湖南等地都开展了核电厂址普选工作，进一步增加了核电厂址储备。

从厂址条件看，到2020年，表3所列核电厂址容量可以满足运行4000万千瓦、在建1800万千瓦的目标。结合我国能源资源和生产力布局情况，从现在起到2020年，新增投产2300万千瓦的核电站，将主要从上述沿海省份的厂址中优先选择，并考虑在尚无核电的山东、福建、广西等沿海省(区)各安排一座核电站开工建设。

除沿海厂址外，湖北、江西、湖南、吉林、安徽、河南、重庆、四川、甘肃等内陆省(区、市)也不同程度地开展了核电厂址前期工作，这些厂址要根据核电厂址的要求、依照核电发展规划，严格复核审定，按照核电发展的要求陆续开展工作。

(五)核电工程建设安排

根据核电发展目标，考虑核电项目前期工作、技术引进、消化吸收、设备制造自主化和工程建设工期等因素，在2005年开工建设的岭澳二期核电项目2×108万千瓦和秦山二期扩建2×65万千瓦的基础上，“十一五”保持合理开工规模，“十二五”开始批量化发展。

考虑核电厂址保护和电网布局，以及调整

表3 我国沿海核电厂址资源开发与储备情况

单位：万千瓦

省份	名称	规模	备注
浙江	泰山二期扩建厂址	2×65	已核准
	三门（健跳）厂址	6×100	一期工程已批准项目建议书
	方家山厂址	2×100	已完成复核
	三门扩塘山厂址	4×100	已完成复核
江苏	田湾扩建厂址	4×100	已完成复核
广东	岭澳二期厂址	2×108	已核准
	阳江厂址	6×100	一期工程已批准项目建议书（原方案）
	腰古厂址	6×100	已完成复核
山东	海阳厂址	6×100	已完成复核
	乳山红石顶厂址	6×100	需要进一步研究厂址
辽宁	红沿河厂址	6×100	一期工程4台机组已核准
福建	宁德厂址	6×100	已完成复核
广西	防城港或钦州厂址	4×100	已完成初步审查
合计	13个厂址	5964	

注：表中建设规模系按原单机容量考虑，由于三代和二代改进型单机容量都有所增加，实际建设规模将大于表中所列数据。

各地能源结构的需求，在核电厂址开发进度和次序上，统筹安排老厂址扩建和新厂址的开发。新的核电厂址要一次规划，分期建设，逐步实现群堆管理。

“十一五”期间，利用已有技术，并加以改进的秦山二期扩建和广东岭澳二期两个项目可以投产。与此同时，要在引进国外技术，消化吸收的基础上，开工建设浙江三门一期和山东海阳一期两个自主化依托工程，并开工建设辽宁红沿河、广东阳江和福建宁德等核电站。

“十二五”期间，“十一五”开工的5个核电项目均可投产。在核电实现标准化、批量化的基础上，“十二五”期间安排一批新开工建设核电项目，可选择的项目有：广东腰古、粤东(田尾)、江苏田湾二期、浙江三门二期、广东阳江二期、山东海阳二期、辽宁红沿河二期、福建宁德二期、广西核电站以及华中地区核电项目等。“十三五”期间，上个五年开工的核电机组均可投产，到“十三五”末(2020年)，全国核电装机容量将实现规划目标，同时，为2020年以后核电投产打好基础工业，“十三五”期间需开工建设不低于1800万千瓦的核电容量。

在“十三五”和“十四五”期间开工建设的核电厂址，可在沿海省份的厂址中选择，也可在一次能源缺乏的内陆省份的厂址中选择，陆续开工建设。

(六)核燃料保障能力

坚持核燃料闭合循环的技术路线，坚持内外结合，合理开发国内资源、积极利用国外资源的原则，适度超前发展核燃料产业，建立国内生产、海外开发、国际铀贸易三渠道并举的天然铀资源保障体系。

(七)放射性废物处理

在核电项目建设的同时，同步建设中低放射性废物处置场，以适应核电发展不断增加的中低放射性废物处理的需要。2020年前建成高放射性废物最终处置地下实验室，完成高放射性废物最终处置场规划。

(八)投资估算

按照15年内新开工建设和投产的核电建设规模大致估算，核电项目建设资金需求总量约为4500亿人民币，其中，15年内项目资本金需求量为900亿元，平均每年要投入企业自有资金54多亿元。

此外，核燃料配套资金需求量较大，包括天然铀资源勘探与储备、乏燃料后处理等。资金筹措原则上按企业自筹资本金，银行提供商业贷款方式运作。

五、保障措施和政策

(一)推进体制改革和机制创新

核电企业要按照社会主义市场经济的总体要求，建立健全现代产权制度，规范企业法人治理结构，推进体制改革和机制创新。通过规划内核电项目的建设，逐步推进现有国内技术力量和设备制造企业重组，以适应大规模核电建设的需要。核电项目建成后要参与市场竞争，上网电价与脱硫煤电相比要具有竞争力。按国家电价改革的方向和有关规定，核电企业可与电力用户签订购售电合同，自行协商电量与电价。与核电发展相关的科研、设计、制造、建设和运营等环节也要建立以市场为导向的发展机制。在核燃料供应环节，建立核燃料生产和后处理的专业化公司，形成与世界核燃料市场接轨的价格体系，为核电发展提供可靠的燃料保障和后处理等相关服务。

(二)加大设备研发力度

成立国家核电技术公司，负责统一引进技术、消化吸收和创新，在国内企业实现技术共享；做好核电自主化与科技中长期规划重大专项的结合，统筹协调先进核电工程设计和设备研制工作；将核电设备制造和关键技术纳入国家重大装备国产化规划，形成设备的成套能力。对关键的设备，包括大型铸锻件，集中力量，重点突破。

(三)完善核电安全保障体系，加快法律法规建设

坚持“安全第一、质量第一”的原则。依法强化政府核电安全监督工作，加强安全执法和监管。加大对核安全监管工作的人、财、物的投入，培育先进的核安全文化，积极开展核安全研究，继续加强核应急系统建设，制定事故预防和处理措施，建立并保持对辐射危害的有效防御体系。

在现有法律框架下，“十一五”期间继续开展核电行业标准的研究工作，“十一五”开始，随着核电堆型与技术方案的确定，要逐步建立和完善我国自己的核电设计、设备制造、建造、运行管理标准体系，为批量化发展核电创造条件；在核电标准化与安全体系完善以前，国家将对参与核电建设、运营和管理的企业资质适当予以控制。

完善核电安全法律法规，尽快完成《原子能法》及配套法规的立法工作；制定和完善有关核电与核燃料工业的科研、开发与建设、核安全等方面的管理办法；健全铀矿资源的勘探和开采的市场准入制度；强化核燃料纯化、转化、浓缩、元件加工、后处理、三废治理、退役服务等领域的生产服务业务的市场准入制度或执业资质制度。

(四)加强运行与技术服务体系建设，加快核电人才培养

按照社会化、市场化和专业化的思路，重点围绕核电站的开发、设计、建造、调试、运行、检修、人员培训、安全防护等方面，进行相应的科研和配套条件建设，建立和完善核电专业化运行与技术服务体系，全面提高核电站的安全、稳定运行水平，为更多企业投资建设核电站创造条件。

我国核电的大规模发展需要大量与核电有关的专业人才。发展核电既是国家战略，同时又为相关行业和专业人员提供了广阔的市场空间和施展才华的机会。为实现2020年核电发展目标，国家、企业和高等院校科研院所要抓住机遇，在科研、设计、燃料、制造、运行和维修等环节，及核电设计、核工程技术、核反应堆工程、核与辐射安全、运行管理等专业领域，大力加强各类人才的培养工作，提高待遇，做好人才储备。重点在清华、上海交大、西安交大设置核电专业，编撰修改核电教材，培养核电人才。

(五)税收优惠及投资优惠

1.国家确定的核电自主化依托项目和国内承担核电设备制造任务的企业，按照《国务院关于加快振兴装备制造业的若干意见》的规定，实施进口税收政策；核电投产后，对核电企业销售环节增值税，采用现行办法，先征后返。由财政部会同有关部门制定实施细则。

2.国内承担国家核电设备制造自主化任务的企业，进口用于核电设备生产的加工设备和材料，核电工程施工所需进口的材料、施工机具，免征进口关税和进口环节增值税。由财政部会同有关部门研究后确定。

3.核电自主化依托工程建设资金筹措以国内为主，原则上不使用国外商业贷款及出口信贷。国家根据可能，对自主化依托项目建设所需资金，从预算内资金(国债资金)中给予适当支持。支持符合条件的核电企业采用发行企业债券、股票上市等多种方式筹集建设资金。

4.规范核电项目投资行为，对核电项目所需资本金，均以企业自有资金出资，按工程动态总投资不少于20%筹集。

(六)核燃料保障、乏燃料后处理及核电站退役基金

1.为保证核燃料的安全稳定供应，要建立天然铀资源保障体系，并制定方案征收乏燃料后处理基金。“十一五”期间启动有关研究工作，争取在2010年前开始实施。

2.为保证今后核电站“退役”顺利进行，电站投入商业运行开始时，即在核电发电成本中强制提取、积累核电站退役处理费用。在中央财政设立核电站退役专项基金账户，在各核电站商业运行期内提取。有关费用征收标准和执行办法由国家发展改革委会同财政部、国防科工委研究确定。

可再生能源发展“十一五”规划（节录）

国家发展和改革委员会

（2008年3月3日）

前言

可再生能源是我国重要的能源资源，在满足能源需求、改善能源结构、减少环境污染、促进经济发展等方面具有重要作用。为了加快我国可再生能源发展，更好地满足经济和社会可持续发展的需要，根据《可再生能源法》的要求，在总结我国可再生能源资源、技术及产业发展状况，借鉴国际可再生能源发展经验的基础上，制定了《可再生能源中长期发展规划》，提出了从现在到2020年期间我国可再生能源发展的指导思想、主要任务、发展目标、重点领域和保障措施。

十届全国人大第四次会议通过的《国民经济和社会发展第十一个五年规划纲要》明确提出："实行优惠的财税、投资政策和强制性市场份额政策，鼓励生产与消费可再生能源，提高在一次能源消费中的比重。" 为了进一步做好可再生能源开发利用工作，落实好"十一五"规划纲要，根据《可再生能源中长期发展规划》提出的目标和任务，制定了《可再生能源发展"十一五"规划》。本规划提出的"十一五"时期可再生能源发展的形势任务、指导思想、发展目标、总体布局、重点领域、以及保障措施和激励政策，是落实《可再生能源法》的重要措施和实现"十一五"规划纲要发展目标的重要保障。本规划是指导"十一五"时期我国可再生能源开发利用和引导可再生能源产业发展的主要依据。

一、发展现状和面临形势

（一）发展状况

"十五"时期，水电建设大中小并举，开发建设速度显著加快；采取特许权招标等措施，积极推进风电规模化发展；以"送电到乡"和解决无电人口生活用电问题为契机，发展太阳能光伏发电和小风电，推动分散式可再生能源发电技术的发展；围绕改善农村环境卫生条件和增加农民收入，积极发展农村户用沼气；通过市场推动，大力推广普及太阳能热水器；以技术研发和试点示范为先导，积极推动生物质能发电和生物液体燃料开发利用。2005年《可再生能源法》的颁布，标志着我国可再生能源发展进入了一个新的历史阶段。

1.开发利用状况

"十五"时期，我国可再生能源发展迅速。水电、沼气、生物液体燃料、风电、太阳能利用取得显著进展，可再生能源的作用逐步增大，显示出良好的发展势头。

到2005年底，全国水电装机容量达到1.17亿千瓦（包括约700万千瓦抽水蓄能电站），约占全国发电总装机容量的23%，水电年发电量3952亿千瓦时，约占全国总发电量的16%。。

结合农业增效、农民增收和生态环境改善，稳步推进沼气发展。到2005年底，全国已发展户用沼气池1800多万户，建成大型畜禽养殖场沼气工程和工业有机废水沼气工程约1500处，沼气年利用量达到约80亿立方米，为近7000万农村人口提供了优质的生活燃料。到2005年底，全国生物质发电总装机容量约200万千瓦，其中蔗渣发电约170万千瓦，垃圾发电约20万千瓦，其余为稻壳等农林废弃物气化发电和沼气发电等。

为了缓解石油供需矛盾，国家开展了生物液体燃料技术研发和试点工作。到2005年底，以粮食为原料的燃料乙醇年利用量达到102万吨，以甜高粱茎秆、木薯等非粮原料生产燃料乙醇的技术已具备商业化发展的条件。以小桐子（俗称麻疯树）、黄连木等非食用油料植物为原料的生物柴油技术处于小规模试验阶段。

为了加快风电的规模化发展，国家采取特许权招标方式推进大型风电项目建设，并促进风电设备本地化生产和风电技术的自主创新。到2005年底，全国已建成并网风电场60多个，总装机容量达到126万千瓦，为风电的大规模发展奠定了基础。此外，在偏远地区还有约25万台小型独立运行的风力发电机，总容量约为5万千瓦。

为了解决无电地区用电问题，国家组织实施了"送电到乡"工程，有力地推动了太阳能光伏发电的应用。到2005年底，全国光伏发电总容量达到7万千瓦，在12个县城、700多个乡镇建设了独立光伏电站，推广了50多万套户用光伏系统，极大地推动了太阳能光伏产业的发展。

为了扩大太阳能热利用，国家积极推动太阳能热水器与建筑结合，有效扩大了太阳能热水器市场，使太阳能热水器的生产和应用进入稳定增长阶段，到2005年底，太阳能热水器安装使用总量达到8000万平方米。

2005年，可再生能源开发利用总量（不包括传统方式利用生物质能）为1.66亿吨标准煤，约为2005年全国一次能源消费总量的7.5%，相应减少二氧化硫年排放量300万吨，减少二氧化碳年排放量4亿多吨。发展可再生能源已成为缓解能源供需矛盾、减少环境污染、增加农民收入的重要途径。

2.技术和产业发展

"十五"时期，我国可再生能源技术和产业发展取得了显著成绩。水电、沼气和太阳能热利用等领域已形成了技术门类比较齐全、服务体系较为完善的产业体系，保障了可再生能源开发利用规模的迅速发展。同时，生物质能高效利用、风电、太阳能发电等新兴技术和产业也得到较快发展。

专栏1 “十五”期末可再生能源主要发展指标和实现情况

内容	2000年	“十五”预期目标	2005年	年均增长（%）
一、发电				
1、水电（万千瓦）	7935	10000	11000	6.7
2、并网风电（万千瓦））	34	120	126	30
3、小型离网风电（万台）	15		25	11
4、光伏发电（万千瓦）	1.9	5.3	7	30
5、生物质发电（万千瓦）	170		200	3
二、供气				
沼气（亿立方米）	35	40	80	18
其中农村户用沼气（万户）	850	1000	1800	16
三、供热				
1、太阳能热水器（万平方米）	2600	6300	8000	25
2、地热等（万吨标准煤/年）	120		200	11
四、燃料				
1、燃料乙醇	102		102	
2、生物柴油	5		5	
总利用量（万吨标准煤/年）	12000	13600	16600	6.7

水力发电装备制造和施工技术日臻完善。在引进消化国外技术基础上，已可以制造70万千瓦水轮发电机组，形成了有国际竞争力的水电设备制造和水电工程施工能力，水电工程的规划、设计、施工、运行管理已形成了完整的体系。

沼气技术不断进步和完善，户用沼气系统和零部件基本实现了标准化生产和专业化施工，大部分地区建立了沼气技术服务机构，具备了较强的技术服务能力。大中型沼气工程的工艺技术成熟，已形成了专业化的设计和施工队伍，服务体系基本完备，具备了大规模发展的条件。其他生物质能开发利用技术发展明显加快，掌握了农林生物质发电、生物液体燃料、生物质固体成型燃料等技术，具备了规模化发展的基本条件。

风电技术和产业发展开始起步。独立运行的小型风电机组已有较长的技术研发和应用历史，初步具备了产业化发展的基础。在引进国外技术和自主研发基础上，已可以制造600千瓦至1.5兆瓦的并网型风电机组。

太阳能光伏电池及组件的生产能力迅速扩大。“十五”时期国家组织实施的“送电到乡”工程和国际市场对光伏电池需求的快速增长，促进了我国太阳能光伏电池及组件生产能力的迅速扩大，年生产能力超过50万千瓦。

太阳能热利用技术的商业化程度不断提高。太阳能热水器已形成较大产业规模，年产量达1500万平方米，生产能力居世界第一位，全国有1000多家太阳能热水器生产企业，年总产值达120亿元左右。太阳灶、太阳房技术水平也在不断提高，生产能力基本上可以满足市场需求。

专栏2 “十五”时期可再生能源重点项目和重要活动

水力资源复查：国家组织了水力资源复查，全国水能资源理论蕴藏量年发电量6.19万亿千瓦时，平均功率6.94亿千瓦；技术可开发装机容量5.42亿千瓦，年发电量2.47万亿千瓦时；经济可开发装机容量约4亿千瓦，年发电量1.76万亿千瓦时。

重大水电工程：“十五”时期投产的大水电站为三峡工程左岸机组（980万千瓦）、大朝山（135万千瓦）、公伯峡（150万千瓦），2004年9月，公伯峡水电站投产，我国水电总装机容量突破1亿千瓦。开工建设了云南澜沧江小湾（420万千瓦）、广西红水河龙滩（420万千瓦）、贵州乌江构皮滩（300万千瓦）、四川大渡河瀑布沟（330万千瓦）、四川雅砻江锦屏一级（360万千瓦）和金沙江溪洛渡（1260万千瓦）等一批大型水电工程，在建水电项目总规模约8000万千瓦。

农村沼气建设：“十五”时期，国家利用国债资金加大对沼气的支持力度，2003－2005年，每年投入国债资金

10亿元，农村沼气建设进入快速发展时期。到2005年底，全国户用沼气达到1800万户，大型养殖场沼气工程发展到700多处。发展沼气已成为农村发展和生态保护的重要途径。

小水电代燃料：为了保护生态环境，解决农村生活燃料短缺问题，2003年以来，在长江、黄河中上游已经退耕还林地区实施了“小水电代燃料”试点工程，

首批试点项目涉及贵州、四川、云南、广西、山西等5个省、自治区的26个县（市）。到2005年底，小水电代燃料工程惠及20万人，减少年薪柴消耗量16万吨，巩固退耕还林面积30万亩，保护森林面积156万亩。

燃料乙醇试点：“十五”时期国家开展了燃料乙醇试点工作，建设了4个生物燃料乙醇生产试点项目，形成年生产能力102万吨，其中黑龙江华润酒精有限公司10万吨/年、吉林燃料乙醇有限公司30万吨/年、河南天冠燃料乙醇有限公司30万吨/年、安徽丰原生化股份有限公司32万吨/年。在黑龙江、吉林、辽宁、河南、安徽5个省及河北、山东、江苏、湖北4个省的27个地市开展车用乙醇汽油试点工作。

风能资源评价：为了做好风电大规模发展的前期工作，2003年以来，国家组织开展了全国风能资源评价和风电场选址工作，主要通过气象资料评价风能资源分布情况，并结合地形、地貌、交通和电网条件，确定风电场的场址。根据最新风能资源评价成果，全国陆地上的技术可开发风能资源约3亿千瓦。

风电特许权项目：为了促进风电规模化发展，2003年以来，国家实施了风电特许权项目，政府承诺落实电网接入系统和全额接受风电发电量，以上网电价和风电设备的本地化率为条件，通过招标选择投资者。“十五”时期实施了三期招标工作，确定了总装机容量160万千瓦的风电项目。

“送电到乡”工程：为了解决西部边远无电地区乡镇所在地公用事业单位和居民的基本用电问题，2002年，国家实施了“送电到乡”工程，共安排47亿元资金，在内蒙古、青海、新疆、四川、西藏和陕西等12个省（市、区）的1065个乡镇，建设了一批独立的光伏、风光互补、小水电等可再生能源电站。

3.法规建设和政策措施

“十五”时期，可再生能源法规建设取得重大进展，支持可再生能源发展的政策逐步完善，为加快可再生能源发展创造了良好的法制和政策环境。

专栏3 “十五”时期可再生能源法规建设和政策措施

法规建设：2005年2月28日，《可再生能源法》颁布并定于2006年1月1日施行。《可再生能源法》明确提出发展可再生能源是国家责任和全民义务，随后相继出台了相关配套政策。根据《可再生能源法》的要求，制定了《可再生能源中长期发展规划》，提出了可再生能源中长期发展目标。

财税优惠政策：国家逐步加大对可再生能源的财政资金投入和税收优惠支持力度。制定了支持风电、垃圾发电的税收减免政策和发展生物液体燃料的财政补贴与税收优惠政策。中央和地方财政在无电地区电力建设、农村户用沼气建设和可再生能源技术产业化发展等方面给予了较大的资金支持。

科技专项和产业化专项支持：国家通过科技攻关计划、863计划、973计划和产业化计划，共安排10多亿元资金，支持光伏发电、并网风电、太阳能热水器、氢能和燃料电池等领域先进技术的研发和产业化。

（二）存在问题

虽然我国可再生能源开发利用取得了很大成绩，法规和政策体系不断完善，但可再生能源发展在技术、市场和政策措施方面还存在一些问题，仍不能满足可持续发展的需要。存在的主要问题是：

（1）政策扶持及激励措施的力度不够。在现有技术水平和政策环境下，除水电和太阳能热水器有能力参与市场竞争外，大多数可再生能源的开发利用成本高，再加上资源分散，规模小，生产不连续等特点，在现行市场条件下缺乏竞争力，需要政策扶持。风电、生物质能、太阳能等可再生能源的相关政策体系还不完整，经济激励力度较弱，政策的稳定性和协调性差，还没有形成支持可再生能源持续发展的长效机制。

（2）市场保障机制还不够健全。长期以来，我国可再生能源发展缺乏明确的发展目标，缺乏连续稳定的市场

需求。虽然国家支持可再生能源发展的力度逐步加大，但由于缺乏强制性的可再生能源市场保障政策，没有形成稳定的市场需求，可再生能源发展缺少持续的市场拉动。

（3）技术开发能力和产业体系薄弱。除水电、太阳能热利用、沼气外，其它可再生能源的技术水平较低，缺乏自主技术研发能力，设备制造能力弱，技术和设备生产主要依赖进口，技术水平和生产能力与国外先进水平差距较大。同时，可再生能源资源评价、技术标准、产品检测和认证等体系不完善，人才培养不能满足市场快速发展的需要，没有形成支撑可再生能源产业发展的技术服务体系。

（三）面临的形势和任务

在“十五”时期，我国可再生能源发展面临的形势主要表现在以下几个方面：

（1）能源需求快速增长，需要增加新的能源来源，缓解能源供需矛盾。进入21世纪，我国经济快速发展，工业化、城镇化进程加快，能源需求快速增长，能源供需矛盾日益突出。增加能源的多元化供应、确保能源安全已成为经济社会发展的重要任务，开发利用可再生能源成为国家能源发展战略的重要组成部分。

（2）化石能源的大量消耗导致环境问题日益严峻，需要发展清洁能源，促进可持续发展。我国能源结构以煤为主，能源消费快速增长，环境问题日益严峻，尤其是大气污染状况愈发严重，既影响经济发展，也影响人民生活和健康。随着经济社会的快速发展，能源需求将持续增长，能源和环境对可持续发展的约束将越来越严重，发展清洁能源技术、特别是加快开发利用可再生能源资源，是实现可持续发展的必然选择。

（3）建设社会主义新农村，对可再生能源开发利用提出了新的要求。长期以来，我国许多农村地区受经济条件、能源资源和供应条件的限制，仍主要依靠低效直接燃烧秸秆、薪柴等生物质满足能源需求，到2005年底，全国仍有约1150万人没有电力供应。加快开发利用沼气、秸秆发电、小水电、太阳能、风能等农村地区丰富的可再生能源，对于促进农村能源的清洁化、优质化和现代化，并通过可再生能源开发利用推动农村经济的可持续发展具有重要作用。

（4）发展可再生能源逐渐成为全社会的共识，大规模开发利用可再生能源的时机基本成熟。可再生能源是我国重要的能源资源，在满足能源需求、改善能源结构、减少环境污染、促进经济发展等方面已发挥了很大作用。近年来，可再生能源开发利用技术取得明显进展，已进入产业化发展阶段，具备了规模化开发利用的条件。特别是《可再生能源法》的颁布和施行，标志着发展可再生能源已成为全社会的共识，极大地调动了各方面发展可再生能源的积极性，大规模开发利用可再生能源的时机基本成熟。

开发利用可再生能源是一项长期的历史任务，在当前建设资源节约型、环境友好型社会和社会主义新农村的新形势下，结合我国可再生能源发展实际，在“十一五”时期，我国可再生能源发展的主要任务是：

（1）扩大可再生能源利用规模和应用领域，缓解能源资源和环境保护的压力。我国石油、天然气资源短缺，煤炭在能源结构中的比重偏高，单纯依靠化石能源难以实现经济、社会和环境的协调发展。我国的水能、生物质能、风能和太阳能资源丰富，已具备大规模开发利用的条件。因此，加快发展水电、生物质能、风电和太阳能，提高可再生能源在能源结构中的比重，是“十一五”时期我国可再生能源发展的首要任务。

（2）加快农村可再生能源开发利用，促进社会主义新农村建设。无电人口地处偏远地区，人口分散，难以建立常规能源基础设施，因地制宜建设小型可再生能源发电设施是解决无电人口用电问题的重要手段。广大农村生活燃料不足，特别是缺乏优质生活燃料，影响农民生活水平的提高。解决无电人口用电问题、推广清洁生活燃料和推动循环型农业经济发展，实现农村生活电气化、燃料优质化、废物资源化、环境清洁化，是可再生能源发展的重要任务。

（3）促进技术发展和产业建设，为大规模开发利用可再生能源创造条件。我国在风电、生物质能、太阳能发电等可再生能源领域技术创新能力弱，产业基础较差，严重制约可再生能源资源的大规模开发利用，提高技术水平和建立完善的产业体系是现阶段可再生能源发展的基本任务。在“十一五”时期，要着力提高在风电、生物质能、太阳能等技术领域的研发能力，完善产业体系，通过建立规模化的市场需求带动新技术的产业化发展，初步建立起适应可再生能源规模化发展的技术和产业基础。

二、指导思想和发展目标

（一）指导思想

以邓小平理论和“三个代表”重要思想为指导，全面贯彻落实科学发展观，以建设资源节约型、环境友好型社会为目标，认真落实《可再生能源法》，把发展可再生能源作为全面建设小康社会、构建和谐社会、实现可持续发展的重大战略举措。加快发展水电、太阳能热利用、沼气等技术成熟、市场竞争力强的可再生能源，尽快提高可再生能源在能源结构中的比重。积极推进技术基本成熟、开发潜力大的风电、生物质发电、太阳能发电、生物液体燃料等可再生能源技术的产业化发展，为更大规模开发利用可再生能源奠定基础。

（二）发展目标

“十一五”时期可再生能源发展的总目标是：加快可再生能源开发利用，提高可再生能源在能源结构中的比重；解决农村无电人口用电问题和农村生活燃料短缺问题；促进可再生能源技术和产业发展，提高可再生能源技术研发能力和产业化水平。

主要发展指标是：

（1）到2010年，可再生能源在能源消费中的比重达到10%，全国可再生能源年利用量达到3亿吨标准煤。其中，水电总装机容量达到1.9亿千瓦，风电总装机容量达到1000万千瓦，生物质发电总装机容量达到550万千瓦，太阳能发电总容量达到30万千瓦。沼气年利用量达到190亿立方米，太阳能热水器总集热面积达到1.5亿平方米，增加非粮原料燃料乙醇年利用量200万吨，生物柴油年利用量达到20万吨。

（2）充分利用可再生能源，解决偏远地区无电人口的供电问题，增加农村清洁生活燃料供应，促进农村能源建设。到2010年，可再生能源开发利用与电网建设和改造相结合，解决约1150万无电人口的基本用电问题，农村户用沼气池达到4000万户，生物质固体成型燃料年利用量达到100万吨以上，畜禽养殖场大中型沼气工程达到4700处，农村太阳能热水器总集热面积达到5000万平方米。在可再生能源资源丰富和相对集中的地区开展绿色能源示范县建设，全国建成50个绿色能源示范县。

（3）促进可再生能源技术和产业发展。到2010年，初步建立可再生能源技术创新体系，具备较强的研发能力和技术集成能力，形成自主创新、引进技术消化吸收再创新和参与国际联合技术攻关等多元化的技术创新方式。到2010年，大多数可再生能源基本实现以国内制造为主的装备能力，水电设备、太阳能热水器达到较强的国际竞争力，国内风电设备制造企业实现1.5兆瓦级以上机组的批量化生产，农林生物质发电设备实现国产化制造，基本具备太阳能光伏发电多晶硅材料的生产能力。

三、总体布局和重点领域

（一）水电

1.指导方针和发展目标

（1）指导方针。全面贯彻落实科学发展观，坚持工程建设、移民安置和环境保护工作并重的方针，加强水库移民规划和水电前期工作，在保护生态基础上有序开发水电，促进人与自然的和谐发展和经济与社会的可持续发展。

（2）发展目标。“十一五”时期，全国新增水电装机容量7300万千瓦，其中抽水蓄能电站1300万千瓦。到2010年，全国水电装机容量达到1.9亿千瓦，其中大中型常规水电1.2亿千瓦，小水电5000万千瓦，抽水蓄能电站2000万千瓦，已建常规水电装机容量占全国水电技术可开发装机容量的31%。

2.规划布局和建设重点

（1）规划布局。在做好移民安置和生态保护工作的基础上，加快西部地区水电开发步伐，提高水电开发利用率，扩大“西电东送”规模；挖掘中部地区水能开发潜力，充分开发当地水能资源；加强东部地区水电技术改造，深度开发当地剩余水能资源，确保电站安全运行及综合效益充分发挥；在以火电为主的电网和远距离送电的受端电网，适当建设抽水蓄能电站。到2010年，西部地区常规水电装机规模达到9500万千瓦，占全国的55%，开发程度为21.5%，其中水能资源最丰富的四川、云南的水电装机容量分别达到2700万千瓦和1700万千瓦，开发程度分别为22.5%和17%；中部地区常规水电装机规模达到5000万千瓦，占全国的30%，开发程度达到68%；东部地区装机规模达到2500万千瓦，占全国的15%，水能资源基本开发完毕。抽水蓄能电站主要分布在东部和中部地区，东部地区抽水蓄能电站装机规模达到1280万千瓦，约占全国的2/3；中部地区抽水蓄能电站装机规模达到600万千瓦，约占全国的1/3；西部地区抽水蓄能电站装机规模达到120万千瓦；全国抽水蓄能电站装机规模达到2000万千瓦。

专栏4 “十一五”期末可再生能源开发利用主要指标

内容	利用规模		年产能量		折标煤
	数量	单位	数量	单位	万吨/年
一、发电	20588	万千瓦	7106	亿千瓦时	24824
1、水电	19000		6650		23275
2、并网风电	1000		210		735
3、小型离网风电	7.5	(30万台)	0.8		3
4、光伏发电	30		5.4		19
5、生物质发电	550		240		792
农林生物质发电	400		160		528
沼气发电	100		50		165
垃圾发电	50		30		99
二、供气			190	亿立方米	1365
1、户用沼气	4000	万户	150		1086
2、大型畜禽场沼气	4700	处	10		50
3、工业有机废水沼气	1600	处	30		229
三、供热					3130
1、太阳能热水器	15000	万平方米			2700
2、太阳灶	100	万台			30
3、地热能热利用					
供暖	3000	万平方米	10000	万吉焦	400
供热水	60	万户			
四、燃料		万吨			380
1、生物质成型燃料	1003	万吨			50
2、生物燃料乙醇	300				300
3、生物柴油	20				30
总计					30000

（2）建设重点。加快金沙江中下游、雅砻江、大渡河、澜沧江、黄河上游等水电基地开发步伐，积极推进怒江水电基地开发建设，在继续抓好长江三峡、金沙江溪洛渡、黄河拉西瓦、雅砻江锦屏一级、乌江构皮滩、彭水、红水河龙滩、澜沧江小湾和大渡河瀑布沟等重点水电站建设的同时，开工建设金沙江向家坝、白鹤滩、观音岩、鲁地拉、龙盘、梨园、阿海，雅砻江锦屏二级、官地、两河口，大渡河大岗山、长河坝、泸定、双江口，澜沧江景洪、糯扎渡、功果桥，黄河羊曲、班多、玛尔挡，怒江六库、赛格等大型和特大型水电站。实施湖南东江等水电站改扩建工程，开展吉林丰满等水电站技术改造，充分挖掘已建水电站开发潜力。因地制宜开发小水电，建成8个小水电强省（区）和15个小水电基地。开工建设广东深圳、内蒙古呼和浩特、安徽响水涧、福建仙游、浙江仙居、辽宁桓仁、河北丰宁和江西洪屏等抽水蓄能电站。

专栏5　水电规划

水电基地：水能资源丰富、分布相对集中的河流或区域。我国规划建设的十三大水电基地分别为：金沙江、雅砻江、大渡河、澜沧江、怒江、乌江、长江上游、南盘江红水河、黄河上游、黄河中游北干流水电基地及湘西、闽浙赣和东北水电基地，可开发装机容量共2.8亿千瓦，年发电量1.2万亿千瓦时。

小水电强省：小水电资源丰富，开发程度高，装机容量在300～400万千瓦以上的省份。"十一五"时期，力争建成四川、福建、广东、云南、浙江、湖北、广西、湖南等8个小水电强省（区）。

小水电基地：小水电资源较丰富，开发程度较高，装机容量在100万千瓦及以上的集中联片区域。"十一五"时期，建成广东韶关、清远，福建三明、龙岩、宁德，浙江丽水，四川雅安、阿坝、凉山，湖北十堰、恩施、宜昌，湖南郴州，广西桂林和江西赣州等15个小水电基地。

3.技术装备和产业发展

进一步提高和完善水电勘测、设计、施工、管理和设备制造技术水平，重点加强300米级高坝及复杂地质条件下高坝筑坝技术、大型地下洞室及高边坡锚固技术、高水头大流量泄洪消能关键技术等坝工技术研究；继续推进大型常规水电机组和抽水蓄能机组的国产化，在消化吸收国外先进技术的同时，强化自主创新，加强技术改造，开展6万千瓦以上贯流式、百万千瓦级混流式水轮发电机组和30万千瓦以上抽水蓄能机组的设计、制造技术研究，形成具有自主知识产权的水电设备制造技术。

开发水电建设环境保护技术，提出环境友好的水电设计施工技术和环境保护措施，解决好水电建设的生态用水、低温水、鱼类洄游、野生动植物保护等问题。

研究老电站更新改造技术和流域优化调度技术，开展老电站更新和技术改造工作，进行流域优化调度政策研究，制定流域电站的优化调度机制，提高水电运行的经济效益和社会效益。

4.组织实施和保障措施

（1）调整和完善水电建设征地补偿和移民安置政策，提高水库淹没补偿标准，加大后期扶持力度。高度重视移民切身利益，认真落实《大中型水利水电工程建设征地补偿和移民安置条例》和水库移民后期扶持政策，做好新建电站移民安置工作。

（2）加强水电建设移民安置前期工作，做到水电移民规划和搬迁安置设计深度与工程建设方案设计深度相同；创新移民工作机制，研究和探索电站长期补偿淹没土地的办法，并在有条件的地方进行试点，加强水电移民工作的管理和监督，做好移民后期扶持工作，确保各项移民政策落到实处，移民群众得到妥善安置，使移民群众真正

专栏6　"十一五"时期重点开发流域及重点开工水电站项目

重点流域	重点项目
金沙江	向家坝、白鹤滩、观音岩、鲁地拉、龙盘、梨园、阿海等水电站
澜沧江	景洪、糯扎渡、功果桥、里底、黄登等水电站
大渡河	大岗山、长河坝、泸定、双江口、猴子岩等水电站
雅砻江	锦屏二级、官地、两河口、牙根等水电站
黄河上游	积石峡、羊曲、班多、茨哈、玛尔挡等水电站
乌江	思林、沙沱、银盘等水电站
怒江中下游	六库水电站
红水河	光照、董箐、马马崖等水电站

从电站建设中受益，并具有长久发展的条件。

（3）加强水电建设环境保护工作，重视水电建设环境影响评价工作。全面落实《环境影响评价法》，严格执行河流水电规划环境影响评价和水电项目的环境影响评价制度，加强对澜沧江、怒江等国际河流水电建设生态环境的研究和保护工作。

（4）继续加强水电建设前期工作。“十一五”时期，继续安排中央预算内投资用于金沙江上游、澜沧江上游、怒江上游、雅鲁藏布江以及西藏境内其他主要河流的水电开发规划等前期工作，为水电可持续发展提供项目储备。

（5）完善水电建设法规政策体系，建立开放有序的水电建设市场。进一步理顺水电开发建设管理体制，建立符合社会主义市场经济规律、适应水电建设发展需要的水电管理体制；完善水电投资、建设和管理的有关法律法规，发挥好大型流域公司在水电建设中的主导作用，做好非公有制企业投资水电建设的引导和管理工作，促进水电健康、有序发展。

（二）生物质能

1.指导方针和发展目标

（1）指导方针。发展生物质发电、沼气、生物液体燃料和生物质固体成型燃料等生物质能清洁高效利用技术，推动生物质能的产业化和商业化发展，加快生物质能产业体系建设和市场培育，促进农村经济发展，有效增加农民收入，缓解农林废弃物、城乡有机废弃物排放造成的环境污染，积极促进社会主义新农村建设。合理开发利用边际土地资源，能源作物和能源植物的种植做到不与民争粮，不与粮争地，不破坏环境，不顾此失彼，处理好生物质能利用与生物质其他用途的关系。

（2）发展目标。到2010年，全国生物质发电装机容量达到550万千瓦；增加非粮原料燃料乙醇年利用量200万吨，生物柴油年利用量达到20万吨；农村户用沼气池达到4000万户，建成大型沼气工程6300处，沼气年利用量达到190亿立方米；农林生物质固体成型燃料年利用量达到100万吨。初步实现生物质能商业化和规模化利用，培养一批生物质能利用和设备制造的骨干企业。

2.规划布局和建设重点

（1）生物质发电

生物质发电的重点是农业生物质发电、林业生物质发电、沼气工程发电和垃圾发电。农业生物质发电。“十一五”时期，农业生物质发电装机容量新增120万千瓦。到2010年，加上已有180万千瓦蔗渣等农业生物质发电，农业生物质发电累计装机容量达到300万千瓦。重点在粮棉主产区因地制宜建设以秸秆、粮食加工剩余物和蔗渣为燃料的集中发电项目，在村镇建设小型生物质气化发电装置。首先集中力量抓好试点示范工作，在总结经验的基础上，逐步实施规模化发展。

林业生物质发电。到2010年，建成林业生物质发电装机容量100万千瓦。在重点林区，利用林业“三剩物”（采伐剩余物、造材剩余物、加工剩余物）和森林抚育间伐资源；在“三北”和南方地区，利用现有规模化的经济林、生态林的更新抚育、平茬扶壮的林木生物质资源；在适宜规模化造林的沙区、低山丘陵区，大力培育木质能源林。

沼气工程发电。到2010年，建成沼气发电装机容量100万千瓦。重点在东部沿海发达地区、大中城市郊区、重点水系保护地区，结合大中型畜禽场废弃物排放治理和城市生活污水处理，以及造纸、酿酒、印染、皮革等工业有机废水治理，安排大中型沼气发电项目。

垃圾发电。到2010年，建成垃圾发电装机容量50万千瓦。重点在经济较发达、土地资源稀缺地区，特别是南方地区的大城市（主要是直辖市、省会城市和沿海及旅游城市）建设垃圾焚烧发电厂。在具备资源回收条件的大中型垃圾填埋场，建立填埋气收集和发电装置。

（2）生物液体燃料

受粮食产量和耕地资源制约，今后主要鼓励以甜高粱茎秆、薯类作物等非粮生物质为原料的燃料乙醇生产，以及以小桐子、黄连木、棉籽等油料作物为原料的生物柴油生产。

燃料乙醇。在东北、山东等劣质土地资源丰富的地区，集中种植甜高粱，发展以甜高粱茎秆为主要原料的燃料乙醇；在广西、重庆、四川等地重点种植薯类作物，发展以薯类作物为原料的燃料乙醇；开展以农作物秸秆等纤维素生物质为原料的生物燃料乙醇生产试验。到2010年，以非粮生物质为原料的燃料乙醇年生产能力达到200万吨。

生物柴油。开发以小桐子、油桐、黄连木、棉籽等油料植物（作物）为原料的生物柴油生产技术，建成若干个试点项目，到2010年，以油料植物（作物）为原料的生物柴油年生产能力达到20万吨。

（3）沼气

充分利用沼气和农林废弃物气化技术，提高农村地区生活用能中的燃气比例，并把生物质气化技术作为解决农村有机废弃物和工业生产有机废弃物环境治理的重要措施。“十一五”时期，在农村地区推广户用沼气，全国新建农村户用沼气2200万户，到2010年，全国户用沼气总数达到4000万户，年产沼气总计约150亿立方米。“十一五”时期，加快建设规模化养殖场沼气工程和工业有机废水、城市生活污水处理沼气工程，建成大型沼气工程6300处，年产沼气约40亿立方米。

专栏7　生物质燃料重点项目

推行沼气工程建设：结合水体污染控制和治理，重点安排在东部沿海发达地区和内陆大中城市郊区，“三湖三河一库一线（太湖、巢湖、滇池，淮河、海河、辽河，长江三峡库区，南水北调工程沿线）”等重点水域周边地区以及“菜篮子”基地进行大型沼气工程建设，处理工农业有机废水，并获得优质气体燃料。

组织生物燃料乙醇生产：重点进行以非粮生物质为原料的燃料乙醇规模化试点项目，在山东黄河入海口地区、内蒙古的黄河沿岸地区以及黑龙江、吉林、新疆等地进行百万亩规模的甜高粱种植和生物乙醇生产试点，在广西、重庆、四川、海南等地进行木薯和甘薯的规模化种植和生物燃料乙醇生产试点。

进行生物柴油生产的前期准备工作：在北京、上海、重庆、成都、广州等做好城市废弃油脂收集和生产柴油工作的试点；在四川、贵州、云南、河北、内蒙古等地进行木本油料作物栽培、种植和生物柴油的试点工作，做好树种筛选和大面积种植试点和示范工作。

推广生物质固体成型燃料技术：在重点商品粮基地和重点林区建设秸秆及粮食加工废弃物和林业三剩物致密成型装置，为当地农村和城镇居民及工业用户提供生物质固体成型燃料。

（4）生物质固体成型燃料

生物质固体成型燃料是指通过专门设备将生物质压缩成型的燃料，储存、运输、使用方便，清洁环保，燃烧效率高。生物2 3质固体成型燃料发展的重点是：

1）利用农作物秸秆加工成型燃料，主要用作农村居民的炊事和取暖燃料，剩余量作为商品燃料出售，增加农民收入。

2）在粮棉主产区，建设大型生物质固体成型燃料加工厂，实行规模化生产，为城镇居民和工业用户提供生物质商品燃料。

3）在天然林保护区和重点林区，利用林木抚育和采伐废弃物，加工固体成型燃料，为居民提供炊事、取暖等生活燃料，减少当地燃料消耗对林木的破坏。

“十一五”时期，结合新农村建设，进行生物质固体成型燃料的试点和示范工作，到2010年，年利用量达到100万吨。

3.技术装备和产业发展

（1）技术研发和装备制造

发电设备。“十一五”时期，在试点项目的基础上，通过引进消化吸收和再创新，组织农作物秸秆、林业三剩物等农林生物质发电及垃圾发电的装备研发和制造工作，掌握生物质发电技术；抓好大型沼气发电装备研发和生产工作，形成500千瓦、1000千瓦等多个型谱的系列产品，满足垃圾填埋气发电、沼气发电的市场需求。在总结现有小型生物质气化发电经验的基础上，抓好50~200千瓦小型生物质气化发电装备的配套研发和制造工作，形成专业化的设备生产和配套能力，完善技术标准和检测认证体系。

沼气技术和装备。研究和开发应用于垃圾填埋气回收和利用的专用技术和装备，改进大中型沼气工程的生产工艺和装备技术，形成比较完善的沼气装备和施工能力。

其他装备技术。研究和开发秸秆打捆和装载装备、灌木林采伐和运输专用装备、各类生物质固体成型加工专用装备。重点抓好产业化和标准化工作。

（2）服务体系建设

根据生物质发电产业的特点，通过试点建立原料生产、收购、储存等供应网络体系，为大中型生物质发电工程提供稳定可靠的燃料保障；通过试点，在农村地区组织小型能源服务公司，利用小型生物质气化发电装置、固体成型设备为农村提供可靠的商品化生物能源供应；支持建立大中型沼气工程服务公司，为城乡大中型沼气工程及其发电设施提供可靠的技术服务；配合生物液体燃料生产和销售，建立相应的配套服务体系。

（3）能源作物生产组织体系建设

根据生物质发电、生物液体燃料生产对原料供应的工业化要求，组织好薪炭林、防护林等专用林地平茬扶壮等技术服务工作，在不破坏林地和专用林地功能的同时，组织发电专用林的营造工作，为生物质发电项目提供可靠的原料供应；根据我国土地资源和农业生产的特点，合理选育和科学种植能源植物，组织好甜高粱、木薯、以及非食用木本油料植物的选育、种植和栽培的规划工作，切实保障能源作物用地，加强相应的生产组织管理工作，形成完善的能源作物种植、抚育管理和收购储存的产业化服务体系。

4.组织实施和保障措施

（1）合理安排生物质发电、生物液体燃料和生物质固体成型燃料等生物质能利用技术的研发和产业化项目，支持企业进行新技术、新装备和新产品的研制和开发工作，以及技术标准和认证工作。安排好能源作物和树种的筛选、培育等科研工作，为能源作物种植和能源林栽培提供技术支持。

（2）做好生物质发电、非粮原料生物液体燃料、生物质固体成型燃料的试点项目的组织和建设工作。落实好试点项目的资金补贴方式和渠道。抓紧制定和落实非粮原料的生物液体燃料收购制度和财政补贴办法。

（3）抓紧制定生物液体燃料的技术标准和使用规范，做好生物液体燃料的生产和销售工作的衔接。石油销售企业按照生物液体燃料试点的部署和要求研究制定推广的实施方案。

（4）协同抓好造纸、酿酒、印染、皮革等企业以及大中型畜禽养殖场有机废水处理的沼气工程建设和垃圾填埋场沼气回收利用的监督工作。

（三）风电

1.指导方针和发展目标

（1）指导方针。以风电场的规模化建设带动风电产业化发展，促进风电技术进步，提高风电装备国产化制造能力，降低风电成本，增强风电的市场竞争力。

（2）发展目标。在“十一五”时期，全国新增风电装机容量约900万千瓦，到2010年，风电总装机容量达到1000万千瓦。同时，形成国内风电装备制造能力，整机生产能力达到年产500万千瓦，零部件配套生产能力达到年产800万千瓦，为2010年以后风电快速发展奠定装备基础。结合无电地区电力建设，积极培育小型风力发电机产业和市场，到2010年，小型风力发电机的使用量达到30万台，总容量达到7.5万千瓦，设备生产能力达到年产8000台。

2.规划布局和建设重点

重点建设30个左右10万千瓦以上的大型风电场和5个百万千瓦级风电基地，做好甘肃、内蒙古和苏沪沿海千万千瓦级风电基地的准备和建设工作。

充分发挥“三北”（东北、华北、西北）地区风能资源优势，建设大型和特大型风电场。在河北、内蒙古、甘肃、吉林等地建设百万千瓦级风电基地，到2010年，河北和内蒙古的风电总装机容量分别达到200万千瓦和300万千瓦以上，已投产及开工建设的总规模分别达到300万千瓦和400万千瓦左右；甘肃风电装机容量达到100万千瓦以上，已投产及开工建设的总规模达到400万千瓦左右；吉林、辽宁风电总装机容量分别达到50万千瓦，已投产及开工建设规模分别达到100万千瓦左右。

在经济较发达的江苏、上海、福建、山东和广东等沿海地区，发挥其经济优势和市场优势，加快开发利用风能资源，尤其在苏沪沿海连片建设大型风电场，形成百万千瓦级风电基地。到2010年，苏沪沿海地区风电装机容量达到100万千瓦以上。在风能资源和电力市场优良的地区建成数十个10万千瓦级的大型风电场。

在其他具有可利用风能资源的省（区、市），因地制宜发展中小型风电场。加强对近海风能开发技术的研究，开展近海风能资源勘察评价和试点示范工程的前期准备工作，建设1～2个10万千瓦级近海风电场试点项目，为今后大规模发展近海风电积累技术和经验。

3.技术装备与产业发展

（1）技术和产业发展

提高风电技术研发能力，将自主创新与技术引进和消化吸收再创新相结合，建立和形成以国内制造为主的风电装备能力。支持技术研发能力较强的风电设备制造企业引进国外先进技术，并进行消化吸收和再创新，逐步形成具有自主知识产权的风电技术和产品。“十一五”时期，继续促进已批量生产的国产化风电机组的规模化应用，并实现向兆瓦级风电机组的升级换代。在初步形成国内制造装备能力的基础上，采用技术引进、联合设计、自主创新等方式，掌握1.5兆瓦及以上风电机组集成制造技术，并开发了3兆瓦级的海上风电机组。发挥我国在机电设备制造方面的优势，充分利用国内、国际市场，培育技术水平较高、市场竞争力较强的风电设备配套零部件制造产业。

专栏8　风电项目建设区域分布

类别	省份	规模（万千瓦）		项目布局
		已、在建	累计投产	
重点地区	河北	300	200	张家口、承德、黄骅等
	内蒙古	400	300	辉腾锡勒、灰腾梁（锡盟）、达里、达茂、通辽、巴彦淖尔等
	苏沪沿海	200	100	江苏如东、东台、大丰、启东等风电场，上海崇明、南汇等风电场，苏沪近海风电示范项目
	甘肃	400	100	玉门昌马、安西、白银等
	吉林	100	50	洮南、洮北、通榆、双辽、长岭等
	辽宁	100	50	阜新、昌图、康平等
	新疆	100	40	达坂城、阿拉山口等
	小计	1600	840	
一般地区	山东	60	20	即墨、栖霞、威海、东营等
	广东	60	30	惠来、南澳、陆丰甲东、徐闻、川岛等
	宁夏	50	30	贺兰山、中宁等
	福建	40	20	平潭、莆田、漳浦、古雷等
	黑龙江	20	10	佳木斯、依兰等
	浙江	25	10	岱山、苍南、慈溪等地区
	山西	25	10	左云、右玉、神池等
	小计	280	130	
其他地区		120	30	
总计		2000	1000	

专栏9　风电发展重点

推动百万千瓦风电基地建设：在风能资源条件好、电网接入设施完备、电力负荷需求大的地区，进行百万千瓦级风电基地建设，重点是河北张家口坝上地区、甘肃安西和昌马地区、内蒙古辉腾锡勒地区、吉林白城地区、苏沪沿海地区。

支持风电设备国产化：结合大型风电场、特别是百万千瓦风电基地建设，支持风电设备制造的国产化。重点扶持几个技术创新能力强的国内风电设备整机制造企业，同时全面提高国产风电设备零部件的技术水平和制造能力。建立国家级试验风电场，支持风电设备检测和认证能力建设。

进行近海风电试验：在沿海地区近岸海域进行近海示范风电场建设，主要是在苏沪海域和浙江、广东沿海，探索近海风电勘查、设计、施工、安装、运行、维护的经验，在积累一定近海风电运行经验基础上，逐步掌握近海风电设备的制造技术。

（2）基础研究和人才培养

在国家级科研机构和大学设立风电技术应用基础研究项目，开展相关的风能资源、流体动力学、机械强度、电力电子、电力并网等方面的理论和实验研究。将基础研究与人才培养相结合，根据风电发展需要培养一批研究生等高级人才，选择一些高等学校和中专学校，设立风电专业课程，逐步建立起风电专业。同时，结合风电发展需要，定期举办风电技术培训班，解决目前风电人才紧缺的问题。

（3）加强产业服务体系建设

扶持建立风能资源评价、风电场设计、产品标准、技术规范、设备检测与认证的专门机构。培育一批风电技术服务机构，建成较健全的风电产业服务体系。建设2～3座公共风电测试试验基地，为风电机组产品认证和国内自主研制风电设备提供试验检测条件。

4.组织实施和保障措施

（1）在完成全国风能资源普查和评价工作基础上，开展重点地区风能资源详查和风电场规划工作，综合考虑风能资源、建设条件、并网条件和电力市场等因素，做好大型风电场、特别是百万千瓦风电基地的规划和项目建设前期工作。

（2）完善风电上网电价形成机制，落实风电的上网电价和费用分摊政策。电网企业要配合国家风电规划布局，开展风电接入的规划、设计和试验研究等工作，完善风电并网技术条件和调度规程，保证风电项目的顺利并网和发电。

（3）提高风电技术水平和设备制造能力。鼓励国内企业开展风电技术自主创新和引进再创新，在政府投资项目和风电特许权招标项目中，采用与设备制造企业打捆招标等方式支持风电设备国产化和自主技术创新。

（四）太阳能

1.指导方针和发展目标

（1）指导方针。加快太阳能热水器的普及，在太阳能利用条件良好地区，制定城乡民用建筑安装使用太阳能热水器的强制性措施，在农村地区推广太阳房和太阳灶；通过营造稳定的市场，积极发展太阳能光伏发电；进行必要的太阳能热发电技术研发和试点示范。

（2）发展目标。到2010年，太阳能热水器累计安装量达到1.5亿平方米，太阳能发电装机容量达到30万千瓦，进行兆瓦级并网太阳能光伏发电示范工程和万千瓦级太阳能热发电试验和试点工作，带动相关产业配套生产体系的发展，为实现太阳能发电技术的规模化应用奠定技术基础。

2.规划布局和建设重点

（1）太阳能热利用

“十一五”时期，继续推进太阳能热利用的快速发展。在农村和小城镇推广太阳能热水器、太阳房和太阳灶；在大中城市推广普及太阳能热水器与建筑物结合应用，推广太阳能集中供热水工程，建设太阳能采暖和制冷试点示范工程。进行太阳能海水淡化项目和其他太阳能工业应用项目示范，为利用可再生能源解决沿海城市缺水问题和大规模工业应用摸索经验。太阳能热水器年生产能力达到2000万平方米，形成10～20个生产规模在50万平方米以上的大型企业和具有自主创新能力的龙头企业。

（2）太阳能光伏发电

开展无电地区电力建设。因地制宜，利用户用光伏发电系统和小型光伏电站，积极解决西藏、青海、内蒙古、新疆等边远地区无电户的基本生活用电问题，建设光伏发电系统10万千瓦。

启动光伏发电城市应用工程。在太阳能资源较好的大中城市开展光伏屋顶、阳光照明等光伏发电应用，在新建别墅等高档住宅区和城市标志性建筑上安装光伏发电系统，在封闭管理的住宅区、旅游景区以及城市交通照明和景观亮化工程，提倡应用光伏发电照明。在“北京奥运会”、“上海世博会”、“广州亚运会”的主要标志性建筑区和建筑物上成规模地安装光伏系统。到2010年，城市太阳能光伏系统应用达到5万千瓦。

开展光伏电站试点。在西藏、甘肃、内蒙古、宁夏、新疆、甘肃等太阳能资源丰富、利用条件好的地区，建设大型并网光伏电站，总容量达到5万千瓦。

（3）太阳能热发电

在内蒙古鄂尔多斯高地沿黄河平坦荒漠、甘肃河西走廊平坦荒漠、新疆哈密地区、西藏拉萨或北京周边选择适宜地区，开展太阳能热发电试点，总装机容量约5万千瓦。

3.技术装备和产业发展

（1）技术研发及装备制造

抓好太阳能热水器生产基地建设，提高太阳能热水器效率。通过科技攻关、产业化支持，尽快掌握高纯度多晶硅材料的生产技术和工艺，实现规模化生产。通过试点项目建设，进行技术引进和消化吸收再创新，掌握太阳能热发电关键技术。

（2）产业体系建设

建立完善的质量监督体系，培养一批高素质的质量检测技术人员，建立有效的质量监督机制，提高产品质量，促进市场健康发展。开展太阳能资源调查，研究制定太阳能资源评价方法和技术标准，为太阳能大规模开发利用提供可靠的资源基础。

4.组织实施和保障措施

（1）制定强制推广太阳能热水器的政策。“十一五”时期，研究制定具有强制安装使用太阳能热水器内容的建筑标准，在太阳能资源条件优良的地区，对热水需求量较大的政府投资建筑和商业建筑，逐步实施强制安装太阳能热水器的政策措施。

（2）对于列入国家无电地区电力建设、光伏发电屋顶计划、标志性建筑和并网光伏电站试点示范工程的项目，中央财政给予补助，并由政府核定电价，超出当地燃煤发电标杆电价部分，纳入可再生能源发电费用分摊机制。

专栏10　太阳能发电重点领域和区域

技术类别	规划目标（万千瓦）	重点地区
1、并网光伏发电	10	西藏、甘肃、内蒙古、宁夏、新疆、甘肃等
城市屋顶系统和大型标志性建筑	5	北京、上海、广东、江苏、山东等
光伏电站	5	拉萨、敦煌和鄂尔多斯等
2、边远地区供电	15	西藏、青海、甘肃、新疆、云南、四川等地
3、太阳能热发电	5	内蒙古等
合计	30	

专栏11　太阳能开发利用重点工程

实施太阳能热水器普及计划：在太阳能资源优良的地区，推广普及太阳能热水器。对国家投资建设的学校、医院和其他热水需求量较大的建筑，以及旅馆、饭店等热水需求量大的商业建筑，逐步实行强制安装太阳能热水器的政策措施，新建住宅应安装太阳能热水器或预留太阳能热水器安装位置及管线通道。

启动城市光伏屋顶计划：在上海、北京、广东、江苏、山东等地开展光伏屋顶计划，重点是大城市。到2010年，全国光伏发电屋顶系统总容量达到5万千瓦。

大型并网光伏电站：在西藏羊八井、阿里狮泉河、内蒙古鄂尔多斯、甘肃敦煌等太阳能资源丰富地区建设大型并网光伏电站，总容量约5万千瓦。

太阳能热发电试验项目：在内蒙古、甘肃河西走廊、西藏拉萨的开阔地，选择合适地点建立万千瓦级太阳能热发电试验电站。

（3）制定可再生能源独立电力系统供电服务的技术标准和管理办法。制定城市光伏公共照明、建筑物光伏并网、大型光伏并网、太阳能热发电并网的技术标准。

（五）农村可再生能源

1.指导方针和发展目标

（1）指导方针。以科学发展观为指导，将农村可再生能源建设作为推进社会主义新农村建设的重要内容，多渠道、多层次增加投入，不断拓展工作领域，因地制宜开展秸秆和粪便的资源化利用，大力普及农村沼气，积极推动太阳能利用工作，开展绿色能源示范县建设，加强技术创新和服务体系建设，优化农村能源结构，保护生态环境，发展循环经济，促进农业增效，增加农民收入，改善农民生产生活条件。

（2）发展目标。到2010年，全国户用沼气池达到4000万户，规模化养殖场沼气工程达到4700处，农村户用沼气年产气量达到150亿立方米；农村地区太阳能热水器的总集热面积达到5000万平方米，太阳灶保有量达到100万台。

2.规划布局和建设重点

（1）无电地区电力建设

继续利用小水电、风电、太阳能发电等可再生能源技术，解决无电地区的供电问题。在小水电资源丰富地区，优先开发建设小水电站，在缺乏小水电资源的地区，因地制宜建设小型太阳能光伏电站、风光互补电站，推广使用小风电、户用光伏发电、风光互补发电系统，解决约100万户无电人口的供电问题。

（2）农村户用沼气池建设

重点在中西部适宜发展沼气的退耕还林还草地区、粮食主产区、畜牧业主产区、南水北调沿线等重点水源保护区、革命老区、少数民族地区，以及血吸虫病和地氟病疫区等地区，推广普及户用沼气。

（3）畜禽养殖场沼气工程

在东部沿海发达地区和内陆大中城市郊区重点发展畜禽养殖场沼气工程。优先考虑"菜篮子"基地、"三湖三河一库一线（太湖、巢湖、滇池，淮河、海河、辽河，长江三峡库区，南水北调工程沿线）"等重点水域周边地区，结合优势农产品区域规划安排项目。

（4）农村小型能源设施建设

结合各地资源情况，因地制宜发展小型生物质气化发电、小型生物质致密成型、太阳能利用、小型风电、微型水力发电和省柴节能灶等技术。

（5）绿色能源示范县建设

在可再生能源资源丰富地区，支持开展绿色能源示范县建设。绿色能源示范县的基本要求是：可再生能源利用量在生活能源消费总量中高于50%，废弃生物质能资源基本得到合理利用。到2010年，全国建成50个绿色能源示范县。

3.技术装备和产业发展

（1）提高技术创新和设备制造能力。抓好秸秆生物质气化、沼气发电技术和生物质固体成型燃料技术的研发与示范。通过技术创新，形成以生物质能为核心的资源利用新模式，建立生物质能工程研发与技术集成平台，研究开发适合农村用能特点的可再生能源设备。

（2）加强质量标准工作。抓好现有标准的宣贯工作，发挥标准的技术基础、技术准则、技术指南和技术保障作用，随着行业发展和技术进步，抓好新技术、新产品、新设备的标准制定工作。

（3）促进服务体系建设。以项目建设为依托，加强人才培养和能力建设，健全基层能源服务体系，为农村可再生能源发展提供技术支撑。

专栏12　农村可再生能源建设

积极推广户用沼气：重点在西部的四川、重庆、贵州、湖南、湖北和陕西等省（区、市）进行户用沼气建设。到2010年，户用沼气达到4000万户。

加快无电地区电力建设：利用小水电、光伏发电、风电等可再生能源技术，积极解决西藏、青海、内蒙古、新疆、云南、甘肃等边远地区无电人口的基本生活用电问题。

推广生物质固体成型技术：在重点农区和林区的村镇建设秸秆及粮食加工废弃物和林业"三剩"物致密成型装

置，推广生物质固体成型燃料，为当地居民提供生产和生活燃料。

进行绿色能源示范县建设：重点在江苏、山东、广东、广西、四川、东北和内蒙古等经济发达地区和可再生能源资源丰富地区，进行绿色能源示范县建设。到2010 年底，全国建成50个以可再生能源利用为主的绿色能源示范县。

4.组织实施和保障措施

（1）把可再生能源开发利用作为建设社会主义新农村的重要内容，落实农村沼气建设、小水电代燃料、生物质固体成型燃料等农村可再生能源建设的财政补贴，保证足额及时到位。

（2）各级农村能源主管部门，要在有条件的地区，积极开展小型生物质固体成型燃料和气化发电、供热、供气试点工作，总结经验，尽快推广。

（3）制定农村地区可再生能源利用的税收政策，鼓励企业和个人在农村地区建立可再生能源服务公司，为农村居民和公共设施提供服务，保障农村可再生能源事业健康发展。

四、环境影响分析

水电、风电、太阳能发电、太阳能热利用不排放污染物和温室气体，可减少煤炭消耗及煤炭开采的生态破坏。利用沼气技术处理畜禽养殖场废弃物、工业废水和城市污水，是清洁生产的重要措施。生物质发电污染物排放少，对环境的温室气体净排放量为零，利用盐碱地、荒山、荒地种植能源作物（植物）可与植树造林、植被保护和山坡绿化相结合。因此，开发利用可再生能源对保护生态环境有重要作用。到2010年，可再生能源年利用量将达到3亿吨标准煤，减少二氧化硫年排放量约400万吨，减少氮氧化物年排放量约150万吨，减少烟尘年排放量约200万吨，减少二氧化碳年排放量约6亿吨，年节约用水约15亿立方米，可使约1.5亿亩林地免遭破坏。

如果措施不当，可再生能源开发对生态环境也可能产生不利影响。在可再生能源开发中要贯彻落实科学发展观，尊重自然规律，加强生态环境保护。水电开发要充分考虑保护动植物和水生生物的生存环境，做好地质灾害防治和水土保持工作，协调好与自然保护区之间的关系。风电建设要协调好与湿地保护区、鸟类保护区和风景名胜及自然景观的关系，采取措施防止伤害鸟类，防止噪音和光影污染。生物质能利用要防止二次污染，合理利用土地、森林资源，防止对自然资源的耗竭性利用。

可再生能源的开发利用将节约和替代大量化石能源，显著减少污染物和温室气体排放，促进人与自然的协调发展。

五、保障措施和激励政策

为确保实现可再生能源发展“十一五”规划目标，将采取下列保障措施和政策，支持可再生能源的发展。

（1）全面贯彻落实《可再生能源法》，各有关部门和各级政府要抓紧制定和完善《可再生能源法》相关配套法规和政策，明确发展目标，将可再生能源开发利用作为建设资源节约型、环境友好型社会的考核指标。认真落实促进可再生能源发展的政策措施，做好可再生能源发电并网、上网电价及费用分摊有关规定、财政补贴和税收优惠等政策的完善和落实工作。

（2）国家有关部门根据可再生能源开发利用需要，提出可再生能源发展专项资金的管理办法和使用指南，安排必要的财政资金，支持可再生能源技术研发、试点项目建设、农村可再生能源开发利用、资源评价、标准制定和设备国产化等工作。国家对可再生能源开发利用、技术研发和设备生产等给予税收优惠支持。

（3）完善促进可再生能源开发利用的市场环境。国家有关部门采取财政、税收、价格等综合措施和强制性的市场份额政策，并通过组织政府投资项目和特许权项目等方式，培育持续稳定的可再生能源市场。电网企业要按照可再生能源发展规划中电力项目的布局，做好电网接入的规划和试验研究工作，保障可再生能源电力的上网和销售。石油销售企业要按国家规划和实施计划制订生物燃料乙醇和生物柴油的市场规划，并在技术和设施方面做好收购及销售生物液体燃料的准备工作。

（4）加快可再生能源技术进步和产业体系建设。国家将可再生能源开发利用技术作为国家科学和技术发展战略的重要内容，重点支持生物液体燃料、风电、生物质发电和太阳能发电的技术攻关和技术产业化工作。建立国家可再生能源研究开发管理机构，整合现有技术资源，完善技术和产业服务体系，加快可再生能源基础教育建设和人才培养，提高技术研发水平，全面提高可再生能源技术创新能力和服务水平，促进可再生能源技术进步和产业发展。支持国内可再生能源技术集成和装备能力建设，为加快可再生能源开发利用提供技术和产业支撑。

交通运输部关于印发公路水路交通节能中长期规划纲要的通知

（交规划发［2008］331号）

各省、自治区、直辖市、新疆生产建设兵团、计划单列市交通厅（局、委），沿海主要港口管理局，上海组合港管理委员会办公室，长江、珠江航务管理局，长江口航道管理局，部规划研究院，部科学研究院，部水运、公路科学研究院，部内各司局：

为深入贯彻科学发展观，全面落实节约资源和保护环境的基本国策，结合公路水路交通发展实际，部起草了《公路水路交通节能中长期规划纲要》。现印发给你们，请参照执行。

中华人民共和国交通运输部

二〇〇八年九月二十三日

附件：

公路水路交通节能中长期规划纲要（节录）

为深入贯彻科学发展观、全面落实节约资源和保护环境的基本国策，根据《中华人民共和国节约能源法》、《国务院关于加强节能工作的决定》、《节能中长期专项规划》、《关于加快发展现代交通业的若干意见》等政策法规，特编制本规划纲要。

本规划纲要规划范围为公路水路交通（以下简称“交通”）行业，以营业性公路、水路运输和港口生产为重点领域，以2005年为基期，2015年和2020年为目标年，确定了中长期交通节能的总体目标和主要任务，提出了近期重点工程和保障措施。

一、交通节能的形势与要求

（一）交通节能的重要意义

1. 应对全球性能源环境问题迫切要求强化交通节能减排

全球性能源紧张以及气候变化已成为国际社会普遍关注的重大问题，节能减排已经成为国际社会的共同责任。我国作为世界上最大的发展中国家，正日益成为全球关注的对象。交通运输是石油消费的重点行业，是温室气体和大气污染排放的重要来源之一，据估算，2004年我国交通运输业的二氧化碳排放量约为2.9亿吨，预计到2015年和2030年将分别达到5.22亿吨和11.08亿吨。另据统计，机动车尾气排放已成为城市大气的主要污染源，目前在我国一些大城市中机动车污染物排放占大气污染物的比重在60%左右。因此，加强交通节能减排将成为缓解我国能源环境压力的必然选择之一。

2. 建设资源节约型、环境友好型社会迫切要求加快建设节能型交通

我国经济发展与资源环境的矛盾突出，石油资源尤为紧缺，人均可采石油资源仅相当于世界平均水平的7.7%，石油消费大量依赖进口，对外依存度已接近50%的警戒线。交通运输业是全社会仅次于制造业的油品消费第二大行业，是建设资源节约型、环境友好型社会的重要领域之一。2005年交通运输的石油消费总量约占全社会石油消费总量的29.8%，其中营业性公路、水路运输在各种运输方式中的比例分别约为54%和21%。本世纪头20年，我国正处于全面建设小康社会的历史时期，经济社会快速发展，客货运输需求旺盛，交通运输能源需求快速增长。世界第一人口大国、资源禀赋相对匮乏的基本国情，决定着我国必须加快构建节能型综合交通运输体系，否则资源支撑不住，环境容纳不下，社会承受不起，交通发展将难以为继。

3. 推动交通科学发展、加快转变交通发展方式迫切要求大力提升交通行业能源利用效率

交通发展要在不断解决基础设施总量和有效供给能力不足等突出矛盾的同时，积极应对能源短缺、环境恶化所带来的重大挑战，必须实现能源利用效率的显著提升。当前我国交通行业能源利用效率与世界先进水平相比明显偏低，其中载货汽车百吨公里油耗比国外先进水平高30%左右，内河运输船舶油耗比国外先进水平高20%以上。因此，必须加快发展现代交通业，转变交通发展方式，不断提高能源利用效率，以最小的资源消耗和环境代价提供更多更好的运输服务。

（二）交通节能工作现状（略）

二、交通节能的指导思想、原则和总体目标

（一）指导思想

全面贯彻科学发展观，以能源合理利用、提高效率为核心，提升节能理念，转变发展方式，调整交通结构，强化科技进步，完善法规标准，创新体制机制，强化监督管理，加快构建资源节约型、环境友好型的交通生产方式和消费模式，促进交通又好又快发展。

（二）基本原则

1. 坚持统筹交通节能与发展。坚持把发展作为第一要务，在发展中节能、以节能促发展。把加强节能作为转变交通发展方式、调整交通产业结构的重要内容，努力实现交通持续发展、资源高效利用和环境不断改善的协调统一。

2. 坚持节能与提升服务水平相协调。统筹交通发展的质量、效益和效率，兼顾能源节约利用和运输服务质量。在不断拓展服务领域和功能、提升服务能力和水平的同时，大力推进能源合理利用和综合利用，坚持效率优先，着力提高交通系统运行效率和能源利用效率，以尽可能小的能源代价向社会提供更多更好的运输服务。

3. 坚持政府主导与发挥市场机制基础性作用相结合。综合运用战略规划、政策激励、法律法规、标准规范、市场准入、监督管理、信息服务、宣传教育等手段，充分发挥政府对节能的主导作用；以市场为导向，充分发挥市场配置资源的基础性作用，充分调动企业作为节能主体的作用，注重发挥行业协会的积极作用。形成以政府交通部门为主导、交通企业为主体、全行业共同参与的交通节能长效机制。　　4. 坚持以创新为根本动力。坚持制度创新与技术创新相结合。既注重提升理念，加强政策法规、体制机制、标准规范等软环境建设，推动管理创新，挖潜增效；又注重科技进步与创新，大力研发和推广先进高效的运输装备技术、现代信息技术以及能源节约与替代技术，以现代科学技术和管理技术提升改造交通，增强交通节能能力。

4. 坚持突出重点、分类指导、分步实施、全面推进。以营业性公路运输、水路运输和港口生产为重点领域，把握主攻方向，组织实施重点工程，抓好重点企业节能，带动全局；针对各种运输方式、不同领域和运输生产环节的特点，统筹兼顾，区别对待，源头控制与存量挖潜相结合；坚持远近结合、分步实施，注重典型示范引路，以点带面，推动交通节能工作向纵深发展。

（三）总体目标

依据国家节能总体要求，参照国际交通节能水平，立足交通行业实际，结合交通结构调整、技术进步和管理挖潜等方面发展变化趋势和初步预计的节能潜力，确定2015年和2020年交通节能总体目标。

力争到2015年，交通基础设施网络体系更加完善，营运车辆、船舶和港口装卸设备结构更加优化，交通能源消费结构更加合理，结构性节能取得明显进展；节能科技创新能力进一步增强，节能技术服务体系进一步完善，交通信息化水平进一步提升，技术性节能取得明显进展；运输生产效率进一步改善，基本形成与社会主义市场经济体制相适应的比较完善的交通节能战略规划体系、法规标准体系、统计监测考核体系、政策支持体系和监督管理体系，节能监管能力和支撑保障水平明显增强，交通行业能源利用效率明显提高。与2005年相比，营运货车单位运输周转量能耗下降12%左右，营运客车单位运输周转量能耗下降3%左右；营运船舶单位运输周转量能耗下降15%左右，其中海运船舶和内河船舶分别下降16%和14%左右；港口生产单位吞吐量综合能耗下降8%左右。

力争到2020年，建成具有显著规模效益的交通基础设施网络，基本形成合理的节能型运输装备体系和交通能源消费结构，结构性节能成效显著；形成完善的科技创新与推广应用机制，节能技术和产品得到广泛推广应用，交通信息化和智能化水平显著提升，技术性节能取得全面突破；运输组织管理水平和节能监管能力显著提升，形成政府有效监管、市场主体自觉节能的交通节能长效机制，交通行业能源利用效率显著提高，可持续发展能力显著增强，基本形成资源节约型、环境友好型的交通产业结构、发展方式和消费模式。与2005年相比，营运货车单位运输周转量能耗下降16%左右，营运客车单位运输周转量能耗下降5%左右；海运和内河营运船舶单位运输周转量能耗均下降20%左右；港口生产单位吞吐量综合能耗下降10%左右。

三、交通节能的主要任务

为保障交通节能总体目标的实现，交通节能一方面要站在发展综合运输的高度，推进现代综合交通运输体系建设，促进交通运输结构优化与升级，充分发挥各种运输方式的比较优势，发挥综合运输的组合效率；推进公众客运体系建设，发展公共交通，提高客运服务品质，引导公众出行方式。另一方面要在公路水路交通内部，优化交通结构、加强科技进步与创新、提升运输组织管理水平。

本规划纲要主要立足于公路水路交通内部，围绕营业性公路运输、水路运输和港口生产三大重点领域，分别提出了各领域结构节能、技术节能和管理节能的主要任务。

（一）公路运输

1. 结构性节能

（1）优化基础设施结构

加强公路网络化建设。加快国家高速公路网、农村公路建设，强化连接线、断头路等薄弱环节，发挥公路网络效益，提高路网通行能力和效率；优化公路站场布局，建设以公路运输枢纽为龙头、一般性汽车客货运站（点）为辅助，布局合理、结构优化、与其它运输方式有效衔接的公路站场服务体系。

全面提升路网技术等级和路面等级。加快高等级公路建设，加大国省干线公路扩容升级改造力度。加快未铺装路面改造，提高路网路面铺装率，强化公路路面养护，全面改善路面状况。到2015年和2020年，力争使二级以上公路占公路总里程（不含村道）的比重分别达到20%和21%以上，路网（不含村道）路面铺装率分别达到70%和75%以上，预期可使单耗同比2005年分别下降3.0%和4.5%左右。

（2）优化车辆运力结构

加快调整、优化公路运输运力结构。加速淘汰高耗能的老旧车辆，引导营运车辆向大型化、专业化方向发展。加快发展适合高速公路、干线公路的大吨位多轴重型车辆、汽车列车，以及短途集散用的轻型低耗货车，推广厢式货车，发展集装箱等专业运输车辆，加快形成以小型车和大型车为主体、中型车为补充的车辆运力结构。到2015年和2020年，力争使大型车占总车辆运力（按载重吨计）中的比例分别提高到78%和80%左右，预期可使单耗同比2005年分别下降3.0%和3.6%左右。

（3）优化车辆能源消费结构

大力推进运输车辆的柴油化进程。鼓励和引导运输经营者购买和使用柴油汽车，提高柴油在车用燃油消耗中的比重。到2015年和2020年，力争使营运客车的柴油消费比重（折算成标准煤，下同）分别达到70%和73%左右，预期可分别使单耗下降1.4%和1.8%左右；货车柴油消费比重分别达到85%和90%左右，预期可分别使单耗下降2.0%和2.7%左右。

积极推进车用替代能源的应用。因地制宜推广汽车利用天然气、醇类燃料、煤层气、合成燃料和生物柴油等替代燃料和石油替代技术。到2015年和2020年，力争使营运客车能源消费总量中替代燃料所占比重（折算成标准煤）分别提高至4%和6%左右，预期可使单耗同比2005年分别下降0.2%和0.4%左右。

2. 技术性节能

（1）大力发展智能交通技术

大力推进公路运输的信息化和智能化进程，加快现代信息技术在公路运输领域的研发应用，逐步实现智能化、数字化管理。重点加强以高速公路客运为骨干的现代客运信息系统、客运公共信息服务平台、货运信息服务网和物流管理信息系统建设，促进客货运输市场的电子化、网络化，实现客货信息共享，提高运输效率，降低能源消耗。到2015年和2020年，力争使ETC覆盖率分别达到45%和60%以上，出行信息服务系统覆盖率分别达到70%和90%以上，预期可使单耗同比2005年分别下降1.6%和3.1%左右。

（2）强化车辆节能技术应用

推广柴油车辆、混合动力汽车、替代燃料车等节能车型，推广应用自重轻、载重量大的运输设备；开发、推广汽油发动机直接喷射、多气阀电喷、稀薄燃烧、提高压缩比、发动机增压等先进节油技术。鼓励使用子午线轮胎、安装导流板、安装风扇离合器等汽车节能技术和产品的推广应用，降低附属设备能耗。大力加强在用车辆的定期检测维修保养，改善营运车辆技术状况。

3. 管理性节能

（1）提高公路货运组织化水平

优化运输组织和管理。引导运输企业规模化发展，充分运用现代交通管理技术，加强货运组织和运力调配，有效整合社会零散运力，实现货运发展的网络化、集约化、有序化和高效化。有效利用回程运力，降低车辆空驶率，提高货运实载率，降低能耗水平。到2015年和2020年，力争使公路货运里程利用率达到66%和67%以上，预期可使单耗同比2005年分别下降5.1%和8.1%左右。

大力发展先进运输组织方式。逐步培育一批网络辐射广、企业实力强、质量信誉优的运输组织主体，加快发展提供仓储、包装、运输等全过程一体化的第三方物流，以及提供完整物流解决方案的第四方物流。大力推进拖挂和甩挂运输发展，充分发挥其车辆周转快、运输效率高和节能减排效果好的优势。到2015年和2020年，力争使拖挂甩挂运输承运的公路货物周转量比重分别达到12%和15%以上，预期可使单耗同比2005年分别下降1.2%和1.8%左右。

表4　营业性公路运输中长期节能目标分解

项目			2015年		2020年	
单位能源强度指标	营运车辆综合单耗		下降10%左右		下降15%左右	
	客　车		下降3%左右		下降5%左右	
	货　车		下降12%左右		下降16%左右	
分解目标	类别	主要任务	具体目标	节能效果	具体目标	节能效果
	结构性节能	优化路网结构（不含村道）	二级及以上公路比重≥20% 路面铺装率≥70%	3.0%	二级及以上公路比重≥21% 路面铺装率≥75%	4.5%
		优化能源结构（折算成标准煤）	客车柴油比例≥70% 货车柴油比例≥85%	1.1% 2.4%	客车柴油比例≥73% 货车柴油比例≥90%	1.4% 3.1%
			客车替代燃料比重≥4%	0.2%	客车替代燃料比重≥6%	0.3%
		优化货运运力结构	普通货车平均吨位≥4.4吨，其中大型货车≥12吨，占总载重吨比重≥78%	3.0%	普通货车平均吨位≥4.5吨，其中大型货车≥14吨，占总载重吨比重≥80%	3.6%
	技术性节能	发展智能交通技术	ETC覆盖率≥45% 出行信息服务系统覆盖率≥65%	1.6%	ETC覆盖率≥60% 出行信息服务系统覆盖率≥90%	3.1%
	管理性节能	优化运输组织方式	拖挂甩挂运输承运比重≥12%	1.2%	拖挂甩挂运输承运比重≥15%	1.8%
		提高运输效率	货运里程利用率≥66%	5.1%	货运里程利用率≥67%	8.1%
		推广节能驾驶	节能驾驶比例≥65%	1.6%	节能驾驶比例≥70%	2.1%

注：1. 2015年和2020年下降幅度同比2005年（基年）数据。

2. 营运车辆综合单耗单位：千克标准煤/百换算吨公里；营运客车单耗单位：千克标准煤/千人公里；营运货车单耗单位：千克标准煤/百吨公里。

3. 表中仅列出了公路运输节能的主要途径及其效果，目标的确定还综合考虑了其他影响因素，如客车大型化、舒适化、车辆单耗呈现上升趋势等。

4. 以2015年和2020年营业性公路客、货运输周转量的预测值为权重，计算得到营运车辆综合单耗的预测值。

（2）提升公路客运组织管理水平和服务品质

加强客运运力调控，对于实载率低于70%的客运线路不得新增运力；大力推进客运班线公司化改造，提高公路客运企业集约化水平；推广滚动发班等先进客运运输组织模式，提高客运实载率。

完善公共客运服务体系，加快构建由快速客运、干线客运、农村客运、旅游客运组成的多层次客运网络服务体系，全面提升客运服务品质，积极引导私人交通转向公共交通，降低全社会的能源消耗水平。

（3）提高汽车驾驶员节能素质

强化节能驾驶培训管理。制定汽车节能驾驶技术标准规范，编制培训教材和操作指南，积极推广模拟驾驶，强化公路运输企业节能驾驶的培训力度，全面提升汽车驾驶员的节能意识与素质。到2015年和2020年，力争使节能驾驶培训普及率分别达到65%和70%以上，预期可使单耗同比2005年分别下降1.6%和2.1%左右。

（二）水路运输

1. 结构性节能

（1）提升航道技术等级

大力开发利用长江、京杭运河、淮河、珠江、黑龙江及水网地区水运资源，加快推进内河水运主通道建设，全面提高航道等级和改善航道条件，提高航道标准和通航保证率。加快形成以高等级航道为主体的干支直达、通江达海、结构合理的内河航道网，到2015年和2020年，力争使三级以上航道比重分别达到9%和10%以上。

（2）优化船舶运力结构

加快海运船舶运力结构调整。优化船队的吨位结构，推动海运船舶向大型化、专业化方向发展，重点发展大型集装箱运输船、原油运输船、散货运输船以及液化天然气船等，加快建成规模适当、结构合理、具有较强国际竞争力的海运船队。通过优化运力结构，到2015年和2020年，力争使海运船舶平均吨位分别达到10000吨和12000吨以上，预期可使单耗同比2005年分别下降3.7%和4.6%左右。

大力推进内河船舶运力结构调整。发展与航道技术标准相适应的大型化、标准化船舶，积极发展商品汽车、散装水泥等特种货物运输船舶，加快淘汰挂桨机船等技术落后、能耗高、污染大的老旧船舶与落后船型。积极引导运输企业和船户组建专业化内河运输船队，发展顶推船队，提高船舶吨位，发展规模化运输，降低燃料消耗。到2015年，长江、西江、京杭运河货运船舶基本实现标准化和系列化，全国内河货运船舶平均吨位达到500吨以上，其中长江干线达到1200吨以上；到2020年，全国内河货运船舶基本实现标准化和系列化，平均吨位达到600吨以上。通过优化内河船舶运力结构，到2015年和2020年，预期可使单耗同比2005年分别下降3.5%和5.2%左右。

（3）优化船舶能源消费结构

研发推广新型船用替代燃料，适度在船舶上推广应用太阳能、燃料电池、生物质柴油、液化天然气（LNG）、液化石油气（LPG）等清洁能源，推广使用岸电、风力驱动技术。逐步改善船用燃油质量。

2. 技术性节能

（1）研发推广节能船型

研发推广新一代节能型运输船舶。通过建立健全船舶节能设计规范、评价体系和技术标准，大力发展船舶节能新技术，积极开发和采用节能新船型和先进动力系统，鼓励采用新技术、新材料、新工艺和新结构提高船舶设计制造水平，积极优化新船型及其主尺度线型，优化设计减轻船舶自重量，优选先进推进器、低转速大直径螺旋桨，采用节能型柴油机，提高燃油效率。加大双尾船型等节能新船型推广力度，提高节能船型比重。到2015年和2020年，力争使新增船舶运力中节能船型的比重分别达到70%和80%以上，预期可使单耗同比2005年分别下降1.4%和2.0%左右。

（2）大力研发和推广船舶节能新技术、新产品

加强机桨匹配节能技术改造，优化船舶运行参数采用舵附推力鳍以提高舵效、减少船舶阻力；推广应用优化电子喷油控制装置、节油减烟器、精确导航系统设备、防污漆、新型燃油添加剂、燃油均质等先进适用节能技术（产品），降低船舶航行运营能耗水平；推广应用主机废气余热回收利用、主机排气管扩压、轴带发电机等节能技术，降低船舶辅助用能水平。到2015年和2020年，使船壳防污漆、燃油添加剂等船舶高效节能产品的推广应用率大幅提

高，其中防污漆应用率分别提高到70%和90%，预期可使单耗同比2005年分别下降3.4%和4.6%；燃油添加剂应用率分别提高到50%和80%，预期可使单耗同比2005年分别下降1.6%和2.2%。

（3）研发推广航标节能新技术

研究、开发并推广应用新型节能型航标灯器，鼓励在航标中应用新技术、新材料、新光源和新能源。

3. 管理性节能

（1）提升水路运输组织管理水平

加强水路运输组织管理。引导航运企业优化结构，加快培育规模大、信誉好、国际竞争力强的海运企业和一流的全球物流经营人，大力推进内河航运的公司化改造，促进航运企业向规模化、集约化方向发展。发展大宗散货专业化运输、多式联运等现代运输组织方式，鼓励发展海峡、海湾和陆岛客货混装运输及商品车辆集装多元化运输方式，推进江海直达运输，全面提升船舶营运组织效率和节能水平。

提高船舶载重量利用率。加强货物集散地规划及建设，完善航运物流系统，优化航运发展规划与组织管理。充分运用信息化、网络化技术，合理组织货源，保持货流平衡，提高船舶载重量利用率。到2015年和2020年，力争使内河船舶载重量利用率在2005年的基础上分别提高20个和25个百分点，预期可使单耗分别下降3.6%和4.5%左右；使海运船舶载重量利用率在2005年的基础上分别提高9个和12个百分点，预期可使单耗分别下降1.7%和2.2%左右。

（2）强化船舶营运节能管理

加强船员节能教育培训，提高船员队伍节能素质。积极应用信息化、智能化等现代管理技术，综合运用船队规划、航线优化、气象导航、最佳纵倾、机舱自动化控制操作等管理技术，提升船舶营运管理节能水平。加强船舶经

表5　营业性水路运输中长期节能目标分解

项目			2015年		2020年	
单位能耗强度指标	营运船舶综合单耗		下降15%左右		下降20%左右	
	海洋船舶		下降16%左右		下降20%左右	
	内河船舶		下降14%左右		下降20%左右	
分解目标	类别	主要任务	具体目标	节能效果	具体目标	节能效果
	结构性节能	全国船舶吨位结构	内河船舶≥500吨 海运船舶≥10000吨	内河3.5% 海运3.7%	内河船舶≥600吨 海运船舶≥12000吨	内河5.2% 海运4.6%
		内河航道等级结构	三级以上航道比重≥9%		三级以上航道比重≥10%	
	技术性节能	燃油添加剂	应用率≥60%	1.6%	应用率≥80%	2.2%
		推广防污漆	应用率≥70%	3.4%	应用率≥90%	4.6%
		推广节能船型	应用率≥70%	1.4%	应用率≥用率%	2.0%
	管理性节能	船舶载重量利用率	内河船舶≥65% 海运船舶≥69%	内河3.6% 海运1.7%	内河船舶≥70% 海运船舶≥72%	内河4.5% 海运2.2%
		海运加强经济航速管理、推行减速航行	海运集装箱船平均航速下降≥6%	5.3%	海运集装箱船平均航速下降≥8%	7.6%
		全国船舶维修保养率	维修保养率≥75%	1.2%	维修保养率≥80%	1.6%

注：1. 2015年和2020年下降幅度同比2005年（基年）数据。

2. 营运船舶单耗单位：千克标准煤/千吨公里。

3. 表中仅列出了水路运输节能的主要途径及其效果，目标的确定还综合考虑了其他影响因素。

4. 以2015年和2020年海洋和内河运输周转量的预测值为权重，计算得到营运船舶综合单耗的预测值。

济航速航行管理，推广应用节油最佳航速显示器，在不影响船期的情况下推行经济航速。到2015年和2020年，使全国海运集装箱船舶的平均航速分别同比2005年分别下降6%和8%左右，预期可使单耗分别下降5.3%和7.6%左右。

实行严格的船舶维修保养管理制度。加强在用船舶的维修保养，保持良好的技术状态。到2015年和2020年，分别使在用船舶的维修保养率比2005年提高10个和15个百分点，预期可分别使单耗下降1.2%和1.6%。

（三）港口生产

1. 结构性节能

（1）推进港口结构升级

加快推进沿海港口结构调整和升级，加大港口资源整合力度，完善煤油矿箱专业化运输系统布局，完善港口集疏运设施，提升进港航道等级，提高集疏运效率。提高沿海港口码头泊位专业化、规模化水平，适当提高煤炭、矿石接卸港口泊位等级、能力和专业化水平，提高大型原油码头接卸比重。建设布局合理、功能完善、专业化和高效率的内河港口体系。全面推进港口技术改造工作，加大老码头更新改造力度，提升既有码头设施的专业化和现代化水平，提高港口通过能力和生产效率，降低港口生产能耗水平。

（2）强化港口工程节能设计

倡导节能设计理念，优化港口总平面布置、港区布局和码头设计，优化装卸工艺、设备选型和配套工程设计，改进工艺流程，使系统各环节能力匹配，提高系统节能水平。优化港区电网设计，积极采用先进技术，减少高次谐波产生的附加损耗，提高港区电网供电质量，减少电能在传输过程中的消耗。

（3）优化港口装卸设备结构

加快港口装卸机械技术升级改造，推进轮胎式集装箱门式起重机“油改电”技术改造工作，淘汰高耗能、低效率的老旧设备。加快发展轨道式龙门吊等高能效港口装卸设备和工具，引导轻型、高效、电能驱动和变频控制的港口装卸设备的发展，提高能源使用效率。

2. 技术性节能

（1）强化港口节能科技创新与推广

加强港口节能技术攻关和推广，积极研发推广港口节能新技术、新工艺、新设备和新能源。加快对集装箱码头设备和散货码头设备关键技术的研究。在大型专业化码头中推广变频调速、自动化系统控制技术。研发推广港口装卸设备“油改电”技术、货场照明控制和绿色电源技术、门机回馈制动技术。大力研发推广应用电能回馈、储能回用、岸电等绿色节能技术，以及电动水平运输车辆等新工艺新技术。推广绿色照明工程，加强照明和空调系统等辅助用能节能改造技术。积极开发利用太阳能、地源/海水源能、潮汐能、风能等可再生能源。

（2）加快港口信息化、智能化建设

研发推广港口能源管理信息系统、集装箱码头集卡全场智能调控系统和智能化数字港口管理技术等，充分利用港口EDI技术，整合港口生产管理信息系统，加快推进港口物流综合信息服务平台建设，促进现代港口物流发展。到2015年和2020年，力争分别使全国75%和90%以上的主要港口实现基于EDI的货运信息服务。

3. 管理性节能

（1）强化港口生产运营管理

针对重点物资及大宗货物，加强港口生产组织、协调，做好与包括铁路运输在内的其它运输方式的衔接工作，提高车船直取的比例，提高港口物流效率。充分利用GPS等定位技术，以及射频、条码等识别、跟踪和调度技术，优化运输工具和货物的组织调度，加强货场管理和港区内运输组织管理，加强设备管理和生产工艺流程管理，使机械设备合理负载，提高货物集疏运效率、装卸设备利用率和港口生产作业效率，提升港口生产运营管理水平，降低港口生产单位能耗。

（2）加强港口企业节能管理

加大港口节能操作培训。制定并实施严格的港口生产节能操作标准，加大对港口生产工作人员，特别是节能管理人员和港口机械操作人员的培训力度，提高全员节能意识和操作技能。到2015年和2020年，力争使全国港口节能操作培训普及率分别达到70%和80%以上。

表6 港口生产中长期节能目标分解

项目	2015年	2020年
全国港口生产综合单耗	降低8%左右	降低10%左右
沿海港口生产综合单耗	降低8%左右	降低11%左右
内河港口生产综合单耗	降低3%左右	降低5%左右

注：1. 2015年和2020年下降幅度同比2005年（基年）数据。

2. 港口生产综合单耗单位：吨标准煤/万吨吞吐量。

3. 以2015年和2020年沿海和内河港口吞吐量周转量的预测值为权重，计算得到港口生产综合单位能耗。

四、近期重点工程

按照以企业实施与政府主导相结合、突出重点与示范带动相结合的方针，根据技术可行、经济合理、节能效果佳、近期见效快、示范效应强、具有一定工作基础的原则，提出近期重点实施的八项交通节能工程。

（一）重点企业节能示范工程

结合交通行业实际，研究部署交通行业重点用能企业节能示范活动。引导重点用能企业制定并实施节能计划，建立严格的节能管理制度和有效的激励机制，完善节能管理体系，改进用能管理，开展节能技术创新与应用。组织对重点用能企业能源利用状况的监督检查和主要耗能设备、工艺系统的检测。建立交通行业重点企业用能状况动态监测信息平台，定期公布重点企业的能源利用状况。通过强化对重点企业的节能监管，充分发挥重点企业节能的示范效应，促进交通运输企业节能管理的规范化、常态化，推动交通行业节能向纵深发展。

（二）营运车船燃料消耗准入与退出试点工程

通过在典型省份或典型水域开展营运车船燃料消耗准入与退出试点，制定并发布营运车船燃料消耗限值标准及相关配套措施和实施方案，建立营运车船燃料消耗检测体系并加强对检测的监督管理，建立经济补偿机制，促进汽车生产厂家和船厂切实强化节能技术进步与创新，加强对高能耗营运车船进入运输市场的源头控制。

（三）节能驾驶工程

大力倡导节能驾驶，总结和推广汽车和船舶节能驾驶操作与管理经验、技术，组织编写汽车驾驶员和船员节能驾驶操作手册和培训教材，将节能意识和技能作为汽车驾驶员和船员从业资格和资质考核和认定的重要考核内容和依据。强化运输企业加大节能驾驶教育培训力度，推广车船驾驶培训采用模拟装置和技术，逐步建立一支节能意识强、驾驶技能好、业务素质高的汽车驾驶员和船员队伍。

（四）甩挂运输节能试点工程

将加快发展甩挂运输作为调整公路运输运力结构、提高货运实载率的突破口。在全国范围内筛选典型省份和典型公路运输企业在适当地区和线路上组织开展公路甩挂运输示范和试点工作。在试点的基础上，研究提出关于推进公路甩挂运输发展的指导意见、实施方案，带动和促进甩挂运输在全国范围内得到快速发展，构建甩挂运输发展长效机制，提高公路货运业运输生产效率和能源利用水平。

（五）内河船型标准化工程

加紧完善并实施内河船型标准化的经济激励政策和相关法律、行政配套措施。加大资金投入，继续加强标准船型研发、现有船型比选以及落后船型淘汰等工作，加快推进长江、京杭运河、西江等内河船型标准化工作，促进内河船舶运力结构的优化，提升内河航运竞争力，促进内河航运节能环保比较优势的充分发挥。

（六）高速公路不停车收费工程

大力推进高速公路不停车收费与服务系统建设，增加高速公路信息发布平台和手段，积极引导车流，提高行车效率。有条件的区域，积极推进相邻省区市甚至更大范围的高速公路联网不停车收费，减少收费过程中由于车辆低速、怠速行驶造成的能源浪费。

（七）交通公众出行信息服务系统建设工程

加快建立和完善覆盖不同层次客户群体需求的公路水路交通公众出行信息服务系统，将道路与航道实时信息通过多种媒介和渠道提供给广大出行者。加快推进与民航、铁路、城市交通等相关出行信息系统的联网运行，为建立全国统一的公众出行交通信息服务系统奠定基础。引导公众选择最佳出行时机和最优出行线路，减少无效运输、不合理运输和交通拥堵等带来的能源浪费。

（八）节能型港口建设工程

对全国所有沿海港口和主要内河港口全面开展节能型港口创建活动，并进行评比考核和认证工作。大力推进港口码头节能设计，优化装卸工艺、设备选型、配套工程等的设计，使系统各环节能力匹配，提高效率。加大对现有港口的技术改造力度，加快现有集装箱码头轮胎式集装箱门式起重机的“油改电”技术改造工作，逐步更新改造高耗能、低效率的老旧设备，提高装备的整体技术水平，提高作业效率，减少港口生产能耗水平。

以上交通节能重点工程采取开放式选取、滚动式实施的模式。本规划纲要印发之后，交通运输部还将视情况动态补充调整相应的节能重点工程，一旦酝酿成熟和条件具备便立即启动实施。各级地方交通运输主管部门也可以因地制宜根据地方实际情况，筛选具有地方特色的重点工程。

五、保障措施

（一）强化节能组织领导

加强组织领导和统筹协调。各级交通部门要强化对交通节能工作的组织领导，高度重视节能组织机构建设，建立健全交通行业节能管理体制，完善与有关部门协调配合的交通节能推进机制，强化对综合运输发展的指导和协调，加强部门间交通节能的信息共享与协同合作。各地区、有关部门及企事业单位要统筹规划、各司其责，做好相关领域的交通节能工作，共同推动规划实施。

建立节能目标责任制和问责制。建立健全交通节能目标责任制和绩效考核机制，将各项交通节能指标和任务逐级分解落实，由各级交通部门主要领导负总责，充分发挥绩效评估的导向作用和激励约束作用，实行严格的问责制。各级交通部门要抓紧研究建立节能问责制和奖惩制度，制定具体的评价考核实施办法，重点评价相关政策措施的制定和落实情况。

（二）提升节能监管能力

建立健全交通行业节能规划体系。各级交通部门和大型交通企业要将有关节能的内容纳入发展规划，强化节能规划的编制，并将节能规划向上级交通运输主管部门进行报备，做好交通节能规划与交通发展规划、节能环保专项规划等相关规划的衔接协调。同时，要建立健全规划定期评估考核、通报和及时制修订机制，加强对规划执行情况的督促和检查，对规划进行动态调整，充分发挥规划的指导作用。

完善交通行业固定资产投资项目节能评估和审查制度。加快完善交通行业固定资产投资节能评估和审查的具体办法，进一步规范节能评估与审查工作，将节能评估文件与节能审查意见作为交通固定资产投资项目（含新、改、扩建工程）审批、核准和开工建设的强制性前置条件，以及工程设计、施工及验收的必备依据，确保项目符合强制性节能标准。加强交通行业节能评估机构和人员资格管理，提高节能评估质量，落实节能评估责任制。

完善节能法规标准体系。以贯彻落实《节约能源法》为契机，建立健全《公路、水路交通实施办法》等行业相关配套法规规章和制度体系。新修订《港口法》、《航道法》、《道路运输条例》、《水路运输管理条例》等交通法律法规及其相关配套规章要充分体现节能要求。制定并实施营运车船、港口装卸设备、施工机械等燃料消耗量限值标准及测量方法，完善市场准入和退出制度，尽快将交通节能管理纳入法制化、规范化、标准化的轨道。

完善节能监管体系。建立健全交通行业节能监督管理体制，形成权责明确、协调顺畅、运行高效、保障有力的交通节能监督管理网络，明确专门的机构、人员和经费。严格执行国家和交通行业节能法规标准，依法加强部、省和市级交通节能监督管理，强化交通节能监管能力建设，加大交通各领域、各环节节能工作的监督检查力度。重点监督检查交通行业重点用能单位和高耗能项目用能、节能管理情况；交通固定资产投资项目节能评估和审查情况；营运车船等重点耗能设备准入退出制度执行情况。

完善节能统计体系。加快完善并组织实施交通行业能源统计与分析制度，完善公路运输、水路运输和港口生产节能统计指标体系，纳入部门统计制度，强化各项指标的统计调查、分析、预测和发布工作。各级交通部门要加强交通节能统计业务能力建设，改革统计方法，建立统计季报制度，加快建立能源统计信息系统，为分析行业用能状况和制定节能政策提供基础数据支撑。

完善节能监测考核体系。以交通行业能源利用监测机构、有关协会学会、科研机构等为依托，按照布局科学、数据准确、传输及时的要求，建立与交通行业节能统计分析、评价考核相适应、覆盖全行业的监测网络。推进各级交通节能监测站标准化建设，提高队伍专业化、装备现代化水平。建立统一、科学的季度、年度交通行业和重点交通用能企业的能源消费总量和单位能耗核算制度；制定严格的数据质量评估办法，切实保障数据质量。加紧研究交通行业节能评价和考核体系，定期开展行业能源消费状况的评估工作。

（三）完善节能激励政策

制定和实施促进节能的交通产业政策。完善交通产业政策，明确促进交通结构调整、交通发展方式转变的方向和重点，积极调整交通投资结构，鼓励节能环保型企业的发展，限制高能耗、低效率的交通运输企业发展。安排政府性引导和补偿资金，鼓励并积极引导运输从业者和消费者购买和使用节能环保型车船、装卸和施工装备设施等，加快淘汰高油耗车船及其他落后生产设施设备。

建立健全交通节能投融资机制。各级交通部门要把节能投入作为交通公共财政支出的重点，充分发挥政府资金的引导作用。建立和完善交通行业节能激励机制，逐步形成以国家和地方资金为引导、企业资金为主体的交通节能投入机制，设立各层次的节能专项资金，用于鼓励、支持节能监管体系建设、节能新技术和产品的研发与示范推广、节能宣传培训、信息服务和表彰奖励。拓宽交通节能融资渠道，充分利用金融机构信贷资金以及社会资金加大对交通节能项目的投入。扩大利用外资渠道，积极争取国外无偿援助和优惠贷款，探索清洁发展机制（CDM）等在交通领域的应用。

积极争取有关的节能财税优惠政策。深入研究分析资源税、环境税、消费税、进出口税等税制改革对交通节能的影响，并制定应对措施。加强与各级人民政府管理节能工作的部门、财税部门等沟通与协调，积极争取中央财政和省级地方财政安排的节能专项基金对交通节能的支持，争取相关税收优惠扶持和财政补贴政策。

（四）创新节能管理制度

探索以市场机制为基础的节能新机制。大力推行节能技术服务机构与交通企业合同能源管理，为企业实施节能改造提供诊断、设计、融资、改造、运行、管理等一条龙服务。建立节能投资担保机制，促进交通行业节能技术服务体系的发展。鼓励交通企业或行业协会与政府签订节能自愿协议，充分调动企业节能的主观能动性，推进交通节能的市场化运作。充分发挥行业协会、学会、节能技术服务机构和科研机构等单位在各自专业领域内节能管理、技术推广等方面的作用。

建立健全交通行业能效标识、节能产品认证及目录管理制度。建立并推广交通行业强制性能效标识管理制度，扩大能效标识在营运车辆、船舶、港口机械、施工机械等上的应用，不断提高能效标识的社会认知度。大力推动交通节能产品认证，规范认证行为，扩展认证范围。完善交通节能产品（技术）的目录管理制度，定期公布交通行业节能产品（技术）目录，引导和促进节能产品（技术）的研发和推广。

建立交通节能信息发布制度。建立交通节能政策法规、项目审批、案件处理等政务公告公示制度。搭建交通节能信息交流平台，完善交通节能信息政府网站，及时发布国内外各类交通节能产品质量、先进的节能技术及管理经验，积极引导交通运输企业选用优秀的节能装备及技术、产品。依法推进企业节能信息公开，开展重点用能企业的节能审计、绩效评估和信息公告。完善公众参与机制，充分发挥行业协会、社团组织等的作用，广泛听取公众意见，加强社会监督。

（五）加强节能科技管理

加大交通节能技术研发、示范与推广的组织力度。加大交通节能技术研究开发投入，引导和鼓励企业和科研单位大力节能投入。加快修订交通行业节能技术政策大纲，指导行业有重点地研究开发和推广应用交通节能技术。将重大交通节能技术列入交通行业中长期科技发展规划及相关科技发展计划，安排一批节能重大技术项目，攻克一批节能共性、关键和前沿技术。加强节能新技术、新产品、新工艺和新材料的研发，优先支持拥有自主知识产权的交通节能共性和关键技术示范，推动交通行业节能技术和装备升级换代。完善科技成果转化和推广机制，采取有效措施，加大协调力度，促进交通节能技术转化。

加强交通节能标准规范基础研究。加紧完善交通行业节能标准规范体系，积极引进、消化和吸收国外先进的交通节能标准，鼓励结合地区特点制定地方性交通节能标准规范，鼓励交通运输企业制定严于国家标准、行业标准的企业节能标准。建立灵活、快速、开放和及时的节能标准制修订机制，积极引导企业、社会组织参与制订交通节能标准规范、编制节能技术指南。

建立交通节能技术服务体系。加快交通节能产品和技术推广服务体系建设，发展交通节能服务产业，培育节能技术服务市场。促进交通节能技术服务机构转换机制、创新模式和拓宽领域，充分发挥其在行业节能规划、技术政策与标准规范的制定和实施，以及能源统计、节能技术推广、宣传培训和信息咨询等方面的积极作用。建立交通行业能效中心，传播先进的节能技术和管理经验，发布国内外交通运输能效信息，推进交通能效检测体系和节能先进技术创新平台建设，促进形成交通行业石油节约和替代技术研发、示范中心。

加强交通节能技术国际交流与合作。开展多层次、多领域、多种方式的交通节能技术国际交流与合作，拓展合作领域，广泛利用国际资源。积极举办国际交通节能新技术与产品博览会，推动国际合作项目的组织实施，吸收借鉴国际先进经验，加大国外交通领域先进节能技术、产品的引进、消化吸收和再创新，加快发展具有自主知识产权的交通节能技术和产品。

（六）加大宣传教育力度

注重节能宣传引导，提升节能理念。利用行业报刊、网站等各种方式，广泛、深入、持久地开展交通节能宣传教育活动，宣传国家和交通行业节能方针、政策、法律及法规等。开展节能型港口、节能型工程、节能型企业、节约型机关（单位）等创建活动。表彰交通节能先进单位，激励贡献突出的个人，充分发挥舆论引导和监督作用，增强全行业节能意识，提倡节约型的交通消费方式。

强化教育培训，提高从业人员节能素质。组织编制交通节能手册和指南，推行交通节能科普行动计划，开展经常性的节能培训教育、技术和经验交流工作，将交通节能知识纳入职业教育和培训体系，提高全行业的节能意识、业务水平和操作技能，逐步培养和造就一支高素质、稳定的节能工作队伍，全面提高全行业从业人员的节能素质。

建设节约型机关，发挥政府交通部门的节能减排表率作用。各级交通部门要率先垂范，积极开展节约型机关建设，倡导崇尚节约、合理消费的机关文化，建立和完善机关节能减排规章制度，实施能耗定额和支出标准，强化能源消费计量和监测管理。推行政府节能采购，加大节能产品政府采购实施力度，带头使用节能产品、设备。

以上政策措施主要是为保障2015年中期目标的实现。随着规划的实施，以上保障措施的逐步落实，交通行业节能规划、政策、法规、标准、统计、监管等体系将逐步完善，节能意识大大提高，节能管理得到有效规范。2015年之后，为适应新形势、新要求，将适时调整政策措施，继续强化节能技术创新、优化交通运输结构、加强节能监督管理，以确保2020年交通节能目标的实现。

汽车业调整和振兴规划细则（节录）

国务院办公厅

（2009年2月11日）

一、产业调整和振兴的主要任务

（一）培育汽车消费市场

采取有力措施，遏制汽车产销下滑势头，确保2009年稳定增长。在汽车购买、使用、报废更新等环节，调整和出台鼓励汽车消费、恢复市场信心的政策措施。清理取消各种不利于小排量汽车发展的规定，通过税收等经济手段引导增加小排量汽车消费。

（二）推进汽车产业重组

鼓励一汽、东风、上汽、长安等大型汽车企业在全国范围内实施兼并重组。支持北汽、广汽、奇瑞、重汽等汽车企业实施区域性兼并重组。支持汽车零部件骨干企业通过兼并重组扩大规模，提高国内外汽车配套市场份额。

（三）支持企业自主创新

以企业为主体，加强产品开发能力建设。一是建立整车设计开发流程，掌握车身、底盘开发技术及整车、发动机、变速器的匹配技术和排气净化技术；突破碰撞安全性、NVH（振动、噪声、平顺性）等关键技术；控制新能源汽车的设计和制造成本。二是提高传统乘用车的节能、环保和安全技术水平。重点支持排量1.5升以下、满足国IV排放标准的车用直喷汽油机和排量3升以下、升功率达到45千瓦以上柴油机的研制。突破重型商用车底盘集成关键技术，提高整车驾驶舒适性和操控稳定性。重点支持大功率柴油机及其高压燃油喷射电控系统、后处理系统和商用车自动换挡机械变速器（AMT）等关键技术研发。三是建立汽车产业战略联盟，形成产、学、研长效合作机制。

（四）实施技术改造专项

制订《汽车产业技术进步和技术改造项目及产品目录》，支持汽车产业技术进步和结构调整，加大技术改造力度。重点支持新能源汽车动力模块产业化、内燃机技术升级、先进变速器产业化、关键零部件产业化以及独立公共检测机构和“产、学、研”相结合的汽车关键零部件技术中心建设。

发展提升整车性能的关键零部件。重点支持研发车身稳定、悬架控制、驱动防滑控制、电子液压制动、车身总线、数字化仪表等电子控制系统，以及六档以上的手动和自动变速器、双离合器式自动变速器和无级自动变速器、商用车自动控制机械变速器等产品。

（五）实施新能源汽车战略

推动纯电动汽车、充电式混合动力汽车及其关键零部件的产业化。掌握新能源汽车的专用发动机和动力模块（电机、电池及管理系统等）的优化设计技术、规模生产工艺和成本控制技术。建立动力模块生产体系，形成10亿安时（Ah）车用高性能单体动力电池生产能力。发展普通型混合动力汽车和新燃料汽车专用部件。

（六）实施自主品牌战略

在技术开发、政府采购、融资渠道等方面制定相应政策，引导汽车生产企业将发展自主品牌作为企业战略重点，支持汽车生产企业通过自主开发、联合开发、国内外并购等多种方式发展自主品牌。

（七）实施汽车产品出口战略

加快国家汽车及零部件出口基地建设。建设汽车出口信息、产品认证、共性技术研发、试验检测、培训等公共服务平台。

（八）发展现代汽车服务业

加快发展汽车研发、生产性物流、汽车零售和售后服务、汽车租赁、二手车交易、汽车保险、消费信贷、停车服务、报废回收等服务业，完善相关的法规、规章和管理制度。支持骨干汽车生产企业加快建立汽车金融公司，开展汽车消费信贷等业务。

上海推进新能源高新技术产业化行动方案（2009—2012年）

上海市经济与信息化委员会

（2009年6月1日）

新能源产业是衡量一个国家和地区高新技术发展水平的重要依据，也是新一轮国际竞争的战略制高点。世界发达国家和地区把发展新能源作为顺应科技潮流、应对金融危机的重要举措。我国把开发利用新能源、推进新能源产业化作为实施能源战略、促进经济社会可持续发展的重要抓手，加快发展核电、风电、新能源汽车、太阳能等新兴产业，积极迎接新能源产业革命。

加快推进新能源高新技术产业化是上海贯彻落实科学发展观、实现经济社会可持续发展以及推进“四个率先”、建设“四个中心”和现代化国际大都市的重要内容，是落实国家战略、转变经济发展方式以及主动衔接国家重点产业调整振兴规划、促进产业结构优化升级的重要举措。上海要把握历史机遇，加速新能源高新技术产业化步伐。

根据国家战略要求和上海产业发展的实际，以及《关于加快推进上海高新技术产业化的实施意见》，先行聚焦启动核电、风电、IGCC、新能源汽车、太阳能等高新技术产业化发展重点。为进一步明确本市推进新能源高新技术产业化的战略思路、目标任务、产业布局和主要举措，引导新能源产业持续发展，提升产业能级和整体竞争力，特制定《上海推进新能源高新技术产业化行动方案（2009—2012年）》。

一、上海推进新能源高新技术产业化的战略思路

（一）指导思想

按照“集聚产业，纵横并重；依托基地，政策扶持；面向市场，鼓励竞争”的总体要求，聚焦重点领域、重点企业和重点区域，加强招商引资、项目建设和基础研发，加快形成新能源产业集群，促进产业链上下游的纵向配套和横向发展，鼓励适应市场需求的新能源技术和产品的应用推广。

（二）基本原则

坚持服务国家战略与发挥自身优势相结合，落实国家能源战略、重点产业调整振兴规划、重大科技专项的要求，立足本市新能源高新技术产业化重点领域，加快重大项目的落地建设。

坚持技术创新与产业集聚相结合，集聚一批新能源骨干企业和核心零部件企业，加强国外先进技术的引进吸收和自主研发突破，加快提升产业发展能级。

坚持整机带动与关键零部件突破相结合，加快推动整机（整车）的产业化、市场化，带动产业链关键零部件的专业化配套和国产化。

坚持政府推动与市场主导相结合，各级政府着力营造良好的产业发展综合环境，同时充分发挥企业、研发机构、创业者等各方面的作用。

（三）主要目标

力争到2012年，新能源产业重点领域总产值达到1100亿元，占全市工业总产值的比重从目前的不到1%提高到3%，其中核电、风电和IGCC500亿元，新能源汽车300亿元，太阳能300亿元；新能源汽车产业初具规模，技术水平国内领先；核电加快提高成套能力，市场占有率达到国内第一；风电和IGCC关键设备设计、制造和系统集成能力国内领先；太阳能产业在薄膜太阳能电池、核心装备研发制造等方面达到国内领先、国际先进水平。

二、上海推进新能源高新技术产业化的发展重点和产业布局

聚焦核电、风电、IGCC、新能源汽车和太阳能产业等发展重点，推动新能源产业成为支撑上海新一轮发展的重要引擎；聚焦嘉定等新能源汽车及关键零部件产业化以及浦东、闵行等新能源高新技术产业化核心产业基地，着力把上海建设成为国家新能源研发创新、装备制造、总部集聚和示范应用的重要基地。

（一）核电、风电和IGCC

发展思路：

核电突破关键瓶颈，实现成套能力，扩大市场份额，保持国内领先；风电坚持市场导向，推进产业自主创新，实现大型海上风机产业化；IGCC以示范工程为载体，实现装备突破，在国内率先形成设计、制造和成套能力。

发展重点：

——核电重点发展核岛主设备、常规岛主设备、关键辅助设备、核电站数字化仪控系统等，攻克大型铸锻件、主泵等关键瓶颈，形成核岛、常规岛及控制系统的设备成套能力；消化吸收AP1000第三代核电技术与争取二代改进型核电市场份额并重，堆内构件和控制棒驱动机构形成年产8–10套能力，百万千瓦级反应堆压力容器、蒸汽发生器形成年产4–6套能力。到2012年，核电装备产值达到150亿元，国内市场占有率争取达到40%，初步构筑起以核电成套设备制造为主体，兼有核电设计、服务和出口的产业集群，形成设备成套和系统设计能力，在扩大国内市场的基础上争取进入国际市场，保持全国领先。充分发挥上海电气、上海发电设备成套设计研究院、上海阿波罗机械制造公司等单位的作用，同时加快吸引国内外先进企业到上海发展。

——风电重点发展大型海上风机、陆上风机和关键零部件等，培育2兆瓦以上大型风机齿轮箱、叶片、发电机、变频器/主控、主轴承/偏航轴承/变桨轴承、液压系统等关键部件配套产业链，大型风机关键零部件国产化率达到65%。到2012年，风电产业产值达到300亿元，实现2兆瓦以上风机系列化（产能2000台）、3兆瓦以上海上风机产业化（产能80台）。充分发挥上海电气、上海振华港机、上海玻璃钢研究所、万德风力等单位的作用，同时加快吸引国内外先进企业到上海发展。

——IGCC重点发展IGCC燃气轮机、气化炉、电站系统集成等，建设IGCC示范工程，加快开发低热值燃气轮机燃烧室、大型电站系统集成等技术，在国内率先形成IGCC燃气轮机和气化炉制造、电站系统集成能力。到2012年，IGCC国产化率达到80%以上。充分发挥上海电气、上海发电设备成套院、华东理工大学、上海交大等单位的作用，同时加快吸引国内外先进企业到上海发展。

产业布局：

核电建设以浦东（临港）、闵行等为主的产业基地，浦东（临港）基地主要开展核岛和常规岛主设备的研发和总装；闵行基地主要开展核级锻件的研制；同时建设宝钢核材料供应基地。风电以浦东（临港）等为主，建设大型风电机组关键设备产业化研发制造基地。IGCC以闵行等为主，建设燃气轮机、气化炉等关键设备产业化制造基地。

（二）新能源汽车

发展思路：

以油电混合动力汽车和高性能纯电动汽车为主攻方向，以电池、电机、电控等关键零部件为突破口，同步支持燃料电池汽车降低成本、提高性能，加快抢占技术制高点和市场增长点，加快形成国内领先、具有国际竞争能力的自主产业体系和产业集群。

发展重点：

——整车重点发展油电混合动力汽车和高性能纯电动汽车，主攻采用一体式启动发电机（ISG）/皮带式启动发电机（BSG）中混技术路线、充电式（Plug-in）强混技术路线的油电混合动力汽车，以及运用磷酸铁锂等动力电池驱动的纯电动汽车等。到2012年，混合动力汽车弱混、中混、强混全系列实现产业化，充电式（Plug-in）混合动力轿车、纯电动轿车批量上市；纯电动商用车形成公交客车、中型客车、环卫车、工程车等产品细分序列；新能源汽车产业初具规模，整车产值达到200亿元左右。充分发挥上海汽车、上海华普等整车企业作用，同时加快吸引国内外先进企业到上海发展。

——关键零部件：电池重点发展磷酸铁锂等动力电池，形成电池关键材料、电芯、单体及模块、组堆及管理系统（BMS）等集成能力。电机重点发展大功率车用永磁电机及其控制系统，形成驱动电机关键材料、电机设计及控制系统、驱动电机成套化系列化等的产业化能力，以及电驱变速箱（EDU）、双离合器自动变速箱（DCT）相应的配套能力。电控重点发展动力系统控制、电子控制模块（ECU）、电力电子、电动转向、电动空调等，加快形成自主研发的全方位配套能力。到2012年，形成电池、电机、电控的自主化产业配套体系，具备十万套级配套能力，新能源汽车零部件产值达到100亿元。充分发挥上汽集团、上海雷博、上海电驱动公司、上燃动力等企业的作用，同时加快吸引国内外先进企业到上海发展。

产业布局：

以嘉定为主建设新能源汽车及关键零部件产业基地，形成研发、制造、检测、试验、示范运行和服务等综合性功能；以浦东新区（金桥、临港）、金山等为主，加快建设新能源乘用车产业基地；加快建设闵行、松江、浦东新区等新能源商用车产业基地。

（三）太阳能

发展思路：

通过重点发展薄膜太阳能电池、支持发展高效晶体硅太阳能电池、突破发展薄膜太阳能电池核心装备，提升技术水平和产业能级；优化产业布局，促进产业集群发展；力争太阳能电池核心工艺技术水平和装备制造能力国内领先，成为全国太阳能产业的重要基地。同时，跟踪培育纳米晶、染料敏化、有机电池等下一代太阳能电池技术，关注支持新型光热发电系统的开发。

发展重点：

——薄膜太阳能电池重点发展非晶硅薄膜电池、高效叠层硅薄膜电池，推动非晶硅薄膜电池生产工艺技术攻关，加快开发多结硅薄膜太阳能电池等技术，支持“卷对卷”柔性硅基薄膜太阳能电池和化合物薄膜太阳能电池中试开发和生产线建设。到2012年，薄膜太阳能电池产能达到500兆瓦，硅基薄膜电池量产光电转换效率提高到10%，铜铟镓硒（CIGS）和碲化镉（CdTe）薄膜电池量产光电转换效率提高到13%，组件成本降低到每瓦1美元以下。

——高效晶体硅太阳能电池重点发展高效晶体硅太阳能电池技术和产品，不断开发、引进和应用新技术，提高晶体硅太阳能电池的光电转换效率，扩大生产规模和市场占有率。到2012年，高效晶体硅太阳能电池产能达到1000兆瓦，高效晶体硅电池量产光电转换效率提高到18%（多晶）和20%（单晶），厚度为150微米左右。

——薄膜太阳能电池核心装备重点发展硅基薄膜太阳能电池和化合物薄膜太阳能电池核心装备，研发制造等离子体辅助化学气相沉积（PECVD）等硅基薄膜太阳能电池以及铜铟镓硒（CIGS）、碲化镉（CdTe）等化合物薄膜太阳能电池核心装备，不断提高工艺和装备技术水平。到2012年，薄膜太阳能电池核心装备技术指标达到同期国际先进水平，制造成本明显低于同期国际水平，具备较强的市场竞争力。

充分发挥尚德、中电电气、晶澳、神舟新能源、空间电源所、超日、交大泰阳、曙海、纽升、亚升通等单位的作用，同时加快吸引国内外先进企业到上海发展。

产业布局：

重点建设以闵行为核心的太阳能产业基地，支持闵行浦江高科技园等以生产薄膜太阳能电池为主，兼顾发展高效晶体硅电池，建设成为太阳能产业研发制造集聚地；支持浦东张江高科技园区等建设薄膜太阳能电池核心装备研发制造基地；支持松江、奉贤等建设一批太阳能特色园区。

三、上海推进新能源高新技术产业化的主要举措

（一）落实国家战略要求，明确产业发展方向

围绕落实国家重点产业调整振兴规划、开发新能源等战略要求，抓紧制定本市贯彻国家新能源产业振兴发展规划的实施意见，以及本市新能源产业发展的专项规划；加快落实涉及核电、风电、IGCC、新能源汽车、太阳能产业发展的各项措施，积极承担国家新能源汽车、核电等重大项目；争取国家有关部门支持，建设IGCC示范工程，申报国家太阳能工程中心，建设上海核电、风电、新能源汽车等产业基地和太阳能等特色产业园区。

（二）加强产业基地建设，促进产业集聚发展

发挥产业基地的示范、带动和辐射作用，制定新能源产业基地专项扶持核电、风电、IGCC、新能源汽车、太阳能等产业发展的配套政策；完善产业基地基础设施配套建设，引进一批国内外龙头企业，做强一批有一定优势的重点企业，培育一批有发展潜力、成长性好的创新型企业；发挥区县在招商引资、项目落地等方面的作用，加快在产业基地形成重点产业领域的集群发展态势。

（三）加大政策扶持力度，支持企业加快发展

落实浦东综合配套改革的先行先试政策，比照本市集成电路产业、高新技术企业等方面的政策，支持新能源企业的发展；新能源高新技术产业化重点项目纳入“绿色通道”，在项目用地、厂房建设及租赁、基础设施配套等方面予以支持，给予企业首台（套）装备和风险补贴支持；吸引企业总部、研发中心等落户，对新引进的总部型企业给予享受本市鼓励总部经济发展的支持政策；对生产性设备允许加速折旧，所购软件可按固定资产或无形资产核算，折旧或摊销年限可适当缩短；鼓励新能源汽车进入租赁市场，并给予相关政策支持；与国家有关部门共同研究太阳能发电上网电价政策，培育和扩大先进太阳能发电产品的应用市场。

（四）设立产业发展专项资金，加强配套支持

设立本市支持新能源高新技术产业化专项资金，主要用于研制补贴、技术改造项目贴息、示范工程以及引进重点项目支持；对纳入国家重点产业调整振兴规划以及重大技术改造和新能源研发支持范围的项目，由市、区政府给予资金配套支持；对新能源高新技术产业化项目的研发费用，按150%税前加计扣除；对新引进的重点项目，其固定资产投资贷款由市、区政府给予相应的贷款贴息支持；对太阳能建筑一体化、太阳能发电新产品示范应用等项目，给予补贴支持。

（五）加强技术支撑体系建设，推动产业创新发展

加强基础研究和产学研融合，组织开展联合攻关，充分发挥专家队伍作用，加快消化吸收和突破第三代AP1000核电、动力电池正极材料、碳/玻璃纤维复合材料叶片、IGCC低热值燃气轮机燃烧室等关键技术和关键材料；加快推进新能源汽车工程中心、上海机动车检测中心、风电工程技术开发中心、燃气轮机工程技术中心等公共服务平台建设，增强共性技术攻关和研发服务能力；支持组建本市太阳能等产业联盟；组织制定纯电动汽车、太阳能建筑一体化（BIPV）等相关技术标准。

（六）加强产业链建设，带动产业持续发展

发布本市新能源高新技术产业化指南，每年启动、开工、推进和竣工一批产业化重点项目，分批推进和跟踪实施混合动力汽车、纯电动汽车和关键零部件、IGCC示范工程、太阳能成套设备和关键零部件等产业链上下游重点项目；明确项目实施主体，各区县、产业基地和实施主体等制定具体的项目实施计划和行动方案，加快项目投产达产，形成新的经济增长点；组织一批“专精特新”中小企业，加强与新能源高新技术产业化重点项目的对接与配套。

（七）加大政府采购力度，发挥应用示范效应

加大政府对新能源产品的采购力度，逐年提高采购比例，争取2012年政府和公共机构新能源汽车新购比例占30%以上，新能源公交客车新购比例占30%以上；鼓励和支持出租、电力、环卫、邮政等公共服务行业应用新能源汽车，争取2012年形成3000辆左右新能源汽车的应用规模；通过降低购车成本等方式，鼓励中混以上的混合动力汽车和纯电动汽车的市场消费；制定本市电动汽车基础设施布局规划，支持相关企业建设充电站，到2012年形成支持2000辆左右电动汽车的基础设施体系；率先在政府部门、学校等公共建筑开展太阳能应用示范，每年实施一批大规模的应用示范项目；鼓励全社会积极投资太阳能发电项目，推动崇明生态岛建设及“平改坡”等方面的太阳能发电应用，特别是对到本市投资设厂的企业在其建筑物上建设太阳能发电项目给予补贴；在世博会推广1000辆以上新能源汽车、4.7兆瓦太阳能发电，形成示范带动效应。

（八）推动机制体制创新，形成开放发展格局

通过政策引导，吸引企业资金、金融资本、社会资本和风险投资等加大投入；拓展投融资渠道，支持有条件的企业在国内外上市融资；营造平等竞争、共同发展的良好氛围，鼓励国有、民营、外资等多种所有制企业参与推动本市新能源高新技术产业化；深化机制体制创新，支持新能源企业的重组、兼并和战略合作。

（九）加快引进培养人才，形成高端人才集聚优势

对新能源高新技术产业化领域引入的国内外行业领军人物和技术团队，加快落实本市人才政策；优先推荐新能源领域的领军人才进入国家“千人计划”；支持本市高等院校加强新能源汽车、太阳能等学科建设，通过设立奖学金等方式，培养一批优秀人才，形成人才梯队；对在新能源领域作出突出贡献的领军人物和优秀人才给予奖励。

（十）完善推进机制，合力推进新能源产业发展

形成全市统筹协调的工作推进体系，由市委、市政府主要领导对口联系重点领域，分管市领导牵头，市政府相关部门、有关区县、主要企业、科研院所、高校、开发区等共同推进；制定本市推进新能源产业化工作计划，明确目标，落实责任，加强考核评估；加强市区联手、部门合作，相关委办局、区县、企业集团等在相关重点领域建立联合工作组，共同解决工作推进中的重大问题，形成全市联动推进的局面。

江西省光伏产业发展规划

（2009年1月19日）

为抓住全球新能源推广及光伏产业兴起的机遇，积极抢占市场和技术制高点，为江西崛起新跨越提供有力的产业支撑，特制定本规划，规划期为2008~2012年。

一、面临形势

光伏产业是新能源开发带动的新兴产业，拥有广阔的发展前景，目前光伏产业发展也出现一些新的特点和趋势。

（一）产业从爆发期开始转入平稳较快增长期

受发达国家鼓励使用太阳能产品等因素拉动，近十年全球太阳能电池消费量年均增幅超过40%。由于硅料生产技术被少数企业垄断，硅料供不应求导致价格急剧上升和大量资本投资光伏产业，产业处于典型爆发增长期。近五年来，我国光伏产业蓬勃发展，已有10家企业实现海外上市，太阳能电池产量年均增长49.5%，2007年达到1180兆瓦，位列世界第一位。但今年以来，全球经济增长放缓直接减慢了光伏产业市场需求扩张的步伐，多晶硅料生产技术扩散也使光伏产业市场供应能力显著增加，全球光伏产业市场呈现量增价减的趋势，产业转入平稳较快增长期。

（二）新技术正在不断创新和变革中

技术进步是太阳能光伏产业发展的决定因素。太阳能光伏发电的广阔前景吸引世界各国致力于太阳能应用技术的研发，不断推进技术进步，并逐步逼近光伏发电市场化的目标。近几年，太阳能电池技术不断升级，光电转化率不断提高，硅料生产工艺也在不断改良进步，生产效率和环保安全性大大提高。新技术在降低光伏产业制造成本、扩大光伏产品应用的同时，将使旧技术、旧产品、旧企业逐步失去市场和竞争力。

（三）产能相对过剩状况可能出现

近几年，国际国内大量资本涌入光伏产业，光伏产业产能急剧膨胀。2007年，全球硅料产销量4.5万吨，而我国目前高纯硅料在建规模约8万吨，拟建规模约17万吨，硅料供过于求即将出现。我国90%以上的太阳能电池用于出口，光伏产业发展高度依赖国际市场。在目前国际光伏消费市场发展放缓、国内消费市场容量有限的情况下，我国光伏产业产能过剩的局面将出现。随着光伏产品价格回归合理范围，技术简单粗放的光伏企业发展将受到制约，而规模大、技术高、成本低的光伏骨干企业将在结构调整中发展壮大。

我省光伏产业从无到有，形成了以新余为主产地、以赛维LDK为核心企业的较强生产能力，初步建立了从硅料、硅片到太阳能电池组件及配套产品的完整产业链，拥有了对外合作的有效途径和一批关键人才，在国内已具有较明显的规模优势和市场竞争力。多晶硅片生产能力达到2000兆瓦，太阳能电池生产能力已有100兆瓦，启动了高纯度硅料、薄膜太阳能电池项目建设。在新的形势下，只要我们坚定信心、应对挑战，发挥优势、抢抓机遇，坚持政策导向不变，坚持工作力度不减，就一定能够实现光伏产业加快崛起。

二、基本原则和发展目标

（一）指导思想

以科学发展观为指导，扩大对外开放，加强自主创新，以工业园区为平台，以骨干企业为依托，实施重大项目带动战略，抢占发展先机，强化竞争优势，保持光伏产业发展的强劲势头，为实现江西崛起新跨越打造新兴产业板块。

（二）基本原则

——科学规划，政策支持。遵循经济发展规律，实行政府部门与产学研相结合，以市场为导向，科学制定规划，推动产业合理布局，实行集约发展。加强政府引导和协调，制定有效政策措施，上下联动，形成合力，大力支持核心企业做强做大。

——高位切入，抢占优势。在生产技术和生产规模上瞄准国际先进水平，积极引进消化吸收国际先进技术，在若干环节加强自主创新，在生产设计上一步到位，抢占技术优势和规模效益优势。

——延伸产业，强化配套。推进原料、中间料的发展，掌握资源控制的主动权。在后续产品、配套产品上延伸产业链，推进产业集聚，形成产业发展的整体优势。加强科研和人力配套，建立健全人力资源保障体系。

——规范实施，安全环保。在资源开采过程中落实好生态环境保护要求，在项目选址、设计、建设和投产运行等各个环节严格遵守环境保护和安全生产规定，推进节能减排、资源循环利用，实现清洁生产和安全生产。

（三）主要目标

到2012年，将光伏产业发展成为全省重要的支柱产业，在国内拥有一流的生产规模、一流的工艺技术、一流的劳动效率、一流的骨干企业，将江西打造成全球重要的光伏产业生产基地。

——一流的生产规模。到2012年，全省光伏产业销售收入达到3500亿元，高纯硅料8万吨，多晶硅片和单晶硅片17000兆瓦，太阳能电池及组件16000兆瓦。将新余经济开发区、上饶经济开发区、南昌高新技术产业开发区建设成光伏产业高度集聚的特色产业区。

——一流的工艺技术。在高纯硅料、多晶硅铸锭切片等领域应用世界先进制造技术，建立国内领先的光伏科研院所及企业研发机构，引进和造就一批具有世界水平的研发团队，加快开发新技术，在关键技术领域保持国内领先水平。

——一流的骨干企业。培育1家销售收入超千亿元的企业，2家销售收入超500亿元企业，6–8家销售收入超100亿元企业。

——一流的劳动效率。推进先进管理技术，不断降低生产成本，增强市场竞争力。建立研究生、本科生、高职生、中职生相互配套的光伏产业人才培养培训体系，提升劳动者素质，使劳动生产率处于全国同行业领先水平。

三、主要任务

实施重大项目，培育龙头企业，优化产业布局，加快建设从硅料、硅片到太阳能电池组件及配套产品的完整产业体系，促进产业集聚。

（一）优化产业布局。将新余、上饶、南昌建成全省光伏击产业主要集聚区。在新余建设从高纯硅料、多晶硅片到太阳能电池组件及配套产品的综合产业体系。在上饶建设从粗硅、高纯硅料到多晶硅片、太阳能电池，侧重于前端产业的产业体系。在南昌建设以太阳能电池新技术新产品开发为重点的产业集群。在其他地区鼓励发展后端产业，适度发展中端产业，慎重发展前端产业。

（二）加快形成硅料规模化生产能力。引进国际先进高纯硅生产工艺和设备，加快消化吸收改良西门子工艺技术，掌握还原炉系统、氢化系统、尾气干法回收系统以及全过程自动化控制等关键技术，重点建设万吨级高纯硅料项目，支持赛维LDK、晶科能源等做强做大。探索硅料生产的新技术、新工艺，促进其产业化。限制千吨以下的传统工艺硅提纯。将每吨硅料综合电耗控制在13万千瓦时以内。

（三）巩固发展铸锭切片生产优势。依托现有多晶硅片生产能力和技术装备优势，加强对熔铸、剖锭及多线切割等关键技术的再创新，进一步提高铸锭容量、降低晶片厚度、减少硅料损耗，实现切割浆料回收利用。重点在新余建成10000兆瓦多晶硅片和1000兆瓦单晶硅片项目，在南昌建设3000兆瓦多晶硅片项目，在上饶建成2000兆瓦多晶硅片和1000兆瓦单晶硅片项目。将每兆瓦硅片综合电耗控制在56万千瓦时以内。

（四）提升光伏电池及组件生产能力。充分利用我省硅料、硅片产能优势，加快发展电池及组件生产，延长产业链。引进工艺技术成熟、设备先进的薄膜电池生产项目，积极跟踪非（微）晶硅薄膜电池技术进展，努力发展单位耗能低、耗材少、效率高的太阳能电池。鼓励发展光电转化率国际领先的单晶硅电池、多晶硅电池、薄膜太阳能电池。把新余、上饶太阳能多晶硅电池生产能力分别提升到6000兆瓦和1000兆瓦以上，将南昌薄膜太阳能电池生产能力提升到2000兆瓦以上，重点支持赛维BEST、升阳光电、瑞晶科技等企业做强做大。

（五）积极发展配套产业。围绕硅料规模化生产，建设制氯、制氢和专用材料项目。发展太阳能电池用光伏玻璃、光伏系统平衡装置、电池生产辅助材料、固体照明器件等配套产业。扩大新余石英陶瓷坩埚、南昌发光二极管、上饶高纯石英粉生产能力，积极引进和建设大功率逆变器、控制器、蓄电池、光伏电池专用玻璃等光伏系统配套产品，以及建设切割液、线锯、石墨制品、氮化硅、电极材料等辅料生产项目，使其与产业发展相配套。积极开发太阳能钟表、太阳能充电器、太阳能计算器、太阳能换气扇、太阳能水泵、太阳能玩具等终端产品。

（六）加强创新能力建设。重点以南昌大学赛维LDK太阳能研究中心为基础，建设国家级硅材料与太阳电池工程研究中心。整合省内相关研发力量，依托南昌大学太阳能光伏学院，引进世界一流专业人才，在光伏产业各环节及辅料开发、废料再生、资源能源回收利用等方面的形成较强研发能力，为我省光伏产业发展提供技术支撑。鼓励自主开发的技术及时申报专利保护。支持赛维公司和南昌大学太阳能光伏学院分别设立博士后工作站和博士后流动站。在省内建立国家光伏产品质量监督检验中心，在晶硅片和多晶硅材料、薄膜太阳能电池三个领域支持赛维技术成为国家级质量监督检验中心标准。支持赛维制定的《太阳能级多晶硅片》、《太阳能级多晶硅》企业标准修订完善为国家（行业）标准。

四、保障措施

（一）组织保障。（1）加强组织领导。省促进光伏产业发展工作领导小组加强对光伏产业的组织领导，协调解决重大问题，将重点项目纳入省重大项目调度范围、纳入省重点工程。领导小组办公室抓好日常调度，推进项目实施。项目所在市县区及时落实省里协调的重要事项，具体组织项目实施。（2）推进行业管理。由核心企业牵头成立江西省光伏产业协会,协会加强对光伏产业的指导、引导和协调，促进行业自律，推进企业间资源共享，加强技术咨询，推动光伏产业健康有序发展。（3）加强咨询论证。按照精干高效原则，聘请国内外著名专家，在制订规划、产业布局、项目论证、技术选择等方面提供智力支撑。

（二）财税政策。（1）优先安排省级资金。对重大项目的开发论证提供前期工作经费。对具有自主知识产权的自主创新产业化项目，优先列入省高新技术产业化扶持范围。对光伏产业基础设施建设贷款，优先提供财政贴息。对光伏产业技术攻关提供科技三项费用。（2）优先争取国家扶持。支持太阳能电池及组件向国家申报节约和替代石油专项，争取国家节能改造财政奖励资金支持。支持硅料、硅片和太阳能电池项目向国家申报自主创新和结构调整专项。对符合条件的光伏企业优先给予高新技术企业待遇，积极申报国家级高新技术企业。（3）落实税收减免。对光伏产业引进生产和研发所需的设备，按国家规定减免关税。3至5年内，市县财政将光伏企业上缴的增值税、所得税地方分享部分奖励给企业用于发展。对国家需要重点扶持的高新技术企业，经认定可减按15%的税率征收企业所得税。对企业高管人员和核心技术人才工资薪金个人所得税地方留成部分作为奖励返还。（4）实行收费减免。对光伏企业行政事业服务性收费，包括环保监测专业服务费、压力容器管道安装检验费、土地交易服务费、房产登记测量费、建设部门上级管理费等21项统一按不超过最低收费标准的20%收取。

(三)企业融资。（1）提供贷款担保。省财政牵头集中设区市财政力量，吸纳社会资本，成立贷款担保基金，优先向重点光伏企业提供流动资金贷款担保。（2）成立光伏产业发展基金。设立由财政、大型国有企业集团、电力企业、风投公司、信托投资、有实力的民营企业和其他资本共同出资的光伏产业发展基金，专项扶持光伏产业发展。（3）支持上市融资。帮助光伏企业进行股份制改造，在资产重组、优化配置、财务管理、辅导上市等方面提供协调服务，一企一策，予以上市政策扶持。帮助企业做好资本市场及有关机构的沟通衔接，扶持企业在海内外市场特别是境内市场发行上市。（4）发行信托产品。省国际信托投资公司协助光伏产业优势地区发行信托产品，筹集光伏产业基础设施建设资金。

(四)对外开放。（1）加强产业招商。在江西(香港)招商引资活动周、赣台经贸合作研讨会等大型招商活动中专题推荐光伏产业，省外经贸厅、有关设区市政府每年参与或举办一次国际性光伏产业招商活动。（2）支持企业合规收结汇、落实保险。向国家外汇管理局争取，将重点光伏企业的收汇、结汇、用汇按特殊企业处理，提高预收货款等外汇资金的使用效率。支持中国进出口信用保险公司南昌营业部为重点光伏企业提供预付货款保险。（3）建设保税仓库。积极支持光伏产业集聚地建设公用和自用保税仓，适时建设综合保税区。

（五）电力保障。（1）制定电网建设规划。在南昌、新余、上饶、景德镇、宜春、抚州等地，对光伏产业用电一次性规划，分步实施，满足实际用电需求。初步规划，到2012年，与光伏产业配套建设30座变电站（含光伏产业自行建设变电站），最大用电负荷550万千伏安（50万伏变电站4座、22万伏变电站10座、11万伏变电站16座）。其中，新余市13座，南昌市7座，景德镇6座，上饶4座。（2）确保稳定充足供电。地方和电力部门积极支持高纯硅料、铸碇切片等项目建设供电专线和双回路。电力部门随着项目进度及时增加相应的输变电容量。

（六）前置条件。（1）优先安排建设用地。重大光伏产业项目建设用地优先使用省级预留计划指标，设区市按一定比例安排商住用地计划指标，配套建设生活设施，以引进和留住人才。（2）优先安排主要污染物排放总量控制指标。重大光伏产业项目新增工业排放指标，经省环保部门核定后，由省、市两级分摊，主要由市里调剂消化。（3）加快项目审批。对于在同一地点，扩建相同规模、相同工艺、相同产品的同质光伏产业项目，项目核准、环评、安评批复手续可以并联办理，部门内部的审查环节可以合并办理，提高审批时效。

（七）人才保障。（1）健全教育培训体系。教育主管部门每年选拔40名中青年教师前往国外一流光伏科研院所进修，在全省形成研究生、本科生、高职生、中职生为一体的光伏产业人才培养培训体系。调整招生计划、专业设置和课程安排，到2012年，为光伏产业累计培养出20名博士、200名硕士、2万名本科生、4万名高职生、6万名中职生。（2）提升高等教育水平。南昌大学太阳能光伏学院扩大本科生和研究生教育规模，2009年完成1000名招生计划。鼓励电子、材料、化工等专业的在校学生转读光伏专业。加快新余高专升本科步伐，建设全国规模最大、专业最全的光伏本科学院，2009年完成3000名招生计划。（3）扩大中等教育规模。集中力量在南昌、新余、上饶等地办好6-8所中高等光伏职业学院，鼓励学科相近的职业院校设置光伏专业、开设光伏课程。（4）引进人才智力。建立外籍专家定点授课制，邀请国内外专家来赣讲学、科研。以重大项目为纽带，开展科技合作攻关，柔性引进海内外光伏人才。（5）举办专场招聘。省人事部门每年各举办一次至两次光伏人才交流会，配合企业加大光伏领军人才的引进力度。针对大中专毕业生和社会从业人员，劳动保障部门在当地人力资源市场设立长期用工招聘点，为企业提供现场用工招聘平台。教育部门健全校企业对接机制，支持光伏企业在省内中高等院校灵活开展对接会和现场招聘会。（6）提供培训补贴。省工业园区领导小组办公室统筹做好光伏产业人才需求统计和信息发布工作，利用再就业资金，对省内光伏企业用工培训进行补贴。（7）提供财政扶持，落实职业介绍补贴、职业技能培训补贴、岗位补贴、社保补贴等政策，降低企业用工门槛，帮助企业招到合格员工。（8）建设光伏产业高层人才定期研修长效机制。由省财政支持，省人事厅每年举办光伏产业高层次人才提供一个与国内外同行沟通交流、研修探讨和能力提升的平台。

（八）市场开拓。（1）支持产品采购。财政部门优先将本省多晶硅光伏产品列入采购目录，鼓励在城市建设、公共建筑以及重点工程建设等方面优先使用本省产品。（2）启动照明示范工程。运用省财政节能奖励资金，引导和支持南昌、新余、上饶等地先行建设应用太阳能照明示范街、示范广场、示范住宅小区、示范大型建筑。（3）建设太阳能电站。选择沙洲、非航线水域，积极开展太阳能电站建设前期工作。争取国家发改委支持，批准江西开展太阳能电站建设试点，实现并网发电。（4）推广应用领域。推动太阳能发电系统在移动通讯基站、加油站、交高速公路隧道等基础设施和基础产业领域的应用。

深圳新能源产业振兴发展规划（2009-2015年）

（2009年12月30日）

随着传统化石能源的高强度消费和价格的持续上涨，新能源资源的开发利用受到世界各国高度关注。特别是国际金融危机爆发以来，新能源产业越来越成为新一轮经济发展的竞争焦点和战略制高点。抓住机遇、主动谋划、快速实施，进一步做大做强新能源产业是我市培育新的经济增长点，发展低碳经济，推进国家创新型城市建设，实现可持续发展的必然选择。

为加快推进我市新能源产业发展，依据《珠江三角洲地区改革发展规划纲要（2008-2020年）》、《深圳国家创新型城市总体规划（2008-2015）》、《深圳市综合配套改革总体方案》和《深圳市现代产业体系总体规划（2009-2015年）》等，编制《深圳新能源产业振兴发展规划（2009-2015年）》。

《深圳新能源产业振兴发展规划（2009-2015年）》是引导和促进深圳新能源产业发展的行动纲领。通过本振兴规划的实施，努力将深圳率先建设成为国家新能源产业重要基地和低碳经济先锋城市。

一、基础与形势

（一）发展基础

新世纪以来，以核能、太阳能、生物质能、新能源汽车为代表的深圳新能源产业发展迅速，在科技研发、装备制造、应用推广、产业服务等方面具备一定基础，并形成深圳特色的新能源产业。

新能源产业规模居全国大中城市前列。2008年，新能源产业总产值约300亿元，其中新能源开发利用产值超过140亿元，新能源服务业产值超过50亿元，太阳能薄膜电池生产规模全国领先。诞生全国第一个大型商用核电站、第一个现代化垃圾焚烧发电厂、第一台插入式双模电动车、第一个兆瓦级太阳能并网发电站、第一幢太阳能光伏发电玻璃幕墙、第一台兆瓦级半直驱风力发电专用开关磁阻发电机。涌现出中广核、比亚迪等产值过百亿元的龙头企业，以及拓日、创益、伽伟、嘉普通、艾默生、能源环保、南玻等一批产值超亿元的新能源知名企业，产业集聚效应初显。

新能源供给比例全国领先。核能、生物质能、太阳能、风能等新能源开发规模逐步扩大，能源结构不断优化。核电装机容量约400万千瓦，在建200万千瓦。垃圾发电装机规模约7万千瓦。太阳能光伏发电量累计超过400万千瓦时。风电资源测定容量6万千瓦，景观风力发电装机容量0.2万千瓦。2008年，新能源发电装机容量合计407万千瓦，占全市装机总容量的38%。

新能源科技研发优势明显。已形成以企业为主体的科技创新体系，新能源科技研发水平不断提升，部分领域关键技术研发优势明显。在太阳能领域，新型平板式太阳能集热器技术全国领先，掌握单晶硅、多晶硅、薄膜太阳能电池关键技术，承担"高效低成本非晶硅太阳能电池制造工艺及产业化技术"、"低成本的光伏玻璃幕墙"等多项国家攻关计划，拥有发明、实用新型专利200余项。在核能领域，通过引进消化吸收再创新掌握"二代加"（CPR1000+）百万千瓦级压水堆核电技术，建成国内首个核级设备国产化技术研发平台。在生物质能领域，垃圾焚烧发电设备国产化技术全国领先，沼气发电、燃料乙醇和生物柴油的技术研发取得积极进展。在风能领域，拥有多项风电控制技术和新型风电设备研发制造发明专利。

新能源装备制造业具备发展潜力。深圳发达的电子信息产业和完备的产业配套能力，为新能源装备制造业发展提供了扎实基础。垃圾焚烧装备制造系统集成达到国际先进水平。风力发电和风电控制设备制造业初具规模。核电配套装备制造业潜力巨大。非晶硅太阳能电池成套设备制造和系统集成已具备产业化基础。新能源汽车制造达到国际先进水平，一批新能源汽车关键零部件企业迅速成长。

新能源产品应用快速发展。深圳是国家住房和城乡建设部再生能源（太阳能）建筑规模化应用示范城市，有11个项目入选国家首批可再生能源建筑应用示范工程。已建和在建光热建筑应用面积800万平方米，年均增长超过37%。已建和在建太阳能光电建筑应用装机容量4.5MW。被国家发展改革委、科学技术部、工业和信息化部、财政部四部委确定为节能和新能源汽车示范推广城市，承担多项新能源汽车领域国家863计划攻关项目，现有超过100辆混合动力汽车示范运行。

新能源服务业蓬勃发展。新能源服务业在生产型服务、应用型服务、综合型服务领域全面起步，初步形成包括工程建设、运营管理、设备维护、技术咨询、人才培养、核燃料管理、节能服务等多个方面的新能源服务体系。其中，核能服务业在全国具有领先优势，太阳能等新能源推广应用及节能服务业发展迅速，相关企业近100家。

（二）面临形势

新能源产业将迅速发展成为战略性新兴产业。世界能源领域的革命，为新能源产业发展带来了新动力，以核能、风能、生物质能、太阳能等为代表的新能源产业正在成为最富有活力、最具前景的战略性新兴产业。国际金融危机的爆发进一步促进新能源产业的蓬勃发展。新能源产业科技含量高，资金投入大，产业融合度高，对技术突破和经济发展的带动效应明显。新能源产业以其特有的优势，在新一轮经济发展时期，已步入快速发展阶段。

新能源产业将成为引领世界各国经济发展的新途径。新能源产业越来越受到世界各国高度重视，以美国、德国、日本等为代表的发达国家把对能源发展的关注点聚焦于新能源发展，新能源产业的发展进程将决定未来世界经济发展的新趋势。2009年，美国提出了新能源战略，是新能源产业步入快速发展的重要标志，一方面新能源将取代传统化石能源逐步成为能源开发利用的主导，同时也将推动经济增长模式的重大转变，必将给世界能源和经济发展带来深远的影响。

新能源产业将成为促进我国经济发展的新引擎。为在未来发展和国际产业竞争中占据有利地位，促进我国新能源产业和经济社会可持续发展，国家正组织编制新能源产业振兴发展规划，作为指导我国新能源产业发展的行动纲领。在新形势下，全国各地特别是沿海发达城市，已将新能源产业作为经济发展的战略性产业，纷纷出台各类发展规划、行动方案、扶持政策，大幅增加对新能源产业的投入，积极引导社会资源向新能源产业倾斜，新能源产业的发展速度显著提高，产业规模明显扩大。我国新能源产业发展已呈百舸争流之势，产业竞争日益激烈，新能源产业将成为促进我国经济发展的新引擎。

新能源产业是深圳实现可持续发展的必然选择。经过30年快速发展，深圳人均GDP已超过1万美元，经济社会发展达到中等发达国家水平。新的发展阶段对能源供给、环境保护、民生改善、产业创新等方面提出了更高的要求。新能源产业作为环境友好的新兴高技术产业是建立现代产业体系、发展低碳经济、建设国家创新型城市的重要内容。把握历史机遇，加快制定出台新能源产业振兴发展规划和政策措施，率先发展新能源产业，既是顺应国际产业发展趋势，创新发展模式，抢占产业制高点的迫切需要，又是进一步引领珠三角乃至全国实现可持续发展，继续当好排头兵的必然选择。

深圳新能源产业虽然具备一定基础，但仍处于发展初级阶段，存在产业规模偏小、产业配套不完善、政策支持不到位、推广应用不够等问题。在新的历史起点，深圳必须抓住机遇、科学谋划、务实推进，加快发展新能源产业。

二、指导思想与发展目标

（一）指导思想

全面贯彻落实科学发展观，以应对国际金融危机为契机，以提升产业竞争力为核心，以创新体制机制为保障，以产业发展为重点，以培育新的经济增长点为目的，优化发展环境，完善政策体系，创新发展能力，突破应用瓶颈，壮大产业规模，促进新能源产业快速发展，打造国家新能源产业基地，努力将深圳率先建设成为低碳经济先锋城市。

（二）主要原则

政府激励与市场驱动相结合。建立健全有利于新能源产业发展的体制机制，完善政策体系，发挥市场配置资源的基础性作用，鼓励各类市场主体投资新能源产业。形成政策推动、需求拉动、市场驱动的合力，促进新能源产业跨越式发展。

自主创新与引进消化相结合。以建设国家创新型城市为契机，强化自主创新，坚持开放互动，以企业为创新主体，集聚国内外创新资源，引进先进技术和高端人才，攻克技术瓶颈，提升新能源产业核心竞争力。

示范试点与整体提升相结合。围绕整体提升产业规模和水平，集中做好示范试点，发挥先导作用，带动新能源产品应用和产业发展，实现产业整体水平的提升。

统筹规划与突出重点相结合。密切跟踪新能源产业发展趋势，统筹新能源开发与产业发展，突出技术创新、产业培育和产品应用。统筹特区内外协调发展，优化产业布局，集中安排资金、土地和人力资源，重点向新能源产业倾斜，推动新能源产业迅速发展壮大。

着眼当前与关注长远相结合。以技术成熟、市场前景好的新能源项目建设为突破口，迅速拓展应用领域，积极谋划新能源产业长远发展蓝图，建立长效机制，正确把握当前发展重点与长远发展战略的关系，巩固发展优势，增强发展后劲，提升产业持续发展能力。

（三）发展目标

到2015年，新能源产业发展的政策环境优越，创新实力领先，产业规模壮大，服务体系完善，应用全面拓展，能源结构优化，新能源产业成为全市新兴支柱产业，建成国家新能源产业重要基地和低碳经济先锋城市。

——新能源产业关键技术达到国际先进水平。建设若干新能源国家工程实验室和技术研发平台，突破一批产业关键技术，新增一批发明专利，研究制定一批新能源产业行业技术规范。

——新能源产业总产值达2500亿元以上，培育一批骨干企业，年产值百亿元以上企业3~5家，十亿元以上5~10家，亿元以上企业30~50家。

——新能源发电装机总规模达到840万千瓦以上，占全市总装机规模的50%以上。储能电站总装机规模100兆瓦以上，建设若干个风电示范项目。

——薄膜太阳能电池年产能2000MW以上，太阳能热利用建筑面积1600万平方米以上。

——新能源汽车年生产能力20万辆，新能源汽车应用累计10万辆。

——年替代传统能源1500万吨标煤以上，相应减排二氧化硫1.3万吨、氮氧化物2.8万吨、二氧化碳2500万吨以上。

（四）发展重点

太阳能。重点发展薄膜太阳能电池，高效晶体硅太阳能电池及组件，新型太阳能电池，太阳能并网发电，太阳

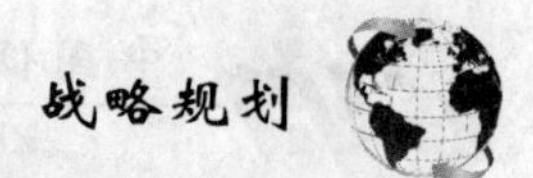

能玻璃，太阳能光热利用，太阳能光伏建筑一体化（BIPV），太阳能-LED光电产品等。

核能。重点发展核电配套装备制造，岭澳核电三期工程，核电信息技术，核电站建设与运营综合服务系统，核电供应链服务平台等。

风能。重点发展风电控制装备，风力发电设备，新型风机设备制造等。

生物质能。重点发展垃圾焚烧发电，垃圾焚烧炉排和烟气处理装备及其他生物燃料等。

储能电站。重点发展储能材料，储能装备，储能电站建设及应用等。

新能源汽车。重点发展混合动力汽车，纯电动汽车，天然气汽车，动力电池，关键零部件等。

三、主要任务

通过提升产业核心竞争力，加快推进产业化进程，扩大新能源供应规模，推广新能源产品应用，创新产业发展体制机制，促进新能源产业快速发展。

（一）提升产业核心竞争力

加强自主创新，深化深港合作，跟踪国内外技术发展趋势，巩固核能开发、太阳能电池、风电设备、新能源汽车、储能电站等优势技术，确保核心竞争力。建设新能源国家工程实验室、国家工程研究中心、企业技术中心等各类研发机构，开展共性、关键、核心技术攻关，取得一批技术专利。加大知识产权保护力度，提高企业自主创新积极性。实施产学研结合，鼓励高校开展新能源领域学科建设。支持企业（行业协会）参与制定一批具有影响力的行业标准和技术规范，加快构建新能源产业标准体系，引领产业发展，增强产业核心竞争力。

（二）加快推进产业化进程

结合我市产业优势和新能源发展趋势，优先发展新能源开发、新能源装备、新能源汽车、新能源服务等四大领域。重点培育太阳能、新能源汽车、储能、生物质能、风电及核电配套等新能源产业，迅速壮大产业规模，促进新能源产业成为全市新兴支柱产业。大力发展太阳能并网服务，技术咨询，工程建设，产品检测检验，智能电网等新能源高端服务业。鼓励新能源企业发展总部经济，实现新能源产业集约式发展。关注氢能和海洋能开发利用等新兴产业发展，增强产业发展后劲。优化产业发展空间，积极利用国内、国外两种资源，逐步形成规模化、自主化的新能源产业，打造国家新能源产业化基地。

（三）扩大新能源供应规模

进一步加大新能源装机规模，优化能源结构。加快太阳能并网/离网电站，太阳能、风能储能电站，生物质能发电站，岭澳三期核电站，抽水蓄能电站建设，开展海上风力发电的前期工作，积极探索分布式能源系统开发与示范建设。进一步加强新能源开发利用，逐步提高新能源供应比例。

（四）推广新能源产品应用

积极实施国家金太阳示范工程，突破新能源产品推广应用瓶颈，加大推广力度。建设国家可再生能源建筑应用示范城市，强力推进太阳能光伏、光热、太阳能玻璃幕墙在建筑领域的广泛应用。建设国家节能与新能源汽车示范推广城市，大力推进新能源汽车在公交大巴、政府公务车、出租车等领域的应用，加快新能源汽车基础设施建设，引导全社会使用新能源汽车。在城市道路、公共建筑、公园、车站等具备条件的区域，积极推进太阳能-LED、风光互补等各类新能源照明产品的应用。稳步推进浅层地能应用。积极促进全社会转变用能方式，鼓励使用新能源及其产品，推广低碳生活。

（五）创新产业发展体制机制

发挥深圳改革创新、先行先试的优势，落实综合配套改革总体方案，率先突破新能源产业发展的体制机制瓶颈。建立政府、电网企业和新能源企业的沟通协调机制，积极落实国家可再生能源政策，确保太阳能光伏电站并网发电。建立太阳能并网发电和产品应用的价格激励机制，鼓励各类用户直接采购太阳能电量，积极使用新能源产品。创新垃圾焚烧发电项目建设运营模式，充分发挥企业市场主体作用，支持有实力、信誉好的能源企业按照规模化、高标准原则，统一建设运营垃圾焚烧发电项目，加强项目管理，完善处理费补贴机制、监督体系及技术规范。形成有利于新能源产业发展的体制机制和市场环境。

四、重点工程

实施科技创新、产业培育、开发促进、应用拓展、产业服务五大工程，促进新能源产业迅速发展。

（一）新能源科技创新工程

加大自主创新力度，推动深港合作，突破新能源重点领域的共性、关键技术和核心技术，跟踪产业前沿技术发展趋势，提升新能源产业持续创新能力。

学科建设。鼓励深圳大学、深圳职业技术学院、深圳信息职业技术学院、深圳大学城等在深院校开设新能源领域及关联学科，鼓励科研机构、企业与高校联合建设新能源人才培养基地，大力培养新能源领域创新型、实用型和技能型人才。

研发平台。支持新能源领域的龙头企业和优势企业，在太阳能、核能、生物质能、风能、新能源汽车等领域建设一批市级企业工程研究中心、技术中心，加大产业化关键技术研发，鼓励开展技术成果产业化，跟踪具有发展前景的新能源技术，保持技术创新优势。

国家工程研究中心、国家工程实验室。依托清华大学深圳研究生院、中广核集团、深圳比亚迪公司等深圳高等院校、科研机构和重点企业，积极争取国家在我市太阳能热利用、光伏发电、核能开发、新能源汽车、风电设备、生物质能等新能源领域布点国家工程研究中心、企业技术中心、国家工程实验室或分支机构，确保深圳在新能源领域的核心竞争力和领先优势。支持清华大学深圳研究生院在现有电力系统国家工程实验室（深圳分部）的基础上，建设我市新能源国家工程实验室。支持哈工大深圳研究生院建设新能源装备制造国家工程实验室。支持中广核集团在已有国家企业技术中心基础上，积极申报国家工程研究中心等国家级的技术研发机构。支持比亚迪公司建设国家级储能电站等新能源研究机构。

产业化关键技术。在太阳能方面，加快新型平板式太阳能集热器、太阳能空调、薄膜太阳能电池及其专用设备制造、高效晶体硅电池、新型储能电池、太阳能建筑一体化、太阳能并网等关键技术研发与产业化。在核能方面，重点支持二代加和第三代核电站建设、核级设备以及核电信息化集成等关键技术研发与应用。在风能方面，重点扶持兆瓦级以上风力发电控制系统、风力发电设备、高效能风机制造等技术研发与产业化。在生物质能方面，重点支持大型垃圾焚烧炉排及其关键部件制造、自动化控制系统设计制造等技术与产业化；积极开展生物柴油、燃料乙醇等生物能源技术研发与应用。在储能电站方面，重点发展储能材料、储能装备、储能电站建设及应用的技术研发与产业化。在新能源汽车方面，开展动力系统、辅助零部件、电动加速器、汽车智能化等领域技术创新，推进整车及动力电池、电机、电控等关键零部件技术研发与应用。

标准、技术规范。支持企业（行业协会）参与制定太阳能薄膜电池、太阳能建筑一体化、太阳能发电并网、太阳能热利用、风力发电、核电站建设、垃圾焚烧发电、新能源汽车、储能电站等一批具有影响力的国家、行业标准和技术规范，构建深圳新能源产业标准体系，为深圳新能源产业健康发展奠定扎实基础。

深港合作。充分利用毗邻香港的优势，深化深港合作，提升深圳新能源产业的国际影响力。加强与香港高校、研发机构合作，推动深港共建新能源产业创新基地、人才培训与交流平台。加强与香港新能源产业合作，鼓励香港知名企业在我市投资建设新能源开发项目、企业孵化器，共同推进深港新能源产业发展。加强与香港金融合作，鼓励深港两地企业充分利用深港资本市场，吸引国际资本，拓宽新能源产业发展融资渠道。加强深港新能源产品应用合作，稳步推进新能源汽车、储能电站等新能源产品在深港两地的广泛应用。

（二）新能源产业培育工程

加大产业培育力度，加快推动新能源优势领域产业化进程，重点培育太阳能、新能源汽车、储能、生物质能、风电及核电配套等新能源产业，迅速壮大产业规模，促进新能源产业成为全市新兴支柱产业。

大力发展太阳能产业。充分发挥产业优势，积极发展总部经济，大力推进深圳太阳能产业发展。重点发展薄膜太阳能电池和太阳能集热产品生产，迅速提升产业规模，巩固优势地位，实施品牌战略，提高市场占有率。鼓励太阳能电池生产设备及辅助设备制造，加速装备制造产业化。鼓励房地产业积极实施太阳能建筑一体化工程，促进太阳能产业与建筑业的深度融合，进一步推动太阳能产业的发展。鼓励深圳本地企业发挥自身优势，充分利用区域资源，布点晶体硅太阳能电池、太阳能玻璃等配套生产基地。到2015年，太阳能产业产值达到400亿元。

壮大新能源汽车产业。加大新能源汽车整车及关键零部件生产的投入力度。重点支持混合动力汽车、纯电动汽车和天然气汽车的生产，以及动力电池、电机、电源管理系统、整车控制系统、芯片等关键零部件的制造，抓住新能源汽车发展机遇，进一步增强产业竞争力，迅速扩大产业规模，努力将深圳建设成为国家新能源汽车研发制造基地和应用示范城市。到2015年，新能源整车制造能力达到20万辆，新能源汽车产业总产值超过800亿元。

加快发展储能产业。储能产业是太阳能、风能等新能源产业链中的关键环节之一，大力发展储能产业，推广储能电站应用是我市振兴发展新能源产业重要内容。储能电站在保障风能、太阳能等新能源安全并网，发挥削峰填谷功能，满足重要部门和重要设施对应急电源及备用电源的需求等方面具有重要作用。充分发挥我市在储能电站研发方面的优势，加快储能电站、太阳能-储能电站、风能-储能电站的建设与推广应用，大力发展储能柜、逆变器、电池管理器、电气控制、节能型变压器等化学储能设备及相关配套设备的生产，鼓励发展电磁储能、相变储能等技术成熟、具备发展前景的储能方式，推动储能产业及其电子电器等相关产业的超常规发展。到2015年，储能产业产值达560亿元以上。

培育风电产业。重点发展兆瓦级以上风力发电控制系统、风力发电设备和新型风机装备，加快促进风电控制系统设备、风力发电设备和新型风机制造产业化、规模化。重点支持变桨控制系统、变速恒频控制装备、大功率风能可逆变流器、开关磁阻电机、永磁无铁芯电机等领域的装备制造，积极扩大风电装备产能，提高风电装备水平。到2015年，风电产业产值达150亿元。

扩大生物质能产业规模。生物能源日益成为可再生能源的重要发展方向，大力发展生物质能产业不仅是发展新能源产业的重要内容，也是实施资源综合利用、改善生态环境的客观要求。结合我市在垃圾焚烧发电方面的优势，实施若干大规模垃圾焚烧发电项目，引进吸收国外大型垃圾焚烧炉排技术，创建自有品牌，迅速推进垃圾焚烧发电设备产业化。发挥我市在基因技术等方面的优势，鼓励企业创新发展模式，拓展发展空间，促进生物柴油、燃料乙醇、沼气发电等领域的产业化、规模化发展。到2015年，生物质能产业产值达60亿元。

推动核电配套产业发展。抓住国内核电设备需求迅速扩张的机遇，加大对核电配套设备制造企业的扶持力度。培育以电气设备为主的核电站辅助设备产业群，支持发展通信系统、测量仪控、装卸机械、保温密封、安全防护及监测、电源系统、常规岛废液收集系统（SEK）、含油废水处理系统（SEH）、实体保护系统、通风空调、阀门等核电领域配套产业发展。鼓励深圳高科技企业与中广核集团进一步增进合作，推动形成本地核电开发利用配套产业链。到2015年，核电配套产业产值达30亿元。

（三）新能源开发促进工程

加大新能源开发力度，扩大装机规模，提高新能源发电量和供给比例，进一步优化能源结构，为建设低碳城市奠定基础。

垃圾焚烧发电项目。垃圾焚烧发电是资源综合利用和提高城市垃圾无害化处理水平的重要途径。实施垃圾焚烧发电项目有利于集约利用土地资源、保护生态环境，同时也有利于培育垃圾焚烧发电装备制造业的发展。规划建设南山、宝安、龙岗、坪山大型垃圾焚烧发电项目，新增日处理能力12000吨。同时，开展余热、炉渣等资源综合利用，形成良好的经济、社会和环境效益。到2015年，垃圾焚烧发电装机规模达25万千瓦以上。

岭澳核电三期工程项目。支持市能源集团与中国广东核电集团共同开发建设岭澳核电三期工程项目，装机规模200万千瓦，并配套建设输电走廊。到2015年，争取核电装机规模达800万千瓦。

风电开发项目。在完成风能资源测评工作的基础上，加快风电开发进度，建设风电场示范项目，适时启动海上风电项目前期工作，提高风电装机比例，扩大风电装机规模。到2015年，风电示范装机规模3万千瓦以上。

（四）新能源应用拓展工程

积极拓展应用市场，加快推进新能源在居民住宅、公共建筑、交通工具、照明产品等领域的应用，建设国家新能源应用示范城市。

20兆瓦BIPV工程。制定太阳能光伏建筑一体化（BIPV）实施方案，率先在公共建筑、市政工程、高档住宅等新建建筑实施太阳能光伏建筑一体化工程，加快推进创益科技产业园（1MW）、杜邦工业园（1.1MW）等BIPV项目，提高应用水平，扩大光伏发电规模。到2015年，太阳能光伏建筑一体化装机容量20兆瓦以上。

太阳能屋顶计划工程。制定太阳能屋顶建设实施计划和相关鼓励政策，在新建建筑和具备条件的既有建筑，包括公共建筑、机关办公楼、工业区（园）、酒店、企业、住宅楼等建筑屋顶安装太阳能光伏、光热系统，带动太阳能产品应用规模化以及相关产业的发展。

100兆瓦储能电站工程。以比亚迪公司为依托，在比亚迪公司坪山基地1兆瓦储能电站和200千瓦储能柜项目示范基础上，实施100兆瓦储能电站建设工程。创新供售电体制机制，鼓励风能、太阳能与储能电站一体化建设，提高太阳能、风能等新能源开发利用的质量和电网的安全可靠性；鼓励电网公司、能源生产、工商用户等企业和社会资本投资建设储能电站，提高电能使用和电网运行效率；鼓励医院、地铁枢纽等重要场所建设储能电站或储能柜，替代传统备用电源。到2015年，储能电站装机规模100兆瓦以上。

太阳能-LED产品应用工程。结合《深圳市LED产业发展规划（2009-2015年）》和《深圳市推广高效节能半导体照明（LED）产品示范工程实施方案》，鼓励太阳能和LED企业联合开展太阳能-LED照明产品的生产和集成应用示范，在城市道路、市政公园、地下车库、交通设施以及广场、车站等公共场所，推广使用太阳能-LED产品，推动太阳能-LED产品广泛应用。

新能源汽车示范推广工程。加快新能源汽车使用配套设施建设，从区域、社区、线路、车队、单位五个层次，开展新能源公交大巴、出租车、公务车、私家车示范推广。到2012年，推广使用新能源汽车（包括混合动力汽车、纯电动汽车和天然气汽车）2.4万辆以上，建设公交大巴充电站50个，公务车充电桩2500个，社会公共充电站200个，充电桩10000个；到2015年，推广使用新能源汽车累计达到10万辆，配套基础设施完备。

绿色大运示范工程。利用承办深圳第26届世界大学生夏季运动会的契机，推动新能源及其产品在大运会的广泛应用。重点推广太阳能、风能、新能源汽车、储能电站的示范应用。大运场馆节能改造项目应实施太阳能屋顶计划工程，新建建筑中具备条件的应实施太阳能建筑一体化工程。大运会公交线路、专用车辆等交通工具应优先使用新能源汽车，其中新增车辆使用新能源汽车的比例力争达到100%。鼓励使用储能电站作为备用电源，提高大运会供电应急能力。鼓励大运城市政道路、居民小区、停车场等积极使用太阳能-LED和风光互补等绿色照明产品，努力将大运会办成新能源综合应用示范的盛会。

（五）新能源产业服务工程

发挥深圳现代服务业优势，积极探索建设新能源高端服务工程，推动信息技术和产业服务的进一步融合，完善新能源产业服务体系。

智能电网示范工程。抓住国家规划建设先进智能电网的机遇，发挥作为国家综合配套改革试验区的优势，积极争取国家在我市布点建设智能化变电站和智能化调度系统示范工程，实现各类电源及用户的无扰接入、有序退出，支撑电网的自愈可调，提升电网安全高效运行水平和接收新能源并网能力。选择2~3个小区开展智能电网建设示范试点，推广应用智能电表、智能电器、储能电站等智能化设备，促进电网双向互动服务。

新能源并网服务示范工程。依托电网和新能源龙头企业，建设太阳能、风能等新能源并网发电网络化信息服务平台，对并网/离网新能源发电设施统一管理、实时监控、及时维护与更新，实现标准化并网，确保新能源发电设施和电网安全，实现科学、快捷、安全管理。

孵化器建设工程。充分发挥已有高新技术产业孵化器的作用，优先安排新能源企业入驻。同时，以企业为主体，通过政府引导与资助等多种途径，积极推动新能源产业孵化器建设。鼓励企业通过旧厂房改造、产业置换等方式，建设新能源产业孵化器，吸引初创型企业、高技术人才向孵化器集聚，为新能源中小企业提供产业发展空间。创新孵化器管理体制与运行机制，完善新能源产业孵化环境，为新能源中小企业提供贷款担保、资金支持、专业服务、技能培训、创业辅导、融资咨询、风险投资等服务，扶持中小型新能源企业迅速发展壮大。

服务平台建设工程。以企业为依托，建设新能源产业服务平台。创建国家新能源工程研究中心（华南）热利用研发与测试中心和光伏产品质量检测中心，研究制定光伏、光热产品检测标准，逐步健全太阳能产品质量控制体系、检测和认证体系。加快建设新能源应用测评中心，提供新能源资源评估、设计、应用效果测评等技术服务。加快建设核电站建设与运营综合服务系统，从电站建设、安全运行、电站维护、备件管理、乏燃料处理等多个环节，建设核电产业服务平台，提升核电产业服务水平，将深圳建设成为核电技术服务产业聚集区及核电高端服务产业基地。加强本市企业在垃圾焚烧发电研发、设计、运营和配套服务方面的能力建设，创建垃圾焚烧发电综合服务平台，提升整体工程优化设计能力和综合业务服务水平。

五、保障措施

创新体制机制，完善制度、政策和法规，保障资金和产业空间，引进培养专业人才，营造新能源产业发展的良好环境。

（一）加强制度建设

成立深圳新兴高技术产业发展领导小组，建立新能源产业发展联席会议制度，全面统筹协调新能源产业发展工作，决策新能源产业重大事项，及时解决发展过程中出现的问题。建立专家咨询制度，聘请国内外专家担任新能源产业发展的决策咨询顾问，成立若干个不同领域的专家小组，对重大技术问题提供咨询和指导。建立新能源产业的经济核算统计制度，完善新能源产业统计监测，建立科学的新能源产业统计指标体系。

（二）加大资金支持

整合产业发展专项资金，每年集中高新技术重大项目、科技研发、技术进步和市财政新增资金扶持新能源产业发展。重点支持新能源产业技术研发、关键技术攻关和产业化，新能源工程实验室建设，新能源产品应用及项目拓展等领域。鼓励我市企业、科研机构积极承担国家、省重大专项和科技计划，政府提供配套资助。鼓励金融机构对新能源产业重点项目提供资金和信贷支持，鼓励优势企业通过多层次的资本市场，在国内外主板、中小企业板和创业板上市，鼓励企业通过开展国际合作，争取清洁发展机制（CDM）及其国际基金组织的可再生能源发展资金支持。通过多渠道筹措资金，研究设立新能源产业发展基金，加大新能源产业投资力度。

（三）凝聚高端人才

积极贯彻落实《关于加强高层次专业人才队伍建设的若干意见》（深发〔2008〕10号）及其配套的相关政策，营造新能源产业发展创新创业良好氛围，海纳国内外高层次人才，确保新能源产业发展人才需求。

（四）优化产业空间。

统筹规划新能源产业集聚区，以高新技术产业园区、光明新区、坪山新区等区域为重点，优化新能源产业布局，促进产业集聚发展。新能源产业发展用地，优先纳入年度土地利用计划，在每年新增产业用地中优先满足新能源产业发展需求。鼓励在符合城市发展总体规划的前提下，通过老工业区改造，厂房再造和产业置换，发展新能源特色工业区。

（五）健全政策法规

依据国家《可再生能源法》，加快研究制定深圳地方配套法规体系，完善新能源产业发展扶持政策，引导新能源产业健康发展。加快出台《深圳新能源产业振兴发展政策》和实施细则，在组织保障、财政资助、标准制定、税收优惠、政府采购、人才培养、中介服务、产业布局等方面对新能源产业的发展给予扶持，促进新能源产业快速发展。

济南市新能源产业发展规划（2009—2011年）

（2009年6月30日）

新能源产业是与开发利用太阳能、海洋能、风能、地热能、生物能、氢能、核聚变能等新能源相关的各类产品生产和服务的总和，具有储量大、可再生性强、清洁环保等特点，是我市大力发展的新兴产业。为加快推进新能源产业的发展，优化产业和能源结构，推动节能减排，促进经济平稳较快和可持续发展，结合我市实际，特制定本 规划。

一、新能源产业现状及面临的形势

当前，新能源产业面临良好的发展机遇，太阳能光伏、风能和生物质能发电及其相关配套产业得以迅猛发展，开发利用新能源得到世界各国普遍重视，新能源产业已从单纯的开发利用，逐步向产业链条延伸、产业集聚、规模发展的方面迈进，并逐步成为推动经济发展、促进就业的重要支撑。

我市开发利用新能源起步较早，现已初具规模，尤其是太阳能产业发展较快，基础优势明显。经过多年发展，形成了一批以力诺集团、桑乐公司、华艺集团为龙头的骨干企业，开发了一批以高温金属镀膜管、高效太阳能光伏电池、晶硅原料提纯等为主的国际先进新技术。太阳能热水器制造已形成较大规模，风电装备、生物质能、地热能开发利用逐步加快。2008年，全市共有规模以上新能源企业近20家，实现主营业务收入125亿元；其中主营业务收入超过10亿元的有3家，5~10亿元的有2家；拥有国家级技术中心1个、省级和市级技术中心各3个，中国驰名商标2个，中国名牌产品2个，山东省著名商标3个；太阳能热水器年产能突破580万平方米，居全国首位。

尽管我市新能源产业取得了长足发展，但相对于国际和国内其他城市在新能源开发利用方面的快速进步，我市仍存在一些差距。一是整体水平不高，产业发展不平衡；二是自主创新能力不强，部分产品技术层次偏低；三是标准体系不完善，市场发展不规范；四是管理体制和扶持政策不够完善，难以适应产业快速发展的需要。这些问题一定程度制约了我市新能源产业的快速、健康发展。

二、指导思想、基本原则和发展目标

（一）指导思想

深入贯彻落实《节约能源法》和《可再生能源法》，围绕大力发展新能源产业，实施新能源产业“3213工程”，突出太阳能、风电装备、生物质能、地热能和氢能等5大产业，完善促进产业发展的保障体系，全面提高新能源产业发展水平，推动节能减排，形成新的经济增长点，为发展省会经济、建设美丽泉城作出重要贡献。

（二）基本原则

1.开发利用与节能减排相结合的原则。统筹兼顾经济效益和社会效益，运用成熟适用技术，扩大新能源应用范围，落实节能减排政策，减少常规能源消耗，有效改善生态环境，实现经济社会可持续发展。2.重点突破与规模发展相结合的原则。突出地方特色，发挥资源和技术比较优势，科学规划，因地制宜，合理布局，重点突破，延伸产业链条，带动相关产业发展，形成具有国际竞争力的产业规模优势。3.立足当前与着眼长远相结合的原则。既要重视应用先进成熟技术开发利用新能源，积极开拓市场，又要重视研发具有发展前景的关键核心技术，筹划长远发展战略，为新能源产业持续健康发展奠定基础。4.政府推动与市场驱动相结合的原则。制定和落实新能源产业发展政策，支持新能源技术研发、产业化和推广应用；充分发挥市场配置资源的基础性作用，运用市场机制，促进新能源产业发展。5.自主创新与引进消化相结合的原则。依托新能源产业比较优势，加强自主创新，提高核心竞争力；积极开展对外合作，引进先进技术、人才、资金和管理经验，推动新能源产业跨越式发展。

（三）规划目标

1.产业总体实力显著增强。2009—2011年累计投入160亿元，大力提升产业规模和水平。到2011年，规模以上新能源企业主营业务收入突破500亿元，年均增长58.7%。

2.新能源消费占比明显提高。到2011年，通过开发利用新能源，实现替代常规能源130万吨标准煤；新能源占全社会能源消费的比重提高到5%以上，能源消费结构进一步优化。

3.技术创新取得突破性进展。加强以企业为主体，产学研相结合的技术创新体系建设。到2011年，全市新能源企业新增市级以上企业技术中心3家，新产品开发数目达到260个以上。加大科技投入，提高研发经费占企业营业收入的比重，生产及研发设备达到国内先进水平。

4.示范工程建设成效明显。到2011年，建设太阳能与建筑一体化示范工程100个，城市光伏景观照明示范项目20个，太阳能利用示范村100个，沼气开发利用及秸秆气化示范村30个。创建汽车用氢电池发展与秸秆发电等具有可推广和带动力强的示范样板项目10个。

5.重点领域取得重大突破。太阳能和地热能在建筑领域得到规模化应用，沼气在农村得到大面积推广，生物质能发电形成一定规模，机械、电子、新材料等与新能源产业开发利用相关行业得到明显拉动。到2011年，太阳能在城市建筑普及应用率达到50%~60%。

三、发展重点

围绕加快新能源产业发展目标，推进和实施新能源产业“3213”工程。即：打造“三大太阳能产业基地”、拉长“两大太阳能产业链条”、建设“一个风电装备产业园”、拓展“三大新能源领域”，开创新能源产业新局面。

（一）打造“三大太阳能特色产业基地”

围绕国家命名的“国家火炬计划太阳能特色产业基地”，加快培植济南东部片区、商河、章丘三大太阳能产业基地，形成优势互补，产业聚集，布局合理的太阳能产业新格局。

1.打造济南东部太阳能研发生产基地。以力诺集团、桑乐公司、华艺集团等企业为龙头，以企业技术中心及省能源研究所和山大晶体材料国家重点实验室为依托，重点在太阳能光伏发电、光热利用及相关配套产品领域进行研发，形成集产学研于一体的太阳能产业集群。

2.打造商河太阳能光热、光电产业生产基地。以山东晟朗、力诺新材料等企业为龙头，加快晟朗能源科技公司2000兆瓦太阳能多晶硅和1000兆瓦电池片及光伏组件生产项目建设；重点发展太阳能集热器、硅片、电池片、光伏发电等产品；跟踪国际前沿技术，重点研发太阳能产业新技术、新工艺、新产品。

3.打造章丘太阳能热水器零部件配套加工基地。以章丘力诺光热科技等企业为龙头，加快力诺集团章丘公司年产2400万只镀膜管和18万吨高硼硅玻璃管项目建设，重点发展高效太阳能真空集热管、高温集热金属管、太阳能热水器零部件等产品，形成新兴太阳能光热产品加工基地。

（二）拉长“两大太阳能产业链”

围绕太阳能光热、光伏利用，延伸壮大产业链，加快推广成熟适用的光热产品，大力研发光伏技术产品，实现光热、光电产业协调发展。1.提升太阳能光热产业水平。加快太阳能光热利用与建筑一体化步伐。积极开发标准化、通用型太阳能热水系统组件，扩大光热应用领域；加强太阳能光热技术创新，积极研发光热发电和系统集成技术，重点发展热管型集热器、平板型集热器、内置金属流道玻璃真空集热管、真空管太阳能热水器和光热发电反射镜自动跟踪装置等产品。

建设一批太阳能光热利用项目。加快力诺集团镀膜管项目、桑乐公司100万台农村适用型太阳能热水器项目及豪特公司80万台项目、澳华太阳能一期5000万元投资项目建设。到2011年，全市太阳能光热利用产业主营业务收入达到110亿元，太阳能热水器产量达到800万平米。2.大力发展太阳能光电产业。加快研发太阳能晶硅生产、高效太阳能电池制造等技术。重点发展光伏晶硅材料、晶硅太阳能电池、薄膜太阳能电池、建筑用太阳能电池组件、光伏发电控制系统、LED太阳灯具等产业。重点支持力诺集团300兆瓦光伏电池片项目和山东晟朗一期250兆瓦太阳能多晶硅铸锭、120兆瓦电池片及100兆瓦光伏组件生产项目建设。做大一批以华光电子为骨干的LED生产企业，建设一批与城市建筑一体化的屋顶并网太阳能光伏发电、景观照明示范工程。到2011年，太阳能光伏发电产业主营业务收入达到330亿元，晶体硅产量500吨，光伏组件200兆瓦，太阳能发电装机10兆瓦。

（三）建设济南风电装备产业园

依托轨道交通公司、伊莱特重工公司、齐鲁电机等风电装备制造产业项目，建设济南风电产业园。以电子信息、软件开发和冶金、机加工优势为依托，加快发展风力发电机、塔架、风叶、主轴、机械传动、运行控制、风机变频、输变电机组等相关组件产品，推动济南风电装备产业集约化发展。到2011年，全市风电装备及配套产品实现主营业务收入50亿元。

（四）拓展“三大新能源领域”

1.大力发展生物质能。加快建立生物质能技术研发平台，重点推进非粮生物燃料技术研发和产业化，按照科学规划、合理布局的原则，积极发展以秸秆、林业三剩物和煤泥为燃料的生物质能电厂。加快琅沟电厂秸秆发电技术改造项目、济锅集团生物质能锅炉项目和圣泉、佳宝生物质能发电等项目建设。鼓励在宜林荒山、荒地、盐碱地建设能源林基地，种植甜高粱等能源作物，为发展生物质能提供原料。加快济南海伦秸秆沼气发电和济阳第二垃圾场发电等一批农村秸秆气化、垃圾发电综合利用示范项目建设。2.合理开发利用地热能。积极研发推广地源、水源和热泵技术，合理扩大地热资源利用领域。以历城、商河、济阳为重点，加快建设符合环保和水资源保护要求的地热供暖、工业用热、热水供应等项目，大力发展热泵空调、无机超导热管和地热测评软件等地热应用产品。重点支持长清大学科技园热源厂建设项目及济南绿寰科技、济南艾嘉热泵技术有限公司等企业的地源热泵产业化推广项目。规范发展地热温泉、医疗保健、休闲度假等现代服务业。3.加快氢能源开发利用。以山东宝雅电动汽车项目为依托，加快以氢能源为主的燃料电池生产项目建设。到2011年，氢能燃料电池生产规模达到15万台套，实现主营业务收入10亿元。

四、保障措施

（一）完善支持新能源产业发展的政策体系。发挥各级财政资金引导作用，加大对新能源产业支持力度。继续实施阳光学校（宾馆）工程，扩大补贴范围，支持学校和宾馆安装太阳能集热系统。落实家电下乡补贴政策，鼓励开发农村适用型太阳能热水器；结合开展“百万农户建新房”工程，推广太阳能热水器下乡。加快实施城市光伏屋顶计划，扩大光伏产品在城市景观照明等方面的应用。抓住我市列入国家新能源汽车“十三城千辆”示范城市的契机，鼓励新能源汽车项目研发生产。落实支持新能源发展的财税政策，实施新能源产品政府采购制度。积极支持企业扩大出口，提高创汇能力；拓宽企业融资渠道，鼓励各类金融、担保机构和风险投资公司加大对新能源产业投入，建立多元化投融资长效机制。

（二）完善推动新能源产业发展的科技支撑体系。鼓励创建以企业为主体的技术创新体系。支持企业与大专院校、科研单位实行产学研联合，加强新能源技术创新重点实验室和人才队伍建设。支持开发具有自主知识产权的专利技术，重点支持高纯度太阳能晶硅材料、多结非晶硅薄膜电池和多晶硅薄膜电池的生产工艺、太阳能发电以及地源热泵等关键技术开发应用，加速科研成果转化，打造具有国际竞争力的自主品牌，促进新能源产业发展。

（三）完善规范新能源产业发展的标准体系。加快制定新能源产品性能、能效、试验和检测方法以及系统安装、设计等标准，逐步建立行业联盟标准体系，规范新能源产业发展。加快构建新能源产品质量保证体系，建立产品质量检测和控制体系，推动组建国家级新能源产品检测中心，组织开展以新能源为重点的节能产品认证制度。

（四）完善促进新能源产业发展的中介服务体系。以山东省太阳能协会组建为契机，搭建我市新能源中介服务平台，鼓励发展工程建设、技术咨询、信息服务、人才培训为主的中介服务行业。加强中介服务体系建设，强化行业指导，提高服务质量和水平，加强新能源产业知识产权管理与保护，为新能源产业发展创造良好环境。研究制定新能源产业评价体系，为大规模开发利用新能源提供依据。

（五）完善促进新能源产业发展的对外合作体系。广泛开展国际交流合作，鼓励企业与国际知名公司合作建设技术中心，加快引进消化再创新步伐，将发展新能源产业作为招商引资的重点，加快对资金、技术和管理经验的引进。积极组织企业参加国际新能源产业博览会、项目洽谈会和高峰论坛等活动，举办新能源产品展示活动，推动产业招商，帮助企业开拓国际国内两个市场。

（六）完善引导新能源产业发展的宣传教育体系。充分发挥新闻媒体作用，普及新能源知识，增强社会认同感，营造有利于新能源产业发展的舆论氛围。通过举办论坛、讲座等形式，广泛宣传新能源法律、法规和政策。加强典型示范引导，加快建设一批新能源示范项目，开展新能源知识进课堂活动，培养学生应用新能源的意识。

（七）完善推动新能源产业发展的组织协调体系。加强对发展新能源产业的组织领导和协调服务，将推动新能源产业发展作为一项重要工作，纳入调度管理范围，加强监督考核，逐步将新能源产业发展情况纳入节能减排目标责任考核范围。各级发改、经贸、财政、建设、科技、环保、税务、工商、质监等部门根据职责分工，建立综合协调机制，强化措施，优化发展环境，及时研究解决重大问题，共同推动我市新能源产业又好又快发展。

附件：市有关部门工作分工及进度安排表（略）

研究文摘

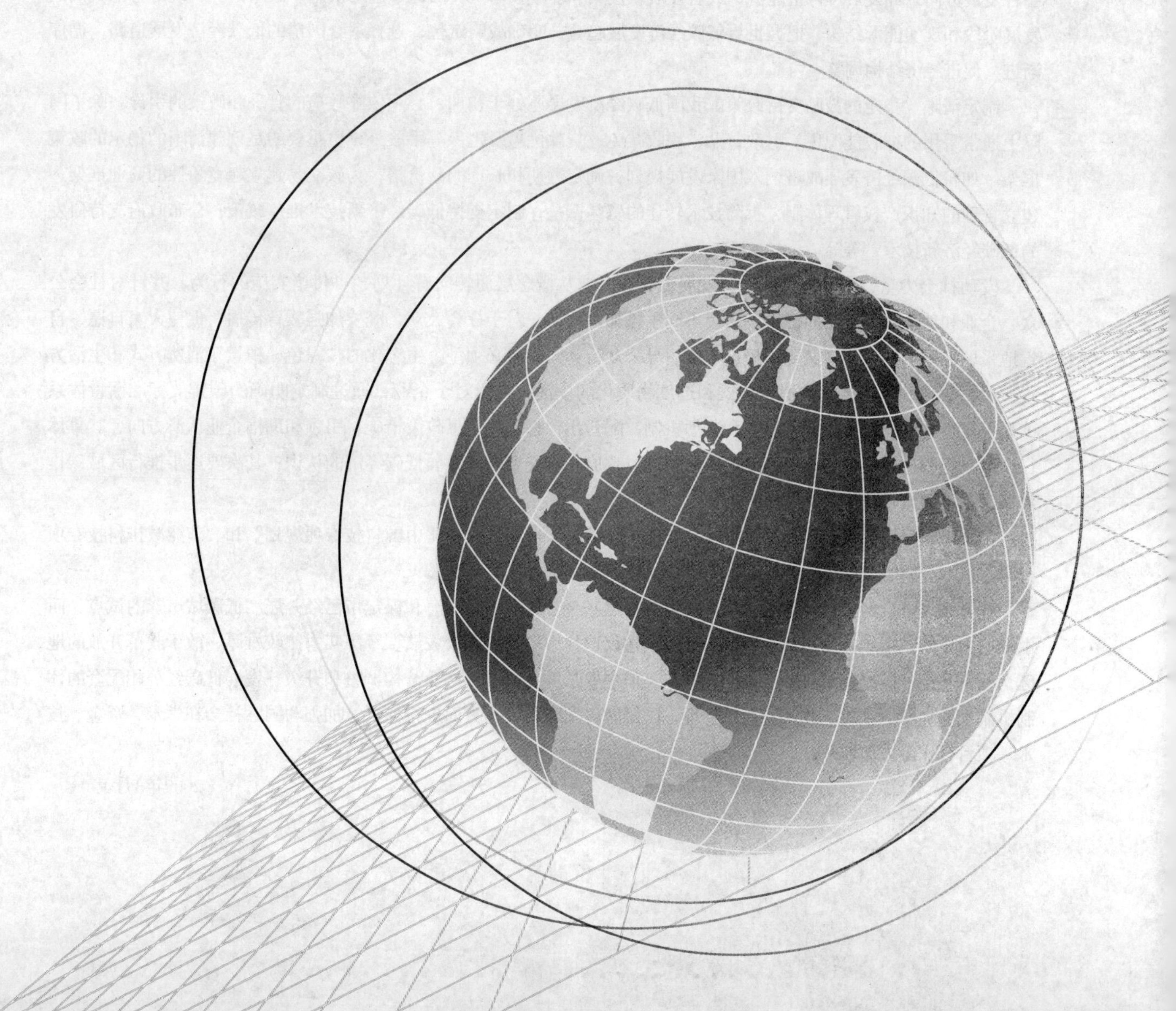

关于发展低碳经济的建议

九三学社中央委员会

在全球气候变暖的背景下，发展低碳经济以限制排放温室气体已逐渐成为全球性共识，2008年世界环境日的主题就是“转变传统观念，推行低碳经济”。发展低碳经济，提倡低碳的生产、生活方式，是解决气候问题的根本出路，也是大势所趋。有专家认为，低碳经济可能成为继联合国宪章、关贸总协定之后世界发展格局的又一重大规则。从战略层面来看，未来的国际经济竞争很可能是低碳经济的竞争，谁超前部署，谁就可能赢得先机。

对我国而言，发展低碳经济既是中国负责任形象的展示，也是我国可持续发展、转变经济发展模式的历史机遇所在，是缓解外部压力和内部约束的重要途径。外部压力在于发达国家经济历经工业化、信息化之后正在走向“低碳化”，必然利用其在环保和节能技术和产业方面等低碳技术上的先发和领先优势，强制推行限制碳排放等新的绿色壁垒，迫使购买他们的技术和产品，获取巨额收益。内部约束突出表现在高能耗、高污染、低产出、低效益的粗放式发展模式带来的资源和环境约束，已成为制约我国经济社会持续发展的瓶颈。为此，提出以下建议。

做好战略定位，加强战略研究。目前，全球向低碳经济转型尚未有可资借鉴的成熟模式，走向低碳经济可以有各种发展方向，如发展可再生能源，或者发展碳搜集和埋藏技术等。因此，应尽快组织战略研究，统筹考虑我国的发展阶段和现实能源结构，把握世界低碳经济发展趋势，明确战略定位，选择适合国情的低碳经济发展道路，循序渐进，促进经济结构调整。

制定清晰、稳定的鼓励支持政策。我国低碳经济发展还处于初期，必须依靠政府的管理和政策的引导。除了国际上通常采用的征收能源税、财政补贴、税收减免、贷款优惠及担保等手段外，更重要的是创建清晰的稳定的政策框架。如将低碳经济发展战略纳入国家发展规划；确定近期和长期的碳价格，为碳交易建立起竞争性的商业框架；建立合理的知识产权管理体制，拆除技术转让的贸易壁垒；制定支持低碳经济新技术推广政策；公布政府支持研发的低碳经济新技术，等等。

发动社会力量，推动全民参与。发展低碳经济要从概念层面转向有计划、可付诸实施的行为，并针对社会公众、企业和地方政府等不同群体，采用不同手段加以推动。对于社会大众，既要加强教育传播，促使大家自愿、自觉地采取低碳生活方式；又要积极影响和引导公众行为，倡导必须型、生态化的“绿色、精量”消费方式和生活方式，反对奢侈型、形式化的消费方式和过度物质化的生活方式。对于企业，通过制定明确的碳排放标准衡量体系（如设定行业、领域碳排放上限）和奖惩机制，配套出台相关的优惠政策措施，引领和助推企业认清方向，“集体行动”自觉跟进，促进低碳经济发展。对于地方政府，首先要提高发展低碳经济的认识；其次要逐步推行区域碳排放额度逐年递减和减排量交易制度。

加强低碳经济关键技术和共性技术科技攻关。落实“应对气候变化中国科技专项规划”和“节能减排科技专项行动方案”。同时，应逐渐提高低碳经济发展的管理水平。

抓紧开展低碳经济试点示范工作。在世界自然基金会资助下，上海和保定市已经开展“低碳城市”的试点，而由政府主导的试点示范工作却还迟迟未开展。建议选择市场经济比较成熟、经济实力比较雄厚、敢于改革开放的地区，抓紧实施低碳经济试点示范工作。试点工作主要从城乡消费，产业结构调整和升级，发展低碳经济相配套的体制机制调整完善，法规、政策、行政管理、国民教育配套跟进等方面进行探索，加强与国际社会在学术、资金、技术、项目合作等方面展开。

（2009年3月）

关于推行低碳经济、促进科学发展的若干思考

冯之浚 金涌 牛文元 徐锭明

低碳经济是低碳发展、低碳产业、低碳技术、低碳生活等一类经济形态的总称。低碳经济以低能耗、低排放、低污染为基本特征，以应对碳基能源对气候变暖影响为基本要求，以实现经济社会的可持续发展为基本目的。低碳经济的实质在于提升能效技术、节能技术、可再生能源技术和温室气体减排技术，促进产品的低碳开发和维持全球的生态平衡。这是从高碳能源时代向低碳能源时代演化的一种经济发展模式。

在人类社会发展过程中，为了获取能源而大量消耗化石能源，致使地层中沉积碳库的碳以较快的速度流向大气碳库，从而引发了温室效应、环境污染等灾难性问题。据世界银行统计，在20世纪的100年当中，人类共消耗煤炭2650亿吨，消耗石油1420亿吨，消耗钢铁380亿吨，消耗铝7.6亿吨，消耗铜4.8亿吨，

同时排放出大量的温室气体，使大气中CO_2浓度在20世纪初不到300ppm(百万分率)上升到目前接近400ppm的水平，并且明显地威胁到全球的生态平衡。据预测，到2050年世界经济规模比现在要高出3~4倍，而目前全球能源消费结构中，碳基能源(煤炭、石油、天然气)在总能源中所占的比重高达87%，未来的发展如果仍然采用高碳模式，到本世纪中期地球将不堪重负。由此，以低碳经济为基本内涵的发展模式就提到了日程之上。

“低碳经济”概念最早正式出现在2003年的英国能源白皮书《我们能源的未来:创建低碳经济》中，在其后的巴厘岛路线图中被进一步肯定。2008年的世界环境日主题定为“转变传统观念，推行低碳经济”，更是希望国际社会能够重视并采取措施使低碳经济的共识纳入到决策之中。

目前，我国深入实践科学发展观，努力建设资源节约型与环境友好型社会，大力倡导循环经济，在中央文件和领导人讲话中，多次提出要将节能减排、推行低碳经济作为国家发展的重要任务。作为发展中大国，我国人口数量众多、经济增长快速、能源消耗巨大、自主创新能力不足，来自于能源、环境的压力也十分巨大。依照著名的卡亚公式原理，人均“碳足迹”(碳足迹表示一个人或者区域的“碳耗用量”)取决于人口数量、人均GDP、能源强度和单位能源含碳量等几个变量，中国的能源消耗和CO_2排放，在世界上受到极大关注，我们必须采取有力行动，积极应对温室气体减排导致的国际经济格局和贸易规则的变化。因此，发展低碳经济不仅是我国转变发展方式、调整产业结构、提高资源能源使用效率、保护生态环境的需要，也是在国际金融危机的情况下增强国内产品的国际竞争力、扩大出口以及缓解在全球温室气体排放等问题上所面临的国际压力的需要。这既符合我国现代化进程的要求，又可以面对来自国际上的挑战。

研究指出，2007年我国碳基燃料共排放CO_2达到54.3亿吨，居全球第二。在2007年，我国每建成1平方米的房屋，约释放出0.8吨CO_2；每生产1度电，要释放1公斤CO_2；每燃烧1升汽油，要释放出2.2公斤CO_2。这些数字表明，中国的能源消费处于“高碳消耗”状态，加上中国的化石能源占总能源数量的92%，其中煤炭要占68%，电力生产中的78%依赖燃煤发电，而能源、汽车、钢铁、交通、化工、建材等六大高耗能产业的加速发展，就使得中国成为“高碳经济”的典型代表。在未来的30年，我国将继续处于国际产业链低端的不利地位，处于工业化中期“重化工业”加速发展、工业化与城镇化同时并举的阶段，这个阶段也是能源资源快速增长的时期；13亿人口的生活质量提高，也会带来能源消耗的快速增长；生产领域、消费领域和流通领域都处于高碳经济的状况，必然导致温室气体的高排放，产生一系列政治、经济、外交、生态等严重后果。这种严峻的挑战，使得我们必须将推行低碳经济模式提到国家战略层面加以思考。

为实现低碳经济的发展，我们提出以下建议：

一、以观念更新推进低碳经济

切实贯彻低碳经济是落实科学发展观的重要途径，大力宣传低碳经济的概念、内涵、措施和发展低碳经济的重要性、必要性，通过产业结构的调整、能源结构的调整、科学技术的创新、消费过程的优化、政策法规的完善等措

施，全面推行低碳经济，促进发展方式的转变，努力建设资源节约型、环境友好型社会，实现我国经济社会又好又快发展。

二、以结构创新推进低碳经济

淘汰落后技术，以大规模生产替代小规模生产是产业结构调整的一项重要举措。由于我国在2006~2007年两年间依法淘汰了一大批落后的生产力，关停了小火电2157万千瓦、小煤矿1.12万处，淘汰落后炼铁产能4659万吨/年、小炼钢产能3747万吨/年、小水泥产能8700万吨/年，使得节能减排取得了积极进展。2007年单位GDP能耗比2006年下降了3.27%，随之单位GDP废水COD排放下降了3.14%，SO_2排放也下降了4.66%，可见这一举措见效很快。同时，发展资源回收利用的“静脉”产业，大幅度减少资源、能源消耗。我国每年产生10亿吨左右的工业废渣，其中钢渣、粉煤灰、电石渣、煤矸石、磷渣等都可以用作建筑材料，可以节约生产建材的能耗。

三、以科技创新推进低碳经济

科技进步是解决日益严重的生态环境和资源能源问题的根本出路。发展能源科技，要早谋划、早安排，建立能源科技储备，当前要瞄准低碳能源和低碳能源技术，积极开展研究开发和示范工作。一方面依托现有最佳实用技术，淘汰落后技术、推动产业升级，实现技术进步与效率改善;另一方面大力推动相关技术创新，包括碳捕获和碳封存技术、替代技术、减量化技术、再利用技术、资源化技术、能源利用技术、生物技术、新材料技术、绿色消费技术、生态恢复技术等，通过理论、原理、方法、评价指标等方面的创新，寻求技术突破，以更大限度提高资源生产率及能源利用率。

据悉，全球已有50多家金融机构投资13亿美元进行低碳技术开发，以期在低碳经济上占领技术制高点。这些低碳技术广泛涉及石油、化工、电力、交通、建筑、冶金等多个领域，包括煤的清洁高效利用、油气资源和煤层气的高附加值转化、可再生能源和新能源开发、传统技术的节能改造、CO_2捕集和封存等。我国有广阔的市场，应欢迎并引进国外的先进理念、技术和资金到中国来，共同示范，共享成果，争取双赢，为我国低碳经济技术发展开创新的道路创造条件。我们应积极参与国际上关于低碳能源和低碳能源技术的交流，尤其是要加强与发达国家在低碳能源技术和碳捕获与碳封存技术方面的交流合作。

四、以消费方式创新推进低碳经济

在不断提高人民生活质量的前提下，进行消费领域节能和减少CO_2排放也有巨大潜力。我国建筑及居民生活用能量很大，节能问题值得重视。我国城乡民用建筑面积约为400亿立方米，每建成1平方米的房屋，约释放出0.8吨CO_2，建筑能耗已占总能耗20.7%。预计到2020年全国城市人口比例将达到56%，约新增110亿平方米以上需采暖的民用建筑，2020年比2004年可能需增加2.5亿吨标煤、5800~6300亿千瓦时用电。与国外建筑相比，我国建筑的保温能力较差，造成大量能量损失，需要特别关注。在建筑采暖方面，入户取暖热水(或蒸汽)分户计量收费、补贴窗户双层玻璃改造、纤维板装修内保温、太阳能蓄热、地热取暖等均为有效的方法。此外，生物质纤维作为保暖材料节能与生物质作为燃料发电供暖相比，会有数倍的节能减排功效。

随着汽车工业的发展，交通用能迅速增加，已在总能量需求中占30%的比例。汽车交通用能大量消耗液体燃料，加剧了宝贵石油资源的快速消耗。每燃烧1升汽油，要释放出2.2公斤CO_2。

然而，汽车交通运输过程中汽油的总能量利用效率并不高，仅为0.3%~0.5%，这也需要我们认真研究。

在CO_2减排的过程中，普通民众拥有改变未来的力量。联合国环境规划署2008年6月发表公开报告，对个人采取低碳生活方式提出了具体意见:用传统的发条式闹钟替代电子钟，这可以每天减少大约48克的二氧化碳排放量;用传统牙刷替代电动牙刷，可减少48克二氧化碳排放量;把在电动跑步机上45分钟的锻炼改为到附近公园慢跑，可以减少将近1公斤的二氧化碳排放量;不用洗衣机甩干衣服，而是让其自然晾干，这可以减少2.3公斤的二氧化碳排放量;在午餐休息时间和下班后关闭电脑及显示器，可以将这些电脑的二氧化碳排放量减少三分之一；改用节水型沐浴喷头，不仅可以节水，还可以把3分钟热水沐浴所导致的二氧化碳排放量减少一半。

五、以管理创新推进低碳经济

首先，在审慎分析全球气候变化的背景下，组织专家仔细核算中国的“碳足迹”，建立科学合理的“碳预算”制度，进一步完成具有中国特色的“碳交易”模式，作为权威性的国内法规应对国际气候变化对于中国的挑战。

其次，应将发展低碳经济纳入政府规划，制定出低碳经济的“国家方案”和行动路线图，与国家的“发展规划”、“能源规划”、“循环经济规划”和“节能减排规划”相衔接，形成一个具有国家意志的可操作的低碳经济发展蓝图。第三，应突出主要工业行业和重点企业的发展责任，尤其对六大高耗能产业和东部发达地区，要进一步制定出分阶段实施目标的重大措施，着力解决影响低碳经济发展的重大问题。第四，注重发挥政府、行业协会、企业和公众等各类主体的积极性，形成推进低碳经济发展的整体合力。在每个企业、每个部门和每个家庭，可推行简易的碳排放核计每日流程表。从基层入手，既能衡量对于CO_2的排放数值，又能将生态文明和绿色发展的理念贯彻到每个国民的心中。

通过政府、行业指导，制约企业行为和市场消费行为是推动低碳经济的重要手段，从约束和激励两个方面建立法律制度，在强化法律约束力的同时，通过一系列的优惠激励政策，支持和推动企业、公众大力发展低碳经济。可以采取：强化实施新建企业的技术水平、生产规模等准入门槛;对于已有企业，按生产技术水平档次、生产规模进行累进税制，以压缩小型落后产能;以市场配额制，促进先进大型企业在扩大生产能力时，优先考虑兼并小企业和采用先进技术移植改造小型落后产能;鼓励新节约产品推广，政府积极采购，并实行价值补贴；利用税收政策，限制高能耗、高水耗、高污染和高资源消耗的低附加值产品出口。

依据中国低碳发展路线图的初步设计，推行低碳经济，大力实施产业升级和结构调整，发展清洁生产，努力减少碳源增加碳汇，进一步加大碳中和、碳封存和碳捕获的技术创新力度，全面实施循环经济、清洁发展机制，提倡绿色消费。在这些综合性措施下，到2030年中国的CO_2排放总量将可能出现“拐点”，每万元GDP的碳排放下降到1吨以下，人均的碳排放不超过3吨，基本实现低碳经济的第一阶段战略目标。

推行低碳经济是实现科学发展的重要突破口。我们应当积极开展对低碳经济发展战略与有关政策的研究，组织专家核算中国的“碳足迹”，研究科学合理的“碳预算”制度，完善中国特色的“碳交易”模式；积极参与国际低碳技术交流和低碳经济领域的合作，积极关注温室气体、气象变化对国际经济格局和国际贸易规则变化的影响与对策研究；努力创造条件将低碳经济写入“十二五”规划。

(冯之浚：国务院参事、原全国人大环资委副主任；金涌：中国工程院院士；牛文元：中国科学院可持续发展战略研究组组长；徐锭明：国家能源专家咨询委员会主任、国务院参事。该文原载于2009年4月21日《光明日报》)

中国气候与环境演变（节录）

秦大河

目前全球正在经历一场以变暖为主要特征的气候变化。气候变化产生了诸多方面的影响，特别是在环境方面，比如水资源短缺、生态系统退化、土壤侵蚀、生物多样性锐减等等。由于人类活动所引起的气候变化及其影响是多尺度、全方位、多层次的，正面和负面影响并存，但负面影响大于正面影响，已经对中国经济社会的可持续发展构成现实性的威胁，引起了各方面的高度关注。

气候变化的问题既是科学问题，也是技术、经济、社会、政治乃至外交问题，是自然科学和社会科学紧密结合的一个学科。

一、全球变暖已经是不争的科学事实

1988年世界气象组织和联合国环境规划署联合组建了政府间气候变化专门委员会(IPCC)，定期对气候变化的影响和减缓进行评估。IPCC评估报告反映的是科学界对气候变化问题最权威、最全面的认识，代表了目前对全球气候变化研究的科学认知水平，成为各国制定相关政策的重要依据。

IPCC分别于2007年的2月、4月和5月正式发布了第四次评估报告，阐述了当前对气候变化主要原因、气候变化观测事实、气候的多种过程及原因以及未来气候可能变化的科学认识，气候变化的主要影响以及减缓气候变化的研究进展，反映了当今国际科学界的主流观点。

报告认为，人类活动对气候的影响总体上是增暖的。由于人类活动的影响，自1750年工业革命以来全球大气中二氧化碳、甲烷和氧化亚氮等温室气体的浓度显著增加，它们的总体效应是引起气候变暖。

最新的观测事实表明，气候变暖是不容置疑的。根据气候代用资料和仪器观测的近2000年来的全球地表平均温度的变化，显示出从上个世纪开始温度急剧上升，1998年和2005年是近一千年来温度最高的两年。近百年来全球平均地表温度上升了0.74℃，其中尤以1910~1945年和1979~2005年的升温最为明显。20世纪后半叶北半球平均温度很可能比近500年中任何一个50年时段的平均温度都高，并且可能至少在最近1300年中是最高的。从全球分布来看，全球所有地区都变暖，而且北半球中高纬度地区变暖更明显。

冰冻圈是地球气候变化的关键圈层，由于气候变暖，国际冰川协会统计的20条冰川都表现为退缩。海冰也在变化，北极海冰在减少，尤其是春季海冰，但是南极海冰面积有所上升。在欧亚大陆，北半球中高纬地区，每年三到四月份平均的积雪面积也在逐渐下降，这也和全球变暖有关系。全球变暖造成的冰川、积雪融化，以及海洋温度上升引起的热膨胀等，引起了海平面的上升。整个20世纪的海平面上升估计为0.17米，最近50年上升的速度还在加快。

近50年极端天气气候事件发生了明显变化。观测表明，近50年来，大部分陆地区域的强降水发生频率已经上升，与增暖和观测到的大气水汽含量增加相一致。极端温度发生了大范围变化，冷昼、冷夜和霜冻变得更为少见，而热昼、热夜和热浪变得更为频繁。自1970年以来，在更大范围地区，尤其是在热带和副热带，发生了强度更强、持续更长的干旱。

近50年全球变暖“很可能”是人类活动所致。全球大气二氧化碳浓度已从工业化前的约280ppm，增加到了2005年的379ppm，该浓度值已经远远超出了根据冰芯记录得到的六十五万年以来的自然变化范围。人类活动(尤其是化石燃料的使用)“很可能”是导致气候变暖的主要原因。“很可能”表示至少90%以上的可能性，这比六年前的科学认识水平有所提高。

本世纪末全球平均升温幅度大致为1.1~6.4℃，与此同时，全球海平面可能上升0.18到0.59米。在未来20年中，气温大约以每10年0.2度的速度升高。在全球继续变暖的背景下，本世纪极端干旱、高温和暴雨发生频率可能增加，热带气旋强度可能增强。大约从1970年以来，全球呈现出热带气旋强度增大的趋势，未来随着热带海表面温度的升高，热带气旋(包括台风和飓风)可能会变得更强，这会导致风速更大、降水更强。

总之，国际主流气候科学界再一次向全世界发出了比以往更加明确、肯定的信息:更大程度的、不寻常的全球变暖已经是不争的科学事实，人类活动对气候变化具有显著影响。

二、气候变暖使中国环境明显变化

中国是一个历史悠久的国家，很多气候资料可以通过历史文字、文献，利用一定的科学方法进行重建。中国近2000年来有4个明显的暖期，即公元一世纪到二世纪，公元570~980年，公元930~1320年，1920年至今。近百年来中国气候变化的情况和全球趋势是一样的，升温幅度约为0.5~0.8℃，与同期全球平均值大体相当。20世纪以来主要有两个增暖期，分别出现在1920~1940年与1980年中期以后。与全球及北半球平均一样，近100年中国的增温也主要发生在冬季，而夏季气温变化不明显。从1986/1987年的冬季至今，中国已经经历了19个暖冬(仅2004/2005年的冬季为正常)。特别是2006年，中国平均气温9.92℃，比过去最暖的1998年还高0.01℃，成为1951年以来创纪录的最暖年。增温最强烈的地区为华北、内蒙古东部和东北地区。

降水量从1905年到2004年表现出近百年来降水呈减少的趋势，换句话说就是温度在增加，但是降水在减少。降水仍然是华北、东北大部分地区比较少，其他的地区，包括西部地区的降水增加，即总体增加，局部有增有减。全球变暖还反映在全国霜冻日数的变化，从1951年到2000年霜冻日数是减少的。从上世纪后半叶到现在，中国北方的沙尘暴是减少的。

现代冰川是中国重要的水源地，也是中国西部经济社会发展赖以生存的关键所在。打开中国地图，无论是在中国西部，像祁连山还是天山，山上有冰川，山下就有绿洲;如果没有冰川，山下就是沙漠。绿洲生态系统在西部地区是支撑国民经济和社会发展重要的生态要素。但是由于气候变化，中国西北的冰川面积是在减少的，而且预计到2050年还要进一步减少。新疆天山乌鲁木齐一号冰川的监测显示，从1540年到现在，这条冰川不断退缩;到1994年，原来是连在一起的冰川变成了两个独立的冰川，冰川的面积有了很大的减少，估计减少了15%以上。青藏高原是多年冻土区，上世纪90年代中期到现在沿青藏公路一线地面以下5米的温度逐年上升。中国三大积雪地区，包括新疆、青藏高原和北方(包括内蒙古和东北)，其中新疆积雪面积是增加的，青藏高原地区增加得就更为明显，东北和内蒙古的积雪面积变化不明显。

从中国主要河流的径流量变化来看，径流量增加的是松花江上游的哈尔滨站和黄河上游的唐乃亥站，这可能与冰川融化和冻土融化有关系，其他水文站的观测都是在减少。径流量减少的原因是人类对水资源不合理的利用。从全国来看，从20世纪60年代到本世纪初，全国的湖泊面积大大减小，主要是人类活动造成的。中国的湿地面积也大大减少。

森林覆盖率在远古时期曾达到50%以上，但现在只有17%左右。中国的地表植被分布也发生了很大的变化，特别是在西北地区，现代温带荒漠的范围与距今8000~3500年的气候最宜期相比大大扩展，生态和环境进一步恶化。而且中国荒漠化土地范围介于末次冰期冰盛期(距今16000~21000年)和全新世气候最宜期之间。草原退化也很严重，现在退化的草原面积已经占到草原总面积的90%。生物多样性破坏很严重，比如说野马、野骆驼等野生动物的生存环境处于极危状态，淡水湖泊生态系统退化十分严重等等。另外因为全球变暖，中国沿海海平面上升趋势非常明显，最近50年上升的速度是每年2.5毫米。红树林、珊瑚礁等海洋生态系统都发生了退化。

三、未来的气候

对未来气候变化趋势的估计主要是通过气候系统模式来进行的。中国气象局国家气候中心也开发和研制了气候系统模式，利用这个模式预估了全球和中国未来的气候变化情况。到21世纪末中国气候将继续明显变暖，尤以冬半年、北方最为明显。与1961~1990年的30年平均相比，到2020年中国年平均气温将可能变暖1.3~2.1℃，2030年可能变暖1.5~2.8℃，2050年变暖2.3~3.3℃，2100年变暖3.9~6.0℃。最大增温区域在华北、西北和东北的北部。年降水量到2020年可能增加2%~3%，2050年增加5%~7%，2100年增加11%~17%。预计在2100年北方降水日数会增长，南方大雨日数会增加，极端天气气候事件发生频率将可能发生变化，海平面继续上升。冰川融水继续增加，草原全面退化。这种长期的气候趋势估计比天气预报的准确性低得多，因为包括很多不确定性，而且自然变化的影响还很难预料，所以只能根据现阶段的认识水平进行展望，但是总的变化趋势是变暖，只是在于幅度有多大。

气候变化对人类与自然系统有重要影响。由于生态系统和人类社会已经适应今天以及最近过去的气候，因此，如果这些变化太快使得生态系统和人类社会不能适应的话，他们将很难应对这些变化。对于许多发展中国家，这可能会对基本的人类生活标准(居住、食物、饮水、健康)产生非常有害的影响。对于所有的国家，极端天气气候事件发生频率的增加将会增大天气灾害的风险。气候变化对中国经济社会的影响有正面的，也有负面的影响，其中一些变化实际上是不可逆的，因此我们更关注的是负面影响。据统计，1950年到2000年，特别是1990年以后气象灾害造成的经济损失急剧增加。原因有两个，一方面极端天气事件增多，另一方面中国总体经济体量增加，因此经济损失的绝对值大幅升高。

气候变化对农业的影响是负面的。预计到2030年，中国三大作物，即稻米、玉米、小麦，除了灌溉冬小麦以外，均以减产为主。气候变化对水资源的影响也很大，全球变暖使水循环的过程速度加快，降水的空间不均匀性增加。气候变化对重大工程也有影响，如长江上游降水量的增加，导致地质灾害的频率会增加，对三峡水库的安全运营会造成一定的影响。另外气候变化也会影响青藏铁路和公路，大大增长铁路和公路运行维护的投资。

在全球变化的影响下，中国干旱区范围将扩大。若二氧化碳浓度加倍，温度上升1.5℃时，中国干旱区面积扩大18.8万km^2，湿润区缩小15.7万km^2；若二氧化碳倍增，温度上升4℃时，干旱、半干旱区和半湿润干旱区面积将扩大84.3万km^2，湿润区将缩小59.9万km^2。

随着全球变暖，未来50~100年，海平面将继续上升。目前中国海平面上升的趋势比较明显，据专家预测，中国未来海平面还将继续上升，到2030年中国沿海海平面上升幅度为1~16厘米，到2050年上升幅度为6~26厘米，预计到21世纪末将达到30~70厘米。

全球变暖后，中国的冰川、冻土和积雪可能减少，山地冰川将继续后退萎缩。根据小冰期以来冰川退缩的规律和未来夏季气温和降水量变化的预测，估计到2050年中国西部冰川面积将减少27.2%。未来50年中国西部地区冰川融水总量将处于增加状态，天山北麓与河西走廊最大融水径流预计出现在21世纪初期，其年增长量为几百万到千万立方米不等;柴达木及青藏高原的内陆河流域冰川融水高峰期预计将出现在2030~2005年，年增长约20~30%;塔里木盆地周围高山冰川2050年前径流增加量可达25%左右。据科学家推断，到2050年，乌鲁木齐河源小冰川将基本消失，从小冰期的后期到2100年，中国冰川在350年中将损失二分之一。

随着全球进一步变暖，冻土面积继续缩小。未来50年，青藏高原多年冻土空间分布格局将发生较大变化，80~90%的岛状冻土发生退化，季节融化深度增加，形成融化夹层和深埋藏冻土;表层冻土面积减少10%~15%，冻土下界抬升150~250米，亚稳定及稳定冻土温度将升高0.5~0.7℃。

高山季节性积雪持续时间将缩短，春季大范围积雪提前消失，积雪量将较大幅度减少，积雪年际变率显著增大。到2050年冬季气温如升高1~2℃，随着降雪量缓慢增加，青藏高原和新疆、内蒙古稳定积雪区深度将分别以2.3%和0.2%的速度缓慢增加。同时，雪深年振幅将显著增大，大雪年和枯雪年的出现更为频繁。到2100年，大范围积雪将可能于每年的3月份提前消失，春旱加剧，融雪对河川径流的调节作用大大减小。

气候变化对生物多样性的影响，取决于气候变化后物种相互作用的变化，以及物种迁移后与环境之间的适应性平衡。在迁移过程中，生态系统并不是作为一个一个单元整体迁移的，它将产生一个新的生态结构系统，生物物种构成及其优势物种都将会变化，这种变化的结果可能会滞后于气候变化几年、几十年，甚至几百年。植被模拟研究证实，气候变化使某些物种由于不能适应新环境而有濒临灭绝的危险，也可能出现新的物种体系。

有关研究表明，在未来气候增暖而河川径流量变化不大的情况下，平原湖泊由于水体蒸发加剧，入湖河流的来水量不可能增长，将会加快萎缩、含盐量增长，并逐渐转化为盐湖;高山、高原湖泊中，少数依赖冰川融水补给的小湖，可能因为冰川融水增加而扩大，后因冰川缩小后融水减少而缩小。如未来温度继续升高，湖区水面蒸发和陆面蒸散均会有所增加，若多年平均降水量仅增加10%，仍不足以抑制湖面的继续萎缩;如降水增加20%或更多，湖泊来水量会增加，水面上升，湖水淡化。

气候变化对人类本身主要的直接影响是极端高温产生的热效应，它将变得更加频繁、更加普遍，影响人类健康。同时，较高的温度也有助于某些热带疾病向新的地区传播。

四、减缓气候变化是否有“锦囊妙计”

全球气候变化不仅是一个环境问题，它和经济社会密切相关，因而也是经济问题和政治问题。国际社会对全球气候变化高度重视。为了减少气候和环境变化的恶化趋势，必须采取适应与减缓措施。

气候变化适应的含义包括两个方面：一是适应性，它是指自然生态（也包括社会经济）系统的功能，过程和结构对实际发生的气候变化调整的可能程度。适应可以是自然的，也可以是有计划的，可以是对现实变化的反应，也可以是未来气候变化的对策。二是适应能力，这是指一个系统，地区或社会适应气候变化影响的潜力或能力。决定一个国家或地区适应能力的主要因素有：经济财富、技术、信息和技能、内部结构、机构以及公平。

农业及生态系统是适应气候变化的重点或优先领域。这包括不断提高农业对气候变化的应变能力和抗灾减灾水平；选育抗逆品种，采用稳产增产技术；发展包括生物技术在内的新技术；科学地调整种植制度，适应气候变暖。

林业的适应措施包括，进行种源选择，提高物种的气候适应性；扩大自然保护区的数量和面积，保护天然次生林和原始林及森林生物多样性；继续提倡植树造林，扩大绿化面积，加强森林火灾预防及病虫害的防治。

对于草地，退耕还牧，恢复草原植被，增加草原的覆盖度，提高保土作用，防止荒漠化进一步蔓延。以草定畜、控制草原的载畜量是扭转当前过度放牧、草场严重超载以及恢复草原植被的最有效途径之一。建设人工草场，考虑气候变化对不同牧草的生物量的影响，选择耐高温抗干旱的草种并注意草种的多样性，避免草场的退化。

水资源的适应问题也是优先考虑的一个领域，它包括在经济发展中考虑水资源的承载能力;促进全社会节水，充分利用大气降水；发展人工增雨技术，合理开发利用空中水资源；建设淡水调蓄工程，提高水资源供给的应变能力;加强水资源变化的监测和水资源变化规律的研究。

在沿海和海岸带地区要加强对海平面上升的监测和预警;修订规划和有关环境建设标准;修建坝堤等防护工程设施，制定生态系统保护措施;落实对海岸带加强管理和保护的职责;控制陆地沉降，沿岸带陆地表面的沉降也可导致相对海平面的升高。

要适应环境或气候的变化是人类经过无数教训后的新理念。适应气候变化也是需要成本的，因此就有一个适应能力的问题，但几乎可以认定，适应对策是无悔对策，是双赢的战略。一般来讲，减少系统的脆弱性与可持续发展的目标是一致的。适应能力是一个与可持续发展政策密切相关的概念。

减缓气候变化主要是减少温室气体排放，使其和气候变化、人类自然系统、经济社会发展达到一种良性循环的状况，实现经济社会可持续发展以及《联合国气候变化框架公约》的最终目标，即“将大气中温室气体的浓度稳定在防止气候系统受到危险的人为干扰的水平上”。

由于世界经济不断增长，未来全球能源需求将持续增长，因而从减缓气候变化的能源战略看，应优先考虑节能，其次是考虑发展清洁能源，优化和调整能源结构，实施煤的清洁利用，促进科技发展，开发先进技术和发展循环经济。其中技术发展以及政策措施、社会行为变化等可以明显降低能源需求。先进技术的开发和应用是减少排放的最有效手段，这方面工作一直在进行，这些技术大多集中于提高矿物燃料或电力的利用效率，以及低碳能源的开发，它包括:大规模可再生能源技术(太阳能、风能、生物质能、水电)，先进清洁煤技术，先进核电技术，先进天然气发电技术，非常规能源利用技术，合成燃料利用技术，脱碳和碳封存技术等。特别值得提及的是碳封存技术，它包括自然碳封存、地质碳封存和海洋碳封存。自然碳封存是指增加陆地生态系统对二氧化碳的吸收，以此把二氧化碳固定于土壤中，限制砍伐森林，植树造林是其中最有效的方式。地质碳封存是把二氧化碳排放源(如油井、火力发电厂、化学工厂等)排放的二氧化碳捕获和分离，然后注入密闭的矿井或很深的地质结构层中。海洋碳封存主要在海面通过播撒一些矿物质(如铁元素)激活浮游生物，增加其对二氧化碳的吸收，以后在这些浮游生物大量死亡后，以有机碳形式通过生物泵沉入海底，不再参加地球上的碳循环。

中国作为发展中大国，在应对气候变化问题上面临严峻的挑战。一方面中国生态环境脆弱，人均资源占有量低，极易受到气候变化的不利影响;另一方面中国人口多，经济发展水平低，还有几千万没有脱贫的农村人口和城市贫困人群。

据估算，中国2000年化石燃料产生的二氧化碳排放量为8.7亿吨碳，约占世界总排放量的13%，但人均二氧化碳排放量仅为0.65吨碳，相当于世界平均水平的61%，经济合作发展组织(OECD)国家人均排放量的21%。由于中国大力推进节能、促进能源结构调整、积极调整产业结构、推进技术进步，从1990年到2000年，中国GDP的二氧化碳排放强度下降了45%。但是，目前中国主要高耗能产品的能源单耗比国际先进水平仍平均高出40%左右，GDP能源强度更是高达OECD国家的3.8倍，这两个比较结果，除了说明实施技术节能仍有较大潜力，更说明中国产业结构不合理，产品附加值低，在产业结构的国际分工中处于价值链的低端。

（秦大河：中国科学院院士、中国气象学会理事长、全国政协人口资源环境委员会副主任。该文原载于2007年7月5日《光明日报》）

当前发展低碳经济的重点与政策建议（节录）

国务院发展研究中心应对气候变化课题组　张玉台　刘世锦　周宏春

气候变暖是全人类面临的共同挑战。发展低碳经济是我国应对气候变化、转变增长方式的必然选择，是资源节约型和环境友好型社会、生态文明建设的重要内容。在此提出我国发展低碳经济的一些建议，以供有关部门参考。

一、总体规划，为低碳发展创造条件

制定规划，不断提高社会生产和生活活动的碳生产率。一是将低碳经济纳入国民经济和社会发展规划，进行总体安排部署。二是将低碳技术研发纳入国家科技规划和相关科技计划。三是制定专项规划，提出低碳经济的概念、目标、重点和保障措施等，提出低碳经济的统计和考核指标，并作为国民经济规划中的引导指标。四是制定重点行业和部门的低碳发展规划，向低碳转型。

二、优化产业结构，发展低碳产业

在工业化和城市化加速发展的今天，避免重化工业过度发展带来能耗高、物耗高、碳排放高等问题，我国需要发展高能效、低碳排放的产业。一是提高“高碳”产业准入门槛，避免留下长久不利影响。二是调整结构，推进产业和产品向利润曲线两端延伸：向前端延伸，从生态设计入手形成自主知识产权；向后端延伸，形成品牌与销售网络，提高核心竞争力。三是发展高新技术产业和现代服务业，用高新技术改造钢铁、水泥等传统产业，降低GDP的碳强度。四是将低碳发展纳入国家产业振兴规划的原则考虑和当前安排，为低碳发展创造条件。

三、发展壮大循环经济，重点抓好工业节能减排

发展循环经济，将减量化放在优先位置。减量化从减少生产环节入手，推进资源能源的循环利用和高效利用，变废为宝，化害为利。持续推进节能减排，当前的重点应放在工业节能上，这是由我国发展阶段和工业能耗所占比例决定的。控制高耗能高排放行业过快增长，加快淘汰落后生产能力；控制建筑和交通能耗的快速增长；加强制度建设，强化目标责任制的落实和评价考核，切实完成“十一五”规划提出的约束性指标。

大力推进生态农业和农业循环经济发展，大幅度减少化肥和农药使用量，农林剩余物可综合利用作为饲料、肥料、菌类基料、工业原料和发电原料，减轻焚烧对城市和机场周边的环境污染；加快太阳能和沼气技术的推广普及，既增加农村能源供应，又改善农民的卫生状况，保障食品安全。

四、加大新能源和可再生能源开发利用的扶持力度

尽管世界上还没有一个国家依靠新能源可再生能源完成工业化，但面对气候变暖的现实，各国已将可再生能源作为投资和扩大就业的重要领域，并成为国际竞争的焦点。我国也应加大投资和政策扶持力度，开发利用太阳能、风能、地热能、生物质能等新能源和可再生能源；依靠技术进步不断降低利用成本，切实解决新能源发电上网难题；加快研发先进技术和设备，推进第四代核能技术研发和产业化；多途径利用可再生能源，逐步提高其在能源中的比例，使之成为满足未来能源需求的重要补充，成为控制温室气体排放、保障能源安全的重要措施。

五、重视低碳技术的研究开发和技术储备

按照技术可行、经济合理的原则，研究提出我国低碳发展的技术路线图，促进高能效、低碳排放的技术研发和推广应用，逐步建立节能和能效、洁净煤和清洁能源、新能源和可再生能源以及自然碳汇等多元化的低碳技术体系；加快对燃煤高效发电技术、CO2捕获与封存，高性能电力存储，超高效热力泵，氢的生成、运输和存储等技术研发，形成技术储备，为低碳转型和增长方式转变提供强有力的支撑。

六、厉行节约，鼓励消费的同时反对浪费

鼓励选择高效利用能源和交通资源、少排放污染物、有益健康的出行方式，鼓励使用自行车、城铁（轻轨、地铁）、公共汽车等交通工具。发挥信息化优势，以信息化促进工业化，减少不必要出行，提高政府办事效率。

在提高生产中资源能源效率的同时，大张旗鼓地反对消费中的浪费，做到丰年不忘灾年，增产不忘节约，消费

不能浪费。我国在公款消费和餐桌上的浪费问题突出，有人还以饭菜丰盛乃至过剩为有面子，以过度劝酒为热情好客。因此，一是严格执行国家相关规定，加大公务接待活动的监督和处罚力度，刹住公款吃喝风；二是加强粮食和原材料采购、储存和加工管理，减少和防止腐烂变质造成浪费；三是鼓励发展快餐业，推进以中央厨房为主的集中生产、统一配送，建立健全餐饮服务标准等行规行约，鼓励剩菜打包，减少浪费。

七、用低碳理念规划和建设，开展低碳经济试点

建设低碳城市和基础设施。将低碳理念引入设计规范，合理规划城市功能区布局；在建筑物的建设中，推广利用太阳能，尽可能利用自然通风采光，选用节能型取暖和制冷系统；选用保温材料，倡导适宜装饰，杜绝毛坯房；在家庭推广使用节能灯和节能电器；在不影响生活质量的同时，有效降低日常生活中的碳排放量。

重视低碳交通的发展方向。加强多种运输方式的衔接，建设形成机动车、自行车和行人和谐的道路体系；建设现代物流信息系统，减少运输工具空驶率；加强智能管理系统建设，实行现代化、智能化、科学化管理；研发混合燃料汽车、电动汽车等新能源汽车，使用柴油、氢燃料等清洁能源，减轻交通运输对环境的压力。

选择典型地区、城市和重点行业进行低碳经济试点。借鉴国际经验，出台发展低碳经济的指导意见，引导地方和城市发展低碳经济；综合考虑经济、能源、碳排放等因素，研究制定价格形成机制，为我国塑造一个可持续的低碳未来。

八、制定相关政策，形成低碳发展的长效机制

开展“应对气候变化法”的立法可行性研究；在相关法规修订过程中，增加应对气候变化的有关条款，逐步建立起应对气候变化的法规体系。加强能力建设，提高气候变化的应对水平。

应对气候变化要有所为有所不为：近期将提高能源效率放在优先地位；进一步实施计划生育、节能减排、植树造林、可再生能源开发利用等政策；中远期（如2030年、2050年）采用法律的、行政的，特别是价格、排放权交易、自愿协议、能源服务公司等经济手段，形成长效机制。

九、加强国际合作，研发形成低碳技术体系

在气候变化国际谈判中，我国既要秉承一贯的原则立场，又要用好国际社会已达成的公约和文件精神，对可持续发展、共同但有差别责任原则等要坚持且不能让步，姿态要积极但不能冒进，行动要主动而不能盲从，策略要灵活又与时俱进。我国应当主张，发达国家必须强制减排，发展中国家自愿减排的成本必须由历史上过度排放的工业化国家承担，以树立负责任的发展中大国形象。

推动发达国家向发展中国家转让温室气体的减排资金和技术。通过气候变化国际合作的新机制，引进、消化、吸收先进适用的低碳技术；参与制定行业能效与碳强度的国际标准、标杆；使我国重点行业、重点领域的低碳技术、设备和产品达到国际先进乃至领先水平。

十、广泛宣传教育，提高领导和公众的认知水平

利用电视、报纸、影像等各种媒介，宣传普及气候变化和低碳经济的知识，让广大干部群众认识到应对气候变化的重要性和紧迫性。发展就要消耗能源，能源消费势必排放二氧化碳；降低二氧化碳排放强度、提高碳生产率，形成低碳的生产方式和消费行为，是我们保护地球这个惟一家园的必然选择。

(张玉台：全国人大环资委副主任；刘世锦：国务院发展研究中心副主任；周宏春：国务院发展研究中心社会发展部室主任)

哥本哈根会议是对气候变化的认知普及（节录）

苏　伟

哥本哈根联合国气候变化大会上，全世界的人对于气候变化都有一个更加直观的认识。这个会议最大的成绩就是对于全世界人进行了一场气候变化问题认识知识的普及、认识程度的提高。短短两个礼拜的会，由于借助一些现代的传媒技术，全世界的目光都聚焦在哥本哈根，对于哥本哈根谈判的每一步都是公开和透明的，全世界都在参与这件事情。应该说这是一个好事，一个是对于气候变化问题，大家有了进一步的认识，这个问题的确是一个非常严重的问题，关系到人类的生存，关系到中国的发展。同时，这个问题不仅仅是一个纯粹的科学问题或者是环境问题，实际上是和所有人切身的生存、发展密切相关的综合性问题。

就我们国家而言，对气候变化问题也是非常重视的。党中央和国务院，从人大到政协，方方面面的，还有社会各界，政府的部门、研究机构、企业、民间团体都在关注气候变化这个事情。从全球来看，中国国民对气候变化的关注，对气候变化的认识在世界上也是非常高的，这也表现了中华民族对人类、对世界负责任的态度。

气候变化问题说到底还是一个发展的问题。从1988年至1989年，国际上开始讨论气候变化问题，当时主要是科学方面，更多的是有环保的问题，主要是和当时的国际格局变化有关系。冷战结束了，传统战争的可能性越来越小，当然局部的动乱还会有，但是国际社会的注意力开始转向比较实际的问题，比如说经济领域、环保领域的问题，气候变化也是其中一个关注的问题。当时主要还是从环境、生态这个方面来考虑。

从国际上看，1992年联合国大会通过了《联合国气候变化框架公约》，一直到1997年通过了《京都议定书》，气候变化问题在国际上是往越来越实的方向发展。到2007年，巴厘岛通过了巴厘路线图，2009年结束的哥本哈根会议落实了巴厘路线图，应该说这个形势非常复杂，斗争非常激烈。争论的焦点一个是涉及到历史责任问题，虽然公约已经明确规定了发达国家200年工业化过程当中大量排放温室气体，造成了现在气候变化问题，但是这个问题所产生的影响不分有没有历史责任，所有的人都会受到气候变化的影响和危害。要解决这个问题也不是靠发达国家就能承担起的这样的责任，必须要经过国际合作，能够携手努力，共同应对，这也是《联合国气候变化公约》当时所确定的原则，就是“共同但有区别的责任原则”。

光说历史不行，因为发达国家在谈判当中还讲到未来和现在。目前来讲，发展中国家已经到了一个工业化、城市化的快速发展的阶段，他们在全球排放总量的比重在不断增加。对于发展中国家在谈判当中的立场也带来一些问题，现在中国虽然没有公布具体的排放数字，但是实际上中国已经成为第一大排放国，已经超过了美国，所以中国在国际谈判上的压力非常大。而且由于我国的国情和发展阶段所决定的，在今后一段时期，我们国家温室气体的排放还处在总量上增加，速度上也不会降下来，这需要一个过程，所以我们面临的压力会更大。我们和发达国家讲，你们要有历史责任，但是他们说未来的增量都是来自发展中国家，而中国的增量接近全球增量的70%，所以我们面临的压力也非常大。

这就是为什么我们在谈判当中要强调公平的原则，要综合考虑历史、现在和未来的排放。从这个意义上讲，我们相对还有优势。从人均来讲，我们已经超过世界人均的平均水平，所以这方面已经没有优势了。我们在谈判当中所要坚持的就是要综合考虑人均历史累计排放。中国社科院城市发展研究中心的潘教授帮我们出了一些很好的主意和理论，包括碳预算的概念，帮助我们在国际谈判当中坚持我们的主张，争取我们的利益，争取我们的发展空间，应当说起到非常好的作用。

从谈判来看，现在争论的焦点问题实际上就是谁承担什么责任的问题。他们对历史责任表面是承认的，但是具体落实到减排指标，一开始他们有点不认帐，他们虽然是《京都议定书》的缔约方，但是现在有一些反悔，认为随着发展中国家排放量的增加，要公平解决这个问题，光靠他们是不够的。他们认为，《京都议定书》中所涵盖的总量仅仅是35%左右，因为美国没有参加，他们就提出来，他们也不应当这样做。如果美国不参加有约束力的指标，欧洲或其他发达国家单独承担，在经济上必然会造成不公平竞争。他们提出要废止《京都议定书》，这也是最近国际谈判当中的焦点问题。

哥本哈根会议看似很热闹，主要还是两大阵营围绕着谈判的核心问题进行着争论，实际上进展并不是很大。因为从我们这方面讲，如果说还有什么成果的话，就是确认了巴厘路线图所确立的双轨谈判的机制，在具体的发达国家的减排指标和提供资金方面并没有取得任何实质性的进展。在谈判当中，欧盟、澳大利亚、日本和其他发达国家提出了一些指标，但是他们提出的指标距离科学上的要求和国际社会的期望还很远。总体看，不包括美国的话，到2020年相对于1990年的水平减少16%~23%，距离IPCC科学上25%~40%的要求还有很大的差距。

当然，美国承担所表达的目标更低，就是到2020年的时候，相对于2005年减排17%。如果换算成1990年作为基年的话，仅仅是减排4%，这是远远不够的。因为按照公约的要求，发达国家应该在2000年的时候回到1990年的水平，美国从2000年至2007年期间相对于1990年增长了16.8%。如果说他们按照《京都议定书》应该承担的减排指标的话，他们应该减排6%。现在奥巴马提出相对于1990年减排4%，假定他们参加《京都议定书》，实际上比这个议定书的要求还差2%，所以国际社会对他们并不是非常满意的。

还有一个关于资金的问题。克林顿到了哥本哈根以后，公然宣布美国还是承诺要筹集1000亿美元来帮助发展中国家，听起来是一个很大的数字，实际上这1000亿并不是美国要出的，是要帮助、推动和筹集1000亿的资金来帮助发展中国家，这就包括了其他发达国家出钱，也包括了发展中国家自己出的钱。他只是说要帮助发展中国家的资金达到1000亿。另外，对这里面的概念，他也做了一些手脚，他说1000亿并不仅仅是政府公共资金，实际上包含了私营资本，政府真正拿出来的钱是少之又少，这只是一个很大的馅饼。在2020年的时候情况到底怎么样，谁也说不清楚。还有10年的时间，他们只是一个权宜之计。在近期，他们说我们在三年拿出300亿，每年100亿，其实这里面也是虚的，他说的这些也不是政府真正拿出来的钱，即使拿出来，这个数字也不是非常多。这个钱里面，美国人能出多少，现在没有一个明确的数字，是不是公共资金，还是私人的投资，还有很多的问题。而且美国人附加了很多条件，以资金的问题作为诱饵，作为向发展中国家，特别是发展中大国施加压力的一种手段。他们提供这些钱是有条件的，条件就是中国、印度这些大的发展中国家要承担减排的义务，包括他们国内承担的减排指标，要有透明度，要接受国际的核查，否则这个钱不出。实际是把这个球踢给中国和发展中国家，所以我们面临着方方面面的压力。一方面，发达国家给我们施加压力；另一方面，发达国家也在挑拨发展中国家对我们的不满，特别是小岛国，最不发达国家，他们需要这些钱，发达国家把这个事情推给中国和印度，说因为他们不愿意减排，所以你们拿不到钱，应该找中国和印度。

大家关注气候变化哥本哈根会议的时候很可能注意到，在17、18日夜里的时候讨论哥本哈根协议到底怎么办的时候，有一些发展中国家在这个问题上表现得非常激烈，还是希望能够解决资金的问题，希望中国、印度等大的发展中国家应该接受减排的行动，应该有透明度。这也是发达国家在这个谈判当中用的一招。

实际上，哥本哈根会议虽然没有结果，但是各方对哥本哈根会议还是做出了精心的准备，无论是发达国家，还是发展中国家，事先都做了很多的准备。这次的东道国是欧盟国家——丹麦，他们受美国的影响比较大。从一开始会议的设计，在巴厘岛会议以后，他们就设计如何通过谈判的进程，逐步改变他们在公约议定书下对他们相对不利的游戏规则。他们用的最明显的一招就是他们自己利用东道国的身份，推出他们自己的反映发达国家立场主张的案文。在谈判当中，我们做了坚决的斗争，但是他们还有一招就是把领导人直接卷入到具体的谈判当中。对于领导人参加谈判，对于欧盟来说是很正常的，他们每周或者是每个月就可以到布鲁塞尔就一些文字当面进行讨论和沟通。但是对于亚洲地区，包括中国、日本的领导人不会谈具体的问题。所以到最后的阶段，领导人都亲自到一个小屋子里面，就哥本哈根协议具体的细节来进行协商。

我们很不愿意让领导人去。主要是我们觉得这种具体文字、具体条款问题应该是由工作层，顶多是部长级来磋商就够了。因为我们的领导人对细节问题不见得能够了解得那么深，因为有好多比这个细节更重要的问题需要他们做决策和指导。对于细节问题，一到领导人层面就很难表态。所以关于哥本哈根磋商的过程，对我们来讲是非常的难受，也有很大压力。但是这次温总理处理得非常好，6个多小时飞到哥本哈根，举行了多场的双边会见，参加了多边磋商和会议，对于最终哥本哈根会议取得积极成果发挥了重要作用。媒体对温总理参加会议所发挥的作用和作出的贡献都有非常详细的描述。

总的来说，哥本哈根会议只是气候变化谈判进程当中的一个阶段。哥本哈根会议之后也明确了公约议定书下的工作组要进行谈判，2010年在墨西哥会议上要达成最终的、有法律约束力的协议。哥本哈根会议所达成的哥本哈根协议是凝聚了各方政治意愿，对于下一步的谈判有一定的指导作用，但是这本身并不是最终的有约束力的结果，它只是一个阶段性的共识，特别是在长期目标、在减排行动的透明度、在资金问题上有一些进展，但是进展并不是很大，各方对这个问题的评论也不太一样。

（苏伟：国家发改委应对气候变化司司长）

发展低碳经济：应对气候变化的根本途径（节录）

李 伟 何建坤

低碳经济正成为新一轮国际政治经济技术竞争的焦点

低碳经济首先是一个动态的国际政治经济利益博弈均衡的结果，随着国际气候变化政治谈判的进行，还将牵涉重大的国家政治经济利益调整。一方面，由于人类面临能源和气候危机，全球走向低碳经济已势在必行，发展低碳经济成为我国当前面临的紧迫问题和重大挑战；另一方面，低碳经济是规制世界发展格局的新规则，目前尚在激烈的利益谈判和争夺中，权责未定，不允许我们关起门来搞低碳经济，发展低碳经济必须与国际气候变化政治经济博弈谈判的进程相配合。

低碳能源是低碳经济的基本保证，清洁生产是低碳经济的关键环节，循环利用是低碳经济的有效方法，持续发展是低碳经济的根本方向。我国有丰富的太阳能、风能、地热能、水能、煤碳、石油、天然气、核能等多种资源，各种能源都有自己的特长和用途，未来发展低碳经济，我们要根据建立资源节约型、环境友好型社会的要求，建设一个低碳能源有机体系。

联合国《2007/2008人类发展报告》指出，要敞开机遇之门，首先必须及早彻底地改革能源政策。自工业革命以来，以碳为主的能源系统促进了经济发展和人类繁荣。在接下来的几十年里，世界需要经历一场能源革命，使所有国家都成为低碳经济体。这场能源革命必须从发达国家开始。为实现21世纪可持续碳预算，至2020年及2050年富裕国家应至少分别减排40%及95%的温室气体。如果要实现这一目标，那么，在2012到2015年期间，发达国家总体排放量曲线必须在达到顶峰后转而下落。尽管发展中国家步伐表明其资源相对有限且迫切需要持续经济发展及减贫，但其仍需要找出有效途径来实现转化为低碳经济体。

低碳经济争夺战，已然在全球悄然打响。欧美发达国家正在大力发展低碳经济，推进以高能效、低排放为核心的低碳革命，着力发展低碳技术，并对产业、能源、技术、贸易等政策进行重大调整，力图占领市场先机和产业制高点。欧盟已经建立了统一的碳排放贸易市场，大多数欧盟国家建立了碳排放税收制度。美国的一项民意调查表明，相信地球变暖的民众已经超过了80%，美国大多数州已经开始采取行动，控制温室气体排放，走向低碳经济，如美国加州州长施瓦辛格2007年8月22日宣布，美国6个州和加拿大2个省将共同采取措施，建立一套全面控制温室气体排放的体系。英国在2008年底颁布了世界上第一部《气候变化法》，该法案有两个主要目的：一是表明英国致力于为全球减排承担相应的责任，促进2009年底最终在哥本哈根达成全球气候变化共识；二是提高碳管理水平，促进英国向低碳经济的转型，提高竞争力。美国国务卿希拉里在主要经济体国家能源气候论坛第一次准备会上强烈要求各国取消低碳技术的关税，企图把美国的科技优势直接变成国际贸易和经济优势。一旦这些规则在短时间内完全按照欧美发达国家的意图实施，将给我国的科学技术创新造成巨大的压力和挑战。

在可持续战略框架下探索中国特色的低碳发展道路

国内学者必须在维护国际气候变化政治经济博弈中中国国家利益的前提下，结合政治经济技术社会因素，系统地研究中国如何发展低碳经济。需要综合运用情景分析、演化经济学、复杂系统理论等方法，围绕发展低碳经济主题，从内部治理激励机制到外部监管体系全面研究低碳经济参与主体的行为建构和规范问题，才能有针对性的提出系统实用的对策建议。

中国的发展有可能给世界带来前所未有的机遇，参与全球治理已成为中国能源气候战略的必然选择。气候变化在给中国带来巨大挑战的同时，也可能会带给中国一个巨大的机会，它将强有力地促进中国从传统的发展模式向绿色发展模式转变，从高碳经济向低碳经济转变。中国有可能成为世界最大的碳交易市场、最大的环保节能市场、最大的低碳商品生产基地和最大的低碳制品出口国。发展低碳经济是时代潮流，谁能够在低碳技术领域的国际竞争中取得优势，谁就能够主宰21世纪的发展潮流，成为未来世界的大赢家。现阶段，转变经济增长方式，推进经济结构调整，节约资源和能源，这既是中国自身科学发展和可持续发展的需要，也是为全球应对气候变化做出中国贡献的需要。

(李伟：中国人民大学国际能源环境战略研究中心研究员；何建坤：清华大学教授、国家气候变化专家委员会副主任)

中国特色低碳道路的发展战略

——中科院《2009中国可持续发展战略报告》（节录）

战略取向

中国特色的低碳发展道路应该是立足于基本国情并且符合世界发展趋势的渐进式路径，应该有一幅具备清晰的阶段目标和优先行动的发展路线图。中国在“十一五”期间提出的节能减排目标已经取得了显著的进展，并为减缓气候变化做出了实质性贡献，我们需要沿着这个方向继续探索下去，并在全球金融危机的背景下采取更加稳健的策略。鉴于国家利益和应对气候变化的需求，中国特色低碳道路的战略取向包括以下五个方面。

（1）在可持续发展的框架下，把低碳发展作为建设资源节约型、环境友好型社会和创新型国家的重点内容，并将发展低碳经济作为走低碳之路的重要载体，纳入可持续工业化和可持续城镇化的具体实践中。

（2）把“低碳化”作为国家社会经济发展的战略目标之一，并把相关目标整合到各项规划和政策中去。近中期应该把提高能效和碳生产率作为核心，不断降低能源消费强度和碳排放强度，努力减少 CO_2排放的增长率，实现碳排放与经济增长的逐步脱钩，通过综合措施提高适应气候变化的能力，增加自然生态系统碳汇，降低面临极端天气气候事件的风险和损失。

（3）权衡经济发展与气候保护、近期和远期目标，处理好利用战略机遇期实现重化工业阶段的跨越与低碳转型的关系，同时充分考虑碳减排、能源安全、环境保护的协同效应，有效降低减排成本。一方面，充分利用目前国内外相对较好的资源能源条件加速完成重化工业化的主要任务；另一方面，利用低碳商机，提高我国重点行业节能减排和低碳技术与产品的竞争力，最大限度地以低成本的清洁增长方式和现实的低碳技术实现阶段跨越，减少潜在的碳排放锁定效应的影响。

（4）加强部门、地区间的合作，吸引各利益相关方的广泛参与，发挥社会各方面的积极性，特别是通过新的国际合作模式和体制创新，共同促进生产模式、消费模式和全球资产配置方式的转变。

（5）积极参与国际气候体制谈判和低碳规则制定，为我国的工业化进程争取更大的发展空间。在近中期，通过选取合适的指标（如能源消耗强度或碳排放强度），承诺符合国情和实际能力的适当的自愿减缓行动，为防止气候变暖做出新的贡献，提升负责任大国的国际形象。同时，要求发达国家继续率先大幅度减排温室气体，并建立“可测量、可报告、可核实”的技术转让与资金支持新机制。

战略目标

综合各方面的研究成果（中国科学院可持续发展战略研究组，2006；姜克隽，2007；何建坤，2008），到2020年，我国低碳经济的发展目标是：单位GDP能耗比2005年降低40%～60%，单位GDP的CO_2排放降低50%左右。如果中国采取较为严格的节能减排技术（包括CCS）和相应的政策措施，并且在有效的国际技术转让和资金支持下，则中国的碳排放可争取在2030～2040年达到顶点，之后进入稳定和下降期。

战略重点

走低碳发展道路，必须结合国内优先的战略发展目标和各个行业部门的自身特点，把握关键的低碳重点领域，以尽可能低的经济成本和碳排放，获取最大的共同利益，逐步实现整个国民经济的“低碳化”。需要重点关注的优先领域包括以下六个方面。

（1）结合当前节能减排的重大战略措施，针对工业生产和终端用能效率整体水平较低的局面，以及不断发展的交通和建筑领域在未来大幅增长的能源需求，开展高耗能行业的能效对标管理，抓住其他重点用能单位和部门，淘汰落后产能并强化新建项目的能效监管。

（2）着眼于中国快速发展的工业化和城镇化进程，通过行政和经济激励手段促进技术创新，以低能耗、高能效和低碳排放的方式完成大规模基础设施建设，避免固定资产投资中碳排放的技术“锁定效应”。

（3）基于化石燃料，特别是煤炭在当前和未来我国能源结构和能源安全保障中的基础地位，在中长期能源安全和应对气候变化的背景下，优先部署以煤的气化为龙头的多联产技术系统开发、示范和 IGCC等先进发电技术的商业化，同时结合 CCS技术，在煤炭清洁利用等相关领域达到国际领先水平。

（4）根据中国清洁能源和可再生能源现状与未来产业发展趋势，通过市场加快进口和利用优质油气资源，探索各具特色的可再生能源在国家整体能源系统中的昀优配置模式，建立健全多元化的能源供应体系，逐步转变能源结构，改善能源服务，不断提高广大农村地区必需的商品能源比例，促进能源基本公共服务的均等化。

（5）在中国的生态文明建设过程中，不仅采用区域污染物的联合减排技术，而且深入研究由土地利用、土地利用变化和林业（ LULUCF）活动等所产生的农田、草地、森林生态系统的固碳作用，通过建设良好生态环境来减缓气候变化。

（6）加强气候变化的适应策略研究，制定相关的适应规划，区分敏感地区和优先适应的领域，提高农业抗灾和节水等方面的技术水平和设施能力，加强适应性管理，减轻极端天气气候事件可能造成的损失。

战略措施

除上述重点外，中国特色的低碳道路还应着力于逐步构建“资源节约型、环境友好型、低碳导向型社会”，在低碳发展战略及其目标指导下，通过相关制度的安排、管理体制的完善、发展规划的制定、试点经验的积累，有序推进低碳经济发展，为我国塑造一个可持续的低碳未来。构建低碳型的社会经济体系主要从以下四个方面入手。

（1）建立应对气候变化的法律法规体系，完善宏观管理体制。开展“应对气候变化法”的立法可行性和立法模式研究，同时在相关法律法规修改过程中，增加有关应对气候变化的条款，例如，在战略环境影响评价的技术导则中加入气候影响评价的相关规定，逐步建立应对气候变化的法律法规体系。

针对我国应对气候变化行政主管机构权威不足、能力薄弱、协调机制不健全的现状，一方面，应充分发挥国家应对气候变化及节能减排工作领导小组的作用，建立灵活多样的部门协调机制，针对应对气候变化的战略部署提出建议；另一方面，加强能力建设，争取更多的行政资源，并为今后政府机构调整和进一步提高应对气候变化主管机构的规格做好准备。

（2）建立低碳发展的长效机制，制定有序发展低碳经济的相关政策。走低碳发展道路，制度创新是关键保障因素。中国要更加切实地在科学发展观的引领下，探索建立有利于节约能源、保护环境和气候的长效机制与政策措施，从政府和企业两个层面推动社会经济的低碳转型。针对当前许多地方，特别是一些城市发展低碳经济的热情，同时鉴于低碳经济目标的多元化和模式的多样性，应该出台相关的指导性意见，进行宏观政策引导，规范低碳经济的内涵、模式、发展方向和评价指标体系；借鉴国外低碳经济发展的经验和教训，推动低碳经济有序健康地发展；优先制定国家层面的专项规划，再选择典型区域、城市和重点行业进行低碳经济试点工作；在条件相对成熟时创建低碳市场，理顺价格形成机制，制定财税鼓励政策，结合整个税收体制改革，统筹考虑能源、环境与碳排放的税种和税率。

（3）加强合作，建立健全低碳技术体系。走低碳发展道路，技术创新是核心要素。政府应详细刻画我国低碳技术发展的路线图，采取综合措施，为企业发展创造宽松的政策环境，为技术创新提供完善的制度保障，不断促进生产和消费各个领域高能效、低排放技术的研发和推广，逐步建立节能和提高能效、洁净煤和清洁能源、可再生能源和新能源以及自然碳汇等领域的多元化低碳技术体系，提高产业化发展水平，为低碳转型和增长方式转变提供强有力的技术支撑。

中国还应进一步加强国际合作，不仅要通过新的与气候相关的国际合作机制引进、消化、吸收国外的先进技术，更重要的是，通过参与制定行业的能效与碳强度的标准、标杆，开展自愿或强制性标杆管理，使我国重点行业、领域的低碳技术、设备和产品达到国际先进水平。

（4）建立利益相关方参与的合作机制。低碳发展不但是政府主管部门或企业关注的事情，还需要各利益相关方乃至全社会的广泛参与。由于气候变化涉及面广、影响大，因此，应对气候变化首先需要各政府部门的参与，同时需要不同领域、不同学科专家的共同参与，加强研究，集思广益，发挥集体的智慧。

鉴于广大公众对气候变化的知识还知之不多、知之不深，应首先通过宣传、教育、培训，并结合政策激励，转变人们的思想观念，提高大家应对气候变化的认知和低碳意识，逐步达成关注低碳消费行为和模式的共识，进而采取联合行动，共同抵御气候变化可能带来的风险。

关于低碳经济的几个认识问题

孟赤兵　苟在坪

发展低碳经济，应对气候变化，保障能源安全，推动经济结构调整，已为国际社会共识，也为中国所选择。2009年被称为中国低碳经济元年。2010年7月经国务院领导同意，国家发改委在五省八市开展低碳试点工作和工信部强化节能减排，标志着低碳经济发展的重大进展。为了加快推进低碳经济，目前还是有一些认识问题，值得引起重视。

一、对于所谓“低碳陷阱”，只有警惕、反对是远远不够的，甚至是无济于事的。只有奋起多管其下，突破核心技术，跨越发展，夺取制高点，才是明智选择和正确战略；否则，就会一步跟不上，步步跟不上，陷入“任人宰割”的境地

有人说，低碳经济是一个陷阱，是美国为首的西方发达国家的阴谋，要抑制中国的发展，中国不要上他的当，从而引申出国际政治斗争和爱国主义、民族主义的观点。

不言而喻，对于美国等西方国家近期纷纷调整外交战略，将气候外交作为重点，并打起“碳关税”牌，表明他们企图推行气候霸权，变相实施贸易制裁，遏制中国等发展中国家发展，我们必须保持警惕，积极展开有理、有力、有利的外交斗争和政治博弈。同样不言而喻，只有警惕、反对是远远不够的，甚至是无济于事的。

（一）气候变化是不争事实，应对气候变化，必然要走向低碳发展的道路

这是不会变更的世界趋势。从能源来说，化石能源终就会枯竭，低碳新能源肯定是人类发展的长期趋势。尽管哥本哈根没有达到预期，但哥本哈根依然是具有里程碑的会议，哥本哈根协议确定的核心要素，会成为今年、明年联合国气候谈判重要的指导方针。这无疑是推动低碳经济发展重要的国际政策和国际大背景。因此说，低碳经济不是空穴来风，不是哪一个国家，包括美国等发达国家可以随心所欲设置的“低碳陷阱”。当今世界，也不是哪一个或几个发达国家可以用什么“低碳陷阱”忽悠得了的。

（二）发达国家早在实施减排战略，发展低碳经济，抢占制高点

发展低碳经济，由高碳向低碳转型，进而建立低碳社会，英、法、德、美等欧美诸国以及巴西、以色列、日本、韩国、印度等早已拉开架势，开干了，并非是专门设置“低碳陷阱”，坑害中国等发展中国家。

客观事实表明，面对全球气候变化，大家都在低碳，我们不低碳也不行。中国要避免“低碳陷阱”，单单依靠警惕，批驳，是无济于事的。面对国际社会低碳大潮，我们应当极其清醒地认识到，低碳发展是一次新的产业革命和技术革命。当今，中国在很多方面和西方发达国家处在一个起跑线上，这对中国是千载难逢的机遇。历史上中国已经错过了好几次科技革命的机会，这一次我们必须牢牢抓住，加快发展低碳经济，加大低碳技术研发力度，抢先占领“霸主地位”。否则，一步赶不上，就步步赶不上，只能重蹈受制于人、被动挨宰的沉痛历史。

（三）对于“碳关税”，要采取两手政策

诚然，发达国家提出低碳经济的目的之一，是为开征“碳关税”、实施国际贸易“碳壁垒”。

对此，中国商务部已经正式发表声明，指出征收碳关税是变相的贸易保护主义，中国坚决反对。大家都明白，国际社会是实力说话，是丛林社会——胜者为王，何况“碳关税”又占据着道德高地和在美国主导的国际秩序之下，因此实施“碳关税”是大势所趋，中国再怎么反对，也难以阻挡。历史上，我们对于西方国家设置的汽车、电子产品的“关税壁垒”，也曾一味反对。由于他们占据技术、生产制高点，处于霸主地位，抢先制定了标准、规范，我们反对、反对，结果还是很无奈，按人家那一套行事。因此，对于“碳关税”，中国只能是两手政策，一是坚决反对，二是顺应潮流、趋利避害、积极应对。在国际“碳关税”压力中，变被动为主动，在发达国家征收“碳关税”之前，先征收国内碳税。双重征税是违反WTO原则的，如果我们已征收了国内碳税，美国再征收“碳关税”就是违法。还应当看到，针对温室气体减排，碳排放税也是一种选择。法国是全球第一个开征碳排放税的国家，它的实践表明，碳税的实施要比总量控制与排放交易机制有效，实施成本较低廉，容易取得预期的效果。我们要主动引入和实施碳排放税，充分发挥碳关税倒逼机制，以大国的姿态对地球和整个人类负责，加快构建“低碳化”社会。

（四）积极应对气候变化，发展低碳经济，势在必然

1.人类只有一个地球。气候变化或者全球变暖深刻影响着人类生存和发展，是世界各国共同面临的重大挑战。积极应对气候变化，中国不仅承担着“共同而有区别的责任”，作为最大的发展中国家和一个负责任的大国，面临的责任还要大一些。作为《京都议定书》的加入国，2012年以后，我国作为发展中国家也将承担温室气体减排的义务和责任。中国已经向世界宣布2020年单位国内生产总值二氧化碳排放比2005年下降40%~45%的目标，就是一个明确标志和郑重承诺。而且，气候变化带来的灾难性后果，对于在地球村的中国，也不可能“独善其身”，大量的客观事实证明，中国同样深受其害。因此说，积极应对气候变化，发展低碳经济，既是我国承担“共同而有区别的责任”，也是对当今中国和千秋万代负责。

2.保障能源安全。《华尔街日报》2010年7月20日根据国际能源署的最新数据报道，2009年中国消费了22亿5200万吨油当量的能源，美国消费了21亿7000万吨油当量。10年前，中国的能源消耗总量还大约是美国的一半，中国已超越美国，成为全球最大的能源消费国。对此，中国国家能源局即刻进行了反驳，称国际能源署不了解中国的情况，数据不准。即便如此，中国成为世界最大的能源消耗国为期也不会太远。随着中国的能源消耗超越美国，世界最大的GDP将不再是最大的能源消耗国。2009年，美国生产每百万美元的GDP，消耗150吨左右的石油当量，中国则高达260吨左右，效率比美国差一截。中国虽然石油消耗还赶不上美国，但2000年前中国还是石油出口国，2009年进口石油已占总量的52%。同时，石油进口的地域比较集中。比如，世界最大产油国沙特阿拉伯对中国的石油出口量已经超过美国。众所周知，中东是世界最不稳定的地区，沙特又是拉登（奥萨马）的故乡，一旦那里出现不稳定，中国将如何对应?

中国现在有四个第一，即水电装机全球第一、太阳能热水器的利用规模全球第一、核电在建规模全球第一、风电装机的增速全球第一。非化石能源2009年占一次能源消费总量的9%，我们已经向国际社会宣布，到2020年非化石能源比重达到15%左右。所有这些，都是骄人的成就和愿景。然而，目前我国社会正处在工业化、城镇化高速发展时期，必然会大量使用能源。而我国能源消费结构中，一次能源中69%靠煤，90%依靠化石能源。这样的高碳能源结构决定了我国面临着巨大风险、困难和挑战。能源直接关系国家安全，这是个铁铮铮的事实。为了能源安全，改善能源结构，切实防范能源风险，发展低碳经济的重要组成部分新能源和新能源汽车是必由之路，别无他途。

3.为了转变经济增长方式。环境污染和能源问题已经成为制约我国发展的两大瓶颈。低碳经济发展模式是一场涉及到生产、流通、消费方式、生活方式和价值观的全球性崭新理念，是后金融危机时代新的经济增长极和一场新的经济技术革命。顺应世界大势，实现低碳发展，节能减排，是我国经济社会发展的一项重大战略，加快经济发展方式转变和经济结构调整的重大机遇，也是贯彻科学发展观，建设“两型社会”的客观需求和必然选择，机不可失，不应该犹豫、徘徊。

二、低碳经济、低碳技术、绿色低碳等其说不一的提法和称谓，造成理念混淆、无所是从、犹豫观望，给宣传、倡导、推进带来影响

2009年之前，从中央到地方，政府、企业、专家学者、媒体，可以说是一个声音，宣传、倡导、推动低碳经济。而从今年年初开始，低碳技术、低碳、绿色低碳、低碳经济……各种称谓和提法，纷至沓来，其说不一，公说公有理，婆说婆有理，争论雀起，无所是从，出现迷惑、观望的令人担忧的状况。

（一）“低碳经济”不是随意产生的一个名词，而是有定指、有历史渊源和提出背景的

从20世纪六七十年代环境问题进入国际社会和政治议程以来，科学界以及公众对于环境问题的关注度大幅提升，研究不断推进。最初人们更多关注的是工业废水、废气、废渣等“三废”问题，对于环境问题的关注和解决主要局限于地区性层面。20世纪80年代以来，全球气候变化为国际社会共同关注，限制温室气体排放，特别是二氧化碳排放，屡屡被列入重要议题。1992年6月，在巴西里约热内卢举行的联合国环境与发展大会上，１５０多个国家制定了《联合国气候变化框架公约》，确定了最终要将大气中温室气体浓度稳定在不对气候系统造成危害的水平的

目标。1997年12月，《联合国气候变化框架公约》第三次缔约方大会在日本京都召开，149个国家和地区的代表通过了旨在限制发达国家温室气体排放量以抑制全球变暖的《京都议定书》。2009年12月《哥本哈根协议》维护了《联合国气候变化框架公约》及其《京都议定书》所确立的“共同但有区别的责任”原则，就发达国家实行强制减排和发展中国家采取自主减缓行动作出了安排，并就全球长期目标、资金和技术支持、透明度等焦点问题达成广泛共识。正是国际社会对于全球气候变化和温室气体减排的关注，催生了低碳经济概念。自2003年英国能源白皮书《我们能源的未来：创建低碳经济》发表以来，发展低碳经济逐步成为许多国家应对全球气候变化的发展战略。2008年的世界环境日主题被确定为“转变传统观念，推行低碳经济”，旨在寻求后国际金融危机的新增长极。这样的大背景，促使发展低碳经济成为世界浪潮。此间，中国引进和接受了“低碳经济”。而目前其说不一的提法和称谓，造成理念混淆、无所是从，犹豫观望，给宣传、倡导、推进带来危害。

（二）低碳经济是多类经济形态的总称，是一个完整的经济体系

低碳经济以低能耗、低排放、低污染为基本特征，是对应政治、上层建筑的经济体系或经济方式，是低碳发展、低碳产业、低碳技术、低碳流通、低碳消费、低碳生活、低碳文化，乃至相关的环境保护、环境产业等一类经济形态的总称，是一个完整的经济体系。把其中无论哪一个要素单独拿出来，当作总体，都是不完备的。道理很简单，总体包含局部，局部不能取代总体。

比如低碳技术，毫无疑义确实是发展低碳经济的关键，没有低碳技术支撑体系，就没有低碳经济的发展。特别是目前相当的低碳经济的核心技术还掌握在发达国家手中，包括中国在内的发展中国家对于低碳技术的研究开发的特别重要性尤为突出。但是如果不把低碳经济视为一个新的经济体系或经济方式，发展低碳经济不融入世界应对气候变化全球的大背景、大环境、大格局，不与整个社会变革联系起来，只是局限在技术层面，而且主要是能源资源技术问题，就容易把应对全球气候变化问题归结为一个技术问题。似乎只要通过技术创新，调整能源结构，提高了能效，优化了产业结构，减少了温室气体排放，我们就可以成功应对全球气候变化，实现可持续发展，也无需讨论和推动整个社会的变革，包括推动社会、文化、政治、人与自然的关系、生活、伦理等等的重大变革。如此，就很难全面推动包括生产、流通、消费、生活等的低碳社会建设。同时，科学技术，包括低碳技术还属于知识状态生产力，归根结底要转化为现实生产力，即产品、产业，通常所说的经济概念，是对应于政治概念的，低碳经济本身就包含了低碳技术。

又比如，如果把低碳经济归入绿色经济，实际上就等于漠视低碳经济产生的应对气候变化的根本，就等于由绿色经济取代低碳经济，使低碳经济独立存在的地位和作用逐渐淡化。这不是杞人忧天，或是危言耸听。近来国家政要讲绿色经济多，很少谈论低碳经济，媒体把明明是低碳经济的内容，改换为“节能减排”等，就是重要信号。

究竟如何称谓？从中国国情和大局出发，考虑到承接和沿用国际的通常说法，在国家层面，目前仍宜统称“低碳经济”。

应当承认，迄今为止低碳经济并没有严格的完善的定义，目前被广泛引用的是英国环境专家鲁宾斯德的表述：低碳经济是一种正在兴起的经济模式，其核心是在市场机制基础上，通过制度框架和政策措施的制定和创新，推动提高能效技术、节约能源技术、可再生能源技术和温室气体减排技术的开发和运用，促进整个社会经济向高能效、低能耗和低碳排放的模式转型。中国环境与发展国际合作委员会2009年发布的《中国发展低碳经济途径研究》，将低碳经济界定为：一个新的经济、技术和社会体系，与传统经济体系相比，在生产和消费中能够节省能源、减少温室气体排放，同时还能保持经济和社会发展的势头。

从上述两种定义的表述，当下我们可以理解为：低碳经济是在市场机制基础上，一个新的经济、技术和社会体系，以低能耗、低污染、低排放和高效能、高效率、高效益为基本特征，以应对气候变化、实现经济社会的可持续发展为基本目的。这也表明，低碳经济的定义、内涵和外延，还需要在社会实践中考量、定义、完善和发展。

在这样的情景下，我们应该从两个层面行走：就知识层面和学界来说，低碳经济，低碳技术，低碳，低碳发展，绿色低碳，把低碳经济归入绿色经济等等，不同的称谓和提法，当然可以各抒己见，在研讨中求同存异，逐渐逼近一致，特别是通过实践验证达到丰富、发展，求得比较合理、准确的称谓和提法。

就国家层面来说，还是伟人那句千古名言“发展是硬道理”。鉴于承接与沿用国际的通常说法和事关应对气候变化这样全球性问题，考虑到13亿人口的泱泱大国，又是事关我国社会经济发展的崭新大事，俗话说“人心齐，泰山移”，面对现实，很有必要毅然决断，快刀斩乱麻，尽快结束低碳经济、低碳技术、绿色经济等等其说不一的提法和称谓以及理念混淆、无所是从，犹豫观望的状况，仍应该继续2009年中共中央、全国人大、国务院、全国政协的一致称谓和提法“低碳经济”。这样才能在全国范围内，强化低碳理念，认识一致，步调一致，倡导和推进低碳经济，大力宣传低碳经济，形成全民、全社会的大气候、大氛围。

三、低碳经济可以有不同的特点、路径和运作模式

一说到低碳，有人就说那是后工业化国家的事，我国正处在加快工业化、城镇化时期，冶金、化工、煤碳、石油、电力、建筑等重化工必然还有发展，发展低碳经济条件、时机还没到来。其实这是认识上的误差。低碳经济发展势必呈现相对性、多元性和不平衡性，是一个动态的、渐进过程。各国发展所处的阶段不同，经济、技术水平各异，不可能有一个统一的条件、标准、进程和运作模式。国际社会也不可能就以控制温室效应为由，制定统一的条件、标准和进程，遏制发展中国家的发展权，只能是各国从各自的国情出发，走自己的路。

（一）低碳经济不是后工业化国家的专利，也并不意味着遏制和排斥重化工，发展中国家同样可以大有作为

“低碳经济”提出的大背景，是全球气候变化对人类生存和发展的严峻挑战。美国等西方发达国家发展低碳经济，许多工业化进程中的发展中国家也同样都在发展低碳经济。印度政府2007年6月6日成立了由总理任主席的“总理气候变化委员会”，成员由内阁部长、气候变化专家、工业界和民间学术团体人员组成，是印度气候变化问题的最高领导机构。2008年委员会推出了“应对气候变化全国行动计划”，并已初见成效。据有关部门的统计，目前美国的人均排放量是19.1吨,而印度只有1.2吨。在全球二氧化碳排放中的份额，印度居第17位。1850—2000年，世界各国对空气中二氧化碳的累计贡献率：美国30%，欧盟27.2%，中国7.3%，印度只有2%，单位GDP耗量几乎减半，从0.3降到0.16,与目前德国的水平接近。

（二）我国发展低碳经济，不同的产业和地域有各自的特点、突破口和运作方式，不会是一刀切、齐步走，也没有统一的时机和诸多共同条件问题

从产业层面来说，一类是工业，特别是钢铁、有色金属、煤炭、煤电、化工和建筑、交通等高碳产业，或者说是传统产业，发展低碳经济，主要是结合产业特色和发展战略，制定政策法规、规划、发展目标、行业规范与标准，加快低碳技术创新，推进低碳应用技术的研发、示范和产业化，积极运用低碳技术改造提升传统产业，优化产业结构，推动由高碳向低碳转型，加快建设以低碳排放为特征的低碳工业、低碳建筑、低碳交通体系；另一类是清洁能源、可再生能源和环保产业等低碳或低排放、零排放产业以及新能源汽车，目前是低碳经济的突破口和核心，最主要的是抓住技术和产业革命的先机，在新一轮国际竞争中取得优势地位。否则，将在未来的国际竞争中处于被动局面。还有一类是正在兴起的战略性新兴产业、科技产业、现代服务业，属于低碳或零碳，要勇往直前，创造条件大上。

从地域层面来说，目前主要创建低碳城市、园区、企业等，这方面已经有了一定基础。一是在全球4869个清洁发展机制城市中，中国已占到2023个。二是已经出现了诸如河北保定、山东德州、江西南昌、四川广元、福建厦门等具有初步基础的低碳城市。

对于低碳消费、低碳生活，我国独具传统的崇尚节俭、朴素的生活方式，有利于发展低碳经济，建设资源节约型和环境友好型社会。有人测算过，如果地球上所有的人达到美国现有的消费水平，则需要5个地球的资源，这显然是极端危险和无法做到的。因此，要警惕对这种“现代化”的效仿、追赶，大力开展宣传教育普及活动，弘扬低碳生活理念，鼓励低碳生活方式和行为，倡导每一个人都要从自身做起，使用低碳产品，少用或不用高碳排放的产品或服务；采用低能耗、再利用的低碳生活方式，摒弃能耗高、浪费大的生活方式。

至于植树造林，发挥森林碳汇的巨大作用，后工业化和正在工业化期间的国家都可以大有作为。在这方面我国成就巨大，举世称赞。

（三）中国发展低碳经济和建立低碳社会独具优势

面对全球气候变化的客观事实，世界各国在发展低碳经济和建设低碳社会中，在面对一些共同的挑战与困境的同时，也都在寻找自身的优势，推动各自的低碳转型。那么，中国的优势在哪里呢？

首先，社会主义条件下，中国的举国动员体制，包括各级政府，在社会政治经济生活中的中心地位和作用及其强大能力，不仅成为我国经济、政治、文化和社会制度安排的坚强保障，并且具有丰厚的历史、民族传统和文化心理基础，强大的立法、规划、决策、动员、执行、监督和协调的合力，保证政策的完整性、连续性，造就全国一盘棋、步调一致、举全国之力办大事奇迹般的效能。改革开放以来，中国经济的长期高速增长奇迹，在相当程度上归功于这种体制和能力，同时也证明了这种体制和能力对于作为发展中大国的中国的优势。成功举办2008年北京奥运会、2010年上海世博会，应对国际金融危机、“5·12汶川大地震”、舟曲泥石流等特大灾难，也都显示了这种体制和能力无与伦比的强大优势。

二是中国民众关注和参与意识优势。中国民众历来奉行“天下兴旺，匹夫有责”的道德传统，具有强烈的政治意识和忧患意识，深切关注国家的命运和前途，积极投入社会经济发展。在面临气候变化的威胁下，更加关注低碳社会建设，公众社会组织参与的意愿和能力在不断提升，公民社会的力量正在成长壮大。举国宣传、动员广大人民群众投入，形成全社会氛围，毫无疑义是我们发展低碳经济的优势。

三是后发优势。中国目前还处在社会经济发展过程中，人均碳排放水平还比较低，存在着后发优势，可以避免走发达国家先发展后转型的老路，同时中国城乡人均碳排放量的巨大的差距也是中国低碳发展的难得机遇和优势。

（孟赤兵：北京现代循环经济研究院常务副院长、联合国工业发展组织中国促进会绿色专家委员会高级顾问、《中国循环经济年鉴》执行副主编、《中国低碳年鉴》执行主编；苟在坪：北京现代循环经济研究院主编、《中国低碳年鉴》副主编）

中国低碳道路的战略取向与政策保障（节录）

王 毅

一、低碳转型的不确定性和难点

低碳发展道路作为协调社会经济发展、保障能源安全与应对气候变化的基本途径，正逐渐取得全球越来越多国家的认同。

低碳发展的核心是要建立高能效、低能耗、低排放的发展模式，包括生产模式、消费模式和国际关系模式。国际社会向低碳转型，必须在公平有效的应对气候变化国际体制下，提高能源开发、生产、输送、转化和利用过程中的效率，减少能源消耗，并逐步转向低碳或无碳能源，降低经济发展必不可少的能源供应中的碳含量，减少能源使用中的碳排放；通过增加自然生态系统固碳能力和发展碳捕集与封存技术（CCS），来减缓短期内无法避免的化石能源燃烧所排放的温室气体所产生的增暖效应；建立合理的技术转让和资金机制，并通过更广泛的国际合作，使发展中国家不至于因处在不成熟经济发展阶段和国际分工格局中的产业链低端，而大量增加低碳转型的成本；改变发展理念和价值观念，促进整个社会向可持续的低碳消费方式转型。

尽管减少碳排放是低碳发展的基本目标之一，但毫无疑问，提高经济竞争力和获取政治优势是其主要驱动因素。必须指出的是，由于各国社会经济背景、向低碳转型的起点和条件不同，因而在发展低碳经济上追求的目标也有所差异。一些发达国家根据《京都议定书》的规定承诺量化减排目标，所以其发展低碳经济的目标首先是减少碳排放，同时希望通过创建低碳市场来获取新的竞争优势；而发展中国家处于经济成长期，其目标首先是发展，并且还要提高人均能源消费水平，因此当前阶段难以将气候变化政策主流化，只能通过降低能源强度和提高碳生产率（单位二氧化碳排放的GDP产出）来实现经济增长与碳减排的逐步脱钩。所以，不同的目标取向（如人均碳排放量、碳排放强度、碳减排量或减排速率）将会影响对低碳经济的理解、进程和衡量标准。

同时需要注意，发展低碳经济和低碳化转型仍然存在不确定性，尤其对于发展中国家来讲，还有很多必须克服的困难和障碍。

在国际层面，发展低碳经济的不确定性主要表现在三个方面：一是成本和市场问题。目前我们还难以估算发展低碳经济需要付出的全部成本，它远非只计算采用低碳技术需要支付的直接成本那么简单；而低碳技术和产品市场的创建也需要时间，特别是在全球金融危机的背景下，现在还难以估计世界经济何时能够真正恢复，因而会降低对低碳技术和产品的需求，影响市场创建的进程。尽管不少专家学者认为，应对长期的气候变化可以给经济复苏带来机会，但这需要时间和具体行动；而美国、中国、印度等国以何种方式加入低碳市场的创建也是非常关键的因素，但目前情况尚不明朗。二是建立公平的国际气候体制及制定中长期应对气候变化目标问题。发展低碳经济在一定程度上还取决于国际气候谈判的进程及结果，尤其取决于能否产生有全球约束力的量化减排指标、分摊方案及配套的技术转让和资金机制。三是到目前为止，虽然一些欧盟国家实现了经济增长和碳排放的脱钩，但发展低碳经济还没有获得普适性的成功经验，而已有经验对于发展中国家到底具有多大的参考价值，也还需要实践的检验。

对于发展中国家来说，发展低碳经济的困难和障碍也是明显的，具体体现在资源禀赋、发展阶段、国际贸易结构、经济成本、不完全市场、技术推广体系、制度安排、配套政策和管理体制等方面。从工业化国家经济发展与碳排放关系的历史演化规律看，这些国家一般都需要先后经历碳排放强度、人均碳排放量和碳排放总量的三个倒U型曲线；而不同的国家或地区，碳排放高峰所对应的经济发展水平存在很大差异。这说明经济发展与碳排放之间不存在单一的、精确的演变规律。从那些跨越了碳排放高峰的发达国家或地区来看，碳排放强度高峰和人均碳排放量高峰之间所经历的时间为24~91年，平均为55年左右。这说明在没有强制减排措施和外部支持的条件下，发展中国家可能需要较长的时间才能达到碳排放的拐点。

二、中国低碳发展面临的机遇与挑战

伴随着成为世界最大的二氧化碳排放国，中国所面临的减排压力越来越大。尽管受全球金融危机及各国政治议程（尤其是美国的能源和气候变化立法进程）的影响，2009年底在哥本哈根召开的联合国气候变化大会能否达成有实质约束力的新协议还是未知数，但无论如何，最终确定全球长期升温幅度或温室气体稳定浓度以及中长期温室气体减排目标，都将是一个政治决定和各方妥协的结果，并将对今后的气候保护、经济增长，甚至国际战略竞争格局产生深远影响。

作为最大的发展中国家，中国发展低碳经济的机遇与挑战并存。从长远看，探索低碳发展之路不仅符合世界能源“低碳化”的发展趋势，而且也与我国转变增长方式、调整产业结构、落实节能减排目标和实现可持续发展目标具有一致性。一方面，我们可以利用发展低碳经济的机会，使一些重点行业的节能减排技术取得竞争优势，甚至扮演领先者的角色，并尽早到达碳排放和能源消费的拐点，这从近几年我国开展节能减排的实践以及情景分析的研究中已初步证实；同时各省市的节能减排意识普遍得到了提高，一些城市表现出利用发展低碳经济转变增长模式、寻找新的增长点的积极性，并且已经开展了一些相关的试点工作。但另一方面，发展低碳经济、走低碳发展道路需要相当的额外成本和大规模采用低碳能源和技术，这将在一定程度上延缓我国的现代化进程。

从近中期看，作为率先崛起的发展中大国，中国正处在重要战略机遇期，存在利用国内外各种有利条件和要素组合优势，较快实现跨越重化工业阶段的历史机会。在常规情况下，未来20年全球化石能源供应相对充足，而目前相对较低的能源价格也许是廉价石油时代结束前中国加速工业化的最后时机。但就自身条件来看，中国受到发展阶段的制约，实现低碳转型面临快速经济增长、国际贸易分工的低端定位、巨大的就业压力、以煤为主的能源结构、技术水平相对落后以及体制机制等方面的障碍。从另一角度看，中国如果不能尽快实现包括低碳化在内的发展方式的转型，将会面临更多的风险。例如，出口产品被征内含碳排放的边境调节税，或面临其他与气候相关的贸易壁垒和制裁。

因此，中国正处于把握经济增长机遇和进行低碳转型的两难选择之中。我们必须既遵循经济社会发展与气候保护的一般规律，顺应发展低碳经济的潮流和趋势，同时还要根据中国的基本国情和国家利益，寻找一条协调长期与短期利益、权衡各类政策目标、谋求双赢的低碳发展路径。

三、走中国特色低碳化道路的战略取向与政策保障

鉴于国家利益和应对气候变化的需求，中国特色低碳道路的战略取向应包括以下五个方面：

第一，在可持续发展的框架下，把低碳发展作为建设资源节约型、环境友好型社会和创新型国家的重点内容，纳入到可持续工业化和可持续城镇化的具体实践中。

第二，把“低碳化”作为国家社会经济发展的战略目标之一，并把相关目标整合到各项规划和政策中去。近中期应该把提高能效和碳生产率作为核心，不断降低能源消费强度和碳排放强度，努力减少二氧化碳排放的增长率，实现碳排放与经济增长的逐步脱钩；通过综合措施提高适应气候变化的能力，增加自然生态系统碳汇，降低面临极端天气气候事件的风险和损失。

第三，权衡经济发展与气候保护的近期和远期目标，处理好利用战略机遇期实现重化工业阶段的跨越与低碳转型的关系，同时充分考虑碳减排、能源安全、环境保护的协同效应，有效降低减排成本。一方面，充分利用目前国内外相对较好的资源能源条件，加速完成重化工业化的主要任务；另一方面，利用低碳商机，提高我国重点行业节能减排和低碳技术与产品的竞争力，最大限度地以低成本的清洁增长方式和现实的低碳技术实现阶段跨越，减少潜在的碳排放锁定效应的影响。

第四，加强部门、地区间的合作，吸引各利益相关方的广泛参与，发挥社会各方面的积极性，特别是通过新的国际合作模式和体制创新，共同促进生产模式、消费模式和全球资源资产配置方式的转变。

第五，积极参与国际气候体制谈判和低碳规则制定，为我国的工业化进程争取更大的发展空间。在近中期，通过选取合适的指标（如能源消耗强度或碳排放强度），在国际上承诺符合国情和实际能力的适当的自愿减缓行动，为防止气候变暖作出新的贡献，提升负责任大国的国际形象。同时，要求发达国家继续率先大幅度减排温室气体，并建立“可测量、可报告、可核实”的技术转让与资金支持新机制。

综合各方面的研究成果，到2020年，我国低碳经济的发展目标是：单位GDP能耗比2005年降低40%~60%，单位

GDP的二氧化碳排放降低50%左右。如果采取较为严格的节能减排技术（包括CCS）和相应的政策措施，并且得到充足有效的国际技术转让和资金支持，则中国的碳排放可争取在2030~2040年达到顶点，之后进入稳定和下降期。

中国在“十一五”期间提出的节能减排目标已经取得了显著的进展，在全球金融危机的背景下，我们需要沿着这个方向继续探索下去，并采取更加稳健的策略。中国特色的低碳发展道路应制定立足于基本国情并且符合世界发展趋势的路线图，通过自上而下地制定低碳发展的各项规划，提供宏观指导，调整空间布局、能源结构、产业结构、行业模式和技术路线，明确各领域的优先行动方案；通过自下而上的低碳试点，积累和总结经验，并逐步上升为政策，对各项计划做出调整，完善适应性管理目标。只有上下联动，共同促进，才有助于我国低碳发展的渐进转型。

而构建低碳型的社会经济体系，主要应从四个方面入手：第一，建立应对气候变化的法律法规体系，完善宏观管理体制；第二，建立低碳发展的长效机制，制定有序发展低碳经济的相关政策；第三，加强合作，建立健全低碳技术体系；第四，建立利益相关方参与的合作机制。

走低碳发展道路，体制机制创新是关键保障因素。除需要在上述四个方面做出创新性工作外，另一项非常重要的基础性能力建设是建立碳排放的统计监测体系。这个系统的建设不仅可以为制定减排指标的宏观决策提供科学的数据支持，而且可以为未来基层的指标核查、执行合作减排项目、创建排放贸易系统提供基本信息，为有序发展低碳经济奠定良好的基础。

（王毅：中国科学院可持续发展战略研究组组长、首席科学家）

中国如何发展低碳经济（节录）

潘家华

一、低碳经济的涵义与决定因素

何谓低碳经济？首先需要有一个比较明确的概念界定。如果低碳经济是相对于农业经济、工业经济等来说的，那么它是一种经济形态，主要特征表现在两个方面：一是碳生产率即每单位碳排放所创造的GDP或附加值比较高；二是社会人文发展水平、生活质量比较高。

低碳经济与人类社会发展的阶段有关。在农业社会（现在世界上很多最不发达的国家仍基本处于农业社会），人们非常贫穷，很少有商品能源的消费，也很少有碳排放，尽管社会产出并不高，但相对于无穷小的碳排放，表现出的碳生产率非常高。但这并不是我们所理想的低碳经济状态，因为其社会发展水平很低。到工业化的初期阶段，劳动力比较密集，社会发展水平和人们生活质量有所提高。在这个阶段，虽然商品能源的消费仍然较低，但碳生产率相对于农业社会已经下降了很多，也还不是低碳经济。今天的中国正处在资本密集型工业化阶段，居民生活质量有了很大改善，但由于能源密集度高的基础设施、居民住房和高耗能的耐用消费品如汽车的投入和消费增长快、规模大，因而碳排放非常高，相对来说碳生产率较低，这也不是低碳经济。只有到了更高级的知识密集型工业化阶段，整个产业结构中服务业的比重超过第二产业（工业），人文发展水平、碳生产率都非常高，才进入低碳经济的形态。

技术进步是低碳经济的决定因子或者说是控制因素之一。碳生产率是由技术水平决定的。比如说同样生产1吨钢，中国在20年前要1.3~1.4吨标煤，现在才不到0.7吨标煤。再比如说建筑节能，以北京为例，过去很多建筑是木窗户，后来是钢窗户，再后来是单层玻璃的铝合金，现在是双层的断桥铝，房屋外面加了节能层，建筑节能水平提高了很多。发电技术方面，二十年前，发一度电至少要400克标煤；现在中国的平均水平大约330克标煤，最先进的超临界发电机组只要290克标煤。

能源结构也影响低碳经济的发展。二氧化碳主要是在化石能源消费过程中产生的。化石能源指含碳的煤炭、石油、天然气，这三种能源消费得越多，则碳排放量越高。在当前的技术经济条件下，商品能源中化石能源的市场成本最低，其在能源结构中的比例越高，发展的成本就越低。这就涉及到一个资源禀赋问题。

资源禀赋包括两个方面：一是人文资源禀赋，即知识和资本。像法国，在发展核电上有其技术、资本优势，核电在其整个电力结构中占的比例超过了2/3，除了自己消费，还卖到德国、瑞士、意大利等国。二是自然资源禀赋。零碳能源方面，像北欧的挪威、瑞典，它们水资源丰富，水电占70%、80%；南美的巴西也是如此。风力发电，风太大或太小都不行，三级到五级最好。欧洲的风速比较均匀，风力利用小时比中国多。一般来说，年有效风力小时数达到2300小时，风力发电才算经济可行，而中国一般在1900小时左右。含碳能源也存在资源禀赋问题。在煤炭、石油、天然气中，煤的含碳量最高，每吨标煤含碳量是0.68吨，排放2.5吨二氧化碳；一吨标煤热量的石油含碳量大概是0.5、0.6吨，排放约1.9吨二氧化碳；而一吨标煤热量的天然气只排放1.4吨二氧化碳。由于中国的能源结构以煤炭为主，石油、天然气较匮乏，这就限制了我们的能源利用。自然资源禀赋还涉及到森林覆盖率问题，因为在自然状态下，森林可以吸收并储存二氧化碳，将其固定在植被或土壤中。在平衡状态，森林吸收和释放二氧化碳大致相等，因而从原则上讲，绿色植物属于碳中性。森林覆盖率越高，碳汇能力就越强。

低碳经济的第三个决定因素是消费者行为。没有人的消费，就没有碳的排放。美国的生活质量、收入水平与欧洲国家差不多，但美国的人均碳排放比欧洲要高出一倍。为什么有这么大差距？因为美国是高消费、高排放的浪费型生活模式：建筑节能标准还没有中国高；几乎没有公共交通，全是私人汽车；夏天房间里温度调到18度，冬天调到25度；喝水是把冰倒满之后加一点水。而欧洲的公共交通很发达，建筑节能标准也非常高。生活方式不改变，碳排放就降不下来，所以消费者行为非常关键。

二、对于低碳经济的几种误解

对于低碳经济，有几种误解需要澄清。

第一种误解，认为低碳经济是贫困的经济，咱们不能搞。其根据是，最贫穷、最不发达的国家碳生产率都很高，人们不消费、没车开、交通困难，当然是低碳状态。发达国家人均碳排放量都很高，高排放才有高生活质量。这种误解只看到了表面现象，而没有看到在较高人文发展水平情况下也可以是低碳的。以使用零碳的核能为主的法国，人均碳排放比发达国家的平均水平低一半；北欧国家绝大部分主要依靠可再生能源，丹麦基本上是风电，挪威、瑞典基本上是水电。这些国家碳生产率很高，生活水平也很高。可见，生活质量并不是用碳排放的多少来度量的。发展低碳经济并不是要走向贫困，而是要在保护环境气候的前提下走向富裕。

第二种误解，认为一旦搞低碳经济，那么高耗能、高排放的重工业就不能发展了。中国有的城市一开始对低碳经济、低碳城市很有热情，但后来不愿意高调践行，就是因为害怕大型的化工、钢铁行业投资受到限制。这完全是误解。因为任何社会都必须要有一些相对高能耗、高排放的产业和产品来保障经济运行、保障生活质量，否则社会没法运转。要是没有钢铁、水泥、建筑材料，高速公路怎么建？房子怎么建？即使像英国、意大利那样，房子都建好了，但也有个寿命期限，一二百年之后还得重建。所以，低碳经济绝对不应该排斥高能耗、高排放的产业和产品，而应该想办法尽量提高碳效率。

第三种误解，认为一旦搞低碳经济，我们就不能开车、住大房子、享受空调了。其实并非如此。在低碳经济状态下，交通便利、房屋舒适宽敞是可以得到保证的。欧洲现在有很多零排放建筑，隔热效果非常好，一旦用自然通风、地热把室内温度调控到一个合适的水平，能保持很长时间。交通领域，我们可以开发太阳能汽车、生物燃料汽车等；同时大力发展公共交通。从北京到天津，乘坐公共交通只要半个小时，何必浪费时间自己开车呢？自驾车不仅累，还有交通事故的风险。所以搞低碳经济并不一定会降低我们的生活品质，相反，生活品质可能还会得到改善和提高。

第四种误解，搞低碳经济要用先进技术、低碳能源，成本太高，我们做不了。这听起来有道理，但实际上不对。从长远战略上来看，低碳经济是世界经济发展的大势所趋，今后的竞争不是传统的劳动力竞争，也不是石油效率的竞争，而是碳生产率的竞争。如果我们为减少成本，图当前一点蝇头小利，将来我们的产品、产业甚至整个经济就可能没有竞争力，从而被排斥出世界经济的主流。从现实竞争力来看，这种说法也不成立。现在欧洲、美国的很多产品都有"碳标签"，标明该产品生命周期的碳排放。消费者会有意识地选择低碳产品，如果我们的产品碳含量比较高，别人不买，我们就失去了市场。包括发达国家要对中国产品征收所谓的"边境调节税"，就是因为考虑到我们的产品碳含量太高。除此之外，还有环境成本问题。化石能源除了排放二氧化碳，还可能造成二氧化硫、粉尘、氮氧化合物、重金属等污染；相比之下，可再生能源的环境负荷就非常低。把长远战略、现实竞争力、环境成本等因素综合考虑，发展低碳经济就不是高成本，而是具有竞争力的低成本。

第五种误解，认为低碳经济是好东西，但太遥远，我们现在还没到发展低碳经济的水平，以后到了那个水平再说。这种认识是完全错误的，因为低碳经济是点点滴滴汇集起来的，任何节能的、防治污染的、环境友善的行为，都是对低碳经济的贡献。我们搞可再生能源，提高能源效率，关闭小火电、小水泥；作为消费者，随手关水龙头、关灯，把白炽灯换成节能灯，用太阳能热水器，这都是在向低碳化迈进。所以低碳并不遥远，它就在我们的生活、生产、消费中。

三、发展低碳经济不能盲目寄希望于调整产业、能源结构

怎样发展低碳经济？这是关键问题。有人认为，发展低碳经济首先必须改变、调整产业结构。我不认为是这样。因为产业结构的变化有其自然规律，我们不能违背。在农业社会，农业绝对是大头；在劳动力密集或资本密集的工业化阶段，工业肯定是主导。中国现在工业占第一位，而不可能把服务业放第一位：第一，我们还没有那么高的技术水平去跟发达国家竞争服务业；第二，我们需要一些高能耗产品来满足资本密集型的工业化进程，高速铁路、高速公路、机场、港口、码头等基础设施建设，哪一块砖、哪一根钢材离得了能源和碳密集型的原材料工业？况且服务业首先要有服务对象，产业还没有发展起来，对谁服务呢？中国现阶段只能以资本密集型的投资为主体，这样才能有高增长、有资产的积累；只有当资产积累到一定阶段，才会有发达的服务业。

受发展阶段制约，产业必然有其特定的结构比例。所以简单地谈调整产业结构，是一种误导。当然，我们也可以而且应该在产业结构调整方面做一些工作，但空间非常有限。

另一种观点认为，发展低碳经济，我们要大力调整能源结构。少用含碳量高的能源，碳排放不就降下来了吗？然而，调整能源结构同样也受到几个因素的制约。第一，受资源禀赋的制约。少用点煤，多用点石油和天然气，确实可以减少碳排放，但我们有这个资源禀赋吗？像欧洲、美国，石油占40%，天然气也很丰富；而中国的能源格局就是“富煤少油贫气”，没办法改变。正因为如此，虽然我们从上世纪80年代就开始说要降低煤炭的比例，但至今没有降下来。第二，受资金、技术的制约。要调整能源结构，我们可以搞太阳能、核能等可再生能源、新能源，但问题是，所需的巨大投资从哪儿来？1990年代初建三峡水电站，发达国家、世界银行不给贷款，我们当初只能用电力附加费的方式来筹资；搞核电，不可能一下子在全国建100座核电站吧？即使能建好，我们也没有那么多铀矿资源。第三，受到收入水平的制约。火电的市场价格是一度电三毛钱，上海搞绿色电力资源购买，鼓励大家买一块钱一度的风电，结果没人买。如果一块钱一度电大家都可以接受，那么也可以提高火电的价格，但现在中国还没有到这个收入水平。

还有一种观点认为，我们应该大量植树造林，发展碳汇，这是最经济实用、最可行的办法。实际上这里面空间也不大。因为中国的耕地资源和水资源相对来说并不算很丰富，能种粮食的地方都种粮食了，很多地方连草都不长，怎么栽树？水，得先保证粮食生产，而不能先去浇树。这样一来，能够种树的面积、能够用来浇树的水资源量都很有限了。中国现在的森林覆盖率是18.7%，想再增加一点点难度非常大。

四、中国如何发展低碳经济

以上说到，调整产业结构、能源结构，发展林业碳汇的空间都有限，但并不是说低碳经济就没法发展了。低碳经济不仅可以做，而且可以加大力度做。

1.提高能源效率

在工业化阶段，提高能源效率是减少碳排放最为有效的方式，而且能源效率提高的空间非常大。比如说建筑节能。在发达经济体里，三分之一是建筑物排放，三分之一是交通运输排放，三分之一是工业排放。中国现在是工业排放量占大头，交通和建筑类排放较小。但随着生活水平的提高，居民的住房面积越来越大，住房品质越来越高，如果我们效仿欧洲的零排放建筑，在建筑节能这块有很大潜力。

工业能源效率的提升空间也非常大。由于中国是发展中国家，最先进的技术有，最落后的技术也有。像钢铁行业，中国有一些领先技术，例如大中型钢铁联合企业吨钢的综合能耗水平比较低，但小炼钢和落后技术则能耗高、排放多。这就意味着要加速淘汰落后产能。电力方面，中国现阶段肯定离不开火电，那么就要上大压小，用超临界、超超临界发电机组，使单位度电的排放量降到最低。中国在钢材、水泥、化工、机械等领域投资力度非常大，“十一五”规划中提出淘汰小火电、小水泥、小造纸，都取得了非常好的效果。

在交通运输领域，我们也有很多工作可做。航空交通耗费的燃油量比地面交通高很多：与低效率的小汽车相比，高出一倍以上；与大容量的公交，与高速铁路相比，至少高出三倍、四倍。现在北京到上海的空客一小时一趟，将来高速铁路要是建好了，每小时一趟，基本上就不需要飞机了，同样便捷的服务，但排放量只有原来的四分之一、五分之一。

2.开发利用可再生能源

中国的可再生能源资源很丰富，虽然可再生能源成本较高，但相当一部分已经商业化。例如太阳能热水器，农村的小沼气，运用得很普遍；水电、部分发展较好的风电（如新疆塔里木的风电）等，也非常有竞争力；中国每年所利用的农作物秸秆等生物质能，折合标煤约三亿吨，如果每年的商品能源消费总量是30亿吨，生物质能占了10%。已经商业化的可再生能源，可以进一步推广。

太阳能光伏发电、光热发电两种技术现在都在运行。欧洲有一项远大的工程规划，准备在非洲撒哈拉沙漠上建大的太阳能光热发电站，然后建远距离输变电系统，把电力输送到欧洲。中国有广袤的戈壁滩，如果太阳能发电技术成熟，戈壁滩的开发前景将非常广阔。现在我们就可以进行研发投入，做好前期准备。

交通领域，汽车不再只烧石油和液化天然气，现在有混合动力汽车、电动汽车等。电动汽车时速可以达到150公里，最远可以跑400公里，如果蓄电池性能再好一点、动力更强一点，竞争力就会更大。太阳能汽车、氢能燃料电池等技术也在研发中，如果成熟，我们的交通服务将实现很少的碳排放甚至是零排放。

除了可再生能源的开发利用有很多大文章可做，核能也很有前景。英国长期以来反对核能的声音很强，现在为了搞低碳经济，又把发展核能提到议事日程，准备进一步更新和新建核电站。美国也启动了新的核能计划。目前的核能利用，尽管在核废料处置方面存在一些问题，但相对来讲它是经济可行的；从安全的角度看，核电大国——法国就没有发生过核事故。中国也在大力发展核电，原来是在沿海地区，现在延伸到了内地。但有一个问题，发展核电所需的铀矿资源，中国比较缺乏。在经济全球化、一体化和世界共同应对气候变化的背景下，我们可以通过国际协定，要求铀矿资源丰富的国家，如澳大利亚、加拿大以及中亚国家给中国提供铀矿资源。

3.引导消费者行为

通过提高消费者的节能意识来加速低碳经济建设进程，至关重要。为此，我们必须制定相应的政策措施。

第一，二氧化碳对气候变化有负面作用，是有环境成本的。既然如此，我们就应该对它征税。碳税跟能源税不一样，征能源税可能会打压可再生能源，但如果我们加以区分，只对碳征税，那么就只会打压高碳能源。高碳能源的比较收益降低，零碳或低碳能源的比较成本就降低了，市场竞争力也会增强。中国现在征碳税的条件应该是成熟的。我们说条件不成熟，主要是两个原因。一，中国是发展中国家，在国际上没有承诺减排。如果我们国内征碳税，和国际政策似乎有矛盾。但实际上这一点我们是完全可以避开的，我们可以不叫碳税，而叫可枯竭资源税。因为我们本来就有资源税，而化石能源是可枯竭资源，那么征一个可枯竭资源税，实质上就等于碳税。原因之二，要征收碳税就需要相应的技术、信息、统计资料，一般认为我们现在还不具备这种统计条件。实际上这个问题不难解决。因为碳只是在煤炭、石油、天然气里才有，这三项能源都是进入了市场的，统计起来应该非常简单。至于我们是在生产这一端来征收，还是在消费这一端来征收，都可以。所以，征收碳税并不是原则上不可行，而是技术操作层面的问题。

第二，我们应该有相应的政策补贴。所有技术的研发、运用，都会经历从高成本到低成本的转化过程，如果我们给予补贴，就会加速降低成本的过程。对一些暂时不具备商业竞争力，而社会成本又比较低的能源和技术进行补贴，会使它们更迅速地成长，走向市场竞争。

第三，要提高研发投入。很多低碳能源技术、产品还需要进一步研究开发，政府公共财政投入和企业商业化的投入，可以双管齐下。

第四，对于消费者行为，要有相应的经济政策措施对奢侈浪费加以限制。几年以前我提出过一种设想，叫能源消费累进税制（或者叫碳排放累进税制）。我们的碳排放空间是有限的，而每个人的基本消费需求也是有限的，因而可以给每个人一定的碳排放量，超出之后就得交税，超得越多税率就越高，跟我们的所得税一样。这样既兼顾了基本需求的满足，又可以使消费者行为更理性化，降低奢侈浪费的部分。要强调的是，能源消费税应是累进税率，而不能是统一税率。统一税率只会打压穷人，鼓励富人消费。

第五，要对公共消费加以控制。中国的公共消费浪费特别多，在高速公路上跑的小汽车多数是公车；办公大楼里，空调用电等浪费也很多。在一些发达国家，非常注重公共消费的低碳化，部长也乘坐公共交通。所以，政府可以率先垂范。

第六，国外在低碳社区、低碳城市等领域有很多先进经验，我们完全可以借鉴，开展国际合作。

除了以上三个方面，发展低碳经济还有其他一些可以努力的空间。如碳捕获与埋存技术，虽然用来减少温室气体排放现在还不具备经济可行性——因为它耗能特别高，但作为一种技术选择，我们可以继续研发，使这种技术将来具有商业可行性，这是战略投资。而且碳捕获与埋存技术在有些领域是商业可行、能够产生收益的，例如用它来提高石油采收率。一些发达国家在进行三次采油时，把二氧化碳收集起来加以液化，注入到地底下把油驱赶出来。中国大庆、胜利油田也涉及到二次、三次采油，完全可以采用这种方法。

我们还可以利用国际贸易来发展低碳经济。每个国家的资源禀赋、清洁能源的比重和成本都不一样，碳生产率相对较高的产品我们可以出口，碳生产率较低的产品则可以进口。像矿石，中国从澳大利亚进口，比我们国内采矿的成本低多了。

总之，低碳经济不是时髦的概念，可以落实到现实的行动。要通过经济发展方式的转型、消费方式的转型、能源结构的转型、能源效率的提高，使中国向低碳经济、低碳社会迈进——只有低碳社会才是可持续的社会。

（潘家华：中国社科院城市发展与环境研究所所长）

中国低碳发展的情景选择

诸大建

中国未来的发展需要致力于将潜在的优势转化为实际的优势，即将善于学习的社会文化转化为具体的低碳经济发展战略与目标，将政府强大的政治动员能力转化为保障低碳经济的制度化体系，将跨越式建设物质资本的机会转化为建设绿色固定资产的现实行动。

不管哥本哈根会议的具体结果如何，世界肯定将走向低碳经济的绿色发展道路。就中国而言，虽然依赖于煤炭供应的能源结构，对中国未来的绿色转型是严峻的硬约束，但是应该看到，中国转向低碳经济具有一定的潜在优势。一是在物质基础方面，美国、欧盟等发达国家已经基本完成，因此改造成为低碳性的绿色设施具有一定的限制，而中国的基础设施尚在发展之中，特别是大规模的城市化至少还要发展20年，因此有可能在早中期阶段就规划建设所谓绿色的固定资产；二是治理结构方面，中国政府具有强大的政治动员和领导能力，只要大方向对，许多在市场化的发达国家难以成功的大事情往往有条件在中国办成功，低碳经济革命也不例外；三是在思想意识方面，中国人善于吸收世界上的先进文化和科学技术，改革开放30年来中国已经形成了一个学习型社会的氛围，因此有可能以较短的学习曲线，接受低碳经济这样的绿色理念、绿色态度和绿色方法。

当前，中国转向低碳经济的关键挑战和战略性问题，在于如何确定以人均二氧化碳排放（当前的或累计的）为衡量标准的中国低碳经济的目标情景，并且以此为目标倒过来调控我们的经济增长规模和方式。目前，中国人均二氧化碳大概在人均5吨左右，世界人均二氧化碳排放是4吨，因此原来具有的低于世界人均水平的话语优势已经失去。中国的人均GDP现在是3000多美元，按照中国GDP不低于7%的年增长速度，到2020年可以达到6000多美元，到2050年可以达到25000美元左右。现在的问题是，中国届时的人均二氧化碳排放应该是多少。目前，美国、加拿大、澳大利亚等高排放发达国家的人均二氧化碳排放是20吨左右，欧盟、日本等相对低排放的发达国家的人均二氧化碳排放是10吨左右。如果中国未来发展的人均二氧化碳超过美国等国家的水平，那将会在世界舆论中替代美国成为绿色发展的反面教材和众矢之的。即使超过欧盟、日本等人均二氧化碳的当前排放水平，中国也会被认为是在沿袭高能源消耗、高二氧化碳排放的发展道路，而不具有低碳经济中的新竞争优势。事实上，中国在低碳经济竞争中实现蛙跳式发展的内涵，就是应该以比发达国家人均水平低的二氧化碳排放水平，实现国家经济实力和人民生活水平的提高。我以为，中国到2050年的人均二氧化碳排放，粗略地说可以有三种情景和发展路径，中国要实现以低碳经济为目标的绿色跨越，其中的C模式应该成为我们的战略选择。

A模式的发展路径。A模式是沿袭传统发展模式、但是没有担当足够责任的情况。即中国的二氧化碳排放从2005年的人均4吨开始，随着粗放型的经济增长大幅上升，持续增长到超过发达国家的平均水平（人均10吨）甚至超过美国的高峰水平（人均20吨），到2050年左右才非常被动地并且以比现在远要大得多的治理代价急剧降下来。这是严重影响中国人的生活质量，同时也被认为是中国发展没有承担大国责任的情景。前些时间有人在媒体上说，中国到2050年才能够达到峰值；我个人觉得这样的说法容易使我们的发展处于非常不利的地位。实际上，在对外的学术交流中，我们已经多次碰到由此引起的难堪处境。因为按照这样的趋势，到2050年中国的二氧化碳排放规模会高达150–300亿吨，与世界届时控制排放在200亿吨以内的目标产生严重抵触。应该说，沿袭传统高碳经济增长的趋势在当前的认识和实践中是严重存在的。中国提倡发展低碳经济，首要任务就是改变这样的思维模式和发展路径。

B模式的发展路径。B模式是要求中国承担过度责任而影响正当发展的模式。即要求中国二氧化碳排放规模到2020年就达到峰值，要求这个峰值不超过世界二氧化碳排放的平均水平，然后一直到2050年回落到人均2吨左右，即按照中国15亿人计算的排放规模是30亿吨。这个模式的提法主要来自发达国家的研究者、政府有关部门甚至社会上的直感性要求。我个人认为，这样的要求没有给予中国必要的发展空间，没有考虑中国当前的生存性排放与发达国家的奢侈性排放的本质差异。如果认为这是21世纪中国所需要的绿色跨越，那么这样的跨越应该是不属于前面所说的低碳经济概念的。因为它满足了“低碳”的要求，但是没有满足“发展”的要求。中国推进低碳经济，也需要提防这种跨越发展阶段的向“左”走的各种思想干扰。

C模式的发展路径。C模式是既考虑发展权益又承担大国责任的发展路径，我个人认为，这个模式比较符合《联合国气候变化框架条约》倡导的“共同而有区别的责任”的精神。按照这个模式，中国的二氧化碳排放从2005年开始随着经济高速增长而进入大幅增长阶段。但是到2020～2030年间需要努力达到峰值（以人均GDP和人类发展指数分别达到满足基本需要的10000美元和0.85以上为前提条件），峰值虽然一定程度上将超过世界的平均值，但是任何时候都要努力控制在低于发达国家的平均值之内。例如，将人均二氧化碳排放的高峰值控制在6～8吨之间。这样的发展路线，应该是中国低碳经济情景研究的重点内容。它要求中国未来40年的发展，不仅需要在能源结构和能源效率等技术方面，而且需要在人口规模和消费方式等社会方面，做出系统的思考和安排。好消息是，对历史上人均二氧化碳排放与经济社会发展水平的实证研究，已经证明了随着技术的提高和制度的变革，后发国家的现代化是可以在低能源消耗和低二氧化碳排放的基础上实现的。事实上，欧盟、日本与美国等国家的经济增长水平和人类发展水平相同，但是前者比后者有更少的能源消耗和二氧化碳排放，已经证明了实现绿色跨越的可能性。因此，中国采取C模式的发展路径不仅是必要的，也是可行的。关键问题在于，中国未来的发展需要致力于将潜在的优势转化为实际的优势，即将善于学习的社会文化转化为具体的低碳经济发展战略与目标，将政府强大的政治动员能力转化为保障低碳经济的制度化体系，将跨越式建设物质资本的机会转化为建设绿色固定资产的现实行动。

（诸大建：同济大学管理科学与工程系主任、同济大学可持续发展与管理研究所所长、城市发展与管理研究院副院长）

论低碳消费方式

陈晓春　谭娟　陈文捷

全球气候变暖已成为国际社会关注的焦点问题。它严重影响了人类环境和自然生态，导致水资源失衡、农业减产、生态系统严重损害，对人类社会可持续发展带来了巨大冲击。政府间气候变化专门委员会(IPCC)全球气候变化研究第四次评估报告表明:气候变暖的原因除了自然因素影响以外，主要是归因于人类活动，特别是与人类活动排放二氧化碳的程度密切相关。因此，低碳消费方式受到了世界各国的关注与重视。

一、“低碳经济”是全球经济发展的最佳模式之一

面对气候变暖的重大挑战，世界主要经济发达国家和地区已达成发展低碳经济的共识:以经济发展模式由“高碳”向“低碳”转型为契机，通过市场机制下的经济手段激励推动低碳经济的发展，以减缓人类活动对气候的破坏并逐渐达成一种互相适应的良性发展状态.

中国作为一个负责任的大国，十分重视发展低碳经济，并且也关注着低碳消费方式的问题。1996年，中国政府制定“九五”计划时，提出了节能率平均每年为5%，削减主要污染物排放量(包括温室气体排放量)的目标，并实现了这个目标。2001年制定“十五”规划时，又提出节能和减少主要污染排放10%以上，但是最终没有实现。温家宝总理说，我们在“十五”期间没有实现这个目标，在“十一五”期间要实现，尽管任务艰巨，难度极大，但必须坚定不移地执行。为此，“十一五”规划纲要明确承诺:到2010年确定单位GDP能耗下降20%的目标；主要污染物(包括二氧化碳)排放量下降10%的目标。胡锦涛主席于2007年9月8日在亚太经合组织(APEC)会议上的讲话中明确主张“发展低碳经济”，令世人瞩目。

“低碳经济”是全球经济发展的最佳模式之一，低碳消费方式是其重要环节。所谓消费方式，就是在一定生产力发展水平和一定生产关系条件下，消费者与消费资料相结合以实现需要满足的方法和形式，是消费的自然形式与消费的社会形式的有机统一。低碳消费方式是人类社会发展过程中的根本要求，是低碳经济发展的必然选择。低碳消费方式回答了消费者怎样拥有和拥有怎样的消费手段与对象，以及怎样利用它们来满足自身生存、发展和享受需要的问题。它是后工业社会生产力发展水平和生产关系下消费者消费理念与消费资料供给、利用的结合方式，也是当代消费者以对社会和后代负责任的态度在消费过程中积极实现低能耗、低污染和低排放。这是一种基于文明、科学、健康的生态化消费方式。环境就是系统，低碳消费方式着力于解决人类生存环境危机，其实质是以“低碳”为导向的一种共生型消费方式，使人类社会这一系统工程的各单元能够和谐共生、共同发展，实现代际公平与代内公平，均衡物质消费、精神消费和生态消费；使人类消费行为与消费结构更加科学化；使社会总产品生产过程中，两大部类的生产更加趋向于合理化。

二、低碳消费是一种更好地提高生活质量的消费方式

低碳消费方式特别关注如何在保证实现气候目标的同时，维护个人基本需要获得满足的基本权利。由于满足基本需要的人权特性和有限性，在面临资源与环境约束的情况下，应该把有限的资源用于满足人们的基本需要，限制奢侈浪费。人们应该认识到:生活质量还包括环境的质量，若环境恶化，人们的生活质量也最终会下降。在环境资源日益稀缺的今天，低碳消费方式是一种更好地提高生活质量的消费方式。

低碳消费方式体现人们的一种心境，一种价值和一种行为，其实质是消费者对消费对象的选择、决策和实际购买与消费的活动。消费者在消费品的选择过程中按照自己的心态，根据一定时期、一定地区低碳消费的价值观，在决策过程中把低碳消费的指标作为重要的考量依据和影响因子，在实际购买活动中青睐低碳产品。低碳消费方式代表着人与自然、社会经济与生态环境的和谐共生式发展。低碳消费方式的实现程度与社会经济发展阶段、社会消费文化和习惯等诸多因素有关。因此，推行低碳消费方式是一个不断深化的过程。

从经济学上讲，消费包括生产消费和非生产消费。生产消费是指生产过程中工具、原料和燃料等生产资料和生产劳动的消耗。非生产性消费的主要部分是个人消费，是指人们为满足个人生活需要而消费的各种物质资料和精神产品；另一部分是非生产部门如机关、团体、事业单位，在日常工作中对物质资料的消耗。因此，推动“高碳消费方式”向“低碳消费方式”的转变应该是全社会的共同职责，只有这样才有利于实现国家利益、企业利益和公民利益的最大化。

三、推行低碳消费方式需要各方面共同努力

政府、企业、公民和社会组织在形成低碳消费方式中所能发挥的作用具体情况如下:

——政府引领低碳消费方式。一是培育全民低碳意识，营造低碳消费文化氛围。通过通俗易懂、丰富多彩的宣传，影响公众行为，促使他们接受新技术，从而既能满足未来的能源需求，又能确保温室气体的减排。二是完善政府激励低碳消费的法规政策。一方面政府要出台政策和法规鼓励企业、公民和社会组织实行低碳消费，如制定奖励措施，对于开发低碳产品，综合利用自然能源，投资低碳生产流程的企业，给予支持和鼓励，并在贷款、税收等方面给予优惠政策；另一方面抑制消费主体的高碳消费方式。三是政府机构应从自身入手，带头节能减排。政府部门和单位通过早期采用、购买最新先进技术与产品等措施，为其他部门树立榜样。如率先使用节能减排型设备和办公用品，尽可能将办公大楼建设或改造成节能型建筑，制定和实施政府机构能耗使用定额标准和用能支出标准，实施政府内部日常管理的节能细则，制定政府节能采购产品目录，推行政府节能采购。

——企业主导低碳消费方式。企业既是全社会推行低碳消费方式的“瓶颈”，也是“桥梁”。“瓶颈”是指企业是能源消费和碳排放大户，由于社会低碳消费意识的增长，低碳消费方式作为价值考量标准，促使企业不得不进行技术革新，降低能耗、提高资源的利用率，实行环境友好的排放方式。实现企业生产性消费的低碳化是一项长期、艰巨的任务，需要企业具有减排的社会责任意识并投入资金和人力资源，通过技术创新降低企业单位能源消费量的碳排放量，最终实现企业生产消费过程中能源结构趋向多元化和产业结构升级。“桥梁”是指企业也是低碳消费产品的提供主体，是联系低碳生产性消费和低碳非生产性消费的桥梁。低碳消费方式作为一种新的经济生活方式，给经济发展和企业经营带来新的机遇。只有企业提供了低碳节能的消费品，使公众在超市或其他商场购买产品时根据低碳化程度有所选择，才能有更广泛、深入地推行全民低碳消费方式的物质基础。

——社会组织积极推进低碳消费方式。社会组织是现代多元治理结构中的重要主体，对促进低碳消费方式的全民化具有不可替代的作用。其分布广且深入社会各阶层，以其自身的布局优势比政府能更广泛、深入地开展节能减排、低碳经济的宣传教育活动；同时，比如说环保组织本身就是一类很重要的社会组织，这说明社会组织会更易于接受低碳消费的理念，并且积极实践、热忱推广。

——公民广泛参与低碳消费方式。公民参与低碳消费方式需要关注“5A”：一是认知性 (Awareness)，即对低碳消费方式的了解和认知；二是可行性 (Availability)，即低碳消费方式的现实实用性和对减少温室气体排放的有效性；三是 可操作性(Accessibility)，即低碳消费方式的可操作性；四是可承受性 (Affordability)，即人们实行低碳消费方式的经济成本可以承受；五是 可接受性(Acceptance)，就是在道德价值和安全可靠等方面的社会接受程度。毋庸置疑，公民的消费方式会在点滴之处积少成多，成为新时代社会价值取向的“风向标”。

综上所述，消费既是生产的终点，又是生产的起点，低碳消费方式是人类文明进步的表现，有利于资源的合理配置，有利于形成新的经济增长点，有利于形成新的产业及推进产业结构的改变，有利于改善就业结构、扩大就业，有利于建设资源节约、环境友好型社会。

（陈晓春：湖南大学低碳经济与社会发展研究所所长）

低碳发展综述

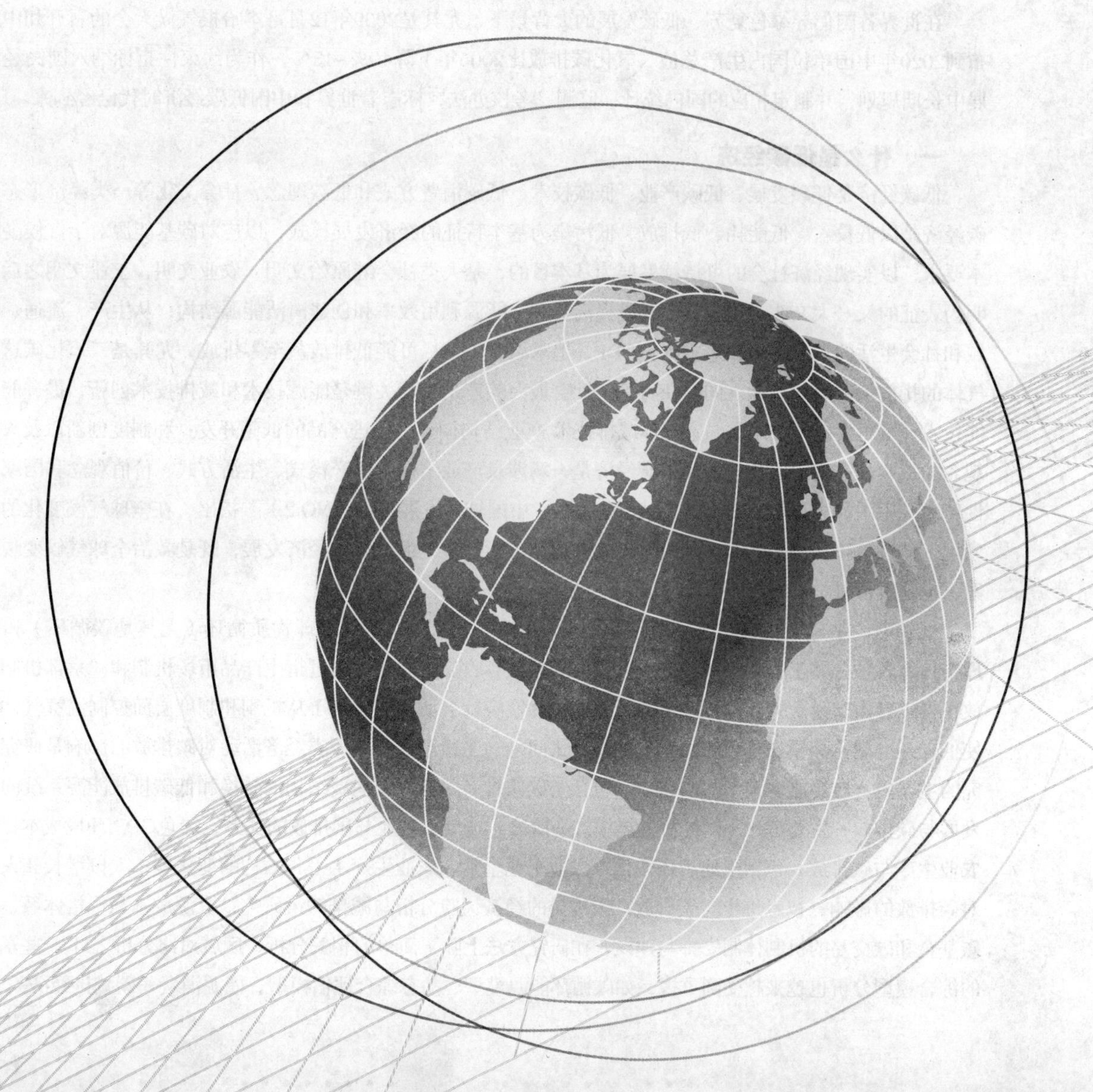

低碳发展综述

第一章　低碳经济的由来

人类是地球之子。只有一个地球。节约资源，保护环境，建立环境友好型和资源节约型社会，从而使地球成为人类“从摇篮到摇篮”；高投入、高消耗、高排放，一如既往地污染环境，会使地球资源消耗殆尽，导致人类无法生存，地球就会从人类的摇篮变成坟墓。当今世界，为应对全球气候变暖，防范日益逼近的能源安全，发展低碳经济，已逐渐成为国际社会的共识，是人类的共同选择。尤其是国际金融危机过后，一场以新能源为突破口的低碳经济的浪潮正在席卷全球。2008年，全球气候变化行业中的上市企业（包括可再生能源发电、核能、能源管理、水处理和垃圾处理企业）的营业总额达到了5340亿美元，超过了5300亿美元的航天与国防事业的营业总额。尽管全球出现了经济衰退，但低碳行业2008年的收入仍大幅增长了75%。这一增长速度更超过了《斯特恩报告》(Stern Report)中的预测（这份里程碑式的报告预测到2050年时，低碳商品和服务行业的年收入将达5000亿美元）。

在世界各国倡导绿色复苏、低碳发展的大背景下，尤其是2009年12月哥本哈根气候大会的召开和中国向世界宣布到2020年中国单位国内生产总值二氧化碳排放比2005年下降40%~45%，作为约束性指标纳入国民经济和社会发展中长期规划，并制定相应的国内统计、监测、考核办法，标志着世界和中国低碳经济时代已经到来。

一、什么是低碳经济

低碳经济是低碳发展、低碳产业、低碳技术、低碳消费方式和低碳理念、社会文化等一类经济形态的总称。低碳经济是以低投入、低能耗、低排放、低污染为基本特征的经济发展模式，以应对碳基能源对于气候变暖影响为基本要求，以实现经济社会的可持续发展为基本目的，是人类社会继原始文明、农业文明、工业文明之后的以生态文明为表征的又一大文明进步。其实质是提高资源、能源利用效率和创建清洁能源结构，从生产、流通、消费各个领域和社会生活的各个环节，追求绿色GDP，追求温室气体尽可能低排放甚至零排放，尤其是二氧化碳这一主要温室气体的排放量的有效控制。同时获得整个社会最大的产出。其关键是能源技术和减排技术创新，提升能效技术、节能技术、可再生能源技术和温室气体减排技术,产业结构调整，促进产品的低碳开发；和制度创新以及人类生存发展观念的根本性转变。因此，发展低碳经济是一场涉及产业结构、生产模式、生活方式、价值观念和国家权益的全球性革命。中国社会科学院发布的《城市蓝皮书：中国城市发展报告（NO.2）》指出，在全球气候变化的大背景下，发展低碳经济正在成为各级部门决策者的共识。节能减排，促进低碳经济发展，既是救治全球气候变暖的关键性方案，也是践行科学发展观的重要手段。

低碳理论是建立在自然规律基础上的经济理论。它依据基本的地球物质循环（尤其是碳循环）和碳平衡的原理，计算各种公共工程和商业活动的碳排放及碳预算收支，同时，通过衍生产品市场机制和“京都机制”使得碳排放权得以自由交易。人类从根源上重新审视各种经济社会活动，有利于从机制和制度层面控制温室气体排放，从而使低碳经济理论和模式成为解决全球气候变化问题的途径。目前，人类经济活动对碳排放的影响是研究的热点，研究的主要内容有：能源消费与碳排放，包括与碳减排有关的能源消费结构的转换和低碳排放能源系统的建立；经济发展与碳排放，主要探讨不同经济发展模式、阶段、速度、产业与碳排放的关系；绿色GDP,环境成本；森林碳汇；农业生产与碳排放，包括土地利用变化、农业土地整治、农业生产水平与结构的变化等；人口增长和人类社会生活对碳排放的影响；技术进步与碳排放；碳减排的经济风险分析与减排对策研究；资源成本和价格体系、制度安排；碳基金和碳交易的机制体制安排与建设。在研究方法上除了简单的相关分析、区域对比分析之外,一些基于大量数据的综合模型分析也越来越受到重视，如碳循环能源模型、动态综合评估模型、能源消费—碳减排经济关联模型等。

探讨低碳经济，最早可以追溯到1992年的《联合国气候变化框架公约》和1997年的《京都协议书》。“低碳经济”一词最早见诸于政府文件是在2003年的英国能源白皮书《我们能源的未来:创建低碳经济》。作为第一次工业革命的先驱和资源并不丰富的岛国，英国正从自给自足的能源供应走向主要依靠进口的时代，按目前的消费模式，预计2020年英国80%的能源都必须进口；同时，气候变化已经迫在眉睫。英国充分意识到了能源安全和气候变化的威胁，正因为如此，英国首先提出了低碳经济。英国是世界上最早实现工业化的国家，也是全球减排行动的主要推进力量。低碳经济的概念一经提出，就引起国际社会的广泛关注，并引领了世界经济向低碳经济转型的大趋势。2006年，前世界银行首席经济学家尼古拉斯·斯特恩牵头起草的《斯特恩报告》指出，全球以每年GDP1%的投入，可以避免将来每年GDP 5%~20%的损失，呼吁全球向低碳经济转型。

对于低碳经济的定义、内涵和外延，应该说目前还没有一个严格、准确又为国际社会认同的诠释，还需要在实践中丰富和发展。顾名思义，低碳经济是在生产、流通和消费过程中降低化石能源消耗、减少温室气体排放活动的总称，是推动高投入、高消耗、高排放、低效益的社会经济发展模式向低投入、低消耗、低排放、高效益的社会经济模式转型，以实现经济社会可持续发展。但目前有一些问题和顾虑需要澄清。首先，低碳经济不等于不发展，尤其是发展中国家，生存和发展是第一位的，低碳经济的目标也是低碳高增长，没有任何理由，包括应对气候变化和低碳经济，都不能限制发展经济；发展中国家为满足人民的基本需求要加快发展，并在发展中努力实现经济增长、消除贫困、社会进步与环境保护、合理利用资源，实现低碳发展；发达国家应更多的承担减排责任，同时有责任和义务帮助发展中国家提高技术，节能减排。第二，发展低碳经济并不应该阻挡重化工等高能耗产业发展，只要通过技术进步、循环经济、节能减排、提高能效，就能逐步做到符合低碳经济的发展需求。第三，低碳经济不一定高成本，应该从节约资源、保护环境的社会经济发展整体上考量，从功在当代、惠及子孙、造福人类来审视。第四，应对全球变暖，发展低碳经济关乎地球上每个国家和地区，关乎每一个人。

二、低碳经济产生的背景

1962年，美国的卡逊出版了《寂静的春天》一书，唤起了人类对环境保护的高度重视。1968年，来自西方不同国家、对环境问题忧心忡忡的约30位企业家和学者聚集罗马，形成后被称为“罗马俱乐部”的组织。1972年，该俱乐部发表了《增长的极限》的研究报告，强调了自产业革命以来，经济增长模式给地球和人类自身带来的毁灭性灾难。20世纪末，随着世界经济增长速度的不断加快，以及全球人口规模的不断扩大，能源的大量开发和使用带来了严重的环境问题，包括烟雾、光化学烟雾和酸雨危害以及大气中二氧化碳浓度升高带来的全球气候变暖，对人类的生存和发展条件提出了严峻挑战。人类为了应对这一挑战而做出的努力成为低碳经济发展的历史背景。1990年联大设立政府间谈判委员会。1992年６月，在联合国环境与发展大会上，150多个国家制定了《联合国气候变化框架公约》，并于1994年生效，其宗旨是将大气中的温室气体浓度稳定在不对气候系统造成危害的水平。1997年12月，在《联合国气候变化框架公约》第三次大会上，参加国通过了《京都议定书》作为《联合国气候变化框架公约》的补充条款。在《京都议定书》中，明确提出了有关温室气体排放的目标、各国责任的承担及实现机制。2007年达成了“巴厘岛路线图”。这一过程见证了国际社会加深认知和凝聚共识的历史进程。正是在这样大背景下，低碳经济应运而生。

国际金融危机进一步激发了各国发展低碳经济、寻求新的经济增长点的热情，各国普遍认识到，要协调气候变化和发展问题，只能选择低碳经济的发展路径，因而低碳经济已经成为后经济危机时代各国谋篇布局的首选，按照低碳经济来调整产业结构，转变它的发展方式。尤其是随着哥本哈根气候大会的召开和中国向世界宣布到2020年中国单位国内生产总值二氧化碳排放比2005年下降40％~45％，作为约束性指标纳入国民经济和社会发展中长期规划，并制定相应的国内统计、监测、考核办法，标志着世界和中国低碳经济时代已经到来。尽管全球应对气候变化的努力和进程还会崎岖坎坷，但降低碳排放、拯救地球共有家园已成为各国基本共识，发展低碳经济已成为世界经济社会变革的不可逆转的时代潮流。

其主要根源和宗旨是：

（一）应对全球变暖

在人类社会发展过程中，随着全球人口和经济规模的不断增长，尤其是主要依靠使用化石能源，致使地层中沉积碳库的碳以较快的速度流向大气碳库,从而引发了温室效应、环境污染等灾难性问题。2007年2月至11月，IPCC

（联合国政府间气候变化专门委员会）陆续发布第4次评估报告指出：过去100年间，世界平均气温上升了0.74℃；最近50年间，气温上升的趋势是过去100年间的2倍左右。造成全球范围冰川大幅度消融；世界各地气象异常事件频发（暴雨、洪水、干旱、台风、酷热）；20世纪中全球平均海面上升了17 cm。这种趋势如不扭转，到2060年，非洲撒哈拉沙漠以南遭受旱灾的地区可能增加6000~9000万hm^2。到2080年，在水源匮乏的环境中生活的人口可能增加18亿。中亚、中国华北地区和南亚北部地区将面临冰川消退带来的严重后果。喜马拉雅山脉的冰川消退速度达到每年10~15m。亚洲的七个主要河流水系的径流量将在短期内迅速增加，但是随后将出现径流量下降。海平面可能随着冰盖加速崩解而迅速升高。联合国气候委员会预计，21世纪，全球表面温度将上升1.4～5.8℃，海洋会升高18~59cm，未来几个世纪还会持续上升。气温每上升1℃，粮食产量将减少10%。全球气温升高3~4℃，可能导致3.3亿人由于洪灾而永久地或者暂时地逃离家园。温度上升3℃，20%~30%的陆地物种可能濒临灭绝。

政府间气候变化专门委员会报告表明，大气中二氧化碳浓度已从工业革命前的280ppm（1 ppm为百万分之一）上升到2005年的379ppm。世界气象组织在瑞士日内瓦发表《2008年温室气体公报》。公报说，2008年大气中的大多数温室气体浓度继续增加，可长期留存的温室气体——二氧化碳、甲烷和氧化亚氮的浓度创下工业革命以来的新纪录。公报的数据显示，2008年二氧化碳在地球大气中的浓度为385. 2 ppm，与2007年相比增加 2 . 0 ppm，呈持续增长之势。工业革命前，二氧化碳在大气中的浓度大约为280ppm，几乎固定不变。2008年大气中甲烷的浓度为1797ppb（1 ppb为十亿分之一），与上一年相比增加 7 ppb。在工业革命前大气中的甲烷浓度约为700ppb。2008年氧化亚氮在大气中的浓度为321.8ppb，比2007年提高0.9ppb，比工业革命前高出19％。公报说，1750年以来，大气中主要温室气体的浓度持续增长。1990年以来，二氧化碳、甲烷、氧化亚氮和卤化碳浓度的增加都非常显著，其中二氧化碳浓度增幅最大。世界气象组织指出，燃烧矿石燃料和农业生产等人类活动是排放温室气体的主要原因。科学家认为，温室气体大量排放是全球变暖和气候变化的驱动力之一。

同时，大量燃烧化石燃料所产生的温室气体等有害物质，对人类健康也造成了严重危害。据世界卫生组织估计，全球每年有300万人因空气污染而死亡，约占全球死亡人数的5%。由于生态环境破坏造成了新兴重大疾病的全球流行。如已有210个国家和地区发现艾滋病病毒，目前全世界感染者超过6000万人；“非典”、“埃博拉”、禽流感、“疯牛病”、H1N1流感等病毒在世界范围内的传播，成为威胁人类健康的杀手。

全球气候变暖和环境恶化，甚至关系到地球的未来，关系到人类的生存和发展。气候变化导致灾害性气候频发，冰川和积雪融化加速，水资源分布失衡，生物多样性受到威胁；气候变化还引起海平面上升，沿海地区遭受洪涝、风暴等自然灾害影响，造成大气和江海污染加剧、大面积土地退化、森林面积急剧减少、淡水资源日益短缺、大气层臭氧空洞扩大、生物多样性受到威胁等多方面恶果。温室气体的过量排放导致全球气候变暖，使自然灾害发生的频率和烈度大幅增加。如，森林作为地球上最大、最复杂的生态系统，其面积在过去30年内急剧减少。仅在20世纪90年代，全球森林面积就减少了2.4％。因环境恶化，每年约有5万个物种消失。“厄尔尼诺”和“拉尼娜”等现象，引起诸如冷夏、暖冬、干旱、暴雨等异常气候。台风、冰雹、雪灾、冻害、龙卷风、海啸等灾害在全球各地频频发生，造成重大人员伤亡和财产损失。全球一半的河流水量大幅减少或被严重污染，80多个国家和占全球40％的人口处于水资源严重匮乏状态，并加剧疾病传播，威胁经济社会发展和人民群众身体健康。气候变化的不利影响已经发生，根据英国经济学家斯特恩的研究，全球每年遭受气候相关灾害人口从1975年的2%上升到2001年的4%，达2.5亿人，其中发展中国家占96%。此外，还有研究指出，如果温度升高超过2℃，地球上15%~40%的物种可能灭绝；温度升高3~4℃，21世纪中期会有1.5~2亿人沦为气候难民，其对于经济破坏的规模更相当于20世纪的两次世界大战和经济大萧条的总和。这些数字所描绘出的灾难景象甚是恐怖。

（二）积极防范能源安全

当今世界经济的一大特点是对石油、煤炭等化石能源的严重依赖，目前世界一次能源构成中，石油占36%，煤炭占28%，天然气占24%，其总和占88%。据世界银行统计，在20世纪的100年当中，人类共消耗煤炭2650亿吨，消耗石油1420亿吨，消耗钢铁380亿吨、消耗铝7.6亿吨、消耗铜4.8亿吨。据国际能源署(TEA)估算，全世界与能源相关的二氧化碳排放在1973年为156.6亿t，到2005年增加到了271.36亿t，在32年间增加了将近74%，其中煤炭燃烧引起的排放增量就占了总排放增量的47%。进入新世纪以来，化石能源消耗量和价格的持续攀升严重影响了多国经济发展。2007年世界能源消费总量122亿吨标准油当量，比1973年的61.28亿吨增长近一倍。资源耗竭和油价攀升已成为全球性威胁，已经给美国、欧盟等世界主要经济体带来了通货膨胀的压力。到2050年世界经济规模比现在要高出3~4倍，未来的发展如果仍然采用高碳模式，到21世纪中期地球将不堪重负。全球化石燃料100年后将消耗殆尽，这是全人类面临的共同威胁和挑战。面对这一威胁和挑战，人类只有两种选择，要么研究出新的替代能源，要么回到文明前的黑暗时代。因此，经济发展和社会进步对新能源提出了十分迫切的要求。

（三）经济转型

从农耕为主的前工业化时代，到能源密集型产业主导的工业化时期，再到服务业和技术为主的后工业化社会，这是人类社会经济和产业发展的一条基本路径。世界自然基金会(WWF)报告，目前世界生物生产力供给量超载地球能力的25%，如果全球人均生物生产力达到美国人均水平，则需要5.4个地球；如果达到欧盟国家的人均水平，则需要2.7个地球；如果达到日本的人均水平，则需要2.5个地球。可以说，世界经济转型是被“逼上梁山”，势所必然，时机和条件趋于成熟。从20世纪50年代新技术革命孕育到20世纪70年代主导产业的形成，电子信息产业取代化石能源业、机械制造业，逐步上升为全球最大的先导和支柱产业。20世纪90年代后期，通信和网络及其相关服务业脱颖而出，成为世界经济增长的龙头产业。电子信息技术的广泛应用，推动了工业、办公、金融、教育、医疗、社会服务、家庭的全面信息化，传统产业改造升级，信息制造和服务业崛起壮大，大量新产品和服务成为日常消费品，形成了数十万亿美元的巨大市场，会同新材料、新能源、先进制造、生物等其他新技术，成为推动二战后世界经济持续较快增长的强大动力。

（四）后危机时代新经济增长极

当前，世界经济正在从全球金融危机带来的衰退中艰难复苏。历史经验证明，任何一次危机都会催生出一种划时代的技术变革，并在新技术、新经济的引领下走向复苏。1974年爆发第一次能源危机后，日本大力发展电子工业和节油汽车工业，在1980年汽车销量超过美国；1990年第二次能源危机后，美国开始大力发展互联网，带动全球网络经济的兴起。面对全球金融危机，要求各国把促进经济复苏与应对气候变化的努力结合起来，实现低碳发展。低碳经济之所以能够成为带动经济增长的新引擎，是因为低碳经济产业覆盖面广，具有强大的产业集群效应和带动效应。低碳经济发展所带来的产业外延扩张和产业结构优化，会带动经济总量的扩张和经济结构的调整；减少和控制碳排放，涉及广阔的产业领域，包括低碳能源、低碳技术和低碳产业体系。低碳能源是指通过发展清洁能源，包括风能、太阳能、核能、地热能和生物质能等替代煤、石油等化石能源以减少二氧化碳排放。低碳技术包括清洁煤技术和二氧化碳捕捉及储存技术等。低碳产业体系包括工业节能与减排、火电减排、新能源汽车、节能建筑、循环经济、资源回收、环保设备、节能材料等等。在经济由“高碳”向“低碳”转化的过程中，要使用大量的新技术。这些新技术的应用，不仅会实现对传统产业的改造、升级和换代，而且会催生出大量新兴产业以及为这些产业提供配套或服务的行业，形成新的经济增长点。这不只是众多政要和经济学家的共识，而且为初步实践所证明。

正是在气候变化、环境日益严重恶化、能源危机、经济转型、后危机效应的大背景下，或者说倒逼机制，以新能源为核心的低碳经济发展模式越来越受到各国关注。推行低碳经济被认为是避免气候发生灾难性变化、防范能源危机、保持人类可持续发展的有效途径。“碳足迹”、“低碳经济”、“低碳技术”、“低碳发展”、“低碳生活方式”、“低碳社会”、“低碳城市”、“低碳世界”等一系列新概念、新引擎崭露头角。而且低碳核心技术和低碳经济的发展必将是一个国家、一个地区和企业核心竞争力的体现，也将是未来国际竞争的战略焦点。欧、美、日等发达国家纷纷推出“绿色新政”，其战略动机正是抢占国家经济竞争力的制高点和未来全球竞争的主导权，利用其在低碳技术方面的领先地位，谋求新的竞争优势。美国总统奥巴马就宣称，谁掌握清洁和可再生能源，谁将主导21世纪。

第二章　低碳经济：人类共同的选择

一、低碳经济：人类共同的选择

气候变暖是历史上迄今为止人类所遇到的最大危机和最大范围的公共问题。气候问题不仅是单一领域内的科技、经济、政治问题，更是涉及人类几乎所有经济社会领域的问题。当今世界是一个相互依赖、相互联系的世界，任何一个人、一个国家都会通过碳足迹相互影响，任何人或国家都无法摆脱这种公共性。气候问题的最终解决需要我们改变基本生活方式、发展模式以及对待他人、他国和自然的基本态度。

当今世界是一个全球化的世界。气候变暖是全球问题，需要在世界范围内形成共识，达成国际性契约，建立起全球治理机制。《京都议定书》、“巴里岛路线图”、《联合国气候变化框架公约》等，堪称国际社会的共识和在气候领域内全球治理机制的雏形。欧盟委员会主席巴罗佐呼吁，地球正在经历又一次由人类造成的气候变化，它对人类的生存和文明构成了“史无前例的危险”。国际社会需要采取“决定性的紧急行动”，共同为建立一个“低碳”社会而努力。瑞典驻华大使林川接受中国媒体采访时说，“气候变化问题是全球性问题——既不是你的星球在变化，也不是我的星球在变化，而是‘我们’的星球在变化，我们每个人有着共同的利益。这不是人们相互斗争的新武器。”这些言论在一定程度上反映了人类应对气候变暖和生态环境问题的共同认知和共同利益，并继续上升为世界焦点、热点问题。因为，80%的全球气候变化是由工业化国家上百年过度排放造成的，目前他们进入后工业化社会，基本度过了高消耗资源、高污染排放阶段。而包括中国、俄罗斯、印度、巴西在内的新兴工业化国家和有关发展中国家，正处在以重化工为主的工业化初中期阶段。西方国家往往以减排、生态保护为借口限制别国发展，通过技术壁垒推行贸易保护主义，限制本国进口发展中国家产品。同时，应对全球气候变化、节能减排，需要世界各国的参与。各国既有着共同利益，又有着各自利益，必须加强国际合作。因此，各种多边、双边合作机制得到加强，“低碳经济”已成为国际社会的中心议题。

且看“低碳经济国际社会路线图”：

2006年欧盟发布了《欧盟能源政策绿皮书》(EU, 2006)，强调了能效提高技术和低碳技术的战略意义。

2007年是全球高度关注气候变化和推动低碳经济的一年。2月至11月，IPCC（联合国政府间气候变化专门委员会）陆续发布4次评估报告。IPCC报告指出，对于所有涉及温室气体排放的行业部门，当前已有许多低碳技术可供选择，可再生能源、CCS、热电联产、氢能均有较大的减排潜力。许多技术确实是负成本，如节能灯、建筑节能等。但有的技术，如氢能、CCS等，目前尚处于初期开发阶段。4月，联合国安理会把气候变化列为涉及国际安全的辩论议题。同月，中国环境与发展国际合作委员会召开低碳经济和能源与环境政策研讨会；同时，欧盟计划实施气候变化项目(Climate Change Projects)和碳交易(Carbon Trading)；美国加利福尼亚州立法严格要求企业减排CO_2。9月，联合国大会和亚太经济合作组织（APEC）会议分别召开，气候变化为其重要议题；11月布朗首相阐述英国的主张是，努力维持全球温度升高不超过2℃。这就要求全球温室气体排放在未来10～15年内达到峰值，到2050年则削减一半。为此，需要建立低碳排放的全球经济模式，确保未来20年全球22万亿美元的新能源投资，通过提高能源效率和降低碳排放量，应对全球变暖。12月3日，联合国空前规模的联合国气候大会在印尼巴厘岛举行，15日正式通过一项决议，决定在2009年前就应对气候变化问题新的安排举行谈判，制订了世人关注的应对气候变化的“巴厘岛路线图”。该“路线图”为2009年前应对气候变化谈判的关键议题确立了明确议程，要求发达国家在2020年前将温室气体减排25%至40%。“巴厘岛路线图”三大主题：（1）公约下的“巴厘岛行动计划”，（以下简称行动计划）。即在公约下启动一个综合进程，以在当前及2012年后，通过长期合作来全面、有效和持续地实施公约。COP决定就这一进程建立“长期合作行动特设工作组”，它应在2009年召开的COP15上完成工作并产生一项决定，在不迟于2008年4月举行第一次会议。（2）“京都议定书第三条第九款特设工作组”结论。结论中认可了政府间气候变化专门委员会（IPCC）的《第四次评估报告》中提出的“发达国家2020年在1990年基础上减排25%～40%”的减排目标范围。安排了2008~2009年的谈判会议进程，以向2009年召开的MOPS提交附件I缔约方进一步承诺的建议。(3)议定书第九条的审评，将于2008年召开的《京都议定书》第四次缔约方会议(MOP4)上启动。这都明确宣告“气候变化已经是确认的事实”，“必须采取行动，应对气候变化”，“早行动比晚行动代价要小得多”。“巴厘岛路线图”为全球进一步迈向低碳经济起到了积极的作用，具有里程碑的意义。年底欧盟委员会通过了《欧盟能源技术战略计划》，鼓励推广包括风能、太阳能和生物能源技术在内的“低碳能源”技术。此外，欧盟在其实施的目前世界上规模最大的科技计划之一“研究与技术发展框架”中也加大了能源领域的投入。在欧盟第七框架计划（2007~2013年）中，能源领域的研发经费高达24亿欧元，支持的内容包括：氢能和燃料电池、可再生能源发电、可再生燃料生产、可再生能源的主被动供热和制冷、CO_2捕获与封存技术、洁净煤技术、良好的能源网络、能效和

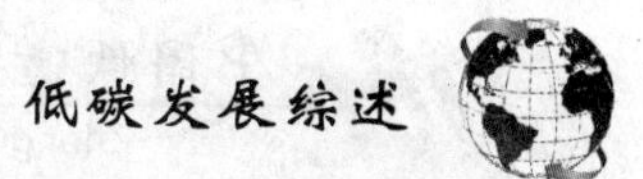

节能技术以及能源政策制定的理论依据等。欧盟第七框架计划能源领域的研究目标除了优化能源结构和加强节能外，还要在保障能源供应安全和应对气候变化问题的同时，提高欧洲工业的竞争力。

2008年初欧盟通过了旨在应对气候变化和促进可再生能源使用的“2020/2020方案”，提出到2020年实现两个20%的目标，即欧盟单方面承诺到2020年将温室气体排放总量在1990年的基础上减少20%，到2020年可再生能源占比至少要达到20%。2月，在摩纳哥举办的联合国环境部长论坛上也就加快步入低碳社会的进程问题进行了讨论，低碳经济的呼声日见其高。联合国环境规划署确定2008年“世界环境日”(6月5日)的主题为“转变传统观念，推行低碳经济”。7月，G8峰会上八国表示将寻求与《联合国气候变化框架公约》的其他签约方一道共同达成到2050年把全球温室气体排放减少50%的长期目标。9月，“金砖四国”外长在俄罗斯叶卡捷琳堡举行会议，就千年发展目标、南南合作、气候变化、能源及粮食安全等问题进行了讨论。东盟，地球变暖和减排都是一个热门话题。

2009年7月8日,在意大利中部城市拉奎拉八国集团首脑会议正式拉开帷幕。美国总统奥巴马在新闻发布会上说，与会领导人一致认为，包括美国在内的发达国家负有历史性责任，需要在应对气候变化方面发挥带头作用，美国过去有时未能尽到这一责任，但是今天这一切已经宣告结束。此外，17个与会国家的领导人还首次确认，全球平均气温上升幅度不能再超过2℃。英国首相布朗也称，拉奎拉会议是在前往哥本哈根峰会道路上迈出的重要一步。“我们取得了巨大的进展”，联合国秘书长潘基文评说：“这是一个科学问题，我们必须按照科学规律办事。无论是在政治层面上还是在道德层面上，为了人类的未来，也为了地球自身的未来，这是各国领导人必须承担的历史责任。”英国政府发布的《斯特恩报告》对全球变暖的经济影响做了定量评估。《报告》认为，气候变化的经济代价堪比一场世界大战的经济损失。《报告》呼吁全球向低碳经济转型，主要措施有：提高能源效率；对电力等能源部门“去碳”；建立强有力的价格机制，如对碳排放征税和进行碳排放交易；全球联合对去碳高新技术进行研发和部署等。斯特恩指出，走向低碳经济可以有各种发展方向，如开发风能、太阳能、核能和潮汐能等，或者发展CCS技术，具体选择由各国根据国情做出。

2009年12月7日到18日，《联合国气候变化框架公约》第15次缔约方会议暨《京都议定书》第五次缔约方会议在丹麦首都哥本哈根召开，参会的有194个国家的代表团、119个国家的领导人，上千个国际机构，还有NGO和企业家的代表。会议中心只能容纳1.5万人，但是整个与会的代表一共是4.6万人，会议空前的热烈，整个过程也是跌宕起伏，争论非常激烈和复杂。在整个会议期间，中国代表团以积极、建设性的姿态，全面深入地参与了所有谈判议题的磋商，为最终达成会议的成果做出了重要的贡献。经过艰难谈判，大会延期1天于12月19日在达成《哥本哈根协议》后闭幕。哥本哈根大会通过的《哥本哈根协议》虽然不具有法律约束力，但在各方共同努力下，会议取得了重要而积极的成果：一是坚定维护了《联合国气候变化框架公约》及其《京都议定书》确立的“共同但有区别的责任”原则，坚持了“巴厘岛路线图”的授权，坚持并维护了《公约》和《议定书》“双轨制”的谈判进程，反映了各方自“巴厘岛路线图”谈判进程启动以来取得的共识。二是为了达成公约规定的控制大气温室气体浓度的最终目标，应把温度上升的幅度控制在2℃以内，要加强长期合作行动应对气候变化。三是在发达国家实行强制减排和发展中国家采取自主减缓行动方面迈出了新的坚实步伐，《公约》附件一的《议定书》缔约方将继续减排，美国等《公约》附件一的非《议定书》缔约方将承诺履行到2020年的量化减排指标。发达国家的减排行动及向发展中国家提供的资金将根据有关的准则进行测量、报告和核实。《公约》非附件一缔约方，即发展中国家在可持续发展框架下采取减缓行动，最不发达国家和小岛屿发展中国家可以在自愿和获得支持的情况下采取行动。四是就全球长期目标、资金和技术支持、透明度等焦点问题达成广泛共识。协议要求，到2020年，发达国家应通过不同渠道，发达国家近三年每年要提供一百亿美金，到2020年每年提供一千亿美金，对发展中国家的减缓适应和能力建设给予支持，这是从他们历史责任的角度应该对发展中国家给予的补偿。应建立哥本哈根绿色气候基金，为发展中国家提供减排、适应、能力建设、技术开发与转让支持；应建立技术机制，支持各国自主采取的减排行动。五是在减缓行动的测量、报告和核实方面，维护了发展中国家的权益。作为《公约》非附件一国家的发展中国家，只有获得国际支持的国内减缓行动才需要根据缔约方大会通过的指导方针，接受国际的测量、报告和核实。自主采取的减缓行动只接受国内的测量、报告和核实，有关结果每两年一次以国家通报的方式予以通报，通过明确界定的准则和确保国家主权得到尊重方式进行国际磋商及分析。协议应交由各国立法机构审核签署，并在2010年《联合国气候变化框架公约》

第十六次缔约方会议上批准，成为法律文件，于2013年开始实施。

在此期间，美国、德国、英国、澳大利亚等国行动引起国际社会关注。美国从“退出”到进入起到了“轰动效应”。美国在前任总统布什任期内，退出了旨在控制全球温室气体排放的《京都议定书》，令国际社会倍感失望。美国先是否认全球气候在变暖，继而又不承认全球气候变暖是人类活动造成的，对于全球气候变化谈判也消极应对。近年来，每当全球气候变化大会召开时，美国都会成为被抨击的对象。美国总统奥巴马执政以来，采取了与布什政府迥异的立场。面对全球金融危机，奥巴马选择以发展新能源作为化“危”为“机”、振兴美国经济的主要政策手段，积极推动经济转型、国会对气候问题进行立法。2007年7月，美国参议院提出了《低碳经济法案》，表明低碳经济的发展道路有望成为美国未来的重要战略选择。该法案设计了减少温室气体排放的战略目标，建议到2020年和2030年分别将美国的碳排放量减少到2006年和1990年的水平，并提出配套的政策措施，包括碳排放交易制度、企业技术改造和技术进步补贴、发展CCS技术等。奥巴马上台后，气候变化相关问题也迅速成为中美关系的焦点，特别是在2009年哥本哈根联合国气候大会这个背景下，多位美国高官访华，来访的首要议题都确定为气候变化和清洁能源合作。2009年首轮中美战略与经济对话7月28日在华盛顿闭幕，中美达成的一项重要成果是中美两国加强在气候变化、能源和环境方面合作的谅解备忘录。新签署的气候变化、能源和环境方面合作的谅解备忘录，更是把清洁能源的合作推进了一步。双方承诺在可再生能源、清洁煤（包括碳捕捉和封存）、智能电网、页岩气、第二和第三代生物燃料以及先进核能方面加强合作。国家发改委副主任解振华在接受新华社记者采访时表示，中美双方对在气候变化等方面的合作前景表示乐观。他说，双方在节能、提高能效、可再生能源、适应气候变化等领域有广泛的合作潜力，并愿意通过创新机制推动双边务实的合作。

德国总理默克尔自2005年上台以来一直把气候变化问题作为其内政外交的政策基石之一。2008年1月提出了高于《京都议定书》和欧盟要求的节能减排目标：到2020年能源利用率比2006年提高20%，CO_2排放量降低30%，可再生能源占能源消费总量比例达到25%。2008年6月18日，德国政府宣布通过保护气候方案第二部分，以应对日益加剧的全球变暖现象。这份德国自认是世界上前所未有的雄心勃勃的能源和气候计划提出的目标是，到2020年之前减少40%的二氧化碳排放。

作为全球气候变化的主要倡导者和先行者之一，英国政府首先通过2003年的能源白皮书提出实施“低碳经济”战略，要在2020年相对于1990年水平碳减排20%, 2050年碳减排60%；2004年颁布了能源法，其核心内容为可持续能源、核能问题和竞争的能源市场；英国在2005年的苏格兰八国峰会上将气候变化列为重要议题；2006年10月出台了有关气候变化经济影响的《斯特恩报告》；2007年5月，英国贸工部发布《2007年能源白皮书》，进一步明确了通过提高能源效率、促进低碳技术的采用和选择燃料的途径实现低碳经济的能源总体战略，并重新支持备受争议的核能生产计划，强调核能发电是清洁能源，核电是成熟、安全可靠的低碳技术，在过去半世纪为英国安全可靠地提供了所需电力。目前，英国现有的12座核电站，供应着国家20%的电力需求，7.5%的能源需求。如果以煤或气的火电站代替这些核电站，每年将会多排5%~12%的温室气体。因此英国政府把未来20年的能源发展重点放在低碳能源和核能两方面。2007年11月布朗首相阐述英国的主张是，努力维持全球温度升高不超过2℃。这就要求全球温室气体排放在未来10～15年内达到峰值，到2050年则削减一半。为此，需要建立低碳排放的全球经济模式，确保未来20年全球22万亿美元的新能源投资，通过提高能源效率和降低碳排放量，应对全球变暖。2007年出台了“气候变化法”草案，为应对气候变化及能源安全与供给的挑战方面提供了法律基础；2008年1月，英国贸工部发布了《适应能源的挑战——核能白皮书》，进一步表明了政府的决策，即确信核能应该在当今的低碳发电技术中占有相应的地位，新的核电站应和其他低碳资源一样，在英国未来能源中发挥作用；允许能源公司选择投资新的核电站，并将积极采取措施推动新的核电站建设。英国政府相信核能可以并将继续在今后为应对气候变化做出真正的贡献。可以说，英国在制定碳减排、控制气候变化的政策方面一脉相承。按照《京都议定书》英国在2008~2012年期间要在1990年的基础上温室气体减排12.5%。英国的目标是：2020年CO_2比1990年减排20%, 2050年减排60%，并创建低碳经济。从目前情况看，英国是世界上预计能实现《京都议定书》规定的减排目标的仅有的几个国家之一。

2007年以前，澳大利亚政府一直拒绝批准《京都议定书》。2007年12月，陆克文在宣誓就任澳大利亚第26任总理的当天就批准《京都议定书》，使澳大利亚于2008年3月前成为《京都议定书》的正式成员，并采取一系列重要行

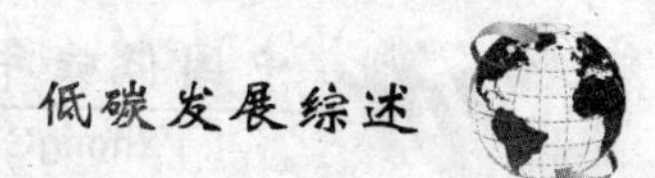

动，开创低碳未来。

近代人类社会经济发展经历了几次重大变革和转型。17世纪以蒸汽机发明创造和应用为标志，成功地进行了第一次工业革命；18世纪后期，经历了以电气革命为标志的社会经济革命；20世纪中叶，以电子、航空航天和核能等技术突破为标志的第三次社会经济大变革。上述种种迹象预示着，在应对气候变暖、控制温室气体排放、走低碳经济发展道路方面，人类文明史上，又一次涉及整个经济、社会与文化形态的大变革正在浮出水面，成为人类的共同选择。

二、新能源备受青睐，一马当先，风靡世界

人类一切经济活动的基础和动力是能源，而人类现阶段所依赖的能源中有80%以上是化石能源。人类任何社会经济活动，最终都会导致温室气体的排放，这种排放通过碳足迹反映出来。碳足迹指一种商品在从其初始原材料的生产到最终被消费的全部生命周期中所排放的二氧化碳的总量，人类凭借现有技术尚无法完全抹去这种足迹，它是人类在环境中留下的永远印记。消费一度煤电的碳足迹为980克、飞机飞行1000公里碳足迹平均为139千克，用google进行一次搜索也会产生7克碳足迹。

2006年，化石燃料燃烧向大气层释放了80亿吨碳（相当于每小时一百万吨），煤与石油产品的贡献率分别为40%左右，天然气为20%，水泥制造业排放了3亿吨，森林退化和农业为16亿吨。目前化石燃料的碳排放水平为1950年的5倍，比1990年水平高30%。美国能源局预测，世界能源消耗和碳排放将以1.8%的年均增长率增长，到2030年，总量将比目前提高60%，碳排放总量将达到120亿吨；如果按此趋势继续发展，2050年将达到160亿吨。

摆脱对于化石能源的依赖，寻求新能源，成为全球的必然选择。什么是新能源，目前还没有一个统一的说法。中国《新能源发展规划》把新能源主要界定在两个方面：一是关于风能、水能、太阳能、生物质能、热能等可再生的能源；二是对传统的能源进行技术变革所形成的新的能源，比如对煤炭的清洁高效利用、车用新型燃料、智能电网；三是核能等清洁能源。新能源技术及产品覆盖面广泛，包括一、二、三大产业，工业、建设、交通体系、服务业、公共设施、家庭等几乎所有领域，涵盖能源、材料、装备、日用消费品整个产业链，既能带动传统产业升级更新，又能形成替代传统产业的新兴产业。

由于新能源是零排放或低排放。因此，世界各国在应对气候变暖、防范能源危机中，理所当然地都对发展新能源给予了高度重视。世界各国普遍以再生能源为核心，从本国地理和自然资源优势出发，竞相发展，群雄逐鹿，争当第一。一场人类自有能源使用记载以来最浩大、最深刻的由传统的化石能源向低碳和无碳排放转变的新能源革命序幕正在拉开。

据英国商务部统计，目前全球低碳产业产值已达3万亿英镑并还在不断增长。联合国环境规划署公布的数据显示，2008年绿色能源投资首次超过了化石能源，总额达到了1500亿美元，较2004年增长了逾4倍。

这次新能源革命与历次本质不同的是，通过永续利用清洁能源及其技术上的突破，探索开发利用可再生能源及其他新能源，摆脱和替代化石能源的制约与依赖，为经济社会发展提供不竭动力，实现人与自然、经济社会与生态环境协调可持续发展。目前主要体现在以下几方面：

（一）可再生能源的创新和快速发展已成为能源革命的最活跃的力量

太阳能利用在世界范围内受到高度重视，保持持续高增长。国际光伏产业在过去10多年中的年平均增长率为30%以上，并且成本不断降低。2008年全球新安装光伏系统容量为340万千瓦左右，比2007年增长45%，其中，主要市场仍是在德国、西班牙、美国和日本，这四个国家集中了世界2008年光伏系统新增市场的90%。全球2008年光伏电池总产量达到600万千瓦左右，比2007年增加50%。2008年后的3~5年内，光伏发电仍将保持40%左右的增长速度。

世界风电技术在2004年到2006年实现了跳跃式发展。世界各大风机制造商纷纷推出4~6兆瓦的各式大容量机型，并已开始在陆上和海上安装应用，同时也提出了10兆瓦机型的概念。风电技术更注重于质量和长期运行可靠性的提高，推动了一些新的技术路线和工艺的出现。风电业界越来越多的人认同的观点是，1~3兆瓦的现有三桨叶风机的主流地位应继续保持至少5年至10年，并且很有可能持续更长时间。智能变桨是随着风机单机容量增大而出现的技术热点之一。

2008年世界风电继续保持强劲增长势头，新增装机将为2000~3000万千瓦，累计装机突破1亿千瓦，达到1.2亿千瓦左右。海上风电仍然是风电的热点领域之一。

（二）先进核能进入新一轮发展热潮

目前，全世界核电站年发电共约2.6万亿度，占总电力的15%，在建或拟建核电站的国家有40个左右。全球核电进入升级换代高峰期，亚洲仍然是核能增长最快的地区。第三代核电技术正在中国和全球推广。第三代反应堆技术的最大特点在于引入被动或者固有安全特征，在避免事故过程中不需要主动干预。另外，第三代反应堆技术具有根据负荷需求调整出力的能力，比如在30分钟内从25%增加到100%的负荷，其中典型的有法国阿海珐公司的欧洲先进堆（EPR）和美国与日本合作的AP1000。

作为第四代核能电站已开始商业化应用。俄罗斯60万千瓦的快中子实验堆自1980年并网发电，实现商业化运营，初步验证了其安全性和可靠性。目前俄罗斯已开始建造80万千瓦的快中子堆商业示范电站，并设计160万千瓦的商业运营的快堆电站，其核燃料可大量利用压水堆的核废料。清华大学与华能集团合作，20万千瓦的高温气冷堆商业示范电站正在建造中。

人类把最终解决能源问题的未来希望寄托在核聚变电站上。选址在法国，包括欧盟及中、美、日、俄等国参加的ITER项目，是一项重大多边科学国际合作计划，其目标是研究一种清洁的核聚变技术，如果成功，聚变核电站将在本世纪中期提供全世界所需的大部分能源，而且几乎不产生温室气体或长时间存在的放射性废物。2008年10月，ITER国际组织与国际原子能机构（IAEA）签署了一项旨在加强核聚变研究合作的协议，这标志着数十亿美元的核聚变实验项目得到进一步推进。

（三）新能源汽车正在引起汽车工业的革命。

从1886年卡尔·本茨发明的内燃机为动力的汽车成功，到现在已有近130年的历史。2004年世界汽车的总拥有量超过8.5亿辆，2007年世界汽车年产量达7000多万辆，增长还处在加速阶段。汽车是石油消耗的大户，也是主要的空气污染源。清洁汽车技术取得重大进步，各种电动汽车、混合动力汽车等陆续进入市场，与燃油汽车的价格差逐步缩小。新能源清洁汽车是新能源革命的重点，也是涉及产业规模最大、对生产生活影响最大、市场容量最大、公众最为关注的领域，正在引起汽车工业的革命。

目前，基于铅酸、镍氢、各类锂电池等蓄能电池的电动车，包括公交车、电动摩托和自行车、轿车、观光车等，陆续投入市场，成本和销售价格逐步下降，趋近燃油车。

氢能和燃料电池技术已成为国际上研究开发的热点。燃料电池是一种直接将化学能高效、环境友好地转变为电能的电化学装置，能量转化效率高（40%~60%），不但可以作为汽车的动力，还可以与目前的大电网系统并行互补应用，提高供电安全性。燃料电池技术被认为是21世纪首选的洁净、高效的发电技术，是氢能经济时代主要的能量消费终端。2008年，欧盟会同工业界和科研机构宣布，将在今后6年内投资约10亿欧元用于燃料电池和氢能源的研究和发展，目标是尽快使第一批氢燃料电池投入工业化生产，并且从2015年开始逐步普及，力争在2020年前建立一个燃料电池和氢能源的庞大市场。

近年来，插电式混合动力汽车作为最新一代混合动力汽车类型，是介于混合动力汽车与纯电动汽车之间的一种产品，既节能，又环保，受到各国政府、汽车企业和研究机构的普遍关注。各大汽车厂商在插电式汽车领域的开发竞争越来越激烈，不久将规模进入市场。

（四）煤、油、气等化石能源清洁化将使传统能源技术更新换代

在目前的世界一次能源构成中，石油占36%，煤炭占28%，天然气占24%，其总和占88%。化石能源利用的清洁化仍是当前减排和低碳经济发展的重要任务。各种新技术的集成和应用将使传统能源产业向清洁化利用升级。

清洁煤技术发展较快。洁净煤技术发展是以煤的洁净高效利用、节能减排为主要目标。主要包括煤气联合循环发电（IGCC），台循环流化床锅炉，超临界、超超临界火电机组，煤的汽化、液化和多联产技术等。美国牵头实施的“未来发电计划”，包括中国在内的多个国家参与，旨在实现清洁煤发电的零排放。多国启动电厂二氧化碳捕获和封存技术示范计划。世界首个无二氧化碳排放的火力发电装置在德国正式投入试运行。科技界对二氧化碳转化利用的技术创新力度不断加大。

石油供应紧张和油价上涨，促进了深海石油和天然气勘探、开采技术的发展。石油天然气清洁利用技术不断取得进展。液化天然气的生产线和终端建设步伐加快。海底天然气水合物（可燃冰）的开采和利用正在成为各大国技术攻关的热点之一。

（五）新能源对其他领域的“鲶鱼效应”

电力传输和智能电网、特高压技术的广泛应用，超导材料逐步取代现有输电线，新一代智能控制的电网系统，将给电力工业带来革命性影响；绿色建筑和建筑节能，从建筑材料、结构到太阳能与建筑一体化技术的应用、建筑内电器设备的智能控制等，将改变现有建筑的理念和模式；半导体（LED）照明，取代现有的白炽灯、日光灯，将大幅度减少照明能耗，作为日用消费品市场巨大；节能环保家用电器不断升级换代等。

从国家和地区来看，美、欧、日等发达国家在世界范围内，发挥着主力作用。这些进入后工业化阶段的国家碳排放量约占全球累计总量的80%，其中美国约占28%，西欧和中欧国家占30%以上。北美人均资源消费水平是欧洲的2倍，是亚洲、非洲的7倍。他们的产业结构经过几十年来持续的调整，服务业和高技术制造业占有绝对主导优势，而重化工业比例大幅下降，但他们在低碳经济和新能源发展上表现得尤其积极。

美国政府布什当政时期，于2005年出台了《国家能源政策法》，2008年又签署了《能源独立与安全法案》，在可再生能源研究开发方面采取了一系列扶持措施。奥巴马入主白宫后，把新能源的创新和发展作为国家优先战略。

欧盟是发展低碳经济的急先锋。在欧盟积极推动下，各成员国政府加强了对产业能耗和排放的立法限制。2008年1月，欧盟委员会提出欧盟能源气候一揽子计划，以实现到2020年的减排目标。欧盟承诺到2020年将温室气体排放量在1990年的基础上减少20%，到2020年将可再生能源占总能源消耗的比例提高到20%。

欧盟风能资源非常丰富，相当于整个欧洲2020年用电量的3倍。2000年，欧盟风能在当年总电量中所占的比例还不到1%。自2000年以来，欧盟25国的风力装机发电量已累计增长了154%。截至2007年底，欧洲风力发电装机容量达40500兆瓦，占全世界风电总装机的69%，比上年增长18%，约提供了欧盟近3%的电力消费量，提前实现了到2010年风电装机容量达到40000兆瓦的目标。其中德国并网发电的装机容量约占世界装机总容量的三分之一。2007年，欧盟风能发电能力增加了850万千瓦，达到近5700万千瓦，比2006年增加了850万千瓦时，占到欧盟电力供应的近4%。在2008年，全球太阳能电发电总量，欧洲就占了超过 80%。而在欧洲太阳能电发电总量中，德国与西班牙两国又占了 84%。欧洲在2020年可望省下3000亿欧元的电力成本。

由于欧盟在制造风力涡轮发电机和拥有相关专利与技术方面拥有相对领先的优势，2007年欧盟制造商向全世界提供了约70%的大型风力涡轮机。在全球已经安装使用的风能发电设备中，欧盟国家的产品占50%以上，成为向世界出口风力发电设备与技术最多的集团。其次是美国，占全球市场总份额的20%左右。根据欧洲风能协会的计划，到2020年风能发电量达到230兆瓦，届时可以供应欧盟60%家庭（1.35亿户）的用电需求，在欧盟用电总量中的比重可以达到14%～18%，为欧盟创造35万个新就业岗位。

英国是欧洲风能最丰富的国家之一。“零排放”的风力发电，成为英国“新绿色工业革命”最强有力的支持。近10年来，随着风能发电成本大幅度下降，英国加快了利用风能的步伐。英国前首相布莱尔特别强调，英国风力资源丰富、技术可靠、成本低、建设周期短、连通电网方便，加上强有力的政策支持，在未来发展的可再生能源中，风能无疑将占绝对的主导。前不久，英国第一座大型风能发电厂已经在靠近北海的英格兰东岸建成。根据“可再生能源计划”，英国在近期还将建造10个类似的风能发电厂。英国目前风力发电量仅占总发电量的不到 2 %。英国政府现已制定80万千瓦的风力发电计划，今后的10多年将是英国风电的高速发展期。2020年目标为330万千瓦，等于目前英国家庭的一年用电量。

丹麦是拥有400多个小岛的岛国，风力资源非常丰富,在利用风能方面处于世界领先水平。丹麦是世界上首个使用风能的国家。早在1891年，丹麦气象学家就用风车发电给教室照明，成为“现代空气动力学先锋”。然而1979年为应对第二次石油危机，丹麦才开始走上风电之路。这个只有540万人口的国家，已成为风能发电量占总发电量比例最高的国家。根据丹麦政府能源计划法案中的第21条，2030年风力发电量将占全国总发电量的50%。

冰岛的目标是：到2050年成为一个不使用碳和石油等化石能源的国家。冰岛的年均降雨量为2000毫米，年平均地表水流量1600毫米。冰岛人均拥有水量是欧洲人均水量的600倍。2000年，冰岛的水力发电设施的发电量已达到

6.1亿度，目前已建成水力发电站6座。冰岛冰川与火山并存，地震与地热伴生，全国共有800多处热田，是世界上热田最多的国家之一。2005年，地热已保证了冰岛55%的能源供应。冰岛的首都雷克雅未克人口15万，是世界上惟一完全靠地热提供热能的都市。

由于气候条件适宜，巴西在大部分地区都可推广种植甘蔗、大豆、油棕榈等作物。据统计，巴西每年的甘蔗播种面积达到680万公顷左右。全国有300多家甘蔗加工厂，其乙醇在2007年的产量突破170亿升，相当于8400万桶石油，而其出口量也接近40亿升，成为世界上第二大乙醇燃料生产国和第一大出口国。

日本能源自给率仅为4%，对石油进口依赖程度接近90%。面对新的能源形势，日本加快了能源政策的战略性调整步伐。2004年以来,日本加紧酝酿和制定到2030年的中长期能源新战略。大幅度减少能源消费，进一步摆脱对石油的依赖，将石油占一次能源的比重降至40%以下。2008年7月，日本政府内阁会议通过《建设低碳社会行动计划》，提出2020年将太阳能发电量提高到目前的10倍，2030年提高到40倍。到2020年实现半数新车转换成电动汽车等新一代汽车的目标。同年11月11日，为落实《建设低碳社会行动计划》，日本经济产业省、文部科学省、国土交通省和环境省四部门联合发布《为扩大导入太阳光发电的行动计划》，提出将在2020年左右将太阳能发电规模在现有基础上扩大20倍，并在今后3到5年的时间里将太阳能发电设备价格降到目前价格的一半。

韩国从本国国情出发，大力发展核电和太阳能发电。韩国发展核电不仅是为满足国内能源需求，也是为了提高在国际市场上的竞争力。据国际原子能机构统计，到2030年，有30个国家计划建造约300个核电站，世界核电市场规模超过700亿韩元。韩国政府的目标是在未来世界核能发电市场中，韩国能占10%的份额。韩国太阳发电发展异军突起，形成气候。2005年，韩国的太阳能发电站为15座，发电装机容量138kW；2006年，分别发展为51座和9088kW；到2007年3月，发电站数量达66座，发电装机容量达10406kW；到2008年 1 月，韩国全国计划建设的太阳能电站总计达899座，是运行中的257座太阳能电站的 3 倍多，其发电装机容量为567MW，是现有电站装机容量的近10倍。这样的发展速度十分罕见。

印度新能源和低碳经济取得了明显进展。早在2005年，印度就制定了新能源政策，通过利用太阳能、水电、核能和其他类型的新能源，保障印度在2030年前实现能源独立。其中使用铀燃料的核反应堆数量应在2030年前增加10倍。到2012年可再生能源将占印度电力需求的10%。印度总理曼莫汉·辛格在公布应对全球变暖的政策时宣告，将重点开发再生性能源。印度现已有超过19个太阳能光伏电池制造厂投入生产，印度当前的太阳能发电装机容量只有3兆瓦，33座发电厂可供应的电网互动太阳能电力，累计总量为2.125MW左右，已经安装了额外的145万套分布式离网太阳能PV系统（累计容量约125MW）。

2008年6月，印度政府实施的“气候变暖国家行动计划”中，包含了勾画印度未来40年太阳能发展路线图的“国家太阳能计划”，力争在2020年太阳能发电成本与传统能源相当，并在2050年之前取代煤炭、石油等传统化石能源，成为印度主流能源。这一计划的具体目标是：2020年，印度全国太阳能发电装机容量达到2万兆瓦，2030年达到10万兆瓦，2050年则达到20万兆瓦。“20万兆瓦”是一个令当前全球各国都会感到遥远的数字，如果这一切变成现实，印度将成为全球太阳能领域的领先国家。2006年印度超过传统风电强国丹麦，跃居世界第四位，达到627万千瓦。到2012年，印度风力发电装机容量将达5000MW。

三、欧美引领航空低碳经济

（一）人类需要持续的洁净天空

飞机出行改变了人类交往，一天内世界航空可以到达地球任何一个地方，地球真正变成了“地球村”。但另一方面，随着人们环保意识的逐渐增强，航空运输业造成的环境问题也引起了很多人的关注，飞机所造成的空气和噪声污染已经越来越成为令人无法忽视的问题。据统计，一架从伦敦飞往纽约飞机的二氧化碳排放量平均到每个乘客的头上竟然有1吨。总部设在布鲁塞尔的欧盟委员会表示，航空业温室气体排放占全球总排放的3%，但它的增长很快，从1990年起，航空业的碳排放已经增长了87%，到2050年将增到占全球总排放的15%。英国政府的报告显示，2020年全球总航班数将是现在的两倍，将有越来越多的人受到飞机造成的环境问题的影响。荷兰代夫特工业大学生物学教授汤姆·布伦戴尔说：“如果国际社会对目前空中交通量的迅猛增长势头不加以控制，飞机排放物很可能成为全球变暖的主要因素之一。”汤姆·布伦戴尔称，飞机发动机排放的诸如二氧化碳、氮氧化物、碳氢化合物以及其他一些微小颗粒等有害物质排放到大气中，必将对气候造成恶劣影响。到2050年，航空飞行导致气候变化的比重将达到6%~10%。空中货运的现状更加令人担忧，在今后几十年内，空中货运的需求量也极有可能是有增无减。

人类需要持续的洁净天空，就必须树立和实践低碳经济理念。根据欧洲航空研究咨询委员会制定的目标，到2020年，航空业的噪音、油耗和二氧化碳排放将降低50%，氮氧化物排放将降低80%。为此，2006年10月，包括空中客车公司等在内的9家公司签署了航空联合科技发展计划和洁净的天空谅解备忘录，通过一个为期7年的行业推动大型技术研究计划，逐步降低未来飞机的噪音、排放和油耗的技术解决方案，大力改善航空运输对环境的影响。空中客车公司生产的21世纪的旗舰产品A380飞机每座百公里油耗不足3升，只相当于小型家用汽车的水平，相当于平均每个乘客每公里产生75克的二氧化碳，是2008年欧洲汽车工业协会规定的家用轿车二氧化碳排放标准的一半。空中客车的远景目标是：到2050年，航空业成为零排放的产业。

（二）“减量化”从源头做起

据报道，空中客车公司已经形成一套完整的贯穿飞机整个生命周期的“减量化”和环保理念，并融入到企业文化和员工的日常行为之中，渗透到飞机生产、供应链的全过程。在飞机制造阶段，空中客车公司设立了远大的目标：参照2006年的水平，到2020年，能耗减少30%，二氧化碳排放减少50%，用水量减少50%，污水排放减少80%，废弃物减少50%。2007年1月，空中客车公司获得ISO14001环境认证证书，成为获得这一认证的第一家航空制造企业。该公司还承诺将ISO14001企业环境管理标准认证的适用范围扩大到空中客车公司在欧洲以外的工厂和设施，涵盖空中客车公司所有的生产基地和整个产品生命周期。从源头上减少噪音是飞机制造公司的一项重点工作。空中客车公司表示，其正在研究设计低噪音发动机机舱、音响处理、优化动力系统以及整体的空气动力效率，此外还与发动机制造商合作，开发降低发动机噪音的技术。其中的一项创新计划是降低发动机机舱风扇噪音的无接缝进气道技术，这在降低噪音方面表现卓越，满足了最严格的国际机场的噪音要求。目前，A380是市场上最安静的远程飞机，比A340的噪音水平低，乘客数量是A340的两倍。首架在中国组装的空中客车A320民用飞机于2009年6月在天津下线并交付使用。空中客车公司有关人士说，新型飞机比40年前的同类产品在噪音上降低75%。如空中客车A320系列飞机在起飞和降落时产生的噪音只相当于20世纪70年代生产的相似大小的三叉戟喷气式飞机的1/10。

（三）再制造——空中客车高达85%的飞机部件可以循环利用

空中客车公司获得的ISO14001环境认证证书，包括设计、生产、运输、飞机运营及飞机的退役、拆解和回收。到2026年，约有6400 架飞机达到使用寿命终结期，作为一种集成了几十万个部件的复杂产品，在飞机生命周期结束之时，对飞机进行拆解并循环利用成了一个大问题。空中客车公司进行的一个名叫PAMELA（“飞机生命终结高级管理流程”）的试验显示，空中客车公司生产的飞机有高达85%的飞机部件可以循环利用。

飞机再制造技术已经获得突破。装备维修工程、表面工程和再制造工程领域知名专家、中国工程院院士徐滨士成功研究开发的纳米颗粒复合电刷镀技术，制备的纳米复合涂层可显著提高材料的耐高温磨损及抗接触疲劳性能，解决了飞机发动机、重载车辆、舰船的一些关键零件的再制造技术难题。他在传统等离子喷涂技术的基础上，研究开发出的高效能超音速等离子喷涂技术，其综合性能超过美国同类产品，喷涂的纳米涂层可用于修复高性能飞机发动机叶片。

世界航空面临历史性的技术革命。技术创新是循环经济的灵魂和原动力。要维持洁净天空，必然导致世界航空历史性的技术革命。多年来，航空技术先进国家一直在开发低噪音、低油耗和低排放的发动机，并已获得显著成绩。同时，航空结构也在发生变革，从全金属结构转向基本上是复合材料的结构。在20世纪80年代A320和波音777上，复合材料还只是占结构重量的10%~15%，目前的波音787已上升到50%，A350XWB起初还想用铝锂合金，也改成全复合材料机身了。传统上比较保守的公务机也有类似的变化。航空发动机也不甘落后，GEnx发动机将采用680kg以上即占发动机总重13%的复合材料，是首创采用复合材料的GE90发动机的2倍。航空复合材料市场到2016年将翻一番，20年内将再翻一番。

然而，对于世界航空面临的挑战来说，这还只能是世界航空历史性的技术革命的序幕。从外电报道，一些大胆的探索已在跃跃欲试。

开发替代能源。美国波音公司正在研制一种堪称全球最环保的“绿色飞机”。它以氢气为能源的燃料电池取代高污染的燃油，由于氢气燃烧产生的是水蒸气，不会对环境构成污染。2008年2月1日，一架以液化燃气（GTL）为燃料的空中客车A380飞机成功地完成从英国菲尔顿到法国图卢兹的历时3个小时的试验飞行，标志着空中客车公司替代性航空燃料研发项目迈出了重要的一步。根据空中客车公司的总体替代性航空燃料研究计划，此次试验飞行是空中客车旨在开发面向未来的、可行的、可持续的替代性航空燃料的长期研发项目的试验阶段的第一步。

太阳能飞机。2007年9月11日消息，据国外媒体报道，由英国防务公司吉内蒂克(Qinetiq)研制的太阳能动力轻型飞机“西风(Zephyr)”号，在最近一次试飞期间飞行了54小时，打破了无人驾驶机飞行时间的世界纪录。

瑞士“阳光动力”团队一直致力于制造世界首架完全以太阳能为动力的载人飞机。历时4年，2007年11月，太阳能飞机的第一阶段样机展出，机翼展达61米，重1.5吨。2009年“阳光动力”到中国展示和飞行。项目专家希望2011年能让该飞机飞越大西洋，并最终实现载人环球飞行。“阳光动力”团队工程师波许博格说，设计“阳光动力”飞机的主旨就是“把节省能源推到极致”。

美国航空航天局2001年6月21日宣称，该局将对能够在3万米高空长时间飞行的太阳能无人驾驶飞机“太阳神”号进行一系列试飞。“太阳神”号由美国航空航天局与航空环境公司联合研制，翼展达71米，长度约3.6米，计划未来几天内在夏威夷进行第一次试飞，估计能够飞到2.1万米的高度。此后，“太阳神”号将进行第二、三次试飞，估计能够飞到3万米的高空。美国航空航天局希望“太阳神”号每次试飞时都能够依靠太阳能在空中坚持14个小时左右。“太阳神”号曾在1999年前进行了6次电池动力试飞，这次试飞将由翼展上6万多块太阳能板提供动力。一旦“太阳神”号最新的一系列试飞获得成功，美国航空航天局计划在2003年让它进行长达4天的空中连续飞行。2009年8月媒体报道，美国极光飞行科学公司在代号为“秃鹰”的计划中开发出了一种奥德修斯太阳能飞机，在各项条件具备的情况下能在空中连续飞行停留5年以上。该飞机有Z型机翼，翼展长达150米，这种形态使它能够在空中调整姿态来吸收尽可能多的太阳能。该计划得到了BAE系统公司和CS德雷柏试验室的支持。现在他们已经展示了这种飞机的第一架小尺寸样机，下一步他们将制造一个一半尺寸大小的样机，然后在5年之内完成全尺寸的原型飞机。

四、强烈表达国家或政府意志，运用法规和规划、计划，强势推进

奥巴马上台后，推行能源新政，把发展新能源产业提到再造美国经济增长动力的战略高度来对待，采取了一揽子支持政策。奥巴马政府将重点资助清洁能源和可再生能源技术的开发与产业发展，希望在应对全球变暖问题上比布什政府有更积极的作为，使美国成为全球致力于解决气候变化问题的领袖。这一雄心勃勃的计划包括：10年之内实现从依赖进口石油到石油自给自足的转变；将应对气候变暖视为创造工作机会和实现科技创新的契机；到2012年使可再生能源占到电力供应的10%，2025年占到25%；今后10年内投资1500亿美元开发清洁能源，创造500万个就业岗位；到2025年减少80%的温室气体排放。美国众议院于2009年6月26日以219对212票，投票通过了《美国清洁能源与安全法案（ACESA）》。这一具有里程碑式的《法案》是一部综合性的能源立法，它将通过创造数百万的新的就业机会来推动美国的经济复苏，通过减少对国外石油依存度来提升美国的国家安全，通过减少温室气体排放来减缓全球变暖。ACESA重点包括了以总量限额交易为基础的减少全球变暖计划。《法案》对美国大型温室气体排放源（约占美国温室气体排放总量的85％）设置了具有法律约束力且逐年下降的总量限额。这些大型排放源包括发电厂、制造业设施和炼油厂。《法案》要求这些排放源到2020年减少相当于2005年排放水平17％的温室气体排放（大致相当于1990年排放水平的4％），到2050年减少相当于2005年排放水平83％的温室气体排放（大致相当于1990年排放水平的80％）。《法案》引入了名为“总量控制与排放交易”的温室气体排放权交易机制。根据这一机制，美国发电、炼油、炼钢等工业部门的温室气体排放配额将逐步减少，超额排放需要购买排放权。在排放交易体系下，《法案》要求排放源要对其排放的每一吨温室气体都要持有相应单位的排放配额，这些配额可以进行交易和储存。同时，每年发放的配额数量在2012到2050年间将会显著地减少。

根据众议院能源与商业专门委员会的分析，《法案》中可再生能源、清洁能源技术和能源效率计划的补充性减排措施将实现额外的减排。这将使美国的碳排放相对于2005年的排放水平，到2020年削减28％~33％，到2050年削减超过80％。《法案》允许各企业通过植树和保护森林等手段抵消自己的温室气体排放量，要求到2020年时，电力部门至少有12％的发电量来自风能、太阳能等可再生能源。《法案》的重要条款还包括：要求电力公司到2020年，

通过可再生能源发电和提高能源效率满足20%的电力需求；新清洁能源技术和能源效率技术的投资规模将达到1900亿美元，其中包括能源效率和可再生能源（到2025年达到900亿美元的投资规模）、碳捕捉和封存技术（600亿美元）、电动汽车和其他先进技术的机动车（200亿美元）以及基础性的科学研发（200亿美元）。奥巴马曾表示，这项《法案》将转变美国生产和利用能源的方式，而在创造清洁能源经济方面领先的国家也必将领导21世纪的全球经济。《法案》中的一些措施将促进清洁能源技术的发展，创造数百万个就业岗位。该“法案”起草者之一马基说：“这是美国历史上最重要的能源和气候变化立法。”美国前副总统、诺贝尔和平奖获得者戈尔认为，《法案》中的一些措施是“解决气候变化问题的具有实质意义的第一步”。《法案》必将促进美国经济的战略转型，也有利于美国经济在较长时间内仍继续领先全球。作为世界上温室气体排放量最大的国家，美国在应对气候变化问题上的立场和举措对国际社会具有重要影响。

欧盟在应对气候变化立法上走在了前头。2002年《建筑物能源指令》提出了计量建筑物能耗的方法，设立新建筑物最低能效标准，建立建筑物能源标识制度，业主在出租、出售房屋时必须出具能耗等级证书，公共建筑物上必须标示能耗证书。欧盟能源效率指令，要求在2008～2016的连续9年中要节能9%，每年节能1%。此指令对公共部门、能源供应商都规定了具体的义务，并设计了详细的测算、审计和报告方法。欧盟生态设计指令规定了锅炉、热水、办公自动化设备、电视机、充电器、办公照明、街道照明、空调器等14种产品或设施的技术与经济标准。2003年6月，欧盟立法委员会通过排污交易计划指令，规定从2005年1月起，包括电力、炼油、冶金、水泥、陶瓷、玻璃与造纸等行业的12000个设施，需获得许可才能排放二氧化碳等温室气体（其二氧化碳排放占欧洲排放总量的46%）。此后还出台了许多相关法规，为国际排放权交易和制度建设积累了经验。2004年欧盟环境部长理事会制定了新的预防气候变暖目标，即争取在2100年将世界的平均气温控制在不超过工业革命前平均气温2℃的水平，欧盟必须在2050年以前将温室气体的排放量在1990年的水平上至少减少15%，根据欧盟的规定，上述目标具有法律效力，达不到减排承诺的国家将面临严厉的惩罚。如果在2012年前缔约国没有完成任务，那么2012年后的减排义务将增加1.3倍。欧盟规定，如果企业温室气体排放超标，在2005~2007年的第一阶段减排期内，超额排放部分每标准吨二氧化碳将被处以40欧元的罚款，在2008~2012年的第二减排期内，处罚的标准将达到每标准吨二氧化碳100欧元。2007年1月31日欧盟委员会通过一项新的立法，要求修订欧盟现行的《燃料质量指令》，为用于生产和运输的燃料制定更严格的环保标准，以有效减少引起气候变化的温室气体排放，使空气质量达到欧盟2005年制定的《空气污染主题战略》设定的标准，加快向“低碳经济”型社会迈进。2008年12月17日，欧洲议会通过欧盟能源气候一揽子计划，并具有法律约束力。该计划包括欧盟排放权交易机制修正案、欧盟成员国配套措施任务分配的决定、碳捕获和储存的法律框架、可再生能源指令、汽车二氧化碳排放法规和燃料质量指令等6项内容。

德国从1976年以来，先后颁布了建筑物节能法、机动车辆税法、热电联产法、节能标识法、生态税改革法、可再生能源法等8部法律。这些立法都有相应的政府部门负责实施，如联邦经济技术部负责节能和提高能效工作；环境和核安全部负责CO_2减排、再生能源和核能工作；交通、建筑与城市发展部负责交通、建筑物的节能工作。

英国是世界上为应对气候变化立法的第一个国家。2007年3月13日英国公布《气候变化法案（草案）》，向议会和公众征求意见。2007年11月15日列入议会立法程序，2008年11月26日通过《气候变化法案》。《法案》承诺到2050年英国温室气体排放量必须依法减少80%。《气候变化法案》是世界上在该领域的第一个法案，法案有两个主要目的，一是表明英国致力于为全球减排承担相应的责任；二是提高碳管理，促进英国向低碳经济的转型。根据这一《法案》，今后英国政府如果不能实现控制二氧化碳的既定目标，将可能面临被告上法庭的尴尬境地。《法案》除设定控制二氧化碳排放量总体硬性目标外，还要求英国政府提前至少15年制定“二氧化碳减排预算”，为二氧化碳排放量“封顶”，以使企业明确强制减排的具体目标。在通过《气候变化法案》的同时，英国成立了一个独立的气候变化委员会，就如何达成减排80%的目标给政府提供了建议，政府至少每5年要向公众通报一次气候变化的当前影响和预期影响。英国2007年和2008年的《能源白皮书》也都提出了碳减排承诺计划，从2008年起，每个在2008年耗电超过6000兆瓦的机构都需要购买碳排放指标。这一强制性减排交易计划将会影响到英国的5000家大型企业和地方政府机构，并且预计到2020年将帮助英国每年额外减少120万吨二氧化碳排放。2030年，“低碳经济”将得到进一步发展，并可能为英国提供100万个“绿色”工作机会。2008年4月，英国政府推出《使用可再生交通燃料责任规定》。按照规定，英国加油站出售的燃料中的2.5%必须是生物燃料。政府还计划到2010年将这一比重提高至5%。

法国鼓励“无碳化”绿色能源发展 。目前法国超过78%的电量来自核电，与美国、日本构成了世界核电工业三强。在2008年4月公布的新的环保法律草案中，法国进一步提出了发展可再生能源的总体规划。根据该法案，法国发展可再生能源的目标是：到2020年将可再生清洁能源占总能源消耗的比例由2005年的10.3%提高至23%以上，相当于节省2000万吨石油消耗，并加快新技术的研究和使用，从现在起到2012年清洁能源技术和相关研究费用将逐渐达到民用核能研究费用水平。

以色列依法强制推动。目前，以色列共有14部关于能源方面的法律法规及16个能效标准，其中大部分是强制性的。还不断完善在太阳能利用方面的政策，对太阳能热水器的生产和安装使用制定了严格的质量标准，并且建立了有效的质量监督保证体系。

韩国“低碳绿色经济增长”战略和“绿色新政”备受国际社会关注。2008年8月15日，韩国李明博在纪念韩国光复63周年和建国60周年的大会上讲演，正式提出“绿色增长”主张，把“低碳绿色成长”作为经济中长期发展的基本方略与远景目标的轴心，被看作是继汉江奇迹以后再次创造朝鲜半岛奇迹的未来战略。李明博提出“绿色增长”战略后，韩国政府立即开始着手实施，于2008年8月底公布了《国家能源基本计划》。该计划称：提高资源循环率（资源循环率是指能够再利用的资源占所使用的资源总量的比率）由2005年的13.9%提高到2012年的16.9%。为了提高资源的使用率，韩国将引进“资源生产率”概念，决定将2005年120万韩元/吨资源（表示一吨资源可以生产120万韩元的经济价值）的资源生产率提高到136万韩元/吨资源。同时，积极制定相关《低碳绿色经济增长基本法》，并计划引入限制温室气体排放的“气体排放权交易制”。国会通过《低碳绿色经济增长基本法》后，财政、税收等配套措施亦将相继出台，确立韩国迈向低碳绿色社会方向、路径。

印度第11个五年计划（2007~2012年）提出，到2016／2017年度能源效率比2000年提高20%，森林覆盖率提高5%。2008年6月30日，印度发布《气候变化国家行动计划》，确定了到2017年将实施的8个国家计划，分别是：太阳能、提高能效、可持续生活、水资源、维持喜马拉雅山脉生态系统、绿色印度、可持续农业、气候变化战略知识平台。印度还加强政府对项目的监察与评审，有关机构对风力发电项目定期监察。每月都要发表和登记示范项目和商业项目运行情况和评估报告。非常规能源部的官员定期到各项目执行地区考察，进行现场评估和检查。定期举行风力发电场协调会，对不同项目的进展进行检查。为有效评估和监察，印政府还制定了一套“风电场运行评估”措施，按月、季度和年度对运行情况进行考察和总结。

2008年3月，日本经济产业省发布《凉爽地球能源创新技术计划》，提出可大幅度减排CO_2的21项技术，使用这21项技术可实现日本CO_2排放减半目标的60%。5月，发布《面向低碳社会的12大行动》报告，提出建设低碳社会追切要做的12大行动及其可实现的减排量。7月29日内阁会议通过《建设低碳社会行动计划》。

同时，为了实现政府意志，发挥调控作用，许多国家还成立了专门机构。例如，2001年日本环境厅升格为环境省，增加了一个地球环境司，负责气候变化适应、减缓及相关的国际合作。澳大利亚、法国等也成立专门机构，与相关的节能、新能源可再生能源管理设置在一个部门。美国成立跨部门的内阁机构“气候变化科技整合内阁委员会”，由商务部长和能源部长担任共同主席，负责协调并理顺联邦机构对全球气候变化的科学和先进能源技术的研究工作。英国专门成立气候变化委员会，以独立评估英国减排目标的完成情况。气候变化委员会成立了一个由5~8人组成的理事会，下设秘书处，负责日常事务并承担气候变化委员会的技术支撑工作。为了客观公正地评价气候变化减缓措施的成本、收益、风险等，气候委员会成员主要来自经济分析与预测、商业竞争力、金融投资、技术研发与推广、能源生产与供应、气候科学、排放贸易、社会发展等领域。

五、优惠的财政、税收政策引导与鼓励

欧盟新能源快速崛起，与采取激励政策密切相关，德国、西班牙、法国、意大利等多国也先后实施《可再生能源馈电法（保护性电价政策）》。该政策要求，电力公司以高于现有发电的收购价格，支付太阳能发电企业，以吸引更多人乐于投资装设太阳能发电装置，即电力公司必须以高价购买由商业或家庭太阳能发电者输入其电网的多余电力。

英政府推出了为期25年的可再生能源义务和气候变化税以替代非化石燃料义务和化石能源税、排放贸易机制、

碳信托基金等多项经济政策。另外开征了以工业、商业和公共等耗能部门为对象的气候变化税。小型水电站(装机能力10兆瓦以下)和由可再生能源提供的电力以及热电联供(CHP)系统生产的热、电资源用户可申请免税。为加强对可再生能源及基础设施的投入，还制定了一系列的贷款政策，其中利用非盈利性的金融机构为企业提供中长期的优惠利率贷款已经形成一种固定制度。同时，利用政府采购计划来激发国内可再生能源技术和服务市场的发展，极大地推动了英国可再生能源的基础设施建设。实施“碳预算”的资金投入和政策措施，英国2009财政年度预算确定，将向低碳经济新增投入14亿英镑，预期3年内为低碳经济动员资金104亿英镑，以加速新兴产业发展，支持低碳领域企业成长，创造绿色就业机会，占据并保持英国在低碳式经济复苏中的领先地位。

法国政府将在2009年到2010年间拨款10亿欧元设立“可再生热能基金”。这项基金主要用于推动公共建筑、工业和第三产业供热资源的多样化，其中包括太阳能和地热能。政府计划到2020年将利用地热能的总量在现在的基础上增加5倍，使200万户家庭能够用这种能源取暖，政府为节能买单。为了鼓励人们在建房、修房时利用新能源，法国政府为建筑物安装生物能、太阳能、风能、光能发电等新能源设备并提供补助，能源与环境管理局还聘请专家审核建筑施工项目的节能措施及新能源利用效率，达标者有奖，奖励金额可达施工总额的50%。“全国改善能源消耗效率行动”计划在2002～2004年间开发24项建筑节能新技术，政府给中标者回报全额研发资金，并资助其技术应用和市场化。

德国出台了一系列配套的激励政策措施，如任何可再生能源项目，都能得到政府资金补贴。小型的太阳能设备，政府给予一定数量的财政补贴，对于大的可再生能源项目，政府提供优惠贷款，甚至将贷款额的30%作为补贴，不用返还。对于家用太阳能利用系统一次性补贴400欧元。由于德国是一个木材丰富的国家，因此鼓励远离城市的家庭用木材作为取暖能源，并每年给150欧元的补贴。在供电方面，鼓励用可再生能源发电，凡用可再生能源发电的可得到资金补贴。2009年1月，德国政府公布了乘用车新车税制，对所有车辆采用同一基本税率计算，但是柴油引擎乘用车基本税率将比汽油车高。而100公里二氧化碳排放量低于120克的车辆可以免除两年(2010/2011)的排放税。丹麦、芬兰、荷兰、挪威、意大利和瑞典等国，对燃烧产生二氧化碳的化石燃料已开征国家碳税；奥地利等国也相应引入了能源税和碳税制度。

美国能源部设立20亿美元的政府资助项目，用以扶持新一代电动汽车所需的电池组及其部件的研发。奥巴马2009年4月表示，联邦政府将购买1.76万辆包括新能源汽车在内的节能车辆。到2015年美国要有100万辆充电式混合动力车上路。美国联邦政府将风能税费减免30%的政策再延长8年，大大有助于家庭用户及小型商业用户安装小型风电系统。预计2010年，美国小型风电系统的增产率将创新高。

以色列政府计划于2008~2012年间投入1.2亿美元，鼓励企业发展以太阳能为主的可再生能源，以巩固其在新能源研发领域的领先地位。以政府期求，2012年可再生能源企业年销售额可突破1.5亿美元。

日本政府《2008年能源白皮书》强调，将日本的能源消费结构从以石油为主向以太阳能和核能等非化石燃料为主转变。2008年,日本出台的新的防止全球变暖对策“福田蓝图”提出，到2050年温室气体排放量比目前减少60%至80%。2008年7月29日，日本政府内阁会议通过《建设低碳社会行动计划》，把“福田蓝图”具体化。2009年4月20日，日本公布了《绿色经济与社会变革》的政策草案，通过实行减少温室气体排放等措施，强化日本的低碳经济。这份政策草案除要求采取环境、能源措施刺激经济外，还提出了实现低碳社会、实现与自然和谐共生的社会等中长期方针，其主要内容涉及社会资本、消费、投资、技术革新等方面。此外，政策草案还提议实施温室气体排放权交易制和征收环境税等。这份政策草案如能通过并实施，将使日本环境领域的市场规模从2006年的70万亿日元增加到2020年的120万亿日元，相关就业岗位也将大大增加。2009年6月2日，日本政府内阁会议通过2009年版《环境·循环型社会·生物多样性白皮书》，实施“绿色新政”，再度开发城市中密集的住宅区，最大限度地采取确保绿地、建设节能住宅等环境对策，能将二氧化碳排放量削减约85%。白皮书以东京一片实际存在的住宅密集地区为例进行测算，则该地区二氧化碳的排放量可日均削减约85%。

六、加大投入，推进技术革新和技术革命

历史表明，每一次重大的社会经济变革、技术革新和技术革命都是先导和最活跃、最巨大、最持久的驱动力。目前，碳捕获和碳封存技术、替代技术、减量化技术、再利用技术、资源化技术、清洁高效能源利用技术、生物技术、新材料技术、绿色消费技术、生态恢复技术等，通过理论、原理、方法、评价指标等方面的创新,寻求技术突

破，更大限度地提高资源生产率及能源利用率正在成为低碳经济的先导。

进入21世纪，市场牵动着企业和政府加大新能源的投入。联合国环境规划署发布的《2009可持续能源投资趋势》报告显示，2008年全球用于新能源的投资总额，已超过煤炭、石油等传统能源领域的投资额。已经从2004年的300亿美元上升至2008年的1550亿美元，4年时间内增长了4倍多，超过用于煤炭和石油开发的1100亿美元投资额。其中风能是全球新能源投资额最集中的领域，各国投资额合计超过518亿美元，投资增幅最大的领域是太阳能，同比增幅达49%，达到335亿美元。

能源科学和技术重新升温，为解决世界性的能源与环境问题开辟了新的途径。跨国公司担当着新能源技术创新的主要角色。美国每年由联邦政府资助能源环境的经费超过100亿美元，2010年能源和气候变化领域经费为150亿美元。奥巴马政府提出美国未来十年投入1500亿美元支持替代能源的研究。近年来在可再生能源、燃料电池、清洁煤技术的专利明显增多，其中日本在能源环境领域占据世界第一的位置，美国每年在新能源领域的发明专利达2000多项。2009年5月,美国能源部长朱棣文在国家煤炭委员会会议上宣布，拨款24亿美元，资助扩大和加快二氧化碳捕获和封存（CCS）的商业性技术开发。据报道，全球已有50多家金融机构投资13亿美元进行低碳技术开发,以期在低碳经济上占领技术制高点。这些低碳技术涉及石油、化工、电力、交通、建筑、冶金等多个领域，包括煤的清洁高效利用、油气资源和煤层气的高附加值转化、可再生能源和新能源开发、传统技术的节能改造、CO_2捕集和封存等。

2007年11月，欧盟委员会通过了欧盟战略能源技术计划，促进新的低碳技术研究与开发，抢占低碳技术市场。措施包括设立欧洲产业倡议，聚集风能、太阳能、生物能源以及核能等行业的相关技术和人才资源。计划设立一个欧洲能源研发联盟，增强能源技术相关的物理学、化学、材料科学与工程学等学科的研究合作。委员会将建立欧洲能源技术体系，提供关于新技术及其相关的最新信息。欧盟委员会还决定成立一个欧洲战略能源技术社会督导小组，以便欧盟成员国和委员会对联合行动方案做出规划，对有关政策和方案的制定进行协调。强化对能源技术的投资。由于欧盟在制造风力涡轮发电机和拥有相关专利与技术方面拥有相对领先的优势，2007年欧盟制造商向全世界提供了约70%的大型风力涡轮机。在全球已经安装使用的风能发电设备中，欧盟国家的产品占50%以上，成为向世界出口风力发电设备与技术最多的集团。其次是美国，占全球市场总份额的20%左右。2009年7月，欧盟计划直接投资80亿欧元用于碳捕捉和存储（CCS）领域的研发，计划在欧洲各国兴建13个CCS示范工程，德国将建设2个CCS示范工程，荷兰有3个，英国有4个。除此以外，意大利将获得1.35亿美元，法国将获得6700万美元用于二氧化碳运输基础设施建设。

英国以政府为主导,大力促进商用技术的研发推广,占领低碳产业的技术制高点。到目前为止，英国政府已经在太阳能发电上，提供了1500万英镑项目资助，这些项目有助于英国实现到2010年总电力中的10%来自于可再生能源目标的实现。英国特别注重利用自身优势。英国海岸线达11450公里，为了借助这种地理优势，政府把研究海洋风能、潮汐能、波浪能等作为开发新型能源的突破口。2004年8月2日，政府设立了5000万英镑的专项资金，重点开发海洋能源。2004年8月10日，世界首座海洋能量试验场“欧洲海洋能量中心”在苏格兰奥克尼群岛正式启动。该中心的建立表明英国希望在海洋能源领域取得全球领先地位，它也将有助于英国进行新型海洋能源技术和设备的试验和推广。英国积极倡导碳捕获与埋存（CCS）技术。2005年率先建立了3500万英镑小型示范基金，制定了《减碳技术战略》，在2007年预算中支持建立第一个CCS技术的大规模示范项目。2007年5月发布的《能源白皮书》更是确定了计划的细节，宣布开展一项竞赛。英国政府为这场CCS竞赛计划设定的目标是2014年实现大约90%的捕获和埋存比例。根据该计划，英国政府对CCS示范项目的成本资助可以达到100%（不包括电厂建设成本）。2007年，英国通过招标建设世界首座整规模俘获碳（CCS）排放电厂，隆加尼特电站竞标成功，确定在建的CCS项目包括一个30吨规模的实验，将每小时处理1000立方米的废气。

德国政府从1994年开始，把科技政策支持的重点集中在大力发展环保和能源技术上，每年的投入近1亿欧元。现在德国风机制造技术已逐渐趋于成熟，其风机制造业处于世界领先地位。在全球7家最具影响力的风机生产厂家中，德国的ENERCON公司和Nordex公司各占一席。由于技术水平的提高以及生产规模的扩大，德国风力发电机的制造成本在过去10年中降低了50%，使得风能投资成本大幅度下降，企业的竞争力不断增强。在年销售额120多亿欧元的全球风电设备市场中，德国风电企业占据了半壁江山，其本土制造的风能发电设备已有1/6用于出口。到2011年德国Nordex风力发电公司将在亚洲和美国的销售额将增加到近40亿欧元。国外销售比重上升至90%。德国的研究机构和能源企业多年来一直在试验CCS技术。2007年4月，德国研究人员开始在位于德东部的一座发电站试验一项新型发电技术，以确保二氧化碳"零排放"。这项技术名为"氧燃料燃烧技术"。

丹麦发展低碳技术，一方面促进丹麦履行《京都议定书》的责任，同时也为这些技术出口奠定良好的基础。2005年和1992年相比，丹麦出口的能源技术产品和服务收入，由原来的50亿丹麦克朗，提高到2005年接近400亿克朗，7年里增加了8倍。

冰岛近10年来，在氢能技术开发和推广上花了很大力气，凭借其独到的储氢研究经验和技术，再加上地域优势和资源优势，使优先发展氢能成为冰岛长期能源发展战略的重要组成部分，决心发展成为世界上第一个氢能经济社会的国家。

大型风力涡轮机成未来趋势。风力涡轮机越高，转扇越大，产生的风能越多，每千瓦时的成本也将更低。2009年末，美国GE迎来了338台2.5兆瓦风力涡轮机的订购，未来大型风力涡轮机的订单将持续增多。2010年，风力涡轮机的市场将持续升温。

以色列政府投资2100万美元成立国家可再生能源技术中心，专门负责推动替代能源项目从筹备到融资的整个进程。

为了加快科技发展的步代，韩国制定了《科学技术基本计划（2008~2012年）》，该计划提出了韩国在2012年成为全球第5大科技强国的政策目标，5年中，韩国将投资35万亿韩元（约合368.4亿美元）。在新能源和可再生能源方面，为了给下一代的新能源工业奠定坚实的基础，韩国将氢燃料电池、太阳能电池、风能和煤气化联合循环发电列为优先领域。另外，韩国还把生物能、太阳热能、垃圾能、地热能、水力和潮汐能等6个新能源和可再生能源领域列为近期有商业潜力的重点，并提出了相关的研究课题。

印度在泰米尔纳杜州的钦奈建立风能技术中心，专门从事研究与开发、技术更新、测试、认证、标准化、培训和信息服务。通过风能技术中心与工业界的合作，不断提高风能开发的技术水平，降低运行成本，提高运行效率，增强国产风力发电设备的竞争力，努力降低风能发电成本，从而减少风能开发对国家财政投入的依赖。

日本认为，只有推进现有技术的改良和普及，在相关新科学技术领域有所突破，才能从根本上解决经济增长和温室气体排放"挂钩"问题，为此，日本制定了"环境能源技术革新计划"。该计划提出了为应对气候变化而开发能源环境新技术的中短期和中长期对策。其中，到2030年前的中短期对策包括提高火力发电效率等内容，目标是提高能够削减二氧化碳排放量的技术水平；2030年至2050年的中长期对策包括开发新一代太阳能发电技术、氢燃料飞机和能够缓解交通拥堵的自动驾驶汽车等内容。日本的火力发电效率在全世界都是最高的，仍然将提高能源效率作为其技术革新计划的重要内容，包括开发超超临界压发电、煤炭气化复合发电、煤炭气化燃料电池复合发电等先进技术。如果这些技术能够得到普及，则能使日本现在的发电效率从42%提升到65%，减排大约四成的二氧化碳将成为可能。

日本对火力发电等所排放的二氧化碳进行回收并封存地下采取的相关技术进行研究开发，其2009年的预算要超过1000亿日元。根据日本内阁府2008年9月发布的数字，在科学技术相关预算中，仅单独列项的环境能源技术的开发费用就达近100亿日元，其中创新性太阳能发电技术的预算为35亿日元。日本决心充分利用能源和环境方面的高新技术，把日本打造成为世界上第一个"低碳社会"。

澳大利亚投资45亿美元，鼓励通过"太阳能家园"和"社区计划"等规划，支持清洁能源发电和新技术发展；启动"全球碳捕集与储存计划"，建立全球CCS技术研究所和旗舰计划，将使澳大利亚成为保持世界领先地位的开发低排放煤炭技术的国家；拨款4.65亿美元，建立"可再生的澳大利亚研究所"，促进发展、商业化和部署开发可再生能源技术。

七、创建碳交易市场和碳基金（ECF），发挥市场机制巨大作用

目前，世界碳排放权交易市场可分为两类：一类是依据配额的交易。在"限量与贸易（Cap & Trade）"体制下，购买那些由管理者制定、分配（或拍卖）的减排配额。另一类是基于项目的交易。许多国家都建立了碳排放交易市场，2006年，世界二氧化碳排放权交易总额达280亿美元，为2005年的 2 .5倍，交易量达到了13亿吨。目前全球已经有四个交易所专门从事碳金融的交易，包括欧盟的EUETS、澳大利亚的New South Wales、美国的芝加哥气候

交易所和英国的UKETS等。同时，发达国家通过联合实施（JI）项目向其他一些国家购买减排单位ERUs、经认证的减排单位CERs或碳汇产生的减排单位RMUs。其中，CERs是经过认证的减排额度，由发展中国家清洁发展机制（CDM）项目产生。碳排放信用之类的环保衍生品也逐渐发展起来。纽约商业交易所推出了温室气体排放权期货产品，并牵头组建全球最大的环保衍生品交易所“绿色交易所”，尝试用市场方式促进全球性环保问题的解决，在“绿色交易所”交易的环保期货、期权和掉期合约将涉及包括碳排放物、可再生能源等广泛的领域。欧洲气候交易所也推出了碳减排权的期货产品，通过引入标准格式的碳减排权合同，以吸引全球的交易者。

欧盟委员会致力于建立全球碳交易市场，将其作为解决气候变化问题的方案内容之一。欧盟已经承诺扩大其排放交易计划（ETS），同时也敦促其他工业国家加入这一体系。

2005年1月欧盟碳排放贸易计划（EU—ETS）出台，该计划涵盖了欧盟25个成员国，列入1.2万个排放实体，占欧盟地区温室气体排放量的一半以上。与此同时，欧盟排放贸易计划允许成员国之间的企业根据各自的减排成本差异，自由买卖温室气体减排额度。同时，欧盟企业还可以在发展中国家以投资清洁发展机制（CDM）项目的方式换取减排额度，实现减排目标。欧盟作为碳减排额的主要买方，近两年来在全球碳市场上的表现最为活跃，特别是在积极寻求清洁发展机制项目排放权方面，欧盟已经开拓了包括中国、印度和拉美国家在内的众多发展中国家市场。2006年，全球碳交易和清洁生产机制(CDM)碳交易市场达到300亿美元，欧盟清洁发展机制的项目减排量已占国际市场份额的80%以上。2007年10月，欧盟与欧洲经济区成员国挪威、冰岛和列支敦士登签署碳交易（温室气体排放权交易）协议。这是欧盟签署的第一个国际碳交易协议，协议将覆盖30个欧洲国家。这是朝全球碳市场迈出的一大步。据统计：2004年全球碳交易市场价值仅为3.77亿欧元，2005年即上升至94亿欧元，2007年达400亿欧元，比2006年的220亿欧元上升了81.8%，2008年即使在美国次贷危机引发全球性衰退和金融危机的情况下，全球碳交易市场依然保持增长态势，全年交易额达910亿欧元左右。

欧洲碳基金（ECF）由两家欧洲著名银行（法国信托银行和比利时—荷兰富通银行）在2005年4月发起设立，并委托法国埃克斯环境与基础设施公司进行管理，基金已经成功地向多家著名财务投资机构募集了资金。碳基金要求多数买家为卖家提供固定远期和指数远期两种合同方式。在欧盟的排放交易方案下，将形成每年约有22亿标准吨二氧化碳排放量的交易市场，欧洲企业的排放限额每年大约有6000万至1.2亿标准吨的缺口。

英国作为世界上第一个在国内实行排放交易机制的国家，于2002年4月正式开始实施其排放交易机制（UKETS）。英国率先推出排放交易的主要目的，一是在合理的支出范围内使排放量的绝对数目有明显减少；二是帮助英国企业在欧洲及国际上实行排放交易之前获得排放交易的经验；三是帮助伦敦建立排放交易支持系统，以使其成为今后全球排放交易中心。英国的排放交易机制的基本思路是对一组企业确定一个总的减排目标值，然后规定每个企业的排放额度，政府拿出一定的奖励资金，对达到减排目标的企业实行奖励。各企业可以自主选择自己的达标方法：通过减排达到目标；或减少排放到目标值以下，然后出售或贮存其剩余部分；或超出自己的排放指标，从其他参与者那里购买排放指标。建立全球碳交易市场，通过加强市场力量来建立碳的全球价格，英国认为这是一种最有效最具创新性的行动。在欧盟碳排放交易框架基础上，伦敦作为其中心，全球碳交易市场1年的价值约200亿欧元，到2030年这一数字将是目前的20倍。

法国二氧化碳排放权交易市场2005年6月24日正式开张。法国已对1160家电力、石化、钢铁、水泥、造纸、玻璃、陶瓷等重污染企业确定了二氧化碳排放权，排放总量为每年1.5651亿吨。按交易规定，各企业在确定排放指标后，必须严格遵守，暂时不能达标而需超标排放的，必须购买相应指标的排放权。如果企业采取有效措施进行治理，排放量低于指标，则可将抵于指标的排放权在交易市场上有偿出售。

澳大利亚根据《降低碳污染计划》，正在建立世界上最全面、最强健的温室气体排放贸易机制。这个机制将覆盖澳大利亚温室气体排放量的75%，并将在实施之初拍卖一大部分许可，在2010年开始欧洲以外规模最广的碳交易。

这里还要介绍一下CDM。CDM的制定目的在于激励碳减排，支持可持续发展，并且允许工业化国家在实现其减排目标方面具备灵活性。在CDM市场上交易的商品是核准减排额度(CERs)，它是以二氧化碳当量的公吨数进行计算的。

发达国家作为CDM买方市场，主要是差价。发达国家减排一吨二氧化碳当量的温室气体成本至少在购买CDM指标的4倍以上。发达国家通过CDM项目还可以向发展中国家出口设备，提高产品市场份额。发展中国家企业卖出的减排指标，经世界银行等机构参与的国际碳基金或相关公司，进入发达国家市场。

CDM计划启动于2001年11月，但直到3年以后才注册了第一批CERs。该机制允许项目参与者通过在发展中国家开展减排项目赚取CERs，然后将其出售给工业化国家的买家。项目范围从风电场到水电站，并且包括能源效率项目以及任何非二氧化碳工业温室气体的减排项目。

该机制由一个执行委员会进行监督，执行委员会对那些根据《京都议定书》承诺进行温室气体减排的国家负最终责任。截至2007年11月28日，先后共有852个项目在49个国家内进行了注册。截至2012年，即到《京都议定书》第一个承诺期结束为止，上述项目有望赚取10.8亿美元的CERs。如果再加上核准过程中的项目，CERs的价值有望会超过25亿美元。截至2007年10月，CDM执行委员会已经先后签发了总价值为8590万美元的CERs，全球已经有2600个项目进入了核准阶段。截至2008年2月，中国CDM项目获得联合国CDM项目执行理事会签发的核证减排信用达到了3 637万吨，占联合国目前核定CERs总量的31.33%，首次超过印度成为最大的CDM碳交易量国家。如果按照每吨10美元交易，交易额将达到3.6亿美元。

巴西大力发展CDM项目，2007年已经通过了102个清洁发展机制项目，还有58个项目正在审批中。这些项目总共可以减少1.89亿吨二氧化碳的排放，占巴西1994年排放量的18%。巴西1/3的CDM项目与生物质发电有关，其他的CDM项目包括从垃圾填埋场收集燃气，小型水电站以及养猪废料的利用。随着“碳信用额”机制引起各工业化国家公司的浓厚兴趣，旨在减少温室气体排放的项目在巴西遍地开花。虽然在气候变暖《京都议定书》的框架下，巴西无需减少其温室气体的排放，但就这些方面的投资总额而言，巴西排在中国之后，在发展中国家里排名第二。

八、开始由传统农业向生态农业大转型

2008年与金融危机同时发生的是世界粮食危机。联合国报告指出，当前全球约有10亿人处于饥饿状态或濒临饥饿状态。受价格浮动以及气候变化等因素的影响，粮食危机2009年可能进一步加剧。情况如果持续下去，不仅含对缺粮国产生消极后果，而且将拖累全球应对金融危机的努力。2008年4月15日，联合国和世界银行发表了一份由全球400多位科学家撰写的报告《国际农业知识与科技促进发展评估（IAASTD）》提出：“世界需要一个更加环保的粮食生产方式，世界需要从一个严重依赖农药和化肥等化学品、对环境破坏很大的农业模式转化成对环境更友好、能保护生物多样性和农民生计的生态农业模式。”建立生态农业，是应对气候和粮食安全双重危机的最佳解决方案。以有机农业为内容的农业革命，不仅来自当前世界粮食危机的倒逼动力，同时也来自世界对食品安全需求的市场需求。长期以来，对有机农业需求的最大市场主要集中在西欧和美国等发达国家，而目前这个市场已经扩展到人口大国的新兴市场经济国家，特别是中国。在市场需求与世界粮食危机双重驱动下，一次继机械化农业、化学农业之后的生态农业革命势在必行。

九、以低排放、可持续为宗旨的产业结构大调整，孕育着一场新的产业革命

首先，发展理念和路径正在发生重大改变。200多年来的世界工业化和市场经济，以获取物质财富和盈利为主体的利益驱动，把自然资源和环境容量都看作是无限的，实行单一、片面、粗放、急功近利、对自然资源掠夺和环境破坏式的增长模式，在给人类带来高度物质文明的同时，也造成了资源和环境的严重威胁。因此，有人把世界工业化称之为“黑色文明”。反其道而行之，低碳经济和绿色经济理念是以人为本的理念，人类只有一个地球，人类生活在地球上，如同生活在“飞船”上，自然资源和环境容量都是有限的，人和自然必须和谐、友好，在继续发挥市场机制的同时，要有效地发挥政府法规政策的导向、调控、约束作用，实现公共政策目标，达到社会经济可持续发展。

在这一理念指导下，世界经济社会发展路径上，必然加速推进以低碳为主的经济结构，加速传统产业转型和新产业崛起。

事实告诉我们，以新能源为主导的低碳经济，必将使整个制造业特别是资源加工业的生产方式发生根本改变。冶金、有色金属、化工、建材等资源加工业，将全面推广低碳经济和循环经济的发展模式，生产到流通、消费全过程，突出节能减排、资源的综合高效和循环利用，使污水、废气、固体废料、粉尘基本实现零排放，走向绿色生产和绿色生活。制造业在向自动化、信息化不断升级的基础上，将向节能节材、绿色制造升级。作为汽车制造业将实

现向电动主导的清洁汽车的革命性转型。日用消费品的生产也将在工艺上改革，突出环保节能，改善生产环境。随着绿色家电、绿色照明、绿色日用品等产品的升级，绿色正成为市场准入的标准和竞争取胜的必备条件。

在新兴产业方面，环保产业将得到快速发展。特别是分散式的单位、家庭用环保设备将逐步普及。信息、生物和现代医药、现代服务业、文化及创意产业、旅游产业等低能耗、低排放产业，作为低碳经济的重要组成部分，将以更快的速度发展，并作为经济的主体带动经济结构的轻型化、知识化。进入21世纪以来，在高科技泡沫破裂之后，IT技术与文化结合中催发一个快速成长的新兴产业：文化创意产业。在英国，创意产业已经成为创造财富的第二大产业部门、创造就业的第三大部门。在2006年发布的《硅谷指数要点》报告中，美国的"创意和创新服务产业"已成为仅次于软件产业的第二大产业集群。其实文化创意产业的真正意义并不在于其本身，而是在于文化创意背后酝酿着一次新的产业革命。我们之所以说文化创意产业将会引发一次新的产业革命，是因为文化创意产业引发的不仅仅是纯文化产业崛起，而是文化创意将会全面覆盖到满足人类需求的所有终端产业领域。使传统的产业在文化创意中向具有个性化、文化化升级转型是未来新产业革命的主要内容之一。产业文化化的大趋势，不仅会使传统产业升级换代，还会使濒临消失的农业时代手工业和手工艺获得复兴的契机。

目前，欧美一些国家正掀起一场以高能效、低排放为核心的"新工业革命"，意在占领新时期产业制高点，为自身经济寻找新的增长动力。德国称，环保技术产业有望在2020年赶超传统的汽车及机械制造业，成为德国的主导产业。

十、以最低能耗、低投入为中心，实现人类低碳生活方式

依照著名的卡亚公式原理，人均"碳足迹"取决于人口数量、人均GDP、能源强度和单位能源含碳量等几个变量。

在应对气候变暖、能源与环境的危机中，一方面为气候变暖、资源与环境的危机而惊呼失色；另一方面，价值取向、政策和制度设计又在为满足不断膨胀的物质需求和GDP增长而努力，人类经济生活目标迷失在追求GDP增长最大化、崇拜物欲消费的模式中；追求幸福生活的道德合法性，被演绎成奢侈、纵欲、无度，导致对资源和环境的无限索取。同时，人们的膳食越来越多地消费以多耗能源、多排温室气体为代价生产的畜禽肉类、油脂等高热量食物，肥胖发病率也随之升高，而城市中一些减肥群体又嗜好呆在耗费电力的人工环境中。经济学家朱丽特·肖尔批评当前的美国是一个"过度消费的美国"，人们永无休止地追求那些本不需要的东西。而低碳经济理念必然引导人类反思那些习以为常的奢侈消费模式和生活方式，从改变高能耗、高消费的生活方式开始，倡导低碳生活，追求一种适度的、自制的、应当的、真正美好的生活，从GDP最大化的生产经济向追求幸福指数最大化的生活经济转变。

联合国环境规划署2008年6月发表公开报告，对个人采取低碳生活方式提出了具体意见:用传统的发条式闹钟替代电子钟，这可以每天减少大约48克的二氧化碳排放量；用传统牙刷替代电动牙刷可减少48克二氧化碳排放量；把在电动跑步机上45分钟的锻炼改为到附近公园慢跑，可以减少将近1千克的二氧化碳排放量；不用洗衣机甩干衣服，而是让其自然晾干,这可以减少2.3公斤的二氧化碳排放量；在午餐休息时间和下班后关闭电脑及显示器，可以将这些电脑的二氧化碳排放量减少三分之一；改用节水型沐浴喷头，不仅可以节水，还可以把3分钟热水沐浴所导致的二氧化碳排放量减少一半。

英国政府和社会运用多种手段引导人们向低碳生活方式转变。首相布朗公开建议政府官员购买使用环保汽车。相关社团组织也发挥了相当作用，他们提供和传播低碳经济信息与知识,辅之以有针对性的意见和指引，循序渐进地改变英国人生活方式。主要有：1.家庭领域零碳排放。英国政府提出到2016年所有新建住宅全面实现零碳排放。政府的环境、食品与乡村事务部设立了碳信托基金，提供节能服务和贷款等；家用电器采用欧盟标准；运用降低增值税等财政工具；设立节能信托基金，负责提供绿色住房服务、建立能源标识、建筑节能绩效证书制度等。2.低碳社区，英国从政府机构、企业到民间，都十分重视"低碳社区"的示范试点与建设，使居民早日体验和享受到另有一番风趣而又十分重要的低碳生活方式。伯明翰市通过绿色改革，引领低碳革命和鼓励创新。2008年5月31日至6月8日，英国伯明翰举办了第一届国家气候变化节，发布了《气候变化战略》，提出了"后碳时代城市"目标，明确提出到2026年减少二氧化碳排放60%、人均排放从6.6吨下降到2.8吨等。始建于2002年的伯丁顿零能耗生态社区，是英国首个完整的"零能耗"和"零排放"的样板生态村。与同类居住区相比，该生态社区住户的采暖能耗降低了

88%，用电量减少25%，用水量只相当于英国平均用水量的50%，而居民的生活质量并没有降低。3.“光之屋”。被称为“光之屋”的住宅，房屋上超乎寻常尺寸、覆盖了半个屋顶的太阳能蓄电池板；沿着房屋边角有水管连通着一个特殊蓄水池，确保生活废水能够得到简单的回收再利用。这样的房屋在学术上被称为“碳中和”房屋，英国希望未来能够在全国建设更多类似的、全部采用绿色生态技术的“碳中和”生态村。4.“一个地球生活”。按照英国政府的“可持续家园准则”，到2016年，所有英国住房将实现“零碳排放”。英国住房大臣伊蔚特·库珀已宣布，在2016年之前建造的200万套住房中，一部分将坐落于5个“碳中和”生态城镇内，每个城镇将包括5000至1万套住宅。而根据英国政府出台的规定，自2016年起，所有的新建住宅必须达到“碳中和”的标准。按照“一个地球生活”的理念，社区开发建造时需遵守10项原则（零碳；零废弃物；可持续性交通；可持续性和当地材料；本地食品；水低耗；动物和植物保护；文化遗产保护；公平贸易；快乐健康的生活方式）以保障社区在达到可持续性的环保要求的同时为居民提供健康愉快的生活工作环境。按照计划，到2009年全球至少会在欧洲的英国和葡萄牙、亚洲的中国、非洲的南非、美洲的美国和加拿大、大洋洲的澳大利亚中的5个国家建立“一个地球生活”社区。

为建设低碳社会，日本政府联手企业推出包括拟针对冰箱、空调产品在内的5000日元/台节能家电换代补贴、1万日元微波数字电视天线补贴活动，以刺激家电市场更新换代消费。目前日本家电制造厂商已经在市场上相继投放全球最尖端的节能技术新产品。

日本政府和相关团体通过电视、网络、发行刊物、举办讲座等形式积极倡导全民低碳生活方式，将节能措施细化到日常衣食住行的方方面面已成为多数日本人的自觉行为。衣着，日本环境省从2005年起提倡夏天穿便装，男士不打领带，秋冬两季加穿毛衣，女性放弃裙子改穿裤子；饮食，日本人总结了一整套从购买、保存到烹饪再到废弃各个环节详尽的节能窍门；居住，日本人从房子建造开始就充分考虑到墙壁、地板的隔热性能；出行，多数日本家庭的轿车只在外出游玩时使用，平时上下班人们更愿意搭乘公共交通工具。

日本还积极推动向低碳城市与低碳社会转型。日本以城市为单位转变生活方式、改善城市功能以及交通系统的开发配套。在这一思想的指导下，2008年7月，日本政府选定了6个积极采取切实有效措施防止温室效应的地方城市作为“环境模范城市”。被选中的城市有人口超过70万的“大城市”横滨、九州，人口在10万人以下的“地方中心城市”带广市、富山市，以及人口不到10万的“小规模市县村”熊本县水俣、北海道下川町等。这项活动以“推动向‘低碳社会’的转型，引领国际趋势”为方针，其目标是向世界第一个“低碳社会”迈进。

第三章　中国的主张和面临的形势

一、中国是发展中国家，发展是第一要务

气候变化绝不是一个简单的科学问题，既是环境问题，也是发展问题，说到底还是发展问题。特别是发达国家工业化过程中的经济活动，更是造成全球气候变化的主要原因。据有关研究机构的报告，自1750年以来，全球累计排放了1万多亿吨二氧化碳，其中发达国家排放约占80%。由此，我们认为，正是发达国家工业革命以来200多年的发展，排放了大量温室气体，造成了当前的气候变化，给地球的生态环境带来了严重不利影响。而广大的发展中国家则是受害者。气候变化直接危及发展中国家的生存环境和生活条件，其不利影响又会妨碍发展中国家的发展，使发展成果贬值。此外，应对气候变化也会增加发展中国家发展的成本，从而限制了发展中国家的发展权和发展空间，进一步加剧发展中国家贫困。既然气候变化是过去不可持续发展造成的，那就只有通过可持续发展才能妥善解决。消除贫困和实现发展是发展中国家首要的和压倒一切的任务，是不可剥夺的基本人权，也是所有个人和全体人类都应该共同享有的基本权利之一。要在应对气候变化过程中促进减贫和可持续发展，努力实现发展经济和应对气候变化的双赢。

与发达国家相比，中国目前的社会和经济状况还比较落后，消除贫困、发展经济和提高人民生活水平仍然是中国未来压倒一切的首要任务。

1999年，中国的人均国民生产总值为780美元，排在世界的140位，仅为世界平均水平的1/6、高收入国家的1/33。同时，中国城乡之间以及东西部之间的收入差距非常大。1999年，中国城镇居民的人均可支配收入为705美元，而农村人均纯收入为266美元，仅为城镇居民的38%；中国东部地区的人均GDP为1216美元，而西部地区为508美元，仅为东部地区的42%。1998年，中国的人均能源消费量为0.84吨标油，人均CO_2排放量为2.32吨，分别为世界平均水平的50%和60%；1998年，中国的人均电力消耗为895千瓦时，仅为世界平均水平的30%。1997年，中国的人均生活用电为101 千瓦时，而日本和美国的人均生活用电量分别为1834千瓦时和4025千瓦时，为中国的约18倍和40倍；1998年，中国每1000人的机动车拥有量和小汽车拥有量分别为8辆和3辆，仅为世界平均水平的1/15和1/30；2000年底，中国人口总数接近13亿，占世界总人口的21%左右，而中国的耕地面积仅占世界耕地面积的7%左右。中国的人均耕地面积仅为世界人均水平的40%。

中国目前依然是一个发展中国家，还处在工业化和城镇化的中期，总体发展水平仍然较低。2008年中国的城镇化水平只有45.7%，低于世界平均水平。据国际货币基金组织统计，2008年中国人均国内生产总值为3300美元左右，属于中等偏低收入水平。世界银行2009年4月发布的一份《中国贫困评估报告》指出，中国目前有2.54亿人口处于国际贫困线以下，需要新增投资1546亿元以推进扶贫体系建设。由于中国经济发展还将处于持续扩张的状态，消费水平还需要不断提升，减少贫困的压力依然巨大，预计到2050年之后，中国温室气体排放才可能开始下降。目前，中国人均温室气体排放水平仍然较低，2006年人均4.3吨，约为美国人均排放的1/4，与全球平均水平持平。对中国而言，如何既满足以发展为目的的基本排放需求，又能合理适度地进行减排，将是中国应对气候变化需要面临的挑战之一。

继续发展经济，提高生活水平，争取享受与发达国家同样的生活水平，是中国人民不可剥夺的基本人权。为了中国十三亿人民享有不低于发达国家人民享有的生活水平和质量，中国的经济必须在相当长时间内以较快的速度持续增长。根据IEA的预测，中国对商品能源的需求在未来20年中将保持年均3.4%的增长速度，到2020年时达到19.4亿吨标油，相当于中国1998年能源消费总量的1.85倍。

二、中国积极应对全球气候变化

发展中国家要坚持"共同但有区别的责任"原则。不论发达国家还是发展中国家都有采取减缓和适应气候变化措施的责任，但是由于各国历史责任、发展水平、发展阶段、能力大小不同，贡献方式也不相同，发达国家要对其历史累计排放和当前高人均排放承担责任，率先减少排放，同时要向发展中国家提供资金、转让技术；发展中国家要在发展经济、消除贫困的过程中，在发达国家的资金、技术和能力建设支持下，采取积极的适应和减缓措施，为共同应对气候变化做出贡献。

中国作为世界上最大的发展中国家，气候变化问题关系到国际、国内两个大局，必须从保护人类共同的地球和国家发展的长远战略的高度来给予充分认识和高度重视。首先，从国际方面看，全球控制温室气体排放必将影响我国温室气体排放的合理增长，制约我国的发展空间，而发达国家设置"碳关税"等贸易壁垒也将影响我国发展的外部环境。其次，从国内方面看，气候变化关系到我国农业和粮食安全、水资源安全、能源安全、生态安全、公共卫生安全，关系到我国经济社会发展的全局。一方面，气候变化会严重破坏我国经济社会发展的环境和条件，危及人民生命财产的安全，并可能对社会稳定产生影响；另一方面，我国正处在工业化、城镇化快速发展的阶段，处在实现现代化进程的关键时期，我国短时间内不可能根本扭转温室气体排放继续增长的势头。面对气候变化的严峻挑战，我国以对中华民族和全人类长远发展高度负责任的精神，充分认识到应对气候变化的重要性和紧迫性，坚持"共同但有区别的责任"原则，从国情和实际出发，积极应对气候变化、尽可能地控制温室气体排放，主张通过切实有效的国际合作，携手努力，共同应对。

加强法制建设，有效推动了应对气候变化相关工作。1992年，全国人大常委会批准《联合国气候变化框架公约》；2002年，国务院核准《京都议定书》。我国认真履行《联合国气候变化框架公约》和《京都议定书》规定的义务，按时提交《中华人民共和国气候变化初始信息通报》，制定并实施《中国应对气候变化国家方案》，积极开展清洁发展机制项目合作。

坚定不移地走可持续发展道路，结合国民经济和社会发展规划，制定了应对气候变化国家方案，实施强有力的国内政策、措施和行动，为保护全球气候做出应有贡献。1990年，在国务院环境保护委员会下设立了国家气候变化协调小组，负责统筹协调我国参与应对气候变化国际谈判和国内对策措施。1992 年联合国环境与发展大会以后，中国政府在1992年8月发布了《中国环境与发展十大对策》，提出对策是“提高能源利用效率，改善能源结构”，“为履行气候公约，控制二氧化碳排放，减轻大气污染，最有效的措施是节约能源”，“2000年全国供电煤耗每千瓦时比1990年降低60克”；逐步提高煤炭洗选加工比例；鼓励城市发展煤气和天然气以及集中供热、热电联产，并把优质煤优先供应城市民用。要逐步改变我国以煤为主的能源结构，加快水电和核电的建设，因地制宜地开发和推广太阳能、风能、地热能、潮汐能、生物质能等清洁能源。1994年3月，国务院常务会议讨论通过的《中国21世纪议程——中国21世纪人口、环境与发展白皮书》，“可持续的能源生产和消费”设置了综合能源规划与管理、提高能源效率和节能、推广少污染的煤炭开采技术和清洁煤技术、开发利用新能源和可再生能源4个方案领域，并从国情出发采取了一系列政策措施，将气候变化列为一个单独的优先领域。将可持续发展确定为指导国民经济和社会发展的重大战略。1998年，成立了国家气候变化对策协调小组作为部门间的议事协调机构。

2006年12月发布由科技部、中国气象局、中国科学院等12个部门、88位专家编写的中国第一部《气候变化国家评估报告》，包括三部分：中国气候变化的科学基础；气候变化的影响与适应对策；气候变化的社会经济评价。该报告明确提出，“积极发展可再生能源技术和先进核能技术，以及高效、洁净、低碳排放的煤炭利用技术，优化能源结构，减少能源消费的CO_2排放”；“保护生态环境并增加碳吸汇收，走低碳经济的发展道路”。

2007年6月，中国正式发布了《中国应对气候变化国家方案》。对中国而言，这是中国气候领域里的根本“大法”，明确了应对气候变化的指导思想、原则，提出了相关政策措施，为各行业、部门、各地确定节能减排、气候变化举措提供了依据，可以深入细致地发展政策，这是最根本的意义。《国家方案》记述了气候变化的影响及中国将采取的政策手段框架，包括：转变经济增长方式；调节经济结构和能源结构；控制人口增长；开发新能源与可再生能源以及节能新技术；推进碳汇技术和其他适应技术等。《国家方案》把到2010年实现单位国内生产总值能源消耗比2005年末降低20%左右的目标，确立为我国应对气候变化的重要目标，实现这一目标将意味着我国在“十一五”期间节约能源约6.2亿吨标准煤，相当于少排放二氧化碳约15亿吨。各地方、各部门认真贯彻“国家方案”的各项要求，加强应对气候变化工作的组织领导，完善工作机制，落实各项政策和措施。截至2009年7月底，全国31个省、自治区、直辖市均已完成省级应对气候变化方案的编制工作，有相当多的省份已进入组织实施阶段。科技、农业、林业和海洋等部门也已制定了应对气候变化部门行动计划。《国家方案》还起到了唤起公众气候意识和信息交流、普及的作用。对企业家、学术界、决策者而言，发出了强烈的政策信号，对其长期决策是一个指导，把全球、国际环境问题同国内节能减排有机结合起来。6月，科技部会同其他13个部门联合发布《应对气候变化科技专项行动》以落实上述《国家方案》，明确其重要任务为：气候变化的科学问题；控制温室气体排放和减缓气候变化的技术开发；适应气候变化的技术和措施；应对气候变化的重大战略与政策。

2007年6月，成立了国家应对气候变化领导小组，由温家宝总理担任组长，负责制定国家应对气候变化的重大战略、方针和对策，协调解决有关重大问题。发展改革委承担领导小组具体工作，并内设专门职能机构，负责统筹协调和归口管理国家应对气候变化工作。组织了一支跨部门、跨领域的稳定的技术支撑和工作队伍。国务院有关部门根据职责各司其职，各省、自治区、直辖市政府也设立了相应的领导和工作机构，形成了由国家应对气候变化领导小组统一领导、发展改革委归口管理、各有关部门分工负责、各地方各行业广泛参与的国家应对气候变化工作机制。设立了国家气候变化专家委员会，作为国家应对气候变化的专家咨询机构。7月，温家宝总理在两天时间里，先后主持召开国家应对气候变化及节能减排工作领导小组第一次会议和国务院常务会议，研究部署应对气候变化工作，组织落实节能减排工作。特别是2007年9月8日，中国国家主席胡锦涛在亚太经合组织（APEC）第15次领导人会议上，本着对人类、对未来的高度负责态度，对事关中国人民、亚太地区人民乃至全世界人民福祉的大事，郑重提出了四项建议，明确主张“发展低碳经济”，令世人瞩目。他在这次重要讲话中，一共说了4次“碳”：“发展低碳经济”、研发和推广“低碳能源技术”、“增加碳汇”、“促进碳吸收技术发展”。他还提出：“开展全民气候变化宣传教育，提高公众节能减排意识，让每个公民自觉为减缓和适应气候变化做出努力。”这也是对全国人民发出了号召，提出了新的要求和期待。胡锦涛主席建议建立“亚太森林恢复与可持续管理网络”，共同促进亚太地区森林恢复和增长，减缓气候变化。同月，国家科学技术部部长万钢在2007中国科协年会上呼吁大力发展低碳经济。10月，胡锦涛在党的十七大报告中发出了“节能减排”，“建设资源节约型、环境友好型社会”，“加强应对气候变化能力建设，为保护全球气候做出新贡献”的号召。

2007年12月26日，国务院新闻办发表《中国的能源状况与政策》白皮书，着重提出能源多元化发展，并将可再生能源发展正式列为国家能源发展战略的重要组成部分。不再提以煤炭为主。

2008年1月，清华大学在国内率先正式成立低碳经济研究院，重点围绕低碳经济、政策及战略开展系统和深入的研究，为中国及全球经济和社会可持续发展出谋划策。

2008年3月，“两会”上，全国政协委员吴晓青明确将“低碳经济”提到议题上来。他认为，中国能否在未来几十年里走到世界发展的前列，很大程度上取决于中国应对低碳经济发展调整的能力，中国必须尽快采取行动积极应对这种严峻的挑战。他建议应尽快发展低碳经济，并着手开展技术攻关和试点研究。

2008年6月27日，胡锦涛总书记在中央政治局集体学习上强调，必须以对中华民族和全人类长远发展高度负责的精神，充分认识应对气候变化的重要性和紧迫性，坚定不移地走可持续发展道路，采取更加有力的政策措施，全面加强应对气候变化能力建设，为我国和全球可持续发展事业进行不懈努力。

2008年，发表了《中国应对气候变化的政策与行动》白皮书，系统地介绍了我国应对气候变化工作和落实国家方案所取得的成就。

2009年8月12日，国务院总理温家宝主持召开国务院常务会议，听取并审议了国家发展改革委关于应对气候变化工作情况的报告，研究部署应对气候变化有关工作，审议并原则通过《规划环境影响评价条例》。会议强调，妥善应对气候变化，事关我国经济社会发展全局和人民群众切身利益，事关人类社会生存和各国发展。中国作为一个负责任的发展中大国，充分认识到应对气候变化的重要性和紧迫性，主张通过切实有效的国际合作，携手努力，共同应对。我国将继续坚持《联合国气候变化框架公约》和《京都议定书》基本框架，坚持“共同但有区别的责任”原则，坚持可持续发展；主张哥本哈根会议应严格遵循巴厘岛路线图授权，进一步加强《公约》及《京都议定书》的全面、有效和持续实施，统筹考虑减缓、适应、技术转让和资金支持。我们从国情和实际出发，承担与我国发展阶段、应负责任和实际能力相称的国际义务，为应对气候变化做出应有的贡献。

会议要求，应对气候变化工作要立足于推动生态文明建设和科学发展，统筹考虑经济发展和生态建设，统筹考虑国内和国际两个大局，统筹考虑当前利益和长远战略，全面实施应对气候变化国家方案，开展广泛有效的国际合作，推动哥本哈根会议取得积极成果。下一阶段，重点做好以下几方面工作。把应对气候变化纳入国民经济和社会发展规划。把控制温室气体排放和适应气候变化目标作为各级政府制定中长期发展战略和规划的重要依据；抓好国家方案的落实。努力实现“十一五”单位国内生产总值能耗降低20%左右、可再生能源比重提高到10%左右、森林覆盖率达到20%等目标。在“十二五”期间继续完善和实施应对气候变化国家方案；大力发展绿色经济。紧密结合扩大内需促进经济增长的决策部署，培育以低碳排放为特征的新的经济增长点，加快建设以低碳排放为特征的工业、建筑、交通体系；强化应对气候变化综合能力建设。制定应对气候变化的科技发展战略与规划，开展低碳经济试点示范，推动形成资源节约、环境友好的生产方式、生活方式和消费模式。加大资金投入力度，提高应对气候变化政策措施的实施保障能力；健全应对气候变化的法律体系。加快建立相配套的法规和政策体系，制订相应的标准、监测和考核规范，健全必要的管理体系和监督实施机制；积极开展国际交流与合作。继续对外开展应对气候变化政策对话与交流，拓展应对气候变化国际合作渠道，加快资金、技术和人才引进，有效消化、吸收国外先进的低碳技术和应对气候变化技术。深化与发展中国家的合作，支持欠发达国家和小岛屿发展中国家提高适应气候变化的能力。

2009年8月24日，国家发改委副主任解振华受国务院委托向全国人大常委会报告关于应对气候变化的工作情况。他说，中国政府将全面实施应对气候变化国家方案，大力推进绿色经济、低碳经济的发展等多重路径，为应对全球气候变化作出自己应尽的贡献。“我们认为，应对气候变化国际合作应当坚持《联合国气候变化框架公约》和《京都议定书》基本框架，坚持‘共同但有区别的责任’原则，坚持可持续发展。”解振华亮出中国政府的观点。

2009年8月27日，十一届全国人大常委会第十次会议通过了《全国人大常委会关于积极应对气候变化的决议》。《决议》内容为六个方面：应对气候变化是中国经济社会发展面临的重要机遇和挑战；应对气候变化必须深入贯彻落实科学发展观；采取切实措施积极应对气候变化；加强应对气候变化的法治建设；努力提高全社会应对气候变化的参与意识与能力；积极参与应对气候变化领域的国际合作。《决议》强调，“要立足国情发展绿色经济、低碳经济。这是促进节能减排、解决我国资源能源环境问题的内在要求，也是积极应对气候变化、创造我国未来发展新优势的重要举措。研究制定发展绿色经济、低碳经济的政策措施，加大绿色投资，倡导绿色消费，促进绿色增长。要紧紧抓住当今世界开始重视发展低碳经济的机遇，加快发展高碳能源低碳化利用和低碳产业，建设低碳型工业、建筑和交通体系，大力发展清洁能源汽车、轨道交通，创造以低碳排放为特征的新的经济增长点，促进经济发展模式向高能效、低能耗、低排放模式转型，为实现我国经济社会可持续发展提供新的不竭动力。”

2009年9月22日，联合国气候变化峰会在纽约联合国总部举行，国家主席胡锦涛出席峰会开幕式并发表了题为《携手应对气候变化挑战》的重要讲话。他强调，中国高度重视和积极推动以人为本、全面协调可持续的科学发展，明确提出了建设生态文明的重大战略任务，强调要坚持节约资源和保护环境的基本国策，坚持走可持续发展道路，在加快建设资源节约型、环境友好型社会和建设创新型国家的进程中不断为应对气候变化作出贡献。他指出，全球气候变化深刻影响着人类生存和发展，是各国共同面临的重大挑战。气候变化是人类发展进程中出现的问题，既受自然因素影响，也受人类活动影响，既是环境问题，更是发展问题，同各国发展阶段、生活方式、人口规模、资源禀赋以及国际产业分工等因素密切相关。归根到底，应对气候变化问题应该也只能在发展过程中推进，应该也只能靠共同发展来解决。

胡锦涛强调，应对气候变化，涉及全球共同利益，更关乎广大发展中国家发展利益和人民福祉。在应对气候变化过程中，必须充分考虑发展中国家的发展阶段和基本需求。国际社会应该重视发展中国家特别是小岛屿国家、最不发达国家、内陆国家、非洲国家的困难处境，倾听发展中国家声音，尊重发展中国家诉求，把应对气候变化和促进发展中国家发展、提高发展中国家发展内在动力和可持续发展能力紧密结合起来。

胡锦涛指出，应对气候变化，实现可持续发展，是摆在我们面前一项紧迫而又长期的任务，事关人类生存环境和各国发展前途，需要各国进行不懈努力。当前，我们在共同应对气候变化方面应该坚持以下几点：

第一，履行各自责任是核心。“共同但有区别的责任”原则凝聚了国际社会共识。坚持这一原则，对确保国际社会应对气候变化努力在正确轨道上前行至关重要。发达国家和发展中国家都应该积极采取行动应对气候变化。根据《联合国气候变化框架公约》及《京都议定书》的要求，积极落实“巴厘岛路线图”谈判。发达国家应该完成《京都议定书》确定的减排任务，继续承担中期大幅量化减排指标，并为发展中国家应对气候变化提供支持。发展中国家应该根据本国国情，在发达国家资金和技术转让支持下，努力适应气候变化，尽可能减缓温室气体排放。

第二，实现互利共赢是目标。气候变化没有国界。任何国家都不可能独善其身。应对这一挑战，需要国际社会同舟共济、齐心协力。支持发展中国家应对气候变化，既是发达国家应尽的责任，也符合发达国家长远利益。我们应该树立帮助别人就是帮助自己的观念，努力实现发达国家和发展中国家双赢，实现各国利益和全人类利益共赢。

第三，促进共同发展是基础。发展中国家应该统筹协调经济增长、社会发展、环境保护，增强可持续发展能力，摆脱先污染、后治理的老路。同时，不能要求发展中国家承担超越发展阶段、应负责任、实际能力的义务。从长期看，没有各国共同发展，特别是没有发展中国家发展，应对气候变化就没有广泛而坚实的基础。

第四，确保资金技术是关键。发达国家应该担起责任，向发展中国家提供新的额外的充足的可预期的资金支持。这是对人类未来的共同投资。气候友好技术应该更好服务于全人类共同利益。应该建立政府主导、企业参与、市场运作的良性互动机制，让发展中国家用得上气候友好技术。

胡锦涛指出，今后，中国将进一步把应对气候变化纳入经济社会发展规划，并继续采取强有力的措施。一是加强节能、提高能效工作，争取到2020年单位国内生产总值二氧化碳排放比2005年有显著下降。二是大力发展可再生能源和核能，争取到2020年非化石能源占一次能源消费比重达到15%左右。三是大力增加森林碳汇，争取到2020年森林面积比2005年增加4000万公顷，森林蓄积量比2005年增加13亿立方米。四是大力发展绿色经济，积极发展低碳经济和循环经济，研发和推广气候友好技术。

2009年12月哥本哈根会议空前的热烈，整个过程也是跌宕起伏，斗争非常激烈和复杂。2009年12月18日，国务院总理温家宝在丹麦哥本哈根气候变化会议领导人会议上发表了题为《凝聚共识 加强合作 推进应对气候变化历史进程》的重要讲话。他说："我们始终把应对气候变化作为重要战略任务。1990至2005年，单位国内生产总值二氧化碳排放强度下降46%。在此基础上,我们又提出，到2020年单位国内生产总值二氧化碳排放比2005年下降40%~45%，在如此长时间内这样大规模降低二氧化碳排放，需要付出艰苦卓绝的努力。我们的减排目标将作为约束性指标纳入国民经济和社会发展的中长期规划，保证承诺的执行受到法律和舆论的监督。" 中国在哥本哈根会议上以诚意、决心和信心，为加强应对气候变化国际合作作出了重要贡献，展示了谋发展、促合作、负责任的大国形象：坚持原则，维护气候变化国际合作的基石；加强沟通，力促会议取得积极成果；增信释疑，加深国际社会对中国的了解和支持。在整个会议期间，中国代表团以积极建设性的姿态，全面深入地参与了所有谈判议题的磋商，为最终达成会议的成果做出了重要的贡献，最后会议形成了哥本哈根协议。就在此次会议召开前两周左右，中国国务院常务会议决定，到2020年，中国单位GDP二氧化碳排放比2005年下降40%~45%。联合国秘书长潘基文11日在与温家宝总理的电话交谈中对此高度评价说："这是对气候变化国际合作的重要贡献。" 从数据上看，中国做出的减排承诺相当于同期全球减排量的约四分之一。国际能源机构首席经济学家比罗尔说："（到2020年）全球需要削减38亿吨排放，而中国就将削减10亿吨。" 同时，中国也是联合国最主要的气候变化科研机构——联合国政府间气候变化专门委员会（IPCC）的发起国之一。IPCC成立于1988年，先后发布四次评估报告，报告成为气候变化国际谈判的科学依据。在IPCC第四次评估报告中，28名中国专家参与其中，秦大河院士还于2002年被选举为IPCC第一工作组（共 3 个工作组）联合主席，2008年获得连任。中国是应对气候变化的认真行动者 。

在过去的十多年里，中国还加强了相关机构设置及研究能力建设。1993年，我国成立了共有17个机构组成的国家气候变化协调小组，为中央政府各部门和地方政府应对气候变化问题提供指导。前几年又成立了国家能源领导小组及其办公室。2007年4月成立了国务院节能减排工作领导小组，温家宝总理亲自担任组长；同年5月，我国又成立了温家宝总理担任组长的国家应对气候变化工作领导小组。这在国际上并不多见。同时，中国政府重视并不断提高气候变化相关科研支撑能力，组织实施了国家重大科技项目"全球气候变化预测、影响和对策研究"、"全球气候变化与环境政策研究"等，开展了国家攀登计划和国家重点基础研究发展计划项目"中国重大气候和天气灾害形成机理与预测理论研究"、"中国陆地生态系统碳循环及其驱动机制研究"等工作，完成了"中国陆地和近海生态系统碳收支研究"等知识创新工程重大项目，开展了"中国气候与海平面变化及其趋势和影响的研究"等重大项目研究，并组织编写了《气候变化国家评估报告》，为国家制定应对全球气候变化政策和参加《气候公约》谈判提供了科学依据。中国政府有关部门还开展了一些有关清洁发展机制能力建设的国际合作项目。中国政府和中国的科学家还积极参加了IPCC的各项工作。

我国积极应对气候变化的政策措施和取得的成就，受到国际社会越来越多的关注、理解和肯定，维护了我国负责任的国家形象。

三、中国面临的形势和发展方向：从高碳经济向低碳经济转型

中国应对气候变暖的形势同样严重和迫切。在全球变暖背景下，近100年来中国年地表平均气温明显增加。升温幅度约为0.5~0.8℃，比同期全球平均值（0.6℃±0.2℃）略高。近50年中国增暖尤其明显，增暖主要发生在20世纪80年代中期以后，增暖速率明显大于全球的平均值。气候变暖不仅发生在地表面，也同时发生在对流层大气中。变暖的可能原因主要与大气的温室效应和气候自然变化有关。

一是近50年来中国主要极端天气、气候事件的发生频率和强度出现了明显变化。全国平均炎热日数增加，寒潮事件频数显著下降；华北和东北地区干旱加重；长江中下游流域和东南地区洪涝加重；从1980年以来，长江下游降水强度和频率增加；极端强降水日在长江中下游、华南和西北西部也呈增加趋势；20世纪90年代以来登陆中国的台风数量下降；中国北方包括沙尘暴在内的沙尘天气事件出现频率总体上呈下降趋势。气候变化加剧了中国生态环境的脆弱性，增加了自然灾害发生的频次和强度，给中国自然生态和社会经济带来了严重影响。首先，气候变化影响了中国的农业生产和粮食安全。气候变化引起的高温、干旱、虫害等因素已经在局部导致农业减产，按照目前的趋势，到2020年和2030年，中国平均气温会增暖0.5~4.2℃，将使中国农业减产5%~10%。其次，气候变化加剧了水资源时空分布的不平衡，加剧了中国水资源的供需矛盾。近20年来，北方黄河、淮河、海河、辽河水资源总量明

显减少，水资源总量大约减少12%。再次，气候变化导致中国的酷热、干旱、暴雨、冰雹、台风等极端天气发生的频次和强度明显增加。据统计，2001~2008年，自然灾害造成的经济损失占到中国GDP的2.8%。据民政部国家减灾中心汇总的2008年全国10大自然灾害中，有8项都是由于洪涝、干旱、台风等气象灾害引起的；根据《2008年中国环境状况公报》，2008年气象灾害导致的直接经济损失达3100多亿元，超过了20世纪90年代年以来的平均水平，其中2008年初南方地区遭受的冰冻雨雪灾害，造成21个省市受灾，直接经济损失1500多亿元。最后，气候变化导致海平面上升和海岸带生态发生变化。近30年来，中国海平面上升趋势加剧，进而引发海水入侵、土壤盐渍化、海岸侵蚀，降低了海岸带生态系统的服务功能，导致海洋渔业资源和生物资源衰退。此外，气候变化导致的高温、干旱、水资源短缺等还会威胁人体健康，引发疫病流行。

二是利用气候模式对未来100年的气候变化进行的预测表明，在未来20~100年，中国地表气温将明显增加，我们将处于一个不断变暖的世界。和全球一样，21世纪中国地表气温将继续上升。与2000年比较，2020年中国年平均气温将增加1.1~2.1℃，2030年增加1.5~2.8℃，2050年增加2.3~3.3℃，到2100年，增加3.9~6.0℃。未来中国的极端天气、气候事件发生频率可能增加。中国将面临更明显的大旱、大冷、大暖的气候变化。

三是气候变化对中国的自然生态系统和社会经济部门已产生了明显的影响，农业生产的不稳定性增加，北方及南方局部干旱高温危害加重，但增温使东北地区冬小麦种植北界北移西延，粮食产量增加。中国六大江河的实测径流量50年以来都呈下降趋势，同时，长江、松花江等局部地区洪涝灾害频繁发生。海平面上升以及气候极端事件是黄河、长江、珠江三角洲致灾的主要原因。气候变化还增加了疾病的发生和传播。

在未来50~100年全球继续变暖条件下，中国北方地区年平均径流可能减少2%~10%，而南方地区平均增加24%。如果不采取适应措施，到2030年，中国种植业生产能力可能下降5%~10%，2050年后受到的冲击会更大。海平面会继续上升，海岸侵蚀加重，咸潮海水入侵加剧。各地森林生产力将增加1%～10%，但林火灾害、森林病虫害传播范围会扩大、程度加重，部分林业工程区可能逐步转化为非宜林地。气候变暖还将增加未来中国夏季制冷的电力消费需求。东北地区有利于农业生产，但湿地冻土会退化，森林生态系统结构会发生变化；华北水资源供需矛盾加剧，但可促进区域设施农业发展；西北降水增加但仍缺水，2050年后农牧交错带边缘和绿洲边缘区沙漠化土地面积将会增加；华东洪涝风险加大，百年一遇洪水发生的频率增加；华中增温不明显，但旱涝交替频繁，会使华中地区双季稻产量降低；西南山地灾害活动强度、规模和范围会加大；华南到2100年海平面上升可达60~74cm，危害加剧。

中国面临从高碳经济向低碳经济转型。2007年12月，联合国开发署(UNDP)发布2007/2008年人类发展报告《应对气候变化：分化世界中的人类团结》对于“碳足迹”做了如下评论：一个国家的碳足迹可以通过存量和流量进行衡量。国家碳足迹的深浅同过去和现在的能耗方式密切相关。

中国的温室气体排放量近年来迅速增长，占世界的比例显著上升。从历史累计量看，中国自1950年到2002年，化石燃料CO_2排放只占同期世界排放量的9.3%，人均CO_2排放量居世界第92位。根据世界银行数据库计算，由1980年CO_2排放量占世界总量比重的8.08%上升至2002年的14.40%，已经高于欧盟比重（为10.39%），低于美国比重（为23.96%）。根据日本能源经济研究所估计，2004年中国二氧化碳排量占世界总排量的18.1%，美国为22.4%。据世界资源研究所估计，2004年美国温室气体排放量接近72亿吨，中国为56亿吨，其中超过50亿吨是CO_2。国家发改委2007年发布的数据，2004年中国CO_2排放量为48.9亿吨。有关报道，2004年中国温室气体排放总量为61亿吨 CO_2当量，其中CO_2排放量约为50.7亿吨。从1994年到2004年，中国温室气体排放总量的年均增长率约为4%。根据荷兰EEA报告，中国2006年排放二氧化碳62亿吨，已高出美国8%，成为世界上最大的温室气体排放国。

由此可见，中国面临着从高碳经济向低碳经济转型的必要性和紧迫性。具体分析如下：

（一）从经济发展的长期趋势看，我们正处于一个高碳经济发展阶段

发达国家可以是低碳经济，因为他们的基础设施建设、城市化已经完成。在技术条件不变的情况下，工业化和城市化过程是要大量耗能、大量排放的。

然而，中国在今后几十年里正处于工业化、城镇化加快时期，又不可能绕过发展“重化工业”这个资源、能源投入巨大、原材料工业增长速度快的“坎”。而且随着经济发展，人民群众的住房、交通等消费水平将迅速上升，这会进一步促进能源需求以及CO_2排放的较快增长。同时，随着工业化、城市化进程的不断加快，社会经济持续快速发展，资源能源开发力度也将持续加大。1993~2005年，中国工业能源消费年均增长5.8%，工业能源消费占能源消费总量约70%。火电、钢铁、水泥和化工等高耗能工业行业，每年耗煤量占原煤量的90%。

2006年，中国一次能源消费总量为24.6亿吨标准煤。2007年中国生产原油18665.7万吨，同比增长1.6%；净进口原油15928万吨，同比增长14.7%。同年，中国发电装机容量突破7亿千瓦，居世界第二，仅次于美国。发电量达到32559亿千瓦时，连续7年平均增长超过13.2%。

2007年能源消费总量达到了26.5亿吨，比2006年增长7.8%。"十一五"头两年的能源消费增幅明显高于年均4%的增长目标。我国一次能源生产和消费的65%左右仍为煤炭。电力中，水电占比只有20%左右，火电占比达77%以上。2007年，我国煤炭消费量占一次能源消费总量的69.5%。长期以煤为主的能源消费结构给我国带来了比较严重的环境问题。目前全国85%的二氧化碳、90%的二氧化硫和73%的烟尘都是由燃煤排放的。

2000年至2008年中国能源消费年均增速达9.1%，其中煤、石油等不可再生能源占能源消费比重的90%，能源消耗占世界总量的1/4，二氧化碳排放占总量的1/3。

2009年，钢消费量从2000年的1.4亿吨增加到5.3亿吨；石油从2000年2.24亿吨增加到4亿吨。

因此在未来相当长的时期内，中国CO_2排放的增长趋势不可避免。据资料显示，2005年，美国的能源需求比中国高出三分之一以上。在到2015年这段时间内，中国的能源需求年均增长率为5.1%，这主要是由持续蓬勃发展的重工业所推动的。从更长期来看，随着经济走向成熟，生产结构逐步转向能耗较低的领域，以及引进更高能效的技术，能源需求会放慢。2005年到2030年，交通运输业的石油需求会将近翻两番，占到中国石油需求增长总量的三分之二以上。机动车数量将增加6倍，达到近2.7亿辆。到2015年前后，中国的新车销量将超过美国。

（三）我国的自然资源禀赋就是高碳，能源面临的最大挑战是以煤炭为主的能源结构

我国能源面临的最大挑战是以煤炭为主的能源结构，长期以来，煤炭占我国一次能源生产与消费总量的70%以上，中国的发电量结构也是以煤炭为主，高达78%，在世界大国中比例最高，同时采用脱硫装置比例是最低的。发电业成为中国主要污染来源之一。这与别的国家不同——石油、天然气、核能等为主，世界上没有任何一个国家像中国这样，在一次能源消费中，煤所占比例有如此之高。以"高碳"特征突出的"发展排放"，成为中国发展低碳经济的一大制约。相关资料表明，每生产一度电要释放7克硫，每生产一吨铝锭要释放21.8吨二氧化碳，一升汽油完全燃烧释放2.2公斤二氧化碳。显然，目前能源的粗放利用和过度消耗，会带来无法挽回的环境问题。2006年，中国一次能源消费总量为24.6亿吨标准煤。2007年中国生产原油18665.7万吨，同比增长1.6%；净进口原油15928万吨，同比增长14.7%。同年，中国发电装机容量突破7亿千瓦，居世界第二，仅次于美国。发电量达到32559亿千瓦时，连续7年平均增长超过13.2%。2008年我国原煤产量达27.93亿吨，占我国一次能源生产总量的76.7%，占我国一次能源消费总量的69%，全国发电总量的80%以上来自于火力发电；全国发电量34047亿千瓦时，同比增长5.5%；全国原油产量18973万吨，同比增长2.3%，进口原油17888万吨，同比增长9.6%，天燃气产量761亿吨，同比增长12.3%。中国人均GDP处在由2000美元至4000美元的工业化中期的爬坡阶段，至少还要持续20~30年，也就是说以"高碳"特征突出的"发展排放"还要延续一个阶段。

国内外众多关于中国未来排放的情景研究都表明了这一点。例如IEA发布的"世界能源展望2007"中，2030年替代政策情景和高增长情景下中国能源相关的CO_2排放分别为89亿吨和141亿吨，占世界总排放的比重分别为26.25%和31.47%，在各个情景下中国在2010年后超过美国成为世界第一排放大国 。虽然《京都议定书》没有为发展中国家规定具体的减排或限排义务，但是中国面临国际社会要求控制温室气体排放的压力日益增大。

在当前经济结构不发生大的改变的情况下，中国经济的发展必然带来排放量的增加。研究表明，我国一次能源需求到 2030 年有可能达到 53.6 亿吨标煤，2050 年达 63 亿吨标煤。煤炭将仍然是中国能源消费的主要组成部分。CO_2 排放量在 2030 年和 2050 年分别为 31.3 亿吨和 33.8 亿吨。如果采取较强的能源和温室气体减排政策，则有可能减少能源需求，2030 年可以将一次能源需求量降为 42 亿吨标煤，相比下降了 21.3%。2050 年能源需求量为 48亿吨标煤，下降了 24%。相应地，CO_2 排放量分别下降了 30.8% 和 35.5%。

（三）人口基数大，以全面小康为追求，致力于改善和提高13亿人民的生活水平和生活质量，势必带来能源消

费的持续增长，对发展低碳经济的压力越来越大

中国人口占世界20%，排放总量很大。《斯特恩报告》预测，在2030年之前，仅中国排放的温室气体就占增加的排放量的1/3还多。卡斯帕·亨德森说，如果我们希望稳定住目前全球排量70亿吨水平的话，假设当今的全球总排量平均分配给世界上的每一个人，拥有全球22%人口的中国将拥有15亿吨。

目前，中国的能源消费每年增长近6%。如果其中10%的需求增长能够靠诸如风能和核能这些所谓的零碳能源得到满足，中国的碳排放每年仍会增加5%以上。按照这种速度，从2003年起，中国只需要8年便会排放出15亿吨的碳。这意味着，到2011年，中国就会超出其“公平”的全球分配量。种种情况表明，到2020年，中国每年将会向地球的大气层排放约20亿吨的碳。

2000年城镇居民家庭平均每百户小汽车拥有量仅为0.5辆，2006年则已增加到了4.32辆。如果中国每2人拥有一辆小汽车（美国人均水平），全国达到7亿辆；如果每3人拥有一辆小汽车，则全国达到4亿辆（日本人均水平）；每5人拥有一辆小汽车，则全国达到2亿辆（荷兰人均水平）。小汽车的大幅增长将导致中国能源（石油）消耗的增长。

再如建筑，从建筑材料的生产到建筑的工程，一直到建筑物的使用，这是整个链条，它消耗世界50%的能量、42%的水、50%的材料、48%的耕地，低碳经济从节能建筑切入，符合中国现代社会发展的客观实际。中央已经提出了要求，2010年全国实现三分之一节能建筑，建筑总能耗降50%；2020年，建筑总能耗降65%。这是我们在低碳经济方面的一个重要切入点。

（四）我国能源安全形势不容乐观

2003年我国进口油只占总量的30%多，短短的四五年超过了50%。按照这个发展速度，到2020年对外依存度超过70%。美国为了保持石油的消费和进口，动用了全部的军事力量保证，我们有没有这么大的量保护这样的运输通道，我们有没有可能把全世界的能源拿到中国来用？我国对外资源是我国对外投资的重要战略，受到了很多国家给我们的阻力。从国外拿到这点油非常不容易，代价很大。老的路走不下去了，我们不可能把全球的资源都拿到中国来，所以必须要转变我们的发展方式。

(五)中国目前仍然是农业大国，低碳农业大有可为

绿色和平组织针对几个主要由农业引起的间接排放源，如粮食的加工、包装、运输和销售，存储、加工和销售粮食所盖的房子，处理农业和食品行业所产生的废弃物等进行了估算，若折合成二氧化碳的话，排放量占全球总排放的17%~32%。

低碳农业可抵消80%农业温室气体。由国务院发展研究中心产经部、国家发改委能源所、清华大学核能与新能源技术研究院联合发布的《2050中国能源和碳排放报告》中称，生态的农业系统能够减少甲烷等温室气体排放，如果发展农村沼气可以减少有机肥处理过程中的甲烷排放，在2010~2050年间，沼气替代生物质能和煤炭可使二氧化碳年排放减少307.77~4592.80万吨，二氧化硫年排放减少13.11~98.87万吨。

第四章　中国：低碳经济勃然兴起

中国作为一个负责任的大国，一向是“言必行，行必果”。应对气候变化，中国在国际社会做出了郑重承诺，一直以对人类和中华民族高度负责的精神，进行多途径、多方面的探索和实践，推动低碳经济发展，节能减排，并取得令人瞩目的成就。

一、践行科学发展观，把发展循环经济当作一项基本国策

循环经济和低碳经济都是一种正在兴起的经济模式，其核心是在市场机制基础上，通过制度和政策措施的制定和创新以及科学技术进步，推动高投入、高消耗、高排放、低效益的整个社会经济模式朝向低投入、低消耗、低排放、高效益的模式转型，实现社会步入可持续发展的良性循环轨道。众所周知，中国循环经济从初始就强调从源头控制，突出“减量化”，从资源开采、生产领域入手，减少投入，提高资源利用效率，节能减排。同时，大力推进废弃物的资源化、再利用和可再生能源与清洁能源，全面贯彻循环经济“三R”原则，最大限度地提高资源和能源

的利用率，最大限度地减少它们的消耗和污染物的产生。我国的循环经济是生产、流通、消费领域减量化、生态化与废弃物资源化、再利用，即动脉产业与静脉产业有机统一。因此循环经济和低碳经济在根本宗旨上是一致的，也可以说，循环经济是低碳经济的重要载体。

发展低碳经济，进行能源结构和产业结构大转型、大调整，节能减排，以应对气候变化，无疑是正确的，应当大力推进。然而中国国情却需要有相当的演进过程，不可能一蹴而就。如上所述，中国人口基数大；中国正处于工业化、城镇化加快时期；要充分利用中国水能、阳光能、风能、生物质能的丰富而又发展可再生能源和新能源任重道远，目前电源结构也严重不合理，2007年在中国的电力装机中，火电装机5.54亿千瓦，占77.7%，仍高居榜首。从上述基本国情出发，在目前发展循环经济，特别是在重化工领域发展低碳经济是最现实、最基本的一条路径。

应该充分认识到，近年来践行科学发展观，我国把发展循环经济当作一项基本国策，推动社会经济转型，并已取得了初步成效，从整体上看，循环经济在全国已经从理论到实践，贯穿静脉产业和动脉产业，生产、流通、消费各个领域，从企业小循环、企业之间或园区中循环，发展到社会大循环。

（一）倡导和坚持科学发展观，把发展循环经济，建设资源节约型、环境友好型社会，作为经济社会发展和一项基本国策

自20个世纪末我国从国际“引进”循环经济概念以来，党中央、国务院对发展循环经济一贯十分重视。

2002年10月16日，江泽民同志在全球环境基金第二届成员国大会讲话中指出：“只有走最有效利用资源和保护环境为基础的循环经济之路，可持续发展才能得以实现。”

2003年两会期间，胡锦涛总书记在中央人口资源环境工作座谈会上强调：“要加快转变经济增长方式，将循环经济的发展理念贯穿到区域经济发展、城乡建设和产品生产中，使资源得以最有效地利用。最大限度地减少废弃物排放，逐步使生态步入良性循环，努力建设环境保护模范城市、生态示范区、生态省。”

2004年9月，党的十六届四中全会通过的《中共中央关于加强党的执政能力建设的决定》，正式将“节约资源和保护环境，大力发展循环经济，建设节约型社会”作为坚持科学发展观、提高党驾驭社会主义市场经济能力的重要内容之一。

2004年开始，循环经济写入国务院总理《政府工作报告》。

2005年温家宝总理在十届全国人大三次会议上所做的政府工作报告中又强调：“大力发展循环经济。从资源开采、生产消耗、废弃物利用和社会消费等环节，加快推进资源综合利用和循环利用。积极开发新能源和可再生能源。”2005年5月党的十六届五中全会提出“要把节约资源作为基本国策，发展循环经济，保护生态环境，加快建设资源节约型、环境友好型社会”，发展循环经济上升到国家基本国策；6月21日，温家宝总理主持国务院第96次常务会议，专题研究了建设节约型社会和发展循环经济问题，审议并通过了《国务院关于做好建设节约型社会近期重点工作的通知》和《国务院关于加快发展循环经济的若干意见》两个文件。

2007年4月27日，在国务院副总理曾培炎主持国务院召开的“全国节能减排电视电话会议”上，国务院总理温家宝讲话强调，在节能减排工作中，要大力发展循环经济，推进矿产资源综合利用、固体废物综合利用、再生资源循环利用以及水资源的循环利用。

2007年10月15日，中共中央总书记胡锦涛在中国共产党第十七次全国代表大会上的报告《高举中国特色社会主义伟大旗帜　为夺取全面建设小康社会新胜利而奋斗》明确提出“循环经济要有更大发展”。

2008年6月30日，中共中央总书记胡锦涛主持中共中央政治局进行集体学习时发表了讲话。他指出，要大力落实控制温室气体排放的措施，坚持实施节约资源和保护环境的基本国策，坚持走中国特色新型工业化道路，加快转变经济发展方式，强化能源节约和高效利用，积极发展循环经济、低碳经济，不断扩大森林覆盖率。

2008年7月1日，国务院总理温家宝主持召开节能减排工作领导小组会议。会议强调加快推进循环经济发展，组织编制重点行业和重点领域循环经济发展规划，研究制定鼓励循环经济发展的政策，建立健全循环经济统计制度。

2009年4月23日，中共中央政治局常委、国务院副总理李克强23日考察循环经济试点示范企业并出席循环经济院士专家座谈会，全面论述了发展循环经济对于经济社会发展的重大意义，提出了全社会推广应用循环经济的明确要求。他强调，要深入贯彻落实科学发展观，不失时机地培育和壮大循环经济，推动发展方式转变和创新，实现资源的高效利用、循环利用、无害利用，促进经济又好又快发展。全社会推广应用循环经济，能够明显减少资源消耗，从源头上减少污染排放，这不仅可以改善资源利用效率和生态环境效益，而且有助于提高企业经济效益。做大做强循环经济，在近期内能够为扩内需、保增长、调结构提供重要支撑，从长远看有利于增强发展后劲。壮大循环经济产业，还有利于提高对外开放水平，更好地参与国际竞争。要把发展循环经济放到重要位置，寻求新的增长路径，赢得未来发展先机。

12月24日，国务院批复了《甘肃省循环经济总体规划》，标志着甘肃省成为全国首个国家级循环经济示范区，将着力打造16条循环经济产业链，重点培育100户骨干企业，积极改造提升36个省级以上开发区，逐步形成覆盖全省的各具特色的七大循环经济专业基地。

纵观世界各国，还没有哪一个国家像我们国家党和政府这样重视循环经济，把发展循环经济作为重大发展战略和一项基本国策。

（二）充分发挥社会主义制度和社会主义市场经济优越性，探索实践“政府主导、企业主体、市场运作、全民广泛参与”的体制机制

在一段时间里，在发展循环经济历史进程中，对政府、企业、市场三者关系存在明显的不同看法。有人认为我们应当像西方发达资本主义国家一样，企业为主体，市场配置资源，实行市场化。大多数人则认为，我们是社会主义国家，社会和政府职能都正处于转型期，与西方已实行市场经济一二百年相比，市场经济也还很不成熟，尤其是对于中国这样发展中的大国，循环经济还是一个新生事物，不可以简单地“克隆”西方发达国家的模式，需要探索和创造适合中国国情和社会主义制度以及社会主义市场经济的循环经济发展体制机制。经过近几年的探索实践，“政府推动、企业主体、市场运作、全民广泛参与”的体制机制被广泛接受和应用。

这里简单概述一下近年“政府主导”的情况和作为：

1.强化组织领导

党中央、国务院高度重视，主要领导亲自研究部署；经国务院批准，由国家发改委牵头设立部际联席会议，协调和加强关于循环经济的推进、发展；全国各省市自治区都成立了省（市、区）长或主管副省（市、区）长任组长的循环经济领导小组，并下设专门办公室，坚持加强对发展循环经济的组织领导。

2.制定和组织实施规划

2006年3月召开的全国人大十届四次会议通过批准的《中华人民共和国国民经济和社会发展十一个五年规划纲要》把建设资源节约型、环境友好型社会作为“十一五”时期的重大战略任务，明确提出了未来五年单位国内生产总值能耗降低20%、主要污染物排放总量减少10%等约束性指标，以专门篇章规划循环经济发展目标、任务和重大举措。

根据国家“十一五”规划和国务院有关指示精神，国家发改委会同有关部门、行业协会，研究制定国家循环经济发展规划和重点行业、重点领域循环经济推进计划。重点组织编制钢铁、有色、煤炭、电力、化工、建材、制糖等重点行业和再生资源集散市场建设、再生金属利用等重点领域循环经济发展专项规划；会同有关部门认真实施《节能中长期专项规划》、《“十一五”资源综合利用专项规划》、《节水型社会建设规划》、《矿井水利用和海水利用专项规划》；研究制定、发布循环经济评价指标体系，作为各地区、各行业编制循环经济发展规划的依据和推动循环经济发展的评价准则，完善相关统计制度，加强基础工作。

同时，全国各省市（区）也都制定了发展循环经济“十一五规划”，在编制其他各类专项规划、区域规划和城市发展规划时，也都把发展循环经济作为重要组成部分。

3.大力组织循环经济试点、示范，典型引路，积极探索

2005年11月1日，经国务院同意，展开了第一批循环经济试点；2007年11月26～27日，国家发展改革委、国家环保总局在重庆召开全国循环经济试点工作会议，正式启动第二批试点，两批共178家国家循环经济试点单位。除了国家进行循环经济试点、示范以外，全国各省 (直辖市、自治区)也都在不同层次开展了循环经济试点示范工作，还有14个省(自治区、直辖市)开展生态省建设。2008年又启动了再制造领域试点。

4.制定循环经济发展政策，建立激励和长效机制

从价格、税收、投资、进出口贸易等方面，研究制定有利于促进循环经济发展的配套政策；建立循环经济评价指标体系和各类标准；启动绿色GDP试点，在领导干部的政绩考核中加入环保因素，即由过去的单纯的经济指标，扩大到环境指标、人文指标，以利于树立理性的、科学的发展观。

5.开展循环经济专家行活动

为总结试点工作经验，帮助试点单位提高技术和管理水平，宣传典型经验，促进循环经济形成较大规模，国家发展改革委、中国工程院于2009年4月下旬至8月联合开展“循环经济专家行”活动。4月23日，国家发展改革委、中国工程院举行“循环经济座谈会暨循环经济专家行启动仪式”，正式启动“循环经济专家行”活动，中共中央政治局常委、国务院副总理李克强出席并发表重要讲话。近百名院士、专家分赴全国，陆续到国家循环经济示范试点单位进行考察、总结、咨询、指导。

6.加大宣传力度，组织和动员全民参与，形成发展循环经济良好的社会大氛围

2008年底到2009年初，国家发展改革委、环保部分别举办了《循环经济促进法》大奖赛和知识竞赛。

（三）突出“减量化”，从源头开始，在生产、流通、消费领域，全方位、全过程推行“三R”原则，探索“3+1”模式

西方发达国家走的是“先污染，后治理”的工业化、现代化道路，在后工业化时代才兴起循环经济，如德国、日本、美国等发达国家，注重于废弃物的资源化、再利用，旨在改变“大量生产、大量消费、大量废弃”的社会经济发展模式，重点在于废弃物的无害化、资源化处理，治理污染，保护环境。所以集中在静脉产业(资源再生产业)的建设和发展上。因此，有人把德国、日本的循环经济称之为“垃圾经济”。而且，他们国家实现工业化、现代化的资源主要来源于不发达国家。

我国循环经济从初始就强调从源头控制，突出“减量化”，从资源开采、生产领域入手，减少投入，提高资源利用效率，“节能减排”。同时，大力推进废弃物的资源化、再利用，全面贯彻“三R”原则。因此，我国的循环经济是生产、流通、消费领域减量化、生态化与废弃物资源化、再利用，即动脉产业与静脉产业有机统一、协调发展。

对此，可概括为“3+1”模式：

小循环——在企业层面循环经济；

中循环——在工业园区及区域层面循环经济；

大循环——建设资源节约型和环境友好型社会；

废弃物——资源化、再利用。

（四）重视科技创新，构建循环经济技术支撑体系

循环经济是知识型经济、创新型经济，必须紧紧依靠技术创新。可以说技术创新是循环经济的灵魂，没有技术进步和创新，就没有循环经济。与技术先进和处于后工业化国家相比，在相当一些领域，特别是传统产业，我们的技术和装备还比较落后。因此，在发展循环经济进程中，应特别重视科技创新，构建循环经济技术支撑体系。

1.规划和政策推动，大力支持循环经济技术创新

《中华人民共和国经济和社会第十一个五年发展规划》和《国家中长期科学和技术发展规划纲要（2006—2020年）》都把循环经济的技术创新列为重要组成部分，并列入“十一五”重大共性和关键技术研发和产业化专项。重点行业、重点领域循环经济推进计划和再生资源集散市场建设、再生金属利用等重点领域循环经济发展专项规划、《节能中长期专项规划》、《“十一五”资源综合利用专项规划》、《节水型社会建设规划》、《矿井水利用和海水利用专项规划》等，关于循环经济技术创新都是其重要组成部分。

同时，全国各省市（区）制定的发展循环经济“十一五规划”以及在编制其他各类专项规划、区域规划和城市发展规划时，也都把发展循环经济和技术创新作为重要内容。

从中央到地方，都制定了鼓励循环经济技术创新的政策，采取“四两拨千斤”的办法，设立专项资金，加大投入，支持一批循环经济重点示范项目，带动区域、园区、企业投入循环经济的技术创新和技术改造资金，并取得了明显效果。

2.加快先进适用技术的推广应用

加强资源节约和循环利用技术的科技攻关和产业化；重点开发有重大推广意义的资源节约和综合利用技术；加快资源节约新技术、新产品和新材料的推广应用；加大对节约资源、发展循环经济的重大项目和技术开发、产业化示范项目的支持力度。为此，2005年10月28日，国家发改委、科技部、国家环保总局颁发了《国家鼓励发展的资源节约综合利用和环境保护技术》；2006年2月6日，国家发改委、科技部、国家环保总局发布《汽车产品回收利用技术政策》，该《技术政策》是推动我国对汽车产品报废回收制度建立的指导性文件，指导汽车生产和销售及相关企业启动、开展并推动汽车产品的设计、制造和报废、回收、再利用等项工作；2006年2月28日国家发改委、科技部发布了《中国节能技术政策大纲（2006年）》；2006年7月，国家发改委、科技部、财政部、建设部、国家质检总局、国家环保总局、国管局、中直管理局发出了《“十一五”十大重点节能工程实施意见》；2006年11月27日，国家发改委、国家环保总局发布《国家重点行业清洁生产技术导向目录》，该《目录》涉及钢铁、有色金属、电力、煤炭、化工、建材、纺织等行业，共28项清洁生产技术。为充分利用全球科技资源，提高我国可再生能源与新能源的基础研究水平，解决可再生能源与新能源发展中的关键科技问题，加强我国与世界各国在可再生能源与新能源方面的国际科技合作，推进可再生能源与新能源的国际化进程，科技部、国家发改委 2007年9月22日共同制定并发布了《可再生能源与新能源国际科技合作计划》。

编制和发布钢铁、有色、化工、建材等重点行业循环经济支撑技术，支持建立循环经济技术服务体系，加快先进适用技术的推广应用。2007年 11月，国家发改委主编的《重点行业循环经济支撑技术选编》丛书由中国标准出版社正式出版发行。该丛书主要内容是，由国家发改委组织钢铁、有色金属、建筑材料、矿产采选、煤炭、电力、石油、化工、造纸、发酵和皮革行业专家筛选出269项先进、成熟的循环经济支撑技术。这些技术都具有经济效益与资源环境效益共赢的共同特点，适应企业技术进步和发展循环经济的需求。

通过以上各项举措，采取引进、消化、吸收和自主创新多种途径，技术支撑作用逐步增强，已经形成了一批具有自主知识产权的先进技术，特别是成功地推广、应用了一批对行业有重大带动作用的共性和关键链接技术。如纯低温余热发电、干法熄焦、高炉炉顶压差发电、钢渣水渣综合利用、电石渣干法制水泥、高炉回转炉消纳社会废物等一批适用技术得到广泛应用，汽车零部件等机械装备再制造技术已处于国际领先水平。一批成熟的农业循环经济技术也在广大农村逐步推广。

（五）知识普及，理论导引

中国是一个重视理念、意识形态、信仰、文化诉求的传统国家，现代尤烈。伟大哲人名言曰：“精神变物质”。中国社会经济的发展呼唤循环经济，作为新生事物的循环经济也需要为之鸣锣开道。正因为如此，近几年来，关于循环经济的知识普及，基本理论的研讨与探索，说得上是如火如荼。

论坛、研讨会、报告会、讲座异彩纷呈。“中国循环经济发展论坛”从2004年以来，年年举办；国家发改委、环保部、各省市、自治区等举办循环经济、节能减排的国际、国内论坛、研讨会、峰会；再生资源、钢铁、化工、建材、矿业、煤炭、包装、造纸等举办行业和领域循环经济论坛或研讨会；东北、“长三角”一些区域和清华大学等高等院校也举办了循环经济研讨会或报告会、讲座。据不完全统计，2004年以来，举办上述各种具有相当规模的循环经济与节能减排的研讨活动一百多次。这些论坛、研讨会、报告会、讲座在沟通信息、总结交流经验、普及相关知识和理论探索以及引进国际先进经验、技术等方面，对于强化循环经济理念，宣传和促进形成全民参与的社会大氛围，都起到了积极作用。

循环经济各种出版物纷纷面世。据初步估计，2004年以来，不下百余种，仅我们收集的就有70余种。这些出版物视野和内容广阔，有循环经济基本理论研究探索的，有从理论、应用和实践的结合上研讨与阐述的，有专业、行业性循环经济书籍，有研究和介绍日本、德国等循环经济的专著，林林总总，不一而足。同时，科研单位、高等院校、机关、社团、企业等各方面的专家、学者、理论研究和从业人员的循环经济课题研究成果、论文数以千百计在各种报刊发表，为我国循环经济发展“鼓而呼”。目前，国际出版了大量生态经济和产业生态学方面的书籍，但还没有一本循环经济方面的专著，皮尔斯仅仅在其《自然资源和环境经济学》的第二章专门讨论了循环经济。据统计，到2006年国际上发表的顶级9篇循环经济论文中，有8篇是中国作者的作品。与此同时，我国还在理论研究和实践探索中造就和形成了一批循环经济专家、学者。

循环经济机构和媒体应运而生。全国各地、各高等院校、科研机构建立循环经济研究院所、研究中心、研究会等方兴未艾，据不完全统计，目前已达到60余家。并设立了各种循环经济网站30余家，还有《再生资源与循环经济》等几家循环经济方面的刊物，一些报刊、电视台也纷纷设立专栏或专题传播循环经济的信息、言论和循环经济实践案例。

二、植树造林，加强生态建设，增加碳汇，减缓气候变化

林业在发展低碳经济、应对气候变化中的独特作用是显而易见的，且得到了国际公认。科学研究表明，森林蓄积每生长1立方米，平均吸收1.83吨二氧化碳，放出1.62吨氧气。造林就是固碳，绿化等同于减排。人工林的固碳作用更加显著，如人工桉树林生产力相当于天然林(针叶林)的20~30倍，5~7年就可以成材，生物量相当于原始林在自然情况下100~150年的产量。

我国政府十分重视林业在应对气候变化中作用，在2007年发布的《应对气候变化国家方案》中已将林业作为减缓气候变化的重要措施之一。2007年，胡锦涛总书记在亚太经合组织第15次领导人会议上，提议建立“亚太森林恢复与可持续管理网络”，倡导通过共同促进亚太地区森林恢复和增长、增加碳汇、减缓气候变化，引起了国际社会积极反响。

近30年来，我国实施了天然林保护和退耕还林工程，大力组织开展义务植树、人工造林、封山育林和中幼林护育，相继实施了一系列林业重点工程，加快了造林绿化步伐。

中国是世界人工造林面积最大的国家。2003至2008年,森林面积净增2054万公顷,森林蓄积量净增11.23亿立方米。目前人工造林面积达5400万公顷,居世界第一。2009年底，森林覆盖率达到了20.36%。据预测，到2050年我国人工林可达158万平方千米。若人工林平均蓄积量提高一倍，将使人工林固碳总量达到88.4亿吨。

三、推动社会经济转型

20世纪80年代后期开始，中国政府更加注重经济增长方式的转变和经济结构的调整，将降低资源和能源消耗、推进清洁生产、防治工业污染作为中国产业政策的重要组成部分，加快经济结构调整，推动社会经济转型。

（一）加快产业结构调整，控制增量，调整和优化结构，提高能源利用效率

优化产业结构，积极发展第三产业和高新技术产业，提高土地、节能、环保、信贷的门槛，遏制高耗能、高排放行业过快增长，制定和实施《产业结构调整暂行规定》、《产业结构调整指导目录》，促进产业结构优化升级，合理调整区域产业布局；对开发区和重化工业集中地区进行规划、建设和改造，发挥产业集聚和工业生态效应，围绕核心资源发展相关产业，形成资源高效利用的产业链，努力提高资源产出效率；坚持把发展服务业放到更加突出的位置，提高第三产业在国民经济中的比重，加快第三产业发展，调整第二产业内部结构；推进企业重组，提高产业集中度和规模效益；大力发展高技术产业，加快用高新技术和先进适用技术改造提升传统产业，调整能源消费结构，提高优质能源比重。通过实施一系列产业政策，使产业结构发生了显著变化。1990年中国三次产业的产值构成为26.9：41.3：31.8，2005 年为12.6：47.5：39.9，第一产业的比重持续下降，第三产业有了很大发展，尤其是电信、旅游、金融等行业，尽管第二产业的比重有所上升，但产业内部结构发生了明显变化，机械、信息、电子等行业的迅速发展提高了高附加值产品的比重，这种产业结构的变化带来了较大的节能效益。1991~2005年中国以年均5.6%的能源消费增长速度支持了国民经济年均10.2%的增长速度，能源消费弹性系数约为0.55。1979~2007年，我国第一产业年均增长4.6%，第二产业增长11.4%，第三产业增长10.8%。伴随着经济结构的大调整，70%的就业人口从事农业的局面有了很大的改观，第一产业就业人数占总就业人数的比重由1978年的70.5%下降到2007年的40.8%，第二产业就业人口所占比重由17.3%上升至26.8%，第三产业就业人口所占比重由12.2%上升至32.4%。交通运输、批零贸易、餐饮等传统服务业得到了长足的发展，1979~2007年，交通运输、仓储和邮政业增加值增长了14.4倍，占GDP的比重由5.0%上升至5.9%。批发和零售业增加值增长了12.6倍，占GDP的比重由6.6%上升至7.3%。

金融保险、房地产、信息咨询、电子商务、现代物流、旅游等一大批现代服务业呈加速发展态势。1979~2007年，金融业增加值增长了30倍，在GDP中所占比重由1.9%上升为4.4%，提高了2.5个百分点。国际旅游收入由2.6亿美元增加到419.2亿美元，增长了160倍，世界排名由1980年的第34位上升至第5位。农业内部结构明显改善，基本实

现了由以粮为纲的单一结构向农林牧渔业全面发展的转变；工业经济结构明显升级，基本实现由技术含量低、劳动密集程度高、门类单一的结构向劳动密集、技术密集、门类齐全的发展格局。

修订后的2008年全国GDP总量为314045亿元。全国第一产业增加值为33702亿元，占GDP的比重为10.7%；第二产业增加值为149003亿元，占GDP的比重为47.5%；第三产业增加值为131340亿元，占GDP的比重为41.8%。

（二）严格控制新建高耗能、高排放项目，取消“两高一资”产品的出口退税，加快淘汰电力、钢铁、建材、电解铝、铁合金、电石、焦炭、煤炭和平板玻璃等行业落后产能

2007年4月，国务院相继召开了电力和钢铁工业关停和淘汰落后产能工作会议。2006~2007年两年间，依法关停了小火电2157万千瓦、小煤矿1.12万处,淘汰落后炼铁产能4659万吨/年、小炼钢产能3747万吨/年、小水泥产能8700万吨/年,使得节能减排取得了积极进展。2007年单位GDP能耗比2006年下降了3.27%，随之单位GDP废水COD排放下降了3.14%，SO_2排放也下降了4.66%，可见这一举措见效很快。2006~2008年，我国淘汰落后炼铁产能6059万吨、炼钢产能4347万吨、水泥产能1.4亿吨、焦炭产能6445万吨；到2009年上半年，我国已关停小火电机组5407万千瓦，提前完成了“十一五”关停5000万千瓦小火电机组任务。加快发展服务业，出台了加快发展服务业的若干意见和相关配套措施，服务业占国内生产总值的比重由1990年的31.8%提高到2008年的40.1%。近年来上海市运用法律，经济、行政和技术等综合措施，强制淘汰了一批高能耗、高污染的落后工艺、技术设备和产品，有步骤地关停了一批小冶金、小钢铁、小建材和小化工等高能耗、高污染企业。截至2007年底，完成产业结构项目571个，实现年节能量100多万吨标准煤。2008年上半年完成结构调整项目140个。

（三）大力发展集约化农业，推动传统农业向生态农业大转型

推广测土配方施肥，发展现代精准农业，发展循环经济。2003~2006年期间国家共安排55亿元国债资金，在4.8万个村建设了573万户沼气。按照《全国农村沼气工程建设规划（2006—2010年）》，到2010年，全国将有4000万农户用上沼气，每年可产生约154亿立方米的沼气，相当于替代2420万吨标准煤的能源消耗和1.4亿亩林地的年蓄积量。沼气农户使用沼渣、沼液可减少20%以上的农药和化肥施用量，每年为农户节约燃料费、电费、化肥和农药等直接支出约500元。辽宁省到2008年末，全省共推广“一池三改”、“四位一体”为主要内容的农村户用沼气工程46.7万户、“高效预制组装架空炕连灶”（吊炕）374.1万铺、被动式太阳能房436.5万平方米、太阳能热水器119.7万平方米，建设大中型畜禽养殖场能源环境工程（大中型沼气工程）245处、生物质气化集中供气工程（秸秆气化工程）252处。此外，示范应用了太阳能路灯、太阳灶、小风机、生物质固化、生物质燃料、节能炉具等先进技术、设备，促使全省农村能源生态建设的多重功能日趋凸显。

（四）推动社会经济转型

推动经济发展由单一的线性经济向循环经济大转型；推动国民经济由重化工型向创意型产业、创新型产业、高技术产业、文化型产业大转型。在我国这些理念日渐深入，一场前所未有的经济社会大转型的伟大革命正在向我们走来。特别值得关注的是，文化创意产业正在推动以工业化为主题的城市化模式转向以全面发展的都市化模式转型，京沪深等城市文化创意产业的发展速度已经高于GDP增长速度：2007年，北京、上海、深圳三市的GDP增长速度分别为12.3%、13.3%和15.0%；而三市的创意产业增长率则分别达到19.4%、22.8%和25.9%。2008年，北京文化创意产业附加值超过1000亿元人民币，占北京市GDP的9%，且正以每年50%以上的速度增长。据预测显示，2009年文化创意产业在全国有1700亿元的总体市场规模，与国际金融危机呈“反周期”发展。这些说明，文化创意产业已成为城市经济转型的新增长点，具有带动我国经济振兴的重要性质与意义，同时推动产业结构的升级、调整和重组，推动服务业内部更高层次的产业细分和产业提升，促进我国经济社会走创新型道路。此间，国务院常务会议通过了《文化产业振兴规划》，对文化产业的未来发展起到了纲领性的作用。

四、大力发展新能源和清洁能源

中国作为世界上最大的发展中国家，长久以来，经济保持着高速发展。党和国家对可再生能源为主体的新能源和清洁能源的发展高度重视，不但明确提出了指导思想、战略定位和发展目标，初步建立了法规、政策体系，水力、风能、太阳能、核电、生物能产业均实现了高速增长。

2005年至2008年,可再生能源增长51%，年均增长14.7%。2008年可再生能源利用量达到2.5亿吨标准煤。农村有

3050万户用上沼气，相当于少排放二氧化碳4900多万吨。2008年全国水电装机达到1.72亿千瓦，位居世界第一。风电连续三年翻番增长，装机容量达到1217万千瓦，居世界第四。太阳能发电总量也居世界第一位，太阳能光伏产业也实现了高速增长。太阳能热水器集热面积超过1.25亿平方米，年产能4000万平方米，均居世界第一。核电在建规模居世界第一位。地热能、氢能、海洋能的技术研发也取得了一定进展。总之，新能源、可再生能源在一次能源中比重的显著增加使我国的能源结构不断优化。2008年我国煤炭在一次能源结构中的比重由76%下降为69%，石油和天然气在一次能源结构中的比重由17%提高为22%。

截至2009年底，我国水电装机容量为1.97亿千瓦，核电的在建规模2450万千瓦，太阳能热水1.45亿平方米，均居世界第一位。风电装机容量2200多万千瓦，居世界第三。农村沼气用户达到3650多万户。2009年底，可再生能源占一次能源比重已经达到9%，接近2010年可再生能源的比重达到10%的目标。在保持经济发展的同时，我们相当于少排放二氧化碳15亿吨以上，这是中国对全球应对气候变化做出的实实在在的重大贡献。

五、中国节能减排成就位居世界前列

发展低碳经济要从我们的国情出发，高碳能源煤的利用仍然是我们的主体；传统产业和制造业仍然占了大头，在产业结构当中仍然是主体，包括钢铁和高耗能工业。低碳经济包含了对于工业、建筑、交通以及其他产业乃至生活领域。因此，我们更加强调或者是首先强调节能减排。

（一）节约优先

20 世纪80 年代以来，中国政府制定了“开发与节约并重、近期把节约放在优先地位”的方针，确立了节能在能源发展中的战略地位。通过实施《中华人民共和国节约能源法》及相关法规，制定节能专项规划，制定和实施鼓励节能的技术、经济、财税和管理政策，制定和实施能源效率标准与标识，鼓励节能技术的研究、开发、示范与推广，引进和吸收先进节能技术，建立和推行节能新机制，加强节能重点工程建设等政策和措施，有效地促进了节能工作的开展。中国万元GDP能耗由1990年的2.68吨标准煤下降到2005年的1.43吨标准煤(以2000 年可比价计算)，年均降低4.1%；工业部门中高耗能产品的单位能耗也有了明显的下降：

1981~1998年，中国累计节约能源8.34亿吨标煤，年均节能4633万吨标煤。

1981~1998年，中国的GDP年均增长9.9%，而一次能源消费的年均增长只有4.5% 。

1980~1997年，中国的GDP能耗由每百万美元2479 吨标油降至1067吨标油，降低了57% 。

1980~1996年，中国的年平均节能率为4.4%，是OECD国家同期节能率的4倍，世界同期平均节能率的3.4倍。

2004 年与1990 年相比，6000 千瓦及以上火电机组供电煤耗由每千瓦时427克标准煤下降到376克标准煤，重点企业吨钢可比能耗由997千克标准煤下降到702千克标准煤，大中型企业的水泥综合能耗由每吨201千克标准煤下降到157千克标准煤。按环比法计算，1991 ~ 2005 年的15 年间，通过经济结构调整和提高能源利用效率，中国累计节约和少用能源约8亿吨标准煤。如按照中国1994 年每吨标准煤排放二氧化碳2.277吨计算，相当于减少约18亿吨的二氧化碳排放。

（二）政府总理任组长，推动节能减排

1.加强领导，严格考核

最近几年，我国从建设资源节约型和环境友好型社会的大战略出发，更加着力于推动节能减排。2006年国务院发布了《关于加强节能工作的决定》（国发 [2006] 28号），召开了全国节能工作会议，层层建立了节能目标责任制，签订节能减排目标责任书。2007年“两会”期间，温家宝总理在《政府工作报告》中提出，要把节能降耗、保护环境和集约用地作为转变经济增长方式的突破口和重要抓手。2007年4月，国务院颁发了《节能减排综合性工作方案》，提出到2010年，万元国内生产总值能耗由2005年的1.22吨标准煤下降到 1 吨标准煤以下，降低20%左右；单位工业增加值用水量降低30%。“十一五”期间，主要污染物排放总量减少10%，到2010年，二氧化硫排放量由2005年的2549万吨减少到2295万吨，化学需氧量（COD）由1414万吨减少到1273万吨；全国设市城市污水处理率不低于70%，工业固体废物综合利用率达到60%以上。这是十一五计划从中央到地方下达的惟一约束性指标。同时，还制定和发布了《能源效率标识管理办法》、《资源综合利用目录》、《节能产品政府采购实施意见》、《中国节水技术政策大纲》、《节能中长期专项规划》等；制定和完善节能、节水和再生产品标准，建立并实施强制性产品

能效标识、再生产品标识、节能建筑标识制度，强力推进节能降耗减排走上常态化、规范化、法制化。6月3日，国务院公布了《节能减排综合性工作方案》。6月12日，国务院成立了国家应对气候变化及节能减排工作领导小组，由温家宝总理任组长，曾培炎副总理、唐家璇国务委员担任副组长，中央各部委的主要领导担任成员，不断加强对于节能减排的组织领导，建立和完善法规、政策。各地方成立了节能办公室，全国还有16个省（区、市）设立了节能监察中心、节能执法监察大队等。6 月，国务院批准发布《财政部、国家税务总局关于调低部分商品出口退税率的通知》，取消553项“高耗能、高污染、资源性”产品的出口退税，并考虑对能源高度密集型商品征收出口关税。7月初，温家宝总理重申，中国必须严肃面对气候变化问题，而且必须坚定不移地实现节约能源消耗和减少污染物排放的工作目标。2007年11月，国务院法制办通过的“资源税改革方案”，拟将原油、天然气、煤炭等资源的征税方式由“从量计征”改为“从价计征”，其中煤炭资源税的税率将从1%提高到3%；同时调整了消费税，调高了资源税率。11月17日，国务院批转国家发展改革委、统计局和环保总局分别会同有关部门制订的《单位GDP能耗统计指标体系实施方案》、《单位GDP能耗监测体系实施方案》、《单位GDP能耗考核体系实施方案》（简称“三个方案”）和《主要污染物总量减排统计办法》、《主要污染物总量减排监测办法》、《主要污染物总量减排考核办法》（简称“三个办法”）。“三个方案”和“三个办法”构成科学、完整、统一的节能减排统计、监测和考核体系，并将能耗降低和污染减排完成情况纳入各地经济社会发展综合评价体系，作为政府领导干部综合考核评价和企业负责人业绩考核的重要内容，强化政府和企业责任。各地区节能目标责任评价考核结果作为对省级人民政府领导班子和领导干部综合考核评价的重要依据，实行问责制和“一票否决”制。对千家企业中的国有独资、国有控股企业负责人业绩考核同样实行“一票否决”。即：对考核等级为完成和超额完成的省级人民政府，结合全国节能表彰活动进行表彰奖励。考核结果为“超额完成和完成等级”的企业，由发改委和省级人民政府通报表扬，并结合全国节能表彰活动进行表彰奖励。对考核“等级为未完成”的省级人民政府，领导干部不得参加年度评奖、授予荣誉称号等，国家暂停对该地区新建高耗能项目的核准和审批。结果公告后一个月内，省级人民政府要向国务院做出书面报告，提出限期整改工作措施，并抄送国家发改委。整改不到位的，追究有关责任人责任。考核结果为“未完成等级”的企业，通报批评，一律不得参加年度评奖、授予荣誉称号，不给予国家免检等扶优措施，对其新建高耗能投资项目和新增工业用地暂停核准和审批。同时，考核结果公告后一个月内提出整改措施报所在地省级人民政府，限期整改。在节能考核工作中瞒报、谎报情况的地区，通报批评；对直接责任人员依法追究责任。从2007年12月1日起，实施新修订的《外商投资产业指导目录》，明确限制或禁止高污染、高能耗、消耗资源性外资项目准入，同时进一步鼓励外资进入循环经济、可再生能源等产业。

2008年7月1日，温家宝召开的节能减排工作领导小组会议提出11项重点工作，强化目标责任评价考核。节能减排的考核结果向社会公布，接受社会和舆论监督。按照中央的要求，各地普遍大力推进节能减排。为强化节能减排目标责任，国务院有关部门对省级政府2008年度节能目标完成情况和措施落实情况进行了评价考核，评价考核结果将向社会公告。2008年5月，国家节能目标责任评价考核工作组对辽宁省节能降耗工作给予充分肯定，经过现场评价考核，确定辽宁省为全国6个超额完成等级的省份之一。辽宁在全省层层建立节能目标责任制，各市已经普遍与县区、年用能5000吨标煤以上的企业签订了节能目标责任制，在市、县区全面推行“问责制”和“一票否决制”。省政府提高对各市政府绩效考核体系中的权重，省政府目标考核办将万元GDP能耗降低率指标提升至第一档次指标，单项分为100分，可以占到考核权重的12%，强化了节能指标在政府目标考核体系中的重要地位，有效地发挥了节能考核的指挥棒作用。四川省完善了节能目标责任评价考核制度，严格考核各级政府和重点企业节能目标完成情况，把发展循环经济、实施清洁生产等节能指标作为各市、州政府及企业经营业绩考核的重要内容，实行严格的问责制。开展了对各市、州2007年节能目标完成情况的考核，全面了解和掌握各地发展循环经济、开展节能工作的进展，查找了节能工作存在的薄弱环节和问题，推动各地加大节能力度，并将考核结果向社会公布，接受社会监督。

2.加大投入

从中央到地方，采取“四两拨千斤”的办法，设立专项资金，加大投入，支持一批重点示范项目，带动区域、园区、企业投入技术创新和技术改造资金，并取得了明显效果。“十一五”前三年，安排中央预算内投资336亿元、中央财政资金505亿元支持节能减排重点工程建设，2007年，中央财政共安排235亿元财政资金用于支持节能减排。2008年四季度到2009年上半年安排的三批中央投资中，节能减排和生态环境建设方面安排了224亿元用于支持节能减排，力度之大，前所未有。地方政府也加大了对节能工作的财政支持力度，有21个省（区、市）设立或增加了节能减排专项资金，总资金规模超过了中央财政的支持力度。组织实施了重大节能工程和活动，国家发改委会同有关部门编制完成了国家10大重点节能工程的实施方案和“十一五”期间的分年度实施计划，一些省市根据本地实际，制定了相应的地方重点节能工程实施方案和工作计划。2006年4月，有关部门共同组织开展“千家企业节能行动”，制定并印发了《千家企业节能行动实施方案》。2007年9月，召开了千家企业节能工作会议。

3. 限制和关停高耗企业

严格限制高耗能、高耗水、高污染和浪费资源的产业及工业园区和企业的发展，关停小火电、小钢铁、小水泥、小建材和小化工等“五小企业”、区域限批流域限批、加快淘汰落后生产能力，对不按期淘汰的企业，要依法责令其停产或予以关闭。2006年到2009年，关停小火电机组6006万千瓦，淘汰落后的炼铁产能8000多万吨，炼钢产能6000多万吨，水泥产能2.1亿吨，形成节能能力约1.1亿吨标准煤。据统计，2006年初，全国10万千瓦及以下小火电机组容量是1.21亿千瓦，占整个火电装机容量的30％。由于小机组性能比较差，每千瓦时的煤耗在450克左右，比60万千瓦超临界的火电机组超出150克左右，比单机30万千瓦的火电机组也高出110克左右。1.21亿千瓦的小火电机组，一年多消耗1亿多吨原煤，多排放二氧化硫200多万吨、二氧化碳两亿多吨。小火电机组的关停，有力促进了电力工业结构调整和节能减排。一是，火电装机容量结构得到优化，大容量机组比例升高，小机组特别是能耗高、污染重的小机组下降。到2009年6月底，我国单机30万千瓦以上的火电机组比重达到64％，比“十一五”初期提高了20个百分点。2006至2008年，全国新增燃煤脱硫机组3.2亿千瓦，脱硫机组占火电装机容量的比例由2005年的8％提高到2008年的60％。二是，火电效率大幅度提高。到2009年6月底，火电机组平均供电标准煤耗已下降到每千瓦时340克，比“十一五”初期降低了30克，累计节约原煤1.6亿吨。大秦铁路的年运煤量为3.6亿吨，关停小火电机组累计节约原煤1.6亿吨，这意味着大秦铁路年运煤量的近一半节约了下来。三是，污染物和温室气体排放明显减少。初步测算，关停5407万千瓦小火电机组，每年可减少二氧化硫排放106万吨，减少二氧化碳排放1.24亿吨。

2006年到2008年，单位国内生产总值能耗下降10.08％，化学需氧量、二氧化硫排放量分别减少6.61％和8.95％。每年减排二氧化碳3亿吨。三年累计节能近2.9亿吨标准煤。

在应对金融危机中，加大了科技的投入，投入了136亿元用于节能、减排、低碳和循环经济。实施了十大重点节能工程，推动节能技术改造，形成节能能力约2.6亿吨标准煤，加快节能技术和产品的推广与应用，组织科技专项行动，发布了技术推广目录，实施节能产品惠民工程。2008年、2009年两年，补贴推广了节能灯2.1亿只，2009年补贴推广了节能高效空调，推动重点领域节能，对年耗能18万吨标准煤以上的企业开展了“千家企业节能行动”，节能约1.3亿吨标准煤。

到2009年底，累计完成节能改造1亿平方米，发展循环经济，开展了187个不同类型模式的试点，发布了循环经济评价指标体系，推进共伴生矿产资源，农作物秸秆等综合利用，启动了再制造试点，实施有利于节能减排的经济政策，采取根据节能效果予以奖励的方式支持重点项目。补贴、推广节能产品，实施汽车、家电以旧换新，完善合同能源管理，资源综合利用税收优惠政策，提高资源型产品的价格，发挥市场机制的引导作用。加强法制建设，制定并实施了《循环经济促进法》、《节约能源法》和相关的配套法规。发布了22个高耗能产品能耗限额标准，28个终端用能产品的能效标准，加大节能执法检查的力度，强化能力建设和宣传动员，建立和完善节能、统计、监测和考核体系，连续三年对省级政府和重点耗能企业的节能目标完成情况和措施、实施情况进行了考核评价，推动各地区成立了节能监察机构。中央17个部门联合组织开展了节能减排全民行动，在全国开展了节能减排低碳宣传教育。

2009年积极推进工程减排、结构减排和管理减排，认真落实减排目标责任制，全国新增污水处理能力1330万吨/日，新增燃煤脱硫机组1.02亿千瓦，淘汰小火电装机容量2617万千瓦。分别淘汰炼铁、炼钢、焦炭、水泥和造纸等落后产能2110万吨、1640万吨、1809万吨、7416万吨和150万吨。据初步测算，2009年全国化学需氧量和二氧化硫排放量继续保持双下降态势，二氧化硫“十一五”减排目标提前一年实现。全国国控断面Ⅰ~Ⅲ类水质同比上升0.5个百分点，113个环保重点城市空气质量达到或优于国家二级标准的比例同比上升8个百分点。2010年年底有望实现单位GDP能耗在2005年的基础上降低20%的目标。

从三次产业结构看，初步核算，2009年总值335353亿元，比上年增长8.7%。分产业看，第一产业增加值35477亿元，增长4.2%；第二产业增加值156958亿元，增长9.5%；第三产业增加值142918亿元，增长8.9%。第一产业增加值占国内生产总值的比重为10.6%，比上年下降0.1个百分点；第二产业增加值比重为46.8%，下降0.7个百分点；第三产业增加值比重为42.6%，上升0.8个百分点。。

通过上述重大举措，我国节能减排已取得了为世人称道的成就，位居世界前列。万元GDP能耗从2005年1.22万吨标准煤降到2006年1.17吨标准煤，2007年又降到了1.06吨标准煤，2008年修订后全国单位GDP能源消耗比2007年降低10%。初步核算，2008年，全国化学需氧量排放总量1320.7万吨，比2007年下降5.22%，比2005年下降12.45%；二氧化硫排放总量2321.2万吨，比2007年下降5.95%。与2005年相比，化学需氧量和二氧化硫排放总量分别下降6.61%和8.95%，不仅继续保持了双下降的良好态势，而且实现了目标要求的任务完成进度。为全面完成“十一五”减排目标打下了坚实的基础。

六、我国新能源汽车和世界先进国家站在同一条起跑线上

我国早在“八五”期间就启动了电动汽车的研究和开发工作；在“九五”期间又启动了“空气净化工程”；“十五”期间，电动汽车专项被列为国家12个重大科技专项之一。2006年，科技部启动了“863”计划新能源汽车重大项目。2009年2月财政部公布了《节能与新能源汽车示范推广财政补助资金管理暂行办法》。目前正在筹划加大新能源汽车的购车补贴优惠，将涉及私人购车补贴、新能源汽车发展规划、新能源汽车相关标准制定等。总之，中国汽车业已无可争议驶上了新能源汽车快车道，和世界先进国家站在同一条起跑线上，按照2009年3月20日公布的《汽车产业调整和振兴规划》的目标，到2011年，全国形成50万辆纯电动车、充电式混合动力和普通型混合动力等新能源汽车产能；2012年，新生产汽车中将有10%是节能与新能源汽车，新能源汽车产值有望达到5000亿元；到2020年，我国新能源汽车的比例要占全部汽车的1/2，约为6500万辆。

七、制定和不断完善法律、法规和政策保障措施

（一）建设法律法规保障体系

法律法规作为强制手段，无疑是推动低碳经济发展的保障和动力，也是世界上许多经济发达国家的一条基本经验和通行的做法。诸如日本、德国、美国无一不是十分重视法制保障。借鉴国际的先进经验，我国也很重视相关的法律法规保障体系的建设。一是全国人民代表大会立法。依据《宪法》，全国人民代表大会先后制定和颁发实施了《中华人民共和国环境保护法》、《中华人民共和国水污染防治法》、《中华人民共和国矿产资源法》，《中华人民共和国节约能源法》、《中华人民共和国政府采购法》、《中华人民共和国大气污染防治法》、《中华人民共和国固体废物污染环境防治法》、《中华人民共和国清洁生产促进法》、《中华人民共和国可再生能源法》和《循环经济促进法》。上述立法及其配套法规，虽然都还不是完全针对低碳经济的，但许多相关条款都适用于低碳经济，对发展低碳经济具有促进作用和保障。二是国务院及有关部门也相继制定了一批推动低碳经济、循环经济发展、节能减排的配套法规与政策。三是全国大多数省市区都注重研究和制定了地方性法规、条例或政府决定等。在健全法制的基础上，还加大监督检查执法力度，开展专项执法检查。

（二）颁布国家纲领性规划

近年来，我国政府提出了加快建设资源节约型、环境友好型社会的重大战略构想，不断强化应对气候变化的措施，先后制定了一系列促进节能减排的政策，在客观上为低碳经济的发展起到了推进作用。如我国先后发布了《国家中长期科学和技术发展规划纲要》、《气候变化国家评估报告》以及《国家环境保护“十一五”规划》三个大的纲领性文件。前者明确提出把解决能源、水资源和环境保护技术放在科学技术发展的优先位置，把“全球环境变化监测与对策研究”作为科技工作的重点任务，列入国家科技计划予以重点支持；并加强节能技术、可再生能源技术以及煤炭清洁高效利用技术等减缓温室气体排放技术的研发。后者指出要在可持续发展的框架下，努力转变经济增长模式，推进技术创新，走低碳经济的发展道路，而《国家环境保护“十一五”规划》新增了应对气候变化的内容，指出要强化能源节约和高效利用的政策导向，加大依法实施节能管理的力度，努力减缓温室气体排放；大力发展可再生能源以及控制工业生产过程中的温室气体排放等。

（三）制定政策性文件

2004年国务院通过了《能源中长期发展规划纲要(2004–2020)（草案）》。2004 年国家发展和改革委员会发布了中国第一个《节能中长期专项规划》。2005年8月，国务院下发了《关于做好建设节约型社会近期重点工作的通知》和《关于加快发展循环经济的若干意见》。2005年12月，国务院发布了《关于发布实施〈促进产业结构调整暂行规定〉的决定》和《关于落实科学发展观加强环境保护的决定》。2006 年8 月，国务院发布了《关于加强节能工作的决定》。根据《联合国气候变化框架公约》和《京都议定书》的规定，我国在编制完成《中国应对气候变化国家战略》的基础上，制定了《中国应对气候变化国家方案》，并于2007年正式颁布实施。这些政策性文件为进一增强中国应对气候变化的能力、发展低碳经济，提供了规划发展、政策和法律保障。

同时，还进一步完善了相关体制和机构建设。中国政府成立了共有17 个部门组成的国家气候变化对策协调机构，在研究、制定和协调有关气候变化的政策等领域开展了多方面的工作，为中央政府各部门和地方政府应对气候变化问题提供了指导。为切实履行中国政府对《联合国气候变化框架公约》的承诺，从2001年开始，国家气候变化对策协调机构组织了《中华人民共和国气候变化初始国家信息通报》的编写工作，并于2004年底向《联合国气候变化框架公约》第十次缔约方大会正式提交了该报告。

近年来中国政府还不断加强了与应对气候变化紧密相关的能源综合管理，成立了国家能源领导小组及其办公室，进一步强化了对能源工作的领导。为规范和推动清洁发展机制项目在中国的有序开展，2005 年10 月，中国政府有关部门颁布了经修订后的《清洁发展机制项目运行管理办法》。

八、实施计划生育，有效控制人口增长

自20 世纪70年代以来，中国政府一直把实行计划生育作为基本国策，使人口增长过快的势头得到有效控制。根据联合国的资料，中国的生育率不仅明显低于其他发展中国家，也低于世界平均水平。中国的人口出生率由1970年的33.43‰下降到1999年的15.23‰；自然增长率由1970年的25.83‰下降到1999年的8.77‰ 。2005年中国人口出生率为12.40‰，自然增长率为5.89‰，分别比1990 年低了8.66 和8.50 个千分点，进入世界低生育水平国家行列。中国在经济不发达的情况下，用较短的时间实现了人口再生产类型从高出生、低死亡、高增长到低出生、低死亡、低增长的历史性转变，走完了一些发达国家数十年乃至上百年才走完的路。中国总和生育率已从30年前的5.8下降为目前的1.8，这就意味着，中国在过去30年里少出生了4亿人口，按照目前人均二氧化碳排放量4.57吨计算，中国如今每年减少18.3亿吨二氧化碳排放。按人均计算，中国目前的二氧化碳排放量仅为美国的五分之一和英国的二分之一。仅2005 年一年就相当于减少二氧化碳排放约13 亿吨。中国为上述努力付出了沉重的经济和社会代价。

九、积极探索与实践碳交易、碳捕获、碳关税

中国政府已经在“碳排放”交易领域展开了积极的实践。在2004年中国政府首次批准了4个CDM项目的申请；2005年有18个项目获得政府的批准；2006年有235个项目获得中国政府的批准，截至2007年4月初，我国共有383个CDM申请项目获得国家发改委的批准通过，其中大部分项目为新能源和可再生能源类项目，包括风电、水电、生物质能、天然气发电项目等。其中HFC–23（氟利昂的副产品）分解项目所产生的减排额占这些项目减排总额90%以上。从2006年7月份，南京天井洼垃圾填埋气项目成为我国第一个获得实际收益即CERs的CDM项目，全年我国在EB（联合国CDM执行理事会）注册的69个项目中，已有10个项目获得了实际收益——EB核准颁发的核证减排额（CERs），签发总量共计530万吨。截至2008年2月，中国的CDM项目设计到的核证减排信用达到3637万吨，占全球的31.33%。

中国目前拥有的清洁发展机制项目比任何国家都多。在原始CDM市场的卖方市场上，中国占据了绝对的比重。在2002~2008年期间，中国占所有签约CDM交易额的66%。而在2008年中，中国的市场份额占到了84%，远远超过了其他发展中国家。据测算，到2012年，仅通过CDM项目，中国就有望获得18亿吨的碳交易份额，金额高达数百亿美元。这些项目包括扩大风力、水力、生物质能，提高能效，推广森林再造和改进型农业作业，获得填埋垃圾气和氢氟碳化物（工业废气）。中电投集团借助CDM机制在国内首家成立了碳资产经营管理有限公司，除上述4个已经交易的CDM项目外，内蒙乌拉特中旗风电项目等6个项目已经完成注册，待联合国CDM执行理事会签发后即可进行交易，全部10个项目每年将向国际碳市场销售220万吨二氧化碳减排量，每年将获得约合2亿元人民币的CDM补偿资金。目前，中电投集团正在积极推进后续新能源项目的CDM项目注册工作。

我国从1991 年就开始了排污权交易（碳交易）试点工作。1993 年国家环保局开始在包头市、柳州市、太原市、平顶山市、贵阳市和开远市试行SO_2和烟尘的排污权交易政策。1999年4月国家环保总局与美国环保局签署了关于“在中国运用市场机制减少二氧化硫排放的可行性研究”的合作协议，确定了江苏省南通市与辽宁省本溪市为该项目的试点城市。2001年9月开始，由美国RFF 和中国环境科学院共同承担的亚洲银行贷款项目的赠款项目“二氧化硫排污交易机制”在太原市试行。江苏省2002年推出了《江苏省二氧化硫排污权交易管理暂行办法》，在江苏省全面推行SO_2排污权交易。2002年，国家环保总局在山东、山西、江苏、河南、上海、天津和柳州进行了二氧化硫排放总量控制及排污权交易示范工作。2003年3月全国“两会”期间，国家环保总局明确表示要在一些重点地区首先实施二氧化硫排污权交易制度。2004年 3 月，河南省开始进行二氧化硫排污权交易和二氧化硫排放许可证制度试点，筹建二氧化硫交易市场管理系统，设立二氧化硫排放账户，承办二氧化硫富余总量登记、交易划转、跟踪监督交易合同执行情况等，力图探索出一条遏制二氧化硫和酸雨污染的路子来。然而 4 年过去了，还没有排污权交易发生。2008年8月，全国首家环境权益交易机构北京环境交易所在北京金融大街正式挂牌。2008年11月10日在浙江嘉兴，国内首个排污权交易中心挂牌成立，把市场化这只无形的手引入到了环保治污领域，排污权交易制度在我国开始浮出水面。2009年8月4日，上海环境能源交易所正式启动“绿色世博”自愿减排交易机制和交易平台的构建，由各国参观者通过这个平台来购买支付自己行程中的碳排放，实现自愿减排。公众可登录这个网站，以电子支付方式购买。这些都是自愿减排，具体不定价，价格也是自愿，整体是公益性的。所集得的资金，上海环境能源交易所将用来购买碳排放权，平抑世博期间的碳排放，达到全球范围内的碳排放数量的平衡。事实上，中国正在探索构建自己的碳市场。3月28日，湖北环境资源交易所在武汉成立；8月16日，昆明环境能源交易所正式挂牌成立。9月，北京环境交易所携手美国Bluenext环境交易所推出了中国首个自愿碳减排的标准，主要针对自愿限制农林业的温室气体排放。9月17日，天津排放权交易所已收到天津华能杨柳青热电有限责任公司、天津国华盘山发电有限责任公司、天津滨海能源发展股份有限公司、劲量（中国）有限公司、远大空调有限公司、济丰包装（上海）有限公司、PPG涂料（天津）有限公司、天津荣程联合钢铁集团有限公司等企业递交的书面函件，确认参与企业自愿减排联合行动计划。

排污权交易（碳交易）市场化必须以法制化为前提和保障。市场经济是法治经济，推进排污权市场化必须建立在规则的基础之上，也就是建立在法制基础之上，因此推动排污交易权市场化法律政策必须及时跟进，从总量控制、排污权初始配置、排污权拍卖市场的运行，都要有一套完善的、配套的法律、规则和制度体系，以保证交易的公平、公开、公正，保障排污权交易市场健康发展。转让排污权的单位，应当按照规则，向政府排污许可证管理部门提出申请，经调查监测，确认其具备了超额削减污染物的能力的，方可发放证书或签协议确认等。对成交后违反交易合同的，政府相应的规则予以惩罚等。我国现行的《大气污染防治法》、《水污染防治法》等已提到了排污总量控制及排污许可证制度。有些地方根据当地条件，分别制定了一些区域性的排污权交易条例。如《上海市环境保护条例》中提到了可以进行排污指标的有偿转让；《本溪市大气污染物排放总量控制管理条例》第一次在中国建立了超额处罚措施；贵阳市人大常委会借鉴发达国家经验，已实施的《贵阳市大气污染防治办法》对排污权交易做了明确规定：“环境保护行政主管部门核发主要大气污染物排放许可证时，应当以本市同行业清洁生产的单位产品或者万元产值的排污量为基础，核定向大气排放主要污染物的单位的大气污染物排放总量指标，并向社会公布。向大气排放污染物的单位，提前完成总量削减计划的，可以将削减的大气污染物排放总量指标有偿转让。具体办法由市人民政府规定。”由此，贵阳成为全国首家通过地方性法规确立排污权交易制度的城市。中国是未来低碳产业链上最有潜力的供给方。

由于碳排放权的“准金融属性”已日益突显，并成为继石油等大宗商品之后又一新的价值符号。随着碳交易市场规模的扩大，碳货币化程度越来越高，碳排放权进一步衍生为具有投资价值和流动性的金融资产。因此，发达国家围绕碳减排权，已经形成了碳交易货币，以及包括直接投资融资、银行贷款、碳指标交易、碳期权期货等一系列金融工具为支撑的碳金融体系。低碳金融必将在低碳经济的发展中逐步系统化。

碳捕获。我国碳减排压力大，将近一半的二氧化碳排放来自于燃煤发电，因此在电厂开展二氧化碳捕集是我国最重要的碳减排技术路径之一。二氧化碳捕集是当今世界应对气候变化的新兴技术，在国家大力倡导下，目前中国在这一领域已经达到国际先进水平。于2007年12月开工建设的国内首个燃煤电厂烟气二氧化碳捕集示范工程——华能北京热电厂二氧化碳捕集示范工程于2009年7月16日建成投产，成功捕集出纯度为99.99%的二氧化碳，达到设计标准。这标志着我国在燃煤发电领域二氧化碳气体减排技术首次得到应用。这座燃煤电厂烟气二氧化碳捕集示范工程全部采用国产设备，把原先烟囱直接排放的二氧化碳分离回收成液体，年回收二氧化碳能力为3000吨，供下游企业使用。项目建成后，华能北京热电厂成为全国第一家安装有脱硫、脱硝、二氧化碳捕集以及利用城市中水的热电联供的清洁高效环保型绿色电厂，各项环保指标已达到国际先进水平。

2009年7月，全球最大的燃煤电厂碳捕获项目在上海华能石洞口第二电厂正式开工，总投资1.5亿元，2009年12月30日正式投运，开创了我国燃煤电站实现二氧化碳捕集规模化生产的先河，标志着我国燃煤电厂二氧化碳捕集技术和规模已达到世界领先水平。预计年捕获二氧化碳10万吨，只捕获不封存。石洞口项目采用燃烧后二氧化碳捕获，对于原来的电厂没有改变任何部分，仅仅是增加了一个捕获装置。项目捕获率应在80%以上，二氧化碳纯度会在99.6%以上。

2009年12月底，我国首个万吨级燃煤电厂二氧化碳捕集装置在重庆合川电厂正式投运。该装置每年可处理燃煤产生的烟气5000万立方米，从中捕集1万吨高纯度二氧化碳。这个由我国自行研发建设的碳捕集装置，是全球已投运的为数不多的万吨级碳捕集装置之一。技术位于国际领先水平，具有投资成本低、烟气适应性广、二氧化碳捕集率高、吸收溶剂耗量少等特点。碳捕集率最高可达99%，捕集到的高浓度工业级二氧化碳可运用在灭火、制冷、金属保护焊接、生产碳酸盐等领域。这套装置捕集到的液体二氧化碳成本仅是每吨394元，在重庆平均可卖到每吨620元，年创毛利226万元，五六年可收回投资成本。这套装置的投入运行，在技术上实现了二氧化碳的低成本捕集，为在我国电厂大规模推广应用探索了经验并奠定基础，下一步要探索碳捕集的可盈利模式。

胜利油田开建"燃煤发电厂烟气二氧化碳捕集纯化装置"。该装置投入运行后，每天生产液态二氧化碳100余吨，全年能够捕集、液化二氧化碳3~4万吨。预计2010年建成后，每年可使胜利油田减少二氧化碳排放3万多吨。捕集处理后的二氧化碳纯度在99.5%以上，可全部应用于目前胜利油田正在开展的"低渗透油藏二氧化碳驱油"重大先导试验。二氧化碳驱油是提高低渗透油田采收率的主要方法之一，可以提高采收率10%~20%。但是由于二氧化碳气源不稳定，无法满足大规模推广二氧化碳驱油技术的需求。将胜利发电厂烟气中的二氧化碳捕集纯化，可以确保提供稳定廉价的二氧化碳气源。

积极讨论征收碳税。有的专家指出，2012年前抓紧征收"国内碳税"，以遏制发达国家的"碳关税"出台。征收"国内碳税"能够达到三个目的：一是在国际"碳关税"压力中，变被动为主动。尽管美国提出的"碳关税"是违反自由贸易原则的，但从趋势看，发达国家已经设定了这方面的话题，我们不能被动等待，中国应在发达国家征收"碳关税"之前，先征收国内碳税。双重征税是违反WTO原则的，如果我们征收了国内碳税，美国再征收碳关税就是违法。二是在国内生产中，能够提高能源使用效率。瑞典的经验值得借鉴，瑞典的温室气体排放量占世界的比例从来就没有超过0.5%。其成功之道就在于，他们通过对石油课以重税（标准是每吨100美元）来推广生物能源。在重税之下，瑞典众多企业竞相寻找低成本的生物能源，将很多生物质废弃物变成了能源。瑞典生物燃料的使用率已超过50%，成为世界工业化国家使用生物能源比例最高的国家之一。三是政府可以将碳税带来的收入，补贴那些节能减排成效好的企业。

十、加强国际合作

中国本着"互利共赢、务实有效"的原则积极参加和推动应对气候变化的国际合作，对于促进形成公平、有效的全球应对气候变化机制发挥着积极的建设性作用。

在多边合作方面，中国是"碳收集领导人论坛"、"甲烷市场化伙伴计划"、"亚太清洁发展和气候伙伴计划"的正式成员，是八国集团和五个主要发展中国家气候变化对话以及主要经济体能源安全和气候变化会议的参与者。2007年9月，在亚太经合组织会议上，中国提出了"亚太森林恢复与可持续管理网络"倡议，显示了中国对应对气候变化、深化APEC合作的高度重视。2008年5月，科技部牵头举办了"气候变化与科技创新国际论坛"，这是中国迄今为止举办的规模最大的气候变化论坛，通过沟通和学术交流，明确了科技创新和技术进步在应对全球气候变化中的关键作用，探讨了推动气候友好技术转让的国际机制，表明了中国推动气候变化技术交流的愿望和努力，同时也提高了公众的气候保护意识。2009年7月，李肇星出席了在瑞士日内瓦召开的“全球经济危机与气候变化：发展中国家面临的严峻挑战”国际研讨会，呼吁发展中国家加强团结合作，共同应对气候变化和金融危机。

在双边方面，中国与欧盟、印度、巴西、南非、日本、美国、加拿大、英国、澳大利亚等国家和地区建立了气候变化对话与合作机制，并将气候变化作为双方合作的重要内容。中国一直在力所能及的范围内帮助非洲和小岛屿发展中国家提高应对气候变化的能力。2006年1月发表的《中国对非洲政策文件》明确提出，积极推动中非在气候变化等领域的合作。截至 2008年底，我国已为非洲国家培训了11000多名各类人员，援建医院、疟疾防治中心、农业技术示范中心和农村学校，启动了中非发展基金等援助项目。为了提高这些国家开展清洁发展机制项目的能力，中国政府分别举办了两期针对非洲和亚洲发展中国家政府官员的清洁发展机制项目研修班。这些举措有助于加强非洲发展中国家适应气候变化的能力建设。

中国积极与外国政府、国际组织、国外研究机构开展应对气候变化领域的合作研究，参与相关国际科技合作计划，如地球科学系统联盟(ESSP)框架下的世界气候研究计划(WCRP)、国际地圈—生物圈计划(IGBP)、国际全球变化人文因素计划(IHDP)、全球对地观测政府间协调组织(GEO)、全球气候系统观测计划(GCOS)、全球海洋观测系统(GOOS)、国际地转海洋学实时观测阵计划(ARGO)、国际极地年计划等，并加强与相关国际组织和机构的信息沟通和资源共享。

国际碳市场及清洁发展机制是一种比较有效和成功的合作减排机制，通过开展清洁发展机制的国际合作，有效促进了中国可再生能源的发展，推动了能源效率的提高，极大加强了相关政府部门、企业、组织和个人的气候变化意识。到2009年7月1日，中国在联合国已经成功注册的清洁发展机制合作项目达到579个，这些项目预期的年减排量为1.8亿吨二氧化碳当量，有助于推动减排目标的实现。为了推动国内减排的市场化机制建设，2008年8~9月，北京、上海和天津先后成立了三家环境与排放权交易所，开展国内排污权等环境与能源产品的交易。其中，天津排放权交易所由中油资产管理有限公司、天津产权交易中心和芝加哥气候交易所三方出资设立，分别持有总股份的53%、22%和25%。作为全球第一家从事温室气体排放权交易的专业机构，芝加哥气候交易所的介入，有助于帮助中国利用先进的国际经验，推动中国国内排放贸易的政策制定，提高节能减排的效率和水平。

十一、发动全民广泛参与，营造全社会低碳生活方式

IPCC第四次评估报告也明确表明，地球上产生的大量温室气体90%是由人类活动造成的。源头主要来自两个方面：一是物质产品生产制造过程中的能耗与碳排放；二是消费过程中形成的能耗与碳排放。不论是哥本哈根会议提出对发达国家减排的方案，还是中国提出基于单位GDP的主动减排方案，都是基于生产领域的解决方案。事实上，基于生产领域的减排方案并不是最优选择和唯一的。

依照著名的卡亚公式原理，人均“碳足迹”取决于人口数量、人均GDP、能源强度和单位能源含碳量等几个变量。作为发展中大国，我国人口数量众多、经济增长快速、能源消耗巨大、自主创新能力不足，能源消耗和CO^2排放在世界上受到极大关注。

科学家通过大量的数据统计说明，消费领域的能耗才是造成高能耗、高排放的主要来源。发达国家能耗占全球能耗总量的50%，其中消费领域能耗就占其总能耗的60%至65%，而制造业能耗不足40%。在已经完成工业化的发达国家，建筑物的排放量占二氧化碳排放总量的48%，运输和工业分别占27%和25%。在美国纽约的碳排放中，建筑物排放约占城市总排放量的80%。中国作为发展中国家，1978年，建筑能耗占终端总能耗的比例在10%左右，而目前中国建筑能耗的排放量已经达到了25%。虽然目前中国的碳排放主要来自生产领域，但随着中国人均收入的增长，消费端的排放将会进入一个快速增长的时期。

在现有技术条件约束下，生产领域的节能减排已经处在极限状态，但在消费领域的节能减排却存在巨大的空间。中国工程院院士江亿称，世界电解铝节能的最高水平是每吨铝消耗13000度电，与中国的水平相当。未来3~5年内中国电解铝行业单位能耗可望降到12000度/吨，钢铁、发电业的情况也类似。在生产领域大幅度降低能耗的空间有限。这也正是从京都会议到哥本哈根会议以来，为什么发达国家在碳减排指标中不肯承诺更大值的主要原因所在。

但是如果把减排的目标转向消费端，我们的吃、穿、住、用、行，每个领域都存在着很大的减排空间与潜力。

如作为消费端排放大头的建筑物排放，如果按照生态住宅的要求进行改造，可以大幅度地降低排放量。中科院院士吴硕贤指出，如果推行生态住宅设计，一栋节能建筑和不节能建筑相比，空调能耗差4~5倍。建筑若合理采用节能设计，可获得50%~60%的节能效果。按生态住宅标准建造的节能建筑，可让一个三口之家一年节能58%，节水25%。如果从现在开始严格推行生态住宅标准，预计20年后，在总建筑面积增加150亿平方米的情况下，与不搞生态住宅相比，可节约建筑用电3500亿度，相当于4个三峡电站的年发电量。不仅在建筑领域，在生活用水、用电、交通照明等领域也有很大节能空间。有专家测算，高效照明产品比普通白炽灯可节电60%~80%，其寿命长4~6倍。假如全国都不使用白炽灯，改为使用高效照明产品，那么，一年可节电600多亿度，接近于三峡电站现在一年的发电量。

即使从人类文明进步的要求看，也必须启动消费端革命。现有的消费模式，不仅存在着通过技术创新进行减排的巨大空间，而且也存在着基于人类文明进化需要的减量消费空间。在现代市场经济作用下形成的高度物质化的消费，是一种远超出人类生理需求的过度消费。无论是从生态文明看，还是从哥本哈根会议提出发展低碳经济的要求看，超出人类生理需求的豪华住宅、高排放汽车、肉食主导的饮食结构、一次性消费的日用品等，都属于不道德的消费。因为这种超出生理需求的私人消费，是以牺牲人类公共环境为代价的消费。

超出人类生理需要的过度消费，不仅是造成温室效应的根源、引发当前诸多现代疾病的祸首，而且已经发展到导致人类本身这个物种退化的风险与隐患。当代人类在获得工业化带来的物质福利的同时，也付出了巨大的代价，而且这个代价越来越超过工业文明福利收益本身。哥本哈根会议提出的低碳经济所测算出的只是人类所付出的气候灾难的代价，事实上还有另一个巨大代价往往被我们所忽略，这就是超出人类生理需求的高消费，不仅是造成当前诸多疾病的根源，而且已经存在着使人类本身这个物种退化的隐患。现代医学与物质生活条件的改善，在大幅度提高人类平均寿命的同时，也使作为生命世界中物种之一的人类遗传能力与质量出现退化趋势。英国科学家的研究结论是：20世纪40年代，成年男性每毫升精液中平均含精子1.3亿个；20世纪90年代初，下降到8700万个；到了2007年，这个平均数又下降了29%，降至6200万个。少于2000万个的男性比例多达15%。中国自从进入工业化快速发展阶段以来也出现了同样问题。我国研究人员从1981~1996年的一项长期跟踪研究结果显示：我国男性精液数量正以每年1%的速度下降，精子数量几乎减少了一半。在数量下降的同时，精子质量也在悄然衰退，畸形、劣质、低活力的精子数目大大增加。1960年，因不育而前往医院咨询的男性只占8%，而今已高达40%。20世纪70年代，男女不育症患者比例约为3：7，而90年代已经上升到了1：1。按照这样一种趋势发展下去，人类将会成为一个不可持续繁衍的物种。虽然造成物种遗传退化的原因可能非常复杂，但与目前这种病态的消费方式与病态的生活环境密切相关。

这样一种缺乏道德约束的过度消费既不是满足人类真正意义上幸福需要的有效消费，也不是满足人类健康需要的有效消费，在本质上属于被扭曲和异化的满足GDP增长的畸形消费。

总之，无论是哥本哈根提出的低碳经济，还是在中国正在推进的生态经济，都需要启动基于消费端的革命，或曰低碳生活方式。

依照著名的卡亚公式原理,人均“碳足迹”(碳足迹表示一个人或者区域的“碳耗用量”)取决于人口数量、人均GDP、能源强度和单位能源含碳量等几个变量。作为发展中大国,我国人口数量众多，又走在奔小康路上，因此实施低碳生活方式尤为重要。

我国城乡民用建筑面积约为400亿平方米,每建成1平方米的房屋,约释放出0.8吨CO_2，建筑能耗已占总能耗20.7%。预计到2020年全国城市人口比例将达到56%，约新增110亿平方米以上需采暖的民用建筑，2020年比2004年可能需增加2.5亿吨标煤，5800~6300亿千瓦时用电。研究报告指出，2007年我国碳基燃料共排放CO_2达到54.3亿吨，居全球第二。在2007年，我国每建成1平方米的房屋，约释放出0.8 吨CO_2；每生产1度电，要释放1公斤CO_2；每燃烧1升汽油，要释放出2.2公斤CO_2。这些数字表明，中国的能源消费处于“高碳消耗”状态，加上中国的化石能源占总能源数量的92%，其中煤炭要占68%，电力生产中的78%依赖燃煤发电，而能源、汽车、钢铁、交通、化工、建材等六大高耗能产业的加速发展，就使得中国成为“高碳经济”的典型代表。在未来的30年，我国将继续处于国际产业链低端的不利地位，处于工业化中期“重化工业”加速发展、工业化与城镇化同时并举的阶段，这个阶段也

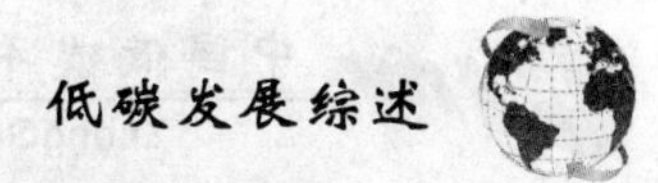

是能源资源快速增长的时期。

1998年，中国的人均能源消费量为0.84吨标油，人均CO_2排放量为2.32吨，分别为世界平均水平的50％和60％；1998年，中国的人均电力消耗为895千瓦时，仅为世界平均水平的30％ 。1997年，中国的人均生活用电为101千瓦时，而日本和美国的人均生活用电量分别为1834千瓦时和4025千瓦时，约为中国的18倍和40倍。根据IEA有关中国2003年一次能源结构的数据计算出，在满足体面生活的基本需要水平上，满足 2.5 Gttoe的能源需要，温室气体排放约为80亿吨，人均约6.2吨二氧化碳。我国2006年的人均碳排放已经接近世界人均排放水平(4吨)。尽管满足基本需求的碳排放比世界人均排放水平高出2吨，但比欧洲的人均排放水平却低2吨。然而，13亿人口的生活质量提高，将会带来能源消耗的快速增长。比如随着汽车工业的发展，交通用能迅速增加，已在总能量需求中占30%的比例。汽车交通用能大量消耗液体燃料，加剧了宝贵石油资源的快速消耗。每燃烧1升汽油，要释放出2.2公斤CO_2。然而，汽车交通运输过程中汽油的总能量利用效率并不高，仅为0.3%~0.5%。根据2009年4月末统计数据，北京私人汽车达187.8万辆。有人惊呼：如果中国人均汽车拥有量达到美国的水平，则目前全世界石油产量也不足消耗，世界将会出现环境灾难。

显然，我国不能走美国等一些国家的奢侈型的生活方式，而要倡导低碳生活。一辆每年行程2万公里的汽车释放二氧化碳2吨。发动机每燃烧1升燃料，释放二氧化碳2.5公斤；电脑使用一年间接排放10.5公斤二氧化碳；洗衣机间接二氧化碳排放量年均7.75公斤；用飞机运输1吨进口水果，飞行里程为1万公里，排放二氧化碳量为3.2吨……每个人都有自己的碳足迹，所以减排人人有责，低碳生活方式应该成为时尚。不使用一次性筷子、水杯、随手关灯、尽量步行等，都能减少碳的排放。每个人都有自己的碳足迹，所以减排人人有责，低碳生活方式应该成为时尚。鼓励使用公交、地铁、自行车等公共交通工具，能走路就走路，平时尽量少开车，提倡自带筷子、自带水杯、随手关灯、尽量步行等，都能减少碳的排放。在达到基本生活要求的情况下，物质观和价值观要重新有个评价标准，以达到减少能源的消费和碳排放的目的。联合国环境规划署2008年6月发表公开报告，对个人采取低碳生活方式提出了具体意见：用传统的发条式闹钟替代电子钟，这可以每天减少大约48克的二氧化碳排放量等等，又比如，电器设备待机问题，电器设备在待机状态下耗电一般为其开机状态下耗电量的百分之十左右。一般家庭里的电视、空调、电脑、饮水机和电热水器等常用家电的待机能耗加在一起，相当于开着一只30~60W的长明灯，一般1天待机16小时左右，1~3天即浪费1度电，平均每个家庭一年多交电费100多元。电器关机没拔插头，全国每年待机浪费电量高达180亿度，相当于3个大亚湾核电站年发电量。又例如，在同等条件下，节能灯发光效率大约是普通白炽灯的3.5~4倍。如果每个家庭都使用节能灯，就能节省大量电力。

低碳生活方式要求减少一次性消耗。无节制地使用塑料袋，是多年来人们盛行便利消费最典型的嗜好之一。据中国科技部《全民节能减排手册》计算，全国减少10%的塑料袋，可节省生产塑料袋的能耗约1.2万吨标煤，减排31万吨二氧化碳。引导公众明白“限塑就是节油节能”，也引导公众觉悟到“节水也是节能”（即节约城市制水、供水的电能耗），觉悟到改变使用“一次性”用品的消费嗜好与节能、减少碳排放、应对气候变化的关系。

低碳生活方式要求加强以低碳饮食为主导的科学膳食平衡。低碳饮食，就是低碳水化合物，主要注重限制碳水化合物的消耗量，增加蛋白质和脂肪的摄入量。人们的膳食越来越多地消费以多耗能源、多排温室气体为代价生产的畜禽肉类、油脂等高热量食物，肥胖发病率也随之升高。而低碳饮食可以控制人体血糖的剧烈变化，从而提高人体的抗氧化能力，抑制自由基的产生，长期还会有保持体型、强健体魄、预防疾病、减缓衰老等益处。

对于世界第一人口大国来说，每个人生活习惯中浪费能源和碳排放的数量看似微小，一旦以众多人口乘数计算，就是巨大的数量。由此，中国政府越来越认识到，推进低碳经济发展的整体合力，来自于普通民众，来自于每个企业、每个部门和每个家庭，从民众和家庭入手，从基层入手，既能衡量对于CO_2的排放数值，又能将低碳经济理念、生态文明和绿色发展的理念贯彻到每个国民的心中。从我做起，从日常生活做起，节省含碳产品的使用，以实现可持续的消费模式。

也因此，中国政府一直重视环境与气候变化领域的教育、宣传与公众节约意识的提高。在《中国21世纪可持续发展行动纲要》中明确提出：积极发展各级各类教育，提高全民可持续发展意识；强化人力资源开发，提高公众参与可持续发展的科学文化素质。近年来，中国加大了气候变化问题的宣传和教育力度，开展了多种形式的有关气候变化的知识讲座和报告会，举办了多期中央及省级决策者气候变化培训班，召开了“气候变化与生态环境”等大型研讨会，开通了全方位提供气候变化信息的中英文双语政府网站《中国气候变化信息网》等，并取得了较好的效果。

与此同时，还采取了一系列举措。2008年，中国政府发出了“限塑令”，从2008年6月1日起，在全国范围内禁止生产、销售、使用厚度小于0.025毫米的塑料购物袋（简称超薄塑料购物袋）。同时，所有超市、商场、集贸市场等商品零售场所要实行塑料购物袋有偿使用制度，一律不得免费提供塑料购物袋。“限塑令”出台一年多来，全国超市塑料袋使用量减少了2/3左右，减少塑料消耗约27万吨，加上其他商品零售场所可减少塑料消耗40万~50万吨，每年可节约石油240~300万吨，减少二氧化碳排放量760~960万吨。全社会的“限塑”意识、环保意识、节约意识明显增强，出现了重拎布袋子、重提菜篮子、重复使用耐用型塑料袋的可喜现象，形成了“少用塑料袋，共建绿色家园”的良好氛围。为巩固“限塑”成果，推进“限塑”工作，7月下旬，国家发改委同有关部委对全国各地的“限塑”情况进行了检查，将在总结各地经验基础上，完善政策措施，进一步巩固限塑成果。中国通过太阳能利用技术，已为3500万栋建筑物提供热水。2009年上半年，国家实施“节能产品惠民工程”，对高效节能空调、电视机、冰箱等10大类产品给予财政补贴，中央财政安排70亿元，鼓励汽车、家电“以旧换新”。采用财政补贴方式推广高效照明产品：对能效等级1级或2级以上高效节能空调、冰箱等10大类产品，通过财政补贴方式加大推广力度，6月1日实施以来，能效等级2级以上的高效节能空调销售比重由5%左右一跃上升到15%左右。中国的节能灯泡年产13亿只，中国自身的节能灯泡使用率高于发达国家。国家2009年采用财政补贴方式推广高效照明产品1.2亿只，支持在北京、上海、重庆等13个城市开展节能与新能源汽车示范试点。《斯特恩报告》称，中国在20世纪90年代快速推广包括冰箱、空调、灯具和其他家用电器在内的耗电标准。报告说，到2010年，中国将节能1万亿瓦，占中国居民用电的大约9%，这相当于减少11300 吨二氧化碳的排放。财政部和住房城乡建设部2009年3月份推出“太阳能屋顶计划”，对建筑中使用的太阳能光伏发电系统给予20元/瓦不等的财政补贴。

联合国环境规划署执行主任阿西姆施泰纳给予了毫不吝啬的肯定，他称赞“普通民众拥有改变未来的力量”。时下，中国普通民众正尝试低碳生活方式，通过对日常生活中的最细微之处的改变，为全球二氧化碳减排贡献一己之力。

中国首个低碳生态乡村——“红十字乐和家园”已在四川地震重灾区彭州通济镇大坪村显现。2008年5月12日汶川大地震之后的重建过程中，北京地球村环境教育中心主任廖晓义和她的团队尝试在当地建立生态民居，作为极重灾区的大坪村被推荐入选。在经历了一年的试验之后，一个全新的低碳生态乡村“红十字乐和家园”已经初步成形，具有生态文明、城乡互助、传承文化、节能减排的共生、现代、低碳模式，为当地两百余户受灾民众带来了一个节能、和谐的新乡村。该村在大地震时造成全村百分之九十的房屋倒塌。灾后，当地政府、村民与北京地球村等民间公益团体、诸多爱心人士一起将重建低碳生态新村作为尝试目标。在民居建设上，当时村民们有三种选择途径：一是国家修房，村民交出宅基地直接入住；二是拿钱搬家；三是统一规划，自建房屋。村民选择建生态民居，就地取材用树木、土坯等作建材，使用穿斗结构等降低钢材钉子的使用，“减少碳排放，低耗能建筑是基础”，著名生态民居设计师、西安建筑科学大学教授刘加平说：“该村民居全部采用低耗能建筑材料，并将适应当地气候、就地取材的生态建筑经验运用于其中，有效达到了低能耗、建筑美观、舒适性强的标准。产业结构尝试生态旅游、有机禽畜养殖、手工工艺、度假养生、国学研习等新思路。目前村民自已种植的有机蔬菜销路一路“飘红”，自己绣出的手绢已经推广到城市千家万户手中，可有效减少餐巾纸的使用，从而达到减碳的目的。环境管理模式遵循了顺应自然、珍惜自然的法则；环保组织还倡导村民使用节能灶、沼气池，并大力推广水源保护以及垃圾分类，村民已自发成立生态协会保护自己的家园。这一尝试也得到了当地政府的大力支持。彭州市拨款修建了水泥路，大大加速了低碳生态乡村的建设过程。廖晓义认为，从过分依赖农药、化肥的“石油农业”向依靠有机肥、不使用农药的“生态农业”转化，这一模式将得到更多人的理解，吸引更多的村民加入进来。廖晓义还表示：“心灵的环保才是最重要的环保，心灵的乐活才是最重要的乐和”，她说：“希望这个新模式乡村不仅能造福灾区的乡亲，也能为城市乐和族提供一个返璞归真的心灵家园。”

2009年10月28日，“浙江·新消费论坛”在长兴隆重举行，推动“新消费”运动不仅要着力纠正崇洋、炫富等不健康的消费观，更必须从节能减排、低碳发展的内在规律出发，戒除以高耗能高污染为代价的“便利消费”、“面子消费”等陋习，积极践行低碳经济下理性、责任与文明兼顾的新消费理念；倡导消费要有益于生态环境的保护，消费者在满足人的基本生存和发展需要的基础上，应当坚持绿色的、可持续的低碳消费理念。

普通民众的低碳意识不断增强。2009年7月，一个由10名上海市民自费组成的环保考察团结束了北欧4国的低碳之旅。在考察活动中，团员们近距离了解全球变暖、自然规律作用下北极冰盖的消融状况，并学习了北欧减碳先进经验。“记录整个行程的碳排放量，不喝瓶装水，尽可能不吃牛羊肉，住有环保标志的酒店……”回国后每位团员为自己在路途中产生的碳排放量埋了单。

低碳生活渐入佳境，正在成为新新时尚，新潮流！

“低碳”，如今渐渐成了一个热词，它正在由理念走向行动，成为办公、出行、家居等方面“热门”。比如：

《读者》刊登了《低炭生活50条准则》，广为流传。

《北京青年报》以“低碳生活攻略”为题，专门设置栏目，广泛征集低碳生活的诀窍，挑选发表，并加以评点，反响强烈。到2010年1月，已发表8期。

低碳生活攻略：

（1）乘包机旅行，人均减碳300公斤；（2）少开五次冰箱门，每天减碳百余克；（3）汽车后备箱少放一箱矿泉水，每年减碳2千克；（4）洗发水买大包装，1年减碳3斤多；（5）布袋替代塑料袋，一年减碳近10克；（6）不用时关饮水机，一年减碳400千克；（7）不喝袋装茶，一年减碳5千克。

最近中国媒体还在热议人类幸福问题。人类文明终极追求的人类幸福，与物质GDP只有部分关系，并不是绝对的对称关系。在西方发达国家所生产的GDP中的很大一部分，对于人类的幸福而言就是无效产出。这种无效产出不仅形成了对资源的巨大浪费，而且还形成了对本来属于人们幸福的时间挤占，导致幸福指数的降低。2006年7月，英国“新经济基金”偕同“地球之友”组织推出一份报告——《幸福星球指数》。在报告中，全世界最幸福的国家居然是一个飘零于大洋大海上的岛国——瓦努阿图，而传统的西方八国集团成员则无一国进入前50名。治理现代工业文明病，最有效的途径与突破口，不只是从生产领域开始，而是从消费端开始。人类消费的低碳经济之路，不仅是节能减排的优选的技术路线，更是有效的社会解决方案。当代人类走出文明灾难的路径不能依靠单一的技术革命，更需要生活方式的革命。

第五章　我国发展低碳经济的若干战略问题

纵观世界低碳经济和中国低碳经济发展态势，一场以新能源和新能源汽车为突破口的人类历史上社会经济变革扑面而来，一场人类自有能源使用记载以来最庞大、最深刻的新能源革命序幕正在拉开。新能源革命，是新能源对化石能源的替代，开创由高碳经济向低碳经济转型，因之世界整个经济体系与利益格局将面临重新调整与再造，导致人类经济形态继工业革命之后，又一次大转型、大变革。谁能够在新能源中最先突破，谁就会在这场新的经济社会变革中夺取制高点，赢得最大的“霸主地位”、话语权和获得最大利益。

由此看来，对中国这个世界上最大的发展中国家，可谓是百年一遇，时不我待，切不可掉以轻心。

一、必须进一步强化发展低碳经济的意识和共同认知

理念、意识是灵魂和推动力。目前我国低碳经济总体上还处于初始阶段，政府职能也正在转变过程中，树立强烈的发展低碳经济的意识，全国取得共同认知，尤为重要。

（一）为了应对气候变暖

对于世界应对气候变暖，发展中国家负有“共同而有区别的责任”。我国作为一个负责的大国，又是《京都议定书》的签约国，对国际社会做出了庄严的承诺，理所当然要做出应有的贡献。国际社会已经取得共识，发展低碳经济是应对气候变暖、降低和控制碳排放的有效途径。对我国，气候变暖也日趋严重。根据国家气候变化中心的最

新预测，未来我国北方增暖大于南方，冬春季增暖大于夏秋季；相对于1980~1999年的平均值，到2020年，我国年平均地表气温将升高0.5~0.7℃，2030年预测变化值为0.6~1.0℃，2050年为1.2~2.0℃。到2100年，我国年平均地表气温将升高2.2~4.2℃。

与此密切相关，未来我国的降水也将呈增加趋势，预计到2020年全国平均年降水将增加2%~3%，到2050年将增加5%~7%，到2100年将增加11%~17%；海平面继续上升，到2050年约上升12~50厘米，珠江、长江、黄河三角洲附近海面上升9~107厘米；未来100年极端天气与气候事件发生频率可能增大；干旱区范围可能扩大；青藏高原和天山冰川将加速退缩，一些小冰川将消失，预计到2050年我国西北的冰川面积可能再减少27%。未来4~6年内，长江流域出现连续大旱的可能性较大，部分地区的干旱程度、持续时间还将进一步加剧，渤海沿岸和长江口地区可能会变得更干。

（二）中国上升到世界第一排放大国为期不远

从我国社会经济发展来说，目前正处于工业化、城市化加速发展的“高碳时期”，加之有13亿人口之众，目前人均碳排放是美国的五分之一。随着建设小康社会，人民生活水平逐步提高，碳消费迅速增加，碳排放现在是世界第二，上升到世界第一为期不会很远。

（三）全国能源安全形势严峻

人类自从有了能源历史，基本上是石化能源为基础。直到现在，世界能源消费的40%、交通能源的90%还依赖石油。快速增长的能源需求与石油资源终将枯竭的矛盾日趋严重，廉价石油时代已经终结，使依赖石油的工业化成本大幅上升，获取石油资源的形势更加严峻。2009年，汽车产销1379.10万辆和1364.48万辆，同比增长48.30%和46.15%，成为名副其实的世界汽车大国。而且，13亿人都期望圆汽车梦，轿车进入家庭方兴未艾，但日益严峻的能源和环境问题如何解决？

中国在1993年前还是石油净出口国，10年后的2002年，石油对外依存度就上升到25%，2003年，中国成为世界第二大石油消费国、第三大石油进口国，2008年，石油对外依存度已骤升至51.4%。而且，在未来较长时间，我们还处于能源需求旺盛的增长期。

本土石油资源的短缺、快速增长的进口、高昂的油价和能源生产与使用造成的污染，使我国在能源与环境方面面临有史以来最大规模、最为严峻的挑战。实际上，就减少对国外石油依赖和减少温室气体排放的紧迫性而言，我国绝不亚于美国。

（四）产业结构调整，经济转型的必由之路

目前我国正处于高碳发展的重化工时期，高投入、高消耗、高排放的粗放经济模式还没有根本转变。建设低碳型工业、建筑和交通体系，大力发展清洁能源汽车、轨道交通，创造以低碳排放为特征的新的经济发展模式，促进经济发展模式由高碳模式向高能效、低能耗、低排放甚至零排放低碳经济的转型，为实现我国经济社会可持续发展开辟新道路，势在必然。

总之，面对全球低碳经济和绿色经济浪潮，为了应对气候变暖和能源安全，推动经济转型，我国既是机遇又面临严峻挑战。世界发展趋势和国内实践证明，科学发展观的确是站在当今世界时代前沿的先进理论。践行科学发展观，以人为本，建设资源节约型和环境友好型社会，人与自然和谐相处，与发展低碳经济和绿色经济的基本理念是一致的；发展低碳经济是我国社会经济发展的必由之路和历史性的正确选择，国家发改委副主任解振华表示：降低二氧化碳排放强度已经成为强制性目标，必将给中国的经济增长模式带来革命性的转变，低碳经济也将真正走进中国人的社会生活。建立政府政策、产业结构、生活方式、金融体系四位一体的低碳经济模式是未来经济的必然趋势。机不可失，稍纵即逝。必须以科学发展观为总体指导思想，乘势而上，实现低碳经济跨越式发展。

二、低碳经济与循环经济等经济方式的关系

近年来，以贯彻科学发展观、应对气候变暖、节约资源、保护环境、建设“两型社会”为根本宗旨，国家先后或同时倡导和推进生态经济、循环经济、节能减排、绿色经济、低碳经济，并都取得明显成效，这些是必须肯定的。然而，这些新的经济方式纷至踏来，有相当一些政府部门和企业事业单位思想准备不足，认识、步调不尽一致，工作进展、成效也就不够平衡。比如：

有的"跟着中央感觉走"。前些年，国务院有关部提出生态经济，建设生态文明省、市、县等，就跟着大抓生态经济和生态文明建设；2005年，中央强力推进循环经济，出台了一系列法规政策，开展试点，中央各有关部门、地方各级党委、政府闻风而动，加强领导，积极部署，出台举措；2007年中央政治、经济、行政、法规多管齐下，狠抓节能减排，各地紧跟中央，动员起来，大搞节能减排。

有的"跟着自己的感觉走"。强调根据自己的省情、市情，地理、自然、资源优势和经济社会实际，在生态经济、循环经济、节能减排、绿色经济、低碳经济中，选择自己的重点和突破口。

有的"一时还找不到感觉"。对于中央的倡导、号召、要求、部署，停留在一般传达，应付了事，没有什么真招实干，也就没有什么成效。

面对这样状况，很有必要对低碳经济、生态经济、循环经济、节能减排、绿色经济的内涵与外延以及他们之间的相互关系，有一个权威的、全面而又准确的诠释，以统一认识，全国上下一致行动，防止相互排斥，相互割裂，单打一，打乱仗，今天抓东，明天抓西，事倍而功半。

对于低碳经济和循环经济以及生态经济、节能减排、绿色经济及他们之间的关系，我们粗浅的认识是：

（一）从理念到外延和内涵，低碳经济和循环经济以及生态经济、节能减排、绿色经济等的根本宗旨是基本一致的

首先，低碳经济和循环经济以及生态经济、节能减排、绿色经济等都是促进经济发展方式重大转变的发展模式，实现可持续发展。比如循环经济主要理念是减量化、资源化、再利用；低碳经济则主要是减少煤炭、石油等化石能源的消耗，减少二氧化碳的排放。其次，低碳经济和循环经济以及生态经济、节能减排、绿色经济都是贯穿生产、流通、消费等经济生活全过程的重大行动。循环经济要求生产环节实现资源减量化，并对生产过程中形成的废弃物实现再利用；在消费环节实现产品废弃物的回收和再利用，进而实现全过程的低耗、低排目标。低碳经济要求生产环节消耗更少的碳能源，多使用清洁的替代能源以维持生产的能量供应，形成低碳的经济结构；消费环节减少以化石作为能源的消耗，代之以消耗太阳能、风能、水能等可再生能源和核电等清洁能源，居民形成低碳的消费模式，进而实现全过程的低碳目标。 第三，低碳经济和循环经济以及生态经济、节能减排、绿色经济都是涉及面广且相互衔接的系统工程，需要全社会参与。第四，低碳经济和循环经济以及生态经济、节能减排、绿色经济都突出技术创新和制度创新，以技术创新为支撑，以制度创新为保证。

总之，都是由高投入、高消耗、高排放、低效益向低投入、低消耗、低排放、高效益转换的新型经济模式。因此，他们之间没有本质区别，宗旨、出发点和落脚点一致，条条大路通罗马，完全可以运用系统工程理论和方法，进行系统设计，把他们有机统一结合起来，使其相互链接，避免相互排斥，打乱仗。

（二）构建绿色经济、低碳经济、生态经济、循环经济、节能减排系统工程

在这个系统工程中，可以考虑把低碳经济处于顶层，笼统地可以认为，凡是低排放、低污染、低消耗、低毒或无毒的经济，都可以称之为低碳经济。循环经济、绿色经济、生态经济、节能减排应是这个系统工程中的分系统或子系统。打个比方，低碳经济好比水果，循环经济、绿色经济、生态经济、节能减排等好比苹果、梨、葡萄、香蕉等等，都属于水果范畴。从发展战略上说，循环经济、绿色经济、生态经济、节能减排等都要走向低碳发展。

（三）低碳经济和循环经济以及生态经济、绿色经济、节能减排等各自也有某些自己的特征和重点领域

循环经济的基本原则是"减量化、再利用、资源化"的"三R"原则，西方国家重在静脉产业。在我们这样发展中国家，一、二、三产业都要发展循环经济，重点在二、三产业。特别是重化工业甚至某些传统产业，我国在相当一个时期内，还有存在和发展的必要。大家知道，重化工业是资源高投入、高消耗、高排放产业，特别需要发展循环经济，就更需要将"减量化"放在优先位置，从减少生产环节入手，推进资源能源的循环利用和高效利用；将"减量化、资源化、再利用"的"三R"原则贯穿于生产、销售、流通、生活全过程、全方位。

节能减排，广义而言系指节约物质资源和能量资源，减少废弃物和环境有害物（包括"三废"和噪声等）排放；狭义而言，节能减排系指节约能源和减少环境有害物排放。我们国家推进节能减排，重在第二产业，还包括优化产业结构，淘汰高投入、高消耗、高排放、低效益的落后生产力；控制高耗能、高排放行业过快增长；控制建筑和交通能耗的快速增长；加强制度建设，强化目标责任制的落实和评价考核，切实完成"十一五"规划提出的约束性指标。相对而言，由于我国长期粗放发展，积累了比较大的资源高消耗、高排放的落后生产能力，尤其是钢铁、电力、有色金属、建材、轻工等，在开始推行节能减排的几年里，成效会特别显著，随着落后生产能力被淘汰，节能减排效应会呈现衰减趋势。从社会经济生活来说，节能减排又是永恒的主题，任何时候都要节约能源、资源，减少排放。

生态经济强调经济发展与环境保护、人与自然和谐，重在农林产业，效果比其他产业也更明显。

绿色经济理念则是以维护人类生存环境、合理保护资源与能源、有益于人体健康为特征的经济模式，追求实现绿色、协调、和谐、全面、可持续发展，是一种平衡式经济，凡低排放、无毒无害或低毒低害经济，都可以称之为绿色经济。

关于低碳经济，这里不妨多说几句。低碳经济是以低能耗、低污染、低排放为基础的经济模式，从微观角度理解，低碳经济包含三个环节。一是能量输入，可以用“零排放”的太阳能、风能、水能、核能、生物质能等新能源和可再生能源替代原有的传统的高排放性化石能源；二是能量转化，在生产和消费过程中提高化石燃料的能效以减少温室气体的排放；三是能量输出过程，主要体现在增加碳汇的建设和对已排放的二氧化碳进行生产性利用上，碳汇建设中除了传统的植树造林、保护湿地外，现在正在研发的碳捕捉与储存(CCS)技术也是能实现吸收温室气体的重要途径。

低碳经济目前的突破口是风能、水能、太阳能、地热、生物质能等核心的新能源、核能等清洁能源以及新能源汽车，但涉及一、二、三次产业和人类生活。低碳经济变革石化农业，追求有机、生态农业；低碳经济对于二、三产业，主要包括低碳产品、低碳技术、低碳能源的开发利用。从目前情况看，低碳经济产业主要有四类：一是可再生能源和清洁能源，包括风能、太阳能、水电、核电、地热、潮汐、生物质能等以及能源的传输方式，比如高压、超高压以及由此衍生出的智能电网业务。二是环保产业，主要包括污水处理、固定废弃物的处理等。三是节能产业，又可细分为工业节能，包括余热回收发电、工艺改进以及节能材料；建筑节能，包括智能建筑、节能家电、节能材料与节能照明；新能源汽车。四是减排产业。涉及到清洁燃煤、IGCC、CCS、农业减排增汇等，也包括余热回收、余热循环与余热发电。

在技术上，低碳经济则涉及以低碳排放为特征的能源、工业、建筑、交通体系，加快煤炭清洁生产和利用，优化发展火电，有序发展水电，加快发展石油天然气，积极推进核电的建设，大力发展风能、推进太阳能光伏发电的商业化进程，因地制宜地开发利用生物质能，提高非化石能源在一次能源中比重，以及煤的清洁高效利用、油气资源和煤层气的勘探开发、二氧化碳捕获与埋存等领域开发的有效控制温室气体排放的新技术。低碳社会生活则将更引发新时尚，节能、低排放、绿色化将更受重视。因此可以说，低碳经济实质是能源革命，低碳新能源替代高碳的传统石化能源、能源高效利用和清洁能源开发，以高碳经济为特征的重化工业经济向低碳经济转化，产业结构和制度创新以及人类生存和发展观念的根本转变，即摒弃传统的经济增长模式，通过低碳经济模式与低碳生活方式，来减少温室气体排放对全球气候的影响，实现世界经济的可持续发展。

为了应对全球金融危机，世界主要国家都将刺激经济的重点放在新能源开发、节能技术、智能电网等领域，通过扩大政府投资和私人投资来实现向低碳经济的转型。根据国际能源署的不完全统计，目前已经有50多个国家和地区制定了激励可再生能源发展的政策措施，在未来的30到40年中，全球每年对低碳经济的投资将在5000亿美元以上。联合国环境发展署的统计数据表明，目前在全球范围内，与环保有关的产品和服务市值已经达到1.3万亿美元。

世界低碳经济发展态势还表明，低碳经济已经成为新的经济增长极，催生全球后金融危机时代、人类社会经济的大变革。第一次产业革命的核心是蒸汽机，由于能源发现和机械广泛替代了手工劳动，有效地提高了劳动生产率，引爆了工业革命；第二次产业革命的核心是电力，实质是能源传输，通过降低能源传输成本而极大地提高了生产效率，和实现现代化大生产；第三次产业革命的核心是计算机、互联网和以航空航天为代表的现代高科技产业，人类经济社会日新月异，世界成了“地球村”。目前新能源产业已经成为新一轮国际竞争的战略制高点，以新能源和新能源汽车为核心的低碳经济，正在引发人类社会的第四次产业革命。

实践证明，中国需要多元化的发展模式。

社会经济转型是一个复杂的巨大的系统工程，不是任何一个模式能够独立完成的，单靠绿色经济、循环经济、低碳经济、生态经济、节能减排中的哪一个，都不能完全解决高速增长中的中国所面临的资源、环境问题。要坚持统筹兼顾，统筹经济发展和应对气候变化，统筹国内和国际两个大局，统筹现实需要和长远利益，加强政策引导，综合推进低碳经济与绿色经济、循环经济、生态经济、节能减排。在全国是这样，在省市自治区也同样如此。比如，国务院批复了《甘肃省循环经济总体规划》，这标志着甘肃省成为全国首个国家级循环经济示范区，规划着力打造16条循环经济产业链，重点培育100户骨干企业，积极改造提升36个省级以上开发区，逐步形成覆盖全省的各具特色的七大循环经济专业基地。甘肃省召开了推进循环经济发展大会，进行专门安排部署，经过3~5年努力，建成全国前列的国家循环经济示范区。同时，甘肃省是我国风力资源丰富的地区之一，正在敦煌建立我国最大的风力发电基地，也就是大力发展低碳经济。同样，甘肃省也在推进节能减排、生态经济、绿色经济。再如山西省也是国家循环经济试点省，并已批准了试点规划。同样，2009年末召开的山西省经济工作会议上就明确低碳将成为山西2010年战略取向。会议指出："要把发展低碳经济和绿色经济作为战略取向，从全局高度及早加以谋划、加以推进，培育低碳产业，推广低碳生产，倡导低碳消费，加强节能减排，增加森林碳汇，大力实施生态兴省战略。"在2009年12月30日，山西省举办了低碳经济发展高峰论坛，探索高碳大省走向低碳经济之路；公布了《山西低碳经济战略发展规划》，并且宣称，心动更要行动，山西走低碳经济之路要合力、务实、行动。其实，国家发改委副主任解振华在哥本哈根会议上就透露，我国将在2010年发布关于低碳经济和可持续未来社会的《国家人类发展报告》，同时将把发展低碳经济纳入"十二五"国民经济和社会发展规划，并将选择具有代表意义的典型地区，开展低碳经济示范试点，制定和实施地方发展低碳经济行动方案。因此说，坚持发展循环经济无疑是正确的，如果只发展循环经济对低碳经济置之不理，或是丢下循环经济只转向发展低碳经济，都是不可取的。客观需要多元模式发展，多管其下，不应该单打一。

三、要有一个权威的、纲领性的、法规性的"一揽子"规划计划，建立健全鼓励低碳经济发展的政策措施

在发展低碳经济的世界大趋势面前，我们必须抓住时代的机遇，积极迎接挑战，努力实现超越发展。为此，国家决策层必须以前瞻的智慧，把发展低碳经济上升到国家战略的高度，加快提升我国低碳技术自主创新，抢占绿色竞争先机，提高我国在未来国际竞争和世界经济版图中的地位，谋求在低碳时代新的崛起。

国内外的经验证明，大凡关乎国家全局的经济社会建设发展，制定和实施权威的、纲领性的、法规性的"一揽子"规划计划，体现国家意志和决心，协调、部署全国行动，能够产生出乎寻常的作用和巨大历史性社会经济能效。美国政府为推进插电式电动车计划，在短短几个月内紧锣密鼓地出台了"一揽子计划"，联邦政府投入140亿美元支持动力电池、关键零部件的研发和生产，支持充电基础设施建设、消费者购车补贴和政府采购；设立了一个总量为250亿美元的基金，以低息贷款方式支持厂商对节能型汽车的研发和生产。其目标是每年汽车燃油经济性指标提高4%（到2020年将燃油经济性提高一倍，即平均6.67升／百公里），2012年前美国联邦政府购车中一半是插电式混合动力汽车或电动汽车，2015年美国道路上行驶的插电式电动车达到100万辆。这个"一揽子计划"迅速成为美国新能源汽车产业化和市场化的第一推动力。

新中国成立后，我国在短时间内建立了门类齐全的工业体系和相对齐全的科研机构和部门。国家设想在第二、第三个五年计划内更大规模地开展经济建设，制定了相当宏伟的目标。经济目标的实现有赖于科学技术的发展，从而对我国当时还很薄弱的科技工作提出了很高的要求。1955年，国务院科学研究计划工作小组提出了编制十二年科技规划的报告。随后，在周恩来总理领导下，国务院成立了科学规划委员会，调集了几百名专家学者参加规划编制工作。《规划纲要(草案)》在几经讨论修改后，于1956年12月由中共中央、国务院批准后执行。

《十二年科技规划》确定了"重点发展，迎头赶上"的指导方针。规划文件由《1956~1967年科学技术发展规划纲要》和四个附件组成，其中《规划纲要》包括序言、1956~1967年国家重要科学技术任务、任务的重点部分、基础科学的发展方向、科学研究工作的体制、科学研究机构的设置、科学技术干部的使用和培养、国际合作、结束语等九个部分；四个附件分别是《国家重要科学任务说明书和中心问题说明书》、《基础科学学科规划说明书》、《1956年紧急措施和1957年研究计划要点》、《任务和中心问题名称一览》。

《十二年科技规划》是我国建国以来的第一个科技规划。从13个方面提出了57项重大科学技术任务、616个中

心问题，并综合提出12个重点任务；采取“全面考虑、重点规划”的方针，对8个基础学科做出了系统的规划；为填补我国在一些急需的尖端科学领域里的空白，规划还提出了1956年的4项紧急措施。

1956年制定实施的《十二年科技规划》，是新中国的第一个科学技术发展规划，是国家发展科学技术事业的一次成功管理实践。通过规划的实施，我国初步建立了一支具有较高素质的科学技术研究工作队伍，科学技术水平从十分落后的状况大体达到了国际上20世纪40年代的水平，资源勘探、工业和农业科技、新兴技术、医学科学技术和基础科学研究等方面都发生了相当显著的变化。同时，“12年科技规划”的实施对我国科研机构的设置和布局、高等院校学科及专业的调整、科技队伍的培养方向和使用方式、科技管理的体系和方法，以及我国科技体制的形成起了决定性的作用。总之，“12年科技规划”对我国各项科技事业的发展产生了极其深远的影响。

为应对百年一遇的国际金融危机，世界各国先后出台了一系列稳定金融、刺激经济的政策。2008年11月，中国政府果断决策，迅速出台扩大内需、促进经济增长的10项措施，及时制定完善了一系列保增长、扩内需、调结构的政策，形成了系统完整的促进经济平稳较快增长的一揽子计划。在2008年底以后的半年多里，国务院连续召开了33次常务会议，研究讨论了74项议题。其中，31次会议、51项议题与应对国际金融危机的“一揽子计划”直接相关。面对外部需求的急剧萎缩，全面扩大国内需求成为政策的着力点。自2008年四季度我国实施积极财政政策和适度宽松的货币政策以来，中央加大了政府公共投资力度。在2008年末增加安排中央政府公共投资1040亿元的基础上，2009年中央政府的公共投资安排9080亿元，增加4857亿元，用于加快保障性住房建设、农村“水电路气房”等民生工程、重大基础设施建设、卫生教育等社会事业建设、节能减排和生态环境建设、自主创新和结构调整、汶川大地震灾后恢复重建等方面。消费需求是最终需求，以投资促消费是这一揽子计划的重要支点。从拿出巨额财政补贴鼓励家电下乡、农机下乡，到进一步减轻企业和个人税费负担，从积极扩大住房、汽车、农村消费信贷市场，到推进医药卫生体制改革减轻居民医疗负担，从增加农民收入、改善中小学教师待遇，到提高退休人员基本养老金和城乡低保水平，一份份“真金白银”的财政支出，一项项力度空前的举措部署，成为中国应对国际金融危机、促进经济平稳较快发展的利器。

实践表明，解近忧，谋远虑，这一揽子计划已初见成效，不但使经济运行出现积极变化，而且进一步提高了经济发展的质量，我国经济运行显现企稳回升，2009年GDP实现“保八”。

无需赘述，对于低碳经济这样关系应对全球变暖、能源安全、产业结构调整，乃至世界和中国社会经济变革的历史性问题，借鉴国际和我国的经验，在全国范围内组织力量，建立专门机构，在中央的直接领导下，制定和组织实施一个一个权威的、纲领性的、政策法规性的“一揽子”规划计划，以体现国家意志和决心，协调、部署全国行动，是何等重要！

这就要求，首先从落实科学发展观、提升国家未来核心经济竞争力的高度出发，从国家战略的层面，抓紧制定我国低碳经济中长期的低碳经济发展战略“一揽子”规划。在坚持“共同但有区别的责任”原则下，统筹国际国内两个大局，紧密结合我国经济发展需求、基础条件和科技水平，加强政府主导，动员国家整体力量，通过财政、税收、金融、科技等综合配套政策措施，大力推进低碳经济，并将低碳化目标纳入国家经济和社会发展规划之中。其次，发展低碳经济，必须牢牢把握核心技术和自主创新这个关键，抢占低碳科技主导地位，将低碳技术研发纳入国家科技规划和相关科技计划；力争在低碳领域核心技术和尖端工艺等方面取得领先优势。国家要加大低碳技术研发投入和支持力度，设立专项创新基金，加强产学研合作，调动高校、科研单位和企业等各方面积极因素，集中优势科技力量，站在国际技术前沿，组织实施重大科技研发与示范项目，增强自主创新能力。三是制定国家低碳经济专项规划，提出低碳经济的概念、目标、重点和保障措施等，提出低碳经济的统计和考核指标，并作为国民经济规划中的引导指标。四是制定重点行业和部门的低碳发展规划，向低碳转型。

四、国家部委和各省市区要构建联动机制，形成合力

审视过往，扫描现实，这方面不乏成功案例。比如循环经济，2004年10月，国家发改委马凯主任主持召开全国循环经济工作会议，做主旨报告，在全国做动员，拉开循环经济大幕。特别是，2005年温家宝总理亲自抓循环经济工作，召开国务院常务会议，国务院发出《关于循环经济若干意见》，召开全国循环经济电视会议，曾培炎副总理出席并发表重要讲话，建立以国家发改委为召集单位的国家环保、科技、商务、建设、财政、税收、统计、农业、

信息产业等部委局有关领导参加的联席会议；各省市区闻风而动，纷纷成立以主要或主管领导为首的循环经济领导小组和办公室，全国上下迅速形成“齐抓共管”、联合行动的机制，很快创造了发展循环经济的好局面。又如，节能减排，温家宝总理亲任领导小组组长，出台了约束性的指标计划、配套措施、测控、考评和激励机制。各省市区按照中央部署，层层落实。甘肃省政府从“十一五”开始，将节能减排目标任务纳入了目标责任书。每年初，省政府主要负责同志与各市州政府主要负责人签订工作目标责任书，明确目标任务，落实工作责任，年终进行评价考核并实行“一票否决制”。同时，加强日常督促检查，2008年7月，对完成情况达不到进度要求的，省政府主管领导给相关市州党委和政府的主要负责同志写信，要求进一步采取有力措施，确保全年目标任务的完成。因此，2008年以来，全国节能减排的效果越来越明显。

对于中国发展低碳经济来说，更有必要强化从中央到地方各级政府的联动机制，形成合力，卓有成效地发挥“有形的手”的功能。因为：

第一，发展低碳经济不只关系到应对全球变暖、能源安全、产业结构调整，而且关系世界和中国社会经济变革的历史性这样的大事。以新能源和新能源汽车为突破口的低碳经济，和以往任何一次经济技术革命的“击鼓传花”的线性演绎方式根本不同，而是世界各国，包括中国，目前经济技术基本上在一个水平上，站在同一起跑线赛跑。谁跑在前面，谁最终占领制高点，谁就可以掌控世界全局，摆布别人，淘汰别人出局。对于中国来说，从明代以后几百年来，或是落后挨打，或是跟在后面追赶。如今，中国和世界各国，包括美国等头号强国和发达国家，站在同一条起跑线上，可以说是机遇难逢，时不我待，切不可丝毫懈怠。

第二，发展低碳经济，还关乎所谓“成本外化”和“看不见的脚”的问题。所谓“成本外化”，说的是市场经济这只“无形的手”，是在假定资源可以无限供给、环境有足够自净化能力的前提下建立起来的。在市场竞争决定的成本计算体系与交易机制中，生态环境污染的代价并没有真正计入补偿的成本。不可再生资源的有限性与生态环境补偿的缺失成本，造成了市场经济失灵或盲区。也有学者认为，“环境与能源问题在工业文明的框架内无解”。这就是，在资源与环境的压力下，占世界人口11.2%的西方发达国家，可以通过先入为主的优势与强势，通过外部治理与输出来解决他们的能源与环境问题，那么目前进入工业化快车道的占世界人口40%的中国、巴西、印度等人口大国，如果也像西方发达国家一样，通过输出工业化成本来保护国内的环境和资源，那么当代人类文明则会陷入恶性循环中。总有一天会难以为继，到那时遭受这种爆炸式外化成本引发的文明灾难，将不是哪一个国家或地区，而是整个人类。这个严酷的现实说明，人类文明的安全与可持续发展在成本外化的工业化模式中难以解决。

“看不见的脚”说的是，在市场机制的“看不见的手”的理论和社会实践中，出现的失灵现象，政府这只“有形的手”进行干预。有人对政府这种干预市场的效果提出了质疑。1970年代“滞胀”时期，以布坎南为首的公共选择学派提出了“政府失灵”的概念。既然政府管制是为满足产业对管制的需要而产生的，那么管制机构最终也将会被产业所控制。政府在反对垄断、保障自由竞争中的万能的神话地位被打破了，其在再生产分配中谋取私利以致社会福利降低竞争性的行为，被马基称之为“看不见的脚”。从政者对个人利益的追求，犹如一双“看不见的脚”在践踏市场机制，其对整个社会经济的伤害远远超过了垄断的危害。与此同时，在市场经济模式中，被利益驱动，经济主体按照利益最大化利用资源和环境，由此违背人和自然的和谐，最后导致资源枯竭和环境污染，生物经济学家称之“看不见的脚”。“成本外化”和“看不见的脚”的问题，都需要精心研究，精心筹划，精心运作。

第三，从目前我国实际出发，也必须加强指挥中枢，强化对发展低碳经济的组织、协调。碳经济方兴未艾，对于我国来说还处在初始阶段，但已出现了一些急需解决的综合问题。比如，新能源项目审批和电网规划、管理分裂，新能源发电上网和电价混乱长期解决不了；风能、太阳能的某些产能出现过剩；以及下面要说到的攻克“核心技术”等问题，仅靠市场这只“无形的手”是远远不够的，政府这只“有形的手”起着至关重要的作用。哪个国家这“两只手”结合得好，就能在发展中赢得更多的先机和优势。在目前我国市场经济还不成熟的情况下，在市场经济失灵或盲区，“有形的手”及时、有效地发挥作用，甚至是不可替代的。

五、要像“两弹一星”那样，制定规划，舍得投入

当今世界进入后工业化阶段的国家碳排放量约占全球累计总量的80%。其中美国约占28%，西欧和中欧国家占30%以上。北美人均资源消费水平是欧洲的两倍，是亚洲、非洲的7倍。他们的产业结构经过几十年来持续的调整，

服务业和高技术制造业占有绝对主导优势，而重化工业比例大幅下降，但他们在低碳经济和新能源发展上表现得尤其积极。欧盟对于温室气体减排的态度最为积极，提出了到2020年比1990年至少减排20%的目标。其成员国纷纷加大了相关科技研发的投入，对可再生能源的应用给予扶持激励政策，可再生能源、清洁能源和核能为核心的能源革命已经打响，以新能源为先导产业将引爆人类文明史上又一次涉及整个经济、社会与文化形态变革和重大转型。在世界各国出台应对气候变暖、经济危机，振兴经济和低碳经济的发展战略中，各国几乎都不约而同地对新能源特别青睐，新能源高技术发展成为各国高技术发展战略的一个核心部分。尤其需要关注的是奥巴马上台后，向世人明确宣布推行能源新政，运筹能源革命。欧盟、德国、英国、法国、日本、印度，世界各国都在力争占领新能源行业的制高点。谁能够在新能源中最先突破，谁就会成为新经济最大的受益者。中国作为最大的发展中国家，处于中心位置，备受世界关注。值得高兴的是，借鉴国际成功经验，我国高度重视可再生能源和新能源汽车的发展，不但明确提出了指导思想、战略定位和发展目标，初步建立了法规、政策体系，使新能源和新能源汽车得到快速发展。

但是，技术创新却不容乐观。我国科学技术从总体上来看还处于后进状态，创新排名位于世界77名，在"金砖四国"中也不领先。以核能、风能、太阳能光伏、生物质能源等为代表的新能源核心技术和核心原料"两头在外"。比如核能，核心原料为铀，但我国储备少，需要进口，发展一旦上规模就容易受制于人，同时核能技术也主要控制在欧美发达国家；风能领域同样如此，电机制造技术主要控制在欧美发达国家，尤其是挪威、瑞典、丹麦和芬兰四国。目前2.0~3.0兆瓦的风机已成为欧美发达国家的主流机型，但国外风机生产巨头为保持其技术的垄断性，不愿意输出2.5兆瓦以上级风机制造技术，也没有在中国设立合资企业。因此，我国风机制造企业多数采取购买国外风机公司生产许可证的方式，引进的机型主要集中在1.0至1.5兆瓦；或是找一个国外合作伙伴，引进关键零备件，进行拼装。太阳能光伏产业的多晶硅和单晶硅的提纯技术，也基本上依靠日本和德国。这就很容易被人家"边缘化"，或是为洋人打工。又如，高效综合利用新能源的智能电网技术是在配电网技术、网络技术、通信技术、传感器技术、电力电子技术等集成基础上，形成集电信、电网、电视网等功能为一体的新技术。智能电网将为新能源的节约、高效和综合利用提供可靠、自愈、经济、兼容、集成和安全等多重保证。智能电网技术革新为全球电力、电信、通信产业以及电视媒体等改革提供了独特机遇。在奥巴马的发展新能源计划中，以电网大规模改造为代表的能源产业革命是美国下一步能源发展战略的重心之一，并将成为美国大规模推进可再生能源发展的技术前提。美国现已开始对其价值3万亿美元的电网系统实施智能电网技术和超导材料集成的升级改造，这将导致全球能源领域的重大变革。欧洲也在积极推进超级智能电力网的改造。当下全球各大经济体中唯独中国还没有推行国家级的智能互动网升级计划，国内智能电网的技术发展基本上还属于国际上的较低水平。

目前世界制约新能源汽车发展的有许多关键技术，特别是动力电池、燃料电池技术、关键零备件、混合动力的多能源的管理系统等，我国亦然。最近，各国政府纷纷加大对电动车技术的支持力度。不仅是奥巴马把电动车作为刺激经济和拯救汽车业的一张王牌，而且欧盟、德国、日本、韩国政府也都出巨资支持第二代电池和电动车的研发，强度空前。2008年比亚迪宣布将推出商用化插入式电动车后，通用、奔驰、雷诺等厂商加快了插入式混合动力汽车的研发和生产步伐，在很短的时间内各大汽车公司与电池厂商的合作、产业联盟已经建立，并纷纷将其产品上市的时间提前。目前的态势表明，这些跨国巨头一旦下决心投入研发和实施产业化，就可以利用其雄厚的技术、资本和品牌优势，有效整合全球的资源，在电动车领域"后发先至"。发达国家的专利、标准、产业联盟、电动车品牌优势一旦形成，特别是跨国公司电动车如果率先大举进入中国，我们自主创新的成果有可能被边缘化，使我们重新回归到受制于人的被动地位。

因此说，突破新能源和新能源汽车的制高点的国际竞争，实际是核心技术突破的竞争，占领新能源产业制高点的竞争，首先是技术创新的竞争，谁能够首先在这次接力赛中脱颖而出，在全球化竞争中首先掌握自主知识产权，率先突破核心技术，谁就可以巩固和提高自己的领先地位，就可以制定有利自己国家的"游戏规则"和标准，形成产业、技术和市场的独家垄断，从而成为新能源和新能源汽车的最大的赢家，造成"赢家通吃"。还不仅如此，这场对目前的新能源和新能源汽车竞争的胜败，还会导致对整个世界经济秩序、竞争方式、世界贸易方式等一系列规则的改变。比如，最大的赢家和一些发达国家会启动旨在保护低碳经济发展的新规则与新标准，并通过规则与标准控制低碳经济的制高点，将会成为经济全球化竞争的新内容；围绕低碳经济发展将会引发低碳贸易的新规则与低碳贸易摩擦，通过提高低碳关税来加大传统能源以及与传统能源相关联的产品的成本，以此来促进与保护低碳产业的发展；新的产业结构重组与调整将会引发新一轮世界范围内利益格局的重组；围绕低碳经济发展的低碳金融市场、低碳交易市场将会成为未来世界贸易交易的新内容等。

我国新能源和新能源汽车的研发领域缺乏核心技术已成为重大制约。与此直接相关，新能源和新能源汽车发展在百年难得的历史机遇的“利好”形势下，为什么会出现风能、太阳能某些产品产能过剩？问题基本上都出在技术水平低，产品落后；低水平、同水平的产能扩张，甚至是盲目大上，盲目竞争。再就是，由于不掌握核心技术和关键材料、关键零部件制造，因而成本高居不下。据测算，有的风电从发电、上网到传输，成本为火电的二三十倍。不言而喻，任何经济和产业，包括低碳经济和新能源、新能源汽车，在其初始，给予财政、税收等方面支持和鼓励政策是必要的。但对市场经济来说，必须收益大于成本支出，才能得以生存和发展、壮大。总之，突破和掌握低碳经济，包括新能源、新能源汽车，从总体到关键材料和关键零部件的核心技术，在我国已经是迫在眉睫，刻不容缓。

国务院总理温家宝在2009年9月21~22日召开的三次新兴战略性产业发展座谈会上指出，国际金融危机对世界经济的影响是深远的，对我国经济发展既带来机遇也带来挑战。全球每一次大的经济危机都会伴随着科技的新突破，进而推动产业革命，催生新兴产业，形成新的经济增长点。当今世界，一些主要国家为应对这场危机，都把争夺经济科技制高点作为战略重点，把科技创新投资作为最重要的战略投资，把发展高技术及产业作为带动经济社会发展的战略突破口。这预示着全球科技将进入一个前所未有的创新密集时代，重大发现和发明将改变人类社会生产方式和生活方式，新兴产业将成为推动世界经济发展的主导力量。面对全球新一轮科技革命的挑战，我们完全有能力在若干关系长远发展的领域抢占经济科技制高点，使国民经济和企业发展走上创新驱动、内生增长的轨道。

温家宝指出，世界经济发展史表明，那些在危机中善于抓住机遇的国家，往往会率先复苏并占据新一轮发展的制高点。发展新兴战略性产业，是我们立足当前渡难关、着眼长远上水平的重大战略选择，既要对我国当前经济社会发展起到重要的支撑作用，更要引领我国未来经济社会可持续发展的战略方向。选择关键核心技术，确定新兴战略性产业直接关系我国经济社会发展全局和国家安全。选对了就能跨越发展，选错了就会贻误时机。新兴战略性产业要真正掌握关键核心技术，否则就会受制于人；要具有广阔的市场前景和资源消耗低、带动系数大、就业机会多、综合效益好的产业特征；要充分利用现有和潜在的优势，促进产学研结合，促进科技与经济结合，促进创新驱动与产业发展结合。选择新兴战略性产业，要兼顾一、二、三产业和经济社会协调发展，统筹规划产业布局、结构调整、发展规模和建设时序，在最有基础、最优条件的领域率先突破。

正如温家宝所论，在这样一个全球竞争、核心技术突破的关键时刻，国家确实应下最大决心，以最大的力度，应当首选和持续支持新能源和新能源汽车核心技术的突破，力争尽早突破一批核心技术、培养一批高端人才，以巩固和提高我国已有的领先地位。有志于新能源和新能源汽车和零部件的企业，也要有大手笔的研发投入，在新能源和新能源汽车领域创造自己的核心技术，力争尽早跨越产业化这一关。企业家应当明白，面对新能源和新能源汽车产业化的广阔前景，现在对突破核心技术的投入，就是投资“原始股”。

很显然，低碳经济要有强大的科技创新作为基础，当然还有其他很多条件，政策、法律、资本、金融市场和人才等各方面，但是科技创新是低碳经济发展的最重要的基础，没有技术就实现不了低碳化。高碳能源，煤炭利用过去长期都是直接燃烧，工厂的工业锅炉到火力电站都是直接烧煤，造成了有害气体，二氧化硫、二氧化碳是影响最长、影响危机最大的。但是要把它真正做到清洁化利用，大大提高能源利用效率，减排排放，或者排放有害的东西加以转化，这就需要大量的科学技术。人们正在进一步探索把煤气化联合情况发电，这样大大提高了发电效率，从过去的30%提高到50%。我们现在提出以煤的气化为基础，生产各种化工产品和其他的化工产品等。

因此，发展低碳经济，必须牢牢把握核心技术和自主创新这个关键，抢占低碳科技主导地位。国家要加大低碳技术研发投入和支持力度，设立专项创新基金，加强产学研合作，调动高校、科研单位和企业等各方面积极因素，集中优势科技力量，站在国际技术前沿，组织实施重大科技研发与示范项目，增强自主创新能力。还要积极培育低碳经济新兴产业。制定产业发展政策，加大政府投入，通过补贴、补助、税收优惠等利益补偿机制，把政策激励与企业自身发展动力相结合，大力扶持节能减排、新能源和清洁能源、循环经济和生态环保等产业，积极扶持低碳产业大型骨干企业，提升企业自主创新能力和国际竞争力，积极实施产业化工程，加快成熟技术和工艺的转化利用，提高我国重点行业节能减排和低碳技术与产品的竞争力，占领国际低碳产业制高点。

在20世纪五六十年代极不寻常的时期，中国面对当时严峻的国际形势，为了抵御帝国主义的武力威胁和打破大国的核讹诈、核垄断，尽快增强国防实力，保卫和平，党中央和毛泽东同志，果断决定研制“两弹一星”（原子弹、导弹和人造卫星）。中国科学家在物质技术基础十分薄弱的条件下，在较短的时间内成功地研制出了“两弹一星”，创造了非凡的人间奇迹。经过几代人的不懈努力，现在中国已成为少数独立掌握核技术和空间技术的国家之一，并在某些关键技术领域走在世界前列。1999年9月18日，江泽民主席在表彰为研制“两弹一星”作出突出贡献的科学家大会上，阐述了“两弹一星”的伟大精神。江泽民强调，“两弹一星”精神，是爱国主义、集体主义、社会主义精神和科学精神的活生生的体现，是中国人民在二十世纪为中华民族创造的新的宝贵精神财富。

弘扬“两弹一星”精神和成功经验，还应有一个中、长期稳定的、经过奋斗可以实现的规划，无论什么样的风吹雨打都不动摇；从全国各条战线、各地、各界调集科技精英，卧薪尝胆，报效祖国，不拿下“两弹一星”，死不瞑目；舍得投入。即使在20世纪60年代国家经济困难时期，“两弹一星”项目也不轻易下马或调整。当时虽然没有这样说，实际是作为国家意志、国家项目，举全国之力，周总理亲任国务院专委主任，聂荣臻元帅直接组织指挥，还有国防科委、国防部五院、二机部等强有力的组织指挥中枢机构，心无旁骛地运筹、保障……

历史可以给人以智慧和启迪，不应成为前进的羁绊。“两弹一星”的历史成功经验，对于突破和掌握低碳经济技术，包括新能源、新能源汽车，从总体到关键材料和关键零部件的核心技术，可资借鉴。

（《中国低碳年鉴》编辑部撰写，2009年12月）

地方低碳发展

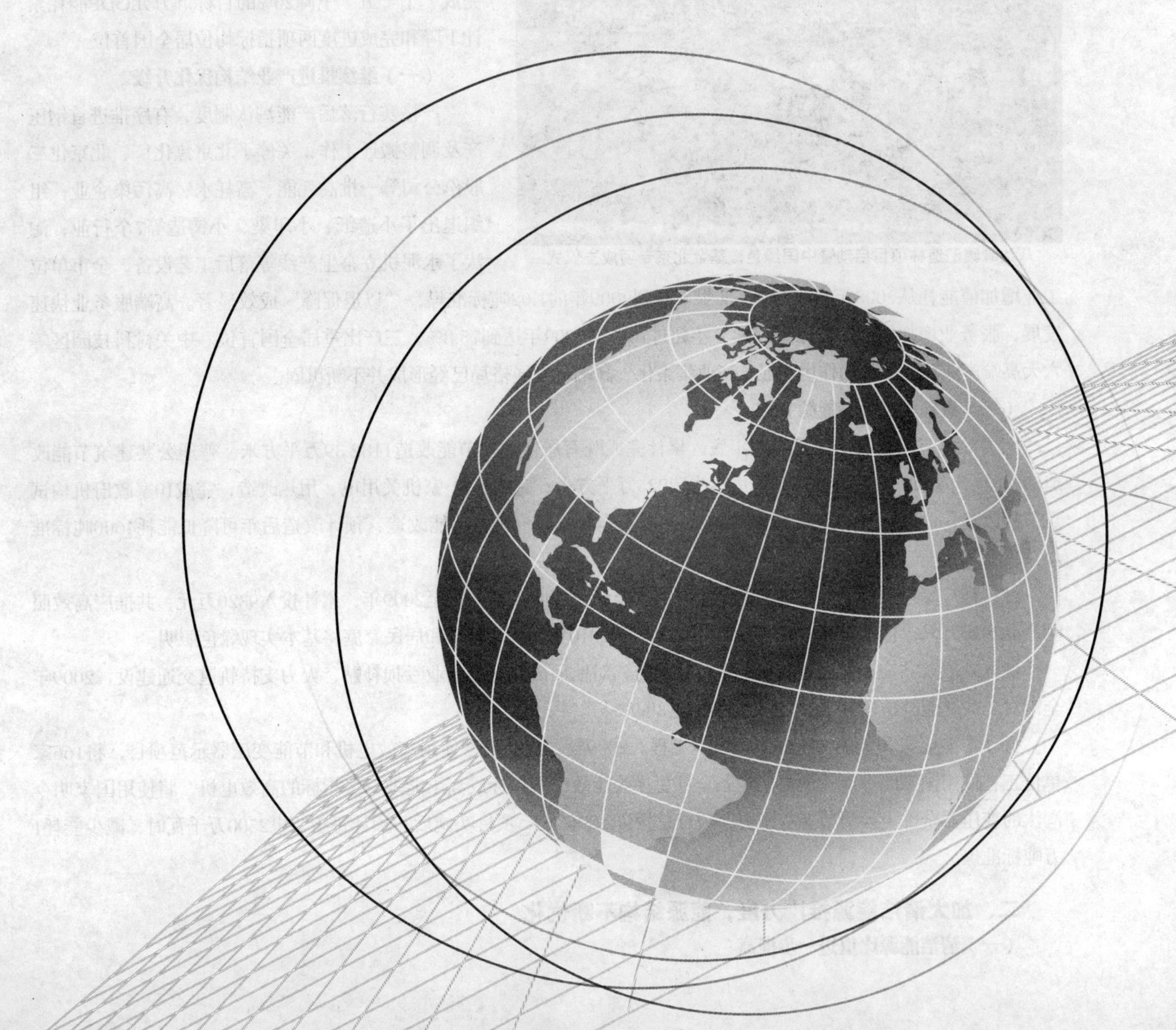

北京市低碳发展

北京市发展和改革委员会

北京市把发展循环经济、建设低碳城市作为可持续发展的重要内容，统筹经济发展与资源环境保护，坚持推进资源节约、环境保护和产业结构调整，“十一五”前四年全市以年均4.47%的能源消耗增长支撑了年均11.49%的经济较快增长。

一、节能减排工作走在全国前列，能源利用效率不断提高

八达岭碳汇造林项目启动暨中国绿色碳基金北京专项成立仪式

2009年，北京市万元GDP能耗降至0.607吨标准煤，“十一五”前四年已累计下降23.34%，超额完成“十一五”下降20%的目标。万元GDP能耗累计下降和完成进度两项指标均位居全国首位。

（一）继续推进产业结构优化升级

严格实行落后产能淘汰制度，有序推进首钢压产及调整搬迁工作；关停了北京焦化厂、北京化二股份公司等一批高耗能、高耗水、高污染企业；组织退出了小造纸、小印染、小铸造等7个行业；淘汰了水泥机立窑生产线等落后工艺设备，全市单位工业增加值能耗从2005年的1.50吨标准煤下降到2009年的1.02吨标准煤，“以退促降”成效显著。高端服务业快速发展，服务业增加值占GDP比重连续五年超过70%，2009年达到75.8%，三产比重居全国首位。中关村科技园区等六大高端产业功能区带动作用明显，产业集聚化、高端化发展格局已经形成并不断巩固。

（二）狠抓重点领域能源节约

大力推广节能建筑。截至2009年底，累计完成既有居住建筑节能改造1182.39万平方米、普通公共建筑节能改造698.1万平方米、大型公共建筑低成本改造825万平方米；完成了54 家机关用电、用热改造，完成10家政府机构试点节能改造，改造后年可节约350吨标煤；启动实施30家政府机构节能改造，预计改造后年可降低能耗4600吨标准煤。

继续推广绿色照明。北京市从2004年开始实施绿色照明工程，截至2009年，累计投入9320万元，共推广高效照明产品2070万只，预计年节电量达到约7.6亿度，到2010年底公共机构和居民家庭将基本实现绿色照明。

优先发展公共交通。通过政府购买公共服务，对地面公共交通企业亏损补贴，大力支持轨道交通建设，2009年全市对公共交通补贴112亿元，公交出行率达38.9%。

推动节能电机和节能变压器应用示范工程。2009年，启动推广使用高效电机和节能变压器示范项目，将166家单位正在使用国家明令淘汰的电机设备全部更换为能效二级指标或高于能效二级指标的高效电机，将使用国家明令淘汰的变压器全部更换为节能变压器，项目总投资2.29亿元。项目实施后，预计每年节电2500万千瓦时，减少能耗1万吨标准煤。

二、加大清洁能源推广力度，能源结构不断优化

（一）清洁能源比重进一步提高

大力实施天然气替代煤炭的能源结构调整工程，煤炭占能源消费总量比重由2005年的41.5%下降到2008年的34%，天然气由7%左右提高到约11.6%。2009年天然气、电力等优质、清洁能源在全市能源消费总量中的比重达到67%，比2008年提高了1个百分点，比2005年提高近10个百分点。

北京国际鲜花港采用地源热泵供暖。总投资2.6亿元的地源热泵供暖中心已在园区内落成，成为国内首次在农业设施上大规模自主开发地热新能源的项目

（二）加大新能源和可再生能源政策支持力度

发布《北京市振兴发展新能源产业实施方案》，将实施千辆新能源汽车应用工程、70兆瓦光伏发电工程、百万平米光热利用工程、千万平米热泵供暖工程、50兆瓦生物质发电工程、万户绿色能源惠农工程等六大示范工程。发布了《北京市加快太阳能开发利用促进产业发展指导意见》，提出了光伏屋顶、光能热水、阳光惠农等六大太阳能利用“金色阳光”工程。出台《北京市太阳能热水系统项目补助资金管理暂行办法》，市政府将对新建两限房、普通商品房、公共建筑及工业企业安装使用的太阳能热水系统给予补贴。

（三）重点示范工程建设成效显著

建成官厅风电二期及二期加密工程，全市风电装机总容量达到15万千瓦，提前一年超额完成“十一五”风电发展目标。亚洲最大的禽类沼气发电项目——延庆德清源沼气发电项目并网发电，年发电量1400万千瓦时。北京市第一个多村联供沼气工程可同时为约1700户村民集中供气的大兴留民营七村沼气联供工程建成投用，为北京市生物质能规模化示范应用提供了新的模式。热泵技术应用向规模化、复合型发展，建成顺义国际鲜花港、用友软件园等一批规模化高端地源热泵示范项目，全市热泵供热面积约达2000万平方米。2009年，北京市可再生能源消费量占能源消费总量的比重达到3%左右。

三、加强生态环境建设，着力提升林木碳汇能力

北京市连续实施了15个阶段、200多项大气污染控制措施，市区大气环境质量得到持续改善，市区二级和好于二级天数从2005年的234天增加到2009年的285天。中心城区生活垃圾无害化处理率由2005年的95.2%提高到2009年的99%，郊区由2005年的46.6%提高到2009年的80%。2000年以来，北京市明确提出“建设山区、平原和城市绿化隔离区三道绿色生态屏障”的思路，林业碳汇功能进一步提升。

（一）继续推动绿色生态屏障建设

以重大生态建设工程为依托，在中心城外围形成了山区、平原、城近郊三道绿色生态屏障。继续实施京津风沙源治理、废弃矿山植被恢复、流域综合治理、地表水源区生态建设、生态景观大道建设、郊野公园、新城滨河森林公园、第二道绿化隔离地区绿化建设、市容环境整治、城市绿化等工程。截至2009年底，全市森林覆盖率达到36.7%，林木绿化率达到52.6%，城市绿化覆盖率达到44.4%，分别比2008年提高0.2、0.5和0.9个百分点，城镇人均公园绿地面积达到14.5平方米，比2008年增加0.9平方米。

（二）深入推进林业碳汇工作

继续实施林业碳汇造林项目。中国绿色碳基金中国石油房山区碳汇造林项目已完成造林3500亩，完成计划任务量的58.3%。积极推动八达岭林场个人出资碳汇造林示范项目。

加强林业碳汇工作管理。2009年6月，成立了专门碳汇工作机构——北京市林业碳汇工作办公室，为规范碳汇管理、推动林业碳汇工作提供了组织机构保障。规范运作中国绿色碳基金北京专项，至今已收到来自企业和千余名个人的捐资近300万元，专项用于北京市碳汇林建设。制定北京碳汇技术方案，初步形成了北京市森林碳汇能力长

期固定监测和定点即时监测相互补充的碳通量监测网络体系。

四、强化资源综合利用，提高废旧物资利用水平

北京新能源汽车设计制造产业基地授牌暨新能源公交车采购协议签约仪式

（一）积极探索生活垃圾“零废弃”管理试点

2009年，在党政机关、大专院校、公园、大型商场、五星级宾馆饭店、度假村、果蔬批发市场、居民小区等100个单位进行生活垃圾“零废弃”管理试点。通过厉行节约，减少废弃，对厨余、餐厨等垃圾就地处理和再生资源回收利用，最大限度地减少垃圾排放量和对环境的影响。

（二）建立和完善垃圾分类收集、分类运输体系

2009年，各区县10%的城镇常住人口实行垃圾分类收集、分类运输，在全市600个推行垃圾分类的小区，试行免费发放垃圾分类收集容器和垃圾袋。改造和建设密闭式清洁站等垃圾分类配套收集、运输、贮存等设备设施，推广采用节能环保的垃圾收集和运输装备。扶持和发展专业化、社会化的垃圾分类运输队伍，建立收运有序、监管有效的运输秩序。自2010年起，新建、改建和扩建的居住小区和社会单位实行生活垃圾和餐厨垃圾分类收集，并配套建设相关的设备设施。

（三）积极完善配套支持政策，完善再生资源回收体系建设

按照“规范站点、物流配送、专业分拣、厂商直挂”的原则，进一步完善再生资源回收体系建设。截至2009年底，全市已确定再生资源回收主体企业20家，建成13个专业分拣中心，设置社区再生资源回收站点3638个。积极引导和支持企业提升现代化经营水平，通过网上预约收购等方式，进一步方便居民交售。通过综合措施推动，再生资源回收量逐年增加，2009年达到了400万吨。

五、重视技术研发推广，提升科技支撑能力

（一）不断加大对“低碳”科技项目的支持力度

瞄准石化、燃煤电厂、数据中心等高耗能行业和关键环节，立项支持一批需求分析与技术选择课题研究。重点支持工业、交通等高耗能行业节能改造、生活垃圾处理等关系到节能减排约束性指标和人民群众日常生活密切相关的科技项目。2009年，共安排节能减排低碳科技项目资金2.16亿元。积极支持华能集团建成华能北京热电厂二氧化碳捕集示范工程，年可回收二氧化碳3000吨。

（二）大力推广低碳新技术新产品

继续落实北京市在使用财政性资金进行采购时就优先采购节能产品和环境标志产品的政策。购置1000辆新能源汽车，其中市公交集团运营的新能源车970辆，使公共交通更加绿色低碳。加大市级财政补贴力度，启动“节能产品进超市”试点。连续3年制定发布节能节水减排技术推荐目录，引导社会加大节能节水减排技术（产品）的应用。

（三）推动低碳技术创新体系建设

积极推动建设技术支撑和服务平台，建设工程实验室、工程研究中心、企业技术中心，对接国家科技重大专项，积极争取国家工程实验室、国家工程研究中心、企业技术中心的建设任务。2010年出台了《北京市工程研究中心管理办法》和《北京市工程实验室管理办法》，对北京市符合条件的国家级和市级工程研究中心、工程实验室将给予市政府固定资产投资支持。目前，北京市在许多细分领域方面实现了重大技术突破，取得了国内的领先地位，如全玻璃真空管集热器和热管式真空管太阳能集热器、蓄热式高温空气燃烧技术、BGB微生物资源循环技术处理餐厨垃圾等低碳技术均达到了国际先进水平。

（四）组建首都新能源产业技术联盟

2009年，北京市建立了由太阳能光伏、太阳能光热、风能、生物质能、浅层地能、核能等6个产业技术联盟组成的首都新能源产业技术联盟。联盟将搭建企业界、科技界、市场之间沟通的平台，为政府科学决策、企业核心竞争力提升、科研院所的技术产业化提供有效支撑。目前，已有134家在京骨干企业、高校、科研院所等作为发起单位加入联盟。

六、突出政策引导，不断完善应对气候变化工作的组织和政策保障体系

（一）成立应对气候变化及节能减排工作领导小组

领导小组由市长郭金龙担任组长，32个相关部门的主要领导为成员。领导小组负责统一部署北京市应对气候变化和节能减排工作，协调解决应对气候变化和节能减排工作中的重大问题。领导小组办公室设在市发展改革委，具体承担领导小组日常工作。

（二）制定《北京市应对气候变化方案（2010—2012年）》

为贯彻落实《中国应对气候变化国家方案》，加强应对气候变化的能力建设，制定发布了《北京市应对气候变化方案（2010—2012年）》。方案通过对现有情况的分析，提出了北京市应对气候变化的指导思想、原则及目标，以及减缓和适应的重点领域。方案的制定与实施，将有助于推动国家气候变化减缓和适应政策的有效落实，促进北京市应对气候变化工作的全面展开。

（三）制订发布《绿色北京行动计划（2010-2012年）》

行动计划通过打造绿色生产、消费、环境三大体系，实施清洁能源、绿色建筑、绿色典范打造等九大工程和加强组织领导、标准准入等十项机制，着力推动北京走向产业高端化、生产清洁化、消费友好化、环境优美化、资源高效化的绿色现代化发展之路。行动计划明确北京市将从产业发展、低碳试点等方面推动低碳发展。

（四）开展应对气候变化相关前期研究和“十二五”规划编制工作

为落实北京市应对气候变化方案，探索新的发展阶段低碳发展的目标、措施和途径，2009年启动了《北京市低碳城市发展路径及试点建设》前期研究，启动编制《北京市“十二五”时期应对气候变化及节能减排规划》，并将其列为市级重点专项规划。

七、着力推进机制创新，保障低碳发展长效化

（一）完善政策法规体系，加强监督执法力度

出台了《北京市人民政府贯彻落实国务院关于加强节能工作决定的意见》、《北京市节能监察办法》等政策文件和地方法规；制定了《北京市〈清洁生产审核暂行办法〉实施细则》、《关于深化北京市生活垃圾处理运行机制改革意见》、《北京工业能耗水耗指导指标》等规章制度。成立了节能监察大队，对重点用能单位和大型公建加强节能监察执法，已对80家公共建筑室内空调温度、100家重点用能单位的200个案件实施了节能监察，对重点用能单位的250台主要用能设备进行了节能监测，开展了“全市重点用能单位使用国家明令淘汰用能设备专项检查”，采取多种手段加强对重点用能单位节能管理。建立了市、区（县）两级污染源监控中心，截至2008年底，全市已安装污染源自动监控设备298套，对201家重点污染源单位实施连续自动监控。

（二）率先建立节能评估审查制度

严把能耗增长源头关，在全国率先对固定资产投资项目进行节能评估、审查和登记；2007年4月1日开始实施《北京市固定资产投资项目节能评估和审查管理办法（试行）》；截至2009年底，479个项目通过评估审查，净核减20万吨标准煤，占评估前总能耗的4.5%。

华能北京热电厂二氧化碳捕集示范工程

（三）出台合同能源管理项目扶持办法

为充分调动节能服务机构和用能单位实施节能改造的积极性，促进节能服务产业发展壮大，出台了《北京市合同能源管理项目扶持办法（试行）》和《北京市节能减排专项资金支持合同能源管理项目实施细则（试行）》，对采用合同能源管理方式实施的节能改造项目，区别不同类型予以政府资金支持。

（四）逐步摸索完善政策激励机制

近两年，市财政累计投入100多亿元，并争取到国家财政奖励资金和国债资金将近2亿元，支持节能减排技改等重点工程的实施。对符合条件的资源利用企业两年减免税收20多亿元，有力促进了尾矿、粉煤灰、钢渣等工业废弃物的转化利用。制定了《关于鼓励退出“高污染、高耗能、高耗水”企业奖励资金管理暂行办法》和《北京市区域污染减排奖励暂行办法》，对相关企业和部门进行奖励。

（五）强化价格调控管理

实行季节性电价及居民峰谷电价政策，试点实施居民阶梯水价政策。征收水资源费、污水处理费、排污收费、城市生活垃圾处理费、超能耗加价费、矿产资源补偿收费等具有“绿色”特征的收费项目。上述政策对北京市能源资源的有效利用和避免浪费、对治理环境污染和保护环境、对人们的生产生活方式，建设“绿色北京”产生了一定的积极影响。

八、开展应对气候变化领域国际合作

联合英国驻华大使馆气候变化和能源处共同举办“低碳城市全国巡回研讨会北京站活动”，围绕低碳交通和低碳建筑领域开展交流研讨；东城区同瑞士洛桑市开展低碳示范区建设合作，主要对城市建筑的用能进行测算并进行节能改造；与新西兰惠灵顿市签署合作备忘录，探索分享保护自然环境和应对气候变化方面的相关知识和技术，促进双方城市发展绿色和高科技经济；积极利用世行贷款北京环境二期项目GEF赠款余款开展低碳研究等。在2010中国北京国际节能环保展期间，举办了“发展低碳产业 推动技术应用”高层论坛、“北京低碳技术与建筑节能创新发展论坛”技术论坛和“北京-赫尔辛基能源合作”研讨会。通过这些对外合作，交流了先进的低碳技术，也宣传了我国应对气候变化的政策。

九、强化宣传教育，弘扬低碳节约理念

连续五年成功举办中国北京国际节能环保展览会，开展节能医生进家庭、气候变化科普、创建绿色社区和节约型学校等系列活动；编辑出版循环经济知识系列读本和《低碳行为指导手册》，制作“绿色北京”系列专题片及气候变化科普展板；开展气候变化感知调查问卷、中学生知识竞赛活动。多渠道、全方位的宣传教育，使公众环境意识普遍提高，低碳环保的绿色生活理念正逐步被市民接受。

上海市低碳发展

作为国际大都市的上海，人均GDP已经超过1万美元，进入了中等发达经济体行列。但是目前上海土地资源十分紧缺，环境质量也不容乐观。2008年世界银行公布的一组数据表明：2004年，在全球60个大城市中，上海空气中的总悬浮颗粒物排行倒数第七，不如美纽约、伦敦、莫斯科；二氧化硫排放则位列倒数第十三。

目前上海的能源终端消费，仍以煤炭、石油等化石能源为主，占能源消费总量的60%以上，化石能源消耗必然引起碳排放量增长。上海能源对外依存度高达9成以上，年能源消费量突破1亿吨，能源供需矛盾已非常突出，严重威胁上海市的能源安全。上海的人均能源消费量是全国的2.2倍、世界总体水平的1.5倍，超过了东京、纽约、伦敦等发达城市。在2008年全国约2500MW的晶体硅太阳能电池总产量中，上海产量仅为100MW左右。上海市能源需求总量将呈高态势发展。专家指出，即使能耗以“十一五”规划要求的5%发展，至2030年，上海市能耗也将是现在的4.4倍，碳减排压力随之剧增。

上海平均海拔仅4米，最近30年上海海平面上升3.83毫米，明显高于全球海平面上升速率，海平面上升将导致风暴潮灾威胁加大、盐水入侵等后果。

率先实现低碳发展，是上海实现经济发展方式转变，应对气候变化、能源与环境压力和金融危机影响的有效途径。

有益实践与探索

上海在过去10多年的发展中，已对低碳发展模式进行了一系列的实践和探索。

产业结构调整、能源结构优化和节能减排技术研发与应用取得相当大的成绩。近年来，上海运用法律，经济、行政和技术等综合措施，强制淘汰了一批高能耗、高污染的落后工艺、技术设备和产品，有步骤地关停改了一批小冶金、小钢铁、小建材和小化工等高能耗、高污染企业。截至2007年底，完成产业结构调整项目571个，实现年节能量100多万吨标准煤，2008年上半年完成结构调整项目140个。

1985年至2007年，市碳排放总量从1836.74万吨增加到7304.13万吨；单位产值GDP碳排放量1985年到1997年下降速度很快；1998年到2004年下降速度趋缓；2005年到2007年保持基本稳定。外高桥第三发电厂的烟尘排放浓度已经下降到约20毫克/立方米，远远低于50毫克/立方米的指标。

上海世博——低碳世博

1995年到2007年，上海市碳汇总量为400～500万吨，其中贡献最大的是农作物碳汇和湿地碳汇。2002年到2005年碳汇量总体呈下降趋势，主要原因是农作物产量下降。2006年农作物产量小幅回升，碳汇量较前一年增长4.6%，2007年与2006年基本持平。

1995年到2005年的10年间，上海净碳源量从2730.75万吨上升到5296.10万吨，年增长率6.85%。与此同时，上海市单位产值净碳源呈逐年下降趋势，从1995年的1.08吨/万元到2000年的0.71吨/万元，到2007年已降至0.55吨/万元。

在低碳技术开发利用方面，上海市科委从2005年起设立了节能减排科技专项，支持节能技术和低碳技术的研发。通过崇明生态岛科技、世博科技、节能减排科技等专项，先后在工业、交通、建筑、新能源、资源循环利用等领域部署了400多项重大科技攻关项目，为上海的低碳发展之路奠定了良好科技基础。

从2008年底开始，上海市已着手在南汇区临港新城、崇明岛等地建立低碳经济实践区，推动低碳经济发展。上海将充分利用南汇区临港新城和崇明岛的后发优势，建立和完善实现低碳发展的政策框架，在两地建设若干低碳社区、低碳商业区和低碳产业园区等低碳发展综合实践区，以促进低碳技术的集成应用，带动两地低碳经济的发展，为上海建设低碳城市探索新的发展模式。

新能源和新能源汽车唱大风

一、新能源

2006年，上海就制定规划，要求"十一五"期间大力发展新能源和可再生能源，使上海成为重要的新能源和可再生能源技术研发和产业化基地之一。但这个规划的执行主体是以国有企业为主，到2009年，上海新能源发展现状和当初规划的目标仍然差距较大。2008年，上海光伏电池产能仅占全国4%、风机生产占国内装机份额不到3%。

从2009年年初开始,中共中央政治局委员、上海市委书记俞正声连日辗转跋涉于上海市各区县，对上汽、同济、航天集团上海太阳能中心等开展调研。这轮密集调研的结果是新能源被列入上海高新技术产业的首位,并形成核电、风电、煤气化、太阳能和新能源汽车五大板块。

2009年6月1日，上海市经济与信息化委员会发布《上海推进新能源高新技术产业化行动方案（2009-2012年）》，吹响了上海全力搏击新能源产业的号角。这是促进产业结构优化升级、把握历史机遇、加速新能源高新技术产业化步伐的重要举措，上海再次争取在新能源产业革命中走在全国的前头。《行动方案》提出的主要目标是：力争到2012年，新能源产业重点领域总产值达到1100亿元，占全市工业总产值的比重从目前的不到1%提高到3%，其中核电、风电和IGCC500亿元，新能源汽车300亿元，太阳能300亿元；新能源汽车产业初具规模，技术水平国内领先；核电加快提高成套能力，市场占有率达到国内第一；风电和IGCC关键设备设计、制造和系统集成能力国内领先；太阳能产业在薄膜太阳能电池、核心装备研发制造等方面达到国内领先、国际先进水平。

上海推进新能源高新技术产业化的发展重点和产业布局是：聚焦核电、风电、IGCC、新能源汽车和太阳能产业等发展重点，推动新能源产业成为支撑上海新一轮发展的重要引擎；聚焦嘉定等新能源汽车及关键零部件产业化以及浦东、闵行等新能源高新技术产业化核心产业基地，着力把上海建设成为国家新能源研发创新、装备制造、总部集聚和示范应用的重要基地。

上海推进新能源高新技术产业化的主要举措：一是落实国家战略要求，明确产业发展方向；二是加强产业基地建设，促进产业集聚发展；三是加大政策扶持力度，支持企业加快发展；四是设立产业发展专项资金，加强配套支持；五是加强技术支撑体系建设，推动产业创新发展；六是加强产业链建设，带动产业持续发展；七是加大政府采购力度，发挥应用示范效应；八是推动机制体制创新，形成开放发展格局；九是加快引进培养人才，形成高端人才集聚优势；十是完善推进机制，合力推进新能源产业发展。

《行动方案》明确分工了上海市各区域新能源发展的重点产业，致力于打造出产业集群，实现区域内的产业链上下游纵向配套和横向发展。其中，聚焦嘉定等新能源汽车及关键零部件产业化及浦东、闵行等新能源高新技术产业化核心产业基地。核电建设以浦东（临港）、闵行等为主的产业基地，浦东（临港）基地主要开展核岛和常规岛主设备的研发和总装；闵行基地主要开展核级锻件的研制；同时建设宝钢核材料供应基地。风电以浦东（临港）等为主，建设大型风电机组关键设备产业化研发制造基地。IGCC以闵行等为主，建设燃气轮机、气化炉等关键设备产业化制造基地。

《行动方案》中将通过重点发展薄膜太阳能电池、支持发展高效晶体硅太阳能电池、突破发展薄膜太阳能电池核心装备，力争太阳能电池核心工艺技术水平和装备制造能力国内领先，成为全国太阳能产业的重要基地。

《行动方案》明确将核电和风电产业聚集在上海浦东新区的临港新城。

《行动方案》规划，到2012年，核电装备产值达到150亿元，国内市场占有率争取达到40%；风电产业产值达到300亿元，大型风机关键零部件国产化率达到65%；实现2兆瓦以上风机系列化（产能2000台）、3兆瓦以上海上风机产业化（产能80台）。

上海将设立支持新能源高新技术产业化专项资金,主要用于研制补贴、技术改造项目贴息、示范工程以及引进重点项目支持;对纳入国家重点产业调整振兴规划以及重大技术改造和新能源研发支持范围的项目,由市、区政府给予资金配套支持;对新能源高新技术产业化项目的研发费用,按150%税前加计扣除;对新引进的重点项目,其固定资产投资贷款由市、区政府给予相应的贷款贴息支持;对太阳能建筑一体化、太阳能发电新产品示范应用等项目,给予补贴支持。

由上海科委直属的上海市科技创业中心、上海张江高新技术创业服务中心与相关行业协会、高等院校及企业联合创立的"上海新能源孵化器",是国内第一家也是唯一一家针对新能源的产业孵化器，成为上海推动新能源产业升级转型的支撑力量。该孵化器主要吸引国内外新能源、新材料知名企业和国际科技创业者、国内外著名研发研究院机构及政府文化产业机构等进驻。入驻企业除了可获得大比例租金减免外,还可获得政府创业基金、创新基金、小巨人基金、孵化引导基金的对口扶持,创业导师的创业辅导,投融资及上市辅导、风投基金对接等扶持措施。这些措施不仅直接大幅度降低企业的创新创业成本,提高企业成活率和竞争力,还能极大促进企业的设计创新能力。

二、新能源汽车

上海有着强大的汽车产业基础和集成能力，以整车为牵引，集成和完善各种技术，推进新能源汽车产业化，上汽具备优势。

根据《上海推进新能源高新技术产业化行动方案（2009-2012年）》，上海发展新能源汽车以油电混合动力汽车和高性能纯电动汽车为主攻方向，以电池、电机、电控等关键零部件为突破口，同步支持燃料电池汽车降低成本、提高性能，加快抢占技术制高点和市场增长点，加快形成国内领先、具有国际竞争能力的自主产业体系和产业集群。力争到2012年，新能源汽车产业初具规模，技术水平国内领先，总产值达300亿元。

按照上海新能源汽车的发展设想，2010年，上海将形成1万辆的新能源汽车产能，2012年产能达到10万辆，2015年升至30万辆，整体实力达到国际先进水平。

为贯彻落实国务院发布的《汽车产业调整和振兴规划》，上海市委、市政府印发了《关于进一步推进科技创新加快高新技术产业化的若干意见》和《关于加快推进上海高新技术产业化的实施意见》，加快提升上海新能源汽车产业的自主创新能力和产业竞争力，优化上海新能源汽车产业的创新发展环境，发挥新能源汽车产业对上海经济发展的重要支撑作用。2009年12月，上海市政府出台了《关于促进上海新能源汽车产业发展的若干政策规定》。《若干政策规定》指出，上海市新能源汽车产业发展的总体目标是：以混合动力汽车、纯电动汽车为主攻方向，以"电池、电机、电控"(简称"三电")关键零部件为突破口，同步支持燃料电池汽车等新能源汽车降低成本、提高性能，加快抢占技术制高点和市场增长点，形成国内领先、具有国际竞争能力的自主产业体系和产业集群。《若干政策规定》提出了破解新能源汽车产业发展瓶颈的突破性政策，在技术研发和产业化支持、应用推广支持、产业基地和检测服务支持、金融和人才支持等方面制订了翔实细致的政策措施。

技术研发和产业化支持措施主要有：一是在政府科技投入中安排一定资金，支持新能源汽车企业的产学研联合攻关，加快突破"三电"领域关键技术瓶颈等；二是鼓励和支持新能源汽车企业申报国家发展计划、基地、高技术产业发展项目等，并按国家和上海市有关规定给予资金支持；三是安排专项资金支持新能源汽车的整车集成开发、关键零部件的技术突破和产业化；四是支持新能源汽车的改扩建项目、引进技术和装备项目、企业收购兼并境外拥有核心技术的企业和研发机构且获得相对控股权的项目，按照上海市有关规定给予贷款贴息或无偿资助；五是对新能源汽车企业经认定的拥有自主知识产权的高新技术成果转化项目，按照上海市有关规定，由高新技术成果转化专项资金给予支持；六是支持符合条件的新能源汽车企业申报认定国家高新技术企业、技术先进型服务企业，并享受有关税收优惠政策等；七是市国资管理部门对上海市国资出资监管企业的新能源汽车研发投入，经审核后在出资监管企业产权代表业绩考核时视同于实现利润。

应用推广支持措施有：一是加大新能源汽车的政府采购力度；二是鼓励和支持国有企业等企事业单位和个人购买和使用新能源汽车，并积极支持公交、出租、公务、环卫和邮政等公共服务领域的单位申请国家节能与新能源汽车示范推广财政补助资金；三是加强新能源汽车充电站、加氢站等配套设施的规划和建设；四是对从事新能源汽车动力电池租赁业务的企业通过融资方式购置新能源汽车动力电池所发生的贷款利息，给予最高不超过三年的贴息支持。

产业基地和检测服务支持措施有：一是在嘉定等区县加快建设新能源汽车及关键零部件产业基地。鼓励区县政府制订扶持政策，设立区级新能源汽车产业发展专项资金，完善研发、检测、服务等公共服务平台等；二是加强新能源汽车检测试验、共性技术开发服务等方面的能力建设；三是鼓励和支持新能源汽车企业将具有自主知识产权的技术创新成果转化为地方和国家标准。

2009年7月18日，上海市经济与信息化委、嘉定区和上汽集团共同打造的上海市新能源汽车及关键零部件产业基地（嘉定）揭牌。基地规划面积为9.5平方公里，一期投资约30亿元。这是上海明确推进高新技术产业化9大类项目后首个建立的全新产业化基地。

上海2009年淘汰2000余辆公交车。到2012年，上海政府和公共机构新能源汽车和公交车新购比例都将占30%以上，并鼓励和支持出租、电力、环保、邮政等公共服务行业应用新能源汽车。

2009年10月，上汽集团纯电动、超级电容、混合动力大巴已经批量生产。

2009年12月17日，上海汽车与美国A123系统公司(AONE,简称A123)联合宣布，双方将按照51：49的股比，成立上海捷新动力电池系统有限公司，共同开发、生产和销售车用动力电池系统，并提供技术服务和其他售后服务。上海汽车通过和A123的合作将会掌握新能源电池的核心技术，为2011年到来的新能源汽车市场推广而占据了市场的领先地位。

2009年，国内目前最完整的新能源汽车产业链已在上海汽车集团完成布局：以油电混合动力汽车和高性能纯电动汽车为主攻方向，2010年，综合节油20%的荣威750“中混”混合动力轿车批量投放市场；2012年，节油50%以上的荣威550插电式“强混”轿车批量上市；同年，上汽自主品牌的纯电动轿车也将推向市场，这是真正的“零排放”汽车。

上汽一方面与比亚迪、上海空间电源研究所加强磷酸铁锂电池合作；另一方面与在全球锂离子电池领域技术领先的A123组建了上海捷新动力电池系统有限公司，开发、生产和销售车用动力电池系统，提供技术服务和其他售后服务。

电机和电控也是新能源汽车发展的技术难关。上汽2009年年初成立了上海捷能公司，专注于混合动力和电动汽车的动力系统集成和控制集成开发，目前已取得突破性进展。电机方面，上海捷能创新开发的插电式混联机电耦合驱动技术已进入样机试制阶段，新技术有效规避了丰田、通用等国内外混合动力产品的技术壁垒，这种更紧凑、更高效的电驱动变速箱，有望于2012年安装在上汽的插电式“强混”轿车上。电控方面，上海捷能一支60人的专家团队正全力展开自主研发。

新能源车的安全性和可靠性是实现产业化的重要前提。世博会期间，上汽提供千辆新能源车示范运行。为此上汽出巨资聘请世界知名公司MAGNASTEYR，在新能源汽车的设计、试制、试验阶段作全面安全评估。大部分样车已完成可靠性试验，开始批量生产。

在未来两年内，上汽集团将投资60亿元组建一个新能源汽车研发公司，生产新能源汽车的零部件，建造整车生产基地。

东滩生态城规划图

打造三大低碳实践区

上海积极创建低碳示范城市，将打造崇明岛、临港新城、虹桥枢纽三大实践区，三个实践区将根据自身特点探索低碳路径，崇明岛将建立低碳生态实践区，临港新城将建立低碳发展实践区，而虹桥枢纽将建立低碳商务实践区。

一、崇明低碳生态实践区

上海已经选定崇明岛建设“低碳经济”实践区，计划于2040年竣工的东滩生态城有望成为世界第一个碳中和（二氧化碳零排放）区域。在这座新城内，八成固体废弃物将实现循环利用，热能和电力将通过风能、生物能和太阳能光伏直接获得，全国第一个氢能电网也将在此建立。

——湿地公园、生态农业园、生态城镇构成生态城三大板块。未来的东滩，将主要由三大板块组成：24平方公里的国际湿地公园、27平方公里的生态农业园、余下的土地逐步作为生态城镇开发。湿地公园已完成二期建设，建成面积达1.3平方公里，正在建三期；与荷兰合作的农业园也在加紧建设，现代化种植的有机粮食和蔬菜在2010年世博会前投放市场。东滩南部生态城镇首期开发建设已启动，环保理念从交通、排污、建筑、土地使用、水处理、绿化的设计源头就得到充分考量，这里将成为一座真正的“环保之城”。

——减少“生态足迹”。按照规划设想，建成后的生态城相比传统开发模式，可以减排60%，能源使用减少60%，水排放减少88%，需填埋处理的废弃物减少83%。在用电方面，未来的东滩是一个以复合生态系统为基础的城市，用电主要依靠风能、太阳能和生物能，发电装置尽可能减少对大气的影响。在交通方面，步行、自行车、清洁能源公交车、水上出租车将是人们的出行方式。东滩未来的社区是开放式的，以最大限度缩短交通距离，根据设计，东滩设有不受机动车干扰的独立的人行步道和自行车道网络，任何地方到附近公交线站步行不超过7分钟。据测算，便捷的公共交通将使东滩减少190万公里旅行距离，一期建设区域每年可减少40万吨二氧化碳排放量。

面积为1平方公里的生态城第一阶段于2010年开放，最多可容纳1万居民，到2020年，生态城将完成6.5平方公里的一期建设，最多可容纳8万居民。生态城的建筑物将采用环保技术，屋顶草坪和植物是天然隔热层，可储存雨水用于灌溉，这意味着东滩一期建设区域可实现城市节能66%，每年可减少35万吨二氧化碳排放。

此外，废弃物可通过科技手段转化成肥料和能源，通过集中水处理系统，水消耗比常规模式减少一半。

——生态城还未建成，模式已被广泛复制。尽管目前东滩生态城的建设还处在起步阶段，但东滩生态规划的模式已经开始复制到其他地方。在河北廊坊和曹妃甸、浙江湖州等地，崇明东滩规划多年积累下来的经验和指标体系已经被应用到一些城市建设项目中。与国外已建成的生态社区案例相比，东滩可持续发展生态城的创新在于规模化、系统化、综合性，经济社会发展和生态环境保护兼顾的指标体系超过以往用技术解决某一系统生态问题的社区。除了建设本身，崇明东滩生态城还在商业运作模式和融资模式上有创新突破。东滩生态城通过长短结合、集中分散结合的收入模式实现开发的可持续性，采用债券、信托、投资基金等多种融资方式。

二、临港新城低碳发展实践区

临港新城位于上海长江口与杭州湾的交汇处。临港新城的建设是上海市委、市政府为抓住新一轮国际产业转移和港口竞争、实现经济跨越和城市可持续发展而做出的一项重大战略决策，是加快推进“四个率先”、加快上海“四个中心”（国际经济、国际贸易、国际金融和国际航运中心）建设的主体工程之一。

临港新城建设的一项重要使命，就是通过建立和完善低碳发展的政策框架，在临港新城里建立若干低碳社区、低碳产业园区等低碳发展的实践区，大力发展高端制造业、港口服务业等低碳产业，促进低碳技术的集成应用，走一条低碳发展之路，为上海建设低碳城市探索新的发展模式。

临港新城建设从一开始就引入低碳发展理念，提高无碳能源比例，优化能源结构，实现低碳发展。

按照总体规划，临港新城将重点发展新兴装备制造业和现代服务业，大力发展海洋科技和清洁能源产业，不断优化产业结构，走一条高能效、低能耗和低排放的新型工业化道路。探索一条与低碳发展相适应的社会发展模式。未来临港新城将实现智能化管理，通过加强生态管理、推广节能建筑、建立智能交通、打造低碳社区等途径，探索临港新城的新型城市化道路。

上海市科委已将“临港新城低碳城市实践区建设指标体系与建设导则研究”、“临港新城环湖绿带生态优化关键技术研究与示范”列为2009年度科技支撑项目。

在上海通用电气临港重型机械装备公司办公楼2500平方米的屋顶，全部安装上了太阳能光伏发电设备，是目前国内单幢建筑屋顶上最大的太阳能光伏商业电站，已并网发电。

临港新城模型图

三、虹桥低碳商务实践区

虹桥商务区是推进上海“四个中心”建设、加快与长三角区域一体化发展的重大战略部署。上海市委九届八次全会明确将加快虹桥商务区规划建设作为上海市六项重点工作之一。按照全市“6+3”重点工作推进要求，根据市政府批准的《虹桥商务区控制性详细规划》，《虹桥商务区核心区城市设计》和《虹桥商务区拓展区结构规划》编制工作已经基本完成。

《虹桥商务区核心区城市设计》的低碳设计理念核心主要表现在城市空间布局、交通组织、能源利用及建筑设计4个方面：通过小街坊、高密度、低高度的空间形态创造步行化的环境、适宜节能的建筑群体；通过功能混合布局减少长距离出行；通过多样性的公共空间增强可行走性；鼓励步行交通及自行车交通，促进公共交通，减少私车交通；利用新能源、可再生能源，并尽可能利用近距离输送，提升能源的利用效率；控制建筑材料、建筑物的遮阳及外保温、屋顶绿化、建筑自然通风等。

商务社区强调空间的整体性和人性化，形成内部联系紧密、服务功能完善、综合性、高效率的商务区，突出宜人尺度，强化功能混合，增加交往空间，加强社区认同感和归属感。规划目标是将商务区建设成为功能多元、交通便捷、空间宜人、生态高效、具有较强发展活力和吸引力的上海市第一个低碳商务社区。

碳交易和碳捕获

2008年8月5日，上海环境能源交易所正式挂牌成立，这是在国内率先设立的一个环境能源领域各类权益交易的平台，核心业务是为环境能源领域各类权益人和节能减排集成商、科研机构、投资机构等各类企业、机构，提供各类资本、经营、信息与技术服务。

受联合国开发计划署委托，上海环境能源交易所将负责建立“发展中国家全球气候变化对策培训中心”，以使中国在减排领域中的经验与发展中国家共享。上海环境能源交易所在合同能源管理及排污权交易方面与境外机构及企业展开合作，打造国际化的综合性交易平台。目前，日本经济产业省有175个项目在此挂牌交易。国外公司在华开发的生物质发电项目也通过平台征集到明确的投资方。

2009年7月，全球最大的燃煤电厂碳捕获项目在上海华能石洞口第二电厂正式开工，总投资1.5亿元，2009年年底建成。预计年捕获二氧化碳10万吨，只捕获不封存。石洞口项目采用燃烧后二氧化碳捕获，对于原来的电厂没有改变任何部分，仅仅是增加了一个捕获装置。项目捕获率应在80%以上，二氧化碳纯度会在99.6%以上。

（根据有关资料编写）

国家低碳试点市

天津市低碳发展

天津市发展和改革委员会

随着国际社会对气候变化问题的日益关注，控制温室气体排放、加快发展低碳技术和低碳产业、实现低碳绿色增长、成为当今世界发展的重要潮流。党中央、国务院高度重视发展低碳经济与应对气候变化，胡锦涛总书记、温家宝总理多次做出重要指示，要求把应对气候变化纳入经济社会发展规划，大力发展低碳经济，加快转变发展方式。国家发改委相继制定出台了一系列政策措施，积极推动低碳经济发展。

天津是中国北方最大的沿海开放城市和环渤海地区的经济中心，正以滨海新区开发开放为龙头，加快建设国际港口城市、北方经济中心和生态城市。近五年，天津市经济保持了又好又快的发展势头，全市GDP年均增长16%，其中滨海新区年均增长22%，全市人均GDP已超过1万美元。天津市在推动经济社会加快发展的同时，按照科学发展观要求，把发展低碳经济作为推动发展方式转变的重要举措，积极调整产业结构，大力开发新能源和可再生能源，狠抓节能降耗，加快形成有利于节能减排的产业结构、生产方式和消费模式，全力推进城市低碳发展。

一、加大产业结构调整力度，促进经济发展方式转变

近年来，天津市不断加大产业结构调整力度，着力发展符合国家产业政策的高端、高质、高新、低耗能产业，推动产业向低碳转型、产业链向高端转移，加快建立有利于节约能源资源的产业体系，基本形成了以高新技术产业为引领，优势产业为支撑，三次产业不断优化，整体快速、协调发展的格局。一是大力发展战略性新兴产业和低耗能产业，逐步形成了航空航天、新能源新材料、生物技术和现代医药等八大优势支柱产业。同时将加快服务业发展作为调整优化产业结构的战略任务，重点发展金融、现代物流、商贸流通、科技服务、旅游、会展、文化及创意、人才教育等八大现代服务业。2009年，天津市第三产业增加值占生产总值比重达45.3%，现代服务业体系日臻完善，城市服务功能不断增强。二是加快推进产业聚集，形成了电子信息、重装、重化等一批千亿级产业聚集区，以化工、冶金、汽车、再生资源回收利用等为重点搭建了多条循环经济产业链骨架，形成了集约效应。三是严格控制高耗能、高污染项目。率先实行能评一票否决制，同时严格执行国家产业政策，加快淘汰落后生产能力。“十一五”以来，天津工业总产值年均增长22.9%，而同期能源消费标准煤总量年均增长仅10%。

二、大力推进节能降耗，不提高能源利用效率

天津作为一个老工业城市，传统高耗能产业比重较大，控制能源消费和温室气体排放的任务很重。“十一五”期间，天津市积极贯彻落实国家关于节能减排的政策法规，不断完善节能管理体系，形成了责任明确、任务落实、监管有力、考核到位的节能工作机制。在工业领域，狠抓冶金、化工、电力等重点行业节能，加快工业锅炉节能改造，推行余热余压发电；在交通领域，加快淘汰老旧汽车、船舶，鼓励发展节能环保型汽车，积极建设覆盖全市的综合交通体系和立体交通框架；在建筑领域，积极推进既有建筑节能改造，建设国家机关办公建筑和大型公共建筑能耗统计、能源审计、能效公示制度和能源采集平台，显著提高了节约效益，为建设低碳城市奠定了良好基础。2006年、2007年、2008年，全市单位GDP能耗降幅分别为3.98%、4.9%、6.85%，连续三年居全国前三位。2009年，全市单位GDP能耗比2005年下降20.1%，提前一年完成“十一五”节能降耗任务。其中，列入“千家企业”的20家重点耗能企业四年累计完成节能量317.19万吨标准煤，提前超额完成国家发改委下达的178.83万吨标准煤的“十一五”节能目标。

天津市还积极探索发展低碳经济、节约能源资源、保护生态环境的新途径。坐落于天津滨海新区临港工业区的我

国首座自主开发、设计、制造、建设和运营的整体煤气化燃气—蒸汽联合循环示范工程——华能天津IGCC电站正在全面建设之中。该工程预计2011年竣工投产，标志着天津市在具有自主知识产权、代表世界前沿水平的“绿色煤电”方面将取得重要进展，对推动我国清洁煤发电技术发展、增强自主创新能力、实现煤炭清洁高效利用具有重要意义。

三、积极开发利用可再生能源，优化能源结构

近年来，天津市积极开发利用太阳能、风能、地热能、生物质能等可再生能源，不断推进能源结构优化。太阳能利用方面，全市建成太阳能光伏发电约19千瓦。有12个光伏建筑一体化并网示范工程项目（装机规模23兆瓦）列入国家金太阳示范工程，并将在近2到3年内实施。风力发电方面，已完成全市风资源评价、现场测风和数据分析评估、风电场工程规划等工作。天津市首座风力发电场——大神堂风电场项目已投产发电，还有两个风电场正在加紧建设中。农村沼气利用方面，截至2009年底，天津市农村共建户用沼气3.39万户，年产沼气1161.95万立方米；各类型畜禽养殖沼气工程188处，供气户数0.89万户，年产沼气814.27万立方米；秸秆沼气集中供气工程2处，供气户数0.06万户，年产沼气32.40万立方米；秸秆气化集中供气工程55处，供气户数2.31万户，年产秸秆燃气4215.75万立方米。生物质发电方面。天津市已正式投入运营的生物质发电厂有三座，总装机容量3.7万千瓦，年垃圾处理能力60万吨。正在建设中的滨海新区垃圾焚烧发电厂项目，日处理垃圾1500吨，装机容量2.4万千瓦。地热方面，全市纳入地热资源管理的开采井261眼，年开采量为2642万立方米，地热供暖面积达到1200万平方米，占中心城区集中供暖总面积的10%，主要用于建筑供暖、居民生活热水、康乐理疗、温泉度假、农业种植养殖等领域，成为我国利用地热供暖规模最大的城市。

四、加大低碳经济载体建设力度，低碳经济示范区初具形态

近年来，天津市以构筑低碳经济示范区为载体，加快推进低碳城市建设。一些区域已积极开展了低碳发展路径的探索，并取得了初步成效。

天津经济技术开发区是我国首批循环经济试点园区和国家生态工业示范园区，吸引了130余家世界五百强企业入区，形成了电子通讯、机械制造、生物医药、食品饮料等四大支柱产业，连续十二年在国家级开发区投资环境评价中位居第一，单位GDP能耗处于全国领先水平，创造了著名的循环经济“泰达模式”。为进一步发挥示范带动作用，2009年开发区明确提出创建中日（国际）合作低碳经济示范区发展战略，立足滨海新区、天津市及周边区域的低碳技术需求，搭建促进低碳经济技术交流的国际合作平台，开展低碳示范项目，力争成为低碳技术汇集地，实现经济效益和环境效益的和谐发展。

中新天津生态城是中国和新加坡政府的重大合作项目，自2008年9月开工建设以来，紧密围绕中新两国协议确定的“资源节约、环境友好、经济蓬勃、社会和谐”的总体目标和“三和三能”（人与人、人与经济活动、人与环境和谐共存,能实行、能复制、能推广）的总体要求，致力于建设成为综合性的生态环保、节能减排、绿色建筑、循环经济等技术创新和应用推广的平台，国家级生态环保培训推广中心，现代高科技生态型产业基地，参与国际生态环境发展事务的窗口和生态宜居的示范新城。生态城将低碳作为重要发展目标，提出到2020年绿色建筑率达到100%，可再生能源利用率达到20%，绿色出行比例达到90%，从低碳建筑、低碳能源、低碳交通等方面探索低碳城市的实施路径。在加快城市建设的同时，生态城以产业园为项目载体，初步形成了以新能源、新材料、节能环保、文化动漫、软件开发、电动汽车等为核心和标志的产业聚集态势，探索出一条城市化和产业化相互促进、可持续发展的新路。

于家堡金融区位于天津滨海新区核心地带，占地面积386万平方米，是滨海新区九大功能区之一的中心商务区的重要组成部分。金融区遵循“绿色建筑、低碳城市”的发展理念，以节能降耗为目标、以绿色建筑技术为标准，致力于打造一座低碳型金融商务区。在2010年亚太经合组织第九届能源部长会议上，于家堡金融区被确定为APEC框架内首例“低碳示范城镇”，将为低碳型商务中心的开发和低碳技术的普及提供示范。

五、滨海新区开发开放和综合配套改革，为低碳发展机制创新提供了良好的政策环境

2008年9月，天津排放权交易所在滨海新区设立，这是按照国务院批复要求设立的全国首家综合性环境权益交易机构，是一个利用市场化手段和金融创新方式促进节能减排的国际化交易平台。交易所成立以来，推出了碳中和服务模式、合同能源管理服务模式和石油石化行业CDM开发服务模式及相关方案。交易所于2008年12月23日成功组

织了中国第一笔基于互联网的二氧化硫排放指标电子竞价交易，于2009年11月17日组织了我国首笔基于碳盘查的企业碳中和交易，并于2009年12月27日组织了我国首笔通过交易所实现的合同能源管理项目。2009年9月初，交易所启动了企业自愿减排联合行动，依托联合行动的平台，宣传企业节能减排的突出经验，帮助企业组织核查自身排放情况、利用市场资源为企业开展各类节能减排综合服务，目前已招募首批37家成员。

今后，天津市将进一步支持天津排放权交易所发展，探索国家主导的行政、经济、法律和市场四位一体的节能减排综合管理体制机制，形成可复制、可推广的经验，为显著降低碳强度探索市场化解决方案，打造具有国际影响力的国家级综合性环境权益交易平台。

六、循环经济国家试点城市工作稳步推进，为低碳经济发展创造了良好条件

天津作为全国第二批循环经济示范试点城市，在循环经济体制机制创新、政策法规完善、示范试点建设等方面进行了积极探索。短短几年时间，循环经济从理念变为行动，在全市范围内快速发展。天津市成立了发展循环经济建设节约型社会领导小组，建立了长效工作机制；市政府、有关部门出台了相关政策法规，制定了相关标准，不断优化循环经济发展环境；设立发展循环经济专项资金，对41个循环经济技术开发、产业化示范重大项目给予了资金支持；大力实施循环经济“11253”工程，培育了6个国家级和39个市级循环经济试点，搭建了若干条循环经济产业链，初步形成了“泰达”、“子牙”、“临港”、“北疆”、“华明”等五种发展循环经济的特色模式，积极建设全市再生资源回收体系，正逐步形成有利于节约能源资源的三产互动的产业格局和动静脉产业耦合的产业体系；天津市还与日本北九州市积极开展中日循环型城市合作。2010年5月，子牙循环经济产业区被国家发改委、财政部列为全国首批“城市矿产”示范基地之一。

深入推广循环经济试点城市建设、特别是规划引导、政策激励、试点带动、资金支持等方面的经验，为下一步发展低碳经济奠定了良好基础，同时也提供了诸多有益借鉴。

七、积极开展植树造林和城市绿化，增加城市碳汇

近年来，天津市重点实施了外环线外侧绿化、京津风沙源治理、“三北”和沿海防护林体系、重点高速公路绿化、退耕还林、野生动植物及自然保护区建设等重大生态环境保护与建设工程；建设“三网三带四区多片”森林生态体系，大大增加了林业碳汇和城市园林绿地碳汇。2008年全市林木覆盖率19.3%，比2000年增加了3.3个百分点，森林碳汇累计增加了260万吨。《2009～2012年天津林业建设规划》中提出到2012年，天津市林木覆盖率要达到22%的奋斗目标，即从2009年开始，平均每年造林20万亩，林木覆盖率提高1个百分点，截至目前已完成造林26万亩。

八、承办气候变化国际谈判天津会议，展示良好国际形象

气候变化国际谈判天津会议于2010年9月28日至10月9日在天津梅江会展中心召开，其中9月28日至10月3日为发展中国家集团和地区的预备性磋商会议，10月4日至10月9日为联合国气候变化框架公约长期合作行动特设工作组第12次会议及京都议定书关于附件一国家进一步减排义务特设工作组第14次会议。天津会议是年底坎昆会议之前的最后一次正式谈判会议，也是我国首次承办联合国框架下的气候变化正式谈判会议。天津市委、市政府高度重视会议的筹备工作，专门成立了由市主要领导挂帅的筹备协调委员会。

九、入选低碳试点城市，开启低碳经济发展新篇章

天津被列为首批全国低碳城市试点之一，这对天津市在加快发展方式转变、促进低碳经济发展方面提出了新的要求。按照国家部署，结合低碳城市试点工作，“十二五”期间天津市将从以下几方面进一步推动低碳经济发展。一是加强规划引导。编织并实施好“十二五”低碳发展专项规划和低碳城市建设实施方案，把低碳发展的理念和要求切实落实到经济社会发展中。二是完善激励机制。制定和完善促进低碳经济发展的科技、产业、税收、金融、价格等激励政策，有序推进低碳城市试点工作。三是加快调整结构。努力培育知识产业、生产性服务业等高附加值、低能耗产业，加速发展现代服务业；着力发展生物技术和现代医药、软件和高端信息制造等低碳产业；加快能源结构调整。四是加快技术创新。发挥科研机构和高校优势，加强产学研联合，加快低碳技术创新，尽快实现科技成果产业化。五是加强植树造林，增加林业碳汇。多渠道拓展林地绿化空间，提高森林覆盖率。对造成破坏的植被，采取绿化补偿等措施进行生态补偿。六是狠抓节能降耗。进一步加大工作力度，创新工作方法，完善体制机制，依靠科技进步，努力建设以低碳排放为特征的产业体系和消费模式，积极探索特大型老工业城市的低碳发展之路。

国家低碳试点市

重庆市低碳发展

重庆市发展和改革委员会

低碳经济是在全球气候变暖、对人类生存和发展带来严峻挑战的大背景下，为应对气候变化提出来的，是一种以低能耗、低污染、低排放为基础的崭新模式，其目标是减少温室气体（主要是二氧化碳）排放，其实质是清洁能源开发、能源高效利用、产业清洁生产等，核心是能源技术和减排技术创新、产业结构创新和制度创新以及人类生存发展观念的根本性转变。随着气候变化问题日益凸显，发展低碳经济，减少温室气体排放，已是国际共识，成为许多国家转变发展方式、争夺发展空间、争取竞争优势的重要途径。

当前，我国处于全面建设小康社会的关键时期和工业化、城镇化加快发展的重要阶段，在目前国内能源资源短缺和全球排放空间有限的大背景下，大力发展低碳经济，从国内来说，对推进资源节约型、环境友好型社会建设，化解资源环境瓶颈制约，保障能源供应安全，走新型工业化道路，培育新的经济增长点，在新的一轮经济发展中抢抓先机具有重大意义。从国际上说，我国将承受着控制温室气体排放的巨大压力，未来排放空间将受到限制。

一、重庆发展低碳经济的行动和努力

重庆市是全国六大老工业基地之一，地处三峡库区，发展低碳经济更具有重要的现实意义，也是重庆市实现可持续发展的必由之路。按照国务院《关于推进重庆市统筹城乡改革和发展的若干意见》（国发〔2009〕3号）对重庆市提出的“树立生态立市和环境优先的理念，创新节约资源和保护环境的发展模式，发展循环经济和低碳经济，建设森林城市”的战略任务要求，重庆市低碳经济工作结合应对气候变化、产业结构调整、节能减排、森林工程建设等取得了初步实效，为下阶段全面推进奠定了良好基础。

（一）初步建立了发展低碳经济的政策框架

颁布了《重庆市应对气候变化方案》、《重庆市应对气候变化科技专项行动纲要》、《重庆市节约能源条例》、《重庆市建筑节能条例》等一系列促进低碳经济发展的法规、政策及规划，成立了以市长为组长的应对气候变化领导小组，为发展低碳经济提供了政策和组织保障。

（二）大力发展清洁能源

2009年，全市非燃煤电力装机容量达到较高的比例，建设投用垃圾焚烧发电厂、农村沼气等生物质能源及风力发电项目。

（三）推进节能降耗

“十一五”期间，重点在工业、建筑、交通等3个主要耗能行业开展节能降耗工作，取得良好效果。万元GDP能耗从2005年的1.42吨标准煤下降到2009年的1.181吨标准煤，相当于节约1400万吨标准煤，减排3200万吨二氧化碳。

（四）增强林业碳汇

实施“森林重庆”，通过重大林业工程建设，到2009年底，重庆市森林面积达到4300万亩，森林蓄积量1.3亿立方米，森林覆盖率达到35%，分别比2005年提高490万亩、0.1亿立方米和4个百分点，每年可吸收二氧化碳2100万吨。

（五）开展低碳技术研发

在可再生能源开发、废弃物综合利用、燃煤高效发电及烟气治理、煤层气提纯及液化、节能环保汽车、规模化沼气、建筑节能等领域技术研发取得了一批重要成果。设立3个国家实验室、9个省部级重点实验室、7个国家和省级工程中心，为开展低碳技术研发和应用推广提供了有效平台。建成了全国最大、西南地区首个碳捕集示范装置，

年捕集二氧化碳能力1万吨。

（六）加大财政支持力度

通过争取中央财政支持和加大市级财政投入，2007~2009年，直接投入节能减排和低碳经济的财政资金达到28.5亿元，其中：中央财政资金5.62亿元，市级财政资金22.88亿元。

（七）推进清洁发展机制（CDM）项目

目前，国家已批准了重庆市52个CDM项目，18个项目在联合国CDM执行理事会成功注册，6个项目获得碳交易资金，企业在获得经济效益的同时，也实现了低碳发展。

（八）促进低碳产业发展

通过近年来加大扶持和培育力度，以西永微电子园年产8000万台笔记本电脑基地、长安集团、恒通公司、重钢三峰科技、远达环保、海装公司、四联集团、硕朗倍德公司、大全公司等企业为代表的低碳龙头企业快速发展壮大，形成低碳产业链，并逐步集聚，形成低碳产业群。

（九）争取国家首批低碳经济试点

向国家申请了首批低碳经济试点，国家发展改革委已安排资金支持重庆市开展低碳经济试点实施方案研究。

（十）开展对外合作

2008年11月，市政府与英国驻重庆领事馆联合举办了“中国（重庆）–英国低碳周”活动。重庆市低碳经济规划研究获得英国外交部战略项目基金支持。与多个国家的企业开展了CDM项目开发、碳交易和建筑节能的交流与合作。目前，正与国际气候组织洽谈低碳经济合作事宜，双方将在“十二五”规划咨询、低碳经济示范项目建设、低碳产业和园区发展等方面开展合作。

二、重庆发展低碳经济的机遇与挑战

就重庆而言，尽管重庆市产业结构调整、节能减排及低碳经济工作取得了一定成绩，但资源环境对全市经济社会发展的瓶颈制约十分明显。主要表现在：一是重庆近几年第二产业比重持续上升，第三产业比重连续下降，工业产业结构重型化特征明显，传统高耗能行业在工业经济中的比重仍然较大，主要工业产品单位能耗与东部沿海地区相比有很大差距。现有经济结构、产业结构面临进行重大调整的压力。二是工业化进程加快，对资源的需求和环境的压力不断加大，但重庆市缺乏国际领先、有自主知识产权的低碳技术，对工业低碳发展不能形成有效技术支撑。三是经济社会快速发展，能源需求大幅增加，但受资源禀赋制约，除发展核电和水电外，进一步拓展可再生能源和其他低碳能源的发展空间有限，满足能源消费需求与优化能源结构难以兼顾。现有能源结构不能长期支撑高碳增长。四是由于重庆市位于三峡库区腹心地带，保护生态环境的任务和压力大，加快经济发展与三峡库区水环境保护的矛盾突出。目前，中央政府已决定到2020年全国单位GDP二氧化碳排放比2005年下降40%~45%，作为约束性指标纳入“十二五”及其后的国民经济和社会发展中长期规划，并制定相应的国内同级、监测、考核办法加以落实，发展低碳经济是重庆化解资源环境的瓶颈制约，实现持续发展的必然选择和有效途径。

重庆发展低碳经济具有3个方面的有利条件：一是具备争取国家政策支持的优势。发展低碳经济涉及经济社会发展的诸多领域，覆盖面广，需要全方位、多层次的政策支持才能取得成功。根据我们的梳理，国务院3号文件给予了重庆145项政策和措施支持，加之3号文件出台前后重庆市与36个部委和12家央企签署的合作协议（备忘录），国家又将批准重庆市为首批低碳经济试点城市。综合这些政策优势，在低碳经济发展中，重庆市可以争取国家有关部委和中央企业将给予支持。二是两江新区设立和产业结构特征为低碳经济发展提供了丰富的内容。国家已经批准重庆市设立两江新区；重庆市有国家级的经济技术开发区和高新技术开发区，也有众多的蓬勃发展的市级特色工业园区；此外，重庆市产业门类齐全，代表性企业较多。因此，无论从区域层面，工业园区层面，还是产业（企业）层面，均能为发展低碳经济提供丰富的内容。三是低碳产业已具备一定规模。主要表现在电子信息、垃圾焚烧发电、烟气脱硫、新能源汽车研发生产、风力发电装备、太阳能光伏产品生产、LED元器件和灯具、建筑节能等方面成长了一批具有实力和自主知识产权的企业。

三、重庆发展低碳经济的思路

低碳经济作为新的经济发展模式，涉及经济社会的多个领域，具有很强的系统性。重庆发展低碳经济必须以科学发展观为指导，与节能减排、构建资源节约型和环境友好型社会、建设“五个重庆”紧密结合，主要开展6个方面工作：

（一）建设低碳城市

低碳城市主要覆盖交通、建筑、市政等领域，包括科学的城市规划；发展低碳交通，推广绿色照明；发展绿色建筑和建设低碳社区；开展废弃物无害化处理，鼓励资源化利用等。

（二）发展低碳产业

低碳产业是发展低碳经济的核心。包括调整经济结构，构建低碳产业体系；发展低碳能源，优化能源结构；实施节能减排，推行清洁生产；发展循环经济，加强资源综合利用；建设“森林重庆”，增强林业碳汇等。

（三）低碳技术的研发及应用

低碳技术创新是发展低碳经济的关键，包括在清洁能源技术、提高能源使用效率、资源综合利用、城市废弃物处理等方面取得科技突破和成功应用；加强科技体制机制建设，完善相关激励政策；强化科技基础研究和推广平台建设；加强低碳技术的知识产权保护等。

（四）培育低碳社会

以培育公众低碳意识为重点，倡导低碳生活方式和消费模式。包括逐步减少并最终取消一次性用品；抑制商品过度包装；限制使用塑料购物袋；鼓励家庭和公共场所节能等。

（五）发展低碳经济的体制创新

体制创新是发展低碳经济的政策保障，包括将降低碳排放强度作为约束性指标纳入经济社会发展规划；将发展低碳经济的成本纳入国民经济核算体系；健全发展低碳经济的法规体系；完善对政府官员的政绩考核体制；推进资源（能源）价格形成机制改革；建立基于市场机制的环保经济政策等。

（六）发展低碳经济的能力建设

包括编制温室气体清单；开展统计、监测、考核三大体系建设；实施人员培训；加强国际交流和合作等。

四、重庆市推动低碳经济发展的主要措施

（一）将低碳经济贯穿于发展之中

市政府已决定将发展低碳经济作为一项长期工作任务，贯穿于经济工作的始终，覆盖经济工作的所有领域，每年召开一次低碳经济专题会议，检查上一年工作进展情况，研究部署新一年的工作计划，协调推进相关工作；将单位GDP二氧化碳排放强度作为约束性指标纳入重庆市“十二五”规划纲要，在制定相关专项规划时体现发展低碳经济；编制重庆市“十二五”应对气候变化方案和低碳经济发展规划，引导低碳经济发展。

（二）建立发展低碳经济政策法规体系

研究出台重庆市发展低碳经济的指导性意见，在财税、金融、土地、价格等方面鼓励和引导社会资本投入低碳经济，推动经济社会向低碳方向转型。加大低碳经济财政投入力度，研究设立支持低碳经济发展的专项资金，支持低碳经济科技创新及研发和能力项目建设。开展低碳企业、低碳产品认证，减免相关税费，政府采购和政府补贴向低碳产品及低碳企业倾斜，引导低碳消费，培育低碳市场。加强与金融机构合作，鼓励银行对低碳企业和项目优先提供贷款。以科技风险投资为重点，开展低碳技术质押和科技保险试点。

（三）加快发展低碳经济的能力建设

编制重庆市温室气体清单，建立二氧化碳减排指标统计、监测、考核体系，全面把握总体排放水平和重点排放领域，为制定低碳经济发展规划，选准突破口提供依据。

（四）大力发展低碳产业

重庆市将围绕老工业结构调整、新产业打造和未来产业创造三条主线，按照低碳发展的要求，依靠人力、资源、政策优势，引进、培育和依托龙头企业，着力发展信息产业、生物医药产业、新材料产业、节能环保装备产业、新能源装备制造业、新能源汽车、直升机制造等七大战略型新兴产业，使目前有1600亿元产值的新兴战略产业到2015年形成1.2万亿元的产能，再造1.5个重庆工业。

（五）推动高新技术产业的研发与应用

抓紧制定贯彻落实《重庆市科技创新促进条例》的实施意见，为低碳技术创新和推广应用营造良好的政策环境。尽快修订《重庆市科学技术奖励办法》，提高市级科技奖励标准。完善科技扶持政策，采取有效措施，以实现科技研究与低碳经济发展实际需要的有效对接为目的，鼓励科技人员从事低碳技术研发工作。

（六）加强节能管理和发展循环经济

继续实施“十大重点节能工程”。严格执行固定资产投资项目节能评估和审查制度，把好高耗能项目准入关。继续对重点能耗企业进行能耗监测和评估。研究制定推广合同能源管理的政策措施。在政府采购中继续对节能型产品实行强制采购。继续对企业淘汰落后产能按照实际淘汰量给予奖励。继续对企业节能技术改造实行“以奖代补”。扩大实施“节能产品惠民工程”财政补贴推广范围。严格落实节能领域的优惠政策，对企业从事节能技术改造项目所得，给予“三免三减半”的优惠，企业购买节能专用设备，可按投资额的10%抵免企业所得税。加大市级节能专项资金对节能技术和产品研究、开发和推广的支持力度。继续落实燃煤电厂脱硫加价制度，对脱硫设施稳定达标运行的企业，其上网电价每千瓦时加价0.15元。抓紧制定《重庆市循环经济促进条例》和《循环经济发展“十二五”专项规划》，进一步发展循环经济。

（七）拓展森林碳汇空间

加快推进“森林重庆”建设，创建国家森林城市，并采取有效措施，确保实施效果。同时，以林业碳汇为基础，探索建立碳交易市场机制。

（八）培养低碳生活方式

建立快捷、方便、准时、覆盖广泛的公共交通系统，禁止环保不达标车辆上路，促进“畅通重庆”建设。结合小城镇建设和房地产开发，特别是政府负责建设的保障性住房，发展绿色建筑，打造绿色生态住宅小区，建立低碳示范社区。广泛开展全民应对气候变化及低碳经济宣传教育，普及低碳生活理念和知识，培养低碳生活消费习惯。

（九）深化对外合作交流

以推进内陆开放高地建设，加大CDM项目开发、清洁能源和节能技术交流与合作的广度和深度；探索与国际金融组织合作实施低碳经济示范项目；加强对外技术交流和人员培训合作；举办具有较大国际影响力的应对气候变化及低碳经济论坛和学术研讨会。

低碳经济的发展是一项复杂的系统工程，既需要完备的政策体系来扶持、先进的科学技术体系来支撑，坚实的产业体系来实现，也需要社会公众形成共识，自觉变革传统的生产和消费方式。因此，面对极端气候不断来袭的现实，推动低碳经济发展，使经济发展与生态环境协调，政府、企业、个人都有责任，企业更要充分准备、把握先机、赢得主动。

山西省低碳发展

山西省是全国最大的能源和重化工基地之一，煤炭生产约占全国的1/4，焦炭生产约占全国的2/5，电力生产约占全国的1/17。煤炭一次能源的消耗占全省能源消耗总量的近95%，致使山西经济能耗强度高、碳排放量大、污染严重，抗风险能力弱。山西省的二氧化碳排放居全国前列。近50年以来，山西省气温的上升趋势明显，降水的年变化和年总太阳辐射量呈下降趋势。

山西推进低碳发展和清洁能源的条件比较优越，开展以煤为主的高碳能源低碳化利用研究大有可为，发展低碳经济机遇和空间广阔。发展低碳经济、绿色经济是山西省实现可持续发展的必然选择，更是转变经济发展方式、推进资源型经济转型的必须解决的重大课题。

顶层筹谋　抢先发展

中共山西省委和山西省政府高度重视和加快低碳发展，把加快低碳发展作为山西省经济社会快速发展的新机遇和重大战略。

2009年9月，《山西省煤化工产业调整和振兴规划》出台。按照《规划》，构建三大特色煤化工基地、15个精品园区。包括巩固提升晋东化肥及清洁能源特色煤化工基地，重点开发甲醇、煤制合成油等项目。在晋东基地，以潞安、晋煤示范装置为基础，建设百万吨级煤制合成油、甲醇制汽油装置，打造合成油工业园区。培育壮大晋中焦化和乙炔化工特色煤化工基地，重点规划发展煤焦油加工、焦炉气制甲醇等焦化下游特色项目。在晋中基地，以焦炉气、煤焦油深加工为重点，以山西焦化、山西三维等重点企业为依托，建设1，4–丁二醇及其下游产品。全面启动晋北甲醇及甲醇深加工特色煤化工基地，重点发展甲醇、二甲醚、甲醇制烯烃等甲醇下游特色煤化工项目。

2009年12月，山西省经济工作会议提出，把低碳发展作为2010年的“战略取向”，持续优化经济结构、培育低碳产业、推广低碳生产、倡导低碳消费、加强节能减排、增加森林碳汇。

2009年12月30日，“山西省低碳经济发展高峰论坛”举行，公布了《山西低碳经济战略发展规划》。山西国新高碳能源低碳化利用研究院同时揭牌。《山西低碳经济战略发展规划》着重对山西民用、交通和非能源、非重化工高碳工业领域的低碳、集群化发展进行了规划。这是我国首个省级低碳经济规划。按此规划，山西低碳经济发展的基本方向是：积极发展第三产业，改善整体经济的能源消耗和碳排强度，降低对能源，尤其是煤炭一次能源的依赖。淘汰关键行业及领域的高能耗落后产能，降低能源消耗。提高新建项目的技术要求，提升新增产能的能源效率和减排效果。通过管理水平的提高和技术改造节能减排。改善电力能源供应结构，发展低碳和可再生能源电力供应能力，减少污染根源。充分利用天然气、煤层气、沼气等低碳优质能源资源，加速对原煤和其他高碳燃料的替代转换，减少民用、交通和工业燃气污染排放。加强对机动车尾气排放的监管，限制尾气排放超标机动车辆的运行，缓解交通废气排放对气候环境的影响。明确绿化目标，提高环境绿化率，维护自然的碳汇能力。

《发展规划》提出，山西低碳经济发展目标是：调整经济结构——力争在2015年前将第三产业在国民经济总产值中的比重稳定在40%以上的水平。发展产业集群——快速发展不锈钢和食品加工产业集群；基本形成汽车和IT产品组配件“超级”产业集群；其他产业在调整优化的同时实现增长或维持收入水平。能源结构低碳化——天然气和煤层气的消费2015年达到65亿立方米（约合标煤865万吨），占能源消费总量的比重提高至4.1%；提高无碳和可再生能源的供应量，增加新型能源在电力生产中的供应比重，2015年新型能源发电量的比重提升至总量的10%。降低经济能耗强度——在不影响经济增长的前提下，控制能源消费的增长速度，降低经济的能耗强度，2015年下降至2吨标煤/万元GDP，力争能耗降幅高于全国平均水平。在重要消费领域的发展——加速民用和工业燃料能源的替代转换，以低碳高效能源替换原煤、焦炉煤气等高污染燃料，民用燃气替换比例2015年达到50%。2015年实现全省工业园区、集群地的天然气（煤层气）使用率超过80%的目标。增加新能源车辆——利用山西低碳能源的资源优势，加速车用燃料的替代转换。重卡和城市公共交通系统新增车辆中使用天然气、煤层气、混合燃料的车辆在2015年达到总数的10%。低碳能源输送和保障体系建设——2015年基本形成全省所有主要市县的液化和压缩燃气和交通能源供应网络，基本完成目标行业集群、园区等的供应管网体系建设。

此外，“山西省低碳经济发展研究”、“山西省节能规划”等“十二五”规划前期课题的研究工作也在紧锣密鼓地进行。

可再生新能源多头并进

一、风力发电

山西省从2004年开始开展了风能开发利用工作，并投入大量人力和资金，在全省范围内开展了广泛、深入的风能资源调查和评价以及风场选址与实地测风工作，并开工建设了右玉小五台、平鲁败虎堡、神池霸业梁、新荣小窑山、左云五路山5个风力场，总装机容量为22.2万千瓦。其中山西国际电力集团有限公司投资开发的右玉小五台、平鲁败虎堡两个风电项目，总装机规模为7.5万千瓦，共有60台风力发电机组，每年可发电1.34亿千瓦时，相对于火力发电，每年可节约4.08万吨标准煤，减少向大气排放粉尘493吨、二氧化碳8.7万吨、二氧化硫390吨、氮氧化物1640吨。

2007年，山西省又有5个利用风力发电的工厂开工兴建。

2009年8月，山西省首批总装机7.5万千瓦的风力发电机组在晋北平鲁和右玉投入运行。2010年4月全部投产发电后，每年可发电1.34亿千瓦时，相对于火力发电，每年可节约4.08万吨标准煤，减少向大气排放粉尘493吨、二氧化碳8.7万吨、二氧化硫390吨、氮氧化物1640吨。

2009年11月，太重生产的1.5兆瓦风力发电机组，在大同市新荣风电场运转，标志着山西省首台拥有自主知识产权的风力发电机成功进入并网发电阶段。

此外，分别位于山西省神池县、大同市新荣区、左云县的3个风电场也在加紧建设，装机容量合计15. 5万千瓦，投产后每年可发电3.26亿千瓦时。平陆县总投资20亿元的3个风电场项目正在快速推进。这3个风电项目全部建成后，年发电量达6亿千瓦时，年可节约标煤18万吨，减排二氧化硫1800吨、二氧化碳35万吨。

《山西省风力发电“十一五”及2020年远景规划研究报告》确定，到2020年，山西省将建成19个风力发电场，总装机容量230万千瓦，年发电46亿千瓦时，使风力发电规模化、商业化运行。

二、太阳能光伏电

山西全年日照约3000小时，是全国太阳能资源比较丰富的地区之一。

2010年1月15日，总投资约3.5亿元的山西首批大型并网太阳能发电项目——山西国际电力集团右玉小五台一期10MW、平鲁阻虎一期5MW太阳能发电项目正式开工，标志着山西省在新能源产业发展方面又迈出了重要步伐。右玉、平鲁两个太阳能发电项目规划总规模为40MW，被列入国家“金太阳示范工程项目”。项目建成后，每年可提供2407万千瓦时的绿色环保能源，减排二氧化碳约6403吨，减排SO_2约48.9吨、NO_x约16.5吨。

三、生物质能源

（一）沼气

2009年年底，中国气象局批准在山西省农村开展太阳能和生物能综合利用技术推广。该项目依托温室大棚技术和沼气生产技术，采用太阳能温室和沼气池相结合的方法建设生态农业庭院。该项目的实施，能极大地改善农村能源利用现状，加快生态农业建设步伐，最终达到减少二氧化碳和其他污染物的排放量，同时还可以起到增收节支的作用。专家普遍认为，该项目不仅在山西具有很高的推广价值，在全国也有重要的推广意义。

目前，山西发展沼气有60余万户，形成了养殖－沼气－种植、沼气－发电－生活等多条生态链。

（二）试点推广生物质炉项目成效显著

山西省农村可再生能源办公室从2007年开始在全省11个市开展高效低排放户用生物质炉试点建设，取得显著成效。试点项目建设模式有两种，一种是树枝型，为农民配树枝切割机，配套户用生物质炉具使用；一种是秸秆压块型，为农民筹建秸秆成型站，配套户用生物质炉具使用。截至目前，山西省两种模式的试点共建设50余处，已解决近万农户做饭、洗浴、取暖问题，每年可节省煤炭2万余吨，生物质炉产品受到农民的欢迎。

（三）生物质发电

山西阳曲2×12MW生物质发电厂示范工程建设项目，通过锅炉直接燃烧秸秆发电的再生能源的利用项目。

2012年前，在大同、朔州、临汾、运城、长治、忻州、晋城、晋中等生物质资源较为丰富的地区，规划建设14处生物质发电项目，建成后年发电量9.24亿度,消耗农林剩余物105万吨；到2020年规划再扩建13个项目,使年发电量达到17.8亿度，可以消耗200万吨的农林剩余物,可替代100万吨的标准煤。山西多处生物质发电项目全部建成后，全省预计每年可减少二氧化碳排放125万吨，减少二氧化硫排放5400吨。

新能源汽车战略与“低碳交通建设”

一、实施新能源汽车战略

发展双燃料(瓦斯、柴油)汽车。2008年4月，山西阳泉煤集团改装的电控双燃料(瓦斯、柴油)汽车进行道路运行试验。正努力提高瓦斯在燃料中所占的比例，进而实现用瓦斯完全代替柴油。

山西省未来发展方向主要集中在新能源客车，山西省具有丰富的煤层气资源，根据山西省规划，煤层气开采量可达1600年，将来采用天然气机会空间比较大。3年以后，山西内煤层气将有比较大的发展。现在，煤层气每年供应量为300亿立方。

山西是全国甲醇燃料和甲醇汽车示范省，是最早由政府推动甲醇燃料示范和推广的地区，经过20年的研究示范和商业运行实践，取得了显著成效。

甲醇燃料研发和应用达到世界先进水平。由于在甲醇汽车燃料研发及应用方面的显著成效，山西省成为世界甲醇燃料生产和应用的国际中心，近年来吸引了大量的国际国内相关政府部门和企业单位参观学习，国际醇燃料会议组委会一致同意把山西作为第17届国际会议的举办地，来自世界20个国家的200多名专家学者对山西省在醇燃料研发和应用方面的成就给予了好评。

从2008年起，山西省甲醇燃料进入产业化推进阶段。到2008年底，该省累计销售甲醇汽油70万吨，消耗甲醇18万吨，加油站改造900多座，其中高比例加油站20多座，建调配中心12处，在用车改甲醇车7000余辆，其中轿车6832辆、公交车94辆，低比例掺烧5000万辆次。截至2009年底，全省已有850个加油站向社会提供M15低比例甲醇汽油，加注车辆超过8000万辆次，改造车辆达7000万辆。

山西还将以“省长令”的方式在全省推广甲醇汽油。山西已经开始与陕西、四川、宁夏、内蒙古和甘肃等省区共建晋陕川甘宁蒙基醇醚燃料试验示范区，计划通过联片推广甲醇汽油的方式，推动甲醇汽油推广工作提速。

到2012年，山西省将完成甲醇燃料产业化第一阶段目标：现有出租车50%实现甲醇化；现有大型载货车的1/3甲醇化；现有城市公交、环保车及动力的1/4甲醇化；低比例掺烧，全省封闭运行。这一目标实现后，每年可消耗甲醇350~400万吨，替代汽柴油200~250万吨；全省形成燃料甲醇和新能源汽车两大产业，初步建成全国甲醇燃料生产、甲醇汽车生产示范基地。

二、低碳交通建设

山西省通过理念和科技创新、政策引导和市场监管等措施，推进交通运输发展方式转变，促进节能减排——电厂排出的粉煤灰用于筑路，风能、太阳能用于公路运营，“瓦斯”用作汽车燃料，取土的同时必须造田，弃土用于土地复垦，公路建设与河流生态治理实现循环利用。

2009年，山西省实施了营业性车辆燃料消耗准入与退出专项行动计划。2010年山西将坚决淘汰技术落后、污染严重的运输装备，逐步开展公交车和出租车推广使用煤层气（俗称“瓦斯”）、天然气等洁净燃料，减少污染物排放。

已经开工的忻（州）阜（平）高速公路坚持以“循环利用”的理念实施项目建设。建设初始，忻阜高速公路就与当地政府的沿线河流生态改造工程相结合，与世界文化遗产生态建设相结合，全线隧道120多万立方米弃渣用于填筑路基，大量减少了土地植被破坏和河流污染。同时，在路基桥隧建设过程中就开始喷播草籽进行绿化和防护。

2010年，山西省将有1000多公里高速公路竣工和1000多公里高速公路开工。山西省把节能减排、环境友好的理念贯穿于交通运输建设养护和运营，选取一批高速公路和国、省干线新改建项目，实施基础设施集约发展示范工程，降低公路建设的资源环境代价；选取一批特大隧道实施节能示范工程，推广节能技术和节能产品，因地制宜开发利用风能、太阳能等清洁能源，降低公路运营成本。在公路养护领域，山西将实施路面材料再生利用技术和利用粉煤灰等工业废物技术，提高资源循环利用效率，降低养护成本和环境污染。集中力量加快推进与阳煤集团、晋煤集团、山西煤炭运销集团、中石油集团、香港华润燃气、香港中华煤气等大型企业的十大合作；加快推进与山西省交通厅在高速公路及省级一、二级公路建设加气站的合作项目，大力推广汽车“油改气”和与二汽集团合作加气载重车事宜。

开展植树造林 增加森林碳汇

"十一五"以来，山西以年均投入50亿元以上、栽植400多万亩树木的速度推进造林绿化。

2009年，山西省更加明确地提出实施生态兴省战略，要求每年造林400万亩以上，并启动了首批碳汇造林示范项目。 4月，中国绿色碳基金山西专项在太原成立。这是继北京、大连、温州之后，中国绿色碳基金成立的第四个地方专项，目前已获得企业和社会各界捐赠碳汇资金3347. 38万元。5月26日，全国造林绿化现场会在山西省召开，推广山西的做法和经验。12月，山西启动首批碳汇造林示范项目，共安排项目建设资金3320万元，在全省11个市26个县、市、区规划造林4.3万亩。

山西省政府办公厅转发了林业厅《关于大力发展碳汇林业的意见》，出台了《中国绿色碳基金山西专项管理实施办法》、《中国绿色碳基金山西专项碳汇造林技术规程》，为山西碳汇林业的发展打下了一个坚实的基础。通过有效的宣传发动，公众对发展碳汇林业、应对气候变化的认识不断提高，责任感不断增强，涌现出了一大批有识企业和有识之士参与碳汇林业。山西潞安集团率先为中国绿色碳基金山西专项捐赠1100万元用于碳汇造林，并向全省各企事业单位、社会团体和各界人士发出倡议，号召全社会以捐赠碳汇林业为契机、献出自身一份力、播洒大地一片绿，为减缓气候变暖、为建设山川秀美的新山西做出新的贡献。

山西省林业厅在全省范围内广泛开展以“实现碳补偿、消除碳足迹”为主题的争创“零排放”单位、争做“零排放”家庭、争当“零排放”公民等一系列活动，鼓励大家通过购买碳汇来消除自己的碳足迹。

在搞好基础理论研究的同时，山西省林业厅碳汇办2009年安排了首批碳汇造林项目资金3320万元，重点分布在经济条件好、生态区位重要、以往工程建设质量较高、有利于带动当地碳汇造林深入发展的26个县（市、区）建造碳汇示范林，规划造林4.3万亩，力争为全省碳汇林业建设创出新路、探索经验、树好样板。首批碳汇造林项目建成后，预计每年可吸收空气中的二氧化碳3.73万吨，释放氧气2.87万吨，将为净化空气、减缓温室气体变暖发挥较大的作用。

经过长期不懈的植树造林，山西森林资源不断扩容增量。目前，山西全省森林面积达2316万亩，比新中国成立之初增加5倍，三晋大地已成为全国森林资源增长幅度最大的省份之一。同时，山西林业正由昔日简单的发挥防风固沙、水土保持作用为主的传统林业向森林固碳、物种保护、生态疗养新领域的现代林业转变。

山西省委、省政府提出了建设“绿色山西”的发展战略和“山上治本、身边增绿”的林业发展思路，力争2010年全省森林覆盖率达到18%。山西将大力度实施国家六大林业重点工程和十大省级造林绿化工程，搞好天然林资源保护、退耕还林、京津风沙源治理、“三北”防护林和太行山绿化，全方位实施省级造林绿化等工程。全省每年完成造林400~500万亩，并在政策制定、投入形式、机制运作等方面创造了新经验，得到国家林业局的充分肯定。到2015年，地方22个城市建成绿化覆盖率要达到38%以上，并力争全省干果经济林面积达到1800万亩以上，实现农民人均一亩林田的目标。至2020年，山西全省森林覆盖率达到26%。

推进“四气”战略 实施高碳向低碳转化

煤炭一次能源的消耗占山西省能源消耗总量的近95％，山西燃煤产生的二氧化碳排放量比全国平均值要高得多。因此，推广使用天然气、煤层气和焦炉煤气、“煤制氢能源”等低碳能源，做好煤炭的低碳转化和利用，是山西低碳发展的出发点和优势所在。

2008年7月，山西省煤层气天然气综合开发利用领导小组会议提出，要把开发利用好煤层气、天然气、煤制气、焦炉煤气作为山西省开发利用新能源、推进节能减排的战略任务，科学规划、有序开发、适度竞争、安全高效、加快推进；要全面整顿现有加气站，合理规划布局，加强监督管理，确保山西省煤层气、天然气产业的健康、有序、快速发展。

山西省政府把加快实施煤层气、焦炉气、天然气和煤制气产业一体化工程建设作为2010年和“十二五”期间推进节能减排、推进低碳发展的主要推手，利用新兴战略性产业推动山西经济的发展，努力建设世界级低碳能源的示范基地。

一、大力开展煤层气利用

山西煤层气储量在10万亿立方米以上，约占全国总量的三分之一。山西煤层气资源若全部利用，可为子孙后代节约3.3亿吨煤，创造1.2万亿元的财富。新能源新产业的发展要求以及煤矿安全生产和环境保护的需求，都为山西省煤层气产业化发展提供了难得的机遇。目前，山西省每年产生的煤层气在190亿立方米左右，利用率仅为27.43%，年煤层气抽采产量能力近30亿立方米，2015年将达到100亿立方米。

早在1994年，中国石油集团公司就开始煤层气的开发利用，在山西晋城的沁水盆地做了大量的先期综合研究和勘探工作。从2006年起，由华北油田分公司运作的煤层气正式开始试采开发，形成了煤层气勘探开发的主体技术，在煤层气的综合利用方面已积累了丰富的经验。2006年，山西能源产业集团公司成立山西能源煤层气投资控股有限公司，专门从事煤层气、煤化工等能源及相关行业的投资和经营。山西沁水盆地南部被确定为国家级煤层气产业化基地。

山西省阳煤集团2008年5月17日与晋煤沁水蓝焰煤层气有限责任公司签署煤层气合作框架协议，并在阳泉矿区昔阳县寺家庄区展开了钻井施工。2009年12月，阳煤集团与瑞典就碳交易开展科技合作，利用德国技术对煤矿排放的煤层气进行全部回收利用的环保CDM项目。2009年，阳煤集团在煤层气抽采开发利用方面和CDM项目共获得国家政策性补贴收益及减排等碳交易收益1.3174亿元。2009年，阳煤集团煤层气利用量达3.1333亿立方米，销售收入达11891万元，可日用煤层气36万立方米（混量），年用煤层气1.2亿立方米，年产氧化铝40万吨；已建成三个煤层气发电站，年可消耗利用纯煤层气0.574亿立方米；城市燃气供应几乎覆盖整个阳泉市区。该集团不断改造现有的燃煤锅炉，新建燃气供热设施，阳泉市区内已经将90%以上的燃煤设施改成燃气设施，城市居民煤层气燃气用户已达到12万户，几乎覆盖了整个阳泉市区。为了加快煤层气产业的发展，拓宽产业链，阳煤集团正在筹建石港年产2万吨、寺家庄年产5万吨液化煤层气项目以及低浓度煤层气提纯等项目。

山西焦煤集团焦煤瓦斯发电项目装机总容量为36.7MW，设计年发电量25000万千瓦时，年消耗纯煤层气3.5亿立方米，实现节能量6.6万吨标煤，减排二氧化碳140万吨、减排二氧化硫2100吨。

国家级煤层气产业化基地中石油华北油田山西煤层气大规模试生产于2008年3月正式启动，将建成目前亚洲最大的煤层气压气站——西气东输沁水压气站，开启了煤层气规模化商业化外输和山西煤层气开发利用正式进入大规模的新阶段。到2010年底，中国石油集团将在沁水盆地建成年产30亿立方米的煤层气生产能力。

2009年9月，总投资53亿元的山西华圆90万吨/年煤层气经甲醇制二甲醚项目在寿阳县奠基。项目建成后，预计年均销售收入36亿元，年均上缴税金8亿元。

晋城市拥有6.85万亿立方米煤层气储藏量，约占全国四分之一、山西80%的煤层气资源。晋城市沁水县嘉峰镇地面煤层气抽采能力达到23亿立方米，每天的煤层气销售量近200万立方米，成为目前中国煤层气开发利用规模最大、水平最高的地区。山西晋城煤业集团煤层气利用广泛用于民用燃气与采暖、汽车燃料、工业燃料、发电等领域。在民用燃气方面，应用CNG技术，已建成全国最大的煤层气压缩站，日设计压缩能力达16万立方米。利用专用煤层气运输槽车，向矿区、晋城市、长治市以及河南省等2.6万户居民供应压缩煤层气。晋城市、太原的部分公交车和出租车已经开始将压缩煤层气作为燃料。目前，已有亚美大陆煤层气公司、富地石油、中国石油、中联煤、晋煤集团等二三十家企业进驻开展煤层气开采业务。

晋煤集团自2003年起就开始尝试大规模开采煤层气。截至2009年12月，晋城煤业集团累计施工完成1900口地面煤层气井，形成了每年12亿立方米的煤层气抽采能力、每年7亿立方米的利用能力。晋煤集团拥有的煤层气大约为18~25亿立方米，是目前全国最大的煤层气开发利用基地。集团已累计投入50多亿元，创建并实施了“采煤采气一体化，煤层气治理和煤层气开发”的新模式。香港中华煤气公司与山西晋城煤矿业集团共同投资9800万美元的山西港华煤层气液化工程正式投产，一期工程年产液化煤层气约9000万立方米，二期工程年生产液化天然气约2亿立方米，是目前亚洲最大的液化煤层气基地。晋煤集团煤层气开发利用成功创建了“清水钻进，活性水压裂，低压排采，定压集输”等一整套拥有自主知识产权的地面抽采煤层气技术，打破了无烟煤煤层气地面抽采的“禁区”。

经过几年的市场化开发，晋煤集团已在煤层气发电、民用、汽车燃料、工业燃料等诸多领域形成全国最大的煤层气利用规模，居民煤层气用户已有4万多户；工业年用气规模达到600万立方米左右；在车用压缩煤层气上，全市已建成煤层气汽车改装厂2个，煤层气加气站4座，改装煤层气汽车2000多辆。由晋城煤业集团等企业联合发起的煤层气能源新干线项目正式启动，该项目将打造一个以晋城为基地、太原为中心、辐射周边7个省市的煤层气汽车运输网络。

二、高效利用焦炉煤气

山西年产焦炭约1亿吨，伴生焦炉煤气约400亿立方米，目前产能已达到1亿吨/年。而焦炉气利用率不足，每年有120~130亿立方米尚未利用，被直接排放或点了“天灯”，亟待开发利用。

焦炉气制甲醇——山西自2005年诞生首家焦炉煤气制甲醇企业以来，几年间几乎所有焦化园区都已联产甲醇。2009年5月25日，山西天脊潞安化工有限公司年产30万吨焦炉气制甲醇项目顺利投产，年回收利用焦炉气4亿立方米，项目采用多项具有国内自主知识产权专利技术，是我国目前建成投产的最大的焦炉煤气制甲醇装置，为山西“十二五”焦炉气清洁高效利用奠定了技术基础。

焦炉气制液化天然气——山西省河津市发鑫太工天成焦炉气综合利用新工艺示范工程(一期工程)。以焦炉气为原料，采用物理分离与深冷液化新技术，生产氢气和液化天然气清洁能源。该项目总投资8亿元，其中投资4亿元的一期工程现已投产，每年可生产液化天然气0.76亿立方米，氢气1.86亿立方米，实现产值4亿元、利税近4000万元，使山西焦炭行业在低碳经济背景下获得“救赎”，将很快在全省焦化行业推广。

三、大力普及利用天然气

推广使用天然气已经成为山西省能源结构调整和低碳经济与循环经济发展的重要途径。

山西利用多条国家天然气网线经过山西的优势，不失时机地加大全省天然气的利用。“西气东输”、“陕京一线”、“陕京二线”三条天然气管线在山西的线路总长度918公里，省内目前已有7条分管线投入运营。

2009年10月28日，总投资25亿元的山西省天然气南北1000公里管线建成通气点火。至此，北起大同、南至运城、在全省境内纵贯南北共1038公里的天然气管网建设建成，途中经过370多个村庄，穿越58条大小河流、17条省级公路、28条铁路和3000多米山体隧道，具备了年输气能力达到60亿立方米、管线日储气量可达600万立方米的能力。管网的建成不仅服务于全省9市40余县区200余万人口，而且推动了钢铁、铝业、食品、耐火材料、玻璃制品、有色金属等产业集群的发展。

2009年11月，山西省国新能源携手运城市政府、山西煤销集团在太原签订天然气全面气化运城区域战略合作框架协议，总投资8亿元，使运城率先在全省实现全面气化。到2015年，运城市用气量将达到9亿方，可减少煤炭消耗500万吨，减少二氧化硫、二氧化碳、一氧化碳、氮氧化物等排放365万吨、减少烟尘排放14.5万吨，减少灰渣51.6万吨。

“十一五”时间，国新能源确立了服务十大产业集群的天然气发展战略规划，重点服务供给太钢不锈、山西铝厂、华泽铝电、晋北铝厂、耐火材料、祁县玻璃、太谷玛钢等新型产业集群及包括太原、大同、阳泉、运城、忻州等相关市县城镇居民用气。

国新能源已经与中石油达成在端氏煤层气上输和临汾天然气下输的合作协议，并将临汾设为永久性输气口，每年下气15亿立方米。

目前，山西省年使用天然气60亿立方米，可每年减少煤炭消耗3000万吨、二氧化硫排放147万吨、二氧化碳排放1870万吨、一氧化碳排放119万吨、氮氧化物排放55万吨、烟尘排放87万吨、灰渣排放310万吨，产生巨大的经济效益和社会效益。

按照全省燃气发展规划，预计到2015年，山西省燃气管网将完成“五横三纵”贯穿全省三千公里的建设目标，总投资50亿元，输气65亿立方，气化范围将覆盖全省119个县（市、区）。此外，还将加大新农村用气的覆盖范围，到2010年可向160多个新农村实现供气。预计到2020年，全省每年的燃气总需求量和总供给量将达到100亿立方米。

四、煤制气重拳出击

2009年5月，中海油总公司旗下的新能源投资有限责任公司与山西省大同市政府、大同煤矿集团公司就煤基清洁能源合作项目签署协议，公司将通过对当地煤炭资源进行转化，为环渤海地区提供清洁高效的天然气资源，项目总投资约300亿元。项目主要包括年产40亿立方米煤制天然气生产装置，配套两座年生产能力1000万吨煤矿及附属洗煤厂、煤矸石电厂，项目总投资约300亿元人民币，年总产值约130亿元。

2009年7月，由山西恒源煤化公司投资的10.2亿元年产6万吨煤焦油、60万吨煤制气热电联营项目开工奠基。建成后年产优质煤焦油6万吨、煤气60万吨、优质白灰20万吨、电石2万吨，年发电1.5亿度，供热面积150万平方米，年平均销售收入7.5亿元，并可解决当地劳动力1000余人。

到2008年底，山西省已建成煤气管网3900多公里，商品气量达到8亿多立方米/年，用气人口610多万。此外，使用燃气的市县均由当地焦化企业焦炉煤气供应。

2009年5月，中海油与同煤集团就煤制天然气合作项目签约。该项目总投资为300亿元，主要包括年产40亿标准立方米煤制天然气、副产工业气体和其他精细化工产品、洗煤厂、煤矸石电厂等。

五、积极开发利用氢能源

山西以煤炭为原料制作有机氢能源有着广阔的前景。山西已开展在天然气中掺入20%的氢气制成的混合燃料进行内燃机车试验。

2008年6月，山西省乡镇煤炭运销集团与香港中港印能源集团结为战略合作伙伴，以煤炭为原料制作有机氢能源，推广氢能源商业化应用，推动山西新型能源开发。

国新能源与中港印能源集团合作将分四个阶段，采用已在日本获得成功的技术实施商业化生产。规划到2020年有机氢产能达到100亿立方米，到2035年最终实现500亿立方米。

江苏省国信集团、山西省晋煤集团和新沂市政府三方在南京就煤基清洁能源项目已正式签署合作框架协议，建设新沂市煤基清洁能源项目。项目规模定位为年产40亿立方米高能效、低能耗、清洁化的煤制天然气(SNG)及其他产品。项目建成后，将逐步满足江苏省、长三角及周边地区日益扩大的天然气市场需求，共同推动国信集团新能源业务板块发展目标和晋煤集团打造“现代化能源旗舰型集团”的战略实施。

六、全力推进“四气”产业一体化

山西加快实施“四气”产业一体化工程，已铺设输气管线1038公里，实现了南北贯通，年输气能力达到60亿立方米，管线日储气量达600万立方米。全省管网已覆盖 9 市80余县区，200多个新农村。

今后5年内，山西省国新能源发展集团有限公司将投资100亿元，全力推进“四气合一”战略，大力实施“四气”的混合燃烧，在全省5个区域建设5个液化项目，开展氢能压缩天然气燃料在汽车和工业应用领域的示范。到2015年，山西省“四气”的年供给量可达到148亿立方米；到2020年，“四气”的年供给量可达到310亿立方米。国新能源发展集团继续大力实施天然气、煤层气、焦炉煤气、氢气的混合燃烧，加快管网建设步伐，到2015年新建管网2000余公里，统筹调配100亿立方混合气资源，形成“五横三纵”的战略布局，并在全省各区域建成天然气加气母站14座，加气子站250座。届时，山西经济发展方式将实现从资源依赖型向创新驱动型的转变，并为全国乃至全球低碳能源有效利用开创范例与提供借鉴。

（根据有关资料编写）

内蒙古自治区低碳发展

内蒙古是比较典型的高碳经济区。高碳行业比重偏高，规模以上工业中能源、冶金、化工等高碳排放行业约占2/3，服务业中交通运输等高碳排放行业接近30%。

内蒙古也是碳汇拥有量最高的省份，约占全国总量17%，全自治区有13亿亩天然草原，固碳能力为1.3亿吨，相当于减少二氧化碳排放量 6 亿吨；还有 3 亿亩森林，碳汇效益比草原更好。内蒙古有5.6亿亩可利用荒漠化土地，可以种树1.2亿亩、种草2.8亿亩，可以实现碳汇12亿吨。

内蒙古还是减碳潜力大区。自治区可再生能源丰富，全区风能资源总储量近9亿千瓦，居全国首位。技术可开发量1.5亿千瓦，占全国的50%，大多数盟市具备建设百万千瓦甚至千万千瓦级风电场的条件。全区年日照2600~3200小时，仅次于西藏，居全国第二位，具备较好的建设太阳能基地条件。发挥地区优势，利用可再生能源，发展生态产业，在努力压缩碳源的同时大力扩充碳汇，在保证碳平衡的基础上实现净固碳，促进经济发展与碳排放最终脱钩，是自治区今后长期的努力方向。

把内蒙古建设成为我国重要的煤基洁净燃料基地、重要的可再生能源生产基地和重要的森林碳汇基地，既是世界经济与我国经济发展的大势，更是实现内蒙古自治区经济社会可持续发展的必由之路。

2009年11月20日，内蒙古低碳经济发展促进会成立大会暨2009低碳经济发展论坛在呼和浩特举行

近年来，内蒙古把培育新能源产业作为带动经济发展、改善生态环境的重要载体，确定了优先发展新能源战略，把风能、太阳能、生物质能的开发利用作为拉动新能源发展的“三驾马车”，积极鼓励利用风能、太阳能等可再生资源替代煤炭火力发电。如今，一批新能源大型项目建设已在内蒙古广袤的大草原上开花结果。

风能

1996年开工建设的乌兰察布市辉腾锡勒风力发电场，是内蒙古最早的大型风电项目之一。

内蒙古具有得天独厚的发展风能的条件，风能资源主要分布在典型草原、荒漠草原及荒漠区域。通过普查和评估，内蒙古自治区风能可利用面积占国土总面积的80%左右，风能资源测算储量达8.9亿千瓦，技术可开发量达1.5亿千瓦，约占全国的50%。

近年来，内蒙古的风电开发产业发展步伐也遥遥领先国内其他地区，并由此大大拉动了当地风力发电装备制造业快速发展。

2006年，内蒙古自治区发展改革委员会编制了《内蒙古“十一五”风力发电发展规划及2020年远景目标》，确定了“十一五”末风力发电装机达到500万千瓦的目标，规划了6个百万级风电场，包头巴音百万风电基地（划分为6个区域，总规模为120万千瓦，投资主体包括龙源、华电、蒙能、京能、中电投、山东鲁能、宏腾、金州、金风等单位）、巴彦淖尔百万风电基地（规划建设11个风电场，投资主体包括龙源、山东鲁能、富汇、中电投、天兰、基和、大漠等单位）、乌兰察布百万风电基地（“十一五”形成整体百万千瓦大型风电网络，投资主体包括北方公司内蒙古风电公司、北京国际电力新能源公司、中国华电、大唐集团、龙源电力、国电龙源、弘昌晟、汇德、康佳信、京蒲富丽达等单位）、锡盟灰腾梁百万风电基地（划分为6个区域，总规模为250万千瓦，投资主体包括北方公司龙源、中广核、国华、大唐、中水建、蒙吉利、国泰能源、天和、永盛等单位）、赤峰百万风电基地（2010年风力发电装机容量将达到116万千瓦，投资主体包括大唐、唐能新能源公司、新胜、汇风新能源公司、朗诚瑞风、中电投东北分公司等单位）、通辽百万基地（规划开发140万千瓦，投资主体为开鲁北清河、华能新能源产业公司、辽河油田、华电国际电力公司、北京京源发公司等单位）。

2007年，国家发展和改革委员会副主任张国宝到内蒙古自治区视察和了解内蒙古自治区风能资源实际情况后，提出充分利用风能资源，努力在内蒙古自治区打造一个风电三峡的风力发电宏伟蓝图。

在绿色能源市场竞争中，内蒙古风电产业呈现出快速发展势头。东起呼伦贝尔，西至阿拉善，内蒙古每个地区都有风电工程在相继开工建设，全区风电网络形成一定规模，产业化格局雏形初现。赤峰2008年新建投产50万千瓦，全市风电装机容量突破100万千瓦；乌兰察布市2008年开工建设的风电项目总装机容量为26万千瓦，风电装机容量累计达到53万千瓦；达尔罕茂明安联合旗宏腾能源一期49.5兆瓦40台机组全部并网发电；包头市目前风电项目已开工建设规模达60万千瓦，集技术研发、设备制造、风机组装、风场投资为一体的产业链和产业集群正在崛起。

风力资源丰富的内蒙古一直都是风力发电企业的垂青之地，包括华能、大唐、国电、华电、中电投五大发电公司及部分独立发电企业在内的近70家企业争相挥师内蒙古，相继建成了乌兰察布市辉腾锡勒风电场等一批“风电军团”。仅在卓资县，就有包括大唐电力、内蒙古君达风电有限公司的两个风场在建，而因为注入风场资产而化身为新能源概念上市公司的汇通能源一期4.95万千瓦工程获得有关部门的核准，有待动工。包括武汉凯迪公司在内的四家企业也分别在卓资县的几大风场进行测风等前期准备工作，并分别与当地有关部门签订了开发协议书。2008年底，内蒙古赤峰市成为我国第一个地市级百万千瓦风电基地。

目前，内蒙古风电装机占全区电力装机的比重达6.3%，远远高于全国平均水平。世界最大的太阳能薄膜电池生产企业之一美国第一太阳能公司与鄂尔多斯市就建设鄂尔多斯光伏产业进行战略合作签署了谅解备忘录。根据双方签署的谅解备忘录，双方将合作在鄂尔多斯市杭锦旗分四期建设200万千瓦太阳能光伏发电项目。项目预计总投资40~60亿元人民币，建成后将成为世界上最大规模的太阳能发电项目。

龙源（巴彦淖尔）风力发电有限公司投资27亿元、装机容量30万千瓦的风力发电项目已正式启动。该风力发电项目将在内蒙古磴口县塔和勒风场兴建，当前该公司正在选风场安装测风塔进行测风数据的采集分析工作，一期5万千瓦电场工程已于2009年12月动工建设。

截至2009年底，内蒙古境内风力发电装机容量已达500万千瓦，占总装机容量的10%左右，远高于全国约2%的比例。风力发电已成为内蒙古第二大主力电源。仅内蒙古电网（不含东部四盟市）并网风电装机容量就达430万千瓦，占电网供电负荷的25%以上。

内蒙古自治区将依照统一规划、多点建设、相对集聚、有序发展的模式，建设国家级风电基地，力争“十一五”末风力发电装机总规模突破500万千瓦。加上蒙西千万千瓦风电基地规划的实施，预计2010年内蒙古自治区风电装机将超过765万千瓦，远远超过了自治区的风电规划。预计到“十二五”末，内蒙古自治区风力发电装机将达到800千瓦左右，约占全区电源装机的15%左右。根据国家有关部门新能源规划草案，到2020年内蒙古自治区东部、西部地区合计规划风电总装机容量将突破5000万千瓦。

华电内蒙古辉腾锡勒风电场

内蒙古自治区风电产业发展呈六大特点：

一是“优先领域”的战略定位，推动风电产业跨越式发展。根据《可再生能源法》自治区各级政府和各有关部门依法制定了总量目标和相应措施，努力清除各种障碍，使自治区风电发展的速度和规模都处于全国领先地位。

二是依法管理和科学规划促进了风能资源的

合理开发利用。按照《可再生能源法》关于总量目标、强制上网、分类电价、费用分摊、专项资金五项核心制度的法律规定，国家发改委、国家电监会等有关部门和自治区政府相继出台了相关办法。自治区发改委编制了《内蒙古“十一五”风力发电发展规划及2020年远景目标》、《内蒙古自治区风能资源开发利用管理办法》、《内蒙古自治区风能资源配置原则和企业准入条例》等规范性文件，初步完成自治区风能资源普查和大型风电场建设可行性调研工作。按照国家发改委的要求，拟定了打造“风电三峡”的规划方案。

锡林郭勒盟辉腾梁风电场

三是比例配额和费用分摊的法定要求，调动了企业发展风电的积极性。

四是“全额收购”的并网政策使电网企业有效发挥了风电传输能力。内蒙古风电建设与输出同步运作，截至2008年底，全区风电并入内蒙古电网176．48万千瓦，占此电网统调装机容量的6%，并入东北电网107.26万千瓦，并入西北电网16.26万千瓦。

五是以国产化、本土化为取向的产业指导有效降低了风力发电的综合成本。

六是风力发电的生态效益、经济效益和社会效益开始显现。

与此同时，处于风电产业链上游的风电设备制造业也顺势而上，各风电设备制造商竞相角逐呼包鄂，带动了相关装备制造业壮大，目前已成为我国重要的风力发电装备制造基地。德国Repower公司、新疆金风、三一重工、广东明阳等国内外大型风机制造企业已纷纷在呼包鄂地区合作、投资建厂，集技术研发、设备制造、风机组装、风场投资为一体的产业链和产业集群正在崛起。2009年，内蒙古风机整机生产能力已达60万千瓦，到2010年，风机整机生产能力将力争达到200万千瓦。

2008年年底，内蒙古已有风力发电装备制造企业16户，其中５户企业已建成投产，相关企业总投资规模27亿多元，年设计生产能力456万千瓦。2009年，随着包头新疆金风集团200台/年大型风力发电设备的二期项目的建成投产，内蒙古自治区齿轮箱、发电机、扇叶等大型风力发电设备生产能力将突破1000台/年，达到1020台/年。2009年，内蒙古生产大型风力发电机600台。

包头市达尔罕茂明安联合旗是国内风能开发最具潜力的地区之一。丰富的风能资源吸引了华能新能源、华电、国电龙源、中电投、京能、蒙能、中国风电等多家大型电力企业前来投资建设风电项目。

2008年，内蒙古赤峰市新建投产风电项目的总装机容量已达50万千瓦，成为全国第一个地市级百万千瓦风电基地；锡林郭勒盟开工风电项目19个，总装机容量148万千瓦，国电龙源、鲁能、中电投、国电电力等30家知名电力企业均参与投资建设。

由于全国各地上百家企业在内蒙古投资建设风电项目，目前已建成乌兰察布市辉腾锡勒、锡林郭勒盟灰腾梁、赤峰市赛罕坝、巴彦淖尔市川井等一批大型风电场，其中国电龙源集团公司已在巴彦淖尔、乌兰察布等地建设了装机总容量近45万千瓦的风电项目。

随着风电产业的迅猛发展，全国大型风电装备制造企业纷纷在内蒙古投资建厂，目前已达16户。广东明阳风电产业集团在呼和浩特开工建设风电装备产业基地，计划总投资７亿元，年设计产能1.5兆瓦风电机组300台、2.5兆瓦风电机组200台。

太阳能

内蒙古拥有得天独厚的阳光资源，太阳能资源占有量居全国第二，太阳年日照时数为2600~3400小时，年太阳辐射总量为4800~6400兆焦/平方米，成为建造中国太阳能发电基地的最佳区域。

早在20世纪80年代，内蒙古就通过实施“光明工程”，解决偏远地区农牧民用电，带动小型风光互补供电系统的研发和制造，形成了较为成熟、稳定的供电模式，为发展太阳能产业奠定了基础。近年来，内蒙古太阳能产业的研发和利用不断加快。如今，太阳能产业正在做大：鄂尔多斯市205千瓦太阳能聚光光伏示范电站已并网发电；鄂

鄂尔多斯市205千瓦太阳能聚光光伏示范发电站

尔多斯市5万千瓦槽式太阳能热发电项目、阿拉善左旗15兆瓦并网光伏发电项目、内蒙古神舟光伏电力公司5兆瓦太阳能光伏示范电站项目等正在规划建设。

内蒙古太阳能发电的工作重点为组织实施太阳能光伏发电、太阳能热发电和太阳能热气流发电技术开发与示范电站建设，掌握太阳能并网发电技术，并形成相应的装备制造能力，带动自治区太阳能硅材料先进工艺技术开放和在建的5个硅材料产业基地发展，形成硅材料—太阳能电池—太阳能电站产业链。

内蒙古伊泰集团于2007年在鄂尔多斯市建成国内首座205千瓦太阳能聚光光伏示范发电站。这个项目总投资2100万元，安装200千瓦聚光太阳能光伏电池和5千瓦常规平板光伏电池，于2008年1月实现并网发电。预计到2015年，内蒙古伊泰集团在鄂尔多斯市建成年产10万千瓦数倍聚光光伏电站，成为国内规模、技术、经济效益领先的太阳能发电站。该项目采用N级光漏斗的结构和准单轴跟踪技术,大幅提高了太阳光聚光集中度,实现对太阳光朝向变化适时跟踪,关键技术指标达到国际领先水平。据了解，作为国家批准的三家太阳能电站示范项目之一，鄂尔多斯项目已经获得政府4元/度的发电补贴,年发电量不小于59.86万千瓦时。此项目应用数倍聚光光伏发电系统，发电效率比普通平板发电机组高3~4倍，关键技术达到国际领先水平。如果能充分利用全市荒漠土地建设太阳能并网光伏电站，鄂尔多斯市光伏电装机容量可达6000万千瓦以上。

目前，内蒙古呼和浩特、包头、阿拉善、锡林郭勒等地依托丰富的太阳能资源、硅矿产资源，陆续开工建设太阳能级多晶硅项目，打造太阳能电池片、太阳能组件和半导体组件等光伏产业基地，着力推动太阳级硅及光伏发电产业发展，形成了以多晶硅材料为核心、硅片生产企业相配套的光伏制造业集群、光伏示范应用项目为牵引的格局。内蒙古拥有神州硅业、大陆多晶硅、晟纳吉、中环等多晶硅材料公司，建成后总规模将达到15000吨以上。伊泰集团投资的205kW的太阳能光伏示范电站已于2007年11月并网发电，5MW的神州光伏电站于2009年年底建成，乌海金沙太阳能热气流100kW发电项目也于2009年年底建成。内蒙古晟纳吉光伏材料有限公司研制生产出了具有世界领先水平的直径18英寸单晶硅棒和硅片。

呼和浩特市近几年相继引进和培育了内蒙古晟纳吉光伏材料有限公司、内蒙古神州硅业、内蒙古大陆多晶硅太阳能产业集群有限公司、天津中环集团的单晶硅、多晶硅项目，为此呼和浩特市被国家发改委列为“太阳能发电示范城市”。在呼和浩特市金桥经济技术开发区，年产1000兆瓦的绿色可再生能源太阳能电池用硅单晶材料产业化项目一期工程奠基，这里将形成一条太阳能电池领域的完整产业链。呼和浩特市将打造从多晶硅、单晶硅、太阳能电池制造、组件封装到光伏系统集成等完整的产业链，力争在5~10年内，建设成我国新能源、新材料研发和生产的基地，打造成为“中国硅都”。2009年，呼和浩特的晟纳吉、神舟硅业、大陆多晶硅、中环集团单晶硅产能达到4000吨，多晶硅产能达到7500吨。呼和浩特宏伟的“硅都”打造计划是：2010到2020年，内蒙古将建成4GW光伏电站，计划的多晶硅产量将超过3万吨，太阳能级硅单晶片产量超过4GW。

2009年8月17日，中国节能投资公司与鄂尔多斯市政府签署了200MW太阳能光伏电站建设合作协议，预计总投资规模达50亿元。

2009年9月，美国能源巨头——第一太阳能公司(First Solar)与中国政府签署协议，双方将在中国内蒙古自治区鄂尔多斯市合作建设一座拥有2千兆瓦发电能力的太阳能光伏发电厂，这将是迄今为止世界上最大的太阳能发电基地。整个项目为期10年将分4个阶段完成，建成后，该太阳能发电厂能为中国300万个家庭提供生活所需电力。

生物质能源

内蒙古自治区企业在重点生物质原料发电和转化燃料研发领域大显身手。包头、赤峰、呼和浩特、呼仑贝尔积极建设生物质能源产业示范区，全力培育“中国·内蒙古生物质谷”。

随着传统能源的日益紧缺，生物燃料开发已引起众多企业关注，内蒙古自治区生物燃料产业势头较好，全区在建生物柴油项目6个，已建成5个，生产规模为年产90万吨，占全国产量近1/3；在建的生物乙醇项目有6个，大多采用玉米为原料。因国家发改委2006年底发文不再批准玉米加工乙醇燃料项目，积极发展非粮生物燃料成为一个新的课题。

一、生物质能源前景广阔

沼气发电。2007年8月，总投资2500万元的内蒙古自治区首个沼气发电和生物肥工程——塞飞亚沼气发电与生物肥环能工程在赤峰市宁城县塞飞亚循环经济园区建成投产。该项目以肉鸭养殖、加工过程中产生的鸭粪和废水为主要原料，通过沼气的热电联产形成电能和有机肥料，可年处理废水11万吨，年发电245万千瓦时，年产有机复合肥4000吨。鄂尔多斯市东胜区传祥生活垃圾处理有限责任公司应用城市生物质垃圾联合厌氧发酵工艺，首次集成了城市有机垃圾的系统处理，通过处理城市垃圾产生的沼气发电，达到了400吨/日城市生活垃圾、200吨/日粪便、50吨/日餐厨垃圾和50吨/日污泥的处理能力，这些垃圾产生的沼气，可供500千瓦机组发电。总装机容量1.36兆瓦的蒙牛乳业畜禽类沼气发电厂，将企业澳亚牧场奶牛产生的粪便转化成热能供牧场日常供暖，相当于每年节省约5000吨标准煤。正在规划建设的沼气发电项目还有达拉特旗北疆三和公司奶牛养殖场400千瓦沼气发电项目和内蒙古东达集团围绕獭兔养殖，利用兔粪产生的2×766千瓦沼气发电项目。目前，全区有沼气用户26万户。

生物质热电联产。位于鄂尔多斯市乌审旗的内蒙古毛乌素生物质热电厂是我国首家以平茬沙生灌木为原料，集防沙治沙、生态建设和热电联产能源化利用于一体的林木生物质发电示范企业。此热电厂装机2×12MW，年消耗灌木生物质18万吨，预计年发电量1.35亿千瓦时，可减排二氧化碳25万吨。从2008年11月并网发电至2009年5月底，该企业已发电6000万千瓦时，实现二氧化碳减排超过7万吨。到2020年，鄂尔多斯市可再生能源发电总装机容量将达到302万千瓦。鄂尔多斯市有适宜种植灌木林地(含宜林荒沙地)4580万亩，年提供平茬生物质能力在1700万吨以上，这说明鄂尔多斯市发展生物质能源有着巨大潜力。沙区新能源利用的核心是治沙，通过生物质能源的开发利用，可以实现沙漠增绿、企业增效、农民增收等多赢局面。

生物柴油。内蒙古金骄集团在包头市建成的全国第一套拥有完全自主知识产权的10万吨生物柴油联产生物基化学品产业化生产线已试运行投产。项目主要利用内蒙古地区现有的生物质资源，包括秸秆、谷壳、树枝、油草、油灌木、大豆、高油酸菜籽等物质，采用创新的生物质精炼技术制备出生物柴油、生物润滑油和生物高分子材料等高新技术产品，实现物质和能源完全利用的技术体系及工业生产系统。项目总投资3.9亿元，一期项目建成年产10万吨的生物柴油生产线、年产 6 万吨的生物润滑油生产线以及年产 3 万吨的生物质稀土高分子材料生产线。

沙棘、柠条发电。达茂旗拥有沙棘资源140万亩。2009年4月，内蒙古首个利用达茂旗沙棘、柠条等“绿色能源”生物质能源发电基地在达茂旗百灵庙镇黄花滩开工建设。电厂总投资10亿元。2009年预计投资2.37亿元，将建设一台1×25MW发电机组，建成达产后年可发电1.5亿度。一期工程投产后，年燃用沙棘、柠条约13万吨，发电量为每年1.5亿千瓦时，年节约标煤约8万吨，同时减少了二氧化硫、二氧化碳的排放量。

林下低碳经济。牙克石市以林下经济为载体积极发展“低碳经济”，将各种采伐加工剩余物、灌木、自然枯倒木、枯枝和秸秆等经过 8 ~10小时快速、合理、科学的炭化工艺，生产出不同形状的炭块，通过分离净化设备将焦油、醋酸液分离、回收。这个项目预计总投资2950万元，目前已投入资金650万元。项目建成后年产生物质炭块4.8万吨。根据市场需求可生产速燃生物型炭、活性炭和机制炭。同时回收副产品木焦油、木醋酸液和木煤气，可用于供气、发电等。利用此技术开发利用生物质能，不仅有助于减轻温室效应和实现生态良性循环，而且可代替部分石油、煤炭等燃料，成为解决能源与环境问题的辅助手段。该项目投产后每年将向农民收购林下废气物及秸秆等生物质原料15万吨，每亩地可多产出100余元的效益，每年可为农民创造近2800万元的净收入，同时还可创造300个就业机会。

二、进军生物乙醇

莫力达瓦达翰尔族自治旗“无水燃料乙醇产业化示范项目”，以甜高粱茎杆为原料，建设规模为每年制取30万吨无水乙醇，已纳入国家甜高粱茎杆制取生物燃料乙醇示范工程，需每年种植甜高粱120万亩原料供应。一期年产10万吨工程基本完工，已种植甜高粱近5万亩。国家级甜高粱生物燃料乙醇原料产业基地正在全区形成。

巴彦淖尔市有500万亩非粮地可以种植甜高粱，是目前全国最佳的甜高粱生产基地之一。计划到2015年甜高粱

内蒙古首届碳汇草业研讨会

种植面积达到100万亩，年产30万吨燃料乙醇，建设一个国家级的"生物质能源基地"。

三、建设生物质能源林基地

乌拉特前旗大约有250万亩宜林荒山荒地适宜发展生物质能源林，生物质能源林基地建设已成为内蒙古自治区乌拉特前旗林业工作的重点。该旗通过科学规划，示范带动，现已建成1.2万亩能源林基地。该旗生物质能源林建设主要选择适合在该旗后山地区种植的山桃、山杏、文冠果等经济、生态、社会效益明显的优良树种。造林后2~3年开始挂果，一般种植5年进入产果稳定期，平均亩产量约300公斤左右，产果稳定期可达30~50年。

为了提高农牧民种植的积极性，该旗与金骄特种新材料有限公司（集团）签订了发展生物质能源林的协议。一是每亩给农户200元的种植补助。二是果实挂果后，该公司按每斤不低于1元的市场保护价进行收购。三是通过示范带动，力争3~5年内发展30万亩种植基地。该协议的签订，给农民吃了定心丸，农民造林由过去的"要我造"变成了"我要造"。

四、低碳化工能源方兴未艾

作为能源化工大省，目前煤制油、煤制醇醚燃料等新兴能源产业正在内蒙古兴起。内蒙古拟发展以低碳化新型能源为代表的低碳经济产业，力争经过5~10年的发展，建成中国重要的新型能源战略基地。

化学合成生物柴油。包头金骄特种新材料（集团）有限公司在以油菜籽、稀土为原料生产生物柴油基础上，联合北京化工大学完成了"非粮生物质化学法合成生物柴油项目"的研制，获国家发明专利，一期年产10万吨生物柴油产业化工程开工建设。海拉尔农垦集团采纳金骄集团化学合成生物柴油技术，年产4万吨生物柴油项目2007年9月开工建设。赤峰邦驰生物柴油项目，投资2.6亿元，年产生物柴油10万吨。通辽天宏生物柴油项目，年产50万吨生物柴油，2006年开工建设。

煤制油。2009年3月20日，位于内蒙古鄂尔多斯准格尔旗大路新区的伊泰16万吨/年煤间接液化项目正式产出了第一桶全部指标合格油。据了解，伊泰项目是继神华、潞安之后，我国第三家公司煤制油项目试车成功的，加之不久前获环保部批复的兖矿集团煤制油项目，我国煤制油产业目前正处于"四雄逐鹿"状态。

在鄂尔多斯市的神华直接法煤制油项目和伊泰间接法煤制油项目，先期产能分别为128万吨/年、16万吨/年，全部工程投产后将分别达到500万吨/年以上产能。现在这两个项目均已试车成功。锡林郭勒盟、呼伦贝尔市都开始制定和实施煤制油项目规划。在不远的将来，内蒙古煤制油规模有望超过2000万吨/年。内蒙古中天合创公司300万吨/年二甲醚和大唐40亿立方米/年煤制天然气等项目也即将开工建设。同时内蒙古氯碱产业规模也居全国前列。这些产业对环境的压力是显而易见的。

伊泰集团煤间接液化项目生产出的油品是目前世界最洁净的液体燃料之一，拥有完全自主知识产权的煤间接液化技术由实验室到中试、再进一步放大到工业化示范生产。伊泰用近3年的时间建成了煤制油工业化示范厂，实现资源就地转化增值、能源效益最大化，将煤矿、合成油、发电循环利用，科学地联为一体，探索了一条煤炭清洁深加工、转化增值、节能减排的新途径。

森林碳汇

内蒙古是我国北疆重要生态屏障，护卫京津；也是全国土地沙化最严重的省区之一，六大林业重点工程在内蒙古均有分布；全区目前还有1560万公顷宜林荒山荒地，可以为发展碳汇造林项目提供丰富的林地资源。由于特殊的地理位置和自然条件，内蒙古发展碳汇林业的速率并不算高，但总的生物量巨大。

近年来，内蒙古为建设我国北方重要生态屏障做出了贡献。内蒙古森林面积约2050.67万公顷，居全国第一。

"十一五"期间，内蒙古的森林面积每年约增加70万公顷，到2010年，森林覆盖率有可能超过20%。据专家测算，每公顷温带森林每年的固碳能力为2.7~11.25吨。若取其平均数约5吨，每年可增加森林碳贮量350万吨，再加疏林、散生木，总体上不会低于500万吨。

2005年，由国家林业局与意大利环境国土资源部根据CDM造林再造林碳汇项目相关规定签署的"中国东北部敖汉旗防治荒漠化青年造林项目"已经正式实施。该项目是《京都议定书》生效以来我国与国际社会合作的首个林业"碳汇"项目。在第一个有效期的5年时间内投资153万美元，在内蒙古敖汉旗荒沙地造林4.5万亩，首次尝试以森林碳汇为途径，将防治荒漠化及改善沙区生存条件与增加荒漠化地区农民收入相结合，填补了我国森林"碳汇"项目的空白。2006年1月，该项目已全面完成。

2007年，敖汉旗防治荒漠化青年造林项目"以灌木为辅助的退化土地造林再造林方法学"获得国际CDM执行理事会的正式批准，为荒漠化地区乔灌混交造林项目申请CDM碳汇项目奠定了基础。

2009年4月，国家发展改革委批准了欧洲投资银行贷款内蒙古碳汇林示范项目资金申请报告。项目主要建设内容为营造碳汇林。

碳捕捉

2009年9月，神华集团与美国西弗吉尼亚大学在青岛签署《关于开展煤炭直接液化二氧化碳捕获和封存技术合作的协议》。在可行性研究阶段，双方将联合建立一个每年捕获和封存10万吨二氧化碳的先导性示范工程。这一工程建设在神华集团位于内蒙古鄂尔多斯市的煤直接液化示范工程配套项目，将大大减少煤制油过程中排放出的二氧化碳。计划在2010年底或2011年初正式开展二氧化碳地下封存的试验。

（根据有关资料编写）

山东省低碳发展

山东省是能源大省，目前99% 以上的发电量来自煤电，40%左右的电煤供应依靠其他省份。煤炭为主的能源结构使山东省社会经济发展承受着巨大的资源与环境压力。

近几年来，山东省加快推进循环经济和低碳经济与绿色经济，实施以新能源为核心的低碳经济战略，狠抓节能减排，取得了积极进展。

加大节能减排工作力度

一、“上大压小”，淘汰高耗能、高排放落后产能

从 2006年开始，山东省先后在16 个地市的 134 家企业实施节能减排关停小火电机组310台，总容量512万千瓦，已提前一年半时间，超额28%完成“十一五”关停计划目标任务，占全国关停5400万千瓦小火电机组容量的9.5% 。据测算，这512万千瓦小火电机组关停后，每年将减少原煤消耗约800万吨，减少二氧化硫排放20万吨，减少二氧化碳排放1890万吨。在此基础上，山东争取多关停 30万千瓦，力争实现“十一五”关停430 万千瓦的目标，确保实现万元 GDP 能耗降低20%、污染物排放减少 10%的目标。

二、加快节能技术进步

组织各地和企业围绕实施十大节能工程和三个节能100项，组织推广了一批节能技术，实施了一批节能项目，技术节能的贡献率进一步提高。充分发挥节能专项资金作用，引导社会资金投向节能项目。2008年省节能专项资金以重大节能技术产业化、节能技术改造、太阳能集热为重点，组织实施了168个节能项目，落实补贴资金1.29亿元。据统计，各市利用国家、省、市节能专项资金共实施节能技改项目800余个，实现节能量近300万吨标准煤。推进重点领域节能。省经贸委、质监局下发了《关于加强能源计量与统计工作的通知》，强化重点用能企业能源计量器具配备和管理，在全国率先制定了《能源管理体系要求》地方标准。2008年，省考核的千户企业49项单位产品能耗指标中，有46项同比下降，占94%，实现节能量385万吨标准煤。建筑、交通、公共机构三个领域节能也在不断深入。

三、积极推行清洁生产

2008年，全省共组织验收通过了107家企业的清洁生产审核，这些企业共实施清洁生产项目454个，完成清洁生产投资9.68亿元，产生直接经济效益7.08亿元。企业通过实施清洁生产方案，年可削减COD排放3.02万吨，削减氨氮排放168.5吨，削减废水排放719万吨，削减固体废弃物25.2万吨，年节约新鲜水使用29.5万吨，节电53.2亿千瓦时，节约原煤34.9万吨，节约蒸汽52.5万吨，节约燃料油1501吨，节能、降耗、减污成效显著。

四、不断扩大资源综合利用规模

重点推动了煤矿和非煤矿山企业开展共伴生矿产、残矿、尾矿及低品位矿产资源的开发利用，加大工业“三废”的综合利用力度，资源综合利用产业快速发展，煤矸石、粉煤灰、冶炼废渣、化工废渣等大宗工业废渣得到普遍利用。仅2008年，全省资源综合利用企业共利用工业固体废物5736.8万吨，利用废气124.3亿立方米，利用废水2080.2万吨，利用林业次小薪材及三剩物568.7万吨，利用河（渠）道泥沙101.1万吨，利用废钢铁、废玻璃、废纸、废塑料、废橡胶等共计149万吨，利用余热1806.7万百万千焦，开发生物质能（折标煤）44.6万吨。全省资源综合利用产业实现销售收入371.7亿元，同比增长20.6%。

出台《发展意见》

2009年6月，山东省人民政府出台《关于加快我省新能源和节能环保产业发展的意见》，要求从核电、风电、太阳能等14个方面入手，加快新能源和节能环保产业发展。

《意见》提出，到2020年，山东省新能源将实现替代常规能源5000万吨标准煤，占全省能源消费的比重达到13%左右；培育1~2家销售收入过百亿元的企业集团，全省节能环保产业的增加值达到6000亿元。

《意见》提出，利用5年左右时间，实现技术成熟的新能源和节能环保产业规模化发展，初步形成有利于新能源和节能环保产业发展的体制和机制，达到一定的产业规模。再经过5年的努力，实现产业跨跃发展，使新能源和节能环保产业达到相当规模，关键技术领域取得突破。装备制造处于国内领先水平，成为山东省经济发展的支柱产业。

在新能源产业方面，到2015年，新能源发电装机达到1000万千瓦，占电力总装机的比重达到10%；新能源实现替代常规能源2000万吨标准煤，占全省能源消费的比重提高到6%左右；新能源产业的增加值突破1000亿元，年均增长20%。到2020年，新能源发电装机达到2500万千瓦，占电力总装机的比重达到20%；新能源实现替代常规能源5000万吨标准煤，占全省能源消费的比重达到13%左右；新能源产业的增加值超过2500亿元。

山东省将主要从14个方面入手，加快新能源和节能环保产业发展，包括核电、风电、太阳能、生物质能、洁净煤技术应用、农村新能源、地热能、海洋能、新能源汽车、智能电网领域、节能环保技术和装备、循环经济、再利用和新能源和节能环保服务领域，使其成为新的经济增长点。

山东将设立省级新能源和节能环保产业发展专项资金，重点支持新能源和节能环保示范工程建设。同时，鼓励各类投资主体进入新能源和节能环保产业，设立创业投资机构和创业投资引导基金，支持信用担保机构对新能源和节能环保企业提供贷款担保。探索利用贴息、小额贷款等方式，加大有效信贷投入。把新能源和节能环保产业作为各级招商引资的重点领域，探索和拓展利用外资的新形式。逐步建立起政府引导、社会参与、企业为主的新能源和节能环保产业投入机制。此外，山东还将研究出台进一步支持新能源和节能环保产业发展的财税优惠政策。

太阳能热利用与光伏电

一、太阳能热利用

山东省处于太阳能幅射资源较富带和资源一般带，开发利用太阳能起步较早，相关产业发展较快，太阳能热利用技术在国内处于领先水平,是太阳能热利用大省。近年来太阳能热利用行业总产值每年以30%左右的速度递增，截至2008年底，全省共有太阳能企业387家，实现销售收入315亿元，太阳能热水器年产能达到1000万平方米以上，位居全国首位。2009年全省太阳能热水器产量突破1300万平米，产能继续位居全国第一。

2009年12月，山东省政府印发的《关于加快我省新能源和节能环保产业发展的意见》明确提出，通过3年扶持，使新能源产业，特别是在风电、光伏、半导体照明、新能源汽车和核电设备制造等方面有大的突破，成为山东省战略新兴产业。

为加快风电产业发展，2010~2012年山东省风电上网电价在积极落实国家补贴电价的基础上，省里适当给予补贴。提高对新能源企业授信额度，积极为符合条件的企业提供贷款支持，特别是对重大新能源示范项目要保证信贷资金支持；对新能源产业实行优惠贷款利率政策，原则上不得上浮。实行优惠的土地政策。对新能源企业为开发新技术、新产品、新工艺发生的研究开发费用，未形成无形资产计入当期损益的，在按照规定据实扣除的基础上，可按研究开发费用的50%加计扣除；形成无形资产的，按照无形资产的150%摊销。对相关企业从事技术开发、技术转让业务和与之相关的技术咨询、技术服务业务取得的收入，免征营业税。对相关企业行政事业性收费能免则免，不能免的按最低标准收取。完善电网接入系统。支持电网企业进行智能化电网改造，提高电网吸纳新能源电力的能力，确保新能源发电项目及时接入电网。

在行业目前仅有的7个中国名牌中，山东省就占据了其中的3席，占到42.9%；目前济南太阳能毛坯管产量占国内市场份额的51%，是全球最大的太阳能毛坯管生产基地。太阳能镀膜管产量占国内市场份额的25%，占国内高端市场的70%以上，产销量居国内市场第一位。在全国太阳能下乡中标的92家企业中，山东就达到了20家，占到中标企业总数的21.7%。

山东拥有力诺、皇明、桑乐等行业领军企业和海尔、天丰、黄金等一大批太阳能二线品牌，形成了济南和德州两个太阳能核心产业基地，拥有目前国内行业唯一的从石英砂、毛坯管、镀膜管到集热器、热水器和热水工程的最完整的太阳能光热产业链。从产业链角度看，在石英砂环节，力诺集团拥有一座可开采100年的石英砂矿山；临沂市又是我国著名的“石英砂之乡”，原料供给充足；在毛坯管生产环节，力诺集团毛坯管产量占到国内市场份额的51%，诸城天旭和兖州曜晖毛坯管产量也位居行业前列；在镀膜管生产环节，力诺集团镀膜管产量占到国内中高端市场的70%，皇明、桑乐、天旭等企业也都形成了较大的产能；在热水器生产环节，力诺、皇明和桑乐三驾马车并驾齐驱，占到国内市场的份额的16%左右。

山东省太阳能企业快速发展的主要原因，关键是重视科技创新，注重加强科研队伍和重点实验室建设。目前山东省从事太阳能研究的科研机构共10多家，建成了5个重点实验室，中高级以上的科研人员约500多人，其中力诺瑞特“年产50万台CPC、U型全玻璃真空管集热器项目”列入国家级产业化项目，获得良好的经济社会效益，太阳能真空分体技术、太阳能高温发电技术、太阳能建筑一体化、温屏节能玻璃、太阳能空调等技术均达到国内外领先水平。2009年11月18日，力诺投资的太阳能光伏二期如期投产开工，该项目规划产能300兆瓦，填补了山东省没有自主产权的太阳能电池产品的空白。2009年12月，国际太阳能技术科学研究院落户山东德州皇明太阳能集团。

山东太阳能行业非常注意加强国际合作与交流，不断提高出口产品的档次和水平。目前，太阳能产品已出口到欧洲、美洲、非洲、澳洲、东亚、南亚等50多个国家和地区。

二、光伏电后发优势显现

山东省在太阳能光伏领域起步较晚，目前尚不具备与江苏、河北、江西等光伏大省相抗衡的实力。但是随着2008年力诺集团太阳能电池片项目的投产，山东太阳能光伏产业后发优势逐步显现。2008年5月16日，山东昂立天晟光伏科技有限公司总投资12.8亿元的光伏项目在枣庄高新区正式开建，项目全部建成后将形成100MW光伏电池片和100MW光伏组件的产能，年产值将突破30亿元人民币。7月17日，力诺300MW光伏电池片项目一期50MW正式投产，产品平均转化效率达到17%，位居行业领先水平；仅仅过了不到一个月，8月14日，中国光伏集团东营光伏太阳能有限公司在欧交所创业板Alternext市场成功上市，募集资金512万欧元，成为我国第11家在海外上市的光伏企业。10月23日，由（香港）宇骏集团有限公司独资建设的太阳能硅片项目正式落户潍坊高新区，该项目计划在第一年内硅片切割规模达到60兆瓦，5年内达到1000兆瓦生产规模。2009年4月18日，晟朗能源科技有限公司总投资达90亿元的光伏项目在济南市商河县正式开工建设，预计建成后将形成2000MW太阳能多晶硅、1000MW电池片及光伏组件产能。

生物能源初显头角

一、秸秆发电

山东是农业大省，每年秸秆生产量7000万吨，约占全国的十分之一，过去几乎白白浪费掉，现在逐渐被高效用来发电、气化、颗粒直燃等，力争到2010年80%得到综合利用。

2006年1月，利用农作物秸秆等农业废弃物分解产生可燃气体进行发电的新型秸秆发电项目在山东聊城市莘县建成，每年可发电980.8万度，年可消耗废弃秸秆1.5万吨。枣庄、禹城、单县等地的生物质能发电厂已全部投产。2006年，山东省第二批总装机规模为12万千瓦，每年消耗秸秆80万吨的第二批5座秸秆发电厂开工建设。2008年，山东省惟一利用玉米秸秆发电项目在淄博市临淄区凤凰镇开工建设。建成后年可利用农作物秸秆1万余吨，发电近500万千瓦时，产生沼渣、沼液6000余吨，而沼渣、沼液皆可作为无污染的高效环保材料循环利用。山东通裕集团利用玉米芯废渣进行生物质能发电，年减排二氧化碳19

力诺集团太阳能电池片项目

万吨。2009年7月，由新加坡安利兴集团投资2.5亿元兴建的潍坊市昌邑安利兴生物质发电厂投产，年可消耗秸秆等生物质燃料20万吨，每年节约标准煤15万吨,减少二氧化硫排放5000吨。2007年3月，总投资3亿多元的国能山东垦利生物发电工程顺利实现并网发电，年消耗棉秆20万吨，发电16500万度，节约标准煤8万吨，可减少二氧化碳排放量6000吨。

山东生物质发电成为境内外商家争相投资的热点。香港中电集团、国电集团、国家电网公司等相继与山东签订多个项目建设协议。

二、生物质能源研究

山东省在生物质能源研究、开发利用方面走在全国前列，取得一些重大成果，并迅速产业化。山东省科研单位在实验室取得了制取生物柴油初步成果，培育出的富油微藻，最高含油比已经达到68%，并在此基础上制取生物柴油。山东大学生命科学学院在纤维素酶法生产酒精方面取得重要成果，成功实现产业化。山东省科学院能源研究所在生物质气化联合发电技术与装备研究项目也取得重大成果。山东科技大学、山东理工大学在生物质热解液化都取得突破性成果。秸秆里炼油在济南王舍人镇变成了现实，这种添加剂可以以30%的比例添加到柴油中，可以替代部分柴油，节约能源的效果十分明显。构树和柽柳等新品种经过改良也有望成为新原料。

山东泽生生物公司建成世界上最大的秸秆生物转化燃料乙醇生产装置，每年可产出乙醇3000吨，计划在“十一”期间建成一个年产12万吨燃料乙醇。以秸秆、棉籽油、豆油、油角为原料生产生物柴油的试点工作进展顺利。以秸秆、玉米芯废渣、木薯等非粮食作物为原料制备燃料乙醇的技术取得重要进展。禹城龙力公司与山东大学联合研制开发年产万吨纤维乙醇项目，成立了山东龙力乙醇科技有限公司。该项目以玉米芯废渣为原料，利用现代生物技术生产乙醇，属国际首创、国内领先水平。目前已形成以农产品深度开发为主，集工业品、保健品、药品、快速消费品等为一体的多元化产业格局。由淄博特西尔公司与德国亥姆霍兹国家研究中心联合会及中德合作厂家共同投资建设的生物合成柴油的生物质清洁燃料项目在在淄博建设。山东华鹜植化集团8万吨／年生物柴油、山东创世纪生物公司10万吨／年生物柴油项目已获得国家批准。对高抗逆、高热值的构树、柽柳等新品种改良也有进展，有望为制备生物成型燃料、发电提供新的原料。

三、沼气利用

为建设社会主义新农村，增加农民收入，提高农民生活质量，2008年山东省人大颁布实施了《山东省农村可再生能源条例》，有关部门召开了“山东省农村沼气服务体系建设与秸秆沼气技术现场会”，出台了《山东省农村沼气专项资金管理暂行办法》。农业厅与县（市、区）政府签定了责任书。省政府连续两年把农村户用沼气建设列为为农民办的“12件实事”之一，大力推广农村户用沼气，使农村沼气有了快速发展。各级财政资金投入逐年增加，沼气服务体系建设进一步加强，科技支撑作用日益明显。山东省农村新建沼气池基本是“一池三改”或“一池两改”模式，即农户建设一个沼气池，同时配套改厨、改圈、改厕或者改厨、改厕。截至2008年底，全省新建农村户用沼气池达到45万户，同比增长30%左右，累计总量达到145万户。新建沼气池已全部投入使用，质量完好率达100%。全省农村沼气工作呈现出良好的发展态势。

山东省莱芜市农村户用沼气池总量达到1.6万余户。全市已建成沼气池8000多个。蓬莱民和牧业有限公司建设的肉鸡产业化基地大型沼气池，可日产沼气2500立方米，投资8000多万元建设的“粪污处理大型沼气工程及资源化利用项目”，每年可处理鸡粪便18万吨，污水12万吨，可发电2190万度，生产固态有机肥1.3万吨、液态有机肥23.7万吨。

2008年6月，山东省首个沼气发电项目——青岛市麦岛污水处理厂污泥沼气发电机组成功并网发电，在全省同行业中率先实现了污泥资源化综合利用。

（根据有关资料编写）

江苏省低碳发展

江苏省能源结构以煤为主，一次性能源消费量为1.76亿吨标准煤，其中煤炭所占比例为74.74%，石油为19.92%，天然气、水电、核电、风能、太阳能等为5.34%。江苏省现有一座核电站，沿海滩涂风能资源等清洁能源开发利用已经起步，但目前所占比重较小。

近几年来，江苏省积极应对气候变化，加快推进低碳发展，取得初步成效。

节能降耗取得明显成效

江苏省人民政府将节能降耗作为"十一五"期间重点工作任务，并分解落实到各部门。加强重点耗能行业和重点耗能企业节能降耗，组织实施节能改造重点工程，扎实推进电力工业"上大压小"工作。15个城市、20个园区和155家企业开展了循环经济试点。

2009年，江苏省在GDP增长12.4%的情况下，全省万元地区生产总值能耗同比下降5.17%，超额完成了年初确定下降4.6%的年度目标；全省主要污染物COD和SO_2排放量分别为82.7万吨和107.41万吨,分别比2008年削减3.1%和4.1%，呈现双下降的趋势。2009年，全省万元地区生产总值用水量为161立方米，比2005年下降了43%；工业固体废弃物综合利用率达到99%，比2005年上升了4个百分点；城镇垃圾无害化处理率约为80%，比2005年上升了34个百分点，均超额完成了我省循环经济试点实施方案所确定的阶段性目标。

2009年江苏省完成1121个重点减排项目，取得了良好的减排效益。江苏金浦集团有限公司的5万吨/年硫酸法钛白粉搬迁改造项目，仅环保设施投入就达1.05亿元。项目实施后，该公司化学需氧量排放年平均下降18.76%，二氧化硫排放量年平均下降8.38%，粉尘排放量年平均下降11.73%，废水排放量年平均下降17.65%，污水年处理率达100%，顺利通过了南京市环境监测站的环保验收，各项指标符合国家排放标准，实现了清洁生产。

江苏省加快淘汰落后产能。2006年至2009年，全省经过不懈努力，钢铁行业累计淘汰落后生产能力800万吨，电力行业关停小火电机组近700万千瓦，水泥行业淘汰落后生产能力2900万吨。焦化、造纸、酒精、味精等行业也都淘汰了一定数量的落后产能。

新能源：超前规划 领先发展

为实现江苏省"十一五"节能低碳低碳目标，解决制约节能低碳低碳的重大科技问题，2007年7月，江苏省政府办公厅就转发了省科技厅关于《江苏省节能低碳低碳科技支撑行动方案(2007－2010年)》，提出了工作目标和重点任务。

江苏省光伏产业能够迅速发展领先全国，最重要的因素在于政府的大力支持。在国家颁布《可再生能源中长期发展规划》之前，江苏省已经先行一步，在2005年连续出台了《关于运用价格杠杆促进可持续发展的实施意见》和《江苏省能源产业科技示范工程2005—2007年实施方案》，对可再生能源项目尤其是太阳能光伏技术项目实行较多优惠政策，这些政策都大大地调动了企业发展光伏产业的积极性。

为了抢占市场和技术制高点，江苏先后编制了新能源、电子信息、装备制造等13个产业调整和振兴规划，其中把新能源产业作为保增长、促发展、调结构的战略先导产业第一个亮相。

2009年5月20日，江苏省政府召开新闻发布会发布《新能源产业调整和振兴规划纲要》，内容涉及太阳能光伏、风电、核电和生物质能四大产业，但着墨最多的还是光伏产业。主要内容包括：新能源销售收入力争从2009年的1800亿元递增到2011年的4500亿元，三年增长1.5倍。其中光伏产业将占3500亿元，比重为77%，太阳能电池及组件还将形成每年10000兆瓦（即10GW）的生产能力。风力发电未来将造"海上三峡"。3年中，培育一家销售收入超500亿元、5家超100亿元、20家超50亿元的企业集团，形成一批在全国具有特色和影响的产业集聚区，建设10个省级新能源高技术产业基地。在布局规划上，硅材料产业将集中在徐州、扬州和连云港；苏州的发展重点较多，包括光伏垂直一体化产品、薄膜电池、光伏生产和检测设备等。光伏垂直一体化产品的生产可重点放在南京、无锡、常州、苏州和镇江等地，配套材料和集成系统产销则以泰州和镇江为重点。在徐州、连云港和扬州，就已有中能硅业、连云港中彩以及江苏顺大等三个多晶硅企业，而电池生产厂多设立于无锡、南京、常州。在产业政策上，对各类投资主体研发新能源产业项目实行鼓励政策，加快项目的核准、备案，在财税政策上，加大扶持力度，设立省光伏发电专项资金，此外在金融、企业兼并重组、对外合作交流等各方面加大扶持力度。根据规划，全省到2011年，还要实现光伏并网发电每千瓦时由"2元"以内尽早达到每千瓦时1元的目标。将设立省光伏发电专项资金，主要对光伏并网发电电价、光伏发电示范推广工程给予补贴，引导和鼓励江苏省光伏企业投标竞争国家光伏发电示范项目，积极拓展国际国内市场。

2009年6月，江苏省成立以常务副省长为组长的省新能源暨光伏产业推进协调小组。省委、省政府高度重视应对气候变化和发展低碳经济，专门成立了以罗志军省长为组长的省应对气候变化及节能减排工作领导小组。2009年9月20日，江苏省人民政府发布《江苏省应对气候变化方案》，明确了应对气候变化工作的指导思想、具体目标、重点领域、主要任务及政策措施。江苏省应对气候变化的总体目标是：控制温室气体排放取得明显成效，适应气候变化的能力不断增强，气候变化领域的机构和体制建设得到进一步加强，公众的气候变化意识得到较大提高。江苏省应对气候变化的近期目标年设定为2010年，远期目标设定为2015年，部分展望到2020年。具体目标和任务主要包括：（1）转变发展方式，调整产业结构。力争到2010年单位GDP能耗从2007年的0.853吨标准煤下降到0.79吨标准煤，到2015年下降到0.7吨标准煤；到2010年，单位GDP二氧化碳排放量由2007年的2.35吨下降到2.30吨，到2015年下降到2.18吨。（2）优化能源结构，发展清洁能源。大力发展风能、核能、太阳能、生物质能，到2010年全省风电装机达到150万千瓦，风电年发电量达到30亿千瓦时，到2020年风电装机达到1000万千瓦。加快田湾核电二、三、四期工程建设，到2020年全省核电装机达到1000万千瓦。鼓励发展垃圾发电、风力发电、秸秆发电等可再生能源，到2010年全省秸秆发电、垃圾发电装机容量分别达到60万千瓦和25万千瓦。力争到2010年清洁能源所占比重由2007年的0.5%增加到0.7%。（3）强化重点行业管理，控制温室气体排放。加快运用高新技术和先进适用技术改造提升传统产业，大力推动传统产业向深加工、精加工、高附加值和低消耗方向发展。强化重点高耗能行业和企业的能源基础管理，加快节能技术进步。到2010年，全省率先在轻工、纺织（印染）、建材、石化、机械、汽车、冶金、电力等8个重点传统产业完成生态化改造试点工作。对铁合金、焦化等行业全面实行准入制，淘汰落后产能，提高行业生产管理和污染治理水平。以节能、降耗、减污、增效为目标，在企业全面推行清洁生产，有效减少产品生产和使用过程中的温室气体排放，力争到"十一五"末节约2000万吨标准煤。（4）加强林业管理，增加碳汇能力。实施"绿色江苏"林业行动，建设江海河湖防护林、绿色通道、城郊人居森林等生态林业工程。到2010年，全省森林覆盖率达到20%，城市绿化覆盖率达到42%，活立木蓄积量达到8000万立方米以上。初步建成资源丰富、布局合理、功能完备、结构稳定、优质高效的现代林业体系，有效增加森林碳汇。

近年来，江苏省新能源产业实现了超常规发展，已有290多家太阳能及配套企业。2009年全省新能源产业实现产值超900亿元。太阳能电池产量占全国的65%，占世界总产量的23%以上，电池转换效率位居世界前列；风电设备关键零部件齿轮箱占全国的60%。风能开发利用全面启动，沿海地区已建成投产装机68万千瓦，正在实施近130万千瓦，风电整机制造能力超过100万千瓦。核能利用稳步推进，田湾核电站一期2台100万千瓦机组建成投产，二、三期工程正在抓紧筹备。在生物质能发电方面，2007年,我国第一个自主研发的软质秸秆发电项目在江苏淮安建成并投入运营，开创了我国软质秸秆发电的先河，"十一五"后期和"十二五"期间也将加大推广应用力度。

江苏目前已经在淮安、盐城、南通等布局了一批电项目，规划装机容量1000万千瓦以上，相当于三峡电站的发电量。按照江苏省可再生能源的发展规划，到2010年，全省将完成万个光伏屋顶计划，光伏并网发电能力达到5万千瓦。在太阳能发电的使用上，除了电网企业全额收购，还将借鉴国外的做法，鼓励企业收购、居民认购等。

2009年2月，40家中央企业与江苏的相关企业签定了45个重大合作项目，总投资达2000多亿元。签约的项目主要集中在风电、核电和第六代液晶显示器件等新能源、高新技术等方面。

2009年6月22日，江苏省政府在宁召开全省新能源发展和光伏发电推进工作座谈会，贯彻落实党中央、国务院领导关于加快发展新能源的重要指示精神，研究部署新能源产业调整和振兴规划纲要的组织实施，加快推进光伏发电推广示范工作。

2009年12月15日，江苏省首个低碳产业规划——常熟高新技术产业园低碳产业建设规划顺利通过专家组评审。规划为常熟高新技术产业园发展太阳能光伏产业设计了"梯级"路径：非晶硅薄膜太阳能电池，优先级别为"高"；太阳能光伏发电、太阳能中高温技术和太阳能低温技术，优先级别为"较高"；而工业硅初级提炼、面积小于6英寸的太阳能硅片等7种情形，则被列为"禁止"。在风电产业发展上，要坚持"引进成熟技术和企业、形成规模效应、带动完善产业链"的原则。

江苏省政府将从五个方面全力推进全省低碳经济的新能源产业加快发展：一要加大能源结构调整力度，不断提高新能源比重。进一步降低煤炭在能源结构中的比例，大力提高风电、光伏发电等新能源比重，加快沿海新能源基地和新能源装备制造基地建设。二要以科技创新为先导，做大做强新能源产业。建立健全以企业为主体的技术创新体系，促进新能源开发利用与产业发展互动并进，促进产业层次达到国内外先进水平。三要积极推进试点示范，提升光伏发电应用水平。认真落实《江苏省光伏发电推广意见》，努力扩大推广规模，不断降低发电成本，迅速增强产业竞争力。四要加大政策扶持力度，推动新能源产业快速发展。全面落实国家促进新能源发展的各项政策措施，认真执行国家可再生能源发电价格和费用分摊管理试行办法，积极争取太阳能光电建筑应用示范项目国家财政补助。加大省级财政支持力度。五要加强组织领导，统筹协调新能源发展工作。

南京：引领百亿级风电产业崛起

南京市制定了加快风电产业发展的一系列举措。重点提升1.5兆瓦陆上风电机组设计制造水平，加快2兆瓦以上陆上风电机组和海上风电机组研制和产业化，进行3兆瓦以上风电机组关键技术攻关。形成年产1.5兆瓦风电机组300套生产能力，2.5兆瓦机组200套生产能力，同时在电力控制、风场设计建设等方面占据更大市场份额。

在南京市江宁开发区，20多家风电企业都纷纷加大投入，一批重点项目正有序推进。江宁开发区在新一轮调整中专门成立了新兴产业发展的新平台，把风电产业作为一个重要方向。目前江宁开发区风电设备制造初步形成了完整的产业链

南京风力发电已经形成了比较完善的产业链，拥有装备制造企业29家。一批骨干企业掌握着传动系统、电力控制、发电机设备等关键环节的自主核心技术。从桨叶、电机、齿轮箱、控制系统到发电机组、变压器，南京风电装备关键部位的总装和生产能力均居于全国领先。目前，南京市正加快推进风电优势企业强强联合，争取尽快组建新的南京风电产业集团，打响地产"南风"品牌，以此为龙头，引领风电产业链快速发展。

2008年，全市实现风电装备产值40亿元，同比增长60%，风电齿轮箱产能达到3000兆瓦，风电产业成为南京市发展最快的新兴产业之一。依据目标，2009年全市风电装备产业将实现销售收入80亿元左右，2010年实现销售收入120亿元。2011年，新能源产业实现销售收入240亿元，年均增长81%。

无锡：建设全省第一个低碳经济园区

2009年5月，"无锡低碳城市国际研讨会"在无锡举行。6月10日，无锡低碳城市发展研究中心应运而生。中心将依托江南大学和无锡市环保局等单位，利用双方的管理、人才和技术优势，开展低碳城市发展的研究、开发和战略工作。计划花三年时间，通过低碳理念的宣传，低碳技术的推广应用，低碳城市的规划设计，使无锡市在全国低碳经济发展中走在前列，实现城市的"低碳化"。

在全球太阳能光伏产业，中国已成为世界上最大的太阳能光伏产品制造国，2008年占全球市场的30%。尚德电力不到8年时间，从2002年9月第一条10兆瓦太阳电池生产线正式投产，到2008年底已形成1000兆瓦太阳电池生产能力，企业产品的90%以上销往世界各地，在全球已有1400多个客户，约占全球市场的10%，位居世界前三强。面对国际金融危机的冲击，2008年尚德实现产量500兆瓦，同比增长38%；销售收入超200亿元，实现利税14亿元。2009年二季度，尚德公司的发货量比去年同期高出40%，创历史新高。做为世界光伏行业的名牌——"SUNTECH"，其市场占有率在继续扩大。如今，在加强自主创新的道路上，尚德正致力于太阳能发电系统集成技术的改进，向占光伏发电系统总成本一半的平衡系统(BOS)技术发出挑战。向"一元钱一度绿电"的目标靠近。

江苏实施“阳光屋顶计划”示范工程，到2010年，全省将完成一万个光伏屋顶计划，光伏并网发电能力达到5万千瓦。江苏省首个“光伏屋顶计划”在无锡国家工业设计园进行试点。2009年12月31日，由江苏省发改委核准的首个兆瓦级并网型太阳能光伏发电项目——江苏国信尚德1.5兆峰瓦屋顶太阳能并网发电项目在楚州竣工投产，年发电量将达165万千瓦时。

无锡蠡湖科技创业园加强与北京环境交易所等相关机构的洽谈并尽快签订正式合作协议，进一步优化低碳园区的建设方案，策划建立太湖环境交易所和低碳经济示范点等，构筑低碳经济园区建设中的技术平台，营造行业优势。力争花5～8年左右时间完成蠡湖科技创业园的提升改造工作，努力建设全市乃至全省第一个低碳经济园区，打造区域产业亮点。

扬州：太阳能光伏产业形成了完整产业链

扬州市半导体照明和太阳光伏电的各类关联企业有300多家。为培育半导体照明和太阳光伏电产业，扬州出台了一系列扶持政策，并设立了专项基金等。

扬州市太阳能光伏产业已形成了“多晶硅—单晶硅—单晶硅片—电池芯片—电池组及组件—太阳能发电（照明）”完整的产业链条。特别是顺大公司生产出的高纯度多晶硅品质为国内之最，将全市太阳能光伏产业推上了“全国高地”。在太阳能光电建筑应用示范方面，全市已首批上报建设总装机容量34.1兆瓦，位居江苏省第一。市开发区以市区学校、医院、政府机关等28处公共建筑屋顶为实施平台，上报“屋顶发电”装机容量30.1兆瓦，项目总投资9.6亿元。2009年5月，扬州经济开发区“三新”公共服务中心大楼内的日常用电，均由太阳能发电示范电站提供。在阳光较足的情况下，这座建在大楼西侧空地上、装机容量50千瓦的太阳能发电站每天能发电300~400度，可基本满足一幢楼的日常用电。这是江苏全省第一个在党政机关、事业单位建成并投入运行的太阳能发电示范电站，标志着扬州在太阳能光伏应用领域取得了重大突破。

2009年7月，扬州市经济开发计划总投资 2 5 亿元，打造占地面积6000亩的智能电网产业园区，抢乘新能源产业发展中电网建设的“头班车”。

徐州：借新能源就地转身

在徐州市，江苏省科技厅正式批准在徐州经济开发区建设光伏产业基地，2010年底前可形成万吨规模。这是徐州市新能源产业领域建设的首批省级产业基地。与此同时，工业余热发电、生物质发电也已经渗透到徐州的各行各业。

过去50年间，徐州生产的原煤有80％以上供应苏南和华东地区。随着煤炭向电力的转化，徐州逐步成为全省重要的电力输出地，1998年来的10年间，累计向苏南输送电能1060亿千瓦时。这种低于市场价的输出，仅2004年以来的4年间，就少收益20多亿。

而经过上百年的开采，徐州煤炭资源逐渐进入枯竭期。过去几年，徐州市先后关闭了167对煤井，近几年内还将有14对矿井陆续关闭。而就地转身，通过发展新能源和低碳经济，强力推进接续替代产业，把徐州这个老能源基地建成江苏新的能源基地，成为一条重要出路。

在徐州经济开发区，以光伏光电为代表的新能源经济迅速崛起，产值增长11倍，利税增长15倍，对开发区GDP增长贡献度达50％以上。目前，世界上10家最大的光伏生产企业已有8家与落户徐州的江苏中能签订了销售合同。2009年上半年，徐州光伏光电产业完成产值20.1亿元。2009年4月，安徽省科技厅正式批准在徐州经济开发区建设光伏产业基地，2010年年底前可形成万吨规模。这是徐州市新能源产业领域建设的首批省级产业基地。

2009年12月30日，位于徐州市贾汪区青山泉镇境内的总投资4.2亿元、装机容量20兆瓦(1兆瓦=100万瓦)的徐州协鑫地面光伏电站在徐州成功投运。这是国内迄今装机容量最大的太阳能发电站。该发电站采用平板式晶体硅光伏组件作为光电转换设备，年发电量平均约为2600万千瓦时。项目每年可节约标煤7550吨，减排二氧化碳约2万吨、二氧化硫约150吨、二氧化氮约50吨。

在风电产业方面，徐州市主要侧重于风电装备制造方面。2009年以来，总投资2亿美元的大型风电设备项目——徐州罗特艾德—力士风电回转支承项目、投资8000万美元的丹麦维斯塔斯公司风电设备项目、投资28亿元的凯迪环保节能项目先后落户徐州经济开发区。预计今年风电产业产值可达15亿元。到2012年，形成年产1000台兆瓦级的风电回转支承产品和大型风电机组产能，预计销售收入超过100亿元。

与此同时，工业余热发电、生物质发电也已经渗透到徐州的各行各业。徐州仅在建拟建余热余能发电机组就在7万千瓦以上。

新能源汽车产业呼之欲出

江苏省新能源汽车产业呼之欲出。目前正抓紧制订新能源汽车发展专项规划、筹备成立江苏省新能源汽车产业技术联盟、推出一批新能源汽车技术改造项目并组织实施、促进江苏新能源汽车的示范推广运用。参与新能源汽车及零部件研发的南汽集团公司、南京依维柯、苏州金龙、江苏常隆、南京嘉远等企业，推出了各自开展新能源汽车及其配套零部件研发的计划。

南汽集团正在加快研发具有自主知识产权的名爵混合动力汽车，到2011年完成适应性开发和产业化技术改造，形成年产各类混合动力汽车4.5万辆的能力；南京依维柯加快开发采用动力锂电池驱动的纯电动轻型客车；南汽专用车以4~11座电动车入选2010年世博会场馆用车为契机，加快技术改造步伐，形成2000辆产能;南京嘉远利用现有研发基础实施技术改造，形成年产2万套锂电池驱动系统能力，为城市公交和小型乘用电动汽车配套；苏州金龙实施国家“十一五”氢燃料电池客车项目，开发混合动力客车、天然气客车；常隆组织实施城市公交电动客车小批量生产，形成800辆产能；中大与国内科研所合作，开发纯电动客车、氢动力客车，形成5000辆产能；亚星与有关院校合作开发混合动力客车产品；春兰进一步加大镍氢环保动力电源系统的研发和技术改造投入，形成年产4000套混合动力车用电源系统的配套能力。

江苏省计划在省科技发展专项资金中安排一定比例，重点支持新能源汽车共性技术研发平台和产品研发平台建设，加快研发关键核心技术和整车产品。省级节能及发展循环经济专项引导资金，也将对发展节能与新能源汽车给予重点支持。同时，江苏还鼓励和支持民营科技企业参与节能和新能源汽车及零部件研发，推进节能与新能源汽车的产业化。南京、无锡、苏州、南通等城市正在向国家有关部门申报，争取增列为国家节能与新能源汽车示范工程试点城市。同时，江苏还计划在优先使用节能与新能源汽车的城市，建立电动汽车快速充电网络，加快停车场等公共场所公用充电设施建设。

低碳建筑

江苏省全社会总能耗的25%~35%属于建筑能耗。2008年以来，江苏省每年设立1亿元的省级节能减排专项引导资金，重点用于支持建筑节能重点工作领域，包括机关办公建筑和大型公共建筑节能监管体系建设、新建建筑节能示范工程、建筑节能改造、成熟适用技术推广等方面。

“十一五”前3年，江苏累计建成节能建筑25229万平方米，累计节约标煤692万吨，占全省“十一五”建筑节能节约标煤1000万吨目标的69%。2008年，江苏新建建筑节能设计率达到100%，施工执行率达到87.2%，高于全国平均水平5个百分点。江苏省政府决定从2008年起到2010年（“十一五”后三年），每年设立1亿元的省级节能减排（建筑节能）专项引导资金，用于支持建筑节能的重点工作领域。在2009年国家启动的太阳能光伏与建筑一体化应用示范中，江苏共有23个项目被列为国家示范项目，获得国家支持资金2.2亿元。在新形势下，随着建筑节能工作的不断推进和深入发展，需要在已有实践的基础上不断提升工作层次，推动建筑节能由单体工程示范、单项技术研发向建立制度化、系统化体制机制转变。

2009年10月30日，《江苏省建筑节能管理办法》（以下简称《办法》）获得省政府常务会议审议通过。对新建建筑节能、既有建筑节能改造、可再生能源建筑应用、建筑用能系统运行节能及监督管理作出具体规定。《办法》的出台，标志着江苏建筑节能法规建设迈出了坚实的一步，将进一步推进太阳能等可再生能源在节能建筑、节能改造领域的应用。

为大力推广可再生能源，《办法》明确规定，新建筑的采暖制冷系统、热水供应系统、照明设备等设施，应当优先采用太阳能、浅层地能、工业余热、生物质能等可再生能源，并与建筑物主体同步设计、同步施工、同步验收。《办法》还特别强调，政府投资的公共建筑，应当至少利用一种可再生能源。

《办法》要求，新建宾馆、酒店、商住楼等有热水需要的公共建筑以及12层以下住宅，应当按照规定统一设计、安装太阳能热水系统；鼓励既有居住建筑和宾馆、酒店、商住楼等有热水需要的公共建筑在进行节能改造时，设计、安装太阳能热水系统；鼓励江、河、湖、海附近的建筑使用地表水源热泵系统，并按照有关规定减免水资源费；鼓励结合城市建筑物、公共设施建设一体化太阳能光伏并网发电设施，对道路、公园、车站等公共设施，推广使用太阳能光电照明系统。

《办法》要求，要在认真贯彻落实该办法的基础上，研究制定实施细则，形成省市县配套、层次分明且目标统一、相互衔接的法规体系。同时，结合“十二五”规划的编制，加快制定建筑节能规划，以明确今后中长期建筑节能的目标、任务、发展方向。要认真落实已经出台的建筑节能相关政策，并在工作推进中逐步完善政策体系，形成加快推进建筑节能发展的机制。当前首先要制定出台取用江、河、湖、海水源建设地源热泵系统减免水资源费的具体办法，研究制定机关办公建筑和大型公共建筑能耗定额及超定额加价制度。各地也要结合当地实际，深入调查研究，落实住宅全装修财政补助等政策措施，并建立建筑节能专项资金。自2010年起，在申报国家和省各类建筑节能补助项目时，优先支持已落实建筑节能专项资金、出台配套补助政策的地区。

（根据有关资料编写）

江西省低碳发展

江西省发展和改革委员会

2009年江西省节能宣传周启动仪式

实现低碳发展，是我国应对气候变化、转变增长方式的必然选择，是建设资源节约型和环境友好型社会的重要内容。2009年，江西省认真贯彻落实科学发展观，立足省情，转变发展方式，努力实现科学发展、进位赶超、绿色崛起的发展战略。

一、成立应对气候变化领导和工作机构

按照《国务院关于成立国家应对气候变化及节能减排工作领导小组的通知》要求，省政府于2009年4月成立了江西省应对气候变化工作领导小组。领导小组组长由省人民政府省长担任，发改、工信、农业、林业等27个省直部门和相关企业为成员单位，省发展改革委负责领导小组办公室的日常工作。领导小组的主要任务是：贯彻落实国家应对气候变化的重大战略、方针和对策，做好应对气候变化方案的编制，统一部署全省应对气候变化工作，协调解决工作中的重大问题。在2009年省级机构改革中，省发展改革委设立了应对气候变化处，归口负责应对气候变化工作。领导小组和工作机构的成立，有力地推动了全省应对气候变化和低碳发展工作的开展。

二、制定应对气候变化和推进低碳发展指导性文件

一是省政府于2009年6月将《江西省应对气候变化方案》印发各地、各部门贯彻执行。该方案结合江西省实际，客观分析了全省气候变化的观测事实、变化趋势及影响与挑战，明确了指导思想、基本原则及主要目标，提出了重点领域、主要任务及保障措施，为江西省应对气候变化工作的开展提供了指南。

二是省政府于2009年11月发布国内首个省级《低碳经济社会发展纲要》（白皮书），成为江西推进绿色发展、低碳发展、可持续发展和应对气候变化的纲领性文件。

三是国务院于2009年12月正式批复了江西省《鄱阳湖生态经济区规划》，标志着建设鄱阳湖生态经济区上升为国家战略。建设鄱阳湖生态经济区，特色是生态；核心是发展；关键是转变发展方式，在发展中保护生态，在保护生态中加快发展；目标是立足江西实际，顺应时代发展潮流，走出一条科学发展、绿色崛起之路。

四是开展“发展低碳经济，推进鄱阳湖生态经济区建设”专题调研。调研针对经济总量与产业层次、产业结构与能源结构、资金与技术、体制与机制等制约因素，提出了9个方面20条鄱阳湖生态经济区低碳发展的建议，为鄱阳湖生态经济区建设乃至全省经济社会发展向低碳转型提供了十分有借鉴价值的政策和措施。

三、发展低碳高效农业

一是大力发展农村沼气建设。江西省农村沼气已从注重户用沼气建设发展到户用沼气、联户沼气、大中型沼气工程均衡发展。截至2009年底，全省户用沼气池保有量达到约152.3万户，大中型沼气池1019处，城镇生活污水沼气净化池620处，有效地促进了农业废弃物的利用。

二是推广测土配方施肥技术。鼓励发展绿肥种植，抓好优质绿肥留种和综合利用，积极推广秸秆还田。截至

2009年底，有94个县（市、区）实施了农业部测土配方施肥工程，实现了以不到3%的肥料增幅，使水稻产量提高13%的佳绩。在实施测土配方施肥的地区，共减少不合理施肥（折纯）23.44万吨，大大提高了土壤的有机质含量，增加了农田碳汇功能，减少了土壤养分流失，为防治农业面源污染打下了坚实的基础。

江西长岭风电场

三是加强清洁工程示范。江西省乡村清洁工程以自然村为基本单元，按照“减量化、无害化、再利用、资源化”的循环理念，利用工程和生物手段，推进生活废水、人畜粪便、生活垃圾和农作物秸秆向肥料、饲料和原料的资源转化，减少农业生产和农村生活过程中生活废水、人畜粪便、生活垃圾和农作物秸秆等有机废弃物无害化处理，从源头减少农村生产生活污水和垃圾的排放。截至2009年底，全省已建成乡村清洁工程示范点71个，示范点的垃圾无害化处理率、生活污水净化率、秸秆利用率、粪便利用率均达到90%以上。

四是推广健康养殖工程。通过科学规划全省水功能区和水资源区，实行养殖许可制度，合理确定“三网”（网箱、网栏、网围）养殖规模和放养密度。实施健康水产养殖工程，大力推广设施渔业和节水渔业技术、养殖用水水质调控和测水施肥技术、鱼种放养合理搭配技术、专鱼专用配方饲料使用与投喂技术以及渔用药物使用技术，减少水产养殖投入品，提高水产养殖饲料利用率。2009年，建成“池成方、埂成型、渠成网、灌可进、排可出、入能通、出能畅”的标准水产养殖鱼塘2.4万亩，切实做到养殖废水的清洁排放。五是启动畜禽清洁生产行动。按照鄱阳湖生态经济区建设规划要求，围绕转变畜牧业生产方式、提高畜禽粪污循环利用率、减少环境污染的目标，以“五河一湖”和畜禽养殖主产县为重点区域，以污染最重的生猪产业为突破口，启动“爱我美好家园千场万户畜禽清洁生产行动”，通过以县（市、区）和乡镇为单位划定畜禽禁养区、控养区和可养区，执行畜禽养殖场环境影响评价，严格准入制度，实施畜禽养殖场标准化改造，不达标依法关闭。截至2009年底，全省已建设126个标准化规模养殖场、50个畜禽标准化养殖小区，辐射5000个养殖场，畜牧养殖场(户)废弃物综合处理率大大提高。

四、大力推进造林绿化工程

从2008年开始，江西省决定在全省范围内实施造林绿化“一大四小”工程，开创了林业发展的新局面。“一大”，即抓好宜林荒山造林，确保到2010年全省森林覆盖率达到63%；“四小”，即抓好县城和市政府所在地的绿化，抓好乡镇政府所在地的绿化，抓好农村自然村的绿化，抓好基础设施、工业园区、矿山裸露地的绿化。同时，出台相关配套措施，在政策、资金、技术、苗木等方面全力支持“一大四小”工程建设。20多年来，江西省通过采取退耕还林、工程造林以及封山育林等举措，使全省森林覆盖率由31.5%上升到2009年的60.05%，居全国第二位，增强了林业碳汇功能。截至2009年底，全省已建成各类自然保护区176个(其中国家级8个、省级22个),其面积占全省国土面积的6.9%。

五、积极开发利用新能源

一是水电建设有序推进。到2009年底，江西省已建成水电装机总容量386万千瓦。“十一五”期间，江西省相续投产发电了一批中小水电项目，开工建设的装机容量12万千瓦的石虎塘、装机容量36万千瓦的峡江等大中型水电项目工程进展顺利。

二是风电开发起步良好。截至2009年底，江西省相继建成了矶山湖30MW、长岭34.5MW、大岭19.5MW三个风电项目，风电总装机容量达84MW，全年发电1.1亿千瓦时，开工建设的装机容量4.95万千瓦的老爷庙风电项目工程进展顺利。

三是生物质能产业发展较快。截至2009年底，江西省已建成鄱阳凯迪12MW、万载凯迪12MW、吉安金佳谷物6MW生物质电厂，吉安凯迪12MW、赣县30MW生物质发电项目正在建设中。南昌麦园2.8MW垃圾处理场填埋发电项目已经投产，二期工程即将开始建设，南昌泉岭24MW、都昌9MW、鄱阳9MW垃圾焚烧项目正在开展前期工作。

四是生物液态燃料得到开发。兴国2万吨、南昌2万吨生物柴油项目已经投产，南丰10万吨生物柴油项目正在建设；东乡10万吨乙醇项目正在开展前期工作，已种植木薯10万亩，年产木薯20万吨，为项目投产提供了原料。

五是以光伏产业为代表的新能源技术装备业迅猛发展。“十一五”时期，江西省光伏产业发展势头十分迅猛，已形成了新余、南昌、上饶等重要光伏产业基地。2009年，全省多晶硅片生产能力达到2000兆瓦，太阳能电池生产能力达100兆瓦；实际生产高纯硅料1150吨，多晶硅片1914兆瓦，单晶硅片136兆瓦，电池组件40兆瓦。高纯度硅料、薄膜太阳能电池已经开始批量生产。江西省的风电设备制造企业依托本省丰富优质的稀土资源，已具备批量生产1.5MW与2.0MW直驱风电机组能力。

六、加大节能减排力度

2009年，全省上下认真贯彻党中央、国务院及省委、省政府的部署，把节能减排作为落实科学发展观的重要抓手，继续加大工作力度，落实政策措施，取得了明显成效，全年万元GDP能耗为0.88吨标准煤，同比下降4.54%，规模以上万元工业增加值能耗为1.63吨标准煤，同比下降16%。

一是完善节能减排考核评价体系。强化节能减排目标责任，将各项指标和任务在年度计划中逐项分解，落实到市县、落实到行业与企业、落实到项目，并制定下发了《江西省节能减排统计、监测及考核实施方案和办法》，有效地促进了节能减排工作落实。

二是严把产业准入关。严格贯彻执行江西省《关于加强高能耗高排放项目准入管理的实施意见》，对钢铁、有色、水泥、造纸等十四个行业中各类高能耗、高排放新建项目严把准入关，加大环评“区域限批”力度。不断完善省资源环保型工业项目联审工作机制，对以森林资源为原料的林产加工项目和以矿产资源为原料的大中型项目，对生态和环境有较大影响的工业项目，进行联审把关，切实保护好资源和环境。

三是着重抓好节能减排工程建设。（1）推进冶金、有色、建材、化工等重点行业的一大批重大节能减排项目建设。积极推进江铜股份公司贵溪冶炼厂亚砷酸环保扩建工程项目、丰电公司综合节能改造项目等一批节能减排重大项目建设，带动总投资60多亿元，发挥了典型示范作用。筛选了江西盐矿有限责任公司循环流化床锅炉节能技改项目等165个具有明显示范和带动作用的节能、节水、资源综合利用和循环经济试点项目，作为2009年国家资源节约和环境保护备选项目、节能技改财政奖励项目，上报国家发改委，努力争取国家更大支持。有41个节能技改项目、12个资源节约和环境保护项目通过国家审核并下达了实施计划或复函，预计可获得国家财政资金3亿多元。（2）大力实施“上大压小”工程。2009年关停小火电机组39.5万千瓦，淘汰落后造纸产能3.15万吨、水泥250.4万吨，“十一五”前四年累计按计划分别淘汰落后炼钢、水泥、焦碳、造纸等生产能力275万吨、810.6万吨、110万吨、20.95万吨，关停小火电机组169.01万千瓦。（3）继续抓好全省火电企业脱硫改造工作。丰城电厂2台30万千瓦机组、贵溪电厂2台30万千瓦机组、新余电厂2台20万千瓦机组、九江电厂三期2台35万千瓦机组、井冈山电厂2台30万千万机组的脱硫设施已建成投运，同时新昌电厂2×600MW机组、井冈山电厂2台30万千万机组脱硫工程等正在开展脱硫特许经营试点工作，全省基本提前完成国家安排的“十一五”期间火电机组脱硫设施建设任务。（4）大力促进循环经济发展。重点推进江铜集团公司、萍乡市、永修云山经济开发区、华春集团公司等四个被列为国家循环

鄱阳凯迪生物质发电厂

南昌麦园垃圾填埋场沼气发电项目

经济试点单位建设，继续新增并推进11个省级生态工业园区建设。（5）积极推广使用节能灯。按照国家要求，从2009年下半年开始，在全省范围开展中央补贴高效照明产品推广工作，全年推广使用节能灯300多万只，预计可实现年节电3.5亿度。

四是大力推进污水处理工作。加快中心城市污水处理设施建设。2009年上半年，江西省11个设区市城市、15座生活污水处理厂建成投运，日处理污水能力167万立方米，实现全省设区市城市均有建成并运行的污水处理厂的目标。全省85个县（市、区）污水处理设施已于2008年全部开工建设，截至2009年底，累计完成投资47.3亿元，占总投资的97.42%，70个县（市、区）已完成厂网主体建设任务，36个县（市）开始了试运行工作；项目建成投运后，可新增日污水处理能力105.5万立方米、管网1353.62公里。

五是充分发挥税费及价格调节作用。落实了差别电价政策，将差别电价的电费收入专项用于支持经济结构调整和节能减排；取消对高耗能企业的优惠电价政策，降低小火电价格，对火力发电企业给予每度电补偿1分5厘的脱硫加价，对生物质能、风能、太阳能以及垃圾发电等实行鼓励性电价政策。按照污染者付费的原则，提出了提高生活垃圾、污水处理收费以及排污费收费标准和改革收费方式的方案。同时，按照全国统一部署，适时调整了成品油、天然气价格，提高了工业用（不含化肥及独立供热企业）天然气出厂价格，完善了水资源费征收使用管理办法。

六是完善节能减排相关配套法规、标准和规划。拟订了《江西省实施〈中华人民共和国节约能源法〉办法(修订草案)》、《江西省固定资产投资项目节能评估和审查管理办法（草案）》等。落实高耗能产品能耗限额强制性国家标准和用能产品强制性能效标准，正在推进制定和完善相应省级标准。

七是推进清洁发展机制（CDM）项目建设。帮助省内相关企业和机构深入了解清洁发展机制（CDM）项目建设情况，掌握国家碳汇市场动态，支持有潜力的企业参与清洁发展机制项目建设。积极组建了项目专家库，收集整理了全省CDM项目资料，加强了对项目的指导和协调，截至2009年底，全省共有52 个CDM项目获国家发展改革委审核批准，其中16个项目获联合国执行理事会注册、1个项目获联合国执行理事会核证签发。

七、利用科技创新助推低碳发展

一是着力开展节能减排技术研发。全省组织实施各级各类节能减排科技项目共62项，投入经费累计3亿多元，其中国家下拨经费2.4亿元；建立了9个国家级节能减排科技创新研发平台和示范基地，以及16个省级节能减排科技创新研发平台；组建了光伏材料、半导体发光材料、陶瓷材料、鄱阳湖生态等相关优势创新团队15个，培育了6个节能减排低碳产业企业为国家级创新型企业和节能减排示范企业。

二是组织实施重大科技项目和科技重点计划项目。组织实施国家及省重大科技研发、示范性项目18项，包括国家示范工程项目2个，国家重大专项项目4个，国家科技支撑计划项目2个，省高新技术产业化项目4个，省重大专项项目6个，共投入经费近3亿元，其中国家下拨经费2.4亿元。如金太阳示范工程，获国家资助经费1.98亿元。另外，在组织实施的省科技重点计划项目中，涉及节能减排领域的项目共计19项，经费累计120多万元。

三是设立节能减排科技专项。从2008年起，每年设立节能减排减排科技专项经费，重点支持高效清洁燃烧、余热余压利用、高效电机节能减排、绿色照明、建筑节能减排、新能源等方面的技术研究与开发，为江西省开展节能减排工作奠定了坚实的技术基础。2009年安排了节能减排科技专项项目25项，经费150万元。

江西省萍乡市龙发实业有限公司新型隧道窑陶瓷生产线以及其配套的余热利用设备

四是建立了一批节能减排科技创新研发平台和示范基地。在全省范围内组建国家级研发平台3个，国家科技城1个，国家高新产业特色基地3个，国家级生产力促进中心2个，以及6个省级重点实验室和10个省级工程技术研究中心。

五是狠抓可持续发展实验区建设，充分发挥实验区在全省低碳发展过程中的示范作用。新增3个国家级可持续发展实验区。2006年起，分别在赣南、赣中、赣西、赣东北和鄱阳湖区选择具有区域特点的行政单元建设10个山江湖可持续发展实验区，形成了崇义县、靖安县、婺源县、贵溪市、仙女湖风景名胜管理区、泰和县灌溪镇、德安县聂桥镇、星子县白鹿镇、余江县洪湖乡、江西星火工业园等10个省级实验区。2009年，婺源县、贵溪市和崇义县3个省级实验区经科技部批准升级为国家实验区。

六是创立具有当地特色的可持续发展经济技术模式。分别是："基地+实用技术+信息"技术集成、城乡结合部农村可持续发展技术模式、有机茶可持续经营技术模式、生态旅游持续发展技术模式、花岗岩废弃矿区生态修复技术模式、有机硅化工领域循环经济技术模式、铜加工产业循环经济典型技术模式、"妇女学技术+综合治理红壤+发展农村经济"技术模式、钨矿矿区环境综合治理技术模式、白茶持续经营技术模式、生态竹业持续经营技术模式、油茶持续经营技术模式、椪柑持续经营技术模式、绿色大米可持续经营技术模式。

八、推动低碳节能型交通运输体系建设

制定发布了《江西省公路水路交通节能中长期规划》（2008–2020年），对江西省交通运输行业节能工作进行统一部署，以营业性道路运输、水路运输和内河港口生产为重点领域，确定了中长期交通节能的总体目标和主要任务。强化交通市场监管，完善运输市场体系，严把准入关，大力开展营运客车类型划分和等级评定工作，严格执行《营运客车燃料消耗量限值及测量方法》和《营运货车燃料消耗限值及测量方法》，加强对交通运输营运车辆燃料消耗检测的监督管理。

九、构建低碳节能建筑体系

一是积极研究编制建筑低碳节能设计标准、工程质量监督检验标准，颁布了《江西省居住建筑节能设计标准》、《民用建筑外墙外保温工程施工质量验收规程》、《民用建筑太阳能热水系统应用技术规程》等多个地方标准和图集，为实施建筑节能提供了可操作性的技术依据。严格按照国家要求，加强对新建民用建筑的节能管理，确保今后建筑行业运行的低能耗。

二是大力推广太阳能光电建筑应用和可再生能源建筑应用。依托江西省太阳能光伏产业优势，扩大太阳能光电建筑的应用和可再生能源建筑应用示范城市试点范围，提高新能源和可再生能源的比重。

十、建设低碳节能型公共机构

从2009年开始实施公共机构能源资源消耗统计季报制度，动态掌握能源资源消耗状况，及时发现问题,及时进行节能改造；建立公共机构节能目标责任制和绩效考核机制，率先使用节能办公建筑，制定能耗使用定额标准、用能支出标准和节能细则，实行"无纸化办公"，推行政府采购"低碳化"，把抓好公共机构节能工作作为贯彻落实科学发展观、建设低碳节约型社会的重要举措，率先示范，树立良好的社会形象。

十一、开展全民低碳节能宣传教育活动

在政府机构、企事业单位、农村、学校和社区中，广泛开展低碳发展新观念、新模式、新风尚的宣传活动。充分利用全国节能宣传周、全国城市节水宣传周、世界环境日等，开展"节能减排全民行动"专题宣传活动。利用广播、电视、网络、报刊、电子显示屏、横幅等形式，在公路、客运站、公交等载体上进行低碳宣传。制作并向社会免费发放环保布袋3万多个、各类节能宣传资料10万余份，增强了公众的低碳和节能意识，积极引导和推广"低碳化"消费模式。

赣南"猪-沼-果"生态工程模式

吉安市在建的大型猪场和大型沼气处理设施

国家低碳试点省

广东省低碳发展

广东是一个耗能大省，也是能源资源缺乏的大省，人均资源占有量仅为全国的1/20，能源自给率只有12.4%，石油对外依存度高达70.4%。作为经济大省，广东又是温室气体集中排放地区之一，是联合国政府间气候变化委员会和气候变化国家评估报告关注的重点地区。因此，构建清洁、高效、安全的新能源供应体系十分紧迫和重要，已被国家发改委列为发展低碳经济、中英适应气候变化项目、中国喜马拉雅和东南沿海脆弱地区适应气候变化项目的试点省份。

一、决策与战略

2008年10月，中央政治局委员、广东省委书记汪洋就“关于在广东率先发展低碳经济的建议”提案做了重要批示，要求省有关部门开展发展低碳经济的调研。

2009年7月29日,广州市对外公布《广州市新能源和可再生能源发展规划（2008-2020）》,这是目前国内城市中出台的第一个新能源和可再生能源发展规划。该规划将太阳能、风能、核能发展放到了首位，决定未来十年广州市将投入千亿元,打造新能源城市。至2020年，广州市新能源开发和利用量将达到每年1200万吨标准煤左右,占全市能源消费总量的比重将达到15%,届时新能源总产值将可望达到4000亿元。

2009年8月7日，“广东省发展低碳经济路线图及促进政策研究”项目正式启动。中科院广州能源研究所与英国驻穗总领事馆就广东建立“低碳经济路线图”达成合作研究协议，包含提高公众对低碳经济的意识、制定广东至2030年低碳经济路线图等。

2009年8月9日，广东省委书记汪洋在“首届亚洲能源论坛”上强调，广东将进一步加大节能减排降耗力度；加大清洁能源和可再生能源的开发力度，加快构建清洁安全可靠的能源保障体系；推进能源领域的科技进步和创新，开创能源领域的新途径，建设智能电网等；营造能源发展的良好环境；突出加强能源技术的知识产权保护。

2009年9月3日，深圳市政府常务会原则通过《深圳新能源产业振兴发展规划（2009—2015）》和《深圳市促进新能源产业发展的若干措施》，以加快推进新能源产业发展，率先建成国家新能源产业基地和低碳经济先锋城市。《深圳新能源产业振兴发展规划(2009-2015)》将太阳能、新能源汽车、储能、生物质能、风电及核电配套六大类新能源产业作为重点培育产业，规划到2015年，深圳市新能源产业总产值将达2500亿元以上。《深圳市促进新能源产业发展的若干措施》提出，深圳自2009年起将连续7年设立支持包括新能源产业在内的新兴产业的专项资金。深圳市高新技术重大项目专项资金、科技研发资金、技术进步资金和深圳市财政每年将集中5亿元支持新能源产业发展，重点支持产业技术研发、实验室建设、产品应用、项目补助、人才培养、宣传推广等。对于该市企业、高校和科研机构承担新能源产业领域的国家、省级研发和产业化项目，承担国家工程实验室、重点实验室等建设任务的，专项资金将给予最高1500万元的配套支持或资助。

2009年10月27日，广东省发改委副主任余云州在“2009广东低碳经济高峰论坛”上表示，广东正在国家发改委的统一安排下，在国内率先编制《低碳经济发展试点方案》。根据该方案，广东将重点培育增强自主创新能力，开发有竞争力的低碳技术、低碳专利、低碳产品、低碳设备、发展低碳服务业，倡导低碳行业的新标准，力争将低碳经济培育成全省新的经济增长点，成为推动广东可持续发展的战略举措。

二、新能源异军突起

广东省的可再生能源资源相当丰富。风电可开发容量达2000万千瓦；太阳能资源方面，广东省年均日照在2000

小时左右；生物质能资源方面，每年产生稻草、甘蔗渣在1000～1500万吨，还有大量的城市和工业可燃废弃物及速生林；地热和海洋能资源也较丰富。广东省可再生能源的技术储备（生物质气化发电产业化关键技术、太阳能空调示范系统、地热能高温热泵技术等）处于国内领先水平。

（一）重点发展核电核能产业

广东省拥有在役核电装机400万千瓦，在建核电装机848万千瓦，均占全国的50%左右。预计到2020年，全省将建成核电装机2400万千瓦以上，在建1400万千瓦的装机容量,建成更优更佳的能源结构。

中国广东核电集团有限公司是我国唯一以核电为主业、由国务院国有资产监督管理委员会监管的清洁能源企业。到2009年9月底，中国广东核电集团拥有大亚湾核电站和岭澳核电站一期近400万千瓦的在运行核电机组，岭澳核电站二期、辽宁红沿河核电站、福建宁德核电站、阳江核电站超过1700万千瓦核电机组正在建设，台山核电项目、广西防城港核电项目、湖北咸宁核电项目约800万千瓦核电机组正在开展前期工作；风电实现总装机容量超过100万千瓦，在建项目容量达到150万千瓦，参与国家千万千瓦风电基地建设；我国首个光伏发电特许权项目——甘肃敦煌10兆瓦项目已经开工建设；拥有常规电力权益容量120万千瓦，在建100万千瓦。

（二）太阳能

广东发展太阳能具有先天优势，大部分城市处于北回归线以南，全年约80％的白天具有采集太阳热能的条件。1995年以来，广东省一直把开发太阳能技术作为支持方向，这一技术已相对成熟。2004年，广东省开始在广州、深圳两市进行利用太阳能的试点工作，以点带面，推进太阳能应用技术的开展。

2009年5月，由揭阳中诚集团有限公司投资建设的广东省高新技术重点项目——150兆瓦晶体硅太阳能电池生产项目第一条生产线开始试产。项目计划总投资5亿多元，占地约98亩，建筑面积约60000平方米，建设6条太阳能电池生产线，项目全部投产年产值可达20多亿元。这是广东省最大的晶体硅太阳能电池生产项目。

2009年10月，汉能控股集团河源薄膜太阳能电池项目进场开工。该项目总投资280亿元，在河源市高新区建设年产1GW的薄膜太阳能电池生产和研发基地，项目将于2010年年底前投产并生产第一块薄膜太阳能电池。该项目全面建成后，河源有望成为全国甚至是全亚洲最大的薄膜太阳能电池的生产和研发基地。

2009年12月，广东省太阳能利用工程技术研究开发中心成立。该中心以广东五星太阳能股份有限公司为依托单位，整合各方资源，以太阳能利用技术的研发和成果转化为主要发展方向。此举进一步确定了五星太阳能国内太阳能领先品牌、平板太阳能领导者的地位。

（三）风能

广东4300多公里的海岸线海上风电资源丰富，年平均风速6~7米/秒，有效发电时间约7500小时，广东海岸线10公里范围内的风能资源达4亿千瓦，占全国沿海地区的五分之一。估计全省风能贮量约9700万千瓦，潜在发电装机容量可达约3000万千瓦以上，开发潜力很大。

截至2009年底，广东已经建成11个风电场，已投产风电40余万千瓦；有10个在建，在建规模为100万千瓦；另有一批已在筹划中，并启动开发海上风电。

2009年，广东投资15亿元进行风电重点项目建设，该项目建设时间为2009年至2010年，预计总投入资金27亿。

汕头市南澳县已拥有风能企业9家，形成拥有223台风力发电机、总装机容量达13.098万千瓦的“风车阵”。南澳风电场可开发的装机容量达60万千瓦以上，早在20世纪80年代中期就被国家选为全国第一个风力发电示范场。南澳地处台湾海峡西南端喇叭口，风力资源丰富，风电场年平均风速达8.54米/秒，年有效风速时数超过7000小时，有效风能密度达1011/m2，风况属世界最佳之列。

广东中山明阳风电产业集团于2006年4月进入风力发电新能源行业，以兆瓦级风力发电机组为龙头,并辅以发展发展风电控制系统、风电变频系统、风电机组叶片等风电核心配套产业。明阳风电不断刷新风电产业记录：世界第一台抗台风型兆瓦级风机在明阳投入商业运行；中国第一台完全自主知识产权的兆瓦级大型风机在明阳下线和量产；中国第一家实现风机出口的企业。该集团已在中山、天津、吉林、西安、呼和浩特布局了5大全国产业基地，预计2010年可实现产值超100亿元，跻身国内同行前三强。2009年7月，粤电集团与明阳风电集团签署战略合作协议，采用明阳3兆瓦风机在湛江徐闻风场建设华南首个海上示范风场。一期3万千瓦，并保证最终开发总容量不少于

50万千瓦。SCD风力发电机组将实现从陆地到近海，从近海到海上的全面运用。2009年10月，明阳风电集团与世界顶级风能重点实验室——丹麦里索（Risoe）风能实验室在丹麦Roskilde签署了合作协议，将在风能开发与优化、风资源利用、风光互补等领域开展技术攻关。2009年10月，世界首个海上潮间带试验风场——龙源江苏如东潮间带试验风场并网发电成功。该风场使用的明阳集团生产的两台海上型1.5MW 风机。所谓潮间带，是指大潮期的最高潮位和大潮期的最低潮位间的海岸，也就是海水涨至最高时所淹没的地方开始至潮水退到最低时露出水面的范围，这样电场建设不占土地，是名副其实的“风电宝地”。2009年11月，两台超紧凑型3兆瓦风机正在欧洲的实验室里调试，代表国际先进水平的新一代SCD3MW 超紧凑型风机两台，将分别将在徐闻和南通风场启用，这对推动我国开发海上风电具有重要意义。目前其SCD5/6MW风机也已启动研发，届时明阳风电将形成从陆上到海上，从1.5兆瓦级到6兆瓦级系列产品。

三、前景广阔的“低碳制造”与“负碳实验”

广东是制造业大省，目前“低碳制造”的各项试验正在加紧推进，并取得一些成功经验。

世界自然基金会（WWF）在珠三角地区选择了电子业的香港上市公司金宝通有限公司、成衣制造商利华集团以及塑胶业的ITEM公司3家出口供货商进行先期试验，在9个月的观测期内，三家试点的温室气体排放量减少了12%~24%，相当于三家工厂一年就减排了4053吨的二氧化碳，约占他们一年温室气体排放量的19%。而每家工厂的投资只有300万元，项目投资回报期在一年半到3年之间。

2009年11月，潮州市政府与普天环保产业有限公司、普天控股（集团）股份公司签订协议，携手打造普天（潮州）生物环保城。规划建设用地35平方公里，设计居住人口28万，分为22个功能区，包括生物环保产业区、物流园区、科研文化区、原生态自然保护实验区等。计划总投资450亿元，建设期为8~10年，分两期投资。完成第一、二期投资建设后，预计每年创造的生产总值将超过3500亿元人民币。按照规划，普天（潮州）生物环保城除工业项目坚持节能环保外，城市生活将采取多种“负碳”措施：建筑物均采用微能耗建筑，通过吸收阳光提供光和热；“再生水制冷”取代空调，把“冬季的寒冷”存入地下水池，用于夏季空调制冷。“城”中将大量采用太阳能路灯、集中式太阳能热水系统、循环使用水资源等节能环保技术，太阳能汽车将成为“城”内主要交通工具。潮州普天“负碳城”的设计以生物环保产业为依托，工业产业布局将实现低碳化、循环化，整个城市经济生活中，采用无污染、真正可循环、原生态的“新自然经济”发展模式，致力于构建绿色交通、绿色市政体系，发展绿色建筑并倡导绿色消费，努力将其建成国内首个“负碳”新城。

四、积极探索碳交易

总投资达3亿元的中国首个低碳经济产品展示交易中心已落户深圳。一期工程2010年8月底完工,二期工程计划于2011年底完工。这个名为光之明(国际)低碳与生态企业总部的项目,占地面积37310平方米，由加拿大华商会、香港环城通科技 (国际)投资有限公司以及深圳市光之明投资有限公司共同投资、管理。根据规划,项目一期工程主要包括新能源电动汽车及燃料电池配件产品展销中心以及核能、风能、智能产品展销中心,二期工程主要包括空气能、太阳能、风光互补产品展销中心等。该项目将被打造成一个集低碳产业的人才、产品研发、信息交流、展览营销、管理服务、科普为一体的企业总部集聚地。

据初步预测，该交易市场前两年每年产值将超过20亿元,创税1亿元。3年后每年产值将达到100亿元，5年后每年产值达到500亿元。

（根据相关资料编写）

海南省低碳发展

海南省发展和改革委员会

海南位于我国最南端，是我国陆地面积最小、海洋面积最大的省份，也是一个经济欠发达的岛屿省，生态系统脆弱，易受气候变化的影响；同时海南具有得天独厚的资源优势和生态优势，可再生能源十分丰富，同全国其他地区相比，更有条件走上低碳发展和绿色发展之路。当前，海南正处在发展转型的关键阶段。以建设国际旅游岛为载体，积极优化和调整产业结构、构建低碳产业支撑体系、改善能源结构、增加碳汇等是海南实现低碳发展之路的必然选择。低碳发展是海南建设“全国生态文明示范区”有力的突破口，也是实现国际旅游岛建设的有力保障。

一、出台的规划、方案

规划在经济社会发展中具有先导作用，好的规划对于保证一个地区科学发展、少走弯路至关重要。2009年已完成全省所有市县公共照明专项规划，全面推广绿色照明，节能降耗，建设节约型社会；2009年9月，完成《海南省应对气候变化方案》编制工作；2009年10月14日，《海南省建立低碳经济示范省的可行性研究》上报国家发展改革委，提出了海南建立低碳经济示范省的现状与优势、主要工作、重点示范工程项目以及保障措施等。

二、海南低碳发展的主要任务

（一）大力发展清洁能源，不断优化能源结构

核电领域。海南昌江核电项目厂址位于海南昌江县海尾镇塘兴村，由中核集团公司和华能核电有限公司共同出资建设，采用二代改进型核电技术，以浙江秦山核电二期工程为参考电站，规划建设4台65万千瓦压水堆核电机组，分两期建设，一期工程建设两台65万千瓦核电机组，总投资190亿元左右，于2010年4月24日开工建设，计划于2014年底并网发电，建成后将为海南每年提供100亿度电，与火电相比每年可减少890万吨二氧化碳排放。以后将根据海南的电力需求，再继续启动二期建设工程。

太阳能领域。海南省太阳能的利用主要集中在太阳能的光热利用、太阳能的光电利用、光伏发电等方面。海南省光伏发电应用规模最大的项目是临高县20兆瓦光伏并网示范工程，预计今年底开工建设；在海口、三亚、文昌市和陵水县进行太阳能供热空调系统示范等；风光互补发电用于城乡公共照明在海口、三亚海棠湾得到规模化应用，太阳能干燥技术在工业领域得到成功应用，太阳能光电技术成功应用于农村太阳能灭虫灯以及通讯、气象、道路等；全面推广太阳能热水系统建筑应用。2009年末，海南全省太阳能热水系统建筑应用面积达到600万平方米。

风能领域。海南陆上风力资源丰富。全省已开发建设6个风电场，装机容量25万千瓦。华能文昌风电厂、儋州峨蔓风电场、东方风电场已建成并网发电，中海油东方四更风电场、东方感城风电二期预计今年底建成投运，东方高排风电场正在建设中。争取2015年海南陆上风电装机达到40万千瓦，海上风电项目建设取得明显进展。

水能领域。海南省水电开发程度已超过60%，可开发建设的条件较好、规模较大的水电项目已不多，“十一五”规划建设投产戈枕（2×4万千瓦）等水电站约15万千瓦。红岭水利枢纽工程项目预计2010年底开工，总投资约20.9亿元，建设工期4年。该项目是一项以灌溉、供水为主，兼顾防洪和发电等综合利用的大型工程，每年可提供8979万度的清洁能源，每年可减少8万吨CO_2排放。

生物质能源领域。海南省主要有已投产的中海油年产6万吨生物柴油项目；即将开工的项目包括海南神州工业沼气项目、已报国家待批的椰岛集团和中石化合作的10万吨燃料甲醇项目等；国内首个车用沼气项目–海南沼气新能源项目，于2010年8月开工建设，投产后沼气将作为公交燃料成为天然气的有益补充系。海南省在白沙、定安县投资二座秸秆热电厂，建设3×75T/H秸秆直燃水冷振动炉排锅炉配2×15MW抽凝式汽轮发电机组，工程完成后共

节约标准煤22.4万吨。海南省在海口、琼海、文昌三市投资生活垃圾处理厂焚烧发电厂，建设4台共处理垃圾1050吨的焚烧炉及4台共2.1万千瓦汽轮发电机组。海口市生活垃圾焚烧发电厂于2009年12月开工建设，预计2010年底建成投产，建成后，日处理生活垃圾约1200吨，年发电量约1.2亿度；琼海市生活垃圾焚烧发电厂于2009年12月投产发电，日处理生活垃圾约225吨，年发电量约1730万千瓦；文昌生活垃圾焚烧发电厂已于2009年开工建设，日处理生活垃圾225吨。沼气发电年发电量达1656千瓦时。

（二）加大工业、交通、建筑、农村和商贸流通等领域节能

强化工业企业节能，进一步降低碳排放强度。全省单位生产总值能耗已降低到0.83吨标准煤，同比降低了3.19%。一是加强节能减排预警调控，扎实推进淘汰落后产能。二是推进宾馆酒店节能和其他节能技术改造等工作，继续加强对节能减排指标的监测，进一步充分挖掘节能潜力。加大废气、余热、余压等资源综合利用力度，加快集中制冷设施建设，加快循环经济发展，加强工业企业节能管理，鼓励企业加大节能技术改造和技术创新投入。

推进建筑节能，发展低碳建筑。海南省建筑能耗主要集中在空调制冷方面，空调能耗约占建筑能耗的80%。为此，海南省大力推广建筑节能新技术、新产品、新工艺。2009年共在900多项建筑工程中应用新产品、新材料，应用建筑面积达2000多万平方米。

强化交通节能，构建低碳交通。优先发展和完善高效优质的慢行交通设施和城市低碳公交系统，完善旅游交通系统及配套设施，促进旅游交通低碳化。燃气清洁能源已在出租车、城市公交车得以广泛推广,2009年海南省LNG公交车有245辆，占全省公交车总量的13.2%；海马汽车厂的新能源电动汽车研发正在进行中，海马两款车型已纳入国家节能产品惠民工程节能汽车第二批推广目录，另有8款车型拟申请纳入第三批推广目录；在海口被列入全国第二批“十城千辆”节能与新能源汽车应用示范城市的基础上，海南省将适时建设一批低碳交通示范项目；加快淘汰老旧交通工具和强化机动车报废工作，鼓励发展和使用高效节能型车辆，推广使用清洁环保交通工具，逐步提高车辆燃油经济性标准。

推动农村和商贸流通节能，全面降低碳排放水平。加快淘汰和更新高能耗落后生产农业机械。在全省主要旅游宾馆、酒店推行合同能源管理，引导和鼓励企业使用节能设备和技术，在家电销售场所推行节能标识制度，在流通领域抑制商品过度包装，在经营性服务场所广泛推广采用节能、节材型产品和技术等。

推动绿色照明工程。2010年海南省推广201万只节能灯，在各市县城区、重点旅游区、主要交通干道等主要公共照明区域实施太阳能风能路灯照明工程。切实加强城市照明节能管理，按照城市照明专项规划确定的节能管理原则和措施进行建设，并积极探讨城市照明节能机制，加强城市照明设施节能运行管理，严格控制景观照明的范围恶化规模，加快淘汰低效照明产品。

（三）加强碳汇建设，创造低碳环境

一是发展林业产业，增加林业碳汇。进一步加大植树造林力度，加快森林资源培育，加强低效人工林改造，提高森林质量，扩大森林面积，增加森林蓄积量。2009年建沿海防护林57400亩，荒山荒地人工造林4000亩，森林覆盖率达到59.2%，大大提高了森林的固碳能力与碳汇总量。

二是加强对海洋、红树林及湿地的生态环境保护。合理开发利用海洋，发展各种适用的海洋污染防治技术，控制海上污染排放，保护湿地及红树林，增加“蓝碳”量。实行最严格的生态环境保护制度，坚定不移走绿色发展之路，大力发展循环经济、绿色经济。

三是大力开展城镇园林和交通干线绿化建设。加大园林绿化建设力度，采取点、线、面相结合的办法，推动公园、道路、单位庭院、社区等的绿化建设。利用本地乔木、灌木等覆盖所有海岸带和高速公路等交通干线。

四是弘扬低碳文化，形成低碳社会氛围。提高低碳意识，推进生活方式低碳化。海南省开展了一系列有关低碳生活、消费的宣传教育，向社会广泛宣传低碳文化，并率先垂范,开展低碳型机关创建活动；鼓励和倡导人们在日常生活各方面采用低碳消费和生活方式，引导游客选择低碳的旅游产品和服务，有效控制和减少“奢侈消费”等行为，从需求端引导低碳产业发展，努力降低二氧化碳排放，形成绿色、低碳的科学消费模式。努力形成全社会关注、参与和支持低碳发展的浓厚氛围。

（四）加强试点工作，推进低碳经济发展

低碳城市试点。选择海口和三亚市为试点示范城市，重点加强城市低碳发展政策体系建设，完善评价和考核指标体系，并结合重点示范工程等措施，探索建设低碳型建筑、交通、社区和照明等经验，创建国家级低碳发展示范城市。

低碳城镇试点。选择保亭县、海口市秀英区永兴镇和博鳌乐城太阳与水示范区重点开展低碳型宜居城镇建设，探索性开展低碳城镇的发展规划、产业规划编制，确立低碳城镇建设标准和行动路线图，努力打造国家级和省级低碳发展示范城镇。

低碳工业园区试点。选择澄迈老城经济开发区和海口狮子岭光伏产业园区为试点工业园区，重点开展低碳工业园发展规划编制，延长产业链和提高产业技术水平，推广和应用低碳技术，建立低碳工业园管理体系，特别是单位产品二氧化碳排放标准体系，探索企业温室气体统计和核算方法。

低碳景区试点。选择保亭县呀诺达热带雨林景区为试点景区，重点开展低碳景区评价机制、相关标准及统计监测体系探索，景区开发和运营的全过程严格遵守低碳化操作，特别是建筑和交通系统的低碳化，努力营造向游客宣传低碳文化的环境。

三、保障措施

（一）加快产业结构调整，逐步建立以低碳排放为特征的产业体系

加大推进经济结构调整和发展方式转变的力度，着力打造低碳型国际旅游岛。大力发展以旅游业为重点的现代服务业，积极推进金融保险、文化体育、会议会展、时尚博览、教育培训、文化娱乐、现代物流等低碳型的服务产业；积极发展热带特色高效农业，着力打造热带特色的生态循环农业、绿色农业、品牌农业和休闲农业，努力降低农业活动温室气体排放；大力发展新型工业；积极发展高新技术产业，加快建设海南生态软件园、创意产业园和药谷；大力发展海洋经济，着力培育海洋生物工程、海洋清洁能源利用、海水利用、海洋种植等新兴海洋产业，构建低碳海洋产业；以低碳技术改造提升已有的传统产业项目，加快淘汰能耗大、高碳排放的工艺技术和设备。

（二）进一步优化能源结构，提高清洁能源比重

积极发展清洁能源和可再生能源，推进核电、液化天然气、燃料乙醇、风电、太阳能光伏发电等项目的建设，实施太阳能利用和建筑节能工程。推进"太阳能风力路灯照明示范工程"和"新型发光二极管照明示范工程"，2015年全面覆盖海口、三亚、琼海等重点旅游城市、各滨海度假区和4A级以上旅游景区。大力推广液化天然气燃气汽车和新能源汽车。继续扩大推广沼气利用，提高农户沼气使用比例。到2020年，全省清洁能源在一次能源消费中的比例达到50%以上，汽车尾气排放标准达到全国先进水平。

（三）加强生态建设和环境保护

加快推进以天然林保护、重点区域绿化、沿海防护林建设和保护、"三边"防护林建设、自然保护区建设、水土保持与生物多样性保护等为重点的生态保护工程建设。到2015年，在稳定森林覆盖率60%的基础上，逐步提高森林质量，努力增加森林碳汇。加强对水土流失区域、受损海洋生态区的生态环境恢复和治理，到2015年退化土地恢复率达到70%，生态公益林覆盖率达到23%。建立健全热带雨林、红树林、珊瑚礁、湿地、海洋生态等自然保护区体系，使全省陆地自然保护区面积占陆地总面积的比例不低于9%。

（四）建立和完善法规体系，建立节能和环保标准

建立和健全与低碳发展相关的法规和制度，研究制定促进低碳发展的金融、物价、科技等政策和措施。2020年基本形成以低碳技术应用与推广的政策和监督管理机制。将单位GDP碳排放降低指标纳入地区国民经济和社会发展中长期规划，建立相应统计、监测和考核办法；制定鼓励清洁能源发展政策，完善分时电价、差别电价等政策；大力推进各类减排工程设施建设，增加"以奖代补"专项转移支付。

（五）加大资金投入和技术支撑

建立促进低碳发展的资金投入机制，用足用好国家在节能减排、发展可再生能源、推广节能建筑以及生态补偿等方面的优惠政策，积极争取国家资金支持；逐步建立省级财政专项资金，扶持低碳产业发展；充分发挥企业作为技术创新新主体的作用，引导企业加大对低碳技术的研发投入；支持高校和科研机构开展低碳产业政策与技术研究，逐步建立多元化低碳技术体系，为经济增长方式转变和走低碳发展之路提供强有力的支撑。

（六）推进国际国内合作

以海南省低碳经济政策与产业技术研究院为平台，开展低碳经济政策与咨询、新技术研究、产业体系、合作交流等，拓展国际合作渠道。

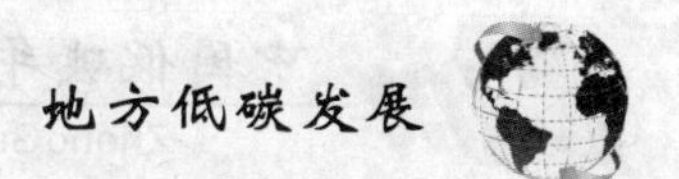

贵州省低碳发展

贵州省发展和改革委员会

贵州省地处低纬山区，气候类型属亚热带高原季风湿润气候，经济发展水平较低、自然灾害较重、生态环境脆弱，是易受气候变化不利影响的地区之一。一是立体气候明显，自然灾害较重。东、西部之间的海拔落差达2500米以上，随着从东到西的地势不断增高，各种气象要素存在明显差异。特殊的地形地貌，导致干旱、低温、冰雹、山洪、滑坡等多种灾害频繁发生。二是生态环境脆弱，石漠化现象严重。贵州省喀斯特分布面积比重和石漠化面积比重均处于全国各省区之首，生态环境脆弱，石漠化现象严重。具有西部重、东部轻，南部重、北部较轻的宏观格局。近年来全省石漠化呈总体得到控制、局部恶化态势。三是能源结构相对单一，以煤为主。由于可利用太阳能的区域有限，地热、风能等可再生资源勘测和开发利用程度都很低。煤炭消费比重很大，能源生产（发电）和消费的排放二氧化碳强度也相对增高。四是经济发展水平较低，应对气候变化的能力不强。当前贵州省正处于经济社会快速发展阶段，应对气候变化形势严峻，灾害防御、突发事件应急体系不健全，生态建设、资源环境保护、节能降耗的压力很大，应对气候变化的能力亟待增强。气候变化已对贵州省水资源、农牧业生产、交通、旅游、建筑、能源、林业、生态安全、人体健康等带来不同程度的影响。2008年低温凝冻灾害和2010年特大旱灾给贵州省造成的极大的经济损失和生态安全问题，应对气候变化，事关贵州省经济社会发展全局和人民群众的切身利益，是影响贵州能否顺利实现跨越发展的重要因素之一。

一、气候变化对贵州可持续发展造成的负面影响

近50年来，贵州的年平均温度在缓慢升高，尤其是冬季温度上升较为明显；春、秋季的降水趋于减少，夏季降水趋于增加。自1990年以来，干旱酷暑、冰雹大风、低温凝冻、暴雨洪涝等极端天气事件呈增多趋势。2007年黔北遭遇了80年一遇的特大夏旱，气温连续多天超过40℃，破历史记录。同年，黔西南发生强降水天气，造成水土流失严重，诱发了山洪、滑坡、泥石流，严重威胁人民生命财产安全。2008年1~3月，贵州省遭受大范围的持续雪凝天气和最严重雪凝灾害，大部分高速公路封路禁行。贵州电网受损严重，基本瘫痪，一批重要发电厂停止运行。雪凝灾害使全省公路、铁路、航空、电力供应以及人民群众生活受到严重影响和损失。针对贵州此次罕见冻雨天气的形成原因，根据《贵州冻雨形成机理及分片预报研究报告》和贵州79个气象观测站1961~2007年雨观测资料分析，本次雪凝灾害正是气候变化而导致的极端天气事件。自2009年9月以来，我国西南五省区遭遇历史罕见的持续干旱少雨气候，旱情肆虐了贵州95%的国土面积。

近年来，随着全球气候变暖，各种极端气象灾害频繁发生，对贵州省经济社会和人民生产生活都造成了严重的危害，给贵州省生态、资源、环境等带来了诸多问题。由于地形和气候情况复杂，气象灾害种类繁多，干旱、洪涝、低温、雷电、冰雹、雪凝等气象灾害每年都有发生。如雪凝主要影响交通及人民生活，而干旱引起森林火灾，在对人民群众生命财产安全造成威胁外，还对林业资源和生态环境等造成危害，给贵州可持续发展造成了严重威胁。因此，加强气象灾害的防御工作，有效防御和减少气象因素引发的洪水、滑坡、泥石流、森林火灾、植被恶化、作物病虫害、疾病流行等气象衍生灾害的发生，不仅是科学问题和经济问题，而且是影响贵州经济社会发展的重大问题。

二、应对气候变化的形势和贵州面临的挑战

全球气候变化严重影响人类生存和发展，是各国共同面临的重大挑战。近年来，随着气候变化问题日益凸显，

发展低碳技术，减少温室气体排放,已成为世界各国推进可持续发展的重要共识。

从贵州省经济欠发达、欠开发的省情和发展阶段的实际看，当前正处在全面建设小康社会的关键时期，处于工业化、城镇化加快发展的重要阶段，发展经济和改善民生的任务十分繁重，能源消费和碳排放量必将持续增长；同时，贵州自然灾害较重、生态环境脆弱，是易受气候变化不利影响的地区之一，防灾减灾等适应气候变化的任务重。应对气候变化，事关贵州省经济社会发展全局和人民群众的切身利益，是贵州省产业结构调整和发展方式转变的内在要求，也是影响贵州省能否顺利实现跨越发展的重要因素之一。由于多方面的因素，贵州应对气候变化形势严峻，任务艰巨，存在诸多方面的挑战。

一是对以煤为主的能源结构的巨大挑战。不同的产业结构和能源结构，导致不同的碳排放。贵州省煤炭资源丰富，是长江以南煤炭主产区，能源结构中煤炭占绝对主要的地位。2008年煤炭产量达11798万吨。全省能源生产、消费以煤为主，电力工业是贵州省第一大产业，2008年全省装机容量达2256万千瓦。其中，火电装机容量1679万千瓦，发电量795亿度，电煤消耗5184万吨，是全国煤炭生产量、消耗量和碳排放强度较大的省份之一。同时，产业结构以高能耗、高排放的重工业为主。因能源生产、转换和利用技术相对落后，以煤、磷、铝等资源型产业为主要支柱产业。主要产品的单位能耗高于全国平均水平，导致能源利用效率低、温室气体排放强度较大。由于调整能源结构在一定程度上受到资源结构的制约，提高能源利用效率又面临着技术和资金上的障碍。以煤为主的能源资源和消费结构在未来相当长的一段时间将不会发生根本性的改变，使得在降低单位能源的二氧化碳排放强度方面比其他省份面临更大的困难。

二是对农业领域适应气候变化提出了长期的挑战。气候变化带来自然灾害频发，对农业生产影响较大。全省每年因水、旱灾造成的粮食减产约占同期粮食总产量的12%，其他气象灾害造成的粮食减产约占5%。如何在气候变化的情况下，确保贵州省农业生产持续稳定发展，这对农业领域提高气候变化应对能力和抵御气候灾害能力提出了长期挑战。

三是对生态建设和石漠化治理的挑战。气候变化将使贵州石漠化问题日益凸显。石漠化问题一直是制约贵州省可持续发展的瓶颈，对石漠化发生机理研究表明，暴雨是石漠化蔓延的主要驱动因子之一。因此，随着气候变化带来的暴雨频发和降水量级的增加，有可能促使全省低度和中度石漠化地区的石漠化进程加快。其次，气候变化将使贵州水资源更加短缺。由于气温上升、蒸腾加大和季节性降水量分布改变等因素，将使地表径流减少，水面蒸发增加，水库库容减少，全省部分地区将会出现严重水资源短缺现象，严重时，还会影响生态建设和石漠化治理的成果。

四是对水资源开发和保护领域适应气候变化新的挑战。贵州省工程性缺水严重，水资源开发和保护领域适应气候变化的目标：促进水资源持续开发与利用；增强适应能力以减少水资源系统对气候变化的脆弱性。如何在气候变化的情况下，加强水资源管理，优化水资源配置，加强水利基础设施建设，确保江河、重要城市和重点地区的防洪安全，全面推进节水型社会建设，保障人民群众的生活用水，确保经济社会的正常运行，发挥好河流功能的同时，切实保护好河流生态系统，对水资源开发和保护领域提高气候变化适应能力提出了长期的挑战。

五是科技支撑面临挑战。应对气候变化的挑战，最终要依靠科技。在气候变化的监测、检测、预警、影响评估等方面存在资料、方法、理论储备不足，在适应和减缓气候变化方面缺乏技术开发经验和人才，没有有效的投入机制，科技创新能力较弱，尚不能满足应对气候变化的迫切需要。目前正在进行大规模能源、交通、水利等基础设施建设，并依托资源优势，加快发展煤及煤化工、磷及磷化工、铝及铝加工等原材料产业，如果不能及时应用先进的、有益于减缓温室气体排放的技术，则会加大对环境的压力，这对应对气候变化、减少温室气体排放提出了严峻挑战。

六是对气候灾害应急响应能力提出了重大挑战。在全球气候变化的背景下，近年来极端天气气候事件、气象次生衍生灾害以及突发公共事件（如干旱、暴雨、山洪、凝冻、火灾以及有害气体泄漏等）对贵州省的不利影响呈现加重趋势，这对决策应急部门在灾害预警预报、预警信息发布、灾害应急决策、疏散群众避灾、组织群众抗灾救灾、灾后恢复重建等方面提出了诸多挑战。同时，对在灾害应急管理、救援队伍、工具、装备、救援物资储备和调运等方面也提出了新的要求。

三、贵州应对气候变化的三大任务

一是有效控制温室气体排放。主要着力点在于调整经济结构和产业结构，在生产和消费的各个环节全面考虑温室气体排放，以相对较低的碳排放，支持工业化、现代化建设，实现可持续发展。贵州省工业以重化工业为主，相对于其他省份，产业结构以高能耗、高排放的重工业为主；能源结构中又是煤炭占绝对主要的地位。因此低碳经济发展目标对经济转型任务更为艰巨。

二是积极采取适当措施，增强抵御气候变化不利影响能力。重视在经济建设和城乡建设中高度重视气候评价和灾害风险评估，加强基础设施和重大工程的科学规划和设计，夯实应对气候变化及其风险的工程基础。在做好不同地区、不同领域气候变化影响评估的基础上，对农业、林业、水资源、石漠化治理、旅游业、交通业、建筑业、人体健康等易受气候变化不利影响的重点领域，提出并实施减轻不利影响的政策措施。完善应对极端气象灾害的应急预案、启动机制以及多灾种早期预警机制，完善部门联合、上下联动、区域联防的防灾机制，提高应对极端气象灾害的综合监测预警能力、抵御能力和减灾能力。

三是加强应对气候变化能力建设，做好应对气候变化长期工作准备。这包括：加强应对气候变化的政策措施、科技支撑、投入保障、制度创新能力、监督考核、组织领导能力建设等方面。

四、应对气候变化能力建设的主要工作情况

近年来,发展改革系统与各地方各部门分工协作，密切配合，协调行动。在应对气候变化组织机构建设、节能减排和能力建设做了一些的工作，一方面，积极参与和开展CDM国际合作；另一方面，组织制定了省级应对气候变化方案，加强省级应对气候变化的机构和综合能力建设，取得了积极成效。

（一）健全组织机构，加强对应对气候变化工作的领导

为切实加强对应对气候变化工作的领导，根据国家应对气候变化领导小组办公室《关于贯彻落实应对气候变化国家方案的指导意见》（国气候办函[2008]1号）精神，我们提出了贵州省级应对气候变化机构设置的设想和建立应对气候变化的管理体系的方案，省政府成立了应对气候变化的领导机构和办事机构。

第一，成立了应对气候变化工作领导小组。参照国家应对气候变化工作机构设置，向省政府提出了成立“贵州省应对气候变化工作领导小组”的建议,目前省政府已成立林树森省长为组长的贵州省应对气候变化领导小组，领导小组办公室设在省发改委，具体承担领导小组的日常工作。

第二，在省发改委成立了应对气候变化处。省发改委作为贵州应对气候变化的管理机构，为了更好地抓好应对气候变化工作，在贵州省发改委机构改革工作中，已成立应对气候变化处。应对气候变化处主要承担涉及气候变化领域的重大问题研究，综合分析气候变化对经济社会发展的影响，组织拟订应对气候变化的重大战略、规划、政策措施；组织协调相关部门拟订、更新和实施《贵州省应对气候变化方案》及相关规划；组织实施清洁发展机制工作、应对气候变化能力建设，管理、指导有关气候变化领域对外合作项目；协调各部门关于气候变化的政策，提出减缓和适应气候变化、预防极端灾害性天气政策措施建议，组织开展应对气候变化宣传活动；承担贵州省应对气候变化领导小组和对接国家发改委气候司有关对气候变化方面的具体工作。

（二）编制了贵州省应对气候变化方案

根据国务院《国务院关于印发中国应对气候变化国家方案的通知》（国发[2007]17号）、国家应对气候变化领导小组办公室《关于贯彻落实应对气候变化国家方案的指导意见》（国气候办函[2008]1号）精神，贵州省发改委向贵州省人民政府做了专门汇报，在省人民政府领导下，省发改委、省科技厅、省气象局牵头组织了各有关单位开展了《贵州省应对气候变化方案》研究工作，经过多次征求各有关部门、专家的意见反复修改完善后，形成了《贵州省应对气候变化方案》，贵州省人民政府已正式公布实施。

（三）加强CDM能力建设

积极开展应对气候变化能力建设，对发改委系统管理人员开展应对气候变化专业培训，学习《京都议定书》有关内容及国内外相关政策，介绍清洁发展机制（CDM）相关规定和程序，着力提高管理人员业务能力和管理水平。目前已有70多个项目获得了国家发改委批准，29个项目得到了联合国CDM执行理事会（EB）申请注册。

（四）开展气候变化的对策研究

通过贵州清洁发展机制重点领域、气候变化对贵州的影响和对策研究，在减缓和适应气候变化的重点行业、重点领域提出了对策措施，为应对气候变化能力建设打下了基础。

目前，贵州应对气候变化工作刚刚开展，转变发展方式，控制温室气体排放，减少气候变化不利影响是一个长期、复杂的系统工程，必须按照全面贯彻落实科学发展观的要求，把应对气候变化与实施可持续发展战略、加快建设资源节约型、环境友好型社会和创新型社会结合起来，纳入贵州经济和社会发展总体规划和地区规划，并落实到各个部门以及相关领域的专业规划和行动计划中，以加强能源资源节约和生态环境保护、增强可持续发展能力为目标，采取调整经济结构、提高能源效率、发展清洁能源、优化能源结构等一系列政策措施。以节约能源、优化能源结构、发展循环经济、推行清洁生产、加强生态保护和建设为重点，努力减少温室气体排放。建立和完善气候变化管理机制，努力适应气候变化、减少气候变化的不利影响，维护和改善生态环境，不断提高应对气候变化的能力，减少极端天气气候事件对人民生命财产安全和生产生活的影响，保障贵州省粮食安全、生态安全、经济安全，努力实现贵州经济社会发展历史性跨越。

国家低碳试点省

陕西省低碳发展

陕西省发展和改革委员会

据全球气候模式预测结果，陕西省未来50年平均气温将升高1.15~2.10℃。作为能源大省，陕西省为应对气候变化、实现可持续发展，积极制定低碳经济相关政策，以节约能源、优化能源结构、加强生态保护和建设为重点，以科学技术进步为支撑，大力发展循环经济，促进节能减排。

一、制定相关政策

2006年9月28日，陕西省人民代表大会常务委员会公布《陕西省节约能源条例》，并于2006年12月1日实施，标志着节能工作步入了法制化、规范化、程序化轨道。

2008年3月7日，陕西省人民政府印发《陕西省节能减排统计监测及考核实施方案和办法的通知》，由省发展改革委、省统计局、省环保局会同有关部门制订的《陕西省单位GDP能耗统计指标体系实施方案》、《陕西省单位GDP能耗监测体系实施方案》、《陕西省单位GDP能耗考核体系实施方案》出台，促进节能减排的体制机制，进一步完善了项目节能评估审查制度。

2008年6月11日，陕西省人民政府印发《陕西省应对气候变化方案》。根据该方案，到2010年，陕西省万元GDP能耗将下降到1.18吨标准煤，年节能总量约1800万吨标准煤；工业生产过程的氧化亚氮排放稳定在2005年的水平，可再生能源利用总量在一次能源供应结构中的比重力争提高到10%左右。

2009年12月3日，陕西省人民政府印发《关于进一步加快新能源发展的若干意见》，明确加快新能源发展的目标是：到2012年，建成一批太阳能光伏并网电站、风电和生物质发电项目，新能源发电装机达到500万千瓦，实现新能源发展的突破；太阳能光伏、热利用及风电、核电装备制造业等配套产业规模进一步发展壮大，形成一批在国际国内市场具有较强竞争力的名牌产品；初步建立起以企业为主体、产学研紧密结合的新能源技术研发创新体系，自主创新能力和引进消化吸收再创新能力明显增强；新能源对节能减排、保护环境、发展低碳经济等方面的作用更加突显。到2015年，新能源发电装机达到700万千瓦，陕北太阳能发电和风电、关中太阳能光伏和新能源装备制造、陕南水电三大产业基地基本形成，太阳能光伏、风电两大产业链较为完备，使陕西省成为国家新能源研发、生产和应用的重要基地。提出了陕西省新能源发展的重点任务和保障措施。

榆天化2008年建成投产的第三套二氧化碳回收装置

2009年12月，陕西省发改委出台了《陕南循环经济产业发展规划（2009~2020）》。该规划提出，到2012年，商丹循环工业经济园区基础设施功能初步完善，循环产业主

陕西历史博物馆举办《低碳生活 节能减排》主题科普展

要链条基本形成；循环经济政策支持体系和激励约束机制、评价指标体系和统计核算制度初步建立；全市产业结构得到较大幅度的优化提升，现代材料产业增加值占全市经济总量的比重由2008年的9%提高到30%以上；各类矿产资源的回采率、选冶回收率达到省内同行业先进水平，全市生产总值达到350亿元，万元生产总值能耗与2005年相比下降21%；工业固体废物、城镇污水、生活垃圾基本实现综合、循环利用和无害化处理，环境污染得到有效遏制，五大河流干流达到Ⅲ类水质，中心城市市区大气环境质量二级和好于二级的天数达到330天以上，为初步建立资源节约型、环境友好型社会奠定基础。到2015年，十大产业链基本形成，产业聚集度大幅提高，主导产业支柱作用显著增强，二产增加值占全市经济总量的比重达到55%以上。全市生产总值达到650亿元，万元生产总值能耗与2005年相比下降23%，二氧化硫、化学需氧量明显下降，森林覆盖率达到66%以上。到2020年，综合交通、现代物流网络健全，基本建成具有循环经济特征的生态经济社会体系，循环经济基础设施结构合理、功能齐全，以商丹循环工业经济园区为核心，七县区工业园区为辐射的相互关联、左右支撑、协作配套的循环经济产业聚集区基本形成，循环经济发展处于全省乃至全国先进水平。生产总值达到1350亿元，成为关中天水经济区最具发展活力之一的经济板块和支撑“陕西西部强省目标”实现的新的经济增长区域。

二、节能成效名列前茅

从主要污染物严重超标、能耗居高不下，到万元GDP能耗连续4年下降、重点用能企业提前实现“十一五”节能目标、污染物减排在全国名列前茅，陕西省完成这一历史性转变仅用了5年时间，这一巨大的历史性转变展示出陕西省在转变发展方式中调整经济结构，在调整结构中向低碳经济转化的决心和成效。

2006年，当节能减排、优化生态环境的呼声正高时，陕西省两项减排指标不降反升，二氧化硫比2005年增加了6.5%，化学需氧量增加了2.5%。面对这一严峻形势，陕西省根据高能耗的重化工业在经济总量中占有较大比重的实际，从源头上杜绝高耗能、高污染行业和企业的发展，进一步加大了水泥、火电、钢铁行业关小上大力度。严格控制焦化、铁合金、电石等“两高一资”行业新增产能，对不符合产业政策或节能评估手续不完善的项目，责令停止建设、停止生产。实施了工业燃煤锅炉（窑炉）改造、余热余压利用、节约和替代石油、电机系统节能、能量系统优化和绿色照明等十大重点节能工程项目。同时加强了对200户重点用能企业的能源消耗统计、考核工作，引导企业加大节能技改的投入力度，提高节能效率。

西安宝润公司生物柴油生产基地

数年连续苦战，终得丰厚回报，截至2009年底，200户重点用能企业累计完成节能量约860万吨标准煤，提前实现“十一五”节能目标。“十一五”前4年，全省关停小火电124万千瓦，淘汰水泥、焦化、钢铁、电石、铁合金及造纸落后产能4700万吨。能耗最大的电力行业节能效果更为明显， 2009年全省单机30万千瓦以上装机比重达到80%，较2005年提高25个百分点，高出全国平均水平15个百分点，单位发电煤耗达到319克/千瓦时，供电煤耗348克/千瓦时，较2005年分别降低30克和20克，有力地促进了“十一五”节能目标任务的完成。“十一五”前四年全省万元GDP能耗连续4年保持下降,完成目标进度的84.87%。

在节能取得显著成效的同时，减排也快速跟进。陕西省将燃煤电厂脱硫、城市污水治理、垃圾处理设施建设作为重中之重，采取关、停、并、转等多种方式加大了污染物排放治理，经过4年不懈努力，全省现役机组脱硫设施已全部建成，提前一年完成国家下达的17台共484.5万千瓦现役机组2010年底前建成脱硫设施的目标任务，10万千瓦以上火电机组已全部建成脱硫设施，二氧化硫排放量已达到国家“十一五”末的总量控制水平，化学需氧量排放量完成“十一五”减排任务的91.23%，主要污染物减排量跻身全国先进行列。

建成投运污水处理厂62座，污水处理率由2005年的不到28%提高到现在的65%以上。渭河流域更是提前一年实现了国家要求的污水处理率达到70%以上的目标。

三、新能源开发多路并进，风电设备制造有序发展

根据中央提出的转变发展方式的方针政策和低碳经济的特征要求，陕西省立足发展方式转变，把清洁能源的开发作为实现低碳发展的突破口。“十一五”期间，相继实施了华电、国电金太阳示范项目，全省太阳能热利用逐步推广，集热总面积超过190多万平方米。鲁能靖边风电场、国电定边风电场等4个总装机达20万千万的风电场即将完工，年底将有10万千瓦机组投入运行。生物质能的开发生产取得了新进展，生物柴油达到年产13万吨；数套生物质能发电机组正在建设中。新建和在建水电装机占水能资源技术可开发量的40%。农村沼气已覆盖90%的县市，沼气用户达到110万户，沼气的年利用量达到4.2亿立方米。

开发新能源是低碳发展的主要内容，而新能源的装备研制生产则是低碳经济的铺垫和起点。陕西省拥有位于国内三大风场之间的有利条件。在我国风电产业发展之初，陕西省众多科研和制造企业就进入了风电制造业领域。依靠省内雄厚的装备制造基础优势，风电装备制造得到了快速发展。全省已有风电装备制造企业近50家，整机制造企业6家，配套企业44家，风电装备的省内配套率达到50%左右，从业人员达1.5万余人，基本形成了完整的产业链，并且持续向下游延伸。西安金风科技有限公司是较早进入风电设备研制的企业之一，已形成年产200台兆瓦级风电整机的批量生产能力。神龙风能科技开发有限公司3~10兆瓦风力发电整机生产项目和宝鸡石油机械有限责任公司大功率风电整机生产基地正在建设中。这些项目建成后，风电装备配套规模将进一步扩大。在风电装备制造业渐成规模后，陕西省及时调整思路，按照“相对集中、相互配套、有序竞争、错位发展”的原则，建设三大风电产业园区，以1.5兆瓦级以上风电整机及风力发电机批量生产为牵引，带动变频器、叶片、塔筒、发电机轴承、变桨控制系统、风电结构件以及整机控制装置等关键部件的研发，以专业化协作促进配套企业聚集，依托科研院所和大专院校打造集研发、制造、服务于一体的风电装备制造研发平台。预计到2012年风电装备年产值可达到150亿元，增加值达到30亿元。

四、积极推进清洁发展机制

近年来，陕西省积极推进清洁发展机制（CDM）。为促进CDM项目的实施，省科技厅于2007年成立了陕西省CDM项目开发领导小组。而成立于2007年的陕西神木县晶元清洁发展有限公司是陕西省境内唯一从事清洁发展机制（CDM）项目包装策划、中介咨询、低碳知识和技术推广的专业机构，也是陕西省民间积极从事低碳经济机制创新的又一成功范例。早在2006年，晶元清洁发展有限公司的创始人就认识到：按循环经济的发展模式和联合国关于清洁发展的要求，陕北能源化工基地循环经济企业的很多项目都可以申请联合国清洁发展机制项目，获得国际资金支持。此后，该公司经过多方咨询学习，全面了解和掌握了向联合国环境规划署申报清洁发展机制项目的程序、方法和要求后，包装策划了府谷县宇超煤化工有限责任公司等11个清洁发展机制项目，成功通过了国家发改委会的审核并上报到联合国环境规划署。已有5个项目完成了DOE审定，其中4个已经在联合国清洁发展机制执行理事会等待注册，另有4个项目正在进行前期工作。若这些项目都能在联合国清洁发展机制执行理事会注册成功，年温室气体减排总量达290万吨，每年可为企业创造近2.4亿元人民币的收入。2008年，陕西省CDM项目开发领导小组与英国东升公司开展全面合作，该公司先后带领技术团队7次到陕西深入实地对项目进行考察洽谈，已签定CDM项目开发意向协议15个，有预付款意向的项目5个。截至2009年12月，陕西省已有5000多个CDM项目通过国家有关部门审核，万

元GDP能耗近4年累计下降17.5%。

陕西环境权交易所是西北地区首家排污权拍卖交易所，也是西部地区首次以经济手段推进污染防治。排污权交易的本质是利用经济手段解决环境问题，把排污权作为一种商品进行买卖。此项制度在国外已执行多年，在我国还只是探索实施阶段。陕西省首次二氧化硫排污权竞拍暨环境权交易所的正式营运,标志着排污权作为一种资源正在从政府分配、排污者无偿占用向市场分配、有偿使用转变，标志着陕西省在低碳经济的机制创新上向前迈出了一大步。

五、二氧化碳收集转化成效显著

当低碳经济的概念还鲜为人知的时候，陕西省已有企业开始研究收集转化二氧化碳技术，将其变废为宝，产生了显著的经济效益、社会效益和生态效益，成为低碳经济的先行者。

英国政府首次提出低碳经济概念时，陕西榆林天燃气化工公司已经研制出成熟的收集利用二氧化碳的技术，用天然气制甲醇，富氢缺碳。碳氢失衡是天然气制甲醇的先天缺陷。2003年，为弥补天然气制甲醇的这一先天不足，榆林天燃气化工公司技术人员采取从天然气转化过程产生的烟道气中提取二氧化碳、增加甲醇产量的方法，成功地采用乙醇胺水溶液吸收释放二氧化碳的原理，在甲醇装置中安装了二氧化碳回收装置，成为陕北能源化工基地第一家实施二氧化碳回收利用的化工企业。随后又相继安装了两套二氧化碳收集装置。2004年以来，3套二氧化碳共收集转化减少排放二氧化碳35万吨，增产甲醇19.8万吨，产生经济效益4.36亿元。

用天然气和煤制造甲醇是目前陕北能源化工基地资源转化的主要方式之一。在煤制甲醇生产过程中，分解出的二氧化碳多于氢气。很多煤制甲醇企业为了解决氢气不足、达到碳氢平衡的目的，将二氧化碳随意排放，既造成了环境污染，又造成资源浪费。天然气制甲醇正好与此相反，氢多碳少。若将煤制甲醇和天然气制甲醇结合起来，将弥补二者各自元素的短缺，达到氢、碳平衡，实现资源合理利用，彻底根除废气排放，实现循环低碳发展的目的。榆林天然气化工公司与科研单位反复论证形成决议：在新上年产140万吨煤制甲醇项目的同时，依托现有51万吨天然气甲醇装置和15万吨醋酸装置，将煤制甲醇装置富余的一氧化碳通过管道输送到现有厂区，一部分用于弥补天然气制甲醇短缺的一氧化碳，一部分作为醋酸生产原料，加工成醋酸，达到以煤制甲醇富余的一氧化碳弥补天然气制甲醇一氧化碳的不足。项目建成后原料消耗基本不变，每年可净增甲醇16万吨，增加醋酸10万吨，减少二氧化碳排放60万吨，增加直接经济效益7亿元。该项目建成后，将使榆天化成为我国名副其实的具有国际先进水平的低碳企业典范。

榆林云化绿能有限公司是一家民营企业，他们凭着对低碳经济独到的认识和理解，在低碳经济尚未叫响时就着手调研论证用二氧化碳做原料生产碳酸二甲酯的可行性和市场前景。碳酸二甲酯是一种无毒、环保性能优异、用途广泛的新型环保绿色化工原料，在医药、农药、合成材料、染料、润滑油添加剂、食品增香剂、电子化学品等领域获得广泛应用。榆林云化绿能有限公司经过3年多的考察论证，决定采用以甲醇和二氧化碳为主要原料生产碳酸二甲酯的新工艺。据计算，碳酸二甲酯在生产过程中每利用1吨二氧化碳，可节约2.55万吨标煤，减少二氧化碳排放7.38万吨，减少废水排放7.84万吨。云化绿能公司生产线一期设计能力为年产5万吨碳酸二甲脂，建成投产后，每年可直接消化14万吨二氧化碳，可节约89250万吨标煤，可减少二氧化碳排放36．9万吨，减少废水排放39.2万吨，直接经济效益

退耕还林后的黄土高原

3000多万元。2010年4月初，这一项目正式开工建设。该项目的建设标志着陕北能源化工基地在向低碳经济转型的道路上迈出了坚实的一步，也标志陕西省的低碳经济进入实质性全面发展阶段。

六、四大措施增加林业碳汇

近10年来，陕西省共完成人工造林4803.75万亩，全省林地面积已达1.84亿亩，森林面积1.15亿亩，森林覆盖率由1999年的30.92％提高到37.26％，林木总蓄积达3.6亿立方米，特别是近几年，活立木蓄积量平均每年增加1200万立方米。据推算，陕西省森林资源共吸收固定二氧化碳11.54亿吨，放出氧气10.21亿吨，仅活立木蓄积增加一项平均每年就吸收固定二氧化碳2000多万吨，放出氧气1900多万吨。陕西省主要通过四个途径增加林业碳汇。

一是努力增加森林植被。自1999年陕西省率先在全国启动实施退耕还林工程以来，共完成退耕还林3449.5万亩。陕西省还通过实施防沙治沙、三北防护林体系建设等重点治理工程，累计沙区保存造林面积1869万亩，固定流沙700万亩，建成了总长1500公里的四条大型防风固沙林带，陕西省三北地区森林覆盖率达25.8%。加上其他重点项目，全省十年累计造林8366万亩。

二是严格保护天然林。1998年陕西省启动实施天保工程至今，全面停止了天然林的商品性采伐，森林资源得到休养生息，全省累计减少森林资源消耗5000多万立方米，相当于年均森林生长总量的3.8倍，累计完成公益林建设2618.12万亩。通过天然林保护，既提高森林质量，增强林业碳汇，又减少森林消耗，从而减少毁林排放。

三是加强森林、湿地等各类自然保护区建设。全省建立各类自然保护区42个，面积达98.7万公顷，占总土地面积的比例由2000年的1.25%提高到4.8％；全省有重要湿地55块，建立湿地类型的保护区10个，总面积达17.8万公顷，对保持局部地区气候稳定起到了积极作用。

四是加快推进重点区域绿化。按照科学规划、突出重点 板块推进的原则，组织力量对村镇周围、江河两岸、道路两旁等重点区域进行绿化。2007年启动实施“三化一片林”绿色家园建设，全省有402个试点村完成造林绿化3.79万亩，栽植各类绿化苗木477.6万株，村容村貌有了明显改善。今年陕西省重点区域绿化取得突破性进展，完成造林绿化115万亩。各地结合实际组织开展本辖区的重点区域绿化，完成造林91万亩。宝鸡荣获全国森林城市称号，进入全国14个森林城市行列。

陕西省正进一步加大适应低碳经济要求、科学清洁发展的步伐，从规划制定、机制创新、产业布局、财税引导等诸多方面对低碳经济进行全方位的探索实践，掀起了新一轮发展低碳发展的热潮，加速推进发展方式转变，建设和谐清洁的低碳社会伐。

甘肃省低碳发展

甘肃省能源资源相对不足的问题十分突出，全省煤炭探明保有储量人均不足全国平均水平700多吨的一半，石油储量也低于全国平均水平。随着经济社会发展与气候变化，甘肃省面临越来越大的资源、能源与环境的压力。

在气候与环境方面，近50年来，甘肃省平均气温升高了1.1℃，幅度高于全国平均水平；气象灾害发生频繁，种类繁多，灾情较重。气象灾害占自然灾害的88.5%，高出全国平均状况的18.5%。未来50年,甘肃省的气温和降水量均呈现出上升和增加的趋势，其中降水将增加0.82%~7.63%，气温增温幅度为0.68~0.95℃。

甘肃省新能源综合优势突出。甘肃省委、省政府大力发展循环经济和低碳经济，提出了“依托甘肃河西地区丰富的新能源和可再生能源资源，以及陇东地区丰富的煤炭资源，加快建设河西新能源基地和陇东南煤电基地”的战略构想。经过几年不懈的努力，目前甘肃省在太阳能、风能、生物质能等新能源和可再生能源方面均取得了新的进展，全省资源、能源利用有了较大优化。2005~2008年甘肃省万元GDP能耗、万元GDP取水量、二氧化硫排放量、化学需氧量排放量降幅均达10%以上，同时资源产出率、能源产出率、工业固体废物综合利用率、废钢铁、有色金属、塑料、橡胶、纸的回收利用率、城市污水再生利用率、城市生活垃圾无害化处置率等都有10%以上的提高。

“呼风”：争创世界之最

甘肃省大力推动风能和太阳能开发建设，这“两驾马车”已成为甘肃新能源建设和发展低碳经济的主要方向。

甘肃省的风能资源十分丰富，理论储量为1.32亿千瓦，可开发利用总量为1950万千瓦，占到全国风能资源的7.7%。甘肃风能资源总储量为2.37亿千瓦，风力资源居全国第五位。

甘肃省的风能资源主要分布于河西地区的瓜州、金塔、玉门以及乌鞘岭、华家岭等高山地区，平均风速在每秒4米以上，约占全省面积的23%；其中肃北、马鬃山、瓜州、玉门、梧桐沟等地风速年内、年际变化小，对风能利用极为有利，加之河西走廊地势平坦开阔，适宜建设大型风力发电场。玉门镇与全国风能资源最丰富的新疆和内蒙古接壤，每年风能可利用时间在300天左右。素有“世界风库”之称的瓜州县，区域面积广阔，可装机容量在200万千瓦以上。

1997年，甘肃在玉门市建成全国第一个示范性试验风电场。2005年以来，围绕风电开发，甘肃省从资源调查评估、规划制定、招商引资、配套服务等方面做了大量工作。近年来，甘肃省根据国家风电发展规划，提出了“建设河西风电走廊，再造西部陆上三峡”的战略目标。2009年4月，国家发改委审查通过了《甘肃酒泉千万千瓦级风电基地规划报告》，规划将在酒泉市瓜州、玉门、肃北等地建8个大中型风电场。

甘肃酒泉千万千瓦级风电基地

为支持甘肃风电产业发展，国家加大了电网建设力度和煤电基地建设力度，为风电上网提供保障。目前，嘉峪关至瓜州的330千伏输变电工程已投入运营，玉门330千伏电网已开工建设，750千伏超高压输变电工程的前期工作也已全面展开。与此同时，为风电调峰的千万千瓦级酒嘉煤电基地已获国家批准立项。目前仅酒泉市已建成玉门低窝铺、三十里井子、瓜州北大桥、向阳、大梁等6座风电场，风电装机达到70万千瓦。

到2008年年底，甘肃省已经建成风电装机65万千瓦，在建和开展前期的风电装机还有75万千瓦。2009年风电装机容量突破200万千瓦。甘肃酒泉千万千瓦级风电基地一期380万千瓦风电场项目也已经获得国家发改委核准批复，即将全面开工。到"十一五"末可力争实现500万千瓦装机容量。

2009年8月28日，中广核集团甘肃敦煌10兆瓦光伏发电项目奠基仪式在甘肃敦煌隆重举行

风电装机的快速增加与需求，带动了甘肃省风电装备制造业的发展。如按目前国内风电场每千瓦投资8000～10000元的计算，2000万千瓦风电装机需投资1600～2000亿元。按照每千瓦设备6000～8000元的价格计算，甘肃风电市场需要的成套设备价值1200～1600亿元。甘肃省成立了"甘肃省风力发电装备制造领导小组"，将风力发电设备制造作为振兴装备制造业的主要措施来抓，风电设备制造业蓬勃发展。已初步形成了风机总装规模产能，形成了兆瓦级变速恒频双馈风力发电机组、大型风力发电机组风轮叶片、齿轮箱、控制系统、风机电缆和大截面常规橡套电缆的产业配套能力与体系。先后组织实施了兰州电机公司兆瓦级风力发电机组研制及控制系统产业化、中航惠腾风电设备公司风轮叶片生产等10余个项目，使甘肃逐渐成为中国风电设备制造大省。

一、"世界风库"酒泉

按照国家和甘肃省规划，酒泉市2010年风电装机规模将达到516万千瓦，2015年将达到1271万千瓦。大规模的风电开发将带动煤电、光电、装备制造等相关产业发展。

从2006年以来，国家发改委以风电特许权招标方式，引入18家国内实力最强的风电投资企业。目前酒泉规划建设的30多个风电场均位于戈壁荒滩，不占用耕地，不存在拆迁安置，土地成本低，适合连片建设大型风电场。并且规划建设的风电场绝大多数分布于兰新铁路、敦煌铁路、连霍高速公路及312国道两侧，有利于风电设备运输。酒泉境内酒嘉电网通过永嘉330千伏输电线路与西北电网联网运行，规划建设的750千伏超高压输变电工程，前期工作正在加紧开展，即将正式动工建设。

2009年8月8日，工程总投资将达1200多亿元的国家首个千万千瓦级风电基地380万千瓦风电场项目在酒泉正式开工建设，华能、大唐、国电、中电投等国内外企业分别投资建设18个20万千瓦和2个10万千瓦的风电场，中国乃至世界首个千万千瓦级连片开发、并网运行的风电基地将在酒泉诞生。到2020年，整个开发将达到2000万千瓦以上，每年可节约标准煤约972万吨，减少烟尘排放量约131815吨，减少二氧化硫排放量约109115吨。甘肃将建设一个"陆地三峡"。

二、"世界风口"玉门

近几年，被称为"世界风口"的玉门市大力开发清洁能源，不断推进风电产业规模化、产业化、集约化发展，先后规划风电场12个，规划总面积3088平方公里，总装机容量2025万千瓦。目前，玉门已建成风电装机容量达31万千瓦。预计到2010年，玉门风电总装机容量将达到200万千瓦以上，2012年达到500万千瓦以上，玉门将成为亚洲较大风电基地之一。

在国家发改委发布的《可再生能源中长期发展规划》中，玉门已被列为全国重点开发的6个百万千瓦级大型风电基地之一。先期规划的昌马500万千瓦风电场、低窝铺100万千瓦风电场、三十里井子20万千瓦风电场、红山窑45万千瓦风电场和玉门东镇75万千瓦风电场等五个风电场已列入《甘肃省风电产业开发规划》，总装机容量740万千瓦。2007年，又规划东风滩10万千瓦风电场、七墩滩260万千瓦风电场、麻黄滩250万千瓦风电场、广河沟60万千瓦风电场、跃进滩115万千瓦风电场、宽滩山260万千瓦风电场、青石梁230万千瓦风电场等7个大型风电场，总装机容

全国农村沼气远程培训班甘肃分会场

量1285万千瓦。2008年，大唐低窝铺二期5万千瓦和洁源低窝铺二期5万千瓦风电场已完成全部建设任务。

玉门市作为新能源基地的大本营，积极协调服务建设单位加快建设进度，促进了新能源基地的建设步伐。2009年中海油、中节能、甘肃大唐等公司在玉门开工建设4个20万千瓦和2个10万千瓦的风电场，新建设项目总装机容量将达100万千瓦。目前该项目已经投资6.8亿元完成117台风机基础浇注、31台风机的安装和37台风机的吊装。

2009年10月17日，甘肃省太阳能集热发电创新战略联盟在兰州成立，以争取形成较强产业带动作用、有利于集聚创新资源、形成产业技术创新链。

2009年11月，旨在提高发展中国家在太阳能技术研发、太阳能产品与设备生产和应用的联合国工业发展组织国际太阳能技术促进转让中心在兰州竣工。中心装备了先进的太阳能光伏、光热等相关技术装备，配备了一系列太阳能研发领域的仪器设备，建有太阳能光热利用、光伏发电、建筑设计、水处理、风能应用、生物质能和太阳能产品性能质量检测等10多个专业研究实验室。

“唤日”：浩瀚大漠工程

除风电之外，太阳能开发将成为甘肃新能源的“第二驾马车”。甘肃省太阳总辐射量约为4800～400兆焦／平方米，年日照时数为1700～3300小时，其中河西走廊地区太阳能最为丰富，是实施“大漠光电工程”的理想地区。

甘肃省太阳能开发利用主要有太阳灶、太阳房、太阳能热水器、离网型太阳能发电等方式，截至2008年底，甘肃省累计推广太阳能灶75.8万台，太阳能暖房195.3万平方米，太阳能热水器55万平方米，建成离网型光伏电站43座，总装机426千瓦，风光互补电站 7 座，总装机665千瓦，发放光伏户用系统6600多套，总规模250千瓦。

甘肃省已将河西地区太阳能资源开发纳入规划建设的河西新能源基地。规划充分利用河西地区丰富的太阳能资源，把河西地区建成全国大型太阳能发电示范基地。

甘肃太阳能技术在中国囊括七个第一，分别是：第一栋太阳房、第一个太阳灶、第一个太阳能采暖与降温技术试验示范基地、第一个太阳能热水器测试台、第一个太阳能电视插转台、第一个太阳能学校和医院、第一个太阳能产业。

武威光伏并网科技示范项目一期500千瓦工程已建成，嘉峪关10兆瓦和张掖10兆瓦光伏并网发电项目的建设也在紧锣密鼓进行。

河西太阳能基地建设也开始起步，国内最大的两个10兆瓦光伏发电示范项目已完成招标，即将开工建设，河西三个100兆瓦光伏发电站已完成预可研。到2010年，河西地区太阳能发电装机将达到31万千瓦，到2015年将达到126万千瓦。

2009年8月28日，我国第一个光伏并网发电特许权项目——中广核集团甘肃敦煌10兆瓦光伏发电项目奠基仪式在甘肃敦煌隆重举行。该项目奠基标志着我国第一个光伏发电特许权项目进入正式实施阶段。

嘉酒地区年日照时数长达 2800~3000 小时，日照百分率为70%左右，太阳能光热资源十分丰富。嘉峪关太阳能光伏发电一期工程也建设1万千瓦，华电集团新能源发展有限公司经过对嘉峪关市进行实地勘察，已经在嘉峪关市以东建立测光站一处，计划在2009年内完成前期工作，2010年建成投入运行。

甘肃省规划，河西地区太阳能发电装机2010年达到 3 1万千瓦，2015年装机容量可达到130万千瓦，2020年装机容量可达到330万千瓦左右。甘肃将成为中国最大的清洁能源基地。

生物质能源乘势而上

一、140多万人受益沼气

2003年以来，中央投入国债资金近200亿元支持推广农村沼气，其中甘肃省农村沼气建设投资11.2亿元，占全国总投资的5.6%。全省除少数几个不适宜发展农村沼气的县区外，绝大部分地方普遍开展了农村户用沼气建设，初步实现了全省整体推进的目标。截至2008年底，甘肃已经在全省3467个村累计建成户用沼气45万户，普及率由2002年的不到1%上升到10%左右。2009年，全省新建40万户农村户用沼气、3510处村级服务网点和29处大型沼气工程，新增农村沼气户数接近前几年的总和。近年来，甘肃建立了一套监管到位、管理规范的农村沼气国债项目资金管理机制，确保项目建设资金全部补助到农户，累计投资中央国债补助资金14.1亿元。据悉，甘肃省有76个县实施了农村沼气国债项目，总任务量居全国前列、西北第一位。

二、文冠果成新宠

甘肃是个少林省份，自然条件恶劣，生态环境脆弱，有丰富的荒山荒地适宜种植文冠果。发展以文冠果为主要栽培树种的林业生物质能源林基地，不但可以防风固沙、保护水土，有利于改善生态环境，而且还能促进省农业产业结构调整，促进农民增收，同时又能提供高效清洁生物质能源提炼原料，催生新型绿色新能源产业。甘肃省在充分调查研究的基础上，编制出《甘肃省林油一体化项目“十一五”建设规划》，规划从2008年开始，利用3年时间，在平凉、庆阳、天水、陇南、定西、白龙江林区建设110万亩的文冠果原料基地。甘肃省已被纳入国家林业局全国生物质能源林基地建设示范省份，主要以种植文冠果为主。

甘肃武山县把凯迪生物质能源项目作为调整产业结构、改善生态环境、促进经济发展和增加农民收入的重大举措，已完成5.3万亩土地流转任务，签订到村合同37份，涉及6乡镇37村7692户。完成了能源林基地规划，计划建设50万亩能源林基地和200亩育苗基地，建设25MW的生物质发电厂、5万吨生物柴油粗加工厂和10万吨有机肥厂各一个。

有关专家对甘肃省金昌市西部荒漠山区腐植酸储存情况进行了调研勘察后发现，该地区含腐植酸炭质页岩储量不低于3000万吨，可开发为新能源。目前，金昌市已引资2亿元，开发建设年产30万吨腐植酸配套综合项目。

挑战与展望

甘肃省气象局依据近50年来气候变化的基本事实及发展趋势编制完成的《甘肃省应对气候变化方案》由甘肃省人民政府正式颁布。《方案》明确了到2015年全省应对气候变化的目标、原则、重点领域及其政策措施。

《方案》提出，到2010年，全省生态保护和恢复工作初见成效，适应能力有一定程度的提高；2010年，全省万元生产总值温室气体排放量比2005年下降20%；到2010年，全省万元生产总值能耗从2005年的2.26吨标准煤下降到1.8吨标准煤，降低20%；到2010年，可再生能源装机达到1000万千瓦左右；农村沼气综合利用模式户100万户；2006～2010年关停小火电装机容量77.5万千瓦；2006～2010年新增热电联产发电装机200万千瓦以上，形成集中供热面积450万平方米；到2010年，森林覆盖率提高到16%左右。

到2010年，新增治理水土流失面积1500万亩、治理沙化面积900万亩；新增造林绿化面积2300万亩；新增“三田”面积300万亩；新增种草面积3000万亩；黑河、石羊河流域综合治理，甘南草原“三化”治理等重点治理工程取得成效。

到2015年，争取生态环境初步好转，适应能力进一步提高；全省万元生产总值温室气体排放量比2010年进一步下降。争取全省万元生产总值能耗进一步下降；可再生能源装机达到1870万千瓦；新增治理水土流失面积2500万亩、治理沙漠化面积1200万亩；完成绿化造林面积3000万亩；累计“三田”面积达到3000万亩。

（根据有关资料编写）

国家低碳试点市

南昌市低碳发展

南昌市发展和改革委员会

大力发展低碳经济是南昌贯彻落实科学发展观、推进南昌经济和环境协调发展的重要决策，发展低碳经济将成为南昌经济社会可持续发展的强大助推器。

南昌市在低碳发展中坚持“两个促进”：低碳发展与经济发展相互促进，与现行节能减排、循环经济、生态环境政策相互促进。坚持“三个并重”：传统产业低碳化与低碳产业支柱化并重，科技创新和制度创新并重，扩大低碳产品对外市场占有率与低碳产品对内示范应用率并重。坚持“两个导向”：部门推动、企业主动、社会行动一体的政策导向，重大项目环保化、城乡开发生态化、目标考核差异化联动的调控导向。把发展低碳经济列为全市核心发展战略，坚决“向低碳经济迈进”，实现经济社会可持续发展。

南昌几年来的绿地面积大幅增加，全市森林覆盖率达到 16.2%，城市绿化覆盖率达到41.04%，绿地率达到38.64%，人均公共绿地面积达到8.3平方米。南昌的环境质量更是明显提高，空气质量优良天数达到348天，空气质量优良率达到93.99%。走低碳经济的发展之路，大力发展低碳经济将成为牵引南昌新一轮快速发展的强大引擎。

一、南昌市低碳发展的背景和基础

（一）发展水平

南昌市紧邻长江三角洲、珠江三角洲、海峡西岸经济区三大经济圈，是鄱阳湖生态经济区的核心增长极城市。进入新世纪以来，南昌坚持以大开放为主战略，加快工业化进程，GDP年均增长率保持在14%以上，预计2010年GDP总量达到2100亿元，约占全省的四分之一，人均GDP达到6000美元；规模以上工业增加值700亿元，社会消费品零售总额超过700亿元；财政总收入超300亿元，城市居民人均可支配收入约1.8万元。产业结构不断优化，以太阳能光伏、绿色照明、航空制造、服务外包、文化旅游等为代表的战略新兴产业也具有一定的发展水平，这将对南昌市向低碳发展方式转型发挥重要的作用。

（二）生态环境

南昌市依西山、临鄱湖，风光旖旎，自然生态环境得天独厚。全市水资源丰富，水域面积约占全市总面积的三分之一，被誉为中国南方的一颗“绿色明珠”。城市绿化覆盖率42%，活立木蓄积量220万m^3。全年空气质量优良天数达到347天，连续多年在全国省会城市中名列前位。近年来，南昌市深入推进“森林城乡、花园南昌”建设，荣获国家卫生城市、国家园林城市、中国优秀旅游城市、中国人居环境奖等称号。

（三）能源消费

随着社会经济的快速发展，南昌市能源消费总量持续上升，2005年一次能源消费量1160万吨标煤，在此基础上平均每年增长10%~11%。一次能源消费主要以煤炭为主，约占76%，二次能源消费电力占90%以上，包括天然气在内的其它能源占6%。从重点行业能源消费来看，黑色金属冶炼及压延加工业占工业能源总需求的47.9%，其次为电力、热力的生产和供应业，占16.8%。从电力消费来看，2009年全市电力消费总量首次超过100亿千瓦时，电力自给率45%左右。随着2010年南昌新昌电厂2×660MW发电机组正式投入运营，将极大缓解全市电力的供给压力。

（四）二氧化碳排放

2005年，南昌市二氧化碳排放总量为3300万吨，单位GDP二氧化碳排放3.25吨/万元。二氧化碳排放大部分来自于工业，约占79.8%，其中火电行业占26.8%，其次是交通运输，约占7.9%，居民生活占6.4%，农业和建筑业占

2.5%，商业和服务业占0.5%，其它占2.8%。在制造业中，黑色金属冶炼及压延加工业是二氧化碳排放最大的行业，约占47.5%，其次是化学原料及化学制品制造业占21.6%，造纸及纸制品业占5.6%，非金属矿制品业占7.3%。从重点耗能企业排放来看，南昌市十大重点耗能企业二氧化碳排放量占工业总排放量的81%。随着经济的快速发展和城市化进程的加快，南昌市二氧化碳排放总量平均每年增长8%~9%，但单位GDP二氧化碳排放每年下降6%~7%。

二、南昌市发展低碳的做法和成效

（一）制定扶持政策，营造低碳经济发展的良好环境

南昌市提出发展低碳经济、建设低碳城市的号召，目前组织制定了《全市推进低碳经济发展的决定》和《南昌市加快发展低碳经济的行动计划》两个文件，在技术引进、人才培养、劳动用工、土地征用、企业融资等方面给予政策保障。

（二）打造南昌“世界光电之都”

光伏产业是新能源朝阳产业，极具发展前景。为抓住全球新能源推广及光伏产业兴起的机遇，南昌市政府高度重视光伏产业的发展，省、市政府相继出台了一系列扶持光伏产业发展的政策措施。南昌光伏产业虽发展迅速，后来居上，现已成为全国乃至世界光伏产业知名的生产基地。随着一批国内外知名的光伏产业生产企业相继落户南昌，全市形成光伏产业集群雏形。台湾晶湛科技有限公司、江西赛维LDK太阳能高科技有限公司、浙江台州半导有限公司、上海卡姆丹克、通用太阳能电力（南昌）有限公司等在南昌抢滩登陆的光伏生产企业已建成和在建的项目涵盖了光伏产业链的硅料、硅片、电池片、电池组件、应用系统5个环节，上、中、下游产品齐全，光伏产业链结构合理，建设规模大都位于国内前列乃至全球前列。为策应江西省光伏产业的发展，南昌大学创办了太阳能光伏学院、新余高等师范学院创办了光伏产业高级职业技术学院，专门为光伏产业培养高、中级专门技术人才，不但开创了全国光伏专业学校的先河，也为江西光伏产业的发展提供了有力的技术支撑。

2009年，南昌市制定了《南昌市光伏产业发展规划》，规划确定，南昌市大力发展新能源、新材料为代表的低碳经济。打造LED产业基地，形成以外延片为上游产业、芯片制造为中游产业，光源、灯具、LED显示屏、手机背光源等下游产业的完整产业链，最终形成以金沙江LED产业园为核心的LED产业群。南昌将通过3～5年的努力，力争把南昌市光伏产业打造成1000亿元的产业，打造成“世界光电之都”。

（三）为发展低碳经济打造四大示范区

南昌市针对低碳经济示范区建设项目准入门槛提高、企业生产成本增加、能源结构压力倍增等病况，南昌市政府提早规划，重点打造能源更“新”、产业链更“绿”、物流业更“净”的四大示范区。

一是把红谷滩以及扬子洲打造成生态居住和服务业中心区。依靠独特的生态，推进服务南昌、面向华中地区的以旅游度假、现代服务为主导的新型第三产业的跨越式发展，开发出低密度生态型住宅。该区具有良好的水能源，可充分利用风能、太阳能及太阳能光伏，以提高能源利用效率和创建清洁能源结构为核心，形成低能耗、低排放、低污染的低碳经济发展模式。

二是把高新开发区打造成生态高科技园区。积极推进一批符合低碳经济发展要求的示范项目，包括太阳能光伏电站示范项目、绿色照明示范项目，创新产业模式，保护这一方净土。计划通过3~5年的努力，依托江西赛维等企业，将该市光伏业打造成千亿元产业，使南昌成为“世界光都”，高新区薄膜太阳能电池生产能力将提升到2000兆瓦以上，重点支持赛维LED等企业做大做强。将LED产业打造成千亿元工程。高新区将建成以金沙LED产业园为核心，晶能光电和联创光电为两个支点，多维扩散产业布局。

三是把湾里区打造成生态园林区。南昌的“绿肺”，已关闭了一切破坏生态平衡的工业项目，建立山上“绿色银行”，加大林业投入，从“绿色”中求发展，以“绿色”建生态园林城。

四是把军山湖打造成低碳农业、生态旅游区。

（四）促进城市生态建设、改善城市宜居环境

一是在低碳交通领域，随着新能源公交车在南昌正式上路，拉开了南昌“十城千辆”使用新能源公交车的序幕。南昌市计划通过四年时间，在公交和出租等公共领域推广应用不少于1000辆节能与新能源汽车；8月，南昌公共自行车服务体系一期1000辆公共自行车在红谷滩新区正式投入运行，供市民免费使用。

二是在低碳照明领域，南昌市被科技部正式批准为首批21个国家“十城万盏”半导体照明（LED）应用工程试点城市。目前，LED节能路灯示范应用正在市路灯管理处、南昌大桥管理处等部门和单位相继启动，至2016年，全市LED节能路灯的示范应用达10万盏左右，把我市打造成我国乃至全球都具有竞争力的LED产业化基地。如今，每当夜幕降临，在南昌市洪都、英雄大桥上的3500多盏LED灯竞相争艳。城东地区的紫阳大道成为南昌第一条太阳能LED路灯景观照明道路。

（五）举办相关论坛，建设低碳交流平台

2009年11月18~21日，南昌市人民政府成功承办了首届世界低碳与生态经济大会暨技术博览会（简称“世界低碳大会”）。此次大会由国家发改委、科技部、工信部等国家七部委和江西省人民政府共同主办。237家世界500强企业齐聚南昌，共谋世界低碳经济未来发展的蓝图。共设立了LED产业论坛、服务外包产业论坛、跨国公司在中国——低碳与可持续发展论坛、新能源汽车发展专题论坛等9个分论坛，通过了《南昌宣言》，确定每年将在南昌召开一次。

三、南昌市低碳典型案例和重点项目

（一）“太阳能光伏屋顶项目”

南昌市将试点启动“太阳能光伏屋顶项目”，初步选定在市政府大楼、南昌二中江西赛维办公楼等十几个公共建筑屋顶安装太阳能光伏板作光电转换装置，太阳能将源源不断地为大楼供电，该项目的实施将使南昌的大小屋顶成为一座座“发电站”。

（二）厚田沙漠光伏发电站项目

在新建县厚田沙漠上将建成一座太阳能光伏示范电站，电站建成后可年发电500万度以上，按计划将在2010年年底并网发电，成为国内最大的薄膜太阳能电站之一。

厚田沙漠光伏发电站项目

项目类别	项目主要内容	项目数量	投资规模（亿元）
光伏	光伏组件、光伏电站建设、光伏推广应用	8	62.85
LED	大功率高亮度LED外延及芯片生产、LED产业园建设、LED路灯推广应用	4	108.68
服务外包	软件产业园建设	3	25.71
文化旅游	文化创意、生态旅游园区建设	10	165.95
低碳技术服务平台	建设薄膜太阳能电池研发中心、TCO导电玻璃研发中心、农作物种子繁育基地、林业系统数据库及培训网络	4	6.67
低碳交通	建设地铁1号线、2号线一期工程、发展公共自行车	2	331
其他低碳项目	新能源汽车、天然气利用、沼气利用、造林等	22	121.53
合计		53	822.39

四、南昌市低碳发展规划

（一）南昌市低碳发展主要目标

总体目标：合理调整能源结构、产业结构和消费结构，坚持走低碳生态之路，实现可持续发展，在鄱阳湖生态经济区建设中起到引领和示范作用。低碳观念在全社会牢固树立，低碳发展法规保障体系、政策支撑体系、技术创新体系和激励约束机制建立完善，形成具有南昌特色的低碳城市发展模式，创建全国低碳发展示范城市。

具体目标：到2015年，单位GDP二氧化碳排放较2005年降低38%，非化石能源占一次能源消费比重达到7%，森林覆盖率达到25%，活立木蓄积量达到380万立方米。到2020年，单位GDP二氧化碳排放较2005年降低45%~48%，非化石能源占一次能源消费比重达到15%，森林覆盖率达到28%，活立木蓄积量达到420万立方米。

（二）调整产业结构，转变经济发展方式

一是调整产业结构。提高国民经济中服务业比重，大力发展生产性服务业；促进第二产业优化升级，积极引导第二产业向集约型、技术密集型、环境友好型转变，发展绿色建筑业；打造以现代农业为主体的第一产业。

二是发展低碳产业。优先发展太阳能光伏、绿色照明、服务外包、文化旅游四大产业，重点发展新能源汽车、现代物流业、航空制造、新能源设备、生物与新医药、新材料等六大产业，构建以低碳排放为特征的新兴产业体系。

（三）优化能源结构，提高低碳能源比重

1.推广可再生能源

太阳能。大力推广太阳能光热利用，推广户用太阳能热水器。发展太阳能光伏发电，在城市建筑物和公共设施尽可能多地建设与建筑物一体化的屋顶太阳能并网光伏发电设施。在道路、公园、车站等公共设施照明中推广使用光伏电源和风光互补路灯照明。建设厚田10MW薄膜太阳能并网示范电站。

地热能。积极推进浅层地热能的开发利用，推广满足环境保护和水资源保护要求的地源热泵技术，充分利用地表水、地下水、土壤等地热能。到2015年，浅层地热能应用面积达到200万平方米，到2020年达到550万平方米。

生物质能。积极推广固化成型、沼气利用、垃圾焚烧发电、秸秆气化、生物柴油等方式的生物质能利用，逐步改变农村燃料结构，改善农村生活环境。

2.积极引入核电

积极引入核电替代煤电，2016年江西彭泽核电4×125MW项目建成后，到2020年实现核电占全市电力消费比重达到29%，实现电力结构优化。

3.提高天然气使用比重

不断拓宽天然气应用领域，从传统的城市燃气逐步拓展到天然气厂、化工、燃气空调以及分布式功能系统等领域，到2020年天然气供应量达到8亿m^3。

（四）推进节能降耗，提高能源利用效率

1.推行工业节能减排减碳

加快淘汰冶金、造纸、化工等行业的落后生产能力，推行节能技术改造，实施合同能源管理等节能新机制，鼓励新技术、新材料、新产品的研究和应用。加强资源节约和综合利用，提高能源利用效率。分期分批淘汰工业锅炉，对园区实行集中供热。

2.推进建筑节能

一是执行建筑节能标准和相关法规。展节能型建筑，新建、改建、扩建的民用建筑严格执行节能50%的设计标准。完善公共机构节能标准和管理办法，加大公共机构节能监督力度，积极推进机关办公区能耗动态监测平台建设。

二是开展建筑节能技术改造。以机关办公建筑和大型公共建筑电器照明设施进行改造为突破口，带动既有居住建筑节能技术改造，推动建筑节能一体化的发展。

三是推进可再生能源在建筑中的应用。鼓励城市新建居住建筑和集中供应生活热水的公共建筑采用太阳能热水系统及成套技术；加大农村地区太阳能光热系统利用；在城市公共设施配套安装太阳能光伏发电装置；利用地热资源，推广地源热泵空调系统。

四是推广建筑节能材料、产品和技术。鼓励建筑生态设计和生态改造，实施“绿色照明”工程，在全市推广高效节电照明系统。推广新型节能环保建筑材料、建筑保温绝热板系统、外墙保温及饰面系统、隔热水泥模板外墙系统及外墙、门窗和屋顶节能技术。

3.发展低碳交通

一是严格执行排放标准。机动车严格执行国Ⅳ标准，新增公交车辆执行欧Ⅳ排放标准。扩大市区高污染机动车辆限行范围。加强机动车管理，鼓励购买小排量、新能源等环保节能型汽车。2012年完成1000辆节能与新能源汽车的投放，首先在公交车、出租车、公务车中推广使用。

二是加快轨道交通建设。加快地铁建设，2016年完成地铁1号、2号线建设，2020年完成3号线建设，形成由1、2、3号线组成的轨道交通骨架网。

三是加速水运现代化建设。抓住国家黄金水道和鄱阳湖生态经济区建设的大好机遇，积极推进南昌港建设。

四是建设智能交通网络。推进四县五区公交一体化，加快畅通工程建设，发展智能交通系统，全面推进城市交通信息化动态管理，推进多种交通方式无缝对接。

五是发展“免费自行车”服务系统。

（五）发展生态农业，增加林业碳汇

重点是发展生态农业，增加林业碳汇。

（六）构建低碳社会，倡导低碳生活

一是提高低碳意识。充分利用报纸、广播、电视、网络和其他社会渠道进行低碳宣传，使各级政府、企业和公众明确自己的责任和义务。

二是优化城市规划。按照低碳理念优化和深化城市规划，坚持采取组团推进的方式扩大城市规模，坚持把就业和生活等集束多功能的城市综合体作为城市开发的主要载体。通过强调太阳能屋顶、太阳能路灯、立体花园、电动汽车站、绿色建筑、垃圾分类等低碳设施布局，建设可视化低碳城市。

三是开展教育培训。在政府部门、企业、社区和农村中广泛开展形式多样的低碳教育培训活动，如专题讲座、研讨会、经验交流会、成果展示会、典型案例报告会或低碳技术交流会以及活动周、活动日、知识竞赛等。

四是倡导低碳生活。政府率先垂范，引导全社会树立正确的低碳消费观，提倡节俭理性的低碳生活，使公众从自己的生活习惯做起，控制或者注意个人的碳足迹，反对和限制高碳消费，使低碳生活逐步成为市民的自觉行动。

（七）创新体制机制，建立低碳技术支撑体系

一是创新体制机制。以开展国家低碳城市试点工作为契机，探索建立以政府引导、市场为主体的低碳城市发展体制机制，推进要素市场化配置改革、投融资体制改革，加强节能减排减碳、低碳技术研发、碳汇培育等方面的体制机制创新，建立有利于低碳发展的体制机制。

二是建设低碳技术创新平台。创建新能源和节能环保产业技术创新中心、研发基地，建设国家LED工程技术研究中心，组建南昌市光伏技术研究中心和光伏产业工程中心，设立博士后工作站，加强江西低碳经济技术研究中心的建设。

三是加快低碳技术人才引进和培养。加大战略性新兴产业领域科技人才的培养力度，制定低碳技术人才培养规划，重点培养和引进领军人才，设立人才专项资金。加强科研机构、高校与企业的交流，培养与开展低碳城市试点工作相关的专业技术人才和管理人才。

四是加快低碳技术的研发和成果转化。提高自主创新能力，发挥低碳技术平台的作用，研发一批核心低碳技术。加强低碳技术成果转化，鼓励企业开发低碳技术和低碳产品，提高科技创新和推广应用水平。

（八）低碳示范建设

一是打造四大低碳示范区域。结合全市产业特点和资源条件，重点布局南昌国家高新区低碳产业示范区、湾里区生态园林示范区、红谷滩新区（含扬子洲区域）生态人居与现代服务业示范区、进贤县军山湖低碳农业和生态旅游示范区等四个低碳发展示范区域。申报扬子洲为国家(江西)低碳经济特区，并展开低碳半岛概念规划及总体战略研究。

二是建设七个低碳示范基地。建设薄膜太阳能电池示范基地、LED绿色照明示范基地、新能源汽车示范基地、节能建筑与设计示范基地、低碳创意产业示范基地、现代农业低碳示范基地和低碳生活设施（低碳住区、低碳校园、低碳医院、低碳街区、低碳停车场等）示范基地。

三是培育一批低碳示范企业。在冶金、电力、造纸、化工等高排放行业和重点用能企业中，选取一批低碳示范企业，开展碳排放监测、温室气体清单编制、能效评估、资源综合利用和清洁生产审核工作。

四是建设八项低碳示范工程。建设并网光伏电站工程、可再生能源建筑示范工程、“十城千辆”工程、“十城万盏”工程、城市现代交通体系建设工程、城市生态环境建设工程、节能照明灯推广工程和天然气管网建设工程等八项低碳示范工程。

国家低碳试点市

保定市低碳发展

保定市人民政府

保定市委、市政府按照科学发展观的要求，在准确分析和把握市情的基础上，抓住我国加快经济发展方式转变和产业结构调整的机遇，大力发展以新能源和能源设备制造为代表的低碳经济，积极倡导绿色低碳的生产生活方式，全面建设低碳城市，构建生态文明社会。

一、开辟新能源绿色“通道”

保定位于河北省中部，地处北京、天津、石家庄三角地带，是环京津一线城市、环渤海一线腹地，素有“京畿重地”、“首都南大门”之称，面积2.21平方公里，人口1142万。

作为内陆城市的保定，人口多、资源少、生态环境脆弱，同时肩负着维护京津生态安全和保护白洋淀的重大责任，在加快推进工业化和城市化进程中，必须把发展和环境保护结合起来，彻底摒弃传统粗放型的生产、生活方式。如何在科学发展观的指导下，探索出一条既符合生态文明发展要求，又具有自身特色的工业化和城市化之路，是保定市委、市政府近几年来始终不懈追求的目标。

保定高新区是全国56个国家级高新技术产业开发区之一。1998年，保定英利公司承建国家高技术产业化示范工程——多晶硅太阳能电池及应用系统项目启动，2000年，另一家生产风电叶片的中航惠腾公司在高新区成立，由此开启了保定新能源产业发展的历史。经过几年来的发展壮大，到2006年，在保定高新区内，已经汇聚了近60家新能源相关企业，其中包括国内最大的变压器生产企业天威保变集团、国内最大的蓄电池生产厂家风帆集团等一批行业龙头，在新能源及能源设备制造产业方面具备了一定的基础。

2006年初，顺应生态文明时代发展潮流，基于对新能源这个朝阳产业的认识，结合资源禀赋和产业基础，保定市委、市政府提出了建设“中国电谷”的战略构想，开始大力发展新能源和能源设备制造产业。总体思路是，依托保定高新区现有的新能源及能源设备制造产业基础，整合资源，打造光电、风电、输变电、储电、节电、电力自动化六大产业体系，推动集约集群发展，建设“电字号”产业、技术、人才和信息聚集区，努力建设国际一流的国家级新能源及能源装备制造业创新和产业化基地。

二、“中国电谷”迅速崛起

提出建设“中国电谷”之初，面临着认识上的障碍和资金、技术、政策等诸多瓶颈制约。在国家有关部委大力支持下，在河北省委、省政府领导下，保定市委、市政府与企业一起，进行了积极探索与实践。为吸引世界目光聚焦中国电谷，保定利用国内外媒体和多种载体，强力推介“中国电谷”发展规划和建设项目，连续4年在香港成功举办中国电谷推介会，吸引了一大批境外投资者。为推动产业迅速做大做强，保定先后与兵装集团、国电集团、中航集团、国家开行等展开广泛合作，签订战

英利集团多晶硅太阳能电池生产场景

全国最大的风电叶片生产企业——中航惠腾公司

略投资协议近500亿元。几年来，先后建设竣工了六九硅业、天威太阳能薄膜等一批新能源企业和英利500兆瓦多晶硅、兵装天威兆瓦级以上风力发电叶片产业化、风帆年产5兆瓦非晶薄膜等一批大项目。为提高产业核心竞争力，保定聘请了15位院士担任技术顾问，建设了2个国家级重点实验室、3个国家级企业技术中心、4个省级技术中心、1个国家工程技术研究中心、1个省级工程技术研究中心，取得各种国家标准80项，行业标准94项，科研成果300多项，专利1086多项，多项成果达到国际、国内领先水平。为拓展中国电谷发展空间，市委、市政府将高新区内原规划的会展、行政和商务中心土地调整用于新能源产业，还搬迁了占地2300多亩的热电厂储灰场，用于风电产业园建设。2008年底，还通过托管共建形式，将园区发展空间由14平方公里拓展到60平方公里。

在短短几年时间里，保定·中国电谷迸发出了强大的生机和活力，企业个数由2006年的不足60家发展到现在的170多家，初步成为了集光电、风电、输变电、储电于一体的新能源电力设备制造基地。在光伏设备制造业方面，硅料产能达到3000吨，光伏电池产能达到1111兆瓦。英利公司是世界第四、国内唯一具有从硅料生产到光伏系统工程的全产业链光伏企业，多晶硅和光伏组件产量分别占全球12%和10%的市场份额，分别居国内第二、世界第六位。在风电设备制造业方面，风电整机产能达到1700台，各种型号叶片产能达7750兆瓦。中航惠腾是全国最大的风电叶片生产企业，占国内市场份额近20%，风电叶片产量居世界第二、全国第一。在输变电设备制造业方面，变压器电压等级覆盖广泛，750千伏、500千伏、220千伏级变压器产品优势明显。2009年，输变电设备制造业实现工业总产值130亿元，产能达到8700万千伏安。在储能设备制造业方面，铅酸蓄电池产能达到830万千伏安时。风帆集团成为国内规模最大、技术实力最强、市场占有率最高的铅酸蓄电池企业。

几年来，保定新能源产业保持了年均50%以上的增长速度。2009年与2005年相比，新能源产业销售收入由57.5亿元增长到314.5亿元，增长5.5倍。特别是在金融危机背景下，仍保持了较快增长。2009年，全行业实现工业增加值58.2亿元，增长25%，显示出强大的发展潜力和旺盛的生命力。保定先后被认定为国家“可再生能源产业化基地”、“新能源产业国家高技术产业基地”、“国际科技合作基地”等称号，在国内新能源产业发展领域确立了重要的行业地位和先发优势。

三、“太阳能之城”已具雏形

在大力发展新能源及能源设备制造产业的同时，保定积极推广新能源产品在城市综合领域的应用，努力把“低碳”理念渗透到城市建设中，于2007年3月提出了建设“太阳能之城”的战略构想。基本思路和目标是，坚持政策引导、示范先行、以点带面、规模推进，大力推广和普及太阳能照明、热水供应、取暖等方面的综合应用，努力“让阳光照亮保定、温暖保定、融入生活、推动发展”。力争到2010年，市区单位庭院及公共场所太阳能照明达到90%，新增建筑基本实现太阳能设施一体化，使保定成为国内外太阳能应用普及率较高的地区之一。实现每年节电4.3亿度、节煤11.8万吨、减排二氧化硫1.29万吨、减排灰渣3.85万吨的目标。

目前，全市已累计投入3.57亿元，在一些重要领域取得了明显成效。截至到2009年底，市区所有党政机关的庭院、90%的主要路段、85%的游园绿地、全部交通信号灯、部分生活小区和主要旅游景区已完成太阳能应用改造。还建成了国内第一座太阳能光伏电站与五星级酒店一体化建筑·电谷大厦，创造了几十项国内建筑一体化行业标准。已建成的太阳能应用工程，每年可节电2100万度，减排二氧化硫1.7万吨。保定被命名为国内首座太阳能综合应用示范城市，被科技部列为“十城万盏”试点城市，被评为“中国节能减排20佳城市”。

四、催生“低碳城市”实践

2008年初，凭借在新能源产业发展和产品应用的领先优势，保定被世界自然基金列为国内首批“低碳城市项目试点城市”。随后，保定与清华大学合作，研究制定了国内外第一个《低碳城市发展规划》，并以市委、市政府名义出台了《关于建设低碳城市的意见》。2010年8月，保定又被国家发展改革委确定为8个低碳城市试点之一，目前正结合“十二五”经济社会发展规划，研究制定低碳城市试点方案，全面推进低碳城市建设。

总体目标：经济发展质量明显提高，综合经济实力显著增强，产业结构、能源结构进一步优化，节能降耗效果更加明显，低碳产业优势更加突出，低碳社会建设全面推进，健康、节约、低碳的生活方式和消费模式逐步确立，居民生活质量进一步提高，二氧化碳排放强度稳步下降，逐步建成经济发展、社会繁荣、人类社会与自然和谐共存的低碳城市。到2015年，万元GDP二氧化碳排放量比2005年下降35%左右。

重点工作：

一是加快结构调整。大力发展先进制造业、现代服务业和现代农业，逐步提高其在经济总量中的比重，限制高能耗、高排放产业的增长，力争在保持经济较快发展的同时，通过结构调整促进二氧化碳排放强度的降低。到2015年，第一产业增加值占GDP的比重调整到13%左右，新能源、汽车和电子信息三大先进制造业占规模以上工业的比重达到38%左右，第三产业占GDP的比重达到36%。

二是推进传统产业改造。重点围绕电力热力、纺织化纤、建筑材料等能耗较高的传统产业组织实施“传统产业改造工程”，推进新型节能技术的普及应用，加大节能降耗工作力度，加快淘汰落后产能。到2015年，规模以上工业单位增加值综合能耗比2010年降低30%以上。

三是优化能源结构。按照保定市能源资源构成特点，重点推进太阳能光伏发电、生物质能利用、垃圾发电、水力发电等新型可再生能源的发展，组织实施“新型能源开发利用工程”，不断提高新型能源在能源消费中的比重，从整体上优化能源结构。到2015年，新型能源装机容量达到140兆瓦。

四是加强节能降耗。在强化生产领域节能降碳的同时，围绕建筑、供热、农村生活、交通等生活消费中的重点能耗领域，大力开展低碳社会建设，努力降低居民生活消费带来的二氧化碳排放增长幅度。

五是提高碳汇能力。结合创建国家级森林城市，不断提高森林覆盖率和绿色植被汇集、固化二氧化碳的能力，组织实施“碳汇工程”，在城市、农村和重点区域大力开展全民植树造林活动。到2015年，绿化覆盖率达到43%，争创国家园林城市和国家森林城市。

六是强化示范带动。围绕低碳城市建设重点领域，在企业、园区、社区（村镇）三个方面开展低碳建设示范活动，以示范为引领，引导全社会树立低碳理念、强化低碳意识，自觉地参与到低碳城市建设中来。

在加快推进“低碳城市”重点工程建设的同时，保定还积极组织开展各类宣传活动，大力弘扬低碳文明，引导人们在衣、食、住、行等日常生活中节约能源资源，建设生态文明的绿色保定。2009年3月28日，保定成为内地首个官方宣布加入“地球一小时”活动的城市。

在今后的发展中，保定将坚定不移地加快低碳城市建设，大力发展以新能源、文化旅游为主导的绿色产业，打造以太阳能之城、生态园林城市为特征的绿色城市，建设资源节约、环境友好的绿色社会，努力走出一条节能环保、绿色低碳、具有保定特色的生态文明发展之路。

电谷锦江国际酒店

吉林市低碳发展

吉林市是吉林省第二大城市，是国家“一五”时期开始建设的老工业基地，占全省经济总量的1/4，是全省两个中心城市和经济中心之一，对周边地区经济发展起到了一定的带动作用。经过多年的滚动发展和要素积累，吉林市形成了以石化、汽车、冶金、农产品加工为主的支柱产业，以造纸、机械、食品、纺织、家电、建材、电子和医药等产业为主的门类齐全、结构协调、布局合理的现代化工业城市框架。然而，作为老工业基地，吉林市偏重的产业结构长期存在，单纯依靠传统的现行经济增长模式已不可持续。近年来，吉林市加大产业升级和技术改造力度，加快各项新兴低碳产业，节能减排和低碳产业发展都取得了显著成效，已形成了城市的低碳发展计划和低碳发展路线图，开始由“高碳”向“低碳”转型。

吉林市大力加强对低碳经济发展的宏观引导，把节能减排作为“十二五”期间推进低碳经济发展的重点，继续深入推进十大节能工程建设，加大建筑、交通领域和生活消费领域节能示范工程建设，成为国家和省节能减排模范城市。积极倡导低碳文化，加强对全市人民关于应对气候变化的有关宣传，提高百姓对二氧化碳排放与日常生产生活方式关系的认识。积极倡导科学理性的城市建设模式和居民消费方式，探索既契合人民群众对生活舒适度提升的不断追求、又符合东北地方资源环境和气候特点的低碳城市发展模式和生活模式。

一、低碳城市路线图的首航者

早在2006年，吉林市发展和改革委员发布的《吉林市能源产业发展“十一五”规划》指出，吉林市将有选择地开发和使用新能源，把新能源开发当作实施能源工业可持续发展的长远战略，将油页岩、太阳能、风能和生物质能等作为新型能源研究和开发的重点。“十一五”期间，全市能源行业计划在电源建设上投资121.5亿元，新增装机191.5万千瓦。其中：水电项目投资8.4亿元，新增装机38.9万千瓦；热电项目投资66亿元，新增装机139.6万千瓦；新能源项目投资47.1亿元，新增装机13万千瓦。到2010年末，全市总装机634.3万千瓦，其中，水电321.7万千瓦、火电299.6万千瓦，新能源项目发电13万千瓦。

2007年，吉林市政府制定了《吉林市节能减排工作实施方案》、《吉林市“十一五”期间主要污染物总量减排工作实施方案》等，成立了吉林市节能减排领导小组办公室，确定了以政府为主导、发改委为牵头单位、环保部门统一监管、各部门分工协作、各相关企业具体实施的污染减排管理体制和运行机制。

2008年8月，吉林市低碳发展计划项目启动。2008年12月15日，由中国社会科学院城市发展与环境研究中心组织开展的“低碳经济方法学及低碳经济区发展案例研究项目启动会”在吉林市召开。来自国家发改委、英国驻华大使馆、吉林省发改委、中国社会科学院城市发展与环境研究中心、国家发改委能源研究所、英国皇家事务研究所（ChathamHouse）、第三代环境主义（E3G）、吉林大学、吉林省生态产业协会、吉林市各级政府部门和企业界的代表共计40余人参加了项目启动会。在该项目研究基础上，根据中英两国政府关于气候变化的合作战略框架，决定由英国皇家事务研究所、第三代环境主义、中国社会科学院城市发展与环境研究中心以及国家发改委能源研究所联合开展“低碳经济方法学及低碳经济区发展案例研究”。根

低碳经济方法学及低碳经济区发展案例研究项目启动会

据项目中方指导委员会的建议，吉林市被列为低碳经济区案例研究试点城市。

2009年8月，国家发改委批准吉林市为第一个低碳经济示范区项目。吉林市低碳经济示范区项目涉及吉林市现有的各个行业，并计划在吉林市发展新能源行业。该项目将推动吉林市全面发展低碳经济，使其能够从2020年开始减排，吉林市届时将成为全国范围内发展低碳经济的领先地区。

2009年，在中国社科院、国家能源所和英国皇家国际事务研究所和英国第三代环境主义者的指导下，已形成了吉林市低碳发展计划和低碳产业发展路线图。

中国社科院公布的评估低碳城市新标准体系是迄今首个标准，吉林市成为适用此标准的首个案例。该标准具体分为低碳生产力、低碳消费、低碳资源和低碳政策等四大类共12个相对指标。如果一个城市的低碳生产力指标超过全国平均水平的20%，即可被认定为“低碳”。目前吉林市碳生产力约为全国平均水平的一半，还远未达到低碳经济的目标。吉林市将低碳计划视为该市的低碳发展路线图，正采取积极措施加速转型。

吉林市将把低碳经济发展战略纳入“十二五”规划及中长期发展规划，制定专门的《吉林市低碳经济发展十二五规划》、《吉林市低碳经济发展优先项目计划》和《低碳产业发展指导目录》。

未来吉林市低碳经济发展的总体目标是，能源消费强度和二氧化碳排放强度下降速度明显高于全国和全省平均水平，逐步实现碳排放与经济增长的脱钩，显著提高能源、化工、冶金、汽车等重点行业技术与装置能效，单位产品能耗接近或达到国内或国际先进水平。到2020年，全市单位GDP能耗和单位GDP的二氧化碳排放比2005年降低50%左右，零碳能源消费占能源消费总量的20%，节能建筑达到80%以上，森林覆盖率保持在55%以上。

二、全面调整产业结构

以国家产业政策为遵循，以市场需求为导向，兼顾现实比较优势和未来发展潜力，兼顾传统产业和新兴产业，兼顾多元化、集群化和集约化，兼顾扩大开放和技术创新，吉林市全力推进适应性调整向战略性调整转变，全面提升工业经济整体素质，加快形成以石化、冶金、汽车、能源、农产品加工、非金属矿产等传统产业为基础，以碳纤维及制品、装备制造、生物医药、基础电子及电力电子等高新技术产业为前沿，基本适应工业强市发展要求的新型产业结构框架。

“十一五”期间，吉林市对全市工业布局进行了集中优化调整，全市共规划建设了化工、汽车、新材料等十大产业园区。吉林化学工业循环经济示范园区（简称吉林化工园区）2008年由吉林省政府批准建设的省级化工循环经济示范园区，规划面积59.8平方公里。园区成立初期，就提出以“3R”（减量化、再利用、再循环）为原则。吉林化工园区产业发展着力于通过产业链合理的纵向延伸和横向耦合，构建形成一系列具有循环经济特点的循环型产业链。目前园区内已初步形成了燃料乙醇、丙酮丁醇、乙烯环氧乙烷为主导产品的三条玉米化工循环经济产业链，以腈纶、碳纤维和聚甲甲醋为支撑的丙烯腈循环经济产业链，碳四、碳五和碳九资源综合利用产业链。

按照规划，到2012年，吉林市规模工业销售收入达到3000亿元以上，其中，十大优势产业所占比重达到90%以上；规模工业企业户数发展到 1500户以上；高新技术产业产值比重提高到30%；总资产贡献率超过全国平均水平；万元规模工业增加值能耗下降到3.5吨标煤。

吉林化学工业循环经济示范园区

三、强力推进节能减排

吉林市坚持以节能减排为核心，大力推进产业结构调整，积极发展循环经济，努力寻求老工业基地的低碳转型途径，初步形成了符合吉林市发展需要和具有吉林市特色的低碳经济发展思路和若干低碳产业模式。至2009年底，全市单位生产总值能源较2005年下降了23%，规模工业单位增加值能耗比2005年下降42%，累计削减 CO_2 27322吨，提前完成“十一五”节能目标任务。

2005年以来，吉林市组织重点企业开展了清洁生产审计，实施清洁生产方案560项，形成了符合吉林市经济发展需要的清洁生产和节能技术服务推广机制。同时，加大企业节能改造工程建设力度。2008年初，吉林市按照省下达的节能降耗目标，进行年度节能指标分解，与企业主要负责人签署了节能降耗目标责任状，完善了目标责任制管理体系，并实行“一票否决”考核制度。市经委深入企业调查研究，对符合国家产业政策、节能效果显著的项目，鼓励企业积极申报。2008年，全市申报国家财政奖励补贴节能项目16项，已批准实施11项，争取到中央财政奖励补贴2635万元，年节约44.15万吨标准煤。列入省工业项目33项，总投资21亿元，年节约能源折标准煤18.16万吨，节水71万吨，回收利用工业废渣18.18万吨。针对冶金、建材行业的炉窑设备消耗高、效率低的特点，进行课题性的试验分析。中钢吉林铁合金公司根据分析数据和节能建议，实施利用电炉循环冷却水供热采暖项目，回收烟气余热和一氧化碳（电炉煤气）用于发电。该项目实施后，可为企业带来每年7000万元的节能效益。

近年来，全市实施了企业余热回收再利用、高炉煤气、余热回收发电等20余项重大节能技术改造项目,累计完成重大技术改造100多项，淘汰落后装置150多套,计划在2010年前完成国家要求的淘汰指令性计划。

四、加快实施清洁能源产业计划

吉林市是东北重要的能源基地，水电、核电、太阳能、风电等清洁能源的条件十分优越。

吉林现有300万千瓦的水电装机容量，占东北电网水电装机的53%，水丰电足，以水电为代表的清洁能源优势明显。丰满发电厂被称为“中国水电之母”。1953年11月，丰满发电厂大坝全部完工，共安装了8台水轮发电机组，总装机容量55.375万千瓦，成为当时新中国最大的水力发电厂，每年的发电量占东北电网的一半以上，为“一五”计划期间，东北地区的大项目建设提供了电力保证。1992年、1998年，该厂又分别进行了第二、第三期扩建工程，装机容量达到了100.25万千瓦，跨入国内百万水电大厂行列。2003年，丰满发电厂对机组等设备进行全面技术更新改造，再次提升发电能力。截至2007年底，共为新中国发电894.7478亿千瓦时，是当之无愧的东北电网骨干。

在水电发展的基础上，吉林市积极致力于新能源发展。创立于2001年9月的吉林燃料乙醇有限责任公司是国家批准建立的首个大型生物燃料乙醇生产基地，是新兴能源产业的试点、示范工程。公司坚持落实科学发展观，着力自主创新，不断探索，形成了独特的专有生产技术和工艺，建立了行业领先的生产运行控制系统。主导产品燃料乙醇作为绿色环保能源已成功在吉林、辽宁两省封闭推广使用，社会效益和环保效益显著。2009年前11个月，吉林燃料乙醇有限责任公司累计生产燃料乙醇41.2万吨，销售变性燃料乙醇43.37万吨，实现营业收入26.36亿元，均超额完成预算指标，产销量均占国内总量三成以上。废水中主要污染物COD排放量同比下降7%以上，达到国家酒精制造业清洁生产一级标准。投产6年来，将燃料乙醇和汽油组分油按1比9调配，投放吉、辽两省市场的乙醇汽油达2200万吨，据测算，可减少汽车尾气中一氧化碳、碳氢化合物和二氧化碳排放量约55万吨

丰满发电厂

吉林市新能源装备产业发展势头强劲，年产500台套风电设备和年产500吨AP1000核电主管道生产线等项目是国家重点支持的高技术产业化项目，依托吉林碳纤维原料优势建设的大族激光等多户企业的碳纤维风电叶片项目正在筹备建设。2009年6月，中电投集团公司在吉林省第一个风电项目——吉林长岭三十号风电场、腰井子风电场一期工程正式开工建设。两个风电场总装机容量为49.5MW，共安装66台风力发电机组，规划送出能

力200MW，总投资10.24亿元，计划2010年4月全部建成发电，每年可发电1.9亿千瓦时，年电量销售和CDM交易收入1.2亿元左右，具有良好的社会效益和企业效益。该项目投产运行后，每年可节约标煤约6.5万吨，二氧化碳减排量约19.8万吨。这是集团公司在吉林省内第一个并网发电的风电项目，也为吉电股份发展低碳保增长注了新的生机与活力。

吉林燃料乙醇有限责任公司厂区内的燃料乙醇主装置

目前，吉林市一系列重大项目正在加紧前期工作，包括丰满电厂大坝重建、桦甸红石大型抽水蓄能电站、中广核及国电龙源风电、中广核吉林核电工程等。总装机容量为12.4万千瓦的三个水电站建设已经列入吉林市的建设计划；“十二五”期间，风力发电再增加0.5GW；生物质发电方面，吉林市规划在大型粮食加工区附近，建设单机2.5万千瓦的生物质直燃示范电站，探索以村为单位建设若干100或200千瓦的分布式小电厂。除此之外，一项装机容量达4000兆瓦的核电站项目也在草拟之中。

五、吉林石化产业低碳发展

目前，吉林市拥有吉林石化、吉林化纤等200多家石化企业，生产1000多种化工产品，其能源需求占能源总需求的一半以上。由于石化产业与诸多支柱产业存在千丝万缕的联系，石化行业成为追求低碳发展的核心。吉林市已针对淘汰多余陈旧设备制订了明确计划，并将通过提高能效标准和使用现代化化学加工设施降低石化行业单位产值的碳排放。

吉林石化积极探索低碳路径。吉林石化很多装置建于20世纪五六十年代，产业结构不合理，能耗高、污染严重，产品附加值低，这些因素成为吉林石化发展低碳经济的“绊脚石”。2009年5月16日，吉林“三大化”时期建设的最后两套生产装置——电石厂焦化系统炼焦和精苯装置全面进入停产程序。近几年来，公司顶住来自人员安置、队伍稳定等诸多方面的压力，先后淘汰报废近90套技术落后、能耗高、没有边际效益的煤化工装置。公司针对85%以上加热炉部分指标没有达到设计要求的实际情况，实施项目攻关，成功攻克加热炉热效应低的技术难关，仅一台柴油加热炉全年节约各项费用36万余元，同时，二氧化碳、二氧化硫的排放量大大降低。通过对15万吨乙烯装置10号裂解炉进行技术改造，降低能耗达40千克标油/吨。2009年，公司出水COD降低到70mg/L以下，达到了国家一级排放标准；减排COD205吨、烟尘150吨、二氧化硫1140吨、二氧化碳约20万吨。吉林石化实现了传统化工向低碳经济发展的初步转变。

（根据有关资料编写）

德州市低碳发展

山东德州市地处鲁西北平原，改革开放前长期以传统农业为主，曾是全国30个贫困地区之一。经过全市上下多年的艰苦努力，目前综合经济指标已接近全省中等发展水平，进入了向工业化、城市化中期过渡的加速推进期。面对资源与环境的巨大压力和经济发展方式的转变，德州市党委与政府提出了“坚持以人为本、发展生态经济、建设和谐德州”的总体要求，加快经济转型步伐，全力建设低能耗、低排放、高效节能的“低碳城市”。

战略方向和任务

当前，德州市建设低能耗、低排放、高效节能的低碳城市的主要战略方向和任务是：

一是把推进结构调整作为主线，坚持向结构调整要质量、要效益、要竞争力，积极发展生态集约型工业、生态现代型服务业和生态高效型农业。特别是抓住2010年世界太阳城大会在德州举办、德州市被命名为中国太阳城和中国太阳谷以及生物产业国家高技术产业基地落户德州、科技部批准建设国家火炬计划新能源特色产业基地等机遇，在太阳能光热开发利用保持国内领先的基础上，积极抢占光伏发电开发利用领域制高点。同时，在风电发电装备制造、生物质能开发利用等方面培育产业前沿技术，延伸产业链条。

二是把转变发展方式作为中心环节，突出自主创新、节能减排和集约节约用地三个重要抓手，积极发展科技先导型、资源节约型、清洁卫生型、生态保护型、循环经济型产业。这几年，全市下决心改造一批高耗能高污染项目，依法淘汰一批落后产能，坚决关停“五小”企业，万元GDP能耗和COD、二氧化硫排放量削减幅度居全省前列。

三是把创新工作机制作为关键，建立了一整套符合科学发展观要求的目标责任体系和监督考核机制。在指标体系上，加快建成低投入、高产出，低消耗、少排放，能循环、可持续的国民经济体系；在总体布局上，以科技创新和体制创新为动力，更加注重绿色环保、生态高效和高新技术产业发展；在目标方向上，发展生态经济、改善生态环境、繁荣生态文化、构建生态社会，实现经济社会又好又快发展。

经过一年多的实践，全市上下发展生态经济、建设低碳城市的信心坚定、热情高涨，由此带来了广大干部群众发展理念、发展方式、消费模式等方面的深刻变化，为今后全市科学发展、和谐发展、又好又快发展奠定了思想和工作基础。

倾力“阳光经济”

德州自古就与太阳有着不解之缘，“后羿射日”这个古老的传说就发端于此。进入21世纪，德州再次在太阳能产业发展、推广利用等方面取得了令人瞩目的成就。

2005年12月15日，德州市委 市政府出台了《关于加快实施“中国太阳城”战略的意见》，进一步明确实施“中国太阳城”战略的指导思想、基本原则与发展目标。提出立足中国、面向世界，举全市之力打造“中国太阳城"品牌，加快发展“阳光经济”，努力成为世界领先的“太阳硅谷”。争取用3年时间，在实施“中国太阳城”战略的策划宣传、产业推进、示范带动、城市景观等关键环节取得实质性突破，“中国太阳城”初具雏形，城市形象显著提升，城市品牌深入人心，为打造名副其实的“中国太阳城”奠定坚实基础。

德州市印发《关于推进建筑领域应用太阳能的实施意见》，采取一系列措施，加快太阳能产品的推广利用，先后实施了“5555”示范工程、“百万屋顶”工程、“百村浴室”工程。“5555”示范工程，即在城区50个路口安装使用太阳能光电信号灯，在5条新建道路安装太阳能路灯，在5个住宅小区、5个新建景区全面应用太阳能光伏照明灯。占地1800亩的长河公园成为国内首个全部利用太阳能照明的景区，10公里长的东风东路全部采用了太阳能照明。“百万屋顶”工程，即在市区所有新建建筑，全面应用太阳能与建筑一体化技术。“百村浴室”工程，即要求每个乡镇确定3~5个村作为试点，采取企业赞助、部门扶持、政府补贴等措施，建设农村太阳能浴室。

围绕加快实施“中国太阳城”战略，市委、市政府多次召开会议进行研究部署，成立了太阳城战略推进委员会和办公室，出台了实施意见，采取了一系列工作措施。经过几年的努力，德州市太阳能利用已经具备了一定规模，具有较好的太阳能产业基础和文化基础，2005年被中国可再生能源学会等三家国家协会组织命名为“中国太阳城”。实施太阳城战略的工作机制已经形成，条件已经成熟，各项工作有序开展。

2008年8月，为进一步加强对实施“中国太阳城”战略的组织领导，做好2010年第四届世界太阳城大会各项筹备工作，德州市委市政府成立实施“中国太阳城”战略太阳能产业推进办公室，进一步加大工作力度，重点从编制好产业发展规划、制定好有关鼓励发展的政策措施、抓好有关重大项目的谋划、争取尽快协助启动市新能源产业基地园区建设等方面继续抓好有关工作落实。

为了支持和鼓励太阳能的推广应用，德州市2009年启动了太阳能集热系统财政补贴项目，学校和宾馆将成为首批受惠单位。山东省财政将德州市26个项目列入了“2009年太阳能集热系统财政补贴项目计划”，其中基础教育学校项目23个、职业教育学校1个，产生热水能力为540吨/天，实际投资1700万元。经测算，所有项目全部实施后，年可实现节能2130吨标准煤，这对培养广大师生节能减排意识起到了积极的引导与促进作用。按照新建太阳能集热系统投资额，给予基础教育学校50%、其他学校和宾馆30%的补贴资金。

德州市5个项目列入省财政资金补贴支持范围，总投资1149万元。5个项目共获得省财政补贴资金345万元，为德州市太阳能产品的推广应用起到良好示范带动作用。5家单位的太阳能集热系统项目日产热水能力达380吨，年可节能1500吨标准煤，减排二氧化碳900吨，减排二氧化硫27吨，年直接节能效益150万元。

2008年11月，德州市人民代表大会常务委员会做出关于加快实施“中国太阳城”战略的决议，大力推进光热产业发展。

德州已有太阳能及相关企业100多家，年生产热水器总量300多万平方米，占全省的70%以上、全国的1/8左右。主城区建筑与太阳能一体化推广应用率达到80%以上，德州也被列为国家可再生能源应用示范城市。

根据《德州市国民经济和社会发展第十一个五年规划纲要》，“十一五”期间，德州市将倾力培植包括太阳能产业集群在内的四大产业集群。以建设“中国太阳城”为目标，依托皇明集团，充分发挥名牌带动效应，集聚太阳能产业国内外知名科研机构和主要生产企业，在扩大太阳能热水器生产规模的同时，积极开发光电产品、温屏玻璃、太阳能建筑一体化等新产品。重点抓好皇明太阳谷建设，构建集科研、孵化、生产、示范于一体的产业发展格局。到2010年，销售收入突破150亿元，建成全国重要的太阳能产品制造基地和太阳能示范利用样板城市。

壮大产业基地　聚汇产业集群

国际新能源产业园区是集新能源生产、销售、研发于一体的高科技产业园区，总规划面积19.5平方公里。2005年被中国太阳能学会、中国资源综合利用协会、中国农村能源行业协会太阳能热利用专业委员会联合授予“中国太阳城”和“中国太阳谷”称号。园区分为太阳能光热产业园区、太阳能光伏产业园区和风电配套产业园区。园区发展战略和目标是：以皇明太阳能为龙头巩固和膨胀太阳能光热产业；以株丕特风力发电设备、华业复合材料为龙头发展壮大的风电配套产业；积极突破光伏发电产业，到2010年，力争引进投资额度过亿元的项目10个。到2010年园区新能源产业产值达到100亿元。

到2009年5月，山东省德州市已投入148.5亿元资金加强太阳能项目建设，全力促进太阳能产业发展。全市组织大批太阳能重点骨干企业，围绕太阳能光热产业链的延伸及新产品开发，谋划、储备和建设了一批重点项目。德州市皇明集团已围绕光热产业园建设谋划产业化项目11个，投资总额28亿元。太阳谷规划建设项目8个，总投资92亿元。中立新能源公司10万台热管平板式分体太阳能热水器扩产项目已投资1.95亿元。

国际新能源产业园区依托国内最大的太阳能生产企业皇明集团，开辟了太阳能光热产业园、太阳能光伏产业园和风力发电设备产业园。不到3年，兴起17家光热、光电、风电企业及20多家相关企业，产品年销售额 35亿多元皇明太阳能集团自主研发、世界独家掌控耐高温、抗高寒、更高效“三高”真空管和高温发电集热钢管等太阳能光热技术，是目前世界最大的可再生能源供应商。皇明集团通过不断完善企业研发体系，建立了太阳能热利用技术研究中心、实验室和检测中心，开发了“三高”真空管集热等技术，申请专利600项，发明专利20项，参与太阳能行业多种产品标准的制订。

皇明集团开发的日月坛大型太阳能空调系统投入使用。日月坛太阳能空调系统项目应用集热面积9188.7平方米，比世界杯足球场面积大2000多平方米。其耗电量极小，比常规制冷方式节能60%，可满足11层大楼45%的制冷负荷。这是目前世界上最大的太阳能空调系统，1年可节电达100多万千瓦时。

由中国光伏集团东营太阳能有限公司投资4600万元建设的山东省首家960kWP太阳能光伏并网电站工程正式开工建设，整个工程预计将于2010年底建成并网发电。该光伏发电项目每年发电近127万千瓦时，可以供给2000个家庭的生活用电，相当于可节省500吨标准煤，减少9.7吨二氧化硫、220吨二氧化碳、6吨粉尘及130吨灰渣的排放量。

2009年7月27日，落户德州经济开发区的总投资5亿元的20兆瓦太阳能光伏发电站项目签约。该项目是目前国内大型兆瓦级光伏发电工程。

为改变风电制造领域受制于人的局面，德州通裕集团上马了包括塔筒、发电机、叶片和主轴在内的整机项目，年可实现销售收入65亿元，利税8.5亿元。而更重要的是,随着项目的启动，标志着山东省风电产业将形成从零部件制造到整机产品的一条完整的自主产业链条。

太阳能下的低碳生活

一、立体化推广

德州市通过实施《太阳能应用立体化推广计划》，2008年底前全市区主要交通干道、新建道路路口交通信号灯逐步改造成太阳能信号灯，主要道路、公园、景区照明景观灯更换为太阳能灯，主要道路两旁安装太阳能灯箱。首批20个试点单位已完成太阳能光电应用改造，其他机关单位2010年 9 月底前完成改造。

德城区已有13条街道、5处小区广场用上了太阳能照明灯具，在6个村庄建成大型太阳能浴池,有7处居民小区成为太阳能热水器集中使用示范区。

根据规划，到2010年，德州市将建成100个太阳能综合利用小区，新建的酒店宾馆、写字楼、学校、医院、商场、企事业等单位，安装太阳能热水系统。同时，加快农村太阳能应用，两年后在此间举行的第四届世界太阳能大会前建成500个太阳能综合利用村庄、1000个农村太阳能浴室。届时，德州市太阳能应用面积将占新建建筑面积的50%以上。

二、“蔚来城”工程

2009年初，由诺贝尔和平奖获得者、《京都议定书》起草人科尼斯·布劳克先生在中国境内唯一指导的节能民用建筑——我国第一批可再生能源示范工程项目“蔚来城”居住社区在山东德州破土动工。“蔚来城”是一个太阳能初、中、高温多元利用的高档生活园区，内部的生活热水将全部采用太阳能，园区内的制冷制热以及垃圾生物处理、雨洪收集、生态污水处理、照明等所有用电，将全部使用太阳能光伏电，园区内的太阳能还将与地热等能源及无动力空气微循环系统组合使用，达到零污染、零排放。该项目最大限度地利用太阳能光照，充分利用太阳能技术，采用了世界上先进的地源热泵空调系统、太阳能+地源热泵空调系统、太阳能游泳池系统、太阳能热水系统、太阳能光电光伏系统、自然通风系统、生态污水处理系统等十大人居科技，使所有住户均能得到智能化的居住环境，达到节能、节材、最优资源利用的目的。“蔚来城”总建筑节能率在90%以上，由太阳能提供的生活热水和游泳池水加热的节能率为70%以上，由太阳能和地热能提供小区会所的空调制冷能耗的65%以上，光伏发电系统的发电量将达到120kW，节能效果显著。

2010年世界太阳能大会主会场：日月坛大厦

三、日月坛大厦

2009年11月27日，全球最大太阳能办公大楼亮相山东德州。这座名为“日月坛大厦”的太阳能大厦，是2010年第四届世界太阳城大会的主会场。总建筑面积达到7.5万平方米，外形取自我国古代的象形“日”、“月”两字，白色的建筑色调，采用纯净能源，感恩日月、孕育自然的“人文主义”情怀呼之欲出，太阳谷内有一座扇型的标志性建筑——日月坛大厦，采用了多项先进节能技术：温屏光伏组件（BIPV）技术，屋顶、窗户既采光又发电；外墙外保温技术；光伏并网发电技术；雨水收集利用技术；中水处理系统技术；跨季节蓄能技术；高效智能遮阳技术；辐射吊顶技术；楼宇智能控制技术。在全球首创性地实现了太阳能热水供应、采暖、制冷、光伏发电等技术与建筑的完美结合，建筑节能70%以上，加上60%采暖、制冷，节能效率88%，是目前世界上最大的集太阳能光热、光伏、建筑节能于一体的高层公共建筑。

四、乡村红太阳

太阳能热水器不仅仅在德州市区得到高度普及，在乡村很多家院落的屋顶上，除了晒干的玉米，还有一个很显眼的太阳能热水器。在德州农村，它的普及率也已经达到了60%。

在德州乡村，太阳能热水器还被应用在公共浴池等地方。德州市抬头寺乡刘千村，经营公共浴室的大嫂雷延军说，以前根本没有条件洗澡，后来烧煤提供热水的时候，村民都觉得贵。现在使用太阳能后，自己的成本节约了三分之一，每人的票价仅为2元。来洗澡的村民老李说：“有这个太阳能热水器后，就是方便，以前农村冬天很少洗澡，夏天一周洗一次。现在基本两天来冲一次。”

夜幕降临了，太阳带来的光辉和热量却并没有隐去，他们在太阳能路灯以及家家户户的太阳能热水器上继续“发光发热”。在全长为10公里的“光电大道”上，公路两侧安装的全部都是太阳能路灯，在夜幕下散发着明亮而柔和的光芒。像这样的路灯每个每年可以节电1460度，折算下来大概就是730元钱。

（根据相关资料编写）

广元市低碳发展

广元市是四川省汶川地震的重灾区。2008年10月以来，广元市立足本地实际、着眼长远，率先在地震灾区提出“低碳重建”理念并切实付诸行动，积极探索后发地区发展低碳经济、转变增长方式之路。目前，该市在推广清洁能源、强化节能减排、加强碳市场交易等方面已经迈出可喜步伐。

一年多来，广元市通过实施低碳发展、转变发展方式，少排放二氧化碳约170万吨。广元市的人均碳排放是全国平均水平的40.77%，处于低碳水平。人均生活用能碳排放广元市为全国平均水平的60%。据广元环保部门在市城区设立的3个环境空气自动监测系统监测结果显示：2009年，市城区空气质量优良天数为364天，其中一级（优）的天数为243天，较2008年增加70天，首要污染物较2008年下降14%。与此同时，全市经济社会快速发展。2009年，全市生产总值、地方财政一般预算收入均创建市以来最高水平。广元实践证明，后发地区走低碳发展之路不是“慢发展”，更不是“不发展”，而是结合实际、选准路径的科学发展、又好又快的发展。

一、树立低碳理念，致力规划引领

发展低碳经济，地方政府在观念上的转变至关重要，并应寻找适合于当地的资源条件和发展阶段的、既保证低碳化又能发展经济促进经济的发展模式。

中共广元市市委和市政府提出，广元要坚定不移地走低碳经济之路，努力促进广元市的可持续发展，把“实现低碳发展、可持续发展”作为市委的重大决策部署。成立了以市委书记、市长为组长的广元市低碳经济发展领导小组，统一领导、规划和部署全市低碳经济发展工作。广元市提出了建设全国低碳发展示范城市的战略目标，坚持“一个更新、两条主线、三个调整、三个注重”，全力推进低碳发展取得更加明显的成效。“一个更新”是坚持理念更新，牢固树立低碳发展理念，坚持走低碳发展道路；“两条主线”是减少碳源和增加碳汇；“三个调整”是调整能源结构、产业结构和消费结构；“三个注重”则是注重管理创新、科技创新和生态广元建设。

2009年7月，市政府相继出台了《广元市循环经济产业园区发展规划（2009–2015）》、《关于推广清洁能源和建设循环经济产业园区实现低碳发展的意见》等促进低碳发展、实现低碳重建的系列纲领性、指导性文件，明确了广元发展低碳产业、实现低碳重建的目标任务、主要措施等，为低碳发展提供了有力的政策和组织保障。8月27~28日，广元市人民政府、中国社科院可持续发展研究中心、世界自然基金会在广元市联合举办了“低碳重建与企业发展（中国·广元）国际论坛”，通过了《低碳重建与企业发展国际论坛广元共识》。8月，由英国国际发展部全额资助、中国社会科学院城市发展与环境研究中心和市政府承担的“广元市低碳重建发展规划项目”正式启动。规划将运用低碳发展理念指导全市的灾后重建及社会经济的可持续发展，提出广元市实施低碳重建的发展思路，对已有的灾后重建规划进行整合和完善，设计一个综合性的中长期低碳重建规划。9月2~3日，美国生态基金执行主任肖恩·保罗先生、美国AIG集团对广元市农业温室气体减排应对全球气候变暖项目进行了实地考察。该项目是2008年由广元市市环保局与美国环保协会签订的合作项目，项目交易额度为5万吨二氧化碳（CO_2）、金额25万美元，是广元首笔碳交易项目。11月19日，低碳经济试点示范工作全面启动。

广元市已出台《广元市低碳经济发展规划》。根据规划，一是开发可再生能源、清洁能源，改善能源结构；二是推广运用低碳新技术，提高能效；三是调整经济结构，提高低碳产业的比重；四是在全体市民当中倡导绿色消费方式。广元市的低碳目标是：到2015年，万元GDP能耗下降26%以上，工业废弃物综合利用率达到80%以上，水资源重复利用率达到70%以上，二氧化硫排放量下降到3万吨，清洁生产企业比例达到70%以上；空气质量Ⅱ级以上天数稳定在330天以上；森林覆盖率每年增加1个百分点，达到57.6%。

二、发挥清洁能源优势，形成低碳能源结构

广元市拥有丰富的天然气和水电、沼气等可再生能源，在低碳经济发展中，形成了以清洁能源为主的能源结构。

加快发展水电能源。水电装机容量达到86.30万千瓦，占全市总装机容量的92%，年发电量25.89亿千瓦时，占全市用电量的62%。实施以电代煤、以电代柴后，可节约标煤31.819万吨，减少二氧化碳排放79.325万吨。装机110万千瓦的亭子口水利枢纽工程正加快建设。

启动"气化广元"清洁能源行动。广元市具有非常丰富的天然气资源。2008年，已探明九龙山、元坝、龙岗西三大气田储量达2000亿立方米，预计2010年将累计探明储量达4000亿立方米，现已形成规模产能。2008年，全市加强与中石化、中石油等大企业在天然气综合开发利用领域的合作，在工业、公用和民用等领域实施"气化全广元"战略，并优先发展民用燃气。汶川地震至今，已经完成市内246家"五小"企业和5家规模以上企业的"煤改气"，年用气量1140万立方米，折合标煤1.52万吨，减少二氧化碳排放1.64万吨。全市新增民用燃气1．2万户，全市城镇天然气气化率达65%，年用气量8000万立方米，以替代原煤为基准，折合标煤9.7万吨，扣除天然气本身的碳排放因素，减少二氧化碳排放10.5万吨。

广元市除了立足于天然气的综合利用，还同时开发风能、太阳能等清洁能源。广元市政府制定实施了山桐子、葛根等生物质能源林规模种植规划，并推广大型养殖场沼气和农村户用沼气工程。广元以农村户用沼气开发为基础的庭院经济曾在20世纪六七十年代风靡全国，截至2009年底，已经建成农村沼气26万口，入户率39.4%，以原煤为基准，折合标煤20.80万吨，减少二氧化碳排放51.8544万吨。到2015年将新建养殖场沼气工程50处，建成沼气池40万口，农村沼气用户普及率达到60%以上。

在短短的时间内，广元市的低碳能源结构成效显着，从单位能源消费的二氧化碳排放因子来看，2008年广元市单位能源消费碳排放量0.52吨碳/吨标准煤，低于全国平均水平13.3%，达到低碳经济发展水平。2008年中国煤炭消费比重占能源消费总量的68.7%，而广元市是62.7%，水电和生物质能消费占了很大比例。

三、强化节能减排，构建低碳产业体系

从产业结构低碳化的层面，广元市不遗余力，坚持不引进高污染、高能耗的企业，对于灾后重建严格执行重建项目环评制度，对环评不达标企业一律不予审批，对产能落后、排放不达标的36户小炼焦、小水泥、小炼钢等企业，不再恢复重建，实施关闭转产。

强化以新材料、新能源、新医药和农副产品加工为重点的招商引资，大力发展清洁能源、电子机械、新型建材、生态农业、旅游等优势产业。全市构建起煤、电、建材企业的循环产业链条，加大对炉渣、煤矸石等固体废物和粉尘、焦炉煤气等废气的综合利用，初步形成循环经济发展模式。震后全市综合治理利用固体废物430万吨、废气120.4亿立方米。2009年全市规模以上工业企业万元工业增加值能耗下降9.1%。启明星等十多家大企业采用了余热回收技术。

2009年11月17日，广元市广旺集团装机4.2万千瓦的煤矸石发电厂开始进行循环流化床改造。与其他火力发电厂不同，广旺集团发电的原材料主要来自煤炭开采过程中产生的煤矸石和加工时产生的洗渣，燃烧发电后所产生的炉渣和灰渣，全部用于该集团新型干法旋窑水泥生产。通过循环流化床改造，煤矸石发电厂年可节约电标煤耗4.7万吨，年可降低发电成本800万元左右。

中钢集团四川炭素有限公司2008年以来通过装备改造、技术创新、煤改气等措施，一年可少排二氧化碳3．7万多吨。在所有的新建车间留有"采光带"，每年可节省电费7万多元。厂区内建有雨水收集系统，通过运行"净循环系统"和"浊循环系统"，实现了工业废水"零排放"。

广元市有10多家企业正在申报CDM项目，已签订了总投资19.9亿元的广元天然气终端市场发展等低碳项目9个、市校和校企合作协议25项。预计2009年全市规模以上工业企业万元工业增加值能耗下降9.1%。

广元市的旅游业、中草药加工、农产品加工、种植业以及养殖业等具有发展潜力，都属于低碳甚至是零碳产业，在这方面具有很大的优势。广元正在建设农副产品循环经济区，为减少化肥施用量，他们大力推广测土配方技术，《广元市农业温室气体减排项目》已经实施成功。

四、倡导低碳生活与低碳消费，建设低碳社区

全广元共有310万人口，每人每月节约4度电，1年就能实现二氧化碳减排近15万吨。提倡低碳生活和消费方式十分重要。

广元市充分发挥政府主导和政策引导作用，大力倡导全市市民绿色消费，低碳生活。2009年11月20日，团市委举办了“广元市第六届十八岁成人宣誓仪式”，号召全市青少年参与“低碳广元”建设。2009年12月11日，市委、市政府将8月27日设为“广元低碳日”，扎实推进低碳社区建设，让低碳生活方式进社区、进学校、进机关、进家庭、进企业，倡导节约用电、用水，增强垃圾循环利用等自觉意识，着力控制碳排放，使低碳发展意识深入人心。

（一）积极推广低碳建筑

坚持用低碳理念指导建筑设计，大力推广节能材料、新技术，加气混凝土砌块、薄板、屋面隔热板、粉煤灰、煤矸石空心砖等节能利废新型墙材已在广元市建筑工程中广泛应用。从2005年起，广元市新建建筑严格执行50%的节能设计标准，建筑节能面积达357万平方米。县级以上城市已基本实现“禁粘”标准，市区新型墙材已占墙体总量的45%，建成了一批节能示范小区。

汶川大地震后，全市在龙门山地震断裂带推广建设具有川北民居风貌的抗震能力强的轻钢结构、木结构住房6万余户（套），户均减少用砖2.5万块、节约资金3万余元，节约资金近20亿元。每万块砖需要2.5吨标煤，共节省原煤折合标煤39.19万吨，减排97.69万吨二氧化碳。重建建筑一律取消了玻璃幕墙，严格按照节能50%的标准进行设计修建，还对灾后腾挪出的80%板房材料进行了综合利用，在新建小区中还推广使用太阳能供热、供电设施和产品，进行节能小区试点、示范，已建成翡翠城等一批节能示范小区。青川县已建木结构房和轻型钢结构房共节约原煤折合标煤14.7万吨，二氧化碳减排36.65万吨。

（二）构建绿色交通

广元市在加快构建低碳交通网络上，树立绿色交通理念，大力推广双燃料汽车，以每年500辆的速度推进天然气替代燃油工程。目前全市100%的出租车、96%的公交车已完成油改气，年用气量1752万立方米，以替代汽油为基准，减少二氧化碳排放4000吨、二氧化硫105吨、一氧化碳906吨。提倡每个人只要能够保证上班不迟到，坚决不开车，既解决拥堵问题，减少碳排放，同时有利于身体健康，密切干群关系。

五、着力森林碳汇

广元以“创建国家森林城市，构建嘉陵江上游生态屏障”为目标，按照构建“一核、两网、三星、四翼、五组团”的生态结构体系，全面推进城市、城周、通道、水系、村庄“五位一体”的国土绿化，加强生态建设，增加碳汇。

广元市已成功创建省级森林城市。在森林碳汇方面，广元市大力推进生态修复和重建，2008年广元市森林覆盖率为52.6%，高出国家生态市森林覆盖率标准16.89%，达到低碳发展水平。道路、水系绿化率达到90%以上，城市建成区绿地率达到38.5%，绿化覆盖率达到39.4%，城乡一体的森林生态体系初步建成。全市化学需氧量、氨氮和二氧化硫排放量分别同比下降2.09%、0.64%、0.89%，实现同时“三下降”目标；城区饮用水源地水质达标率为100%，创历史最好水平。据估计，90.67万公顷的森林每年可吸收二氧化碳2.9377万吨，释放约2.285万吨氧气。

广元市基本形成了城区森林成片、周边森林围城、通道林网连线、乡村绿树掩映的森林生态系统，一座“让森林走进城市、让城市拥抱森林”的生态低碳城市正在川北大地加速形成。

广元市积极与中国绿化基金会合作，成立“中国绿色碳基金广元专项”，鼓励和倡导企业、市民义务捐资开展社会碳汇造林绿化，为“碳消费”买单。2010年，广元市将与上海世博会开展碳汇交易。

2009年11月26日，全球首个基于气候、社区、生物多样性（CCB）标准的森林碳汇项目——“中国四川西北部退化土地的造林再造林项目”在成都完成交易，以每吨不低于5美元的价格，向香港低碳亚洲公司出售了约46万吨二氧化碳减排当量，实现碳汇收益超过230万美元，这是四川完成的首笔林业碳汇交易。其中，青川在青溪、桥楼、三锅、孔溪、大院、毛坝、房石、马鹿、白家、竹园等10个乡镇13个村的部分退化土地上建立多功能人工林878公顷，占5个县项目所在地面积的三分之一。该项目在第一个计入期20年（2007-2026年），预计可实现减排量460603吨二氧化碳当量。

（根据相关资料编写）

绿色奥运　低碳世博

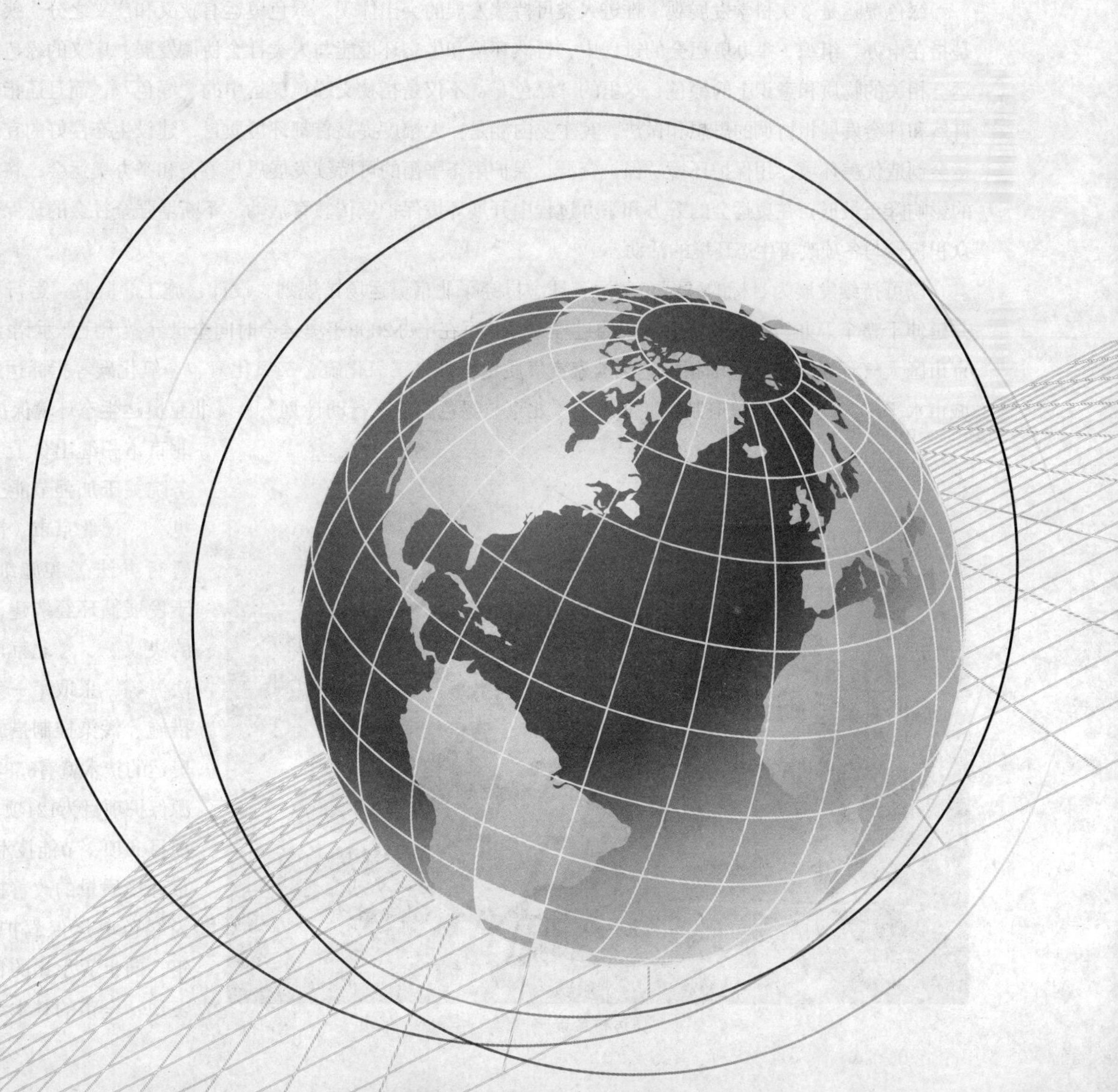

绿色奥运

自20世纪90年代来，国际奥委会就开始关注包括气候变化在内的环境问题，并将其看作继体育和文化之后奥林匹克的第三大要素。1991年，国际奥委会要求申办奥运会的所有城市从2000年起必须提交一项环保计划。1996年，《奥林匹克宪章》将环境保护列入国际奥委会的主要任务之一，同年成立了环境委员会，并要求申办城市必须具备城市美化、环境优雅的条件。1999年，奥林匹克环境保护方面的纲领性文件——《奥林匹克运动21世纪议程》获得通过。

2008年北京奥运会是奥运生态文化的创新实践。“同一个世界，同一个梦想”是北京奥运会的口号。作为奥运会的三大主题之首，“绿色奥运”体现了中国两千多年以来的哲学思想的精髓，即环境与人类生存之间的和谐统一。奥运会带给我们很多新的理念，最主要的是将低碳的理念和标准带入整个中国住宅建设领域，并要求我们在生活和消费细节上注重环保和低碳。

“绿色奥运”主题

绿色奥运是落实科学发展观、推进人类可持续发展的突出体现。绿色奥运有狭义和广义之分。狭义的绿色奥运是指在申办、组织、举办奥运会的过程中，自然环境和生态环境能与人类社会协调发展。广义的绿色奥运是指与奥运会相关的物质和意识上的绿色，这里的“绿色”，不仅是指狭义绿色奥运中的“绿色”，而且还指其它方面的与自然和社会发展相协调的思想和做法。其主要内涵是：大幅度提高首都环境质量，建设生态良好的宜居城市，为奥运会创造优美环境；用保护环境、保护资源、保护生态平衡的可持续发展思想筹备和举办奥运会，将奥运会对环境的影响降至最低；在奥运会的筹办和举办过程中开展环境保护宣传教育活动，不断增强全社会的环保意识，鼓励公众积极参与各项改善生态环境的活动。

以可持续发展为目标的“绿色奥运”理念贯穿了北京奥运场馆规划、设计、施工、验收、运行等每个环节，并延伸于整个筹办、举办及赛后利用的过程中。北京在申办2008年奥运会时向全世界做出庄严承诺:到2008年，北京市区大气环境中各项监测指标达到国家空气质量标准，二氧化硫、二氧化氮、一氧化碳等指标达到发达国家大城市水平。为此，我国政府制定并实施了《北京“绿色奥运”行动计划》、《北京奥运生态环境保护专项规划》，北京市相继出台了《贯彻落实国务院关于加强节能工作决定的意见》、《北京市〈清洁生产审核暂行办法〉实施细则》、《关于发展循环经济建设节约型城市的决议》、《北京市节能监察办法》等，采取了一系列节能减排措施、污染控制措施，体现绿色奥运的技术就有358项，其中水资源保护项目为121项，新能源利用项目69项，节能技术168项，为北京环境质量的改善提供了保障，为绿色奥运保驾护航。到2007年，向世界承诺的目标已经全部实现：全市的林木绿化率达到了

奥运村全景

51.6%；山区林木绿化率达到了70.49%；“五河十路”两侧建成了2.5万公顷的绿化带；城市绿化隔离地区建成1.26万公顷林木绿地；三道绿色生态屏障基本形成；城市中心区绿化覆盖率达到43%；自然保护区面积达到了全市国土面积的8.18%。2008年12月美国媒体评选出了2008年全球十大最重要的“绿色”环保事件，中国举办“绿色奥运”位居第一。

奥运工程成为节水示范工程

北京是个缺水的城市，对水的节约、循环利用成为2008北京奥运场馆建设中最为优先考虑的问题。

在申奥时，北京曾对世界做出了这样的承诺：2008 年，北京中心城区污水处理率要达到90%，再生水回用率要达到50%。为此，北京奥组委会同有关部门编制了《国家体育场回收用水方案》和《国家体育场雨洪利用方案》，在用水方面双管齐下，一方面利用场馆设施收集雨水，另一方面，将城市的污水再生，重复利用，以到达节水环保的目的。通过采用集中与分散结合的污水处理方式，奥运场馆污水处理再生利用率达到100%。

早在2006 年底，北京中心城区污水处理率已经达到90%，提前实现目标；再生水回用率46%，接近奥运标准。而奥运期间，北京清河再生水厂对奥林匹克公园龙形水系进行注水，这些再生水大部分都用于奥运公园、奥运村和清河的补充水源。奥运森林公园、奥运中心区、奥运村的景观和灌溉用水全部使用再生水。在奥运场馆建设项目当中，有 15 个场馆安装了高水平的雨洪利用系统，并使用了透水性强的铺装材料，仅雨水收集利用一项，每年就可达到100 万吨。在鸟巢内部钢架结构中，暗藏了特制的“雨水斗”，如果比赛期间遇到雨天，“雨水斗”自动将水接住，成功实现雨水的回收。国家游泳中心“水立方”3 万平方米的屋顶可以把雨水100%进行收集，雨水收集系统一年收集的雨水量相当于100 户居民一年的用水量。同时，“水立方”采用了大量专门措施降低自来水消耗，减少废水排放，全年可收集洗浴废水7 万吨、游泳池用水6 万吨。建筑物所需的绿化、冷却塔补水、护城河补水、冲厕、冲洗地面等用水全部通过废水回用解决，每年可减少废水排放量14万吨。五棵松体育馆通过中水、雨水和自来水“三水合一”，充分挖掘可再生水资源，有效减少外排流量，平均年综合利用雨水量约5.3万立方米，直接收集利用雨水约1.7万立方米、年，节约自来水约17万立方米/年。北京一方面加快污水处理厂建设，另一方面在城区加快实施雨污分流，2007年底，六环以内河道基本完成治理，达到水清、岸绿、流畅，实现绿水绕京城的目标。

新能源广泛使用成绿色奥运亮点

为了绿色奥运，北京在新能源利用上做了大量工作，建成了风力发电、太阳能光伏发电、再生水热泵冷热源系统等一批开创性新能源项目。据统计，北京奥运会实施了358个“绿色奥运”项目，其中包括新能源项目69项、建筑节能项目168项、水资源项目121项。奥运工程共建设了9个太阳能热水系统，4个项目建设了地源热泵，3个项目建设了水源热泵，还有两个项目直接利用了地热。新能源项目包括光电、光热、各种地热能、污水热能、风能等可再生能源利用项目34项，先进热回收空调技术13项，先进能源利用技术22项。绿色能源为奥运能源保障和城市发展

绚丽多彩的奥运水立方

北京官厅风电场

注入了新的活力，在提高资源利用效率、减少能源消费对环境的影响等方面发挥了重要作用。

北京绿色风电建设零突破。作为北京2008年 “绿色奥运”工程之一的北京官厅风电场一期工程于1月18日并网调试成功，并源源不断地向北京电网注入绿色电力。据悉，这也是北京市首座大型风电场，标志着北京地区在风能开发利用方面实现零的突破，对于北京市开发利用可再生能源起到很好的示范和推动作用。按北京申奥时的承诺，风力发电是北京2008年奥运会绿色电力的重要组成部分，有20%的奥运场馆用电为风力发电。一期能提供的这种绿色电力相当于每年减少5万吨煤炭或2000万立方米天然气的使用量，可减少二氧化碳排放量10万吨、二氧化硫排放量782吨、一氧化碳11吨、氮氧化物444吨。

太阳能成绿色奥运的主力军。大到奥运村、奥运公园、奥运场馆的用电、草坪灯、公共照明，小到如空调和热水供应等细节都由太阳能来提供。太阳能资源的利用，已经渗透到奥运工程和建筑节能的各项应用领域，对绿色奥运的切实体现和贯彻有着非同寻常的意义。据统计，仅通过应用太阳能技术，国家体育馆等7 个奥运场馆年发电量达58 万千瓦小时，相当于北京市近万人口一年的生活消费用电量，仅此一项可减少二氧化碳排放量570 吨。奥运村的太阳能光热系统是奥运会历史上乃至世界上规模最大的集中式太阳能热水系统。6000 平方米的太阳能光热系统为来自世界各国的 1.6 万余名运动员和官员提供24h热水，使他们能在北京奥运会期间每天都能洗上舒适的“日光浴”。该系统具有以下优点：集热、储热和供热三个部分相对独立,将有效避免军团菌的产生，保障用水安全；系统的集热部分采用直流式真空热管，其集热效率要明显高于其它种类的集热器，减少了热损耗；这种新型真空热管还可通过转动轴来调整膜片的角度，从而得到最大的日照量，保证24小时供应热水。同时，这种新型真空热管的安装还不受角度的限制,可水平放置在屋顶花架上，实现了与建筑的完美结合。此外,这些集热管是模板化拼装在一起的,可以很方便地拆减、扩容和更换,而不影响整体系统运行。奥运会后这套系统可满足附近2000 户居民的生活热水需求，每年节电约1000 万千瓦时、节煤2000 多吨。奥运村中还建设了微能耗建筑，位于村内的超级居民服务中心，其能耗的80%都来自风能、光能、热能、冷能等可再生资源。

奥运新能源汽车引领低碳交通。北京奥运会上，有通过产学研结合研发成功的50辆纯电动客车、400辆纯电动场地车以及15辆纯电动环卫车在奥运中心区和各奥运场馆使用。同时，北京奥运会实现了75辆混合动力乘用车、30辆客车在奥运场馆间固定线路的应用。此外，还有20辆燃料电池轿车、3辆燃料电池客车在奥运中心区、固定示范线路以及马拉松等赛事中应用良好。500多辆新能源汽车的投入应用，是奥运史上技术最先进、规模最大的节能与新能源汽车运输服务，在奥运史上首次实现了奥林匹克中心区域交通“零排放”。

新能源汽车

再生水热泵冷热源系统应用于奥运村。在奥运村居住区，42 栋楼房都采用了绿色空调系统，即再生水源热泵系统，提取污水处理厂的二级出水(再生水)中的温度，为

国内首套全彩高清LED显示系统

再生水热泵冷热源系统模型

奥运村提供冬季供暖和夏季制冷，每年可节约燃煤数千吨，减少大量二氧化碳等温室气体的排放。奥运村再生水热泵冷热源项目实现了奥运村内“零”污染、“零”排放，兑现了北京对国际奥委会及国际社会的承诺，成为“绿色奥运”的亮点工程。2008年8 月13 日，美国财政部长鲍尔森为奥运村颁发了“能源与环境设计先锋奖”金奖，这在奥运会历史上也是首次。

半导体照明全面助力北京奥运会。以节能、环保、寿命长、色彩丰富等优点著称的新型高效固体光源——LED成为支撑北京绿色奥运、人文奥运、科技奥运的重要力量，不仅为北京奥运会开幕式增光添彩，而且在奥运会各个环节都发挥了重要作用。“梦幻长卷”成为开幕式上最大的亮点，巨大卷轴打开了一个4564平方米的巨大LED屏幕，这是迄今为止世界上最大的单体全彩色大屏幕，也是科技含量最高的一个巨大平台，装有4.4万颗LED(发光二极管)的画卷展现了中国5000年文明历史；而升入空中的“梦幻五环”，也是由4.5万颗LED编排而成；身披LED绿衣的演员在场中央搭起一个巨大的LED光电“鸟巢”，它由3万多颗LED组成。据不完全统计，北京奥运会36个比赛场馆中使用的LED产品的总值已接近5亿元，采用的LED产品包括景观照明、数字化交通信息显示、疏导标识、太阳能LED、室外全彩显示屏、应急照明灯等，开创了奥运会历史上大规模使用LED照明技术的先河。

新能源的综合应用。采用太阳能、风能、地热和地源热泵等绿色能源技术，使北京奥运场馆绿色能源提供比例高达26%以上，实现奥运工程绿色能源供应超过20%的目标。在奥运工程建设中，网球中心、北京大学体育馆等9项工程均采用了地热、地源或水源热泵系统。在中国农业大学体育馆，阶梯状房顶高低错落，各层之间都是可以开合的玻璃天窗，无论是采光还是通风，都可以通过顶部400多个分层排列的天窗完成。不用借助辅助光源，馆内亮度已足够满足大多数活动的需要。在奥运会射击馆，双层幕墙之间安装了温度感应装置，可以根据温度的变化，使外界的冷风和热风与室内空气进行交换，实现自然通风对流。有了这套系统，射击馆就可随季节调节室内温度，减少了空调制冷和取暖的耗能。

除了北京，作为奥运会的分赛区，青岛奥帆中心在场馆建设中大量利用太阳能、风能等清洁能源，成为集循环经济示范和新能源应用等为一体的现代化赛场。在奥帆中心建立了全国第一个海水源热泵应用示范工程，采用了太阳能热水系统、风能和太阳能路灯、中水回用系统等先进的绿色环保技术，海水源热泵空调系统利用温度相对稳定的海水作为冷热源，为媒体中心提供制冷、供暖和生活热水所需冷热量。媒体中心引进的太阳能技术，将板式集热器分别与弧形屋面、平面屋顶相结合，采用太阳能吸收式空调系统，实现了夏季制冷、冬季采暖和全年提供生活热水，预计每年可节电90多万度，节约经费70多万元。

北京奥组委环境工程部有关人士介绍说，168 个建筑节能项目所节约的能源，相当于每年减少20 万吨二氧化碳的排放。更具有示范意义的是，一些新的环保节能技术和设备，今后还将走出奥运场馆，惠及公众。绿色奥运，已经成为北京靓丽的符号，而北京奥运场馆也将成为节能降耗、可持续发展的标志和样本，对中国乃至世界建筑节能技术的应用也将起到巨大的推动作用。

“鸟巢”领衔节能型奥运场馆

奥运场馆在规划、设计、施工、验收、运行等各个环节都贯穿了“绿色奥运”理念，严格执行节能环保设计标准，在可再生能源与新能源利用、建筑节能、水资源保护和利用等方面采取了一系列有力措施，积极践行了低碳。

作为奥运场馆的旗舰，“鸟巢”是当之无愧的节能代表。

“鸟巢”屋顶上安装了 1124 块太阳能发电板，它们同镶嵌在玻璃幕墙上的硅片板一起构成了中国第一个与体育馆建筑主体相结合的太阳能发电系统。100 千瓦的太阳能光伏发电系统，日均发电量超过200 千瓦时，可为1.5 万平方米的地下车库提供充足的照明电力。赛后，这里的电能将并入普通电网，不仅为整幢体育馆供电，还能为普通市民家庭供电。“鸟巢”的周边分布着12个顶部为燕尾状的检票站，其中在7个阳光照射充足的检票站顶部安装了太阳能光伏发电系统。这7套太阳能光伏发电系统的发电量除满足检票系统的自身用电外，多余电量将并入国家体育场的电力供应系统，对奥运场馆的电力供应起到一定的补充作用。

“鸟巢”还使用先进的膜结构，确保了体育场内部的亮度，节约了能源。更引人注目的是，“鸟巢”使用了地源热泵，从土壤中吸收能量，用于补偿体育场空调系统等。地源热泵是一种使用可再生能源、节能、环保的系统，通过地埋换热管，冬季吸收土壤中蕴含的热量供热，夏季吸收土壤中存贮的冷量供冷。“鸟巢”部分区域利用地热

“鸟巢”

资源，实行冷热水机组“三联供”，可同时满足夏季制冷、冬季取暖和生活热水供给。“鸟巢”内通过高效环保的变频暖通空调系统，对室内温度进行调节。

另外，“鸟巢”在建设过程中曾经“瘦身”，取消了可开启屋盖，扩大了屋顶开孔，座席数由原来的10万个减少到9.1万个，从而减少用钢量1.2万吨，减少膜结构0.9万平方米，节约了大量资源，更好地阐释了“绿色奥运”的理念。观众席等处充分利用自然通风和自然采光，以尽量减少人工的机械通风和人工光源带来的能源消耗，对场内用房的维护结构的传热系数进行控制，优化保温、隔热设计。同时，对大面积窗户也将做外遮阳处理，以全面提高建筑物的节能水平。

此外，“鸟巢”还使用了各类高效节能型环保光源，在行人广场等室外照明中尽可能地采用太阳能光伏发电照明系统。在暖通空调、消防设施等处采用绿色环保的无氟工作介质，积极实施保护臭氧层的各种措施。

北京因奥运更美丽

作为国内第二大能源消费城市，北京自2007年启动新技术、新产品、机构节能、大型公建节能、高耗能行业节能改造、绿色照明、可再生能源示范工程、水资源和土地资源节约、资源综合利用与循环经济、污染减排与环境建设等十大工程，确保实现节能减排目标，使奥运成果惠及社会、惠及人民。

北京环境质量得以改善和提升。为改善首都的空气质量，2001~2008年，北京市政府连续实施了8个阶段、160多项严格的控制大气污染措施，实施了区域污染减排奖励和退出“高污染、高耗能、高耗水”企业奖励管理办法，组织开展了整治违法排污企业、保障群众健康环保专项行动，制定了包括黄标车禁行、机动车限行、重点污染企业停产限产减排、施工工地停止重污染作业等措施。42家“三高”企业退出北京，重污染产业结构进一步优化，大幅削减了大气污染物排放总量，为奥运空气质量达标提供了重要保证。北京市环保局发布的《2008年北京市环境状况公报》显示，北京市全年空气质量二级和好于二级的天数达到274天，全市二氧化硫和化学需氧量排放总量分别比2007年减少18.79%和4.90%，地表水环境质量有所改善，声环境质量保持稳定，辐射环境质量保持在正常水平，生态环境良好。北京市林木绿化率达到51.6%，城市绿化率达到43%，实现了居民出行500米能够见到公园绿地。就环境质量而言，北京越来越具有宜居的含义。

居民生活水平显著提高。绿色奥运，不仅使奥运会期间的空气质量有了保障，也使市民的生活质量得以提升。2007年北京市城镇居民可支配收入、农民人均纯收入分别达到21989元和9559元；2002~2007年北京城镇居民和农民人均纯收入年均增长11.5%和9.1%。城镇居民人均住房使用面积超过了20平方米，越来越多的城镇居民从危旧房、筒子楼里面搬进了新住房，农民的人均住房面积超过了40平方米。

交通出行更加便利。北京地铁由42公里已经发展到200多公里，城市道路通车里程达到4455公里，郊区公路总里程达到了20738公里，高速公路达到了800公里。市民可以乘坐公共交通工具抵达城市的任何角落和京郊的任何乡镇。

市民绿色环保观念极大提高。许多市民以认养一棵树或者一片绿地为荣，据统计，仅2007年，市民们认养的树

木就达到了4.4万多株。北京的大街上随处可见穿着统一服装的志愿者，很多都是退休的老人，他们会在各自的社区附近活动，为行人解决难题的同时，也将捡拾垃圾和污染物作为义务。此外，北京曾向世界承诺办一届无烟奥运会，北京市公共场所禁止吸烟的规定也开始实施，公共场所吸烟被评为影响北京空气质量的十大生活陋习之首，在北京十大环保公约中“不在公共场所吸烟”也位列其首，而不管是烟民还是非吸烟者，对北京的禁烟令基本都保持赞同，这也是市民绿色环保理念大大提高的很重要方面。

绿色奥运精神促进了低碳的发展

绿色奥运的举办对中国的环境建设是一个重要契机，有助于全社会经济的可持续发展，为中国乃至世界留下了丰厚的环境遗产。

为实现北京“绿色奥运”的理念，北京奥运会采取了新能源汽车、建筑节能、可再生能源供应以及绿色照明等大量的节能减排措施。北京奥运会“碳平衡”行动的开展，向全世界展示了中国应对全球变暖、减少温室气体排放的决心，成为我国举办大型国际活动、积极应对气候变化的成功典范。在迎接绿色奥运的过程中，通过积极宣传节能环保的生活方式，倡导公众从日常生活中的小事做起，提倡有车族少用汽车、多乘公交车或骑自行车，节约用水用电、选用节能环保家电，鼓励民众安装使用太阳能、沼气装置等。奥运会后，为巩固奥运成果、保障空气质量不滑坡，2008年9月，北京市政府发布了《北京市第十五阶段控制大气污染措施》，重点包括继续抓好以淘汰高排放黄标车为主的机动车污染防治、推行“绿色施工”为主的工地扬尘污染防治、深化产业结构调整、严格控制垃圾填埋场污染排放和实施极端不利气象条件下空气污染控制应急措施等。这些举措，提高了公众的环境意识，促进了环境保护的公众参与，使绿色奥运与低碳经济紧密结合在一起，有效地促进了碳减排的实施，使经济发展模式由高碳经济向低碳经济转变。

绿色奥运为低碳经济打下了一个坚实的基础，也为中国低碳经济发展提供了良好契机。绿色奥运的成功实施，使我们与“先污染后治理”传统观念告别，使我们对可持续发展、科学发展观有了更深刻的认识，让我们对保护环境且处于起步阶段的低碳经济发展模式充满了信心和希望。

（根据有关资料编写）

低碳世博

上海世界博览会（第41届世界博览会）是我国在21世纪初举办的又一国际盛会，是由中国政府主办，多个国家和国际组织参加，以展现人类在社会、经济、文化和科技领域取得成就的国际性大型展示会，关注人类面临的共同问题。目前，世界总人口半数以上居住在城市中，在城市化、工业化快速推进的同时，环境污染、能源短缺等诸多问题，成为人类在城市发展过程中面临的巨大挑战。在全球聚焦城市未来发展的同时，低碳经济也成了世博会上各方关注的焦点。因此，2010年上海世博会以“城市，让生活更美好”为主题，反映了人类社会对未来可持续发展的诉求，充分展现人类应对气候变化的低碳理念和实践。

低碳主题理念

上海世博会是第一个正式提出“低碳世博”理念的世博会，中国在筹办过程中全力实践这一理念。

在“城市，让生活更美好”的主题下，上海世博会关注的是：什么样的城市让生活更美好？什么样的生活观念和实践让城市更美好？什么样的城市发展模式让地球家园更美好？其核心思想为：城市是由人创造的，它不断地演进演化和成长为一个有机系统。人、城市和地球三个有机系统环环相扣，这种关系贯穿了城市发展的历程，三者也将日益融合成为一个不可分割的整体。“城市，让生活更美好”的主题，既涵盖了人类未来城市发展趋势、城市经济社会协调发展、人与自然和谐相处等理念，也充分体现了应对气候变化，降低二氧化碳等温室气体排放的低碳理念，同时也是科技创新支撑城市低碳发展的充分展现。上海市常务副市长杨雄在一次发布会上提出，“低碳世博”成为2010年上海世博会的核心理念。

2009年10月25日，国家发改委分管资源节约和环境保护工作的副主任解振华抵达上海，考察世博会的低碳实践情况。在世博会筹办中，上海已发布了一系列环保文本，如《中国2010年上海世博会环境报告》、《上海世博会环境评估报告》和《中国2010年上海世博会绿色指南》等，倡导低碳世博的理念，倡导绿色低碳的筹展、参展和参观的方式。2009年10月27日亚太清洁发展和气候伙伴计划第三次部长级会议在上海举行。中国国家发展和改革委员会副主任解振华担任会议主席，澳大利亚、加拿大、印度、日本、韩国、美国的部长和高级官员出席会议。上海市市长韩正在会见全体与会代表时说：应对气候变化，需要全世界每一个城市的共同努力。在中国政府的领导下，上海通过推进节能减排、加快产业结构调整和经济发展方式转变、加强生态环境保护和建设等多方面举措，积极应对气候变化，取得了明显成效。科学技术部、上海市人民政府会同国家有关部门和单位在世博科技行动计划的推进实施中明确提出了科技支撑低碳世博，以“科技让世博更精彩”为工作主线和总体目标，组织全国的科技力量，加紧科技攻关和最新科技成果的示范应用，它确定了四大目标：一是实现上海世博会园区的“低碳排放”，实现世博园区内客运交通工具“零排放”，以及园区内建筑和照明二氧化碳排放减

低碳发展理念引领上海世博

少30%；二是实现上海世博园区生态和谐和资源综合利用，园区内雨污水收集处理率达到100%，雨污水综合利用率达到30%以上；园区内工程废弃物和垃圾100%回收利用，资源化利用达到50%以上；三是实现上海世博园区管理运营的便捷高效和安全；四是实现中国馆、主题馆、网上世博会等展览展示的精彩、互动和创新。通过节能与新能源汽车，光伏、LED与建筑一体化，节能建筑技术等创新成果的规模化应用和示范，引领和带动相关产业的发展。

低碳世博园区

从策划伊始，作为东道主的上海就牢牢抓住三个主题——可持续发展的城市、和谐的城市、低碳的城市。整个世博园的建设，都体现了‘低碳世博’的理念，集成了风电、光电、光热、地源热、江水源热等各种清洁能源技术，演绎了一个既节能又环保的未来城市能源系统模式；世博园还积极倡导绿色建筑，大规模集中使用半导体照明，园内交通采用“零排放”设计，通过应用超级电容车、燃料电池车等，实现园区交通车辆零排放，向游客展示未来的交通运输方式。

世博会园区位于上海中心城区南浦大桥和卢浦大桥周边的黄浦江两岸。这里原是一处污染严重的工业用地，工厂林立，老旧民居集中，城市服务设施落后，市民出行不便，企业发展受限，产业布局和城市功能亟待调整。按照世博会的主题，巧妙地将世博会选址与旧城区改造结合，工厂搬迁了，通过加快旧区改造，促进环境改善，淘汰落后产能，推动区域功能转型，改善了市民居住和生活条件，也为企业迁建和产业升级创造机会，为区域可持续发展奠定了基础。

世博园区的规划以“和谐的城市”为主要理念，参照适宜的步行距离和宜人尺度进行设计。4个大型绿地公园和其他绿化景观，总面积超过100万平方米，其中采用了具有生态净化功能的湿地系统以及其他水体修复技术。世博轴底下的巨型蓄水池可以储存7000吨水，会期预计能为世博园区提供5万立方米的生活用水，相当于原来规划的用水量的一半；利用江水源和地源系统，园区空调运行费用将降低20%。在建筑世博园时，吸收了中国园林设计的精华，让上海的东南风穿过整个世博园，组建了一个风道。大量利用自然风，有利减少空调的使用。为了达到既定的效果，运用大规模的风模拟数据演绎，可以说是在欧洲举办的世博会上从未见过的，也是中国古代文明和现代科技的结晶。

世博中心位于上海世博会规划围栏区B片区的世博公园内，南临世博大道，东至世博轴。项目占地6.65公顷，总建筑面积14.2万平方米，其中地上10万平方米，地下4.2万平方米。“低碳世博”本身就蕴含了倡导可持续发展的要求，因此在许多展馆的主题演绎就包含了低碳的内容。五大主题馆之一的“城市星球馆”正是为探讨城市人居与地球自然环境之间如何健康互动而设立；中国国家馆33米平台还将把节能减排作为展示主题加以精彩演绎，屋顶设计的雨水收集系统，将雨水用于自我清洁，并成为周边地区馆屋顶花园——“新九洲清晏”的浇灌之源；改造后的南市电厂内将专辟展区展示新能源应用；城市最佳实践区更是汇聚了全球诸多城市先进的低碳科技实践。

展示和应用新能源

在2010年上海世博会上展示和应用的太阳能、风能、生物质能、地热能和波浪能等多种新能源构成的新能源系统，不仅具有广阔的社会需求和应用前景，也具备了良好的技术基础和推广条件，可望成为上海能源结构调整的有力支撑，并将成为催生我国新能源科技及产业革命的核心力量。

一、大规模运用太阳能

其最大的亮点就是在世博园区内大规模运用太阳能降低二氧化碳排放，使人们能体验到太阳能技术给生活带来的变化。在世博会期间，太阳能技术将集中应用于中国馆、世博中心、主题馆演艺中心等主要场馆设施以及部分国家的自建馆和南市电厂，大量的太阳能电池将安装在屋顶、玻璃幕墙上，与建筑融为一体。太阳能将成为园区使用量最大的绿色能源。建成后的太阳能发电系统总装机容量约为4.6兆瓦，远大于历届世博会太阳能应用的规模。据计算，世博园区光伏建筑一体化系统年平均发电量约为408万千瓦时，可减排二氧化碳3330吨。

主题馆——世界上最大的单体光伏建筑。光伏建筑一体化，不单是从艺术的角度将黑乎乎的太阳能组件和建筑的设计合二为一，而且光伏发电站产生的电力将并入城市电网，太阳能总装机容量高达3127千瓦。年发电量达到280万千瓦时，能解决4000多户居民一年的用电。每年可减少二氧化碳排放量约2500吨，其环保作用相当于种植了8.5万棵大树。此外，主题馆屋面太阳能板设计安装容量为2825kWp，安装总面积为31104平方米，是目前世界上

“阳光谷”贯穿世博轴各层建筑平面

单体面积最大的太阳能屋面。

“阳光谷”——世博轴工程在世界上首次采用了超大规模“阳光谷”结构，即六个远看如同上海市花白玉兰的巨型圆锥状结构，自然光透过“阳光谷”玻璃倾泻入地，可满足部分地下空间的采光需求并自然通风，既利于空气质量的提高，又能节省人工照明带来的能源消耗。

世博轴工程屋面顶棚采用的索膜结构，创造了一项世界之最。整个屋顶膜面由31个外桅杆、19个内桅杆及牵引桅杆的各类钢索作为支承系统，整个屋顶膜面长约843米、最宽处约97米，膜面展开面积达7.7万平方米，是世界上最大的索膜结构，外形如舒卷的白云，浪漫飘逸。

世博轴工程采用了生态设计理念，除了“阳光谷”及下沉式草坡把阳光和绿色引入各层空间，还采用地源热泵、江水源热泵、雨水收集利用等新技术，引领当代建筑向绿色环保节能方向发展，体现了上海世博会“城市，让生活更美好”的主题。

二、大量采用LED照明

LED芯片出现在了上海世博园里的室内外照明、景观装饰、指示牌、信息显示屏等,整个园区成为世界上最集中的半导体照明技术示范应用区。世博会园区内60%~70%的室外照明采用半导体（LED）照明，其中景观照明部分80%以上由LED担当。世博园区照明规划从亮度上对园区进行了分区分级，黄浦江、世博轴及横穿浦东主要国家馆区的高架步道均大量应用LED照明。

三、资源循环利用

发挥世博园区滨江布局的优势，使用黄浦江水作为冷源的热泵和地下浅层地热资源作为地源热泵。利用物理和生物技术对黄浦江水进行净化，以及对雨水进行收集净化后，用于园区绿化浇灌，节省水资源。首先，2010年世博会场馆依水而建，水是世博园的灵魂载体，是成功举办世博的重要支撑，将在世博会上精彩演绎的人水和谐理念，也将为实现“水让城市更美丽”的理想提供示范。服务于世博会青草沙水源地工程不仅将在世博会后直接惠及百姓，其建设过程中在江心成库、深水筑堤、水库防渗、地基处理、取输水建筑等环节取得的逾百项科技创新成果，也将直接指导城市水资源开发。具有一百多年历史的南市水厂改造技术，不仅为世博园区浦西部分提供唯一的自来水供应源，其采取的先进深度处理技术，以及世博会上采用的白莲泾的生态修复、水质安全保障、水资源综合利用、景观水体生态健康维护、水体生物生态修复与水环境突发事件应急等技术，都可以直接在城市水资源开发、保护中利用。其次，将世博会建筑物中采用的固体废弃物或工业副产品的再生材料，实现资源、能源的循环利用等技术在城市环境管理中推广，可以有效降低城市固体废弃物对生产和生活的危害。

世博会的场馆通过江水直接冷却水系统，直接从黄浦江取水，经加药控制微生物和藻类生长后，作为冷却用水供水源热泵机组使用，使用后的温热水排入黄浦江。采用江水源热泵技术，与燃气供热相比，年运行一次能耗可减少40%~60%，年运行费用可降低50%~70%，年运行能耗节省约5740兆瓦时，折合约1000吨标准煤，可减少二氧化碳排放约2600吨。世博会核心区域的世博中心、演艺中心、主题馆、中国馆和世博轴，都建设了屋面雨水回收系统，对雨水加以收集利用，预计可节约自来水约100多万立方米。

世博建筑群——全球低碳技术范本

世博会被誉为科技应用推进的孵化器、发动机，上海世博会作为21世纪科学技术的展览盛会，必然会推进科技的后续利用。一方面在世博会的规划、筹建、运营等过程中融入了大量的科技创新成果；一方面为世博的成功举办，建设了系列低碳节能生态建筑。世博园区内的场馆设施，在设计上，充分利用自然风场、地下空间地道风、自动遮阳系统、自然透光、屋顶绿化、墙面绿化等，减少建筑能源消耗；在建筑材料上，选择能源资源消耗小和环境效益显著的绿色建材，为实现低碳世博奠定了基础，汇聚了多学科最新成果形成的生态建筑技术，也为建设资源节约、环境友好城市提供有力技术支撑也对低碳科技成果的发展和推广利用提供了新的机遇。作为建筑密集、人口众

多、资源匮乏的特大型城市，上海提出了到2010年居住建筑节能65%、公共建筑节能50%的目标，这就迫切需要生态建筑技术的引领。在2010年上海世博会中形成的外墙保温新型材料、太阳能建筑一体化、生态综合集成技术等，都具有良好的节能和环保效应。上海世博会建筑群将成全球低碳技术范本。

世博中心——上海世博会永久建筑"一轴四馆"重要场馆之的世博中心是按照中国和国际标准建成的"绿色低碳"建筑，将为我国未来城市建筑发展起到示范作用。总建筑面积14.2万平方米的世博中心创造性地解决了大型公共建筑节能、环保和减排的世界性难题，在绿色建筑的专项技术研究、应用、创新和集成方面，拥有自主知识产权，达到国际领先水平。

世博中心位于世博会园区B片区世博公园内，南临世博大道，东至世博轴，项目占地面积6.65公顷，建筑分为地上10万平方米和地下4.2万平方米。世博中心能满足国际性和地区性会议在规模和功能上的需求，具有很强的功能性和经济性。它分为金、银、红、绿、蓝5个大厅，其功能布局围绕会议、接待、活动等几大核心功能，功能空间极具规模，且主要功能空间均"大可分割，小可合并"，同时可以在会议、展览、活动和演出等不同功能中弹性转换，实现最大的运营效率。世博会期间，世博中心是接待国家元首级贵宾、举办庆典活动和会议论坛的重要场所。世博会后，世博中心将转型为具有国际一流水准的高端会议中心，具备举办上海合作组织成员国峰会、APEC会议等大规模国际性会议的能力。世博中心南北外立面的玻璃幕墙采用了不同的设计方法：北立面因临黄浦江、无夏季阳光暴晒，采用大面积透明中空玻璃幕墙，实现自然采光并能饱览黄浦江美景；南立面因日照充分，采用了可开启折线形玻璃幕墙和石材幕墙，其中双层玻璃幕墙中还精心设计了金属丝网和惰性气体，既有利于自然通风、遮阳、保温，又不失通透性。

作为中国公共建筑节能科技的典范，世博中心创造性地解决了国内外大型公共建筑节能、环保和减排的世界性难题，在绿色建筑的专项技术研究、应用、创新和集成方面均有建树，标志着中国在大型公共建筑的绿色低碳建筑技术集成方面达到国际领先水平。世博中心外立面石材和玻璃幕墙实现了自然通风和采光，其通透的外墙明亮透彻，不仅将周边景致尽收眼底，也大大降低了建筑自身的体量。世博中心屋顶太阳能总装机容量达1兆瓦，还采用LED照明、江水源、冰蓄冷、水蓄冷和雨水收集等多项节能环保技术。世博中心大堂内设有高度达25米的世界最高的室内水幕信息墙、近400平方米镂空的LED屏和500平方米的垂直绿墙，可容纳2600人的大会堂为目前上海最高、最宽敞的穹顶构造会议场所，内设全自动可伸缩台口，为世界首创。

国际会议厅采用了14米高、2.8米宽的可旋转自动感应中轴门，宴会厅西侧设计了近6000平方米的屋顶花园，7200平方米的多功能大厅采用国内最高的室内隔断。几乎每层均有大小不一的室外露台，不仅提供了丰富的场所，同时满足了密集人流空间的消防安全和集散需求。建筑中部的大空间场所利用屋顶及高差设置可开启天窗通风，在春秋季既省电也能增强室内的舒适感。

世博中心创下了三个"世界第一"：第一个申请美国LEED金奖的世博会建筑；获得中国绿色建筑三星级和通过美国LEED金奖标准预评，这在国内外尚属首次；是已获得和正在申请的中国绿色建筑三星级和美国LEED金奖新建建筑中体量(指建筑面积)最大的公共建筑。据估算，世博中心总能耗低于国家节能标准规定值的80%，建筑节能率为62.8%，非传统水资源利用率为61.3%，可再循环建筑材料用料比为28.9%。世博中心每年节约的能耗相当于2160吨标准煤，相当于节约了上海1万多户居民一年总用电量，年减少CO_2排放5600吨，年节约自来水16万吨，相当于上海1000多户居民一年的用水量。世博中心既为世博会留下经认证的绿色财富和低碳世博的理念，也将为未来城市建筑发展起到示范作用。

世博中心世博后将成会议中心。世博中心模数化的构造使空间组合能够达到最大的灵活性。天花板造型充分结合建筑结构形式，整个空间可用移动隔墙体系分隔成3至4个均质空间，并通过不同的照明系统满足其特殊的需求。世博中心屋顶有直升飞机停机坪。这座黄浦江边的现代化标志性建筑，世博后将成为上海一个重要的会议中心。

中国国家馆——中国国家馆建筑外观以"东方之冠"的构思主题，表达中国文化的精神与气质。国家馆居中升起、层叠出挑，成为凝聚中国元素、象征中国精神的雕塑感造型主体——东方之冠；地区馆水平展开，以舒展的平台基座的形态映衬国家馆，成为开放、柔性、亲民、层次丰富的城市广场；二者互为对仗、互相补充，共同组成表达盛世大国主题的统一整体。国家馆、地区馆功能上下分区、造型主从配合，形成独一无二的标志性建筑群体。中

中国国家馆外观

沪上·生态家

国国家馆以“东方之冠”为构思主题，取自中国古代木结构建筑中的元素——斗拱，造型层层出挑，在夏季上层形成对下层的自然遮阳；地区馆外廊为半室外玻璃廊，用被动式节能技术为地区馆提供冬季保温和夏季拔风；地区馆屋顶“中国馆园”还运用生态农业景观等技术措施有效实现隔热，使能耗比传统模式降低25%以上。

“麦垛”万科企业馆——“麦垛”主要由天然麦秸板为建筑材料的展馆，由七个相互独立的筒状建筑组成，麦秸作为最主要的建筑材料，给农作物秸秆的再利用增加了一条有效的途径，又减少森林资源的消耗量。此外，展馆通过热压和风压两种自然通风的模式，尽可能最大化自然通风，从而减少空调使用的时间，降低展馆在运营过程中对于能源的消耗。每个筒的顶端所镶嵌的蓝色透明ETFE膜气枕天窗，通过自然采光照明可降低照明的能耗，各筒之间通过顶部的蓝色透光ETFE膜连成一体。超过一千平米的开放水域环绕着七个圆筒，水面映照天空，试图让参观者感受到与自然亲近的愉悦，并将减少森林资源的消耗量。

“沪上·生态家”——沪上生态家的原型在闵行上海建筑科学研究院内，是一栋四层楼高的生态示范办公楼。中空、天庭通风隔热，各办公室呈正方形围绕。整个办公楼每一个房间都非常明亮，而且自然通风很好。地板下，还看得见太阳能热水循环系统盘绕，冬天用于地板取暖。屋顶，太阳能发电、小型风力发电设备一应俱全。这栋生态示范楼，利用了自然通风、智能控制、绿色建材、雨水收集等十大技术，是国内最早的示范生态建筑。世博会期间展示的“沪上生态家”，在此基础上又进行了长达三年的论证研究。沪上生态家运用的新技术共达到30项，有30%是前瞻性技术，代表了未来二三十年生态住宅的发展趋势。在那座凸现上海风格的四层小楼中，有着弄堂、石库门山墙、老虎窗等中国设计元素。走进小楼，别有洞天：屋顶花园装有太阳能光热设备；微风吹过，安置在屋顶一角的涡轮式风力发电装将发电；卫生间则利用雨水、污水冲洗，中水全部循环利用；阳光透过中庭屋顶的巨大透明玻璃天窗，直接进入屋内，可以减少用电量……“沪上 生态家”集中了浅层地热、热湿独立空调、智能集成管理、自然通风技术、太阳能一体化等生态节能环保技术，将比同类建筑节能达75%。这些技术中70%来自于现有的成熟技术，30%源于未来的前瞻技术。

印象钢谷——位于宝山，通过“低碳建筑设计先行”的理念，打造都市中的森林别墅，把都市与森林的完美融合。步入在绿油油的草地和低密度的独栋建筑的感受，完全不同于在市中心熙熙攘攘人群中的拥挤。这里中心绿洲超过一万平方米的绿地与项目边占地23公顷的大型公共绿地白鹭公园遥相呼应。阳光、绿树、蓝天带给人的印象钢谷，在原有绿色理念的基础上引入“低碳建筑设计先行”的理念。

混凝土、钢、玻璃是占据印象钢谷建筑最多的三大元素，对于建筑材料的选用上，开发商都选择了路径在8公里范围内的供应商，缩短运输路程，尽可能做到减排。印象钢谷的立面是素面朝天的混凝土。选择素混凝土，节省了一次性瓷砖贴面、花岗岩大理石和粉刷层，避免了开采石材时对大自然造成的人为破坏；水泥就地取材和搅拌成混凝土品，也减少了在运输过程当中对能源造成的浪费；而对素混凝土的施工工艺流程进行优化和技术改进后，原本素混凝土单一结构功能，又被辅以装饰效果，令人耳目一新。

印象钢谷东邻宝钢集团8公里，顺理成章，印象钢谷的钢材料都来自于宝钢。而钢材作为一种高强度高效能的材料，具有很高的再循环价值，发展钢结构对于资源、能源都非常短缺的我国意义尤为重大。所以“低碳建筑”材料应该将能否“循环利用”列为标准之一。而大面积的采用玻璃元素，即增加了建筑的室内自然采光，节约能源，又增加建筑本身的通透灵动感，坐收室外绿化景观。

可以容纳216辆汽车的半地下车库是印象钢谷低碳建筑的样板。首先，车库上方覆盖了10000m²绿色坡地，加大了自然碳汇吸收二氧化碳的效率，车库四面通风，自然采光，做到白天不用开灯，节约了电力资源。其次，采用半地下形式，车库的埋置深度浅、地下浮力减轻，省去了打基坑围护与抗拔桩，底板的厚度由全埋式的55公分变成现在的35公分，使8088平方米的车库减少了钢材与混凝土的用量，实现了“低碳建筑”吸收和减少二氧化碳排放的要求。这种减碳最大化的建筑设计是“低碳建筑”的核心。

汉堡之家——“汉堡之家”的原型是位于汉堡“港口新城”沙门码头的“被动房”H2O大楼，是德国第二大城市汉堡最好的节能建筑。“汉堡之家”是中国境内第一栋获得“被动房”认证的建筑。这样的房子在全球有三栋，上海的这栋就是第三栋。所谓“被动房”是指基本无需主动供应能量的生态建筑，也称为低能耗房，它的能源除了靠太阳能、地热、人的体温等等获取，极少依赖外部供给。“被动房”最大的特点就是没有空调。“汉堡之家”的暖气供给通过设在地下一层的地源热泵抽取地下暖水得以实现。

“汉堡之家”

地基下一共有100个直通地下35米的水泥桩，其中42个内藏贯穿桩基的管道系统。这些管道内有水乙二醇，在密闭状态下压缩循环，将地下35米冬暖夏凉的温度传导到整栋建筑，起到空调的作用。屋面安装了中央通风设备，为楼内所有房间提供经过加热或制冷的除湿新风。通风设备还带有热回收功能，夏天还回收屋内产生的热量，回收率至少可达90%。“汉堡之家”就像是一座“密封”的房屋，体积紧凑，保温效果和气密性良好。建筑屋顶有厚达18厘米的隔热墙；外墙的红砖并非普通墙砖，其烧制方法十分特殊，能提供很好的隔热效果。看似普通的窗户更有门道，每一扇都是汉堡“被动房研究所”认证过的特殊材料制成的三层玻璃，隔温效果非常好，窗外还配有防热辐层和可移动的网状遮阳板。尽量减少大门开关次数，也是保证“被动房”无需空调和暖气就能维持25℃四季恒温的一个诀窍。

国际展馆吹来低碳风

上海世博会为了充分演绎“城市，让生活更美好”的主题，在世博园区内创新性地开辟“城市最佳实践区”，在全球范围遴选出最佳的城市发展实践案例进行展示。在这里，可亲眼目睹国外入选案例，如西班牙马德里的竹屋和生态气候树；日本馆的外墙安装薄膜，这种透光薄膜可吸收太阳能发电并在夜间发光；巴西馆的建筑外观为形似“鸟巢”的网状结构，材料为环保型可回收木材；意大利米兰的24小时太阳报新总部办公楼；德国不来梅的城市交通解决方案；沙特阿拉伯麦加的帐篷城；用赫克拉火山岩砌成的冰岛馆在“纯洁能源－健康生活”的主题下，用播放短片的方式展示冰岛人如何充分利用水力和地热天然能源等的情况；西班牙馆的藤条材料既环保又传统；世界气象馆的墙体外层如人的皮肤，防风、防雨、透气；瑞士馆用大豆纤维制成的红色幕帷，能发电，能天然降解；丹麦馆的自行车是特有展品，还有一个将注入哥本哈根海港碧水的池塘，观众体验北欧“低碳生活”，大可以骑上自行车，或者脱掉鞋袜泡泡海水。

德国馆——德国国家馆是第一批接手展馆地块的国家，第一批奠基的自建馆，第一批实现封顶的外国自建馆，已于2010年7月8日封顶。这是一座由175根钢桩和1200吨钢结构结合而成的现代建筑，其外墙使用的是一种网状、透气性能良好的革新性建筑布料，能防止展馆内热气的聚积，由此减轻展馆内空调设备的负担，世博会之后，德国馆将整体拆除，这些布料会得到循环利用。

德国馆

伦敦零碳馆

英国“伦敦零碳馆”——在四层高的建筑中设置了零碳报告厅、零碳餐厅、零碳展示厅和六套零碳样板房。整个展馆就像一个没水、没电、没热的“原始洞穴”，却能最大限度地保留高碳排放带来的舒适体验。伦敦零碳馆，是城市最佳实践区项目，是在我国建成的第一栋零二氧化碳公共建筑。伦敦零碳馆案例原型取自世界上第一个零二氧化碳排放的社区贝丁顿（BedZED）零碳社区。展馆由两栋零碳排放的建筑前后相接而成，总面积2500平方米。这幢四层高的建筑中设置了零碳报告厅、零碳餐厅、零碳展示厅和六套零碳样板房，将全方位地向参观者展示建筑领域对抗气候变化的策略和方法。伦敦零碳馆在世博会开馆后将举办一系列节能减排领域的项目和公益活动，使参观者亲身全方位体验零碳生活方式。从外形来看，零碳馆更像是两栋造型别致的“小别墅”，而不是展览馆。零碳馆由两栋前后相连的四层楼建筑组成。两栋建筑外观一模一样，每栋房子的屋顶，各安装着11个五颜六色的风帽，跟随风向灵活转动；房子朝南的墙壁采用的是镂空设计，以后会装上玻璃，自然采光；而房子的北面墙壁则被设计为斜坡状。在坡顶设置可开启的太阳能光电板和热电板，另外还将种上一种名叫“景天”的半肉质植物。“景天”不仅有助于防止冬天室内的热量散失，而且还能使零碳馆从周边各展馆中“脱颖而出”。在零碳馆的地下埋着一根细小狭长的管道，一直通向800米远的黄浦江。在世博会召开期间，源源不断的黄浦江水将通过馆内的水源热泵装置，为游客送来徐徐凉风，作为房屋的天然“空调”；在两栋房子中间的地面上，将会出现一个个一角硬币大小的小洞，它们是一套先进的雨水收集和回收系统，据初步统计，零碳馆收集的雨水和中水量将大于建筑消耗的水资源量。零碳馆采用的建筑材料是混合型水泥，其中含有50%的建筑废料，是对原本会污染空气的煤灰、煤矸石、矿渣进行“二次利用”，它的保温性也很好，能减少室外热渗透，吸收室内多余热量，稳定室内气温波动，使建筑主体冬暖夏凉。在零碳馆最北面，一套生物质锅炉被安置在一间单独的房间里。当游客用餐完毕，生物质锅炉可以把剩饭剩菜即时降解，转化成电能和热能。这套生物能热电联产系统，它可以对餐厅内的一次性餐盘、叉子以及各种食物废弃物进行生物厌氧过程降解。降解完成后，最终余下的“产品”，还能用作生物肥，浇灌位于北坡屋顶的绿色植被。在每栋建筑的三层和四层，零碳馆还特别设计了6套零碳样板房，采用了通过征集得到的具有环保效应的建筑装修材料，每套零碳房都有不同的设计风格。整个展馆的造价仅比同类型的普通住宅高15%。

法国巴黎馆——法国巴黎馆的植物墙建筑，由于建筑外墙大面积采用质轻、高透明、防震的滤膜双层玻璃，夜晚时整个建筑灯火通明，如同一盏“魔幻灯笼”。这座建筑的神奇之处还有，窗户外部是一套可以根据数百个内部或外部感应器由计算机软件自动控制开关的卷帘系统，可以通过夏日遮光和冬日采光来节能。它轻薄的金属屋顶如飞毯般覆盖了整个建筑物，屏蔽和过滤了紫外线，起到了遮阳伞的作用。

罗马尼亚国家馆——罗马尼亚国家馆的建筑理念为“绿色城市”，该馆外形是一只巨大的青苹果，其标志文字“GREENOPOLIS”体现了健康生活方式的重要性、对可持续发展理念的关注。这一生动视觉体验将彰显当代罗马尼亚风采。

“零排放”生态城——由中英合作的全球首座二氧化碳“零排放”生态城落户上海崇明的东滩，2040年建成

后，城内八成固体废弃物实现循环利用，热能和电力将通过风能、生物能和太阳能光伏直接获得，全国首个氢能电网也将在此建立。世博会期间，城内首批居住和商业中心将作为世博会景点对外开放。

挪威馆

挪威馆——挪威馆由15棵5~15米高的“树”构筑而成，散发着自然中松林的气息。模型树的原材料来自木头和竹子，并可在展后再利用，充分体现了“可持续发展”的理念。15棵树形成了一个有机的整体，从5米到15米高低不一，每棵树均有固定在地下的树根和空中的四条树枝。以树枝的外端为附着点所支起的篷布，形成了外观高低起伏的展馆屋面，营造出错落有致的空间，给观众带来迥异不同的感受。设计师们把木头、竹子、太阳能、雨水等自然元素融入建筑，构思出一幅人与自然和谐共生的图景。挪威馆向观众展示怎样通过利用太阳能、风能和波浪能等可再生能源提高生活品质、改善城市地区的气候。置身于美丽的挪威国家馆，可以感受到“大自然的赋予”。

“穿越长三角——绿色出行看世博”环保行动启动仪式

“低碳世博”的低碳交通

上海世博会展期间有大约7000万人次的国内外游客赴世博园区参观。这些参观者乘坐各种交通工具而来，会产生大量的交通出行碳排放。因参观者交通出行产生的碳排放量占预计碳排放总量的80%以上。这就意味着，欲实现“低碳世博”，除了在世博园区的建设和布展过程中尽可能地减少碳排放之外，更重要的是，必须采取措施有效降低并妥善补偿世博参者因交通出行产生的碳排放。为此，上海还确定实现世博会园区交通“零排放”目标。

上海世博会积极响应国家倡导的公交优先战略，除了大力建设并完善城市轨道交通网络和智能交通网络之外，还为游客提供环保清洁的交通服务，有超过1000辆的新能源汽车在上海世博园示范运行，是世界上规模最大的新能源汽车示范运行项目。其中约300辆车为超级电容车、纯电动车，200辆为燃料电池车，在世博园区的公共交通车、贵宾车、场地车、观光车均为新能源汽车，实现零碳排放。与此同时，世博会期间有150辆70座的混合动力大客车在上海市内运行，用于接待观众抵达世博园区。除了新能源大客车外，世博园外还投入350辆混合动力轿车，作为服务世博的出租车。

这些新能源交通工具，将引领未来城市交通发展方向并成为先进制造业的新宠。上海世博会上千辆新能源汽车的大规模示范运行，将成为电-电混合超级电容车、混合动力等电动汽车规模化生产及走向市场的重要平台和机遇。可以预期，通过针对示范发现问题的进一步优化和改进，在未来5～10年完全可以实现具有一定规模的产业。二甲醚燃料具有适合中国资源特点的优势，已经形成一支涵盖整个产业链的技术团队，通过示范进一步完善和解决关键技术问题，上海完全具有适度发展基础，并可以向未具备应用条件的城市和地区提供此项技术。对燃料电池汽车继续进行关键技术攻关，突破核心技术瓶颈，并探索生产制造工艺技术体系，为未来产业化奠定基础。开展历时最长、规模最大的群众性低碳运动:“世博绿色出行”，自2009年5月开始，至2011年3月结束，历时近两年。仅“穿越长三角绿色出行”活动20天的密集穿越，就将在长三角影响7500万人。具体项目紧扣低碳理念，设计时尚：世博绿色出行公交IC卡设计大赛、“世博绿色出行100+”、“寻找绿色出行达人”、“世博绿色出行林”等等。

碳交易机制与零距离接触“低碳”

据预测，上海世博会将产生900万吨碳排放。通过节能减排技术可自行承担其中的150万吨，其余750万吨碳排放可以通过自愿减排交易机制和交易平台，开放给全球公众，自行支付购买。2010年1月21日上海环境能源交易所开通了"世博自愿减排平台"，建立了自愿减排的碳交易机制，世博会期间，参与世博会的企业和各国观赏者都可以通过该交易平台来支付购买自己行程中的碳排放，实现自愿减排。所集得的资金，上海环境能源交易所将用来购买碳排放权，平抑世博期间的碳排放，达到全球范围内的碳排放数量的平衡。

参观者还通过植树造林的方式来做碳补偿，即通过相关基金平台进行捐款，这些资金用于植树造林，抵消在世博会参观期间的碳排放。世博会后，上海将通过各种途径开展植树造林和节能减排，力求通过4~5年的努力，实现上海世博会的"碳平衡"。

低碳世博推动上海低碳发展

上海世博会无疑开启和展示了中国低碳之路的发展理念。建设世博园区，并不仅仅是为了一个为期半年的盛会，而是为未来的城市奠基。要让世代居住在危棚简屋中 1 万多户居民的生活条件得到改善，要为周边280多家企业提升产业结构开辟空间，要借机"拔掉"城市中心区的污染源。

在点上，上海近年来强制淘汰了一批高耗能、高污染的落后工艺、设备、产品和企业，仅2007年就完成571个产业结构调整项目。

在面上，从临港新城到崇明生态岛，再到建设中的世博园，多个低碳发展综合实践区正因地制宜地进行研究与实践，积极探索后工业时代可持续发展的城市建设模式。

从点到面，再把这些分散的区域串连起来，未来上海低碳发展的路径已清晰可见。

上海的低碳经济刚刚起步，实现低碳发展的目标任重道远。以世博会为契机，上海还要继续加快产业结构调整，提高能源效率，控制煤炭消费总量，积极推进风电、生物质能发电、光伏发电等可再生能源电力项目建设，让上海的低碳之路越走越顺，努力实现上海城市全面、协调、可持续发展。

低碳是上海世博的最大亮点，上海世博会在世博史上将会因为低碳而留下重重一笔；上海世博更因为低碳理念，将有可能给人类文明带来重大转机。

（根据有关资料编写）

新能源和新能源汽车

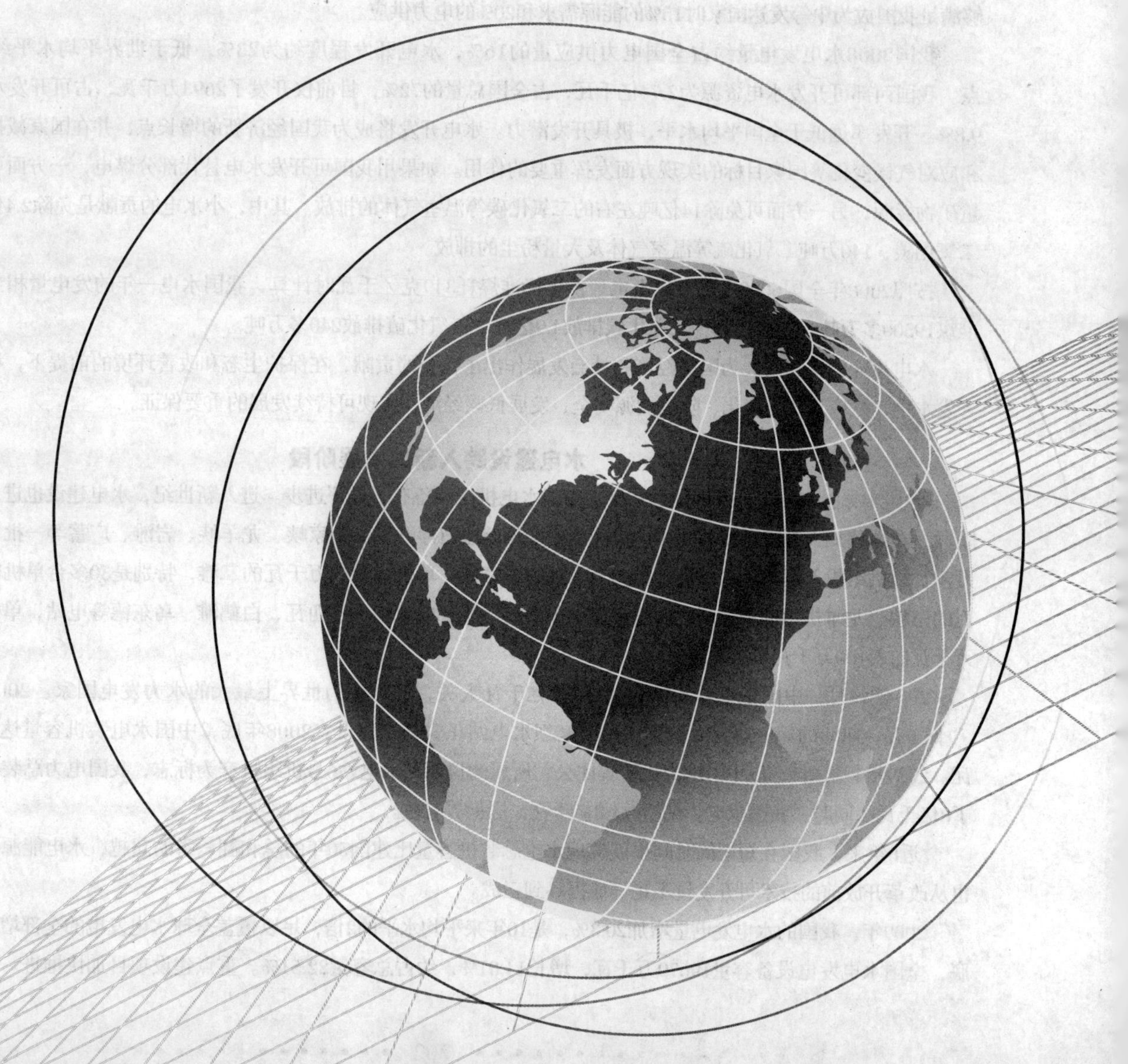

水力发电

水电是可再生、无污染、运行费用低的清洁能源，便于进行电力调峰，有利于提高资源利用率和经济社会的综合效益。在地球化石高碳能源日益紧张的情况下，水电作为技术最成熟、供应最稳定的可再生、低碳清洁能源，世界各国普遍优先开发水电，大力利用水能资源。

截至2008年底，全球水电装机已达9.45亿千瓦，发电量8.61万亿千瓦时，同比增加2.8%，是过去5年中第四次高于10年来的平均水平，约占全球电力供应量的20%。根据2008年的统计数据，世界上有16个国家依靠水电为其提供90%以上的能源。发达国家水电的平均开发度已在60%以上，其中法国达到90%，意大利超过90%以上。目前世界上有165个国家已明确将继续发展水电，其中70个国家在建总装机为1亿千瓦，110个国家规划建设3.38亿千瓦。

我国拥有世界上最丰富的水能资源，人均占有量为世界平均水平的81%。据2006年完成的各省水力资源普查表明，我国可开发水力资源达到5亿多千瓦，水能资源可开发的水电总装机容量为3.78亿千瓦，占世界总量的13.22%。其中可开发的小水电总装机容量为7200万千瓦，居世界首位。可开发水能资源年电能为1.92万亿千瓦时，约合6亿多吨标煤。其中小水电可开发水能资源年电能为3000亿千瓦时，约合1亿多吨标煤。这样巨大的水能资源能够满足我国成为中等发达国家时15%的能源需求和20%的电力供应。

我国2008水电发电量约占全国电力供应量的16%，水电开发程度约为23%，低于世界平均水平约10个百分点。我国西部可开发水电资源为2.74亿千瓦，占全国总量的72%，目前仅开发了2693万千瓦，占可开发水电资源的9.8%。开发率远低于全国平均水平，极具开发潜力。水电开发将成为我国经济新的增长点，并在国家减排温室气体和应对气候变化等国家目标的实现方面发挥重要的作用。如果用我国可开发水电替代部分煤电，一方面可以节省大量矿物能源，另一方面可免除14亿吨左右的二氧化碳等温室气体的排放。其中，小水电的贡献是免除2.4亿吨左右的二氧化碳、140万吨二氧化硫等温室气体及大量粉尘的排放。

按照2008年全国6000千瓦及以上电厂供电标准煤耗349克/千瓦时计算，我国水电一年的发电量相当于节约标准煤19500多万吨，相当于减少二氧化碳排放4.9亿吨、二氧化硫排放240多万吨。

水电事业的快速发展为国民经济和社会发展作出了重要的贡献，在保护生态和改善环境的前提下，科学有序地开发水电，是应对气候变化、防范能源安全、发展低碳经济、实现可持续发展的重要保证。

水电建设跨入新的发展阶段

新中国成立60年来，特别是近30年，中国水电机电装备有了显著进步。进入新世纪，水电建设也进入新的发展阶段，在继续加大开发力度的同时，中国水电实现健康有序开发。刘家峡、龙羊峡、岩滩、广蓄等一批单机容量30万千瓦级机组投入运行后，单机容量40万千瓦的李家峡，单机容量55万千瓦的二滩，特别是30多台单机容量70万千瓦的三峡、龙滩机组顺利投产。而正在建设中的溪洛渡、向家坝、拉西瓦、白鹤滩、乌东德等电站，单机容量从70万千瓦向着100万千瓦机组发展。

2004年9月，中国水电总装机容量突破1亿千瓦大关，一跃成为世界上最大的水力发电国家。2006年11月，“十一五”期间的第一座特大型水电站向家坝水电站正式开工建设。2008年底，中国水电装机容量达到1.72亿千瓦。2009年4月16日，以中国电力投资集团公司所属的拉西瓦水电站6号机组投产为标志，我国电力总装机容量突破了8亿千瓦。同时，我国水电装机超过1.8亿千瓦，居世界首位。

近8年来，我国在短短的时间里就实现水电总装机容量比建国50年的总和翻一番的超越，水电能源开发利用率也从改革开放前的技术可开发量不足一成提高到三成。

2009年，我国的水电发电量增加20.3%，是10年来平均水平的2倍，足以覆盖全球水电发电的全部增量。2009年底，全国水电发电设备容量19679万千瓦，增长14.01%，约占总容量22.51%。重点建设项目加快推进。随着青海拉西瓦水电站、云南小湾水电站、四川大渡河瀑布沟水电站等一批大中型水电机组的相继投产及河北、山西、河南、湖南、广东省合计355万千瓦抽水蓄能电站的建成，全国水电新增装机容量达到较高规模。

遵循自主创新的战略方针，中国大型水电机组的制造能力和水平正逐步达到世界先进水平。三峡工程左右岸26台发电机组中有8台是拥有自主知识产权的全国产化机组，中国大型水电机电装备制造业仅用了短短的7年，就实现了30年的大跨越，标志着中国自主设计、制造、安装特大型水轮发电机组的时代开始到来。

2001年12月至2004年12月，中国葛洲坝集团公司承担了三峡左岸4台进口机组安装任务。装机过程中，葛洲坝集团不断摸索大型水轮发电机组设计、制造规律，形成了独具特色的大型水电机组快速安装技术，4台机组累计提前528天投产发电，创造了70万千瓦机组全部安装工期仅290天的世界新纪录，标志着中国水电机组安装技术进入国际领先行列。

2009年8月31日，甘肃西营水库水电站的首台机组成功并网发电，不仅表明西营水库水电站建设取得了重要成果，更标志着我国在水电站发电综合控制技术方面取得了重大突破。

目前，葛洲坝集团公司在国内安装的水电机组总容量已超过2000万千瓦，占中国水电装机的五分之一，并已成功打入10多个国家的水电安装市场。这家水电施工企业在葛洲坝水电站机电安装中，曾创造年装机容量、年装机台数和装机速度三个全国第一的纪录。

随着水电开发热潮的兴起，中国今后几年将有150台特大型水电机组安装投产，三峡国产化机组安装的成功经验为中国大规模水电建设提供了经验。

中国水电事业在带来巨大发电效益的同时，对建设社会主义新农村、发展区域经济、改善大气环境、减少河道泥沙淤积、改善水质、保障电网安全经济运行以及灌溉、供水、防洪、交通、旅游、养殖等方面的综合效益同样发挥了不可估量的作用。仅发电量而言，一年就可替代约2.6亿吨原煤，向大气少排放约5亿吨的二氧化碳，生态和环保效益十分显著。

2015年前，我国将在金沙江、大渡河、雅砻江、澜沧江、乌江、黄河上游开发多个梯级水电站，约150台70万千瓦的巨型水轮发电机将投产发电。代表着清洁能源的水电比重将在能源结构体系中得到进一步提高。

小水电进发勃勃生机

小水电是指装机容量 5 万千瓦以下的水电站。小水电具有开发技术成熟、运行成本低、环境污染小、投资回报率稳定、替代化石能源、减少二氧化碳排放、社会效益和生态效益及经济效益显著等特点，因此小水电发展日益受到国际社会的重视，许多发展中国家为解决无电人口的用电问题而重视开发利用小水电，发达国家也出于生态效益、环境保护等方面的考虑看好小水电。

我国小水电资源十分丰富，农村水能资源可开发量1.28亿千瓦。新中国小水电发展经历了三个阶段，第一阶段平均每年增长21万千瓦，第二阶段平均每年增长88万千瓦，第三阶段平均每年增长330万千瓦。经过多年发展，小水电已成为我国农村经济社会发展的重要基础设施、山区生态建设和环境保护的重要手段。截至2008年底，小水电装机容量5100万千瓦，年发电量1600多亿千瓦时，约占我国水电装机和发电量的30％。按照2008年全国6000千瓦及以上电厂供电标准煤耗349g/千瓦时计算，我国小水电一年的发电量相当于节约标准煤5600多万吨，减少二氧化碳排放1.4亿吨，减少二氧化硫排放70多万吨。小水电不仅在增加能源供应、改善能源结构、保护生态环境、减少温室气体排放方面作出了重要贡献，还在电力应急保障中发挥了独特作用。

目前，小水电遍布全国1/2的地域、1/3的县市，累计解决了 3 亿多无电人口的用电问题，小水电地区的户通电率从1980年的不足40％提高到2008年的99.6％，供电质量和可靠性大大提高。中国农村水电及电气化事业已实现了由单站发电到联网运行“建设县电网”、由建设县电网到“建设中国特色农村电气化”的两次飞跃，并在此基础上，开始进入适应社会主义市场经济要求、紧密结合小水电的特点，在国家的必要扶持和国有资本的引导下，走混合所有制、股份制、股份合作制与集团化的道路，进一步建设较高水平的中国特色农村电气化的第三次飞跃。

根据《可再生能源中长期发展规划》，国家将在水能资源丰富地区，结合水电农村电气化县建设和实施小水电代燃料工程，加快开发小水电资源，到2020年全国小水电装机容量达到7500万千瓦。

小水电代燃料试点工程

为巩固退耕还林成果，2002年12月3日，国务院召开全国抗旱和农田水利基本建设电视电话会议，确定开展小水电替代燃料的试点。

《中共中央、国务院关于做好2002年农业和农村工作的意见》(中发〔2002〕2号)把农村水电列为国家重点支持的农村中小型基础设施，要求放在更加重要的位置，加大投资力度。2003年《中共中央、国务院关于做好农业和农村工作的意见》（中发〔2003〕3号）进一步要求对农村水电等农村中小型基础设施扩大投资规模，充实建设内容，并要求启动小水电代燃料试点，巩固退耕还林成果。《国务院关于进一步完善退耕还林政策措施的若干意见》指出，应积极开展农村能源建设，以保护好生态建设成果，中央对农村能源建设给予适当补助。国务院颁布的《退耕还林条例》明确提出，地方各级政府应当根据实际情况加强小水电等农村能源建设，解决退耕还林者对能源的需求。《国务院关于克服非典型肺炎疫情影响促进农民增加收入的意见》进一步要求搞好小水电代燃料试点工作。近几年的中央1号文件都把农村水电列入农村中小型基础设施建设的重点领域，多次强调推进小水电代燃料工程建设。《国务院办公厅关于落实中共中央、国务院做好农业和农村工作意见有关政策措施的通知》明确：“关于启动小水电代燃料试点问题，由水利部牵头，会同国家计委、西部开发办提出意见并抓紧组织实施。”

水利部贯彻落实党中央、国务院的指示精神，高度重视小水电代燃料工程，把小水电代燃料工程列为水利建设“三大亮点”工程之一。进行典型调研。经过近两年的努力，全国886个县（市、区、旗）编制了县级小水电代燃料生态保护工程规划，25个省（自治区、直辖市）和新疆生产建设兵团编制了省级小水电代燃料生态保护工程规划，经各省级综合部门审查后，报国务院或水利部。在调研和各省（自治区、直辖市）规划的基础上，2007年水利部组织编制完成了《全国小水电代燃料生态保护工程规划》。《规划》的实施，将产生巨大的经济效益、社会效益与环境效益。据调查统计，规划区代燃料户每年烧柴平均5000公斤，按规划代燃料户2830万户计算，实施小水电代燃料生态建设项目，每年可少烧柴14150万吨，约减少木材消耗1．89亿立方米。据中国林科院资料，小水电代燃料生态建设保护森林面积3．4亿亩，每年可吸收二氧化碳1．61亿吨。根据《实用环境工作手册》标准，实施小水电代燃料生态建设项目，每年可减少燃煤排放二氧化碳4100万吨。两项合计每年减少二氧化碳2．02亿吨。据普华永道国际咨询组织测算，按照减少排放1吨二氧化碳的最低成本20美元计算，社会每年可获得生态效益330亿元。根据《实用环境工作手册》标准，实施小水电代燃料生态建设项目每年还可减少排放二氧化硫92万吨，社会可获得生态效益30亿元。减少二氧化碳、二氧化硫排放，年可获直接生态效益360亿元。按照代燃料电价0.7元/千瓦时、可售电量电价0.316元/千瓦时计算，工程全部完成后国家每年可实现166.5亿元的电力产值，农民也可因此减负增收。小水电代燃料生态建设项目实施后，可提供344亿千瓦时的电量用于工农业生产，按每千瓦时电量可创造国内生产总值5元计算，小水电代燃料生态保护工程每年可带动其他产业新增国内生产总值1720亿元。两项合计年经济效益1880多亿元。

2003年国家启动小水电代燃料试点工程以来，已使80多万农民告别了祖祖辈辈上山砍柴、烟熏火燎的日子，保护森林面积350万亩。据统计，小水电代燃料试点和扩大试点共建设小水电站100多座，新增小水电装机20多万千瓦，年新增发电量6亿多千瓦时，相当于每年节约标准煤20多万吨，减少二氧化碳排放50多万吨。

2009年，国家批复了《2009～2015年全国小水电代燃料工程规划》，提出到2015年，全国新增代燃料装机170万千瓦，解决170万户、677万农民的生活燃料问题，保护2390万亩森林面积。2009年，中央投资由1亿元增加到3亿元。同年，国家发改委和水利部联合印发《关于加强小水电代燃料和水电农村电气化建设与管理的通知》，全国小水电代燃料工程建设现场会在吉林省长白县成功召开，水利部办公厅印发了《关于做好“十二五”水电新农村电气化规划编制工作的通知》，这些标志着小水电代燃料建设由试点阶段进入全面实施阶段。

（根据有关资料编写）

核电开发利用

核电是清洁高效的能源，污染少、温室气体接近零排放。截至2007年底，全世界共有439座核电站机组在运行，发电总量达到372 GW（电），为全世界提供了约16%的电力，占全球一次能源消费总量的5.61%。当前核电站中长期的扩建仍集中在亚洲，有32座核电站机组在建，而其中18座是在亚洲。美国核管会预计到2009年底将收到总计21个此类申请，总共涉及32座核电站机组。受温室气体减排及能源需求双重压力，越来越多的国家看好核电。

我国核工业是在党中央、国务院的亲切关怀下建立和发展起来的战略性高科技产业，是实现我国能源可持续发展的重要支撑，对保持我国核大国地位、维护国家安全、推动经济发展、建设环境友好型社会和节能减排肩负着重大责任。积极发展核电有利于优化我国的能源结构，缓解电力紧张局面，减轻由环境排放和交通运输造成的压力。

自1955年创建以来，我国核工业从无到有，从小到大，成功研制了“两弹一艇”，打破了超级大国核垄断，为提高我国国际地位、保卫国家安全做出了历史性贡献。

我国核电事业始于1970年。1985年3月，我国大陆第一座核电站秦山核电站在浙江省海盐县秦山镇开工建设。1994年9月，经国务院批准，中国广东核电集团有限公司成立。1999年7月，中国核工业集团公司和中国核工业建设集团公司在北京成立。2000年10月，中共十五届五中全会通过了《中共中央关于制定国民经济和社会发展第十个五年计划的建议》，《建议》指出：适当发展核电。2006年2月，国务院发布《国家中长期科学和技术发展规划纲要(2006～2020年)》，“大型先进压水堆及高温气冷堆核电站”成为16个重大科技专项之一。2006年3月，十届全国人大四次会议批准《国民经济和社会发展第十一个五年规划纲要》。《纲要》指出：积极推进核电建设。2006年3月，国务院常务会议审议并原则通过了《核电中长期发展规划(2005年~2020年)》，到2020年我国核电装机占全国发电装机的比例将增加到4%，达到4000万千瓦。2008年7月，国家能源局成立。

据中国电力企业联合会统计，截至2009年底，我国核电已建成运行11个反应堆，装机容量为910万千瓦，仅占全国发电装机总量的1.04%；核电的发电量为700亿千瓦时，同比增长1.13%，仅占全国发电总量的1.95%；核电厂发电设备利用小时7914小时，同比上升89小时。核准在建核电机组24台，总装机容量2540万千瓦，是目前世界上核电在建规模最大的国家。

发展历程

为推进核能的和平利用，20世纪70年代，国务院做出了发展核电的决定。1970年2月8日，周恩来总理在听取上海地区领导人关于缺电缺煤的汇报时睿智地指出，从长远看，解决上海和华东地区的缺电问题要靠核电站。1974年3月，周总理抱病审批了中国工程院院士欧阳予主持制定的30万千瓦级压水堆核电工程技术方案，这个工程就以周总理最先提出建设核电站的日子命名，被称作“728工程”，我国核电从此起步。经过三十多年的努力，我国核电从无到有，得到了很大的发展，走上了“军民结合”道路，既为国防建设服务，又为国民经济建设服务，初步形成了包括核军工、核电、核燃料循环和核技术应用在内完整的新型核工业体系。

1985年3月，我国大陆第一座核电站秦山核电站在浙江省海盐县秦山镇开工建设。秦山核电站一期建设中，中国组织了全国上万个单位协作攻关，解决了388项技术难题。1991年2月，秦山一期核电站建成投产并网发电，总装机容量290万千瓦，是我国自行设计、建造和管理的第一座核电站，它的建成投产不仅结束了我国大陆无核电的历史，同时使我国成为世界上第7个能独立研制建造核电站的国家。

据统计，我国现有的11个核电机组已安全运行67个堆年(一个核反应堆运行一周年称为1堆年)。

通过“十五”建设，秦山二期、秦山三期、岭澳核电站已投入商业运行，田湾核电站1号机组已完成装料，到2005年我国（大陆）核电装机容量为700万千瓦，年发电量为530亿千瓦时。在役核电站运行技术取得了长足的进步，运行电站保持了良好的运行状态，平均负荷因子达到80%以上。

在秦山核电站进程稳步推进的同时，广东核电项目也取得了进展。1987年8月7日，秉承“高起点起步，引进先进技术”的建设方针，拥有两台单机容量为98.4万千瓦压水堆核电机组的大亚湾核电站工程正式开工。1994年，大亚湾核电站两台机组先后投入商业运行。与秦山核电站的“自主建设”不同，大亚湾核电站的建设按照“借贷建设、售电还钱、合资经营”的模式，走出了新中国利用外资建设大型基础产业项目的新路。截止2009年5月6日，大亚湾核电站15年中累计实现上网电量2051.2亿千瓦时，其中输送香港1400.79亿千瓦时，这相当于香港每4户家庭中就有1户使用来自大亚湾核电站的电力。

1997年5月，广东岭澳核电站开工。两年后，从俄罗斯引进的江苏田湾核电站一期主体工程开工，这也是中国大陆在役核电站中技术最先进的核电站。

2005年初，我国核电由“适度发展”转变为“积极推进”，进入了加快发展的新阶段。2005年12月15日，岭澳核电站二期主体工程开工建设。全国人大常委会委员长吴邦国作重要批示。继岭澳二期之后，我国核电产业被迅速推上“快车道”，秦山二期扩建、红沿河、宁德、福清、方家山等一批项目紧随其后。浙江三门和广东阳江项目的三代核电技术招标工作正在进行。

2007年建成投产的田湾核电站是目前我国现有4座核电站（秦山、大亚湾、田湾、岭澳核电站）中单机容量最大的核电站，按8台百万千瓦级核电机组规划，总装机容量1000万千瓦。

2008年是我国新核准核电项目、新开工核电机组、新获准开展前期工作核电项目最多的一年。这一年，国家新核准了福建宁德、福建福清、广东阳江、浙江方家山等四个新的核电项目，共14台百万千瓦级核电机组。

2008年2月，海峡西岸首座核电站——宁德核电站1号机组开工建设。宁德核电站一期4台机组建成投产后，年上网电量约300亿千瓦时，每年可减少电煤消耗约1200万吨，减少温室气体排放约2700万吨，对环境保护的贡献相当于种植4000多公顷的森林。

2008年11月，福清核电站一期工程动工，将建设1号、2号两台百万千瓦级机组。

2009年4月19日，中共中央政治局常委、国务院副总理李克强出席浙江三门核电一期工程开工仪式，宣布全球首台第三代AP1000压水堆核电机组在这里正式开工建设。

2009年12月21日，总投资502亿元的由两台单机容量达175万千瓦机组组成的台山核电站一期工程开工兴建。这是当今世界单机规模最大的核电机组。一期工程采用欧洲先进压水堆技术(EPR)建设2台单机175万千瓦核电机组，1号机组计划于2013年12月投入商业运行，建设工期为52个月。两台机组建成后，年上网电量约260亿千瓦时。

2009年12月28日山东海阳核电站一期工程举行开工建设。山东海阳核电项目是推进我国第三代核电技术自主化的重要依托工程。该项目一期工程规划建设2台125万千瓦先进压水堆（ＡＰ1000）核电机组,分别于2014年和2015年建成投产。届时年发电量将达到175亿千瓦时,可极大缓解山东这个经济大省的电力紧张局势并改善电源结构。山东海阳核电项目采用美国西屋公司设计的当今世界上最先进的AP1000三代核电技术。

2009年，新开工建设浙江三门、山东海阳和广东台山等核电站，新核准开工规模840万千瓦。山东海阳核电站是我国第三代核电自主化依托项目规划建设6台百万千瓦级核电机组，并预留两台扩建场地。其中，一期工程建设两台125万千瓦的AP1000三代核电机组，首台机组计划于2014年投产。

从引进消化到自主创新

目前在压水堆核电站设计、设备制造、工程建设和运行管理等方面已经初步形成了一定的能力，为实现规模化发展奠定了基础。

通过秦山核电厂的建设，我国已掌握了30万千瓦压水堆核电机组的设计建造技术，国产设备按投资比率已超过70%。中广核集团岭澳核电站二期是国家核电技术自主品牌CPR1000示范工程，在我国核电发展中具有承上启下的作用，秦山二期则是核电国产化的重大跨越，是中国人自主创新、掌握核电核心技术的跨越。

在秦山二期工程建设中，中核集团通过自主设计，掌握了标准环路的设计技术；通过自主建造，55项重点设备有47项实现了国产化；通过自主管理，实施质量、进度和投资三大控制，建成了一座难度相当大的核电站；通过自主运营，创造了良好的运行业绩。

秦山三期是我国引进加拿大的先进重水堆核电站。中核集团在工程管理上实现了与国际接轨。加拿大成熟的坎杜6型核电站设计，被中国人进行了96项较重要的设计变更和技术改进，其中有21项改进是第一次在这种堆型上采用。

广东岭澳核电站的建设在引进、消化国外先进技术基础上，实施重大技术改进，实现工程管理、建安施工、调试和生产准备自主化和部分设备国产化的成功实践，为探索形成自主品牌百万千瓦级核电技术路线奠定了良好的基础。项目建设将加快我国全面掌握第二代改进型百万千瓦级核电站技术，基本形成自主技术品牌核电站设计自主化和设备制造国产化能力。2007年8月，采用CPR1000先进压水堆技术的辽宁红沿河核电站开工建设。

通过核电的自主建设，大型汽轮机组在引进火电60万千瓦技术的基础上实施合作设计、优化和改进，实现了国产化，大宗核电专用设备和材料如主蒸汽管道、20号核容钢等通过科研攻关，解决了国产化的问题。目前，我国在上海、四川和东北形成了三大核电设备制造基地，一大批国内企业参与了核电站相关设备材料的生产，使我国装备技术水平跃上一个新台阶。

2008年，由中国核动力研究设计院自主设计、上海电气第一机床厂有限公司自主制造的首台核岛关键设备——秦山二期扩建工程3号机组堆内构件最近顺利通过验收出厂，设备全部实现国产化，标志着我国核电反应堆关键设备的设计制造技术达到国际水平。

堆内构件是核电站反应堆的核心设备，由1万多个零件组成，全部采用核级不锈钢和镍基合金，是集精密加工、精密焊接于一体的大型设备。上海电气第一机床厂有限公司在制造秦山二期扩建工程3号机组堆内构件的过程中，立足自主创新，采用专有技术，突破了吊篮筒体制造、下部导向筒制造中的技术瓶颈，填补了我国核电制造领域的空白。

2009年6月15日，岭澳二期项目4号机组反应堆压力容器被吊装发运。当日，我国首台国产百万千瓦级核电反应堆压力容器——岭澳二期项目4号机组反应堆压力容器在广州制造成功并顺利发运。这代表我国核电关键设备国产化取得重大突破。

2009年，“国家核电”先后顺利完成三门核电站1号机组CA20模块的工厂化预制和现场拼装、组焊、整体吊装，标志着世界上最先进的第三代核电AP1000技术的模块化设计和施工的先进理念已经从理论变成了现实，成功开启了我国核电站工程建设进入模块化设计和建造新时代的帷幕，也为我国后续AP1000核电站工程大规模使用模块化建造技术积累了宝贵的经验。

2009年12月，我国第一重型机械集团公司（以下简称“一重”）承担的第三代核电AP1000自主化依托项目三门核电站2号机组蒸汽发生器管板锻件研制取得成功，在实现AP1000核岛反应堆压力容器锻件完全国产化的基础上，再次实现了蒸汽发生器锻件的完全国产化，一举攻克制约我国核电发展的重大技术难关，大幅提升了我国核电装备制造的整体水平和技术能力。

2009年，国家能源局审定批准在全国设立首批十六个“国家能源研发(实验)中心”。其中，三个核能研发(实验)中心有两家落户中国广东核电集团，分别为“国家能源核电站核级设备研发中心”和“国家能源核电站数字化仪控系统研发中心”；一家落户中国核工业集团公司，为“国家核动力研发基地”。

我国在建设一批二代改进型压水堆核电机组的同时，抓紧三代核电自主化依托项目建设。2009年五个新的核电项目开工，其中三门和海阳是三代核电AP1000自主化依托项目。同时，实验快堆、高温气冷堆、热核聚变装置等一系列科研工程项目积极推进。旨在提高我国核电自主研发和建设能力，开发出具有经济性、先进性和安全性的三代压水堆和四代核电站的自主品牌，提高核燃料的利用率,形成真正的绿色核燃料循环。

目前，我国在第三代核电自主化依托项目工程建设中，引进消化吸收再创新和自主创新，在世界上率先掌握了第三代核电AP1000的五大核心关键技术，为推进中国核电产业技术水平的整体跨越，为实现我国第三代核电AP1000的自主化、批量化建设打下了坚实的基础。

这五大核心关键技术分别是：一是核岛筏基大体积混凝土一次性整体浇注技术。2009年3月31日，世界上首台AP1000核电机组三门核电站一号机组核岛第一罐混凝土浇注顺利完成，4月20日混凝土养护取得成功。这是世界核电站工程建设中首次成功采用核岛筏基大体积混凝土一次性整体浇注的先进技术，我国成为首个成功掌握此项技术的国家。二是核岛钢制安全壳底封头成套制造技术。2009年12月21日，三门核电站一号机组核岛钢制安全壳底封头成功实现整体吊装就位，AP1000首次采用在核电站反应堆压力容器外增加钢制安全壳的新技术。钢制安全壳是AP1000核电站反应堆厂房的内层屏蔽结构，是非能动安全系统中的重要设备之一。AP1000钢制安全壳底封头钢板的典型特征是大尺寸、多曲率、高精度，采用整体模压一次成型技术，尚属世界性难题。中方企业攻克了一系列世界性的技术难题和工艺难关，提升了我国核电装备制造和相关材料研制的水平。三是模块化设计与制造技术。2009年6月29日，三门核电站一号机组核岛最大的结构模块CA20模块成功吊装就位，开启了我国核电站工程模块化建造的新时代。CA20模块的工厂化预制和现场拼装、组焊、整体吊装的顺利完成，标志着AP1000技术的模块化设计和施工的先进理念已经从理论变成了现实。四是主管道制造关键技术。2010年1月11日，我国AP1000自主化依托项目国产化主管道采购合同在北京签订。国核工程公司与中国第二重型机械集团公司(德阳)重型装备股份公司签订了主管道采购合同。AP1000主管道是我国AP1000自主化依托项目中唯一没有引进国外技术的核岛关键设备。中国二重集团等国内多家企业通过为时两年的科研攻关，自主突破了AP1000主管道制造的技术难关，制造的主管道1：1模拟件综合技术指标已完全符合美国西屋公司的设计技术标准，达到世界一流水平，大幅降低了主管道的采购成本。五是关键设备大型锻件制造技术。2009年12月22日，中国一重承担的三门核电站2号机组蒸汽发生器管板锻件研制取得成功，在先前实现AP1000核岛反应堆压力容器锻件完全国产化的基础上，再次实现了蒸汽发生器锻件的完全国产化，一举攻克了制约我国核电发展的重大技术难关，大幅提升了我国核电装备制造的整体水平和技术能力，打破了国外企业在高端大型铸锻件市场的垄断。除大型锻件外，目前，反应堆压力容器、蒸汽发生器、主泵、主管道、钢制安全壳等核岛关键设备国产化工作均取得实质性进展，确保了我国后续三代核电批量化、规模化发展。

大型先进压水堆核电站重大专项（简称“大型核电重大专项”）是《国家中长期科学和技术发展规划纲要（2006-2020）》确定的16个国家重大科技专项之一的子项，也是我国建设创新型国家的标志性工程之一。2008年2月15日，国务院常务会议原则通过了《大型先进压水堆核电站重大专项总体实施方案》，批准由国家核电技术公司作为大型核电重大专项的组织实施者和示范工程的实施主体。2009年大型核电重大专项工作得到扎实推进，成效显著，我国自主创新的“大核电”扬帆起航。一是大型核电重大专项协作攻关的态势初步形成；二是大型核电重大专项的科研工作取得重要进展；三是积极推进大型核电重大专项示范工程CAP1400建设的前期准备工作。

2009年10月27日下午，中国核工业集团公司与国家核电技术公司在北京签署《共同推进第三代核电技术自主化发展战略合作协议》。我们的目标是:在2020年左右形成比较完整的自主化核电工业体系，具备批量化建设先进核电站能力,建立完善的核电法规和标准体系，努力培育与国际先进水平接轨的核电建设和运营管理模式。

核电进入大规模发展阶段

经过30多年的发展和积累，中国核电已经具备了大规模发展的条件。国家首次明确核电在国家能源结构中的战略地位，确定了“积极推进核电建设”的方针，为核电发展指明了方向。

国务院批准发布《核电中长期发展规划(2005-2020)》，明确到2020年，中国核电运行装机容量达到4000万千瓦、在建1800万千瓦的发展目标。核电占全部电力装机容量的比重从现在不到2%提高到4%。中国核电进入到批量化规模发展的新阶段。

根据新的发展规划，到2020年我国核电装机容量将达到8000万千瓦，总投资规模约为9000亿元。在2015年之前我国将相继建成9至10座核电站。我国一些省市内陆核电厂址的选址工作正在紧张进行,我国内陆核电建设的条件已基本成熟，有关工作正在积极有序地推进之中。核电项目选址工作已遍及全国18个省(区、市)，据统计，除已建和在建工程外，沿海地区开展前期工作已较充分的厂址有近6000万千瓦，为核电下一步扩大发展规模提供了厂址保证。据电力规划设计总院介绍,我国审查完初可研的核电项目共计43个,其中内陆厂址占31个。除上述31个内陆核电厂址之外,另有处于普选阶段的超过20个。湖北、湖南、江西、安徽、四川、甘肃、河南、吉林等省都在积极进行核电站厂址的申报工作，电网建设将力争完成全年投资任务：2009年第四季度，国网公司的投资进度明显加快。全年电网基本建设投资规模进一步扩大到3500亿左右，电网投资占全部电力建设投资规模的比重继续提高。

2007年4月公布的《能源发展“十一五”规划》指出，到2010年一次能源中核电、水电及其他可再生能源所占比例要达到9%。而更长远的规划则要求，到2020年中国的新能源要占到能源消耗的20%。

按照2007年公布的《核电中长期发展规划（2005-2020年）》，到2020年运行核电装机容量达到4000万千瓦，

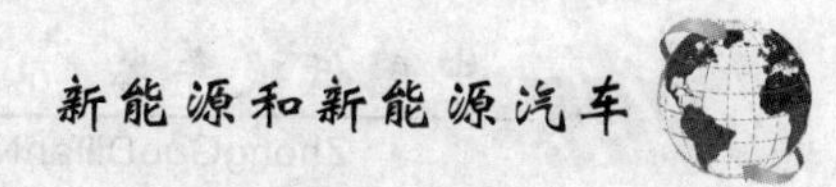

核电在全部电力装机容量中的比例从当时的不到2%提高到4%。

在未来发展非化石能源时核电要实行大发展，现在国家正在调整核电发展的速率，预计到2020年核电装机要达到7600万千瓦的水平，在十二五期间就要做到3000万到4000万千瓦的水平。

国家有关部门正酝酿推出《战略性新兴产业发展规划》，该规划将成为国家四万亿投资规划、十大产业振兴规划出台之后的又一项振兴经济的重大举措。该发展规划预计在2010年8月出台。

目前，我国已经明确提出在2020年以前发展4000万千瓦的计划。

经过发改委同意已经开展前期工作的核电装机容量有3300万千瓦左右，正在建设和运行的已经超过6000万千瓦，到2020年将突破7000万千瓦的装机容量。到2030年我国有望实现2亿千瓦装机容量，到2050年有望实现4亿千瓦的装机容量。

一直以来，市场对我国核电发展存在几方面的担忧，包括铀矿储量、核废料处理、水资源制约以及核安全问题。对中低放射性核废料的处置从20世纪60年代就开始，计划建成五个中低放射性废料处置厂，目前已经建成两个，还有一个正在建设中，剩下的两个尚处在规划中。计划到2020年左右建成高放射性废料处置地下实验室，到2050年建成我国第一个高放射性废料处置库，未来国家还将加大对核废料处理的政策支持和相关投入。我国核能安全制度比较完善，从上世纪50年代核电发展起步开始至今，没有发生过一例因辐射、泄露致死的记录。为适应眼下核能高速发展，我国有关部门已制定计划以扩展核安全领域的负责队伍，同时加强整个核产业后备人才的培养力度。

未来10年左右的时间，中国将建成的核电总装机容量相当于100座大亚湾那样的百万千瓦级核电站，总投资将超过6000亿。

在未来十几年间，将新开工建设30台以上的百万千瓦级核电机组，最终实现核电占全部发电装机容量的4%左右，发电量占国内总发电量的6%。据预测，到2020年国内发电装机容量将达8~9亿千瓦。未来15年我国要建设3000万到5000万千瓦的装机容量，建设的速度是过去的5倍以上。在国家核电中长期发展规划中，未来我国将新增投产核电站主要安排在浙江、江苏、广东、山东、辽宁和福建6个沿海省兴建，并已确定了13个优先选择的厂址。

在周密调研、充分论证的基础上，进一步加大核电中长期建设规模，较大幅度提高核电所占比例。核电作为我国新能源的主力军，我国核电产业正面临着难得的发展机遇，正在进入批量化、规模化的快速发展阶段，中国核电迎来了前所未有的机遇。

（根据有关资料编写）

风能开发利用

风能是具有规模应用前景的零排放、可再生能源。据世界气象组织（WMO）和中国气象局气象科学研究院分析，地球上可利用的风能资源为200亿kW，是地球上可利用水能的20倍。目前，风能的技术相比于其他一些新能源，开发得比较成熟。风能的利用方式有多种，包括风力发电、风力提水，而且还有风力致热、风帆助航等。2002年欧洲风能协会（EWEA）与绿色和平组织发表了一份标题为“风力12”的报告，勾画了风电在2020年达到世界电量12%的蓝图。“报告”论证了风电达到世界电量12%的可能性，还指出中国2020年风电装机有可能达到1.7亿千瓦。

我国风能资源十分丰富。20世纪80年代以来，中国气象局先后组织开展了三次风能资源调查工作，利用全国气象台站的观测资料进行统计分析，得到离地面10米高度的风能资源量以及分布情况。据初步估算，我国陆地上离地面10米高度处计算的风能资源理论储量约为43亿千瓦，技术可开发量约为3.8亿千瓦。我国沿海5~20米深的海域面积辽阔，按照与陆上风能资源同样的方法估算，10米高度可利用的风能资源约为7亿多千瓦。最近风能资源详查开展了高达120米的多层次专业测风观测，建成由400座测风塔组成的风能资源专业观测网，突破了以往气象站测风仅有10米高度的限制。各有关部门及行业的专家认为，此次阶段性风能资源评估结论可作为风电规划、风电建设项目立项的基本依据，对促进我国风电产业健康有序发展具有重要的参考作用。

我国风能资源丰富区主要分布在西北、华北、东北地区以及沿海及其附近岛屿。技术可开发面积（年平均风能密度大于150瓦/平方米的区域）约为20万平方公里。从我国风能资源看，风电完全可能成为火电、水电之后的第三大电源。

风能利用的政策支持

中国风电得到了政府政策的大力扶持。一方面，国家先后颁布出台了《中华人民共和国可再生能源法》、《可再生资源发电价格和费用分摊管理试行办法》等多部法律法规，从上网电价、进口关税、贷款、税收等方面支持风电发展，并由国家设立专项资金支持可再生能源发展，还明确说明若可再生能源发电电价高于当地电网平均上网电价，则高出部分在全国范围的销售电价中进行分摊。另一方面，国家为风电发展提供了持续的科研支持和税收减免。科学技术技部从“九五”计划时就开始资助国产大型风机的研发；国家发改委要求国内风电项目国产化比例不低于70%；财政部、国家税务总局2002年就将风力发电所发电量的增值税税率由17%减少到8.5%；财政部2008年颁布《风力发电设备产业化专项资金管理暂行办法》，安排专项资金支持风力发电设备产业化。

十分丰富的风力资源

2007年1月4日，国家发改委发布《可再生能源发电价格和费用分摊管理试行办法》，明确规定：风力发电项目的上网电价实行政府指导价，电价标准由国务院价格主管部门核准按照招标形成的价格确定。

2007年9月由国家发展改革委公布的《可再生能源中长期发展规划》提出，充分利用水电、沼气、太阳能热利用和地热能等技术成熟、经济性好的可再生能源，加快推进风力发电、生物质发电、太阳能发电的产业化发展，逐步提高优质清洁可再生能源在能源结构中的比例，力争到2010年使可再生能源消费量达到能源消费总

首座风能资源观测塔落户天津

量的10%左右，到2020年达到15%左右。

2008年由财政部颁布实施的《风力发电设备产业化专项资金管理暂行办法》规定，政府将对符合支持条件的首50台兆瓦级风电机组按照600元/千瓦的标准予以补助，其中整机制造企业和关键零部件制造企业各占50%。

2009年的《政府工作报告》中明确提出将大力开发风能、太阳能等可再生能源。2009年5月12日颁布的《装备制造业调整和振兴规划》提出，以核电、风电为代表的高效清洁发电装备和特高压输变电装备是未来的发展重点。

即将出台的《新能源产业振兴规划》中将加大对关键零部件制造企业的扶持力度，其目的就是引导风电产业市场朝着整机生产和关键零部件研发平衡发展的道路前进。根据《新能源产业振兴规划》草案，2020年我国风电总装机容量将达1.5亿千瓦，是2007年发布的《可再生能源中长期发展规划》目标的5倍。国家能源局确定了千万千瓦风电基地规划，在保证规划的千万千瓦级风电基地建成后，我国在2020年就可以达到1亿千瓦的装机容量。根据规划，我国将在甘肃、新疆、河北、吉林、内蒙古、江苏六个省区打造7个千万千瓦级风电基地。甘肃酒泉千万千瓦级风电基地建设规划总装机容量为3565万千瓦；新疆哈密规划2000万千瓦；内蒙古规划建设5000万千瓦，其中蒙西2000万千瓦，蒙东3000万千瓦；河北规划在沿海和北部地区共建设1000万千瓦；江苏规划建设1000万千瓦，其中近海700万千瓦；吉林西部地区，主要在松源和白城等市，规划到2020年达到2300万千瓦。

风能利用跻身世界第三

我国是世界上利用风力最早的国家之一，风能利用历史可追溯到公元前，但进行风力发电科研的工作起步较晚，并网风电建设始于20世纪80年代，至今已有20多年的历史。在发展初期，风电建设速度较缓慢。到2002年底，全国风电装机容量仅为45万千瓦，最大投运机组为600千瓦。

近年来，随着风电技术进步和国家产业政策的扶持，我国风电得到快速发展。海上风电也开始突破。2007年，全国累计安装风电机组6458台，装机容量622.0万kW，风电场100多个，2007年装机容量中兆瓦级风电机组装机累计容量为2249MW，占38%，其中国产化兆瓦级风电机组装机累计容量为1120MW，占19%，风电场分布在16个省(市、自治区)。2007年11月，中国海洋石油总公司在渤海绥中安装1台金风1500千瓦海上风电机组。

2008年5月，国家核准了上海东海大桥100兆瓦海上风电示范项目。10月16日，国家能源局在新疆召开“新疆

2008年底全国各省（区、市）风电累积装机及所占比例统计

序号	省份	装机规模（万千瓦）	占全国比例（%）
1	内蒙古	376.00	30.89
2	辽宁	118.92	9.77
3	吉林	115.79	9.51
4	河北	110.16	9.05
5	黑龙江	83.35	6.85
6	江苏	64.68	5.31
7	新疆	63.51	5.22
8	甘肃	60.76	4.99
9	山东	58.00	4.76
10	宁夏	39.32	3.23
11	广东	34.99	2.87
12	福建	25.98	2.13
13	浙江	19.00	1.56
14	山西	12.45	1.02
15	云南	7.88	0.65
16	北京	6.45	0.53
17	海南	5.82	0.48
18	河南	4.88	0.40
19	上海	3.94	0.32
20	江西	3.90	0.32
21	湖北	1.36	0.11
22	湖南	0.17	0.01
总计		1217.29	100

注：数据来自水电水利规划设计总院。

酒泉千万千瓦级风电基地一期工程开工仪式

哈密地区千万千瓦级风电基地规划报告审查会议”，规划在哈密东南部和北部的三塘湖-淖毛湖风区建设2000万千瓦风电场。11月，位于天津市塘沽区的风能资源观测塔完成了安装调试，该塔是全国风能资源观测网项目第一个完成的测风塔，其观测数据的成功收集标志着我国“风能资源详查和评价工作”进入了新阶段，对于加快我国的可再生能源开发和利用的步伐有重要意义。据天津市气象局有关部门负责人介绍，由于风电开发所需的风能资源和其他资源不太一样，需要非常准确地测风，才能保证一定的经济回报率，因此我国将在风能丰富、具有风电开发潜力的区域兴建400座70米和100米高度的测风观测塔，主要覆盖西北、华北、东北以及东部沿海风能资源丰富地区。通过建设一个风能资源专业观测网，以2年的连续观测，提出全国风能资源的详查与评价结果，全面掌握我国风能资源的状况和变化规律，提高风电资源的评价和风电场建设的设计水平，项目将在2011年全部完成。其他地区的千万千瓦级风电基地建设规划正在编制中。内蒙古规划建设5000万千瓦，其中蒙西2000万千瓦，蒙东3000万千瓦；河北规划在沿海和北部地区共建设1000万千瓦；江苏规划建设1000万千瓦，其中近海700万千瓦。千万千瓦级风电基地的规划和建设，将保证中国2020年 1 亿千瓦风电基地生产的电能输出和销纳，实现国家可再生能源中长期发展规划中的目标，非水电可再生能源电量达到 3 %。

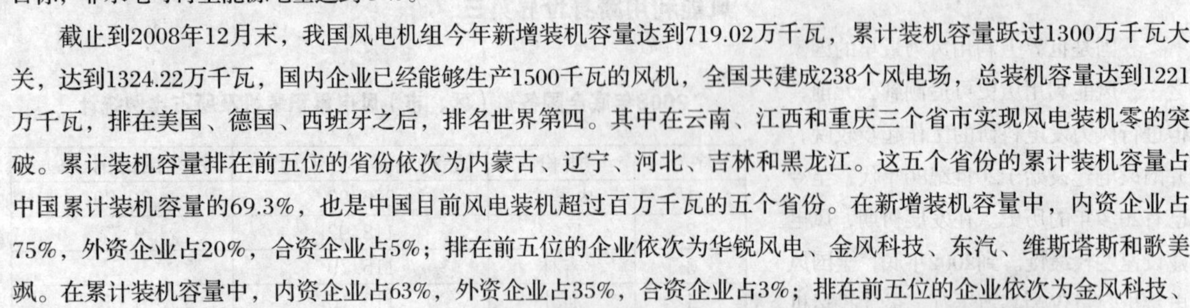

截止到2008年12月末，我国风电机组今年新增装机容量达到719.02万千瓦，累计装机容量跃过1300万千瓦大关，达到1324.22万千瓦，国内企业已经能够生产1500千瓦的风机，全国共建成238个风电场，总装机容量达到1221万千瓦，排在美国、德国、西班牙之后，排名世界第四。其中在云南、江西和重庆三个省市实现风电装机零的突破。累计装机容量排在前五位的省份依次为内蒙古、辽宁、河北、吉林和黑龙江。这五个省份的累计装机容量占中国累计装机容量的69.3%，也是中国目前风电装机超过百万千瓦的五个省份。在新增装机容量中，内资企业占75%，外资企业占20%，合资企业占5%；排在前五位的企业依次为华锐风电、金风科技、东汽、维斯塔斯和歌美飒。在累计装机容量中，内资企业占63%，外资企业占35%，合资企业占3%；排在前五位的企业依次为金风科技、华锐风电、东汽、维斯塔斯和歌美飒。从上述数据可以看出，内资的市场份额在增长，外资的份额在下降。

2009年，全球金融危机不会给迅猛发展的中国风能产业造成冲击，相反金融危机在某种程度上会给中国风电产业提供一个发展机遇。一方面加速了中国制造企业的整合，优胜劣汰，催生制造业健康发展；另一方面，在全球金融危机的情形下，华能、大唐、华电、国电等国有风电开发商会优先得到银行低息贷款的支持，从而继续保持中国风电装机容量的高速增长。

受风能资源与电力市场分布不平衡的影响，我国采取了“建设大基地、融入大电网”的发展方式，在风能资源最丰富的区域建设千万千瓦级风电基地，打造“风电三峡”。2009年4月，国家发改委核准批复了酒泉千万千瓦级风电基地“十一五”380万千瓦风电项目，同意由华能、大唐、华电、国电、中电投等国内外企业分别投资建设18个20万千瓦和2个10万千瓦的风电场，项目总投资约380亿元。2009年8月8日，总投资额高达1000亿元的酒泉千万千瓦级风电基地正式开工建设，预计将在“十一五”期末形成516万千瓦、“十二五”期末形成1271万千瓦的风电装机规模。已核准建设规模500万千瓦，正在开展第二期项目的前期工作。基地建成后，按年利用2300小时、年发电量292.33亿度计算，年可节约标准煤约972万吨，减少烟尘排放量约13万吨，减少二氧化硫排放量约11万吨，减少二氧化碳排放量约2930吨，节能减排效益明显。该项目建成以后，每年可为西北电网输送清洁电力4.8亿千瓦时。每年节约标准煤25万吨，减少二氧化硫排放量8071吨、减少二氧化碳排放42.7万吨。这个中国首个千万千瓦级连片开发、并网运行的风电基地堪称“陆上三峡”，将成为国家继西气东输、西油东输、西电东送、青藏铁路之后西部大开发的又一标志性工程。目前，甘肃省已建成风电装机容量75万千瓦（酒泉市66万千瓦，白银市9万千瓦），在建装机70万千瓦。我国将在甘肃、新疆、河北、吉林、内蒙古、江苏六个省区打造7个千万千瓦级风电基地。

2009年，我国的海上风电产业已经迈出了重要的步伐。2009年9月4日，由华锐风电科技（江苏）有限公司自主研发并设计制造的首批3台3兆瓦海上风电机组在上海东海大桥风电场正式并网发电，有34台3兆瓦风机，总装机容量为102兆瓦。这是中国和亚洲的第一个大型海上风电项目，同时也是2009年全球海上风电发展的一个里程碑。

据中国可再生能源学会风能专业委员会（CWEA）统计，截止到2009年12月31日，2009年中国（不含台湾省）新增风电装机10129台，容量13803.2MW，年同比增长124%；累计风电装机21581台，容量25805.3MW，年同比增长114%。台湾省当年新增风电装机37台，容量77.9MW；累计风电装机227台，容量436.05MW。华北地区新增风电装机容量7457.3MW，连续四年位居各区域之首。内蒙古2009年当年新增装机5545.2MW，累计装机9196.2MW，实现150%的大幅度增长。2009年是中国近年风电并网增长最快的一年，仅次于美国、德国，成为世界第三大利用风力发电的国家。2009年我国风电基本建设投资完成额比上年增长43.90%。2010年将新开工378个风力发电重大施工项目，项目总投资额达3000亿元。

风电设备制造业形成产业链

近年来在国家产业政策的支持和科技攻关的推动下，风电设备制造和风电场开发利用互相促进，快速发展，取得了举世瞩目的成绩。基本掌握了大型风电机组制造技术，国产1.5兆瓦级及其以下风电机组已批量投入运行,自主化率达到86%,极大地降低了风电场建设和运营成本，2兆瓦、3兆瓦风电机组已有产出并投入运行，正在研制5兆瓦、10兆瓦级风电机组。我国风电设备制造产业基本形成了比较齐全的产业链。

我国目前已经运行和研制的风电机组主要有四种机型，即：定桨距失速调节风电机组、双馈式变桨变速异步风电机组、永磁直驱式变桨变速风电机组、永磁半直驱式变桨变速风电机组。

到2009年底，全国已有83家企业进入并网风力发电机组整机制造行业。其中国有或国有控股公司39家，民营公司25家，合资公司9家，外商独资公司10家。

随着风电市场需求的扩大，风电机组关键部件配套生产企业有了较快的发展，风电设备制造和配套部件专业化产业链正逐步形成。一是全国已有80多家制造企业生产叶片，其中已经大批量生产的企业有：中航（保定）惠腾风电设备有限公司、连云港中复连众复合材料集团、天津LM公司、中能风电设备有限公司、上海玻璃钢研究院、北京玻璃钢研究院等企业。目前，国产风电机组叶片从制造能力上已经完全能够满足甚至超出了国内风电产业发展的需要。但在研发设计技术上，还要依托国外有关公司。二是有近10家企业生产发电机，主要有：永济电机厂有限公司、兰州电机有限责任公司、上海电机厂有限公司、株洲南车电机股份有限公司、湘潭电机有限公司、大连天元电机公司、四川东风电机等，已基本能够满足国内风电产业发展的需要生产 。三是有10多家企业制造变流器和整机控制系统，定桨距失速调节风电机组所需的变流器和整机控制系统已经全部国产化。双馈式变桨变速风电机组和永磁直驱风电机组的国产变流器和整机控制系统目前处于试应用或示范考核阶段，尚不能完全满足国内风电产业发展的需要，国内市场上需求的大部分变流器和整机控制系统仍需进口。

（根据有关资料编写）

太阳能热利用和光伏电

太阳能是世界上资源最丰富的能源。我国陆地表面每年接受的太阳辐射能相当于2.4万亿吨标准煤，约等于上万个三峡工程发电量的总和，全国各地太阳年辐射总量达335～837kJ/（cm^2·a）。我国2/3的陆地面积具备太阳能利用条件，资源总量达1.7万亿吨标准煤，只要3% 就可以在今后几十年满足全部能源需求。从全国太阳年辐射总量的分布来看，西藏、青海、新疆、内蒙古南部、山西、陕西北部、河北、山东、辽宁、吉林西部、云南中部和西南部、广东东南部、福建东南部、海南岛东部和西部以及台湾省的西南部等广大地区的太阳辐射总量很大，尤其是以青藏高原地区为最，那里平均海拔高度在4000米以上，大气层薄而清洁，透明度好，纬度低，日照时间长。如何把阳光留住，催生"阳光经济"，是我国科学发展面临的一个严峻课题。

近年来，国家高度重视和支持太阳能产业的发展和应用。我国相继出台了《国民经济和社会发展"十一五"规划纲要》、《可再生能源中长期发展规划》、《可再生能源发展"十一五"规划》，明确了太阳能光伏产业的长远发展目标，并修订了《可再生能源法》，加快包括太阳能在内的可再生能源的开发和利用。

2007年公布 的《可再生能源中长期发展规划》提出，到2010年，太阳能发电总容量达到30万千瓦，到2020年达到180万千瓦。而国家能源局新能源处处长梁志鹏2009年12月5日在第四届中国能源战略国际论坛上透露，2020年中国的光伏发电目标已经初定为2000万千瓦，这是能源局官员首度在公开场合透露该数字，相当于将原目标"扩容"10倍以上。

2008年，财政部调整大功率风力发电机组等进口税收政策，自2008年1月1日(以进口申报时间为准)起，对国内企业为开发、制造大功率风力发电机组而进口的关键零部件、原材料所缴纳的进口关税和进口环节增值税实行先征后退，所退税款作为国家投资处理，转为国家资本金，主要用于企业新产品的研制生产以及自主创新能力建设。

2008年3月发布 的《可再生能源发展"十一五"规划》提出的发展目标是：到2010 年，太阳能热水器累计安装量达到1.5 亿平方米，太阳能发电装机容量达到30 万千瓦，进行兆瓦级并网太阳能光伏发电示范工程和万千瓦级太阳能热发电试验和试点工作，带动相关产业配套生产体系的发展，为实现太阳能发电技术的规模化应用奠定技术基础。"十一五"时期，太阳能热水器年生产能力达到2000 万平方米，形成10～20 个生产规模在50 万平方米以上的大型企业和具有自主创新能力的龙头企业。到2010年，城市太阳能光伏系统应用达到5 万千瓦。

"太阳能屋顶"计划加速建筑向节能领域迈进

2009年3月23日出台了《财政部、住房和城乡建设部关于加快推进太阳能光电建筑应用的实施意见》，支持开展光电建筑应用示范，实施"太阳能屋顶计划"，国家和地文政府对光电建筑应用示范工程予以资金补助。中央财政安排专门资金，对符合条件的光电建筑应用示范工程予以补助，以部分弥补光电应用的初始投入。补助标准将综合考虑光电应用成本、规模效应、企业承受能力等因素确定，并将根据产业技术进步、成本降低的情况逐年调整。

"2007世界太阳能大会" 9月18日在北京开幕，主题是"太阳能与人类居住"。这是世界太阳能大会创办二十余年以来首次在中国召开，也是近

10年来第一次在亚洲地区举办，说明了全世界对中国可再生能源发展的认可和关注。

我国太阳能的开发利用主要是太阳能热利用和太阳能发电（光伏电）两个方面。

一、太阳能热利用

目前我国太阳能热水器已成为较大规模的新兴产业，年产量和累计安装量均居世界首位，在城市和农村都有广阔的市场需求。2008年，我国太阳能热水器总集热面积达到12500万平方米，太阳中热水器年生产能力达到4000万平方米，全国有3000多家太阳能热水器生产企业，年总产值近400亿元，出口创汇1亿美元。累计太阳能热水器使用量占世界太阳能热水器总使用量的60%以上。

2009年是我国太阳能热利用行业快速发展的一年，尽管受到全球金融危机等因素的影响，但依然保持了较为稳定且持续的增长态势。太阳能家电下乡的正式启动、太阳雨和桑乐百万台太阳能热水器的成功下线、力诺新材料中温集热管的强势推出、皇明3G太阳能体验馆的遍地开花等使整个太阳能热利用行业充满了发展的希望和动力。根据2009年度太阳能热利用行业年会公布的数据，2009年我国实际用于成品真空管加工的高硼硅3.3玻璃为64.3万吨，按550套/吨计算，生产全玻璃真空集热管3.53亿支，实际用于当年销售热水器的约为3.36亿支，较2008年2.5亿支增长了34.4%。全国真空管太阳能热水器产量4000万平方米，平板集热器200万平方米，合计4200万平方米，较2008年增长了35.4%。太阳能热利用产业总产值578.5亿元，比2008年增长34.5%。2009年底，我国太阳能热水器总集热面积运行保有量约1.35亿平方米，年销售收入超过400亿元。目前，我国太阳能热水器使用量和年产量均占到了世界总量的一半以上，现已成为世界上最大的太阳能热水器生产国和最大的太阳能热水器市场。

二、太阳能光伏电

我国太阳能光伏技术开始于20世纪70年代，开始时主要用于空间技术，而后逐渐扩大到地面并形成了中国的光伏产业。1959年研制成功第一个有实用价值的太阳电池，1971年3月首次成功应用于我国第2颗卫星上，1973年太阳电池开始在地面应用，1979年开始生产单晶硅太阳电池。80年代中后期，引进国外太阳电池生产线或关键设备，初步形成生产能力达到4.5MW太阳能光伏产业，其中单晶硅电池2.5MW，非晶硅电池2MW，工业组件的转换效率单晶硅电池为11%～13%，非常硅电池为5%～6%。

1999年底我国光伏电装机容量累计约15MW，应用领域包括农村电气化、交通、通信、石油、气象、国防等。特别是光伏电源系统解决了许多农村学校、医疗所、家庭照明、电视等用电，对发展边远贫困地区的社会经济和文化发挥了十分重要的作用。西藏有7个无电县城采用光伏电站供电，社会经济效益非常显著。在研究开发方面，开展了单晶硅、多晶硅电池研究及非晶硅、碲化镉、硒铜等薄膜电池研究，同时还开展了浇铸多晶硅、银/铝浆、EVA等材料研究，并取得可喜成果，其中刻槽埋栅电池效率达到国际水平。

2002年，原国家计划委员会启动“西部省区无电乡通电计”，通过光伏和小型风力发电解决西部7省区700多个无电乡的用电问题，光伏用量达到15.5 MWp。该项目大大刺激了光伏工业，国内建起了几条太阳电池的封装线，使太阳电池的年生产量迅速达到100 MWp (2002年当年装机20 MWp)。自2003年，由于欧洲光伏市场的拉动，中国的光伏生产能力迅速增长，绝大部分太阳电池组件出口欧洲，2005年国内安装量只有5 MWp，2006年为10 MWp。至

鄂尔多斯市运行的205千瓦太阳能聚光光伏示范发电站

徐州协鑫光伏电力有限公司20兆瓦大型光伏地面电站

2006年，国内太阳电池的累计使用量为80 MWp。我国太阳电池的国际市场份额和技术竞争力大幅提高，已有10多家光伏企业分别在纽约、伦敦、新加坡和香港以及国内证券市场上市，总市值超过200亿美元。到2008年，我国多晶硅材料总产量超过6000吨；光伏电池产量达到200万千瓦，占全球产量15%，居世界第一。太阳能光伏发电容量15万千瓦，其中55%为独立光伏发电系统。在低碳经济的催化下，有专家预测：2010年太阳能产业将全面升级，太阳能行业开始驶入全新拐点。

同时，太阳能光伏发电示范点和规模建设步伐进一步加快，已有深圳、上海两个兆瓦级太阳能光伏发电站并网发电试运行。内蒙古太阳能资源占有量居全国第二，太阳总辐射量为4800~6400MJ/m^2，年日照时间为2600~3200小时。内蒙古凭借丰富的太阳能和硅矿资源，大力发展可再生能源，全力打造百万千瓦光伏产业基地，以带动全自治区能源基地建设。内蒙古伊泰集团于2007年在鄂尔多斯市建成国内首座205千瓦太阳能聚光光伏示范发电站。这个项目总投资2100万元，安装了200千瓦聚光太阳能光伏电池和5千瓦常规平板光伏电池，于2008年1月实现并网发电。预计到2015年，内蒙古伊泰集团将在鄂尔多斯市建成年产10万千瓦数倍聚光光伏电站，成为国内在规模、技术、经济效益方面领先的太阳能发电站。

2009年6月23日，中国广东核电集团能源公司联合体正式收到甘肃敦煌10万兆瓦光伏并网发电特许权示范项目的中标通知书。国家能源局进行三个多月的调研后确定其中标电价为1.0928元/千瓦时。8月28日，由中国广东核电集团控股的10兆瓦光伏发电项目在甘肃敦煌开工建设，标志着我国第一个光伏并网发电特许权项目进入正式实施阶段，我国太阳能产业进入快速发展的新阶段。该项目总投资2.03亿元，年均发电1805万千瓦时，计划于2010年底建成投产，建成后将成为世界最大的光伏电站。

2009年12月30日，目前我国最大的装机容量太阳能光伏电站——徐州协鑫光伏电力有限公司20兆瓦大型光伏地面电站实现并网发电，填补了我国大型并网光伏电站建设领域的多项工程与研究空白。该电站投产后，预计年发电约1300小时，年发电量约2600万度，每年可节约标煤约7550吨，每年可减排二氧化碳约2万吨、二氧化硫约150吨、二氧化氮约50吨，环保效益明显。

为了推动国内光伏高端技术的研发,太阳能光伏发电技术国家重点实验室日前通过国家科学技术部审批,将在河北英利集团开建。该实验室将依托英利集团完整光伏产业链生产和技术模式,主要从事完整产业链的晶体硅光伏材料、太阳电池与光伏组件、光伏发电系统的应用及基础研究，研发方向包括硅材料制备及特性、高性能太阳电池及组件研究、光伏发电系统的应用及基础研究。

随着我国光伏产业的迅速发展壮大，不少地方和企业近年来积极建设兆瓦级并网光伏系统（主要是建筑屋顶光伏系统）。据不完全统计，截至2009年底，全国建成11个兆瓦级并网光伏系统。一些光伏设备制造企业还积极探寻建设更大规模光伏发电站的机会。江苏等省份还提出制定“万个太阳能屋顶计划”。我国第十届中国太阳能光伏会议的《常州宣言》提出了非常积极的目标，力争在2015年前使光伏发电成本下降到1.5元/千瓦时。

截至目前，全国已安装光伏电站约5万千瓦，累计总投资40多亿元，为内蒙古、甘肃、新疆、西藏、青海和四川等地共16万无电户解决了用电问题。青海省农牧区的112个无电乡全部建成太阳能光伏电站，解决了908个无电村农牧民的生活用电，覆盖农牧民人口50多万。青海全省人口550万，如今七分之一的人口靠太阳能告别无电时代。在推进太阳能光伏电站建设的同时，青海省政府制作太阳能灶66000台，全部免费发放给干旱山区的农牧民，使30万农牧民用上了太阳能灶。太阳能灶操作简易，使用方便，清洁卫生，没有污染，使用年限一般可达15年。推广使用太阳能灶，大大减少了燃料短缺地区农牧民砍伐灌木林的数量，促进了环保工作。

三、太阳能设备制造

近几年来，我国光伏产业经历了爆发式增长，已基本形成了涵盖多晶硅材料、铸锭、拉单晶、电池片、封装、平衡部件、系统集成、光伏应用产品和专用设备制造的较完整产业链。产业链各个环节的专用设备和专用材料的国产化加快，许多设备完全实现了国产化并有部分出口。2007年底，全国太阳能电池和组件的生产能力分别达到2.9GWp和3.8GWp，当年产量分别比2006年增长148%和138%，达到1.1GWp和1.7GWp。2008年全国太阳能电池年产量达到1781MW。截至2009年底，我国光伏电池产量超过4100兆瓦。从2007年开始，我国太阳能电池产量连续三年全球第一，2007年太阳能电池产量占世界的27%，2008年占26%，2009年占40%，使我国成为全球第一大太阳能电

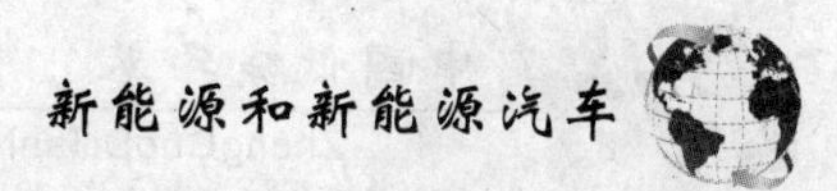

池和组件生产国。

2009年全国光伏产业销售收入约千亿元。到2009年底，我国的光伏产业链中，已投产的有10多家多晶硅企业、60多家硅片企业、60多家电池企业、330多家组件企业，太阳能电池产量占到世界总产量的30%。目前，内蒙古呼和浩特、包头、阿拉善、锡林郭勒等地依托丰富的太阳能资源、硅矿产资源，陆续开工建设太阳能级多晶硅项目，将逐步形成以多晶硅材料为核心、硅片生产企业相配套的光伏制造业集群。

多年严重制约我国光伏产业发展的高纯多晶硅制造技术，在近两年实现了重大技术突破。在科技部和国家发展改革委等有关部门支持下，2007年新光硅业、洛阳中硅、江苏中能等3个企业分别建成了千吨级高纯硅生产线，使得全年高纯硅产量大幅增加到1130吨。2008年，随着江苏中能二期和重庆大全的各自1500吨多晶硅工程的建成投产，国内超纯多晶硅的全年产量超过4000吨。而且，重庆大全和江苏中能公司实现了还原尾气回收利用技术和多晶硅还原炉制造技术的重大突破。据介绍，综合能耗已降到150~180kW·h/kg（使得成本降低到约50美元/kg），显著低于其他国内同类企业的250~300kW·h/kg，主要物料的综合回收率也超过98%。江苏中能等企业还积极开发引进流化床法、硅烷法等新型高纯硅生产技术，可望使高纯多晶硅生产的综合电耗降至20~50 kW·h/kg，成本降至15~25美元/kg。据不完全统计，目前全国至少有33家高纯硅生产企业的一期工程产能总计约为4.4万吨（规划总产能高达8.8万吨），如果这些项目能顺利建成投产，预计我国2010年的多晶硅产量将超过3万吨，将从根本上缓解高纯硅材料的供需紧张的矛盾。

而到2009年将2020年中国的光伏发电目标初定为2000万千瓦，相当于将原目标“扩容”10倍以上。

（根据有关资料编写）

半导体照明

传统的白炽灯消耗电力约占全球电力总消耗的7%，并占二氧化碳总排放量的2%。2007年以来，大部分国家已制定政策措施推动节能灯取代白炽灯的步伐，到2012年，几乎所有发达国家都将禁售白炽灯。如果从2012年起，全球将白炽灯改为能效高的节能灯，每年将节省5.5%电力，并减少约500万吨的二氧化碳排放量。

半导体照明（LED）是近年来全球最具发展前景的高技术领域之一，具有寿命长、耗能少、体积小、响应快、抗震抗低温、污染小等突出的优点，被称为第四代照明光源或绿色光源，可以广泛应用于各种指示、显示、装饰、背光源、普通照明和城市夜景等领域，成为人类照明史上继白炽灯、荧光灯之后的又一次标志性的飞跃。据美国能源部预测，随着半导体照明质量、效率提高和价格降低，美国在2005年至2025年间可节约一次能源1万亿度，相当于少建41座100万千瓦电站，照明用户可节省1286亿美元。我国是世界照明生产、消费和出口大国，照明用电占我国总发电量的12%，并以每年5%的速度增长，普通照明中白炽灯与节能灯比约7.5：1，节能灯对白炽灯的替代空间巨大。根据专家预测，我国在2005年至2015年间，半导体照明可累计节能4000亿度，为用户节约2600亿元电费支出，创造1500亿元产值，解决100万人口就业。到2015年后，中国半导体照明每年节约的电能将超过三峡电站全年的发电量。

国内外半导体照明的发展概况

1968年LED出现，并首次用于电子显示设备。20世纪90年代，随着氮化镓等半导体材料在LED上的应用、半导体芯片技术的不断改进及封装技术水平的迅速提高，先后出现了一批发光效率高、颜色范围广的LED器件。同时，大功率LED的研制成功，使LED作为照明光源显现出巨大的潜力。近年来，世界上一些经济发达国家围绕LED的研制展开了激烈的技术竞赛。美国从2000年起投资5亿美元实施“国家半导体照明计划”，欧盟也在2000年7月宣布启动类似的“彩虹计划”。如今半导体照明已经无可争议地成为LED在21世纪的重要应用领域，很多发达国家都将半导体照明产业列为战略性高技术产业，世界LED主要厂商已经形成各自的技术特色和优势。美国、日本利用其在新产品和新技术领域中的创新优势，在高附加值的全彩显示、背光源、大功率照明方面具备竞争优势；欧洲企业则利用其在应用技术领域的开发和善于吸收最新技术的转化优势，在车灯开发、白光照明等方面居于领先地位；韩国LED产业发展迅速，虽然产品品质与日本、欧美还有一定差距，但大规模、低成本制造具有较强的优势，应用则瞄准手机背光、笔记本与液晶电视背光等大功率照明领域。目前全球产业发展正在呈现美、日、德三足鼎立，韩国、我国大陆与台湾地区奋起直追的竞争格局。

我国自主研制的第一只发光二极管，比世界上第一只发光二极管仅仅晚几个月。从1993年开始北京大学、清华大学、厦门大学、南昌大学、中科院等高校和科研所在国家863和自然科学基金的支持下，在该领域开展了许多研究工作。2003年6月17日，国家半导体照明工程计划开始启动，到2007年我国半导体照明逐步取代白炽灯，2012年后取代荧光灯。我国台湾地区也在组织实施“21世纪照明光源开发计划”，一些光电企业经过多年的研发投入和产业发展，在器件工艺和封装以及材料外延方面已拥有各自的若干自主和知识产权。2004年7月3日，科学技术部宣布正式启动“国家半导体照明工程”首批50个项目。国家半导

城市半导体照明

体照明工程以汽车、城市景观照明作为市场突破口，把大功率、高亮度LED放在突出位置，它的成果要服务于2008年北京奥运会和2010年上海世博会。国家发改委计划“十一五”期间安排100亿元资金用于发展我国半导体照明产业，以保证我国在该领域与国际同步发展。我国半导体照明产业已初步形成珠江三角洲、长江三角洲、江西及福建、北京及大连等北方地区四大区域，每一区域都初步形成从外延片生产、芯片制备、器件封装到集成应用的较完整的产业链，国家还在大连、上海、南昌、厦门和深圳5个城市启动国家半导体照明产业化基地建设。国家半导体照明工程为我国LED产业的发展提供了前所未有的机遇和巨大政策支持。

863计划“半导体照明工程”重大项目科技成果展

我国半导体照明的政策支持

科技部于2003年6月会同有关部委成立了跨部门、跨地区的协调领导小组，正式启动国家半导体照明工程，确定了“政府引导，市场化运作”、“以应用促发展，注重培育产业链”、“在全球范围内整合资源，抢占产业制高点”的总体发展思路，同时启动了一批重大项目及产业化基地建设等相关工作。国家已经在“十一五”规划中把“绿色照明——在公用设施、宾馆、商厦、写字楼以及住宅中推广高效节电照明系统”等列为十大节能重点工程之一，并将半导体照明列入重点发展项目。

2006年7月4日，住房和城乡建设部办公厅印发《“十一五”城市绿色照明工程规划纲要》，《纲要》主要阐明城市照明健康、高效、安全、科学发展的指导原则，提出工作目标和重点以及落实的措施，是各地实施城市绿色照明工程的依据和蓝图。《纲要》提出，我国“十一五”城市绿色照明工程的目标是：以2005年底为基数，年城市照明节电目标5%，5年（2006~2010年）累计节电25%。灯具效率在80%以上的高效节能灯具应用率达85%以上。高光效、长寿命光源的应用率达85%以上。

2006年8月，根据《国家中长期科学和技术发展规划纲要（2006–2020年）》工业节能优先主题中“研究开发高效节能、长寿命的半导体照明产品”的部署和“十一五”科技发展规划，国家启动了“十一五”863计划新材料领域“半导体照明工程”重大项目，安排经费3.5亿元，对半导体照明核心技术的突破和产业化关键技术的攻关等进行了全产业链部署，并明确了“十一五”的战略目标：通过自主创新，突破白光照明部分核心专利，解决半导体照明市场急需的产业化关键技术，建立完善的技术创新体系与特色产业集群，完善半导体照明产业链，形成我国具有国际竞争力的半导体照明新兴产业。

2007年7月，国务院办公厅下发的《关于建立政府强制采购节能产品制度的通知》明确指出，各级政府机构使用财政性资金进行政府采购活动时，在技术、服务等指标满足采购需求的前提下，要优先采购节能产品，对部分节能效果、性能等达到要求的产品，实行强制采购。8月，建设部又明令要求，各城市不得再在城区主干道大范围使用多光源装饰性庭园灯，景观照明严禁使用强力探照灯、大功率泛光灯、大面积霓虹灯、彩泡、美耐灯等高亮度高能耗灯具。11月，国务院又下发文件规定从2008年起，补选节能问责和“一票否决”。

2008年1月，财政部、国家发展改革委联合发布《高效照明产品推广财政补贴资金管理暂行办法》，确保实现“十一五”期间通过财政补贴方式全面推广高效节能照明产品。

2009年10月，国家发展改革委、科技部、工业和信息化部、财政部、住房城乡建设部和国家质检总局联合发布的《半导体照明节能产业发展意见》指出，半导体照明是继白炽灯、荧光灯之后照明光源的又一次革命。半导体照明技术发展迅速、应用领域广泛、产业带动性强、节能潜力大，被各国公认为最有发展前景的高效照明产业。《意见》提出：到2015年，半导体照明节能产业产值年均增长率30%左右；产品市场占有率逐年提高，功能性照明达20%左右，液晶背光源达50%以上，景观装饰等产品市场占有率达70%以上，LED发展前景广阔。《意见》要求：各地大力实施绿色照明工程，以增强自主创新能力和扩大绿色消费需求为主线，以抢占未来竞争制高点为目标，以市场为导向，以企业为主体，以试点示范工程为依托，以改善制约产业发展环境为手段，形成一批拥有自主知识产权、知名品牌和较强市场竞争力的骨干企业，实现技术上的重点突破和产业上的重点跨越，培育振兴我国半导体照明节能产业，推动节能减排，促进经济平稳较快发展。《意见》还明确了半导体照明节能产业发展的七大政策措施，包括：统筹规划，促进产业健康有序发展、继续加大半导体照明技术创新支持力度、积极实施促进半导体照明节能产业发展的鼓励政策等。

我国半导体照明（LED）产业快速发展

我国第一只发光二极管诞生于20世纪60年代，经过30多年的发展，中国LED产业在经历了买器件、买芯片、买外延片之路后，现已初步实现了外延片和芯片自主生产，形成了较为完整的产业链。2009年我国半导体照明总产值约827亿元，其中芯片产值23亿元，封装产值204亿元。从长远发展看，世界照明工业正在转型，许多国家提出淘汰白炽灯、推广节能灯计划，将半导体照明节能产业作为未来新的经济增长点。随着我国产业结构调整、发展方式转变进程的加快，半导体照明节能产业作为节能减排的重要措施迎来了新的发展机遇期。

1970年11月，在上海召开的全国砷化镓学术交流会议上推出了用水汽外延法制成"磷砷化镓红色发光二极管"的研究成果，从此我国LED材料和器件研发正式起步。20世纪80年代形成LED产业，20世纪90年代LED产业已经初具规模，20世纪90年代后期得到迅猛发展。

早期国内LED企业多为封装企业，芯片全部从海外进口。这一时期产业以封装为主，产品主要用于信号、标志、数字显示等方面。1998年国家"九五"技改使南昌七四六厂组建的欣磊光电公司生产出普亮LED芯片10亿只。1999年河北汇能电子公司和河北立德电子公司分别建成InGaAlP超高亮度LED外延片和芯片生产线，年产能达到外延片1万片和芯片1亿只，从而改变了我国LED外延片和芯片全部依赖进口的局面。

国内LED技术发展离不开科研院所的攻关研究。1997年，在国家自然科学基金的支持下，北京大学率先研制出国内第一只蓝光发光二极管。几年后南昌大学在国际上率先开发成功硅衬底蓝光LED材料与芯片的生产技术，实现批量生产，成为我国具有自主知识产权的第三种发光二极管外延材料与芯片的技术路线。

随着2003年6月17日我国半导体照明工程正式启动，2004年10月，国家半导体照明工程研发及产业联盟成立。

2006年初，国务院发布了《国家中长期科学和技术发展规划纲要》，"高效节能、长寿命的半导体照明产品"被列入中长期规划第一重点领域（能源）的第一优先主题（工业节能）。

2006年8月，科技部启动了"十一五"863计划新材料领域"半导体照明工程"重大项目，对半导体照明全产业链核心技术的突破和支撑产业的关键技术等进行了全面部署。

2008年4月，财政部、国家发展改革委召开了全国高效照明产品推广工作会议，国家财政补贴节能灯工作正式开展。

2008年10月，中国启动了"公共机构节能条例",要求各级政府单位应当将节能产品、设备纳入政府集中采购目录，并严格监控能源消耗状况。同时公布的《民用建筑节能条例》规定，建设单位应当选择合适的可再生能源，用于采暖、制冷、照明和热水供应等。这两项法规的实行，提供地方政府采购LED等相关节能产品的法源依据，2009年各级政府单位将会陆续落实各项节能政策，并且大量采购相关节能产品。

2009年12月，"十城万盏"半导体照明试点工作标准与测试工作会议在深圳市召开。会议发布了"十城万盏"道路照明技术规范、LED 隧道照明技术 规范、试点示范工程评价体系等规范，并公布了第一批LED器件与道路照明产品测试数据信息。与会代表围绕相关内容，就标准、检测、认证、推广模式等方面进行了交流与讨论。

甘肃酒泉千万千瓦级风电基地一期工程开工仪式

我国已初步形成了从上游材料、中游芯片制备、下游器件封装及集成应用的比较完整的研发与产业体系，进入快速发展阶段。主要体现在：

一是产业化关键技术取得较大突破。以企业为主体的LED制造技术进展较快，企业产业化线上完成的功率型芯片封装后光效达到80~100lm/W，功率型白光LED封装达到国际先进水平。具有自主知识产权的功率型硅衬底LED芯片封装后光效达到78lm/W,处于国际先进水平。

国家半导体照明工程产业化基地授牌仪式

二是产业初具规模，产业链日趋完整，市场应用走在国际前列。形成了四大片区及上海、大连、南昌、厦门、深圳、天津、保定、石家庄等国家半导体照明工程产业化基地。2009年，我国芯片产值增长25%，达23亿元；我国LED封装产值达到204亿元，产量达到1056亿只，其中高亮LED产值达到186亿元，占LED总销售额的90%。产品和企业结构有较大改善，SMD和大功率LED封装增长较快。2009年，我国半导体照明应用产值达到600亿元。尽管面对金融危机，我国半导体照明产业2009年仍呈现逆势上扬的发展趋势，产业规模增加到827亿元，增加近20%,预计2010年将达到1000亿元。

三是产业发展环境日趋完善。从科技部2003年启动半导体照明工程和2009年开展“十城万盏”工程，到国家发改委等六部委联合出台的《半导体照明节能产业发展意见》，以及国家提出的培育新兴产业发展战略，都表明政府正在积极推动我国半导体照明产业的发展。

在政府政策的引导和扶持下，随着器件性能的提高和节能效果的体现，我国半导体照明产业将进入快速发展的上升期，市场潜力巨大，将驱动产业升级。为了促进技术集成创新，加速成果产业化，加强产学研合作，国家半导体照明工程研发及产业联盟(以下简称联盟)通过建立产业研发基金、组织奥运重大示范工程、举办创新大赛、标准协调推进、建立专利池等工作，搭建了产学研合作平台，提高了技术创新的效率与水平，促进了重大项目的实施。联盟标准协调推进工作成效显着，8项国家标准和9项行业标准已正式发布，为支撑“十城万盏”试点工作，联盟目前已完成LED道路照明产品、隧道灯、以及道路和隧道照明产品监督检验及安装验收实施细则、寒地LED道路照明产品技术规范等5项推荐性技术规范，同时正在编制室内筒灯、射灯技术规范等。另外，联盟已联合国家级检测机构，定期发布产品检测数据，为地方合理地设定示范应用产品的性能指标提供了科学参考，并正在为下一步发布向地方推荐的、有节能效果的定型产品的目录做前期工作。联盟还通过技术标准化、标准专利化工作，研究制定国家半导体照明专利战略，研究部署专利网络，探索专利的运行方式，为相关部门提供决策支撑。联盟的工作拓展了国内半导体照明发展视野，引起了国际社会的高度关注，对国内产业发展产生了重要影响。

国家半导体照明工程与863重大项目硕果累累

在“十五”国家半导体照明工程和“十一五”863计划新材料领域“半导体照明工程”重大项目的推动下，我国的LED产业已经形成了4大片区、7大基地的产业格局。在经历了买器件、买芯片、买外延片之路后，目前已经实现了自主生产外延片和芯片。现阶段，从事该产业的人数达5万多人，研究机构20多家，企业4000多家，其中上游企业50余家，封装企业1000余家，下游应用企业3000余家，并涌现了一批锐意创新、技术过硬的先进企业。在巨大内需的拉动下，LED产业前景一片光明。根据台湾拓墣产业研究所预估，中国内地在"十城万盏"等政策带动下，2009年LED路灯市场将需求140万盏，2010年预计还将增长79%，达250万盏，占全球LED路灯需求超过5成。另外，大规模LED照明与户外广告牌应用也将以较快的速度增长。据从中投顾问得来的一份研究报告显示，2010年中国整个LED产业的产值将超过1500亿元。

目前，上海、大连、南昌、厦门、深圳、扬州、石家庄相继形成了半导体照明工程产业化基地。长三角、珠三角、闽三角以及北方地区则成为中国LED产业发展的聚集地。深圳市、南京市等各大城市也纷纷响应号召，斥巨资组建LED产业园和产业基地，并颁布相关LED产业发展规划。

上海半导体照明工程基地：2004年，国家半导体照明工程上海产业化基地正式成立。到现在，上海有424家从事LED产业的相关单位，其中19家科研院所，405家企事业单位，2009年上海LED产值达到100亿元。1995年至2009年，上海在LED半导体照明领域申请中国发明专利和实用新型专利1096件，参与100多项相关国家标准制订，并成立了上海半导体照明专利联盟。上海LED产业拥有复旦大学、同济大学、上海大学、上海光机所、国家光学仪器质

第六届中国国际半导体照明展

检中心等19家科研机构和一批高端研发人才。建立了公共研发和服务平台。通过技术资源整合，在全市范围内建立了7个检测分中心。

天津市半导体照明工程基地：天津市围绕半导体照明产业培育，在半导体照明的关键材料、关键器件、大功率路灯和汽车大灯等环节上集中布局研发，在二三年的时间里陆续取得突破并实现产业化，同时陆续组建了半导体照明工程中心和产业产学研技术创新联盟，形成科技成果承接与转化能力，促进科技成果、产业化项目和企业聚集。目前，天津半导体照明产业已形成100家企业集群，路灯产品实现向美国和欧盟出口，群体规模超过100亿元，天津市成为国家"十城万盏"半导体照明示范城市和半导体照明工程国家高新技术产业化基地。

深圳市半导体照明工程基地：深圳作为我国最大LED产业的重要基地，从事半导体照明技术及产品研究、开发、生产及应用的企业已达700多家，占全国近半壁江山，2008年产值超过180亿元，已成为全球ＬＥＤ背光源主要生产、供应基地和全国最大ＬＥＤ产业基地。从2009年起，深圳市将连续3年从市科研资金中拨出1亿元专项产业资金，全力推动ＬＥＤ产业发展。深圳ＬＥＤ产业未来发展的主要目标是，2010年形成280亿元的产值，2015年形成1300亿元的产值规模，其中10亿元产值以上的企业达10家以上。

石家庄市半导体照明工程基地：石家庄市设立了半导体照明研发专项，重点扶持了"太阳能与建筑绿色照明系统研究示范工程"、"LED道路照明关键技术研究"、"大功率LED及其照明灯具检测技术研究"、"LED半导体光源二次光学设计及散热研究"等30多项研究，支持经费1000多万元。省科技厅对石家庄市给予了大力支持，拨款300万元支持开展"半导体照明应用示范工程"，为"十城万盏"半导体照明应用示范工作顺利开展奠定了坚实基础。

南昌市半导体照明工程基地：南昌市在LED领域的科研方面具有研发优势，在全国占有重要地位。由晶能光电自主研发的具有原创知识产权的硅衬底发光二极管材料及器件技术打破了日本日亚、美国CREE的国际技术垄断，为全球LED三大原创技术之一。全市已经形成以外延材料为上游产业，芯片制造为中游产业，芯片封装为下游产业，光源、灯具、显示屏等为应用产业，支架为配套产业的一个较为完整的产业链。半导体照明产业规模已由2002年销售收入8亿元增长到2009年的近40亿元，半导体照明企业由原来的几家发展到几十家，从业人员达3000余人。

国家半导体照明工程实施以来，取得了一系列重大技术突破：

一是探索性、前沿性材料生长和器件研究出现部分原创性技术。国内已研制出280纳米紫外LED器件，20毫安输出功率达到毫瓦量级，处于国际先进水平；非极性氮化镓的外延生长，X射线衍射半峰宽由原来的780弧秒下降至559弧秒，这一数值是目前国际上报道的最好结果之一；首次实现大面积纳米和薄膜型光子晶格LED，20mA室温连续驱动小芯片输出功率由4.3mW提升至8mW；全磷光型叠层白光OLED发光效率已达到45流明/瓦;成功开发出6片型和7片型MOCVD样机，正在进行工艺验证。

大连滨海大道照明工程

二是产业化关键技术取得较大突破。国产芯片替代进口比例逐年增长，功率型白光LED封装接近国际先进水平,已成为全球重要的LED封装基地。以企业为主体的100流明/瓦LED制造技术进展较快，通过图形衬底技术和改善外延层结构，产业化线上完成的功率型芯片封装后达到75流明/

瓦。具有自主知识产权的功率型硅衬底LED芯片封装后效率接近60流明/瓦，处于国际先进水平。

三是规模化系统集成技术研究和重大应用进展顺利。应用产品种类与规模处于国际前列，已成为全球LED全彩显示屏、太阳能LED、景观照明等应用产品最大的生产和出口国。天津一汽夏利和常州星宇已开发出LED汽车前照灯样灯，2008年7月海信首款42英寸超薄LED背光液晶电视上市，目前已销售近万台，预示着占世界产量40%的中国消费类电子产品开始大规模使用LED技术。以奥运示范工程为代表的规模化系统集成技术的实施，促进了产品集成创新与示范应用，显示了节能、环保的效果，提高了国际社会的认知度。2008年8月，北京奥运会开幕式及场馆采用的LED景观照明、全彩显示屏等产品，开创了奥运历史上大规模使用LED照明技术的先例。LED成为支撑绿色奥运、科技奥运的重要力量。据测算，与荧光灯相比，仅水立方5万平米的LED景观照明全年可节电74.5万度，节能70%以上。功率型LED（用国外的芯片封装可达80~90流明/瓦）已开始在次干道路灯、停车场、加油站等照明领域应用，可节电30%~50%，采购与运行综合成本约3年左右与传统光源持平，而且光效每年提高约30%，价格下降40%,约5万盏LED路灯已在20多个城市开始示范应用，用LED进行市政照明节能改造已成为可能。LED应急照明灯具在抗震救灾工作中发挥重要作用。在科技部的统一部署下，联盟组织部分863课题承担单位在第一时间向汶川地震灾区紧急提供了约3万套LED手摇灯、LED矿灯、阅读灯、手电筒，在灾区无法正常供电的情况下，这批LED灯具对灾区应急照明和伤员救治等发挥了非常重要的作用。

南昌八一大桥半导体照明

四是“130lm/W半导体白光照明集成技术研究”带动公共平台条件建设。中科院半导体照明研发中心自主开发的图形衬底和相关的外延技术成功地转移到企业，实现了部分关键技术的突破，初步建成了采用产业化设备、可开展产业化技术开发的“柔性”工艺线。

五是国家半导体照明工程研发及产业联盟通过建立产业研发基金、组织奥运重大示范工程、举办创新大赛、建立专利池等工作，搭建了产学研合作平台，提高了技术创新的效率与水平，促进了重大项目的实施。在标准协调推进方面成效显著，9项半导体照明行业标准获工业和信息化部批准发布，于2010年1月1日正式实施，12项国家标准正在审批。组织召开了六届半导体照明国际论坛暨展览。

“十城万盏”工程试点

通过国家半导体照明工程的实施，我国半导体照明产业已经在国际上确立了重要的地位，特别是“十城万盏”所展示的“通过应用促进科技创新、发挥科技支撑经济发展的作用促进节能减排工作”的理念，在国内外都产生了巨大而深远的影响。

为贯彻落实国务院“发挥科技支撑作用，促进经济平稳较快发展”的意见，2009年4月28日，科学技术部决定在在天津市、河北省石家庄市、河北省保定市、辽宁省大连市、黑龙江省哈尔滨市、上海市、江苏省扬州市、浙江省宁波市、浙江省杭州市、福建省厦门市、福建省福州市、江西省南昌市、山东省潍坊市、河南省郑州市、湖北省武汉市、广东省深圳市、广东省东莞市、四川省成都市、四川省绵阳市、重庆市、陕西省西安市等21个城市开展“十城万盏”半导体照明应用工程试点工作，通过政府的引导和扶持，率先在试点城市面向公共照明领域推广半导体照明技术，计划用3年左右的时间，在全国推广使用百万盏半导体照明产品。以应用示范拉动内需、促进科技成果转化。通过试点工作，力争进一步突破半导体照明核心技术，推动半导体照明产业化进程，扩大市场规模，推进节能减排，有效引导我国半导体照明核心技术和产业的健康、快速发展。

2009年6月19日，大连市“十城万盏”半导体照明应用工程正式启动。8月31日，全国“十城万盏”半导体照明应用工程试点工作启动仪式在山东省潍坊市召开。全国政协副主席、科技部部长万钢在讲话中说，开展“十城万盏”试点工作，旨在通过政府引导和扶持，率先在试点城市面向公共照明领域推广半导体照明技术。科技部计划用3年左右时间,在全国推广数百万盏半导体照明产品。此项工程的目标是到2011年，在试点城市面向市政工程应用600万盏半导体照明产品，直接拉动内需150亿元；到2015年，半导体照明进入30%的通用照明市场。

根据“十城万盏”试点工程规划，在21个试点城市中应用100万盏LED市政照明灯具。在所有LED照明器件中，国产化器件比例为60%,预计一年可节电2.2亿千瓦时。

目前，“十城万盏”试点工程在各城市的政府的大力支持下，正在有条不紊地进行，有些城市已经取得了良好的成绩。

天津市已实施较大的半导体照明示范工程13项，应用大功率LED灯具近4万盏。根据《天津市半导体照明应用工程实施方案》，天津计划利用3年时间，通过LED大运会、LED校园、LED生态城、LED工业园、LED交通等五大板块，分阶段推广应用LED照明灯具50万盏以上，总投资10亿元。

上海市借世博契机，整个世博园内LED总造价约在5～7亿元；上海长江隧道首次全部使用LED隧道灯，比传统光源节能30%以上。预计2015年上海LED景观照明应用市场将达20～30亿元，路灯照明市场将达50～80亿元，在背光源、大飞机、航天照明等高端应用方面也拥有巨大的潜在市场。

山东省潍坊市于2006年开始实施大功率LED照明示范工程，目前全市大功率LED路灯已超过 3 万盏。计划到2011年，累计安装大功率（30~350W）LED路灯10万盏，年节电6000万千万时，全市LED产业照明产值达到50亿元。

根据《深圳市LED产业发展规划（2009–2015年）》，2015年深圳市所有的城市主干道均要改为LED路灯，届时需要安装约26.4万盏LED路灯，市场容量13.2亿元。

哈尔滨市出台《哈尔滨市“十城万盏”半导体照明应用工程试点工作方案》。2009年安示范路灯1000盏。用3年时间推广LED照明灯具10.4万盏，沿松花江两岸商业、文化、旅游中心形成冰雪、建筑与自然景观LED照明示范应用集中区。

成都市出台《成都市“十城万盏”半导体照明应用工程试点实施方案（2009–2011年）》，三年内推广应用1万盏以上LED路灯和隧道灯。

扬州市已完成2万盏路灯的改造。市区在2010年装配5万盏以上的LED灯。到2012年，应用10万盏以上LED灯，预期年节电3000万千瓦时，年节约标煤3700吨，年减排二氧化碳2.8万吨，年减排二氧化硫870吨，年减排氮氧化合物430吨。

南昌市2009年启动了阳明路、紫阳大道、赣江中大道和八一大桥的LED路灯改造，全年共安装半导体照明路灯939盏。与此同时，经开区庐山南大道部分路段及西湖区抚生路北段等地也相继安装或更换了LED路灯。2010年，南昌市计划增添1万盏半导体照明路灯，加快“十城万盏”工程建设。除了路灯外，还有不少景观灯和建筑立面亮化也进行了半导体照明改造，全市大约已经应用了10000多套。

（根据有关资料编写）

生物质能源开发利用

生物质能是蕴藏在生物质内的能量，是绿色植物通过叶绿素将太阳能转化为化学能而贮存在生物体内的能量。通常包括：木材及森林工业废弃物、农业废弃物、水生植物、油料植物、城市生活垃圾和工业有机废弃物、动物粪便。生物质能的优点：数量多、可再生；无污染；利用成本低。

生物质能利用技术包括：一是热化学转换法，能获得木炭、焦油、可燃气体等高品位能源产品，可细分为高温干馏、热解、生物质液化等方法。二是生物化学转换法，生物质在微生物作用下生成沼气、酒精等能源产品。三是利用油料植物所产生的生物油。四是生物质压制成型以便集中利用并提高热效率。

生物质是地球上唯一可再生的碳源，而碳是现有燃料和大宗化学品体系的基础，其他可再生能源或资源无法直接提供。生物质是地球上唯一可直接转化为液体燃料的可再生资源，发展生物质液体燃料是当前替代或补充我国对外依存度高的石油基液体燃料的重要途径之一，在化石能源枯竭的未来，如果液体燃料仍然是不可或缺的重要能源产品，则生物质能源将是直接提供液体燃料的主要途径。根据预测，到2050年，人类所使用能源中，将有50%是来自生物质能源。我国生物质能源潜力巨大，“十一五”已完成实验研究，“十二五”逐步应用，至“十三五”期间，我国生物质能源将大面积推广。

发展生物质能源，就是对由植物光合作用固定于植物中能量的开发和利用。全球每年经植物光合作用产生的生物质约2000亿吨，其能量相当于世界主要燃料消耗的10倍。目前作为生物质能源的利用量只占其总量的2%~3%，但它已为全球提供了14%的能源。一些国家生物质能源发展表明，未来生物质资源将主要来自农业。

从全球生物质能源开发利用的现状看，以粮食生产燃料乙醇和以油菜籽生产生物柴油发展最为迅猛。最具代表性的是美国和欧盟。美国采取大幅度补贴政策，刺激了乙醇燃料生产的加快发展。据美国农业部统计，2009年美国用来生产乙醇燃料的玉米消耗量已达到1.07亿吨，占其当年玉米产量的39%。按照世界人均粮食用量约180公斤计算，1.07亿吨玉米可供近6亿人食用一年。按照规划，到2030年，美国生产乙醇燃料的玉米将达到1.27亿吨。欧盟利用油菜籽、大豆等原料发展生物柴油也在迅速扩展。2009年欧盟共生产了约825万吨生物柴油，预计2010年生物柴油产量将达到945万吨。据统计，2006~2007年欧盟油菜籽的进口量为48万吨，在加工需求激增的拉动下，2008~2009年度油菜籽的进口量达到320万吨，为近12年来的油菜籽进口数量最高点。

我国生物质能潜力巨大。我国有大量的废弃生物质资源和不宜农作的边际性土地，发展生物质能源产业，既解决废弃资源的减量化、无害化、资源化利用问题，又可以同时提供能源、改善生态环境、带动相关产业发展和促进社会主义新农村建设。我国人均耕地不足0.1公顷，全国没有利用的土地占国土总面积的25.8%，其中盐碱地是1.5亿亩，黄草地1.4亿亩。而且，我国农作物的秸秆年产量约是3亿吨，相当于1.5亿吨的标准煤；畜禽、养殖或工业有机废水理论上可年产沼气800万立方米；全国城市生活垃圾年产量1.2亿吨；现有森林灌木林5000多万公顷，生态林174万公顷，再加上采伐、造材和木材加工等农业剩余物，每年可提供的林木生物量是3.3亿吨，整合标准煤约2亿吨。据估算，我国现有的生物质能源约5亿吨标准煤。此外，现有生物质资源还具备生产1000多亿立方米当量天然气的潜力。

全国农作物秸秆能源化利用现场经验交流会

随着造林面积扩大和经济社会发展，我国生物质能源的转化潜力可达到11亿吨标准煤，约为当时能耗的15%~20%。此外，我国还有600多种常见油料植物、淀粉植物、纤维植物，它们品种繁多，抗击性强，分布面积广，是我国生物质能源的生力军。

一、生物质能源列入国家能源发展战略

国家林业局于2008年1月发布了《中国林业与生态建设状况公报》，表示中国将大力发展林业生物质能源。《公报》说，发展林业生物质能源，主要是通过工业化利用途径，将富含油脂、木质纤维及非食物类果实淀粉的林木生物质材料转化为多种形式的能源产品和生物基产品，包括液体生物柴油和燃料乙醇、固体成型燃料、气体燃料、直燃发电以及生物塑料等。

中国现有灌木林、薪炭林、林业剩余物等每年可提供发展林业生物质能源生物量为3亿吨左右，折合标准煤约2亿吨，如全部得到利用，能够减少十分之一的化石能源消耗。如刺槐、柠条、沙棘、柽柳等资源，通过平茬收割可作为燃料用于生物发电或加工固体成型燃料。此外，中国木本油料树种总面积超过400万公顷，种子含油量在40%以上的植物有154种。目前，具有良好的资源和技术基础并可规模化培育的油料能源树种约有10种，如黄连木、麻疯树、光皮树、文冠果、油桐、乌桕、石栗树等。其中，麻风树栽培2~3年即可结果，结果期长达30~50年，其果实平均含油率40%左右，五年生每亩果实产量达200公斤，可生产生物柴油60公斤左右。

2005年，国家林业局成立林业生物质能源领导小组及其办公室，并将规模化培育能源林列入“十一五”林业发展规划，编制了《全国能源林建设规划》、《林业生物柴油原料林基地“十一五”建设方案》。为逐步建立从原料培育、加工生产到销售利用的“林油一体化”、“林电一体化”发展模式，国家林业局先后与中国石油、中粮集团、国家电网公司等开展了合作。2007年已在云南、四川、湖南、安徽、河北、内蒙古、陕西等省区合作建设油料能源林基地100万亩，并积极推动林业生物柴油加工业的发展。已建设了年产20万吨非粮燃料乙醇项目，生物质发电、固体成型燃料等都进入商业化初级阶段。国家电网公司所属的国能生物发电公司在山东省建立的以林木质为主要原料的生物发电厂已投产运行，并着手在黑龙江省、内蒙古自治区等地建设林木质生物发电厂。

2009年6月出台的《促进生物产业加快发展若干政策》再次明确，对经批准生产的非粮燃料乙醇、生物柴油、生物质热电等重要生物能源产品，国家给予适当支持。

二、沼气建设

沼气政策方面，2007年4月农业部、国家发改委制定了《全国农村沼气服务体系建设方案》，在2007年国债项目中配套安排乡村服务网点建设。以项目村为依托建立乡村沼气服务网点，每个网点具备为300～500个沼气农户服务的能力，按照“六个一”要求（一处服务场所、一个原料发酵贮存池、一套进出料设备、一套检测设备、一套维修工具、一批沼气配件，同时至少配备 1 名专业技术服务人员，覆盖300户以上沼气农户），强化村级沼气服务网点建设。在“十一五”期间，乡村沼气技术服务的覆盖率将达到70%以上，形成运转高效的农村沼气服务体系。沼气池建设、配件更换、进出料、技术指导等管理服务及时有效，初步实现物业化。通过强化服务，使沼气池平均使用寿命达到15年以上，80%以上的沼渣、沼液综合利用。

农业部于2007年发布了《全国农村沼气工程建设规划（2006～2010年）》。该规划的内容包括农村户用沼气、规模化养殖场大中型沼气工程、技术支撑及服务体系建设三个方面。农村户用沼气以“一池三改”为基本建设单元，同步规划、同步施工。重点支持建设规模化畜禽养殖场和养殖小区大中型沼气工程，推广统一建池、集中供气、综合利用的建设模式。按照“国家投入引导、多元参与发展、运作方式多样”的原则，逐步建立以省级技术培训基地为依托、县级服务站为支撑、乡村级服务网点为基础、农民服务人员为骨干的沼气服务体系。

2008年11月14日，农业部编制完成了2009年新增农业建设项目的投资计划，投资农村沼气建设达30亿元，用于建设225万户户用沼气、3万多个农村沼气乡村服务网点和7500多个养殖小区和联户沼气工程。

近6年来，中央累计投入资金190亿元支持农村沼气建设，农村沼气建设成效显著。截至2008年底，全国农村户用沼气达到3050万户，各类农业废弃物处理沼气工程3.95万处（大中型养殖场沼气工程2700处），乡村沼气服务网点7万个。3050万户用沼气和养殖场沼气工程年生产沼气约122亿立方米，生产沼肥（沼渣、沼液）约3.85亿吨，相当于替代1850万吨标准煤，减少排放二氧化碳4500多万吨，替代薪材相当于1.1亿亩林地的年蓄积量，可为农户直接

增收节支150亿元/年。

为了拉动内需，中央下达的农业拉动内需新增投资项目中，第一批于2008年底下拨51.5亿元，其中沼气占到60%~70%，共30亿元；2009年下拨第二批，共184.7亿元，其中沼气占50亿元。新增50亿元沼气项目的实施，带动地方和企业自筹175亿元进行沼气项目建设。中央投资支持建设户用沼气1406万户、养殖小区和联户沼气工程1.3万处、大中型养殖场沼气工程1776处、乡村沼气服务网点6.36万个。有10个省、区户用沼气保有量超过100万户，其中四川省达到422万户。

生物质能循环链

为了加快农村沼气发展，农业部等部门正在研究编制新一轮全国农村沼气工程建设规划，进一步创新建设模式，形成农村户用沼气、养殖场大中型沼气工程、养殖小区和联户沼气工程、秸秆集中供气型沼气工程、农村中小学校园沼气工程等多种模式的建设格局。

山东省乳山市南黄村240家农户村民告别柴草堆用上沼气

近年来，广西壮族自治区沼气池建设成效显著，入户率连续多年居全国第一位。到2009年底，我区已累计建成户用沼气池350多万座，入户率达44.4%。农村沼气已实现从单一模式向多模转变，沼气建设的综合功能也得到不断拓展。预计到2015年底，全区将计划累计建设户用沼气池420万户，占全区从事农业的农户总数的53%，占适宜建沼气池农户数的70%，成为基本普及沼气的省区。

山东省到2009年底累计建成户用沼气200多万户，大中型沼气工程560处，年产沼气13亿立方米，相当于标准煤100多万吨。省科学院在济南市历城区柿子园村建成生物质气化发电站，年消化干秸秆2100吨以上，发电140万千瓦时。在欧洲议会大厦举行的全球能源奖颁奖仪式上，该项目获得了“空气奖”提名和国别奖。

三、秸秆能源化利用

目前我国的秸秆产出量已超过7亿吨，折合成标煤约为3 .5亿吨，相当于7个神东煤田，全部利用可以减排8 .5亿吨二氧化碳，相当于2007年全国二氧化碳排放量的1/8。随着国家明确提出到2015年秸秆综合利用率80%的行动目标，我国秸秆资源化驶入快车道。以“秸秆能源”为代表的生物质能利用，在大力发展低碳经济的背景下，进入人们的视野。全国的洗衣粉生产如果全部采用生物质秸秆燃炉，每年将可以利用近40万吨的秸秆，减少温室气体排放超过20万吨，节约标准煤20多万吨。

根据2006年《全国农业和农村经济发展第十一个五年规划》提出的主要农产品发展目标测算，预计到2010年我国主要农作物秸秆产量将达到7.8亿吨，其中约4亿吨可作为农业生物质能的原料。以“十一五”期间的发展速度测算，预计到2015年我国主要农作物秸秆产量将达到9亿吨左右，其中约一半可作为农业生物质能的原料。

根据农业部的目标，到2010年，结合解决农村基本能源需要和改变农村用能方式，全国建成400个左右秸秆固化成型燃料应用示范点，秸秆固化成型燃料年利用量达到100万吨左右；建成1000处左右秸秆气化集中供气站，年产秸秆燃气3.65亿立方米。到2015年，秸秆固化成型燃料年利用量达到2000万吨左右，建成2000处左右秸秆气化集中供气站，年产秸秆燃气7.3亿立方米。

国家财政部于2008年10月30日印发了关于《秸秆能源化利用补助资金管理暂行办法》的通知。规定对符合支持条件的企业，根据企业每年实际销售秸秆能源产品的种类、数量折算消耗的秸秆种类和数量，中央财政按一定标准给予综合性补助。这些条件包括：

（1）企业注册资本金在1000万元以上。

（2）企业秸秆能源化利用符合本地区秸秆综合利用规划。

（3）企业年消耗秸秆量在1万吨以上（含1万吨）。

（4）企业秸秆能源产品已实现销售并拥有稳定的用户。

2008年12月1日，国家发展改革委公布的《关于2007年10月至2008年6月可再生能源电价补贴和配额交易方案的通知》提出，纳入补贴范围内的秸秆直燃发电亏损项目按上网电量给予临时电价补贴，补贴标准为每千瓦时0.1元。

2009年2月9日，为进一步贯彻落实《国务院办公厅关于加快推进农作物秸秆综合利用的意见》（国办发[2008]105号）精神，指导和推动地方开展秸秆综合利用规划编制工作，国家发改委、农业部联合发布《关于印发编制秸秆综合利用规划的指导意见的通知》（以下简称《指导意见》），重申了编制秸秆综合利用规划的重要意义，明确了规划编制的指导思想和基本原则，要求各地根据资源禀赋、利用现状和发展潜力，明确秸秆开发利用方向、规划目标和重点实施领域等，并按进度要求提交规划成果。《指导意见》的发布对加快推进秸秆综合利用工作、逐步形成秸秆资源开发利用的良性循环、实现秸秆商品化和资源化、促进资源节约型和环境友好型社会建设具有积极作用。

为加快推进秸秆综合利用，实现秸秆的资源化、商品化，促进资源节约、环境保护和农民增收，农业部于2009年3月5～6日在山东济南召开全国农作物秸秆能源化利用现场经验交流会，全面启动农作物秸秆资源调查与评价工作。为加快推进农作物秸秆综合利用，国家发展改革委和农业部于11月9~10日在安徽省合肥市联合召开了全国农作物秸秆综合利用现场会，300多位来自各地的政府官员参观了联合利华等一批用秸秆替代石化燃料或木材等资源的企业，研究大规模开发秸秆资源的政策和规划。

四、生物质发电

2009年8月6日，湖南省首家以农林废弃物——棉花秆、桠杈、树皮、谷壳等秸秆为原料发电的澧县生物质发电厂正式并网发电。澧县生物质发电厂年设计发电总量为2亿度，可满足澧县及周边40万县市居民基本生活用电

由于生物质发电与煤电、水电等存在价格上的优势，缺乏市场竞争力，国家先后两次采取电价补贴政策支持生物质发电的发展。第一次为2006年1月4日由国家发展和改革委员会以委颁文件形式下发的《可再生能源发电价格和费用分摊管理试行办法》（以下简称《发电价格和费用分摊办法》）。对于利用潜力巨大、但资源状况和技术本身还有一定不确定性的生物质发电，《发电价格和费用分摊办法》规定实行政府定价：生物质发电项目上网电价实行政府定价，由国务院价格主管部门分地区制定标杆电价，电价标准由各省（自治区、直辖市）2005年脱硫燃煤机组标杆上网电价加补贴电价组成。补贴电价标准为每千瓦时0.25元。发电项目自投产之日起，15年内享受补贴电价，运行满15年后，取消补贴电价。

第二次为2008年3月国家发展改革委、国家电监会的《关于2007年1~9月可再生能源电价附加补贴和配额交易方案的通知》和2008年12月国家发展改革委公布的《关于2007年10月至2008年6月可再生能源电价补贴和配额交易方案的通知》。两个《通知》称，纳入补贴范围内的秸秆直燃发电亏损项目按上网电量给予临时电价补贴，

补贴标准为每千瓦时0.1元。《通知》考虑到多少生物质直燃项目在得到每千瓦时0.25元的补贴后仍然亏损，对纳入补贴范围内的秸秆直燃发电亏损项目按上网电量给予临时电价补贴，补贴标准为每千瓦时0.1元。即：对纳入补贴范围内的秸秆直燃发电亏损项目，2007年12月到2008年6月的总补贴标准为每千瓦时0.35元。2007~2009年共有河北国能成安、河北国能威县、山东国能高唐、山东国能垦利、江苏节能（宿迁）、江苏国能射阳一期、山东国能单县、河南长葛秸秆八个秸秆直燃发电项目获得了每千瓦时0.1元的临时电价补贴，即总计可获得每千瓦时0.35元的电价补贴。

生物质电场

2006年底建成投产的山东省国能单县生物发电项目，采用世界领先水平的丹麦木质燃料锅炉技术，装机容量为2.5亿千

2007年国家补贴的八个生物质发电项目

项目名称	地点	组成	规模	投资（亿元）
国能垦利生物质发电项目	山东省垦利县董集乡	1×25WM	25.0	2.7
国能垦利生物质发电项目	河北省威县	1×24WM	24.0	2.6
国能垦利生物质发电项目	河北省成安县	1×24WM	24.0	5.0
国能垦利生物质发电项目	山东省聊城市	1×30WM	30.0	2.7
国能垦利生物质发电项目	山东省单县	1×25WM	25.0	3.0
国能垦利生物质发电项目	江苏省射阳县	2×25WM	50.0	6.0
中节投宿迁生物质发电项目	江苏省宿迁市	2×12WM	24.0	2.5
长葛秸秆发电改造项目	河南省长葛市	2×12WM	24.0	

瓦，是国内第一个国家级纯生物质直燃发电示范项目。在这个项目的带动下，2009年11月，山东省装机容量最大的生物质发电工程在冠县投产，年可消化玉米秸秆、棉花秸秆和麦草等17万吨，年发电量2.1亿千瓦时。随后，山东省首个焚烧生活垃圾发电项目在泰安建成，日处理生活垃圾8000吨，年发电量1.2亿千瓦时。到2009年底，山东省已投运生物质发电项目25个，装机容量42.5亿千瓦，年发电总量达到13亿千瓦时。目前，还有在建生物质发电项目20多个，装机容量40多万千瓦。

2008年9月4日，国家环境保护部、国家发改委、国家能源局联合发表了《关于进一步加强生物质发电项目环境影响评价管理工作的通知》，对生活垃圾焚烧发电项目的厂址选择、技术和装备、污染物控制、垃圾的收集、运输和贮存、环境风险等方面进行阐述。

我国生物质能发电目前只占可再生能源发电装机容量的0.5%，远远低于世界平均25%的水平，有很大的发展空间。2008年发改委公布的《可再生能源发展“十一五”规划》提出，到2010年全国生物质发电装机容量达到550万千瓦。《可再生能源中长期发展规划》确定，到2020年生物质发电装机要达到3000万千瓦。

五、生物燃料开发利用

我国的生物燃料乙醇开发从2002年开始试点，发展速度很快。《车用乙醇汽油“十五”发展专项规划》提出，短期内以陈化粮为主开展燃料乙醇的试点项目，在推广时考虑使用商品粮作为变性燃料乙醇生产的原料。2004年2月，经国务院同意，国家发改委等8部门联合颁布了《车用乙醇汽油扩大试点方案》和《车用乙醇汽油扩大试点工作实施细则》，把推广使用车用乙醇汽油作为国家一项战略性举措。经过短短3年,中国生物燃料乙醇就实现了产业化，成为世界第三大燃料乙醇生产国。目前，已在黑龙江、吉林、辽宁、河南、安徽、广西6省及湖北、山东、河北、江苏4省的27个市试点车用乙醇汽油,实现封闭运行。

2006年财政部印发的《可再生能源发展专项资金管理暂行办法》明确提出：“石油替代可再生能源开发利用，重点是扶持发展生物乙醇燃料、生物柴油等。生物乙醇燃料是指用甘蔗、木薯、甜高粱等制取的燃料乙醇。生物柴油是指用油料作物、油料林木果实、油料水生植物等为原料制取的液体燃料。”2007年国家发改委明确表示，将不再利用粮食作为生物质能源的生产原料，取代粮食的将是非粮作物。2009年6月出台的《促进生物产业加快发展若干政策》指出，生物能源领域要加快培育速生、高含油、高热值、高产专用能源植物品种,积极开展以甜高粱、薯类、小桐子、黄连木、光皮树、文冠果以及植物纤维等非粮食作物为原料的液体燃料生产试点。

根据我国《生物燃料乙醇以及车用乙醇汽油“十一五”发展专项规划》，到2010年，我国将以薯类、甜高粱等非粮原料为主生产522万吨燃料乙醇，届时乙醇汽油使用量将占全国汽油用量的75%。获得国家支持的生产燃料乙醇企业有四家：河南天冠燃料乙醇有限公司、吉林燃料乙醇股份有限责任公司、安徽丰原生物化工有限公司、黑龙江华润酒精有限公司。

2006年8月，中粮集团出台“2007-2011年生化能源战略规划”，计划在广西、河北、辽宁、四川、重庆和湖北等地新建以木薯、红薯、玉米为原料的工厂。2007年12月，中粮集团利用广西近600万亩的木薯资源、一期投资7.5亿元建设的年产20万吨燃料乙醇项目正式在广西北海投产，成为我国迄今为止唯一投入生产的非粮燃料乙醇项目，同时也是全球规模最大的“非粮食燃料乙醇项目”生产线，标志着中国燃料乙醇的发展路线将真正走向“非粮化”。2008年4月15日起，广西全面封闭销售使用车用乙醇汽油。这种汽油在“燃烧”时产生的一氧化碳和二氧化碳量，分别比传统汽油减少20%和10%以上。

科技部国家“863计划”支持的“甜高粱茎秆制取燃料乙醇”项目提供的甜高粱品种，种植技术和燃料乙醇加工技术已经较为成熟。目前已经达到年产5000吨燃料乙醇的生产规模。国内已经在黑龙江省、内蒙古自治区、新疆维族自治区、辽宁省和山东省等建立了甜高粱种植、甜高粱茎秆制取燃料乙醇加工的基地。

甘蔗是燃料乙醇市场需求量较大的非粮食作物，在我国南方地区是最有可能大量用于生产燃料乙醇的糖类原料。4亩的甘蔗产量约可制取1吨乙醇，与甜高粱近似；蔗渣同样可制取生物柴油。我国在能源甘蔗方面的研究也已经起步并得到了较快的发展。

2009年，我国燃料乙醇产量达到170万吨，生物乙醇汽油消费量约占全国汽油消费量的20%，但多以玉米、小麦及大米等粮食作物为原料。

2006年10月，中粮集团黑龙江500吨/年纤维素乙醇试验装置近日投料试车成功，这是世界上首次将连续汽爆技术用于纤维素制乙醇的装置，其中纤维素乙醇生产中最关键的酶制剂由中粮集团与丹麦诺维信公司联合开发。经过5年的实验，纤维素制乙醇技术已经成熟。

2007年8月底，天冠3000吨的纤维素乙醇项目奠基，这是国内首条千吨级纤维素乙醇产业化试验生产线。2009年年底完成万吨级工艺、设备的定型工作,为纤维素乙醇规模化复制做好前期工作。

六、森林生物质能源

我国现有木本油料树种的种植面积400多万公顷，种子含油量40%以上的有154种，目前产量能够达到500万吨。同时，我国又有5700万公顷的宜林荒山荒地，可以种植这些生物质能源树种。而且有一些盐碱地、沙化土地还有矿区的复垦地，都是发展生物质能源的潜力所在。

我国开展能源林业作物的研发已有成果，南方已建有产业。如利用菜籽油、籽油、乌桕油、木油、茶油等原料小规模生产生物柴油的案例。

近年来，为了不与食用油和工业用油争原料,开发了麻疯树果实、黄连木籽、光皮树、文冠果等作原料制取生物柴油技术。四川利用麻疯树果实为原料建成了设计能力10万吨的柴油加工厂，现年产能力为2万吨，并制定了企业标准。制约生物柴油发展的因素是原料价格。麻疯树果实购入1.4元/公斤，每吨生物柴油需麻疯树果实3吨多，每吨生物柴油的原料成本超过4000元。种植麻疯树亩产生物柴油近200公斤。黄连木籽含油率在30%左右，按每亩种植40棵、每棵产果20公斤计，则亩产生物柴油约200公斤，与麻疯树的产量接近。

2009年，江西省赣州市种植光皮树数目已超过10万亩，有望成为我国生物柴油产能大省。湖南省龙山县在“十一五”期间配合国家退耕还林完成20万亩的光皮树能源林基地建设任务，把龙山县打造成中国南方的绿色油田。在“十一五”末公司将引进年加工生物柴油10万吨的生产线，建成湘鄂渝边区最大的生物柴油加工企业。

文冠果是我国特有的珍贵树种，具有极强的抗热、抗寒能力。进入盛果期后，单株文冠果果籽产量可达15～20kg，每亩产量可达到2500kg以上，可生产生物柴油700kg左右。焦作市已建设文冠果示范林300亩，育苗100亩，到2013年，将在5年内建成30万亩文冠果生物能源林基地。甘肃省将在现有文冠果12.43万亩的基础上，在平凉、天水、陇南、庆阳、定西、白龙江林区推广种植，3年后，使全省文冠果种植面积达到50万亩。预计进入盛果期后，每年可产文冠果种子约35万吨，年产柴油约12.5万吨。

2009年12月，欧洲投资银行贷款江西生物质能源林示范项目启动，标志着这一项目正式进入了实施阶段。到2013年，将在瑞金、石城、广昌、遂川等19个县建立44万亩生物质能源林示范基地，其中油茶基地34万亩，光皮树基地10万亩，项目总投资37857.16万元人民币，其中欧洲投资银行优惠贷款占项目总投资的70%，地方配套资金占项目总投资的30%。项目实施进入稳产期后，年均可生产生物柴油3065.40吨、毛油1.56万吨、食用茶油1.53万吨，年产值可达5.29亿元人民币。

山东省一些地方利用荒碱地，加快培育速生、高产能源植物品种，推进规模化、基地化种植，开展了以甜高粱等非粮作物为原料的液体燃料生产试点。山东金园甜高粱秸乙醇开发公司在纤维分解发酵乙醇这个世界性能源攻关难题上实现突破，乙醇收率提高了60%，达到产业化开发的要求。山东冠丰创世纪生物技术公司与省花生研究所合作，利用花生油下脚料和地沟油开发生产生物柴油，填补了国内空白，使我国成为世界上成功掌握这一技术的少数几个国家之一。这项技术可使1吨花生油下脚料转化近1吨生物柴油，1吨地沟油转化0.9吨生物柴油。同时，在国内首创从大米草和碱蓬中提取生物汽油的技术。这些研究成果扩大了生物柴油生产的原料来源，使得生物柴油的产业化开发前景空前广阔。

生物能源树种——文冠果

根据国家林业局编制的《全国能源林建设规划》，“十一五”期间我国建设能源林示范基地1000多万亩；到2020年，能源林达到2亿亩，可以提供600多万吨生物柴油，满足1100多万千瓦装机容量发电厂的燃料需求。

七、生物质成型燃料

生物质成型燃料技术提高了秸秆运输和贮存能力，燃烧特性明显得到改善，可为农村居民提供炊事、取暖用能，具有原料来源广泛、价格低、操作简单等特点，特别是可解决我国北方地区农村冬季采暖问题，是生物质能开发利用技术的主要发展方向之一。根据我国出台的《农业生物质能产业发展规划（2007–2015）》，到2010年，结合解决农村基本能源需要和改变农村用能方式，全国将建成400个左右秸秆固化成型燃料应用示范点，秸秆固化成型燃料年利用量达到100万吨左右，到2015年，秸秆固化成型燃料年利用量达到2000万吨左右。下一步，农业部将围绕《可再生能源法》和《可再生能源中期发展规划》的实施，研究推进生物质固体成型燃料技术的政策措施，争取财政专项的支持，开展生物质固体成型燃料技术推广补贴试点，并对农民购买专用炉具进行补助，加大对生物质固体成型燃料产业的投入力度。近期还将正式发布实施多项生物质固体成型燃料及成型设备农业行业标准。

在河北省保定市博野县已有1100多台生物质燃料炉具安家落户。这种炉子取代了以煤为燃料的传统炉具，以压成块状的秸秆为燃料，热效率提高了15%以上。由于附近已经有好几家生产燃料压块的企业，以平均每公斤0.1元钱的价格收购秸秆，农民们积极性都非常高。

2009年11月，巴彦淖尔市政府日前与中兴能源有限公司正式签署了建设内蒙古燃料乙醇产业基地合作框架协议，计划到2015年全市甜高粱种植面积达到200万亩，年产燃料乙醇30万吨，成为内蒙古最大的生物质能源基地。目前，一个年生产能力达 3 万吨的乙醇厂正在巴彦淖尔市规划建设。

目前，我国生物质能源的发展面临一些瓶颈问题，如生物质资源不足、品质不佳、收集困难、难于转化；生物质催化与转化效率低下，过程能耗和水耗高；生物转化工艺难以低成本规模化放大以及生物能源终端产品品质不佳、产品标准欠缺等。专家认为，我国发展生物能源产业，应坚持生态发展原则，建立生物能源生态技术体系和生态产业体系，做到不与民争粮、争油，不与粮争地、争水，达到人、自然和生物能源的和谐发展。在实际操作中，要坚持资源、技术与产品多元化发展，大力发展能源植物、能源藻类、产能微生物等多样性生物能源资源；大力发展热化学转化、绿色化学催化转化、工业生物技术等各具特色的核心技术；大力发展生物质发电、生物燃气、生物液体燃料等多种形式的能源终端产品。同时，还应坚持因地制宜，大力发展适合当地气候、土壤和降水特征的生物质资源，发展适合当地资源条件和需求的技术、工艺与产品。

（根据有关资料编写）

清洁煤能源

燃煤产生的二氧化碳是一种重要的温室气体，是气候变暖的罪魁祸首。研究人员正在探索解决的方法——就是要将煤转化为电能，实现二氧化碳零排放，实现煤炭向绿色能源的转化。

清洁煤技术是指煤炭从开发到利用全过程中旨在减少污染排放与提高利用效率的加工、燃烧、转化和污染控制等新技术的总称。清洁煤技术主要包括两个方面：一是直接烧煤洁净技术。在直接烧煤的情况下，需要采用相应的技术措施，如燃烧前的净化加工技术（主要是洗选、型煤加工和水煤浆技术），燃烧中的净化燃烧技术（主要是流化床燃烧技术和先进燃烧器技术），燃烧后的净化处理技术（主要是消烟除尘和脱硫脱氮技术）。二是煤转化为洁净燃料技术。主要是煤的气化以及液化技术、煤气化联合循环发电技术和燃煤磁流体发电技术。清洁煤技术是当前国际上解决环境问题的主导技术之一，也是高技术国际竞争的重要领域之一。多年来，我国围绕提高煤炭开发利用效率、减轻对环境污染进行了大量的研究开发和推广工作，并随着国家宏观发展战略的转变，已把清洁煤技术作为可持续发展和实现两个根本转变的战略措施之一，得到了中央政府的大力支持。

大力推进清洁煤燃烧技术

作为世界最大的煤炭生产国，我国煤炭燃烧每年产生大量污染物。数据显示，2006年中国排放二氧化硫的总量为2500多万吨，而燃煤电厂正是二氧化硫排放的主要来源。发展清洁煤燃烧技术，已成为我国提高燃煤效率、减少燃煤污染的有效途径。

为了减少直接烧煤产生的环境污染，世界各国都十分重视清洁煤技术的开发和应用。经过20多年的发展，国外的煤炭气化、液化以及发电技术已经日趋成熟。通过实施清洁煤技术，煤矿企业在经济上增加盈利，环境由此得到改善，使经济增长和保护环境协调发展。我国是烧煤大国，70%以上的能源依靠煤炭，大力发展洁净煤技术有更重要意义。

我国《国民经济与社会发展第十一个五年规划纲要》提出，大力推进清洁煤燃烧技术，包括对老电厂的清洁煤的改造。加强煤矿瓦斯综合治理，加快煤层气开发利用。加强煤炭清洁生产和利用，鼓励发展煤炭洗选及低热值煤、煤矸石发电等综合利用，开发推广高效洁净燃烧、烟气脱硫等技术。发展煤化工，开发煤基液体燃料，有序推进煤炭液化示范工程建设，促进煤炭深度加工转化。

全国现在已经有60%左右的电厂装了脱硫装置。已经拆除了5400多万千瓦的老旧火电机组。由于通过拆除老旧机组，已经使我们每千瓦时的煤耗从过去400多克降到了现在的300多克。

我国的第一台燃煤30万千瓦循环流化床机组于2006年上半年在四川白马电站建成，全套引进了当时最先进的法国阿尔斯通的设备和技术。环保指标全部优于国家有关环保标准。锅炉外排黑度、废气无组织排放颗粒物浓度、废水、噪声等项目的检测结果均满足国家有关规定，污染物排放总量均满足总量控制要求。特别是在燃用无烟煤和劣质煤技术方面达到了世界领先水平。300MWCFB锅炉机组的成功，为高效、洁净利用劣质燃料发电的设备大型化提供了成功范例。

300MWCFB锅炉技术消化吸收工作收效显著，逐步形成了我国洁净煤发电技术的自主研发能力。

2008年6月，由东方锅炉自主开发设计制造的国内首台采用不带外置换热气、燃用劣质煤300MW循环流化床３＃机组锅炉，在广东宝丽华梅县荷树园电厂顺利通过168小时满负荷运行，锅炉各项技术指标达到了当今国内外先进水平，这标志着我国在燃用洁净煤大型电站锅炉技术方面取得了新突破。继广东宝丽华工程项目后，东锅又签订了广东坪石、湖北宜都东阳光等项目工程３８台循环流化床锅炉的供货合同，并已有开远、秦皇岛等国产300MW循环流化床锅炉机组接连投运发电。目前，东方锅炉正全力以赴投入自主开发600MW超临界ＣＦＢ锅炉产品新领域。我国建设的第一个国产化30万千瓦大型循环流化床机组——开远电厂工程，它的脱硫效率可达95%，氮氧化物最高排放浓度仅为标准限值的二分之一，除尘效率达99.6%以上，各种废水经多级处理后可实现“零排放”。

一、我国“绿色煤电”计划

清洁煤电技术是以整体煤气化联合循环(IGCC)和碳捕集与封存(CCS)技术为基础,以联合循环发电为主,并对污染物进行回收,对二氧化碳进行分离、利用或封存的新型煤炭发电技术。大力推进高碳能源低碳化利用，清洁煤电技术利用正成为中国发展低碳经济的重点。

我国发展洁净煤技术面临的主要问题是终端利用燃煤技术和装备水平技术落后、低效高污染、煤炭粗放加工、粗放利用。此外，气化产业化发展需求与目前国内技术、装备水平还有着很大的差距。

专家估计，我国以煤为主的能源消费结构在未来相当长时期内不会发生改变。据预测，2020年我国煤炭需求为21~29亿吨，分别占一次能源生产和消费的60%以上。但我国目前的煤炭燃烧技术比较落后，综合利用效率低，比发达国家低10个百分点左右。

我国大气污染物的主要来源是煤炭燃烧，包括颗粒物、二氧化硫、氮氧化物和二氧化碳。2004年，我国共排放了2255万吨二氧化硫，居世界第一，远远超过环境自净能力，近三分之一国土受到酸雨污染。我国每年因煤炭燃烧污染所造成的损失相当于GDP总量的3%~4%。

根据我国技术和制造能力，我国“绿色煤电”计划拟分三个阶段实施，用10年左右的时间最终建成“绿色煤电”示范电站。

第一阶段(2006—2011年)：建设IGCC示范电站。从2006年开始，重点进行2000吨天级两段式干煤粉加压气化炉的工业化、实用化设计，验证大型高温煤气净化技术和大型电热化多联供的系统集成技术。计划于2011年建成250MW级具有自主知识产权的IGCC电站，并在电站内同步建设“绿色煤电”实验室。

第二阶段(2012—2014年)：完善IGCC电站，研发“绿色煤电”关键技术。这个阶段是技术的巩固和发展阶段。一是完善和推广IGCC系统的集成和运行技术，同时进行气化炉放大的技术经济性论证。二是利用建成的“绿色煤电”实验室进行中试系统研究，包括煤气制氢储氢技术、氢气和二氧化碳分离技术、二氧化碳封存和利用技术、燃料电池发电技术以及氢气燃机技术等，为第三阶段“绿色煤电”示范工程做好技术准备和前期工作。

第三阶段(2014—2016年)：实施“绿色煤电”示范项目。计划于2016年左右建成400MW级“绿色煤电”示范工程，集成大规模煤制氢和氢能发电、二氧化碳捕集和封存等关键技术，实现煤炭的高效利用以及污染物和二氧化碳的近零排放，同时不断提高“绿色煤电”系统的技术可靠性和经济可行性，为大规模商业化做好准备。

二、IGCC示范工程

IGCC（整体煤气化联合循环发电系统）是目前国际上正在兴起的一种先进的洁净煤发电技术。该技术首先将固体煤炭气化，通过净化装置去除99%以上的硫化氢和接近100%的粉尘。而后，变得清洁的煤气可作为燃料,驱动燃气轮机发电，产生的热量还能再驱动蒸汽发电。一份煤炭实现了两次发电，不但有效提高了煤炭的发电效率，更重要的是其污染物排放量只有常规燃煤电厂的10%，环保功效显著。IGCC可实现硫的零排放，氮氧化物排放只有常规燃煤电厂的15%～20%。而IGCC过程中产生的高浓度二氧化碳，远比常规燃煤电厂产生的尾气更容易实现捕捉与封存。如果IGCC与CCS（碳捕获及封存技术）联手，就能大大促进碳减排。

中国华能绿色煤电示范工程

华能绿色煤电天津IGCC电站示范工程开工仪式

通过建设示范电站的方式，摸索和掌握IGCC电站的设计、建设和运行技术以及重大装备的设计和制造技术，已经被欧美等国验证是一条可行的发展途径。20世纪70年代末，我国就启动了IGCC技术的研究和论证,并且在“八五”期间，以西安热工研究院为组长单位的IGCC技术课题组完成了“中国IGCC示范项目可行性研究”。1994年，山东烟台IGCC电站示范工程的前期准备工作和可行性研究工作相继启动，并于1999年正式立项，还被列为《中国21世纪议程》中“中长期电力科技发展规划”的重点项目。

2004年，华能集团率先提出“绿色煤电”计划，计划用15年左右的时间，建成“绿色煤电”近零排放示范电站。2005年，华能联合国内的大唐、华电、国电、中电投、神华、国开投、中煤等能源公司，成立了由华能集团控股的绿色煤电有限公司，共同实施“绿色煤电”计划。

为进一步推动我国洁净煤发电技术发展，促进煤炭高效利用和电源结构优化，国家发改委于2009年5月核准华能集团在天津滨海新区建设我国首座25万千瓦IGCC示范电站。2009年7月，华能天津IGCC电站示范工程在天津正式开工，该示范项目被科技部列入国家“十一五”“863”计划。

截至2009年底，华能天津IGCC示范站已基本完成气化炉、空分装置的土建施工，正在进行联合循环部分的基础施工，厂区各功能区划基本成形。根据工程进度计划，2010年，天津IGCC项目进入施工高峰期，预计2010年底完成设备安装工作并进入调试阶段，2011年6月底投入运行。

亚洲开发银行批准该行向华能集团天津的绿色煤电示范项目提供1.35亿美元贷款。亚行还将提供125万美元的技术援助赠款，帮助天津绿色煤电项目在2013年之前进行二氧化碳捕获和封存技术的应用。

根据天津IGCC项目的发展规划，一是建设一座电站，建成我国第一座250M W等级的IG CC示范电站，成为国内最清洁环保的煤基电站；二是成熟一项技术,总结出一套建设、管理、运营IGCC电厂的经验,努力实现大规模商业化推广，探索一条清洁、高效、低碳能源的新道路；三是提升一个行业，促进发电行业技术升级和产业升级,在实现“煤制气+IG CC”的基础上,积极探索“ 煤制天然气+ NGCC+C CS”,实现煤基多联产,实现向市政管网供天然气与向电网供电相互调节,积极研究开发煤制氢、燃料电池发电、氢气燃气轮机联合循环发电等工程技术,实现煤电的绿色发展；四是催生一个产业，带动清洁电力行业发展的同时,促进相关制造产业发展,实现气化炉、空分装置、余热锅炉和蒸汽轮发电机组四大主机实现100%国产化。合成气燃气轮机完成技术转让,分阶段实现国产化。煤气化设备还广泛应用于煤化工领域,因而煤气化设备制造将成为一个新兴的产业。

华能集团决定从2010年起全面推行绿色发展行动计划：一是2010年华能平均供电煤耗将降至324.5克/千瓦时，比2005年降低21克/千瓦时；到2015年降至317克/千瓦时，到2020年降至314克/千瓦时，努力达到世界煤电机组先进能效水平；二是清洁能源比重显著增加。2010年华能清洁能源发电装机比重将超过15%，比2005年提高约10个百分点；到2020年力争超过35%，比2005年提高约30个百分点，达到或超过全国电力行业清洁能源比重的平均水平；三是单位污染物排放水平持续降低。华能单位煤电发电量二氧化硫、氮氧化物和烟尘的排放量，2010年将分别比2005年降低66%、16%和56%；四是温室气体排放强度逐步降低。华能单位发电量二氧化碳排放量，到2020年降至526克/千瓦时，比2005年下降30%左右。

与此同时，中电投集团在上海、江苏、廊坊等地区的IGCC项目已经得到当地政府的大力支持，正在稳步推进。华电集团也以杭州半山项目为依托，承担以水煤浆气化技术为基础的“200兆瓦级IGCC关键技术研究开发与工业示范”的“863”计划课题任务，建设我国具有自主知识产权的IGCC示范工程。

目前国内已经报批和进行可行性研究的IGCC项目还有中广核东莞电化太阳洲4×200MW IGCC示范工程项目等。

中海油总公司实施直接将煤转换为天然气工程，五年形成年产100亿方的煤制气的生产能力。2009年4月27日，中国海洋石油总公司与山西同煤集团日前签约煤基清洁能源合作项目，项目总投资估算约300亿元人民币，年销售收入约260亿元、实现利税约90亿元。项目利用大同优质的煤炭资源，以山西省及环渤海区域为目标市场，提供以管输煤制天然气为主的煤基清洁能源产品。该项目建设内容为，年产40亿标准立方米煤制天然气，副产合成气、汽柴油及其他精细化工产品，配套2座年生产能力为1000万吨的煤矿及附属洗煤厂、煤矸石电厂。2009年10月13日，中海油新能源投资有限责任公司与内蒙古自治区鄂尔多斯市政府签署合作框架协议。本着“资源共享，优势互补，

合作共赢，共同发展”的原则，中海油新能源公司将利用鄂尔多斯准格尔煤田、杭锦旗内东胜煤田资源及地方政府配置的水资源条件建设煤制天然气项目。项目计划于2015年完工实现供气。

“清洁煤技术示范和推广项目”技术研讨会在京召开

延长石油杨庄河炼化厂

清洁煤技术示范和推广项目

欧盟同中国在2005年就开展了煤炭利用近零排放的合作项目。英国能源与气候变化部也资助了主要项目，从事有关在中国电厂进行的二氧化碳的捕捉和评估。

2007年11月，“中国—联合国气候变化伙伴框架项目”在纽约签署生效，2008年10月正式启动。“清洁煤技术示范和推广项目”是“中国—联合国应对气候变化伙伴框架项目”的子项目，旨在促进清洁煤技术推广，提高清洁煤及能源产业应对气候变化的能力与意识，推动产业绿色化升级。项目由联合国开发计划署、中国国家发改委、商务部、中国国际跨国公司研究会共同负责，大力推广中国能源企业的清洁煤技术。

2009年9月23日，“清洁煤技术示范和推广项目”技术研讨会在北京召开，中国27家特大型能源企业参加了“清洁煤技术示范和推广项目”的申报。2009年11月14~15日，在北京召开的第三届中外跨国公司CEO圆桌会议清洁煤发展论坛上，陕西延长石油集团、山西晋煤集团、山西潞安集团、山西晋煤集团、陕西延长石油集团、陕西彬长集团、黄陵矿业集团、陕西彬县煤炭公司、神木九江商贸公司等10 家煤炭企业加入联合国清洁煤技术示范和推广项目，陕西延长石油集团、山西晋煤集团、山西潞安集团获得“联合国清洁煤技术示范和推广企业”称号。

一、延长石油靖边化工园区：煤盐综合转化的新型模式

陕西延长石油公司靖边化工园区综合利用项目是国内乃至世界上少有的油、气、煤、盐资源综合利用循环经济示范项目。靖边化工园区综合利用项目以榆林靖边地区的煤炭、油田气、渣油等为原料，建设180万吨/年甲醇、150万吨/年榨油催化热裂解、60万吨/年MTO（甲醇制烯烃），60万吨/年PE（聚乙烯）、60万吨/年PP（聚丙烯）园区，创造性地把多种资源要素和生产要素进行深度的优化和配置，打破了传统的煤化工与温室气体排放之间的高度相关关系，建立起了集约化并具有循环经济和节能减排突出特征的一体化产业集群，实现了资源的高度转换和清洁生产。通过煤炭、榨油、干气、甲烷、氢气等化学元素的优化组合和工艺路线的优化设计，项目资源利用率比国际先进水平还高出8.86%。与国内先进水平相比，相当于每年节约了2.55亿立方米天然气或41.9万吨煤炭。

二、山西晋煤集团：煤层气性价比优势日渐突出

1993年以来，晋煤集团实施井上井下通产、抽采利用并举、采气采煤一体化、开发利用商业化等一系列的举措，推动煤层气开发利用水平持续提高，已发展成为全国最大的煤层气开发基地。晋煤集团在煤层气技术开发、抽采利用项目建设等方面已累计投入50多亿元，并拥有39名煤层气研发人才和近3000多名煤层气抽采利用团队。创建并实施了采煤采气一体化，瓦斯治理和煤层气开发的新模式。在地面煤层气抽采技术上，开发掌握了具有自主知识产权、适用于不同地质条件的地面垂直井和地面丛式井等，突破了国际专家公认的无烟煤不利于地面钻井煤层气开发的禁区，创造了我国煤层气地面钻井开发利用的第一个成功案例。在井下瓦斯抽采方面，公司采用边掘边抽的瓦斯治理模式，在各瓦斯矿井都建立永久性的瓦斯抽放系统。在煤层气抽采规模上有大的跨越。截至2009年12月，累计施工完成1900口地面煤层气井，形成了每年12亿立方米的煤层气抽采能力、每年7亿立方米的利用能力，利用率达到80%，比2008年提高了152.37%。目前，已形成了70亿立方米/日煤层气的压缩站，18.9千瓦的煤层气发电装机

晋城煤业集团寺河120MW煤层气电厂投产仪式

容量，10万余户的民用燃气，2000余辆的公交车，300余辆的煤层气重卡的利用规模，每天的煤层气利用量在200万立方米以上。煤层气汽车可使一氧化碳排量减少97%，碳氢化合物减少72%，丹阳化合物减少39%，二氧化碳减少24%，二氧化硫减少90%，噪音减少40%，而且不含铅、汞等有毒物质。同时，通过加快煤层气管网和液化建设项目，煤层气利用范围已辐射到山西、河南、江苏、浙江等多个地区。从2004年到2009年，晋煤集团共利用12亿立方米煤层气，减排二氧化碳1833万吨。“十二五”期间，晋煤集团总计形成50亿立方米/年的煤层气抽采力。

三、潞安集团：煤制油将成发展主体之一

在潞安集团四个循环经济园区中，煤制油的经济循环园区就是其中之一。这个园区里面包括了一个800万吨煤矿、一个煤矸石电厂、一个210万吨的焦化厂，一个ＩＧＣＣ（整体煤气化联合循环发电系统）发电厂和建材厂等７个生产单位。在园区中，传统煤矿中产生的阀缝气可以通过催化燃烧转化成热能，或者转到就近电厂作为燃料，既节约标煤又解决排放，在煤层气的地面抽采上也将抽采过程中产生的部分煤层气进行发电，减排二氧化碳近100万吨。在煤制油工厂的管理上，安装了一个尿素装置，将生产过程中分离出来的一部分无用的氧气和氮气，与二氧化碳直接制成了化工产品。另外，化工过程中很多不好利用的低热值尾气也都上了IGCC发电厂。通过物流、能流、蒸汽平衡和废弃物利用等，资源几乎全部利用。

四、西山煤电：推行清洁发展绿色转型

西山煤电从五个方面推广和应用清洁煤技术：以先进适用技术改造传统煤炭产业，积极推进煤炭清洁开采洗选；整合区域内中煤、煤泥和煤矸石资源，积极建设综合利用电厂；提高矿井瓦斯综合利用水平，实现温室气体减排；加大矿区污水治理力度，实现废水资源化；积极开展清洁生产审核，全面推广清洁生产模式。在产能规模快速扩张的同时，全面推进绿色经济、低碳经济、循环经济发展，注重节约、集约利用能源、保护生态环境，积极探索加大煤炭资源综合利用和高效清洁生产的多种有效途径，形成了以“煤炭资源高效开采—清洁洗选加工—深加工转化—废弃物综合利用—污染物减排”为节点的清洁煤发展链条，构建了以低耗能、低污染、低排放为特征的低碳经济发展模式。

五、陕西彬长矿业集团：建设低浓度瓦斯发电产业集群

彬长矿业集团投资8432万元建设装机容量1.3万千瓦的大佛寺低浓度瓦斯电厂，其中瓦斯燃气发电装机容量1.2万千瓦、余热发电装机容量0.1万千瓦，年发电能力8000万度，每年可减排二氧化碳37.8万吨，是全国装机容量最大的低浓度瓦斯电厂，也是全国唯一利用低浓度瓦斯发电机组余热尾气发电的电厂，是陕西省首家被国家发改委确定的CDM（清洁发展机制）项目。截至2008年10月底，大佛寺瓦斯电厂累计发电1500万度。通过申请CDM项目，与日本东京电力公司签订CERs（经核证的减排量），每年可获得收益2849万元。根据矿区开发建设和瓦斯抽采情况，陆续在胡家河、小庄、文家坡等矿井配套建设低浓度瓦斯电厂，使矿区瓦斯发电装机容量最终达到5万千瓦以上，年减排二氧化碳160万吨以上，形成全国规模最大的低浓度瓦斯发电产业集群。

我国最大的瓦斯发电产业集群——彬长矿业集团瓦斯发电厂

（根据有关资料编写）

煤层气开采利用

煤层气又称煤层气（煤矿瓦斯），其主要成分是甲烷，是与煤炭伴生、以吸附状态储存于煤层内的非常规天然气，热值与天然气相当。煤层气又是一种具有强烈温室效应的气体，其温室效应为二氧化碳的22倍。据测算，所有人类活动造成的温室效应中，20％是由甲烷引起的，而我国煤矿排放的甲烷占全球的35％以上，相当于荷兰全国所有温室气体的总排放量。

煤层气是煤炭行业安全生产的杀手，又是一种清洁高效的新兴能源。煤层气燃烧洁净，几乎不产生任何废气，是上好的工业、化工、发电和居民生活燃料。长期以来，由于煤层气开采利用严重不足，许多地方为加快采煤进度将其白白排放。在国际能源局势趋紧的情况下，煤层气的大规模开发利用越来越受到重视，具有巨大的经济与社会效益和广阔的发展前景。

我国煤层气开发利用前景广阔

我国煤层气资源十分丰富，是世界上继俄罗斯、加拿大之后的第三大煤层气储量国，占世界排名前12位国家资源总量的13％。

根据最新一轮资源评估结果，我国远景储量约36.8万亿立方米，埋深2000米以浅的煤层气资源量达31.46万亿立方米，相当于450亿吨标煤、350亿吨标油，与陆上常规天然气资源量相当。其中埋藏于300~1000米的资源量约占总量的29.05％，1000~1500米的煤层气占总量的31.6％，1500~2000米的煤层气占总量的39.35％。埋深1500米以浅的适于开发的约占总资源量的60％。但截至2007年底，国内探明煤层气地质储量1340亿立方米，煤层气年商业产量还不足4亿立方米。

我国的煤层气资源不仅在总量上占有一定的优势，而且在区域分布、埋藏深度等方面也有利于规划开发。煤层气资源在我国境内分布广泛，主要有中部、西部和东部三大资源区。其中中部地区约占资源量的64％。西部地区的沁水盆地和鄂尔多斯盆地资源量最大，超过10万亿立方米，为集中开发提供了资源条件。

按照每立方米气协议价1.1元测算，项目内部收益率为12.1％，全部成本 7 ~ 9 年后可回收，每立方米气可获利0.3~0.4元。如果政府实施五免三减半，即20年免缴增值税，所得税 5 年免征、3 年减半的政策，工程成本可降低0. 3 元 / 立方米，利润率则能提高到50%，成本回收期相应缩短至 3 ~ 4 年。晋煤集团潘庄矿区地面煤层气预抽井日产气量目前超过 4 万立方米，若按照每立方米压缩煤层气的销售价格为 2 元计算，现有井组的煤层气日销售收入为 8 万元，年销售收入接近3000万元。

当前我国煤层气利用的主要途径为：发电、民用、工业燃料、化工、汽车燃料。

煤层气产业是一项庞大的系统工程，建设一个煤层气生产基地，除了带动运输、钢铁、水泥、化工、电力、生活服务等相关产业的发展外，还能推动本行业的相关技术、科研等产业，促进整个产业(如钻机、煤层气抽取及输送设备、输送管道、监测监控设备、煤层气发电设备、利用煤层气生产化工原料设备等产业)的良性发展。

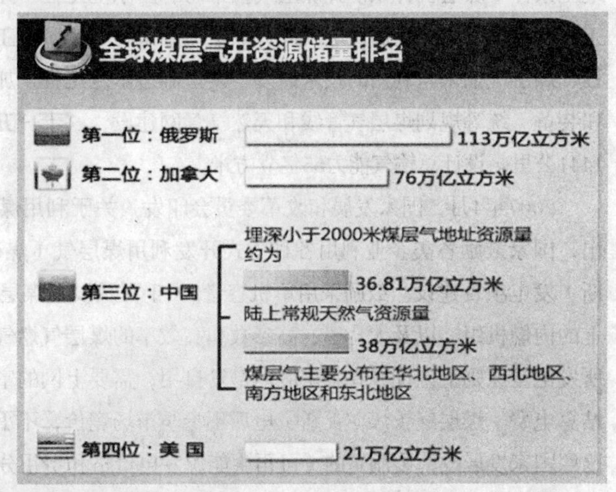

国家鼓励和支持加快煤层气开采利用

近几年来，国家为了开发利用好煤层气资源，相继出台了一系列促进煤层气开发利用的政策，确定了

华北油田煤层气分公司中央处理厂

煤矿“先抽后采”的原则，鼓励将煤层气先行抽取利用，以实现变害为宝，达到节能减排、减少矿难和资源利用的多重效益。

2005年6月22日，国家发展改革委印发的《煤矿瓦斯治理与利用总体方案》强调，树立“瓦斯是资源和清洁能源”的意识，通过示范引导，推进瓦斯治理与利用。实施煤层群条件下高煤层气、高地温、高地压、安全高效开采的瓦斯综合治理与利用示范工程、严重突出矿井瓦斯综合治理与利用示范工程、自燃发火严重高瓦斯矿井瓦斯综合治理与利用示范工程、瓦斯综合治理与利用的技术研发与装备制造示范工程、煤层瓦斯地面、井下综合抽采与利用示范工程。《方案》确定的瓦斯抽采与利用目标是：2010年，开采保护层比例达到90%以上；煤矿瓦斯抽采率达到50%以上；瓦斯（煤层气）抽采量达到100亿立方米。2010年，利用总量50亿立方米以上，利用率50%以上。其中，民用和工业燃气利用量20亿立方米以上，发电利用量30亿立方米以上，瓦斯发电装机容量150万千瓦以上，50%以上的发电设备实现热电或热电冷联供。

2006年3月公布的《国民经济和社会发展第十一个五年规划纲要》明确指出，加强煤矿煤层气综合治理，加快煤层气开发利用。

2006年6月，国务院办公厅印发了《关于加快煤层气（煤矿瓦斯）抽采利用的若干意见 》，为煤层气抽采利用制定了多项优惠政策：坚持采气采煤一体化。统筹规划煤层气和天然气输送管网建设。煤矿企业利用煤层气发电，可自发自用；多余电量需要上网的，由电网企业优先安排上网销售。进一步加大煤层气抽采利用的科技攻关力度，加大科技投入。对煤层气抽采利用实行税收优惠政策，具体办法由财政部会同税务总局、发改委等有关部门制订。对地面直接从事煤层气勘查开采的企业，2020年前可按国家有关规定申请减免探矿权使用费和采矿权使用费。

国家把煤层气开发列入国家中长期科技发展规划16个重大专项之一，即《大型油气田和煤层气开发》重大专项。

国家发改委、国家能源局2006年发布的《 煤层气(煤矿瓦斯)开发利用“十一五”规划》提出，到2010年实现四个目标：全国煤层气（煤矿瓦斯）产量达100亿立方米，其中地面抽采煤层气50亿立方米，井下抽采煤层气50亿立方米；利用80亿立方米，其中地面抽采煤层气利用50亿立方米，井下抽采煤层气利用30亿立方米；新增煤层气探明地质储量3000亿立方米；逐步建立煤层气和煤矿煤层气开发利用产业体系。《规划》提出，“十一五”期间，地面煤层气开发的重点是建设沁水盆地和鄂尔多斯盆地东缘两大煤层气产业化基地。重点建设高煤层气、高地温、高地压条件下煤层群开采矿井煤层气抽采与利用示范工程、无保护层开采条件的严重突出矿井煤层气抽采与利用示范工程、自燃发火严重高煤层气矿井煤层气抽采与利用示范工程、建设煤矿煤层气地面、井下综合抽采与利用示范工程、煤层气抽采与利用的技术研发与装备制造示范工程。加强基础理论研究和科技攻关。重点推广一批应用的技术和装备。统筹规划煤层气管线和天然气管网建设，“十一五”期间规划建设的主要煤层气输气管道10条，线路全长1441公里，设计总输气能力65亿立方米。

2007年4月，国家发展和改革委员会印发《关于利用煤层气（煤矿瓦斯）发电工作的实施意见》。《意见》提出，国家鼓励各类企业利用各种方式开发利用煤层气（煤矿瓦斯）。电力产业政策鼓励煤矿坑口煤层气（煤矿瓦斯）发电项目建设。鼓励采用单机容量500千瓦及以上煤层气（煤矿瓦斯）发电机组，开发单机容量1000千瓦及以上的内燃机组，以及大功率、高参数和高效率的煤层气燃气轮机（煤矿瓦斯）发电机组。煤层气（煤矿瓦斯）电厂所发电量原则上应优先在本矿区内自发自用，需要上网的富裕电量，电网企业应当予以收购，并按照有关规定及时结算电费。煤层气（煤矿瓦斯）电厂不参与市场竞价，不承担电网调峰任务。煤层气（煤矿瓦斯）电厂上网电价，比照国家发展改革委制定的《可再生能源发电价格和费用分摊管理试行办法》（发改价格[2006]7号）中生物质发电项目上网电价（执行当地2005年脱硫燃煤机组标杆上网电价加补贴电价）。高于当地脱硫燃煤机组标杆上网电价的差额部分，通过提高煤层气（煤矿瓦斯）电厂所在省级电网销售电价解决。

2007年4月，财政部根据国务院《研究煤矿瓦斯综合治理利用专题会议纪要》（国阅[2007]19号）精神，印发《研究煤矿瓦斯综合治理利用专题会议纪要》，鼓励煤层气的开发利用，中央财政按0.2元/立方米煤层气（折纯）标准对煤层气开采企业进行补贴，在此基础上，地方财政可根据当地煤层气开发利用情况对煤层气开发利用给予适当补贴。

2008年8月，国务院安委会办公室出台的《关于进一步加强煤矿瓦斯治理工作的指导意见》要求，优化生产布局，合理组织生产，为瓦斯治理工作提供基础保障。强调全面落实煤矿瓦斯治理和利用的政策措施。用足、用好销售煤层气（煤矿瓦斯）增值税先征后退、免征所得税、加速抽采设备折旧、煤层气（煤矿瓦斯）利用财政补贴、鼓励煤层气（煤矿瓦斯）发电上网和优惠电价等优惠政策；要围绕项目核准、建设用地、瓦斯发电并网、管网输送、财税和价格支持等方面，制定出台新的政策措施。《意见》提出了工作目标，到2010年，全国煤矿瓦斯事故死亡人数比2007年下降20%以上，重特大瓦斯事故得到有效遏制；煤层气（煤矿瓦斯）抽采总量突破100亿立方米；建成100个瓦斯治理示范矿井和100个瓦斯治理示范县，煤矿瓦斯综合治理工作体系建设取得明显成效，为实现煤矿安全生产状况明显好转、根本好转奠定基础。

2009年2月。为认真贯彻落实全国瓦斯治理现场会议精神，扎实有效推进“通风可靠、抽采达标、监控有效、管理到位”瓦斯综合治理工作体系示范矿井和示范县（区）建设，全面提升煤矿瓦斯治理水平，国务院安全生产委员会办公室印发《关于加强煤矿瓦斯治理工作体系示范工程建设的通知》，提出示范工程建设目标为：到2010年底，在全国建成一批瓦斯治理工作体系示范矿井和示范县（区），通过统筹规划、分步实施、典型示范、总体推进，推动全国煤矿瓦斯治理工作再上新水平。

煤层气产业化开发利用取得重要进展

1996年3月，国务院批准由中国石油集团与中国中煤能源集团合资组建了全国唯一的煤层气开发企业——中联煤层气有限责任公司。

1997年完成晋试1井钻探，获得日产2700立方米以上的气流；随后又部署钻探多口煤层气探井，发现了沁水南部煤层气田。从2006年起，由华北油田分公司运作的煤层气正式开始试采开发。3年间，积累了宝贵的经验，形成了煤层气勘探开发的主体技术。

2008年，中石油华北油田山西煤层气大规模试生产运行正式启动。2008年3月，华油工建公司全面进驻山西沁水盆地，开始了我国首座整装煤层气田的建设施工。

山西是我国的煤炭大省，也是煤层气大省，2008年山西煤层气抽采量达到24亿立方米，占全国煤层气抽采量的40%，其中晋煤集团一家就抽采了7.76亿立方米。

我国煤层气产业化开发利用经过10多年的探索，在攻克相关技术难题后，煤层气钻探、测试、排采等技术取得长足进步，奠定了产业化开发利用煤层气的技术与经济基础，已经在山西晋城等地取得重要进展。2008年我国井下抽采煤层气气53亿立方米，比2005年增长130%。2009年底，我国煤层气探明储量达到1700亿方，全国共施工各类煤层气井4000口，建成煤层气地而开发产能25亿方/年，年产量达7亿方，煤层气抽采率约30%，外输能力达40亿方/年。民用煤层气用户超过90万户，煤层气发电装机容量达到92万千瓦，以煤层气为燃料的汽车超过4000辆。

一、煤层气发电

在鼓励煤层气开发利用的同时，煤层气发电成为煤层气综合利用规划的一项重要内容。国家发改委发布了《关于利用煤层气发电工作的实施意见》，煤层气发电在上网价格等多方面获得国政策优惠。

山西省沁水盆地拥有我国最大、最稳定的煤层气田。山西省晋煤集团已建成的煤层气发电厂(站)总装机容量达20万千瓦。2009年7月5日，山西晋城煤业集团公司总装机容量为12万千瓦的寺河煤层气发电厂正式投产，该煤层气发电厂年发电量达8.4亿千瓦时，年可利用煤矿煤层气1.8亿立方米(折纯)，是世界上规模最大的煤层气发电厂。寺河煤层气电厂主要利用寺河井下抽放的煤层气为燃料发电，采用燃气发动机发电机组、余热锅炉和蒸汽轮机发电机组组成的联合循环发电装置。

2008年3月28日，晋城寺河煤层气发电厂并网成功。该电厂总装机容量120MW，通过两台容量75MW升压变压器及220kV寺芹线(211-282)由芹池220kV母线并网，线路总长20.382kM。总装机容量为120MW，年发电量约8.4亿千瓦时，年耗气量折合纯煤层气1.787亿立方米。

截至2009年底，晋煤集团所属燃煤电厂全部改造为煤层气发电，煤层气发电利用率、减排量全球第一，年可利用煤层气3.2亿标方，年可减排二氧化碳519万吨，成为我国低碳经济中的亮点。2009年，晋煤集团共抽采煤层气11.69亿立方米，约占全国煤层气抽采总量的16.3%。煤层气利用量7.05亿立方米，约占全国煤层气利用总量的30%。

2008年4月30日，总投资2.7590亿元、世界上单机功率最大、总装机容量为35MW的总装机容量位居全国第二（33MW）的山西兰花大宁发电有限公司33MW煤层气发电项目奠基。计划2010年建成投产。该项目建成投产后，每年可消化兰花集团所属的大宁煤矿5400万立方米矿井煤层气，年上网电量2.3亿千瓦时，并可获得碳减排收益6000万元。

二、煤层气发电装机研制生产产业发展迅速

随着煤层气发电鼓励政策的逐步完善，有力地促进了煤层气发电设备制造业的发展。国家将鼓励采用单机容量500千瓦及以上煤层气发电机组，开发单机容量1000千瓦及以上的内燃机组，以及大功率、高参数和高效率的煤层气燃气轮机发电机组。鼓励煤层气发电企业通过技术进步和加强与国内外煤层气发电机组制造企业合作，提高能源利用效率和电厂的安全稳定运行水平。

以开发煤层气发电机组为主的胜利油田胜利动力机械集团致力于各种燃气机产品的核心技术研究，相继开发了具有完全自主知识产权的燃气机控制核心技术，取得了多项国家发明和实用技术专利，使燃气机技术性能达到了国际先进水平。生产的煤层气发电机组在全国各地建设发电站已达到100多座，总装机容量达到260MW，日发电量可达640万千瓦时。

2009年12月，我国3200千瓦大功率煤层气(煤矿瓦斯)发电机组在浙江省义乌市发电设备有限公司研制成功，填补了国内大功率内燃发电机组的空白，标志着我国自行研制大功率燃气发电机的能力已接近国际水平，具有单机功率国内最大、平均有效压力国内最高、热负荷低、运行稳定可靠等特点，可广泛应用于气田、油田、煤矿、化工企业、冶金企业及污水处理厂等工矿企业。

三、液化煤层气开采利用

煤层气液化是指煤层气经净化、提纯后，在一定的温度压力下，从气态变成液态的工艺。若采用深冷精馏的方法，可把浓度为35%~50%的矿井煤层气提纯液化为浓度99.8%的LNG(液化天然气)。煤层气液化后，体积将缩小600倍，可大大降低运输成本。使用LNG槽车运送，可以随气源和用户的改变而改变运输路线，甚至可以作为天然气管道调峰资源使用。近年来，液化煤层气业务逐渐成为煤层利用项目的新宠。

目前甲烷含量为80%以上的煤层气大部分都用作液化煤层气使用。截至2009年底，全国已经建成投产了6家煤层气液化工厂。除中华煤气液化煤层气项目外，还包括中国联盛、苏州华峰、宁夏清洁能源、沁水新奥以及中原绿能等液化煤层气项目。

晋城寺河煤层气发电厂

山西兰花大宁发电有限公司33MW煤层气发电项目奠基

国家发展改革委副主任、国家能源局局长张国宝（左三），山西省副省长牛仁亮（左二），中华煤气行政总裁陈永坚（右一）共同为工程奠基

香港中华煤气有限公司（中华煤气）所属易高环保投资有限公司2009年7月在晋城投资9800万美元，与晋城煤业集团共同建设的港华煤层气公司煤层气液化项目一期工程于2009年9月投产，标志着我国天然气液化领域国产化的到来。该工程采用了我国第一套拥有自主知识产权的混合制冷工艺技术，目前处理规模为90万立方米/天，2009年产量为1亿立方米。项目二期预计将于2010年第4季度投产，届时产量会扩大至3亿立方米/年。二期投产后相当于每年减少二氧化碳排放500万吨。国家发展改革委副主任、国家能源局局长张国宝参加仪式并讲话指出，要在认真总结成功经验的基础上，继续通过自主研发以及引进消化吸收再创新等多种形式，积极探索煤层气等新型清洁能源的开发利用途径。

此外，中华煤气还分别在河南新密、广东潮安、江苏南京、江苏宜兴、江西萍乡、江西宜春等多个地区均建立了液化煤层气接收站。

2009年12月1日，重庆市能源投资集团与易高环保投资有限公司在香港签署煤层气液化项目协议。该项目由美国联邦环保署出资，项目选址于重庆綦江松藻矿区，建成后可充分利用松藻煤矿每年产出的1.1亿立方米煤层气，生产液化煤层气。

2009年10月14日，山西能源煤层气投资控股有限公司世行贷款煤层气开发利用示范项目煤层气液化工程开工奠基。该项目总投资13.5亿元，建设内容包括煤层气开发工程和煤层气液化工程两部分，建成后可年产煤层气2.5亿立方米，年产液化煤层气20万吨。

山西阳煤集团目前正在筹建石港矿2万吨液化煤层气项目、寺家庄矿5万吨液化煤层气项目、低浓度煤层气提纯项目和寿阳区煤层气综合利用项目。其中，石港2万吨液化煤层气项目厂址已初步选定，与之配套的2万立方米储配站工程的技术方案已经确定。此外，该集团煤层气发电站二期工程预计2010年年底建成投产，该项目可实现年利用纯煤层气3000万立方米。在建设加气站的同时，阳煤集团将改装、购买1000辆双燃料汽车，形成煤层气气代油闭合产业链，促进煤层气液化产业的良性发展。

阜新矿业集团有6个煤层气抽放站每年对4000万立方米从井下抽取的煤层气进行综合利用，其中的2/3用来发电。仅王营北供气站每年发电即可达8000万度，目前这些电都上了局内网，供阜矿集团使用。2009年，阜新市煤层气发电总装机容量达到2.96万千瓦，年发电量1.76亿度。

四、低浓度煤层气和通风煤层气的利用

2009年全国煤层气排放量在200亿立方米以上，其中50%~60%属于低浓度煤层气。国家将加快推广低浓度煤层气的发电。

山东胜动集团是国内第一家成功研制低浓度煤层气发电机组的公司，可将浓度高于6%的低浓度煤层气转换成电能，该技术已于2005年12月通过国家安监局的鉴定。国内研制低浓度煤层气发电机组的厂家还有济南柴油机厂、南通宝驹气体发动机厂、河南柴油机重工等。目前，在美国环保局的支持下，煤炭信息研究院也正在进行低浓度煤层气发电的示范工程研究。煤炭科学研究总院煤炭工业洁净煤工程技术中心所长陈贵峰说：“目前低浓度煤层气发电技术较成熟，发电机组运行功率一般为400~420kW，投资额约为8000~9500元/ kW。而矿井通风的利用仍处于研究示范阶段，技术尚不成熟，成本高。”

目前，国内外通风煤层气的利用主要有热氧化、催化氧化和作为辅助燃料三种利用方式。在通风煤层气的三种利用方式中，热氧化技术是已实现工业化运行、最为成熟的技术。国内采用热氧化方式利用通风煤层气的技术单位主要有胜动集团。该公司2007年在辽宁阜新煤矿开始通风煤层气的热氧化工业性试验，甲烷浓度为0.5%左右，2008

年在陕西彬县试制6万立方米/时处理量的装置获得成功。今后，低浓度煤层气及通风煤层气的利用技术将成为重点。

五、煤层气并网外输

中国石油管道局华油工建公司先后在山西建成煤层气处理中心1座，集气站6座，各种集气管线5条共40公里，各种高低压电气线路60公里，以及山西煤层气外输线35公里，并倾力打造了目前为止亚洲最大的压气站——西气东输沁水压气站。

2009年9月10日，中国石油山西煤层气处理中心开启了山西煤层气外输线通向西气东输主干线的最后一道阀门，煤层气经由沁水压气站压缩机顺利注入西气东输主干线。这是中国煤层气首次进入管道主干线进行规模化商业外输。这条煤层气管道全长35公里，起自沁水县端氏镇金峰村，终至西气东输沁水增压站，途中穿越河流7次，穿越侯月铁路1次。其中，沁水增压站由煤层气管道末站和西气东输主干线沁水压气站合建而成，站场设计装载7台压缩机组，单机最大功率31兆瓦，是西气东输管道乃至全国最大的输气压气站。该管道设计年输气能力30亿立方米。

这条管道投产后，不仅能够逐步降低煤矿事故风险，加快沁水盆地煤层气的合理开发利用步伐，促进当地经济发展，还将使煤层气通过管道直接进入我国主干输气管网，到达市场终端，在一定程度上缓解了下游市场天然气供需紧张的状况。

与此同时，在建的端氏—晋城—博爱（河南）煤层气管道工期已经过半，该项目总投资4.58亿元，管道全长98.2公里，设计输送能力20亿立方米。预计2010年上半年可全线建成，正式通气营运。目前沁气南下管道工程、丹江口库区（位于鄂西北、陕东南、豫西南地区的结合部）煤层气/天然气管道工程、连接榆济（陕西榆林—山东济南）天然气管道工程的建设也正在规划、实施中。

中国石油煤层气输送管道施工

与西气东输管道自西向东依靠天然气管网输送煤层气外，中联煤计划在“端氏—博爱”管线末端继续实施“沁气南下”计划，将管线延伸至湖南长沙，未来可能抵达江西、广东等省。这是目前已启动的国家煤层气“十二五”开发利用规划既定的煤层气输送流向，设计长度近1000公里，年输送能力预计达40亿立方米，主体管道将于“十二五”末建成投产。

计划完成后，我国煤层气输送网络的东、西、南、北交互铺设的格局将逐步形成。

六、形成合作开发煤层气资源的格局

2009年，我国组织开展重点煤矿区煤层气抽采规模化建设，力争到2010年建成年抽采量1亿立方米以上的矿区18个。同时，组织实施《沁水盆地和鄂尔多斯盆地东缘煤层气开发利用规划》，力争建成煤层气地面开发利用示范区。加大煤层气综合利用，建成并运营山西端氏—河南博爱、端氏—沁水两条煤层气外输管道。

建成之后的沁水压气站

根据《新能源产业振兴发展规划》草案，我国已经确定两个新建的煤层气产业化基地——山西沁水盆地南部和鄂尔多斯盆地，圈出了15个抽采利用煤层气的矿区、5条煤层气

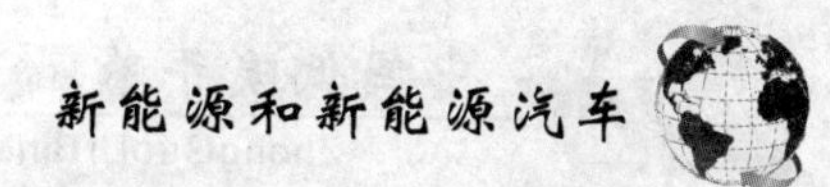

长输管道路线,在财税政策上国家也将给予煤层气生产企业更多扶持。

据《"十二五"煤层气发展规划(草案)》,2012年我国新增探明煤层气地质储量将达到2000亿立方米,2013年将建成45亿立方米的生产能力,2015年产量达到45亿立方米。

位于鄂尔多斯盆地的陕西省境内韩城区块可开发的煤层气约10亿立方米,目前韩城区块的煤层气即将开发,远期潜力较大,近期以满足气田周边市场为主。陕西省的韩城至澄城煤层气输气管道工程设计输气规模为4.5亿立方米,总投资额为2.06亿元,工程计划2010年年内将建成通气;而鄂尔多斯盆地准噶尔区块的煤层气管网规划则需要统筹考虑煤层气、煤制气和鄂尔多斯新增天然气三种气源,在满足管道沿线市场外,向东输往环渤海地区或考虑建设LNG。

目前,我国已形成中联公司、中国石化、中国石油及各地煤炭大型企业参与,海外军团与国内外科研院所共同合作开发煤层气资源的格局。中石油专门设立了煤层气重大专项,启动了煤层气技术开发,经过多年持续攻关,已初步形成煤层气勘探开发配套技术,总体技术水平处于国内领先地位。"十二五"期间,中石油将加大沁水盆地南部和鄂尔多斯盆地东部两个煤层气重点产业基地的勘探开发力度。

我国煤层气开发要实现规模化、产业化,目前还存在政策、技术、资金等方面的多重障碍和制约。我国要达到2020年开采500亿立方米煤层气的规划目标,还需要妥善解决煤层气、煤炭矿权重叠问题,落实"先采气、后采煤、采气采煤一体化"的方针,同时在技术上实现新的突破,形成适合我国煤层气地质条件和储存条件的系列技术,加快管网、储库等基础设施建设。

(根据有关资料编写)

地热开发利用

地热是一种清洁、环保、可再生的新型能源，具有“零污染、零排放”的特性，属于绿色能源。地球是一个巨大的能量库，进入地球内部越深，温度就越高，每天由地球内部向地表传递的热量相当于全人类一天使用能力的2.45倍。但受区域地质条件的限制，并不是任何地方都具有可供利用的经济的地热资源。

近几年来，国家相继出台了一系列政策措施，鼓励和支持地热资源的开发利用。

2006年1月1日实施的《中华人民共和国可再生能源法》提出：国家财政设立可再生能源发展专项资金，用于支持包括地热在内的可再生能源开发利用的科学技术研究、标准制定和示范工程，支持可再生能源的资源勘查、评价和相关信息系统建设，促进可再生能源开发利用设备的本地化生产。国家对列入可再生能源产业发展指导目录、符合信贷条件的项目给予税收优惠，金融机构可以提供有财政贴息的优惠贷款，具体办法由国务院规定。

2007年公布的《可再生能源中长期发展规划》提出：积极推进地热能和海洋能的开发利用。合理利用地热资源，推广满足环境保护和水资源保护要求的地热供暖、供热水和地源热泵技术，在夏热冬冷地区大力发展地源热泵，满足冬季供热需要。在具有高温地热资源的地区发展地热发电，研究开发深层地热发电技术。在长江流域和沿海地区发展地表水、地下水、土壤等浅层地热能进行建筑采暖、空调和生活热水供应。到2010年，地热能年利用量达到400万吨标准煤，到2020年，地热能年利用量达到1200万吨标准煤。

《中华人民共和国国民经济和社会发展第十一个五年规划纲要》明确提出：积极开发利用太阳能、地热能和海洋能。

2006年5月30日实施的由财政部发布的《可再生能源发展专项资金管理暂行办法》明确，发展专项资金重点扶持潜力大、前景好的石油替代、建筑物供热、采暖和制冷，以及发电等可再生能源的开发利用，重点支持太阳能、地热能等在建筑物中的推广应用。

此外，北京市、沈阳市、重庆市、宁波市、天津市等省市都 制定了鼓励发展地热资源的相关政策。2006年5月31日北京市制定了《关于发展热泵系统的指导意见》，2006年10月11日沈阳市人民政府下发了《关于全面推进地源热泵系统建设和应用工作的实施意见》。

为了推进地热资源的开发利用，国土资源部2009年完成了《全国地热资源规划编制大纲（初稿）》；下发了《省级浅层地热能调查评价工作方案编写要求》；启动了开发利用浅层地热能和地热资源的调研工作；在天津组织召开全国地热资源开发利用现场会；公布了新一批“温泉之乡”的城市名单。以上这些举措可以充分利用各地的地热资源优势,促进对地热资源的合理开发利用,推动当地经济的发展。

地热井

我国是一个地热资源丰富的国家,我国地热资源占全球的7.9%,总能量为11×106EJ/a。我国中西部的大部分地区处在欧亚板块内部地壳隆起区和地壳沉降区，分别形成板内隆起断裂型及板内沉降盆地型中低温地热资源。在滇西、川西及藏南地区，形成了中西部具有不同温度、矿化度和特殊化学成分的地热资源。既有高温蒸汽资源及中低温地下热水，又有淡热水、高矿化热卤水及热矿水，为地热资源的综合开发利用提供了资源保证。

为了开发地热资源，自新中国成立以来，我国相继开展了全国温泉、重点地区的地热勘查评价，初步掌握了全国2000米以浅的地热资源基本状况和分布规律：我国高温（温度≥150℃）地热资源主要分布于藏南—川西—滇西和台湾地区，其中西藏的地热显示664处，羊八井钻孔揭露的最高温度超过250℃；云南滇西地区出露的温泉有296处，高温热泉98处。中低温（温度<150℃）地热资源主要分布于华北平原、汾渭盆地、鄂尔多斯盆地、松辽平原、苏北盆地、江汉盆地、四川盆地、银川平原、河套平原、准噶尔盆地等沉积盆地以及东南沿海地区和胶东、辽东半岛。截至2008年底，全国经正式勘查并经国土资源主管部门审批的地热（水）田为103处，经初步评价的地热（水）田214个，合计提交地热可采资源量每年约8.3亿立方米。据估算，中国主要沉积盆地储存的地热能量为736亿亿千焦耳，相当于标准煤2500亿吨。全国地热可开采资源量为每年68亿立方米，所含地热量为973万亿千焦耳，折合每年3284万吨标准煤的发电量。

20世纪90年代以来，我国在高纬度寒冷的三北（东北、华北、西北）地区，加大了以地热供热（采暖和生活用水）为主的开发力度。1990年全国地热采暖面积仅190万平方米，到2000年就增至1100万平方米。2005年我国地源热泵系统的应用面积约为3000万平方米，到2007年上升至8000万平方米，2008年地源热泵系统新增的应用面积就在3000万平方米以上，2009年新增应用面积达到5000万平方米。北京、天津、西安等大城市以及黑龙江、辽宁、宁夏、山东、河北、河南等地积极采用多种供热形式（包括热泵）进行示范工程建设与推广。云南、西藏、新疆、四川、陕西等地正在着手开发地热旅游资源。东南沿海各省在大力发展地热旅游和特优品种的种植、养殖业的同时，着手利用地热进行制冷与烘干。

2008年，中国地热资源开发利用已初具规模，年利用地热能为100亿千瓦时，并且地热开发利用量以每年近10%的速度增长。全国已经基本形成以西藏羊八井为代表的地热发电、以天津和西安为代表的地热供暖、东南沿海为代表的疗养与旅游和以华北平原为代表的种植和养殖的开发利用格局。

地热资源的开发利用产生了明显的社会效益、经济效益和环境效益。据估算，2008年我国地热资源的利用，使全国二氧化碳减排2500多万吨，相当于860多万辆汽车尾气的排放量。

特别是地热资源中的浅层地热能（200米以浅的地热资源）利用，不仅可以用于供暖、医疗保健、温泉洗浴、水产养殖、温室种植等方面供热、取暖，还可制冷，对于减轻我国能源供应压力、减少二氧化碳排放量、改善居民生活质量等具有重要意义。全国现有温泉2700余处，已开发利用约700处。全国现有地热田1048处，已开发利用259处。地热开采井1800余眼，每年地热（水）开采量约3.68亿立方米。其中，洗浴和疗养占47.6%,供暖占30.8%，其他占21.7%。截至2009年6月，全国应用浅层地热能供暖制冷的建筑项目有2236个，建筑面积近8000万平方米。项目比较集中的地区有北京、辽宁、河北、河南、山东、天津。浅层地热能的开发利用为我国一些地区创造了良好的环境效益。2008年我国通过开发利用浅层地热能，实现二氧化碳减排1987万吨。据统计，我国现有地热开发从业人员71000多人，年创经济效益70.92亿元。今后5年内，我国将在建筑领域加大对地下200米以内的浅层地热能的开发利用，进一步促进节能减排。

北京地热开发利用

2009年8月7日，北京市地勘局发布的《北京平原区浅层地温能资源地质勘查报告》显示，北京平原区的浅层地温能每年折合标准煤0.662亿吨，冬季可利用资源量折合标准煤0.153亿吨，可供暖面积9.59亿平方米，十分接近于北京市总体规划目标，即到2020年供暖总面积达到10亿平方米，而夏季可制冷面积则可达到16.02亿平方米。根据北京市能源规划和地热规划的要求，“十一五”期间，北京利用浅层地温能面积将达到3500多万平方米。

地源热泵与地热利用综合供暖系统在北京国际鲜花港投入使用

目前全市已有500多个项目利用浅层地温能供暖制

冷，如奥运村、用友软件园、北苑家园、北京友谊医院等。投资2.6亿元的地源热泵与地热利用综合供暖系统在北京国际鲜花港投入使用，这是北京市首次大规模利用地热资源用于现代化温室花卉种植，共建有42栋温室，总面积达22万平方米，供暖总负荷达4.6万千瓦。北京市将给采用地温能供暖小区的开发商提供每平方米30到50元的补助，住户缴纳的供暖费用也会随之相应降低，如采用地温能供暖的奥运村供暖费为每平方米18元至20元。

天津地热开发利用

天津市地热规模化开发利用始于20世纪70年代，经过30多年的发展，形成了以地热采暖为主体，集工农业生产、温泉理疗、旅游度假、生活洗浴、饮用矿泉水生产等多领域利用的格局。目前全市纳入地热资源管理的开采井有264眼，年开采量为2600万立方米。地热给天津带来了巨大的经济效益和环境效益。目前在天津地热供暖小区已经有140个，全市地热供暖面积达到1200万平方米，占全市集中供暖总面积的10%，占全国地热供暖总面积的50%，成为我国利用地热供暖规模最大的城市。目前可供9.5万户居民用生活热水，大大提高了百姓生活质量。在工厂、院校、医院等企事业单位，每年1000多万人次能享受到舒适的温泉洗浴。18个单位利用地热资源建成了温泉康乐项目，全市建成温泉游泳池面积达2万平方米。地热已成为农业种植、养殖方面的重要资源。全市利用地热养殖、种植面积达20万平方米。此外，地热资源给天津带来的环境效益也是巨大的。全市现有140个地热供热站，相当于少建了140个烟囱，相当于替代原煤33.6万吨，减少排放煤尘2688吨、二氧化硫5712吨、氮氧化物2016吨，减少一氧化碳排放17.14万立方米。1996年天津在全国率先开展了回灌技术研究，并在基岩热储层中取得成功，使基岩采灌系统回灌率保持在80%以上。目前全市已批准建立回灌地热站60个，这一技术得到了亚洲地热会议国内外专家的广泛认可。地热梯级利用技术已在天津市地热采暖项目中推广。旨在为天津滨海新区地热资源可持续开发利用提供支撑的滨海新区深层地热水开发及回灌示范工程项目已经启动。该项目将开凿一对开采深度为4200米的地热井，探明该地热储层地热资源形成及分布特征，查明其资源储量、开发潜力及经济价值，并建成地热开发与回灌的示范工程。针对难度更大的孔隙型地热回灌的问题，选定在天津市华泰现代农业园开凿一眼地热回灌井，与现有的采灌对井组成一采两灌模式，开展了新一轮孔隙型地热回灌试验，孔隙型地热回灌的瓶颈有望在2010年突破。

西藏羊八井地热电站

西藏地热开发利用

西藏地热资源丰富，地热储量居全国首位，已发现的地热点有700余个，主要分布在青藏铁路沿线、西藏南部和西部地区。我国地热发电始于70年代初,目前全国（包括台湾）地热装机容量为32.08兆瓦，在世界22个地热发电国家中排名第14位。其中88%都集中在西藏。羊八井是我国目前规模较大的地热电站，于1977年成功投产第一台1000千瓦的发电机组。经过30多年的开发建设，目前电站总装机容量已达2.5万千瓦。截至目前，羊八井地热电站已累计发电超过24亿千瓦时。

山东地热开发利用

山东的温泉资源极为丰富，鲁东、沂沭断裂带、鲁西南和鲁西北四大地热区分布着多处40℃以上的温泉，主要分布于临沂、青岛、威海、烟台、潍坊、德州、菏泽、泰安等地市。文登市20公里的范围内就分布着5处上等温泉。全省开业和在建温泉项目52个。其中已经投入使用的30多处，规模及配套设配比较完善的有20多家。

（根据有关资料编写）

氢能开发利用

氢是一种高效清洁的二次能源，其储量丰富，来源广泛，可以从化石能、核能、可再生能源中制取，有利于摆脱对石油的依赖，而且纯净的氢气不仅发热量高、不产生有毒废气、不产生导致温室效应的二氧化碳，燃烧后对环境没有任何的污染。氢气是可再生的燃气资源，可以通过分解水来获得，它的唯一产物又是水，因而使氢能成为取之不尽、用之不竭的能源。据推算，如果把海水中的氢全部提取出来，它所产生的总热量比地球上所有化石燃料放出的热量还大9 000倍。除核燃料外，氢的发热值是所有燃料发热值中最高的，为142 351kJ/kg，是汽油发热值的3倍。氢能主要应用于航天、交通、民用等领域。目前，我国氢气年产量已逾千万吨规模，位居世界第一大产氢国；我国金属储氢材料产销量已超过日本，成为世界最大储氢材料产销国。氢气产量和储氢材料产销量两项世界第一，为我国开发利用新能源、加快迈入氢能经济时代创造了有利条件。

国外研究应用概况

人类对氢能应用自200年前就产生了兴趣。20世纪70年代以来，世界上许多国家和地区广泛开展了氢能研究。1970年，美国通用汽车公司的技术研究中心提出了“氢经济”的概念。1976年美国斯坦福研究院就开展了氢经济的可行性研究。20世纪90年代燃料电池技术快速发展，使世界各国对氢能研究开发持续升温。美国、欧盟、日本等都从可持续发展和能源安全的战略高度，在国家能源战略层面上制订了氢能发展的路线图。美国能源部2002年提出了《向氢经济过渡的2030年远景展望报告》，还通过实施“自由汽车计划”和“氢燃料导入计划”支持氢能和燃料电池及燃料电池汽车研发与示范。2005年8月，美国国会通过了新的能源法案，氢能被列入“主流能源”选择之一，并将到2020年时投入37亿美元用于氢能的研发、示范和税收优惠。欧盟在2003年制订发布了《欧盟氢能路线图》，计划在未来5年内投入20亿欧元，用于氢能、燃料电池及燃料电池汽车的研发示范，并创立欧洲氢燃料电池合作组织，实施了“欧洲清洁城市交通项目计划”，在阿姆斯特丹、巴塞罗那、汉堡、斯图加特、伦敦、卢森堡、马德里、斯德哥尔摩、波尔图等9个城市各安排3辆燃料电池公共汽车试用。日本从1993年起就开始实施“世界能源网络”计划，深入研究氢能及其基础设施技术，希望到2020年逐步推广氢能。2004年，日本在《新产业创新战略》中将燃料电池列为国家重点推进的七大新兴战略产业之首。近年来，日本产业经济省平均每年投入约2.7亿美元用于燃料电池相关项目研究，扎实推进其产业化。人口仅28万的冰岛在1999年提出，到2030年全部机动车和渔船使用氢燃料电池，还成立了由汽车制造商和电力公司组成的新能源联盟，计划在冰岛国内建立完全使用氢燃料的系统，并能够出口氢燃料。此外，加拿大和巴西也都希望利用廉价水电推广氢能。

国家鼓励氢能的研究应用

近年来，我国也对氢能和燃料电池技术研究给予了稳定的支持。国家“863”计划设立了氢能技术和系统技术开发课题，“973”计划设立了氢能基础研究项目。科学技术部从2001年开始组织实施以燃料电池汽车研发为重要内容的“电动汽车重大科技专项”，作为“十五”的12个国家重大科技专项之一，国家投入近9亿元。2003年3月，在联合国发展计划署和全球环境基金的资助下，科技部、北京市和上海市政府联合实施了

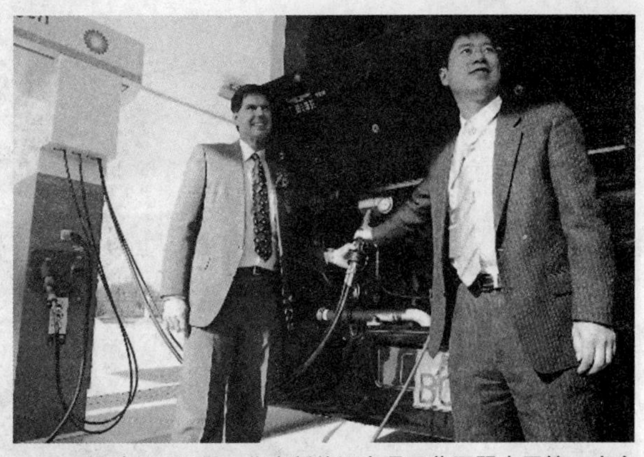

2006年11月8日，北京新能源交通示范园暨中国第一座车用加氢站正式投入使用

“中国燃料电池公共汽车商业化示范项目”，目的是为了降低燃料电池公共汽车的成本，借助在北京和上海两市同时进行的燃料电池公共汽车和供氢设施的示范，加快其技术转化。2003年11月，包括我国在内的15个国家和欧盟共同发起“氢能经济国际合作伙伴”计划，以协调和促进世界各国在氢能和燃料电池方面的研发工作。

2006年2月出台的《国家中长期科学和技术发展规划纲要（2006—2020年）》将“低能耗与新能源汽车”和“氢能及燃料电池技术”分别列入优先主题和前沿技术，强调重点研究高效低成本的化石能源和可再生能源制氢技术，经济高效氢储存和输配技术，燃料电池基础关键部件制备和电堆集成技术，燃料电池发电及车用动力系统集成技术，形成氢能和燃料电池技术规范与标准。

根据科技部2006年“863计划”的实施细则文件，科技部在氢能方面的扶持资金总额为7500万元，对于处于科研阶段的前沿性课题，一个项目2年给100万元的支持，对于接近应用化的前沿集成性课题，一个项目2年给500万元的支持。

2008年6月，全国氢能标准化技术委员会6月底在北京成立。第一届全国氢能标准化技术委员会由来自氢能生产设备、研究、储运、燃料电他等研发企业和高校等的26名委员组成。委员会主要负责国内外氢能标准的收集和整理工作，制订和修订氢能国家标准，研究我国氢能标准体系的建立和相关标准战略，开展国际标准化组织氢能技术委员会ISO／TC197的归口工作等。

2009年2月17日，财政部、科技部、发展改革委、工业和信息化部等四部委联合在京召开“节能与新能源汽车示范推广试点会议”决定在北京、上海、重庆、长春、大连、杭州、济南、武汉、深圳、合肥、长沙、昆明、南昌等13个城市开展节能与新能源汽车示范推广试点工作。中央财政对购置节能与新能源汽车按与同类传统汽车的基础差价，并适当考虑规模效应、技术进步等因素给予一次性定额补贴。对燃料电池汽车每辆补贴25万元，燃料电池客车每辆补贴60万元。表示政府推动氢燃料电池车的决心。

国家的“十二五”规划明确指示，加大新能源动力汽车的研发，加强节能、新能源汽车示范推广的示范工程完善汽车的技术标准和检测技术等。

研究利用成果显著

我国从20世纪70年代初开始对氢能的研究和开发，中国科学家为发展航天事业，对作为火箭燃料的液氢及燃料电池进行了大量研发工作。30多年来，我国已初步形成一支由高等院校、中国科学院及石油化工等部门为主的从事氢能研究、开发和利用的专业队伍。在国家自然科学基金委员会、国家科技部、中国科学院和中国石油天然气集团公司的支持下，这支队伍承担着氢能方面的国家自然科学基金基础研究项目、国家“863”高技术研究项目、国家重点科技攻关项目及中国科学院重大项目等。科研人员在制氢技术、储氢材料和氢能利用等方面进行了开创性工作，拥有一批氢能领域的知识产权，其中有些已达国际先进水平。

一些新的制氢方法开始受到人们的关注，如生物制氢、太阳能制氢和核能制氢等。国内制氢工艺主要有电解水制氢和以煤、石油脑、炼厂气、焦炉气、天然气为原料在高温下进行蒸汽转化制氢。许多专家结合我国资源特点与现实情况提出了氢的制取方案：中短期内应利用现有的石油和化工制氢能力，发展天然气与氢气混合的富氢技术，研究洁净煤和可再生能源制氢技术；中长期内应使洁净煤制氢技术和可再生能源制氢技术实现产业化，同时应加快基础设施和示范项目建设。为迎接“氢经济时代”的到来，需要提前发展基础设施，包括建设氢能管道网、储存设施、加氢站等。基于我国是世界第一大焦炭生产

清华大学研制的氢燃料电池城市客车

国且焦炉气浪费严重的事实，有专家提出，用焦炉气制氢有可能成为我国开发氢能源的新途径。

据氢气专委会秘书长周连元介绍，目前我国氢气年产量已达1000多万吨。位于内蒙古自治区鄂尔多斯的氢气生产企业采用煤制氢，年产量达18万吨，是世界最大制氢工厂。为满足氢气需求和应用增长，制氢设备生产企业及相关配套企业形势喜人，煤制氢、天然气制氢、甲醇制氢、氨分解制氢、水电解制氢、氯碱厂副产氢回收利用、各行业富含氢尾气回收等制氢设备的技术水平大大提高，不仅基本实现国产化，而且大量向国外出口。设备生产能力也向大型化及小型化延伸，如大型煤转化制氢单套设备的产氢量达到每小时28万立方米，小型天然气转化制氢设备产氢量每小时200立方米。氢气加压设备、储氢设备技术及生产能力也有了突破性进展。国内加氢站加氢压力为35兆帕,为了增加氢气的储存量，缩短充装时间，需要进一步提高氢气压力，目前已成功开发输出压力达到75兆帕高压的氢气隔膜压缩机；研制的超高压储氢容器压力最高已经达到70兆帕，容积分别为2.5立方米和5立方米。为适应氢能汽车的推广使用，还建立了北京飞驰竞立、上海安亭等示范加氢站。

我国自主开发了大功率氢燃料电池，开始用于车用发动机和移动发电站。

自2002年以来，清华大学燃料电池城市客车研发团队在科技部“十五”、“十一五”863计划的支持下，研发了4代氢能燃料电池城市客车共计15辆，成功攻克了氢能燃料电池客车的一系列核心关键技术；建成了中国首座车用氢气加注站；承担并编写了氢能经济发展的相关标准法规；开展了广泛的国内外交流与公众教育；采用了“燃料电池+动力蓄电池”的混合动力构型，大幅度降低了车辆成本和故障率，满足了商业化示范的需要；完成了2008年北京奥运会保障用车、北京公交为期一年的载客示范运行等任务。

2004年，北京氢能示范园落户北京中关村永丰高新技术产业基地，占地面积20亩，是我国氢能经济发展战略启动阶段的重要项目。北京氢能示范园建设分为两期。一期包括加氢示范站外供氢气贮存、加注系统和新能源车辆示范运行维护基地，已于2006年10月建成。二期包括新能源产业创新中心、新能源交通教育馆、现场制氢装置等，已于2008年建成并投入使用。新能源产业创新中心作为新能源交通产业发展的孵化器，建筑面积约1.6万平方米，具有科研、展示、会议、办公、产品生产等多种功能，同时在此加速各种新能源技术的产业化进程。加氢示范站包括外供氢、天然气重整制氢及清洁能源制氢装置。由我国政府牵头申请的北京氢能示范园项目被国际氢能组织IPHE选为2006年全球十大氢能研发项目之一。北京新能源交通示范园的宗旨是展示清洁、安全和实用的氢能汽车及氢能基础设施，促进氢能与氢能汽车技术的发展，推动氢能汽车实现产业化。

2005年4月，通用汽车的氢燃料电池车Sequel亮相上海车展。被称为上海车展“科技含金量最高的展车”，它一次加氢可连续行驶480公里，0~100公里/小时加速只需10秒，是全球第一辆能连续长距离行驶且性能如此出色的氢燃料电池车，被认为是燃料电池车领域的经典之作。Sequel 采用了氢燃料电池、线传操控和轮毂电机等尖端科技成果，并融合了先进材料、电子控制、计算机软件和先进推进技术。Sequel燃料电池系统内的氢能源可以被直接转换为电能，并提供前所未有的大扭矩来驱动前后车轮。Sequel的氢气储存量已达到8公斤，是通用汽车此前研发的“氢动三号”的两倍。Sequel燃料电池车设计精妙、性能出众，最重要的是，它只排放水蒸气，完全没有污染，为汽车业带来了翻天覆地的变革，启动了燃料电池车迈向商业化生产的新时代。

2006年10月，由江苏镇江江奎科技有限公司、清华大学、奇瑞汽车三方自主研发的“示范性氢燃料轿车研制项目”通过国家级专家组评审，标志着我国第一台具有完全自主知识产权的以氢燃料为动力的汽车研制成功，我国氢动力技术已达国际同步领先水平。

2007年11月，上海作为我国氢能产业最领先的地区建成了中国第一个汽车氢气充装站，并计划2009年形成千辆级氢能汽车的生产能力，2011-2012年则可望达到万辆级产能，并加快氢能汽车的基础设施建设，初步建成加氢站网络。同时，我国氢燃料电池汽车国家标准编制也在上海启动，可望于2010年内完成。

目前，我国已在氢能领域取得了多方面的进展，在不久的将来有望成为氢能技术和应用领先的国家之一，也被国际公认为最有可能率先实现氢燃料电池和氢能汽车产业化的国家。

（根据有关资料编写）

锂电池开发利用

锂电池是锂原电池和锂离子电池等的统称。1970年，埃克森的M.S.Whittingham采用硫化钛作正极材料、金属锂作负极材料制成首个锂电池，即锂原电池。1990年，日本索尼公司首先推出了以嵌入金属锂的碳材料为负极、含锂化合物为正极的锂离子电池。人们把锂离子电池也称为锂电池。锂电池是目前理想的新一代绿色能源，具有储能比能量高、循环寿命长、不会产生污染等优点，被广泛应用于移动通讯、手表、照相机、计算器、计算机存储器后备电源、心脏起搏器、安全报警器、新能源汽车等领域。电动汽车产业作为低碳经济的重要支柱，其潜力不可估量。锂电池将成为21世纪最有发展前景的绿色二次电池。

就全球锂电池布局来说，日本、韩国和中国厂商占据主导地位。日本企业技术上仍居领先地位，中国和韩国均是从日本引进设备和技术，通过消化和吸收，再进行不断完善和提高。

国家政策支持

我国政府积极支持锂电池技术与产业的发展。

“十五”规划早期，我国已经开始支持锂电池的开发项目。“十一五”在混合动力电池方面的规划已经转向，将镍氢电池剔除出支持行列，而仅支持锂电池的研发。

2001年，国家863计划首次设立电动汽车重大专项，并提出“三纵三横”的研究开发布局，新能源汽车进入中国汽车产业的宏观构图。

2006年，科技部启动了“863”计划新能源汽车重大项目，计划通过该项目的实施，到2010年，混合动力汽车将实现产业规模的突破，纯电动汽车实现商业应用的市场开拓，代用燃料汽车将进行大规模推广应用。

2007年12月18日，国家发改委发布了《产业结构调整指导目录（2007年）》，新能源汽车正式进入鼓励产业目录。

2009年1月，科技部和财政部共同启动“十城千辆”电动汽车示范应用工程，宣布全国首批试点“十城千辆”的6个城市为上海、北京、重庆、深圳、武汉、株洲。自此，我国在电动汽车推广应用方面迈入商业化运营阶段，力争使全国新能源汽车的运营规模到2012年占汽车市场份额的10%。

2009年1月23日，财政部和科技部下发的《关于开展节能与新能源汽车示范推广试点工作的通知》决定，在13个城市开展节能与新能源汽车示范推广试点工作，以财政政策鼓励在公交、出租、公务、环卫和邮政等公共服务领域率先推广使用节能与新能源汽车，对推广使用单位购买节能与新能源汽车给予补助。

2009年2月17日，财政部、科技部、发展改革委、工业和信息化部等四部委联合在京召开“节能与新能源汽车示范推广试点会议”，决定在北京、上海、重庆、长春、大连、杭州、济南、武汉、深圳、合肥、长沙、昆明、南昌等13个城市开展节能与新能源汽车示范推广试点工作。中央财政对购置节能与新能源汽车按与同类传统汽车的基础差价，并适当考虑规模效应、技术进步等因素给予一次性定额补贴。对混合动力轿车每辆补贴0.4~5万元，对纯电动轿车每辆补贴6万元；对混合动力客车每辆补贴20~42万元，对纯电动客车每辆补贴50万元。

2009年2月，科技部、工信部等四部委联合发出《关于开展节能与新能源汽车示范推广工作试点工作的通知》，决定在北京、上海、重庆、长春、大连、杭州、济南、武汉、深圳、合肥、长沙、昆明、南昌等13座城市开展节能与新能源汽车示范推广试点工作。中央财政重点对试点城市购置混合动力汽车、纯电动汽车和燃料电池等节能与新能源汽车给予一次性定额补助。

2009年3月国务院颁布的《汽车产业调整与振兴规划》中明确规定，发展新能源汽车将是国家的长远战略和和决策，启动国家节能和新能源汽车示范工程，由中央财政安排资金给予补贴，支持大中城市示范推广混合动力汽车、纯电动汽车、燃料电池汽车等节能和新能源汽车。根据《汽车产业调整与振兴规划》的要求，针对消费者购买新能源汽车实施补贴的刺激政策预计将会很快公布。通过政府的大力支持以及汽车产业的共同努力，我国有望在插电式电动车和纯电动车领域走在世界的前列。针对新能源汽车中的电动车，已明确提出到2011年要形成50万辆产能的近期目标。

2009年6月工信部发布的《新能源汽车生产企业及产品准入管理规则》明确规定，政府将鼓励并支持适用于纯电动汽车和混合动力汽车的锂离子电池技术的发展。使用锂电池驱动的纯电动汽车处于发展期，而使用镍氢电池、锌-空气电池、超级电容、燃料电池、氢气和二甲醚的纯电动汽车则均处于起步期。对于混合动力汽车，使用锂电池和超级电容作为驱动的处于发展期，使用镍氢电池的处于成熟期。

2009年11月发表的《中美联合声明》指出，中美将启动电动汽车倡议，以使两国在未来数年有几百万辆电动汽车投入使用；双方同意在未来五年对中美清洁能源联合研究中心投入至少1.5亿美元，两国各出资一半，在两国各设一总部，中心将为两国科学家和工程技术人员从事清洁能源联合研发提供便利，并为两国研究人员提供交流平台。

此外，《新能源汽车发展规划》有望在2010年出台。国家有关部门的扶持，将会进一步推动新能源汽车的示范应用，并以此来带动锂电池技术的发展。

锂电池材料

我国是世界锂资源大国，锂储量占世界第三位，特别是青海和西藏的盐湖有大量锂资源，盐湖的开发可为低成本锂离子电池提供原材料。

国内生产碳酸锂的企业主要集中在西藏矿业、中信国安、西部矿业集团、青海盐湖集团这4家公司，而西藏矿业和中信国安又占了其中绝大部分，这两家公司2008年碳酸锂总计产量也不超过4000吨。

2009年12月26日，青海中信国安年产碳酸锂突破5000吨庆典暨国家地方联合盐湖资源综合利用工程研究中心揭牌仪式在柴达木盆地腹地的西台吉乃尔盐湖边举行，标志着碳酸锂项目进入工业化生产阶段，盐湖提锂技术取得突破性进展。目前只有青海中信国安有限公司在2009年3月完成盐湖提锂的工业化进程，实现稳定生产，确立了青海中信国安有限公司科技发展有限公司在国内盐湖提锂位居第一、世界盐湖提锂位居第四的战略地位。如果未来碳酸锂达到2.5万吨设计产能，公司将成为全球第二大的碳酸锂生产厂商。

正极材料是锂电池的核心，以钴酸锂、锰酸锂、镍钴锰锂和磷酸铁锂为主，生产企业主要有中国宝安、中信国安和杉杉股份、比亚迪。负极材料以石墨、固体碳粒为主，占锂电池成本比重较低，而且国内已经实现产业化，从事锂电池负极材料生产的前3名企业是中国国安、杉杉股份、长沙海容。

锂电池产业

我国锂电池的研制始于20世纪60年代，20世纪70年代初期已开始军用，“十五”期间列为国家“863”的重点项目，20世纪90年代后期开始实现产业化，大部分材料实现了国产化，自建和引进多条生产线，均已形成大规模生产，走过了一条从引进消化到自主研发的锂电产业化道路。

2001年后，随着深圳比亚迪、邦凯电池等锂离子电池企业的迅速崛起，中国的锂电产业开始进入快速成长阶段。2002年我国锂电池跨过亿只大关，全球市场份额达到12%。2007年，我国生产的锂离子电池已达14亿只以上，其中中国本土厂商的锂离子电池约在10亿只左右，比亚迪公司在锂离子电池产业领域已进入全世界5强。近几年来，中国厂商的锂离子电池的全球市场份额稳定在34%左右，与日本厂商的锂离子电池产量形成比肩之势。2006年以来,我国锂电池产量以每年20%~30%的速度飞快增长,目前已成为世界最大的锂电池生产制造基地、第二大锂电池生产国和出口国。

纯电动汽车

我国锂离子电池的生产厂家主要集中在广东、天津、山东、江苏、浙江等地。

深圳锂电池产业——2009年，广东省的锂电生产量已占全国行业的75%，而深圳市的锂电生产量就占全国的70%。深圳市政府有关部门开始高度重视锂电产业的发展，并专门制定了今后一段时期的产业规划，重点开发高端锂离子电池，全面提高锂电产品的质量和档次；重点研究、开发、生产高技术高附加值的小型、轻量、高能、无污染的锂电池；为高端锂电企业发展创造良好的外部环境，对其规模化发展给予政策上的优惠和资金上的扶持。深圳目前已经形成包括电芯、电池材料、制造设备、组装配套等相对完整的锂电池产业链，中低端锂电产品已经拥有较强竞争力。深圳良好的创新环境，对本土锂电的研发提升起到积极的推动作用，比亚迪、力神等国产锂电池制造商快速崛起。深圳市比亚迪锂电池有限公司目前拥有员工2.8万人以上，主要产品是锂离子电池。公司的客户包括摩托罗拉、诺基亚、爱立信、京瓷、飞利浦等国际通讯业巨头。F3DM低碳版双模电动车是全球首款量产的双模电动车，对全球汽车的发展具有颠覆性意义。F3DM低碳版双模电动车选用高容量的铁电池组，充分利用了电驱动形式的优势，在纯电动(EV)模式下，F3DM低碳版双模电动车在城市综合工况续驶里程60km，完全能够满足上班族日常上下班之用。在充电技术上，比亚迪F3DM低碳版双模电动车突破了反复充电、家用插座充电两大技术难关，使电动汽车在使用上更为方便，摆脱了对充电站的依赖。F3DM在专业的充电站上快充10分钟可充满50%，即使是在家用电源上慢充，也只需要7个小时就可以充满。

深圳邦凯电子公司2007年12月推出一款软包装圆柱形锂电池，现日产液态锂离子电池能力达到25万只，聚合物锂离子电池达8万只，并且每年以30%的速度增长。深圳邦凯通过自主研发，握有固态聚合物电池的知识产权，打破了日系电池巨头垄断固态聚合物电池的局面，能够让国内手机企业以低于海外锂电池的价格采用固态聚合物电池，间接为手机降低了成本。

深圳雷天能源集团的雷天锂离子动力电池解决了致命的易燃易爆等难题，且广泛应用于工业、民用等多个领域，在国内处于领先水平。一汽集团与青睐深圳雷天能源集团合作，重点开发锂离子电动商务中巴、锂离子电动豪华大巴、锂离子电动城市大巴三种车型，并在长春和无锡生产基地投产。雷天还在相继建立了美国、芬兰等基地。目前锂电池纯电动客车市场前景看好，南非安哥拉、南美墨西哥、北欧俄罗斯等国家2009年首批购买意向协议就达3600多台。一汽客车公司与台湾宝捷汽车公司合作开发的12米低板超高档纯电动城市公交大巴，就是安装上雷天锂离子电池，该电动车一次性充电35分钟，续行430公里，目前已从深圳口岸运到台湾，在台北信义计划区试运行。

深圳市星源材质科技有限公司先后承担了两项国家“863”计划，产业化技术已经成熟，动力电池隔膜产品质量已经达到国际先进水平，产业化规模迅速扩大。锂电池隔膜制造基地2013年全部建成后，将将打破国外企业在锂电池隔膜产业对我国的垄断和封锁，达到年产锂电池隔膜1.2亿平方米的产业规模，年产值超10亿元，年税收超2亿元，成为全国最大的锂电池隔膜制造基地。

上海车用锂电池产业化——2009年11月，上海市高新技术产业化重点项目——“新能源汽车动力锂离子电池项目”启动。到2012年将形成总投资7亿元、年产1亿安时动力锂电池和6万套动力电池系统生产能力，成为国内技术领先、拥有批量配套生产能力，具有一定市场影响力的动力电池及其系统供应商。

锂电池正极材料龙头企业北京当升——北京当升材料科技股份有限公司主要从事钴酸锂、多元材料及锰酸锂等小型锂电、动力锂电正极材料的研发、生产和销售，是我国最主要的锂电池正极材料行业的龙头企业，也是我国销售规模最大的锂电正极材料生产企业。2009年，成功开发三洋能源，进入日本市场。公司钴酸锂、多元材料、锰酸锂的产量分别为3900吨、200吨和300吨，成为我国最大的锂电池正极材料提供商，占全球市场份额约为10%。

江西锂电新能源产业基地开园

中航锂电——中航锂电（洛阳）有限公司，由中国航空工业集团公司和中国空空导弹研究院共同投资组建，专业从事锂离子动力电池、电源管理系统研发及规模化生产的高科技新能源公司。公司具有年产6000万安时单体电池、20000套BMS及动力模块的批生产能力，生产的锂离子电池单体容量大、能量密度高、循环寿命长、耐过充放能力强、无记忆效应、自放电率小、清洁免维护，产品覆盖40AH～500AH系列；动力模块和储能模块可为用户量身订制，电压平台覆盖24V～600V系列。目前公司已与国内一汽集团、东风汽车、上汽集团等20多家知名整车厂商建立起良好的长期战略联盟关系，大力推进新能源汽车（纯电动汽车、混合动力汽车）的应用实施。公司产品在电动汽车和摩托车、船舰、机车、军事装备等领域得到广泛应用，并且远销美国、德国等10多个国家和地区，上海世博会提供所用的巡游花车、警用巡逻车、新能源公交车、道路清扫车和游艇，均采用了该公司生产的动力电池模块。公司成为锂电池行业标准的核心起草单位，承担着国家863重大专项"大容量磷酸铁锂动力电池及动力模块技术开发"的重任。2011年，公司将建成1.5亿安时生产能力，销售收入突破8亿元；2013年建成12亿安时电池和15万套电源管理系统生产能力，成为上市公司；2015年实现销售收入突破百亿元，全面建成绿色能源产业园区，成为全球锂电池金牌供应商。

亿纬锂能——惠州亿纬锂能股份有限公司是中国最大、世界第五的锂亚电池供应商，主要服务于智能电网、射频识别、汽车电子和安防产业等领域。主要产品为高能锂一次电池和二次组合电池。亿纬锂能在全球锂亚电池市场份额中占有3%~5%，位居全球第五位。

宜春锂电产业基地——宜春钽铌矿不仅是我国最大的钽铌，也是世界最大的锂矿山，现探明的可开采氧化锂储量为110万吨，占全国31%，世界的12%，为江西锂电产业的发展奠定了坚实的原料供应基础，也为宜春打造亚洲锂都提供有力契机。目前，宜春钽铌矿正在进行扩能改造，项目完成后，矿产品锂云母的年产量可达16万吨以上，可加工提取锂电池的主要生产原料碳酸锂1.5万至2万吨，这个产量接近2008年全国的50%。

为实现"亚洲锂都"这一目标，宜春力争3~5年内使碳酸锂的产量达到2万吨，成为亚洲最大的碳酸锂生产基地，碳酸锂全部在本地加工"消化"，形成年产20万吨左右，50万组大型锂电池生产的规模，使宜春逐步成为中国最大的动力锂电池生产基地。

2009年11月，全国首个锂电产业基地正式落户江西宜春，已有美国新能源、中国置业、福斯特等20多个锂电项目签约入园，合同签约资金超过100亿元。按照规划，通过5年左右的努力，宜春将建立起年产50万辆锂电汽车的产业基地，使锂电池小型汽车达到年产35万辆以上规模，大型公交车达到年产5万辆以上规模，从而使该产业环节年产值达到1000亿元以上。第一阶段(2009~2012年)，锂电新能源产业产值力争2012年底前达到80亿元；第二阶段(2013~2015年)锂电新能源产业初具规模，力争2015年底前年产值达到300亿元；第三阶段(2016~2020年)，形成比较完整的锂电新能源产业集群，力争2015年底前年产值过1000亿元，力争突破1200亿元。

天津绿色能源生产基地——2004年5月，一项标志着锂电池生产的关键性技术——中间相炭微球锂电池负极材料在天津率先实现国内产业化生产，达到了国际先进水平，当年形成年产 2 亿只各类小型锂电池、聚合物锂电池以及电动车锂电池的生产能力，年产值将达到30亿元，成为我国最大的绿色能源生产基地之一。天津清源公司目前承担着国家"863"计划纯电动轿车项目和国家电动汽车示范城市场——天津市电动汽车示范工程的研究开发，并已获得了20多项国家专利和科研成果。该公司最新开发生产的锂离子动力电池电动汽车成功进入美国市场，实现了我国电池汽车整车的首次出口。

锂电池应用

锂电池20世纪70年代进入实用化，在一些军事和民用小型电器中使用。现在，锂电池已在手提电脑、摄像机、移动通讯等便携式电器中得到普遍应用。锂电池电解液目前主要用于手机、数码相机、手提电脑等电子产品以及矿灯，约占锂离子全部使用量的90%，已经独霸手机和手提电脑等高端市场，成为各类电子产品的主力电源。电子产品、矿灯等用锂电池的需求将保持每年10%的稳定增长。虽然在2008年经济危机时期,电子产品消费出现了一定的下降,但随着世界经济的逐步好转,笔记本电脑、手机等便携式电子产品的销售保持了良好的势头。2009年全球笔记本电脑的销售量仍较2008年增长了18.71%，呈现了快速增长的趋势，其中主要厂商的增长率将达到14.67%。2009年，我国手机产量6.19亿部，微型计算机产量1.82亿台，比上年分别增长10.7%和33.3%，分别占全球出货量的50%和60%。手机产量占全球出货量50%。2009年我国移动电话用户全年累计净增1.06亿户，达到7.5亿户。随着3G、下一代互联网等新的信息技术的应用和普及，便携式电子产品的市场将出现长期繁荣的态势. 电子产品消费的增长,给适

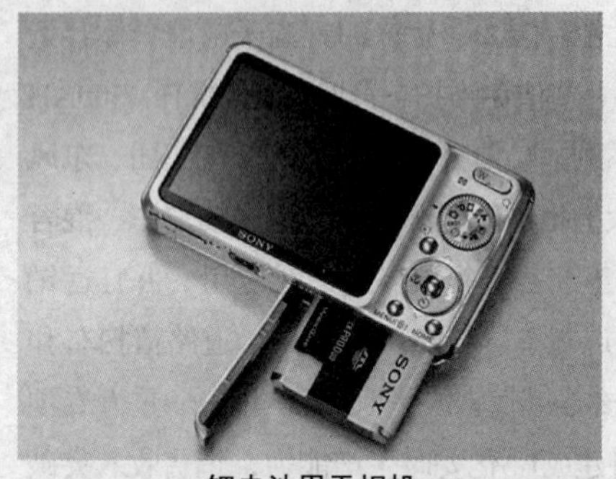

锂电池用于相机

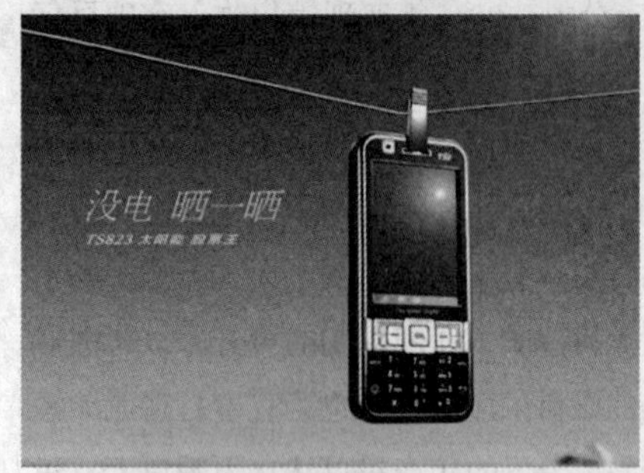

太阳能手机电池是锂电池和太阳能电池合二为一的产物

用于高容量锂电池的正极材料创造了更大的增长空间。

在智能电网领域。国家电网公司加大了电网投资的力度，计划投资800亿元用于下属27个省网公司用电信息采集系统的建设，智能电网领域高能锂一次电池的需求将持续快速增长。

未来10年是中国汽车产业由石化燃料驱动向电力驱动动力总成转变的关键时期。而锂电池作为电力驱动动力总成的核心部件，其成本占动力总成本的50%~70%，动力锂电池行业在中国汽车产业转型的过程中面临重大发展机遇。

目前，我国汽车行企推出的纯电动车车型中，动力电池均为锂电池，奇瑞、比亚迪使用的均是磷酸铁锂。深圳贝特瑞新能源材料股份有限公司是国内唯一的锂电池磷酸铁锂正极材料标准制定者，也是国内唯一的锂电池碳负极材料标准制定者。磷酸铁锂动力电池正极材料的投资机会最被看好，其关键原材料是碳酸锂。碳酸锂由矿产资源提炼而成，在自然界中储量有限，具有极强的地域性和稀缺性，属于稀缺资源，碳酸锂资源的战略重要性显得尤为突出。

国内汽车制造商比亚迪、吉利、奇瑞、力帆、中兴等车企纷纷在自己的混合动力和纯电动汽车中搭载动力锂电池。国内唯一掌握车用磷酸铁锂电池组规模化生产技术的企业比亚迪，已正式推出搭载其自主研发的锂动力电池的纯电动车E6和混合动力车F3DM。

大容量锂电池已在电动汽车中开始使用。雷天锂离子动力电池与中国一汽集团合作，重点开发锂离子电动商务中巴、锂离子电动豪华大巴、锂离子电动城市大巴3种车型，并在长春和无锡生产基地投产，2009年大批量生产。安装“雷天”锂离子动力电池的大客车，充电20min即可以130km时速行驶300km左右路程，而每行驶100km耗电仅18度。有关数据表明：在2009 年之前锂电池电动汽车的份额较小，电动汽车主要采用镍氢电池作为动力源；从2010年开始，汽车制造商开始大幅提高锂电池作为动力源的比例，2010~2013 年为锂电池电动汽车的快速成长期，并于2013 年达到226 万辆，年均复合增长率为124.78%，2013~2018 年将进入稳步发展阶段，2018 年达到近600 万辆，年均复合增长率为20.90%。

有关方面预测，我国未来动力电池市场空间将呈十几倍增长：2012年新能源汽车100万辆，如果镍氢动力电池占70%，单价2.5万元/台，锂电池占30%,单价5万元/台，2012年镍氢动力电池市场容量将达到175亿元，锂电池市场容量将达到150亿元，全球市场将达到数千亿元规模。

据中国电池工业协会提供的数据，目前我国年产电动自行车2000多万辆，而电动车锂电池年产量只有40万套左右。如果电动车全部采用锂电池，目前的产能尚不足需求量的2%。中国电池业未来发展的主要方向是动力电池和储能电池，力争5年内实现锂电池占整体市场份额15%~20%的目标。

（根据有关资料编写）

新能源汽车

能源汽车是指采用非常规的车用燃料作为动力来源（或使用常规的车用燃料、采用新型车载动力装置）、综合车辆的动力控制和驱动方面的先进技术而形成的技术原理先进、具有新技术、新结构的汽车。

新能源汽车包括混合动力汽车、纯电动汽车（BEV，包括太阳能汽车）、燃料电池电动汽车（FCEV）、氢发动机汽车、其他新能源（如高效储能器、二甲醚）汽车等各类别产品。它们虽代表着新能源汽车的未来主要发展方向，但限于相关技术的发展程度及其制造成本不同，也将展现出不同的未来。

西方发达国家已经摸索出了“以煤为主—以油为主—以电为主”的能源消费新路子，“以电代油”正在成为缓解全球能源紧缺的一个发展趋势。从国内看，我国能源供需矛盾日益突出、对外依存度不断提高，其中汽车油类消耗就占全国石油消耗总量的三分之一，发展清洁新能源汽车是能源转型的必然选择。国内外多家机构预测：2010年前后新能源汽车将迎来一次世界范围内的产业化高潮。在我国，经过“十五”到“十一五”近8年的研发，新能源汽车正处于从研发向规模产业化过渡转折的重要关头。

一、新能源汽车国际发展态势

2007年以来，美国、欧盟等国家和地区纷纷出台政策鼓励新能源汽车产业的发展。油价巨幅波动，加快了全球新能源汽车产业化进程，对各国汽车产业带来了深刻变革。大排量、高油耗的汽车不再受到消费者青睐，燃油节约型汽车逐渐占领市场，新能源汽车的研发和推广再次受到重视；金融危机加剧了新能源汽车国际竞争，各国通过优惠政策大力推动新能源汽车产业化进程，将新能源车作为未来战略制高点。以美国、日本和欧洲为代表，分别制定了“2010计划”、“下一代汽车与燃料行动”、“欧洲清洁城市交通”等政府行动计划，加速新能源汽车商业化进程。2008年10月30日，美国国会通过了关于推进可充电式电动车减税政策。2009年3月19日，美国能源部提供24亿美元联邦基金，资助电驱动汽车（EDV）的开发；日本以“绿色”税收推动其新能源汽车战略。2001年到2008年，减税范围包括电动汽车、CNG车和甲醇车，2008年以后，增加了混合动力汽车。日本丰田公司计划2010年年产混合动力汽车100万辆，2020年全部汽车装上HEV装置。欧盟计划以二氧化碳排放量为基础征收机动车税；英国、法国、德国、意大利、瑞典等国都对新能源车给予补贴或减税。

目前，有29种轻型混合动力汽车在美国市场上销售。2000年以来美国已销售100多万辆混合动力汽车，2008年混合动力汽车的销量占汽车总销量的2．5%。通用目前已建立全面的混合动力和电动汽车产品线，包括13个车型。增程型电动车雪佛兰Volt将于2010年投产。福特汽车已在开发三种不同类型的电动车辆：混合动力汽车、插电式混合动力车和纯电动汽车。根据规划，2011年福特将推出全顺Connect电池动力商用厢式车，2012年推出福克斯电池动力乘用车，同时推出下一代混合动力车和插电式混合动力车。而此前在2009年11月的广州国际车展上，

新能源汽车展览会

福特大张旗鼓地推出了使用传统能源的绿色发动机EcoBoost，据称这款发动机优化燃油经济性高达20%，并可降低15%的二氧化碳排放。2013年全球90%的福特产品都将配备这一发动机。日本丰田普锐斯混合动力车目前已发展到第五代，至2008年6月，丰田混合动力车的累计销售量达到150万辆。油电混合动力新普锐斯和凯美瑞混合动力版即将国产；本田展出搭载1.3升i－VTEC＋IMA的混合动力系统的Insight，但价格为189万日元(约合人民币14.38万元)起。日产纯电动车“LEAF”号称“30分钟即可充至80%的电量、8小时充满”，2010年将以进口方式进入中国。从20世纪80年代开始，大众一直在对多种柴、汽油混合动力汽车进行示范试验。通用雪佛兰也隆重推介其Volt插电式混合动力，号称“比纯电动汽车有更长的行驶里程”，“可以使用家用电源插座充电”，Volt将在2010年上市，2011年引入中国。新能源汽车作为现代交通领域可持续健康发展的趋势，已然成为全球汽车企业争夺的焦点。从某种意义上说，谁能率先实现新能源在汽车上的产业化应用，谁就能占据未来的发展先机。

二、中国新能源汽车已经进入快车道

随着经济社会的发展，我国汽车产业的发展近年来如日中天，成为全国发展最快的行业之一。

2007年，我国汽车产量达到888万辆，连续7年增速保持在20%以上。2008年我国生产汽车934.5万辆，同比增长5.2%，超过美国的868.1万辆，位居世界第二。国内汽车销量为938.05万辆。2009年，中国汽车产销分别为1379.10万辆和1364.48万辆，同比增长48.30%和46.15%。

然而，在当今城市化进程突飞猛进、全球石油资源紧张、石油价格波动频繁的年代，机动车的高速增长正在给城市带来日益严重的威胁。城市小汽车的过度使用，除带来交通拥堵外，最显著、最直接的后果就是大量的能源消耗。目前，我国交通能耗约占全社会总能耗的20%，在不加控制的情况下能耗将上升到30%，超过工业能耗。随着机动车的高增长趋势，汽车用油仍在加速增长。目前，我国石油在很大程度上依赖进口，2007年，中国净进口原油高达1.6亿吨，国内生产原油1.87亿吨，石油进口依存度达46%，并呈现进一步上升的趋势。机动车迅速增长所带来的环境污染问题，是我国大城市交通所面临的又一个突出问题。目前，城市交通污染已经上升为我国城市大气和噪声污染的主要污染源之一。在交通拥堵比较严重的城市，机动车排放的气态污染物以及颗粒污染物占城市大气污染物40%以上，高的城市达到60%。机动车所排放的污染物在城市总污染源中的比率每年增加2个到3个百分点。在机动车尾气已成为我国各大城市的主要污染源的同时，交通噪声污染也日趋严重，一些城市主要干道的噪声普遍超过了70分贝，已上升为城市噪音的最大污染源。

我国早在“八五”期间就启动了电动汽车的研究和开发工作；在“九五”期间又启动了“空气净化工程”；2001年，国家863计划首次设立电动汽车重大专项，并提出“三纵三横”的研究开发布局，新能源汽车进入中国汽车产业的宏观构图。2006年，科技部启动了“863”计划新能源汽车重大项目。计划通过该项目的实施，到2010年，混合动力汽车将实现产业规模的突破；纯电动汽车实现商业应用的市场开拓；代用燃料汽车将进行大规模推广应用；燃料电池汽车将实现综合技术的跨越。

新能源汽车

2007年11月出台了《新能源汽车生产准入管理规则》；国家发改委于12月18日发布了《产业结构调整指导目录（2007年）》，新能源汽车正式进入发改委的鼓励产业目录。受到政策鼓励的新能源技术不仅包括本土车企看重的压缩天然气、纯电动、燃料电池、二甲醚类燃料以及灵活燃料汽车，还包括外资车企热衷的混合动力、氢燃料、生物燃料和合成燃料汽车等。国家将从消费环节、生产环节、税收政策、优惠政策、审批等方面给予支持。

2008年5月，在国家发改委发布的“第164批汽车生产企业及产品目录”中，第一

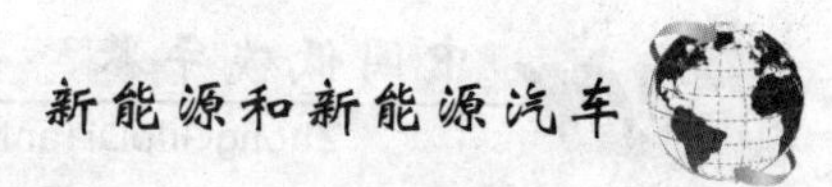

次出现多款新能源汽车的名单。

2009年1月23日，财政部、科技部联合下发的《关于节能与新能源汽车示范推广财政补助资金管理暂行办法的通知》指出，根据混合程度和燃油经济性，各类混合动力汽车得到不同幅度的购买补贴，其中混合动力汽车最高每辆可享受5万元的补贴，纯电动汽车每辆补贴6万元，燃料电池汽车每辆补贴25万元。

2009年2月，科技部、工信部等四部委联合发出《关于开展节能与新能源汽车示范推广工作试点工作的通知》（以下简称《通知》），决定在北京、上海、重庆、长春、大连、杭州、济南、武汉、深圳、合肥、长沙、昆明、南昌等13座城市开展节能与新能源汽车示范推广试点工作；鼓励试点城市率先在公交、出租、公务、环卫和邮政等公共服务领域推广使用节能与新能源汽车。《通知》明确指出，中央财政重点对试点城市购置混合动力汽车、纯电动汽车和燃料电池等节能与新能源汽车给予一次性定额补助。《通知》同时要求地方财政安排一定资金，对节能与新能源汽车配套设施建设及维护保养等相关支出给予适当补助，保证试点工作顺利进行。不完全统计，中度混合动力汽车的平均成本比同类型汽油动力车贵30%至50%。13个城市试点实施“十城千辆”计划。主要内容包括：每年发展10个城市，每个城市推出1000辆新型动力汽车开展示范运行，将至少推广使用6万辆节能与新能源汽车。

2009年3月20日公布的《汽车产业调整和振兴规划》要求，到2011年，全国形成50万辆纯电动车、充电式混合动力和普通型混合动力等新能源汽车产能。按照《汽车产业调整和振兴规划》的目标，2012年，新生产汽车中将有10%是节能与新能源汽车，新能源汽车产值有望达到5000亿元。

2010年正酝酿出炉的中国新能源汽车政策将有三个：一是私人购买新能源汽车补贴标准有望于1月公布。补贴幅度和标准将接近公共服务领域购买新能源车的补贴办法。二是新能源汽车规划2010年3月将正式对外公布，规划中将明确指出中国新能源汽车业的各阶段及各环节发展目标，如将关键零部件国产化率挂钩。此外，针对新能源汽车发展的5项配套扶持措施也在筹划中。三是将明确新能源汽车相关标准。正在组织制定纯电动汽车的性能条件，以抢占世界标准这一制高点。

按新能源汽车产业扶持政策，在未来三年，国家将投入100亿元的研发费用及200亿元的推广使用资金。

一些地方政府也纷纷出台政策，支持新能源汽车发展。北京计划在未来几年购买1000辆新能源车；上海将在今后两年投入60亿元用于混合动力汽车和纯电动汽车的开发和制造。2009年12月7日，上海市人民政府办公厅转发上海市发展改革委、上海市经济信息化委制订的《关于促进上海新能源汽车产业发展的若干政策规定》（以下简称《若干政策规定》）。《若干政策规定》指出，上海市新能源汽车产业发展的总体目标是以混合动力汽车、纯电动汽车为主攻方向，以“电池、电机、电控”(简称“三电”)关键零部件为突破口，同步支持燃料电池汽车等新能源汽车降低成本、提高性能，加快抢占技术制高点和市场增长点，形成国内领先、具有国际竞争能力的自主产业体系和产业集群。本着“支持研发、推进产业、鼓励应用、加强配套”的原则，按照“集成和创新相结合”的总体思路，在集成现有政策的基础上，《若干政策规定》提出了破解新能源汽车产业发展瓶颈的突破性政策，在技术研发和产业化支持、应用推广支持、产业基地和检测服务支持、金融和人才支持等方面制订了翔实细致的政策措施。

在国际竞相发展新能源汽车的大背景和中国政府的大力支持下，我国新能源汽车快速崛起。

2002年，长安汽车进入到国家“863计划”，成为我国最早开展混合动力研发的企业之一。2005年，长安汽车已经掌握了混合动力的核心技术，建立起了19项企业标准，形成了自己的产品开发流程和项目管理模式，申报了2项发明专利和1项实用新型专利，具有完全自主知识产权的混合动力——长安CV9在“第四届北京国际清洁汽车技术研讨暨展览会”上亮相，标志着长安混合动力的开发在国内已处于领先地位。2007年，国内首款实现产业化的长安杰勋混合动力轿车下线。2008年，长安集团新能源汽车公司在重庆正式挂牌成立。

从2003年开始，奇瑞公司就制定了旨在推动新能源汽车长远发展的新能源汽车研发战略。2004年，奇瑞汽车就开始与国际一流的英国里卡多合作开发新能源汽车。2006年3月，奇瑞自主研发、具有自主知识产权的isg功能样车在英国里卡多公司启动成功，这标志着奇瑞公司的混合动力技术已经达到国际先进水平。具有国际水平的“汽车节能环保国家工程实验室”在奇瑞挂牌，这无疑为奇瑞汽车后续新能源汽车研发提供了强有力的硬件支持。奇瑞汽车为新能源汽车的发展设定了交叉阶梯式三个阶段的目标。在新能源研发的第一阶段，奇瑞专注研发的是混合动力汽车，据奇瑞汽车研究院人士透露，奇瑞首款混合动力车型a5bsg(弱混合动力轿车)已经在2007年6月正式下线，更高级别的奇瑞a5isg(中度混合动力轿车)也在同年10月下线。目前，奇瑞a5bsg弱混轿车已经量产，A5、M1中混轿车进入了量产准备阶段，T11纯电动轿车和T11插入式混合动力轿车均已完成样车设计。

早在2003年，比亚迪双模电动汽车项目开始立项进行研发。2007年10月8日，比亚迪在深圳发布了F3DM双模电动汽车，该车同时拥有电动和混合动力两种模式，是国内首款双模电动汽车。比亚迪汽车第一款不依赖充电站的商业化双模电动车于2008年12月15日正式上市，并从2009年6月开始逐渐面向普通消费者。比亚迪经过数年技术攻关，研发出了满足低成本要求的铁电池，使得材料成本大幅度降低，大大缩短了DM双模电动车商业化的进程。目前全球掌握双模技术的只有通用、丰田和比亚迪三家汽车企业，这将是全球第一款上市的不依赖充电站的电动车，比国际汽车巨头提前2～3年实现双模电动车汽车的商业化。比亚迪董事长王传福表示："比亚迪要在2015年成为全国第一汽车企业，在2025年成为全世界第一!"

2009年1月7日，由上汽集团和上海汽车共同投资组建的上海捷能汽车技术有限公司举行揭牌仪式。该公司专注于混合动力和电动汽车的动力系统集成和控制集成开发，投资20亿元用于技术研发，同时新能源汽车的整车产业化还将投入20亿元，零部件的开发配套也将投入20亿元，总共60亿元的资金投入，将加速提升新能源汽车的自主创新能力。上海捷能公司的成立，为上汽研发混合动力汽车提供了一个相对封闭、责权利高度统一的运营机制，为具有高科技、高风险和潜在高收益特点的新能源动力系统研发业务开辟了一条机制和运作创新的道路。

2009年3月13日，北京市以北汽福田为中心设立的首个新能源汽车产业联盟并开始建设产业化基地，有新能源客车5000辆及高效节能发动机40万台的年生产能力，将成为中国规模最大、品种最全的新能源汽车设计制造基地。重庆、吉林、深圳、湖北、安徽等地也计划建立类似联盟和基地。

2009年中国新能源汽车已经出现了"春秋战国"局面，各车企在新能源车起跑线上已纷纷开始"抢跑"，这在2009年底的广州车展就已露端倪。在该车展上至少涌现了近20款电动汽车；自主品牌长丰，展出了骐菱混合动力轿车，海马象征性地展示了纯电力驱动概念车Me，东风风神也有自己的Icar纯电动车，丰田也带来旗下多款混合动力车型。

比亚迪的双模电动汽车

北京新能源汽车产业联盟成立仪式

工业和信息化部的《2009年汽车工业经济运行报告》表明，2009年，在中央扩内需、调结构、保增长一系列政策措施的积极作用下，在《汽车产业调整和振兴规划》的大力推动下，我国汽车工业实现了平稳较快发展。汽车产销稳定增长，市场需求结构得到优化，企业兼并重组取得重大进展，自主品牌汽车市场比例扩大，企业技术改造能力增强，汽车摩托车下乡取得显著成效。2009年新能源汽车战略稳步推进。新能源汽车示范推广工程启动，技术法规进一步完善。24家汽车生产企业的47个型号的新能源汽车产品列入节能与新能源汽车示范推广应用工程推荐车型目录，并通过工业和信息化部《车辆生产企业及产品公告》发布。已制订和实施新能源汽车标准39项，基本形成新能源汽车技术标准体系框架和测试评价能力。纯电动乘用车技术条件等23项标准制订工作取得新进展，部分标准已经通过评审。目前我国已有42家企业各种各样的新能源汽车品种列入了我国生产企业和产品公告的目录。一场争夺未来核心消费群体的战役开始打响。比亚迪宣称，F3DM是其自主研发的首款采用铁电池的混合动力车型，它搭载一台仅有1.0L排量、最

长安汽车的混合动力车杰勋

大功率50千瓦的发动机，却同时具备独立的电力驱动系统，其综合路况油耗仅为每百公里2.67L。长安汽车经过6年攻关，其首款混合动力车杰勋HEV已于2009年6月正式上市。在“第六届国际节能与新能源汽车论坛”上，长安携旗下5款新能源车亮相，其中包括刚刚下线的奔奔MINI纯电动车、志翔油电弱度混合动力轿车、志翔油电中度混合动力轿车、志翔Plug－in混合动力车和悦翔纯电动车。长安还将进一步加强在氢燃料、纯电动、生物燃料等领域的研究，力争在以混合动力等新能源汽车为标志的‘第二汽车世纪’达到世界领先水准。长安的新能源梦想是：到2014年实现产销新能源汽车15万辆，2020年达到产销50万辆以上。奇瑞、北汽、吉利，乃至力帆、双环、中兴等自主品牌企业，都确立了新能源车市场化的时间表，各大跨国企业也将中国视为低碳产业的利润高地。

2010年前后，我国将迎来以混合动力汽车为主的新能源汽车产业化高潮；今后的10~20年，将是新能源汽车产业格局形成的一个关键阶段。科技部部长万钢提出，到2012年，国内10%新生产的汽车是节能与新能源汽车——这背后蕴藏着巨大的商机。不少地方政府看到了新能源汽车发展的契机，纷纷表示要将这一产业作为今后的发展重点，并宣布要建立新能源汽车产业基地，以本地整车企业为主体进行相关车型的采购。例如北京市采购了北汽福田800多辆混合动力公交客车，重庆市采购了10辆长安集团的混合动力轿车，长春与大连首批采购的混合动力公交来自一汽等。不少城市新能源汽车的产业规模可能会达到上百亿元甚至更高。例如由长安汽车领衔的重庆市新能源汽车产业，计划在未来5年达到年产销5万辆的目标，培育整车、关键零部件及相关产业100亿元的收入规模；以上汽领衔的上海新能源汽车产业，计划在2012年达到900亿元的产业规模，其中，汽车零部件产值达到100亿元，整车产值达到200亿元。通过批量试运行，将考核新能源汽车的关键零部件技术，推广自主研发产品，促进产能提升，进而形成政策扶持、价格降低、市场推广的良性循环，将推动新能源汽车跨越市场培育期，进入产业快速成长期。

广州 重点发展的新能源车型以混合动力轿车及客车为主。近几年目标：大力发展汽车、机械装备等低能耗、高附加值的先进制造业。广州市发改委已经起草了《广州市新能源汽车发展行动方案》，已经向各部门征求意见，具体出台时间未定。方案暂定在2010－2015年期间，对购买符合规定的新能源汽车给予补贴，单辆补贴金额按节能率和减排量具体确定，补助总量预设上限。广汽集团新能源VIP–Lounge概念车于2010年进行量产；广汽丰田混合动力版凯美瑞目前已处于前期准备阶段；深圳比克电池有限公司表示已经开始重点研发锂电池在汽车等领域的使用；深圳市海太阳实业有限公司也表示将致力于高能锰汽车电池的研发，准备国外汽车厂商合作推出混合动力汽车。

重庆 重点发展的新能源车型以混合动力车为主。近几年目标：到2011年，重庆将推广1100辆长安新能源汽车，其中包括700辆长安志翔气电弱混出租车，300辆长安杰勋和长安志翔油电中度混合动力公务用车，100辆油电混合动力私家车。

措施：1.由长安汽车领衔的重庆市节能与新能源汽车产业联盟于2009年6月2日正式成立，该联盟整合了30多家汽车整车、零部件企业及科研院所，致力于打造中西部最大的新能源汽车研发、制造、示范运行基地。重庆市政府将拨付10亿元财政资金，为进入基地的企业提供资本金补助，并在土地、税收、物流配送、新能源汽车示范运行方面给予一系列政策支持。2.对个人用户进行购车补贴：购车环节弱混享受国家4000元的补贴，油电中混享受国家3.6万元的补贴，每车免除三年路桥费共计6900元。

长安杰勋混合动力轿车2009年6月11日宣布正式上市，该车是长安打造的国内第一款拥有完全自主研发技术的混合动力轿车。长安杰勋的动力系统由长安自主研发的1.5L高效发动机和13kW永磁同步无刷电机组成，行驶里程大于500公里，整车油耗可以节约大概20%以上，整车动力水平与2.0L汽油发动机相当。在相近的动力表现下，整车油耗可以节约大概20%以上。2014年长安汽车将实现产销新能源汽车15万辆，2020年达到新能源汽车产销50万辆以上。

武汉 在政府的支持下，在全国率先启动电动汽车研发和运营的武汉，近年已为电动汽车建充电场站28个。目前，全市投入运营的319台各类新能源汽车运营总里程超过1600万公里，运送乘客超过3000万人次，减少二氧化碳排放3100吨，节油1100万升，其示范效应已全面凸现。重点发展的新能源车型：在乘用车、商用车以及城市客车等领域实现纯电动及混合动力的全系发展。近几年目标：到2011年，新能源公汽线路增至20条，新能源公共汽车增至1000辆；到2020年，天然气加气站由10座增加到131座，液化石油气加气站由15座增加到20座。

措施：1.对武汉市产新能源汽车免征车辆路桥通行费；2.对于一次性购买新能源轿车超过3辆的企业和单位给予节能减排奖励。

东风计划投入330 亿，用10 年的时间来发展一系列环保车辆。东风电动汽车产业园试点基地于2009年6月2日正式揭牌。东风电动车公司2009年初下线东风自主品牌首款混合动力汽车，全年销量约为5000辆。东风日产日前表示，将在2011年从日产导入电动车项目，此前关于在中国市场投放电动车的日期是2012年。

北京 重点发展的新能源车型：以纯电动、燃料电池及混合动力的轿车、客货车为主。近几年目标：到2012年，北京计划实现共计5000辆新能源汽车的示范应用规模，其中2009年实现1000辆车在公交和环卫行业运行。

措施：1.2008年12月28日，北京新能源汽车设计制造产业工程基地以福田汽车为依托成立，占地1000亩，总投资50亿元，具有年产各类替代能源和新能源客车5000辆、高效节能发动机40万台的生产能力，是国内首个新能源汽车产业基地。2.今后四年，北京市财政用于支持自主创新和产业的资金投入不低于500亿元人民币，力争做强做大一批企业，新增产值超过5000亿元，重点涉及新能源、生物医药、信息化等相关领域。

北京新能源汽车产业基地落户北汽福田汽车公司

福田汽车制定的混合动力客车产业化进程时间表：2008年完成满足国四、欧V阶段动力总成混合动力客车的整车开发，形成系列化产品和400台的生产能力，实现市场批量销售；2010年形成年产混合动力客车800台的能力，配套国产电机、电池等关键总成的不同类型混合动力汽车整车销量500辆以上；2012年形成年产混合动力客车1500台的能力。

长春 重点发展的新能源车型：以混合动力、纯电动汽车以及燃料电池三种新能源汽车为主。近几年目标：力争在三年内实现1000辆以上混合动力汽车的应用规模，获得国家财政补助3亿元左右。

措施：长春计划首批建立两个、总规模不少于200辆的混合动力客车示范车队。

一汽集团计划到2012年建成一个年生产能力为混合动力轿车1.1万辆、混合动力客车1000辆的生产基地。

尽管业内对于新能源汽车前景有着各种看法，但中国汽车业已无可争议驶上了新能源汽车快车道。

三、我国目前已经基本掌握了新能源汽车的研发技术

在与国外汽车竞争、共生的过程中，中国汽车产业一直以引进及合资生产为主，很多车型来自国外，汽车核心技术的自主开发反而受到多方限制。在这种情况下，中国汽车产业要向自主创新的方向发展。我国从政府各部门到汽车产业再到汽车企业和消费者已经达成共识，就是通过发展新能源汽车增强对汽车核心技术的掌握，提高创新能力，实现中国汽车产业的振兴。在《汽车产业调整和振兴规划》中，科技与经济实现了紧密结合。《汽车产业调整和振兴规划》反映了我国汽车产业在这一阶段的主旋律，将从科研开发、技术改造、标准法规、基础设施、市场培育等方面全方位推动我国节能与新能源汽车的发展。

科技部在过去10年组织实施国家“863”及其他科技计划，累计投入了近20亿元资金，支持和引导新能源汽车的开发，建立了节能与新能源汽车的动力技术平台，以纯电动汽车、混合动力汽车和燃料电池汽车为“纵”，以多能源动力总成控制系统、电池驱动系统和动力单元、动力电池和电池组管理系统为“横”，形成了“三纵三横”的研

发战略布局，主要研发单位在电动车领域共申请专利1796项，其中发明专利940项，形成了基本的核心技术专利群，关键零部件与核心技术实现突破，形成了一个比较完整的关键零部件体系：在纯电动车关键零部件技术方面，我国现已研制出镍氢和锂离子两种类型、容量为6~100Ah多个系列车用动力蓄电池，功率密度达到2000W/kg。自主开发的200kW以下永磁无刷电机、交流异步电机和开关磁阻电机实现与整车配套，电机重量比功率超过1300W/kg，电机系统最高效率达到93%；自主开发的燃料电池发动机效率超过50%，并已成为世界上少数几个掌握车用百千瓦级燃料电池发动机研发、制造以及测试技术的国家之一。在电动车技术方面，自主研发的混合动力汽车在系统集成、可靠性、节油等方面已经具有较好的性能，依据不同混合度方案，实际路况运行节油10%~40%左右。

我国新能源汽车的整车水平和国际上差别不大。在国家863计划的引导下，经过国内骨干汽车企业和产学研联合团队的研发，我国基本掌握了新能源汽车关键核心技术，建立了拥有自主知识产权的新能源汽车动力系统技术平台，构建了关键零部件的配套研发体系，实现了小批量的整车生产能力和局部区域的商业化示范运行。自主研制的纯电动、混合动力和燃料电池三类新能源汽车整车产品已相继问世。科技部部长万钢说，经过“十五”以来的技术攻关，我国节能与新能源电动汽车技术逐步走向成熟，自主开发的各类电动汽车已小规模进入市场进行示范运行。

政策的扶持与支持引爆新能源汽车的“绿色革命”。2008年，包括奇瑞A5混合动力车、一汽奔腾混合动力车以及来自东风、北汽福田和长安汽车的多款混合动力客车，都被列入了政府公布的《车辆生产企业及产品公告》，获准批量生产。一汽集团、东风、长安、奇瑞、吉利、比亚迪、北汽福田、上海大众和上海通用等27家企业的共76款电动汽车产品获得公告；13个城市的节能与新能源汽车示范项目顺利启动。比亚迪F3DM双模电动车的双模技术走在了世界的前列。

在北京奥运会上，约500辆奥运节能与新能源汽车的“零故障”、“零排放”示范运营，成为2008年奥运会的一道亮丽风景。科技部部长万钢说，经过“十五”以来的技术攻关，我国节能与新能源电动汽车技术逐步走向成熟，自主开发的各类电动汽车已小规模进入市场进行示范运行。国内一汽、东风、上海大众、长安、奇瑞、中通、北汽福田和京华客车等企业自主研发的节能与新能源汽车，囊括了纯电动客车、混合动力轿车、燃料电池客车和纯电动场地车等，成就了奥运史上种类最多、技术最先进、规模最大的绿色环保服务车队。

短时间内，中国在新能源汽车领域取得的一项又一项突破，同样让世界惊叹。经过北京奥运会的实战演练，我国已有7款国产新能源汽车获得“准生证”。时下，新能源汽车研发，企业加速角逐。除大的汽车集团外，合资企业、民营企业都在搞新能源汽车研发，目前一些规模很小的企业也参与其中，国内新能源汽车混战格局正不断加剧。2009年12月28日，由一汽集团、吉林大学、长春锂源新能源科技有限公司等23家科研生产单位组成的吉林省新能源汽车产业联盟成立，其主要职责是以新能源汽车产业化为目标，加强新能源汽车关键核心部件的研发。次日，上汽明确了目标：2010年，综合节油20%的荣威750中混混合动力轿车将批量投放市场；2012年，节油50%以上的荣威550插电式强混轿车将批量上市；同年，上汽的自主品牌纯电动轿车将推向市场，实现零排放。上汽还与专门研发新型电池的美国A123公司共同建立了上海捷新动力电池系统有限公司，从事车载电池开发、生产和销售。江苏金龙客车日前宣布，自2010年1月份起，该公司将实施两个新能源汽车项目建设：一是与清华大学机械学院合作，成立清华-海格新能源客车研究所，专业研发各类新能源汽车；二是与苏州创元投资发展集团公司及苏州工业园区管委会合作，以“海格新能源电驱动公司”作为生产基地，目标是到2015年在苏州形成年产3000台各类新能源客车的产能和产业链。众泰汽车与普天海油新能源动力有限公司签订了战略合作协议，由众泰汽车重点开发各个系列纯电动汽车，普天海油重点发展新能源保障供给。

混合动力汽车　是指使用汽油驱动和电力驱动两种驱动方式的汽车，其优点在于车辆启动和停止时，只靠发电机带动，不达到一定速度，发动机就不工作。相对现有传统汽车来说，混合动力汽车既环保又经济。混合动力汽车总体上可以节能20%~40%。专家预测，在21世纪上半叶，混合动力汽车将与纯动力汽车、燃料电池汽车长期并存，但混合动力汽车将占据

奥运节能与新能源汽车

主导地位。由于丰田、本田等日本几大汽车公司在混合动力方面的下手早且投入巨大，使其抢得了市场的先机。2009年上半年，日本丰田汽车的混合动力车PRIUS系列产品的销量凭借低油耗的卖点取得了翻番的骄人业绩，3月还曾荣登北美市场丰田最畅销汽车品牌宝座。此外，丰田汽车还计划与中国一汽合作，在中国大陆市场推出混合动力车PRIUS系列产品。东风汽车公司透露，东风混合动力客车在节能减排关键技术方面实现跨越式发展，使中国混合动力城市客车的研发能力跻身于世界先进行列。与传统客车相比，东风混合动力客车百公里油耗降低了30%，一氧化碳、碳氢化合物和氮氧化物等有害气体分别降低了74%、24%和28%。在技术实现领先的前提下，中国部分新能源车企已经把目光转向了海外。在目前正在举行的北美车展上，比亚迪带来的电动车成为车展亮点。比亚迪汽车董事长王传福明确表示，他们的纯电动车产品E6将于2010年下半年正式进军美国市场。这标志着对新能源汽车接受度更高、利润更丰厚的欧美市场有望成为中国新能源车企的最新的主战场。

纯动力汽车 也就是单纯靠电力驱动的汽车。国家“863”节能与新能源汽车重大项目总体组专家欧阳明认为：“从产业发展上看，我们拥有一定的纯电动汽车技术优势，是我们超越国外的唯一突破口。”一直有心于整车生产的万向集团也同样看好纯动力汽车。事实上，自1999年万向便已从新能源汽车的关键部件——电池、电机和电控入手，启动了纯电动汽车的前期研发和孵化。10年间，万向前后共承担了5项“863”相关项目和多项浙江省项目。2004年，“万向造”纯电动汽车中有5辆Y9旅游客车在杭州上线运行。动力电池业随之崛起。动力电池主要有铅酸电池、镍氢电池、锂离子电池三大类型。目前，铅酸电池不管是在技术上还是在产业上均已非常成熟，但由于性能及环保原因，只应用于低端领域，主要应用于电动自行车。对于电动汽车而言，动力电池的发展方向在镍氢电池和锂离子电池上。目前，镍氢电池在动力电池应用领域处于老大地位。日本丰田汽车公司的镍氢电池组技术已经非常成熟，目前丰田公司的HEV汽车年产量已达到了55万辆。由丰田与松下合资成立的PEVE公司，正在日本静冈地区投资1.92亿美元建设一座镍氢电池工厂，以保证丰田HEV汽车对镍氢电池的需求。我国湖南科力远作为世界上最大的泡沫镍生产制造商，也已朝镍氢电池发力，全力进军镍氢电池组领域。2009年7月21日，科力远联合超霸科技(香港)有限公司成立了湖南科霸汽车动力电池有限公司，首期建设生产线设计产能为月产供1500台、年产供18000台电动汽车使用的规模。从长远来看，镍氢电池会被锂离子电池所替代，锂离子电池随着电池组技术的不断成熟，其影响力将会逐渐显现。中国比亚迪、盟固利等企业在锂离子技术上已比较成熟，极有可能成为将锂离子电池大规模产业化生产的“排头兵”。

在国家863计划的引导下，经过国内骨干汽车企业和产学研联合团队近 8 年的研发，我国节能与新能源汽车技术研发取得重大进展，基本掌握了新能源汽车关键核心技术，建立了拥有自主知识产权的新能源汽车动力系统技术平台，构建了关键零部件的配套研发体系，实现了小批量的整车生产能力和局部区域的商业化示范运行。尤其是在2008年北京奥运会期间，我国成功组织实施了奥运历史上规模最大的新能源汽车运输服务，取得显著的社会效益。

（根据有关资料编写）

行业低碳发展

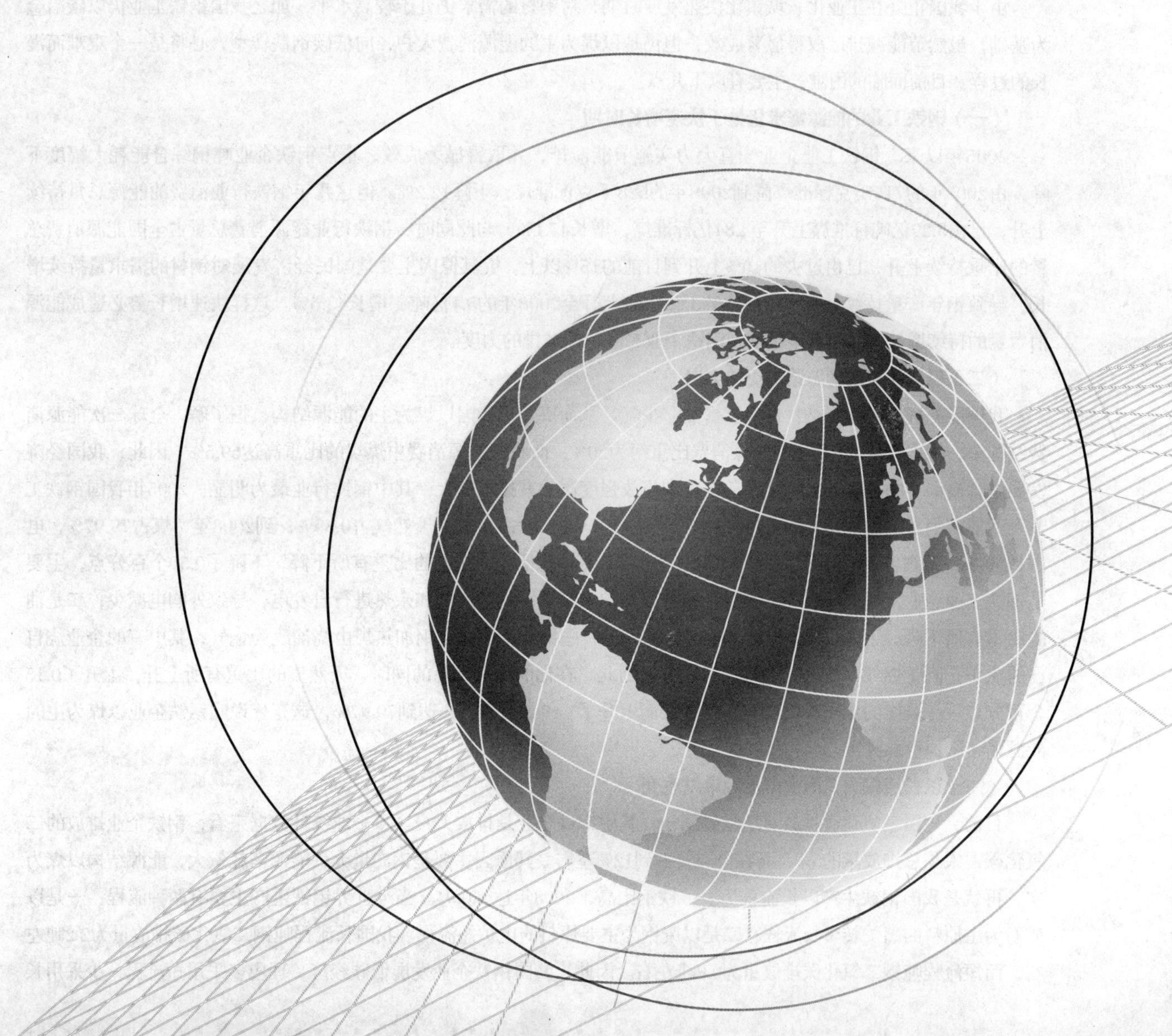

钢铁行业低碳发展

中国钢铁工业协会

近几年来，气候变化已成为国际社会日益关注的热点问题，各国都在加强沟通合作，积极应对气候变化。中国政府本着对中华民族和全人类长远发展高度负责任的精神，十分重视应对气候变化问题，在推进国内经济社会发展的过程中，采取了一系列积极应对气候变化的政策和行动。在2009年哥本哈根全球气候变化大会之前，提出了控制温室气体排放的行动目标，即力争到2020年国内国民生产总值单位二氧化碳的排放量比2005年下降40%到45%，非化石能源占一次能源消费的比重达到15%左右，森林面积比2005年增加4000万公顷，森林蓄积量增加13亿立方米。这既是中国政府为保护全球气候作出的重大贡献，也是中国发展绿色经济，实现可持续发展的自身的内在需求。钢铁行业作为全国二氧化碳排放量最多的行业之一，尽管面临着巨大的压力和特殊的困难，也要下最大的决心，尽最大的努力来实现国家确定的行动目标。

一、我国钢铁工业发展低碳经济面临的困难

由于我国正处在工业化、城镇化快速发展时期，对钢材的需求仍处于较高水平，加之我国钢铁工业仍以碳冶金为基础，虽然节能减排已取得显著成效，但仍是以煤为主的能源消费大户，向低碳钢铁转型，必将是一个艰难而漫长的过程。目前面临的困难，主要有以下几点。

（一）钢铁工业的能源需求仍处于快速增长时期

2005年以来，钢铁工业企业一直大力实施节能减排，并取得显著成效，重点钢铁企业吨钢综合能耗大幅度下降，由2005年的715千克标准煤降到2008年的628千克标准煤，下降12.2%。但这几年钢铁行业消费的能源总量持续上升，已由3.29亿吨标准煤上升至4.84亿标准煤，增长47.1%。与此同时，钢铁行业能源消费总量占全国能源消费总量的比重持续上升，已由过去的10%上升到目前的15%以上。究其原因主要是国民经济发展对钢材的需求量持续增长，导致钢年产量持续上升，由2005的3.55亿吨上升至2008年的5.1亿吨，增长43.6%。这样快速增长势必造成能源消费量的持续增长，从而直接影响到钢铁企业二氧化碳减排的力度。

（二）以煤为主的能源结构更加突出

我国能源资源的特点是：富煤、贫油、少气。从而决定了我国以煤为主的能源结构。据了解，全球一次能源消费结构中，煤占27.8%，发达国家煤消费比重约为20%，而我国能源消费中煤炭的比重高达69.5%。因此，我国经济发展中“高碳”的特征非常明显，二氧化碳排放强度高，减排难度大，其中钢铁行业最为明显。2005年我国钢铁工业企业能源消费的结构是：煤占78.28%，电占20.45%，油占0.58%，天然气占0.39%；到2008年，煤占79.97%，电占19.86%，油占0.4%，天然气占0.54%。这期间的变化包括：一是电的比重有所下降，下降了0.59个百分点，主要是钢铁工业企业发展循环经济，利用企业内部焦炉、高炉、转炉煤气和余热进行自发电，导致外购电减少；二是油的比重有所下降，下降了0.48个百分点，这是由于一些钢铁企业把轧钢加热炉由烧油改为烧气，其中有的企业烧自己的焦炉、高炉燃气，有的企业改烧天燃气，因此，在油的比重下降的同时，天然气的比重有所上升，上升了0.15个百分点；三是煤的比重不仅没有下降，反而上升了1.69个百分点，达到79.97%，这充分说明钢铁企业以煤为主的能源消费结构更加突出。

（三）以长流程为主的生产流程难以改变

目前，中国二氧化碳排放量居世界第一，其中钢铁企业是排放大户。从全球统计数据来看，钢铁企业排放的二氧化碳占人类总排放量的5%，而在中国要占到12%左右。其原因主要是钢产量大，能源消耗量大，能源结构以煤为主，再就是我国钢铁生产以长流程为主，铁钢比高，2008年达到0.94。当今世界钢铁生产主要有两种流程：一是以矿石为主原料的高炉转炉长流程；二是以废钢为主要原料的电炉短流程。我国长流程吨钢二氧化碳排放量为2.2吨左右，而短流程吨钢二氧化碳排放量为0.8吨左右。因此，我国钢铁企业发展低碳经济，理应多采用短流程，少采用长

流程。为什么做不到呢？一般认为，我国仍是发展中国家，社会废钢存储量少，目前美国社会废钢储存量达80亿吨以上，日本达50亿吨左右，而我国仅有32亿吨左右，国内废钢资源不足。加之我国电价要比工业发达国家高，从而导致我国以废钢为主要原料的电炉短流程炼钢发展不起来。2000年世界的电炉钢比为33.7%，美国为46.8%，中国为15.9%；2008年世界为32%，下降1.7个百分点，美国为58.1%，上升11.3个百分点；中国为12.37%，下降了2.5个百分点。由此可见，在今后5～10年间，我国以长流程为主的钢铁生产流程难以改变，减排二氧化碳的任务异常艰巨。

（四）低碳冶金技术的广泛应用尚需时日

钢铁生产低碳技术研究是一个投入大、要求高、时间长的过程。欧盟15国早在2004年就开始研究超低二氧化碳炼钢项目，目前刚完成第一阶段，而我国至今尚没有开展这方面的技术研究。一些专家建议尽早开展钢铁产业低碳排放战略研究，目前仍处于准备阶段。一方面要争取国家能早日主项，批准开展低碳冶金技术研究；另一方面要集聚人才、攻克难关，取得具有世界先进水平的研究成果，并具备产业化条件，尚需时日。

二、钢铁企业发展低碳经济的思路和做法

综上所述，发展低碳经济关乎一个社会公民的社会责任，关乎一个企业的生存和发展，因此，困难重重绝不能成为不发展低碳经济的理由，应创新观念，迎难而上，推动企业实现低碳化、生态化。

钢铁企业的低碳化、生态化目标，可分两步来规划实现：第一步，当前和近期，在以煤为主的能源消费结构条件下，要进一步加大节能减排的力度，进一步推进循环经济的发展，千方百计地减少二氧化碳排放量。《钢铁产业调整和振兴规划（2009–2011年）》要求：重点大中型钢铁企业吨钢综合能耗不超过620千吨标准煤，吨钢耗新水量低于5吨，吨钢烟粉尘排放量低于1.0千克，吨钢二氧化碳排放量低于1.8千克，二次能源基本实现100%回收利用，冶金渣近100%综合利用，污染物排放浓度和排放总量双达标；第二步，中长期内，在逐步加大使用清洁能源、优化能源结构条件下，大力探索新一代钢铁生产方式，进一步降低二氧化碳排放量，确保2020年全国国内生产总值单位二氧化碳排放量比2005年下降40%～45%。

其具体做法，要从实际出发，讲求实效，逐步深化，各钢铁企业已采取的措施有以下几点：

（一）实施环境经营战略

2009年，宝钢应对新形势、新挑战，提出实施环境经营战略，即把环境保护和经营发展放在同等地位，使环境保护和企业发展融为一体，并贯穿于企业经营的各个方面，包括从原材料购买到产品设计、生产、营销、消费、废弃物回收利用等全过程，在保护环境的同时创造出经济价值。其目的在于通过绿色采购、清洁生产、研发环境友好产品、拓展产品新用途新市场、壮大绿色产业，加强国际合作等途径，达到环境经营的战略目标，实现钢铁企业的生态化、低碳化。按照环境经营战略，他们对《技术创新体系发展钢要》进行了全面修订，首次提出“低碳制造技术”这一战略研究课题，力争在中国钢铁业率先走出一条低碳路线来。2009年宝钢节能降耗和环境保护的主要指标均有所提升，如吨钢综合能耗为619.9千克标煤,吨钢耗新水量为4.7 立方米，水重复利用率为98.07% 吨钢烟粉尘排放量为0.44千克，高炉煤气、转炉煤气、焦炉煤气 的利用率达到96.47%，冶金渣的综合利用率达到100%，均走在国内同行的前列，达到世界先进水平。

（二）加大节能减排力度

就钢铁工业而言，95%以上的二氧化碳排放量来自能源消耗，要减少二氧化碳排放量的最重要、最关键的措施就是节能。济钢实施循环经济以来，一直把加强节能减排作为重要任务来抓；一是从强化管理入手，不断建设和完善能源管理中心，提高科学用能的管理水平；二是从调整优化结构入手，使主要生产流程高效、连续、紧凑，实现能源有效转化，推动二次能源的回收利用，不断提高能源的利用效率；三是从采用节能新技术入手，相继完成干熄焦、烧结余热利用等项目，从而大大加强了节能减排工作，相关指标不断提升。2009年吨钢综合能耗降至591.61千克标煤，比上年下降3.5%;吨钢耗新水量3.7立方米，比上年下降6.1%,强有力地推动了二氧化碳的减排。

（三）淘汰落后产能，调整优化产业结构

太钢是一个老企业，近年来在对 国内外形势进行系统研究的基础上，确立了建设全球最具有竞争力的不锈钢企业的战略目标。为此，不断淘汰落后工艺技术装备，加速技术改造步伐，先后建成具有当今世界先进水平的7.63米焦炉、4350立方米高炉、160吨超高功率电炉、180吨真空精炼炉、2250热轧生产线、宽幅不锈钢冷轧生产线等，实

现了工艺技术装备的整体升级，并用以开发出一批具有自主知识产权的新一代钢铁材料，高牌号冷轧硅钢、高等级管线钢、高强度汽车大梁钢、火车辊轴钢和纯铁等产品的国内市场占有率均名列前茅，其高效节能型产品产量已占全公司钢材总产量的70%以上，创造的效益占到全公司效益的85%以上，节能环保等各项指标创新高。如2009年吨钢综合能耗为559千克标煤、吨钢耗新水量为2.25立方米，分别比本企业上年水平下降0.83%和31.2%，分别比全国重点钢铁企业2009年平均水平低10%和50%。

（四）开发和生产高性能产品，减少钢材使用量，延长其使用生命周期

目前，国民经济各部门的科技进步和产业升级，都需要高质量、高性能钢材。钢铁企业多研发和生产技术含量高、性能好、质量好、与环境友好的高效钢材和绿色钢材，既可以满足国民经济各部门的需要，又可以降低钢材使用量和延长钢材使用寿命，直接间接地减少二氧化碳的排放量。如太钢开发和生产铁路专用不锈钢材，用于铁路货车制造，与用碳钢制造的车皮相比，可减轻车体重量15%到20%，车皮使用寿命提高二倍以上，日常维护成本降低10%以上。又如武钢研发和生产的冷轧硅钢片，用于取代热轧硅钢片，每吨一年节电量达1万千瓦时，相当于节约546.5吨标煤，减排二氧化硫8.6吨，减排二氧化碳1366.5吨。再如攀钢开发和生产的PG4高强耐磨钢轨，比原U7IMN钢轨使用寿命提高一倍以上，如果国内铁路全部采用PG4高强耐磨钢轨，按现在年需求量180万吨计算，每年只需100万吨左右，可节约钢轨80多万吨，不仅其经济价值达32亿多元，而且可少排放二氧化碳1800多万吨，效果十分显著。

（五）充分利用废钢铁，适度发展电炉钢

废钢铁是一种钢铁原料，是一种再生资源，是一种截能资源，是一种环保资源。多用一吨废钢，可少用1.7吨铁精粉，相当于少开采4.3吨原生铁矿石。用废钢铁直接炼钢，可节约能源60%，节水40%，少排放废气86%，废水71%，废渣72%。为此，一方面要大力发展废钢产业，深化废钢铁供需机制改革，规范管理，加大废钢进口力度，促进废钢市场的稳定和发展；另一方面要大力推动钢铁企业充分利用废钢，转炉可适当多吃废钢，提高废钢比，电炉可适当发展，提高电炉钢比。如沙钢，2009年与2007年相比，电炉钢产量由491.44万吨增加到554.65万吨，增长12.86%；电炉钢比由34.5%上升到35.3%，增长0.8个百分比，从而公司吨钢综合能耗由630.35千克标煤降至590.12千克标煤，下降6.4%；吨钢耗新水量由4.23立方米下降至4.09立方米，下降了3.3%，为企业减排二氧化碳作出了贡献。

（六）建议及早制定二氧化碳减排路线图

在2009年11月，中国金属学会召开的第七届中国钢铁年会上，中国工程院院长徐匡迪同志提出了中国钢铁工业碳减排的方向。他说，在21世纪前8年的全球二氧化碳排放增量中，有三分之二来自中国，中国2007年的二氧化碳排放量居世界第一位，面临很大的国际压力。欧洲15国制定了超低二氧化碳制钢计划，目标是实现二氧化碳减排50%；日本制定了低二氧化碳排放钢铁工业技术路线图，目标是二氧化碳减排30%。他建议中国要及早制定二氧化碳减排路线图，并在发展熔融还原、直接还原、焦炉煤气重整的已有基础上，开展氢还原基础研究，在非化石能源占50%左右时（2050年左右）推出下一代钢铁生产技术——氢冶金。据了解，中国钢铁工业协会和中国金属学会已联手，开始为中国钢铁工业开展低二氧化碳排放战略研究项目做准备工作，有望尽早提出中国钢铁产业低碳发展技术路线图。

（七）采用清洁能原，探讨“非涉碳”钢铁生产

“非涉碳”是指全新的氢冶金、太阳能冶金、风触冶金、核能冶金等，由于用清洁能源代替了含碳能源，并避免了碳的还原与氧化，从而从根本上杜绝了二氧化碳排放问题，是未来钢铁生产发展的重要方向。要走通这条路，实现产业化，难度极大，但已有一些单位开始进行探索。如重钢长寿新区,在职工倒班房和办公楼上，安装了2000根太阳能真空集热管，每天烧出的热水可供1万多职工洗浴，一年可减少烟尘排放量1558吨，减少二氧化碳排放量1186吨，节省电费400多万元。又如鞍钢鲛鱼园新区，采用风能发电，已供生活之用，正在试供轧钢用电，还打算供冶炼用电，逐步按计划推进。再如北京科技大学开展了光伏炼钢实验研究，并在与企业洽谈共建吨级以上的太阳能光伏炼钢炉，希望得到国家支持，以加快试验与生产的进程。

总起来看，钢铁行业发展低碳经济正在探索之中，实施环境经营战略，加大节能减排力度，淘汰落后产能，加快技术改造，调整优化产业结构，充分利用废钢铁，采用清洁能源，都做到了减排二氧化碳的效果。初步估算，2009年重点钢铁企业按吨钢综合能耗下降2%左右计，一年约少排放二氧化碳1600多万吨，成就显著。

有色金属行业低碳发展

中国有色金属工业协会

有色金属工业是我国重要的工业部门之一，产业关联度高，为其他工业部门提供不可替代的基础材料，在经济、国防、军工等方面发挥重要作用。有色金属工业作为重要的工业部门和用能较多的行业，是落实国家节能减排目标的重要领域。有色金属工业坚决贯彻落实国家各项相关政策，在巩固节能减排成绩、总结节能减排经验的基础上，进一步节约单位产品的能源消耗，提高综合能源利用效率，大力提高行业整体竞争力和素质，确保完成国家节能减排的目标任务，为促进有色金属工业又好又快科学发展作出新的贡献。

一、有色金属工业行业发展情况

2009年是新世纪以来有色金属工业最困难的一年，但在国家采取一揽子扩内需、保增长等政策大力支持下，我国有色金属工业企稳向好的态势不断巩固，有色金属企业盈利能力逐步恢复，科技进步成果显著，节能降耗取得新成效，兼并重组和境外资源开发取得新进展。

2009年，有色金属工业增加值按可比价格计算，同比增长14.1%。10种有色金属产量2604.88万吨（快报数，下同），同比增长3.99%，其中精炼铜410.95万吨，同比增长8.74%；原铝（电解铝）1284.6万吨，同比下降2.51%；铅370.79万吨，同比增长15.64%；锌435.67万吨，同比增长11.34%。规模以上企业6种精矿金属含量566.3万吨，同比增长3.94%；氧化铝产量2379.24万吨，同比增长4.43%；铜材产量888.42万吨，同比增长18.68%；铝材产量1650.35万吨，同比增长15.62%。

二、有色金属工业节能减排与低碳发展现状

（一）有色金属工业节能减排与低碳发展情况分析

有色金属工业在经过“十五”大规模的技术改造和淘汰落后生产能力后，“十一五”以来，有色金属工业节能降耗又取得显著成效，单位产品综合能耗指标不断降低。

有色金属工业主要的能源消耗和温室气体排放集中在冶炼环节，2008年我国有色金属工业消费能源标准煤约12151万吨（等价值，电力按3.45吨标煤/万千瓦时折算），占当年国内能源消费总量的4.18%。

2008年我国有色金属工业消费电力2259亿千瓦时（当量值，折标煤2776万吨）、煤炭4378万吨（折标煤3127万吨）、焦炭234万吨、燃料油73.5万吨、柴油54.7万吨、汽油5.8万吨、天然气8.7亿立方米以及其他燃料折99万吨标煤。其中，煤炭消费占比最高为46.23%，电力消费占比为41.05%，其他能源消费（如焦炭、燃料油、柴油等）合计占比为12.72%。

据测算，2008年我国有色金属工业由能源消耗带来的二氧化碳排放约3亿吨，按当年全国二氧化碳排放68.96亿吨计算，有色金属工业二氧化碳排放占全国二氧化碳排放比重为4.43%，其中消费电力、煤炭带来的二氧化碳排放分别占全行业能源消耗带来二氧化碳排放的51.28%、41.78%，消费油及其他能源带来二氧化碳排放占7%左右。

有色金属工业二氧化碳排放的主要环节是能源消费集中的冶炼环节。冶炼环节能源消耗约占有色金属工业能源消耗总量的80%左右，其中铝冶炼占61%，铅锌冶炼占7%，镁冶炼占6%，铜冶炼占2%。

有色金属工业电力消费的二氧化碳排放量约为1.57亿吨。电解铝电力消费的二氧化碳排放量约为1.35亿吨，约占有色金属工业电力消费的二氧化碳排放量的83.3%。铜、铝（氧化铝和电解铝）、铅、锌和镁等主要品种冶炼生产过程电力消费的二氧化碳排放量约占全行业电力消费的二氧化碳排放量的93.8%。

有色金属工业煤炭消费的二氧化碳排放量约为1.28亿吨。铜、铝（氧化铝和电解铝）、铅、锌和镁等主要品种冶炼环节消费煤炭的二氧化碳排放量约占全行业煤炭消费的二氧化碳排放量的83%。

（二）有色金属工业节能减排与低碳发展取得的成绩

“十一五”以来，我国有色金属冶炼企业注重技术创新、淘汰落后，积极发展清洁生产和循环经济、加大节能

减排的工作力度，不断提升技术装备水平、工艺水平，主要产品综合能耗进一步下降（详见表1）。

表1 2005~2009年主要有色金属能耗指标

能耗指标		单位	2005年	05调整	2006年	2007年	2008年	2009年
铜冶炼综合能耗		千克/吨	733.1	452	594.8	485.8	444.3	366.26
氧化铝综合能耗		千克/吨	998.2	913.9	802.7	868.1	794.4	656.69
铝锭综合交流电耗		千瓦时/吨	14575	14575	14697	14441	14283	14171
铅冶炼综合能耗		千克/吨	654.6	466.3	542.3	551.3	463.3	459.36
锌冶炼	电锌	千克/吨	1953.1	884.9	1247.5	1063.3	1027.6	922.05
综合能耗	精锌	千克/吨	2397.1	2248.1	2246.6	2023.9	1888.4	1792.45
锡冶炼综合能耗		千克/吨	2444.6	NA	2380.7	1813	1655	1507.55
锑冶炼综合能耗		千克/吨	1646.3	NA	2071.7	2080.3	2021.9	NA
电镍综合能耗		千克/吨	4056.1	NA	3521.7	3275	3580.6	NA
镁冶炼（硅热法）		千克/吨	9000	8634.6	8000	NA	6200	NA
铜加工材综合能耗		千克/吨	719.9	NA	594.8	565.1	314.5	NA
铝加工材综合能耗		千克/吨	746. 2	NA	538.8	450.6	371.4	NA

注：05调整数是根据扣减电力消耗折标系数差异所得；2009年综合能耗为快报数。

1. 铝冶炼。2008年全国铝锭综合交流电耗为14283千瓦时/吨，与2005年比，下降了292千瓦时/吨，按2008年的产量计算，可节电38.4亿千瓦时，由此带来减排二氧化碳269万吨。

2005年氧化铝综合能耗首次降到1000千克标煤/吨以下。与2005年相比(扣除折标系数因素，下同)，2008年降至794.41千克标煤/吨，降低了119.5千克标煤/吨，按2008年的产量计算，节约272.3万吨标煤，由此带来减排二氧化碳减排626万吨。

2.铜冶炼。2008年铜冶炼综合能耗降到444.27千克标煤/吨，比2005年下降了7.7千克标煤/吨。按2008年的矿产铜产量258万吨计算，可节约标煤1.99万吨，由此带来减排二氧化碳减排3.8万吨。

3.锌冶炼。2008年精锌综合能耗降到1888.36千克标煤/吨，比2005年下降了359千克标煤/吨，按2008年产量63万吨计算，节约标煤22.66万吨，由此带来减排二氧化碳减排52万吨。

4.镁冶炼。2008年镁冶炼综合能耗降到6200千克标煤/吨，比2005年下降了2434.6千克标煤/吨，按2008年的55.52万吨产量计算，节约标煤135.17万吨，由此带来减排二氧化碳减排311万吨。

5.其他。2008年，其他有色金属品种（包括镍、锡、锑、钛等其他金属冶炼、铜、铝加工及矿山采选等）节约标煤120万吨，减排二氧化碳约276万吨。

与2005年相比，2008年当年节约标煤约561万吨标煤，由此带来二氧化碳减排约1538万吨，减排率为6.3%。

三、有色金属工业发展低碳产业的做法和主要措施

（一）开展的一系列工作

“十一五”以来，国家有关部门制定了促进节能减排的一系列政策措施。尤其2007来以来，党中央、国务院把节能减排工作提到国家基本国策的高度。为了深入贯彻落实国家有关部门制定的政策措施，中国有色金属工业协会做的主要工作有：

1.制定了有色金属工业节能减排工作方案。“十一五”初期，中国有色金属工业协会为切实贯彻和落实国家节能减排政策和目标，结合有色金属行业实际，制定了《有色金属工业节能减排工作方案》，全面分析了有色金属工业节能减排的现状，提出了有色金属工业“十一五”节能减排目标、指导思想、工作目标和主要措施。

2.开展了有色金属工业重点用能企业能效对标工作。2008年，中国有色金属工业协会把开展有色金属工业重点用能企业能效对标活动作为推进有色金属工业节能工作的重点任务和主要抓手。在重点耗能企业开展能效水平对标

活动，充分挖掘企业节能潜力，对促进企业节能工作上水平、上台阶、提高企业能源利用效率、增强企业竞争力、确保实现“十一五”节能目标具有十分重要意义。能效水平对标活动的基本原则是：企业为主体实施；行业协会加强指导；政府引导推动。

3.制定了铜、铝冶炼等10项有色金属产品国家强制性限额标准。为配合《中华人民共和国节能法》的出台，有色协会受国家发改委和国标委的委托，制订了铜、铝、铅、锌等10项有色金属产品国家强制性能耗限额标准，2008年6月，10项有色金属产品国家强制性限额标准正式实施。

4.开展了一系列课题研究。课题《有色金属工业节能减排政策措施研究》分析了有色金属工业能耗和排放现状及存在的主要问题，提出了有色金属工业节能减排的指导思想、总体思路和主要目标，最后提出了建立和完善有色金属工业节能减排相关政策措施建议；课题《我国有色金属工业发展循环经济和能耗评价指标体系研究》从循环经济的基本概念出发，针对建立有色金属行业循环经济指标体系的意义、基本思路、原则、基本框架和需要增设的指标等进行全面研究，并对有色金属工业中几个主要产品能耗指标评价体系进行了深入研究和确定工作；课题《有色金属工业“十二五”节能规划前期研究》全面分析了有色金属工业节能减排现状，重点研究了有色金属工业“十二五”节能潜力，提出了“十二五”节能目标以及下一步的重点工作等。

（二）大力研发和应用节能减排技术

1.电解铝。“不停电停槽和启槽技术”、“三度寻优”技术、“全息”技术、“铝液流态优化”技术、“全石墨化阴极”等技术的推广应用，使我国电解铝电耗大幅度下降。另外，新型阴极结构节能技术试验取得成功。该技术的推广应用，将使中国铝锭综合交流电耗处于世界领先水平。400kA大型预焙阳极铝电解槽技术通过专家鉴定，首次试验的16台400kA电解槽各项技术指标先进，整体技术达到国际先进水平。截至2009年底，采用300kA及以上槽型的电解铝生产能力达到880.5万吨/年，占总能力的42.74%；400kA及以上槽型电解铝生产能力达到248.5万吨/年，占总产能的12.06%（详见表2）。

表2　各种电流强度槽型占总产能的比例

槽型	所占比例/%
160kA及以上	88.99
200kA及以上	82.56
300kA及以上	42.74
400kA及以上	12.06

2.氧化铝。针对国内一水硬铝石铝硅比低的特点，为降低能源消耗，我国通过自主创新，采取了一系列技术措施，主要有：

——采用选矿拜耳法。对铝土矿进行选矿，提高铝硅比，然后采用拜耳法生产氧化铝。通过选矿，不仅提高了铝硅比，使低品位铝土矿得到充分利用，而且采用拜耳法工艺可以使氧化铝生产能耗大幅降低。目前，我国一水硬铝石拜耳法生产氧化铝综合能耗可降到500千克标煤/吨氧化铝。

——采用石灰拜耳法工艺。在一水硬铝石拜耳法生产工艺高压溶出过程中加大石灰添入量，可降低碱耗，提高溶出速度，减缓矿浆预热过程中的结疤速度，消除溶出过程中的杂质成分。

——采用拜耳法间接加热强化溶出技术，提高了溶出效率、氧化铝回收率和循环效率。

——采用管道加热—停留罐技术，使矿浆在单管预热器中快速加热到溶出温度后，再在无搅拌、无加热装置的停留罐中保温进行溶出反应，保证了足够的溶出时间，适合一水硬铝石铝土矿拜耳法生产氧化铝，使能耗降低。

——采用采用管式降膜蒸发器、板式降膜蒸发器和管板结合的降膜蒸发器，降低了能耗。氧化铝生产过程中，为提高母液浓度设置了蒸发工序，蒸发过程能量消耗占拜耳法生产能耗的30%~40%。过去，我国一直沿用标准型蒸发器和外热自循环蒸发器。

——氢氧化铝流态焙烧技术是近年普遍采用的技术。过去一直使用回转窑对氢氧化铝进行焙烧，热效率低、能耗高。原山西铝厂一期工程引进美国Alcoa—法国KHD公司氧化铝流态化闪速焙烧炉,后又引进丹麦史密斯公司气体悬浮焙烧炉和德国循环硫化床焙烧炉，使燃烧废气得到有效利用，降低了能源消耗。

此外，重大装备的创新使用也是综合能耗降低的原因，其中包括大型均矿设备、高效磨矿设备、高效沉降槽、深锥沉降槽等。

从2005年以后，克服氧化铝流程长、工艺复杂的困难，扩大了一水硬铝石拜尔法生产能力及采用选矿拜尔法、大型平盘过滤机等一系列新工艺和新装备，同时，占总能力32%以上的利用进口三水软铝石的新生产线投入运行，使氧化铝生产平均能耗大幅下降。

3.铜冶炼。自贵溪冶炼厂引进奥托昆普闪速熔炼技术开始，国内其他主要铜冶炼企业均先后引进了先进的铜冶炼技术，我国铜冶炼技术已经达到了世界先进水平。污染严重的鼓风炉、电炉、反射炉已逐步被淘汰，取而代之的是引进并消化自主创新的闪速熔炼法、诺兰达、艾萨法和奥斯麦特等先进技术。2008年阳谷祥光铜业有限公司采用的闪速熔炼闪速吹炼双闪工艺将铜冶炼技术推上一个新的台阶。

另一方面，湿法冶金技术也得到了快速发展。湿法炼铜具有投资费用低、环境污染少、生产规模适度、运行成本低等优点，其能源消耗相对火法冶炼较低。近几年，湿法炼铜的技术成熟度不断提高，产量逐渐增加，而且根据我国铜矿特点，湿法炼铜在我国的发展前景很大，有力推动了铜冶炼行业的节能。

4.铅锌冶炼。一是充分利用余热余压节能，热导油技术、蓄热室燃烧技术、热能高效梯级利用技术、利用氮气回收热能及中低温废热进行发电。二是能量系统优化，提高能源利用率、高炉窑热效率，加强炉窑保温，改进窑内燃烧气氛；提高工序连续化，加强冶炼中的副产氢气的开发利用；降低原料、燃料水分，三是采用新技术、新设备、新工艺节能，自动控制技术达到整体过程的节能；氧气底吹-热铅渣还原和漩涡闪速一步炼铅关键技术的突破，为炼铅业降耗起到了重要的支撑作用。四是提高管理效益，运用现代化管理方法，对企业耗能的各个环节进行细分，重点攻关，层层落实。

“十一五”期间，我国新建铅锌冶炼企业大部分都采用了先进的富氧熔池熔炼技术和自主研发并拥有自主知识产权的氧气底吹-鼓风炉炼铅技术，采用后者的生产线已有13条投产，总产能在2009年已经达到100万吨/年，在建的还有9条生产线。2009年，我国铅冶炼的能耗已基本与国际先进水平持平。

5. 镁冶炼。镁冶炼企业依靠科技进步，开展了一系列技术创新与技术改造，如采用清洁能源（发生炉煤气、焦炉煤气、半焦煤气、天然气等气体燃料）和引进蓄热式高温空气燃烧技术，目前已有64家企业采用了清洁能源，其中50多家已采用蓄热式燃烧技术，节能率约在40%左右。

竖罐式蓄热还原炉、连续蓄热精炼炉、多热源—电热法—内热式炼镁还原炉、高效双预热蓄热式燃烧技术、节能与深度环保的镁冶金成套技术等新工艺新装备都取得了新进展，节能效果良好。另外，采用射流真空代替机械真空，与机械泵相比，抽速快（快约1小时）、省电（少用300~500 kW·h），维修量减少，油耗低，吨镁生产成本降低350余元。

（三）加大淘汰落后产能力度

2005年底，全行业基本淘汰了自焙阳极电解槽生产工艺后，160kA以上槽型所占比例逐年扩大，平均电耗不断降低。截止到2009年底又淘汰了小型预焙铝电解槽产能约15万吨/年。

我国铜工业在大力引进创新先进生产技术装备的同时，积极淘汰鼓风炉、电炉和反射炉等落后的粗铜冶炼工艺。铜陵有色集团控股公司、山东东营方圆铜业公司、烟台鹏晖铜业公司等大型冶炼企业都用先进铜冶炼工艺代替了密闭鼓风炉等落后生产工艺。截止到2009年底，淘汰鼓风炉等落后的炼铜能力约33万吨/年。

在炼铅行业，10余家技术落后、面临淘汰的烧结锅（机）—鼓风炉炼铅厂进行了升级改造。

四、下一步重点工作

（一）加速推进落后生产能力淘汰工作

一是加快淘汰高耗能、高污染的落后生产能力。淘汰落后生产能力要发挥各级能源、环保监管部门的作用，加大监管力度，完善约束机制，按照国家政策要求的时间进度，坚决淘汰高能耗、高污染的落后生产能力。

二是严格执行市场准入条件，严格控制过剩产能的盲目扩张。运用调整出口退税、征收出口关税、削减出口配额、禁止或限制加工贸易等措施，控制高能耗、高污染、资源性有色金属产品出口；加大差别电价等措施的实施力度，严格土地、环保审批等行政措施，禁止违规建设电解铝、铅冶炼等高能耗、高污染项目。

（二）做好节能减排技术的研究开发和推广工作

铝工业：重点研究和推广电解铝新型阴极结构铝电解槽和新型结构铝电解导流槽高效节能技术、高阳极电流密度的超大型铝电解槽技术、低温高效铝电解技术、优质低耗阳极和新型阴极的生产应用；铝土矿浮选脱硅工艺和装备的优化以及铝土矿高效选矿药剂开发、低品位铝土矿高效节能生产氧化铝技术、拜耳法高浓度溶出浆液高效分离技术及高分解率生产技术研究、半干法和干法烧成技术、烧结法高浓度快速液固分离技术、氧化铝生产过程余热回收利用技术、大型高效节能新装备的应用研究以及新型高效化学添加剂的开发应用。电解铝液合金化成形加工关键技术与产业化示范、等温熔炼炉关键技术及配套设备研制，铝电解余热回收利用技术及应用，电解铝液直接铸造（铸轧）生产技术、轧制油在线回收利用技术、绿色熔铝技术等、节能型建筑铝型材推广应用等。

铜工业：研究和推广短流程连续炼铜清洁冶金技术，氧气底吹炉连续炼铜技术和闪速炉短流程一步炼铜技术。重点推广铜材短流程生产技术、铜合金高效散热管生产技术。

铅冶炼：研究和推广短流程连续炼铅节能冶金技术，液态铅渣直接还原炼铅工艺与装备产业化技术开发及推广应用、铅富氧闪速熔炼工艺、铅旋涡柱闪速熔炼工艺等是重点。

镁冶炼：回转窑余热利用技术、新型竖窑煅烧技术、还原炉蓄热高温燃烧技术、精炼炉蓄热高温燃烧技术、多热源内热式电热法还原技术与装备、内电阻加热硅热法还原技术及装备研发和推广是重点。

五、典型项目

（一）浙江华东铝业股份有限公司

1.新型阴极结构电解槽节能技术产业化开发与应用概况

华东铝业将94台电解槽采用新型阴极结构电解槽技术进行改造。目前，94台新型阴极结构电解槽平均工作电压3.72V左右，6个月的平均电流效率93.1%，普通电解槽为93%。94台新型阴极结构电解槽6个月的平均直流电耗为12043千瓦时/吨铝，铝锭综合交流电耗为12790千瓦时/吨铝，比国家标准电解铝企业单位能耗限额先进值14000千瓦时/吨铝低。

2. 200kA系列新型阴极结构电解槽的结构设计和工艺技术特点

新型阴极结构采取改变现行铝电解槽槽底的碳阴极平底结构为阴极表面具有凸梁的异形结构，该凸梁的异形阴极结构可起到减缓阴极铝液的流速和波动作用，达到提高电解槽阴极铝液面稳定性以降低极距从而降低槽电压的目的，同时与之相配合采用新的电解槽焙烧方法，并对电解槽的部分工艺技术参数进行调整，从而实现了在不影响电流效率的同时，大幅度降低电能消耗的技术创新目标。

2009年国内铝厂平均铝锭综合交流电耗为14171千瓦时/吨铝，新型阴极结构电解槽平均综合交流电耗为12790千瓦时/吨铝，比全国平均水平低1381千瓦时/吨铝，节电效果好。目前，已有30多家电解铝企业到厂考察新型阴极结构电解槽技术，该技术具有重大的推广意义和应用前景。

（二）东营方圆有色金属有限公司

1. 氧气底吹熔炼多金属捕集炼铜新工艺的特点和实质

氧气底吹熔炼多金属捕集新工艺具有原料适应性强、多种金属捕集回收率高、综合利用程度高、熔炼强度高、投资省、能耗低、易操作、产能选择面宽、生产环境友好等许多优点，基本实现无碳自热熔炼，无废渣废水排放，是我国自主研发的、具有自主知识产权、在铜冶炼领域的重大技术创新成果，是世界先进的铜熔炼新技术之一。其实质是将含氧75%的富氧空气由多支氧枪分散成许多细小的气流从炉子的底部送入1.35m深的熔体中。该工艺液相与气相有较大的接触面积，较长的接触时间，因此具有较高的熔炼强度，熔炼过程中不需配任何燃料，基本实现无碳自热熔炼，做到不排CO_2，能源消耗也很低。该工艺自主研发、设计，底吹熔炼设备简单易操作，运行成本低，规模可大可小，非常适用于中小型有色金属熔炼企业的工艺技术升级和改造。

新型阴极结构电解槽的结构槽底照片

（三）河南豫光金铅集团有限责任公司

1.豫光炼铅法–液态高铅渣直接还原技术工艺的主要特点

——流程短。工艺采用短流程作业，省去铸渣机，淘汰鼓风炉，减少二次污染和烟尘率。

——自动化。工程全部采用DCS自动控制系统，设置3000多个数据控制点，全系统集中控制，自动化装备水平大大提升，用工大幅减少。

——低能耗。该技术不仅利用了渣和铅的潜热，而且由于熔炼方式的改变，天然气用作燃料和还原剂，在熔池熔炼下传热传质效率高，使得能耗大大降低。粗铅能耗指标比正在推广的“氧气底吹氧化—鼓风炉还原炼铅工艺”（简称SKS法）低25%左右，比传统烧结—鼓风炉吨铅能耗降低约50%。

——低排放。该工艺使得铅冶炼采用大量的焦炭作为主要能源成为历史，代之以利用天然气和廉价煤粒进行冶炼。一方面有利于我国能源利用结构的调整，另一方面由于提高了反应强度，煤耗量减少，相对于传统工艺，在二氧化硫和二氧化碳的减排方面取得了突破性进展。

——清洁化。豫光炼铅法采用天然气、煤粒替代焦炭，达到清洁生产和低碳排放目标，实现了真正意义上的绿色冶炼和低碳经济。

2.豫光炼铅法—液态高铅渣直接还原技术取得的成效

河南豫光金铅集团有限责任公司液态高铅渣直接还原炉

“液态高铅渣直接还原技术”的研究成功并应用于工业化生产，有效解决了熔炼过程中潜热能浪费和转运过程中的粉尘飞扬等问题，提高了资源利用率，实现了铅直接熔炼；在进一步提高回收率的同时，降低了能耗，实现了真正意义上的清洁生产，使我国铅冶炼技术达到国际先进水平，是我国炼铅工业又一次大的飞跃，可以完全替代鼓风炉，为实现节能减排、保护环境，发展循环经济，具有重要的指导意义和示范作用。经测算，该工艺能耗指标只有传统鼓风炉的50%，SO_2排放量只有鼓风炉的10%，不产生污水，污染物排放水平得到进一步优化，实现零排放，该技术将进一步推动铅冶炼工业的产业升级。

电力行业低碳发展

中国电力企业联合会

一、法规政策情况

我国于1992年签署、1993年批准了《联合国气候变化框架公约》，1998年签署、2002年8月30日正式核准了《京都议定书》。虽然《京都议定书》未对发展中国家规定减排温室气体的义务，但我国政府仍然高度重视应对气候变化问题。按照“共同但有区别的责任”原则，我国政府制定了应对气候变化国家方案，成立了国家应对气候变化领导小组，提出了到2020年我国单位国内生产总值二氧化碳排放比2005年下降40%-45%，非化石能源占一次能源消费的比重达到15%左右的战略目标和一系列重大措施。与电力相关的温室气体减排的主要法规政策包括：1994年，我国政府发布了《中国二十一世纪议程——中国二十一世纪人口、环境与发展白皮书》；1995年，第八届全国人大常委会第十七次会议通过了《电力法》;1997年，第八届全国人大常委会第二十八次会议通过了《节约能源法》并于2007年修订通过，新修订的《节约能源法》于2008年4月1日起施行;2002年，第九届全国人大常委会第二十八次会议通过了《清洁生产促进法》，国务院发表《中华人民共和国可持续发展国家报告》；2004年，国务院通过了《能源中长期发展规划纲要(2004-2020)》(草案),发改委发布了我国第一个《节能中长期专项规划》，国务院批准了《中华人民共和国气候变化初始国家信息通报》；2005年，第十届全国人大常委会第十四次会议通过了《中华人民共和国可再生能源法》，国务院发布了《关于做好建设节约型社会近期重点工作的通知》、《关于加快发展循环经济的若干意见》、《关于发布实施〈促进产业结构调整暂行规定〉的决定》和《关于落实科学发展观加强环境保护的决定》，我国政府有关部门颁布了经修订后的《清洁发展机制项目运行管理办法》；2006年，我国政府公布了《国民经济和社会发展第十一个五年规划纲要》，提出到2010年单位GDP能耗比2005年降低20%左右的约束性指标，国务院发布了《关于加强节能工作的决定》；2007年，国务院颁布《中国应对气候变化国家方案》、《关于印发节能减排综合性工作方案的通知》、《国务院批转节能减排统计监测及考核实施方案和办法的通知》、《国务院批转发展改革委、能源办关于加快关停小火电机组若干意见的通知》、《国务院办公厅关于转发发展改革委等部门节能发电调度办法（试行）的通知》，发改委公布了《能源发展“十一五”规划》、《可再生能源中长期发展规划》、《核电中长期发展规划（2005-2020年）》；2008年，第十一届全国人民代表大会常务委员会第四次会议通过了《中华人民共和国循环经济促进法》，于2009年1月1日起施行，发改委发布《可再生能源“十一五”规划》；2009年，国务院办公厅印发了《国务院办公厅关于印发2009年节能减排工作安排的通知》，要求进一步加大工作力度，确保节能减排目标完成进度与“十一五”规划实施进度同步。

二、电力发展情况

截至2009年底，全国全口径发电设备容量87410万千瓦，同比增长10.26%。其中，水电19629万千瓦，同比增长13.72%，约占总容量的22.46%；火电65108万千瓦，同比增长8.00%，约占总容量74.49%；核电908万千瓦，约占总容量的1.04%；并网风电容量1760万千瓦，同比增长109.82%，约占总容量的2.01%，风电装机容量已连续四年实现翻倍增长。2009年全国装机容量构成见图1。

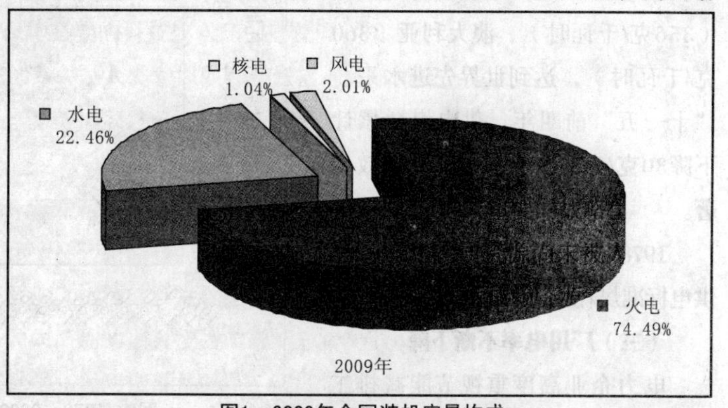

图1　2009年全国装机容量构成

2009年，全国全口径发电量36812亿千瓦时，比上年增长6.67%。其中，水电5717亿千瓦时，同比增长1.08%；火电30117亿千瓦时，同比增长7.45%；核电701亿千瓦时，同比增长1.20%；并网风电发电量276亿千瓦时，同比增长111.14%。

三、电力行业二氧化碳减排成效

“十一五”以来，在党中央、国务院的正确领导下，电力行业在快速发展的同时，按照国家统一要求与部署，继续积极推进“上大压小”政策，不断优化电源结构，加强电网建设，加大节能管理力度，燃煤机组供电煤耗和输电线损率已接近世界先进水平，提前完成“十一五”节能规划目标。“十一五”前四年，电力行业通过电源结构调整、采取节能降耗等措施，累计节约标准煤3.42亿吨，为全国节能减排目标的实现做出了重要贡献。

电力行业“十一五”节能目标完成情况见表1，节能成效见表2。

表1　电力行业“十一五”节能目标完成情况一览表

指标内容	“十一五”规划目标	2009年实际完成值	超过规划目标
关停小火电机组	原定“十一五”期间关停5000万千瓦； 后又提出2010年前三季度，再关停1000万千瓦	2006~2009年累计关停6006万千瓦；2010年1月1日~7月15日，关停1071万千瓦； 综上，“十一五”期间累计关停7077万千瓦	1077万千瓦
供电煤耗	到2010年，355克/千瓦时	340克/千瓦时	15克/千瓦时
输电线损率	到2010年，7%	6.72%	0.28个百分点

表2　2006-2009年电力行业节能情况

项目	节能降耗方面		电源结构优化方面			合计
	降低煤耗	减少线损	水电	核电	风电	
节约标煤量（亿吨）	1.60	0.13	1.42	0.14	0.13	3.42
减排二氧化碳量（亿吨）	4.46	0.36	3.94	0.40	0.35	9.51
减排贡献比重（%）	46.90	3.79	41.43	4.21	3.68	100

（一）关停小火电机组任务提前完成

“十一五”前四年，全国累计关停小火电机组6006万千瓦，超额完成国务院确定的“十一五”关停5000万千瓦目标。据测算，关停6000万千瓦小火电机组，每年可节约原煤6900万吨，减少二氧化硫排放约120万吨。2010年，电力行业继续加大淘汰落后产能力度，1月1日至7月15日，共关停小火电机组468台、1071万千瓦，提前实现2010年三季度前关停1000万千瓦小火电机组的目标。2006年1月至2010年7月，电力行业已累计关停小火电机组7077万千瓦，节能减排成效显著。

（二）燃煤机组供电煤耗进入世界先进行列

在2008年提前两年实现“十一五”末供电煤耗目标的基础上，2009年全国6000千瓦及以上火电厂供电标准煤耗继续下降至340克/千瓦时，低于美国（356克/千瓦时）、澳大利亚（360克/千瓦时），达到世界先进水平。“十一五”前四年，供电煤耗累计下降30克/千瓦时，节能降耗成效显著。

1978～2009年我国火电机组平均供电标准煤耗变化情况见图2。

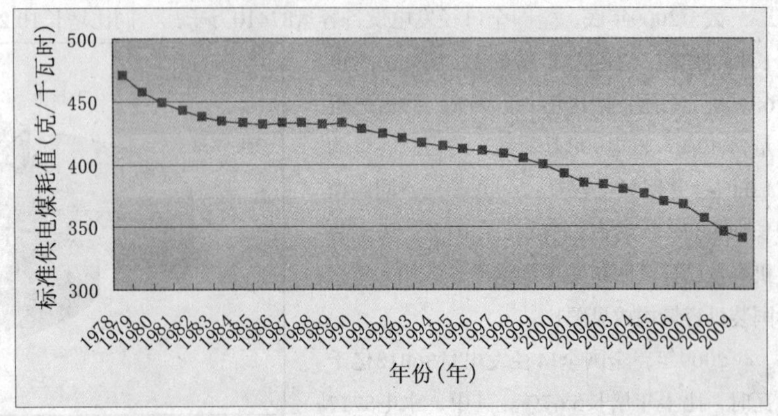

图2　1978～2009年火电机组平均供电标准煤耗变化情况

（三）厂用电率不断下降

电力企业高度重视节能减排工

作，通过加强运行管理水平，积极开展技术改造，厂用电率逐年下降。2009年，6000千瓦及以上电厂厂用电率为5.76%，比2005年降低0.11个百分点。其中，水电厂用电率0.4%，比2005年降低0.04个百分点；火电厂用电率6.62%，比2005年降低0.18个百分点。

1978～2009年全国厂用电率变化情况见图3。

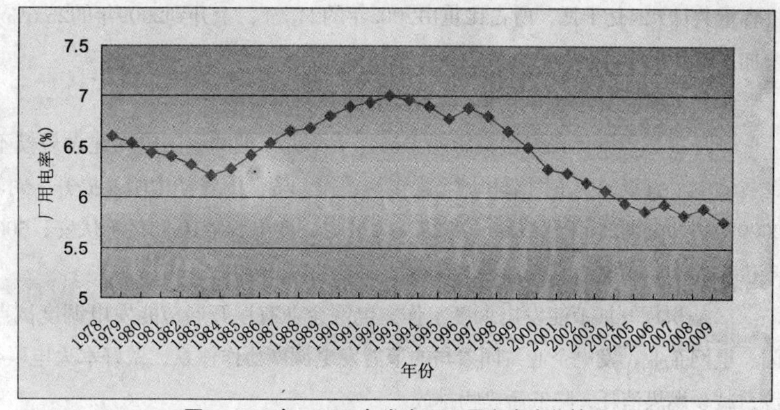

图3　1978年～2009年发电厂厂用电率变化情况

（四）输电线损率明显下降

2009年，全国电网线路损失率继续下降至6.72%，低于英国（8.11%）、加拿大（8.1%）、澳大利亚（6.22%），高于美国（6.52%）、日本（4.81%）、韩国（3.78%）。“十一五”前四年，输电线损率累计下降0.49个百分点，节能降耗成效明显。

1978～2009年全国电网线路损失率变化情况见图4。

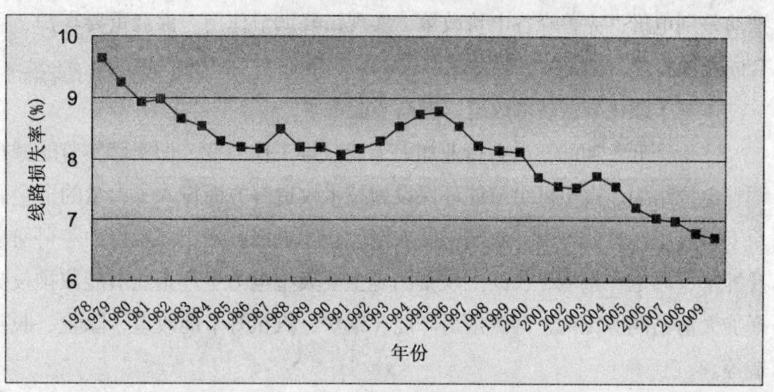

图4　1978～2009年电网线路损失率变化情况

四、电力行业二氧化碳减排措施

(一)加快电源结构调整，为实现节能减排目标作出重要贡献

一是优化火电结构。“十一五”期间，火电机组持续向大容量、高参数方向发展。截至2009年底，全国30万千瓦及以上火电机组占全部火电机组的比重已经从2000年的42.67%提高到69.43%；60万千瓦及以上火电机组占火电机组总容量的33.64%。在运百万千瓦级超超临界机组达到21台，成为世界上百万千瓦级在运火电机组最多的国家。火电机组平均单机容量已经从2005年的5.68万千瓦提高到10.31万千瓦。

全国汽轮机组容量结构变化情况见图5。

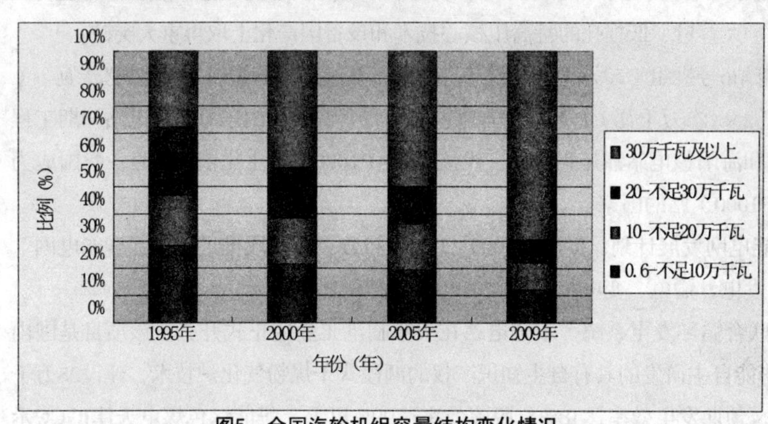

图5　全国汽轮机组容量结构变化情况

二是提高非化石能源发电比重。截至2009年底，全国发电装机总容量达到8.74亿千瓦，其中，常规水电18205万千瓦，占总装机容量的20.82%；抽水蓄能电站1424万千瓦，占1.63%；煤电59889万千瓦，占68.51%；核电908万千瓦，占1.04%；风电1760万千瓦，占2.01%；气电2403万千瓦，占2.75%；太阳能、生物质能及垃圾发电242万千瓦。煤电占总装机容量的比重由2005年的72.8%下降到2009年的68.5%；风电装机容量连续四年翻倍增长，截至2010年3月底，已超过2000万千瓦，列世界第二位；2010年5月，我国水电装机达到2亿千瓦，占总装机容量的22.5%，是世界上水电装机规模最大的国家；核电在建规模约2300万千瓦，居世界第一位。水电、核电以及风电、太阳能发电等非化石燃料发电装机容量共计2.24亿千瓦，所占比重由2005年的24.2%，上升到2009年的25.6%。2009年，非化石能源发电量比2005年增加了2149亿千瓦时，占总发电量比重达到18.5%。

（二）积极发挥电网作用，促进提高能源利用效率

一是提高电网优化配置资源能力。“十一五”期间我国电网建设规模不断扩大，通过统筹推进特高压、跨区跨省输电、省级电网主网架和城乡配电网建设，资源配置能力明显提升，对输配电系统的节能降耗具有重要作用。2009年底，全国220千伏线路长度25.36万公里，变电容量10.35亿千伏安；500千伏线路12.19万公里，变电容量6.4亿千伏安。

二是积极开展节能发电调度工作。电网企业有序开展节能发电调度试点工作，建立起以政府为主导，监管部门、电网企业、发电企业共同参与的节能发电调度协作体系，做好水火电联合优化调度，确保最大限度利用水能资源，减少燃煤消耗，降低污染物排放。

三是积极开展需求侧管理和节能服务。电网企业充分发挥电力需求侧管理系统作用，针对负荷实行动态管理，推动差别电价，完善峰谷电价政策，实现错峰调节作用，保证重要客户、重点地区的电力有序供应，积极推进实施合同能源管理。

（三）强化节能技术改造，提高节能水平

“十一五”期间，电力行业加大节能减排工作力度，切实落实节能减排任务措施，在电网的技术研发与改造、调整电源结构、火电机组节能环保设施技术改造等方面投入了大量的资金。电网方面，累计投资约2000亿元，主要用于特高压、县城电网、农网、城农网改造和电网技术、环境保护等科研项目领域。电源方面，五大发电集团公司及神华、粤电、京能、长江三峡集团等主要大型电力生产企业节能减排投资累计超过1000亿元，涉及的领域主要包括加大清洁能源比例，淘汰落后产能，锅炉、汽机等节能改造，除尘、脱硫、脱硝、废水治理等环保设施的技术改造等。

（四）加强制度建设，切实落实目标责任制

电力企业将节能减排工作目标纳入责任考核内容中，层层分解、落实责任，企业领导人员绩效目标考核中包括节能减排指标；建立领导机构和监督网络，完善管理制度和技术规程；设立能源管理岗位，定期开展节能培训，按年度向国资委报送企业能源利用状况报告；从制度上保证建设项目在规划设计阶段贯彻节能减排政策。

五、2009年电力行业相关低碳发展大事记

1月6日，我国自主研发、设计和建设，具有自主知识产权的1000千伏交流输变电工程—晋东南—南阳—荆门特高压交流试验示范工程正式投入运行。

4月16日，试验示范工程安全运行超过100天，实现第一个百日无事故纪录。特高压交流试验示范工程的成功投运和安全稳定运行，标志着我国在远距离、大容量、低损耗的特高压核心技术和设备国产化上取得重大突破。

4月16日，中电投集团公司拉西瓦水电站6号机组（70万千瓦）投产。至此，我国电力装机容量突破8亿千瓦。

4月19日，浙江三门核电站一期工程（2×125万千瓦）1号机组开工建设。 12月28日，山东海阳核电站一期工程（2×125万千瓦）正式开工。三门核电站和海阳核电站都是我国第三代核电（AP1000）自主化依托项目。我国成为全球率先建设第三代先进压水堆核电（AP1000）站的国家。

5月21日，国家电网公司首次公布智能电网发展计划，提出了2009~2020年将分三个阶段推进“坚强智能电网”建设时间表，其智能电网包括电力系统的发电、输电、变电、配电、用电和调度六个环节。

7月6日，华能绿色煤电天津IGCC（联合循环发电系统）示范电站在天津临港工业区正式开工。该项目是国内第一座、世界第六座IGCC发电站，采用华能自主研发的具有自主知识产权的两段式干煤粉气化炉技术，建设25万千瓦IGCC机组一台，将于2011年投产发电，预期发电效率达48%，脱硫效率达99%以上。华能绿色煤电天津IGCC示范电站建成后，将成为我国IGCC示范电厂。

7月30日，国家能源局宣布，上半年全国关停小火电机组1989万千瓦，至此，“十一五”期间全国淘汰小火电机组已突破5407万千瓦，提前一年半完成“十一五”关停5000万千瓦小火电的任务。

8月16日，国家能源局和中电联共同为中电投集团公司拉西瓦水电站6号机组成为全国电力装机8亿千瓦标志性

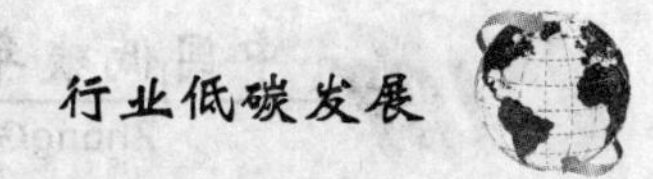

机组举行了授牌仪式。

9月4日，我国首座、也是亚洲首座海上风力发电场——上海东海大桥风电场首批3台机组正式并网发电。该海上风电场计划安装34台单机容量为3000千瓦的风电机组，总装机容量10.2万千瓦，由大唐集团公司、上海绿色环保能源有限公司、中广核风力发电有限公司和中电国际新能源控股有限公司共同出资组建的上海东海风力发电有限公司负责投资开发和运营管理工作。

11月20日，中国电力企业联合会成立电力行业应对气候变化中心，以适应我国日趋严峻的应对气候变化的形势，促进电力行业和电力企业低碳经济的健康发展，提高中电联应对气候变化的行业服务能力和国际合作能力。中心的主要职责是：在政府主管部门的指导下，开展电力行业应对气候变化的管理与服务，归口管理中电联应对气候变化的相关工作，开展电力行业应对气候变化的技术、法规、政策研究及国际合作。

11月26日，国务院总理温家宝主持召开国务院常务会议，研究部署应对气候变化工作。会议决定，到2020年我国单位国内生产总值二氧化碳排放比2005年下降40%~45%。通过大力发展可再生能源、积极推进核电建设等行动，争取到2020年我国非化石能源占一次能源消费比重达到15%左右。

12月21日，由中广核集团公司控股、中法合营的台山核电合营有限公司成立，台山核电站一期（2×175万千瓦）EPR核电机组同时开工建设。台山核电站一期机组是目前世界上单机容量最大的核电机组。

12月28日，世界首个±800千伏特高压直流输电工程——云南—广东特高压直流输电工程成功实现单极投产。

中国航空工业低碳发展

早在20世纪90年代，中国航空工业就发挥航空技术与人才优势，进入风能、燃气轮机等新能源领域。2008年中国航空工业集团工业公司组建后，根据“两融、三新、五化、万亿”的集团发展战略与目标，将新能源作为集团新的经济增长点，进行重点规划，重点支持，重点发展。通过对全集团的资金、技术、制造、营销等资源进行优化整合，初步形成了风能、新能源汽车、锂电池为龙头的三大新能源板块。

风能大手笔

一、举全集团之力，坚持全价值链发展

中国航空工业集团公司利用研制生产航空叶片的技术、人才、生产等优势，在迅猛发展的新能源浪潮中抓住机遇，率先发力，制订了举全集团之力，全价值链发展的方针，使风电产业成为中航工业集团非航业务中的重点发展方向。中航工业集团总部成立了专门负责风电业务的项目组，规划和推进风能产业的发展。

中国航空工业集团公司总经理林左鸣在保定调研时强调：“风电产业是集团未来发展的一个重点。风电技术与航空技术关联度大，实现航空技术转移可以推动风电产业叶片、电机、减速箱、控制系统等发展。中航工业发展风电产业应举全集团之力，坚持全价值链发展。”中航工业及所属直升机公司加速推进公司发展步伐，打造全球最大的风电叶片专业化企业，把风电产业做大做强。

中航工业在加快国内风能产业发展的同时，制订和部署了全球风电发展规划。中航国际依靠中航工业雄厚的经济实力和人才、技术优势，注重资源性产业和新能源开发，把投资有规模的矿产资源并建立可持续发展的矿产品产业链和价值链作为主攻方向，极力打造国内最大的城市车辆清洁能源销售企业。目前，中航国际拥有中航资源公司、中油洁能公司，从事车用LPG/CNG加气站的投资建设与经营以及蒸汽生产与发电。同时依托航空工业燃机研发、设计与制造能力，开展了包括燃机电站、火力发电、风力发电等设备的国际开发与利用。

2009年4月28日，中航技国际经贸公司与美国TANG能源公司签署了风电项目合作开发协议。合作双方在未来5年内投入3亿美元，在美国开发多个风电场，预计装机总容量将达到200兆瓦。中航技国际经贸公司将发挥中航工业旗下几家风机制造企业的资源优势，在美国建立风场，以将风电的上下游产业打通，形成一个完善的全产业链。

2009年8月，中航技国际经贸公司首台1.5兆瓦风机出口美国发运仪式暨第二台签约。这次具有自主知识产权的1.5兆瓦风机出口美国，在国内同级别产品中尚属首次。

目前,中航国际已初步完成在美国、中东、欧洲、东南亚等国家和地区的风电市场开发布局。包括斯里兰卡在内的多个国家的政府和企业，也表达了与中航国际在风电领域的合作愿望，并达成了多个合作意向。

2009年7月29日，包括风电控制制造中心和特种车辆及新能源车辆核心控制系统制造中心等落地中航工业北京航空产业园。

营口仙人岛兆瓦风力发电机组

二、中航惠腾：领衔中国风轮叶片

中航惠腾风电设备股份有限公司于2001年1月18日在保定国家高新技术产业开发区成立，注册资金3.6亿元。主要开发、制造系列化的风力发电机组风轮叶片及风力发电机组相关的各种复合材料产品。先后完成了600kW、750kW、1.0MW、1.2MW、1.25MW、1.3MW、1.5MW（34m和38m）、2.0MW、2.5MW及3.0MW等11个系列32种型号的叶片研发及产业化，满足了国内大型风力发电机组国产化发展的需求。中航惠腾2008年国内的市场份额达到

38%，相当于占国际市场份额的10%。

中国烟台莱州风场

公司现有四个厂区，总占地面积286000m²（合429亩）。为就近满足华北、东北、西北及南方大部分风电场的需求，降低运输成本，减少运输造成的叶片损伤，惠腾自2006年开始在风电场附近建设生产厂的探索；2006年4月，承德厂区开展生产，2008年12月，张家口厂区正式投产，2008年年底，年生产能力200副1.5MW风力发电机组风轮叶片的酒泉风轮叶片产业化项目一期建成投产，2010年达产达标后实现营业收入6亿元，利润总额1.1亿元。2009年9月，投资5亿元在江苏盐城建设风电叶片项目。

惠腾公司母公司保定惠阳航空螺旋桨制造厂为生产航空螺旋桨的军工企业，拥有空气动力学、复合材料方面的优势，为惠腾转向风电叶片市场打下了坚实基础。惠腾不仅从母公司获得了一支强大的研发团队，还借力于北京航空航天大学、南京航空航天大学、北京航空材料研究院、中国直升机研究院等科研院所研发优势，占领先机，具有完全自主研发能力；具备先进的风轮叶片模具制造技术；具备完整的风轮叶片试验检测技术；拥有型号最全，基本满足国内各种风电主机设备需求，成为我国目前唯一拥有自主知识产权的，国内市场技术最全面、叶片设计、制造工艺、试验检测手段达到国际先进水平的风轮叶片专业化制造企业，600kW和750kW叶片国内市场占有率达到90%以上。惠腾先后承担了“九五”、“十五”科技攻关、“863计划”、“科技型中小企业创新基金”、“科技支撑计划”等16项国家级科研项目和5项省市级科研项目。惠腾1999年承接了国家重点科技攻关项目——60千瓦大型风力发动机组风轮叶片研制任务，2000年5月份完成首台样机，2000年8月样机在新疆达坂城风电场装机并网发电。承担的国家高技术研究发展计划“国家863计划”的应用环氧树脂材料的1.2兆瓦风力发电机组风轮叶片的研制成功，大大提高了风力发电设备的国产化率，填补了国内又一空白。

由于兆瓦级的大功率叶片制造技术几乎都掌握在西方公司手中，惠腾又着手与国际企业进行合作，提高自主研发能力。2004年，惠腾开始研制并批量生产MW级风电叶片，并在同年与世界大型风机制造商德国Nordex公司在“1.3MW风力发电机组风轮叶片研制”项目上进行了合作，成为Nordex公司在国内惟一一家大功率风电叶片供货商。

同时，惠腾在复合材料、设计咨询、风电设计软件等方面也加强了与欧洲知名风电公司的合作。惠腾先后与风电强国荷兰著名的叶片复合材料设计公司CTC、风电技术公司荷兰WMC技术中心、荷兰能源研究中心（ECN）、英国著名风电咨询公司GarradHassan、比利时的动力学分析软件和设计优化软件公司NUMECA等建立了合作关系。2007年，惠腾引入了3家外资基金——KPCB、德同资本和普凯的投资。并吸引了包括德国吉风电力、德国NODEX公司、荷兰索菲斯公司以及我国的大唐高鸿、华睿集团等一批中外风电企业来保定投资建厂。

通过合作，惠腾产品研发明显领先于国内对手，新产品开发周期也越来越短。2007年10月，惠腾的2MW叶片下线，2008年11月2.5MW叶片下线，一个月后3MW叶片下线。目前，惠腾已是国内风叶产品型号最全的企业。第一组600kW叶片下线后，国外同类叶片的价格立即由原先130万元/组下降到70万元/组。

三、惠德：实现中国风力发电机组出口零突破

2005年3月，中航工业保定惠阳航空螺旋桨制造厂引进德国1000KW风力发电机组专有技术，在保定国家高新技术产业开发区成立了专门从事风力发电机组整机制造和研发的保定惠德风电工程有限公司。目前公司一期厂房及办公楼已建成并投入使用，二期厂房已正建设中。

保定惠德主攻方向为：大型风力发电机组设备及零部件的开发、制造、安装、销售及售后服务、货物的进出口业务；规划年生产1000kW风力发电机组200台。2.0MW风力发电机组正在试制中，不久可投放市场。

惠德风电工程有限公司引进的1000kW风力发电机，成功地进行了部件国产化工作和机组的抗低温改进。现生产的低温型HD1000风力发电机组可以在－30℃工况下可靠稳定地运行，适用于严寒、高海拔、多风沙以及海边等宽范围的气候环境，整机及关键部件的设计寿命均大于20年，国产化率达到75%以上。

安装于美国德克萨斯州的10台HD1000型风力发电机于2008年5月顺利并网发电

2006年6月，营口仙人岛MW风力发电机组运行并网发电，至今运行良好。年发电量200多万度，单日最高发电量22944度，接近满发。

2008年5月，烟台莱州风场20台保定惠德公司制造的HD1000风力发电机组全部并网发电。

2008年5月，安装于美国德克萨斯州的10台HD1000型风力发电机于顺利并网发电，实现了中国风力发电机组出口零的突破。

四、西安维德结束了我国不能生产大型风力发电设备的历史

1998年，国家计委“乘风计划”中的“300kW、600kW风力发电机组的国内总装企业”的中标单位西安航空发动机（集团）公司，与德国NORDEXBALCKE-DURR公司合资组建西安维德风电设备有限公司，2000年底完成国产化率约70%的风机在风场的安装、考核、鉴定。

2005年7月，西安维德首批10台大型风力发电设备在辽宁营口仙人岛风电场并网发电成功，机组多项指标均达到国际先进水平。当风速为每秒12.5米时，风机达到了满发功率，这一性能优于国外同类风机的技术指标。

西安维德公司首批风力发电设备的成功运行，标志着我国已完全具备了大型风力发电设备的生产制造和安装调试能力，结束了我国不能生产风力发电设备的历史；同时为我国“乘风计划”的全面实施和风电设备的全部国产化奠定了可靠的基础。

通过几年的努力，维德公司风电设备的国产化率已由最初的40%提高到85%以上，风机叶片、齿箱、电机和偏航、控制系统5大关键部件全部实现了国产化，已完全掌握并具备了大型风电设备的总装、调试技术和年产150台风电设备的开发制造及销售能力。

五、中航重机：启动首个风力发电项目

中航工业旗下的中航重机股份有限公司对所属子公司燃机动力公司增资2.5亿元，并由燃机动力公司收购拥有的包头百灵庙风电场的金州能源100%股权，从而使金州能源成为中航工业投建的第一个风力发电项目。该项目的成功启动，将有效带动中航工业风电产业链各环节的共同发展。

争当新能源汽车领跑者

一、力争成为中国小排量及新能源汽车的领先者

新能源汽车是中航工业汽车重点发展的领域。中航工业正在加快汽车产业的整合，2009年3月14日，中国航空汽车工业有限公司在北京揭牌成立，旗下资产包括，哈飞汽车、昌河汽车、东安发动机、东安动力股份，誓言将力争成为中国小排量及新能源汽车的领先者。

中航工业汽车是我国发展小排量汽车的倡导者和实践者。微型轿车，微型客车，微型货车等小排量汽车的销量占总销量的97%。

从20世纪80年代开始，近30年来，中航汽车旗下的哈飞汽车、昌河汽车、东安动力抓住微型汽车的发展机遇，坚持小排量汽车的发展方向，从无到有，从小到大，目前已累计生产汽车400余万辆，发动机500多万台，为中国汽车工业的发展作出了积极贡献。特别是在小排量汽车领域，在自主创新，产品结构品牌价值，制造能力，人才是在是在是在是在是在是在是在是在哈飞汽车推出的路宝节油πAMT比一般的AT车省油大约20%，但动力却较之更为强劲。2007年3月30日，哈飞汽车集团顺利通过中环联合(北京)认证中心的环境标志产品认证现场审核，哈飞中意、哈飞民意、哈飞路宝等18个车型进入政府绿色采购清单。上述20余种车型即将达到国家第四阶段排放标准要求。为了进一步降低汽车的燃油消耗和尾气排放，哈飞汽车计划逐步进行发动机的优化设计、CVT变速器、柴油发动机以及混合动力汽车等项目的开发研究。

中航汽车公司成立后，根据汽车产业发展的趋势，明确了以小排量汽车为发展的重点，将产品定位为“安全、环保、节能、经济、实用”的小排量汽车和新能源汽车。

中航汽车的发展战略是：“融合创新，小新并举，提升品牌跨越发展”，成为中国小排量汽车和新能源汽车的领先者。一是坚持“小新并举”的发展战略，全力将昌河、哈飞、东安打造成小排量汽车及发动机著名自主品牌；二是全力打造技术领先、经济实用的小排量汽车新平台；三是加大中航汽车研发中心建设力度，投入重金在哈飞、昌河、东安原有技术中心基础上建设中航汽车研发中心，将中航汽车研发中心打造成为国内专著于小排量汽车的重要研究机构。

二、电动车和混合动力车双星闪耀

中航工业发展新能源汽车，主要以电动车和混合动力车为主。在电动车上，锂离子动力电池、动力总成等相关配套部件形势喜人，整车生产获重要成效。

（一）哈飞“赛豹”

哈飞与天津清源公司共同承担了“十一五”863节能与新能源汽车重大项目中的“赛豹纯电动轿车研发”和“赛豹plug-in混合动力轿车研发”项目。同时，以哈飞车型为基础、双方合作开发的纯电动微型卡车，已经批量出口到美国以及荷兰、俄罗斯等欧洲国家，销售1000多辆。仅2009年9月，就有700余辆纯电动微型卡车发往美国。

哈飞与美国迈尔斯汽车集团、天津清源电动车辆有限公司三方合作开发的哈飞赛豹纯电动高速轿车计划2010年上市，并可实现200辆批量出口美国，2013年底有望达到3万辆产量。哈飞“赛豹”采用了世界领先的锂离子动力电池，具有续航里程长、充电维护方便等优点。完全按照美国交通部标准开发，性能及装备达到了目前国内领先的技术水平。2009年，哈飞汽车集团已经有30辆哈飞“赛豹”高速电动车样车运往美国。

哈飞汽车集团已与部分科研院所签署协议，借助高校等科研院所的力量，联合开发具有自主知识产权的混合动力汽车。

2009年9月5日，哈飞与天津清源签署了新能源汽车战略合作协议，协议包含了双方以哈飞现有车型和未来开发的新车型为基础，在电动汽车产品研发和技术交流、电动轿车产业化，以及电动专用车辆产业化领域等多方面的合作内容。

（二）昌河汽车

中航工业昌河汽车将纯电动和混合动力作为新能源汽车的切入点。2008年，昌河汽车启动了与南昌大学的合作项目——爱迪尔II纯电动车的开发，并于2008年12月完成第一阶段的任务——设计、样车制作和相关测试工作。经测试各项性能指标达到第一阶段的预期目标。昌河汽车的爱迪尔II和北斗星两款纯电动轿车，既适用于特殊公务（邮政、治安巡逻等），也特别适合于家庭使用。在家庭使用的220伏电源上即可实施充电，一次充电的续驶里程可根据用户不同需求选择不同的配置，以满足不同用户群体对续驶里程的要求，最高时速可达100公里以上。该产品不但实现了零排放，也使用户的使用成本大大降低。

目前，昌河汽车正在与一知名公司合作开发利亚纳混合动力轿车，在保持原型车各项性能不变的前提下，耗油量和排放指标将会显著下降。该产品适用于城市出租车、家用和公务用车等用户群体，计划2010年实现批量生产。

(三)郑飞电动

中航工业哈飞新能源汽车

2006年，中航工业郑州飞机装备有限责任公司以其独有的航空悬挂发射控制技术和军用挂弹车整车技术为基础，与国内西北工业大学、浙江大学、北京机械研究所、河南现代汽车研究院等院校紧密合作，自主研发电动汽车，2007年完成两款电动汽车样车试制，进行了各项整车技术指标的实验测试，掌握了电动汽车动力总成核心技术和驱动电机、驱动控制器、电源管理系统和充电系统部件技术。2008年6月注资成立子公司，专业从事高效节能电机技术、控制系统、电源管理系统、充电系统等产品的研发、生产、销售和服务，目前已经形成了覆盖轿车、中巴、大巴、特种车辆等全型号的动力匹配的技术储备，产业化条件基本成熟。

郑飞公司生产的两厢O形纯电动汽车，最高时速可达100公里，如果以40公里时速匀速行驶，充一次电可行驶220公里，行驶100公里的电耗是7.25度。实际行驶，100公里耗电量是10度，按照目前的电价，大概需要6元钱。而目前，一升油就是6元多钱，普通汽车，百公里也需要七八升油，这算下来，纯电动汽车百公里的费用，仅是普通汽车的八分之一到十分之一。

2009年11月19日，少林（河南少林汽车股份有限公司）、郑飞（郑州飞机装备有限责任公司）、环宇（河南环宇电源股份有限公司）三家公司结成电动汽车产业联盟,就发展河南省电动汽车产业达成共识，以期河南省的电动汽车产业在国家电动汽车产业中取得突破，取得领先地位。该联盟的成立成为河南省电动汽车产业推进进程中的一大里程碑。完成了电动汽车产业在豫的大踏步前进。

2009年12月10,日郑飞产业园中航电动汽车系统项目奠基开工。郑飞产业园中航电动汽车系统项目首期投资10亿元人民币，建设用地645亩，预计明年将建成年产10万套电动汽车动力总成系统产品线，年销售收入将超过10亿元。到2020年，分三期投资200亿元建成电动汽车研发生产基地。

2009年12月13日，郑飞公司研制生产的百辆电动汽车示范运行及示范用户签约仪式郑飞社区隆重举行，标志着零排放、无污染的郑飞电动汽车正式运行。

（四）“南方宇航”

中航工业南方集团下属企业“南方宇航”是我国首批获得电动特种设备制造资格的企业之一，2007年在国内首家通过欧洲EBC认证。生产纯电动汽车5个系列多种型号产品，每月产能达300辆，具有零排放、无噪音等优点，耗能成本仅为同类燃油车的三分之一，可广泛用于社区、景区、厂区、校园、步行街等区域的运营和巡逻。2009年2月，由株洲南方宇航科技有限公司生产的电动汽车，首次出口西班牙、德国、法国、葡萄牙等欧洲国家。

（五）空导院：领跑大容量锂离子动力

锂离子动力电池可以替代目前的汽车等机动车辆使用的燃油系统及传统污染较重的铅酸、铬镍电池，提高能源利用率，减少空气和土壤中的铅、铬等重金属污染，是节能环保、促进可持续发展的产业。2006年世界电池销售收入约600亿美元，其中锂离子电池增速最快，已经成为当代电池的发展潮流。

2007年11月，中航工业中国空空导弹研究院与深圳雷天能源集团联合成立中国空空导弹研究院天空能源（洛阳）有限公司，投资1亿元，建成了年产3000万安时锂离子动力电池生产线，2008年4月投产，当年便实现销售收入8023万元。

天空能源（洛阳）有限公司自主研发生产的锂离子动力电池具有电压高、能量密度大、充放电迅速、长寿命、无污染等优势，填补了我国大功率、大容量、高可靠性锂离子动力电池的空白，成为国内大容量锂离子动力电池的领跑者，处于国际领先水平。

2009年3月12日，河南省人民政府与中国航空工业集团公司在北京签署战略合作框架协议。按照这项协议，中航工业将在河南省建设电动汽车基地。总投资为17亿元。双方的战略合作包括共同推进电动汽车及新能源产业基地建设，大力推进锂离子动力电池项目建设，开发纯电动汽车的研发、生产和示范运营，实现电动汽车全价值链的竞争。

根据发展规划，一期项目将建成年产1.5亿安时的锂离子动力电池、年产2千万只超级电容器、年产3千万安时储能模块及备用电源和年产2000套锂离子动力电池充电系统、电池管理系统和产业基地的公共服务设施；二期项目将建成年产48亿安时的锂离子动力电池、年产万辆电动汽车等能力，形成锂离子动力电池、超级电容器核心材料、附件、组件到电动汽车、储能电源等应用产品完整的产业链，成为具有国际竞争力的锂离子动力电池产业化基地和全国绿色环保电动汽车的引擎地区，预计2011年产业基地产值超过55亿元，2015年产值超过100亿元。

中航锂电公司面对日益激烈的市场竞争，以个性化的营销模式全力开发新客户。他们紧盯世博会和亚运会，与株洲南车时代电气股份公司密切合作，先后拿下世博会花车用电池、亚运会纯电大巴用电池等多个订单，取得2010年长株潭“十千工程”纯电动公交车供应商资质，使公司进入快速发展轨道。

天空能源锂离子动力电池项目认证会

中航重工：核心定位新能源

2009年7月20日，中航工业实施跨行业、跨地区、专业化整合、产业化发展，中航重机股份有限公司在贵阳国家经济技术产业开发区揭牌。新能源成为重组后的公司两大业务平台之一，主营业务涵盖了燃气轮机设备成套和新能源投资等领域，围绕新能源投资这一核心定位，在已有燃机发电投资业务基础上，全面进军风力发电、垃圾发电、太阳能发电等新能源投资领域，向着规模化、专业化新能源投资公司的目标不断迈进，争取早日跻身该行业的优势企业之列。

——中航重工子公司中航世新：燃机扬起龙头。目前，我国的焦炭生产量为2亿吨/年，由此产生的总量约为700多立方米焦炉煤气绝大部分被直接放空燃烧。不仅仅造成了极大地浪费，而且对环境造成了严重的污染。中航世新在这样的大背景下，开始了燃用中低热值燃料的燃气轮机发电机组的开发工作。公司组织技术人员研究并论证了QD100A排气全然型联合循环方案，并与江西江联、山东莱钢展开合作，将一理论新成果付诸实践。

——重型燃机研制获重大突破。2009年4月，国家科技部印发了《关于十一五863计划先进能源技术领域微型燃气轮机重点项目立项的通知》和《关于十一五863计划先进能源技术领域重型燃气轮机关键技术及系统重大项目课题立项的通知》，共安排5项燃气轮机重点项目课题，涉及中航发动机公司的项目包括中低热值R0110重型燃气轮机研究课题和3项100千瓦、1兆瓦微型燃气轮机研究课题。

R0110重型燃机是国家科技部“十一五”863计划能源领域重大专项之一，是在“十五”期间我国首次自行设计研制的R0110重型燃气轮机基础上的改型设计。作为IGCC电站(脱硫率达到98%)核心动力装备的中低热值燃料R0110燃气轮机的研制成功，将对我国煤电减排事业产生重大影响，也将打破我国重型燃机等重大装备领域长期以来被国外公司垄断的被动局面。

分布式电源技术作为《国家科学技术中长期规划》能源领域4项前沿技术之一，在开拓能源利用新模式、推动可再生能源应用、优化能源结构以及系统节能等方面有着重要作用。作为分布式电源动力核心的100千瓦、1兆瓦燃气轮机课题的开展将为开拓以微小型燃气轮机为核心的分布式能源提供技术支撑，同时也为发展高温燃料电池和微小型燃气轮机组成的新一代混合高效低污染发电系统奠定基础，能够产生较好的社会效益和经济效益。

2009年9月，中国R0110重型燃气轮机研制取得里程碑意义的胜利。

——世新燃机助推循环经济发展。2009年7月，由世新燃气轮机股份公司成套提供的QD100A燃气轮机发电机组，在山东莱芜钢铁集团公司顺利通过72小时可靠性试运行验收工作。这标志着世新燃机采用国际通用规范和标准，设计开发生产的燃用中低热值燃料的燃气轮机发电机组取得成功。该装置利用钢铁企业的副产品和放散物——高炉煤气和焦炉煤气，实现能源的梯级利用、资源的高效利用和循环利用。该装置中的燃气轮机使用焦炉煤气作为燃料发电，高温排气作为助燃气，与高炉煤气在锅炉中进行混合燃烧，所产生的高温高压蒸汽送入蒸汽轮机进行发电，具有国产化率高，经济性好，运行方式灵活，用电消耗低，净热效率较高的优势，为我国钢铁企业走科技含量高，资源消耗低、环境污染少、安全有保障、经济效益好的科学发展道路，提供了一条崭新途径。

2006年，为响应国家节能减排、发展循环经济、走可持续发展道路的号召，世新燃机充分发挥航空发动机技术优势，与中石油阿克纠宾油气股份有限公司签订了3台QD100燃机机组自备电站建设项目。该项目是QD100燃机机组首次得到中石油认可并采用，打破了美国等各大公司在中国石油行业长达20年的垄断。

2006年10月，古交市煤焦集团有限公司与航空部中航世新燃气轮机股份有限公司签订的燃气轮机联合循环电厂项目以总投资2.08亿元的签约金额引人关注。该项目的实施将进一步推动山西省焦炉、高炉煤气回收发电技术的应用。

哈萨克斯坦让那若尔油项目——2009年7月26日，由世新燃气轮机股份有限公司成套制造的QD100燃气轮机发电机组，在哈萨克斯坦让那若尔油田顺利通过了72小时可靠性试运行验收，标志着通过国际合作，引进消化吸收再创新的QD100燃机在海外天然气发电领域的成功推广，并由此登上了一个广阔的国际舞台。

QD128燃气轮机是由沈阳黎明航空发动机（集团）有限责任公司与沈阳航空发动机设计研究所等单位在丰富的燃机设计、制造经验基础上联合研制的，是我国首台拥有完全自主知识产权的新型中等功率燃气轮机。2002年，黎明公司在中原油田采油一厂开工建设了QD128机组热电联产示范电站，该电站于2003年7月28日顺利实现并网发电。2005年，黎明公司的第二台QD128燃机电站在大庆油田开工建设电。QD128机组的成功交付商业运行，填补了我国在12MW轻型燃气轮机研制生产领域的空白。

——我国首个微型小型燃机产业化基地奠基。2009年４月，我国首个微型、小型燃机产业化生产基地在中航工业哈尔滨东安发动机（集团）有限公司奠基。这一项目建成后，东安公司微型燃机机组的年产能将达到660台套，研发生产能力达到国内领先水平。项目一期投资２.４亿元，建设燃机装配试验厂房和相关辅助设施１.３万平方米，３年后形成年产燃机发电机组50台套、微型燃机机组约300台套的生产能力。一期项目完成后，将进行二期燃机研发中心以及燃机生产线扩容建设。项目全部建成后，东安公司微型燃机机组产能将达到660台套。

目前，东安公司已形成固定式、移动式两大系列燃机产品。固定式机组广泛应用于通信领域的备用电源，移动式小型机组主要应用于城市电力应急保障、现代通信、医疗服务等领域。

东安公司在中国电信上海分公司采购1600千瓦车载式燃气轮机发电机组项目中一举中标。这台燃机机组将应用于2010年上海世博会期间数据中心的电力通信保障。

——试水垃圾发电。2009年10月21日，中国航空工业燃机动力（集团）有限公司投资的四川省南充市垃圾焚烧发电厂项目奠基。中国航空工业燃机动力（集团）有限公司隶属于中航重机的专业新能源投资公司，中航燃机投资的这一项目成为中航工业第一个垃圾发电项目。南充市政府为处理城市生活垃圾，采取特许经营方式建设南充市生活垃圾焚烧发电厂项目，经过公开招、投标，中航燃机一举中标，获得南充市政府授予的投资、建设、运营该项目的特许经营权。该项目建设规模1200吨/日，分两期建设，一期800吨/日，二期建成后达到1200吨/日，项目特许经营期为27年（含建设期）；预计项目一期投资42087万元，二期投资7412万元；该项目中标内容为南充市垃圾焚烧发电厂的投资、融资、建设及运营，并在特许经营期届满后将项目无偿移交给政府。

2009年10月22日，中航工业集团与贵阳市签订垃圾焚烧发电厂意向协议。中航工业集团公司党组书记、总经理

林左鸣，市委副书记、市长袁周出席签约仪式。贵阳市城市生活垃圾焚烧发电厂项目位于乌当区东风镇高雁城市生活垃圾填埋场内，占地约100亩，焚烧垃圾发电效率为每吨240度以上，总投资约4.5亿元。

成发集团：专于节能减排，精于节能减排

成都发动机（集团）有限公司一直秉承“主业突出，寓军于民”发展战略，几经风雨磨砺，始终急社会之所需，不断壮大企业规模和实力。为打好二十一世纪军工技术在节能减排领域应用的这场硬仗，一块闪亮的“出于中国军工，属于世界能源”的中国工业能源优化服务商品牌，正初露端倪。

在近二十余年的工业动力设备开发中，成都发动机（集团）有限公司积累了几项非常重要的、对国民经济支柱产业有着重大意义的节能减排技术。除大型高炉煤气余压透平发电装置（TRT）之外，还开发了轴流压缩机、水泥窑余热回收发电技术、烧结、转炉、干熄焦余热回收发电技术、烟气轮机等，现在正在进行转炉风机、燃气——蒸汽联合循环发电（CCPP）等新技术的开发。这些技术门槛都很高的节能减排技术，可广泛应用于冶金、石化、建材、煤炭等国民经济支柱产业。

成发集团正在从一个普通的工业动力设备研制厂家转变为一个“专于节能减排、精于节能减排”的中国工业能源优化服务商，除提供核心设备以外，我们还将提供技术咨询、解决方案、交钥匙工程、再制造等多种服务

钢铁生产过程中，为降低焦比、提高生铁产量，高炉炼铁通常采用高压操作（炉顶压力０.2～０.25兆帕）。以一座2600立方米的干法除尘高炉为例，其配套ＴＲＴ装机容量应在15兆瓦左右，每年可回收电量约１亿千瓦时，相当于年节约标准煤3.3万吨，减排二氧化碳8.6万吨，并为企业减少近5000万元的能源费，环保效益、社会效益十分显著。

成发集团研制生产的大型高炉煤气余压透平发电装置（TRT）开发项目，已被列入国家重大产业技术开发专项。高炉煤气余压透平发电装置是利用高炉治炼的副产品——高炉炉顶煤气具有的压力能及热能，使煤气通过透平膨胀机做功，将其转化为机械能，驱动发电机或其它装置发电的一种二次能源回收装置。该装置既回收减压阀组泄放的能量，又净化煤气、降低噪音、稳定炉顶压力，改善高炉生产的条件。不产生任何污染，可实现无公害发电。是现代国际、国内钢铁企业公认的节能环保装置。

成都发动机已经为国内外50余家钢铁厂提供了120余套各型TRT装置，总装机容量达到60万千瓦，每年可以为国家节约标煤159万吨，减排二氧化碳417万吨，为企业节约能源成本24亿元。

水泥窑余热发电是利用水泥生产工艺中预热器、旋窑产生的废气余热通过余热锅炉进行热交换产生水蒸汽，使蒸汽在汽轮机内膨胀作功，从而带动发电机发电。同时，将废气温度大幅降低后排入大气，大大降低了水泥生产的综合能耗、减少了CO_2的排放、减轻了热污染。此项目节能环保，对于节约资源、改善环境状况、提高经济效益，实现资源的优化配置和可持续发展具有重要的意义。广泛用于各大中小型水泥生产厂。

静叶可调轴流压缩机（简称风机）是冶金行业一项很重要的气体压缩机械装置，它是气体压缩机械的一种型式，是成发集团采用航空发动机压气机气动设计技术进行设计的半静叶或全静叶伺服可调式的轴流压缩机，具有流场均匀、流量和压力调节范围宽广、各工况点效率高、喘振裕度大、结构合理、安全可靠的特点，对提高大型钢厂的综合热效率有很大的作用，其主要是通过电机经齿轮箱带动转子旋转把介质（如空气）导入压缩机，将转轴的机械功转换成介质的压缩功，介质经逐级增压后送往高炉鼓风或其他的用户备用。广泛用于高炉和石化行业，现已开发了风量1800~5500Nm^3，出口压力0.25~0.55MPa，3个系列的产品。成发压缩机除继续保持优秀的气动性能外，还继承了航空发动机无可挑剔的高可靠性要求，在叶片榫头、主轴榫槽的结构上考究细节，精益求精，强化抗疲劳设计。

成发集团的所有产品都大量采用了军用航空发动机的的先进技术和设备，能采用国军标的就采用国军标，能用军品质量控制体系的就用军品质量控制体系，能用航空发动机的研发人才就用航空发动机的研发人才，能用航空发动机的研发软件就用航空发动机的研发软件，能引用航空发动机的结构就引用航空发动机的结构，甚至还采用了航空发动机材料来制造某些关键零部件

中航三鑫：太阳能玻璃

中国航空工业集团贵航集团控股的中航三鑫是国内外特种玻璃领域的重要供应商，是中航工业集团材料板块的

重点发展企业，正在加快建设的一条250吨级的超白压延太阳能玻璃生产线，采用我国自主研究开发的太阳能压延玻璃技术，总体技术装备水平处于国内领先地位，已于2009年10月底建成点火投产。中航三鑫在国家太阳能屋顶政策的扶持下，将成为太阳能玻璃幕墙、太阳能屋顶的龙头企业。

上海航锐电源

海航锐电源科技有限公司成立于2007年8月，是集研发、生产和销售光伏逆变器、控制器和光伏发电系统为一体的高科技企业。主打产品光伏逆变器输出功率范围从600W到20KW，参照UL、CSA和CE相关标准研发、生产及检测，可以满足住宅和大型光伏发电站的发电需要。前期开发的600W~3KW的光伏并网逆变器已于2008年获得了CE安规认证和德国VDE0126并网认证证书，技术水平国内领先，是目前国内唯一可在欧洲市场销售小功率逆变器的企业。

武仪厂进军核电领域

2009年10月中航工业武汉航空仪表公司研制生产的通过电解海水制取次氯酸钠的大型次氯酸钠发生装置一举中标广东台山核电厂一期工程制氯站项目，首次进入核电领域。

大型次氯酸钠发生装置是电站发电机组循环水处理的核心装置，直接提取海水制备次氯酸钠用以发电机组循环水的灭藻、杀生和除菌是武仪公司的核心技术。20多来，武仪公司的产品已广泛应用于国内外火电站发电机组循环水处理市场，其中在国内的市场占有率达80%以上，部分产品出口欧美、南亚、东南亚和非洲。

目前，国内外电站建设规模不断扩大，对电站发电机组循环水处理装备有着广泛的需求。按照“成为为水环境保护提供关键技术和解决方案的高端集成商”的民品发展战略构想，武仪公司专门成立了环保及电站水处理装备发展领导小组，组织专门力量实现公司的优势技术深度发展，积极谋划将电站发电机组循环水处理产业链由火电延伸至核电领域。组建了一支由工程技术人员、工艺结构设计人员等组成的商务队伍，往返各核电主业公司、电力设计院，全力拓展核电市场。

优化设计方案、改良工艺布局、细化质量监控是公司能够脱颖而出，中标该核电制氯项目的三大制胜举措。考虑到核电常规岛常年处于盐雾天气的情况，设计员将大型电解海水

制氯发生装置的每个零组件都增加了防腐设计方案，确保发生装置在恶劣天气环境正常运作。此次共有6台每小时产氯124公斤的大型次氯酸钠发生装置配套该核电厂制氯站，针对设备多的特点，工艺人员为制氯站厂房预留了停运检修的空间，以及常规维修工具设置点。根据客户质量需求，公司将发生装置质量程序文件逐一细化，做到了严控产品质量，最终让用户满意、放心，确保了公司产品进入该核电制氯项目，并为产品的后续发展奠定了基础。

（根据有关资料编写）

低碳技术与重点项目

国家科技支撑计划"十一五"发展纲要（节录）

科学技术部

2006年9月19日

四、重点任务

（一）领域设置

领域任务安排的总体原则是：一是把发展能源、资源、环境等领域的技术放在优先位置，着力解决制约国民经济社会发展的重大瓶颈问题，促进循环经济模式的形成和经济社会可持续发展提供有力支撑。

1. 能源

发展思路：国民经济的快速增长和城市化进程的加快，使得能源需求日益增大。必须依靠科技进步保障能源的可持续、多元化供给和高效清洁利用，解决能源供需矛盾突出、能源利用效率低下、环境污染严重三大瓶颈问题，促进经济结构向减少能源消耗、提升增长质量和效益的方向转变。"十一五"期间，要实施节能优先的方针，以提高能源利用效率为重点，攻克主要耗能领域的节能关键技术；促进能源多元化发展，提高化石能源的开发利用及水电技术水平，积极发展可再生能源和新能源技术，突破清洁、可靠、经济的能源供给与使用技术，开发核技术产业化应用技术，保障国家能源安全；提高能源区域优化配置能力，重点发展先进可靠的国家电力输配系统，提高输电效率。发展目标：大力开发和应用提高能源利用效率与资源综合利用的技术，突破一批工业、建筑和交通等重点耗能领域的节能关键共性技术。掌握一批洁净煤关键技术，开发新型工业锅炉及发电技术与装备，实现具有自主知识产权的煤气化、液化、先进发电及污染控制技术的工业化应用。突破可再生能源利用关键技术，实现可再生能源技术与装备的产业化和规模化利用。突破800千伏直流、1000千伏交流特高压输电关键技术，提高电网输电容量、效率和安全运行水平。攻克生物质发电和制取液体燃料技术。

重大项目：

（1）大功率风电机组研制与示范。研制2～3兆瓦风电机组，组建近海试验风电场，形成海上风电技术。攻克2兆瓦以下风电机组产业化关键技术，实现产业化，形成大型风力发电机组检测认证体系。

（2）800/1000kV特高压输变电技术与装备。攻克1000kV交流特高压输电技术和±800kV直流特高压技术。主要研究内容包括：特高压交直流输电理论和试验技术，特高压输电的关键技术、大电网技术和输变电设备制造技术。

4. 农业

重大项目：

（1）农林生物质工程。以充分利用我国农林生物质材料、促进循环农业发展为目标，以农作物秸秆、林业采伐及加工剩余物、畜禽粪便等农林剩余物及能源植物为主要原料，重点研究高活性糖化酶和纤维素酶制造、共代谢基因工程菌构建、非相变产物分离、分子合成、接枝共聚、生物可燃气高效转化、低成本农林生物质集储、专用能源植物培育等共性关键技术，突破农林生物质转化过程中降解与改性、分离与合成、能源和材料转化等环节的技术瓶颈，构建农林生物质转化创新技术平台。选择重要农林生物质进行深度加工和技术集成、工程化开发及产业化示范，研制开发新技术、新工艺80～100项，形成燃料酒精、生物柴油、生物质材料、生物质固化燃料等农林生物质产品，实现年生产能力60万吨以上，申请农林生物质转化利用发明专利100项，制订生物质产业技术标准、规范50项。通过研究，大幅度提高我国农林生物质的利用效率和产业化水平，为生物质产业的快速发展提供有效的科技支撑。

（6）林业生态建设关键技术研究与示范。依托林业生态建设工程，开展东北、西南天然林封育恢复与经营、黄土高原水土保持林优化配置和华北土石山区植被快速恢复、三峡库区和长江中下游防护林体系、沿海防护林体系、滩地抑螺防病林、西南石漠化生态治理等技术组装配套、集成创新与试验示范。重点开展退化天然林结构调整

与景观恢复、天然林生态采伐与生态系统管理、抗逆植物材料筛选与快繁技术、困难立地造林及其配套技术、防护林体系结构优化技术、防护林病虫害防治技术、生态公益林经营技术、森林固碳技术与碳计量方法、森林生态网络体系构建及城市森林生态系统营建、生态工程效益监测与评价技术等研究。通过研究，筛选工程所需的优良抗逆植物材料30～50种；提出困难立地造林配套技术20项、生态公益林经营技术35项；建立10个技术集成试验示范区；申请专利30～50项、编制技术规程30～40个，为林业生态工程构建提供系统、适用、先进的技术体系和试验示范。

7. 交通运输。

发展思路：促进交通运输向节能、环保和更加安全的方向发展；攻克建设和养护中的关键技术。

重大项目：

（1）高速磁悬浮交通。研究开发500公里/小时高速磁悬浮车辆、悬浮导向控制技术、牵引控制技术、运行控制技术和系统集成技术等全套技术、设备和部件，建立高速磁悬浮交通系统规划、设计技术和标准体系，建设一条30公里高速磁悬浮列车中试线，完成具有自主知识产权的定型化工业试验。实现高速磁悬浮交通三大控制系统的国产化，掌握系统集成技术，降低车内外噪声、改善供电系统性能、实现制动能量反馈、优化线路技术要求、开发新型轨道结构，降低系统造价，达到工程应用水平。在高速磁悬浮车辆、牵引控制、运行控制、系统集成及综合试验等关键技术方面取得突破，获得自主知识产权。

（2）智能交通技术集成应用示范。以提升关系国计民生和国家安全的交通运输系统的运行效率、安全和面向公众与社会服务水平为目标，突破广域交通信息获取与处理、大范围交通指挥与控制、交通综合信息服务、交通资源配置等关键技术；研制相关核心装备；建立北京奥运、广州亚运会、上海世博会交通信息服务等三大应用示范工程；构建面向高速公路、铁路、海运和国防交通运输的信息服务平台；探索和实践智能交通信息服务的新机制；制定相应运输行业综合交通信息服务标准；形成若干个具有竞争力的交通信息服务企业，培育一批智能交通高新技术产业群；建立智能交通技术支撑、核心设备自主研制、交通信息综合集成应用、交通信息运营增值服务构成的国家智能交通可持续发展的创新体系。

10. 城镇化与城市发展。

发展目标：以城镇区域规划与监测监控、城市空间利用与综合管理、城市功能提升与运行保障、城市建筑节能与绿色建筑为重点，形成城镇区域规划和建筑设计成套技术；集成城镇人居环境、建筑节能等绿色建筑创新技术，形成城市污水、垃圾等废弃物无害化处理和资源化利用技术的自主开发能力，扭转城市生态环境恶化的局面；为推进城乡统筹、区域协调的城镇化发展和构建和谐城镇、完善宜居环境提供科技支撑。

重大项目：

（2）建筑节能关键技术研究与示范。重点研究建筑节能优化设计集成技术、大型公共建筑节能技术、太阳能等可再生能源利用技术，以及开发系列化、成套化建筑节能系统设备，实现新建建筑总能耗降低50%以上，新建建筑采暖能耗降低60%～65%，住宅和中小型公共建筑用电量降低40%，大型公共建筑用电量降低60%。

中国应对气候变化科技专项行动

科学技术部　国家发展改革委　外交部　教育部　财政部
水利部　农业部　国家环保总局　国家林业局
中国科学院　中国气象局　国家自然科学基金委
国家海洋局 中国科学技术协会

2007年6月

当前，气候变化正对世界各国产生日益重大而深远的影响，受到国际社会的普遍关注。我国是易受气候变化影响的发展中国家，国家高度重视气候变化问题，并采取了一系列措施积极应对。《国家中长期科学和技术发展规划纲要（2006-2020年）》（以下简称《规划纲要》）把能源和环境确定为科学技术发展的优先领域，把全球环境变化监测与对策明确列为环境领域的优先主题之一；《中国应对气候变化国家方案》（以下简称《国家方案》）明确提出要依靠科技进步和科技创新应对气候变化，把科技工作作为国家应对气候变化的重大举措。为有效落实《规划纲要》确定的重点任务，为《国家方案》的实施提供科技支撑，统筹协调我国气候变化科学研究与技术开发，全面提高国家应对气候变化的科技能力，特制订《中国应对气候变化科技专项行动》（以下简称《专项行动》）。

一、气候变化形势及其对科技工作的迫切需求

（一）气候变化问题日益突出，正在对人类社会的发展产生深刻影响

科学研究表明，人类活动导致了近50年来以全球变暖为主要特征的气候变化，预计到本世纪末，全球地表平均增温将达1.1~6.4℃。这种变化已经并将继续对自然生态系统和人类社会经济系统产生重大影响，成为人类可持续发展最严峻的挑战之一。

受全球气候变化的影响，我国的气候近年来也发生了显著变化。1986~2006 年，我国连续出现了21个全国性暖冬，极端天气/气候事件与灾害的频率和强度明显增大、损失增加，水资源短缺和区域不平衡加剧、生态环境恶化，农业生产损失巨大、粮食安全压力增加，海平面持续上升、沿海地区经济社会发展受到威胁。

（二）妥善应对气候变化问题，事关我国经济社会发展目标的实现

未来十五到二十年，我国经济仍将保持快速发展，能源需求和消费将持续上升。我国政府积极履行所承担的《联合国气候变化框架公约》（以下简称《气候公约》）义务，颁布了《国家方案》，并提出了2010年单位GDP能耗比2005年降低20％的目标。尽管我国单位GDP的能耗和温室气体排放强度呈总体下降趋势，但能源消耗和温室气体排放总量持续增加的趋势短期内难以扭转。气候变化及其国际制度已经成为我国和平发展进程中的特殊外部环境和需要妥善应对的重大战略课题。

（三）应对气候变化对科技工作提出迫切需求

应对和解决气候变化问题归根到底要依靠科学技术进步。认识气候变化规律、识别气候变化的影响、开发适应和减缓气候变化的技术、制定妥善应对气候变化的政策措施等，无不需要气候变化科技工作的有力支撑。

二十世纪九十年代以来，气候变化成为重要的学科前沿，主要发达国家相继投入巨额资金开展研究，占据了气候变化科技领域的领先地位。我国已完成的气候变化相关科技项目，为国家在气候变化领域的内政和外交工作提供了有力支撑。但我国的气候变化科技工作还缺乏中长期的战略规划和充足的资金投入，难以适应气候变化迅速发展的形势，也难以满足制定和执行应对气候变化国家政策和行动、参与外交谈判和开展国际合作的需要。大力加强我国气候变化科技工作已迫在眉睫。

二、我国气候变化科技工作取得的成就

（一）科学研究和技术开发

“八五”以来，我国通过国家科技攻关计划、国家高技术研究与发展计划（863计划）、国家基础研究发展计划（973计划）等先后组织开展了一系列与气候变化有关的科技项目，重点研究了全球气候变化预测与影响、中国

未来生存环境变化趋势、全球环境变化对策与支撑技术、中国重大气候和天气灾害形成机理与预测理论，能源清洁高效利用技术，节能和提高能源效率，可再生能源和新能源开发利用技术等。

同时，我国还积极参与全球环境变化的国际科技合作，如地球科学系统联盟（ESSP）框架下的世界气候研究计划（WCRP）、国际地圈–生物圈计划（IGBP）、国际全球变化人文因素计划（IHDP）和生物多样性计划（DIVERSITAS）等四大国际科研计划，以及全球对地观测政府间协调组织（GEO）和全球气候系统观测计划（GCOS）等，开展了具有中国特色又兼具全球意义的全球变化基础研究。

通过上述国家科技计划的支持和国际科技合作，我国的气候变化科学研究和技术开发主要取得了以下四个方面成果：

1. 气候变化的基础科学研究

建立了大气本底观测站，在温室气体观测特别是二氧化碳浓度观测方面，取得了比较显著的成果；获得了中国水稻田甲烷排放的科学数据；利用黄土、石笋、冰芯、湖芯和历史文献等开展的中国古气候研究与世界保持同步；建立了反映中国近100年气候变化特征的温度变化曲线；开发了具有自主产权的全球和区域气候模式并获得了国家科技进步一等奖，且已应用于气候预测业务，全球气候模式对气候变化的模拟结果写入政府间气候变化专门委员会（IPCC）第四次评估报告；对亚洲季风活动和变异及其与中国旱涝关系的研究，取得了具有国际影响的重要成果；初步构建了中国未来的区域气候变化情景。

2. 气候变化的影响与对策

获得了中国农田为含碳温室气体的“弱汇”的重要结论；研制了中国随机天气模型–逐日天气发生器，发展了具自主知识产权的“农业区域影响评价模型”；建立了支持气候变化影响研究的数据库系统；编制了“农林水三部门响应全球气候变化的重要政策和行动计划知识库”软件；开展了对海平面上升最敏感的脆弱区防护对策的成本–效益分析；开发了具国际可比性的气候变化危险水平研究方法。

3. 控制温室气体排放和减缓气候变化的技术开发和应用

在燃煤高效发电技术和热电联产技术、洁净煤发电技术、油田火炬资源利用技术等方面取得了一批重要成果；提高能效和节能技术在建材、钢铁、化工、建筑、交通运输（电动汽车）、矿山开发等领域得到比较广泛的应用；风能、生物质能、太阳能、水电、地热、燃料电池等可再生能源和新能源的技术研发取得许多重要进展。

4. 气候变化的社会经济影响分析及减缓对策

初步分析了中国温室气体源排放和汇吸收的现状和未来趋势；研究了中国能源、工业、交通等部门减缓二氧化碳排放的潜力及其成本；比较分析了不同温室气体排放指标对中国控制温室气体排放的影响；分析了发达国家减排温室气体政策措施对中国可能产生的影响；编制完成了《气候变化国家评估报告》。

（二）科研基础设施建设

基本建成了国家气候监测网、国家天气观测网、国家专业气象观测网、国家生态系统网络和中国二氧化碳通量观测网等大型观测网络体系；陆续组建了一批可供全球变化研究的国家重点实验室和部门重点开放实验室；自主研发和通过国际合作引进了一批气候变化研究的大型科学仪器设备。

（三）人才培养和科技机构建设

经过近二十年的发展，我国在气候变化领域初步形成了一支包括经济、社会、能源、气象、气候、生态、环境等跨领域、跨学科的核心专家团队，培养了上千人的开展气候变化领域基础研究和应用研究的科技队伍。

通过长期参与《气候公约》谈判活动及相关国际科技合作，培养和锻炼了一批既熟悉相关国际规则与谈判进程又具有丰富科学知识的复合型人才队伍。

同时，陆续建立了若干国家级的气候变化专业研究机构；一批大专院校设立了与气候变化相关的专业及课程；各地方也建立了一批省级清洁发展机制技术服务机构。

三、指导思想、原则和目标

（一）指导思想

以科学发展观为指导，积极贯彻落实《规划纲要》和《国家方案》，充分发挥科学技术在应对气候变化中的基础和先导作用，促进气候变化领域的自主创新与科技进步，依靠科技进步控制温室气体排放，增强我国适应气候变化的能力，为促进经济社会可持续发展、维护国家权益和履行国际义务提供强有力的科技支撑。

（二）原则

1. 政府主导与企业参与相结合

立足国家需求，着力解决重大科技问题，充分发挥政府在气候变化科技工作中的主导作用；同时，通过政策和制度创新，运用市场机制充分鼓励企业参与关键技术的研发和推广应用，发挥企业在科技创新和进步方面的主动性和积极性。

2. 技术突破与对策研究相结合

立足自主创新，瞄准未来科学技术发展方向，集中力量进行重点突破，开发具有自主知识产权的关键技术，努力实现气候变化领域的技术跨越；同时，要紧紧围绕国家经济社会发展需求及和平发展战略，结合国际政治、经济、贸易和外交形势，提出积极应对气候变化的国家政策与外交谈判策略。

3. 近期需求与长远目标相结合

立足当前面临的实际问题，针对国际气候变化谈判和国家节能减排等急需解决的迫切问题，及时提供科学有效的技术解决方案和对策建议；同时，要面向国家中长期发展的战略目标，系统建立具有较强自主创新能力的科技支撑体系。

4. 整体布局与分工实施相结合

立足现有的科技支持渠道和分工，有效整合各方面资源，对我国气候变化领域的科技工作进行整体布局；同时，要按照目前国家各类科技计划的定位，分别落实《专项行动》的任务。

（三）目标

2020年的目标是：气候变化领域的自主创新能力大幅度提高；一批具有自主知识产权的控制温室气体排放和减缓气候变化关键技术取得突破，并在经济社会发展中得到广泛应用；重点行业和典型脆弱区适应气候变化的能力明显增强；参与气候变化合作和制定重大战略与政策的科技支撑能力显著提高；气候变化的学科建设取得重大进展，科研基础条件明显改善，科技人才队伍的水平显著提高；公众的气候变化科学意识显著增强。

“十一五”期间的阶段性目标是：

（1）国家应对气候变化的科技政策框架和协调机制基本形成，整合科技资源的能力进一步增强；

（2）若干气候变化关键科学问题的研究取得有国际影响的成果；

（3）开发完善若干气候变化领域具有自主知识产权的预测、分析、评价和决策模型工具；

（4）减缓气候变化的若干关键技术研究取得重要进展，并开展地方和行业减缓气候变化的试点示范；

（5）有关气候变化对农业、水资源、海岸带、林业、渔业、生物多样性、荒漠化及人类健康等方面的影响研究取得重要成果，并在典型脆弱区开展适应气候变化的试点示范；

（6）编制形成中国的适应气候变化国家战略；

（7）提出中国对未来气候变化国际制度的设计方案；

（8）形成若干具有较高水平的气候变化重点研究开发队伍和基地。

四、重点任务

（一）气候变化的科学问题

新一代气候系统模式。开发新一代具有自主知识产权的，包含碳循环过程、地球生物化学过程、陆面、冰盖和生态模式以及高分辨率的海洋和大气环流数值模式的气候系统模式。

气候变化的检测与归因。重建过去两千年以来中国高分辨率气候变化序列，利用气候模式进行气候变化自然和人为因子影响的敏感性试验，确定不同历史时期气候变化的主要影响因子。

气候变化监测预测预警。开发气候变化监测预测预警技术，监测气候变化的过程和要素，模拟预测各种温室气体排放情景下未来全球气候变化情景，预测人类活动影响下全球主要地区未来气候变化，预警极端天气/气候和灾害事件及其风险评估。

亚洲季风系统与气候变化。研究亚洲季风系统的变化规律及其在全球气候变化中的地位，分析人类活动对亚洲季风系统及气候变化的影响，研究海－陆－气相互作用及其在全球气候异常产生中的作用。

中国极端天气/气候事件与灾害的形成机理。研究全球变暖背景下中国极端天气/气候事件与灾害发生频率、强度和空间分布特征的变化规律和趋势，认识气候变暖背景下亚洲和中国区域能量和水循环的变化特征及其与旱涝的关系，研究气候变暖背景下中国沿海海平面变化规律。

冰冻圈变化过程与趋势。研究冰冻圈的气候、水文、生态、环境效应，青藏高原积雪变化对长江中、下游气候影响的机理及其对全球气候变化的响应，研究南北两极、欧亚大陆积雪对中国气候变化的影响。

生态系统能量转化、物质循环对气候变化的响应。研究气候变化背景下生态系统的碳、氮和水循环过程及其耦合机制，以及生态系统结构和过程对气候变化的响应。

（二）控制温室气体排放和减缓气候变化的技术开发节能和提高能效技术

重点研究开发电力、冶金、石化、化工、建材、交通运输、建筑等各主要高耗能领域的节能和提高能效技术与装备，机电产品节能和提高能效技术，商业和民用节能技术和设备，能源梯级综合利用技术等。

可再生能源和新能源技术。重点研究低成本规模化可再生能源开发利用技术，开发大型风力发电设备，高性价比太阳光伏电池及利用技术、太阳能发电技术和太阳能建筑一体化技术，燃料电池技术，水电、生物质能、氢能、地热能、海洋能和沼气等的开发利用技术。

煤的清洁高效开发利用技术。重点研究开发煤炭高效开采技术及配套设备、重型燃气轮机、整体煤气化联合循环、高参数超（超）临界机组、超临界大型循环流化床等高效发电技术与装备，开发和应用液化及多联产技术，开发煤液化以及煤气化、煤化工等转化技术、以煤气化为基础的多联产系统技术等。

油气资源和煤层气勘探和清洁高效开发利用技术。重点开发复杂断块与岩性地层以及深海油气藏勘探技术，深层油气资源勘探技术，稠油油藏和低品位油气资源提高采收率综合技术，油气资源和煤层气清洁高效开发利用技术。

先进核能技术。研究并掌握快堆设计及核心技术，相关核燃料和结构材料技术，突破钠循环等关键技术，积极参与国际热核聚变实验反应堆的建设与研究。

二氧化碳捕集、利用与封存技术。研发二氧化碳捕集、利用与封存关键技术和措施；制订二氧化碳捕集、利用与封存技术路线图，开展二氧化碳捕集、利用与封存能力建设、工程技术示范。

生物固碳技术和固碳工程技术。研究林业等生物固碳技术和各类固碳工程技术。

农业和土地利用方式控制温室气体排放技术。研究通过调控农业生产方式减少温室气体排放的技术；研究土地利用方式改变减少温室气体排放的技术。

（三）适应气候变化的技术和措施

气候变化影响评估模型。在现有气候变化影响评估模型的基础上，根据中国区域影响评估的特点和需求，开发具有自主知识产权的影响评估工具和综合评估模型。

气候变化对中国主要脆弱领域的影响及适应技术和措施。研究气候变化对中国农牧业、水资源、海岸带、森林、草原、湿地和其他自然生态系统以及人类健康和公共卫生、特有生态系统和濒危物种等方面的影响，开发相应的适应技术并提出应对措施。

极端天气/气候事件与灾害的影响及适应技术和措施。研究极端天气/气候事件与灾害对人类社会和生态系统的影响、减灾的技术措施，建立相应的预测预警和适应技术、对策与响应机制。

气候变化影响的敏感脆弱区及风险管理体系的建立。通过影响评估划分中国气候变化的敏感区和脆弱区，评估气候变化对各类敏感脆弱区影响的风险水平，研究建立中国气候变化影响的风险管理体系。

气候变化对重大工程的影响及应对措施。评估气候变化对中国重大工程建设和运行的影响及相互作用，提出应对措施。

气候变化与其他全球环境问题的交互作用及应对措施。研究气候变化与生物多样性、荒漠化、环境污染等其他全球环境问题的交互作用、响应机制及其适应技术和措施。

气候变化影响的危险水平及适应能力。研究气候变化影响的危险水平，科学地评估不同部门和地区的适应气候变化危险水平的能力。

适应气候变化案例研究。选择典型部门/区域进行适应气候变化案例研究，提出具可操作性的适应政策和措施，分析适应措施的成本有效性。

（四）应对气候变化的重大战略与政策

应对气候变化与中国能源安全战略。分析中国中长期能源需求趋势，研究控制温室气体排放与中国能源供给和需求的关系，科学评估能源供给多元化和节能减排政策的经济技术潜力。

未来气候变化国际制度。研究不同时期国际气候变化制度的发展态势，分析其各种可能方案对中国的潜在影响，研究提出中国自己的未来气候变化国际制度方案。

中国未来能源发展与温室气体排放情景。研究中国未来能源需求情景和温室气体排放情景，研究全球温室气体排放、稳定温室气体浓度水平和气候变化的关系，研究中国各行业、各地方节能减排潜力及其宏观经济成本。

清洁发展机制与碳交易制度。研究气候变化国际制度对全球碳市场的影响，研究与清洁发展机制相适应的国内政策与机制，研究以清洁发展机制为核心的中国碳交易制度的发展方向及其内容。

应对气候变化与低碳经济发展。研究发达国家发展低碳经济的政策和制度体系，分析中国低碳经济发展的可能途径与潜力，研究促进中国低碳经济发展的体制、机制和管理模式。

国际产品贸易与温室气体排放。研究隐含能源进出口与温室气体排放的关系，综合评价全球应对气候变化行动对制造业国际转移和分工的影响。

应对气候变化的科学技术战略。研究气候变化科技发展态势，建立自主创新、引进吸收与知识产权保护相互关系的新机制，形成中国自主创新与国际合作相结合的气候变化科技发展战略。

五、保障措施

（一）加强领导与协调，共同推动气候变化科技工作

深刻认识气候变化科技工作的重要意义，大力加强我国气候变化科技工作的宏观管理和政策引导，充分发挥跨部门的全球环境科技协调领导小组领导、统筹和协调我国气候变化科技工作的作用，不断完善领导和协调机制；优化我国气候变化科技工作的整体布局，密切协调973计划、863计划、国家科技支撑计划、科技基础条件平台建设计划、国际科技合作计划和国家自然科学基金等国家科技计划、基金和专项，以及科研院所、高校、和企业相关的科技资源，充分调动和整合地方、部门和行业的科技资源，共同推进我国的气候变化科技工作。

完善全球环境科技协调领导小组下专家委员会和专家工作组建设，充分发挥专家委员会对气候变化重大科技问题的决策咨询作用和专家工作组对具体科研工作的学术带头作用，建立和完善专家委员会和专家工作组的跨学科型的长效工作机制，鼓励和引导高校和科研院所开展综合交叉研究。完善全球环境科技领导小组办公室建设，强化办公室的信息沟通和议事协调职能。

（二）多渠道增加科技投入，加大对气候变化科学研究与技术开发的资金支持

发挥政府作为气候变化科技投入主渠道的作用，加强国家各科技计划对气候变化科学研究和技术开发的支持力度，同时引导各部门、行业和地方加大对气候变化科技工作的投入。

多渠道、多层次筹集社会资金，增加对气候变化科技的投入。充分发挥企业作为技术创新主体的作用，引导企业加大对气候变化相关技术研发的投入；积极利用金融及资本市场，将科技风险投资引入气候变化领域；积极鼓励国内社会各界为气候变化科技工作提供资金支持；积极拓展国际资金渠道，充分利用国际条约的资金机制。

（三）加大人才培养和引进力度，促进气候变化领域的学科建设

大力加强气候变化领域各类科技人才的培养，特别重视培养具有国际视野和能够引领学科发展的学术带头人和中青年人才，建立人才激励与竞争的有效机制，扩大地方、行业科技队伍的参与，着力培育和建设一批自主创新能力强、专业特长突出、有国际影响力的气候变化科学研究团队，形成一支水平先进、实力雄厚、后备强大的气候变化科技人才队伍。

加大气候变化领域海外优秀人才和智力的引进力度，建立和完善人才引进的优惠政策、激励机制和评价体系；完善人才、智力、项目相结合的柔性引进机制，鼓励采取咨询、讲学、技术合作等灵活方式引进海外优秀人才。

加强气候变化的学科建设，提倡学科交叉和自然科学与社会科学相结合，推动扩大高校和科研院所相关专业和课程的优化设置，逐步建立起门类齐全、结构合理的气候变化学科体系。

（四）加强科技基础设施与条件平台建设，为气候变化科技工作提供良好的支撑条件

完善、整合和新建一批学科交叉、综合集成、机制创新的国家级气候变化研究开发基地，形成布局合理的国家气候变化研究网络。充分利用现有条件，大力加强气候观测系统，以及农业、水资源、海平面和生态系统观测网络等科技基础设施建设。

加强气候变化领域科学数据平台建设，并把共享和整合作为重点，推进网络化气候变化科技资源共享体系和机制建设，加强大型科学仪器设备共享平台与机制建设。推进地方和行业应对气候变化技术服务网络建设，构筑应对气候变化的技术支撑平台，形成国家应对气候变化的技术服务体系。

（五）加强科学普及，提高公众的气候变化科学意识

建立政府、媒体、企业与公众相结合的宣传机制，通过报纸、电视台、电台、网络等途径广泛传播气候变化的科学知识和中国及全球应对气候变化科技工作的措施、进展和成果，使媒体宣传成为加强政府引导、推进企业行动、提高公众意识的有效途径。

组织开发和编写系列气候变化科普读物和宣传材料。开展内容丰富、形式多样的中小学生气候变化科普活动和相关教育。推动高等院校建立气候变化相关学生社团，设立气候变化大学生论坛，加强高校气候变化学科建设与科普活动的整合。

把气候变化作为全国各种科普和提高全民科学素质活动的重要内容，加强对气候变化的集中培训、宣传和示范引导。在大城市、中小城市与乡村因地制宜开展气候变化宣传和科普活动。

（六）充分利用全球资源，加强国际科技合作，促进国际技术转让

将气候变化相关科技合作纳入双边、多边政府间科技协议，提升气候变化国际科技合作的层次和水平，形成布局合理、重点突出、目标明确的气候变化国际科技合作格局。

进一步扩大国家科技计划和地方、部门、行业科技计划的对外开放程度，按照“以我为主、互利共赢、促进自主创新”的原则，适时牵头发起气候变化特定领域的国际科技合作计划，提高我国气候变化研究水平和自主创新能力。

大力推动和参与国际社会建立有效的技术转让机制，力争获得大量买得起、用得上的先进的应对气候变化技术和环境友好技术，鼓励引进消化吸收再创新。

鼓励和支持我国科学家、科研机构和企业发起和参与气候变化领域国际和区域科学研究计划与技术开发计划，充分利用全球资源，分享国际前沿科技成果；鼓励和支持我国科学家和科技管理人员到重要国际组织任职并竞争高级职位；鼓励在华举办重要的气候变化国际学术会议和专题研讨会，争取重要国际科学组织在华建立总部或分部；发起举办“气候变化与科技国际论坛”，促进国际间应对气候变化的对话与交流。

高技术产业化“十一五”规划（节录）

国家发展和改革委员会

2008年1月29日

三、发展重点

（二）生物产业领域

积极开展非粮原料燃料乙醇、生物柴油、生物质发电、生物基材料、微生物制造、生物环保等产业化示范，培育壮大生物能源、生物制造产业。

（五）新材料领域

解决新材料产业中突出的技术瓶颈，提高工艺水平，重点开展结构材料、功能材料以及节能与能源材料、环境友好材料、经济建设特殊需求材料等产业化，为信息、生物、航空、航天、新能源及相关产业提供高性能材料，把资源优势转化为产业优势和经济优势。

（六）新能源领域

面向我国未来能源和可持续发展的战略需求，重点在风力发电、生物质能、太阳能利用等可再生能源领域，实现关键技术和装备产业化。促进氢气的制取、储存和运输技术以及燃料电池系统产业化，拓展应用领域。建设高温气冷堆示范电站，使其在我国核能产业中发挥积极作用。建设煤层气开发与利用示范工程，促进我国地下煤层气大规模开发利用。

四、重大专项

（十）生物质工程专项

大力推进具有重要经济价值和社会意义的完全可降解生物塑料、生物基功能高分子新材料、生物基绿色化学品、糖工程产品和新型炭质吸附材料的产业化，促进绿色生物材料的大规模应用，实现对石油化工产品的部分替代。加快微生物制造在高能耗、高物耗、高水资源消耗以及环境污染严重的工业工程中应用，促进传统产业的绿色生产，为节能减排提供新的技术途径。

（十五）新能源专项

着力发展2兆瓦以上风力发电技术装备；太阳能电池用单晶硅炉、多晶硅铸造炉和多线切割机、电池芯片制造、电池组件封装等制造技术和装备，多晶薄膜太阳能电池、非晶薄膜太阳能电池等新型电池；速生高产、高含油和高热值能源植物品种，生物液体燃料、生物制气等技术和装备；新型制氢技术，新型电催化剂、电解质膜等重要材料和关键部件，燃料电池堆、燃料电池发动机等系统集成技术。提高新能源产业的技术装备水平，为产业发展提供技术支撑。

（十六）节能减排专项

重点发展石油、煤炭等重要能源资源，铁、铜等重要矿产资源的高效开采、分离和提取的成套关键技术；能源节约与梯级利用、资源循环利用成套关键技术；电子信息等高技术产业废弃物的资源综合利用；以煤气化为核心的热、电、液体燃料、精细化学品的多联产、动态优化技术和关键单元技术，二氧化碳利用及储存技术；城市节水、农业节水关键技术，海水利用。为发展循环经济，促进节能减排提供技术支撑。

中国至2050年能源科技发展路线图（节录）

——《创新2050：科学技术与中国的未来》中国科学院战略研究系列报告

中国科学院规划战略局

2009年6月14日

能源作为人类生存和社会发展的公用性资源，是国家和地区经济社会发展的基本物质保障。能源是经济资源，也是战略资源和政治资源，能源可持续发展直接影响我国的国家安全和现代化进程。然而，大量化石能源消费排放的温室气体蓄积在大气层中，造成的温室效应导致自然灾害和极端气候发生的频度显著增加，气候变化威胁着人类社会的发展，以化石能源为主的能源结构面临巨大的挑战。进入21世纪后，人类呼唤要提高能源利用效率、大力发展新能源与可再生能源，构建可持续能源体系，以此推动技术革命和社会文明进步。

构建安全、可持续能源供应体系无疑需要解决许科学技术问题，尤其是能源具有投资大、周期长、惯性强、关联多的特点，一旦方向选错或技术落后，将会在几十年的时间中处于技术受制于人的被动局面。因此，为了保障我国经济和社会的现代化建设进程，必须建立符合中国发展需求和资源特色的能源科技创新体系，把握化石能源和新

能源与可再生能源交替更迭的发展机遇，尽快缩短与国外先进能源科技水平的差距，进入世界能源科技前列，以支撑中国可持续能源体系和中国特色新型能源工业的形成。

按照中国科学院党组的统一部署，由30多位专家构成的中国科学院能源领域战略研究组，从体现战略性、方向性和可操作性要求出发，以2008–2020年、2021–2035年、2036–2050年三个不同发展时期为时间节点，按照能源发展需求→重要能源科技问题→重要能源技术方向→技术发展路线图→创新能源技术总体部署→保障体系建设的逻辑构思编制了《中国至2050年能源科技发展路线图》。

在能源重要技术方向和路线选择上研究组遵循了五项基本原则：第一，对于通过自主研发、但在时间上已经无法跟上需求的技术，选择引进消化吸收的路线；第二，对于未来有良好的应用前景、但还没有进入规模化应用的技术，选择关键技术攻关与重点突破的路线；第三，对于未来具有重大需求，但目前尚处于科学研究、探索阶段的前瞻性技术，选择完全自主创新的研究路线；第四，已经成熟、或已规模化产业应用的技术，如水力发电，在本次路线图中不作选择；第五，对于影响能源科技路线选择的多种因素，按照资源性—贡献度—环境性—技术性（自主创新度）—实现度—经济性的优先顺序选择。

《中国至2050年能源科技发展路线图》报告最终凝练出了十个旨在引领我国能源科技发展、造就中国特色新型能源工业、满足经济社会发展需求的重要技术方向，包括高效非化石燃料地面交通技术、煤的洁净和高附加值利用技术、电网安全稳定技术、可再生能源规模发电技术、生物质液体燃料和原材料技术、深层地热工程化技术、氢能利用技术、天然气水合物开发与利用技术、新型核电与核废料处理技术、具有潜在发展前景的能源技术。

根据对能源需求、技术选择和各种技术路线的研究，我们认为：至2050年，中国能源科技需要分不同阶段突破各种关键技术难题，力争经过40余年努力，使中国的能源科技创新能力大幅提升，改变目前能源技术和装备主要依赖进口的现状，保障我国能源安全，促进新型的形成。中国能源科技创新近、中、远期发展的阶段目标是：

2020年前后，突破新型煤炭高效清洁利用技术，初步形成煤基能源与化工的工业体系；突破轨道交通技术、纯电动汽车，初步实现地面交通电动化的商业应用；在充分开发水力能源和远距离超高压交/直流输电网技术的同时，突破太阳能热发电和光伏发电技术、风力发电技术，初步形成可再生能源作为主要能源的技术体系和能源制造业体系。逐步提高核能、可再生能源和新型能源占总能的比重。

2035年前后，突破生物质液体燃料技术并形成规模商业化应用，突破大容量、低损失电力输送技术和分散、不稳定的可再生能源发电并网以及分布式电网技术，电力装备安全技术和电网安全新技术比重将达到90%，初步形成以太阳能光伏技术、风能技术等为主的分布式、独立微网的新型电力系统；突破新一代核电技术和核废料处理技术（ADS），为形成中国特色核电工业提供科技支撑。实现核能、可再生能源和新型能源的大规模使用。

2050年前后，突破天然气水合物开发与利用技术、氢能利用技术、燃料电池汽车技术、深层地热工程化技术、海洋能发电等技术，基本形成化石能源、核能、新能源与可再生能源、等并重的低碳型多元能源结构。

学科交叉多研发工程化要求高路线图的实现需要在时序上，基础理论和技术应用的衔接上、技术竞争力和制造业的协同发展上全面积极推进，还必须调动广大能源科技人员的积极性和创造力，促进全社会能源科技资源的高效配置和综合集成，形成以政府主导、市场配置资源、产学研结合的能源技术创新体系，大幅度提高我国能源技术、能源产品、能源装备的自主创新能力。作为路线图实现的保障措施，必须加强政策、规则、标准的研究制定，加强人才队伍、科技平台以及大科学装置的建设，保障必要的科技投入，促进能源科技发展保障体系的创新。

生物质资源是地球上再生资源的核心组成部分，是人类赖以生存和发展的基础资源，是维系人类经济社会可持续发展最根本的保障。中国是全球生物资源最丰富的国家之一，21世纪中国实现由生物质资源大国向生物质资源及生物经济强国转变将成为必然趋势。

生物质资源是人类繁衍和发展的物质基础，既是地球上重要的资源宝库，也是一个国家重要的战略生物资源，除了人类现已经利用的少部分生物质资源外，绝大部分有着更大经济和社会价值的生物质资源尚未被人类认识和利用，数以万计的动物、植物和微生物蕴涵着解决人类可持续发展必需的衣、食、住、行所依赖资源需求的巨大潜力。21世纪，资源与环境问题已成为人类社会共同面临的重大挑战，影响着人类社会发展的进程与未来：全球化石能源将逐渐耗竭、生物资源高速消亡、气候变暖与环境污染日益严重、能源资源问题深刻影响人类经济社会及我国国家安全和长远发展。生物质资源将终究成为经济社会可持续发展和国家竞争力的基础。我国是全球生物资源最丰富的国家之一，从我国国情出发，面向未来，综合考虑需求、资源、环境、科技和经济等多方面因素，明晰我国生物质资源未来30～50年科技发展路线对前瞻性部署我国经济社会发展具有重要战略意义。

生物质资源科技领域发展路线图的总体目标是：确保国家未来生物质资源可持续利用，为中国21世纪生物资源科技、生物产业和生物经济的发展提供资源安全保障，实现中国由生物质资源大国向生物质资源及生物经济强国的根本转变。

生物质资源科技领域发展路线图的主线思维是：系统认知生物界的生物物质资源、功能性资源、基因资源和生物智能资源。通过基础性地部署生物质资源产生、演变、代谢调控等机理的目标研究；战略性地实施从生物群落—居群—个体—组织—细胞－基因完整性的需求研究和学科交叉融合；前瞻性构建生命规律研究的系统生物学理论和应用技术体系，从宏观生物资源和微观分子生物水平开发新型生物质资源的利用和发掘途径，为未来新能源和新材料、农业及食品、营养及健康、生态及环境领域发展提供生物质资源的科技支撑。

战略路径一：光合作用机理与提高作物及能源植物光能利用效率。揭示生物光合作用机理，解决生物光合原理应用技术的瓶颈；立足我国本土生物质资源，加强部署资源筛选评价及开发利用的理论和技术研究，突破现有遗传改良、基因工程、规模化种植和工业化生产的理论和核心技术的瓶颈，建成我国可持续生物能源的研发体系，最终实现我国生物再生能源技术规模化应用和商业化。

战略路径二：生物质能源。筛选优质高效的能源植物资源，建立能源植物在我国不同地域的繁育和生产基地；探索能源植物高效转能和蓄能的生物学机制，开展创新种质，优化规模种植及加工生产体系；建立完善的生物质能源转化的应用理论体系和技术集成，提高生物质能源的品级，实现大规模商业化应用生物质能源，以替代进口石油30%左右。

重点工程与重点项目

“十城千辆”电动汽车示范工程

2009年1月6日，由科技部和财政部共同实施的“十城千辆”电动汽车示范工程在武汉启动，武汉百辆混合动力公交车也于同日投放使用。全国政协副主席、科技部长万钢出席仪式宣布全国首批试点“十城千辆”的6个城市为上海、北京、重庆、深圳、武汉、株洲。自此，我国在电动汽车推广应用方面迈入商业化运营阶段。“十城千辆”电动汽车示范工程将用3年左右的时间，每年发展10个城市，每个城市推出1000辆包括混合动力汽车、纯电动汽车在内的新能源汽车。新能源汽车开展示范运营，涉及这些大中城市的公交、出租、公务、市政、邮政等领域，力争使全国新能源汽车的运营规模到2012年占汽车市场份额的10％，推广使用6万辆左右节能与新能源汽车，并带动新能源汽车的规模化、产业化。

“十城万盏”计划

为发挥科技支撑作用，促进经济平稳较快发展，着力突破制约产业转型升级的重要关键技术，推动节能减排，有效引导我国半导体照明应用的健康快速发展，扩大半导体照明市场规模，拉动消费需求，促进产业核心技术研发与创新能力的提高，迅速提升我国半导体照明产业的整体竞争力，科技部于2009年4月31日批复，同意在天津市、河北省石家庄市、河北省保定市、辽宁省大连市、黑龙江省哈尔滨市、上海市、江苏省扬州市、浙江省宁波市、浙江省杭州市、福建省厦门市、福建省福州市、江西省南昌市、山东省潍坊市、河南省郑州市、湖北省武汉市、广东省深圳市、广东省东莞市、四川省成都市、四川省绵阳市、重庆市、陕西省西安市等21个城市开展半导体照明应用工程（以下简称“十城万盏”）试点工作。国家将根据LED产品的技术效能、应用的节能效果以及所获得的经济、社会效益，采取后补助的方式，按LED照明与传统照明相比投资增量的30%~50%进行后补贴。2009年8月31日，全国“十城万盏”半导体照明应用工程试点工作启动仪式在山东潍坊举行，全国政协副主席、科技部部长万钢出席。

金太阳示范工程

“金太阳示范工程”是我国促进光伏发电产业技术进步和规模化发展，培育战略性新兴产业，支持光伏发电技术在各类领域的示范应用及关键技术产业化的具体行动。2009年7月16日，财政部、科技部，国家能源局联合发出《关于实施金太阳示范工程的通知》，并制定了《金太阳示范工程财政补助资金管理暂行办法》，中央财政从可再生能源专项资金中安排一定资金，支持光伏发电技术在各类领域的示范应用及关键技术产业化（以下简称金太阳示范工程)。计划在2~3年时间内实施完成。纳入金太阳示范工程的项目原则上按光伏发电系统及其配套输配电工程总投资的50%给予补助，偏远无电地区的独立光伏发电系统按总投资的70%给予补助。

太阳能屋顶工程

2009年3月23日，财政部、住房城乡建设部发出《关于加快推进太阳能光电建筑应用的实施意见》，加强政策扶持，加快推进太阳能光电技术在城乡建筑领域的应用。《实施意见》确定，为有效缓解光电产品国内应用不足的问题，在发展初期采取示范工程的方式，实施我国“太阳能屋顶计划”，加快光电在城乡建设领域的推广应用。

财政部会同住房城乡建设部下达首批太阳能光电建筑应用补助资金，启动“太阳能屋顶计划”。中央财政首批安排预算12.7亿元。列入首批国家光电建筑应用示范项目共111个，总规模为91兆瓦，示范工程分布在30个省、市、自治区，重点向产业基础好、阳光资源丰富的江苏、浙江、内蒙、河南等省倾斜，重点引导光电建筑一体化发展，重点扶持技术先进的光伏产品推广应用。

2009年国家发改委批准的重点发展项目（节录）

重庆轨道交通一号线借用德国促进贷款项目资金申请报告（第一批设备和材料）通过批准　(2009-01-08)

武汉市轨道交通四号线一期工程可行性研究报告通过批准　(2009-04-29)

上海市轨道交通11号线南段工程可行性研究报告通过批准　(2009-04-29)

北京市轨道交通大兴线工程可行性研究报告通过批准　(2009-05-15)

北京市轨道交通亦庄线工程可行性研究报告通过批准　(2009-05-15)

重庆市轨道交通总公司借用西班牙政府贷款项目资金申请报告批复已通过复核　(2009-05-26)

福州市城市快速轨道交通近期建设规划(2008-2016年)通过批准　(2009-06-22)

郑州市轨道交通1号线一期工程可行性研究报告通过批准　(2009-06-22)

长沙市城市快速轨道交通近期建设规划(2008-2015年)通过批准　(2009-08-31)

大连市城市轨道交通近期建设规划(2009-2016年)通过批准　(2009-08-31)

成都市城市快速轨道交通建设规划(2005-2015)调整方案通过批准　(2009-08-31)

重庆市城市快速轨道交通建设规划(2006-2014)调整方案通过批准　(2009-08-31)

郑州市城市快速轨道交通近期建设规划(2008-2015年)通过批准　(2009-08-31)

青岛市城市轨道交通近期建设规划(2009-2016年)通过批准　(2009-08-31)

南昌市城市轨道交通近期建设规划(2009-2016年)通过批准　(2009-08-31)

昆明市城市快速轨道交通近期建设规划(2008-2016年)通过批准 (2009-08-31)

东莞市城市轨道交通近期建设规划(2009-2015年)通过批准 (2009-08-31)

苏州市轨道交通2号线工程可行性研究报告通过批准 (2009-09-28)

北京市地铁15号线一期工程可行性研究报告通过批准 (2009-11-18)

北京市轨道交通房山线工程可行性研究报告通过批准 (2009-11-18)

无锡市轨道交通1号线工程可行性研究报告通过批准 (2009-11-18)

西安至江油铁路项目建议书通过批准 (2009-11-18)

新建青岛至荣成城际轨道交通项目建议书通过批准 (2009-11-18)

滨绥铁路牡丹江至绥芬河段扩能改造工程可行性研究报告通过批复 (2009-11-19)

新建云桂铁路项目可行性研究报告通过批复 (2009-12-18)

亚行批准10亿美元贷款支持我国重点铁路项目建设 (2009-12-18)

新建青岛至连云港铁路项目建议书通过批复 (2009-12-18)

苏州市轨道交通2号线工程可行性研究报告通过批准 (2009-09-28)

北京市地铁6号线工程可行性研究报告通过批准 (2009-11-18)

重庆市轨道交通六号线一期工程可行性研究报告通过批准 (2009-11-18)

长沙市轨道交通2号线一期工程可行性研究报告通过批准 (2009-11-18)

北京市地铁15号线一期工程可行性研究报告通过批准 (2009-11-18)

北京市轨道交通房山线工程可行性研究报告通过批准 (2009-11-18)

无锡市轨道交通1号线工程可行性研究报告通过批准 (2009-11-18)

2009年国家发改委批准的城市快速轨道交通建设规划

福州市城市快速轨道交通近期建设规划(2008-2016年) (2009-06-22)

长沙市城市快速轨道交通近期建设规划(2008-2015年) (2009-08-31)

南昌市城市轨道交通近期建设规划(2009-2016年) (2009-08-31)

昆明市城市快速轨道交通近期建设规划(2008-2016年) (2009-08-31)

东莞市城市轨道交通近期建设规划(2009-2015年) (2009-08-31)

大连市城市轨道交通近期建设规划(2009-2016年) (2009-08-31)

成都市城市快速轨道交通建设规划(2005-2015)调整方案通过批准 (2009-08-31)

重庆市城市快速轨道交通建设规划(2006-2014)调整方案 (2009-08-31)

郑州市城市快速轨道交通近期建设规划(2008-2015年) (2009-08-31)

青岛市城市轨道交通近期建设规划(2009-2016年) (2009-08-31)

2008年中国重大科学、技术与工程进展（节录）

中国科协2009年1月13日发布

一、2008年中国重大科学进展

成功锻造出世界首件第三代核电蒸发器锥形筒体

1月，中国第一重型机械集团公司成功锻造出世界首件第三代核电蒸发器锥形筒体——AP1000蒸发器锥形筒体。锥形筒体是核电设备关键部件，其技术参数和性能指标均有着很高的标准，其锥筒大小端的直段一直是锻造过程中的最大难点。传统的锻造方法是将筒体直接锻造成一个“喇叭口”，然后靠后期大量的加工来实现两端直段的技术要求。这种锻造方法既浪费大量钢水，增加筒体制造成本，还延长生产制造周期。AP1000蒸发器锥形筒的锻造成功，标志着我国在第三代核电产品制造领域已步入世界前沿领地。

阳江核电站开工建设

京沪高速铁路全面开工建设

4月18日，京沪高速铁路正式全面开工建设，新建双线铁路全长1318 km，总投资2209.4亿元，是世界上一次建成线路最长、标准最高的高速铁路。京沪高速铁路将由中国自主建设，是新中国成立以来一次投资规模最大的建设项目，预计5年后建成，其中运行速度、环保技术、旅客舒适度等方面处于世界领先地位。它连接北京南站和上海虹桥站，设计时速350 km，全程用时将由现在的约10 h缩短到不足5 h，年输送能力将达到单向8000万人次。截至2008年11月底，京沪高速铁路已开工建设里程1203 km，占设计正线里程的91%。

中国最大核电项目阳江核电站正式开工建设

12月16日，中国首个一次核准6台百万千瓦级核电机组，总投资近700亿元人民币，迄今总装机容量最大的核电项目——阳江核电站正式开工建设。阳江核电站位于广东阳江市阳东县东平镇，工程由广东核电集团建设，采用中国自主品牌改进型压水堆（CPR1000）核电技术，进行标准化、批量化建设。该项目建设6台百万千瓦级核电机组，1、2号机组有效建设工期为56个月，3～6号机组有效建造工期为54个月，首台机组计划于2013年建成并投入商业运行，6台机组将在2017年全部完成建设，建成后每年可发电456亿kW·h，每年可减少二氧化碳排放3 600万吨，节约煤炭1 600万吨。

2009年国家发改委新兴产业重点项目

1.5兆瓦变速恒频风力发电机组高技术产业化项目完成竣工验收

70MW/年高效低成本太阳能电池生产高技术产业化项目完成竣工验收

BORN-BE无创脑水肿动态监护仪高技术产业化项目完成竣工验收

1.5MW变速恒频风力发电机组高技术产业化项目完成竣工验收

8英寸太阳能级单晶硅片高技术产业化项目完成竣工验收

直驱永磁1.2兆瓦风电机组高技术产业化项目完成竣工验收

年产1000吨多晶硅高技术产业化项目完成竣工验收

兆瓦级风力发电机组变流系统高技术产业化项目完成竣工验收

四川久远投资控股集团有限公司高效环保液流钒电池储能系统高技术产业化示范工程列入四川绵阳军转民区域特色高技术产业链

中国电子技术标准化研究所太阳能电池用高纯硅材料标准体系研究及关键标准制定高技术产业化示范工程列入高技术产业化专项

2009年国家能源重点项目

山西港华煤层气公司煤层气液化项目一期工程投产、二期工程开工奠基

我国第一条跨省煤层气输送管道项目批准建设

西气东输二线东段工程浙江段前期工作顺利完成

田湾核电站一号机组恢复满功率运行

高温气冷堆核电站重大专项示范工程揭牌

煤矿瓦斯治理技术集成与示范项目实现预期目标

国家发展改革委批准的清洁发展机制（CDM）项目

一、截至2008年12月底国家发展改革委批准的清洁发展机制（CDM）项目

共计1797个（具体项目名称略）

二、2009年国家发改委批准的清洁发展机制（CDM）项目

湖北西山&冯家湾14.1MW小水电打捆项目

四川省二道桥20MW水电项目

云南省禄劝县小蓬祖44MW水电项目

海南东方感城风电场一期工程项目

浙江云和锯板坑小水电打捆项目

浙江省云和县金坑口16MW 水电项目

松阳县西山小水电打捆项目

松阳县裕溪小水电打捆项目

松阳县梧桐源小水电打捆项目

福建洪口200MW水电项目

重庆两会沱20MW水电项目

内蒙古巴彦淖尔川井苏木三期风电项目

内蒙古巴彦淖尔川井苏木四期风电项目

辽宁法库柏家沟风电场工程

河北承德沛枫风电场项目

中节能张北高家梁风电场项目

吉林省镇赉风电场项目

大理州云龙县8MW水电项目

云南省文山州15MW水电项目

3MW海南富光小规模水电项目

6.4MW海南黎母山吊灯岭小规模水电项目

4.8MW海南小南平二级小规模水电项目

宁夏石嘴山市惠农区集中供热项目

讷河集中供热工程项目

娄底市苗圃垃圾填埋场填埋气利用发电建设项目
山东枣庄15MW余热回收发电二期工程
陕西海燕焦化集团公司2×12MW废焦炉煤气发电工程
烟台山水水泥有限公司水泥窑纯低温余热发电工程
枣庄山水水泥有限公司纯低温余热发电项目
安丘山水水泥有限公司Ⅱ期纯低温余热发电项目
长庆油田新寨作业区5.6MW废气发电工程
甘肃庆阳西一联轻烃厂7MW废气发电项目
山东东华水泥余热发电项目
唐山钢铁集团有限责任公司15MW干熄焦余热回收发电项目
甘肃如吾小水电项目
甘肃九条岭小水电项目
甘肃杜家湾小水电项目
贺兰山风电场五期40.5兆瓦工程项目
城步苗族自治县六马6.4兆瓦水电站项目
湖南省通道县姚来滩5.55MW水电项目
北京延庆低风速示范风电场项目
云南黄家坳水电项目
云南双山水电项目
云南马鼻子水电项目
云南冒河山水电项目
湖南泷渡5.4MW小水电站项目
云南马关县小西卡水电站项目
天铁冶金集团干熄焦项目
河南新乡24MW生物质发电项目
彝良县光能水电硅业有限责任公司的巴爪河和营盘河打捆小水电项目
新疆和能水力发电有限公司的新疆宁家河山口水电项目
北京国际电力新能源有限公司的内蒙古京能赛汗风电场二期项目
重庆白果坪水电开发有限公司的重庆市城口县白果坪10MW水电站工程
河北建投新能源有限公司的河北康保三夏天风电场项目
河北建投新能源有限公司的河北承德围场御道口牧场150MW风电场
华润电力风能(汕头濠江)有限公司的达濠风电项目
布尔津县天润风电有限公司的新疆布尔津县天润风电有限公司风电场一期项目
建投燕山(沽源)风能有限公司的沽源五花坪风电场49.5MW工程
庆安县热电厂的庆安县热电厂锅炉燃生物质能改造项目
安丘盛源生物质热电有限公司的安丘盛源生物质热电有限公司生物质热电联产项目
河北金鹏牧业有限公司的河北武安兰材沼气池集中供气项目
河南春光节能发电设备有限公司的河南嵩枫王楼煤矿瓦斯利用项目
平武县东方山水资源开发有限公司的四川省平武县三岔水电站项目
四川凉山水洛河电力开发有限公司的四川省木里县宁郎水电站工程
德昌县新马水电开发有限责任公司的四川省德昌县新马水电站工程
重庆蹇家湾水电开发有限公司的重庆城口县蹇家湾26MW水电站工程

越西县顺达水电开发有限责任公司的四川省越西县响水河一级10MW水电站项目

紫阳县灯芯桥水电有限公司的陕西灯芯桥5MW水电项目

永州侨海投资开发有限公司的中国双牌县社江流域梯级小水电开发项目

永州侨海投资开发有限公司的中国湖南双牌县永江流域梯级水电站项目

江西赣州南方万年青水泥有限公司的江西赣州南方万年青水泥有限公司纯低温余热发电项目

江西万年青水泥股份有限公司的江西万年青水泥股份有限公司纯低温余热发电项目

乡城县玛依河水利电力资源开发公司的乡城县玛依河一级跌水电站项目

长葛市恒光热电有限责任公司的长葛市恒光热电有限责任公司生物质能发电项目

安阳市城晨焦化有限责任公司的安阳城晨焦炉气热电联产项目

内蒙古京都乌兰伊力更风力发电有限责任公司的内蒙古巴彦淖尔乌兰伊力更300MW风电项目

武定县发窝水电开发有限公司的云南永厂河9.6MW水电项目

甘肃新安风力发电有限公司的甘肃瓜州向阳风电场二期项目

浙江苍南风力发电有限公司的浙江苍南皇帝平风电项目

牡丹江市睿恒再生能源开发有限公司的牡丹江郭家沟垃圾填埋气发电项目

山东锦江生物能源科技有限公司的山东锦江生物柴油制造项目

双辽市九州万拓环保科技有限公司的双辽城市生活垃圾综合处理项目

江苏沙钢集团淮钢特钢有限公司的淮钢特钢有限公司烧结机烟气余热发电工程项目

河南一林纸业有限责任公司的河南一林纸业碱回收项目

北京国际电力新能源有限公司的内蒙古京能哲里根图风电场二期项目

湖南桃寮10.49MW梯级小水电项目

南丹县更偶水电项目

江苏如东二期风电特许权项目一期(100.5MW)扩建项目

黑龙江依兰云岭风电项目

通辽科左中旗代力吉敖日木风电项目

吉林龙源长岭双龙风电场一期工程

通辽奈曼旗八仙筒哈日塘风电项目

甘肃玉门低窝铺风电场二期

吉林龙源通榆风电场三期工程

内蒙古乌拉特中旗川井风电场五期

内蒙古乌拉特后旗赛乌素二期风电场项目

内蒙古乌拉特后旗赛乌素一期风电场项目

河北尚义龙源风电场工程

河北尚义石人风电场一期扩建工程

内蒙古牤牛海二期风电项目

山东申丰水泥集团余热发电项目

湖南省娄底市新化县户用型沼气池建设项目

湖南省永州市新田县等地区户用型沼气池建设项目

安徽中广源水泥9MW余热利用项目

安徽菲达水泥9MW余热利用项目

华能利津风力发电一期项目

华能围场御道口风电场一期项目

华能阜新三期风电场项目

华能滨海风力发电项目
甘肃临洮润狄水电站扩建工程
云南省盈江县支那河二级水电站一期二期工程
云南省盈江县支那河一级水电站工程
湖北省来凤县金龙滩水电站
辽宁省曲家沟风电场项目
内蒙古卓资三期风电场工程
飚水岩和新街8MW打捆小水电项目
湖南资水一级水力发电项目
吉林中广核风力发电有限公司的吉林大安（大岗子）风电场四期扩建工程项目
深能北方能源控股有限公司的满洲里深能北方风电场项目
深圳能源集团股份有限公司的满洲里深能源风电场项目
广西柳州钢铁(集团)公司高炉煤气发电项目
云南省红河州泸西县冒烟洞四级电站
安阳灵锐生物质秸秆发电项目
铁法煤业(集团)有限责任公司瓦斯发电项目
西安宝润铜川生物柴油项目
河南义马煤业水泥纯低温余热发电项目
四川鸿源蒸汽系统优化项目
湖南株洲硬质合金集团有限公司锅炉系统节能技术改造项目
高平市生物质成型燃料炊事取暖代煤项目
天乙城市固体垃圾焚烧发电项目
老港生活垃圾卫生填埋场填埋气体回收发电工程项目
国投昔阳能源有限责任公司白羊岭煤矿瓦斯发电项目
内蒙通辽乌兰蒙东9MW水泥余热发电工程
国投新登郑州水泥余热发电项目
吉林中广核风力发电有限公司的吉林大安（大岗子）风电场四期扩建工程项目
深能北方能源控股有限公司的满洲里深能北方风电场项目
深圳能源集团股份有限公司的满洲里深能源风电场项目
广西柳州钢铁(集团)公司高炉煤气发电项目
云南省红河州泸西县冒烟洞四级电站
安阳灵锐生物质秸秆发电项目
铁法煤业(集团)有限责任公司瓦斯发电项目
西安宝润铜川生物柴油项目
河南义马煤业水泥纯低温余热发电项目
四川鸿源蒸汽系统优化项目
湖南株洲硬质合金集团有限公司锅炉系统节能技术改造项目
高平市生物质成型燃料炊事取暖代煤项目
天乙城市固体垃圾焚烧发电项目
老港生活垃圾卫生填埋场填埋气体回收发电工程项目
国投昔阳能源有限责任公司白羊岭煤矿瓦斯发电项目
内蒙通辽乌兰蒙东9MW水泥余热发电工程项目

国投新登郑州水泥余热发电项目

涟源钢铁集团有限公司的湖南涟源钢铁集团富余煤气发电项目

盘县红果镇红果煤矿的贵州盘县红果煤矿瓦斯发电项目

国电新疆阿拉山口风电开发有限公司的新疆阿拉山口一期风电项目

双鸭山龙源风力发电有限公司的黑龙江蝙蝠山风电项目

马边烟峰电力有限责任公司的四川省马边县鱼孔水电站项目

溆浦县小山阳水电站的湖南小山阳小水电项目

安福县洋田水电站的江西洋田小水电项目

青海弘业水电开发有限公司的青海俄博图水电站项目

云南滇能迪庆香格里拉水电开发有限公司的云南岗曲河二级水电项目

达茂旗天润风电有限公司的内蒙古金风达茂风电场二期项目

东阳市东白山风电有限公司的浙江东阳东白山风电场项目

泸定县天定水电开发有限责任公司的四川泸定县磨河沟打捆水电站项目

泸定县天定水电开发有限责任公司的四川泸定县磨河沟下松水电项目

昭觉县竹核水电开发有限责任公司的四川昭觉县打捆水电站项目

安化县安电发展有限责任公司的安化县小水电打捆项目

彝良县牛街龙府电站的云南龙府12MW水电项目

云南国通水电开发有限公司的云南沧源芒回水电项目

盘县楼下河水电开发有限公司的贵州楼下河小水电项目

龙山县小河水电开发有限公司的湖南小河小水电项目

龙源康平风力发电有限公司的辽宁康平张强风电场项目

龙源建投(承德围场)风力发电有限公司的河北围场广发永风电场项目

龙源建投(承德)风力发电有限公司的河北围场竹子下风电场项目

浙江瓯能集团香格里拉县尼汝河流域水电开发有限公司的云南省尼汝河金汉拉扎水电站（58MW）项目

江西锦溪水泥有限公司的江西锦溪水泥余热回收项目

松原吉安生化有限公司的松原吉安生化有限公司沼气燃烧锅炉供热项目

福建龙麟集团有限公司的福建龙麟集团有限公司5000t/d新型干法水泥窑7.5MW纯低温余热发电工程项目

杭州千岛湖恒信水电开发有限公司的浙江唐村32MW水电项目

国电泰州发电有限公司的江苏国电泰州超超临界发电项目

神木县洁能综合利用发电有限公司的陕西省神木县洁能综合利用发电有限公司100MW兰炭尾气发电工程项目

中海油能源发展股份有限公司的40万吨/年煅后焦工程余热利用热电联产项目

大唐（赤峰）新能源有限公司的内蒙古赤峰市阿鲁科尔沁旗道德49.5MW风电场工程项目

华电能源股份有限公司的华电能源哈尔滨第三发电厂热电联产集中供热热网工程项目

神华乌海能源有限责任公司的乌达五虎山煤矿煤层气发电项目

溆浦县朱溪江水电有限责任公司的湖南省溆浦县朱溪江10MW水电项目

舟曲华夏电力有限公司的甘肃省舟曲县巴藏51MW水电项目

吉林中电投新能源有限公司的吉林松原长岭腰井子风电项目

吉林中电投新能源有限公司的吉林松原长岭风电项目

华能新能源产业控股有限公司的山东华能河口风电场一期项目

华能新能源产业控股有限公司的华能新疆哈密三塘湖风电场一期项目

内蒙古金杰科技股份有限公司的内蒙古金杰科技白云风电场一期49.5MW项目

陕西长武亭南煤业有限责任公司的陕西长武亭南煤业有限责任公司煤矿煤层气利用项目

青海黄河中型水电开发有限责任公司的青海加定水电项目
沂水长青环保能源有限公司的山东省沂水生物质发电项目
湖南美景电力发展有限公司的湖南瑶人坪水电项目
四川美姑河水电开发有限公司的四川坪头180MW水电项目
昆明丰安电力发展有限公司的禄劝县江边水电站工程项目
会昌白鹅峡水电发展有限公司的江西省会昌县白鹅21MW水电站项目
重庆巴山水电开发有限公司的重庆城口县巴山水电站工程项目
溆浦梧桐水电有限责任公司的湖南梧桐小水电项目
湖南省新宁县金桥实业有限责任公司的湖南金桥7MW梯级小水电项目
四川黑水河毛尔盖水电站项目
黑龙江鸡西煤层气发电项目
河北省保定市垃圾填埋气发电项目
内蒙古通辽扎鲁特旗党校沟风电场项目
甘肃大唐昌马第一风电场项目
吉林向阳风电场一期工程项目
内蒙古通辽扎鲁特旗北沙拉风电场项目
黑龙江桦川苏家店风电项目
内蒙古赤峰一棵松风电场项目
中材天山(云浮)水泥有限公司的广东云浮中材天山水泥9MW余热利用项目
江西省汇得能生态科技发展有限公司的江西进贤养猪基地甲烷回收利用CDM项目
日照华泰纸业有限公司的山东日照华泰纸业碱回收项目
照华泰纸业有限公司的山东日照华泰纸业能效提高项目
照华泰纸业有限公司的山东日照华泰纸业余热发电项目
越西县星光电力开发有限责任公司的四川越西县团结水电站项目
耿马县铁厂河电站的云南耿马铁厂河12.6MW水电项目
广西金茂生物化工有限公司废水治理及沼气回收利用工程项目
云南潞西市南马河二级4MW水电站项目
河南许昌复合水泥项目
甘肃齐家坪水电项目
华电新疆小草湖风电二场一期工程项目
内蒙古乌兰察布宏基风电场项目
河南沁阳生物质热电联产项目
陕西东岭锌业有限责任公司饱和蒸汽余热发电项目
阿拉善盟贺兰山银星风电场一期工程项目
宁夏太阳山风电场二期49.5MW工程项目
黑龙江虎林石青山风电场一期工程项目
吉林前郭王府站风电场49.5MW风电项目
云南省红河马堵山水电项目
江西大岭风电项目
四川省松潘县木瓜墩电站项目
湖南省泸溪县能滩6.4MW水电项目
辽宁法库慈恩寺风电项目

华电甘肃瓜州干河口第七风电场工程
山西省广灵县长青生物质残渣热电联产项目
青海宝库河三级水电站项目
甘肃龙王台水电项目
湖南湘福新型建材有限公司硬石膏废渣生产15×104t/a水泥项目
甘肃张掖8.0MW石庙二级水电项目
北京官厅风电场二期和加密项目
河南省中牟县养猪场沼气回收利用项目
云南高河四级水电项目
安徽皖能铜陵1000MW超超临界燃煤发电项目
深圳南天LNG发电项目
甘肃瓜州干河口第四风电场项目
陕西神木恒东兰炭尾气发电项目
重庆市綦江县珠滩水电项目
黑龙江万源生物质热电联产项目
三河发电有限责任公司#1, #2机组抽气改造集中供热项目
浙江国电北仑超超临界发电项目
秦皇岛生活垃圾焚烧发电改建项目
湖北房县三里坪70MW水电项目
华电河北沽源100.5MW风电项目
江西省会昌县营脑岗水电项目

三、截至2009年2月25日已获得CERs签发的101个中国CDM项目

序号	项目名称	GHG减排类型	项目业主	国外合作方	签发日期	签发量	累计签发量（tCO_2e）
101	国华内蒙古辉腾梁风电场项目	新能源与可再生能源	国华（锡林郭勒）新能源有限公司	英国碳资源管理有限公司	2009.02.25	39,989	39,989
100	湖南东坪72MW水电项目	新能源和可再生能源	五凌电力有限公司	Kommunalkredit公共资讯机构代表奥地利政府农业部，林业部，环境和水资源管理部	2009.02.24	254,853	131,297
99	辽宁桓仁牛毛大山24.65MW风力发电场	新能源和可再生能源	航天龙源（本溪）风力发电有限公司	EDF Trading Limited	2009.02.24	6703	6703
98	挖黑水电站项目	新能源与可再生能源	马边宪家普河电力有限公司	Ecosecurities Ltd	2009.02.19	118,366	118,366
97	中国渔梁湾小水电项目	新能源和可再生能源	洪江区渔梁湾水电有限公司	瑞典碳资产管理公司（瑞典）	2009.02.04	18,827	18,827
96	河南神马尼龙化工有限责任公司N_2O分解项目	分解N_2O	河南神马尼龙化工有限责任公司	Natsource Asset Management Corp.（加拿大）	2009.02.04	430,514	430,514
95	重庆酉水石堤水电站项目	新能源与可再生能源	重庆乌江实业（集团）有限公司	Ecosecurities Ltd	2009.01.29	132,027	132,027
94	内蒙古卓资40MW风电场项目	新能源和可再生能源	内蒙古大唐国际卓资风电有限责任公司	英国益可环境有限公司	2009.01.28	39,473	39,473
93	绵阳市垃圾填埋气发电项目	甲烷回收利用	绵阳泰都环境能源技术开发有限公司	Sindicatum Carbon Capital Ltd	2009.01.23	3,618	3,618
92	湖北省宣恩县洞坪水电站项目	新能源和可再生能源	湖北宣恩洞坪水电有限责任公司	RWE能源集团	2009.01.23	136,994	136,994
91	新疆小草湖风电场项目	新能源和可再生能源	新疆华电小草湖风力发展有限责任公司	英国NATIXIS环境与基础设施公司	2009.01.21	49,043	49,043
90	常熟海科化学有限公司HFC-23分解项目	分解温室气体HFC-23	常熟海科化学有限公司	EDF Trading Ltd（英国）	2009.01.19	1,093,047	3,473,582
					2009.02.13	2,380,535	
89	河北晋州24MW秸秆发电项目	甲烷回收利用	河北建投生物发电有限责任公司	IXIS环境与基建集团	2009.01.16	18,044	18,044
88	海南省吊罗河小水电项目	新能源和可再生能源	陵水中电吊罗山水电开发有限公司	英国碳资源管理有限公司	2009.01.15	6,647	6,647
87	中国甘肃省5MW可再生能源发电并网项目	新能源与可再生能源	甘肃省文县天河水电有限责任公司	单边项目	2009.01.15	11,800	11,800
86	杉木沟小水电项目	新能源和可再生能源	四川乐山市金洋电力开发有限责任公司	英国益可环境有限公司	2009.01.08	28,252	28,252

85	甘肃舟曲石门坪15MW水电站项目	新能源和可再生能源	甘肃电投大容石门坪发电有限责任公司	PLC排放贸易有限公司	2009.01.06	19,582	19,582
84	青海省青岗峡43.8MW水电项目	新能源和可再生能源	青海大通河水电开发有限责任公司	瑞典碳资产管理有限公司	2008.12.29	44,390	44,390
83	青海金沙峡70MW水电项目	新能源和可再生能源	青海大通河水电开发有限责任公司	瑞典碳资产管理有限公司	2008.12.29	90,245	90,245
82	中国长泥坪水电项目	新能源和可再生能源	芷江正和水电开发有限公司	瑞典碳资产管理有限公司	2008.12.17	18,539	18,539
81	平武县任家坝水电站项目	新能源与可再生能	平武县川江水电开发有限公司	Carbon Asset Management Sweden AB	2008.12.12	50,302	50,302
80	河北曲寨水泥9000kW余热回收发电项目	节能和提高能效	鹿泉市曲寨水泥有限公司	瑞典碳资产管理公司（瑞典）	2008.12.05	26,741	26,741
79	中国关门岩水电项目	新能源与可再生能源	湖南彩石水电开发有限公司	瑞典碳资产管理公司（瑞典）	2008.12.05	61,385	61,385
78	宁夏银仪49.50MW风力发电项目	新能源与可再生能源	宁夏银仪风力发电有限公司	Carbon Asset Management Sweden AB （瑞典）& Carbon Asset Management Sweden AB （荷兰）	2008.12.04	45,235	45,235
77	邯钢废气回收联合循环发电项目	节能和提高能效	邯郸钢铁集团有限责任公司	瑞典碳资产管理公司	2008.11.28	172,530	508,912
					2008.12.11	234,018	
					2009.01.15	102,364	
76	新疆乌鲁木齐托里风电场30MW项目	新能源与可再生能源	北京国投节能公司	Tokyo Electric Power Company （日本）	2008.11.27	133,418	133,418
75	国华江苏东台201MW风电项目	新能源和可再生能源	国华（东台）风电有限公司	EDF贸易有限公司（英国）	2008.11.21	88,082	88,082
74	河北沽源30.6MW风电项目	新能源与可再生能源	河北建投张家口风能有限公司	单边项目	2008.11.20	58,316	58,316
73	中国如东风电场项目	新能源与可再生能源	江苏联能风力发电有限公司	Rabobank（荷兰）	2008.11.17	23,607	23,607
72	华能南澳45.05风电项目	新能源与可再生能源	华能新能源产业控股有限公司	西班牙Endesa电力公司	2008.11.17	29,690	29,690
71	华盛天涯水泥6.5MW纯低温余热发电项目	节能和提高能效	三亚华盛天涯水泥有限公司	瑞典碳资产管理公司	2008.11.13	15,645	15,645
70	甘肃两河口15MW小水电项目	新能源与可再生能源	甘肃省舟曲县两河口水电开发有限公司	国际能源系统（荷兰）公司	2008.11.13	20,755	20,755
69	辽宁昌图风电场项目	新能源与可再生能源	昌图辽能协鑫风力发电有限公司	英国碳资源管理有限公司	2008.11.03	47,761	47,761
68	宁夏天净50.25MW风力发电项目	新能源与可再生能源	宁夏天净风力发电股份有限公司	中部电力株式会社	2008.10.06	42,892	42,892

67	新疆乌鲁木齐乌拉泊30MW风电项目	新能源和可再生能源	中节能风力发电（新疆）有限公司	东京电力公司	2008.09.26	34,167	34,167
66	福建东山乌礁湾30MW风力发电项目	新能源与可再生能源	福建东山澳仔山风电开发有限公司	奥地利Kommunalkredit 公共咨询公司	2008.09.24	31,051	31,051
65	云南黑尔25MW水电项目	新能源与可再生能源	云南师宗县黑尔水电开发有限责任公司	国际能源系统（荷兰）公司	2008.09.15	29,564	29,564
64	大唐赤峰赛罕坝（西）风电场项目	新能源与可再生能源	大唐赤峰赛罕坝风电有限公司	英国碳资源管理有限公司	2008.08.27	36,340	36,340
63	福建漳浦六鳌45MW风电项目	新能源和可再生能源	大唐漳州风力发电有限责任公司	Essent能源交易公司（荷兰）	2008.08.22	25,962	25,962
62	甘肃党河水电站项目	新能源与可再生能源	甘肃嘉峪关市通源水电有限公司	日本碳基金	2008.07.31	30,285	30,285
61	中国石油天然气股份有限公司辽阳石化分公司N_2O减排项目	分解N_2O	中国石油天然气股份有限公司辽阳石化分公司	英国高盛国际，加拿大纳德所资产管理公司	2008.07.28	1,015,105	9,302,708
					2008.09.26	1,724,289	
					2008.11.05	2,164,594	
					2008.12.29	2,198,136	
					2009.02.18	2,200,584	
60	阳泉煤业（集团）有限责任公司9万千瓦瓦斯发电项目	甲烷回收利用	阳泉煤业（集团）有限公司	IXIS环境与基建集团，Camco国际有限公司	2008.07.25	441,073	441,073
59	华电内蒙古辉腾锡勒100.25MW风电场项目	新能源与可再生能源	内蒙古华电辉腾锡勒风力发电有限公司	意大利国家电力公司（ENEL Trade S.P.A）	2008.07.25	75,803	213,035
					2009.01.22	137,232	
58	乌尔古力山30MW风电项目	新能源与可再生能源	黑龙江富龙风力发电有限责任公司	国际能源系统（荷兰）公司	2008.07.17	54,224	54,224
57	吉林长岭风力发电项目	新能源与可再生能源	吉林风力发电有限公司	Climate Change Capital Carbon Fund s.a.r.l.（英国）	2008.07.16	18,053	18,053
56	湖南渔仔口小水电项目	新能源与可再生能源	汝城县渔仔口水电有限责任公司	EcoSecurities Group Ltd.（英国）	2008.07.15	34,654	34,654
55	宁夏黄河沙坡头水利发电项目	新能源与可再生能源	宁夏沙坡头水利枢纽有限责任公司	Carbon Asset Management Sweden AB（瑞典）	2008.07.03	116,329	365,253
					2008.11.07	248,924	
54	尚义满井（东）风电场项目	新能源与可再生能源	国华（河北）新能源有限公司	英国碳资源管理有限公司	2008.06.23	52,961	52,961

53	浙江巨化股份有限公司第2个HFC-23分解项目	分解温室气体HFC-23	浙江巨化股份有限公司	Climate Change Capital China Limited （英国）、Climate Change Capital Carbon Fund No.2 s.a.r.l（卢森堡）	2008.06.18	2,149,851	5,909,168
					2008.11.25	1,342,210	
					2008.11.25	1,315,220	
					2008.12.08	1,101,887	
52	新疆天富热电股份有限公司红山嘴水电厂玛纳斯河一级水电站工程项目	新能源与可再生能源	新疆天富热电股份有限公司	日本东京电力	2008.06.16	39,225	39,225
51	山东荣成市东褚岛风力发电场	新能源与可再生能源	山东鲁能发展集团有限公司	意大利国家电力公司	2008.06.11	9,201	9,201
50	大唐吉林双辽风电场49.3MW项目	新能源与可再生能源	大唐吉林瑞丰新能源发电有限公司	Climate Change Capital Carbon Fund s.a.r.l（英国）	2008.06.11	79,172	79,172
49	吉林长岭风电场一期49.5兆瓦项目	新能源与可再生能源	中国水电建设集团投资有限公司	IXIS Environment & Infrastructures（法国）	2008.06.11	31,135	31,135
48	山东栖霞唐山硼风电场项目	新能源和可再生能源	栖霞市润霖风电发展有限公司	英国碳资源管理有限公司	2008.06.02	11,523	11,523
47	内蒙古赤峰东山49.3MW风电项目	新能源与可再生能源	大唐赤峰赛罕坝风力发电有限责任公司	单边项目	2008.05.22	89,446	174,844
					2008.12.08	85,398	
46	国华呼伦贝尔新巴尔虎右旗49.5MW风电场项目	新能源和可再生能源	国华（呼伦贝尔）风电有限公司	三井物产株式会社	2008.05.15	46,146	46,146
45	内蒙古辉腾锡勒京能100兆瓦风电场项目	新能源与可再生能源	北京国际电力新能源有限公司	西班牙安第沙电力公司	2008.05.14	105,652	105,652
44	舟白水电站项目	新能源和可再生能源	重庆乌江实业（集团）有限公司	Ecosecurities Ltd	2008.04.28	25,151	54,294
					2008.11.05	29,143	
43	渔滩水电站项目	新能源与可再生能源	重庆乌江实业（集团）有限公司	Ecosecurities Ltd	2008.04.25	21,138	21,138

42	伊春石帽顶子30.6MW风电场项目	新能源与可再生能源	黑龙江伊春兴安岭风力发电有限公司	Kommunalkredit Public Consulting GmbH（奥地利）	2008.04.24	32,918	32,918
41	济南垃圾填埋气发电项目	甲烷回收利用	山东十方新能源有限公司	Ecosecurities Ltd（英国）	2008.04.04	12,346	12,346
40	吉林白城查干浩特风电场项目	新能源和可再生能源	中水白城风电发展有限公司	西班牙安第沙电力公司	2008.04.02	17,431	17,431
39	江苏宿迁秸秆直燃发电项目	新能源与可再生能源	中节能生物质能投资有限公司	英国碳资源管理有限公司	2008.03.20	24,161	108,860
					2008.12.30	84,699	
38	云南马关大梁子水力发电项目	新能源与可再生能源	云南马关大梁子发电有限责任公司	Kommunalkredit公共咨询公司（奥地利）	2008.03.18	77,288	158,902
					2008.11.20	81,614	
37	新疆达坂城风电三场一期项目	新能源与可再生能源	新疆天风发电股份有限公司	国际能源系统（荷兰）公司	2008.03.12	24,981	81,297
					2008.09.08	56,316	
36	黑龙江华富穆棱风电项目	新能源与可再生能源	黑龙江华富风力发电穆棱有限责任公司	国际能源系统（荷兰）公司	2008.03.06	14,718	64,923
					2008.09.18	50,205	
35	张北米家沟风电场项目	新能源与可再生能源	张北国投风力发电厂	英国碳资源管理公司	2008.03.05	32,507	142,568
					2008.12.05	110,061	
34	山东中氟化工科技有限公司HFC-23分解项目	分解温室气体HFC-23	山东中氟化工科技有限公司	Climate Change Capital Carbon Fund II s.àr.l.，Climate Change Capital Carbon Managed Account Limited	2008.02.28	590,722	3,240,382
					2008.04.25	780,410	
					2008.07.31	927,295	
					2008.10.16	941,955	
33	赛罕坝（北）风电场项目	新能源与可再生能源	大唐赤峰赛罕坝风力发电有限责任公司	Carbon Resource Management Ltd.	2008.02.21	21,170	61,344
					2008.08.15	40,174	

32	赛罕坝（东）风电场项目	新能源与可再生能源	大唐赤峰赛罕坝风力发电有限责任公司	Carbon Resource Management Ltd.	2008.02.21	60,016	100,058
					2008.08.15	40,042	
31	甘肃境铁山水电站项目	新能源和可再生能源	甘肃酒泉市三元水电开发有限公司	西班牙Endesa公司	2008.02.20	139,764	139,764
30	潘三矿抽放煤矿区煤层气（CMM）的利用和销毁项目	甲烷回收利用	淮南矿业集团	Vitol SA（瑞士）	2008.02.04	75,998	196,700
					2008.06.04	34,953	
					2008.06.04	85,749	
29	新汶矿业集团泰山水泥废热回收项目	节能和提高能效	新汶矿业集团有限责任公司	Natsource Europe Limited	2007.12.27	55,253	55,253
28	通榆团结风电场100.3MW项目	新能源与可再生能源	吉林龙源风力发电有限公司	Kommunalkredit公共咨询公司（代表奥地利共和国联邦农业、林业、环境和水管理部）	2007.12.17	15,202	80,069
					2008.04.18	64,867	
27	华能洮北49.3MW风电项目	新能源与可再生能源	华能新能源产业控股有限公司	西班牙Endesa电力公司	2007.12.03	58,612	58,612
26	黑龙江伊春耳朵眼28.05MW风电场项目	新能源与可再生能源	黑龙江伊春兴安岭风力发电有限公司	Kommunalkredit Public Consulting GmbH（奥地利）	2007.11.16	9,757	40,621
					2008.06.09	30,864	
25	内蒙辉腾锡勒风电场项目	新能源与可再生能源	内蒙古龙源风能开发有限责任公司	荷兰政府代表SenterNovem	2007.11.12	117,369	117,369
24	北京安定填埋场填埋气收集利用项目	甲烷回收利用	北京市二清环卫工程集团有限公司	荷兰国际能源系统公司	2007.11.05	13,295	13,295
23	洮北富裕风电场项目	新能源与可再生能源	白城富裕风力发电有限公司	Trading Emission Ltd.（英国）	2007.10.26	18,218	18,218
22	河北康保卧龙兔山30MW风电项目	新能源与可再生能源	河北建投张家口风能有限公司	国际能源系统（荷兰）公司	2007.10.24	15,652	69,077
					2008.10.22	53,425	
21	黑龙江伊春大箐山风力发电项目	新能源与可再生能源	黑龙江伊春兴安岭风力发电有限公司	Kommunalkredit Public Consulting GmbH（奥地利）	2007.10.15	12,948	36,113
					2008.05.19	23,165	

20	济南钢铁集团总公司燃气—蒸汽联合循环发电项目	节能和提高能效	山东济南钢铁集团总公司	Noble Carbon Credit UK Limited（英国）	2007.10.04	204,987	2,028,737
					2007.12.10	507,845	
					2008.11.25	446,867	
					2008.12.22	869,038	
19	河北承德淞杉风电场项目	新能源与可再生能源	河北红松风力发电股份有限公司	英国碳资源管理有限公司	2007.10.01	24,269	151,908
					2008.07.03	46,584	
					2009.02.24	81,055	
18	江苏如东环港东凌100.5MW风力发电项目	新能源与可再生能源	江苏龙源风力发电有限公司	Kommunalkredit Public Consulting GmbH（奥地利）	2007.09.27	48,963	131,769
					2008.04.03	82,806	
17	中昊晨光化工研究院HFC-23分解项目	分解温室气体HFC-23	中昊晨光化工研究院	意大利Enel公司	2007.09.21	136,661	2,065,282
					2008.05.20	606,982	
					2008.10.13	619,409	
					2008.11.27	603,107	
					2009.01.16	99,123	
16	甘肃张掖小孤山水电工程项目	新能源与可再生能源	甘肃张掖小孤山水电有限责任公司	International Bank for Reconstruction and Development	2007.08.24	166,867	574,463
					2008.07.17	407,596	
15	临海市利民化工有限公司HFC-23分解项目	分解温室气体HFC-23	临海市利民化工有限公司	意大利Enel公司	2007.08.20	536,409	5,795,396
					2008.01.23	1,230,139	
					2008.11.14	1,825,545	
					2008.12.29	1,192,570	
					2009.01.02	1,010,733	
14	浙江省东阳化工股份有限公司HFC-23分解项目	分解温室气体HFC-23	浙江省东阳化工股份有限公司	意大利Enel公司	2007.12.05	1,527,482	5,169,577
					2007.08.17	426,511	
					2008.09.19	1,702,543	
					2009.01.16	1,513,041	

13	吉林洮南风力发电项目	新能源与可再生能源	吉林名门风力发电股份有限公司	Kommunalkredit公共咨询公司（奥地利）	2007.01.19	71,385	164,924
					2008.03.20	93,539	
12	辽宁彰武24.65兆瓦风力发电项目	新能源与可再生能源	辽宁彰武金山风力发电有限责任公司	Carbon Asset Management Sweden AB（瑞典）	2006.12.27	58,934	132,981
					2007.12.03	39,656	
					2008.10.23	34,391	
11	辽宁康平24.65风力发电项目	新能源与可再生能源	辽宁康平金山风力发电有限责任公司	Carbon Asset Management Sweden AB（瑞典）	2006.12.27	71,331	151,457
					2007.12.03	42,708	
					2008.10.23	37,418	
10	江苏常熟三爱富中昊化工新材料有限公司HFC-23分解项目	分解温室气体HFC-23	常熟三爱富中昊化工新材料股份有限公司	世界银行	2007.04.12	1,322,045	20,135,976
					2007.05.31	1,644,100	
					2007.08.15	3,766,183	
					2008.01.23	3,704,676	
					2008.07.02	3,595,459	
					2008.09.26	3,229,657	
					2008.12.11	2,873,856	
9	福建漳浦六鳌30.6MW风电项目	新能源与可再生能源	大唐漳州风力发电有限责任公司	单边项目	2006.10.02	22,202	94,407
					2007.09.24	33,084	
					2008.09.03	39,121	
8	宁夏天净神州30.6MW风力发电项目	新能源与可再生能源	宁夏天净神州风力发电有限公司	Trading Emission Limited（英国）	2007.12.12	33,351	90,281
					2006.12.18	56,930	
7	江苏梅兰化工股份有限公司HFC-23分解清洁发展机制项目	分解温室气体HFC-23	江苏梅兰化工股份有限公司	世界银行	2007.05.03	1,102,461	16,820,788
					2007.05.20	1,078,858	
					2007.08.17	2,729,214	
					2008.01.18	2,433,972	
					2008.05.19	1,065,544	
					2008.06.26	2,151,186	
					2008.08.01	2,835,895	
					2008.11.19	2,555,336	
					2009.02.19	868,322	

6	宁夏贺兰山风力发电项目	新能源与可再生能源	宁夏发电集团有限责任公司	Trading Emission Limited	2006.12.18	121,396	381,175
					2007.12.03	108,866	
					2008.12.29	150,913	
5	张北满井风电场项目	新能源与可再生能源	北京国投节能公司	First Carbon Fund Ltd.（英国）	2006.12.06	30,968	269,889
					2008.03.26	127,740	
					2008.12.10	111,181	
4	山东东岳HFC-23分解项目	分解温室气体HFC-23	山东东岳化工股份有限公司	日本三菱商事株式会社、新日制铁株式会社、Natsource Europe Limited	2007.06.01	596,803	16,760,738
					2007.11.01	3,080,173	
					2008.01.31	3,134,147	
					2008.04.30	2,163,632	
					2008.07.16	2,514,335	
					2008.10.16	2,584,366	
					2008.11.14	1,986,342	
					2008.1.20	700,940	
3	梅州垃圾填埋场沼气回收与能源利用项目	甲烷回收利用	深圳相控科技有限公司	Austrian JI/CDM Programme, Kommunalkredit Public Consulting Gmbh（奥地利）	2007.06.07	48,840	101,908
					2008.10.22	53,068	
2	浙江巨化HFC-23分解项目	分解温室气体HFC-23	浙江巨化股份有限公司	JMD Greenhouse-Gas Reduction Co.Ltd（日本）	2006.11.22	997,640	13,173,993
					2007.02.01	1,437,117	
					2007.04.12	1,066,265	
					2007.06.22	1,090,899	
					2007.08.31	1,202,283	
					2008.04.03	1,577,196	
					2008.06.13	850,226	
					2008.07.30	1,993,932	
					2008.10.30	1,374,189	
					2009.01.22	1,584,246	
1	南京天井洼垃圾填埋气发电项目	甲烷回收利用	南京绿色资源再生工程有限公司	EcoSecurities Group Ltd（英国）	2006.07.03	26,921	91,890
					2006.12.22	15,523	
					2008.06.30	49,446	
总签发量				112,255,160			

来源：CDM执行理事会网站

四、截至2009年2月25日已注册的中国CDM项目

序号	项目名称	GHG减排类型	项目业主	国外合作方	注册日期
431	河北崇礼清三营49.3兆瓦风电场项目	新能源和可再生能源	河北建投龙源崇礼风能有限公司	壳牌国际贸易公司/捷克国营电力公司	2009.02.23
430	甘肃省黄河柴家峡水电站项目	新能源和可再生能源	甘肃柴家峡水电有限公司	意大利国家电力公司	2009.02.20
429	湖北省恩施州生态家园户用沼气池项目	甲烷回收利用	湖北清江种业公司	世界银行社区发展碳基金	2009.02.19
428	中国江子田水电项目	新能源和可再生能源	湖南浙西水电开发有限公司	瑞士维纳博格公司	2009.02.16
427	鞍山钢铁集团公司（营口）干熄焦发电项目	节能和提高能效	鞍山钢铁集团公司	NATIXIS Environment & Infrastructures, CAMCO国际有限公司	2009.02.13
426	怀宁海螺水泥有限公司余热发电工程	节能和提高能效	安徽怀宁海螺水泥有限公司	CAMCO国际有限公司和瑞士嘉吉公司	2009.02.13
425	枞阳海螺水泥有限公司余热发电工程	节能和提高能效	枞阳海螺水泥股份有限公司	CAMCO国际有限公司和瑞士嘉吉公司	2009.02.13
424	荻港海螺水泥有限公司余热发电工程	节能和提高能效	安徽荻港海螺水泥股份有限公司	CAMCO国际有限公司和瑞士嘉吉公司	2009.02.13
423	建德海螺水泥有限公司余热发电工程	节能和提高能效	建德海螺水泥有限责任公司	CAMCO国际有限公司和瑞士嘉吉公司	2009.02.13
422	铜陵海螺水泥有限公司余热发电工程	节能和提高能效	安徽铜陵海螺水泥有限公司	CAMCO国际有限公司和瑞士嘉吉公司	2009.02.13
421	甘肃黄河炳灵水电站	新能源和可再生能源	甘肃电投炳灵水电开发有限责任公司	意大利国家电力公司	2009.02.12
420	海南省文昌潮滩鼻风电场一期项目	新能源和可再生能源	华能海南发电股份有限公司	国际能源系统（荷兰）公司	2009.02.09
419	云南雷打滩108MW水电项目	新能源和可再生能源	云南省弥勒县雷打滩水电有限责任公司	日本三菱商事株式会社	2009.02.09
418	福建屏南后垄溪48MW水电项目	新能源和可再生能源	屏南县后垄溪水电有限公司	日本三菱商事株式会社	2009.02.09
417	山东海阳丘儿山风力发电项目（15MW）	新能源和可再生能源	烟台海阳东源风电发展有限公司	丹麦外交部	2009.02.08
416	云南盈江县芒璋乡朗外河水电站项目	新能源和可再生能源	云南省盈江县槟榔江水电有限责任公司	意大利国家电力公司	2009.02.07
415	调兵山风电场新建工程项目	新能源和可再生能源	中水华仪调兵山风力发电有限公司	RWE Power Aktiengesellschaft（德国）	2009.02.07
414	甘肃卓尼县洮河扭子30MW水电站	新能源和可再生能源	甘肃汇能新能源技术发展有限责任公司	Arreon Carbon UK Limited（英国），Credit Suisse International（英国）	2009.02.07
413	鞍山钢铁集团公司（鞍山）干熄焦发电项目	节能和提高能效	鞍山钢铁集团公司	NATIXIS Environment & Infrastructures（英国），CAMCO国际有限公司（英国）	2009.02.05
412	四川百花滩120MW水电项目	新能源和可再生能源	四川洪雅百花滩水力发电有限公司	日本丸红株式会社	2009.02.05
411	云南岗曲河一级水电项目	新能源和可再生能源	云南滇能迪庆香格里拉水电开发有限公司	卢森堡MGM碳资产投资组合	2009.02.05
410	江西省瑞金市留金坝水电发展有限责任公司水电项目	新能源和可再生能源	瑞金市留金坝水电发展有限公司	日本大和SMBC证券投资有限责任公司	2009.02.04
409	云南省保山市瓦窑河水电站	新能源和可再生能源	隆阳区宏强水电开发有限公司	英国益可环境集团PLC	2009.02.03
408	四川省九龙县一道桥水电站项目	新能源和可再生能源	四川省久隆水电开发有限公司	单边项目	2009.01.31
407	云南省盈江县香柏河支那水电站项目	新能源和可再生能源	盈江香柏发电有限公司	RWE能源集团	2009.01.31

406	淇南水电项目	新能源和可再生能源	汝城县渔仔口水电有限责任公司	Carbon Asset Management Sweden AB（瑞典）	2009.01.30
405	中广核内蒙古灰腾梁300MW风电项目	新能源和可再生能源	内蒙古中广核风力发电有限公司	法国电力贸易有限公司	2009.01.28
404	贵州翁元20MW水电项目	新能源和可再生能源	镇宁越峰水电开发有限公司	MGM Carbon Portfolio S.AR.L.	2009.01.28
403	吉林通榆同发风力发电场项目	新能源和可再生能源	吉林龙源风力发电有限公司	EDF贸易有限公司（英国）	2009.01.26
402	福建周宁后垄40MW水电项目	新能源和可再生能源	周宁后垄溪水电有限公司	日本三菱商事株式会社	2009.01.26
401	华电内蒙古辉腾锡勒风电场扩建项目	新能源和可再生能源	内蒙古华电辉腾锡勒风力发电有限公司	意大利国家电力公司	2009.01.26
400	四川二道桥水电CDM项目	新能源和可再生能源	黑水县二道桥电站有限责任公司	日本电源开发株式会社	2009.01.26
399	云南盈江县松坡水电站项目	新能源和可再生能源	盈江县勐郎水电有限责任公司	德国RWE能源集团	2009.01.26
398	中水电内蒙古锡盟洪格尔风电项目	新能源和可再生能源	中国水电建设集团新能源开发有限责任公司	Green Hercules贸易有限公司	2009.01.25
397	黑龙江依兰马鞍山风电项目	新能源和可再生能源	依兰龙源风力发电有限公司	奥地利Kommunalkredit公共咨询公司	2009.01.23
396	湖北省利川市龙桥水电站项目	新能源和可再生能源	利川市郁江流域水电有限责任公司	RWE能源集团（德国）	2009.01.23
395	山西省败虎堡33.75MW风电项目	新能源和可再生能源	山西福光风电有限公司	RWE Power（德国）	2009.01.23
394	云南省独家村小水电项目	新能源和可再生能源	禄劝玉龙发电有限责任公司	国际能源系统（荷兰）公司	2009.01.22
393	中国湖南省株溪口水电项目	新能源和可再生能源	湖南资江电力开发有限责任公司	瑞典碳资产管理有限公司	2009.01.22
392	黑龙江桦南横岱山西风电场	新能源和可再生能源	桦南龙源风力发电有限公司	奥地利Kommunalkredit公共咨询公司	2009.01.19
391	山东鲁北48MW风电项目	新能源和可再生能源	山东鲁北企业集团总公司	Essent Energy Trading BV(埃森特能源供应公司)	2009.01.18
390	中国穿洞峡小水电项目	新能源和可再生能源	桑植县南方水电开发有限公司	瑞典碳资产管理有限公司	2009.01.16
389	四川省平武县仙女堡水电站项目	新能源和可再生能源	四川川汇水电投资有限责任公司	意大利国家电力公司	2009.01.16
388	莱芜钢铁集团莱钢股份有限公司富余煤气25MW发电项目	节能和提高能效	莱芜钢铁集团有限公司	德国RWE能源集团	2009.01.16
387	福建将乐高唐水电项目	新能源和可再生能源	福建省金湖电力有限责任公司	日本丸红株式会社	2009.01.16
386	内蒙古多伦大西山30.6MW风电项目	新能源和可再生能源	大唐赤峰赛罕坝风力发电有限责任公司	英国益可环境有限责任公司	2009.01.15
385	包头钢铁（集团）有限责任公司焦化厂3#干熄焦余热发电项目	节能和提高能效	包头钢铁（集团）有限责任公司	International Bank for Reconstruction and Development	2009.01.15
384	福建莆田燃气电厂新建工程	新能源和可再生能源	中海福建燃气发电有限公司	三菱商事株式会社（日本）	2009.01.14
383	广西壮族自治区南丹县纳八一级水电站项目	新能源和可再生能源	南丹县宏源水电开发有限责任公司	RWE能源集团（德国）	2009.01.13
382	四川九龙河杉树坪12MW小水电项目	新能源和可再生能源	九龙县开源电力有限公司	瑞典碳资产管理有限公司	2009.01.13
381	云南省金平苗族瑶族傣族自治县大坡水电站项目	新能源和可再生能源	金平大寨发电有限责任公司	RWE能源集团	2009.01.13
380	江苏如东凌洋风电场	新能源和可再生能源	江苏龙源风力发电有限公司	奥地利Kommunalkredit公共咨询公司	2009.01.12
379	云南红河南沙150MW水电项目	新能源和可再生能源	红河广源水电开发有限公司	瑞典碳资产管理有限公司	2009.01.12
378	香格里拉县浪都河四级水电站	新能源和可再生能源	香格里拉县民和水电开发有限责任公司	Essent能源交易公司（荷兰）	2009.01.10

377	辽宁阜新煤矿区CMM/CBM利用项目	甲烷回收利用	阜新矿业（集团）有限责任公司	Carbon Compliance Acquisition 13 Limited (CCA13L)(英国)，Vitol SA（瑞士）	2009.01.09
376	甘肃玉门三十里井子风电场项目	新能源和可再生能源	甘肃洁源风电有限责任公司	EDF Trading Limited （英国）	2009.01.08
375	云南旱谷地5MW水电项目	新能源和可再生能源	云龙县利源水电开发有限公司	瑞典碳资产管理有限公司	2009.01.05
374	湖南栗子塘9.6MW水电项目	新能源和可再生能源	新宁县新源水电开发有限公司	WIN-WIN International Investment LTD. （英国）	2009.01.03
373	甘肃卡坝班九12兆瓦小水电项目	新能源和可再生能源	甘肃迭部卡坝班九水力发电有限公司	单边项目	2009.01.03
372	新疆塔城玛依塔斯风电项目	新能源和可再生能源	塔城天润风力发电有限公司	国际能源系统（荷兰）公司	2009.01.02
371	孟拖水电站项目	新能源和可再生能源	四川水利电力产业集团道孚有限责任公司	英国益可环境集团PLC	2008.12.30
370	香格里拉县浪都河一级水电站	新能源和可再生能源	香格里拉县民和水电开发有限责任公司	Essent能源交易公司（荷兰）	2008.12.30
369	河北尚义石人风电场一期工程	新能源和可再生能源	龙源（张家口）风力发电有限公司	EDF Trading Limited （英国）	2008.12.29
368	泸水自基河小水电项目	新能源和可再生能源	泸水县坚晟水电发展有限责任公司	瑞典碳资产管理有限公司	2008.12.29
367	中节能港建单晶河风电场项目	新能源和可再生能源	中节能港建风力发电（张北）有限公司	瑞士维多石油集团	2008.12.29
366	浙江衢山风电场项目	新能源和可再生能源	浙江美达电力发展有限公司	英国碳资源管理有限公司	2008.12.29
365	贵州松桃县马槽河10MW水电项目	新能源和可再生能源	松桃马槽河发电有限公司	ICECAP Partners Limited（英国）， Vitol S.A.ICECAP（瑞士）	2008.12.29
364	49.5MW北京官厅风力发电项目	新能源和可再生能源	北京京能能源科技投资有限公司	日本大和SMBC证券投资有限公司	2008.12.28
363	黑龙江北安屯49.5MW风电项目	新能源和可再生能源	大唐桦南风力发电有限公司	益可环境集团PLC	2008.12.27
362	云南玉龙县金庄河三级水电站项目	新能源和可再生能源	丽江合恩金庄水电有限公司	英国益可环境集团PLC	2008.12.26
361	黑龙江桦南横岱山东风电场	新能源和可再生能源	桦南龙源风力发电有限公司	奥地利Kommunalkredit公共咨询公司	2008.12.26
360	内蒙古北方龙源辉腾锡勒风电场项目	新能源和可再生能源	内蒙古北方龙源风力发电有限公司	英国碳资源管理有限公司	2008.12.26
359	沈阳老虎冲垃圾填埋沼气发电项目	甲烷回收利用	沈阳市老虎冲垃圾处理有限责任公司	意大利阿兹亚环境股份公司	2008.12.25
358	双柏县鄂嘉麻嘎河水电站项目	新能源和可再生能源	云南滇能楚雄水电开发有限公司	英国标准银行	2008.12.24
357	河北尚义满井（西）风电场项目	新能源和可再生能源	国华（河北）新能源有限公司	英国碳资源管理有限公司	2008.12.23
356	国华内蒙古辉腾梁（西）风电场项目	新能源和可再生能源	国华（锡林郭勒）新能源有限公司	英国碳资源管理有限公司	2008.12.23
355	内蒙古北方龙源灰腾梁风电场项目	新能源和可再生能源	内蒙古北方龙源风力发电有限公司	英国碳资源管理有限公司	2008.12.22
354	甘肃黄土湾水电项目	新能源和可再生能源	玉门集千峰水电有限责任公司	MGM碳资产投资组合	2008.12.21
353	山西太钢不锈钢股份有限公司烧结烟气余热回收发电项目	节能和提高能效	山西太钢不锈钢股份有限公司	Camco International Limited（英国）	2008.12.21
352	金风达茂风电场项目	新能源和可再生能源	达茂旗天润风电有限公司	英国碳资源管理有限公司	2008.12.20
351	香格里拉县浪他涌水电站项目	新能源和可再生能源	县格里拉县民和水电开发有限责任公司	Essent能源交易公司（荷兰）	2008.12.20
350	香格里拉县浪都河三级水电站	新能源和可再生能源	香格里拉县民和水电开发有限责任公司	Essent能源交易公司（荷兰）	2008.12.20

349	江苏张家港制硫酸废热回收发电上网项目	节能和提高能效	双狮（张家港）精细化工有限公司	英国排放贸易有限公司	2008.12.19
348	中国艳洲水电站扩建项目	新能源和可再生能源	澧县乔家河电力有限公司	瑞典碳资产管理有限公司	2008.12.19
347	香格里拉县浪都河二级水电站	新能源和可再生能源	香格里拉县民和水电开发有限责任公司	Essent能源交易公司（荷兰）	2008.12.19
346	湖南筱溪135MW水电项目	新能源和可再生能源	湖南新邵筱溪水电开发有限责任公司	REW Power Aktiengesellschaft（德国）	2008.12.19
345	富汇内蒙古图古日格风电场项目	新能源和可再生能源	巴彦淖尔乌拉特中旗富汇风能电力有限公司	英国碳资源管理有限公司	2008.12.18
344	四川省杨柳滩水电站项目	新能源和可再生能源	四川宜宾伊力集团横江发电有限公司	英国益可环境集团PLC	2008.12.18
343	富汇内蒙古那仁宝力格风电场项目	新能源和可再生能源	巴彦淖尔乌拉特中旗富汇风能电力有限公司	英国碳资源管理有限公司	2008.12.18
342	中国张家界九肖河水电站项目	新能源和可再生能源	桑植中源水力发电厂	瑞典碳资产管理公司	2008.12.16
341	山东东营48MW风电项目	新能源和可再生能源	东营鲁能风力发电有限公司	英国益可环境集团PLC	2008.12.16
340	江苏青狮水泥低温余热电站工程	节能和提高能效	江苏青狮水泥有限公司	丸红株式会社	2008.12.16
339	广东南澳华润（26MW）风电场项目	新能源和可再生能源	华润电力风能（汕头）有限公司	美林商品欧洲公司（英国）	2008.12.15
338	安阳钢铁股份有限公司烧结低温余热回收发电项目	节能和提高能效	中国安阳钢铁股份有限公司	Noble Carbon Credits Limited, Camco International Limited	2008.12.15
337	黑龙江大架子山49.5MW风电项目	新能源和可再生能源	大唐桦南风力发电有限公司	益可环境集团PLC	2008.12.15
336	河南淅川水泥余热回收发电项目	节能和提高能效	河南淅川水泥有限公司	First Climate（原Factor 咨询+管理 AG）（瑞士）	2008.12.15
335	楚雄市泥堵河三级水电站工程项目	新能源和可再生能源	云南滇能楚雄水电开发有限公司	英国标准银行	2008.12.11
334	广州珠江电厂燃气（LNG）联合循环工程项目	低排放的化石能源发电	广州珠江天然气发电有限公司	国际能源系统（荷兰）公司	2008.12.11
333	浙江慈溪风电厂项目	新能源和可再生能源	慈溪长江风力发电有限公司	英国碳资源管理有限公司	2008.12.09
332	铁法矿区煤层气利用项目	甲烷回收利用	铁法煤业集团有限责任公司	日本三井株式会社	2008.12.06
331	中国团结梯级小水电项目	新能源和可再生能源	祁阳县豪杰水电开发有限公司	瑞典碳资产管理公司	2008.12.04
330	马鞍山钢铁股份有限公司（老厂区）干熄焦余热利用项目	节能和提高能效	马鞍山钢铁股份有限公司	Climate Change Capital Carbon Fund II s.à.r.l（英国）， Climate Change Capital Carbon Managed Account Limited（英国）	2008.12.04
329	甘肃碌曲大庄水电站	新能源和可再生能源	甘肃明珠水电开发有限公司	Cargill International SA（瑞士）	2008.12.03
328	湖南牛力水泥股份有限公司13.5兆瓦余热发电项目	节能和提高能效	湖南牛力水泥股份有限公司	瑞典碳资产管理公司	2008.12.03
327	莱芜钢铁集团有限公司干熄焦余热发电项目	节能和提高能效	莱芜钢铁集团有限公司	德国RWE能源集团	2008.12.03
326	鞍山钢铁集团公司（营口）高炉煤气燃气蒸汽联合循环发电项目	节能和提高能效	Anshan Iron and 鞍山钢铁集团公司	NATIXIS Environment & Infrastructures（英国），CAMCO国际有限公司（英国）	2008.12.03
325	鞍山钢铁集团公司（鞍山）高炉煤气燃气蒸汽联合循环发电项目	节能和提高能效	鞍山钢铁集团公司	NATIXIS Environment & Infrastructures（英国），CAMCO国际有限公司（英国）	2008.12.03

324	内蒙古北方龙源朱日和风电场项目	新能源和可再生能源	内蒙古北方龙源风力发电有限公司	英国碳资源管理有限公司	2008.11.28
323	安徽淮南潘一、谢桥煤矿瓦斯利用项目	甲烷回收利用	淮南矿业（集团）有限责任公司	奥地利共和国	2008.11.27
322	云南泸水县老窝河25MW水电项目	新能源和可再生能源	泸水县泉益水电开发有限责任公司	Factor Consulting + Management AG （瑞士）	2008.11.24
321	内蒙古巴音杭盖49.5MW风电场项目	新能源和可再生能源	山西漳泽电力股份有限公司	德国复兴信贷银行（KfW）	2008.11.23
320	湖南省阳明山三级水电站项目	新能源和可再生能源	湖南湘能阳明山水电开发有限公司	英国益可环境集团PLC	2008.11.23
319	昆明东郊白水塘垃圾填埋场沼气处理及发电项目	甲烷回收利用	昆明环业环保工程开发有限公司	意大利阿兹亚环境股份公司	2008.11.21
318	山东砣矶岛风电场项目	新能源和可再生能源	长岛联凯风电发展有限公司	英国碳资源管理有限公司	2008.11.20
317	华尔润余热发电项目	节能和提高能效	江苏华尔润集团有限公司	瑞典碳资产管理公司 （瑞典）	2008.11.18
316	山西太钢不锈钢股份有限公司烟气余热蒸汽回收发电项目	节能和提高能效	山西太钢不锈钢股份有限公司	Camco International Limited （英国）	2008.11.17
315	福州红庙岭垃圾填埋气发电项目	甲烷回收利用	福建天亿可再生能源技术发展有限公司	生态银行株式会社（日本）	2008.11.17
314	宁夏银仪红寺堡49.50MW风力发电项目	新能源和可再生能源	宁夏银仪风力发电有限责任公司	MGM Carbon Portfolio S.A R.L.	2008.11.16
313	四川陈家河坝20MW水电项目	新能源和可再生能源	四川鸿昌电力有限责任公司	三菱商事株式会社（日本）	2008.11.11
312	景德镇开门子干熄焦技术改造项目	节能和提高能效	景德镇开门子陶瓷化工集团有限公司	法国ORBEO	2008.11.11
311	新疆天山水泥股份有限公司低温余热发电项目	节能和提高能效	新疆天山水泥股份有限公司	英国瑞碳有限公司	2008.11.10
310	云南临沧遮奈水电站项目	新能源和可再生能源	临沧遮奈发电有限责任公司	英国益可环境集团PLC	2008.11.08
309	福建省武夷山市温林溪二、三级水电站	新能源和可再生能源	武夷山市祥润水电投资开发有限公司	德国RWE能源集团	2008.11.04
308	内蒙古赤峰东山二期50MW风电项目	新能源和可再生能源	大唐赤峰赛罕坝风力发电有限公司	住友商事（日本）	2008.11.04
307	湖南沅水清水塘水电站项目	新能源和可再生能源	湖南辰溪清水塘水电开发有限公司	意大利国家电力公司,	2008.11.04
306	中国铜湾水电项目	新能源和可再生能源	湖南中方铜湾水利水电开发有限责任公司	瑞典碳资产管理公司	2008.10.30
305	云南省泸水县金满河水电站	新能源和可再生能源	云南省泸水县金满河水电开发有限责任公司	RWE能源公司（德国）	2008.10.30
304	中节能张北大羊庄风电场项目	新能源和可再生能源	中节能风力发电（张北）运维有限公司	瑞士维多石油集团	2008.10.27
303	新主河二级水电站项目	新能源和可再生能源	丽江合恩金庄水电有限公司	英国益可环境集团PLC	2008.10.27
302	湖北东流溪二级12.6MW水电项目	新能源和可再生能源	长阳景龙水电开发有限公司	荷兰埃森特能源供应公司	2008.10.27
301	贵州三岔湾32MW水电项目	新能源和可再生能源	贵州安顺三岔湾水力发电有限公司	MGM Carbon Portfolio S.AR.L.	2008.10.27
300	河北承德汇枫风电场项目	新能源和可再生能源	河北红松风力发电股份有限公司	英国碳资源管理有限公司	2008.10.26
299	川化硝酸生产氧化亚氮减排项目	分解N_2O	川化股份有限公司	英国益可环境集团	2008.10.24
298	广西巴江口水电项目	新能源和可再生能源	平乐桂江电力有限责任公司	日本丸红株式会社	2008.10.24
297	中国湖北省峡口水利水电枢纽工程项目	新能源和可再生能源	湖北省南漳峡口电业有限公司	Arreon Carbon UK Limited	2008.10.24
296	广西下福水利枢纽项目	新能源和可再生能源	广西昭平桂海电力股份有限公司	日本丸红株式会社	2008.10.24

295	内蒙古赤峰玻力克49.3MW风电项目	新能源和可再生能源	大唐赤峰赛罕坝风力发电有限公司	住友商事（日本）	2008.10.24
294	重庆富源高压硝酸生产线氧化亚氮减排项目	温室气体的分解	重庆富源化工股份有限公司	EcoSecurities Group PLC（英国）	2008.10.20
293	湖北长沙头10MW水电项目	新能源和可再生能源	宜昌长丰水电开发有限公司	荷兰埃森特能源供应公司	2008.10.20
292	甘肃大年14MW小水电项目	新能源和可再生能源	甘肃陇南市东诚建设集团有限责任公司	单边项目	2008.10.10
291	内蒙古巴音敖包49.5MW风力发电项目（一期）	新能源和可再生能源	山西漳泽电力股份有限公司	MGM碳资产投资组合（卢森堡）	2008.10.10
290	重庆钢铁集团公司废气，余压利用发电项目	节能和提高能效	重庆钢铁集团有限责任公司	EcoSecurities Group Plc.	2008.10.07
289	平原同力余热发电项目	节能和提高能效	新乡平原同力水泥有限责任公司	瑞典碳资产管理公司（瑞典）	2008.10.01
288	豫龙同力余热发电项目	节能和提高能效	驻马店豫龙同力水泥有限公司	瑞典碳资产管理公司（瑞典）	2008.10.01
287	越西大岩水电站项目	新能源和可再生能源	越西县力源水电开发有限责任公司	瑞典碳资产管理公司	2008.10.01
286	乌拉山第1硝酸生产线氧化亚氮减排项目	分解N_2O	内蒙古乌拉山化肥有限责任公司	英国益可环境集团PLC	2008.09.27
285	山西孝义废气联合循环发电项目	节能和提高能效	山西欧罗福环保能源有限公司	Camco International Limited（英国）	2008.09.22
284	广东粤电石碑山风电项目	新能源和可再生能源	广东粤电石碑山风能开发有限公司	The Tokyo Electric Power Company, Incorporated	2008.09.17
283	云南沙坝24MW水电项目	新能源和可再生能源	大理州祥龙能源开发有限责任公司	日本丸红株式会社	2008.09.12
282	西平和普合14MW小水电打捆项目	新能源和可再生能源	西林驮娘江水电开发有限公司	英国益可环境集团PLC	2008.09.12
281	安徽淮北矿业集团水泥有限公司低温余热发电项目	节能和提高能效	淮北矿业（集团）水泥有限责任公司	JGC Corporation（日本）	2008.09.12
280	吉林辽源矿业（集团）梅河煤矿瓦斯自备发电项目	甲烷回收利用	辽源矿业（集团）有限责任公司	CAMCO国际有限公司（英国）	2008.09.12
279	贵州马滩7MW水电项目	新能源和可再生能源	赤水市中水水电开发有限公司	MGM Carbon Portfolio S.AR.L.（卢森堡）	2008.09.12
278	四川川威24MW废气自备电厂项目	节能和提高能效	内江市星明能源有限公司	国际能源系统（荷兰）公司	2008.09.10
277	中国土木溪小水电项目	新能源和可再生能源	张家界土木溪水电开发有限公司	Arreon Carbon UK Ltd（英国）	2008.09.09
276	上海宝山天然气联合循环（NGCC）并网发电项目	新能源和可再生能源	华能上海燃机发电有限责任公司	Gaisi Peony Capital (UK) & Credit Suisse	2008.09.09
275	河南郑煤集团煤矿瓦斯综合利用项目	甲烷回收利用	河南省郑州煤炭工业（集团）有限责任公司	法国电力集团（EDF）贸易有限公司	2008.09.05
274	江西省浮梁县樟树坑水电站	新能源和可再生能源	江西昌江水电发展有限公司	RWE能源集团（德国）	2008.09.05
273	贵州省长滩水电站项目	新能源和可再生能源	思南腾元双河电力有限责任公司	英国益可环境集团PLC	2008.09.01
272	贵州省黄鱼塘水电站项目	新能源和可再生能源	贵州腾元电力发展股份有限公司	英国益可环境集团PLC	2008.08.29
271	中国所街小水电项目	新能源和可再生能源	石门张家渡水电有限公司	Arreon Carbon UK Ltd（英国）	2008.08.29
270	湖南华菱涟钢废热自备电厂项目	节能和提高能效	湖南华菱涟源钢铁有限公司	丸红株式会社	2008.08.29
269	内蒙古乌兰察布市乌兰水泥余热利用项目	节能和提高能效	内蒙古乌兰水泥集团有限公司	Climate Change Capital Carbon Managed Account Limited（英国），Climate Change Capital Carbon Fund II s.à.r.l（英国）	2008.08.28
268	天津市双口垃圾填埋场填埋气回收发电项目	新能源和可再生能源	天津清洁能源环境工程有限公司	世界银行（西班牙碳基金）	2008.08.27

267	陕西兴龙热电有限公司资源综合利用发电项目	节能和提高能效	西安兴龙热电有限公司	新能源产业技术综合开发机构	2008.08.26
266	山东枣庄联丰焦电实业有限公司余热发电一期工程（15MW）	节能和提高能效	枣庄联丰焦电实业有限公司	日本太比雅株式会社	2008.08.26
265	贵州省镇远县铺田水电站项目	新能源和可再生能源	贵州省镇远县铺田水电开发有限公司	爱迪森集团（意大利）	2008.08.24
264	河南平煤集团煤矿瓦斯综合利用项目	甲烷回收利用	河南平顶山煤业（集团）有限责任公司	Climate Change Capital Carbon Fund Ⅱ S.à r.l. Climate Change Capital Carbon Managed Account Limited	2008.08.22
263	中国沱江小水电项目	新能源和可再生能源	江华剑桥水电有限公司	瑞典碳资产管理有限公司	2008.08.17
262	湖南中沟湾梯级小型水电项目	新能源和可再生能源	桑植县钱江水电开发有限公司	瑞典碳资产管理有限公司（瑞典）	2008.08.11
261	中国新村小水电项目	新能源和可再生能源	新晃新村水电站有限公司	瑞典碳资产管理有限公司	2008.08.08
260	云南省元江县路同水电站	新能源和可再生能源	云南民发集团元江路同水电有限公司	奥地利Kommunalkredit公共资讯公司	2008.08.07
259	辽源金刚水泥纯余热回收与发电	节能和提高能效	辽源金刚水泥（集团有限公司）	德意志银行伦敦分行	2008.08.07
258	河南省义马煤业（集团）有限责任公司煤矿瓦斯综合利用项目	甲烷回收利用	河南省义马煤业（集团）有限责任公司	法国电力集团（EDF）贸易有限公司	2008.08.02
257	云南维西吉岔水电项目	新能源和可再生能源	云南滇能迪庆香格里拉水电开发有限公司	MGM碳资产投资组合	2008.07.31
256	河南宝丰县水泥有限公司7.5MW低温余热发电项目	节能和提高能效	河南省宝丰县水泥有限公司	Factor Consulting + Management AG （瑞士）	2008.07.30
255	珠海横琴岛风电场项目	新能源和可再生能源	珠海国华汇达丰风能开发有限公司	英国碳资源管理有限公司	2008.07.30
254	云南维西格登水电项目	新能源和可再生能源	云南滇能迪庆香格里拉水电开发有限公司	卢森堡MGM碳资产投资组合	2008.07.28
253	新疆天风达坂城风电场二期项目	新能源和可再生能源	新疆天风发电股份有限公司	国际能源系统集团荷兰分公司	2008.07.21
252	苏里格天然气发电项目	新能源和可再生能源	内蒙古苏里格燃气发电有限责任公司	中部电力株式会社	2008.07.21
251	青海格尔木燃气轮机电站项目	燃料替代	黄河上游水电开发有限责任公司	国际能源系统（荷兰）公司	2008.07.20
250	山西中化寰达实业有限责任公司24兆瓦炼焦余热发电项目	节能和提高能效	山西中化寰达实业有限责任公司	英国排放贸易有限公司	2008.07.18
249	四川甘洛开建桥水电项目	新能源和可再生能源	四川省尼日河流域实业开发有限责任公司	Carbon Asset Management Sweden AB（瑞典）	2008.07.16
248	广西省长瓦10MW小水电项目	新能源和可再生能源	广西省宜州长茂电力有限责任公司	大和SMBC证券投资有限责任公司	2008.07.09
247	重庆鲤鱼塘梯级水电站工程项目	新能源和可再生能源	重庆市水利投资（集团）有限公司	益可环境集团PLC	2008.07.09
246	昆明五华垃圾填埋气发电项目	甲烷回收利用	昆明环业环保工程开发有限责任公司	英国Biogas Technology Ltd	2008.07.06
245	内蒙古五道沟50.25MW风电场项目	新能源和可再生能源	赤峰新胜风力发电有限公司	EDF Trading Limited	2008.07.05
244	中国云南泽玛河15MW小水电项目	新能源和可再生能源	福贡县宏达水电开发有限公司	瑞典碳资产管理公司 （瑞典）	2008.06.30
243	乌拉山第2硝酸生产线氧化亚氮减排项目	分解N_2O	内蒙古乌拉山化肥有限责任公司	英国益可环境集团PLC	2008.06.27
242	石家庄金石硝酸生产线氧化亚氮减排项目	分解N_2O	石家庄金石化肥有限责任公司	英国益可环境集团PLC	2008.06.27
241	贵州省水城县金狮子水电站项目	新能源和可再生能源	水城县金狮子水电发展有限责任公司	RWE能源集团	2008.06.26

240	河北威县生物质发电项目	新能源和可再生能源	国能生物质发电有限公司	Climate Change Capital Carbon Fund II s.a.r.l.& Climate change Capital Carbon Managed Account Ltd	2008.06.25
239	云南省德宏州陇川县别乃河一级、二级水电站项目	新能源和可再生能源	陇川县闽宏水电有限责任公司	RWE能源集团	2008.06.25
238	云南木加甲二级10MW小水电项目	新能源和可再生能源	福贡丰源水电发展有限公司	瑞典碳资产管理有限公司	2008.06.25
237	重庆门坎滩水电站	新能源和可再生能源	重庆市水利投资（集团）有限公司	益可环境集团PLC（英国）	2008.06.24
236	青海省青岗峡43.8MW水电项目	新能源和可再生能源	青海大通河水电开发有限责任公司	瑞典碳资产管理有限公司	2008.06.23
235	四川宜宾市珙县曹营水电站项目	新能源和可再生能源	宜宾巨浪电力开发有限公司	益可环境有限公司	2008.06.18
234	云南大关县红沙岩9.6MW小水电站项目	新能源和可再生能源	大关县顺安水电开发有限公司	Atmoguard GmbH （瑞士）	2008.06.17
233	湖南中州16.5MW水电项目	新能源和可再生能源	湖南中州水电开发有限公司	瑞典碳资产管理有限公司	2008.06.17
232	中国长泥坪水电项目	新能源和可再生能源	芷江正和水电开发有限公司	瑞典碳资产管理有限公司	2008.06.16
231	贵州都匀桃花9MW水电项目	新能源和可再生能源	贵州黔南中水水电开发有限公司	ICECAP Carbon Portfolio Limited	2008.06.12
230	云南力士洛二级6.4MW小水电项目	新能源和可再生能源	福贡县百河水电开发有限公司	瑞典碳资产管理公司 （瑞典）	2008.06.12
229	云南匹河9.6MW小水电项目	新能源和可再生能源	怒江国力水电发展有限公司	瑞典碳资产管理有限公司	2008.06.12
228	四川赵家山20MW水电项目	新能源和可再生能源	四川鸿昌电力有限责任公司	三菱商事株式会社（日本）	2008.06.12
227	云南云天化水富氧化亚氮减排项目	分解N_2O	云南云天化股份有限公司	英国益可环境集团PLC	2008.06.10
226	华电国际宁夏宁东杨家窑45MW风力发电项目	新能源和可再生能源	华电宁夏宁东风电有限公司	瑞典碳资产管理公司	2008.06.01
225	内蒙古达里四期49.5MW风电项目	新能源和可再生能源	大唐赤峰塞罕坝风力发电有限责任公司	益可环境有限公司（英国）	2008.05.30
224	内蒙古达里五期49.5MW风电项目	新能源和可再生能源	大唐赤峰塞罕坝风力发电有限责任公司	益可环境有限公司（英国）	2008.05.30
223	贵州落脚河20MW水电项目	新能源和可再生能源	贵州中水能源发展有限公司	MGM Carbon Portfolio S.AR.L.	2008.05.28
222	绵阳市垃圾填埋气发电项目	甲烷回收利用	绵阳泰都环境能源技术开发有限公司	Sindicatum Carbon Capital Ltd	2008.05.26
221	贵州从江县加平5MW、平中4.4MW水电项目	新能源和可再生能源	贵州从江中景水电开发有限公司	ICECAP Carbon Portfolio Limited	2008.05.21
220	贵州务川县沙坝30MW水电项目	新能源和可再生能源	贵州中水能源发展有限公司	国际系统能源集团(荷兰)	2008.05.16
219	辽宁桓仁牛毛大山24.65MW风力发电场	新能源和可再生能源	航天龙源（本溪）风力发电有限公司	EDF Trading Limited	2008.05.14
218	华阳迪尔第2硝酸生产线氧化亚氮减排项目	分解温室气体HFC-23	山东华阳迪尔化工有限公司	英国益可环境集团PLC	2008.05.11
217	云南解化集团全加压硝酸装置氧化亚氮减排项目	分解N_2O	云南解化集团有限公司	英国益可环境集团PLC	2008.05.10
216	贵州从江县令里7.5MW水电项目	新能源和可再生能源	贵州从江丰宁水电有限公司	ICECAP Carbon Portfolio Limited	2008.05.10
215	柳州化工股份有限公司硝酸尾气N2O减排项目	N_2O减排	柳州化工股份有限公司	三菱商事株式会社	2008.05.09
214	辽宁兴城海滨风力发电项目	新能源和可再生能源	国电兴城风力发电有限公司	SSE能源供应有限公司(英国)	2008.05.08
213	青海金沙峡70MW水电项目	新能源和可再生能源	青海大通河水电开发有限责任公司	瑞典碳资产管理有限公司	2008.05.05
212	福建北津水电项目	新能源和可再生能源	福建省建瓯北津水电开发有限公司	日本丸红株式会社	2008.05.05

211	云南解化集团双加压硝酸装置氧化亚氮减排项目	分解N_2O	云南解化集团有限公司	英国益可环境集团PLC	2008.05.05
210	华阳迪尔第1硝酸生产线氧化亚氮减排项目	分解温室气体HFC-23	山东华阳迪尔化工有限公司	英国益可环境集团PLC	2008.05.04
209	斗皇12.6MW小水电项目	新能源和可再生能源	西林驮娘江水电开发有限公司	英国益可环境集团PLC	2008.05.04
208	云南腊寨水电项目	新能源和可再生能源	云南龙陵腊寨水电发展有限公司	西班牙安第沙电力公司	2008.05.02
207	云南末坡河12.5MW 水电项目	新能源和可再生能源	贡山聚源水电开发有限公司	埃森特能源供应公司（荷兰）	2008.04.29
206	重庆武隆接龙梯级水电站工程项目	新能源和可再生能源	重庆市水利投资（集团）有限公司	益可环境集团PLC	2008.04.26
205	内蒙古孙家营50.25MW风电场项目	新能源和可再生能	赤峰新胜风力发电有限公司	EDF Trading Limited	2008.04.24
204	山东威海69MW风电项目	新能源和可再生能源	华能中电威海风力发电有限公司	西班牙Endesa电力公司	2008.04.22
203	广东省龙潭2×7兆瓦水电站项目	新能源和可再生能源	龙川县育茗实业发展有限公司	日本三菱商事株式会社	2008.04.18
202	南宁城市生活垃圾填埋气发电项目	甲烷回收利用	广西洁通科技有限公司	Biogas Technology Ltd(英国)	2008.04.14
201	新疆小草湖风电场项目	新能源和可再生能源	新疆华电小草湖风力发展有限责任公司	英国NATIXIS环境与基础设施公司	2008.04.14
200	中国芷江和平小水电项目	新能源和可再生能源	芷江和平水电有限责任公司	英国瑞碳有限公司	2008.04.13
199	湖北省宣恩县洞坪水电站项目	新能源和可再生能源	湖北宣恩洞坪水电有限责任公司	RWE能源集团	2008.04.13
198	江西刘家山10MW小水电项目	新能源和可再生能源	资溪县三江水电有限公司	英国益可环境集团PLC	2008.04.10
197	四川省高县月江水电站项目	新能源和可再生能源	四川省高县电力总公司	益可环境有限公司	2008.04.09
196	贵州坝盘水电站项目	新能源和可再生能源	贵州江口锦源水电开发有限公司	瑞典碳资产管理有限公司	2008.04.07
195	贵州红岩8MW小水电项目	新能源和可再生能源	贵州省三河水电开发有限公司	大和SMBC证券投资有限责任公司	2008.04.07
194	巴基河一级径流式10MW水力发电项目	新能源和可再生能源	盐源县绿江水电开发有限责任公司	MGM碳资产投资组合（卢森堡）	2008.04.05
193	云南普仕河二级10MW小水电项目	新能源和可再生能源	福贡县国源电力开发有限公司	瑞典碳资产管理公司 （瑞典）	2008.04.03
192	云南阿鲁河12.6MW小水电项目	新能源和可再生能源	福贡县恒大水电开发有限公司	瑞典碳资产管理公司 （瑞典）	2008.04.03
191	江苏射阳生物质发电项目	新能源和可再生能源	国能生物质发电有限公司	Climate Change Capital Carbon Fund II s.a.r.l.& Climate change Capital Carbon Managed Account Ltd	2008.04.01
190	云南茅草坪8MW小水电项目	新能源和可再生能源	保山西能水电开发有限公司	瑞典碳资产管理公司 （瑞典）	2008.03.31
189	江西昌坪河一级和二级10.4MW小水电打捆项目	新能源和可再生能源	江西华汇实业有限公司	益可环境集团PLC（英国）	2008.03.31
188	中化重庆涪陵4×30万吨/年硫磺制酸装置废热回收发电项目	节能和提高能效	中化重庆涪陵化工有限公司	丰田通商株式会社（日本）	2008.03.30
187	井冈山36MW水电项目	新能源和可再生能源	井冈山市遂川江水电开发有限公司	国际能源系统（荷兰）公司	2008.03.28
186	浙江东南发电股份有限公司萧山发电厂天然气发电工程项目	燃料替代	浙江东南发电股份有限公司	英国排放贸易公司	2008.03.26
185	浙江省镇海电厂燃油改建燃气发电工程项目	燃料替代	浙江浙能镇海天然气发电有限责任公司	英国排放贸易公司	2008.03.26
184	贵州都匀明英（扩机）3.75MW水电项目	新能源和可再生能源	贵州黔南中水水电开发有限公司	ICECAP Carbon Portfolio Limited	2008.03.21

183	中国云南大关县灵观岩小型水电项目	新能源和可再生能源	昭通丽景水电开发有限责任公司	Atmoguard GmbH （瑞士）	2008.03.21
182	国能山东高唐30MW生物质能发电项目	新能源和可再生能源	国能生物发电有限公司	EDF Trading Limited	2008.03.20
181	云南大理漾洱49.8MW水电项目	新能源和可再生能源	大理漾洱水电有限公司	日本碳基金	2008.03.20
180	国投海南水泥有限公司纯低温余热电站技改工程项目（8MW）	节能和提高能效	国投海南水泥有限公司	单边项目	2008.03.20
179	金象公司第1硝酸生产线氧化亚氮减排项目	分解N_2O	四川金象化工股份有限公司	英国益可环境集团PLC	2008.03.20
178	金象公司第2硝酸生产线氧化亚氮减排项目	分解N_2O	四川金象化工股份有限公司	英国益可环境集团PLC	2008.03.20
177	包钢（集团）公司高炉煤气燃气蒸汽联合循环发电项目	节能和提高能效	内蒙古包头钢铁（集团）有限责任公司	CAMCO International Limited（英国）	2008.03.17
176	中国江苏省宜兴市恒来建材股份有限公司水泥余热发电项目	节能和提高能效	江苏恒来建材股份有限公司	英国瑞碳有限公司	2008.03.14
175	天脊集团第2硝酸生产线氧化亚氮减排项目	分解N_2O	天脊煤化工集团有限公司	EcoSecurities Group PLC. Vitol S.A.（switzerland）	2008.03.14
174	天脊集团第1硝酸生产线氧化亚氮减排项目	分解N_2O	天脊煤化工集团有限公司	EcoSecurities Group PLC. Vitol S.A.（switzerland）	2008.03.10
173	天脊集团第3硝酸生产线氧化亚氮减排项目	分解N_2O	天脊煤化工集团有限公司	EcoSecurities Group PLC. Vitol S.A.（switzerland）	2008.03.05
172	北京太阳宫燃气热电冷联供工程	节能和提高能效	北京太阳宫燃气热电有限公司	Macquarie Bank Limited（英国）,Camco International Limited（英国）	2008.02.24
171	山西省煤炭运销总公司阳泉分公司煤矿瓦斯利用项目	甲烷回收利用	山西省煤炭运销总公司阳泉分公司	国际能源系统（荷兰）公司	2008.02.22
170	河南郑州天然气联合循环并网发电项目	新能源和可再生能源	郑州燃气发电有限公司	英国道达尔燃气发电公司	2008.02.22
169	湖北省鹤峰县燕子乡百顺村桃花山水电站项目	新能源和可再生能源	鹤峰县桃源水电有限责任公司	德国RWE能源集团	2008.02.18
168	山西灵石中煤九鑫20MW焦炉煤气发电项目	节能和提高能效	灵石县中煤九鑫焦化有限公司	Carbon Asset Management Sweden AB	2008.02.17
167	青海省东旭二级8MW水电项目	新能源和可再生能源	青海大通河水电开发有限责任公司	单边项目	2008.02.16
166	常熟海科化学有限公司HFC23分解项目	分解温室气体HFC-23	常熟海科化学有限公司	EDF Trading Ltd（英国）	2008.02.15
165	陆丰市甲东风电场一期工程项目	新能源和可再生能源	广东集华风能有限公司	国际能源系统集团荷兰分公司	2008.02.15
164	北京第三热电厂天然气燃气-蒸汽联合循环发电项目	节能和提高能效	北京京丰燃气发电有限责任公司	德国RWE Power AG 电力公司	2008.02.15
163	湖南东坪72MW水电项目	新能源和可再生能源	五凌电力有限公司	Kommunalkredit公共资讯机构代表奥地利政府农业部，林业部，环境和水资源管理部	2008.02.12
162	北京金隅集团有限责任公司10.5MW纯低温废热发电项目	节能和提高能效	北京金隅集团有限责任公司	英国益可环境集团PLC	2008.02.07
161	河北曲寨水泥9000KW余热回收发电项目	节能和提高能效	鹿泉市曲寨水泥有限公司	瑞典碳资产管理公司 （瑞典）	2008.02.03
160	陕西八仙园27MW水电项目	新能源和可再生能源	陕西省洋县隆盛水电有限公司	国际能源系统（荷兰）公司	2008.02.01
159	甘肃张掖三道湾水电站工程	新能源和可再生能源	甘肃西兴能源投资有限公司	单边项目	2008.02.01
158	宜昌宜化太平洋热电有限公司废热回收综合利用项目	节能和提高能效	宜昌宜化太平洋热电有限公司	瑞典碳资产管理公司 （瑞典）	2008.02.01
157	中国关门岩水电项目	新能源和可再生能源	湖南彩石水电开发有限公司	瑞典碳资产管理公司 （瑞典）	2008.02.01

156	山东长岛27.2MW风电项目	新能源和可再生能源	华能中电长岛风力发电有限公司	西班牙Endesa电力公司	2008.01.21
155	福建漳浦六鳌45MW风电项目	新能源和可再生能源	大唐漳州风力发电有限责任公司	Essent能源交易公司（荷兰）	2008.01.21
154	华安西陂水电项目	新能源和可再生能源	华安西陂水电有限公司	丸红株式会社（日本）	2008.01.16
153	内蒙古卓资40MW风电场项目	新能源和可再生能源	内蒙古大唐国际卓资风电有限责任公司	英国益可环境有限公司	2008.01.14
152	云南茅沙坪水电站项目	新能源和可再生能源	漾濞黑惠江电力开发有限责任公司	益可环境有限公司	2008.01.11
151	中国渔梁湾小水电项目	新能源和可再生能源	洪江区渔梁湾水电有限公司	瑞典碳资产管理公司（瑞典）	2008.01.06
150	河南牧原养猪场甲烷回收利用CDM项目	甲烷回收利用	河南省内乡县牧原养殖有限公司	日本丸红株式会社	2007.12.21
149	黑龙江汤原生物质热电联产项目	新能源和可再生能源	国电科技环保集团有限公司	壳牌国际贸易公司（英国）	2007.12.20
148	湖南涟钢废气自备电厂项目	节能和提高能效	湖南华菱涟源钢铁有限公司	丸红株式会社	2007.12.20
147	福建平潭长江澳100MW风电场项目	新能源和可再生能源	龙源平潭风力发电有限公司	EDF Trading Limited	2007.12.19
146	山东无棣生物质发电项目	新能源和可再生能源	国电科技环保集团有限公司	壳牌国际贸易公司（英国）	2007.12.19
145	挖黑水电站项目	新能源和可再生能源	马边宪家普河电力有限公司	Ecosecurities Ltd	2007.12.19
144	宁夏银仪49.50MW风力发电项目	新能源和可再生能源	宁夏银仪风力发电有限公司	Carbon Asset Management Sweden AB （瑞典） & Carbon Asset Management Sweden AB （荷兰）	2007.12.18
143	国华齐齐哈尔富裕49.5MW风力发电项目	新能源和可再生能源	国华（齐齐哈尔）风电有限公司	日本三井物产株式会社	2007.12.17
142	山西阳城县煤矿瓦斯综合利用项目	甲烷回收利用	阳城县民生燃气有限责任公司	国际能源系统（荷兰）公司	2007.12.11
141	广西那沙和那宾12.8MW小水电项目	新能源和可再生能源	西林驮娘江水电开发有限公司	英国益可环境国际金融集团	2007.12.10
140	余姚天然气发电项目	燃料替代	浙江国华余姚燃气发电有限责任公司	英国排放贸易公司	2007.12.10
139	中国上堡小水电项目	新能源和可再生能源	广东韶能集团股份有限公司	瑞典碳资产管理公司	2007.12.09
138	四川板子沟11.4MW小水电项目	新能源和可再生能源	汶川浙丽水电开发有限公司	瑞典碳资产管理公司	2007.12.03
137	湖南安石星源发电有限公司焦炉废气余热发电项目	节能和提高能效	湖南安石星源发电有限公司	Vitol S.A. （瑞士）	2007.11.30
136	南京市轿子山垃圾填埋气回收利用供热项目	甲烷回收利用	南京允生新能源开发有限公司	CAMCO International Limited （英国）	2007.11.30
135	新疆乌鲁木齐乌拉泊30MW风电项目	新能源和可再生能源	中节能风力发电（新疆）有限公司	东京电力公司	2007.11.30
134	中国石油天然气股份有限公司辽阳石化分公司N_2O减排项目	分解N_2O	中国石油天然气股份有限公司辽阳石化分公司	英国高盛国际，加拿大纳德所资产管理公司	2007.11.30
133	建瓯杨墩水电CDM项目	新能源和可再生能源	建瓯市杨墩水电开发有限公司	日本丸红株式会社	2007.11.11
132	甘肃省兰州市小水池水电项目	新能源和可再生能源	甘肃银龙水利水电开发有限公司	Arreon Carbon UK Limited	2007.11.10
131	中国包头钢铁（集团）有限责任公司焦化厂5#～8#焦炉配套干熄焦改造项目	节能和提高能效	包头钢铁（集团）有限责任公司	丹麦碳基金，国际发展复兴银行作为丹麦碳基金的托管人	2007.11.08
130	中国贵州团坡水电项目	新能源和可再生能源	贵州蒙江流域开发有限公司	日本东京电力株式会社	2007.11.04
129	宁夏黄河沙坡头水利发电项目	新能源和可再生能源	宁夏沙坡头水利枢纽有限责任公司	Carbon Asset Management Sweden AB （瑞典）	2007.11.04

128	浙江红狮30MW纯低温余热发电项目	节能和提高能效	红狮控股集团有限公司	卢森堡MGM碳基金	2007.10.29
127	国华内蒙古辉腾梁风电场项目	新能源和可再生能源	国华（锡林郭勒）新能源有限公司	英国碳资源管理有限公司	2007.10.18
126	邯钢废气回收联合循环发电项目	节能和提高能效	邯郸钢铁集团有限责任公司	瑞典碳资产管理公司	2007.10.15
125	重庆酉水石堤水电站项目	新能源和可再生能源	重庆乌江实业（集团）有限公司	Ecosecurities Ltd	2007.10.12
124	箱子岩水电站项目	新能源和可再生能源	重庆乌江实业（集团）有限公司	Ecosecurities Ltd	2007.10.11
123	山西柳林煤矿瓦斯利用项目	甲烷回收利用	柳林县晋鼎煤层气有限公司	国际能源系统（荷兰）公司	2007.10.06
122	福建南日岛16.15MW风电场项目	新能源和可再生能源	莆田南日后山仔风电开发有限公司	EDF Trading Limited（英国）	2007.10.04
121	云南南底河20MW水电项目	新能源和可再生能源	云南盈江县南底河水电有限责任公司	国际能源系统（荷兰）公司	2007.10.04
120	乌尔古力山30MW风电项目	新能源和可再生能源	黑龙江富龙风力发电有限责任公司	国际能源系统（荷兰）公司	2007.09.30
119	贵州杨家湾9MW水电项目	新能源和可再生能源	赤水市中水水电开发有限公司	MGM Carbon Portfolio S.AR.L.（卢森堡）	2007.09.30
118	江西丰城矿务局煤矿瓦斯利用项目	甲烷回收利用	丰城矿务局	国际能源系统（荷兰）公司	2007.09.24
117	杉木沟小水电项目	新能源和可再生能源	四川乐山市金洋电力开发有限责任公司	英国益可环境有限公司	2007.09.20
116	广州兴丰垃圾填埋气回收利用项目	甲烷回收利用	广州市惠景环保技术有限公司	爱斯凯碳投资组合有限公司	2007.09.19
115	平武县任家坝水电站项目	新能源和可再生能源	平武县川江水电开发有限公司	Carbon Asset Management Sweden AB	2007.09.17
114	江苏启东91.5MW风电项目	新能源和可再生能源	华能新能源产业控股有限公司	西班牙Endesa电力公司	2007.09.14
113	新疆天富热电股份有限公司红山嘴水电厂玛纳斯河一级水电站工程项目	新能源和可再生能源	新疆天富热电股份有限公司	日本东京电力	2007.09.14
112	山东中氟化工科技有限公司HFC23分解项目	分解温室气体HFC-23	山东氟化工科技有限公司	Climate Change Capital Carbon Fund II s.à r.l., Climate Change Capital Carbon Managed Account Limited	2007.09.14
111	甘肃吾乎扎12MW小水电项目	新能源和可再生能源	甘肃鸿源水电开发有限责任公司	国际能源系统集团荷兰分公司	2007.09.02
110	陕西省旬阳桂花小规模水电项目	新能源和可再生能源	陕西省旬阳桂花水能有限公司	Arreon Carbon UK Limited	2007.09.02
109	甘肃鸿源10MW小水电项目	新能源和可再生能源	甘肃鸿源水电开发有限责任公司	国际能源系统集团荷兰分公司	2007.09.01
108	伊春石帽顶子30.6MW风电场项目	新能源和可再生能源	黑龙江伊春兴安岭风力发电有限公司	Kommunalkredit Public Consulting GmbH（奥地利）	2007.08.27
107	陕西省宁陕县小规模水电项目	新能源和可再生能源	陕西省宁陕县万达水电责任有限公司	Arreon Carbon UK Limited	2007.08.23
106	吉林白城查干浩特风电场项目	新能源和可再生能源	中水白城风电发展有限公司	西班牙安第沙电力公司	2007.08.17
105	国华江苏东台201MW风电项目	新能源和可再生能源	国华（东台）风电有限公司	EDF贸易有限公司（英国）	2007.08.11
104	福建东山乌礁湾30MW风力发电项目	新能源和可再生能源	福建东山澳仔山风电开发有限公司	奥地利Kommunalkredit 公共咨询公司	2007.07.27
103	山东莱州市叼龙嘴风力发电场	新能源和可再生能源	山东鲁能发展集团有限公司	意大利国家电力公司	2007.07.27
102	甘肃舟曲石门坪15MW水电站项目	新能源和可再生能源	甘肃电投大容石门坪发电有限责任公司	PLC排放贸易有限公司	2007.07.23

101	广西梧州城市生活垃圾堆肥项目	甲烷回收利用	梧州德润环保实业有限公司	德国RWE能源集团	2007.07.21
100	甘肃大唐玉门49MW风电场项目	新能源和可再生能源	甘肃大唐玉门风电有限公司	中部电力株式会社，瑞典能源署	2007.07.16
99	甘肃祁连山水泥6000Kw水泥余热利用项目	节能和提高能效	甘肃祁连山水泥集团股份有限公司	瑞典能源署	2007.07.15
98	云南黑尔25MW水电项目	新能源和可再生能源	云南师宗县黑尔水电开发有限责任公司	国际能源系统（荷兰）公司	2007.07.15
97	贵州南东12MW水电项目	新能源和可再生能源	剑河县剑源水电开发有限公司	MGM Carbon Portfolio S.AR.L.（卢森堡）	2007.07.14
96	广西弄南12.6MW小水电项目	新能源和可再生能源	西林驮娘江水电开发有限公司	英国益可环境国际金融集团	2007.07.13
95	河南神马尼龙化工有限责任公司N_2O分解项目	分解N_2O	河南神马尼龙化工有限责任公司	Natsource Asset Management Corp.（加拿大）	2007.07.12
94	甘肃迭部多儿32MW水电项目	新能源和可再生能源	甘肃汇能新能源技术发展有限责任公司	日本住友商事株式会社合	2007.07.08
93	甘肃两河口15MW小水电项目	新能源和可再生能源	甘肃省舟曲县两河口水电开发有限公司	国际能源系统（荷兰）公司	2007.07.05
92	舟白水电站项目	新能源和可再生能源	重庆乌江实业（集团）有限公司	Ecosecurities Ltd	2007.07.02
91	广西那劳8MW小水电项目	新能源和可再生能源	西林驮娘江水电开发有限公司	英国益可环境国际金融集团	2007.07.01
90	海南省吊罗河小水电项目	新能源和可再生能源	陵水中电吊罗山水电开发有限公司	英国碳资源管理有限公司	2007.06.22
89	国能单县秸秆直燃发电项目	新能源和可再生能源	国能生物发电有限公司	丹麦碳基金	2007.06.17
88	甘肃境铁山水电站项目	新能源和可再生能源	甘肃酒泉市三元水电开发有限公司	西班牙Endesa公司	2007.06.17
87	华盛天涯水泥6.5MW纯低温余热发电项目	节能和提高能效	三亚华盛天涯水泥有限公司	瑞典碳资产管理公司	2007.06.10
86	山东栖霞唐山硼风电场项目	新能源和可再生能源	栖霞市润霖风电发展有限公司	英国碳资源管理有限公司	2007.06.09
85	国华呼伦贝尔新巴尔虎右旗49.5MW风电场项目	新能源和可再生能源	国华（呼伦贝尔）风电有限公司	三井物产株式会社	2007.06.03
84	大唐赤峰赛罕坝（西）风电场项目	新能源和可再生能源	大唐赤峰赛罕坝风电有限公司	英国碳资源管理有限公司	2007.05.27
83	阳泉煤业（集团）有限责任公司9万千瓦瓦斯发电项目	甲烷回收利用	阳泉煤业（集团）有限公司	IXIS环境与基建集团，Camco国际有限公司	2007.05.22
82	四川干溪坡径流式水电项目	新能源和可再生能源	四川天全干溪坡水力发电有限公司	Ecosecurities Ltd	2007.05.20
81	黑龙江伊春耳朵眼28.05MW风电场项目	新能源和可再生能源	黑龙江伊春兴安岭风力发电有限公司	Kommunalkredit Public Consulting GmbH（奥地利）	2007.05.18
80	山东荣成市东褚岛风力发电场	新能源和可再生能源	山东鲁能发展集团有限公司	意大利国家电力公司	2007.05.17
79	甘肃迭部尼傲加尕12.9MW水电站项目	新能源和可再生能源	迭部尼傲加尕水电开发有限责任公司	三井物产株式会社	2007.05.14
78	济南垃圾填埋气发电项目	甲烷回收利用	山东十方新能源有限公司	Ecosecurities Ltd	2007.05.13
77	黑龙江华富穆棱风电项目	新能源和可再生能源	黑龙江华富风力发电穆棱有限责任公司	国际能源系统（荷兰）公司	2007.05.11
76	四川脚基坪径流式水电项目	新能源和可再生能源	四川天全脚基坪水力发电有限公司	Ecosecurities Ltd	2007.05.06
75	安徽海螺水泥有限公司宁国水泥厂9100KW余热发电项目	节能和提高能效	安徽海螺水泥股份有限公司	CAMCO International Limited（英国）	2007.05.04
74	深圳下坪固体废弃物填埋场填埋气体收集利用项目	甲烷回收利用	深圳市利赛实业发展有限公司	Climate Change Capital Carbon Fund s.a.r.l（英国）	2007.05.04

73	渔滩水电站项目	新能源和可再生能源	重庆乌江实业（集团）有限公司	Ecosecurities Ltd	2007.05.04
72	中昊晨光化工研究院HFC-23分解项目	分解温室气体HFC-23	中昊晨光化工研究院	ENEL Trade S.p.A.	2007.05.01
71	湖北广润水电项目	新能源和可再生能源	湖北广润电力开发有限责任公司	意大利社区发展碳基金（CDCF）的托管方，意大利国际复兴开发银行	2007.04.27
70	辽宁昌图风电场项目	新能源和可再生能源	昌图辽能协鑫风力发电有限公司	英国碳资源管理有限公司	2007.04.16
69	新疆达坂城风电三场一期项目	新能源和可再生能源	新疆天风发电股份有限公司	国际能源系统（荷兰）公司	2007.04.12
68	宁夏天净50.25MW风力发电项目	新能源和可再生能源	宁夏天净风力发电股份有限公司	中部电力株式会社	2007.04.12
67	无锡桃花山垃圾填埋气发电项目	甲烷回收利用	无锡天顺环境技术有限公司	丰田通商株式会社	2007.04.09
66	大唐吉林双辽风电场49.3MW项目	新能源和可再生能源	大唐吉林瑞丰新能源发电有限公司	Climate Change Capital Carbon Fund s.a.r.l（英国）	2007.04.09
65	内蒙古辉腾锡勒京能100兆瓦风电场项目	新能源和可再生能源	北京国际电力新能源有限公司	西班牙安第沙电力公司	2007.04.09
64	江苏如东环港东凌100.5MW风力发电项目	新能源和可再生能源	江苏龙源风力发电有限公司	Kommunalkredit Public Consulting GmbH（奥地利）	2007.04.08
63	河北承德淞杉风电场项目	新能源和可再生能源	河北红松风力发电股份有限公司	英国碳资源管理有限公司	2007.04.08
62	中国开封晋开化工有限责任公司硝酸厂尾气N_2O催化减排项目	分解N_2O	开封晋开化工有限责任公司（晋开）	Mitsubishi Corporation	2007.04.07
61	阳泉煤业（集团）有限责任公司煤层气在氧化铝焙烧炉利用项目	甲烷回收利用	阳泉煤业（集团）有限公司	IXIS环境与基建集团，Camco国际有限公司	2007.04.07
60	通榆团结风电场100.3MW项目	新能源和可再生能源	吉林龙源风力发电有限公司	Kommunalkredit公共咨询公司（代表奥地利共和国联邦农业、林业、环境和水管理部）	2007.04.07
59	中国安果尔25.2MW水电项目	新能源和可再生能源	甘肃合作安果水力发电有限责任公司	单边项目	2007.04.06
58	甘肃党河水电站项目	新能源和可再生能源	甘肃嘉峪关市通源水电有限公司	日本碳基金	2007.04.06
57	黑龙江伊春大箐山风力发电项目	新能源和可再生能源	黑龙江伊春兴安岭风力发电有限公司	Kommunalkredit Public Consulting GmbH（奥地利）	2007.04.06
56	中国迁安焦化厂废热回收项目	节能和提高能效	迁安中化煤化工有限责任公司	新日本制铁株式会社	2007.04.06
55	浙江巨化股份有限公司第2个HFC-23分解项目	分解温室气体HFC-23	浙江巨化股份有限公司	Climate Change Capital China Limited（英国）、Climate Change Capital Carbon Fund No.2 s.a.r.l（卢森堡）	2007.04.05
54	河北康保卧龙兔山30MW风电项目	新能源和可再生能源	河北建投张家口风能有限公司	国际能源系统（荷兰）公司	2007.04.05
53	河北沽源30.6MW风电项目	新能源和可再生能源	河北建投张家口风能有限公司	单边项目	2007.04.05
52	云南白水江梯级电站项目	新能源和可再生能源	云南中大盐津发电有限公司	世界银行	2007.04.02
51	尚义满井（东）风电场项目	新能源和可再生能源	国华（河北）新能源有限公司	英国碳资源管理有限公司	2007.03.31
50	潘三矿抽放煤矿区煤层气（CMM）的利用和销毁项目	甲烷回收利用	淮南矿业集团	Vitol SA	2007.03.31

49	华电内蒙古辉腾锡勒100.25MW风电场项目	新能源和可再生能源	内蒙古华电辉腾锡勒风力发电有限公司	意大利国家电力公司（ENEL Trade S.p.A）	2007.03.29
48	张北米家沟风电场项目	新能源和可再生能源	张北国投风力发电厂	Carbon Resource Management Ltd.（英国）	2007.03.22
47	江苏句容秸秆直燃发电项目	新能源和可再生能源	中节能生物质能投资有限公司	英国碳资源管理有限公司	2007.03.19
46	云南马关大梁子水力发电项目	新能源和可再生能源	云南马关大梁子发电有限责任公司	Kommunalkredit公共咨询公司（奥地利）	2007.03.18
45	江苏宿迁秸秆直燃发电项目	新能源和可再生能源	中节能生物质能投资有限公司	英国碳资源管理有限公司	2007.03.18
44	济南钢铁集团总公司燃气—蒸汽联合循环发电项目	节能和提高能效	山东济南钢铁集团总公司	Noble Carbon Credit UK Limited（英国）	2007.03.17
43	河南鹿邑25MW生物质热电联产项目	新能源和可再生能源	国能生物发电有限公司	Trading Emission Limited（英国）	2007.03.16
42	山东禹城新园15MW生物质热点联产项目	新能源和可再生能源	山东禹城市新园热点有限公司	英国碳资源管理有限公司	2007.03.12
41	河北晋州24MW秸秆发电项目	甲烷回收利用	河北建投生物发电有限责任公司	IXIS环境与基建集团	2007.03.04
40	吉林长岭风力发电项目	新能源和可再生能源	吉林风力发电有限公司	Climate Change Capital Carbon Fund s.a.r.l.（英国）	2007.03.01
39	安徽淮北海孜、芦岭煤矿瓦斯利用项目	甲烷回收利用	安徽淮北矿业（集团）有限责任公司	国际能源系统集团荷兰分公司	2007.02.18
38	湖南炎陵深渡水电项目	新能源和可再生能源	湖南炎陵县中大深渡水电有限责任公司	Carbon Resource Management Ltd.（英国）	2007.02.16
37	中国大唐内蒙古辉腾梁风电场49.5MW项目	新能源和可再生能源	大唐河北发电有限公司	单边项目	2007.01.22
36	内蒙古赤峰东山49.3MW风电项目	新能源和可再生能源	大唐赤峰赛罕坝风力发电有限责任公司	单边项目	2006.12.31
35	赛罕坝（北）风电场项目	新能源和可再生能源	大唐赤峰赛罕坝风力发电有限责任公司	Carbon Resource Management Ltd.	2006.12.15
34	赛罕坝（东）风电场项目	新能源和可再生能源	大唐赤峰赛罕坝风力发电有限责任公司	Carbon Resource Management Ltd.	2006.12.15
33	吉林洮南风力发电项目	新能源和可再生能源	吉林名门风力发电股份有限公司	Kommunalkredit公共咨询公司（奥地利）	2006.12.02
32	甘肃张掖二龙山水电站工程	新能源和可再生能源	甘肃张掖二龙山水电有限责任公司	此项目为单边项目	2006.11.13
31	广西珠江流域治理再造林项目	造林与再造林	广西环江兴环营林有限责任公司	International Bank for Construction and Development as Trustee of the BioCarbon Fund	2006.11.10
30	中国如东风电场项目	新能源和可再生能源	江苏联能风力发电有限公司	Rabobank（荷兰）	2006.11.06
29	临海市利民化工有限公司HFC-23分解项目	分解温室气体HFC-23	临海市利民化工有限公司	意大利Enel公司	2006.10.27
28	浙江省东阳化工股份有限公司HFC-23分解项目	分解温室气体HFC-23	浙江省东阳化工股份有限公司	意大利Enel公司	2006.10.27
27	中国小河9.6MW小水电项目	新能源和可再生能源	甘肃夏河恒发水电有限责任公司	单边项目	2006.10.23
26	中国甘肃省5MW可再生能源发电并网项目	新能源和可再生能源	甘肃省文县天河水电有限责任公司	单边项目	2006.10.23
25	吉林洮北富裕49.5MW风电场项目	新能源和可再生能源	白城富裕风力发电有限公司	Trading Emission Ltd.	2006.10.22
24	新疆乌鲁木齐托里风电场30MW项目	新能源和可再生能源	北京国投节能公司	Tokyo Electric Power Company（日本）	2006.10.21
23	甘肃坎峰15MW水电站项目	新能源和可再生能源	甘肃公交投坎峰水电开发有限责任公司	日本关西电力株式会社	2006.10.15

22	辽宁彰武24.65兆瓦风力发电项目	新能源和可再生能源	辽宁彰武金山风力发电有限责任公司	Carbon Asset Management Sweden AB（瑞典）	2006.10.13
21	辽宁康平24.65风力发电项目	新能源和可再生能源	辽宁康平金山风力发电有限责任公司	Carbon Asset Management Sweden AB（瑞典）	2006.10.13
20	甘肃鹿儿台12.2MW水电站项目	新能源和可再生能源	甘肃华羚集团临潭鹿儿台水电有限公司	日本关西电力株式会社	2006.09.30
19	吉林长岭风电场一期49.5兆瓦项目	新能源和可再生能源	中国水电建设集团投资有限公司	IXIS Environment & Infrastructures（法国）	2006.09.25
18	华能通榆100.5MW风电项目	新能源和可再生能源	华能新能源产业控股有限公司	西班牙Endesa电力公司	2006.08.12
17	甘肃张掖小孤山水电工程	新能源和可再生能源	甘肃张掖小孤山水电有限责任公司	International Bank for Reconstruction and Development	2006.08.11
16	华能洮北49.3MW风电项目	新能源和可再生能源	华能新能源产业控股有限公司	西班牙Endesa电力公司	2006.08.09
15	江苏常熟三爱富中昊化工新材料有限公司HFC23分解项目	分解温室气体HFC-23	常熟三爱富中昊化工新材料股份有限公司	World Bank	2006.08.08
14	华能南澳45.05风电项目	新能源和可再生能源	华能新能源产业控股有限公司	西班牙Endesa电力公司	2006.08.08
13	福建漳浦六鳌30.6MW风电项目	新能源和可再生能源	大唐漳州风力发电有限责任公司	单边项目	2006.07.27
12	宁夏天净神州30.6MW风力发电项目	新能源和可再生能源	宁夏天净神州风力发电有限公司	Trading Emission Limited（英国）	2006.07.13
11	新汶矿业集团泰山水泥废热回收项目	节能和提高能效	新汶矿业集团有限责任公司	Natsource Europe Limited	2006.06.24
10	江苏梅兰化工股份有限公司HFC23分解清洁发展机制项目	分解温室气体HFC-23	江苏梅兰化工股份有限公司	World Bank	2006.06.04
9	宁夏贺兰山风力发电项目	新能源和可再生能源	宁夏发电集团有限责任公司	Trading Emission Limited	2006.04.25
8	北京安定填埋场填埋气收集利用项目	甲烷回收利用	北京市二清环卫工程集团有限公司	荷兰国际能源系统公司	2006.04.21
7	张北满井风电场项目	新能源和可再生能源	北京国投节能公司	First Carbon Fund ltd.（英国）	2006.03.23
6	山东东岳HFC-23分解项目	分解温室气体HFC-23	山东东岳化工股份有限公司	日本三菱商事株式会社、新日制铁株式会社、Natsource Europe Limited	2006.03.13
5	梅州垃圾填埋场沼气回收与能源利用项目	甲烷回收利用	深圳相控科技有限公司	Austrian JI/CDM Programme, Kommunalkredit Public Consulting Gmbh（奥地利）	2006.03.03
4	浙江巨化HFC-23分解项目	分解温室气体HFC-23	浙江巨化股份有限公司	JMD Greenhouse-Gas Reduction Co.Ltd（日本）	2006.03.03
3	湖南渔仔口小水电项目	新能源和可再生能源	汝城县渔仔口水电有限责任公司	EcoSecurities Group Ltd.（英国）	2005.12.18
2	南京天井洼垃圾填埋气发电项目	甲烷回收利用	南京绿色资源再生工程有限公司	EcoSecurities Group Ltd（英国）	2005.12.18
1	内蒙辉腾锡勒风电场项目	新能源和可再生能源	内蒙古龙源风能开发有限责任公司	荷兰政府代表SenterNovem	2005.06.26

碳捕集与碳封存

碳捕集与封存（Carbon Capture and Storage，以下简称CCS)是将能源生产和利用过程中产生的二氧化碳捕集后进行封存,存放在地下或海底里。全球目前燃煤产生的二氧化碳是90亿吨/年。科学界最为乐观的估计是，地下可埋存10万亿吨二氧化碳，保守估计亦达2000亿吨，这相当于未来数百年通过燃煤产生的二氧化碳排放的总量，或截至目前人类的二氧化碳总排量。

CCS技术可以分为捕集、运输以及封存三个步骤。

二氧化碳的捕集方式主要有三种：燃烧前捕集、富氧燃烧和燃烧后捕集。燃烧前捕集主要运用于IGCC（整体煤气化联合循环）系统中，将煤高压富氧气化变成煤气，再经过水煤气变换后产生CO_2和氢气（H_2），气体压力和CO_2浓度都很高，很容易对CO_2进行捕集。剩下的H_2可以被当作燃料使用。该技术的捕集系统小，能耗低，在效率以及对污染物的控制方面有很大的潜力，因此受到广泛关注。然而，IGCC发电技术仍面临着投资成本太高、可靠性还有待提高等问题。富氧燃烧采用传统燃煤电站的技术流程，但通过制氧技术，将空气中大比例的氮气（N_2）脱除，直接采用高浓度的氧气（O_2）与抽回的部分烟气（烟道气）的混合气体来替代空气，这样得到的烟气中有高浓度的CO_2气体，可以直接进行处理和封存。燃烧后捕集即在燃烧排放的烟气中捕集CO_2，目前常用的CO_2分离技术主要有化学吸收法（利用酸碱性吸收）和物理吸收法（变温或变压吸附），此外还有膜分离法技术。

二氧化碳运输。捕集到的二氧化碳必须运输到合适的地点进行封存，可以使用汽车、火车、轮船以及管道来进行运输。

二氧化碳封存。二氧化碳封存的方法有许多种，一般说来可分为地质封存（Geological Storage）和海洋封存（Ocean Storage）两类。

二氧化碳的工业用途非常广泛：在机器铸造业，二氧化碳是添加剂；在金属治炼业，特别是优质钢、不锈钢、有色金属治炼，二氧化碳是质量稳定剂；在陶瓷搪瓷业，二氧化碳是固定剂；在饮料啤酒业，二氧化碳是消食开胃的添加剂，作酵母粉，二氧化碳是促效剂；在消防上，二氧化碳是一种高效的灭火剂。商业化的二氧化碳捕集已经运营了一段时间，技术已发展得较为成熟，而二氧化碳封存技术各国还在进行大规模的实验。英国2009年能源和气候变化部提出了一个新计划，建设四座规模宏大的碳捕集和储存示范工程，并规定新建煤电厂至少需有25%的产能安装捕获设施，凡不具备碳捕集能力的煤电厂都应关闭，美国也研制了将二氧化碳封存在水泥中的新技术。德国2001年耗资7000万欧元研究CCS技术。英国、澳大利亚等已着手建立CCS相关法规和标准。

我国对CCS技术高度重视，CCS技术作为前沿技术已被列入《国家中长期科技发展规划》。2006年，经国家发改委推动，CCS技术被作为中澳两国合作的重点。在科技部2007年《中国应对气候变化科技专项行动》中，CCS技术作为控制温室气体排放和减缓气候变化的技术重点被列入专项行动的四个主要活动领域之一。2007年9月3日，中国华能集团、澳大利亚联邦科学工业研究组织签署了《关于洁净发电及二氧化碳捕集与处理等技术研究的合作框架》。“十一五”期间，国家“863”计划对发展CCS技术给与了大力支持。中国在哥本哈根联合国气候变化峰会上承诺，到2020年中国单位GDP二氧化碳排放比2005年下降40%~45%，碳减排工作压力巨大，任重道远，开展二氧化碳捕集、运输、储存和利用是我国最重要的碳减排技术路径之一。我国在CCS技术研发和项目示范上，均已有一定成果。

华能集团北京热电厂二氧化碳捕集示范项目

华能集团北京热电厂二氧化碳捕集示范项目是我国首个燃煤电厂碳捕集示范项目，由澳大利亚联邦科学与工业研究组织和中国华能集团公司以及西安热工研究院联合建设。2007年12月26日在中国华能集团公司所属北京热电厂开工建设，2008年7月16日正式投产。华能北京热电厂成为国内第一家同时具有烟气脱硫、脱硝、二氧化碳捕集设施的高效、节能、绿色环保燃煤电厂。该项目采用华能集团自主知识产权、由西安热工研究院开发的、处于国际领先水平的燃煤电厂烟气二氧化碳捕集技术——从二氧化碳浓度为13%左右的烟气中捕集出浓度超过99%的二氧化碳，再经过精制系统，最终可生产出纯度达到99.5%以上的二氧化碳产品，高于食品级的纯度要求。

对华能北京热电厂进行碳捕集改造，设计CO_2回收率大于85%，年回收CO_2能力为3000吨，分离、提纯后的二氧化碳纯度达到99.5%以上，可用于食品行业。通过该项目的建设，华能将具备自主设计、建造、运行大型烟气二氧化碳捕集装置的能力。

该系统投运一年以来，装置运行稳定可靠，技术经济指标均达到设计值，二氧化碳回收率大于85%，日产最高达到9吨，已累计回收二氧化碳3500吨，并且全部进行了再利用，具有较强的示范性。

华能集团北京热电厂二氧化碳捕集示范项目装置

华能上海石洞口第二电厂超超临界机组碳捕集项目

华能上海石洞口第二电厂碳捕集项目是在其二期新建的两台66万千瓦的超超临界机组上安装碳捕集装置，该装置总投资约1亿元，由西安热工研究院设计制造，处理烟气量为66000标准立方米/小时，约占单台机组额定工况总烟气量的4%，设计年运行时间为8000小时，年生产食品级二氧化碳10万吨。该项目已于2009年12月30日投入运营，时为全球规模最大的超超临界机组碳捕集装置，能耗指标达到国际先进水平。

石洞口第二电厂碳捕集项目的建成投产，开创了我国燃煤电站实现二氧化碳捕集规模化生产的先河，标志着我国燃煤电厂二氧化碳捕集技术和规模已达到世界领先水平。脱碳装置采用了燃烧后捕集技术的化学吸收法——这也是目前国际上燃煤电厂CCS项目普遍采用的办法，即在对烟气进行脱硝、除尘、脱硫的基础上，采用化学吸收法（MEA法）实现脱碳。碳捕集装置主要由烟气预处理系统、吸收、再生系统、压缩干燥系统、制冷液化系统等组成。首先，对电厂锅炉排烟进行脱硝、除尘、脱硫等预处理，脱除烟气中对后续工艺的有害物质，然后在吸收塔内复合溶液与烟气中的二氧化碳发生反应，将二氧化碳与烟气分离；其后在一定条件下于再生塔内将其生成物分解，从而释放出二氧化碳，二氧化碳再经过压缩、净化处理、液化，得到高纯度的液体二氧化碳产品。

华能上海石洞口二厂的脱碳装置构造：脱碳区位于二期工程扩建端中部，分为两大区域，北侧为二氧化碳捕集设备区域，南侧为二氧化碳精制设备区域，电控楼布置在两大区域之间。

目前上海市每年的二氧化碳用量为15～18万吨，华能上海石洞口第二电厂的碳捕集量为10万吨／年，可以满足整个市场需求量的近2/3。

中欧煤炭利用近零排放（NZEC）合作项目

中欧NZEC合作项目是中欧双方在气候变化特别是CCS领域开展的重要合作项目之一。2005年9月中欧峰会期间，中国和欧盟领导人共同发表了《中欧气候变化联合宣言》，双方同意开展碳捕集与封存技术研发合作。2005年12月，中国科技部同欧洲委员会签署了关于利用碳捕集与封存技术实现煤炭利用近零排放合作的谅解备忘录。中欧NZEC合作分三个阶段开展：第一阶段开展能力建设和示范项目的预可行性研究，第二阶段将开展示范工程的可行性研究，第三阶段将在中国建设和运行CCS示范工程。

2009年10月28～29日，“中欧煤炭利用近零排放（NZEC）合作项目第一阶段总结与后续阶段合作展望”会议在北京召开。会议由中华人民共和国科学技术部、欧洲委员会及英国能源与气候变化部共同主办，中国21世纪议程管理中心承办。来自中国科技部、国家发展改革委、欧洲委员会、英国能源与气候变化部及欧盟有关国家、美国、澳大利亚、日本的政府官员、专家学者和企业界人士等共200多人参加了

2009年10月28～29日，“中欧煤炭利用近零排放（NZEC）合作项目第一阶段总结与后续阶段合作展望”会议在北京召开

会议。中国政府高度重视中欧CCS合作，由科技部牵头专门成立中欧NZEC合作领导小组，负责统一组织中欧CCS合作项目第二、三阶段合作工作，协调解决实施过程中的重大事宜。欧盟驻华使团赛日·安博大使表示，CCS技术在发电领域的应用将对应对气候变化产生积极的促进作用，前不久欧盟环境外长会议决定继续推进中欧NZEC项目，欧盟已承诺为此提供5700万欧元的资金支持。

中英煤炭利用近零排放项目（NZEC）

中英煤炭利用近零排放项目启动会

2005年12月，科技部与英国环境、食品和乡村事务部和贸易与工业部签署了《关于研发碳捕集与封存技术以实现煤炭利用近零排放第一阶段合作谅解备忘录》。英国政府为中英第一阶段CCS合作提供资金支持。2006年2月，科技部与欧洲委员会也签署了《关于研发二氧化碳捕集与封存技术以实现近零排放发电的合作谅解备忘录》。2007年11月20日，中国科技部与英国政府在北京正式启动中英煤炭利用近零排放项目（NZEC）。

NZEC项目由中国21世纪议程管理中心和英国AEA公司负责项目管理和协调。英方参与机构包括Air Products公司、ALSTOM Power电力公司、BP、英国地质调查局（BGS）、Doosan Babcock公司、赫瑞·瓦特大学、帝国理工学院以及壳牌石油公司；中方参与机构包括来自中国科学院、清华大学、华能集团、中石油、中联煤层气公司等。

中英煤炭利用近零排放项目的重点是合作研发碳捕集与封存（CCS）技术，目的是最终实现煤炭利用过程中几乎不再向大气排放二氧化碳。将分三个阶段开展：第一阶段探索在中国通过CCS技术实现煤炭利用近零排放的可行性和可选方案；第二阶段将研究并设计示范工程方案；第三阶段将组织示范工程的建设实施。

NZEC项目是中英CCS合作谅解备忘录框架下开展的具体合作项目，将研究在中国利用CCS技术捕集燃煤电厂排放的二氧化碳并封存于地质结构的可行性。主要包括以下方面的工作内容：（1）CCS信息共享与能力建设；（2）中国未来能源技术展望；（3）二氧化碳捕集技术案例分析；（4）中国二氧化碳封存的潜力评价；（5）社会经济影响分析与中国CCS发展路线图。

华能温室气体捕集和处理研究与实验项目

2008年12月，中国华能集团公司与上海电气（集团）总公司在上海签订了《设立“华能上海电气温室气体减排研究中心”合作协议》。

按照协议，华能集团公司与上海电气合作设立华能上海电气温室气体减排研究中心。该中心将根据国家节能减排要求，研究温室气体减排技术和能源高效利用技术，进行节能减排领域高新技术的开发、转化和推广应用。研究中心将以华能上海石洞口二厂两台60万千瓦燃煤机组项目为试点，致力于燃煤发电机组二氧化碳减排技术。

中国华能集团公司抓紧建设并运转“华能上海电气温室气体减排研究中心”和“华能北京温室气体捕集与处理实验室”，进行关键技术的开发和示范运行，形成具有自主知识产权的燃烧后烟气二氧化碳捕集技术，为我国的低碳经济发展和单位GDP的有效降低做出贡献。

华能天津IGCC示范电站项目

华能天津IGCC示范电站项目

华能集团投资建设的我国首座IGCC示范电站——华能天津IGCC示范电站率先通过国家发展改革委核准，2009年在河北省廊坊市正式开工建设。这是华能集团倡导的“绿色煤电”计划第一阶段的依托项目，争取于2011年建成投产，并以此为依托，建设绿色煤电实验室，利用试验装置研究探讨燃烧前二氧化碳捕集技术。同时加强同石油、地质等行业的合作，共同推动IGCC与CCS发电技术的工业规模示范进程。

华能天津IGCC示范电站项目将同步建设二氧化碳捕集示范工程，利用紧邻华北油田的优势开展EOR（二氧化碳油田回注增采）的应用研究。

绿色煤电计划

“绿色煤电计划”是中国华能集团公司于2004年提出的，计划的总体目标是研究开发、示范推广以煤气化制氢、氢气轮机联合循环发电和燃料电池发电为主、并对污染物和CO_2进行高效处置的煤基能源系统；大幅度提高煤炭发电效率，使煤炭发电达到污染物和CO_2的近零排放。

华能绿色煤电天津IGCC示范电站示范工程开工仪式

2009年7月6日，绿色煤电天津IGCC示范电站工程在天津临港工业区开工建设，计划建设1台25万千瓦级发电机组，总投资21亿元，采用华能自主研发的具有自主知识产权的每天2000吨级两段式干煤粉气化炉，首台机组将于2011年建成。

北京碳捕集与封存技术示范项目

2009年11月10日，亚洲开发银行“碳捕集与封存（CCS）技术示范——战略研究与能力建设”技术援助项目在北京启动。

“碳捕集与封存技术示范——战略研究与能力建设”技术援助项目由国家发展改革委代表中方与亚洲开发银行进行合作，为期一年。国家发展改革委应对气候变化司为项目的执行机构，华能集团绿色煤电公司为项目的实施机构。该项目将结合华能集团在天津建设的国内首个整体煤气化联合循环（IGCC）示范电厂项目的实施，采用实际工程数据，进行CCS示范工程的综合风险评估、选址、融资机制等研究并开展相关的能力建设活动，为在中国建成第一个较大规模的、全流程的CCS示范工程提供支持。

重庆合川双槐电厂二氧化碳捕集装置

中电投重庆合川双槐电厂是在一期两台30万千瓦的机组上建造碳捕集装置，总投资约1235亿元，由中电投远达环保工程有限公司自主研发设计，2008年 9 月开工建造二氧化碳捕集装置。这是我国首个万吨级燃煤电厂二氧化碳捕集装置。

该装置每年可处理燃煤产生的烟气5000万立方米，从中捕集1万吨高纯度二氧化碳，浓度达到99.5%以上。罐子中储存的是已经捕集到的保存在－19℃左右的液态二氧化碳。这些液态二氧化碳来自电厂排放的烟气，通过一系列复杂的处理过程从烟气中分离出来，再经浓缩提纯后储存在这里。

这套由中电投集团所属远达环保工程公司研发建设的碳捕集装置，是全球已投运的为数不多的万吨级碳捕集装置之一。技术处于国际领先水平，具有投资成本低、烟气适应性广、二氧化碳捕集率高、吸收溶剂耗量少等特点。这套装置与国外同等规模装置相比，单位投资成本可降低40%~50%。烟气适应范围广，可对我国所有经脱硫后的煤种进行脱碳，包括在西南地区广泛使用的污染较重的高硫煤种。捕集到的高浓度工业级二氧化碳可运用在灭火、制冷、金属保护焊接、生产碳酸盐等领域。

这套装置在技术上实现了二氧化碳的低成本捕集，为在我国电厂大规模推广应用探索了经验，下一步要探索碳捕集的可盈利模式。装置捕集到的液体二氧化碳成本仅是每吨394元，在重庆平均可卖到每吨620元，年创毛利226万元，五六年可收回投资成本。

重庆合川双槐电厂二氧化碳捕集装置

中电投集团在重庆合川双槐电厂万吨级捕集装置的基础上，将利用该捕集装置，用于优化改进运行参数、工艺流程，开展降低捕集二氧化碳的能耗、运行成本的研究，为二氧化碳捕集技术的大型化、工程化应用探索经验。正在进行大型吸收设备强化和过程优化的技术研究，建设10万吨级电厂二氧化碳捕集示范工程。

中石化低分压二氧化碳捕集技术

到2009年，中国石油化工集团公司已经实现了碳捕集的商业化运营，并占据了国内95%的市场份额。

中石化下属的南化集团研究院开发的低分压二氧化碳捕集技术已在北京热电厂、华能上海石洞口发电有限公司、胜利油田等20多家企业推广,年捕集高纯度二氧化碳100多万吨。应用范围从传统的合成气二氧化碳捕集拓展到天然气、炼厂气、EO/EG循环气、F–T合成循环气、各种烟气、高炉气、窑气等领域。

鄂尔多斯二氧化碳捕集与封存全流程项目

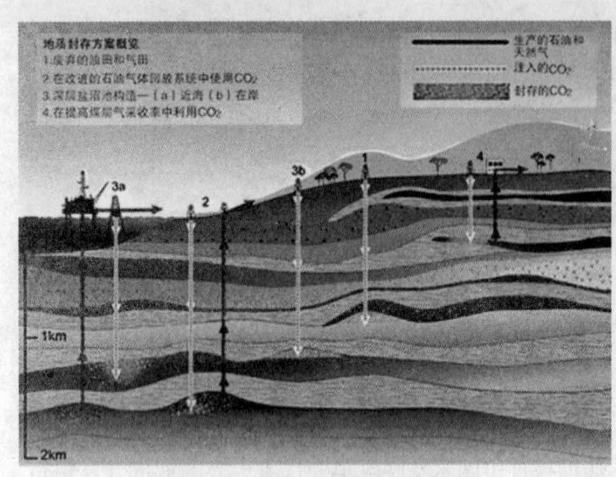

鄂尔多斯二氧化碳捕集与封存方案

中国首个二氧化碳捕集与封存全流程项目(CCS)计划将于2011年初在内蒙古自治区鄂尔多斯市伊金霍洛旗乌兰木伦镇开工建设。该项目是从神华集团煤制油生产线中捕集二氧化碳，经过提纯、液化等环节，运送到距捕集地约17公里、地下约3000米的区域封存起来，从而减少二氧化碳的大气排放。一期工程总造价约为2.1亿元，将在2011年年底开始进行二氧化碳试注入，预计每年可减排10万吨二氧化碳，相当于4150亩森林吸收的二氧化碳量。

鄂尔多斯二氧化碳捕集与封存全流程项目是此类项目在发展中国家第一次得到开发，投入使用后将是亚洲规模最大的同类工程。

胜利油田二氧化碳捕集纯化装置项目

2009年12月16日，中国目前最大的一套“燃煤发电厂烟气二氧化碳捕集纯化装置”在位于山东省东营市的胜利油田胜利发电厂开工建设，2010年建成后每年可使胜利油田减少二氧化碳排放30000多吨。 这套装置功能是将燃煤发电厂的烟气二氧化碳捕集起来，经过提纯、液化后用于驱动地下的原油，提高低渗透油田采收率，既减少碳排量，又可为油田获取廉价的二氧化碳气源。捕集处理后的二氧化碳纯度在99.5%以上，可全部应用于目前胜利油田正在开展的“低渗透油藏二氧化碳驱油”重大先导试验。

吉林油田二氧化碳驱油技术研究

吉林油田三次采油研究所气驱项目研究组经过7年的研究，到2007年独创了气驱油藏地质研究、油藏工程研究以及物理模拟技术、相态评价技术等8大技术，与微生物驱、复合驱共同成为吉林油田三次采油的三大核心技术。

吉林油田研究院气驱组针对油田的地质特点和开发现状，为解决特低渗透油田注水开发效果差、注水压力上升等问题，开展了二氧化碳驱油技术研究及现场试验，初步形成了适合吉林油田低渗透油藏特点的二氧化碳驱油藏地质油藏工程研究技术、二氧化碳驱长岩心的室内物理模拟试验技术、二氧化碳油藏流体体系相态评价技术等8项二氧化碳驱油配套技术。

气驱组独创了一套新技术新方法：形成一个注气站实现两井同时注气和单井单独仪表计量技术、井温测试技术，首次在注气井上利用高精度压力计进行温度、压力测试，确定井筒内二氧化碳的相态和密度变化规律，同时建立了利用测井温确定气体突破井出气层位方法，改变了传统的利用封隔器查找窜槽层位的方法，设计了高压加药装置，独创了油套环空高压加药的方法。

2004年，气驱组在新立228区块进行了两个井组的二氧化碳水气交替驱试验，取得了良好的试验效果，累计增油1420吨。2006年，在总结新立228区块注气经验的基础上，以红岗北油田为重点攻关目标，对低渗油藏进行早期注气开发试验研究，目前已初见成效。

中原油田开展二氧化碳驱油先导试验

2006年，中国石化重点科研项目——低渗透油藏二氧化碳驱油提高采收率先导试验落户中原油田。该项目将炼油厂烟道中生成的二氧化碳捕集起来，用作油田三次采油的驱油剂，为二氧化碳的回收利用开辟了一条新的渠道。据统计，中原油田开展二氧化碳驱油先导试验以来，到2009年底，已经将近万吨液态二氧化碳注入地下，累计增油

2700多吨。

中原油田开展二氧化碳驱油先导试验装置

中原油田石油化工总厂炼油废气富含二氧化碳。过去受技术条件的限制，这些废气无法回收利用，只能排放到大气中。2002年，中原油田按照资源综合利用的原则，建成年产能力达2万吨的液态二氧化碳生产装置，二氧化碳捕集装置是利用一乙醇胺溶液回收CO_2工艺原理，处理从催化装置来的烟道气，经过提纯、液化后，生产出合格的二氧化碳产品。中国石化重点科研项目中原油田1-1井组沙一油藏二氧化碳驱三次采油提高采收率试验研究即将进入第三段塞注气阶段。截至2009年12月21日，1-1井已累计注二氧化碳9838.86吨，累计增油2871.3吨，其中濮1-67井增油2634.7吨。二氧化碳驱油实现了保护环境、增加原油产量的一举多得的效果。

2008年，中原油田在进行单井试验的基础上，开始尝试区块二氧化碳驱油先导试验。随着试验工作的不断深入，对液态二氧化碳的需求不断增长，现有的生产装置规模已无法满足需要。中原油田石油化工总厂已经完成年产10万吨液态二氧化碳扩建工程的可行性研究，项目完成后，将形成每年12万吨液态二氧化碳生产能力，实现炼厂炼油尾气全部回收利用。

2008年全国建设行业科技成果推广项目目录（节录）

证书编号	项目名称	完成单位
2008026	外墙保温系统	上海永成建筑创艺有限公司
2008027	纳尔特膨胀聚苯板外墙外保温体系	北京纳尔特保温节能材料有限公司
2008028	空气源热泵冷暖热水机组	武汉朗肯节能技术有限公司
2008030	明远节能装饰板外墙外保温系统	深圳市明远氟涂料有限公司
2008031	FS胶粉聚苯颗粒外墙外保温系统	富思特制漆（北京）有限公司
2008032	FS膨胀聚苯板（EPS）薄抹灰外墙外保温系统	富思特制漆（北京）有限公司
2008035	胶粉微泡复合颗粒保温浆料及外墙外保温系统	北京工大天工科技有限公司
2008036	FS无机保温砂浆外墙外保温系统	富思特制漆（北京）有限公司
2008037	复合保温石膏板外墙内保温系统	上海拉法基石膏建材有限公司
2008045	胶粉聚苯颗粒外墙外保温系统	北京中岩海之蓝建材科技发展有限公司
2008046	模塑聚苯板薄抹灰外墙外保温系统	北京中岩海之蓝建材科技发展有限公司
2008047	GPRS远程监控二次供水设备	青岛华德仪表工程有限公司
2008048	聚苯板（PXS/EPS）外墙外保温系统	连云港市思建奇科技有限公司
2008049	聚苯板（PXS/EPS）外墙外保温系统	南京天之骄新型建筑材料有限公司
2008050	聚苯板（PXS/EPS）外墙外保温系统	江苏鑫东盛节能建材有限公司
2008051	SYNICA硬泡聚氨酯保温装饰板外墙外保温系统	上海中科合臣股份有限公司
2008052	建筑隔热涂料	深圳市嘉达高科产业发展有限公司 深圳市嘉达特种材料有限公司
2008053	玻璃隔热涂料	深圳市嘉达高科产业发展有限公司 深圳市嘉达特种材料有限公司
2008054	COLOYS无机保温砂浆	深圳市嘉达高科产业发展有限公司 深圳市嘉达特种材料有限公司
2008058	佳家利玻璃用节能隔热涂料	烟台佳隆纳米产业有限公司
2008060	PUB·F聚氨酯防水保温集成板屋面防水保温系统	嵊州市科达新型建材有限公司
2008062	太阳能薄膜光伏建筑一体化	珠海兴业幕墙工程有限公司
2008067	SX外墙保温装饰板一体化系统	北京首想科技发展有限公司
2008070	太阳能变径真空集热管与密排集热技术	三河华隆新能源有限公司

2009年中国重大科学、技术与工程进展项目

中国科学技术协会评选

一、2009年中国重大科学进展项目

中国陆地生态系统的碳平衡状况

20世纪80~90年代，全球陆地生态系统年吸收碳1~4 Pg(1 Pg =1015g)，抵消掉了约10%~60%的化石燃料燃烧释放的碳。然而，陆地碳源和碳汇的区域情况和原因并不清楚。随着人们对全球碳循环中区域情况的科学和政治兴趣的提升，更好地了解中国碳平衡的情况显得格外重要。这不仅仅因为中国是世界人口第一大国和化石燃料CO_2释放大国，同时也是因为其具有独特的区域性土地使用历史和气候变化趋势，这些因素共同控制着中国生态环境的碳预算。北京大学城市与环境学院朴世龙与方精云研究小组及合作者，利用已有的土地利用和资源清查数据、大气CO_2浓度观测数据、遥感数据以及气象数据，借助遥感、GIS等新技术的支持，并结合大气反演模型和基于过程的生态系统碳循环模型，综合研究了中国陆地碳汇和碳源的时空格局及其机制。研究结果表明，20世纪八九十年代，中国陆地生态系统碳储量平均每年增加0.19~0.26Pg，稍低于美国，而与欧洲大陆相当。中国陆地生态系统碳汇相当于此间中国工业源CO_2总排放量的28%~37%，显著高于欧洲（7%~12%），与美国相近（20%~40%）。研究结果还显示，中国东北部因森林的过度砍伐和退化，已成为大气CO_2净碳源；相反，华南地区则贡献了碳汇的65%，其原因可能是区域气候改变以及20世纪80年代开始的大量种植园兴起和灌木林恢复，而灌木林恢复是碳汇中最不确定的一个因素。相关研究论文发表在2009年4月23日英国Nature杂志上。

二、2009年中国重大技术进展项目

国内首列实用型中低速磁悬浮列车运行试验

6月15日，国内首列具有完全自主知识产权的实用型中低速磁悬浮列车下线后完成列车调试，开始进行线路运行试验，这标志着中国已经具备中低速磁悬浮列车产业化制造能力。中低速磁悬浮列车项目是北车集团唐山轨道客车有限公司与北京控股磁悬浮技术发展有限公司、国防科学技术大学等共同开展的磁悬浮技术工程化应用研发项目，被列入国家“十一五”科技支撑计划。该列磁悬浮列车采用铝合金车体、宽幅车身，供电电压由直流750V提高到1500V，噪音低、无辐射、运行安全可靠，爬坡能力达到7%的水平，运行时速为100～120km，是舒适、安全、快捷、环保的绿色轨道交通工具，在各种交通方式中具有独特的优势。

研制成功大容量钠硫储能电池

10月16日，中国科学院上海硅酸盐研究所与上海市电力公司合作，成功研制出具有自主知识产权的容量为650A?h的钠硫储能单体电池，使我国成为继日本之后世界上第二个掌握大容量钠硫单体电池核心技术的国家。钠硫电池是一种以金属钠为负极、硫为正极、陶瓷管为电解质隔膜的二次电池，具有容量大、体积小、能量储存和转换效率高、寿命长、不受地域限制等优点，是目前最经济实用的储能方法之一。目前，钠硫储能电池技术已走在储能技术的前沿，其应用前景广阔，具有极大的经济和社会效益，同时还能降低碳的排放。

2.0MW永磁直驱风力发电机设计完成

11月18日，中国第一台具有自主知识产权的2.0MW永磁直驱风力发电机，由力德风电公司与国家稀土永磁电机工程技术研究中心合作设计完成。这是我国自主研发的最大的永磁直驱风力发电机，标志着我国永磁直驱风力发电技术达到世界领先水平。这项技术充分考虑到中国的气候条件和风资源状况，进行了抗台风、抗低温、抗沙尘等设计；同时在结构优化、电磁计算、温度场设计等方面做了大量创新型设计，可以达到微风启动、低风速并网发电的效果，从而更充分地利用了风能资源。在同等条件下，单机的年发电量比从国外引进的永磁直驱发电机提高了约15%。永磁直驱风力发电机采用全功率变流器，并网后对电网的冲击小，且具有低电压穿越能力强等优点，目前这种发电机装机约占中国风电装机总量的10%。

三、2009年中国重大工程进展项目

神华煤直接液化百万吨级示范工程试车成功

1月6日，神华煤直接液化百万吨级示范工程连续稳定运行168h，标志着中国成为世界上唯一掌握百万吨级煤直接液化关键技术的国家，我国煤制油技术实现里程碑式跨越。神华煤直接液化百万吨级示范工程包括备煤、催化剂制备、空分、干煤粉气化制氢、煤直接液化、溶剂加氢稳定、液化油品加氢改质、气体和液化气脱硫、酸性水汽提、硫磺回收、污水处理等54套生产和辅助生成装置，核心装置采用了具有自主知识产权的世界上最先进的煤直接液化工艺技术和高效铁基合成催化剂技术，同时高度重视环境保护工作，对走中国特色清洁能源道路具有深远意义。

武广铁路客运专线成功试运行

12月9日，武广铁路客运专线试运行成功。列车从广州南站出发不到3小时即抵达武汉，标志着中国兴建的世界上第一条时速达350km的高铁客运新干线已全面完成铁路线建设。作为（北）京广（州）客运专线的一部分，2005年6月23日开工建设的武广高速铁路客运新干线，北起武汉站，南到广州南站，线路全长1068.6km，全部采用世界上最先进的无砟轨道技术铺设，设计时速为350km，试运行时速达到394km，居世界首位。该铁路客运专线上运行的国产CRH3型“和谐号”动车组列车拥有完全自主知识产权，多项技术处于世界领先地位，牵引功率达8800kW，具有更好的启动加速和持续高速运行能力；正式开通运营后，将实现武广铁路客货分线运输，能极大地释放既有京广铁路运输能力，有效缓解铁路对煤炭、石油、粮食等重点物资运输的瓶颈制约，对于提高全国铁路网整体运输能力、提升中国高速铁路建设水平具有重要意义。

低碳生活
低碳消费

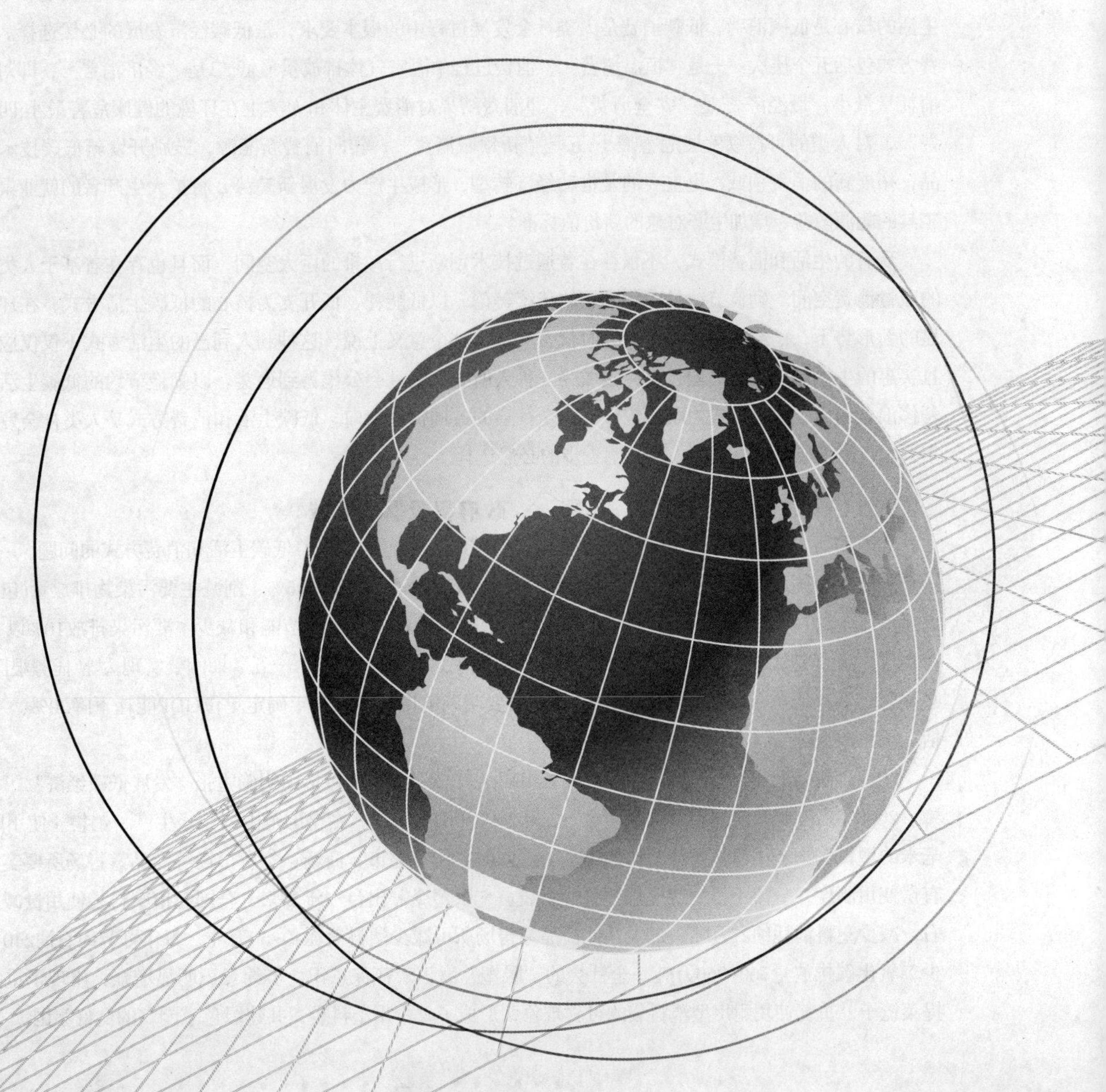

低碳生活　低碳消费

在日常生活中，每个人都有自己的碳足迹，它指的是每个人的二氧化碳排放量。据测算，1999年到2002年间，城镇居民生活用能已占到每年全国能源消费量的大约26%，二氧化碳排放的30%是由居民生活行为及满足这些行为的需求造成的，中国家庭每年碳排放量的平均水平为2.7吨。而我们在日常生活中很细小的减碳行为就会产生巨大的“社会效应”：如果全国每人每年平均减少浪费1斤粮食，可减排二氧化碳61.2万吨/年；全国1.5亿空调在国家提倡的26度基础上调高1度，可减排二氧化碳317万吨/年；全国1248万辆私人轿车的车主能做到每月少开一天车，可减排二氧化碳122万吨/年。

低碳生活是提倡大家从自己的生活习惯做起，控制或者注意个人的二氧化碳排放量，让全球二氧化碳的排放量降下来。“低碳生活”虽然是个新概念，但它反映的却是世界可持续发展的老问题，反映了人类因气候变化而对未来产生的担忧。全球变暖等气候问题致使全球人类不得不考量目前的生态环境。人类意识到生产和消费过程中出现的过量碳排放是形成气候问题的重要因素之一，因而要减少碳排放就要相应优化和约束某些消费和生产活动。低碳生活的核心是低碳消费。低碳消费是人类社会发展过程中的根本要求，是低碳经济发展的必然选择。广义的低碳消费方式包括五个层次：一是“恒温消费”，消费过程中温室气体排放量最低;二是“经济消费”，即对资源和能源的消耗量最小，最经济;三是“安全消费”，即消费结果对消费主体和人类生存环境的健康危害最小;四是“可持续消费”，对人类的可持续发展危害最小;五是“新领域消费”，转向消费新能源，鼓励开发新低碳技术、研发低碳产品，拓展新的消费领域，更重要的是推动经济转型，形成生产力发展新趋势，将扩大生产者的就业渠道、提高生产工具的能源效益、增加生产对象的新价值标准。

现有的生活和消费模式，不仅存在着通过技术创新进行减排的巨大空间，而且也存在着基于人类文明进化需要的减量消费空间。勤俭节约是中华民族的传统美德，以低能耗、低开支为核心的低碳生活方式，在环境问题日益凸显的新形势下，已经被赋予了全新的时代含义。从这个意义上说，这种利人利己的生活方式不仅仅应该作为时尚而且实惠的生活理念受到提倡，更应该成为一种人所公认的社会公德得到褒奖。以勤俭节约的低碳生活方式为荣，以奢侈浪费的高碳生活方式为耻，应该成为全社会的共同价值取向。低碳生活和消费方式是人类社会发展过程中的根本要求，是低碳经济发展和人类文明进步的必然选择。

政府积极倡导低碳

中国作为一个负责任的大国,十分重视发展低碳经济,并且也关注着低碳生活和消费方式的问题。

1996年中国政府制定“九五”计划时，提出了节能率平均每年为5%、削减主要污染物排放量(包括温室气体排放量)的目标,并实现了这个目标。2001年制定“十五”规划时,又提出节能和减少主要污染排放10%以上,但是最终没有实现。温家宝总理说,我们在“十五”期间没有实现这个目标,在“十一五”期间要实现,尽管任务艰巨,难度极大,但必须坚定不移地执行。为此,“十一五”规划纲要明确承诺：到2010年确定单位GDP能耗下降20%、主要污染物(包括二氧化碳)排放量下降10%的目标。

胡锦涛主席于2007年9月8日在亚太经合组织(APEC)会议上的讲话中明确主张“发展低碳经济”，令世人瞩目。

2008年，中国政府发出了“限塑令”，从2008年6月1日起，在全国范围内禁止生产、销售、使用厚度小于0.025毫米的塑料购物袋（简称超薄塑料购物袋）。同时，所有超市、商场、集贸市场等商品零售场所要实行塑料购物袋有偿使用制度，一律不得免费提供塑料购物袋。“限塑令”出台一年多来，全国超市塑料袋使用量减少了２／３左右，减少塑料消耗约27万吨，加上其他商品零售场所可减少塑料消耗40~50万吨，每年可节约石油240~300万吨，减少二氧化碳排放量760~960万吨。全社会的“限塑”意识、环保意识、节约意识明显增强，出现了重拎布袋子、重提菜篮子、重复使用耐用型塑料袋的可喜现象，形成了“少用塑料袋，共建绿色家园”的良好氛围。

胡锦涛主席在2009年9月的联合国气候变化峰会上承诺，到2020年将比2005年大幅降低碳排放强度。2009年11月25日，国务院总理温家宝召开国务院常务会议，确定了2020年降低碳强度的目标，即到2020年，我国单位国内生产总值二氧化碳排放比2005年下降40%~45%，作为约束性指标纳入国民经济和社会发展中长期规划，并制定相应的国内统计、监测、考核办法。在2009年末召开的哥本哈根气候大会上，中国政府非常明确地强调，气候变化是当今全球面临的重大挑战，遏制气候变暖，拯救地球家园，是全人类共同的使命。每个国家和民族、每个企业和个人，都应当责无旁贷地行动起来！

2009年3月，财政部和住房城乡建设部推出“太阳能屋顶计划”，对建筑中使用的太阳能光伏发电系统给予20元／W不等的财政补贴。中国通过太阳能利用技术，已为3500万栋建筑物提供热水。2009年上半年，国家实施“节能产品惠民工程”，对高效节能空调、电视机、冰箱等10大类产品给予财政补贴，中央财政安排70亿元，鼓励汽车、家电“以旧换新”。采用财政补贴方式推广高效照明产品：对能效等级1级或2级以上高效节能空调、冰箱等10大类产品，通过财政补贴方式加大推广力度，6月1日实施以来，能效等级2级以上的高效节能空调销售比重由5%左右一跃上升到15%左右。中国的节能灯泡年产13亿只，节能灯泡使用率高于发达国家。国家2009年采用财政补贴方式推广高效照明产品1.2亿只，支持在北京、上海、重庆等13个城市开展节能与新能源汽车示范试点。据称，到2010年，中国将节能1万亿瓦，占中国居民用电的大约9%,这相当于减少11 300 吨二氧化碳的排放。

中国政府越来越认识到，推进低碳经济发展的整体合力，来自于普通民众，来自于每个企业、每个部门和每个家庭,从民众和家庭入手，从基层入手，既能衡量对于CO_2的排放数值,又能将低碳经济理念、生态文明和绿色发展的理念贯彻到每个国民的心中。为此，中国加大了气候变化问题的宣传和教育力度，开展了多种形式的有关气候变化的知识讲座和报告会，举办了多期中央及省级决策者气候变化培训班，召开了“气候变化与生态环境”等大型研讨会，开通了全方位提供气候变化信息的中英文双语政府网站《中国气候变化信息网》等，并取得了较好的效果。2007年9月1日，科技部将六大类36种日常生活方式换算成节能减排的量化数据，向全社会公布了《全民节能减排手册》，提倡人们在不降低现有生活水平的前提下，选择科学合理、节约能源的绿色生活方式。根据对使用节能灯、减少计算机待机能耗等36项全民节能减排行为的潜力测算，全国每年累计节能可达7700万吨标准煤，可用来创造GDP约6400亿元，相应减少二氧化碳排放2亿吨。2009年12月14日，青岛市消保委将减少二氧化碳排放的“36计”集中印制成了一本名为《低碳消费宣传手册》的小册子，首批印刷8万份，免费向市民发放。在“36计”中，步行、自行车代步等出行的话题成为了最为重要的部分。

低碳理念深入人心

虽然我国人均碳排放量远低于发达国家，但民众“低碳”意识的增强，对世界应对气候变化的影响力不可低估。仅以节能灯为例，曾有专家测算，到2010 年，预计全国2.7 万亿度用电量中照明用电量将超过3000 亿度，如果全国有1/3 的白炽灯换成LED 节能灯，每年能省下一个三峡工程的年发电量。

越来越多的人表示，虽然不能避免碳的释放，但却可以用实际行动来减少碳的排放量。许多人每天会通过“碳排放计算器”给自己确定减碳目标。多走楼梯、少开空调、节约用水、不用一次性筷子，使用节电灯具、调低空调温度等等，都成为许多人新的生活和消费时尚。一些网友更是建起了各式各样有关“低碳生活”的小组，积极推广“碳中和”概念，研究如何减少碳量排放，教网友如何“低碳”地享受生活。从2007年开始，环境友好公益协会、北京可持续发展促进会与日本20%俱乐部合作共同开展为期两年的“二氧化碳减肥宣言在中国”项目，通过在社区开展培训、示范、宣讲、竞赛等各种形式的系列活动，发动和影响公众积极参与能源节约，减少二氧化碳排放，为控制全球气候变暖做出贡献。互动百科联合气候组织开展了“互联网森林”活动，以互联网为平台，倡导“低碳生活”理念。按照网上提示去生活，减排二氧化碳2406.1 克就相当于种下0.13148 棵树，如今“互联网森林”已“种”下286 万多棵树，也就是说民众的减碳量大约达到53万

市民在展示刚领到的《低碳消费宣传手册》

吨。据互动百科副总裁郭瑞雪介绍，目前参与的网民已突破1600 万人次。现在很多人在为自己的碳排放量埋单。据国际一般碳汇价格水平，每排放一吨二氧化碳，补偿10 美元。用这部分钱，可以请别人去种树。在北京的八达岭地区，一个碳汇林林场已经成形。如果你想抵消掉自己的碳排放，可以来这里购买碳汇林或种树。据了解，每个网友都可以通过中国绿化基金会捐赠种树的善款，目前善款已达26 万元。如今，低碳生活代表着健康、自然、安全的进步，是一种低成本、低代价的生活方式，不仅可以减少我们的压力，同时也减少地球的压力。有专家指出，我国民间“低碳生活”的热情，可以看作是对政府应对气候变化积极态度的响应。

对此，联合国环境规划署执行主任阿西姆施泰纳给予了充分肯定，称赞“普通民众拥有改变未来的力量”。中国普通民众正通过低碳生活方式，从日常生活衣、食、住、行、用等最细微之处的改变，为全球二氧化碳减排贡献一己之力。

低碳生活从细节开始

我们的日常生活每天都在排放温室气体，据科学家测算，一个人的日常起居每年所排放出的二氧化碳总量，足足可以充满3个热气球。减碳是每个人的责任。 “勿以善小而不为”，在工作和生活中，每个人只要从生活细节方面身体力行，就会积沙成塔，集腋成裘。

2009年12月28日，由大连市发改委、市环保志愿者协会共同编撰的《市民低碳生活手册》进入了社区、走入了学校。100余名经过培训的环保志愿者将在今后一段时间内深入大连市的38个绿色社区、102所绿色学校、8所绿色大学和100余个企事业单位，向社区居民、大中小学生和市民免费赠送《市民低碳生活手册》1万册。《市民低碳生活手册》主要由两大部分组成：第一部分是按照市民在日常生活的衣、食、住、行、用等几方面向市民介绍50个日常生活中的节能减排行为，并标明这些行为的实施能够减排多少千克碳排放量。第二部分是对“低碳生活”、“低碳经济”、“碳排放”、“碳足迹”、“碳汇”、“碳补偿”及“碳排放和碳补偿的计算方法”等当前炙手可热的热点词汇和小知识进行解答。

在民间，有越来越多的普通百姓加入到低碳生活的队伍中。不久前一项涉及1.5万人的网络低碳调查显示，73.08%的人有双面使用纸张的习惯，83.33%的人自备购物袋，79.49%的人能自觉地把空调温度调到26℃，83.34%的人愿意参加环保志愿者组织的环保活动。有的人会与别人分享自己的减碳小妙招，而且还经常参加“旧物交换”、“绿色出行”等活动。“低碳生活方式50条行为准则”在网上广为流传：

1.随手关灯、开关、拔插头，这是第一步，也是个人修养的表现。2.每张纸都双面打印，相当于保留下半片原本将被砍掉的森林。3.不坐电梯爬楼梯，省下大家的电，换自己的健康。4.绿化不仅是去郊区种树，在家种些花草一样可以，还无需开车。5.一只塑料袋5角钱，但它造成的污染可能是5角钱的50倍。6.完美的浴室未必一定要有浴缸；已经安了，未必每次都用；已经用了，请用积水来冲洗马桶。7.关掉不用的电脑程序，减少硬盘工作量，既省电，也维护你的电脑。8.骑自行车上下班的人一不担心油价涨，二不担心体重涨。9.没必要一进门就把全部照明打开，人类发明电灯至今不过130年，之前的几千年也过得好好的。10.考虑到坐公交为世界环境做的贡献，至少可以抵消一部分开私家车带来的优越感。11.请相信，痴迷皮草那不过是一种返祖冲动。12.可以这么认为，气候变暖一部分是出于对过度使用空调/暖气的报复。13.尽量少使用一次性牙刷、一次性塑料袋、一次性水杯等，因为制造他们所使用的石油也是一次性的。14.如果你知道西方一些海洋博物馆里展出中国生产的鱼翅罐头，还会有这么好的食欲吃鱼翅捞饭么。15.未必红木和真皮才能体现居家品味；建议使用竹制家具，因为竹子比树木长得快。16.利用太阳能这种环保能源最简单的方式，就是尽量把工作放在白天做。17.过量肉食至少伤害三个对象：动物，你自己和地球。18.婚礼仪式不是你憋足28年劲甩出的面子，更不是家底积累的PK。19.认为把水龙头开到最大才能把蔬菜盘碗洗得更干净，那只是心理作用。20.可以理直气壮地说，衣服攒够一桶再洗不是因

大连市《市民低碳生活手册》赠送仪式现场

为懒，而是为了节约水电。21.把一个孩子从婴儿期养到学龄前，花费确实不少，部分玩具、衣物、书籍用二手的就好。22.有一种选择可以同时达到省钱、省能源、减轻疲劳、减少交通负担及增进人际关系的作用——拼车。23.如果堵车的队伍太长，还是先熄了火，安心等会儿吧。24.定期检查轮胎气压，气量过低或过足都会增加油耗。25.定期清洗空调，不仅为了健康，还可以省部少电。26.一般的车用93#油就够了，盲目使用97#可能既废油，还伤发动机。27.少用急刹，把油门送了，靠惯性滑过去。28.有些人，尤其是女性，洗个澡用掉四五十升水，洁癖也不用这么夸张。29.科学地勤俭节约是优良传统；剩菜冷却后，用保鲜膜包好再送进冰箱；热汽不仅增加冰箱做功，还会结霜，双重费电。30.其实空调外机都是按照防水要求设计的，给它穿外套，只会降低散热效果，当然费电。31.洗衣粉出泡多少与洗净能力之间无必然联系，而低泡洗衣粉可以比高泡洗衣粉少漂洗几次，省水省电省时间。32.洗衣机开强档比开弱档更省电，还能延长机器寿命。33.电视机在待机状态下耗电量一般为其开机功率的10%左右，这笔帐算起来还真不太小。34.如果只用电脑听音乐，显示器仅可以调暗，或者干脆关掉。35.如果热水用得多，不妨让热水器始终通电保湿，因为保湿一天所用的电，比一箱凉水烧到相同温度还要低。36.洗干净同样一辆车，用桶盛水擦洗只是用水龙头冲洗用水量的1/8。37.可以把马桶水箱里的浮球调低2厘米，一年可以省下4立方水。38.建立节省档案，把每月消耗的水电煤气也记记账，做到心中有数。39.买电器看节能指标，这是最简单不过的方法了。40.实验证明，中火烧水最省气。41.10年前乱丢电池还可能是无知，现在就完全是不负责任了。42.随身常备筷子或勺子，已经是环保人士的一种标签。43.冰箱内存放食物的量以占容积的80%为宜，放得过多或过少，都费电。44.开短会也是一种节约。45.没事多出去走走，“宅”是很费电的。46.非必要的话，尽量买本地、当季产品，运输和包装常常比生产更耗能。47.植树为你排放的二氧化碳埋单，排多少，吸多少。48.衣服多选棉质、亚麻和丝绸，不仅环保、时尚，而且优雅、耐穿。49.烘干真的很必要吗？还是多让你的衣服晒晒太阳吧。50.美国有统计表明：离婚之后的人均资源消耗量比离婚前高出42%~61%，让我们用婚姻保护地球吧！

现在，不少人会记下自己的“碳足迹”，并由此督促自己减碳。“碳足迹”表示一个人或者团体的“碳耗用量”，而“碳”就是石油、煤炭、木材等由碳元素构成的自然资源。“碳”耗用得多，导致地球暖化的元凶“二氧化碳”也制造得多，“碳足迹”就大，反之“碳足迹”就小。

“碳足迹”估算公式是：

家居用电的二氧化碳排放量（千克）= 耗电度数 × 0.785

开车的二氧化碳排放量（千克）= 油耗公升数 × 0.785

短途飞机旅行（200公里以内）的二氧化碳排放量（千克）= 公里数 × 0.275

中途飞机旅行（200公里至1000公里）的二氧化碳排放量（千克）= 55+0.105 ×（公里数–200）

长途飞机旅行（1000公里以上）的二氧化碳排放量（千克）=公里数 × 0.139

我们每天每天消耗的“碳足迹”：电冰箱0.65千克；烫衣服0.02千克；洗热水澡0.42千克；搭电梯上下一层楼0.218千克；开空调1小时0.621千克；看电视1小时0.096千克；听收音机1小时0.006千克；听音响1小时0.034千克；开节能灯1小时0.011千克；开钨丝灯泡1小时0.041千克；开电扇1小时0.045千克；用笔记本电脑1小时0.013千克；开车1公里0.22千克；每用1吨水0.194千克；每用1立方米天然气2.1千克；搭公交车1公里0.08千克；使用1千克木炭3.7千克；外食一个便当0.48千克；丢1千克垃圾2.06千克；吃1千克牛肉36.4千克。

在建设节约型社会、绿色环保、低碳消费等理念影响下，越来越多的人从日常生活的衣、食、住、行等方面做起，积极倡导“低碳服装”、“低碳饮食”、“低碳居住”、“低碳出行”等新的环保理念，全国已出现“低碳一族”、“低碳家庭”、“低碳机关”、“低碳校园”、“低碳社区”、“低碳乡村”等新潮流！

低碳服装

低碳服装是一个宽泛的服装环保概念，泛指可以让我们每个人在消耗全部服装过程中产生的碳排放总量更低的方法，其中包括选用总碳排放量低的服装、选用可循环利用材料制成的服装、增加服装利用率和减小服装消耗总量的方法等。

一件普通的衣服从原料到成衣再到最终被遗弃，都在排放二氧化碳。买一件250克纯棉T恤就会多增加碳排放量约7000克，相当于自身重量的28倍。一般人都不太理解，现在很多服装都采用天然面料，已经够环保了，这衣服中的碳排放又从何而来？以最常见的纯棉和化纤面料的服装计算，我们的衣柜一年因新添服装而排放的二氧化碳至少就有1000千克。按照每季只买两件T恤（250克/件）、两件衬衫（250克/件）、两件外套（500克/件）计算，不经任何染色印花处理，纯棉服装的碳排放量总计约为224千克，化纤服装的碳排放量约为1504千克，一旦你选择了有颜色和图案的服装，再加上皮革、羊毛等服装，你衣柜里每年新添服装的碳排放量远不止1000千克。任何一件衣服，从它还是庄稼地里的棉花、亚麻开始，就会消耗无数资源。它要经过漂白、染色的工艺才能变成纱线、面料，经历成衣制作、物流和使用后，最终被焚烧、降解，每个生产加工环节都有碳排放发生——就更不用说那些在加工生产中会产生严重污染的皮革业和其他服饰类产品了。研究表明，一件衣服60%的“能量”在清洗和晾干过程中释放。需要注意的是，洗衣时用温水，而不要用热水；衣服洗净后，挂在晾衣绳上自然晾干，不要放进烘干机里。这样，你总共可减少90%的二氧化碳排放量。低碳着装主张减少购买服装的频率、选择环保面料、选购环保款式、减少洗涤次数、选择环保洗涤、手洗代替机洗、旧衣翻新、转赠他人、旧物利用、一衣多穿等。

全球的纺织纤维产量中有接近一半都产自中国，我国的服装生产企业在迎接新机遇之前，先得挑起这个重担——服装消费的碳排放问题。因为全球都在关注环保，你不重视，就很难保住服装市场的半壁江山。作为率先响应低碳服装消费的品牌之一，李宁与日本著名的纤维制造商帝人株式会社合作，使用环保的ECOCIRCLE面料推出了全系的环保服装系列，引起了人们对“衣年轮”与“低碳服装”的关注。

衣年轮指的是服装的碳排放指数，用来衡定每件衣服的使用年限、生命周期内的碳排放总量及年均碳排放量。每个衣年轮由半径不等的多个同心圆相套组成，圆的数量代表每件衣服的使用年限；最大圆的总面积代表每件衣服在生命周期内的总碳排放量；圆与圆之间的间距表示每件衣服的年均碳排放量。

ECOCIRCLE是一种新型环保面料的名称。通俗点说，它就是可持续面料。ECOCIRCLE可以像普通织物一样被裁剪成时尚服装，然而它的“前生”，却有可能是旧衣服、废报纸，甚至可乐瓶。当这种衣服脏了旧了时，穿着者可以把它送回指定回收地点，再次粉碎，制成衣物，如此无限循环往复，一件衣服在轮回中实现永生。其实，这种利用废品、纤维再造制衣的技术在欧美国家已存在多年。H&M、TopShop等品牌都已经开始在门店的显著位置摆放回收产品制成的衣物，人们也越来越接受低碳装的概念。李宁首次把这个概念带入了中国，开始了新一轮与国际的接轨。与日本帝人株式会社合作后，李宁将旧服装回收上来（目前这个系统只接收该产品的旧衣），送进工厂，化学分解后，这些服装将变成新的ECOCIRCLE面料。用此类面料制作的成衣会在标签上标出“衣年轮”标记，标记越多，代表它再生的次数越多。据称，这一过程将使生态圈系统的能源消耗和二氧化碳排放量各降低大约80%。

在全球穿“旧”的风潮下，首个纺织服装全球回收标准(GRS)也于2009年出台，一个名为管理联盟证明机构的组织将产品的回收标准分为铜、银及金标准三级。金标准要求产品包含95%~100%的回收材料，银标准产品包含70%~95%的回收材料，而铜标准则包含不低于30%的回收材料。经过这一标准认证的衣服将挂上金、银、铜标志，让消费者一目了然。

哥本哈根“环保时装秀”上的男装材质都是可降解的天然素材

低碳饮食

低碳饮食，通俗地说就是多吃低脂肪、低热量、膳食纤维类食物，每日均衡合理饮食、多吃时令蔬菜水果。这种低碳饮食理论主要有两个方面：一是减少和限制对糖、淀粉的摄入，也就是少吃糖，米饭和面食等；二是同时增补多种维生素、矿物质、氨基酸等营养素。专家表示，鼓励人们低碳饮食，多吃低脂的蛋白质类食物与蔬菜，不仅可以支持“低碳”（一次少吃0.5千克的肉，可减排二氧化碳700克），还能有效控制体重，比起不吃晚餐或只能吃蔬菜的饮食管理，坚持起来也容易得多。

随着生活条件的改善，不少人顿顿吃肉、天天喝酒，饮食作息不规律，结果导致近年来我国男科病发病率急速递增，如前列腺疾病以及与前列腺有关的疾病在男科疾病中占60%以上，发病率高居榜首，这在很

大程度上就是大量吃肉、抽烟、酗酒等高碳饮食所赐，因此迫切需要“低碳”饮食方式来改变现状。美国也曾做过一项针对前列腺癌发病率的调查，发现饮食习惯中油脂类摄取量较低的人群前列腺癌的发病率也相对较低，和油脂类摄取量较高的人群相比，两者发病率差距高达20倍。另据最新的研究结果，高脂和高钙饮食将不仅会增加晚期前列腺癌的发病危险，而且还会加速其病情发展。

现在浪费粮食的现象仍比较严重，有的家庭做很多的饭菜，吃不完的直接就倒进了垃圾桶，每天如此，浪费的数目很大。而少浪费0.5千克粮食（水稻），可节能约0.18千克标准煤，相应减排二氧化碳0.47千克。如果全国平均每人每年减少粮食浪费0.5千克，每年可节能约24.1万吨标准煤，减排二氧化碳61.2万吨。

日常生活中少用一次性餐具碗筷，也是低碳行为。一棵生长了20年的大树，仅能制成4000双筷子，我国每年生产一次性筷子450亿双，要消耗近500万立方米木材，减少森林面积200万立方米。筷子工厂生产出筷子后，通常要用大量清水冲洗，这样便会造成木材和水的双重浪费。因此，应拒绝一次性日常用具，如泡沫饭盒、一次性塑料勺、塑料购物袋、一次性木筷等。出门用餐可自带饭盒、餐具，外出购物请携带环保购物袋。

购买食物也可以节能，选择当季蔬菜水果，减少生产反季节蔬菜水果所消耗的大量能源，尽量选择产地较近的产品，从而节省运输过程中消耗的能源，减少污染物的排放。改变只吃肉的不健康饮食，研究表明，牛、羊等生物每天会因为代谢而排放出大量的二氧化碳和其他破坏大气平衡的气体，而且，生产1千克牛肉排放36.5千克二氧化碳，而果蔬所排放的二氧化碳量仅为该数值的1/9。此外，低碳饮食还包括适量喝酒，如果1个人1年少喝0.5千克酒，可减排二氧化碳1千克。

低碳居住

低碳居住从生活本身到建筑概念，需要靠合理的建筑设计、用能系统设计、正确的运行管理、使用者的节能理念和低碳生活消费方式来实现。中科院院士吴硕贤指出，按生态住宅标准建造的节能建筑，可让一个三口之家一年节能58%，节水25%。如果从现在开始严格推行生态住宅标准，预计20年后，在总建筑面积增加150亿平方米的情况下，与不搞生态住宅相比，可节约建筑用电3500亿度，相当于4个三峡电站的年发电量。不仅在建筑领域，在生活用水、用电、交通照明等领域也有很大节能空间。

作为零排放建筑的代表，宁波诺丁汉大学可持续能源技术研究中心大楼2008年9月已正式投入使用。通过太阳能电灯、雨水冲厕、地热取暖等内部系统，整座大楼在运作过程中没有任何废气排放，自然界的能量被运用得恰到好处。最与众不同的地方就在于整个楼顶和窗户边的金属装饰材料、楼前草坪上的金属篱笆都是太阳能发电板，白天，太阳能板把日光转化为足够热能，带动发电系统，使电梯、机械通风和冷水系统运转，如果有额外能源未被使用，还可以将它们储藏在电池里。建筑物三角形风扇的造型，可以多角度采光通风排热。据称，未来25年，该大楼可节约448.9吨煤和减少1081.8吨碳排放。

2009年4月，宁波市要求建筑企业尽可能采用太阳能、地热能、墙体保温等新的节能环保技术，从外墙到内墙，从屋面到地面，从室内到阳台，从上下水道到卫生洁具等全面节能。宁波有条件的乡镇几乎村村户户都安装了太阳能热水器，全市的使用数达25万台，每年可节约标准煤5000万吨，并且还以两位数的速度快速增加，显示出农村节能具有广阔的发展空间。宁波蓝光节能窗拥有200多个国内外专利，隔热能力是普通窗的8倍。在一间采用节能建材的屋子里，如果采用蓝光真空玻璃，哪怕室外温度高达39度的天气里，不用空调、电扇，室内温度也仅30度，配上室外绿色工程，温度还可以进一步下降。以一套有20平方米的窗户的80平方米的住宅为例，使用蓝光中空双层玻璃节能窗后，每年每平方米可节电63度，全年可节电1260度，以一座普通城市60万户人家计，若采用蓝光节能窗，仅此一项即可节电7.56亿度电。

2009年，一家澳大利亚人于在上海开了中国首家“碳中性”酒店——URBN酒店。URBN是由上海胶州路的一处工厂旧仓库改造而成。室内装饰取自苏州拆迁老房子时的砖瓦，地板、墙砖、家具等是由旧家具改造的，电梯也是回收的二手电梯，里面用旧木包衬，上面还贴着环保宣传资料，号召大家捐助植树。时尚中弥漫着怀旧的气息，更重要的是传达的环保理念让住客时时感受到参与环保的道德优越感和责任心。使用旧砖、老皮箱、可回收利用的材料，尽可能做到“碳中和”，倡导低碳消费。

低碳居住建议居民选择小户型，不过度装修，节电节水节能。小户型无论在节约建筑材料、节能节电、建造和使用成本等方面都优于大户型，碳排放量也明显小于大户型。随着人们生活水平的提高，家庭装修是居民非常重视的环节。以往，人们普遍追求奢华、顶级、稀有的装修风格，尽管这些产品会附加昂贵的价格，但依然是人们津津乐道的。但在经历了金融危机、气候恶化的状况之后，全球设计界正在进行一次前所未有的反思，将利用设计的语言，告诉人们生活该简单一点。近年来装修界提倡的“轻装修，重装饰”符合低碳生活理念。不论是石膏板、饰面板，还是瓷砖、大理石，制造这些造型所用的材料在生产过程中都要释放二氧化碳。减少这些装修材料的使用，以悬挂壁画或者照片等简单方式替代，就是一种减排。数据表明，减少1千克装修用钢材，可减排二氧化碳1.9千克；少用0.1立方米装修用木材，可减排二氧化碳64.3千克；以11瓦节能灯代替60瓦白炽灯、每天照明4小时计算，1支节能灯1年可减排二氧化碳68.6千克；随手关灯减排二氧化碳4.7千克；如果每台空调在26℃基础上调高1℃，每年可减排二氧化碳21千克。如果全国3.9亿户家庭都在电视机、洗衣机、微波炉、空调等家用电器用电后拔下插头，每年可节电约20.3亿度，相应减排二氧化碳197万吨。选择低碳产品，也是选择一种更加健康和更加节能的居住生活。

低碳出行

低碳出行就是在出行中主动降低二氧化碳排放量，包含了政府与旅行机构推出的相关环保低碳政策与低碳出行线路、个人出行中携带环保行李、住环保旅馆、选择二氧化碳排放较低的交通工具甚至是自行车与徒步等。少开一天车，每车每年可减排二氧化碳98千克，如果出行选择公共交通工具或自行车，二氧化碳排放量将会更少。此外，排气量为1.3升的车每年减排二氧化碳647千克。通过及时更换空气滤清器、保持合适胎压、及时熄火等措施，每辆车每年减排二氧化碳400千克。

低碳出行在民间早已进行。峨眉山是低碳旅游的先行者。早在12年前，景区就实行了统一乘坐旅游交通大巴的方式。景区还在酒店和农民旅店饭店大力推行节能措施。通过数字化峨眉山建设，对景区的空气和水源质量、植被实行监控，实现景区与交通运输、宾馆酒店、餐饮娱乐、旅行社的共同协调发展。多年来，峨眉山的森林覆盖率一直维持在95%以上。2009年，《国家地理》杂志联合国内100多名旅游摄影记者评选出云南香格里拉、东北大兴安岭和贡嘎山燕子沟中国三大低碳旅游景区，受到中国旅游爱好者的强烈关注。不过，对于正在摸索低碳出行可行性措施的旅游业界来说，要将现有的整体上比较粗放的出行发展方式彻底扭转到低碳、环保的发展道路上来，需要做的文章还有很多。日前国务院通过的《国务院关于加快发展旅游业的意见》，就是在减排的大背景下，国家为配合低碳经济发展而进行产业结构调整的一个信号，而旅游业将成为最大的受益行业。

早在2005年，中国旅游饭店业协会向全行业发出建设节约型社会的倡议，建议各地宾馆改进客用品的提供方式，根据客人的不同需求，合理减少卫生间一次性用品的使用，在客人同意的情况下，减少纺织品的更换和洗涤次数等。北京、上海的旅游饭店行业纷纷响应。河北世纪大饭店出台了引导客人绿色消费的措施：倡导常住客人减少布草更换次数；对客房的"六小件"，倡导一位客人只用一套用品，如客人无要求不再一次一换，同时他们还对响应的客人提供小礼品以示感谢。宾馆的一次性用品被称为“六小件”，即：牙刷、牙膏、梳子、拖鞋、小瓶沐浴用品和剃须刀。“六小件”看起来虽然很不起眼，但由于客人在使用时往往也是一次性使用，存在着严重的浪费现象，并且这些用品多是塑料制品，不仅造成资源的浪费，还加重了城市的污染。研究表明，床单、被罩等的洗涤要消耗水、电和洗衣粉，而少换洗一次，可省电0.03度、水13升、洗衣粉22.5克，相应减排二氧化碳50克。如果全国8880家星级宾馆采纳“绿色客房”标准的建议（3天更换一次床单），每年可综合节能约1.6万吨标准煤，减排二氧化碳4万吨。

作为“两型”社会建设综合配套改革试验区，武汉市近年来一直在探索研究缓解交通拥堵状况的措施，着力打造一体化绿色交通体系。2008年10月，武汉市青山区率先试行政府主导扶持、企业投资运营、公益服务市场化的自行车免费借用模式来解决这一难题。此后不久，武汉市政府下发了《关于加快推进便民自行车公共服务系统建设的意见》，明确了系统建设的总体思路、目标进度、建设要求、运营规范等，确定了“政府指导、支持，引进企业运作”的“可持续发展”的运营模式。不少市民出行时会选择免费公共自行车代步。据统计，2009年每天约有近9万市民享受到免费自行车服务。武汉市已建成公共自行车站点816个，投放自行车2万辆，发放借车卡20．6万张，每天约有近9万市民享受到免费自行车服务。公共自行车已经走进了众多武汉市民的生活，外出时借一辆公共自行车代步已成人们的消费新时尚。 武汉市委宣传部部长朱毅对记者说，以便民为初衷的公共自行车服务系统，既是一个

绿色出行的“慢行交通”体系，又是传递健康、环保、和谐理念的载体，它带来的低碳效应随着系统规模的扩大将更加突出。武汉市发展和改革委员会公布的数据显示，以2009年投放的2万辆每天6人次使用计算，替代公交车一年可减少73万辆次公交车，直接节油2920万升，年节油创造经济价值1．73亿元，减少碳排放7．3万吨，参照现行国际“碳交易”年创收68万欧元（约合人民币730万元）。

武汉免费公共自行车站点

2009年，上海世博绿色出行项目办公室发出呼吁：建议市民多选择公共交通，减少私家车使用；短距离优先考虑自行车或步行；尽量选用低排量、低污染、清洁环保型的机动车；多考虑结伴同行或“拼车”。超过3万户上海家庭收到孩子从学校带来的绿色出行宣传页。家长纷纷签名承诺绿色出行，百万青少年、100家企业、100个社区、100个学校加入绿色出行活动。据估算，大约7000万人次的国内外世博参观者交通出行产生的碳排放量，将占世博预计碳排放总量的80%以上。绿色出行活动建议，从世界及国内各地来的宾客做一做碳计算，进行碳补偿，实现碳中和，最多可以实现366.74万吨的碳补偿量。“世博绿色出行”活动自2009年5月开始，延续至世博会闭幕后的2011年3月，历时之长、规模之大，创下群众性低碳运动历史之最。

低碳一族

在全国的一些大中城市，低碳理念深入人心，低碳生活已成为时尚，低碳一族正在慢慢形成。他们不差钱，但追求一种简约的低碳生活方式。

上海的的翁雪耀先生是瑞典宜家公司中国总部的“节能减排专员”。多年来，从家居、出行到工作，他一直亲身实践着快乐的“低碳生活”。尽管翁雪耀家里早就买了汽车，每天清晨，却经常能看到他推出时尚的赛车骑车上班的身影，看上去不仅环保时尚，也很年轻，在小区里很是引人注目。翁雪耀说：“骑车上班可以锻炼身体，还可以减少我的‘碳足迹’，现在已经成了我的习惯和爱好。通过公司内部的员工碳足迹调研，我们知道一般员工的一年碳足迹测算下来平均是3吨，而我由于工作需要经常乘飞机出差，我的碳足迹多的时候一年竟然有20余吨！在知道这样震撼的结果后，我就开始选择将骑自行车上班作为一种对环境的补偿，几年来一直坚持着，一想到自己的碳足迹那么多，就警示自己要加倍努力节能减排！”翁雪耀一家住了一套170多平方米的房子，每个月的电费却经常只需60多元。灯多采用LED节能灯，看电视时只开LED灯；窗上挂的也是圣诞LED装饰灯,气氛很好又节能；平时晚上在书房用电脑时就开一盏太阳能灯，早上拿出去充好电，可以用一个晚上，不仅零排放，而且省电又省钱。翁雪耀在生活中还使用定时器节能，控制微波炉、饮水机、电视等的待机能耗。翁雪耀执着的环保和节能意识，令邻居们很钦佩。在他的影响下，许多人也开始注意起生活中的点滴节能。

在广州也有这样的“低碳族”。在和风女士家中，从洗头、洗脸、洗澡到家务，都是使用她自制的各种不同性能的手工皂。和风动用家中各种各样的“垃圾”。抽油烟机的废油人们避之不及，她收集起来使之成为原料自制手工皂；皮蛋盒、月饼盒、饼干盒、矿泉水瓶子等，可以作为皂模……如今，她已俨然一个化学家，因应不同季节，研制不同的“配方”以制作手工皂。 和风和她的一些朋友现在奉行简单生活的模式，渗入生活中方方面面。 在饮食上，他们以素食为主，这并不是由于宗教信仰，而是畜牧业需要消耗更多的能源，相比之下果蔬要少得多。他们少喝或基本不喝果汁等碳酸饮料。在穿的方面，他们尽量少买衣服，如果买，多数人选择穿棉质衣服，拒绝皮草和化纤衣服，他们希望通过日常生活中的每个细小习惯的改变来减少碳排放。和风买电器的一个原则是：如果一个星期没有使用两次以上的，坚决不买，尽量减少不必要浪费。

为了更绿色更健康地生活，不少北京市民都在努力。昔日的乒乓球名将、共青团北京市委副书记邓亚萍说：“包括我在内的许多人，过去一直以为电视关掉后就切断了电源。但实际上，这时候电视仍然在消耗能量。所以我们应该注意，随时拔掉电源插头，做到节约用电。”邓亚萍相信：“只要是从身边一点一滴的环保小事做起，我们一定会拥有更加蔚蓝的天、更加清澈的水、更加清新的空气”。家住北京市朝阳区的杨桂芳女士每天都在坚持着自己的“低碳生活”：上下楼尽量不乘坐电梯，将洗手洗脸的水收集起来拖地冲厕所，把家中的灯全换成节能灯，去超市购物时用自己准备的布袋。家住北京市海淀区的胡少轩是有车一族，过去他开着自己的爱车上下班。但自从地铁四号线开通后，爱车基本上都处于休息状态。“坐地铁又快又准时，况且少开一天车还能减少对大气的污染，何乐而不为？”但让小胡感到美中不足的是，坐地铁时换乘不太方便，还需要改进。“80后”的王欣是一个地地道道的“低碳族”，她每天会用网络上的“碳排放计算器”来计算自己的“低碳生活”，并时常向家人和朋友推广低碳理念和减少能源消耗的妙招。

北京市百望山森林公园的于玲2007年12月28日在一次会议上通过拍卖的形式成为了第一个购买碳汇的北京人。她花了1200元买了一片绿荫，这片绿荫能吸收6.72吨二氧化碳。换句话说，她购买了6.72吨碳，大约相当于一辆小汽车一年二氧化碳的排放量。公众可以通过专业网站购买二氧化碳排放的额度，抵消他(她)日常生活中产生的二氧化碳对环境的影响，达到碳排放的“收支平衡”。

低碳家庭

家庭作为社会的基本单位，尽管碳排放量不大，但通过绿色出行、绿色生活方式的选择，对发展低碳经济可以起到潜移默化的作用。

国家环境保护部于2009年4月22日地球日宣布，在上海、重庆、天津等11个城市开展“2009酷中国——全民低碳行动项目”。该活动在每个城市选择330户家庭，使用环保部宣传教育中心与南京大学联合开发的碳计算器，进行家庭碳排放调查和分析，完成《2009年中国家庭碳排放调查报告》。通过这样的调查，可以“捕捉”到一个家庭日常生活的“碳足迹”。家住天津市南开区观园里的杨效中在11月“家庭碳排放调查问卷表”中写到：“常用交通出行工具：公交车平均每天1公里、自行车平均每天4公里；用电195度，用水6吨，用管道天然气1立方米；平均每天产生生活垃圾1公斤，本月回收废纸5公斤，回收塑料瓶、玻璃瓶、易拉罐各2个……”

四川广元上河街社区100户“碳跟踪调查户”之一的王恭亮家说：“表格很多，每天都要填。有时候也会觉得麻烦，又担心涉及家里的隐私。不过坚持下来，对节能环保的确有了新的认识。”王恭亮以前只知道节能可以省钱，现在觉得还在为保护地球尽一份力。现在，他把家里的白炽灯全部换成了节能灯，大功率的用电器也开得少了。以前电视不管有没有人看，一天到晚都开着，现在只有到了晚上看的时候才开。家里的淘米水、洗菜水和洗衣水会倒在两个大桶内，先用来浇花，用不了的水冲厕所。

天津市河东区李秉博三口之家每月只用两吨水，比有关部门统计一般三口之家每月8吨的用水量少了四分之三。李秉博家的卫生间里，大大小小的水盆足有十多个，水盆是她家节水的重要工具。每到做饭时，李秉博便会将一个专用的水盆放入厨房水池中，洗菜水、淘米水随时收集进盆用来浇花。她还尽量避免使用洗洁精，她的办法是做饭少放油，用热水清洗锅碗瓢盆，这不光为节水，也为了身体健康。卫生间的洗脸池中总放一个小盆，这样家里生活用水全部被“衡量”出来。因为有了水盆，李秉博家马桶的水箱几乎“下岗”了。一旦洗衣机“出动”，卫生间十来个水盆会忙活起来接满水，用于拖地、擦桌子、冲厕所。已经养成习惯的李秉博无论走到哪里，都忍不住要伸手拧紧漏水的水龙头。

天津市高颖全家每月设立了低碳日。由于工作原因，全家拥有四辆轿车。2009年，一次偶然的机会让高颖开始关注低碳环保生活。正在上小学的儿子高飞制作了一份《家庭碳排放工作手册》，上面记录了家里某个月用水、电、煤气、出行等系列数字。其中，一辆车每开10公里，就排碳1.84千克，全家共4辆车，每天出行共达约150公里，碳排放竟达276千克。高颖看了手册后吃惊不小，全家商议，每月一日设定为全家的“低碳日”，当日四辆车全部“休假”，改骑自行车或坐公交地铁出行。虽然路上要多花一倍多时间，但高颖觉得无论是对自身健康还是公共环保都有利。上小学的儿子高飞更是低碳“标兵”。在他专门制作的《家庭碳排放工作手册》上面，密密麻麻记录了全家低碳日排碳的数字。低碳日当天，高飞严格按照指标过上低碳生活。在高飞带动下，全家在社区里认养了10株树木，浇水、剪枝等细活减少了呆在家里的时间，既低碳又过得充实。

素有“京城第一节能环保家庭”之称的家庭主人韩小红是北京市健康保障协会会长、慈铭体检集团总裁。在奥

运人家申报期间，他们就把“绿色奥运、科技奥运、人文奥运”的理念注入到家居建设中，引入新能源及高效节能技术，在家中安装了“绿色家居双系统”，即在家中地下室挤出了不到10平方米空间安装了家庭中水处理系统和太阳能转电系统。其中中水处理系统保证了家庭用水90%的废水回收，处理后的中水洗车、浇花、拖地、洗抹布都行。据屋主估计，全家每天可节约市政水大约0.5吨。而太阳能转电系统能为小院、楼梯厅提供夜间照明，还能为手机提供充电。太阳能供热水系统能提供近550升水。即使连续4天阴雨，也能保证全家人洗漱用上热水。此外，在装修期间，还在屋顶和内墙都增加了隔热层（利用空气对流层的原理），虽然屋内容积有所缩水，但能够达到冬暖夏凉，减少能耗，夏季基本用风扇就可解决凉爽问题。同时，屋内所有门窗户玻璃都贴上了防紫外线的太阳膜，经过此层膜，可减少35%的紫外线进入。环保节能的家居设计理念也引来了小区邻里的观摩、赞扬和模仿。奥运期间，有关部门还安排外国友人前来一起感受节能减排、感受中国式低碳家庭的环保理念。

2009酷中国——全民低碳行动项目

低碳机关

据国家统计局年鉴统计资料显示，2007年政府机关每天消费支出是96.2亿元，全年累计约35113亿元，而且消费支出的数目逐年增加。政府作为最主要的公共事务管理者，应承担起实现低碳消费的引导者作用，为低碳生活和消费的实现贡献其应有的力量。近年来，各级机关单位坚持以科学发展观为指导，紧紧抓住建设节约型机关这条主线，积极推进节能减排和倡导低碳生活方式，在保障机关运转、降低行政成本方面取得了可喜的成绩。

云南省从2005年就积极创建节约型机关，成效明显。仅省政府机关事务管理局在车辆编制管理中，严格审核省级机关单位要求购买的车辆，有50辆车不符合购车规定，不予办理，审减购车经费1300万元。同时，可开可不开的会议坚决不开，省劳保厅对各部门上报的会议计划重新进行审查，把原定召开的33个会议压缩为12个，各处室拟定的培训班裁减为3个，有效控制了会议费用的支出。省质量技术监督局执行业务招待事前告知制度，规定本省系统内接待标准原则上每人每餐不超过50元，宴请外省客人、对外业务交往原则上每人每餐不超过100元，陪同人数原则上不超过2人。省公安厅实行车辆定点加油，登记单车燃油消耗，2005年1～9月份节约燃油18616公升，节约油料费7.44万元。省财政厅对机关车辆实行经费包干办法，工作时间以外和节假日车辆集中停放。省新闻出版局原则上参加会议或办事地点在3公里以外的才安排车辆。省司法厅及时报废、淘汰环保不达标、油耗高的车辆5辆。省环保局固定电梯运行时间，2～3楼不停靠，周末和节假日不开，有效节约了电梯用电量。省外办严禁利用办公电话闲谈、聊天、娱乐，国际通讯多发传真，做到长话短说，每月节约电话费3000多元。省政府机关事务管理局安装节约型智能电表，调小办公大楼的冲水阀门，1～9月节水74吨。在制度保证下，通过有效措施的实施，省级各单位降低了物质消耗，2005年1~11月，云南省级机关实现办公经费压缩10%的预定目标。

德州市质监局在建设节约型机关的基础上，积极倡导低碳生活、低碳办公理念：一是牢固树立节约意识，倡导低碳生活，开展低碳办公进机关活动，提高开展低碳生活的自觉性，在机关营造支持生态低碳建设的浓厚氛围；二是实行网上办公，11个县市区局和各单位全部开通金质办公系统，减少纸质印刷费用；三是省市县三级内部会议全部采用视频形式召开，缩减了会议费用开支。

政府机关尤其要在采购环节注重低碳消费。在公车的采购上，要优先选用低排量、低耗能的品牌与车型，在空调、电脑、打印复印机等办公设备的购买上也要首选低耗能与低污染的品牌与型号，并且将各种采购物品进行分类归档，建立各级政府和部门采购参照表，采购中尽量选综合了能耗、环保、价格等指标的最佳产品，并定期核查各机关单位的采购情况，对违规采购的予以相应处罚。同时，政府在具体办公过程中应注重低碳消费。要规定日常的办公过程中必须的低碳消费方式，如到何种温度才能开启空调器，并规定空调温度设定区间，严格控制公车使用，减少温室气体排放等，还要建立社会监督体制，使政府的低碳消费置于民众和社会组织的监督之下，纠正不合理消费行为。

低碳社区

在我国城市化进程中，能源供需矛盾进一步突出。建立“低碳社区”不但可缓解这种矛盾，而且成为城市住宅产业中的最佳发展模式。低碳社区是通过能源、资源、交通、用地、建筑等综合手段，来减少社区规划建设和使用管理过程中的温室气体排放，并且在不同的功能社区，人们还可以从居家和办公、休闲等各种方面的生活方式上来营造低碳社区的理念。

为倡导全民节能的理念，2009年年初，哈尔滨市环保部门在全国率先开展了“节能减排社区行动”，发动社区内的家庭、学校、商服、机关，参与到节能减排活动中。哈尔滨市已有30万家庭和3000多户企业、学校过上了“低碳生活”，由此实现节水30万吨，减排二氧化碳4800吨。

2009年8月，《北京长辛店低碳社区概念规划》通过专家评审。按照《规划》，北京市将在丰台区长辛店建起一个面积达4.24平方公里的长兴低碳生态城，通过能源、资源、交通、用地、建筑等综合手段，减少社区规划建设和使用管理过程中的温室气体排放，并且在不同的功能社区，人们还可以从居家、办公、休闲等各种生活方式上来营造低碳社区理念。生态城里将用太阳能、地能满足部分生活热水、供暖、制冷、发电等需求，使可再生能源占能源需求的比例达到20%。该规划将对推动首都生态城市建设，推动节能减排、可持续发展的规划理念，带动西部发展带和永定河绿色生态产业发展带建设具有重要意义。9月，纳入北京“十二五”规划重点项目的石景山五里坨生态社区建设正式启动，七八年后，这片31.25平方公里的区域将会大变样。未来的五里坨生态社区，包括现在的五里坨街道和广宁街道，面积占到了石景山区的大约1/3，借助天泰山绿带，住区将变景区。通过建设地表沟渠，引雨水排放进入不同区域的小水池，部分水池可能建成人工湿地，种植各种水生植物，养殖各种鱼类等，力争实现水系内较为完整的食物链，而经湿地净化后的水，最终可能汇集到山脚下，形成人工湖。社区将重点发展公共交通，形成清洁能源公交网络。在五里坨中心区拟建一个中央公园，设置一座高108米的“太阳塔”，它白天由太阳能蓄热，晚间通过光电转换发光。这座太阳能发光塔将成为生态社区闪亮的地标。

发展低碳经济是上海应对气候变暖、减轻海平面上升威胁的积极举措。2009年11月5日，科技部、上海市人民政府在上海举行了2009部市工作会商会议，议题之一是共同开展崇明生态岛绿色经济试点示范，以构建低碳人居、低碳农业实践区为重点，推进清洁能源开发、资源综合利用、环境污染治理和生态保护、现代绿色建筑等技术在崇明岛的示范应用，构建低碳社区发展的示范模式和政策支撑体系，逐步打造低碳产业园区。由上海市规划和国土资源管理局会同虹桥商务区管委会及相关部门组织编制完成的《虹桥商务区核心区城市设计》中强调低碳设计理念，目标是将虹桥商务区建设成为功能多元、交通便捷、空间宜人、生态高效、具有较强发展活力和吸引力的上海市第一个低碳商务社区。核心主要表现在城市空间布局、交通组织、能源利用及建筑设计4个方面，具体内容包括通过小街坊、高密度、低高度的空间形态创造步行化的环境、适宜节能的建筑群体；通过功能混合布局减少长距离出行；通过多样性的公共空间增强可行走性；鼓励步行交通及自行车交通，促进公共交通，减少私车交通；利用新能源、可再生能源，并尽可能利用近距离输送，提升能源的利用效率；控制建筑材料、建筑物的遮阳及外保温、屋顶绿化、建筑自然通风等。

郡原美村是长沙低碳生活社区的倡议者和“实践家”。位于长株潭核心的郡原美村引入英国低碳社区设计、建设和管理经验，采用6大技术方向，25项应用技术倡导一种健康低碳的国际化生活方式。在郡原美村注重山地资源、地缘文脉的保护与传承，原有的自然生态风貌都获得充分的尊重和保护。居住、工作、学习、娱乐一体化的社区生命模式，使郡原美村的居住者能够在社区里就实现日常生活的基本需求，减少工作、上学、购物等带来的通勤交通距离，从而极大地减少社区居民的交通温室气体排放。通过社区建筑围护结构系统设计、外墙保温的节能方案设计、外窗的节能方案设计、屋顶的保温隔热与防水方案设计等多种手段，减少项目建设和运营过程中的化石能源消耗，并采用与建筑一体化的太阳能新技术。在施工过程中将施工过程中产生的可再利用材料在建筑中重新利用，降低由于更新所需材料的生产及运输对环境的影响；同时充分使用可再循环材料，减少生产加工新材料带来的资

源、能源消耗和环境污染及温室气体排放。通过雨水收集利用系统，控制水洪对城市的影响，缓和城市缺水问题，节省水资源。采用透水地砖铺等新型材料，增强地面透水能力，降低热岛效应，调节微小气候，增加场地雨水与地下水涵养，改善生态环境及强化天然降水的地下渗透能力，补充地下水量，改善排水状况。通过一系列倡导低碳生活的服务和产品导入，引导社区居民真正了解和体验低碳的生活方式，并逐步融入居民自己营造的低碳社区。

与发达国家相比，我国的“低碳社区”建设尚处于起步阶段。这与人们对“低碳社区”理念的理解程度偏低有关，其主要原因在于我国尚缺“低碳社区”的构建框架与评估标准。为响应国家号召，积极开展“绿色低碳生态社区建设标准”的制定工作，2009年12月4日，中体奥林匹克花园集团与积水腾龙(北京)科技有限公司、中国生态城建设与区域发展联盟共同制定的“奥林匹克花园绿色低碳生态社区建设(标准)框架”发布，明确提出“低碳生态社区建设”所需的一系列技术标准与选型建议。这意味着今后“低碳生态社区建设”将有章可循。

低碳乡村

我国约有9亿农村人口，每天因耗能排放的二氧化碳总量令人触目惊心。对于农村居民的能耗，国合会发布的《中国农村发展中的能源、环境及适应气候变化政策》评估结果表明：由于受传统能源消费模式影响和经济发展水平制约，秸秆、薪柴等非商品的生物质能源占农村能源消费（尤其是生活用能）的主导地位。但是，自改革开放以来，农村煤炭、电力、成品油等商品能源消费在农业生产用能和生活用能两方面的比例都在提高，其中，化石燃料（主要是燃煤）是二氧化碳排放的主要来源。在农村大力开展“节能减排”、践行“低碳生活”十分必要。

2009年我国的自然生态和农村环保工作进一步推进，迎来了更加有利的发展时期。以实现乡村可持续发展、推动乡村产业结构调整、促进农民生产生活方式转变为目标的农村低碳发展理念在我国越来越受到重视，我国各地涌现出了许多有意义的低碳乡村。低碳乡村是在提高农村生活水平的基础上，通过科学规划和有效实施，最大限度地降低碳排放，促进农村经济健康可持续增长。

20年前，将环保写进村民公约并成立了当时全国唯一的村级环境资源保护委员会的浙江省宁波市滕头村，就是农村低碳的先行者，是全球唯一入选上海世博会“城市最佳实践区”的乡村案例，在对接世博的过程中，无论是工程建设还是推进旅游发展方面都体现着生态环保和低碳减排的理念。生态屋试验区一号楼是奉化市滕头村对接世博会九大系列工程之一，于2009年10月开工，最大的亮点就是引进了生态环保的理念，比如采用了太阳能的发电系统，采用了屋顶、墙体的绿化系统等，不仅不减少土地，还充分利用它的空间在屋顶搞农业，在立体墙体种蔬菜和一些攀爬的农作物。在滕头村，太阳能、风能被广泛利用、绿化率达到了60%以上，环保与生态成为发展标准，一条低碳产业链也早已悄然形成。全国人大代表、滕头村党委书记傅企平说：“低碳经济的发展非常重要，因为地球只有一个。我们跟上海的很多家旅行社进行了签约、挂钩，搞低碳经济旅游，就是我们怎么样在生产、生活当中搞低碳经济。一个叫他们体验，同时还教育他们怎么样地来提倡低碳经济。”现在，滕头正在充分发挥自身优势构建低碳生态乡村系统的典范。

以灾后重建为契机，我国首个低碳生态乡村——“红十字乐和家园”2008年9月在四川地震极重灾区彭州市大坪村开始建设，并且已经初步成形。该村位于四川龙门山脉南段一座海拔一千六百米的高山上，汶大地震造成全村百分之九十的房屋倒塌。灾后，当地政府、村民与北京地球村等民间公益团体、诸多爱心人士一起将重建低碳生态新村作为尝试目标。该村民居全部采用低耗能建筑材料，用树木、土坯等作建材建成的环保木屋兼具生活使用和旅游接待双重功能；家家户户从事家庭手工，正在成为“乐和家园”的一大亮点，“红十字乐和家园”初步摸索出一个低碳、和谐、可持续发展的生态文明乡村模式。该村尝试的生态旅游、有机农耕、手工工艺、度假养生、国学研习等五种新思路为受灾民众带来了新体验。低碳生态乡村的环境管理模式遵循了顺应自然、珍惜自然的法则，并大力推广水源保护、节能灶以及垃圾分类，村民已自发成立生态协会保护自己的家园。其模式发起人北京地球村环境教育中心主任廖晓义表示：“心灵的环保才是最重要的环保，心灵的乐活才是最重要的乐和。”她说，“希望这个新模式乡村不仅能造福灾区的乡亲，也能为城市乐和族提供一个返朴归真的心灵家园。”

姜堰市沈高镇河横村1990年荣获“生态环境全球500佳”之后，在周边镇村大上工业项目的情况下，坚持走生态农业之路，所有农作物禁用高残留农药，施用有机肥料，加大绿化造林力度，村庄内的土壤、大气、水质均符合无公害蔬菜、绿色食品生产标准。与此同时，河横村还与科研单位联手研究推广低碳经济模式，先后承担国家、

在挂甲峪村道路两旁的1500多盏路灯全部采用太阳能发电

省农业科技攻关、高技术成果推广项目60多个，试验新品种180多个，推广无公害、绿色食品生产技术及加工技术48项。河横村2009年4月被亚太环境保护协会授予“亚太（国际）低碳农业奖”。

北京市平谷区挂甲峪村村民实行“无烟采暖”的低碳、生态生活方式。村内130多栋别墅式新民居的屋顶上，却不见一缕烟气，只见排列整齐的黑色太阳能吸热板。该系统采用微电脑全自动控制，通过屋顶集热器吸收太阳的辐射热量，然后由低温地板辐射采暖系统向房间内供热。如果遇到连续阴雨天日照不足时，可以使用不冒烟的生物质气炉、电加热系统补充热源。在挂甲峪村的道路两旁的1500多盏路灯全部采用太阳能发电；夜间的景观照明设施则靠山上的35台风力发电机供应；村民排放出的生活污水，通过管道汇集到村内的污水处理设备中，经过净水处理后，被输送到村内的人工湖、果树林内。

“电灯不用电、做饭不用柴和炭、烟熏火燎看不见、文明卫生真方便”这种农民向往的日子，通过沼气的利用已成为现实。沼气是一种低碳清洁能源，除能直接燃烧外，还可发电；沼渣、沼液是一种优质的有机肥，沼气开发既是促进农民增收，又是推动低碳乡村可持续发展的生态过程。惠州市从2004年起开始鼓励引导农村建养猪场和村民建沼气池，2007年惠州市出台了鼓励建设沼气池的财政补贴政策，推广沼气池建设。2007年至2009年底，全市累计建成并正常使用的沼气池共6787个（其中80立方米以上的大中型沼气池684个），总池容19.1万立方米，年产沼气1150万立方米，相当于标煤2.9万吨。大型沼气池除了向周边村民集中供应沼气外，已有13家大型猪场建成的沼气池利用沼气发电，其中博罗县12个、惠东县1个，占全省沼气发电场的50%。据测算，这13家大型猪场的沼气发电平均为每个猪场年省电费10多万元。很多村民过起了他们的低碳生活，“方便、省钱又环保”，这是他们对低碳生活的最直观感受。据专家测算，一座8立方米沼气池年可节约薪柴1200公斤，相当于保护3亩林地，节约标准煤600公斤，减排二氧化碳1.6公斤，减排二氧化硫13公斤。沼气作为生物质能的代表，是最适合低碳乡村的能源利用方式。

低碳校园

“低碳”已成为校园的流行词汇，大、中、小学校积极倡导宣传低碳、保护环境，成为践行低碳的重要力量。

清华大学的师生以行动实践节能减排，使其与教学、科研和生活相互促进，倡导低碳生活，建设绿色生态校园。2008年，学校获得北京市“节约型学校”建设优秀案例奖第一名，2009年被教育部评为“全国高校节能工作先进单位”。早在1998年，清华大学便提出建设“绿色大学”的目标，要建设资源节约型、环境友好型、人与自然和谐的生态校园。经过多年实践，建设绿色大学、节能减排的理念已深入人心。2006年10月，学校开展了为期两个月的节约型校园建设主题教育活动，超过1万人次的师生参与；2007年，清华学生发出“节能减排，从我做起，从现在做起”的倡议，得到全校师生员工的积极响应。目前，低碳校园生活正蔚然成风。宿舍卫生间里，常常可以看到学生自发贴上的节水提示。学生互发邮件时，也会在签名档中粘贴节能减排标签，宣传一些日常生活中可以做到的节能减排知识。这已经成为一种习惯——大家一起，节约我们的能源。发挥科研优势，与美国宾夕法尼亚大学合作建立清华－宾大建筑节能研究中心；积极开发新能源，建设世界上第一座20万千瓦级模块式球床高温气冷堆核电站，这也是唯一一个由高校牵头的国家科技重大专项；引领低碳能源科技发展，应对全球气候变化，牵头建立清华－剑桥－MIT低碳能源大学联盟。在国内率先成立低碳经济研究院，重点围绕低碳经济、政策及战略开展系统和深入的研究，为中国及全球经济和社会可持续发展出谋划策。清华大学不断完善基础设施和配套硬件建设，改进食堂的节水、节电措施，积极建设节约型物业。2009年，清华大学学生公寓、公共教室用电分别为802万度、171万度，比2004年分别减少19.3%和48.3%；学生公寓、公共教室用水分别为52.6万吨、3.7万吨，比2004年分别减少32.5%和36.4%。

被评为全国高校节能先进单位的天津市首家新能源“低碳校园”天津工业大学，在2005年3月新校区建设之初，就将节能、低碳的设计原则贯穿始终，通过采用新技术，提高资源利用率，实现生态良性循环。天津四季变化比较明显，冬、夏两个季节时间较长。工大新校区在工程设计上将能源系统包括水泵等都采取变频措施，动态地调整运行功率，满足采暖和制冷的需求。同时利用最冷季节和最热季节学校均放假的特点，削峰设计，用燃气锅炉进行调峰，有效地降低了运行成本。工大还科学使用新技术、新材料，提升新校区能源建设的科技含量。工业大学教学楼室内系统采用风机盘管系统，学生公寓末端为低温地板辐射采暖，具有室内温度均匀、舒适性好等优点。LED路灯、LED室内筒灯、LED庭院灯、LED地埋灯、LED草坪灯……LED半导体灯覆盖了工大新校区，是目前世界上规模最大的半导体照明示范工程，每年可节约用电130万度，相当于500个普通家庭一年的用电总量。另外，工大新校区还充分利用了地热资源，一级换热提供的热量是学校供暖的基本热负荷，水温降低8℃后进行回灌，实现地热梯级利用，被联合国开发计划署列为重点跟踪项目。天津工大新校区还建成了太阳能利用系统。太阳能生活用水系统一项每年节省运行费用百万元以上。

全球首座具有太阳能主题特色的“低碳校园”无锡外国语学校新址在设计建设中，将充分发挥自身优势，大量运用光伏、光热等环保一体化设计。校园内建筑将采用光电瓦屋顶、光电幕墙和光电采光等技术提供电力；采用光热技术提供生活热水；采用地源热泵技术提供冷热源空调。同时校园内还将大量采用中水回用技术，实现污染物的零排放。

校园“低碳”理念的倡导和实践后，“低碳”生活已成为师生追捧的新的绿色生活方式。

早在1998年的10月13日，北林大校园快餐厅门口贴出了拒绝使用一次性木筷的倡议书：“据粗略统计，我校快餐厅一天要消耗4000～5000双木筷。这相当于每天用掉了一棵天然次生林中的生长五六十年的白桦树。”为了更加生动有效地进行宣传，校学生会的同学们曾利用一周的时间在周边高校食堂回收了两万多双一次性筷子，在校园里制成了一棵高3米的“筷子树”，对就餐者起到了很好的警醒作用。2009年，北林大的大学生向全国大学生发出倡议：在日常生活中提高环保意识，每个人为减少生活中的碳排量而行动起来。

2009年5月，上海高校志愿团队在各大校园网络上发起了支持绿足迹行动的倡议，然后组队进驻各个上海社区，制作了图文并茂的环保知识展示板，为社区居民开办减碳理念的小知识讲座，发放印有环保知识的绿色书签，积极推广“开门七件绿，留下绿足迹”的低碳生活方式，将这个环保理念彻底融入市民的生活中，告诉大家过“低碳”生活即是时尚、健康的生活。同时，志愿团队还制作了以衣、食、住、行、电、水、废为主题的调研问卷，他们计划通过问卷调查得出的分析结果，能够切实为各个社区度身定做出一份合理化的建议报告，协助社区争创绿色社区称号，共同为迎接世博会出一份力量。

辽宁是我国的重工业基地，长期依赖增加投资和物质投入的粗放型经济增长方式，让辽宁的能源和其他资源的消耗增长很快，生态环境恶化的问题日益突出。从2008年开始，辽宁省团委联合ＢＰ（英国石油）公司、清华大学等部门开展“辽宁省百万青少年手拉手减碳行动”，力争用三年的时间创建1000个减碳环保绿色学校、10000个青少年减碳行动小队，覆盖全省350名中小学生。活动中，孩子们学会了如何计算家用电器、采暖导致的二氧化碳排放量，知道了世界水日、无车日等环保节日，他们开始节约身边的每一份资源，包括水、电、粮食、纸笔等。辽宁省团委书记曹爱华表示，节能减碳活动应从少年儿童做起，引导父母、亲友、邻居，让减碳行动立足学校，进入家庭，融入社会。

2009年9月23日，重庆人民（融侨）小学三年级三班的班主任安老师在华龙网上开了博客，以“低碳”为主题，倡导同学们写出自己的节能建议。安老师表示，她之所以想出开“低碳班级博客”，就是受到孩子们生活和学习中的行为启发，孩子们都有很多自己的关于节能减排的想法，甚至比部分家长还做得好。家长也可以上网，了解孩子的想法，加强老师与家长、家长与家长、同学与同学之间的沟通。该班学生杨征说，在班级博客里可以学到很多节能减排的知

“绿色畅想“上海高校环保主题交流活动暨上海市大学生节能减碳创新行动启动仪式

大学生在向几位小朋友讲解节能减排常识

学生们争当"低碳环保小卫士"

识，如果在今后的生活中看到有不"低碳"的行为，一定会上前阻止，提出正确的方法。

2009年12月，青岛市北区教体局在全区青少年中开展"低碳生活，从身边小事做起"活动，面向全市中小学生发出倡议——"争做校园低碳达人"。少先队员们还用快板、小话剧、童谣的方式展现了对低碳的认识和态度。同时，市北区教体局团队还在全区中小学生中征集推广了"校园低碳生活小妙方"，通过这种学生自主调查、自主落实的方式，既达到自主教育的目的，更增强了学生们的环保意识和小公民责任意识。

2009年12月1日，成都泡小绿舟校区开展了"我为哥本哈根减斤碳"为主题的"有机堆肥"活动。该校36名三年级一班的孩子们和家长在校园里的苗圃里挖了一个大大的坑，然后将一周以来收集的树叶、剩饭、剩菜叶、木屑等有机物通通放进去。放完生活垃圾后，同学们又掩埋上腐殖土。三年级的张凡同学说："老师说，两周以后这些垃圾会变成液体，渗透到土壤里变成植物生长需要的养料，很神奇。这些养料培植出来的菜成熟后，会送进食堂，变成小朋友们的桌上餐。"该校校长张俊辉说，这些有机肥料除了浇灌学校苗圃、果园，还可以将产生的沼气输送到泡泡温室里，帮助温室中的反季蔬菜成长。据称，该校每两个星期就会开一次"低碳课"，邀请四川大学、四川师范大学的环保爱好者为该校的孩子们上课，教孩子们学会生存环境与气候的变化、能源安全与供给等环保知识。

低碳已通过多种形式走近广大青少年。他们是未来的领导者和主人，从现在开始，使每一个孩子都拥有保护环境的意识和低碳生活的理念，对中国的可持续发展必将带来深远的影响。

低碳生活和消费虽然取得了一定的成绩，但践行低碳是个长期的过程，要取得长足发展，需要通过政府、企业、社会组织和居民的共同努力，依靠法律、政策、宣传等多种手段，最终形成一个全社会自觉遵循低碳消费方式、享受低碳生活的良好局面。为了我们的地球家园，为了让我们的子孙后代生活得更好，让我们每个人都从自身做起，从现在做起，从点滴做起，积极践行低碳，为建设两型社会、迎接低碳时代的到来做出应有的贡献。

（根据有关资料编写）

国外低碳经济

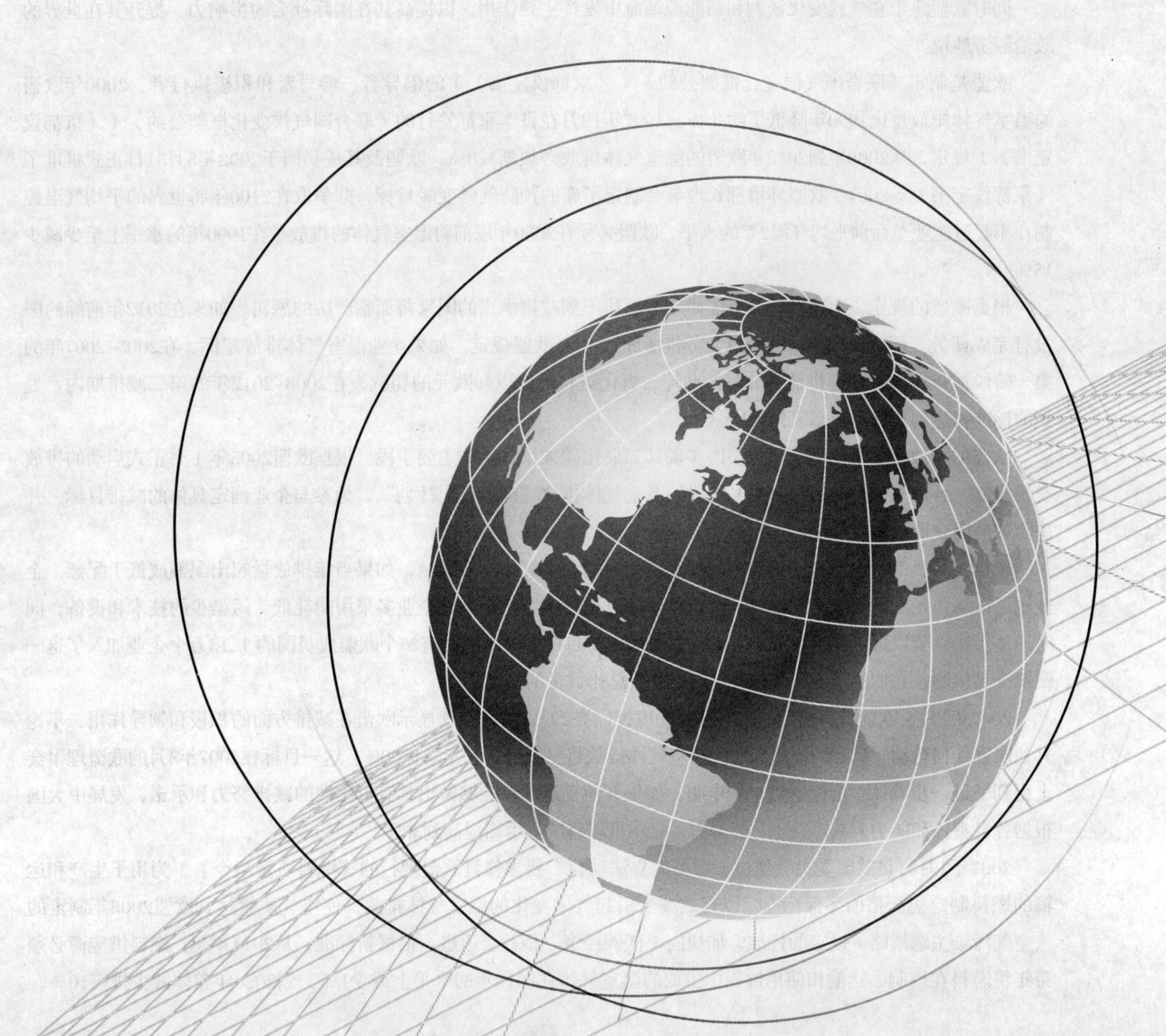

欧盟低碳经济

欧洲联盟（European Union，EU，简称“欧盟”）是一个集政治实体和经济实体于一身、在世界上具有重要影响的区域一体化组织。目前欧盟有25个成员国：奥地利、比利时、荷兰、卢森堡、塞浦路斯、捷克、德国、丹麦、爱沙尼亚、希腊、西班牙、芬兰、法国、英国、匈牙利、爱尔兰、意大利、立陶宛、拉脱维亚、马耳他、波兰、葡萄牙、瑞典、斯洛文尼亚、斯洛伐克。

由于气候变暖带来的灾难正在加剧，控制气候变暖已经刻不容缓。在过去一个世纪中，全球平均气温比工业革命前增加了0.6℃，而欧洲的平均气温已经增加了0.9℃。1980年至2005年,欧洲64％的灾难是由洪水、风暴、干旱、酷暑等极端天气造成的，由此导致的经济损失高达143亿欧元（约合177亿美元），比20年前增加了1倍。

在能源需求上，目前欧盟消耗能源的50％以上依赖进口，到2020年这一比例至少会增加到64％。如不开发新的替代能源，欧盟经济将面临更严重的能源危机。清洁能源将带来无限商机，创造大量就业机会。到2020年，欧盟可循环利用能源的比例如能占到能源消耗总量的20％，就会增加100万个就业机会。

同时欧盟急于在气候变化谈判和新能源革命中发挥主导作用，以提高其在国际社会的影响力，提升其在世界的政治经济地位。

欧盟是制定《联合国气候变化框架公约》（《京都议定书》）的倡导者、参与者和积极执行者。2000年欧盟的温室气体排放量比1990年降低了约４％。1997年12月在日本京都签订的《联合国气候变化框架公约》（《京都议定书》）规定，从2008年到2012年欧盟的温室气体排放必须削减8％，欧盟及其成员国于2002年5月31日正式批准了《京都议定书》。2004年欧盟环境部长理事会制定了新的预防气候变暖目标，即争取在2100年将世界的平均气温控制在不超过工业革命前平均气温2℃的水平，欧盟必须在2050年以前将温室气体的排放量在1990年的水平上至少减少15％。

根据欧盟的规定，上述目标具有法律效力，达不到减排承诺的国家将面临严厉的惩罚。如果在2012年前缔约国没有完成任务，那么2012年后的减排义务将增加1.3倍。欧盟规定，如果企业温室气体排放超标，在2005~2007年的第一阶段减排期内，超额排放部分每标准吨二氧化碳将被处以40欧元的罚款，在2008~2012年的第二减排期内，处罚的标准将达到每标准吨二氧化碳100欧元。

欧盟的排放交易机制是欧盟成员国实现其二氧化碳减排目标的主要手段。根据欧盟2005年１月正式启动的排放交易机制，各成员国应制订每个交易阶段的温室气体排放“国家分配计划”，为参与企业确定具体的减排目标，并决定如何向企业分配排放权。

根据这一机制，企业每年从本国政府获得一定的温室气体排放配额，如果当年排放量超出配额或低于配额，企业则可以从市场上购买或卖出配额。欧盟希望通过这种市场机制鼓励企业多采用能耗低、污染少的技术和设备，同时通过市场调节以最低的减排成本实现欧盟整体减排目标。到2006就有25个欧盟成员国的１.15万个企业加入了这一配额交易机制，它们的温室气体排放量约占欧盟总排放量的一半。

2007年1月，欧盟首次提出，为将升温幅度控制在2℃以内并继续显示欧盟在减排方面的积极和领导作用，不论其他国家如何行动，到2020年，欧盟的温室气体排放将至少比1990年降低20％。这一目标在2007年3月的欧盟理事会上得到了进一步确认。会议还进一步申明，如果其他发达国家能够做出具有可比性的减排努力和承诺，发展中大国根据各自责任和能力为减排做出足够努力，它还可以将减排承诺提高到30％。

2007年1月31日欧盟委员会通过一项新的立法动议，要求修订欧盟现行的《燃料质量指令》，为用于生产和运输的燃料制定更严格的环保标准，以有效减少引起气候变化的温室气体排放，使空气质量达到欧盟2005年制定的《空气污染主题战略》设定的标准，加快向“低碳经济”型社会迈进。根据新标准，从2011年起，燃料供应商必须每年将燃料在炼制、运输和使用过程中排放的温室气体在2010年的水平上减少1％，到2020年整体减少排废10％，即减少二氧化碳排放5亿吨，相当于西班牙和瑞典两国目前的排废总和。

2007年2月20日，欧洲委员会承诺，欧盟27个成员国到2020年内单方削减20%的温室气体排放。并表示要争取让发达国家的温室气体排放应当比1990年减少30％，到2050年减少60％～80％。如果有关各方无法达成30％减排目标的国际协议，那么欧盟仍会单方面致力于到2020年至少减排20％的目标。作为对可再生能源目标的补充，生物燃料将至少达到10％。

2007年6月，欧盟和日本达成共识，表示要率先为达成《京都议定书》后续协议而努力，并计划要在2050年前将温室气体排放减少50%。

2007年7月，为进一步促进中国清洁发展机制的发展，欧盟宣布支持预算为280万欧元的中—欧清洁发展机制促进项目，这也是迄今为止欧盟资助的最大规模的清洁发展机制（CDM）项目。

2008年 1 月23日，欧盟委员会推出了有关能源和应对气候变化的一揽子方案，以加强欧盟在能源领域的安全和竞争力。欧盟委员会通过新的能源环保提案规定，欧盟所有27个成员国应集体采取措施，确保在2020年以前，欧盟的能源使用中可再生能源的比例占到20％。欧盟还要求2012年欧洲销售的新车达到排放目标由当前平均为160g/公里。降低到120~130g（4.2~4.6盎司）CO_2排放量/公里。

2008年12月初在布鲁塞尔举行的为期两天的欧盟峰会结束了欧洲为达成强制减排长达两年的努力，最终敲定气候变化妥协方案，引领世界向低碳的未来迈进。欧盟峰会通过的协议要求欧盟到2020年将其温室气体排放量在1990年水平的基础上减少20%。该目标的实现要求27国完成各自的国内减排目标，而且要在整个欧洲碳交易机制的范围内进行。2013年后的第三阶段欧洲排放交易体系规定，污染性工业企业和电厂等，可购买碳排放许可权。方案还规定：到2015年，将汽车二氧化碳排放量减少19%；各国设定限制性目标，从而使到2020年，欧盟可再生能源使用量占欧盟各类能源总使用量的20%；鼓励使用“可持续性的”生物燃料；到2020年将能源效率提高20%。

新方案还包括了提供12个碳捕获和存储试点项目——利用创新技术收集电厂排放的二氧化碳并将它埋入地下。这些试点项目资金将来源于碳交易收益。预计到2020年，碳交易能带来几百亿欧元的收入。在英国的压力下，欧盟峰会同意将项目的资金加倍。

2008年12月17日，欧洲议会通过欧盟能源气候一揽子计划，并具有法律约束力。该计划包括欧盟排放权交易机制修正案、欧盟成员国配套措施任务分配的决定、碳捕获和储存的法律框架、可再生能源指令、汽车二氧化碳排放法规和燃料质量指令等 6 项内容。

2009年1月28日，欧盟委员会通过新的全球应对气候变化协定草案，计划提交年底在丹麦首都哥本哈根举行的联合国气候变化大会审议批准，为12月在丹麦首都哥本哈根召开的联合国气候大会缔结全球气候变化协议制定蓝图。

2009年7月，欧盟成员国财长 7 日批准了旨在刺激经济的 4 7 个能源项目，总投资规模近40亿欧元。这些能源项目包括18个天然气基础设施项目、9个电力基础设施项目、5个海上风能项目、13个捕获和储存项目，将在2009年和2010年实施。

欧盟委员会主席巴罗佐呼吁，地球正在经历又一次由人类造成的气候变化，它对人类的生存和文明构成了“史无前例的危险”。因此应对气候变化正在成为这个时代“注定的挑战”，为了建立“低碳”社会，国际社会需要采取“决定性的紧急行动”。国际社会要抓住机遇，共同为建立一个“低碳”社会而努力。

多方提高能源的利用效率

欧盟节能的目标是：2010年，能源利用效率提高18%（以1995年为基准）。根据一项正在酝酿的指令，2006～2012年，欧盟两个强制性节能目标是：各成员国总体上每年要节约1%的能源消费量（以2005年之前的5年平均计算）；其中公共部门的目标是每年多节约1.5%，以示表率。2012年，各成员国年度总的能源消耗量将比2006年减少6%。

在欧盟，能源消耗中工业占22%，交通占24%。一次能源在转换（如电或热等）中的耗损占35%。扣除这项耗损后，超过30%的能源为建筑物所消耗。所以各国都在工业、交通、建筑物、电器设备和照明等领域围绕控制CO2排放来设计政策。

立法保障——欧盟关于能源节约和能源效率颁布了若干指令。建筑物能源指令（2002年）提出了计量建筑物能耗的方法，设立新建筑物最低能效标准，建立建筑物能源标识制度。欧盟能源效率指令，要求在2008～2016的连续9年中要节能9%，每年节能1%。此指令对公共部门、能源供应商都规定了具体的义务，并设计了详细的测算、审计和报告方法。欧盟生态设计指令规定了锅炉、热水、办公自动化设备、电视机、充电器、办公照明、街道照明、空调器等14种产品或设施的技术与经济标准。德国从1976年以来，先后颁布了建筑物节能法、机动车辆税法、热电联产法、节能标识法、生态税改革法、可再生能源法等8部法律。这些立法都有相应的政府部门负责实施，如联邦经济技术部负责节能和提高能效工作；环境和核安全部负责CO_2减排、再生能源和核能工作；交通、建筑与城市发展部负责交通、建筑物的节能工作等。德国从1976年以来，先后颁布了建筑物节能法、机动车辆税法、热电联产法、节能标识法、生态税改革法、可再生能源法等8部法律。这些立法都有相应的政府部门负责实施，如联邦经济技术部负责节能和提高能效工作；环境和核安全部负责CO_2减排、再生能源和核能工作；交通、建筑与城市发展部负责交通、建筑物的节能工作等。

具体做法大体是：

促进热电联产。在各成员国热电联产既有成绩的基础上，2004年欧盟颁布了促进热电联产的2004/8/EC指令，所有成员国必须在2006年2月21日之前实施该指令。根据该指令，到2010年，欧盟来自热电联产的发电占总电力的比重将翻一番，达到18%（按1994年9%的比例计算而来）。该指令特别指出，来自热电联产的电力将同可再生能源发电一样，各电网运营商必须为其联网提供“接入”服务。

建筑物节能。欧盟各国都已推行建筑物能源证书制度。所有新建建筑物都必须符合最低节能标准的要求，新建筑物要为节能设施提供或预留接入口；一是老建筑在维修时也要尽量参照最低节能标准施工。政府对所有建筑物都按每平米耗能情况进行登记，并制作成证书。法律规定业主出租或出售住宅，必须同时出具此证书。新建筑必须符合新的能源标准方可开工。符合节能标准的建筑物应颁发节能证书，有关管理机构要对获得节能证书的建筑物及其内部使用的锅炉及空调设施等进行定期检查，以评价其节能情况。二是鼓励建筑物节能改造。德国全国有3900万套住宅，其中有75%建于1979年之前。法律规定若业主要对住宅翻新改造，必须符合新的能耗标准。政府相应推出鼓励措施，由国家开发银行给予低息贷款支持，联邦政府再补贴银行。一旦改造后的建筑物达到CO_2减排指标，业主还款的本金还可免除15%。2001～2005年，仅实现建筑物的CO_2减排标准，联邦政府为贷款补贴支付了15亿欧元。2006～2009年将达40亿欧元。目前全国已有500万套住宅改造获得优惠贷款，减排$CO_2$400万吨。德国还出现“零供热”建筑，全年都依靠太阳能取暖。三是欧盟加快开发新型节能建筑材料。欧洲每年约有37%的能源消耗用于室内取暖或降温，因此节能型建筑和新型建筑材料便成为欧盟专业人员不断研究开发的重点。欧盟各国在对建筑物的设计也更多地融入了节能环保理念。

家电和照明节能。2009年3月，欧盟委员会在布鲁塞尔通过一项法规，将依法强制推行节能灯泡。按计划，欧盟彻底消灭白炽灯将分5步走：首先，到2009年6月30日淘汰100瓦的白炽灯，接着到2009年12月31日淘汰75瓦的白炽灯，60瓦的白炽灯将于2010年6月30日被淘汰，40瓦和25瓦的白炽灯将分别于2011年8月31日和2012年12月31日被淘汰。这项法规规定，在2009年至2012年逐步从市场上淘汰供家庭、工业部门和公共场所使用的白炽灯和其他高耗能照明设备。新法规将有助于提高欧盟家庭、工业部门和公共场所照明设备的效能，随着法规的逐步落实，欧盟有望在2020年以前实现年节电800亿度的目标。这相当于欧盟2300万个家庭一年的用电量，同时还可以每年减排3200万吨二氧化碳。

丹麦在2005年10月设立了节能信托基金，如对节能冰箱每一台都有补贴。比利时弗莱芒区地方政府向居民发放购物券，指定此券在2006～2007间必须用于购买节能灯具。

交通节能。一是汽车发动机改造。由于柴油发动机比汽油发动机能耗降低35%，到2005年，德国全国汽车已有50%为柴油发动机。1990年以来，汽油发动机的效率也提高了20～25%。1990～2004年，全国汽车发动机效率提高了一倍，汽车燃料消耗减少了40%。二是税收。德国的汽油价格中，税收占70%。法律还针对高速公路货车按CO_2的排量收费，而使用天然气的汽车到2020年前享受免税优惠。三是推广新型燃料。第二代生物燃料占市场的3.4%，由此每年CO_2减排500万吨。四是能耗标识制度。尽管政府没有强制淘汰高耗能汽车，但有了强制性的能耗标识，类似于家电、建筑物那样，消费者自然容易做出选择。2012年之前高耗能汽车生产设备有望逐步淘汰。

欧盟还通过了有关鼓励清洁节能汽车发展的立法议案，要求公共部门、公营企业及从事公共客运服务的企业今后采购车辆时必须符合清洁节能指标。根据欧洲议会通过的立法议案，欧盟第一次把汽车的能耗、二氧化碳和其他污染物的排放指标列入了公共采购的要求，即采购车辆时不仅要考虑价格，还要考虑车辆对环境可能产生的影响，涉及的部门包括公共部门、公营企业及从事公共客运服务的企业。

实行强制性标签计划。在欧盟，家用电器耗能大约占总能源消费量的1/4，并且呈现快速增长的趋势，因此，控制家用电器的耗能增长非常重要。欧盟实行家用电器强制性标签计划，要求所有家用电器生产企业和销售部门，都有义务以标签形式明确标明该电器的耗能参数和耗能级别。强制性标签计划由一系列欧盟指令组成，几乎每种家用电器都制定了标签标准，例如，欧盟92/75/EEC指令（标签计划“框架”指令），2003/66/EC指令（电冰箱、冰柜及制冷设备），2002/40/EC指令（电烤炉）、2002/31/EC指令（空调）、98/11/EC指令（电灯）、97/17/EC指令（洗碗机）、95/12/EC指令（洗衣机）等。2009年3月31日，欧盟生态设计和能效标识法规委员会通过了欧盟委员会提交的有关电冰箱/冷柜、洗衣机、洗碗机和电视机等产品的新能效标识和生态设计要求的一揽子提案，提案还对家用制冷器具和家用洗衣机提出了分阶段生态设计要求。

实行最低能源效率要求，由一系列欧盟指令组成，要求某种类型家用电器产品，必须符合最低标准的能耗要求，否则不得生产与销售。最低能源效率要求与强制性标签计划一道，大大促进了节能效率的提高。2009年5月5日，欧洲议会投票通过了《有关修订能效标识指令〈耗能产品环保设计指令〉的提案》，将范围扩大到能源相关产品领域，欧盟委员会可以对影响家庭最终能源消费的产品（如窗户、绝缘材料、沐浴喷头及水龙头等）制定最低能效标准。有研究表明，20世纪90年代末，欧盟家用电器节能效率比90年代初提高了30%。

鼓励自愿标签行为。自愿标签行为，指有关电器产品的生产商、分销商、进出口商以及零售商以自愿方式，向欧盟委员会申请“能源之星”（Energy Star）标签，以标识其产品满足或超过有关节能标准。目前，欧盟“能源之星”标签主要标识在办公用品领域，但有越来越多的家用电器生产商也积极参与到这场自愿活动中来。

大力开发出节能技术。欧盟成员国依靠政策性引导，开发出一系列节能技术。已有多种型号具备节能降耗功能的新型涡轮发电机投入使用，这样就可将工厂锅炉产生的多余能量用于发电，使其能源利用率提高30%以上。另外，各成员国企业通过联合的方式，将工厂产生的余热收集起来，直接提供给其他制造业企业或城市耗能设备。比如，荷兰、比利时、卢森堡等国的能源、冶金、化工企业已建立起由几十家或上百家企业组成的规模不等的热能互用或循环使用联合系统，由计算机进行智能化控制，仅此一项改造就为上述国家节省电能近20%，年节约开支约120亿欧元（1欧元约合1.46美元）。同时还减少了近15%的二氧化碳及有害气体排放量。近年来，欧盟各国积极推广“垃圾转换能源”技术，这促进了垃圾焚烧新技术和设备的开发、生产及实际应用，从而提高了垃圾中的有机物燃烧效率和热利用效率，大幅减少了有害物质的生成和温室气体的排放。

实行消费者补贴政策——意大利政府实施的节能产品补贴及税收减免等激励措施，极大地推动了高能效家电产品的销售，扩大了高效产品的市场占有率。意大利政府2009年继续推行节能家电消费鼓励措施，对新购买节能型冰箱、洗衣机、厨具、电视等家用电器和节能型家居产品，免除20%个人所得税，最高免除额可达到1万欧元。

鼓励自律性行业协议。这是产业界为节能而实施的自律行为,通常在产业界与政府之间签署。欧盟鼓励自律性行业协议，因为它往往是政府制定强制性标准的替代或先导。自律性行业协议在荷兰、挪威、瑞典等国家实施比较成功，并且协议内容不断得到升级。目前，在欧盟实施的自律性行业协议范围涉及电视机、电冰箱、洗衣机、洗碗机、电动汽车、热水器、声学设备等，其中“电视和盒式录相播放机待机损耗协议”与“家用电冰箱和洗衣机协议”被认为是实施效果最好的两个协议。

风能：开发之首

2007年11月，欧盟委员会通过了欧盟战略能源技术计划，促进新的低碳技术研究与开发，抢占低碳技术市场。措施包括设立欧洲产业倡议，聚集风能、太阳能、生物能源以及核能等行业的相关资技术和人才资源。计划设立一个欧洲能源研发联盟，增强能源技术相关的物理学、化学、材料科学与工程学等学科的研究合作。委员会将建立欧洲能源技术体系，提供关于新技术及其相关的最新信息。欧盟委员会还决定成立一个欧洲战略能源技术社会督导小组，以便欧盟成员国和委员会对联合行动方案作出规划，对有关政策和方案的制定进行协调。强化对能源技术的投资。

世界首个漂浮式风力发电站在挪威正式启用

欧盟风能资源非常丰富，相当于整个欧洲2020年用电量的3倍。

2000年，欧盟风能在当年总电量中所占的比例还不到1%。自2000年以来，欧盟25国的风力装机发电量已累计增长了154%。截至2007年底，欧洲风力发电装机容量达40500兆瓦，占全世界风电总装机的69%，比上年增长18%，约提供了欧盟近3%的电力消费量，提前实现了到2010年风电装机容量达到40000兆瓦的目标。其中德国并网发电的装机容量约占世界装机总容量的三分之一。仅2007年，欧盟风能发电能力就增加了850万千瓦，达到近5700万千瓦，比2006年增加了850万千瓦时，占到欧盟电力供应的近4%，而这一比例在2000年时还不到1%。风能已经成为欧盟能源与电力市场不可或缺的组成部分，也是发展最快的能源市场之一，为欧盟的环境治理及缓解气候变化发挥着积极的作用。截至2007年，欧盟风能领域从业人员达到15.4万人，其中10.86万人的工作岗位与风能开发有直接关系。

在欧洲，随着越来越多的国家相继出台了鼓励风电发展的政策，使得欧洲成为风电机组市场扩展最快的地区。其中，德国最为重视发展再生能源。如今，德国的风力发电已占全国发电总量近8%，其中萨安州高居榜首，该州风电比例已达40%。法国8年前风力发电几乎还是空白，2007年风力发电量新增278.3兆瓦，计划2010年达到4000兆瓦，今后10年内将投资150亿欧元，兴建5000座至6000座风力发电站，力争在2016年将风力发电总量提高至12500兆瓦。为了增加电力供应，欧洲一些国家不断开拓新的风力发电区域。荷兰政府希望到2020年实现海上风力发电装机达到6000兆瓦的目标。英国将在本国周围海域新建一大批风力发电场，按照计划，到2020年，英国将利用风能发电25千兆瓦。英国目前每年的煤核油气发电量为75千兆瓦。

欧盟目前在利用风能领域已经走在世界前列，包括设备制造、技术开发、资金投入和人才培训等，都保持着领先地位，并由此可在改善与解决全球能源和气候问题领域发挥更加积极的作用。

由于欧盟在制造风力涡轮发电机和拥有相关专利与技术方面拥有相对领先的优势，2007年欧盟制造商向全世界提供了约70%的大型风力涡轮机。在全球已经安装使用的风能发电设备中，欧盟国家的产品占50%以上，成为向世界出口风力发电设备与技术最多的集团。其次是美国，占全球市场总份额的20%左右。

根据欧洲风能协会的计划，到2020年风能发电量达到230兆瓦，届时可以供应欧盟60%的家庭（1.35亿户）的用电需求，在欧盟用电总量中的比重可以达到14%～18%，为欧盟创造35万个新就业岗位。这意味着未来20年欧洲有巨大的风电市场，对风电设备的需求也将同步快速增长。因此，风力发电仍然被欧盟看作是绿色、可靠、有市场潜力的新能源形式，并主动选择加大对风电市场的投资。仅2008年欧盟对风电的投资总额就超过了110亿欧元，风力发电能力增加了8484兆瓦，创造了16万个工作岗位，风电产业已经成为欧盟发电能力增长最快的领域之一。2009年5月，欧盟议会能源委员会同意向离岸风能项目输送5.65亿欧元的资金。欧盟经济复苏计划打算通过鼓励向离岸风能、煤、电力和燃气基础设施投资来应对金融危机。

在保障能源安全，积极应对气候变化原则指导下，欧盟近年来加大鼓励成员国和相关企业增加对风电技术、设备的研发投入，有效地推进了欧盟风电市场发展，并在相关产业领域取得了国际竞争优势。目前在世界风电装机容量前10名的国家中，欧盟成员国占了7个，世界上主要风电市场也在欧洲。同时，来自德国、奥地利、荷兰、北欧的企业也主导着全球设备供应商市场，其技术、设备和服务已出口世界各地。欧盟国家利用风电产业的发展带动与其相关的设计、加工、建材、保险和金融等相关产业共同发展，使风电产业成为了欧洲重要的高新技术密集型龙头产业之一。

值得一提的是，在欧盟和各成员国政府的政策鼓励下，欧盟风电企业不断提升风力发电技术和设备等级，有效降低了生产成本，保障了其在国际市场的优势地位。以奥地利为例，奥地利风力能源协会预计，如果企业对风电技术创新的成果能够得到有效应用和推广，通过技术进步和设备生产规模化、系列化和标准化，未来10年内，奥地利陆上风力发电机设备的平均造价可以在目前的水平上降低20%以上，海上风力发电机设备的平均造价可以降低40%以上，从而使风电产业的总体成本大幅下降。

世界最大的太阳能王国

欧盟长期重视和支持太阳能发电产业的发展。欧洲领先各国进行太阳能应用，经过近20年来欧洲政府及研究机构与生产企业的努力，欧洲也成为最大的太阳能设备市场，在世界太阳能光伏领域取得领先地位。在2008年，全球太阳能电发电总量，欧洲就占了超过 80%。而在欧洲太阳能电发电总量中，德国与西班牙两国又占了 84%。估计欧洲在2020年可望省下3000亿欧元的电力成本。

太阳能产业的飞速发展，与欧盟采取的相关激励措施密切相关，其中一项非常重要的政策是由德国发起，之后在西班牙、法国、意大利等多国实施的可再生能源馈电法（保护性电价政策）。可再生能源保护性电价政策要求，电力公司以高于现有发电的收购价格，支付太阳能发电企业，以吸引更多人乐于投资装设太阳能发电装置。即电力公司必须以高价购买由商业或家庭太阳能发电者输入其电网的多余电力。

2009年7月13日，欧盟12家企业签订谅解备忘录，计划斥资4000亿欧元（约合5520亿美元）在非洲撒哈拉沙漠和中东地区建立多个太阳能发电站，把电能输送至欧洲，计划这些发电站2050年前能满足欧洲15%的电力需求。

参与这项“沙漠技术工业计划”的12家企业，包括德国慕尼黑再保险集团、西门子公司、德意志银行、德国意昂能源集团、莱茵—威斯特伐利亚发电厂以及瑞士ABB公司等。

这项计划并非直接把光能转化为电能，而是利用聚光式太阳能技术，生成水蒸气推动涡轮，进而产生电能，然后借助海底电缆将电力输送至欧洲。参与计划的企业一致同意，在2009年10月底前成立一个专门工作组，利用 3 年时间制订一份可行计划，在发电站选址和资金筹备等问题上给出具体方案。第一座太阳能发电站可望在2015年投入使用。

“沙漠技术工业计划”实施后，不仅将为欧洲提供清洁能源，还将满足发电站所在国部分能源需求，帮助这些国家把海水转化为饮用水和灌溉用水。

在2009年7月于比利时召开的永续能源周大会上，欧盟议会提出一份关于再生能源的方案，将全欧盟地区使用太阳能比例提高至 15%，其中 12%为太阳能面板发电，3%为太阳能加热系统。

加快推进碳捕捉计划

2009年6月，欧洲委员会仍然决定投入14亿美元建设CCS项目，计划在欧洲各国兴建13个CCS示范工程。而整个欧盟能源振兴计划总额为54亿欧元。按照欧盟的规划，德国将建设2个CCS示范工程，荷兰有3个，英国有4个。德国，荷兰，英国，西班牙和波兰将分别获得约2.45亿美元的投资。除此以外，意大利将获得1.35亿美元，法国将获得6700万美元用于二氧化碳运输基础设施建设。2009年7月，欧盟计划直接投资80亿欧元用于碳捕捉和存储（CCS）领域的研发。尽管反对声音不断，但是这一计划已经列入议程，欧盟各国领导人正在快速推动投资资金划拨到位，

德国慕尼黑再保险公司同包括西门子、德意志银行等顶尖企业在内的近20家德国公司投资4000亿欧元，在北非撒哈拉沙漠打造一座人类有史以来最大的太阳能发电站设计图

欧盟推动CCS项目的力度也远远超过了美国。

欧洲希望在2010年至少有20个发电厂使用CCS技术，并实现规模化和商业化。到2015年，欧洲至少要建立10个大型示范工程。到2020年，CCS技术就可在全球范围内实现广泛的商业应用。要实现这个目标，这些发达国家需要在今后10多年内投入200亿美元。

致力推动全球碳交易市场的建立

欧盟委员会致力推动全球碳市场的建立，提议建立全球碳交易市场，将其作为解决气候变化问题的方案内容之一。欧盟已经承诺扩大其排放交易计划（ETS），同时也敦促其他工业国家加入这一体系。

2005年1月欧盟碳排放贸易计划（EU—ETS）出台，该计划涵盖了欧盟25个成员国，列入1.2万个排放实体，占欧盟地区温室气体排放量的一半以上。与此同时，欧盟排放贸易计划允许成员国之间的企业根据各自的减排成本差异，自由买卖温室气体减排额度。同时，欧盟企业还可以在发展中国家以投资清洁发展机制（CDM）项目的方式换取减排额度，实现减排目标。2006年，欧盟清洁发展机制的项目减排量已占国际市场份额的80%以上。英国成功引导碳交易市场，到2009年第三季度就购买了近45%的“项目减排量”。

欧盟作为碳减排额的主要买方，近两年来在全球碳市场上的表现最为活跃，特别是在积极寻求清洁发展机制项目排放权方面，欧盟已经开拓了包括中国、印度和拉美国家在内的众多发展中国家市场。在这一市场上，2006年前9个月，欧盟国家占81%、日本占8%、美国占1%。2007年10月，欧盟与欧洲经济区成员国挪威、冰岛和列支敦士登签署碳交易（温室气体排放权交易）协议。这是欧盟签署的第一个国际碳交易协议，协议将覆盖30个欧洲国家。这是朝全球碳市场迈出的一大步。

欧洲碳基金（ECF）由两家欧洲著名银行（法国信托银行和比利时/荷兰富通银行）在2005年4月发起设立，并委托法国埃克斯环境与基础设施公司（IXISE&I）进行管理，基金已经成功地向多家著名财务投资机构募集了的资金。碳基金要求多数买家为卖家提供固定远期和指数远期两种合同方式。在欧盟的排放交易方案下，将形成每年约有22亿标准吨二氧化碳排放量的交易市场，欧洲企业的排放限额每年大约有6000万至1.2亿标准吨的缺口。

森林碳汇

森林在应对气候变化中扮演着重要角色。森林既可以作为温室气体的储藏库和吸收源，又可能因毁林、森林退化、火灾等，成为温室气体的排放源。森林碳汇力度大、易执行、见效快、成本低、对经济增长影响小、居民福利高的条件，是当前减排的较好途径选择，是低碳经济全球化时代到来过程中的必然产物。仅据欧盟2000年的温室气体统计：欧盟森林和其他木质生物量的增加从大气中吸收了约2.21亿吨CO_2，大约占欧盟CO_2总排放量（约为33亿吨）的6.7%。相反，同期欧盟林地和草地的改变造成了1200万吨 CO_2的净排放。

欧盟十分重视对森林的保护性采伐使用与可持续发展。2005年，欧盟森林面积达到1.77亿公顷，占欧盟总面积的42%。

在欧盟27个成员国中，6个国家的森林面积总和占欧盟森林面积的三分之二以上，这6个国家分别是瑞典（3100万公顷）、西班牙（2800万公顷）、芬兰（2300万公顷）、法国（1700万公顷）以及德国和意大利（均为1100万公顷）。

欧盟森林覆盖率名列前茅的国家是芬兰（77%）、瑞典（75%）和斯洛文尼亚（65%），而森林覆盖率较低的国家依次是马耳他（1%）、爱尔兰（10%）、荷兰（11%）和英国（12%）。

在欧盟1.77亿公顷的森林中，有73%用于木材生产，德国、芬兰和法国用于木材生产的比例分别高达99%、86%和85%，而塞浦路斯和西班牙用于木材生产的比例只有11%和37%。

根据保护全球森林应对气候变化的欧盟法律草案，欧盟为保护森林将采用更加严格的木材贸易规则。欧洲委员会规定，向欧盟国家提供木材的供应商必须防止非法采伐。公司应当绝对保证销售给欧盟27国的木材是合法采伐的。这份关于木材贸易的草案制定在2020年以前将欧盟温室气体排放量在1990年水平减少1/5的目标。这个新提案也是欧盟与非法采伐比较严重的国家达成森林保护协议的部分内容。欧盟与加纳于9月份一致同意非洲国家向欧洲出口的木材应该进行认证。依据该草案，欧盟的木材供应商必须采用一种认证体系来证明其产品是合法采伐的。

苏黎世零耗能大厦

瑞士的湖水80%是可以直接饮用的。瑞士人每次介绍自己国家的时候都会以此开篇。而位于苏黎世的瑞士联邦水资源研究中心用办公楼证明了自己对可持续性发展的承诺。

水分子是零耗能大厦的标志

远远望去，蓝色玻璃外观的Eawag更像一个艺术装置，但1232块丝网印刷的定向玻璃板绝非装饰，每5分钟会跟着太阳的运转而转动一次，目的在于折射阳光，冬天取暖，夏天遮光，存放能量。这个系统保证当户外温度达到35℃的时候，内部温度仍保持在26℃以下，整个大厦没有任何耗能的空调，是一所零耗能大厦。

除了一楼员工商店、接待室和图书馆外，整个大楼也不需要常规的采暖。通过45厘米厚的外墙（包括30厘米石棉层）和高质量的窗户，热损很少。所有热源都被加以利用，包括计算机和照明发出的热，甚至员工发出的人体热。

在冬季，进来的空气在80根20米长的地下管道中预热，并在一个热交换器中进一步加热。热水储存系统可以提供额外的热，通过楼顶上的太阳能采集器和厨房冷却装置的废热对水进行加热。

瑞士联邦水资源研究中心不仅身处零耗能大厦，同时还对大厦进行“内部研究”。每个参观者会应邀使用卫生间，因为他们使用了尿液分离技术，这是对于水和废水的一种管理。屋顶水储存在一个容量为80立方米的水池中，用来冲厕所。来自所有厕所中的尿液被分开排，集中收集用于研究。在大楼内部解决新的研究问题，这也是工作人员觉得有趣的地方。

在瑞士联邦水资源研究中心，412位员工的工作目标之一是研究21世纪的个人用水，其中，有部分计划是与中国4所大学合作的。

英国低碳经济

20世纪90年代是有英国历史记载以来气温最热的10年。英国旱涝灾害的风险明显增加。由于海平面上升，到21世纪末英国东部沿海一些地区最高水位就会多出10～20倍地频繁发生。英国在承诺《京都议定书》指标（2003至2012年温室气体排放水平比1990年下降12.5%）的同时，确定了以1990年为基数，到2010年减少主要温室气体二氧化碳排放量20%的目标。2000年英国能源系统排放的温室气体占全国总排放量的90%，能源系统排放的二氧化碳占全国总量1.5亿吨的95%。通过煤改气、提高热效率和发展核电，电力行业取得了与1970年相比发电量增长47%而二氧化碳排放量下降26%的成绩，但仍然以28%高居排放榜首。

英国是世界上最早提出“低碳”概念并积极倡导低碳经济的国家。英国政府在过去10间实现了200年来最长的经济增长期。经济增长了28%，但温室气体排放却减少了8%。英国1990年以来温室气体排放有如下趋势：2006年英国本土温室气体排放比1990年减少了16%，尤其是,尽管运输排放增加了15%，但全国二氧化碳排放减少了6%，非二氧化碳温室气体排放减少了46%，工业排放的二氧化氮减少了90%，农业排放减少了18%。现在，垃圾填埋所产生的70%的甲烷已可捕集。

这是工业革命以来英国第一次打破了经济增长和排放污染之间的联系。英国的实践证明，经济增长和低碳排放是可以同时实现的。向低碳经济前进，既是应对气候变化的方法，也是经济繁荣的机会。英国的一些做法值得借鉴。

发展低碳经济列入国家经济与社会的发展战略

英国的电力生产燃料消费结构以天然气、煤炭和核能为主，在电力燃料总消耗中的比例分别为39.9%、28.5%和25.6%，三者总和可为94%，再生能源电力(不包括水电和工业废弃物发电)占1.9%。

英国的二氧化碳排放量占世界的2%，据世界发展运动组织（WDM）的统计，2006年，英国人均碳足迹为9.66吨，而目前世界上最贫穷的50个国家的人均碳足迹仅为0.23吨。即一个英国人一周的碳足迹已经远远超过了发展中国家中一个人的年均碳排放产出。

面对气候变化、环境与资源给人类带来的巨大压力与危机，近10年来，英国政府在全世界率先将发展低碳经济列入国家经济与社会的基本国策与发展战略，并将低碳经济视为未来企业和国家竞争力的核心所在，希望借此重塑自己的国际政治经济地位。

1997年，英国作为欧盟成员参加了在东京召开的国际能源与环保会，并承诺到2010年使CO_2排放量降低12.5%，政府内部控制目标是减少20%。为实现这一目标，政府规划到2010年可再生能源发电比例要达到10%，同时停止按NFO公约签订新的可再生能源建设项目。

2003年2月24日，英国首相布莱尔发表了题为《英国政府未来的能源——创建一个低碳经济体》的白皮书。白皮书指出：为了应对气候变化和石油、天然气和煤炭等化石能源产量减少所带来的挑战与机遇，英国将义无反顾地转变为“低碳经济”。白皮书提出了未来20年英国温室气体减排目标和到2050年英国能源发展的总体目标：到2010年二氧化碳排放量在1990年水平上减少20%，到2050年减少60%，并于2020年使二氧化碳排放量消减1500~2500万吨，取得实质性的进展。到2010年，可再生能源的目标是占到英国电力供应的10%。到2020年使可更新能源的发电量增长一倍。到2050年，把英国建成低碳经济社会的国家。不仅要通过发展、应用和输出低碳技术创造新的商机和就业机会,而且决心要在支持世界各国向低碳经济转型发展方面成为欧洲乃至世界的先导。

随后,布莱尔政府更是将目标的精确度提高了一个小数点：到2015年，可再生能源要占总电力供应量的15.4%。这一目标与欧盟的目标基本同步。

2006年7月，发布《能源回顾报告》，陈述如何应对英国能源政策面临的两大长期挑战，并就一系列相关问题进行广泛的公众咨询。

2006年10月30日，发布《气候变化经济学报告》（即著名的斯特恩报告），《报告》阐述了气候变化造成影响的经济代价和相关温室气体减排的花费和收益，得出“迅速、有力地阻止气候变化的行动带来的益处将会远超过为行动所付出的经济成本”、“从全球和长远的利益来看，我们现在的努力对将来40 ~ 50年的气候只会产生有限的改变。但另一方面，未来10 ~ 20年我们付出的努力将会对本世纪后50年和下个世纪的气候产生深远的影响”这两大既紧迫又有希望的震撼性结论。

2007年和2008年的《能源白皮书》，英国政府都提出了碳减排承诺计划，从2008年起，每个在2008年耗电超过6000兆瓦的机构都需要购买碳排放指标。这一强制性减排交易计划将会影响到英国的5000家大型企业和地方政府机构，并且预计到2020年将帮助英国每年额外减少120万吨二氧化碳排放。2030年，“低碳经济”将得到进一步发展，并可能为英国提供100万个“绿色”工作机会。

2008年4月，英国政府推出《使用可再生交通燃料责任规定》。按照规定，英国加油站出售的燃料中的2.5%必须是生物燃料。政府还计划到2010年将这一比重提高至5%，但迫于重重阻力，有关方面不得不将实现这一计划的年限延缓至2013年。

2009年5月，英国政府宣布将不再兴建新的燃煤发电厂，除非能马上搜集和填埋至少25%的温室气体，且到2025年能达到100%，从根本上确定了英国的能源政策。英国政府决定在英国东海岸线上直接兴建4个能产生总计为25亿瓦的电力能源“族群”。每个族群将会至少有一个主要的新燃煤发电厂，它能搜集碳排放并将其传送至填埋的海域，到2025年减少高达60%的因燃煤发电产生的废气排放。

英国还出台了《英国气候变化战略框架》，提出了全球低碳经济的远景设想，指出低碳革命的影响之大可以与第一次工业革命相媲美。

2009年7月，《英国低碳过渡计划》出台，标志英国成为世界上第一个在政府预算框架内特别设立碳排放管理规划的国家。按照英国政府的计划，到2020年可再生能源在能源供应中要占15%的份额，其中40%的电力来自绿色能源领域，这既包括对依赖煤炭的火电站进行“绿色改造”，更重要的是发展风电等绿色能源。在住房方面，英国政府拨款32亿英镑用于住房的节能改造，对那些主动在房屋中安装清洁能源设备的家庭进行补偿。在交通方面，新生产汽车的二氧化碳排放标准要在2007年基础上平均降低40%。同时，英国政府还积极支持绿色制造业，研发新的绿色技术，从政策和资金方面向低碳产业倾斜，确保英国在碳捕获、清洁煤等新技术领域处于领先地位。

《英国低碳过渡计划》指出，英国经济发展的核心目标是把英国建设成为更干净、更绿色、更繁荣的国家。为此，英国将抓住机遇，力争到2020年实现以下5个具体目标：一是创造120万个绿色就业机会；二是在住房方面，英国政府拨款32亿英镑用于住房的节能改造，整体改建700万户民宅，并支持150万户家庭生产自己的清洁能源；三是全国40%电力来自可再生、核能、清洁煤等低碳能源；四是削减一半天然气进口量；五是在交通方面，新生产汽车的二氧化碳排放标准要在2007年基础上平均降低40%。同时，英国政府还积极支持绿色制造业，研发新的绿色技术，从政策和资金方面向低碳产业倾斜，确保英国在碳捕获、清洁煤等新技术领域处于领先地位。

该计划将以低成本方式实现降低碳排量的目标，从而把减排对消费者的影响控制在最低水平。该计划指出，2015年前消费者的能源支出不会增加，到2020年所有新老气候变化政策对消费者的影响也将控制在最低水平，即平均每户能源支出将在目前水平上增加8%，即92英镑。自2000年以来，英国政府已投入200亿英镑，帮助数百万户家庭应对能源贫困问题。

与此计划同时公布的还有3个配套计划，《英国低碳工业战略》、《可再生能源战略》及《低碳交通计划》。《英国低碳工业战略》旨在扶持关键企业应对气候变化，这些关键企业来自英国有竞争力和比较优势的行业及地区，包括海上风力发电、水力发电、碳捕获及储存。《可再生能源战略》提出，到2020年英国15%的能源(包括发电、取暖、交通等)来自可再生能源。《低碳交通计划》指出，未来10年英国国内交通行业碳排量将减少14%。

从现在到2020年，英国每年碳排量减少的50%来自发电行业。到2020年英国电力的40%来自低碳能源，其中30%来自可再生能源，10%来自核能及清洁煤。具体措施包括：英国将投资600万英镑，开发智能电网；向地方政府拨款1120万英镑，加快对可再生能源项目的审批程序；批准在Teesside建立全国最大的生物发电厂；在能源与气候变化部内设立专门的可再生能源部门，以加快英国可再生能源的发展。

按照这项计划，从现在到2020年，英国每年碳排量减少的15%来自家庭节能及小规模可持续能源项目。由于在住房保暖不好的家庭中，每年三分之一的取暖支出被白白浪费，因而英国将选择15个城镇首批试点住宅保暖改建工程。从现在到2020年，英国每年碳排量减少的10%来自提高工作单位的能效。到2050年，英国的工厂、办公室、医院、学校等要力争实现零排放。具体措施包括：财政预算单列的低碳投资基金将1.2亿英镑投入海上风力发电；将6000万英镑投入海浪及潮汐发电；将600万英镑投入地热探索，仅英格兰西南部的地热资源就能满足全英国每年2%的用电需求；将400万英镑用于帮助制造业，包括核电制造业，抓住低碳机会。

此外，从现在到2020年，英国每年碳排量减少的20%来自人们出行方式的改变。英国力争到2050年公路铁路运输实现零排放，航空及海运业大大提高能效。政府将通过优惠政策，推动电动车及混合动力车尽快普及。英国每年碳排量减少的5%来自农业及垃圾处理方面的减排。这是英国首次提出农业减排概念，政府将推广厌氧分解法，鼓励农民把废物和粪便转化成可再生能源，同时通过无息贷款支持低碳农业，并引导私人资本投资植树造林。英国能源与气候变化部部长爱德华·米利班德说，英国是世界上第一个为碳预算立法的国家，期待英国每个行业的碳排量都有所减少，以后每个政府部门在收到财政预算的同时都会收到碳预算方案。

2009年11月，英国能源与气候变化部公布了能源规划草案，明确提出，核能、可再生能源和洁净煤是英国未来能源的三个重要组成部分。除了大力发展风能、海洋能等可再生能源，草案决定重启核能发展计划，批准了10个新核电站。

英国欲用公路收集太阳能为建筑供暖

英国Burbo离岸风力发电站

英国在中长期内煤炭仍将在发电能源中占据相当比重，强调必须发展洁净煤发电技术。草案要求，新建燃煤电站必须具备碳捕获和封存设施，且电站最初规模至少在30万千瓦以上。为此，英国计划通过碳捕获和封存激励基金为洁净煤发电提供资金支持。

2009年12月1日，英国能源与气候变化部发布了题为《智能电网：机遇》的报告，宣布将大力推进智能电网建设。报告提出，2020年前，将4700万个家庭普通电表全面替换为智能电表。英国还成立了智能电网示范基金，在未来5年内为智能电网技术研发提供资金支持。

不断完善与创新政策法规

为推动低碳经济战略的实施,英国政府推出了一系列具有开创性的政策法规和配套措施。

早在1988年，英国政府为了支持、鼓励可再生能源的开发利用，并在开放的市场环境下参与竞争，构建了以非化石燃料义务和化石能源税为核心的法律框架。其主要内容为：可再生能源项目在市场公开招标，中标公司因而取得为期15年的发电合同，并开始办理用地、电业许可、商业贷款等一系列手续，项目建成投产后，其电价高出入网价格的部分由政府用征收的化石能源税（约为化石燃料发电成本的0.3%）补偿。截至2000年底，英国共有合同项目348个，总装机发电能力为911.7兆瓦，能源形式有小水电、垃圾填埋气、城市及工业垃圾、污水气、风电等。

1990年,英国实施了“非化石燃料公约”（简称NFO）。NFO规定：可再生能源开发利用项目由政府发布，通过招投标方式选择可再生能源项目开发者，竞标成功者将与项目所在地的电力公司按中标价格签订购电合同。由于可再生能源发电成本通常会高于常规能源发电成本，对于中标合同电价与平均电力交易市场价格之差即地区电力公司所承受的附加成本，将由政府补贴。补贴费用则来源于政府征收的“化石燃料税”。NFO的这种制度被称作在可再生能源政策中的“投标制度”。NFO首先在英格兰推行，继而在苏格兰和北爱尔兰地区也制定了与之对应的非化石燃料公约。NFO及其相关政策的主要内容：一是用可再生能源发电的企业或项目前5年可享受政府基金补贴，后15年电力公司以固定价格收购其电力，当市场价格低于固定价格时，其差额由政府补贴；二是向电力用户征收化石燃料税（占总电价的1.5%）建立发展基金，用于补贴可再生能源项目的研究与建设；三是对拟投资的可再生能源项目进行公开投标，使项目可行性研究中提出的电价最低的公司中标，政府对项目进行投标补贴的同时，约定收购其电力。推行NFO以来，从1990年到1997年，英国的可再生能源大幅降价。通过实施此公约，每年可减少260~300万t含碳化合物的排放。通过NFO，英国政府在1990年到1999年期间接连五次以竞标的方式定购可再生能源电力，实现1.5GW的新增可再生能源电力装机容量，大致相当于英国总电力供应的3%。到1997年，实际完成合同可再生能源发电装机440MW，平均电价下降了19.5%。

2000年2月，英国政府废止了化石燃料公约，制定了《新可再生能源公约》，并且作出征收气候变化税的规定，大力推动可再生能源的发展。“公约”自2002年4月1日开始实施，有效期25年，至2027年结束。“公约”要求电力配售商必须购买一定比例的可再生能源电力，2010年该比例为10%。可再生能源发电企业将获得可再生能源证书，证书可在国内的交易市场自由交易。如果企业不能完成规定时间内的可再生能源电力购买义务，可以购买证书履行义务。对于不能履行公约义务的电力配售企业，处以罚款，罚款额度由政府根据当年的零售电价确定。

2000年4月，英国政府制定出台了《英国可再生能源义务法令》。该《法令》至少要履行到2025年以后，以保障可再生能源发展的可持续性。《法令》主要确立了可再生能源义务制度，主要内容有：一是供电商有义务购买一定比例的可再生能源电力。此项法令明确规定，供电商在其所提供的电力中，必须有一定比例的可再生能源电力。可再生能源电力的比例由政府每年根据可再生能源的发展目标和市场情况等来确定。到2010年，应保证有10%的电力资源来自于可再生能源，以确保政府总体目标的实现。二是建立完善的市场机制。对履行公约满足上述指标的供电公司发放绿色证书，而未达到10%指标的供电商可以向超额完成指标的电力商购买其富余的绿色证书指标以履约，即开展可再生能源发电指标的贸易。三是对违反可再生能源义务制度者予以惩罚。根据可再生能源义务制度，所有供电商都必须履行责任和义务，达到当年规定的可再生能源电量份额。如果不能完成任务，供电商将要交纳最高达其营业额10%的罚款。四是从"气候变化税"中免除可再生能源税率，对工商企业用电征收大气影响税。其中，对燃油免征此税，征燃油税。该税收预计年收入可达10亿英镑，其中一部分用于支持企业研究低碳排放技术，一部分用于支持企业加速节能投资设施的折旧，规定允许年折旧率达100%。大气影响税收入部分用于补贴企业，即减免企业为雇员交纳的社会保险税的0.3%。到2010年，这些措施每年为可再生能源产业提供大约10亿英镑的支持，到那时能够在更大范围使用可再生能源。在2010年之后的10年里，把可再生能源发电量占英国发电总量的份额（10%）翻一番。

同时，英国还建立了配套的可再生能源电力交易制度和市场，每1MW合格的可再生能源电力作为一个计量单位(称为一个ROC)，可以在市场上进行交易。英国政府通过其电力监管局(Ofgem)来监督管理。由于英国的供电和发电系统已经在1990年成功地实现了私有化，因此，所有供电商都必须履行责任和义务，达到当年规定的可再生能源电力份额，从可再生能源发电企业购买合格电力并从而获得配额(ROC)证书，或者从电力监管局直接购买配额(ROC)证书。如果完不成任务，电力监管局规定，供电商将要交纳最高达其营业额10%的罚款。如果可再生能源发电企业的配额(ROC)有剩余，则表明可再生能源电力市场处于卖方市场状态，电力监管局可以收购剩余部分，收购价格为30英镑/ROC，实际上这一价格相当于政府确定的可再生能源电力的底线价格。但在实际操作中，为了维持可再生能源电力一个相对较高的市场价格从而鼓励投资商投资于可再生能源发电，需要保证政府每年确定的可再生能源电力份额目标略高于实际可能的份额。

从2000年6月28日开始，为了鼓励企业减少温室气体排放，英国政府决定对造成温室气体排放的燃料征收气候变化税，该政策至2010年结束。气候变化税的征收范围包括常规电力、煤炭、天然气、液化石油气。2001年，常规电力的税收强度为0.63分／千瓦时(欧元)，可再生电力企业获得气候变化税免除证书，享受免除气候变化税收的优惠，提高了与常规能源电力的竞争力。2001年，由英国环境、食品与农村事务部、商务部、英国商业企业和法规改革部、苏格兰政府、威尔斯议会政府及北爱尔兰经济发展署联合投资创建为适应气候变化而成立的一家独立公司——英国碳信托有限公司（英国节碳基金）。碳信托有限公司以"加速前进，实现低碳经济"为宗旨，与众多私营企业及公营机构共同努力，致力于降低碳排放量，并开发具有商业可行性的低碳技术，以期降低未来的碳排放量。公司发展公共与私募基金，鼓励跨行业合作。这两项措施使节碳基金在英国每消费一英镑公营资金，便可吸引来自私营机构七英镑的局面。自英国碳信托有限公司成立以来，已成功帮助英国客户共降低约 1700 万吨二氧化碳的排放量，相当于节省了 10 亿英镑的成本。在英国，同英国碳信托有限公司合作的企业以及公共部门，在能源使用方面基本上都减少了20%，而达到这个效果所进行的投资在两年以内就可以拿回来。在英国的这些小型孵化项目，对其进行资金的投入完全是由政府的资金支持。

为了鼓励开发可再生能源，英政府推出了为期25年的可再生能源义务和气候变化税以替代非化石燃料义务和化石能源税。另外开征了以工业、商业和公共等耗能部门为对象的气候变化税。小型水电站(装机能力10兆瓦以下)和由可再生能源提供的电力以及热电联供(CHP)系统生产的热、电资源用户可申请免税。税收将用来补足国家减免企业雇员应缴款的部分(0.3%)以及支持可再生能源发展和热电联供项目。此种税制的好处是政府不再扮演交易员的角色，使可再生能源市场更加符合市场理念；可再生能源由供方机制向买方机制转变，有利于可再生能源的发展；可再生能源义务的赎买措施，有利于通过价格手段调控生产；对企业雇员0.3%的纳税减免，有助于减轻企业负担，促进就业。

加强对可再生能源及基础设施的投入，制定了一系列的贷款政策，其中利用非盈利性的金融机构为企业提供中长期的优惠利率贷款已经形成一种固定制度。利用政府采购计划来激发国内可再生能源技术和服务市场的发展，极大地推动了英国可再生能源的基础设施建设。

2007年3月13日，英国政府公布了《气候变化法案》草案，使英国成为全球首个寻求通过立法手段强制限定温室气体排放的国家。2007年11月，英国议会通过了《气候变化法案》，2008年春季正式生效。《法案》承诺到2050年英国温室气体排放量必须依法减少80%。《气候变化法案》是世界上在该领域的第一个法案，法案有两个主要目的，一是表明英国致力于为全球减排承担相应的责任；二是提高碳管理，促进英国向低碳经济的转型。根据这一《法案》，今后英国政府如果不能实现控制二氧化碳的既定目标，将可能面临被告上法庭的尴尬境地。《法案》除设定控制二氧化碳排放量总体硬性目标外，还要求英国政府提前至少15年制定“二氧化碳减排预算”，为二氧化碳排放量“封顶”，以使企业明确强制减排的具体目标。在通过《气候变化法案》的同时，英国成立了一个独立的气候变化委员会，就如何达成减排80%的目标给政府提供了建议，政府至少每5年要向公众通报一次气候变化的当前影响和预期影响。

为了寻求稳定的能源供应和防止全球变暖，《气候变化法案》调整了现行的能源政策，特别强调了核电站的开发建设和扩大可再生能源的利用，并设定了具体目标。到2015年之前将可再生能源占电力消费总量的比重比现在提高2倍，达到15%。《气候变化法案》为英国通过国内外行动实现减排提供了法律依据，通过国内和国际行动，以1990年为基准，二氧化碳的排放，到2020年减少26%～32%，到2050年至少要减少60%。政府将设立一个5年的碳预算，确定总的二氧化碳排放限量。为了促进普遍居民家庭使用太阳能电池板和风力叶轮发电机装置，政府将简化相关手续，方便居民家庭安装使用。此外，产业界除了对可再生能源扩大投资外，将阶段性地淘汰能源效率差的产品，其中包括无谓消耗电力的待机开关等。

2007年10月，英国政府计划向国内商场和办公场所发出紧急“绿化令”，要求这些排放二氧化碳量占全国总量一半的商用建筑减少排放二氧化碳，以缓解日益严重的全球变暖危机。政府将给所有新的商用建筑制定“最后期限”，采取措施实现“零二氧化碳”的目标。“绿色办公室”需要拥有：宽敞的中央露天场所、可供多人共用的办公桌、回收材料制成的地板、回收灯泡制成的地砖、大型遮阳隔热窗、亮白墙壁、太阳能板、风力发动机、低能耗电脑、回收木材制成的家具、收集废纸和其他废品的垃圾箱和回收设施、能在太阳光足够时变暗、在人离开房间时自动关闭的节能灯、回收瓶罐制成的水池、无水小便池和回收纸张等。

2007年10月，英国政府计划向国内商场和办公场所发出紧急“绿化令”，要求这些排放二氧化碳量占全国总量一半的商用建筑减少排放二氧化碳，以缓解日益严重的全球变暖危机。政府将给所有新的商用建筑制定“最后期限”，采取措施实现“零二氧化碳”的目标。“绿色办公室”需要拥有：宽敞的中央露天场所、可供多人共用的办公桌、回收材料制成的地板、回收灯泡制成的地砖、大型遮阳隔热窗、亮白墙壁、太阳能板、风力发动机、低能耗电脑、回收木材制成的家具、收集废纸和其他废品的垃圾箱和回收设施、能在太阳光足够时变暗、在人离开房间时自动关闭的节能灯、回收瓶罐制成的水池、无水小便池和回收纸张等。

2009年 2 月12日，英国发布“节热节能战略”草案，并交由公众质询。这个草案将使英国已建住房到2050年前实现“零碳排放”。草案提出，到2020年，700万座地产将安装固体墙绝缘材料以及节能措施，将家庭能耗降低三分之一。到2030年，所有的地产就将得到“整体房屋”的套餐，包括安装可再生热能和能源的设备，如生物锅炉和地热采暖等。

制定相关标准。2009年3月，英国标准协会、节碳基金和英国环境、食品与农村事务部联合发布了新标准PAS2050《产品与服务生命周期温室气体排放评估规范》。该标准是用于计算产品和服务在整个生命周期内（从原材料的获取，到生产、分销、使用和废弃后的处理）的温室气体排放量，帮助企业真正了解他们的产品对气候变化的影响，寻找在产品设计、生产和供应等过程中降低温室气体排放的机会，最终开发出更小碳足迹的新产品，从而在应对气候变化方面发挥更大的作用。这项新标准是英国第一部强制性的、统一的产品和服务的碳足迹测量标准。这项新标准是英国第一部强制性的、统一的产品和服务的碳足迹测量标准。

此前，英国碳信托有限公司已尝试在多家企业约75种产品中试行PAS 2050标准，这些公司包括百事可乐

（PepsiCo）、博姿（Boots）、Innocent、马绍尔(Marshalls）、特易购（Tesco）、吉百利（Cadbury）、哈利法克斯（Halifax）、可口可乐（Coca Cola）、金佰利（Kimberly Clark）、合作集团（The Co-operative Group）、苏格兰·纽卡斯尔啤酒公司（Scottish & Newcastle）、库尔斯酿酒公司（Coors Brewers）、穆勒（Muller）、英国糖业公司（British Sugar）、英国联合农产品集团（ABAgri）、桑斯伯里连锁超市（Sainsbury's）、法国达能公司（Danone）、大陆服装公司（Continental Clothing Company）、Colors Fruit、摩非·伟卓诗（Morphy Richards）、Mey Selections和材料产业联合会（Aggregate Industries）等。

英国碳信托有限公司的研究发现：博姿（Boots）为其Botanics洗发水重新设计了物流网络，使产品可以直接配送到商店，从而减少了运输距离和包装成本，仅此一项就使该洗发水的碳足迹降低了10%。Innocent通过与其供应商合作，帮助该供应商确定一种减少碳足迹的新途径，即通过成立员工小组，来探讨如何提高整个工厂中可回收利用的废弃物数量。在该计划实施后的第一个月，采用垃圾掩埋的废弃物数量减少了15%。实施计划后的前6个月减少的废弃物数量比例达到了54%。与此同时，英国环境、食品与农村事务部还用此标准对100种食品的生产、制造和分销过程进行了研究测试，并正对家庭食物烹制和消耗在温室气体排放方面的影响全面展开研究。按照该标准，企业除了测定和降低产品（包括服装、化妆品甚至肉饼）的碳足迹之外，还可以针对公众如何进行环保的选择、使用和处理产品提供建议。英国碳信托有限公司首席执行官表示：这是企业首次拥有一项可以测定产品和服务碳足迹的完善统一的标准。这项激动人心的进展，将有利于企业真正认识到产品在碳排放方面的影响，并采取切实可行的途径来降低整个供应链中的二氧化碳排放量。PAS 2050将为企业在产品的碳含量方面提供透明可靠的信息铺平道路。

“碳地图”、“碳预算”和碳排放交易

2007年英国碳基金推出了著名的“碳地图”，为推进英国的碳减排提供了重要依据。“碳地图”以地图方式分别标注出英国30多个城市的二氧化碳排放量。通过对33个英国城市中居民及企业的二氧化碳排放量分别展开调查，碳基金提供了一份全英二氧化碳排放报告，其中包括一张标注各地二氧化碳排放量的地图、相应的几何图表以及城市排名。

2008年5月，英国政府提出了碳减排承诺计划，从2009年起，每个在2008年耗电超过6000兆瓦的机构都需要购买碳排放指标，使得越来越多的企业都开始采纳碳基金公司的标准衡量排放水平。目前有65%的企业承诺采用碳基金公司的标准，此能降低企业的费用，并有助于企业在碳减排承诺计划中的排名。参与碳基金公司标准的企业共节省了7300万英镑。2008年6月25日，全球首家独立的碳排放评级机构在伦敦证券交易所正式启动。该评级机构将通过一系列复杂的审核、计算对参与评级的项目给出不同等级，其中AAA为最高级别，而C和D表明被审核项目很难达到减排标准。2008 年 9 月，英国碳信托有限公司开始进入中国市场。通过与中国节能投资公司 (CECIC) 合作，英国碳信托有限公司寻求协助中国降低碳排量的机会。

2009年4月，英国财政部发布了2009财政年度预算报告，确定从2009财政年度起设定“碳预算”，作为2009财政年度预算的组成部分，并根据“碳预算”排放目标安排相关财政预算，支持应对气候变化活动，成为全球第一个在政府预算框架内特别设立碳排放管理规划的国家。“碳预算”明确提出，2008年至2022年期间，每5年为1个周期，设立3个碳排放周期，力争经过阶段性努力，使英国碳排放到2020年末较1990年减少34%，实现2050年排放较1990年降低至少80%的长期目标，这一目标较迄今为止英国政府提出的所有目标都更为激进。

根据减排目标，预算安排了相应的支出，并对实施效果进行了量化估算。预期政策实施后，2020年不同领域均取得可观减排量和环境效益。

2009财政年度预算在原有预算的基础上，从减排角度对财经政策进行整合，将社会经济活动全面纳入了碳减排定量管理过程，使低碳发展融入到经济发展和财政预算总体规划中。政府大量直接投入，展示了低碳发展的前景，有助于动员更多社会资金投入低碳部门。“碳预算”标志着发达国家应对气候变化、开展减排行动的尝试进入了一个新阶段。

实施“碳预算”的资金投入和政策措施。英国2009财政年度预算确定，将向低碳经济新增投入14亿英镑，预期3年内为低碳经济动员资金104亿英镑，以加速新兴产业发展，支持低碳领域企业成长，创造绿色就业机会，占据并保持英国在低碳式经济复苏中的领先地位。总额14亿英镑的支出主要包括：一是支持海上风力发电。通过调整《可再

生能源义务法》相关规定，提供约5.25亿英镑，对2009年到2012年间资金到位的海上风能投资给予支持。预计可以动员90亿英镑资金，向约280万家庭供应电力。二是提高能效和资源效率。拟提供3.75亿英镑资金，支持今后两年企业、公共建筑和家庭采取措施，提高能源和资源使用效率。事实上，节能是相对容易的减排方式，在减少排放的同时还可以降低家庭和公私部门的费用支出。三是支持低碳产业和绿色制造业。安排预算4.05亿英镑，主要支持风力和海洋能源技术、可再生能源技术，强化低碳供应链等产业的发展，确保英国在上述领域继续保持领先位置。四是支持碳捕获项目。提供6000万英镑，支持4个碳捕获和储存项目的工程和设计研究，未来还将在环境预算额度中划出3000万英镑支持此项活动。五是支持小规模和社区低碳经济发展。为分散的小规模社区低碳能源发展提供7000万英镑。这些措施实施后，每年将减少约38万吨二氧化碳排放和6000万英镑的能源支出，还可以提供部分就业机会。

除预算资金直接投入外，2009预算案中还包括以下与减排相关的财税政策：一是调整气候变化税，支持热电联产项目的建设，预期到2015年将带来逾25亿英镑的资金投入和相当数量的就业机会，新增装机容量3GW；二是提高燃油税率，从2009年9月1日起税率每公升提高2便士，2010年到2013年按实值计算每年提高1便士/公升，减少燃油产生的碳排放；三是上调填埋税率，2011年起至2013年，每年4月1日将填埋税税率上调8英镑/吨，鼓励替代填埋的废弃物处理方式，减少填埋导致的碳排放和环境污染；四获得欧洲投资银行融资支持，英国可再生能源项目可以向该行申请特别融资，总的资金上限为40亿英镑。

根据《气候变化法》及预算规划，政府在2009年夏天正式发布《能源和气候变化战略》，包括为达成“碳预算”目标而制订的系列政策，以进一步强化碳排放长期规划，并针对供热节能，可再生能源和零排放住宅等推出特别措施。

排放交易是实现温室气体减排的最经济有效的方法，是《京都议定书》的核心内容。英国作为世界上第一个在国内实行排放交易机制的国家，于2002年 4 月正式开始实施其排放交易机制（UKETS）。英国率先推出排放交易的主要目的，一是在合理的支出范围内使排放量的绝对数目有明显减少；二是帮助英国企业在欧洲及国际上实行排放交易之前获得排放交易的经验；三是帮助伦敦建立排放交易支持系统，以使其成为今后全球排放交易中心。英国的排放交易机制的基本思路是对一组企业确定一个总的减排目标值，然后规定每个企业的排放额度，政府拿出一定的奖励资金，对达到减排目标的企业实行奖励。各企业可以自主选择自己的达标方法：通过减排达到目标；或减少排放到目标值以下，然后出售或贮存其剩余部分；或超出自己的排放指标，从其他参与者那里购买排放指标。英国排放交易机制实行的是自愿参与的原则。2000年英国财政预算决定在 5 年内（2002至2006年）政府共出资215亿英镑，对UKETS的达标者予以财政补贴。碳排放量贸易计划是英国未来市场和政策体系的核心。英国已经出台了《自发性贸易计划》。从2005年起，英国的发电厂、炼油厂和其他工业行业将成为欧盟计划的一部分。通过制定排放限额，这个计划将明确鼓励以最低成本投资于能源效率和洁净技术。根据发展进程，英国将和欧盟伙伴适时扩大欧盟计划覆盖范围，积极推进全方位贸易。同时政府将进一步考虑税收和贸易许可计划之间的相关政策。

在企业领域，英国政府规定20兆瓦以上机组都要加入到碳排放交易系统；设立“碳信托”基金，负责提供碳管理、能源审计和贷款(对中小型企业提供低息或无息贷款)等服务，安装智能计量表，建立建筑能效证书制度；引入财政激励，推出了“气候变化税”，政府与重工业能源用户签订自愿协议，如果他们能够通过新的投资实现较低的排放，就不需要支付全税，最高可免税80%。

促进技术创新与研究

一、促进商用技术的研发推广

英国以政府为主导,大力促进商用技术的研发推广,占领低碳产业的技术制高点。英国政府希望以此降低能源替代的成本,并通过向全球提供技术转让和服务而获得经济社会效益。

英国政府在2002~2004年的3年时间里，累计投入2.5亿英镑就太阳能、风能、生物燃料、水能、海势能、燃料电池和其他能源形式的利用进行研发和示范。其重点是支持技术开发并协助工业界实现可再生能源义务指标，为减少排放做贡献；维持并开发英国的专门技术，帮助英国企业拓展国际市场，使其获得相应份额；为企业、大学和国外机构提供合作平台，增强工业界与科学基地的联系；鼓励与可再生能源有关的基础科学研究等。

强化太阳能电力发展。英国贸工部于2004年7月宣布将进一步拨款220万英镑用于英国太阳能项目的研发。目前有24个项目被选为本次补助的对象，预计产生650千瓦的太阳能电力。到目前为止，英国政府已经在太阳能发电上，提供了1500万英镑项目资助，这些项目有助于英国实现到2010年总电力中的10%来自于可再生能源所产生的电力的目标。

英国特别注重利用自身优势。英国海岸线达11450公里，为了借助这种地理优势，政府把研究海洋风能、潮汐能、波浪能等作为开发新型能源的突破口。2004年8月2日，政府设立了5000万英镑的专项资金，重点开发海洋能源。2004年8月10日，世界首座海洋能量试验场"欧洲海洋能量中心"在苏格兰奥克尼群岛正式启动。该中心的建立表明英国希望在海洋能源领域取得全球领先地位，它也将有助于英国进行新型海洋能源技术和设备的试验和推广。

联入英国国家电网的爱尔兰斯特兰福特湾(Strangford Lough)的潮汐发电涡轮机

英国政府在加强研发的同时，重视将相对成熟的可再生能源技术用于实践。英国风能发电技术居世界领先地位。目前英国有关公司可以生产小规模的风能充电器，也可以建造大规模的风能发电厂。

除此之外，英国在垃圾制气、太阳能、氢能、燃料电池等技术领域也有过人之处。科研成果只有在商业、法律、资金环境适宜的情况下，才可能以商品或服务的形式在消费者日常使用中实现其社会和经济价值。因此，英国政府特别强调能源的科技研究、技术标准研究与政策研究具有同样的重要性。

二、积极倡导碳捕获与埋存（CCS）技术

英国在与低碳经济相关的众多技术创新方面，尤其关注碳捕获与埋存技术(CCS)对于在世界范围内实现温室气体控制目标起到的引领、示范和关键作用。2005年率先建立了3500万英镑小型示范基金，制定了《减碳技术战略》，在2007年预算中宣布将支持建立第一个CCS技术的大规模示范项目。2007年5月发布的《能源白皮书》更是确定了计划的细节，宣布开展一项竞赛。英国政府为这场CCS赛计划设定的目标是2014年实现大约90%的捕获和埋存比例。根据该计划，英国政府对CCS示范项目的成本资助可以达到100%（不包括电厂建设成本）。

2007年，英国通过招标建设世界首座整规模俘获碳（CCS）排放电厂，隆加尼特电站竞标成功，确定在建的CCS项目包括一个30吨规模的实验，将每小时处理1000立方米的废气。二氧化碳将被化学物质从烟囱中除去，转化为一种液体，从而可以被储存在地下。最终目标是要捕捉90%的排放的二氧化碳。这个过程包括使用能和二氧化碳粘合的胺类，希望能从废气中提取出二氧化碳，却把能耗减少到大约12%的隆加尼特电站的输出功率。这个项目还想减少用于真正将排放的碳捕捉的整个环节的能量。目前的科技要用25%到30%的加尼特电站的输出功率，并且要求所有的电站设施都清洁干净。如果这个项目能够成功，那么对英国和世界会有巨大的经济和能源节约效益，知识和经验还可以和欧洲和世界的其他国家共享，这包括大约50000家化石燃料电站。

英国国家电网公司则计划投资20亿英镑，在约克郡恒伯出海口附近修建碳运输和封存装置，为英国5家最大的火电厂服务。在收集电厂的二氧化碳后，将通过管道输送至北海海底的废弃天然气田内封存。

三、洁净能源技术

根据英国环境、食品和农业事物部2008/2009年预算，英国将增加对洁净能源技术的投资，未来3年的投资和计划将超过4亿英镑。碳基金会将得到4740万英镑用于如近海风能、第三代光伏发电、海洋能和生物质供暖等新能源技术。这项基金还将用于增加小型和中型企业的碳基金节能贷款计划。此外，3年以后政府还将提供大约1000万英镑用于开展一项厌氧消化示范项目，建造4座商业规模的工厂来发展这项技术潜力，从而发展可再生能源、减少温室气体排放以避免废弃物作为垃圾掩埋处理。

四、科学家发现蛋白质复合体高分辨结构，为大规模生产氢燃料电池提供蓝图

伦敦帝国理工学院的科学家们率先发现了蛋白质复合体的高分辨结构，该结构在光合作用中负责水的分解，从而揭示了水分解成氢和氧的机理，而这种反应在实验室中是不可能进行模拟的。此项研究成果将为大规模生产氢燃料电池提供蓝图。

英国知识产权局还推出向低碳技术发明在专利体系中提供优先权的举措,并与其各大贸易伙伴就签署该环保专利快速通道体系展开协商。该举措着眼于为英国低碳技术领域的创新企业提供更为快速地获得高质专利权的机会,进而帮助企业产品更快速地进入市场。

全力发展新能源

一、占绝对主导地位的风力发电

风力发电一直是世界上增长最快的能源，装机容量每年增长30%以上，到2003年初，全球风力发电装机容量达3200万千瓦，相当32座标准核电站，足以供应1600万个欧洲普通家庭或4000万欧洲居民的电力需求。英国是欧洲风能最丰富的国家之一。“零排放”的风力发电，成为英国“新绿色工业革命”最强有力的支持。近10年来，随着风能发电成本大幅度下降，英国加快了利用风能的步伐。前英国首相布莱尔特别强调，英国风力资源丰富、技术可靠、成本低、建设周期短、连通电网方便，加上强有力的政策支持，在未来发展的可再生能源中，风能无疑将占绝对的主导。前不久，英国第一座大型风能发电厂已经在靠近北海的英格兰东岸建成。根据“可再生能源计划”，英国在近期还将建造10个类似的风能发电厂。英国目前风力发电风力发电量仅占总发电量的不到2％。英国政府现已制定80万千瓦的风力发电计划，今后的10多年将是英国风电的高速发展期。2020年目标为330万千瓦，等于目前英国家庭的一年用电量。

英国海岸线长加上有利的气候条件，除陆地风能外，还将重点发展海上风能。2000年12月，英国第一个海上风力发电站获准在英格兰东北部的布莱斯海港建设。英国政府2008年宣布，计划拿出巨额投资额加快风力发电场的建设，并大幅增加近海的风力发电，靠近英国海岸线的11个区已经被皇家地产公司确定作为最适合发展风能指标的区域。英国政府称，英国已经计划建造80亿瓦的海上风力发电场，此外英国政府还在考虑要增加一个25兆瓦的风力发电站。英国能源与气候变化部的一项研究称，目前占世界一半的海上风能发电项目正在英国建设中。在未来10年里，英国将在海岸沿线再增加4000台风力发电机，在海上增加3000台风力发电机。海上新建5000～7000个风力涡轮机，产生250亿瓦的电量，相当于25个大型燃煤发电厂。

英国第一座“净零碳”住宅—别墅设计

到2020年，英国风力发电量将是目前的逾60倍，达到英国所需电能总量的15%。海上和陆上风力发电可以使英国的二氧化碳总体排放量降低14%，创造7万个就业岗位，可以供应英国国内和出口市场。

二、支持汽车工业一揽子计划

2009年1月27日，英国政府推出“支持汽车工业一揽子计划”，3月,欧盟委员会批准英国实施“汽车工业援助计划”，支持低碳技术研发。2009年4月，英国首相布朗宣布，启动了一项批量生产电动车、混合燃料车以应对目前经济衰退的“绿色振兴计划”。通过政府对欧洲投资银行担保，英国汽车工业获得总额13亿英镑的资金支持。同时，英国政府也可向汽车行业提供10亿英镑的贷款。这23亿英镑都将用于支持英国汽车工业进行技术改造，资助研制环保型汽车。在总投资高达1亿英镑的绿色汽车推广计划中，3000万英镑将直接用于电动汽车相关项目，发展在未来全球汽车市场具有竞争力的低碳技术，实现低碳汽车技术全球领先的长期目标。

三、太阳能高速发展

英国贸工部于2004年7月宣布将进一步拨款220万英镑用于英国太阳能项目的研发。到2006年，英国政府已经在太阳能发电上提供了1500万英镑项目资助，这些项目有助于英国实现到2010年总电力中的10%来自于可再生能源所产生的电力的目标。

近年来，英国的太阳能产业得到了高速发展，使得太阳能真正有可能成为英国的主要能源之一。

进一步推进太阳能发电。目前英国只有9万套太阳能热水系统，到2020年，太阳能热水系统可以达到700万套。英国1/4的家庭可以用上自家屋顶太阳能设备提供的热水。

2008年8月，英国制造的一架太阳能飞机创造了无人驾驶飞机的非正式持续飞行时间世界纪录。这家创纪录飞机名为“西风–6”(Zephyr–6)，空中停留时间超过3天，日照条件下充电获得的电量帮助它“熬”过漫漫长夜。太阳能飞机翼展达到18米，采用了很多世界领先技术。机身结构使用超轻碳纤维材料，利用非晶硅太阳能电池阵列产生的电量飞行，阵列只有几张纸那么厚，紧附在机翼上。为了“熬”过漫漫长夜，螺旋桨推进器靠白天充满电的锂–硫磺电池提供动力。

四、扩大生物能源利用

生物质发电是很好的减少温室气体排放、控制全球变暖的手段。英国开始寻求新技术，对农作物秸秆、木材、垃圾等生物质进行处理发电和供热，扩大生物能源利用。

2003年，英国政府将为十一项计划提供420万英镑的补助，补助的范围为运用生物能源产生热力/电力的相关研究。这次的补助将协助英国生物能源产业的形成，包括协助能源作物(柳树、白杨木为主)以及其他生物质能源(例如森林覆盖物)的种植与开发。能源部长表示，政府必须协助推动开发生物能源，未来生物能源才有机会成为再生能源的生力军。现阶段已经有生物质能发电厂顺利的运作，位于Ely地区的稻草发电厂提供8万多户的电力用量。除此之外，生物能源产业的发展也将提供乡村地区更多优质的工作机会，包括能源作物的种植。到2010年可再生能源发电量达到10%、

2006年4月，英国政府宣布扩大生物质能源在可再生能源中的比例，要借助于一切可以借助的力量，在世界范围内减少碳排放。

2007年2月，英国能源巨头英国石油公司宣布了一个投资5亿美元的研究项目，探究如何能够利用生物科学来增加能源产量。研究人员将利用玉米残余物、柳枝稷或其他多年生草本植物来探究作为燃料来源的潜在益处。研究机构还将进行将重质烃转化成清洁燃料等的生物科学研究。

2007年，英国苏格兰阿伯丁郡兴建了一座投资2400万英镑的生物能源项目，通过燃烧废弃的动物产品来为英国国家电网提供电力，在未来两年内达到能满足9000户人家用电需要的发电水平。

英国规模最大的生物质发电厂是位于英格兰东部诺福克的一座年发电量38.5兆瓦的养殖家禽废弃物发电厂。该发电厂不仅能够为一个城镇的9.3万个家庭提供充足的电力，而且还为当地家禽产业每年40万吨的废弃物找到了最受欢迎的解决方案。作为燃料使用时，养殖家禽的废弃物的热

英国贝丁顿生态村的民居建筑

值几乎是煤炭的一半。而且燃烧副产品的灰可以作为高质量的肥料加以利用。

英格兰东部的世界上规模最大的秸秆发电厂——年发电量为38兆瓦的伊利发电厂，每年消耗从半径80公里范围内收集来的40万包秸秆。

2007年建成的苏格兰洛克比的发电厂，以可再生的木材混合物作为燃料，可供约7万个家庭提供符合碳平衡要求的电力，每年将消耗大约47.5万吨可再生木材。

2008年，英国Lion Gridge Ventures公司下属的麻疯树非洲有限公司将斥资两千万美元种植用于生产生物柴油的麻疯树。

2009年，为了促进可再生能源的发展，英国政府推出了一个生物燃料研究中心。该研究中心共耗资270万英镑，其主要目的是为了研发既经济又环保的石油替代品。由英国生物技术和生物科学研究协会创建的这个研究中心，将把研究重点放在利用率更高的第二代生物燃料上。该中心希望通过提高非食品生物量的产出和质量，来创造出真正的可持续发展的生物能源，并改善现有生物能源的生产技术。

利用木材发电可以达到英国用电总量的6%，新计划建议每年采伐100万吨的木材，划出35万公顷土地用于种植林木和其他生物能源作物。采取优惠措施鼓励建立垃圾处理发电站，从而产出生物燃气取代传统的天然气。五节芒、象草和矮柳已经被电厂、学校、医院和工厂用来发电或供热。

英国还是欧盟所有成员国中最大的沼气生产国，目前全国沼气生产厂约400家，年产沼气当量89万吨标准油，占欧盟总产量的38%。联邦政府还正在通过制定并推广可持续废弃物优惠政策，力争2005年前家庭垃圾的90%得到回收再利用。

倡导全民低碳生活

英国政府和社会运用多种手段引导人们向低碳生活方式转变。比如,要求所有新盖房屋在2016年达到零碳排放,目前新建房屋中至少有三分之一要体现碳足迹减少计划,不使用一次性塑料袋,等等。首相布朗公开建议政府官员购买使用环保汽车。相关社团组织也发挥了相当作用,他们提供和传播低碳经济信息与知识,辅之以有针对性的意见和指引,循序渐进地改变英国人生活方式。

一、家庭领域零碳排放

在家庭领域，英国政府提出到2016年所有新建住宅全面实现零碳排放。政府的环境、食品与乡村事务部设立了碳信托基金，提供节能服务和贷款等；家用电器采用欧盟标准；运用降低增值税等财政工具，制定燃料贫困补助措施；为居民提供信息和建议；设立节能信托基金，负责提供绿色住房服务、建立能源标识、建筑节能绩效证书制度等。

二、低碳社区

为了最大限度地宣传和引导居民关心并参与到低碳经济的氛围与实践中来，英国从政府机构、企业到民间，都十分重视“低碳社区”的示范试点与建设，使居民早日体验和享受到别有一番风趣而又十分重要的低碳生活方式。

伯明翰市通过绿色改革，引领低碳革命和鼓励创新。2008年5月31日至6月8日，英国伯明翰举办了第一届国家气候变化节，发布了《气候变化战略》，提出了“后碳时代城市”目标，明确提出到2026年减少二氧化碳排放60%、人均排放从6.6吨下降到2.8吨等。

此外，位于伦敦南郊、始建于2002年的伯丁顿零能耗生态社区，是英国首个完整的“零能耗”和“零排放”的样板生态村。众多节能减排的措施集中于这个小生态社区中，有效减少了二氧化碳排放量。这些措施主要有：以生物质燃料热电联产为小区实现集中供暖；通过屋顶铺设光伏板为电动汽车充电；增加保温绝热材料厚度；使用节能电器等。与同类居住区相比，该生态社区住户的采暖能耗降低了88%，用电量减少25%，用水量只相当于英国平均用水量的50%，而居民的生活质量并没有降低。

该社区由伦敦最大的商住集团皮保德、环境专家及生态区域发展工作组联合开发，实现了“零能源发展”，成为引领英国城市可持续发展建设的典范，并具有广泛的借鉴意义。零能源发展(ZED)系统的设计理念在于最大限度地利用自然能源、减少环境破坏与污染、实现零化石能源使用的目的，能源需求与废物处理实现基本循环利用的居住模式。建设这样一个实验性建筑群的目的，是为城市住宅建筑实现可持续发展提供一个综合性解决方案，它同时

由英国防务公司吉内蒂克(Qinetiq)研制的太阳能动力轻型飞机“西风(Zephyr)”号，在试飞期间飞行了54小时，打破了无人驾驶机飞行时间的世界纪录

解决环境、社会、经济等不同方面的需求，并运用一些可靠的办法降低能耗、水耗和汽车使用量，最大限度地使用太阳能。该社区的建筑设计综合考虑一系列因素如可再生能源、完美的建筑设计、可持续材料和低环境影响等，是比现代西方建筑和整体设计更为可取的方案。

从设计理念上看，主要的目的是：减少电力供应负担，从而减少了新建电站的要求；减少水供应的基础设施建设和水污染；减少生活和工作中交通拥塞；居住地和工作地在一起，可以减少交通污染排放；减少公共交通的负载，减少拥有私家汽车的需求；减少对地方供应链的刺激；减少社会疏远，因为24小时中，所有的团体都在使用公共设施；减少国家对化石能源的消耗，减少碳释放量；由于污染减少和环保住宅带来健康问题的减少；减少在城市中野生动物栖息地的丧失；减少农业用地的丧失，而且在保证住宅人口高密度的同时又能提供新房屋中玻璃温室和花园带来的适宜。

这项计划所以被称为“零能源发展”，是因为这里的建筑物所需的电力和热力供应都不再使用传统的能源，建筑物也不再向大气排放二氧化碳。采用的所有建筑材料均可循环使用。为实现尽可能减少建筑物能源使用量的目标，这里的建筑物全部南向，以最大限度地吸收太阳能量。每个阳台后是北向的办公室或居室。北向的房间能照射到的阳光较少，所以夏天不太热，减少了空调使用量；无论是住户还是办公室，均安装能耗低、效率高的电器产品；屋顶被绿化，以减少热辐射。各个方面综合节能的结果，使得这里建筑物的电力和热能需求只有普通建筑的10%。

水循环和过滤技术的使用，大大降低了小区居民对自来水的需求。雨水被储存在阳台下的水箱内用于冲洗厕所，所有家庭使用的都是节水型洗衣机和抽水马桶。污水被一种称作“生活机器”的生物污水处理装置就地进行净化处理，处理后的水再输入储水箱供冲洗厕所之用。目前小区内居民的用水量是普通住宅居民的1/3。

为了减少车辆的使用，房屋设计成办公与住宅共存的模式。由于离地铁仅20分钟的路程，设计者组织了电动汽车公用俱乐部(City-car-club)，使大家结伴而行，不必每人或每个家庭都拥有自己的汽车。此外，还向居住者出借自行车。安装在这里的建筑物上的太阳能电池板足以为40辆俱乐部的电动汽车充电。

社区的垃圾在厨房里就开始分类(厨房灶台上安装有分类装置)，先进的生活垃圾焚烧装置的使用，不但解决了小区内的垃圾处理问题，而且还能为小区居民提供热能(如蒸汽、热水等)。一个使用废弃物作燃料的加热和发电装置，为这里的办公室和家庭供暖。这个装置能提供足够的电力或在负荷增加时获取电力支持。高效的环保保温材料和水循环，使得室内温度在不使用空调的情况下达到夏季20~25℃，冬季10~15℃。该社区由于采用了世界上最先进的太阳能技术，加上垃圾焚烧所产生的热能，使小区居民的用电基本可以做到自给自足。

伯丁顿“零能源发展”社区现在包括78个住户、办公场所、商店、咖啡屋、健康中心和幼儿园。由于绿色设计比常规方案更受欢迎，而且代表未来发展趋势，使房产很快升值，所以社区的房产很快就被销售一空，而且供不应求，证明这种建筑形式的市场已经形成。

伯丁顿“零能源发展”社区的发展虽然才刚刚开始，而且规模还不大，在发展中还遇到许多问题，但它却为人们展示了通过循环经济与低碳经济实现可持续发展的美好前景。

三、**“光之屋”**

在伦敦西北部的瓦特福德市，一座新建的两层平顶小楼亮相在人们的面前。从外观上看，这栋砖混住房一点也不新鲜，和周围很多房子相比还显得有些矮小。不过，这可是英国推出的新概念生态住宅，只有走近它，你才会发现其中的大不同。

福斯特事务所在阿布扎比设计的Masdar城将成为世界上第一座“零碳”和“零废物”城市。一期工程将修建一座大型的光电发电厂，周边土地上将设立其风力和光电发电厂、研究基地和种植区，这样整座城市可以完全自给自足。项目计划在2009年年底开放。

从上向下观察，这栋被称为“光之屋”的住宅，房屋上超乎寻常尺寸、覆盖了半个屋顶的太阳能蓄电池板是这套生态房屋的最大特色之一：充分利用白天的光能。它可以为一个三口之家提供每天所用的生活热水和部分家庭用电。沿着房屋边角有水管连通着一个特殊蓄水池，这个设备是确保生活废水能够得到简单的回收再利用，让洗漱用水立刻通过简单的过滤循环，成为花园里洒浇花草的用水。

走进房屋，每个房间安装的都是节能灯管，房间窗户都考虑到充分的采光性能。厨房内摆放洗碗机的地方安装了水控装置，在主人开大水龙头洗碗筷或忘记关水龙头时，这个装置会开始工作，让水流变细并且发出警示声响。厨房里还有些常用的炊具和电器也通过太阳能蓄电获得能量。

在英国建筑房屋展览会上，这套“光之屋”的设计一经推出就吸引了公众的目光。虽然类似带有环保概念的房屋此之前也有过，但还没有真正能同这套“零二氧化碳排放”住宅相比，这套新房屋几乎完全靠太阳供给能源。建造商预计，居住在这套房屋里，每年能源花费大概在800英镑左右(约合人民币1.2万元)，几乎是英国传统住家在能源开销方面的一半。

在英国的环保和建筑专家眼中，这样的房屋在学术上被称为“碳中和”房屋，这个词代表的是一种以减少二氧化碳为目标的环保运动，并日渐成为一种可持续发展的标准。英国希望未来能够在全国建设更多类似的，全部采用绿色生态技术的“碳中和”生态村。

英国计划建设五个“碳中和”城镇

四、**“绿色家庭”**

在英格兰西南部，具有半官方性质的负责土地建设的“英国合伙公司”正在公开拍卖一块国有土地，投标的开发商必须有能力在这里兴建150套新一代的节能型住宅。巴拉特公司是参与竞标的地产商之一，这家公司曾在英格兰建设了7套“碳中和”样板房。根据他们的经验，每套绿色住房的建筑成本比一般住房的成本增加了10%至20%，相当

Masdar城将成为世界上第一座“零碳”和“零废物”城市

于2万至3万英镑。如果按150套的数量计算，建筑总成本将增加多达450万英镑。该公司的一位负责人说：“如果政府在土地拍卖中不给予优惠，增加的成本必将分摊在未来的房价中。”

布朗计划，要在英国建造由类似的2万套房屋组成的、遍布各个城市的生态村镇。另外，他还计划，自2016年起，所有新建住宅必须达到“碳中和”的标准，让英国所有新住宅都能够达到完全无废气排放的目标。

2006年，英国政府拨款5000万英镑打造“绿色家庭”，鼓励居民在家中安装太阳能装置、屋顶式风力发电机等设备，在节省能源的同时减少温室气体排放。

如今这个计划已被更新和扩大，按照新计划，英国政府将在未来12年内投入1000亿英镑，加速“绿色家庭”的落实，以帮助国家减少对化石燃料（例如石油和天然气）的依赖。

这个计划的总体战略之一，是由政府提供资金补贴，鼓励居民使用太阳能电池板、风能发电机以及其他绿色能源，用于解决家庭用电问题。

但到目前为止，政府提供的补贴远远不能满足家庭购买绿色能源装备的费用。在英国，如果要满足一个普通家庭用电量的需要，至少需要花5000英镑到10000英镑（约合10000美元和20000美元）去购买设备。另外，家庭还需要使用大量的隔热材料，以最大限度地保证能源产生的热量不被浪费。

五、“一个地球生活”

按照英国政府的“可持续家园准则”，到2016年，所有英国住房将实现“零碳排放”。英国住房大臣伊蔚特·库珀已宣布，在2016年之前建造的200万套住房中，一部分将坐落于5个“碳中和”生态城镇内，每个城镇将包括5000至1万套住宅。而根据英国政府今年3月出台的规定，自2016年起，所有的新建住宅必须达到“碳中和”的标准。

由世界自然基金会和英国生态区域发展集团共同发起的“一个地球生活”，旨在让可持续的居住方式在全世界内变得易行、有吸引力，从而在合理利用资源的基础上建造一个和谐健康的世界。

按照“一个地球生活”的理念，社区开发建造时需遵守10项原则（1.零碳；2.零废弃物；3.可持续性交通；4.当地材料；5.本地食品；6.水低耗；7.动物和植物保护；8.文化遗产保护；9.公平贸易；10.快乐健康的生活方式）以保障社区在达到可持续性的环保要求的同时为居民提供健康愉快的生活工作环境。按照计划，到2009年全球至少会在欧洲的英国和葡萄牙、亚洲的中国、非洲的南非、美洲的美国和加拿大、大洋洲的澳大利亚中的5个国家建立“一个地球生活”社区。

德国低碳经济

为了应对气候变化,德国以其强大的经济实力与领先的高技术优势，较早地制定了削减温室气体排放的发展战略，通过立法和和建立约束性机制，促进低碳经济的发展，并取得突出的成效。

根据《京都议定书》，从2008年到2012年，德国的温室气体平均排放量应该比1990年减少21%，到2008年温室气体减排比例已达23.3%，超过了《京都议定书》规定的减排目标。尽管2008年的一次能源需求增加了约1%，但二氧化碳的排放量却减少了1.1%。

德国是可再生能源起步最早、发展最快的国家之一，可再生能源产业在世界上居领先地位，尤其是太阳能和风能，位居世界第一。2008年营业额达287亿欧元（生产设备销售额131亿欧元，设备运转营业156亿欧元），其中生物质能源贡献最大，占37.2%；其次是太阳能，占34%；风力为20.2%；水力4.7%；地热3.8%。比2007年增加12.5%。出口额90亿欧元，从业人员28万人。2008年，德国可再生能源的使用量占一次能源需求量的7.4%。

2009年德国国内生产总值萎缩、电力消耗减少的同时，可再生能源的发电量却由一年前的927亿千瓦小时上升到930亿千瓦小时。这主要得益于生物质能和光伏发电的增长。

到2009年底，德国可再生能源的发电量已占德国电力消耗的16%，远远超过欧盟为其成员国设立的2010年可再生能源占电力消耗12%的目标。

权威机构预测，根据德国目前的技术，德国的二氧化碳排放到2020年时可在1990年的基础上减少50%。到2050年，德国的能源消耗几乎可以全部来自可再生能源。这是世界范围内第一个提出在未来40年内将全部采用可再生能源的国家。

宏大的减排规划与不断完善的政策法规

德国是一个能源紧缺的国家,能源供应在很大程度上依赖进口。为了摆脱对进口和传统能源的长期依赖,德国政府在制定能源政策时,把重点放在了节约传统能源、发展可再生能源和新型能源两个方面,以期实现能源生产和消费的可持续发展。

德国不仅把发展可再生能源作为确保能源安全和能源多元化供应以及替代能源的重要战略选择，而且也把它作为减少温室气体排放和解决化石燃料引起的环境问题的重要措施。

目前德国在可再生能源中，风能占发电量的比重为6.4%，生物质能占4.4%，水电占3.3%，太阳能占1%，垃圾发电厂占0.9%。可再生能源发电成本较高。在市场化的情况下，可再生能源之所以能够快速发展，主要归功于可再生能源法。德国可再生能源法规定，高于市场价格的部分，由国家财政予以补贴。

1999年4月1日起，德国生态税开始生效，提高汽油价格，以减少汽油消耗，减少废气排放。2002年德国生态税开始进入第四实施阶段，每公升汽油在此前基础上加征生态税，从而使德国每公升汽油价格中所含的总税额达到62.38欧分，低硫柴油和电费总税额分别达到43.97欧分和1.97欧分。

2000年德国议会通过的法案，要求在2010年实现可再生能源所占比重由6%提高到12%。然而到2008年，这个比例已经跃升到15%。

2000年3月出台了全世界第一个真正意义上的可再生能源法，开始通过法律手段促进可再生能源的利用。2004年对《可再生能源法》进行了修改。

《可再生能源法》主要特点，一是强制入网，它要求本国的电网公司必须把可再生能源发出来的电并入电网。二是固定入网电价，该法规定,德国电网运营商必须按法律规定的价格,全额收购“绿色电力”,运营商有义务在全国范围内平衡、分摊因使用成本较高的绿色电力所造成的电费上升。三是最终客户在利用再生能源，谁消耗的传统的能源越多，谁对可再生能源补助的幅度越大。四是政府运用市场机制吸引非政府资本发展再生能源，为可再生能源发电站提供法律保障，电站一旦入网享受当年电价，20年不变。截至2007年，已经有107亿欧元非政府资金进入可再生能源电站。德国政府预测：到2020年，民间投资会达到2000亿欧元（两万亿人民币）。五是不断降低新能源发电成本，在可预见的未来，光电将接近甚至低于化石发电能源。六是将光伏产业作为重中之重的关键产业发展。德国联邦政府有一系列的市场激励措施与《可再生能源法》和混合义务相配套。仅2005年生态税改就为生物质、太阳能和地热能供暖的拓展提供了约1.93亿欧元资金。

与此同时，德国还出台了一系列配套的激励政策措施，如任何可再生能源项目都能得到政府资金补贴。小型的太阳能设备，政府给予一定数量的财政补贴，对于大的可再生能源项目，政府提供优惠贷款，甚至将贷款额的30%作为补贴，不用返还。对于家用太阳能利用系统一次性补贴400欧元。由于德国是一个木材丰富的国家，因此鼓励远离城市的家庭用木材作为取暖能源，并每年给150欧元的补贴。在供电方面，鼓励用可再生能源发电，凡用可再生能源发电的可得到资金补贴。

2002年4月，德国政府在“加大可再生能源的利用、提高能源利用效率并大力节约能源”的调整方向下，基于对核废料处理及经济等方面的考虑而“先行一步”，《全面禁止核能法案》正式生效，对现有的19座核电站做出了到2020年全面停止运行的强制规定。

2004年德国政府出台了《国家可持续发展战略报告》，其中专门制定了“燃料战略——替代燃料和创新驱动方式”，以减少化石能源消耗，达到温室气体减排。“燃料战略”共提出四项措施：优化传统发动机、合成生物燃料、开发混合动力技术和发展燃料电池。

2005年7月13日，德国政府通过《国家气候保护报告》，提出到2012年和2020年减少温室气体排放的具体目标，强调进一步开发汽车相关技术和推广住宅能源节约计划，争取到 2020年使德国温室气体排放比1990年减少40%。

2008年1月，欧盟通过气候保护政策，其中规定德国二氧化碳的减排任务是，到2020年在2005年基础上减排14%。减排范围为汽车尾气、家庭、商业及农业废气，而工业排放则通过欧盟内排放交易来降低。

德国总理默克尔自2005年上台以来一直把气候变化问题作为其内政外交的政策基石之一。于2008年1月提出了高于《京都议定书》和欧盟要求的节能减排目标：到2020年能源利用率比2006年提高20%，CO_2排放量降低30%，可再生能源占能源消费总量比例达到25%。

2008年6月18日，德国政府宣布通过保护气候方案第二部分,以应对日益加剧的全球变暖现象。这份德国自认是世界上前所未有的雄心勃勃的能源和气候计划提出的目标是，到2020年之前减少40%的二氧化碳排放。6月初，德国议会通过一项新的决议，制定了对可再生能源和中央电站进行节能改造的具体措施，计划改造后，德国的中央电站将大幅提高输电能力和供热能效。此外，德国政府希望通过加强建筑业中的节能措施和推广智能电表的安装来节约电能损耗，为了鼓励普通国民自觉采取节能措施，居民缴纳采暖费用中的个人比例将由目前的50%上调到70%。

德国风力发电

2008年6月，德国又修订了《可再生能源法》，提出了到2020年可再生能源电力份额达到27%。为了鼓励使用新型能源，德国政府还先后制订了《可再生能源市场化促进方案》、《家庭使用可再生能源补贴计划》等多项法规，力争使可再生能源成为大众使用的主要能源。

2008年7月，德国议会上院通过的《温室气体减排新法案》提出，德国到2020年的温室气体排放将在1990年的基础上削减40%，是2007年欧盟27个成员国通过的最低减排指标的2倍，从2009年开始，所有德国的新建和改造建筑都必须达到严格的能源效率标准。《法案》提出，要大幅增加包括风能和太阳能在内的可再生能源利用，将其份额从现在的14%增加到2020年的20%。新法案要求，直接的电力资源利用率及其余热利用率将提升到25%。

2009年1月，德国制定了国家节能计划，强调提高社会节约能源效率。其中包括采取建筑物实行能源证明书制度，促进旧建筑物按照节能标准进行重建的税制措施以及根据汽车二氧化碳的排放量制定汽车税等具体措施。根据国家节能计划制定的目标，德国将打破国内能源供应长期依赖进口的现状，在节约使用和高效利用能源原料的同时，大力提倡和促进可再生能源的推广和使用，实现在2020年之前削减40%的温室气体排放量。

2009年1月，德国政府公布了乘用车新车税制，新的税法系统将对所有车辆采用同一基本税率计算，但是柴油引擎乘用车基本税率将比汽油车高。

2009年4月，德国政府通过了允许实施“二氧化碳捕捉和封存”的法规，从而为相关的能源企业开发无污染新型煤炭火力发电站和实施二氧化碳地下储存明确了法律依据。

建筑供暖和热水消耗的能源占德国能源消耗总量的三分之一左右，因此德国十分重视建筑设施的节能。一是通过立法提高标准并加强国家监控。德国节能法规定新建建筑必须符合能耗标准要求；二是加强宣传，提高公众的建筑节能意识；三是加强对专业人员培训；四是组织并实施示范项目；五是通过资金补助和低息贷款，促进既有建筑的节能改造。德国政府拿出30亿欧元，用于补贴老式建筑节能改造。

《可再生能源法》等政策法规实施以来,使可再生能源得到了蓬勃发展，大大减少了温室气体的排放。德国可再生能源行业总销售额为216亿欧元，投资规模为87亿欧元，拥有214,000名员工，可再生能源的出口销售额规模已经达到了46亿欧元。2008年德国温室气体排放减少1200万吨，比上年减少1.2%，创1990年以来的最低水平。按照《京都议定书》，德国承诺在2008年至2012年将年均温室气体排放量(相比1990年)降低21%。在目标时期的第一年，德国已经实现年排放总量降低23.3%。2008年，德国二氧化碳排放总量是9.45亿吨，比上年减少940万吨，降幅为1.1%；二氧化碳排放在全部温室气体排放总量中占88%。

德国政府希望通过可再生能源的发展和能源使用效率的提高，计划2020年可再生能源在初级能源使用中的比重将占到12%，在发电量中的比重将占到30%；2050年可再生能源发电在发电总量中的比重将达到68%，在供暖中的比重将达到约50%。而2050年二氧化碳的排放量与1990年相比减少80%，

德国发展低碳经济的重点是发展生态工业。2009年6月，德国公布了一份旨在推动德国经济现代化的战略文件，在这份文件上，德国政府强调生态工业政策应成为德国经济的指导方针。德国的生态工业政策主要包括六个方面的内容：严格执行环保政策；制定各行业能源有效利用战略；扩大可再生能源使用范围；可持续利用生物智能；推出刺激汽车业改革创新措施及实行环保教育、资格认证等方面的措施。为了实现从传统经济向绿色经济转轨，德国除了注重加强与欧盟工业政策的协调和国际合作之外，还计划增加政府对环保技术创新的投资，并通过各种政策措施，鼓励私人投资。德国政府希望通过筹集公共和私人资金，建立环保和创新基金，以此推动绿色经济的发展。

德国莱法州政府决定，从2010年1月起，80%的公共建筑，包括政府机关、学校、博物馆、法院和警署大楼等，全部采用“生态电流”。剩余20%的公共建筑，在现有合同到期后也全部改用生态电力。这样做的目的有两个；一是扩大生态电力的市场；二是给老百姓做个样板，选择清洁能源。换言之，德国电网是根据客户的需求或定单收购发电厂的电力的，客户的需求愈多，可再生能源的发展潜力愈大。

为了推进本州清洁能源的生产与发展，莱法州公共建筑使用的清洁能源绝大部分来自本州的可再生能源发电厂。目前德国16个州，几乎无一例外，全部将可再生能源列为重点项目，予以扶持和优先发展。

太阳能高速发展

德国位居高纬度，日照时间并不多，不像地中海沿岸国家那样拥有得天独厚太阳能资源，但由于政府的高度重视和大力扶植，加之技术上的优势，太阳能应用领域一直名列世界前茅，并后来者居上，到2004年首次超过日本一

举成为太阳能发电世界第一大国。按照人均拥有太阳能发电量看，德国为17.3W/人，日本为11.1W/人。

早在20世纪90年代，德国政府就推出了“百万屋顶计划”，鼓励居民在自家屋顶上安装太阳能光伏发电系统，产出的电由政府强制命令电网公司出资收购。每个家庭安装太阳能发电设备后所卖的电钱，不仅能支付购买太阳能设备成本，还能产生额外利润。

德国太阳能发电热的高涨，得益于迄今为止根据《可再生能源法(EEG)》而实施的可再生能源固定购买制度，特别是2004年EEG修订后太阳能发电市场进一步扩大。2006年太阳能电力的买进价格为51.8欧分/千瓦时，是普通电力价格的10倍，是风电买进价格的5倍。

“百万屋顶计划”和《可再生能源法》的出台大大刺激了太阳能的发展。2004年，德国全境新装配了10万组太阳能发电设备，合计装机容量达3万兆瓦，当年太阳能业总产值达到20亿欧元，同比增长60%，以后来居上的姿态，首次超过日本，成为世界头号太阳能强国。2007年，新入网的太阳能装置的峰值输出功率达到了110万千瓦，与2006年同比增长近30%。2009年计划新增150万至200万千瓦太阳能发电量。

太阳能发电事业销售额的三分之一以上为住宅所有者，降价幅度以每年平均8%～10%的比例推进。

国际金融危机也没有阻挡德国推进和普及太阳能发电的步伐。德国国内2009年的太阳能产业销售额顺利超过2008年的水平，其中对太阳能终端顾客的销售额大体与2008年的约70亿欧元持平。与2008年相比，德国2009年太阳能发电设备将大幅降价15%，政府也将对可再生能源实行奖励政策，以促进太阳能发电事业的发展。

德国已经铸造了一条完整的贯穿上下游的太阳能产业链，并催生了一批诸如Q-Cell等举世著名的明星企业，成为世界上最大的太阳能电力生产国和光电子技术国，几乎占领了全球近1/3的太阳能市场，全世界每3块太阳能电池板,每2个风力发电机就有一个来自德国。太阳能发展战略也成为各国纷纷效仿的榜样。

德国在太阳能利用上和技术上也摆出世界龙头老大的架势。2008年8月，德国最大太阳能企业Conergy公司签订总额为2000万欧元的框架协议，扩建位于韩国西南部的亚洲最大太阳能发电厂。2009年6月，德国尼黑再保险公司计划同包括西门子、德意志银行等顶尖企业在内的近20家德国公司组成一个联营体，投资4000亿欧元，在北非撒哈拉沙漠打造一座人类有史以来最大的太阳能发电站。这个项目暂被命名为“沙漠技术”（Desertec），占地面积约为50万平方公里。慕尼黑再保险称，到21世纪中叶，欧洲15%的能源需求可由“沙漠技术”提供。“沙漠技术”采用“聚光式太阳能技术”（CSP），通过镜面将阳光反射到油路系统，对一种特殊的油进行加热。由此产生的热量将转化成水蒸汽，进而推动涡轮运转发电。白天产生的热量还能被储存起来，使太阳能电站在夜间没有阳光的时候也能继续发电。

德国足球场太阳能发电站远景

德国工厂厂房屋顶太阳能发电站

称雄全球的风力发电

德国是世界风力发电发展最快的国家，从20世纪90年代初期以来，得到了快速发展，2001年底，风力发电总装机容量达到8750MW，占世界总装机容量的35.7%。特别是1998年以来，年平均增长率达到43%，2000年的增长率更是高达60%。2004年,风力发电量达250亿千瓦时，首次超过水力发电量的210亿千瓦时，成为德国最重要的可再生能源，总装机容量和技术一直处于世界领先地位。

德国家庭太阳能发电站

位于德国杜伊斯堡附近莫尔斯市最大规模的倾斜屋顶光伏系统投入使用。此系统由美国制造商First Solar提供的11000多个碲化镉模块组成，发电总量可达837千瓦

世界上最大的太阳能电厂，建立装机容量达到100GW

设计理念同一个名为“撒哈拉森林”的项目的设计理念有相似之处，把太阳能电厂和淡水处理工厂以及农业项目结合在一起

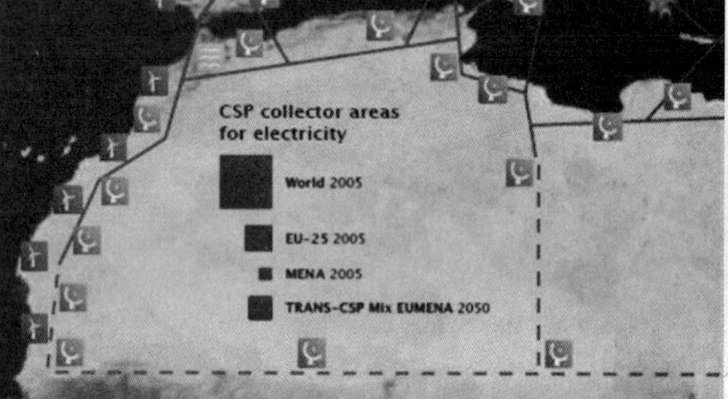

上图中的从上到下方块分别代表了满足全世界、欧盟和中东国家2005年用电水平所需要的撒哈拉沙漠面积。而最后一个方块代表的是计划修建的100GW太阳能电厂所需要的土地面积

2008年，德国风力发电占全国发电总量的近8%，而萨安州的风力发电占发电总量的比例已高达40%。

德国政府运用经济杠杆和法律手段，采取扶持措施，为风电产业的发展营造了有利的外部条件。包括制定发展规划目标、电力信贷和许多其他相关政策以及软贷款、出口协助等。为了支持德国产风机的发展，政府为风力发电项目提供利率极低的软贷款，政府还出台了一些开拓国际市场的优惠政策。

1991年1月1日，德国政府颁布了《输电法》，这是德国开始风能商业利用后制定的第一部促进可再生能源利用的法规。《输电法》提出的具有重要意义的电力接入方案，为风力发电注入了强大的活力，其要求电网支付至少不含15%税金的90%电力零售价给所接入的风力发电电量，电网经营者有义务优先购买风电经营者生产的全部风电，且价格不低于当地平均电价的90%。2000年，《德国可再生能源法案》施行，方案要求到2010年德国电力的10%由可再生能源供给，并规定了可再生能源的接入电价。1991～1999年间，德国风机装机总功率由此增加了48倍，达到438万千瓦，成为世界第一风电生产大国。

德国2008年6月再次修订的《可再生能源法》，重点促进风电行业在设备更新和海上电场两个方面的发展。根据该修正法案，陆上风电场的税收补贴将从每千瓦时补贴7.9欧分提高到9.2欧分，海上风电场的补贴将提高到每千瓦时13欧分。

2020年，总共需要安装45000兆瓦的风电产能已达到1100亿千瓦时的发电要求。从现在开始，每年德国需要新增风电产能3500兆瓦，大体是2007年新增产能的两倍。

经过10多年的开发，德国在陆地范围内的风能资源的利用率几近饱和，鉴于德国北海地区和波罗的海地区的风力条件非常好，如今德国政府和风能开发商又将目光投向了海洋。为此，联邦环保部在联邦政府制定的"德国前景"的可持续发展战略范围内制定了一项旨在利用海上风能的战略。

政府已计划建造31座海上风力发电厂，21个建在北海，10个建在波罗的海。建造大约2000个风车，装机容量为1.1万兆瓦，德国已经批准在北海和东海建设6个大型海上风电场，总装机功率120万千瓦。2010年以前，德国将在北海BorkumWest地区距海岸100公里、水深30～40米的水域内安装208台单机标称功率5000千瓦的风力发电机组，总装机功率104万千瓦，年发电能力35亿千瓦小时，海上风力发电设备的总装机功率要达到300万千瓦；到2020年，德国的海上风电涡轮每年能运行4000小时，这意味着25000兆瓦的海上风电功率装机量将能够在2020年提供德国电力总需求的11%到13%；2025～2030年，达到2000～2500万千瓦，海上风力发电量将占德国电力需求总量的15%，而风力发电量的总和将占德国电力需求总量的25%。

科技进步是德国风电产业获得长足发展的保证。德国政府从1994年开始，把科技政策支持的重点集中在大力发展环保和能源技术上，每年的投入近1亿欧元。现在德国风机制造技术已逐渐趋于成熟，其风机制造业处于世界领先地位。在全球7家最具影响力的风机生产厂家中，德国的ENERCON公司和Nordex公司各占一席。

由于技术水平的提高以及生产规模的扩大，德国风力发电机的制造成本在过去10年中降低了50%，使得风能投资成本大幅度下降，企业的竞争力不断增强。在年销售额120多亿欧元的全球风电设备市场中，德国风电企业占据了半壁江山，其本土制造的风能发电设备已有1/6用于出口。

2009年10月，德国政府日前通过了旨在加快海上风能建设的"风能园条例"。根据这一条例，德国将加快在北海和波罗的海规划的40个风力发电园区建设。整个工程完工后，预计将生产电能1.2亿兆瓦，可以满足1200万个家庭的用电需求。40个风力发电园将建在沿岸12海里领海之外至200海里的海域。新通过的"风能园条例"授权德国公司在北海其他沿岸国无法利用的区域内建设海上风力发电场。同时规定，不得影响海上通航和捕鱼活动，不得破坏海上环境。新建立的40个风力发电园总面积达100平方公里，其中在北海建立的风力发电园有30个，其余10个建在波罗的海上。目前已有22个海上风力发电园区的建设已获得联邦政府有关部门的批准，正在准备动工兴建。

2009年，德国风力发电占总用电量的6.4%。到2011年德国Nordex风力发电公司将在亚洲和美国的销售额将增加到近40亿欧元。国外销售比重上升至90%。

热能渐成新宠

德国地热资源丰富，其地下3000～4000米深处的温度在100～170℃之间。研究表明，德国地热发电的总潜力相当于其全国电力年需求量的600倍，其非电直接利用的潜力相当于全国供暖年需求量的1.5倍。

2003年11月，位于德国东北部诺伊施塔特－格莱沃的德国第一座利用地热发电站正式投入运行，计划为该地区500户人家供电。电站在地下2000米、温度达97℃，高温产生的能量转化为蒸汽，依次驱动水面的涡轮产生电能。

2008年6月，位于慕尼黑附近翁特哈兴(Unterhaching)的德国最大的地热发电站正式投入运行。这座新建的地热发电站预计应能提供3.36兆瓦的电力。拥有23000人的翁特哈兴镇约有三分之一的家庭受益于这个地热发电站。每年该站应减少4万吨的二氧化碳排放量。

德国经过多年的研发与实践，主要是以地下水开采井、井下换热器以及换热桩等技术途径获得浅部地热能源，这些技术与热泵技术结合使用。热泵可以从温度较低的热源中获取热量，释放出较高温度的、可利用的热量。与燃烧天然气或电力驱动的供暖系统比较，热泵需要的常规电能要少75%，同时二氧化碳的排放减少20%至25%。与燃煤的供暖系统相比，排放减少更多。

德国BLZ公司通过钻井200米深、利用两根管子来循环采集稳定的地热资源。目前该公司在德国已打造了500多口这样的地热井，用来发电和供暖。截至2007年底，德国大约已经安装了30万个热泵系统，而且在新修的建筑中有15%的供热系统采用热泵。

2007年底，第一座地热电站已开始无污染排放地为6000户家庭供电，为约300户家庭供暖 。

德国地热加快发展，在可再生能源中所占的比例从2006年的1%提高到2008年的3.8%，有约150座地热电站正在建设和规划中。

越加风行的新能源汽车

德国政府耗资5亿欧元实施一项发展电动汽车计划，目标是到2020年使德国拥有100万辆电动汽车。德国政府计划投入1.15亿欧元在8个地区试验推广电动汽车，1.7亿欧元研发为电动汽车提供动力的电池并优先研制国内产品

2005年7月，德国政府通过的《国家气候保护报告》提出了到2012年和2020年减少温室气体排放的具体目标，强调进一步开发汽车相关技术和推广住宅能源节约计划。

2007年，欧盟环境委员会出台强制欧盟汽车业生产节能型汽车的文件，规定欧盟汽车商未来生产汽车必须采用多项新技术，以确保洁净及节能要求。其中包括：小型卡车的每公里二氧化碳气体排放量必须低于175克；出厂的新车必须装配能够显示轮胎压力的警告灯，以避免因压力过低而导致不必要的高能耗等等。

2009年1月，德国政府公布了乘用车新车税制，对所有车辆采用同一基本税率计算，但是柴油引擎乘用车基本税率将比汽油车高。而100公里二氧化碳排放量低于120克的车辆可以免除两年(2010/2011)的排放税。另外，随着车辆减排技术的不断发展，120克的下限还将进一步下调，到2012/2013年，调整为110克每千米，2014年为95克。超过免排放税下限的车辆按照每克2欧元的价格征税。

从2009年起启动了一项3.6亿欧元的车用锂电池开发计划，几乎所有德国汽车和能源巨头均携资加入。该计划的实施，标志德国将进入电动汽车时代。与此同时，戴姆勒汽车公司和RWE能源公司将携手合作在国内兴建500个电动汽车充电站。德国汽车业联盟预计，2012年以前德国将完成电动汽车的系列化并拉开商品化生产序幕。

同时，德国各汽车制造商正加紧研制更节能的环保汽车，一些小企业也拿出了自己的解决方案。多尔斯滕公司正在制造的名为“洛雷默LS”的新一代生态汽车将于2009年下线，成为首款量产的百公里耗油量仅1.5升的汽车。其节能奥妙在于车身重量轻，车体符合空气动力学原理。这款3.84米长的汽车最高时速为160公里，预计售价1.1万欧元。Rinspeed公司制造的生态跑车eXasis运用合成材料，使车身重量仅为750千克，约是大众高尔夫的一半。宝马最新一代1系和5系车的二氧化碳排放量比老款车降低了20%。奔驰在最新的C系车上使用了名为“蓝色科技”的更清洁柴油发动机技术，据说可满足将于2015年生效的欧Ⅵ排放标准。大众公司也将环保的“蓝驱技术”用于帕萨特，将这款车的百公里油耗降至5.7升。

2009年9月，德国内阁已批准了由联邦环境部提交的2012至2014年电动车促进计划，消费者在此期间购买电动汽车，即可享受3000~5000欧元/辆的环保补贴或税收优惠。2015年起的促进措施待定。该计划出台的背景不仅在于欧盟对降低尾气排放设定了严格的时间表，同时来自德国汽车业在蓄电池领域面临亚洲厂商的强大竞争。2012至2014年，德电动车销量将达3万辆，之后5年内每年增加10万辆，2019至2020年每年增加25万辆，2020年德国电动汽车保有量将达100万辆。

推行碳捕捉、碳封存与碳基金

碳排放权交易。德国于2002年全面实施了碳排放权的分配和交易制度，目前已形成了较全面的法律体系和管理制度。法律体系包括《温室气体排放交易许可法》(2004年7月生效)、《温室气体排放权分配法》(2004年8月生效)、《排放权交易收费规定》等7部主要法律规章。这些法律法规在排放权取得、交易许可、费用收取等方面规范了排放权的管理，从而奠定了排放权交易在德国的法律地位。

联邦政府组建了管理排放权交易事务的专门机构，即联邦环保局排放交易处。其主要职能是发放排放许可证；核实企业报送的排放申请报告；按账户形式对每个企业进行登记；起草与排放许可相关的国际、国内报告；与欧盟和联合国进行合作。

在参与企业的选择上，德国将国内所有机器设备的二氧化碳排放量进行调查，按照《京都议定书》和相关法律的要求，对于排放量达到一定数额以上的设备，其生产企业要在与联邦环保局达成自愿协议的基础上，经审核才可取得一定的排放权，并进行排放交易。在2002~2003年期间，德国共调查3909家企业，其中1849家企业经审查参与了2005~2007年排放权交易。

按照有关法律法规，在排放权取得和交易环节，获得排放权的企业应缴纳的费用有开户费、交易费用、罚金等。

从2006年起，德国开始建立健全排放权交易的管理和监督体系，加强与其他欧盟国家在政策制定、排放交易等方面的合作与交流。

碳捕捉与碳封存。德国的研究机构和能源企业多年来一直在试验CCS技术，即实施二氧化碳捕捉和地下封存。

2007年4月，德国研究人员开始在位于德东部的一座发电站试验一项新型发电技术，以确保二氧化碳“零排放”。这项技术名为“氧燃料燃烧技术”。其主要工作原理是，当发电站在燃烧褐煤发电时，燃烧设备内的气体为纯氧而非普通空气。这样，褐煤燃烧过程中只会产生二氧化碳和水蒸气，不会产生其他杂质。由于水蒸气遇冷后会液化成水，使用氧燃料燃烧技术发电后产生的废气很容易实现分离，将剩余的二氧化碳注入深层地下，真正达到温室气体“零排放”。公司首席执行官预计，这种发电技术将在世界上首次实现在利用褐煤发电时不向大气排放二氧化碳。有望在2016年前正式投入使用。

2008年6月，德国波兹坦地质研究中心在波兹坦附近的小城凯钦正式启动了二氧化碳封存项目，将在2年内使6万吨温室气体注入深度超过600米的多孔咸水岩层中。

为了设计出一种对地质封存最适合的监控系统，德国采矿工程师已在当地钻取了三条深度为800米的地下井，其中的一个用来注入二氧化碳气体，另外的两口井用于测量二氧化碳在空间和一定时间内渗漏的相关指标。这一测试技术和设备在世界上是独一无二的。地质研究中心的专家可通过一种特殊的传感器监控地下岩层的温度变化，储存二氧化碳处附近的岩层是否有电子阻力(Elektrischer Widerstand)，以及二氧化碳和矿物质在不同的地表深度下的化学反应的过程。这一测试的目标是在两年后找出一种监控程序，它必须既能够精确测量二氧化碳气体的储存状态，同时又能满足成本相对低廉的要求。

该二氧化碳封存项目预计花费两千万欧元，其中80%的资金由国家提供，包括德国联邦经济部和科学研究部的拨款以及来自欧盟项目组二氧化碳减排项目的部分资金援助，剩余的20%的资金则来自民间投资。参与该项目合作的能源企业包括Vattenfall、RWE、Shell和Statoil等。德国地质研究中心获得的二氧化碳气体并不是由发电厂免费供应的，而必须向气体生产商购买。

2008年10月，全球首个采用阿尔斯通富氧燃烧技术的火电厂试验项目——德国黑泵电厂（Schwarze Pumpe）的

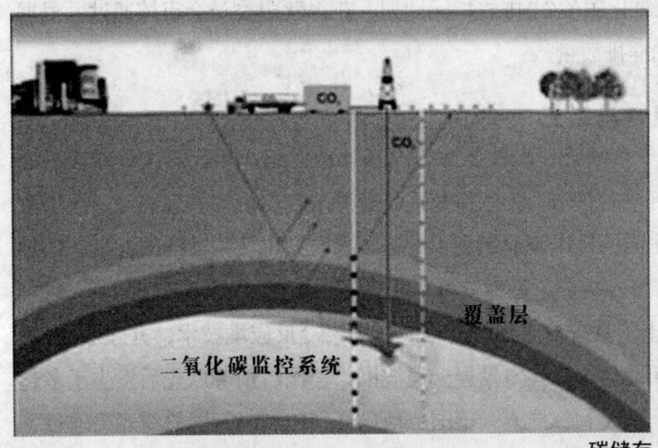

碳储存

试验装置已正式投入运行。该项目的成功，标志着全球无碳排放发电取得了关键性进展，是碳捕捉与埋存（CCS）领域的又一重大进展。该实验装置容量为30MW，位于德国勃兰登堡州，已于2008年9月开始运行。作为清洁电力的全球领导者，阿尔斯通多年来一直致力于二氧化碳捕捉技术的研发，尤其专注于富氧燃烧技术和燃烧后捕捉技术的研发。富氧燃烧技术是使用氧气而不是空气燃烧燃料，从而产生容易捕捉的高浓度二氧化碳。燃烧后捕捉技术则是使用高级胺或冷却氨去除所排放气体中的二氧化碳。这两种技术的独特优势在于它们既能用于新建的燃煤电厂，也适用于改造现有的燃煤电厂，这对于发展中国家。阿尔斯通在全球推广CCS技术的一系列努力主要包括：欧洲的两个采用富氧燃烧技术的试验项目，美国和欧洲的五个基于冷却氨工艺的燃烧后捕捉技术试验项目，以及美国的一项旨在开发高级胺的研究计划。

2008年9月，德国最大企业之一RWE将建设世界最大规模的电厂，采用先进技术把煤转换成气体，在排出烟气过程中把二氧化碳分离，然后永久储存。如果计划和实施进展顺利，这座装机450MW电厂将于2014年投运。电厂的全部投资和运输储存二氧化碳的费用约12亿美元。RWE公司还将耗资20亿欧元，在该国莱茵—威斯特伐利亚北部建设装机160万千瓦的无烟煤电厂，电厂建成后每年削减二氧化碳排放250万吨，安装的碳俘获和储藏系统预计在2020年实现商业化运行后将排放的二氧化碳俘获和储存。

2009年4月，德国政府内阁通过了允许实施“二氧化碳捕捉和封存”的法规，从而为相关的能源企业开发无污染新型煤炭火力发电站和实施二氧化碳地下储存明确了法律依据。

碳基金。总部位于法兰克福的德国复兴信贷银行（KfW）与欧洲投资银行共同发起的碳基金致力于在全球范围参与CDM项目，由德国复兴信贷银行负责日常管理。KfW并以有竞争力的价格购买碳减排量（CERs）。KfW的业务涵盖所有CDM的项目领域。对于符合条件的CDM项目，可以通过融资支持、预付部分文件编制和审定费用等方式降低项目开发的风险。

法国低碳经济

近10年来，法国高度重视并致力于减少二氧化碳等温室气体的排放，大力发展以核能为主体的再生能源和清洁能源，在工业、建筑、交通等领域节约能源，减少碳排放，取得了显著成效。

一是温室室气体排放减少。2008年，法国由于消耗能源而排放的标准二氧化碳总量，比2007年减少1.3%，最近3年已累计减少3.6%，略低于《京都议定书》规定的标准。其中，运输行业（-3.6%）和工业（-3%）的减排成效最为显著。

二是最终能源消费量基本保持稳定，石化能源使用量逐年减少。2002年以来，能源消费量没有增加，而可再生能源的生产能力不断提高。2008年，原油进口总额占法国国内生产总值的比重为3%，与1981年（占4.9%）相比，比重明显下降。

2007年4月，法国政府上报的法国2008～2012年二氧化碳(CO_2)排放指标计划，获得欧盟委员会审核通过。根据这个计划，今后5年，法国将完成1亿3280万吨/年的CO_2准排放量。

核电一马当先

法国国土面积为55万平方公里，人口6140万，是一个缺乏一次性能源的国家。20世纪70年代两次全球性石油危机的冲击，使严重依赖进口能源的法国经济遭受了沉重的打击。为保持和提高能源的自给能力和独立性，法国政府全面调整能源政策，制定了庞大的核电发展计划。法国的核电工业起步于一些国家对核电产生动摇的20世纪70年代，近30年来，法国核电工业发展十分迅速，与美国、日本构成了世界核电工业三强。

1970年，在法国原子能委员会主持下，法国开发出了具有自主知识产权的石墨气冷反应堆技术，并建成6台机组，总装机容量237万千瓦，占法国总发电量的7%。而此后国际核电发展云诡波谲，美国、前苏联先后发生了多起核电厂事故，无情地改变了许多国家的核电发展政策，意大利、瑞典、德国、西班牙、比利时等国纷纷表决通过了暂停建造核电厂的决定。而法国的核电工业却一步一步坚定走来，直至如期实现核电量占总发电量80％目标，并且成为世界上主要的电力出口国之一。

1974年至1987年之间，法国就先后建设约40台核电机组，高峰时期曾一年开工建设7台机组，一年投产8台机组，并不断创新出系列改进型压水堆技术，带动核电设计、建造、运行和设备制造自主化能力的全面提升，在世界核电建设中取得了公认的优势。

2003年，法国第一次在全国范围内就能源发展问题和能源结构问题开展大辩论，辩论的结论之一便是：核能是法国能源结构的支柱。

2004年2月，经过能源大辩论，法国政府在《能源法草案》四项原则中提出，建设法德联合开发的EPR－欧洲压水堆核电机组。2004年10月，法国电力公司宣布，在弗拉芒维拉建设一台EPR－欧洲压水堆机组，于2012年前后投入运行。

一、技术先进，布局合理

法国的核电工业之所以能成就今日之辉煌，关键就在于否定了经多年研制已很成熟、并建成6台核电机组的气冷堆技术，转而引进国际上使用最为广泛、美国西屋的N4系列压水堆技术（目前全球核发电量中一半以上是压水堆机组发的），通过引进、学习、消化，再不断改造、创新，重新拿握了有自主知识产权的压水堆技术。在短短几十年内，法国从引进许可证开始起步，实现了设计、建设、运行和设备制造全方位的核电自主化。随着这些核电机组的投运，1995年以后，法国核电占到了全国总发电量的80％，能源自主率由1973年的仅为23.9％，提高到现在的51％以上。

法国虽然在机组拥有量没有美国多，但美国在1980年后就再没建过一台新机组，而法国的核电机组却大多是此后才建的。因此，目前世界上新一代核电中容量最大、技术最先进的核电机组是在法国，而不是在美国。

法国正在运行的58台核电机组全部采用压水堆技术。投资成本每千瓦低于1000欧元，仅相当于世界核电平均投资水平的一半。由此运行成本也低，法国核电站的运营成本比美国低40％。法国的电价在欧洲是最低的，法国也是世界上工业和民用电价最低的国家之一。

核电布局合理也是法国核电的一大特点。法国核电不仅分布在西部沿海，大量的核电机组还建在内陆濒河地区，基本靠近负荷中心。在55万平方公里土地上，从东到西、从南到北依次布点建设了19座核电站。核电站所发电量直接输送各大用户，减少了电能的损耗，也避免了长距离、大功率输送的弊端，为地区经济发展及居民生活用电提供了有效的能源保障。同时，全国形成相互连接的大电网，确保电力供应的稳定及安全。

与周边国家相比较，法国目前的CO_2排放水平是相对较低的，而这一成绩的取得应主要归功于核电。长期以来，法国一直优先发展核电，而大量减少火电。发展核电每年使法国少排放3.45亿吨CO_2，为改善法国以及世界的环境质量做出了重要贡献。与此同时，法国核电工业不仅为保持法国商业平衡和发展外贸发挥了重大作用，而且也造就了法国核电强大的竞争力。

法国目前建有19座核电站，在役核电机组59台（58台压水堆机组，包括34台900兆瓦机组、20台1300兆瓦机组、4台N4型1450兆瓦机组，分布在19个场址，法国电力公司是这些机组的业主和运营单位；1台230兆瓦的快中子堆，主要用于开展试验和研究），总装机容量为6304万千瓦，占法国装机容量的62.3%，仅次于美国列世界第二位，分别占到了全球总数的14%及全球总量的17.6%，2003年法国总发电量4909亿千瓦时，其中全国近85%的电量来自核电。截至2009年1月，法国在役反应堆的平均寿命为23年（从商业运行之日起计算）。

二、安全措施护航

1986年发生的切尔诺贝利核电厂事故，震撼了全世界，欧洲大陆不少国家公开声明退出了核电阵营。而法国从发展核电一开始，就着手建立一套值得称道的以信息透明度为基础的管理体制和庞大的向公众宣传、沟通的体系。首先建立了完善的核安全管理机构，该机构具有五大基本职能：制定法规、审批执照、监督执行、应急组织和信息发布。其次，法国的原子能法规比较健全，在核工业实践中形成了大量的法律性规定和文件，构成了行之有效的原子能法规体系。覆盖范围广泛而全面，涉及放射性防护、核设施监督、放射性材料管理、放射性医疗、核辐照加工、核贸易出口、第三方核责任、核废物管理、核矿资源开采、核事故应急等各方面。这些法规，既满足了法国庞大核工业体系管理的需要，又与国际惯例和跨国经营接轨。

早在20世纪60年代初期，法国政府就成立了核管理局，主要职责除了制定核安全原则，还有很重要的一条就是监督核设施运行安全，充当核电“警察”。这样，一开始就把核电站运营单位和核安全监督机构的职能完全分开。1991年，法国根据法令组建了放射性废弃物管理局，完全独立于废物生产单位，负责对法国的放射性废物进行长期管理。

1976年，法国政府对核燃料工业采取了两项重组行动：一是成立法国核材料总公司，把铀矿开采、铀化工、铀浓缩、燃料加工和燃料后处理等业务和工业部门统一集中到高杰马公司。二是成立了法马通公司，由法马通公司和高杰马公司各控股50%，经营燃料组件的制造业务。经过30年发展、国际并购和重组，法国核燃料循环工业已做大做强，阿海珐集团不少业务在世界上首屈一指：天然铀产量占世界15%，拥有储量占世界23%；铀化工转化占世界产量25%，约40%出口；铀浓缩占世界产能的25%；燃料组件制造提供了全世界轻水堆燃料组件市场需求的40%；后处理能力世界第一，并占有2/3的世界市场；MOX燃料制造能力世界第一，并参加美国萨凡娜河MOX燃料制造厂和俄国MOX燃料制造厂的建设项目。

法国电力公司是法国惟一的核电运营商，多年来一方面在公众沟通方面投入巨资。建立了一种核电厂特有的企业文化——无论哪个环节哪个人出何种程度的安全事故，绝不追究责任，而是鼓励及时报告，再由管理者向政府主管部门和公众通报，决不隐瞒。

1978年，一项秘密的民意调查显示，当时法国只有30%左右的被调查人表示支持核电。而2003年1月的调查结果显示，法国公众对核电的支持率已达52%左右，还有10%没表态。

三、成功的“一体化”运作模式

独一无二的核电工程组织管理模式——这个模式的核心是法国政府只授权法国电力公司为惟一的法国核电站的业主、运营商以及法国核电计划的总体工程管理单位(AE)。AE主要负责核电站的整体设计、工程和设备采购、总结经验并反馈。核电站设计、核电站设备供应商、核电站运行整合成一个完整的体系。这样就可以保证将建设、运行中的经验不折不扣地反馈给设计部门、制造部门，促进设计工作不断改进，推动提高设备质量，从而保证核电站的安全性。

技术标准化——美国有上百个核电机组，技术上也是兼容并蓄，加上核电厂建设由不同公司承担，建完后又由多家私营电力公司运营。因此，许多技术上的、运营管理上的经验，也就无法共享，不能形成规模，建设和运营的成本自然增高。

四、未来核电发展计划

发展核电可以减少温室气体的排放，加强能源自主化，获得更经济的电力供应，积极发展核电是法国未来能源发展战略的重要选择。

到2011年，法国50%的核电机组寿命将达到30年，为了解决核电站老化问题，必须在2007年完成用于大规模运营测试的示范堆的研究开发。为此，从20世纪80年代末，法德两国就开始联合开发了面向21世纪的新一代核电站(即第三代核电站)——欧洲压水堆(EPR)来承担核电站更新换代这一重要的战略任务，目前，EPR的研发工作已基本完成。EPR的最大输出电功率可达165万千瓦，是改进型压水堆核电机组，用于替代即将退役的核电机组，并且法德两国希望通过EPR的开发，借以保持和发展先进的核电技术。与在运行的核电站相比，EPR的安全性将提高十倍，造价降低10%，产生的废物将减少15%到30%。除了第三代核电技术的开发，法国还积极参与了第四代核电技术(G4)和可控热核聚变能(ITER)的研究，并已经成为世界首座聚变堆的两个候选厂址之一。

法国政府计划在2012年建成第三代(EPR)反应堆的首台机组，2015至2020年具备批量建设第三代反应堆的能力，2035年完成第四代反应堆的开发。

鼓励“无碳化”绿色能源发展

目前法国超过78%的电量来自核电，经过30多年的建设和发展，法国已经与美国、日本构成了世界核电工业三强。与周边国家相比，法国在可再生能源，特别是太阳能和风能利用与研究方面相对滞后。

面对新时代的挑战以及处于环境保护和可持续发展的长远考虑，法国政府近年来一直通过出台投资贷款、减免税收、保证销路、政府定价等各种政策措施，鼓励发展各种绿色能源。

舒兹b压水堆核电厂全貌

法国环境暨能源管理署认为，可再生能源市场前景广阔，可为该行业带来240亿欧元的商机，并创造12万个就业岗位。根据2005年7月13日出台的《法国能源发展指导法案》，到2010年，法国电力供应中的21％将来自可再生能源。

在2008年4月公布的新的环保法律草案中，法国进一步提出了发展可再生能源的总体规划。根据该法案，法国发展可再生能源的目标是：到2020年将可再生清洁能源占总能源消耗的比例由2005年的10.3％提高至23％以上，相当于节省2000万吨石油消耗，并加快新技术的研究和使用，从现在起到2012年清洁能源技术和相关研究费用将逐渐达到民用核能研究费用水平。

2008年11月法国环境部公布的发展可再生能源计划，以大幅提高可再生能源在能源消费总量中的比例，使法国在该领域取得世界领先地位。这一计划共包括50项措施，涵盖了生物能源、风能、地热能、太阳能以及水力发电等多个领域，总体目标是到2020年将法国可再生能源在能源消费总量中的比重提高到至少23％，这相当于每年为法国省下2000万吨的石油消耗。根据这项计划，法国政府将在2009年到2010年间拨款10亿欧元设立“可再生热能基金”，这项基金主要用于推动公共建筑、工业和第三产业供热资源的多样化，其中包括太阳能和地热能。政府计划到2020年将利用地热能的总量在现在的基础上增加５倍，使200万户家庭能够用这种能源取暖。

除了投入大笔资金鼓励开发各种可再生能源，法国政府还将在科研上做足工夫，根据计划，在研发方面的总投入将达到10亿欧元。为实现这一计划，法国生物燃料的农作物种植面积将达到100万公顷。2009年有4个生物燃料工厂投产，其总产量可达80万吨。据估计，用生物能源替代煤、石油等传统能源，几年后可使法国每年减少进口1100万吨石油，减少温室气体排放300万吨。为了鼓励企业发展生物燃料，政府将为企业提供财政补贴。政府认为，随着技术的进步，生物燃料价格会不断下降。2008年12月，法国环境部公布了一揽子旨在发展可再生能源的计划，这一计划有50项措施，涵盖了生物能源、风能、地热能、太阳能以及水力发电等多个领域。2009年，法国政府还投资４亿欧元，用于研发清洁能源汽车和“低碳汽车”。此外，核能一直是法国能源政策的支柱，也是法国绿色经济的一个重点。

根据计划，到2020年，法国可再生能源在能源消费总量中的比重要提高到至少23％，相当于每年为法国省下2000万吨石油。

这些都标志着法国经济增长模式的改变，并正在从对碳的依赖中摆脱出来，逐渐向“无碳化”发展。随着计划的实施，法国将可能成为全球对抗气候变化的“排头兵”。

太阳能发电步伐加快

法国希望通过一场“技术革命”，跻身于世界利用太阳能的领先国家行列。根据计划，到2011年前，每个大区将至少建造一座太阳能发电站。此外，政府部门建筑和行业机构的建筑（如超市、大型工业和农业机构建筑等）的屋顶将安装太阳能电池板，行业机构在支付有关费用时可以享受国家的补贴，对于那些想要安装太阳能电池板的个人，行政审批的程序也会大大简化。

近年来，法国加快发展太阳能发电。从2006年到2007年，太阳能光伏产业市场增长了将近3倍，2006年法国的太阳能发电的发电量为10.3兆瓦，2007的发电量跃升为30兆瓦。

2008年，法国国会批准了政府提出的光伏发电法规修改方案。经修改后的太阳能光伏政策明确，未来20年里，

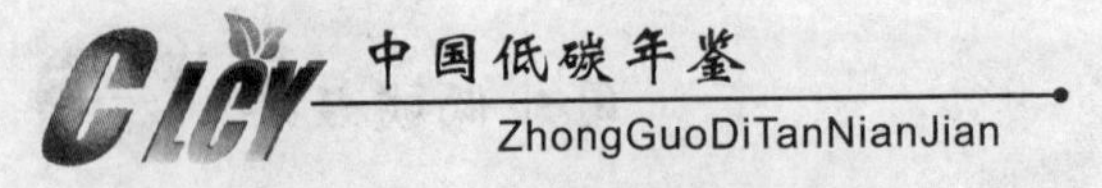

新能源的研发重点偏向于太阳能发电产业，包括太阳能发电技术的研究、太阳能发电站的建设和太阳能电池板的推广应用等。

法国政府将在2009年到2010年间拨款10亿欧元设立“可再生热能基金”，这项基金主要用于推动公共建筑、工业和第三产业供热资源的多样化，其中包括太阳能和地热能。

在2011年之前的3年中，法国每个大区将至少建造一座太阳能发电站，政府支持各地特别是南方等阳光充足的地区发展太阳能，并使电价更具竞争力，届时全法国太阳能发电量有望达到300兆瓦，这相当于建造两座核电站。

根据计划，2020年太阳能发电容量将提升为目前的400倍，用太阳能生产的电力将占到可更新性电力的23%，远高于目前的10.4%；2028年法国的太阳能发电总容量可能突破7000兆瓦。

2008年12月19日，法国纳本正在建设中的法国最大的太阳能发电站计划安装95000块薄膜电池板，形成7兆瓦发电容量。它由法国电力公司所属新能源子公司(EDFEN)投资，在2009年底进入商业化运行后将成为法国最大的太阳能光伏发电站。

风力发电受青睐

法国风能资源丰富，风力发电不污染环境，也不产生温室效应。截至2003年，法国风力发电装机总容量仅239兆瓦，远远低于德国、丹麦和西班牙等国。进入21世纪，法国加快了风力发电的发展。

2005年12月，法国政府公布的未来10年“电力生产投资初步计划”确定，将优先发展风力发电。根据该计划，法国在未来10年至少将设立5000～6000座风力发电站。

近年来，法国政府对发展风能发电采取了积极鼓励的基本政策，包括对风力发电入网实行一些强制性的扶持措施，对风力发电入网价格，提供政策性补贴。

为了大力促进风能发电，法国政府对风能发电项目给予倾斜政策，仅2004年2月1日至2005年2月1日期间，法国经济财政工业部就颁发了325份风能发电站的建设许可证。在海洋风能电站运行初期，政府将按照每兆瓦100欧元的标准为风能发电提供保障性收购价格，而目前法国电力市场上的批发价格为每兆瓦45欧元。由此产生的1700万额外费用，将由政府拨专款负担。

发展风能开发区，是法国政府为促进风能发电向规模化、产业化方向发展而采取的一项重要政策措施。2005年7月，法国政府颁布第2005-781号法令，确立了风能开发作为法国能源开发策略的组成部分，明确了国家对发展风能发电的扶持措施，同时，宣布将成立风能开发区（ZDE）。2006年初，法国政府正式批准建立ZDE风能开发区，主要分布于法国风力资源丰富的中部、西部、南部、东北部等地区。为了确保风能电力市场有序发展，2006年7月，法国政府制定了风力发电进入国家供电网的条例。根据该条例，从2007年7月14日起，凡属法国ZDE生产的风力发电，法国电力公司（EDF）有购买义务，并负责将ZDE风力发电纳入EDF的供电网络。法国政府的这一措施，不仅有利于风能发电大型项目的开发，也能促进小型风能发电站的发展。法国政府还规定，EDF供电网络收购ZDE生产的风电，每千瓦时的收购价格为0.0835欧元。与此同时，政府还规定，ZDE在购买风电设备时，可以享受相应的税收优惠。由于采取了上述一系列鼓励、扶持措施，法国风能开发区以极快的速度发展。据统计数据显示，近年来，法国风能供电总量节节攀升。据法国经济财政部提供的数据，2004年底，法国风能发电装机总量为382兆瓦；2005年底为757兆瓦，共有120座风能发电站；2006年底，达到1500兆瓦，比2005年的757兆瓦增长了近一倍，迅速缩小了与德国、西班牙等在风能发电领域的差距，2007年是法国风

法国Fruges的一个风力发电场内，工人们正在对风车涡轮进行最后的调试。这个发电场的发电能力将达140兆瓦，足够约15万户家庭使用

能发电量急剧增长的一年，2008年又上升到2500兆瓦。

汽车新能源

在法国，新能源汽车已成为一种时尚。上至政府、下至企业都在“开足马力”发展这种车型及其配套设施。尤其在金融危机的大背景下，新能源汽车更被深陷泥潭的生产商们视为“救命稻草”。

法国政府为发展新能源汽车制定了一揽子方案。萨科齐总统在2008年的巴黎国际车展上宣布，法国政府将投入4亿欧元，用于研发清洁能源汽车；政府还计划采取一系列举措，鼓励汽车行业逐步向节能环保的方向发展。对购买二氧化碳排放量在60克/公里以下的“超级环保车”，政府给予5000欧元的高额补贴，这项政策将一直持续到2012年，并将惠及更多车型。

在政府优惠政策的带动下，汽车生产商们闻风而动。雷诺—日产联盟预计在2010年到2011年将第一批电动车投入市场，并从2012年开始批量生产；标致—雪铁龙则与日本三菱汽车公司合作，准备在2011年初推出环保电动车；法国电池生产商博洛雷集团及其合作伙伴意大利的皮宁法里纳公司也计划从2010年起联手试水电动车市场。2009年3月，法国环境与可持续发展部宣布，法国电力公司和日本丰田公司联合研制的100辆新一代可充电混合动力车2009年年底投入商业运营。这些车装备了先进的混合驱动系统，其电池可以充电反复使用。此外，电力公司还将建设几百个充电站，以保证这些新型车的行驶。此外，法国政府还鼓励企业和个人研制和使用利用太阳能或电能的清洁汽车，通过优惠的折旧条件，推动清洁汽车和相关设备进入市场。

为了鼓励环保车型中的发展，法国对纯电动车和混合动力车的销售推出“新车置换金”。根据这一政策，车主在更换新车时，购买小排量、更环保的新车可享受200欧元至1000欧元的补贴，而购买大排量、污染严重的新车则需缴纳最高达2600欧元的购置税。

生物燃料渐成重点

法国农业实力很强，发展生物燃料已成为稳定能源供应和减少二氧化碳等温室气体排放的重要途径。2004年制订生物燃料发展规划，大幅提高生物燃料的产量，使法国成为欧洲生物燃料第一生产大国。同时，通过大幅提高财政补贴、税收补偿等办法，促使以甜菜为原料的生物燃料工业迅速崛起。

法国生物燃料的农作物种植面积将达到100万公顷。目前，法国从农作物中提炼的生物燃料可分为两大类：由甜菜、甘蔗、玉米、麦子等农作物提炼而成的乙醇类生物燃料供汽油车辆使用；由油棕、油菜、向日葵等油作物提炼而成的植物油甲醇酯类生物燃料供柴油车辆使用；E85生物汽油是由85%的乙醇燃料与15%传统燃料混合而成的。

法国绿色环保型汽车也随之日趋热销；与E85乙醇汽油配套的加油站不断增多。法国石油巨头道达尔公司在2007年底就在法国境内设立200～275个设有乙醇加油设施的燃料加油站。

从2009年4月1日起，推广使用价格更低廉、污染更少的新型生物燃料SP95–E10。该燃料由90%的95号无铅汽油及10%的生物乙醇组成。2000年以后生产的绝大部分汽油车均可使用新型生物燃料。与新燃料相兼容的车辆可达到法国现在汽油车保有量的60%。到2009年年底，将有75%的加油站陆续加入到供应新燃料的行列中来。新燃料的推广促进燃料车的销售，2009年初以来，巴黎丰田经销公司的混合燃料车Prius的销量增长了45%。

生物乙醇的成本要高于汽油，政府将通过消费税减免来消化其中的差价。为了吸引消费者，每升新燃料的指令性售价要比95号无铅汽油便宜3欧分左右。同时，政府对燃料的销售单位设立处罚机制，对没有完成设定的生物燃料销售指标的企业实行重罚。

目前，生物乙醇是从发酵后的含糖或淀粉的甜菜及小麦、玉米等粮食作物中提取而来。专家称，再过5～10年，第二代的生物乙醇将可从树木、树叶、秸秆、藻类等植物中获取，达到不与人争粮、节约农业用地的目的。法国在目前经济不景气的背景下开辟生物乙醇的生产链将可创造更多的就业机会，增加投资，减少二氧化碳的排放。

多管齐下节能与低碳生活

多年来，法国奉行能源发展和需求增长相平衡的能源政策，一方面积极发展能源工业，以满足社会日益增长的对能源的需要；另一方面努力节制能源消耗的增长，把能源需求的增长控制在能源供应可以满足的范围内。在法国，节约能源也被视为能源的一种来源，而节约能源的最佳途径则是提高能源的利用效率。为了节约能源，近年来法国从多方面采取了措施。

政府法令和制定节能标准。自1994年以来，法国依据欧盟的标准，通过颁布政府法令，先后对锅炉和相关设备、供热和制冷系统、汽车和家用电器等做出了本国化的规定。2001年6月14日，法国环境部发起组织了节约能源的宣传活动。2003年初，法国政府又在全国范围内开展了一场有关能源问题的讨论。同年11月，政府发表了核能问题的白皮书。

制定并实施节能计划。2000年12月，法国政府通过了新的"全国改善能源消耗效率计划"，以减轻多次出现的国际石油市场动荡给法国带来的消极影响，提高法国在能源上的独立能力，并为法国实施的"预防气候变化计划"提供支持。在这一计划的框架内，法国建立了紧贴基层的信息网——"能源信息点"，为个体经营者、小型企业和地方政府提供服务。2001年，法国耗资3000万法郎（457万欧元）通过新闻媒体开展了关于节能的宣传活动，此外还设立了环境保护和节制能源消耗基金，帮助中小企业进行节能性投资，并制定了可再生能源开发计划。

减免税，鼓励在工业、服务、住房建筑、交通运输等领域采用节能型设备。如政府采取多项措施，鼓励使用同时能生产电力和热能的设备，其中包括实施12个月的特优折旧，将职业税的纳税基数降低一半，免除天然气和重柴油消耗的内部税等等。

发展节能型建筑。据统计，民居建筑的能源消费占法国能源总消费的45%，排放的温室气体占法国温室气体总排放量的25%。法国家庭的电力消耗20年翻了一番，其中34%用于取暖、8%用于烹调、15%用于热水、43%属于其他用途。近年来，法国政府采取措施大力发展节能型建筑，通过改善房屋结构和利用自然能源，达到节省电能和保护环境的目的。新房子要消除能源漏洞，老房子要提高能源效率，这是法国近几年来全力推行的节能方针。"预防气候变化全国行动计划"和"全国改善能源消耗效率行动"，都包含提高建筑物的能源利用效率，实现建筑的可持续发展。在两项全国行动计划的框架内，法国政府通过了建筑节能规范，根据不同地理位置的光照、温度和湿度等自然条件，评估出不同建筑材料的能源利用效率。这套规范细致入微，并在网站上公布。为了方便咨询，环境与能源管理局还在各地设立"能源信息点"，地方政府、个体经营者、小型企业和居民都可与之联络，获得免费服务，了解建筑材料及设计方案的能源效率。如果要盖新楼，投资及施工方都必须依照节能规范行事，否则得不到施工许可。

政府为节能买单。为了鼓励人们在建房、修房时利用新能源，法国政府为建筑物安装生物能、太阳能、风能、光能发电等新能源设备并提供补助，能源与环境管理局还聘请专家审核建筑施工项目的节能措施及新能源利用效率，达标者有奖，奖励金额可达施工总额的50%。"全国改善能源消耗效率行动"在2002～2004年间开发24项建筑节能新技术，政府给中标者回报全额研发资金，并资助其技术应用和市场化。

法国政府计划在2009年到2010年间拨款10亿欧元设立"可再生热能基金"，主要用于推动公共建筑、工业和第三产业供热资源的多样化，其中包括太阳能和地热能。在利用地热能方面，政府计划到2020年将地热能利用总量在现有基础上增加5倍，使200万户家庭能够用这种能源取暖。

政府部门建筑和行业机构的建筑（如超市、大型工农业建筑等）的屋顶将安装太阳能电池板，行业机构在支付有关费用时可以享受国家补贴，对于那些想要安装太阳能电池板的个人，行政审批程序也会大大简化。除了投入大笔资金鼓励开发各种可再生能源以外，法国政府近期还出台计划，为可再生能源开发研究投入10亿欧元。

为了宣传和鼓励消费者使用太阳能热水器，法国地方政府和法国环境与能源管理局每年拨出专款，除培训太阳能热水器安装修理人员外，还承担消费者购买和安装太阳能热水器30%的费用。法国政府在2006年全年安装太阳能热水器 3 万个。

碳交易、碳捕捉与储存、碳税

碳交易——继挪威、德国和英国之后，法国二氧化碳排放权交易市场2005年6月24日正式开张。法国已对1160家电力、石化、钢铁、水泥、造纸、玻璃、陶瓷等重污染企业确定了二氧化碳排放权，排放总量为每年1.5651亿吨。按交易规定，各企业在确定排放指标后，必须严格遵守，暂时不能达标而需超标排放的，必须购买相应指标的排放权。如果企业采取有效措施进行治理，排放量低于指标，则可将抵于指标的排放权在交易市场上有偿出售。

碳捕捉与碳储存——法国大力推进二氧化碳捕集、运输和地下封存全过程的CCS项目的研发与实施。

2004年4月,法国燃气集团于在挪威海域的一个油气田试验将二氧化碳"埋"入地下。根据计划，这些二氧化碳将被从天然气中分离出来，而后以液态的形式注入海上油气田一处废旧矿井之下几公里深处。2009年4月，法国的道达尔集团在法国西南部Pau附近建立的Lacq试验工厂，是世界上首个包含了二氧化碳捕集、运输和地下封存全过程的CCS项目，其一体化程度前所未有。道达尔在Lacq项目上采取的是富氧燃烧捕集二氧化碳的方法，燃料在纯氧环境下进行燃烧。

全球最大的集成电力供应商阿尔斯通多年来坚持向全球电厂提供最先进的清洁煤燃烧技术。目前，由阿尔斯通设计、制造和安装的发电设备，在全球25%正在运营的电厂中使用，其中包括30%以上的核电厂常规岛。阿尔斯通电力系统的战略发展目标是致力于开发和推广全方位的清洁电力解决方案，以便帮助全球客户达到既可保护环境又不影响发展的双重目的。研发重点首先集中在提升电厂效率上，即用更少的燃料生产出更多的电力，从而减少污染物排放。阿尔斯通的二氧化碳捕捉工艺可捕获燃煤发电厂高达90%的二氧化碳排放量。

为验证碳捕捉解决方案，阿尔斯通正在其位于德国、法国、挪威、瑞典、美国和加拿大的9个试验工厂内测试燃烧后捕捉和富氧燃烧捕捉技术。目标是到2015年实现燃烧后捕捉技术的市场化，并在2020年左右实现富氧燃烧解决方案的市场化。法国国家科研中心研制出一种名为MIL－101的新型材料，能够大量吸附二氧化碳气体，可以被安放在汽车上，对其排出的二氧化碳进行过滤，从而达到减排温室气体的作用。

碳税——法国政府2009年6月宣布，法国开始制定针对耗能产品征收碳税的方案，并计划到2011年开始实施。征收对象是使用天然气、石油和煤炭的人及企业，电能不在征收之列。征收标准，每排放1吨二氧化碳气体征收17欧元，即每消耗1升汽油交纳4欧分；每消耗1升柴油交纳4.5欧分，税费在购买燃料时由经销商代收。家庭每排放1吨CO_2应征收32欧元，而实际上要达到遵守环保要求应该是每排放1吨CO_2征收45欧元。

丹麦能源署发布的最新数据显示，2009年，丹麦风力发电恢复增长，全年陆上风电产量增长97兆瓦，创2002年以来最高纪录，海上风电产量增长237兆瓦。

丹麦低碳经济

20世纪70年代以前，丹麦的能源消费曾经99%依赖进口。1973～1974年第一次世界石油危机爆发后，丹麦政府抓紧制定适合本国国情的能源发展战略，大力调整能源供应结构，提高能源使用效率，积极开发可再生能源和清洁能源。通过多年探索，丹麦在风力发电、秸秆发电、超超临界锅炉等可再生能源和清洁高效能源技术方面创造了独特的经验，丹麦成为举世公认的减少二氧化碳并将能源问题解决得最好的国家之一，走上了一条能源可持续发展之路。

1988年丹麦政府制定能源行动计划，突出可持续发展的原则，并制定了多部门参与的行动计划。

1990年以后，丹麦政府相继推出“能源2000”和“能源21”的国家计划。新的政策着眼点包括：一是提高能源供应效率，扩大热电联产；二是用可再生能源和天然气替代煤和石油消费；三是鼓励最终消费者节约能源。

20世纪90年代，丹麦还遵从欧盟减排目标，以在成员国内部承诺二氧化碳减排21%为国家目标，采取了多方面措施控制CO_2排放并收到了预期效果。如，2003年丹麦公布的人均二氧化碳排放量为10.4吨；1990年CO_2排放约6100万吨当量，到2004年以后，已减少到约5100万吨排放当量的水平，即已经减少二氧化碳排放约1000万吨当量，比1990年减少了16.4%。丹麦政府认为，在目前技术水平下，持续努力可确保2008~2012年中实现减排21%的目标。

2005年6月,丹麦政府发布了《2025能源战略》，作为政府的长期能源战略规划，该战略对2025年前丹麦的能源发展做出了规划和评估，重点是可再生能源和新能源。

2007年，丹麦能源署为能源研究提供资助5500万克朗。另外有丹麦Energinet公司对环保型能源研究提供资助，2007年款项大约有1.3亿克朗。丹麦能源协会对节点研究提供资助，2007年大约2500万克朗。丹麦战略研究理事会对可再生能源和节能研究项目提供资助，2006年大约1.1亿克朗。丹麦能源研究咨询委员会2006年4月公布了一项《丹麦能源研究、技术开发和展示战略》，提出要高度重视能源技术研发和展示，要组织大型公司和研究机构合作，研究目标要更多地集中于促进经济增长和发挥市场潜力。

2008年，丹麦政府对能源和气候变化研发的投入达到7.5亿丹麦克朗(合美元1.275亿)，4年内翻了一番。到2010

年，政府投入将突破10亿克朗。

经过约30年的努力，丹麦优化了能源结构，减少了化石燃料的消费总量和CO_2排放总量，增加了可再生能源生产和消费的比重。丹麦过去30年中GDP增长达160%，而总能耗仅有微小增加，同期CO_2排放量比1990年水平减少约17%。1980~2005年，石油和煤消费量均减少了约36%，天然气消费比重达到20%，可再生能源比重超过15%，风电发电量占全部电力消耗的约20%。用可再生能源发电占总发电量的比重则由1990年的2%增加到2005年的29%。在丹麦，自行车和转动的风车发电机几乎成了小美人鱼铜像之外的哥本哈根标志，这个国家立下了雄心勃勃的计划，要在2050年完全摆脱油气能源。在丹麦，1/3的国民骑自行车上班，甚至包括首相顾问，以后这个数字可能还会增加一倍。丹麦现已成为世界上利用可再生能源的先锋。按照丹麦能源署的预测，到2025年，可再生能源在发电总量中的比重将达到36%，其中风力发电占大部分；到2030年，即使那时石油和天然气资源枯竭，丹麦也能够保持其在能源方面的自足。其能源构成的目标是：风能50%，太阳能15%，生物能和其他可再生能源35%。其中生物能主要指的是秸秆发电。

领先世界的风力发电

丹麦是有400多个小岛的岛国，风力资源非常丰富,在利用风能方面处于世界领先水平。

丹麦是世界上首个使用风能的国家。早在1891年，丹麦气象学家就用风车发电给教室照明，使他成为“现代空气动力学先锋”。然而1979年为应对第二次石油危机，丹麦才开始走上风电之路。这个只有540万人口的国家，已成为风能占发电量比例最高的国家——2006年23%。

丹麦的风电已从陆地向海上转移。1991年，丹麦在波罗的海洛兰岛西北沿海附近建成了世界上第一个海上风电场Vindeby。自1991年至今，丹麦一共兴建了11个海上风电场。已经建设了两座全世界堪称第一的海上风电场，一座装机16万千瓦，另一座16.56万千瓦。2009年再建设两座新风电场，总装机为40万千瓦，以此来降低二氧化碳排放量。2009年海上风电装机可达75万千瓦。

2009年4月，丹麦风力工业协会和丹麦风力涡轮机所有者协会提出了一份至2020年丹麦的风能拓展计划。该计划略述了如何在短短10年时间内用更新、更有效的设备来取代现有的大量涡轮机，使全国现在占20%的风电使用量提高到50%，到2020年将减少使用2000台风力涡轮机，使2020年的风能产量将比现在高出180%左右，而所使用的涡轮机却能减少30%。根据丹麦政府能源计划法案中的第21条，2030年风力发电量将占全国总发电量的50%。

丹麦自1991年起就开始兴建岸外风力发电场，目前总共建造了11个这类发电厂。世界最大风力的霍恩礁风电场发电厂之一就在这里，这是一个投资浩大的项目，共有80个风机，目前生产160兆瓦电力，可为15万个家庭供电。丹麦首都哥本哈根南部的罗兰岛是丹麦人均发电量最高的地区，风电是其最主要的来源。在这个仅有不到5万人的镇上，分布了500座风车。在过去10年内，风车发电量增长12倍。在仅有4000人口的萨姆索岛，21架海上风力涡轮机，70%的家庭用生物燃料或太阳能供暖，足以抵消汽车和其余仍依靠石油供暖的30%家庭的碳排放量，从而使萨姆索岛实现“碳中和”。

丹麦海上风力发电

根据丹麦能源署的统计，到2007年为止，在丹麦电网中，风电所占比重已经达到21.22%——欧盟确立的2020年实现20%可再生能源发电的目标，丹麦已提前十年实现。

2008年，丹麦出口的风电设备和技术总计达57亿欧元，占总出口额的7.2%，是第二大出口行业。全球市场上约30%的风力发电机组都来自丹麦。

丹麦目前有约5200台徐徐转动的风机并网运行。2009年，丹麦风力发电恢复增长，全年陆上风电产量增长97兆瓦，创2002年以来最高纪录，

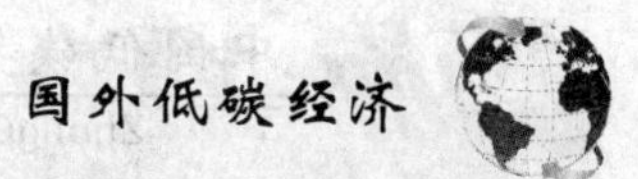

海上风电产量增长237兆瓦。

风电之所以担负丹麦五分之一的电力供应，首先得益于丹麦长期的能源规划和强有力的政策支持。为了降低对化石能源的依赖，促进风电等可再生能源的发展，丹麦政府采取了一系列措施。比如开征能源税，对石油、煤炭等化石能源征收二氧化碳排放税，但对于风电等可再生能源则给予财政补贴，包括公共支持风电设备技术的研发及示范应用，实行风电优先并网和对上网电价进行补贴等。2008年，丹麦对风电的补贴高达6950万欧元。

在调动投资者热情的同时，为了激发私人业主的积极性，鼓励地方对风能利用项目的参与和拥有，丹麦新的可再生能源法案还规定，新风电项目必须要由当地民众以合作社等形式至少持有20%的所有权。

合作社所有，也是丹麦风电行业的特色之一。20世纪80年代和90年代初安装的大部分风机，现在依然为地方合作社所拥有。丹麦的5200台风机的拥有者，涉及各行各业，包括个人、企业和国家电力公司。据粗略统计，私人联合投资的合作社大约拥有丹麦15%的风电装机容量。距离哥本哈根不远的米德尔格伦登风力发电场堪称世界上最大的合作制风电场，拥有8000多名合作社成员。而在日德兰岛东岸的萨姆斯项目，则是由萨姆斯岛的居民和市政府以合作社的形式联合开发的。

强大的电网支持是丹麦风电快速发展的前提。风电场建成当天，其与电网的连接就必须完成。如果出现问题，投资商就会获得一定补贴。丹麦国网公司要保证所有电网用户拥有平等的接入权。丹麦的发、输、配电三个环节完全分开，其中上游发电企业和下游配电公司都是完全市场化的竞争主体，而负责输电及电力调度的国网公司则是垄断机构，既保证了可再生能源的优先上网，也使得用户购买的电是最便宜的。

天气多变时，丹麦全国的风力发电功率可能在几小时内从0上升到3000兆瓦，也可能从3000兆瓦降到0。丹麦依赖后备电源的调节，以维持电力系统的平衡。当风力不够时，丹麦就从挪威和瑞典进口水电，而风力发电富余时，丹麦就会将风电通过北欧电力交易市场卖给其他国家。丹麦拥有一个覆盖全国并与北欧邻国相连的强大电网，这使得它能够将风电自如地输送到全国以及邻国。

丹麦风电产业协会提出，到2020年风电占电力消费总量的50%，到2025年将风力发电比例提高到50%。

太阳能技术的研发应用

尽管丹麦的气候条件并不理想，但仍十分重视对太阳能的利用。多年来，丹麦致力于研发提高太阳能效率的相关技术。至今丹麦已有3万多个太阳能加热站，主要用于居民家用热水和空间加热。目前正在全国推广一个为期4年的名为“SOL1000”的太阳能电池项目。

2002年12月，丹麦开始实施一项该国迄今最大规模的推广使用太阳能计划：在今后 4 年里投资3500万丹麦克朗（约与人民币等值）为1000座私人住宅安装太阳能电池装置，其中2300万克朗将由丹麦国家能源局提供，其余的1200万克朗则由这些住宅的房主承担。使用太阳能的居民增加到4000户。

丹麦AC Sun公司发明一个对气候友善的太阳能冷气系统，该系统利用太阳能启动，用电量仅为传统冷气系统的10%，省电、零污染且安静无噪音，压缩机是由太阳能蒸汽引擎所运转，因此颇为省电。ACSun公司已在全球各国申请并获得此产品之专利，预期未来市场占有率有可能达到10%。

秸秆燃烧发电

丹麦是较早利用秸秆发电的国家。为建立清洁发展机制，减少温室气体排放，丹麦政府很早就加大了生物能和其他可再生能源的研发和利用力度。丹麦的BWE公司率先研究开发了秸秆生物燃烧发电技术，迄今在这一领域仍是世界最高水平的保持者。在BWE公司技术的支持下，1988年丹麦诞生了世界上第一座秸秆燃料发电厂，从此生物质燃烧发电技术在丹麦得到了广泛应用。丹麦的秸秆发电技术现已走向世界，并被联合国列为重点推广项目。

根据丹麦能源署的数据，目前在丹麦可再生能源中，以秸秆和木屑为原料的生物质能的比重为45%，垃圾占29%，风能占19%。如果按可再生能源发电来计算，生物质能占21%，有机废物占12%。

为鼓励秸秆发电等可再生能源发展，丹麦政府制定了财税扶持政策。对于秸秆发电等新型能源，免征能源税、二氧化碳税等环境税，并且优先调用秸秆产生的电和热，由政府保证最低上网价格。政府还对各发电运营商提出明确要求，各发电公司必须有一定比例的可再生能源容量。1993年，政府与发电公司签订协议，要求每年燃用秸秆及碎木屑140万吨。另外，丹麦从1993年开始对工业排放的二氧化碳进行征税并将税款用来补贴节能技术和可再生能源的研究。

目前丹麦已建立了130多家秸秆生物发电厂，还有一部分烧木屑或垃圾的发电厂也兼烧秸秆。秸秆发电等可再生能源占到全国能源消费量的24％以上，丹麦靠新兴替代能源由石油进口国一跃成为石油出口国。近10年来，丹麦新建设的热电联产项目都是以生物质为燃料，同时，还将过去许多燃煤供热厂改为了燃烧生物质的热电联产项目。丹麦的秸秆发电技术现已走向世界，并被联合国列为重点推广项目。

先进的低碳产业

在进一步开发利用风能、生物质能、太阳能等可再生能源的同时，丹麦建成了燃料电池、潮汐能试验性示范电站。1989年以来，丹麦瑞索国家实验室和有关公司共同投入大量资金进行燃料电池研究并取得重要进展。丹麦技术大学、丹麦瑞索国家实验室等正就未来氢技术和“氢能社会”进行联合研究和攻关。此外丹麦对生物燃料如利用秸秆生产生物酒精和生物气体等的研究也在积极进行中，技术已相当成熟，临近工业推广阶段。

在提高能源效率和节能的政策目标下，丹麦建立了适合本国国情的绿色能源产业，常规的支撑技术包括：清洁高效燃烧、热电联产、工业化沼气、风电和建筑节能等。着眼于未来发展需要、尚在开发和试验的新技术有：第二代生物乙醇、燃料电池、新型太阳能电池、海浪发电等。

丹麦清洁能源技术出口近十年涨了3倍，已经成为丹麦产品出口中增长最快的领域。据丹麦工业联合会统计，丹麦2007年能源技术出口额为580亿克朗(约合98.6亿美元)，年增长率8%，是总出口增速的4倍。作为全球风电行业的先驱和领袖，丹麦风机生产覆盖全球市场40%左右的份额。2005年，丹麦风力发电已占到整个发电量的20.8%，近几年内预计将达到25%，如果市场条件合适，2009的全球市场占有率可以达到50%。世界著名的丹麦维斯塔斯公司，其风力发电机以高效和可靠而著称，该公司所销售的风机产品占世界风力发电市场份额的35%。

西班牙低碳经济

西班牙油气资源匮乏，能源主要依赖进口，温室气体减排任务艰巨，在发达国家中距离其在《京都议定书》中所承诺目标相差最远，2004年的排放的二氧化碳为3.457亿吨，其温室气体的排放量超过2012年规定最高排放量的两倍。在2007年后 5 年中西班牙每年至少需要花费 7 亿欧元用于购买二氧化碳等温室气体的排放配额和发展清洁能源，以抵消规定排放量之外的增长量。

面对这两大难题，西班牙另辟蹊径，大力发展风能、太阳能等可再生能源。一是建立健全并不断完善可再生能源法规，为风电发展提供了良好的法制环境。1980年公布了节能法，1991年通过了国家能源计划，1997年通过的《54/1997号电力行业法》规定，装机容量低于50兆瓦的可再生能源发电站享受特殊政策，不需要竞价上网，同时给予可再生能源补贴，使可再生能源能够与一次性能源进行竞争。2001年西班牙根据欧盟相关法令制订了《6/2001号环境影响评估法》，在全国范围内对开发风电规定了最低的环保要求；2004年3月12日生效的《436/2004号皇家法令》进一步发展了《54/1997号电力行业法》，为风力发电确定了长期的经济政策，推动了风电的快速发展。二是制订了一系列可再生能源促进计划。1999年12月西班牙政府通过《可再生能源促进计划》，提出的目标是，到2010年西班牙可再生能源占初级能源的12%，可再生能源的发电量占电力消费的30％。2002年9月西班牙经济部通过了《电力、燃气行业以及电网运输发展规划》。到2005年6月底已提前、超额完成了《可再生能源促进计划》的目标。三是吸引大量私人资本投资风电行业。四是先进成熟的风电技术为风电开发提供了良好的技术支撑，在引进、吸收外国技术的同时，加大了具有自主知识产权的风电技术的研发。五是将风力发电量与二氧化碳排放权直接挂钩，推动了电力企业对风能开发的投入，电力企业除直接投资建设风电场外，还从风电开发商手中购买已建成的风电场，从而刺激了西班牙风电的发展。六是金融界对风电开发给予大量信贷支持，目前西班牙70%的风电项目是通过银行贷款进行开发的。

世界风能大国

西班牙风力资源丰富，几乎全国各地都有可利用风力资源的地区。

被塞万提斯笔下的游侠骑士堂·吉诃德视为“放肆的巨人”的座座风车，如今在西班牙大地上已极少见到。如今，另一类“风车”——风力发电机如雨后春笋般出现在堂·吉诃德故乡的原野上，形成了一道道美丽的风景。

西班牙风力发电始于1978年。当时在安达露西亚大区的塔里法市安装了100kW的实验性风力发电机组。1982年研制出第一台试验性风力发电机，1984年建起第一个风电场。但由于当时技术水平的限制，这些努力没有达到预期效果。在1980~1986期间，又安装了不少中小型风力发电机组。到2000年，西班牙风力发电的装机容量达到168MW，2002年西班牙风力发电装机容量达4830MW，居世界第2位，到2004年底风电装机容量达到8155兆瓦，一跃成为世界风电大国。

风电在西班牙能源结构中的比例逐步扩大。2004年被认为是西班牙风电开发史上一个里程碑，这一年风电装机容量第一次超过核电，风力发电141.78亿千瓦时，占当年全国总发电量的5.5％。2006年风力发电233.72亿千瓦时，风电装机容量已跃居第四位，占全国总发电量的8.5％。2007年风电超过煤炭发电，首度与水力发电量相当。2008年3月下旬风电占供应全国电量消耗的40.8%，创造了世界风电应用史上的新纪录。在纳瓦拉地区，高达70%的电力来自风力，石油价格飙涨与这个地区毫不相关。

西班牙风电业还带来了巨大的社会效益。2006年，西班牙自1990年以来二氧化碳排放量首次大幅下降，比上一年下降4.1％，而风力发电使二氧化碳排放量同比减少达3.7％，减少排放二氧化碳1500万吨，减少进口价值10.6亿欧元的化石类燃料。到2010年，占全国发电量30％的可再生能源中，风电装机容量将达到20155兆瓦，发电量455.11亿千瓦时，占可再生能源发电量的44.5％。

风力发电的迅速发展，带动了风电设备的制造、安装、维护以及工程施工、风电厂的运营等相关产业的发展。西班牙通过引进和吸收丹麦的技术，逐步建立风电机组制造产业，其3家大型风电机组制造企业2006年的市场销售量占世界总量的20%左右，成为全球第二大风机制造国。西班牙伊韦尔德罗拉电力公司已成为全球最大的风力发电运营商，号称西班牙二氧化碳排量最低的企业，其风电装机容量4100兆瓦。歌美飒公司是西班牙最大的风力发电设备制造企业，也是世界主要风电设备制造企业之一，在世界20多个国家安装风电设备累积1万兆瓦，其产品销售额占国际同类产品市场的15％以上。风电行业的发展还创造了大量就业机会，并推动了相关领域的科技研发。

西班牙风电企业对发展风电的热情与日剧增。可再生能源集团Iberdrola已投入巨资，计划在2015年前使风力发电量翻一倍。

太阳能：与日俱增

除了风电之外，太阳能发电是西班牙减少对进口石油依赖的唯一新能源。经多年研发，西班牙在世界太阳能发电领域已位居前列，成为光伏太阳能电池板工业的中心。它不仅拥有稳固的制造和出口光伏电池和太阳能板的基

西班牙11百万瓦的PS10太阳能发电塔

西班牙太阳能发电厂的镜阵

地，而且还拥有生产和出口换流器和太阳能发电设备部件的基地。目前，欧洲最大的将太阳能应用于工业技术的实验中心——空间能源研究中心建在西班牙，负责对在太空中使用的光伏太阳能电池认证，并承担对欧洲航天局项目中的太阳能电池的研发、评估、测算和技术支持等工作。

2008年，西班牙新增太阳能发电设备容量达170万千瓦，超过一座大型核电站的发电规模，扩容规模为全球最大。而德国、美国、日本分别以150万千瓦、30万千瓦、24万千瓦的扩容规模分列二到四位。

在全球光伏发电总装机容量方面，西班牙也以230万千瓦的规模，仅次于德国，排名世界第2位。2008年太阳能光伏新装容量5.5GW，西班牙占了近一半的新装容量。除了光伏发电新增容量之外，2008年西班牙的太阳能电池导入量达2511MW，也居全球首位。

西班牙的光伏产业之所以能保持强劲的发展势头，与政府的大力支持有着很大的关系。从2007年至2008年上半年，西班牙政府推出了与传统电价几乎等价的鼓励政策，还通过每年约2亿欧元的补贴，使得国民可以消费得起成本相对较高的太阳能资源。2009年原计划太阳能发电补贴由300MWp改为500MWp，增加的部分将用于地面装设的太阳能系统补贴，而地面安装系统多为太阳能发电厂。除了投入太阳能电池外，2009年也将投入太阳能电厂的发展，加强了太阳能发电厂的补助最高达200MWp。

2006年，西班牙政府制定并通过了新建筑条例（CTE）。该条例规定，所有新建筑及新改修建筑，30%~70%的热水供热系统要采用太阳能技术。到2010年太阳能热水器的安装量将达到3430MW，安装面积为490万平方米。巴塞罗那、塞维利亚和马德里等大城市已通过法律，要求新建筑必须安装太阳能板。

在未来的十年里，西班牙太阳能产业与市场将会有一个很大的发展。

西班牙第二大电力公司ACSeIBERDROLA公司在今后三年里将投资数十亿美元，建造若干个太阳能发电站，每座电站所发的电力可以满足5万户家庭的用电；Is ó foto公司制作的由2686块单晶体组成的、面积达3600平方米的光伏太阳能电池板棚就建在巴塞罗那，最大发电量为449kW，未来装机总量将扩增到1.3兆瓦；Guascar公司与Amomix公司联手建造一座年产10兆瓦的太阳能板组装厂项目，由于使用了光伏太阳能聚光技术，一度电的生产成本仅为3美元；Avanzalia太阳能公司2007年动工修建世界最大的太阳能电厂，安装7万个太阳能模块，面积36公顷，设施装机1.38万千瓦，能为5000个家庭提供电力；Avanzalia公司计划最终把装机提高到2.5万千瓦。每年节省3800公吨油，减少二氧化碳排放6100公吨；Energy Conversion Devices公司新投入4亿美元资金，计划在2012年之前年均生产1000兆瓦太阳能电池。

全球最大的太阳能电站2009年5月在西班牙的安达卢西亚沙漠投入运行。这座太阳能电站的功率达2万千瓦，可为超过1.1万户家庭提供日常用电。该电站最主要的部件是一座高度接近170米的太阳能塔。超过1200面特制的反光镜(每一面反光镜的面积相当于半个排球场)会将阳光反射到这座太阳能塔上，由此产生的高温可达1000℃，足以将塔内的液态水加热成水蒸气。而这些水蒸气又会驱动安放在塔内的涡轮发电机，从而产生出源源不断的电流。

西班牙为解决城市获得充足阳光的空间不足，利用坟墓顶部收集太阳能，首创世界第一个太阳能墓地，一片寂静的墓地每天可以产生供60个家庭使用的电能。

冰岛低碳经济

冰岛位于北大西洋靠近北极圈的海域,是欧洲第二大岛国。冰岛没有煤炭、石油储备，甚至没有树木；气候恶劣，变化无常，冬季几乎不见天日，大部分地方寸草不生、人烟稀少。冰岛的能源主要是水利资源和地热资源。但正是这样一个国家，充分利用大自然所赋予的清洁新能源，成为全世界最干净的国家。20世纪70年代，冰岛进口煤炭占能源使用量的75%；而2007年，82%的能源来自地热及水力发电，原油仅占需求量的16%，并且仅被用来为汽车及捕鱼船提供动力，成为“全球最适合居住的国家”。

冰岛的目标是：到2050年成为一个不使用碳和石油等化石能源的国家。

丰富的水能

冰岛的年均降雨量为2000毫米，年平均地表水流量1600毫米。冰岛人均拥有水量是欧洲人均水量的600倍。从理论上说，冰岛水利资源年发电量为187亿度；每年实际可发电潜力为30亿度。2000年，冰岛的水力发电设施的发电量已达到6.1亿度，目前已建成水力发电站6座，其中年发电量在2亿度以上的1座，1～2亿度的2座，5000～9900万度的2座，2500～4900万度的1座。今后计划修建的水力发电站6座，其中年发电量在2亿度以上的3座，1万～2亿度的1座，5000～9900万度的2座。

在建中的冰岛卡拉纽卡水电站大坝

潜力巨大的地能

岛内冰川与火山并存，地震与地热孪生，全岛11.5%的土地为冰川所覆盖，岛内有火山200多座，其中活火山30余座，仅历史上有记载的火山喷发就有150多次，火山地形地貌比比皆是。在从西南向东北斜穿全岛的火山带上，分布着26个温度达到250℃的高温蒸气田、约250个温度不超过150℃的低温地热田。据勘探，冰岛全国共有800多处热田，是世界上热田最多的国家之一。热田有高温和低温之分。高温热田分布在新火山活动带，其地下热能温度为200~300℃，适合于发电和其他工业用途，现仅开发不到10%。低温热田遍及全国，温度在100摄氏度之下，适合于房屋取暖、温室种植和养鱼等，已被普遍开发。

Nesjavellir 地热站鸟瞰

冰岛政府提供的数据显示，到2005年时，地热已保证了冰岛55%的能源供应。

冰岛的首都雷克雅未克人口15万，是世界上惟一完全靠地热提供热能的都市。由6个巨大的圆柱型组成的储热塔，自1928年开始以地热转换供给建筑物热能，每一个圆柱体容量400万升，标志着这个城市在能源经济上的成果。

地热电厂

冰岛还建立了4座地热电站，包括发电功率为6万千瓦的卡拉夫拉(Krafla)地热电站，0.3万千瓦的比加拉夫莱格(Bjarnarflag)地热电站，6万千瓦的奈斯亚威里尔(Nesjavellir)地热电站和1.7万千瓦的斯瓦辛基(Svartsengi)地热电站。这些电站目前都有扩建的计划。冰岛的能源公司计划在今后的10~15年间，再兴建12座水力和地热发电站，以满足日益增长的能源需求。目前，为满足东部新建铝厂的用电，冰岛能源公司已经在东部开工兴建新的水电站。

优先发展氢能

所有冰岛电力生产完全是无碳的。早在1998年，冰岛政府就制订了明确的氢能经济政策，首先实现用可再生能源取代交通和捕鱼船队的化石燃料。政府氢能政策的目标是利用好国内可再生能源，包括地热和水电能，减少污染和温室气体排放。

1999年新成立的冰岛新能源协会提出了冰岛进入“氢气时代”的发展规划，准备在2015至2020年间生产使用氢气的汽车和船只，并开始全面的技术市场化。

冰岛的氢燃料都是通过电解水的方法获得。冰岛72%的电力供应来源于地热和水力发电。由于有庞大的可利用的清洁能源供应，冰岛可以直接用全国电网进行电解水生产氢燃料。这个得天独厚的条件是其他任何国家无法比拟的。此外，冰岛还成立了由汽车制造商和电力公司组成的新能源联盟，他们计划在冰岛国内建立完全使用氢燃料的系统，并能出口氢燃料。

近10年来，冰岛在氢能技术推广上花了很大力气，凭借其独到的储氢研究经验和技术，再加上地域优势和资源优势，使优先发展氢能成为冰岛长期能源发展战略的重要组成部分，决心发展成为世界上第一个氢能经济社会的国家。

冰岛在发展氢能中，政策的一个重要方面是提出冰岛作为国际氢能研究与测试平台。在注重制订路线图，税收和关税优惠政策等的同时，注重建立合适的国际氢能研究与测试平台，主要包括5个方面：商业化和研发的合适框架；加强国际合作；开展氢能研究；提供教育与培训；制订政策。冰岛通过这个平台，与世界上其他国家的科研机构与企业开展国际合作，占据世界氢能研究与应用的领先地位。

成立于1999年的冰岛大学下属的冰岛新能源公司，是冰岛政府能源利用发展政策与规划实施的开拓者，2001年3月起，该公司开始实施生态城市交通系统项目，这是冰岛第一次进行以氢为燃料的真正意义上的示范项目。首都雷克雅未克市参与了欧盟资助700万欧元的“未来和文化遗产的城市”项目，开展氢能公交车的测试与应用研究。2003年，3辆使用这种燃料的公交车投入运行。2003年 4 月，冰岛第一座加氢站在首都建成，以氢为能源的巴士随后在首都试运行，成为冰岛21世纪初能源利用的里程碑。目前，赫兹租车公司租出了3/10的丰田普瑞斯汽车来经营氢气加油站，该城市即使是用来观测鲸鱼的船只都习惯了烧氢气。但是，冰岛并不是坐等大规模氢气发动机的生产，冰岛已经与日本合作，使其成为欧洲第一个使用三菱公司的环保电动车iMiEV的国家。除了已经存在的高效的驱动电动汽车的能源基础设施，冰岛政府也宣布，在全国建立“多燃料”发电站网络的计划，该计划除了提供传统的燃料外，还会供应氢气和甲烷，同时重新布置或优化其电动汽车设施。继建立世界首座商用加氢站后，冰岛又推出氢动力汽车租赁业务，世界首艘氢动力商用船 “埃尔丁”号客轮2008年在雷克雅未克附近航行。“埃尔丁”号的成功改造，标志着冰岛正努力成为世界第一个不使用化石燃料的国家。计划在2050年之前，把整个国家交通系统的动力完全改造成氢动力系统，全部取代石化燃料。

最大的地热发电站和热水站，3台涡轮机组总装机容量为9万千瓦，热水量每秒1100升

美国低碳经济

美国是导致气候变化加快的头号大国，其全球温室气体排放量和人均温室气体排放量都居全球第一。美国作为最大的能源消费经济体，仅2008年就消费了超过245亿美元的电力和燃料，以不到全球5%的总人口，却排放出了占全球总量35%以上的CO_2，相当于整个第三世界排放量的总和；以人均CO_2排放量计算，美国为5.6吨，是世界人均的5倍多。2007年美国排放温室气体总量达72.8亿吨，比上年增加1.4%，再创历史新高。如果美国不改变其温室气体排放政策，那么其温室气体排放量到2020年将超过83亿吨，比2000年的70亿吨将上涨19%。制冷和采暖需求的增加、水力发电利用效率的低下以及燃煤和燃气火力发电的增加、汽车废气排放量不达标，成为美国温室气体排放量增加的主要原因。

20世纪两次能源危机给美国经济带来沉重的打击，同时也大大促进了绿色能源产业的发展。从20世纪70年代开始，以可再生能源为原料的能源已逐渐替代常规火力发电，在美国电力产业中占据了一定的地位。美国政府、美国联邦能源管理委员会、各州公共事业委员会制定的一系列产业政策，提供研发经费、示范补贴、减免税款、贷款等方式，激励发电企业利用风能、太阳能、地热等设备生产绿色电力。

政策法规推动与奥巴马的“能源新政”

21世纪以来，美国为了减少温室气体而相继出台的一系列促进生物质能产业发展的相关政策法规：一是2000年美国通过了《生物质研究法》，据此设立了生物质研究开发计划和生物质研究开发部和生物质研究开发技术顾问委员会。二是2002年布什总统签署了《美国农业法令》，鼓励联邦政府通过采购、直接投入资金和对可再生能源项目给予贷款等方式支持生物质能企业的发展。2002年12月又出台了生物质技术路线图，不仅提出了美国生物质的研发计划，而且还提出了促进生物质利用的政策措施，是美国生物质计划的具体实施方案。三是2004年《美国创造就业法案》对生物柴油给予税收鼓励并对燃料酒精扩大了课税扣除的范围。四是2005年8月布什新签署的《国家能源政策法案》中制订了可再生燃料标准，RFS明确指出必须在汽油中加入特定数目可再生燃料且每年将递增。美国可再生燃料消费量将从2006年40亿加仑/年（占汽油总量约2.8%）增加到2012年75亿加仑/年（2300万吨）。按照要求，美国近50%的汽油将需要调和乙醇，典型调入量为10%。

2005年，美国政府推出了《能源政策法案》，除大力鼓励个人节能、联邦政府将拿出13亿美元鼓励民众使用零污染的太阳能外，还对私人住宅更新取暖、空调等家庭大型耗能设施由政府提供税收减免优惠，其他如更换窗户、室内温度调控器以及维修室内制冷、制热等设施，民众也可获得全部开销10%的税收减免。

2007年，美国至少有7项涉及应对气候变化的法案在国会讨论，当年7月由参议院提出的《低碳经济法案》明确以低碳经济为目标，突出促进零碳和低碳能源技术的开发与应用，并且通过制度安排为其提供经济激励机制。虽然美国有关应对气候变化的立法过程仍然面临诸多挑战，但走发展低碳技术与低碳经济之路并以此实施国家发展战略转型，已经得到了美国政府众多高层人士的重视。

2008年1月28日，美国时任总统布什在其任期内的最后一次国情咨文中再次强调了在清洁能源方面科学技术创新的重要作用。美国将推动在新一代清洁能源技术方面的研发与创新，尤其是将会提供资金开发燃煤发电的碳捕获与埋存技术，并鼓励可再生能源、核能以及先进的电池技术的应用，通过减少对于石油的依赖来确保国家的能源安全和经济发展。

近年来，美国对可再生能源的开发力度不断加大，也取得了不错的效果。截至2008年底，美国风电装机总容量已达2517万千瓦，成功超越德国的2390万千瓦，跃居世界首位。2008年美国新增风电装机容量达835.8万千瓦，也位列全球第一。

奥巴马的“能源新政”。美国作为世界最大的发达国家，几百年的经济发展所排放的温室气体对全球气候变暖有着无可推卸的责任。可在CO_2温室气体的减排方面，当各国为响应联合国气候组织的号召主动采取措施承担减排责任时，2001年布什政府上台后，却以阻碍经济发展为由，宣布退出克林顿政府签署的《京都议定书》，以致其CO_2排放不降反升。

美国加州沙漠风力发电风车阵

2008年美国新当选总统奥巴马执政后，希望通过发展和利用新能源，使美国摆脱对海外石油的过度依赖；掌控能源和环境问题的主动权，创造新的经济增长点和就业机会，重塑美国国家形象。从而，美国政府把能源和环境问题放在如此优先的位置，推出了3000 亿美元的减排计划。奥巴马的“能源新政”顺应了国际社会应对环境和气候变化的潮流，有助于推动全球范围内的环保合作。

2009年 2 月15日，美国出台了《美国复苏与再投资法案》，投资总额达到7870亿美元。《美国复苏与再投资法案》将发展新能源作为重要内容，包括发展高效电池、智能电网、碳储存和碳捕获、可再生能源（如风能和太阳能）等。在节能方面最主要的是汽车节能。此外，应对气候变暖，美国力求通过一系列节能环保措施大力发展低碳经济。

2009年 2 月25日，美国白宫发布了一份奥巴马总统论述“美国经济恢复和再投资计划”的报告。奥巴马提出，为了加速推进清洁能源经济，美国在未来3年内将把风能、太阳能和生物燃料等可再生能源的生产能力再提高1倍，将开始建造新的长达4800公里的传输电网，以方便传输这种新的能源。

2月26日，奥巴马公布预算草案，风能、太阳能、生物燃料以及清洁煤技术等每年将从中获得150亿美元的投资。奥巴马在预算报告中誓言，为最终创立清洁能源经济，将在未来三年进行投资以使美国可再生能源产能翻番。奥巴马还呼吁国会进行相关立法，以建立二氧化碳排放权交易机制。

美国政府将加大美国国内对发展低碳经济的补贴和投资，并将每年出资数百亿美元，帮助发展中国家获得清洁能源和适应气候变化。2010美国财政预算主要侧重于开发新一代低温室气体排放的可再生和替代能源。2010财年预算仅略低于2009年的2,64亿美元预算，且在经济刺激方案中对美国能源部390亿美元的直接开支之外。2009年5月,美国能源部部长朱棣文在国家煤炭委员会会议上宣布，从美国复苏和在投资法案中拨款24亿美元，资助扩大和加快二氧化碳捕获和封存（CCS）商业性技术开发。这笔资助资金是奥巴马政府为减少气候变化的主要温室气体（二氧化碳）排放量和增加新就业机会计划的一部分。资助资金主要用于清洁煤电计划、产业化碳捕获和封存、Ramgen改造（工业化测试现有的先进的二氧化碳压缩项目）、资助以藻类为基础的碳排放量减少项目和扩大其与煤炭为基础的气化系统的测试、地质封存地点特性：通过竞争招标方式，在全美范围内选择和确定至少10个具有不同地质特性地层地点、地质封存训练和研究。同月，美国电力协会（AEP）将其2011年的可再生能源发电量从原来的1000MW翻番至2000MW。这也预示着使美国的可再生能源配额到2011年将超过2600MW。AEP自2007年已把风能发电量增加了903MW，同时保留其初期的目标发电量为1000MW。

南加州爱迪生电力公司的工人们正在面积达14英亩的仓库屋顶上铺设3.3万块轻型太阳能光电池板，将为1300户家庭供电。此前，加州政府颁布条款要求到2010年由可再生能源提供的电力要达到全州总电量的20%

2009年6月27日，《美国清洁能源安全法案》在美国众议院获得通过。这一份里程碑式的法案主要包含了降低美国温室气体排放和减少美国对外国石油依赖的主题。具体规定温室气体排放量必须从2005年的标准降低17%，到了2050年的时候降低83%。

《法案》体现了美国“能源新政”：一是对美国汽车行业的油耗标准做出了更为严格的规定，以降低石油的消费量。到2020年美国汽车平均油耗必须降低40％，达到每加仑35英里。为购买清洁能源汽车者减税，到2015年，使100万辆美国产混合燃料车上路。二是建立“全国低碳燃料标准”，开发和使用“清洁碳技术”，发展生物燃料等替代能源将成为美国“国策”，到2012年确保10%的电力来自可再生资源，到2025年该比例达到25%。三是大力提高能源使用效率，并制定更严格的能效标准。比如，美国联邦政府机构和商业建筑必须降低建筑能耗，推广节能产品，逐步淘汰白炽灯等。《法案》还首次引入了温室气体排放权交易机制，设立排放配额交易制度，污染大户可以掏钱购买排放指标。还对传统能源向新能源转换以及提高能源利用效率等方面做出要求。《法案》要求投资1900亿美元用于新能源的开发和利用。

强力推动新能源汽车发展

发展新能源汽车不仅获得了美国政府明确支持，美国汽车厂商和一些科研机构等也都在采取相关行动，这使新能源车市场化进程明显加快。

2009年3月奥巴马在考察位于加利福尼亚州一家电动车测试中心时宣布，美国能源部将设立20亿美元的政府资助项目，用以扶持新一代电动汽车所需的电池组及其部件的研发。奥巴马4月初表示，联邦政府将购买1.76万辆包括新能源汽车在内的节能车辆。到2015年美国要有100万辆充电式混合动力车上路。

为鼓励消费，购买充电式混合动力车的车主，可以享受7500美元的税收抵扣。同时政府还投入4亿美元支持充电站等基础设施建设。驱动混合动力车行驶的电池组技术是需要突破的关键，奥巴马宣布的政府20亿美元的资助计划，主要针对的就是这一核心问题。美国能源部下属的国家实验室以及电池制造业联盟在肯塔基州设立了研发和制造中心，目标是为充电式混合动力车提供高性能的锂电池组。而汽车城底特律所在的密歇根州，正在通过税收优惠等手段，吸引电池厂商前来落户。2009年4月14日，道氏化学、韩国LG等四家电池制造商宣布了在密歇根州的投资计划，总额达17亿美元，它们也相应得到了总额5.4亿美元的税收优惠。美国三大汽车制造商也在开发各自的新能源汽车产品。其中，通用汽车公司生产的充电式混合动力车Volt有望于2010年晚些时候上市。

2009年6月，奥巴马政府又公布了一个美国历史上最为严格的汽车节能减排计划，决意促使汽车业向节能环保型转变。新法规要求美国小型汽车和轻型卡车到2016年的平均能耗达到每加仑汽油行驶35.5英里(即每100公里耗油约8升)以内，二氧化碳排放量也比现有车辆平均减少三分之一。这项计划将在2012年开始实施,此后汽车节能标准平均每年提高5%以上,2016年实现预定目标。奥巴马表示,这项计划将使美国在2012年至2016年间减少使用原油18亿桶,降低美国对外国石油的依赖,美国的温室气体排放量也将减少9亿吨。

持续发展可再生能源

目前美国的可再生能源发电能力，只占美国总发电量的8％，其中70％来自于水力发电。而每年的风能发电总量为168亿瓦，只占整体电力需求的1％。与其他发达国家相比，美国在再生能源方面有技术和物力人力方面的优势。

美国是最早制定可再生能源发电法规的国家之一。1978年通过的公共电力管制政策法，为风电的市场需求提供了法律保障。

20世纪80年代早期，美国对风电项目实行投资补贴政策，当时联邦与州政府的投资补贴加起来大约可以达到总投资的50%~55%。在公共电力管制政策法规定的“可避免成本”购电合同联合作用下，启动了一批风电项目。1992年，美国通过能源政策法取消了联邦政府对风电的投资补贴，转而对风电进行生产补贴。最近几年，美国一些州实行一种新的可再生能源发电强制市场政策——可再生能源配额制。这一制度要求实施地区的电力消费中必须有规定比例的可再生能源电力，由电力供应公司承担这个义务。没有完成义务的公司可以向超额完成义务的公司购买，通过转让的方式来完成义务，称之为义务交易。“绿色证书”规定一个证书代表一定量的可再生能源电量，通过绿色证书交易市场形成绿色证书的价格。可再生能源发电公司的收入除了销售物理意义上的电力所得，通过在绿色证书市场上出售证书获得另一部分收入。再就是税收优惠。美国实行的可再生能源（包括风电）生产税收优惠表现为价格补贴的形式，其本意是对可再生能源税收的返还。

一、风能

美国是世界上风力机安装容量最大的国家之一。美国风力机主要安装在加州和夏威夷、德州、华盛顿州和阿拉斯加州。美国于1994年4月成立了由工业、电力、环保、州政府、美国风能协会和电力研究所组成的国家风能协调委员会，帮助解决风能开发利用过程中遇到的难题，同时为电力部门提供风力资源评估技术。此外，美国能源部还成立了一个世界级的美国风能技术中心。美国能源部为了建立风能产业，并使美国本国的风能公司在国内外能源市场上具有竞争力，制定了风力机发展计划。美国有200家公司参与一项由政府牵头的研制适用于家庭的风能发电设备的合作计划。

自2000年以来，风力发电已从试验阶段跨入到大规模生产阶段，成为美国增长最快的发电方式，风力发电能力提高了一倍以上。2006年美国新安装的风力发电机总发电功率领先世界。通过能源部资助，在风力资源丰富的地区，风力发电成本自1982年以来下降了20倍，已低于天然气等常规发电的价格。2008年，美国新建8.35GW的风力发电产能，高达原来产能的50%，风力发电量猛增40%以上，风力发电规模达到25300MW，占全球风力发电的五分之一，并已超越德国的23.9GW，成为世界风力发电的首强。意味着美国将在2009年产生电量730亿度，足够为大约7百万户美国家庭供电。

2009年5月，美国能源部宣布，计划从复苏和再投资法案中提供9300万美元，支持风力发电的开发。资金将会支持这些工程，利用DOE国家实验室、大学、私人机构帮助提高风能产业的可靠性，并克服关键技术上的挑战。这些项目将会创造绿色行业就业机会，促进经济恢复，并提供必要的投资来增加可再生能源发电量。

目前，一种英国爱丁堡可再生装备公司与美国密歇根州凯斯卡德工程公司合作，推出一种市场看好的安装在居民屋顶上最大噪音仅35分贝的风力涡轮机。当风速达到每小时30英里或以上时，它将产生1.5千瓦的电力，足以运行15支100瓦的灯泡。

在风力发电的装机功率容量方面，美国德克萨斯州为7118MW，爱荷华州的风力发电规模已经达到2791MW，加州是2517MW。风力发电占爱荷华州混合发电的7.48%。

二、太阳能

近年来美国太阳能产业的快速发展，主要得益于政府的大力支持。首先，在小布什时代，已批准的8年退税优惠政策为美国的光伏产业发展开了个好头，另外，新任总统奥巴马一上任便颁布了可再生能源计划，政府大力支持新能源产业的倾向可见一斑。而以加利福利亚等州为代表的美国地方政府用税收以及优惠贷款等手段鼓励可再生能源。其次，和欧洲市场相比较，由于发达的市场竞争机制，美国市场拥有太阳能电池组件的价格低廉的优势。虽然受年底金融危机的严重影响，2008年美国太阳能产业仍增长约9%。

进入2009年，美国政府支持太阳能产业的力度仍在加大。此前已从总额为7870亿美元的经济刺激计划中拨款4.67亿美元，用于促进太阳能和地热能的开发和使用。而为帮助太阳能产业有关企业渡过难关，2009年3月美国能源部为其提供5.35亿美元的贷款担保。如果美国经济恢复良好，2009年美国光伏市场增长有望达100%，总容量也将达到500兆瓦，有望成为2009年全球光伏市场的主力增长点。

美国将在加利福尼亚州兴建两座太阳能电厂，与目前最大的同类太阳能电厂相比，两座新电厂合计生产电力将超过现在的12倍。两座新电厂太阳能电池板将覆盖12.5平方英里的土地。在阳光灿烂的中午，电厂将会产生800兆瓦的电力，几乎与一座大型燃煤电厂或小型核电厂的规模相当。1兆瓦电力足以运转一家大型沃尔玛商场

到2020年太阳能可望满足美国能源需求的15%。估算表明，到2020年美国将可为88万多人创造新的太阳能工作岗位，可减少总的能源排放10%（每年近6亿吨当量CO_2排放）。

三、生物质能

美国有丰富的生物质资源，其中生物质能源是美国第二广泛利用的可再生能源。美国西部有3.97亿英亩的林地（其中国有林地7300万英亩）急待处理，临近国有林大约有3800个林火高危社区。美国西部的15个州有2800万英亩可进入的林地可因清除过度蓄积而得益于减少火灾危险，并获得3.45亿ODT的生物质。如果扩大到所有可处

理林地，可获得生物质6.17亿ODT。美国西部森林生物质发电的潜在能力估计有2230MW。现在考虑到2015年开发30GW清洁和多样化能源，其一半来自生物质。

美国能源部早在1991年就提出了生物质发电计划，而美国能源部的区域生物质能源计划的第一个试验区域早在1979年就已开始。如今，在美国利用生物质发电已经成为大量工业生产用电的选择，这种巨大的电力生产被美国用于现存配电系统的基本发电量。目前美国有350多座生物质发电站，主要分布在纸浆、纸产品加工厂和其他林产品加工厂。美国能源部还提出了逐步提高绿色电力的发展计划，预计到2010年，美国将新增约1100万千瓦的生物质发电装机。

总体而言，美国在开发利用生物质能方面处于世界领先地位。一是生物质发电。美国从1979年就开始采用生物质燃料直接燃烧发电，生物质能发电总装机容量超过10000MW，单机容量达10～25MW。据报道，目前美国有350多座生物质发电站，主要分布在纸浆、纸产品加工厂和其他林产品加工厂，这些工厂大都位于郊区，提供了大约6.6万个工作岗位。美国能源部又提出了逐步提高绿色电力的发展计划，预计到2010年，美国将新增约1100 万千瓦的生物质发电装机。二是燃料乙醇。目前美国是仅次于巴西的燃料乙醇大国，美国的乙醇产量自2001年以来已翻了一番。2007年乙醇的产量是64亿加仑，比2000年增加了4倍。美国共有120个左右的乙醇生产厂，生产能力为1600万吨。另有76个厂和300个厂分别处在建设之中和筹划之中。2009年，乙醇生产能力达到3490万吨左右。如果在建和筹划中的厂家全部投入生产，乙醇生产能力将达9800万吨。三是生物柴油。美国于20世纪90年代初开始商业性生产生物柴油。截至2007年底，美国现有生物柴油生产企业171家，生物柴油产量4.5亿加仑，比2006年提高80%。如果在建和计划之中的厂家投入生产，生物柴油生产能力预计将达890万吨。根据美国国家生物柴油委员会的计划，到2015年，生物柴油产量将占全国运输柴油消费总量的5%，达到610万吨。

近年来联邦政府实施了促进生物质利用的计划。目前美国有20个州和哥伦比亚特区制订了可再生能源利用的标准。一般都要求到2020年，总用电量的30%来自可再生能源。

2009年6月，美国国会通过的《能源独立和安全法案》规定，至2022年，美国年产可再生燃料将达到360亿加仑，这将是现有乙醇燃料产量的5倍，且其中大部分将是高级生物燃料。生物燃料的使用将取代现有20%的汽车燃料，以减少美国对石油进口的依赖。

美国还相应提出了所谓的“2525”和“3030”的生物质能源发展规划，即到2025年，美国25%的汽油将用生物乙醇代替，到2030年，30%的汽油将用生物乙醇代替。

生物燃料产业已经成为美国新的经济增长点。这一新产业对美国的GDP贡献了177亿美元，创造了15万个就业机会，为美国家庭增加收入57亿美元。

四、氢能

2001年 5 月17日出台的《国家能源政策》，大胆提出了发展氢能、在未来彻底摆脱对进口能源依赖的构想，同年11月形成了题为《美国向氢经济过渡的2030年远景展望》的报告。2002年11月出台了《国家氢能发展路线图》。2003年1月28日布什总统国情咨文讲话中正式提出实施《国家氢燃料研究计划》，为发展氢经济提供技术支撑。

2004年 2 月，美国能源部出台了《氢能技术研究、开发与示范行动计划》。该计划阐述了美国能源安全所面临的挑战及发展氢经济的必要性和紧迫性，制定了发展氢经济的步骤和向氢经济过渡的时间表，确定了在发展氢经济的初始阶段即技术研发阶段的技术研究、开发与示范的具体内容和目标，以及相关后续行动等。该计划的出台是美国推动氢经济发展的又一重大举措，标志着美国发展氢经济已从政策评估、制定阶段进入到了系统化实施阶段。

美国大陆航空公司一架波音飞机首次以取自藻类等植物的燃料作为飞机燃料试飞。经测试后发现，海藻等生物燃料达到并超过了喷气燃料的合格标准，而且其燃烧点和凝固点完全适用于飞行

附:

《美国清洁能源与安全法案(ACES)》简介

《美国清洁能源和安全法案》共分为四大部分:清洁能源,提高能效,减少温室气体排放,迈向清洁能源型经济。

第一部分 清洁能源

可再生能源标准:草案要求到2025年,电力公司出售的电中有25%要来自于可再生资源。

广泛的覆盖面:议案涵盖了所有年售电量在100万兆瓦时以上的零售电力服务提供商(无论是投资者所有的,还是城乡合营的)。

守法灵活性:允许电力公司通过购买、出售和交易联邦可再生能源配额(REC)。

为分销的资源提供额外的配额:分销可再生能源,如太阳能光伏电池发的电,可以获得三倍的可再生能源配额。

保护和尊重各州的可再生能源份额制标准,即 RPS(Renewable Portfolio Standard):提案规定联邦的可再生能源标准不会干预各州的RPS和有关的政策。

重要的土地和栖息地保护:某些资源如原始森林和成熟林都排除在开发范围之外,以保护重要的土地和栖息地。

州长申请减免:如果在草案第二部分建立的能效资源标准(EERS)下,一州范围内所有的电力公司都在当年符合规范,那么该州州长可以请求降低对一个电力公司在任何特定的一年里最多20%的可再生能源标准要求。

碳捕捉和封存:草案根据气候行动合作伙伴的建议拟建立一个综合的项目,保证新的燃煤电厂均采用碳捕获和封存(CCS)技术削减温室气体排放。

CCS安全规章及其示范:美国环保署将公布CCS实施规章,以保护公共健康与环境,防止向大气中释放地下藏储物质。美国能源部和联邦能源监管委员会将研究二氧化碳管道的需求和障碍。一家碳封存研究公司负责研发新的CCS技术并开展一些早期的示范项目,他们的资金来源是对现有的依靠化石能源的发电企业征收二氧化碳传输管道的使用费。

针对CCS应用的激励措施:拟建立一个长达十年的项目,从中获得10亿美元的收入用来资助一些旨在示范和大规模应用CCS技术的早期工程。根据二氧化碳捕获吨数支付费用,为最早的工程和捕获率高的工程增加报酬。

燃煤电厂标准:在2015年后获得许可的新燃煤电厂每兆瓦时的二氧化碳排放必须少于1100磅,在2020年后获得许可的必须少于800磅。在2009年至2015年获得许可的电厂如果CCS运行能力已达到某些标准,必须在工厂运行前四年内符合1100磅限制的要求。

清洁燃料和汽车:草案建议利用一系列激励措施和标准鼓励清洁燃料汽车的发展,降低美国对石油的依赖,加强能源安全,减缓全球变暖。

低碳燃料标准:草案建议在2022年之前逐步提高可再生燃料标准,淘汰污染燃料的使用,之后逐步使用低碳燃料标准(LCFS),在2023年前降低5%的交通燃料生命周期排放密度,到2030年降低10%。

部署可外接充电型电动车:草案要求电力公共事业公司为电动车基础设施进行规划,包括充电站和电池置换。要求能源部选择部分地区开展大规模可外接充电型混合动力汽车项目。为美国国内生产可外接充电型汽车提供财政支持,支持组装厂更换机械设备和国内电池生产。

轿车标准:草案要求总统利用现有法律法规所赋予的权力,制定实用的轻型汽车性能标准,使之与美国国家公路安全局(NHTSA)设置的燃油经济性标准和美国环保总署(EPA)和加州设置的温室气体排放标准一致。这些标准要求达到的排放水平至少要与加州的标准一样,并保留加州设置未来标准的权力。要求EPA设置重型汽车、海洋船舶、机车等运输设备的温室气体标准。草案授权EPA的"智能道路"(Smart Way)项目改善客运和货运交通。

州能源与环境部署基金(SEED):草案建议创建一个基金,管理联邦政府给予各州的清洁能源、能效和气候变化的财政援助,包括对抗恶劣天气灾害的援助拨款、州能源项目基金和恢复重建议案基金。

智能电网和电力传输：草案鼓励应用智能电网，采取措施减少高峰负荷。开发能够与智能电网互动的家用电器。要求联邦能源监管委员会改革区域规划，实现电网现代化，为传输源自可再生能源的电提供新的传输线。传输需求评估过程必须考虑需求和供应双向的选择。

联邦可再生能源采购：草案授权联邦机构签署长达30年的可再生能源采购合同。

第二部分 能源效率

建筑节能：草案呼吁，新一版的节能标准应规定，新建的公共建筑和住宅建筑能效必须提高30%，2016年之后提高50%。如上述标准的制定机构未能照此制定，则应授权能源部长调整不符合要求的规范。各州必须在一年之内采用规范，并证明其符合规范，才能获得基金。草案允许各州实施全国统一的住宅和公共建筑的节能改造项目，项目规则由美国环保总署（EPA）制定，资金由美国能源部（DOE）负责。两个项目都是以绩效为基础，也就是说节能越多，奖励越多。建立退费项目，购买并拆除部分1976年以前建造的房屋，建造符合“能源之星”建筑能效标准的房屋取而代之。草案还建议创建一个建筑能效等级的认证评估及标识项目。

照明和家用电器：草案建议建立室外照明和可携带灯具、饮水机、食品保温柜和水疗行业的能效标准。对美国能源部电器能效标准设置流程进行大规模改进，提高监管产品的未来标准。草案建立了一个“同级别内最佳”的家用电器入户项目，给零售商提供激励政策，为节能表现最为突出的家用电器制造商建立一个奖励（“金萝卜”）项目。此外还加入了提早报废低能效产品的奖金。

交通节能：草案改变了交通规划和投资的方向，要求各地区设定温室气体减排目标，每四年修改一次；投资公共交通、技术和其他措施以减少排放；在网络上公布地区规划；授权一个竞争性奖金项目，奖励实施减排规划的地区。

节能资源标准：草案要求天然气行业和电力行业到2020年完成分别相当于销售量10%和15%的节能效果。合格的节能方向包括：减少终端客户费用，增加配电效率，热电联产获得的节能效果，遵守节能规范和标准获得的节能效果。

工业节能：草案授权美国能源部奖励创新性能量回收方法，如高效电机、热电联产、工艺工程等。奖励金额可以相当于工厂预计能在运行的第一个五年内回收或者生产的能量价值的四分之一。

第三部分 减少温室气体排放

广泛经济层面的减排目标：草案对二氧化碳和其他指定的能够聚集热量的污染物设定了严格的排放限制。减排目标是以气候行动合作伙伴的建议为基础的。相对于2005年的排放水平，到2012年削减3%，到2020年、2030年和2050年分别削减17%、42%和83%。

辅助性减排：通过签订国际协议，减缓热带雨林砍伐（这导致了占全球五分之一的碳排放）速度实现进一步减排。采用相关标准设置森林砍伐下降率作为辅助性减排的底线。截至2020年，年度辅助性减排水平应该相当于美国2005年排放水平的10%。

科学审查：国家科学研究院受命，采用现有最先进的科学手段，定期审查减排目标；总统将会据此向国会建议进行哪些项目改进。

对监管下的污染源实施严格的污染限制：占美国碳排放总量85%的污染源都被设置了排放上限。发电企业、炼油厂和进口商从2012年开始，主要工业排放工厂从2014年开始，天然气地方分销商从2016年开始都将被纳入这个限制规定中，

成本控制：草案包括了以下成本控制的规定，大多数规定来自气候行动合作伙伴的建议。

（1）排放权交易和储备——在酸雨等项目中开发的一种行之有效的成本控制工具。

（2）排放抵消——国内外的自愿减排量，可用来交易并抵消美国国内限制体系下的碳排，并帮助进一步实现成本控制。抵消量可以达到每年20亿吨。草案尽力保证排放抵消的质量，既能推动环保进展也能降低减排成本。

建立抵消评估标准顾问理事会，确保减排的真实性和可实施性，并确保该减排项目确实是利用排放抵消资金开展，而非原本就计划实施的。

要求与其他国家签订有效协议，保证国际抵消排放的质量。

在使用抵消手段时，公司每抵消1吨受排放限制的污染源的排放，必须要交纳1.25吨的排放配额购买费。

（3）战略储备——建立排放配额储备应对潜在的碳价格上涨。如果配额价格比美国环保总署早些年预测的价值翻了一番，或者在项目运行三年后比历史价格翻了一番，将拍卖战略储备中的配额。可提取2012～2019年1%的配额资金用于战略储备的资金，2020至2029年提取2%，此后提取3%。每年的具体提取数额会受到限制。此外还应提供用国际减排抵消来补充战略储备的方式。

（4）碳市场监管——草案要求联邦能源监管委员会负责防止操纵市场行为。重点要求包括限制任何被要求减排的公司持有超过其上年排放110%以上的配额，限制任何人持有任何一年发放的10%以上的配额，或者持有任何一次拍卖中卖掉的20%以上的配额。对于其金融衍生品也有类似限制。

配额支配：草案建议创建一个分配配额的框架，即部分通过分销，部分通过拍卖。然而，如开头所述，细节问题都留给能源与商业委员会以后在内部讨论。

额外的温室气体标准：草案规定利用现有《清洁大气法》赋予美国环保总署的权力，为强制性减排规定覆盖范围之外的排放源类别设置新污染源效能标准（NSPS）。这些标准将规定使用最佳示范技术减少排放。美国环保总署有权决定纳入哪种污染源，保证整个项目覆盖工业污染源达95%的导致热量聚集的气体的排放。

氢氟碳化物（HFC）：在现有《清洁大气法》第六章为氢氟碳化物设置单独的限制，加快减排进程，细化分销和拍卖系统。

碳黑：草案建立削减国内外碳黑排放的项目。

州政府权力：总的来说，草案极力保护州政府的权力，允许他们建立比联邦要求更严格的清洁能源、节能和温室气体控制体系。但是，一个例外是在2012到2017年这6年间，州政府暂无权启用州一级的总量控制和交易项目。

第四部分　迈向清洁能源型经济

这部分草案建议给一部分项目授权，这些项目有可能在将来根据委员会的谈判情况，获得源自配额分销和拍卖收入的资助。

保留国内竞争能力：草案采纳Inslee-Doyle建议，给那些面临激烈国际竞争、生产基础性大宗产品的某些能源密集型制造企业提供过渡性退费。目的是要防止这些企业把生产、工作机会和排放转移到没有碳减排项目国家。退费涵盖直接和间接排放，退费数额的计算基于一个工业基准排放率和某工厂具体的产出数据。

国际储备配额：这又是一条应对国际竞争的内容。总统将在2017年之前向国会报告”Inslee-Doyle”计划对特定的能源密集型工业的影响。如果在这些工业内发现消极影响，那么从2019年起，美国进口竞争对手产品的进口商，必须购买特殊配额，来抵消与他们进口有关的排放。从占世界温室气体排放比例不到0.5%的国家和最不发达国家进口的产品无需购买特殊配额。

绿色就业机会：草案建议创立一个工人培训、教育和职业转型项目，支持绿色就业机会和新能源经济的发展。

出口清洁技术：草案授权向发展中国家援助清洁技术，援助的对象主要是那些通过应用低碳或零碳技术就能实现大幅降低温室气体排放量的项目。只有批准了一项国际公约，开始进行大幅温室气体减排的发展中国家才有资格参与此计划。这需要在财政部建立一个国际清洁技术基金。

国内的气候变化应对措施：草案要求美国国家海洋和大气管理局(NOAA)进行一次全国范围的气候变化脆弱性评价，评估气候变化对各地区人类健康、自然资源和基础设施的影响。立法将规定给州一级、地方和零散的社区项目提供资金，帮助各社区适应气候变化。要求联邦有关部门针对其管辖范围内的自然资源，制定实施应对性的规划。

国际的气候变化应对行动：草案建议在美国国际开发总署（USAID）内设立国际气候变化适应性项目，帮助受气候变化影响最大的发展中国家适应气候变化。草案确认了合格的活动和项目，包括促进可再生能源和节能技术、发展国家和地区适应性规划；以及保护和修复自然生态系统。规定社区通过协商、信息公开和公众参与的方法加入到行动中来。

巴西低碳经济

巴西是世界上排放二氧化碳最多国家之一。1990年排放量为79,400万公吨，1994年则增加到103,000万公吨，2006年114,100万公吨，在全球排名第5。面对电力短缺的严峻形势和执行《京都议定书》规定的温室气体减排任务，巴西近年来加快发展清洁能源，节能减排，推进低碳经济的发展，并取得明显成效。

走在世界前列的地上植物“石油”

巴西大规模鼓励发展和使用可再生能源。2005~2006年可再生能源的生产能力增长了717%。到2008年，巴西9万MW电力能力中增加了3300MW可再生电力项目。新增能力将包括风能、生物质能和小型水力发电。政府规划在20年内使上述三种可再生能源必须达到占电力消费的10%。

便宜又干净的乙醇、生物柴油等生物燃料被普遍认为是新型能源，在这一领域，巴西已经走在了世界的前列。1975年，巴西开始实施国家乙醇计划。通过补贴、设置配额、统购燃料乙醇以及运用价格和行政干预等手段鼓励民众使用燃料乙醇。随着各国对乙醇燃料兴趣的日益高涨，巴西政府已经制定了乙醇燃料生产计划。根据这项计划，到2013年，巴西燃料乙醇的年产量将扩大到350亿升，为目前年产量170亿升的两倍以上，其中大约100亿升将用于出口，成为世界最大的乙醇出口国。

在巴西，不少汽车既可以使用汽油、也可以使用从甘蔗中提炼出的替代型燃料——乙醇。乙醇已经替代了全国汽油消费量的40%以上，成为帮助巴西实现能源进出口平衡的重要基石

政府为甘蔗种植提供补贴，在大中城市强制加油站提供乙醇，并积极研发以乙醇为燃料的车辆发动机。由于巴西在生物燃料领域有着相当的发展，从甘蔗中提取的乙醇早就成为了一种被普遍应用的燃料。乙醇燃料以其废气排放低(其二氧化碳排放量比化石燃料低90%)、价格低廉、原料丰富且可再生等优势，像一颗璀璨的明珠，深受巴西人的青睐。

纯乙醇燃料的动力仅为汽油的3／4，但价格却比普通汽油低了30%。在巴西，公交车、垃圾车等公共服务的车辆更是以乙醇作为燃料。到20世纪80年代初，巴西国内销售的车辆有85%都使用乙醇燃料。日系车商中，本田和丰田都已在巴西推出了这种汽车，三菱向巴西市场推出既能完全使用乙醇燃料，又能完全使用汽油，同时还可使用混合燃料的汽车。

TAC Stark 巴西产乙醇动力小型越野车

巴西的加油站一般均备有四个品种的汽油燃料供应，第一种是标准汽油，第二种是标准乙醇，第三种是掺添加剂的标准汽油(即在标准汽油中掺加一定比例的添加剂，以保持汽车油路系统清洁及减

少废气排放），第四种是保险汽油。巴西法律强制性规定，所有品种的汽油中均须掺加一定比例的乙醇，目前掺加乙醇比例为25%。因此，巴西全国的加油站几乎找不到纯正的汽油，消耗总量中乙醇汽油已占到45%以上，2008年巴西的乙醇销量已经超过了汽油。90%的轿车与轻型卡车均不同程度地使用生物燃料，全国有1550多万辆汽车使用乙醇汽油，其中300多万辆使用纯乙醇燃料。而在里约热内卢的大街小巷，除了那些极为陈旧的老爷车，几乎看不到有汽车尾巴冒黑烟的情景。

巴西石油公司建在研究中心的第二代纤维乙醇试验厂投产，该试验厂目前可从每吨蔗糖渣提炼出220升乙醇

巴西致力于研究用甘蔗来生产乙醇的先进技术。到本世纪初，生产成本也从每升0.6美元降至0.2美元。巴西国家石油公司按汽油价格的三分之二来给常规乙醇定价并销售。

但是巴西生物燃料的发展模式也有一定的特殊性。首先便是大自然对巴西的青睐。巴西共拥有8.5亿公顷的土地，其中4.44亿公顷可用于农业生产。作为巴西生物燃料的主要原料，甘蔗和大豆的种植面积仅占其可耕用地的5%。同时，由于气候条件的适宜，巴西在大部分地区都可推广种植甘蔗、大豆、油棕榈等作物。据统计，巴西每年的甘蔗播种面积达到680万公顷左右。全国有300多家甘蔗加工厂，其乙醇在2007年的产量可能突破170亿升，相当于8400万桶石油，而其出口量也将接近40亿升，成为世界上第二大乙醇燃料生产国和第一大出口国。

巴西发展蔗糖乙醇的经验表明，政府的支持是新能源发展成功的关键。巴西建立了一个由政府部门组成的执行委员会来监督可再生能源与能源效率方面的研发，其中包括科技部、矿产能源部和国家电力管理机构。这个研发计划的一个目标是增强巴西电力制造业的竞争能力。这个计划获得电力公司1%的净收入，2001年总共为2760万美元，2004年为4130万美元。

巴西另外一种重要的生物燃料则是生物柴油，主要以大豆油、棕榈油等为原料。1980年，巴西一位大学教授注册了全世界第一项关于生物柴油的专利，但直到2004年，巴西政府才正式将发展生物柴油列入日程，同时还以法律的形式规定，生物柴油在普通柴油中的添加比例在2007年达到了2%。

到2008年，巴西9万MW电力中增加了3300MW可再生电力项目，包括风能、生物质能和小型水力发电。政府规划在20年内使上述三种可再生能源必须达到占电力消费的10%。

风电：巴西又一个发展目标

乙醇计划首战告捷后，风电成为巴西的下一个目标。2003年，巴西风电的总装机容量仅为31MW。

巴西全国潜在风能资源约250兆瓦左右，主要集中在东北地区、南部沿海及里约热内卢、圣保罗和贝洛奥里藏特三座主要城市的西北部。

巴西政府主要是通过Proinfa立法（对可替代资源发电项目的鼓励计划），制定了管理风电场发展的政策，包括严格的国产化要求，规定固定电价合同，到2006年强制购买3300MW可再生能源电力，并在风电、生物质能和小水电方面进行细分。再生能源项目还有权使用优惠贷款。

从2005年1月开始，Proinfa立法要求风电场设备和服务总投资的60%必须在巴西国内采购，而只有能保证达到这些目标的公司才有资格参与投标。2007年后将增加到90%。

根据上述的Proinfa法案，国家电力公司Eletrobr á s以一个极具竞争力的价格，与风电场签定20年的购电协议。Proinfa第一批项目于2006年12月并网。

抢救亚马逊森林

巴西亚马逊雨林的过度采伐，排放的二氧化碳对世界气候产生了圈套影响。巴西绿色和平组织公共政策负责人说："巴西对遏制气候变化所能做出的最大贡献就是结束亚马逊地区的森林采伐。"2008年12月，巴西宣布了今后10年将亚马逊地区森林采伐量减少70%的计划。

这一计划将每年的采伐面积减少到60万公顷以内，这相当于目前年采伐面积的一半左右。

该计划的提出表明巴西对减少全球二氧化碳排放的承诺。亚马逊地区的森林砍伐量已在两年内下降了52%。截至2018年的10年中，亚马逊地区减少的森林采伐量将会减少二氧化碳排放48亿吨。这一数字超过所有发达国家规定的减排量。

碳信用额机制点石成金

巴西有很大的潜力发展CDM项目，目前已经通过了102个清洁发展机制项目，还有58个项目正在审批中。这些项目总共可以减少1.89亿吨二氧化碳的排放，占巴西1994年排放量的18%。1/3的CDM项目与生物质发电有关，其他的CDM项目包括从垃圾填埋场收集燃气、小型水电站以及养猪废料的利用。

随着"碳信用额"机制引起各工业化国家公司的浓厚兴趣，旨在减少温室气体排放的项目在巴西遍地开花。虽然在气候变暖《京都议定书》的框架下，巴西无需减少其温室气体的排放，但就这些方面的投资总额而言，巴西排在墨西哥和中国之前、印度之后，在发展中国家里排名第二。

在发展中国家中，巴西是第一个提出并建立碳交易（碳信用额市场）的国家。巴西的碳交易市场于2005年启动；巴西股票交易市场的官员希望，碳交易2007年初进行首次拍卖。2008年7月，为支持把REDD纳入后2012气候体制的国际对话，建立了UN-REDD项目。这是联合国环境规划署（UNEP）、联合国发展规划署（UNDP）以及联合国粮农组织（FAO）的一个联合项目。2008年8月，巴西建立了一个国际基金，为亚马逊地区减少森林砍伐提供资助，它着眼于到2021年筹措至多210亿美元的资金。第一笔1亿美元的承诺资金来自挪威。巴西的亚马逊可持续基金会（FAS）的Bolsa Floresta项目是与亚马逊当地社区一起开发的，它评估土著居民在保护森林方面的作用，并为此提供补偿。根据FAS，Bolsa Floresta项目已经向将近5000个家庭提供了每月的奖励。FAS还帮助管理Juma保护区——这是由亚马逊州政府于2006年建立的，它包括了近60万公顷的亚马逊森林的一个RED项目，在这个项目中，用于森林砍伐监测和控制的资金将通过出售碳信用额获得。Juma项目有望阻止超过36万公顷的热带森林被砍伐，并阻止了相应的2亿多吨二氧化碳的排放。

日本低碳经济

日本是一个资源贫乏的国家，同时也是对世界环境和全球气候变化进行严重破坏的国家。20世纪70年代的石油危机以来，日本一直重视能源的多样化和减少二氧化碳的排放，并在提高能源使用效率方面做出了努力，寻求一条可持续发展之路。1997年，日本作为《京都议定书》的发起和倡导国，投入巨资开发利用太阳能、风能、光能、氢能、燃料电池等替代能源和可再生能源，并积极开展潮汐能、水能、地热能等方面的研究。2008年以来，为应对气候变化和金融危机，不断出台重大政策，将重点放在发展低碳经济上，尤其是能源和环境技术开发上，希望以目前全球金融危机为契机，转变经济发展模式，占领未来经济发展制高点，誓言引领世界低碳经济革命。

作为汽车制造强国和光伏产业强国，日本在新能源技术方面侧重薄膜电池、混合电动汽车、镍氢电池、清洁燃烧等方面。

从1973年到现在，日本的新能源战略已历经30多年，通过法律上约束、税收上优惠、政策上引导、观念上宣传的战略方针，使日本在新能源领域具于领先世界地位。

不断更新的发展战略

日本于1974年制定并实施了“新能源开发计划”即“阳光计划”。该计划的核心内容是太阳能开发利用，同时也包括地热能开发、煤炭液化和气化技术、风力发电和大型风电机研制、海洋能源开发和海外清洁能源输送技术；1978年，又启动了“节能技术开发计划”即“月光计划”；1989年推出了“环境保护技术开发计划”，开展地球环境技术研究，研究的重点领域包括使用人工光合作用固定CO_2、CO_2的分离和化学物质的生物分解等技术。

1993年，日本政府把“阳光计划”、“月光计划”和“环境保护技术开发计划”有机地融为一体，推出了“能源与环境领域综合技术开发推进计划”，又称“新阳光计划”。该计划的主要研究课题包括七大领域：再生能源技术、化石燃料应用技术、能源输送与储存技术、系统化技术、基础性节能技、高效与革新性能源技术及环境技术。为了保证“新阳光计划”的顺利实施，日本政府每年为该计划拨款570多亿日元，其中362亿日元用于新能源技术开发。预计该计划将延续到2020年。

2006年6月，日本出台了《国家能源新战略》，提出从发展节能技术、降低石油依存度、实施能源消费多样化等6个方面推行新能源战略，2030年前将日本的整体能源使用效率提高30%以上；发展太阳能、风能、燃料电池以及植物燃料等可再生能源，降低对石油的依赖；推进可再生能源发电等能源项目的国际合作。

日本政府希望新能源比重不断上升，到2030年可以将对石油的依赖程度降到40%。

日本政府《2008年能源白皮书》强调，应将日本的能源消费结构从以石油为主向以太阳能和核能等非化石燃料为主转变。

2008年，日本出台的新的防止全球变暖对策“福田蓝图”。2008年5月，日本综合科学技术会议批准了《环境能源技术创新规划》，为实现日本提出的2050年之前全球温室效应气体排放量减半的目标描绘中长期技术创新路线图。该计划筛选出包括超导输电、热泵等36项技术，对其2030年的温室气体减排效果、国际竞争力、市场规模、技术成熟度进行了评估，并提出了官民任务分担、社会系统改革等保障措施。

2008年6月，日本首相福田康夫推出了一项新的全球变暖对策，提出到2050年使温室气体排放量较目前减少60%～80%的目标。中期减排目标是到2020年，温室气体减排中期目标定为比2005年减少15%，比此前的目标高一个百分点。

2008年7月29日，日本政府内阁会议通过《建设低碳社会行动计划》，把“福田蓝图”具体化。其主要内容：一是在2020年前实现二氧化碳捕捉及封存技术（CCS）的应用。到21世纪20年代，将二氧化碳回收成本降低到2000日元以下，为实现“低碳社会”迈出了坚实的一步。二是力争在2020～2030年间，将燃料电池系统的价格降至目前的约十分之一。三是到2020年将太阳能发电量提高到目前的10倍，2030年时提高到40倍。利用3至5年时间将发电系统的价格降至目前的一半左右。四是探讨能减轻可循环能源成本负担的理想方式，并在2009年春天得出结论。研究大胆有效的鼓励政策及新的收费系统。五是到2020年为止，实现半数新车转换成电动汽车等新一代汽车的目标。配备约30分钟即可完成充电的快速充电设备。六是建立国内排放量交易制度。七是研究“地球环境税”等相关课题。八是制定指导标准，对商品从制造到使用过程中的二氧化碳排放总量进行标注，从2009年度开始试行；九是调查采用夏令时制度的效果及成本。

2008年7月，日本政府迅速制定了具体的“低碳社会行动计划”，明确阐述了日本实现低碳社会的目标以及为此所需要做出的各种努力。到2020年日本的太阳能发电量将是现在的10倍，届时的新车销售中有一半将是新一代的环保型汽车。

2009年4月，日本政府又公布了《绿色经济与社会变革》的政策草案，该草案实施之后，日本环境领域的市场规模将从2006年的70万亿日元增加到2020年的120万亿日元。

日本实现低碳社会的四大措施

首先是开发革新技术并普及现有的先进技术。要想实现在2050年之前将全球温室气体排放量减少一半甚至是80%，必须开发一种革命性的不产生温室气体的新技术。目前，这一技术的开发还没有具体进展，在第二次石油危机之后各国用于能源领域的研究经费减少了一半。但资源贫乏的日本却一直在能源领域的开发研究投入巨额资金。在2008年1月达沃斯世界经济论坛上，福田首相宣布今后5年日本将投入300亿美元来推进“环境能源革新技术开发计划”，目的就是为了率先开发出减少碳排放的革新技术。当然，在这种革新技术面世之前大力普及现有的先进技术也非常重要。日本正在努力扩大太阳能、风能和原子能等可再生能源同时也是“零排放电源”的使用率。日本正致力于在今后3到5年内将太阳能发电系统的价格降低一半。另外，节能的努力也不可缺少。日本的目标是在2012之前将所有的白炽灯泡都换成节能灯并鼓励民众将显像管电视换成液晶电视。

第二类措施是建立一套让整个国家都朝着低碳化目标努力的机制，这主要包括引入碳排放交易制度、进行税制改革以及实行个人消费碳排放可视化制度等等。碳排放交易制度主要是促进企业的减排，而通过设置环境税或是在商品上标明制造和运输过程中的碳排放量，则可以促进全社会在消费时增强减排意识。

第三类措施是提高农村和地方城市对实现低碳社会的贡献。实现粮食自给对于减少粮食在运输过程中的碳排放有着重要意义。而振兴林业则有助于增加二氧化碳的吸收源，同样也是为实现低碳社会作贡献。日本政府目前正在推广一场“自产自消”的运动，鼓励民众消费附近的农村所生产的粮食和蔬菜。

第四类措施则是重视每一位国民的作用，让国民理解减排的意义、重要性、做法和可能伴随的负担，从而采取实际行动。

2009年9月，日本诞生了以民主党为首的新政权，但日本政府致力于实现低碳社会的目标并没有发生变化。为了应对全球金融危机对经济形势带来的负面影响，日本还将进一步扩大环境领域的经济规模，希望以此作为新的经济增长点。

日本未来加强能源和环境领域研发的思路还体现在2009年度各部门的预算申请中。根据日本内阁府2008年9月发布的数字，在科学技术相关预算中，仅单独列项的环境能源技术的开发费用就达近100亿日元，其中创新性太阳能发电技术的预算为35亿日元。

为改变目前日本的经济发展模式，发挥日本在环保领域的技术优势，寻求节能环保的社会发展新模式，同时通过引导世界低碳经济革命在发挥其国际影响力，实现社会经济良性发展，2009年4月日本政府公布了名为《绿色经济与社会变革》的政策草案，提出日本经济长远发展战略，到2020年将打造成一个能够“引领世界低碳经济革命”以及“建设健康长寿社会”和“发挥日本魅力”的国家。

2009年4月9日，日本政府正式提出一项总金额为15.4万亿日元(合1540亿美元)的经济刺激计划，规模接近日本GDP的3%，是日本政府有史以来出台的最大规模经济刺激计划。新经济计划主要包括就业、协助企业融资、促进太阳能系统开发、削减过度的公共医疗卫生服务开支、振兴区域经济等5个领域。其中环境保护项目总支出计划为1.6万亿日元(合160亿美元)。此外，增加预算还包括政府对企业为节能而进行设备投资的支持，预计2009年达1200亿日元，比2008年度增加约300亿日元。同时，为防止地球变暖而对火力发电等所排放的二氧化碳进行回收并封存地下所采取的相关技术(CCS)研究开发等措施，其2009年的预算要超过1000亿日元，比2008年度增加约400亿日元。

2009年5月，日本正式启动支援节能家电的环保点数制度，通过日常的消费行为为固定为社会主流意识，集中展示绿色经济的社会影响力。在对企业执行国家节能环保标准的监督管理方面，日本有一套完整的“四级管理”模式——首相→经济产业省→其下属的资源能源厅→各县的经济产业局。在相关政策的引导下，日本企业纷纷将节能视为企业核心竞争力的表现，重视节能技术的开发。日本政府还通过改革税制，鼓励企业节约能源，大力开发和使用节能新产品。

不断强化政策法规的引导和保障作用

1979年，日本制定出《节约能源法》(合理使用能源法)，强调二氧化碳排放的减少，用法律的形式约束企业及个人的节能标准，并根据时代发展不断进行修订，最近的一次修改是在2006年4月1日，对工厂、作业现场能源管理的各种条例进行了整合；在运输领域引进节能方案；强化对建筑物的节能管理等。节能标准的对象由起初的电冰箱、空调、汽车3种已发展到20种以上。不断提高此项法律中规定的节能标准，扩大其适用范围。

1980年，日本推出了《替代石油能源法》，设立了“新能源综合开发机构”(NEDO)，开始大规模推进石油替代能源的综合技术开发，主要包括核能、太阳能、水力、废弃物发电、海洋热能、生物发电、绿色能源汽车、燃料电池等。

1997年出台《关于促进新能源利用等基本方针》，2003年4月实施《新能源法》。这些政策和法律明确规定，政府、企业都有开发和利用新能源的责任，通过向国民广泛宣传利用新能源的必要性和重要性，使国民牢固树立自觉利用新能源的意识。政府的新能源政策信息对社会公开，通过各种媒体做公益广告，普及新能源知识。

2006年6月日本政府出台《2030年的能源战略》，涉及了日本所有的能源领域，提出了使日本对石油的依赖从目前的80%降低到40%、核电比重提高到30%～40%，使日本成为世界最节约能源的国家。

2009年 4 月20日，日本公布了《绿色经济与社会变革》的政策草案，通过实行减少温室气体排放等措施，强化日本的低碳经济。这份政策草案除要求采取环境、能源措施刺激经济外，还提出了实现低碳社会、实现与自然和谐共生的社会等中长期方针，其主要内容涉及社会资本、消费、投资、技术革新等方面。此外，政策草案还提议实施温室气体排放权交易制和征收环境税等。

2009年6月2日，日本政府内阁会议通过的2009年版《环境·循环型社会·生物多样性白皮书》，实施“绿色新政”，再度开发城市中密集的住宅区，最大限度地采取确保绿地、建设节能住宅等环境对策，能将二氧化碳排放量削减约85％。白皮书以东京一片实际存在的住宅密集地区为例进行测算，则该地区二氧化碳的排放量可日均削减约85％。

为了减少二氧化碳的排放量，日本经济产业省将采取新的对策，包括对安装太阳能发电设备进行补助，以及规定石油公司和煤气公司必须提供生物燃料等新能源。将通过一系列对策，争取在2020年把利用太阳能发电的住宅增加到相当于现在10倍的320万户。为了抑制占国内能源消费60%的石油和天然气的消费，石油公司和煤气公司必须提供生物燃料和太阳能等不排放二氧化碳的新能源。

同时，日本通过各项法规和激励措施，鼓励和推动节能降耗。除了注重产业结构的调整，停止或限制高能耗产业发展，鼓励高能耗产业向国外转移外，日本还制定了节能规划，对节能指标做出了具体的规定，对一些高耗能产品制定了特别严格的能耗标准。为了推动能源和环境技术发展，日本还在两个方面采取了有力的政策措施：一是限制措施，比如日本《建筑循环利用法》规定改建房屋时有义务循环利用所有建筑材料，使得日本由此发明了世界先进的混凝土再利用技术；二是提供补助金，目前日本政府正在探讨恢复对家庭购买太阳能发电设备提供补助的制度，还准备降低对中小企业购买太阳能发电设备提供补助的门槛。另外，日本已开始向购买清洁柴油车的企业和个人支付补助金，以推动这种环保车辆的普及。

为建设低碳社会，日本政府联手企业推出包括拟针对冰箱、空调产品在内的5000日元/台节能家电换代补贴、1万日元微波数字电视天线补贴活动，以刺激家电市场更新换代消费。目前日本家电制造厂商已经在市场上相继投放全球最尖端的节能技术新产品。日本经济产业省也将在今年秋天协助制造厂商、家电连锁店等实施节能家电大规模普及宣传活动。

在钢铁企业中,为缓解温室效应、降低钢铁生产过程中有害气体的排放以及进行其他环境保护，加大研发焦炭净化生产设备、研发并增添新的生产设备以对废渣料重新回收再利用的投资，加大节能源节省投资。

日本决心充分利用能源和环境方面的高新技术，把日本打造成为世界上第一个“低碳社会”。日本还将制定《能源环境技术革新方案》，在全球推广其能源和环境领域最为尖端的技术，加速研发节能技术，推广生物燃料的生产技术以及燃料电池的商业化运用，并且长期探索温室气体零排放的划时代技术。

积极推动向低碳城市与低碳社会转型

为了建立低碳社会，日本以城市为单位转变生活方式、改善城市功能以及交通系统的开发配套。在这一思想的指导下，2008年7月，日本政府选定了6个积极采取切实有效措施防止温室效应的地方城市作为“环境模范城市”。被选中的城市有人口超过70万的“大城市”横滨、九州，人口在10万人以下的“地方中心城市”带广市、富山市，以及人口不到10万的“小规模市县村”熊本县水俣、北海道下川町等。这项活动以“推动向‘低碳社会’的转型，引领国际趋势”为方针，其目标是向世界第一个“低碳社会”迈进。

仅次于东京的日本第二大城市横滨市为了减少温室效应气体的排放，大力削减垃圾数量。自2003年起，制订了由市民与企事业单位联手削减垃圾、推进废物利用的“G30行动”(G为垃圾Garbage的首字母，30是一个目标值)，计划在2010年以前将垃圾排放量与2001年相比减少30%。到2005年就减少到106万吨，提前5年完成了减少30%的目标。2007年，通过发行3亿日元由市民参与的市场公债券筹建的“滨翼”的风力发电站，发电能力相当于大约860户一般家庭的年用电量，投入运行后每年可以减少1100吨二氧化碳排放。2008年，横滨市制定了削减温室效应的行动准则“CO–DO3”，计划在2025年之前市民每人削减温室效应气体30%以上，2050年之前削减60%以上。横滨市还以“智慧共享”(促进市民的意识及行为转变)、“增加选择”(市民能够选择不排放二氧化碳的行为或消费)和“付诸实践”(引导社会采取不产生二氧化碳的行为和消费)为三大支柱，开展具体项目。此外，横滨市还开展了多项活动加快向低碳社会转型的步伐。“横滨绿色能源项目”计划在2025年之前将化石燃料的能源消费量的10%转化为可再生能源；“零排放交通项目”将促进低公害、低耗油车辆的引进，其中该项目还与日产汽车公司合作，共同构建新一代交通系统。

积极倡导低碳生活方式

日本政府和相关团体通过电视、网络、发行刊物、举办讲座等形式向消费者提供节能知识，长期进行节能宣传教育。节能产品不断更新换代，日本节能中心每隔半年便向人们公布一次节能产品排行榜。

如今，将节能措施细化到日常衣食住行的方方面面已成为多数日本人的自觉行为。

衣着——日本环境省从2005年起提倡夏天穿便装，男士不打领带，秋冬两季加穿毛衣，女性放弃裙子改穿裤子，等等。夏天可将空调的设定温度从原先的26℃调到28℃，秋冬可调到20℃。据统计，仅夏天空调温度设定调高2℃一项，办公室便可节能17%。

饮食——日本人总结了一整套从购买、保存到烹饪再到废弃各个环节详尽的节能窍门。在购买食物环节，提倡消费者购买应季蔬菜和水果，因为生产反季节的蔬果往往耗费更多能源。尽量选择产地较近的产品，这样可促使商家增加从邻近地区进货，从而节省运输中消耗的能源。保存食物时，不将冰箱塞得过满，以免影响冷气循环，冰箱温度应随季节调整。冰箱放置在远离炉灶、通风阴凉的地方，每年可节约电能45千瓦时。在烹饪食物环节，日本人的能源账也算得一清二楚：假如每天3次每次将1升20℃的水煮开，那么用中火煮比用高火煮每年可节省2.38立方米燃气。

居住——日本人从房子建造开始就充分考虑到墙壁、地板的隔热性能，怎样设计窗户的数量、大小和位置才能最大限度地利用自然光、使房屋通风良好等。日本家庭在有效利用排放的热量方面也各有绝招。比如，一些家庭把洗澡的热水过滤后用水泵抽入洗衣机再利用等。

出行——多数日本家庭的轿车只在外出游玩时使用，平时上下班人们更愿意搭乘公共交通工具。日本的轨道交通几乎无处不在，不但便捷性最高，又节能环保。人们开车时会注意保持“经济速度”，不急起步，不猛加速，时常检查车胎气压是否合适，不运载无用的负荷等。

太阳能占据世界半壁江山

日本是最早推行太阳能政策的国家。早在1974年就执行了“阳光计划”，当时规定以居民屋顶并网发电为主要目标，对太阳能系统实施政府补贴，初始补贴达到了太阳能系统造价的70%。经过多年的发展，太阳能技术和产品在日本已逐渐普及，很多家庭都购买了太阳能发电装置。自2002年以来，日本的太阳能发电、太阳能电池产量多年位居世界首位，占据了世界总体产量的半壁江山。

重启太阳能鼓励政策，是日本经济转型中的核心战略之一。2008年，麻生太郎首相提出了“太阳能”发展构想。

2008年11月11日，为落实《建设低碳社会行动计划》，日本经产省、文部科学省、国土交通省和环境省四部门联合发布《为扩大导入太阳光发电的行动计划》，提出2020年将太阳能发电规模在现有基础上扩大20倍，并在今后3到5年的时间里将太阳能发电设备价格降到目前价格的一半。

《行动计划》从供给和需求两个方面提出促进措施。供给方面，要切实加强技术开发，降低太阳能发电系统成本和提高发电效率，同时推进蓄电池技术的开发。需求方面，除通过政府补助金促进家庭安装太阳能发电系统外，还要重点扩大中小企业的应用、促进企业与地方政府共同建设大规模太阳能发电站；扩大公路、铁路、港口、机场、学校等公共设施引入太阳能发电系统；推进新能源社区建设等。

加速建造节能型建筑，争取到2019年有50%的房屋达到节能要求。除了太阳能实际成本的下降外，政府也将推行其他财政政策给予一定程度的政策补贴。

日本计划在公立中小学里集中安装太阳能发电设备，加速建造节能型建筑，争取到2019年有50%的房屋达到节能要求。

2009年4月，发展太阳能首次被日本正式列入经济刺激计划，但把发展太阳能作为经济刺激计划举措之一还尚属首次。当月,日本国内最大的太阳能发电系统在茨城县的筑波市落成。该系统每年可以发电53万千瓦时，并减少当地约300吨的二氧化碳排放量。日本的太阳能技术全球独领风骚，到2002年日本的太阳能发电量将占全球总量的46%。

在太阳能方面，日系企业普遍将重点放在薄膜电池而非晶硅电池，原来名列全球五大多晶硅企业之一的德山化学也将扩产的容量放在了马来西亚。

日本已经成为全球最大的光伏发电设备出口国，占据了市场主导地位。全球太阳能生产排名第一的日本夏普公司的光伏发电设备就占到世界的三分之一，在日本排名第二至第四位的企业的光伏发电设备也占到24％。与此同时，日本东京电力和关西电力等10家电力公司也宣布，在2020年之前，10家电力公司将联手增设30处太阳能发电装置，发电规模为14万千瓦。这一计划完成后，可满足约4万户家庭1年的电力需求，由此每年可减少约7万吨二氧化碳的排放。

新能源:汽车产业新引擎

大力发展能源汽车是日本建设低碳社会的重要方面。能源紧张和气候变化的大背景下，日本政府推出了一系列加速开发与推广新能源汽车的政策，制定了新能源汽车的发展目标，为新能源汽车（目前主要是混合动力汽车）登场创造了市场条件。

日本汽车企业对开发燃料电池也投入了大量资源。1997年丰田公司开始销售混合动力汽车，每台汽车60万日元，买一台车政府给予消费者20万日元补贴。油价上涨到70美元后，混合动力汽车的优势开始显现。

2006年，预算内给予燃料电池及相关技术开发199亿日元的支持；给予燃料电池产业化实验33亿日元的支持；给予新能源汽车市场导入88亿日元的支持。自2006年起到2009年，对从事燃料电池汽车、燃料电池车用燃料供给设备、燃料电池设备开发的企业给予税收方面的支持。

2007年5月，日本经济产业省提出一项新计划，决定在未来5年投入2090亿日元发展清洁汽车技术，以大大降低燃料消耗和降低温室气体的排放量。同时积极普及电动汽车或混合动力车，计划到2020年将这种车的占有比例提高到50%，并力争打造十个“电动汽车先进典范城市”。

目前，日本政府、研究机构与企业在新能源汽车发展方面已经达成战略共识。日本经济产业省制定了到2030年普及燃料电池汽车的战略目标。

通过政府财政资金购买燃料电池汽车，开始在公共服务领域进行运行实验。日本政府现在主要的工作是建立加氢站。日本政府的目标是：到2010年，使用中的燃料电池汽车达到5万辆，2020年达到500万辆。

丰田即将于2012年投入量产的全新FT-EV概念电动车

从日本政府与企业的行动看，燃料电池汽车已经进入了具体的战略实施阶段。混合动力汽车已经进入了市场化竞争阶段。

作为全球混合动力技术的领导者，丰田汽车早在1996年12月便与松下电器产业公司和松下电池工业公司合资成立松下电动汽车能源公司（PEVE），生产镍氢电池或锂电池等环保车用电池。经过投资增产后，PEVE车用电池产量有望从2007年的50万台左右增加到2011年的100万台。2008年12月17日，本田汽车与GS汤浅（GS Yuasa）联合宣布，双方成立注册资本150亿日元的合资公司，主要生产混合动力车用锂电池。

2009年2月，本田公司推出的排量为1339cc的混合动力车“Insight”一上市就受到追捧，不到两个月销售2万多辆，远远超过原计划月销售5000辆的目标。这款价格在189万日元(1美元约合94.8日元)至221万日元的新车因此登上4月份日本国内新车(不含微型车)销量榜首的宝座，并将在全球30多个国家和地区销售。

丰田公司第三代混合动力车普瑞斯于2009年5月中旬上市销售。第一代普瑞斯于1997年上市，第二代普瑞斯于2003年上市并开始赢利。第三代普瑞斯动力更大，能耗更低，每升汽油的行驶里程可达38公里，为目前量产车型中的世界第一，生产成本也大大下降，销售价在205万日元至327万日元之间。丰田把新上市的第三代普瑞斯放在主力车型的战略位置，2009年计划在日本国内生产50万至60万辆，国内每月计划销售目标为1万辆，在全球80多个国家和地区销售30万至40万辆。

丰田和本田两大汽车厂商在低价混合动力车方面展开竞争，标志着环保车在日本将真正进入普及期。据测算，2009年4月1日，混合动力车在日本国内市场将占到乘用车(不含微型车)总销量的一成以上，大大超过上年4%的水平。

2007年4月，日产汽车与NEC集团成立了合资公司AESC。2008年5月，AESC股东对外宣布了将生产车用锂电池的计划。2008年12月，日产和NEC更声明将提前1年实施增产计划，投资1000多亿日元，分别在日本国内及欧美国家建设新的工厂，以确保锂电池产量在2011年之后达到供应20万辆车使用的水平。

在丰田和本田混合动力车抢占市场的同时，富士重工、三菱、日产等汽车公司则致力于电动汽车的开发。富士重工和三菱汽车分别推出名为“Subaru Plug-in Stella”和“IMIEV”的电动汽车，日产公司也将原计划在2010年上市的电动汽车提前到2009年上市。此外，富士重工还计划开发混合动力车和绿色柴油车。

目前，日本上述厂商即将投放市场的电动汽车充电一次的行驶里程在80公里至160公里之间，而且价格也比较高。但是，日本政府对环保车免除购置税和重量税，再加上对购置更换环保车进行补贴等政策，使得电动车最终的价格与普通汽油车相当，因此各大厂商对这一市场前景都持乐观态度。

2009年，在日本现有本土销量中，与车市整体下降形成鲜明反差的是，混合动力等新能源汽车的产销量逆势直线上升。2009年，丰田混合动力车普锐斯在日本国内售出20.8876万辆，是上年的2.9倍，成功问鼎日本包含微型车在内的新车销量排行榜榜首，这也是混合动力车首次夺取日本年度销量排行榜第一的宝座。

风电日益受重视

日本在风力发电技术方面是个落后国。日本从20世纪80年代开始建设风力发电设备，1990年风力发电能力仅有3000千瓦，1997年底增加到1.7万千瓦。1998年实现了1000千瓦级设备的国产化。1999年到2003年获得了迅猛发展，3年间发电量增加了6倍，2003年共有576座风车，发电量为46.3千瓦，进入世界第10。

由于1998年经济产业省公布了《不同系统的电力连接指导方针》及2003年4月全面实施《电业系统利用新能源的特别措施法》，风力发电越来越多地被输入电网实际应用。具有良好风力条件的青森县岩屋地区，建设了25座1300千瓦的风车，总发电量达32.5千瓦。随着规模的扩大，成本也不断降低。大规模风力发电站与小规模风力发电站的成本比大约是7∶4。2003年政府投入23.74亿日元用于研发，提高输出频率稳性和提高发电设备的利用率。

2004年，日本推出了风力发电的宏伟规划，到2010年风机装机容量实现3GW的目标之后，将大力发展海上风电，拟在2020达到10GW，2030年达到20GW。

2007年，日本制定了到2011年为期4年的中期风力发电计划，风力发电销售额将比现在增加41%，达到114亿日元，营业收益比现在增长5.2倍，达56亿日元，经常性收益同比增长5.1倍，达38亿日元。风力发电站将由19座风力发电站猛增到2011年的293座，风力发电容量将由14.7万千瓦增加到2011年的47.9万千瓦。同年2月，由东京电源开发公司投资120亿日元建成的日本最大规模的风力发电站——郡山布引高原风力发电站在福岛县郡山市竣工发电。该发电站年发电总量达1亿2500万千瓦，相当于3.5万户居民一年的用电量，这样一年可减少相当于6.6万辆汽车的废气排放量。

2009年2月，日本改革特区建设推进总部实行了“国有林野贷款制度之要求放宽措施”，即撤销“利用风力等自然能源发电、售电项目”中“出租面积上限为5公顷”的规定，开辟山林风力发电优惠政策特区。

2009年3月，风力发电居日本国内第三的日本风力开发公司投资260亿日元在长崎县五岛列岛建设日本国内目前最大的风力发电站，安装50套2000千瓦的风力发电机，发电规模为10万千瓦。

日本的目标是，到2010年将风力发电能力增加到30万千瓦。

生物能源另辟蹊径

2001年6月，日本根据经济产业省资源能源厅综合资源能源调查会新能源部的报告，在2002年1月新能源法政令改正中把生物质纳入新能源范围；2002年3月发表的“地球温室效应对策推进大纲”将生物能源作为一种导入目标的新能源；在2002年5月生效的“关于促进电气事业中新能源利用的特别措施法”中把生物质能源发电作为一种对应的能源列入；此外在“经济财政运营和结构改革基本方针2002”中，把农林水产资源中有效用于能源等的生物能源赋予未来的重要产业地位。这一系列行动，推定了日本生物能源的利用。

日本政府出于为应对气候变化、减排温室气体、构筑循环型社会、培育具有竞争力的新战略性产业等目的，2002年12月27日日本政府内阁会议通过了农林水产省等6个相关省府提出的“日本生物质能源综合战略”，构筑了日本综合性灵活利用生物质能源作为能源或产品、实现可持续性的资源循环利用型社会的蓝图，即到2010年，日本生物质能源综合战略具体目标是：一是在技术方面，开发可直接燃烧和燃气物质等含水率低的生物质转换成能源的设备技术、甲烷（沼气）发酵等含水率高的生物质转换成能源的技术、生物质制作产品的技术;二是在地方建立500个城镇具有用碳素量换算为废弃物类生物质90%以上可利用、未利用生物质40%以上可利用的处理系统；三是在展开对废弃物类生物质的利用方面，在全国实施促进食品循环资源的再生利用等相关法律和废品资源再利用的义务化等措施。化工石油资源的价格和地球温室化的变化发展，资源作物作为能源和产品的原料将得到灵活应用。用碳素量换算为废弃物类生物质80%以上可利用、未利用生物质25%以上可利用；资源作物用碳素量换算可利用量为10万吨。日本的目标是在2010年将生物质换算成原油相当于101万千升，生物质能发电达到33万千瓦。

日本加大对生物质能源技术的研究开发，仅2003年的研究开发经费就为28亿日元，主要解决有机废弃物的收集、运输和转换成甲烷后残留物的处理技术。日本在生物质利用技术研究方面所取得的专利已占世界的52%，其中生物能源领域的专利占了81%。丰田汽车公司从甘蔗、甘薯、玉米中成功提取出糖，经过发酵生产出乳酸，进一步生产出可替代石油的聚乳酸。日本研究人员开发出了利用废料和家庭垃圾的高效发电技术。这种新技术不仅不必对垃圾进行分类，而且其发电效率达到约30%，比原有垃圾发电技术高出约20个百分点。日本近畿大学以茶叶渣和木屑为原料的“生物焦炭”替代传统焦炭，能使大型铸造炉排出的二氧化碳减少11.4%。近畿大学在北海道惠庭市设立了制造生物焦炭的基地，实现批量生产。在炼铁过程中用“生物焦炭”替代煤制焦炭，可使大型铸造炉排出的二氧化碳减少11.4%。

一、垃圾发电

城市垃圾处理厂焚烧时产生的高温蒸汽，带动涡轮旋转发电。垃圾发电不会增加二氧化碳排放量，可获得连续稳定的电能；规模小，有利于发展分散性电源系统；发电后的余热还可用于取暖、供热水等。根据日本农林水产省的调查，如果充分利用垃圾等废弃物生产生物质燃料，可以使日本每年的原油进口量减少5.6%。

日本国土交通省从2003年开始实施垃圾发电计划，利用垃圾中的菜叶和污水处理厂的沉淀物混合发酵生出的沼气作为涡轮发电机的燃料。除菜叶之外，树木枝叶、粪尿也可用来发电。

2003年4月，建在日本岩手县葛卷町畜产基地内的第一座牛粪发电厂开始运转，利用200头牛的粪便发电，整个电厂建设费用约为2.2亿日元。

日本东京湾一家垃圾处理厂中央控制车间

目前日本共有1680座垃圾焚烧炉，其中只有210座(占12%)配备了发电设备，总装机容量为160万千瓦。计划到2010年达到417万千瓦。政府要求，具有300吨以上垃圾处理能力的工厂尽可能安装发电设备，而且要以大规模连续运转的发电设备为主。

东京都江户区部分企业2003年开始回收商场和饭店的食品垃圾，发酵后生成的沼气用于发电。一些企业设置食品垃圾箱，将垃圾粉碎混合成液体，用密封车回收。经过一个月的发酵后提取含60%沼气的气体，用于发电。产生的电力除供给参与回收食品垃圾的企业外，还可供给附近居民。

东京地区开始兴建的一座大型的垃圾发电厂，主要依靠回收的残羹剩饭进行发酵，产生沼气发电。电厂的设计垃圾处理能力为每天110吨，相当于73万人排出的垃圾量，产生的电力可供2420户居民使用。

日本环境省从2008年度起利用3年时间，研究如何充分利用垃圾制造生物质燃料。计划全国选取5个试点生活区，将部分回收分类的垃圾分别发酵成甲烷、制成乙醇燃料。

二、木质生物能发电

木质生物能发电不排放二氧化碳。日本大型制材企业——中国木材（株）和三菱商事出资成立了神之池生物能源股份公司，在茨城县临海工业区利用树皮和锯屑为燃料发电。2008年4月开始试运行后，输出功率为2.3万kW，成为日本国内规模最大的专门以生物质为燃料的发电厂。2008年动工兴建的东京木质生物能电站2010年投入运行，其发电规模为1.36万千瓦，可满足2.3万户普通家庭1年的电力消费。

三、生物柴油

日本是较早研究生物柴油的国家，1999年建立了用煎炸油为原料生产生物柴油的工业化实验基地，采用煎炸油可降低原料成本。到2002年，日本生物柴油年产量已达40万吨。日本将回收农业、林业以及养殖业的废料，作为生产能源的原料。这项生物能源利用计划将从2010年正式启动，目的就是生产洁净的能源，并将之用作汽车、船舶和发电厂的燃料。根据日本政府制定的这项计划，日本还与美国和欧盟共同开发可再生能源，大约500个地区将被指定为该计划的示范区。

日本政府从2003年3月31日开始对生物燃料的质量进行评估，这种生物燃料是以菜油和其他有机废料为原料制成的，专家还将对这种燃料用于汽车和船舶的效能进行研究。日本政府预计该计划将为2010年的经济注入2 600亿日元的活力，而与之有关的产品和技术将成为日本新工业战略的重要组成部分。

“核能立国计划”

战后日本经济高速发展得益于强有力的能源开发，尤其在核发电站建设上，日本较快地引进吸收美、英、法等国先进技术，在政府政策和资金支持下，20世纪70年代日本核电站快速发展，1999年2月，日本已投入运营的核电站有51个，发电量合计4492万千瓦时。1997年度日本核发电总量为3192万千瓦时，占总发电量的31%，在一次能源供给结构中占13%。截至2006年7月，拥有55所核能发电站，总发电装机容量为4822万千瓦，目前核发电能力在日本发电结构中占31%，位居世界第三。

2006年5月，日本经济产业省资源能源厅制定了以推广核能利用、确保能源供给为目标的中长期“核能立国计划”大纲。大纲包括：准备投资新建、扩建和改建核电站，并开展核能产业国际支援行动；从2006年度起电力公司为建设第二个核废料处理场进行准备；计划建设一个新的耗资一万亿日元的快中子增殖反应堆，到2025年完成快中子增殖反应堆示范堆的建设并开始运行，示范堆建设费用超过普通反应堆的部分由国家负担；积极参加美国倡导的“全球核能伙伴”计划。新的能源战略会要求提高核能在电力供应中所占的比例，争取从当前30%增加至2030年的30%～40%。

世界最大的核电站——日本福岛核电站共有10台机组，总输出功率净／毛值为 8814/9096兆瓦，超过原世界最大核电站加拿大布鲁斯核电站（6786／7226兆瓦）

重新受宠的地热

日本是环绕太平洋火山带的火山国之一，火山遍布全国，拥有火山245处，其中活火山65处，有丰富的地热资源，潜力雄厚，地热资源贮量位列世界第三。日本1916年起利用地热温室栽培花草，并利用地热水取暖、烧饭、洗医疗浴，洁净的温泉水还作为饮用。全国有2600多座温泉、75000多家温泉旅馆，每年有1亿多人次使用温泉。在农业上，利用地热温室栽培蘑菇、木瓜、香蕉、西红柿、黄瓜等及各种花卉，还有热带作物橡胶、椰子等。并用地热加温饲养鳗鱼、鳝鱼，孵化鸡鸭，对猪舍加温等。日本北海道还利用地热供暖使道路上的冰雪解冻。

据日本新能源生产技术综合开发机构调查推算，日本全国地热资源约有250万kW的蕴藏量，目前的地热发电量仅为1／5。目前日本地热发电量约为风力发电的2倍，太阳能发电的3倍。全国可供发电的地热田有40多处。20世纪70年代第一次石油危机触发日本一系列热电项目开发，但许多核电项目相继上马，石油价格回落，地热电建设高潮消退。近20年来，既没有提出新计划，也没有资金投入。目前全国有18座地热电站运行，装机总容量50万千瓦，总功率50万千瓦，占日本发电量的0.2%左右。

由于发电时几乎不会产生二氧化碳，日本实施建设低碳社会的战略后，地热又重新受宠。日本政府将支持开发地热的费用从原有的20％提高到33％。

2009年2月，日本政府表示，将充分利用独有的资源优势、大力推进“地热发电”。日本政府确定了中长期目标，到2030年，将地热发电量提高到的三倍。同时公布了“新能源利用特别措施（RPS）法”并敦促电力公司购买“地热发电”的电量、使之义务化。日本数家公司2009年上马了数个地热电站项目，三菱、J–Power、日铁矿业、九州电力公司率先行动。三菱和J–Power计划投资4.339亿美元，在日本北部的汤泽建设一座地热电站，地热电站把热水和蒸汽从地面下2000米抽到地面，发电装机容量为6万千瓦，2016年正式民用。

九州电力公司和东北电力公司已开始利用岩浆地热进行地热发电。而利用温泉热水发电正成为日本地热发电的新亮点。该技术是通过在低沸点的氨中加入水溶液，使温泉的热水蒸发，用产生的蒸气带动汽轮机转动的方式来发电。从2009年开始，2010年左右进入实用化。

根据日本产业技术综合研究所的调查，2005年日本全国的温泉约有3868处。其中多数温泉水温在50℃以上，不适宜直接洗浴。如果利用温泉洗浴，往往要在泉水中加入普通水，使其下降到适合洗浴的温度。因此，多数高温温泉水未被利用而白白浪费掉。

地热技术开发公司已着手利用高温温泉发电。预计全国10%的温泉引进温泉发电系统后，可发电71万千瓦，相当于1座火电站的发电规模。

碳捕捉、封存与转化

2008年7月，日本政府在内阁会议上通过了温室气体减排计划，为实现这一远景目标制定了具体数值及日程，大规模验证“二氧化碳捕捉与封存技术”，将火力发电站等排放的二氧化碳捕捉并储存于地下，到21世纪20年代，有望将目前每吨约4200日元的二氧化碳回收成本降至1000多日元（约合60元人民币），为全面普及该技术提供条件。

为了有效地减少二氧化碳的排放，日本加大开展碳捕获技术研究的力度，到2020年在日本建立一个全国性的系统，将电力企业以及工厂排放的温室气体收集并储藏于地下。

日本温泉

日本地球环境产业技术研究机构指出，日本若能充分利用地下和海底，理论上最多可封存约1500亿吨二氧化碳，相当于日本一百年以上的排放量。

日本政府和民间电力及石油公司为推动防止地球暖化对策，在国内展开地下封存二氧化碳的大规模实验，将把火力发电厂排放的二氧化碳封存于海底的废弃天然瓦斯田，向2011年实用化的目标迈进。日本的这项长期性的减碳目标，将于2050年把二氧化碳排放量和目前相比减少六成至八成。

实验将针对位于福岛县石木市的火力发电厂展开，对该发电厂排放的二氧化碳加以分离回收后，经管线送至海底的废弃天然瓦斯田加以封存。这座火力发电厂的发电量为25万千瓦，一年排放约100万吨的二氧化碳，废弃的瓦斯田足以容纳两千万吨以上的二氧化碳。

这次实验是一系列大规模“二氧化碳捕捉与封存技术”实验的开始，日本政府希望通过技术攻关，大幅度降低这一技术的成本，力争2020年前将这一技术全面推广，最终实现日本政府制定的2050年温室气体排放量减少60%～80%的目标。

29家电力和石油公司还合资成立了一家公司，针对这项大规模的实验着手展开调查工作，并得到官方约2亿3千万日元的补助。

2008年10月，日本三井化学投资1360万美元建设一个二氧化碳转化为甲醇的示范装置，预计整套技术开发将在2010年3月完成。该装置将实现从甲醇制备石化产品，同时减少二氧化碳的排放。这将是全球首个二氧化碳转化甲醇的装置，意味着诺贝尔化学奖得主乔治·奥拉教授预言的“甲醇经济”从理论到实践的重要突破。该装置投入运行后，每年大约有150～160吨CO_2从三井公司位于大阪的工厂排放，和氢气共同反应后，大约能转化成100吨/年的甲醇。随后，甲醇再通过化学转换，制成乙烯、丙烯和芳烃等基础化学品。亚化咨询的专家认为，如果能大规模从二氧化碳制备甲醇，将减少CO_2排放，从根本上解决温室效应问题。氢气的制备过程和成本控制的问题将成为关键。

碳基金与碳交易

2004年11月，日本31家私人企业和两家政策贷款机构——JBIC日本国际协力银行和DBJ日本政策投资银行联合设立“日本碳基金”——GHG减排基金(JGRF)，同时启动了“中日清洁发展机制能力建设项目”。

GHG减排基金总额为1亿4千万美元，将购买从可再生能源、废物处置、燃料转换、提高能效、化工等项目产生的温室气体减排量。日本新能源·产业技术综合开发机构也将继续对甲烷、二氧化碳等温室气体的减排技术开发给予资助，2004年预计投入40亿日元。

原则上采用货到付款方式，从清洁发展机制能力建设项目（CDM/JI）中购买信用期截至2012年的核证减排量和减排单位。GHG减排基金购买后，基金提供者可以购买部分或者所有剩余的减排量。

日本的碳信用分为京都碳信用和其他碳信用两种。京都碳信用以外的代表有在欧盟地区发行的地方碳信用EUA（EU排放许可框架）。EUA比京都碳信用稍高的价格进行交易，与京都碳信用的不同之处是，它不能在欧盟地区外进行交易。

日本虽还没有引进像欧盟那样的参加义务型排放权交易制度，但从2005年4月开始，由环境省负责的自主参加型国内排放权交易制度还在继续施行中。根据这项制度，参加的企业以一定量的减排约定作为交换，来获取控制二氧化碳排放设备改善的补助金。通过引进新式设备使排放量得到削减后，在减排指标的平衡问题上，参加企业间进行了排放限度买卖来帮助完成指标。排放限度管理及转移的处理是具有与国别登录薄同样的机能，可使用本制度专用的登录薄系统。与国别登录薄系统的不同点之一是，参加企业不需向政府提出转移申请，而是企业自身可以自由地进行转移处理。自主参加型的国内排放权交易制度虽不是法定制度，但随时可与世界各国准备实行的排放权交易挂钩。在日本政府的京都议定书指标完成计划中，对自主参加型的国内排放权交易制度有以下记载：

国内排放权交易制度：为了积累有效的减排费用和交易等的知识经验，对于那些想要完成自定减排指标的企业，给予经济上奖励的同时，灵活运用排放限度交易，实施自主参加型国内排放权交易制度。但是京都议定书的第一约定期间过后，第二约定期间开始的2013年里，日本也将不得不引进此制度。

东京将于2010年引进一项与前述制度无关的计划。其内容是对东京市内的能源消耗大户制定减排指标，若完成不了，就必须购买碳信用来填补不足。

把京都机制中的CDM制度应用到国内的同时，制定节能先进企业的技术和经验有效的转移给节能后进企业的制度。如能把削减下来的二氧化碳作为碳信用给减排实施事业者的话，不论对大企业还是小企业来说都将有巨大的利益。2004年开始，作为支援中小企业节能活动的地方机构，在日本全国设置了地方环境交易所，并于2006年设置了上级机构。2006年发行了民间团体最初的碳信用，并使交易系统真正开始运转。2007年，经济产业省将此作为国内版的CDM加以制度化，在此之前，日本一些二氧化碳排放大户为了弥补减排任务，主要购买来自发展中国家清洁能源项目的核证减排量(CERs)来弥补其碳排放量。而现在，由于一些发达国家的排放量远低于其减排目标，一些日本电力公司也开始考虑向这些发达国家购买被称为“分配数量单位”（AAUs）的排放量，来完成自身的减排任务。

2008年11月17日，日本电力交易所推出碳合约的试验性交易。

该交易所通过其电子公告板系统出售来自联合国减排项目的CER。交易的参与者仅限于该所会员。每交易10,000吨CER，交易所将向买卖双方各收取2000日元（20.40美元）的手续费（含税）。每月交易所还将公布一份市场形势报告。

日本电力业为自己设定了降低二氧化碳平均排放密集度的目标——到2010年，将最终用户每千瓦时用电的排放量在1990年的基础上降低20%。但由于核电站开工率持续下滑，2007年该行业的排放密集度较上年增加了10.5%。日本电力企业联合会宣布：电力行业将采购1.9亿吨碳信用额，这一数字较此前计划增加了7000万吨，增幅近60%。

日本电力企业2008/2009年收入报告显示，截至2009年3月31日，日本的电力企业共支付1001亿日元，约合10亿美元用于购买碳信用额度。在《京都议定书》规定的第一减排期（2008~2012）内，东京电力公司等10家电力企业总共购买了约1亿9千万吨的二氧化碳排放量。日本的电力企业是该国海外碳信用额度的最大买家。截至2009年3月，上述10家日本电力公司每度电的二氧化碳排放量超出其5年减排目标量9.5%~72%。由于日本电力部门设定的减排目标难以实现，预计未来日本电力企业的碳信用额度购买量仍会增长。

韩国低碳经济

2005年召开的世界经济论坛上公布的环境持续性指数（ESI）评价中，韩国在146个国家中排名第122位。在OECD国家中，排在最末尾。2006年，韩国的温室气体排放量从前一年的5.944亿吨增至5.995亿吨，并达到1990年的两倍。

韩国1992年加入《气候变化框架公约》时，争取到了发展中国家的地位，从而不属于《京都议定书》规定需要履行量化减排义务的发达国家。《京都议定书》的首个承诺期将于2012年底届满，韩国政府已表示，韩国将从2013年起进行量化减排。

韩国是个能源和资源都极为贫乏的“不生产一滴石油”的国家，是世界第七大石油消费国，第四大石油进口国，人均石油消费量居世界第五，一年要进口石油7.5亿桶。韩国是亚洲第三大原油进口国，原油在其进口额中占14%。而且，在能源总消耗量中，对传统的能源煤炭和石油的依赖非常高，新能源和可再生能源的比重只有2%（2006年），在OECD成员国中一直处于最下游位置，从1988年到2006年间，韩国在新能源和可再生能源方面研发投资金额只有美国的4%、日本的7%。因此，减少原油进口，研发新能源，提高再生能源利用率，对韩国来说，是非常迫切且现实的需要，是一项必须采取的战略。

近年来，美国、英国、日本等都把发展新能源和低碳经济作为经济新增长点，也给了韩国很大触动。

“低碳绿色经济增长”战略和“绿色新政”

2008年8月15日，韩国总统李明博在纪念韩国光复63周年和建国60周年的大会上演讲，正式提出“绿色增长”主张，把“低碳绿色增长”作为经济中长期发展的基本方略与远景目标的轴心，被看作是继汉江奇迹以后再次创造朝鲜半岛奇迹的未来战略。李明博提出“绿色增长”战略后，韩国政府立即开始着手实施，于2008年8月底即公布了《国家能源基本计划》。该计划称：提高资源循环率（资源循环率是指能够再利用的资源占所使用的资源总量的比率）由2005年的13.9%提高到2012年的16.9%。为了提高资源的使用率，韩国将引进“资源生产率”概念，决定将2005年120万韩元/吨资源（表示一吨资源可以生产120万韩元的经济价值）的资源生产率提高到136万韩元/吨资源。

2009年2月，韩国总统李明博提出大力发展低碳绿色经济增长战略，积极制定相关《低碳绿色经济增长基本法》，并计划引入限制温室气体排放的“气体排放权交易制”。国会通过《低碳绿色经济增长基本法》后，财政、税收等配套措施亦将相继出台，确立韩国迈向低碳绿色社会方向、路径。环境部目前向企业征收“改善环境分摊额”，计划引入奖惩制度，奖励环境条件优秀企业，惩罚环境条件恶化企业；制定电子产品能源消耗奖惩制度；230亿英镑巨额经济刺激计划中的81%将投向环保项目，创造94万多个绿色就业机会。并在提高韩国能效的同时，计划更换上百万个节能灯。

韩国政府将自行车生产作为“绿色增长产业”之一，争取到2012年，将自行车的国内交通手段分担率由目前的1.6%提高到5%。

据测算，韩国发展再生能源产业可以比制造业多创造两三倍的就业。尤其是发展太阳能产业、风力发电业，需要8倍于普通产业的就业人口。2009年2月，韩国公布了一项计划，将在未来4年内投资50万亿韩元（约合380亿美元），开展江河整治、培育生态林、建设低碳铁路等36个项目，以拉动经济，扩大就业。

韩国政府的“绿色新政”包括的36个项目中，9大核心项目的投资达到39万亿韩元，其余的27个相关工程投资额为11万亿韩元。而9大核心工程中，四大江河（汉江、锦江、荣山江、洛东江）整治工程又为重中之重，总投资为18万亿韩元。作为环保努力的一部分，韩国政府还将投资3万亿韩元用于扩大森林面积，并提供23万个就业岗位。此外，韩国政府还将推动全国范围的绿色交通系统建设，包括建设低碳铁路、1300公里的自行车道路和其他公交系统，这些项目大约耗资11万亿韩元，创造16万个就业岗位。此次“绿色新政”中，韩国政府还将拨出部分资金，用于生产低碳汽车，开发混合型汽车，加大太阳能、风能和其他可再生能源为动力的汽车，为今后的经济发展增添动力。

如何保证“绿色新政”的资金到位，韩国采取了国家、地方和民间资金共同参与的方式，2009年韩国在“绿色新政”方面的投资约为4.3万亿韩元，其中国家经费为2.6亿韩元，地方经费为0.4万亿韩元，另有1.3万亿韩元为民间投资。

韩国2009年7月又宣布，将投资107万亿韩元（约合840亿美元）在未来5年中提高能源使用效率，减少对化石能源的依赖，并帮助经济增长。

加快发展新能源和可再生能源

韩国从20世纪80年代开始重视发展新能源，1987年韩国国会就制定了《新能源和可再生能源发展促进法》，接着韩国政府又根据该法制定了《新能源和可再生能源技术发展基本纲要》，提出了未来10年技术发展的重点和目标。1992年韩国又提出了与发达国家竞争的G–7高技术发展计划，G–7指美国、日本、德国、法国、英国、加拿大、意大利7个发达国家，在G–7计划的先导技术开发项目中，有21项属于新能源与可再生能源技术领域。

1997年韩国制定了为期10年（1997~2006年）的《第一期新能源和可再生能源基本计划》，第一期计划的重点是跟随发达国家的先进技术进行本国的基础研究。随着国内技术水平的不断提高，2003年韩国提前制定了为期10年（2003~2012年）的《第二期新能源和可再生能源基本计划》。第二期基本计划的目标是提升能源自给率以及构建新能源和可再生能源工业的基础设施，第二期基本计划还提出了2011年前新能源和可再生能源占韩国能源供应5%的具体指标（2003年开始实施计划时只占2.06%）。第二期基本计划的投资（包括贷款）约为118亿美元。考虑到未来的巨大市场潜力，第二期基本计划将太阳能电池、风能和氢燃料电池等列为优先发展领域。太阳能电池的重点是发展3千瓦的民用系统，风能的重点是发展750千瓦和1兆瓦的风力发电系统，氢燃料电池的重点是发展250千瓦商用燃料电池系统和3千瓦民用燃料电池系统。

第二期基本计划实施以来，国际石油价格的飞涨使全球能源环境产生了重大变化，原计划设定的目标和实际出现了较大的差距，于是韩国又开始拟定《第三期新能源和可再生能源基本计划》。第三期基本计划将把某些领域的工业化作为重点，同时，拓展新能源和可再生能源的出口市场。第三期基本计划于2009年推出，延续到2030年。

除了基本计划外，韩国还制定了专项计划。“10万户太阳能屋顶计划”提出，2012年前安装10万套3千瓦民用太阳能电池发电系统。另外，韩国《国家能源技术发展规划（2006—2015年）》也提出了4项指标：2013年使石油自给率达到18%；减少5%的能耗；减少1700万吨的CO_2排放；2011年前使新能源和可再生能源占全国能源供应的5%。还计划在2011年前投资9万亿韩元（约合94.75亿美元）用于新能源和可再生能源的研究与开发。到2030年，将新再生能源普及率从目前的2.24%提升至11%，并提高能源使用效率，将石油依赖度降低10%至33%。

韩国制定了多方面的经济激励政策，刺激新能源和可再生能源的发展。一是补贴政策。对于经过论证具有市场潜力的示范项目，政府补贴最高可达安装费用的80%；对于已经进入商业化阶段的项目，政府补贴最高可达安装费用的60%，其余由中央财政和地方政府补贴。为了促进地方引进新能源和节能项目，韩国于1996年提出了“地方发展补贴计划”。对于地方进行的可行性研究、人员培训和促进当地新能源发展的活动，最多可给予全额补贴。对于地方安装太阳能电池和风力发电机等新能源和可再生能源装置，最高补贴可达70%。二是贷款与税收优惠政策，促进新能源和可再生能源的产业化。制定了“贷款和税收激励计划”，向制造商和消费者提供长期低息贷款。装置贷款主要面向安装新能源和可再生能源装置的消费者，经营贷款主要面向制造商。贷款最高可达总投资的90%（大公司最高为80%）。另外，还有10%左右的投资可以从所得税或公司税中减除。据统计，2002年贷款额只有1698万美元，2007年已增加到1.2134亿美元。三是为了促进新能源和可再生能源的发展，韩国还制定了相关的法规。2002年韩国规定，政府机关和国有企业在兴建3000平方米以上面积的建筑物时，必须将5%以上的建筑投资用于安装新能源和可再生能源设施。据统计，从2004年3月至2007年底，已有254家公共机构提交了414项安装计划，政府已投资1.892亿美元用于新能源和可再生能源设施，其中，1.052亿美元用于地热，790万美元用于太阳热利用，7610万美元用于太阳能电池。2007年，韩国建筑投资为33.79亿美元，其中5.6%用于新能源和可再生能源。四是为了保证新能源和可再生能源产品的质量，韩国还对太阳热利用、太阳能电池、风力发电机、地热和燃料电池等5个领域中的21种产品实行了质量认证制度，到2007年底，已有66种型号的产品获得了认证。为了促进推广工作，2005年韩国还制定了“新能源和可再生能源开发、使用和传播促进法”。根据该法，到2007年底韩国已有2587家新能源和可再生能源服务公司注册。

强化新能源和可再生能源的研究与开发

韩国新能源和可再生能源的研究与开发大致可分为三个阶段：20世纪80年代末到90年代初是第一阶段，强调基础研究，科研机构和大学是重点资助对象。在这一阶段，科研机构的资助份额约为52%，大学为24%，企业为24%。90年代中期为第二阶段，重点是装置的设计与制造，所以企业成为资助的重点。在这一阶段，企业的资助份额达51%，科研机构为28%，大学为21%。20世纪90年代末到21世纪初是第三阶段，重点是促进商品化和产业化。

为了加快科技发展的步代，韩国又制定了《科学技术基本计划（2008—2012年）》，该计划提出了韩国在2012年成为全球第5大科技强国的政策目标，5年中，韩国将投资35万亿韩元（约合368.4亿美元）。在新能源和可再生能源方面，为了给下一代的新能源工业奠定坚实的基础，韩国将氢燃料电池、太阳能电池、风能和煤气化联合循环发电列为优先领域。另外，韩国还把生物能、太阳热能、垃圾能、地热能、水力和潮汐能等6个新能源和可再生能源领域列为近期有商业潜力的重点，并提出了相关的研究课题。

核能成为“绿色增长”新动力

与美国、法国等核电大国相比，韩国的核电发展虽起步较晚，但发展迅速。到2008年，韩国拥有20座核电站，在全世界居第五位，在发电总量中的比重达36%。而根据韩国政府公布的中长期能源基本计划，到2030年，韩国还将新建18座核电站，核能发电在发电总量中所占比例将达到59%。

用绿色光源点亮城市——韩国首尔

韩国第一座核电站，是在美国帮助下于20世纪70年代建成的。此后，韩国确立了实现设备和器材基本国产化、核燃料国产化的目标，并在建设过程中采用“国内公司主导”方式，最大限度实现国产化和技术自主。到2007年，韩国成为世界第三个具备自行研发第三代核电技术的国家。至此，韩国已完全掌握了核电的核心技术。

在核技术使用和安全方面，韩国是继美国、法国、日本、俄罗斯和德国之后的第6个国家。现在韩国的4座核电站安装了20个商业性核反应堆，国家核能发电最高超过每小时2万亿千瓦。

韩国2006年温室气体的排放量相当于6亿吨二氧化碳，在全世界排名第9，远远高于其经济总量的相应排名。根据《京都议定书》的规定，韩国减排温室气体的压力很大。而据国际原子能机构的研究报告，核能发电的二氧化碳排放量，比太阳能和风能发电还要少。因此，韩国政府认为，“便宜而干净的”核电是解决高油价和减排压力的“最可行方案”。

核电每一度电的成本比煤炭低，相当于石油的1/3，核电每年的燃料成本相当于天然气的1/40。韩国最早建成的古里一号核电站30多年来共发电2万亿度，如果换成用石油来发电，将需要增加155万亿韩元（1美元约合127 7韩元）的额外投入。韩国政府2008年提出“低碳绿色增长”的经济振兴方案，大力发展核能是其中一项重要内容。韩国政府认为，核能价格低、排放少，既能帮助韩国摆脱能源严重依赖进口的局面，也能成为引领韩国“绿色增长”的新动力。

与美国、法国等核电大国相比,韩国的核电发展虽起步较晚,但发展迅速。到2008年,韩国拥有20座核电站,在全世界居第五位,在韩国发电总量中的比重达36%。而根据韩国政府公布的中长期能源基本计划,到2030年,韩国还将新建18座核电站,核能发电在发电总量中所占比例将达到59%。韩国决心大力发展核电，不仅是为满足国内能源需求，也是为了提高在国际市场上的竞争力，韩国政府的目标是在未来世界核能发电市场中，韩国能占10%的份额。

1988年至2000年，韩国政府用于新能源研发的投资总额仅相当于1亿美元，而根据韩国政府的“核电新五年计划”，从2007年起的今后5年中，韩国政府将投资25.9亿美元，用于完善国产核反应堆的设计和发展核燃料技术，并鼓励国内的核电设备制造商进军国际市场。为此，韩国科学技术部专门组建由相关专家组成的核能技术出口支援团，对核能领域的技术、品种和出口展望等进行分析研究，提供海外推销援助活动。韩国希望将核电出口发展成继半导体、造船、汽车之后的又一大出口产业。

2007年1月，韩国宣布计划在未来5年花费2.44万亿韩元，建造国产的轻水核反应堆，发展燃料技术，计划在2035年时将核能依靠率提升至60%。

2008年8月，韩国政府计划至2030年底以前，新建11座新核电厂，以将核能发电设施比重从目前的26%提升至41%。并计划提高该国核能效率，包括自己生产低浓铀以及不产生钚的高温处理燃料循环方案。

太阳能发电异军突起

长期以来，韩国的能源主要依赖石油进口和核能发电，直到2004年，韩国的太阳能发电能力仅200kW。

随着国际能源价格不断飙升，韩国单纯依赖石油的能源结构受到严峻挑战而难以为继，替代能源作为一条出路日益受到重视和青睐。太阳能由于其自身优势和市场潜力被摆在各种再生能源的首位。中央和地方政府大力扶持，企业和社会积极响应并形成合力，使韩国的太阳能发电在短时间内异军突起，形成气候。

2005年，韩国的太阳能发电站为15座，发电装机容量138kW；2006年，分别发展为51座和9088kW；到2007年3月，发电站数量达66座，发电装机容量达10406kW。到2008年1月，韩国全国计划建设的太阳能电站总计达899座，是运行中的257座太阳能电站的3倍多；其发电装机容量为567MW，是现有电站装机容量的近10倍。这样的发展速度十分罕见。

建设太阳能电站“热”在韩国全国各地蔓延。2009年以来，庆尚南道金海、庆尚北道清道、全罗北道群山、忠清南道泰安等10多个地方政府先后宣布建设1.5MW级以上太阳能电站的计划。建设超大型太阳能电站的地方政府也不断涌现。全罗南道高兴郡与“STX能源”合作建设的太阳能电站达到40MW级，所产生的电力可解决郡内1.3万户家庭生活用电，占全部人口的1/3。

世界上最大规模的跟踪式太阳能发电站——新安东洋太阳能发电站，在韩国全罗南道新安郡智岛邑建成。该电站总投资约2000亿韩元，占地面积67万平方米，安装有13.0656万块太阳能电池板，发电规模为24兆瓦。与以往的固定式发电装置不同，该电站采用的是跟踪式聚焦太阳光发电装置，通过太阳能面板尾随太阳方向的变化而移动，从而延长聚集太阳光时间并提高聚光效率，使发电效率提高15%以上。此前，韩国国内最大的太阳能发电站是庆尚北道金泉市的18.4兆瓦级太阳能发电站，而世界最大规模的跟踪式太阳能发电站则当属西班牙的20兆瓦级太阳能发电站。新安东洋太阳能发电站平均每天发电4小时，年发电可达3.5万兆瓦，所发电力可供1万户家庭使用1年。此外，该电站运营后有望每年可以减少3万辆汽车约2.5万吨二氧化碳的排放。

韩国政府对太阳能发电的扶持政策主要包括：一是资金扶持。对太阳能发电设备、零部件生产、设施安装以及运营提供长期低息融资，以减轻企业初期投资的资金负担。比如，对太阳能发电设备和核心技术实用化项目，提供资金规模可达5亿至40亿韩元不等，利率为4.25%，偿还期最长达5年至10年，远比一般商业贷款优惠。二是技术扶持。鉴于核心技术是太阳能发电业发展的关键，韩国政府把政策重点放在扶持技术开发上。据韩国知识经济部公布，2008年对新生、再生能源技术开发的扶持资金总额达1994亿韩元，比2007年增长60%，其中对太阳能部门，决定每年给每个战略性技术研发项目拨款100亿韩元，最长扶持期长达5年，促使核心技术开发尽早突破和投入实用。三是差额补贴。太阳能发电站生产的电力由于成本因素价格居高不下，初期阶段只有依靠政府补贴才能发展起来。韩国政府采取的做法是：太阳能电站卖给国家电网的电价与政府公示标准电价之间的差价由政府补贴。目前，韩国政府对太阳能发电每千瓦时补贴677.38韩元，大大高于风力发电补贴额107.29韩元、水力发电补贴额86.04韩元和潮汐发电补贴额62.81韩元。

由此，韩国已经形成了“政府扶持、企业投资、地方参与”的太阳能发电发展模式。企业以中央政府政策支持为靠山投资建厂，地方政府则从工厂选址和用地方面提供方便；建成的电厂由企业独立经营15年至20年后将所有权移交给地方，由地方政府管理和经营。在这一模式当中，政府立足于培育国家替代能源产业，企业追求的是经营收益，地方政府则考虑吸引清洁能源投资、繁荣地方经济，三股绳扭在一起，形成了日益升温的“太阳能发电热”。

作为重点示范项目，韩国政府对“10万户太阳能住宅普及”项目持续给予大力扶持。对安装3kW以下太阳能发电设备的一般住宅和公共住宅，政府补贴总安装费用的60%，有些地方政府补助比例高达75%。2007年，享受中央政府安装费补贴的太阳能住宅发电量8046kW补贴总额达410亿韩元。2008年，韩国能源管理公团所属“新生、再生能源工业中心”又通过招标选定了17个专门企业和32个下游企业作为重点扶持对象。

大批企业投入，形成空前的“投资热”。目前进入太阳能发电领域的大型企业集团及其系列企业已达20家，其中三星、LG、现代、SK等一流大企业领军打旗，凭借资金、技术和经营优势，其势力迅速占据太阳能发电上下游产业主要地盘；一批中等中坚企业和中小企业纷纷跟进，力求在创新技术和协作配套领域崭露头角。大型企业、中坚及中小企业既竞争又合作，推动太阳能发电事业迅猛发展。

从成本核算来看，尽管由于政府补贴大，投资太阳能发电不会赔本，但不可能有大的收获；今后随着政府补贴减少，收益势必随之下降。然而，韩国企业算的却是“长远账”。它们认为，随着技术革新和核心关键技术的突破，目前过高的发电成本迟早会降下来。据测算，20世纪70年代太阳能发电每千瓦时生产成本高达60美元至70美元，进入2000年已降至3美元，并且还有持续下降的空间，因此，太阳能发电总有成为赢利产业的一天。

从市场前景看，三星经济研究所预测，到2010年，太阳能发电的海外市场规模将由2005年的150亿美元扩大到361亿美元，增幅达2倍多。另据业界分析，2004年至2007年，世界太阳能发电市场年均增长53.5%，到2010年仍将保持年均50%以上的高速增长。专业调查机构预测，到2010年，韩国国内太阳能发电市场规模有望从2007年的5000亿韩元猛增至5.3万亿韩元，3年里增长9倍多。韩国企业认为，在激烈的市场竞争中，要想多分一块“蛋糕”，唯有抢占市场先机。

2009韩国绿色能源展览会

从产业发展看，太阳能发电业从技术研发、原材料生产到发电设备制造和电站建设、运营，形成一个连接上下游产业的完整的产业链，足以成为一个新兴的“希望产业”；如果再加上清洁能源生产对环保及应对气候变化的经济和

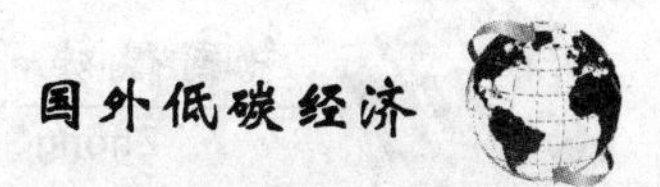

社会效益，太阳能发电业被视为“未来型产业”当之无愧。

三星集团2007年7月把太阳能发电作为六大新型产业之一纳入企业发展战略规划，决心将其培养成为“第二半导体产业”。为此，集团内部建立了由“三星电子”、“三星SDI”、“三星石油化学”和“三星爱宝乐园”组成的垂直的太阳能事业体制，分别负责太阳能电池、组件、太阳能材料多晶硅及太阳能发电设备安装与运营。作为首批成果，“三星物产”已在全罗南道珍岛建成了3MW级的大型太阳能电站“S0ls0luce珍岛”，并正式投入生产运营。“三星物产”宣称，随着珍岛太阳能电站建成、投产，“三星物产”已成为涵盖太阳能电池从原材料到成品制造和发电运营的太阳能发电中坚企业。

LG集团自2005年起进入韩国太阳能电站建设领域，先后在8个地区建成太阳能电站18所。以此为基础，该集团把太阳能发电作为“解决环境问题的希望产业”，确立了“全集团共同参与”的方针，建立了由“LG化学”生产多晶硅、“LG希特隆”生产膜片、“LG电子”生产太阳能电池、LGCNS负责开发规划、“LG太阳能”负责电站建设及运营的分工协作体制。LG集团所属企业“株式会社LG”斥资1100亿韩元，全资在忠清南道泰安建成LG太阳能发电站，由“LG太阳能”负责运营。该电站占地30万平方米，共安装太阳能集光板7.7万个，发电装机容量为14MW，是目前韩国最大的太阳能电站，生产的电力可供8000户家庭使用，年销售额预计为130亿韩元；每年可减少二氧化碳排放1.2万吨，由此可获碳排放权销售收益28.5万美元。LG集团对此并不满足，“LG太阳能”目前已提出建造太阳能电站新计划，使发电能力提高到100MW级水平。

韩国“现代重工”也把太阳能发电作为“新增长动力”，决定通过进军太阳能发电业改变以造船为主的单一结构，实现产业多边化。它自2008年2月起，投资340亿韩元，计划建造一座占地1.84万平方米的现代化太阳能电池工厂，所生产的电池年发电能力达30MW，相当于1万户居民一年的生活用电量，它还计划追加投资3000亿韩元，建设第二座太阳能电池工厂，使年电力生产量增至330MW。据预测，到2010年第二工厂建成投产后，销售额可达1万亿韩元。“现代重工”的目标是到2014年成为世界一流太阳能电池供应商。

“东洋制铁化学”从生产苯和炭黑等化工产品为主果断进军太阳能发电业，迅速成为太阳能电池和新材料多晶硅的主要生产厂家。该企业第一工厂目前正在运行，计划通过改进工艺将其生产能力由年产5000吨扩大到6500吨；第二工厂目前正在加紧建设。2008年7月，该企业又决定投资8800亿韩元建设年产1万吨多晶硅的第三工厂。三座工厂同时启动后，多晶硅年产将达到2.65万吨，跃居世界第二位。韩火集团所属“韩火石油化学”在庆尚南道蔚山建设的年产30MW规模的太阳能电池生产线正加紧施工，计划2008年下半年投入批量生产，该公司还计划在2015年以前投资8000亿韩元，增建1GW规模的太阳能电池生产线，同时，把经营范围扩展到多晶硅生产领域。

强化节能和低碳意识与行动

韩国政府和民间认识到，充分利用和节约能源是经济可持续发展的必由之路，先后在全国推广“绿色能源家庭”、“绿色照明”、“绿色发动机”、“绿色创意”和“绿色空调”等活动，通过签订“节能约定”等措施让企业、团体和公众主动参与节能。节能正在融入韩国人的生活，成为他们的自觉行动，1995年至2004年底，韩国总共节电140多亿千瓦时。

市民广泛参与是节能运动一大特点。韩国256个市民团体自发组成了一个叫作“市民能源联盟”的组织，在全国推动以节电为中心的节能活动。他们计划通过会员制，在2007年前吸收全国100万个家庭参加节能行动。联盟采取与家庭会员签订协议，确定每月节电计划，请电力公司定期核准，对节电优秀家庭进行表彰和奖励等办法，带动更多的家庭会员参与节电。联盟还计划吸收公共团体、商业单位和工厂企业参加节能运动，在全国实现每年节电120亿千瓦时、节约资金68亿美元的目标。

韩国政府采取了一系列节约能源对策。其中包括对全国1万户家庭推行节约能源有奖的措施，节约的部分由政府返还现金；鼓励轿车开9天停1天，根据车牌号尾数，每天有一个尾数的小轿车不上路；韩国政府还规定，要求政府官员每周抽出一天时间作为“无车日”，不得开车上班。违反规定的公务员不会面临罚款，但是他当天不准进入政府办公大楼、国营机构和当地政府办事处；所有电梯隔层运行，深夜影院、桑拿浴场等限制开放时间；减少高尔夫球练习场、游乐场所、百货商场等的装饰照明；对消耗能源高的工厂实行电力供应限制；把节约能源奖励制度扩大到全国所有家庭和企业等。对新近竣工的建筑物，韩国政府决定从2006年起实施“能源效率等级认证”制度，建筑物在交易时必须同时交接“能源效率等级评价书”。

韩国政府还将允许银行向个人投资者提供“绿色储蓄”和“绿色债券”等金融产品，并设立一个总额为5000亿韩元（约合4亿美元）的“绿色基金”，以投资于制造节能产品的公司。

韩国政府预计，新措施的实施每年将节省约1600亿韩元（约合1.68亿美元）的能源开支。

以色列低碳经济

以色列是个地域小国，也是个能源小国。由于特殊的地缘政治原因，以色列的能源进口只能舍近求远。除少量天然气之外，以色列全部化石燃料依靠进口，97%的能源依赖进口，且未发展民用核电。尽管大力发展新能源，能源自给率略有提高，但进口比例仍高达93%。先天不足使以色列人有着强烈的危机感，一直在寻求能源安全和保障，并且走在能源技术创新的前端。以色列这个石油富足地区“孤独”的贫油国，正在向清洁能源国家的行列迈进，形成了人与自然和谐的可持续发展模式，在稀缺的资源中寻求技术创新发展，为其他国家提供一些新的思路。

主要做法

依法强制推动。目前，以色列共有14部关于能源方面的法律法规及16个能效标准，其中大部分是强制性的。还不断完善在太阳能利用方面的政策，对太阳能热水器的生产和安装使用制定了严格的质量标准，并且建立了有效的质量监督保证体系。

强度投入。以色列政府计划于2008~2012年间投入1.2亿美元，鼓励企业发展以太阳能为主的可再生能源，以巩固其在新能源研发领域的领先地位。政府将投资2100万美元成立国家可再生能源技术中心，专门负责推动替代能源项目从筹备到融资的整个进程。以色列政府希望，2012年可再生能源企业年销售额可突破1.5亿美元。

以色列南部内盖夫沙漠地区的萨玛尔集体农庄的太阳能混合热电站高塔

目前，以色列风险投资基金筹资超过100亿美元，几乎每个硅谷的风险投资公司都在以色列境内寻找项目，其中对新能源技术的投资份额正在加大。高新技术产业既是以色列的经济支柱，也是实现国家能源战略的主力军。

科技创新。以色列政府一直斥巨资开发研究新能源技术。早在2007年，魏兹曼研究院就出台了一个跨学科的能源研究计划“可持续与替代能源研究计划”。现在，研究人员已经找到了如何利用氢能的新技术。利用最新太阳能技术，通过创造容易储存的中间能源的方法，使氢能的利用完成了从理论到实践的突破性过渡。此外，以色列主要的太阳能研究机构是魏兹曼研究院和本—古里安太阳能研究中心。魏兹曼研究院主要进行太阳能光热、光电、光化学利用、太阳能的吸收储存和输送等新技术，以及以太阳能为动力的激光器等高技术研发。本—古里安太阳能研究中心实际上是以色列太阳能光热和光电转换设施的演示中心和太阳能技术国际交流平台，拥有一流的科研实力和科技人员。以色列还在利用太阳能发电和产生其他燃料的研究方面加大攻关力度，不但在理论上取得了进展，而且已经将这些研究成果转化到了工业化试验生产阶段。这个计划之一的世界上第一个既能发电、又能供热的太阳能系统2009年4月在以色列落成并投入运行，成为“集成光伏技术”的研究的领先者。

太阳能——世界领先

以色列是当今世界上太阳能技术最为领先的国家，1949年刚建国时就招募了第一个太阳能技术开拓者。1986年，以色列就出台特别法令，要求每幢新造建筑必须安装太阳能热水器。这个拥有700万人口的国度里，有超过100万户的家庭使用太阳能装置。现在，以色列家用太阳能热水器拥有量在全球名列前茅。在首都特拉维夫、海法等城市，几乎所有建筑物顶上都密布着银白色的太阳能热水器，这是以色列一道独特的景观。但实际上，这只是以色列开发利用太阳能计划的一小部分。

以色列在每个家庭都安装太阳能光生电装置，将电力输送上网，这样，无数家庭连接起来就能构成一座大发电厂。而这些电力可以用来弥补城市用电高峰时段的电力缺口。2008年7月，以色列政府宣布在南部内盖夫和阿拉瓦地区大力发展可再生能源。一项在南部地区建造一座新的太阳能发电厂的提案，以满足未来20年以色列的新增能源需求，该提案包括对项目的税收减免、土地划拨、政府支持等优惠措施。

目前以色列安装使用太阳能热水器的总面积为300万m^2，为近100万座建筑物提供约70%的生活热水，年节约量约40t油当量。建造了20多个大型太阳能热水／水蒸气这样的系统。开展了被动式太阳房和沙漠建筑物的研究，内容也包括利用夜晚的天空辐射，使建筑物降温。以色列在太阳池的理论和试验研究方面均处于世界领先地位。太阳池适合大规模提取太阳能，建造场地应不致因为盐渗漏地下而污染地下水。为克服太阳池原有概念的局限，以色列专家又在研究一些新理论，如分层太阳池和蜂窝太阳池等。对太阳能发电的新概念能源塔（设施为一烟筒型巨型高塔，由顶部向进入塔中的干热空气喷淋海水，形成强烈的下降气流，推动塔底安装的风轮机发电）的研究正在做进一步的技术经济可行性评价。以色列的学者们还试图不采用传统的从化石类燃料中提取的方法，用太阳能制造甲醇。

世界首座再生能源公园。2008年，以色列在南部建造世界首座再生能源公园，利用当地丰富的太阳能和生物燃料资源为南部地区提供电力，同时作为教育基地普及再生能源知识。

太阳能气球发电器。以色列研发出了一种太阳能气球发电器，在缺乏建立传统发电系统所需土地和基础设施的地区，漂浮在高空中的巨型太阳能气球可提供一种廉价的发电方式。这种充氦的气球，表面贴满薄太阳能电池板，悬停在高达数百米的空中，利用电缆与变频器相连，从而通过变频器电力转换为家庭用电。

地热。以色列在地热发电设备的制造方面也处于世界领先地位，生产了数千套可以利用低温热源发电的小型发电设备销售到40多个国家，大部分用于地热发电，一小部分用于太阳能热力发电。一些以色列高科技公司，如太阳能组件公司BrightSource，都已将自己的业务扩展到了美国，并走向世界。

以色列新能源技术测试中心

沼气。以色列与巴西、中国不同，沼气的制取和使用不在分散的农户家庭，而是和大型污水处理工程结合在一起，成为这类环保工程项目的一部分。污水厂有大型沼气发酵罐，将污水中浓缩出的有机物高温厌氧发酵产生沼气，并作为燃料推动燃气轮发电。发出的电力供厂内自用。

印度低碳经济

印度是一个油气资源相对匮乏的国家，已探明的油气资源储量仅占世界的0.8%，所需原油的70%依赖进口。与此同时，印度作为全球人口第二大国和“四大金砖国家”，近年来经济取得了迅猛的发展，对能源需求也逐步加大。

在日本举行的G8会议上，作为世界第四大温室气体排放国印度，反对获得G8支持的全球在2050年以前将温室气体排放量减少一半的目标，并严厉批评了G8没有能够明确说明富裕国家的责任所在。同时，印度与其他国家合作，寻求一条结合经济发展与防止气候变化的最为成本低廉的途径。

2008年6月30日，印度公布了《有关气候变化的国家行动计划》，提出了长期战略，以保证能源安全以及可持续发展。计划列出了8项优先任务，包括提高能源使用效率，发展一个“绿色”印度来刺激经济发展，并承诺印度的人均排放量将不会超过发达国家的平均水平。

政府表示，印度的国家气候变化行动方案是国内行动，除双边或多边援助项目外，印度不会接受任何有约束力的限期减排目标的国际监督，但愿意在哥本哈根会议上讨论发达国家的减排任务。

近年来，印度新能源和低碳经济取得了明显进展。早在2005年，印度就制定了新能源政策，通过利用太阳能、水电、核能和其他类型的能源，保障印度在2030年前实现能源独立。其中使用铀燃料的核反应堆数量应在2030年前增加10倍。到2012年可再生能源将占印度电力需求的10%。印度总理曼莫汉·辛格在公布应对全球变暖的政策时宣告，将重点开发可再生能源。

阳光工程谋求世界领先

印度拥有充足的太阳能资源——它每年的日照时间为2300~3000小时（超过5000万亿千瓦时），并且全国不同地区的日均入射太阳能是每平方米4~7千瓦时。

印度现已有超过19个太阳能光伏电池制造厂投入生产，印度当前的太阳能发电装机容量只有3兆瓦，33座发电厂可供应的电网互动太阳能电力累计总量为2.125MW左右，已经安装了额外的145万套分布式离网太阳能PV系统（累计容量约125MW）。

2008年6月，印度政府实施的“气候变暖国家行动计划”中，包含了勾画印度未来40年太阳能发展路线图的“国家太阳能计划”。根据该计划，印度将在严重缺电的农村和郊区迅速搭建小型太阳能系统、太阳能照明系统以及大型太阳能工厂，尽快降低成本并鼓励本国制造太阳能产品，力争在2020年使太阳能发电成本与传统能源相当，并在2050年之前取代煤炭、石油等传统化石能源，成为印度主流能源。这一计划的具体目标是：2020年，印度全国太阳能发电装机容量达到2万兆瓦，2030年达到10万兆瓦、2050年则达到20万兆瓦。“20万兆瓦”是一个令当前全球各国都会感到遥远的数字，如果这一切变成现实，印度将成为全球太阳能领域的领先国家。

印度“国家太阳能计划”划分为3个发展阶段：

第一阶段（2009—2012年） 迅速扩大太阳能应用规模、降低发电成本，在全国，特别是农村、郊区等严重缺电的地区大范围安装太阳能设备，同时提升太阳能产品的制造能力，以“普及率”换取太阳能发电成本的下降，为下一步的发展夯实基础。大力推广商用太阳能光伏发电厂；强制要求政府机关、公共机构安装太阳能屋顶或光伏设备。同时鼓励商用和工业建筑安装屋顶太阳能设备；强制规定太阳能发电量必须占全国所有以煤、天然气、石油为基础的电厂发电总量的5%以上；强制要求在现有电厂（火电厂和非火电厂）的空闲区域安装太阳能设施；引进净计量电价机制，鼓励工商及政府机构采用太阳能发电设备解决白天用电高峰时的电力紧缺问题；在民宅和商业建筑中鼓励用光伏板为现有的太阳能逆变器充电，以改善当前逆变器充电方式造成的平均达30%的电力流失；修建并网太阳能实验工厂；通过包括微融资在内的市场机制进一步扩大城市和农村的太阳能照明系统，计划在2012年之前让

印度光伏电

300万家庭用上太阳能照明系统，并着手修建太阳能充电站。印度政府预计将为这一推广计划投入120亿卢比（约合2.5亿美元）的资金；推广太阳能供热系统，计划在2012年前在700万平方米的建筑面积上安装太阳能集热器；为印度全国范围内的医院、酒店、疗养院等功能性建筑强制安装太阳能热水器；建立太阳能产品制造厂和科技园区。

第二阶段（2012—2017年）太阳能技术投入大规模商用。经测试具备应用潜力的太阳能技术和设备全面投入市场，特别是太阳能的并网应用。下一代的太阳能技术的研发将得到进一步的重视，包括碟式/斯特林太阳能热发电系统、集光型太阳能发电在内的先锋技术研发力度将进一步加强。继续推广太阳能照明和供热系统的市场化应用。力争在2017年之前，让太阳能发电装机容量达到6000～7000兆瓦。

第三阶段（2017—2020年） 政府不再资助太阳能发展，真正融入市场。太阳能发电成本降至与传统发电成本相当的水平，实现太阳能“电网平价”。推动太阳能蓄热技术的全面商用，但印度政府认为这可能还需要进一步的资金资助。前两个阶段通过科研项目获得的先进的太阳能光伏和光热技术，亦将投入大规模商用。2020年之前，全国的太阳能发电装机容量将达到2万兆瓦。

印度政府预计未来30年的总投资将达到9248.3亿卢比（约合19.5亿美元）。2012年前的投入约为10.5~12.6亿美元，到2017年增加到25~31亿美元。这些资金将主要通过太阳能基金募集，印度政府仅在该计划实施的第一阶段提供500亿卢比(约合10.5亿美元)的启动资金。

为了有效地执行“国家太阳能计划”，印度政府还计划特设一个分管机构——太阳能管理局，这个机构将全权负责印度太阳能战略的每一个细节。印度新能源与可再生能源部（MNRE）将对太阳能管理局进行必要的指导和监管。

2020年之前，印度“国家太阳能计划”将需要约10万名受过良好教育的相关人才，专业涉及工程建筑、管理以及太阳能技术与研发。为此，印度政府将发起一个奖学金项目，在全国范围选拔100名工程师及技术人员，将他们送到国外一流学府深造，政府还将促进国内外相关领域的交流。除此之外，印度理工学院（IIT）及其他高级工程大学也将参与太阳能专业培训课程的设计和研发，相关费用由政府承担。这些培训课程将被分为本科、硕士、博士三个等级分别授课。

风力发电居世界前列

印度政府在1995年发布了风能开发的综合性指导方针，目的是保障风能产业健康有序地发展，高效低成本地开发电力资源。1996年和1997年对这一指导方针又进一步修改和补充，内容涉及如何准备详细的项目报告、如何选址、风力涡轮机设备的选择、操作与维护、运行情况的评估等，对计划性开发和改进风力发电项目起到了很好的指导作用。2005年印度风能装机容量为443万千瓦，位居亚洲第一。2006年超过传统风电强国丹麦，跃居世界第四位，达到627万千瓦。到2012年，印度风力发电装机容量将达5000MW。

发挥示范项目先导作用。印度非常规能源部为鼓励小型私营机构和个人对风力发电的投资，采取了建立风能开发联合公司（风能创业园）的方式，在马哈拉施特拉邦和西孟邦等 8 个州的23个地区实施了风力发电示范项目计划。在示范项目中，不同种类和不同设计的风力涡轮机在风电场上运行；为国产技术和引进技术的国产化提供了实验场所，从风力发电场的计划、选址、布局、结构设计、基础设施和电网安排，到电量控制、传输、测试和维修等，示范项目为大规模商业化风力发电场的运行提供了经验。 示范项目主要由州政府和州一级电力委员会负责实施。风力发电机的60%成本，包括零部件和安装费用由印度非常规能源部承担。印度非常规能源部为支持示范项目专门设立了资助标准，即每兆瓦3200万卢比（约80万美元），项目开支的其余部分由有关州承担。

目前示范项目的实施已达到了预期的效果。不但推动了风力发电技术的推广和应用，而且使风力资源评估计划不断扩大。此外，印度非常规能源部还计划支持一些发展中国家和邻国建立风力发电示范项目。印方承包风力涡轮机设备、零件和安装的全部费用，其余费用则由当地国家承担。目前印度已经得到了印度尼西亚和阿根廷方面建立示范项目的要求。

建立风能技术中心。印度在泰米尔纳杜州的钦奈建立风能技术中心。这是一个专门从事研究与开发、技术更新、测试、认证、标准化、培训和信息服务的自行管理机构。印度政府希望通过风能技术中心与工业界的合作，不断提高风能开发的技术水平，降低运行成本，提高运行效率，增强国产风力发电设备的竞争力，努力降低风能发电成本，从而减少风能开发对国家财政投入的依赖。

项目的监察与评审。印度政府有关机构对风力发电项目定期监察。每月都要发表和登记示范项目和商业项目运行情况和评估报告。非常规能源部的官员定期到各项目执行地区考察，进行现场评估和检查。定期举行风力发电场协调会，对不同项目的进展进行检查。为有效评估和监察，印度政府还制定了一套“风电场运行评估”措施，按月、季度和年度对运行情况进行考察和总结。

推广与培训。在印度，“赤脚太阳能工程师们”正在农村地区普及电力。该项目旨在培训妇女掌握安装、使用太阳能装置的技能，帮助当地村民自给自足。许多来自印度、阿富汗、加纳和叙利亚的农村妇女在这里接受使用太阳能的培训，再将所学知识传授给她们的同伴。

生物质能源颇具特色

印度政府为解决能源和环境问题带来的挑战，也为了促进农村经济的发展，已将生物柴油、乙醇、生物燃料气和生物合成气等生物燃料的发展置于非常重要位置。其中生物柴油和乙醇因具备大规模发展的条件而备受政府支持。印度的原油加工能力为1.27亿t/a，2004年生产柴油4488万吨、汽油1100万吨。

印度计划委员会于2002年7月成立了生物燃料领导小组，领导小组经过调研制订了印度生物燃料的发展方针，即发展大型项目、走产业化道路、制定质量标准、注重市场推广和研究开发。领导小组筛选JatrophaCurcas（多年生耐旱型木本植物，适于在贫瘠和边角地栽种，栽植简单、管理粗放、生长迅速，果实采摘期长达50年，果实的含油率为37%）作为最有种植潜力的油料作物品种。领导小组还起草了生物柴油国家发展规划，计划到2011～2012年间，实现生物柴油替代20%石油柴油的目标，届时，JatrophaCurcas的种植面积将达到500万公顷。

新德里太阳能三轮车

印度计划委员会还制定了生物柴油国家发展规划实施路线图，为两个阶段：2003～2007年是示范项目阶段，在此期间，政府作为首要推动者，负责所有环节的规划和运作。该阶段的主要工作是探讨种植、脱粒、提炼、转化、调和、市场开发、产品质量和制度安排等环节存在的问题和解决办法。2007～2012年是自主发展、扩大生产阶段，目标是实现大规模种植JatrophaCurcas，并把种植范围扩大到全国，从而能够生产出足够多的植物油来生产生物柴油。

为贯彻实施路线图，印度政府将各有关部门调动起来，建立了组织实施网络。这个网络由协调委员会为最高机构，

下设执行委员会统领种植部、生产部、贸易部和研发部等四个部门。这四个部门分别还有各自的下属部门，将规划最终落实到执行具体任务的公司、政府部门、相关组织或个人身上。

按照实施路线图，到2007年，印度将生产150万t JatrophaCurcas种子，榨取48万吨JatrophaCurcas油，在种植环节创造1.244亿个人工，在脱粒环节每年创造3680万个人工，使55万个农村家庭脱贫。

从印度政府成立生物燃料领导小组至今的三年期间，生物柴油产业已呈现出蓬勃发展之势，甘蔗发电尤为可观。印度是世界甘蔗种植大国之一，每年种植甘蔗达400万公顷，糖厂每年产生的甘蔗渣就达4000万吨。利用甘蔗渣发电可以很方便地输往四周的农村家庭。地方发电可以大大降低传输费用、输电损耗和线路负担。地方电厂用1单位热量的甘蔗渣发电产生的效率，就相当于中心发电系统用2单位的矿物燃料发电和输送电力的效率。印度政府认识到地方甘蔗渣发电的这些优势后，开始调整电力政策，印度国家电力委员会在20世纪末废除了几十年来对地方发电的歧视政策，采取了非集中发电的治理规则，并开始大力提倡农村地区利用甘蔗渣发电，鼓励私营企业投资建厂。目前印度制糖业已建了87家甘蔗渣发电厂，总发电能力为710兆瓦。假如这些电力由中心电力系统提供，由于在输电过程中会有损耗，将需要矿物燃料发电922兆瓦，而且新的用于发电和输送电力的中心投资将超过15亿美元。

这些甘蔗渣发电厂改变了数十万印度农村家庭的生活，在卡纳塔克邦、泰米尔纳德邦、北方邦和安德拉邦，甘蔗渣发电正在成为当地电力供给的主要来源。成本价格比利用煤炭、石油等发电和输送到农户家中的电费要低31%，从而使印度农民每年减少9.23亿美元的电费支出。

从废气排放方面看，甘蔗渣燃烧排放出的含硫废气几乎可以忽略不计，而煤炭、石油等矿物燃料的废气排放很严重。假如不利用甘蔗渣发电，而是把甘蔗渣作堆肥，就会产生大量的沼气，对温室效应的影响要超过甘蔗渣发电的27倍。印度已建和在建的甘蔗渣发电厂每年将使印度的二氧化碳排放量减少550万吨。

澳大利亚低碳经济

澳大利亚是世界最大的煤炭出口国和排在第16位的碳排放国家，全国大约83%的电力为火电，其碳排放量约占全球排放总量的1.5%，人均碳排放量第4位。

2007年之前，澳大利亚政府一直拒绝批准《京都议定书》。2007年12月，陆克文在宣誓就任澳大利亚第26任总理的当天，就批准了《京都议定书》，使澳大利亚于2008年3月前成为《京都议定书》的正式成员，并采取一系列重要行动，开创低碳未来。

从2008年7月1日起，澳大利亚实行“澳大利亚国家温室气体和能量报告制度”，温室气体排放“大户”企业必须监控、测量及报告其温室气体排量。

2008年12月15日，澳大利亚政府发布了《降低碳污染计划》政策白皮书。白皮书中列出了澳大利亚中长期降低温室气体排放的目标和实现这些目标的主要途径——澳大利亚温室气体排放贸易机制计划。到2020年，温室气体排放量将在2000年的水平上最少降低5%、最多降低15%。这相当于较1990年的水平降低了4%~14%，从而推动澳大利亚实现到2050年温室气体排放量在2000年的水平上降低60%的长期目标。无论国际协商的进程如何，在2000年的水平上降低5%这个最低线都是一个无条件的承诺。这个目标范围兑现了澳大利亚在《东京议定书》中12%~22%的承诺，意味着温室气体

在澳大利亚建造的另一座高达千米的“太阳塔”

在澳大利亚达尔举办的世界太阳能车挑战赛全部用车均为纯太阳能驱动

排放量从2010年相当于1990年的108%的水平降低到2020年相当于1990年的86%~96%的水平。

根据《降低碳污染计划》，澳大利亚正在建立世界上最全面、最强健的温室气体排放贸易机制。这个机制将覆盖澳大利亚温室气体排放量的75%，并将在实施之初拍卖一大部分许可，在2010年开始欧洲以外规模最广的碳交易。

——投资45亿美元，鼓励通过“太阳能家园”和“社区计划”等规划，支持清洁能源发电和新技术发展，到2020年使20%的电力来自可再生能源。其中24亿美元投到低排放煤炭技术，其中包括20亿美元的新资金到“碳捕获和储存旗舰（CSS）计划”内的CCS的工业项目上。2009年的财政预算案里投资到清洁能源的全新资金达35亿美元。

——启动“全球碳捕集与储存计划”，建立全球CCS技术研究所和旗舰计划，将使澳大利亚成为保持世界领先地位的开发低排放煤炭技术的国家。这项计划包括为促成日本G8峰会达成的减排目标而投入1亿澳元(约8000万美元)，建立一个全球二氧化碳捕集、储存与研究中心，支持澳大利亚的大型工业规模示范项目，推动碳捕集与储存技术和知识在全球的推广。

——拨款4.65亿美元，建立“可再生的澳大利亚研究所”，促进发展、商业化和部署可再生能源技术。

——推进“太阳能旗舰计划”，投资14亿澳元（合10.5亿美元），建造全球最大的1000兆瓦的太阳能发电站，为目前世界上运营的规模最大的太阳能项目的3倍。并在国家电网基础上兴建4个独立发电厂，使这成为太阳热能和太阳能光伏发电（PV）技术的示范项目，发电能力等于甚至大于目前的火电站。到2020年，“可再生的澳大利亚”研究所将在世界各地参与营运20个工业规模CCS项目。

——澳大利亚是现代森林碳元素测量系统中的开拓者。澳大利亚与“克林顿气候计划”达成新的合作关系，“克林顿气候计划”选择了澳大利亚国家碳计算系统（NCAS）作为在发展中国家全面展开的平台，进行全球碳元素监控系统的开发，用于帮助发现在全球碳市场范围内的可持续森林管理和造林措施。

——在国外，澳大利亚实施了一系列计划，为全球解决方案做贡献，包括为本地区脆弱的国家提供可观的援助，帮助其适应不可避免的气候变化。澳大利亚还通过2亿澳元的“国际森林碳计划”参与国际缓解气候变化的努力，为降低发展中国家森林采伐和森林退化造成的温室气体排放提供支持。

2009年6月4日，澳大利亚下议院通过了政府的二氧化碳污染减少计划。此后，澳大利亚上议院通过了政府的二氧化碳污染减少计划。澳大利亚政府计划到2020年前使澳大利亚碳排放比2000年的水平减少5%~15%，并且当哥本哈根会议达成全球协议后将此目标增加至25%。

统计数据资料

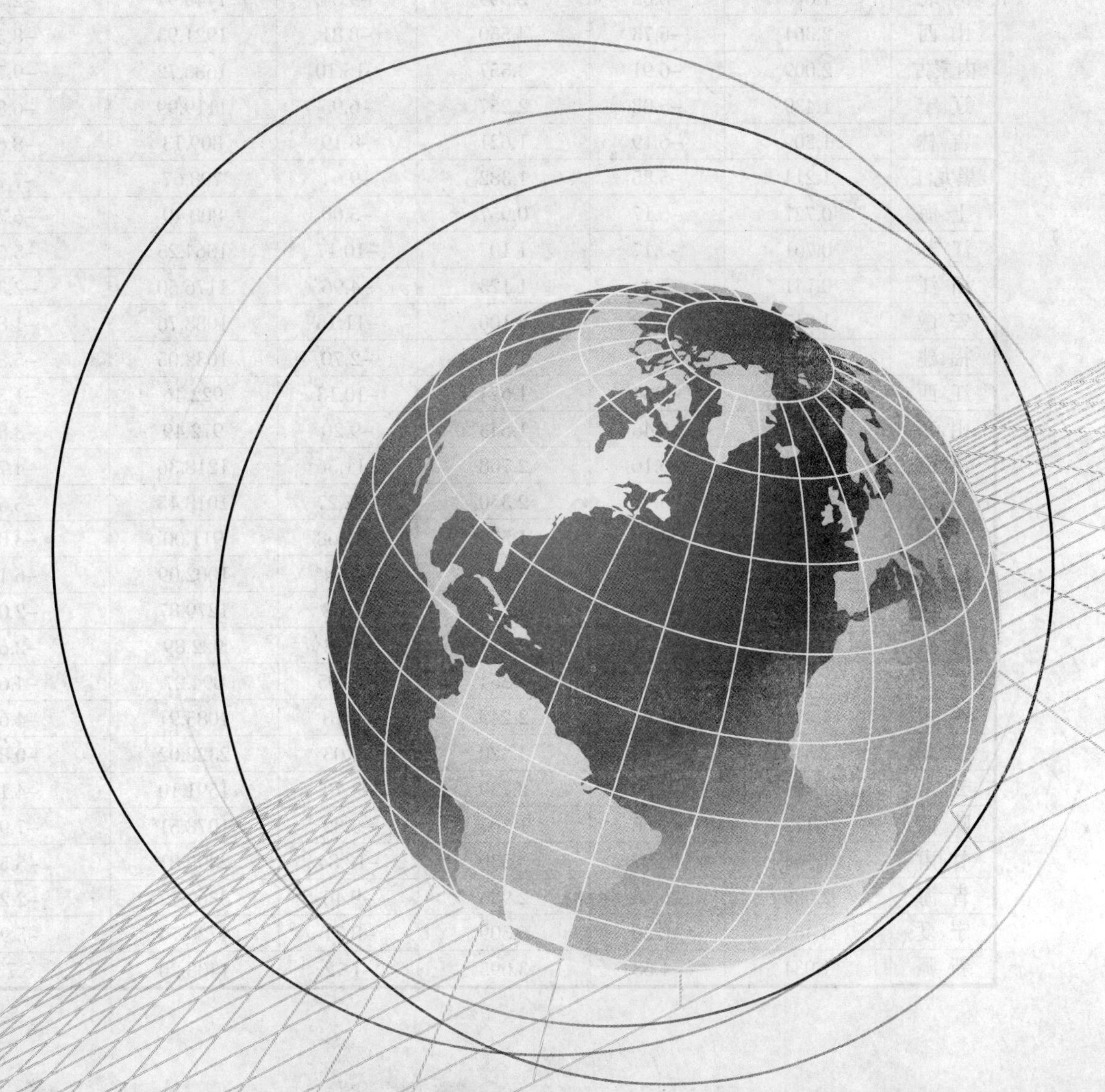

2009年各省、自治区、直辖市单位国内生产总值（GDP）能耗等指标公报

国家统计局　国家发展和改革委员会　国家能源局

（2010年7月15日）

	单位GDP能耗		单位工业增加值能耗		单位GDP电耗	
	指标值(吨标准煤/万元)	上升或下降（±%）	指标值(吨标准煤/万元)	上升或下降（±%）	指标值（千瓦时/万元）	上升或下降（±%）
北 京	0.606	–5.76	0.909	–12.30	681.85	–2.74
天 津	0.836	–6.03	0.911	–13.54	782.88	–8.49
河 北	1.640	–5.02	2.999	–9.54	1449.94	–2.52
山 西	2.364	–5.73	4.550	–8.81	1921.93	–8.50
内蒙古	2.009	–6.91	3.557	–15.10	1686.72	–9.73
辽 宁	1.439	–5.08	2.257	–6.95	1119.99	–6.82
吉 林	1.209	–6.19	1.621	–8.19	809.13	–8.64
黑龙江	1.214	–5.85	1.382	–9.64	798.67	–7.72
上 海	0.727	–6.17	0.957	–5.00	808.49	–6.39
江 苏	0.761	–5.17	1.107	–10.17	1064.25	–5.50
浙 江	0.741	–5.41	1.123	–4.96	1176.50	–2.33
安 徽	1.017	–5.39	2.100	–11.13	1088.76	–1.83
福 建	0.811	–3.81	1.150	–2.70	1032.05	–5.87
江 西	0.880	–4.54	1.674	–10.13	922.46	–1.52
山 东	1.072	–5.46	1.543	–9.20	972.49	–3.86
河 南	1.156	–6.16	2.708	–11.56	1218.36	–4.79
湖 北	1.230	–5.97	2.350	–12.27	1018.45	–5.52
湖 南	1.202	–5.10	1.570	–13.68	911.00	–3.05
广 东	0.684	–4.27	0.809	–6.94	1002.09	–6.13
广 西	1.057	–4.43	2.235	–6.68	1279.87	–2.00
海 南	0.850	–2.81	2.613	–4.53	922.89	–2.61
重 庆	1.181	–5.50	1.854	–11.95	894.27	–4.69
四 川	1.338	–5.83	2.249	–9.18	1085.91	–4.66
贵 州	2.348	–4.12	4.320	–0.03	2328.02	–0.83
云 南	1.495	–4.60	2.739	–3.78	1591.10	–4.16
陕 西	1.172	–4.56	1.367	–5.82	1078.51	–7.98
甘 肃	1.864	–6.97	3.530	–12.84	2398.81	–5.55
青 海	2.689	–6.46	2.936	–9.46	3862.12	–2.24
宁 夏	3.454	–6.26	6.509	–8.71	4720.74	–5.90
新 疆	1.934	–1.53	3.095	–1.72	1408.20	5.73

2009年各省自治区直辖市节能目标完成情况

国家发展和改革委员会

（2010年6月21日）

单位：%

地区	2009年万元地区生产总值能耗降低目标	2009年万元地区生产总值能耗降低率	“十一五”前四年万元地区生产总值能耗累计降低率	“十一五”节能目标完成进度
北　京	4.00	5.57	23.34	119.14
天　津	4.00	6.03	20.07	100.39
河　北	5.00	5.02	17.21	84.62
山　西	5.60	5.72	18.28	81.23
内蒙古	5.00	6.91	18.82	83.90
辽　宁	4.00	5.08	16.64	81.55
吉　林	5.00	5.98	17.47	77.29
黑龙江	5.00	5.61	16.39	80.23
上　海	3.60	6.17	17.12	84.14
江　苏	4.60	5.17	17.51	86.28
浙　江	4.00	5.41	17.36	85.42
安　徽	4.00	5.13	16.13	78.82
福　建	3.20	3.52	13.22	81.32
江　西	4.00	4.54	16.68	81.79
山　东	5.45	5.46	18.51	82.39
河　南	4.80	6.02	17.03	83.65
湖　北	4.40	5.84	18.46	91.43
湖　南	4.50	5.02	18.20	90.02
广　东	3.70	4.14	13.77	84.99
广　西	3.40	4.43	13.48	89.10
海　南	1.00	2.78	7.12	57.75
重　庆	4.70	5.50	17.13	84.19
四　川	3.80	5.83	16.36	80.05
贵　州	4.30	3.95	15.00	72.84
云　南	4.30	4.60	14.11	81.63
西　藏	2.50	2.67	9.60	78.99
陕　西	4.50	4.56	17.24	84.78
甘　肃	5.20	6.82	17.32	85.21
青　海	5.00	6.46	12.53	71.84
宁　夏	4.00	6.04	16.36	80.04
新　疆	2.00	1.53	8.55	40.05

注：1. 2009年万元地区生产总值能耗降低目标依据各省、区、市人民政府确认函；

2. 2009年万元地区生产总值能耗降低率依据国家统计局初步核算数（西藏自治区2009年万元地区生产总值能耗降低率数据由西藏自治区提供）。

2009年国家统计局统计数据（选录）

国家统计局提供

一、自然资源

表1-1 自然状况

项　　目		2009
国土		
国土面积	（万平方公里）	960
海域面积	（万平方公里）	473
海洋平均深度	（米）	961
海洋最大深度	（米）	5377
岸线总长度	（公里）	32000
大陆岸线长度		18000
岛屿岸线长度		14000
岛屿个数	（个）	5400
岛屿面积	（万平方公里）	3.87
气候		
热量分布	（积温≥0℃）	
黑龙江北部及青藏高原		2000-2500
东北平原		3000-4000
华北平原		4000-5000
长江流域及以南地区		5800-6000
南岭以南地区		7000-8000
降水量	（毫米）	
台湾中部山区		≥4000
华南沿海		1600-2000
长江流域		1000-1500
华北、东北		400-800
西北内陆		100-200
塔里木盆地、吐鲁番盆地和柴达木盆地		≤25
气候带面积比例	（国土面积=100）	
湿润地区	（干燥度<1.0）	32
半湿润地区	（干燥度=1.0-1.5）	15
半干旱地区	（干燥度=1.5-2.0）	22
干旱地区	（干燥度>2.0）	31

注：1. 气候资料为多年平均值；

2. 岛屿面积未包括香港、澳门特别行政区和台湾省。

表1-2　主要矿产基础储量

项　目	2009
石油　(万吨)	294919.8
天然气　(亿立方米)	37074.2
煤炭　(亿吨)	3189.6
铁矿　(矿石，亿吨)	213.0
锰矿　(矿石，万吨)	18576.6
铬矿　(矿石，万吨)	522.5
钒矿　(万吨)	1258.9
原生钛铁矿　(万吨)	23291.4
铜矿　(铜，万吨)	2951.0
铅矿　(铅，万吨)	1340.1
锌矿　(锌，万吨)	3838.5
铝土矿　(矿石，万吨)	83923.9
镍矿　(镍，万吨)	281.8
钨矿　(WO_3，万吨)	228.7
锡矿　(锡，万吨)	143.5
钼矿　(钼，万吨)	444.8
锑矿　(锑，万吨)	76.5
金矿　(金，吨)	1909.7
银矿　(银，吨)	38448.5
稀土矿　(氧化物，万吨)	1859.1
菱镁矿　(矿石，万吨)	207981.8
普通萤石　(矿物，万吨)	4401.3
硫铁矿　(矿石，万吨)	162133.4
磷矿　(矿石，亿吨)	31.7
钾盐　(KCl，万吨)	35840.9
盐矿　(NaCl，亿吨)	1730.6
芒硝　(Na_2SO_4，亿吨)	90.8
重晶石　(矿石，万吨)	9537.2
玻璃硅质原料　(矿石，万吨)	147172.9
石墨　(矿物，万吨)	5432.0
滑石　(矿石，万吨)	12755.6
高岭土　(矿石，万吨)	63593.1

注：本表资料由国土资源部提供。其中，石油和天然气的数据为剩余技术可采储量（下表同）。

表1–3 各地区主要能源、黑色金属矿产基础储量(2009年)

地区	石油	天然气	煤炭	铁矿	锰矿	铬矿	钒矿	原生钛铁矿
	(万吨)	(亿立方米)	(亿吨)	(矿石,亿吨)	(矿石,万吨)	(矿石,万吨)	(万吨)	(万吨)
全国	294919.8	37074.2	3189.6	213.0	18576.6	522.5	1258.9	23291.4
北京			7.0	3.0			0.2	7.1
天津	3436.8	311.1	3.0					
河北	26380.7	294.0	56.3	35.7	4.8	6.9	13.7	373.4
山西			1055.5	5.8	12.9			
内蒙古	7618.3	6721.3	772.7	15.8	568.7	126.7	0.8	
辽宁	14937.7	187.1	43.8	70.2	1364.6			
吉林	18223.6	677.0	12.8	2.4	0.4			
黑龙江	54519.9	1338.0	69.0	0.4				
上海								
江苏	2568.1	22.6	14.5	1.8			5.4	
浙江			0.5	0.2				
安徽	180.9		83.7	7.3	9.5		8.3	
福建			4.2	3.6	69.8			
江西			7.2	1.7			2.2	
山东	32636.3	353.8	82.1	9.7				99.5
河南	5051.9	84.1	114.7	1.7				0.5
湖北	1224.1	4.4	3.3	3.9	857.1		49.8	
湖南			18.9	1.6	5881.6		226.1	
广东	8.3	0.3	1.9	1.2	215.8			
广西	181.7	3.4	7.7	1.1	3848.1		171.5	
海南	2.7	2.5	0.9	0.3				
重庆	161.7	1969.8	21.3		1806.9			
四川	105.1	6487.0	52.3	28.9	32.1		689.8	22763.3
贵州		4.5	128.1	0.5	2479.6			
云南	12.2	2.5	77.5	4.2	582.4	0.1	0.1	
西藏			0.1	0.3		209.1		
陕西	22490.2	5658.7	268.7	4.1	287.5	1.1	0.9	
甘肃	13798.8	163.6	58.4	3.9	132.4	125.1	89.9	
青海	4361.7	1377.3	20.0	0.1		0.8		
宁夏	190.9	2.2	55.5					
新疆	46664.0	8354.1	148.0	3.6	422.4	52.7	0.2	47.6
海域	40164.5	3054.8						

表1-4 各地区湿地面积

地 区	湿地面积（千公顷）	天然湿地					人工湿地	湿地面积占国土面积比重（%）
			近岸及海岸	河 流	湖 泊	沼 泽		
全 国	38485.5	36200.6	5941.7	8207.0	8351.6	13700.3	2285.0	4.01
北 京	34.4	5.0		5.0			29.4	1.93
天 津	171.8	133.7	58.1	55.1	12.3	8.2	38.1	14.95
河 北	1081.9	1042.3	278.8	319.3	307.2	136.9	39.6	5.82
山 西	499.9	462.2		454.1	8.1		37.7	3.19
内蒙古	4245.0	4200.8		607.5	495.2	3098.1	44.3	3.66
辽 宁	1219.6	1106.8	738.1	252.2	6.3	110.2	112.9	8.37
吉 林	1203.4	1016.4	5.8	581.4	74.5	354.7	187.0	6.37
黑龙江	4314.8	4182.8		460.7	401.9	3320.3	132.0	9.49
上 海	319.7	319.4	305.4	7.2	6.8		0.3	53.68
江 苏	1674.7	1651.1	843.5	203.3	604.2		23.6	16.32
浙 江	802.2	695.9	574.3	118.5	3.0	0.1	106.3	7.88
安 徽	653.9	590.0		239.5	350.5		63.9	4.73
福 建	443.0	421.2	370.6	31.1	19.5		21.8	3.65
江 西	998.8	872.9		314.9	443.2	114.8	125.9	5.99
山 东	1784.1	1681.4	1210.9	301.1	165.5	3.9	102.7	11.72
河 南	624.1	482.2		472.7	2.6	6.9	141.9	3.74
湖 北	927.3	730.5		377.4	294.7	58.4	196.9	4.99
湖 南	1226.9	1047.5		683.1	359.3	5.1	179.5	5.79
广 东	1398.1	1252.0	1017.8	231.7	1.5	1.0	146.0	7.86
广 西	656.1	567.5	348.4	219.1			88.6	2.76
海 南	311.5	256.6	190.0	38.3	17.3	11.0	54.9	9.13
重 庆	43.2	31.9		31.6	0.3		11.3	0.52
四 川	961.7	919.5		563.9	13.4	342.3	42.1	1.98
贵 州	79.4	65.9		58.0	2.3	5.7	13.5	0.45
云 南	235.3	220.3		119.8	96.5	4.0	15.0	0.61
西 藏	5232.0	5231.5		231.1	2538.6	2461.7	0.5	4.26
陕 西	292.9	277.2		252.1	7.3	17.8	15.7	1.42
甘 肃	1258.1	1131.4		565.6	44.3	521.5	126.7	2.80
青 海	4126.0	4087.7		107.5	1232.0	2748.1	38.3	5.72
宁 夏	255.6	252.4		104.1	148.3		3.2	3.85
新 疆	1410.2	1264.6		200.2	694.9	369.5	145.5	0.86

注：本表为中国首次湿地调查（1995–2003）资料，不包括台湾省、香港和澳门特别行政区；湿地面积不包括水稻田湿地。

二、能源

表2-1 能源生产总量及构成

年份	能源生产总量(万吨标准煤)	占能源生产总量的比重(%)			
		原煤	原油	天然气	水电、核电、风电
1978	62770	70.3	23.7	2.9	3.1
1980	63735	69.4	23.8	3.0	3.8
1985	85546	72.8	20.9	2.0	4.3
1990	103922	74.2	19.0	2.0	4.8
1991	104844	74.1	19.2	2.0	4.7
1992	107256	74.3	18.9	2.0	4.8
1993	111059	74.0	18.7	2.0	5.3
1994	118729	74.6	17.6	1.9	5.9
1995	129034	75.3	16.6	1.9	6.2
1996	133032	75.0	16.9	2.0	6.1
1997	133460	74.3	17.2	2.1	6.5
1998	129834	73.3	17.7	2.2	6.8
1999	131935	73.9	17.3	2.5	6.3
2000	135048	73.2	17.2	2.7	6.9
2001	143875	73.0	16.3	2.8	7.9
2002	150656	73.5	15.8	2.9	7.8
2003	171906	76.2	14.1	2.7	7.0
2004	196648	77.1	12.8	2.8	7.3
2005	216219	77.6	12.0	3.0	7.4
2006	232167	77.8	11.3	3.4	7.5
2007	247279	77.7	10.8	3.7	7.8
2008	260552	76.8	10.5	4.1	8.6
2009	274618	77.3	9.9	4.1	8.7

注：1. 电力折算标准煤的系数根据当年平均发电煤耗计算(下表同)；
2. 1996-2008年数据根据经济普查年份调整(以下相关表同)。

表2-2　能源消费总量及构成

年 份	能源消费总量	占能源消费总量的比重(%)			
	(万吨标准煤)	煤 炭	石 油	天然气	水电、核电、风电
1978	57144	70.7	22.7	3.2	3.4
1980	60275	72.2	20.7	3.1	4.0
1985	76682	75.8	17.1	2.2	4.9
1990	98703	76.2	16.6	2.1	5.1
1991	103783	76.1	17.1	2.0	4.8
1992	109170	75.7	17.5	1.9	4.9
1993	115993	74.7	18.2	1.9	5.2
1994	122737	75.0	17.4	1.9	5.7
1995	131176	74.6	17.5	1.8	6.1
1996	135192	73.5	18.7	1.8	6.0
1997	135909	71.4	20.4	1.8	6.4
1998	136184	70.9	20.8	1.8	6.5
1999	140569	70.6	21.5	2.0	5.9
2000	145531	69.2	22.2	2.2	6.4
2001	150406	68.3	21.8	2.4	7.5
2002	159431	68.0	22.3	2.4	7.3
2003	183792	69.8	21.2	2.5	6.5
2004	213456	69.5	21.3	2.5	6.7
2005	235997	70.8	19.8	2.6	6.8
2006	258676	71.1	19.3	2.9	6.7
2007	280508	71.1	18.8	3.3	6.8
2008	291448	70.3	18.3	3.7	7.7
2009	306647	70.4	17.9	3.9	7.8

表2-3 按行业分能源消费量 (2008年)

行业	能源消费总量(万吨标准煤)	煤炭消费量(万吨)	焦炭消费量(万吨)	原油消费量(万吨)	汽油消费量(万吨)	煤油消费量(万吨)	柴油消费量(万吨)	燃料油消费量(万吨)	天然气消费量(亿立方米)	电力消费量(亿千瓦小时)
消费总量	291448.29	281095.92	29900.23	35496.24	6145.52	1294.01	13532.58	3237.15	812.94	34541.35
农、林、牧、渔、水利业	6013.13	1522.57	53.14		160.44	1.26	1098.87	1.50		887.05
工业	209302.15	265574.20	29756.70	35332.58	586.11	49.08	2517.02	2039.47	531.60	25388.63
采掘业	17050.44	19501.07	181.87	1294.56	65.73	5.38	525.91	49.12	109.67	1701.27
煤炭开采和洗选业	9356.17	18317.30	55.80		22.36	2.87	93.48	6.44	5.14	639.93
石油和天然气开采业	4210.04	299.41	0.01	1294.56	27.84	0.13	272.77	41.43	104.41	318.43
黑色金属矿采选业	1408.03	182.05	102.92		5.96	1.03	54.66	0.65	0.04	320.08
有色金属矿采选业	863.14	95.75	12.17		4.39	0.77	19.64	0.20	0.04	222.46
非金属矿采选业	1028.27	605.16	10.97		5.14	0.58	83.47	0.41	0.05	146.00
其他采矿业	184.79	1.39			0.04		1.90			54.37
制造业	172106.52	108176.80	29538.48	34027.78	492.78	43.46	1688.64	1604.91	337.92	18588.88
农副食品加工业	2731.34	1641.55	13.20	0.08	17.58	0.42	59.28	10.86	0.54	362.28
食品制造业	1544.66	1071.85	7.92	0.11	9.87	0.26	30.17	15.43	2.10	166.44
饮料制造业	1161.85	856.53	1.05	0.60	9.14	0.49	20.57	11.35	0.95	110.97
烟草制品业	232.60	94.94	0.83		0.88		6.66	1.06	0.38	38.62
纺织业	6396.38	2529.12	5.28	0.23	22.48	1.38	51.24	36.01	1.49	1126.38
纺织服装、鞋、帽制造业	725.34	229.35	3.23	0.31	12.58	0.49	38.06	6.98	0.20	130.07
皮革、毛皮、羽毛(绒)及其制品业	388.73	85.60	0.22	0.05	6.05	0.24	20.49	11.12	0.06	76.99
木材加工及木、竹、藤、棕、草制品业	981.91	440.00	2.59	0.17	7.89	0.46	16.80	1.99	0.22	175.40
家具制造业	181.80	33.46	1.06	0.05	4.03	0.18	13.81	0.29	0.39	34.90
造纸及纸制品业	3998.65	3858.05	5.66	0.60	11.96	0.91	36.32	23.91	1.11	471.79
印刷业和记录媒介的复制	349.81	41.52	0.32		8.18	0.53	17.19	1.80	0.46	77.26
文教体育用品制造业	219.76	18.25	5.30	0.10	4.23	0.17	18.49	2.67		47.72
石油加工、炼焦及核燃料加工业	13747.01	26437.72	103.48	31204.73	20.05	2.08	59.26	320.27	26.03	423.80
化学原料及化学制品制造业	28961.13	15067.46	2248.82	2785.45	51.75	3.87	194.22	286.71	200.03	2761.34
医药制造业	1360.49	717.67	1.55	0.10	11.33	0.43	15.03	6.00	1.81	182.90
化学纤维制造业	1448.58	751.47	18.48	14.51	2.04	0.29	13.62	32.43	0.48	264.28
橡胶制品业	1335.83	458.39	2.50	0.85	13.73	0.15	9.09	15.85	0.53	271.06
塑料制品业	1852.37	312.40	4.38	0.07	17.14	1.04	51.43	16.13	1.09	435.88
非金属矿物制品业	25460.52	23049.05	305.49	17.78	38.03	2.32	329.57	515.13	43.75	1959.68
黑色金属冶炼及压延加工业	51862.92	24126.17	25477.78	0.15	24.72	2.25	124.97	98.40	17.06	3693.10
有色金属冶炼及压延加工业	11287.99	3301.39	498.07	0.38	7.00	2.18	75.37	98.41	6.08	2511.23
金属制品业	3023.79	342.56	90.83	0.11	29.38	2.65	74.89	15.44	2.06	728.52
通用设备制造业	2758.11	436.37	473.50	0.23	40.51	6.32	71.25	9.33	5.50	490.99
专用设备制造业	1630.28	548.01	91.58	0.16	21.60	0.98	41.04	7.27	5.08	251.28
交通运输设备制造业	2732.58	835.57	139.70	0.14	46.46	9.05	118.85	14.23	11.62	471.93
电气机械及器材制造业	1791.10	179.34	25.78	0.29	26.68	1.58	69.40	12.04	2.33	402.25
通信设备、计算机及其他电子设备制造业	2197.44	185.11	0.87	0.49	16.13	0.86	76.22	30.44	6.26	530.93
仪器仪表及文化、办公用机械制造业	284.98	26.55	3.77	0.04	5.15	1.39	13.49	0.20	0.25	66.35
工艺品及其他制造业	1401.72	491.79	2.18		5.84	0.44	18.13	2.53	0.05	313.06
废弃资源和废旧材料回收加工业	56.84	9.54	3.04		0.38	0.05	3.74	0.65		11.47
电力、煤气及水生产和供应业	20145.19	137896.33	36.35	10.23	27.60	0.25	302.46	385.44	84.01	5098.48
电力、热力的生产和供应业	18676.48	136725.09	7.13	9.93	21.99	0.23	284.23	382.83	73.92	4804.88
燃气生产和供应业	634.60	1136.08	29.15	0.31	2.10	0.01	14.55	2.05	9.99	55.08
水的生产和供应业	834.11	35.16	0.07		3.51	0.01	3.68	0.56	0.10	238.52
建筑业	3812.53	603.18	10.70		196.19	9.67	370.79	37.70	0.99	367.34
交通运输、仓储和邮政业	22917.25	665.41	0.29	165.66	3090.43	1174.59	7649.31	1142.77	71.55	571.82
批发、零售业和住宿、餐饮业	5733.58	1791.39	7.54		135.28	20.82	152.72	6.25	17.75	1017.44
其他行业	11771.34	1791.56	6.93		1121.93	25.90	1151.80	9.46	20.92	1912.97
生活消费	31898.32	9147.61	64.93		855.14	12.68	592.08		170.12	4396.10

表2-4 能源加工转换效率

单位：%

年 份	总效率	发电及电站供热	炼 焦	炼 油
1983	69.93	36.94	91.18	99.16
1984	69.16	36.95	90.08	99.17
1985	68.29	36.85	90.79	99.10
1986	68.32	36.69	90.63	99.04
1987	67.48	36.75	90.46	98.81
1988	66.54	36.34	90.77	98.76
1989	66.51	36.74	90.30	98.57
1990	66.48	37.34	91.28	90.19
1991	65.90	37.60	89.90	98.10
1992	66.00	37.80	92.70	96.80
1993	67.32	39.90	98.05	98.49
1994	65.20	39.35	89.62	97.48
1995	71.05	37.31	91.99	97.67
1996	70.19	36.63	94.07	97.46
1997	69.76	35.89	94.01	97.37
1998	69.28	37.09	94.97	96.41
1999	69.25	37.04	96.13	97.51
2000	69.04	37.36	96.21	97.32
2001	69.34	37.63	96.48	97.92
2002	69.04	38.73	96.63	96.71
2003	69.40	38.83	96.13	96.80
2004	70.91	39.46	97.55	96.43
2005	71.55	39.87	97.57	96.86
2006	71.24	39.87	97.77	96.86
2007	70.77	40.24	97.56	97.17
2008	71.55	41.04	97.75	97.17

表2-5 生活能源消费量

能源品种	1990	1995	2000	2005	2006	2007	2008
合计（万吨标准煤）	15799	15745	15614	25305	27765	30814	31898
煤炭 （万吨）	16700	13530	8457	10039	10036	9761	9148
煤油 （万吨）	105	64	72	26	23	20	13
液化石油气（万吨）	159	534	858	1329	1456	1638	1457
天然气（亿立方米）	19	19	32	79	103	143	170
煤气 （亿立方米）	29	57	126	145	166	186	184
热力（万百万千焦）	8972	12637	23234	52044	56948	57689	62765
电力（亿千瓦小时）	481	1006	1452	2885	3352	4063	4396

表2-6 平均每天能源消费量

能源品种	1990	1995	2000	2005	2006	2007	2008
合计（万吨标准煤）	270.4	359.4	397.6	646.6	708.7	768.5	796.3
煤炭 （万吨）	289.1	377.2	385.5	635.2	698.8	747.2	768.0
焦炭 （万吨）	18.9	29.4	29.6	68.8	76.4	79.9	81.7
原油 （万吨）	32.2	40.8	58.0	82.4	88.3	93.2	97.0
燃料油 （万吨）	9.2	10.2	10.6	11.6	12.0	11.4	8.8
汽油 （万吨）	5.2	8.0	9.6	13.3	14.4	15.1	16.8
煤油 （万吨）	1.0	1.4	2.4	3.0	3.1	3.4	3.5
柴油 （万吨）	7.4	11.8	18.6	30.1	32.4	34.2	37.0
天然气（亿立方米）	0.4	0.5	0.7	1.3	1.5	1.9	2.2
电力（亿千瓦小时）	17.1	27.5	36.8	68.3	78.3	89.6	94.4

表2-7 各地区农村可再生能源利用情况(2009年)

地 区	沼气池产气总量(万立方米)	#大中型沼气工程	太阳能热水器(万平方米)	太阳房(万平方米)	太阳灶(台)	生活污水净化沼气池(个)
全 国	1307748.3	66978.5	4997.1	1733.8	1484271	186945
北 京	2285.9	2013.0	66.1	30.6	2318	
天 津	1713.4	551.4	32.8	1.0		8
河 北	94337.4	1291.5	514.2	154.9	6805	161
山 西	20885.9	1301.1	407.0	0.3	3632	53
内 蒙	12524.3	822.9	37.4	133.0	30035	5
辽 宁	13440.3	982.5	116.9	513.3	952	
吉 林	2866.2	9.0	30.6	281.1	630	2
黑龙江	4853.0	147.0	41.6	301.9	401	
上 海						
江 苏	19188.1	4995.5	526.7	5.5	15	29974
浙 江	13377.4	7242.7	408.6			61840
安 徽	21093.8	439.5	373.2			1396
福 建	25638.3	4080.6	35.8			1782
江 西	52316.3	2617.8	81.2			1821
山 东	70069.9	8836.4	797.2	13.2	15434	109
河 南	121579.2	6266.0	279.1	1.9	20	1258
湖 北	90674.8	1722.1	191.4			1154
湖 南	80962.6	1458.8	106.5		4	2036
广 东	21635.8	3821.5	8.0	0.7	19	3626
广 西	120424.6	1098.3	35.8	…		605
海 南	27849.5	5396.7	392.8			7
重 庆	37369.2	783.6	6.7			17284
四 川	176135.8	7745.7	48.8	0.9	130087	61933
贵 州	80961.0	1282.4	31.7			1557
云 南	113726.0	126.4	184.3		264	178
西 藏	2485.0				13165	
陕 西	32576.3	276.9	103.7	5.4	15363	119
甘 肃	27338.0	767.0	59.5	222.2	780341	37
青 海	4012.1	102.3	2.4	43.1	221019	
宁 夏	5045.2	211.9	23.2	15.4	260840	
新 疆	9211.4	4.8	47.0	9.4	2927	
新疆兵团	802.8	328.8				
黑龙江农垦	368.9	254.2	6.9			

资料来自农业部。

表2-8 各地区能源消耗指标(2009年)

地区	单位地区生产总值能耗(等价值)		单位工业增加值能耗(规模以上，当量值)		单位地区生产总值电耗	
	指标值(吨标准煤/万元)	上升或下降(±%)	指标值(吨标准煤/万元)	上升或下降(±%)	指标值(千瓦小时/万元)	上升或下降(±%)
北京	0.606	-5.76	0.909	-12.30	681.85	-2.74
天津	0.836	-6.03	0.911	-13.54	782.88	-8.49
河北	1.640	-5.02	2.999	-9.54	1449.94	-2.52
山西	2.364	-5.73	4.550	-8.81	1921.93	-8.50
内蒙古	2.009	-6.91	3.557	-15.10	1686.72	-9.73
辽宁	1.439	-5.08	2.257	-6.95	1119.99	-6.82
吉林	1.209	-6.19	1.621	-8.19	809.13	-8.64
黑龙江	1.214	-5.85	1.382	-9.64	798.67	-7.72
上海	0.727	-6.17	0.957	-5.00	808.49	-6.39
江苏	0.761	-5.17	1.107	-10.17	1064.25	-5.50
浙江	0.741	-5.41	1.123	-4.96	1176.50	-2.33
安徽	1.017	-5.39	2.100	-11.13	1088.76	-1.83
福建	0.811	-3.81	1.150	-2.70	1032.05	-5.87
江西	0.880	-4.54	1.674	-10.13	922.46	-1.52
山东	1.072	-5.46	1.543	-9.20	972.49	-3.86
河南	1.156	-6.16	2.708	-11.56	1218.36	-4.79
湖北	1.230	-5.97	2.350	-12.27	1018.45	-5.52
湖南	1.202	-5.10	1.570	-13.68	911.00	-3.05
广东	0.684	-4.27	0.809	-6.94	1002.09	-6.13
广西	1.057	-4.43	2.235	-6.68	1279.87	-2.00
海南	0.850	-2.81	2.613	-4.53	922.89	-2.61
重庆	1.181	-5.50	1.854	-11.95	894.27	-4.69
四川	1.338	-5.83	2.249	-9.18	1085.91	-4.66
贵州	2.348	-4.12	4.320	-0.03	2328.02	-0.83
云南	1.495	-4.60	2.739	-3.78	1591.10	-4.16
西藏						
陕西	1.172	-4.56	1.367	-5.82	1078.51	-7.98
甘肃	1.864	-6.97	3.530	-12.84	2398.81	-5.55
青海	2.689	-6.46	2.936	-9.46	3862.12	-2.24
宁夏	3.454	-6.26	6.509	-8.71	4720.74	-5.90
新疆	1.934	-1.53	3.095	-1.72	1408.20	5.73

注：地区生产总值和工业增加值按2005年价格计算。

表2-9 农村水电建设和发电量

年份 地区	本年完成投资额（万元）	年末发电设备容量（千瓦）	#本年新增发电设备容量	在建电站规模（千瓦）	#当年新开工电站规模	发电量（万千瓦时）
1990	348848	13978100	791000			4181100
1991	476529	14942700	1009100			4066800
1992	594081	15728195	964769	4170000		4818494
1993	792747	16622781	995124	9600000		5841049
1994	1020937	17566675	1163873	10500000		5771834
1995	1321689	18721073	1207854	10760000		6316247
1996	1442828	20095552	1408342			6496723
1997	1452004	21771773	1780352			7221270
1998	1585787	23390300	1741631			7560916
1999	1833853	25562760	2344285	8717000	386000	7715124
2000	2220993	27487791	2060127	7459500	2384000	8755014
2001	2133741	28787476	1714454	3547500	1462800	9490187
2002	2393195	31044576	1883648	5680800	1419000	10366868
2003	3006249	34157792	2702834	10850143	6385500	10966512
2004	3762995	38655048	4363322	16652425	5362090	11045527
2005	4343826	43090145	4964672	17727677	4284511	13571702
2006	4604296	47196651	6403520	20653424	4501575	14835889
2007	5117926	53855597	6578193	20944545	4498420	16346041
2008	4568884	51274371	4194106	21239258	3787365	16275902
2009	4563240	55121211	3807072	12890100	2194445	15672471
北京		42920				1393
天津		5000				1400
河北	5027	370178	4720	26010	6340	29127
山西	4078	172600	10600	71100	875	17470
内蒙古	296	53460	100			8375
辽宁	1845	307333	13850	41110	3610	69624
吉林	46264	390980	20230	274245	86665	102322
黑龙江	7496	241605	6500	44680	15600	61922
上海						

江 苏		52656	1500			8888
浙 江	63956	3610103	173372	319100	54980	745235
安 徽	22459	828404	113190	123290	9230	178884
福 建	58401	6846790	196993	309470		1718042
江 西	86515	2588517	252366	217115	67215	632077
山 东		69733	2645			9156
河 南	17619	354291	10800	11650	3500	73964
湖 北	428565	2697835	173915	395089	32680	687834
湖 南	549433	4883357	262207	852105	134755	1348895
广 东	231520	6526256	166366	360960	42670	1450533
广 西	251884	3453354	131615	950341	23451	887357
海 南	11170	297036	15865	74330	5950	109395
重 庆	225736	1381190	55649	698165	91085	452907
四 川	771883	6571132	403054	2900000	690000	2424496
贵 州	188668	1954274	144650	1181805	63575	655963
云 南	1063268	7218555	1088026	2585170	498500	2447550
西 藏		183996	2950	9945	609	37425
陕 西	71640	827345	105425	412430	115595	255989
甘 肃	336487	1553481	278719	739190	227510	613312
青 海	71048	593830	101030	200520	9030	272987
宁 夏		3200				800
新 疆	5472	690015	69935	81260		227978
新疆兵团	42510	246485	800	11020	11020	91402
水利部		105300				49769
直属						

注：本表由水利部农村水电及电气化发展局提供。农村水电是以小水电为主体，直接为农村经济社会发展服务的水电站及其供电网络。2008年起，对农村水电统计范围进行了调整，有关数据作了相应调整。

三、人民生活

表3-1　各地区城市燃气情况 (2009年)

地 区	人工煤气	管道长度 (公里)			全年供气总量			用气人口 (万人)		
	生产能力 (万立方米/日)	人 工 煤 气	液 化 石油气	天然气	人工煤气 (万立方米)	液化石油气(吨)	天然气 (万立方米)	人 工 煤 气	液 化 石油气	天然气
全 国	11099.5	40447	14236	218778	3615507	13400303	4050996	2971.0	16924.5	14543.7
北 京			245	15313		367323	682839		348.6	1143.2
天 津			177	10233		58963	149736		37.5	569.8
河 北	95.1	3509	217	6975	68793	284101	89065	191.6	629.6	673.6
山 西	436.7	4694	190	2626	82276	55884	103239	282.0	196.6	358.3
内蒙古	179.0	470	98	1942	3915	84206	46136	63.2	356.5	178.7
辽 宁	293.9	5081	626	6941	54441	398309	60035	523.7	693.6	751.1
吉 林	92.4	2296	105	3223	17616	219848	33774	166.6	490.9	216.0
黑龙江	76.4	669	21	5164	26349	195710	46770	85.1	537.9	512.1
上 海	867.4	6156	500	14997	162721	400176	334399	351.3	719.3	850.7
江 苏	4765.0	2352	1771	22155	1728890	865663	343544	135.5	1248.1	1029.6
浙 江	5.5	193	2265	11784	1468	909487	86536	30.4	1235.9	459.5
安 徽	3.5	282	317	8165	1372	594994	89259	14.4	524.7	529.5
福 建	8.0	255	1394	2982	2537	341795	10295	13.9	712.0	211.4
江 西	160.0	2073	358	2622	37898	179792	6187	145.7	453.9	114.0
山 东	119.3	2175	1172	20328	29377	872762	242908	156.5	1252.8	1231.2
河 南	175.6	1731	25	10870	111136	237895	126721	179.8	547.4	706.6
湖 北	58.9	660	655	9838	12382	343513	117703	48.5	876.8	610.3
湖 南	282.2	515	96	4956	89819	235885	95816	39.3	647.3	331.3
广 东	113.1	590	3521	8885	15493	4704485	117125	25.4	3309.0	850.4
广 西	10.6	387	40	3613	4449	296843	7050	41.5	595.8	88.6
海 南			18	1108		61724	12760		113.2	64.3
重 庆				5980		70066	205164		110.4	729.8
四 川	511.0	509	75	21748	162826	176579	511115	39.6	134.4	1079.4
贵 州	191.8	2784	106	112	26886	60227	2336	161.3	193.7	10.3
云 南	82.2	2159	163	300	33113	155859	73	234.8	244.7	32.6
西 藏						826148			37.8	
陕 西				6287		111081	144275		216.6	480.1
甘 肃	15.9	614	1	846	9427	185733	59505	21.7	186.8	180.7
青 海				780		7628	152572		19.2	83.4
宁 夏		160		2007	1024	15625	69561	12.9	92.8	85.0
新 疆	2556.0	134	82	5998	931300	81999	104498	6.2	160.8	382.3

表3-2 各地区城市绿地和园林(2009年)

地 区	城市园林绿地面积(公顷)	#公园绿地	公 园(个)	公园面积(公顷)	建成区绿化覆盖率(%)
全 国	1993168	401584	9050	235825	38.2
北 京	61695	18070	212	9858	47.7
天 津	17369	5219	68	1504	30.3
河 北	60923	17095	338	9441	40.0
山 西	27973	7872	171	4954	36.5
内蒙古	29585	9233	121	7143	32.4
辽 宁	84145	20501	294	10263	38.3
吉 林	34755	10038	116	4136	32.8
黑龙江	64234	14180	262	8009	33.6
上 海	116929	15406	147	1687	
江 苏	214989	32403	590	13740	42.0
浙 江	74362	18969	893	13727	38.2
安 徽	67269	12338	219	7664	37.2
福 建	41330	9986	349	7999	39.7
江 西	37596	8884	209	5270	44.4
山 东	146993	40167	575	20426	41.2
河 南	62947	17154	248	8627	36.3
湖 北	54884	16131	251	7352	37.8
湖 南	42940	10077	171	6135	36.6
广 东	401604	53246	2294	50618	40.8
广 西	57812	7560	137	5423	33.7
海 南	48947	2112	48	1629	41.9
重 庆	32451	10294	138	3746	38.5
四 川	66817	14262	287	7038	36.4
贵 州	27771	3272	55	2940	27.4
云 南	22372	5860	424	5443	36.3
西 藏	2174	354	39	575	29.6
陕 西	23426	7256	113	2560	38.8
甘 肃	14702	4257	81	2394	27.3
青 海	3290	912	20	474	29.0
宁 夏	14525	3275	51	1904	38.8
新 疆	36359	5201	129	3146	36.3

注：公园绿地面积包括综合公园、社区公园、专类公园、带伏公园和街旁绿地。

表3-3　主要城市平均气温(2009年)

单位：摄氏度

城 市	1月	2月	3月	4月	5月	6月	7月	8月	9月	10月	11月	12月	年平均
北京	–3.0	1.0	7.0	15.9	22.9	26.2	27.0	25.7	21.1	15.3	2.2	–2.3	13.3
天津	–3.5	0.7	6.7	15.6	22.6	25.8	27.1	25.6	20.9	14.9	1.6	–2.8	12.9
石家庄	–0.7	3.1	9.6	16.5	22.6	28.2	28.2	25.6	21.3	17.0	2.3	–0.5	14.4
太原	–5.1	1.5	6.7	14.9	19.2	24.5	25.0	22.4	17.4	12.2	–0.9	–4.5	11.1
呼和浩特	–10.3	–2.8	1.3	12.0	17.2	22.0	23.8	21.7	16.3	8.6	–4.0	–10.1	8.0
沈阳	–11.0	–7.3	0.4	11.1	19.1	20.8	23.1	23.3	17.0	9.9	–3.4	–11.1	7.7
长春	–13.0	–9.1	–2.0	10.2	18.2	19.0	22.3	23.0	16.2	8.4	–5.5	–14.3	6.1
哈尔滨	–16.0	–11.5	–3.9	9.7	18.4	18.9	22.6	22.2	15.6	7.1	–7.0	–16.7	5.0
上海	3.8	8.9	10.6	16.3	21.9	26.2	28.8	27.9	25.0	21.3	12.1	6.4	17.4
南京	2.2	7.3	9.8	16.6	21.9	26.6	28.0	27.2	23.4	20.1	8.6	4.5	16.4
杭州	4.4	9.5	11.1	17.6	22.9	26.8	29.6	28.4	25.5	20.6	10.8	6.7	17.8
合肥	2.6	7.7	10.5	17.6	21.9	27.1	28.6	27.5	24.0	20.3	7.8	4.6	16.7
福州	10.7	15.5	14.2	18.8	23.1	26.3	29.4	29.3	28.1	23.2	17.3	12.7	20.7
南昌	5.1	10.8	12.1	18.7	23.5	27.8	29.7	29.4	26.9	22.5	11.2	7.3	18.8
济南	–0.2	5.1	9.0	16.7	21.9	28.1	26.5	25.1	21.1	18.8	4.8	0.8	14.8
郑州	1.0	5.9	10.1	17.0	22.0	28.8	27.9	26.0	21.0	18.5	5.4	2.9	15.5
武汉	4.5	9.0	12.1	18.3	22.2	28.1	30.3	29.1	24.9	21.1	8.8	5.8	17.9
长沙	5.1	10.5	12.7	18.5	22.5	28.4	29.8	29.4	25.8	21.4	10.6	7.1	18.5
广州	12.4	21.0	18.2	22.2	25.9	27.9	29.6	29.9	29.5	26.0	17.9	15.3	23.0
南宁	11.3	20.3	17.9	22.2	25.0	27.8	28.3	28.8	27.9	24.0	17.2	15.4	22.2
海口	16.1	22.5	22.7	24.1	26.2	28.3	28.3	28.1	27.9	25.8	21.5	19.8	24.3
重庆(沙坪坝)	7.7	13.0	14.8	18.8	21.9	25.4	28.9	28.4	26.9	19.6	12.9	9.9	19.0
成都(温江)	5.7	10.8	12.5	17.5	21.1	24.6	24.9	25.0	22.7	17.7	10.7	7.9	16.8
贵阳	3.8	10.4	11.3	14.5	18.6	21.5	22.7	23.6	21.5	15.8	9.3	5.5	14.9
昆明	8.3	13.9	15.8	17.7	19.8	20.6	21.3	20.6	20.1	18.5	11.8	10.5	16.6
拉萨	1.0	3.8	5.8	11.5	14.2	18.6	19.6	16.4	15.0	11.2	5.7	0.5	10.3
西安	0.6	6.4	11.1	17.9	20.5	27.4	28.2	24.7	20.5	16.8	4.7	1.8	15.1
兰州(皋兰)	–7.7	–0.3	3.9	12.1	15.0	19.9	21.7	18.3	14.5	8.3	–2.3	–7.0	8.0
西宁	–7.8	–0.8	2.0	9.8	12.1	15.8	17.8	15.4	13.1	5.9	–2.2	–6.4	6.2
银川	–6.2	0.9	5.8	14.5	18.5	23.9	24.8	21.3	17.4	11.8	–1.4	–5.6	10.5
乌鲁木齐	–9.9	–8.8	2.5	13.0	16.1	20.8	23.7	22.9	16.8	10.9	–2.3	–10.0	8.0

注：1987年1月开始重庆站被沙坪坝站替代；2004年1月开始，成都站被温江站替代，兰州站业务由皋兰站替代（表6－1同）。

表3-4 主要城市空气质量指标(2009年)

单位：毫克/立方米

城 市	可吸入颗粒物	二氧化硫	二氧化氮	空气质量达到及好于二级的天数(天)	空气质量达到二级以上天数占全年比重(%)
北 京	0.121	0.034	0.053	285	78.1
天 津	0.101	0.056	0.040	307	84.1
石家庄	0.104	0.045	0.035	318	87.1
太 原	0.106	0.075	0.022	296	81.1
呼和浩特	0.074	0.049	0.040	346	94.8
沈 阳	0.110	0.059	0.037	328	89.9
长 春	0.085	0.034	0.043	340	93.2
哈尔滨	0.101	0.046	0.054	311	85.2
上 海	0.081	0.035	0.053	334	91.5
南 京	0.100	0.035	0.048	315	86.3
杭 州	0.097	0.041	0.052	327	89.6
合 肥	0.111	0.023	0.027	321	87.9
福 州	0.064	0.014	0.040	353	96.7
南 昌	0.079	0.054	0.037	347	95.1
济 南	0.123	0.050	0.025	295	80.8
郑 州	0.099	0.053	0.046	322	88.2
武 汉	0.105	0.044	0.054	301	82.5
长 沙	0.092	0.039	0.042	333	91.2
广 州	0.070	0.039	0.056	347	95.1
南 宁	0.050	0.032	0.028	362	99.2
海 口	0.038	0.007	0.016	365	100.0
重 庆	0.105	0.053	0.037	303	83.0
成 都	0.111	0.038	0.055	315	86.3
贵 阳	0.074	0.058	0.026	347	95.1
昆 明	0.067	0.041	0.046	365	100.0
拉 萨	0.050	0.008	0.021	361	98.9
西 安	0.113	0.048	0.046	304	83.3
兰 州	0.150	0.059	0.043	236	64.7
西 宁	0.141	0.042	0.032	280	76.7
银 川	0.090	0.044	0.031	328	89.9
乌鲁木齐	0.140	0.093	0.068	262	71.8

四、土地利用

表4-1 各地区土地利用情况（2008年）

单位：万公顷

地区	土地调查面积	农用地	#园地	#牧草地	建设用地	居民点及工矿用地	交通运输用地	水利设施用地
全国	95069.3	65687.6	1179.1	26183.5	3305.8	2691.6	249.6	364.5
北京	164.1	109.6	12.0	0.2	33.8	27.9	3.3	2.6
天津	119.2	69.3	3.5		36.8	28.1	2.2	6.5
河北	1884.3	1308.2	70.5	79.9	179.4	154.5	12.0	12.9
山西	1567.1	1014.3	29.5	65.8	86.9	77.3	6.3	3.3
内蒙古	11451.2	9523.0	7.3	6560.9	149.2	123.9	16.0	9.3
辽宁	1480.6	1122.8	59.6	34.9	139.9	115.9	9.2	14.8
吉林	1911.2	1639.3	11.5	104.4	106.5	84.2	6.7	15.6
黑龙江	4526.5	3792.4	6.0	220.8	149.2	116.1	11.9	21.2
上海	82.4	36.7	2.1		25.4	23.0	2.1	0.2
江苏	1067.4	671.6	31.6	0.1	193.4	161.0	13.1	19.3
浙江	1054.0	867.2	66.1		104.9	81.7	9.5	13.8
安徽	1401.3	1119.0	33.9	2.8	166.2	133.4	10.1	22.7
福建	1240.2	1073.1	62.9	0.3	64.7	50.7	7.9	6.1
江西	1668.9	1416.4	27.8	0.4	95.4	67.5	7.5	20.5
山东	1571.3	1156.6	100.7	3.4	251.1	209.3	16.3	25.5
河南	1655.4	1228.1	31.4	1.4	218.7	188.3	12.2	18.2
湖北	1858.9	1465.2	42.4	4.4	140.0	100.9	9.2	30.0
湖南	2118.5	1789.8	49.0	10.4	139.0	108.8	10.4	19.8
广东	1798.1	1489.1	100.8	2.7	179.0	145.7	12.1	21.1
广西	2375.6	1786.6	53.9	71.6	95.4	71.0	8.8	15.5
海南	353.5	282.3	53.2	1.9	29.8	22.3	1.4	6.1
重庆	822.7	692.0	24.0	23.7	59.3	48.9	4.8	5.5
四川	4840.6	4239.8	71.6	1371.1	160.3	136.6	13.5	10.2
贵州	1761.5	1524.6	12.1	159.8	55.7	45.7	6.1	4.0
云南	3831.9	3176.0	84.2	78.2	81.6	62.8	10.0	8.8
西藏	12020.7	7760.6	0.2	6444.1	6.7	4.2	2.4	0.1
陕西	2057.9	1847.8	70.6	306.4	81.7	71.0	6.6	4.0
甘肃	4040.9	2387.9	20.0	1261.3	97.7	88.2	6.6	2.9
青海	7174.8	4372.4	0.7	4034.7	32.7	24.7	3.2	4.8
宁夏	519.5	417.4	3.4	226.4	21.2	18.6	1.9	0.7
新疆	16649.0	6308.5	36.4	5111.4	124.0	99.3	6.3	18.4

五、林业

表5-1 各地区森林资源情况

地区	林地面积（万公顷）	森林面积（万公顷）	#人工林	森林覆盖率（%）	活立木总蓄积量（万立方米）	森林蓄积量（万立方米）
全国	30590.41	19545.22	6168.84	20.36	1491268.19	1372080.36
北京	101.46	52.05	35.65	31.72	1291.29	1038.58
天津	14.22	9.32	8.88	8.24	277.01	198.89
河北	705.37	418.33	212.27	22.29	10183.91	8374.08
山西	754.58	221.11	102.74	14.12	8846.96	7643.67
内蒙古	4394.93	2366.40	303.91	20.00	136073.62	117720.51
辽宁	666.28	511.98	283.03	35.13	21174.91	20226.85
吉林	848.73	736.57	148.94	38.93	88244.21	84412.29
黑龙江	2184.16	1926.97	235.68	42.39	165191.60	152104.96
上海	7.46	5.97	5.97	9.41	275.20	100.95
江苏	128.64	107.51	104.15	10.48	5022.59	3501.75
浙江	667.97	584.42	267.44	57.41	19382.93	17223.14
安徽	439.40	360.07	209.87	26.06	16258.35	13755.41
福建	914.81	766.65	359.18	63.10	53226.01	48436.28
江西	1054.92	973.63	291.87	58.32	45045.51	39529.64
山东	342.12	254.46	244.38	16.72	8627.99	6338.53
河南	502.02	336.59	217.39	20.16	18051.16	12936.12
湖北	822.01	578.82	167.01	31.14	23121.55	20942.49
湖南	1234.21	948.17	464.04	44.76	38177.20	34906.67
广东	1073.07	873.98	503.18	49.44	32160.74	30183.37
广西	1496.45	1252.50	515.52	52.71	51056.78	46875.18
海南	208.73	176.26	125.29	51.98	7940.93	7274.23
重庆	400.18	286.92	76.20	34.85	13803.63	11331.85
四川	2311.66	1659.52	415.65	34.31	168753.49	159572.37
贵州	841.23	556.92	199.86	31.61	27911.53	24007.96
云南	2476.11	1817.73	326.77	47.50	171216.68	155380.09
西藏	1746.63	1462.65	3.36	11.91	227271.36	224550.91
陕西	1205.80	767.56	183.27	37.26	36144.16	33820.54
甘肃	955.44	468.78	80.77	10.42	21708.26	19363.83
青海	634.00	329.56	4.44	4.57	4413.80	3915.64
宁夏	179.03	51.10	10.38	9.84	625.93	492.14
新疆	1066.57	661.65	61.75	4.02	33914.50	30100.54

注：1. 本表为第七次全国森林资源清查（2004-2008）资料；

2. 全国总计数包括台湾省和香港、澳门特别行政区数据。

表5-2 造林面积

单位：公顷

年份 地区	造林总面积	按造林方式分			按林种用途分				
		人工造林	飞播造林	无林地和疏林地新封山育林	用材林	经济林	防护林	薪炭林	特种用途林
2000	5105138	4345008	760130		1218461	1350277	2430834	82338	23228
2001	4953038	3977324	975714		905518	1068540	2913538	45611	19831
2002	7770971	6896041	874930		898736	964211	5828810	59144	20070
2003	9118894	8432486	686408		1175812	797318	7087319	37070	21374
2004	5598079	5018885	579194		871132	456691	4210768	49966	9522
2005	3647942	3231556	416386		607547	337816	2678214	16074	8291
2006	2717925	2446122	271803		481629	403322	1824687	4837	3450
2007	3907711	2738521	118671	1050519	610367	478417	2790172	7993	20762
2008	5354387	3684913	154065	1515409	782109	850774	3697812	4020	19672
2009	6262330	4156293	226337	1879700	801317	1002555	4407654	23705	27099
北京	17566	10153		7413	32	990	14731		1813
天津	15654	14987	667		5392	601	9661		
河北	306373	197724	35002	73647	29449	13825	260911	21	2167
山西	326602	196900	8000	121702	600	28148	287812	10009	33
内蒙古	861933	353096	96000	412837	21178	8202	831205	1348	
辽宁	129974	91309		38665	2854	4257	122623	240	
吉林	30228	27421		2807	154		30074		
黑龙江	213124	187126		25998	20300	1844	186771	13	4196
上海	2051	2051				867	1184		
江苏	83713	82851		862	11963	15658	55853	31	208
浙江	27422	19378		8044	1503	1790	24126		3
安徽	68952	53336		15616	7121	439	61184		208
福建	33261	33261			18646	2053	12494		68
江西	228630	209019		19611	120388	23276	82528	1715	723
山东	182171	180529		1642	42463	26172	113067		469
河南	416131	382129		34002	156296	47676	212159		
湖北	149174	129969		19205	48598	23056	75770	1226	524
湖南	125031	99039		25992	18880	7133	97218	1088	712
广东	19952	16045		3907	307	327	19318		
广西	139409	118973		20436	99878	3845	34959	667	60
海南	19377	19377			1219	1721	16437		
重庆	95726	32350		63376	16142	8221	69563	1800	
四川	487782	204753		283029	62693	28919	395677	333	160
贵州	236120	90494		145626	9617	19394	205223	738	1148
云南	713478	605993		107485	87995	481500	142097	623	1263
西藏	70299	51795		18504		4819	65480		
陕西	449453	206014	86668	156771	7130	43979	395445	2899	
甘肃	212373	111851		100522		1658	197383		13332
青海	140659	32450		108209			140659		
宁夏	89480	65958		23522	1132	25496	62852		
新疆	343565	303295		40270	9387	176689	156523	954	12
大兴安岭									

注：2009年全国合计造林面积中包括军事管理区26667公顷人工营造的防护林。根据造林技术规程（GB/T 15776-2006），自2006年起将无林地和疏林地新封山育林面积计入造林总面积。

表5-3 林业重点工程造林面积

单位：公顷

年份 地区	造林总面积	天然林保护工程	退耕还林工程	三北及长江流域等防护林建设工程	京津风沙源治理工程	速生丰产用材林基地建设工程
2001	3160181	948081	870986	1034924	217320	88870
2002	6777364	856077	4423607	775625	676375	45680
2003	8262781	688257	6196128	533544	824427	20425
2004	4802849	641446	3217542	448320	473272	22270
2005	3109105	424808	1898360	368202	408246	9488
2006	2810800	774815	1050526	566823	409541	9095
2007	2681646	732882	1056020	574219	315132	3393
2008	3438150	1009016	1190347	765770	469042	3975
2009	4596244	1360913	886666	1893077	434817	20771
北京	14634			2180	12454	
天津	15654			14527	1127	
河北	284821		23358	152320	108398	745
山西	265031	51799	35667	156273	21292	
内蒙古	812223	238022	48555	234100	291546	
辽宁	129974		23485	106489		
吉林	30074		3913	26161		
黑龙江	213124		58475	153193		1456
上海	1383			1383		
江苏	50769			50769		
浙江	24301			24301		
安徽	59232		32540	26692		
福建	10576			10576		
江西	96504		34517	45385		16602
山东	63843			63843		
河南	116139	10667	53333	52139		
湖北	79651	18937	26212	34502		
湖南	104029		53333	50696		
广东	16575			16575		
广西	73502		33892	37642		1968
海南	18474		3427	15047		
重庆	79338	42667	36671			
四川	417561	381072	36489			
贵州	140379	72765	33274	34340		
云南	283420	150841	118648	13931		
西藏	58442	47621	10821			
陕西	406027	244533	39328	122166		
甘肃	210772	73856	42797	94119		
青海	104870	20801	28102	55967		
宁夏	89480	7332	33042	49106		
新疆	298775		50120	248655		

注：2009年退耕还林工程中包括军事管理区26667公顷荒山荒地造林。

六、水资源利用

表6-1　主要城市降水量 (2009年)

单位：毫米

城 市	1月	2月	3月	4月	5月	6月	7月	8月	9月	10月	11月	12月	全年
北京		18.0	7.4	32.2	14.7	95.5	196.6	60.9	23.3	5.9	26.1		480.6
天津		15.2	12.9	47.4	9.2	166.2	171.7	75.8	49.9	12.2	5.7		566.2
石家庄		10.2	5.5	7.0	47.1	49.1	67.1	288.2	119.2	11.1	94.4		698.9
太原		9.9	4.4	8.9	55.5	10.6	155.0	185.4	130.5	10.3	53.0	1.6	625.1
呼和浩特			14.5	15.3	31.8	15.4	77.5	55.6	48.7	0.8	5.4		265.0
沈阳	12.2	36.7	13.1	104.8	44.4	109.2	122.1	63.1	26.4	92.8	15.8	17.1	657.7
长春	3.5	10.3	7.2	50.8	28.5	125.2	123.2	64.5	14.2	20.2	14.4	19.0	481.0
哈尔滨	6.8	4.0	25.8	34.4	28.0	178.7	106.1	66.9	37.2	24.4	10.4	11.4	534.1
上海	51.7	124.6	56.2	75.2	59.4	142.7	217.0	290.4	86.2	17.0	106.2	62.8	1289.4
南京	32.2	112.8	48.3	59.2	56.0	168.7	485.4	102.7	102.9	3.2	113.7	78.4	1363.5
杭州	36.3	190.7	117.6	117.9	77.0	85.6	227.7	213.0	113.7	18.0	186.6	69.8	1453.9
合肥	29.3	84.4	67.8	64.9	119.4	160.2	128.6	91.5	19.3	12.8	115.6	58.1	951.9
福州	23.7	12.4	115.3	104.6	70.5	262.1	211.6	378.3	24.0	11.4	94.1	66.7	1374.7
南昌	19.4	85.3	249.8	244.3	75.4	200.6	142.2	96.0	23.0	11.8	80.1	49.9	1277.8
济南		13.5	22.2	57.1	152.8	65.2	172.2	128.1	29.0	26.6	26.5	8.6	701.8
郑州		30.1	17.3	49.2	82.9	49.8	125.2	270.2	80.4	9.6	46.7	1.1	762.5
武汉	18.5	122.9	69.7	197.7	132.1	306.7	95.9	38.8	41.8	23.9	67.7	42.3	1158.0
长沙	17.9	103.6	140.9	217.0	130.7	198.5	194.8	54.1	5.4	34.9	44.0	74.8	1216.6
广州	5.4	0.6	207.7	108.8	210.9	273.7	221.6	230.1	39.0	26.4	101.2	47.2	1472.6
南宁	7.9	2.1	37.7	114.3	149.6	150.6	241.2	125.1	42.8	75.1	8.4	8.3	963.1
海口	3.7	15.0	215.2	211.6	245.3	244.3	242.4	427.2	566.5	443.5	5.9	7.6	2628.2
重庆(沙坪坝)	26.8	16.6	45.2	117.4	93.5	260.2	102.1	383.7	49.3	66.5	18.0	19.6	1198.9
成都(温江)	12.0	3.1	12.6	51.1	35.6	33.5	195.2	169.1	154.8	42.3	8.0	6.9	724.2
贵阳	17.4	28.7	39.8	192.3	90.5	117.6	150.8	105.5	35.4	47.1	8.7	15.7	849.5
昆明	7.1		10.7	22.4	51.6	153.8	90.8	169.7	28.3	9.1	21.8	0.5	565.8
拉萨		0.6	5.2	0.8	1.1	37.9	80.7	191.4	18.2	8.0		0.1	344.0
西安		18.4	35.5	21.0	116.3	59.0	57.6	176.0	81.3	27.6	56.3	11.3	660.3
兰州(皋兰)	1.0	3.4	1.3	12.3	9.6	11.3	20.4	79.7	33.5	8.6	4.7	0.1	185.9
西宁	4.7	0.4	15.7	18.4	66.4	66.7	68.2	106.5	87.3	16.9	7.1	0.8	459.1
银川	0.4		6.6	3.2	27.2		13.9	77.1	18.3	15.1	17.6	0.6	180.0
乌鲁木齐	6.3	11.8	35.0	65.1	70.9	39.3	10.8	12.4	35.3	15.5	27.5	23.2	353.1

表6-2 水资源情况

年份 地区	水资源总量 (亿立方米)	地表 水资源量	地下 水资源量	地表水与地下 水资源重复量	人均水资源量 (立方米/人)
2000	27700.8	26561.9	8501.9	7363.0	2193.9
2001	26867.8	25933.4	8390.1	7455.7	2112.5
2002	28261.3	27243.3	8697.2	7679.2	2207.2
2003	27460.2	26250.7	8299.3	7089.9	2131.3
2004	24129.6	23126.4	7436.3	6433.1	1856.3
2005	28053.1	26982.4	8091.1	7020.4	2151.8
2006	25330.1	24358.1	7642.9	6670.8	1932.1
2007	25255.2	24242.5	7617.2	6604.5	1916.3
2008	27434.3	26377.0	8122.0	7064.7	2071.1
2009	24180.2	23125.2	7267.0	6212.1	1816.2
北京	21.8	6.8	17.8	2.7	126.6
天津	15.2	10.6	5.6	0.9	126.8
河北	141.2	47.5	122.7	29.1	201.3
山西	85.8	47.7	76.1	38.1	250.8
内蒙古	378.1	263.4	214.4	99.6	1563.9
辽宁	171.0	138.0	87.6	54.6	396.0
吉林	298.0	252.8	97.3	52.0	1088.9
黑龙江	989.6	845.6	313.4	169.4	2586.9
上海	41.6	34.6	9.9	3.0	218.3
江苏	400.3	306.0	110.8	16.5	519.8
浙江	931.3	917.4	208.0	194.1	1808.4
安徽	733.1	685.9	185.4	138.3	1195.3
福建	800.8	799.6	244.7	243.4	2214.9
江西	1166.9	1144.7	312.9	290.7	2642.5
山东	285.0	173.8	180.7	69.5	301.7
河南	328.8	208.3	188.1	67.6	347.6
湖北	825.3	794.4	263.4	232.6	1443.9
湖南	1400.5	1393.8	351.7	345.0	2190.6
广东	1613.7	1604.1	407.6	398.0	1682.5
广西	1484.3	1484.3	256.8	256.8	3069.3
海南	480.7	474.6	106.3	100.3	5596.2
重庆	455.9	455.9	81.9	81.9	1600.3
四川	2332.2	2330.6	580.0	578.4	2857.5
贵州	910.0	910.0	249.0	249.0	2397.7
云南	1576.6	1576.6	582.6	582.6	3459.7
西藏	4029.2	4029.2	871.5	871.5	139658.9
陕西	416.5	393.7	132.4	109.6	1105.6
甘肃	209.0	201.8	123.6	116.4	794.3
青海	895.1	873.9	392.3	371.1	16113.6
宁夏	8.4	6.0	22.1	19.7	135.5
新疆	754.3	713.7	470.5	429.8	3516.6

表6-3 供水用水情况

年份 地区	供水总量 (亿立方米)	地表水	地下水	其他	用水总量 (亿立方米)	农业	工业	生活	生态	人均用水量 (立方米/人)
2000	5530.7	4440.4	1069.2	21.1	5497.6	3783.5	1139.1	574.9		435.4
2001	5567.4	4450.7	1094.9	21.9	5567.4	3825.7	1141.8	599.9		437.7
2002	5497.3	4404.4	1072.4	20.5	5497.3	3736.2	1142.4	618.7		429.3
2003	5320.4	4286.0	1018.1	16.3	5320.4	3432.8	1177.2	630.9	79.5	412.9
2004	5547.8	4504.2	1026.4	17.2	5547.8	3585.7	1228.9	651.2	82.0	428.0
2005	5633.0	4572.2	1038.8	22.0	5633.0	3580.0	1285.2	675.1	92.7	432.1
2006	5795.0	4706.8	1065.5	22.7	5795.0	3664.4	1343.8	693.8	93.0	442.0
2007	5818.7	4723.9	1069.1	25.7	5818.7	3599.5	1403.0	710.4	105.7	441.5
2008	5910.0	4796.4	1084.8	28.7	5910.0	3663.5	1397.1	729.3	120.2	446.2
2009	5965.2	4839.5	1094.5	31.2	5965.2	3723.1	1390.9	748.2	103.0	448.0
北京	35.5	7.2	21.8	6.5	35.5	11.4	5.2	15.3	3.6	205.8
天津	23.4	17.2	6.0	0.1	23.4	12.8	4.4	5.1	1.1	194.4
河北	193.7	37.5	154.6	1.6	193.7	143.9	23.7	23.4	2.7	276.3
山西	56.3	23.3	32.9		56.3	34.4	10.5	10.0	1.3	164.6
内蒙古	181.3	93.5	87.5	0.3	181.3	138.7	20.9	14.1	7.6	749.6
辽宁	142.8	71.6	67.4	3.8	142.8	91.1	23.9	24.4	3.3	330.8
吉林	111.1	68.6	42.5		111.1	71.2	23.6	14.1	2.3	405.9
黑龙江	316.3	180.2	136.0		316.3	237.4	55.7	18.8	4.4	826.7
上海	125.2	124.9	0.3		125.2	16.8	84.2	23.1	1.2	657.4
江苏	549.2	540.4	8.8		549.2	300.1	194.5	51.4	3.2	713.2
浙江	197.8	192.3	5.0	0.5	197.8	97.3	55.3	37.6	7.5	384.0
安徽	291.9	265.3	26.1	0.5	291.9	167.2	93.7	29.0	2.0	475.9
福建	201.4	196.4	4.8	0.3	201.4	100.8	77.2	22.1	1.3	557.2
江西	241.3	230.9	10.4		241.3	157.2	53.2	26.1	4.8	546.3
山东	220.0	119.6	97.0	3.3	220.0	156.4	24.7	34.9	3.9	233.0
河南	233.7	94.3	139.0	0.4	233.7	138.1	53.5	35.8	6.3	247.1
湖北	281.4	271.5	8.8	1.1	281.4	149.4	100.8	30.9	0.2	492.4
湖南	322.3	301.8	20.6		322.3	189.3	83.5	46.1	3.5	504.2
广东	463.4	440.8	21.0	1.6	463.4	228.7	136.2	90.4	8.1	483.2
广西	303.4	289.0	11.6	2.7	303.4	195.3	54.0	48.4	5.7	627.3
海南	44.5	41.0	3.5		44.5	34.0	3.9	6.4	0.1	517.6
重庆	85.3	83.5	1.8	0.1	85.3	19.0	47.6	18.2	0.5	299.4
四川	223.5	204.6	16.4	2.4	223.5	123.6	61.6	36.3	2.0	273.8
贵州	100.4	93.2	7.0	0.2	100.4	50.8	34.1	14.9	0.6	264.5
云南	152.6	145.7	4.3	2.6	152.6	103.5	22.4	23.6	3.2	335.0
西藏	30.9	28.3	2.6		30.9	27.4	1.4	2.0		1069.4
陕西	84.3	50.9	33.1	0.4	84.3	57.2	11.4	14.8	0.9	223.9
甘肃	120.6	94.7	24.0	1.9	120.6	93.8	13.1	10.8	3.0	458.4
青海	28.8	23.9	4.7	0.1	28.8	21.6	3.0	3.4	0.8	517.8
宁夏	72.2	67.0	5.2		72.2	65.3	3.7	1.7	1.6	1162.3
新疆	530.9	440.2	90.0	0.7	530.9	489.4	10.1	14.9	16.5	2475.1

注：生态用水仅包括部分河湖、湿地人工补水和城市环境用水。

七、废水排放及处理利用

表7-1　各地区废水排放及处理情况 (2009年)

地区	废水治理设施数(套)	工业废水排放总量(万吨)	#直接排入海	工业废水排放达标量(万吨)	工业废水中化学需氧量排放量(万吨)	工业废水中氨氮排放量(万吨)	生活污水排放量(万吨)	生活污水中化学需氧量排放量(万吨)	生活污水中氨氮排放量(万吨)
全国	77018	2343857	134695	2208743	439.68	27.35	3547021	837.86	95.26
北京	524	8713		8574	0.49	0.05	132100	9.39	1.26
天津	848	19441	584	19440	2.35	0.29	40206	10.95	0.91
河北	3869	110058	1162	108166	23.04	1.72	134931	33.97	3.79
山西	2548	39720		32694	14.19	1.15	66155	20.25	2.92
内蒙古	889	28616		24366	12.01	0.47	44539	15.85	2.92
辽宁	1798	75159	24435	64593	21.63	0.96	141996	34.64	5.29
吉林	638	37563		30621	14.72	0.26	72151	21.36	2.60
黑龙江	1465	34188		31379	11.19	0.68	76320	35.01	4.08
上海	1730	41192	2536	40687	2.90	0.20	189326	21.44	2.78
江苏	6877	256160	1623	251290	25.13	1.38	266169	57.04	5.16
浙江	8202	203442	11641	193847	24.05	1.52	161575	27.33	2.58
安徽	1987	73441		70657	12.88	1.44	106260	29.53	3.24
福建	3949	142747	73811	141032	7.54	0.62	103266	30.03	2.39
江西	1826	67192		63047	10.35	0.73	79888	33.17	2.68
山东	4824	182673	7495	180030	26.05	1.39	204058	38.65	5.34
河南	3210	140325		134850	29.77	2.57	193656	32.86	4.95
湖北	2068	91324		87594	14.37	1.51	174433	43.20	4.95
湖南	3195	96396		88059	21.56	2.40	163883	63.28	6.00
广东	9826	188844	7549	174377	21.68	1.00	498585	69.44	10.51
广西	2539	161596	1597	153458	51.88	1.40	143911	45.75	3.41
海南	267	7031	2263	6789	1.16	0.06	30486	8.87	0.76
重庆	1638	65684		61925	10.03	0.73	81385	13.95	1.95
四川	4377	105910		101029	24.51	1.35	156799	50.25	4.60
贵州	2050	13478		9570	1.30	0.09	45682	20.30	1.62
云南	2088	32375		29991	8.53	0.32	55215	18.78	1.58
西藏	16	942		210	0.07		2514	1.47	0.15
陕西	1728	49137		47523	12.64	0.72	62082	19.17	2.47
甘肃	657	16364		13266	4.87	1.19	32907	11.94	1.48
青海	155	8404		4692	3.93	0.17	13767	3.69	0.54
宁夏	353	21542		18835	9.73	0.42	19794	2.78	0.39
新疆	877	24201		16152	15.14	0.58	52983	13.53	1.97

表7-2　工业按行业分废水排放及处理情况 (2009年)

行业	汇总工业企业数(个)	工业废水排放总量(万吨)	工业废水排放达标量(万吨)
行业总计	110903	2090300	1980075
煤炭开采和洗选业	4261	80236	73665
石油和天然气开采业	233	10197	10005
黑色金属矿采选业	1146	15546	14650
有色金属矿采选业	1628	37307	32730
非金属矿采选业	958	7719	7292
其他采矿业	74	574	460
农副食品加工业	7481	143838	132050
食品制造业	3707	52699	48365
饮料制造业	2748	69674	65459
烟草制品业	158	3253	3176
纺织业	8070	239116	230806
纺织服装、鞋、帽制造业	1451	14728	14324
皮革毛皮羽毛(绒)及其制品业	1695	24964	23087
木材加工及木竹藤棕草制品业	1526	6137	5703
家具制造业	340	1856	1836
造纸及纸制品业	5771	392604	367176
印刷业和记录媒介的复制	558	1783	1743
文教体育用品制造业	270	1239	1109
石油加工、炼焦及核燃料加工业	1139	66406	63474
化学原料及化学制品制造业	9985	297062	282138
医药制造业	2939	52718	51003
化学纤维制造业	350	43855	41858
橡胶制品业	918	6783	6704
塑料制品业	1409	4387	4005
非金属矿物制品业	21435	32777	30434
黑色金属冶炼及压延加工业	3562	125978	122036
有色金属冶炼及压延加工业	2643	28976	27643
金属制品业	6118	31346	30166
通用设备制造业	3764	13452	12953
专用设备制造业	1294	11006	10747
交通运输设备制造业	2539	27422	26473
电气机械及器材制造业	1654	9324	9002
通信计算机及其他电子设备制造业	1872	33513	32776
仪器仪表及文化办公用机械制造业	511	5798	5675
工艺品及其他制造业	948	3587	3362
废弃资源和废旧材料回收加工业	189	959	917
电力、热力的生产和供应业	4132	149010	144573
燃气生产和供应业	88	2013	1927
水的生产和供应业	262	22919	22421
其他行业	1077	17537	16152

表7-3 主要城市工业废水排放及处理情况(2009年)

城市	工业废水排放量(万吨)	工业废水排放达标量(万吨)	工业废水中化学需氧量排放量(吨)	工业废水中氨氮排放量(吨)	废水治理设施数(套)	本年运行费用(万元)
北京	8713	8574	4898.1	452.8	524	65702.5
天津	19441	19440	23469.4	2915.5	848	73073.1
石家庄	19045	18992	49738.4	4068.5	589	46852.5
太原	2483	2417	4920.0	353.8	238	41219.8
呼和浩特	2374	2373	2474.1	236.3	54	9061.4
沈阳	6259	5722	7947.0	1086.4	356	24178.2
长春	5489	5133	25947.0	468.5	104	5708.0
哈尔滨	3539	3446	13865.1	510.9	153	20847.1
上海	41192	40687	29030.6	1982.8	1730	264295.6
南京	36339	33698	26702.5	1099.0	677	85539.5
杭州	79959	76925	86449.3	2364.4	1221	90202.8
合肥	2036	1961	1380.7	80.1	166	9570.4
福州	4288	3860	3980.1	550.3	382	12994.5
南昌	10238	9554	21000.0	1085.5	207	12303.4
济南	5014	4954	7004.6	319.9	264	25822.3
郑州	11240	11155	9353.7	233.1	377	19533.0
武汉	22532	22334	21808.1	1225.9	248	27054.3
长沙	3726	3354	4920.9	228.7	260	5283.0
广州	26023	25116	23425.3	935.8	996	61140.0
南宁	12347	11291	71981.7	1341.5	384	17523.6
海口	475	475	328.6	8.7	33	1439.9
重庆	65684	61925	100290.3	7251.4	1638	54792.7
成都	24554	24487	41504.0	5755.5	1512	32644.1
贵阳	2356	2292	1791.0	97.0	298	8335.3
昆明	4256	4249	3276.3	209.8	538	20781.8
拉萨	986	210	489.9	2.7	13	158.2
西安	14203	13281	40823.5	2230.2	383	13360.2
兰州	2945	2905	1834.6	134.9	78	15379.2
西宁	4387	3828	15990.1	970.8	127	2771.7
银川	4987	4946	12552.6	1227.7	128	6317.6
乌鲁木齐	5968	5251	8667.5	1668.5	107	7879.8

表7-4 各地区化学需氧量排放量

单位：万吨

地区	2001	2002	2003	2004	2005	2006	2007	2008	2009
全国	1404.8	1366.9	1332.9	1339.2	1414.2	1428.2	1381.8	1320.7	1277.5
北京	17.0	15.2	13.4	13.0	11.6	11.0	10.6	10.1	9.9
天津	10.6	10.3	13.0	13.7	14.6	14.3	13.7	13.3	13.3
河北	65.2	64.0	63.6	65.8	66.1	68.8	66.7	60.5	57.0
山西	31.2	31.0	35.8	38.0	38.7	38.7	37.4	35.9	34.4
内蒙古	28.1	23.8	27.4	27.5	29.7	29.8	28.8	28.0	27.9
辽宁	67.7	59.3	54.6	50.0	64.4	64.1	62.8	58.4	56.3
吉林	41.1	35.7	37.2	36.6	40.7	41.7	40.0	37.4	36.1
黑龙江	52.7	51.4	51.0	50.5	50.4	49.8	48.8	47.6	46.2
上海	30.5	33.0	33.8	29.4	30.4	30.2	29.4	26.7	24.3
江苏	83.1	78.4	76.7	85.4	96.6	93.0	89.1	85.1	82.2
浙江	58.0	57.8	56.2	55.7	59.5	59.3	56.4	53.9	51.4
安徽	41.7	41.1	41.2	42.7	44.4	45.6	45.1	43.3	42.4
福建	31.4	28.2	35.1	35.9	39.4	39.5	38.3	37.8	37.6
江西	41.5	39.1	42.2	45.4	45.7	47.4	46.9	44.5	43.5
山东	92.2	86.0	83.0	77.9	77.0	75.8	72.0	67.9	64.7
河南	76.0	74.3	70.7	69.6	72.1	72.1	69.4	65.1	62.6
湖北	66.8	66.3	63.4	61.4	61.6	62.6	60.1	58.6	57.6
湖南	71.0	74.1	81.4	85.0	89.5	92.3	90.4	88.5	84.8
广东	110.5	95.2	98.2	92.7	105.8	104.9	101.7	96.4	91.1
广西	82.7	84.6	92.7	99.4	107.0	111.9	106.3	101.3	97.6
海南	7.0	6.6	6.8	9.3	9.5	9.9	10.1	10.1	10.0
重庆	25.4	25.0	26.1	27.0	26.9	26.4	25.1	24.2	24.0
四川	99.2	93.6	93.6	88.2	78.3	80.6	77.1	74.9	74.8
贵州	20.7	20.5	22.0	22.3	22.6	22.9	22.7	22.2	21.6
云南	30.8	30.1	28.5	29.0	28.5	29.4	29.0	28.1	27.3
西藏	1.1	0.8	0.8	1.4	1.4	1.5	1.5	1.5	1.5
陕西	33.4	32.3	32.1	33.8	35.0	35.5	34.5	33.2	31.8
甘肃	12.1	13.0	15.8	15.8	18.2	17.8	17.4	17.1	16.8
青海	3.3	3.3	3.2	3.9	7.2	7.5	7.6	7.5	7.6
宁夏	18.7	11.1	10.2	6.6	14.3	14.0	13.7	13.2	12.5
新疆	20.1	20.5	22.9	26.2	27.1	28.8	29.0	28.7	28.7

八、废气排放及处理利用

表8-1　各地区废气排放及处理情况 (2009年)

地区	废气治理设施数(套)	工业废气排放总量(亿标立方米)	燃料燃烧	生产工艺	工业二氧化硫排放量(万吨)	生活二氧化硫排放量(万吨)	工业二氧化硫去除量(万吨)	工业烟尘排放量(万吨)	生活烟尘排放量(万吨)	工业烟尘去除量(万吨)	工业粉尘排放量(万吨)	工业粉尘去除量(万吨)
全国	176489	436064	241201	194862	1865.9	348.5	2889.9	604.4	243.3	32848.1	523.6	8722.6
北京	2603	4408	1777	2631	6.0	5.9	11.3	1.9	2.5	181.7	1.7	80.3
天津	3157	5983	4040	1943	17.3	6.4	25.7	5.9	1.3	420.3	0.8	65.1
河北	11845	50779	24836	25943	104.3	21.1	123.8	33.0	18.9	2355.6	42.7	561.0
山西	9200	23693	13066	10627	101.0	25.9	143.4	43.8	20.9	2137.2	42.8	319.2
内蒙古	4956	24844	14382	10462	120.4	19.5	164.6	32.1	17.3	2458.2	16.4	234.4
辽宁	10067	25211	11284	13928	91.9	13.3	102.2	40.1	21.1	1865.5	22.7	636.5
吉林	3037	7124	5095	2029	30.0	6.3	12.8	27.7	10.7	868.9	6.6	374.8
黑龙江	4313	9977	8260	1717	41.9	7.1	7.4	31.9	11.4	1058.7	10.1	79.8
上海	3986	10059	3382	6677	23.9	14.0	38.5	3.6	6.5	513.5	0.8	95.7
江苏	11508	27432	17752	9680	101.2	6.2	185.6	30.1	2.9	2279.4	16.4	323.1
浙江	14526	18860	11913	6947	67.7	2.4	130.6	18.0	1.0	1234.3	16.8	869.7
安徽	4733	15273	7038	8234	48.7	5.2	161.9	23.0	5.0	1363.6	28.5	344.4
福建	6931	10497	6580	3917	39.9	2.0	35.5	7.1	4.3	606.4	15.7	249.2
江西	3953	8286	4711	3575	49.0	7.4	143.0	13.9	2.5	741.8	26.3	567.4
山东	11727	35127	19539	15587	136.6	22.4	273.3	30.2	11.5	3339.8	22.1	554.6
河南	8740	22186	12773	9412	117.6	17.9	141.4	52.1	7.6	2685.9	24.9	572.7
湖北	5211	12523	5958	6565	52.7	11.6	88.5	17.9	3.7	789.0	18.3	408.3
湖南	5117	10973	4373	6599	64.9	16.2	84.8	27.6	6.6	660.2	57.5	323.5
广东	13011	22682	14033	8649	101.3	5.8	187.4	24.8	5.3	988.3	10.5	464.1
广西	6006	13184	7588	5596	83.5	5.5	87.8	24.7	1.3	372.6	46.7	323.6
海南	397	1353	1023	330	2.1	0.1	6.0	0.8	0.2	55.9	0.9	12.6
重庆	3309	12587	6659	5928	58.6	16.0	78.0	10.9	8.2	439.0	10.8	59.0
四川	6927	13410	7436	5974	94.6	18.9	83.8	19.6	8.9	946.3	11.4	179.4
贵州	2441	7786	4763	3023	62.4	55.2	131.8	11.8	32.2	1396.9	9.9	177.4
云南	5432	9484	4758	4726	41.8	8.1	141.7	12.4	5.5	1105.3	10.2	370.5
西藏	51	15	14	2	0.2			0.1	0.2	0.1	0.1	
陕西	4035	11032	6822	4210	74.2	6.3	74.5	15.1	5.2	779.9	14.8	221.4
甘肃	2716	6314	3375	2939	40.1	9.9	191.3	9.2	7.0	304.7	8.4	89.4
青海	752	3308	757	2551	12.7	0.8	1.3	5.4	2.2	107.8	6.9	63.7
宁夏	1503	4701	2556	2144	27.8	3.6	29.3	7.9	1.8	466.0	3.6	45.6
新疆	4299	6975	4658	2317	51.5	7.5	3.0	22.0	9.7	325.3	18.5	56.3

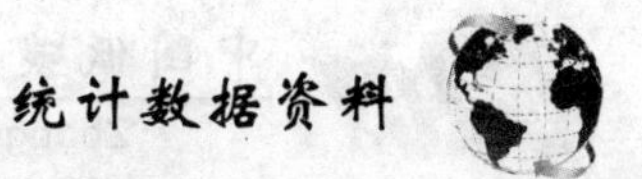

表8-2 工业按行业分废气排放及处理情况 (2009年)

单位：万吨

行 业	工业二氧化硫排放量	工业二氧化硫去除量	工业烟尘排放量	工业烟尘去除量	工业粉尘排放量	工业粉尘去除量
行业总计	1694.06	2889.86	544.62	32848.15	476.20	8722.65
煤炭开采和洗选业	14.99	9.73	9.83	171.18	18.78	16.22
石油和天然气开采业	3.53	6.26	1.11	4.67		
黑色金属矿采选业	5.45	1.51	1.84	10.28	3.78	14.63
有色金属矿采选业	12.30	58.33	1.21	12.63	1.16	4.95
非金属矿采选业	4.52	2.62	2.23	25.81	2.59	5.66
其他采矿业	0.11	0.01	0.19	0.12	0.06	0.02
农副食品加工业	16.09	6.65	11.23	123.43	0.38	6.18
食品制造业	10.76	4.88	5.72	85.32	0.13	4.24
饮料制造业	10.58	5.11	6.75	103.87	0.11	0.67
烟草制品业	1.16	0.60	0.51	3.11	0.10	1.72
纺织业	25.61	10.45	12.66	141.90	0.17	0.90
纺织服装、鞋、帽制造业	1.24	0.69	0.66	7.28	0.03	0.05
皮革毛皮羽毛(绒)及其制品业	1.78	0.31	1.03	5.62	0.03	0.01
木材加工及木竹藤棕草制品业	3.21	0.53	3.23	10.23	2.48	29.29
家具制造业	0.26	0.09	0.37	1.25	0.10	0.22
造纸及纸制品业	45.74	23.42	19.18	344.34	0.75	1.44
印刷业和记录媒介的复制	0.27	0.06	0.15	0.52		
文教体育用品制造业	0.11	0.17	0.06	0.19	0.03	0.22
石油加工、炼焦及核燃料加工业	61.42	230.75	22.46	279.73	15.55	117.60
化学原料及化学制品制造业	97.52	112.36	41.72	764.71	11.16	104.90
医药制造业	7.76	4.96	4.51	41.86	0.08	0.15
化学纤维制造业	11.46	8.58	2.78	113.48	0.06	1.18
橡胶制品业	3.78	3.57	1.84	29.07	0.06	0.92
塑料制品业	2.34	0.62	1.01	7.49	0.03	0.29
非金属矿物制品业	160.52	41.79	92.51	1114.15	309.04	5259.28
黑色金属冶炼及压延加工业	170.18	126.30	51.84	1244.78	84.15	2649.43
有色金属冶炼及压延加工业	66.09	783.15	12.28	420.96	8.84	370.75
金属制品业	3.84	0.80	2.18	9.50	0.76	9.00
通用设备制造业	4.62	1.23	3.01	10.72	2.96	43.55
专用设备制造业	3.83	1.54	1.30	19.48	1.67	3.39
交通运输设备制造业	3.68	1.66	2.93	37.42	2.69	14.05
电气机械及器材制造业	1.13	0.47	0.64	4.88	0.06	0.18
通信计算机及其他电子设备制造业	1.00	0.61	0.50	5.33	0.27	5.52
仪器仪表及文化办公用机械 制造业	0.14	0.06	0.07	0.41	0.03	0.23
工艺品及其他制造业	0.37	0.06	0.16	0.78	0.91	0.64
废弃资源和废旧材料回收加工业	0.17	0.10	0.05	0.37	0.20	0.25
电力、热力的生产和供应业	932.99	1437.90	222.15	27665.56	0.67	1.71
燃气生产和供应业	2.33	0.91	1.38	19.31	0.41	0.05
水的生产和供应业	0.05		0.05	0.17		
其他行业	1.10	1.01	1.29	6.27	5.90	53.15

表8-3 各地区二氧化硫排放量

单位：万吨

地区	2001	2002	2003	2004	2005	2006	2007	2008	2009
全 国	1947.8	1926.6	2158.5	2254.9	2549.4	2588.8	2468.1	2321.2	2214.4
北 京	20.1	19.2	18.3	19.1	19.1	17.6	15.2	12.3	11.9
天 津	26.8	23.5	25.9	22.8	26.5	25.5	24.5	24.0	23.7
河 北	128.9	127.9	142.2	142.8	149.6	154.5	149.2	134.5	125.3
山 西	119.9	119.9	136.3	141.5	151.6	147.8	138.7	130.8	126.8
内蒙古	64.6	73.1	128.8	117.9	145.6	155.7	145.6	143.1	139.9
辽 宁	83.9	79.3	82.3	83.1	119.7	125.9	123.4	113.1	105.1
吉 林	26.5	26.5	27.2	28.5	38.2	40.9	39.9	37.8	36.3
黑龙江	29.2	28.7	35.6	37.3	50.8	51.8	51.5	50.6	49.0
上 海	47.3	44.7	45.0	47.3	51.3	50.8	49.8	44.6	37.9
江 苏	114.8	112.0	124.1	124.0	137.3	130.4	121.8	113.0	107.4
浙 江	59.2	62.4	73.4	81.4	86.0	85.9	79.7	74.1	70.1
安 徽	39.6	39.6	45.5	48.9	57.1	58.4	57.2	55.6	53.8
福 建	20.0	19.3	30.4	32.6	46.1	46.9	44.6	42.9	42.0
江 西	30.6	29.3	43.7	51.9	61.3	63.4	62.1	58.3	56.4
山 东	172.2	169.0	183.6	182.1	200.3	196.2	182.2	169.2	159.0
河 南	89.7	93.7	103.9	125.6	162.5	162.4	156.4	145.2	135.5
湖 北	54.0	53.9	60.9	69.2	71.7	76.0	70.8	67.0	64.4
湖 南	76.2	74.3	84.8	87.2	91.9	93.4	90.4	84.0	81.2
广 东	97.3	97.4	107.5	114.8	129.4	126.7	120.3	113.6	107.0
广 西	69.7	68.3	87.4	94.4	102.3	99.4	97.4	92.5	89.0
海 南	2.0	2.2	2.3	2.3	2.2	2.4	2.6	2.2	2.2
重 庆	72.2	70.0	76.6	79.5	83.7	86.0	82.6	78.2	74.6
四 川	113.5	111.7	120.7	126.4	129.9	128.1	117.9	114.8	113.5
贵 州	138.1	132.5	132.3	131.5	135.8	146.5	137.5	123.6	117.5
云 南	35.7	36.4	45.3	47.8	52.2	55.1	53.4	50.2	49.9
西 藏	0.1	0.1	0.1	0.1	0.2	0.2	0.2	0.2	0.2
陕 西	61.9	63.8	76.6	81.8	92.2	98.1	92.7	88.9	80.4
甘 肃	37.0	42.7	49.4	48.4	56.3	54.6	52.3	50.2	50.0
青 海	3.5	3.2	6.0	7.4	12.4	13.0	13.4	13.5	13.6
宁 夏	20.0	22.2	29.3	29.3	34.3	38.3	37.0	34.8	31.4
新 疆	30.0	29.6	33.1	48.0	51.9	54.9	58.0	58.5	59.0

九、工业固体废物排放及处理利用

表9-1 各地区工业固体废物产生及处理利用情况 (2009年)

地区	工业固体废物产生量(万吨)	#危险废物	工业固体废物综合利用量(万吨)	工业固体废物贮存量(万吨)	工业固体废物处置量(万吨)	工业固体废物排放量(吨)	"三废"综合利用产品产值(万元)
全国	203943.4	1429.9	138185.8	20929.3	47487.7	7104521	16082440
北京	1242.4	11.2	910.4	43.7	754.6	881	71680
天津	1515.7	7.8	1498.3	0.1	25.7		187882
河北	21975.8	27.7	15693.3	1168.4	5259.9	304551	936390
山西	14742.9	6.8	8955.8	718.7	5099.4	1415688	342721
内蒙古	12108.3	50.2	6367.9	1235.6	4513.0	92171	217936
辽宁	17221.4	91.0	8240.7	1981.2	7261.1	27510	443699
吉林	3940.5	57.5	2538.8	1324.8	88.5		308741
黑龙江	5274.7	17.0	3809.7	993.7	513.0	9763	247210
上海	2254.6	47.6	2171.6	12.7	85.7	42	161409
江苏	8027.8	126.1	7862.2	168.3	102.0		2014356
浙江	3909.7	60.1	3585.9	74.7	256.0	7824	2513210
安徽	8470.8	11.6	7227.0	544.0	922.7	15	509654
福建	6348.9	8.0	5425.8	55.9	874.5	24334	492686
江西	8898.2	6.5	3702.7	786.0	4416.1	139938	470277
山东	14137.9	221.4	13826.4	237.9	523.9	144	1725361
河南	10785.8	17.9	8064.3	283.0	2691.4	13104	693261
湖北	5561.5	91.4	4210.2	251.4	1164.4	51170	699428
湖南	5092.8	53.9	4010.4	822.2	379.8	185972	695004
广东	4740.9	99.2	4321.6	137.8	313.5	159839	509827
广西	5693.1	12.5	3856.7	461.4	1434.4	120979	432197
海南	200.9	0.2	167.9	11.8	21.2		24440
重庆	2551.8	14.7	2076.7	262.3	126.7	1498598	274133
四川	8596.9	83.4	4952.3	1076.1	2845.2	61159	612686
贵州	7317.4	52.6	3350.7	1792.4	2109.4	944884	165524
云南	8672.8	50.4	4264.8	2001.6	2615.4	606462	604415
西藏	11.1		0.2	6.8		41243	239
陕西	5546.7	13.0	2997.6	1099.5	1445.1	172657	222059
甘肃	3150.2	20.9	1072.7	937.0	1216.8	123102	260170
青海	1347.6	83.3	508.2	850.2	1.5	13904	26311
宁夏	1398.3	0.4	987.9	169.7	251.0	36588	66672
新疆	3206.1	85.4	1527.2	1420.5	175.8	1051998	152865

表9-2 按行业分工业固体废物产生及处理利用情况（2009年）

行 业	工业固体废物产生量（万吨）	#危险废物	工业固体废物综合利用量（万吨）	工业固体废物贮存量（万吨）	工业固体废物处置量（万吨）	工业固体废物排放量（万吨）	“三废”综合利用产品产值（万元）
行业总计	190673.5	1429.84	128607.6	19391.0	44940.2	631.57	16082440
煤炭开采和洗选业	23868.6	0.06	18409.9	1490.3	5069.7	261.35	215935
石油和天然气开采业	175.5	12.31	57.6	11.2	106.7	0.03	124425
黑色金属矿采选业	23441.8	0.01	5823.3	3905.1	13700.2	25.53	40444
有色金属矿采选业	25847.9	158.08	8953.5	4713.7	12164.7	121.57	296452
非金属矿采选业	1454.6	72.75	765.0	330.0	353.3	6.99	33334
其他采矿业	46.0		30.2	10.1	5.7	0.08	1679
农副食品加工业	2090.6	0.14	2055.7	7.8	27.5	2.92	441431
食品制造业	531.9	0.44	522.4	0.2	8.3	1.16	175440
饮料制造业	930.0	0.27	914.3	1.2	7.2	7.48	322744
烟草制品业	40.7	0.01	33.9	0.2	6.3	0.28	4492
纺织业	732.5	18.48	685.4	0.3	45.8	0.96	258373
纺织服装、鞋、帽制造业	46.9	0.13	44.2	0.1	2.5	0.06	6318
皮革毛皮羽毛(绒)及其制品业	80.4	1.92	65.9	0.6	13.7	0.15	15079
木材加工及木竹藤棕草制品业	170.0	0.03	167.6	0.1	2.1	0.26	134383
家具制造业	15.8	0.18	14.8	0.1	0.9	0.04	4824
造纸及纸制品业	1938.7	8.67	1734.9	28.7	177.2	4.75	2045188
印刷业和记录媒介的复制	15.8	1.69	14.2		1.6		17626
文教体育用品制造业	3.0	0.19	2.3		0.6	0.03	1216
石油加工、炼焦及核燃料加工业	2994.4	141.27	2704.0	110.2	199.6	2.89	877195
化学原料及化学制品制造业	12595.5	521.88	8660.3	1546.0	2528.8	15.13	1352448
医药制造业	345.9	31.93	316.0	1.5	27.3	1.68	126706
化学纤维制造业	373.0	41.49	347.4	9.4	23.7	0.09	87763
橡胶制品业	138.7	0.54	135.1	0.1	3.4	0.28	56086
塑料制品业	65.7	2.33	61.3		4.3	0.08	70474
非金属矿物制品业	4358.6	2.72	4514.0	49.8	115.4	35.05	4067650
黑色金属冶炼及压延加工业	33893.7	62.13	29382.4	1296.6	3353.2	49.91	2447857
有色金属冶炼及压延加工业	7087.3	169.87	3209.3	898.6	2963.2	40.09	1089261
金属制品业	505.8	36.19	471.6	0.7	33.5	0.22	132107
通用设备制造业	488.6	6.49	453.5	0.7	32.1	2.35	169775
专用设备制造业	186.8	3.61	160.6	1.0	23.2	1.93	98385
交通运输设备制造业	505.8	15.01	455.9	0.2	47.7	2.01	240684
电气机械及器材制造业	71.3	10.84	62.7	0.2	8.5	0.08	85284
通信计算机及其他电子设备制造业	172.5	79.56	132.5	0.5	39.3	0.26	170358
仪器仪表及文化办公用机械制造业	26.1	11.40	18.3		7.8	0.02	31346
工艺品及其他制造业	18.7	0.33	17.7		0.6	0.37	6045
废弃资源和废旧材料回收加工业	64.1	0.09	59.3		4.5	0.27	91022
电力、热力的生产和供应业	45131.2	15.67	36963.8	4975.6	3798.0	45.17	718419
燃气生产和供应业	55.6	0.31	35.4		20.2	0.01	1887
水的生产和供应业	19.4	0.77	8.9		10.4	0.03	15870
其他行业	144.1	0.04	142.5		1.6		6439

表9-3 主要城市工业固体废物产生及处理利用情况 (2009年)

单位：万吨

城 市	工业固体废物产生量	#危险废物	工业固体废物综合利用量	工业固体废物排放量	工业固体废物综合利用率(%)
北 京	1242	11.19	910	0.09	68.9
天 津	1516	7.84	1498		98.3
石家庄	1273	19.41	1209		92.5
太 原	2410	1.91	1172	9.29	48.6
呼和浩特	592	0.30	158		64.6
沈 阳	645	9.72	606	0.02	17.9
长 春	406	1.27	404		76.3
哈尔滨	1330	1.47	1015	0.28	71.0
上 海	2255	47.62	2172		98.6
南 京	1442	18.25	1319		99.3
杭 州	635	7.20	606	0.27	93.9
合 肥	277	1.12	273		60.4
福 州	425	0.83	401	0.61	94.4
南 昌	118	0.17	114	0.35	93.9
济 南	968	6.71	909		89.2
郑 州	915	0.28	756		35.2
武 汉	1215	2.72	1087		99.9
长 沙	155	0.11	140	0.03	95.6
广 州	642	22.59	598	0.03	90.1
南 宁	380	0.05	344	0.16	97.1
海 口	4	0.06	4		79.8
重 庆	2552	14.68	2077	149.86	20.0
成 都	576	0.78	570		74.8
贵 阳	873	1.04	411	0.01	39.9
昆 明	2161	1.24	862	9.70	18.7
拉 萨	26		5	1.21	81.1
西 安	247	0.83	241	0.40	29.5
兰 州	486	15.79	365		22.8
西 宁	250	10.62	243	0.51	91.9
银 川	164	0.31	150	0.72	90.8
乌鲁木齐	551	1.69	360	0.31	65.3

十、生活垃圾处理利用

表10-1 各地区城市生活垃圾清运和处理情况 (2009年)

地区	生活垃圾清运量(万吨)	无害化处理厂数(座)	#卫生填埋	#堆肥	#焚烧	无害化处理能力(吨/日)	#卫生填埋	#堆肥	#焚烧	无害化处理量(万吨)	#卫生填埋	#堆肥	#焚烧	粪便清运量(万吨)	粪便无害化处理量(万吨)	生活垃圾无害化处理率(%)
全国	15733.7	567	447	16	93	356130	273498	6979	71253	11232.3	8898.6	178.8	2022.0	2141.0	846.1	71.4
北京	656.1	19	16	2	1	13680	12280	800	600	644.4	548.1	27.6	68.7	211.2	175.7	98.2
天津	188.4	7	5		2	7600	5800		1800	177.6	126.4		51.2	29.6		94.3
河北	678.1	23	18	3	1	12242	10042	1400	400	400.0	348.6	33.0	14.1	174.0	98.1	59.0
山西	374.6	15	12		3	13022	10922		2100	235.6	202.4		33.2	75.9	0.6	62.9
内蒙古	366.5	17	16	1		8726	7926	800		263.9	240.0	23.9		125.7	71.7	72.0
辽宁	813.3	13	11	1	1	11695	10695	600	400	487.0	450.5	21.9	14.6	129.2	38.2	59.9
吉林	521.3	9	7		2	6326	4806		1520	200.2	165.6		34.6	117.1	51.1	38.4
黑龙江	912.4	18	16		2	10048	9548		500	272.5	256.7		15.7	179.9	32.6	29.9
上海	710.0	12	4	1	3	10345	5750	500	2575	559.3	380.7	15.2	106.1	221.0		78.8
江苏	957.3	41	27		14	34570	20502		14068	870.9	479.6		387.1	116.1	95.9	91.0
浙江	925.6	52	31		21	31173	15408		15765	903.4	498.5		404.9	84.4	41.7	97.6
安徽	432.8	14	13		1	8054	7004		1050	263.6	230.4		33.2	55.7	5.6	60.9
福建	392.4	21	15	1	5	10398	6432	116	3850	363.1	228.9	5.3	128.9	24.8	10.4	92.5
江西	280.8	13	13			5930	5930			237.0	237.0			55.4	2.8	84.4
山东	958.4	54	45	1	6	32810	24520	660	6700	867.7	721.9	4.1	110.6	94.7	69.7	90.5
河南	679.5	38	33	3	2	19171	17038	983	1150	511.9	459.5	20.7	31.7	50.4	17.9	75.3
湖北	680.6	19	17	1		12013	11493	120		378.8	362.6	3.6		23.1	0.9	55.7
湖南	511.9	15	15			9312	9312			341.0	341.0			5.4		66.6
广东	1960.6	37	19		17	36087	22702		13035	1283.9	860.5		411.4	125.1	30.9	65.5
广西	240.2	17	14	1	2	7482	6262	400	820	207.3	186.1	8.3	12.9	24.0	7.4	86.3
海南	88.7	3	2		1	1720	1600		120	57.7	53.6		4.0	8.6		65.0
重庆	224.3	13	12		1	6265	5265		1000	215.1	172.6		42.5	75.0	7.7	95.9
四川	590.1	31	25		5	15571	12871		2000	492.7	420.5		72.3	43.5	20.8	83.5
贵州	209.1	11	11			5175	5175			170.8	170.8			7.0	4.1	81.7
云南	282.1	15	12		2	6088	4688		1300	228.2	174.6		42.3	31.3	19.8	80.9
西藏	22.9													0.8		
陕西	356.2	11	10		1	9172	8672		500	246.4	244.4		2.0	20.5	10.0	69.2
甘肃	263.6	11	11			2950	2950			85.3	85.3			23.4	19.6	32.4
青海	87.4	3	3			1950	1950			56.9	56.9			1.3		65.1
宁夏	70.4	2	2			1195	1195			29.6	29.6			2.4	10.1	42.0
新疆	298.2	13	12	1		5360	4760	600		180.8	165.5	15.3		4.8	2.8	60.6

十一、交通运输

表11-1 各地区城市公共交通情况 (2009年)

地 区	年末公共交通运营数(辆)	公 共 汽、电车	轨 道 交 通	运营线路网长度(公里)	公 共 汽、电车	轨 道 交 通	公共交通客运总量(万人次)	公 共 汽、电车	轨 道 交 通	出租汽车(辆)
全 国	370640	365161	5479	209249	208250	999	6767589	6401819	365770	971579
北 京	23730	21716	2014	228		228	658785	516517	142268	66646
天 津	8118	7862	256	759	680	79	121573	116178	5395	31940
河 北	13531	13531		8410	8410		166910	166910		46597
山 西	6655	6655		8710	8710		99887	99887		28729
内蒙古	5558	5558		2810	2810		64298	64298		43084
辽 宁	18955	18855	100	8449	8362	87	380652	373767	6885	77295
吉 林	10187	10047	140	4729	4690	39	156675	153721	2954	53472
黑龙江	13401	13401		5698	5698		204493	204493		62012
上 海	18105	16272	1833	7097	6754	343	402428	270591	131837	49111
江 苏	28296	28176	120	16444	16422	22	384552	373199	11353	45016
浙 江	22135	22135		20022	20022		320709	320709		31116
安 徽	9712	9712		5026	5026		182560	182560		35591
福 建	10106	10106		6685	6685		175940	175940		14291
江 西	6358	6358		4762	4762		112248	112248		10785
山 东	25272	25272		18296	18296		335324	335324		57278
河 南	15735	15735		9475	9475		200187	200187		45001
湖 北	16556	16508	48	12089	12079	10	306369	305052	1317	28230
湖 南	11736	11736		5433	5433		199092	199092		24258
广 东	39212	38328	884	24030	23858	172	716429	656849	59580	57789
广 西	6933	6933		4960	4960		133106	133106		13888
海 南	1676	1676		1211	1211		30746	30746		3687
重 庆	7130	7046	84	2724	2705	19	145647	141466	4181	9295
四 川	14583	14583		8705	8705		276147	276147		25622
贵 州	4439	4439		2790	2790		405571	405571		8652
云 南	6286	6286		5928	5928		121842	121842		14752
西 藏	751	751		748	748		5618	5618		1544
陕 西	9103	9103		2620	2620		198598	198598		20278
甘 肃	4172	4172		2405	2405		72966	72966		21347
青 海	1994	1994		1057	1057		42158	42158		7041
宁 夏	2133	2133		2708	2708		26993	26993		12582
新 疆	8082	8082		4241	4241		119086	119086		24650

表11-2 交通运输业基本情况

指 标	2005	2006	2007	2008	2009
运输线路长度 (万公里)					
铁路营业里程	7.54	7.71	7.80	7.97	8.55
公路里程	334.52	345.70	358.37	373.02	386.08
#高速公路	4.10	4.53	5.39	6.03	6.51
内河航道里程	12.33	12.34	12.35	12.28	12.37
民航航线里程	199.85	211.35	234.30	246.18	234.51
管道输油(气)里程	4.40	4.81	5.45	5.83	6.91
客运量总计 (万人)	1847018	2024157.641	2227761.211	2867891.964	2976897.831
铁路	115583	125656	135670	146193	152451
公路	1697381	1860487	2050680	2682114	2779081
水运	20227	22047	22835	20334	22314
民航	13827	15968	18576	19251	23052
旅客周转量总计 (亿人公里)	17466.7	19197.2	21592.6	23196.7	24834.9
铁路	6062.0	6622.1	7216.3	7778.6	7878.9
公路	9292.1	10130.8	11506.8	12476.1	13511.4
水运	67.8	73.6	77.8	59.2	69.4
民航	2044.9	2370.7	2791.7	2882.8	3375.2
货运量总计 (万吨)	1862066	2037060	2275822	2585937	2825222
铁路	269296	288224	314237	330354	333348
公路	1341778	1466347	1639432	1916759	2127834
水运	219648	248703	281199	294510	318996
民航	306.7	349.4	401.8	407.6	445.5
管道	31037	33436	40552	43906	44598
货物周转量 (亿吨公里)	80258	88840	101419	110300	122133
铁路	20726	21954	23797	25106	25239
公路	8693	9754	11355	32868	37189
水运	49672	55486	64285	50263	57557
民航	78.9	94.3	116.4	119.6	126.2
管道	1088	1551	1866	1944	2022
民用汽车拥有量 (万辆)	3159.66	3697.35	4358.36	5099.61	6280.61
#私人汽车	1848.07	2333.32	2876.22	3501.39	4574.91
其他机动车拥有量 (万辆)	8595.42	8797.67	9434.03	9756.92	10489.01
民用运输船舶拥有量 (艘)	207294	194360	191771	184190	176932
机动船	165900	157805	157544	152247	149367
驳船	41394	36555	34227	31943	27565
#私人运输船舶拥有量	95838	70292	70017	64552	
机动船	83380	62839	62228	57490	
驳船	12458	7453	7789	7062	
沿海规模以上港口货物吞吐量 (万吨)	292777	342191	388200	429599	475481

注：1. 2004年起内河航道里程为内河航道通航里程数(以下各表同)；

2. 2005年起公路里程包括村道(以下各表同)；

3. 2008年公路、水路运输量统计口径有调整(以下各表同)；

4. 从2009年起，沿海规模以上港口统计范围为年吞吐量1000万吨以上的沿海港口，内河规模以上港口统计范围为年吞吐量200万吨以上的内河港口(以下各表同)。

中国低碳发展大事记

（2005~2009年）

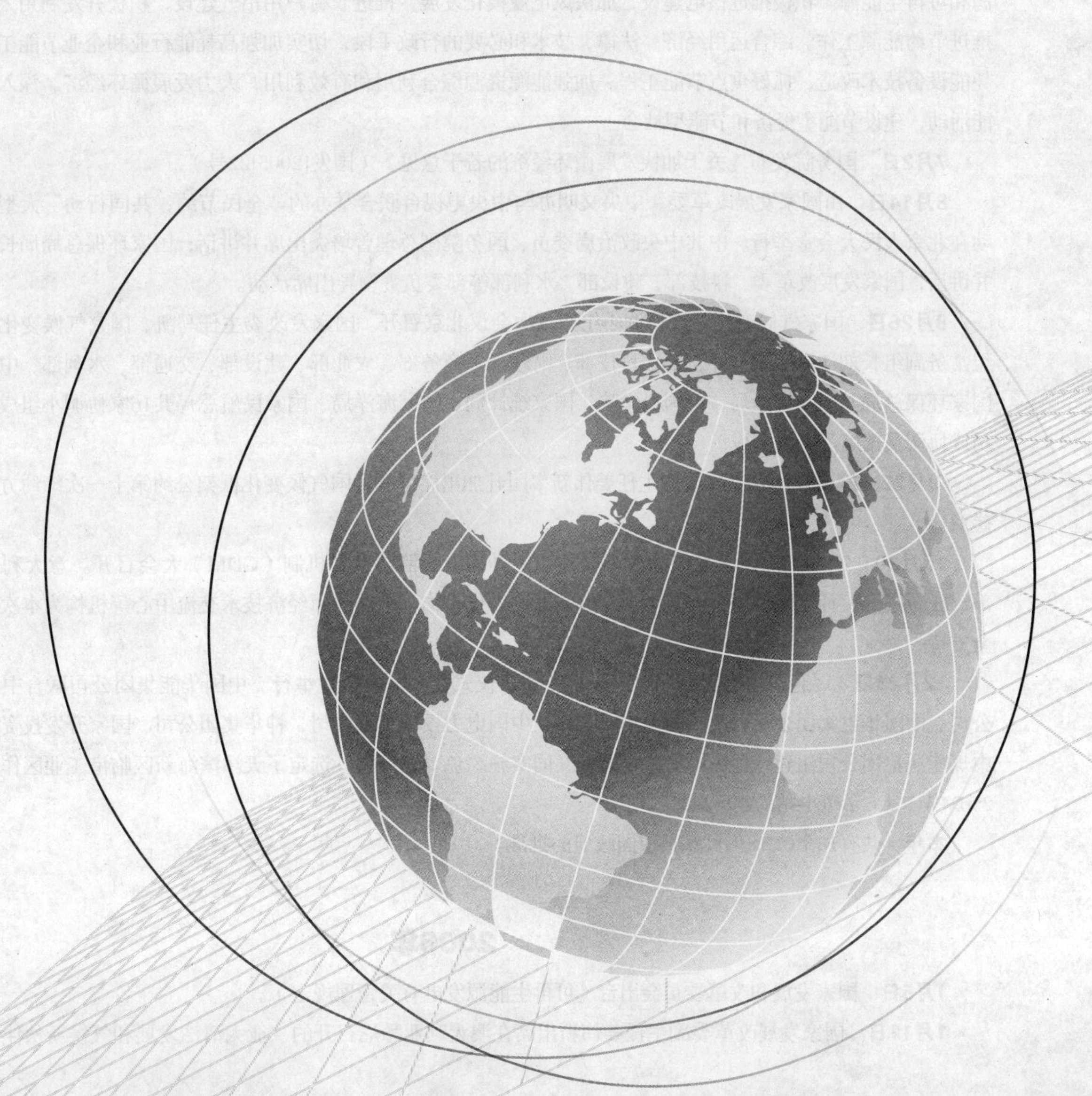

中国低碳发展大事记

（2005~2009年）

2005年

2月16日 旨在遏制全球气候变暖的《京都议定书》正式生效。

2月28日 第十届全国人民代表大会常务委员会第十四次会议通过《中华人民共和国可再生能源法》，自2006年1月1日起施行。

5月24日 国务院副总理曾培炎在京会见美国白宫环境质量委员会主席康诺顿一行。当日，国家环保总局局长解振华与康诺顿举行会谈，双方就气候变化、可持续发展和清洁能源等问题交换了意见。

6月3日 中共中央政治局常委、国务院总理温家宝在国家能源领导小组第一次会议上的讲话中指出，发展新能源和可再生能源。积极推进核电建设，加快风电规模化发展，推进农村户用沼气建设，积极开发利用太阳能。全面推进节约能源工作。综合运用经济、法律、技术和必要的行政手段，切实加强高耗能行业和企业节能工作，加快高耗能设备技术改造，抓好重点节能工程。加强能源资源综合利用和有效利用，大力发展循环经济。深入开展全民节能活动，建设节能型经济和节能型社会。

7月2日 国务院发布《关于加快发展循环经济的若干意见》（国发[2005]22号）。

8月14日 由国家发展改革委、中央文明办与中央电视台联合举办的“全民节约，共同行动”大型主题宣传活动在北京人民大会堂举行。中共中央政治局委员、国务院副总理曾培炎出席并讲话，国家环保总局局长解振华参加并讲话，国家发展改革委、科技部、建设部、水利部等部委负责领导出席活动。

8月26日 国家气候变化对策协调小组第八次会议北京召开。国家发改委主任马凯、国家气候变化对策协调小组常务副组长刘江以及来自外交部、科技部、财政部、商务部、农业部、建设部、交通部、水利部、中国气象局、国家环保总局、国家林业局、中国科学院、国家统计局、国家海洋局、国家民航总局共16家协调小组成员单位的成员或协调员出席了会议。

9月22～24日 国家发改委副主任姜伟新率团赴加出席了联合国气候变化框架公约第十一次缔约方会议部长级磋商会。

10月20～21日 由国家发展和改革委员会主办的中国清洁发展机制（CDM）大会召开。意大利环境与领土部、联合国开发计划署、联合国基金会、挪威开发合作机构、中国国际经济技术交流中心等机构为本次大会提供资金支持。

12月23日 绿色煤电有限公司发起人协议签字仪式在人民大会堂举行。中国华能集团公司联合中国大唐集团公司、中国华电集团公司、中国国电集团公司、中国电力投资集团公司、神华集团公司、国家开发投资公司和中国中煤能源集团公司组建绿色煤电有限公司，共同实施绿色煤电计划。选定了天津滨海新区临港工业区作为第一阶段250MW IGCC示范电站的建厂厂址。

本年 共有18个CDM项目获得中国政府的批准。

2006年

1月5日 国家发展和改革委员会出台《可再生能源发电有关管理规定》。

1月11日 国家发展改革委副主任姜伟新出席在澳大利亚悉尼召开的“亚太清洁发展和气候新伙伴计划”商务

对话会。

2月21日 为提高制革、毛皮工业的清洁生产水平，减少污染物排放，国家发展和改革委员会、科技部、国家环保总局联合发布了《制革、毛皮工业污染防治技术政策》。

4月1日 中共中央总书记、国家主席、中央军委主席胡锦涛等党和国家领导人来到北京奥林匹克森林公园，与首都各界群众代表一起参加义务植树活动，胡锦涛在植树时强调，各级党委、政府要从全面落实科学发展观的高度，持之以恒地抓好生态环境保护和建设工作，着力解决生态环境保护和建设方面存在的突出问题，切实为人民群众创造良好的生产生活环境。要通过全社会长期不懈的努力，使我们的祖国天更蓝、地更绿、水更清、空气更洁净，人与自然的关系更和谐。

4月6日 为贯彻落实党的十六届五中全会提出的大力发展循环经济，完善再生资源回收利用体系和《国务院关于做好建设节约型社会近期重点工作的通知》（国发[2005]21号）、《国务院关于加快发展循环经济的若干意见》（国发[2005]22号）精神，商务部出台《再生资源回收体系建设试点工作方案》，印发《再生资源回收体系建设试点单位（第一批）》，决定在4个直辖市和20个省会及省辖市开展再生资源回收体系建设试点工作。

4月7日 国家发展改革委、国家能源办、国家统计局、国家质检总局、国务院国资委颁布《千家企业节能行动实施方案》。选择钢铁、有色金属、石油石化、化工、建材、煤炭、电力、造纸、纺织9个重点耗能行业中年综合能源消费量超过18万吨标准煤的998家企业进行重点监管。2006年，千家企业共计耗能8亿吨标准煤，约占全国能源消费总量的 1/3，占工业能源消费量的一半左右。通过开展千家企业节能行动，拟在“十一五”期间实现节能1亿吨标准煤。

4月20日 中共中央政治局常委、国务院总理、国家能源领导小组组长温家宝主持召开国家能源领导小组第二次会议。温家宝在讲话中指出，能源问题关系我国经济发展、社会稳定和国家安全，必须坚持开发与节约并重、把节约放在首位的方针，采取更加有力的措施全面推动能源节约，大力发展可再生能源，增加能源供给，调节能源需求，调整能源结构，努力开创能源工作新局面。

5月29日 由中国国家发展和改革委员会、商务部、中国驻日本大使馆和日本经济产业省、日中经济协会联合举办的中日节能和环保综合论坛举行。

7月4日 国家建设部出台《“十一五”城市绿色照明工程规划纲要》。

7月4日 国务院副总理曾培炎在中南海紫光阁会见了意大利环境与领土部部长阿尔丰索·佩科拉罗·斯卡尼奥一行。曾培炎指出，中国希望包括意大利在内的发达国家以各种形式参与中国的可持续发展事业，进一步深化在环境保护、新能源等领域的交流与合作。

7月17日 中国国家主席胡锦涛在八国集团同发展中国家领导人对话会议上发表书面讲话指出，国际社会应该加强节能技术研发和推广，支持和促进各国提高能效，节约能源，减少单位国内生产总值的能耗。应该积极倡导在清洁煤技术等高效利用化石燃料方面开展合作，推动国际社会加强可再生能源和氢能、核能等重大能源技术研发等方面的合作，探讨建立清洁、安全、经济、可靠的世界未来能源供应体系。

8月6日 国务院发出《关于加强节能工作的决定》（国发〔2006〕28号）。

8月23日 为推动我国环境保护和污染治理技术的发展和应用，国家环保总局印发了《国家鼓励发展的环境保护技术目录》（第一批）和《国家先进污染治理技术示范名录》（第一批）。

11月14日 中国循环经济发展论坛2006年年会在湖北省武汉市召开，全国人大常委会副委员长盛华仁，中共中央政治局委员、湖北省省委书记俞正声，国家环保总局副局长吴晓青出席了年会并发表讲话。

11月6～17日 《联合国气候变化框架公约》第12次缔约方会议暨《京都议定书》第2次缔约方会议在肯尼亚首都内罗毕举行，由国家发改委副主任姜伟新为团长的中国代表团参加了会议。

12月14～15日 首次中美战略经济对话在京召开，中国国务院副总理吴仪和美国财政部长保尔森共同主持对话。国家环保总局局长周生贤出席对话会议，并在关于能源、环境和可持续发展的会议上作主题发言。

12月26日 由科技部、中国气象局、中国科学院等12个部委、88位专家编写的中国第一部《气候变化国家评估报告》发布，主要内容包括三部分：气候变化的历史和未来趋势；气候变化的影响与适应；减缓气候变化的社会经济评价。该报告明确提出，“积极发展可再生能源技术和先进核能技术，以及高效、洁净、低碳排放的煤炭利用技术，优化能源结构，减少能源消费的CO_2排放”；“保护生态环境并增加碳吸收汇，走低碳经济的发展道路”。

2006年秋天 前世界银行首席经济学家尼古拉斯·斯特恩牵头主笔的《斯特恩报告》指出，全球以每年GDP 1%的投入，可以避免将来每年GDP 5%~20%的损失，呼吁全球向低碳经济转型。

本年 共有235个CDM项目获得中国政府的批准。

2007年

3月17日 中国国家发展和改革委副主任解振华出席在德国波茨坦召开的“G8+5”环境部长会议并就气候变化问题的发言。

3月21日 农业部颁发《全国农村沼气工程建设规划（2006~2010年）》。《规划》提出，到2010年，全国将有4000万农户用沼气，达到适宜农户的30%左右；全国规模化养殖场大中型沼气工程总数达到4700处左右，占适宜畜禽养殖场总数的39%左右。

4月4日 农业部办公厅和国家发展改革委办公厅联合发布《关于申报2007年农村沼气国债项目的通知》。

4月10日 国家发展改革委出台《能源发展“十一五”规划》。根据这一规划，到2010年，中国煤炭、石油、天然气、核电、水电和其他可再生能源分别占一次能源消费总量的66.1%、20.5%、5.3%、0.9%、6.8%和0.4%。与2005年相比，煤炭、石油比重有所下降，天然气、核电、水电和其他可再生能源比重略升。《规划》提出，到2010年，中国万元GDP能耗要由2005年的1.22吨标准煤下降到0.98吨标准煤左右。“十一五”期间年均节能率4.4%，相应减少排放二氧化硫840万吨、二氧化碳3.6亿吨。根据《规划》，到2010年，中国重点耗能行业环保状况和主要产品单位能耗指标总体达到或接近本世纪初国际先进水平，主要耗能设备能源效率达到20世纪90年代中期国际先进水平，部分汽车、家用电器能效达到国际先进水平。

4月23~24日 中国环境与发展国际合作委员会在北京举办了“低碳经济和中国能源与环境政策研讨会”。来自挪威、英国、瑞典、美国、日本、德国、加拿大、印度、欧盟、亚行、世行、联合国政府间气候变化专门委员会(IPCC)、联合国开发署（UNDP）、世界自然基金会（WWF）等国家和国际机构与组织的专家、国务院有关部门和研究单位、大学等中方专家出席了研讨会。与会中外专家就全球气候变化问题的最新评估报告、全球气候变化对中国的影响、发展低碳型经济的国际动态、中国能源政策取向和中国应对气候变化问题面临的挑战与应对措施、公众的能源节约意识与行动等进行了专题报告与讨论。

4月27日 国务院召开全国节能减排工作电视电话会议，中共中央政治局常委、国务院总理温家宝发表重要讲话。

5月23日 国务院发出《关于印发节能减排综合性工作方案的通知》。

6月4日 中国正式发布《中国应对气候变化国家方案》。这是中国第一份应对气候变化的政策性文件，也是发展中国家在该领域的第一份国家方案。对中国而言，这是中国气候领域里的根本“大法”，明确了应对气候变化的指导思想、原则和具体目标，提出了相关政策措施，为各行业、部门、各地确定节能减排、气候变化举措提供了依据，可以深入细致地发展政策。《方案》记述了气候变化的影响及中国将采取的政策手段框架，包括：转变经济增长方式；调节经济结构和能源结构；控制人口增长；开发新能源与可再生能源以及节能新技术；推进碳汇技术和其他适应技术等。《方案》把到2010年实现单位国内生产总值能源消耗比2005年末降低20%左右的目标确立为我国应对气候变化的重要目标，实现这一目标将意味着我国在“十一五”期间节约能源约6.2亿吨标准煤，相当于少排放二氧化碳约15亿吨。

6月4日 国务院新闻办举行新闻发布会，国家发展和改革委员会主任马凯介绍了中国政府应对气候变化方面的有关情况，阐述基本立场，并答记者问。马凯表示，为了应对气候变化，节约能源、减少排放必须采取综合的措施，包括经济的、法律的和必要的行政手段。

6月7日 中共中央政治局常委、国务院总理温家宝主持召开国务院常务会议，审议并原则通过《可再生能源中

长期发展规划》。会议指出，开发利用可再生能源，对于保障能源安全、保护生态环境、实现可持续发展具有重要意义。要把发展可再生能源作为一项重大战略举措，切实抓紧抓好。当前和今后一个时期，要加快水电、太阳能、风能、生物质发电、沼气的开发利用。总的目标是：提高可再生能源在能源结构中的比重，解决偏远地区无电人口供电问题，改善农村生产、生活条件，推行有机废弃物的能源化利用，推进可再生能源技术的产业化发展。

6月8日 中国国家主席胡锦涛出席八国集团同中国、印度、巴西、南非和墨西哥五个发展中国家领导人对话会议并发表讲话，强调要坚持《联合国气候变化框架公约》所确立的共同但有区别的责任原则。胡锦涛强调，中国坚持贯彻以人为本、全面协调可持续发展的科学发展观，积极推动经济社会又好又快发展，走生产发展、生活富裕、生态良好的文明发展道路。尽管目前中国的人均二氧化碳排放不到发达国家平均水平的三分之一，但中国政府高度重视气候变化，采取了一系列减缓温室气体排放的政策措施。

6月12日 国务院发出《关于成立国家应对气候变化及节能减排工作领导小组的通知 》，为切实加强对应对气候变化和节能减排工作的领导，决定成立国家应对气候变化及节能减排工作领导小组，作为国家应对气候变化和节能减排工作的议事协调机构。领导小组的主要任务是：研究制订国家应对气候变化的重大战略、方针和对策，统一部署应对气候变化工作，研究审议国际合作和谈判对案，协调解决应对气候变化工作中的重大问题；组织贯彻落实国务院有关节能减排工作的方针政策，统一部署节能减排工作，研究审议重大政策建议，协调解决工作中的重大问题。国务院总理温家宝任领导小组组长，国务院副总理曾培炎、国务委员唐家璇任副组长。

6月14日 科学技术部、国家发展改革委、外交部、教育部、财政部、水利部、农业部、国家环保总局、国家林业局、中国科学院、中国气象局、国家自然科学基金委、国家海洋局 、中国科学技术协会联合发布《中国应对气候变化科技专项行动》，以落实《中国应对气候变化国家方案》。其重要任务为：气候变化的科学问题； 控制温室气体排放和减缓气候变化的技术开发； 适应气候变化的技术和措施；应对气候变化的重大战略与政策。

7月2日 农业部正式发布了《农业生物质能产业发展规划（2007—2015年）》，提出要立足我国国情，走中国特色农业生物质能产业发展道路。针对提出的总体目标和具体目标，《规划》强调，要认真落实公共财政覆盖农村的各项政策，强化政府对公共产品的供给与服务，重点推进农村沼气工程、生物质能科技支撑工程、农作物秸秆能源化利用示范基地建设工程、能源作物品种选育和种植示范基地建设工程等四大重点工程，着力建设我国农业生物质能产业发展平台。

7月9~10日 温家宝总理先后主持召开国家应对气候变化及节能减排工作领导小组第一次会议和国务院常务会议，研究部署应对气候变化工作，组织落实节能减排工作。

7月20日 中国绿色碳基金成立。中共中央政治局常委、全国政协主席贾庆林在成立仪式上讲话指出，成立中国绿色碳基金，积极实施以增加森林储能为目的的植树造林、保护森林等林业碳汇项目，是在中国碳汇事业和生物质能源发展进程中迈出的重要一步，是具有前瞻性和深远意义的一件大事。

7月30日 国务院办公厅发出《关于建立政府强制采购节能产品制度的通知（国办发〔2007〕51号）。

7月 美国参议院提出了《低碳经济法案》,表明低碳经济的发展道路有望成为美国未来的重要战略选择。

9月8日 中国国家主席胡锦涛在亚太经合组织（APEC）第15次领导人会议上，本着对人类、对未来的高度负责态度，对事关中国人民、亚太地区人民乃至全世界人民福祉的大事，郑重提出了四项建议，明确主张"发展低碳经济"，令世人瞩目。他在这次重要讲话中，强调要"发展低碳经济"、研发和推广"低碳能源技术"、"增加碳汇"、"促进碳吸收技术发展"。他还提出："开展全民气候变化宣传教育，提高公众节能减排意识，让每个公民自觉为减缓和适应气候变化做出努力。"胡锦涛主席还建议建立"亚太森林恢复与可持续管理网络"，共同促进亚太地区森林恢复和增长，减缓气候变化。

9月8日 财政部、农业部颁布《农村沼气项目建设资金管理办法》。

9月8日 科学技术部部长万钢在2007中国科协年会上呼吁大力发展低碳经济。

9月21日 国家发展和改革委员会办公厅发出《国家发展改革委办公厅关于请组织实施循环经济高技术产业重大专项的通知》（发改办高技[2007]2289号）。为贯彻落实《高技术产业发展"十一五"规划》和《国家发展改革委2007年节能减排工作安排》，促进节能减排重大共性技术产业化示范工作，国家发展改革委决定在钢铁、有色、化工、建材、轻工五个行业组织实施循环经济高技术产业化专项，对促进节能减排、发展循环经济具有重要的示范意义。

9月22日 科学技术部、国家发展和改革委员会发布《可再生能源与新能源国际科技合作计划》。

9月27日 第二届中日节能环保综合论坛在北京开幕。中共中央政治局委员、国务院副总理曾培炎出席开幕式并作重要讲话。中国国家发展改革委主任马凯，商务部副部长魏建国，日本经济产业省大臣甘利明，日中经济协会会长张富士夫出席会议并作了主旨发言。

9月 内蒙古伊泰集团在鄂尔多斯市建成国内首座205千瓦太阳能聚光光伏示范发电站，实现并网发电。该项目总投资2100万元，安装了200千瓦聚光太阳能光伏电池和5千瓦常规平板光伏电池。预计到2015年，内蒙古伊泰集团将在鄂尔多斯市建成年产10万千瓦数倍聚光光伏电站，成为国内在规模、技术、经济效益方面领先的太阳能发电站。

10月15日 中共中央总书记胡锦涛在中国共产党第十七次代表大会上的报告中提出，建设生态文明，基本形成节约能源资源和保护生态环境的产业结构、增长方式、消费模式。循环经济形成较大规模，可再生能源比重显著上升。主要污染物排放得到有效控制，生态环境质量明显改善。生态文明观念在全社会牢固树立。

10月17日 国家发展和改革委员会出台《新能源汽车生产准入管理规则》。

10月28日 第十届全国人民代表大会常务委员会第三十次会议修订1997年11月1日第八届全国人大第二十八次会议通过的《中华人民共和国节约能源法》，自2008年4月1日起施行。

11月 国务院正式批准了国家发展改革委上报的《国家核电发展专题规划(2005~2020年)》,标志我国进入了核电建设与发展的新时代。《规划》提出，到2020年，我国核电运行装机容量争取达到4000万千瓦；核电年发电量达到2600~2800亿千瓦时。在目前在建和运行核电容量1696.8万千瓦的基础上，新投产核电装机容量约2300万千瓦。同时，考虑核电的后续发展，2020年末在建核电容量应保持1800万千瓦左右。

12月3日 联合国气候变化大会在印尼巴厘岛举行。中国代表团团长解振华、副团长苏伟率团参加大会。15日正式通过一项决议，决定在2009年前就应对气候变化问题新的安排举行谈判，制订了世人关注的应对气候变化的“巴厘岛路线图”。该“路线图”为2009年前应对气候变化谈判的关键议题确立了明确议程，要求发达国家在2020年前将温室气体减排25%至40%。“巴厘岛路线图”为全球进一步迈向低碳经济起到了积极的作用，具有里程碑的意义。

12月26日 中国国务院新闻办公室发表长达1.6万字的《中国的能源状况与政策》白皮书，详细介绍了中国能源发展现状、能源发展战略和目标、全面推进能源节约、提高能源供给能力、促进能源产业与环境协调发展、深化能源体制改革以及加强能源领域的国际合作等政策措施。

本年 有766个CDM项目获得中国政府的批准。我国光伏电池产量占全球市场份额达 27.20%，首次超过德国和日本，成为世界最大的太阳能电池/组件生产国。

2008年

1月28日 世界自然基金会WWF和国家发改委联合推出“低碳城市”项目试点，保定和上海成为首批试点。在首届中国和谐城市论坛上，“低碳城市”首次成为国内会议的主题，杭州、大连、成都、青岛、珠海、黄山、烟台等城市倡导“低碳城市”的新理念。珠海率先申请“低碳经济示范区”，杭州率先规划低碳科技馆，保定在“电谷”的基础上亮出了“低碳保定”的新名片。

2月29日 在国家发改委发布的《车辆生产企业及产品公告》（第164批）中，第一次出现7款新能源汽车的名单。

3月3日 国家发展和改革委员会出台《可再生能源发展“十一五”规划》，提出了“十一五”时期可再生能源发展的发展目标、总体布局、重点领域、以及保障措施和激励政策。《规划》是落实《可再生能源法》的重要措施和实现“十一五”规划纲要发展目标的重要保障，是指导“十一五”时期我国可再生能源开发利用和引导可再生能源产业发展的主要依据。

3月5日 中共中央政治局常委、国务院总理温家宝在十一届全国人大一次会议上作的《政府工作报告》中强调，开发和推广节约、替代、循环利用资源和治理污染的先进适用技术，实施节能减排重大技术和示范工程。大力发展节能服务产业和环保产业。开发风能、太阳能等清洁、可再生能源。

3月12日 农业部发出关于印发《农业生物质能产业发展规划（2007~2015年）》的通知。

3月 全国"两会"上，全国政协委员吴晓青明确将"低碳经济"提到议题上来。他认为，中国能否在未来几十年里走到世界发展的前列，很大程度上取决于中国应对低碳经济发展调整的能力，中国必须尽快采取行动积极应对这种严峻的挑战。他建议应尽快发展低碳经济，并着手开展技术攻关和试点研究。

4月7日 国务院总理温家宝与新西兰总理克拉克会谈时，强调发挥双方在应对气候变化、节能环保、低碳经济等可持续发展领域的互补优势，培育经贸合作新的增长点。

6月5日 联合国环境规划署确定的2008年"世界环境日"的主题为"转变传统观念，推行低碳经济"。

6月13日 清华大学在国内率先正式成立低碳经济研究院，重点围绕低碳经济、政策及战略开展系统和深入的研究，为中国及全球经济和社会可持续发展出谋划策。

6月27日 中共中央总书记胡锦涛在中共中央政治局第六次集体学习时作重要讲话：必须以对中华民族和全人类长远发展高度负责的精神，充分认识应对气候变化的重要性和紧迫性，坚定不移地走可持续发展道路，采取更加有力的政策措施，全面加强应对气候变化能力建设，为我国和全球可持续发展事业进行不懈努力。强调要大力落实控制温室气体排放的措施，坚持实施节约资源和保护环境的基本国策，坚持走中国特色新型工业化道路，加快转变经济发展方式，强化能源节约和高效利用，积极发展循环经济、低碳经济，不断扩大森林覆盖率。

7月9日 中国国家主席胡锦涛出席经济大国能源安全和气候变化领导人会议并发表讲话。他指出，气候变化从根本上说是发展问题，只有在可持续发展的前提下才能妥善解决。应该建立适应可持续发展要求的生产方式和消费方式，优化能源结构，推进产业升级，发展低碳经济，努力建设资源节约型、环境友好型社会，从根本上应对气候变化的挑战。

7月15日 国务院办公厅发出《国务院办公厅关于印发2008年节能减排工作安排的通知》（国办发［2008］80号）。

7月23日 中共中央政治局常委、国务院总理温家宝主持召开国务院常务会议，研究部署加强节油节电工作和开展全民节能行动，审议并原则通过《公共机构节能条例（草案）》和《民用建筑节能条例（草案）》。

7月27日 国务院办公厅下发了《关于加快推进农作物秸秆综合利用的意见》。

7月 G8峰会上八国表示将寻求与《联合国气候变化框架公约》的其他签约方一道共同达成到2050年把全球温室气体排放减少50%的长期目标。

8月5日 全国首家环境权益交易机构——北京环境交易所在北京金融大街正式挂牌。

8月29日 第十一届全国人民代表大会常务委员会第四次会议通过《中华人民共和国循环经济促进法》,自2009年1月1日起施行。

9月 全国首个太阳能建筑一体化专业开课山东建筑大学新设国内首个太阳能建筑一体化专业，目前已招收第一批本科生。这一专业由山东建筑大学和太阳能企业力诺集团合办，双方在建筑学专业提出建筑学与太阳能技术的全面结合，并联合办学培养在太阳能建筑一体化设计方面具有专长的人才。今年该新设本科专业已招生20名，明年将再招20名，计划三年招满100名。

10月29日 国务院新闻办公室发表《中国应对气候变化的政策与行动》白皮书，全面介绍了气候变化对中国的影响、中国减缓和适应气候变化的政策与行动，以及中国对此进行的体制机制建设。

11月7日 国务院总理温家宝在应对气候变化技术开发与转让高级别研讨会上的讲话中强调，气候变化是国际社会普遍关心的重大全球性问题，事关人类的生存环境和各国的繁荣发展。中国政府始终以负责任的态度高度重视气候变化问题，坚持把资源节约和环境保护作为基本国策，把实现可持续发展作为国家战略，为应对全球气候变化作出了积极努力。

11月20日 国家发展改革委办公厅、农业部办公厅联合发布《关于抓紧申报2009年农村沼气建设项目的通知》。

11月22日 中国国家主席胡锦涛出席亚太经合组织第十六次领导人非正式会议并发表讲话。他说，各方应该根据《联合国气候变化框架公约》及其《京都议定书》的要求，遵循共同但有区别的责任原则，积极落实“巴厘路线图”谈判，并结合自身情况采取有效的政策措施减缓气候变化。森林保护是应对气候变化合作的重要内容。

12月16~17日 农业部在湖南常德召开全国循环农业建设现场经验交流会。农业部副部长张桃林在讲话时说，循环农业既是农业发展新的理念和策略，更是一种新的发展方式。发展循环农业，关键要在“节约、保护、拓展”上下功夫。当前和今后一段时期，要重点抓好四项工作：一要奋战六十天，迅速完成农村沼气建设任务；二要超前谋划，做大做强农村清洁工程；三要加大执法力度，强化对农业资源环境的监管；四要争取投入，大力推进秸秆综合利用。

12月24日 保定市政府出台《关于建设低碳城市的意见》，与此配套的《保定市低碳城市发展规划纲要(2008—2020年)》(草稿)制定完毕。这是首个以政府文件形式提出的促进低碳城市发展的文本，它标志着保定城市发展步入了以能源节约、新能源推广应用和碳排放降低为主要标志的低碳模式。

本年 有777个CDM项目获得中国政府的批准。

2009年

1月5日 财政部部长谢旭人在全国财政工作会议上称，2009年中央财政将增加节能减排投入。采取以奖代补的方式，支持十大重点节能工程、淘汰落后产能、“三河三湖”及松花江流域水污染防治、中西部城镇污水处理设施配套管网及重大减排工程。促进建立健全污染减排的指标、监测和考核体系。对节能环保产品实行强制和优先政府采购的政策。完善煤炭等矿产资源有偿使用制度和生态环境补偿机制。继续开展主要污染物排污权有偿取得和交易试点。支持推广高效节能产品和新能源汽车，促进发展新能源和可再生能源。运用财税政策,控制高耗能、高排放行业发展。充分利用清洁发展机制基金,积极支持实施应对气候变化国家方案。

1月6日 科学技术部和财政部在武汉共同启动了“十城千辆”电动汽车示范应用工程和百辆混合动力公交车投放，决定在3年内，每年发展10个城市，每个城市在公交、出租、公务、市政、邮政等领域推出1000辆新能源汽车开展示范运行。

1月19日 江西省出台《江西省光伏产业发展规划》，根据《规划》，到2012年，将光伏产业发展成为全省重要的支柱产业，在国内拥有一流的生产规模、一流的工艺技术、一流的劳动效率、一流的骨干企业，将江西打造成全球重要的光伏产业生产基地。

1月30日 国务院总理温家宝同欧盟委员会主席巴罗佐举行会谈，强调积极应对气候变化。加强在新能源、新节能环保技术、低碳经济等方面的合作，将环保产业作为拉动经济的新增长点。

2月1日 中国国务院总理温家宝接受英国《金融时报》主编巴伯的专访时说，中国支持哥本哈根会议，支持应对气候变化所采取的各项积极措施，支持发展绿色经济，而且认为发展绿色经济很可能是应对金融危机的一个新的经济增长点。中国有1 3亿人口，但人均温室气体排放量比发达国家低得多，累计排放更低。但是我们仍然抱着积极的态度加强同欧盟的合作，特别是在节能减排、低碳经济、环保技术上。

2月9日 《汽车产业调整振兴规划细则》出台，提出“逐步实现国产电动汽车产销规模”。其中，3年内中央将投资100亿元专项资金，发展新能源汽车及车用电池组等关键技术；逐步实现国产电动汽车产销规模，总体形成国内50万辆电动、油电混合动力等新能源汽车产能；推动纯电动汽车、充电式混合动力汽车及其关键零部件的产业化，掌握新能源汽车的专用发动机和动力模块的优化设计技术、规模生产工艺和成本控制技术。建立动力模块生产体系，形成10亿安时车用高性能单体动力电池生产能力，发展普通型混合动力汽车和新燃料汽车专用部件；县级以上城市人民政府要制订规划，优先在城市公交、出租、公务、环卫、邮政、机场等领域推广使用新能源汽车；建立电动汽车快速充电网络，加快停车场等公共场所公用充电设施建设等措施使新能源汽车战略落到实处。

2月17日 财政部、科技部、国家发展改革委、工业和信息化部等四部委联合在北京召开节能与新能源汽车示范推广试点会议，对节能与新能源汽车示范推广试点工作进行部署。会议决定，在北京、上海、重庆、长春、大连、杭州、济南、武汉、深圳、合肥、长沙、昆明、南昌等13个城市开展节能与新能源汽车示范推广试点工作。鼓励试点城市率先在公交、出租、公务、环卫和邮政等公共服务领域推广使用节能与新能源汽车。中央财政对购置节能与新能源汽车按与同类传统汽车的基础差价，并适当考虑规模效应、技术进步等因素给予一次性定额补贴。同时，要求地方财政安排配套资金，对节能与新能源汽车购置、配套设施建设及维护保养等相关支出给予适当补助。

3月1日 中科院《2009中国可持续发展战略报告》出版发行，主题是“探索中国特色的低碳道路”。

3月5日 中共中央政治局常委、国务院总理温家宝在十一届全国人大二次会议上作的《政府工作报告》中强调，要大力发展循环经济和清洁能源。积极发展核电、风电、太阳能发电等清洁能源，推进洁净煤技术产业化。严格执行能耗和环保国家标准，加大节能技术和产品推广应用力度，加强资源综合利用。

3月19~23日 由科技部、国家发改委等13个部委联合举办的《2009中国国际节能减排与新能源科技博览会》在北京举行。胡锦涛等党和国家领导人分别参观了博览会。参观中胡锦涛强调，大力推进节能减排，积极开发新能源，这是贯彻落实科学发展观、促进经济社会可持续发展的重大举措。在当前应对国际金融危机的形势下，节能减排和开发新能源工作尤其不能放松。

3月20日 《汽车产业调整和振兴规划》出台，规划期为2009到2011年。《规划》提出实施新能源汽车战略，推动纯电动汽车、充电式混合动力汽车及其关键零部件的产业化。

3月23日 财政部、住房城乡建设部等中央部委发布了《太阳能光电建筑应用财政补助资金管理暂行办法》、《关于加快推进太阳能光电建筑应用的实施意见》，支持开展光电建筑应用示范，实施“太阳能屋顶计划”，城市光电建筑一体化应用，对农村及偏远地区建筑光电利用等给予定额补助，2009年补助标准原则上定为每瓦补贴20元。

4月18日 中共中央政治局常委、国务院总理温家宝在博鳌亚洲论坛2009年年会上的主旨演讲中强调，推动“绿色”合作，促进亚洲经济可持续发展。积极有效地协调政策和行动，加强亚洲国家在节能环保、开发利用新能源和可再生能源等领域的合作，培育亚洲经济新的增长点。

4月22日 全国人民代表大会环境与资源保护委员会公布的《关于大气污染防治工作进展情况的调研报告》提出，积极发展清洁能源。加快对太阳能、风能、水能、生物质能、煤层气等能源的开发利用，并要与群众生活紧密结合。要重视核电的开发利用，建议国务院有关部门加大资金投入力度，加快建设进度，加强对核心技术的科研工作和安全监管，确保核电科学、健康、安全发展。推动研究建立低碳经济试点。

5月18日 财政部、国家发改委发布《“节能产品惠民工程”高效节能房间空调器推广实施细则》，通过财政补贴每年拉动节能产品消费4000~5000亿元，可节电750亿千瓦时，年减排二氧化碳7500万吨。消费者在市面上可以凭借空调上粘贴的标识，来分辨哪些是享受了政府补贴的优惠节能空调。

5月20日 国务院总理温家宝出席第十一次中欧领导人会晤讲话中表示，尽管受国际金融危机影响，国际社会应对气候变化的决心不能动摇，行动不能松懈。中方愿与欧方一道，坚持“共同但有区别的责任”原则，推动年底哥本哈根会议取得积极成果。中国希望对发达国家承担更多责任，并且在新的绿色技术方面对发展中国家进行援助。

5月21~22日 商务部组织召开了家电“以旧换新”试点工作座谈会，重点研究了家电“以旧换新”回收环节和新家电销售环节组织实施过程中的有关问题，并听取了意见和建议。工信部、财政部、环保部等有关部门、北京、天津、上海市商务主管部门及相关协会、家电生产企业、回收企业参加。

6月5日 中共中央政治局常委、国务院总理温家宝主持召开国家应对气候变化领导小组暨国务院节能减排工作领导小组会议。会议听取并审议了发展改革委关于2008年节能减排工作进展情况、2009年工作安排以及应对气候变化有关工作情况的汇报。会议强调，虽然节能减排取得重要进展，但面临的形势依然严峻，要加大工作力度，打好节能减排攻坚战。

6月10日 中国科学院发布《中国至2050年能源科技发展路线图》。按照中国科学院党组的统一部署，由30

多位专家构成的中国科学院能源领域战略研究组，从体现战略性、方向性和可操作性要求出发，以2008-2020年、2021~2035年、2036~2050年三个不同发展时期为时间节点，按照能源发展需求→重要能源科技问题→重要能源技术方向→技术发展路线图→创新能源技术总体部署→保障体系建设的逻辑构思编制了《中国至2050年能源科技发展路线图》。

6月15日 中国社会科学院在北京发布的《城市蓝皮书：中国城市发展报告(NO.2)》指出，在全球气候变化的大背景下，发展低碳经济正在成为各级部门决策者的共识。节能减排，促进低碳经济发展，既是救治全球气候变暖的关键性方案，也是践行科学发展观的重要手段。 在低碳经济问题上，人们需澄清一些认识上的误区。首先，低碳不等于贫困，贫困不是低碳经济，低碳经济的目标是低碳高增长；第二，发展低碳经济不会限制高能耗产业的引进和发展，只要这些产业的技术水平领先，就符合低碳经济发展需求；第三，低碳经济不一定成本很高，温室气体减排甚至会帮助节省成本，并且不需要很高的技术，但需要克服一些政策上的障碍；第四，低碳经济并不是未来需要做的事情，而是应从现在做起；第五，发展低碳经济是关乎每个人的事情，应对全球变暖，关乎地球上每个国家和地区，关乎每一个人。

6月17日 工业和信息化部发布了《新能源汽车生产企业及产品准入管理规则》。

6月22日 中共中央政治局常委、全国政协主席贾庆林在北京就新能源汽车发展进行专题调研时发表谈话。强调要深入贯彻落实科学发展观，大力实施新能源汽车战略，加大投入和支持力度，切实提高自主创新能力，加快实现新能源汽车在技术上的超越和产业上的跨越。

6月22~23日 中央林业工作会议在北京举行。这是新中国成立60年来中央召开的首次林业工作会议。党中央、国务院高度重视这次会议。中共中央政治局常委、国务院总理温家宝会见了出席会议的全体代表并发表重要讲话。中共中央政治局委员、国务院副总理回良玉出席会议并讲话。

6月30日 《济南市新能源产业发展规划（2009—2011年）》出台，规划2009—2011年累计投入160亿元，大力提升产业规模和水平。到2011年，规模以上新能源企业主营业务收入突破500亿元，年均增长58.7%。

7月2~7日 中共中央政治局常委、全国人大常委会委员长吴邦国在安徽考察时强调，要坚持以科学发展观为指导，认真贯彻落实中央的方针政策和战略部署，在努力保持经济平稳较快发展的同时，把应对国际金融危机冲击、克服当前困难与实现可持续发展有机结合起来，加快结构调整、促进产业升级，发展低碳经济、促进节能减排，振兴皖北经济、促进区域协调发展。

7月6日 财政部、住房和城乡建设部发布《可再生能源建筑应用城市示范实施方案》。根据《可再生能源法》，为落实国务院节能减排战略部署，加快发展新能源与节能环保新兴产业，推动可再生能源在城市建筑领域大规模应用，财政部、住房城乡建设部将组织开展可再生能源建筑应用城市示范工作。

7月6日 华能绿色煤电天津IGCC（联合循环发电系统）示范电站在天津临港工业区正式开工。该项目是国内第一座、世界第六座IGCC发电站，采用华能自主研发的具有自主知识产权的两段式干煤粉气化炉技术，建设25万千瓦IGCC机组一台，将于2011年投产发电，预期发电效率达48%，脱硫效率达99%以上。华能绿色煤电天津IGCC示范电站建成后，将成为我国IGCC示范电厂。

7月14日 商务部、财政部、中宣部、国家发改委、工信部、公安部、环保部、交通运输部、工商总局、质检总局联合印发了《汽车以旧换新实施办法》，就汽车以旧换新补贴范围及标准、申请流程、补贴资金审核、监督管理等方面做了具体规定。

7月21日 财政部、科技部、国家能源局联合印发了《关于实施金太阳示范工程的通知》，决定综合采取财政补助、科技支持和市场拉动方式，加快国内光伏发电的产业化和规模化发展，并计划在2~3年内，采取财政补助方式支持不低于500兆瓦的光伏发电示范项目。按不同项目，可以给予总投资额50%~70%的补贴。

8月4日 上海环境能源交易所宣布已正式启动“绿色世博”自愿减排交易机制和交易平台的构建。各国参观者通过这个平台购买支付自己行程中的碳排放，实现自愿减排。所集得的资金，上海环境能源交易所将用来购买碳排放权，平抑世博期间的碳排放，达到全球范围内的碳排放数量的平衡。

8月8日 我国规划建设的第一座千万千瓦级风电示范基地——甘肃酒泉风电基地正式开工建设，这标志着中国风电建设进入了规模化发展的新阶段。国家发展改革委副主任、国家能源局局长张国宝在开工仪式上说，近年来中国风电装机规模快速扩大，连续三年成倍增长，风电装机规模已居世界第四，并且培育形成了风电装备制造产业体系，成为增长率最高的一个新兴产业，为风电的更大规模发展奠定了良好的产业基础。

8月10日 北京市正式启动汽车家电以旧换新，商务部部长助理房爱卿出席了启动仪式并为北京市家电以旧换新销售店揭牌。

8月12日 中共中央政治局常委、国务院总理温家宝主持召开国务院常务会议，听取并审议了发展改革委关于应对气候变化工作情况的报告，研究部署应对气候变化有关工作，审议并原则通过《规划环境影响评价条例（草案）》。

8月19日 国家自然科学基金委员会与中国工程院共同设立"中国工程科技中长期发展战略研究"联合基金。在该基金8大领域、39大项的项目里面，有多项项目涉及"高碳能源低碳化利用"与"某些行业低碳经济的工程科学技术发展战略"的研究课题。

8月24日 国家发改委副主任解振华受国务院委托向全国人大常委会作《国务院关于应对气候变化工作情况的报告》。他说，中国政府将以全面实施应对气候变化国家方案、大力推进绿色经济和低碳经济的发展等多重路径为应对全球气候变化作出自己应尽的贡献。

8月27日 十一届全国人大常委会第十次会议通过了《全国人大常委会关于积极应对气候变化的决议》。这是全国人大首次对应对气候变化作出决议。《决议》强调，要立足国情发展绿色经济、低碳经济。这是促进节能减排、解决我国资源能源环境问题的内在要求，也是积极应对气候变化、创造我国未来发展新优势的重要举措。研究制定发展绿色经济、低碳经济的政策措施，加大绿色投资，倡导绿色消费，促进绿色增长。要紧紧抓住当今世界开始重视发展低碳经济的机遇，加快发展高碳能源低碳化利用和低碳产业，建设低碳型工业、建筑和交通体系，大力发展清洁能源汽车、轨道交通，创造以低碳排放为特征的新的经济增长点，促进经济发展模式向高能效、低能耗、低排放模式转型，为实现我国经济社会可持续发展提供新的不竭动力。

8月28日 中国广东核电集团控股的我国规划建设的第一个光伏并网发电特许权项目——10兆瓦光伏发电项目，在甘肃敦煌开工建设。标志着我国第一个光伏发电特许权项目进入正式实施阶段，我国太阳能产业进入快速发展的新阶段。敦煌项目总投资2.03亿元，年均发电1805万千瓦时，上网电价1.09元/千瓦时，计划工期14个月，计划于2010年底建成投产，建成后将成为世界最大的光伏电站。

9月4日 中国烹饪协会召开新闻发布会，向全国餐饮企业及广大消费者发出"减少使用一次性筷子"的倡议。商贸服务司的相关领导出席了新闻发布会并讲话。

9月4日 我国首座、也是亚洲首座海上风力发电场——上海东海大桥风电场首批3台机组正式并网发电。该海上风电场计划安装34台单机容量为3000千瓦的风电机组，总装机容量10.2万千瓦，由大唐集团公司、上海绿色环保能源有限公司、中广核风力发电有限公司和中电国际新能源控股有限公司共同出资组建的上海东海风力发电有限公司负责投资开发和运营管理工作。

9月8日 中国人大常委会委员长吴邦国出席在亚利桑那州菲尼克斯举行的中美经贸合作论坛开幕式致辞说，中美两国经济结构调整战略将拓展新的合作领域，低碳经济、可再生能源和清洁能源、洁净煤和碳捕捉及封存、智能电网、建筑能效、新能源汽车等方面的合作，将成为中美经贸合作尤其是经济技术合作与企业合作新的增长点。

9月8日 中国工程院院长徐匡迪院士在第十一届中国科协年会开幕式后作了题为《应对气候变化，发展低碳经济》的报告。报告全面分析了全球气候变暖问题，指出依靠技术进步大力节能减排，发展低碳经济乃是我国当务之急；强调在中国东部地区为满足经济快速增长对能源及环境改善的需求，要加大核电发展力度。大力发展可再生能源，走向绿色、低碳经济，是中国实现现代化的必由之路，也将是一个人口最多的发展中国家对人类社会进步的责任与贡献。

9月10日 国务院总理温家宝出席第三届夏季达沃斯论坛开幕式上并发表演讲。他指出，气候变化是人类面临的共同挑战，需要每个国家、企业和个人承担起相应的责任。中国高度重视气候变化问题，制定了应对气候变化国家方案，不断增加科研投入，大力调整产业结构，推动节能减排。

9月16日 由国务院发展研究中心、国家发展和改革委员会能源研究所和清华大学联合完成的《2050中国能源和碳排放报告》等研究成在北京发布。《报告》以2005年为基数以2050年为结点，预测了到2050年我国年能源消费和二氧化碳排放量的最高值和最低值。

9月22日 联合国气候变化峰会在纽约联合国总部举行。中国国家主席胡锦涛出席开幕式并发表了题为《携手应对气候变化挑战》的重要讲话,指出：今后，中国将进一步把应对气候变化纳入经济社会发展规划，并继续采取强有力的措施。一是加强节能、提高能效工作，争取到2020年单位国内生产总值CO_2排放比2005年有显著下降。二是大力发展可再生能源和核能，争取到2020年非化石能源占一次能源消费比重达到15%左右。三是大力增加森林碳汇，争取到2020年森林面积比2005年增加4000万公顷，森林蓄积量比2005年增加13亿m^3。四是大力发展绿色经济，积极发展低碳经济和循环经济，研发和推广气候友好技术。胡锦涛主席在联合国发表的讲话，表明中国将降低碳排放强度，标志着作为一个大国，中国首次为建设性地应对世界重大问题做出了贡献。

9月27日 国家发改委副主任解振华在“中国节能减排和应对气候变化”新闻发布会上表示,下一步我国将进一步加大结构调整的力度,对于节能、环保、循环经济以及节能服务产业等方面的发展,还会出台一系列新的政策。中国将把应对气候变化纳入经济社会发展的规划,继续加强节能、提高能效的工作,大力发展可再生能源和核能,大力植树造林,增加碳汇,大力发展绿色经济,积极发展低碳经济和循环经济,研发和推广气候友好的技术,不断地为应对气候变化做出贡献。

10月16~19日 中共中央总书记、国家主席胡锦涛在山东省考察工作，专程前往渤海之滨的大唐东营风力发电项目考察。他指出，大力发展包括风电在内的可再生能源，是抢抓世界新一轮能源革命先机的必然要求。企业要抓住国家大力扶持可再生能源发展的有利时机，着力加强技术创新，着力降低运营成本，为做大做强风电产业、改善我国能源结构发挥更大作用。

10月17日 中国城市科学研究会日前召开《中国低碳生态城市发展战略》成果新闻发布会。《中国低碳生态城市发展战略》研究成果的主要内容包括：低碳生态城市发展目标、实施路径和实施措施等。《中国低碳生态城市发展战略》项目开始于2007年5月。由中国城市科学研究会牵头，组织了中国科学院科技政策与管理科学研究所、国务院发展研究中心发展战略和区域研究部及能源研究所、清华大学公共管理学院公共政策研究所及建筑学院、同济大学建筑与城市规划学院、中国城市规划设计研究院城市交通研究所、住房和城乡建设部城市交通工程技术中心等单位开展了“2007年中国可持续城市项目（CSCI）”的研究。课题研究从2007年6月至2009年3月，历时近2年，并得到大卫与露西尔·派克德基金会、威廉与佛洛拉·休利特基金会和能源基金会的联合支持。

10月22日 中国社会科学院正式发布2009年《气候变化绿皮书》。《绿皮书》认为，选择“绿色新政”和绿色经济发展模式具有重要的现实意义，发展绿色经济有助于中国实现“保增长、调结构、促内需、重民生和节能减排”的多重目标。《绿皮书》的发布，是继中国国家主席胡锦涛在联合国气候变化峰会开幕式上宣布应对气候变化的“中国主张”和行动计划后，中国为年底在丹麦首都哥本哈根举行的联合国气候变化大会注入的又一积极推动力。

10月26日 工业和信息化部节能与综合利用司副司长高东升在亚洲制造业论坛2009年会上表示，要把低碳绿色工业 的发展，纳入到工业发展的规划，以及国家发展规划。

11月3日 中共中央政治局常委、国务院总理温家宝在人民大会堂向北京科技界发表了题为《让科技引领中国可持续发展》的重要讲话。温家宝强调，要高度重视新能源产业发展，创新发展可再生能源技术、节能减排技术、清洁煤技术及核能技术，大力推进节能环保和资源循环利用，加快构建以低碳排放为特征的工业、建筑、交通体系。要努力走在全球新能源汽车发展的前列，尽快确定新能源汽车的技术路线和市场推进措施，推动中国汽车工业跨越发展。

11月8日 由国家发展和改革委员会、商务部和日本经济产业省、日中经济协会主办的第四届中日节能环保综合论坛在北京人民大会堂举行。国务院副总理李克强出席开幕式并作重要讲话。国家发展和改革委员会副主任解振华、商务部副部长陈健、财政部副部长张少春、环保部副部长李干杰、日本经济产业省大臣直岛正行等出席论坛并发表讲话。1000多名代表来自中日两国的政府、行业协会、企业和大专院校、科研机构。中日节能环保综合论坛

是两国节能环保和经贸合作的重要平台。论坛举行期间，中日双方签署了42个节能环保合作项目，并就领跑者政策（先进的节能减排政策）、循环经济、海水淡化和水处理、汽车、发电和煤炭、化学、中日长期贸易7个议题展开了深入讨论。

11月9日 全国农作物秸秆综合利用现场经验交流会在安徽召开。国家发展改革委副主任解振华、农业部副部长陈晓华出席会议并讲话。

11月9～14日 中共中央政治局常委、全国人大常委会委员长吴邦国在甘肃调研强调，要瞄准世界同行业先进水平，主动开展以节能降耗为核心的新一轮技术改造，大力发展循环经济，加强资源综合利用，既减少环境污染，又增加经济效益。发展风能、太阳能、核电等清洁能源和新能源，将成为经济发展新的增长点，是能源结构调整的主攻方向，也是应对气候变化、确保能源安全的重大举措。甘肃要充分利用得天独厚的条件，毫不动摇地发展风能、太阳能等清洁能源，全力搞好示范项目。

11月10日 商务部在山东省济南市召开全国农村散装水泥推广工作现场会，研究分析当前农村推广散装水泥工作情况、问题，提出下一步农村推广散装水泥工作要求和交流各地农村推广散装水泥工作经验，并观摩了山东农村推广散装水泥现场。

11月13日 中国国家主席胡锦涛在新加坡出席2009年亚太经合组织工商领导人峰会并发表重要演讲。胡锦涛指出,我们应该加快实施科技创新和产业改造,大力发展绿色经济、循环经济,充分依靠科技进步增强世界经济增长内在动力。我们应该加强经济技术合作,降低人为技术转让壁垒,缩小发展中成员同发达成员的技术差距特别是绿色技术差距,避免形成新的“绿色鸿沟”。发达成员应该帮助发展中成员获得有助于转变经济发展方式的资金和技术,推动世界经济平衡有序发展。

11月17日 中美两国启动可再生能源伙伴关系。应中国国家主席胡锦涛邀请，美利坚合众国总统贝拉克·奥巴马于2009年11月15日至18日对中国进行国事访问。11月17日发表《中美联合声明》。《声明》说，双方一致认为，向绿色经济、低碳经济转型十分关键，未来数年清洁能源产业将为两国民众提供大量机会，并致力于加强清洁的大气、水、交通、电力和资源保护领域的合作。双方同意在未来五年对中美清洁能源联合研究中心投入至少1.5亿美元，两国各出资一半。中心在两国各设一总部，优先研究课题将包括建筑能效、清洁煤(包括碳捕集与封存)及清洁汽车。

11月17日 工业和信息化部批准《电子信息产品环保使用期限通则》等20项电子行业标准，为深入贯彻、执行我国《电子信息产品污染控制管理办法》将会起到重要的技术支撑作用。

11月18日 我国第一台具有自主知识产权的2.0兆瓦永磁直驱风力发电机近日在江西省新余市研制成功，标志着我国永磁直驱风力发电技术达到世界领先水平，是继传统的异步发电机、双馈式异步发电机之后第三代风力发电技术，是目前世界风电界大力推崇的新技术。在同等条件下，单机的年发电量提高约15%。

11月18~21日 由国家发改委、环保部等7部委和江西省政府共同主办的首届世界低碳与生态经济大会在江西南昌举行。大会发布《绿色崛起之路——江西省低碳经济社会发展纲要》（白皮书）和《南昌宣言》。《南昌宣言》由来自25个国家的驻华使节及国际机构代表、近千家企业领导人共同发表。《宣言》倡议，在全球范围内大力发展低碳与生态经济，提倡低能耗、低污染、低排放，推行能源高效利用、清洁能源开发、绿色GDP核算等，力求低碳经济模式和低碳生活方式双管齐下，实现人类生存发展观念的根本性改变。

11月19日 国务院副总理李克强在中欧战略伙伴关系研讨会上提出,应对气候变化、保护生态环境是国际社会的共同愿望，也是中国可持续发展的内在要求。加大节能增效力度，发展绿色经济、循环经济、低碳经济，有利于促进资源节约型、环境友好型社会建设，有利于推进产业结构优化升级、培育新的经济增长点，可以也应当作为中国经济结构战略性调整的重要抓手和现实突破口。

11月25日 国务院总理温家宝主持召开国务院常务会议，研究部署应对气候变化工作，决定到2020年我国控制温室气体排放的行动目标，并提出相应的政策措施和行动。

11月26日 在北京举行的新闻发布会上，国家发改委副主任解振华权威发布：根据官方承诺，到2020年，中国单位GDP二氧化碳排放将比2005年下降四到四成五，非化石能源占一次能源消费的比重达到一成五左右，增加森林面积四千万公顷。解振华表示，二氧化碳排放峰值与碳排放强度有直接关系，当务之急是降低碳排放强度。中国承诺的这些目标，完全是靠降低能源消耗当中的碳排放来实现，不包括碳交易，也不包括碳汇。经过努力，此前承诺的单位GDP能耗降低两成的目标有望如期实现。这一目标的实现，意味着中国在五年的时间里，减少的二氧化碳排放至少在十五亿吨。这在世界各国中的减排量中，算是非常大的。

11月27日 内蒙古首届碳汇草业研讨会在呼和浩特举行。

11月28日 由科技部农村司主办、安徽省科技厅和中国农业大学联合承办的“循环农业科技发展研讨会”在合肥举行，主题是“发展循环农业，促进节能减排”。

11 月 国家发展和改革委员会发布《中国应对气候变化的政策与行动——2009 年度报告》。《报告》内容减缓气候变化的政策与行动包括、适应气候变化的政策与行动、地方应对气候变化行动、气候变化领域国际合作、体制机制建设与公众意识提高等。

12月3日 国家林业局局长贾治邦在接受新华社记者采访时称：加快林业发展，增加森林碳汇功能，已成为应对气候变化的全球共识和行动。1980年至2005年间，中国通过持续不断地开展造林和森林经营、控制毁林，累计净吸收二氧化碳51.1亿吨。

12月4日 《国务院关于加快发展旅游业的意见》（国发〔2009〕41号）中明确提出：推进节能环保。实施旅游节能节水减排工程。支持宾馆饭店、景区景点、乡村旅游经营户和其他旅游经营单位积极利用新能源新材料，广泛运用节能节水减排技术，实行合同能源管理，实施高效照明改造，减少温室气体排放，积极发展循环经济，创建绿色环保企业。五年内将星级饭店、A级景区用水用电量降低20%。合理确定景区游客容量，严格执行旅游项目环境影响评价制度，加强水资源保护和水土保持。倡导低碳旅游方式。

12月5~7日 中央经济工作会议在北京举行。会议提出开展低碳经济试点，努力控制温室气体排放，加强生态保护和环境治理，加快建设资源节约型、环境友好型社会。

12月7日 中国政府代表团首席谈判代表、国家发改委副主任解振华哥本哈根气候召开新闻发布会，介绍称中国承诺2020年前单位GDP碳强度下降40%~45%，已相当于减排15亿吨的二氧化碳，占全球减排量的四分之一。中国正在努力推动本次会议取得进展，希望哥本哈根会议成为新一轮应对全球气候变化行动的开始。

12月7~19日 《联合国气候变化框架公约》第15次缔约方会议暨《京都议定书》第5次缔约方会议在丹麦哥本哈根召开。来自193个缔约方大约4万名各界代表出席，119名国家领导人和国际机构负责人出席。中国代表团团长由国家发改委副主任解振华担任，中国代表团副团长是国家发改委应对气候变化司司长苏伟和外交部气候变化谈判特别代表于庆泰。2009年12月19日，会议以决定附加文件方式通过了《哥本哈根协议》。尽管这一协议不具法律约束力，但它第一次明确认可2度温升上限，而且明确了可以预期的资金额度。在各方共同努力下，会议取得了重要而积极的成果：一是坚定维护了《联合国气候变化框架公约》及其《京都议定书》确立的“共同但有区别的责任”原则；二是在发达国家实行强制减排和发展中国家采取自主减缓行动方面迈出了新的坚实步伐；三是就全球长期目标、资金和技术支持、透明度等焦点问题达成广泛共识。温家宝总理与会体现了中国政府对本国和世界人民以及人类未来高度负责的态度，为加强应对气候变化国际合作作出了重要贡献，展示了谋发展、促合作、负责任的大国形象。

12月9日 正出席哥本哈根联合国气候变化大会的中国国家人口和计划生育委员会副主任赵白鸽在接受新华社记者专访时指出，气候变化问题不仅是二氧化碳排放问题，而且是涉及政治、经济、社会和文化等诸多领域的发展问题，所以必须采取统筹和综合的方法来控制和解决这一事关人类未来的大问题。这是中国在本次气候变化大会上的一个重要立场，也是中国首次在这样的世界性大会上明确提出要统筹综合解决气候变化问题的重要主张。她说，人口的增长与气候变化有着密切的关系。中国政府一直采取各种方法加强人口管理，降低生育率。中国总和生育率已从30年前的5.8下降为目前的1.8，这就意味着，中国在过去30年里少出生了4亿人口，按照目前人均二氧化碳排放量4.57吨计算，中国如今每年减少18.3亿吨二氧化碳排放。按人均计算，中国目前的二氧化碳排放量仅为美国的五分之一和英国的二分之一。

12月10日 联合国秘书长潘基文接受了中国媒体联合采访，充分肯定中国应对气候变化中所做的工作。

12月10日 四川大学成立“四川大学低碳技术与经济研究中心”。

12月14日 中国国家副主席习近平在东京会见日本首相鸠山由纪夫时说，双方应着眼后金融危机时代世界经济发展潮流，将大力开展可持续发展合作，共同推进能源环境、绿色低碳、循环经济、高科技合作作为今后发展经贸关系的重点方向。

12月15日 参加哥本哈根气候变化大会的中国代表团团长、国家发展和改革委员会副主任解振华在联合国开发计划署主办的“中国低碳经济与社会发展之路”高层研讨会上发表讲话，中国将紧密结合自己的发展阶段和特殊国情，转变传统的发展方式和消费模式，走低碳经济发展道路，最终实现人与自然的和谐发展。他指出，中国将从六个方面推动低碳经济和社会的发展。第一，加强政策引导和宏观协调。低碳经济是一个综合性比较强的问题，统筹协调和指导至关重要，中国政府计划发布实施全局性、指导性的政策文件。第二，贯彻落实各项政策措施。中国政府将把发展低碳经济纳入“十二五”国民经济和社会发展规划，通过转变经济发展模式、调整产业结构、优化能源结构、提高能源效率等举措，推进低碳经济发展。第三，部署发展低碳经济试点工作。中国将选择具有代表性的典型地区作为开展低碳经济的示范点，制定和实施地方发展低碳经济行动方案。第四，提高发展低碳经济相关能力建设。中国政府正组织相关部门，加强和完善温室气体监测、统计和管理体系建设，在重点领域组织攻关，组建跨领域、多学科的科技队伍。第五，加强宣传教育，提高全民意识。中国政府大力开展形式多样的发展低碳经济和应对气候变化宣传活动，倡导全社会采取低碳生活模式和消费模式。第六，组织开展对外交流与合作。中国政府本着开放、务实的态度，与不同国家和国际组织加强对话、开展合作，吸收发达国家的先进经验，努力创建中国特色低碳经济发展模式。

12月16日 中国首个自愿碳减排标准——“熊猫标准”在哥本哈根的皇家假日酒店内面向全球发布。“熊猫标准”的推出将增强中国在碳排放市场上的话语权，也是中国在探索建立自己的碳排放交易市场上迈出的重要一步。

12月17日 家电以旧换新销售额突破120亿元。据商务部统计，9个试点省市共回收五大类旧家电352.5万台，其中电视机256.9万台，冰箱27.9万台，洗衣机44万台，空调4.6万台，电脑19.1万台；共销售五大类新家电310万台，其中电视机140.3万台，冰箱45.5万台，洗衣机50.6万台，空调40.6万台，电脑33万台，销售额共计达121.3亿元。

12月18日 中国国务院总理温家宝在哥本哈根联合国气候变化大会领导人会议上发言，总结出中国应对气候变化四个成就：中国是最早制定实施《应对气候变化国家方案》的发展中国家，中国是近年来节能减排力度最大的国家，中国是新能源和可再生能源增长速度最快的国家，中国是世界人工造林面积最大的国家。说明中国政府确定减缓温室气体排放的目标是中国根据国情采取的自主行动，是对中国人民和全人类负责的，不附加任何条件，不与任何国家的减排目标挂钩。

12月18日 由一汽集团、吉林大学、长春锂源新能源科技有限公司等23家科研、生产单位组成的吉林省新能源汽车产业联盟成立，其主要职责是以新能源汽车产业化为目标，加强新能源汽车关键核心部件的研发。

12月21日 国务院总理温家宝在北京接受新华社记者采访时说，哥本哈根会议在经历了曲折后，以大会决定的形式发表《哥本哈根协议》。该文件坚持了《联合国气候变化框架公约》及其《京都议定书》的双轨制，进一步明确了发达国家和发展中国家根据“共同但有区别的责任”原则，分别应当承担的义务和采取的行动，表达了国际社会在应对气候变化长期目标、资金、技术和行动透明度等问题上的共识。这是各方共同努力的成果，得到广泛认可，来之不易，应该得到珍惜。温家宝强调，会议期间，中方本着相互尊重、平等协商、求同存异、务实合作的精神，与各方密切沟通协调，整个过程公开、透明、高效，为推动会议取得现有成果发挥了重要的建设性作用，表现了最大诚意，尽了最大努力。温家宝表示，中国愿意同各方一道，以哥本哈根会议为新的起点，切实履行承诺，加强合作，尽早完成“巴厘路线图”谈判，推动气候变化国际合作不断取得新进展，为人类应对气候变化作出应有贡献。

12月21日 国务院总理温家宝在人民大会堂与法国总理菲永举行会谈。双方同意，在相互尊重、平等相待的基础上，继续推进中法全面战略伙伴关系。温家宝建议，以应对国际金融危机、气候变化、能源安全等全球性挑战为契机，创新思路，深化合作，把两国经贸关系提升到新水平，把节能环保、新能源、绿色经济培育为新的增长点。

菲永赞同温家宝对双边关系的评价和关于发展两国关系的建议。

12月21日 中法合资建设、注册资本金167亿的广东台山核电站在京宣布开工建设，台山核电合营有限公司同日宣告成立。国务院副总理李克强出席中法台山核电站开工仪式。台山核电站一期工程建设2台机组，单机容量为175万千瓦，是目前世界上单机容量最大的核电机组。台山核电站一期工程是全球第三个采用欧洲先进压水堆（EPR）三代核电技术建设的核电站。

12月24日 国务院批复了《甘肃省循环经济总体规划》，这标志着甘肃省成为全国首个国家级循环经济示范区，将着力打造16条循环经济产业链，重点培育100户骨干企业，积极改造提升36个省级以上开发区，逐步形成覆盖全省的各具特色的 7 大循环经济专业基地。甘肃省召开推进循环经济发展大会，进行专门安排部署，经过 3 ~ 5 年努力，建成全国前列的国家循环经济示范区。

12月26日 十一届全国人大常委会第十二次会议表决通过关于修改可再生能源法的决定，新的《可再生能源法》将自2010年4月1日起施行。修改后的《可再生能源法》增加了对各类可再生能源的开发利用作出统筹规划的规定，并确立了全额保障性收购这一重要制度。修改后的法律明确，国务院能源主管部门会同国家电力监管机构和国务院财政部门，按照全国可再生能源开发利用规划，确定在规划期内应当达到的可再生能源发电量占全部发电量的比重，制定电网企业优先调度和全额收购可再生能源发电的具体办法。修改后的《可再生能源法》明确，建立可再生能源发展基金。这是国际上很多国家推进可再生能源持续快速发展所采用的有效办法。据了解，有关方面正在着手起草可再生能源发展基金的管理办法，不久将颁布实施。

12月26日 四川阿波罗太阳能科技有限公司5兆瓦碲化镉薄膜太阳能生产线在成都试产。这是国内唯一碲化太阳能电池生产线，标志着中国首次打破国外对碲化太阳能电池生产的垄断。

12月27日 《第九届中国经济论坛哈尔滨城市宣言》在哈尔滨正式发布，倡议中国所有城市在未来十年采取更加积极有效的措施，努力实现“单位GDP二氧化碳排放比2005年下降40% ~ 45%”这一宏伟目标。

本年 有531个CDM项目获得中国政府的批准。国务院批复专门针对生态、低碳经济的黄三角高效生态经济区发展规划和鄱阳湖生态经济区规划。此外，各主要区域发展规划的出台也都将环境保护以及节能减排摆在了重要位置。江西低碳经济在全国走在了前列，为各省区的发展带来了示范作用。

基本知识

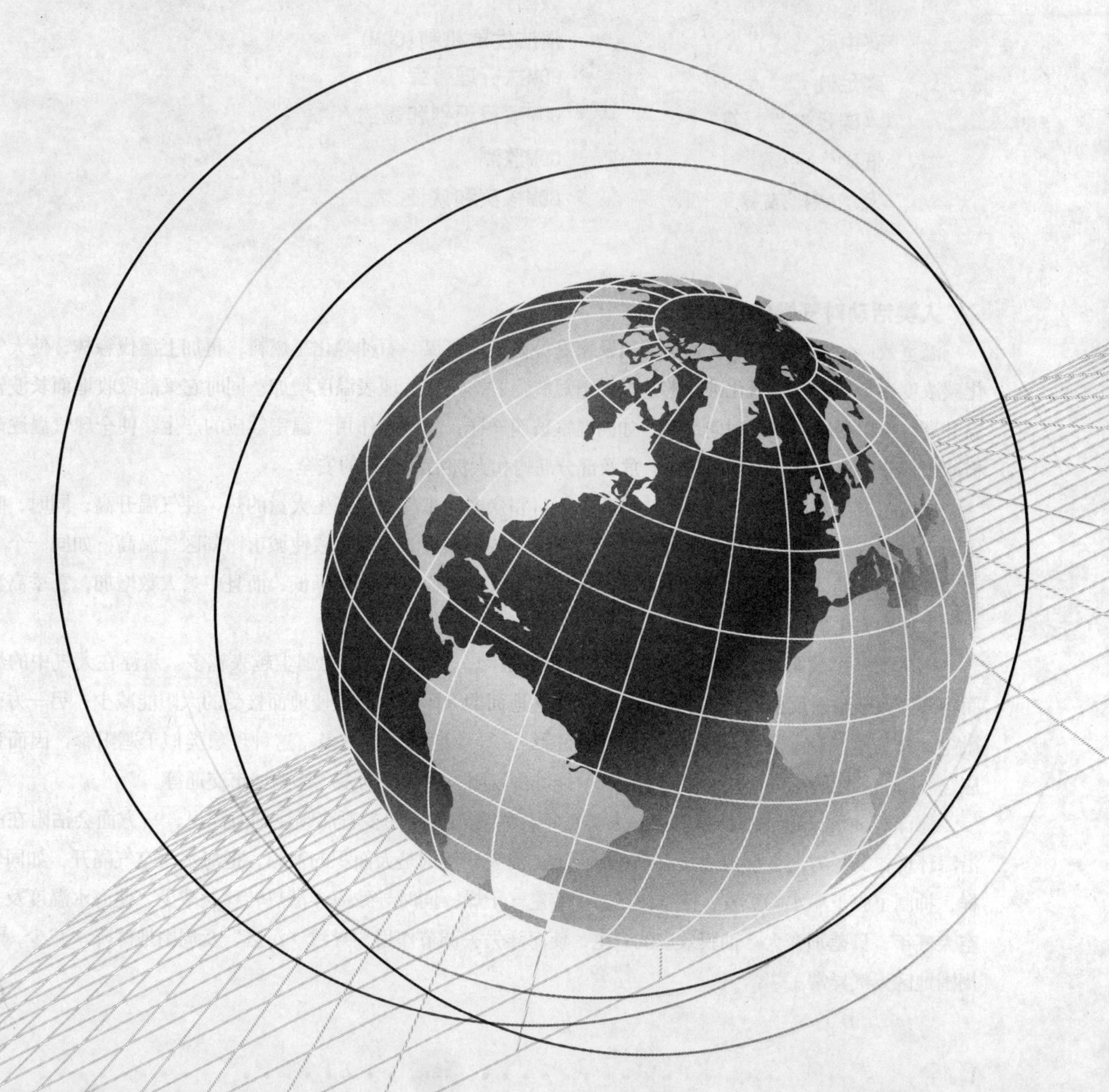

基本知识

人类活动对气候的负效应

温室效应。由于工厂、交通运输以及家庭等大量燃烧煤、石油等化工燃料，再加上滥伐森林，使大气中的二氧化碳浓度逐年增加。二氧化碳能够透过太阳短波辐射，使到达地表温度增加；同时它又能吸收地面长波辐射后使气温升高，再以逆辐射形式射向地面，如同温室玻璃一样，起保温作用。温室效应的产生，使全球气温逐渐升高，两极冰川部分融化，全球海平面升高，危及部分岛屿和大洲沿海低地的安全。

大城市产生热岛效应。大城市中密集的人口和众多的工厂每天产生大量的热，使气温升高；同时，晚间工厂排出的大量烟尖微粒和二氧化碳，如同被子一样阻止城市热量的扩散，致使城市比郊区气温高，如同一个“热岛”矗立在农村较凉的“海洋”上。热岛效应的产生，不仅使人们工作效率降低，而且中暑人数增加，夏季高温导致火灾多发，加剧光化学烟雾的危害。

烟尘增多形成阳伞效应。人类的生产与生活活动，导致大气中的烟尘越来越多。悬浮在大气中的烟尘，一方面将部分太阳辐射反射回宇宙空间，削弱了到达地面的太阳辐射能，使地面接受的太阳能减少；另一方面吸湿性的微尘又作为凝结核，促使周围水汽在它上面凝结，导致低云、雾增多。这种现象类似于遮阳伞，因而称“阳伞效应”。阳伞效应的产生使地面接受太阳辐射能减少且阴、雾天气增多，影响城市交通等。

海洋石油污染形成的油膜效应。人类每年有意或无意将许多石油倾注到海洋里，一方面会沾附在海岸，破坏沿海环境；另一方面会形成油膜漂浮在海面上。油膜，特别是大面积的油膜，把海水与空气隔开，如同塑料薄膜一样，抑制了膜下海水的蒸发，使“污区”上空空气干燥；同时导致海洋潜热转移量减少，使海水温度及“污区”上空大气年、日差别变大。油膜效应的产生，使海洋失去调节作用，导致“污区”及周围地区降水减少，“污区”及周围地区天气异常。

全球变暖

科学家近年来对全球变暖的影响进行了大量的研究，虽然还不能全面预测全球变暖给地球带来的多种变化，但人类对全球变暖的负面影响已经有了初步的认识。联合国政府间气候变化专门委员会第一工作组在2007年２月初发表的报告中确认，20世纪中期以来全球平均气温的升高，“很可能”由人类活动导致二氧化碳排放增多所致。在这里，“很可能”表示可能性至少在90％以上。全球变暖有两大特征：一是地球平均温度上升；二是地球的极端气候事件如飓风、暴雨、大旱等灾害性天气发生频率增加，破坏力加剧。

一、水供需矛盾加剧。全球变暖导致降水变化，全球水资源供需矛盾愈加明显。联合国政府间气候变化专门委员会今年初曾指出，如果地球平均气温上升４摄氏度，全球就会有30多亿人面临缺水问题。

二、天灾威胁加重。地球“发烧”，热带风暴和飓风的次数和强度都可能增加。

三、岛国命运堪忧。地球两极冰雪融化会导致海平面上升，众多岛屿将被淹没，一些岛国可能不复存在，岛上及沿海居民生活受到威胁。印尼科学家今年１月预测说，印尼约１.８万个岛屿中可能将有2000个在2030年前被海水淹没。

四、夏天热浪频仍。有关报告显示，如果全球平均气温上升３摄氏度，北美地区受热浪侵袭的次数将增加３至８倍，世界其他地方与北美情况类似。

五、生物链被打乱。由于气候变化，不少动物开始向南部或北部迁移，生物物种活动范围的变化将导致迁入地和迁出地生物链出现混乱，从而对农林业和渔业产生不利影响。

六、传染疾病肆虐。由于全球变暖，许多通过昆虫、食物和水传播的传染性疾病的传播范围将扩大，并对贫困地区的人口造成显著影响。

七、经济发展蒙阴影。据统计，20世纪90年代，全球发生的重大气象灾害比50年代多５倍，因此造成的年均经济损失从60年代的40亿美元飚升至290亿美元。虽然全球变暖也可能对少数地区有益，但综合评价其影响，全球变暖已经成为人类未来生活的巨大威胁。

温室气体及温室效应

大气层中存在多种温室气体，包括二氧化碳、甲烷、氧化亚氮、全氟化碳、六氟化硫等。瑞典科学家1896年发现，大气层中的温室气体有一种特殊作用，能够使太阳能量通过短波辐射达到地球，而地球以长波辐射形式向外散发的能量却无法透过温室气体层，这种现象被称为“温室效应”。

大气污染对人类的惩罚

热带雨林大面积被烧毁，二氧化碳让地球变热。在巴西的容多尼亚州(Rondonia)，牛羊在一片荒芜的牧场上游荡，这是许多大片的亚马逊热带雨林被毁后的一幕。亚马逊热带雨林被人为的烧毁以改建农场，在本世纪的前五年，巴西烧毁的热带雨林面积相当于英格兰和威尔士国土面积的总和。科学家认为，燃烧雨林相当于增加了17%的温室气体排放量，还造成了越来越少的树木来吸收二氧化碳，使得最近几年成为地球最热的时期。

气温上升，冰山融化，海平面上升。联合国政府间气候变化专门委员会预计，由于温室效应，气温上升，到2100年由于冰山融化海平面将上升20至80厘米。

水资源缺乏，旱灾严重。2006年夏季，澳大利亚经历了千年一遇的旱灾。南澳大利亚州的降雨量是自1900年以来最少的，然而气温是自1950年月以来最高的。澳洲许多地区正在经历持续五年的干旱，农作物歉收，家畜死亡。在悉尼，如果哪户人家被发现用水浇花园，将被处以220美元(100英镑)的罚款。而旱灾还在世界各地威胁着人类的生存，欧洲和美洲正在经历有史以来最大的旱灾，2007年在亚洲的中国，原本水量充足的长江沿岸，也遭受罕见的旱灾。

空气污染，沙尘肆虐。亚洲各地近年来遭受的沙尘暴袭击次数是历史最多的。甚至在欧洲和美洲，也有沙尘暴的袭击。

大气无法承担保护地球的重任。一架客机将要降落在加勒比海圣马丁荷兰岛上时，从海滩上的遮阳伞上擦身而过，此时一些度假者正在伞下坐着，但是谁也没有注意到飞机排出的尾气。科学家认为，飞机飞行一次放出的尾气量相当于一辆小汽车一年排放的尾气。有资料显示，各种飞机的尾气排放量占了全球的3.5%。预计到2050年，这一百分比将会上升到15%。但是飞机排放废气量的增长限制还没加进《气候变化法案》，科学家担心：人类脆弱的大气将会被飞机尾气逐渐破坏，如果放任航空业的尾气排放，那么脆弱的大气将在未来50年后无法承担保护地球的重任。

温室气体排放加剧，城市不见蓝天。数据显示，发达国家燃煤电厂每年排放2280万吨二氧化碳，超过第三世界国家排放量的总和。AES公司旗下的Drax公司负责英国7%的电力供应，但是这个公司所产生的污染也是英国最大的，由于世界发达国家的温室气体排放数额巨大，造成了一些发达城市环境污染加剧，欧美一些特大城市，经常出现数月或数天见不到蓝天的事情。

世界地球日

世界地球日活动起源于美国。1969年，美国民主党参议员盖洛德·尼尔森提议，在全国各大学校园内举办环保问题演讲会。当时25岁的哈佛大学法学院学生丹尼斯·海斯很快就将尼尔森的提议变成了一个在全美各地展开大规模社区性活动的具体构想，并得到很多青年学生的普遍支持。1970年4月22日，在美国爆发了有2000万人参加的公民环保运动，这是人类有史以来第一次规模宏大的群众性环境保护运动。

作为人类现代环保运动的开端，“地球日”活动推动了多个国家环境法规的建立。1990年4月22日，全世界140多个国家和地区、2亿多人同时在各地举行多种多样的环境保护宣传活动。这项活动得到了联合国的首肯。从此“地球日”成为“世界地球日”。“世界地球日”作为人类现代环保运动的开端，推动了西方国家环境法规的建立，并促成了1972年联合国第一次人类环境会议的召开，此后各国的政府环保部门和民间环保组织纷纷成立，地球日也因此成为140多个国家和地区共同的环保纪念日。

世界地球日活动旨在唤起人类爱护地球、保护家园的意识，促进资源开发与环境保护的协调发展。中国从20世纪90年代起，每年4月22日都举办世界地球日活动。

《21世纪议程》

1992年6月3~14日在巴西里约热内卢召开的联合国环境与发展大会通过的重要文件之一。该文件着重阐明了人类在环境保护与可持续发展之间应作出的选择和行动方案，提供了21世纪的行动蓝图，涉及与地球持续发展有关的所有领域。议程分为4部分，共40章。第一部分，社会和经济方面。主要内容为可持续发展的国际合作和国内政策，消除贫困，改变消费模式，人口与可持续能力，健康，人类住区等。第二部分，促进发展的资源保护。主要内容为大气，水资源，废物最少量化和再生利用。第三部分，加强主要团体的作用。主要内容为社团的参与支持，妇女、儿童、青年与可持续发展，非政府组织的作用，商业、工业的作用，科学技术界的作用以及农民的作用等。第四部分，实施手段。主要内容为资金来源和机制，科学促进可持续发展，教育、提高环境意识，发展中国家能力建设和国际合作，法制、决策的信息等。

《21世纪议程》是“世界范围内可持续发展行动计划”，是至21世纪在全球范围内各国政府、联合国组织、发展机构、非政府组织和独立团体在人类活动对环境产生影响的各个方面的综合的行动蓝图。

《21世纪议程》是一份关于政府、政府间组织和非政府组织所应采取行动的广泛计划，旨在实现朝着可持续发展的转变。《21世纪议程》为采取措施保障我们共同的未来提供了一个全球性框架。这项行动计划的前提是所有国家都要分担责任，但承认各国的责任和首要问题各不相同，特别是在发达国家和发展中国家之间。该计划承认，没有发展，就不能保护人类的生息地，从而也就不可能期待在新的国际合作的气候下对于发展和环境问题同步进行处理。《21世纪议程》的一个关键目标，是逐步减轻和最终消除贫困，同样还要就保护主义和市场准入、商品价格、债务和资金流向问题采取行动，以取消阻碍第三世界进步的国际性障碍。为了符合地球的承载能力，特别是工业化国家，必须改变消费方式；而发展中国家必须降低过高的人口增长率。为了采取可持续的消费方式，各国要避免在本国和别国以不可持续的水平开发资源。文件提出以负责任的态度和公正的方式利用大气层和公海等全球公有财产。

《中国21世纪议程》

联合国于1992年6月在巴西里约热内卢召开了环境与发展首脑会议。会议通过了《21世纪议程》，并要求各国根据本国情况，制定各自的可持续发展战略、计划和对策。李鹏总理代表中国政府作出了履行《21世纪议程》等文件的庄严承诺。据此，1992年7月，国务院决定组织编制《中国21世纪议程》。

《中国21世纪议程》共20章，78个方案领域，20余万字。大体可分为可持续发展战略、社会可持续发展、经济可持续发展、资源的合理利用与环境保护四个部分：第一部分，可持续发展总体战略。这一部分从总体上论述了中国可持续发展的背景、必要性、战略与对策等，提出了到2000年各主要产业发展的目标、社会发展目标和上述目标相适应的可持续发展对策。第二部分，社会可持续发展。由人口、居民消费与社会服务、消除贫困、卫生与健康、人类居住区可持续发展和防灾共五章组成。第三部分，经济可持续发展。由可持续发展经济政策、农业与农村经济的可持续发展、工业与交通、通信业的可持续发展、可持续的能源生产和消费共四章组成。第四部分，资源的合理利用与环境保护。这部分包括水、土等自然资源保护与可持续利用、生物多样性保护、土地荒漠化防治、保护大气层和固体废物的无害化管理共五章。

《中国21世纪议程》优先项目计划的目标：（1）近期目标（1994~2000年）：重点是针对中国现存的环境与发展的突出矛盾，采取应急行动，并为长期可持续发展的重大举措打下坚实基础，使中国在保持8%左右经济增长速度的情况下，使环境质量、生活质量、资源状况不再恶化，并局部有所改善；加强可持续发展能力建设也是近期的重点目标。（2）中期目标（2000~2010年）：重点是为改变发展模式和消费模式而采取的一系列可持续发展行动；完善适应于可持续发展的管理体制、经济产业政策、技术体系和社会行为规范。（3）长期目标（2010年以后）：重点是恢复和健全中国经济生态系统调控功能；使中国的经济、社会发展保持在环境和资源的承载能力之内，探索一条适合中国国情的高效、和谐、可持续发展的现代化道路，对全球的可持续发展进程作出应有的贡献。

《中国21世纪议程》优先项目计划框架的优先领域：

1. 资源与环境保护：(1)资源综合管理与政策；(2)土地、森林、淡水、海洋、矿产等资源保护与可持续利用；(3)水土保持与沙漠化防治；（4）环境污染控制。

2. 全球环境问题：（1）气候变化问题；（2）生物多样性保护问题；（3）臭氧层保护问题。

3. 人口控制与社会可持续发展：（1）控制人口数量，提高人口素质；（2）扶贫；（3）中国城市可持续发展；（4）卫生与健康；（5）防灾减灾。

4. 可持续发展能力建设：（1）强化和完善可持续发展管理机制；（2）可持续发展立法与实施；（3）转变传统观念，提高公众可持续发展意识；（4）科学技术能力建设。

5. 工业民用交通运输业的可持续发展；（1）强化市场经济条件下具有可持续发展能力的工业管理体制与政策；（2）改善工业布局与结构；（3）开展清洁生产与废物最小量化；（4）开发高效、节能型工业污染治理技术；（5）发展环保产业，生产绿色产品；（6）加强交通、通信业的可持续发展。

6. 农业可持续发展：（1）强化农业发展的宏观调控政策；（2）促进粮食和农作物的可持续发展；（3）选择可持续性农业科学技术；（4）促进农村人口资源开发和充分就业；（5）发展生态农业；（6）制定和实施有利于乡镇建设的规划与政策，控制乡镇企业环境污染。

7. 持续的能源生产与消费：（1）强化综合能源规划与管理；（2）提高能源效率与节能；（3）清洁煤技术；（4）新能源和可再生能源。

《京都议定书》

为了21世纪的地球免受气候变暖的威胁，1997年12月，149个国家和地区的代表在日本召开《联合国气候变化框架公约》缔约方第三次会议，经过紧张而艰难的谈判，会议通过了旨在限制发达国家温室气体排放量以抑制全球变暖的《京都议定书》。

《京都议定书》规定，到2010年，所有发达国家排放的二氧化碳等6种温室气体的数量，要比1990年减少52%，发展中国家没有减排义务。对各发达国家说来，从2008年到2012年必须完成的削减目标是：与1990年相比，欧盟削减8%、美国削减7%、日本削减6%、加拿大削减6%、东欧各国削减5%～8%。新西兰、俄罗斯和乌克兰则不必削减，可将排放量稳定在1990年水平上。议定书同时允许爱尔兰、澳大利亚和挪威的排放量分别比1990年增加10%、8%、1%。《京都议定书》需要在占全球温室气体排放量55%的至少55个国家批准之后才具有国际法效力。2004年3月，欧盟环境部长会议批准了《京都议定书》。6月，日本政府也批准了《京都议定书》。至此，批准议定书的国家已超过55个，但批准国家的温室气体排放量仅为全球温室气体排放总量的36%，尚不足以使《京都议定书》生效。

美国人口仅占全球人口的3%~4%，而所排放的二氧化碳却占全球排放量的25%以上。美国曾于1998年11月签署了《京都议定书》。但2003年3月，布什政府以"减少温室气体排放将会影响美国经济发展"和"发展中国家也应该承担减排和限排温室气体的义务"为借口，宣布拒绝执行《京都议定书》。

2002年8月30日，中国常驻联合国代表向联合国秘书长安南交存了中国政府核准《〈联合国气候变化框架公约〉京都议定书》的核准书。中国于1998年5月29日签署了该议定书。2002年9月3日，中国国务院总理朱 基在约翰内斯堡可持续发展世界首脑会议上讲话时宣布，中国已核准《〈联合国气候变化框架公约〉京都议定书》。

2005年2月16日，《京都议定书》正式生效。

巴厘岛路线图

2007年12月3日，联合国气候变化大会在泰国巴厘岛举行，12月15日正式通过一项决议，决定在2009年前就应对气候变化问题新的安排举行谈判，从而制订了世人关注的应对气候变化的"巴厘岛路线图"。

这张"路线图"为2009年前应对气候变化谈判的关键议题确立了明确议程。要求发达国家在2020年前将温室气体减排25%至40%。具体议题包括：适应气候变化消极后果的行动，减少温室气体排放的方法，广泛使用气候友好型技术的方法，以及对适应和减缓气候变化措施进行资助。

联合国秘书长潘基文对会议结果表示极大欢迎，赞赏各方表现出的合作精神。潘基文动情地呼吁："请珍惜这一刻，为了全人类。我呼吁你们达成一致，不要浪费已经取得的成果。我们这个星球的现实要求我们更加努力。"

《联合国气候变化框架公约》秘书处执行秘书德博埃尔说："我们有了一张'路线图'，有了一项议程，有了一个最后期限。但是我们面前也有艰巨的任务，达成新安排的时间极短，我们需迅速行动。"

在当天的全会上，受到广泛批评的美国代表团在最后一刻收回对发展中国家一项建议的反对。此后，"路线图"得以通过，会场内响起掌声。中国代表团副团长苏伟说，各方表现出妥协，共同作出了贡献。

与会各方还同意采取一系列步骤，以立即进一步贯彻《联合国气候变化框架公约》缔约方现有承诺，这些步骤对发展中国家尤其重要。它们包括：

适应气候变化。由《京都议定书》清洁发展机制资助的、在发展中国家进行的适应气候变化项目的基金安排将在全球环境机构的管理下进行。

采取技术步骤。对于发展中国家关键性的关切之一，会议取得了重要进展，同意开启"战略性项目"，提高投资水平，推动发展中国家所需要的减缓和适应气候变化技术的转让。

减少发展中国家因森林砍伐而造成的温室气体排放。各方确认要采取进一步行动减少这类排放，并支持相关能力建设。

此外，大会还就联合国政府间气候变化专门委员会第四份评估报告的重要性、小规模植树造林、碳捕捉与储存、最不发达国家适应气候变化等问题达成协议。

本次联合国气候变化大会着重讨论2012年后应对气候变化的措施安排等问题，特别是发达国家应进一步承担的温室气体减排指标。由于立场上的重大差异，美国与欧盟、发达国家与发展中国家之间激烈交锋，争论和妥协成为贯穿大会的显著特征。

"巴厘岛路线图"共有13项内容和1个附录，其要点如下：

首先，强调了国际合作。"巴厘岛路线图"在第一项的第一款指出，依照《公约》原则，特别是"共同但有区别的责任"原则，考虑社会、经济条件以及其他相关因素，与会各方同意长期合作共同行动，行动包括一个关于减排温室气体的全球长期目标，以实现《公约》的最终目标。

其次，把美国纳入进来。由于拒绝签署《京都议定书》，美国如何履行发达国家应尽义务一直存在疑问。"巴厘岛路线图"明确规定，《公约》的所有发达国家缔约方都要履行可测量、可报告、可核实的温室气体减排责任，这把美国纳入其中。

第三，除减缓气候变化问题外，还强调了另外三个在以前国际谈判中曾不同程度受到忽视的问题：适应气候变化问题、技术开发和转让问题以及资金问题。这三个问题是广大发展中国家在应对气候变化过程中极为关心的问题。苏伟评价说，"巴厘岛路线图"这次把减缓气候变化问题与另外三个问题一并提出来，就像给落实《公约》的事业"装上了四个轮子"，让它可以奔向远方。

第四，为下一步落实《公约》设定了时间表。"巴厘岛路线图"要求有关的特别工作组在２００９年完成工作，并向《公约》第十五次缔约方会议递交工作报告，这与《京都议定书》第二承诺期的完成谈判时间一致，实现了"双轨"并进。

第五，中国为绘成"巴厘岛路线图"作出了自己的贡献。中国把环境保护作为一项基本国策，将科学发展观作为执政理念，根据《公约》的规定，结合中国经济社会发展规划和可持续发展战略，制定并公布了《中国应对气候变化国家方案》，成立了国家应对气候变化领导小组，颁布了一系列法律法规。中国的这些努力在本次大会上得到各方普遍好评。

在"巴厘岛路线图"中，中国与其他发展中国家一道，承诺担当应对气候变化的相应责任。中国代表团副团长苏伟指出："在此次谈判中，中国本着负责任的态度，为保护全球气候作出了新贡献。但发达国家有向发展中国家提供技术和资金支持的责任，这应与发展中国家应对气候变化的努力平衡。"

"巴厘岛路线图"是人类应对气候变化历史中的一座新里程碑。

低碳经济

低碳经济是低碳发展、低碳产业、低碳技术、低碳生活等一类经济形态的总称。低碳经济以低能耗、低排放、低污染为基本特征,以应对碳基能源对于气候变暖影响为基本要求,以实现经济社会的可持续发展为基本目的，是人类社会继农业文明、工业文明之后的又一次重大进步。低碳经济实质是高能源利用效率和清洁能源结构问题，核心是能源技术创新、制度创新和人类生存发展观念的根本性转变。

"低碳经济"最早见诸于政府文件是在2003年的英国能源白皮书《我们能源的未来:创建低碳经济》。作为第一次工业革命的先驱和资源并不丰富的岛国，英国充分意识到了能源安全和气候变化的威胁，它正从自给自足的能源供应走向主要依靠进口的时代，按目前的消费模式，预计2020年英国80%的能源都必须进口。同时，气候变化已经迫在眉睫。

"低碳经济"提出的大背景，是全球气候变暖对人类生存和发展的严峻挑战。随着全球人口和经济规模的不断增长，能源使用带来的环境问题及其诱因不断地为人们所认识，不止是烟雾、光化学烟雾和酸雨等的危害，大气中二氧化碳（CO_2）浓度升高带来的全球气候变化业已被确认为不争的事实。

低碳战略

低碳战略可以大致分为三个阶段：节能减排(energy saving and emission reduction)、使用新能源(renewable energy)、碳捕获技术(carbon capture and storage)。第一阶段指的是提高能源使用效率和降低排放量，以及用新兴的碳交易手段促进减排意愿；第二阶段则从源头上着手，减少化石能源的使用，代之以更为清洁的能源(包括风能、太阳能等)；第三阶段则侧重于末端治理，力图将化石燃料燃烧后排放的二氧化碳捕获到贮存设施中或者固化，从而使零排放成为可能。提高能源效率可以说是最基础的做法，也是目前最为可行的。据测算，假如2005年在经合发展组织国家运转的所有电器都已经达到最优能效标准，那么到2010年将节省3.22亿吨二氧化碳——等于公路上行驶的车辆减少1亿辆，家庭能源消耗下降1/4。

碳中和

“碳中和”（carbon neutral），其涵义就是，人们（包括单位、企业、个人）计算自己日常活动（生产）直接或间接制造的二氧化碳排放量，并计算抵消这些二氧化碳所需的经济成本，然后个人付款给专门企业或机构，由他们通过植树或其他环保项目抵消大气中相应的二氧化碳量，以达到降低温室效应的目的。

与此同时，一项被称为“碳中和”的环保行动在西方走红，显然，“碳中和”是人们对地球变暖的现实进行反思后的自省、自律，是“地球村”居民觉醒后的积极行动。应对二氧化碳排放过量、主要污染物排放过量，并不只是政府的责任，也是每个企业的责任，同时也是每个公民的责任。

碳足迹

“碳”，就是石油、煤炭、木材等由碳元素构成的自然资源。“碳足迹”标示着某个公司、家庭或个人的“碳耗用量”，是一种用来测量某个公司、家庭或个人因每日消耗能源而产生的二氧化碳排放对环境影响的新指标。“碳”耗用得多，导致地球暖化的元凶“二氧化碳”也制造得多，“碳足迹”就大，反之“碳足迹”就小。

“碳足迹”计算

碳足迹理念包括:公众日常消费-二氧化碳排放-碳补偿。转变各种“高碳”生活，倡导“低碳”的生活。基本公式:

家居用电的二氧化碳排放量（kg）= 耗电度数×0.785；

开车的二氧化碳排放量（kg）=油耗公升数×0.785；

乘坐飞机的二氧化碳排放量（kg）：

短途旅行：200公里以内=公里数×0.275；

中途旅行：200~1000公里=55+0.105×（公里数－200）；

长途旅行：1000公里以上=公里数×0.139。

按照30年冷杉吸收111kg二氧化碳来计算需要种几棵树来补偿。例如：如果你乘飞机旅行2000公里，那么你就排放了278千克的二氧化碳，为此你需要植三棵树来抵消；如果你用了100度电，那么你就排放了78.5千克二氧化碳，为此，你需要植一棵树；如果你自驾车消耗了100公升汽油，那么你就排放了270千克二氧化碳，为此，需要植三棵树……

如果不以种树补偿，则可以根据国际一般碳汇价格水平，每排放一吨二氧化碳，补偿10美元钱。用这部分钱，可以请别人去种树。

低碳生活

指在生活中倡导的低碳：一是在生活中减少二氧化碳的排放；二是在饮食中减少碳水化合物。

在CO_2减排的过程中，普通民众生活具有改变未来的伟大力量。联合国环境规划署2008年6月发表公开报告，对个人采取低碳生活方式提出了具体意见：用传统的发条式闹钟替代电子钟，这可以每天减少大约48克的二氧化碳排放量；用传统牙刷替代电动牙刷可减少48克二氧化碳排放量；把在电动跑步机上45分钟的锻炼改为到附近公园慢跑，可以减少将近1千克的二氧化碳排放量；不用洗衣机甩干衣服，而是让其自然晾干，这可以减少2.3千克的二氧化碳排放量；在午餐休息时间和下班后关闭电脑及显示器，可以将这些电脑的二氧化碳排放量减少三分之一；改用节水型沐浴喷头，不仅可以节水，还可以把3分钟热水沐浴所导致的二氧化碳排放量减少一半。

根据计算，一个百万人口的城市，每天要满足基本的生活需求，日代谢是消耗水62万吨，消耗食物2000吨，消耗煤炭3000吨，消耗石油2800吨，消耗天然气（重量）2700吨，这是输入的。每天输出废水50万吨，生活垃圾2000吨，排出的颗粒物160吨，氮氧化物100吨，排出的二氧化硫40吨，排出二氧化碳32000吨。这就是说，维持13亿人口这样一个基本的生活需求，我们就需要大量的资源能源，同时也需要大量的二氧化碳排放空间。2007年中国平均每万元GDP二氧化碳排放2.4吨，平均每人二氧化碳排放4.1吨，平均每平方公里二氧化碳排放550吨，全国经济100强的城市，排放出129亿吨的二氧化碳，占全国二氧化碳排放量将近一半。2007年，中国消费煤炭，按照统计口径22亿吨，排放温室气体54亿吨，2500万吨的二氧化硫、482万吨的废水，工业废弃物1800万吨，在全国665个城市当中有41.1%都遭受到酸雨的侵袭。2007年的中国，每建一平方米的房屋要消耗土地0.8平方米，消耗钢材55公斤，消耗0.2吨的标准煤，消耗0.2立方米的混凝土和0.15立方米的墙砖，同时每一平方米的房屋建筑要排放出0.81吨的二氧化碳。自2000年以后，全国房屋每年平均竣工面积20亿平方米，月消耗6亿吨的标准煤。中国作为一个世界大国，也是二氧化碳排放即将作为世界第一的大国，它受到国际和国内的压力和胁迫是非常明显的。提倡低碳生活的重大意义也是不言而喻的。

人均碳排放量

按照Kaya公式，人均碳排放量取决于人均GDP、能源强度和单位能源含碳量三个变量。发展中国家的经济增长速度高于发达国家，但是经济增长不等于经济发展。发展中国家的经济，一般着眼于短期经济总量的增长，重视经济增长的效率，而忽视经济增长的质量和增长的可持续性，结果对资源、环境形成巨大压力。

肉食排碳量

日本的一项调查显示，生产一公斤牛肉会产生36.4公斤的二氧化碳。一个以肉食为主的人，平均一年因饮食所产生的二氧化碳约1500公斤，以素食为主的人产生430公斤。环保团体表示，少吃肉也可以缓解缺粮的危机。生产1公斤牛肉要投入8公斤谷物、生产1公斤猪肉则需3公斤谷物饲料。如果减少吃肉，就能减少谷物饲料的消耗。

汽车排放环保标准

汽车环保标准是根据当地的燃油标准来制定的，主要是为提高人类空气质量,对高额油价和城市空气严重污染制定的汽车环保标准。

欧Ⅰ和欧Ⅱ标准等术语，是指当年EEC颁发的排放指令。例如适用于重型柴油车（质量大于3.5吨）的指令“EEC88/77”分为两个阶段实施，阶段A（即欧Ⅰ）适用于1993年10月以后注册的车辆；阶段B（即欧Ⅱ）适用于1995年10月以后注册的车辆。

欧洲Ⅲ号标准是目前欧洲、美国正在实施的真正意义上的低污染排放标准。据了解，汽车环保的关键是通过相关技术控制好尾气排放，减少有害气体的排放，而汽油发动机控制系统（即EMS技术）正是汽车环保乃至实现欧洲III号所必须的关键技术。应用EMS技术可有效降低污染物排放50%（加三元催化技术可降低污染物排放95%），节约油耗5%~15%，还可提高动力性10%~25%。北京已于2008年对车辆的排放实行欧洲Ⅲ号标准。

汽车排放

汽车排放是指从废气中排出的CO（一氧化碳）、HC＋NOx（碳氢化合物和氮氧化物）、PM（微粒，碳烟）等有害气体。它们都是发动机在燃烧作功过程中产生的有害气体。这些有害气体产生的原因各异，CO是燃油氧化不完全的中间产物，当氧气不充足时会产生CO，混合气浓度大及混合气不均匀都会使排气中的CO增加。HC是燃料中未燃烧的物质，由于混合气不均匀、燃烧室壁冷等原因造成部分燃油未来得及燃烧就被排放出去。NOx是燃料（汽油）在燃烧过程中产生的一种物质。PM也是燃油燃烧时缺氧产生的一种物质，其中以柴油机最明显。因为柴油机采用压燃方式，柴油在高温高压下裂解更容易产生大量肉眼看得见的碳烟。为了抑制这些有害气体的产生，促使汽车生产厂家改进产品以降低这些有害气体的产生源头，欧洲和美国都制定了相关的汽车排放标准。其中欧洲标准是我国借鉴的汽车排放标准，目前国产新车都会标明发动机废气排放达到的欧洲标准。

汽车排放的欧洲法规（指令）标准的计量是以汽车发动机单位行驶距离的排污量（g/km）计算，因为这对研究汽车对环境的污染程度比较合理。同时，欧洲排放标准将汽车分为总质量不超过3500公斤（轻型车）和总质量超过3500公斤（重型车）两类。轻型车不管是汽油机或柴油机车，整车均在底盘测功机上进行试验。重型机由于车重，则用所装发动机在发动机台架上进行试验。

碳交易

低碳经济的市场化机制是碳交易(即温室气体排放权交易)，就是通过交易购买排放权（ERT），使排放权成为一个商品也就是购买合同或者碳减排购买协议(ERPAs)，其基本原理是，合同的一方通过支付另一方获得温室气体减排额。买方可以将购得的减排额用于减缓温室效应从而实现其减排的目标。

碳交易可以分成两大类：其一是基于配额的交易。买家在“限量与贸易”体制下购买由管理者制定、分配(或拍卖)的减排配额，譬如《京都议定书》下的分配数量单位(AAU),或者欧盟排放交易体系(EU ETS)下的欧盟配额(EUAs)。其二是基于项目的交易。买主向可证实减低温室气体排放的项目购买减排额。最典型的此类交易为CDM以及联合履行机制下分别产生核证减排量和减排单位(ERUs)。

实际上，早在《京都议定书》生效的同年，欧洲气候交易所(ECX)就上市了EU ETS下的二氧化碳排放权期货。除了ECX外，芝加哥气候交易所(CCX)也交易着相似现货和期货合约。此外，法国的Powernext Carbon是主要的欧盟二氧化碳排放配额现货交易市场。

除了排放权买家多集中在欧洲的因素外，适宜的场内交易机制为EU ETS框架下的温室气体排放权交易创造了良好的条件。事实上，对于历史上大多数大宗商品而言，标准化的场内交易都是推动该品种成交量上升的重要动力。而在为排放权市场提供了充足的流动性及定价参考的同时，场内交易也为交易所本身带来了良好的经济利益。各地希望上市排放权相关品种的举动也正基于对温室气体排放更为有效的控制以及相关经济利益的考虑。

碳交易市场将成为全球最大的交易市场，近年来的每年交易金额都以翻倍的速度增长，2008年的市场价值是600亿欧元，2012年有望达到1500亿美元。

欧盟碳排放贸易体系

可以概括为限额贸易体系，即先确定温室气体排放的限额，然后根据额度的供求展开贸易，限额有余者是市场供给者，限额不足者则是需求者。目前欧洲是碳交易很活跃的一个市场，其中阿姆斯特丹的欧洲气候交易市场在2006年一年就交易了4.5亿吨的二氧化碳，占二氧化碳交易的35%。一种是排放配额的交易排放配额，在欧盟总量期间进行交易；一种是减排量交易，核证减排量交易，是《京都议定书》清洁发展机制，具有减排义务的发达国家在没有减排义务的发达国家进行购买，以达到自己国家二氧化碳的降低。

森林碳汇

森林碳汇是指森林生态系统吸收二氧化碳并将其固定在植被和土壤中的过程、活动和机制。属于自然科学的范畴。森林是陆地生态系统的主体。森林植物通过光合作用，把大气中的二氧化碳固定在植被和土壤中。这个过程被称为“汇”，即森林具有碳汇功能。森林以其巨大的生物量，成为陆地生态系统中最大的碳库，可在一定时期内对稳定以至降低大气中温室气体浓度发挥重要作用。1997年通过的《京都议定书》承认森林碳汇对减缓气候变暖的贡献，并要求加强森林可持续经营和植被恢复及保护，允许发达国家通过向发展中国家提供资金和技术，开展造林、再造林碳汇项目，将项目产生的碳汇额度用于抵消其国内的减排指标。

共同但有区别的责任

根据发达国家和发展中国家经济社会发展的历史和现状，在“共同但有区别的责任”原则下，国际社会制定的《京都议定书》，规定了在2008~2012年的第一承诺期内，发达国家要率先减少温室气体的排放，发展中国家不承担减排义务。中国作为发展中大国，也是温室气体排放大国，虽然目前不承担减排义务，但是减排的压力仍然很大。

碳捕捉和碳封存（Carbon Sequestration）

指的是以捕获碳并安全存储的方式来取代直接向大气中排放CO_2的技术。碳封存研究开始于1977年，但只是到了近年来，才有迅速的发展。包括：将人类活动产生的碳排放物捕获、收集并存储到安全的碳库中；直接从大气中分离出CO_2并安全存储。由此，人们将不再是通过CO_2减排，而是通过碳封存的方法，同时结合提高能源生产和使用的效率以及增加低碳或非碳燃料的生产和利用等手段来达到减缓大气CO2浓度增长的目标。

陆地生态系统对CO_2的吸收是一种自然碳封存过程。陆地植物在其生长过程中，需要利用CO_2合成有机物，它们能够在一定的浓度范围内吸收CO_2，从而节省了将其分离、提纯等技术的花费。因此以森林再造、限制森林砍伐等方式来实现的碳封存被认为是最具经济效益的方式。而保护和优化陆地生态系统则有利于碳封存的维持和扩增。

针对定点源的人类排放，如油井、化学工厂、火力发电厂等，碳封存技术的开发着重点是捕获和分离CO_2，然后将其注入到海洋或是深地质结构层中。由于某种需要，工业生产中也伴随有一些碳封存过程。例如在石油开采时，CO_2常会跟天然气一起由地底下喷射出来，通常CO_2在从油井冲出来后便释放到空气中。但是，在同时开采石油及天然气的过程中，CO_2常会被重新注入到油井内，以便能保持所需压力而抽取更多的石油，而这项所用的花费可以由所增加的石油产量来补偿。在美国，每年能因此封存3200万吨CO_2。而位于距挪威海岸240km的北海中部的Sleipner海上钻井平台从1996年起就将油井生产中的CO2收集并注入到1000m以下的富含盐水的砂岩层。

通过对海洋的增肥也是利用生态系统来达到碳封存目标的方法。思路是，向海洋投放微量营养素（如铁）和常量营养素（如氮和磷），由此加速海“生物泵”过程，增加海洋对大气CO_2的吸收和存储。这主要是通过增长浮游植物的光合作用增加其产量，然后借助生物链扩增CO_2向有机碳的转化，再通过有机碳的重力沉降、矿化等机理来实现碳封存。大范围的海洋增肥能够增加渔业产量，从而带来商机，这也引起了一些商业团体的关注。

另外，还可利用化学和生物技术对CO_2进行回收和再利用。碳封存技术看起来有着光明的前景，它不仅对发起者美国有利，而且也对各主要化石燃料消费国，特别是对煤炭消费国有利，同时它还具有平息有关减排分摊争吵的潜在能力。

要实现与现阶段的CO_2排放量相当的碳封存，势必将改变全球碳循环的格局，这不仅仅是需要低廉的技术手段，而且还需要进行正确、严谨的科学研究和评估。往深地质结构层中注入CO_2并封存，能否确保它们能够在长时期内稳定存储，且不会因为地壳活动而喷发以至导致灾难？而对海洋的增肥以及向深海注入CO_2，更需要有模式模拟和研究以提供相关的技术参数作为科学支持；同时，向深层海洋注入CO_2或是通过海洋增肥的方式引发更多的碳沉降也就会增加海洋中碳由上至下的传输，这势必引起海洋碳循环的变动。利用海洋环流模式、碳循环模式等并结合生物化学过程可模拟碳沉降、液态CO_2浓度在洋底的分布、随洋流的扩散等特征，进而分析海洋生态的反馈，分析整个气候系统的反馈等。另外，气候评估模式也能够评价海洋增肥的生态效应。必要的科学实验结合相应的模式模拟和评估，也有利于碳阱(Carbon Trap)的选择以及确保正面的环境影响。

从全球主要类型的二氧化碳埋存能力来看，地质埋存要比森林和土地捕获二氧化碳的潜力大，而且后者需要紧缺资源的支撑。2007 年APEC 峰会发表的《亚太经合组织领导人关于气候变化、能源安全和清洁发展》的宣言，强调了可持续的森林管理和土地利用的重要性，并制定了到2020 年在亚太地区各种森林面积至少增加2000万公顷的意向性目标。

碳汇

“碳汇”来源于《联合国气候变化框架公约》缔约国签订的《京都议定书》，该议定书于2005年2月16日正式生效。由此形成了国际“碳排放权交易制度”（简称“碳汇”）。通过陆地生态系统的有效管理来提高固碳潜力，所取得的成效抵消相关国家的炭减排份额。

《联合国气候变化框架公约》（UNFCCC）将碳汇定义为从大气中清除二氧化碳的过程、活动或机制，将碳源定义为向大气中释放二氧化碳的过程、活动或机制。

林业碳汇

林业碳汇是指通过造林、再造林、森林管理等活动吸收二氧化碳并与碳贸易结合的过程、活动和机制，属于自然科学和环境经济学的交叉领域。

在可持续发展的原则下，将林业碳汇明确纳入林业发展目标。通过森林培育和森林保护等活动，提高森林生态系统的固碳能力；综合运用市场、法律和行政手段，实现森林的经济价值和生态服务价值，增加社区收益，体现企业和公民的社会责任，促进经济社会可持续发展，充分发挥林业在减缓和适应气候变化方面的作用。林业碳汇成本低于工业减排。森林生物量约占陆地植被总生物量的80%，而森林植物中的碳含量约占生物量干重的50%。全球总碳量约2.48万亿吨，其中1.15万亿吨贮存在森林中。

碳固化

植物的叶和根从大气中吸收二氧化碳并将其储存，碳转变成土壤中的有机物。

清洁发展机制（CDM）

清洁发展机制，简称CDM(Clean Development Mechanism)，是《京都议定书》第十二条建立的发达国家与发展中国家合作减排温室气体的灵活机制。它允许工业化国家的投资者在发展中国家实施有利于发展中国家可持续发展的减排项目，从而减少温室气体排放量，以履行发展中国家在《京都议定书》中所承诺的限排或减排义务。

CDM允许附件1缔约方与非附件1缔约方联合开展二氧化碳等温室气体减排项目。这些项目产生的减排数额可以被缔约方作为履行他们所承诺的限排或减排量。对发达国家而言，CDM提供了一种灵活的履约机制；而对于发展中国家，通过CDM项目可以获得部分资金援助和先进技术。但是，CDM只能作为全球减排和技术转让的手段之一。实现真正意义上的减排和技术转让还需要发达国家做出更多的努力。

清洁发展机制允许附件I国家在非附件I国家的领土上实施能够减少温室气体排放或者通过碳封存或碳汇作用从大气中消除温室气体的项目，并据此获得“经核证的减排量”，即通常所说的CER。附件I国家可以利用项目产生的CER抵减本国的温室气体减排义务。

CDM项目必须满足：(1)获得项目涉及到的所有成员国的正式批准；(2)促进项目东道国的可持续发展；(3) 在缓解气候变化方面产生实在的、可测量的、长期的效益。CDM项目产生的减排量还必须是任何“无此CDM项目”条件下产生的减排量的额外部分。

参与CDM的国家必须满足一定的资格标准。所有的CDM参与成员国必须符合三个基本要求：自愿参与CDM；建立国家级CDM主管机构；批准《京都议定书》。此外，工业化国家还必须满足几个更严格的规定：完成《京都议定书》第3条规定的分配排放数量；建立国家级的温室气体排放评估体系；建立国家级的CDM项目注册机构；提交年度清单报告；为温室气体减排量的买卖交易建立一个账户管理系统。

CDM将包括如下方面的潜在项目：改善终端能源利用效率；改善供应方能源效率；可再生能源；替代燃料；农业（甲烷和氧化亚氮减排项目）；工业过程（水泥生产等减排二氧化碳项目，减排氢氟碳化物、全氧化碳或六氟化硫的项目）；碳汇项目（仅适用于造林和再造林项目）。

禁止附件I国家利用核能项目产生的CER来达到其减排目标。此外，在第一个承诺期（2008～2012年），只允许造林和再造林项目作为碳汇项目，并且在承诺期每一年内，附件I国家用于完成他们分配排放数量的、来自碳汇项目的CER至多不超出其基准排放量的1%。碳汇项目还需要制定出更详尽的指南以确保其环境友好性。

为了使小项目能和大项目一样在CDM项目上具有竞争力，《马拉喀什协定》为小规模项目的实施建立了快速通道在一套简化的资格评审标准—15兆瓦以上的可再生能源项目、在供应方或需求方年节能 15吉瓦时以上的能效项目、年度排放量低于 1.5万吨二氧化碳当量且具有减排效果的其他项目。CDM执行理事会已经被赋予了一项任务：为小项目快速通道制定执行方式和工作程序，并将其提交给 2002年 10月在新德里召开的第八次《联合国气候变化框架公约 》成员国大会。

资料显示，截至2006年10月24日，中国政府已批准135个CDM项目，项目类型涉及风力发电、小水电、工业节能、垃圾填埋气发电等。企业从CDM项目中寻找商机的同时，也应该考虑投资的风险。发达国家在承诺减排温室气体义务上的决定以及对这些义务的分配方案，都可能导致二氧化碳减排量交易价格的浮动，从而影响项目的收益。

中国企业正越来越多地认识到"清洁发展机制（CDM）"项目的作用，有更多的企业开始申请这种项目。

CDM执行理事会

执行理事会负责监管CDM的实施，并对成员国大会负责。执行理事会由10个专家组成，其中5个专家分别代表5个联合国官方区域（非洲、亚洲、拉丁美洲、加勒比海地区、中东欧、OECD国家），1个专家来自小岛国组织，2个专家来自附件I国家，2个专家来自非附件I国家。执行理事会在2001年11月马拉喀什政治谈判期间召开了首次会议，这标志着CDM的正式启动。

执行理事会授权一种称之为"经营实体"的独立组织对申报的CDM项目进行审查，核实项目产生的减排量，并签署减排信用文件证明使这些减排量成为CER。执行理事会的另一个关键任务就是维持CDM活动的注册登记，包括签发新产生的CER，为征收的用于适应资金和管理费用的ER建立管理账户，为每一个CDM项目东道国的非附件I国家注册一个CER账户并予以定期管理。

CDM项目识别和表述

CDM项目周期的第一步是对潜在CDM项目的识别和表述。一个CDM项目必须具有真实的、可测量的、额外的减排效果。为了确定项目是否具有额外性，必须将潜在项目的排放量同一个合理的称之为基准线的参考情景的排放量相比较——项目参与者应该采用经批准的方法依据项目的具体情况制定基准线。这些确定基准线的方法是在《马拉喀什协定》框架下的三个方法的基础上发展而来的：现实的实际排放量或历史排放量；经济上有投资吸引力的代表性技术的排放水平；过去5年来类似环境中排放性能最好的20%的类似项目的平均排放水平。

CDM监测

CDM项目还必须有一个监测计划以收集准确的排放数据。监测计划构成了未来核实的基础，它必须具有很高的置信度以保证CDM项目的减排量以及其他项目目标确实得以实现。监测计划还应该有能力监控项目基准线及其排放量失败的风险。监测计划既可由项目开发者也可由专门机构制定。排放基准线和监测计划必须根据经批准的方法来设计。如果项目参与者偏好一种新的方法，则该方法必须经由执行理事会批准和登记。项目参与者可以自行选择项目的 CER获得时限：10年或者7年，但可能延续两次并重新确认基准线（最长21年）。

CDM核实和认证

一个碳减排项目如果没有经过指定的核实程序专门测量和审计其碳排放，就不可能在国际碳排放市场上转让其碳量以获取价值。因此，一旦CDM项目进入运作阶段，项目参与者就必须准备一个监测报告估算项目产生的CER，并提交给一个经营实体申请核实。核实是由经营实体独立完成的，它是对监测报告上的减排量进行事后鉴定。经营实体必须查明产生的CER是否符合项目的原始批准书标明的原则和条件。通过详细的审查之后，经营实体将提出一个核实报告并对该CDM项目产生的CER的量予以确认。认证是对一个项目产生的经核实的减排效果的书面保证书。认证报告还包括要求签发 CER的申请书。如果在 15天之内，任何一个项目参与者或者三个以上执行理事会成员没有要求重新审查该项目，则执行理事会将指令CDM登记处签发CER。

自然资源的分类

为了研究自然资源的可持续利用问题，可根据能否进行再生，将其分为可耗竭资源和可更新资源（可再生资源）。

可耗竭资源。假定在任何对人类有意义的时间范围内，资源质量保持不变，资源蕴藏量不再增加的资源称为可耗竭资源。可耗竭资源的持续开采过程也就是资源的耗竭过程。当资源的蕴藏量为零的时候，就达到了耗竭状态。可耗竭资源按其能否重复使用，又分为可回收的可耗竭资源和不可回收的可耗竭资源。

可回收的可耗竭资源。资源产品的效用丧失后，大部分物质还能够回收利用的可耗竭资源是可回收的可耗竭资源，主要指金属等矿产资源，例如：汽车报废后，汽车上的废铁可以回收利用。不过，资源的可回收利用程度是由经济条件所决定的。只有当资源的回收利用成本低于新资源的开采成本时，回收利用才有可能。

不可回收的可耗竭资源。使用过程不可逆、且使用之后不能恢复原状的可耗竭资源是不可回收的可耗竭资源，主要指煤、石油、天然气等能源资源，这类资源被使用后就被耗竭掉了。不可回收的可耗竭资源的特点决定了它的耗竭速度必然快于其他资源。减缓不可回收的可耗竭资源耗竭速率的重要措施是提高资源利用率。

可再生资源（可更新资源）能够通过自然力以某一增长率保持或增加蕴藏量的自然资源是可更新资源。例如太阳能、大气、森林、鱼类、农作物以及各种野生动植物等。许多可更新资源的可持续性受人类利用方式的影响。在合理开发利用的情况下，资源可以恢复、更新、再生产甚至不断增长。

循环经济

所谓循环经济，本质上是一种生态经济，它要求运用生态学规律而不是机械论规律来指导人类社会的经济活动。与传统经济相比，循环经济的不同之处在于：传统经济是一种由“资源－产品－污染排放”单向流动的线性经济，其特征是高开采、低利用、高排放。在这种经济中，人们高强度地把地球上的物质和能源提取出来，然后又把污染和废物大量地排放到水系、空气和土壤中，对资源的利用是粗放的和一次性的，通过把资源持续不断地变成为废物来实现经济的数量型增长。与此不同，循环经济倡导的是一种与环境和谐的经济发展模式。它要求把经济活动组织成一个“资源－产品－再生资源”的反馈式流程，其特征是低开采、高利用、低排放。所有的物质和能源要能在这个不断进行的经济循环中得到合理和持久的利用，以把经济活动对自然环境的影响降低到尽可能小的程度。循环经济为工业化以来的传统经济转向可持续发展的经济提供了战略性的理论范式，从而从根本上消解长期以来环境与发展之间的尖锐冲突。“减量化、再利用、再循环”是循环经济最重要的实际操作原则。

循环经济的“3R”原则

循环经济以推进可持续发展为基本宗旨，以“减量化、在利用、资源化”为原则，旨在经济增长的同时减少资源的消耗和污染排放，最大化地提高资源生产率，以实现经济社会发展的减物质化变革。

减量化原则（Reduce principle）。减量化原则属于输入端方法，旨在减少进入生产和消费过程的物质量，从源头节约资源使用和减少废弃物的排放。在生产和服务过程中，尽可能减少进入生产和消费过程中的物质和能源流量，特别是控制使用有害环境的资源投入，以减少进入生产和消费过程中的物质和能源流量，特别是控制使用有害环境的资源投入，以减少资源消耗和废弃物产生，提高资源利用效率。主要表现为产品体积的小型化和产品重量的轻型化，要求产品包装追求简单朴实而非豪华浪费，从而达到减少废弃物排放的目的。

再利用原则（Reuse principle）。再利用原则属于过程性方法，目的是提高产品和服务的利用效率，要求产品和包装容器以初始形式多次或多种方式再利用，延长产品和服务的使用周期，避免过早地成为废弃物。在生产中，使用标准设计和制造工艺，使产品能轻易和便捷地升级或更新换代；在消费中，可以将维修的物品返回市场体系供别人使用。

再循环原则（Recycle principle），即资源化原则。再循环原则属于过程性方法，以提高产品和服务的利用效率，要求产品在完成其使用功能后可回收和综合利用，使废弃物资源化为其他类型产品的原料，实现循环高效，节约资源。资源化原则属于输出端方法，要求物品完成使用功能后重新变成再生资源。

“减量化”、“再利用、“再循环”在循环经济中的重要性并不是并列的。“只有减量化原则具有循环经济第一法则的意义”，循环经济强调在优先减少资源消耗和减少废弃物产生的基础上综合运用“3R”原则。“3R”原则的优先顺序是：减量化—再利用—再循环。

可再生能源

可再生能源是指在自然界中可以不断再生、永续利用、取之不尽、用之不竭的资源，它对环境无害或危害极小，而且资源分布广泛，适宜就地开发利用。可再生能源主要包括太阳能、风能、水能、生物质能、地热能和海洋能等。风能是指风所负载的能量。太阳能是指太阳所负载的能量。水的流动可产生能量。生物质能包括自然界可用作能源用途的各种植物、人畜排泄物以及城乡有机废物转化成的能源。地热能是贮存在地下岩石和流体中的热能，它可以用来发电，也可以为建筑物供热和制冷。海洋能是潮汐能、波浪能、温差能、盐差能和海流能的统称。

绿色GDP

绿色GDP是指一个国家或地区在考虑了自然资源（主要包括土地、森林、矿产、水和海洋）与环境因素（包括生态环境、自然环境、人文环境等）影响之后经济活动的最终成果，即将经济活动中所付出的资源耗减成本和环境降级成本从GDP中予以扣除。改革现行的国民经济核算体系，对环境资源进行核算，从现行GDP中扣除环境资源成本和对环境资源的保护服务费用，其计算结果可称之为“绿色GDP”。绿色GDP这个指标，实质上代表了国民经济增长的净正效应。绿色GDP占GDP的比重越高，表明国民经济增长的正面效应越高，负面效应越低，反之亦然。根据北京市哲学社会科学“九五”重点课题——“以EPD为核心指标的国民经济核算体系研究”中对北京市1997年绿色GDP进行核算的结果表明，按生产法计算的绿色GDP占GDP的74.94%，按支出法计算的绿色GDP占GDP的75.75%。

到目前为止，绿色GDP核算只涉及自然意义上的可持续发展，包括环境损害成本、自然资源的净消耗量。这只是狭义的绿色GDP，应该把与社会意义上的可持续发展有关的指标纳入GDP核算体系。因此，在GDP的核算中，必须扣除安全生产事故造成的GDP损失，以及处理这些事故的支出；扣除社会上各种突发事件造成的GDP损失，以及处理这些事件的支出；扣除为了防范和处理市场不公正、腐败造成的损失。

近年来，我国也在积极开展绿色GDP核算的研究。2004年，国家统计局、国家环保总局正式联合开展了中国环境与经济核算绿色GDP研究工作。绿色GDP核算中主要涉及基本概念有：绿色GDP总值、绿色GDP净值、资源成本和环境成本。

绿色电力

利用特定的发电设备（如风机、太阳能光伏电池等）将风能、太阳能等可再生的能源转化成电能，通过这种方式产生的电力因其发电过程中不产生或很少产生对环境有害的排放物（如一氧化氮、二氧化氮、温室气体二氧化碳、造成酸雨的二氧化硫等），且不需消耗化石燃料，节省了有限的资源储备，相对于常规的火力发电——即通过燃烧煤、石油、天然气等化石燃料的方式来获得电力，来自于可再生能源的电力更有利于环境保护和可持续发展，因此被称为绿色电力。

绿色电力主要有风电、太阳能光伏发电、地热发电、生物质能汽化发电、小水电。

核能

核能属于优质高效的清洁能源，技术成熟，经济性好，持续供应能力强。与火电相比，核电没有有害气体和烟尘的排放，对全球可持续发展起着积极作用。特别是对于2012年将到期续签的《京都议定书》，核电对我国削减温室气体排放具有重大意义。核电还具备良好的成本优势，核电燃料成本不及煤电的1/3，而且是新型能源中目前为止可以大规模、低成本、可靠开发的能源。随着经济发展和资源环境制约加剧，调整能源结构、加强节能减排是大势所趋。美国已经提出了10年内节约石油的总数超过目前从中东和委内瑞拉进口石油的总和的能源目标。意大利重启了核电站建设，法国也在筹划新建两座核电站。近日召开的世界核能大会，将会对世界核能发展产生巨大影响，相信随后政府将有新的核能扶持政策出台，刺激我国核能的高速发展。在低碳经济中，核能所具备的诸多优势，使得该产业出现加快发展的趋势。在我国，核能建设有利于调整能源结构，保障能源供应与安全，保护环境，实现电力工业结构优化和可持续发展，提升我国综合经济实力和技术水平。相比世界先进水平，过去我国核电发展有着很大的差距。世界核电的装机容量平均水平是17%，而2007年我国核电占电力总装机容量的比例只有1.27%。中国积极推动核能经济，核能发展将势必成为我国低碳经济的主力军。当前中国投运核电机组共11台，装机容量910万千瓦；在未来10年的新建核电装机容量将超过过去30年的总和。同时，在世界金融危机面前，核能也成为我国保增长的重要投资方向。

政府“绿色采购”

是指政府通过庞大的采购力量，优先购买对环境负面影响较小的环境标志产品，促进企业环境行为的改善，从而对社会的绿色消费起到推动和示范作用。

政府“绿色采购”是公共财政的一个重要组成部分。从公共财政的特征来看，满足社会的公共需要是它的主要目标和工作重心。而节能降耗和环保就是这样一种能够体现全社会整体利益的公共需要。因此，支持环保，购买节能降耗的产品是公共财政的重要职能。在这方面，除了绿色采购外，公共财政还可以采取多种手段引导和支持企业、政府和民众节能降耗。比如，预算、国债、政府基金和专项基金、转移支付、市政债券等等作为公共财政手段都可以发挥作用。

从国际上看，近年财政结构变化的一个重大趋势是社会性支出、环保支出在财政支出中所占的比重越来越大，很多国家占到了50%到60%，甚至超过70%。以“绿色采购”为例，美国、丹麦、加拿大等都制定相关法律，要求优先采购经过环境认证的产品，日本政府甚至实行了强制采购政策。中国是一个发展中国家，虽然财力还比不上发达国家，要办的事也多，但随着国民经济的快速发展，财政收入近年来也大幅增长，2007年上半年税收又接近2.5万亿元，增幅达到29%。财政收入的增加为政府实现节能降耗的目标、加大环保等公益事业的投入提供了资金保障。比如，2006年我国政府的“绿色采购”比例占到30%以上。2007年政府采购金额要达到5000亿元，至少有1500亿元为“绿色采购”。

低碳产品认证

所谓低碳产品认证，是以产品为链条，吸引整个社会在生产和消费环节参与到应对气候变化。通过向产品授予低碳标志，从而向社会推进一个以顾客为导向的低碳产品采购和消费模式。以公众的消费选择引导和鼓励企业开发低碳产品技术，向低碳生产模式转变，最终达到减少全球温室气体的效果。正是由于低碳产品认证的这种作用，国外低碳产品认证项目在近两年如雨后春笋，不断涌现，目前，已经有德国、英国、日本、韩国等十几个国家开展低碳产品认证。

环境保护部在参考了国外低碳产品认证发展模式的基础上，决定开展低碳产品认证。在中国环境标志框架下，把产品服务归入适当的分类，设置“气候相关”类产品。与每年中国环境标志标准制、修订工作结合，对纳入“气候相关”类的产品技术要求中增加碳排放的限值要求。按照原有中国环境标志认证体系，对通过认证的该类产品授予中国环境标志——低碳产品，以表示该类产品对减少碳排放、保护气候方面的积极作用。2009年10月15日签约的“中德低碳产品认证合作项目”，是我国在低碳产品认证领域的首个对外合作项目，这表明我国将进行低碳产品认证。